Symbole

⊙	Einjährige Pflanze	ⓦ	Warmh
⊙	Zweijährige Pflanze	ⓚ	Kalthaus
♃	Staude	Ⓐ	Alpinhaus
♄	Halbstrauch	⌐	Kasten
♄	Strauch	∧	Winterschutz
♄	Baum	⚕	Arzneipflanze
ψ	Sukkulente	☠	Giftpflanze
d	laubabwerfend	⚭	Fruchtschmuck
s	halbimmergrün	Ⓝ	Nutzpflanze
e	immergrün	✂	Schnittblume
×	Bastard (Hybride)	I–XII	Monatsnamen (Blütezeit)
+	Pfropfbastard	D	Duftpflanze
⸸	Hängepflanze	▽	Geschützt nach Bundesnaturschutzgesetz vom 01.02.2001.
⸸	Kletterpflanze	*	Geschützt nach dem Washingtoner Artenschutzübereinkommen (vgl. EG-Verordnung Nr. 338/97 Anhänge A, B; vom 09.12.1996, geändert 18.12.2000*.
⤳	Kriechpflanze		
ʃ	Liane		
ǀ	Einfassung		
⌒	Polsterpflanze		
△	Steingarten		
∼	Ufer- und Sumpfpflanze		
≈	Wasserpflanze		
Z1–Z10	Winterhärtezonen (siehe Seite 1159)		

* Jeder, der Pflanzen aus Übersee oder aus dem Ausland einführen oder mitbringen will, unterrichte sich vorher, ob sie aufgrund des Washingtoner Artenschutzabkommens gesammelt oder eingeführt werden dürfen.

Walter Erhardt, Erich Götz,
Nils Bödeker, Siegmund Seybold

Der große Zander

Enzyklopädie der Pflanzennamen

Band 2: Arten und Sorten

25 500 Arten und 7 500 Sorten
10 000 Synonyme

Übersetzung
Claudia Arlinghaus (ICBN und ICNCP)

Zeichnungsnachweis
Alle Karten wurden von Helmuth Flubacher, Waiblingen, nach Vorlagen der Autoren oder entsprechend vermerkten Quellen gefertigt.

> Die in diesem Buch enthaltenen Empfehlungen und Angaben sind von den Autoren mit größter Sorgfalt zusammengestellt und geprüft worden. Eine Garantie für die Richtigkeit der Angaben kann aber nicht gegeben werden. Autor und Verlag übernehmen keinerlei Haftung für Schäden und Unfälle.

Bibliografische Information der Deutschen Nationalbibliothek
Die Deutsche Nationalbibliothek verzeichnet diese Publikation in der Deutschen Nationalbibliografie; detaillierte bibliografische Daten sind im Internet über http://dnb.d-nb.de abrufbar.

Das Werk einschließlich aller seiner Teile ist urheberrechtlich geschützt. Jede Verwertung außerhalb der engen Grenzen des Urheberrechtsgesetzes ist ohne Zustimmung des Verlages unzulässig und strafbar. Das gilt insbesondere für Vervielfältigungen, Übersetzungen, Mikroverfilmungen und die Einspeicherung und Verarbeitung in elektronischen Systemen.

© 2008 Eugen Ulmer KG
Wollgrasweg 41, 70599 Stuttgart (Hohenheim)
E-Mail: info@ulmer.de
Internet: www.ulmer.de
Umschlagentwurf: Atelier Reichert, Stuttgart
Lektorat: Doris Kowalzik
Herstellung: Thomas Eisele
Satz & XML-Datenverarbeitung: pagina GmbH, Tübingen
Druck und Bindung: Egedsa S.A., Sabadell (Barcelona)
Printed in Spain

ISBN 978-3-8001-5406-7

Inhaltsverzeichnis

Band 1: Familien und Gattungen

Vorwort 5

I Über die Autoren 6
    1 Der Begründer des *Handwörterbuchs der Pflanzennamen* 6
    2 Die aktuellen Herausgeber der *Zander-Enzyklopädie* 6

II Einführung in die botanische Namenkunde 8
    1 Bedeutung und sprachliche Behandlung der Gattungsnamen und der spezifischen Epitheta 8
    2 Aussprache- und Betonungsregeln 8
    3 Die wissenschaftlichen Namen 10
    4 Internationaler Code der Botanischen Nomenklatur (ICBN) 11
    5 Die Einteilung des Pflanzenreichs 16
    6 Die Bildung von Vulgärnamen 16

III Sorten 18
    1 Die Kulturnamen der Pflanzen 18
    2 Der Umgang mit dem Begriff „Hybride" 18
    3 Internationaler Code der Nomenklatur der Kulturpflanzen (ICNCP) 19

IV Abkürzungen der Heimatgebiete 24

V Systematische Übersicht über die Farn- und Blütenpflanzen 29

VI Familien und Gattungen 36
    1 Allgemeines zu Gattungen 36
    2 Aufgenommene Gattungen 36
    3 Fachbegriffe 37
    3.1 Lebensformen 39
    3.2 Blätter 39
    3.3 Blütenstände 40
    3.4 Blüten 41
    3.5 Frucht und Samen 43
    3.6 Apiaceae 44
    3.7 Araceae 44
    3.8 Arecaceae 45
    3.9 Asteraceae 45
    3.10 Brassicaceae 46
    3.11 Cactaceae 46
    3.12 Coniferen 46
    3.13 Fabaceae 47
    3.14 Farne 48
    3.15 Orchidaceae 48
    3.16 Poaceae 49
    3.17 Rosaceae 50
    3.18 Zingiberaceae 50
    4 Schlüssel zu den Hauptgruppen 51
    5 Pteridophyten – Gefäßsporenpflanzen 52
    6 Gymnospermen – Nacktsamer 85

7 Familienschlüssel der Bedecktsamer 106
8 Angiospermen – Bedecktsamer, Diktotyledoneae – Zweikeimblättrige 123
9 Angiospermen – Bedecktsamer, Monokotyledoneae – Einkeimblättrige 891

Band 2: Arten und Sorten 1157

VII Arten und Sorten 1157
    1 Erläuterungen 1157
    2 Lesebeispiel 1158
    3 Winterhärtezonen 1159
    4 Symbole 1160
    5 Abkürzungen 1160
    6 Alphabetische Liste der Arten und Sorten 1162

VIII Deutsche Pflanzennamen 1826

IX Englische Pflanzennamen 1844

X Französische Pflanzennamen 1856

XI Autoren der Pflanzennamen 1870

XII Literaturverzeichnis 2090

XIII Bildquellen 2099

VII Arten und Sorten

1 Erläuterungen

- Die wissenschaftlichen Pflanzennamen sind alphabetisch nach den Gattungsnamen angeordnet. Die korrekten Namen sind fett, die Verweise mager gedruckt.
- Die Artnamen sind innerhalb der Gattungen ebenfalls alphabetisch angeordnet und die korrekten durch Fettdruck hervorgehoben. Die Synonyme sind mager gedruckt, das „="-Zeichen verweist auf den gültigen Pflanzennamen.
- Im Gegensatz zu vorhergehenden Auflagen des *Handwörterbuchs der Pflanzennamen* werden die Synonyme nicht nochmals in Klammern zu den gültigen Artnamen gesetzt.
- Artbastarden, die durch ein Epitheton in lateinischer Form mit vorangehendem Multiplikationszeichen (×) bezeichnet sind, folgt in der Klammer eine Formel, die in alphabetischer Reihenfolge die Namen der Eltern enthält, z.B. *Begonia* × *duchartrei* (*B. echinosepala* × *B. scharffiana*).
- Die Autorennamen werden in der nach BRUMMITT & POWELL (1992), *Authors of Plant Names*, normierten Schreibweise hinzugefügt. Im praktischen Betrieb sind sie oft entbehrlich, wenn der korrekte Artname verwendet wird. Allerdings ist darauf zu achten, ob nicht derselbe Name mit einem anderen Autor ein Synonym kennzeichnet, z.B. ist *Dipsacus fullonum* L. der jetzt gültige Name für *D. sylvestris* Huds., während *D. fullonum* auct. non L. seinerseits ein Synonym für *D. sativus* (L.) HONCK. ist.
- Von den deutschen und englischen Pflanzennamen werden nur die jeweils gebräuchlichsten aufgenommen. In Kapitel IIX finden Sie nur die volkstümlichen Gattungsbezeichnungen, die davon abzuleitenden Artnamen stehen in der Liste der Sippen (siehe Seite 1162).
- In der Kopfzeile jeder Gattung finden sich neben dem Autor auch noch das Geschlecht des Gattungsnamens (-m-, -f- oder -n-) sowie die Pflanzenfamilie.
- Der Kennzeichnung der Winterhärte wurden das Klima Mitteleuropas, vorzüglich Deutschlands, und der Gebiete mit ähnlichem Klima und die entsprechenden Klimazonen der USA zugrunde gelegt.
- Der Baumschul-Katalog-Stamm (BKS) ist die Grundlage mit über 300000 Einzelartikeln, der in deutschen und einigen europäischen Baumschulen und Staudengärtnereien gebräuchlichen Warenwirtschaftssysteme. Jeder Pflanze, ob Gehölz oder Staude, ist eine eindeutige Artikeltextnummer (5-stellig, in eckiger Klammer) zugeordnet, die Bestandteil des BKS ist. Diese Eindeutigkeit erlaubt es mittlerweile, Geschäftsvorgänge, von einer Anfrage über das Angebot bis hin zur Rechnung, digital zwischen den unterschiedlichen Warenwirtschaftssystemen fehlerfrei zu übertragen.

2 Lesebeispiel

Rosa[1] L[2]. 1753[3] -f-[4] Rosaceae[5] · (S. 762)[6]
D:Hagebutte, Rose[7]; E:Rose[8];
F:Eglantier, Rosier[9]
– *abietina*[10] Gren. ex H. Christ = Rosa acicularis var. acicularis[11]
– **acicularis**[12] Lindl.[13] 1820[14]
– var. **acicularis**[15] · D:Nadel-Rose[16]; E:Needle Rose, Prickly Rose[17] · ♄[18] d D[19] Z2[20]; VI[21]; Can., USA: NE, NCE, NC, Rocky Mts.[22] [10667][23]
– var. **bourgeauana**[24] (Crép.) Crép. 1876 Z2; Alaska, Can., USA: NE, NEC, NC, Rocky Mts.
– var. **nipponensis** (Crép.) Koehne 1893 · ♄ d Z2; Jap.; mts.
– **agrestis** Savi 1798 · D:Feld-Rose; E:Field Briar · ♄ d Z6 VI; Eur.*, NW-TR, NW-Afr. [10668]
– × **alba**[25] L. 1753 (*R. arvensis* × *R. gallica*[26] × ?[27]) · D:Weiße Rose; E:White Rose, White Rose of York · ♄ ⚭ D Z5 VI Ⓝ; cult.[28]
...
– in vielen Sorten:[29]
A   Alte Europäische Rosen
A1[30]   Alba-Rosen[31]
   Stark wachsende Strauchrosen (bis 2,50 m); zu dieser Gruppe gehören einige der schönsten Alten Rosen; einmal blühend; Blütenfarbe meist weiß bis zartrosa; halbgefüllt, mit graugrünen Blättern; sehr alte Gruppe, vermutlich bereits den Römern bekannt, spätestens aber im Mittelalter entstanden; Abstammung unsicher, vermutlich eine natürliche Kreuzung von *R. gallica* und entweder *R.* × *damascena* oder *R. canina*.[32]
'Blossomtime' [33](C4)[34] O'Neal[35] 1951[36] [10657]
'Blush Noisette' (C4) Noisette <[37] 1817 [55589]
'Bobbie James' (C3) Sunningdale 1961
'Bonica' (C1) Meilland 1982 [47013]
'*Bonica 82*'[38] = Rosa 'Bonica'[39]

1	Gattungsname
2	Autor des Gattungsnamens
3	Jahr der Benennung durch den Autor
4	grammatikalisches Geschlecht des Namens
5	Pflanzenfamilie
6	Verweis über zusätzliche Informationen in Band 1
7	deutscher Gattungsname
8	englischer Gattungsname
9	französischer Gattungsname
10	Synonym (kursiv)
11	Verweis auf den gültigen Artnamen
12	Artname
13	Autor des Artnamens
14	Autonym
15	deutscher Artname
16	englischer Artname
17	Lebensform
18	weitere Symbole und Abkürzungen (siehe Seite 1160)
19	Winterhärtezone (siehe Seite 1159)
20	Blütezeit (Monate in römischen Ziffern)
21	Verbreitungsgebiet (Abk. siehe Seite 24ff.)
22	BKS-Kennziffer
23	Varietät (oder Subspezies)
24	Bastard
25	Elternteile des Bastards
26	unbekannter Elternteil
27	aus Gartenkultur stammend
28	Sorten der Gattung (stehen stets am Ende)
29	Abkürzung der Sortenklasse
30	Name der Sortenklasse
31	Beschreibung der Sortenklasse
32	Name der Sorte
33	Zugehörigkeit der Sorte zu einer Sortenklasse
34	Züchter oder Namengeber
35	Jahr der Benennung, Einführung oder Registrierung
36	< = vor; > = nach; c. = um
37	Synonymname einer Sorte
38	gültiger Sortenname (laut Register, wenn vorhanden)

3 Winterhärtezonen

Die Winterhärtezone (Z1 bis Z10) gibt an, welche Tieftemperatur eine bestimmte Art ohne größere Schäden überstehen kann. Dazu ein Beispiel: Die Winterhärtezone Z6 zeigt an, dass in dieser Zone Pflanzenarten der Winterhärtezone Z6 oder darunter, bis Z1, im Freiland durchschnittliche Winter gut überstehen können, aber Arten der Winterhärtezone Z7 oder darüber erhebliche Schäden davontragen oder erfrieren würden. Boden und Kleinklima können die Winterhärte etwas verändern.

Für Gehölze, die dem Klima voll ausgesetzt sind, ist die Winterhärtezone eine sehr hilfreiche Angabe. Für Stauden ist sie weniger zuverlässig, für Zwiebelpflanzen nur noch bedingt aussagekräftig. Für Einjährige ist eine Angabe der Winterhärtezone weniger bedeutsam, da trockene Samen meist völlig kälteunempfindlich sind, jedoch die Winterhärtezone einen Hinweis für die Anzuchtbedingungen gibt.

Zone	°C	°F
1	< −45,5	< −50
2	−45,5 bis −40,1	−50 bis −40
3	−40,0 bis −34,5	−40 bis −30
4	−34,4 bis −28,9	−30 bis −20
5	−28,8 bis −23,4	−20 bis −10
6	−23,3 bis −17,8	−10 bis 0
7	−17,7 bis −12,3	0 bis +10
8	−12,2 bis −6,7	+10 bis +20
9	−6,6 bis −1,2	+20 bis +30
10	> 1,2	> 30

Quelle: „Winterhärtezoneneinteilung für Mitteleuropa" (Heinze & Schreiber, MDDG, Vol. 75).

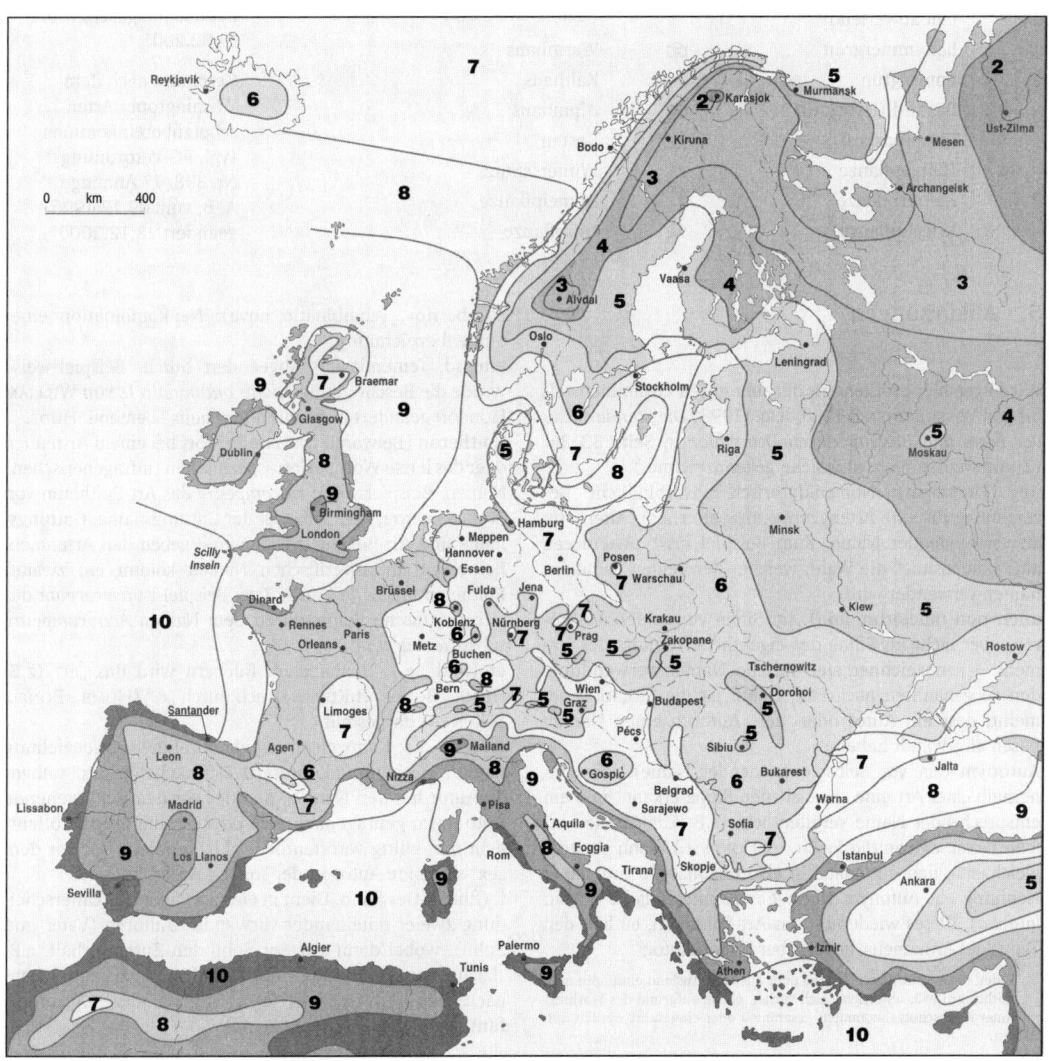

4 Symbole

Die im Kapitel VII verwendeten Zeichen und Abkürzungen sind fast alle dem Normblatt DIN 11 530 entnommen. Diese Norm wurde vom Gartenbau-Nomenklatur-Ausschuss im Zentralverband des Deutschen Gemüse-, Obst- und Gartenbaues e.V. in Zusammenarbeit mit dem Bund Deutscher Baumschulen entwickelt. „Sie erstreckt sich auf die wichtigsten Zeichen und Abkürzungen, die in Katalogen, Saatzuchtbetrieben sowie sonstigem gärtnerischem Schrifttum verwendet werden. Ihre einheitliche Benutzung soll die Verständigung sowie die Lagerhaltung und Bestellung der Drucktypen für die Zeichen erleichtern." Das Normblatt ist durch den Beuth-Vertrieb GmbH, Berlin und Köln zu beziehen.

Die in diesem Werk benutzten Symbole finden Sie zusätzlich ganz vorne im 2. Band der Enzyklopädie.

☉	Einjährige Pflanze	ʃ	Liane	⚭	Fruchtschmuck
⊙	Zweijährige Pflanze	╠	Einfassung	Ⓝ	Nutzpflanze
♃	Staude	⌒	Polsterpflanze	✂	Schnittblume
♄	Halbstrauch	△	Steingarten	I–XII	Monatsnamen (Blütezeit)
♄	Strauch	∼	Ufer- und Sumpfpflanze		
♄	Baum	≈	Wasserpflanze	D	Duftpflanze
ψ	Sukkulente	Z1–Z10	Winterhärtezonen (siehe Seite 1159)	▽	Geschützt nach Bundesnaturschutzgesetz vom 01.02.2001.
d	laubabwerfend				
s	halbimmergrün	Ⓦ	Warmhaus		
e	immergrün	Ⓚ	Kalthaus	*	Geschützt nach dem Washingtoner Artenschutzübereinkommen (vgl. EG-Verordnung Nr. 338/97 Anhänge A, B; vom 09.12.1996, geändert 18.12.2000*.
×	Bastard (Hybride)	Ⓐ	Alpinhaus		
+	Pfropfbastard	▭	Kasten		
⸾	Hängepflanze	∧	Winterschutz		
⸾	Kletterpflanze	⚕	Arzneipflanze		
⤳	Kriechpflanze	☠	Giftpflanze		

5 Abkürzungen

Wir folgen hier größtenteils der sehr guten Zusammenstellung in WISSKIRCHEN & HAEUPLER (1998) *Die Standardliste der Farn- und Blütenpflanzen Deutschlands*, Seite 33–36. (Zitate werden nicht als solche gekennzeichnet).

agg. (Aggregat): Nomenklatorisch unverbindliche Bezeichnung für eine Artengruppe. **alt.** (alternus): Alternativ zu verwendender Name. Zum Beispiel lässt „Asteraceae alt.: Compositae" die Wahl, welcher der beiden Familiennamen verwendet wird.

auct. non (auctorum non): Im Sinne von anderen Autoren, aber nicht im Sinne des eigentlichen Autors des Namens – kennzeichnet eine falsche Namensverwendung, den so genannten auct.-Fall. Damit ist die Situation gemeint, dass ein Autor oder viele Autoren einen Namen falsch angewandt haben.

Autonym (ein von selbst entstehender Name): Wird innerhalb einer Art eine abweichende Sippe erkannt und ein entsprechender Name veröffentlicht (z.B. *Campanula latifolia* L. var. *macrantha* FISCH. ex HORNEM.), dann entsteht gleichzeitig und automatisch, also unabhängig von seiner Nennung ein Autonym (hier: *Campanula latifolia* L. var. *latifolia*). Dieses wiederholt das Art-Epitheton, enthält den Typus des Artnamens, besitzt aber keinen Autor.

comb. nov. (combinatio nova): Neukombination einer Sippenbezeichnung.

emend. (emendavit): Abgeändert durch. Beispielsweise wurde die Beschreibung *Adonis autumnalis* L. von WILLIAM HUDSON geändert in *Adonis autumnalis* L. emend. HUDS.

Epitheton (Beiwort): Das zweite Wort bei einem Artnamen oder das letzte Wort bei infraspezifischen (infragenerischen) Namen. Beispielsweise ist *campestre* das Art-Epitheton von *Acer campestre*, *Acer* selbst ist der Gattungsname. Gattungsname und Art-Beiwort zusammen ergeben den Artnamen. Bei einem infraspezifischen Namen kommt ein zweites Epitheton am Ende hinzu. Zum Beispiel ist *leiocarpum* das infraspezifische Epitheton zu dem Namen *Acer campestre* subsp. *leiocarpum*.

et (und …): In manchen Büchern wird das „et" (z.B. HUMB., BONPL. et KUNTH) auch durch „&" (HUMB., BONPL. & KUNTH) dargestellt.

ex (aus …): Kennzeichnung einer Validierungsbeziehung (steht zwischen zwei Autoren). Der nach dem „ex" stehende Autor hat den Namen, der der vor dem „ex" stehende Autor zwar geprägt aber nicht oder nur ungültig veröffentlicht hat, gültig veröffentlicht, d.h. validiert. Der vor dem „ex" stehende Autor ist der sog. Ex-Autor.

f. (filius): Der Sohn. Dient in einigen Fällen zur Unterscheidung zweier miteinander verwandter Autoren (Vater und Sohn), wobei dann nur der Sohn den Zusatz erhält, z.B. „L." für LINNÉ und „L. f." für LINNÉ filius. Auch bei Reichenbach (RCHB. f.), Hooker (HOOK. f.) und anderen Autoren.

fam. (familia): Rangstufe Familie

---

* Jeder, der Pflanzen aus Übersee oder aus dem Ausland einführen oder mitbringen will, unterrichte sich vorher, ob sie aufgrund des Washingtoner Artenschutzabkommens gesammelt oder eingeführt werden dürfen.

fo. (forma): Rangstufe „Form". Oft auch nur durch Hochkommas gekennzeichnet, z.B. „fo. alba" entspricht 'Alba'.
-f- (femininum): Weiblichen Geschlechts, im Lateinischen oft gekennzeichnet durch die Endung *-a*.
Grp. (Gruppe): Taxonomische Artengruppe in der englischsprachigen Literatur – entspricht begrifflich dem Aggregat. Der Begriff wird im vorliegenden Werk hauptsächlich dazu verwendet, um gärtnerische Züchtungsgruppen voneinander zu unterscheiden, z.b. *Delphinum* Belladonna Grp. und *Delphinum* Elatum Grp.
Homonym (gleich lautender, aber für eine andere Sippe verwendeter Name): Alle jüngeren, also späteren Homonyme sind illegitim und daher nicht als Namen verwendbar. Das älteste Homonym ist legitim, wenn der Name ansonsten den Regeln entspricht. Nur gültig veröffentlichte Namen werden bei der Homonymie-Regel berücksichtigt. Infraspezifische Namen auf verschiedenen Rangstufen mit dem gleichen, aber heterotypischen Epitheton gelten ebenfalls als Homonyme.
hort. (hortulanorum): Steht anstelle eines Autors. Der Name ist eine gärtnerische Bezeichnung für eine Sippe ohne einen spezifischen Autor; der Name ist nicht gültig veröffentlicht. Im Englischen wird der Begriff auch oft gleichgesetzt mit „... of gardens". Dies bedeutet, dass eine Pflanze im Handel oft unter falschem Namen kursiert. So wird z.B. die echte *Passiflora antioquiensis* H. KARST kaum angeboten, sondern es handelt sich um *P.* × *exoniensis* L.H. BAILEY. „*P. antioquiensis* of gardens" wird demnach als *P. antioquiensis* hort. bezeichnet.
in (in ...): Veröffentlicht im Werk des nachfolgenden Autors (des so genannten In-Autors), der nach den neuen Nomenklaturregeln nicht mehr zum Autorzitat gehört. Das „in" steht zwischen dem Autor des Namens und dem Autor des Werkes.
incl. (incluso): Einschließlich (eines Synonyms)
Infraspezifisch: Eine infraspezifische Sippe ist eine innerartliche Sippe. An infraspezifischen Sippen werden hier hauptsächlich Unterart (subsp.), Varietät (var.) und Form (fo.) unterschieden. *Ballota nigra* subsp. *meridionalis* ist ein infraspezifischer Name; *meridionalis* ein infraspezifisches Epitheton.
-m- (maskulinum): Männlichen Geschlechts, im Lateinischen oft gekennzeichnet durch die Endung *-us*.
mult. (multorum): ... vieler, z.B. „auct. mult. non ..." bedeutet: im Sinne vieler Autoren, aber nicht im Sinne des Autors des Namens.
-n- (neutrum): Sächlichen Geschlechts, im Lateinischen oft gekennzeichnet durch die Endung *-um*.
nec (auch nicht): Steht im Zusammenhang mit non-Zitaten, wenn weitere Homonyme erwähnt werden.
nom. cons. (nomen conservandum): Ein nach dem ICBN konservierter Name.
nom. illeg. (nomen illegitimum): Ein unrechtmäßiger Name (ein jüngeres Homonym oder ein überflüssiger Name, der einen bereits bestehenden legitimen Namen zu ersetzen versucht).
nom. nud. (nomen nudum): Ein „nackter Name", ein Name ohne die nomenklatorisch geforderte Beschreibung.
nom. rej. (nomen rejiciendum): Ein nach dem ICBN zu verwerfender Name, gilt auch für alle Namen, die auf diesen Kombinationen beruhen. Bei taxonomischen Synonymen gilt die Verwerfung nur dann, wenn beide als nicht verschieden gewertet werden.
nom. superfl. (nomen superfluum): Ein überflüssiger Name liegt vor, wenn ein Autor bei der Veröffentlichung eines Namens einen bereits existierenden (und nach den Regeln anzunehmenden) älteren Namen oder seinen Typus zitiert. Alle Kombinationen, die auf diesem älteren Namen beruhen, also den gleichen Typus besitzen, gelten als mitzitiert.
non (nicht): Verneinung, die bei auct.-Fällen und bei Homonymen steht (der vor dem „non" stehende Name ist das jüngere, in der Regel illegitime Homonym, der nach „non" stehende Name ist das ältere Homonym).
notho- (Bastard): Die Bastardnatur wird durch den Gebrauch des Malzeichens × gekennzeichnet oder dadurch, dass das Präfix „notho-" der Bezeichnung der Rangstufe des Taxons beigefügt wird (z.B. *nothosubsp., nothovar.*)
p.p. (pro parte): Zum Teil, also bei Namen, die sich auf zwei oder mehr Sippen beziehen – entweder bei Namen, deren Typus noch nicht feststeht und in der Vergangenheit für mehr als eine Sippe verwendet wurde. Eine „p.p."-Kennzeichnung steht aber auch bei Sippennamen, die von bestimmten Autoren in weiterer Umgrenzung verwendet werden, als in der vorliegenden Klassifikation, in der sie als „p.p."-Synonyme dargestellt sind.
s.l. (sensu lato): „In einem weiten Sinn" meint die taxonomisch weite Umgrenzung einer Sippe (jeglicher Rangstufe). Nicht – wie in manchen Floren – als alternative Bezeichnung für eine Artengruppe bzw. „Sammelart" zu verstehen!
s.str. (sensu stricto): „In einem engeren Sinn" ist dies eine Sippe (jeglicher Rangstufe) in taxonomisch enger Umgrenzung.
sensu (im Sinne von ...): In der taxonomischen Auffassung bzw. Umgrenzung eines (nachfolgend genannten) Autors oder seines Werkes.
sp. (species): Rangstufe Art
stat. nov. (status novus): Rangstufenänderung (an dieser Stelle).
subsp. (subspecies): Rangstufe „Unterart"
Syn. (Synonym): Ein gleichbedeutender Name ist ein Name, der nicht gültig veröffentlicht, nicht legitim oder nicht korrekt (der älteste) ist – oder der aufgrund der mit ihm zum Ausdruck gebrachten systematischen Stellung oder Bewertung nicht akzeptiert wird.
Tautonym: Ein in der botanischen Nomenklatur nicht erlaubter Artname, bei dem das Artbeiwort den Gattungsnamen wiederholt. Wird z.B. *Acer negundo* L. in eine eigene Gattung *Negundo* gestellt, darf die Art nicht zu dem Tautonym *Negundo negundo* umkombiniert werden, sondern heißt in diesem Falle *Negundo aceroides* MOENCH.
var. (varietas): Rangstufe Varietät
vel (auch, aber auch): Wenn ein Sippenname im Sinne mehrerer Autoren verwendet wird, z.B. *Philadelphus satsumanus* sensu K. KOCH vel REHDER.

6 Alphabetische Liste der Arten und Sorten

Abelia R. Br. 1818 -f-
Caprifoliaceae · (S. 393)
D:Abelie; E:Abelia; F:Abélia
- **biflora** Turcz. 1837 · D:Zweiblütige Abelie · ♄ d Z8 ⓚ; W-China [26997]
- **chinensis** R. Br. 1818 · D:China-Abelie; E:Chinese Abelia · ♄ d Z8 ⓚ VII-IX; China [23539]
- **engleriana** (Graebn.) Rehder 1911 · D:Englers Abelie; E:Engler's Abelia · ♄ d Z8 ⓚ VI-VII; China [18171]
- **floribunda** (Mart. et Galeotti) Decne. 1846 · D:Reichblütige Abelie; E:Mexican Abelia · ♄ e Z8 ⓚ V-VI; Mex. [32870]
- **graebneriana** Rehder · D:Graebners Abelie; E:Graebner's Abelia · ♄ d Z8 ⓚ VII; C-China
- × **grandiflora** (Rovelli ex André) Rehder 1900 (*A. chinensis* × *A. uniflora*) · D:Großblütige Abelie; E:Glossy Abelia · ♄ s Z8 ⓚ ∧ VII-X; cult. [27880]
  'Francis Mason' [41870]
  'Gold Spot' [20817]
  'Gold Strike' = Abelia × grandiflora 'Gold Spot'
  'Prostrata' [20818]
- *longituba* Rehder = Abelia schumannii
- **mosanensis** T.H. Chung ex Nakai 1926 · D:Koreanische Abelie · ♄ Z8 ⓚ V-VI; Korea [15396]
- *rupestris* hort. Späth = Abelia × grandiflora
  - var. *grandiflora* André = Abelia × grandiflora
- *rupestris* Lindl. = Abelia chinensis
- **schumannii** (Graebn.) Rehder 1911 · D:Schumanns Abelie; E:Schumann's Abelia · ♄ s Z8 ⓚ ∧ VI-IX; W-China [20823]
- **spathulata** Siebold et Zucc. · ♄ d Z8 ⓚ V; Jap.
- **triflora** R. Br. ex Wall. 1829 · D:Dreiblütige Abelie · ♄ d Z8 ⓚ VI-VII; NW-Him. [20825]
- **uniflora** R. Br. ex Wall. 1829 · D:Einblütige Abelie · ♄ e Z8 ⓚ VI-IX; E-China
- **zanderi** (Graebn.) Rehder 1911 · D:Zanders Abelie · ♄ d Z8 ⓚ VII-VIII; China [20826]
- in vielen Sorten:
  'Confetti' = Abelia 'Conti'
  'Conti' [20816]
  'Edward Goucher' [41869]

Abeliophyllum Nakai 1919 -n-
Oleaceae · (S. 672)
D:Schneeforsythie; E:White Forsythia; F:Forsythia blanc
- **distichum** Nakai 1919 · D:Schneeforsythie; E:White Forsythia · ♄ d Z7 ∧ V; C-Korea [13350]

Abelmoschus Medik. 1787 -m-
Malvaceae · (S. 614)
D:Bisameibisch; F:Gombo, Okra
- **esculentus** (L.) Moench 1794 · D:Essbarer Bisameibisch, Okra; E:Gumbo, Lady's Fingers, Okra · ⊙ Z9 ⊙ VII-VIII ⓝ; Ind., NE-Afr., nat. in Trop.
- **manihot** (L.) Medik. 1787 · D:Maniok-Bisameibisch; E:Manioc Hibiscus · ⊙ ⊙ ♃ Z9 ⓚ VII-IX ⓝ; trop. As., nat. in Trop.
- **moschatus** Medik. 1787 · D:Moschus-Bisameibisch; E:Musk Mallow · ⊙ ⊙ Z9 ⓚ VII-VIII ⚥ ⓝ; Ind., nat. in Trop.

Aberia Hochst. = Dovyalis
- *caffra* Hook. f. et Harv. = Dovyalis caffra
- *gardneri* Clos = Dovyalis hebecarpa

Abies Mill. 1754 -f- *Pinaceae* · (S. 92)
D:Tanne; E:Fir, Silver Fir; F:Sapin
- **alba** Mill. 1768 · D:Weiß-Tanne; E:European Silver Fir · ♄ Z4 V-VI ⓝ; Eur.* exc. BrI, Sc [24040]
  'Compacta' Parson's Nurs. 1885 [34312]
  'Pendula' Godefroy 1850 [32312]
  'Pyramidalis' Lawson 1850 [32314]
  - subsp. *equi-trojani* (Asch. et Sint. ex Boiss.) Asch. et Graebn. 1897 = Abies nordmanniana subsp. equi-trojani
- **amabilis** (Douglas ex Loudon) Douglas ex J. Forbes 1839 · D:Purpur-Tanne; E:Pacific Silver Fir, Red Silver Fir · ♄ e Z6 ⓝ; SE-Alaska, B.C., Wash., Oreg., N-Calif. [24050]
- × **arnoldiana** Nitz. 1969 (*A. koreana* × *A. veitchii*) · D:Arnolds Tanne · ♄ e Z5; cult. [20623]
- **balsamea** (L.) Mill. 1768 · D:Balsam-Tanne; E:Balm of Gilead, Balsam Fir · [24070]
  Hudsonia Grp. · ♄ e Z4; USA: New Hampshire [24080]
  fo. *hudsoniana* (Jacq.) Fernald et Weath. = Abies balsamea var. balsamea
  'Nana' Nelson > 1866 [24090]
  'Piccolo' E. Carstens 1987 [37492]
  - var. **balsamea** · D:Gewöhnliche Balsam-Tanne · ♄ e D Z2 ⚥ ⓝ; Can., USA: NE, NCE
- **borisii-regis** Mattf. 1925 · D:Bulgarische Tanne, König-Boris-Tanne; E:King Boris Fir · ♄ e Z6; GR, S-BG
- *bornmuelleriana* Mattf. = Abies nordmanniana subsp. equi-trojani
- *brachyphylla* Maxim. = Abies homolepis var. homolepis
- **bracteata** (D. Don) A. Poit. 1845 · D:Grannen-Tanne, Santa-Lucia-Tanne; E:Bristlecone Fir, Santa Lucia Fir · ♄ e Z8; SW-Calif.
- *candicans* Fisch. ex Henkel et W. Hochst. = Abies nordmanniana subsp. nordmanniana
- **cephalonica** Loudon 1838 · D:Griechische Tanne; E:Grecian Fir, Greek Fir · ♄ e Z6 ⓝ [24100]
  'Meyer's Dwarf' Den Ouden/Boom 1965
  - var. *apollinis* (Link) Beissn. 1887 = Abies cephalonica
  - var. *graeca* (Fraas) T.S. Liu 1971 = Abies nordmanniana subsp. equi-trojani
- **chensiensis** Tiegh. · D:Gewöhnliche Shensi-Tanne · ♄ e Z6; China: Shaanxi, Hubei, Yunnan
- **cilicica** (Antoine et Kotschy) Carrière · D:Gewöhnliche Cilicische Tanne · ♄ e Z6; TR, N-Syr.
- **concolor** (Gordon) Lindl. ex Hildebr. 1861 · D:Colorado-Tanne; E:Colorado Fir, White Fir · ♄ e Z5 V ⓝ; USA: Oreg., Calif., Rocky Mts., SW; Mex.: Baja Calif., Sonora [24110]
  'Archer's Dwarf' J.W. Archer 1982
  'Argentea' Niemetz 1903 [55353]
  'Compacta' Hornibrook 1939 [24130]
  Lowiana Grp. · D:Pazifische Weiß-Tanne, Sierra-Tanne; E:Low's Fir, Pacific White Fir, Sierra White Fir · ♄ e Z4; USA: Oreg., Calif. [19547]
  Violacea Grp. Murray 1875 [24140]
  'Wintergold' Horstmann 1979 [11467]
- **delavayi** Franch. 1899 · D:Delavays Tanne; E:Delavay's Fir
  - var. **delavayi** · D:Yunnan-Tanne · ♄ e Z7; SW-China, NE-Ind., N-Myanmar
  - var. *fabri* (Mast.) D.R. Hunt 1967 = Abies fabri
  - var. *faxoniana* (Rehder et E.H. Wilson) A.B. Jacks. 1932 = Abies fargesii var. faxoniana

- var. *forrestii* (Coltm.- Rog.) A.B. Jacks. 1932 = Abies forrestii
- var. *smithii* (Viguié et Gaussen) T.S. Liu 1971 = Abies forrestii
- *equi-troyani* (Asch. et Sint. ex Boiss.) Mattf. = Abies nordmanniana subsp. equi-trojani
- *excelsa* (Lam.) Poir. = Picea abies var. abies
- **fabri** (Mast.) Craib · D:Fabers Tanne; E:Faber's Fir · ♄ e Z6; China: Yunnan
- **fargesii** Franch. 1899 · D:Farges' Tanne; E:Farges' Fir
  - var. *fargesii* · D:Gewöhnliche Farges' Tanne · ♄ e Z7; C-China
  - var. *faxoniana* (Rehder et E.H. Wilson) T.S. Liu 1971 · D:Sichuan-Tanne · ♄ e Z7; W-China: Sichuan
  - var. *sutchuensis* Franch. 1899 · D:Gansu-Tanne · ♄ e Z7; W-China
- **firma** Siebold et Zucc. 1842 · D:Momi-Tanne; E:Japanese Fir, Momi Fir · ♄ e Z6; Jap.
- **forrestii** Coltm.- Rog. · D:Gewöhnliche Forrest-Tanne · ♄ e Z7; SW-China
- **fraseri** (Pursh) Poir. 1817 · D:Frasers Tanne; E:Southern Balsam Fir · ♄ e Z5 Ⓝ; USA: Va., W.Va., Tenn., N.C. [32318]
- **grandis** (Douglas ex D. Don) Lindl. 1833 · D:Küsten-Tanne, Riesen-Tanne; E:Giant Fir, Grand Fir · ♄ e Z6 V Ⓝ; B.C., USA: NW, Rocky Mts., N-Calif. [24150]
- **holophylla** Maxim. 1866 · D:Mandschurische Tanne, Nadel-Tanne; E:Manchurian Fir, Needle Fir · ♄ e Z6; Korea, Manch. [24160]
- **homolepis** Siebold et Zucc. 1842 · D:Nikko-Tanne; E:Nikko Fir · [24170]
  - var. *homolepis* · D:Gewöhnliche Nikko-Tanne · ♄ e Z5 Ⓝ; Jap.
  - var. *umbellata* (Mayr) E.H. Wilson 1916 · D:Schirmförmige Nikko-Tanne · ♄ e Z5; Honshu
- × **insignis** Carrière ex Bailly 1890 (*A. nordmanniana* × *A. pinsapo*) · D:Prächtige Hybrid-Tanne · ♄ e Z6; cult. [14293]
- **kawakamii** (Hayata) T. Itô 1909 · D:Formosa-Tanne; E:Formosan Fir, Taiwan Fir · ♄ e Z7; Taiwan
- **koreana** E.H. Wilson 1920 · D:Korea-Tanne; E:Korean Fir · ♄ e ⚘ Z5; Korea [24190]

'Blauer Pfiff' Wittboldt-Müller 1979 [30720]
'Luminetta' L. Koning 1990 [27397]
'*Lutea*' = Abies koreana 'Luminetta'
'Silberlocke' Horstmann 1979 [33778]
- **lasiocarpa** (Hook.) Nutt. 1849 · D:Felsengebirgs-Tanne; E:Alpine Fir, Subalpine Fir · [32324]
'Argentea' Henkel 1901 [24210]
'Arizonica Compacta' Beissn. 1979 [10757]
'Green Globe' Welch 1979 [22582]
  - var. *arizonica* (Merriam) Lemmon 1898 · D:Arizona-Tanne, Kork-Tanne; E:Corkbark Fir · ♄ e D Z5; USA: Colo., SW [24230]
  - var. *lasiocarpa* · D:Gewöhnliche Felsengebirgs-Tanne · ♄ e Z4 Ⓝ; Alaska, Can.: W; USA: NW, Rocky Mts., SW
- *lowiana* (Gordon) A. Murray bis = Abies concolor
- **magnifica** A. Murray bis · D:Kalifornische Rot-Tanne; E:California Red Fir, Red Fir · ♄ e Z6 Ⓝ; USA: Oreg., Calif., Nev.
- **mariesii** Mast. 1879 · D:Aomori-Tanne, Maries' Tanne; E:Maries' Fir, Shasta Red Fir · ♄ e Z6; Jap. [32326]
- *nobilis* (Douglas ex D. Don) Lindl. = Abies procera
- *nobilis* A. Dietr. = Abies alba
  - var. *magnifica* (A. Murray bis) Kellogg 1882 = Abies magnifica
- **nordmanniana** (Steven) Spach 1841 · D:Nordmanns-Tanne; E:Caucasian Fir, Christmas Tree · [24280]
'Barabits' Compact' Barabits 1985 [20625]
'Golden Spreader' Konijn Nurs. 1960 [35012]
'Pendula' Young's Nurs. 1874 [24290]
  - subsp. *bornmuelleriana* (Mattf.) Coode et Cullen 1965 = Abies nordmanniana subsp. equi-trojani
  - subsp. **equi-trojani** (Asch. et Sint. ex Boiss.) Coode et Cullen 1965 · D:Troja-Tanne, Türkische Tanne; E:Bornmueller's Fir · ♄ e Z4; NW-TR [29201]
  - subsp. **nordmanniana** · D:Gewöhnliche Nordmanns-Tanne; E:Caucasian Fir, Christmas Tree · ♄ e Z5 V Ⓝ; Cauc., TR
  - var. *bornmuelleriana* (Mattf.) Silba 1990 = Abies nordmanniana subsp. equi-trojani
  - var. *equi-trojani* (Asch. et Sint. ex Boiss.) Guin. et Maire 1908 = Abies nordmanniana subsp. equi-trojani
- **numidica** de Lannoy ex Carrière 1866 · D:Algier-Tanne, Numidische Tanne; E:Algerian Fir · ♄ e Z6; NE-Alger. [32328]
- *pectinata* (Lam.) Lam. et DC. = Abies alba
  - var. *equi-trojani* Asch. ex Sint. ex Boiss. 1884 = Abies nordmanniana subsp. equi-trojani
- **picea**
  - var. *leioclada* Steven ex Lindl. et Gordon 1850 = Abies nordmanniana subsp. equi-trojani
- *picea* Mill. = Picea abies var. abies
- *pichta* Forbes = Abies sibirica
- **pindrow** (Lamb.) Royle · D:Gewöhnliche Pindrow-Tanne · ♄ e Z8 Ⓝ; Him.: Afgh., Kashmir, NW-Ind., W-Nepal
- **pinsapo** Boiss. 1838 · D:Spanische Tanne; E:Hedgehog Fir, Spanish Fir · [24300]
'Aurea' Sénéclauze 1868 [20626]
'Glauca' Defosse et Thuiller 1867 [24310]
'Kelleriis' Poulsen 1920 [28460]
'Pendula' Beissn. 1891 [20628]
  - var. *pinsapo* · D:Gewöhnliche Spanische Tanne · ♄ e Z6 Ⓝ; S-Sp., N-Maroc.
- **procera** Rehder 1940 · D:Edel-Tanne, Edle Tanne; E:Christmas Tree, Noble Fir · ♄ e Z6 Ⓝ; USA: Wash., Oreg., N-Calif. [24260]
'Blaue Hexe' Böhlje 1965 [31893]
Glauca Grp. [24270]
- **recurvata** Mast. · D:Gewöhnliche Min-Tanne · ♄ e Z5; W-China: Sichuan
- **sachalinensis** (Honda) W.G. Schmid · D:Gewöhnliche Sachalin-Tanne · ♄ e Z4 Ⓝ; N-Jap., Sachal.
- **sibirica** Ledeb. · D:Sibirische Tanne; E:Siberian Fir · ♄ e Z4 Ⓝ; Eur.: Russ.; N-As., C-As., Mong., nat. in Sc
- **spectabilis** (D. Don) Spach 1841 · D:Himalaya-Tanne; E:Himalayan Fir · ♄ e Z8 Ⓝ; Him.: Afgh., Kashmir, NW-Ind., Nepal, Bhutan
- **squamata** Mast. 1906 · D:Schuppenrindige Tanne; E:Flaky Fir · ♄ e Z6; SW-China: Sichuan
- *subalpina* Engelm. = Abies lasiocarpa var. lasiocarpa
- **veitchii** Lindl. 1861 · D:Veitchs Tanne; E:Veitch Fir, Veitch's Silver Fir · [24320]
  - var. *sachalinensis* F. Schmidt 1868 = Abies sachalinensis
  - var. *veitchii* · D:Veitchs Tanne; E:Veitch Fir, Veitch's Silver Fir · ♄ e Z5; C-Jap.

- *venusta* (Douglas ex Hook.) K. Koch = Abies bracteata
- × **vilmorinii** Mast. 1868 (*A. cephalonica* × *A. pinsapo*) · D:Vilmorins Tanne; E:Vilmorin's Fir · ♄ e Z6; cult.
- *webbiana* (Wall. ex D. Don) Lindl. = Abies spectabilis

Abobra Naudin 1862 -f- *Cucurbitaceae* · (S. 438)
- **tenuifolia** (Gillies) Cogn. 1877 · ⚁ ⚄ ⚈ ⚇ ∧; Arg., Urug.
- *viridiflora* Naudin = Abobra tenuifolia

Abroma Jacq. 1776 -n- *Sterculiaceae* · (S. 856)
- **augustum** (L.) L. f. 1781 · ♄ e ⓦ ⚘ ⓝ; SE-As, N-Austr.

Abromeitiella Mez = Deuterocohnia
- *brevifolia* (Griseb.) A. Cast. = Deuterocohnia brevifolia
- *chlorantha* (Speg.) Mez = Deuterocohnia brevifolia
- *lorentziana* (Mez) A. Cast. = Deuterocohnia lorentziana

Abronia Juss. 1789 -f- *Nyctaginaceae* · (S. 667) D:Sandverbene; E:Sand Verbena; F:Verveine des sables
- **umbellata** Lam. 1791 · D:Rosafarbene Sandverbene; E:Pink Sand Verbena · ⊙ ⚁ D Z8 ⚇ VII-X; B.C.; USA: Wash., Oreg., Calif.; Mex.: Baja Calif.

Abrus Adans. 1763 -m- *Fabaceae* · (S. 493) D:Paternostererbse; F:Pois à chapelet
- **precatorius** L. 1767 · D:Paternostererbse; E:Crab's Eye Vine, Indian Liquorice, Rosary Pea · ♄ ⚄ ⓦ ⚘ ⚘ ⓝ; Trop., nat. in S-Fla.

Abutilon Mill. 1754 -n- *Malvaceae* · (S. 614) D:Sammetmalve, Samtpappel, Schönmalve; E:Flowering Maple, Indian Mallow; F:Abutilon, Lanterne chinoise
- **darwinii** Hook. f. 1829 · D:Darwins Samtpappel · ♄ Z8 ⚇; Bras.
- *globosum* hort. = Abutilon × hybridum
- × **hybridum** hort. (*A. darwinii* × *A. pictum*) · D:Chinalaterne; E:Chinese Lantern · ♄ Z8 ⚇; cult.
'Canary Bird' [23548]
'Kentish Belle' [23564]
'Nabob' [23576]
'Patrick Synge' [23579]
'Satin Pink Belle'
'Souvenir de Bonn' [23593]
- **indicum** (L.) Sweet 1826 · D:Indische Samtpappel; E:Indian Mallow · ⊙ ⊙ ⚁ Z10 ⚇ ⚄ ⓝ; trop. Afr., trop. As., nat. in Fla., W-Ind., trop. S-Am.
- **insigne** Planch. · ♄ Z9 ⚇; Col., Venez.
- **megapotamicum** (Spreng.) A. St.-Hil. et Naudin 1842 · D:Kriechende Samtpappel; E:Trailing Abutilon · ♄ e ⚄ Z8 ⚇ I-XII; Bras. [10995]
'Variegatum' [23573]
- × **milleri** hort.
'Variegatum'
- **ochsenii** (Phil.) Phil. 1856 · D:Chile-Samtpappel · ♄ e Z8 ⚇; Chile [10996]
- **pictum** (Gillies ex Hook. et Arn.) Walp. 1842 · D:Bunte Samtpappel; E:Painted Indian Mallow · ♄ ♄ Z9 ⚇ VIII-XI; Bras., nat. in C-Am., n S-Am. [23604]
'Thompsonii' [58002]
- **sellowianum** (Klotzsch) Regel 1859 · D:Sellows Samtpappel · ♄ ⚇
- *striatum* G.F. Dicks. ex Lindl. = Abutilon pictum
- × **suntense** C.D. Brickell 1971 (*A. ochsenii* × *A. vitifolium*) · D:Purpur-Samtpappel · ♄ e ⚇; cult. [10998]
'Jermyns'
'Violetta'
- **theophrasti** Medik. 1787 · D:Chinesische Samtpappel; E:Butter-Print, China Jute, Velvet Leaf · ⊙ Z4 VII-VIII ⓝ; Ind., China, nat. in Eur.: Ib, F Ap, H, Ba, EC-Eur.; TR, Cauc., C-As., N-Afr., USA, Austr. [23603]
- **venosum** Lem. 1844 · D:Geaderte Samtpappel · ♄ Z9 ⚇ VIII-XI; ? Bras. [23601]
- *vexillarium* E. Morren = Abutilon megapotamicum
- **vitifolium** (Cav.) C. Presl 1831 · D:Kurzlebige Samtpappel · ♄ e Z8 ⚇ V-VI; Chile [10997]
'Album' [23599]
'Tennant's White'

Acacia Mill. 1754 -f- *Mimosaceae* · (S. 642) D:Mimose der Gärtner, Akazie; E:Mimosa, Whattle; F:Acacia, Mimosa
- **acinacea** Lindl. 1838 · D:Goldstaub-Akazie; E:Gold-dust Wattle · ♄ e Z9 ⚇; Austr.: N.S.Wales, Victoria, S-Austr.
- **aculeatissima** J.F. Macbr. 1919 · D:Schmalblättrige Akazie; E:Creeping Wattle, Thin-leaf Wattle · ♄ e Z9 ⚇ I-XII; Austr.: N.S.Wales, Victoria
- **acuminata** Benth. 1842 · D:Himbeer-Akazie; E:Raspberry Acacia · ♄ Z9 ⚇; Austr.: W-Austr.
- **adunca** A. Cunn. ex G. Don 1832 · D:Wallangarra-Akazie; E:Wallangarra Wattle · ♄ ♄ e Z9 ⚇; Austr.: N.S.Wales
- **alata** R. Br. 1813 · D:Geflügelte Akazie; E:Winged Wattle
- var. **alata** · ♄ e Z8 ⚇; W-Austr.
- var. **platyptera** (Lindl.) Meisn. 1845 · D:Breit-geflügelte Akazie · ♄ e Z8 ⚇ III-V; W-Austr.
- **albida**
- **aneura** F. Muell. 1855 · D:Mulga-Akazie; E:Mulga · ♄ ♄ e Z9 ⚇; Austr.: Queensl., N.S.Wales, S-Austr., W-Austr., N.Terr.
- *arabica* (Lam.) Willd. = Acacia nilotica
- *argyrophylla* Hook. ex F. Muell. = Acacia brachybotrya
- **auriculiformis** A. Cunn. ex Benth. · D:Ohrförmige Akazie; E:Black Wattle · ♄ e Z9 ⚇ ⓝ; N.Guinea
- **baileyana** F. Muell. · D:Baileys Akazie; E:Bailey Acacia, Cootamundra Wattle · ♄ ♄ e Z8 ⚇ III-IV ⓝ; Austr.: N.S.Wales
'Purpurea'
- **boormanii** · ♄ e Z8 ⚇; Austr. (N.S.Wales, Victoria)
- **brachybotrya** Benth. 1848 · D:Graue Mulga-Akazie; E:Grey Mulga · ♄ Z9 ⚇; S-Austr.
- **buxifolia** A. Cunn. 1825 · D:Buchsblättrige Akazie; E:Box Leaf Wattle · ♄ e Z9 ⚇; Austr.: Queensl., N.S.Wales, Victoria
- **caffra** (Thunb.) Willd. 1806 · D:Knorrige Akazie; E:Common Hookthorn · ♄ Z9 ⚇; trop. Afr, S-Afr.
- **calamifolia** Sweet ex Lindl. 1827 · D:Besen-Akazie; E:Broom Wattle · ♄ e Z9 ⚇ III-IV; Austr.: N.S.Wales, Victoria
- **cardiophylla** A. Cunn. ex Benth. 1842 · D:Herzblättrige Akazie; E:Wyalong Wattle · ♄ ♄ Z9 ⚇; Austr.: N.S.Wales
- **catechu** (L. f.) Willd. · D:Cachou-Akazie; E:Cachou Acacia · ♄ d Z9 ⚇ ⚄ ⓝ; Eth., Sambia, Pakist., Ind., Myanmar, Thail., Sumat.,

Java
- **cavenia** (Molina) Molina · ♮ d Z9 ⓜ; Chile, Arg.
- **cornigera** (L.) Willd. 1806 · D:Stierhorn-Akazie; E:Bull Horn Acacia · ♮ ♮ d Z9 ⓜ III; Mex., C-Am., nat. in W.Ind., S-Fla.
- **cultriformis** A. Cunn. ex G. Don 1832 · D:Messerblatt-Akazie; E:Knife Leaf Wattle · ♮ e Z8-9 ⓜ III-IV; Austr.: Queensl., N.S.Wales [11002]
- **cyanophylla** Lindl. · ♮ e Z9 ⓜ II-IV ⓝ; Austr.: W-Austr., nat. in S-Eur., N-Afr.
- **cyclops** A. Cunn. ex G. Don 1832 · D:Küsten-Akazie; E:Coastal Wattle, Rooikrans · ♮ e Z9 ⓜ ⓝ; Austr.: W-Austr., nat. in C-P
- **dealbata** Link 1821 · D:Mimose der Gärtner; E:Mimosa, Silver Wattle · [32872]
  'Clair de Lune'
  'Gaulois Astier' [11006]
  - var. **dealbata** · ♮ e Z8 ⓜ I-IV ⓝ; Austr.: Queensl., N.S.Wales, Victoria, Tasman., nat. in S-Eur.
- **decora** Rchb. 1834 · D:Prächtige Akazie; E:Showy Wattle, Western Silver Wattle · ♮ ♮ e Z9 ⓜ; Austr.: Queensl., N.S.Wales, Victoria
- **decurrens** (J.C. Wendl.) Willd. 1806 · D:Frühe Schwarzholz-Akazie; E:Early Black Wattle, Green Wattle · ♮ e Z7-8 I-IV ⓝ; Austr.: N.S.Wales, nat. in S-Austr., Vict., Tasman.
  - var. *dealbata* (Link) F. Muell. = Acacia dealbata var. dealbata
  - var. *mollis* Lindl. 1819 = Acacia mearnsii
- **drummondii** Lindl. 1839 · D:Drummonds Akazie; E:Drummond's Wattle · ♮ e Z9 ⓜ ⓤ III-IV; W-Austr.
- **dunnii** (Maiden) Turrill 1922 · D:Elefantenohr-Akazie; E:Elephant Ear Wattle · ♮ ♮ e Z9 ⓜ; N-Austr.
- **eburnea** Willd. · ♮ Z9 ⓜ; Arab., Ind., Sri Lanka
- **erioloba** E. Mey. 1836 · D:Kameldorn-Akazie; E:Camel Thorn · ♮ e; trop. Afr.
- **extensa** Lindl. 1839 · D:Borstige Akazie; E:Wiry Wattle · ♮ e Z9 ⓜ; Austr.: W-Austr.
- **farnesiana** (L.) Willd. 1806 · D:Antillen-Akazie; E:Scented Wattle, Sweet Acacia · ♮ ♮ e Z8 ⓜ II-IV ⚥ ⓝ; USA: Tex., SW, S-Calif., Fla.; Mex., W.Ind., S-Am., nat. in USA: SE; sp.
- **fimbriata** A. Cunn. ex G. Don 1832 · D:Gefranste Akazie; E:Fringed Wattle · ♮ ♮ e Z9 ⓜ; Austr.: Queensl., N.S.Wales
- **floribunda** (Vent.) Willd. 1806 · D:Blassgelbe Akazie; E:Sally Wattle, White Sallow · ♮ ♮ Z9 ⓜ III
- **glaucoptera** Benth. 1853 · D:Lehm-Akazie; E:Clay Wattle, Flat Wattle · ♮ ♮ e Z9 ⓜ; W-Austr.
- **hakeoides** A. Cunn. ex Benth. 1842 · D:Westliche Schwarzholz-Akazie; E:Hakea-leaf Wattle, Western Black Wattle · ♮ ♮ e Z9 ⓜ; Austr.: Queensl., N.S.Wales, Victoria, S-Austr., W-Austr.
- **hemiteles** Benth. 1853 · D:Braune Akazie; E:Tan Wattle · ♮ e Z9 ⓜ; Austr.
- **homalophylla** A. Cunn. ex Benth. 1842 · D:Australisches Veilchenholz · ♮ e Z9 ⓜ ⓝ; Austr.
- *horrida* hort. non Willd. = Acacia karroo
- **karroo** Hayne 1827 · D:Karroo-Akazie; E:Sweet Thorn · ♮ d Z8 ⓜ; S-Afr., nat. in SW-Eur., N-Afr.
- **kirkii** Oliv. 1871 · D:Kirks Akazie · ♮ Z9 ⓜ ⓝ; W-Sudan, Tanzania, trop. S-Afr.
- **kybeanensis** Maiden et Blakely 1927 · D:Südalpen-Akazie; E:Kybean Wattle
- **latifolia** Benth. 1842 · D:Breitblättrige Akazie; E:Broadleaf Acacia · ♮ e Z9 ⓜ; NE-Austr.
- *lebbeck* Willd. = Albizia lebbeck
- **ligulata** A. Cunn. ex Benth. 1840 · D:Dünen-Akazie; E:Dune Wattle, Sandhill Wattle · ♮ ♮ e Z9 ⓜ; Austr.
- **longifolia** (Andrews) Willd. 1806 · D:Sydney Gold-Akazie; E:Sydney Golden Wattle · ♮ ♮ e Z9 ⓜ; E-Austr. [11009]
  - var. *floribunda* (Vent.) F. Muell. 1863 = Acacia floribunda
- **mearnsii** De Wild. 1925 · D:Gerber-Akazie; E:Black Wattle · ♮ e Z9 ⓜ I-IV ⓝ; Austr.: Queensl., N.S.Wales, Victoria, Tasman., nat. in P, sp., I
- **melanoxylon** R. Br. 1813 · D:Schwarzholz-Akazie; E:Black Wood Acacia, Blackwood · ♮ e Z8 ⓜ III-IV ⓝ; Austr.: Queensl., N.S.Wales, Victoria, Tasman., nat. in SW-Eur., N-Afr.
- *mollissima* auct. non Willd. = Acacia mearnsii
- **mucronata** Willd. 1809 · D:Bleiche Akazie; E:Variable Sallow Wattle · ♮ e Z8 ⓜ; Austr. (N.S.Wales, Victoris, Tasman.)
- **nilotica** (L.) Willd. ex Delile 1812 · D:Ägyptischer Schotendorn; E:Babul, Gum Arabic Tree · ♮ Z9 ⓜ ⚥ ⓝ; trop. Afr., S-Afr., nat. in Ind.
- **obliquinervia** Tindale 1968 · D:Geaderte Akazie · ♮ e Z8 ⓜ; Austr. (N.S.Wales, Victoria)
- **paradoxa** DC. 1813 · D:Känguru-Akazie; E:Hedge Wattle, Kangaroo Thorn · ♮ Z8-9 ⓜ ⓤ III-IV ⓝ [18057]
- **pendula** A. Cunn. ex G. Don 1832 · D:Hänge-Akazie; E:Myall Acacia · ♮ e Z9 ⓜ; Austr. (Queensl., N.S.Wales, Victoria)
- **podalyriifolia** A. Cunn. ex G. Don 1832 · D:Queensland-Akazie; E:Pearl Acacia, Queensland Silver Wattle · ♮ ♮ e Z8 ⓜ XII-III; Austr.: Queensl., N.S.Wales
- **polyacantha** Willd. 1806 · D:Vielstachlige Akazie; E:Catechu Tree · ♮ Z9 ⓜ ⓝ; trop. Afr., Sri Lanka, Myanmar
- **pravissima** F. Muell. 1882 · D:Ovens Akazie; E:Alpine Wattle, Oven's Wattle · ♮ ♮ e Z8 ⓜ; Austr. (N.S.Wales, Victoria)
- **pubescens** (Vent.) R. Br. 1814 · D:Flaumige Akazie; E:Downy Wattle · ♮ ♮ e Z9 ⓜ; Austr.
- **pulchella** R. Br. 1814 · D:Mosesdorn; E:Prickly Moses · ♮ Z8 ⓜ ⓤ IV-V; Austr.: W-Austr.
- **pycnantha** Benth. 1842 · D:Gold-Akazie; E:Golden Wattle · ♮ ♮ e Z8 ⓜ III-IV ⓝ; Austr.: N.S.Wales, Victoria, S-Austr., nat. in S-P, I
- **redolens** Maslin 1974 · D:Niedere Akazie; E:Low Boy, Prostrate Acacia · ♮ e Z8 ⓜ; Austr. (W-Austr.)
- **retinodes** Schltdl. 1847 · D:Wasser-Akazie; E:Water Wattle, Wirilda · ♮ ♮ e Z9 ⓜ II-IX; Austr.: Victoria, S-Austr., Tasman., nat. in S-Eur. [11012]
- **riceana** Hensl. 1833 · D:Rices Akazie; E:Rice's Wattle · ♮ ♮ e Z8 ⓜ III-IV; Tasman.
- **rigens** A. Cunn. ex G. Don 1832 · D:Nadelkissen-Akazie; E:Nealie, Needle-bush Wattle · ♮ e Z9 ⓜ; Austr.: N.S.Wales, Victoria, S-Austr.
- **rubida** A. Cunn. 1825 · D:Rotrindige Akazie; E:Red-stemmed Wattle · ♮ ♮ e Z8 ⓜ; Austr. (Queensl., N.S.Wales, Victoria, S-Austr.)

- **saligna** (Labill.) H.L. Wendl. 1798 · D:Blaublättrige Akazie; E:Blue Leaf Wattle · ♄ ♄ e Z9 ⓚ; W-Austr. [11013]
- *saligna* auct. mult. non (Labill.) H.L. Wendl. = Acacia cyanophylla
- **semperflorens** · ♄ ♄ e ⓚ [58020]
- **senegal** (L.) Willd. 1806 · D:Gummi-Akazie, Gummi-Arabicumbaum; E:Gum Arabic Tree, Sudan Gum Arabic · ♄ ♄ d Z9 ⓚ ⚥ ⓝ; W.Sudan, Nigeria, Arab.
- **seyal** Delile 1812 · D:Seyal Gummi-Akazie; E:Thirty Thorn, Whistling Tree · ♄ d Z9 ⓚ ⓝ; trop. Afr, Egypt
- *spadicigera* Schltdl. et Cham. = Acacia cornigera
- **spectabilis** A. Cunn. ex Benth. 1842 · D:Ruhmes-Akazie; E:Glory Wattle, Mudgee · ♄ ♄ e Z9 ⓚ; Austr.: Queensl., N.S.Wales
- **sphaerocephala** Schltdl. et Cham. 1830 · D:Ameisen-Akazie; E:Bee Wattle · ♄ ♄ Z9 ⓦ; Mex.
- **stenophylla** A. Cunn. ex Benth. 1842 · D:Schnürsenkel-Akazie; E:Shoestring Acacia · ♄ e Z9 ⓚ; Austr.
- **suaveolens** (Sm.) Willd. 1806 · D:Duft-Akazie; E:Sweet Scented Wattle · ♄ e Z9 ⓚ III-VIII; Austr.: Queensl., N.S.Wales, Victoria, Tasman.
- **subulata** Bonpl. 1813 · D:Ahlenblättrige Akazie; E:Awl-leaf Wattle · ♄ e Z8 ⓚ; SE-Austr.
- **suma** (Roxb.) Kurz = Acacia polyacantha
- *tenuifolia* F. Muell. non L. = Acacia aculeatissima
- **terminalis** (Salisb.) J.F. Macbr. 1919 · D:Sonnenschein-Akazie; E:Sunshine Wattle · ♄ ♄ e Z9 ⓚ; Austr.: N.S.Wales, Victoria, Tasman.
- **tortilis** (Forssk.) Hayne 1827 · D:Drehfrüchtige Akazie; E:Umbrella Thorn · ♄ ♄ Z9 ⓦ ⓝ; N-Afr., Arab.
- **ulicifolia** (Salisb.) Court 1957 · D:Stechginsterblättrige Akazie; E:Juniper Wattle · ♄ e Z9 ⓚ III-IV; Austr.: Queensl., N.S.Wales, Victoria, Tasman.
- *verek* Guill. et Perr. = Acacia senegal
- **verniciflua** A. Cunn. 1825 · D:Firnis-Akazie; E:Varnish Wattle · ♄ ♄ e Z8 ⓚ; Austr.: Queensl., N.S.Wales, Victoria, S-Austr., Tasman.
- **verticillata** (L'Hér.) Willd. 1806 · D:Quil-Akazie; E:Prickly Moses · ♄ e Z8 ⓚ III-IV; Austr.: N.S.Wales, S-Austr., Tasman., Victoria [11015]
- **vestita** Ker-Gawl. 1846 · D:Samtige Akazie; E:Hairy Wattle, Weeping Boree · ♄ e Z9 ⓚ; Austr. (N.S.Wales)
- **victoriae** Benth. 1848 · D:Brombeer-Akazie; E:Bramble Wattle · ♄ ♄ e Z9 ⓚ; E-Austr.
- **villosa** (Sw.) Willd. 1806 · D:Dornenlose Akazie · ♄ Z9 ⓦ; W.Ind.
- **williamsonii** Court 1972 · D:Whiraki-Akazie; E:Whirakee Wattle · ♄ ♄ e Z9 ⓚ; Austr.

Acaena Mutis ex L. 1771 -f- *Rosaceae* · (S. 744) D:Stachelnüsschen; E:New Zealand Bur; F:Acaena
- **adscendens** Vahl 1903 · ♃ Z6; Magellan region, Antarctic Is., Macquarie Is.
- *affinis* Hook. f. = Acaena adscendens
- **anserinifolia** (J.R. Forst. et G. Forst.) Druce · E:Bidgee Widgee · ♄ ⤳ Z6; NZ, nat. in BrI [60634]
- **argentea** Ruiz et Pav. 1798 · D:Silber-Stachelnüsschen · ♃ ⤳ Z6; Peru, Chile
- **buchananii** Hook. f. 1864 · D:Blaugrünes Stachelnüsschen · ♃ ⤳ Z6; NZ [62000]
- **caesiiglauca** (Bitter) Bergmans 1939 · D:Graublaues Stachelnüsschen · ♃ ⤳ Z6; NZ [62001] 'Frikart' [62002]
- **eupatoria** Schltdl. 1827 · ; S-Am
- **fissistipula** Bitter 1911 · ♃ Z6; NZ (S-Is.); mts.
- *glauca* hort. = Acaena caesiiglauca
- *glaucophylla* Bitter = Acaena magellanica
- *hieronymi* Kuntze = Acaena myriophylla
- **inermis** Hook. f. 1852 · E:Purple Bidi Bidi · ♃ e; NZ, nat in BR
- **lucida** Vahl 1805 · ♃ ⤳ Z5-6; Chile, W-Arg., Falkland Is.
- **magellanica** (Lam.) Vahl 1805 · D:Magellanen-Stachelnüsschen · ♃ ⤳ Z6; Patag., S-Chile [62003]
- **microphylla** Hook. f. 1853 · D:Braunblättriges Stachelnüsschen; E:New Zealand Burr · ♃ ⤳ Z6; NZ [62004] 'Glauca' = Acaena caesiiglauca 'Kupferteppich' [62006] 'Pulchella' [62008]
- **myriophylla** Lindl. 1825 · ♃ Z6; Chile, Arg.
- **novae-zelandiae** Kirk 1871 · D:Piripiri-Stachelnüsschen; E:Biddy Biddy, Piripiri · ♃ ⤳ Z6; NZ
- **ovalifolia** Ruiz et Pav. 1794
- **pinnatifida** Ruiz et Pav. 1798 · D:Schwarzes Stachelnüsschen · ♃ Z6; Chile, Patag.
- **saccaticupula** Bitter 1911 · ♃; NZ (S-Is.) 'Blue Haze' [61687]
- *sanguisorbae* (L. f.) Vahl = Acaena anserinifolia
- **splendens** Hook. et Arn. 1833 · ♃ ◠ Z6; Chile, Patag.

Acalypha L. 1753 -f- *Euphorbiaceae* · (S. 478) D:Katzenschwanz, Nesselblatt; E:Cat's Tail, Copperleaf; F:Queue-de-chat
- **amentacea** hort. Sander ex Mast.
  - subsp. **wilkesiana** (Müll. Arg.) Fosberg 1980 · D:Buntlaubiges Kupferblatt; E:Beefsteak Plant, Jacob's Coat · ♄ e Z10 ⓦ; N.Guinea
- **amentacea** Roxb. 1832 · D:Kupferblatt; E:Copper Leaf
- **chamedrifolia** (Lam.) Müll. Arg. 1866 · ♄ ⚥ ⤳ Z10 ⓦ III-IX; Hispaniola
- **godseffiana** hort. Sander ex Mast.
  - var. *heterophylla* L.H. Bailey 1914 = Acalypha amentacea subsp. wilkesiana
- *godseffiana* Mast. = Acalypha amentacea subsp. wilkesiana
- *hispaniolae* Urb. = Acalypha chamedrifolia
- **hispida** Burm. f. 1768 · D:Roter Katzenschwanz; E:Red Hot Cat's Tail · ♄ e Z10 ⓦ ⌒ I-X ⚥; ? Malay. Arch., cult. Trop., nat. in Trop.
- **indica** L. 1753 · D:Indisches Kupferblatt; E:Indian Acalypha · ⊙ Z10 ⓦ VII-VIII ⚥; trop. Afr., trop. As.
- **integrifolia** Willd. 1805
  - subsp. **integrifolia** · ♄ Z10 ⓦ; trop. Afr., trop. As.
  - var. *colorata* (Poir.) Pax et K. Hoffm. 1924 = Acalypha integrifolia subsp. integrifolia
- *pendula* hort. = Acalypha chamedrifolia
- **virginica** L. 1753 · D:Virginisches Kupferblatt; E:Virginian Acalypha · ⊙ V-VIII; USA: NE, NCE, SC, SE, Fla, nat. in I, CH, A
- *wilkesiana* Müll. Arg. = Acalypha amentacea subsp. wilkesiana

Acampe Lindl. 1853 -f-
Orchidaceae · (S. 1047)
- **carinata** (Griff.) Panigrahi 1985
- **rigida** (Buch.-Ham. ex Sm.) P.F. Hunt 1970 · ♃ Z10 ⓐ VII-X ▽ ✱; E-Afr., trop. As.

Acanthephippium Blume 1825 -n-
Orchidaceae · (S. 1048)
- **bicolor** Lindl. 1835 · ♃ Z10 ⓐ V-VI ▽ ✱; Sri Lanka
- **javanicum** Blume 1825 · ♃ Z10 ⓐ III-IV ▽ ✱; Malay. Pen., Sumat., Java, Kalimantan

Acanthocalycium Backeb. 1936 -n-
Cactaceae · (S. 345)
- **ferrarii** Rausch 1976 · ⚘ Z9 ⓚ; Arg.
- *formosum* (Pfeiff.) Backeb. = Trichocereus formosus
- **glaucum** F. Ritter 1964 · ⚘ Z9 ⓚ; Arg.
- *hyalacanthum* (Speg.) Backeb. = Trichocereus huascha
- **klimpelianum** (Weidlich et Werderm.) Backeb. 1936 · ⚘ Z9 ⓚ; Arg.
- *peitscherianum* Backeb. = Acanthocalycium spiniflorum var. spiniflorum
- **spiniflorum** (K. Schum.) Backeb. 1936
  'Violaceum' Z9 ▽ ✱
  - var. *klimpelianum* (Weidlich et Werderm.) 1975 = Acanthocalycium klimpelianum
  - var. **spiniflorum** · ⚘ Z9 ⓚ ▽ ✱; Arg.
- **thionanthum** (Speg.) Backeb. · ⚘ ⓚ
- *variiflorum* Backeb. invalid = Acanthocalycium ferrarii
- *violaceum* (Werderm.) Backeb. = Acanthocalycium spiniflorum

Acantholimon Boiss. 1946 -n-
Plumbaginaceae · (S. 696)
D:Igelpolster; E:Prickly Thrift; F:Acantholimon
- *albanicum* hort. = Acantholimon ulicinum var. ulicinum
- *androsaceum* (Jaub. et Spach) Boiss. = Acantholimon ulicinum var. ulicinum
- **avenaceum** Bunge 1872 · ♄ e Z3; C-As
- **bracteatum** (Girard) Boiss. 1846 · ♄ e Z3; Cauc., Iran
- **caryophyllaceum** Boiss. 1846 · ♄ e Z3; TR, N-Iraq, Cauk., Iran
- *creticum* (Boiss.) Rech. f. = Acantholimon ulicinum var. creticum
- *echinus* Boiss. = Acantholimon ulicinum var. ulicinum
- **glumaceum** (Jaub. et Spach) Boiss. 1846 · ♄ e ⌒ △ Z3 VII-VIII; TR, Cauc., N-Iran [62010]
- *hohenackeri* (Jaub. et Spach) Boiss. 1864 · ♄ e Z3; Cauc., Iran
- *kotschyi* (Jaub. et Spach) Boiss. 1846 · ♄ e ⌒ △ Z3 VII-VIII; Syr.
- *libanoticum* (Fenzl) Boiss. 1846 · ♄ e ⌒ △ Z3 VII-VIII; Lebanon
- *olivieri* (Jaub. et Spach) Boiss. 1846 · ♄ e ⌒ △ Z3 VII-VIII; TR: Cilician Taurus
- **ulicinum** (Willd. ex Schult.) Boiss. 1848
  - var. **creticum** 1982
  - var. **ulicinum** · ♄ e ⌒ △ Z3 VII-VIII; Eur.: Ba; TR, Lebanon
- **venustum** Boiss. 1846

Acanthopanax (Decne. et Planch.) Witte = Eleutherococcus
- *pentaphyllus* (Siebold et Zucc.) Marchal = Eleutherococcus sieboldianus
- *ricinifolius* (Siebold et Zucc.) Seem. = Kalopanax septemlobus
- *senticosus* (Rupr. et Maxim.) Harms = Eleutherococcus senticosus
- *sieboldianus* Makino = Eleutherococcus sieboldianus
- *spinosus* hort. non (L. f.) Miq. = Eleutherococcus sieboldianus

Acanthophoenix H. Wendl. 1866 -f- *Arecaceae* · (S. 938)
D:Bartelpalme; E:Barbel Palm; F:Palmier épineux
- *crinita* (Bory) H. Wendl. = Acanthophoenix rubra
- **rubra** (Bory) H. Wendl. 1866 · D:Bartelpalme; E:Barbel Palm · ♄ e Z10 ⓐ; Maskarene Is

Acanthorhipsalis (K. Schum.) Britton et Rose 1923 -f- *Cactaceae* · (S. 345)
- **monacantha** (Griseb.) Britton et Rose 1923

Acanthorrhiza H. Wendl. = Cryosophila
- *aculeata* (Liebm. ex Mart.) H. Wendl. = Cryosophila nana
- *warscewiczii* H. Wendl. = Cryosophila warscewiczii

Acanthosicyos Welw. ex Hook. f. 1867 -m- *Cucurbitaceae* · (S. 438)
D:Naraspflanze
- **horridus** Welw. ex Hook. f. 1867 · D:Narakürbis, Naraspflanze; E:Butterpips, Nara · ♃ Z10 ⓚ ⓝ; Angola, Namibia

Acanthostachys Klotzsch 1841 -f-
Bromeliaceae · (S. 968)
D:Stachelähre; E:Prickly Ear; F:Acantostachys
- **strobilacea** (Schult. et Schult. f.) Klotzsch 1881 · D:Stachelähre; E:Prickly Ear · ♃ ⚃ Z10 ⓐ; Bras., Parag., Arg.

Acanthus L. 1753 -m- *Acanthaceae* · (S. 124)
D:Akanthus, Bärenklau; E:Bear's Breeches; F:Acanthe
- *balcanicus* Heywood et Richardson = Acanthus hungaricus
- *caroli-alexandri* Hausskn. = Acanthus spinosus
- **dioscoridis** L. 1756
  - var. **dioscoridis** · ♃ Z8; TR, Iraq, Iran
  - var. **perringii** (Siehe) E. Hossain 1982 · ♃ △ Z8 ∧ VI-VII; TR; mts.
- **hirsutus** Boiss. 1844 · ♃ Z8 ⓚ; TR
  - subsp. **hirsutus**
  - subsp. **syriacus** (Boiss.) Brummitt 1989 · ♃ Z8 ⓚ; TR, Syr., Lebanon, Palaest.
- **hungaricus** (Borbás) Baen. 1896 · D:Ungarischer Akanthus; E:Hungarian Bear's Breeches; F:Acanthe de Hongrie · ♃ ⋈ Z6 VI-VIII; Eur.: Ba, SW-RO [62011]
- **ilicifolius** L. 1753 · ♄ ⁓ Z8 ⓐ; SE-Afr., Ind., Sri Lanka, Malay. Arch., Phil., Austr., Polyn.; coasts
- *longifolius* Host non Poir. = Acanthus hungaricus
- **mollis** L. 1753 · D:Pracht-Akanthus; E:Bear's Breeches; F:Acanthe molle · ♃ Z6 VII-VIII ⚥ ; Eur.: Ib, Fr, Ap, Croatia, Maced. [62012]
  Latifolius Grp.
- **montanus** (Nees) T. Anderson 1864 · D:Gebirgs-Akanthus; E:Mountain Thistle · ♄ Z10 ⓐ IX-II; W-Afr.
- *perringii* Siehe = Acanthus dioscoridis var. perringii
- *spinosissimus* Desf. = Acanthus spinosus
- **spinosus** L. 1753 · D:Stachliger Akanthus; E:Spiny Bear's Breeches; F:Acanthe épineuse · ♃ △ Z6 VII-VIII; Eur.: S-I, Ba; TR, Alger. [62013]

Spinosissimus Grp. (*A. mollis* × *A. spinosus*) Z6; cult.
- *syriacus* Boiss. = Acanthus hirsutus subsp. syriacus

Acca O. Berg 1856 -f- *Myrtaceae* · (S. 658)
D:Feijoa
- **sellowiana** (O. Berg) Burret 1941 · D:Feijoa; E:Pineapple Guava · ♄ e Z8 ⓦ Ⓝ; S-Bras., Parag., Urug., N-Arg. [11016]
'Mammoth'

Acer L. 1753 -n- *Aceraceae* · (S. 798)
D:Ahorn; E:Maple; F:Erable
- **acuminatum** Wall. ex D. Don 1825 · ♄ d Z6; N-Indien, Nepal, Sikkim, SE-Tibet [23625]
- *aidzuense* (Franch.) Nakai = Acer tataricum subsp. aidzuense
- **argutum** Maxim. 1867 · D:Feinzähniger Ahorn; E:Pointed-leaf Maple · ♄ ♄ d Z6 IV-V; Japan [23612]
- **barbinerve** Maxim. 1867 · ♄ ♄ d Z6; Amur, Manch., Korea [44158]
- *betulifolium* Maxim. = Acer stachyophyllum subsp. betulifolium
- × **bornmuelleri** Borbás 1891 (*A. campestre* × *A. monspessulanum*) · ♄ d Z6; Eur.: Ba [27005]
- *brevilobum* Hesse ex Rehder = Acer nipponicum
- **buergerianum** Miq. 1865 [41900]
  - subsp. **buergerianum** · D:Dreizähniger Ahorn; E:Three-toothed Maple · ♄ d Z6; Jap., Taiwan, E-China
  - var. *trinerve* (Siesm.) Rehder 1922 = Acer buergerianum subsp. buergerianum
- **caesium** Wall. ex Brandis 1874 · ♄ d Z7; W-Him., China (Yunnan, Sichuan) [23613]
  - subsp. **caesium**
  - subsp. **giraldii** (Pax) E. Murray 1969
- **calcaratum** Gagnep. 1948 [27017]
- *californicum* (Torr. et A. Gray) D. Dietr. = Acer negundo subsp. californicum
- **campbellii** Hook. f. et Thomson ex Hiern 1875 · ♄ d Z7; Him. (W-Nepal - Ind.: Arunachal Pradesh), Myanmar [23623]
  - subsp. **campbellii**
  - subsp. **flabellatum** (Rehder) E. Murray 1977 · ♄ d Z5; China (Hubei, Sichuan)
  - subsp. **sinense** (Pax) P.C. De Jong 1994 · D:Chinesischer Eschen-Ahorn · ♄ d Z7; China (Hubei, Sichuan)) [11221]
  - subsp. **wilsonii** (Rehder) P.C. De Jong 1994 · ♄ d Z7; China (Yunnan, Hubei)
- **campestre** L. 1753 [13370]
  'Carnival' van Nijnatten 1989 [34673]
  'Elsrijk' Broerse 1953 [28030]
  'Nanum' Loudon 1839 [27573]
  'Postelense' Lauche 1896 [41906]
  'Pulverulentum' Booth 1859 [23643]
  'Royal Ruby' van Nijnatten 1980 [43990]
  'Tauricum' Loudon 1842 · D:Taurischer Feld-Ahorn · Z4
  - subsp. **campestre** · D:Feld-Ahorn; E:Field Maple, Hedge Maple; F:Erable champêtre · ♄ ♄ d Z5 V ⚤ Ⓝ; Eur.*, Cauc., TR, N-Iran, Maroc., Alger. [86001]
  - var. *hebecarpum* DC. 1824 = Acer campestre subsp. campestre
- **capillipes** Maxim. 1867 · D:Roter Schlangenhaut-Ahorn; E:Red Snake Bark Maple; F:Erable oriental rouge · ♄ d Z6 V; Jap. [13380]
- **cappadocicum** Gled. 1785 [47910]
  'Aureum' (Hesse) Rehder 1914 [13428]
  'Rubrum' Booth 1842 [13430]
  - subsp. **cappadocicum** · D:Kolchischer Ahorn; E:Caucasian Maple; F:Erable de Colchide · ♄ d Z6 V-VI; TR, Cauc., N-Iran, W-Him., W-China
  - subsp. **divergens** (Pax) E. Murray = Acer divergens
  - subsp. **lobelii** (Ten.) E. Murray 1982 · D:Italienischer Ahorn; E:Lobel's Maple; F:Erable de Lobel · ♄ d Z6 V; I (Neapel) [13440]
  - subsp. **sinicum** (Rehder) Hand.-Mazz. 1933 · ♄ d Z6; China (Yunnan)
  - var. *indicum* (Pax) Rehder 1911 = Acer cappadocicum subsp. cappadocicum
- **carpinifolium** Siebold et Zucc. 1845 · D:Hainbuchen-Ahorn; E:Hornbeam Maple; F:Erable à feuilles de charme · ♄ ♄ d Z6 V; Jap. [32874]
- **caudatifolium** Hayata 1911 · D:Kawakami-Ahorn; E:Kawakami Maple · ♄ d Z8 ⓦ; Taiwan [23624]
- *caudatum* Nicholls non Wall. ex Rehder = Acer acuminatum
- **caudatum** Wall. ex Rehder 1830
  - subsp. **caudatum** 1892 [23609]
  - subsp. **ukurunduense** (Trautv. et C.A. Mey.) A.E. Murray 1966 · ♄ ♄ d Z6; E-Sib., Manch., N-China, Korea, Jap., Sachal. [15062]
- **circinatum** Pursh 1814 · D:Wein-Ahorn; E:Vine Maple; F:Erable à feuilles de vigne · ♄ ♄ d Z5 IV-V Ⓝ; Alaska, USA: Wash., Oreg., N-Calif. [13390]
- **cissifolium** (Siebold et Zucc.) K. Koch 1864 · D:Cissusblättriger Ahorn; E:Vine-Leafed Maple · ♄ d Z6 V; Jap. [32877]
  - subsp. *henryi* (Pax) E. Murray 1966 = Acer henryi
- × **conspicuum** van Gelderen et Oterdoom 1994 (*A. davidii* × *A. pensylvanicum*) · ♄ ♄ d Z6; cult.
  'Phoenix' Esveld 1986 Z6 [11458]
  'Silver Vein' Hillier Nurs. 1975 Z6 [13256]
- **coriaceifolium** H. Lév. 1912 · ♄ e Z8 ⓦ; China (Guizhou, Hubei) [23632]
- × **coriaceum** Bosc ex Tausch 1829 (*A. monspessulanum* × *A. pseudoplatanus*) · ♄ ♄ d Z6; orig. ? [35976]
- *crassipes* Pax = Acer nipponicum
- **crataegifolium** Siebold et Zucc. 1845 [37371]
  'Veitchii' 1881 [23651]
  - var. **crataegifolium** · D:Weißdornblättriger Ahorn; E:Hawthorn Maple · ♄ ♄ d Z6 V; Jap.
- *creticum* F. Schmidt = Acer × coriaceum
- *creticum* L. = Acer sempervirens
- *dasycarpum* Ehrh. = Acer saccharinum
- **davidii** Franch. 1885 [32880]
  'Ernest Wilson' Keenan 1957 [12318]
  'George Forrest' Keenan 1957 [41922]
  'Rosalie' Esveld 1985 [44198]
  'Serpentine' Hooftman 1976 [13394]
  - subsp. **davidii** · D:Davids-Ahorn; E:Père David's Maple, Snakebark Maple; F:Erable de David · ♄ d Z6 V; China: Hupeh, Yunnan, Sichuan
  - subsp. **grosseri** (Pax) P.C. De Jong 1994 · D:Grossers Ahorn; F:Erable de Grosser · ♄ ♄ d Z6 IV-V; C-China [12731]
- **diabolicum** Blume ex K. Koch 1864 · D:Hornfrucht-Ahorn; E:Devil's Maple · ♄ d Z5 IV-V; Jap. [27036]
- × **dieckii** (Pax) Pax 1893 (*A. cappadocicum subsp. lobelii* × *A. platanoides*) · D:Diecks Ahorn · ♄ d Z5; Naturhybride
- **distylum** Siebold et Zucc. 1845 ·

D:Lindenblättriger Ahorn · ♄ d Z7; Jap.; mts. [35978]
- **divergens** K. Koch et Pax 1886 · ♄ ♄ d; Cauc.
- × **durettii** Pax 1893 (*A. monspessulanum* × *A. pseudoplatanus*) · ♄ d Z6; orig. ? [23657]
- **elegantulum** W.P. Fang et P.L. Chiu 1979 [20649]
- **erianthum** Schwer. 1901 · D:Wolliger Ahorn · ♄ ♄ d Z6; China (Sichuan, Hubei) [23658]
- **fabri** Hance 1884 · D:Fabers Ahorn · ♄ s Z8 ⓚ; China [23661]
- *fargesii* (Veitch) Rehder = Acer fabri
- *flabellatum* Rehder = Acer campbellii subsp. flabellatum
- *forrestii* Diels = Acer pectinatum subsp. forrestii
- × **freemanii** A.E. Murray 1969 · D:Freemanns Ahorn · [15547]
'Autumn Blaze' Jeffers 1980 [20333]
- **ginnala** Maxim. = Acer tataricum subsp. ginnala
  - subsp. *semenowii* (Regel et Herder) Pax 1886 = Acer tataricum subsp. semenovii
  - var. *aidzuense* (Franch.) Pax 1886 = Acer tataricum subsp. aidzuense
- *giraldii* Pax = Acer caesium subsp. giraldii
- **glabrum** Torr. 1828 · D:Rocky-Mountain-Ahorn; E:Rocky Mountain Maple · [23662]
  - subsp. **douglasii** (Hook.) Wesm. 1890 · D:Roter Rocky-Mountain-Ahorn · ♄ ♄ d Z5 V; Alaska, Can.: W; USA: NW, Rocky Mts. [12818]
  - subsp. **glabrum** · D:Kahler Rocky-Mountain-Ahorn · ♄ ♄ d Z6 V; N-USA, Can.: Rocky Mts.
- *grandidentatum* Nutt. ex Torr. et A. Gray = Acer saccharum subsp. grandidentatum
- **griseum** (Franch.) Pax 1902 · D:Zimt-Ahorn; E:Paperbark Maple; F:Erable à écorce de bouleau · ♄ d Z6 V; W-China [32231]
- **grosseri** Pax = Acer davidii subsp. grosseri
  - var. *hersii* (Rehder) E. Murray 1933 = Acer davidii subsp. grosseri
- **heldreichii** Orph. ex Boiss. 1856 [32889]
  - subsp. **heldreichii** · D:Griechischer Ahorn; E:Greek Maple · ♄ d Z6 V ⓝ; Eur.: Ba; mts.

- subsp. **trautvetteri** (Medw.) E. Murray 1982 · D:Kaukasischer Ahorn; E:Red Bud Maple; F:Erable de Trautvetter · ♄ d Z6 V; N-TR, W-Cauc. [23666]
- **henryi** Pax 1889 · D:Henrys Ahorn; E:Henry's Maple · ♄ d Z6 V; C-China: Hupeh, Sichuan [32892]
- *hersii* Rehder = Acer davidii subsp. grosseri
- × **hybridum** Bosc 1821 (*A. opalus* × *A. pseudoplatanus*) · D:Hybrid-Ahorn · ♄ d Z6
- **hyrcanum** Fisch. et C.A. Mey. 1837 · D:Balkan-Ahorn; E:Balkan Maple · [23667]
  - subsp. **hyrcanum** · D:Grüner Balkan-Ahorn · ♄ d Z5 IV-V; Eur.: Ba
  - subsp. **intermedium** (Pančić) Bornm. 1925 · D:Blauer Balkan-Ahorn · ♄ d; Eur.: Ba [27039]
  - subsp. **stevenii** (Pojark.) E. Murray 1969 · D:Blaugrüner Balkan-Ahorn · ♄ d Z5; Krim [23668]
- *insigne* Boiss. et Buhse = Acer velutinum var. velutinum
- *insigne* G. Nicholson = Acer heldreichii subsp. trautvetteri
- *italum* Lauth = Acer opalus subsp. opalus
- **japonicum** Thunb. 1784 · D:Japanischer Ahorn; E:Full Moon Maple, Japanese Maple; F:Erable du Japon · ♄ ♄ d Z5 V; Jap. [32894]
'Aconitifolium' [13410]
'Dissectum' Bot. Garten Kolding [23671]
'Green Cascade' Wright c. 1955 [42882]
'Vitifolium' N.E. Br. 1876 [37030]
- *kawakamii* Koidz. = Acer caudatifolium
- *laetum* C.A. Mey. non Schwer. = Acer cappadocicum subsp. cappadocicum
- **laevigatum** Wall. 1830 · ♄ s Z7; Him., C-China, E-China [23681]
- *laxiflorum* Pax = Acer pectinatum subsp. laxiflorum
- *leucoderme* Small = Acer saccharum subsp. leucoderme
- *lobelii* Ten. = Acer cappadocicum subsp. lobelii
- **longipes** Franch. ex Rehder 1905 · ♄ d Z7; China (Sichuan, Hubei, Henan) [23663]
  - subsp. **amplum** (Rehder) P.C. De Jong 1994 · ♄ d Z7; China [23664]
  - subsp. **longipes**
- **macrophyllum** Pursh 1814 ·

D:Oregon-Ahorn; E:Big Leaf Maple, Oregon Maple · ♄ d Z7 V ⓝ; SE-Alaska, B.C., Wash., Oreg., Calif. [37383]
- **mandshuricum** Maxim. 1867 · D:Mandschurischer Ahorn; E:Manchurian Maple · ♄ ♄ d Z6 V; Manch., Amur, Korea [20652]
- **maximowiczianum** Miq. 1867 · D:Nikko-Ahorn; E:Nikko Maple · ♄ d Z6 V; Jap., C-China [15548]
- *maximowiczii* Pax = Acer pectinatum subsp. maximowiczii
- **micranthum** Siebold et Zucc. 1845 · D:Kleinblütiger Ahorn · ♄ ♄ d Z6; Jap.; mts. [37385]
- **miyabei** Maxim. 1888 · D:Miyabes Ahorn; E:Miyabe's Maple; F:Erable de Miyabe · ♄ d Z5 V; Jap. [23683]
- **mono** Maxim. 1857 [41940]
  - subsp. **mono** var. **mayrii** (Schwer.) Nakai 1930 · ♄ d Z7 IV-V; Jap.
  - subsp. **mono** var. **mono** · D:Nippon-Ahorn; E:Painted Maple · ♄ d Z6 IV-V; Amur, China, Manch., Korea, Jap., Sachal.
  - subsp. **okamotoanum** (Nakai) P.C. De Jong 1994 · ♄ d Z6; Korea
- **monspessulanum** L. 1753 [13450]
  - subsp. **monspessulanum** · D:Felsen-Ahorn, Französischer Ahorn; E:Montpelier Maple; F:Erable de Montpellier · ♄ d Z5 IV ⓝ; Eur.: Ib, Fr, Ap, Ba, RO, C-Eur.; TR, Syr., NW-Afr.
  - subsp. **turcomanicum** (Pojark.) E. Murray 1969 · ♄ d Z5; TR
- *montanum* Aiton = Acer spicatum
- *morifolium* · ♄ d; Jap. (Kyushu: Yakushima)
- *morrisonense* Hayata = Acer caudatifolium
- **negundo** L. 1753 · D:Eschen-Ahorn; E:Ash Leafed Maple · [13470]
'Auratum' Späth 1891 [42866]
'Aureo-marginatum' Dieck 1885
'Aureo-variegatum' Wesmael 1869 [13480]
'Elegans' Schwerin 1901 [32898]
'Flamingo' Bastiaanse 1976 [29730]
'Odessanum' Rothe 1890 [13490]
'Variegatum' Wiegers 1809 [13500]
'Violaceum' Mill. 1826 [23704]
  - subsp. **californicum** (Torr. et A. Gray) Wesm. 1890 · D:Kalifornischer Eschen-Ahorn; E:Californian Box Elder · ♄ d Z3 IV; Calif. [23702]
  - subsp. **negundo** L. · D:Gewöhn-

licher Eschen-Ahorn; E:Common Box Elder; F:Erable à feuilles de frêne · ♄ d Z2 IV ⓝ; USA: NEC, NC, Mont., Colo., nat. in Can.: E; USA: NW, Eur.
- var. *violaceum* (K. Koch) Dippel = Acer negundo subsp. negundo
- *nigrum* F. Michx. = Acer saccharum subsp. nigrum
- *nikoense* (Maxim.) Miq. = Acer maximowiczianum
- **nipponicum** H. Hara 1938 · ♄ d Z6; Jap.; mts. [23684]
- **oblongum** Wall. ex DC. 1824 · E:Flying Moth Tree · ♄ Z7 [23689]
- *obtusatum* Waldst. et Kit. ex Willd. = Acer opalus subsp. obtusatum
- **obtusifolium** Sibth. et Sm. Z7 [23691]
- *okamotoanum* Nakai = Acer mono subsp. okamotoanum
- **oliverianum** Pax · ♄ d Z6 IV-V; China: Yunnan, Hupeh, Taiwan [12741]
- **opalus** Mill. 1768 · D:Frühlings-Ahorn, Schneeballblättriger Ahorn; E:Italian Maple · [30920]
  - subsp. **hispanicum** (Pourr.) E. Murray 1969 · D:Spanischer Ahorn; E:Spanish Maple · ♄ d Z5; Eur.: sp., SW-F
  - subsp. **obtusatum** (Willd.) Gams 1925 · D:Bosnischer Ahorn; E:Bosnian Maple · ♄ d Z6 IV ⓝ; Eur.: Ap, Ba; Alger. [23693]
  - subsp. **opalus** · ♄ d Z6 IV-V; Eur.: Ib, Fr, Ap, C-Eur.
    - var. **tomentosum** (Tausch) Rehder Z6; I (Neapel)
    - var. *hyrcanum* (Fisch. et C.A. Mey.) Rehder 1914 = Acer hyrcanum subsp. hyrcanum
- *opulifolium* Vill. = Acer opalus subsp. opalus
- *orientale* auct. non L. = Acer sempervirens
- **palmatum** Thunb. ex E. Murray 1784 · D:Fächer-Ahorn; E:Japanese Maple · [13510]
  A Amoenum-Gruppe
    7- oder gelegentlich 9-geteilte Blätter, bis zur Hälfte des Laubblattes geteilt.
  B Zwerg-, Bonsai- und Penjing-Gruppe
    Zwerg, Bonsai und Penjing: Nicht höher als 1 m werdend.
  D Dissectum-Gruppe
    7-geteilte Blätter, tief bis zur Basis eingeschnitten, jedes Blatt doppelt gezähnt oder gesägt.
  L Linearilobum-Gruppe
    7-geteilte Blätter, tief bis zur Basis eingeschnitten und zum Hauptnerv verengt.
  M Matsumarae-Gruppe
    7- oder gelegentlich 9-geteilte Blätter, tief eingeschnitten bis zur Basis des Laubblattes.
  O Sonstige
    Sonstige Sorten, die in keine der oben genannten Gruppen passen.
  P Palmatum-Gruppe
    5- oder gelegentlich 7-geteilte Blätter.
  Quelle: GELDEREN, D. M. VAN, JONG, P. C. DE, OTERDAM, H. J. (1994)
  Atropurpureum Grp. (P) Wattez > 1910 [13520]
  'Aureum' (P) Nicholson 1881 [41954]
  'Beni-maiko' (P) Z6 [20769]
  'Beni-shigatatsu-sawa' (M) [12736]
  'Bloodgood' (A) Bloodgood Nurs. [13530]
  'Burgundy Lace' (M) Mulligan 1958 [32088]
  'Butterfly' (P) Wada 1938 [13540]
  'Chitoseyama' (M) 1882 [14025]
  'Corallinum' (B) Veitch 1904 Z6 [42252]
  'Crimson Queen' (D) Cascio 1965 [13542]
  'Deshojo' (P) [42886]
  Dissectum Grp. (D) Thunb. 1784 [13590]
  'Dissectum Atropurpureum' = Acer palmatum 'Ornatum'
  'Dissectum Nigrum' (D) Wada 1938 [29692]
  'Filigree' (D) Springarn c. 1955 [19267]
  'Fireglow' (P) Frat. Gilardelli c. 1977 [42888]
  'Garnet' (D) Guldemond Bros. 1959 [13111]
  'Inaba-shidare' (D) Yokohomo Nurs. 1930 [46450]
  'Katsura' (P) [32233]
  'Okushimo' (P) Chikinsho 1719 [41570]
  'Ornatum' (D) Carrière 1867 [12622]
  'Osakazuki' (A) 1882 [29743]
  'Red Pygmy' (L) Esveld 1969 [32090]
  'Sangokaku' (P) 1882 [32234]
  'Seiryu' (O) 1882 [32091]
  'Shigitatsu-sawa' (M) Yokohomo Nurs. 1896 [32902]
  'Shishigashira' (P) 1882 [32235]
  'Trompenburg' (M) van Hoey-Smith 1965 [32094]
  Viride Grp. = Acer palmatum Dissectum Grp.
  - subsp. **amoenum** (Carrière) H. Hara 1954 · ♄ d Z5 V; Jap., Korea
  - subsp. **palmatum** · F:Erable japonais · ♄ d Z6 VI; cult.
    - var. *coreanum* Nakai 1914 = Acer palmatum subsp. amoenum
    - var. *dissectum* (Thunb.) Miq. = Acer palmatum subsp. palmatum
    - var. *heptalobum* Rehder 1938 = Acer palmatum subsp. amoenum
  - *papilio* King = Acer caudatum subsp. caudatum
  - *parviflorum* Franch. et Sav. = Acer nipponicum
- **paxii** Franch. 1886 · ♄ e Z8 ⓚ; China (Yunnan) [29778]
- **pectinatum** Wall. 1881 [23851]
  - subsp. **forrestii** (Diels) E. Murray 1977 · D:Forrests Ahorn; E:Forrest's Maple · ♄ d Z6; SW-China [23854]
  - subsp. **laxiflorum** (Pax) E. Murray 1977 · ♄ ♄ d; China [12733]
  - subsp. **maximowiczii** (Pax) E. Murray 1977 Z6; C-China [23855]
  - subsp. **pectinatum** · ♄ Z6; Him.
  - subsp. **taronense** (Hand.-Mazz.) E. Murray 1977 · ♄ ♄ d; SW-China, N-Myanmar [23856]
- **pensylvanicum** L. 1753 · D:Streifen-Ahorn; E:Moosewood, Snakebark Maple; F:Erable jaspé · ♄ d Z6 VI; Can.: E; USA: NE, NCE, SE [13610]
  - subsp. **parviflorum** (Franch. et Sav.) Wesm. 1938 = Acer nipponicum
- **pentaphyllum** Diels 1931 · ♄ d Z6; China (Sichuan) [23857]
- *pictum* Thunb. ex E. Murray = Acer mono subsp. mono var. mono
- var. *parvivlorum* C.K. Schneid. 1938 = Acer nipponicum
- **platanoides** L. 1753 · D:Spitz-Ahorn; E:Norway Maple · [13620]
  'Cleveland' Scanlon 1948 [45200]
  'Columnare' Carrière 1878 [45710]
  'Crimson King' Barbier 1937 [47570]
  'Crimson Sentry' McGill & Son 1974 [44052]
  'Deborah' Connor Nurs. 1975 [29670]
  'Drummondii' Schwerin 1910 [13640]
  'Faassen's Black' Faassen-Hekkens 1946 [13650]
  'Globosum' Van Houtte 1873 [13660]
  'Royal Red' Pacific Coast Nurs. 1963 [29310]
  'Summershade' Princeton Nurs. 1958 [45730]
  - subsp. **platanoides** · D:Gewöhnlicher Spitz-Ahorn; F:Erable plane · ♄ d Z4 IV-V ⓝ; Eur.* exc. BrI, Cauc.
  - subsp. **turkestanicum** (Pax) P.C. De Jong · D:Turkestanischer

Spitz-Ahorn · ♄ d Z3; Afgh., C-As.
- *polymorphum* Siebold et Zucc. = Acer palmatum subsp. palmatum
- **pseudoplatanus** L. 1753 · D:Berg-Ahorn; E:Sycamore; F:Erable sycomore · ♄ d Z4 V Ⓝ; Eur.* exc. BrI, Sc; TR, Cauc. [13700]
  1 Gruppe 1
    fünffingrige Blätter, grün
  2 Gruppe 2
    fünffingrige Blätter, rot oder panaschiert
  3 Gruppe 3
    fünffingrige Blätter, grün mit purpurner Unterseite
  4 Gruppe 4
    dreifingrige Blätter
  5 Gruppe 5
    dreieckige Blätter
  6 Gruppe 6
    sonstige Blattformen
  Quelle: GELDEREN, D. M. VAN, JONG, P. C. DE, OTERDAM, H. J. (1994)
  'Atropurpureum' (3) Groinland 1862 [30470]
  'Brilliantissimum' (2) Clark 1905 [13704]
  'Erectum' (1) Doorenbos 1955 [13710]
  'Leopoldii' (2) Vervaene 1864 [13720]
  'Negenia' (1) NAKB 1984 [28540]
  'Prinz Handjéry' (2) Späth 1883 [37374]
  'Purpurascens' (3) Van Houtte 1867 [13730]
  'Rotterdam' (1) Vink 1944 [28550]
  'Simon Louis Frères' (5) Deegen 1881 [20082]
  'Worley' (2) Willk. 1879 [32907]
- **pseudosieboldianum** (Pax) Kom. [16401]
- **pubipalmatum** W.P. Fang 1932 [29791]
- **pycnanthum** K. Koch 1864 · ♄ d Z6; Jap., Korea [23891]
- **rubescens** Hayata 1911 [23892]
- **rubrum** L. · D:Rot-Ahorn; E:Red Maple, Scarlet Maple · [13750]
  'October Glory' Princeton Nurs. 1961 [44092]
  'Red Sunset' Amfac Cole Nurs. 1966 [30900]
  - var. **drummondii** (Hook. et Arn. ex Nutt.) Sarg. 1884 · D:Mississippi-Rot-Ahorn; E:Drummond Maple · ♄ d Z3; USA: NE, NEC, SE, Fla., Tex.
  - var. **rubrum** · D:Gewöhnlicher Rot-Ahorn; F:Erable rouge · ♄ d Z4 III-IV Ⓝ; Can.: E; USA: NE, NCE, NC, SC, SE, Fla.
  - var. **trilobum** Torr. et A. Gray ex K. Koch 1853 · D:Dreifingriger Rot-Ahorn · Z4; USA: NE, SE, Fla.
- **rufinerve** Siebold et Zucc. 1845 · D:Rotnerviger Ahorn; E:Red-veined Maple; F:Erable rufinerve · ♄ d Z6 V; Jap. [13760]
- **saccharinum** L. 1753 · D:Silber-Ahorn; E:Silver Maple; F:Erable argenté · ♄ d Z5 III-IV Ⓝ; Can.: E; USA: NE, NCE, NC, Okla., SE, Fla. [13770]
  'Laciniatum Wieri' Ellwanger 1875 [15607]
  'Pyramidale' Späth 1885 [13800]
- **saccharum** Marshall 1785 [32919]
  - subsp. **grandidentatum** (Nutt. ex Torr. et A. Gray) Desmarais 1952 [36651]
  - subsp. **leucoderme** (Small) Desmarais 1952 · ♄ d Z3; USA: SE, Fla., Va. [31012]
  - subsp. **nigrum** (F. Michx.) Desmarais 1952 · D:Schwarzer Zucker-Ahorn; E:Black Sugar Maple · ♄ d Z5 IV; E-Can.; USA: NE, NEC
  - subsp. **saccharum** · D:Gewöhnlicher Zucker-Ahorn; E:Common Sugar Maple; F:Erable à sucre · ♄ d Z3 IV Ⓝ; Can.: E; USA: NE, NCE, SE, SC
  - var. **schneckii** Rehder 1913
  - var. **schneckii** Rehder 1913 · ♄ d; USA: NEC
- *semenovii* Regel et Herder = Acer tataricum subsp. semenovii
- **sempervirens** L. 1767 · D:Kretischer Ahorn; E:Cretan Maple · ♄ ♄ e Z8 Ⓚ; Eur.: GR, Crete; TR [23925]
- *septemlobum* Thunb. ex Murray = Acer palmatum subsp. palmatum
- **shirasawanum** L. · D:Shirasawa-Ahorn; E:Shirasawa's Maple · [23926]
  'Aureum' Siesmeyer 1888 [13420]
  'Microphyllum' Siesmeyer 1888 [41932]
  - subsp. **shirasawanum** · D:Breitfingriger Shirasawa-Ahorn; F:Erable du Japon · ♄ d Z6; Jap.
  - subsp. **tenuifolium** Koidz. · D:Schmalfingriger Shirasawa-Ahorn · ♄ d Z6; Jap.; mts.
- **sieboldianum** Miq. 1865 · D:Siebolds Ahorn; E:Siebold's Maple; F:Erable de Siebold · ♄ d Z5 V; Jap. [32925]
- **sikkimense** Miq.
- *sinense* Pax = Acer campbellii subsp. sinense
- **sinopurpurascens** W.C. Cheng
- **spicatum** Lam. 1786 · D:Vermont-Ahorn; E:Mountain Maple · ♄ ♄ d Z2 V-VI; Can.: E, Sask.; USA: NE, NCE, SE [37377]
  - var. *ukurundense* H. Lév. 1938 = Acer nipponicum
- **stachyophyllum** Hiern 1875 · ♄ d Z7; Him. (Sikkim - W-China: Sichuan) [23931]
  - subsp. **betulifolium** (Maxim.) P.C. De Jong 1994 · ♄ d Z6; Him., W-China, C-China [34216]
  - subsp. **stachyophyllum**
- **sterculiaceum** Wall. 1830 · ♄ d Z8; Him., W-China [23932]
  - subsp. **franchetii** (Pax) E. Murray 1969 · ♄ d Z8 Ⓚ; SW-China
  - subsp. **sterculiaceum**
  - subsp. **thomsonii** 1969 · ♄ d Ⓚ; E-Him.
- *striatum* Du Roi = Acer pensylvanicum
- *taronense* Hand.-Mazz. = Acer pectinatum subsp. taronense
- **tataricum** L. 1753 [13830]
  - subsp. **aidzuense** (Franch.) P.C. De Jong · ♄ d Z4; Jap. [23937]
  - subsp. **ginnala** (Maxim.) Wesm. 1890 · D:Feuer-Ahorn; E:Amur Maple; F:Erable du fleuve Amour · ♄ d Z4 V Ⓝ; E-Sib., Mong., China, Manch., Korea, Jap. [13400]
  - subsp. **semenovii** (Regel et Herder) Pax 1982 · ♄ ♄ d Z4 V; C-As., Iran, Afgh. [23938]
  - subsp. **tataricum** · D:Tataren-Ahorn; E:Tatarian Maple; F:Erable de Tartarie · ♄ d Z4 V Ⓝ; Eur.: A, EC-Eur., Ba, E-Eur.; TR, Cauc., N-Iran
  - var. **torminaloides** Pax
- **tegmentosum** Maxim. 1857 · D:Amur-Ahorn · ♄ d Z5 V; Amur, Manch., Korea [32928]
- **tenellum** Pax 1889 [29814]
- *tenuifolium* (Koidz.) Koidz. = Acer shirasawanum subsp. tenuifolium
- **tonkinense** Lecomte 1912 · D:Vietnamesischer Ahorn · [23939]
  - subsp. **kwangsiense** (W.P. Fang et Fang f.) W.P. Fang 1979 [23941]
  - subsp. **tonkinense**
- *trautvetteri* Medw. = Acer heldreichii subsp. trautvetteri
- *trifidum* Hook. ex Arn. non Thunb. = Acer buergerianum subsp. buergerianum
- **triflorum** Kom. 1901 · D:Dreiblütiger Ahorn; E:Rough Barked Maple, Three-flowered Maple; F:Erable à trois fleurs · ♄ d Z6 V;

Korea, NE-China [15608]
- **truncatum** Bunge 1833 · ♄ d Z5 V ℕ; N-China [19264]
  - subsp. *mono* (Maxim.) E. Murray 1969 = Acer mono subsp. mono var. mono
- **tschonoskii** Maxim. 1886 · ♄ ♄ d Z5; Jap.; mts. [23943]
  - subsp. **koreanum** E. Murray 1977 · ♄ ♄ d; Korea, Manch.
  - subsp. **tschonoskii**
- *turkestanicum* Pax = Acer platanoides subsp. turkestanicum
- **tutcheri** [29816]
- *ukurunduense* Trautv. et C.A. Mey. = Acer caudatum subsp. ukurunduense
- **velutinum** Boiss. 1846 · D:Samt-Ahorn; E:Velvet Maple · [23944]
  - var. **glabrescens** (Boiss. et Buhse) Rehder 1969 · ♄ d Z6
  - var. **vanvolxemii** (Mast.) Rehder 1938 · ♄ d Z5 V; E--Cauc.
  - var. **velutinum** · ♄ d Z5; Cauc., N-Iran; mts.
- *wilsonii* Rehder = Acer campbellii subsp. wilsonii
- × **zoeschense** Pax 1886 (*A. campestre* × *A. cappadocicum* subsp. *lobelii*) · D:Zöschener Ahorn; E:Zoeschen Maple; F:Erable de Zoeschen · ♄ d Z6 IV; cult. [36611]
  'Annae' Schwerin 1908 [12735]

Aceras R. Br. = Orchis
- *anthropophorum* (L.) R. Br. = Orchis anthropophora

Acetosa Mill. = Rumex
- *alpina* (L.) Moench = Rumex alpinus
- *scutata* (L.) Mill. = Rumex scutatus

Achillea L. 1753 -f- *Asteraceae* · (S. 220)
D:Garbe, Schafgarbe; E:Milfoil, Yarrow; F:Achillée
- **abrotanoides** (Vis.) Vis. 1847 · ⚄ Z6 VI-VIII; Eur.: Ba; mts.
- **aegyptiaca** L. 1753 · D:Griechische Schafgarbe
  - var. **taygetea** (Boiss. et Heldr.) Halácsy · D:Griechische Edel-Schafgarbe; F:Achillée de Grèce · ⚄; GR [62060]
- **ageratifolia** (Sibth. et Sm.) Boiss. 1875 [62015]

- subsp. **ageratifolia** · D:Ageratumblättrige Schafgarbe; E:Greek Yarrow; F:Achillée à feuilles d'agérate · ⚄ ⌒ △ Z3 VI-VII; Eur.: Ba; mts.
- subsp. **aizoon** (Griseb.) Heimerl 1884 · D:Immergrüne Schafgarbe · Z3; Eur.: Ba
- subsp. **serbica** (Nyman) Heimerl 1884 · D:Serbische Schafgarbe; F:Achillée de Serbie · ⚄ ⌒ △ Z3 V-VI [61690]
- **ageratum** L. 1753 · D:Süße Schafgarbe; E:Sweet Nancy · ⚄ Z7; Eur.: Ib, Fr, Ap, ? Croatia, ? GR + 'W.B. Childs'
- *aizoon* (Griseb.) Halácsy = Achillea ageratifolia subsp. aizoon
- *argentea* hort. = Achillea umbellata
- **aspleniifolia** Vent. 1803 · D:Farn-Schafgarbe · ⚄ V-VII; Eur.: A, H, CZ, PL, Bosn., Serb., RO, S-Russ.
- **atrata** L. 1753 · D:Schwarzrandige Schafgarbe · ⚄ Z6 VII-IX ▽; Eur.: F, I, CH, D, A, Slove.; Alp.
- **brachyphylla** Boiss. et Hausskn. 1875 · ⚄; E-TR
- **canescens** Formánek 1893 · ⚄ △ VI; Montenegro, AL, GR
- *cartilaginea* Ledeb. = Achillea salicifolia
- **chrysocoma** Friv. 1835 · F:Achillée à cheveux dorés · ⚄ ⇝ △ Z6 VI-VIII; Maced., AL, TR [62016]
- **clavennae** L. 1753 · D:Bittere Schafgarbe, Steinraute, Weißer Speik · ⚄ Z3 VII-IX ▽; Eur.: C-Eur., E-Alp., S-Alp., I, ? Ba, RO [62017]
  - var. *integrifolia* Halácsy 1894 = Achillea pindicola subsp. integrifolia
- **clusiana** Tausch 1921 · D:Ostalpen-Schafgarbe · ⚄ Z6 VII-VIII; Eur.: A, Ba, ? RO; mts.
- **clypeolata** Sibth. et Sm. non hort. 1813 · D:Goldquirl-Garbe · ⚄ Z6 VI-VII; Eur.: Ba. [62018]
- **collina** Becker ex Rchb. 1832 · D:Hügel-Schafgarbe · ⚄ Z6 VI-XI; Eur.: C-Eur., Ap, EC-Eur., Ba, RO
- **crithmifolia** Waldst. et Kit. 1801 · D:Meerfenchelblättrige Schafgarbe · ⚄ V-VII; Eur.: EC-Eur., Ba, RO; mts.
- *decolorans* Schrad. = Achillea ageratum
- **distans** Waldst. et Kit. ex Willd. 1803 · D:Zahnblatt-Schafgarbe; E:Tall Yarrow · ⚄ Z6 VII-IX; Eur.: Fr, C-Eur., Ap, EC-Eur., Ba, RO,

W-Russ.; Alp., Carp., BG
- **erba-rotta** All. 1773
  - subsp. **ambigua** (Heimerl) I. Richardson 1976 Z6; Eur.: W-Alp., Apenn.
  - subsp. **erba-rotta** · ⚄ Z6; Eur.: F, I, CH, A, ; SW-Alp.
  - subsp. **moschata** (Wulfen) I. Richardson 1976 · D:Bisam-Schafgarbe, Moschus-Schafgarbe · ⚄ Z6 VI-IX; Eur.: F, I, CH, A; Alp.
  - subsp. **rupestris** (Porta) I. Richardson 1976 · ⚄ △ Z6 V-VI; I: Apenn.
- *eupatorium* M. Bieb. = Achillea filipendulina
- **filipendulina** Lam. 1783 · D:Gold-Garbe; E:Fernleaf Yarrow; F:Achillée jaune · ⚄ ⋈ Z3 VII-IX; TR, Cauc., Iran, Afgh., C-As. [62022]
  'Cloth of Gold'
  'Feuerland' [62029]
  'Gold Plate' [62023]
  'Parker's Variety' [62024]
- **fraasii** Sch. Bip. 1855 · ⚄; Eur.: GR, Al, Montenegro
- **grandiflora** M. Bieb. 1808 · ⚄; Eur.: Ba
- **grandifolia** Friv. 1836 · ⚄ Z6 VI; Eur.: Ba
- **holosericea** Sibth. et Sm. 1813 · ⚄ △ Z6 V-VIII; Eur.: Ba
- × **huteri** Sünd. 1906
- *integrifolia* hort. = Achillea pindicola subsp. integrifolia
- × **jaborneggii** Halácsy 1877 (*A. clavennae* × *A. erba-rotta*) · ⚄ △ Z6 VI-VIII; cult.
- × **kellereri** Sünd. 1906 (*A. clypeolata* × *A. ptarmica*) · ⚄ △ Z6 VI-VIII; cult. [62033]
- × **kolbiana** Sünd. 1906 (*A. clavennae* × *A. umbellata*) · ⚄ △ Z6 VI-VIII; cult.
- × **lewisii** Ingw. (*A. clavennae* × *A. clypeolata*) · ⚄ Z5; cult.
  'King Edward' [62034]
- **ligustica** All. 1773 · D:Mediterrane Schafgarbe; E:Southern Yarrow · ⚄ Z6; Eur.: Ib, Fr, Ap, Ba; Maroc., Alger., Tun.
- **lingulata** Waldst. et Kit. 1799 · ⚄ △ Z6 VI-VII; Eur.: Ba, RO, W-Russ.; Carp., Balkan
- **macrophylla** L. 1753 · D:Groß-blättrige Schafgarbe · ⚄ VII-IX; Eur.: F, I, CH, D, A; Alp., N-Apenn., nat. in EC-Eur. [62035]
- **millefolium** L. 1753 · D:Wiesen-Schafgarbe [62036]
  - subsp. **millefolium** · D:Gewöhn-

liche Wiesen-Schafgarbe; E:Common Yarrow; F:Achillée millefeuille · ⌔ ⋉ Z2 X ⚲ Ⓝ; Eur.*, TR, Cauc., Iran, Him., W-Sib., Amur, C-As., nat. in N-Am., Austr., NZ
'Cerise Queen' [62039]
'Fanal' [62042]
'Hoffnung' [62043]
'Kelwayi' [62040]
'Kirschkönigin' = Achillea millefolium 'Cerise Queen'
'Lilac Beauty' [62045]
'Paprika' [62046]
'Sammetriese' [62047]
'White Queen'
- *mongolica* Fisch. = Achillea sibirica
- *moschata* Wulfen = Achillea erba-rotta subsp. moschata
- **nana** L. 1753 · D:Zwerg-Schafgarbe · ⌔ Z6 VII-VIII; Eur.: I, F, CH; Alp., Apenn.
- *neilreichii* = Achillea nobilis subsp. neilreichii
- **nobilis** L. 1753 · D:Edel-Schafgarbe · [62051]
  - subsp. **neilreichii** (A. Kern.) Takht. · D:Neilreichs Edel-Schafgarbe
  - subsp. **nobilis** · ⌔ Z6 VI-X; Eur.* exc. BrI, Sc; TR, Cauc.
- × **obristii** Sünd. 1906 (A. erba-rotta subsp. rupestris × A. umbellata) · ⌔; cult.
- **odorata** L. 1759 · ⌔; Eur.: sp., F, I; Alger. ; mts.
- **oxyloba** (DC.) Sch. Bip. 1855 · D:Dolomiten-Schafgarbe · ⌔ Z6 VII-IX; Eur.: I, A, RO, W-Russ.; SE-Alp., Apenn., Carp.
- **pannonica** Scheele 1845 · D:Ungarische Schafgarbe · ⌔ VI-VIII; Eur.: D, A, EC-Eur., Ba, E-Eur.
- **pindicola** Hausskn. 1889
  - subsp. **integrifolia** (Halácsy) Franzén 1986
- **pratensis** Saukel et Länger 1992 · D:Rasige Schafgarbe · ⌔ V-XI; Eur.: D, A +
- **ptarmica** L. 1753 · D:Sumpf-Schafgarbe; E:Sneezewort · ⌔ ⁓ ⋉ Z5 VII-IX Ⓝ; Eur.*, nat. in N-Am. [62053]
'Nana Compacta' [62056]
'Perry's White'
'The Pearl' [62057]
  - subsp. **pyrenaica** (Sibth. ex Godr.) Heimerl = Achillea pyrenaica
- **pyrenaica** Sibth. ex Godr. 1851 · ⌔ Z6 VII-IX; Eur.: sp.(Pyr.), F
- **roseoalba** Ehrend. 1959 · D:Blass-

rote Schafgarbe · ⌔ VII-IX; Eur.: I, CH, D, A, Slove.
- *rupestris* Porta = Achillea erba-rotta subsp. rupestris
- **salicifolia** Besser 1812 · D:Weidenblättrige Schafgarbe · ⌔ VII-IX; Eur.: D, PL, E-Eur.; Cauc., Sib., C-As., nat. in FIN
- *serbica* Nyman = Achillea ageratifolia subsp. serbica
- **setacea** Waldst. et Kit. 1801 · D:Feinblättrige Schafgarbe · ⌔ V-VI; Eur.: Ap, C-Eur., EC-Eur., Ba, ? Ib; TR, Cauc., Iran
- **sibirica** Ledeb. · ⌔ ⁓ ⋉ Z6 VII-IX; Alaska, Can., Kamchat., E-Sib., Sachal., Jap., Korea, Manch., China
- **stricta** (Koch) Schleich. ex Gremli 1881 · D:Straffe Schafgarbe · ⌔ VII-VIII; Eur.: I, C-Eur., EC-Eur., W-Ba, RO, W-Russ.; Alp., Apenn., Carp.
- *taygetea* Boiss. et Heldr. = Achillea aegyptiaca var. taygetea
- × **taygetea** hort. (A. clypeolata × A. millefolium) · ⌔ Z6 VI-VII; cult.
- **tomentosa** L. 1753 · D:Gelbe Schafgarbe; E:Woolly Yarrow; F:Achillée laineuse, Petite achillée d'or · ⌔ △ Z3 V-VII; Eur.: sp., F, I, CH [62061]
'Aurea' [68601]
- **umbellata** Sibth. et Sm. 1813 · ⌔ △ Z6 VI-VIII; GR [62062]
- **in vielen Sorten:**
'Apfelblüte' [73134]
'Coronation Gold' [62027]
'Credo' [62028]
'Lachsschönheit' [62044]
'Martina' [68795]
'Moonshine' [62019]
'Schwefelblüte'
'Schwellenburg' [62020]
'Summer Pastels' [62048]
'Terracotta' [62049]
'Walter Funcke' [62031]
'Wesersandstein' [62050]

Achimenes Pers. 1756 -f- Gesneriaceae · (S. 546) D:Schiefteller; E:Hot Water Plant; F:Achimène
- **candida** Lindl. 1848 · D:Weißer Schiefteller · ⌔ Z10 ⓦ VI-VIII; C-Am.
- *coccinea* (Scop.) Pers. = Achimenes erecta
- **dulcis** C.V. Morton 1838 · ⌔ Z10 ⓦ VII-IX; Mex.
- *ehrenbergii* (Hanst.) H.E. Moore = Eucodonia verticillata
- **erecta** (Lam.) H.P. Fuchs 1963 ·

D:Aufrechter Schiefteller · ⌔ Z10 ⓦ VII-IX; Mex., C-Am., Jamaica, Col.
- *erinoides* DC. = Koellikeria erinoides
- **flava** C.V. Morton 1936 · D:Gelber Schiefteller · ⌔ Z10 ⓦ VII-VIII; Mex.
- **glabrata** (Zucc.) Fritsch · ⌔ Z10 ⓦ VI-VIII; Mex.
- *gloxiniiflora* (Scheidw.) Forkel et Lem. = Achimenes glabrata
- **grandiflora** (Schiede) DC. 1839 · D:Großblütiger Schiefteller · ⌔ Z10 ⓦ ☐ VII-IX; Mex., C-Am.
- **heterophylla** (Mart.) DC. 1839 · ⌔ Z10 ⓦ ☐ VII-IX; Mex., Guat.
- *ignescens* Lem. = Achimenes heterophylla
- *lanata* (Planch. et Lindl. ex Lem.) Hanst. = Eucodonia verticillata
- **longiflora** (Sessé et Moç.) DC. 1839 · ⌔ Z10 ⓦ ☐ VII-IX; C-Am.
- **mexicana** (Seem.) Benth. et Hook. f. ex Fritsch 1894 · D:Mexikanischer Schiefteller · ⌔ Z10 ⓦ ☐ VII-IX; Mex.
- **misera** Lindl. 1848 · ⌔ Z10 ⓦ VII-IX; Mex., Guat., Hond.
- **patens** Benth. 1840 · ⌔ Z10 ⓦ ☐ VII-IX; Mex.
- **pedunculata** Benth. 1840 · ⌔ Z10 ⓦ ☐ VII-IX; Mex., C-Am., Col., Venez.
- *pulchella* (L'Hér.) Hitchc. = Achimenes erecta
- *rosea* Lindl. = Achimenes erecta
- **skinneri** Lindl. 1848 · ⌔ Z10 ⓦ ☐ VII-IX; Mex., Guat.
- *tubiflora* (Hook.) Britton = Sinningia tubiflora
- **warszewicziana** (Regel) H.E. Moore 1962 · ⌔ Z10 ⓦ VII-IX; Mex., Guat., Hond., El Salv.
- **in vielen Sorten:**
'Ambroise Verschaffelt'
'Little Beauty'
'Paul S. Arnold'

Achlys DC. 1821 -f- Berberidaceae · (S. 284) D:Vanilleblatt; E:Vanilla Leaf
- **triphylla** (Sm.) DC. 1821 · D:Vanilleblatt; E:Vanilla Leaf · ⌔ VII-VIII; B.C., Wash., Oreg., Calif.

Achnatherum P. Beauv. = Stipa
- *calamagrostis* (L.) P. Beauv. = Stipa calamagrostis

Achras L. = Manilkara
- *caimito* Ruiz et Pav. = Pouteria caimito

– *lucuma* Ruiz et Pav. = Pouteria lucuma
– *zapota* L. = Manilkara zapota

Achyranthes L. 1753 -f-
Amaranthaceae · (S. 151)
D:Spreublume; F:Achyranthes
– **aspera** L. · ☉ ⚄ Z8; Trop., nat. in sp., Sic.
– **lindenii** (Van Houtte) hort. = Iresine lindenii
– **verschaffeltii** Lem. = Iresine herbstii

Acianthera Scheidw. 1842 -f-
Orchidaceae · (S. 1048)
– **pectinata** (Lindl.) Pridgeon et M.W. Chase 2001 · ⚄ Z10 ⓦ V-VII ▽ ✻; Bras.
– **saurocephala** (Lodd.) Pridgeon et M.W. Chase 2001 · ⚄ Z10 ⓦ ▽ ✻; Bras.
– **violacea** (A. Rich. et Galeotti) Pridgeon et M.W. Chase 2001 · ⚄; Mex.

Acicarpha Juss. 1803 -f-
Calyceraceae · (S. 379)
– **tribuloides** Juss. 1803 · ☉; S-Am.

Acidanthera Hochst. = Gladiolus
– *bicolor* Hochst. = Gladiolus murielae
– var. *murielae* R.H. Perry = Gladiolus murielae

Acineta Lindl. 1843 -f-
Orchidaceae · (S. 1048)
– **barkeri** (Bateman) Lindl. 1843 · ⚄ Z10 ⓦ IX-XI ▽ ✻; Mex.
– **chrysantha** (C. Morren) Lindl. et Paxton 1850 · ⚄ Z10 ⓦ IX-X ▽ ✻; Costa Rica, Panama, Col.
– **densa** Lindl. 1850
– **superba** (Kunth) Rchb. f. 1863 · ⚄ Z10 ⓦ III-VI ▽ ✻; Ecuad., Col., Venez.

Acinos Mill. 1754 -m- *Lamiaceae* · (S. 578)
D:Steinquendel; E:Calamint; F:Calament
– **alpinus** (L.) Moench · D:Alpen-Steinquendel; E:Alpine Calamint; F:Calament des Alpes · ⚄ △ Z5 VII-IX; Eur.* exc. BrI, Sc; TR, NW-Afr.
– **arvensis** (Lam.) Dandy 1946 · D:Feld-Steinquendel; E:Mother of Thyme · ☉ ☉ Z7 VI-IX ⚥; Eur.*, TR, Cauc., N-Iran
– **corsicus** (Pers.) Getliffe 1972 · ⚄ Z6; Corse

– **rotundifolius** Pers. 1806 · ☉ Z4; Eur.: sp.; NW-Afr.
– *thymoides* Moench = Acinos arvensis

Aciphylla J.R. Forst. et G. Forst. 1776 -f- *Apiaceae* · (S. 165)
D:Speergras; E:Speargrass; F:Aciphylla
– **aurea** W.R.B. Oliv. 1956 · D:Goldenes Speergras; E:Golden Spaniard · ♄ e Z7 ⓐ; NZ
– **glacialis** (F. Muell.) Benth. 1867 · ⚄ ⓐ; Austr. (N.S. Wales, Victoria)
– **glaucescens** W.R.B. Oliv. 1956 · ⚄ Z7; NZ
– **monroi** Hook. f. 1855 · ⚄ Z7; NZ; mts.
– **squarrosa** J.R. Forst. et G. Forst. 1775 · D:Sperriges Speergras; E:Bayonet Plant, Speargrass · ⚄ Z5 VIII; NZ [62064]
– **subflabellata** W.R.B. Oliv. 1856 · ⚄ Z7; NZ

Acmella Rich. ex Pers. 1807 -f-
Asteraceae ·
D:Parakresse; E:Para Cress; F:Cresson de Para
– **oleracea** (L.) R.K. Jansen 1985 · D:Parakresse; E:Para Cress, Toothache Plant · ⚄ ⓐ ⚥ ⓝ; cult. in W.Ind., Bras., Ind.

Acnistus Schott 1829 -m-
Solanaceae ·
– **arborescens** (L.) Schltdl. 1832 · ♄ ⓐ; Mex.
– *australis* (Griseb.) Griseb. = Iochroma australe

Acoelorrhaphe H. Wendl. 1879 -f-
Arecaceae · (S. 939)
D:Evergladespalme; E:Everglades Palm, Paurotis Palm, Silver Saw Palm
– **wrightii** (Griseb. et H. Wendl.) H. Wendl. ex Becc. 1907 · D:Evergladespalme; E:Everglades Palm, Paurotis Palm, Silver Saw Palm · ♄ e Z10 ⓦ; S-Fla., Mex., Guat., Hond., Cuba, Bahamas

Acokanthera G. Don 1837 -f-
Apocynaceae · (S. 188)
D:Schöngift; E:Poison Bush, Poison Tree; F:Acokanthéra
– **oblongifolia** (Hochst.) Codd 1961 · D:Afrikanisches Schöngift; E:African Wintersweet · ♄ e D Z10 ⓦ II-IV ⚥; S-Afr.: Kap, Natal
– **oppositifolia** (Lam.) Codd 1961 · D:Buschmanns Schöngift;

E:Bushman's Poison · ♄ e D Z10 ⓐ II-IV ⚥; E-Afr., S-Afr.
– *ouabaio* Boiss. = Acokanthera oppositifolia
– **schimperi** (A. DC.) Schweinf. 1887 · D:Pfeilspitzen-Schöngift; E:Arrow Poison Tree · ♄ e Z10 ⓐ II-IV ⚥ ⚥; E-Afr., SW-Arab.
– *spectabilis* (Sond.) Hook. f. = Acokanthera oblongifolia
– *venenata* auct. non (Thunb.) G. Don = Acokanthera oppositifolia

Aconitum L. 1753 -n-
Ranunculaceae · (S. 726)
D:Eisenhut, Wolfshut; E:Monk's Hood; F:Aconit
– **anthora** L. 1753 · D:Blassgelber Eisenhut, Giftheil; E:Pale Aconite, Yellow Monkshood · ⚄ Z7 VIII ⚥ ▽; Eur.* exc. BrI, Sc; TR, Cauc., W-Sib., E-Sib., C-As. [71816]
– × *arendsii* hort. = Aconitum carmichaelii var. carmichaelii
– **bartlettii** Yamam. 1930 · ⚄; Taiwan
– × *bicolor* Schult. = Aconitum × cammarum
– × **cammarum** L. 1762 (*A. napellus* × *A. variegatum*) · D:Garten-Eisenhut · ⚄ ⚭ Z3 VII-VIII ⚥; Eur.: Sc
'Bicolor' [62065]
'Bressingham Spire' [62066]
'Newry Blue' [62069]
– **carmichaelii** Debeaux 1879 [73740]
Arendsii Grp. · ⚄ ⚭ Z3 IX-X ⚥; cult. [62071]
Wilsonii Grp. · ⚄ Z3 VIII-IX ⚥ ▽; C-China [62075]
– var. *arendsii* hort. = Aconitum carmichaelii var. carmichaelii
– var. **carmichaelii** · D:Chinesischer Eisenhut; E:Aconite; F:Aconit d'automne · ⚄ Z3 ⚥ ▽; C-China, W-China [60551]
– var. *wilsonii* (Stapf ex Mottet) Munz = Aconitum carmichaelii var. carmichaelii
– **degenii** Gáyer 1906
– subsp. **degenii** · D:Degens Eisenhut · ⚄ ⚥ ▽; RO, Russ.; mts.
– subsp. **paniculatum** (Arcang.) Mucher 1993 · D:Rispen-Eisenhut · ⚄ VII-IX ⚥ ▽; Eur.: F, I, C-Eur., Slove., Bosn., Montenegro; mts. [62085]
– **episcopale** H. Lév. 1914 · ⚄; China (Yunnan)
– *fischeri* F.B. Forbes et Hemsl. = Aconitum carmichaelii var. carmichaelii
– **hemsleyanum** E. Pritz. · ⚄ ⚥ Z4

VII-IX ✿ ▽; C-China
- **henryi** E. Pritz. 1901 · D:Heinrich-Eisenhut · ♃ Z4 VII-VIII ✿ ▽; W-China [62076]
  'Spark' = Aconitum 'Spark's Variety'
- **heterophyllum** Wall. ex Royle
- × *intermedium* DC. = Aconitum × cammarum
- **japonicum** Thunb. 1784 · ♃; Jap. [62079]
- **kirinense** Nakai 1935 · ♃; Amur, China
- **lycoctonum** L. 1753
  'Ivorine' [61691]
  - subsp. **lycoctonum** · D:Wolfs-Eisenhut · ♃ Z3 VI ✿; Eur.: Sc, E-Eur.
  - subsp. **moldavicum** (Hacq.) Jalas 1985 · D:Moldau-Eisenhut · ♃ Z3 ▽; Eur.: PL, EC-Eur., RO, W-Russ.
  - subsp. **neapolitanum** (Ten.) Nyman 1878 · D:Hahnenfußblättriger Eisenhut; F:Aconit des Pyrénées · ♃ Z3 VI-VIII ✿ ▽; S-Eur., C-Eur., Maroc.; mts. [62080]
  - subsp. **vulparia** (Rchb. ex Spreng.) Nyman 1889 · D:Fuchs-Eisenhut; E:Monkshood; F:Aconit tue-loup · ♃ Z3 VI-VIII ✿ ▽; Eur.: F, NL, C-Eur., EC-Eur., RO, I, W-Ba [62089]
- *moldavicum* Hacq. = Aconitum lycoctonum subsp. moldavicum
- **napellus** L. 1753 · D:Blauer Eisenhut; E:Friar's Cap, Garden Monkshood · [62081]
  'Album' [62082]
  'Bergfürst' [62083]
  'Carneum'
  'Rubellum' [69071]
  'Spark' = Aconitum 'Spark's Variety'
  - subsp. *hians* 1912 = Aconitum plicatum
  - subsp. **napellus** · D:Gewöhnlicher Blauer Eisenhut; F:Aconit blanc · ♃ Z6 VI-VIII ⚥ ✿ ▽; Eur.*
  - subsp. **pyramidale** (Mill.) Rouy et Foucaud · D:Pyramiden-Eisenhut · ♃ Z6 VI-VIII ✿ ▽; Eur.: C-Eur., S-Alp.
  - subsp. *tauricum* (Wulfen) Gáyer 1912 = Aconitum tauricum
- **orientale** Mill. 1768 · ♃ Z6 ✿ ▽; TR, Cauc.., Iran
- *paniculatum* auct. non Lam. = Aconitum degenii subsp. paniculatum
- *paniculatum* Lam. = Aconitum × cammarum
- **plicatum** Köhler ex Rchb. 1819 ·

D:Klaffender Eisenhut · ♃ ✿ ▽; D, A, CZ
- *pyramidale* Mill. = Aconitum napellus subsp. pyramidale
- *pyrenaicum* L. p.p. = Aconitum lycoctonum subsp. neapolitanum
- *ranunculifolium* Rchb. = Aconitum lycoctonum subsp. neapolitanum
- *rostratum* Bernh. = Aconitum variegatum
- **sczukinii** Turcz. 1840
- *septentrionale* Koelle = Aconitum lycoctonum subsp. lycoctonum
- × *stoerkianum* Rchb. = Aconitum × cammarum
- **tauricum** Wulfen 1788 · D:Tauern-Eisenhut · ♃ Z6; Eur.: E-Alp., Carp.
- **variegatum** L. · D:Gewöhnlicher Bunter Eisenhut · ♃ Z6 VII-VIII ✿ ▽; Eur.* exc. BrI, Sc; Cauc.; mts.
- **volubile** Pall. ex Koelle 1788 · D:Windender Eisenhut · ♃ ⚥ Z2 VII-VIII ✿ ▽; Jap., Korea, Manch., E-Sib.
- *vulparia* Rchb. ex Spreng. = Aconitum lycoctonum subsp. vulparia
- *wilsonii* Stapf ex Mottet = Aconitum carmichaelii var. carmichaelii
- **in vielen Sorten:**
  'Schneewittchen' [67844]
  'Spark's Variety' [70174]

Aconogonon (Meisn.) Rchb. 1837 -n- *Polygonaceae* · (S. 703)
D:Bergknöterich; F:Renouée des montagnes
- **alpinum** (All.) Schur 1853 · D:Alpen-Bergknöterich; E:Alpine Knotweed · ♃ Z5 VII-IX; Eur.: Ib, Fr, Ap, C-Eur., Ba, EC-Eur.; TR, Cauc., N-Iran, Him., W-Sib., E-Sib, Amur, C-As., Mong., nat. in BrI Sc [71173]
- **campanulatum** (Hook. f.) H. Hara 1966 · ♃ Z8; Him. [65943]
  'Album'
  'Rosenrot' [71817]
- **lichiangense** (W.W. Sm.) Soják 1974 · ♃ Z5 VIII-X; W-Him.
- **molle** (D. Don) H. Hara
- **polystachyum** (Wall. ex Meisn.) Small 1922 · D:Himalaya-Bergknöterich, Vielähriger Bergknöterich; E:Himalayan Knotweed; F:Renouée de l'Himalaya · ♃ D Z6 X; Him., nat. in BrI, Sc, C-Eur., Fr [65947]
- **sericeum** (Pall.) H. Hara 1966 · ♃ Z5 V-VI; Sib. [65948]
- **weyrichii** (F. Schmidt ex Maxim.)

H. Hara 1966 · D:Weyrichs Bergknöterich; E:Weyrich's Knotweed; F:Renouée de Weyrich · ♃ Z5 VII-VIII; Sachal., Kurilen [65952]

Acorus L. 1753 -m- *Acoraceae* · (S. 895)
D:Kalmus; E:Sweet Flags; F:Acore
- **calamus** L.
  'Variegatus' [67125]
  - var. **calamus** · D:Gewöhnlicher Kalmus; E:Calamus, Flag Root, Sweet Myrtle; F:Acore odorant · ♃ ~ Z3 VI-VII ⚥ ✿ ⓝ; Him., Ind., Sri Lanka, E-As., nat. in Eur., W-As., N-Am. [67124]
- **gramineus** Sol. 1789 · D:Lakritz-Kalmus, Zwerg-Kalmus; E:Japanese Sweet Flag; F:Acore à feuilles de graminée · ♃ ~ Z7 ⌂ ∧ ⚥; Ind., Thail., China, Jap. [67126]
  'Albovariegatus' [69059]
  'Argenteostriatus' = Acorus gramineus 'Albovariegatus'
  'Ogon' [68631]
  'Pusillus' · ~ ∧ [70099]
  - var. *pusillus* (Siebold) Engl. = Acorus gramineus
- *pusillus* Siebold = Acorus gramineus

Acradenia Kippist 1852 *Rutaceae*
- **frankliniae** Kippist 1852 · ♄ ♄ e Z8 ⌂; Austr. (Tasman.)

Acroceras Stapf 1920 -n- *Poaceae* · (S. 1096)
- **macrum** Stapf 1920 · ♃ ⓝ; S-Afr., E-Afr.
- **munroanum** (Balansa) Henrard 1940

Acroclinium A. Gray 1852 -n- *Asteraceae* ·
D:Papierblümchen; E:Paper Daisy; F:Acroclinium
- **roseum** Hook. 1854 · D:Rosa Papierblümchen; E:Pink Paper Daisy, Rosy Sunray · ⊙ ⋈ Z9 VII-IX; Austr.

Acrocomia Mart. 1824 -f- *Arecaceae* · (S. 939)
D:Schopfpalme; E:Gru Gru Palm; F:Acrocomia
- **aculeata** (Jacq.) Lodd. ex Mart. 1845 · D:Coyoli-Palme; E:Gru Gru Nut, Mucaja · ♄ e Z10 ⌂ ⓝ; Mex., C-Am., W.Ind., trop. S-Am.
- *media* O.F. Cook = Acrocomia aculeata

– *totai* Mart. = Acrocomia aculeata
– *vinifera* Oerst. = Acrocomia aculeata
– *wallaceana* (Drude) Becc. = Acrocomia aculeata
– *zapotecis* Karw. ex H. Wendl. = Acrocomia aculeata

Acrodon N.E. Br. 1927 -m- *Aizoaceae* · (S. 140)
– **bellidiflorus** (L.) N.E. Br. 1927 · ⚘ ⚘ ⌂; Kap

Acroglochin Schrad. ex Schult. 1822 -f- *Chenopodiaceae* · (S. 411)
– **chenopodioides** Schrad. ex Schult. 1822 · ☉; Him., China

Acroptilon Cass. 1827 -n- *Asteraceae* · (S. 220)
D:Federblume; E:Russian Knapweed
– **repens** (L.) DC. · D:Federblume · ⚘ VII-IX; Eur.: Russ.; TR, Iraq, Cauc., Iran, Afgh., C-As., Mong., nat. in N-Am.

Acrostichum L. 1753 -n- *Pteridaceae* · (S. 79)
D:Mangrovefarn; E:Leather Farn; F:Acrostic
– **aureum** L. 1753 · D:Goldener Mangrovefarn; E:Leather Fern · ⚘ ~ ≈ Z10 ⌂; Trop.; coasts
– *latifolium* Sw. = Elaphoglossum latifolium
– *villosum* Sw. = Elaphoglossum villosum

Actaea L. 1753 -f- *Ranunculaceae* · (S. 726)
D:Christophskraut; E:Baneberry; F:Herbe de St-Christophe
– **alba** (L.) Mill. 1753 · D:Weißfrüchtiges Christophskraut; E:White Baneberry; F:Actée blanche · ⚘ ⚬ Z3 V-VI ☙; Can.: W; USA: NE, NEC, SE, Fla., Nebr., Kans., Okla. [62092]
– *alba* Mack. et Rydb. non (L.) Mill. = Actaea rubra subsp. rubra fo. neglecta
– **erythrocarpa** Fisch. 1835 · ⚘ Z2; Eur.: Sc, Russ.; W-Sib., E-Sib., Mong., Manch., Korea, Kamch., Sachal., Jap. [62090]
– *pachypoda* Elliott = Actaea alba
– **rubra** (Aiton) Willd. 1809 · ☙ [62093]
    – subsp. **rubra** · D:Rotfrüchtiges Christophskraut; E:Red Baneberry; F:Actée rouge · ⚘ ⚬ Z3 V-VI ☙; Alaska, Can., USA:

NE, NCE, NC, Rocky Mts., NW, SW, Calif.
    fo. neglecta 1908 (Gilman) B.L. Rob. · ⚘ Z3 [69073]
– **spicata** L. 1753 · D:Schwarzfrüchtiges Christophskraut; E:Baneberry; F:Actée en épis · ⚘ ⚬ Z5 V-VI ☙; Eur.*, Cauc., W-Sib. (Altai) [62094]
    – var. *alba* L. 1753 = Actaea alba
    – var. *rubra* Aiton 1789 = Actaea erythrocarpa

Actinea A. Juss. = Hymenoxys
– *acaulis* (Pursh) Spreng. = Hymenoxys acaulis
– *grandiflora* (Torr. et A. Gray ex A. Gray) Kuntze = Hymenoxys grandiflora
– *herbacea* (Greene) B.L. Rob. = Hymenoxys acaulis

Actinella Pers. = Hymenoxys
– *grandiflora* Torr. et A. Gray ex A. Gray = Hymenoxys grandiflora
– *linearifolia* (Hook.) Torr. et A. Gray = Hymenoxys linearifolia
– *scaposa* Nutt. = Hymenoxys scaposa

Actinidia Lindl. 1836 -f- *Actinidiaceae* · (S. 136)
D:Kiwipflanze, Strahlengriffel; E:Kiwi Fruit; F:Actinidia, Kiwi
– **arguta** (Siebold et Zucc.) Planch. ex Miq. 1867 · D:Scharfzähniger Strahlengriffel; E:Tara Vine, Yang-Tao; F:Actinidier · ♄ d ⚭ D Z5 VI ⓝ; China, Korea, Jap. [44278]
    'Ananaskaja' [30565]
    'Issai' [36875]
– **callosa** Lindl. 1836
    – var. **callosa** Z7
    – var. **henryi** Maxim. 1890 · ♄ d Z6; C-China, W-China
– *chinensis* hort. non Planch. = Actinidia deliciosa
– **coriacea** (Finet et Gagnep.) Dunn 1876 · ♂ d ⚭ Z6 V-VI; W-China
– **deliciosa** (A. Chev.) C.F. Liang et A.R. Ferguson 1984 · D:Chinesische Stachelbeere, Kiwifrucht; E:Chinese Gooseberry, Kiwi Fruit; F:Kiwi de Chine · ♄ d ⚭ Z6 V-VI ⓝ; China, Taiwan [47016]
    f   weiblich
    m   männlich
    sp   selbstbestäubend
    Quelle: PHILIP, C., LORD, T. (2006) 'Atlas' [39268]
    'Bruno' (f) [13498]
    'Hayward' (f) [13502]
    'Jenny' (sp) [38084]

'Tomuri' (m) [13958]
– **kolomikta** (Rupr. et Maxim.) Maxim. 1859 · D:Kolomikta-Strahlengriffel; F:Kiwi d'ornement · ♄ d ⚭ D Z5 V ⓝ; Jap., Korea, China [41075]
– **latifolia** Merr. 1922 · ♂
– **melanandra** Franch. 1894 · ♄ d ⚭ Z6 VI-VII ⓝ; China
– **polygama** (Siebold et Zucc.) Planch. ex Maxim. 1859 · D:Silberrebe; E:Silver Vine · ♄ d ⚭ D Z4 VI-VII ⓝ; Jap., Korea, Sachal., Manch., W-China
– **purpurea** Rehder 1915 · D:Purpur-Strahlengriffel · ♄ d ⚭ Z8 ∧ VI-VII; W-China

Actiniopteris Link 1841 -f- *Actiniopteridaceae* · (S. 57)
D:Strahlenfarn; F:Actiniopteris
– **australis** (L. f.) Link 1841 · ⚘ Z10 ⌂; E-Afr., S-Afr., Arab., Ind.
– **radiata** (Sw.) Link 1841 · ⚘ ⌂; Afr., Cape Verde, W, E, S, S-Ind., Sri Lanka

Actinomeris Nutt. = Verbesina
– *squarrosa* Nutt. = Verbesina alternifolia

Actinophloeus (Becc.) Becc. = Ptychosperma
– *macarthurii* (H. Wendl. ex H.J. Veitch) Becc. ex Raderm. = Ptychosperma macarthurii

Ada Lindl. 1853 -f- *Orchidaceae* · (S. 1048)
– **aurantiaca** Lindl. 1853 · ⚘ Z9 ⌂ II-III ▽ ✱; Ecuad., Col., Venez.

× **Adaglossum** hort. 1913 -n- *Orchidaceae* ·
(Ada × Odontoglossum)

× **Adamara** hort. 1911 -f- *Orchidaceae* ·
(Brassavola × Cattleya × Epidendrum × Laelia)

Adamsia Willd. = Puschkinia
– *scilloides* (Adams) Willd. = Puschkinia scilloides var. scilloides

Adansonia L. 1753 -f- *Bombacaceae* · (S. 300)
D:Affenbrotbaum, Baobab; E:Monkey-bread Tree; F:Baobab
– **digitata** L. 1753 · D:Affenbrotbaum; E:Baobab · ♄ d Z10 ⌂ ⓝ; trop. Afr., Madag.
– **fony** Baill. 1890 · ♄ ⚘ d ⌂;

W-Madag.
- **grandidieri** Baill. 1888 · ♄ ⚥ d 🅦;
SW-Madag.
- **gregorii** F. Muell. 1857 · ♄ d Z8
🅚; N-Austr.
- **madagascariensis** Baill. 1873 · ♄
⚥ d 🅦; N-Madag.

Adelia P. Browne = Forestiera
- *acuminata* Michx. = Forestiera acuminata

Adelocaryum Brand = Lindelofia
- *anchusoides* (Lindl.) Brand = Lindelofia anchusoides
- *coelestinum* (Lindl.) Brand = Cynoglossum coelestinum

Adelodypsis Becc. = Dypsis
- *gracilis* (Bory ex Mart.) Becc. = Dypsis pinnatifrons
- *sambiranensis* (Jum. et H. Perrier) H.P. Guérin = Dypsis pinnatifrons

Adenandra Willd. 1809 -f-
Rutaceae · (S. 783)
- **fragrans** (Sims) Roem. et Schult. 1819 · D:Himmelsduft; E:Breath of Heaven · ♄ e D Z9 🅚 III-IV ⓝ; Kap

Adenanthera L. 1753 -f-
Mimosaceae · (S. 642)
D:Drüsenbaum; E:Coral Wood, Redwood; F:Adénanthéra
- **pavonina** L. 1753 · D:Indischer Drüsenbaum, Roter Sandelholzbaum; E:Bead Tree, Coralwood, Peacock Flower Fence, Red Sandalwood Tree · ♄ e ⚭ Z10 🅚 ⓝ; Him., Ind., Sri Lanka, Malay. Arch., Phil., China; cult. Trop.

Adenia Forssk. 1775 -f-
Passifloraceae · (S. 689)
- **fruticosa** Burtt Davy
- **glauca** Schinz 1892
- **olaboensis** Claverie
- **pechuelii** (Engl.) Harms 1897 · ♄ ⚥ Z9 🅚; Namibia
- **spinosa** Burtt Davy 1926 · ♄ ⚥ d Z10 🅦; S-Afr., Botswana, Zimbabwe
- **venenata** Forssk. 1775 · ♄ ⚥ e Z10 🅦; Jemen, Eth., Somalia, Kenya, Tanz.

Adenium Roem. et Schult. 1819 -n-
Apocynaceae · (S. 189)
D:Wüstenrose; E:Desert Rose, Mock Azalea; F:Lis des impalas, Rose du désert
- *arabicum* Balf. f. = Adenium obesum subsp. obesum

- **boehmianum**
 - var. *swazicum* (Stapf) G.D. Rowley 1974 = Adenium obesum subsp. swazicum
- *coetaneum* Stapf = Adenium obesum subsp. obesum
- *honghel* A. DC. = Adenium obesum subsp. obesum
- *lugardii* N.E. Br. = Adenium obesum subsp. oleifolium
- *micranthum* Stapf = Adenium obesum subsp. obesum
- *multiflorum* Klotzsch = Adenium obesum subsp. obesum
- *namaquanum* Wyley ex Harv. = Pachypodium namaquanum
- **obesum** (Forssk.) Roem. et Schult. 1819
 - subsp. **obesum** 1844 · D:Gewöhnliche Wüstenrose; E:Desert Rose, Mock Azalea · ♄ ⚥ d Z10 🅦 ☀; trop. S-Afr., S-Afr.
 - subsp. **oleifolium** (Stapf) G.D. Rowley 1974 · D:Ölbaumblättrige Wüstenrose · ♄ ⚥ d Z10 🅦; S-Afr., SE-Namibia, S-Botswana
 - subsp. **somalense** (Balf. f.) G.D. Rowley 1980 · D:Somalische Wüstenrose · ♄ ⚥ d Z10 🅦; Somalia
 - subsp. **swazicum** (Stapf) G.D. Rowley 1980 · D:Schmalblättrige Wüstenrose · ♄ ⚥ d Z10 🅦; S-Afr. (Transvaal), Swaziland, Mozamb.
 - var. *angustifolium* E. Phillips 1923 = Adenium obesum subsp. oleifolium
 - var. *multiflorum* (Klotzsch) Codd 1961 = Adenium obesum subsp. obesum
- *oleifolium* Stapf = Adenium obesum subsp. oleifolium
- *somalense* Balf. f. = Adenium obesum subsp. somalense
 - var. *angustifolium* (Phil.) G.D. Rowley 1923 = Adenium obesum subsp. oleifolium
 - var. *caudatipetalum* Chiov. 1929 = Adenium obesum subsp. somalense
 - var. *crispum* Chiov. 1929 = Adenium obesum subsp. somalense
- *speciosum* Fenzl = Adenium obesum subsp. obesum
- *swazicum* Stapf = Adenium obesum subsp. swazicum
- *tricholepis* Chiov. = Adenium obesum subsp. somalense

Adenocarpus DC. 1815 -m-
Fabaceae · (S. 493)

D:Drüsenginster; F:Adénocarpe
- **complicatus** (L.) J. Gay 1836 · ♄ d Z9 🅚 V-VII; Eur.: Ib, Fr, Ap, Ba; TR, Syr., Maroc., Alger.
- **decorticans** Boiss. 1836 · ♄ d Z8 🅚 V-VI; Eur.: sp.; Maroc., Alger.
- **foliolosus** (Aiton) DC. 1815 · ♄ e Z8 🅚 V-VI; Canar.
- *intermedius* DC. = Adenocarpus complicatus

Adenophora Fisch. 1823 -f-
Campanulaceae · (S. 382)
D:Schellenblume; E:Ladybells; F:Adénophore
- **aurita** Franch. 1895 · ♃; China
- **bulleyana** Diels 1823 · D:Bulleys Schellenblume · ♃ Z3 VII-VIII; W-China
- **confusa** Nannf. 1936 · D:Verkannte Schellenblume · ♃ Z3 VI-VII; W-China
- **coronopifolia** Fisch. 1823 · D:Krähenfußblättrige Schellenblume · ♃ Z6 VII-VIII; E-Sib., Amur, Mong., N-China
- **divaricata** Franch. et Sav. 1879 · D:Sperrige Schellenblume · ♃; NE-China, Korea, Jap.
- *farreri* hort. = Adenophora confusa
- *himalayana* Feer = Adenophora coronopifolia
- **khasiana** (Hook. f. et Thomson) Feer 1890 · ♃; Him.
- **liliifolia** (L.) Ledeb. ex A. DC. 1830 · D:Lilienblättrige Schellenblume, Sibirische Schellenblume · ♃ Z2 VII-VIII ▽; Eur.: C-Eur., EC-Eur., I, Ba, E-Eur.; W-Sib., C-As. [62095]
- **megalantha** Diels 1912 · D:Großblütige Schellenblume · ♃ Z6 VII-VIII; C-China.
- **nikoensis** Franch. et Sav.
- **ornata** Diels 1912 · D:Schmuck-Schellenblume · ♃ Z6 VII-VIII; W-China
- **palustris** Kom. 1901 · D:Sumpf-Schellenblume · ♃ Z6 VII-VIII; China, Jap.
- **pereskiifolia** (Fisch. ex Roem. et Schult.) G. Don
- **polyantha** Nakai 1909 · ♃ Z7; Korea, Manch.
- **potaninii** Korsh. 1894 · D:Potanins Schellenblume; E:Bush Ladybell · ♃ Z3 VII-VIII; W-China
- **stricta** Miq.
- **takedae** Makino
- **tashiroi** (Makino et Nakai) Makino et Nakai 1911 · ♃ Z7 VII-VIII; Jap. [62097]
- **triphylla** (Thunb.) A. DC. 1889

[62098]
- var. **hakusanensis** (Nakai) Kitam. · ♃ Z7; Jap.; mts.
- var. **triphylla** · D:Dreiblättrige Schellenblume; E:Giant Bellflower · ♃ Z7 VII-VIII; E-Sib., China, Jap., Taiwan
- *verticillata* (Pall.) Fisch. = Adenophora triphylla var. triphylla

Adenostoma Hook. et Arn. 1832 -n- *Rosaceae* · (S. 744) D:Scheinheide; E:Ribbonwood; F:Adénostome
- **fasciculatum** Hook. et Arn. 1832 · D:Strauchige Scheinheide; E:Common Chamise · ♄ e Z8 ⓚ V-VI; Calif., Baja Calif.
- **sparsifolium** Torr. · D:Lockerblättrige Scheinheide; E:Greasewood, Ribbonwood · ♄ e Z8 ⓚ V-VI; S-Calif., Baja Calif.

Adenostyles Cass. 1816 -f- *Asteraceae* · (S. 220) D:Alpendost; F:Adénostyle
- **alliariae** (Gouan) A. Kern. 1871 · D:Grauer Alpendost; E:Adenostyles · ♃ △ Z6 VII-VIII; Eur.* exc. BrI, Sc ; mts. [61694]
- *alpina* (L.) Bluff et Fingerh. = Adenostyles alliariae
- **glabra** (Mill.) DC. 1836 · D:Kahler Alpendost · ♃ △ Z6 VII-VIII; Eur.: C-Eur., F, Corse, I, Slove., Croatia; Alp., Apenn., Jura, Corse
- **leucophylla** (Willd.) Rchb. 1831 · D:Filziger Alpendost · ♃ Z6 VII-VIII; Eur.: I, F, CH, A; Alp.

Adesmia DC. 1825 -f- *Fabaceae* · (S. 494)
- **bicolor** (Poir.) DC. 1825 · ⓦ; S-Bras., Urug., N-Arg., Chile
- **boronioides** Hook. f. 1846 · ♄ ⓚ V; Chile

Adhatoda Mill. = Justicia
- *cydoniifolia* Nees = Justicia cydoniifolia
- *vasica* Nees = Justicia adhatoda

Adiantopsis Fée 1852 -f- *Adiantaceae* · (S. 58)
- **chlorophylla** (Sw.) Fée 1850-52 · ♃ ⓦ; S-Am.
- **pedata** (Hook.) T. Moore 1857 · ♃ Z10 ⓦ; Jamaica, Cuba
- **radiata** (L.) Fée 1850 · ♃ Z10 ⓦ; Mex., W-Ind., trop. S-Am.

Adiantum L. 1753 -n- *Adiantaceae* · (S. 58)

D:Frauenhaarfarn; E:Maidenhair Fern; F:Capillaire
- **aethiopicum** L. 1759 · D:Buschiger Frauenhaarfarn; E:Common Maidenhair Fern · ♃ Z9 ⓦ; trop. Afr., trop. As., Austr., NZ, S-Afr.
- *aleuticum* (Rupr.) C.A. Paris = Adiantum pedatum var. aleuticum
- *assimile* Sw. = Adiantum aethiopicum
- **bessoniae** Jenman 1899 · ♃ ⓦ; W.Ind.
- **capillus-veneris** L. 1753 · D:Gewöhnlicher Frauenhaarfarn, Venushaar; E:Maidenhair Fern, Southern Maidenhair, Venus Maidenhair · ♃ Z8 ⓚ ⓚ VI-IX ⚥; Eur.: Ib., BrI, F, Ap, CH, Ba, Krim; Can.: B.C.; USA*; Trop., nat. in B, H
- **caudatum** L. 1771 · D:Ausläufertreibender Frauenhaarfarn; E:Trailing Maidenhair Fern · ♃ ⚥ ↝ Z10 ⓦ; trop. Afr., trop. As.
- *ciliatum* Blume = Adiantum caudatum
- **concinnum** Humb. et Bonpl. ex Willd. 1810 · D:Zerbrechlicher Frauenhaarfarn; E:Brittle Maidenhair · ♃ Z9 ⓚ; Mex., W.Ind., Venez., Bras., Peru, nat. in Sri Lanka
- **curvatum** Kaulf. 1824 · ♃ Z10 ⓦ; Bras.
- *decorum* T. Moore = Adiantum raddianum
- **diaphanum** Blume 1828 · D:Zarter Frauenhaarfarn; E:Filmy Maidenhair Fern · ♃ Z9 ⓦ; trop. As., E-Austr., NZ, Pacific Is., nat. in Sri Lanka
- **dolabriforme** Hook. 1837 · ♃ Z10 ⓦ; Panama, Bras.
- **edgeworthii** Hook. 1851 · ♃ ⚥ ↝ Z10 ⓦ; Him., China
- **feei** T. Moore ex Fée 1857 · ♃ Z10 ⓦ; Mex., Guat.
- **formosum** R. Br. 1810 · D:Australischer Frauenhaarfarn; E:Australian Maidenhair Fern, Giant Maidenhair Fern · ♃ Z9 ⓦ; Austr., NZ, nat. in Sri Lanka
- *fragrans* L. f. = Cheilanthes pteridioides
- **fulvum** Raoul 1846 · ♃ Z10 ⓚ; Austr., NZ, Polyn.
- **hispidulum** Sw. 1802 · D:Rauer Frauenhaarfarn; E:Rosy Maidenhair, Rough Maidenhair · ♃ Z10 ⓚ; trop. Afr., trop. As., Austr., NZ
- *lunulatum* Burm. f. = Adiantum philippense

- **macrophyllum** Sw. 1788 · ♃ Z10 ⓦ; C-Am., W.Ind., Galapagos, Bol., Bras.
- *monosoratum* Willd. = Adiantum pulverulentum
- **pedatum** L. 1753 [67368]
  'Imbricatum' [67369]
  'Japonicum' [67370]
  'Miss Sharples' [19625]
  - var. **aleuticum** Rupr. 1845 · D:Krauser Pfauenradfarn; E:Aleutian Maidenhair · ♃ Z5; Alaska, Can., USA: NW, Calif., Rocky Mts., Ariz., NE; Mex. (Chihuahua)
  - var. **pedatum** · D:Amerikanischer Frauenhaarfarn, Pfauenradfarn; E:American Maidenhair, Five Finger Fern; F:Capillaire pédalée, Fougère fer-à-cheval · ♃ Z5; Can.: E; USA: NE, NCE, NC, SC, SE; , NW, Rocky Mts., Calif., Ariz., NO; Mex.: Chihuahua
  - var. **subpumilum** W.H. Wagner 1984
- **peruvianum** Klotzsch 1844 · D:Silberdollar-Frauenhaarfarn; E:Silver Dollar Maidenhair · ♃ Z10 ⓦ; Ecuad., Peru, Bol.
- **philippense** L. 1753 · D:Kriechender Frauenhaarfarn; E:Walking Maidenhair Fern, Wild Tea-Leaves · ♃ Z10 ⓦ; trop. Afr., trop. As.
- **platyphyllum** Sw. 1817 · ♃ Z10 ⓦ; C-Am., Ecuad., Peru, Bol., Bras.
- **polyphyllum** Willd. 1810 · ♃ Z10 ⓦ; Col, Venez., Trinidad
- **princeps** T. Moore 1875 · ♃ Z10 ⓦ; C-Am., Col.
- **pulverulentum** L. 1753 · ♃ Z10 ⓦ; Mex., C-Am., trop. S-Am., nat. in Sri Lanka
- **raddianum** C. Presl · D:Dreieckiger Frauenhaarfarn; E:Delta Maidenhair Fern · ♃ ⋈ Z10 ⓦ ⌾; C-Am., trop. S-Am., nat. in Azor., Sri Lanka
  'Decorum'
- **reniforme** L. 1753 · D:Talerfarn · ♃ Z9 ⓚ; Canar., Madeira
- *rhomboideum* Schkuhr = Adiantum trapeziforme
- **rubellum** T. Moore 1868 · ♃ Z10 ⓦ; Bol.
- *seemannii* Hook. = Adiantum platyphyllum
- **tenerum** Sw. 1788 · D:Fächer-Frauenhaarfarn; E:Brittle Maidenhair Fern, Fan Maidenhair · ♃ Z9 ⓦ ⌾; USA:

Fla.; Mex., W.Ind., C-Am., trop. S-Am.
'*Bessoniae*' = Adiantum bessoniae
- **tetraphyllum** Humb. et Bonpl. ex Willd. 1810 · D:Vierblättriger Frauenhaarfarn; E:Four Leaf Maidenhair · ⚃ Z10 ⓦ; trop. Am., W-Afr.
- **trapeziforme** L. 1753 · D:Diamant-Frauenhaarfarn; E:Diamond Maidenhair Fern · ⚃ Z10 ⓦ; Mex., W-Ind., Venez., Bras., nat. in Sri Lanka
- **venustum** G. Don 1825 · D:Immergrüner Frauenhaarfarn; E:Evergreen Maidenhair Fern; F:Capillaire cheveux de Vénus · ⚃ Z8 ∧; Him. [67371]
- **williamsii** T. Moore 1891 · ⚃ Z10 ⓦ; Peru

Adina Salisb. 1807 -f- *Rubiaceae* · (S. 768)
- *cordifolia* (Roxb.) Benth. et Hook. f. ex B.D. Jacks. = Haldina cordifolia

× **Adioda** hort. 1911 -f- *Orchidaceae* ·
(*Ada* × *Cochlioda*)

Adlumia Raf. ex DC. 1821 -f- *Fumariaceae* · (S. 536)
D:Doppelkappe
- *cirrhosa* Raf. = Adlumia fungosa
- **fungosa** (Aiton) Greene ex Britton, Sterns et Poggenb. 1888 · D:Doppelkappe; E:Allegheny Vine, Climbing Fumitory, Mountain Fringe · ⊙ ⚥ Z6 VII-X; Can.: E; USA: NE, NCE, N.C., Tenn

Adonidia Becc. 1919 -f- *Arecaceae* · D:Manilapalme; E:Manila Palm
- **merrillii** (Becc.) Becc. 1919 · D:Manilapalme; E:Christmas Palm, Manila Palm · ♄ e Z10 ⓦ; Phil.

Adonis L. 1753 -f- *Ranunculaceae* · (S. 726)
D:Adonisröschen, Teufelsauge; E:Pheasant's Eye; F:Adonide
- **aestivalis** L. 1762 · D:Sommer-Adonisröschen; E:Summer Adonis, Summer Pheasant's Eye · ⊙ ⚦ Z6 V-VIII ⚥ ⚘; Eur.* exc. BrI, Sc; TR, Levante, Iraq, Cauc., Iran, Afgh., Pakist., C-As., W-Sib., NW-Afr., Libya
- **aleppica** Boiss. · ⊙ ⚦ Z7 IV-VI ⚘; TR, Syr., N-Iraq
- **amurensis** Regel et Radde 1861 · D:Amur-Adonisröschen; E:Amur Pheasant's Eye; F:Adonis de l'Amour · ⚃ △ Z3 II-IV ⚘; Amur, Manch., Korea, Jap. Sachal. [62100]
- **annua** L. 1753 · D:Herbst-Adonisröschen; E:Pheasant's Eye · ⊙ ⚦ Z3 VI-VIII ⚘; Eur.: Ib, Fr, Ap, CH, Ba; TR, Levante, NW-Afr., nat. in BrI
- *autumnalis* L. = Adonis annua
- *dahurica* Ledeb. ex Rchb. = Adonis amurensis
- *davurica* hort. = Adonis amurensis
- **flammea** Jacq. 1776 · D:Flammen-Adonisröschen · ⊙ ⚦ Z3 V-VII ⚘; Eur.* exc. BrI, Sc; TR, Syr., Cauc., Iran
- **pyrenaica** DC. 1815 · D:Pyrenäen-Adonisröschen · ⚃ △ Z6 VI-VII ⚘; Eur.: sp., F; Cordillera Cantábrica, Pyr., Alp. Maritimes
- **vernalis** L. 1753 · D:Frühlings-Adonisröschen; E:Spring Adonis, Yellow Pheasant's Eye; F:Adonis de printemps · ⚃ △ Z3 IV-V ⚥ ⚘ ▽ ✳; Eur.* exc. BrI; Cauc., W-Sib., E-Sib. [62102]

Adoxa L. 1753 -f- *Adoxaceae* · (S. 137)
D:Moschuskraut; E:Muskroot; F:Adoxa
- **moschatellina** L. 1753 · D:Moschuskraut; E:Muskroot, Town Hall Clock · ⚃ III-V; Eur.*, Cauc., W-Sib., E-Sib., Amur, C-As., W-Him., China, Manch., Jap., Alaska, Can., USA: NE, NCE, NC, Rocky Mts.

Adromischus Lem. 1852 -m- *Crassulaceae* · (S. 429)
D:Kurzstiel; F:Adromischus
- **caryophyllaceus** (Burm. f.) Lem. 1852 · D:Nelken-Kurzstiel · ⚃ ⚭ Z8 ⓚ; S-Afr. (Cape Prov.)
- *clavifolius* (Haw.) Lem. = Adromischus cristatus var. clavifolius
- **cooperi** (Baker) A. Berger 1930 · D:Kiebitzei-Kurzstiel; E:Plover Eggs · ⚃ ⚭ Z9 ⓚ; Kap
- **cristatus** (Haw.) Lem. 1852 · D:Kamm-Kurzstiel
  - var. **clavifolius** (Haw.) Toelken 1978 · ⚃ Z9 ⓚ; S-Afr. (Cape Prov.)
  - var. *cristatus* · ⚃ ⚭ Z9 ⓚ; Kap
- *festivus* C.A. Sm. = Adromischus cooperi
- *grandiflorus* Uitewaal = Adromischus caryophyllaceus
- **hemisphaericus** (L.) Lem. 1852 · D:Rundblättriger Kurzstiel · ⚃ ⚭ Z9 ⓚ; Kap, Namibia
- *maculatus* hort. non (Salm-Dyck) Lem. 1852 · D:Gefleckter Kurzstiel; E:Calico Hearts · ⚃ ⚭ Z9 ⓚ; Kap
- **mammillaris** (L. f.) Lem. 1852 · D:Warzen-Kurzstiel · ⚃ ⚭ Z9 ⓚ; Kap, Namibia
- **marianiae** (Marloth) A. Berger · ⚃ ⚭ Z9 ⓚ; Kap
- *poellnitzianus* Werderm. = Adromischus cristatus var. clavifolius
- **rhombifolius** (Baker) Berger
  - var. *bakeri* Poelln. 1940 = Adromischus sphenophyllus
- **rhombifolius** (Haw.) Lem. 1852 · D:Rautenblättriger Kurzstiel · ♄ ⚭ e Z9 ⓚ; Kap
- *rotundifolius* (Haw.) C.A. Sm. = Adromischus hemisphaericus
- **sphenophyllus** C.A. Sm. 1939 · D:Keilblättriger Kurzstiel · ⚭ Z9 ⓚ; Kap
- **trigynus** (Burch.) Poelln. 1938 · D:Dreigriffliger Kurzstiel · ⚃ ⚭ Z9 ⓚ; S-Afr., Namibia
- **umbraticola** C.A. Sm. 1933 · ⚃ ⚭ Z9 ⓚ; Kap
- *vanderheydenii* hort. ex A. Berger = Adromischus cristatus var. clavifolius

Aechmea Ruiz et Pav. 1794 -f- *Bromeliaceae* · (S. 969)
D:Lanzenrosette; F:Aechméa
- **aquilega** (Salisb.) Griseb. 1864 · ⚃ Z10 ⓦ; Costa Rica, Venez., Trinidad, Bras.
- *bernoulliana* Wittm. = Aechmea mexicana
- **bicolor** L.B. Sm. 1955 · ⚃ Z9 ⓦ; Bras.: Bahia
- **bracteata** (Sw.) Griseb. 1864 · ⚃ Z9 ⓦ; C-Am., Col.
- **bromeliifolia** (Rudge) Baker 1883 · ⚃ Z9 ⓦ; C-Am., S-Am.
- *caerulescens* (Regel) Baker = Aechmea lueddemanniana
- **calyculata** (E. Morren) Baker 1879 · ⚃ Z9 ⓦ; Bras., Arg.
- **candida** E. Morren ex Baker 1889 · ⚃ Z10 ⓦ; Bras.
- **caudata** Lindm. 1891 · ⚃ Z10 ⓦ; Bras.
- **chantinii** (Carrière) Baker 1889 · ⚃ Z10 ⓦ; Col., N-Peru, Bras.: Amazon.
- **coelestis** (K. Koch) E. Morren 1875 · ⚃ Z10 ⓦ; Bras.
- **comata** (Gaudin) Baker 1879 · ⚃ Z9 ⓦ; Bras.
'Mackoyana'

'Variegata' = Aechmea comata 'Mackoyana'
- var. *mackoyana* (Mez) L.B. Sm. 1955 = Aechmea comata
- *crocophylla* (E. Morren) Baker = Aechmea pectinata
- **cylindrata** Lindm. 1891 · ⚁ Z10 ⓦ; Bras.
- **dealbata** E. Morren ex Baker 1889 · ⚁ Z10 ⓦ; Bras.
- **distichantha** Lem. 1853
  - var. **distichantha** · ⚁ Z9 ⓦ; Bras., Urug., Parag., Bol., Arg.
  - var. **glaziovii** (Baker) L.B. Sm. 1943 · ⚁ Z9 ⓦ; Bras.
- **farinosa** (Regel) L.B. Sm. 1966
  - var. **conglomerata** (Baker) L.B. Sm. 1966 · ⚁ Z10 ⓦ; Bras.
  - var. **farinosa** · ⚁ Z10 ⓦ; Bras.
- **fasciata** (Lindl.) Baker 1879 · D:Silbervase; E:Urn Plant, Vase Plant · ⚁ Z9 ⓦ VII-IX; Bras.
- **fendleri** André 1896 · ⚁ Z9 ⓦ; Venez.
- **filicaulis** (Griseb.) Mez 1894 · ⚁ Z9 ⓦ; Venez.
- **fosteriana** L.B. Sm. 1941 · ⚁ Z10 ⓦ; Bras.
- **fulgens** Brongn. 1841
  - var. **discolor** (C. Morren) Brongn. ex Baker 1889 Z9 ⓦ; Bras.
  - var. **fulgens** · ⚁ Z9 ⓦ; Bras.
- *galeottii* Baker = Aechmea lueddemanniana
- **gamosepala** Wittm. 1891 · ⚁ Z10 ⓦ; Bras.
- *glaziovii* Baker = Aechmea distichantha var. glaziovii
- *glomerata* (Beer) Mez = Aechmea farinosa var. conglomerata
  - var. *farinosa* (Regel) Mez 1892 = Aechmea farinosa var. farinosa
- **gracilis** Lindm. 1891 · ⚁ Z10 ⓦ; Bras.
- *hystrix* E. Morren = Aechmea ornata
- **kertesziae** Reitz 1952 · ⚁ Z10 ⓦ; Bras.
- *lalindei* Linden et Rodigas = Aechmea mariae-reginae
- *legrelliana* (Baker) Baker = Aechmea recurvata
- *lindenii* (E. Morren) Baker = Aechmea comata
  - var. *mackoyana* Mez 1934 = Aechmea comata
- **lingulata** (L.) Baker 1879 · ⚁ Z10 ⓦ; Lesser Antilles, Trinidad, Venez., Bras.
- **longifolia** (Rudge) L.B. Sm. et M.A. Spencer 1992 · ⚁ Z10 ⓦ; Col., Peru, Bol., Bras.
- **lueddemanniana** (K. Koch) Mez 1934 · ⚁ Z10 ⓦ; S-Mex., Guat., Belize
- **magdalenae** (André) André ex Baker 1889 · ⚁ Z10 ⓦ ⓝ; Mex., C-Am., Col., Ecuad., Venez.
- **mariae-reginae** H. Wendl. 1863 · ⚁ Z10 ⓦ; Costa Rica, Col.
- *marmorata* (Lem.) Mez = Quesnelia marmorata
- **melinonii** Hook. 1861 · ⚁ Z10 ⓦ; Bras.: Amazon.; Guyana
- **mertensii** (G. Mey.) Schult. f. 1830 · ⚁ Z9 ⓦ; Col., Ecuad., Peru. Venez., Guyan., Trinidad, Venez.
- **mexicana** Baker 1879 · ⚁ Z9 ⓦ; Mex., Guat., Costa Rica, Ecuad.
- **miniata** (Beer) Baker 1889 · ⚁ Z9 ⓦ; Bras.
- **nidularioides** L.B. Sm. 1953 · ⚁ Z10 ⓦ; S-Col., N-Peru
- **nudicaulis** (L.) Griseb. · ⚁ Z10 ⓦ; Mex., C-Am., W.Ind., Ecuad., Venez., Bras.
- **orlandiana** L.B. Sm. · ⚁ Z10 ⓦ; Bras.
- **ornata** Baker 1897 · ⚁ Z10 ⓦ; Bras.
- **pectinata** Baker 1879 · ⚁ Z10 ⓦ; Bras.
- **penduliflora** André 1888 · ⚁ Z10 ⓦ; C-Am., trop. S-Am.
- **pineliana** (Brongn. ex Planch.) Baker 1879 · ⚁ Z10 ⓦ; Bras.
- **pubescens** Baker 1879 · ⚁ Z10 ⓦ; C-Am., Col.
- **purpureorosea** (Hook.) Wawra 1880 · ⚁ Z9 ⓦ; Bras.
- **racinae** L.B. Sm. · ⚁ Z10 ⓦ; Bras.
- **ramosa** Mart. ex Schult. f. 1830 · ⚁ Z10 ⓦ; Bras.
- **recurvata** (Klotzsch) L.B. Sm. · ⚁ Z9 ⓦ; Bras., Urug.
- **saxicola** L.B. Sm. 1950 · ⚁ Z10 ⓦ; E-Bras.
- *schiedeana* Schltdl. = Aechmea bracteata
- *schultesiana* Mez = Aechmea penduliflora
- **spectabilis** Brongn. ex Houllet 1875 · ⚁ Z10 ⓦ; Col., Venez.
- **sphaerocephala** Baker 1879 · ⚁ Z10 ⓦ; Bras.
- *suaveolens* Knowles et Westc. = Aechmea purpureorosea
- **tessmannii** Harms 1927 · ⚁ Z10 ⓦ; Col., Peru
- **tillandsioides** (Mart. ex Schult. f.) Baker 1879 · ⚁ Z10 ⓦ; Mex., C-Am., Col. Venez., Guyana, Bras.
- **vallerandii** (Carrière) Erhardt, Götz et Seybold · ⚁ Z10 ⓦ; Bras., Peru, Bol.
- **victoriana** L.B. Sm. 1941 · ⚁ Z10 ⓦ; Bras.
- **warasii** E. Pereira 1972 · ⚁ Z10 ⓦ; Bras.: Espírito Santo
- **weilbachii** Didr. 1854 · ⚁ Z10 ⓦ; Bras.
  'Leodiensis'
  - var. *leodiensis* André 1887 = Aechmea weilbachii
- **zebrina** L.B. Sm. 1953 · ⚁ Z10 ⓦ; S-Col., N-Ecuad.

Aegilops L. 1753 -f- *Poaceae* · (S. 1097)
 D:Walch; E:Goat Grass; F:Egylops
- **crassa** Boiss. 1846 · ☉; Irak, Iran
- **cylindrica** Host 1802 · D:Walzenförmiger Walch · ☉ Z9 V-VII; Eur.: EC-Eur., Ba, E-Eur.; TR, Cauc., C-As., nat. in F, I
- **geniculata** Roth 1787 · D:Zylindrischer Walch · ☉ ⋈ Z9 VI-VIII; Eur.: Ib, Fr, Ap, Ba, RO, Krim; TR, SW-As., N-Afr.
- **neglecta** Req. ex Bertol. 1834 · D:Übersehener Walch · ☉ Z9; Eur.: Ib, Fr, Ap, Ba, RO, Krim; TR, Cauc., Iran
- **triuncialis** L. 1753 · D:Langgranniger Walch · ☉ Z9 VI-VIII ⓝ; Eur.: Ib, Fr, Ap, Ba, Krim; TR, Cauc., Iran, C-As., N-Afr.
- **ventricosa** Tausch 1837 · D:Bauchiger Walch · ☉ ⋈ Z9 VII-VIII ⓝ; Eur.: sp., Balear., Sard., I, Slove.; Egypt, NW-Afr., nat. in F

Aeginetia L. 1753 -f- *Scrophulariaceae* · D:Indische Sommerwurz
- **indica** L. 1753 · D:Indische Sommerwurz; E:Indian Broomrape · ⚁ Z10 ⓦ VIII-X; Ind., Malay. Pen., Jap.

Aegle Corrêa 1800 -f- *Rutaceae* · (S. 783)
 D:Belbaum; E:Bael Tree
- **marmelos** (L.) Corrêa · ♄ d ⓦ ⚥ ⓝ; Ind., Myanmar

Aegonychon Gray = Lithospermum
- *purpurocaeruleum* (L.) Holub = Lithospermum purpurocaeruleum

Aegopodium L. 1753 -n- *Apiaceae* · (S. 165)
 D:Geißfuß, Giersch; E:Goutweed, Ground Elder; F:Aegopode, Herbe-aux-goutteux
- **podagraria** L. 1753 · D:Geißfuß, Gewöhnlicher Giersch; E:Bishop's

Weed, Ground Elder · ⌛ VI-VIII ⚥ ⓝ; Eur.* exc. BrI, Sc; TR, Cauc., W-Sib., E-Sib., C-As., nat. in BR, e N-Am.
'Variegatum'

Aeollanthus Mart. ex Spreng. 1825 -m- *Lamiaceae* · (S. 578)
- **pinnatifidus** Hochst. ex Benth. 1848; Eth.
- **repens** Oliv. 1875 · ♄ e ⓜ IV-V; Cameroun, E-Afr., Sudan

Aeonium Webb et Berthel. 1840 -n- *Crassulaceae* · (S. 429)
- **arboreum** (L.) Webb et Berthel. 1840
  'Arnold Schwarzkopf'
  'Atropurpureum'
  'Zwartkop' = Aeonium arboreum 'Arnold Schwarzkopf'
  - var. **arboreum** · ♄ ☥ Z9 ⓜ I-II; Maroc., nat. in S-Eur.
- **balsamiferum** Webb et Berthel. 1840 · ♄ ☥ D Z9 ⓜ; Canar.
- **canariense** (L.) Webb et Berthel. · E:Giant Velvet Rose · ♄ ☥ Z9 ⓜ IV-V; Canar.
- **castello-paivae** Bolle 1859 · ☥ Z8 ⓜ; Canar. (Gomera)
- **ciliatum** (Willd.) Webb et Berthel. 1841 · ♄ ☥ Z9 ⓜ III-IV; Canar.
- **cuneatum** Webb et Berthel. 1841 · ♄ ☥ e Z9 ⓜ IV-VI; Canar.: Teneriffa
- **decorum** (H. Christ) Webb ex Bolle 1859 · ♄ ☥ Z9 ⓜ IV-VI; Canar.
- × *domesticum* (Praeger) A. Berger = Aichryson × aizoides
- *giganteum* Webb ex H. Christ = Aeonium canariense
- **glandulosum** (Aiton) Webb et Berthel. 1840 · ☉ ⌛ ☥ Z9 ⓜ; Madeira
- **glutinosum** (Aiton) Webb et Berthel. · ♄ ☥ Z9 ⓜ VI-VIII; Madeira
- **goochiae** Webb et Berthel. 1840 · ♄ ☥ Z9 ⓜ V-VIII; Canar.
- **haworthii** Webb et Berthel. 1840 · E:Pin Wheel · ♄ ☥ Z9 ⓜ IV-V; Canar.
- **hierrense** (Murray) Pit. et Proust 1909 · ♄ ☥ Z9 ⓜ IV-V; Canar.
- **holochrysum** Webb et Berthel. · ♄ ☥ Z9 ⓜ XII-III; Canar.
- **lindleyi** Webb et Berthel. ♄ ☥ Z9 ⓜ VII-IX; Canar.
- *manriqueorum* (H. Christ) Bolle = Aeonium arboreum var. arboreum
- **nobile** Praeger 1928 · ☉ ♄ ☥ e Z9 ⓜ VI; Canar.
- **percarneum** (Murray) Pit. et Proust 1909 · ♄ ☥ e Z9 ⓜ IV-V; Canar.
- **sedifolium** (Webb ex Bolle) Pit. et Proust 1909 · ♄ ☥ e Z9 ⓜ V; Canar.
- **simsii** (Sweet) Stearn 1951 · ⌛ ☥ Z9 ⓜ IV-V; Canar.
- **spathulatum** (Hornem.) Praeger 1928 · ♄ ☥ Z9 ⓜ III-V; Canar.
- *strepsicladum* Webb et Berthel. = Aeonium spathulatum
- **tabuliforme** (Haw.) Webb et Berthel. 1840 · ☉ ⌛ ☥ e Z9 ⓜ VII-VIII; Canar.
- **undulatum** Webb et Berthel. 1841 · E:Saucer Plant · ♄ ☥ Z9 ⓜ IV-V; Canar.
- **urbicum** (C. Sm. ex Hornem.) Webb et Berthel. 1841 · ♄ ☥ e Z9 ⓜ IV-V; Canar.
- *youngianum* Webb et Berthel. = Aeonium undulatum

Aerangis Rchb. f. 1865 -f- *Orchidaceae* · (S. 1049)
- **articulata** (Rchb. f.) Schltr. 1914 · ⌛ Z10 ⓜ III-IV ▽ ✳; Madag.
- **biloba** (Lindl.) Schltr. 1914 · ⌛ Z9 ⓜ; W-Afr, C-Afr.
- **citrata** (Thouars) Schltr. 1914 · ⌛ Z10 ⓜ II-IV ▽ ✳; Madag.
- **ellisii** (Rchb. f.) Schltr. 1914 · ⌛ Z10 ⓜ VI-IX ▽ ✳; Madag.
- **hyaloides** (Rchb. f.) Schltr. 1914 · ⌛ Z10 ⓜ II-III ▽ ✳; Madag.
- **kotschyana** (Rchb. f.) Schltr. 1918 · ⌛ Z10 ⓜ IX-X ▽ ✳; E-Afr., S-Afr.
- **luteoalba** (Kraenzl.) Schltr. 1918
  - var. **rhodostica** (Kraenzl.) J. Stewart 1979
- **modesta** (Hook. f.) Schltr. 1914 · ⌛ Z10 ⓜ IV-V ▽ ✳; Madag.
- *rhodosticta* (Kraenzl.) Schltr. = Aerangis luteoalba var. rhodostica

Aeranthes Lindl. 1824 -f- *Orchidaceae*
- **ramosa** Rolfe 1906 · ⌛ Z10 ⓜ; Madag.

Aeria O.F. Cook = Gaussia
- *attenuata* O.F. Cook = Gaussia attenuata

× **Aeridachnis** hort. 1954 -f- *Orchidaceae* · (Aerides × Arachnis)

Aerides Lour. 1790 -n- *Orchidaceae* · (S. 1049)
- **crassifolium** C.S.P. Parish et Rchb. f. 1873 · ⌛ Z10 ⓜ V-VI ▽ ✳; Myanmar: Moulmein
- **crispum** Lindl. 1833 · ⌛ Z10 ⓜ V-VI ▽ ✳; Malay.Arch.
- *cylindricum* Hook. = Papilionanthe vandarum
- **falcatum** Lindl. ex Paxton 1851 · ⌛ Z10 ⓜ V-VI ▽ ✳; Myanmar
- *fieldingii* Lodd. ex E. Morren = Aerides roseum
- **flabellatum** Rolfe 1925 · ⌛ Z10 ⓜ; Myanmar, China, Myamar, Thail. Laos
- *larpentiae* Rchb. f. = Aerides falcatum
- **lawrenceae** Rchb. f. 1883 · ⌛ Z10 ⓜ VI-VIII ▽ ✳; Phil.
- **multiflorum** Roxb. 1820 · ⌛ Z10 ⓜ VI-IX ▽ ✳; Him., Myanmar, Vietn.
- **odoratum** Lour. 1790 · ⌛ Z10 ⓜ VI-VII ▽ ✳; Ind., China, Malay. Arch., Phil.
- **roseum** Lodd. ex Lindl. et Paxton 1850 · ⌛ Z10 ⓜ; Him., Assam, S-China, Indochina
- *vandarum* Rchb. f. = Papilionanthe vandarum

× **Aeridocentrum** hort. 1967 -n- *Orchidaceae* · (Aerides × Ascocentrum)

× **Aeridofinetia** hort. 1961 -f- *Orchidaceae* · (Aerides × Neofinetia)

× **Aeridoglossum** hort. 1963 -n- *Orchidaceae* · (Aerides × Ascoglossum)

× **Aeridopsis** hort. 1938 -f- *Orchidaceae* · (Aerides × Phalaenopsis)

× **Aeridostylis** A.D. Hawkes 1961 -f- *Orchidaceae* · (Aerides × Rhynchostylis)

× **Aeridovanda** hort. 1918 -f- *Orchidaceae* · (Aerides × Vanda)

Aerva Forssk. 1775 -f- *Amaranthaceae* · (S. 151)
- *sanguinolenta* (L.) Blume = Aerva scandens
- **scandens** (Roxb.) Wall. 1840 · ⌛ ⓜ; Trop. Old World

Aesandra Pierre = Diploknema
- *butyracea* (Roxb.) Baehni = Diploknema butyracea

Aeschrion Vell. = Picrasma

- *excelsa* (Sw.) Kuntze = Picrasma excelsa

Aeschynanthus Jack 1823 -m-
Gesneriaceae · (S. 547)
D:Sinnblume; E:Basket Plant, Blush Wort; F:Aeschynanthus
- **boscheanus** de Vriese 1845 · ♄ e ⚥ Z10 ⊛ VI-VIII; Sumat.
- **evrardii** Pellegr. 1926 · ♄ e Z10 ⊛; Vietn.: Annam
- **hildebrandtii** Hemsl. 1894 · ♄ e ⤳ Z10 ⊛; Myanmar
- *javanicus* Hook. = Aeschynanthus radicans
- *lamponga* Miq. = Aeschynanthus boscheanus
- **lobbianus** Hook. 1846 · D:Lippenstift-Sinnblume; E:Lipstick Plant · ♄ ⚥ Z10 ⊛; Java
- **longicaulis** Wall. 1829 · D:Gefleckte Sinnblume; E:Zebra Basket Vine · ♄ e ⚥ Z10 ⊛; Thail., Malay. Pen.
- *marmoratus* T. Moore = Aeschynanthus longicaulis
- **micranthus** C.B. Clarke 1852 · ♄ e ⚥ Z10 ⊛ VI-VIII; Him., Myanmar
- **parasiticus** (Roxb.) Wall. 1828 · ♄ e ⚥ Z10 ⊛ VII-VIII; Ind.: Khasia Hills
- **pulcher** (Blume) G. Don 1837 · ♃ Z10 ⊛; Java
- **radicans** Jack 1823 · D:Strahlige Sinnblume; E:Lipstick Plant · ♃ ♄ e Z10 ⊛; Malay. Pen., Java
- **speciosus** Hook. 1847 · ♄ e ⚥ Z10 ⊛ VI-IX; Malay. Pen., Java, Kalimantan
- × **splendidus** T. Moore 1851 (*A. parasiticus* × *A. speciosus*) · ♄ e ⚥ Z10 ⊛; cult.
- **tricolor** Hook. 1858 · ♄ e ⚥ Z10 ⊛ V-VII; Kalimantan

Aeschynomene L. 1753 -f-
Fabaceae · (S. 494)
D:Schampfpflanze; E:Joint Vetch
- **americana** L. 1753 · D:Amerikanische Schampfpflanze; E:American Joint Vetch · ♄ ⊛ ⓝ; trop. Am., nat. in Malay. Arch.
- **aspera** L. 1753 · D:Raue Schampfpflanze; E:Sola Pith Plant · ♄ ⤳ ⊛; Ind.
- **elaphroxylon** (Guill. et Perr.) Taub. 1894 · D:Ambatsch · ♄ ⓝ; trop. Afr.
- **indica** L. 1753 · D:Indische Schampfpflanze; E:Curly Indigo, Hard Sola, Indian Joint Vetch · ⊙ ⤳ ⊛ VII-IX ⓝ; Ind.

Aesculus L. 1753 -f-
Hippocastanaceae · (S. 798)
D:Rosskastanie; E:Horse Chestnut; F:Marronnier
- *arguta* Buckley = Aesculus glabra var. arguta
- × **arnoldiana** Sarg. 1924 (*A. flava* × *A. glabra* × *A. pavia*) · D:Arnolds Rosskastanie · ♄ d Z5; cult. [34763]
- × **bushii** C.K. Schneid. 1909 (*A. glabra* × *A. pavia*) · D:Schneiders Rosskastanie · ♄ d Z5; USA: Ark., Miss. [23946]
- **californica** (Spach) Nutt. 1838 · D:Kalifornische Rosskastanie; E:California Buckeye · ♄ ♄ d Z7; Calif. [23947]
- × **carnea** Hayne 1822 (*A. hippocastanum* × *A. pavia*) · D:Rote Rosskastanie; E:Red Horse Chestnut; F:Marronnier rouge · ♄ d Z4 V-VI ✼; cult. [13850]
  'Briotii' 1858 [13860]
  'Plantierensis' 1894 · d [33902]
- **chinensis** Bunge 1892 · D:Chinesische Rosskastanie; E:Chinese Horse Chestnut · ♄ d Z6 ✼; N-China [23952]
- + **dallimorei** Sealy 1956 (*A. flava* × *A. hippocastanum*) · ♄ d Z5; cult. [23953]
- **discolor** Pursh 1813 · F:Marronnier bicolore · ♄ ♄ Z6 V-VI ✼ [18211]
  'Koehnei' [33845]
- **flava** Sol. 1778 · D:Gelbe Rosskastanie; E:Sweet Buckeye, Yellow Buckeye; F:Marronnier jaune · ♄ d Z6 V-VI ✼ ⓝ; USA: NE, SE [47950]
- *georgiana* Sarg. = Aesculus sylvatica
- **glabra** Willd. 1809
  - var. **arguta** (Buckley) B.L. Rob. 1897 · D:Texas-Rosskastanie · ♄ d Z6 V ✼; USA: Kans., SC [32930]
  - var. **glabra** · D:Ohio-Rosskastanie; E:Ohio Buckeye; F:Marronnier de l'Ohio · ♄ d Z6 V ✼ ⓝ; USA: NE, NCE, NC, SC, SE
  - var. *monticola* Sarg. 1924 = Aesculus glabra var. glabra
- × **glaucescens** Sarg. 1913 (*A. flava* × *A. sylvatica*) · F:Marronnier aurore · Z5; USA: Ga.
- **hippocastanum** L. 1753 · D:Gewöhnliche Rosskastanie; E:Horse Chestnut; F:Marronnier d'Inde · ♄ d Z4 V ⚥ ⓝ; Eur.: Ba; ? Cauc., N-Iran, Him., nat. in Fr, IRL, C-Eur., EC-Eur. [13870]
  'Baumannii' [13880]
  'Digitata' 1864 [44599]
  'Laciniata' 1844 [33954]
  'Pyramidalis' 1891 [32939]
- × **hybrida** DC. 1813 (*A. flava* × *A. pavia*) · D:Allegheny-Rosskastanie; F:Marronnier hybride · ♄ d Z5 V-VI; cult. [23964]
- **indica** (Wall. ex Cambess.) Hook. 1859 · D:Indische Rosskastanie; E:Indian Horse Chestnut; F:Marronnier de l'Himalaya · ♄ d Z7 VI-VII; Afgh., Him. [36577]
- *lutea* Wangenh. = Aesculus flava
- × **marylandica** J.R. Booth 1892 (*A. flava* × *A. glabra*) · D:Maryland-Rosskastanie · ♄ d Z5; cult.
- *mississippiensis* Sarg. = Aesculus × bushii
- × **mutabilis** (Spach) Schelle 1903 (*A. pavia* × *A. sylvatica*) · F:Marronnier hybride · ♄ d Z5 V-VI; cult.
  'Induta' 1905 [20774]
- × **neglecta** Lindl. 1826 (*A. flava* × *A. sylvatica*) · D:Carolina-Rosskastanie; E:Sunrise Horse Chestnut; F:Marronnier aurore · ♄ d Z5 V-VI; USA: Va., SE, Fla. [12315]
  'Erythroblastos' 1913 [32942]
- *octandra* Marshall = Aesculus flava
- *ohioensis* (F. Michx.) DC. = Aesculus glabra var. glabra
- **parviflora** Walter 1788 · D:Strauch-Rosskastanie; E:Dwarf Buckeye, Shrubby Pavia; F:Pavier blanc · ♄ d Z5 VII-VIII; USA: SE, Fla. [13890]
- **pavia** L. 1753 · D:Echte Pavie; E:Red Buckeye; F:Pavier rouge · ♄ ♄ d Z5 VI ⚥ ✼; USA: Va., W.Va., SC, SE, Fla. [47970]
  'Atrosanguinea' 1834 [39506]
  - var. *discolor* (Pursh) Torr. et A. Gray 1838 = Aesculus discolor
- × *plantierensis* André = Aesculus × carnea
- × *rubicunda* Loisel. = Aesculus × carnea
- *splendens* Sarg. = Aesculus pavia
- **sylvatica** W. Bartram 1791 · D:Georgia-Rosskastanie · ♄ ♄ d Z5; USA: SE (N.C., Tenn., Ga.) [29175]
- **turbinata** Blume 1847 · D:Japanische Rosskastanie; E:Japanese Horse Chestnut; F:Marronnier du Japon · ♄ d Z6 V-VI ⓝ; Jap. [12321]
- × *versicolor* (Spach) Wender. = Aesculus × hybrida

Aethephyllum N.E. Br. 1928 -n-
Aizoaceae · (S. 140)
- **pinnatifidum** (L. f.) N.E. Br.
  1928 · ⊙ ⚘ ⓚ; Kap

Aethionema R. Br. 1812 -n-
Brassicaceae · (S. 314)
D:Steintäschel; E:Stone Cress;
F:Aethionema
- **armenum** Boiss. 1842 · ⚘ △ Z7 V;
  TR [62103]
  'Warley Rose' [62104]
  'Warley Ruber' [62105]
- **cordatum** (Desf.) Boiss. 1867 · ⚘
  △ Z7 ∧ V-VI; Eur.: GR; TR, Cauc.
- **coridifolium** DC. 1821 · D:Zierliches Steintäschel; E:Stonecress ·
  ♄ △ Z6-7 V-VIII; S-TR, Lebanon
  [62106]
- **diastrophis** Bunge 1841 · ⚘ ♄ △
  Z7 ∧ V-VI; Cauc. (Armen.)
- *graecum* Boiss. et Spruner =
  Aethionema saxatile
- **grandiflorum** Boiss. et Hohen.
  1849 · D:Großblütiges Steintäschel; E:Persian Stone Cress;
  F:Aethionema à grandes fleurs,
  Aethionema de Perse · ♄ △ Z6-7
  VI-VII; TR, N-Iraq, Cauc., Iran
  [62107]
  Pulchellum Grp. · ; cult.
- **iberideum** (Boiss.) Boiss. 1867 ·
  ⚘ △ Z7 ∧ V; E-GR, TR, Cauc.
- **oppositifolium** (Pers.) Hedge
  1965 · ⚘ △ Z7 ∧ IV-V; TR, Cauc.,
  Lebanon [62108]
- *pulchellum* Boiss. et A. Huet
  = Aethionema grandiflorum
  Pulchellum Grp.
- **rotundifolium** (C.A. Mey.) Boiss.
  1867 · ⚘; Cauc. [69074]
- **saxatile** (L.) R. Br. 1812 ·
  D:Felsen-Steintäschel; E:Candy
  Mustard · ⊙ ⚘ △ IV-VI; Eur.* exc.
  Sc, BrI; TR, Alger., Maroc.
- **schistosum** (Boiss. et Kotschy)
  Kotschy 1856 · ⚘ △ Z7 ∧ VI; TR:
  Cilician Taurus
- **speciosum** Boiss. et A. Huet
  1856 · ⚘ △ Z7 ∧; E-TR, Iraq
- **stylosum** DC. 1821 · ⚘ △ Z7 ∧
  VI; TR: Cilician Taurus, W-Syr.
- **thomasianum** J. Gay 1845 · ⚘ Z7;
  Eur.: F, I, ? CH
- *× warleyense* C.K. Schneid. ex
  Boom = Aethionema armenum

Aethusa L. 1753 -f- *Apiaceae* ·
(S. 165)
D:Hundspetersilie; E:Foll's
Parsley; F:Ethuse, Petite ciguë
- **cynapium** L. 1753 ·
  D:Hundspetersilie
  - subsp. **cynapium** · D:Acker-Hundspetersilie; E:Dog Poison,
    Fool's Parsley · ⊙ VI-X ⚥; Eur.*,
    Cauc, N-TR, Alger., nat. in
    N-Am.
  - subsp. **elata** (Friedlein ex Fisch.)
    Schübl. et G. Martens 1834 ·
    D:Wald-Hundspetersilie

Aframomum K. Schum. 1904 -n-
Zingiberaceae · (S. 1145)
D:Malaguetapfeffer; E:Melagueta
Pepper; F:Malaguette, Maniguette
- **angustifolium** (Sonn.) K. Schum.
  1904 · D:Kamerun-Kardamom ·
  ⚘ Z10 ⓦ ⓝ; Madag., Seych.,
  Mauritius
- **citratum** (C. Pereira) K. Schum.
  1904 · ⚘ ⓦ; W-Afr., C-Afr.
- **melegueta** K. Schum. 1904 ·
  D:Paradieskörnerpflanze;
  E:Grains of Paradise, Guinea
  Grains · ⚘ Z10 ⓦ ⚥ ⓝ; W-Afr.

Afrocarpus (J. Buchholz et
N.E. Gray) C.N. Page 1989 -m-
Podocarpaceae · (S. 95)
D:Afrogelbholz; E:Yellowwood
- **falcatus** (Thunb.) C.N. Page
  1989 · D:Gewöhnliches Afrogelbholz; E:Common Yellowwood,
  Oteniqua Yellowwood · ♄ e Z10;
  S-Afr., Angola [27384]
- **gracilior** (Pilg.) C.N. Page 1989 ·
  D:Schlankes Afrogelbholz;
  E:African Fern Pine · ♄ e Z10 ⓚ;
  Eth., Uganda, Kenya

Afzelia Sm. 1798 -f-
Caesalpiniaceae · (S. 371)
D:Makolabaum; E:Makola
- **africana** Sm. ex Pers. 1798 ·
  D:Makolabaum; E:Makola · ♄ ⋊
  Z10 ⓦ ⓝ; W-Afr., C-Afr.

Aganisia Lindl. 1839 -f-
Orchidaceae · (S. 1049)
- **cyanea** (Lindl.) Rchb. f. 1876 ·
  ⚘ Z10 ⓦ V-VI ▽ ✱; Col., Venez.,
  Bras.

Agapanthus L'Hér. 1788 -m-
Alliaceae · (S. 900)
D:Liebesblume, Schmucklilie;
E:African Lily; F:Agapanthe
- **africanus** (L.) Hoffmanns. 1824 ·
  D:Afrikanische Schmucklilie;
  E:African Lily · ⚘ Z9 ⓚ VII-VIII
  ⚥; Kap [19626]
  'Albus' [60295]
  - subsp. **campanulatus** · ⚘ Z8 ⓚ
    VII-VIII; S-Afr.
  - subsp. **patens** (F.M. Leight.)
    F.M. Leight. 1965 · ⚘ Z7 ⓚ;
    S-Afr.
  Albidus = Agapanthus 'Franni'
- **caulescens** Spreng. · ⚘ Z8 ⓚ
  VIII-IX; S-Afr.
- **coddii** F.M. Leight. 1965 · ⚘ Z8
  ⓚ; S-Afr. (Transvaal)
- *comptonii* F.M. Leight. =
  Agapanthus praecox subsp.
  minimus
- **inapertus** P. Beauv. 1910 [27062]
  - subsp. **hollandii** · ⚘ Z7 ⓚ;
    S-Afr. (Transvaall)
  - subsp. **inapertus** · ⚘ Z8 ⓚ IX-X;
    S-Afr.: Transvaal
  - subsp. **intermedius** · ⚘ Z8
    ⓚ; S-Afr. (Natal, Transvaal),
    Swaziland, Mocamb.
  - subsp. **pendulus** (L. Bolus) F.M.
    Leight. 1965 · ⚘ Z8 ⓚ; S-Afr.
    (Transvaal)
- *orientalis* F.M. Leight. =
  Agapanthus praecox subsp.
  orientalis
- **praecox** Willd. 1809 [16661]
  - subsp. **minimus** (Lindl.) F.M.
    Leight. 1965 Z9 ⓚ; S-Afr.
  - subsp. **orientalis** (F.M. Leight.)
    F.M. Leight. 1965 · ⚘ Z9 ⓚ;
    S-Afr.
  - subsp. **praecox** · ⚘ ⋊ Z9 ⓚ VII-VIII; S-Afr.: Kap, Natal
- *umbellatus* L'Hér. = Agapanthus
  africanus
- in vielen Sorten:
  F   Funnel-Grp.
      Blüten trichterförmig;
      aufrecht, horizontal oder
      leicht schräg stehend;
      der Blütendurchmesser
      ist meist genauso groß
      wie die Blütenlänge
      und die Blütensegmente
      überlappen sich nicht; Laub
      normalerweise immergrün.
  S   Salver-Grp.
      Blüten tellerförmig; horizontal
      oder leicht schräg stehend;
      Durchmesser der Blüte größer
      als die Länge wobei sich
      die Blüten nicht oder nur in
      der Basis überlappen; Laub
      normalerweise einziehend.
  Tr Trumpet-Grp.
      Blüten trompetenförmig;
      aufrecht, horizontal oder
      leicht schräg stehend;
      Durchmesser der Blüte meist
      geringer als die Länge, wobei
      sich die Blüten meist, oder
      zumindest in der Basis,

überlappen; Laub immergrün oder einziehend.
Tu **Tubular-Grp.**
Blüten röhrenförmig; am Blütenstiel hängend; die Blütensegmente überlappen sich auf ganzer Länge; Laub einziehend.
V **Variegated-Leaf-Grp.**
Alle Sorten mit panaschiertem Laub, einziehend oder immergrün.
Quelle: SNOJEIJER, W. (2004)
'Blue Giant' (Tr) < 1951
'Blue Moon' (Tr) E.B. Smith < 1987
'Blue Triumphator' (S) 1916 [62109]
'Donau' (Tr) Schoehuys 1979
'Franni' (S) [58007]
'Headbourne Hybrids' L. Palmer 1950-60 [62110]
'Lilliput' (S) R. Jackman c. 1950 [19627]
'Midnight Blue' (Tr) Ph. Wood 1976
'Peter Pan' (F) J.N. Giridlian 1949 [11022]
'Tinkerbell' (v) 1991

Agapetes D. Don ex G. Don 1834 -f- *Ericaceae* · (S. 463)
- **acuminata** D. Don ex G. Don 1834 · ♄ Z9 ⓚ; Bhutan, Ind.: Khasia Hills
- **buxifolia** Nutt. 1857 · ♄ e Z9 ⓚ ⓥ III-V; Bhutan
- **rugosa** (Hook.) Sleumer · ♄ e Z9 ⓚ III-V; Ind.: Khasia Hills
- **serpens** (Wight) Sleumer 1939 · ♄ e ⚥ Z9 ⓚ I-V; Him. [11023]
'Ludgvan Cross'
'Nepal Cream'

Agastache Gronov. 1762 -f- *Lamiaceae* · (S. 578)
D:Duftnessel; E:Mexican Hyssop; F:Agastache
- *anethiodora* Britton = Agastache foeniculum
- *anisata* hort. = Agastache foeniculum
- **aurantiaca** (A. Gray) Lint et Epling 1945 · ♃ Z7; Mex. (Chihuahua, Durango) [73070]
- **barberi** (B.L. Rob.) Epling 1939 · ♃ Z8 ⓚ; USA: Ariz.; Mex.
'Firebird' [62112]
- **cana** (Hook.) Wooton et Standl. 1913 · D:Moskitopflanze; E:Mosquito Plant · ⊙ ♄ Z9 VII-VIII; USA: N.Mex., Tex. [69345]
- **foeniculum** (Pursh) Kuntze 1891 · D:Anis-Ysop, Duftnessel; E:Anise Hyssop; F:Hysope anisée · ♃ Z7 ⚥; Can., USA: NEC, NC, Rocky Mts. [62113]
'Alabaster' [67771]

- **mexicana** (Kunth) Lint et Epling 1945 · D:Limonen-Ysop; E:Mexican Giant Hyssop; F:Agastache · ♃ Z9 VII-IX; Mex. [62114]
'Mauve Beauty' [67770]
- **nepetoides** (L.) Kuntze 1891 · D:Riesen-Ysop; E:Yellow Giant Hyssop · ♃; Can.: E; USA: NE, NEC, SE, Kans. [71818]
- **palmeri** (B.L. Rob.) Standl. 1937 · ♃; USA: N.Mex.
- **pringlei** (Briq.) Lint et Epling
- **rugosa** (Fisch. et C.A. Mey.) Kuntze 1891 · D:Koreanische Minze · ♃ Z8 ⓚ; E-Sib., Korea, China, Jap., Taiwan [69075]
'Alba'
- **rupestris** (Greene) Standl. 1910 · D:Felsen-Ysop · ♃; USA: SW [19628]
- **urticifolia** (Benth.) Kuntze 1891 · D:Falsche Brennnessel; E:Nettle Leaf Giant Hyssop · ⊙ ♃ ⚥ Z7 VIII, B.C., USA: NW, Mont., Calif. [62116]
'Liquorice Blue'
'Liquorice White'
- **in vielen Sorten:**
'Blue Fortune' [62115]
'Globetrotter'

Agathaea Cass. = Felicia

Agathis Salisb. 1807 -f- *Araucariaceae* · (S. 86)
D:Dammarabaum, Kaurifichte; E:Kauri Pine; F:Agathis
- *alba* (Rumph. ex Hassk.) Foxw. = Agathis dammara
- **australis** (D. Don) Salisb. 1829 · D:Neuseeländische Kaurifichte; E:Kauri Pine, New Zealand Kauri · ♄ e Z9 ⓚ ⓝ; NZ
- **dammara** (Lamb.) Rich. et A. Rich. 1826 · D:Dammarabaum; E:Amboina Pine, East Indian Kauri
- *loranthifolia* Salisb. = Agathis philippinensis
- **philippinensis** Warb. 1900 · D:Harzige Kaurifichte; E:Pitch Tree · ♄ e Z9 ⓚ ⓝ; Indochina, Malay. Arch., Phil.
- **robusta** (C. Moore ex F. Muell.) F.M. Bailey 1883 · D:Queensland-Kaurifichte; E:Queensland Kauri, Smooth Bark Kauri · ♄ e Z9 ⓚ ⓝ; Austr.: Queensl.

Agathosma Willd. 1809 -f- *Rutaceae* · (S. 783)
D:Duftraute

- **betulina** (P.J. Bergius) Pillans 1950 · D:Birkenähnliche Duftraute; E:Round Buchu · ♄ e Z9 ⓚ ⚥; Kap
- **ciliata** (L.) Link 1821 · ♄ e Z9 ⓚ III-V; S-Afr.
- **crenulata** (L.) Pillans 1950 · D:Feinzähnige Duftraute; E:Buchu · ♄ e Z9 ⓚ ⚥; S-Afr.
- **foetidissima** (Bartl. et H.L. Wendl.) Steud. 1840 · ♄ e Z9 ⓚ III-IV; Kap
- **hirta** (Lam.) Bartl. et H.L. Wendl. 1824 · ♄ e Z9 ⓚ VI-VII; S-Afr.
- **imbricata** (L.) Willd. 1809 · ♄ e Z9 ⓚ VI-VII; S-Afr.
- **lanceolata** (L.) Engl. · ♄ e Z9 ⓚ II-III; S-Afr.: Kap, Natal
- **pulchella** (L.) Link 1821 · ♄ e Z9 ⓚ II-VI; Kap
- **serratifolia** (Curtis) Spreeth 1796 · ♄ e Z9 ⓚ IV-V ⚥; Kap

Agave L. 1753 -f- *Agavaceae* · (S. 895)
D:Agave; E:Century Plant, Maguey; F:Agave
- **albescens** Trel. 1913 · ♃ ⚘ Z9 ⓚ; Cuba
- *albicans* Jacobi = Agave celsii var. albicans
- **americana** L. 1753 · D:Hundertjährige Agave; E:Century Plant · ⚘ Z9 ⓚ VII-VIII ⚥ ⓝ; Mex., nat. in Trop., Subtrop. [58009]
'Variegata' [36091]
- *angustifolia* Haw. = Agave vivipara var. vivipara
- **applanata** K. Koch ex Jacobi 1864 · ⚘ Z9 ⓚ; Mex.
- **atrovirens** Karw. ex Salm-Dyck 1834
  - var. **atrovirens** · ⚘ Z9 ⓚ ⓝ; Mex.; mts.
  - var. *salmiana* (Otto ex Salm-Dyck) Trel. 1959 = Agave salmiana var. salmiana
- **attenuata** Salm-Dyck 1834 · D:Drachenbaum-Agave · ⚘ Z9 ⓚ; Mex. [58021]
- **avellanides** Trel. 1912 · ⚘ Z9 ⓚ; Mex. (Baja Calif.)
- *beaucarnei* Lem. = Agave kerchovei
- *besseriana* Jacobi = Agave macroacantha
- **bovicornuta** Gentry 1942 · ⚘ Z9 ⓚ; Mex. (Sonora, Chihuahua, Sinaloa)
- **bracteosa** S. Watson ex Engelm. 1882 · ⚘ Z9 ⓚ; NE-Mex.
- *californica* Baker = Agave striata subsp. falcata
- **cantala** (Haw.) Roxb. ex Salm-

Dyck 1829 · D:Cantala-Agave; E:Cantala · ⚥ Z9 ⓚ Ⓝ; ? W-Mex., nat. in SE-As.
- *caroli-schmidtii* A. Berger = Agave seemanniana
- **celsii** Hook.
  - var. **albicans** (Jacobi) Gentry Z9 ⓚ; Mex.
  - var. **celsii** · ⚥ Z9 ⓚ; Mex.
- *cernua* A. Berger = Agave attenuata
- **chiapensis** Jacobi 1866 · ⚃ ⚥ Z9 ⓚ; Mex.
- **chrysantha** Peebles 1943 · ⚥ Z8 ⓚ; USA: Ariz.
- *coccinea* Roezl ex Jacobi = Agave atrovirens var. atrovirens
- *cornuta* hort. = Agave xylonacantha
- *cubensis* Haw. = Furcraea hexapetala
- **dasylirioides** Jacobi et C.D. Bouché 1865 · ⚥ Z8 ⓚ; Guat.
  - var. *dealbata* (Lem. ex Jacobi) Baker 1877 = Agave dasylirioides
- *dealbata* Lem. ex Jacobi = Agave dasylirioides
- **deserti** Engelm.
- *deweyana* Trel. = Agave vivipara var. deweyana
- *echinoides* Jacobi = Agave striata subsp. striata
- *excelsa* Jacobi = Agave vivipara var. vivipara
- *falcata* Engelm. = Agave striata subsp. falcata
  - var. *espadina* A. Berger 1915 = Agave striata subsp. falcata
- *ferdinandi-regis* A. Berger = Agave victoriae-reginae
- *ferox* K. Koch = Agave salmiana var. ferox
- *filamentosa* Salm-Dyck = Agave filifera subsp. filifera
- **filifera** Salm-Dyck 1834
  - subsp. **filifera** · D:Faden-Agave; E:Thread Agave · ⚥ Z9 ⓚ; Mex.
  - subsp. **schidigera** (Lem.) B. Ullrich 1992 · ⚥ Z9 ⓚ; Mex.
  - var. *filamentosa* (Salm-Dyck) Baker 1877 = Agave filifera subsp. filifera
- *foetida* L. = Furcraea foetida
- **fourcroydes** Lem. 1864 · D:Weiber-Sisal; E:Sisal Hemp · ⚥ Z8 ⓚ Ⓝ; Mex.: Yucatan
- **franzosinii** Baker · ⚥ Z9 ⓚ; Mex.
- **funkiana** K. Koch et C.D. Bouché 1860 · D:Jamauvefaser · ⚥ Z9 ⓚ Ⓝ; Mex.
- **geminiflora** (Tagl.) Ker-Gawl. 1817 · ⚥ Z9 ⓚ; ? Mex.
- **ghiesbreghtii** Lem. ex Jacobi

1864 · ⚥ Z9 ⓚ; Mex.
- *guadelajara* Trel. = Agave inaequidens
- **havardiana** Trel. 1912 · ⚥ Z8 ⓚ; Tex., Mex. (Chihuahua, Coahuila)
- *hexapetala* Jacq. = Furcraea hexapetala
- **horrida** Lem. ex Jacobi · ⚃ ⚥ Z9 ⓚ; Mex.
- **inaequidens** K. Koch · ⚥ Z8; Mex.
- *ingens* A. Berger = Agave americana
- *ixtlioides* Hook. f. = Agave vivipara var. vivipara
- **karatto** Mill. 1768 · ⚥ Z9 ⓚ; W.Ind.
- **kerchovei** Lem. 1864 · ⚥ Z9 ⓚ; Mex.
- *latissima* Jacobi = Agave atrovirens var. atrovirens
- **lechuguilla** Torr. 1858 · D:Ixtlefaser · ⚥ Z9 ⓚ Ⓝ; Tex., N-Mex.
- **lophantha** Schiede 1829 · D:Tula-Ixtle; E:Lechuguilla · ⚥ Z9 ⓚ Ⓝ; Mex.
- **lurida** Aiton 1789 · ⚥ Z9 ⓚ; Mex.
- **macroacantha** Zucc. 1832 · ⚥ Z9 ⓚ; Mex.
- *macroculmis* Tod. = Agave atrovirens
- **maculosa** Hook. 1859 · ⚥ Z9 ⓚ V-VIII; S-Tex., N-Mex.
- **margaritae** Brandegee 1889 · ⚥ Z9 ⓚ; Mex.: Baja Calif.
- **marmorata** Roezl 1883 · ⚥ Z9 ⓚ; Mex.
- **mckelveyana** A.H. Gentry 1970 · ⚥ Z7 ⓚ; USA: Ariz.
- *megalacantha* Hemsl. = Agave inaequidens
- *mexicana* Lam. = Agave lurida
- **mitis** Mart. 1848
- **neomexicana** Wooton et Standl. 1913 · ⚥ Z8 ⓚ; USA: N.Mex., SW-Tex; Mex (Coahuila ?)
- **obscura** Schiede ex Schltdl. 1844 · ⚥ Z9 ⓚ; Mex.
- **palmeri** Engelm. 1875 · ⚥ Z8 ⓚ; USA: SW; Mex. (Sonora, Chihuahua)
  - var. *chrysantha* (Peebles) Little = Agave chrysantha
- **parrasana** A. Berger 1906 · ⚥ Z9 ⓚ; Mex.
- **parryi** Engelm. 1875
  - var. **couesii** (Engelm. ex Trel.) Kearney et Peebles 1939 · ⚥ Z8 ⓚ; USA: C-Ariz.
  - var. **huachucensis** (Baker) Little ex Benson 1943 · ⚥ Z8 ⓚ; USA: SE-Ariz.; Mex. (Sonora, ? Chihuahua)
  - var. *parryi* · D:Mescal-Agave;

E:Mescal · ⚥ Z8 ⓚ; Ariz., Mex.
- **parviflora** Torr. 1859 · ⚥ Z8 ⓚ; USA: Ariz.; N-Mex. (Chihuahua, Sonora)
- **polyacantha** Haw. 1821 · ⚥ Z9 ⓚ; E-Mex.
  - var. *xalapensis* (Roezl ex Jacobi) A.H. Gentry 1982 = Agave obscura
- **potatorum** Zucc. 1832 · ⚥ Z9 ⓚ; Mex.
  - var. *verschaffeltii* (Lem.) A. Berger 1915 = Agave potatorum
- *purpusorum* A. Berger = Agave ghiesbreghtii
- *roezliana* Baker = Agave ghiesbreghtii
- **salmiana** Otto ex Salm-Dyck 1859
  - var. **ferox** (K. Koch) A.H. Gentry 1982 · ⚥ Z9 ⓚ; Mex.
  - var. **salmiana** · ⚥ Z9 ⓚ Ⓝ; Mex.
- **scabra** Ortega 1797 · ⚥ Z9 ⓚ; Mex.
- *schidigera* Lem. = Agave filifera subsp. schidigera
- *schnittspahnii* Jacobi = Agave applanata
- **schottii** Engelm.
- *scolymus* Karw. ex Salm-Dyck = Agave potatorum
- **seemanniana** Jacobi 1868 · ⚥ Z9 ⓚ; Guat.
- **shawii** Engelm.
- **sisalana** Perrine 1838 · D:Sisal, Sisal-Agave; E:Sisal · ⚥ Z9 ⓚ Ⓝ; Mex.
- **spicata** Cav. 1802 · ⚥ Z9 ⓚ; Mex.
- **striata** Zucc. 1832
  - subsp. **falcata** (Engelm.) A.H. Gentry 1982 · ⚥ Z9 ⓚ Ⓝ; Mex.
  - subsp. **striata** · ⚥ Z9 ⓚ; Mex.
- **stricta** Salm-Dyck 1859 · ⚥ Z9 ⓚ; Mex.
- **subsimplex** Trel. 1912 · ⚥ Z8 ⓚ; Mex. (Sonora)
- **titanota** Gentry 1982 · ⚥ Z8 ⓚ; Mex. (Oaxaca)
- *univittata* Haw. = Agave lophantha
- **utahensis** Engelm. 1871
  - subsp. **kaibabensis** (McKelvey) A.H. Gentry 1982 · ⚥ Z7 ⓚ; USA: Ariz.
  - subsp. **utahensis** · ⚥ Z7 ⓚ; USA: Calif., Nev.
  - var. *discreta* M.E. Jones 1930 = Agave utahensis subsp. utahensis
  - var. *eborispina* (Hester) Breitung 1960 = Agave utahensis subsp. utahensis
  - var. *nevadensis* Engelm. ex Greenm. et Roush 1929 = Agave utahensis subsp. utahensis

- *vangrolae* Trel. = Agave karatto
- **variegata** Jacobi · ⚥ Z9 ⓚ IV-V; S-Tex., N-Mex. [11632]
- *vera-cruz* Mill. = Agave lurida
- *verschaffeltii* Lem. = Agave potatorum
- **victoriae-reginae** T. Moore 1875 · D:Königs-Agave; E:Royal Agave · ⚥ Z9 ⓚ ▽ ✴; Mex.
- **vilmoriniana** A. Berger 1913 · ♃ ⚥ Z9 ⓚ; NW-Mex.
- **virginica** L. 1753 · E:Snake Chief Root · ⚥ Z8 ⓚ ∧ VIII-IX; USA: NE, NCE, NC, SE, Fla.
- **vivipara** L. 1753
  - var. **deweyana** (Trel.) P.I. Forst. 1992 · ⚥ Z9 Ⓝ; Mex.
  - var. **letonae** (F.W. Taylor ex Trel.) P.I. Forst. · ⚥ Z9 Ⓝ; El Salv.
  - var. **vivipara** · ⚥ Z9 ⓚ; Mex.
- *wislizeni* Engelm. = Agave parryi var. parryi
- *xalapensis* Roezl ex Jacobi = Agave obscura
- **xylonacantha** Salm-Dyck 1859 · ⚥ Z9 ⓚ; Mex.
- *yuccaefolia* F. Delaroche = Agave spicata

Ageratina Spach 1841 -f- *Asteraceae* · (S. 221)
- **altissima** (L.) R.M. King et H. Rob. 1970 · D:Weiße Natternwurz; E:Mist Flower, White Snakeroot; F:Eupatoire à feuilles molles · ♃ Z6 VII-IX ✵; Can.: E, Sask.; USA: NE, NC, SE, Fla., SC [63879]
  'Braunlaub'
  'Chocolate'
- **aromatica** (L.) Spach 1841 · ♃ Z4 VIII-X; USA: NE, Ohio, SE, Fla.
- **glechonophylla** (Less.) R.M. King et H. Rob. 1970 · ♄ Z9 ⓚ VII-X; Chile
- **riparia** (Regel) R.M. King et H. Rob. 1970 · D:Wuchernde Natternwurz; E:Spreading Snakeroot · ♃ Z10 ⓚ IX-V; Mex., W.Ind.
- **vernalis** (Vatke et Kurtz) R.M. King et H. Rob. 1970 · ♃ ♄ Z10 ⓚ II-III; Mex.

Ageratum L. 1753 -n- *Asteraceae* · (S. 221)
D:Leberbalsam; E:Flossflower; F:Agératum
- **conyzoides** L. 1753 · D:Mexikanischer Leberbalsam; E:Mexican Ageratum, Tropical Whiteweed · ⊙ Z9 VII-IX; C-Am., S-Am., nat. in Trop.

- **corymbosum** Zucc. 1806 · ♄ Z9 ⓚ VI-IX; Mex.
- **houstonianum** Mill. 1768 · D:Leberbalsam; E:Bluemink, Floss Flower; F:Agérate · ⊙ Z8 ⓚ X; Mex., Guat., Belize [16662]
  'Blaue Donau'
  'Blue Mink'
  'Old Grey'
  'Red Sea'
  'Summer Snow'
- *mexicanum* Sims = Ageratum houstonianum

Aglaia Lour. 1790 -f- *Meliaceae* · (S. 633)
D:Glanzbaum
- *domestica* (Corrêa) Pellegr. = Lansium domesticum
- *odorata* Lour. = Aglaia pinnata
- **pinnata** (L.) Druce 1914 · D:Glanzbaum; E:Chulan · ♄ D ⓚ ⚘ Ⓝ; SE-As., Phil.

Aglaomorpha Schott 1836 -f- *Polypodiaceae* · (S. 75)
- **coronans** (Wall.) Copel. 1929 · ♃ Z10 ⓚ; S-Him., Indochina
- **heraclea** (Kunze) Copel. 1929 · ♃ Z10 ⓚ; Malay.Arch., N.Guinea
- **meyeniana** Schott 1834 · ♃ Z10 ⓚ; Phil., Taiwan

Aglaonema Schott 1829 -n- *Araceae* · (S. 919)
D:Kolbenfaden; F:Aglaonema
- **brevispathum** (Engl.) Engl. 1915 · ♄ Z10 ⓚ; SE-As.
  fo. hospitum 1968 (F.N. Williams) Nicolson · ♄ e ⓚ; Thail.
- **commutatum** Schott 1856 · ✵
  'Pseudobracteatum'
  'Treubii'
  'Tricolor'
  - var. **commutatum** · ♄ e Z10 ⓚ; Phil., Sulawesi
  - var. **elegans** (Engl.) Nicolson 1968 · ♄ Z10 ⓚ; Phil.: Luzon
  - var. **maculatum** (Hook. f.) Nicolson 1968 · D:Gefleckter Kolbenfaden · ♄ Z10 ⓚ; Phil.: Luzon
  - var. **robustum** (Alderw.) Nicolson = Aglaonema commutatum var. commutatum
- **costatum** N.E. Br. · ♄ e Z10 ⓚ; Malay. Pen.: Lankawi
- **crispum** (R. Pitcher et Manda) Nicolson 1968 · D:Gezeichneter Kolbenfaden; E:Painted Drop Tongue · ♄ e Z10 ⓚ; Phil.: Luzon
- *elegans* Engl. = Aglaonema commutatum var. elegans

- *hospitum* F.N. Williams = Aglaonema brevispathum fo. hospitum
- **marantifolium** Blume 1837 · ♄ e Z10 ⓚ; N.Guinea, Molucca Is.
  - var. *maculatum* Hook. f. 1856 = Aglaonema commutatum var. maculatum
  - var. *tricolor* hort. = Aglaonema commutatum var. commutatum
- **modestum** Schott ex Engl. 1879 · D:Chinesischer Kolbenfaden; E:Chinese Evergreen · ♄ e Z10 ⓚ; N-Thail., N-Laos, S-China
- **nitidum** (Jack) Kunth 1841 · E:Aglaonema Aroid · ♄ e Z10 ⓚ; Malay. pen., Kalimantan
  'Curtisii' · e Z10
- *oblongifolium* Schott non (Roxb.) Kunth = Aglaonema nitidum
  - var. *curtisii* N.E. Br. 1897 = Aglaonema nitidum
- **pictum** (Roxb.) Kunth 1841 · D:Punktierter Kolbenfaden; E:Aglaonema Aroid · ♄ e Z10 ⓚ; Sumat.
- *pseudobracteatum* hort. = Aglaonema commutatum var. commutatum
- *robustum* Alderw. = Aglaonema commutatum var. commutatum
- *roebelinii* R. Pitcher et Manda = Aglaonema crispum
- **rotundum** N.E. Br. · ♄ e Z10 ⓚ; Sumat.
- **simplex** (Blume) Blume 1837 · D:Malayischer Kolbenfaden; E:Malayan Sword · ♄ e Z10 ⓚ; Nicobar., S-Myanmar, Thail., Malay. Arch., Phil.
- *treubii* hort. non Engl. = Aglaonema commutatum var. commutatum

Agonis (DC.) Sweet 1830 -f- *Myrtaceae* · (S. 658)
D:Weidenmyrte; E:Willow Myrtle; F:Agonis
- **flexuosa** (Willd.) Sweet 1830 · D:Trauer-Weidenmyrte; E:Sweet Willow Myrtle, Willow Peppermint · ♄ ♄ e ⓚ; W-Austr. [11025]
- **parviceps** Schauer 1845 · D:Stachlige Weidenmyrte · ♄ e ⓚ; W-Austr.

Agrimonia L. 1753 -f- *Rosaceae* · (S. 745)
D:Odermennig; E:Agrimony, Cocklebur; F:Aigremoine
- **eupatoria** L. 1753 · D:Kleiner Odermennig; E:Agrimony,

Cocklebur · ♃ VI-VIII ⚥ ; Eur.*, TR, Iran, Levante, N-Afr., [62117]
- *odorata* Mill. = Agrimonia repens
- **pilosa** Ledeb. 1823
- **procera** Wallr. 1740 · D:Großer Odermennig; E:Fragrant Agrimony · ♃ VI-VIII ⚥ ; Eur.*
- **repens** L. 1759 · ♃ ; TR, Iraq

Agropyron Gaertn. 1770 -n- *Poaceae* · (S. 1097)
D:Kammquecke; E:Dog Grass, Wheatgrass; F:Chiendent
- *caninum* (L.) P. Beauv. = Elymus caninus
- **cristatum** (L.) Gaertn. 1770
  - subsp. **cristatum** · D:Kammquecke; E:Crested Wheatgrass · ♃ ⓝ; Eur.: Ib, Ap, C-Eur., EC-Eur., Ba, E-Eur.; TR, Cauc., Iran, Afgh., W-Sib., E-Sib., Amur, C-As., Mong., Tibet, China: Xijiang
  - subsp. **sabulosum** Lavrenko 1931 · ♃ ; Eur.: S-Russ.
- *elongatum* = Elymus obtusiflorus
- *intermedium* (Host) P. Beauv. ex Baumg. = Elymus hispidus subsp. hispidus
  - subsp. *trichophorum* (Link) Volkart 1907 = Elymus hispidus subsp. hispidulus
- *junceiforme* (Á. Löve et D. Löve) Á. Löve et D. Löve = Elymus farctus subsp. boreoatlanticus
- **junceum** (Viv.) Runemark ex Melderis
  - subsp. *borealiatlanticum* Simonet et Guin. 1936 = Elymus farctus subsp. boreoatlanticus
- *magellanicum* = Elymus magellanicus
- *pauciflorum* (Schwein.) Hitchc. non Schur = Elymus trachycaulus
- *pubiflorum* = Elymus magellanicus
- *pungens* = Elymus athericus
- *repens* (L.) P. Beauv. = Elymus repens
- *trachycaulum* (Link) Malte ex H.F. Lewis = Elymus trachycaulus
- *trichophorum* (Link) K. Richt. = Elymus hispidus subsp. hispidulus

Agrostemma L. 1753 -n- *Caryophyllaceae* · (S. 399)
D:Kornrade, Rade; E:Corncockle; F:Nielle
- **githago** L. 1753 · D:Gewöhnliche Kornrade; E:Corn Cockle · ☉ VI-VIII ⚥ ; Eur.*, TR, Syr., Palaest., Iran, C-As., W-Sib., E-Sib., Amur, N-China, NW-Afr., Libya, nat. in N-Am. [71819]
- *gracilis* Boiss. 1853 · ☉ ; E-GR, TR

Agrostis L. 1753 -f- *Poaceae* · (S. 1097)
D:Straußgras; E:Bent Grass; F:Agrostis
- **agrostiflora** (Beck) Rauschert 1966 · D:Zartes Straußgras · ♃ VII-VIII; Eur.: F, I, CH, D, A, Slove.; Alp., Apenn., ? Pyr.
- *alba* L. = Agrostis gigantea
  - var. *gigantea* (Roth) G. Mey. 1836 = Agrostis gigantea
  - var. *stolonifera* (L.) Sm. 1824 = Agrostis stolonifera
- **alpina** Scop. 1771 · D:Alpen-Straußgras · ♃ VII-VIII; Eur.: sp., F, I, C-Eur., EC-Eur., Slove., Croatia, Bosn., RO, W-Russ.; mts.
- *calamagrostis* L. = Stipa calamagrostis
- **canina** L. 1753 · D:Sumpf-Straußgras · ♃ ⌒ VI-VIII ⓝ; Eur.*, W-Sib., E-Sib., Amur, Sachal., Kamchat., Mong., nat. in N-Am.
  - subsp. *montana* (Hartm.) Hartm. 1846 = Agrostis vinealis
- *capillaris* hort. non L. = Agrostis nebulosa
- **capillaris** L. 1753 · D:Rotes Straußgras; E:Common Bent · ♃ VI-VII ⓝ; Eur.*, TR, Cauc., N-Iran, W-Sib., E-Sib., Afgh., Pakist., Ind., Tun. Canar., nat. in N-Am., C-Am., S-Am., Greenl., S-Afr., Austr., NZ
- **castellana** Boiss. et Reut. 1842 · D:Kastilisches Straußgras · ♃ VI-VII; Eur.: Ib, Fr, Ap, Ba; TR
- *coarctata* Ehrh. ex Hoffm. = Agrostis vinealis
- **curtisii** Kerguélen 1975 · E:Bristle Bent · ♃ VI-VII; Eur.: BrI, F, Ib
- **gigantea** Roth 1788 · D:Fioringras, Riesen-Straußgras; E:Black Bent, Redtop · ♃ VI-VIII ⓝ; Eur.*, TR, Iraq, Cauc., Iran, W-Sib., E-Sib., Afgh., Pakist., NW-Ind., Mong., China, Maroc., Alger., nat. in N-Am., C-Am., S-Am., Austr., NZ
- *miliacea* L. = Piptatherum miliaceum
- **nebulosa** Boiss. et Reut. 1842 · D:Schleier-Straußgras; E:Cloud Grass; F:Agrostide brouillard · ☉ ♃ ⋈ Z7 VI-IX; Ib, Maroc.
- *nigra* With. = Agrostis gigantea
- *palustris* Huds. = Agrostis stolonifera
- *pulchella* hort. = Aira elegantissima
- *pusilla* Dumort. = Agrostis vinealis
- **rupestris** All. 1785 · D:Felsen-Straußgras · ♃ VII-VIII; Eur.* exc. BrI, Sc; mts.
- **scabra** Willd. 1797 · D:Raues Straußgras · ♃ VI-VII; NE-As., N-Am., Greenl., nat. in D, A
- **schleicheri** Jord. et Verl. 1855 · D:Pyrenäen-Straußgras, Schleichers Straußgras · ♃ VII-IX; Eur.: sp., F, I, C-Eur.; mts.
- *schraderiana* = Agrostis agrostiflora
- *setacea* Curtis = Agrostis curtisii
- *spica-venti* L. = Apera spica-venti
- **stolonifera** L. · D:Gewöhnliches Weißes Straußgras; E:Creeping Bent, Spreading Bent · ♃ VI-VII ⓝ; Eur.*, TR, Levante, Iraq, Cauc., Iran, Afgh., Pakist., NW-Ind., W-Sib., E-Sib., Amur, Sachal., Kamchat., Tibet, Him., Mong., China, Korea, N-Afr., nat. in Jap., N-Am., C-Am., S-Am., Austr., NZ
- *stricta* J.F. Gmel. = Agrostis vinealis
- **tenerrima** Trin. 1824 · ☉ Z6 V-VI; Eur.: F, Ib; NW-Afr.
- *tenuis* Sibth. = Agrostis capillaris
- **vinealis** Schreb. 1771 · D:Sand-Straußgras · ♃ VI-VIII ⓝ; Eur.* exc. Ib, Ap; TR, Cauc., Iran, W-Sib., E-Sib., Amur, Sachal., Kamchat., Pakist., Him., Mong., NE-China, NW-Afr., Greenl.
- *vulgaris* With. = Agrostis capillaris

Aichryson Webb et Berthel. 1840 -n- *Crassulaceae* · (S. 429)
D:Immergold; E:Youth-and-Old-Age
- × **aizoides** (Lam.) 1994 (*A. tortuosum* × *A. punctatum*) · D:Immergold; E:Youth-and-Old-Age · ♄ ♃ e Z9 ⓚ VII; cult. 'Variegatum'
- *dichotomum* (DC.) Webb et Berthel. = Aichryson laxum
- **laxum** (Haw.) Bramwell 1968 · ☉ ☉ ♃ Z9 ⓚ V-VI; Canar., nat. in P
- *pygmaeum* (C.A. Sm. ex Link) Webb et Berthel. = Aichryson tortuosum
- *sedifolium* Webb ex Bolle = Aeonium sedifolium
- **tortuosum** (Aiton) Praeger 1840 · ♄ Z9 ⓚ V-VI; Canar. (Lanzarote, Fuerteventura)

Ailanthus Desf. 1786 -f- *Simaroubaceae* · (S. 841)
D:Götterbaum; E:Tree of Heaven; F:Ailanthe, Faux vernis du Japon
- **altissima** (Mill.) Swingle · ♄ d Z6 VII ⚥ ⚘ ⓝ; China, nat. in N-Am., Eur.

- **giraldii** Dode · ♄ d Z6; W-China: Sichuan
- *glandulosa* Desf. = Ailanthus altissima
- *peregrina* (Buc'hoz) F.A. Barkley = Ailanthus altissima
- **vilmoriniana** Dode 1904 · ♄ d Z6; W-China: Sichuan, W-Hupeh [23974]

Aiphanes Willd. 1806 -f- *Arecaceae* · (S. 939)
D:Stachelpalme; E:Ruffle Palm; F:Palmier
- *aculeata* Willd. = Aiphanes horrida
- **horrida** (Jacq.) Burret 1932 · ♄; Trinidad, trop. S.-Am.

Aira L. 1753 -f- *Poaceae* · (S. 1098)
D:Haferschmiele, Schmielenhafer; E:Hair Grass; F:Aira
- *capillaris* Host = Aira elegantissima
- **caryophyllea** L. 1753 · E:Silver Hair Grass
  - subsp. **caryophyllea** · D:Nelken-Haferschmiele; E:Silver Hair Grass · ☉ Z6 VI-VII; Eur.*, Canar., Azor., TR, Cauc., N-Iran, NW-Afr., Eth., trop. Afr., S-Afr., nat. in N-Am., S-Am., Austr., NZ
  - subsp. **multiculmis** (Dumort.) Bonnier et Layens · ☉ Z6; Eur.: Ib, F, CH, Cors., Sic.; Alger.
- *cespitosa* L. = Deschampsia cespitosa subsp. cespitosa
- *elegans* (Willd. ex Gaudin) hort. = Aira elegantissima
- **elegantissima** Schur 1853 · D:Haar-Haferschmiele, Zierliche Haferschmiele; E:Delicate Hair Grass · ☉ ⋈ Z6 V-VIII; Eur.: Ib, Fr, Ap, Ba, RO, Krim, A, CH; TR, Syr., Cyprus, Lebanon, Cauc., Iran, Maroc., Alger., nat. in N-Am.
- *flexuosa* L. = Deschampsia flexuosa subsp. flexuosa
- *multiculmis* Dumort. = Aira caryophyllea subsp. multiculmis
- **praecox** L. 1753 · D:Frühe Haferschmiele; E:Early Hair Grass · ☉ Z6 V-VI; Eur.* exc. Ba, Ap; Canar., nat. in TR, N-Am.
- *pulchella* Link = Aira tenorii
- **tenorii** Guss. 1827 · ☉ Z6 IV-V; Eur.: Ib, Ap, GR; NW-Afr., Libya

Ajania Poljakov 1955 -f- *Asteraceae* · (S. 221)
D:Gold-und-Silber-Chrysanthenne; E:Gold-and-Silver Chrysanthemum
- **pacifica** (Nakai) K. Bremer et Humphries · D:Gold-und-Silber-Chrysantheme; E:Gold-and-Silver Chrysanthemum · ⚹ ⋈ X; Jap. [62118]
'Silver and Gold' [69603]

Ajuga L. 1753 -f- *Lamiaceae* · (S. 578)
D:Günsel; E:Bugle; F:Bugle
- **chamaepitys** (L.) Schreb. 1773 · D:Gelber Günsel; E:Ground Pine, Yellow Bugle · ☉ ☉ △ Z6 V-IX ☥; Eur.* exc. Sc; TR, Levante, N-Iraq, Iran, C-As., NW-Afr., nat. in USA: Va.
- *crispa* hort. = Ajuga pyramidalis
- **genevensis** L. 1753 · D:Genfer Günsel, Heide-Günsel; E:Blue Bugle, Upright Bugle · ⚹ △ Z6 IV-VI; Eur.: Fr, Ap, C-Eur., EC-Eur., Ba, E-Eur.; TR, Cauc., nat. in Am. 'Tottenham' [68523]
- × **hybrida** A. Kern. 1874 (*A. genevensis* × *A. reptans*) · D:Hybrid-Günsel · ⚹ Z6
- **pyramidalis** L. 1753 · D:Pyramiden-Günsel; E:Pyramid Bugle · ⚹ △ Z6 V-VII; Eur.* [62120]
'Metallica Crispa' [62123]
- **reptans** L. 1753 · D:Kriechender Günsel; E:Bugle; F:Bugle rampante · ⚹ ⤳ △ Z6 V-VI ☥; Eur.*, TR, Cauc., N-Iran, Alger., Tun., nat. in N-Am. [62124]
'Alba' [62125]
'Atropurpurea' [62126]
'Braunherz' [62127]
'Burgundy Glow' [62128]
'Catlin's Giant' [62129]
'Jungle Beauty' [62130]
'Multicolor' [62132]
'Purple Torch' [62136]
'Rosea' [69076]

Akebia Decne. 1837 -f- *Lardizabalaceae* · (S. 594)
D:Akebie; E:Chocolate Vine; F:Akébia
- *lobata* Decne. = Akebia trifoliata
- × **pentaphylla** Makino 1902 (*A. quinata* × *A. trifoliata*) · D:Fünfblättrige Akebie · ϟ d Z5; Jap.
- **quinata** (Houtt.) Decne. 1839 · D:Fingerblättrige Akebie; E:Chocolate Vine, Five Leaf Akebia; F:Akébie à cinq feuilles · ♄ d ⚡ Z6 IV-V; C-China, Korea, Jap. [44279]
'Variegata'
- **trifoliata** (Thunb.) Koidz. 1925 · D:Kleeblättrige Akebie; E:Chocolate Vine, Three Leaf Akebie; F:Akébie à trois feuilles · ♄ d ⚡ Z6 V ☥; China, Jap. [15611]

Alangium Lam. 1783 -n- *Alangiaceae* · (S. 151)
D:Alangie; F:Alangium
- **chinense** (Lour.) Harms 1916 · D:Chinesische Alangie · ♄ ♄ d Z8 ∧; Afr., C-China, SE-As.
- **platanifolium** (Siebold et Zucc.) Harms 1898 · D:Platanenblättrige Alangie · [20339]
  - var. **platanifolium** · F:Alangium à feuilles de platane · ♄ ♄ d D Z9 ∧ VI-VII; Jap., Korea
  - var. **trilobum** (Miq.) Ohwi 1965 · D:Kurzgelappte Alangie · ♄ d Z8 ⌂; Jap., Korea, Manch.

Albizia Durazz. 1772 -f- *Mimosaceae* · (S. 643)
D:Seidenakazie; F:Albizzia
- **adianthifolia** (Schumach.) W. Wight 1908 · D:Farnblättrige Seidenakazie · ♄ d Z9 ⌂; trop. Afr.
- **chinensis** (Osbeck) Merr. 1916 · D:Chinesische Seidenakazie · ♄ d Z9 ⌂ ⓝ; SE-As.
- *distachya* (Vent.) J.F. Macbr. = Paraserianthes lophantha subsp. lophantha
- *falcata* auct. = Paraserianthes falcataria subsp. falcataria
- *falcataria* (L.) Fosberg = Paraserianthes falcataria subsp. falcataria
- **julibrissin** Durazz. 1772 · D:Schlafbaum, Seidenakazie; E:Pink Siris, Silk Tree; F:Acacia de Constantinople, Arbre de soie · ♄ d Z8 ⌂ VIII-IX ⓝ; Iran, Pakist., Him., C-China, Jap., nat. in SE-USA [32945]
'Ombrella' [18341]
'Rosea' 1993 · d ☥ [11027]
- **lebbeck** (L.) Benth. 1844 · D:Lebbekbaum; E:Siris Tree · ♄ d Z9 ⌂ ⓝ; Him., Ind., Sri Lanka, Indochina, S-China, Malay. Arch., NE-Austr., nat. in Afr., W.Ind.
- *lophantha* (Willd.) Benth. = Paraserianthes lophantha subsp. lophantha
- *moluccana* Miq. = Paraserianthes falcataria subsp. falcataria
- **procera** (Roxb.) Benth. 1844 · ♄ d Z9 ⌂; Ind., Myanmar, China, Malay. Arch.
- **richardiana** King et Prain 1895
- **saman** F. Muell. 1876 · D:Regenbaum; E:Monkey Pod, Rain Tree · ♄ Z9 ⌂ ⓝ; Mex., C-Am., S-Am., nat. in W.Ind., trop. Afr., trop. As.
- *stipulata* (Roxb.) Boivin = Albizia

chinensis

Albuca L. 1762 -f- *Hyacinthaceae* · (S. 1006)
D:Stiftblume
- **abyssinica** Jacq. 1783 · ⓚ; S-Afr., Eth. +
- *angolensis* Welw. = Albuca abyssinica
- **canadensis** (L.) F.M. Leight. 1948 · ♃ Z8 ⓚ; S-Afr.
- **humilis** Baker 1895 · ♃ Z8 ⓚ; S-Afr.
- **nelsonii** N.E. Br. 1880 · D:Nelsons Stiftblume · ♃ ⓚ VII-VIII; S-Afr.: Natal
- **shawii** Baker 1874 · D:Shaws Stiftblume · ♃ Z8 ⓚ; S-Afr.

Alcea L. 1753 -f- *Malvaceae* · (S. 614)
D:Stockrose; E:Hollyhook; F:Rose trémière
- **ficifolia** L. 1753 · D:Holländische Stockrose; E:Antwerp Hollyhook · ♃ ⊙ Z3; Sib. [62141]
- **nigra** · ⊙; cult.
- **pallida** (Willd.) Waldst. et Kit. 1901 · D:Blasse Stockrose · ♃ ⊙ VII-IX; Eur.: A, EC-Eur., Ba, E-Eur.; TR, nat. in I [62145]
- **rosea** L. 1753 · D:Chinesische Stockrose, Gewöhnliche Stockrose; E:Hollyhock; F:Rose trémière · ⊙ ⊙ ♃ ✂ VI-X ⚕ Ⓝ; ? Ba, ? SW-As., nat. in Eur.* exc. Sc, cosmop.
  'Alba'
  Chater's Ser.
  Chater's Double Ser.
  'Nigra' [62146]
  Pleniflora Ser. [73746]
  'Simplex' [60592]
- **rugosa** Alef. 1862 · D:Runzlige Stockrose · ♃; SW-Russ. [68935]
- **sulphurea** (Boiss. et Hohen.) Alef. 1862 · D:Schwefelgelbe Stockrose · ♃; Iraq, Iran

Alchemilla L. 1753 -f- *Rosaceae* · (S. 745)
D:Frauenmantel; E:Lady's Mantle; F:Alchémille, Manteau de Notre-Dame
- **abyssinica** Fresen. 1837 · D:Äthiopischer Frauenmantel · ♃ Z8 ⓚ; Eth., Kenya; mts.
- **alpina** L. 1753 · D:Alpen-Frauenmantel; E:Alpine Lady's Mantle; F:Alchémille des Alpes · ♃ △ VI-VIII ⚕; Eur.* exc. EC-Eur., Ba [62155]
- *caucasica* Buser = Alchemilla erythropoda
- **conjuncta** Bab. 1842 · D:Verbundener Frauenmantel; E:Silver Lady's Mantle · ♃ △ VI-VIII; Eur.: F, CH; SW-Alp., Jura, nat. in GB [67772]
- **elisabethae** Juz. 1934 · D:Kaukasischer Frauenmantel · ♃; Cauc.
- **ellenbeckii** Engl. 1911 · D:Ostafrikanischer Frauenmantel · ♃; Eth., Kenya; mts.
- **epipsila** Juz. 1934 · ♃; Eur.: Ba; mts. [62156]
- **erythropoda** Juz. 1934 · D:Karpaten-Frauenmantel · ♃ VI-VIII; Eur.: EC-Eur., Ba, Krim; Cauc. [72957]
- **faeroensis** (Lange) Buser 1984 · D:Färöer-Frauenmantel · ♃; Eur.: IS, Faeroer Is.
  - var. **pumila** (Rostr.) Simmons · ♃; Eur: : Iceland, Faeroer Is. [68293]
- **fissa** Günther et Schummel 1819 · D:Zerschlitzter Frauenmantel · ♃ △ VI-VIII; Eur.: sp., F, C-Eur., CZ, PL; Pyr., Alp., Sudeten
- **fulgens** Buser 1891 · D:Pyrenäen-Frauenmantel
- **glabra** Neygenf. 1821 · D:Kahler Frauenmantel · ♃; Eur.*
- **glaucescens** Wallr. 1840 · D:Graugrüner Frauenmantel · ♃ V-IX; Eur.* exc. Ib
- **hoppeana** (Rchb.) Dalla Torre 1882 · D:Hoppes Frauenmantel; F:Alchémille de Hoppe · ♃ △ VI-VIII; Eur.: CH, D, A; N-Alp., Jura, SW-D [62158]
- **lapeyrousii** Buser 1893 · D:Nierenförmiger Frauenmantel · ♃; Eur.: sp. (Pyr.), SC-F(mts.)
- **mollis** (Buser) Rothm. 1934 · D:Weicher Frauenmantel; E:Lady's Mantle; F:Manteau de Notre-Dame · ♃ VI; Eur.: RO, W-Russ.; N-TR, Cauc., N-Iran; mts., nat. in A [62159]
  'Mr Poland' = Alchemilla venosa
  'Robusta' [62160]
- **monticola** Opiz 1838 · D:Bergwiesen-Frauenmantel
- **pentaphyllea** L. 1753 · D:Schneetälchen-Frauenmantel · ♃ VII-IX; Eur.: F, I, CH, A; Alp.
- **saxatilis** Buser 1891 · D:Felsen-Frauenmantel · ♃; Eur.: sp., F, D, Ap, Ba [62161]
- **splendens** H. Christ ex Favrat 1874 · D:Schimmernder Frauenmantel · ♃ △ VI-VIII; Eur.: F, CH; Alp., Jura
- **subsericea** Reut. 1853 · D:Schwachseidiger Frauenmantel · ♃ VII-IX; Eur.: sp., F, I, CH, A; mts.
- **venosa** Juz. 1934 · ♃; Cauc.
- *vulgaris* auct. non L. = Alchemilla xanthochlora
- **xanthochlora** Rothm. 1937 · D:Gelbgrüner Frauenmantel, Gewöhnlicher Frauenmantel · ♃ V-VIII ⚕; Eur.*, nat. in N-Am. [62162]

Aldrovanda L. 1753 -f- *Droseraceae* · (S. 456)
D:Wasserfalle; E:Waterwheel Plant; F:Aldrovandie
- **vesiculosa** L. 1753 · D:Wasserfalle; E:Waterwheel Plant · ♃ ≈ VII-VIII ▽; Eur.: F, I, D, EC-Eur., W-Ba; C-As, S-As., E-As., NE-Afr., Austr: N.Terr., Queensl., N.S.Wales

Alectryon Gaertn. 1788 -n- *Sapindaceae* · (S. 798)
- **excelsus** Gaertn. 1788 · ♄ Z8 ⓚ; NZ
- **subinereus** (A. Gray) Radlk. 1879 · ♄ e Z10 ⓦ; E-Austr.

Aletris L. 1753 -f- *Melanthiaceae* · (S. 1037)
D:Sternwurzel; E:Colic Root, Star Grass
- **farinosa** L. 1753 · D:Runzelwurzel, Sternwurzel; E:Ague Root, Colic Root, Unicorn Root · ♃ VII-VIII ⚕; Can.: E; USA: NE, NCE, SE, SC, Fla.
- *punicea* Labill. = Blandfordia punicea

Aleurites J.R. Forst. et G. Forst. 1775 -f- *Euphorbiaceae* · (S. 478)
D:Lichtnussbaum; E:Candlenut Tree; F:Aleurite, Bancoulier
- *cordata* (Thunb.) R. Br. ex Steud. = Vernicia cordata
- *fordii* Hemsl. = Vernicia fordii
- **moluccana** (L.) Willd. 1805 · D:Lichtnussbaum; E:Candlenut Tree · ♄ e Z10 ⓦ ☠ Ⓝ; Malay. Arch., nat. in Trop.
- *montana* (Lour.) E.H. Wilson = Vernicia montana
- *triloba* J.R. Forst. et G. Forst. = Aleurites moluccana
- *trisperma* Blanco = Reutealis trisperma

Alhagi Gagnebin 1755 -f- *Fabaceae* · (S. 494)
D:Kameldorn; E:Camel Thorn; F:Epine de chameau

- *camelorum* Fisch. = Alhagi maurorum
- **maurorum** Medik. 1878 · D:Kameldorn; E:Camel Thorn · ♄ ⓚ Ⓝ; TR, Syr., Cyprus, Arab., N-Afr.
- *pseudalhagi* (M. Bieb.) Desv. ex B. Keller et Shap. = Alhagi maurorum

Alibertia A. Rich. ex DC. 1830 -f- *Rubiaceae* · (S. 768)
- **edulis** (A. Rich.) A. Rich. 1830 · D:Wilde Guave; E:Wild Guava · ♄ e Z10 ⓚ Ⓝ; Mex., C-Am., W.Ind., trop. S-Am.

× **Aliceara** hort. 1964 -f- *Orchidaceae* · (Brassaia × Miltonia × Oncidium)

Alisma L. 1753 -n- *Alismataceae* · (S. 898)
D:Froschlöffel; E:Water Plantain; F:Grenouillette, Plantain d'eau
- **gramineum** Lej. 1811 · D:Grasblättriger Froschlöffel; E:Ribbon Leaved Water Plantain · ⚃ ∼ ≈ Z6 VII-VIII; Eur.* exc. Ib; Cauc., W-Sib., E-Sib., C-As., China, Maroc., Egypt, USA: NE, NCE, NC, Rocky Mts.
- **lanceolatum** With. 1796 · D:Lanzettblättriger Froschlöffel; E:Narrow-leaved Water Plantain; F:Plantain d'eau lancéolé · ⚃ ∼ Z6 VI-VII; Eur.*, TR, Levante, Cauc., Iran, C-As., Afgh., Pakist., NW-Afr. [67128]
- *loeselii* Górski = Alisma gramineum
- *natans* L. = Luronium natans
- *parnassiifolium* L. = Caldesia parnassifolia
- **plantago-aquatica** L. 1753
  - subsp. *brevipes* (Greene) Sam. 1932 = Alisma triviale
  - subsp. **orientale** (Sam.) Sam. 1932 · D:Asiatischer Froschlöffel; E:Asiatic Water Plantain · ⚃ ∼ Z6 VI-IX; E-Sib., Mong., Sachal., Manch., Korea, Jap.
  - subsp. **plantago-aquatica** · D:Gewöhnlicher Froschlöffel; E:Water Plantain; F:Fluteau, Plantain d'eau · ⚃ ≈ Z6 VII-VIII ✽; Eur.*, TR, Levante, Cauc., Iran, W-Sib., Afgh., Pakist. [67130]
  - var. *parviflorum* (Pursh) Torr. 1824 = Alisma subcordatum
- *ranunculoides* L. = Baldellia ranunculoides
- *stenophyllum* (Asch. et Graebn.)

Sam. = Alisma lanceolatum
- **subcordatum** Raf. 1808 · D:Südstaaten Froschlöffel; E:Southern Water Plantain; F:Plantain d'eau américain · ⚃ ≈ Z6; E-Can.; USA: NE, NEC, NC, SE, SC [67129]
- *subulatum* L. = Sagittaria subulata
- *tenellum* Mart. = Echinodorus tenellus
- **triviale** Pursh 1813 · D:Amerikanischer Froschlöffel; E:Northern Water Plantain · ⚃ ∼ Z6 VI-IX; Can., USA: NE, NCE, NC, SW, NW, Rocky Mts., Calif.; Mex.

Alkanna Tausch 1824 -f- *Boraginaceae* · (S. 304)
D:Alkannawurzel; E:Alkanet; F:Orcanette
- **graeca** Boiss. et Sprüner 1844 · ⚃; Eur.: Ba
- **orientalis** (L.) Boiss. 1844 · ☉ Z6; Eur.: S-GR; TR, Syria, Lebanon, Palaest., Egypt
- **tinctoria** (L.) Tausch 1824 · D:Schminkwurz; E:Alkanet · ⚃ ⓚ VI ✽ ⚘ Ⓝ; Eur.: sp., F, Ap, EC-Eur., Ba, RO; NW-Afr.

Allamanda L. 1771 -f- *Apocynaceae* · (S. 189)
D:Allamande; E:Allamanda; F:Allamande
- **blanchetii** A. DC. 1844 · D:Purpur-Allamande; E:Purple Allamanda · ♄ e ⚱ Z10 ⓚ IX-X; S-Am.
- **cathartica** L. 1771 · D:Goldtrompete; E:Golden Trumpet · ♄ ℓ e ⚱ Z10 ⓚ V-XI; S-Am.
  'Grandiflora'
  'Hendersonii'
  - var. *schottii* (Pohl) Raffill = Allamanda schottii
- *grandiflora* Lam. = Allamanda cathartica
- *hendersonii* Bull. = Allamanda catharthica
- *neriifolia* Hook. = Allamanda schottii
- **nobilis** T. Moore 1868
- **schottii** Pohl 1827 · D:Strauch-Allamande; E:Bush Allamanda · ♄ e ⚱ Z10 ⓚ; trop. S-Am.
- *violacea* Gardner et Fielding = Allamanda blanchetii

Alliaria Heist. ex Fabr. 1759 -f- *Brassicaceae* · (S. 314)
D:Knoblauchsrauke, Lauchkraut; E:Garlic Mustard; F:Alliaire
- **petiolata** (M. Bieb.) Cavara et

Grande 1913 · D:Gewöhnliche Knoblauchsrauke; E:Hedge Garlic, Jack-by-the-Hedge · ☉ IV-VI ✽; Eur.*, TR, Cyprus, Syr., Cauc., Iran, W-Sib., C-As., Afgh., Him., Pakist., NW-Afr., nat. in N-Am. [62163]

Allium L. 1753 -n- *Alliaceae* · (S. 900)
D:Knoblauch, Lauch, Zwiebel; E:Garlic, Onion; F:Ail
- **acuminatum** Hook. 1838 · D:Kerzen-Lauch; E:Hooker's Onion, Taper Tip Onion · ⚃ △ Z6 V-VI; Can.: B.C.; USA: NW, Calif., Rocky Mts., Ariz.
- **aflatunense** B. Fedtsch. 1904 · D:Iran-Lauch · ⚃ Z8 V; C-As. [69077]
- **akaka** S.G. Gmel. ex Roem. et Schult. 1830 · ⚃ Z8; TR, Cauc., NW-Iran, Iraq
- *albopilosum* C.H. Wright = Allium christophii
- **altaicum** Pall. 1773 · D:Altai-Lauch · ⚃ Z5; W-Sib., E-Sib., C-As., Mong., China
- **altissimum** Regel 1884 · ⚃ Z6; C-As., Iran, Afgh.
- *amabile* Stapf = Allium mairei
- **amethystinum** Tausch 1828 · ⚃ Z9 ⓚ; Eur.: I, Sic, Ba, Crete; Cyprus, TR ...EAI
- **ampeloprasum** L. 1753 · D:Acker-Knoblauch, Sommer-Lauch; E:Kurrat, Wild Leek · ⚃ Z6 ✽ Ⓝ; Eur.: BrI, Fr, Ib, Ba, RO; TR, Syr., N-Iraq, ? Cauc., Iran, N-Afr., nat. in Va.
  - var. *porrum* (L.) Gay 1847 = Allium porrum
- **amplectens** Torr. 1856 · ⚃ Z7; Can.: B.C.; USA: NW, Calif.
- **angulosum** L. 1753 · D:Kantiger Lauch · ⚃ Z5 VII-VIII; Eur.: H, I, C-Eur., Ba, E-Eur.; Sib.
- **atropurpureum** Waldst. et Kit. 1800 · D:Schwarzpurpurner Lauch · ⚃ Z7 VI-VII; Eur.: H, Croatia, Serb., BG, RO; TR, nat. in A [62164]
- *beesianum* hort. = Allium cyaneum
- **beesianum** W.W. Sm. 1914 · D:Yunnan-Lauch · ⚃ △ Z7 VI-VII; W-China
- *bulgaricum* (Janka) Prodán = Nectaroscordum siculum subsp. bulgaricum
- **caeruleum** Pall. 1773 · D:Blau-Lauch, Sibirischer Enzian-Lauch; E:Blue Allium; F:Ail azuré · ⚃ ⚘ Z7 VI-VII; Eur.: E-Russ.; W-Sib.,

C-As., China: Sinkiang [62165]
- **caesium** Schrenk 1844 · ♃ △ Z7 ▭ ∧ V-VI; C-As., Sib.
- **callimischon** Link 1835 · ♃ Z9 ⓚ; Eur.: S-GR, Crete; SW-TR
  - subsp. **callimischon**
  - subsp. **haemostictum** Stearn 1978 · ♃ Z9 ⓚ; Crete
- **canadense** L. 1753 · D:Kanada-Knoblauch; E:Canada Garlic, Meadow Leek · ♃ Z4; Can.: E; USA: NE, NEC, NC, SE, Fla., SC
- **carinatum** L. 1753 [62166]
  - subsp. **carinatum** · D:Gekielter Lauch; E:Keeled Garlic · ♃ Z7 VI-VII; Eur.* exc. BrI, N-TR, nat. in BrI
  - subsp. **pulchellum** (G. Don) Bonnier et Layens 1894 · D:Schöner Lauch; F:Ail à carène élégant · ♃ Z7 VII-VIII; Eur.: F, I, C-Eur., Ba, E-Eur.; N-TR, Cauc. [62168]
  'Album' [62167]
- **carolinianum** Delarbre 1804 · ♃; C-As., Afgh., Pakist., W-Him., N-China
- **cepa** L. 1753 · ☉ ♃ Z5 VI-VIII ⚥ Ⓝ; cult.
  - **Aggregatum** Grp. · D:Schalotte; E:Ever-ready Onion, Shallot · ♃ VI-VII; cult.
  - **Cepa** Grp. · D:Küchen-Zwiebel, Sommer-Zwiebel; E:Onion · ; cult.
  - **Proliferum** Grp. · D:Ägyptische Zwiebel; E:Egyptian Onion, Tree Onion · ♃; cult.
    'Viviparum' · D:Kartoffel-Zwiebel; E:Potato Onion · VI-VII Ⓝ
  - var. *ascalonicum* Baker 1951 = Allium cepa Aggregatum Grp.
  - var. *proliferum* (Moench) Alef. 1875 = Allium cepa Proliferum Grp.
  - var. *viviparum* (Metzg.) Alef. 1866 = Allium cepa Proliferum Grp.
- **cernuum** Roth · D:Nickender Lauch; E:Lady's Leek, Nodding Onion, Wild Onion; F:Ail penché · ♃ Z6 VI-VII Ⓝ; Can., USA* exc. Fla., Calif; Mex.
- **chinense** G. Don 1827 · D:Chinesischer Lauch; E:Rakkyo · ♃ Z7 Ⓝ; China, cult. Austr., Calif.
- **christophii** Trautv. 1884 · D:Sternkugel-Lauch; E:Star of Persia; F:Ail à boule étoilée · ♃ Z8 VI-VII; TR, Iran [62171]
- *cirrhosum* Vand. = Allium carinatum subsp. pulchellum
- *cowanii* Lindl. = Allium neapolitanum
- **crispum** Greene 1888 · D:Krauser Lauch; E:Crinkled Onion · ♃ ∧ V; Calif.
- **cupuliferum** Regel 1875 · ♃; C-As.
- **cyaneum** Regel 1875 · D:Enzian-Lauch · ♃ △ Z8 V-VI; W-China
  'Album'
- **cyathophorum** Bureau et Franch. 1891
  - var. **cyathophorum** · D:Becher-Lauch; E:Onion · ♃ Z7; China
  - var. **farreri** (Stearn) Stearn 1955 · D:Farrers Becher-Lauch · ♃ Z7 VII-VIII; China: Kansu
- **dichlamydeum** Greene 1888 · ♃ Z8 ⓚ; Calif.
- **drummondii** Regel 1875 · ♃ Z7; USA: SW, SC, Ark., NC.; N-Mex.
- *elatum* Regel = Allium macleanii
- **ericetorum** Thore 1803 · D:Gelblichweiße Lauch · ♃ VII-VIII; Eur.* exc. Sc
- **falcifolium** Hook. et Arn. 1840 · ♃ Z8 ⓚ; USA: S-Oreg., N-Calif.
- *farreri* Stearn = Allium cyathophorum var. farreri
- **fistulosum** L. 1753 · D:Winter-Zwiebel; E:Japanese Bunching Onion, Welsh Onion · ♃ Z5 VI-VIII ⚥ Ⓝ; cult. [69826]
- **flavum** L. 1753 [62172]
  - subsp. **flavum** · D:Gelber Lauch; E:Small Yellow Onion; F:Ail jaune · ♃ △ Z7 VI-VII; Eur.: Fr, Ap, A, EC-Eur., Ba, E-Eur.
    'Minor' = Allium flavum subsp. flavum var. minus
  - var. **minus** Boiss. 1882 · D:Kleiner Gelber Lauch · ♃; N-TR
  - var. *pulchellum* (G. Don) Regel = Allium carinatum subsp. pulchellum
- **geyeri** S. Watson 1879 · ♃ Z7; Can.: W.; USA: NW, Rocky Mts., SW, Tex., NC
- **giganteum** Regel 1883 · D:Riesen-Lauch; E:Giant Allium; F:Ail géant de l'Himalaya · ♃ ⋈ Z7 VII-VIII; Him., C-As. [62173]
- *globosum* M. Bieb. = Allium saxatile
- **gooddingii** Ownbey 1949 · ♃; USA: SW
- **guttatum** Steven 1809 · D:Tüpfel-Lauch
  - subsp. **guttatum**
  - subsp. **sardoum** (Moris) Stearn 1978 · D:Sardischer Tüpfel-Lauch · ♃ Z6; Eur.: F, Ib, Ap, Ba; Alg., Maroc., TR
- **heldreichii** Boiss. 1859 · ♃ Z8 ⓚ; N-GR; mts.
- **insubricum** Boiss. et Reut. 1857 · ♃ △ Z8 V-VI; I: Alp.
- *japonicum* Regel = Allium thunbergii
- **jesdianum** Boiss. 1860 · ♃ V; Iran, Iraq
- *kansuense* Regel = Allium sikkimense
- **karataviense** Regel 1875 · D:Blauzungen-Lauch; E:Turkestan Allium; F:Ail du Turkestan · ♃ △ Z7 IV-V; C-As. [62174]
- *kurrat* Schweinf. ex K. Krause = Allium ampeloprasum
- **libani** Boiss. 1853 · ♃ Z9 ⓚ; Syr., Lebanon
- *lineare* L. = Allium strictum
- **macleanii** Baker 1883 · ♃ Z8 ⓚ; Afgh., Pakist., C-As. [70817]
- **macranthum** Baker 1874 · ♃ Z8 ⓚ; E-Him., Tibet, China
- **mairei** H. Lév. 1909 · ♃ Z9 ⓚ; China (Tibet, Yunnan)
- **moly** L. 1753 · D:Gold-Lauch; E:Lily Leek, Moly; F:Ail doré · ♃ △ Z7 V-VI; sp., SW-F [62175]
  'Jeannine'
  'Mount Everest' [69078]
- *montanum* F.W. Schmidt = Allium senescens subsp. montanum
- *multibulbosum* Jacq. = Allium nigrum
- *murrayanum* auct. non Regel = Allium unifolium
- **narcissiflorum** Vill. 1779 · D:Narzissen-Lauch · ♃ △ Z7 V-VI; Eur.: P, F, I; N-P, SW-Alp. [62177]
  - var. *insubricum* (Boiss. et Reut.) Fiori 1896 = Allium insubricum
- **neapolitanum** Cirillo 1788 · D:Neapel-Lauch; E:Daffodil Garlic, Flowering Onion · ♃ Z8 ⓚ V-VI; Eur.: Ib, Fr, Ap, Ba; TR, Med. [60840]
  Cowanii Grp. · ; cult.
- **nigrum** L. 1762 · D:Schwarzer Lauch, Zwiebelreicher Lauch; E:Black Garlic · ♃ Z7 III-V; Eur.: Ib, Fr, Ap, Ba, ? Krim, ? A; TR, Syr, N-Afr [72133]
- **nutans** L. 1753 · ♃ Z5; Sib.
- **obliquum** L. 1753
- **oleraceum** L. 1753 · D:Gemüse-Lauch, Kohl-Lauch · ♃ Z5 VII-VIII; Eur.* exc. Ib; Cauc.
- **oreophilum** C.A. Mey. 1831 · D:Rosen-Zwerg-Lauch; F:Ail décoratif · ♃ △ Z7 VI-VII; Cauc., C-As. [62178]
  'Zwanenburg'
- **orientale** Boiss. 1854 · D:Ori-

entalischer Lauch · ⌔ Z8 ⓚ; TR, Cyprus, Lebanon, Syr., Palaest., Egypt, Libya
- *ostrowskianum* Regel = Allium oreophilum
- **paniculatum** L.
- **paradoxum** (M. Bieb.) G. Don 1827 [70818]
  - var. **normale** Stearn 1987 · ⌔ Z8; Russ., Cauc., N-Iran
  - var. **paradoxum** · D:Seltsamer Lauch; E:Few-flowered Leek · ⌔ △ Z7 IV-V; Cauc., N-Iran, C-As., nat. in D, EC-Eur.
- **platycaule** S. Watson 1879 · ⌔ Z6; USA: Oreg., Calif., Nev.
- **porrum** L. 1753 · D:Winter-Lauch · [72973]
  - var. **porrum** · D:Porree; E:Leek · ⊙ ⌔ Z6 VI-VII ⓝ; cult.
  - var. **sectivum** Lueder 1778 · D:Perl-Zwiebel; E:Kurrat · Z6 ⓝ; cult.
- × *proliferum* (Moench) Schrad. ex Willd. = Allium cepa Proliferum Grp.
- *pulchellum* G. Don = Allium carinatum subsp. pulchellum
- *purdomii* W.W. Sm. = Allium cyaneum
- **pyrenaicum** Costa et Vayr. 1877 · D:Pyrenäen-Lauch · ⌔ Z7; Eur.: sp. (E-Pyren.)
- **ramosum** L. 1753 · D:Ästiger Lauch; E:Fragrant Garlic · ⌔ Z7 VI ⓝ; C-As.
- **rosenbachianum** Regel 1884 · D:Paukenschläger-Lauch · ⌔ Z7 V-VI; C-As., Afgh., Pakist. [62179]
  'Album'
- **roseum** L. 1753 · D:Rosen-Lauch; E:Rosy Garlic
  - var. **bulbiferum** DC. 1805 · D:Steriler Rosen-Lauch · ⌔ Z8
  - var. **roseum** · ⌔ Z8 V-VI; Eur.: Ib, Fr, Ap, Ba; TR, N-Afr., nat. in BrI
- **sativum** L. 1753 · D:Knob-Lauch, Knoblauch; E:Garlic · [69827]
  - var. **ophioscorodon** (Link) Döll 1843 · D:Rockenbolle, Schlangen-Knoblauch; E:Rocambole, Serpent Garlic · ⌔ Z7; cult.
  - var. **sativum** · D:Echter Knoblauch; E:Common Garlic · ⌔ Z7 VII-VIII ⚥ ⓝ; cult.
- **saxatile** M. Bieb. 1798
- **schoenoprasum** L. 1753 [62180]
  - var. **schoenoprasum** · D:Schnitt-Lauch, Schnittlauch; E:Chives; F:Ciboulette · ⌔ Z5 VI-VII ⓝ; Eur.*, TR, Iraq, Cauc., Iran, Pakist., W-Sib., E-Sib., Amur, Kamchat., C-As., Mong.,

Him., Jap. China, Alaska, Can., USA: NE, NCE, Rocky Mts.
'Forescate' [62181]
  - var. **sibiricum** (L.) Garcke 1849 · D:Alpen-Schnittlauch · ⌔ Z5
- **schubertii** Zucc. 1843 · ⌔ Z7 VI-VII; TR, Syr., Libya [68384]
- **scorodoprasum** L. 1753
  - subsp. **rotundum** (L.) Stearn 1978 · D:Rundköpfiger Lauch · ⌔ Z7 VI-VIII; Eur.* exc. BrI, Sc; TR, Levante, Cauc., N-Iran, Maroc., Canar.
  - subsp. **scorodoprasum** · D:Schlangen-Lauch; E:Giant Garlic, Sand Leek · ⌔ Z7 VI-VII; Eur.*, TR, Cauc.
- **senescens** L. 1753
  - subsp. *glaucum* (Schrad. ex Poir.) Dostál 1984 = Allium senescens subsp. montanum
  - subsp. **montanum** (Fr.) Holub 1970 · D:Berg-Lauch · ⌔ Z5 VII-VIII ▽; E-Sib., Mong.
  - subsp. **senescens** · D:Ausdauernder Lauch; E:German Garlic · ⌔ Z5; Eur.* exc. BrI; W-Sib., E-Sib., Amur, C-As., Mong., Manch., Korea
- *senescens* Miq. non L. = Allium tuberosum
- *siculum* Ucria = Nectaroscordum siculum subsp. siculum
- **sikkimense** Baker · ⌔ △ Z7 VI-VII; Him., W-China
- **sphaerocephalon** L. 1753 · D:Kugel-Lauch; E:Round-headed Leek; F:Ail à tête ronde · ⌔ ⋉ Z5 VI-VII; Eur.* exc. Sc; TR, N-Afr., Cauc. [62182]
- **stipitatum** Regel 1880 · ⌔ Z7 VII; C-As., Afgh., Pakist. [62183]
  'Album'
- **strictum** Schrad. 1809 · D:Steifer Lauch · ⌔ Z4 VI-VIII; Eur.: F, I, C-Eur., EC-Eur., Russ.; W-Sib., E-Sib., Amur, Sachal., Kamchat., C-As., Mong.
- **suaveolens** Jacq. 1789 · D:Wohlriechender Lauch · ⌔ VII-IX; Eur.: F, I, C-Eur., EC-Eur., Russ. [62184]
- **subhirsutum** L. 1753 · ⌔ Z9 ⓚ; Eur.: Ib, Fr, Ap, Ba + TR, N-Afr.
- **suworowi** Regel 1880 · ⌔ Z8 ⓚ; C-As., Afgh.
- **thunbergii** G. Don 1827 · ⌔ Z8 ⓚ; Jap., S-Korea, China, Taiwan
- *tibeticum* Rendle = Allium sikkimense
- **tricoccum** Sol. 1789 · ⌔ Z6; Can.: E; USA: NE, NEC, SE
- **triquetrum** L. 1753 · D:Dreikantiger Lauch; E:Three-cornered Leek ·

⌔ △ Z8 ⓚ ▭ ⋏ III-V; Eur.: Ib, F, Ap; N-Afr., Eth., nat. in BrI [71659]
- **tuberosum** Rottler ex Spreng. 1825 · D:Schnitt-Knoblauch; E:Chinese Chives, Oriental Garlic · ⌔ Z7 VIII-IX ⚥ ⓝ; Ind., Nepal, China, Jap. [62185]
- **unifolium** Kellogg 1863 · D:Einblättriger Lauch; E:One-leaf Onion, Wild Onion · ⌔ Z8; USA: Oreg., Calif. [70820]
- *urceolatum* Regel = Allium caesium
- **ursinum** L. 1753 · D:Bär-Lauch; E:Ramsons, Wood Garlic · ⌔ Z5 V ⚥; Eur.*, Cauc. [62186]
- **validum** S. Watson 1871 · ⌔ Z8 ⓚ; Can.: B.C.; USA: Calif., Idaho, Nev.; mts.
- **victorialis** L. 1753 · D:Allermannsharnisch; E:Alpine Leek · ⌔ Z6 VII-VIII ⚥; Eur.* exc. BrI, Sc; mts.; Cauc., Him., W-Sib., E-Sib., Amur, Sachal., Kamchat., China, Korea, Jap.
- **vineale** L. 1753 · D:Kochs Lauch, Weinbergs-Lauch; E:Crow Garlic, False Garlic · ⌔ Z5 VI-VII; Eur.*, TR, Cauc., nat. in E-USA
- **virgunculae** F. Maek. et Kitam. 1952 · ⌔ ⓚ; Jap. (Kyushu)
- **wallichii** Kunth 1843 · ⌔ Z8 ⓚ; Him. (Pakistan - SW-China), Myanmar
- **zebdanense** Boiss. et Noë 1859 · ⌔ △ Z8 V; TR, Lebanon [70821]
- **in vielen Sorten:**
  'Gladiator' [60783]
  'Globemaster' [71547]
  'Lucy Ball' [72500]
  'Purple Sensation' [70445]

Alloplectus Mart. 1829 -m-
Gesneriaceae
- **capitatus** Hook. 1849 · ♄ Z10 ⓚ; Col., Venez.
- *forgetii* Sprague = Nautilocalyx forgetii
- *lynchii* Hook. f. = Nautilocalyx lynchii
- *pallidus* Sprague = Nautilocalyx pallidus
- *sanguineus* (Pers.) Mart. = Dalbergaria sanguinea
- **schlimii** Planch. et Linden 1852 · ♄ Z10 ⓚ; Col., Venez.; And.
- **vittatus** Linden et André 1870 · ♄ Z10 ⓚ; E-Peru

Alluaudia (Drake) Drake 1901 -f-
Didiereaceae
- **ascendens** (Drake) Drake 1903 · ♄ ⌔ Z10 ⓚ; S-Madag.

- **dumosa** (Drake) Drake 1903 · ♄ ⚲
  Z10 ⓦ; S-Madag.
- **procera** (Drake) Drake 1903 · ♄ ⚲
  Z10 ⓦ; S-Madag.

Alniphyllum Matsum. 1901 -n-
Styracaceae · (S. 860)
D:Erlenblatt
- **fortunei** (Hemsl.) Perkins 1906 ·
  ♄ ♄ ⓚ; W-China. Sichuan, Fujian

Alnus Mill. 1754 -f- *Betulaceae* ·
(S. 288)
D:Erle; E:Alder; F:Aulne
- *alnobetula* = Alnus viridis subsp. viridis
- **cordata** (Loisel.) Desf. 1828 ·
  D:Herzblättrige Erle; E:Italian Alder; F:Aulne de Corse · ♄ d Z6 III-IV ⓝ; Eur.: Corse, S-I, nat. in sp., Azor. [30610]
- *cordifolia* Ten. = Alnus cordata
- × **elliptica** Regel 1825 (*A. cordata* × *A. glutinosa*) · ♄ d; Corse
- **firma** Siebold et Zucc. 1845 · ♄ d Z6 IV ⓝ; Jap. [23989]
- **glutinosa** (L.) Gaertn. 1790 ·
  D:Schwarz-Erle; E:Common Alder, European Alder; F:Aulne commun, Aulne glutineux · ♄ ♄ d Z3 III ⚥ ⓝ; Eur.*, Cauc., W-Sib., C-As., TR, N-Iran, NW-Afr., nat. in N-Am. [13910]
  'Imperialis' 1859 [13920]
  'Laciniata' c. 1750 [16935]
- **hirsuta** (Spach) Rupr. 1857 ·
  D:Färber-Erle; E:Manchurian Alder · ♄ d Z4 ⓝ; Jap., Korea, Sachal., Kamchat., E-Sib. [23999]
- **incana** (L.) Moench 1794 [30914]
  'Aurea' c. 1892 [13950]
  'Laciniata' 1861 [13940]
  'Pendula' > 1900 [32948]
    - subsp. **incana** 1794 · D:Grau-Erle; E:Grey Alder; F:Aulne blanc · ♄ ♄ d Z2 II-IV; Eur.* exc. BrI, Ib; Cauc., W-Sib., nat. in BrI, Ib, N-Am. [20476]
    - subsp. **rugosa** (Du Roi) Clausen 1949 · D:Runzelblättrige Erle; E:Speckled Alder · ♄ ♄ d ⌒ Z4 III-IV; Can.: E; USA: NE, NCE, Kans., SC, SE, Fla., nat. in C-Eur.
- **japonica** (Thunb.) Steud. 1840 ·
  D:Japanische Erle; E:Japanese Alder; F:Aulne du Japon · ♄ d Z4 IV ⓝ; Jap., Korea, Manch., Amur [24001]
- **jorullensis** Kunth 1817 · ♄ d Z8 ⓚ ⓝ; Mex., Ecuad., Peru, Bol., Arg., Venez.
- × **koehnei** Callier 1927 (*A. incana* subsp. *incana* × *A. subcordata*) · ♄ d; orig. ?
- **maritima** (Marshall) Muhl. ex Nutt. 1842 · D:Küsten-Esche; E:Seaside Elder · ♄ d Z7; USA: Delaware, Md., Okla., Ga. [24002]
- **maximowiczii** Callier ex C.K. Schneid. 1904 · D:Maximowicz Esche; F:Aulne de Maximowicz · ♄ ♄ d Z6; Jap., Sachal. [24003]
- **nitida** (Spach) Endl. 1847 ·
  D:Himalaya-Erle · ♄ d Z7 IX; Kashmir, Him., W-Nepal [24005]
- *oregana* Nutt. = Alnus rubra
- **orientalis** Decne. 1835 · D:Türkische Erle · ♄ d Z7; S-TR, Cyprus, Syr., Lebanon, Palaest.
- × **pubescens** Tausch (*A. glutinosa* × *A. incana* subsp. *incana*) · ♄ d; Eur.
- **rubra** Bong. 1833 · D:Oregon-Erle; E:Oregon Alder, Red Alder; F:Aulne de l'Orégon · ♄ d Z6 ⓝ; Alaska, Can.: W; USA: NW, Idaho, Calif. [12401]
- *rubra* Desf. ex Steud. = Alnus serrulata
- *rugosa* (Du Roi) Spreng. = Alnus incana subsp. rugosa
- **serrulata** (Aiton) Willd. 1805 ·
  D:Hasel-Erle · ♄ ♄ d Z5; Can.: Ont.; USA: NE, NCE, NC, SC, SE, Fla. [24008]
- *sinuata* (Regel) Rydb. = Alnus viridis subsp. sinuata
- × **spaethii** Callier 1908 (*A. japonica* × *A. subcordata*) ·
  D:Späths Erle; F:Aulne de Späth · ♄ d; cult. [29030]
- **subcordata** C.A. Mey. 1831 ·
  D:Kaukasische Erle; E:Caucasian Alder · ♄ d Z5 IV; Cauc., Iran [24009]
- **tenuifolia** Nutt. 1842 · D:Berg-Erle · ♄ d Z2; Can.: W.; USA: Alaska, NW, Calif.Rocky Mts., SW; N-Mex.
- *tinctoria* Sarg. = Alnus hirsuta
- **viridis** (Chaix) DC. 1805 ·
  D:Grün-Erle; E:Green Alder; F:Aulne vert · [13960]
  - subsp. **sinuata** (Regel) Á. Löve et D. Löve · D:Sitka-Erle; E:Sitka Alder · ♄ ♄ d Z4 IV-VI; Alaska, B.C., USA: NW, Calif.
  - subsp. **viridis** · ♄ ♄ d Z2 IV-VI; Eur.: Fr, Ap, C-Eur., EC-Eur., Ba, E-Eur.; W-Sib., E-Sib., Amur, N-Mong.

Alocasia (Schott) G. Don 1839 -f-
Araceae · (S. 920)
D:Pfeilblatt; E:Elephant's-Ear Plant; F:Alocasia, Oreille d'éléphant
- × **amazonica** André (*A. lowii* × *A. sanderiana*) · D:Amazonas-Pfeilblatt · ♃ Z10 ⓦ; cult.
- **cucullata** (Lour.) G. Don 1839 ·
  D:Kupfer-Pfeilblatt · ♃ Z10 ⓚ ⓝ; Ind.: Bengalen; Sri Lanka, Myanmar
- **cuprea** (K. Koch et C.D. Bouché) K. Koch 1861 · D:Metallisches Pfeilblatt · ♃ Z9 ⓦ; Kalimantan
- *indica* (Roxb.) Schott = Alocasia macrorrhizos
- *korthalsii* Schott = Alocasia longiloba
- *lindenii* Rodigas = Homalomena lindenii
- **longiloba** Miq. 1856 · D:Langes Pfeilblatt · ♃ Z10 ⓦ; Kalimantan
- *lowii* Hook. f. = Alocasia longiloba
- **macrorrhizos** (L.) G. Don 1839 ·
  D:Riesenblättriges Pfeilblatt; E:Giant Taro · ♃ Z10 ⓦ ⓝ; ? Sri Lanka [70104]
  'Variegata'
  - var. *variegata* (K. Koch et C.D. Bouché) Furtado = Alocasia macrorrhizos
- *metallica* (Otto) Hook. f. = Alocasia cucullata
- **micholitziana** Sander 1912 ·
  D:Elefantenohr-Pfeilblatt; E:Elephant's Ear · ♃ Z10 ⓦ; Phil.
- **odora** (Lindl.) K. Koch 1854 · ♃ Z10 ⓦ; NE-Ind., China, Phil.
- *plumbea* K. Koch ex Van Houtte = Alocasia macrorrhizos
- **portei** Schott 1862 · ♃ Z10 ⓦ; Phil.
- *putzeysii* N.E. Br. = Alocasia longiloba
- **sanderiana** W. Bull 1894 · D:Sanders Pfeilblatt; E:Kris Plant · ♃ Z10 ⓦ; Phil.: Mindanao
- *thibautiana* Mast. = Alocasia longiloba
- **watsoniana** Mast. 1893 · ♃ Z10 ⓦ; Sumat.
- **zebrina** K. Koch et Veitch 1863 ·
  ♃ Z10 ⓦ; Phil.

Aloe L. 1753 -f- *Aloaceae* · (S. 904)
D:Aloe; E:Aloe; F:Aloe
- **aculeata** Pole-Evans 1917 · E:Red Hot Poker Aloe · ⚲ Z9 ⓚ; S-Afr. (Transvaal), Zimbabwe, Botswana
- **africana** Mill. 1768 · ♄ ⚲ e Z9 ⓚ III-IV ⚥ ▽ ✻; S-Afr.: Kap, Transvaal
- **arborescens** Mill. 1768 · D:Tintenfisch-Aloe; E:Candelabra Aloe, Octopus Plant · ♄ ⚲ Z9 ⓚ I-IV ▽

✲; S-Afr.: Kap, Natal; Malawi, nat. in S-Sp., S-F, P
- **aristata** Haw. 1825 · D:Bebänderte Aloe; E:Lace Aloe, Torch Plant · ⌬ ⚥ Z9 ⌂ V-VI ▽ ✲; S-Afr.: Orange Free State, Natal
- *atrovirens* DC. = Haworthia herbacea
- *barbadensis* Mill. = Aloe vera
- **barberae** Dyer 1874 · ⌯ ⚥ Z9 ⌂ ▽ ✲; S-Afr.
- **bellatula** Reynolds 1956 · ⚥ Z10 ⌂; Madag.; mts.
- **bowiea** Schult. et Schult. f. 1829 · ⚥ Z8 ⌂; S-Afr. (Cape Prov.)
- **branddraaiensis** Groenew. 1940 · ⚥ Z9 ⌂; S-Afr. (Transvaal), Swaziland
- **brevifolia** Mill. 1771 · D:Kurzblättrige Aloe; E:Short-leaved Aloe · ⌬ ⚥ Z9 ⌂ ▽ ✲; Kap
- **broomii** Schönland 1907 · ⚥ Z9 ⌂; S-Afr. (Cape Prov., Orange Free State), Lesotho
- **camperi** Schweinf. 1894 · ⌯ ⚥ Z10 ⌂ IV-VI ▽ ✲; Eth.
- **capitata** Baker 1883
  - var. **capitata**
  - var. **cipolinicola** H. Perrier 1926 · ⚥ ⌂; Madag.
- **castanea** Schönland 1907 · ⚥ Z9 ⌂; S-Afr. (Transvaal), Swaziland
- **ciliaris** Haw. 1825 · D:Kletter-Aloe; E:Climbing Aloe · ⌯ ⚥ ⚦ Z9 ⌂ I-III ▽ ✲; S-Afr.
- **comosa** Marloth et A. Berger 1905 · ⌯ ⚥ Z9 ⌂ ▽ ✲; Kap
- **cryptopoda** Baker 1884 · ⚥ Z9 ⌂; S-Afr. (Transvaal), Swaziland, Zimbabwe, Botswana, Zambia, Mozamb., Malawi
- *davyana* Schönland = Aloe greatheadii var. davyana
- **descoingsii** Reynolds 1958 · ⚥ Z10 ⌂; S-Madag.
  - var. **angustina** Lavranos 1995 · ⚥ ⌂; S-Madag.
  - var. **descoingsii**
- **dichotoma** Masson 1776 · D:Drachenbaum-Aloe, Köcherbaum · ⌯ ⚥ e Z9 ⌂ ▽ ✲; Namibia, S-Afr.
- **distans** Haw. 1812 · D:Goldzahn-Aloe; E:Jewelled Aloe · ⌯ ⚥ Z9 ⌂ VI-VII ▽ ✲; Kap
- *disticha* L. = Gasteria disticha
- *disticha* Mill. = Aloe maculata
- **divaricata** A. Berger 1905 · ⌯ ⚥ Z10 ⌂ ▽ ✲; W-Madag.
- *dumetorum* B. Mathew et Brandham = Aloe ellenbeckii
- **ellenbeckii** A. Berger 1905 · ⚥ ⌂; Kenya, Eth., Somal.
- *erinacea* D.S. Hardy = Aloe melanacantha var. erinacea
- *eru* A. Berger = Aloe camperi
- **ferox** Mill. 1768 · D:Kap-Aloe; E:Cape Aloe · ⌯ ⚥ e Z9 ⌂ III-IV ⚦ ⚘ ▽ ✲; S-Afr.
- **gariepensis** Pillans 1933 · ⌯ ⚥ Z9 ⌂; S-Afr. (Northern Cape), Namibia
- **glauca** Mill. 1768 · ⌬ ⚥ Z9 ⌂ ▽ ✲; Kap
- **globuligemma** Pole-Evans 1915 · ⚥ Z9 ⌂; S-Afr. (Transvaal), Zimbabwe, Botswana
- **grandidentata** Salm-Dyck 1822 · ⌯ ⚥ Z9 ⌂ VI-VII ▽ ✲; S-Afr.
- **greatheadei** Schönland 1904 · ⚥ Z10 ⌂; S-Afr., Swaziland, Botswana, Malawi, Mozamb., Zimbabwe, Angola, Zaire
- **greatheadii**
  - var. **davyana** (Schönland) Glen et D.S. Hardy 1987 · ⚥ Z9 ⌂; S-Afr. (Transvaal, Orange Free State, Natal), Swaziland
  - var. **greatheadii**
- **hereroensis** Engl. 1888 · ⚥ Z9 ⌂; S-Afr. (Cape Prov., Orange Free State), Namibia, Angola, Botswana
- **humilis** (L.) Mill. 1771 · D:Igel-Aloe; E:Crocodile Jaws, Hedgehog Aloe, Spider Aloe · ⌬ ⌯ ⚥ Z9 ⌂ III-VI ▽ ✲; Kap
- **jucunda** Reynolds 1953 · ⚥ Z10 ⌂; Somalia
- **juvenna** Brandham et S. Carter 1979 · ⚥ Z9 ⌂; Kenya
- **krapohliana** Marloth
- **littoralis** Baker 1878 · ⚥ Z9 ⌂ ✲; Angola, Namibia
- **longistyla** Baker 1880 · ⌬ ⚥ Z9 ⌂ ▽ ✲; Kap
- **lutescens** Groenew. 1938 · ⚥ Z9 ⌂; S-Afr. (Transvaal), Zimbabwe, Botswana, Mozamb.
- *macowanii* Baker = Aloe striatula
- **maculata** All. 1773
- *maculata* Thunb. = Gasteria bicolor var. bicolor
- **marlothii** A. Berger 1905 · ⚥ Z9 ⌂ ▽ ✲; S-Afr.: Natal, Transvaal; Botswana
- **megalocarpa** Lavranos 1998
- **melanacantha** A. Berger 1905 · ⚥ Z9 ⌂; S-Afr.(Cape Prov.)
  - var. **erinacea** (D.S. Hardy) G.D. Rowley 1980 · ⚥ Z9 ⌂; Namibia
  - var. **melanacantha**
- **microstigma** Salm-Dyck 1854 · ⚥ Z9 ⌂; S-Afr. (Cape Prov.), Namibia
- **mitriformis** Mill. 1768 · D:Bischofsmützen-Aloe · ⌯ ⚥ Z9 ⌂ VI-VIII ▽ ✲; Kap
- **mudenensis** Reynolds 1937 · ⚥ Z8 ⌂; S-Afr. (Natal), Swaziland
- *nigricans* Haw. = Gasteria disticha
- *nitida* Salm-Dyck = Gasteria nitida var. nitida
- *nobilis* Haw. = Aloe mitriformis
- *obliqua* (Aiton) Haw. = Gasteria bicolor var. bicolor
- *obliqua* DC. = Gasteria pulchra
- *obliqua* Jacq. = Gasteria disticha
- **parvula** A. Berger 1908 · ⚥ Z10 ⌂; Madag.
- **peglerae** Schönland 1904 · ⚥ Z9 ⌂; S-Afr. (Transvaal)
- *perfoliata* L. = Aloe ferox
  - var. *vera* L. 1753 = Aloe vera
- **perryi** Baker · D:Sokotra-Aloe; E:Socotrine Aloe · ⌯ ⚥ Z10 ⌂ ⚦ ⓝ ▽ ✲; Socotra; cult. E-Afr., Arab.
- **plicatilis** (L.) Mill. 1768 · ⌯ ⚥ e Z9 ⌂ V-VI ⚦ ▽ ✲; Kap
- × **principis** (Haw.) Stearn 1938 (*A. arborescens* × *A. ferox*) · ⌯ ⚥ Z9 ⌂ III-IV ▽ ✲; S-Afr.
- **prinslooi** I. Verd. et D.S. Hardy 1965 · ⚥ Z8 ⌂; S-Afr. (Natal)
- *prolifera* Haw. = Aloe brevifolia
- *pulchra* (Aiton) Jacq. = Gasteria pulchra
- **ramosissima** Pillans 1937 · ⚥ Z9 ⌂; S-Afr. (Cape Prov.), Namibia
- **rauhii** Reynolds 1963 · ⚥ Z10 ⌂; Madag.
- *rubrolutea* Schinz = Aloe littoralis
- **rubroviolacea** Schweinf. 1894 · ⌯ ⚥ Z10 ⌂ ▽ ✲; Yemen
- **sabaea** Schweinf. 1894 · ⚥ Z8 ⌂; Arab., Jemen
- × *salmdyckiana* Roem. et Schult. = Aloe × principis
- *saponaria* (Aiton) Haw. = Aloe maculata
- **secundiflora** Engl. 1895 · ⚥ Z10 ⌂; Tanzania, Kenya, Rwanda, Eth., Sudan
- **spicata** Baker 1782 · ⌯ ⚥ e Z9 ⌂ ⚦ ▽ ✲; S-Afr.
- × **spinosissima** Hort. ex Jahand. 1933 · ⚥ Z9 ⌂; cult.
- *spiralis* L. = Astroloba spiralis
- **squarrosa** Baker 1833 · ⚥ Z10 ⌂; Socotra
- **striata** Haw. 1804 · D:Rotrandige Aloe; E:Coral Aloe · ⌬ ⚥ Z9 ⌂ IV-V ▽ ✲; Kap, Namibia
- **striatula** Haw. · ⌯ ⚥ Z9 ⌂ ▽ ✲; S-Afr.
- *subcarinata* Salm-Dyck = Gasteria carinata var. carinata
- **succotrina** All. 1773 · ⌯ ⚥ Z9 ⌂ I-II ⚦ ▽ ✲; Kap, nat. in S-Sp., S-F
- **suprafoliata** Pole-Evans 1916 · ⚥

Z9 ⓚ; S-Afr. (Transvaal, Natal), Swaziland
- *supralaevis* Haw. = Aloe ferox
- **tenuior** Haw. 1825 · ♄ ⵌ Z9 ⓚ I-II ▽ ✻; S-Afr.
- **thraskii** Baker 1880 · ♄ ⵌ Z9 ⓚ ▽ ✻; S-Afr.
- *umbellata* DC. = Aloe maculata
- **vaombe** Decorse et Poiss. 1912 · ♄ ⵌ Z10 ⓚ; Madag.
- **variegata** L. 1753 · D:Tiger-Aloe; E:Partridge Breast Aloe, Tiger Aloe · ♄ ⵌ Z9 ⓚ IV-V ⚘ ▽ ✻; Botswana, Kap
- **vera** (L.) Burm. f. 1768 · D:Echte Aloe; E:Bitter Aloe · ♃ ♄ ⵌ e Z8 ⓚ I-IV ⚜ ⓝ ▽ ✻; NE-Afr, trop. Afr., S-Afr., Arab., Ind., nat. in Eur.: Ib, Ap, GR, Crete; TR
- *verrucosa* Mill. = Gasteria carinata var. verrucosa
- **viguieri** H. Perrier 1927 · ⵌ ⓚ; Madag.
- *virens* Haw. = Aloe humilis
- *vulgaris* Lam. = Aloe vera
- *wickensii* Pole-Evans = Aloe cryptopoda
- **zebrina** Baker 1878 · D:Zebra-Aloe; E:Zebra Leaf Aloe · ♃ Z9 ⓚ ▽ ✻; Angola, Namibia, Botswana, S-Afr.: Transvaal

Aloinopsis Schwantes 1926 -f- *Aizoaceae* · (S. 140)
- **luckhoffii** (L. Bolus) L. Bolus 1958 · ♄ ⵌ Z9 ⓚ; S-Afr. (Cape Prov.)
- **malherbei** (L. Bolus) L. Bolus 1948 · ♄ ⵌ Z9 ⓚ; S-Afr. (Cape Prov.)
- *orpenii* (N.E. Br.) L. Bolus = Prepodesma orpenii
- *peersii* (L. Bolus) L. Bolus = Deilanthe peersii
- **schooneesii** L. Bolus 1931 · ⵌ Z8 ⓚ; S-Afr. (Cape Prov.)
- *setifera* (L. Bolus) L. Bolus = Aloinopsis luckhoffii
- *villetii* (L. Bolus) L. Bolus = Aloinopsis luckhoffii

Alonsoa Ruiz et Pav. 1798 -f- *Scrophulariaceae* · (S. 821)
D:Maskenblume; E:Mask Flower; F:Alonsoa
- **acutifolia** Ruiz et Pav. 1798 · ⊙ ♄ Z10 VII-IX; Peru, Bol.
- **incisifolia** Ruiz et Pav. 1798 · ♃ ♄ Z10; Peru, Chile
- **linearis** (Jacq.) Ruiz et Pav. 1798 · ⊙ ♄ Z10 VII-IX; Peru
- *linifolia* Roezl = Alonsoa linearis
- **meridionalis** (L. f.) Kuntze 1891 · ⊙ ⊙ ♃ ♄ Z10 VII-IX; Mex., C-Am., S-Am. [62187]
- *myrtifolia* Roezl = Alonsoa acutifolia
- **warscewiczii** Regel 1854 · D:Maskenblume; E:Mask Flower · ⊙ ♄ Z10; Peru
'Peachy Keen'
'Scarlet Bedder'

Alopecurus L. 1753 -m- *Poaceae* · (S. 1098)
D:Fuchsschwanzgras; E:Foxtail Grass; F:Queue-de-renard, Vulpin
- **aequalis** Sobol. 1799 · D:Rotgelbes Fuchsschwanzgras · ♃ Z5 V-X; Eur.*, TR, Cauc., W-Sib., E-Sib., Amur, Sachal., Kamchat., C-As.
- *agrestis* L. = Alopecurus myosuroides
- **alpinus** Sm. 1803 · D:Anden-Fuschswanzgras · ♃ Z5; Eur.: N-GB., Svalbard, N-Russ., Ural; Taimyr Penins.
- **arundinaceus** Poir. 1806 · D:Rohr-Fuchsschwanzgras · ♃ Z5 V-VI; Eur.*, TR, N-As.
- **bulbosus** Gouan 1762 · D:Knolliges Fuchsschwanzgras · ♃ Z5 V-VII; Eur.: Ib, Fr, BrI, Ap, D, N-Ba; TR, Alger., Tun.
- **geniculatus** L. 1753 · D:Knick-Fuchsschwanzgras; E:Marsh Foxtail, Marsh Meadow Foxtail · ♃ ⌒ Z5 V-X; Eur.*, Iran, Afgh., Ind., W-Sib., China, Jap., nat. in N-Am., Austr., NZ
- **lanatus** Sibth. et Sm. 1806 · ♃ △ Z4 V; TR [67469]
- **myosuroides** Huds. 1762 · D:Acker-Fuchsschwanzgras; E:Black Grass · ⊙ Z5 V-X; Eur.: Ib, Fr, Ap, Ba, E-Eur., nat. in Sc, C-Eur., EC-Eur., NZ
- **pratensis** L. 1753 · D:Wiesen-Fuchsschwanzgras
'Aureovariegatus' [67470]
'Aureus'
  - subsp. **pratensis** · D:Gewöhnliches Wiesen-Fuchsschwanzgras; E:Meadow Foxtail · ♃ Z5 V-VII ⓝ; Eur.*, Cauc., W-Sib., E-Sib., C-As., nat. in n N-Am.
- **rendlei** Eig 1937 · D:Aufgeblasenes Fuchsschwanzgras · ⊙ Z5 V-VI; Eur.: Ib, Fr, Ap, C-Eur., Ba; TR
- *utriculatus* (L.) Sm. = Alopecurus rendlei

Aloysia Juss. 1806 -f- *Verbenaceae* · (S. 883)
D:Zitronenstrauch; F:Citronnelle
- **chamaedryfolia** Cham. 1832 · ♄ Z8 ⓚ VII-VIII; Bras., Arg.
- **citriodora** Palau 1784 · D:Zitronenstrauch, Zitronenverbene; E:Lemon Verbena; F:Citronnelle verveine · ♄ e D Z8 ⓚ VII-IX ⚜ ⓝ; Urug., Arg., Chile [70072]
- *triphylla* (L'Hér.) Britton = Aloysia citriodora

Alpinia Roxb. 1810 -f- *Zingiberaceae* · (S. 1145)
D:Alpinie, Ingwerlilie; E:Ginger Lily; F:Alpinie
- **caerulea** (R. Br.) Benth. 1873
- **calcarata** (Haw.) Roscoe 1807 · D:Indische Ingwerlilie; E:Indian Ginger · ♃ Z10 ⓦ IX-X; Ind.
- **coerulea** (R. Br.) Benth. · ♃ Z10 ⓦ; Austr. (Queensl., N.S.Wales), N.Guinea
- **formosana** K. Schum. 1899 · ♃ Z9; Jap. (Kyushu, Ryukyu Is.), Taiwan
- **galanga** (L.) Willd. 1797 · D:Siamesische Ingwerlilie; E:Galangal · ♃ Z10 ⓦ ⚜ ⓝ; Ind., Sri Lanka, Malay. Arch.
- **japonica** (Thunb.) Miq. 1867 · D:Japanische Ingwerlilie; E:Japanese Ginger · ♃ Z10 ⓚ; China, Jap., Taiwan
- **malaccensis** (Burm. f.) Roscoe 1807 · ♃ Z10 ⓦ III-V ⓝ; E-Him., Myanmar, Malay. Arch.
- *nutans* (L.) Roscoe = Alpinia zerumbet
- **officinarum** Hance 1873 · D:Galgant; E:Lesser Galangal · ♃ Z10 ⓦ ⚜ ⓝ; S-China, Hainan
- **parviflora** Rolfe 1884 · ♃
- **purpurata** (Vieill.) K. Schum. 1904 · D:Roter Ingwer; E:Red Ginger · ♄ ⋈ Z10 ⓦ; Pacific Is.
- **rafflesiana** Wall. ex Baker 1892 · ♃ Z10 ⓦ; Malay. Pen.
- *sanderae* hort. Sander = Alpinia vittata
- *speciosa* (J.C. Wendl.) K. Schum. = Alpinia zerumbet
- **vittata** W. Bull 1873 · D:Gestreifte Ingwerlilie; E:Variegated Ginger · ♄ Z10 ⓦ; Salom.
- **zerumbet** (Pers.) B.L. Burtt et R.M. Sm. 1972 · D:Porzellan-Ingwerlilie; E:Pink Porcelain Lily, Shell Ginger · ♃ Z10 ⓦ IV-VI; S-As., E-As.
- *zingiberina* Hook. f. = Alpinia galanga

Alsobia Hanst. 1854 -f- *Gesneriaceae*
- **dianthiflora** (H.E. Moore et R.G.

Wilson) Wiehler 1978 · E:Lace Flower Vine, Lace Flower · ⚁ Z10 ⓦ VI-IX; Mex., Costa Rica
- **punctata** (Lindl.) Hanst. 1854 · ♄ Z10 ⓦ; Mex., Guat.

Alsomitra (Blume) M. Roem. 1846 -f- *Cucurbitaceae* · (S. 438)
- **macrocarpa** (Blume) M. Roem. 1846 · ʃ Z10 ⓦ; Malay. Arch.
- *sarcophylla* (Wall.) M. Roem. = Neoalsomitra sarcophylla

Alsophila R. Br. = Cyathea
- *australis* R. Br. = Cyathea australis
- *capensis* (L. f.) J. Sm. = Cyathea capensis
- *tricolor* (Colenso) R.M. Tryon = Cyathea dealbata

Alstonia R. Br. 1809 -f- *Apocynaceae* · (S. 189)
- **congensis** Engl. 1887 · D:Bokukabambale, Emien · ♄ e Z10 ⓦ ⓝ; W-Afr., C-Afr., E-Afr.
- **constricta** F. Muell. 1858 · D:Bitterrinde; E:Fever Bark · ♄ e Z10 ⓚ; Austr.: Queensl., N.S.Wales
- **scholaris** (L.) R. Br. 1809 · D:Teufelsbaum; E:Devil Tree, Pali-mari · ♄ e Z10 ⓦ ⚥ ⓝ; Him., Ind., Sri Lanka, Malay. Arch., Austr.

Alstroemeria L. 1762 -f- *Alstroemeriaceae* · (S. 905)
D:Inkalilie; E:Lily of the Incas, Peruvian Lily; F:Alstroemère, Lis des Incas
- *aurantiaca* D. Don = Alstroemeria aurea
- **aurea** Graham 1833 · D:Goldene Inkalilie; F:Lis des Incas · ⚁ Z7 ∧ VI-VIII; Chile [69672]
  'Orange King' [73747]
- **brasiliensis** Spreng. 1825 · ⚁ Z9 ⓚ; C-Bras., Parag., N-Arg.
- **haemantha** Ruiz et Pav. · ⚁ Z8 ⓚ ∧ VI-VII; Chile
- **hookeri** Lodd. 1827 · ⚁ Z9 ⓚ; Chile
- **ligtu** L. 1762 · D:Inkalilie; E:St Martin's Flower · ⚁ Z8 ⌂ ∧ VI-VII; Arg., Chile
- **pelegrina** L. 1762 · ⚁ Z9 ⓚ ⌂ VI-VIII; Peru, N-Chile
- *peregrina* Ruiz et Pav. = Alstroemeria pelegrina
- *psittacina* Lehm. = Alstroemeria pulchella
- **psittacina variegated** · ⚁ ⓚ; C-Bras., Parag., N-Arg.
- **pulchella** L. f. 1782 · ⚁ Z8; N-Bras.

- **pulchra** Sims 1823 · ⚁ Z8 ⓚ; Chile
- **versicolor** Ruiz et Pav. 1802 · ⚁ Z9 ⓚ ⌂ VI-VII; Chile
- **in vielen Sorten:**
  'Dover Orange'
  Ligtu Hybrids
  'Orange Gem'
  'Orange Glory'
  'Red Beauty'
  'Yellow Friendship'

Altamiranoa Rose = Villadia
- *ericoides* (Rose) H. Jacobsen = Villadia imbricata
- *guatemalensis* (Rose) E. Walther = Villadia guatemalensis

Alternanthera Forssk. 1775 -f- *Amaranthaceae* · (S. 152)
D:Papageienblatt; E:Copperleaf, Joseph's Coat; F:Alternanthère
- *amoena* (Lem.) Voss = Alternanthera ficoidea
- **bettzickiana** (Regel) G. Nicholson 1884 · ⚁ Z8 ⓚ; Peru
- **dentata** (Moench) Scheygr. 1920
- **ficoidea** (L.) P. Beauv. 1807 · ⚁ ⫞ Z8 ⓦ ⓝ; Mex., C-Am., trop. S-Am.
  'Amoena'
- **pungens** Kunth 1817 · ⓦ; S-Am.
- **reineckii** Briq. 1899 · ☉ Z8; e S-Am.
  'Versicolor'
- *repens* (L.) Link = Alternanthera pungens
- *versicolor* (Lem.) Regel = Alternanthera reineckii

Althaea L. 1753 -f- *Malvaceae* · (S. 615)
D:Eibisch, Stockmalve; E:Marsh Mallow; F:Guimauve
- **armeniaca** Ten. 1837 · D:Armenischer Eibisch · ⚁ Z6; Eur.: H; TR, Cauc., Iran, C-As.
- **cannabina** L. 1753 · D:Hanfblättriger Eibisch; E:Armenian Mallow · ⚁ Z6 VII-IX ⓝ; Eur.: Ib, Fr, Ap, Ba, EC-Eur., E-Eur.; TR, Cauc., Iran, C-As. [71825]
- **hirsuta** L. 1753 · D:Rauhaariger Eibisch; E:Rough Marsh Mallow · ☉ VII-VIII; Eur.* exc. BrI, Sc; TR, Levante, Cauc., Iran, C-As., NW-Afr., Libya
- **officinalis** L. 1753 · D:Echter Eibisch; E:Marsh Mallow, White Mallow · ⚁ Z3 VII ⚥ ⓝ ▽; Eur.*, TR, Syr., Palaest., Cauc., Iran, Afgh., W-Sib., E-Sib., C-As., Alger., Tun., nat. in N-Am. [62188]

'Alba'
'Romney Marsh'
- *rosea* (L.) Cav. = Alcea rosea
- *rugosostellulata* Czeczott = Alcea rugosa

Altingia Noronha 1785 -f- *Hamamelidaceae* · (S. 561)
- **chinensis** Hance 1873 · ♄
- **excelsa** Noronha 1827 · D:Kindan; E:Rasamala · ♄ ⓦ ⓝ; Malay. Arch., China: Yunnan

Alyogyne Alef. 1863 -f- *Malvaceae* · (S. 615)
D:Blauer Hibiscus; E:Lilac Hibiscus; F:Alyogyne, Hibiscus bleu
- **hakeifolia** (Giord.) Alef. 1863 · ♄ Z10 ⓦ; Austr.: S-Austr., W-Austr.
- **huegelii** (Endl.) Fryxell 1968 · D:Blauer Hibiscus; E:Liliac Hibiscus · ⚁ Z10 ⓚ IV-XI; Austr.: S-Austr., W-Austr. [11032]

Alysicarpus Desv. 1813 -m- *Fabaceae* · (S. 495)
- **vaginalis** (L.) DC. 1825 · ⚁ ⓦ ⓝ; Trop. Old World

Alyssoides Mill. 1754 -f- *Brassicaceae* · (S. 315)
D:Blasenschötchen; F:Fauxalysson, Vésicaire
- **utriculata** (L.) Medik. · D:Blasenschötchen · ⚁ △ Z7 IV-VI; Eur.: F, I, Ba, RO; TR, nat. in D

Alyssum L. 1753 -n- *Brassicaceae* · (S. 315)
D:Steinkraut; E:Alison, Madwort; F:Alysson, Corbeille d'or
- **alpestre** L. 1767 · D:Alpen-Steinkraut · ⚁ ⤳ △ Z6 VI-VII; Eur.: F, I, Ch; Alp.
- **alyssoides** (L.) L. 1759 · D:Kelchsteinkraut; E:Small Alison · ☉ Z6 IV-IX; Eur.* exc. BrI, Sc; Maroc.
- *arduini* Fritsch = Aurinia saxatilis
- **argenteum** All. 1774 · D:Silbergraues Steinkraut · ♄ △ Z6 VII-VIII; Eur.: I; SW-Alp.
- *argenteum* hort. = Alyssum murale
- **armenum** Boiss. 1867 · D:Armenisches Steinkraut · ⚁ Z6; TR, Cauc.
- **cuneifolium** Ten. 1811 · D:Flaumiges Steinkraut · ⚁ Z6; Eur.: sp., F, I; mts. [62190]
- **desertorum** Stapf 1886 · D:Steppen-Steinkraut · ☉ Z6 IV-V; Eur.: A, EC-Eur., Ba, E-Eur.; TR, Levante, Cauc., Iran, W-Sib.,

E-Sib., C-As., Him., Mong., Egypt
- **diffusum** Ten. 1815 · D:Lockeres Steinkraut · ⚁ ⤳ △ Z6 IV-VI; Eur.: sp., F, I, ? GR; mts.
- *maritimum* (L.) Lam. = Lobularia maritima var. maritima
- **markgrafii** O.E. Schulz 1926 · D:Holziges Steinkraut · ⚁ △ Z7 ⋏ V-VI; Eur.: W-Ba
- **moellendorfianum** Asch. ex Beck 1887 · D:Kroatisches Steinkraut · ⚁ △ Z6 VI-VII; Eur.: Bosn. [62191]
- **montanum** L. 1753 [62192]
  'Berggold' [62193]
  - subsp. **montanum** · D:Gewöhnliches Berg-Steinkraut; E:Mountain Alison; F:Alysse des montagnes · ⚁ ⤳ △ D Z6 III-VI ▽; Eur.* exc. BrI, Sc
- **murale** Waldst. et Kit. 1799 · D:Mauer-Steinkraut, Silbriges Steinkraut; E:Yellow Tuft; F:Alysse des murailles · ⚁ △ Z5 V-VI; Eur.: Ba, EC-Eur.; TR, Syr., Lebanon, Cauc., Iran, nat. in D, A [62194]
- **ovirense** A. Kern. 1882 · D:Karawanken-Steinkraut · ⚁ ⤳ △ Z6 VI; Eur.: I, A, Slove., Bosn., Montenegro; mts. [68645]
- **oxycarpum** Boiss. et Balansa 1856 · ⚁; TR
- **propinquum** Baumgartner 1909 · ⚁; TR
- **pyrenaicum** Lapeyr. 1813 · D:Pyrenäen-Steinkraut
- **repens** Baumg. · D:Kriechendes Steinkraut · ⚁ △ Z5 IV-VI; Eur.: A, Ba, RO, Krim; Cauc., Syr., N-Iran, C-As.
- *rochelii* Andrz. ex Rchb. = Alyssum montanum subsp. montanum
- **rostratum** Steven 1809 · ⚁ ⊙ Z8 V-VI; Eur.: W-Ba, RO, Russ.; N-TR, Cauc.
- *rupestre* Ten. = Aurinia rupestris
- *saxatile* L. = Aurinia saxatilis
- **serpyllifolium** Desf. 1798 · D:Obir-Steinkraut · ⚁ △ Z7 VI; Eur.: Ib, F; NW-Afr. [62203]
- **spinosum** L. 1753 · D:Dorn-Steinkraut; E:Spiny Alison · ♄ △ Z8 ⌂ ⋏ V-VI; Eur.: sp., F; Maroc., Alger. [73750]
  'Purpureum'
  'Roseum'
  'Rubrum' [73751]
- **stribrnyi** Velen. 1891 · D:Liegendes Steinkraut · ⚁ Z7; Eur.: Maced., BG, , RO; W-TR, Iraq
- *transsylvanicum* Schur = Alyssum repens
- **wulfenianum** Bernh. 1813 ·

D:Wulfens Steinkraut · ⚁ ⤳ △ Z7 V-VIII; Eur.: I, A, Bosn., Montenegro, Maced.; SE-Alp. [62204]

Amana Honda 1935 -f- *Liliaceae*
- **edulis** (Miq.) Honda 1935 · ⚁ Z7; S-Jap., Korea, NE-China

Amaranthus L. 1753 -m-
Amaranthaceae · (S. 152)
D:Fuchsschwanz; E:Amaranth, Pigweed; F:Amaranthe
- **albus** L. 1759 · D:Weißer Fuchsschwanz · ⊙ Z5 VII-X; s N-Am., C-Am, nat. in Eur.* exc. BrI, Sc; Cauc., W-Sib., Amur, C-As., TR, N-Afr
- **blitoides** S. Watson 1877 · D:Westamerikanischer Fuchsschwanz · ⊙ Z5 VII-IX; s N-Am., C-Am., nat. in Eur.* exc. BrI, Sc
- **blitum** L. 1753 · ⊙
  - subsp. **blitum** · D:Aufsteigender Fuchsschwanz · ⊙ Z5 VII-IX; Eur., As, Afr.
  - subsp. **emarginatus** (Moq. ex Uline et W.L. Bray) Carretero et al. 1987 · D:Ausgerandeter Fuchssschwanz, Ufer-Fuchsschwanz · ⊙ Z5 VI-X; Trop.
- **bouchonii** Thell. 1926 · D:Bouchons Fuchsschwanz · ⊙ Z5 VI-X; ? S-USA, nat. in F, C-Eur.
- **caudatus** L. 1753 · D:Garten-Fuchsschwanz; E:Love Lies Bleeding; F:Amarante queue-de-renard · ⊙ Z5 VII-X Ⓝ; S-Am., nat. in Cauc., C-As., Iran, TR, S-Eur., ? Eth., ? Tibet [16665]
  'Atropurpureus'
  'Viridis'
  - subsp. *mantegazzianus* (Pass.) Hanelt = Amaranthus mantegazzianus
- *chlorostachys* Willd. = Amaranthus hybridus
- **crispus** (Lesp. et Thévenau) N. Terracc. 1890 · D:Krauser Fuchsschwanz · ⊙ Z5 VII-IX; Arg., nat. in Eur.: I, A, EC-Eur., Ba, RO
- **cruentus** L. 1759 · D:Rispiger Fuchsschwanz; E:Red Amaranth · ⊙ Z5 VIII-IX Ⓝ; ? S-Mex., ? Guat., nat. in S-Eur. [16666]
- **deflexus** L. 1771 · D:Liegender Fuchsschwanz · ⚁ Z5 VI-X; n S-Am., nat. in Eur.* exc. BrI, Sc., Cauc., C-As.
- **dubius** Mart. ex Thell. 1912 · ⊙ Z5 Ⓝ; trop. Am.
- *emarginatus* Salzm. ex Uline et W.L. Bray = Amaranthus

blitoides
- *gangeticus* L. = Amaranthus tricolor
- **graecizans** L. · D:Wilder Fuchsschwanz · ⊙ Z5 VII-IX; Eur.: Ib, Fr, Ap, Ba, A, Krim; TR, Levante, Cauc., C-As., N-Afr., nat. in D, CH, H, RO
- **hybridus** L. 1753 · D:Ausgebreiteter Fuchsschwanz; E:Purple Amaranth; F:Amarante queue-de-renard · ⊙ Z5 VII-X Ⓝ; trop. Am., nat. in N-Am., Eur., As. [16667]
  - subsp. *cruentus* (L.) Thell. 1912 = Amaranthus cruentus
  - subsp. *hypochondriacus* (L.) Thell. 1908 = Amaranthus hypochondriacus
- **hypochondriacus** L. 1753 · D:Trauer-Fuchsschwanz; E:Prince's Feather · ⊙ Z5 VII-IX ⚲ Ⓝ; N-Am., nat. in Eur., China, Ind.
- *leucocarpus* S. Watson = Amaranthus hypochondriacus
- *lividus* L. = Amaranthus blitum
- **mantegazzianus** Pass. 1864 · ⊙ Z5 Ⓝ
- *melancholicus* L. = Amaranthus tricolor
- **muricatus** (Gillies ex Moq.) Hieron. 1882 · ⚁ Z5; S-Am., nat. in Eur.: Ib, Sard., Sic., GR
- **paniculatus** L. 1763 · ⊙ Z5 Ⓝ; trop. As
- **powellii** S. Watson 1875 · D:Grünähriger Fuchsschwanz · ⊙ Z5; N-Am., S-Am., nat. in Eur.: sp., F, I, D
- **retroflexus** L. 1875 · D:Zurückgekrümmter Fuchsschwanz; E:Common Amaranth, Pigweed · ⊙ Z5 VII-IX Ⓝ; ? N-Am., nat. in cosmop.
- **standleyanus** Parodi ex Covas 1941 · D:Standleys Fuchsschwanz · ⊙ Z5 Ⓝ; Arg.
- **tricolor** L. 1753 · D:Surinamesischer Fuchsschwanz; E:Chinese Spinach · ⊙ Z5 Ⓝ; trop. As. [16668]
  'Joseph's Coat'

× **Amarcrinum** Coutts 1925 -n-
Amaryllidaceae ·
(*Amaryllis* × *Crinum*)
- *howardii* Coutts = × Amarcrinum memoria-corsii
- **memoria-corsii** (Ragion.) H.E. Moore 1975 (*Amaryllis belladonna* × *Crinum moorei*) · ⚁ Z8 ⌂; cult.

× **Amarine** Sealy 1968

Amaryllidaceae ·
(*Amaryllis* × *Nerine*)
- **tubergenii** Sealy 1968 (*Amaryllis bella-donna* × *Nerine bowdenii*)
'Zwanenburg'

× **Amarygia** Cif. et Giacom. 1950 -f-
Amaryllidaceae ·
(*Amaryllis* × *Brunsvigia*)
- **parkeri** (W. Watson) H.E. Moore 1975 (*Amaryllis bella-donna* × *Brunsvigia josephinae*) · ⚃ Z9 ⓚ; cult.

Amaryllis L. 1753 -f-
Amaryllidaceae · (S. 907)
D:Belladonnenlilie; E:Belladonna Lily, Jersey Lily; F:Amaryllis
- *aulica* Ker-Gawl. = Hippeastrum aulicum
- **bella-donna** L. 1753 · D:Belladonnenlilie; E:Belladonna Lily, Jersey Lily; F:Amaryllis Belle-dame · ⚃ ⚄ Z8 ⓚ ⌂ VIII-IX ✼; Kap
'Bloemfontain'
'Johannesburg'
'Kimberley'
- *bulbisperma* Burm. f. = Crinum bulbispermum
- *formosissima* L. = Sprekelia formosissima
- *papilio* Ravenna = Hippeastrum papilio
- **paradisicola** Snijman 1988
- *purpurea* Aiton = Cyrtanthus elatus

Amasonia L. f. 1781 -f-
Verbenaceae · (S. 883)
- **calycina** Hook. f. 1887 · ♄ ♄ d Z10 ⓚ XI-III; Guyan.
- **erecta** L. f. 1782 · ♄ ⓚ; S-Am.
- *punicea* hort. ex Hook. f. = Amasonia calycina

Amberboa (Pers.) Less. 1832 -f-
Asteraceae · (S. 222)
D:Amberkörbchen, Bisampflanze; F:Centaurée musquée
- **moschata** (L.) DC. 1838 · D:Duftende Bisampflanze; E:Sweet Sultan · ⊙ ⊙ ⚄ Z8 VII-IX; TR, Cauc.

Ambrosia L. 1753 -f- *Asteraceae* · (S. 222)
D:Ambrosie, Traubenkraut; E:Ragweed; F:Ambroisie
- **artemisiifolia** L. 1753 · D:Beifußblättriges Traubenkraut; E:Annual Ragweed, Common Ragweed · ⊙ VIII-X; Can., USA*, Mex., nat. in EC-Eur., Ba

- **coronopifolia** Torr. et A. Gray 1842 · D:Ausdauerndes Traubenkraut · ⚃ VII-X; N-Am., nat. in Eur: sp., Fr, I, C-Eur., DK, EC-Eur., W-Russ.
- *elatior* L. = Ambrosia artemisiifolia
- **maritima** L. 1753 · D:Strand-Ambrosie · ⊙ VIII-X; Eur.: Ib, Fr, Ap, Ba; TR, Afr.
- *mexicana* hort. = Chenopodium botrys
- **psilostachya** DC. 1836 · D:Stauden-Ambrosie; E:Ragweed, Western Ragweed · ⚃ X; Can.: Sask.; USA*, nat. in Eur., Cauc., S-Afr., Austr.
- **trifida** L. 1753 · D:Dreilappiges Traubenkraut; E:Giant Ragweed · ⊙ VIII-X; Can., USA*; Mex., nat. in D

Ambulia Lam. = Limnophila
- *gratioloides* (R. Br.) Baill. = Limnophila indica
- *heterophylla* (Roxb.) Baill. = Limnophila heterophylla
- *sessiliflora* (Blume) Baill. = Limnophila sessiliflora

Amelanchier Medik. 1789 -f-
Rosaceae · (S. 745)
D:Felsenbirne; E:Juneberry, Serviceberry; F:Amélanchier
- **alnifolia** (Nutt.) Nutt. 1834 · D:Erlenblättrige Felsenbirne; E:Saskatoon Service Berry; F:Amélanchier à feuilles d'aulne · ♄ ♄ d Z5 IV-V ⓝ; Alaska, Can., USA: NCE, NC, Rocky Mts., SW, NW, Calif. [38104]
- var. *florida* (Lindl.) C.K. Schneid. 1906 = Amelanchier florida
- var. *semiintegrifolia* (Hook.) C.L. Hitchc. 1961 = Amelanchier florida
- *alnifolia* auct. non (Nutt.) Nutt. = Amelanchier florida
- *amabilis* Wiegand = Amelanchier sanguinea
- **arborea** (F. Michx.) Fernald 1763 · D:Schnee-Felsenbirne; E:Downy Service Berry, June Berry · ♄ ♄ d Z5 III-IV ⓝ; Can.: E; USA: NE, NCE, SC, SE, Fla. [24016]
- **asiatica** (Siebold et Zucc.) Endl. ex Walp. 1843 [24017]
- var. **asiatica** · D:Japanische Felsenbirne · ♄ ♄ d Z6 V; Jap., Korea
- var. **sinica** C.K. Schneid. 1906 · D:Chinesische Felsenbirne · ♄ ♄ d Z5; China (Hubei, Sichuan)
- **bartramiana** (Tausch) M. Roem.

1847 · ♄ d Z5; Can.: E; USA: NE, NEC [24018]
- *botryapium* (L. f.) Borkh. = Amelanchier canadensis
- *botryapium* DC. = Amelanchier lamarckii
- **canadensis** (L.) Medik. 1793 · D:Kanadische Felsenbirne; E:Canadian Service Berry, Snowy Mespilus · ♄ ♄ d Z5 IV ⓝ; Can.: E; USA: NE, SE
- *canadensis* K. Koch = Amelanchier lamarckii
- *confusa* auct. non Hyl. = Amelanchier lamarckii
- **confusa** Hyl. 1955 · ♄ d Z5; orig. ?, nat. in S-Sweden
- **florida** Lindl. 1833 · D:Blütenreiche Felsenbirne; E:Western Service Berry · ♄ ♄ d Z5 V; Alaska, Can.: W; USA: NW, Idaho, Calif.
'Obelisk' 1927 [15274]
- × **grandiflora** Rehder 1927 (*A. arborea* × *A. laevis*) · F:Amélanchier d'Amérique · ♄ ♄ Z4 IV-V [36155]
'Ballerina' 1980 [31790]
'Robin Hill' [37032]
- **humilis** Wiegand 1912
- *laevis* A.R. Clapham, Tutin et E.F. Warb. = Amelanchier lamarckii
- **laevis** Wiegand 1912 · D:Kahle Felsenbirne; E:Allegheny Service Berry · ♄ ♄ d Z5 IV-V ⓝ; Can.: E; USA: NE, NCE, Kans., SE
'Snowflakes' 1991 [16477]
- **lamarckii** F.G. Schroed. 1968 · D:Kupfer-Felsenbirne · ♄ ♄ d Z5 IV-V; Can.: E; USA: NE, NCE, nat. in D, NL, B [29823]
- *oblongifolia* (Torr. et A. Gray) M. Roem. = Amelanchier canadensis
- *ovalis* Borkh. non Medik. = Amelanchier spicata
- **ovalis** Medik. 1793 · D:Gewöhnliche Felsenbirne, Mitteleuropäische Felsenbirne; F:Amélanchier des bois · ♄ d Z5 IV-V ⓝ; Eur.: Ib, Fr,Ap, C-Eur, EC-Eur., Ba, RO, Krim; TR, Lebanon, N-Iraq, Cauc., NW-Afr. [32959]
'Edelweiß' 1988 [12673]
'Helvetica' 1988 [29200]
- *oxyodon* Koehne = Amelanchier florida
- **pumila** Nutt. ex Torr. et A. Gray 1840 · ♄ d; USA: NW, Calif., Rocky Mts., NC
- *rotundifolia* (Lam.) Dum.-Cours. = Amelanchier ovalis
- *rotundifolia* M. Roem. = Amelanchier sanguinea
- **sanguinea** (Pursh) DC. 1825 ·

D:Vermont-Felsenbirne;
F:Amélanchier sanguin · ♄ ♄ d Z5
V; Can.: E; USA: NE, NCE, Tenn.
[24020]
- **spicata** (Lam.) K. Koch 1869 ·
D:Ährige Felsenbirne, Besen-
Felsenbirne; E:Garden Shadblow;
F:Amélanchier · ♄ d Z5 IV-V; Can.:
E; USA: NE, NCE, N.Dak., nat. in
N-Eur., D, A, F [30930]
- **stolonifera** Wiegand 1912 ·
D:Ausläufertreibende Felsenbirne;
E:Running Service Berry · ♄ d
Z5 V ⓝ; Can.: E; USA: NE, NCE
[24021]
- **utahensis** Koehne 1890 · D:Utah-
Felsenbirne; E:Utah Service
Berry · ♄ ♄ d Z3 V; USA: NW,
Calif., Rocky Mts., Tex., SW; Mex.,
Baja Calif. [24022]
- *vulgaris* Moench = Amelanchier
ovalis

× **Amelasorbus** Rehder 1925 -m-
Rosaceae · (S. 746)
(*Amelanchier* × *Sorbus*)
- **jackii** Rehder 1925 (*Amelanchier
florida* × *Sorbus scopulina*) · ♄ d
Z5; USA: Idaho, Oreg.

Amentotaxus Pilg. 1916 *Taxaceae* ·
D:Kätzcheneibe; E:Catkin Yew
- *argotaenia* (Hance) Pilg. ·
D:Gewöhnliche Bebänderte
Kätzcheneibe

Amethystea L. 1753 -f- *Lamiaceae* ·
(S. 579)
D:Amethystblume
- **caerulea** L. 1753 · D:Amethyst-
blume · ⊙ Z7; TR, N-As., China,
Mandsch., Korea, Japan

Amherstia Wall. 1826 -f-
Caesalpiniaceae · (S. 371)
D:Tohabaum; F:Gloire de
Birmanie
- **nobilis** Wall. 1826 · D:Tohabaum ·
♄ e ⓦ; Myanmar

Amicia Kunth 1823 -f- *Fabaceae* ·
(S. 495)
- **zygomeris** DC. 1825 · ♃ ♄ Z9 ⓖ;
E-Mex.

Ammi L. 1753 -n- *Apiaceae* ·
(S. 166)
D:Knorpelmöhre; E:Bullwort;
F:Ammi
- **majus** L. 1753 · D:Bischofskraut,
Große Knorpelmöhre; E:Bullwort,
False Bishop's Weed · ⊙ Z6 VI-X ⚥
ⓝ; Eur.: Ib, Fr, Ap, Ba; TR, Cyprus,

Syr., Iraq, Iran, N-Afr., Eth., nat. in
W-Eur., C-Eur. N-Am., Austr., NZ
- **visnaga** (L.) Lam. 1778 · D:Zahn-
stocher-Ammei; E:Pick Tooth ·
⊙ ⊙ Z6 VII-IX ⚥ ⓝ; Eur.: Ib, Fr,
Ap, Ba; TR, Cyprus, N-Iraq, Iran;
Canar., N-Afr., nat. in N-Am.,
Mex., Chile, Arg.

Ammobium R. Br. ex Sims 1824 -n-
Asteraceae · (S. 222)
D:Papierknöpfchen, Sandim-
mortelle; E:Winged Everlasting;
F:Immortelle de sables
- **alatum** R. Br. 1824 · D:Papier-
knöpfchen, Sandimmortelle;
E:Winged Everlasting · ⊙ ♃ ⚭ Z9
VII-IX; Austr.: Queensl., N.S.Wales
- *grandiflorum* hort. = Ammobium
alatum

Ammocharis Herb. 1821 -f-
Amaryllidaceae · (S. 907)
- **coranica** (Ker-Gawl.) Herb.
1821 · ♃ Z9 ⓖ; S-Afr., Swaziland,
Namibia, Botswana

Ammodaucus Coss. 1859 -m-
Apiaceae · (S. 166)
- **leucotrichus** Coss. · ⊙ ⓖ ⓝ;
Alger.

Ammodendron Fisch. ex DC. 1825
-n- *Fabaceae* · (S. 495)
- **conollyi** Bunge ex Boiss. 1872 · ♄
d ⓖ; C-As.

Ammoides Adans. 763 -f- *Apiaceae* ·
(S. 166)
- **pusilla** (Brot.) Breistr. · ⊙; Eur.:
Ib, Ap, Ba, nat. in D, CH

Ammophila Host 1809 -f- *Poaceae* ·
(S. 1098)
D:Helmgras, Strandhafer;
E:Beach Grass; F:Oyat
- **arenaria** (L.) Link 1827 ·
D:Gewöhnlicher Strandhafer,
Helm; E:Beach Grass, Marram
Grass · ♃ Z5 VI-VIII ⓝ; Eur.*, TR,
Cyprus, Palaest., N-Afr.; coasts,
nat. in N-Am. [72493]
- **breviligulata** Fernald 1920 ·
D:Amerikanischer Strandhafer;
E:American Beach Grass · ♃ Z5
VII-IX ⓝ; Can.: E; USA: NE, NCE;
N.C. [73354]

Amomum Roxb. 1820 -n-
Zingiberaceae · (S. 1146)
D:Kardamom; E:Cardamom;
F:Cardamome
- **aromaticum** Roxb. 1820 · D:Ben-

gal-Kardamom · ♃ Z10 ⓦ ⓝ; Ind.,
Pakist.
- *cardamomum* L. = Elettaria
cardamomum
- *cardamomum* Willd. = Amomum
compactum
- **compactum** Sol. ex Maton 1811 ·
D:Java-Kardamom; E:Round
Cardamom · ♃ ⚭ Z10 ⓦ ⓝ;
Malay. Arch. [72367]
- **krervanh** Pierre ex Gagnep.
1906 · D:Kambodja-Kardamom ·
♃ Z10 ⓦ ⓝ; Cambodia, Thail.
- **subulatum** Roxb. 1820 · D:Nepal-
Kardamom · ♃ Z10 ⓦ ⓝ; trop. As.
- **villosum** Lour. 1790
 - var. **xanthioides** (Wall. ex
 Baker) T.L. Wu et S.J. Chen
 1978 · D:Bastard-Kardamom · ♃
 Z10 ⓦ ⚥ ⓝ; Myanmar, Thail.

Amomyrtus (Burret) Legrand et
Kausel 1947 *Myrtaceae* · (S. 658)
- **luma** (Molina) Legrand et Kausel
1947 · E:Gauchao, Luma · ♄ ♄ e
Z9 ⓖ; Chile, Arg.

Amorpha L. 1753 -f- *Fabaceae* ·
(S. 495)
D:Bastardindigo, Bleibusch,
Scheinindigo; E:False Indogo;
F:Amorpha, Faux-indigo
- **canescens** Pursh 1814 · D:Weiß-
grauer Bleibusch; E:Lead Plant ·
♄ d △ Z5 VI-VII ⓝ; Can.: E, Sask.;
USA: NCE, NC, SC, SE, N.Mex.
[14010]
- **caroliniana** H.B. Croom 1834
- **fruticosa** L. 1753 · D:Gewöhnli-
cher Bastardindigo, Scheinindigo;
E:Bastard Indigo; F:Faux indigo ·
♄ d Z5 VI-VIII ⓝ; Can.: Man.,
Sask.; USA: NE, NCE, Fla., SC,
SW; Mex., nat. in C-Eur., S-Eur.
[14020]
- **herbacea** Walter 1788 [24023]
- **nana** Nutt. 1813 · D:Duft-Blei-
busch; E:Fragrant Indigo Bush ·
♄ d △ Z4 VI-VII ⓝ; Can.: Man.,
Sask.; USA: NC, NCE, SW

Amorphophallus Blume ex Decne.
1834 -m- *Araceae* · (S. 920)
D:Titanenwurz; E:Devil's Tongue;
F:Langue du diable
- **bulbifer** (Roxb.) Blume 1837 · ♃
Z10 ⓦ; NE-Ind. [74097]
- *campanulatus* Decne. =
Amorphophallus paeoniifolius
- **konjac** K. Koch 1858 · D:Stin-
kende Titanenwurz; E:Devil's
Tongue, Umbrella Arum · ♃ Z10
ⓦ ⓝ; cult. SE-As., E-As.

- **paeoniifolius** (Dennst.) Nicolson 1977 · D:Elefantenkartoffel; E:Elephant Yam, Telingo Potato · ♃ Z10 ⓦ ®; NE-Ind., Indochina, Phil., N.Guinea, Polyn.
- *rivieri* Durand ex Carrière = Amorphophallus konjac
- **titanum** (Becc.) Becc. ex Arcang. · D:Titanenwurz; E:Titan Arum · ♃ Z10 ⓦ; Sumat.

Ampelodesmos Link 1827 -m- *Poaceae*
- **mauritanicus** (Poir.) T. Durand et Schinz 1894

Ampelopsis Michx. 1803 -f- *Vitaceae* · (S. 890)
D:Doldenrebe, Scheinrebe; F:Vigne vierge
- **aconitifolia** Bunge 1833 · D:Sturmhutblättrige Scheinrebe; F:Vigne vierge à fruits jaunes · ♄ d ≷ Z6; Mong., N-China [37631]
- **bodinieri** (H. Lév. et Vaniot) Rehder 1934 · ♄ ≀ d ≷ Z5; C-China [42199]
- **brevipedunculata** (Maxim.) Trautv. 1883 [22003]
  - var. **brevipedunculata** · D:Ussuri-Scheinrebe; E:Blueberry Climber; F:Vigne vierge à fruits bleus · ♄ ≀ d ≷ Z5 VII-VIII; China, Korea, Jap.
  - var. *citrulloides* (Lebas) C.K. Schneid. 1909 = Ampelopsis brevipedunculata var. maximowiczii
  - var. *elegans* L.H. Bailey = Ampelopsis brevipedunculata var. maximowiczii
  - var. **maximowiczii** (Regel) Rehder 1921 · ♄ ≀ d ≷ ♧ Z5 ▽; E-China
    'Citrulloides'
    'Elegans' [36111]
- **glandulosa** (Wall.) Momiy. 1971 · ≀ d Z4; Jap., Korea, China [15613]
- *hederacea* (Ehrh.) DC. = Parthenocissus quinquefolia var. quinquefolia
- *henryana* (Hemsl.) Rehder = Parthenocissus henryana
- *heterophylla* (Thunb.) Siebold et Zucc. = Ampelopsis brevipedunculata var. maximowiczii
- **japonica** (Thunb.) Makino 1903 · D:Japanische Scheinrebe; E:Japanese Pepper Vine; F:Vigne vierge du Japon · ≀ d ⇝ ♧ Z7 ∧; Jap., N-China [27424]
- **megalophylla** (Veitch) Diels et Gilg 1900 · D:Riesenblättrige Scheinrebe · ≀ d ≷ ♧ Z6; W-China [20084]
- **orientalis** (Lam.) Planch. 1887 · F:Vigne vierge · ♄ ≀ d ≷ ⓚ ▽ ∧; TR, Syr.
- *quinquefolia* (L.) Michx. = Parthenocissus quinquefolia var. quinquefolia
- *serjaniifolia* Bunge = Ampelopsis japonica
- *tricuspidata* Siebold et Zucc. = Parthenocissus tricuspidata
- *veitchii* hort. = Parthenocissus tricuspidata

Amphiblemma Naudin 1850 -n- *Melastomataceae* · (S. 627)
- **cymosum** (Schrad. et J.C. Wendl.) Naudin 1851 · ♄ ⓦ VII-VIII; W-Afr.

Amphicarpaea Elliott ex Nutt. 1818 -f- *Fabaceae* · (S. 495)
D:Doppelfrucht, Futtererdnuss; E:Hog Paenut
- **bracteata** (L.) Fernald 1933 · ♃ Z7; Can.: E; USA: NE, NCE, NC, Rocky Mts., SC, SE, Fla.
- **edgeworthii** Benth. 1852 · ⊙ ≷ ⓚ; Jap., Korea, Manch., Amur
- *trisperma* Baker = Amphicarpaea edgeworthii

Amphicome Royle = Incarvillea
- *emodi* Lindl. = Incarvillea delavayi

Amsinckia Lehm. 1831 -f- *Boraginaceae* · (S. 304)
D:Gelbe Klette; E:Fiddleneck
- **calycina** (Moris) Chater 1971 · ⊙ Z7; N-Am., S-Am., nat. in F
- **douglasiana** A. DC. 1846 · ⊙ Z7; N-Am.
- **intermedia** Fisch. et C.A. Mey. 1836 · ⊙ Z7; N-Am.
- **lycopodioides** (Lehm.) Lehm. 1831 · ⊙ Z7; N-Am., nat. in Sc, BrI, Fr
- **menziesii** (Lehm.) A. Nelson et J.F. Macbr. 1916 · ⊙ Z7; N-Am.

Amsonia Walter 1788 -f- *Apocynaceae* · (S. 189)
D:Amsonie; E:Blue Star; F:Amsonia
- *amsonia* (L.) Britton = Amsonia tabernaemontana var. tabernaemontana
- **ciliata** Walter 1788 · ♃ Z7 IV-V; USA: SC, SE, Fla. [62205]
- **hubrichtii** Woodson 1943 · D:Hubrichts Amsonie · ♃; USA: Okla., Ark. [70761]
- **illustris** Woodson 1929 · D:Helle Amsonie · ♃ Z5; USA: Mo., Kans., Iowa, Nev., Tex. [70762]
- **orientalis** Decne. 1843 · ♃ Z7 VII-IX ▽; GR, NW-TR [66156]
- *salicifolia* Pursh = Amsonia tabernaemontana var. salicifolia
- **tabernaemontana** Walter 1788 · D:Texas-Amsonie · [62206]
  - var. **salicifolia** (Pursh) Woodson 1928 · D:Weidenblättrige Texas-Amsonie · ♃ Z7; USA: NEC, SE, SC, Va. [70763]
  - var. **tabernaemontana** · D:Gewöhnliche Texas-Amsonie · ♃ Z7 IV-V; USA: NE, NCE, Kans., SE, Okla., nat. in USA

Amyris P. Browne 1756 -f- *Rutaceae* · (S. 784)
D:Balsamstrauch, Fackelholz; E:Torchwood; F:Arbre à gomme, Bois chandelle
- **balsamifera** L. 1759 · D:Balsamstrauch; E:Balsam Torchwood · ♄ ♄ ⓚ ®; Fla., Mex., W.Ind., C-Am., S-Am.
- **maritima** Jacq. · ⓦ; Fla., W.Ind.

Anabasis L. 1753 -f- *Chenopodiaceae* · (S. 411)
- **aphylla** L. 1753 · ♄ e ⓚ ®; Eur.: E-Russ.; Cauc., W-Iran, C-As., Him.

Anacampseros L. 1758 -f- *Portulacaceae* · (S. 708)
D:Liebesröschen; E:Love Plant; F:Anacampseros
- *albissima* Marloth = Avonia albissima
- **arachnoides** (Haw.) Sims 1811 · ♃ ♆ Z10 ⓚ ▽ *; S-Afr.: Kap, Transvaal
- *arachnoides* hort. = Anacampseros rufescens
- *avasmontana* Dinter ex Poelln. = Avonia albissima
- **baeseckei** Dinter 1919 · ♃ ♆ Z10 ⓚ; Namibia (Great Namaqualand), S-Afr. (Cape Prov.: Little Namaqualand)
  - var. *crinata* Dinter 1928 = Anacampseros baeseckei
- *crinita* (Dinter) Poelln. = Anacampseros baeseckei
- *dinteri* Schinz = Avonia dinteri
- **filamentosa** (Haw.) Sims 1811
  - subsp. **filamentosa** 1811 · ♃ ♆ Z10 ⓚ ▽ *; Kap
  - subsp. **tomentosa** (A. Berger) Gerbaulet 1992 · ♃ ♆ Z10 ⓚ ▽

✳; Namibia
- **lanigera** Burch. 1824 · ⚄ ⚇ Z10 ⓚ
- *meyeri* Poelln. = Avonia papyracea subsp. namaensis
- **papyracea**
  - subsp. *namaensis* Gerbaulet 1992 = Avonia papyracea subsp. namaensis
- **retusa** Poelln. 1929 · ⚄ ⚇ Z10 ⓚ; S-Afr. (Cape Prov.), S-Namibia
- **rufescens** (Haw.) Sweet 1826 · ⚄ ⚇ Z10 ⓚ ▽ ✳; Kap
- **telephiastrum** DC. 1813 · ⚄ ⚇ Z10 ⓚ ▽ ✳; Kap
- *tomentosa* A. Berger = Anacampseros filamentosa subsp. tomentosa

Anacamptis Rich. 1817 -f- Orchidaceae · (S. 1049)
D:Hundswurz; E:Pyramid Orchid; F:Anacamptis, Orchis
- **coriophora** (L.) R.M. Bateman, Pridgeon et M.W. Chase · D:Stinkende Wanzen-Hundswurz; E:Bug Orchid · ⚄ Z5 VI-VIII ▽ ✳; Eur.* exc. BrI, Sc; TR, N-Iraq, Cauc., Iran, C-As., NW-Afr.
- **laxiflora** (Lam.) R.M. Bateman, Pridgeon et M.W. Chase 1997 · D:Lockerblütige Hundswurz · ⚄ Z8 ⓐ V ▽ ✳; Eur.: Ib, F, Ap, Ba ; TR, Cyprus
- **morio** (L.) R.M. Bateman, Pridgeon et M.W. Chase 1997 · D:Kleine Hundswurz, Salep-Hundswurz; E:Green Winged Orchid · ⚄ Z5 IV-VI ⚥ ⓝ ▽ ✳; Eur.*, TR, Cyprus, Syr., N-Iraq, Cauc., N-Iran, Maroc.
- **palustris** (Jacq.) R.M. Bateman, Pridgeon et M.W. Chase 1997 · D:Sumpf-Hundswurz
  - subsp. **palustris** · D:Gewöhnliche Sumpf-Hundswurz · ⚄ Z5 VI-VII ▽ ✳; N-Eur., C-Eur., E-Eur., TR, Iraq, Cauc., Iran, C-As.
  - subsp. **elegans** (Heuff.) R.M. Bateman, Pridgeon et M.W. Chase 1997 · D:Zierliche Sumpf-Hundswurz · Z5 VI-VII ▽ ✳; EC-Eur., E-Eur.
- **pyramidalis** (L.) Rich. 1817 · D:Pyramiden-Hundswurz, Spitzorchis; E:Pyramid Orchid · ⚄ Z6 VI-VII ▽ ✳; Eur.*, TR, Cauc., Iran, NW-Afr.

Anacardium L. 1753 -n- Anacardiaceae · (S. 155)
D:Acajubaum, Cashewnuss, Herznussbaum; E:Cashew; F:Anacardier
- **occidentale** L. 1753 · D:Acajubaum, Cashewnuss, Kaschubaum; E:Cashew · ♄ e Z10 ⓦ ⚥ ⓝ; ? Bras., nat. in Trop.

Anacharis Rich. = Elodea
- *densa* (Planch.) Vict. = Egeria densa
- *occidentalis* (Pursh) Vict. = Elodea nuttallii

Anacyclus L. 1753 -m- Asteraceae · (S. 222)
D:Bertram, Kreisblume, Ringblume; E:Anacyclus; F:Camomille du Maroc
- **clavatus** (Desf.) Pers. 1807 · D:Keulen-Bertram · ⊙ Z6 VI-VII; Eur.: Ib, Fr, Ap, Ba; TR, N-Afr., Canar.
- *depressus* Ball = Anacyclus pyrethrum var. depressus
- **officinarum** Hayne 1825 · D:Deutscher Bertram; E:Apothecary's Anacyclus · ⊙ Z6 ⚥ ⓝ; cult.
- **pyrethrum** (L.) Link 1816 'Golden Gnom' 'Silberkissen' [62207]
  - var. **depressus** (Ball) Maire 1934 · D:Marokko-Bertram, Marokkokamille; E:Mount Atlas Daisy; F:Camomille marocaine · ⚄ △ Z7 ∧ V-VIII; Alger.; Atlas [62208]
  - var. **pyrethrum** · D:Römischer Bertram; E:Pellitory, Pyrethrum · ⊙ ⚄ Z7 ⚥ ⓝ; Eur.: SE-Sp.; Maroc., Alger.
- **radiatus** Loisel. · D:Gelber Betram; E:Yellow Anacyclus · ⊙ Z6 VI-VIII; Eur.: Ib, Fr, Ap, Ba; Syr., N-Afr.
- *tomentosus* DC. = Anacyclus clavatus

Anagallis L. 1753 -f- Primulaceae · (S. 711)
D:Gauchheil; E:Pimpernel; F:Mouron
- **arvensis** L. 1753 [31463]
  - var. **arvensis** · D:Acker-Gauchheil; E:Scarlet Pimpernel · ⊙ VI-X ⚥ ⚘; Eur.*, TR, Levante, Iraq, Arab., Cauc., Iran, C-As., Afgh., Ind., Korea, Jap., Taiwan, SE-China, N-Afr., Sudan, Eth., Can., USA: NC, SC, SW, Rocky Mts., Calif., Greenl., S-Am., Austr., NZ
  - var. *caerulea* (L.) Gouan = Anagallis foemina
- *collina* Schousb. = Anagallis monelli subsp. linifolia
- × **doerfleri** Ronniger 1804 (A. arvensis × A. foemina) · ⊙ Z7; C-Eur., CZ, Sweden
- **foemina** Mill. 1768 · D:Blauer Gauchheil · ⊙ VI-X ⚘; Eur.*
- *grandiflora* Andrews = Anagallis monelli subsp. linifolia
- *linifolia* L. = Anagallis monelli subsp. linifolia
- **minima** (L.) E.H.L. Krause 1901 · D:Kleinling, Zwerg-Gauchheil; E:Chaffweed · ⊙ Z7 V-IX; Eur.*, Alger, Tun.
- **monelli** L. 1753
  - subsp. **linifolia** (L.) Maire 1939 · F:Mouron · ⊙ ⚄ Z7; Eur.: Ib, Sic.; NW-Afr., Libya
  - subsp. **monelli** · E:Blue Pimpernel · ⊙ ⚄ Z7 VI-IX; Eur.: Ib, Sard., Sic.; NW-Afr., Libya [16669]
- **tenella** (L.) L. 1774 · D:Zarter Gauchheil · ⚄ Z7 VII-VIII ▽; Eur.: Ib, BrI, Fr, Ap, C-Eur., GR; NW-Afr.

Anagyris L. 1753 -f- Fabaceae · (S. 496)
D:Stinkstrauch; E:Stinking Bean Trefoil; F:Anagyre, Bois puant
- **foetida** L. 1753 · D:Stinkstrauch; E:Stinking Bean Trefoil · ♄ d Z8 ⓚ V ⚘; Eur.: Ib, Fr, Ap; TR, Levante, NW-Afr., Libya

Anamirta Colebr. 1822 -f- Menispermaceae · (S. 638)
D:Scheinmyrte; E:False Myrtle; F:Faux-myrte
- *cocculus* Wight et Arn. = Anamirta paniculata
- *flavescens* Miq. = Anamirta paniculata
- **paniculata** Colebr. 1822 · D:Scheinmyrte; E:Levant Berry · ♄ ⚥ ⓦ ⚥ ⚘ ⓝ; Ind., Sri Lanka, Malay. Arch., N.Guinea

Ananas Mill. 1754 -m- Bromeliaceae · (S. 969)
D:Ananas; E:Pineapple; F:Ananas
- *ananas* (L.) H. Karst. ex Voss = Ananas comosus
- **bracteatus** (Lindl.) Schult. f. 1830 · D:Rote Ananas; E:Red Pineapple, Wild Pineapple · ⚄ Z10 ⓦ; Bras., Parag.
- **comosus** (L.) Merr. 1917 · D:Ananas; E:Pineapple · ⚄ Z10 ⓦ ⚥ ⓝ; cult. [15238]
- **nanus** (L.B. Sm.) L.B. Sm. 1962 · ⚄ Z10 ⓦ; Bras.

- *sativus* Schult. et Schult. f. = Ananas comosus

Ananassa Lindl. = Ananas
- *sativa* (Schult. et Schult. f.) Lindl. ex Beer = Ananas comosus

Anaphalis DC. 1838 -f- *Asteraceae* · (S. 222)
D:Perlkörbchen, Silberimmortelle; E:Pearly Everlasting; F:Immortelle d'argent
- **alpicola** Makino 1838 · ⌔ Z7; Jap.; mts. [60619]
- **margaritacea** (L.) Benth. et Hook. f. 1873 [62209]
  'Neuschnee' [62210]
  - var. **cinnamomea** (DC.) Herder et Maxim. 1882 · ⌔ Z3 VII-VIII; Him.
  - var. **margaritacea** · D:Großblütiges Perlkörbchen, Silberimmortelle; E:Pearly Everlasting; F:Immortelle d'argent · ⌔ Z3 VII-IX; Alaska, Can., USA: NE, NCE, NC, Rocky Mts., SW, NW, Calif.; Jap., China, nat. in N-Eur., D
  - var. **yedoensis** (Franch. et Sav.) Ohwi > 1965 · ⌔ VII-IX; Jap. [62211]
- **nepalensis** (Spreng.) Hand.-Mazz. 1936 · ⌔ Z6; Him., W-China
  - var. **monocephala** (DC.) Hand.-Mazz. 1938 = Anaphalis nubigena
- **nubigena** DC. 1837 · ⌔ △ Z6 VI-VII; Afgh., Pakist., Tibet, Yunnan
- **sinica** Hance 1874
  - subsp. **morii** (Nakai) Kitam. 1943 · ⌔; Jap. (mts.), Korea, China
- **triplinervis** (Sims) C.B. Clarke 1876 · F:Immortelle de l'Himalaya · ⌔ △ Z5 VII-VIII; Him. [62212]
  'Silberregen' [62213]
  'Sommerschnee' [62214]
- *yedoensis* (Franch. et Sav.) Maxim. = Anaphalis margaritacea var. yedoensis

Anarrhinum Desf. 1798 -n- *Scrophulariaceae* · (S. 821)
D:Lochschlund; F:Anarrhinum
- **bellidifolium** (L.) Willd. 1800 · D:Lochschlund; E:Anarrhinum · ⊙ ⌔ △ Z7 VI-VII; Eur.: P, sp., F, I, D, nat. in CH

Anastatica L. 1862 -f- *Brassicaceae* · (S. 315)

D:Rose von Jericho, Jerichorose; E:Rose of Jericho; F:Rose de Jérico
- **hierochuntica** L. 1862 · D:Rose von Jericho; E:Resurrection Plant, Rose of Jericho · ⊙ Z9 ⓚ VII; Maroc., Alger., Sahara, S-Iran

Anchusa L. 1753 -f- *Boraginaceae* · (S. 304)
D:Ochsenzunge, Wolfsauge; E:Alkanet; F:Buglosse
- **arvensis** (L.) M. Bieb. · D:Gewöhnlicher Acker-Krummhals · ⊙ V-IX; Eur.*, N-As., Eth.
- **azurea** Mill. 1768 · D:Italienische Ochsenzunge; E:Large Blue Alkanet · ⊙ ⌔ Z3 V-IX; Eur.: Ib, Fr, Ap, Ba, EC-Eur., E-Eur.; TR, Levante, Iraq, Arab., Cauc., Iran, C-As., Him.; N-Afr. [62215]
  'Dropmore' [62216]
  'Little John' [62217]
  'Loddon Royalist' [62218]
  'Opal'
- **barrelieri** (All.) Vitman 1789 · ⊙ ⌔ Z3 VI-VIII; Eur.: H, Ba, E-Eur.; TR
- *caespitosa* hort. = Anchusa leptophylla subsp. incana
- **capensis** Thunb. 1807 · D:Kap-Ochsenzunge; E:Annual Anchusa, Cape Forget-Me-Not · ⊙ ⊙ Z9 VII-VIII; S-Afr. [16670]
  'Blue Angel' [67800]
- **cespitosa** Lam. 1785 · ⌔ △ ⓚ V-IX; Crete [20972]
- *echioides* (L.) M. Bieb. = Arnebia pulchra
- *italica* Retz. = Anchusa azurea
- **leptophylla** Roem. et Schult. 1819
  - subsp. **incana** (Ledeb.) D.F. Chamb. 1977 · ⌔ △ ∧ V-X; N-TR, C-TR
  - subsp. **leptophylla** · ⊙ ⌔ ⓚ; Eur.: RO, BG, Krim; TR
- *myosotidiflora* Lehm. = Brunnera macrophylla
- **ochroleuca** M. Bieb. 1808 · D:Gelbe Ochsenzunge · ⊙ ⌔ Z5 V-VII; Eur.: H, BG, E-Eur., nat. in NL, I
- **officinalis** L. 1753 · D:Gewöhnliche Ochsenzunge; E:Alkanet · ⌔ Z5 V-IX ⚥ ⚲; Eur.* exc. BrI; TR
- **undulata** L. 1753 · D:Welligblättrige Ochsenzunge · ⌔ VI-IX; Eur.: Ib, Fr, Ap, Ba; TR, Alger., Maroc.

Ancistrocactus (K. Schum.) Britton et Rose = Sclerocactus
- *crassihamatus* (F.A.C. Weber) L.D. Benson = Sclerocactus uncinatus

var. crassihamatus
- *scheerii* (Salm-Dyck) Britton et Rose = Sclerocactus scheerii
- *uncinatus* (Galeotti) L.D. Benson = Sclerocactus uncinatus var. uncinatus

Andira Juss. 1789 -f- *Fabaceae* · (S. 496)
D:Kohlbaum; E:Andelmin, Angelim
- **araroba** Aguiar 1878 · D:Drogen-Kohlbaum; E:Angelim · ♄ Z10 ⓦ ⚥ ⚲; Bras.
- **inermis** (W. Wright) Kunth ex DC. 1825 · D:Kohlbaum; E:Cabbage Tree · ♄ e Z9 ⓦ ⚲ ⓝ; S-Fla., Mex., C-Am., W.Ind., S-Am., W-Afr.

Andrachne L. 1753 -f- *Euphorbiaceae* · (S. 489)
D:Andrachne, Myrtenkraut; F:Andrachné
- **colchica** Fisch. et C.A. Mey. ex Boiss. 1879 · D:Kolchische Andrachne; F:Andrachne de Colchide · ♄ d Z6 VII-IX; Cauc.
- **phyllanthoides** (Nutt.) Müll. Arg. 1866 · ♄ d VII-IX; USA: SE, Tex.

Andromeda L. 1753 -f- *Ericaceae* · (S. 464)
D:Rosmarinheide; E:Bog Rosemary; F:Andromède
- *arborea* L. = Oxydendrum arboreum
- *catesbaei* Walter = Leucothoe axillaris
- *dealbata* W. Bartram ex Willd. = Zenobia pulverulenta var. pulverulenta
- *fontanesiana* Steud. = Leucothoe fontanesiana
- **glaucophylla** Link 1821 · D:Behaarte Rosmarinheide; E:Bog Rosemary; F:Andromède à feuilles glauques · ♄ e Z3 V-VI ⚲; Greenl., Can.: E, Sask.; USA: NE, NCE [14040]
  'Latifolia' [32442]
- *lucida* Lam. = Lyonia lucida
- *mariana* L. = Lyonia mariana
- **polifolia** L. 1753 · D:Kahle Rosmarinheide; E:Common Bog Rosemary; F:Andromède à feuilles de polium · ♄ e Z3 V-VIII ⚥ ⚲; Eur.* exc. Ib; W-Sib., E-Sib., Amur, Sachal., Kamchat., Jap., Mong., Alaska, Can., USA: NW; Greenl. [14030]
  'Alba' [24024]
  'Compacta' [42632]

'Nana'
'Nikko' [14032]
- *pulverulenta* W. Bartram ex Willd. = Zenobia pulverulenta var. pulverulenta
- *racemosa* L. = Leucothoe racemosa
- *racemosa* Lam. = Lyonia mariana
- *recurva* Buckland = Leucothoe recurva

Andropogon L. 1753 -m- *Poaceae* · (S. 1098)
D:Blauhalm, Gambagras; E:Beard Grass, Blue Stem; F:Andropogon, Barbon
- *barbatus* L. = Chloris barbata
- *citratus* DC. ex Nees = Cymbopogon citratus
- *confertiflorus* Steud. = Cymbopogon nardus var. confertiflorus
- *flexuosus* Nees ex Steud. = Cymbopogon flexuosus
- **gayanus** Kunth 1829 · ⌁ ⓦ Ⓝ; trop. Afr., nat. in Bras., Ind., Austr.: Queensl.
- **gerardii** Vitman 1792 · D:Gambagras, Großer Blauhalm · ⌁ Z4; N-Am. [67471]
- *martinii* Roxb. = Cymbopogon martinii
- *muricatus* Retz. = Vetiveria zizanioides
- *nardus* L. = Cymbopogon nardus var. nardus
- *polydactylon* L. = Chloris barbata
- *schoenanthus* L. = Cymbopogon schoenanthus
- *scoparius* Michx. = Schizachyrium scoparium

Androsace L. 1753 -f- *Primulaceae* · (S. 711)
D:Mannsschild; E:Rock Jasmine; F:Androsace
- **aizoon** Duby 1844 · ⌁ △ Z5 V ▽; Ind., China
- **albana** Steven 1812 · ⊙ △ Z6 IV-V ▽; TR, Cauc. (Armen.), N-Iran
- **alpina** (L.) Lam. 1779 · D:Alpen-Mannsschild · ⌁ Z5 VII-VIII ▽; Eur.: F, CH, A, I; Alp.
- **apus** Franch. 1905
- **barbulata** Ovcz. 1952 · ⌁ Z6; Cauc.
- **brevis** (Hegetschw.) Ces. 1844 · D:Charpentiers Mannsschild · ⌁ Z7 VI ▽; E-Alp.: CH, I (Lago di Como)
- *brigantiaca* Jord. et Fourr. = Androsace carnea subsp. brigantiaca
- **carnea** L. 1753 [68035]
  - subsp. **brigantiaca** (Jord. et Fourr.) I.K. Ferguson 1971 · ⌁ △ Z5 VI ▽; Eur.: F, I; SW-Alp. [62219]
  - subsp. **carnea** · D:Flaumigbehaarter Mannsschild, Fleischroter Mannsschild; E:Pink Rock Jasmine · ⌁ △ Z5 VI-VII ▽; Eur.: sp., F, CH, I; mts.
  - subsp. **laggeri** (A. Huet) Nyman 1853 · ⌁ △ Z5 IV-VI ▽; Eur.: sp., F; C-Pyr. [62220]
  - subsp. **rosea** (Jord. et Fourr.) Gremli 1890 · D:Hallers Mannsschild · ⌁ Z5 VI-VII ▽; E-Pyr., mts. F
- **chamaejasme** Wulfen ex Host · D:Bewimperter Mannsschild; E:Bastard Rock Jasmine · ⌁ △ Z5 VI ▽; Eur.: F, I, C-Eur., EC-Eur.; Pyr., Alp., Carp.; Cauc., Him., E-Sib., Alaska, Can.: W
- *charpentieri* Heer = Androsace brevis
- *chumbyi* hort. ex Pax et Kunth = Androsace sarmentosa
- **ciliata** DC. 1805 · ⌁ Z6 ▽; Eur.: F, sp., C-Pyr.
- **cylindrica** DC. 1805 · ⌁ Z6 ▽; Eur.; F, sp.; C-Pyr.
- **delavayi** Franch. 1895 · ⌁ Z3; Him. (Ind.: Uttar Pradesh - SW-China)
- **elongata** L. 1763 · D:Langgestielter Mannsschild · ⊙ Z6 IV-V ▽; Eur.: Ib, Sic., Fr, C-Eur., EC-Eur., Ba, E-Eur.; Cauc., ? W-Sib., E-Sib., Mong., China, nat. in Norw.
- **foliosa** Duby ex Decne. 1844 · ⌁ △ Z6 V-VI ▽; NW-Him.
- **geraniifolia** G. Watt 1882
- **globifera** Duby 1844 · ⌁ Z4 ▽; Him.
- *halleri* L. = Androsace carnea subsp. rosea
- **hausmannii** Leyb. 1852 · D:Dolomiten-Mannsschild · ⌁ Z6 VII-VIII ▽; E-Alp.: D, A, I, W-Ba
- **hedraeantha** Griseb. 1844 · ⌁ △ Z6 V-VI ▽; Eur.: Ba; mts.
- × **heeri** W.D.J. Koch 1844 (A. alpina × A. helvetica) · ⌁ Z6; Eur.: CH
- **helvetica** (L.) All. 1785 · D:Schweizer Mannsschild · ⌁ △ Z6 V-VI ▽; Eur.: F, I, CH, D, A; Alp., ? Pyr.
- **hirtella** Dufour 1836 · ⌁ Z6 ▽; Eur. ; F, sp.; C-Pyr.
- **jacquemontii** Duby 1844 · ⌁ Z4; SW-Him.
- **lactea** L. 1753 · D:Milchweißer Mannsschild; E:Milkwhite Rock Jasmine · ⌁ △ Z6 VI ▽; Eur.: Fr, C-Eur., EC-Eur., Ap, Slove., Croatia, Bosn., Serb., RO; mts. [62221]
- **lactiflora** Pall. · ⌁ ⊙ △ Z4 V-VI ▽; Sib., Mong.
- **laevigata** (A. Gray) Wendelbo 1961 · ⌁; USA: NW
  - var. **ciliolata** Constance · ⌁; USA: NW
  - var. **laevigata**
- *laggeri* A. Huet = Androsace carnea subsp. laggeri
- **lanuginosa** Wall. 1824 · D:Himalaya-Mannsschild; E:Rock Jasmine · ⌁ △ Z6 V-VI ▽; Him. 'Leichtlinii' [62222]
- **limprichtii** Pax et Hoffm. 1921 · ⌁ ▽; China (Sichuan, Xizang)
- **mathildae** Levier 1877 · ⌁ Z6 ▽; I: C-Apenn.
- **maxima** L. 1753 · D:Großer Mannsschild · ⊙ △ IV-V ▽; Eur.* exc. BrI, Sc; TR, Iraq, Levante, Cauc., Iran, C-As., W-Sib., Mong., NW-Afr., Libya
- **montana** (A. Gray) Wendelbo 1961 · ⌁; USA: Mont., Idaho, N-Wyo.
- **mucronifolia** G. Watt 1884 · ⌁ Z5 ▽; Him., Tibet, Afgh., Kashmir [62223]
- **muscoidea** Duby 1844 · ⌁ Z5 ▽; Him., Tibet
- **nivalis** (Lindl.) Wendelbo
- **obtusifolia** All. · D:Stumpfblättriger Mannsschild · ⌁ △ Z4 V-VI ▽; Eur.: Fr, C-Eur., EC-Eur., Ap, Ba, RO; mts.
- **primuloides** Duby 1844 · ⌁ △ Z6 VI-VII ▽; W-Him.: Kashmir [62224]
- *primuloides* hort. = Androsace sarmentosa
- **pubescens** DC. 1805 · ⌁ Z5 ▽; sp., F, CH, I; C-Alp., SW-Alp., Pyren.
- **pyrenaica** Lam. 1792 · D:Pyrenäen-Mannsschild · ⌁ Z6 ▽; F, sp.; Pyr.
- **rotundifolia** Hardw. 1795 · ⌁ Z4 ▽; Afgh., N-Ind., Bhutan
  - var. *elegans* (Duby) R. Knuth 1905 = Androsace rotundifolia
- **sarmentosa** Wall. 1824 · F:Androsace de Chine, Androsace sarmenteuse · ⌁ △ Z3 VI-VII ▽; Him., W-China [62226]
  'Chumbyi' · ▽ [62225]
  'Limprichtii' = Androsace limprichtii
  'Watkinsii' = Androsace limprichtii
  - var. *chumbyi* Fitzh. 1903 = Androsace sarmentosa

- var. *watkinsii* Hook. f. 1882 = Androsace limprichtii
- **sempervivoides** Jacquem. ex Duby 1844 · F:Androsace naine de l'Himalaya · ♃ △ Z5 VI-VII ▽; Kashmir, Tibet [62228]
- **septentrionalis** L. 1753 · D:Nördlicher Mannsschild; E:Rock Jasmine · ☉ △ Z4 IV-V ▽; Eur.: Fr, Ap, C-Eur., EC-Eur., Sc, EC-Eur.; Cauc., W-Sib., E-Sib., Amur, Kamchat., Mong., China: Xijiang; Alaska, Can., USA: NE, NCE, SW, Rocky Mts., NW, Calif.; Greenl.
- **sericea** Ovcz. 1952 · ♃; C-As.; Tien-shan, Pamir Alai
- **strigillosa** Franch. 1885 · ♃ △ Z7 VI ▽; Sikkim
- **studiosorum** Kress 1982 · ♃; W-Him.
- **vandellii** (Turra) Chiov. 1919 · D:Vandellis Mannsschild · ♃ Z6 VII ▽; Eur.: sp., F, I, CH, A; Sierra Nevada, Pyr., Alp.
- **villosa** L. 1753 [62229]
  - var. **arachnoidea** (Schott, Nyman et Kotschy) R. Knuth 1905 · ♃ △ Z4 VI-VII ▽; Eur.: I, SE-Eur.
  - var. *jacquemontii* (Duby) R. Knuth 1905 = Androsace jacquemontii
  - var. **villosa** · D:Zottiger Mannsschild · ♃ Z4 VI-VII ▽; Eur.: Ib, Fr, C-Eur., Ap, Ba, EC-Eur.; TR, Syr., Cauc., C-As., W-Him.; mts.
- *vitaliana* (L.) Lapeyr. = Vitaliana primuliflora subsp. primuliflora
- **wulfeniana** Sieber ex W.D.J. Koch 1844 · D:Wulfens Mannsschild · ♃ Z5 VI-VII ▽; A, I; E-Alp.

Andryala L. 1753 -f- *Asteraceae* · (S. 223)
- **agardhii** Haens. ex DC. 1838 · ♃ Z7 ⓐ ▭ V-VII; S-Sp.: Sierra Nevada
- **ragusina** L. 1763 · ♃ ⓚ; Eur.: Ib, F, Corse

Aneilema R. Br. 1810 -n- *Commelinaceae* · (S. 982)
- *geniculatum* (Jacq.) Woodson = Gibasis geniculata
- **zebrinum** Chiov. 1951 · ♃ ⇝ Z10 VIII-XI; Eth.

Anemarrhena Bunge 1831 -f- *Anthericaceae* · (S. 915)
- **asphodeloides** Bunge 1831 · ♃ Z7 ⓚ; China, Mong., Korea, Jap.

Anemia Sw. 1806 -f- *Schizaeaceae* · (S. 80)
D:Blütenfarn; E:Flowering Fern
- **mandiocana** Raddi 1819 · ♃ Z10 ⓦ; Bras.
- **phyllitidis** (L.) Sw. 1806 · ♃ Z10 ⓦ; Mex., C-Am., W.Ind., trop. S-Am., nat. in Sri Lanka
- **rotundifolia** Schrad. 1824 · ♃ Z10 ⓦ; S-Bras.
- **tomentosa** (Savigny) Sw. 1806 · ♃ Z10 ⓦ; S-Am., Eth., S-Afr. (Natal), S-Ind.

Anemone L. 1753 -f- *Ranunculaceae* · (S. 727)
D:Anemone, Windröschen; E:Anemone, Windflower; F:Anémone
- *alpina* L. = Pulsatilla alpina subsp. alpina
- **altaica** Fisch. ex C.A. Mey. 1830 · D:Altai-Windröschen · ♃ Z2; S-Sib. (Altai)
- **apennina** L. 1753 · D:Apenninen-Windröschen; F:Anémone des Apennins · ♃ △ Z6 IV-V; Eur.: Corse, I, Sic., Croatia, YU, AL, nat. in BrI, Sc, Fr, C-Eur. [62230]
  'Alba' [72755]
- **baicalensis** Turcz. et Ledeb. 1842 · D:Baikal-Windröschen · ♃ ⇝ Z5 IV-V; E-Sib.
- **baldensis** Jacq. 1767 · D:Monte-Baldo-Windröschen, Tiroler Windröschen; E:Monte Baldo Anemone · ♃ △ Z6 VII-VIII; Eur.: F, I, CH, A, Slove., Montenegro; Alp., Montenegro [62231]
- *barbulata* (Turcz.) Turcz. = Anemone rivularis var. floreminore
- **blanda** Schott et Kotschy 1854 · D:Balkan-Windröschen, Berg-Anemone; E:Windflower; F:Anémone de mars des Balkans · ♃ △ Z5 III-IV; Eur.: Ba; TR, Cauc. [62232]
  'Blue Shades' [62233]
  'Charmer' [62234]
  'Pink Star' [67773]
  'White Splendour' [62235]
  - var. *parvula* (DC.) Boiss. 1867 = Anemone caucasica
- **canadensis** L. 1768 · D:Kanadisches Windröschen; E:Canada Anemone · ♃ △ Z3 V; Can., USA: NE, NCE, NC, N.Mex. [62236]
- **caroliniana** Walter 1788 · ♃ Z4; USA: NEC, , NC, SE, SC
- **caucasica** Rupr. 1869 · D:Kaukasus-Windröschen · ♃ Z5; Cauc., N-Iran
- **coronaria** L. 1753 · D:Garten-Anemone, Kronen-Anemone · ♃ ⋉ Z8 III-V; Eur.: Ib, Fr, Ap, Ba; TR, Levante, Egypt, Tun., Alger.
  De Caen Grp.
  'Hollandia'
  'Lord Lieutenant'
  'Mr Fokker'
  St Brigid Grp.
  'Sylphide'
- **cylindrica** A. Gray 1836 · D:Prärie-Anemone · ♃ Z5; Can., USA: NE, NCE, NC, Rocky Mts., SW [62237]
- **decapetala** Ard. 1759 · D:Kordilleren-Windröschen · ♃; S-Am.
- *dichotoma* Michx. non L. = Anemone canadensis
- **drummondii** S. Watson 1880 · D:Drummonds Windröschen · ♃; Alaska, Can.: W; USA: NW, Calif. Rocky Mts.
- **eranthioides** Regel 1884 · D:Turkestan-Windröschen · ♃ Z5; C-As.
- **flaccida** F. Schmidt 1868 · D:Schlaffes Windröschen · ♃ Z6; Amur, N-China, Jap., Sachal.
- × **fulgens** (DC.) J. Gay 1824 (*A. hortensis* × *A. pavonina*) · ♃ ⋉ Z8 III-V; cult.
  St Bavo Grp.
- *hepatica* L. = Hepatica nobilis var. nobilis
- **hortensis** L. 1753 · D:Stern-Anemone · ♃ Z8 ⓚ; Eur.: F, Ap, Ba [60535]
- **hupehensis** (Lemoine) Lemoine 1910 · D:Herbst-Anemone · [62238]
  - var. **hupehensis** · D:Hupeh-Herbst-Anemone · ♃ Z6; C-China
  - var. **japonica** (Thunb.) Bowles et Stearn 1947 · D:Japanische Herbst-Anemone · ♃ ⋉ Z6 VIII-IX; Jap., S-China [62242]
- × *intermedia* Winkl. ex Pritz. = Anemone × lipsiensis
- *japonica* (Thunb.) Siebold et Zucc. = Anemone hupehensis var. japonica
  - var. *hupehensis* Lemoine 1908 = Anemone hupehensis var. hupehensis
- × **lesseri** H.R. Wehrh. 1932 (*A. multifida* × *A. sylvestris*) · ♃ △ Z3 V-VI; cult. [62256]
- **leveillei** Ulbr. 1905 · ♃ Z6; C-China [62257]
- × **lipsiensis** Beck 1890 (*A. nemorosa* × *A. ranunculoides subsp. ranunculoides*) · ♃ Z4; Eur.: Swed., DK, D, A [62258]
- *magellanica* hort. ex Wehrh. = Anemone multifida
- **mexicana** Humb., Bonpl. et Kunth

1821 · D:Mexikanisches Windröschen · ⌔ Z8; Mex.
- **multifida** Poir. 1810 · D:Pazifisches Windröschen; E:Pacific Anemone · ⌔ Z2 VI; Alaska, Can., USA: NE, NCE, NC, Rocky Mts., NW, SW, Calif.; s S-Am [73753]
  'Major' [73390]
  'Rubra' [62260]
- **narcissiflora**
  - var. **crinita** (Juz.) Tamura 1958 · ⌔; W-Sib., E-Sib., Mong. [67777]
  - var. **narcissiflora** 1753 · ⌔ △ Z3 V-VI ✿ ▽; Eur.* exc. BrI, Sc; TR, Cauc., W-Sib. (Ural); mts. [62261]
- **nemorosa** L. 1753 · D:Busch-Windröschen; E:Wind Flower, Wood Anemone; F:Anémone des bois, Anémone Sylvie · ⌔ Z5 III-V ✿; Eur.*, TR [62262]
  'Allenii' [62264]
  'Blue Beauty' [69713]
  'Bowles' Purple' [68765]
  'Bracteata Pleniflora'
  'Caerulea'
  'Green Fingers'
  'Leeds' Variety'
  'Plena' [62263]
  'Robinsoniana' [62267]
  'Rosea'
  'Royal Blue' [62268]
  'Vestal' [73754]
  'Viridiflora'
- *nipponica* Merr. = Anemone hupehensis var. japonica
- **obtusiloba** D. Don 1825 · ⌔ Z5; Him. (Pakist. - SE-Tibet), Myanmar
- **palmata** L. 1753 · ⌔ Z8 ⓚ V-VI; Eur.: Ib, F, Sard., Sic., ? GR; NW-Afr. [62269]
- *patens* L. = Pulsatilla patens
- **pavonina** Lam. 1783 · D:Pfauen-Anemone · ⌔ Z8 V-VI; Eur.: N-Sp.; mts.
- *pennsylvanica* L. = Anemone canadensis
- **polyanthes** D. Don 1825 · D:Vielblütiges Windröschen · ⌔ △ Z6 VI; Pakist., Him. [62270]
- **ranunculoides** L. 1753 · D:Gelbes Windröschen
  - subsp. **ranunculoides** · D:Gewöhnliches Gelbes Windröschen; E:Yellow Anemone · ⌔ Z4 IV-V ✿; Eur.* exc. BrI; TR, Cauc., ? Tibet [62271]
  - subsp. **wockeana** (Asch. et Graebn.) Hegi 1912 · D:Kleinblütiges Gelbes Windröschen · ⌔; Eur.: PL, D

- **riparia** Fernald 1899 · D:Riff-Windröschen · ⌔ Z4; Can., USA: NE, NEC
- **rivularis** Buch.-Ham. ex DC. 1817 · D:Bach-Windröschen
  - var. **flore-minore** Maxim. 1889 · D:Kleinblütiges Bach-Windröschen
  - var. **rivularis** · D:Gewöhnliches Bach-Windröschen; F:Anémone des rives · ⌔ Z7 V-VI; Ind., SW-China [62272]
- **rupicola** Cambess. 1835 · D:Felsen-Windröschen; E:Rock Windflower · ⌔ △ Z6 VII-VIII; Afgh., Him., SW-China
- × **seemenii** E.G. Camus = Anemone × lipsiensis
- *slavica* G. Reuss = Pulsatilla halleri subsp. slavica
- *stellata* Lam. = Anemone hortensis
- **sylvestris** L. 1753 · D:Großes Windröschen; E:Snowdrop Windflower, Windflower; F:Anémone des forêts printanière · ⌔ Z4 IV-VI ✿ ▽; Eur.* exc. BrI; Cauc., W-Sib., E-Sib., Amur, ? Kamchat., C-As., Mong., ? Manch. [62273]
  'Elise Fellmann' [73255]
  'Macrantha'
- **tetrasepala** Royle 1839 · D:Himalaya-Windröschen · ⌔ Z6; W-Him.: Afgh., NW-Ind.
- **tomentosa** (Maxim.) C. Pei 1953 · D:Filzblättrige Herbst-Anemone · ⌔ Z3 VIII-IX; N-China [62275]
- *transsylvanica* (Fuss) Heuff. = Hepatica transsylvanica
- **trifolia** L. 1753 · D:Dreiblättriges Windröschen · ⌔ Z6 V; Eur.: Ib, F, I, A, H [62279]
- **trullifolia** Hook. f. et Thomson 1855
- *vernalis* L. = Pulsatilla vernalis
- **virginiana** L. 1753 · D:Virginia-Anemone, Virginisches Windröschen · ⌔ Z4; Can., USA: NE, NCE, NC, SE
  - var. **alba** (Oakes) A.W. Wood 1847 = Anemone riparia
- **vitifolia** Buch.-Ham. ex DC. 1818 · D:Weinblättriges Windröschen · ⌔ Z7 VIII-X; Afgh., Him., W-China, Myanmar
- **in vielen Sorten:**
  AD Autumn-Double-Gruppe Herbst-Anemone mit gefüllten Blüten mit mehr als 20 Blütenblättern.
  AE Autumn-Elegans-Gruppe Herbst-Anemone mit halbgefüllten Blüten mit 6 bis 20 Blütenblättern.
  AS Autumn-Single-Gruppe Herbst-Anemone mit ungefüllten Blüten mit 5 Blütenblättern.
  Quelle: Hop, M.E.C.M. (2001)
  'Bressingham Glow' (AD) Bloom <1962 [62247]
  'Elegans' (AE) Gordon 1849 [67776]
  'Hadspen Abundance' (AS) E. Smith c 1960 [70981]
  'Honorine Jobert' (AE) Lemoine 1863 [62249]
  'Königin Charlotte' (AE) Pfitzer 1898 [62250]
  'Pamina' (AD) [62251]
  'Praecox' (AS) Arends 1935 [62239]
  'Prinz Heinrich' (AD) Lindner 1902 [71315]
  'Richard Ahrends' (AS) Pfitzer 1921 [60701]
  'Robustissima' (AS) [62276]
  'Rosenschale' (AE) [62253]
  'September Charm' (AS) Bristol Nurs. 1932 [62240]
  'Serenade' (AE) [62278]
  'Splendens' (AS) Lindner >1920 [62241]
  'Whirlwind' (AD) J. Vick & Sons 1887 [62255]
  'Wirbelwind' = Anemone 'Whirlwind'

Anemonella Spach 1839 -f- *Ranunculaceae* · (S. 727)
D:Rautenanemone; E:Rue Anemone; F:Anémonelle
- **thalictroides** (L.) Spach 1839 · D:Rautenanemone; E:Rue-Anemone · ⌔ Z4 IV-V; Ont., USA: NE, NCE, Okla., SE, Fla. [62280]
  'Cameo' [71827]
  'Green Hurricane' [73577]
  'Rosea' [73578]
  'Schoaf's Double'

Anemonopsis Siebold et Zucc. 1846 -f- *Ranunculaceae* · (S. 727)
D:Scheinanemone; E:False Anemone; F:Fausse-anémone
- **macrophylla** Siebold et Zucc. 1846 · D:Scheinanemone; E:False Anemone · ⌔ Z4 VIII; Jap.; mts. [62284]

Anemopaegma Mart. ex Meisn. 1840 -n- *Bignoniaceae* · (S. 291)
- **chamberlaynii** (Sims) Bureau et K. Schum. 1896 · E:Yellow Trumpet Vine · ♄ e ⚹ Z10 ⓦ IX; Bras.

Anemopsis Hook. et Arn. 1840 -f- *Saururaceae* · (S. 810)
D:Eidechsenschwanz; E:Yerba Mansa; F:Queue-de-lézard

- **californica** (Nutt.) Hook. et Arn. 1840 · D:Eidechsenschwanz; E:American Swamp Root, Lizard's Tail, Yerba Mansa · ⚁ ⌇ Z8 ⓚ VII-VIII; USA: Oreg., Calif., Rocky Mts., SW, SC, Kans. ; Mex.

Anethum L. 1753 -n- *Apiaceae* · (S. 166)
D:Dill; E:Dill; F:Aneth
- **graveolens** L. 1753 [71578]
  - var. **graveolens** · D:Acker-Dill · ⊙ Z8 VII-IX; SW-As, Ind., ? N-Afr, nat. in Eur.* exc. BrI, Sc; N-Am.
  - var. **hortorum** Alef. 1866 · D:Garten-Dill · ⊙ Z8 VII-VIII ⚥ ⓝ; cult. [69700]
    'Dukat'
    'Sowa'
    'Vierling'
- *sowa* hort. = Anethum graveolens var. hortorum

Angelica L. 1753 -f- *Apiaceae* · (S. 167)
D:Engelwurz; E:Archangel; F:Angélique
- **acutiloba** (Siebold et Zucc.) Kitag. 1937 · ⚁ Z7; Jap.; mts.
- **archangelica** L. 1753 · D:Arznei-Engelwurz
  - subsp. **archangelica** · D:Echte Arznei-Engelwurz; E:Archangel, Garden Angelica · ⚁ Z4 VI-VIII ⚥ ; Eur.: Sc, NL, C-Eur., EC-Eur., E-Eur.; Cauc., W-Sib., nat. in BrI, F, Ap, Ba [62285]
  - var. *sativa* (Mill.) Rikli 1919 = Angelica archangelica subsp. archangelica
- **atropurpurea** L. 1753 · D:Purpur-Engelwurz · ⚁ Z4; Can.: E; USA: NE, NEC [70764]
- **gigas** Nakai 1917 · ⚁ ; Korea [62286]
- **pachycarpa** Lange 1864 · ⚁ Z8; Eur.: NW-Sp., W-P [68294]
- **palustris** (Besser) Hoffm. 1814 · D:Sumpf-Engelwurz · ⊙ VII-VIII ▽; Eur.: C-Eur., EC-Eur., Serb., Montenegro, E-Eur.; W-Sib., E-Sib., C-As.
- **pyrenaea** (L.) Spreng. 1813 · D:Pyrenäen-Engelwurz · ⊙ VI-IX; Eur.: sp., F; NW-Sp., Vosges
- **sylvestris** L. · D:Gewöhnliche Wald-Engelwurz · ⚁ Z7 VII-IX ⚥ ⓝ; Eur.*; TR, Cauc., W-Sib., E-Sib.
- **taiwaniana** S.S. Ying 1975

Angelonia Bonpl. 1812 -f- *Scrophulariaceae* · (S. 822)

- **angustifolia** Benth. 1846 · ⚁ Z9 ⓦ VII-X; Mex., C-Am., trop. S-Am.
- **cornigera** Hook. 1841 · ⊙ Z9 ⓦ VII-VIII; Bras.
- **gardneri** Hook. 1839-40 · ⚁ ♄ e Z9 ⓦ VII-VIII; Bras.
- **salicariifolia** Humb. et Bonpl. 1812 · ⚁ Z9 ⓦ VII-X; W.Ind., trop. S-Am.

Angiopteris Hoffm. 1796 -f- *Marattiaceae* · (S. 71)
D:Bootfarn; E:Turnip Fern; F:Fougère arborescente
- **evecta** (G. Forst.) Hoffm. 1796 · D:Bootfarn; E:Giant Fern, King Fern, Turnip Fern · ⚁ Z10 ⓦ; Madag., Ind., Sri Lanka, Jap., N-Austr., Polyn.

Angophora Cav. 1797 -f- *Myrtaceae* · (S. 658)
D:Gummimyrte; E:Gum Myrtle
- **floribunda** (Sm.) Sweet 1830 · ♄ e Z9 ⓚ; Austr.: Queensl., N.S.Wales, Victoria

Angostura Roem. et Schult. 1819 -f- *Rutaceae* · (S. 784)
- **trifoliata** (Willd.) T.S. Elias 1970 · D:Angostura; E:Angostura · ♄ e ⓦ ⚥ ; Col.

Angraecum Bory 1804 -n- *Orchidaceae* · (S. 1049)
- *articulatum* Rchb. f. = Aerangis articulata
- *citratum* Thouars = Aerangis citrata
- **distichum** Lindl. 1836 · ⚁ Z10 ⓦ; W-Afr., C-Afr., Uganda, Angola
- **eburneum** Bory 1804
  - subsp. **eburneum** · ⚁ Z10 ⓦ XI-I ▽ *; Maskarene Is.
  - subsp. **superbum** (Thouars) H. Perrier 1941 · ♄ Z10 ⓦ XI-I ▽ *; Madag.
- **eichlerianum** Kraenzl. 1882 · ♄ Z10 ⓦ IX ▽ *; Cameroun, Nigeria, Gabon, Zaire, Angola
- *ellisii* Rchb. f. = Aerangis ellisii
- *falcatum* (Thunb.) Lindl. = Neofinetia falcata
- *hyaloides* Rchb. f. = Aerangis hyaloides
- *kotschyanum* Rchb. f. = Aerangis kotschyana
- *kotschyi* Rchb. f. = Aerangis kotschyana
- **magdalenae** Schltr. et H. Perrier 1925 · ⚁ Z10 ⓦ; Madag.
- *modestum* Hook. f. = Aerangis modesta

- **sesquipedale** Thouars 1822 · D:Kometenorchidee; E:Comet Orchid, Star of Bethlehem Orchid · ♄ Z10 ⓦ XII-II ▽ *; Madag.
- *superbum* Thouars = Angraecum eburneum subsp. superbum

Anguloa Ruiz et Pav. 1794 -f- *Orchidaceae* · (S. 1050)
D:Nussmaul, Tulpenorchidee; E:Cradle Orchid, Tulip Orchid; F:Anguloa
- **brevilabris** Rolfe 1915 · ⚁ Z10 ⓦ VI ▽ *; Col.
- **cliftonii** Rolfe 1910 · ⚁ Z10 ⓦ ▽ *; Col.
- **clowesii** Lindl. 1844 · ⚁ Z10 ⓦ V-VII ▽ *; Col., Venez.
- × **ruckeri** Lindl. 1846 (*A. clowesii* × *A. hohenlohii*) · ⚁ Z10 ⓦ V-VI ▽ *; Col.
- **uniflora** Ruiz et Pav. 1798 · ⚁ Z10 ⓦ V-VII ▽ *; Col., Ecuad., Peru, Venez.
- *virginalis* Lindl. = Anguloa uniflora

× **Angulocaste** hort. 1906 -f- *Orchidaceae* · (*Anguloa* × *Lycaste*)

Anhalonium Lem. = Ariocarpus
- *fissuratum* (Engelm.) Engelm. = Ariocarpus fissuratus var. fissuratus
- *furfuraceum* (S. Watson) J.M. Coult. = Ariocarpus retusus
- *kotschoubeanum* Lem. = Ariocarpus kotschoubeyanus var. kotschoubeyanus
- *lewinii* Henn. = Lophophora williamsii var. lutea
- *trigonum* F.A.C. Weber = Ariocarpus trigonus var. trigonus
- *williamsii* (Lem. ex Salm-Dyck) Rümpler = Lophophora williamsii var. williamsii

Anigozanthos Labill. 1800 -m- *Haemodoraceae* · (S. 1004)
D:Kängurublume, Kängurupfote, Spaltlilie; E:Kangaroo Paw; F:Fleur-de-kangourou
- **flavidus** DC. 1807 · D:Große Kängurupfote; E:Tall Kangaroo Paw · ⚁ Z9 ⓚ V-VI; W-Austr. [11033]
- **gabrielae** Domin 1912 · ⚁ Z9 ⓚ V-VI; W-Austr.
- *grandiflorus* Salisb. = Anigozanthos flavidus
- **humilis** Lindl. · D:Horstbildende Kängurupfote; E:Common Cats Paw · ⚁ Z9 ⓚ V-VI; W-Austr.
- **manglesii** D. Don 1834 · D:Rie-

menblättrige Kängurupfote; E:Kangaroo Paw · ⚃ Z9 ⓚ V-VI; W-Austr.
- **pulcherrimus** Hook. 1845 · D:Gelbe Kängurupfote; E:Yellow Kangaroo Paw · ⚃ Z9 ⓚ V-VI; W-Austr.
- **rufus** Labill. 1800 · D:Rote Kängurupfote; E:Kangaroo Paw · ⚃ Z9 ⓚ V-VI; W-Austr.
- **viridis** Lindl. 1846 · D:Grüne Kängurupfote; E:Green Kangaroo Paw · ⚃ Z9 ⓚ V-VI; W-Austr.

Anisantha K. Koch = Bromus
- *sterilis* (L.) Nevski = Bromus sterilis
- *tectorum* (L.) Nevski = Bromus tectorum

Anisodontea C. Presl 1844 -f- *Malvaceae* · (S. 615)
- **capensis** (L.) D.M. Bates 1969 · ♄ e Z9 ⓚ VI-IX; S-Afr. [58022]
- **elegans** (Cav.) D.M. Bates 1969 · ♄ e Z8 ⓚ; S-Afr. (Cape Prov.)
- × **hypomadarum** (Sprague) D.M. Bates 1969
- **julii** (Burch. ex DC.) D.M. Bates 1969
- **malvastroides** (Baker f.) D.M. Bates 1969
- **scabrosa** (L.) D.M. Bates 1969 · ♄ e Z9 ⓚ; Kap

Anisodus Link et Otto 1824 -m- *Solanaceae* · (S. 844)
- **luridus** Link et Otto 1824 · ⚃ ; N-Ind., Nepal, China

Annona L. 1753 -f- *Annonaceae* · (S. 160)
D:Anone, Vanilleapfel, Zimtapfel; E:Custard Apple; F:Anone, Cachiman, Chérimolier, Corossol
- **cherimola** Mill. 1768 · D:Rahmapfel; E:Cherimoya, Custard Apple · ♄ d Z9 ⓦ ⓝ; Ecuad., Peru, nat. in Trop., Subtrop. [11034]
- **diversifolia** Saff. 1911 · ♄ Z9 ⓚ ⓝ; S-Mex., C-Am., nat. in Fla.
- **glabra** L. 1753 · D:Wasserapfel; E:Pondapple · ♄ e Z9 ⓦ ⓝ; USA: S-Fla.; trop. Am., W-Afr.
- **montana** Macfad. 1837 · D:Schleimapfel · ♄ Z9 ⓦ ⓝ; C-Am., W.Ind.
- **muricata** L. 1753 · D:Sauersack, Stachliger Rahmapfel; E:Prickly Custard Apple, Sour Sop · ♄ e Z9 ⓦ ⓝ; S-Mex., C-Am., W.Ind., trop. S-Am.
- **purpurea** Moq. et Sessé ex Dunal 1817 · ♄ Z9 ⓦ ⓝ; S-Mex., C-Am., W.Ind.
- **reticulata** L. 1753 · D:Netzapfel, Ochsenherz; E:Bullock's Heart, Custard Apple · ♄ d Z9 ⓦ ⓝ; Mex., W.Ind.
- **squamosa** L. 1753 · D:Süßsack, Zimtapfel; E:Custard Apple, Sweet Sop · ♄ s Z9 ⓦ ⚥ ⓝ; C-Am., W.Ind., nat. in Fla.
- *triloba* L. = Asimina triloba

Anoda Cav. 1785 -f- *Malvaceae* · (S. 616)
- **cristata** (L.) Schltdl. 1837 · ⊙ ⚃ Z9; SW-USA, Mex., W.Ind., trop. S-Am.
- **wrightii** A. Gray 1853 · ⊙ Z9; USA: N.Mex., S-Ariz.; Mex.

Anoectochilus Blume 1825 -m- *Orchidaceae* · (S. 1050)
- *regalis* Blume = Anoectochilus setaceus
- **setaceus** Blume 1825 · ⚃ Z10 ⓦ IV-VI ▽ ✻; Sri Lanka
- **sikkimensis** King et Pantl. 1896 · ⚃ Z10 ⓦ ▽ ✻; Ind.: Sikkim

× **Anoectomaria** Rolfe 1888 -f- *Orchidaceae* · (Anoectochilus × Ludisia)
- **dominii** Rolfe 1888

Anogeissus (DC.) Wall. 1832 -m- *Combretaceae* · (S. 422)
- **latifolia** (Roxb. ex DC.) Wall. ex Bedd. 1889 · D:Knopfbaum; E:Gum Ghatti · ♄ d ⓦ ⓝ; Ind., Sri Lanka

Anogramma Link 1841 -f- *Adiantaceae* · (S. 58)
D:Nacktfarn; E:Jersey Fern; F:Anogramma
- **chaerophylla** (Desv.) Link 1841 · D:Kerbel-Nacktfarn · ⚃ Z9 ⓚ; C-Am., S-Am., W.Ind.
- **leptophylla** (L.) Link 1841 · D:Dünner Nacktfarn; E:Jersey Fern · ⚃ Z9 ⓚ III-IV; Eur.: Ib, Fr, CH, Ap, Ba, Krim; TR, Levante, Cauc., Ind., Austr., NW-Afr., Libya, S-Afr., N-Am
- *schizophylla* (Baker ex Jenman) Diels = Pityrogramma schizophylla

Anomatheca Ker-Gawl. 804 -f- *Iridaceae* · (S. 1017)
- **grandiflora** Baker 1876 · ⚃ ⓚ IV-V; S-Afr.
- **laxa** (Thunb.) Goldblatt 1971 · ⚃ ⓚ IV-VI; S-Afr.

'Alba'
'Joan Evans'
- **verrucosa** (Vogel) Goldblatt 1971 · ⚃ ⓚ IV-V; Kap
- **viridis** (Aiton) Goldblatt 1971 · ⚃ Z8 ⓚ; S-Afr. (Cape Prov.)

Anredera Juss. 1789 -f- *Basellaceae* · (S. 282)
D:Resedenwein; E:Madeira Vine; F:Vigne de Madeire
- **baselloides** (Humb., Bonpl. et Kunth) Baill. 1888 · ⚃ ⚥
- *baselloides* hort. = Anredera cordifolia
- **cordifolia** (Ten.) Steenis 1957 · D:Resedenwein; E:Madeira Vine · ⚃ ⚥ Z9 ⓚ ⓝ; Parag., S-Bras., N-Arg., nat. in Ib, F, Malta

Ansellia Lindl. 1844 -f- *Orchidaceae* · (S. 1050)
- **africana** Lindl. 1844 · ♄ Z9 ⓦ XII-I ▽ ✻; W-Afr.
- *gigantea* Rchb. f. = Ansellia africana
- var. *nilotica* N.E. Br. 1990 = Ansellia africana

× **Ansidium** hort. 1966 -n- *Orchidaceae* · (Ansellia × Cymbidium)

Antelaea Gaertn. = Azadirachta
- *azadirachta* (L.) Adelb. = Azadirachta indica subsp. indica

Antennaria Gaertn. 1791 -f- *Asteraceae* · (S. 223)
D:Katzenpfötchen; E:Cat's Ears, Pussy-Toes; F:Pied-de-chat
- **alpina** (L.) Gaertn. 1791 · D:Alpen-Katzenpfötchen; E:Alpine Pussytoes · ⚃ ⤳ △ Z2 VII-VIII; Eur.: Sc, N-Russ.
- *candida* Greene = Antennaria dioica var. borealis
- **carpatica** (Wahlenb.) Bluff et Fingerh. 1825 · D:Karpaten-Katzenpfötchen · ⚃ Z2 VI-VIII; Eur.: Ib, Fr, C-Eur., Ap, EC-Eur., RO, W-Russ.; Pyr., Alp., Carp.
- *cinnamomea* DC. = Anaphalis margaritacea var. cinnamomea
- **dioica** (L.) Gaertn. 1791 [62288]
'Nyewoods Variety' [62289]
'Rotes Wunder' [62293]
'Rubra' [62294]
- var. **borealis** E.G. Camus 1892 · D:Filziges Katzenpfötchen · ⚃ ⤳ △ Z5 V-VI; subarct. Zone [67801]
- var. **dioica** · D:Gewöhnliches

Katzenpfötchen; E:Cat's Foot; F:Patte de chat, Pied de chat · ♃ ⤳ Z5 V-VI ⚥ Ⓝ ▽; Eur.*, Cauc., TR, Sib., Mong., Amur, N-Jap., Sachal.
- var. *rosea* (Greene) D.C. Eaton 1871 = Antennaria rosea
- × **hansii** A. Kern. 1877 · ♃; Greenl.
- **howellii** Greene 1896 · ♃; Can.: Alta., B.C.; USA: NW., Calif., Idaho, Mont., Wyo. [62297]
- *margaritacea* R. Br. = Anaphalis margaritacea var. margaritacea
- **microphylla** Rydb. 1901
- **neglecta** Greene 1897
  - var. **attenuata** (Fernald) Cronquist 1945 · ♃ ⤳ △ V-VI; Alaska, Can., USA: NE, NCE, NW, SW; Mex.
  - var. **neglecta** · D:Feld-Katzenpfötchen; E:Field Pussytoes · ♃; Alaska, Can.: W; USA: NE, NCE, NC, SW, Rocky Mts., Calif.
- **neodioica** Greene 1897 · D:Kanadisches Katzenpfötchen; E:Lesser Cat's Foot · ♃ Z2; Can.
- **parvifolia** Nutt. 1841 · D:Kleinblättriges Katzenpfötchen; E:Little Leaf Pussytoes; F:Camomille à petites fleurs · ♃ ⤳ △ Z3 V-VI; Alaska, Can., USA: NCE, NC, SW, Rocky Mts., NW; Mex. [62298]
- **plantaginifolia** (L.) Hook. 1834 · D:Wegerichblättriges Katzenpfötchen; E:Woman's Tobacco · ♃ ⤳ △ Z3 V-VI; Can.: E; USA: NE, NCE, SC, SE [62299]
- **rosea** Greene 1898 · ♃; Alaska; Can.: W; USA: NW, Calif., Rocky Mts., SW, S.Dak.
- *rupicola* Fernald = Antennaria neglecta var. attenuata
- *tomentosa* G. Nicholson = Antennaria dioica var. borealis

Anthemis L. 1753 -f- *Asteraceae* · (S. 223)
D:Färberkamille, Hundskamille; E:Chamomile, Dog Fennel; F:Camomille
- **altissima** L. 1753 · D:Höchste Hundskamille · ⊙ Z6 VII-VIII Ⓝ; Eur.: Ib, Fr, Ap, Ba, Krim; TR, Cauc., C-As., nat. in C-Eur.
- **arvensis** L. 1753 · D:Acker-Hundskamille; E:Corn Chamomile · ⊙ ⊙ V-X; Eur.*, TR, Cauc., Iran, nat. in N-Am., S-Am., Austr., NZ
- **austriaca** Jacq. 1778 · D:Österreichische Hundskamille · ⊙ ⊙ VII-VIII; Eur.: A, I, EC-Eur., Ba, E-Eur.; TR, Cauc.
- **carpatica** Waldst. et Kit. ex Willd. 1803 · D:Karpaten-Hundskamille · ♃ △ VII-VIII; Eur.: Ib, Ap, C-Eur., Ba, PL, E-Eur.; NW-TR; mts. [62300]
'Karpatenschnee' [62301]
- **cinerea** Pančić 1884 · ♃ △ Z7 ⋀ VI-VIII; Eur.: E-Pyr., Serb., Maced., AL, BG
- *cota* auct. = Anthemis altissima
- **cotula** L. 1753 · D:Stinkende Hundskamille; E:Mayweed, Stinking Chamomile · ⊙ Z5 VI-X ⚥ Ⓝ; Eur.*, TR, Levante, Cauc., Iraq, Iran, N-Afr., Eth., nat. in N-Am., S-Am., Austr., NZ
- **cretica** L. · ♃ △ Z6 VI-VII; Eur.: ? sp., F, I, Ba, RO; TR, Lebanon, Cauc.
- *cupaniana* Tod. ex Nyman = Anthemis punctata subsp. cupaniana
- **hausknechtii** Boiss. et Reut. 1875 · ♃ △ Z7 VI-VII; S-TR, Syr., Iraq, Iran
- **maritima** L. 1753
- **marschalliana** Willd. 1803 · D:Anatolische Hundskamille; F:Camomille argentée · ♃ △ ⋀ V-VII; TR mts., Cauc. [62302]
- *montana* L. = Anthemis cretica
- *nobilis* L. = Chamaemelum nobile
- *orientalis* (L.) Degen = Anthemis pectinata
  - subsp. *montana* Hayek 1925 = Anthemis cretica
- **pectinata** (Bory et Chaub.) Boiss. et Reut. 1842 · ♃; GR, eur. TR
- **punctata** Vahl 1791
  - subsp. **cupaniana** (Tod. ex Nyman) R. Fern. 1975 · ♃ Z7; Eur.: Sic.
- *pyrethrum* L. = Anacyclus pyrethrum var. pyrethrum
- *rudolfiana* Adams = Anthemis marschalliana
- **ruthenica** M. Bieb. 1808 · D:Ruthenische Hundskamille · ⊙ V-VIII; Eur.: C-Eur., EC-Eur., Ba, E-Eur; Cauc..
- **sancti-johannis** Stoj. et Turrill 1926 · D:Bulgarische Hundskamille; D:Roman Chamomile · ♃ Z7 ⋀ VI-VIII; SW-BG [62303]
- **segetalis** Ten. 1842 · ⊙; Eur.: I, Ba, nat. in A
- **tinctoria** L. 1753 · D:Färber-Hundskamille; E:Dyer's Chamomile, Yellow Chamomile; F:Camomille des teinturiers · ♃ ⋉ Z6 VI-IX; Eur.* exc. BrI, Ib; TR, Syr., Cauc., Iran, nat. in BrI [62304]

'Alba'
'E.C. Buxton' [62306]
'Grallagh Gold' [62307]
'Kelwayi' [62308]
'Sauce Hollandaise' [68039]
'Wargrave' [62309]
- var. *sancti-johannis* (Stoj. et Turrill) Govaerts 1995 = Anthemis sancti-johannis
- **triumfettii** (L.) DC. 1815 · D:Trionfettis Hundskamille · ♃ Z7 VII-VIII; Eur.: Ib, Fr, Ap, Ba, CH, RO; TR, Cauc.
- **tuberculata** Boiss. 1838 · ⊙ ⊙ ♃ Z7; Eur.: C u S-Sp.; N-Afr.; mts.
- **woronowii** Sosn. 1927

Anthericum L. 1753 -n- *Anthericaceae* · (S. 916)
D:Graslilie, Zaunlilie; E:Spider Plant; F:Phalangère
- *bichetii* Karrer = Chlorophytum laxum
- **liliago** L. 1753 · D:Astlose Graslilie; E:St Bernard's Lily; F:Phalangère faux-lis · ♃ Z7 V-VI ▽; Eur.* exc. BrI; TR [62310]
- **ramosum** L. · D:Ästige Graslilie; F:Phalangère rameuse · ♃ Z7 VI-VIII ▽; Eur.* exc. BrI; Cauc. [62311]

Antholyza L. = Babiana
- *aethiopica* L. = Chasmanthe aethiopica
  - var. *bicolor* (Gasp.) Baker 1877 = Chasmanthe bicolor
  - var. *minor* Lindl. 1828 = Chasmanthe bicolor
- *bicolor* Gasp. ex Ten. = Chasmanthe bicolor
- *caffra* Ker-Gawl. ex Baker = Tritoniopsis caffra
- *cunonia* L. = Gladiolus cunonius
- *floribunda* Salisb. = Chasmanthe floribunda
- *paniculata* Klatt = Crocosmia paniculata
- *praealta* Redouté = Chasmanthe floribunda

Anthoxanthum L. 1753 -n- *Poaceae* · (S. 1099)
D:Ruchgras; E:Vernal Grass; F:Flouve
- **alpinum** Á. Löve et D. Löve 1948 · D:Alpen-Ruchgras, Japanisches Ruchgras · ♃ V-VII; Eur.: N, mts.; TR, Cauc., Iran, W-Sib., E-Sib., C-As., Mong., ? N-Am.
- **aristatum** Boiss. 1842 · D:Grannen-Ruchgras; E:Annual Vernal Grass, Small Sweet Vernal Grass ·

⊙ Z7 V-VII; Eur.: Ib, Fr, Ap, Ba;
Canar., Madeira, nat. in BrI, D,
DK, PL, Balt., N-Am.
- *nipponicum* Honda =
Anthoxanthum alpinum
- **odoratum** L. 1753 · D:Gewöhnli-
ches Ruchgras; E:Scented Vernal
Grass; F:Flouve odorante · ⌱
D V-VI ⚥ Ⓝ; Eur.*, TR, Cauc.,
W-Sib., E-Sib., C-As., NW-Afr.,
Greenl., nat. in N-Am., Austr.,
Tasman. [67472]

Anthriscus Pers. 1805 -m-
Apiaceae · (S. 167)
D:Kerbel; E:Chervil; F:Cerfeuil
- **caucalis** M. Bieb. 1808 · D:Hunds-
Kerbel · ⊙ Z7 V-VI; Eur.*, TR, Syr.,
Cyprus, Cauc., NW-Afr., nat. in
N-Am., NZ
- **cerefolium** (L.) Hoffm. 1814
[69701]
 - var. **cerefolium** · D:Echter Gar-
ten-Kerbel · ⊙ Z7 V-VIII ⚥ Ⓝ;
cult.
 - var. *sativus* (Lam.) Endl. 1830
= Anthriscus cerefolium var.
cerefolium
 - var. **trichocarpa** Neilr. 1866 ·
D:Wilder Garten-Kerbel · ⊙ Z7
VI; Eur., TR, N-Iraq, Cauc., Iran,
C-As., NW-Afr., Libya
- **nitida** (Wahlenb.) Hazsl. 1864 ·
D:Glanz-Kerbel · ⌱ Z7 VI-VIII;
Eur.: Fr, Ap, C-Eur., EC-Eur., Ba;
mts.
- **sylvestris** (L.) Hoffm. ·
D:Gewöhnlicher Wiesen-Kerbel;
E:Queen Anne's Lace · ⌱ V-VII Ⓝ;
Eur.*, Cauc., Sib., N-Afr., Eth.,,
nat. in N-Am.
- *trichospermus* Spreng. non Pers.
= Anthriscus cerefolium var.
trichocarpa

Anthurium Schott 1829 -n-
Araceae · (S. 920)
D:Flamingoblume, Schwanz-
blume, Schweifblume; E:Flamingo
Flower, Tail Flower; F:Anthurium
- **acaule** (Jacq.) Schott 1829 · ⌱
Z10 ⓦ; W.Ind.
- **andraeanum** Linden ex André
1877 · D:Große Flamingoblume;
E:Flamingo Flower · ⌱ Z10 ⓦ;
Col.
- **bakeri** Hook. f. 1876 · ⌱ ⚥ Z10
ⓦ; C-Am., Col.
- **bellum** Schott 1859 · ♄ Z10 ⓦ;
Bras.
- **bogotense** Schott 1857 · ♄ Z10
ⓦ; Col.
- × *carneum* L. Linden et Rodigas =

Anthurium × ferrierense
- **clavigerum** Poepp. 1845 · ♄ ⚥
Z10 ⓦ; Col.
- **corrugatum** Sodiro 1902 · ♄ Z10
ⓦ; Col., Ecuad.
- **crassinervium** (Jacq.) Schott
1832 · ⌱ Z10 ⓦ; Venez.
- **crystallinum** Linden et André
1873 · D:Kristall-Schweifblume;
E:Crystal Anthurium · ⌱ D Z10
ⓦ; Panama, Col., Ecuad., Peru
- × *cultorum* Birdsey = Anthurium ×
ferrierense
- **digitatum** (Jacq.) G. Don 1839 · ♄
Z10 ⓦ; Venez.
- **dolichostachyum** Sodiro · ♄ Z10
ⓦ; Bras.
- *ellipticum* K. Koch et C.D. Bouché
= Anthurium crassinervium
- *erythrocarpum* Sodiro =
Anthurium dolichostachyum
- × **ferrierense** Mast. et T. Moore
1883 (*A. andraeanum* × *A.
nymphaeifolium*) · ⌱ Z10 ⓦ; cult.
- *fissum* K. Koch ex Regel =
Anthurium palmatum
- **forgetii** N.E. Br. 1906 · ♄ D Z10
ⓦ; Col.
- **galeottii** K. Koch 1855 · ⌱ Z10 ⓦ;
S-Bras.
- **harrisii** (Graham) G. Don 1839 ·
♄ Z10 ⓦ; Bras.
- **hookeri** Kunth 1841 · ♄ Z10 ⓦ;
Lesser Antilles, Trinidad, Surinam
- × *hortulanum* Birdsey = Anthurium
scherzerianum
- **insigne** Mast. 1878 · ♄ ⚥ Z10 ⓦ;
Col., Ecuad.
- *kalbreyeri* Mast. = Anthurium
clavigerum
- **leuconeurum** Lem. 1862 · ♄ Z10
ⓦ; Mex.
- **macrolobum** W. Bull
1883 (*A. leuconeurum* × *A.
pedatoradiatum*) · ♄ Z10 ⓦ; Bras.
- **magnificum** Linden 1865 · ♄ Z10
ⓦ; Col.
- **nymphaeifolium** K. Koch et C.D.
Bouché 1853 · ♄ Z10 ⓦ; Venez.,
Col.
- **obtusum** (Engl.) Grayum 1997 · ♄
Z10 ⓦ; Bras.
- *ornatum* Schott = Anthurium
nymphaeifolium
- **palmatum** (L.) G. Don 1829 · ♄
Z10 ⓦ; W.Ind.
- *papillosum* Markgr. = Anthurium
corrugatum
- **paraguayense** Engl. 1898 · ⌱ Z10
ⓦ; Parag.
- **pedatoradiatum** Schott 1859 · ♄
Z10 ⓦ; Mex.
- **radicans** K. Koch et Haage 1854 ·

♄ ⚥ Z10 ⓦ; ? S-Bras.
- **regale** Linden 1866 · ♄ Z10 ⓦ;
Peru
'Robustum'
- × *robustum* Engl. = Anthurium
regale
- **scandens** (Aubl.) Engl. 1878 · ♄ ⚥
⚥ Z10 ⓦ; S-Mex., C-Am., W.Ind.,
trop. S-Am.
- **scherzerianum** Schott 1857 ·
D:Kleine Flamingoblume · ♄ Z10
ⓦ ✿; Guat., Costa Rica
- **signatum** K. Koch et L. Mathieu
1855 · ♄ Z10 ⓦ; Venez.
- **subsignatum** Schott 1862 · ♄ Z10
ⓦ; Costa Rica
- **veitchii** Mast. 1876 · ♄ Z10 ⓦ;
Col.
- **warocqueanum** T. Moore 1878 ·
♄ Z10 ⓦ; Col.
- **wendlingeri** G.M. Barroso 1965 ·
⌱ ⚥ ⚥ Z10 ⓦ; Costa Rica

Anthyllis L. 1753 -f- *Fabaceae* ·
(S. 496)
D:Wundklee; E:Kidney Vetch;
F:Anthyllis
- **barba-jovis** L. 1763 · E:Jupiter's
Beard · ♄ e Z8 ⓚ III-V; Eur.: Ib, Fr,
Ap, Ba
- **hermanniae** L. 1753 · ♄ e △
Z6-7 V-VI; Eur.: Ib, Ap, Ba; TR
- **montana** L. 1753 [62312]
 - subsp. **jacquinii** (A. Kern.)
Hayek 1926 · D:Jacquins Wund-
klee · ⌱ Z7 VI; Eur.: E-Alp., mts.
Ba
 - subsp. **montana** · D:Berg-Wund-
klee · ⌱ △ Z7 VI-VIII; Eur.: F, Ap,
Ba, C-Eur., Alp., Apenn.
- **vulneraria** L. · D:Gewöhnlicher
Wundklee; E:Kidney Vetch · ⌱
Z7 V-VI ⚥ Ⓝ; Eur.*, TR, Syr.,
Palaest., N-Afr., Eth.
- **webbiana** Hook. 1833 · ⌱ ⓚ;
Madeira

Antiaris Lesch. 1810 -f- *Moraceae* ·
(S. 649)
D:Upasbaum; E:Upas Tree;
F:Arbre à upas
- **toxicaria** (Pers.) Lesch. · D:Upas-
baum; E:Upas Tree · ♄ d Z10 ⓦ
✿ Ⓝ; trop. Afr., Ind., Sri Lanka,
Malay. Arch., Phil., Fiji

Antidesma L. 1753 -n-
Euphorbiaceae · (S. 478)
- **bunius** (L.) Spreng. 1824 ·
D:Salamanderbaum; E:Chinese
Laurel · ♄ e Z10 ⓦ Ⓝ; Him., Ind.,
Sri Lanka, SW-China, Malay.
Arch., Phil., Austr.: Queensl.

Antigonon Endl. 1837 -n-
Polygonaceae · (S. 703)
D:Mexikanischer Knöterich, Korallenwein; E:Coral Vine; F:Liane corail
- **leptopus** Hook. et Arn. 1838 · D:Dünnstieliger Korallenwein; E:Chain of Love, Coral Vine, Mexican Creeper · ♄ ⚥ Z10 ⓦ VII-VIII; W-Mex. [11035]
  'Album'

Antirrhinum L. 1753 -n-
Scrophulariaceae · (S. 822)
D:Löwenmaul; E:Snapdragon; F:Gueule-de-loup, Muflier
- *bellidifolium* L. = Anarrhinum bellidifolium
- **braun-blanquetii** Rothm. 1954 · ⚘ Z8 ⓕ; Eur.: N-P, N-Sp. [62315]
- **hispanicum** Chav. · ⚘ △ Z7 ∧ VII-IX; SE-Sp., Maroc.
- **latifolium** Mill. 1800 · D:Breitblättriges Löwenmaul · ⚘ Z7; Eur.: I, F, NE-Ap
- **majus** L. 1753 [16671]
  Floral Showers Ser.
  'Madame Butterfly'
  'Scharlachriese'
  'Snowflake'
  'Taff's White'
  - subsp. **majus** · D:Garten-Löwenmaul, Großes Löwenmaul; E:Snapdragon; F:Gueule-de-loup, Muflier; ⊙ ⚘ ⚲ Z7 VI-IX ⚥; Eur.: Ib, F„ nat. in Eur.
- **molle** L. 1753 · ♄ △ Z7 ⓕ ∧ VII-IX; Eur.: N-P, N-Sp.
- **pulverulentum** Lázaro Ibiza 1901
- **sempervirens** Lapeyr. 1795 · ♄ Z7; Eur.: Pyr., EC-Sp. [68934]
- *speciosum* (Nutt.) A. Gray = Galvezia speciosa

Anubias Schott 1857 -f- *Araceae* · (S. 921)
- **afzelii** Schott 1857 · ⚘ ∼ Z10 ⓦ; W-Afr.
- **barteri** Schott 1860
  - var. **barteri** · ⚘ Z10 ⓦ; W-Afr., Cameroun, Gabun
  - var. **glabra** N.E. Br. 1901 · ⚘ Z10 ⓦ; S-Nigeria, Cameroun, Gabon
  - var. **nana** (Engl.) Crusio 1979 · ⚘ ∼ Z10 ⓦ; Cameroun
- *congensis* N.E. Br. = Anubias heterophylla
- **heterophylla** Engl. 1879 · ⚘ ∼ Z10 ⓦ; trop. Afr.
- *lanceolata* hort. = Anubias afzelii
- *lanceolata* N.E. Br. = Anubias barteri var. glabra
- *nana* Engl. = Anubias barteri var. nana

Apera Adans. 1763 -f- *Poaceae* · (S. 1099)
D:Windhalm; E:Silky Bent
- **interrupta** (L.) P. Beauv. 1812 · D:Unterbrochener Windhalm; E:Dense Silky Bent · ⊙ Z6 VI-VII; Eur.*, TR, Cauc., Iran, Afgh., Pakist., C-As., NW-Afr.
- **spica-venti** (L.) P. Beauv. 1812 · D:Gewöhnlicher Windhalm; E:Loose Silky Bent · ⊙ Z6 VI-VII; Eur.*, W-Sib.

Aphananthe Planch. 1848 -f- *Ulmaceae* · (S. 874)
- **aspera** (Blume) Planch. 1873 · ♄ ♄ d Z7 IV-V; Jap., Korea, E-China

Aphanes L. 1753 -f- *Rosaceae* · (S. 746)
D:Ackerfrauenmantel, Sinau; E:Parsley Piert; F:Alchémille des champs
- **arvensis** L. 1753 · D:Gewöhnlicher Ackerfrauenmantel; E:Breakstone, Parsley Piert · ⊙ V-IX ⚥; Eur.*, TR, Levante, Cauc., N-Iran, Madeira, NW-Afr., nat. in N-Am., Austr.
- **inexspectata** W. Lippert 1753 · D:Kleinfrüchtiger Ackerfrauenmantel · ⊙ V-IX; Eur.* exc. Ap, Ba
- *microcarpa* auct. non (Boiss. et Reut.) Rothm. = Aphanes inexspectata

Aphelandra R. Br. 1810 -f- *Acanthaceae* · (S. 124)
D:Glanzkölbchen; E:Saffron Spike; F:Aphélandra
- *atrovirens* N.E. Br. = Aphelandra bahiensis
- **aurantiaca** (Scheidw.) Lindl. 1845
  'Roezlii'
  - var. **aurantiaca** · ♄ e Z10 ⓦ; Mex., C-Am., trop. S-Am.
  - var. **nitens** (Hook. f.) Wassh. 1975 · ♄ e Z10 ⓦ IV-V; Col., Ecuad., Peru
  - var. **roezlii** Van Houtte 1868
- **bahiensis** (Nees) Wassh. 1975 · ⚘ Z10 ⓦ; Bras.: Bahia
- **blanchetiana** (Nees) Hook. f. 1891 · ♄ e Z10 ⓦ VII-VIII; Bras.: Bahia
- **chamissoniana** Nees 1847 · ♄ e Z10 ⓦ IX-X; S-Bras.
- *fascinator* Linden et André = Aphelandra aurantiaca var. aurantiaca
- **flava** Nees 1847 · ♄ e Z10 ⓦ IX-X; Col.
- *fuscopunctata* Markgr. = Aphelandra flava
- *leopoldii* (Van Houtte) Lowe = Aphelandra squarrosa
- **liboniana** Linden ex Hook. f. 1864 · ♄ e Z10 ⓦ IV-VI; Bras.
- *maculata* (Tafalla ex Nees) Voss = Stenandrium lindenii
- *nitens* Hook. f. = Aphelandra aurantiaca var. aurantiaca
- *punctata* hort. = Aphelandra aurantiaca var. aurantiaca
- *punctata* W. Bull = Aphelandra chamissoniana
- **sinclairiana** Nees 1845 · D:Rotes Glanzkölbchen · ♄ e Z10 ⓦ IV-IX; Costa Rica, Panama
- **squarrosa** Nees 1847 · D:Glanzkölbchen; E:Saffron Spike, Zebra Plant · ♄ e Z10 ⓦ ⚲ VI-X; SE-Bras.
  'Leopoldii'
  'Louisiae'
  - var. *leopoldii* Van Houtte = Aphelandra squarrosa
  - var. *louisiae* Van Houtte = Aphelandra squarrosa
- **tetragona** (Vahl) Nees 1847 · D:Sparriges Glanzkölbchen · ♄ e Z10 ⓦ VI-X; Venez.

Aphyllanthes L. 1753 -f- *Aphyllanthaceae* · (S. 917)
D:Binsenlilie; F:Aphyllanthe
- **monspeliensis** L. 1753 · D:Binsenlilie · ⚘ Z8 ⓕ; Eur.: , Ib, Fr, Ap; Maroc. [62317]

Apicra Willd. = Haworthia
- *anomala* (Haw.) Willd. = Haworthia
- *aspera* (Haw.) Willd. = Haworthia
- *attenuata* (Haw.) Willd. = Haworthia attenuata var. attenuata
- *deltoidea* (Hook. f.) Baker = Astroloba congesta
- *fasciata* Willd. = Haworthia fasciata
- *foliolosa* (Haw.) Willd. = Astroloba foliolosa
- *patula* Willd. = Haworthia
- *pentagona* (Aiton) Willd. = Astroloba spiralis
- *pseudorigida* (Salm-Dyck) Haw. = Haworthia
- *rigida* (Lam.) Willd. = Haworthia
- *rubriflora* L. Bolus = Poellnitzia rubriflora
- *spiralis* (L.) Baker = Astroloba spiralis

Apios Fabr. 1759 -f- *Fabaceae* · (S. 496)
D:Erdbirne; E:Potato Bean; F:Glycine tubéreuse
- **americana** Medik. 1787 · D:Amerikanische Erdbirne; E:Earthnut, Potato Bean · ⌛ ⚥ D Z3 VII-IX ⓝ; Can.: E; USA: NE, NCE, NC, Colo., SC, SE, Fla., nat. in I, F
- *tuberosa* Moench = Apios americana

Apium L. 1753 -n- *Apiaceae* · (S. 167)
D:Sellerie; E:Marshwort; F:Céleri
- **graveolens** L. 1753 · D:Echter Sellerie; E:Celery · [67778]
  - var. **dulce** (Mill.) Pers. 1805 · D:Bleich-Sellerie, Stiel-Sellerie; E:Celery · ☉ ⓝ; cult. [69692]
  - var. **graveolens** · D:Sumpf-Sellerie, Wilder Sellerie; E:Wild Celery · ☉ ⌛ ～ VII-IX ⚥; Eur.*, Cauc., TR, Levante, Iraq, Cauc., N-Iran, W-Him., Pakist., Canar., Madeira, N-Afr.
  - var. **rapaceum** (Mill.) Gaudin 1828 · D:Knollen-Sellerie, Wurzel-Sellerie; E:Celeriac, Turniprooted Celery · ⓝ; cult. [72975]
  - var. **secalinum** Alef. 1866 · D:Schnitt-Sellerie; E:Chinese Celery · ⓝ; cult. [69693]
- **inundatum** (L.) Rchb. f. 1863 · D:Flutender Sellerie; E:Lesser Marshwort · ⌛ VI-VII ▽; Eur.: Ib, Fr, BrI, I, D, Sc, PL
- **nodiflorum** (L.) Lag. 1821 · D:Knotenblütiger Sellerie; E:Fool's Water Cress · ⌛ VII-IX; Eur.: Ib, Fr, Ap, Ba, BrI, C-Eur., ? RO; TR, Iran, SW-As., C-As., N-Afr., nat. in N-Am., S-Am.
- **repens** (Jacq.) Lag. 1821 · D:Kriechender Sellerie; E:Creeping Marshwort · ⌛ VII-IX ▽; Eur.: Fr, C-Eur., EC-Eur., Russ., Ib, Ap, Sc [67131]

Aploleia Raf. = Callisia
- *monandra* (Sw.) H.E. Moore = Callisia monandra
- *multiflora* (M. Martens et Galeotti) H.E. Moore = Callisia multiflora

Apocynum L. 1753 -n- *Apocynaceae* · (S. 190)
D:Hundsgift; E:Dogbane; F:Apocyn
- **androsaemifolium** L. 1753 · D:Gewöhnliches Hundsgift; E:Spreading Dogbane · ⌛ Z4 VII-IX ⚥; Alaska, Can., USA*; Mex.
- **cannabinum** L. 1753 · D:Amerikanisches Hundsgift; E:American Hemp · ⌛ Z4 VII-IX ⚥ ⚥
- *venetum* A. DC. = Apocynum cannabinum
- **venetum** L. 1753 · ⌛ Z8 VI-VII ⚥ ⓝ; Eur.: I, Ba, ? RO; TR, Cauc., Iran; coasts

Apollonias Nees 1833 -f- *Lauraceae* · (S. 596)
- **barbujana** (Cav.) Bornm. 1903 · ♄ d ⓖ; Canar.
- *canariensis* Nees = Apollonias barbujana

Aponogeton L. f. 1782 -m- *Aponogetonaceae* · (S. 917)
D:Wasserähre; E:Pondweed; F:Aponogeton
- **bernierianus** (Decne.) Hook. f. 1883 · D:Berniers Wasserähre · ⌛ ≈ Z9 ⓖ; E-Madag.
- **boivinianus** Baill. ex Jum. 1922 · D:Boivins Wasserähre · ⌛ ≈ Z10 ⓖ IX-II; N-Madag.
- **crispus** Thunb. 1784 · D:Krause Wasserähre · ⌛ ≈ Z10 ⓖ; Sri Lanka
- **desertorum** Zeyh. ex Spreng. 1828 · D:Ostafrikanische Wasserähre · ⌛ ～ Z9 ⓖ; E-Afr., S-Afr.
- **distachyos** L. f. 1782 · D:Kap-Wasserähre; E:Cape Pondweed, Water Hawthorn · ⌛ ≈ D Z9 ⓖ; Kap, nat. in S-Austr., NZ, w. S-Am., W-Eur. [67132]
- **elongatus** F. Muell. ex Benth. 1878 · D:Langblättrige Wasserähre · ⌛ ≈ Z10 ⓖ; N-Austr., E-Austr.
- *fenestralis* (Poir.) Hook. f. = Aponogeton madagascariensis
- *henkelianus* Falkenb. et Baum = Aponogeton madagascariensis
- *kraussianus* Hochst. = Aponogeton desertorum
- *leptostachyus* E. Mey. = Aponogeton desertorum
- **madagascariensis** (Mirb.) H. Bruggen 1968 · D:Gitterpflanze, Madagaskar-Wasserähre; E:Lace Leaf · ⌛ ≈ Z10 ⓖ; Madag.
- **nudiflorus** Peter 1928 · D:Nacktblütige Wasserähre · ⌛ ≈ Z9 ⓖ; E-Afr.
- **ulvaceus** Baker 1881 · D:Meersalatähnliche Wasserähre · ⌛ ≈ Z10 ⓖ; Madag.
- **undulatus** Roxb. 1832 · D:Gewellte Wasserähre · ⌛ ≈ Z10 ⓖ; SW-Ind. Sri Lanka, Malay. Arch., Austr.

Aporocactus Lem. 1860 -m- *Cactaceae* · (S. 345)
D:Peitschenkaktus, Schlangenkaktus; E:Rat's-Tail Cactus; F:Cactus-serpent, Queue-de-rat
- *conzattii* Britton et Rose = Aporocactus martianus
- **flagelliformis** (L.) Lem. 1860 · D:Peitschenkaktus; E:Rat's Tail Cactus · ⚥ ⚥ Z9 ⓖ ▽ ✱; Mex. (Oaxaca)
- *flagriformis* (Zucc.) Lem. = Aporocactus flagelliformis
- *leptophis* (DC.) Britton et Rose = Aporocactus flagelliformis
- ×**mallisonii** hort. 1937 (*A. flagelliformis × Heliocereus speciosus*) · ⚥ ⚥ ⓖ
- **martianus** (Zucc.) Britton et Rose 1920 · D:Schlangenkaktus · ⚥ ⚥ Z8 ⓖ ▽ ✱; Mex.: Oaxaca

× **Aporophyllum** hort. ex D.R. Hunt 1966 -n- *Cactaceae* · (*Aporocactus × Epiphyllum*)
- **in vielen Sorten:**
'Brillant'
'Heideröschen'
'Orange Glow'
'Painted Lady'

Aposeris Neck. ex Cass. 1827 -f- *Asteraceae* · (S. 224)
D:Stinksalat; F:Aposéris
- **foetida** (L.) Less. 1832 · D:Hainsalat, Stinksalat; E:Heart-leaf Iceplant · ⌛ △ VI-VII; Eur.: ? sp., Fr, N-I, C-Eur., EC-Eur., Ba

Aptenia N.E. Br. 1925 -f- *Aizoaceae* · (S. 140)
- **cordifolia** (L. f.) N.E. Br. 1928 · E:Baby Sun Rose · ♄ ⚥ e Z8 ⓖ VII-IX; S-Afr., nat. in S-Eur.
'Variegata'

Aquilegia L. 1753 -f- *Ranunculaceae* · (S. 727)
D:Akelei; E:Columbine, Granny's Bonnet; F:Ancolie
- **adoxoides** (DC.) Ohwi 1953 · ⌛ Z6; Jap., S-Korea, E-China
- *akitensis* Huth = Aquilegia flabellata var. flabellata
- **alpina** L. 1753 · D:Alpen-Akelei; E:Alpine Columbine · ⌛ △ Z5 V-VII ▽; Eur.: F, I, CH, A; Alp., Apenn. [62318]
- **amaliae** Heldr. ex Boiss. 1854 · ⌛ △ Z5 V ▽; Eur.: Ba

- **atrata** W.D.J. Koch 1830 · D:Schwarzviolette Akelei; E:Dark Columbine; F:Ancolie noirâtre · ♃ Z5 VI ▽; Eur.: F, I, C-Eur., Slove.; Alp., Apenn. [62319]
- *atropurpurea* Willd. = Aquilegia viridiflora
- **aurea** Janka 1872 · ♃; Eur.: BG, Maced., ? GR
- **barnebyi** Munz 1949 · ♃; USA: Utah, Colo.
- **bernardii** Gren. et Godr. 1847 · ♃ Z8; Corse
- **bertolonii** Schott 1853 · ♃ Z5 ▽; SE-F, NW-I
- **buergeriana** Siebold et Zucc. 1846 · ♃ Z7 ▽; Jap.
- **caerulea** James 1823 · D:Rocky-Mountain-Akelei; E:Rocky Mountain Columbine · ♃ ⋈ Z3 V-VI ▽; USA: Rocky Mts., N.Mex. [62324]
  - 'Maxi Star' [62339]
  - Musik Ser.
  - Olympia Ser.
- **canadensis** L. 1753 · D:Rote Akelei; E:Meeting House, Red Columbine; F:Ancolie du Canada · ♃ ⋈ Z3 V-VI ▽; Can.: E, Sask.; USA: NE, NCE, NC, SE, SC, Fla. [62320]
- **chrysantha** A. Gray 1873 · D:Gold-Akelei; E:Golden Spurred Columbine; F:Ancolie à fleur dorée · ♃ ⋈ Z3 VI-VIII ▽; USA: Color., SW; N-Mex. [62321]
  - 'Silver Queen' [62322]
  - 'Yellow Queen' [62323]
- **desertorum** (M.E. Jones) Cockerell ex A. Heller 1901 · ♃; USA: SW, Utah
- **discolor** Levier et Leresche 1879 · ♃ △ Z7 V ▽; N-Sp. [62348]
- **einseleana** F.W. Schultz 1848 · D:Einseles Akelei, Kleinblütige Akelei · ♃ △ Z5 VI-VII ▽; Eur.: I, C-Eur., Slove.; Alp.
- *elegantula* Greene = Aquilegia canadensis
- **flabellata** Siebold et Zucc. 1846
  - Cameo Ser. [68190]
  - Ministar Ser. [62351]
  - Spring Magic Ser.
  - var. **flabellata** · D:Kurilen-Akelei; E:Fan Columbine; F:Ancolie du Japon · ♃ Z3 ▽; N-Jap., Sachal.
  - var. *nana* hort. = Aquilegia flabellata var. pumila
  - var. **pumila** (Huth) Kudô · D:Zwerg-Akelei · ♃ △ Z3 V ▽; Jap. [70128]
- **flavescens** S. Watson 1871 · ♃ Z4 ▽; B.C., USA: NW, Rocky Mts
- **formosa** Fisch. ex DC. 1824
  - var. **formosa** · D:Schöne Akelei; E:Western Columbine · ♃ ⋈ Z3 V-VII ▽; Alaska, Can.: B.C.; USA: NW, Rocky Mts., Calif.
  - var. **truncata** (Fisch. et C.A. Mey.) Baker 1878 · ♃ Z3; USA: Oreg., Calif., Nev. [62353]
- **fragrans** Benth. 1840 · ♃ Z7 ▽; W-Him.: Pakist., W-Ind.
- **glandulosa** Fisch. ex Link 1812
  - var. **glandulosa** · ♃ Z3 ▽; W-Sib., E-Sib., C-As., Mong., China: Sikiang
  - var. **jucunda** (Fisch. et Avé-Lall.) Baker · ♃ △ Z3 V-VI ▽; Altai
- **grata** Malý ex Borbás 1882 · ♃ △ Z6 V ▽; Eur.: Bosn., Serb.
- **jonesii** Parry 1874 · D:Kalk-Akelei; E:Limestone Columbine · ♃ △ Z3 V ▽; Can.: Alta.; USA: Rocky Mts.
- *jucunda* Fisch. et Avé-Lall. = Aquilegia glandulosa var. jucunda
- **laramiensis** A. Nelson 1896 · ♃ Z3; USA: Wyo..
- **longissima** A. Gray ex S. Watson 1882 · ♃ ⋈ D Z8 VI-VII ▽; USA: Tex., N.Mex.; Mex.
- *macrantha* Hook. et Arn. = Aquilegia caerulea
- **micrantha** Eastw. 1895 · E:Mancos Columbine · ♃ Z4 ▽; USA: Utah, Colo., Ariz.
- **nevadensis** Boiss. et Reut. 1984 · ♃; Eur.: S-Sp.
- **nigricans** Baumg. 1816 · D:Dunkle Akelei · ♃ Z4 VI-VII ▽; Eur.: I, A, EC-Eur., Ba, E-Eur.
- **olympica** Boiss. 1841 · ♃ △ Z5 V ▽; Cauc., N-Iran
- **ottonis** Orph. ex Boiss. 1853 · ♃ Z7; Eur.: I (C-Appen.), S-Ba
- **oxysepala** Trautv. et C.A. Mey. 1856 · ♃ Z3; E-Sib., N-China, Manch., Korea, Jap.
  - var. **kansuensis** (Brühl) Brühl 1936
  - var. **oxysepala**
- **pyrenaica** DC. 1815 · D:Pyrenäen-Akelei; E:Pyrenean Columbine · ♃ △ Z5 IV-VI ▽; Eur.: sp., F; Pyr.
- **saximontana** Rydb. 1895 · ♃ Z4; USA: Colo.
- **scopulorum** Tidestr. 1910
  - subsp. *perplexans* Clokey 1938 = Aquilegia scopulorum var. scopulorum
  - var. **scopulorum** · ♃ △ Z3 V-VI ▽; USA: Wyo., Nev., Utah
- **shockleyi** Eastw. 1905 · ♃ Z7 ▽; Calif., Nev.
- **sibirica** (L.) Lam. 1783 · ♃ △ ⋈ Z2 V-VI ▽; W-Sib., E-Sib., C-As., Mong. [62354]
- **skinneri** Hook. 1842 · ♃ ⋈ Z8 ∧ V-VII ▽; USA: N.Mex.: mts.
- **thalictrifolia** Schott et Kotschy 1853 · ♃ △ Z7 V-VI ▽; Eur.: N-I
- **transsilvanica** Schur 1852 · ♃; Eur.: RO, W-Russ.; Carp.
- **triternata** Payson 1918 · ♃; USA: SW, Utah
- **viridiflora** Pall. 1779 · ♃ Z3 ▽; E-Sib., W-China
- **vulgaris** L. 1753 [62356]
  - 'Anemonaeflora' [62357]
  - 'Blue Star' [62330]
  - 'Crimson Star' [62331]
  - 'Grandmother's Garden'
  - 'Nora Barlow' [72962]
  - 'Red Star'
  - 'Ruby Port' [67739]
  - Vervaeneana Grp.
  - 'William Guiness' [69093]
  - subsp. *nevadensis* = Aquilegia nevadensis
  - var. **stellata** Schur · D:Spornlose Akelei · ♃ Z4; F, C-Eur., I, Slove.; Alp., Apenn., Abruzz.
  - var. **vulgaris** · D:Gewöhnliche Akelei; E:Columbine, Granny's Bonnet; F:Ancolie vulgaire · ♃ ⋈ Z4 V-VI ✼ ▽; Eur.* exc. Sc; Canar., Madeira, Maroc., Alger., nat. in Sc
- *yabeana* Kitag. = Aquilegia oxysepala var. kansuensis
- **in vielen Sorten:**
  - Biedermeier Ser. [62355]
  - Juwel Ser. [68411]
  - McKana Ser. [62340]
  - Mrs Scott Elliott's Ser.

Arabidopsis Heynh. 1842 -f- *Brassicaceae* · (S. 315)
D:Schmalwand; E:Thale Cress; F:Fausse-arabette
- **suecica** (Fr.) Norrl. 1878 · D:Schwedische Schmalwand · ⊙ V-VI; Eur.: Sc, Russ., D
- **thaliana** (L.) Heynh. 1842 · D:Acker-Schmalwand · ⊙ IV-V; Eur.*, TR, Levante, Cauc., W-Sib., C-As., NW-Afr., Libya

Arabis L. 1753 -f- *Brassicaceae* · (S. 316)
D:Gänsekresse; E:Rockcress; F:Arabette, Corbeille d'argent
- *albida* Steven ex Fisch. = Arabis caucasica
- **allionii** DC. 1805 · D:Sudeten-Gänsekresse · ♃ Z6 V-VII; Eur.: Fr, Ap, C-Eur., EC-Eur., Ba, W-Russ.;

mts.
- **alpina** L. 1753 · D:Alpen-Gänsekresse; E:Alpine Rock Cress · ⚄ △ Z5 III-X; Eur.*, W-Sib., E-Sib., Kamchat. [62361]
  - subsp. *caucasica* (Willd.) Briq. 1913 = Arabis caucasica
- **androsacea** Fenzl 1842 · ⚄ ⌒ △ Z6 V-VI; TR (Cilician Taurus) [62362]
- × **arendsii** H.R. Wehrh. 1931 (*A. aubrietoides* × *A. caucasica*) · ⚄ △ Z5 IV; cult.
  'Compinkie' [62364]
  'Hedi' [62365]
  'La Fraîcheur' [62366]
  'Pinkie' [70029]
  'Rosabella' [62367]
- **aubrietoides** Boiss. 1867 · ⚄ △ Z6 IV; TR (Cilician Taurus)
- **auriculata** Lam. 1783 · D:Öhrchen-Gänsekresse · ⊙ IV-V; Eur.* exc. BrI, Sc; TR, Levante, Cauc., Iran, ? Afgh., Him., C-As., NW-Afr., Libya
- **bellidifolia** Crantz 1762 · D:Zwerg-Gänsekresse · ⚄
  - subsp. **bellidifolia** · D:Gewöhnliche Zwerg-Gänsekresse ⚄ VI-VIII
  - subsp. **stellulata** (Bertol.) Greuter et Burdet 1983 · D:Sternhaarige Zwerg-Gänsekresse · ⚄ VI-VIII; Eur.: F, I, C-Eur., W-Ba; mts.
- **blepharophylla** Hook. et Arn. 1838 · E:Rose Rock Cress · ⚄ △ Z7 ⌂ ∧ III-V; C-Calif. [62370]
  'Frühlingszauber' [62371]
- **bryoides** Boiss. 1842 · ⚄ ⌒ △ Z7 VI-VII; Eur.: Maced., AL, GR [62373]
- **caerulea** (All.) Haenke 1773 · D:Blaue Gänsekresse · ⚄ Z6 VII-VIII; Eur.: F, I, C-Eur., Slove.; Alp.
- **carduchorum** Boiss. 1867 · ⚄ △ Z6 VI-VII; TR, Cauc. (Armen.)
- **caucasica** Willd. 1814 · D:Kaukasische Gänsekresse; E:Garden Arabis, Snow on the Mountain, Variegated Wall Rock Cress; F:Arabette du Caucase · ⚄ △ Z4 III-IV; Eur.: Sic., GR, Crete, BG; TR, Syr., Cauc., Iran, C-As., Maroc., Alger. [62377]
  'Plena' [62380]
  'Rosea'
  'Schneehaube' [62382]
  'Variegata' [62383]
- **ciliata** Clairv. 1811 · D:Doldige Gänsekresse · ⊙ ⚄; Eur.: Ib, Fr, C-Eur., EC-Eur., Ap, Ba, nat. in DK
- **collina** Ten. 1815 · D:Hügel-Gänsekresse, Mauer-Gänsekresse; E:Rosy Cress · ⚄ V; Eur.: Ib, F, Ap, CH, Ba, nat. in B
- *corymbiflora* Vest = Arabis ciliata
- **drummondii** A. Gray 1866 · ⊙ ⚄ Z2; Can., USA NE, NEC, NC, Rocky Mts., SW
- **ferdinandi-coburgii** Kellerer et Sünd. 1903 · ⚄ △ Z7 IV-VI; Maced. [62384]
  'Old Gold' [62385]
  'Variegata'
- **glabra** (L.) Bernh. 1800 · D:Kahle Gänsekresse, Turmkraut; E:Tower Mustard · ⊙ V-VII; Eur.*, TR, Cauc., Afgh., C-As., Maroc., Alger.
- **hirsuta** (L.) Scop. 1772 · D:Behaarte Gänsekresse; E:Hairy Rock Cress · ⊙ ⚄ V-VII; Eur.*, TR, Iraq, Cauc., Iran, W-Sib., E-Sib., Amur, Maroc., Alger., nat. in China, N-Am.
- *jacquinii* Beck = Arabis soyeri subsp. subcoriacea
- *japonica* A. Gray = Arabis stelleri var. japonica
- × **kellereri** Sünd. 1925 (*A. bryoides* × *A. ferdinandi-coburgii*) · ⚄ Z6; cult.
- **lyallii** S. Watson 1876 · ⚄; Can.: W; USA: NW, Caif., Mont., Wyo. [62388]
- *muralis* Bertol. = Arabis collina
- *muricola* Jord. = Arabis collina
- **nemorensis** (Hoffm.) W.D.J. Koch 1830 · D:Flachschotige Gänsekresse · ⊙ V-VII; Eur.* exc. BrI, Sc
- **nova** Vill. 1779 · D:Felsen-Gänsekresse · ⊙ V-VI; Eur.: sp., I, CH, A, Ba; Pyr., Alp., Jura, Balkan
- **pauciflora** (Grimm) Garcke 1858 · D:Armblütige Gänsekresse, Wenigblütige Gänsekresse · ⚄ V-VII; Eur.: sp., Fr, Ap, C-Eur., EC-Eur., Slove., ? Bosn., Serb.
- **planisiliqua** (Pers.) Rich. 1847 · ⊙; Eur.* exc. BrI, Sc
- **procurrens** Waldst. et Kit. 1803 · D:Ungarische Gänsekresse · ⚄ △ Z5 IV-V; Eur.: Ba, RO; mts. [62389]
  'Glacier' [62391]
  'Neuschnee' [62392]
  'Schneeteppich' [62393]
  'Variegata' [62394]
- *pumila* Jacq. = Arabis bellidifolia subsp. bellidifolia
- *rosea* DC. = Arabis collina
- **sagittata** (Bertol.) DC. 1815 · D:Pfeilblättrige Gänsekresse · ⊙ V-VII; Eur.: Fr, Ap, C-Eur., EC-Eur., Ba, E-Eur.; TR, Syr., N-Iran, Alger.
- **scopoliana** Boiss. 1842 · ⚄ ⌒ △ Z6 V; Eur.: Slove., Croatia, Bosn. [62395]
- **serpillifolia** Vill. 1779 · ⊙ ⚄ Z6; Eur.: F, I, CH, Ba; mts.
- **soyeri** Reut. et A. Huet 1853
  - subsp. *jacquinii* (Beck) B.M.G. Jones 1964 = Arabis soyeri subsp. subcoriacea
  - subsp. **soyeri** · D:Glänzende Gänsekresse; E:Rock Cress · ⚄ Z5 V-VIII; Pyr.
  - subsp. **subcoriacea** (Gren.) Breistr. 1947 · D:Sternhaar-Gänsekresse · ⚄ △ Z5 VI-VII; Eur.: Alp., W-Carp.
- **stelleri** DC. 1921
  - var. **japonica** (A. Gray) F. Schmidt 1969 · ⚄; Amur, Korea, Jap., Sachal.
  - var. **stelleri**
- *stellulata* Desv. et Berthel. = Arabis bellidifolia subsp. stellulata
- × **sturii** Mottet [68192]
- × **suendermannii** Kellerer ex Sünd. 1925 (*A. ferdinandi-coburgii* × *A. procurrens*) · ⚄ ⌒ △ Z6 IV-V; cult. [62396]
- **turrita** L. 1753 · D:Turm-Gänsekresse; E:Tower Cress · ⊙ ⚄ Z6 IV-VI; Eur.* exc. BrI, Sc; TR, Levante, Cauc., Alger.
- **vochinensis** Spreng. 1819 · D:Wocheiner Gänsekresse · ⚄ ↝ △ Z6 V; Eur.: I, A, Slove.; SE-Alp.
- × **wilczekii** Sünd. 1925 (*A. bryoides* × *A. carduchorum*) · ⚄ Z6; cult.

Arachis L. 1753 -f- *Fabaceae* · (S. 497)
D:Erdnuss; E:Peanut; F:Arachide, Cacahuète
- **glabrata** Benth. 1841 · ⚄ Z8 ⓦ Ⓝ; Bras., Arg., Bol.
- **hypogaea** L. 1753 · D:Erdnuss; E:Groundnut, Monkey Nut, Peanut · ⊙ Z8 ⌕ ⚑ Ⓝ; ? Bol.

Arachniodes Blume 1828 -f- *Dryopteridaceae* · (S. 67)
- **nipponica** (Rosenst.) Ohwi 1962 · ⚄ Z7 ∧; China, Jap.
- **standishii** (T. Moore) Ohwi 1962 · ⚄ Z7; Jap., Korea

Arachnis Blume -f- *Orchidaceae* · D:Spinnenorchidee; E:Scorpion Orchid; F:Arachnanthe, Fleuraraignée
- *lowii* (Lindl.) Rchb. f. = Dimorphorchis lowii

Arachnites F.W. Schmidt = Ophrys

× **Arachnoglottis** hort. -f-
Orchidaceae ·
(*Arachnis* × *Trichoglottis*)

× **Arachnopsis** hort. 1939 -f-
Orchidaceae ·
(*Arachnis* × *Phalaenopsis*)

× **Arachnostylis** hort. 1966 -f-
Orchidaceae ·
(*Arachnis* × *Rhynchostylis*)

Araeococcus Brongn. 1841 -m-
Bromeliaceae · (S. 969)
- **flagellifolius** Harms 1929 · ♃ ⓦ;
  Amazon.
- **parviflorus** (Mart. ex Schult. et
  Schult. f.) Lindm. 1891 · ♃ ⓦ;
  Bras. (Bahia)

Aralia L. 1753 -f- *Araliaceae* ·
(S. 197)
D:Angelikabaum, Aralie;
E:Angelica Tree; F:Aralia
- *balfouriana* Sander ex André =
  Polyscias scutellaria
- **cachemirica** Decne. · ♃ Z7 VI-VII;
  Kashmir [72419]
- **californica** S. Watson 1876 ·
  D:Kalifornische Aralie;
  E:California Spikenard, Elk
  Clover · ♃ Z8 VII-VIII; USA:
  S-Oreg., Calif.
- *chabrieri* Van Geert = Cassine
  orientalis
- **chinensis** L. 1753 · D:Chinesische
  Aralie; E:Chinese Angelica Tree,
  Chinese Angelica; F:Aralia de
  Chine · ♄ d Z6 VIII-IX ⓝ; China
  [29828]
  - var. *mandshurica* (Rupr. et
    Maxim.) Rehder 1900 = Aralia
    elata var. elata
- **continentalis** Kitag. 1935 · ♃ Z8;
  Amur, N-China, W-China, Korea
- **cordata** Thunb. 1784 · D:Herz-
  förmige Aralie; E:Angelica Tree,
  Udo · ♃ Z7 VI-VII ⓝ; China, Korea,
  Manch., Jap., Sachal.
- *edulis* Siebold et Zucc. = Aralia
  cordata
- **elata** (Miq.) Seem. 1868
  'Aureovariegata' [14060]
  'Variegata' [14070]
  - var. **mandshurica** (Rupr.
    et Maxim.) J. Wen 1994 ·
    D:Mandschurische Aralie
  - var. **elata** · D:Japanische Ara-
    lie; E:Japanese Angelica Tree;
    F:Angélique en arbre du Japon ·
    ♄ ♄ Z5 VIII-X ⓝ [14050]
- *elegantissima* Veitch ex Mast. =
  Schefflera elegantissima

- *filicifolia* C. Moore ex E. Fourn. =
  Polyscias cumingiana
- *fruticosa* (L.) L.H. Bailey =
  Polyscias fruticosa
- *guilfoylei* Bull. = Polyscias
  guilfoylei
- **hispida** Vent. 1801 · D:Steifhaa-
  riger Angelikabaum; E:Bristly
  Sarsaparilla, Dwarf Elder · ♄ d Z3
  VI-VII; Can.: E; USA: NE, NCE,
  N.C.
- *japonica* Thunb. = Fatsia japonica
- *kerchoveana* Veitch ex P.W.
  Richards = Schefflera kerchoveana
- *mandshurica* Rupr. et Maxim. =
  Aralia elata var. mandshurica
- **nudicaulis** L. 1753 · D:Nackt-
  stänglige Aralie; E:American
  Sarsaparilla, Wild Sarsaparilla;
  F:Angélique à tige nue · ♃ Z4
  VI-VII ⚥ ; Can., USA: NE, NCE,
  NC, SE, Rocky Mts., NW
- *nymphaeifolia* Hibberd =
  Oreopanax nymphaeifolius
- *papyrifera* Hook. = Tetrapanax
  papyrifer
- **racemosa** L. 1753 · D:Ameri-
  kanische Aralie; E:American
  Spikenard, Life-of-Man · ♃ Z4 VII-
  VIII ⚥ ; Can.: E; USA: NE, NCE,
  NC, Rocky Mts., SW, SE, SC; Mex.
  [62397]
- *reticulata* Linden ex B.S. Williams
  = Meryta denhamii
- *schefflera* Spreng. = Schefflera
  digitata
- *sieboldii* K. Koch = Fatsia
  japonica
- **spinosa** L. 1753 · D:Herkules-
  keule; E:Devil's Walking Stick,
  Hercules' Club; F:Angélique
  épineuse · ♄ ♄ d Z5 VII-VIII ☿;
  USA: NE, NCE, SC, SE, Fla.
  [34708]
- *veitchii* Carrière = Schefflera
  veitchii

× **Aranda** hort. 1937 -f-
Orchidaceae ·
(*Arachnis* × *Vanda*)

× **Arandanthe** hort. 1957 -f-
Orchidaceae ·
(*Arachnis* × *Euanthe* × *Vanda*)

× **Aranthera** hort. -f- Orchidaceae ·
(*Arachnis* × *Renanthera*)

Araucaria Juss. 1789 -f-
Araucariaceae · (S. 87)
D:Araukarie, Zimmertanne;
E:Monkey Puzzle; F:Araucaria
- **angustifolia** (Bertol.) Kuntze

  1898 · D:Kandelaber-Araukarie;
  E:Brazilian Pine, Candelabra Tree,
  Parana Pine · ♄ e Z9 ⓚ ⓝ; S-Bras.,
  N-Arg. ; mts.
- **araucana** (Molina) K. Koch
  1873 · D:Andentanne, Chilenische
  Araukarie; E:Chile Pine, Monkey
  Puzzle; F:Araucaria du Chili,
  Bourreau des singes · ♄ e Z8 ⓚ ⋀
  ⓝ ▽ ✻; S-Chile, Patag. [24330]
- **bidwillii** Hook. 1843 · D:Bunya-
  Bunya Baum, Queensland-Arauka-
  rie; E:Bunya Bunya · ♄ e Z9 ⓚ ⓝ;
  Austr.: SE-Queensl.
- *brasiliana* A. Rich. = Araucaria
  angustifolia
- **columnaris** (J.R. Forst.) Hook.
  1852 · D:Neukaledonische
  Araukarie; E:Cook Pine, New
  Caledonia Pine · ♄ e Z10 ⓚ;
  N.Caled., Vanuatu
- *cookii* R. Br. ex Lindl. = Araucaria
  columnaris
- **cunninghamii** Aiton ex D. Don
  1837 · D:Neuguinea-Araukarie;
  E:Hoop Pine, Moreton Bay Pine ·
  ♄ e Z10 ⓚ ⓝ; N.Guinea, Queensl.
- *excelsa* (Lamb.) R. Br. = Araucaria
  columnaris
- **heterophylla** (Salisb.) Franco
  1952 · D:Zimmertanne; E:Norfolk
  Island Pine · ♄ e Z9 ⓚ; Norfolk Is.
  [58023]
- *imbricata* Pav. = Araucaria
  araucana

Araujia Brot. 1818 -f-
Asclepiadaceae · (S. 204)
- **sericifera** Brot. 1818 · ♄ e ⚥ Z9 ⓚ
  VII-IX ⓝ; Peru, Arg, S-Bras., nat.
  in SW-Eur. [11039]

Arbutus L. 1753 -f- *Ericaceae* ·
(S. 464)
D:Erdbeerbaum; E:Manzanita,
Strawberry Tree; F:Arbousier
- **andrachne** L. 1759 · D:Östli-
  cher Erdbeerbaum; E:Cyprus
  Strawberry Tree, Grecian
  Strawberry Tree; F:Arbousier
  hybride de Chypre · ♄ ♄ Z8 ⓚ
  III-IV; Eur.: AL, GR, Crete, Krim;
  TR, Levante [11042]
- × **andrachnoides** Link 1821 (*A.
  andrachne* × *A. unedo*) · D:Bas-
  tard-Erdbeerbaum; E:Hybrid
  Strawberry Tree; F:Arbousier
  hybride de Chypre · ♄ ♄ Z8 ⓚ
  III-IV; Eur.: Ba
- *glandulosa* M. Martens et Galeotti
  = Arctostaphylos glandulosa
- **menziesii** Pursh 1814 · D:Mad-
  rone; E:Madrona, Madrone · ♄ e

Z8 Ⓝ; B.C., USA: NW, Calif.; Mex: Baja Calif. [24034]
- **unedo** L. 1753 · D:Westlicher Erdbeerbaum; E:Strawberry Tree; F:Arbousier commun · ♄ ♄ e Z7 XI-XII ⚕ Ⓝ; Eur.: Ib, Fr, IRL, Ap, Ba; TR, Cyprus, Lebanon, Canar., NW-Afr. [32952]
'Compacta' [19281]
'Rubra' [36501]
- *uva-ursi* L. = Arctostaphylos uva-ursi

Arceuthobium M. Bieb. 1819 -n- *Santalaceae* · (S. 607)
- **oxycedri** (DC.) M. Bieb. 1819 · ♄ Ⓚ; Eur.: sp., F, Ba, Krim; TR, Ind., Kenya

Arceuthos Antoine et Kotschy = Juniperus
- *drupacea* (Labill.) Antoine et Kotschy = Juniperus drupacea

Archangelica Wolf = Angelica
- *officinalis* (Moench) Hoffm. = Angelica archangelica subsp. archangelica
- *sativa* (Mill.) Besser = Angelica archangelica subsp. archangelica

Archontophoenix H. Wendl. et Drude 1875 -f- *Arecaceae* · (S. 940)
D:Feuerpalme, Herrscherpalme; E:King Palm; F:Palmier royal
- **alexandrae** (F. Muell.) H. Wendl. et Drude 1875 · D:Alexandrapalme, Herrscherpalme; E:Alexandra Palm, King Palm · ♄ e Z10 Ⓦ; Austr.: Queensl.
- **cunninghamiana** (H. Wendl.) H. Wendl. et Drude 1875 · D:Feuerpalme; E:Bangalow Palm, Piccabeen Palm · ♄ e Z10 Ⓦ; Austr.: Queensl., N.S.Wales, S-Austr.

Arctanthemum (Tzvelev) Tzvelev 1985 -n- *Asteraceae* · D:Grönlandmargerite; E:Arctic Chrysanthemum
- **arcticum** (L.) Tzvelev 1985 · D:Grönlandmargerite; E:Arctic Chrysanthemum · ♃ Z1 IX-X [73758]
'Roseum' [73759]
'Schwefelglanz' [73760]

Arcterica Coville = Pieris
- *nana* (Maxim.) Makino = Pieris nana

Arctium L. 1753 -n- *Asteraceae* · (S. 224)
D:Klette; E:Burdock; F:Bardane
- **lappa** L. 1753 · D:Große Klette; E:Great Burdock · ⊚ Z3 VII-VIII ⚕; Eur.*, TR, Cauc., Iran, W-Sib., Amur, Sachal., C-As., Him., China, Alaska, Can., USA: NE, NCE, NC, SE, NW, Calif.
- **minus** (Hill) Bernh. 1800 · D:Kleine Klette; E:Common Burdock, Lesser Burdock · ⊚ Z3 VII-VIII ⚕; Eur.*, TR, Syr., Cauc., NW-Afr., nat. in N-Am.
- **nemorosum** Lej. 1833 · D:Hain-Klette; E:Wood Burdock · ⊚ Z3 VIII; Eur.* exc. Ib
- **pubens** Bab. 1856 · ⊚ Z3 VIII; Eur.: BrI, DK, Fr, Ib, Ap, CH, RO; TR, Syr., Iran, C-As., N-As., Jap.
- **tomentosum** Mill. 1768 · D:Filzige Klette; E:Hairy Burdock · ⊚ Z3 VII-VIII ⚕; Eur.* exc. BrI; TR, C-As., nat. in BrI, Can. N-USA

Arctostaphylos Adans. 1763 -f- *Ericaceae* · (S. 464)
D:Bärentraube; E:Bearberry; F:Busserole, Raisin-d'ours
- **alpina** (L.) Spreng. 1825 · D:Alpen-Bärentraube; E:Alpine Bearberry, Black Bearberry; F:Busserolle des Alpes · ♄ ♄ d ⁓→ △ Z3 Ⓐ V-VI; Eur.*, W-Sib., E-Sib., Amur, Kamchat., C-As., Alaska, Can., USA: NE; Greenl.
- **glandulosa** Eastw. 1897 · E:Eastwood Manzanita · ♄ e Z8 Ⓚ; USA: Oreg., Calif.
- **manzanita** Parry 1887 · D:Manzanita; E:Manzanita, Parry Manzanita · ♄ e Z8 Ⓚ IV-V; USA: Oreg., N-Calif.
- **myrtifolia** Parry 1887 · E:Ione Manzanita · ♄ e Z8 Ⓚ; Calif. [36794]
- **nevadensis** A. Gray 1878 · E:Pinemat Manzanita; F:Busserolle · ♄ e Z3; Oregon, Calif.; Sierra Nevada [45752]
- **uva-ursi** (L.) Spreng. 1825 · D:Echte Bärentraube, Immergrüne Bärentraube; E:Bearberry, Mountain Cranberry; F:Busserolle, Raisin d'ours · ♄ ♄ e ⁓→ △ Z3 III-V ⚕ ∇; Eur.*, Cauc., W-Sib., E-Sib., Amur, Alaska, Can., USA: NE, NCE, NC, Rocky Mts., SW, NW, Calif.; Greenl. [45750]
'Massachusetts' [36533]
'Vancouver Jade' [36534]

Arctotheca J.C. Wendl. 1798 -f- *Asteraceae* · (S. 224)
D:Kaplöwenzahn; E:Plain Treasureflower; F:Souci du Cap
- **calendula** (L.) Levyns 1942 · D:Kaplöwenzahn; E:Cape Dandelion, Cape Weed · ⊙ ♃ Z9 VII-X; S-Afr.

Arctotis L. 1753 -f- *Asteraceae* · (S. 224)
D:Bärenohr; E:African Daisy; F:Arctotide
- **acaulis** L. 1753 · D:Stängelloses Bärenohr · ⊙ ♃ Z9 VI-IX; S-Afr.
- **breviscapa** Thunb. 1799 · D:Kurzstängeliges Bärenohr · ⊙ ⊙ Z9 VII-IX; S-Afr.
- **fastuosa** Jacq. 1797 · D:Prächtiges Bärenohr; E:Cape Daisy · ⊙ Z9 Ⓚ VI-IX; S-Afr.
- *scapigera* Thunb. = Arctotis acaulis
- **venusta** Norl. 1965 · D:Anmutiges Bärenohr; E:African Daisy, Blue-Eyed African Daisy · ⊙ ♃ Z8 VIII-X; S-Afr.
- **in vielen Sorten:**
'China Rose'
'Flame'
'Mahogany'

Ardisia Sw. 1788 -f- *Myrsinaceae* · (S. 656)
D:Ardisie, Spitzenblume; E:Marlberry; F:Ardisia
- **crenata** Sims 1950 · D:Gewürzbeere; E:Coralberry, Hen's Eyes, Spiceberry · ♄ e ♣ Z9 Ⓦ ▽; N-Ind., China, Korea, Jap., Taiwan
- *crenulata* Lodd. = Ardisia crenata
- **crispa** (Thunb.) A. DC. 1834 · D:Korallenbeere; E:Japanese Holly · ♄ Z7
- **japonica** (Thunb.) Blume 1826 · D:Mergelbeere; E:Marlberry · ♄ e Z8 Ⓚ; China, Jap.
- **malouiana** (Linden et Rodigas) Markgr. 1955 · ♄ e Ⓦ; Kalimantan

Ardisiandra Hook. f. 1846 -f- *Primulaceae* · (S. 712)
- **sibthorpioides** Hook. f. 1864 · ♃ Z10 Ⓦ; trop. Afr. (mts.)
- **wettsteinii** J. Wagner 1932 · ♃ ⁓→ Z8 Ⓚ Ⓐ VI-VIII; trop. Afr.; mts.

Areca L. 1753 -f- *Arecaceae* · (S. 940)
D:Betelpalme; F:Arec, Aréquier, Noix d'Arec

- *alba* Bory = Dictyosperma album
- *aliceae* W. Hill ex F. Muell. = Areca triandra
- *baueri* Hook. f. ex Lem. = Rhopalostylis baueri
- **catechu** L. 1753 · D:Betelnuss, Betelpalme; E:Betel Nut, Betel Palm · ♄ e Z10 ⌂ ♀ ⓝ; ? Phil.
- *crinita* Bory = Acanthophoenix rubra
- *flavescens* Voss = Chrysalidocarpus lutescens
- *gracilis* Thouars ex Kunth = Dypsis pinnatifrons
- *monostachya* Mart. = Linospadix monostachya
- *normanbyi* F. Muell. = Normanbya normanbyi
- *rubra* Bory = Acanthophoenix rubra
- *sapida* Sol. ex G. Forst. = Rhopalostylis sapida
- *sechellarum* (H. Wendl.) Baill. = Phoenicophorium borsigianum
- **triandra** Roxb. ex Buch.-Ham. 1826 · ♄ e Z10 ⌂; Austr.
- **vestiaria** Giseke 1792 · ♄ e Z10 ⌂; Sulawesi, Molucca I.

Arecastrum (Drude) Becc. = Syagrus
- *romanzoffianum* (Cham.) Becc. = Syagrus romanzoffiana

Aremonia Neck. ex Nestl. 1816 -f- Rosaceae · (S. 746) D:Aremonie, Nelkenwurzodermennig; E:Bastard Agrimony; F:Arémonia
- **agrimonoides** (L.) DC. · D:Nelkenwurzodermennig; E:Bastard Agrimony · ♃ V-VI; Eur.: Ap, C-Eur., EC-Eur., Ba, RO; TR, nat. in BrI

Arenaria L. 1753 -f- Caryophyllaceae · (S. 399) D:Sandkraut; E:Sandwort; F:Arénaire, Sabline
- **aggregata** (L.) Loisel.
- *armeriastrum* Boiss. = Arenaria armerina
- **armerina** Bory 1820 · ♃ ↝ △ VI-VII; S-Sp., Maroc.
- **balearica** L. 1753 · D:Korsisches Sandkraut; E:Corsican Sandwort, Mossy Sandwort · ♃ △ Z7 IV-VIII; Eur.: Balear., Corse, Sard., I, nat. in BrI, F
- **biflora** L. 1767 · D:Zweiblütiges Sandkraut · ♃ VII-IX; Eur.: Ib, Fr, Ap, C-Eur., Ba, RO; mts.
- **ciliata** L. 1753
  - subsp. **ciliata** · D:Wimper-Sandkraut; E:Fringed Sandwort · ♃ Z1 VII-VIII; Alp., Cap., IRL
  - subsp. *moehringioides* (Murr) Braun-Blanq. 1927 = Arenaria ciliata subsp. multicaulis
  - subsp. **multicaulis** L. 1882 · D:Vielstängeliges Sandkraut · ♃ Z1 VII-VIII; Eur.: sp., F, I, CH, D, A; mts. sp., Pyr., Alp., Jura
- **gothica** Fr. 1839 · D:Gothisches Sandkraut · ☉ ☉; Eur.: Sweden, Ch
- **gracilis** Waldst. et Kit. 1812 · ♃ △ V-VI; Eur.: Croatia, Bosn., Montenegro, AL [62398]
- *graminifolia* Schrad. = Arenaria procera subsp. glabra
- **grandiflora** L. 1759 · D:Großblütiges Sandkraut · ♃ △ V-VIII; Eur.: Ib, F, Ap, CH, A, Slova.; Afr. mts.
- **gypsophiloides** L. 1767 · ♃ △ VI-VII; Eur.: BG; TR, Iraq, Cauc., Iran
- **hookeri** Nutt. ex Torr. et A. Gray
- **imbricata** M. Bieb. 1808 · ♃; Cauc.
- **ledebouriana** Fenzl · ♃ ↝ △ Z6 VII-VIII; TR
- **leptoclados** (Rchb.) Guss. 1845 · D:Dünnstängeliges Sandkraut · ☉ V-IX; Eur.*, TR, Levante, Cauc., Afr.
- **lithops** Heywood 1963 · ♃ ⌂; Eur.: sp. (Prov. Granada, Jaen) [62399]
- *lloydii* Jord. = Arenaria serpyllifolia subsp. lloydii
- **longifolia** M. Bieb. 1808 · ♃; Russ.
- **marschlinsii** W.D.J. Koch 1841 · ☉ VII-VIII; Eur.: Pyr., CH
- *micradenia* P.A. Smirn. = Arenaria procera subsp. glabra
- *moehringioides* Murr = Arenaria ciliata subsp. multicaulis
- **montana** L. 1755 · D:Alpen-Sandkraut; E:Alpine Sandwort, Large-flowered Sandwort · ♃ △ Z4 V-VIII; Eur.: Ib, F; Maroc. [62400]
- *multicaulis* Jacq. = Arenaria ciliata subsp. multicaulis
- *obtusiloba* (Rydb.) Fernald = Minuartia obtusiloba
- **procera** Spreng. 1808
  - subsp. **glabra** (F.N. Williams) Holub 1956 · ♃ △ Z3 VI-VII [62401]
  - subsp. **procera** · D:Grasblättriges Sandkraut · ♃ △ Z3 VI-VII; Eur.: A, EC-Eur., E-Eur.
- **pseudacantholimon** Bornm. 1910 · ♃; TR
- *pulvinata* = Arenaria lithops
- **pungens** Clemente ex Lag. 1816 · ♃ ⌂; Eur.: S-Sp. (Sierra Nevada); Maroc; mts.
- **purpurascens** Ramond ex DC. 1805 · D:Rosafarbenes Sandkraut; E:Pink Sandwort · ♃ △ Z6 VII-VIII; Eur.: sp., F; Cordillera Cantábrica, Pyr., Vercors
- **rigida** M. Bieb. 1806 · ♃ ↝ △ VII-VIII; Eur.: BG, EC-Eur.
- **rotundifolia** M. Bieb. 1808 · ♃ △ VII-VIII; Eur.: Ba, RO; TR, Cauc.
- **sajanensis** Willd. ex Schltdl. 1813
- **serpyllifolia** L. 1753
  - subsp. **leptoclados** (Rchb.) Nym. 1878 = Arenaria leptoclados
  - subsp. **lloydii** (Jord.) Bonnier 1916 · D:Lloyds Sandkraut · ; Eur.: D +; coasts
  - subsp. **serpyllifolia** · D:Thymianblättriges Sandkraut; E:Thyme Leaved Sandwort · ☉ ☉ V-IX; Eur.*, TR, Syr., Cauc., W-Sib., C-As., China, Jap., NW-Afr., Egypt, Eth., nat. in N-Am., Austr.
- **tetraquetra** L. 1753 [62402]
  - subsp. **amabilis** (Bory) H. Lindb. 1932 · ♃; Eur.: sp. (Sierra Nevada)
  - subsp. **tetraquetra** · ♃ △ Z6 VII-VIII; Eur.: sp., F; mts.
  - var. *granatensis* Boiss. = Arenaria tetraquetra subsp. amabilis
- **tmolea** Boiss. 1843 · ♃ Z6; TR

Arenga Labill. ex DC. 1800 -f- Arecaceae · (S. 940) D:Zuckerpalme; F:Palmier à sucre
- *ambong* Becc. = Arenga undulatifolia
- **australasica** (H. Wendl. et Drude) S.T. Blake ex H.E. Moore 1963 · ♄ e Z10 ⌂; Austr. (Queensl.)
- **engleri** Becc. 1889 · D:Riukiu Zucker-Palme · ♄ e Z10 ⌂; Riukiu-Is., Taiwan
- **pinnata** (Wurmb) Merr. 1917 · D:Molukken-Zuckerpalme; E:Sugar Palm · ♄ e Z10 ⌂ ⓝ; Malay. Arch.
- **porphyrocarpa** (Blume) H.E. Moore 1960 · D:Gomuti-Palme · ♄ e D Z10 ⌂; Java
- *saccharifera* Labill. ex DC. = Arenga pinnata
- **tremula** (Blanco) Becc. 1909 · ♄ e Z10 ⌂; Phil.
- **undulatifolia** Becc. 1886 · ♄ e Z10 ⌂; Kalimantan, Sulawesi, Phil.

Arequipa Britton et Rose 1922 -f-
Cactaceae · (S. 346)
- *aurantiaca* (Vaupel) Werderm.
  = Matucana aurantiaca subsp.
  aurantiaca
- *erectocylindrica* Rauh et Backeb. =
  Arequipa hempeliana
- *haynii* (Otto ex Salm-Dyck) Krainz
  = Matucana haynei subsp. haynei
- **hempeliana** (Gürke) Oehme
  1940 · ⚘ Z9 ⓚ ▽ ✲; S-Peru,
  N-Chile; mts.
- **leucotricha** (Phil.) Britton et
  Rose 1922 · ⚘ Z9 ⓚ ▽ ✲; S-Peru,
  N-Chile
- **myriacantha** (Vaupel) Britton et
  Rose = Matucana weberbaueri var.
  weberbaueri
- *rettigii* (Quehl) Oehme = Arequipa
  hempeliana
- *weingartiana* Backeb. = Arequipa
  hempeliana

Arethusa L. 1753 -f- *Orchidaceae*
- **bulbosa** L. 1753 · D:Drachen-
  maul-Ochidee; E:Dragon's Mouth,
  Swamp Pink
- *chinensis* Rolfe = Bletilla foliosa

Aretia L. = Vitaliana
- *vitaliana* (L.) Murray = Vitaliana
  primuliflora subsp. primuliflora

Argania Roem. et Schult. 1819 -f-
Sapotaceae · (S. 805)
D:Arganbaum; E:Argantree
- **spinosa** (L.) Skeels 1911 ·
  D:Arganbaum; E:Argantree · ♄ e
  ⓚ ⓝ; SW-Maroc.

Argemone L. 1753 -f-
Papaveraceae · (S. 682)
D:Stachelmohn; E:Mexican
Poppy; F:Argémone
- **albiflora** Hornem. 1815 · D:Wei-
  ßer Stachelmohn; E:White Prickly
  Poppy · ⊙ Z7; USA: NE, SE, Fla.
- **grandiflora** Sweet 1828 · D:Groß-
  blütiger Stachelmohn · ⊙ Z8
  VII-IX; Mex.
- **mexicana** L. 1753 · D:Mexikani-
  scher Stachelmohn; E:Devil's Fig,
  Mexican Poppy · ⊙ Z8 VII-IX ⚡
  ⓝ; C-Am., W.Ind., nat. in S-Eur.,
  C-Eur.
- **ochroleuca** Sweet 1828 · D:Blei-
  cher Stachelmohn; E:Pale
  Mexican Poppy · ⊙ ♃ Z8; Mex.
- **platyceras** Link et Otto 1828 ·
  D:Riesenblütiger Stachelmohn;
  E:Crested Poppy, Prickly Poppy ·
  ⊙ Z8 VIII-IX; Mex.

- **polyanthemos** (Fedde) G.B.
  Ownbey 1958 · D:Gehörnter
  Stachelmohn; E:Plains Prickly
  Poppy · ⊙ ⊙ Z6 VII-IX; USA:
  Rocky Mts., NC, SW, Tex.

Argophyllum J.R. Forst. et G. Forst.
1775 -n- *Escalloniaceae* · (S. 476)
- **lejourdanii** F. Muell. 1864 · ♄ ⓚ;
  Austr. (Queensl.)

Argyranthemum Webb 1839 -n-
Asteraceae · (S. 225)
D:Strauchmargerite;
E:Marguerite; F:Marguerite en
arbre
- **foeniculaceum** (Willd.) Webb
  1840 · ♄ Z9 ⓚ I-XII; Canar.:
  Teneriffa
- **frutescens** (L.) Sch. Bip. 1831 ·
  D:Strauchmargerite; E:Boston
  Daisy, Marguerite; F:Anthémis · ♄
  Z9 ⓚ I-XII; Canar. [16673]
  'Chelsea Girl'
  'Edelweiß'
  'Gill's Pink'
  'Mary Wootton'
  'Petite Pink'
  'Snowflake'
  'Vancouver'
- **maderense** (D. Don) Humphries
  1976 · D:Kanarische Strauch-
  Margerite · ♄ e Z9 ⓚ; Canar.
  (Lanzarote)

Argyreia Lour. 1790 -f-
Convolvulaceae · (S. 424)
D:Silberwinde; E:Morning Glory;
F:Liseron arbustif
- **acuta** Lour. 1790
- **nervosa** (Burm. f.) Bojer 1837 ·
  D:Holzrose; E:Woolly Morning
  Glory · ♄ ⚡ Z9 ⓚ VII; Ind.

Argyrocytisus (Maire) Raynaud
1974 -m- *Fabaceae* · (S. 497)
D:Silberginster; F:Genêt argenté
- **battandieri** (Maire) Raynaud
  1974 · D:Silberginster;
  E:Moroccan Broom, Pineapple
  Broom · ♄ d D Z7 V-VI; NW-Afr.
  [26948]

Argyroderma N.E. Br. 1922 -n-
Aizoaceae · (S. 140)
D:Silberhaut; F:Plante-caillou
- *aureum* L. Bolus = Argyroderma
  delaetii
- *braunsii* (Schwantes) Schwantes =
  Argyroderma fissum
- *brevitubum* L. Bolus =
  Argyroderma delaetii
- **congregatum** L. Bolus 1932 · ⚘ Z9

ⓚ; S-Afr. (Cape Prov.)
- **delaetii** C.A. Maass 1929
- **fissum** (Haw.) L. Bolus 1929 · ♃ ⚘
  Z9 ⓚ; S-Afr. (Cape Prov.)
- **framesii** L. Bolus
- *luckhoffii* L. Bolus = Argyroderma
  pearsonii
- *nortierii* L. Bolus = Argyroderma
  congregatum
- *ovale* L. Bolus = Argyroderma
  patens
- **patens** L. Bolus 1950 · ⚘ Z9 ⓚ;
  S-Afr. (Cape Prov.)
- **pearsonii** (N.E. Br.) Schwantes
  1929 · ⚘ Z9 ⓚ; S-Afr. (Cape Prov.)
- **ringens** L. Bolus 1934 · ⚘ Z9 ⓚ;
  S-Afr. (Cape Prov.)
- *roseum* (Haw.) Schwantes =
  Argyroderma delaetii
- **subalbum** (N.E. Br.) N.E. Br.
  1922 · ⚘ Z9 ⓚ; S-Afr. (Cape Prov.)
- **testiculare** (Aiton) N.E. Br. 1922 ·
  ♃ Z9 ⓚ; Kap

Aridaria N.E. Br. 1925 -f-
Aizoaceae · (S. 140)
- **noctiflora** (L.) Schwantes 1928 ·
  ♃ ⚘ D ⓚ VII-VIII; Namibia

Ariocarpus Scheidw. 1838 -m-
Cactaceae · (S. 346)
D:Wollfruchtkaktus; E:Living
Rock; F:Cactus
- **agavoides** (Castañeda) E.F.
  Anderson 1962 · ⚘ Z8 ⓚ ▽ ✲;
  Mex.: Tamaulipas
- *denegrii* (Frič) W.T. Marshall =
  Obregonia denegrii
- **fissuratus** (Engelm.) K. Schum.
  1894
  - var. **fissuratus** · ⚘ Z8 ⓚ ▽ ✲;
    SW-Tex., Mex.: Coahuila
  - var. **lloydii** (Rose) W.T. Marshall
    1941 · ⚘ Z8 ⓚ ▽ ✲; Mex.:
    Coahuila, Durango, Zacatecas
- *furfuraceus* (S. Watson) C.H.
  Thomps. = Ariocarpus retusus
- **kotschoubeyanus** (Lem.) K.
  Schum. 1898
  - var. **elephantidens** Skarupke
    1973 · ⚘ Z9 ⓚ; Mex.
  - var. **kotschoubeyanus** · ⚘ Z8
    ⓚ ▽ ✲; Mex.: Durango, Nuevo
    Leon, San Luis Potosí
- *lloydii* Rose = Ariocarpus fissuratus
  var. lloydii
- **retusus** Scheidw. · ⚘ Z8 ⓚ ▽ ✲;
  Mex.: Coahuila, San Luis Potosi,
  Zacatecas
- **scapharostrus** Boed. 1930 · ⚘ Z9
  ⓚ ▽ ✲; Mex.: Nuevo León
- *strobiliformis* Werderm. =
  Encephalocarpus strobiliformis

- **trigonus** (F.A.C. Weber) K. Schum. 1898
  - var. **elongatus** (Salm-Dyck) Backeb. 1961 · ⚘ ⓚ
  - var. **trigonus** · ⚘ Z9 ⓚ ▽ ✶; Mex.: Nuevo León, Tamaulipas

Ariopsis Nimmo 1839 -f- *Araceae* · (S. 921)
- **peltata** Nimmo 1839 · ♃ ⓜ II-III; Malay. Arch.

Arisaema Mart. 1831 -n- *Araceae* · (S. 921)
D:Feuerkolben; E:Cobra Lily; F:Arisaema
- **amurense** Maxim. 1859 · ♃ Z6; N-China, Amur, Korea, Jap. [62403]
- **candidissimum** W.W. Sm. 1917 · ♃ Z8 ⓜ; W-China [73762]
- **ciliatum** H. Li 1977 · ♃; S-China [73073]
- **concinnum** Schott 1859 · ♃ Z8; Him. (Ind.: Himachal Pradesh - SE-Tibet), Myanmar
- **consanguineum** Schott · D:Chinesischer Feuerkolben; E:Chinese Jack-in-the-Pulpit · ♃ ⚭ Z7 ∧ V ⚥; Him., SW-China [62404]
- **costatum** (Wall.) Mart. ex Schott et Endl. 1831 · ♃ Z7; Nepal
- **dracontium** (L.) Schott 1832 · D:Drachen-Feuerkolben; E:Dragon Root · ♃ Z4 VI; Can.: E; USA: NE, NCE, SC, SE, Fla.
- **elephas** Buchet 1911 · ♃ Z5; China (Yunnan)
- **erubescens** (Wall.) Schott 1832 · ♃ Z4; Him.
- **exappendiculatum** H. Hara 1965 · ♃; Nepal
- **fargesii** Buchet 1911 · ♃ ⓚ III-IV; China: Sichuan
- **flavum** (Forssk.) Schott · ♃ Z7; Afgh., Him., SW-China
- **formosanum** (Hayata) Hayata 1915 · ♃; Taiwan
- **galeatum** N.E. Br. 1879 · ♃; Him.
- **griffithii** Schott 1856 · D:Gelber Feuerkolben; E:Yellow Cobra Lily · ♃ Z8 ∧ III-IV; Him.: Nepal, Sikkim, Bhutan
- *helleborifolium* Schott = Arisaema tortuosum
- **heterophyllum** Blume 1836 · ♃; Ind.
- **intermedium** Blume
- **jacquemontii** Blume 1836 · ♃ Z6; Afgh., NW-Pakist., Him., SE-Tibet
- **kiushianum** Makino 1950 · ♃ Z7 ⓚ; Jap. (Kyushu)
- **nepenthoides** (Wall.) Mart.

1831 · ♃ Z8 ⓚ; Him. (C-Nepal - SW-China), Myanmar
- **propinquum** Schott 1857 · ♃ Z5; Him. (Kashmir - SE-Tibet)
- *quinatum* (Nutt.) Schott = Arisaema triphyllum
- **rhombiforme** Buchet 1911 · ♃; China (Sichuan)
- **ringens** (Thunb.) Schott 1832 · D:Japanischer Feuerkolben · ♃ Z7 III-IV; Jap., S-Korea, E-China
- **saxatile** Buchet 1911 · ♃; China (Yunnan)
- **serratum** (Thunb.) Schott · ♃ Z8 ⓚ III-IV; China, Korea, Jap.
- **sikokianum** Franch. et Sav. 1878 · ♃; Jap., S-China [73074]
- **speciosum** (Wall.) Mart. 1832 · D:Prächtiger Feuerkolben; E:Showy Cobra Lily · ♃ Z8 ⓚ III ⓝ; Him.: Nepal, Sikkim
- **taiwanense** J. Murata 1985 · ♃ Z6; Taiwan
- **thunbergii** Blume 1836
  - subsp. **thunbergii**
  - subsp. **urashima** (H. Hara) H. Ohashi et J. Murata 1980 · ♃ Z5; Jap.
- **tortuosum** (Wall.) Schott · ♃ Z9 ⓜ V-VI ⓝ; Ind.
- **triphyllum** (L.) Torr. · D:Dreiblättriger Feuerkolben; E:Indian Turnip · ♃ ⚭ Z4 III-IV ⚥; Can.: E; USA: NE, NCE, SC, SE, Fla.
- *urashima* H. Hara = Arisaema thunbergii subsp. urashima
- *utile* Hook. f. ex Engl. = Arisaema verrucosum var. utile
- **verrucosum** Schott 1857 · ♃; E-Him., China
  - var. **utile** (Hook. f. ex Engl.) Pradhan 1990 · ♃ Z5 ⓚ; Him. (Ind.: Himachal Pradesh - Nepal, Bhutan)
  - var. **verrucosum**
- *wallichianum* Hook. f. = Arisaema propinquum

Arisarum Mill. 1754 -n- *Araceae* · (S. 922)
D:Mäuseschwanz; E:Mousetailplant; F:Capuchon de moine
- **proboscideum** (L.) Savi 1816 · ♃ Z7 V; Eur.: SW-Sp., I [71739]
- **vulgare** O. Targ. Tozz. 1810 · D:Gewöhnlicher Feuerkolben; E:Jack-in-the-Pulpit · ♃ Z7 V; Eur.: Ib, Fr, Ap, Ba; TR, N-Afr., Azor.

Aristea Aiton 1891 -f- *Iridaceae* · (S. 1017)
D:Grannenlilie; E:Blue Corn Lily;

F:Aristéa
- **africana** (L.) Hoffm. 1824 · ♃ Z9 ⓚ IV-X; S-Afr.
- **alata** Baker 1885 · ♃ ⓜ; Tanz., Kenya
- *cyanea* (Sol.) Aiton = Aristea africana
- *cyanea* De Wild. = Aristea ecklonii
- **ecklonii** Baker 1878 · ♃ Z8 ⓚ; S-Afr., trop. Afr.
- **ensifolia** John Muir 1932 · ♃ Z8 ⓚ; S-Afr. (Cape Prov.)
- **major** Andrews 1801 · ♃ ⓚ; S-Afr. (Cape Prov.)

Aristida L. 1753 -f- *Poaceae* · (S. 1099)
- **adscensionis** L. 1753 · ⊙; cosmopl. trop., subtrop.

Aristolochia L. 1753 -f- *Aristolochiaceae* · (S. 203)
D:Osterluzei, Pfeifenwinde; E:Birthwort; F:Aristoloche
- *altissima* Desf. = Aristolochia sempervirens
- **baetica** L. 1753 · ♄ e Z8 ⓚ; Eur.: S-Sp., P; Alger., Maroc.
- **californica** Torr. 1856 · ♄ d ⚥ Z8 ⓚ; Calif.
- **cauliflora** Ule 1905 · ♄ ⚥ ⓜ; Peru
- **clematitis** L. 1753 · D:Gewöhnliche Osterluzei; E:Birthwort · ♃ Z6 V-VII ⚥ ✿; Eur.* exc. BrI, Sc; TR, Cauc., nat. in GB, . Norw.
- *durior* Hill = Aristolochia macrophylla
- **fimbriata** Cham. 1832 · ♄ ⚥ Z10 ⓜ V-VII; Bras., Parag., Arg.
- **gigantea** Mart. et Zucc. 1824 · ♄ ⚥ e ⚥ Z10 ⓜ; Panama [58024]
- *gigas* Lindl. = Aristolochia grandiflora
- **grandiflora** Sw. 1788 · D:Großblütige Pfeifenwinde; E:Pelican Flower · ♄ ⚥ d ⚥ Z10 ⓜ VII-IX; W.Ind.
- **labiata** Willd. 1809 · ⚥ e ⚥ Z10 ⓜ IV-IX; Bras.
- *leuconeura* Linden = Aristolochia cauliflora
- **lindneri** A. Berger 1927 · ⊙ ⚥ ⓜ VII-VIII; Bol.
- **littoralis** D. Parodi 1878 · D:Strand-Pfeifenwinde; E:Calico Flower · ♄ e ⚥ Z9 ⓚ IV-X; Bras. [16218]
- **macrophylla** Lam. 1783 · D:Amerikanische Pfeifenwinde; E:Dutchman's Pipe; F:Aristoloche siphon · ♄ ⚥ d ⚥ Z5 VI-VIII; USA: NE, SE [44280]
- **macroura** M. Gómez 1803 · ♄ ⚥

ⓌVI-IX; Bol., Parag., Bras., Arg.
- **manshuriensis** Kom. 1903 · ♄ ∫ d ⚥ Z7; Manch., Korea
- **moupinensis** Franch. 1887 · D:Chinesische Pfeifenwinde · ♄ d ⚥ Z5 VI; W-China
- *ornithocephala* Hook. = Aristolochia labiata
- *ringens* Link et Otto = Aristolochia labiata
- **rotunda** L. 1753 · D:Rundblättrige Osterluzei; E:Birthwort · ⚃ Z8 ⚬∧ V; Eur.: Ib, Fr, CH, Ap, Ba
- **sempervirens** L. 1799 · E:Long Birthwort · ♄ e ⚥ Z8 ⓚ; Eur.: Sic., GR, Cr; W-TR, Levante, Alger., nat. in F, Sard., I
- **serpentaria** L. 1753 · E:Virginia Snakeroot · ⚃ Z8 ⓚ VII ⚘ ; USA: NE, NCE, NC, SC, SE, Fla.
- *sipho* L'Hér. = Aristolochia macrophylla
- **tomentosa** Sims 1811 · D:Filzige Pfeifenwinde; E:Woolly Dutchman's Pipe · ♄ d ⚥ Z6 VI-VII; USA: SE, Kans., SC, Fla., nat. in USA: N.Y.
- **tricaudata** Lem. 1865 · ♄ Ⓦ II-IX; Mex.

Aristotelia L'Hér. 784 -f- *Elaeocarpaceae* · (S. 459)
D:Weinbeere; E:Wineberry; F:Aristotélia
- **chilensis** (Molina) Stuntz 1914 · D:Chile-Weinbeere; E:Wineberry · ♄ e Z8 ⓚ; Chile [11045]
- **fruticosa** Hook. f. 1852 · D:Berg-Weinbeere; E:Mountain Wineberry · ♄ e Z8 ⓚ; NZ
- *macqui* L'Hér. = Aristotelia chilensis

× **Arizara** hort. 1965 -f- *Orchidaceae* · (Cattleya × Epidendrum × Domingoa)

Armeria Willd. 1809 -f- *Plumbaginaceae* · (S. 697)
D:Grasnelke; E:Thrift; F:Armérie, Gazon d'Espagne
- **alliacea** (Cav.) Hoffmans. et Link = Armeria arenaria
- **alpina** Willd. 1809 · D:Alpen-Grasnelke · ⚃ Z4 VII-VIII; Eur.: sp., F, I, A, Ba
- **arenaria** (Pers.) Schult. 1820 · D:Wegerich-Grasnelke; E:Jersey Thrift · ⚃ △ Z7 VI-VII ▽; Eur.: Ib, F, I, CH, D [68041]
- *caespitosa* Boiss. = Armeria juniperifolia

- *elongata* (Hoffm.) W.D.J. Koch = Armeria maritima subsp. elongata
- **girardii** (Bernis) Litard. 1955 · ⚃ Z8 ⓚ ▽; Eur.: S-F
- *juncea* Girard non Wallr. = Armeria girardii
- **juniperifolia** (Vahl) Hoffmans. et Link 1813-20 · ⚃ △ Z7 IV-V ▽; Eur.: sp. [62407]
  'Alba' [62410]
  'Bevan's Variety' [62411]
  'Brookside' [67804]
- *latifolia* Willd. = Armeria pseudarmeria
- *laucheana* hort. = Armeria maritima
- **leucocephala** Salzm. ex W.D.J. Koch 1823 · ⚃ Z8 ⓚ ▽; Corse
- **maritima** (Mill.) Willd. 1809 · D:Gewöhnliche Grasnelke; E:Common Thrift, Thrift · [62412]
  'Alba' [62413]
  'Düsseldorfer Stolz' [62414]
  'Frühlingszauber' [62415]
  'Laucheana' [67871]
  'Rosea' [62417]
  'Splendens' [62420]
  'Splendens Perfecta'
- subsp. **maritima** · D:Strand-Grasnelke; F:Gazon d'Espagne · ⚃ ∣: △ IX-XI ▽; Eur.: Sc, N-Russ.
- subsp. **alpina** (Willd.) P. Silva 1971 = Armeria alpina
- subsp. **elongata** (Hoffm.) Bonnier 1927 · D:Sand-Grasnelke · ⚃ VIII ▽; Eur.: BrI, Sc, Fr, C-Eur., EC-Eur., E-Eur.
- subsp. **halleri** (Wallr.) Rothm. 1963 · D:Galmei-Grasnelke · ⚃ ▽; Eur.: F, NL, D, PL
- subsp. **purpurea** (W.D.J. Koch) Á. Löve et D. Löve 1961 · D:Purpur-Grasnelke · ⚃ ▽; Eur.: S-D, ? N-I
- *plantaginea* Willd. = Armeria arenaria
- **pseudarmeria** (Murray) Mansf. 1939 · ⚃ △ Z8 VI-VIII ▽; C-P
- *pseudarmeria* auct. non (Murray) Mansf. = Armeria arenaria
- *setacea* Delile = Armeria girardii
- **tweedyi** hort.
- *vulgaris* Willd. = Armeria maritima subsp. maritima

× **Armodachnis** hort. 1957 -f- *Orchidaceae* · (Arachnis × Armodorum)

Armoracia G. Gaertn., B. Mey. et Scherb. 1800 -f- *Brassicaceae* · (S. 316)
D:Meerrettich; E:Horse Radish;
F:Cran, Cranson, Raifort
- **rusticana** G. Gaertn., B. Mey. et Scherb. 1800 · D:Gewöhnlicher Meerrettich; E:Horseradish · ⚃ Z5 V-VII ⚘ Ⓝ; ? Russ., nat. in Eur., Cauc., N-Am. [68600]
  'Variegata' [60240]

Arnebia Forssk. 1775 -f- *Boraginaceae* · (S. 304)
D:Prophetenblume; F:Fleur du prophète
- *echioides* (L.) A. DC. = Arnebia pulchra
- **guttata** Bunge 1840 · ⊙ ⚃ ⓚ; W-Sib., C-As., Mong., Kashmir
- *longiflora* K. Koch = Arnebia pulchra
- **pulchra** (Willd. ex Roem. et Schult.) J.R. Edm. 1977 · ⚃ Z7; TR, Cauc., N-Iran [62424]

Arnica L. 1753 -f- *Asteraceae* · (S. 225)
D:Arnika, Wohlverleih; F:Arnica, Panacée des montagnes
- **angustifolia** Vahl 1816 · ⚃ Z2; Sc, N-Russ.
- **chamissonis** Less. 1831 · E:Leafy Leopardsbane · ⚃ Z2 V-VIII ⚘ ; Alaska, Can.: B.C.; USA: NW, Calif., Rocky Mts., SW [62425]
- *foliosa* Nutt. = Arnica chamissonis
- **lanceolata** Nutt. 1841 · E:Soft Leaved Arnica · ⚃ VII; Can.: E; USA: NE
- *mollis* Hook. = Arnica lanceolata
- **montana** L. 1753 · D:Berg-Wohlverleih, Echte Arnika; E:Mountain Arnica · ⚃ △ Z6 VI ⚘ Ⓝ ▽; Eur.* exc. BrI [62426]
- **sachalinensis** (Regel) A. Gray 1883 · ⚃ Z2 VII-VIII; Amur, Sachal., ? Jap.

Arnoseris Gaertn. 1791 -f- *Asteraceae* · (S. 225)
D:Lämmersalat; E:Lamb's Succory; F:Arnoséris
- **minima** (L.) Schweigg. et Körte 1811 · D:Lämmersalat; E:Lamb's Succory · ⊙ VI-IX; Eur.*, Maroc., nat. in NZ, Austr.

Aronia Medik. 1789 -f- *Rosaceae* · (S. 746)
D:Apfelbeere; E:Chokeberry; F:Aronia
- **arbutifolia** (L.) Pers. 1821 [47520]
  'Brilliant' > 1970 [36824]
  'Erecta' > 1970 [24036]
- var. **arbutifolia** · D:Filzige

Apfelbeere; E:Red Chokeberry; F:Aronia à feuilles d'arbousier · ♄ d ⚥ Z5 IV-V; Can.: E; USA: NE, NCE, SE, Fla., Tex.
fo. leiocalyx 1920 Rehder Z4
- var. **atropurpurea** (Britton) F. Seym. 1969 · ♄ d Z5
- *floribunda* (Lindl.) Spach = Aronia × prunifolia
- **melanocarpa** (Michx.) Elliott 1821 · D:Kahle Apfelbeere; E:Black Chokeberry · [46820]
  - var. **elata** Rehder 1912 · D:Birnenförmige Kahle Apfelbeere · ♄ d Z5
  - var. **grandifolia** (Lindl.) C.K. Schneid. 1906 · D:Apfelförmige Kahle Apfelbeere · ♄ d Z5; S-Appalachians
  - var. **melanocarpa** · D:Gewöhnliche Kahle Apfelbeere · ♄ d Z4 V-VI ⓝ; Can.: E; USA; NE, NCE, SE
- × **prunifolia** (C.K. Schneid.) Graebn. 1785 (*A. arbutifolia* × *A. melanocarpa*) · D:Pflaumenblättrige Apfelbeere; E:Purple Chokeberry · ♄ d Z5 V-VI; Ca.: E; E-USA [46830]
  'Aron' > 1987 [44936]
  'Nero' c. 1970 [37381]
  'Viking' c. 1980 [24038]
- *prunifolia* (Marshall) Rehder = Aronia × prunifolia

Arpophyllum Lex. 1825 -n- *Orchidaceae* · (S. 1050)
D:Sichelblattorchidee; E:Bottlebrush Orchid; F:Orchidée
- **giganteum** Hartw. ex Lindl. 1840 · ♃ Z10 ⓚ III-IV ▽ ✻; Mex., C-Am., Jamaica, Col.
- **spicatum** Lex. 1825 · ♃ Z10 ⓚ XII-I ▽ ✻; Mex., C-Am.

Arracacia Bancr. 1828 -f- *Apiaceae* · (S. 167)
- **atropurpurea** Benth. et Hook. f. ex Hemsl. 1880 · ⊙
- **xanthorrhiza** Bancr. 1828 · D:Arrakatscha; E:Peruvian Carrot · ♃ ⓝ; orig. ?, nat. in Venez., Col., Bol., Peru

Arrhenatherum P. Beauv. 1812 -n- *Poaceae* · (S. 1099)
D:Glatthafer; E:False Oat Grass; F:Avoine en chapelet
- *desertorum* (Less.) Potztal = Helictotrichon desertorum
- **elatius** (L.) P. Beauv. ex J. Presl et C. Presl 1819
  - var. **bulbosum** (Willd.) Spenn.

1825 · D:Knollen-Glatthafer, Knolliger Glatthafer · ♃ Z6 VI-VII; Eur.: S-Eur., W-Eur.
  'Variegatum' [67473]
  - var. **elatius** · D:Gewöhnlicher Glatthafer, Hoher Glatthafer; E:False Oat Grass; F:Fromental élevé · ♃ Z6 VI-VII; Eur.*, TR, N-Iraq, Cauc., Iran, Canar., Madeira, NW-Afr., nat. in N-Am.
- *parlatorei* (J. Woods) Potztal = Helictotrichon parlatorei

Arrojadoa Britton et Rose 1920 -f- *Cactaceae* · (S. 346)
- **aureispina** Buining et Brederoo 1972 · ↯ Z9 ⓚ; Bras.
- **penicillata** (Gürke) Britton et Rose 1920 · ↯ Z10 ⓚ ▽ ✻; Bras.
- *polyantha* (Werderm.) D.R. Hunt = Micranthocereus polyanthus
- **rhodantha** (Gürke) Britton et Rose 1920 · ↯ Z10 ⓚ ▽ ✻; Bras.

Artabotrys R. Br. -m- *Annonaceae* · (S. 160)
D:Klimmtraube; E:Tail Grape
- **hexapetalus** (L. f.) Bhandari 1965 · E:Climbing Ilang Ilang · ♄ e ⚥ D Z10 ⓦ; S-Ind., Sri Lanka
- *uncinatus* (Lam.) Merr. = Artabotrys hexapetalus

Artanthe Miq. = Piper
- *magnifica* Linden = Piper magnificum

Artemisia L. 1753 -f- *Asteraceae* · (S. 225)
D:Absinth, Beifuß, Eberraute, Wermut; E:Mugwort, Sage Brush, Wormwood; F:Absinthe, Armoise
- **abrotanum** L. 1753 · D:Eberraute; E:Lad's Love, Southernwood; F:Citronnelle aurone · ♄ ♄ Z6 VII-X ⚥ ⓝ; orig. ?, nat. in S-Eur., SE-Eur., W-As., Sib. [62427]
- **absinthium** L. 1753 · D:Absinth, Echter Wermut; E:Absinthe, Common Wormwood; F:Armoise absinthe · ♃ ♄ d Z6 VII-IX ⚥ ⚲ ⓝ; Eur.*, TR, Cauc., N-Iran, W-Sib., C-As., nat. in N-Am. [62428]
  'Lambrook Mist' [68295]
  'Lambrook Silver' [62429]
- **afra** Jacq. ex Willd. 1804 · ♃; S-Afr., trop. Afr., E-Afr.
- **alba** Turra 1764 · D:Kampfer-Wermut · ♃ Z6 VII-IX; Eur.: Sp, Fr, Ap, Ba, RO; NW-Afr. [60465]
  'Canescens'
- *albula* Wooton = Artemisia ludoviciana var. albula

- **annua** L. 1753 · E:Sweet Wormwood · ⊙ Z8 VIII-X ⚥ ; Eur.* exc. BrI; TR, Syr., Palaest., Cauc., N-Iran, W-Sib., E-Sib., China, Korea, Jap., nat. in Can.: W; USA: NCE, NC, Rocky Mts., SW
- **arborescens** L. 1753 · ♄ e Z8 ⓚ; Eur.: Ib, Ap, Ba; TR, N-Afr., nat. in Fr [11047]
  'Powis Castle' [62430]
- **armeniaca** Lam. 1753 · ♃ ⤳ △ Z5; Cauc. (Armen.) [62431]
- *assoana* Willk. = Artemisia caucasica
- **austriaca** Jacq. 1753 · D:Österreichischer Beifuß · ♃ ⤳ VII-VIII; Eur.: A, EC-Eur., BG, E-Eur.; TR, Cauc., N-Iran, nat. in F, D
- **biennis** Willd. 1794 · D:Zweijähriger Beifuß · ⊙ VII-IX; N-As., N-Am., nat. in BrI, NL, DK, S-Sweden
- *borealis* Pall. = Artemisia campestris subsp. borealis
- **campestris** L. 1753 · D:Feld-Beifuß
  - subsp. **borealis** (Pall.) H.M. Hall et Clem. 1923 · D:Nordischer Beifuß; E:Boreal Sagebrush · ♃ Z2 VII-X; Eur.:
  - subsp. **campestris** · D:Gewöhnlicher Feld-Beifuß; E:Field Wormwood · ♃ Z2 VIII-X; Eur.*, TR, Cauc., W-Sib., C-As., NW-Afr.
- *camphorata* Vill. = Artemisia alba
- *cana* Pursh = Seriphidium canum
- **canariensis** (Besser) Less. 1831 · ♄ Z9 ⓚ; Canar.
- *canescens* Willd. = Artemisia armeniaca
- **capillaris** Thunb. ex Murray 1784
- **caucasica** Willd. · F:Armoise du Caucase · ♃ Z5; Eur.: Ba, Ib, Ap, E-Eur.; Cauc. [61923]
- **chamaemelifolia** Vill. 1779 · ♃ Z3; Eur.: sp., F, I, BG; Sw-Alp., Pyr., Cord. Cantábrica; Cauc., N-Iran
- **cina** O. Berg · D:Zitwer; E:Levant Wormwood · ♄ VII-IX ⚥ ⚲; C-As. (S.-Kasach.)
- *discolor* Douglas ex Besser = Artemisia michauxiana
- **dracunculus** L. 1753 · D:Estragon; E:Estragon, Tarragon; F:Estragon · ♃ Z3 VIII-X ⓝ; Eur.: Russ.; W-Sib., E-Sib., C-As., W-Him., Mong., China, Alaska, Can., USA* exc. NE, SE, Fla., nat. in F, C-Eur., EC-Eur., JU, RO [62433]
- **eriantha** Ten. 1830 · ♃ △ Z5

VI-VIII; Eur.: Ib, Fr, Ap, EC-Eur., Ba, RO; mts.
- **filifolia** Torr. 1827 · E:Silvery Wormwood
- **frigida** Willd. 1803 · ⚃ ♄ ♄ Z4 VII-VIII; Alaska, Can.: W, B.C.; USA: NW, Rocky Mts., Ariz., NC, NCE; Sib., nat. in ne N-Am.
- **genipi** Weber 1775 · D:Schwarze Edelraute · ⚃ Z4 VII-VIII ⚥ ; Eur.: A, D, CH, I; Alp.
- **glacialis** L. 1763 · D:Gletscher-Edelraute; E:Glacier Wormwood · ⚃ Z5 VII-VIII; Eur.: F, I, CH; SW-Alp.
- *glauca* Pall. ex Willd. = Artemisia dracunculus
- **gmelinii** Webb ex Stechm. 1775 · ⊙ ♄ VIII-IX; S-Russ., Sib., Afgh., Him.
- *gnaphalodes* Nutt. = Artemisia ludoviciana var. ludoviciana
- **japonica** Thunb. 1784
- **laciniata** Willd. 1803 · D:Schlitzblättriger Beifuß · ⚃ VIII-X ▽; Eur.: A, D, Sweden (Öland), CZ, Russ.; W-Sib., E-Sib., C-As., Him., Mong., Amur, Manch.
- **lactiflora** Wall. ex DC. 1837 · D:Weißer China-Beifuß; E:White Mugwort; F:Armoise à fleurs laiteuses · ⚃ ⋈ Z4 IX-X ⚥ ; W-China [62434]
  Guizhou Grp. [68815]
- *lanata* Willd. = Artemisia caucasica
  - var. *nitida* (Bertol.) DC. = Artemisia nitida
- **ludoviciana** Nutt. 1818 [62437]
  'Silver Queen' [62438]
  'Valerie Finnis' [67779]
  - var. **albula** (Wooton) Shinners 1964 · ⚃ Z5; USA: Calif., S-Colo., SW, Tex.; N-Mex.
  - var. *incompta* (Nutt.) Cronquist 1955
  - var. **latiloba** Nutt. 1841 [62436]
  - var. **ludoviciana** · D:Weißer Beifuß; E:Cudweed, Western Mugwort · ⚃ Z5 VII-VIII; Alaska, Can.: W; USA*; Mex.
- *manshurica* (Kom.) Kom. = Artemisia japonica
- *maritima* L. = Seriphidium maritimum
- **michauxiana** Besser 1834 · ⚃ Z3; Can.: B.C., Alta.; USA: NW, Calif., Rocky Mts.
- **molinieri** Quézel 1966
- *mutellina* Vill. = Artemisia umbelliformis
- **nitida** Bertol. 1853 · D:Glänzende Edelraute · ⚃ △ Z5 VIII-IX; Eur.:

I, A, Slove.; SE-Alp., Alpi Apuane [62439]
- **nivalis** Braun-Blanq. 1919, p. 1928 · D:Schnee-Edelraute · ⚃ VIII; Eur.: SW-CH
- *nutans* Nakai = Artemisia nutantiflora
- **nutantiflora** Nakai 1923
- **pancicii** (Janka) Ronniger 1938 · D:Waldsteppen-Beifuß · ⚃ IX-X ▽; Eur.: A, Serb.
- *pedemontana* Balb. = Artemisia caucasica
- *petrosa* Fritsch = Artemisia eriantha
- **pontica** L. 1753 · D:Pontischer Beifuß; E:Roman Wormwood; F:Absinthe romaine · ⚃ ⤳ Z4 VIII-X ⓝ; Eur.: D, A, EC-Eur., BG, E-Eur.; Cauc., W-Sib., nat. in F, I, CH [62440]
- *procera* Willd. = Artemisia abrotanum
- *purshiana* Besser = Artemisia ludoviciana var. ludoviciana
- **rupestris** L. 1753 · D:Steppen-Beifuß · ⚃ Z3 IX-X ▽; Eur.: D, Sweden, Russ; Sib., C-As.
- *sacrorum* Ledeb. = Artemisia gmelinii
- **santonica** L. 1753 · D:Salz-Beifuß · ⚃ IX-X; Eur.: A, EC-Eur., Ba, E-Eur.
- **schmidtiana** Maxim. 1872 · D:Kurilen-Beifuß; E:Angel's Hair; F:Armoise de Schmidt · ⚃ △ Z4 VIII; Jap., Sachal. [62441]
- **scoparia** Waldst. et Kit. 1801 · D:Besen-Beifuß · ⊙ Z3 VIII-X; Eur.: C-Eur., EC-Eur., E-Eur., Ba; TR, Iraq, Arab., Cauc., Iran, W-Sib., E-Sib., Amur, Sachal., C-As., Afgh., Pakist., NW-Ind., Mong., China, Korea, nat. in F
- **sieversiana** Ehrh. ex Willd. 1800 · D:Sievers-Beifuß · ⊙ ⊙ VII-IX; Eur.: Balt.; C-As., N-As.
- **splendens** Willd. 1822 · D:Kaukasischer Beifuß; E:Alpine Wormwood
  - var. **brachyphylla** Boiss. · ⚃ △ Z5 VII-VIII; TR, Cauc., Iran
  - var. **splendens** · ⚃ Z5 VII-VIII; Cauc., N-Iran, N-Iraq
- **stelleriana** Besser 1834 · D:Silber-Wermut; E:Dusty Miller, Old Woman; F:Armoise des côtes d'Extrême-Orient · ⚃ ⤳ Z5 VII-VIII; Korea, Jap., Sachal., Kamchat., nat. in e N-Am., N-Eur. [62443]
  'Boughton Silver' [68042]
- **tournefortiana** Rchb. 1824 ·

D:Armenischer Beifuß · ⊙ VII-IX; TR, Iran, Afgh., Him., nat. in D
- **tridentata** Nutt. 1841 · D:Dreizähniger Wermut; E:Big Sage, Sage Brush · ♄ e D Z7 VIII-IX; Can.: W; USA: NW, Calif., Rocky Mts., SW, NC; Mex: Baja Calif.
- **umbelliformis** Lam. 1783 · D:Echte Edelraute · ⚃ △ Z4 VII-IX ⓝ ▽; Eur.: F, I, C-Eur.; Pyr., Alp., N-Apenn.
- **vallesiaca** All. 1773 · D:Walliser Wermut; E:Valais Wormwood; F:Armoise du Valais · ⚃ △ Z7 VIII-X; Eur.: SE-F, CH, N-I
- **verlotiorum** Lamotte 1877 · D:Kamtschatka-Beifuß · ⚃ IX-XI; Jap., Kamchat., nat. in Eur.* exc. Sc, EC-Eur.
- *villarsii* Godr. et Gren. = Artemisia eriantha
- **vulgaris** L. 1753 · D:Gewöhnlicher Beifuß; E:Mugwort · ⚃ Z3 VIII-XI ⚥ ⓝ; Eur.*, TR, Cauc., Iran, W-Sib., E-Sib., C-As., Alger., Tun., Alaska, Can., USA: NE, NCE, NC, SE [62444]
  'Oriental Limelight' [72370]
  'Variegata'

Arthrocereus A. Berger et F.M. Knuth 1929 -m- *Cactaceae* · (S. 347)
- **microsphaericus** (K. Schum.) A. Berger 1929 · ⚇ Z9 ⓖ ▽ ✻; Bras.
- *mirabilis* (Speg.) W.T. Marshall = Setiechinopsis mirabilis
- **rondonianus** Backeb. et Voll ex Backeb. 1935 · ⚇ Z9 ⓖ ▽ ✻; Bras.

Arthromeris (T. Moore) J. Sm. 1875 -f- *Polypodiaceae* · (S. 75)
- **wallichiana** (Spreng.) Ching 1933 · ⚃ Z9 ⓖ; China, N-Ind.

Arthropodium R. Br. 1810 -n- *Anthericaceae* · (S. 916)
D:Felsenlilie; E:Rock Lily; F:Lis des rochers
- **candidum** Raoul 1846 · D:Gras-Felsenlilie; E:Star Lily · ⚃ Z8 ⓖ V-VI; NZ
- **cirrhatum** (G. Forst.) R. Br. 1822 · D:Funkien-Felsenlilie; E:Rienga Lily, Rock Lily · ⚃ Z8 ⓖ V-VI; NZ [11048]
- **milleflorum** (DC.) J.F. Macbr. 1918 · ⚃ Z8 ⓖ V-VI; Austr.: Queensl., N.S.Wales, Victoria, S-Austr., Tasman.
- **minus** R. Br. 1810 · ⚃ Z8 ⓖ VI-VII; Austr.
- *paniculatum* (Andrews) R. Br. =

Arthropodium milleflorum
- *reflexum* Colenso = Arthropodium candidum

Artocarpus J.R. Forst. et G. Forst. 1775 -m- *Moraceae* · (S. 649)
D:Brotfruchtbaum; E:Breadfruit; F:Arbre à pain
- **altilis** (Parkinson) Fosberg 1941 · D:Brotfruchtbaum; E:Breadfruit · ♄ e Z10 ⓦ ⓝ; Molucca I., N.Guinea
- *cannonii* W. Bull ex Van Houtte = Ficus aspera
- *communis* J.R. Forst. et G. Forst. = Artocarpus altilis
- **elasticus** Reinw. ex Blume 1825 · ♄ e Z10 ⓦ ⓝ; Malay. Arch.
- **heterophyllus** Lam. 1789 · D:Jackfruchtbaum; E:Jackfruit · ♄ e Z10 ⓦ ⓝ; Ind.
- *incisus* (Thunb.) L. f. = Artocarpus altilis
- **integer** (Thunb.) Merr. 1917 · D:Campedak; E:Taboda · ♄ e Z10 ⓦ ⓝ; Indochina, Malay. Pen., Sumat., Kalimantan
- *integrifolius* auct. non L. f. = Artocarpus heterophyllus
- *integrifolius* L. f. = Artocarpus integer
- *jaca* Lam. = Artocarpus heterophyllus

Arum L. 1753 -n- *Araceae* · (S. 922)
D:Aronstab; E:Lords and Ladies; F:Arum, Gouet
- *alpinum* Schott et Kotschy = Arum cylindraceum
- **concinnatum** Schott 1857 · ⚃ Z7 ⓚ; Eur.: S-GR, Crete; SW-TR, Cyprus
- *conophalloides* Kotschy ex Schott = Arum rupicola
- *cornutum* hort. = Sauromatum venosum
- **creticum** Boiss. et Heldr. 1854 · ⚃ Z7; Crete
- **cylindraceum** Gasp. 1844 · D:Dänischer Aronstab · ⚃; Eur.: DK, S-Sweden
- **cyrenaicum** Hruby 1912 · ⚃ Z8 ⓚ; Libya (Cyrenaica)
- *detruncatum* C.A. Mey. ex Schott = Arum rupicola
- **dioscoridis** Sibth. et Sm. 1816
  - var. **dioscoridis** · ⚃ Z8 ⓚ III-IV; TR
  - var. *liepoldtii* (Schott) Engl. 1920 = Arum dioscoridis var. dioscoridis
  - var. *luschanii* R.R. Mill 1983 = Arum dioscoridis var. dioscoridis
  - var. *smithii* Engl. 1879 = Arum dioscoridis
  - var. *spectabile* (Schott) Engl. 1879 = Arum dioscoridis var. dioscoridis
- **elongatum** Steven
- *esculentum* L. = Colocasia esculenta
- *guttatum* Wall. = Dracunculus vulgaris
- **idaeum** Coustur. et Gand. 1917 · ⚃ Z7 ⓚ; Crete; mts.
- **italicum** Mill. 1768 [62445]
  'Pictum' [61924]
  - subsp. **albispathum** (Steven ex Ledeb.) Prime 1978 · ⚃ Z6; Eur.: Krim; Cauc.
  - subsp. **italicum** · D:Italienischer Aronstab; E:Italian Arum; F:Gouet d'Italie · ⚃ ⚘ Z6 IV-V ✻; Eur.: Ib, Fr, BrI, Ap, CH, Ba, Krim; TR, Iraq, Cauc., Canar., Madeira, NW-Afr., nat. in NL
- **korolkowii** Regel 1873 · ⚃ Z6; C-As., N-Iran, Afgh., China (Xinjiang)
- **maculatum** L. 1753 · D:Gefleckter Aronstab; E:Cuckoo Pint, Lords-and-Ladies; F:Gouet tacheté · ⚃ ⚘ Z6 IV-V ♃ ✻; Eur.* exc. Sc; TR, nat. in Sc [62446]
- *nickelii* Schott = Arum concinnatum
- **nigrum** Schott 1857 · ⚃ Z6; Eur.: Ba
- **orientale** M. Bieb. · ⚃ Z6 VI; Eur.: I, A, EC-Eur., Ba, RO, S-Russ.; TR, Cyprus, Cauc.
- **palaestinum** Boiss. 1854 · D:Schwarzer Aronstab; E:Black Calla · ⚃ D Z9 ⓚ III-IV; Palaest.
- *petteri* hort. = Arum nigrum
- *petteri* Schott = Arum orientale
- **pictum** L. f. 1782 · ⚃ Z8 ⓚ ∧ IX-X; Corse, Sard., Balear.
- **purpureospathum** P.C. Boyce 1987 · ⚃ Z8 ⓚ; Crete
- **rupicola** Boiss.
- *sanctum* Dammer = Arum palaestinum

Aruncus L. 1758 -m- *Rosaceae* · (S. 747)
D:Geißbart; E:Buck's Beard, Goat's Beard; F:Barbe-de-bouc
- **aethusifolius** (H. Lév.) Nakai 1912 · D:Kleiner Geißbart; E:Dwarf Goat's Beard · ⚃ V-VI; Jap., Korea [62447]
- *astilboides* Maxim. = Aruncus dioicus var. astilboides
- **dioicus** (Walter) Fernald 1939 [62448]
  - var. **astilboides** (Maxim.) H. Hara · ⚃ Z6 VI-VII; Jap.
  - var. **dioicus** · D:Wald-Geißbart; E:Goat's Beard · ⚃ ⚘ Z7 VI-VII ✻; Eur.* exc. BrI, Sc; TR, Cauc.
    'Glasnevin'
    'Kneiffii' [62449]
  - var. **kamtschaticus** (Maxim.) H. Hara · ⚃; E-Sib., Kamchat., Alaska [62450]
- *kamtschaticus* (Maxim.) Rydb. = Aruncus dioicus var. kamtschaticus
- **parvulus** Kom. 1932 · ⚃ △ VI; Sib.
- **sinensis** hort. · ⚃; cult. [62451]
  'Zweiweltenkind' [62452]
- *sylvestris* Kostel. = Aruncus dioicus var. dioicus
- *vulgaris* Raf. = Aruncus dioicus var. dioicus

Arundina Blume 1825 -f- *Orchidaceae* · (S. 1051)
D:Schilforchidee; F:Orchidée-roseau
- **graminifolia** (D. Don) Hochr. 1910 · D:Schilforchidee; E:Bamboo Orchid · ⚃ Z10 ⓦ III-IV ▽ ✻; Him., Nepal, Indochina, Malay. Arch., nat. in Hawaii

Arundinaria Michx. 1803 -f- *Poaceae* · (S. 1100)
E:Cane Reed
- *acuminata* Munro = Otatea acuminata
- *alpina* K. Schum. = Yushania alpina
- *anceps* Mitford = Yushania anceps
- *auricoma* Mitford = Pleioblastus auricomus
- *chino* (Franch. et Sav.) Makino = Pleioblastus chino
- *disticha* (Mitford) Pfitzer ex J. Houz. = Pleioblastus pygmaeus
- *fangiana* A. Camus = Bashania faberi
- *fastuosa* (Lat.-Marl. ex Mitford) J. Houz. = Semiarundinaria fastuosa
- *fortunei* (Van Houtte) Rivière et C. Rivière = Pleioblastus variegatus
  'Fortunei'
  'Shibuyana' = Pleioblastus variegatus
- *funghomii* McClure = Pseudosasa cantorii
- **gigantea** (Walter) Muhl. 1818 · E:Cane Reed, Giant Reed · ♄ e Z7 ⓚ; USA: SE, Fla., SW, Ky., Va.
- *humilis* Mitford = Pleioblastus humilis
- *japonica* Siebold et Zucc. ex Steud. = Pseudosasa japonica

- *jaunsarensis* Gamble = Yushania anceps
- *latifolia* Keng = Indocalamus latifolius
- *linearis* Hack. = Pleioblastus linearis
- *maling* Gamble = Yushania maling
- *marmorea* (Mitford) Makino = Chimonobambusa marmorea
- *murieliae* Gamble = Fargesia murieliae
- *nitida* Mitford = Fargesia nitida
- *palmata* (Mitford) Bean = Sasa palmata
- *pygmaea* (Miq.) Makino = Pleioblastus pygmaeus
- *ragamowskii* (Keng f.) Pfitzer = Indocalamus tessellatus
- *ramosa* Makino = Sasaella ramosa
- *simonii* (Carrière) Rivière et C. Rivière = Pleioblastus simonii
- *spathacea* (Franch.) D.C. McClint. = Fargesia spathacea
- *tessellata* (Nees) Munro = Thamnocalamus tessellatus
- *variegata* (Siebold ex Miq.) Makino = Pleioblastus variegatus
- *viridistriata* (Siebold ex André) Makino ex Nakai = Pleioblastus auricomus

Arundo L. 1753 -f- Poaceae · (S. 1100)
D:Pfahlrohr; E:Giant Reed; F:Canne de Provence
- *arenaria* L. = Ammophila arenaria
- **donax** L. 1753 · D:Pfahlrohr; E:Giant Reed · ⚃ ~ Z7 ⓐ ∧ ⚄ ⓝ; cult., nat. in Eur.: Ib, F, Ap, Ba; USA: Ark., Tex., Calif. SW; , trop. Am. [67474]
  'Variegata'
  fo. *versicolor* (Mill.) Beetle = Arundo donax
  - var. *versicolor* (Mill.) Stokes 1812 = Arundo donax

Asarina Mill. 1757 -f- Scrophulariaceae · (S. 822)
D:Felsenlöwenmaul; E:Creeping Snapdragon; F:Maurandie, Muflier grimpant
- *antirrhiniflora* (Humb. et Bonpl. ex Willd.) Pennell = Maurandella antirrhiniflora
- *barclaiana* (Lindl.) Pennell = Maurandya barclaiana
- *erubescens* (D. Don) Pennell = Lophospermum erubescens
- *lophospermum* (L.H. Bailey) Pennell = Lophospermum scandens
- **procumbens** Mill. 1768 · D:Fel- senlöwenmaul, Nierenblättri- ges Löwenmaul; E:Creeping Snapdragon · ⚃ △ Z7 ⓐ ∧ V-IX; Eur.: NE-Sp., S-F [62453]
- *purpusii* (Brandegee) Pennell = Lophospermum purpusii
- *scandens* (Cav.) Pennell = Maurandya scandens

Asarum L. 1753 -n- Aristolochiaceae · (S. 203)
D:Haselwurz; E:Asarabacca, Wild Ginger; F:Asaret
- **canadense** L. 1753 · D:Kanadi- sche Haselwurz; E:Wild Ginger · ⚃ Z4 III-IV ⚥ ; Can., USA: NE, NCE, NC, SE [71666]
- **caudatum** Lindl. 1831 · D:Geschwänzte Haselwurz; E:Wild Ginger · ⚃ Z7 VII; Can.: W; USA: NW, Rocky Mts., Calif. [62454]
- **caulescens** Maxim. 1872 · ⚃; Jap.; mts.
- **debile** Franch. 1898 · ⚃; China
- **delavayi** Franch. 1895 · ⚃; China (Yunnan)
- **europaeum** L. 1753 · D:Gewöhn- liche Haselwurz; E:Asarabacca; F:Asaret d'Europe · ⚃ Z5 III-V ⚥ ⚘; Eur.* exc. BrI, Ib; W-Sib., nat. in BrI [62455]
- **hartwegii** S. Watson 1875 · D:Hartwegs Haselwurz; E:Hartweg's Ginger · ⚃ Z7 ⓐ ∧; USA: Oreg., Calif.
- **macranthum** Hook. f. 1888
- **maximum** Hemsl. 1890 · ⚃ Z7; China (Hubei, E-Sichuan)
- **pulchellum** Hemsl. 1890 · ⚃; China
- **shuttleworthii** Britten et Baker f. 1898 · ⚃ Z6; USA: W.Va., Va., SE
- **splendens** (Maek.) C.Y. Cheng et C.S. Yang 1988 [73766]

Asclepias L. 1753 -f- Asclepiadaceae · (S. 205)
D:Seidenpflanze; E:Milkweed, Sildweed; F:Asclépiade
- **cancellata** Burm. f. 1768 · ⚃ Z9 ⓐ; S-Afr.
- *cornuti* Decne. = Asclepias syriaca
- **curassavica** L. 1874 · D:Indianer- Seidenpflanze; E:Bloodflower Milkweed · ⊙ ♄ ⓐ VI-IX; Fla., W-Ind., Mex., C-Am., trop. S-Am., nat. in sp., Maroc. [58010]
- **fruticosa** L. 1753 · D:Baumwoll- Seidenpflanze; E:Goose Plant · ♄ ⚘ Z9 ⓐ VI-VIII ⓝ; S-Afr., nat. in S-Eur., Austr.
- **incarnata** L. 1753 · D:Inkarnat- Seidenpflanze, Rote Seiden- pflanze; E:Swamp Milkweed · ⚃ Z3 VI-VIII; Can.: E; USA: NE, NCE, NC, Rocky Mts., SW, SC, SE [62456]
  'Alba'
  'Cinderella' [62457]
  'Ice Ballet' [62458]
- **physocarpa** (E. Mey.) Schltr. 1896 · D:Schwanen-Seiden- pflanze; E:Swan Plant · ♄ d Z9 ⓐ; trop. Afr., nat. in S-Afr. [71830]
- **speciosa** Torr. 1828 · D:Pracht- Seidenpflanze; E:Showy Milkweed · ⚃ ⚘ Z2 VI-VIII; Can.: W; USA: NW, . Calif., Rocky Mts., NC, SW, Tex. [70765]
- **sullivantii** Engelm. ex A. Gray 1848 · D:Sullivants Seiden- pflanze · ⚃; Can.: Ont.; USA: NEC, NC, Okla., Ky.
- **syriaca** L. 1753 · D:Gewöhnliche Seidenpflanze; E:Silkweed · ⚃ ⚘ ∧ VI-VIII ⚘ ⓝ; Can.: E, Sask.; USA: NE, NCE, NC, SC, SE, nat. in Eur. [62459]
- **tuberosa** L. 1753 · D:Knollige Seidenpflanze; E:Butterfly Weed, Pleurisy Root · ⚃ ⚘ ∧ VI-VIII ⚥ ⚘; USA: NE, NCE, NC, SW, Rocky Mts., SC, SE, Fla. [62460]
  'Gay Butterfly'
  'Hello Yellow' [73708]
- **verticillata** L. 1753 · ⚃; Can.: E, Sask.; USA: NE, NEC, Tex., SE, Fla..

× **Ascocenda** hort. 1949 -f- Orchidaceae · (*Ascocentrum* × *Vanda*)

Ascocentrum Schltr. 1913 -n- Orchidaceae · (S. 1051)
- **ampullaceum** (Lindl.) Schltr. 1913 · ♄ Z10 ⓦ V-VI ▽ ✱; Him., Myanmar, Thail.
- **curvifolium** (Lindl.) Schltr. 1913 · ♄ Z10 ⓦ ▽ ✱; Ind. (Assam), Nepal, Indochina
- **miniatum** (Lindl.) Schltr. 1913 · ⚃ Z10 ⓦ ▽ ✱; Him., Indochina, Java, Phil.

× **Ascofinetia** hort. 1961 -f- Orchidaceae · (*Ascocentrum* × *Neofinetia*)

× **Ascorachnis** hort. 1967 -f- Orchidaceae · (*Arachnis* × *Ascocentrum*)

Asimina Adans. 1763 -f- Annonaceae · (S. 160)
D:Papau; E:Pawpaw; F:Asiminier

- **triloba** (L.) Dunal 1817 · D:Dreilappige Papau, Indianerbanane; E:Pawpaw · ♄ ♄ d Z6 IV-V ⓝ; Ont., USA: NE, NCE, NC, SC, SE, Fla. [36828]

Aspalathus L. 1753 -f- *Fabaceae* · (S. 497)
D:Rotbusch; E:Rooibos
- **acuminata** Lam. 1783 · ♄ e Z9 ⓚ; S-Afr.
- **contaminata** (L.) Druce 1917 · ♄ e Z9 ⓚ; S-Afr.
- **linearis** (Burm. f.) R. Dahlgren 1863 · D:Rooibos, Rotbusch; E:Rooibos · ♄ e Z9 ⓚ ⚥ ⓝ; S-Afr.

Aspalthium Medik. = Bituminaria
- *bituminosum* (L.) Fourr. = Bituminaria bituminosa

Asparagus L. 1753 -m- *Asparagaceae* · (S. 964)
D:Spargel; E:Asparagus; F:Asperge
- **acutifolius** L. 1753 · ♄ e ⚥ Z8 ⓚ; Eur.: Ib, Fr, Ap, Ba; TR, N-Afr.
- **africanus** Lam. 1783 · ♄ e ⚥ Z9 ⓚ; Namibia, S-Afr.
- **albus** L. 1753 · ♄ e ⚤ Z8 ⓚ; Eur.: Ib, Ap; NW-Afr.
- **asparagoides** (L.) W. Wight 1909 · D:Stechwinden-Spargel; E:Bridal Creeper, Smilax Asparagus · ⚂ ⚥ ⚔ Z10 ⓦ; Kap, nat. in S-Eur.
- **cochinchinensis** (Lour.) Merr. 1919 · D:Chinesischer Spargel; E:Lucid Asparagus · ♄ e ⚥ Z7 ⋀; China, Korea, Jap., Taiwan
- **declinatus** L. 1753 · D:Krauser Spargel; E:Basket Asparagus · ⚂ ⚥ ⚥ Z9 ⓚ; S-Afr.
- *decumbens* Jacq. = Asparagus declinatus
- **deflexus** Baker 1878 · ♄ ⚥ ⓚ; Angola
- **densiflorus** (Kunth) Jessop 1966 · D:Zier-Spargel; E:Emerald Fern, Foxtail Fern · ♄ e ⚥ ⚔ Z9 ⓚ ⚇; S-Afr.: Natal
  'Myersii' · D:Meyers Zier-Spargel; E:Myers Asparagus
  'Sprengeri' · D:Sprengers Zier-Spargel; E:Sprenger Asparagus
- **drepanophyllus** Welw. ex Baker 1878 · ♄ e ⚥ Z9 ⓦ XII-II; trop. Afr.
- **falcatus** L. 1753 · D:Sicheldorn-Spargel; E:Sickle Thorn Asparagus · ♄ e ⚥ Z10 ⓦ ⓚ VII-VIII; trop. Afr., S-Afr., Sri Lanka
- **filicinus** Buch.-Ham. ex D. Don 1825 · E:Fern Asparagus · ⚂ ⚔ Z8

⋀; Him., SW-China
- **laricinus** Burch. 1822 · ♄ e Z9 ⓚ; S-Afr., Botswana
- *lucidus* Lindl. = Asparagus cochinchinensis
- *madagascariensis* Baker = Asparagus simluans
- *medeoloides* (L. f.) Thunb. = Asparagus asparagoides
- *meyeri* hort. = Asparagus densiflorus
- *myersii* hort. = Asparagus densiflorus
- **officinalis** L. 1753 · D:Gemüse-Spargel; E:Asparagus, Sparrow Grass, Wild Asparagus · ⚂ ⚔ Z4 V ⚥ ⓝ; Eur.*, Cauc., W-Sib., nat. in N-Am. [62461]
- *plumosus* Baker = Asparagus setaceus
- **pseudoscaber** Grecescu 1898 · ⚂ ⚔ Z4 IV-V; Eur.: Ba, RO, W-Russ. 'Spitzenschleier' [62462]
- **racemosus** Willd. 1799 · ♄ e ⚥ Z9 ⓚ; E-Afr., S-Afr., trop. As.
- **ramosissimus** Baker 1874 · ⚂ ⚥ Z9 ⓚ; Kap
- **retrofractus** L. 1753 · ♄ e ⚥ Z9 ⓚ; S-Afr.
- **scandens** Thunb. 1794 · D:Kletternder Spargel; E:Basket Asparagus · ⚂ ⚥ Z9 ⓚ; S-Afr.
  - var. *deflexus* Baker 1875 = Asparagus ramosissimus
- **setaceus** (Kunth) Jessop 1966 · D:Farn-Spargel, Feder-Spargel; E:Asparagus Fern · ♄ e ⚥ ⚔ Z9 ⓦ ⚇ IX-X; S-Afr.
- **simluans** Baker 1875 · ♄ e Z9 ⓦ; Madag.
- **tenuifolius** Lam. 1783 · D:Zartblättriger Spargel · ⚂ ⚤ ⚔ Z7 V; Eur.: Fr, Ap, C-Eur., Ba, E-Eur.; TR [62463]
- *tetragonus* Bresler = Asparagus racemosus
- **trichophyllus** Bunge 1833 · ⚂ ⚔ Z6; Sib., N-China
- **umbellatus** Link 1828 · ♄ e ⚤ Z9 ⓚ VI-VIII; Canar., Madeira
- **verticillatus** L. 1762 · ♄ ⚥ ⚔ Z6; Eur.: Ba, E-Eur.; TR, N-Iraq, Cauc., Iran, C-As. [62464]
- **virgatus** Baker 1870 · ⚂ Z9 ⓚ; S-Afr.

Aspasia Lindl. 1833 -f- *Orchidaceae* · (S. 1051)
- **lunata** Lindl. 1836 · ⚂ Z10 ⓦ IV-V ▽ ✻; Bras.

Asperugo L. 1753 -f- *Boraginaceae* · (S. 305)

D:Scharfkraut, Schlangenäuglein; E:Madwort; F:Rapette
- **procumbens** L. 1753 · D:Scharfkraut, Schlangenäuglein · ⊙ V-VIII; Eur.: C-Eur., Ap, EC-Eur., Sc, Ba, E-Eur.; TR, Levante, Cauc., W-Sib., E-Sib., C-As., Him., NW-Afr., Libya, nat. in Ib, Fr

Asperula L. 1753 -f- *Rubiaceae* · (S. 768)
D:Meier, Meister; E:Woodruff; F:Aspérule
- **arcadiensis** Sims 1820 · ⚂ Z8 V-VI; S-GR [62465]
- **aristata** L. f. 1782
  - subsp. **aristata** · D:Grannen-Meier · ⚂ Z7 VI-VIII; Eur.: Ib, Fr, CH, Ap, A, Ba, RO
  - subsp. **scabra** (J. Presl et C. Presl) Nyman 1879
  - subsp. **thessala** (Boiss. et Heldr.) Hayek 1930
- **arvensis** L. 1753 · D:Acker-Meier · ⊙ V-VI; Eur.* exc. BrI, Sc; TR, Iraq, Cauc., Iran, nat. in Sc
- **capitata** Kit. ex Schult. 1814
- **cynanchica** L. 1753 · D:Hügel-Meier; E:Squinancy Wort · ⚂ △ Z6 VI-IX; Eur.* exc. Sc; Cauc. [62467]
- **gussonii** Boiss. 1849 · ⚂ △ Z7 VII-VIII; N-Sic.
- **hexaphylla** All. 1785 · ⚂ △ VI-VII; Eur.: F, I; SW-Alp.
- **hirta** Ramond 1800 · ⚂ △ Z6 VII-X; Eur.: sp., F; Pyr.
- **laciflora** Boiss. 1843 · E:Woodruff · ⚂ △ Z5 VI-VII; TR [62466]
  - subsp. *caespitosa* Boiss. 1843 = Asperula lilaciflora
- **neilreichii** Beck 1883 · D:Ostalpen-Meier · ⚂ △ VI-IX; Eur.: D, A, Slova., ? RO, ? W-Russ; NE-Alp., Carp.
- **nitida** Sm. 1806 [62468]
  - subsp. **nitida** · ⚂ △ Z7 VII-VIII; NW-TR (Ulu Dagh)
  - subsp. *puberula* = Asperula sintenisii
- *odorata* L. = Galium odoratum
- **orientalis** Boiss. et Hohen. 1843 · F:Aspérule azurée · ⊙ D VI-VII; TR, Syr., Iraq, Cauc., Iran, nat. in H
- **purpurea** (L.) Ehrend. 1973 · D:Purpur-Meier · ⚂ VII-VIII; Eur.: Fr, Ch, A, Ba, RO
- *setosa* hort. = Asperula orientalis
- **sintenisii** Asch. ex Bornm. 1941 · ⚂; NW-TR
- *suberosa* Guss. = Asperula gussonii

- **suberosa** Sibth. et Sm. 1806 · ⚃ △ Z7 V-VI; N-GR, SW-BG
- **taurina** L. 1753 [69718]
  - subsp. **caucasica** (Pobed.) Ehrend. 1979 · ⚃; N-TR, Cauc, N-Iran
  - subsp. **taurina** · D:Turiner Meier · ⚃ Z4 V-VI; Eur.: Ib, Fr, CH, A, Ba, RO, Krim; TR, Cauc., N-Iran, nat. in BrI, D, DK
- **tinctoria** L. 1753 · D:Färber-Meier; E:Dyer's Woodruff · ⚃ Z4 VI-VII; Eur.* exc. BrI, Ib; S-Ural [62469]

Asphodeline Rchb. 1830 -f-
Asphodelaceae · (S. 965)
D:Junkerlilie; E:Jacob's Rod; F:Asphodéline
- *balansae* Baker = Asphodeline damascena
- **damascena** (Boiss.) Baker 1876 · ⚃ Z8 ⓚ ∧ V; TR, Syr.
- *isthmocarpa* Baker = Asphodeline damascena
- **liburnica** (Scop.) Rchb. · ⚃ Z7 ∧ VI; Eur.: S-I, Ba, ? H; TR [62470]
- **lutea** (L.) Rchb. 1830 · D:Junkerlilie; E:King's Spear, Yellow Asphodel; F:Bâton de Jacob · ⚃ Z7 ∧ V-VI; Eur.: Ap, Ba, RO; TR, Cauc. [62471]
  'Gelbe Kerze'
- **taurica** (Pall.) Kunth 1842 · ⚃ Z7 ∧ IV-V; GR, TR, Cauc.
- **tenuior** (Fisch.) Ledeb. 1852 · ⚃ Z8 ⓚ ∧ VI; Cauc., Iran

Asphodelus L. 1753 -m-
Asphodelaceae · (S. 965)
D:Affodill; E:Asphodel; F:Asphodèle
- **acaulis** Desf. 1798 · D:Stängelloser Affodill · ⚃ Z9 ⓚ; NW-Afr.
- **aestivus** Brot. 1804 · D:Kleinfrüchtiger Affodill · ⚃ Z8 ⓚ; Eur.: Ib
- **albus** Mill. 1768 · D:Weißer Affodill; E:Asphodel; F:Asphodèle blanche · ⚃ Z6 V-VI ⚥ ⓝ; Eur.: Ib, Fr, CH, Ap, Ba; NW-Afr. [62472]
- **fistulosus** L. 1753 · D:Röhriger Affodill · ☉ ⚃ Z8 ⓚ ⚥; Eur.: Ib, Fr, Ap, Ba; TR, Arab., Canar., N-Afr.
- *liburnicus* Scop. = Asphodeline liburnica
- *luteus* L. = Asphodeline lutea
- *microcarpus* Salzm. et Viv. = Asphodelus aestivus
- **ramosus** L. 1753 · D:Verzweigter Affodill
- *tauricus* Pall. = Asphodeline

taurica

Aspidistra Ker-Gawl. 1823 -f-
Convallariaceae · (S. 986)
D:Schildnarbe, Schusterpalme; E:Bar-Room Plant; F:Aspidistra, Plante des concierges
- **elatior** Blume 1834 · D:Gewöhnliche Schusterpalme; E:Bar-Room Plant, Cast-iron Plant · ⚃ Z7 II-IV; China, nat. in Jap.
  'Milky Way'
  'Variegata'
- **lurida** Ker-Gawl. 1822 · ⚃ Z8 ⓚ III-V; China

Aspidosperma Mart. et Zucc. -n-
Apocynaceae · (S. 190)
D:Quebrachobaum; E:Quebracho
- **quebracho-blanco** Schltdl. 1861 · D:Quebrachobaum; E:Kebrako, Quebracho · ♄ ⓚ ⚥ ⚥ ⓝ; w S-Am.
- **ramiflorum** Müll. Arg. 1860 · ♄ ⚥ ⓚ; Bras.

Asplenium L. 1753 -n-
Aspleniaceae · (S. 61)
D:Streifenfarn; E:Spleenwort; F:Doradille
- *achilleifolium* (Lam.) C. Chr. = Asplenium rutifolium
- **adiantum-nigrum** L. 1753 · D:Schwarzer Streifenfarn; E:Black Spleenwort · ⚃ △ Z6 VII-VIII; Eur.*, TR, Cyprus, Cauc., C-As. (Tien-schan), NW-Afr. [67372]
- **adulterinum** Milde 1865 · D:Braungrüner Streifenfarn · ⚃ Z4 VII-VIII ▽; Eur.: Sc, C-Eur., EC-Eur., Ap, Ba, RO
- × **alternifolium** Wulfen 1781 (A. septentrionale ×)
  - **nothosubp. alternifolium** (A. septentrionale × A. trichomanes) · D:Deutscher Streifenfarn · ⚃ VII-IX; Eur., W-TR
- *angustifolium* Michx. = Athyrium pycnocarpon
- **antiquum** Makino 1929 · ⚃ Z9 ⓚ; Jap., Riukiu-Is., Taiwan
- **australasicum** (J. Sm.) Hook. 1859 · D:Nestfarn; E:Bird's Nest Fern, Crow's Nest · ⚃ Z10 ⓚ; E-Afr., trop. As., Austr., Polyn.
- *belangeri* Bory = Asplenium thunbergii
- *belangeri* Kunze = Asplenium decorum
- *bilotii* F.W. Schultz = Asplenium obovatum subsp. lanceolatum
- **bulbiferum** G. Forst. 1786 · D:Lebendgebärender Streifenfarn;

E:Hen-and-Chicken Fern, Mother Fern · ⚃ Z10 ⓚ; Austr., NZ, N-Ind.
- **ceterach** L. 1753 · D:Milzfarn, Schriftfarn; E:Rusty Spleenwort; F:Herbe dorée · ⚃ Z7 ⓚ ∧ VI-VIII; Eur.* exc. Sc; TR, Levante, Cauc., C-As., Him., N-Afr. [67389]
- **cuneifolium** Viv. 1808 · D:Serpentin-Streifenfarn · ⚃ Z5 VII-VIII ▽; Eur.* exc. BrI, Sc, ? Ib; TR; Cauc., S-China
- **daucifolium** Lam. 1786 · ⚃ Z10 ⓚ; Mascarene Is.
- **decorum** Kunze 1848 · ⚃ ⓚ; Sri Lanka, Indochina, Phil., Sumat., N.Guinea
- **dimorphum** Kunze 1850 · ⚃ Z9 ⓚ; Norfolk Is.
- *ebeneum* Aiton = Asplenium platyneuron
- **fissum** Kit. ex Willd. 1810 · D:Zerschlitzter Streifenfarn · ⚃ △ Z6 VII-IX ▽; Eur.: F, I, C-Eur., Ba; mts.
- **fontanum** (L.) Bernh. 1799 · D:Jura-Streifenfarn; E:Smooth Rock Spleenwort · ⚃ △ Z6 VII-IX ▽; Eur.: Ib, Fr, , Ap, C-Eur., Ec-Eur., Ba; Maroc.
- **foreziense** Magnier 1884 · D:Französischer Streifenfarn · ⚃ Z7 VI-IX ▽; Eur.: Ib, Fr, Ap, C-Eur., W-Ba
- *forisiense* Legrand = Asplenium foreziense
- *halleri* (Roth) DC. = Asplenium fontanum
- *lanceolatum* Huds. = Asplenium obovatum subsp. lanceolatum
- **lepidum** C. Presl 1836 · D:Zarter Streifenfarn · ⚃ Z6 III-X; Eur.: Ib, Fr, A, H, Ba, RO; TR
- **longissimum** Blume 1828 · ⚃ Z10 ⓚ; Malay. Arch.
- *lucidum* G. Forst. non Burm. = Asplenium lyallii
- **lyallii** (Hook. f.) T. Moore 1859 · ⚃ Z9 ⓚ; Madag., S-Afr., NZ
- × **murbeckii** Dörfl. 1895 (A. rutamuraria × A. septentrionale) · D:Schwäbischer Streifenfarn · ⚃; Eur.: sp., F, GB, Sc, C-Eur., H, RO: Cauc.
- **nidus** L. 1753 · D:Vogel-Nestfarn; E:Bird's Nest Fern · ⚃ Z10 ⓚ; E-Afr., trop. As., Austr., Polyn.
  - var. *australasicum* J. Sm. = Asplenium australasicum
- *nidus-avis* hort. = Asplenium nidus
- **obovatum** Viv. 1808
  - subsp. **bilottii** (F.W. Schultz) O. Bolòs 1990 = Asplenium obovatum subsp. lanceolatum

- subsp. **lanceolatum** (Fiori) P.
Silva 1959 · D:Billots Streifenfarn; E:Billot's Spleenwort · ⚃
VII-IX; Eur.: Ba; TR
- subsp. **obovatum** · D:Lanzettblättriger Streifenfarn;
E:Lanceolate Spleenwort · ⚃ Z8
🄚 🄐 ∧; Eur.: Ba; , Canar.; TR
- **onopteris** L. 1753 · D:Spitzer
Streifenfarn; E:Irish Spleenwort ·
⚃ Z6 V-X; Eur.: Ib, IRL, Fr, Ap, H,
PL, Ba, RO; TR, Levante, NW-Afr.,
Libya
- **platyneuron** (L.) Oakes 1878 ·
D:Breitnerviger Streifenfarn;
E:Ebony Spleenwort · ⚃ Z5; Can.:
E; USA: NE, NCE, NC, Colo., SC,
SE, Fla.; W-Ind., n S-Am., S-Afr.
- **rhizophyllum** L. 1763 · D:Kriechender Streifenfarn; E:Walking
Fern, Walking Leaf · ⚃ Z6 🄐;
Can.: E; USA: NE, NCE, Mo.,
Okla., SE
- **ruta-muraria** L. 1753 · D:MauerStreifenfarn, Mauerraute; E:Wall
Rue · ⚃ △ Z6 VII-IX; Eur.*, TR,
Syr., Cauc., C-As., W-Sib., E-Sib.,
Amur, Maroc., Alger., Can.: E;
USA: NE., NC, SE [67373]
- **rutifolium** (P.J. Bergius) Kunze
1836 · ⚃ Z10 🄐; Ind., China,
S-Korea, Jap., Taiwan
- **scolopendrium** L. 1753 ·
D:Hirschzungenfarn; E:Hart's
Tongue Fern, Hart's Tongue;
F:Scolopendre · ⚃ Z5 ⎕ VII-VIII ⚲
▽; Eur.*, TR, Syr., Palaest., Cauc.,
N-Iran, Jap., Canar., NW-Afr.,
Libya, Can., USA: NE, NCE, SE;
Mex. [69098]
'Angustatum'
Crispum Grp.
Cristatum Grp. [67433]
Marginatum Grp. [67435]
Undulatum Grp. [67431]
- **seelosii** Leyb. 1855 · D:DolomitStreifenfarn · ⚃ Z6 VII-VIII; Eur.:
Ib, Fr, C-Eur., Ap, Ba; N-Sp., Pyr.,
Alp.; Maroc.
- **septentrionale** (L.) Hoffm.
1796 · D:Nordischer Streifenfarn;
E:Forked Spleenwort, Grass Fern ·
⚃ △ Z3 VII-VIII; Eur.*, TR, Cauc.,
W-Sib., C-As., Him., Maroc., USA:
NC, SC, SW, Rocky Mts., Calif.
- **serra** Langsd. et Fisch. 1810 · ⚃
Z9 🄐; trop. Am., trop. Afr.
- **tenerum** G. Forst. 1786 · ⚃ Z10
🄐; trop. As., Polyn.
- var. *belangeri* Bory = Asplenium
thunbergii
- **thunbergii** Kunze 1836 · ⚃ Z10
🄐; Malaysia

- **trichomanes** L. 1753 · D:Silikatliebender Brauner Streifenfarn; E:Maidenhair Spleenwort;
F:Fausse-Capillaire · ⚃ △ Z2 VII-VIII; cosmop. [67374]
Cristatum Grp.
Incisum Grp. [67375]
- *viride* Huds. 1762 · D:Grüner
Streifenfarn; E:Green Spleenwort ·
⚃ △ Z5 VII-VIII; Eur.*, TR,
Cyprus, Cauc., W-Sib., E-Sib.,
C-As., Him., Maroc., Alaska, Can.,
USA: NE, NCE, NC, Rocky Mts.,
NW, Calif., Greenl. [67376]
- *viviparum* (L. f.) C. Presl =
Asplenium daucifolium

Asplundia Harling 1954 -f-
Cyclanthaceae
- **humilis** (Poepp. et Endl.) Harling
1954 · ♄ e Z10 🄐; Col.
- **latifolia** (Ruiz et Pav.) Harling
1954 · ♄ e Z10 🄐; W.Ind.
- **moritziana** (Klotzsch) Harling
1954 · ♄ e Z10 🄐; Col.

× **Aspoglossum** hort. 1962 -n-
Orchidaceae ·
(Aspasia × Odontoglossum)

Astartea DC. 1828 -f- *Myrtaceae* ·
(S. 658)
- **fascicularis** DC. 1828 · ♄ 🄐;
Austr.: W-Austr.

Astelia Banks et Sol. ex R. Br. 1810
-f- *Asteliaceae* · (S. 967)
- **banksii** A. Cunn. 1836 · ⚃ Z9 🄐;
NZ
- **chathamica** (Skottsb.) L.B. Moore
1966 · ⚃ Z9 🄐; NZ (Chatham Is.)
'Silver Spear'
- **nervosa** Banks et Sol. ex Hook. f.
1853 · ⚃ Z9 🄐; NZ
- var. *chathamica* Skottsb. 1934 =
Astelia chathamica

Aster L. 1753 -m- *Asteraceae* ·
(S. 226)
D:Aster; E:Aster, Michaelmas
Daisy; F:Aster
- *ageratoides* Turcz. = Aster
trinervius subsp. ageratoides
- var. *ovatus* (Fr. et Sav.) Kitam.
1936 = Aster trinervius subsp.
microcephalus
- **albescens** (DC.) Hand.-Mazz.
1938 · E:Shrubby Aster · ♄ △
Z6 VII-VIII; Kashmir, Him.,
SW-China, Myanmar
- × **alpellus** hort. (A. alpinus × A.
amellus) · ⚃ △ Z3 VI-VII; cult.
'Triumph' [62476]

- **alpigenus** (Torr. et A. Gray) A.
Gray 1872 · D:Oregon-Aster;
E:Tundra Aster
- subsp. **alpigenus** · ⚃ Z7; USA:
NW, Calif., Rocky Mts.
- subsp. **andersonii** (A. Gray) M.
Peck 1941 · ⚃ Z7 VII-IX; USA:
NW, Calif., Nev. [62511]
- **alpinus** L. 1753 · D:Alpen-Aster;
E:Alpine Aster, Blue Alpine Daisy;
F:Aster des Alpes · ⚃ △ Z3 VI ▽;
Eur.* exc. BrI, Sc; mts.; TR, Cauc.,
N-Iran, W-Sib., E-Sib., C-As.,
Mong., China, Alaska, Can., USA:
Rocky Mts. [62477]
'Albus' [62481]
'Dunkle Schöne' [62483]
'Goliath' [62484]
'Happy End' [62485]
'Weiße Schöne' = Aster alpinus 'White
Beauty'
'White Beauty' [67807]
- var. *dolomiticus* (Beck) Onno =
Aster alpinus
- **amellus** L. 1753 · D:Berg-Aster,
Kalk-Aster; E:Italian Aster, Italian
Starwort · ⚃ Z5 VII-IX ▽; Eur.: Fr,
Ap, C-Eur., EC-Eur., Ba, E-Eur.;
TR, Cauc. [62486]
'Blue King' [62489]
'Breslau' [62491]
'Dr Otto Petschek' [62494]
'Glücksfund' [62495]
'Hermann Löns' [62496]
'King George' [62497]
'Lady Hindlip' [62499]
'Peach Blossom' [62502]
'Rosa Erfüllung' [62504]
'Rudolf Goethe' [62505]
'Sternkugel' [62509]
'Veilchenkönigin' [62510]
- *andersonii* A. Gray = Aster
alpigenus subsp. andersonii
- **asperulus** Wall. ex Nees 1918
- **asteroides** (DC.) Kuntze 1891 ·
⚃ △ Z6 V-VI; Bhutan, SE-Tibet,
W-China [67885]
- **azureus** Lindl. 1835 · ⚃ Z5
VIII-IX; Ont., USA: NE, NCE, SC,
SE [71831]
- **bellidiastrum** (L.) Scop. 1769 ·
D:Alpenmaßliebchen; E:Daisystar Aster · ⚃ △ Z6 IV-VI; Eur.: Fr,
Ap, C-Eur., EC-Eur., Ba, ? RO; mts.
- *bigelovii* A. Gray =
Machaeranthera bigelovii
- *canus* Waldst. et Kit. = Aster
sedifolius subsp. canus
- *chinensis* L. = Callistephus
chinensis
- **ciliolatus** Lindl. 1834 · D:Lindleys Aster; E:Lindley's Aster · ⚃
Z2 IX-X; Can.; USA: NE, NCE, NC,

Rocky Mts.
- × **commixtus** (Nees) Kunth 1891 · ⚃ Z6; USA: N.C., S.C., Ga., Alab.
- **cordifolius** L. 1753 · D:Blaue Wald-Aster; E:Blue Wood Aster · [62512]
  - 'Ideal' [62516]
  - 'Little Carlow' [62518]
  - 'Photograph' [62517]
  - 'Silver Spray' [62519]
  - subsp. **cordifolius** · F:Aster à feuilles en couer · ⚃ Z3 IX-X; Can.: E; USA; NE, NCE, SE
- **datschii** hort.
- **diplostephioides** (DC.) C.B. Clarke 1876 · ⚃ △ Z5 V-VI; Him., SE-Tibet, W-China [73767]
- **divaricatus** L. 1753 · D:Weiße Wald-Aster; E:White Wood Aster; F:Aster divariqué · ⚃ Z4 IX-X; Can.: E; USA: NE, NCE, SE, nat. in NL [62520]
  - 'Tradescant' [62521]
- **dumosus** L. 1753 · D:Buschige Aster, Kissen-Aster; E:Bushy Aster, Rice Button Aster; F:Aster nain d'automne · ⚃ Z3 VIII-X; Can.: E; USA: NE, NCE, SE [68468]
  - 'Alice Haslam' [62528]
  - 'Audrey' [67846]
  - 'Heinz Richard' [62535]
  - 'Herbstgruß vom Bresserhof' [62537]
  - 'Jenny' [62539]
  - 'Kassel' [62541]
  - 'Kristina' [62542]
  - 'Lady in Blue' [62543]
  - 'Mittelmeer' [62545]
  - 'Nesthäkchen' [62546]
  - 'Professor Anton Kippenberg' [67989]
  - 'Rosenwichtel' [62551]
  - 'Schneekissen' [62552]
  - 'Silberblaukissen' [62554]
  - 'Starlight' [62558]
- **ericoides** L. 1753 · D:Erika-Aster, Myrten-Aster; E:White Heath Aster · [62561]
  - 'Blue Star' [62563]
  - 'Erlkönig' [62564]
  - 'Esther' [62565]
  - 'Herbstmyrte' [62567]
  - 'Monte Cassino' = Aster pringlei 'Monte Cassino'
  - 'Pink Cloud' [73182]
  - 'Pink Star' [72692]
  - 'Ringdove' [62568]
  - 'Schneetanne' [62572]
  - 'Snow Flurry' [68611]
  - subsp. **ericoides** · ⚃ Z3 IX-XI; Can.: W; USA: NE, NCE, NC, Rocky Mts., SW, SC, SE; Mex.
  - subsp. **pansus** (S.F. Blake) A.G. Jones 1978 · F:Aster éricoîde
- **farreri** W.W. Sm. et Jeffrey 1916 · ⚃ △ Z4 V-VI; Tibet, W-China
- **flaccidus** Bunge 1835 · ⚃ △ Z6 V-VI; C-As., Afgh., Pakist., Him., SW-China
- × **frikartii** Silva Tar. et C.K. Schneid. 1927 (*A. amellus* × *A. thomsonii*) · D:Frikarts Aster; E:Frikart's Aster; F:Aster de Frikart · ⚃ Z4 VIII-XI; cult.
  - 'Jungfrau' [62575]
  - 'Mönch' [62576]
  - 'Wunder von Stäfa' [62577]
- × *herveyi* A. Gray = Aster × commixtus
- **himalaicus** C.B. Clarke 1876 · ⚃ △ Z6 V-VI; Nepal, Bhutan, Sikkim, Tibet, N-Ind.: Assam; Myanmar
- *hirsuticaulis* Lindl. ex DC. = Aster lateriflorus
- **laevis** L. 1753 · D:Glatte Aster, Kahle Aster; E:Smooth Aster · ⚃ Z4 X; Can., USA* exc. Calif., SC, nat. in Eur. [62579]
  - 'Blauschleier' [62580]
  - 'Calliope' [68296]
- **lanceolatus** Willd. · ⚃ Z4 VIII-X; N-Am., nat. in Eur.*
- **lateriflorus** (L.) Britton 1889 · D:Kattun-Aster, Verkümmerte Aster; E:Farewell Summer, Starved Aster; F:Aster à fleurs latérales · ⚃ Z3 IX-X; Can.: E; USA: NE, NCE, SE
  - 'Coombe Fishacre' [67780]
  - 'Horizontalis' [62581]
  - 'Lady in Black' [62582]
  - 'Prince' [69105]
- *likiangensis* Franch. = Aster asteroides
- *lindleyanus* Torr. et A. Gray = Aster ciliolatus
- **linosyris** (L.) Bernh. 1800 · D:Goldhaar-Aster; E:Goldilocks; F:Aster doré · ⚃ Z4 VIII-X; Eur.*, TR, Cauc., Alger. [62583]
- *lutescens* (Lindl.) Torr. et A. Gray = Aster ptarmicoides var. lutescens
- × *luteus* hort. = × Solidaster luteus
- **macrophyllus** L. 1763 · D:Herzblättrige Aster; E:Bigleaf Aster · ⚃ Z3 VIII; Can.: E; USA: NE, NCE, SE, nat. in NL, N-D, PL [62587]
  - 'Albus' [62588]
  - 'Twilight' [60242]
- *multiflorus* Aiton = Aster ericoides subsp. ericoides
- *natalensis* (Sch. Bip.) Harv. = Felicia natalensis
- **novae-angliae** L. 1753 · D:Neuengland-Aster, Raublatt-Aster; E:New England Aster; F:Aster de Nouvelle-Angleterre · ⚃ ⋈ Z2 X-XI; Can.: NE, SE, NC,
Rocky Mts., SW, nat. in C-Eur. [62594]
  - 'Andenken an Alma Pötschke' [62596]
  - 'Barr's Blue' [62598]
  - 'Herbstschnee' [62601]
  - 'Purple Dome' [62602]
  - 'Rosa Sieger' [62603]
  - 'Rubinschatz' [62605]
  - 'Rudelsburg' [62606]
  - 'Septemberrubin' [62607]
  - 'Violetta'
- **novi-belgii** L. 1753 · D:Glattblatt-Aster, Neubelgien-Aster; E:Michaelmas Daisy; F:Aster à feuilles lisses · ⚃ ⋈ Z2 X; Can.: E; USA: NE, SE, nat. in Eur.* [62613]
  - 'Ada Ballard' [62614]
  - 'Blaue Nachhut' [62618]
  - 'Boningale White' [62623]
  - 'Climax' [62625]
  - 'Crimson Brocade' [62626]
  - 'Dauerblau' [62627]
  - 'Eventide' [62628]
  - 'Fellowship' [62629]
  - 'Freda Ballard' [62630]
  - 'Fuldatal' [62631]
  - 'Marie Ballard' [62640]
  - 'Patricia Ballard' [62643]
  - 'Royal Ruby' [62648]
  - 'Sailor Boy' [62649]
  - 'Schöne von Dietlikon' [62652]
  - 'White Ladies' [62655]
  - 'Winston S. Churchill' [62656]
- *pansus* (S.F. Blake) Cronquist = Aster ericoides subsp. pansus
- **parviceps** (E.S. Burgess) Mack. et Bush 1902 · ⚃ ⋈ X-XI; USA: Iowa, Ill., Mo. [62659]
- **parviflorus** Nees 1818 · D:Kleinblütige Aster · ⚃ VIII-X; Can.: E; USA: NE, NCE, nat. in C-Eur.
- **pilosus** Willd. 1803 · D:Weichhaarige Aster; E:White Oldfield Aster
  - var. **demotus** S.F. Blake 1930 · D:Kleinköpfige Aster · ⚃ Z5 VIII-X; Can.: Ont.; USA: NE, NCE, SE
  - var. **pilosus** · ⚃ Z5; Can.: E; USA: NE, NCE, NC, SE, nat. in Eur.
- **pringlei** (A. Gray) Britton 1898 · D:Pringles Aster · ⚃ IX-X; Can.: Ont.; USA: NE, NCE, SE [62661]
  - 'Monte Cassino' [68569]
- **ptarmicoides** (Nees) Torr. et A. Gray 1841 · D:Hochland-Aster · [71837]
  - var. **lutescens** (Lindl.) A. Gray 1884 · D:Gelbe Hochland-Aster · Z3; Can.: W, Sask.; USA: NCE, NC
  - var. **ptarmicoides** · D:Weiße Hochland-Aster · ⚃ Z3 VIII-IX; USA: NE, NCE, NC, SE

- **puniceus** L. 1753 · D:Rotstiel-Aster · ♃ Z3; Can.: E; USA: NE, NEC, NC, SE
- *purdomii* Hutch. = Aster flaccidus
- **pyrenaeus** Desf. ex DC. 1805 · D:Pyrenäen-Aster; F:Aster des Pyrénées · ♃ Z6 VIII-IX ▽; Eur.: F; Pyr. [62664]
  'Lutetia' [62665]
- **radula** Aiton 1789 · ♃ Z5; Can.: W; USA: NE [62666]
- × **salignus** Willd. 1803 (*A. lanceolatus* × *A. novi-belgii*) · D:Weidenblättrige Aster · ♃ Z2 VIII-X; Eur.: D, BrI, F, H; W-Sib., nat. in Eur.* exc. Ib
- **savatieri** Makino 1894 · ♃ △ Z7 V-VII; Jap. [69112]
- **schreberi** Nees 1818 · D:Schrebers Aster · ♃ VII-VIII; USA: NE, NCE, nat. in Scotland
- **sedifolius** L. 1753 [62667]
  'Nanus' [62668]
  - subsp. **canus** (Waldst. et Kit.) Merxm. 1974 · D:Graue Aster · ♃ Z6 IX-X; Eur.: A, Slova., H, Serb., BG, RO
  - subsp. **sedifolius** · F:Aster à fleurs en étoile · ⊙ ♃ Z6 VIII-IX; Eur.* exc. BrI, Sc; Cauc., Sib.
- **shortii** Lindl. 1834 · D:Shorts Aster; E:Short's Aster · ♃ Z4 IX-X; USA: NE, NCE, SE
- **sibiricus** L. 1753 · D:Arktische Aster; E:Arctic Aster · ♃ Z3 VIII-IX ▽; Eur.: Norw., Russ., W-Sib., E-Sib., Amur, Sachal., Kamchat., Alaska, Can.: W; USA: NW [69113]
- *spectabilis* Willd. = Aster novi-belgii
- **stracheyi** Hook. f. 1891 · ♃ △ Z6 V-VI; W-Him.
- *subcoeruleus* S. Moore = Aster tongolensis
- *subintegerrimus* (Trautv.) Ostenf. et Resv.-Holms. = Aster sibiricus
- **tataricus** L. f. 1838 · D:Tatarische Aster; E:Tartarian Aster · ♃ Z3 VIII-X ☧; Sib., Mong., China, Manch., Korea, Jap.
- **thomsonii** C.B. Clarke 1876 · ♃ Z7 VII-IX; W-Him.
  'Nanus'
- **tibeticus** Hook. f. 1881 · D:Tibet-Aster · ♃ △ Z6 V-VI; Him., Tibet
- **tongolensis** Franch. 1896 · D:Sichuan-Aster; F:Aster de l'Himalaya · ♃ △ Z6 V-VI; W-China [62670]
  'Berggarten' [62671]
  'Napsbury' [62674]
  'Wartburgstern' [62676]

- *tradescantii* hort. = Aster pilosus var. demotus
- **tradescantii** L. 1753 · D:Tradescants Aster; E:Tradescant's Aster · ♃ Z3 VIII-X; Can.: E; USA: NE, NCE
- **trinervius** Roxb. ex D. Don 1825 [62473]
  - subsp. **ageratoides** (Turcz.) Grierson 1964 · ♃ Z7; Him. (Nepal, Assam), N-Myanmar, SW-China, Tibet
  - subsp. **trinervius** · ♃ Z7; Him.
  - subsp. **microcephalus** (Miq.) Makino · ♃ Z7; Jap.
- **tripolium** L. 1753 · D:Strand-Aster; E:Sea Aster · ⊙ Z6 VII-IX; Eur.*, Cauc., W-Sib., E-Sib., Sachal., C-As., Mong., China, Korea, Jap. [69114]
- **turbinellus** Lindl. 1835 · ♃ Z5; USA: NEC, SE, Kans. [60483]
- **umbellatus** Mill. 1768 · D:Schirm-Aster; E:Umbelled Aster · ♃ Z3 VIII-IX; Can.: E; USA: NE, NCE, SE [62677]
- × **versicolor** Willd. 1803 (*A. laevis* × *A. novi-belgii*) · D:Bunte Glattblatt-Aster · ♃ Z2 IX-X; cult., nat. in Eur.: Fr, I, BrI, C-Eur., EC-Eur., RO
- **vimineus** Lam. 1783 · ♃ Z3 VIII-X; Can.: E; USA: NE, NCE, SC, SE [62678]
  'Lovely' [62679]
- **yunnanensis** Franch. 1896 · ♃ △ Z5 V-VI; W-China

× **Asterago** Everett = × Solidaster
- *lutea* Everett = × Solidaster luteus

Asteranthera Hanst. 1854 -f- Gesneriaceae · (S. 547)
- **ovata** (Cav.) Hanst. 1865 · ♄ e ⚣ Z9 ⌂ XII-V; S-Chile

Asteriscus Mill. 1754 -m- Asteraceae · (S. 226) D:Sternauge; F:Astérolide
- **aquaticus** (L.) Less. 1832 · D:Gewöhnliches Sternauge · ⊙ Z7; Eur.: Ib, Fr, Ap, Ba; TR, N-Afr.
- **maritimus** (L.) Less. 1832 · ♃ Z8 ⌂ VIII-IX; Eur.: Ib, F, Ap, GR, Canar.; N-Afr. [16674]
- **pygmaeus** Coss. et Kralik 1856 · ⊙ Z7; N-Afr., Iran, Pakist.
- *sericeus* (L. f.) DC. = Nauplius sericeus
- **spinosus** (L.) Cass. 1835-60 · ⊙ ⊙ Z7; Eur.: Ib, F, Ap, Ba, Krim; TR, Cyprus, Levante, N-Afr., Canar.

Asterolinon Hoffmanns. et Link 1813 -n- Primulaceae · (S. 712)
- **linum-stellatum** (L.) Duby 1844 · ⊙; Eur.: Ib, F, Ap, Ba, Krim; Levant, N-Afr.

Astilbe Buch.-Ham. ex G. Don -f- Saxifragaceae · (S. 811) D:Astilbe, Prachtspiere; E:False Buck's Beard; F:Astilbe
- × **arendsii** Arends (*A. astilboides* × *A. chinensis* var. *davidii* × *A. thunbergii* × *A. yakushimana*) · D:Garten-Astilbe · ♃ Z6; cult.
  'Amethyst' Arends 1920 [62685]
  'Brautschleier' Arends 1929 [62690]
  'Bressingham Beauty' Bloom [62691]
  'Cattleya' Arends 1953 [62692]
  'Erika' Arends [62694]
  'Fanal' Arends 1933 [62695]
  'Federsee' Theoboldt 1939 [62697]
  'Glut' Arends 1952 [62701]
  'Irrlicht' Theoboldt 1939 [62745]
  'Spinell' Arends 1955 [62711]
  'Venus'
  'Weiße Gloria' [62712]
- **astilboides** (Maxim.) Lemoine · ♃ Z6 VII; Jap.
- **chinensis** (Maxim.) Franch. et Sav. 1873 [62714]
  - var. **chinensis** · D:China-Astilbe; E:Chinese Astilbe; F:Astilbe naine · ♃ Z5 VII; Amur, N-China, Korea
  - var. **davidii** Franch. 1884 · D:Hohe China-Astilbe · ♃ VII; Amur, N-China, Manch., Korea, Jap. [62715]
  'King Albert'
  - var. **pumila** Vilm. · D:Zwerg-Astilbe · ♃ Z5 VIII-IX; Tibet [62716]
  'Finale' Arends 1952 [62728]
  'Serenade' Arends 1954 [62731]
  - var. **taquetii** (H. Lév.) Vilm. · D:Purpur-Astilbe · ♃ Z5 VII; E-China [62718]
  'Purpurkerze' Weinreich [69115]
  'Purpurlanze' Pagels [62722]
  'Superba' [62726]
- × **crispa** (Arends) Bergmans 1924 · ♃ Z6; cult.
  'Lilliput' Arends [62733]
  'Perkeo' Arends [62734]
- *davidii* (Franch.) A. Henry = Astilbe chinensis var. davidii
- **glaberrima** Nakai 1922 [62735]
  - var. **glaberrima** · ♃ Z6; Jap.: Kyushu
  - var. **saxatilis** Nakai 1987 · ♃ △ Z6 VII-VIII; Jap. [62736]
- **grandis** Stapf ex E.H. Wilson · ♃ VII-VIII; NW-China, C-China

[62738]
- **japonica** (C. Morren et Decne.) A. Gray 1841 · D:Japanische Astilbe; E:Japanese Astilbe; F:Astilbe du Japon · ⌐ Z5 V-VI; Jap. [62739]
  'Deutschland' Arends 1920 [62742]
  'Europa' Arends 1930 [62744]
  'Mainz' Arends 1952 [62748]
  'Red Sentinel' den Ouden 1947 [62751]
  'Rheinland' [67848]
- **koreana** (Kom.) Nakai 1922 · D:Koreanische Astilbe; E:Korean Astilbe · ⌐ Z7 VII-VIII; Korea, N-China [62752]
- **rivularis** Buch.-Ham. 1825 · D:Bach-Astilbe; F:Astilbe des ruisseaux · ⌐ Z7 VIII; Him. [62753]
- × **rosea** Van Waveren et De Kruyff (*A. chinensis* × *A. japonica*) · D:Rosen-Astilbe
  'Peach Blossom' [62750]
- **simplicifolia** Makino · D:Kleine Astilbe; F:Astilbe glabre · ⌐ Z7 VII; Jap. [62754]
  'Aphrodite' Pagels [62756]
  'Bronce Elegans' Arends [62758]
  'Inshriach Pink' J. Drake [62763]
  'Sprite' [62737]
  'William Buchanan'
- **taquetii** (H. Lév.) Koidz. = Astilbe chinensis var. taquetii
- **thunbergii** (Siebold et Zucc.) Miq. 1867 · D:Thunbergs Astilbe · [62766]
  'Professor van der Wielen' Ruys Moerheim Nurs. 1917 [62769]
  'Straußenfeder' Arends 1952 [62768]
- var. **congesta** H. Boissieu · ⌐; Jap.
- var. **thunbergii** · E:Thunberg's Astilbe · ⌐ Z7 VII-VIII; Jap.

Astilboides (Hemsl.) Engl. 1919 -f- *Saxifragaceae* · (S. 812) D:Tafelblatt
- **tabularis** (Hemsl.) Engl. 1919 · D:Tafelblatt · ⌐ ⌒ Z7 VI; Manch., N-Korea [62770]

Astragalus L. 1753 -m- *Fabaceae* · (S. 497)
D:Berglinse, Stragel, Tragant; E:Milk Vetch; F:Astragale, Réglisse sauvage
- **alopecuroides** Lam. 1783 · D:Fuchsschwanz-Tragant · ⌐ Z6; sp., S-F
- **alpinus** L. 1753 · D:Alpen-Tragant; E:Alpine Milk Vetch · ⌐ Z5 VI-VIII; Eur.*, Cauc., W-Sib., E-Sib., Amur, Kamchat., C-As; N-Am.
- **angustifolius** Lam. 1783 ·

F:Astragale à feuilles étroites · ⌐ △ Z8 ⓚ VII-VIII; Eur.: Ba; TR, Cauc. [62771]
- **arenarius** L. 1753 · D:Sand-Tragant · ⌐ VI-VII ▽; Eur.: D, Sweden, EC-Eur., E-Eur.
- **asper** Jacq. 1782 · D:Rau-Tragant · ⌐ V-VI; Eur.: A, EC-Eur., BG, E-Eur.; Cauc.
- **australis** (L.) Lam. 1778 · D:Südlicher Tragant · ⌐ V-VI; Eur.* exc. BrI, Sc; mts.; W-Sib., E-Sib., Mong.
- **austriacus** L. 1779 · D:Österreichischer Tragant · ⌐ VI-VIII; Eur.* exc. BrI, Sc
- **boeticus** L. 1753 · ⌐ Z8 V-VII ⓝ; Eur.: Ib, Ap, Ba; Levante, Sinai, Iran, N-Afr., Macaron.
- **centralpinus** Braun-Blanq. 1968 · ⌐ Z6 VII-VIII ▽; Eur.: F, I, BG; SW-Alp., Rodope mts. [62772]
- **cicer** L. 1753 · D:Kicher-Tragant; E:Chick Pea Milk Vetch, Wild Lentil · ⌐ VI-VIII ⓝ; Eur.* exc. BrI, Sc; TR, Cauc.
- **danicus** Retz. 1783 · D:Dänischer Tragant; E:Purple Milk Vetch · ⌐ △ Z5 V-VI; Eur.* exc. Ib, Ba; Cauc., W-Sib., E-Sib., C-As., Mong.
- **depressus** L. 1756 · D:Niederliegender Tragant · ⌐ △ Z6 V-VI; Eur.: Ib, Fr, Ap, Ba, RO, CH; TR, Maroc., Alger.
- **exscapus** L. 1771 · D:Stängelloser Tragant · ⌐ △ Z5 V-VI; Eur.: F, I, C-Eur., EC-Eur., Ba, RO
- **frigidus** (L.) A. Gray 1863 · D:Gletscher-Tragant · ⌐ Z5 VII-VIII; Eur.: Fr, Ap, C-Eur., EC-Eur., Sc, E-Eur.; N, mts.; W-Sib., E-Sib., Amur, Kamchat.
- **glycyphyllos** L. 1753 · D:Bärenschote, Süßer Tragant; E:Wild Liquorice · ⌐ Z3 VI-IX ⓝ; Eur.*, N-TR, Cauc., W-Sib. [62773]
- **gummifer** Labill. 1790 · D:Gummi-Tragant; E:Gum Tragacanth · ♄ ⓚ ⚥ ⓝ; TR, Lebanon
- **hypoglottis** L. 1771 · D:Purpur-Tragant · ⌐ VI-VII; Eur.: sp., F, I, Ba
- **leontinus** Wulfen 1781 · D:Tiroler Tragant · ⌐ Z5 VI-VII; Eur.: F, I, Ch, A, Croatia, Bosn.; Alp., NW-Ba
- **membranaceus** Bunge 1868 · ⌐; E-Sib., Amur, Manch. Korea
- **microcephalus** Willd. 1802 · ♄ ⓚ ⚥; Cauc., TR
- **monspessulanus** L. 1753 · D:Französischer Tragant · ⌐ △ Z6 V-VI; Eur.: Ib, Fr, CH, Ap, Ba,

E-Eur.; NW-Afr.
- **norvegicus** Weber 1784 · D:Norwegischer Tragant · ⌐ VII-VIII; Eur.: A, Slova., Sc, Russ., ? RO; N, E-Alp., Carp.
- **onobrychis** L. 1753 · D:Esparsetten-Tragant · ⌐ Z5 VI-VII; Eur.* exc. BrI, Sc; TR, Cauc., W-Sib., C-As., Alger.
- **penduliflorus** Lam. 1779 · D:Alpen-Blasenschote, Hängeblütiger Tragant · ⌐ Z5 VII-VIII; Eur.* exc. BrI; S-Sweden, Pyr., Alp., Carp.
- *purpureus* Lam. = Astragalus hypoglottis
- **sempervirens** Lam. · D:Dorniger Tragant · ♄ △ Z5 V-VIII; Eur.: sp., F, I, CH, GR
- *sericeus* Lam. = Oxytropis halleri
- **sulcatus** L. 1753 · D:Ungarischer Tragant · ⌐ V-VII; Eur.: A, EC-Eur., E-Eur.; W-Sib., E-Sib., C-As.
- **tragacantha** L. 1753 · ♄ ⓚ VI-VII; Eur.: Ib, F, Corse, Sard.
- **vesicarius** L. 1753 · D:Blasen-Tragant · ⌐ V-VIII; Eur.: Ib, Fr, Ap, Ba, A, EC-Eur., E-Eur.

Astrantia L. 1753 -f- *Apiaceae* · (S. 168)
D:Sterndolde; E:Masterwort; F:Astrance, radiaire
- **bavarica** F.W. Schultz 1858 · D:Bayerische Sterndolde · ⌐ △ Z6 VI-VIII; Eur.: I, D, A, Slove.; E-Alp. [62774]
- **carniolica** Wulfen · D:Krainer Sterndolde · ⌐ △ Z6 VII-VIII; Eur.: I, A, Slove.; SE-Alp.
- *heterophylla* Willd. = Astrantia maxima
- **major** L. 1753 [62776]
  'Alba' [62777]
  'Canneman' [69118]
  'Claret' [72424]
  'Hadspen Blood' [72425]
  'Lars' [62778]
  'Primadonna' [68047]
  'Rosea' [62779]
  'Rosensinfonie' [62780]
  'Rubra' [62781]
  'Ruby Wedding' [69120]
  'Shaggy' [60244]
  'Sunningdale Variegated' [72701]
- subsp. **carinthiaca** Arcang. 1882 · D:Kärntner Sterndolde · ⌐ Z6; Eur.: sp., F, I, Ba; mts.
- subsp. **involucrata** (W.D.J. Koch) Ces. 1844 · ⌐ Z6; Eur.: C-Eur.
- subsp. **major** · D:Große Sterndolde; E:Greater Masterwort;

F:Grande Astrance · ⚃ ⚘ Z6 VI-VIII; Eur.* exc. BrI, Sc, nat. in BrI, Sc
- **maxima** Pall. · F:Astrance à feuilles d'hellébore · ⚃ ⚘ Z6 VI-VIII; Cauc., TR [62782]
- **minor** L. 1753 · D:Kleine Sterndolde; E:Lesser Masterwort · ⚃ △ Z6 VII-VIII; Eur.: sp., F, CH, I; Pyr., SW-Alp., N-Apenn.
- *rubra* hort. = Astrantia major subsp. major

Astridia Dinter 1926 -f- *Aizoaceae* · (S. 140)
- *dinteri* L. Bolus = Astridia velutina
- **velutina** Dinter 1927 · ⚃ ⚘ Z9 ⌂; Namibia

Astrocaryum G. Mey. 1818 -n- *Arecaceae* · (S. 941)
D:Sternnusspalme; F:Palmier
- *acanthopodium* Barb. Rodr. = Astrocaryum paramaca
- **aculeatum** G. Mey. 1818 · ♄ e ⌂ ⓝ; Bras.
- *borsigianum* K. Koch = Phoenicophorium borsigianum
- **jauari** Mart. 1824 · ♄ e ⌂ ⓝ; Bras.
- **mexicanum** Liebm. ex Mart. 1853 · ♄ e ⌂; Mex., Guat. Hond.
- **murumuru** Mart. 1824 · ♄ e ⌂ ⓝ; Bras.
- **paramaca** Mart. 1844 · ⚃ ♄ ⌂; Guyan., N-Bras.
- *pictum* Balf. f. = Phoenicophorium borsigianum
- *sechellarum* (H. Wendl.) Baill. = Phoenicophorium borsigianum
- *tucuma* Mart. = Astrocaryum aculeatum
- **vulgare** Mart. 1824 · ♄ e ⌂ ⓝ; Bras.

Astroloba Uitewaal 1947 -f- *Aloaceae* · (S. 904)
- *aspera* (Haw.) Uitewaal = Haworthia
  - var. *major* (Haw.) Uitewaal 1947 = Haworthia
- **congesta** (Salm-Dyck) Uitewaal 1947
- **corrugata** N.L. Meyer et Gideon F. Sm. 1998
- *deltoidea* (Hook. f.) Uitewaal = Astroloba congesta
- **foliolosa** (Haw.) Uitewaal 1947
- *muricata* L.E. Groen = Astroloba corrugata
- **spiralis** (L.) Uitewaal 1947 · ⚃ ⚘ Z9 ⌂; Kap

'Pentagona' = Astroloba spiralis

- subsp. *foliolosa* (Haw.) L.E. Groen 1987 = Astroloba foliolosa

Astronium Jacq. 1760 -n- *Anacardiaceae* · (S. 155)
D:Urundayholz
- **balansae** Engl. 1881 · D:Urundayholz · ♄ ⓝ; N-Arg., Parag.
- **fraxinifolium** Schott 1827 · ♄ ⌂; Bras.

Astrophytum Lem. 1839 -n- *Cactaceae* · (S. 347)
D:Bischofsmütze, Sternkaktus; F:Bonnet d'évêque, Cactus étoilé
- **asterias** (Zucc.) Lem. · D:Seeigel-Sternkaktus; E:Sand Dollar, Silver Dollar Cactus · ⚘ Z9 ⌂ VI-VIII ▽ *; S-Tex., N-Mex.
- **capricorne** (A. Dietr.) Britton et Rose 1922
  - var. **capricorne** · D:Bockshorn-Kaktus; E:Goat's Horn Cactus · ⚘ Z9 ⌂ ▽ *; N-Mex.
  - var. **major** Frič 1925 · ⚘ ⌂
  - var. **minor** Frič 1925 · ⚘ ⌂
- **coahuilense** (H. Möller) K. Kayser 1932 · ⚘ Z9 ⌂; N-Mex.
- **myriostigma** Lem. 1839
  - subsp. **tulense** K. Kayser 1932 · ⚘ Z9 ⌂; NE-Mex.
  - var. *coahuilense* (H. Möller) Borg 1952 = Astrophytum coahuilense
  - var. **myriostigma** · D:Bischofsmütze; E:Bishop's Cap Cactus, Bishop's Hood · ⚘ Z9 ⌂ ▽ *; NE-Mex.
  - var. **nudum** (Rud. Mey.) Y. Itô 1952 · ⚘ ⌂
  - var. **tulense** (K. Kayser) Y. Itô 1981
- **ornatum** (DC.) F.A.C. Weber 1922 · D:Mönchskappe; E:Ornamental Monk's Hood, Star Cactus · ⚘ Z9 ⌂ ▽ *; E-Mex.
- **senile** Frič 1925 · ⚘ Z9 ⌂; Mex.

Asyneuma Griseb. et Schenk 1852 -n- *Campanulaceae* · (S. 382)
D:Traubenrapunzel; F:Asyneuma
- **canescens** (Waldst. et Kit.) Griseb. et Schenk 1852 · D:Graue Traubenrapunzel · ⚃ Z5 VII-VIII; Eur.: EC-Eur., Ba, E-Eur. [69122]
- **limonifolium** (L.) Janch. 1906 · ⚃; Eur.: I, Ba; TR
- **michauxioides** (Boiss.) Damboldt 1976 · ☉ Z5 VI-VII; TR
- **pulvinatum** P.H. Davis 1949 · ⚃; SW-TR

Asystasia Blume 1826 -f- *Acanthaceae* · (S. 124)

- **gangetica** (L.) T. Anderson 1850 · ⚃ ⌂; Ind., Malay. Pen., Afr.
- **scandens** (Lindl.) Hook. 1849 · ♄ ⌂ VII-VIII; W-Afr.: Guinea, Sierra Leone, Liberia
- *violacea* = Asystasia gangetica

Ataenidia Gagnep. 1908 -f- *Marantaceae* · (S. 1035)
- **conferta** (Benth.) Milne-Redh. 1952 · ⚃ Z10 ⌂; C-Afr., Angola

Atalaya Blume 1847 -f- *Sapindaceae*
- **hemiglauca** F. Muell. 1863

Athamanta L. 1753 -f- *Apiaceae* · (S. 168)
D:Augenwurz; E:Athamanta; F:Athamante
- **cretensis** L. 1753 · D:Zottige Augenwurz; E:Candy Carrot · ☉ ⚃ Z6 V-VIII; Eur.: Ib, Fr, Ap, Ba, C-Eur.
- *haynaldii* Borbás et R. Uechtr. = Athamanta turbith subsp. haynaldii
- *matthioli* Wulfen = Athamanta turbith subsp. turbith
- *rupestris* Rchb. = Athamanta turbith subsp. turbith
- **turbith** (L.) Brot. 1804 [62783]
  - subsp. **haynaldii** (Borbás et R. Uechtr.) Tutin 1968 · ⚃ △ Z6 VI-VII; Eur.: A, Slove., Croatia, Bosn., YU, AL
  - subsp. **turbith** · ⚃ Z6; Eur.: I, Slove.,

Athanasia L. 1762 -f- *Asteraceae* · (S. 226)
- **crithmifolia** (L.) L. 1762 · ♄ Z9 ⌂ VI-VIII; S-Afr.
- **parviflora** Murr 1774 · ♄ Z9 ⌂; S-Afr.

Atherosperma Labill. 1806 *Monimiaceae*
- **moschatum** Labill. 1806 · ♄ e Z9 ⌂; Austr. (Queensl., N.S.Wales, Victoria, Tasman.)

Athrotaxis D. Don 1838 -f- *Taxodiaceae* ·
D:Schuppenfichte
- **cupressoides** (D. Don) Siebold et Zucc. 1838 · D:Gezähnte Schuppenfichte; E:Smooth Tasmanian Pine · ♄ e Z8 ⌂; Austr. (Tasman.); mts.
- *doniana* Henkel et W. Hochst. = Athrotaxis laxifolia
- *imbricata* Hort. ex Carrière = Athrotaxis cupressoides

– **laxifolia** Hook. 1843 · D:Bebänderte Schuppenfichte; E:Summit Cedar · ♄ e Z8 ⓚ; Austr. (Tasman.); mts.

Athyrium Roth 1799 -n- *Woodsiaceae* · (S. 82) D:Frauenfarn; E:Lady Fern; F:Fougère femelle
– *acrostichoides* (Sw.) Diels = Diplazium acrostichoides
– *alpestre* (Hoppe) Rylands = Athyrium distentifolium
– *australe* (R. Br.) C. Presl = Diplazium australe
– **distentifolium** Tausch ex Opiz 1820 · D:Gebirgs-Frauenfarn; E:Alpine Lady Fern · ⚄ Z5 VII-VIII; Eur.*, TR, Cauc., N-Iran, W-Sib., E-Sib., Sachal., Kamchat., Jap., Alaska, Can., USA: NW, Rocky Mts., Calif; Greenl. [67377]
– **filix-femina** (L.) Roth 1799 · D:Wald-Frauenfarn; E:Lady Fern, Southern Lady Fern; F:Fougère femelle · ⚄ Z2 VII-VIII; Eur.*, TR, Cauc., N-Iran, W-Sib., E-Sib., Amur, Sachal., Kamchat., Him., Ind., China, Jap., NW-Afr., Can., USA*, Mex. S-Am.(And.) [67379]
  'Corymbiferum' [67381]
  Cristatum Grp. [67382]
  Cruciatum Grp.
  Frizelliae Grp. [67383]
  'Minutissimum' [67384]
  'Rotstiel' [67385]
– **goeringianum** (Kunze) T.V. Moore = Athyrium niponicum
– **niponicum** (Mett.) Hance 1873 · ⚄ Z4; China, Manch., Korea, Jap., Taiwan [69674]
  'Metallicum' · D:Regenbogen-Frauenfarn; E:Painted Lady Fern · [67386]
  'Pictum' = Athyrium niponicum 'Metallicum'
– **otophorum** (Miq.) Koidz. 1930 · ⚄ Z7; China, Jap.
– **pycnocarpon** (Spreng.) Tidestr. 1906 · D:Silberner Frauenfarn; E:Glade Fern, Silvery Spleenwort · ⚄ ∼ Z7; Can.: E; USA: NE, NCE, SE
– *rhaeticum* (L.) Roth = Athyrium distentifolium
– *thelypteroides* (Michx.) Desv. = Diplazium acrostichoides
– *umbrosum* (Aiton) C. Presl = Diplazium australe
– **vidalii** (Franch. et Sav.) Nakai 1925 · ⚄ Z7; Jap., Korea, Taiwan [69123]

Atragene L. = Clematis
– *alpina* L. = Clematis alpina
– *macropetala* (Ledeb.) Ledeb. = Clematis macropetala
– *speciosa* Weinm. = Clematis sibirica

Atraphaxis L. 1753 -f- *Polygonaceae* · D:Bocksknöterich
– **frutescens** (L.) K. Koch 1872 · D:Strauchiger Bocksknöterich · ♄ d Z6; Eur.: Russ., W-As., C-As. [31187]
– *lanceolata* (M. Bieb.) Meisn. = Atraphaxis frutescens
– **muschketowii** Krasn. 1886 · ♄ d △ ⊛ Z5 V-VI; C-As (Tien-schan) [31188]
– **spinosa** L. 1753 · D:Dorniger Bocksknöterich · ♄ d △ ⊛ Z7 VIII; Eur.: E-Russ.; TR, Iran, SW-As.

Atriplex L. 1753 -f- *Chenopodiaceae* · (S. 411) D:Melde; E:Orache, Saltbush; F:Arroche
– **calotheca** (Rafn) Fr. 1842 · D:Pfeilblättrige Melde · ⊙ VI-IX; Eur.: Sc, D, PL, Russ.; coasts
– **canescens** (Pursh) Nutt. 1818 · ⚄ Z7; USA: NW, Calif., Rocky Mts., NC, SC., SW; Mex. (Baja Calif.)
– **glabriuscula** Edmondston 1845 · D:Kahle Melde; E:Babington's Orache · ⊙ VI-IX; Eur.* exc. Ap, ? Ib; coasts
– **halimus** L. 1753 · ♄ s Z8 ⓚ VII-IX; Eur.; Ib, Ap, F, GR, Crete; TR, Levante, N-Afr.
– *hastata* L. = Atriplex prostrata
– **hortensis** L. 1753 · D:Garten-Melde, Spanischer Salat; E:Garden Orache; F:Arroche rouge des jardins · ⊙ Z6 VII-IX ⚥ ⓝ; C-As., nat. in Eur.* exc. BrI, Sc 'Rubra'
– **laciniata** L. 1753 · D:Gelappte Melde; E:Frosted orache · ⊙ VII-IX; Eur.: Sc, B, Fr, sp., D; Cauc., Iran, W-Sib., C-As., Mong., China: Sinkiang; Him.
– *latifolia* Wahlenb. = Atriplex prostrata
– **littoralis** L. 1753 · D:Strand-Melde; E:Grass-leaved Orache · ⊙ VII-IX; Eur.* ; Syr. Lebanon, Cauc., Iran, W-Sib., Amur, C-As., Egypt, NW-Afr., coasts, saline habitats
– **longipes** Drejer 1838 · D:Langstielige Melde; E:Long-stalked Orache · ⊙ VII-IX; Eur.: BrI, Sc, PL, N-Russ.
– **micrantha** Ledeb. 1829 · D:Verschiedensamige Melde · ⊙ VII-IX; Eur.: Russ.; Cauc., W-Sib., C-As, nat. in sp., D, PL
– *nitens* Schkur. = Atriplex sagittata
– **oblongifolia** Waldst. et Kit. 1809 · D:Langblättrige Melde · ⊙ VII-IX; Eur.* exc. BrI, Ib; TR, Cauc., C-As., nat. in F
– **patula** L. 1753 · D:Spreizende Melde; E:Common Orache · ⊙ X; Eur.*, Cauc., TR, Cyprus, Syr., W-Sib., E-Sib., C-As., N-Afr., Alaska, Can., USA*, Greenl.
– **pedunculata** L. 1755 · D:Stielfrüchtige Salzmelde; E:Pedunculate Sea Purslane · ⊙ VII-X; Eur.* exc. Ib, Ap
– **portulacoides** L. 1753 · D:Strand-Salzmelde; E:Sea Purslane · ⚄ d VII-IX; Eur.* exc. EC-Eur., E-Eur.; TR, Levante, Cauc., Iran, W-Sib., C-As., China: Sinkiang; Mong., N-Afr.
– **prostrata** Boucher ex DC. 1805 · D:Spieß-Melde, Spießblättrige Melde; E:Spear-leaved Orache · ⊙ VII-IX; Eur.*, TR, Levante, NW-Afr., Egypt
– **rosea** L. 1763 · D:Rosen-Melde · ⊙ VII-IX; Eur.* exc. BrI, Sc; TR
– *sabulosa* Rouy = Atriplex laciniata
– **sagittata** Borkh. 1793 · D:Glanz-Melde · ⊙ VII-IX; Eur.: Ap, C-Eur., EC-Eur., Ba, E-Eur; TR, W-Sib., C-As., nat. in F
– **tatarica** L. 1753 · D:Tataren-Melde · ⊙ VII-IX; Eur.* exc. BrI, Sc; TR, Cyprus, Cauc., Iran, W-Sib., C-As., Mong., China: Sinkiang; Tibet, Him., NW-Afr., Egypt
– *triangularis* Willd. = Atriplex prostrata

Atropa L. 1753 -f- *Solanaceae* · (S. 844) D:Belladonna, Tollkirsche; E:Deadly Nightshade; F:Atropa, Belladonne
– **acuminata** Royle ex Lindl. 1846 · ⚄ Z7 ☙; Ind.
– **bella-donna** L. 1753 · D:Belladonna, Echte Tollkirsche; E:Deadly Nightshade · ⚄ Z7 VI-VII ⚥ ☙; Eur.* exc. Sc; TR, Cauc., N-Iran, NW-Afr., nat. in Sc 'Lutea'
– *rhomboidea* Gillies et Hook. = Salpichroa origanifolia

Atropanthe Pascher 1909
 Solanaceae · (S. 844)
 – **sinensis** (Hemsl.) Pascher 1909 ·
  ⚃ Z6; China

Attalea Kunth 1816 -f- *Arecaceae* ·
 (S. 941)
 D:Pindrowpalme, Pissavepalme;
 E:Bissaba Palm; F:Palmier
 piassaba
 – **cohune** Mart. 1844 · ♄ e Z10 ⓦ
  ⓝ; Mex., C-Am.
 – *excelsa* Mart. ex Spreng. = Attalea
  phalerata
 – **funifera** Mart. 1826 · ♄ e Z10 ⓦ
  ⓝ; Bras.: Bahia, Espirito Santo
 – **phalerata** Mart. ex Spreng. 1825 ·
  ♄ e Z10 ⓦ ⓝ; Bras.
 – **speciosa** Mart. 1826 · D:Babussu-
  palme; E:Babussu Palm · ♄ e Z10
  ⓦ ⓝ; Amazon.
 – **spectabilis** Mart. 1826 · ♄ e Z10
  ⓦ ⓝ; Bras.

Aubrieta Adans. 1763 -f-
 Brassicaceae · (S. 316)
 D:Blaukissen; E:Aubrietia;
 F:Aubriète
 – **canescens** (Boiss.) Bornm. 1936 ·
  ⚃ Z5; TR, Lebanon
 – **columnae** Guss. · ⚃ ⇝ △ Z6
  IV-V; Eur.: I, Ba, RO
 – **deltoidea** (L.) DC. 1821 · D:Grie-
  chisches Blaukissen; E:Aubretia ·
  ⚃ ⇝ △ Z6 IV-V; Eur.: Sic., Ba;
  TR, nat. in BrI, F, sp. [67835]
  'Alba' [71494]
  'Variegata'
 – **gracilis** Spruner ex Boiss. 1843 ·
  ⚃ Z7; Eur.: GR, AL ?BG
  – subsp. **gracilis**
  – subsp. **scardica** (Wettst.) Phitos
   1970 · ⚃ ; Eur.: S-Ba
 – *graeca* Griseb. = Aubrieta
  deltoidea
 – **pinardii** Boiss. 1853 · ⚃ Z8 ⓚ; TR
 – *scardica* (Wettst.) Gustavsson =
  Aubrieta gracilis subsp. scardica
 – **in vielen Sorten:**
 'Argenteovariegata' [62788]
 'Aureovariegata' [68629]
 'Blaumeise' [62790]
 'Blue Cascade' [62793]
 'Blue Emperor' [62791]
 Cascade Grp.
 'Doctor Mules'
 'Feuervogel' [62799]
 'Frühlingszauber' [62801]
 'Hamburger Stadtpark' [62804]
 'Leichtlinii' [62808]
 'Neuling' [62809]
 'Red Carpet' [62812]
 'Royal Blue' [62817]
 'Royal Red' [62818]
 'Schloss Eckberg' [62822]
 'Silberrand' [72756]
 'Tauricola' [62824]
 'Vesuv' [62826]

Aucoumea Pierre 1896 -f-
 Burseraceae · (S. 335)
 – **klaineana** Pierre 1896 · ♄ ⓦ ⓝ;
  W-Afr.

Aucuba Thunb. 1783 -f-
 Aucubaceae · (S. 281)
 D:Aukube; E:Spotted Laurel;
 F:Aucuba
 – **japonica** Thunb. 1783 [42801]
 'Crotonifolia' [44394]
 'Golden King' [24045]
 'Longifolia' [15616]
 'Picturata' [36846]
 'Rozannie' [39880]
 'Variegata' [29010]
 – var. **japonica** · D:Japanische
  Aukube; E:Aukuba, Spotted
  Laurel; F:Aucuba du Japon · ♄ e
  ⚇ Z8 ⓚ III-IV ⚥; S-Jap., China,
  Taiwan

Aulax P.J. Bergius 1767 -f-
 Proteaceae · (S. 717)
 – **umbellata** (Thunb.) R. Br. 1810 ·
  ♄ e ⋈ ⓚ; S-Afr.

Aurinia Desv. 1815 -f- *Brassicaceae* ·
 (S. 316)
 D:Steinkresse; E:Rock Madwort;
 F:Cresson des pierres
 – **corymbosa** Griseb. 1843 · ⚃ Z7;
  Eur.: Ba
 – **petraea** (Ard.) Schur 1866 · D:Fri-
  auler Steinkresse · ⚃ Z7 IV-VI;
  Eur.: I, Ba, RO, nat. in F, C-Eur.
 – **rupestris** (Ten.) Cullen et T.R.
  Dudley 1964 · ⚃ Z7; Eur.: I, Ba;
  TR
 – **saxatilis** (L.) Desv. 1815 ·
  D:Felsen-Steinkresse; E:Golden
  Alyssum, Golden Tuft; F:Alysse
  des rochers, Corbeille d'or · ⚃
  ♄ ⌇ △ Z6 IV-V; Eur.: Ap, C-Eur.,
  EC-Eur., Ba, E-Eur.; TR, nat. in F
  [62195]
  'Citrina' [62196]
  'Compacta' [62197]
  'Dudley Neville' [62198]
  'Flore Pleno' [62201]
  'Goldkugel' [67799]
  'Sulphurea' [62202]

Austrocactus Britton et Rose 1922
 -m- *Cactaceae* · (S. 347)
 – **patagonicus** (F.A.C. Weber)
  Hosseus ex Backeb. 1939 · ⚘ Z8 ⓚ

  ▽ ✱; S-Arg., S-Chile
 – **spiniflorus** (Phil.) F. Ritter 1963 ·
  ⚘ Z8 ⓚ ▽ ✱; Chile

Austrocedrus Florin et Boutelje
 1954 -m- *Cupressaceae* · (S. 88)
 D:Chilezeder; E:Chilean Cedar;
 F:Cèdre du Chili
 – **chilensis** (D. Don) Pic.Serm. et
  Bizzarri 1978 · D:Chilezeder;
  E:Chilean Cedar, Chilean Incense
  Ceder · ♄ e Z8 ⓚ; Chile, W-Arg.
  [27399]

Austrocephalocereus Backeb. 1937
 -m- *Cactaceae* · (S. 347)
 – **dybowskii** (Rol.-Goss.) Backeb.
  1951 · ⚘ Z9 ⓚ ▽ ✱; E-Bras.:
  Bahia
 – *fluminensis* (Miq.) Buxb. =
  Coleocephalocereus fluminensis
 – **lehmannianus** (Werderm.)
  Backeb. 1951 · ⚘ Z9 ⓚ ▽ ✱; Bras.
 – **purpureus** (Gürke) Backeb.
  1942 · ⚘ Z9 ⓚ ▽ ✱; Bras.

Avena L. 1753 -f- *Poaceae* ·
 (S. 1100)
 D:Hafer; E:Oat; F:Avoine
 – **abyssinica** Hochst. 1877 · ⊙ Z5
  ⓝ; Eth.
 – **barbata** Pott ex Link 1799 ·
  D:Bart-Hafer; E:Slender Oat · ⊙
  Z5 V-VI; Eur.: Ib, Fr, Ap, Ba, RO,
  Krim; TR, Cauc., Iraq, Iran, C-As.,
  N-Afr., nat. in A, N-Am., S-Am.
 – **byzantina** K. Koch 1848 · D:Mit-
  telmeer-Hafer; E:Common Red
  Oats · ⊙ Z5 ⓝ; cult. TR, W-Iran,
  W-Pakist., NW-Afr.
 – *desertorum* Less. = Helictotrichon
  desertorum
 – *elatior* L. = Arrhenatherum elatius
  var. elatius
 – **fatua** L. 1753 · D:Flug-Hafer;
  E:Wild Oats · ⊙ ⋈ Z5 VI-VIII;
  Eur.*, TR, Iraq, Lebanon, Syr.,
  Palaest., Arab., Cauc., W-Sib.,
  E-Sib., Amur, Sachal., C-As.,
  Afgh., Pakist., Ind., Tibet, Mong.,
  nat. in China, Jap., Phil., S-Afr.,
  N-Am., Mex., Austr., NZ
 – *flavescens* L. = Trisetum flavescens
 – **nuda** L. 1753 · D:Sand-Hafer;
  E:Naked Oat · ⊙ Z5 VI-VIII; cult.
  – subsp. *strigosa* (Schreb.) Mansf.
   = Avena nuda
 – *parlatorei* J. Woods =
  Helictotrichon parlatorei
 – *planiculmis* Schrad. =
  Helictotrichon planiculme
 – **sativa** L. 1753 · D:Saat-Hafer;
  E:Oats · ⊙ Z5 VI-VII ⚥ ⓝ; orig. ?;

cult.
- *sempervirens* Vill. = Helictotrichon sempervirens
- **sterilis** L. 1762 · D:Tauber Hafer; E:Animated Oat · ⊙ ⚮ Z5 VII-VIII; Eur.: Ib, Fr, Ap, Ba, E-Eur.; TR, Iraq, Syr., Israel, Arab., Cauc., Iran, Afgh., N-Afr., nat. in BrI, EC-Eur.
- *strigosa* Schreb. = Avena nuda

Avenastrum Opiz = Helictotrichon
- *desertorum* (Less.) Podp. = Helictotrichon desertorum
- *parlatorei* (J. Woods ex Dalla Torre) Beck = Helictotrichon parlatorei
- *planiculme* (Schrad.) Jess. = Helictotrichon planiculme
- *pratense* (L.) Pilg. = Helictotrichon pratense
- *pubescens* (Huds.) Jess. = Helictotrichon pubescens

Avenella Parl. = Deschampsia
- *flexuosa* (L.) Drejer = Deschampsia flexuosa subsp. flexuosa
  - subsp. *montana* (L.) Á. Löve et D. Löve 1956 = Deschampsia flexuosa subsp. flexuosa

Avenochloa Holub = Helictotrichon
- *planiculmis* (Schrad.) Holub = Helictotrichon planiculme
- *pratensis* (L.) Holub = Helictotrichon pratense
- *pubescens* (Huds.) Holub = Helictotrichon pubescens

Avenula (Dumort.) Dumort. = Helictotrichon
- *planiculmis* (Schrad.) W. Sauer et Chmel. = Helictotrichon planiculme
- *pratensis* (L.) Dumort. = Helictotrichon pratense
- *pubescens* (Huds.) Dumort. = Helictotrichon pubescens
- *versicolor* (Vill.) M. Laínz = Helictotrichon versicolor

Averrhoa L. 1753 -f- *Oxalidaceae* · (S. 680)
D:Baumstachelbeere, Gurkenbaum; E:Cucumber Tree; F:Arbre à concombres, Carambolier
- **bilimbi** L. 1753 · D:Gurkenbaum; E:Bilimbi · ♄ e Z10 ⓦ Ⓝ; orig. ?, nat. in Trop.
- **carambola** L. 1753 · D:Karambole, Sternfrucht; E:Carambola, Star Fruit · ♄ e Z10 ⓦ Ⓝ; Malay. Pen., nat. in Trop.

Avonia (E. Mey. ex Fenzl) G.D. Rowley 1994 -f- *Portulacaceae*
- **albissima** (Marloth) G.D. Rowley 1994 · ⚃ ⚥ Z10 ⓚ ▽ ✻; Kap, Namibia
- **dinteri** (Schinz) G.D. Rowley 1994 · ⚃ ⚥ Z10 ⓚ ▽ ✻; Namibia
- **papyracea** (E. Mey. ex Fenzl) G.D. Rowley 1994
  - subsp. **namaensis** (Gerbaulet) G.D. Rowley 1994 · ⚃ ⚥ ⓚ; Namibia
  - subsp. **papyraceae** · ⚃ ⚥ Z10 ⓚ ▽ ✻; Kap, Namibia
- **quinaria** (E. Mey. ex Fenzl) G.D. Rowley 1994
  - subsp. **alstonii** (Schönland) G.D. Rowley 1994 · ⚃ ⚥ Z10 ⓚ ▽ ✻; Kap, Namibia
  - subsp. **quinara** · ⚃ ⚥ Z10 ⓚ ▽ ✻; Kap, Namibia

Axonopus P. Beauv. 1812 -m- *Poaceae* · (S. 1100)
- **compressus** (Sw.) P. Beauv. 1812 · ⚃ ⓦ Ⓝ; C-Am., W.Ind.

Axyris L. 1753 -f- *Chenopodiaceae* · (S. 412)
- **amaranthoides** L. 1753 · ⊙; Russ., C-As.

Ayapana Spach 1841 -f- *Asteraceae* · (S. 226)
- **triplinervis** (Vahl) R.M. King et H. Rob. 1970 · D:Dreinerviger Wasserdost; E:Triplinerved Eupatorium · ♄ ⓦ Ⓝ; trop. Am., nat. in Mauritius, Ind., Java

Aylostera Speg. = Rebutia
- *deminuta* (F.A.C. Weber) Backeb. = Rebutia deminuta
- *fiebrigii* (Gürke) Backeb. = Rebutia fiebrigii var. fiebrigii
- *kupperiana* (Boed.) Backeb. = Rebutia kupperiana
- *pseudodeminuta* (Backeb.) Backeb. = Rebutia pseudodeminuta
- *spegazziniana* (Backeb.) Backeb. = Rebutia spegazziniana
- *steinmannii* (Solms) Backeb. = Rebutia steinmannii var. steinmannii

Azadirachta A. Juss. 1830 -f- *Meliaceae* · (S. 634)
D:Nimbaum; E:Neem Tree
- **indica**
  - subsp. **indica** · D:Indischer Flieder, Gewöhnlicher Burma-Nimbaum; E:Margosa, Neem Tree; F:Margosier · ♄ Z10 ⓦ ⚘

Ⓝ; Ind., Sri Lanka, Myanmar, Malay. Arch., nat. in E-Afr., S-Arab., Iran

Azalea L. = Rhododendron
- *albrechtii* (Maxim.) Kuntze = Rhododendron albrechtii
- *amoena* Lindl. = Rhododendron kiusianum var. kiusianum
- *atlantica* Ashe = Rhododendron atlanticum
- *calendulacea* Michx. = Rhododendron calendulaceum
- *californica* Torr. et A. Gray ex Durand = Rhododendron occidentale
- *canadensis* (L.) Kuntze = Rhododendron canadense
- *fragrans* Raf. = Rhododendron arborescens
- *indica* L. non hort. = Rhododendron indicum
- *japonica* A. Gray = Rhododendron molle subsp. japonicum
- *macrantha* Bunge = Rhododendron indicum
- *mollis* Blume = Rhododendron molle subsp. molle
- *mucronata* Blume = Rhododendron mucronatum
- *occidentalis* Torr. et A. Gray = Rhododendron occidentale
- *parvifolia* (Adams) Kuntze = Rhododendron lapponicum
- *periclymenoides* Michx. = Rhododendron periclymenoides
- *pontica* L. = Rhododendron luteum
- *procumbens* L. = Loiseleuria procumbens
- *rosea* Loisel. = Rhododendron prinophyllum
- *schlippenbachii* (Maxim.) Kuntze = Rhododendron schlippenbachii
- *semibarbata* Kuntze = Rhododendron semibarbatum
- *sinensis* Lodd. = Rhododendron molle subsp. molle
- *vaseyi* (A. Gray) Rehder = Rhododendron vaseyi
- *viscosa* L. = Rhododendron viscosum

Azara Ruiz et Pav. 1799 -f- *Flacourtiaceae* · (S. 533)
D:Azarabaum
- **dentata** Ruiz et Pav. 1798 · ♄ e Z8 ⓚ; Chile [31224]
- *gilliesii* Hook. et Arn. = Azara petiolaris
- **integrifolia** Ruiz et Pav. 1798 · ♄ e Z8 ⓚ; Chile

- **lanceolata** Hook. f. 1845 ·
  D:Schmalblättriger Azarabaum;
  E:Lanceolate Azara · ♄ ♄ e Z8 ⓚ;
  Chile, Arg.
- **microphylla** Hook. f. 1845 ·
  D:Buchsblättriger Azarabaum;
  E:Boxleaf Azara · ♄ e D Z8 ⓚ
  II-III; Chile
  'Variegata'
- **petiolaris** (D. Don) I.M. Johnst.
  1938 · ♄ ♄ e Z8 ⓚ; Chile
- **serrata** Ruiz et Pav. 1799 · ♄ e ⓚ
  III-V; Chile [22838]

Azolla Lam. 1783 -f- *Azollaceae* ·
(S. 62)
  D:Algenfarn; E:Water Fern;
  F:Fougère aquatique
- **caroliniana** Willd. 1810 · D:Moskito-Algenfarn; E:Fairy Moss;
  F:Fougère aquatique, Mousse des
  fées · ⌇ ≈ Z7; USA: NE, NCE,
  SE, Fla.; Mex., W.Ind., C-Am., nat.
  in Eur.* exc. BrI, Sc [67133]
- **filiculoides** Lam. 1783 · D:Feenmoos, Großer Algenfarn; E:Large
  Mosquito Fern · ⌇ ≈ Z7 VIII-X;
  Alaska, USA: NW, Calif; Mex.,
  C-Am., S-Am., nat. in Eur.* exc.
  BrI, Sc
- **mexicana** C. Presl 1845 · D:Gefiederter Algenfarn, Kleiner Algenfarn · ⌇ ≈ Z8 ⓚ VI-VII; N-Am.,
  C-Am., nat. in Fr, Ap, D, EC-Eur.,
  Ba, EC-Eur.
- **pinnata** R. Br. 1867 · ⌇ ≈ ⓚ ⓝ;
  China, cult. China, Jap., Calif. etc.

Azorella Lam. 1783 -f- *Apiaceae* ·
(S. 168)
  D:Andenpolster
- **pedunculata** (Spreng.) Mathias et
  Constance 1955 · ⌇ Z8 ⓚ; Ecuad.
- **trifurcata** (Gaertn.) Pers. 1805 ·
  D:Andenpolster; F:Coussin des
  Andes · ⌇ △ Z8 ∧ VI-VII; Chile,
  Arg. [62828]
  'Nana' [67754]

Azorina Feer 1890 -f-
Campanulaceae · (S. 383)
- **vidalii** (H.C. Watson) Feer 1890 ·
  ♄ Z9 ⓚ VII-VIII ▽; Azor.

Aztekium Boed. 1929 -n-
Cactaceae · (S. 348)
- **ritteri** (Boed.) Boed. 1929 · ♆ Z8
  ⓚ ▽ ✲; Mex.: Nuevo León

Azureocereus Akers et H. Johnson =
Browningia
- *hertlingianus* (Backeb.) Rauh =
  Browningia hertlingiana

- *nobilis* Akers et H. Johnson =
  Browningia hertlingiana
- *viridis* Rauh et Backeb. =
  Browningia viridis

Babiana Ker-Gawl. ex Sims 1802 -f-
Iridaceae · (S. 1017)
  D:Pavianblume; E:Baboon
  Flower; F:Fleur des babouins
- **angustifolia** Sweet 1826 · ⌇ Z9
  ⓚ; S-Afr. (Cape Prov.)
- **ecklonii** Klatt 1882 · ⌇ Z8 ⓚ;
  S-Afr. (Cape Prov.)
- *macrantha* MacOwan = Babiana
  pygmaea
- *pulchra* G.J. Lewis = Babiana
  angustifolia
- **pygmaea** (Burm. f.) N.E. Br.
  1929 · ⌇ Z9 ⓚ; S-Afr. (W-Cape)
- **rubrocyanea** (Jacq.) Ker-Gawl.
  1805 · ⌇ Z9 ⓚ; S-Afr. (Cape
  Prov.)
- **stricta** (Aiton) Ker-Gawl. ·
  D:Gerippte Pavianblume;
  E:Baboon Flower · ⌇ Z9 ⓚ III-IV;
  Kap
  'Blue Gem'
  'Zwanenburgs Glory'

Baccaurea Lour. 1790 -f-
Euphorbiaceae · (S. 479)
- **dulcis** (Jacq.) Müll. Arg. 1866 · ♄
  ⓦ ⓝ; Malay. Arch.
- **motleyana** (Müll. Arg.) Müll.
  Arg. 1866 · ♄ ⓦ ⓝ; Malay. Pen.,
  Sumat., Java, Kalimantan
- **ramiflora** Lour. 1790 · ♄ e ⓦ ⓝ;
  Ind., China, Malay. Arch.
- *sapida* (Roxb.) Müll. Arg. =
  Baccaurea ramiflora

Baccharis L. 1753 -f- *Asteraceae* ·
(S. 226)
  D:Kreuzstrauch; E:Tree
  Groundsel; F:Baccharis
- **genistelloides** Pers. 1807 · ♄ d D
  ⓚ XI-I; S-Am.
- **halimifolia** L. 1753 · D:Kreuzstrauch; E:Groundsel Tree · ♄ d ⊗
  Z7 VIII-X; USA: NE, SE, Fla., SC;
  Mex., C-Am., W.Ind., nat. in W-F
  u. NW-Sp.
- **magellanica** (Lam.) Pers. 1807 ·
  ⌇ d Z8 ⓚ; S-Chile, S-Arg.,
  Falkland
  'Baca' [55556]
- **patagonica** Hook. et Arn. 1841 · ♄
  e Z8 ⓚ; S-Chile, S-Arg.

Bacopa Aubl. 1775 -f-
Scrophulariaceae · (S. 823)
  D:Fettblatt, Wasserysop; E:Water
  Hyssop; F:Bacopa

- *amplexicaulis* (Pursh) Wettst. =
  Bacopa caroliniana
- **caroliniana** (Walter) B.L. Rob.
  1908 · D:Carolina-Fettblatt, Großblättriges Fettblatt · ⌇ ∼ ≈ Z8
  ⓦ; USA: Va, SE, Tex., Fla.
- **monnieri** (L.) Pennell 1891 ·
  D:Kleines Fettblatt, Wasserysop;
  E:Baby Tears, Water Hyssops ·
  ⌇ ∼ ≈ Z8 ⓦ ☥; USA: NE,
  SE, Fla., Tex.; Mex., C-Am., trop.
  S-Am., Phil., Malay. Pen., Iraq,
  nat. in Ib

Bactris Jacq. ex Scop. 1777 -f-
Arecaceae · (S. 942)
  D:Pfirsichpalme; E:Spiny-Club
  Palm; F:Péjibaie
- *ciliata* (Ruiz et Pav.) Mart. =
  Bactris gasipaes
- **gasipaes** Kunth · D:Pfirsichpalme;
  E:Peach Palm · ♄ e ⓦ ⓝ; C-Am.,
  trop. S-Am.
- *insignis* (Mart.) Baill. = Bactris
  gasipaes
- *minor* Gaertn. = Acrocomia
  aculeata
- *paraensis* Splitg. ex H. Wendl. =
  Astrocaryum paramaca
- *pavoniana* Mart. = Acrocomia
  aculeata
- *speciosa* (Mart.) H. Karst. = Bactris
  gasipaes
- *utilis* (Oerst.) Benth. et Hook. f. ex
  Hemsl. = Bactris gasipaes

Bacularia F. Muell. ex Hook. f. =
Linospadix
- *monostachya* (Mart.) F. Muell. =
  Linospadix monostachya

Baeckea L. 1753 -f- *Myrtaceae* ·
(S. 658)
- **frutescens** L. 1753 · ♄ Z9 ⓦ;
  S-China, Malay. Arch. Phil.
  N-Austr.
- **virgata** (J.R. Forst. et G. Forst.)
  Andrews 1810 · ♄ ♄ Z9 ⓚ VIII-X;
  Austr.: North Terr., Queensl.,
  N.S.Wales, Victoria

Baeothryon A. Dietr. =
Trichophorum
- *alpinum* (L.) T.V. Egorova =
  Trichophorum alpinum

Baeria Fisch. et C.A. Mey. =
Lasthenia
- *coronaria* (Nutt.) A. Gray =
  Lasthenia coronaria
- *gracilis* (DC.) A. Gray = Lasthenia
  californica

Bahia Lag. 1816 -f- *Asteraceae*
- **dissecta** (A. Gray) Nutt. 1889 · ⊙
  ⚃ Z9; USA: SW, Mex.

Baileya Harv. et A. Gray ex Torr.
1848 -f- *Asteraceae* · (S. 227)
D:Wüstenmargerite; E:Desert
Marigold
- **multiradiata** Harv. et A. Gray
  1849 · D:Wüstenmargerite;
  E:Desert Marigold · ⊙ ⚃ ⚐;
  USA: Calif.Utah, Nev., Ariz., Tex.;
  N-Mex.

Baillonella Pierre 1890 -f-
Sapotaceae · (S. 805)
D:Njabi; E:Djave
- **toxisperma** Pierre 1890 · D:Afri-
  kanischer Birnbaum, Njabi;
  E:Djave · ♄ ⓦ Ⓝ; Nigeria,
  Cameroun, Gabun, Congo

Balanites Delile 1813 -f-
Balanitaceae · (S. 281)
D:Zachunbaum, Zahnbaum;
F:Balanites
- **aegyptiaca** (L.) Delile 1813 ·
  D:Zachunbaum; E:Desert Date · ♄
  ♄ Ⓝ; Palaest., Arab., n trop. Afr.,
  Eth.

Balantium Kaulf. = Culcita
- *culcita* (L'Hér.) Kaulf. = Culcita
  macrocarpa

Baldellia Parl. 1854 -f-
Alismataceae · (S. 898)
D:Igelschlauch; E:Lesser Water
Plantain
- **ranunculoides** (L.) Parl. 1854 ·
  D:Gewöhnlicher Igelschlauch;
  E:Lesser Water Plantain;
  F:Fluteau d'eau fausse renoncule ·
  ⚃ ⌇ ≈ Z7 ⚐ VII-X; Eur.*, ?
  TR, NW-Afr. [67134]

Baldingera G. Gaertn., B. Mey. et
Scherb. = Phalaris
- *arundinacea* (L.) Dumort. =
  Phalaris arundinacea

Ballota L. 1753 -f- *Lamiaceae* ·
(S. 579)
D:Gottvergess, Schwarznessel;
E:Horehound; F:Ballote
- **acetabulosa** (L.) Benth. 1834 · ⚃
  ♄ e Z8 ⚐; Eur.: GR, Crete; TR
- **frutescens** (L.) J. Woods 1880 · ♄
  e Z8 ⚐; Eur.: F, I; SW-Alp.
- **nigra** L. 1909 · D:Schwarznessel,
  Stinkandorn; E:Black Horehound
  'Archer's Variety'
  'Variegata' = Ballota nigra 'Archer's Variety'

- subsp. **foetida** (Vis.) Hayek 1929
- subsp. **nigra** · D:Langzähnige
  Schwarznessel · ⚃ Z6 VI-IX ⚥ ;
  Eur.*, TR, Levante, Iraq, Cauc.,
  Iran, NW-Afr.
- **pseudodictamnus** (L.) Benth.
  1834 · D:Kreta-Nessel · ⚃ △ Z8 ⚐
  ⋀ VII-VIII; Eur.: GR, Crete; TR,
  Libya, nat. in I, Sic. [73781]

Balsamina Mill. = Impatiens
- *hortensis* N.H.F. Desp. = Impatiens
  balsamina

Balsamita Mill. = Tanacetum
- *vulgaris* Willd. = Tanacetum
  balsamita subsp. balsamita

Balsamorhiza Hook. ex Nutt. 1833
-f- *Asteraceae* · (S. 227)
- **sagittata** (Pursh) Nutt. 1841 · ⚃
  Z5 ⚐; Can.: B.C., Sask.; USA:
  NW, Calif., Rocky Mts., S.Dak.

Bambusa Schreb. 1789 -f- *Poaceae* ·
(S. 1101)
D:Bambus; E:Bamboo
- *apus* Schult. f. = Gigantochloa
  apus
- *arundinacea* (Retz.) Willd. =
  Bambusa bambos
- *aspera* Schult. f. = Dendrocalamus
  asper
- *aurea* Carrière = Phyllostachys
  aurea
- **bambos** (L.) Voss 1895 · D:Dorn-
  Bambus; E:Spiny Bamboo, Thorny
  Bamboo · ♄ e ⓦ ⚥ Ⓝ; Ind.
- *fastuosa* Lat.-Marl. ex Mitford =
  Semiarundinaria fastuosa
- *flexuosa* Carrière non Munro =
  Phyllostachys flexuosa
- *glaucescens* (Willd.) Holttum =
  Bambusa multiplex
- *kumasasa* Zoll. ex Steud. =
  Shibataea kumasasa
- *marmorea* Mitford =
  Chimonobambusa marmorea
- *metake* Vilm. = Pseudosasa
  japonica
- **multiplex** (Lour.) Raeusch. ·
  D:Hecken-Bambus; E:Hedge
  Bamboo · ♄ e Z9 ⚐; China
  'Alphonse Karr' [14109]
  'Floribunda' [15259]
  'Golden Goddess' [12972]
- *nigra* Lodd. ex Lindl. =
  Phyllostachys nigra
- *palmata* Burb. = Sasa palmata
- *ramosa* Makino = Sasaella ramosa
- *stricta* (Roxb.) Roxb. =
  Dendrocalamus strictus

- *tessellata* Munro = Indocalamus
  tessellatus
- **tulda** Roxb. 1832 · ♄ e ⓦ Ⓝ; Ind.,
  Myanmar, Tahiti
- **tuldoides** Munro 1868 ·
  E:Puntingpole Bamboo · ⓦ; trop.
  S-Am.
  'Ventricosa' · E:Buddha's Belly Bamboo ·
  e Z9
- *ventricosa* McClure = Bambusa
  tuldoides
- *verticillata* Willd. = Gigantochloa
  levis
- *viridiglaucescens* Carrière =
  Phyllostachys viridiglaucescens
- *viridistriata* Regel = Pleioblastus
  viridistriatus
- **vulgaris** Schrad. ex J.C. Wendl.
  1810 · D:Bewöhnlicher Bambus;
  E:Common Bamboo · ♄ e Z10 ⓦ
  Ⓝ; cult., nat. in Trop.
  'Striata'
  'Vittata' = Bambusa vulgaris 'Striata'

Banisteriopsis C.B. Rob. ex Small
1910 -f- *Malpighiaceae* · (S. 611)
- **caapi** (Spruce ex Griseb.) C.V.
  Morton 1931 · ♄ ⌇ ⚥ ⓦ ⚥ ⚘ Ⓝ;
  Amazon., Col., Ecuad., Peru

Banksia L. f. 1782 -f- *Proteaceae* ·
(S. 717)
D:Banksie; E:Banksia; F:Banksia
- **aemula** R. Br. 1811 · ♄ ♄ e Z9 ⚐;
  E-Austr.
- **attenuata** R. Br. 1811 · D:Zarte
  Banksie; E:Slender Banksia · ♄ e
  ⋈ Z9 ⚐; Austr.
- **baxteri** R. Br. 1830 · D:Vogelnest-
  Banksie; E:Bird's Nest Banksia · ♄
  e ⋈ Z9 ⚐; W-Austr.
- **coccinea** R. Br. 1811 · D:Schar-
  lachrote Banksie; E:Scarlet
  Banksia · ♄ e ⋈ Z9 ⚐; W-Austr.
- *collina* R. Br. = Banksia spinulosa
  var. collina
- **ericifolia** L. f.
- **grandis** Willd. 1798 · D:Stier-
  Banksie; E:Bull Banksia · ♄ e ⋈ Z9
  ⚐; W-Austr.
- **hookeriana** Meisn. 1855 · D:Hoo-
  kers Banksie; E:Hooker's Banksia ·
  ♄ e ⋈ Z9 ⚐; Austr.
- **integrifolia** L. f. · D:Küsten-
  Banksie; E:Coast Banksia · ♄ e Z8
  ⚐; Austr.: Queensl., N.S.Wales,
  Victoria
- *littoralis* Lindl. = Banksia grandis
- *marcescens* Bonpl. = Banksia
  marginata
- *marcescens* R. Br. = Banksia
  praemorsa
- **marginata** Cav. 1799 · D:Silber-

Banksie; E:Silver Banksia · ♄ e Z9 ⓚ; Austr.: N.S.Wales, Victoria, S-Austr., Tasman.
- **menziesii** R. Br. 1830 · D:Feuerholz-Banksie; E:Firewood Banksia · ♄ e ⋈ Z9 ⓚ; Austr.
- **nutans** R. Br. 1811 · D:Nickende Banksie · ♄ e ⋈ Z9 ⓚ; W-Austr.
- **occidentalis** R. Br. 1811 · D:Sumpf-Banksie; E:Red Swamp Banksia, Waterbush · ♄ e ⋈ Z8 ⓚ; Austr.
- **paludosa** R. Br. 1811 · ♄ e Z9 ⓚ; Austr.: N.S.Wales
- **praemorsa** Andrews 1812 · ♄ e ⋈ Z8 ⓚ; Austr.
- **prionotes** Lindl. 1839 · D:Eichel-Banksie; E:Acorn Banksia, Orange Banksia · ♄ e ⋈ Z8 ⓚ; W-Austr.
- **quercifolia** R. Br. 1810 · ♄ Z9 ⓚ; W-Austr.
- **sceptrum** Meisn. 1855 · ♄ e ⋈ Z9 ⓚ; W-Austr.
- **serrata** L. f. 1782 · ♄ ♄ e Z8 ⓚ; Austr. (N.S.Wales, Victoria, Tasman.)
- **speciosa** R. Br. 1811 · D:Prächtige Banksie; E:Showy Banksia · ♄ e Z8 ⓚ; W-Austr.
- **spinulosa** Sm. 1793 · ♄ e Z9 ⓚ; Austr. (Queensl., N.S.Wales, Victoria)
  - var. **collina** (R. Br.) A.S. George 1811 · ♄ e Z9 ⓚ; Austr.: Queensl., N.S.Wales, Victoria
  - var. **spinulosa** Sm.
- **verticillata** R. Br. 1811 · ♄ e Z9 ⓚ; W-Austr.

Baphia Afzel. ex Lodd. 1825 -f- *Fabaceae* · (S. 498)
D:Camholz; E:Camwood
- **macrocalyx** Harms 1907 · ⓦ; E-Afr.
- **nitida** Afzel. ex Lodd. 1820 · D:Camholz, Gabanholz; E:Barwood, Camwood · ♄ ♄ Z9 ⓦ ⓝ; W-Afr.

Baptisia Vent. 1808 -f- *Fabaceae* · (S. 498)
D:Färberhülse, Indigolupine; E:False Indigo; F:Lupin indigo, Podalyre
- **alba**
  - var. **alba** · D:Gewöhnliche Weiße Färberhülse · ⚄ ; USA: N.C., S.C., Ga., Fla.
  - var. **macrophylla** (Larisey) Isely 1986 · D:Weiße Färberhülse; E:White False Indigo · ⚄ VI-VII; Ont., USA: NE, NCE, Kans., SC, SE, Fla. [71843]

- **australis** (L.) R. Br. 1811 · D:Blaue Färberhülse, Indigolupine; E:Blue False Indigo; F:Lupin indigo · ⚄ VII-VIII; USA: NE, NCE, SE [62830]
- **bracteata** Muhl. ex Elliott
- *pendula* Larisey = Baptisia alba var. alba
- **tinctoria** (L.) Vent. 1811 · D:Gelbe Färberhülse; E:Horsefly Weed · ⚄ VII-VIII ⚥ ⚸; Ont., USA: NE, NCE, SE, Fla.

Barbacenia Vand. 1788 -f- *Velloziaceae* · (S. 1143)
- *elegans* (Oliv. ex Hook. f.) Pax = Talbotia elegans

Barbarea R. Br. 1812 -f- *Brassicaceae* · (S. 317)
D:Barbarakraut, Barbenkraut; E:Barbara's Herb, Winter Cress; F:Barbarée, Herbe de Ste-Barbe
- **intermedia** Boreau 1840 · D:Mittleres Barbarakraut; E:Mediumflowered Winter Cress · ⊙ Z6 IV-V; Eur.: Ib, Fr, Ap, Ba; TR, Maroc., Alger., nat. in BrI, DK, PL
- **stricta** Andrz. 1821 · D:Steifes Barbarakraut; E:Small-flowered Winter Cress · ⊙ Z6 IV-VI; Eur.* exc. Ib, Fr; Cauc., W-Sib., E-Sib., C-As., nat. in Fr
- **verna** (Mill.) Asch. 1860 · D:Frühlings-Barbarakraut; E:American Cress, Land Cress · ⊙ ⊙ Z6 IV-VI ⓝ; Eur.: Ib, Fr, Ap, Krim; TR, nat. in BrI, DK, C-Eur., W-Russ., N-Am., S-Afr., Austr., NZ, Jap.
- **vulgaris** R. Br. 1812
  'Variegata' [73295]
  - subsp. **vulgaris** · D:Gewöhnliches Barbarakraut; E:Bittercress, Winter Cress, Yellow Rocket · ⊙ ⚄ Z6 V-VII ⓝ; Eur.*, TR, Levante, Cauc., Iran, Him., W-Sib., E-Sib., Mong., Tibet, China: Sinkiang, Tun., Alger., nat. in S-Afr., N-Am., Austr., NZ

× **Bardendrum** hort. 1962 -n- *Orchidaceae* ·
(*Barkeria* × *Epidendrum*)

Barkeria Knowles et Westc. 1838 -f- *Orchidaceae* · (S. 1051)
- **skinneri** (Bateman ex Lindl.) Paxton 1849 · ⚄ Z10 ⓦ IX-I ▽ ✱; Guat.
- **spectabilis** Bateman ex Lindl. 1842 · ⚄ Z10 ⓦ XI-XII ▽ ✱; S-Mex., Guat., El Salv.
- **uniflora** (Lex.) Dressler et Halb.

1977 · ⚄ Z10 ⓦ III ▽ ✱; Mex.

Barleria L. 1753 -f- *Acanthaceae* · (S. 125)
D:Barlerie; E:Barleria; F:Barléria
- **cristata** L. 1753 · D:Philippinenveilchen; E:Phillippine Violet · ♄ e Z10 ⓦ VI-VIII; Ind., Myanmar
- **obtusa** Nees 1841 · ♄ e Z10 ⓚ; S-Afr.
- **prionitis** L. 1753 · D:Stachelschweinblume; E:Porcupine Flower · ♄ e Z10 ⓦ VI-VIII; trop. As.

Barnadesia Mutis ex L. f. 1781 -f- *Asteraceae* · (S. 227)
- **rosea** Lindl. 1843 · ♄ Z9 ⓚ V-VI; E-Bras., C-Bras.

Barnardia Lindl. = Scilla
- *japonica* (Thunb.) Schult. et Schult. f. = Scilla scilloides

Barosma Willd. = Agathosma
- *betulina* (P.J. Bergius) Bartl. et H.L. Wendl. = Agathosma betulina
- *crenulata* (L.) Hook. = Agathosma crenulata
- *foetidissima* Bartl. et H.L. Wendl. = Agathosma foetidissima
- *lanceolata* (Thunb.) Sond. = Agathosma lanceolata
- *pulchella* (L.) Bartl. et H.L. Wendl. = Agathosma pulchella
- *serratifolia* (Curtis) Willd. = Agathosma serratifolia

Barringtonia J.R. Forst. et G. Forst. 1776 -f- *Lecythidaceae* · (S. 600)
- **asiatica** (L.) Kurz 1875 · ♄ e D Z10 ⓦ; Madag., Malay. Pen., Austr.: Queensl.; Pacific Is.
- **racemosa** (L.) Roxb. 1814 · ♄ e Z10 ⓦ ⓝ; Malay. Arch., Pacific Is.

Bartlettina R.M. King et H. Rob. 1971 -f- *Asteraceae* · (S. 227)
- **sordida** (Less.) R.M. King et H. Rob. 1971 · D:Mexikanischer Dost · ♄ ♄ D Z10 ⓦ II-IV; Mex. [11167]

Bartonia Muhl. ex Willd. 1801 -f- *Gentianaceae*
- *ornata* Nutt. = Mentzelia decapetala
- **virginica** (L.) Britton, Sterns et Poggenb. 1888 · ⚄ ; USA: NC, SC

Bartschella Britton et Rose = Mammillaria
- *schumannii* (Hildm.) Britton et

Rose = Mammillaria schumannii var. schumannii

Bartsia L. 1753 -f-
Scrophulariaceae · (S. 823)
D:Alpenhelm, Bartisie; E:Bartsia; F:Bartsie
- **alpina** L. 1753 · D:Europäischer Alpenhelm; E:Alpine Bartsia, Velvet Bells · ⌇ Z5 VI-VIII; Eur.*, Can.: W; Greenl.

Basella L. 1753 -f- *Basellaceae* · (S. 282)
D:Indischer Spinat, Baselle; E:Malabar Nightshade; F:Baselle, Epinard de Malabar
- **alba** L. 1753 · D:Indischer Spinat, Malabarspinat; E:Indian Spinach, Malabar Nightshade · ⊙ ⚥ ⌇ ↝ ⊛ Z10 ⓦ ⓝ; ? SE-As., ? Afr., nat. in Trop.
  'Rubra'
- *rubra* L. = Basella alba
- *tuberosa* (Caldas) Kunth = Ullucus tuberosus

Bashania Keng f. et T.P. Yi 1982 -f- *Poaceae*
- **faberi** (Rendle) T.P. Yi 1993
- *fangiana* (E.G. Camus) Keng f. et T.H. Wen = Bashania faberi
- **fargesii** (E.G. Camus) Keng f. et T.P. Yi 1982 [14111]
- **quingchengshanensis** Keng f. et T.P. Yi 1982

Bassia All. 1733 -f-
Chenopodiaceae · (S. 412)
D:Besenkraut, Dornmelde, Radmelde, Sommerzypresse; E:Summer Cypress; F:Bassia
- **hirsuta** (L.) Asch. 1867 · D:Rauhaarige Dornmelde; · ⊙ Z6 VIII-IX; Eur.: Fr, Ap, C-Eur., Sc, Ba, E-Eur.; Cyprus, Cauc., Iran, W-Sib., C-As., Mong. ; ..., nat. in N-Am.
- **hyssopifolia** (Pall.) Kuntze 1891 · D:Ysopblättrige Dornmelde; E:Five-Horn Smotherweed · ⊙ Z6 VIII; Eur.: Ib., Russ.; Syr., Cauc., Iran, C-As., Sib., Mong, China: Sinkiang, nat. in F
- **laniflora** (S.G. Gmel.) A.J. Scott 1978 · D:Sand-Radmelde; · ⊙ Z6 VII-IX; Eur.* exc. BrI, Sc; Cauc., W-Sib., E-Sib., C-As., Mong.
- **prostrata** (L.) A.J. Scott 1978 · D:Halbstrauch-Radmelde; · ⌇ Z6 VII-IX; Eur.* exc. BrI, Sc; TR, Cauc., Iran, W-Sib., E-Sib. , C-As., Him., Tibet, Mong., China: Sinkiang, Manch., N-Afr.
- **scoparia** (L.) A.J. Scott 1978 · ⊙; W-Sib, E-Sib., Mong., Manch., China, nat. in C-Eur., GB, B, NL
  'Trichophylla'
  - subsp. **densiflora** 1987 · D:Dichtblütige Besen-Radmelde, Sommerzypresse · Z6
  - subsp. **scoparia** · D:Besen-Radmelde; E:Belvedere, Burning Bush, Summer Cypress; F:Ansérine belvédère · ⊙ ▯ Z6 VII-IX ⓝ; Russ., TR, Cyprus, Cauc., Iran, Ind., W-Sib., Amur, C-As., Him., China, Jap., Taiwan, nat. in Eur.* exc. BrI, Sc [16753]

× **Bateostylis** hort. 1967 -f-
Orchidaceae ·
(*Batemannia* × *Otostylis*)

Batrachium (DC.) Gray = Ranunculus
- *aquatile* (L.) Dumort. = Ranunculus aquatilis

Bauera Banks ex Andrews 1793 -f-
Cunoniaceae · (S. 438)
D:Flussrose; E:River Rose
- **rubioides** Andrews 1802 · D:Flussrose; E:River Rose · ♄ e Z9 ⓚ II-V; Austr.: N.S.Wales, Queensl., S-Austr., Tasman.

Bauhinia L. 1753 -f-
Caesalpiniaceae · (S. 372)
D:Bauhinie; E:Mountain Ebony; F:Bauhinia
- **acuminata** L. 1753 · D:Berg-Bauhinie; E:Mountain Orchid · ♄ e Z9 ⓦ V-IX; Ind., China, Malay. Pen.
- *alba* Buch.-Ham. ex Wall. = Bauhinia variegata
- × **blakeana** Dunn 1908 (*B. purpurea* × *B. variegata*)
- **corymbosa** Roxb. ex DC. 1832
- **esculenta** Burch. 1824 · D:Maramabohne; E:Marama Bean · ⌇ Z9 ⓦ ⓝ; trop. S-Afr., S-Afr.
- **forficata** Link 1821 · ♄ ♄ e Z9 ⓦ; S-Am.
- **galpinii** N.E. Br. 1891 · D:Rote Bauhinie; E:Red Butterfly Tree · ♄ ⇃ ⚥ Z9 ⓦ; S-Afr., trop. Afr. [11051]
- **hookeri** F. Muell. 1859 · ♄ d; Austr. (Queensl., N.Terr.)
- **monandra** Kurz 1873 · ♄ ♄ e Z9 ⓦ; Guyana, nat. in W.Ind.
- **natalensis** Oliv. 1874
- **petersiana** Bolle 1861
- **purpurea** L. 1753 · D:Schmetterlings-Bauhinie; E:Butterfly Tree · ♄ ♄ d Z9 ⓦ ⓝ; Ind., China

- **racemosa** Lam. 1783 · ♄ e ⚥ Z9 ⓦ IV-IX; NE-Ind. [11052]
- **tomentosa** L. 1753 · ♄ e Z9 ⓦ; Ind., China
- **variegata** L. 1753 · D:Bunte Bauhinie; E:Mountain Ebony, Orchid Tree · ♄ e Z9 ⓦ I-IV; Ind., China [11053]
  'Candida'
- **yunnanensis** Franch. 1896 · ♄ e ⚥ Z9 ⓚ; Yunnan

Beaucarnea Lem. 1861 -f-
Nolinaceae · (S. 1001)
D:Klumpstamm; F:Arbre-bouteille, Pied-d'éléphant
- *glauca* (Lem.) Hereman = Beaucarnea stricta
- **gracilis** Lem. 1861 · D:Schlanker Klumpstamm · ♄ ♇ e Z10 ⓚ; Mex.
- *hartwegiana* (Zucc.) Baker = Calibanus hookeri
- *hookeri* (Lem.) Baker = Calibanus hookeri
- *longifolia* (Schult. et Schult. f.) Baker = Nolina longifolia
- *oedipus* Rose = Beaucarnea gracilis
- *purpusi* Rose = Beaucarnea stricta
- **recurvata** Lem. 1868 · D:Ponyschwanz-Klumpstamm; E:Elephant's Foot, Pony Tail · ♄ ♇ Z10 ⓚ; Mex.
  - var. *stricta* (Lem.) Baker 1880 = Beaucarnea stricta
- **stricta** Lem. 1861 · D:Kork-Klumpstamm · ♄ ♇ d Z10 ⓚ; Mex. (Puebla, Oaxaca)
- *texana* (S. Watson) Baker = Nolina texana
- *tuberculata* (Lem.) Roezl = Beaucarnea recurvata

Beaufortia R. Br. 1812 -f-
Myrtaceae · (S. 659)
D:Flaschenbürste; E:Botlebrush; F:Beaufortia
- **decussata** R. Br. 1812 · ♄ Z9 ⓚ IV-V; W-Austr.
- **orbifolia** F. Muell. 1862 · ♄ Z9 ⓚ; Austr.: W-Austr.
- **purpurea** Lindl. 1839 · ♄ Z9 ⓚ VI-VIII; W-Austr.
- **schaueri** L. Preiss 1844 · ♄ Z9 ⓚ; W-Austr.
- **sparsa** R. Br. 1812 · ♄ Z9 ⓚ VI-VIII; W-Austr.

Beaumontia Wall. 1824 -f-
Apocynaceae · (S. 190)
D:Heroldstrompete; E:Herald's Trumpet; F:Beaumontia
- **brevituba** Oliv. 1887 · ♄ ⓦ; China (Guanxi - Hainan)

- **grandiflora** (Roxb.) Wall. 1824 · D:Großblütige Heroldstrompete; E:Easter Lily Vine, Herald's Trumpet · ♄ e ⚥ D Z10 ⓦ XII-III; E-Him. [11054]

Beccariophoenix Jum. et H. Perrier 1915 -f- *Arecaceae* · (S. 942)
- **madagascariensis** Jum. et H. Perrier 1915 · ♄ e Z10 ⓦ; Madag.

Beckmannia Host 1805 -f- *Poaceae* · (S. 1101)
D:Doppelährengras, Fischgras, Raupenähre; E:Slough Grass; F:Beckmannia
- **eruciformis** (L.) Host 1805 · D:Europäisches Doppelährengras, Fischgras; E:European Slough Grass · ⊙ ⚃ ⓝ; Eur.: I, EC-Eur., Ba, E-Eur.; TR, Cauc., NW-Iran, W-Sib., C-As., E-As., nat. in D, N-Am.
- **syzigachne** (Steud.) Fernald 1928 · D:Amerikanisches Doppelährengras; E:American Slough Grass · ⊙ VI-VIII ⓝ; C-As, S-Sib., nat. in Alaska, Can., USA: NE, NCE, NC, Rocky Mts., SW, Calif.

Begonia L. 1753 -f- *Begoniaceae* · (S. 283)
D:Begonie, Schiefblatt; E:Begonia; F:Bégonia
- **acetosa** Vell. 1831 · ⚃ Z10 ⓦ III-V; Bras.
- *acida* Mart. ex A. DC. = Begonia subacida
- **acida** Vell. 1827 · ⚃ Z10 ⓦ; Bras.
- **aconitifolia** A. DC. 1859 · ♄ Z10 ⓦ; Bras.
- *acuminata* Dryand. = Begonia acutifolia
- **acutifolia** Jacq. 1786 · D:Ilexblättrige Begonie; E:Holly-leaf Begonia · ⚃ Z10 ⓦ; Jamaica
- **albopicta** W. Bull 1885 · D:Weißgefleckte Begonie; E:Guinea-wing Begonia · ♄ Z10 ⓦ; Bras.
- *angularis* Raddi = Begonia stipulacea
- *argyrostigma* Fisch. ex Link et Otto = Begonia maculata
- **barbata** Wall. 1831 · ⚃ Z10 ⓦ; Ind., Myanmar
- **baumannii** Lemoine 1890 · ⚃ Z10 ⓚ; Bol.
- **bipinnatifida** J.J. Sm. 1906 · ♄ Z10 ⓦ; N.Guinea
- **bogneri** Ziesenh. 1973 · ⚃ Z10 ⓦ VIII-IX; Madag. (Presquelle de Masoala)
- **boliviensis** A. DC. 1859 · ⚃ Z10 ⓚ; Bras., Bol.
- **bowerae** Ziesenh. 1950 · D:Wimpern-Begonie; E:Eyelash Begonia · ⚃ Z10 ⓦ; Mex.
- *bowringiana* hort. = Begonia cathayana
- **bradei** Irmsch. 1953 · ⚃ ♄ ♄ Z10 ⓦ; Bras., Cameroun
- **brevirimosa** Irmsch. 1913
  - subsp. **exotica** Tebbitt 2005 · ⚃ Z10 ⓦ; N.Guinea
- **carolineifolia** Regel 1852 · ⚃ Z10 ⓦ; Mex., Guat.
- **carrieae** Ziesenh. 1976 · ⚃ Z10 ⓦ; Mex.
- **cathayana** Hemsl. 1908 · ⚃ Z10 ⓦ; China
- **cinnabarina** Hook. 1849 · ⚃ Z10 ⓦ; Bol.
- **coccinea** Hook. 1843 · D:Engelsflügel-Begonie; E:Angelwing Begonia · ⚃ Z10 ⓦ; Bras.
- **compta** W. Bull 1898 · ♄ Z10 ⓦ; Bras.
- **conchifolia** A. Dietr. 1851 · ♄ Z10 ⓦ; Hond., Costa Rica, Panama
- **concinna** Schott 1827 · ⚃ Z10 ⓦ; Bras.
- **convolvulacea** A. DC. 1861 · ⚃ ⚥ Z10 ⓦ; Bras.
- × **corallina** Carrière 1875 (*B. coccinea* × *B. teuscheri*) · ♄ Z10 ⓦ; Bras.
- **coriacea** A. DC. 1859 · ⚃ Z10 ⓦ III-V; Bol.
- × **credneri** Haage et E. Schmidt 1890 (*B. metallica* × *B. scharffii*) · ♄ Z10 ⓚ; cult.
- **crispula** Brade 1950 · ⚃ Z10 ⓦ; Bras.
- **cubensis** Hassk. 1858 · D:Kuba-Begonie; E:Cuban Holly · ⚃ Z10 ⓦ; W.Ind.
- **cucullata** Willd. 1805 · D:Sukkulente Begonie; E:Fibrous Rooted Begonia
  - var. **cucullata** · ⚃ Z10; Bras.
  - var. **hookeri** (A. DC.) L.B. Sm. et B.G. Schub. 1941 · ⚃ Z10 ⓦ; Bras.
- **cyathophora** Poepp. et Endl. 1835 · ⚃ Z10 ⓦ; Mex.
- *daedalea* Lem. = Begonia strigillosa
- **davisii** Veitch ex Hook. f. 1876 · ⚃ Z10 ⓚ; Peru
- **decora** Stapf 1892 · D:Haarige Begonie; E:Hairy Begonia · ⚃ Z10 ⓦ; Malay. Pen.
- **deliciosa** Linden ex Fotsch 1933 · ⚃ Z10 ⓦ; Kalimantan
- **diadema** Linden ex Rodigas 1882 · ⚃ Z10 ⓦ; Kalimantan
- **dichotoma** Jacq. 1789 · D:Gabelige Begonie; E:Kidney Begonia · ⚃ Z10 ⓦ; Venez.
- **dichroa** Sprague 1908 · ⚃ Z10 ⓦ; Bras.
- **dietrichiana** Irmsch. 1953 · ♄ Z10 ⓦ XII-III; Bras.
- **dipetala** Graham 1828 · ⚃ Z10 ⓦ; Ind.
- *discolor* Aiton = Begonia grandis subsp. grandis
- **dregei** Otto et A. Dietr. 1836 · D:Ahornblättrige Begonie; E:Maple-leaf Begonia · ⚃ Z10 ⓚ; Kap
- × **duchartrei** Bruant ex André 1892 (*B. echinosepala* × *B. scharffii*) · ♄ Z10 ⓦ; cult.
- **echinosepala** Regel 1871 · ⚃ Z10 ⓦ; Bras.
- **egregia** N.E. Br. 1887 · ⚃ Z10 ⓦ; Bras.
- **eminii** Warb. 1894 · ⚃ Z10 ⓦ; E-Afr.
- **epipsila** Brade 1948 · ⚃ Z10 ⓦ; Bras.
- × **erythrophylla** Neumann 1847 (*B. hydrocotylifolia* × *B. manicata*) · D:Kidney-Begonie; E:Beafsteak Begonia, Kidney Begonia · ⚃ Z10 ⓦ; cult.
- *evansiana* Andrews = Begonia grandis subsp. evansiana
- *exotica* hort. = Begonia brevirimosa subsp. exotica
- **fagifolia** Fisch. 1836 · ⚃ ⚥ Z10 ⓦ; Bras.
- *faureana* Linden ex Garnier = Begonia aconitifolia
- × *feastii* hort. ex L.H. Bailey = Begonia × erythrophylla
- **fernando-costae** Irmsch. 1953 · ⚃ Z10 ⓦ; Bras.
- **ficifolia** Irmsch. 1954 · ⚃ Z10 ⓦ; Nigeria
- **foliosa** Kunth 1825 · D:Farnblättrige Begonie; E:Fern-leaved Begonia · ♄ Z10 ⓦ; Col., Venez.
  - var. **fuchsifoliosa** (A. Chev.) hort. = Begonia × fuchsifoliosa
  - var. **miniata** (Planch.) L.B. Sm. et Hook. 1946 = Begonia fuchsioides
- **franconis** Liebm. 1852 · ⊙ Z10 ⓦ; S-Mex., Guat.
- **froebelii** A. DC. 1874 · ⚃ Z10 ⓚ; Ecuad.
- **fruticosa** (Klotzsch) A. DC. 1861 · ♄ Z10 ⓦ; Bras.
- × **fuchsifoliosa** Chevall. (*B. foliosa* × *B. fuchsioides*) · ♄ Z10 ⓦ; cult.
- **fuchsioides** Hook. 1847 · D:Fuchsien-Begonie; E:Corazon de Jesus,

Fuchsia Begonia · ♄ e Z10 ☝; Venez.
- **fulvosetulosa** Brade 1943 · ♃ Z10 ☝; Bras.
- × **fuscomaculata** Lange 1933 (*B. heracleifolia* × *B. strigillosa*) · ♃ Z10 ☝; cult.
- **glabra** Aubl. 1775 · ♃ ♄ ♄ ⚥ ⚥ Z10 ☝; Mex., C-Am., W.Ind., trop. S-Am.
- *glaucophylla* Hook. f. = Begonia radicans
- **goegoensis** N.E. Br. 1882 · D:Feuer-Begonie; E:Fire-king Begonia · ♃ Z10 ☝; Sumat.
- **gracilis** Kunth 1825 · D:Stockrosen-Begonie; E:Hollyhock Begonia · ♃ Z10 ☝; Mex., Guat.
- **grandis** Dryand. 1791
  - subsp. **evansiana** (Andrews) Irmsch. 1939 · D:Japan-Begonie; E:Evans Begonia · ♃ Z8 ☝ ☝ ∧; China [62831]
  - subsp. **grandis** · D:Winterharte Begonie; E:Hardy Begonia · ♃ Z8 ☝; Jap., C-China, SE-As.
- *haageana* S. Watson = Begonia scharffiana
- **hatacoa** Buch.-Ham. 1825 · ♃ Z10 ☝; Him.
- **heracleifolia** Schltdl. et Cham. · ♃ Z10 ☝; Mex., Guat., Belize
- **herbacea** Vell. 1827 · ♃ Z10 ☝; Bras.
- **hirtella** Link 1822 · D:Bärtige Begonie; E:Bearded Begonia · ⊙ Z10 ☝ ☝; Bras., Peru
- **hispida** Schott 1827
  - var. **cucullifera** Irmsch. 1953 · ♃ Z10 ☝; Bras.
  - var. **hispida** · ♃ Z10 ☝; Bras.
- **humilis** Dryand. 1789
  - var. **humilis** · ♃ Z10 ☝ ☝; trop. S-Am.
  - var. **porteriana** (Fisch., C.A. Mey. et Avé-Lall.) A. DC. 1861 · ⊙ Z10 ☝ ☝; Mex., W.Ind., C-Am., S-Am.
- **hydrocotylifolia** Otto ex Hook. 1842 · ♃ Z10 ☝; Mex.
- **imperialis** Lem. 1860
  - var. **imperialis** · ♃ ↝ Z10 ☝; Mex.
  - var. **smaragdina** Lem. ex A. DC. 1860 · ♃ Z10 ☝; Mex.
- *incana* Lindl. = Begonia peltata
- **incarnata** Link et Otto 1829 · ♃ Z10 ☝; Mex.
- **involucrata** Liebm. 1852 · ♃ Z10 ☝; C-Am.
- **isoptera** Dryand. ex Sm. 1790 · ♃ Z10 ☝; Java
- **kellermannii** C. DC. 1919 · ♄ Z10 ☝; Guat.
- *laciniata* Roxb. = Begonia palmata
- × **langeana** Fotsch 1933 · ♃ Z10 ☝; cult.
- **leptotricha** C. DC. 1914 · ♃ Z9 ☝; Parag.
- *liebmannii* A. DC. = Begonia ludicra
- *limmingheana* C. Morren = Begonia radicans
- **lindleyana** Walp. 1843 · ♃ Z10 ☝; S-Mex., C-Am., Col.
- **listada** L.B. Sm. et Wassh. 1981 · ♃ Z10 ☝; Parag.
- **lubbersii** E. Morren 1883 · ♃ Z10 ☝; Bras.
- **ludicra** A. DC. 1859 · ♃ Z10 ☝; C-Am.
- **ludwigii** Irmsch. 1937 · ♃ Z10 ☝; Ecuad.
- **luxurians** Scheidw. 1848 · D:Palmblättrige Begonie; E:Palm-leaf Begonia · ♃ Z10 ☝; Bras.
- *lynchiana* Hook. f. = Begonia cyathophora
- *macrocarpa* Warb. = Begonia bradei
- **maculata** Raddi 1820 · ♄ e Z10 ☝; Bras.
- **malabarica** Lam. 1785 · ♃ Z10 ☝; Ind., Sri Lanka
- **manicata** Brongn. ex Cels 1842 · ♃ Z10 ☝; Mex., Guat.
- **mannii** Hook. f. 1864 · ♃ Z10 ☝; Zaire
- × **margaritae** hort. ex Fotsch 1933 (*B. echinosepala* × *B. metallica*) · ♃ Z10 ☝; cult.
- **martiana** Link et Otto 1829 · ♃ Z10 ☝; Mex.
- **masoniana** Irmsch. 1959 · D:Ordens-Begonie; E:Iron-cross Begonia · ♃ Z10 ☝; N.Guinea
  'Iron Cross' = Begonia masoniana
- **mazae** Ziesenh. 1947 · ♃ Z10 ☝ XII-V; Mex.
- **metachroa** Fotsch 1933 · ♃ Z10 ☝; orig. ?
- **metallica** W.G. Sm. 1876 · D:Metallische Begonie; E:Metallic-leaf Begonia · ♃ Z10 ☝; Bras.
- **mexicana** H. Karst. 1933 · ♃ ↝ Z10 ☝; Mex.
- **micranthera** Griseb. 1874 · ♃ Z10 ☝; Bol., Arg.
- *miniata* Planch. = Begonia fuchsioides
- **minor** Jacq. 1786 · ♃ ♄ ⚥ Z10 ☝; C-Afr.: Sao Tomé
- **mollicaulis** Irmsch. 1957 · ⊙ Z10 ☝; Bras.
- **natalensis** Hook. 1885 · D:Natal-Begonie · ♃ Z10 ☝ XII-III; S-Afr.: Natal
- **nelumbiifolia** Cham. et Schltdl. 1830 · D:Lotosblättrige Begonie; E:Lily-pad Begonia · ♃ Z10 ☝; C-Am., Col.
- **octopetala** L'Hér. 1788 · ♃ Z10 ☝; Peru
- **odorata** Willd. 1813 · ♄ D Z10 ☝; W.Ind.
- **olbia** Kerch. 1883 · ♃ Z10 ☝; Bras.
- **organensis** Brade 1944 · ♄ Z10 ☝; Bras.: Rio de Janeiro
- **palmata** D. Don · ♃ Z10 ☝; Ind., Myanmar, S-China
- *palmifolia* hort. = Begonia vitifolia
- **partita** Irmsch. 1961 · ♄ Z10 ☝; S-Afr.
- *parva* Sprague non Merr. = Begonia mannii
- **paulensis** A. DC. 1859 · ♃ Z10 ☝; Bras.
- **pearcei** Hook. f. 1865 · ♃ Z10 ☝; Bol.
- **peltata** Schott ex A. DC. 1841 · D:Seerosenblättrige Begonie; E:Lily-pad Begonia · ♃ ♄ ↝ Z10 ☝; Mex.
- **peponifolia** Vis. ex A. DC. 1864 · ♃ Z10 ☝; ? Mex.
- × **phyllomaniaca** Mart. 1853 (*B. incarnata* × *B. manicata*) · ♃ Z10 ☝; cult.
- × *pictavensis* Bruant ex André = Begonia × credneri
- *plagioneura* Milne-Redh. = Begonia cubensis
- **platanifolia** Schott 1827 · ♄ Z10 ☝; Bras.
- *poggei* Warb. = Begonia eminii
- **polygonoides** Hook. f. 1871 · ♃ ⚥ Z10 ☝; W-Afr., C-Afr.
- **popenoei** Standl. 1930 · ♃ Z10 ☝; Hond.
- **prismatocarpa** Hook. f. 1862 · ♃ ⚥ Z10 ☝; Ivory Coast, Cameroun, Fernando Póo
- × **pseudophyllomaniaca** Lange 1933 (*B. heracleifolia* × *B. incarnata*) · ♃ Z10 ☝; cult.
- **pulchella** Raddi 1820 · ♃ Z10 ☝; Bras.
- *quadrilocularis* Brade = Begonia egregia
- **radicans** Vell. 1827 · D:Garnelen-Begonie; E:Shrimp Begonia · ♄ ⚥ ⚭ Z10 ☝ III-V; Bras.
- **rajah** Ridl. 1894 · ♃ Z10 ☝; Malay.Arch.
- **ramentacea** Paxton 1846 · ♃ Z10 ☝; Bras.
- *reniformis* Hook. = Begonia vitifolia

- **rex** Putz. 1857 · D:Königs-Begonie; E:King Begonia, Rex Begonia · ⚃ Z10 ⓦ; Ind: Assam
- **rhizocarpa** Fisch. ex A. DC. 1861 · ⚃ Z10 ⓦ III-V; Bras.
- **rhizocaulis** A. DC. 1864 · ⚃ Z10 ⓦ; C-Am.
- *richardsiana* T. Moore = Begonia suffruticosa
- *richardsoniana* Houllet = Begonia suffruticosa
- × **richmondensis** hort. · ⚃ Z10 ⓦ; cult.
- × **ricinifolia** A. Dietr. 1847 (*B. heracleifolia* × *B. peponifolia*) · D:Rizinusblättrige Begonie; E:Castor Oil Begonia · ⚃ Z10 ⓦ; cult.
- *roezlii* hort. Benary ex Lynch non Regel = Begonia cyathophora
- × **rubella** Buch.-Ham. ex D. Don = Begonia × fuscomaculata
- × **rubellina** L.H. Bailey = Begonia × fuscomaculata
- *rubra* hort. non Bl. = Begonia coccinea
- *rubrovenia* Planch. = Begonia hatacoa
- **sanguinea** Raddi 1820 · ♄ Z10 ⓦ; Bras.
- **scabrida** A. DC. 1864 · ⚃ Z10 ⓦ; Venez.
- **scharffiana** Regel 1888 · D:Elefantenohr-Begonie; E:Elephant's Ear Begonia · ♄ Z10 ⓚ; Bras.
- *scharffii* Hook. f. = Begonia scharffiana
- **schmidtiana** Regel 1879 · ⚃ Z10 ⓦ; Bras.
- *schmidtii* Haage et E. Schmidt = Begonia schmidtiana
- **schulziana** Urb. et Ekman 1930 · ⚃ ⤳ Z10 ⓦ; Haiti
- *semperflorens* Link et Otto = Begonia cucullata var. hookeri
- **serratipetala** Irmsch. 1913 · ⚃ Z10 ⓦ; N.Guinea
- *similis* Brade = Begonia pulchella
- *sinensis* A. DC. = Begonia grandis subsp. evansiana
- **socotrana** Hook. f. 1881 · ⚃ Z10 ⓦ; Socotra
- **solananthera** A. DC. 1859 · ♄ e Z10 ⓦ; Bras.
- *spraguei* J.G.C. Weber = Begonia mannii
- **squamulosa** Hook. f. 1871 · ⚃ ⚥ Z10 ⓦ; Nigeria, C-Afr.
- **stipulacea** Willd. 1805 · ♄ Z10 ⓦ; Bras.
- **strigillosa** A. Dietr. 1851 · ⚃ Z10 ⓦ; Guat., Costa Rica
- *suaveolens* Lodd. = Begonia odorata
- **subacida** Irmsch. 1959 · ⚃ Z10 ⓦ; Bras.
- *subvillosa* hort. = Begonia mollicaulis
- **suffruticosa** Meisn. 1840 · ⚃ Z10 ⓚ; S-Afr.: Natal
- **sulcata** Scheidw. 1848 · ♄ Z10 ⓦ; Col.
- **sutherlandii** Hook. f. 1868 · ⚃ Z9 ⓚ; S-Afr.: Natal
- × **thurstonii** hort. ex Kennedy (*B. metallica* × *B. peponifolia*) · ⚃ Z10 ⓦ; cult.
- **tomentosa** Schott 1827 · ♄ Z10 ⓦ; Bras.
- **ulmifolia** Willd. 1805 · D:Ulmenblättrige Begonie; E:Elm-leaf Begonia · ♄ Z10 ⓦ; Venez.
- **undulata** Schott 1827 · ♄ Z10 ⓦ; Bras.
- **veitchii** Hook. f. 1867 · ⚃ Z10 ⓚ; Peru
- **venosa** Skan ex Hook. f. 1899 · ⚃ Z10 ⓦ; Bras.
- × **verschaffeltii** Regel 1855 (*B. manicata*) · ⚃ Z10 ⓦ; cult.
- **vitifolia** Schott 1827 · ⚃ Z10 ⓦ; Bras.
- **wallichiana** Steud. 1851 · ☉ Z10 ⓦ; Ind.
- × **weltoniensis** hort. ex André 1857 (*B. dregei* × *B. sutherlandii*) · ⚃ Z10 ⓚ; cult.
- **xanthina** Hook. 1852 · ⚃ Z10 ⓦ; Bhutan
- *zebrina* hort. = Begonia stipulacea
- **in vielen Sorten:**
  - C Schilfförmige Gruppe
    Die aufrechten, schwachen Stiele besitzen Internodien (wie Schilf). Die Blätter sind oft asymmetrisch und werden „Engelsflügel" genannt, sie sind grün oder bronzefarben mit silbernen Streifen oder Flecken. Die hängenden Blütenstände produzieren lange haltende Blüten vom Sommer bis in den Winter, benötigen aber sehr viel Licht zur Blütenbildung.
  - Cl Kletternde Gruppe
    Die Pflanzen sind von kriechendem oder kletterndem Wuchs und in der Natur oft Epiphyten. Die Stängel werden meist länger als 1 m, die Blätter sind in der Regel grün und herzförmig, die Blüten reinweiß oder mit orangefarbener oder roter Zeichnung.
  - R Rex-Cultorum-Gruppe
    Diese rhizombildenden Sorten werden vor allem wegen ihres bunten oder panschierten Laubes kultiviert. Sie stammen unter anderem von *B. bowerae* sowie *B. heracleifolia*, *B. mazae* und *B. imperialis* var. *smaragdina* ab.
  - Rh Rhizombildende Gruppe
    Die größte Gruppe, aus der jedoch die Rex-Cultorum-Gruppe ausgegliedert wird. Blätter und Blütenstiele entspringen direkt dem Rhizom, das teils über, teils knapp unter der Erde wächst. Die kleinen Blüten, die in großen Büscheln erscheinen, blühen im späten Winter oder im zeitigen Frühjahr.
  - S Semperflorens-Gruppe
    Die zwergwüchsigen, strauchigen Begonien stammen von der brasilianischen *B. semperflorens* ab. Sie werden häufig als einjährige Beetpflanzen gezogen.
  - Sh Strauchbildende Gruppe
    Niedrig bleibend oder buschig wachsend, vielfach verzweigte Stiele. Die Blätter sind haarig oder glatt, rund, sternförmig oder schief. Die Blüte ist saisonal oder durchgehend, kleinere Typen werden für Pflanzschalen oder Hängekörbe verwendet.
  - T Tuberhybrida-Gruppe
    Die Knollen-Begonien stammen von den in den Anden heimischen Arten ab und ziehen im Winter ein. Die Knollen werden Mitte des Herbstes ausgegraben und trocken gelagert.
  - Th Dickstämmige Gruppe
    Die Pflanzen mit ausgebeulten Stängeln und einer verdickten Basis über der Erde stammen meist von südafrikanischen Arten ab, sie werfen oft zahlreiche Blätter ab und verholzen. In Kultur geschieht dies im Winter, wo eine scheinbare Ruhezeit bis zum Frühjahr stattfindet. Blüten und Blätter sind normalerweise klein.

Quelle: PHILIP, C., LORD, T. (2006) z. T.

'Bellanova' (S)
'Bicola' (S)
'Cocktail' (S)
'Coco' (S)
'Colorvision' (R)
Crispa Ser. (T)
'Dawnal Meyer' (C)
'Dewdrop' (R)
'Di-Anna' (C)
'Di-Erna' (C)
'Esther Albertine' (C)
Focus Ser. (S)
'Gin' (S)
'Glowing Embers' (S)
'Happy End' (T)
Illumination Ser. (T)
'Love Me' (Rh)
Multiflora Ser. (Cl)
Musical Ser. (T)
Nonstop Ser. (T)
Olympia Ser. (S)
'Options' (S)
Organdy Ser. (S)
Paint Splash Ser. (S)
Pendula Ser. (T)
Picotee Ser. (T)
Pin-up Ser. (T)
'Pink Champagne' (R)
'Sophie Cecile' (C)
Super Olympia Ser. (S)
'Whisky' (S)
'Wodka' (S)

Bejaria Mutis ex L. 1771 -f-
Ericaceae · (S. 465)
D:Andenrose; F:Rose des Andes
- **coarctata** Humb. et Bonpl. 1813 ·
♄ e Z10 ⓐ; Peru
- **ledifolia** Humb. et Bonpl. 1813 · ♄
Z8 ⓦ; Venez., Col.

Belamcanda Adans. 1763 -f-
Iridaceae · (S. 1017)
D:Leopardenblume, Pantherblume; E:Leopard Lily; F:Fleurléopard, Iris tigré
- **chinensis** (L.) DC. 1805 · D:Leopardenblume; E:Blackberry Lily, Leopard Lily · ⚃ ⚭ Z8 ⓐ VII-VIII ⚥ ; N-Ind., China, Jap., Taiwan, nat. in USA [62832]

Bellevalia Lapeyr. 1808 -f-
Hyacinthaceae · (S. 1007)
- **forniculata** (Fomin) Delaunay 1922 · ⚃ Z7 ⓐ; NE-TR
- **pycnantha** (K. Koch) Losinsk. 1935 · ⚃ Z7; E-TR, Cauc., N-Iraq, Iran
- **romana** (L.) Rchb. 1826 ·
D:Römische Hyazinthe; E:Roman Hyacinth · ⚃ Z7 ⓐ ∧ IV-V; Eur.: F, Ap, Ba

Bellidiastrum Cass. = Aster
- *michelii* Cass. = Aster bellidiastrum

Bellis L. 1753 -f- *Asteraceae* ·
(S. 227)
D:Gänseblümchen, Maßliebchen; E:Daisy; F:Pâquerette
- **annua** L. 1753 · D:Einjähriges Gänseblümchen; E:Annual Daisy · ☉; Eur.: Ib, Fr, Ap, Ba; TR, NW-Afr., Macaron.
- **caerulescens** (Hook. f.) Cass. ex Ball 1878
- **perennis** L. 1753 · D:Gänseblümchen, Maßliebchen; E:Daisy, English Daisy; F:Pâquerette · ⚃ Z4 I-VI ⚥ ; Eur.*, TR, Syr., Palaest., nat. in N-Am., Chile, NZ [16681]
'Alba Plena'
'Dresden China'
'Miss Mason'
Pomponette Ser.
Super Enorma Ser.
- **rotundifolia** (Desf.) Boiss. et Reut. 1852 · ⚃ △ Z9 ⓐ III-V; SW-Sp., Maroc., Alger.
- **sylvestris** Cirillo 1792 · ⚃ Z7; Eur.: Ib, Fr, Ap, Ba; TR, Cyprus, Syr., Palaest., Maroc., Alger., Tun., Libya
- var. *rotundifolia* (Desf.) Batt. = Bellis rotundifolia

Bellium L. 1771 -n- *Asteraceae* ·
(S. 228)
D:Scheingänseblümchen, Zwergmaßliebchen; F:Fausse-pâquerette
- **bellidioides** L. 1771 · ⚃ △ Z8 ∧ V-VI; Corse, Sard., Balear.
- **minutum** (L.) L. 1771 · D:Zwergmaßliebchen; E:Little Mary · ☉ △ Z8 V-VIII; Eur.: Sic., GR, Crete [62833]

Beloperone Nees = Justicia
- *guttata* Brandegee = Justicia brandegeana

Bencomia Webb et Berthel. 1846 -f-
Rosaceae · (S. 747)
- **brachystachya** Svent. 1960 · ♄ ⓐ; Canar. (Gran Canaria)
- **caudata** (Aiton) Webb et Berthel. 1846 · ♄ e Z9 ⓐ; Canar.

Benincasa Savi 1818 -f-
Cucurbitaceae · (S. 438)
D:Wachskürbis; E:Wax Gourd; F:Courge céreuse
- **hispida** (Thunb. ex Murray) Cogn. 1881 · D:Wachs-Kürbis; E:Wax Gourd · ☉ ⚥ ⚭ Z10 ⓦ ⚥ ⓝ; cult.

Bensonia Abrams et Bacig. = Bensoniella
- *oregona* Abrams et Bacig. = Bensoniella oregona

Bensoniella C.V. Morton 1965 -f-
Saxifragaceae · (S. 812)
D:Bensonie
- **oregona** (Abrams et Bacig.) C.V. Morton 1965 · D:Bensonie · ⚃ Z6; USA: SW-Oreg., NW-Calif.

Benthamidia Spach = Cornus
- *fragifera* Lindl. = Cornus canadensis

Bentinckia Berry ex Roxb. 1832 -f-
Arecaceae · (S. 942)
D:Bentinckpalme; E:Bentinck's Palm
- **nicobarica** (Kurz) Becc. 1885 · D:Nikobarenpalme · ♄ e ⓦ; Nikobar. Is.

Benzoin Nees = Lindera
- *aestivale* Nees = Lindera benzoin
- *praecox* Siebold et Zucc. = Lindera praecox
- *sericeum* Siebold et Zucc. = Lindera sericea

Berardia Vill. 1779 -f- *Asteraceae* ·
(S. 228)
- **subacaulis** Vill. 1779 · ⚃ △ ∧ VII-VIII; Eur.: F, I; SW-Alp.

Berberidopsis Hook. f. 1862 -f-
Flacourtiaceae · (S. 533)
D:Korallenstrauch; E:Coral Plant
- **corallina** Hook. f. 1862 · D:Chilenischer Korallenstrauch; E:Coral Plant · ♄ e ⚥ Z8 ⓐ VII-IX; Chile [11055]

Berberis L. 1753 -f- *Berberidaceae* ·
(S. 284)
D:Berberitze, Sauerdorn; E:Barberry; F:Berbéris, Epinevinette
- **actinacantha** Mart. ex Roem. et Schult. 1829 · ♄ d △ Z7 ∧; Chile
- **aggregata** C.K. Schneid. 1908 [27890]
  - var. **aggregata** · D:Knäuelfrüchtige Berberitze · ♄ d Z5; China: Sichuan, Gansu
  - var. **prattii** (C.K. Schneid.) C.K. Schneid. 1917 = Berberis prattii
  - var. **recurvata** (C.K. Schneid.) C.K. Schneid. 1917 · ♄ d Z6; W-China
- **amurensis** Rupr. 1857 [23123]
  - var. **amurensis** Rupr. · D:Amur-

Berberitze · ♄ d Z5 V; Amur, China, Manch., Korea, Jap.
- var. **japonica** (Regel) Rehder · ♄ d Z6; Jap.
- **angulosa** Wall. ex Hook. f. et Thomson 1855 · D:Kantige Berberitze · ♄ d △ Z6 V; Nepal, Bhutan, Sikkim
- **aristata** DC. 1821 · D:Begrannte Berberitze; E:Chitra · ♄ d ⊛ Z6 V ®; N-Ind., Nepal, Bhutan
- **atrocarpa** C.K. Schneid. 1917 · D:Schwarzfrüchtige Berberitze · ♄ e Z6 V-VI; W-China
- *bealei* Fortune = Mahonia bealei
- **beaniana** C.K. Schneid. 1917 · ♄ d Z6 VI; W-China
- **bergmanniae** C.K. Schneid. 1913 · D:Bergmanns Berberitze · ♄ e Z6 V-VI ⚥; W-China
- **brachypoda** Maxim. 1877 · ♄ d ⊛ Z5 V; NW-China
- **bretschneideri** Rehder 1907 · ♄ d Z5 V; Jap.
- *brevipaniculata* hort. non Schneid. = Berberis aggregata var. aggregata
- **buxifolia** Lam. ex Poir. 1792 · D:Buchsblättrige Berberitze; E:Magellan Barberry; F:Berbéris à feuilles de buis · ♄ e ⌶ Z7 V; Chile [23145]
  'Nana' 1932 [14080]
- **calliantha** Mulligan 1935 · D:Schönblühende Berberitze · ♄ e ⌶ Z7 ∧ V; SE-Tibet [23146]
- **canadensis** Mill. 1768 · D:Kanadische Berberitze; E:Allegheny Barberry, Bush Pepper · ♄ d ⊛ Z5 V-VI ®; USA: NE, SE, NCE
- **candidula** (C.K. Schneid.) C.K. Schneid. 1905 · D:Schneeige Berberitze · ♄ e △ Z6 V; C-China [14090]
  'Jytte' > 1972 [27760]
- × **carminea** Ahrendt (*B. aggregata* × *B. wilsoniae* var. *parvifolia*) · ♄ d Z6; cult.
  'Barbarossa' 1942 [14200]
  'Buccaneer' 1972 [11907]
- **caroli** C.K. Schneid. 1901-08 · ♄; S-Mong.
- × *chenaultii* Ahrendt = Berberis × hybrido-gagnepainii 'Chenault'
- **chillanensis** (C.K. Schneid.) Sprague 1932
  - var. **chillanensis** · ♄ e Z7 ∧ IV-V; Peru, Chile
  - var. **hirsutipes** Sprague 1932 · ♄ e Z7; Chile, Arg.; Anden
- **chinensis** hort. Paris ex Poir. · ♄ d Z6 V; Cauc.
- *chitria* Buch.-Ham. ex Lindl. =

Berberis aristata
- **circumserrata** (C.K. Schneid.) C.K. Schneid. 1917 · ♄ d Z5 V; NW-China
- **concinna** Hook. f. 1853 · ♄ d △ ⊛ Z6 V; Nepal, Sikkim [23151]
- **darwinii** Hook. 1844 · D:Darwins Berberitze; E:Darwin Barberry; F:Epine-vinette de Darwin · ♄ e △ Z7 ∧ IV-V; Arg., Chile [32962]
  'Nana'
- **diaphana** Maxim. 1877 · D:Durchsichtige Berberitze · ♄ d Z6 V; China: Kansu
- **dictyophylla** Franch. 1889 [23154]
  - var. **approximata** (Sprague) Rehder 1913 · ♄ d ⊛ Z6 V; W-China
  - var. **dictyophylla** · D:Netzblättrige Berberitze · ♄ d Z6; Yunnan
  - var. **epruinosa** C.K. Schneid. 1913 · ♄ d ⊛ Z6 V; China: Yunnan
- **dielsiana** Fedde 1905 · D:Diels Berberitze · ♄ d ⊛ Z5 V; China: Sichuan
- *dulcis* Sweet = Berberis buxifolia
- **edgeworthiana** C.K. Schneid. 1908 · ♄ d Z6; NW-Him.
- **empetrifolia** Lam. ex Poir. 1792 · D:Krähenbeerenblättrige Berberitze · ♄ e △ Z6 V; Chile [23155]
- *fortunei* Lindl. = Mahonia fortunei
- **francisci-ferdinandi** C.K. Schneid. 1913 · D:Franz-Ferdinand-Berberitze · ♄ d ⊛ Z6 V; W-China
- × **frikartii** C.K. Schneid. (*B. candidula* × *B. verruculosa*) · D:Frikarts Berberitze · ♄ e △ Z6; cult. [23157]
  'Amstelveen' [14100]
  'Telstar' [29020]
  'Verrucandi' c. 1960 [14300]
- **gagnepainii** C.K. Schneid. 1908 [34076]
  - var. **gagnepainii** · D:Gagnepains Berberitze · ♄ e Z6; W-China
  - var. **lanceifolia** Ahrendt 1941 · ♄ e Z5 V-VI; China: Hupeh [14110]
- **gilgiana** Fedde 1905 · ♄ d Z5; N-China, C-China: Shaanxi
- **giraldii** Hesse 1913 · ♄ d ⊛ Z6 VI; China
- **henryana** C.K. Schneid. 1905 · ♄ d Z5; C-China: W-Hubei, Sichuan, Shaanxi
- **heteropoda** Schrenk ex Fisch. et C.A. Mey. 1841 · ♄ d ⊛ Z7 V; C-As., Mong., China: Sinkiang
- **hookeri** Lem. 1859 · D:Hookers Berberitze · [14120]

- var. **hookeri** · ♄ e Z6 V-VI; Nepal, Bhutan, Ind.: Sikkim, Assam; China
- var. **viridis** C.K. Schneid. 1908 · ♄ e Z6 V; Him. [23167]
- × **hybrido-gagnepainii** Ahrendt (*B. gagnepainii* × *B. verruculosa*) · ♄ e Z6 V-VI; cult. [14140]
  'Chenault' 1926 [32956]
- **hypokerina** Airy Shaw 1930 · D:Silberne Berberitze; E:Silver Holly · ♄ e △ Z8 ⓚ ∧; N-Myanmar
- **ilicifolia** G. Forst. 1789 · ♄ e Z8 ⓚ; S-Chile
- *ilicifolia* hort. ex Zabel = × Mahoberberis neubertii
- × **interposita** Ahrendt 1947 (*B. hookeri* var. *viridis* × *B. verruculosa*) · ♄ d Z7; cult. [23174]
  'Wallich's Purple' c. 1950
- **jamesiana** Forrest et W.W. Sm. 1916 · ♄ d Z6 VI; China: NW-Yunnan
- *japonica* Thunb. ex Murray = Mahonia japonica
  - var. *bealei* (Fortune) Skeels 1912 = Mahonia bealei
- **julianae** C.K. Schneid. 1913 · D:Julianes Berberitze; E:Wintergreen Barberry; F:Epine-vinette de Juliana · ♄ e Z6 V-VI; China: Hupeh [14150]
- **kawakamii** Hayata 1911 · D:Taiwan-Berberitze · ♄ e Z6; Taiwan
- **koreana** Palib. 1899 · D:Koreanische Berberitze · ♄ d ⊛ Z5 V; Korea [14160]
- **lempergiana** Ahrendt 1941 · ♄ e Z5 V; China
- **linearifolia** Phil. 1857 · D:Linearblättrige Berberitze · ♄ e Z7 ∧ V-VI; Chile [33880]
  'Orange King' [32958]
- × **lologensis** Sandwith 1928 (*B. darwinii* × *B. linearifolia*) · D:Lolog-Berberitze · ♄ e Z7 ∧ VI; Arg. [19286]
  'Apricot Queen' [33086]
- **lycium** Royle 1837 · D:Himalaya-Berberitze; E:Indian Lycium, Lycium · ♄ d Z6 V-VI; Him.: Kashmir, NW-Ind., Nepal [23185]
- × **macracantha** Schrad. 1838 (*B. aristata* × *B. vulgaris*) · ♄ d; cult.
- **manipurana** Ahrendt 1939 · ♄ e Z6 V; Ind. (Assam, Manipur) [23186]
- × **media** Groot. 1959
  'Parkjuweel' 1956 [14170]
  'Red Jewel' > 1974 [41190]
- × **mentorensis** L.M. Ames 1924

(*B. julianae* × *B. thunbergii*) · ♄ e Z6; cult. [23188]
- **mitifolia** Stapf 1931 · ♄ d Z6; China
- **morrisonensis** Hayata 1911 · D:Mount-Morrison-Berberitze; E:Mount Morrison Berberis · ♄ d △ ⊛ Z6 V; Taiwan
- *nervosa* Pursh = Mahonia nervosa
- × **notabilis** C.K. Schneid. 1923 (*B. heteropoda* × *B. vulgaris*) · ♄ d; cult.
- **oblonga** (Regel) C.K. Schneid. 1905 · ♄ d ⊛ Z6; C-As. [31192]
- **orthobotrys** Aitch. 1882 · ♄ d; Afgh., Pakist., NW-Ind., W-China [23191]
- × **ottawensis** C.K. Schneid. 1927 (*B. thunbergii* × *B. vulgaris*) · ♄ d ⊛ Z5 V; cult.
  'Auricoma' [30995]
  'Superba' 1943 [14180]
- **parvifolia** Sprague 1908 · ♄ d △ VI; W-China
- *pinnata* Lag. = Mahonia pinnata
- **poiretii** C.K. Schneid. 1906 · D:Poirets Berberitze · ♄ d Z5; NE-China, Mong., E-Sib., Korea [23194]
- **prattii** C.K. Schneid. 1913 · ♄ △ ⊛ Z5 V-VI; W-China [23195]
- **pruinosa** Franch. 1886 · D:Bereifte Berberitze · ♄ e Z7 IV-V; Yunnan [23196]
- **replicata** W.W. Sm. 1920 · ♄ e Z5 V; Yunnan
- × **rubrostilla** Chitt. 1917 (*B. aggregata* × *B. wilsoniae* var. *parvifolia*) · ♄ d ⊛ Z6 VI; cult.
  'Cherry Ripe' 1951 [23201]
- **sargentiana** C.K. Schneid. 1913 · D:Sargents Berberitze · ♄ e Z6 V-VI; C-China [23211]
- **sibirica** Pall. 1773 · D:Sibirische Berberitze · ♄ d △ V; Sib. [31190]
- **sieboldii** Miq. 1865 · D:Siebolds Berberitze · ♄ d △ ⊛ Z5 V; Jap. [23213]
- *sinensis* Desf. = Berberis chinensis
- × **stenophylla** Lindl. 1864 (*B. darwinii* × *B. empetrifolia*) · D:Schmalblättrige Berberitze; E:Rosemary Barberry · ♄ e Z7 ∧ V; cult. [14210]
  'Claret Cascade' [23216]
  'Crawley Gem' 1930 [23222]
  'Irwinii' 1903 [23230]
- **temolaica** Ahrendt 1941 · ♄ d Z5; China (SE-Tibet)
- **thunbergii** DC. 1821 · D:Thunbergs Berberitze; E:Japanese Barberry, Purple Leaf Barberry; F:Epine-vinette de Thunberg · ♄ d

⊛ Z4 V; Jap. [14220]
'Atropurpurea' 1913 [14230]
'Atropurpurea Nana' 1942 [14250]
'Aurea' > 1950 [14260]
'Bagatelle' 1971 [41250]
'Bonanza Gold' 19992 [55696]
'Golden Ring' 1950 [15250]
'Green Carpet' c. 1956 [47110]
'Harlequin' 1969 [31111]
'Helmond Pillar' 1975 [37774]
'Kobold' 1960 [14270]
'Red Chief' 1942 [41240]
'Rose Glow' 1957 [14280]
'Silver Beauty' c. 1911 [42008]
- **tischleri** C.K. Schneid. 1908 · ♄ d V; W-China
- **veitchii** C.K. Schneid. 1913 · D:Veitchs Berberitze · ♄ e Z6 V; China (W-Hubei)
- **vernae** C.K. Schneid. 1913 · D:Vernas Berberitze · ♄ d ⊛ Z6 V; NW-China [23261]
- **verruculosa** Hemsl. et E.H. Wilson 1906 · D:Warzige Berberitze; E:Warty Barberry; F:Epine-vinette verruqueuse · ♄ e △ Z5 V-VI; China: Kansu [14310]
- **virescens** Hook. f. et Thomson 1890 · ♄ d Z6 V-VI; Ind.: Sikkim
- **vulgaris** L. 1753 · D:Gewöhnliche Berberitze, Sauerdorn; E:Common Barberry · ♄ d Z3 IV-V ⚥ ⓝ; Eur.* exc. BrI, Sc; TR, Cauc., nat. in BrI, Sc, E-Can., USA [30940]
  'Atropurpurea' [33882]
- var. *amurensis* (Rupr.) Regel 1861 = Berberis amurensis var. amurensis
- *wallichiana* Hook. f. non DC. = Berberis hookeri var. hookeri
- **wilsoniae** Hemsl. et E.H. Wilson 1906 · D:Wilsons Berberitze; E:Wilson's Barberry · [14330]
- var. **stapfiana** (C.K. Schneid.) C.K. Schneid. 1918 · ♄ d Z6 V; W-China [23287]
- var. **subcaulialata** (C.K. Schneid.) C.K. Schneid. 1918 · F:Epine-vinette de Wilson · ♄ d ⚥ △ ⊛ Z6 VI-VII; W-Sichuan [23288]
- var. **wilsoniae** · ♄ d △ ⊛ Z6 V-VI; W-Sichuan
- **yunnanensis** Franch. 1886 · D:Yunnan-Berberitze · ♄ d Z6; W-China

Berchemia Neck. ex DC. 1825 -f- *Rhamnaceae* · (S. 736)
D:Berchemie
- **giraldiana** C.K. Schneid. 1909 · D:Giralds Berchemie · ♄ d ⚥ Z6

V-VI; China: Hupeh, Yunnan
- **racemosa** Siebold et Zucc. 1843 · D:Japanische Berchemie · ♄ d ⚥ Z6 VIII-IX; Jap., Taiwan
- **scandens** (Hill) K. Koch 1869 · D:Amerikanische Berchemie; E:Black Jack, Supple Jack · ♄ d ⚥ Z7 ∧ VI; USA: Va., NCE, SE, Fla., Tex.
- *volubilis* (L. f.) DC. = Berchemia scandens

Bergenia Moench 1794 -f- *Saxifragaceae* · (S. 812)
D:Bergenie; E:Elephant Ears; F:Bergenia, Plante-du-savetier
- **ciliata** (Haw.) Sternb. 1831 · D:Kaschmir-Bergenie; F:Bergenia cilié · ♃ Z7; Him. [62834]
  fo. ligulata (Wall.) Engl. · ♃ △ ∧ III-IV; Afgh., Pakist.
- **cordifolia** (Haw.) Sternb. 1831 · D:Altai-Bergenie; E:Heart-leaf Bergenia; F:Plante des savetiers · ♃ △ Z3 IV-V; Altai, Mong. [62835]
  'Morgenröte' [62856]
  'Purpurea'
  'Rotblum' [62838]
- **crassifolia** (L.) Fritsch 1889 · D:Dickblatt-Bergenie; E:Winter-blooming Bergenia · [62839]
  - var. **crassifolia** · F:Bergenia à feuilles épaisses · ♃ △ Z3 IV-V ⓝ; Sib., Mong., nat. in A, F
  - var. *orbicularis* (Regel) hort. = Bergenia × schmidtii
  - var. **pacifica** (Kom.) Nekr. 1917 · ♃ △ Z3 IV-V; Amur
- *ligulata* Engl. = Bergenia ciliata fo. ligulata
  - var. *ciliata* (Royle) Engl. 1868 = Bergenia ciliata
  - *ornata* Stein ex Guill. = Bergenia × schmidtii
- *pacifica* (Kom.) Kom. = Bergenia crassifolia var. pacifica
- **purpurascens** (Hook. f. et Thomson) Engl. · ♃ △ Z4 V-VI; W-China, N-Myanmar [62869]
- × **schmidtii** (Regel) Silva Tar. 1961 (*B. ciliata* × *B. crassifolia*) · ♃ △ Z5 III-V; cult. [62872]
- × **smithii** Engl. et Irmsch. 1930 (*B. cordifolia* × *B. purpurascens*) · ♃ △ Z3 IV-V; cult.
- × **spathulata** Nagels. 1930 (*B. ciliata* × *B. stracheyi*)
- **stracheyi** (Hook. f. et Thomson) Engl. 1868 · D:Himalaya-Bergenie · ♃ △ Z6 III; E-Afgh., Pakist., Kashmir, Nepal, W-Tibet
  'Alba'
  - var. *schmidtii* (Regel) H.R.

Wehrh. 1931 = Bergenia × schmidtii
- *yunnanensis* hort. = Bergenia purpurascens
- **in vielen Sorten:**

'Abendglut' Arends 1950 [62842]
'Admiral' Eskuche [62843]
'Baby Doll' zur Linden [62845]
'Ballawley' Ballawley Park 1950 [62846]
'Brahms' [62873]
'Bressingham White' Bloom [68049]
'Eroica' Pagels [62854]
'Glockenturm' Eskuche [62855]
'Oeschberg' [62857]
'Purpurglocken' Arends 1971 [62860]
'Rosi Klose' Klose [62863]
'Schneekönigin' Foerster [62865]
'Silberlicht' Arends 1950 [70407]
'Sunningdale' 1964
'Wintermärchen' Simon [62871]

Bergeranthus Schwantes 1926 -m- *Aizoaceae* · (S. 141)
- *glenensis* N.E. Br. = Hereroa glenensis
- **multiceps** (Salm-Dyck) Schwantes 1926 · ♃ ♆ Z9 ⓚ; Kap
- **scapiger** (Haw.) N.E. Br. 1926 · ♃ ♆ Z9 ⓚ; Kap
- **vespertinus** (A. Berger) Schwantes 1926 · ♃ ♆ Z9 ⓚ; Kap

Bergerocactus Britton et Rose 1909 -m- *Cactaceae* · (S. 348)
- **emoryi** (Engelm.) Britton et Rose 1909 · ♆ Z9 ⓚ ▽ *; Calif., Baja Calif.

Berkheya Ehrh. 1784 -f- *Asteraceae* · (S. 228)
- **macrocephala** J.M. Wood 1907 · ♃ Z8 ⓚ VII-VIII; S-Afr.
- **spekeana** Oliv. 1873 · ⊙ ⓦ; W-Afr., C-Afr., Sudan, E-Afr.

Berlandiera DC. 1836 -f- *Asteraceae* · D:Schokoladenblume
- **lyrata** Benth. 1839 · D:Schokoladenblume · ♃; USA: NC, SW, Tex., SE [69239]

Berteroa DC. 1821 -f- *Brassicaceae* · (S. 317) D:Graukresse; E:Hoary Alison; F:Bertéroa
- **incana** (L.) DC. 1821 · D:Gewöhnliche Graukresse; E:Hoary Alison, Hoary False Madwort · ⊙ ⊙ Z7 X; Eur.: C-Eur., EC-Eur., DK, Ba.E-Eur.; Cauc., W-Sib., E-Sib., C-As., nat. in BrI, Sc, Fr, Ib, N-Am.

Bertholletia Bonpl. 1808 -f- *Lecythidaceae* · (S. 601) D:Paranuss; E:Brazil Nut; F:Noix de Para
- **excelsa** Bonpl. 1808 · D:Paranuss; E:Brazil Nut · ♄ e Z10 ⓦ Ⓝ; Amazon.

Bertolonia Raddi 1820 -f- *Melastomataceae* · (S. 627) D:Bertolonie; F:Bertolonia
- *guttata* Hook. f. = Gravesia guttata
- *hirsuta* Benth. = Triolena hirsuta
- **maculata** Mart. ex DC. 1828 · ♃ Z10 ⓦ; NE-Bras.
- **marmorata** Naudin 1851 · ♃ Z10 ⓦ; N-Bras.
- *pubescens* hort. = Triolena pustulata

× **Bertonerila** hort. -f- *Melastomataceae* · (*Bertolonia* × *Sonerila*)
- **houtteana** hort. (*Bertolonia guttata* × *Sonerila margaritacea*) · ♃ ⓦ; cult.

Berula Besser et W.D.J. Koch 1826 -f- *Apiaceae* · (S. 168) D:Berle, Merk; F:Bérula
- **erecta** (Huds.) Coville 1893 · D:Berle, Schmalblättriger Merk · ♃ VII-IX ☠; Eur.*, Cauc., Iran, Afgh., N-As., C-As., N-Am., nat. in N-Am., Mex., Austr.

Beschorneria Kunth 1850 -f- *Agavaceae* · (S. 895)
- *bracteata* Jacobi ex Baker = Beschorneria yuccoides subsp. decosteriana
- *dekosteriana* K. Koch = Beschorneria yuccoides subsp. decosteriana
- *multiflora* K. Koch = Furcraea parmentieri
- *pubescens* A. Berger = Beschorneria wrightii
- **tubiflora** (Kunth et C.D. Bouché) Kunth 1850 · ♃ ♆ Z9 ⓚ; Mex.
- **wrightii** Hook. f. 1901 · ♃ ♆ Z9 ⓚ; Mex.
- **yuccoides** K. Koch 1859
  - subsp. **decosteriana** (K. Koch) García-Mend. 1993 · ♃ ♆ Z9 ⓚ; Mex.
  - subsp. **yuccoides** · ♃ ♆ Z9 ⓚ; Mex. [11056]

Bessera Schult. f. 1829 -f- *Alliaceae* · (S. 900) D:Korallentröpfchen; E:Coral Drops; F:Bessera
- **elegans** Schult. f. 1829 · D:Korallentröpfchen; E:Coral Drops · ♃ Z9 ⓚ VII-IX; Mex. [73630]

Besseya Rydb. 1903 -f- *Scrophulariaceae* · (S. 824) E:Kitten-Tail
- **bullii** (Eaton) Rydb. 1903 · ♃; Can.: Ont.; USA: NEC .

Beta L. 1753 -f- *Chenopodiaceae* · (S. 412) D:Bete, Rübe; E:Beet; F:Betterave, Poirée
- **trigyna** Waldst. et Kit. 1801 · D:Dreiweibige Runkelrübe · ♃ Z5 VII-VIII; Eur.: Ba, E-Eur.; TR, Cauc., Iran, nat. in BrI, F
- **vulgaris** L. 1753
  - subsp. **cicla** (L.) W.D.J. Koch 1846 · D:Mangold · ⊙ Z5
    - var. **cicla** · D:Blatt-Mangold, Schnitt-Mangold; E:Foliage Beet, Leaf Beet · ; cult.
    - var. **flavescens** DC. 1805 · D:Römische Bete, Stiel-Mangold; E:Swiss Chard · ; cult.
  - subsp. **maritima** (L.) Arcang. 1882 · D:See-Mangold, Wild-Bete; E:Sea Beet · ♃; Eur.: Ib, Ap, Ba; TR, Cyprus, Levante, N-Afr., Canar., Azor., Iran, Iraq, NW-Ind.; coasts
  - subsp. **vulgaris** · D:Bete · ⊙ ⊙ Z5
    - var. **alba** DC. 1805 · D:Weiße Bete, Weiße Rübe · ; cult.
    - var. **altissima** Döll 1843 · D:Zucker-Rübe; E:Sugar Beet · ; cult.
    - var. **lutea** DC. 1805 · D:Gelbe Bete, Gelbe Rübe · ; cult.
    - var. **rapacea** K. Koch 1837 · D:Futter-Rübe, Runkel-Rübe · ; cult.
    - var. *rubra* Moq. 1849 = Beta vulgaris subsp. vulgaris var. vulgaris
    - var. **vulgaris** · D:Rote Bete, Rote Rübe; E:Beetroot, Mangel Wurzel, Mangold, Root Beet · ⊙ VII-IX; Eur.* exc. EC-Eur., E-Eur.; TR, Levante, N-Arab., Canar., Madeira, N-Afr. [73168]

Betonica L. = Stachys
- *alopecuros* L. = Stachys alopecuros
- *grandiflora* Steven ex Willd. = Stachys macrantha
- *macrantha* K. Koch = Stachys macrantha
- *nivea* (Labill.) Steven = Stachys

discolor
- *officinalis* L. = Stachys officinalis

Betula L. 1753 -f- *Betulaceae* · (S. 289)
D:Birke; E:Birch; F:Bouleau
- **albosinensis** Burkill 1899 · D:Chinesische Birke, Kupfer-Birke; E:Chinese Red Birch; F:Bouleau à écorce rouge · ♄ d Z7; Sichuan [14350]
  'Hergest' [23291]
  - var. *septentrionalis* C.K. Schneid. 1916 = Betula utilis var. utilis
- **alleghaniensis** Britton 1811 · D:Gelb-Birke; E:Yellow Birch · ♄ d Z3 Ⓝ; Can.: E; USA; NE, NCE, SE [32967]
- **alnoides** Buch.-Ham. ex D. Don 1825 · D:Erlenblättrige Birke · ♄ d Z8 △; Him., NE-Ind., SW-China: Sichuan, Yunnan [23294]
- *alnus* L. = Alnus incana subsp. incana
  - var. *glutinosa* L. 1753 = Alnus glutinosa
  - var. *incana* L. 1753 = Alnus incana subsp. incana
- **apoiensis** Nakai 1930 · D:Japanische Zwerg-Birke · ♄ d Z3; Jap. (Hokkaido) [23295]
- × **aurata** Borkh. 1790 (*B. pendula* × *B. pubescens*) · D:Bastard-Birke · ♄ d; Eur.: BrI, D, PL, CZ, RO [23296]
- × **caerulea** Blanch. 1904 (*B. cordifolia* × *B. populifolia*) · D:Blaue Birke · ♄ d Z4; Can., NE-USA
- *caerulea-grandis* Blanch. = Betula × caerulea
- *carpatica* Waldst. et Kit. ex Willd. = Betula pubescens var. glabrata
- *celtiberica* Rothm. et Vasc. = Betula pubescens var. pubescens
- **chinensis** Maxim. 1879 · D:Chinesische Strauch-Birke · ♄ ♄ d Z5; Korea, N-China, ? Jap. [31116]
- *cordifolia* Regel = Betula papyrifera var. cordifolia
- **corylifolia** Regel et Maxim. ex Regel 1865 · D:Haselblättrige Birke · ♄ d Z5; Jap. [32970]
- **costata** Trautv. 1859 · D:Gerippte Birke; E:Costata Birch · ♄ d Z5; Amur, Manch.
- **davurica** Pall. 1718 · D:Dahurische Birke; E:Asian Black Birch · ♄ d Z5 Ⓝ; Amur, Manch., Korea, Jap. [12309]
- **delavayi** Franch. 1989 · D:Delavays Birke, Yunnan-Birke · ♄ d; Amur, China (Yunnan) [14380]
- **divaricata** Ledeb. · D:Sibirische Strauch-Birke · ♄ d Z3; E-Sib., Amur, Kamchat., N-Manch.
- **ermanii** Cham. 1831 [14370]
  'Blush' [23299]
  - var. *ermanii* · D:Ermans Birke, Gold-Birke; E:Erman's Birch, Russian Rock Birch; F:Bouleau du Japon · ♄ d Z5 Ⓝ; Jap., Korea, Sachal., Kamchat. [23303]
  - var. *subcordata* (Regel) Koidz. 1913 = Betula ermanii var. ermanii
- *forrestii* (W.W. Sm.) Hand.-Mazz. = Betula delavayi
- *fruticosa* Pall. = Betula humilis
- *glandulifera* (Regel) B.T. Butler = Betula pumila
- **glandulosa** Michx. 1803 · D:Grönländische Strauch-Birke · ♄ d Z1; Alaska, Can., Greenl., USA: NW, Calif., Rocky Mts., S.Dak., NE [23304]
- **grossa** Siebold et Zucc. 1846 · D:Grossers Birke, Zierkirschen-Birke; E:Japanese Cherry Birch · ♄ d Z5; Japan [23305]
- **humilis** Schrank 1789 · D:Strauch-Birke · ♄ d Z3 IV-V; Eur.: C-Eur., PL, E-Eur.; W-Sib., E-Sib., Mong. [14390]
- × **jackii** C.K. Schneid. 1904 (*B. lenta* × *B. pumila*) · D:Jacks Birke
- *jacquemontii* Spach = Betula utilis var. jacquemontii
- **kamtschatica** (Regel) C.-A. Jansson 1962 · D:Kamtschatka-Birke · ♄ d Z5; Jap., Kamchat., NE-As. [14470]
- **kenaica** W.H. Evans 1899 · D:Yukon-Birke · ♄ d Z2; Alaska, Can: : Yukon
- × **koehnei** C.K. Schneid. (*B. papyrifera* × *B. pendula*) · ♄ d Z4; cult.
- **lenta** L. 1753 · D:Zucker-Birke; E:Cherry Birch, Sweet Birch · [31700]
  - subsp. **lenta** · D:Gewöhnliche Zucker-Birke · ♄ d Z4 Ⓝ; Can.: E; USA: NE, SE
  - subsp. **uber** (Ashe) E. Murray 1982 · D:Virginische Zucker-Birke · ♄ d; USA: Va. [15277]
- **luminifera** H.J.P. Winkl. 1904 · ♄ d Z7; China: Sichuan, W-Hupeh [23306]
- *lutea* F. Michx. = Betula alleghaniensis
- *mandshurica* (Regel) Nakai = Betula platyphylla var. platyphylla
  - var. *japonica* (Miq.) Rehder = Betula kamtschatica
- **maximowicziana** Regel 1868 · D:Lindenblättrige Birke; E:Monarch Birch; F:Bouleau monarque · ♄ d Z6; Jap., S-Kurilen [14400]
- **medwediewii** Regel 1887 · D:Transkaukasische Birke; E:Transcaucasian Birch · ♄ ♄ d Z6; Cauc. [42614]
- **michauxii** Spach 1861 · D:Neufundländische Zwerg-Birke · ♄ d Z3; Can.: Que., Labrador, Nfld.., N.S. [23313]
- **nana** L. 1753 · D:Zwerg-Birke; E:Dwarf Birch; F:Bouleau nain · ♄ d △ Z1 IV-VI ▽; Eur.: Fr, BrI, C-Eur., EC-Eur., Sc, E-Eur.; W-Sib., E-Sib. [14420]
  'Glengarry'
  - var. *michauxii* (Spach) Regel 1861 = Betula michauxii
- **nigra** L. 1753 · D:Schwarz-Birke; E:Black Birch, Red Birch, River Birch; F:Bouleau noir · ♄ d Z5 Ⓝ; USA: NE, NCE, SE, SC, Fla. [14430]
  'Heritage' [31523]
- × *obscura* Kotula = Betula × aurata
- **ovalifolia** Rupr. 1857 · D:Ovalblättrige Zwerg-Birke · [30511]
- *papyracea* Aiton = Betula papyrifera var. papyrifera
- **papyrifera** Marshall 1785 · D:Papier-Birke; E:Canoe Birch, Paper Birch, White Birch; F:Bouleau à papier · [14440]
  - var. *commutata* (Regel) Fernald = Betula papyrifera var. papyrifera
  - var. *cordifolia* (Regel) Fernald 1901 · D:Herzblättrige Papier-Birke · ♄ d Z1; E-Can.; USA: NE, N.C., Minn. [29429]
  - var. *grandis* (Schrad.) C.K. Schneid. = Betula papyrifera var. papyrifera
  - var. *kenaica* (W.H. Evans) A. Henry 1909 = Betula kenaica
  - var. **papyrifera** · D:Gewöhnliche Papier-Birke · ♄ d Z4 Ⓝ; Alaska, Can., USA: NE, N.C., NCE, NC, Rocky Mts., NW [23314]
- **pendula** Roth 1788 · D:Hänge-Birke, Sand-Birke, Warzen-Birke; E:European White Birch, Silver Birch; F:Bouleau blanc, Bouleau verruqueux · ♄ d Z2 IV-V ⚥ Ⓝ; Eur.*, W-Sib., TR, N-Iraq, Cauc., N-Iran, Maroc. [14510]
  'Dalecarlica' 1967 [14520]
  'Fastigiata' c. 1870 [14530]
  'Laciniata' [11913]

'Purpurea' 1872 [14550]
'Tristis' 1867 [14560]
'Youngii' 1873 [14570]
- **platyphylla** Sukaczev 1911 [23333]
  - var. *japonica* (Miq.) H. Hara 1937 = Betula kamtschatica
  - var. *kamtschatica* (Regel) H. Hara 1937 = Betula kamtschatica
  - var. **platyphylla** · D:Mandschurische Birke; E:Japanese White Birch · ♄ d Z5 ⓝ; Korea, Manch., N-China
  - var. *szechuanica* (C.K. Schneid.) Rehder = Betula szechuanica
- **populifolia** Marshall 1785 · D:Grau-Birke, Pappelblättrige Birke; E:Grey Brich · ♄ d Z5; Can.: E; USA: NE, NCE [23335]
- **potaninii** Batalin 1893 · ♄ d Z4; W-China
- **pubescens** Ehrh. 1791 · D:Moor-Birke · [14480]
  - subsp. *carpatica* (Waldst. et Kit. ex Willd.) Asch. et Graebn. 1898 = Betula pubescens var. glabrata
  - subsp. *tortuosa* (Ledeb.) Nyman 1881 = Betula pubescens var. pumila
  - var. *glabrata* Wahlenb. 1814 · D:Karpaten-Birke · ♄ ♄ d Z1 IV-V; N-Eur., Pyr. Carp.
  - var. **pubescens** · D:Gewöhnliche Moor-Birke; E:Downy Birch, White Birch; F:Bouleau pubescent · ♄ ♄ d Z1 IV-V ⚥ ⓝ; Eur.*, Cauc., W-Sib., E-Sib.
  - var. *pumila* (L.) Govaerts 1996 · D:Zwerg-Moor-Birke · ♄ ♄ d Z1; Sc, N-Russ., W-Sib., Greenl.
- **pumila** L. 1767 · D:Amerikanische Strauch-Birke, Kleine Birke; E:American Dwarf Birch · ♄ d Z3; Can.; USA: NE, NCE, N.Dak., Mont. [23351]
  - subsp. *glandulifera* (Regel) A. Löve et D. Löve 1982 = Betula pumila
- **raddeana** Trautv. 1887 · D:Kaukasische Strauch-Birke · ♄ ♄ d Z5; Cauc.
- **saposhnikovii** · ♄ d; C-As. (Tien Shan) [23354]
- **schmidtii** Regel 1865 · D:Schmidts Birke · ♄ d Z5 ⓝ; Jap., Korea, Manch., Amur [23359]
- **szechuanica** (C.K. Schneid.) C.-A. Jansson 1962 · D:Sichuan-Birke · ♄ d Z6; W-China: Sichuan, Yunnan, Sikang [23371]
- **tianschanica** Rupr. 1869 · ♄ ♄ d; China [37667]
- **turkestanica** Litv. 1914 · D:Turke-

stan-Birke · ♄ d; C-As. [23372]
- **utilis** D. Don 1825 · D:Himalaya-Birke; E:Himalayan Birch; F:Bouleau de l'Himalaya · [15398]
  'Doorenbos' [31555]
  'Fascination' [20903]
  'Jermyns' 1990 [23377]
  - var. **jacquemontii** (Spach) H.J.P. Winkl. 1904 · D:Weiße Himalaya-Birke; E:Jacquemont's Birch, White Barked Himalayan Birch · ♄ d Z7; W-Him. [14500]
  - var. *prattii* Burkill · ♄ d Z6; W-China
  - var. *utilis* · D:Gewöhnliche Himalaya-Birke · ♄ d Z7; Him. [32964]
- *verrucosa* Ehrh. = Betula pendula
- *viridis* Chaix = Alnus viridis subsp. viridis
- *wilsonii* Bean = Betula potaninii

Biarum Schott 1832 -n- *Araceae* · (S. 922)
- **bovei** Blume 1836 · ♃ Z8 ⓐ; TR, Lebanon, Palaest.
  - var. *blumei* Engl. 1879 = Biarum bovei
- **carduchorum** (Schott) Engl. 1879 · ♃ Z8 ⓐ; TR, Syr., Iran
  - var. *platyspathum* (Bornm.) Engl. 1920 = Biarum carduchorum
- **davisii** Turrill
- **ditschianum** Bogner et P.C. Boyce 1989 · ♃ Z8 ⓐ; SW-TR [73725]
- *homeid* Blume = Biarum bovei
- *platyspathum* Bornm. = Biarum carduchorum
  - var. *bakhtyarum* Parsa 1949 = Biarum carduchorum
- *sewerzowi* Regel = Arum korolkowii
- **tenuifolium** (L.) Schott 1832 · ♃ Z8 ⓐ; Eur.: Ib, Ap, Ba; TR [73724]

Bidens L. 1753 -f- *Asteraceae* · (S. 228)
D:Zweizahn; E:Bur Marigold; F:Bident
- **aurea** (Aiton) Sherff 1915 · D:Goldener Zweizahn
- **bipinnata** L. 1753 · D:Fiederblättriger Zweizahn; E:Spanish Needles · ⊙ Z3 VII-X; USA* exc. Calif., NW, nat. in F, I, CH, Slove.
- **cernua** L. 1753 · D:Nickender Zweizahn; E:Nodding Bur Marigold · ⊙ VIII-X; Eur.*, TR, Cauc., N-As., N-Am.
- **connata** Muhl. ex Willd. · D:Verwachsenblättriger Zweizahn;

E:London Bur Marigold · ⊙ Z3 VIII-X; Can.: E; USA: NE, NCE, Kans., nat. in Fr, CH, D, PL
- *dahlioides* hort. = Cosmos atrosanguineus
- *diversifolia* (Otto) Sch. Bip. = Cosmos diversifolius
- **ferulifolia** (Jacq.) DC. 1836 · D:Fenchelblättriger Zweizahn; F:Bident · ⊙ ⊙ Z8 VIII; S-Ariz., Mex. [16682]
  'Golden Goddess'
  'Goldmarie'
- **frondosa** L. 1753 · D:Schwarzfrüchtiger Zweizahn; E:Beggarticks · ⊙ VIII-IX; N-Am., nat. in Eur.* exc. Sk
- *heterophylla* Ortega = Bidens aurea
- **radiata** Thuill. 1799 · D:Strahliger Zweizahn · ⊙ VIII-X; Eur.: Fr, C-Eur., EC-Eur., E-Eur., Sc; C-As., NE-As.
- **subalternans** DC. 1836 · D:Rio-Grande-Zweizahn · ⊙ VII-X; Bol., Bras., Urug., Arg., nat. in sp., F, CH
- **tripartita** L. 1753 · D:Dreiteiliger Zweizahn; E:Marigold Burr, Trifid Bur Marigold · ⊙ Z6 VII-IX ⚥ ; Eur.*, TR, W-As. , N-Afr., N-Am.
- **triplinervia** Kunth 1820 · D:Dreinerviger Zweizahn
  - var. *macrantha* (Wedd.) Sherff 1925 · ⊙ ♃ Z9 VII; Mex., C-Am., S-Am.
  - var. **triplinervia** · ♃ Z9; Mex., C-Am., S-Am.

Biebersteinia Stephan 1808 -f- *Geraniaceae*
- **orphanidis** Boiss. 1854 · ♃ △ Z8 ⓐ ∧ V-VI; S-GR, TR

Bifora Hoffm. 1816 -f- *Apiaceae* · (S. 169)
D:Hohlsame
- **radians** M. Bieb. 1819 · D:Strahlen-Hohlsame · ⊙ V-VIII; Eur.: Ib, Fr, Ap, Ba, D, EC-Eur., E-Eur.; TR, Cauc., Iran
- **testiculata** (L.) Spreng. 1827 · D:Warziger Hohlsame · ⊙; Eur.: Ib, Fr, Ap, Ba; TR, Syr., Iraq, Cauc., Iran, C-As., nat. in D, CH

Bifrenaria Lindl. 1832 -f- *Orchidaceae* · (S. 1052)
- **atropurpurea** (Lodd.) Lindl. 1832 · ♃ Z10 ⓐ VI-VII ▽ ✱; Bras.
- **aureofulva** (Hook.) Lindl. 1843 · ♃ Z10 ⓐ X ▽ ✱; Bras.
- **harrisoniae** (Hook.) Rchb. f.

1855 · ⚃ Z10 ⓦ III-V ▽ ✻; Bras.
- **inodora** Lindl. 1843 · ⚃ Z10 ⓦ VII ▽ ✻; Bras.
- **tetragona** (Lindl.) Schltr. 1914 · ⚃ Z10 ⓦ VI-VII ▽ ✻; S-Bras.
- **tyrianthina** (Lodd. ex Loudon) Rchb. f. 1854 · ⚃ Z10 ⓦ V-VII ▽ ✻; Bras.

Bignonia L. 1753 -f- *Bignoniaceae* · (S. 291)
D:Kreuzrebe, Trompetenwein; E:Trumpet Vine; F:Bignone
- *australis* Aiton = Pandorea pandorana
- **capreolata** L. 1753 · D:Kreuzrebe, Trompetenwein; E:Cross Vine, Quartervine, Trumpet Vine · ♄ e ⚝ Z8 ⓚ V-VI; USA: NE, NCE, SE, SC, Fla. [11057]
- *chamberlaynii* Sims = Anemopaegma chamberlaynii
- *chinensis* Lam. = Campsis grandiflora
- *grandiflora* Thunb. = Campsis grandiflora
- *pandorana* Andrews = Pandorea pandorana
- *radicans* L. = Campsis radicans
- *speciosa* Graham = Clytostoma callistegioides
- *stans* L. = Tecoma stans
- *tweediana* Lindl. = Macfadyena unguis-cati
- *unguis-cati* L. = Macfadyena unguis-cati
- *venusta* Ker-Gawl. = Pyrostegia venusta

Bijlia N.E. Br. 1928 -n- *Aizoaceae* · (S. 141)
- *cana* (Haw.) N.E. Br. = Pleiospilos compactus subsp. canus
- *cana* auct. non (Haw.) N.E. Br. = Bijlia dilatata
- **dilatata** H.E.K. Hartmann 1992

Bilderdykia Dumort. = Fallopia
- *aubertii* (L. Henry) Moldenke = Fallopia baldschuanica
- *baldschuanica* (Regel) D.A. Webb = Fallopia baldschuanica
- *convolvulus* (L.) Dumort. = Fallopia convolvulus

Billardiera Sm. 1793 -f- *Pittosporaceae* · (S. 693)
E:Apple Berry
- **longiflora** Labill. 1805 · E:Apple Berry, Blueberry · ♄ e ⚝ ⚭ Z8 ⓚ VII; Tasman.
'Cherry Berry'
'Fructualbo'

- **scandens** Sm. 1793 · ♄ e ⚝ ⚭ Z8 ⓚ VI-IX; Austr.: Queensl., N.S.Wales, Victoria, S-Austr., Tasman.

Billbergia Thunb. 1821 -f- *Bromeliaceae* · (S. 969)
D:Zimmerhafer; E:Billbergia; F:Billbergia
- *amabilis* Beer = Billbergia vittata
- **amoena** (Lodd.) Lindl. 1827 · ⚃ Z10 ⓦ; E-Bras.
- *bakeri* E. Morren = Billbergia distachia
- *baraquiniana* Lem. = Billbergia decora
- **brasiliensis** L.B. Sm. 1943 · ⚃ Z10 ⓦ; Bras.
- *burchellii* Baker = Billbergia distachia
- **chlorosticta** Saunders 1871 · ⚃ Z10 ⓦ; NE-Bras.
- **decora** Poepp. et Endl. 1836 · ⚃ Z10 ⓦ; Peru, Bol., NW-Bras.
- **distachia** (Vell.) Mez 1892 · ⚃ Z10 ⓦ; Bras.
- **euphemiae** E. Morren 1872 · ⚃ Z10 ⓦ; S-Bras.
- *fasciata* Lindl. = Aechmea fasciata
- *granulosa* Brongn. = Billbergia rosea
- **horrida** Regel 1856 · ⚃ Z10 ⓦ; Bras.
- **iridifolia** (Nees et Mart.) Lindl. 1827 · ⚃ Z10 ⓦ; E-Bras., N-Bras.
- *leopoldii* (Verschaff. ex Lem.) Linden ex Houllet = Billbergia brasiliensis
- *leopoldii* K. Koch = Billbergia vittata
- *liboniana* De Jonghe = Quesnelia liboniana
- **lietzei** E. Morren 1881 · ⚃ Z10 ⓦ; Bras.
- **macrocalyx** Hook. 1859 · ⚃ Z10 ⓦ; Bras.
- **magnifica** Mez 1903 · ⚃ Z10 ⓦ; Bras.
- **meyeri** Mez 1901 · ⚃ Z10 ⓦ; Bras.
- *moreliana* Brongn. = Billbergia vittata
- **morelii** Brongn. 1848 · ⚃ Z10 ⓦ; Bras.
- **nutans** H. Wendl. ex Regel · D:Zimmerhafer; E:Friendship Plant, Queen's Tears · ⚃ Z9 ⓦ ⓚ; S-Bras., Parag., Urug., N-Arg.
- **porteana** Brongn. ex Beer 1856 · ⚃ Z10 ⓦ; Bras.
- **pyramidalis** (Sims) Lindl. 1827 · ⚃ Z10 ⓦ; E-Bras.
- *rhodocyanea* Lem. = Aechmea fasciata
- **rosea** Beer 1856 · ⚃ Z10 ⓦ; Venez
- **sanderiana** E. Morren 1884 · ⚃ Z10 ⓦ; Bras.
- *saundersii* W. Bull ex Dombrain = Billbergia chlorosticta
- *speciosa* Thunb. = Billbergia amoena
- *thyrsoidea* Mart. ex Schult. = Billbergia pyramidalis
- *venezuelana* Mez = Billbergia rosea
- **viridiflora** H. Wendl. 1854 · ⚃ Z10 ⓦ; Guat., Hond.
- **vittata** Brongn. ex Morel 1848 · ⚃ Z10 ⓦ; Bras., Parag., N-Arg.
- × **windii** hort. Jacob-Makoy ex E. Morren 1882 (*B. decora* × *B. nutans*) · ⚃ Z9 ⓦ; cult.
- **zebrina** (Herb.) Lindl. 1827 · ⚃ Z10 ⓦ; E-Bras., Parag., N-Arg.

Biophytum DC. 1824 -n- *Oxalidaceae* · (S. 680)
D:Sinnklee; F:Sensitive
- **proliferum** (Arn.) Wight ex Edgew. et Hook. f. 1874 · D:Lebendgebärender Sinnklee · ⚃ Z10 ⓦ; Sri Lanka
- **sensitivum** (L.) DC. 1824 · ⚃ Z10 ⓦ; trop. Afr., trop. As.

Biscutella L. 1753 -f- *Brassicaceae* · (S. 317)
D:Brillenschötchen; F:Lunetière
- **auriculata** L. 1753 · ☉ Z8; Ib, Fr
- **cichoriifolia** Loisel. 1810 · D:Wegwartenblättriges Brillenschötchen · ☉ Z8 VI; Eur.: sp., F, CH, I, W-Ba
- **didyma** L. 1753 · ☉ Z8; Eur.: Ap, Ba; TR, Syr., Iraq, Iran
- **laevigata** L. · D:Glattes Brillenschötchen; E:Buckler Mustard · ⚃ △ Z6 V-VI ▽; Eur.: Ib, Fr, Ap, C-Eur., EC-Eur., Ba, RO

Biserrula L. 1753 -f- *Fabaceae* · (S. 498)
- **pelecinus** L. 1753 · ☉; Eur.: Ib, F, Ap, Ba. TR, Levant, NW-Afr.

Bismarckia Hildebr. et H. Wendl. 1881 -f- *Arecaceae* · (S. 942)
D:Bismarckpalme
- **nobilis** Hildebr. et H. Wendl. 1881 · D:Bismarckpalme · ♄ e Z10 ⓦ; Madag.

Bistorta (L.) Adans. 1754 -f- *Polygonaceae* · (S. 703)
D:Wiesenknöterich; F:Bistorte, Polygonum bistorte

- **affinis** (D. Don) Greene 1904 · D:Teppich-Wiesenknöterich; F:Renouée en tapis · ♃ ⤳ Z3 VIII-IX; Nepal [71174]
  'Darjeeling Red' [71175]
  'Donald Lowndes' [71177]
  'Superba' [65936]
- **amplexicaulis** (D. Don) Greene 1904 · D:Kerzen-Wiesenknöterich; E:Mountain Fleece · ♃ Z5 VI-X; Him., nat. in BrI [65937]
  'Alba' [68141]
  'Atropurpurea' [65938]
  'Atrosanguinea' = Bistorta amplexicaulis 'Atropurpurea'
  'Firetail' = Bistorta amplexicaulis 'Speciosa'
  'Rosea'
  'Speciosa' [71170]
- **macrophylla** (D. Don) Soják 1974 · D:Großblättriger Wiesenknöterich · ♃ Z5 VII-IX; Him., W-China
- **milletii** H. Lév. 1913
- **officinalis** Delarbre 1800
  'Hohe Tatra' [71186]
  'Superba'
  - subsp. **carnea** (K. Koch) Wissk. · ♃ △ ⋈ Z4 V-VII; Him. [71193]
  - subsp. **officinalis** · D:Schlangen-Wiesenknöterich; E:Adderwort, Meadow Bistort; F:Renouée bistorte · ♃ Z4 V-VIII ⚥ ; Eur.* exc. Sc; TR, Cauc., Iran, W-Sib., E--Sib., Amur, Sachal., Kamchat., China, Korea, Jap., Maroc., Alaska, Can.: Yukon, nat. in Sc [65940]
- **tenuicaule** (Bisset et S. Moore) Petrov 1928 · D:Dünnstängeliger Wiesenknöterich; E:Knotweed · ♃ ⤳ △ Z6 IV-VI; Jap. [71196]
- **vaccinifolia** (Wall. ex Meisn.) Greene 1904 · D:Heidelbeerstrauchiger Wiesenknöterich · ♄ ⤳ △ Z7 ⓕ ∧ VIII-IX; Him. [69494]
- **vivipara** (L.) Delarbre 1800 · D:Knöllchen-Wiesenknöterich; E:Alpine Bistort, Serpent Grass · ♃ △ Z3 V-VIII; Eur.*, Cauc., W-Sib., E-Sib., Amur, Sachal., C-As., Mong., Him., China, Jap., Alaska, Can., USA: NE, NCE, NC, SW, Rocky Mts., NW; Greenl. [65951]

Bituminaria Heist. ex Fabr. 1759 -f- *Fabaceae* · (S. 498)
D:Asphaltklee; E:Triphyllon
- **bituminosa** (L.) C.H. Stirt. 1981 · D:Asphaltklee; E:Triphyllon · ♃ ⓕ ⓝ; Eur.: Ib, Fr, Ap, Ba, Krim; TR, Levante, Sinai, Cauc., NW-Afr., Libya

Bixa L. 1753 -f- *Bixaceae* · (S. 300)
D:Anattostrauch, Orleanstrauch; E:Annatto, Lipstick Tree; F:Rocouyer
- **orellana** L. 1753 · D:Anattostrauch, Orleanstrauch; E:Annatto, Lipstick Tree · ♄ ♃ e Z10 ⓕ ⚥ ⓝ; Mex., C-Am., W.Ind, trop. S-Am., nat. in trop. Afr., trop. As., Austr.: Queensl.

Blackstonia Huds. 1762 -f- *Gentianaceae* · (S. 540)
D:Bitterling; E:Yellow Wort; F:Centaurée jaune
- **acuminata** (W.D.J. Koch et Ziz) Domin 1933 · D:Später Bitterling · ⊙ VIII-IX; C-Eur., S-Eur., TR, Levante, Maroc.
- **perfoliata** (L.) Huds. 1762 · D:Durchwachsener Bitterling; E:Yellow Wort · ⊙ VI-VIII; Eur.: Ba, Fr, BrI, Ap, EC-Eur., Ib, C-Eur., Krim; TR, Levante, Iraq, Cauc., NW-Afr.

Blakea P. Browne 1756 -f- *Melastomataceae* · (S. 627)
- **trinervia** L. 1759 · ⚥ ⓕ; Jamaica

Blandfordia Sm. 1804 -f- *Blandfordiaceae* · (S. 967)
D:Lilientrichter, Weihnachtsglöckchen; E:Christmas Bells; F:Blandfordia
- **cunninghamii** Lindl. 1845 · D:Weihnachtsglöckchen; E:Christmas Bell · ♃ Z9 ⓕ; Austr.: N.S.Wales
- **grandiflora** auct. = Blandfordia cunninghamii
- **grandiflora** R. Br. · ♃ Z9 ⓕ VII-VIII; Austr.: Queensl., N.S.Wales
- **marginata** Herb. = Blandfordia punicea
- **nobilis** Sm. 1804 · ♃ Z9 ⓕ VII; Austr.: N.S.Wales
- **punicea** (Labill.) Sweet 1830 · D:Tasmanisches Weihnachtsglöckchen; E:Tasmanian Christmas Bell · ♃ Z9 ⓕ; Tasman.

Blechnum L. 1753 -n- *Blechnaceae* · (S. 62)
D:Rippenfarn; E:Hard Fern; F:Blechnum
- **auriculatum** Cav. 1802 · ♃ Z9 ⓕ; S-Am.; mts.
- **australe** L. 1767 · ♃ Z9 ⓕ; S-Afr.
- **brasiliense** Desv. 1811 · ♃ Z9 ⓕ; Guat., Col., Peru, Bol., Bras., Parag., Urug., Arg.
- **capense** (L.) Schltdl. 1825

- *chilense* (Kaulf.) Mett. = Blechnum cordatum
- **cordatum** (Desv.) Hieron. 1908 · ♃; Chile, Arg.
- **fraxineum** Willd. 1810 · ♃ Z10 ⓕ; trop. N-Am, trop. S-Am.
- **gibbum** (Labill.) Mett. 1861 · E:Miniature Tree Fern · ♃ Z9 ⓕ; N.Caled., Vanuatu
- **moorei** C. Chr. 1905 · ♃ Z9 ⓕ; N.Caled.
- **nudum** (Labill.) Mett. ex Luerss. 1876
- **occidentale** L. 1753 · D:Östlicher Rippenfarn; E:Hammock Fern · ♃ Z9 ⓕ; W.Ind., trop. Am., Chile, Pacific Is., nat. in Sri Lanka
- **penna-marina** (Poir.) Kuhn 1868
  - subsp. **alpinum** (R. Br.)T.C. Chambers et P.A. Farrant 1996
  - subsp. **penna-marina** · D:Seefeder; F:Blechne de la Terre de Feu · ♃ △ Z8 ⓕ ∧; Austr.: N.S.Wales, Victoria, Tasman.; NZ, s, S-Am. [67387]
- **spicant** (L.) Roth 1794 · D:Gewöhnlicher Rippenfarn; E:Deer Fern, Hard Fern; F:Blechne en épi · ♃ △ Z5 VII-IX; Eur.*, TR, Cauc., N-Iran, Levante, Jap., NW-Afr., Libya, Alaska, , Can.: W; USA: NW, Calif. [67388]
  'Cristatum'
- **tabulare** (Thunb.) Kuhn 1868 · ♃ Z8 ⓕ ∧; W.Ind., Falkland Is., S-Afr., Madag., Austr., NZ

Bletia Ruiz et Pav. 1794 -f- *Orchidaceae* · (S. 1052)
- **campanulata** Lex. 1825 · ♃ Z10 ⓕ V-VIII ▽ ✻; Mex.
- **catenulata** Ruiz et Pav. 1798 · ♃ Z10 ⓕ V-VII ▽ ✻; Ecuad., Peru, Bol., Bras.
- **purpurea** (Lam.) DC. 1840 · ♃ Z10 ⓕ V-VII ▽ ✻; Fla., C-Am., W.Ind., Col. Venez.
- *sanguinea* Poepp. et Endl. = Bletia catenulata
- *verecunda* R. Br. = Bletia purpurea

Bletilla Rchb. f. 1853 -f- *Orchidaceae* · (S. 1052)
D:Chinaorchidee; E:Chinese Ground Orchid; F:Jacinthe blétille
- **foliosa** (King et Pantl.) T. Tang et F.T. Wang 1951 · D:Chinaorchidee · ♃ ⓕ VI ▽ ✻; China: Yunnan
- **formosana** (Hayata) Schltr. 1911 · ♃ ⓕ; China, Taiwan
- *gebinae* (Lindl.) Rchb. f. = Bletilla striata
- *hyacinthina* (Sm.) Rchb. f. =

Bletilla striata
- **ochracea** Schltr. 1913 · ⚃ Z8 ⓒ; China, Vietn.
- **striata** (Thunb.) Rchb. f. 1878 · D:Gestreifte Chinaorchidee; E:Chinese Ground Orchid · ⚃ ⓒ ⓒ ∧ V-VI ⚥ ▽ ✱; China, E-Tibet, Jap., Okinawa [62874]
  'Alba' [62875]
  'Variegata'
- **szetschuanica** Schltr. 1922 · ⚃ ⓒ

Blighia K.D. Koenig 1806 -f- *Sapindaceae* · (S. 799)
D:Akee, Akipflaume; E:Akee; F:Akee
- **sapida** K.D. Koenig 1806 · D:Akipflaume; E:Akee · ♄ e Z9 ⓦ Ⓝ; W-Afr., Cameroun, nat. in Trop., Subtrop., S-Fla.

× **Bloomara** hort. 1966 -f- *Orchidaceae* ·
  (*Broughtonia* × *Laeliopsis* × *Tetramicra*)

Bloomeria Kellogg 1863 -f- *Alliaceae* · (S. 901)
D:Goldstern; E:Goldenstars; F:Bloomeria
- **crocea** (Torr.) Coville 1923 · D:Goldstern; E:Common Goldenstars · ⚃ Z8 ⓒ VII; S-Calif.
  'Aurea'

Blossfeldia Werderm. 1937 -f- *Cactaceae* · (S. 348)
- *atrovirens* F. Ritter = Blossfeldia liliputana
- *campaniflora* Backeb. = Blossfeldia liliputana
- *fechseri* Backeb. = Blossfeldia liliputana
- **liliputana** Werderm. 1937 · ⚭ Z9 ⓒ VII ▽ ✱; Arg.: Catamarca, Salta, Jujuy, La Rioja, Bol.: Tarija, Chuquisaca
- *minima* F. Ritter = Blossfeldia liliputana
- *pedicellata* F. Ritter = Blossfeldia liliputana

Blumea DC. 1833 -f- *Asteraceae* · (S. 228)
- **aromatica** (Wall.) DC. 1836 · ⚃ ⓦ; trop. Him., Myanmar
- **balsamifera** (L.) DC. 1836 · D:Büffellohr; E:Buffalo Ear · ⚃ ⓒ Ⓝ; Him., Ind., S-China, Taiwan, Myanmar, Malay. Arch., Phil.

Blumenbachia Schrad. 1827 -f- *Loasaceae* · (S. 604)

- **hieronymii** Urb. 1884 · ⊙; Arg.
- **insignis** Schrad. 1825 · ⊙ VII-VIII; Bras., Arg.
- *lateritia* (Hook.) Griseb. = Caiophora lateritia

Blysmus Panz. ex Schult. 1824 -m- *Cyperaceae* · (S. 993)
D:Quellbinse, Quellried; E:Flat Sedge
- **compressus** (L.) Panz. ex Link 1827 · D:Zusammengedrücktes Quellried; E:Flat Sedge · ⚃ VI-VII; Eur.* exc. Ib; TR, Cauc., Iran, C-As., Him., China: Sinkiang, Maroc.
- **rufus** (Huds.) Link 1827 · D:Rotbraunes Quellried; E:Saltmarsh Flat Sedge · ⚃ V-VII; Eur.: BrI, Sc, D, PL, Russ.; W-Sib., E-Sib., C-As., Mong., China: Sinkiang

Bocconia L. 1737 -f- *Papaveraceae* · (S. 682)
D:Baummohn; E:Tree Celandine; F:Bocconia
- *cordata* Willd. = Macleaya cordata var. cordata
- **frutescens** L. 1753 · D:Baummohn; E:Tree Celandine · ♄ ♄ Z9 ⓒ X; Mex., Costa Rica, W.Ind.

Boea Comm. ex Lam. 1783 -f- *Gesneriaceae* · (S. 547)
- **hygroscopica** F. Muell. 1864 · ⚃ e Z10 ⓦ; Austr.: Queensl.

Boehmeria Jacq. 1760 -f- *Urticaceae* · (S. 877)
D:Chinagras, Ramie; E:False Nettle; F:Ortie de Chine
- *argentea* hort. = Myriocarpa stipitata
- **biloba** Wedd. 1854 · ⚃ Z7 ⓒ; Jap.
- **nivea** (L.) Gaudich. 1830
  - var. **nivea** · D:Ramie; E:China Grass, Rami · ⚃ Z7 Ⓝ; China, Malay. Arch., Indochina, Jap.
  - var. **tenacissima** (Gaudich.) Miq. 1981 · ⚃ e Z7 Ⓝ; Malay. Arch.

Boenninghausenia Rchb. ex Meisn. 1828 -f- *Rutaceae* · (S. 784)
- **albiflora** (Hook.) Rchb. ex Meisn. · ♄ Z8 ⓒ; Ind.: Assam, China, Jap.

Boesenbergia Kuntze 1891 -f- *Zingiberaceae* · (S. 1146)
- **ornata** (N.E. Br.) R.M. Sm. 1980 · ⚃ Z10 ⓦ; Kalimantan

- **rotunda** (L.) Mansf. 1958 · D:Tropenkrokus; E:Chinese Keys, Galingale, Tropical Crocus · ⚃ Z10 ⓦ V Ⓝ; Ind., Sri Lanka, Java

Boisduvalia Spach 1835 -f- *Onagraceae* · (S. 677)
- **densiflora** (Lindl.) S. Watson 1876 · ⊙ Z8; Can.: B.C.; USA: NW, Calif., Rocky Mts.

Bolax Comm. ex Juss. 1789 -f- *Apiaceae* · (S. 169)
- *glebaria* Comm. ex Gaudich. = Bolax gummifera
- **gummifera** (Lam.) Spreng. 1824 · ⚃ Z7 ⓒ; W-Arg., Chile, Falkland Is.

Bolbitis Schott 1947 -f- *Lomariopsidaceae* · (S. 70)
D:Wasserfarn; F:Fougère aquatique
- **heteroclita** (C. Presl) Ching 1934 · D:Geschwänzter Wasserfarn · ⚃ Z10 ⓦ; trop. SE-As.

Bolboschoenus (Asch.) Palla 1905 -m- *Cyperaceae* · (S. 993)
D:Strandsimse; E:Sea Club Rush
- **maritimus** (L.) Palla 1905 · D:Gewöhnliche Strandsimse; E:Sea Club Rush; F:Scirpe maritime · ⚃ Z6 VI-VIII; Eur.*, cosmop. [71425]

Bolivicereus Cárdenas = Borzicactus
- *samaipatanus* Cárdenas = Borzicactus samaipatanus

Bollea Rchb. f. 1852 -f- *Orchidaceae* · (S. 1052)
- **coelestis** Rchb. f. 1876 · ⚃ Z10 ⓦ VII-VIII ▽ ✱; Col.
- **lalindei** (Linden) Rchb. f. 1874 · ⚃ Z10 ⓦ VII-VIII ▽ ✱; Col.

Boltonia L'Hér. 1788 -f- *Asteraceae* · (S. 229)
D:Boltonie, Scheinkamille; E:False Chamomile; F:Boltonia, Fausse-camomille
- **asteroides** (L.) L'Hér. 1788 · D:Scheinkamille; E:False Chamomile · [62876]
  'Pink Beauty' [62877]
  'Snowbank' [62878]
  - var. **asteroides** · F:Aster étoilé · ⚃; USA: NE, SE, Fla.
  - var. **latisquama** (A. Gray) Cronquist 1947 · ⚃ VIII-IX; USA: Mo., Kans., Okla., Ark. [62879]
  'Nana'

– *latisquama* A. Gray = Boltonia asteroides var. latisquama

Bolusanthus Harms 1906 -m- *Fabaceae* · (S. 499)
D:Elefantenholz; E:Elephantwood; F:Glycine en arbre
– **speciosus** (Bolus) Harms 1906 · ♄ e Z9 ⌂; S-Afr., Zimb., Mozamb., Angola

Bomarea Mirb. 1804 -f- *Alstroemeriaceae* · (S. 906)
– *caldasii* (Kunth) Asch. et Graebn. = Bomarea multiflora
– **carderi** Mast. 1876 · ⚄ ⚘ Z9 ⌂ VI-VIII; Col.
– **edulis** (Tussac) Herb. 1837 · ⚄ ⚘ Z9 ⌂ VI-VIII; Mex., C-Am., W.Ind., trop. S-Am.
– **hirtella** Herb. 1837 · ⚄; Mex.
– **multiflora** (L. f.) Mirb. 1804 · ⚄ ⚘ Z9 ⌂ VI-VIII; Col., Ecuad.
– **patacoensis** Herb. 1837 · ⚄ ⚘ Z9 ⌂ VI-VIII; Col., Ecuad.
– **salsilla** (L.) Herb. 1804 · ⚄ ⚘ Z9 ⌂ VI-VIII; Chile

Bombax L. 1753 -n- *Bombacaceae* · (S. 301)
D:Baumwollbaum, Seidenwollbaum; E:Silk-Cotton Tree; F:Fromager, Kapokier
– **ceiba** L. 1753 · D:Roter Seidenwollbaum; E:Bombax, Red Silk-Cotton Tree · ♄ ⚘ d Z10 ⓦ ⓝ; trop. As., N.Guinea, N-Austr.
– *ellipticum* Humb., Bonpl. et Kunth = Pseudobombax ellipticum
– *malabaricum* DC. = Bombax ceiba
– *palmeri* S. Watson = Pseudobombax palmeri

Bonapartea Haw. = Agave
– *juncea* Willd. = Agave geminiflora

Bonatea Willd. 1805 -f- *Orchidaceae*
– **speciosa** (L. f.) Willd. 1805 · ⚄ Z9 ⌂ III-V ▽ ✱; S-Afr.

Bongardia C.A. Mey. 1831 -f- *Berberidaceae* · (S. 284)
– **chrysogonum** (L.) Griseb. 1867 · ⚄ Z9 ⌂ IV-V; TR, Syr., Iraq, Cauc., Iran, Pakist.

Boophone Herb. 1821 -f- *Amaryllidaceae* · (S. 908)
D:Ochsenfluch; E:Oxbane
– **disticha** (L. f.) Herb. 1825 · D:Zweizeiliger Ochsenfluch · ⚄ Z10 ⌂; S-Afr., trop. S-Afr., E-Afr.,

Sudan, Zaire

Borago L. 1753 -f- *Boraginaceae* · (S. 305)
D:Borretsch, Gurkenkraut; E:Borage; F:Bourrache
– **officinalis** L. 1753 · D:Einjähriger Borretsch, Gurkenkraut; E:Borage · ⊙ Z7 VI-VII ✤ ⓝ; Eur.: Ib, Fr, Ap, Ba; Cyprus, Syr., Iran, Libya, nat. in Eur.: BrI, C-Eur., EC-Eur., E-Eur.; TR [72260]
'Alba'
– **pygmaea** (DC.) Chater et Greuter 1972 · D:Ausdauernder Boretsch; E:Dwarf Borage · ⚄ △ Z7 ∧ VII-X; Corse, Sard. [62880]

Borassus L. 1753 -n- *Arecaceae* · (S. 942)
D:Borassuspalme; E:Toddy Palm; F:Palmier à vin, Rondier
– **aethiopum** Mart. 1838 · D:Delebpalme · ♄ e ⓦ ⓝ; E-Afr.
– **flabellifer** L. 1753 · D:Palmyrapalme; E:Palmyra Palm, Toddy Palm · ♄ e ⓦ ⓝ; Ind., Sri Lanka, Myanmar

Boronia Sm. 1798 -f- *Rutaceae* · (S. 784)
D:Korallenraute; E:Boronia; F:Boronia
– **alata** Sm. 1807 · ♄ e Z9 ⌂ V; W-Austr.
– **denticulata** Sm. 1807 · ♄ e Z9 ⌂; W-Austr.
– **heterophylla** F. Muell. 1861 · D:Rote Korallenraute; E:Red Boronia · ♄ e Z9 ⌂ III-IV; W-Austr. [11058]
– **megastigma** Nees ex Bartl. 1848 · D:Duftende Korallenraute; E:Brown Boronia, Scented Boronia · ♄ e D Z9 ⌂ III-V; W-Austr.
– **molloyae** J.R. Drumm. 1843 · D:Hohe Korallenraute; E:Pink Boronia, Tall Boronia · ♄ e Z9 ⌂ IV-V; W-Austr.
– **pilosa** Labill. 1805 · D:Haarige Korallenraute; E:Hairy Boronia · ♄ e Z9 ⌂; Austr.: N.S.Wales, Vict., Tasman., S-Austr.
– **pinnata** Sm. 1798 · D:Gefiederte Korallenraute; E:Pinnate Boronia · ♄ e Z9 ⌂ V; Austr.: N.S.Wales, Victoria, Tasman.

Borrichia Adans. 1763 -f- *Asteraceae* · (S. 229)
– **frutescens** (L.) DC. 1836 · ♄ ⌂; USA: Va., SE, Fla.; Mex.

Borzicactus Riccob. 1909 -m- *Cactaceae* · (S. 348)
– **acanthurus** (Vaupel) Britton et Rose 1920 · ⚘ Z9 ⌂; C-Peru
– *aurantiacus* (Vaupel) Kimnach et Hutchison = Matucana aurantiaca subsp. aurantiaca
– *aureispinus* (F. Ritter) G.D. Rowley = Hildewintera aureispina
– *aurivillus* (K. Schum.) Britton et Rose = Cleistocactus icosagonus
– *doelzianus* (Backeb.) Kimnach = Oreocereus doelzianus
– *haynei* (Otto) Kimnach = Matucana haynei subsp. haynei
– *hempelianus* (Gürke) Donald = Arequipa hempeliana
– *icosagonus* (Kunth) Britton et Rose = Cleistocactus icosagonus
– *leucotrichus* (Phil.) Kimnach = Arequipa leucotricha
– **roezlii** (Haage) W.T. Marshall 1937 · ♄ ⚘ Z9 ⌂ ▽ ✱; N-Peru
– **samaipatanus** (Cárdenas) Kimnach · ⚘ Z9 ⌂ ▽ ✱; Bol.
– **sepium** (Kunth) Britton et Rose 1920 · ⚘ Z9 ⌂ ▽ ✱; Ecuad.

Bosea L. 1753 -f- *Amaranthaceae* · (S. 152)
– **yervamora** L. 1753 · ♄ e ⚭ ⌂; Canar.

Bossiaea Vent. 1800 -f- *Fabaceae* · (S. 499)
D:Wasserbusch; E:Water Bush; F:Bossiaea
– **cinerea** R. Br. 1812 · ♄ Z9 ⌂ III; Austr.: N.S.Wales, Victoria, Tasman.
– **disticha** Lindl. 1841 · Z9 ⌂ III-V; W-Austr.
– **heterophylla** Vent. 1800 · ♄ Z9 ⌂; Austr.: Queensl., N.S.Wales, Victoria
– **linophylla** R. Br. 1812 · ♄ Z9 ⌂ V-VI; W-Austr.

Boswellia Roxb. ex Colebr. 1807 -f- *Burseraceae* · (S. 336)
D:Weihrauchbaum; F:Arbre-à-encens
– **carteri** Birdw. 1870 · ♄ ⚭
– **sacra** Flueck. 1867 · ♄ e ⌂ ✤ ⓝ; Egypt, Somalia, S-Arab.

Bothriochilus Lem. 1853 -m- *Orchidaceae* · (S. 1053)
– **macrostachyus** (Lindl.) L.O. Williams 1940 · ⚄ ⚭ VIII-IX ▽ ✱; Mex., Costa Rica, Panama, Col.

Bothriochloa Kuntze 1891 -f-

Poaceae · (S. 1101)
D:Bartgras; E:Beard Grass
- **bladhii** (Retz.) S.T. Blake
- **ischaemum** (L.) Keng 1936 · D:Gewöhnliches Bartgras; E:Yellow Blue Stem Grass · ♃ Z5 VII-X; Eur.* exc. BrI, Sc; TR, Arab., Cauc., Iran, Afgh., W-Sib., C-As., Him., Mong., China, NW-Afr., Sahara (Tibesti)

Botrychium Sw. 1800 -n- *Ophioglossaceae* · (S. 73)
D:Mondraute; E:Moonwort; F:Lunaire
- **lanceolatum** (S.G. Gmel.) Ångstr. 1854 · D:Lanzettliche Mondraute · ♃ VII-VIII ▽; Eur.: I, C-Eur., PL, Sc, N-Russ.; N, Alp., W-Carp.; W-Sib., E-Sib., Amur, Sachal., Kamchat., C-As., N-Am.
- **lunaria** (L.) Sw. 1802 · D:Echte Mondraute; E:Common Moonwort, Moonwort · ♃ V-VIII ▽; Eur.*, TR, Cauc., W-Sib., E-Sib., Amur, Sachal., Kamchat., C-As., Him., China, Jap., Alaska, Can., USA: NW, Rocky Mts., Calif., SW, S.Dak., NE; Greenl
- **matricariifolium** (A. Braun ex Döll) W.D.J. Koch 1845 · D:Ästige Mondraute; E:Daisy-leaved Grape Fern · ♃ VI-VII ▽; Eur.* exc. BrI, Ib; Can.: E; USA: NE, NCE, SE
- **multifidum** (S.G. Gmel.) Rupr. 1859 · D:Vielteilige Mondraute; E:Leathery Grape Fern · ♃ VII-IX ▽; Eur.* exc. BrI, Ib; W-Sib., W-As., Him., N-Am., Patag., Austr.
- **simplex** E. Hitchc. 1823 · D:Einfache Mondraute · ♃ V-VI ▽; Eur.* exc. BrI, Ib; Can., USA: NE, NCE, NC, Va., NW, Rocky Mts., Calif.; Greenl.
- **virginianum** (L.) Sw. 1802 · D:Virginische Mondraute; E:Rattlesnake Fern · ♃ VI-IX ▽; Eur.: C-Eur., EC-Eur., Slove., Sc, E-Eur.; W-Sib., E-Sib., Him., China, Manch. Korea, Jap., Alaska, Can., USA * exc. Calif.; Mex., C-Am., S-Am.

Bougainvillea Comm. ex Juss. 1789 -f- *Nyctaginaceae* · (S. 667)
D:Bougainvillee; E:Bougainvillea; F:Bougainvillée
- × **buttiana** Holttum et Standl. 1944 (*B. glabra* × *B. peruviana*) · ₺ ⌇ ≷ Z9 Ⓦ IV-VI; cult.
  'Killie Campbell' [11499]
  'Mrs Butt'
  'Raspberry Ice'
- **glabra** Choisy 1849 · D:Glatte Bougainvillee; E:Paper Flower · ₺ e ≷ Z9 Ⓚ IV-VI; Bras.
  'Harrissii'
  'Sanderiana' [58012]
  'Sanderiana Variegata' = Bougainvillea glabra 'Harrissii'
  'Variegata' = Bougainvillea glabra 'Harrissii'
- **peruviana** Humb. et Bonpl. 1808 · D:Peruanische Bougainvillee · ₺ ≷ Z9 Ⓦ; Col., Ecuad., Peru
- **spectabilis** Willd. 1799 · D:Pracht-Bougainvillee · ₺ e ≷ Z9 Ⓦ IV-VI; Bras. [19291]
  'Alba Plena'
  'Lavender Queen'
  'Rubra Plena'
- **in vielen Sorten:**
'Barbara Karst' [11059]
'Jennifer Fernie'
'Lady Mary Baring'
'Mini Thai'
'Poulton's Special'
'Rubyana'
'Scarlett O'Hara' [58014]
'Vera Blakeman'

Boussingaultia Kunth = Anredera
- *baselloides* Kunth = Anredera baselloides
- *cordifolia* Ten. = Anredera cordifolia
- *gracilis* Miers = Anredera cordifolia
  - var. *pseudobaselloides* (Hauman) L.H. Bailey 1925 = Anredera cordifolia

Bouteloua Lag. 1805 -f- *Poaceae* · (S. 1101)
D:Haarschotengras, Moskitogras; E:Grama Grass; F:Herbe-à-moustiques
- **curtipendula** (Michx.) Torr. 1853 · D:Hohes Haarschotengras; E:Sideoats Grass, Tall Grama · ♃ Z6 VII-IX Ⓝ; Can.: Ont.; USA: NE, NCE, NC, Rocky Mts., SE, SC, Calif.; SW; Mex., C-Am. [67476]
- **eriopoda** Torr. 1857 · D:Schwarzes Haarschotengras; E:Black Grama · ♃ Ⓝ; SW-USA, N-Mex.
- **gracilis** (Kunth) Griffiths 1912 · D:Haarschotengras, Moskitogras; E:Blue Grama, Mosquito Grass · ♃ Z7 VII-IX Ⓝ; Can.: W, Man.; USA: NCE, Rocky Mts., Calif., SW, Sc, SE; Mex. [67477]
- *oligostachya* (Nutt.) Torr. ex A. Gray = Bouteloua gracilis
- *racemosa* Lag. = Bouteloua curtipendula

Bouvardia Salisb. 1808 -f- *Rubiaceae* · (S. 769)
D:Bouvardie; E:Bouvardia; F:Bouvardie
- **laevis** M. Martens et Galeotti 1844 · ₺ e Z9 Ⓚ IV-V; Mex.
- **leiantha** Benth. 1841 · ₺ e Z9 Ⓚ VII-IX; Mex., C-Am.
- **longiflora** (Cav.) Kunth 1820 · ₺ e Z9 Ⓚ VIII-XI; Mex.
- **multiflora** (Cav.) Schult. et Schult. f. 1827 · ₺ e Z9 Ⓚ VIII-IX; Mex.
- **ternifolia** (Cav.) Schltdl. 1854 · ₺ e Z9 Ⓚ IV-VI; Mex.
- *triphylla* Salisb. = Bouvardia ternifolia

Bowenia Hook. 1863 -f- *Boweniaceae* · (S. 101)
D:Queenslandpalmfarn; E:Byfield Fern; F:Bowénia, Fougère-palmier
- **serrulata** (W. Bull) Chamb. 1912 · D:Feinzähniger Queenslandpalmfarn; E:Byfield Fern · ♃ e Z10 Ⓦ ▽ *; Austr.: Queensl.
- **spectabilis** Hook. ex Hook. f. 1863 · D:Prächtiger Queenslandpalmfarn · ♃ e Z10 Ⓦ ▽ *; Austr.: Queensl.

Bowiea Harv. ex Hook. f. 1867 -f- *Hyacinthaceae* · (S. 1007)
D:Zulukartoffel; E:Climbing Onion
- **volubilis** Harv. ex Hook. f. 1867 · D:Zulukartoffel; E:Climbing Onion · ♃ Ψ ≷ Z10 Ⓚ ☠; Namibia, S-Afr.

Bowkeria Harv. 1859 -f- *Scrophulariaceae* · (S. 824)
- **citrina** Thode 1922 · ₺ e Z9 Ⓚ; S-Afr.
- **gerrardiana** Harv. ex Hiern 1904 · ₺ d Z9 Ⓚ IV-V; S-Afr.: Natal

Bowlesia Ruiz et Pav. 1794 -f- *Apiaceae* · (S. 169)
- **incana** Ruiz et Pav. 1802 · ⊙; S-Am., nat. in N-Am., Eur., As.

Boykinia Nutt. 1834 -f- *Saxifragaceae* · (S. 813)
- **aconitifolia** Nutt. 1834 · ♃ Z6 VI-VII; USA: W.Va., Va., SE
- *elata* (Nutt.) Greene = Boykinia occidentalis
- **jamesii** (Torr.) Engl. 1891 · ♃ Z5 Ⓐ IV-VI; Can.: W; USA: Rocky Mts., NC

- **major** A. Gray 1876 · ♃ Z5; USA: NW, Calif., Idaho, Mont.
- **occidentalis** Torr. et A. Gray 1840 · ♃ Z8; Can. (Vancouver Is.), USA: NW, Calif.
- **rotundifolia** Parry ex A. Gray 1878 · ♃ Z7 VI-VIII; S-Calif.

Brachiaria (Trin.) Griseb. 1853 -f- *Poaceae* · (S. 1102) D:Palisadengras, Signalgras; E:Signal Grass
- **brizantha** (Hochst. ex A. Rich.) Stapf 1919 · D:Palisadengras; E:Palisade Grass · ♃ Z10 Ⓝ; trop. S-Afr., S-Afr., nat. in Sri Lanka, Bras.
- **decumbens** Stapf 1919 · D:Signalgras, Surinamgras; E:Signal Grass · ♃ Z10 Ⓦ Ⓝ; trop. Afr.
- **deflexa** (Schumach.) C.E. Hubb. ex Robyns 1932 · ⊙ Z10 Ⓚ Ⓝ; trop., Afr., S-Afr., Yemen, Madag.
- **eruciformis** (Sibth. et Sm.) Griseb. 1852 · ⊙ ✂ Z10 VII-VIII; Eur.: sp., Ap, Ba; TR, Cauc., Iran, Pakist., C-As., Him., Egypt, Arab., nat. in F
- **mutica** (Forssk.) Stapf 1919 · D:Paragras; E:Para Grass · ⊙ ♃ Z10 Ⓦ Ⓝ; W-Afr., W.Sudan
- **ramosa** (L.) Stapf 1919 · ⊙ ♃ Z10 Ⓦ Ⓝ; Ind.
- **ruziziensis** Germ. et C.M. Evrard 1953 · D:Niederliegendes Palisadengras; E:Congo Grass, Ruzi Grass · ♃ Z10 Ⓦ Ⓝ; Congo, nat. in Austr.

Brachychilum (R. Br. ex Wall.) Petersen = Hedychium
- *horsfieldii* (R. Br. ex Wall.) Petersen = Hedychium horsfieldii

Brachychiton Schott et Endl. 1832 -m- *Sterculiaceae* · (S. 856) D:Flaschenbaum; E:Bottle Tree; F:Sterculier
- **acerifolius** (A. Cunn. ex D. Don) Macarthur · D:Flammender Flaschenbaum; E:Australian Flame Tree, Flame Bottle Tree · ♄ e Z10 Ⓚ; Austr.: Queensl., N.S.Wales [11501]
- **discolor** F. Muell. 1858 · ♄ d Z10 Ⓚ; N-Austr., Queensl., New S-Wales
- **diversifolius** R. Br. 1844
- **populneus** (Schott et Endl.) R. Br. 1844 · D:Kurrajong-Flaschenbaum; E:Kurrajong · ♄ e Z10 Ⓚ; Austr.: Queensl., N.S.Wales [11502]
- **rupestris** (Lindl.) K. Schum. 1893 · D:Queensland-Flaschenbaum; E:Queensland Bottle Tree · ♄ d Z10 Ⓚ; Austr.: Queensl. [11503]

Brachyglottis J.R. Forst. et G. Forst. 1776 -f- *Asteraceae* · (S. 229) D:Jakobskraut; E:Ragwort; F:Brachyglottis
- **bidwillii** (Hook. f.) B. Nord. 1978 · ♄ e Z8 Ⓚ; NZ (N-Is.)
- **buchananii** (J.B. Armstr.) B. Nord. 1978 · ♄ e Z8 Ⓚ; NZ
- **compacta** (Kirk) B. Nord. 1978 · ♄ e Z9 Ⓚ; NZ (N-Is.)
- **greyi** (Hook. f.) B. Nord. 1978 · ♄ Ⓚ VII-VIII; NZ (Wellington) [11293]
- **hectoris** (Buchanan) B. Nord. 1978 · ♄ Ⓚ; S-NZ
- **laxifolia** (Buchanan) B. Nord. 1978 · ♄ Ⓚ VII-VIII; S-NZ
- **monroi** (Hook. f.) B. Nord. 1978 · ♄ Ⓚ; NZ
- **repanda** J.R. Forst. et G. Forst. 1775 · D:Hecken-Jakobskraut; E:Hedge Ragwort, Pukapuka · ♄ ♄ e Ⓚ; NZ
- **rotundifolia** J.R. Forst. et G. Forst. 1775 · ♄ ♄ Ⓚ; NZ
- **in vielen Sorten:**
  'Moira Reid'
  'Sunshine'

Brachylaena R. Br. 1816 -f- *Asteraceae* · (S. 229)
- **glabra** (L. f.) Druce 1917 · ♄ ♄ Z10; S-Afr.

Brachypodium P. Beauv. 1812 -n- *Poaceae* · (S. 1102) D:Zwenke; E:False Brome; F:Brachypode
- **distachyon** (L.) P. Beauv. 1812 · ⊙ Z5; Eur.: Ib, Fr, Ap, Ba, W-Russ., Krim; TR, C-As., Iran, Afgh., Azor., Canar., Kap Verde, N-Afr., Eth., S-Afr.
- **phoenicoides** (L.) Roem. et Schult. 1817 · ♃ Z5; Eur.: Ib, Ap, Fr, Ba; Marok., Alger., Tun.
- **pinnatum** (L.) P. Beauv. 1812 · D:Fieder-Zwenke; E:Tor Grass; F:Brachypode penné · ♃ Z5 VI-VIII Ⓝ; Eur.*, TR, Cauc., Iran, Cauc., W-Sib., E-Sib., C-As.; Alger. [67478]
- **rupestre** (Host) Roem. et Schult. 1817 · D:Felsen-Zwenke · ♃ Z5 VI-VIII; Eur.: Ib, Fr, BrI, C-Eur., CZ, Ap, Ba, RO, Krim; TR, Lebanon, Syr.
- **sylvaticum** (Huds.) P. Beauv. 1812 · D:Wald-Zwenke; E:Slender False Brome · ♃ Z5 VII-IX; Eur.*, TR, Cauc., Iran, W-Sib., C-As., Him., Sri Lanka, Canar., Madeira, NW-Afr. [73785]

Brachyscome Cass. 1816 -f- *Asteraceae* · (S. 229) D:Blaues Gänseblümchen; E:Swan River Daisy; F:Pâquerette bleue
- **iberidifolia** Benth. 1837 · D:Blaues Gänseblümchen; E:Swan River Daisy; F:Brachycome à feuilles d'ibéris · ⊙ D Z8 VII-IX; Austr.: W-Austr., S-Austr. [16683]
  'Blue Star'
  'Purple Splendour'
  'White Splendour'
- **melanocarpa** F. Muell. et Sond. 1853 · ♃ Z8 Ⓚ; Austr.
- **multifida** DC. 1836 · ⊙ Z8 VI-IX; Austr.: Queensl. [16684]
  'Blue Mist'
  'Yellow Mist'

Brachysema R. Br. 1811 -n- *Fabaceae* · (S. 499) D:Kurzfähnchen; E:Swan River Pea
- **celsianum** Lem. 1844 · D:Australischer Erbsenstrauch, Kurzfähnchen; E:Swan River Pea · ♄ Z9 Ⓚ; W-Austr.
- *lanceolatum* Meisn. = Brachysema celsianum

Brachystachyum Keng 1940 -n- *Poaceae*
- **densiflorum**
  - var. **densiflorum**

Brachystelma R. Br. 1822 -n- *Asclepiadaceae* · (S. 205)
- **coddii** R.A. Dyer 1955
- **nanum** (Schltr.) N.E. Br. 1908 · ♃ ψ Z9 Ⓚ; S-Afr. (Transvaal)
- **pygmaeum** (Schltr.) N.E. Br. 1908 · ♃ Z9 Ⓚ; S-Afr. (Eastern Cape, Natal, Transvaal)

Bracteantha Anderb. et Haegi = Xerochrysum
- *bracteata* (Vent.) Anderb. et Haegi = Xerochrysum bracteatum

Brahea Mart. 1838 -f- *Arecaceae* · (S. 943) D:Hesperidenpalme; E:Hesper Palm; F:Palmier-éventail
- **aculeata** (Brandegee) H.E. Moore

1980 · ♄ e ⌂; Mex.
- **armata** S. Watson 1876 · D:Blaue Hesperidenpalme; E:Blue Fan Palm, Blue Palm, Mexican Blue Palm · ♄ e Z10 ⌂; Mex.: Baja Calif. [11504]
- **brandegeei** (Purpus) H.E. Moore 1975 · D:San-Jose-Hesperidenpalme; E:San José Hesper Palm · ♄ e Z10 ⌂; S-Calif.
- **dulcis** (Kunth) Mart. 1838 · ♄ e Z10 ⌂; Mex., Guat.
- **edulis** H. Wendl. ex S. Watson 1876 · D:Essbare Hesperidenpalme, Guadalupepalme; E:Guadalupe Palm · ♄ e Z10 ⌂; Mex. [11505]

× **Brapasia** hort. 1957 -f-
Orchidaceae ·
(*Aspasia* × *Brassia*)

Brasenia Schreb. 1789 -f-
Cabombaceae · (S. 339)
D:Schleimkraut, Wasserschild; E:Water Schield; F:Brasénie
- *purpurea* (Michx.) Casp. = Brasenia schreberi
- **schreberi** J.F. Gmel. 1771 · D:Schleimkraut, Wasserschild; E:Water Shield · ♃ ≈ ⌂ ⓝ; Afr., subtrop. As., E-Austr., N-Am., Lat.-Am.

Brasilicactus Backeb. = Notocactus
- *graessneri* (K. Schum.) Backeb. = Notocactus graessneri
- *haselbergii* (Haage) Backeb. = Notocactus haselbergii

Brassaia Endl. = Schefflera
- *actinophylla* Endl. = Schefflera actinophylla

Brassavola R. Br. 1813 -f-
Orchidaceae · (S. 1053)
- *ceboletta* Rchb. f. = Brassavola tuberculata
- **cucullata** (L.) R. Br. 1813 · ♃ Z10 ⌂ IX-XII ▽ ✱; Mex., Guat., Hond., El Salv., W.Ind., Venez.
- *digbyana* Lindl. = Rhyncholaelia digbyana
- **flagellaris** Barb. Rodr. 1882 · ♃ Z10 ⌂ IV ▽ ✱; Bras.
- *glauca* Lindl. = Rhyncholaelia glauca
- **martiana** Lindl. 1836 · ♃ Z10 ⌂; Col, Peru, Venez., Guyan. N-Bras.
- **nodosa** (L.) Lindl. 1831 · E:Lady-of-the-Night Orchid · ♃ Z10 ⌂ X-XII ▽ ✱; C-Am., W.Ind., Col., Venez., Surinam

- *perrinii* Lindl. = Brassavola tuberculata
- **tuberculata** Hook. 1829 · ♃ Z10 ⌂ ▽ ✱; E-Bras., Parag.

Brassia R. Br. 1813 -f- *Orchidaceae* · (S. 1053)
- **antherotes** Rchb. f. 1879
  - var. **antherotes** · ♃ Z10 ⌂ ▽ ✱; trop. Am.
  - var. **longissima** (Rchb. f.) Teusch. 1961 · ♃ Z10 ⌂ VI ▽ ✱; Costa Rica
- **caudata** (L.) Lindl. 1825 · E:Cricket Orchid · ♃ Z10 ⌂ II-III ▽ ✱; Fla., Mex., C-Am., W.Ind.
- **cochleata** Knowles et Westc. 1838 · ♃ Z10 ⌂ V-VI ▽ ✱; Venez., Guyana, Surinam, Bras.
- **gireoudiana** Rchb. f. et Warsz. 1854 · ♃ Z10 ⌂ V-VIII ▽ ✱; Costa Rica, Panama
- **lanceana** Lindl. 1835 · ♃ Z10 ⌂ VIII-IX ▽ ✱; Venez., Surinam
- *lawrenceana* Lindl. = Brassia cochleata
- **longissima**
  - var. *minor* Schltr. 1922 = Brassia caudata
- **maculata** R. Br. 1813 · ♃ Z10 ⌂ VI-VIII ▽ ✱; W.Ind., Guat., Hond., Belize
- **verrucosa** Bateman ex Lindl. 1840 · ♃ Z10 ⌂ IV-VI ▽ ✱; Mex., Guat., Hond., Venez.

Brassica L. 1753 -f- *Brassicaceae* · (S. 318)
D:Kohl; E:Cabbage; F:Chou
- *alboglabra* L.H. Bailey = Brassica oleracea var. alboglabra
- *campestris* L. = Brassica rapa subsp. rapa
- **carinata** A. Braun 1841 · D:Abessinischer Kohl; E:Abyssinian Cabbage · ⊙ ⓝ; Eth.
- *chinensis* L. = Brassica rapa subsp. chinensis
- **elongata** Ehrh. 1792 · D:Langtraubiger Kohl · ⊙ VI-IX; Eur.: A, EC-Eur., Ba, E-Eur.; TR, Iran, Cauc., W-Sib., C-As., Maroc., nat. in Sc, Fr, Ap
- **juncea** (L.) Czern. · D:Brauner Senf, Ruten-Kohl, Sarepta-Senf; E:Brown Mustard, Chinese Mustard, Indian Mustard · ⊙ Z7 VI-IX ⓝ; W-Sib., E-Sib., C-As., Mong., N-China, nat. in sp., BG, RO, Russ., TR, Cauc., Iran, Afgh., Ind.
- *kaber* (DC.) L.C. Wheeler = Sinapis arvensis
  - var. *pinnatifida* (Stokes) L.C.

Wheeler 1938 = Sinapis arvensis
- *napobrassica* (L.) Mill. = Brassica napus subsp. rapifera
- **napus** L. 1753
  - subsp. **napus** · D:Raps; E:Oilseed Rape, Rape · ⊙ IV-IX; cult.
    - var. **annua** L. · D:Sommer-Raps, Sommerrübsen; E:Summer Rape · ⓝ; Eth.
  - subsp. **rapifera** (Metzg.) Sinskaya 1928 · D:Kohl-Rübe, Steck-Rübe; E:Swedish Turnip · ⊙ ⓝ; cult. [73167]
    - var. *napobrassica* (L.) Rchb. 1833 = Brassica napus subsp. rapifera
- **nigra** (L.) W.D.J. Koch 1833 · D:Schwarzer Senf, Senf-Kohl; E:Black Mustard · ⊙ VI-IX ⚥ ⓝ; Eur.*, Cauc., TR, Maroc., Egypt, Sudan
- **oleracea** L. 1753 · D:Kohl; E:Wild Cabbage · [16685]
  - var. **acephala** DC. 1821 · D:Zier-Kohl; E:Decorative Kale, Flowering Cabbage · ⓝ; cult. [72970]
  - var. **alboglabra** (L.H. Bailey) Musil 1948 · D:Chinesischer Kohl, Chinesischer Brokkoli; E:Chinese Broccoli, Chinese Kale · ⓝ; C-China, S-China
  - var. **botrytis** L. 1753 · D:Blumen-Kohl, Kopf-Brokkoli; E:Cauliflower · ⓝ
  - var. **capitata** (L.) Alef. 1753 · D:Blaukraut, Rot-Kohl, Weiß-Kohl, Weißkraut; E:Red Cabbage, White Cabbage · ⓝ
  - var. **costata** DC. 1821 · D:Portugiesischer Kohl, Rippen-Kohl, Tronchuda-Kohl; E:Portoguese Cabbage · ⓝ; cult.
  - var. **gemmifera** (DC.) Zenker 1855 · D:Brüsseler Kohl, Rosen-Kohl, Rosen-Wirsing; E:Brussels Sprouts · ⓝ [73166]
  - var. **gongylodes** L. 1753 · D:Kohlrabi; E:Kohlrabi, Turnip Kale · ⓝ; cult.
  - var. **italica** Plenck 1794 · D:Brokkoli, Spargel-Kohl; E:Broccoli · ⓝ; cult.
  - var. **medullosa** Thell. 1918 · D:Mark-Kohl, Markstamm-Kohl; E:Marrow-stem Kale · ⓝ; cult.
  - var. *oleracea* · D:Wild-Kohl; E:Wild Cabbage · ⊙ ♃ V-IX; Eur.*, Cauc., TR, Maroc., Egypt, Sudan, nat. in D, Ba.
  - var. **ramosa** DC. 1821 · D:Stauden-Kohl, Strauch-Kohl, Tau-

sendkopf-Kohl; E:Branching Cabbage · Ⓝ; cult.
- var. *rubra* L. = Brassica oleracea var. capitata
- var. **sabauda** L. 1753 · D:Welsch-Kohl, Wirsing; E:Savoy Cabbage · Ⓝ; cult.
- var. **sabellica** L. 1753 · D:Braun-Kohl, Feder-Kohl, Grün-Kohl; E:Curlies, Kale · Ⓝ; cult.
- var. *tronchuda* L.H. Bailey 1930 = Brassica oleracea var. costata
- var. **viridis** L. 1753 · D:Blatt-Kohl, Futter-Kohl, Kuh-Kohl; E:Collards, Cow Cabbage · Ⓝ; cult.
- *pekinensis* (Lour.) Rupr. = Brassica rapa subsp. pekinensis
- **rapa** L. 1753 [71107]
  - subsp. **chinensis** (L.) Hanelt 1986 · D:China-Kohl, Chinesischer Senf-Kohl; E:Chinese White Cabbage, Pak Choi · Ⓝ; cult. [73165]
    - var. **parachinensis** (L.H. Bailey) Hanelt 1986 · D:Choisum, Tsoi-sum; E:Choisum · Ⓝ
  - subsp. **dichotoma** (Roxb. ex Fleming) Hanelt 1986 · D:Indischer Kohl; E:Brown Sarson, Indien Rape · Ⓝ; cult. Ind.
  - subsp. **nipposinica** (L.H. Bailey) Hanelt 1986
    - var. **chinoleifera** (Viehoever) Kitam. · D:Komatsuna, Senf-Spinat; E:Hendergreen, Spinach Mustard · Ⓝ; cult.
  - subsp. **oleifera** (DC.) Metzg. 1833 · D:Rübsaat, Rübsen; E:Winter Turnip Rape · Ⓝ; cult.
  - subsp. **pekinensis** (Lour.) Hanelt 1986 · D:Peking-Kohl; E:Chinese Cabbage · Ⓝ; cult.
  - subsp. **rapa** L. · D:Herbst-Rübe, Stoppel-Rübe, Wasser-Rübe, Weiße Rübe; E:Field Mustard, Turnip · ☉ IV-IX Ⓝ; orig. ?, cult. Eur., Sib., Ind., etc., nat. in Eur.*
  - subsp. **trilocularis** (Roxb.) Hanelt 1986 · D:Indischer Rübsen; E:Indian Colza, Yellow Sarson · Ⓝ; cult. Ind.
    - var. *perviridis* L.H. Bailey 1930 = Brassica rapa subsp. nipposinica var. chinoleifera
    - var. *silvestris* (Lam.) S.M. Briggs = Brassica rapa subsp. oleifera
- *trilocularis* (Roxb.) Hanelt = Brassica rapa subsp. trilocularis

× **Brassidium** hort. 1948 -n-

Orchidaceae · (*Brassia* × *Oncidium*)

× **Brassocattleya** hort. 1889 -f- Orchidaceae · (*Brassavola* × *Cattleya*)

× **Brassodiacrium** hort. 1916 -n- Orchidaceae · (*Brassavola* × *Diacrium*)

× **Brassoepidendrum** hort. 1906 -n- Orchidaceae · (*Brassavola* × *Epidendrum*)

× **Brassolaelia** hort. 1902 -f- Orchidaceae · (*Brassavola* × *Laelia*)

× **Brassolaeliocattleya** hort. 1906 -f- Orchidaceae · (*Brassavola* × *Cattleya* × *Laelia*)

× **Brassotonia** hort. 1960 -f- Orchidaceae · (*Brassia* × *Broughtonia*)

× **Bratonia** hort. 1957 -f- Orchidaceae · (*Brassia* × *Miltonia*)

Braya Sternb. et Hoppe 1815 -f- Brassicaceae · (S. 318) D:Breitschötchen, Knotenschötchen
- **alpina** Sternb. et Hoppe 1815 · D:Breitschötchen · ♃ Z5 VII; Eur.: I, A; E-Alp.

Brevipodium Á. Löve et D. Löve = Brachypodium
- *sylvaticum* (Huds.) Á. Löve et D. Löve = Brachypodium sylvaticum

Brexia Noronha ex Thouars 1806 -f- Escalloniaceae · (S. 407)
- **madagascariensis** (Lam.) Ker-Gawl. 1823 · ♄ e ⓜ; Madag.
- **spinosa** Lindl. 1826 · ♄

Breynia J.R. Forst. et G. Forst. 1775 -f- Euphorbiaceae · (S. 479)
- **disticha** J.R. Forst. et G. Forst. 1775 · D:Schneebusch; E:Snow Bush · ♄ e ⓜ; Pacific Is., nat. in S-Fla., Trop.
- **fruticosa** (L.) Hook. f. 1887; China
- *nivosa* (W.G. Sm.) Small = Breynia disticha

Briggsia Craib 1920 -f- Gesneriaceae · (S. 547)

- **aurantiaca** B.L. Burtt 1955 · ♃ Z8 ⓜ; S-Tibet
- **muscicola** (Diels) Craib 1920 · ♃ Z8 ⓜ V-VI; Bhutan, SE-Tibet, Yunnan
- *penlopii* C.E.C. Fisch. = Briggsia muscicola

Brillantaisia P. Beauv. 1805 -f- Acanthaceae · (S. 125)
- **lamium** (Nees) Benth. 1849 · ♃ ⓜ IV-IX; trop. Afr.
- **palisotii** Lindau 1893 · ⓜ; trop. Afr.

Brimeura Salisb. 1866 -f- Hyacinthaceae · (S. 1007) D:Scheinhyazinthe; F:Brimeura, Chouard
- **amethystina** (L.) Chouard 1930 · D:Amethyst-Scheinhyazinthe · ♃ Z5 IV-VI ▽; Eur.: N-Sp., F, N-Ba; Pyr. 'Alba'

Briza L. 1753 -f- Poaceae · (S. 1102) D:Zittergras; E:Quaking Grass; F:Amourette, Hochet du vent
- **gracilis** G. Nicholson 1884
- **maxima** L. 1753 · D:Größtes Zittergras; E:Greater Quaking Grass; F:Grande brize · ☉ Z5 V-VI; Eur.: Ib, Fr, Ap, Ba; TR, Azor., nat. in BrI, E-Russ., N-Am., Jap., Austr.
- **media** L. 1753 · D:Mittleres Zittergras; E:Common Quaking Grass; F:Brize intermédiaire · ♃ V-VII Ⓝ; Eur.*, TR, Cauc. [67479] 'Limouzi' [68805]
- *minima* hort. ex G. Nicholson = Briza minor
- **minor** L. 1753 · D:Kleines Zittergras; E:Lesser Quaking Grass · ☉ VI-VII; Eur.: Ib, Fr, BrI, Ap, Ba; TR, Cauc., SW-As., Subtrop.
- *rubra* Lam. = Briza maxima

Brocchinia Schult. f. 1830 -f- Bromeliaceae · (S. 970)
- **paniculata** Schult. f. 1830 · ♃ Z9 ⓜ; SE-Col., Venez., Bras.
- **reducta** Baker 1882 · ♃ Z9 ⓜ; Guyan., Venez.

Brodiaea Sm. 1811 -f- Alliaceae · (S. 901) D:Brodiee; E:Cluster Lily; F:Brodiaea
- *bridgesii* S. Watson = Triteleia bridgesii
- **californica** Lindl. 1849 · ♃ Z8 ⓜ; Calif.
  - subsp. **californica**

- subsp. **leptandra** (Greene) J.C. Pires 2001
- *capitata* Benth. = Dichelostemma pulchellum
- *coccinea* A. Gray = Dichelostemma ida-maia
- *congesta* Sm. = Dichelostemma congestum
- **coronaria** (Salisb.) Engl. 1899 · D:Herbst-Brodiee; E:Harvest Cluster Lily
  - subsp. **coronaria** · ⚃ Z8 ⊛ ▭; B.C., USA: NW, Calif.
  - var. *mundula* Jeps. 1922 = Brodiaea elegans subsp. elegans
- **elegans**
  - subsp. **elegans** · D:Großblütige Brodiee; E:Cluster Lily · ⚃ Z8 ⊛ VI; USA: Oreg., Calif.
- *grandiflora* hort. = Brodiaea elegans subsp. elegans
- *grandiflora* Sm. = Brodiaea coronaria subsp. coronaria
- *hyacinthina* (Lindl.) Baker = Triteleia hyacintha
- *ida-maia* (A.W. Wood) Greene = Dichelostemma ida-maia
- *ixioides* (Aitch.) S. Watson = Triteleia ixioides
- *lactea* S. Watson = Triteleia hyacintha
- *laxa* (Benth.) S. Watson = Triteleia laxa
- *leptandra* Greene = Brodiaea californica subsp. leptandra
- *lutea* Lindl. = Triteleia ixioides
- *multiflora* Benth. = Dichelostemma multiflorum
- *peduncularis* (Lindl.) S. Watson = Triteleia peduncularis
- *uniflora* (Lindl.) Engl. = Ipheion uniflorum

Bromelia L. 1753 -f- *Bromeliaceae* · (S. 970) E:Bromelia
- **agavifolia** Brongn. ex Houllet 1875 · ⚃ Z9 ⊛; Guyan.
- *ananas* L. = Ananas comosus
- **balansae** Mez 1891 · D:Zaunbromelie; E:Heart-of-Flame · ⚃ Z9 ⊛; Arg., Parag.
- *bicolor* Ruiz et Pav. = Fascicularia bicolor
- *comosa* L. = Ananas comosus
- *fastuosa* Lindl. = Bromelia pinguin
- *lingulata* L. = Aechmea lingulata
- **pinguin** L. 1753 · D:Wilde Ananas; E:Pinguin, Wild Pineapple · ⚃ Z9 ⊛ Ⓝ; W.Ind., Panama, Guyana, Bras.
- **serra** Griseb. 1879 · ⚃ Z9 ⊛ Ⓝ; Bol., Parag., Bras., Arg.

Bromopsis (Dumort.) Fourr. = Bromus
- *ramosa* (Huds.) Holub = Bromus ramosus

Bromus L. 1753 -m- *Poaceae* · (S. 1102)
D:Trespe; E:Brome; F:Brome
- **arvensis** L. 1753 · D:Acker-Trespe; E:Field Brome · ⊙ ⋈ V-VIII Ⓝ; Eur.: Ib, Fr, Ap, Ba, E-Eur.; Cauc., nat. in Eur.: BrI, Sc, C-Eur., EC-Eur.; TR, Iran, C-As., N-Am., Arg., S-Afr., NZ
- *arvensis* Lam. = Bromus erectus subsp. erectus
- *asper* Murray = Bromus ramosus
- **benekenii** (Lange) Trimen 1872 · D:Benekens Trespe · ⚃ VI-VII; Eur.*, TR, Cauc., NW-Iran, Afgh., Him., Ind., W-Sib. C-As., Maroc., Alger., nat. in China
- **brachystachys** Hornung 1833 · D:Kurzährige Trespe · ⊙ VI-VII; Eur.: D extinct
- **briziformis** Fisch. et C.A. Mey. 1837 · D:Schlangen-Trespe; E:Rattlesnake Brome · ⊙ ⋈ VI-VIII; Cauc., N-Iran, C-As., nat. in Alaska, Can.
- **bromoideus** (Lej.) Crép. 1867 · D:Ardennen-Trespe · ⊙; Eur.: F, B; extinct
- **carinatus** Hook. et Arn. 1840 · D:Plattährige Trespe; E:California Brome · ⊙ ⚃ VI-XI; N-Am., nat. in BrI, NL
- **catharticus** Vahl 1791 · D:Ährengrasähnliche Trespe, Pampas-Trespe; E:Rescue Brome, Rescue Grass · ⊙ ⚃ ⋈ VI-IX Ⓝ; S-Am., nat. in USA: SE; S-Eur.
- **commutatus** Schrad. 1806 · D:Verwechselte Trespe, Wiesen-Trespe; E:Meadow Brome · ⊙ VI; Eur.*, Cauc.
- *cristatus* L. = Agropyron cristatum subsp. cristatum
- **danthoniae** Trin. 1831 · ⊙ VI-VIII; TR, Cauc., Iran, C-As.
- **diandrus** Roth 1787 · D:Hohe Trespe; E:Great Brome · ⊙; Eur.: Ib, Fr, Ap, Ba; TR, SW-As., N-Afr., nat. in BrI, Krim
- **erectus** Huds. 1762 [67480]
  - subsp. **condensatus** (Hack.) Asch. et Graebn. 1901 · D:Zusammengezogene Trespe · ⚃ V-VI; Eur.: CH, I, Ba; S-Alp., NW-Balkan
  - subsp. **erectus** · D:Aufrechte Trespe; E:Upright Brome · ⚃ V-X Ⓝ; Eur.* exc. Sc; TR, NW-Afr.,

nat. in Sc, N-Am.
- **grossus** Desf. ex DC. 1805 · D:Dicke Trespe · ⊙ ▽; Eur.: B
- *gussonei* Parl. = Bromus diandrus
- **hordeaceus** L. 1753
  - subsp. **divaricatus** (L.) A.R. Clapham 1981 · D:Aufrechte Strandtrespe, Spreizende Trespe · ; S-Eur. , Macaron., N-Afr.
  - subsp. **hordeaceus** · D:Weiche Trespe; E:Soft Brome · ⊙ V-VIII; Eur.*, TR, Cauc., Iran, Pakist., nat. in N-Am., Baja Calif., S-Am., Jap., Austr., NZ, Hawaii
  - subsp. **pseudothominii** (P.M. Sm.) H. Scholz 1970 · D:Falsche Dünen-Trespe · ; Eur.: BrI, Sc, C-Eur. +
  - subsp. *thominii* Hyl. 1945 = Bromus thominii
- **inermis** Leyss. 1761 · D:Unbegrannte Trespe, Wehrlose Trespe; E:Hungarian Brome, Smooth Brome · ⚃ VI-VII Ⓝ; Eur.* exc. BrI; TR, Cauc., N-Iran, W-Sib., E-Sib., C-As., Him., Mong., Manch., nat. in BrI, Sc, Amur, N-Am., S-Am., S-Afr., Austr.
- **intermedius**
  - subsp. *divaricatus* Bonnier et Layens 1894 = Bromus hordeaceus subsp. divaricatus
- **japonicus** Thunb. ex Murray 1784 · D:Japanische Trespe; E:Japanese Brome · ⊙ ⚃ V-VI; Eur.: F, I, C-Eur., EC-Eur., Ba, E-Eur.; TR, Syr., Lebanon, Cauc., C-As., N-Afr., nat. in N-Am.
- *jubatus* Ten. = Bromus sterilis
- *lanceolatus* Roth = Bromus macrostachys
- **lepidus** Holmb. 1924 · D:Zierliche Trespe; E:Slender Soft Brome · ⊙ VI-VIII; orig. ?, nat. in BrI, Sc, Fr, D
- **macrostachys** Desf. 1798 · D:Langgrannige Trespe; F:Brome à grands épillets · ⊙ VI-VIII; Eur.: Ib, Fr, Ap, Ba; TR, Cauc., C-As., Him., W-Sib., nat. in N-Am.
- **madritensis** L. 1755 · D:Madrider Trespe, Mittelmeer-Trespe; E:Compact Brome · ⊙ V-VII; Eur.: Ib, Fr, Ap, Ba, Krim; TR, Syr., Lebanon, Iraq, Arab., Iran, SW-As., Iran, N-Afr., nat. in BrI, Sc, N-Am., S-Am., Austr.
- *molliformis* Lloyd = Bromus hordeaceus subsp. divaricatus
- *mollis* L. = Bromus hordeaceus subsp. hordeaceus
- **pannonicus** Kumm. et Sendtn.

1849 · D:Pannonische Trespe · ⚃ V-X; Eur.: A, H, Slove., Croatia, Bosn., RO
- × *pseudothominii* P.M. Sm. = Bromus hordeaceus subsp. pseudothominii
- **racemosus** L. 1762 · D:Traubige Trespe; E:Smooth Brome · ⚃ VI; Eur.*, TR, Cauc., Iran, Afgh.
- **ramosus** Huds. 1762 · D:Allseitswendige Wald-Trespe; E:Hairy Brome · ⚃ ⚹ VII-VIII; Eur.*, TR, Cauc., N-Iran, Him., NW-Afr.
  - subsp. *benekenii* (Lange) H. Lindb. 1906 = Bromus benekenii
- **rigidus** Roth 1790 · D:Steife Trespe · ⊙ VI-VII; Eur.: Ib, Fr, Ap, Ba, RO; TR, Cyprus, Cauc. W-As., N-Afr., nat. in EC-Eur.
- **rubens** L. 1755 · D:Fuchsschwanz-Trespe; E:Fox Tail Brome · ⊙ VII-VIII; Eur.: Ib, Fr, Ap, Ba; TR, Cauc., C-As., N-Afr., nat. in USA
- **scoparius** L. 1755 · D:Gedrungene Trespe · ⊙; Eur.: Ib.Ap, Ba, Krim, E-Russ.; TR, Cauc., Iran, C-As., N-Afr.
- **secalinus** L. 1753 · D:Roggen-Trespe; E:Rye Brome · ⊙ ⚹ VI-VIII; Eur.: Ib, Fr, Ap, Ba, EC-Eur., E-Eur.; W-Sib, Amur, Sachal., nat. in BrI, Sc, C-Eur., N-Am.
  - subsp. *multiflorus* Schübl. et G. Martens 1834 = Bromus grossus
- **squarrosus** L. 1753 · D:Sparrige Trespe · ⊙ V-VI; Eur.* exc. BrI, Sc; TR, Iraq, Syr., Lebanon, Cauc., Iran, Him., W-Sib., C-As., NW-Afr., C-Sahara, nat. in N-Am., Chile
- **sterilis** L. 1753 · D:Taube Trespe; E:Barren Brome, Poverty Brome · ⊙ ⚹ V-VIII; Eur.*, TR, Levante, Iraq, Cauc., Iran, C-As., NW-Afr., nat. in N-Am., S-Am., Austr., NZ
- **tectorum** L. 1753 · D:Dach-Trespe; E:Downy Brome, Drooping Brome · ⊙ ⊙ V-VI; Eur.*, TR, Levante, Arab., Cauc., Iran, Afgh., Pakist., C-As., Canar., NW-Afr., Egypt, nat. in BrI, Greenl., N-Am., C-Am., S-Am., Phil., Austr., NZ, Hawaii [67481]
- **thominii** Hardouin 1833 · D:Dünen-Trespe · ⊙ V-VI; Eur.: BrI, Fr, Sc, D, S-Eur..; TR; coasts, nat. in N-Am.
- **transsilvanicus** Steud. 1854 · D:Siebenbürgische Trespe · ⚃; Eur.: N-I, Ba, RO
- *unioloides* (Willd.) Humb., Bonpl. et Kunth = Bromus catharticus

- *willdenowii* Kunth = Bromus catharticus

Brosimum Sw. 1788 -n- *Moraceae* · (S. 649)
D:Kuhbaum, Milchbaum; E:Cow Tree, Milk Tree; F:Arbre à lait
- **alicastrum** Sw. 1788 · D:Brotnussbaum; E:Breadnut · ♄ e Z10 ⓦ ⓝ; Mex., C-Am., W.Ind., Venez., Ecuad., Peru, Bras.
- *galactodendron* D. Don ex Sweet = Brosimum utile
- **utile** (Kunth) Pittier 1918 · D:Milchbaum; E:Cowtree · ♄ e Z10 ⓦ ⓝ; Guyan., Bras., Peru, Venez.

Broughtonia R. Br. 1813 -f- *Orchidaceae* · (S. 1053)
- **domingensis** (Lindl.) Rolfe 1889 · ⚃ Z10 ⓦ IV-VI ▽ ✳; Bahamas, Hispaniola (Dominican. Rep.)
- **sanguinea** (Sw.) R. Br. 1813 · ⚃ Z10 ⓦ V-VI ▽ ✳; Jamaica, Cuba

× **Broughtopsis** hort. 1957 -f- *Orchidaceae* ·
(*Broughtonia* × *Laeliopsis*)

Broussonetia L'Hér. ex Vent. 1799 -f- *Moraceae* · (S. 650)
D:Papiermaulbeerbaum; E:Paper Mulberry; F:Mûrier à papier
- **kazinoki** Siebold 1830 · ♄ ♄ d Z7 ⓝ; Korea, Jap. [16968]
- **papyrifera** (L.) Vent. 1799 · D:Papier-Maulbeere; E:Paper Mulberry · ♄ ♄ d Z7 V ⓝ; Myanmar, China, nat. in S-Eur., USA [44560]

Browallia L. 1753 -f- *Solanaceae* · (S. 845)
D:Browallie, Veilchenbusch; E:Bush Violet; F:Browalia
- **americana** L. 1753 · D:Amethyst-Veilchenbusch; E:Amethyst Flower; F:Browalle · ⊙ Z9 ⓚ VII-IX; trop. Am.
- *demissa* L. = Browallia americana
- *elata* L. = Browallia americana
- **grandiflora** Benth. · ⊙ Z9 ⓚ VI-IX; Peru
- *grandiflora* Graham = Browallia americana
- **speciosa** Hook. 1847 · D:Saphir-Veilchenbusch; E:Sapphire Flower · ♄ Z9 ⓚ I-XII; Col. [16686]
- **viscosa** Kunth 1817 · ⊙ Z9 VI-IX; Peru

Brownea Jacq. 1760 -f- *Caesalpiniaceae* · (S. 372)
- **ariza** Benth. 1845 · D:Rose von Venezuela; E:Rose of Venezuela · ♄ e Z10 ⓦ; Col.
- **coccinea** Jacq. 1763 · ♄ e Z10 ⓦ; Venez.
- *grandiceps* hort. = Brownea ariza
- **grandiceps** Jacq. 1789 · ♄ e Z10 ⓦ; Venez.

Browningia Britton et Rose 1920 -f- *Cactaceae* · (S. 348)
- **candelaris** (Meyen) Britton et Rose 1920 · ♄ ⚘ Z10 ⓦ; S-Peru, N-Chile
- **chlorocarpa** (Kunth) W.T. Marshall 1945 · ⚘ Z9 ⓚ ▽ ✳; N-Peru
- **hertlingiana** (Backeb.) Buxb. 1965 · ⚘ Z9 ⓚ ▽ ✳; Peru
- **microsperma** (Werderm. et Backeb.) W.T. Marshall 1946 · ⚘ Z9 ⓚ ⓝ ▽ ✳; N-Peru
- **viridis** (Rauh et Backeb.) Buxb. 1965 · ⚘ Z9 ⓚ ▽ ✳; Peru

Bruckenthalia Rchb. 1831 -f- *Ericaceae* · (S. 465)
D:Ährenheide; E:Spike Heath
- **spiculifolia** (Salisb.) Rchb. 1831 · D:Ährenheide; E:Spike Heath · ♄ e △ Z6 VI-VII; Eur.: Ba, RO; NE-TR, mts. [31703]
'Balkan Rose' [31571]

Brugmansia Pers. 1805 -f- *Solanaceae* · (S. 845)
D:Engelstrompete; E:Angel's Trumpet; F:Trompette des anges
- *affinis* (Saff.) Moldenke = Brugmansia aurea
- **arborea** (L.) Lagerh. 1895 · D:Baumartige Engelstrompete; E:Angel's Trumpet · ♄ e Z9 ⚥; Ecuad., Peru, Bol., N-Chile [58046]
- **aurea** Lagerh. 1893 · D:Goldene Engelstrompete; E:Golden Angel's Trumpet · ♄ ♄ e Z9 ⓚ VII-IX ⚥; Col. Ecuad. And. [16723]
'Goldenes Kornett'
'Vienna Silver Star' (v) Zelina
'Weißes Kornett'
- × **candida** Pers. 1805 (*B. aurea* × *B. versicolor*) · D:Weiße Engelstrompete; E:White Angel's Trumpet · ♄ e D Z9 ⓚ VI-XI ⚥; Ecuad. [16724]
'Grand Marnier' Marnier-Lapostolle
'Maya' (v)
'Plena' = Brugmansia × candida 'Tutu'
'Tutu' (d)

'Variegata' = Brugmansia × candida 'Maya'
- × **dolichocarpa** Lagerh. 1895 (*B. suaveolens* × *B. versicolor*) · ♄ ☠; cult.
- × **insignis** (Barb. Rodr.) Lockwood ex E.W. Davis 1983 (*B.* × *dolichocarpa* × *B. suaveolens*) · ♄ ♄ e Z9 Ⓚ VII-IX; cult.
  'Cumbaya'
  'Pink Favorite' Herrenhäuser Gärten
- × *longifolia* Lagerh. = Brugmansia × dolichocarpa
- *mollis* (Saff.) Moldenke = Brugmansia versicolor
- *rosei* Saff. = Brugmansia sanguinea subsp. sanguinea
- **sanguinea** (Ruiz et Pav.) D. Don 1835
  'Rosea'
  - subsp. **sanguinea** · D:Rote Engelstrompete; E:Red Angel's Trumpet · ♄ e Z9 Ⓚ I-III ☠; Col., Ecuad., Peru, N-Chile
  - subsp. **vulcanicola** (A.S. Barclay) Govaerts 1996 · ♄ e Z9 Ⓚ ☠; Col.
- **suaveolens** (Humb. et Bonpl. ex Willd.) Bercht. et C. Presl 1823 · D:Duftende Engelstrompete; E:Angel's Trumpet · ♄ D Z9 Ⓚ VIII-X ☠; SE-Bras. [16725]
  'Goldtraum' Gebauer [21638]
  'Rosa Traum'
- **versicolor** Lagerh. 1895 · ♄ ♄ e Z9 Ⓚ VII-IX ☠; Ecuad. (Guyaquil) [58050]
  'Ecuador Pink'
  'Herrenhäuser Gärten' (d) Herrenhäuser Gärten
  'Pride of Hannover' Herrenhäuser Gärten
  'Tiara' (d)
- *vulcanicola* (A.S. Barclay) R.E. Schult. = Brugmansia sanguinea subsp. vulcanicola
- *waymannii* Paxton = Datura metel
- **in vielen Sorten:**

'Glockenfontäne'
'Klerx's Variegata' (v) J. Klerx
'Rosamond'

Brunfelsia L. 1753 -f- *Solanaceae* · (S. 845)
D:Brunfelsie; E:Morning, Noon and Night; F:Brunfelsia
- **americana** L. 1753 · D:Weiße Brunfelsie; E:Lady-of-the-Night · ♄ e D Z10 Ⓦ; W.Ind. [11506]
- **latifolia** (Pohl) Benth. 1846 · D:Breitblättrige Brunfelsie; E:Kiss Me Quick · ♄ e Z10 Ⓦ I-V; Bras.
- **pauciflora** (Cham. et Schltdl.) Benth. 1846
  - var. **calycina** (Benth.) J.A. Schmidt 1862 · ♄ e Z10 Ⓦ I-VI; Bras.
  - var. **pauciflora** · D:Purpurne Brunfelsie; E:Yesterday, Today and Tomorrow · ♄ e Z10 Ⓦ ☠; Bras.
- **undulata** Sw. 1788 · ♄ e D Z10 Ⓦ; Jamaica
- **uniflora** (Pohl) D. Don 1829 · D:Manac-Brunfelsie; E:Manac, Vegetable Mercury · ♄ e D Z10 Ⓦ I-VII ☠; Guyan., Bras., Peru

Brunia Lam. 1785 -f- *Bruniaceae* · (S. 335)
- **albiflora** E. Phillips 1922 · ♄ ⋈ D Z9 Ⓚ; Kap
- **laevis** Thunb. 1800 · ♄ ⋈ Z9 Ⓚ; S-Afr.

Brunnera Steven 1851 -f- *Boraginaceae* · (S. 305)
D:Kaukasusvergissmeinnicht; E:Great Forget-me-not; F:Myosotis du Caucase
- **macrophylla** (Adams) I.M. Johnst. 1924 · D:Großblättriges Kaukasusvergissmeinnicht; E:Siberian Bugloss; F:Myosotis du Caucase · ♃ Z3 IV-VI; Cauc., W-Sib. [62881]
  'Betty Bowring' [60644]
  'Hadspen Cream' [69128]
  'Langtrees' [62883]
  'Variegata' [62884]

Brunnichia Banks ex Gaertn. 1788 -f- *Polygonaceae* · (S. 704)
- **ovata** (Walter) Shinners 1967 · ⌇; USA: NE, , NC, SE; Tex., Fla.

Brunsvigia Heist. 1755 -f- *Amaryllidaceae* · (S. 908)
D:Brunsvigie; E:Brunsvigia; F:Lis de Joséphine
- **grandiflora** Lindl. 1830 · ♃ Z8 Ⓚ; S-Afr.
- **gregaria** R.A. Dyer 1950 · ♃ Z8 Ⓚ; S-Afr. (Cape Prov.)
- **josephinae** (Delile) Ker-Gawl. 1817 · D:Kaiserin Josephines Brunsvigie; E:Josephine's Lily · ♃ Z9 Ⓚ VIII-X; S-Afr.
- *multiflora* W.T. Aiton = Brunsvigia orientalis
- **orientalis** (L.) Aiton ex Eckl. 1827 · ♃ Z9 Ⓚ VIII-X; S-Afr.

Bryanthus S.G. Gmel. 1769 -m- *Ericaceae* · (S. 465)
D:Moosheide
- **gmelinii** D. Don 1834 · ♄ e △ Z6 VII-VIII; Jap., Kamchat.
- *musciformis* (Poir.) Nakai = Bryanthus gmelinii

Bryonia L. 1753 -f- *Cucurbitaceae* · (S. 438)
D:Zaunrübe; E:Bryony; F:Bryone
- **alba** L. 1753 · D:Schwarzfrüchtige Zaunrübe, Weiße Zaunrübe; E:Bryony · ♃ ⌇ ⚭ Z6 VI-VII ⚕ ☠; Eur.: I, C-Eur., EC-Eur., Ba, E-Eur.; TR, Cauc., N-Iran, C-As., nat. in F, Sc
- **cretica** L. 1753 · D:Kretische Zaunrübe; E:Cretan Bryony · ♃ Z8 Ⓚ ☠; Eur.: GR, Crete; TR, Levante, Cauc., Iran, C-As., Egypt, Libya
  - subsp. *dioica* (Jacq.) Tutin 1968 = Bryonia dioica
- **dioica** Jacq. 1774 · D:Rotfrüchtige Zaunrübe, Zweihäusige Zaunrübe; E:White Bryony · ♃ ⌇ ⚭ Z6 VI-IX ⚕ ☠; Eur.* exc. EC-Eur.; NW-Afr.
- *punctata* Thunb. = Zehneria scabra
- *scabra* Thunb. = Zehneria scabra

Bryophyllum Salisb. 1805 -n- *Crassulaceae* · (S. 430)
D:Brutblatt; F:Bryophyllum, Kalanchoe
- **beauverdii** (Raym.-Hamet) A. Berger 1930
- *calycinum* Salisb. = Bryophyllum pinnatum
- **daigremontianum** (Raym.-Hamet et H. Perrier) A. Berger 1930 · D:Brutblatt; E:Devil's Backbone · ¥ Ⓚ; SW-Madag.
- **delagoense** (Eckl. et Zeyh.) Schinz 1900
- **laxiflorum** (Baker) Baker 1996 · ♃ ¥ Ⓚ I-III; Madag.
- **manginii** (Raym.-Hamet et H. Perrier) Nothdurft 1962 · ♃ ¥ ⌇ ⇝ Ⓚ II-III; S-Madag.
- **miniatum** (Hilsenb. et Bojer) A. Berger 1930 · ♄ ¥ Ⓚ; Madag.
- **pinnatum** (Lam.) Oken 1966 · D:Schwiegermutterpflanze; E:Cathedral Bells · ♃ ¥ Ⓚ; orig. ?, nat. in Trop., Subtrop.
- **porphyrocalyx** (Baker) A. Berger 1930 · ♄ ¥ Ⓚ; C-Madag.
- **proliferum** Bowie ex Hook. 1859 · ♃ ¥ Ⓚ; C-Madag.
- **scandens** (H. Perrier) A. Berger 1930 · ♃ ¥ ⌇ Ⓚ; Madag.
- **schizophyllum** (Baker) A. Berger 1930 · ♃ ¥ ⌇ Ⓚ; C-Madag.
- **tubiflorum** Harv. 1862 · D:Röhrenblütiges Brutblatt;

E:Chandelier Plant · ♃ ⚥ ⓚ; S-Madag.
- **uniflorum** (Stapf) A. Berger 1930 · ♃ ⚥ ⟿ ⓚ; Madag.

Buchloe Engelm. 1859 -m- *Poaceae* · (S. 1103) D:Büffelgras; E:Buffalo Gras; F:Herbe-aux-bisons
- **dactyloides** (Nutt.) Engelm. 1859 · D:Büffelgras; E:Buffalo Grass · ♃ Z4 Ⓝ; Can.: Man.; USA: NCE, NC, SW, SC; Mex. [72084]

Buckleya Torr. 1843 -f- *Santalaceae* · (S. 796)
- **distichophylla** (Nutt.) Torr. 1843 · ♄ d Z4 ⓚ; USA: Va., N.C., Tenn.

Buddleja L. 1753 -f- *Buddlejaceae* · (S. 335) D:Schmetterlingsstrauch, Sommerflieder; E:Butterfly Bush; F:Arbres-aux-papillons
- *agathosma* Diels = Buddleja crispa
- **albiflora** Hemsl. 1889 · ♄ d Z6 VII-IX; W-China, C-China [23381]
- **alternifolia** Maxim. 1880 · D:Schmalblättriger Sommerflieder; E:Fountain Buddleia; F:Arbre aux papillons · ♄ d D Z6 VI; NW-China [14580]
  'Argentea' [23389]
- **asiatica** Lour. 1790 · ♄ ♄ e Z8 ⓚ; Ind., China [23383]
- **auriculata** Benth. 1836 · ♄ ♄ e Z8 ⓚ; S-Afr.
- *caryopteridifolia* W.W. Sm. = Buddleja crispa
- **colvilei** Hook. f. et Thomson 1855 · ♄ d Z8 ⓚ VI; Him. [23385]
- **crispa** Benth. 1835 · ♄ d D Z8 ⓚ VII-VIII; Pakist., N-Ind., Nepal, Bhutan, China [23391]
- **davidii** Franch. 1887 · D:Sommerflieder; E:Butterfly Bush, Summer Lilac · [14590]
  'African Queen' 1959 [32503]
  'Black Knight' < 1979 [14610]
  'Border Beauty' [32972]
  'Charming' [32973]
  'Dartmoor' [13942]
  'Empire Blue' c. 1941 [14640]
  'Fascinating' 1940 [14650]
  'Harlequin' c. 1941 [41966]
  'Ile de France' c. 1930 [14660]
  'Nanho Blue' [30290]
  'Nanho Purple' 1980 [30300]
  'Peace' 1945 [14670]
  'Pink Delight' [33859]
  'Royal Red' 1941 [14690]
  'Summer Beauty' 1989 [43390]
  'White Bouquet' 1942 [14700]
  'White Profusion' 1945 [32974]
- var. **davidii** · D:Gewöhnlicher Sommerflieder, Schmetterlingsstrauch; F:Arbre aux papillons, Lilas d'été · ♄ d Z6 VII-X; China, nat. in Eur.: Fr, BrI, C-Eur., I; Calif.
- var. **nanhoensis** (Chitt.) Rehder 1924 · D:Kleinblättriger Sommerflieder · Z5; C-China [23487]
- **delavayi** Gagnep. 1912 [23393]
- **fallowiana** Balf. f. et W.W. Sm. 1917 · ♄ d Z8 ⓚ; China (Yunnan), N-Myanmar [23395]
- **farreri** Balf. f. et W.W. Sm. 1916 · ♄ d Z9 ⓚ IV-V; NW-China: Kansu
- **forrestii** Diels 1912 · ♄ d Z7; Buthan, Ind. (Assam), W-China, N-Mynamar [23401]
- **globosa** Hope 1782 · D:Kugel-Sommerflieder; E:Orange Ball Tree · ♄ s Z7 VII-VIII; Peru, Chile [11508]
  'Lemon Ball' [23411]
- *hemsleyana* Koehne = Buddleja albiflora
- **indica** Lam. 1785 · D:Zimmer-Sommerflieder; E:Indoor Oak · ♄ e Z10 ⓦ ⓚ; Madag. [24782]
- **japonica** Hemsl. 1889 · D:Japanischer Sommerflieder · ♄ d Z7 VII-VIII; Jap., nat. in F [23426]
- **lindleyana** Fortune 1844 · ♄ e Z8 ⓚ VII-VIII; E-China [23428]
- **loricata** Leeuwenb. 1975 · ♄ e Z8 ⓚ; S-Afr.
- **macrostachya** Benth. 1835 [23431]
- **madagascariensis** Lam. · ♄ e ⅔ Z9 ⓦ I-V; Madag. [11509]
- × *nanhoensis* hort. = Buddleja davidii var. nanhoensis
- **nivea** Duthie 1905 · ♄ d Z7 ⓚ ⋀ VIII-IX; W-China [23432]
- **officinalis** Maxim. 1880 · ♄ e Z8 ⓚ; China (Sichuan, Hubei) [23433]
- × **pikei** H.R. Fletcher 1954 (*B. alternifolia* × *B. crispa*) · ♄ d Z7; cult. [23434]
- **saligna** Willd. 1809 [23438]
- **salviifolia** (L.) Lam. 1785 · ♄ ♄ e Z8 ⓚ; S-Afr., trop. Afr. [21647]
- *stenostachya* Rehder et E.H. Wilson = Buddleja nivea
- **tubiflora** Benth. 1846 [23441]
- *variabilis* Hemsl. = Buddleja davidii var. davidii
- × **weyeriana** Weyer 1914 (*B. davidii* × *B. globosa*) · ♄ d Z7 VII-X; cult. [23445]
  'Sungold' [27910]
- **in vielen Sorten:**
  'Lochinch' < 1940 [31622]
  'Southcombe Blue'
  'West Hill' < 1940 [23482]

Bufonia L. 1753 -f- *Caryophyllaceae* · (S. 399) D:Buffonie; F:Buffonia
- **paniculata** Dubois 1800 · D:Rispige Buffonie · ☉ VII; Eur.: sp., F, I, CH, GR; Lebanon, Syr.

Buglossoides Moench = Lithospermum
- *purpurocaeruleum* (L.) I.M. Johnst. = Lithospermum purpurocaeruleum

Buglossum Adans. = Anchusa
- *barrelieri* All. = Anchusa barrelieri

Buiningia Buxb. = Coleocephalocereus
- *brevicylindrica* Buining = Coleocephalocereus aureus
- *purpurea* Buining et Brederoo = Coleocephalocereus purpureus

Bulbine Wolf 1776 -f- *Asphodelaceae* · (S. 965)
- **alooides** (L.) Willd. 1809 · ♃ ⚥ Z9 ⓚ IV; S-Afr.
- **bulbosa** (R. Br.) Haw. 1819 · ♃ ⚥ Z9 ⓚ; Austr.: Queensl., N.S.Wales, Victoria, S-Austr., Tasman.
- **frutescens** (L.) Willd. 1809 · ♄ ⚥ Z9 ⓚ III; Kap
- **latifolia** (L. f.) Spreng. 1825 · ♃ Z9 ⓚ; S-Afr.
- **margarethae** L.I. Hall 1984 · ♃ Z9 ⓚ; S-Afr. (Cape Prov.)
- **mesembryanthemoides** Haw. 1825 · ♃ ⚥ Z9 ⓚ; Kap
- **semibarbata** (R. Br.) Haw. 1821 · E:Leek Lily · ☉ Z9 V-VI; Austr.

Bulbinella Kunth 1843 -f- *Asphodelaceae* · (S. 966)
- **angustifolia** (Cockayne et Laing) L.B. Moore 1964 · ♃ Z8 ⓚ ⓐ VI-VII; NZ
- **hookeri** (Hook.) Cheeseman 1906 · ♃ Z8 ⓚ ⓐ VI-VII; NZ
- **rossii** (Hook. f.) Cheeseman 1906 · ♃ Z8 ⓚ ⓐ VI-VII; NZ

Bulbinopsis Borzì = Bulbine
- *bulbosa* (R. Br.) Borzì = Bulbine bulbosa
- *semibarbata* (R. Br.) Borzì = Bulbine semibarbata

Bulbocodium L. 1753 -n- *Colchicaceae* · (S. 979)
D:Lichtblume; F:Bulbocode
- **vernum** L. 1753 · D:Frühlings-Lichtblume · ⚃ ☉ Z6 II-III; Eur.: Ib, F; Pyr

Bulbophyllum Thouars 1822 -n- *Orchidaceae* · (S. 1053)
D:Zwiebelblatt; F:Bulbophyllum
- **auratum** (Lindl.) Rchb. f. 1861 · ⚃ Z10 ⓦ X ▽ ✳; Sumat.
- **barbigerum** Lindl. 1837 · ⚃ Z10 ⓦ VI-VII ▽ ✳; W-Afr., C-Afr.
- **binnendijkii** J.J. Sm. 1905 · ⚃ Z10 ⓦ X ▽ ✳; Kalimantan
- *ericssonii* Kraenzl. = Bulbophyllum binnendijkii
- **falcatum** (Lindl.) Rchb. f. 1861 · ⚃ Z10 ⓦ V-VI ▽ ✳; W-Afr., C-Afr., Uganda
- **gracillimum** (Rolfe) Rolfe 1907 · ⚃ Z10 ⓦ IX-X ▽ ✳; Malay. Arch., Fiji
- **imbricatum** Lindl. 1841 · ⚃ Z10 ⓦ IV-V ▽ ✳; Cameroun, W-Nigeria
- **lepidum** (Blume) J.J. Sm. 1905 · ⚃ Z10 ⓦ; indochina, Java, Kalimantan
- *leucorhachis* (Rolfe) Schltr. = Bulbophyllum imbricatum
- **lobbii** Lindl. 1847 · ⚃ Z10 ⓦ V-VI ▽ ✳; Myanmar, Thail., Malay. Pen., Sumat., Java, Kalimantan
- **longiflorum** Thouars 1822 · ⚃ Z10 ⓦ VII ▽ ✳; trop. E-Afr., Madag., SE-As., Malay. Arch., N-Austr., Pacific Is.
- **longissimum** (Ridl.) J.J. Sm. 1912 · ⚃ Z10 ⓦ XI ▽ ✳; Thail., Malay. Pen.
- **macranthum** Lindl. 1844 · ⚃ Z10 ⓦ; Assam, Myanmar, Thail., Vietnam., Malay. Arch., Phil.
- **makoyanum** (Rchb. f.) Ridl. 1907 · ⚃ Z10 ⓦ I-II ▽ ✳; Ind.
- **mastersianum** (Rolfe) J.J. Sm. 1912 · ⚃ Z10 ⓦ I-II ▽ ✳; Kalimantan, Molucca I.
- **medusae** (Lindl.) Rchb. f. 1861 · ⚃ Z10 ⓦ X-XII ▽ ✳; Thail., Malay. Pen., Sumat., Kalimantan, Phil.
- **ornatissimum** (Rchb. f.) J.J. Sm. 1912 · ⚃ Z10 ⓦ ▽ ✳; Ind.: Assam; E-Him.
- **picturatum** (Lodd.) Rchb. f. 1861 · ⚃ Z10 ⓦ V-VI ▽ ✳; Myanmar
- **putidum** (Teijsm. et Binn.) J.J. Sm. 1912 · ⚃ Z10 ⓦ IX ▽ ✳; Vietn.: Annam
- **tremulum** Wight 1851 · ⚃ Z10 ⓦ; SW-Ind.
- **wendlandianum** (Kraenzl.) Dammer 1912 · ⚃ Z9 ⓦ V ▽ ✳; N-Myanmar

Bumelia Sw. = Sideroxylon
- *lanuginosa* (Michx.) Pers. = Sideroxylon lanuginosum

Bunchosia Rich. ex Kunth 1811 -f- *Malpighiaceae* · (S. 612)
- **costaricensis** Rose ex Pittier 1898 · ♄ ♄ e Z10 ⓦ ⓝ; Costa Rica
- **glandulifera** (Jacq.) Kunth 1822 · ♄ ♄ Z10 ⓦ; W.Ind., n. S-Am.

Bunias L. 1753 -f- *Brassicaceae* · (S. 318)
D:Zackenschötchen; E:Warty Cabbage; F:Bunias, fausseroquette
- **erucago** L. 1753 · D:Flügel-Zackenschötchen · ☉ Z7 V-VII; Eur.: Ba, Ap, Fr, Ib, CH; TR, N-Afr., nat. in C-Eur., EC-Eur., RO
- **orientalis** L. 1753 · D:Orientalisches Zackenschötchen; E:Warty Cabbage · ⚃ Z7 V-VIII; Eur.: EC-Eur., Ba, E-Eur.; Cauc., N-Iraq, N-Iran, nat. in BrI, Sc, Fr, C-Eur., Ap

Bunium L. 1753 -n- *Apiaceae* · (S. 169)
D:Erdknolle, Knollenkümmel; E:Great Pignut; F:Cumin tubéreux
- **bulbocastanum** L. 1753 · D:Erdkastanie, Gewöhnlicher Knollenkümmel; E:Earth Chestnut, Great Earthnut · ⚃ VI-VII ⓝ; Eur.: BrI, Fr, Ib., Ap, C-Eur., Slove., nat. in DK

Buphthalmum L. 1753 -n- *Asteraceae* · (S. 230)
D:Ochsenauge; E:Ox Eye; F:Oeilde-bœuf
- *maritimum* L. = Asteriscus maritimus
- **salicifolium** L. 1753 · D:Rindsauge, Weidenblättriges Ochsenauge; E:Yellow Ox-Eye · ⚃ Z4 VI-VIII; Eur.: F, N-I, C-Eur., EC-Eur., Ba [62886]
  'Alpengold' [68772]
  'Dora' [62887]
- *sericeum* L. f. = Nauplius sericeus
- *speciosissimum* Ard. = Telekia speciosissima
- *speciosum* Schreb. = Telekia speciosa

Bupleurum L. 1753 -n- *Apiaceae* · (S. 170)
D:Hasenohr; E:Hare's Ear; F:Buplèvre, Oreille-de-lièvre
- **affine** Sadler 1825 · D:Ungarisches Hasenohr · ☉ VII-IX; Eur.: A, EC-Eur., Ba, E-Eur.
- **angulosum** L. 1753 · ⚃ Z6; Eur.: F, sp.; . Pyr. et mts. NE-Sp
- **commutatum** Boiss. et Balansa 1859 · ☉; Eur.: H, Ba, RO, Krim; TR, W-Iran
- **falcatum** L. 1753 · D:Sichelblättriges Hasenohr; E:Sickle-leaved Hare's Ear · ⚃ Z3 VII-IX ⚥; Eur.* exc. Sc; TR, Cauc., Iran, W-Sib., E-Sib., Him, Manch., Korea, Jap.
- **fruticosum** L. 1753 · D:Strauchiges Hasenohr; E:Shrubby Hare's Ear · ♄ e Z7 ⓚ VII-IX; Eur.: Ib, F, Ap; Med., Alger., Lebanon, N-Afr., nat. in BrI, Krim
- **gerardii** All. 1773 · D:Jacqins Hasenohr, Südliches Hasenohr · ☉ VII-VIII; Eur.: Ib, Fr, Ap, Ba, Krim; TR, Cyprus, Syr., Cauc., W-Iran, C-As., Libya, nat. in D
- **gibraltaricum** Lam. 1758 · ♄ e Z7 ⓚ; Eur.: P, S-Sp.; Maroc.
- *jacquinianum* Jord. = Bupleurum gerardii
- **lancifolium** Hornem. 1813 · ☉; Eur.: Ib, Ap, Ba; Cyprus, Syr., Palaest., Iraq, W-Iran, C-As., Egypt, Libya, Alger., nat. in A, B, Br
- **longifolium** L. 1753 · D:Langblättriges Hasenohr · ⚃ Z3 VII-VIII; Eur.: Fr, C-Eur., EC-Eur., Ba, E-Eur.; W-Sib., E-Sib., C-As., N-China
  - subsp. **aureum** · ⚃ Z3; Russ., W-Sib., E-Sib., Mong.
- **petraeum** L. 1753 · D:Felsen-Hasenohr · ⚃ Z6 VII-VIII; Eur.: I, F, A, Slove.; Alp.
- **praealtum** L. 1759 · D:Simsen-Hasenohr · ☉ VII-IX; Eur.: Ib, Fr, Ap, Ba, A, EC-Eur., RO
- **ranunculoides** L. 1753 · D:Hahnenfuß-Hasenohr · ⚃ △ Z6 VII-VIII; Eur.: sp., F, I, C-Eur., EC-Eur., W-Ba, RO; mts. [62888]
- **rotundifolium** L. 1753 · D:Durchwachsenes Hasenohr, Rundblättriges Hasenohr; E:Hare's Ear, Thorow Wax · ☉ Z6 VI-VIII; Eur.* exc. Sc; TR, Cauc., N-Iran, C-As., nat. in N-Am., Austr., NZ etc.
- **stellatum** L. 1753 · D:Sternblütiges Hasenohr · ⚃ VII-VIII; Eur.: F, Corse, I, CH, A; Alp., Corse
- **tenuissimum** L. 1753 · D:Salz-

Hasenohr; E:Slender Hare's Ear · ⊙ VIII-IX; Eur.*, TR, Cauc., Maroc., Alger.
- **veronense** Turra · ⊙; Eur.: I, Ba

Burbidgea Hook. f. 1879 -f- *Zingiberaceae* · (S. 1146)
- **schizocheila** Hackett bis 1904 · ♃ Z10 ⓦ III-VI; Kalimantan

× **Burkillara** hort. 1967 -f- *Orchidaceae* · (*Aerides* × *Arachnis* × *Vanda*)

× **Burrageara** hort. 1927 -f- *Orchidaceae* · (*Cochlioda* × *Miltonia* × *Odontoglossum* × *Oncidium*)

Bursaria Cav. 1797 -f- *Pittosporaceae* · (S. 693) D:Taschenblume
- **spinosa** Cav. 1797 · ♄ ♄ e Z9 ⓚ; Austr.: N.S.Wales, Tasman.

Bursera Jacq. ex L. 1763 -f- *Burseraceae* · (S. 336) D:Amerikanischer Balsambaum, Weißgummibaum; E:Torchwood; F:Arbre à térébenthine, Gommier
- *delpechiana* Poiss. ex Engl. = Bursera penicillata
- **fagaroides** (Kunth) Engl. 1883 · D:Duftender Weißgummibaum; E:Quauhxiotl · ♄ ♄ d Z10 ⓚ; Ariz., Mex., Baja Calif.
- *gummifera* L. = Bursera simaruba
- **penicillata** (Sessé et Moç. ex DC.) Engl. 1883 · D:Elemi-Weißgummibaum; E:Torchwood · ♄ d Z10 ⓚ Ⓝ; Mex., trop. Am.
- **simaruba** (L.) Sarg. 1890 · D:Birkenblättriger Weißgummibaum; E:Jobo, West Indian Birch · ♄ d Z10 ⓚ Ⓝ; S-Fla., Mex., C-Am., W.Ind.
- **tenuifolia** Rose 1895 · ♄ d Z10 ⓚ; Mex.
- **tomentosa** Triana et Planch. 1872

Burtonia R. Br. 1811 -f- *Fabaceae* · (S. 499)
- **hendersonii** (Paxton) Benth. 1864 · ♄ ⓚ; W-Austr.
- **scabra** (Sm.) R. Br. 1811 · ♄ e Z10 ⓚ; Austr.: W-Austr.

Butea Roxb. ex Willd. 1795 -f- *Fabaceae* · (S. 499) D:Lackbaum; F:Arbre-à-laque, Butéa
- **monosperma** (Lam.) Taub. 1894 · ♄ d Z10 ⓦ ⚕; Ind., Sri Lanka, Myanmar
- **superba** Roxb. 1795 · D:Kinobaum, Lackbaum; E:Climbing Palas, Flame of the Forest · ♄ d ⓦ Ⓝ; Thail.

Butia (Becc.) Becc. 1916 -f- *Arecaceae* · (S. 943) D:Geleepalme, Palasabaum; E:Jelly Palm; F:Palmier butia, Palmier-à-gelée
- *bonnetii* (Becc.) Becc. = Butia capitata
- **capitata** (Mart.) Becc. 1916 · D:Gewöhnliche Geleepalme; E:Jelly Palm · ♄ e Z10 ⓚ; S-Bras., Urug., N-Arg. [11511]
- **eriospatha** (Mart. ex Drude) Becc. 1916 · D:Wollige Geleepalme; E:Wooly Butia Palm · ♄ e Z10 ⓚ; S-Bras.
- **yatay** (Mart.) Becc. 1916 · D:Yatay-Geleepalme; E:Yatay Palm · ♄ e Z10 ⓚ; Arg.

Butomus L. 1753 -m- *Butomaceae* · (S. 978) D:Blumenbinse; E:Flowering Rush; F:Butome, Jonc fleuri
- **umbellatus** L. 1753 · D:Blumenbinse, Schwanenblume; E:Flowering Rush, Water Gladiolus; F:Jonc fleuri · ♃ ⁓→ Z5 VI-VIII; Eur.*, TR, Syr., Cauc., Iran, Afgh., Him., W-Sib., E-Sib., Amur, C-As., Mong., Him., NW-Afr., nat. in N-Am. [67135]
  'Rosenrot' [67136]
  'Schneeweißchen' [67137]

Butyrospermum Kotschy = Vitellaria
- *paradoxum* (C.F. Gaertn.) Hepper = Vitellaria paradoxa
- *parkii* (G. Don) Kotschy = Vitellaria paradoxa

Buxus L. 1753 -f- *Buxaceae* · (S. 337) D:Buchsbaum; E:Box; F:Buis
- **balearica** Lam. 1785 · D:Balearen-Buchsbaum; E:Balearic Box · ♄ e Z8 ⓚ ☠; Eur.: S-Sp., Balear., Sard. [31627]
- **bodinieri** H. Lév. 1913 · ♄ ♄ e; China (Guizhou) [14011]
- *colchica* Pojark. = Buxus sempervirens
- **harlandii** Hance 1935 · ♄ e Z7; C-China, S-China [31628]
- *harlandii* hort. = Buxus sinica var. sinica
- **henryi** Mayr 1906 · D:Henrys Buchsbaum · ♄ e Z6 ☠; China: W-Hubei, Sichuan, Guizhau [23491]
- *japonica* Müll. Arg. = Buxus microphylla var. japonica
- **microphylla** Siebold et Zucc. 1846 [31629]
  'Compacta' 1912 [31648]
  'Faulkner' < 1970 [29210]
  'Green Gem' [41632]
  'National' [32239]
  'Winter Beauty' [32096]
  - var. *insularis* Nakai 1922 = Buxus sinica var. insularis
  - var. **japonica** (Müll. Arg.) Rehder et E.H. Wilson 1914 · D:Japanischer Buchsbaum · ♄ ♄ e Z6 ☠; Jap. [42194]
  - var. **koreana** Nakai · D:Koreanischer Buchsbaum · ♄ e Z6 ☠; China, Korea
  - var. **microphylla** (Makino) Makino 1960 · D:Kleinblättriger Buchsbaum; E:Japanese Boxwood, Korean Boxwood · ♄ e Z6 ☠; Jap.
  - var. **riparia** · ♄ e; Jap. (Honshu); mts. [14069]
  - var. *sinica* Rehder et E.H. Wilson = Buxus sinica var. sinica
- *riparia* (Makino) Makino = Buxus microphylla var. riparia
- **sempervirens** L. 1753 · D:Europäischer Buchsbaum, Gewöhnlicher Buchsbaum; E:Boxwood, Common Box; F:Buis commun · ♄ ♄ e Z6 III-IV ⚕ ☠ Ⓝ ▽; Cauc. (Lazistan), nat. in RO [32976]
  'Arborescens' [14720]
  'Argenteovariegata' [18082]
  'Aureovariegata' [47120]
  'Blauer Heinz' [34301]
  'Elegans'
  'Elegantissima' [44641]
  'Handsworthiensis' 1872 [14740]
  'Herrenhausen' Herrenhäuser Gärten [37556]
  'Latifolia Maculata' [32444]
  'Myrtifolia' [35996]
  'Prostrata' 1908 [44388]
  'Pyramidalis' [34304]
  'Rotundifolia' [28180]
  'Suffruticosa' · D:Einfassungs-Buchsbaum · [14760]
  'Variegata' [34747]
  - var. *arborescens* L. 1753 = Buxus sempervirens
- **sinica** (Rehder et E.H. Wilson) M. Cheng 1980 · D:Chinesischer Buchsbaum · ♄ ♄ e Z6; C-China, N-China, Korea [23529]
  - var. **insularis** (Nakai) M. Cheng 1980 · ♄ e Z6; Jap.
  - var. **sinica** · ♄ e Z6 ☠; China

- **wallichiana** Baill. 1859 · D:Himalaya-Buchsbaum · ♄ e Z8 ⓚ; Him. (Afgh. - C-Nepal) [14134]

Byblis Salisb. 1808 -f- *Byblidaceae* · (S. 338)
D:Regenbogenpflanze; E:Rainbow Plant; F:Byblis, Plante-arc-en-ciel
- **gigantea** Lindl. 1840 · D:Große Regenbogenpflanze; E:Great Rainbow Plant · ♃ Z10 ⓦ; N.Guinea, W-Austr.
- **liniflora** Salisb. 1808 · D:Leinblütige Regenbogenpflanze; E:Rainbow Plant · ♃ Z10 ⓦ; N.Guinea, N-Austr.

Byrsonima Rich. ex Kunth 1822 -f- *Malpighiaceae* · (S. 612)
- **crassifolia** (L.) Kunth 1822 · ♄ e ⓦ ⓝ; trop. Am.

Cabomba Aubl. 1775 -f- *Cabombaceae* · (S. 339)
D:Haarnixe; E:Water Shield; F:Cabomba
- **aquatica** Aubl. 1775 · D:Riesen-Haarnixe · ♃ ≈ Z10 ⓦ; Guyanas, Amazon. [60422]
- *australis* Speg. = Cabomba caroliniana var. caroliniana
- **caroliniana** A. Gray 1837 · D:Nordamerikanische Haarnixe
  - var. **caroliniana** · D:Carolina-Haarnixe; E:Carolina Water Shield, Fish Grass · ♃ ≈ Z8 ⓦ; USA: NCE, SE, Fla., Tex., nat. in Mass.
  - var. **pulcherrima** R.M. Harper 1903 · D:Florida-Haarnixe · ♃ ≈ Z8 ⓦ; USA: SE, Fla.
- **furcata** Schult. 1830 · D:Gegabelte Haarnixe · ♃ ≈ ⓦ; Bras.
- *pulcherrima* (R.M. Harper) Fassett = Cabomba caroliniana var. pulcherrima

Cabralea A. Juss. 1830 -f- *Meliaceae* · (S. 634)
- **cangerana** Saldanha 1874 · ♄ ⓚ; Bras.

Cacalia L. = Adenostyles
- *alliariae* Gouan = Adenostyles alliariae
- *coccinea* Sims = Emilia coccinea
- *glabra* Mill. = Adenostyles glabra

Caccinia Savi 1832 -f- *Boraginaceae* · (S. 305)
- *glauca* Savi = Caccinia macranthera var. crassifolia
- **macranthera** (Banks et Sol.) Brand 1921
  - var. **crassifolia** (Vent.) Brand · E:Kaksinia · ♄ △ Z7 V-VI; N-Iran

Caesalpinia L. 1753 -f- *Caesalpiniaceae* · (S. 372)
D:Caesalpinie; F:Brésillet
- **coriaria** (Jacq.) Willd. 1799 · E:Divi Divi · ♄ Z10 ⓦ ⓝ; Mex., C-Am., W.Ind., trop. S-Am..
- **decapetala** (Roth) Alston 1931
  - var. **decapetala** · D:Mauritiusdorn; E:Mysore Thorn · ♄ e ⚥ Z8 ⓚ VI-VII; Ind., Sri Lanka, China, Korea, Malay. Arch.
  - var. **japonica** (Siebold et Zucc.) H. Ohashi 1975 Z9 ⓚ; Jap.
- **digyna** Rottler 1803 · D:Tari-Hülsen · ƒ Z10 ⓝ; Afr., Ind.
- **echinata** Lam. 1785 · D:Pernambucoholz; E:Brazil Wood · ♄ Z10 ⓦ ⓝ; trop. Am.
- **ferrea** Mart. 1828 · D:Leopardenbaum; E:Leopard Tree · ♄ d Z10 ⓦ; E-Bras.
- **gilliesii** (Wall. ex Hook.) Benth. 1870 · D:Pardiesvogelstrauch; E:Bird-of-Paradise Flower, Poinciana · ♄ ♄ d Z10 ⓚ VII-VIII; Urug., Arg., Chile [11064]
- *japonica* Siebold et Zucc. = Caesalpinia decapetala var. japonica
- **mexicana** A. Gray 1862 · ♄ ♄ e Z10 ⓦ; Mex.
- **pulcherrima** (L.) Sw. 1791 · D:Stolz von Barbados, Pfauenstrauch; E:Barbados Pride, Peacock Flower · ♄ ♄ d Z9 ⓚ VII; W.Ind.
- **sappan** L. 1753 · D:Indisches Rotholz; E:Sepang · ♄ ♄ d Z10 ⓦ ⓝ; Ind., Sri Lanka, China, Indochina, Malay. Arch.
- *sepiaria* Roxb. = Caesalpinia decapetala var. decapetala
- **spinosa** (Molina) Kuntze 1898 · D:Taragummi · ♄ ♄ ƒ d ⚥ Z10 ⓦ ⓝ; w S-Am.

Caiophora C. Presl 1831 -f- *Loasaceae* · (S. 604)
D:Brennwinde, Fackelbrennkraut; F:Liseron brûlant
- **contorta** (Lam.) C. Presl 1931 · ⊙ ⚥ Z9 VII-IX; Peru, Chile
- **lateritia** (Hook.) Klotzsch 1838 · ⊙ ♃ ⚥ Z9 VII-X; Arg.

Cajanus DC. 1813 -m- *Fabaceae* · (S. 500)
D:Taubenerbsenbaum; E:Catjang Pea; F:Ambreuvade, Pois d'angol
- **cajan** (L.) Millsp. 1900 · D:Katjangstrauch, Taubenerbsenbaum; E:Catjang Pea, Pigeon Pea, Red Gram · ♄ Z10 ⓚ ⓝ; cult., nat. in Trop.

Cajophora C. Presl = Caiophora

Cakile Mill. 1754 -f- *Brassicaceae* · (S. 318)
D:Meersenf; E:Sea Rocket; F:Caquilier, Roquette de mer
- **maritima** Scop. · D:Europäischer Meersenf · ⊙ Z6 VII-X; Eur., coasts; N-Afr., SW-As., nat. in N-Am., Austr.

Caladium Vent. 1801 -n- *Araceae* · (S. 923)
D:Kaladie; E:Angel Wings, Elephant's Ear; F:Caladium
- *argyrites* Lem. = Caladium humboldtii
- **bicolor** (Aiton) Vent. 1801 · D:Elefantenohr, Engelsflügel; E:Elephant's Ear, Heart of Jesus · ♃ Z10 ⓦ II-IV ⚥; Ecuad.
- × *hortulanum* Birdsey = Caladium bicolor
- **humboldtii** Schott 1854 · ♃ Z10 ⓦ; Venez., Bras.
- **lindenii** (André) Madison 1981 · ♃ Z10 ⓦ; Col.
- *marmoratum* L. Mathieu ex K. Koch = Caladium bicolor
- **schomburgkii** Schott 1858 · ♃ Z10 ⓦ; Guyan., Bras.
- *seguine* (Jacq.) Vent. = Dieffenbachia seguine
- *thripedestum* Lem. = Caladium bicolor

Calamagrostis Adans. 1763 -f- *Poaceae* · (S. 1103)
D:Reitgras; E:Small Reed; F:Calamagrostis
- × **acutiflora** (Schrad.) Rchb. 1815 (*C. arundinacea* × *C. epigejos*) · D:Gartensandrohr; E:Feather Reed Grass · ♃ Z2-6 VI-VII; Eur.: BrI, NL, D, EC-Eur., Sc [67482]
  'Karl Foerster' · VII-VIII [67483]
  'Overdam' [67484]
- *arenaria* (L.) Roth = Ammophila arenaria
- **arundinacea** (L.) Roth 1788 · D:Wald-Reitgras · ♃ Z7 VI-VII; Eur.* exc. BrI; TR, Cauc., W-Sib., E-Sib.
- **brachytricha** Steud. 1855 · D:Diamant-Reitgras · ♃ Z7; C-As., E-As. [73096]
- **canescens** (Weber) Roth ·

D:Gewöhnliches Sumpf-Reitgras · ⚃ Z7 VII-VIII; Eur.*, TR, Cauc.
- **epigejos** (L.) Roth 1788 · D:Land-Reitgras; E:Bush Grass, Wood Small Reed · ⚃ Z7 VII-VIII; Eur.*, TR, N-Iran, Cauc., Afgh., Him., W-Sib., E-Sib., Amur, Sachal., C-As., Mong., China, Korea, Jap., Taiwan
- **phragmitoides** Hartm. 1832 · D:Purpur-Reitgras · ⚃ Z7 VII-VIII; Eur.: Fr, C-Eur., EC-Eur., Sc, Russ.; Cauc., W-Sib.
- **pseudophragmites** (Haller f.) Koeler 1802 · D:Ufer-Reitgras · ⚃ Z7 VI-VII; Eur.: Fr, Ap, C-Eur., EC-Eur., Ba, E-Eur., ? sp.; TR, Iraq, Cauc., Iran, W-Sib., E-Sib., Amur, C-As., Mong., China: Sinkiang; China, Korea, Jap., Maroc., Alger.
- **pseudopurpurea** Gerstl. ex O.R. Heine 1972 · D:Sächsisches Reitgras · ⚃ Z7 VI-VII; Eur.: D (Dresden)
- **stricta** (Timm) Köhler 1802 · D:Moor-Reitgras · ⚃; Eur.: Sc, GB, C-Eur., EC-Eur.; Cauc., W-Sib., C-As., Amur, N-Am.
- *stricta* hort. = Calamagrostis × acutiflora
- **varia** (Schrad.) Host 1809 · D:Buntes Reitgras · ⚃ Z7 VII-IX; Eur.* exc. BrI
- *varia* Turcz. = Calamagrostis brachytricha
- **villosa** (Chaix) J.F. Gmel. 1791 · D:Wolliges Reitgras · ⚃ Z7 VII-VIII; Eur.: Fr, I, C-Eur., EC-Eur., Ba, RO; mts.

Calamintha Mill. 1754 -f- *Lamiaceae* · (S. 579)
D:Bergminze; E:Calamint; F:Calament, Menthe de montagne
- *alpina* (L.) Lam. = Acinos alpinus
- **brauneana** (Jáv.) O. Schwarz 1949
- **canescens** Torr. et Gray ex Benth. 1848
- **cretica** (L.) Lam. 1778 · D:Kreta-Bergminze · ⚃; Crete [62889]
- **einseleana** F.W. Schultz 1855 · D:Einseles Bergminze · ⚃ VII-IX; Eur.: A, D (Berchtesgaden) +
- **grandiflora** (L.) Moench 1794 · D:Großblütige Bergminze; E:Large-flowered Calamint, Mint Savory; F:Calament à grandes fleurs · ⚃ △ Z5 VII-VIII; Eur.: Ib, Fr, Ap, CH, A, Ba, RO, Krim; TR, Cauc., NW-Iran [62890]
'Variegata' [67765]
- **menthifolia** Host 1831 · D:Auf-

steigende Bergminze, Wald-Bergminze · ⚃ VII-IX; Eur.* ex Sc.; TR, Lebanon, Cauc., N-Iran, Alger. [71846]
- **nepeta** (L.) Savi 1798
'Blue Cloud' [62892]
'Lilac Cloud' [68506]
'White Cloud' [62896]
- subsp. **glandulosa** (Req.) P.W. Ball 1972 · D:Drüsige Bergminze; E:Common Calamint · ⚃ Z6 VII-IX; Eur.: Ib, Ap., Krim; TR, Cauc. [68051]
- subsp. **nepeta** · D:Kleinblütige Bergminze; E:Lesser Calamint; F:Menthe de montagne · ⚃ Z6 VII-IX ⚥; Eur.* exc. Sc; TR, Cauc. [67755]
- *nepetoides* Jord. = Calamintha nepeta subsp. nepeta
- *officinalis* Moench = Calamintha nepeta subsp. glandulosa
- *sylvatica* Bromf. = Calamintha menthifolia

× **Calammophila** Brand 1907 -f- *Poaceae* · (S. 1103)
D:Bastardstrandhafer; F:Oyat bâtard (*Ammophila* × *Calamagrostis*)
- **baltica** (Flüggé ex Schrad.) Brand 1907 (*Ammophila arenaria* × *Calamagrostis epigejos*) · D:Baltischer Bastardstrandhafer · ⚃ VI-VII; Eur.; coasts

× *Calamophila* O. Schwarz = × Calammophila

Calamus L. 1753 -m- *Arecaceae* · (S. 943)
D:Spanisches Rohr, Rotangpalme; E:Rattan Palm; F:Rotin
- **asperrimus** Blume 1830 · ♄ e ⚥ Z10 ⓖ; Java
- **caesius** Blume 1847 · D:Spanisches Rohr, Stuhlrohr; E:Rattan Palm · ♄ e ⚥ Z10 ⓖ ⓝ; Malay. Pen., Kalimantan
- **caryotoides** A. Cunn. ex Mart. 1853 · ⚄ e Z10 ⓖ; Austr. (NE-Queensl.)
- **ciliaris** Blume 1830 · ♄ e ⚥ Z10 ⓖ; Sumat., Java
- **longisetus** Griff. 1845 · ♄ e ⚥ × Z10 ⓖ; Myanmar
- **manan** Miq. 1861 · ⚄ e ⚥ Z10 ⓖ ⓝ; Malay. Pen., Sumat.
- *margaritae* Hance = Daemonorops margaritae
- **optimus** Becc. 1902 · ♄ e ⚥ Z10 ⓖ ⓝ; Kalimantan
- *pseudoscutellaris* Conrard =

Calamus rhabdocladus
- **rhabdocladus** Burret 1930 · ⚄ ⓖ; Laos, Vietn., China
  - var. *globulosus* S.J. Pei et S.Y. Chen 1989 = Calamus rhabdocladus
- **rotang** L. 1753 · D:Rattanpalme; E:Rattan Cane · ♄ e ⚥ Z10 ⓖ ⓝ; S-Ind., Sri Lanka

Calandrinia Kunth 1823 -f- *Portulacaceae* · (S. 708)
D:Kalandrine; E:Calandrina; F:Calandrinia
- **ciliata** (Ruiz et Pav.) DC. 1828
  - var. **ciliata** · ☉; USA: Calif., Ariz.
  - var. **menziesii** J.F. Macbr. 1931 · D:Rote Kalandrine; E:Red Maids · ☉ VI-VII; USA: Wash., Oreg., Calif.
- **grandiflora** Lindl. 1829 · ☉ ⚃ ♄ VI-IX; Chile
- *menziesii* (Hook.) Torr. et A. Gray = Calandrinia ciliata var. menziesii
- *speciosa* Lindl. = Calandrinia ciliata var. menziesii
- **umbellata** (Ruiz et Pav.) DC. 1828 · D:Schirm-Kalandrine; E:Rock Purslane · ☉ ⚃ ♄ VII-IX; Peru, Chile [69129]

Calanthe Ker-Gawl. 1821 -f- *Orchidaceae* · (S. 1054)
D:Schönorchis; F:Calanthe
- **aristulifera** Rchb. f. 1878
- *bicolor* Lindl. = Calanthe striata
- **brevicornu** Lindl. 1833 · ⚃ ⓖ V-VI ▽ ✱; Nepal, Sikkim
- **cardioglossa** Schltr. 1906 · ⚃ ⓖ X-XII ▽ ✱; Ind.: Assam; Laos, Cambodia, Thail.
- **discolor** Lindl. 1838 · ⚃ Z8 ⓖ; Korea, Jap., Taiwan
  - var. *flava* Yatabe 1899 = Calanthe striata
- *fuerstenbergiana* Kraenzl. = Calanthe cardioglossa
- *masuca* (D. Don) Lindl. = Calanthe sylvatica
- **puberula** Lindl. 1833 · ⚃ Z8 ⓖ; Him., Assam, Bangladesh, China, Vietn., Korea, Jap., Taiwan
- *reflexa* Maxim. = Calanthe puberula
- *regnieri* Rchb. f. = Calanthe vestita
- **rosea** (Lindl.) Benth. et Hook. f. 1880 · ⚃ Z10 ⓖ X-XI ▽ ✱; Thail.
- *sieboldii* Decne. ex Regel = Calanthe striata
- **striata** R. Br. ex Lindl. 1833 · ⚃ Z8 ⓖ; Jap., Korea, Taiwan
- **sylvatica** (Thouars) Lindl. 1833 · ⚃ Z10 ⓖ V ▽ ✱; Madag.,

Mauritius
- **tricarinata** Lindl. 1833 · ⚃ Z8 ⓚ; N-Pakistan, Him., Myanmar, China, Korea, Jap., Taiwan
- **triplicata** (Willemet) Ames 1907 · ⚃ Z10 ⓦ IV-V ▽ ✳; S-Ind., Sri Lanka, SE-As., Jap., Malay. Arch., E-Austr., Fiji
- *veratrifolia* (Willd.) R. Br. = Calanthe triplicata
- **vestita** Lindl. 1833 · ⚃ Z10 ⓦ XII-III ▽ ✳; Indochina, Malay. Pen., Kalimantan, Sulawesi

Calathea G. Mey. 1818 -f-
Marantaceae · (S. 1035)
D:Korbmaranthe; F:Galanga
- **aemula** Körn. 1862 · ⚃ Z9 ⓦ; orig. ?
- **allouia** (Aubl.) Lindl. 1829 · D:Guinea-Korbmaranthe; E:Guinea Arrowroot · ⚃ Z9 ⓦ ⓝ; Hispaniola, Puerto Rico, Lesser. Antill., Guyan.
- **argyraea** Körn. 1862 · ⚃ Z9 ⓦ; orig. ?
- **bachemiana** E. Morren 1875 · ⚃ Z9 ⓦ; Bras.
- *bicolor* (Ker-Gawl.) Steud. = Maranta cristata
- **crocata** (Linden ex K. Koch) Regel et Körn. 1858 · ⚃ Z9 ⓦ IV-V; Bras.
- **cylindrica** (Roscoe et K. Koch) K. Schum. 1902 · ⚃ Z9 ⓦ; Bras.
- **eximia** (K. Koch et C.D. Bouché) Körn. ex Regel 1858 · ⚃ Z9 ⓦ; C-Am.
- **fasciata** (Linden ex K. Koch) Regel et Körn. 1858 · ⚃ Z9; Bras.
- *insignis* hort. ex W. Bull = Calathea lancifolia
- **lancifolia** Boom 1905 · ⚃ Z9 ⓦ; Bras.
- **leopardina** (W. Bull) Regel 1877 · D:Leoparden-Korbmaranthe · ⚃ Z9 ⓦ; Bras.
- *lietzei* E. Morren = Maranta lietzei
- **lindeniana** Wallis 1866 · ⚃ Z9 ⓦ; NW-Bras., Peru
- **lutea** (Aubl.) G. Mey. 1822 · D:Cauassuwachs; E:Cauassu · ⚃ Z9 ⓦ ⓝ; C-Am., W.Ind., Bras.
- **majestica** H. Kenn. 1986 · ⚃ Z9 ⓦ; Col., Guyan.
  'Princeps'
- **makoyana** E. Morren 1872 · D:Pfauen-Korbmaranthe; E:Peacock Plant · ⚃ Z9 ⓦ; Bras.
- **mediopicta** (E. Morren) Jacob-Makoy ex E. Morren 1874 · ⚃ Z9 ⓦ; Bras.
- **micans** (L. Mathieu) Körn. 1858 · ⚃ Z9 ⓦ; C-Am., trop. S-Am.
- *orbiculata* Lodd. = Calathea truncata
- **orbifolia** (Linden) H. Kenn. 1982 Z9; Bras.
- **pavonii** Körn. 1862 · ⚃ Z9 ⓦ; Peru
- **picturata** K. Koch et Linden 1863 · ⚃ Z9 ⓦ; Bras.
- *princeps* (Linden) Regel = Calathe majestica
- **roseopicta** (Linden) Regel 1869 · ⚃ Z9 ⓦ; Bras.
- **rotundifolia**
  - var. *fasciata* (Linden ex K. Koch) Petersen 1890 = Calathea fasciata
- **rufibarba** Fenzl 1879 · ⚃ Z9 ⓦ; Bras.
- **truncata** (Link ex A. Dietr.) K. Schum. 1902 · ⚃ Z9 ⓦ; Bras.
- *tubispatha* Hook. f. = Calathea pavonii
- **undulata** (Linden et André) Linden et André 1872 · ⚃ Z9 ⓦ; Bras., Peru
- **variegata** (K. Koch) Linden ex Körn. 1858 · ⚃ Z9 ⓦ; orig. ?
- **veitchiana** Veitch ex Hook. f. 1865 · ⚃ Z9 ⓦ; trop. S-Am.
- **warscewiczii** (L. Mathieu ex Planch.) Planch. et Linden 1855 · ⚃ Z9 ⓦ; Costa Rica
- *wiotiana* Jacob-Makoy ex E. Morren = Calathea wiotii
- **wiotii** (E. Morren) Regel 1875 · ⚃ Z9 ⓦ; E-Bras.
- **zebrina** (Sims) Lindl. 1829 · D:Zebra-Korbmarante; E:Zebra Plant · ⚃ Z9 ⓦ; SE-Bras.

Calceolaria L. 1771 -f-
Scrophulariaceae · (S. 824)
D:Pantoffelblume; E:Slipperwort; F:Calcéolaire
- **alba** Ruiz et Pav. 1798 · ♄ Z9 ⓚ VI-VII; Peru, Chile, Arg.
- **arachnoidea** Graham 1828 · ⚃ Z9 ⓚ; Chile
- **biflora** Lam. 1785 · ⚃ △ Z8 ⓚ ⋀ V-VI; Arg., Chile [62898]
  'Goldcap' [62899]
- **chelidonioides** Kunth 1817 · ☉ Z9; Mex., Peru, N-Chile
- **crenatiflora** Cav. 1799 · D:Gekerbte Pantoffelblume; E:Pocketbook Flower · ⚃ Z8 V-VI; Chile
- *darwinii* Benth. = Calceolaria uniflora var. darwinii
- **falklandica** (S. Moore) Kraenzl. 1907 · D:Falkland-Pantoffelblume · ⚃ Z7; Falkland Is. [62700]
- **fiebrigiana** Kraenzl. 1905
[62901]
- **fothergillii** Sol. 1789 · ⚃ Z7 ⓚ; Chile, Arg. (Patag.), Falkland Is.
- **integrifolia** Murray 1774 · ♄ e Z9 ⓚ V-IX; Chile (Chiloe) [16687]
- **mexicana** Benth. 1884 · ☉ Z9 VI-VIII; Mex., C-Am.
- **pavonii** Benth. 1846 · ♄ ⁑ Z9 ⓚ VIII-X; Peru, Bol.
- **pinnata** L. 1770 · ☉ Z9 VI-IX; Jamaica, Bras., Peru, Bol., Chile
- **polyrrhiza** Cav. 1799 · D:Patagonische Pantoffelblume · ⚃ △ Z8 ⋀ VI-VIII; Arg.: Patag. [62902]
- *rugosa* Ruiz et Pav. = Calceolaria integrifolia
- **tenella** Poepp. et Endl. 1845 · ⚃ Z8 ⓚ ⋀ V-VII; Chile
- **tripartita** Ruiz et Pav. 1794 · F:Calcéolaire rugueuse 'Gold Bukett' · ☉ Z9 V-IX; Ecuad., Peru, Chile
- **uniflora** Lam. 1791
  - var. **darwinii** (Benth.) Witasek 1911 · D:Darwins Pantoffelblume · ⚃ Z8 ⓚ; Arg.: S-Patagon., Tierra del Fuego
  - var. **uniflora** · D:Einblütige Pantoffelblume · ⚃ Z8 ⓚ VI-VII; Arg.: Patag., Chile
- in vielen Sorten:
  F Fructohybrida-Gruppe
    Hybriden mit Beteiligung von C. integrifolia, sparrigerer Wuchs und kleinere Blüten als bei der Herbeohybrida-Gruppe; meist stecklingsvermehrt.
  H Herbeohybrida-Gruppe
    Hybriden zwischen den chilenischen Arten, buschiger Wuchs und große Blüten, meist samenvermehrt.
  HG Untergruppe Grandiflora
    Kompakte Trugdolden mit 5–15 großen Blüten.
  HM Untergruppe Multiflora
    Zahlreichere Trugdolden mit 3–12 kleineren Blüten.
  Quelle: GRIFFITHS, M. (1994)
  'Bunter Bikini' (HM)
  'Gmünder Melody' (H)
  'John Innes'
  'Kentish Hero'
  Sunset Ser. (H)

Caldcluvia (Cav.) D. Don 1830 -f-
Cunoniaceae
- **paniculata** (Cav.) D. Don 1830

Caldesia Parl. 1860 -f-
Alismataceae · (S. 898)
D:Herzlöffel; F:Caldesia

- **parnassifolia** (Bassi ex L.) Parl. 1860 · D:Herzlöffel · ⁴ ∼ ≈ ⌂ VII-IX ▽; Eur.: F, D, EC-Eur., I, Croatia, E-Eur..; Amur, China, Manch., Jap., Egypt, NE-Afr., Madag., trop. As., Austr.

Calendula L. 1753 -f- *Asteraceae* · (S. 230)
D:Ringelblume; E:Marigold; F:Souci
- **arvensis** L. 1763 · D:Acker-Ringelblume; E:Field Marygold · ⊙ Z6 VI-X; Eur.: Ib, Fr, Ap, Ba, C-Eur., H, RO, Krim, W-Russ.; TR, Cauc., Iran, Afgh., NW-Afr., Macaron.
- **officinalis** L. 1753 · D:Garten-Ringelblume; E:Pot Marigold, Ruddles, Scotch Marigold; F:Souci · ⊙ ⊖ Z6 IX-X ⚇ ⓝ; orig. ?, nat. in sp., I, Br [16688]
  Fiesta Gitana Ser.
  Kablouna Ser.
  Kablouna Crested Ser.
  Pacific Ser.

Calepina Adans. 1763 -f- *Brassicaceae* · (S. 319)
D:Wendich
- **irregularis** (Asso) Thell. 1905 · D:Wendich · ⊙ Z8 V-VI; Eur.: Ib, Fr, Ap, Ba, RO, Krim; TR, Levante, Cauc., Iran, C-As., Maroc., Alger., Libya, nat. in C-Eur.

Calibanus Rose 1906 -m- *Nolinaceae* ·
D:Monsterfuß
- *caespitosus* (Scheidw.) Rose = Calibanus hookeri
- **hookeri** (Lem.) Trel. 1911 · D:Grünblättriger Monsterfuß · ᴪ Z8 ⌂; Mex. (Hidalgo, San Luis Potosí)

Calibrachoa La Llave et Lex. 1825 -f- *Solanaceae* ·
D:Zauberglöckchen
- **parviflora** (Juss.) D'Arcy et Wijsman 1989
- **in vielen Sorten:**
  Carillon Ser.
  Million Bells Ser. [16779]
  Mini-Famous Ser.

Calicotome Link 1808 -f- *Fabaceae* · (S. 500)
- **spinosa** (L.) Link 1822 · ℏ d Z8 ⌂; Eur.: Ib, F, Ap

Caliphruria Herb. 1844 -f- *Amaryllidaceae*
- **subedentata** Baker 1877 · ⁴ Z10

ⓦ XII; Col.

Calla L. 1753 -f- *Araceae* · (S. 923)
D:Schlangenwurz, Sumpfkalla; E:Bog Arum, Water Arum; F:Arum aquatique, Calla
- **palustris** L. 1753 · D:Schlangenwurz; E:Bog Arum, Water Arum; F:Arum d'eau · ⁴ ∼ Z4 V-VI ⚘ ▽; Eur.: Fr, C-Eur., EC-Eur., Sc, E-Eur.; W-Sib., E-Sib., Amur, Sachal., Kamchat., N-Jap., Alaska, Can., USA: NE, SE, nat. in BrI [67138]

Calliandra Benth. 1830 -f- *Mimosaceae* · (S. 643)
D:Puderquastenstrauch; E:Powder Puff Tree; F:Calliandra
- **anomala** (Kunth) J.F. Macbr. 1919 · ℏ e Z10 ⓦ; Mex.
- **calothyrsus** Meisn. 1848 · ℏ e Z10 ⓦ ⓝ; C-Am.
- **eriophylla** Benth. 1844 · D:Mexikanischer Puderquastenstrauch; E:Fairy Duster, Mock Mesquite · ℏ e Z10 ⌂; USA: S-Calif., Ariz., New Mex.; N-Mex.
- **fulgens** Hook. f. 1898 · ℏ e Z10 ⓦ III; Mex.
- **gracilis** Klotzsch ex Baker 1871 · ℏ e Z10 ⓦ; C-Am.
- **haematocephala** Hassk. 1855
- *houstonii* (L'Hér.) Benth. = Calliandra inermis
- **inermis** (L.) Druce 1914 · ℏ e Z10 ⓦ; Mex.
- **portoricensis** (Jacq.) Benth. 1844 · ℏ e Z10 ⓦ VI-VII; C-Am., W.Ind. [11065]
- **surinamensis** Benth. 1844 · ℏ ℏ ⚘ e Z10 ⓦ; Bras., Surinam [11066]
- **tweedii** Benth. 1840 · D:Brasilianischer Puderquastenstrauch; E:Cunure, Mexican Flamebush · ℏ e Z10 ⓦ; Bras. [11067]

Callianthemum C.A. Mey. 1830 -n- *Ranunculaceae* · (S. 728)
D:Jägerblume, Schmuckblume; F:Callianthème
- **anemonoides** (J. Zahlbr.) Endl. ex Heynh. 1842 · D:Anemonen-Schmuckblume · ⁴ △ Z5 IV; Eur.: A; NE-Alp. [62903]
- **coriandrifolium** Rchb. · D:Korianderblättrige Schmuckblume · ⁴ △ Z6 VI-VII; Eur.: Ib, F, Ap, C-Eur., EC-Eur., Bosn., RO; mts. [62904]
- **kernerianum** Freyn ex A. Kern. 1888 · ⁴ △ Z6 V-VI; Eur.: I; S-Alp.
- *rutifolium* (L.) C.A. Mey. = Callianthemum coriandrifolium

- *rutifolium* Rchb. = Callianthemum anemonoides

Callicarpa L. 1753 -f- *Verbenaceae* · (S. 884)
D:Liebesperlenstrauch, Schönfrucht; F:Callicarpa
- **americana** L. 1753 · D:Amerikanische Schönfrucht; E:Mulberry · ℏ d ⊛ Z7 VI-VII; USA: NE, SE, Fla., Tex; W.Ind. [32677]
- **bodinieri** H. Lév. 1911 [24606]
  - var. **bodinieri** · D:Bodiniéres Schönfrucht · ℏ d Z6; W-China, C-China
  - var. **giraldii** (Hesse ex Rehder) Rehder 1934 · ℏ d ⊛ Z6 VI-VII; W-China, C-China [14780]
  'Profusion' [41330]
- **cathayana** H.T. Chang 1951 [27227]
- **dichotoma** (Lour.) K. Koch 1872 · D:Purpur-Schönfrucht · ℏ d ⊛ Z7; Jap., Korea, China, Taiwan [14790]
- *giraldii* Hesse ex Rehder = Callicarpa bodinieri var. giraldii
- **japonica** Thunb. 1784 [14800]
  'Leucocarpa' · D:Weiße Schönfrucht · [37672]
  - var. **angustata** Rehder 1916 · D:Chinesische Schönfrucht · ℏ d ⊛ Z7 VIII; C-China [24609]
  - var. *angustifolia* Sav. = Callicarpa dichotoma
  - var. **japonica** · D:Japanische Schönfrucht · ℏ d Z7; Jap.
- **kwangtungensis** Chun 1934
- **mollis** Siebold et Zucc. 1846 · ℏ d Z7; Jap., Korea [24611]
- *purpurea* Juss. = Callicarpa dichotoma
- **rubella** Lindl. 1825 · ℏ d ⊛ Z9 ⌂; Ind.: Assam; Myanmar, China [24612]
- × **shirasawana** Makino 1910 (*C. japonica* × *C. mollis*) · ℏ d; Jap.
- **yunnanensis** W.Z. Fang 1982

Calliopsis Rchb. = Coreopsis
- *tinctoria* (Nutt.) DC. = Coreopsis tinctoria var. tinctoria

Callirhoe Nutt. 1821 -f- *Malvaceae* · (S. 616)
D:Mohnmalve; E:Poppy Mallow; F:Mauve-pavot
- **digitata** Nutt. 1821 · ⊙ ⁴ Z5 VII-IX; USA: Mo., Kans., Ark., Okla., Tex.
- **involucrata** (Torr. et A. Gray) A. Gray 1849 · D:Purpurne Mohnmalve; E:Purple Poppy Mallow · ⊙

♃ Z4 VII-IX; USA: NC, Rocky Mts., SC; Mex. [62905]
- **leiocarpa** R.F. Martin 1938 · D:Hohe Mohnmalve; E:Tall Poppy Mallow · ☉ ♃ Z6 VII-IX; USA: Tex., Okla.
- **papaver** (Cav.) A. Gray 1849 · D:Wald-Mohnmalve; E:Woodland Poppy Mallow · ☉ ♃ Z6 VII-IX; USA: SE, Mo., Fla., Tex.
- *pedata* (Torr. et A. Gray) A. Gray = Callirhoe leiocarpa
- **triangulata** (Leavenw.) A. Gray 1849 · ♃ Z4; USA: NEC, Nebr., SE
- *verticillata* (L.) Groenland = Callirhoe involucrata

Callisia Loefl. 1758 -f-
Commelinaceae · (S. 982)
D:Callisie, Schönpolster; F:Callisia
- *elegans* Alexander ex H.E. Moore = Callisia gentlei var. elegans
- **fragrans** (Lindl.) Woodson 1942 · D:Duftendes Schönpolster · ♃ Z10 ⌂; S-Mex.
- **gentlei** Matuda 1954
    - var. **elegans** (Alexander ex H.E. Moore) D.R. Hunt · D:Zierliches Schönpolster · ♃ ⚥ ⤳ Z10 ⌂; N-Mex.
- *martensiana* (Kunth) C.B. Clarke = Callisia multiflora
- **monandra** (Sw.) Schult. et Schult. f. 1830 · D:Einmänniges Schönpolster · ♃ ⚥ ⤳ Z10 ⌂; Trop.
- **multiflora** (M. Martens et Galeotti) Standl. 1925 · D:Vielblütiges Schönpolster · ♃ ⚥ ⤳ Z10 ⌂; Mex., Guat.
- **navicularis** (Ortgies) D.R. Hunt 1983 · D:Kahnförmiges Schönpolster; E:Chain Plant · ♃ ⤳ Z10 ⌂; Mex.
- **repens** L. 1762 · D:Kriechendes Schönpolster; F:Bon Dieu Soleil · ♃ ⚥ ⤳ Z9 ⌂; USA: Tex.; W-Ind., trop. Am.
- *umbellulata* Lam. = Callisia monandra
- **warszewicziana** (Kunth et C.D. Bouché) D.R. Hunt 1983 · ♃ Z10 ⌂; Guat.

Callista Lour. = Dendrobium
- *aggregata* (Roxb.) Brieger = Dendrobium lindleyi
- *densiflora* (Wall.) Brieger = Dendrobium densiflorum

Callistemon R. Br. 1814 -m-
Myrtaceae · (S. 659)

D:Lampenputzerstrauch, Schönfaden, Zylinderputzer; E:Bottle-Brush Bush; F:Callistemon, Rince-bouteille
- **brachyandrus** Lindl. 1849 · D:Stachliger Zylinderputzer; E:Prickly Bottlebrush · ♄ e Z9 ⌂ VIII-IX; Austr.: N.S. Wales, S-Austr., Victoria
- **citrinus** (Curtis) Stapf 1925 · D:Kaminroter Zylinderputzer; E:Crimson Bottlebrush · ♄ ♄ e Z9 ⌂ VI-VII; Austr.: Queensl., N.S.Wales, Victoria [58027]
    'Splendens' [22897]
- **glaucus** (Bonpl.) Sweet 1826 · D:Albany Zylinderputzer; E:Albany Bottlebrush · ♄ ♄ e Z9 ⌂ VI-VIII; W-Austr.
- *laevis* Stapf = Callistemon citrinus
- *lanceolatus* (Sm.) DC. = Callistemon citrinus
- **linearis** DC. 1826 · D:Schmalblättriger Zylinderputzer; E:Narrow-leaved Bottlebrush · ♄ e Z8 ⌂; Austr.: Queensl., N.S.Wales
- **macropunctatus** (Dum.-Cours.) Court 1957 · D:Scharlachroter Zylinderputzer; E:Scarlet Bottlebrush · ♄ e Z9 ⌂; Austr.: N.S.Wales, Victoria, S-Austr.
- **pachyphyllus** Cheel 1911 · D:Niedriger Zylinderputzer; E:Wallum Bottlebrush · ♄ e Z9 ⌂; Austr.: Queensl., N.S.Wales
- **pallidus** (Bonpl.) DC. 1828 · D:Zitronen-Zylinderputzer; E:Lemon Bottlebrush · ♄ e Z9 ⌂; Austr.: Queensl., N.S.Wales, Victoria, Tasman.
- **phoeniceus** Lindl. 1839 · D:Purpurner Zylinderputzer; E:Lesser Bottlebrush · ♄ e Z9 ⌂; W-Austr.
- **pinifolius** DC. 1826 · D:Nadelblättriger Zylinderputzer · ♄ e Z9 ⌂; Austr.: N.S.Wales
- **rigidus** R. Br. 1819 · D:Steifer Zylinderputzer; E:Stiff Bottlebrush · ♄ e Z9 ⌂; Austr.: N.S.Wales
- **salignus** (Sm.) Colville ex Sweet 1826 · D:Weidenblättriger Zylinderputzer; E:Willow Bottlebrush · ♄ ♄ e Z8 ⌂ VI-VII; Austr.: N.S. Wales, S-Austr., Queensl.
- **semperflorens** Lodd. 1821 · ♄ e ⌂; Austr. (Queensl.)
- **sieberi** DC. 1818 · D:Gelber Zylinderputzer; E:Alpine Bottlebrush · ♄ e Z8 ⌂; Austr.: N.S.Wales, Victoria
- *speciosus* (Sims) Sweet = Callistemon glaucus

- **subulatus** Cheel 1925 · ♄ e Z8 ⌂; Austr. (N.S.Wales, Victoria)
- **teretifolius** F. Muell. 1853 · D:Grüner Zylinderputzer; E:Green Bottlebrush · ♄ e Z9 ⌂; S-Austr.
- **viminalis** (Sol. ex Gaertn.) G. Don 1830 · D:Trauer-Zylinderputzer; E:Weeping Bottle Brush · ♄ e Z9 ⌂ IV-V; Austr.: N.S.Wales [22893]
- × **violaceus** · ♄ e ⌂; cult.
- **viridiflorus** (Sims) Sweet 1826 · ♄ e Z9 ⌂; Tasman.
- **in vielen Sorten:**
'Captain Cook' [22896]
'Little John' [22894]

Callistephus Cass. 1825 -m-
Asteraceae · (S. 230)
D:Sommeraster; E:China Aster; F:Reine-marguerite
- **chinensis** (L.) Nees 1833 · D:Gartenaster, Madeleine-Aster, Sommeraster; E:China Aster; F:Reine-marguerite · ☉ ⚥ VII-X; China [16689]
    Duchess Ser.
    Giant Single Ser.
    Straußenfeder Ser.
    Super Princess Ser.

Callitriche L. 1753 -f-
Callitrichaceae · (S. 379)
D:Wasserstern; E:Water Starwort; F:Callitriche, Etoile d'eau
- *autumnalis* L. = Callitriche hermaphroditica
- **brutia** Petagna 1787 · D:Stielfrüchtiger Wasserstern · ♃ ≈ V-IX; Eur.: Sc, BrI, Fr, Ib, Ap
- **cophocarpa** Sendtn. 1854 · D:Stumpfkantiger Wasserstern · ♃ ≈ V-X; Eur.* exc. Ib
- **hamulata** Kütz. ex W.D.J. Koch 1835 · D:Haken-Wasserstern · ♃ ≈ IV-VI; Eur.* exc. Ib
- **hermaphroditica** L. 1755 · D:Herbst-Wasserstern; E:Autumn Water Starwort · ♃ ≈ Z6 VI-IX; Eur.: BrI, Sc, NL, D, PL, E-Eur.; W-Sib., E-Sib., Amur, Sachal., Kamchat., C-As., Alaska, Can., USA* exc. SC; Greenl., Bol.
- *intermedia* auct. non Hoffm. = Callitriche hamulata
    - subsp. *hamulata* Kütz. ex W.D.J. Koch = Callitriche hamulata
- **obtusangula** Le Gall 1752 · D:Nussfrüchtiger Wasserstern · ♃ ≈ V-X; Eur.: Ib, Fr, Ap, Ba, BrI, C-Eur.; NW-Afr.
- **palustris** L. 1753 · D:Sumpf-Wasserstern · ♃ ≈ ⌂ IV-X; Eur.*, Cauc., W-Sib., E-Sib., Amur,

Sachal., Kamchat., C-As., Him., Jap., Alaska, Can. [67139]
- subsp. *hamulata* Kütz. ex W.D.J. Koch = Callitriche hamulata
- subsp. *stagnalis* (Scop.) Schinz et Thell. = Callitriche stagnalis
- **platycarpa** Kütz. 1831 · D:Flachfrüchtiger Wasserstern · ⚃ ≈ V-X; Eur.: Sc, BrI, Fr, sp., C-Eur., EC-Eur., ? RO
- **stagnalis** Scop. 1772 · D:TeichWasserstern; E:Water Starwort · ⚃ ≈ ⓚ V-X; Eur.*, TR, Cauc., Ind., C-China, NW-Afr., E-Afr.
- *verna* L. = Callitriche palustris
- *vernalis* Kütz. ex W.D.J. Koch = Callitriche palustris

Callitris Vent. 1808 -f- *Cupressaceae* · (S. 88) D:Schmuckzypresse, Zypressenkiefer; E:Cypress-Pine; F:Pincyprès
- *arenosa* A. Cunn. ex R.T. Baker et H.G. Sm. = Callitris columellaris
- *articulata* (Vahl) Asch. et Graebn. = Tetraclinis articulata
- *calcarata* A. Cunn. ex Mirb. = Callitris endlicheri
- **columellaris** F. Muell. 1866 · D:Weiße Schmuckzypresse; E:White Cypress Pine · ♄ e Z10 ⓚ; W-Austr.
- *cupressiformis* D. Don ex Loudon = Callitris rhomboidea
- **endlicheri** (Parl.) F.M. Bailey 1883 · D:Rote Schmuckzypresse; E:Red Cypress Pine · ♄ e Z9 ⓚ ⓝ; Austr.: Queensl., N.S.Wales, Victoria
- *glauca* R. Br. = Callitris columellaris
- **preissii** (A. Cunn. ex Parl.) F.M. Bailey 1902 · D:Harzige Schmuckzypresse · ♄ e Z10 ⓚ ⓝ; W-Austr.
- *quadrivalvis* Vent. = Tetraclinis articulata
- **rhomboidea** R. Br. ex Rich. 1826 · D:Oyster-Bay-Schmuckzypresse; E:Oyster Bay Cypress Pine, Port Jackson Pine · ♄ e Z6 ⓚ ⓝ; Austr.: Queensl., N.S.Wales
- *robusta* A. Cunn. ex Parl. = Callitris preissii
- **roei** (Endl.) F. Muell. 1882 · D:Leisten-Schmuckzypresse · ♄ e Z10 ⓚ; Austr.: N.S.Wales

Callopsis Engl. 1895 -f- *Araceae* · (S. 923)
- **volkensii** Engl. 1895 · ⚃ ⓦ I-XII; Tanzania

Calluna Salisb. 1802 -f- *Ericaceae* · (S. 465) D:Besenheide, Heidekraut; E:Heather; F:Bruyère à balai, Callune
- **vulgaris** (L.) Hull 1808 · D:Besenheide, Heidekraut; E:Ling, Scots Heather; F:Bruyère commune, Callune · ♄ ♄ e Z6 IX-X ⚘ ⓝ; Eur.*, N-TR, Azor., Maroc., nat. in N-Am. [28880]
'Alba Plena' 1934 [14830]
'Alexandra' 1993 [30633]
'Allegro' 1977 [29270]
'Boskoop' 1972 [29380]
'Carmen' 1968 [14880]
'County Wicklow' c. 1920 [14910]
'Cuprea' < 1873 [14920]
'Darkness' [29700]
'Elsie Purnell' < 1954 [14930]
'Gold Haze' 1959 [29710]
'H.E. Beale' c. 1926 [14970]
'J.H. Hamilton' 1935 [14980]
'Kinlochruel' 1969 [31977]
'Long White' 1962 [14990]
'Marleen' [32454]
'Melanie' 1989 [36872]
'Mullion' [15010]
'Peter Sparkes' 1955 [15020]
'Robert Chapman' 1962 [36003]
'Silver Knight' [15050]
'Sir John Charrington' 1966 [29870]
'Tib' 1938 [15060]
'Wickwar Flame' 1970 [42590]
'Winter Chocolate' 1966 [32981]

Calocarpum Pierre = Pouteria
- *sapota* (Jacq.) Merr. = Pouteria sapota

Calocedrus Kurz 1873 -f- *Cupressaceae* · (S. 88) D:Flusszeder, Rauchzypresse, Weihrauchzeder; F:Cèdre à encens
- **decurrens** (Torr.) Florin 1956 · D:Kalifornische Flusszeder; E:Incense Cedar · ♄ e Z7 IV ⓝ; USA: Oreg., Calif., Nev.; Baja Calif. [47640]
'Aureovariegata' (v) Beissn. 1896 [31690]
'Columnaris' Beissn. 1884 [32306]
'Pillar' Hort. NL 1968 [42855]
- **formosana** (Florin) Florin 1956 · D:Formosa-Flusszeder; E:Taiwan Incense Cedar · ♄ e Z9 ⓚ; Taiwan
- **macrolepis** Kurz 1873 · D:Chinesische Flusszeder; E:Chinese Incense Cedar · ♄ e Z9 ⓚ; China (Yunnan, Hainan), N-Myanmar
- var. *formosana* W.C. Cheng et L.K. Fu 1978 = Calocedrus formosana

Calocephalus R. Br. 1817 -m- *Asteraceae* · (S. 231)
- *brownii* Cass. = Leucophyta brownii
- *citreus* Less. 1832

Calochortus Pursh 1814 -m- *Liliaceae* · (S. 1030) D:Mormonentulpe; E:Globe Tulip, Mariposa Tulip; F:Tulipe de la Prairie
- **albus** (Benth.) Douglas ex Benth. 1838 · D:Weiße Mormonentulpe; E:Fairy Lantern, Globe Lily · ⚃ Z6 ⓚ VI-VIII; Calif.
  - var. *paniculatus* (Lindl.) Baker 1874 = Calochortus albus
  - var. *rubellus* Greene 1893 = Calochortus albus
- **amabilis** Purdy 1901 · D:Goldene Mormonentulpe; E:Golden Fairy Lantern · ⚃ Z6 VI-VII; Calif.
- **barbatus** (Kunth) Painter 1911 · D:Bärtige Mormonentulpe · ⚃ Z8 ⓚ; Mex.
- **caeruleus** (Kellogg) S. Watson 1879 · D:Hellblaue Mormonentulpe · ⚃ Z6 VII; Calif.
- *elegans* Hook. f. = Calochortus tolmiei
- *flavus* Schult. f. = Calochortus barbatus
- *lilacinus* Kellogg = Calochortus uniflorus
- **luteus** Douglas ex Lindl. 1833 · D:Gelbe Mormonentulpe · ⚃ Z8 ⓚ; Calif.
- **macrocarpus** Douglas · ⚃ Z6 VIII; B.C., USA: NW, Rocky Mts., Calif.; N-Mex.
- *pallidus* Schult. f. = Calochortus barbatus
- *purdyi* Eastw. = Calochortus tolmiei
- **splendens** Douglas ex Benth. 1835 · D:Schöne Mormonentulpe · ⚃ Z6 VIII; Calif., Baja Calif.
- **superbus** Purdy ex J.T. Howell 1932 · D:Getüpfelte Mormonentulpe; E:Superb Mariposa Lily · ⚃ Z6 VI-VII; Calif.
- **tolmiei** Hook. et Arn. 1840 · D:Rosa Mormonentulpe · ⚃ ⓚ; USA: NW, Calif., Idaho
- **uniflorus** Hook. et Arn. 1840 · D:Großblütige Mormonentulpe · ⚃ Z8 ⓚ; USA: Oreg., Calif.
- **venustus** Douglas ex Benth. 1835 · D:Schmetterlings-Mormonentulpe; E:White Mariposa Lily · ⚃ Z6 VI-VII; Calif.
  - var. *vestae* (Purdy) Wilson = Calochortus vestae

- **vestae** (Purdy) Purdy 1895 ·
D:Mischwald-Mormonentulpe · ⚃
Z6 VI-VII; Calif.

Calodendrum Thunb. 1782 -n-
Rutaceae · (S. 785)
D:Kapkastanie; E:Cape Chestnut;
F:Châtaignier du Cap
- **capense** (L. f.) Thunb. 1782 ·
D:Kapkastanie; E:Cape Chestnut ·
♄ e Z9 ⓚ; S-Afr.

Calomeria Vent. 1804 -f-
Asteraceae · (S. 231)
- **amaranthoides** Vent. 1804 ·
D:Moschus-Federbusch; E:Incense
Plant, Plume Bush · ☉ D Z9 ⓚ
VI-XI; Austr.: N.S.Wales, Victoria

Calophaca Fisch. ex DC. 1825 -f-
Fabaceae · (S. 500)
D:Schönhülse
- **grandiflora** Regel 1886 · D:Groß-
blütige Schönhülse · ♄ d ⤳ Z6
VI-VII; C-As. [31198]
- **sinica** Rehder 1933 ·
D:Chinesische Schönhülse
- **wolgarica** (L. f.) Fisch. 1812 ·
D:Wolga-Schönhülse · ♄ d Z5
VI-VII; Eur.: Russ.

Calophyllum L. 1753 -n-
Clusiaceae · (S. 419)
- *antillanum* Britton = Calophyllum
brasiliense
- **brasiliense** Cambess. 1825 ·
D:Marienlorbeer; E:Dame Marie,
Santa Maria; F:Bois Marie · ♄
e Z10 ⓦ ⚘ Ⓝ; W.Ind., Mex.,
C-Am., n S-Am.
- *calaba* Jacq. = Calophyllum
brasiliense
- **inophyllum** L. 1753 · D:Indi-
scher Lorbeer; E:Alexandrian
Laurel, Indian Laurel · ♄ e Z10 ⓦ
⚘ Ⓝ; E-Afr., S-Ind., Sri Lanka,
Indochina, Malay. Arch., Austr.:
N.Terr., Queensl.; Polyn.
- *jacquinii* Fawc. et Rendle =
Calophyllum brasiliense

Calopogon R. Br. 1813 -m-
Orchidaceae · (S. 1054)
- *pulchellum* (Salisb.) R. Br. =
Calopogon tuberosus
- **tuberosus** (L.) Britton, Sterns et
Poggenb. 1888 · ⚃ Z3; Can.: E;
USA: NE, NEC, SE, Fla.Tex.; Cuba,
Bahamas

Calopogonium Desv. 1826 -n-
Fabaceae · (S. 501)
- **mucunoides** Desv. 1826 · ⚃ ⚘ ⤳

ⓦ Ⓝ; trop. Am.

Caloscordum Herb. 1844 -n-
Alliaceae · (S. 901)
- **neriniflorum** Herb. 1844 · ⚃ Z7;
N-China, E-Sib., Mong.
- *nerinifolium* Lindl. = Caloscordum
neriniflorum

Calothamnus Labill. 1806 -m-
Myrtaceae · (S. 659)
- **asper** Turcz. 1849 · ♄ e Z9 ⓚ;
W-Austr.
- **longissimus** F. Muell. 1862 · ♄ e
Z9 ⓚ; W-Austr.
- **quadrifidus** R. Br. 1812 · ♄ e Z9
ⓚ; W-Austr.
- **sanguineus** Labill. 1806 · ♄ e Z9
ⓚ; W-Austr.
- **villosus** R. Br. 1812 · ♄ e Z9 ⓚ;
W-Austr.

Calotropis R. Br. 1810 -f-
Asclepiadaceae · (S. 205)
D:Kielkrone; F:Calotropis, Pomme
de Sodome
- **gigantea** (L.) Dryand. 1811 ·
D:Mudarpflanze; E:Crownplant,
Giant Milkweed · ♄ e Z10 ⓦ
⚘ Ⓝ; Ind., Sri Lanka, S-China,
Myanmar, Malay. Arch.
- **procera** (Aiton) Dryand. 1811 ·
D:Oscherstrauch; E:Apple of
Sodom, Giant Milkweed · ♄ e Z9
ⓚ ⚘ Ⓝ; W-Afr., C-Afr., E-Afr.,
Arab., Iran, Pakist., Ind.

Calpidisca Barnhart = Utricularia
- *calycifida* (Benj.) Gleason =
Utricularia calycifida
- *humboldtii* (R.H. Schomb.)
Gleason = Utricularia humboldtii

Caltha L. 1753 -f- *Ranunculaceae* ·
(S. 728)
D:Dotterblume; E:Marsh
Marigold; F:Populage
- **leptosepala** DC. · ⚃ ⤳ Z3 V;
Alaska, Can.: W; USA: NW, Rocky
Mts., SW
- **natans** Pall. 1776 · D:Schwim-
mende Dotterblume; F:Populage
nageant · ⚃ ⤳ ≈ Z2; N-As.,
Alaska, Can., Minn., Wisc.
- **palustris** L. 1753 · D:Sumpf-
Dotterblume; E:Kingcup, Marsh
Marigold · [67140]
'Auenwald' [67141]
'Multiplex' [67143]
'Tyermannii' [67146]
- var. **alba** (Cambess.) Hook. f.
et Thomson 1855 · D:Weiße
Sumpf-Dotterblume · ⚃ ⤳ ;

Kashmir [67144]
- var. **himalensis** (D. Don)
Mukerjee 1960 · ⚃ ; Him. (Pakist.
- Bhutan)
- var. *minor* (Mill.) DC. 1818 =
Caltha palustris var. palustris
- var. **palustris** · D:Gewöhnliche
Sumpf-Dotterblume; F:Populage
des marais · ⚃ ⤳ Z3 IV-V ⚘
⚘; Eur.*, TR, Cauc., W-Sib.,
E-Sib., Amur, Sachal., Kamchat.,
C-As., Mong., China, Jap. ,
Alaska, Can., USA: NE, NCE, NC,
SE, NW
- var. *polypetala* (Hochst.
ex Lorent) Huth = Caltha
polypetala
- **polypetala** Hochst. ex Lorent
1845 [67145]

Calvoa Hook. f. 1867 -f-
Melastomataceae · (S. 628)
- **orientalis** Taub. 1895 · ⚃ ⓦ;
trop. Afr.
- *sessiliflora* Cogn. ex De Wild. et T.
Durand = Calvoa orientalis

Calycanthus L. 1759 -m-
Calycanthaceae · (S. 380)
D:Gewürzstrauch, Nelkenpfeffer;
E:Spicebush; F:Calycanthus
- **fertilis** Walter 1788 [37560]
'Purpureus' [12328]
- var. **fertilis** · D:Fruchtbarer
Gewürzstrauch, Nelkenpfeffer;
E:Allspice · ♄ d Z6; USA: NE,
SE
- var. **laevigatus** (Willd.) Bean ·
♄ d Z6 V-VII; USA: NE, Ohio, SE
[24617]
- **floridus** L. 1759 · D:Echter
Gewürzstrauch; E:Carolina
Allspice; F:Arbre aux anémones ·
♄ d D Z6 V-VII; USA: Va., W.Va.,
SE, Fla. [15070]
- var. *laevigatus* (Willd.) Torr.
et A. Gray 1840 = Calycanthus
fertilis var. laevigatus
- *glaucus* Willd. = Calycanthus
floridus
- *laevigatus* Willd. = Calycanthus
fertilis var. laevigatus
- **occidentalis** Hook. et Arn. 1840 ·
D:Westlicher Gewürzstrauch;
E:Californian Allspice, Spice
Bush · ♄ d D Z6 VI-VIII; USA:
Calif. [16226]
- *sterilis* Walter = Calycanthus
floridus

Calypso Salisb. 1806 -f-
Orchidaceae · (S. 1054)
D:Kappenständel; E:Calypso;

F:Calypso
- **bulbosa** (L.) Oakes · D:Gewöhnlicher Kappenständel; E:Calypso, Fairy Slipper Orchid · ⚃ Z5 IV-V ▽ ❋; Alaska, Can., USA: NE, NCE, NC, Rocky Mts., SW, NW, Calif.

Calyptrogyne H. Wendl. 1859 -f- *Arecaceae* · (S. 944)
- **ghiesbreghtiana** (Linden et H. Wendl.) H. Wendl. 1859 · ♄ e ⓦ; Mex., Guat., Hond.

Calystegia R. Br. 1810 -f- *Convolvulaceae* · (S. 424)
D:Zaunwinde; E:Bindweed; F:Liseron des haies
- **dahurica** (Herb.) Sweet 1845 · ⚃ ⚇ VII-VIII; C-As.
- **hederacea** Wall. 1824 · ⚃ ⚇ Z5 VI-IX; Jap., Korea, N-China
'Flore Pleno'
- *pellita* (Ledeb.) G. Don = Calystegia hederacea
- **pulchra** Brummitt et Heywood 1960 · D:Schöne Zaunwinde · ⚃ ⚇ Z5 VI-X; ? NE-As., nat. in N-Eur., C-Eur.
- **sepium** (L.) R. Br. · D:Gewöhnliche Zaunwinde; E:Bindweed, Granny Pop Out Of Bed · ⚃ Z4 VI-IX ⚇ ⓝ; Eur.*, TR, Levante, Cauc., Iran, W-Sib., E-Sib., Amur, Mong., Him., China, Jap., NW-Afr., N-Am., S-Am., Austr., NZ
- **silvatica** (Kit.) Griseb. 1844 · D:Wald-Zaunwinde · ⚃ Z7 VI-IX; Eur.: Ib, Fr, Ap, Ba, RO, Krim; TR, Syr., Cauc., Iran, NW-Afr., nat. in BrI, D
- **soldanella** (L.) R. Br. ex Roem. et Schult. 1819 · D:Strand-Zaunwinde; E:Sea Bindweed · ⚃ VII-VIII ▽; Eur.* exc. EC-Eur.; TR, Syr., Sachal., Jap., N-China, Korea, NW-Afr., Libya, USA: NW, Calif.; Arg., Chile SE-Austr., NZ; coasts

Camassia Lindl. 1832 -f- *Hyacinthaceae* · (S. 1007)
D:Camassie, Prärielilie; E:Camass, Quamash; F:Camassia, Lis de la prairie
- **cusickii** S. Watson 1887 · D:Cusicks Prärielilie; E:Cusick's Camass · ♄ Z6 IV-V; USA: Oreg. [68019]
'Zwanenburg'
- *esculenta* (Nutt.) Lindl. = Camassia quamash subsp. quamash
- *fraseri* Torr. = Camassia scilloides
- **leichtlinii** (Baker) S. Watson 1885 · ⚃ IV-V
'Alba' = Camassia leichtlinii subsp. leichtlinii
'Caerulea' = Camassia leichtlinii subsp. suksdorfii Caerulea Grp.
- subsp. **leichtlinii** · D:Leichtlins Prärielilie; E:Leichtlin's Camass · ⚃ Z6; Can.: B.C., USA: NW, Calif. [71785]
- subsp. **suksdorfii** (Greenm.) Gould 1942 · ⚃ Z3; Can.: B.C.; USA: - NW, Calif., - Idaho, Utah Caerulea Grp.
- **quamash** (Pursh) Greene 1894 [16515]
'Blue Melody'
'Orion'
- subsp. **azurea** (A. Heller) Gould 1942 Z6; USA: Wash.
- subsp. **quamash** · D:Essbare Prärielilie; E:Quamash · ⚃ Z5 V-VI; Can.; W; USA: NW, Rocky Mts., Calif.
- **scilloides** (Raf.) Cory 1936 · D:Östliche Prärielilie; E:Wild Hyacinth · ⚃ Z7 ∧ IV-V; Can.: Ont.; USA: NE, NCE, Kans., SC, SE
- *suksdorfii* Greenm. = Camassia leichtlinii subsp. suksdorfii

Camelina Crantz 1762 -f- *Brassicaceae* · (S. 319)
D:Leindotter; E:Gold of Pleasure; F:Caméline
- **alyssum** (Mill.) Thell. 1906 · D:Gezähnter Leindotter · ⊙ Z7 V-VIII; Eur.* exc. BrI
- **microcarpa** Andrz. · D:Kleinfrüchtiger Leindotter; E:Smallseed False Flax · ⊙ Z7 V-VII; Eur.* exc. Ib; Cauc., W-Sib., E-Sib., C-As.
- **rumelica** Velen. 1891 · D:Balkanischer Leindotter · ⊙ Z7 V-VII; Eur.: Ba; TR, Cyprus, Syr., Cauc., Iran, Afgh., C-As., Egypt, nat. in Ib, Fr, Ap, C-Eur., EC-Eur.
- **sativa** (L.) Crantz 1762
- var. **sativa** · D:Saat-Leindotter; E:Big-seed False Flax, Gold of Pleasure · ⊙ Z7 V-VII ⓝ; Eur.*, TR
- var. **zingeri** Mirek 1980 · D:Behaarter Saat-Leindotter · ⊙ Z7 V-VII; D +

Camellia L. 1753 -f- *Theaceae* · (S. 863)
D:Kamelie, Teestrauch; E:Camellia; F:Camélia, Théier
- **chrysantha** (Hu) Tuyama 1965 · ♄ e Z8 ⓚ; S-China
- **cuspidata** (Kochs) C.H. Wright ex H.J. Veitch · ♄ e Z7 III-IV; China
- **fraterna** Hance 1862 · ♄ e Z8 ⓚ; China (Fujian, Jiangxi, Zhejiang, Anhui)
- **granthamiana** Sealy 1956 · ♄ e Z8 ⓚ; Hongkong
- **hongkongensis** Seem. 1859 · ♄ e Z8 ⓚ I-II; China: Hongkong
- **irrawadiensis** P.K. Barua 1938
- **japonica** L. 1753 [15071]
- subsp. **japonica** · D:Japanische Kamelie; E:Common Camellia; F:Camélia du Japon · ♄ ♄ e Z8 ⓚ I-IV ⓝ; Jap., Korea, Riukiu-Is., Taiwan
'Adolphe Audusson' Henri 1910 [11076]
'Blood of China' Rubel 1938 [11086]
'Comte de Gomer' Verschaffelt 1860
'Coquettii' Tourres 1839
'Debutante' Wilson 1930
'Donckelaeri Rosea' Cachet 1845 [29433]
'Drama Girl' SCCS 1951
'Duchesse Decazes' Poiteau 1846
'Elegans' Chandler 1823 [15624]
'Gloire de Nantes' Guichard Soeurs 1894
'Grand Prix' Nuccio 1968 [15625]
'Grand Slam' Nuccio 1962 [32405]
'Guilio Nuccio' M.B. Wine 1957 [11087]
'Hawaii' Hamilton & Clark Nurs. 1962
'Jupiter' Van Houtte 1843
'Kramer's Supreme' Wylam 1957 [13992]
'Lady Vansittart' Van Houtte 1887 [32421]
'Lavinia Maggi' Van Houtte 1858
'Margherita Coleoni' Verschaffelt 1859
'Mathotiana' Verschaffelt 1849 [13994]
'Mathotiana Rosea' Veitch 1847
'Nobilissima' Loddiges Nurs. 1836 [11089]
'R.L. Wheeler' Central Georgia Nurs. 1949
'Tiffany' Womak 1962 [32446]
'Tricolor' Siebold et Zucc. 1835 [11092]
'Ville de Nantes' Heurtin 1897
- **lutchuensis** T. Itô 1909
- × **maliflora** Lindl. 1827 · ♄ ♄ e ⓚ I-III; China
- **miyagii** (Koidz.) Makino et Nemoto 1931 · ♄ e Z8 ⓚ; Jap. (Okinawa, Liu Is.)
- **oleifera** C. Abel 1818 · D:Öl-Teestrauch; E:Tea Oil Plant · ♄ e Z8 ⓚ X-XII ⓝ; China: Sichuan, Hunan, Kiangsu [29294]
- **pitardii** Cohen-Stuart 1916 · ♄ e Z8 ⓚ; W-China
- **reticulata** Lindl. 1827 · ♄ e Z8 ⓚ II-III; China
- **rosiflora** Hook. 1858 · ♄ e Z8 ⓚ; China
- **salicifolia** Champ. ex Benth. 1851 · ♄ e Z8 ⓚ XI-II; China, Taiwan
- **saluenensis** Stapf ex Bean 1933 · ♄ e Z7 IX-III; Yunnan
- **sasanqua** Thunb. 1784 · D:Sas-

quana-Kamelie; E:Sasquana Camellia · ℏ ℏ e D Z8 ⓚ XI-III Ⓝ; China, Jap., Riukiu-Is., Vietn., Laos [19166]
'Crimson King' Wada 1937 [20236]
'Maiden's Blush' Sawada 1933 [13998]
'Narumigata' Ashizawa 1898
'Plantation Pink' Waterhouse 1948 [20249]
- **sinensis** (L.) Kuntze 1887 · D:Teestrauch; E:Tea Plant · [29295]
  - var. **assamica** (Mast.) Kitam. 1950 · D:Assam-Teestrauch; E:Assam Tea · ℏ ℏ e Z8 ⓚ Ⓝ; Myanmar
  - var. **sinensis** · D:China-Teestrauch; E:China Tea · ℏ ℏ e Z8 ⓚ ⚥ Ⓝ; Ind.: Assam; Myanmar, China
- **taliensis** (W.W. Sm.) Melch. 1925 · ℏ ℏ e Z8 ⓚ; China (Yunnan) [18103]
- *thea* Link = Camellia sinensis var. sinensis
- *theifera* Griff. = Camellia sinensis var. sinensis
- **transnokoensis** Hayata 1919 · ℏ ℏ e Z8 ⓚ; Taiwan
- **tsaii** Hu 1938 · ℏ ℏ e Z8 ⓚ; China (Hunan), N-Vietnam, Myanmar
- × **williamsii** W.W. Sm. 1949 (*C. japonica* × *C. saluenensis*) · ℏ e Z8 ⓚ; cult.
'Anticipation' L.E. Jury 1962 [11093]
'Citation' Puddle 1958 [20234]
'Debbie' L.E. Jury 1966 [11081]
'Donation' Hort. GB 1941 [11082]
'E.G. Waterhouse'
'Elsie Jury' L.E. Jury 1964
'Jury's Yellow' L.E. Jury 1976 [11083]
'Water Lily' F.M. Jury 1967
'Elegant Beauty' L.E. Jury 1962 [11094]
- **in vielen Sorten:**
'Alba Plena' 1792 [18086]
'Black Lace' L.W. Ruffin 1971 [20232]
'Cornish Snow' Caerhays Castle 1948
'Freedom Bell' Nuccio 1965 [29458]
'Général Leclerc' Guichard Soeurs c. 1920
'Inspiration' Exbury Gard. 1954
'Leonard Messel' Hort. GB 1858

Camissonia Link 1818 -f-
Onagraceae
- **cheiranthifolia** (Hornem. ex Spreng.) Raim. 1893

Campanula L. 1753 -f-
Campanulaceae · (S. 383)
D:Glockenblume; E:Bellflower; F:Campanule
- **alliariifolia** Willd. 1798 · D:Knoblauchrauken-Glockenblume, Lauchblättrige Glockenblume;

E:Ivory Bells; F:Campanule à feuilles d'ail · ⚘ Z3 VI-VII; TR, Cauc. [62906]
- **alpestris** All. 1773 · ⚘ △ Z5 VI-VII; Eur.: F, I; SW-Alp. [62907]
- **alpina** Jacq. 1762 · D:Alpen-Glockenblume; E:Alpine Bellflower · ☉ ⚘ △ Z4 VII-VIII; Eur.: C-Eur., EC-Eur., Ba, RO, W-Russ.; E-Alp., Carp., Balkan
- **arvatica** Lag. 1805 · ⚘ Z7 ⓚ VII; NW-Sp.
'Alba' [67992]
- **aucheri** A. DC. 1839 · ⚘ △ Z5 VI; E-Cauc., Iran
- **autraniana** Albov 1895 · ⚘ Z6; W-Cauc.
- **barbata** L. 1759 · D:Bärtige Glockenblume; E:Bearded Bellflower · ☉ ⚘ △ Z6 VI-VII; Eur.: F, I, C-Eur., EC-Eur., Slove., Norw.; Alp., E-Sudeten, Norw. [62908]
- **baumgartenii** Becker 1828 · D:Lanzettblättrige Glockenblume · ⚘ Z6 VIII; Eur.: E-F, SW-D
- **beckiana** Hayek 1912 · D:Becks Glockenblume · ⚘ VI-IX; Eur.: A, Slove.; E-Alp.
- **bellidifolia** Adams 1805 · ⚘ △ Z5 V-VI; Cauc. [62909]
- **bertolae** Colla 1835 · D:Bertols Glockenblume · ⚘ VI-VIII; Eur.: I; SW-Alp., ? Apenn.
- **betulifolia** K. Koch 1850 · D:Birkenblättrige Glockenblume; F:Campanule à feuilles de bouleau · ⚘; TR, Cauc. [73797]
- **bononiensis** L. 1753 · D:Bologneser Glockenblume · ⚘ Z3 VII-IX ▽; Eur.: Fr, Ap, C-Eur., EC-Eur., Ba, E-Eur.; TR, Cauc., Iran, W-Sib., C-As.
- *carnica* Schiede ex Mert. et W.D.J. Koch = Campanula linifolia
- **carpatica** Jacq. 1770 · D:Karpaten-Glockenblume; E:Carpathian Harebell, Tussock Bellflower · [62910]
'Alba'
'Blaue Clips' [62913]
'Caerulea'
'Karpatenkrone' [62919]
'Kobaltglocke' [62920]
'Weiße Clips' [71309]
- var. **carpatica** · F:Campanule des Carpathes · ⚘ △ Z3 VI-VII; Eur.: Slova., PL, RO, W-Russ.; Carp., nat. in H
- var. **turbinata** (Schott, Nyman et Kotschy) G. Nicholson · F:Campanule des Carpathes en toupie · ⚘ △ Z3 V-VI; Carp.
'Georg Arends' [62932]

'Isabel'
'Karl Foerster' [62931]
- **cashmeriana** Royle 1835 · ⚘ Z4; Afgh., Him., Ind. (Uttar Pradesh)
- **cenisia** L. 1763 · D:Mont-Cenis-Glockenblume; E:Mount Cenis Bellflower · ⚘ △ Z5 VII-VIII; Eur.: F, I, CH, A; Alp.
- **cervicaria** L. 1753 · D:Borstige Glockenblume · ☉ Z6 VI-VIII ▽; Eur.* exc. BrI, ? Ib; W-Sib., E-Sib.
- **cespitosa** Scop. 1772 · D:Rasen-Glockenblume · ⚘ △ VIII-IX; Eur.: I, A, Slove.; Alp.
- **chamissonis** Fed. 1957 · F:Campanule à fleurs rudes · ⚘ Z2; E-Sib., Kamchat., Jap., Kurilen, Aleuten, Sachal., Alaska [62934]
- **choruhensis** Kit Tan et Sorger 1982 · ⚘; TR
- **cochleariifolia** Lam. 1785 · D:Zwerg-Glockenblume; E:Frairies' Thimbles; F:Campanule élégante, Campanule fluette · ⚘ △ Z6 VI-VII; Eur.* exc. BrI, Sc [62935]
'Alba'
'Bavaria Blue' [62937]
'Elizabeth Oliver' [71564]
'Warleyensis' = Campanula × haylodgensis
'Warley White'
- **collina** M. Bieb. · D:Kaukasus-Hügel-Glockenblume · ⚘ △ Z5 VI-VII; TR, Cauc. [62941]
- **dasyantha** M. Bieb. = Campanula chamissonis
- **elatines** L. 1763 · D:Adriatische Glockenblume; E:Adriatic Bellflower · ⚘ △ Z7 △ VI-VII; I (Piemont)
- **erinus** L. 1753 · ☉; Eur.: Ib, F, Ap, Ba, Krim; TR, N-Iraq, Cauc., Iran, Maroc.
- **excisa** Schleich. ex Murith 1810 · D:Ausgeschnittene Glockenblume · ⚘ ⟿ △ ⓚ VII; Eur.: F, I, CH; Alp.
- **fenestrellata** Feer 1890
  - subsp. **fenestrellata** · ⚘ △ Z7 △ VI-VII; Eur.: Croatia, AL
  - subsp. **istriaca** (Feer) Fed. 1975 · ⚘ Z7; Croatia
- *finitima* Fomin = Campanula betulifolia
- **foliosa** Ten. 1811 · ⚘; Eur.: I, Ba [69673]
- **formanekiana** Degen et Dörfl. 1897 · ☉ Z7; GR, Maced.
- **fragilis** Cirillo 1788 · ⚘ ⚥ Z8 ⓚ VI-VII; Eur.: I
- **garganica** Ten. 1827 · F:Campanule du Gargano · ⚘

△ Z7 ∧ VI-VIII; Eur.: I (Monte Gargano), GR (Kephallinia) ? AL [62942]
'Blue Diamond' [62943]
'Dickson's Gold'
'Erinus Major' [62944]
- subsp. *fenestrellata* (Feer) Hayek 1930 = Campanula fenestrellata subsp. fenestrellata
- **gentilis** Kovanda 1968 · D:Fremde Glockenblume · ♃ VI-VIII; Eur.: SE-D, CZ
- **glomerata** L. 1753 · D:Knäuel-Glockenblume; E:Clustered Bellflower; F:Campanule agglomérée · ♃ Z2 VI-VIII; Eur.*, W-Sib., E-Sib., C-As. [62945]
'Acaulis' [62946]
'Alba' [62947]
Dahurica · ♃; E-Sib., Mong., Amur, N-China, Korea, Sachal., Jap. [70675]
'Joan Elliott' [62949]
'Schneekrone' [62951]
'Superba' [62952]
- *graminifolia* L. = Edraianthus graminifolius
- *grandiflora* Lam. = Campanula medium
- **grossekii** Heuff. 1833 · D:Serbische Glockenblume · ♃ Z6; Serb., BG, RO
- × **hallii** hort. (*C. cochleariifolia* × *C. portenschlagiana*) · ♃ Z5; cult.
- **hawkinsiana** Haussk. et Heldr. ex Haussk. 1887 · ♃ Z8 ⓐ; Eur.: AL, GR; mts.
- × **haylodgensis** hort. 1885 (*C. carpatica* × *C. cochleariifolia*) · F:Campanule élégante · ♃ Z5; cult. [69063]
'Plena'
'Warley White' [62940]
- **hercegovina** Degen et Fiala 1894 · ♃ Z6; Eur.: Croat., Bosn., AL
- **incurva** Aucher ex A. DC. 1839 · ⊙ Z8; Eur.: E-GR [73798]
- **isophylla** Moretti 1824 · D:Stern-Glockenblume; E:Italian Bellflower, Star of Bethlehem · ♃ ⚥ Z8 ⓐ VII-IX; Eur.: I (Liguria: Savona) [18737]
'Alba'
'Stella'
- *jacquinii* (Sieber) A. DC. = Trachelium jacquinii subsp. jacquinii
- **kemulariae** Fomin 1937 · ♃ Z4; Cauc. [62953]
- **kolenatiana** C.A. Mey. ex Rupr. 1867 · ⊙ ♃ △ Z5 VI-VII; Cauc. [62954]
- **laciniata** L. · ♃ Z8 ⓐ VI; S-GR, Crete
- **lactiflora** M. Bieb. 1808 · D:Riesen-Dolden-Glockenblume; E:Milky Bellflower · ♃ Z5 VI-VII; Cauc., TR, nat. in BrI [62955]
'Alba' [62956]
'Loddon Anne' [62957]
'Pouffe' [67850]
'Prichard's Variety' [62959]
'Superba' [62960]
'White Pouffe' [68054]
- **lanata** Friv. 1836 · ⊙ △ Z7 VI-VII ▽; Eur.: S-Ba
- **lasiocarpa** Cham. 1829 · ♃ Z4; Jap., Sachal., Kamchat., Aleut. Is., Alaska [71848]
- **latifolia** L. 1753 · D:Wald-Glockenblume
'Alba'
'Brantwood'
'Hidcote Amethyst'
- var. **latifolia** · D:Breitblättrige Wald-Glockenblume; E:Greater Bellflower · ♃ Z3 VI-VII ▽; Eur.*, Cauc., TR, W-Sib., C-As., W-Him.
- var. **macrantha** (Fisch. ex Hornem.) Erhardt, Götz et Seybold Z3 [62961]
'Alba' [62962]
- *latiloba* A. DC. = Campanula persicifolia subsp. sessiliflora
- *liliifolia* L. = Adenophora liliifolia
- **linifolia** Scop. 1769 · D:Karnische Glockenblume · ♃ Z5 VI-VIII; Eur.: I, A, Slove., Croatia; S-Alp.
- **longestyla** Fomin 1904 · ⊙ Z6 VI-VII; Cauc.
- *macrantha* Fisch. ex Hornem. = Campanula latifolia var. macrantha
- **macrostyla** Boiss. et Heldr. 1849 · ⊙ Z7 VII; TR
- **medium** L. 1753 · D:Marien-Glockenblume; E:Canterbury Bells, Cup and Saucer Plant; F:Campanule carillon · ⊙ ⚥ Z8 ∧ VI-VII; Eur.: SE-F, I, nat. in BrI, C-Eur., sp., H, RO [67851]
'Alba'
'Rosea'
- *michauxioides* Boiss. = Asyneuma michauxioides
- **mirabilis** Albov 1895 · ⊙ Z5 VI-VII; W-Cauc.
- **moesiaca** Velen. 1893 · ⊙ Z6 VI-VII; Eur.: Bosn., YU, AL, BG
- **moravica** (Spitzn.) Kovanda 1968 · D:Mährische Glockenblume · ♃ VI-IX; Eur.: A, EC-Eur., W-Ba, RO
- **morettiana** Rchb. 1826 · ♃ Z6 ▽; N-I; (Dolomiti)
- **ochroleuca** (Kem.-Nath.) Kem.-Nath. 1949 · ♃ Z6; Cauc.
- **orphanidea** Boiss. 1875 · ⊙ △ Z7 ∧ VI-VII; NE-GR, S-BG
- **patula** L. 1753 · D:Wiesen-Glockenblume · [68055]
- subsp. **abietina** (Griseb.) Simonk. 1887 · D:Späte Wiesen-Glockenblume · ♃ △ Z6 VI-VIII; Carp., N-Balkan [62963]
- subsp. **patula** · D:Gewöhnliche Wiesen-Glockenblume; E:Spreading Bellflower · ⊙ Z6 V-VII; Eur.*, W-Sib.
- **persicifolia** L. 1753 · D:Pfirsichblättrige Glockenblume; E:Peach Leaved Bellflower, Peach-bells, Willow Bell · [62964]
'Alba'
'Blaukehlchen'
'Boule de Neige'
'Chettle Charm'
'Grandiflora'
'Grandiflora Alba' [62970]
'Grandiflora Caerulea' [62971]
'Hampstead White'
'Pride of Exmouth'
'Telham Beauty' [62973]
'Wortham Belle'
- subsp. **persicifolia** · D:Gewöhnliche Pfirsichblättrige Glockenblume; F:Campanule à feuilles de pêcher · ♃ Z3 VI-IX; Eur.* exc. BrI; Cauc., W-Sib., nat. in BrI
- subsp. **sessiliflora** (K. Koch) Velen. 1982 · D:Große Pfirsichblättrige Glockenblume · ♃ ∞ Z3 VI-VII; Eur.: Ba [62974]
'Alba'
'Highcliff'
'Percy Piper'
- *pilosa* Herder = Campanula chamissonis
- **piperi** Howell 1901 · ♃ Z7; USA: Wash.
- **portenschlagiana** Schult. 1819 · D:Dalmatiner Glockenblume; E:Dalmatian Bellflower, Wall Harebell; F:Campanule de Dalmatie · ♃ △ Z4 VI-VIII; Eur.: Croatia, Bosn. [62976]
'Birch Hybrid' [62978]
'Resholdt's Variety' [62977]
- **poscharskyana** Degen 1908 · D:Hängepolster-Glockenblume · ♃ △ Z3 VI-IX; Eur.: Croatia [62979]
'Blauranke' [62982]
'E.H. Frost' [62983]
'Glandore' [62984]
'Lisduggan Variety' [62985]
'Stella' [62986]
- **praesignis** Beck 1892 · D:Auffäl-

lige Glockenblume · ⚃ VI-IX; Eur.: A; NE-Alp.
- **primulifolia** Brot. 1804 · ⚃ Z8 VI-VII; P, SW-Sp.
- × **pseudoraineri** hort. (*C. carpatica* var. *turbinata* × *C. raineri*) · ⚃ Z4; cult.
- **pulla** L. 1753 · D:Dunkle Glockenblume · ⚃ △ Z6 VI-VIII; Eur.: A; NE-Alp. [62989]
- × **pulloides** hort. (*C. carpatica* var. *turbinata* × *C. pulla*) · ⚃ Z6; cult.
- **punctata** Lam. 1785 · D:Punktierte Glockenblume · [73801]
  'Alba' [69131]
  'Elizabeth'
  'Nana Alba'
  'Rubra' [69132]
  'Sarastro' [62993]
  - var. **hondoensis** (Kitam.) Ohwi 1965 · ⚃; Jap. (Honshu); mts.
  - var. **punctata** · D:Gewöhnliche Punktierte Glockenblume; E:Spotted Bellflower · ⚃ △ Z6 VI-VII; Jap., Korea, NW-China, E-Sib. [62991]
- *pusilla* Haenke = Campanula cochleariifolia
- **pyramidalis** L. 1753 · D:Pyramiden-Glockenblume; E:Chimney Bellflower · ⚃ Z8 🕭 ⇔ VI-VIII; Eur.: Slove., Croatia, Bosn., Montenegro, AL [62994]
  'Alba' [67852]
  'Caerulea'
- **raddeana** Trautv. 1866 · ⚃ △ Z6 VI-VII; Cauc. [62995]
- **raineri** Perp. 1817 · ⚃ Z6; I; SE-Alp.
- **rapunculoides** L. 1753 · D:Acker-Glockenblume; E:Creeping Bellflower; F:Campanule fausse raiponce · ⚃ Z3 VI-IX; Eur.* exc. BrI; TR, Cauc., Iran, C-As., W-Sib., nat. in BrI, N-Am. [62996]
- **rapunculus** L. 1753 · D:Rapunzel-Glockenblume; E:Rampion, Rampion Bellflower · ⊙ VI ⓝ; Eur.* exc. BrI, Sc; Cauc., nat. in BrI, Sc
- *recurva* = Campanula incurva
- **rhomboidalis** L. 1753 · D:Rautenblättrige Glockenblume · ⚃ Z5 VI-VII; Eur.: F, I, CH; Alp., Jura, nat. in B, NL, A, D
- **rigidipila** Steud. et Hochst. ex A. Rich. 1850
- **rotundifolia** L. 1753 · D:Rundblättrige Glockenblume; E:Harebell, Scottish Bluebell; F:Campanule à feuilles rondes · ⚃ Z3 X; Eur.*, W-Sib., E-Sib. [62997]

'Olympica' [68299]
- **rupestris** Sibth. et Sm. 1806 · ⊙ Z9 🕭 VI-VII; C-GR
- **sarmatica** Ker-Gawl. 1817 · F:Campanule de Sarmatie · ⚃ Z5 VI-VII; Cauc. [62998]
- **sartorii** Boiss. et Heldr. ex Boiss. 1875
- **saxifraga** M. Bieb. 1808 · ⚃ △ Z4 VI-VII; Cauc.
- **scheuchzeri** Vill. 1779 · D:Scheuchzers Glockenblume · ⚃ Z5 VII-VIII; Eur.: Ib, Fr, Ap, C-Eur, .EC-Eur., Ba, RO.; mts.
- *sessiliflora* K. Koch = Campanula persicifolia subsp. sessiliflora
- **sibirica** L. 1753 · D:Sibirische Glockenblume · ⊙ Z6 VI-VIII; Eur.: I, C-Eur., EC-Eur., Ba, E-Eur.; W-Sib., E-Sib. [71850]
- **spathulata** Sibth. et Sm. 1806 · ⚃ Z7; Eur.: Ba
- **speciosa** Pourr. 1788 · D:Pyrenäen-Glockenblume; E:Pyrenean Bellflower · ⚃ 🕭 VI-VII; Eur.: sp., F; Pyr., Corbières, Cevénnes [69133]
- **spicata** L. 1753 · D:Ährige Glockenblume · ⊙ △ V-VII; Eur.: F, I, CH, A, Slove., Croatia, Montenegro; mts.
- × **stansfieldii** hort. (*C. carpatica* var. *turbinata* × *C. waldsteiniana*) · ⚃ △ Z5 VII-VIII; cult.
- **takesimana** Nakai 1922 · D:Korea-Glockenblume; E:Korean Bellflower · ⚃ Z7; Korea [69134]
  'Alba' [60703]
- **thessala** Maire 1922 · ⚃ Z8 🕭; GR (Thessalia)
- **thyrsoides**
  - subsp. **carniolica** · ⊙ ⚃ Z5 ▽; Eur.: A, Sloven. (Karnische Alpen) [69135]
  - subsp. **thyrsoides** · D:Gewöhnliche Strauße-Glockenblume; E:Yellow Bellflower · ⊙ △ Z5 VII-VIII ▽; Eur.: F, I, C-Eur., Ba; Alp., Jura, Balkan [62999]
- **tommasiniana** W.D.J. Koch ex F.W. Schultz 1865 · ⚃ △ Z6 VI-VII; Eur.: Croatia (Mala Ucka) [63000]
- **trachelium** L. 1753 · D:Nesselblättrige Glockenblume; E:Bats in the Belfry, Nettle-Leaved Bellflower; F:Campanule gantelée · ⚃ Z3 VII-VIII; Eur.*, TR, Syr., N-Iran, W-Sib., NW-Afr. [63001]
  'Alba' [63002]
  'Bernice' [70655]
- **tridentata** Schreb. 1766 · ⚃ △ Z4 IV-V; TR, Cauc.
- *turbinata* Schott, Nyman et Kotschy = Campanula carpatica var. turbinata
- × **vanhouttei** Carrière 1878 (*C. latifolia* × *C. punctata* var. *punctata* × ?) · ⚃ Z4 VI-VII; cult.
- **versicolor** Andrews 1804 · ⚃ Z8 ⋀ VII-IX; Eur.: S-I, Ba [63004]
- *vidalii* H.C. Watson = Azorina vidalii
- **waldsteiniana** Schult. 1819 · ⚃ △ Z6 VI-VII; Croatia [63005]
- *warleyensis* hort. = Campanula × haylodgensis 'Warley White'
- **witasekiana** Vierh. 1906 · D:Witasek-Glockenblume · ⚃ VII-IX; Eur.: A, I, Slove., Bosn., BG; E-Alp., Balkan
- × **wockei** Sünd. (*C. pulla* × *C. waldsteiniana*) · ⚃ △ Z5 VII; cult.
  'Puck'
- **zoysii** Wulfen 1789 · D:Nickende Glockenblume, Zois-Glockenblume · ⚃ △ Z6 VII-VIII; Eur.: I, A, Slove.; SE-Alp.
- **in vielen Sorten:**
  'Kent Belle' [68053]
  'Stansfieldii'

Campe Dulac = Barbarea
- *barbarea* (L.) W. Wight ex Piper = Barbarea vulgaris subsp. vulgaris

Campelia Rich. = Tradescantia
- *zanonia* (L.) Humb., Bonpl. et Kunth = Tradescantia zanonia

Camphorosma L. 1753 -f- *Chenopodiaceae* · (S. 412)
D:Kampferkraut; F:Camphorine
- **annua** Pall. 1776 · D:Kampferkraut · ⊙ VIII-IX; Eur.: A, EC-Eur., Ba, E-Eur.
- **monspeliaca** L. 1753 · ⚃ 🕭; Eur.: sp., F, Ap, Ba; W-As., C-As.

Campomanesia Ruiz et Pav. 1794 -f- *Myrtaceae* · (S. 659)
- **cyanea** O. Berg 1857 · ♄ 🕭; S-Bras., Arg., Urug., Indochina, S-China, Malay. Arch., Austr., Phil.
- **lineatifolia** Ruiz et Pav. 1794 · ♄ 🕭 ⓝ; Col., Ecuad., Peru, Bol., NW-Bras.

Campsidium Seem. 1862 -n- *Bignoniaceae* · (S. 291)
- *chilense* Reissek et Seem. = Campsidium valdivianum
- **filicifolium** Van Geert 1874 · ♄ e ⚄ Z10 🕭; Fiji

- **valdivianum** (Phil.) Skottsb. 1916 · ♄ e ⚥ Z10 ⓚ; Chile

Campsis Lour. 1790 -f- *Bignoniaceae* · (S. 292)
D:Trompetenblume, Trompetenwinde; E:Trumpet Creeper; F:Bignone de Chine
- *chinensis* (Lam.) Voss = Campsis grandiflora
- *flava* hort. = Campsis radicans
- **grandiflora** (Thunb.) K. Schum. 1894 · D:Chinesische Trompetenwinde; E:Campsis, Chinese Trumpet Vine · ♄ d ⚥ Z7-8 ⓚ VIII-IX; China [34203]
- × *hybrida* Zabel = Campsis × tagliabuana
- **radicans** (L.) Seem. ex Bureau 1864 · D:Amerikanische Trompetenwinde; E:Trumpet Creeper, Trumpet Honeysuckle; F:Bignone de Virginie · ♄ d ⚥ Z6 VII-IX; USA: NE, NCE, SC, SE, Fla. [44281]
  'Atropurpurea' [24619]
  'Crimson Trumpet'
  'Flava' [29260]
  'Yellow Trumpet' = Campsis radicans
  'Flava'
- × **tagliabuana** (Vis.) Rehder 1932 (*C. grandiflora* × *C. radicans*) · D:Hybrid-Trompetenwinde · ♄ d ⚥ Z7 ⋏ VII-VIII; cult. [24624]
  'Madame Galen' [44282]

Camptosorus Link = Asplenium
- *rhizophyllus* (L.) Link = Asplenium rhizophyllum

Camptotheca Decne. 1873 -f- *Nyssaceae* · (S. 669)
- **acuminata** Decne. 1873 · D:Glücksbaum; E:Happy Tree · ♄ d ⓚ; China, Tibet

Campyloneurum C. Presl 1836 -f- *Polypodiaceae* · (S. 75)
D:Riemenfarn; E:Strap Fern
- **phyllitidis** (L.) C. Presl 1836 · D:Florida-Riemenfarn; E:Cowtongue Fern, Florida Strap Fern · ⚤ Z10 ⓦ; USA: Fla.; trop. S-Am.

Campylotropis Bunge 1835 -f- *Fabaceae* · (S. 501)
- **macrocarpa** (Bunge) Rehder 1914 · ♄ d Z7 VIII-IX; N-China, C-China

Cananga (DC.) Hook. f. et Thomson 1855 -f- *Annonaceae* · (S. 161)

D:Ylang-Ylangbaum; E:Ylang Ylang
- **odorata** (Lam.) Hook. f. et Thomson 1855 · D:Ylang-Ylangbaum; E:Ylang Ylang · ♄ e Z10 ⓦ ⚥ ⓝ; Malay. Arch., Phil., N-Austr., Pacific Is.

Canarina L. 1771 -f- *Campanulaceae* · (S. 383)
D:Kanarenglockenblume; E:Canary Island Bellflower; F:Campanule des Canaries
- **canariensis** (L.) Vatke 1874 · D:Kanarische Glockenblume; E:Canary Island Bellflower · ⚤ ⚥ Z9 ⓚ XI-III; Canar.

Canarium L. 1759 -n- *Burseraceae* · (S. 336)
D:Kanaribaum, Kanarinuss; E:Chinese Olive; F:Canarion, Elemi
- **album** (Lour.) Raeusch. 1915 · D:Weiße Kanarinuss; E:Chinese Olive · ♄ ⓦ ⓝ; S-China, Vietn.
- *commune* L. = Canarium indicum
- *edule* (G. Don) Hook. = Dacryodes edulis
- **indicum** L. 1759 · D:Galipnuss; E:Java Olive · ♄ ⓦ ⓝ; Molucca I., N.Guinea, Salom. Vanuatu
- **luzonicum** Miq. 1859 · D:Elemiharz, Manila-Elemi; E:Elemi Canary-tree · ♄ ⓦ ⚥ ⓝ; Phil.
- *ovatum* Engl. 1883 · D:Pilinuss; E:Pilinut · ♄ ⓦ ⓝ; Phil.: Luzon
- **pimela** K.D. Koenig 1959 · D:Schwarze Kanarinuss; E:Wu Lan · ♄ ⓦ ⓝ; S-China, Hongkong, Hainan, Laos, Cambodia, Vietn.
- **strictum** Roxb. 1814 · D:Weißer Mahagonibaum; E:Black Dammar · ♄ e ⓦ ⓝ; Ind., Myanmar

Canavalia DC. 1825 -f- *Fabaceae* · (S. 501)
D:Jackbohne, Schwertbohne; E:Jack Bean; F:Pois-sabre
- **ensiformis** (L.) DC. 1825 · D:Jackbohne, Pferde-Schwertbohne; E:Gotani Bean, Jack Bean · ⚤ ⚥ Z10 ⓦ ⓝ; trop. S-Am.
- **gladiata** (Jacq.) DC. 1825 · D:Schwertbohne; E:Chopper Bean · ⚤ ⚥ Z10 ⓦ ⓝ; trop. Afr., trop. As.
- **plagiosperma** Piper 1922 Z10 ⓝ; trop. Am.
- **polystachya** (Forssk.) Schweinf. 1868 · ⚤ ⚥ Z10 ⓦ ⓝ; Eth., Somalia, Madag., Arab., Ind.,

SW-China

Canella P. Browne 1756 -f- *Canellaceae* · (S. 390)
D:Kaneelbaum, Zimtrindenbaum; E:Wild Cinnamon; F:Cannelier
- *alba* Murray = Canella winterana
- **winterana** (L.) Gaertn. 1788 · D:Weißer Zimtrindenbaum; E:White Cinnamon, Wilde Cinnamon · ♄ e D Z10 ⓦ ⚥ ⓝ; S-Fla., W.Ind.

Canistropsis (Mez) Leme 1998 -f- *Bromeliaceae*
- **billbergioides** (Schult. et Schult. f.) Leme 1998 Z10; E-Bras.
- **burchellii** (Baker) Leme 1998 · ⚤ Z10; Bras.
- **seidelii** (L.B. Sm. et Reitz) Leme 1998 Z10; Bras.

Canistrum E. Morren 1873 -n- *Bromeliaceae* · (S. 970)
- *amazonicum* (Baker) Mez = Nidularium amazonicum
- **aurantiacum** E. Morren 1873 · ⚤ Z10 ⓦ; Bras.
- *eburneum* E. Morren = Canistrum fragrans
- **fosterianum** L.B. Sm. 1952 · ⚤ Z10 ⓦ; Bras.
- **fragrans** (Linden) Mabb. 1990 · ⚤ Z10 ⓦ; Bras.
- *lindenii* Mez = Canistrum fragrans
- *roseum* E. Morren = Canistrum fragrans

Canna L. 1753 -f- *Cannaceae* · (S. 979)
D:Blumenrohr; E:Canna Lily; F:Balisier
- **flaccida** Salisb. 1751 · F:Balisier, Canna · ⚤ ～ Z8 ⓦ ⓚ; USA: SE, Fla.
- × **generalis** L.H. Bailey 1923 (*C. indica* × ?) · ⚤ ⓚ; cult.
- **glauca** L. 1753 · ⚤ Z10 ⓚ VI-IX; W.Ind., S-Am. [70066]
- **indica** L. 1753 · D:Essbares Blumenrohr, Westindisches Blumenrohr; E:Indian Shot, Queensland Arrowroot; F:Balisier, Canna · ⚤ Z8 ⓚ VII-IX ⓝ; C-Am., W.Ind., S-Am., nat. in S-USA, trop. Afr., trop. As.
- **iridiflora** Ruiz et Pav. 1798 · D:Irisblütiges Blumenrohr · ⚤ Z9 ⓚ VI-IX; Peru
- *lutea* Mill. = Canna indica
- × **orchiodes** L.H. Bailey 1923 (*C. flaccida* × *C.* × *generalis*) Z8; cult.
- **in vielen Sorten:**

S   Zwergsorte (short)
    bis 45 cm hoch
M   Mittelhohe Sorte (medium)
    45 bis 150 cm hoch
T   Hohe Sorte (tall)
    über 150 cm hoch

'Black Knight' (T)
'Brillant' (S)
'Golden Lucifer'
'Ingeborg' (M) Pfitzer 1916
'King Midas' = Canna 'Richard Wallace'
'Lucifer' (S)
'Perkeo' (M) Pfitzer
'Picasso' (M)
'President' (M) Wintzer 1923
'Pretoria' (M) [70060]
'Richard Wallace' (M) Pfitzer 1902
'Striatum' = Canna 'Pretoria'
'Wyoming' (T) Wintzer 1906 [36232]

Cannabis L. 1753 -f- *Cannabaceae* · (S. 391)
D:Hanf; E:Hemp, Marijuana; F:Chanvre
– *gigantea* Delacr. ex Vilm. = Cannabis sativa subsp. sativa 'Gigantea'
– *indica* Lam. = Cannabis sativa subsp. indica
– *ruderalis* Janisch. = Cannabis sativa subsp. spontanea
– **sativa** L. 1753
  – subsp. **indica** (Lam.) Small et Cronquist 1976 · D:Haschischpflanze, Indischer Hanf; E:Marijuana, Pot · ⊙ Z9 ⓦ ⓚ ⚥ ℕ; Ind.
  – subsp. **sativa** · D:Kultur-Hanf; E:Hemp · ⊙ Z8 VII-VIII; cult., nat. in Eur., N-Am.
    'Gigantea' · ✸
  – subsp. **spontanea** Serebr. 1940 · D:Wilder Hanf; E:Hemp · Z8 V-VII; ? C-As., ? W-As.

Cantua Juss. ex Lam. 1785 -f- *Polemoniaceae* · (S. 699)
D:Cantue; F:Cantua
– **buxifolia** Juss. ex Lam. 1785 · ♄ e Z9 ⓚ IV; Peru, Bol., Chile

Capnoides Mill. 1754 -n- *Fumariaceae* · (S. 537)
– **sempervirens** (L.) Borkh. 1797 · D:Rosa Lerchensporn; E:Pink Corydalis, Rock Harlequin · ⊙ ⊙ △ VII; Alaska, Can., USA: NE, NCE, NC, Tenn., Mont., nat. in Norw. [69848]

Capparis L. 1753 -f- *Capparaceae* · (S. 392)
D:Kapernstrauch; E:Caper; F:Câprier
– **spinosa** L. 1753 · D:Kapernstrauch; E:Caper Plant
  – subsp. **orientalis** (Duhamel) Jafri 1977 · D:Dornenloser Kapernstrauch · ♄ d Z8 ⓚ ℕ; Eur.: Ib, F, Ap, Ba; TR, N-Afr, N-Ind.
  – subsp. **spinosa** · D:Gewöhnlicher Kapernstrauch; E:Common Caper · ♄ d Z8 ⓚ ⚥ ℕ; Eur.: Ib, Fr, Ap, Ba, Krim; TR, Levante, Cauc., Iran, C-As., Kashmir, N-Afr.
  – var. *inermis* auct. = Capparis spinosa subsp. orientalis

Capsella Medik. 1792 -f- *Brassicaceae* · (S. 319)
D:Hirtentäschel; E:Shepherd's Purses; F:Capselle
– **bursa-pastoris** (L.) Medik. 1792 · D:Gewöhnliches Hirtentäschel; E:Shepherd's Purse · ⊙ ⊙ I-X ⚥ ℕ; Eur.*, cosmop. exc. Trop.
– **rubella** Reut. 1853-54 · D:Rötliches Hirtentäschel · ⊙ VI-X; Eur.: Ib, Fr, Ap, Ba, BrI; TR, ? N-Afr., nat. in C-Eur.

Capsicum L. 1753 -n- *Solanaceae* · (S. 846)
D:Chili, Paprika; E:Pepper, Sweet Pepper; F:Chili, Piment
– **annuum** L. 1753 · D:Spanischer Pfeffer, Paprika; E:Green Pepper, Red Pepper, Sweet Pepper · ⊙ ⊙ ⚁ ♄ Z9 VI-IX ⚥ ℕ; ? Mex. [72977]
  'Cayenne'
  'Habanero'
  'Pasilla'
  – Cerasiforme-Grp. · D:Zier-Paprika; E:Cherry Pepper · ; cult.
  – Conioides-Grp. · D:Spitz-Paprika; E:Cone Pepper · ℕ; cult.
  – Fasciculatum-Grp. · D:Büschel-Paprika; E:Red Cone Pepper · ℕ; cult.
  – Grossum-Grp. · D:Gemüse-Paprika, Süßer Paprika; E:Bell Pepper, Pimento, Sweet Pepper · ⚁ ℕ; trop. Am.
  – Longum-Grp. · D:Cayennepfeffer, Peperoni; E:Cayenne Pepper, Chilli Pepper · ℕ; cult.
  – var. *cerasiforme* (Mill.) Irish 1898 = Capsicum annuum Cerasiforme-Grp.
  – var. *longum* (DC.) Sendtn. 1846 = Capsicum annuum Longum-Grp.
– **baccatum** L. 1767
  – var. **baccatum** · ⊙ ♄ Z9 ⚥; Peru, Bol., S-Bras. Parag., N-Arg.
  – var. **pendulum** (Willd.) Eshbaugh 1968 · D:Peruanischer Pfeffer; E:Brown's Pepper · ⊙ ⊙ ⚁ ♄ Z9 ℕ; Peru, Bol.
– **chinense** Jacq. 1776 · ⊙ ⊙ ⚁ ♄ Z9 ⚥ ℕ; ? W-Amazon.; cult.
– **frutescens** L. 1753 · D:Chili, Tabasco; E:Hot Pepper, Tabasco Pepper · ⊙ ⊙ ⚁ ♄ Z9 ⚥ ℕ; trop. Am. [71577]
– *minimum* Roxb. = Capsicum frutescens
– *pendulum* Willd. = Capsicum baccatum var. baccatum
– **pubescens** Ruiz et Pav. 1799 · D:Baum-Chili, Filziger Paprika; E:Apple Chile · ⊙ ♄ Z9 ℕ; S-Am, C-Am.

Caragana Fabr. 1763 -f- *Fabaceae* · (S. 501)
D:Erbsenstrauch; E:Pea Shrub, Pea Tree; F:Acacia jaune
– **ambigua** Stocks ex Hook. 1852 · ♄ d; Pakistan
– **arborescens** Lam. 1785 · D:Gewöhnlicher Erbsenstrauch; E:Siberian Pea Tree; F:Caragan arborescent · ♄ d Z3 V ✸ ℕ; W-Sib., E-Sib., C-As., Mong., nat. in F [15080]
  'Lorbergii' [15090]
  'Pendula' [27920]
  'Walker' [32456]
– **aurantiaca** Koehne 1893 · D:Orangeblütiger Erbsenstrauch · ♄ d Z5 V-VI; C-As., China: Sinkiang [11887]
– **boisii** C.K. Schneid. 1907 · ♄ d; W-China [24629]
– *chamlagu* Lam. = Caragana sinica
– **decorticans** Hemsl. 1887 · D:Afghanischer Erbsenstrauch; E:Afghan Pea Shrub · ♄ d Z6 VI; Afgh.
– *frutescens* (L.) Medik. = Caragana frutex
– **frutex** (L.) K. Koch 1869 · D:Busch-Erbsenstrauch, Russischer Erbsenstrauch; E:Russian Pea Shrub · ♄ d Z3 V; Eur.: BG, RO, Russ.; Cauc., W-Sib., E-Sib., C-As. [24633]
– **gerardiana** (Royle) Benth. 1835 · ♄ d Z5 IV-V; Him., Tibet
– **grandiflora** (M. Bieb.) DC. 1825 · ♄ d; Cauc., C-As. [31201]
– **jubata** (Pall.) Poir. 1811 · D:Mähnen-Erbsenstrauch; E:Shag-spine Pea Shrub · ♄ d Z3 IV-V; E-Sib., Amur, C-As., Mong., Tibet., Him., China [15149]

- **laeta** Kom. 1909 · ♄ d; C-As., China: Sinkiang
- **maximowicziana** Kom. 1909 · D:Maximowicz Erbsenstrauch · ♄ d Z2 V-VI; W-China [42240]
- **microphylla** Lam. 1785 · D:Kleinblättriger Erbsenstrauch · ♄ d Z4 V-VI; Sib., N-China [24634]
- **pygmaea** (L.) DC. 1825 · D:Zwerg-Erbsenstrauch; F:Caragan nain · ♄ d △ Z4 V-VI; NW-China, Sib. [43168]
- **sinica** (Buc'hoz) Rehder 1941 · D:Chinesischer Erbsenstrauch · ♄ d Z4 V-VI; N-China [24637]
- × **sophorifolia** Tausch 1838 (*C. arborescens* × *C. microphylla*) · ♄ d Z3; cult.
- **spinosa** (L.) DC. 1825 · D:Dorniger Erbsenstrauch · ♄ d Z3 IV-VI; Sib.
- **tangutica** Maxim. ex Kom. 1909 · ♄ d; China: Kansu
- **tragacanthoides** (Pall.) Poir. 1811 [24638]

Caralluma R. Br. 1810 -f- *Asclepiadaceae* · (S. 205) D:Fliegenblume; F:Caralluma
- *atrosanguinea* (N.E. Br.) N.E. Br. = Huerniopsis atrosanguinea
- *brownii* Dinter et A. Berger = Orbea lutea subsp. vaga
- **burchardii** N.E. Br. 1913 · ⚃ ⚅ Z9 ⌂ ▽; Canar., S-Maroc.
- *compta* (N.E. Br.) Schltr. = Piaranthus comptus
- *crassa* N.E. Br. = Whitesloanea crassa
- **europaea** (Guss.) N.E. Br. · ⚃ ⚅ Z9 ⌂; Eur.: sp., Sic.; N-Afr.
- *grandidens* I. Verd. = Orbea maculata
- *hesperidum* Maire = Orbea decaisneana
- *leendertziae* N.E. Br. = Orbea melanantha
- *lugardii* N.E. Br. = Orbea lugardii
- *lutea* N.E. Br. = Orbea lutea subsp. lutea
  - subsp. *vaga* (N.E. Br.) L.C. Leach 1970 = Orbea lutea subsp. vaga
- *maculata* N.E. Br. = Orbea maculata
- *mammillaris* (L.) N.E. Br. = Quaqua mammillaris
- *melanantha* (Schltr.) N.E. Br. = Orbea melanantha
- **moniliformis** P.R.O. Bally 1965 · ⚃ ⚅ Z10 ⌂; Somalia
- *nebrownii* A. Berger = Orbea lutea subsp. vaga
- *pseudonebrownii* Dinter = Orbea

lutea subsp. vaga
- *vansonii* Bremek. et Oberm. = Orbea lutea subsp. lutea

Carapa Aubl. 1775 -f- *Meliaceae* · (S. 634) D:Läuseholz; E:Crabwood
- **guianensis** Aubl. 1775 · D:Läuseholz; E:Crabwood · ♄ e ⌂ ⓝ; C-Am., Col., Venez., Guyan., Trinidad, Bras.
- **procera** DC. 1824 · D:Uganda-Läuseholz; E:Uganda Crabwood · ♄ e ⌂ ⓝ; trop. Afr.

Cardamine L. 1753 -f- *Brassicaceae* · (S. 319) D:Schaumkraut, Zahnwurz; E:Bitter Cress; F:Cardamine
- **alpina** Willd. 1800 · D:Alpen-Schaumkraut · ⚄ Z4 VII-VIII; Eur.: Pyr., Alp.
- **amara** L. 1753 · D:Bittere Kresse, Bitteres Schaumkraut · ⚄ IV-VI ⓝ; Eur.*, TR, W-Sib.
- **bulbifera** (L.) Crantz 1763 · D:Zwiebel-Zahnwurz; E:Coral Root Bittercress · ⚄ Z6 V; Eur.* exc. Ib; TR, Cauc., N-Iran
- **dentata** Schult. 1809 · D:Sumpf-Schaumkraut · ⚄ IV-VI; Eur.
- **diphylla** (Michx.) A.W. Wood 1870 · ⚄; Can.: E; USA: NE, NEC, SE
- **enneaphyllos** (L.) Crantz 1769 · D:Quirl-Zahnwurz, Quirlblättrige Zahnwurz; E:Drooping Bittercress · ⚄ Z7 IV-VI ⚤; Eur.: C-Eur., I, EC-Eur., Ba, RO
- **flexuosa** With. 1796 · D:Wald-Schaumkraut · ⊙ ⊙ IV-X; Eur.*, Maroc., Alger., nat. in N-Am., N-China, Jap.
- **heptaphylla** (Vill.) O.E. Schulz 1903 · D:Fieder-Zahnwurz; E:Dentaria · ⚄ Z6 IV-V; Eur.: sp., F, I, CH, D
- **hirsuta** L. 1753 · D:Viermänniges Schaumkraut · ⊙ III-VI; Eur.*, TR, Levante, Cauc., Iran, Him., NW-Afr., Libya, Cameroun, Eth., Kilimandsharo, nat. in cosmop.
- **impatiens** L. 1753 · D:Spring-Schaumkraut · ⊙ ⊙ V-VII; Eur.*, TR, Cauc., Iran, W-Sib., E-Sib., Amur, Sachal., C-As., Him. Tibet
- **kitaibelii** Bech. 1934 · D:Kitaibels Zahnwurz, Vielblättrige Schaumwurz · ⚄ Z6 VII-IX; Eur.: I, CH, Slove.; Alp., Apenn.
- *latifolia* Vahl = Cardamine raphanifolia
- **macrophylla** Willd. 1800 · ⚄ Z6;

NE-Russ., /W-Sib., E-Sib., Amur, Mong., SW-China, Pakist.
- **matthioli** Moretti 1847 · D:Weißes Wiesen-Schaumkraut · ⚄ IV-VI; Eur.: I, A, Slove., Slova., CZ, H, BG, RO
- *palustris* (L.) Kuntze = Cardamine dentata
- **parviflora** L. 1759 · D:Kleinblütiges Schaumkraut · ⊙ V-VII; Eur.* exc. BrI; Alger.
- **pentaphyllos** (L.) Crantz 1769 · D:Finger-Zahnwurz · ⚄ Z6 IV-VI; Eur.: sp., F, I, C-Eur., ? Croatia, Bosn.
- **pratensis** L. 1753 · D:Wiesen-Schaumkraut; E:Cuckoo Flower, Lady's Smock; F:Cardamine des prés · ⚄ Z4 IV-V ⚤; Eur.*, W-Sib., E-Sib., Amur, Sachal., Kamchat., Korea, Mong., W-Tibet, Eth., Alaska, Can., USA: NE, SE; Greenl. [63006] 'Flore Pleno'
- **quinquefolia** (M. Bieb.) Schmalh. 1895 · ⚄; Eur.: BG, RO, Russ.; TR
- **raphanifolia** Pourr. 1788 · ⚄; Eur.: sp., F, I, Ba. nat.in Br
- **resedifolia** L. 1753 · D:Resedablättriges Schaumkraut · ⚄ V-VIII; Eur.* exc. BrI, Sc; mts.; Cauc., Iran, W-Sib., E-Sib., Amur, C-As., Mong., Tibet, E-As.
- **rivularis** Schur 1853 · D:Voralpen-Wiesen-Schaumkraut · ⚄ VI-VIII; Eur.: BG, RO
- **trifolia** L. 1753 · D:Dreiblättrige Zahnwurz, Kleeblättriges Schaumkraut; E:Trifoliate Bittercress; F:Cardamine à trois feuilles · ⚄ △ Z7 IV-VI; Eur.: Fr, I, D, A, EC-Eur., Slove., Croatia, Bosn. [63008]
- **udicola** Jord. 1864 · D:Morast-Schaumkraut · ⚄ IV-V; Eur.
- **waldsteinii** Dyer 1895 · D:Illyrische Zahnwurz · ⚄; Eur.: A, H, Slove.

Cardaminopsis (C.A. Mey.) Hayek 1908 -f- *Brassicaceae* · (S. 320) D:Schaumkresse; F:Arabette des sables
- **arenosa** (L.) Hayek · D:Sand-Schaumkresse · ⊙ ⚄ Z7 IV-VIII; Eur.* exc. BrI, Ib
- **halleri** (L.) Hayek 1908 · D:Hallers Schaumkresse, Wiesen-Schaumkresse · ⚄ Z6 IV-VI; Eur.: Fr, Ap, C-Eur., EC-Eur., E-Eur.; mts. [62387]
- **petraea** (L.) Hiitonen 1941 · D:Felsen-Schaumkresse · ⚄ Z7 V-VII; Eur.* exc. Ib, Ba

Cardaria Desv. 1815 -f-
Brassicaceae · (S. 320)
D:Pfeilkresse; F:Cardaire,
Passerage drave
- **draba** (L.) Desv. 1815 · D:Pfeilkresse; E:Hoary Cress, Whitetop ·
⁴ V-VII; Eur.* exc. BrI, Sc; TR,
Levante, SW-As., Egypt, nat. in
BrI, Sc

Cardiocrinum (Endl.) Lindl. 1847
-n- *Liliaceae* · (S. 1031)
D:Riesenlilie; E:Giant Lily; F:Lis
géant
- **cathayanum** (E.H. Wilson) Stearn
1948 · D:Chinesische Riesenlilie ·
⁴ Z7; C-China, E-China
- **cordatum** (Thunb.) Makino ·
D:Herzblättrige Japanische Riesenlilie · ⁴ Z7 VIII; China, S-Jap.,
S-Sachal.
- **giganteum** (Wall.) Makino 1913 ·
D:Himalaya-Riesenlilie; E:Giant
Himalayan Lily · [68225]
  - var. **giganteum** · D:Gewöhnliche Himalaya-Riesenlilie ·
⁴ Z7 VII-VIII; Him., SE-Tibet,
NW-Myanmar
  - var. **yunnanense** (Leichtlin ex
Elwes) Stearn 1948 · D:Rotstängelige Himalaya-Riesenlilie · ⁴
Z7; China, Myanmar
- *mirabile* (Franch.) Makino =
Cardiocrinum giganteum var.
yunnanense

Cardiogyne Bureau = Maclura

Cardiospermum L. 1753 -n-
Sapindaceae · (S. 799)
D:Ballonrebe, Ballonwein, Herzsame; E:Balloon Vine; F:Pois de
cœur
- **grandiflorum** Sw. 1788 · D:Großblütiger Herzsame; E:Heartseed ·
ħ d ⚥ Z9 ⓦ; trop. Am.
  fo. hirsutum 1878 (Willd.) Radlk. · D:Rauhaariger Herzsame · ⁛ d ⚥ Z9 ⓦ
- **halicacabum** L. 1753 · D:Ballonrebe, Ballonwein, Blasen-Herzsame; E:Balloon Vine, Heart Pea ·
⊙ ⊙ ⚥ ⚭ Z9; USA.: Fla, SE, SC;
trop. Am., trop. Afr., Ind., nat. in
Trop.

Carduncellus Adans. 1763 -m-
Asteraceae · (S. 231)
D:Färberdistel; F:Cardoncelle
- **mitissimus** (L.) DC. 1805 · ⁴ Z7;
F, NE-Sp.
- **monspeliensium** All. 1785 · ⁴
Z7; Eur.: sp., Balear., F, I
- **pinnatus** (Desf.) DC. 1838 · ⁴ Z7

ⓚ; Eur.: C-Sp., Sic.; N-Afr.
- **rhaponticoides** Coss. et Durieu
ex Pomel 1875 · ⁴ Z7 ∧ V-VI;
Maroc., Alger. [63009]

Carduus L. 1753 -m- *Asteraceae* ·
(S. 231)
D:Distel; E:Thistle; F:Chardon
- **acanthoides** L. 1753 · D:Weg-Distel · ⊙ Z7 VI-IX; Eur.* exc. Ib; TR,
Cauc.
- **acicularis** Bertol. 1829 · D:Benadelte Distel · ⊙ Z7; Eur.: Fr, Ap,
Ba; TR, Iraq, Cyprus, Syr., nat. in
CH
- **carduelis** Ten. · D:Stieglitz-Distel ·
⁴ Z7 VI-IX; Eur.*, I, A, Ba; mts.
- **collinus** Waldst. et Kit. 1803-
05 · D:Hügel-Distel · ⊙; Eur.: I,
EC-Eur., Ba, RO
- *crassifolius* Willd. = Carduus
defloratus
- **crispus** L. · D:Krause Distel ·
VII-IX; Eur.* exc. BrI; Cauc., nat.
in N-Am., Jap., Arg.
- **defloratus** L. 1759
  - subsp. **carlinifolius** (Lam.) Ces.
1844 · ; N-Sp., F, CH, I; mts.
NE-Sp., Pyr., Alps, Apenn.
  - subsp. **defloratus** · D:Berg-Distel; E:Alpine Thistle · ⁴ VI-VIII;
Eur.: C-Eur., EC-Eur., I, Slove.,
Croatia, RO; mts.
  - subsp. **tridentatus** sensu Heitz ·
D:Eberwurzblättrige Distel,
Rätische Distel · ⁴ VI-IX
  - subsp. **tridentinus** (Evers)
Murr · ; Eur.: C-Alp, E-Alp
- **hamulosus** Ehrh. 1792 · D:Hakige
Distel · ⊙; Eur.: EC-Eur., Ba,
E-Eur.; TR, Cauc., NW-Iran, nat. in
CH, A
- **kerneri** Simonk. 1886 · ⁴ VII-VIII;
Eur.: Ba, Ro, W-Russ.
- **macrocephalus** Desf. 1799 · ⊙;
Eur.: Ap, Ba; TR, Maroc., Alger.,
Tun., nat. in CH
- *medius* Gouan = Carduus
defloratus subsp. defloratus
- *mollis* L. = Jurinea mollis
- **nutans** L. · E:Musk Thistle · ⊙ VII-
VIII ⓝ; Eur.*
- **personata** (L.) Jacq. 1776 ·
D:Kletten-Distel · ⁴ VII-VIII; Eur.:
Fr, Ap, C-Eur., EC-Eur., Ba, RO,
W-Russ.; mts.
- **pycnocephalus** L. 1763 · D:Knaulköpfige Distel; E:Italian Thistle ·
⊙; Eur.: Ib, Fr, Ap, Ba, E-Eur.; TR,
Lebanon, Syr, Palaest, Iraq, Cauc.,
Iran, Afgh., C-As., N-Afr.
- **tenuiflorus** Curtis 1789 · D:Dünnköpfige Distel; E:Shore Thistle · ⊙

VI; Eur.: BrI, Fr, Ib, Ap, CH, nat. in
Sc
- **thoermeri** Weinm. 1837 · ⊙; Eur.:
H, Ba, E-Eur., D, CH; TR, Cauc.,
NW-Afr.
- *viridis* A. Kern. = Carduus
defloratus subsp. defloratus
- **vivariensis** Jord. 1846 · ⊙;
Eur.: sp., F, I, nat. in CH

Carex L. 1753 -f- *Cyperaceae* ·
(S. 994)
D:Segge; E:Sedge; F:Laîche
- **acuta** L. 1753 · D:Schlank-Segge;
E:Slender-tufted Sedge · ⁴ ~
Z3 V-VI; Eur.*, TR, Lebanon, Syr,
Cauc. ., W-Sib., NW-Afr. [67147]
'Variegata' [73092]
- **acutiformis** Ehrh. 1789 ·
D:Sumpf-Segge; F:Laîche des
marais · ⁴ ~ Z3 VI; Eur.*, Cauc.,
TR, Iran, Iraq, Afgh., Pakist.,
W-Sib., E-Sib., C-As., Alger.
[67148]
- **alba** Scop. 1772 · D:Weiße Segge;
E:White Sedge · ⁴ Z6 IV; Eur.*
exc. BrI, Sc; Cauc., W-Sib., E-Sib.
- **albida** L.H. Bailey 1889 · D:Weißliche Segge · ⁴; Calif.
- **appropinquata** Schumach. 1801 ·
D:Schwarzschopf-Segge · ⁴ ~
V-VI; Eur.* exc. Ib; Cauc., W-Sib.,
E-Sib.
- **aquatilis** Wahlenb. 1803 · D:Wasser-Segge · ⁴ ~ VI-VII; Eur.: BrI,
Sc, D, NL, Russ.; W-Sib., E-Sib.
- **arenaria** L. 1753 · D:Sand-Segge;
E:Sand Sedge · ⁴ Z7 V-X ⚥ ⓝ;
Eur.: Ib, Fr, BrI, Sc, D, PL, Russ.,
nat. in N-Am.
- **atherodes** Spreng. 1826 ·
D:Große Grannen-Segge · ⁴ ~
V-VI; Eur.: FIN, D, PL, Russ.; TR,
Cauc., Sib., China, N-Am.
- **atrata** L. 1753 · D:Trauer-Segge ·
[69058]
  - subsp. **aterrima** (Hoppe) Hartm.
1846 · D:Große Trauer-Segge,
Rußgeschwärzte Segge · ⁴ Z3
VI-VIII; Eur.: Alp., Sudeten, Ba,
Ural, TR, Cauc.
  - subsp. **atrata** · D:Gewöhnliche
Trauer-Segge, Schwarze Segge ·
⁴ Z3 VI-VIII; Eur.*
- **atrofusca** Schkuhr 1801 ·
D:Schwarzrote Segge · ⁴ VII-
VIII; Eur.: BrI, Sc, Fr, Ap, C-Eur.,
EC-Eur., RO, N-Russ.; N-Alp.,
Carp., Ural, N-Am., Greenl.
- **aurea** Nutt. 1818 · D:Gold-Segge ·
⁴; Alaska, Can., USA: NE, NEC,
N.Mex., Rocky Mts., NW, Calif.
- **austroalpina** Bech. 1939 · D:Süd-

alpine Segge · ⚃ V-VI; Eur.: I, CH; S-Alp.
- **baccans** Nees 1834 · D:Beeren-Segge · ⚃ ⚭ Z8 ⌂; Ind.
- **baldensis** L. 1756 · D:Monte-Baldo-Segge · ⚃ △ Z7 VI-VII ▽; Eur.: I, CH, D, A; Alp. [67486]
- **bebbii** Olney ex Britton 1889 · ⚃ ; Alaska, USA: NE, NEC, NC, Rocky Mts., NW
- × **beckmanniana** Figert 1889 (C. riparia × C. rostrata) · D:Beckmanns Bastard-Segge · ⚃ ~ ; Eur.: CH, D, PL
- **berggrenii** Petrie 1886 · ⚃ Z7; NZ (N-Is.) [60298]
- **bicolor** All. 1785 · D:Zweifarbige Segge · ⚃ ~ VII; Eur.* exc. BrI, Ib; W-Sib., E-Sib., Mong., Greenl.
- **bigelowii** Torr. ex Schwein. · D:Starre Segge · ⚃ ~ VI-VII; Alaska, Can., USA: NE, Rocky Mts.; Eur.: BrI, Sc, Fr, C-Eur., EC-Eur., E-Eur., ?Ba
- **binervis** Sm. 1800 · D:Zweinervige Segge · ⚃ V-VI; Eur.: Sc, BrI, Fr, D, Ib; NW-Afr.
- **bohemica** Schreb. 1772 · D:Zypergras-Segge · ⚃ ~ VI-IX; Eur.* exc. BrI; Cauc., W-Sib., E-Sib., C-As., Manch., Jap.
- **brachystachys** Schrank 1789 · D:Kurzährige Segge · ⚃ VI-VIII; Eur.: sp., F, I, C-Eur., EC-Eur., Croatia, Bosn., Serb., RO, mts.
- **brizoides** L. 1755 · D:Seegras-Segge, Zittergras-Segge · ⚃ V-VI; Eur.* exc. BrI, Sc
- **brunnea** Thunb. 1784 · ⚃ Z8 ⌂ ⌂ ⌂; Him., Ind., Sri Lanka, Malay. Arch., Mascarene Is., Austr.
'Variegata'
- **brunnescens** (Pers.) Poir. · D:Gewöhnliche Bräunliche Segge · ⚃ VII; Eur.* exc. BrI, Ib; W-Sib., E-Sib., C-As., N-Jap., N-Am.
- **buchananii** Berggr. 1880 · D:Fuchsrote Segge; E:Leatherleaf Sedge; F:Laîche de Buchanan · ⚃ △ Z7; NZ [67487]
'Viridis' [67488]
- **buekii** Wimm. 1857 · D:Banater Segge · ⚃ V; Eur.: C-Eur., EC-Eur., Ba, E-Eur., ? I; Cauc.
- **buxbaumii** Wahlenb. 1803 · D:Buxbaums Segge · ⚃ ~ V-VI; Eur.* exc. Ib; W-Sib., E-Sib., C-As.
- **canescens** L. 1753 · D:Graue Segge; F:Laîche blanchâtre · ⚃ ~ V-VI; Eur.*, TR, Cauc., W-Sib., E-Sib., Amur, Sachal., Kamchat., C-As., Manch., Korea, Jap., N-Am.
- **capillaris** L. · D:Kleine Haarstie-

lige Segge · ⚃ V-VII; Eur.*, TR, C-As., E-Sib., N-Am.
- **capitata** L. 1759 · D:Kopf-Segge · ⚃ ~ V-VI; Eur.: Sc, Russ., A, I; N, E-Alp.; W-Sib., E-Sib., Amur, N-Am.
- **caryophyllea** Latourr. 1785 · D:Frühlings-Segge; E:Spring Sedge · ⚃ Z7 IV; Eur.*, TR, Cauc., W-Sib., C-As.
'The Beatles' [67489]
- **cespitosa** L. 1753 · D:Rasen-Segge · ⚃ ~ V-VI; Eur.* exc. BrI, Ib; Cauc., W-Sib., E-Sib., C-As.
- **chordorrhiza** L. f. 1782 · D:Fadenwurzelige Segge, Strick-Segge · ⚃ ~ V-VI; Eur.: BrI, Sc, Fr, C-Eur., EC-Eur., E-Eur.; W-Sib., E-Sib., Amur, Sachal., Kamchat.
- **colchica** J. Gay 1838 · D:Französische Segge · ⚃ IV-V; Eur.: Sc, Fr, D, EC-Eur., Ba, E-Eur.; TR, Cauc., W-Sib.
- **comans** Berggr. 1877 · ⚃ Z7 △; NZ [67490]
Bronze Form [60130]
'Frosted Curls' [68885]
'Kupferflamme' [71722]
- **conica** Boott 1856 · ⚃ Z7 IV-VI; Jap. [60386]
'Snowline' [67491]
'Variagata' = Carex conica 'Snowline'
- **crawfordii** Fernald 1902 · D:Crawfords Segge, Falsche Hasenfuß-Segge · ⚃ ; N-Am., nat. in BrI, NL
- **cuprina** (I. Sándor ex Heuff.) Nendtv. ex A. Kern. 1863 · D:Falsche Fuchs-Segge · ⚃ V-VII
- *curta* Gooden. = Carex canescens
- **curvula** All. 1785 · D:Krumm-Segge · ⚃ △ VII-VIII; Eur.: sp., F, I, CH, A, Ba, RO, W-Russ.; mts.
- **davalliana** Sm. 1800 · D:Davalls-Segge · ⚃ ~ V-VI; Eur.* exc. BrI, Sc; TR
- *demissa* Hornem. = Carex viridula subsp. oedocarpa
- **depauperata** Curtis ex With. 1787 · D:Armblütige Segge · ⚃ IV-V; Eur.: Ib, Fr, Ap, Ba, BrI, CH, RO, Krim; Cauc.
- **depressa** Link 1799
- subsp. **transsilvanica** (Schur) T.V. Egorova 1972 · D:Siebenbürger Segge · ⚃ IV-V; Eur.: Carp., SE-Eur.; TR, Cauc., N-Iran
- **diandra** Schrank 1782 · D:Draht-Segge · ⚃ ~ V-VI; Eur.* exc. Ib; TR, Cauc., W-Sib., E-Sib., C-As., N-Am.
- **digitata** L. 1753 · D:Finger-Segge; E:Fingered Sedge; F:Laîche digitée · ⚃ Z6 V; Eur.*, Cauc.,

W-Sib. [67492]
- **dioica** L. 1753 · D:Zweihäusige Segge · ⚃ ~ V-VI; Eur.*, W-Sib., E-Sib.
- **dipsacea** Berggr. 1877 · ⚃ Z7; NZ
- **distans** L. 1759 · D:Entferntährige Segge · ⚃ ~ VI-VII; Eur.*, TR, Iraq, Cyprus, Syr., Arab., N-Afr.
- **disticha** Huds. 1762 · D:Zweizeilige Segge · ⚃ ~ V-VI; Eur.*, Cauc., W-Sib., E-Sib., C-As. [67149]
- **divisa** Huds. 1762 · D:Geteilte Segge · ⚃ IV-VI; Eur.: BrI, Ib, Fr, Ap, C-Eur., EC-Eur., Ba, RO, Krim; TR, Cauc., N-Afr., nat. in N-Am., S-Afr., NZ
- **divulsa** Stokes 1787 · D:Unterbrochenährige Segge · ⚃ V-VIII; Eur.*, TR, Lebanon, Syr., Cauc., N-Iran, C-As., N-Afr. [67500]
- **echinata** Murray 1770 · D:Igel-Segge · ⚃ ~ V-VI; Az., Eur.* , Maroc., TR, W-As., Cauc., W-Sib., Kamchat., Sachal., China, Korea, Jap., Malaysia, Austr., NZ, N-Am., Santo Domingo
- **elata** All. 1785
'Aurea' [67493]
'Bowles Golden' = Carex elata 'Aurea'
- subsp. **elata** · D:Steife Segge; E:Tufted Sedge; F:Laîche élevée · ⚃ ~ Z6 IV-V; Eur.*, TR, Cauc., NW-Iran, Alger. [67150]
- *elegantissima* hort. = Carex brunnea 'Variegata'
- **elongata** L. 1753 · D:Langährige Segge, Walzen-Segge · ⚃ ~ V-VI; Eur.* exc. Ib; Cauc., W-Sib., E-Sib. [67151]
- × **elytroides** Fr. 1843 (C. acuta × C. nigra subsp. nigra) · D:Bastard-Segge · ⚃ ~ ; Eur.: BrI, Sc, D, N-Russ. +
- **ericetorum** Pollich 1777 · D:Heide-Segge; E:Heath Sedge · ⚃ ⤳ IV-V; Eur.*, Cauc., W-Sib., E-Sib., C-As.
- **extensa** Gooden. 1794 · D:Strand-Segge · ⚃ ~ VII-VIII; Eur.*, TR, Cyprus, Cauc., Egypt
- **ferruginea** Scop. 1772 · D:Rost-Segge · ⚃ VI-IX; Eur.: sp., F, I, C-Eur., Ba, RO; mts.
- **filiformis** L. 1753 · D:Filz-Segge · ⚃ V-VI; Eur.*, Cauc., W-Sib., E-Sib., C-As.
- **fimbriata** Schkuhr 1801 · D:Gefranste Segge · ⚃ VII-VIII; Eur.: F, I, CH, Alp.
- **firma** Host 1797 · D:Polster-Segge; E:Dwarf Pillow Sedge ·

♃ △ VI-VIII; Eur.: F, I, C-Eur., EC-Eur., Slove., Croatia, RO, W-Russ.; Alp., Apenn., Carp.
- **flacca** Schreb. 1771 · D:Blaugrüne Segge; E:Blue-green Sedge; F:Laîche glauque · ♃ Z5 V-VII; Eur.*, TR, N-Iraq, Syr., Cyprus, Cauc., Iran, Pakist., N-Afr. [67495]
- **flagellifera** Colenso 1884 · ♃ Z7; NZ
- **flava** L. 1753 · D:Gelb-Segge · [67152]
  - var. *alpina* Kneuck. 1899 = Carex flava var. nevadnesis
  - var. **flava** · D:Gewöhnliche Gelb-Segge; E:Yellow Sedge · ♃ ∼ V-VII; Eur.*, TR, Cauc., Iran, Him.. NW-Afr., Alaska, Can., USA: NE, NCE, NC, Rocky Mts.
  - var. **nevadnesis** (Boiss. et Reut.) Briq. 1910 · D:Alpen-Gelb-Segge · ♃ ∼ VII; Eur.: sp., F, Corse, C-Eur., ? W-Ba; Sierra Nevada, Alp., Corse ; TR
- **foetida** All. 1785 · D:Schneetälchen-Segge · ♃ VII-VIII; Eur.: sp., F, I, CH, A; Pyr., Alp.
- *fraseri* Andrews = Cymophyllus fraserianus
- **frigida** All. 1785 · D:Eis-Segge · ♃ VI-VIII; Eur.: sp., F, Ap, C-Eur., Slove.; mts.
- **fritschii** Waisb. 1895 · D:Fritschs Segge · ♃ IV-VI; Eur.: F, I, C-Eur., EC-Eur., Slove.
- **fuliginosa** Schkuhr 1801 · D:Ruß-Segge · ♃ VI-VIII; Eur.* exc. BrI, Sc; Cauc., W-Sib.. E-Sib., Greenl., N-Can.
- *fusca* All. = Carex nigra subsp. nigra
- *glauca* Scop. = Carex flacca
- *gracilis* Curtis = Carex acuta
- **grayi** Carey 1848 · D:Morgenstern-Segge; E:Mace Sedge · ♃ ∼ Z7 VI; Can.: E; USA; NE, NCE, SE [67497]
- *guestphalica* (Boenn. ex Rchb.) Boenn. ex O. Lang = Carex divulsa
- **hachijoensis** Akiyama 1937 · ♃ ; Jap.
  'Evergold' = Carex oshimensis 'Evergold'
- **halleriana** Asso 1779 · D:Grundstielige Segge, Hallers Segge · ♃ IV-V; Eur.: Ib, Fr, Ap, C-Eur., EC-Eur., Ba, RO, Krim; TR, Cauc., Afgh., Him.
- **hartmanii** Cajander 1935 · D:Hartmans Segge · ♃ ∼ V-VI; Eur.* exc. BrI, Ib; Cauc., W-Sib., E-Sib., C-As., e. N-Am.
- **heleonastes** L. f. 1782 · D:Torf-Segge · ♃ ∼ V-VI; Eur.* exc. Ib, BrI; Cauc., W-Sib., E-Sib.
- **hirta** L. 1753 · D:Behaarte Segge; F:Laîche hérissée · ♃ ∼ V-VI; Eur.*, TR, Cauc., N-Am.
- **hispida** Willd. 1801
- **hordeistichos** Vill. 1779 · D:Gersten-Segge · ♃ VI; Eur.: Ib, Fr, C-Eur., Ba, EC-Eur., ? Corse; TR, Cauc., Iran, ? Afgh., Pakist., NW-Afr.
- **hostiana** DC. 1813 · D:Saum-Segge · ♃ ∼ VI-VII; Eur.* , Cauc., Iran , Can.: E, Greenl.
- *hudsonii* A.W. Benn. = Carex elata subsp. elata
- **humilis** Leyss. 1761 · D:Erd-Segge; E:Dwarf Sedge; F:Laîche humble · ♃ Z4 IV; Eur.* exc. Sc; TR, Cauc., W-Sib. [67499]
- × **involuta** (Bab.) Syme 1870 (*C. rostrata* × *C. vesicaria*) · D:Bastard-Blasen-Segge · ♃ ∼
- *japonica* hort. = Carex morrowii
- *jemtlandica* (Palmgr.) Palmgr. = Carex viridula subsp. viridula var. jemtlandica
- *juncella* (Fr.) Th. Fr. = Carex nigra subsp. juncella
- **kaloides** Petrie 1881 · ♃ Z7; NZ (S-Is.)
- **lachenalii** Schkuhr 1801 · D:Lachenals Segge · ♃ VII-VIII; Eur.*, N-As., N-Am., NZ
- **laevigata** Sm. 1799 · D:Glatte Segge · ♃ IV-V; Eur.: Ib, Fr, Corse, BrI, D
- **lasiocarpa** Ehrh. 1784 · D:Faden-Segge · ♃ ∼ VI-VII; Eur.*, Cauc., W-Sib., E-Sib., Amur, Sachal., Kamchat., C-As., Mong.
- *leersiana* Rouy = Carex divulsa
- *lepidocarpa* Tausch = Carex viridula subsp. viridula var. elatior
- **leporina** L. 1753 · D:Hasenpfoten-Segge · ♃ VI-VII
- *ligerica* J. Gay = Carex colchica
- **limosa** L. 1753 · D:Schlamm-Segge · ♃ ∼ VI-VII; Eur.*, TR, Cauc., W-Sib., E-Sib., Amur, Sachal., Kamchat., Mong., Manch., N-Am.
- **liparocarpos** Gaudin 1804 · D:Glanz-Segge · ♃ IV-V; Eur.* exc. BrI, Sc; TR, Cauc., N-Iran
- **loliacea** L. 1753 · D:Lolchartige Segge · ♃ ∼ ; Eur.: Sc, PL, E-Eur.; W-Sib., E-Sib., Amur, Sachal., C-As., Manch., Korea, N-Jap.
- **lurida** Wahlenb. 1803 [67501]
- **macloviana** d'Urv. 1826 · ♃ ; Alaska, Can., N-Eur., Greenl., Kamch., s. S-Am.
- **macrocephala** Willd. ex Spreng. 1826 · ♃ ; China, Amur, Jap., Sachal., Kamchat., Alaska, Wash., Oreg.
- **magellanica** Lam. 1792
  - subsp. **irrigua** (Wahlenb.) Hultén 1933 · D:Riesel-Segge · ♃ ∼ VI-VIII; Eur.* exc. Ib, Ba; TR, Cauc., Sib., Mong., E-As., N-Am.
- **maritima** Gunnerus 1772 · D:Binsenblättrige Segge · ♃ VII-VIII; Eur.: BrI, Sc, Balt., F, I, Ch, A, ? sp.; N, Alp.; Sib., N-Am.
- *maxima* Scop. = Carex pendula
- **melanostachya** M. Bieb. ex Willd. 1805 · D:Schwarzährige Segge · ♃ ∼ V-VI; Eur.* exc. BrI, Sc; TR, Iraq, Cauc., Iran, Afgh., W-Sib., C-As.
- **michelii** Host 1797 · D:Michelis Segge · ♃ IV-V; Eur.: I, A, EC-Eur., Ba, E-Eur.; Cauc., nat. in ? F
- **microglochin** Wahlenb. 1803 · D:Kleingrannige Segge · ♃ ∼ V-VII; Eur.: BrI, Sc, N-Russ., Fr, Ap, C-Eur., ? Balt.; TR, Cauc., W-Sib., E-Sib.
- × **microstachya** Ehrh. 1784 (*C. canescens* × *C. dioica*) · D:Kleinährige Bastard-Segge · ♃ ∼ ; Eur.: D, PL, Alp.
- **montana** L. 1753 · D:Berg-Segge; E:Mountain Sedge; F:Laîche des montagnes · ♃ △ Z6 III-V; Eur.*, Cauc., W-Sib. [67502]
- **morrowii** Boott 1856 · D:Japan-Segge; E:Japanese Sedge, Morrow Sedge · ♃ Z7 ; Jap. [68615]
  'Aureovariegata' [67503]
  'Fisher's Form'
  'Variegata' [67504]
- **mucronata** All. 1785 · D:Stachelspitzige Segge · ♃ V-VIII; Eur.: F, Ap, C-Eur., Slove., Croatia, ? RO; Alp., Apenn.; ? Cauc.
- **muricata** L. 1753 · D:Sparrige Segge · ♃ ; Eur.*, TR, Cauc., N-Am.
- **muskingumensis** Schwein. 1824 · D:Palmwedel-Segge · ♃ Z7; Can.: E; USA: NE, NCE, NC [67505]
  'Oehme'
  'Wachtposten' [67506]
- **nigra** (L.) Reichard 1778
  - subsp. **juncella** (Fr.) Lemke 1963 · D:Binsenartige Segge · ♃ V-VI; N-Eur.
  - subsp. **nigra** · D:Braun-Segge, Wiesen-Segge; F:Laîche sombre · ♃ Z5 V-VI; Eur.*, TR, W-Sib. [67507]
- **norvegica** Retz. 1779 · D:Norwegische Segge · ♃ VII-VIII; Eur.: BrI,

Sc, Russ., C-Eur., I, ? F; Greenl.
- **obtusata** Lilj. 1793 · D:Stumpfe Segge · ⌔ IV-V; Eur.: D, Sweden, Russ.; Cauc., W-Sib., E-Sib., Amur, C-As., w N-Am.
- *oederi* Ehrh. = Carex viridula subsp. virudula var. viridula
- × **oenensis** A. Neumann ex B. Walln. 1992 (*C. acuta* × *C. randalpina*) · D:Bastard-Inn-Segge · ⌔ V; C-Eur.
- **ornithopoda** Willd. 1805 · D:Vogelfuß-Segge
  'Variegata' [67509]
  - subsp. **ornithopoda** 1805 · D:Gewöhnliche Vogelfuß-Segge; E:Birds Foot Sedge; F:Laîche pied-d'oiseau · ⌔ △ Z6 V-VI; Eur.* [67508]
  - subsp. **ornithopodioides** (Hausm.) Nyman 1882 · D:Vogelfußähnliche Segge · ⌔ VII-VIII; Eur.: Pyr., Alp., ? Ba mts.
- *ornithopodioides* Hausm. = Carex ornithopoda subsp. ornithopodioides
- **oshimensis**
  'Evergold' [69137]
- *otrubae* Podp. = Carex cuprina
- *ovalis* Gooden. = Carex leporina
- **pairae** F.W. Schultz 1868 · D:Pairas Segge · ⌔ V-VIII; Eur.*, TR, Cauc., W-Sib., E-Sib., N-Afr., Madeira, nat. in N-Am.
- **paleacea** Schreb. ex Wahlenb. 1803 · ⌔ ; Eur.: Sc, N.Russ.; Can., Greenl.
- **pallescens** L. 1753 · D:Bleiche Segge · ⌔ V-VII; Eur.*, TR, Syr., Cauc., N-Iran, W-Sib., E-Sib., Amur, C-As, w N-Am.
- **panicea** L. 1753 · D:Hirse-Segge · ⌔ ⌒ V-VI; Eur.*, TR, Iraq, Cauc., Iran, W-Sib., E-Sib., Amur, C-As [69720]
- **paniculata** L. 1755 · D:Rispen-Segge; F:Laîche paniculée · ⌔ ⌒ Z6 V-VI; Eur.*, Cauc. [69138]
- **parviflora** Host 1801 · D:Kleinblütige Segge · ⌔ VII-VIII; Eur.* exc. BrI, Sc +; mts.
- **pauciflora** Lightf. 1777 · D:Armblütige Segge · ⌔ ⌒ V-VII; Eur.* exc. Ib; W-Sib., E-Sib., Amur, Sachal., Kamchat., C-As, N-Am.
- *paupercula* Michx. = Carex magellanica subsp. irrigua
- **pediformis** C.A. Mey. 1831 · D:Dickwurzel-Segge · ⌔ V-VII; Eur.: Sc, EC-Eur., E-Eur., A
- **pendula** Huds. 1762 · D:Hänge-Segge, Riesen-Segge; E:Drooping Sedge, Pendulous Sedge; F:Laîche géante, Laîche pendante · ⌔ ⌒ Z6 VI; Eur.*, Cauc., N-Iran [67510]
- × *peraffinis* Appel 1892 (*C. cespitosa* × *C. nigra subsp. nigra*) · D:Bastard-Rasen-Segge · ⌔ ⌒ ; Eur.: D, PL
- **petriei** Cheeseman 1884 · ⌔ ⋀ VII-X; NZ
- **pilosa** Scop. 1772 · D:Wimper-Segge · ⌔ V-VI; Eur.: Fr, Ap, C-Eur., EC-Eur., Ba, E-Eur.
- **pilulifera** L. 1791 · D:Pillen-Segge · ⌔ V-VI; Eur.* [67511]
- **plantaginea** Lam. 1792 · E:Plantain Leaved Sedge; F:Laîche à feuilles de plantain · ⌔ Z7 V-VI; Can.: E; USA; NE, NCE, SE [67512]
- *praecox* Jacq. = Carex caryophyllea
- **praecox** Schreb. 1771 · D:Frühe Segge
  - subsp. **intermedia** (Čelak.) W. Schultze-Motel 1968 · D:Gekrümmte Segge, Gekrümmte Frühe Segge · ⌔ V-VI; Eur.: B, F(Alsace) D, PL, CZ, Slova., A, RO
  - subsp. **praecox** · D:Gewöhnliche Frühe Segge · ⌔ IV-VI; Eur.* exc. BrI, Sc; Cauc., W-Sib., E-Sib., C-As., nat. in FIN
- **pseudobrizoides** Chabaud 1873 · D:Reichenbachs Zittergras-Segge · ⌔ IV-VI; Eur.: Fr, D, PL, CZ
- **pseudocyperus** L. 1753 · D:Scheinzypergras-Segge; E:Cyperus Sedge; F:Laîche faux-souchet · ⌔ ⌒ VI; Eur.*, TR, Syr., Cauc., N-Iran, W-Sib., E-Sib., C-As., Mong., NW-Afr., Can., USA: NE, NCE, NC; NZ [67153]
- **pulicaris** L. 1753 · D:Floh-Segge · ⌔ ⌒ V-VI; Eur.*
- **punctata** Gaudin 1811 · D:Punktierte Segge · ⌔ V-VII; Eur.* exc. EC-Eur.; TR
- **punicea** · ⌔
- **randalpina** B. Walln. 1993 · D:Inn-Segge · ⌔; Eur.: A, D
- **remota** L. 1754 · D:Winkel-Segge · ⌔ ⌒ VI-VII; Eur.*, Cauc., N-Iran, Alger.
- **repens** Bellardi 1793 · D:Kriech-Segge · ⌔ V-VI; Eur.: I, D, A, EC-Eur., RO, ? F
- **riparia** Curtis 1783 · D:Ufer-Segge; E:Pond Sedge; F:Laîche des rives · ⌔ ⌒ Z6 VI; Eur.*, Cauc., TR, Iran, W-Sib., E-Sib., C-As. [67154]
  'Variegata'
- **rostrata** Stokes 1787 · D:Schnabel-Segge · ⌔ ⌒ VI; Eur.*, TR, Cauc., N-Iran, W-Sib., E-Sib., Amur, Sachal., Kamchat., C-As., N-Am. [67156]
- **rupestris** All. 1785 · D:Felsen-Segge · ⌔ VI-VII; Eur.*, Cauc., W-Sib., E-Sib., ? Amur, Mong., N-Am.
- *ruthenica* V.I. Krecz. = Carex caryophyllea
- *scabricuspis* V.I. Krecz. = Carex caryophyllea
- **scaposa** C.B. Clarke 1887 · ⌔ Z8 ⌂ IX-XI; S-China, Indochina
- **secalina** Willd. ex Wahlenb. 1803 · D:Roggen-Segge · ⌔ ⌒ VI; Eur.: C-Eur., EC-Eur., E-Eur.; Cauc., W-Sib., E-Sib., C-As
- **secta** Boott 1853 · ⌔ Z7; NZ (N-Is.)
  - var. *tenuiculmis* Petrie 1920 = Carex tenuiculmis
- **sempervirens** Vill. 1787 · D:Horst-Segge, Immergrüne Segge · ⌔ VI-VIII; Eur.* exc. BrI, Sc
- *serotina* Mérat = Carex viridula subsp. virudula var. viridula
- **siderosticta** Hance 1873 · ⌔ Z7 IV-V; Amur, China, Manch., Korea, Jap.
  'Variegata' [67513]
- **spicata** Huds. 1762 · D:Dichtährige Segge · ⌔ V-VIII; Eur.*, TR, Cauc., N-Iran, W-Sib., Canar., N-Afr., nat. in N-Am.
- **stenophylla** Wahlenb. 1803 · D:Schmalblatt-Segge · ⌔ IV-VIII; Eur.: I, A, W-Ba, EC-Eur., ? sp.; TR, Cauc., Iran, Afgh., C-As., Kashmir, Mong.
- *stricta* Gooden. = Carex elata subsp. elata
- **strigosa** Huds. 1762 · D:Dünnährige Segge · ⌔ VI-VII; Eur.*, Cauc., N-Iran
- **supina** Willd. ex Wahlenb. 1803 · D:Steppen-Segge · ⌔ IV-V; Eur.: I, C-Eur., EC-Eur., Croatia, E-Eur.; Cauc., W-Sib., C-As.
- **sylvatica** Huds. 1762 · D:Wald-Segge; E:Wood Sedge; F:Laîche des bois · ⌔ Z6 VI; Eur.*, Cauc., W-Sib. [67514]
- **tenuiculmis** (Petrie) Heenan et P.J. de Lange 1997 · ⌔; NZ (S-Is.) [72083]
- **testacea** Sol. ex Boott 1853 · ⌔ Z7; NZ (S-Is.) [70935]
- *tomentosa* L. = Carex filiformis
- **trifida** Cav. 1799 · ⌔ Z7; NZ (S-Is.), Falkland Is.

– **trinervis** Degl. 1807 · D:Dreinervige Segge · ⚃ VI-VII; Eur.: Fr, D, DK, PL, ? sp.; coasts
– × **turfosa** Fr. 1745 (*C. elata* subsp. *elata* × *C. nigra* subsp. *nigra*) · D:Bastard-Steif-Segge · ⚃ ∼ ; Eur.
– **umbrosa** Host 1801 · D:Schatten-Segge; F:Laîche des ombrages · ⚃ Z6 V; Eur.* exc. BrI, Sc; TR, Cauc. [67515]
  'Thinny Thin' [72082]
– **vaginata** Tausch 1821 · D:Scheiden-Segge · ⚃ VI-VII; Eur.* exc. Ap, Ba; Cauc., W-Sib., E-Sib.
– **vesicaria** L. 1753 · D:Blasen-Segge · ⚃ ∼ VI; Eur.*, Cauc., W-Sib., E-Sib., C-As., N-Afr., N-Am. [67157]
– **viridula** Michx. 1803 · D:Späte Gelb-Segge
  – subsp. **oedocarpa** (Andersson) B. Schmid 1983 · D:Grün-Segge, Grünliche Gelb-Segge · ⚃ V-VII; Eur.* exc. Ap, Ba; Can.: E; Tasm., NZ
  – subsp. **viridula**
    – var. **elatior** (Schltr.) Crins 1989 · D:Schuppenfrüchtige Gelb-Segge · ⚃ VI-VII; Eur.* , Maroc., e. N-Am.
    – var. **jemtlandica** (Palmgr.) Blackst. et P.A. Ashton 2001 · ⚃; Eur.: Sc, N-Russ., Balt., ? CH
    – var. **pulchella** (Lönnr.) B. Schmid 1983 · D:Küsten-Gelb-Segge, Skandinavische Gelb-Segge · ⚃ ∼ ; N-Am.
  – subsp. **virudula** var. **viridula** · D:Gewöhnliche Späte Gelb-Segge, Oeders Segge · ⚃ ∼ V-IX; N-Am., Kamchat., Sachal., Jap.
– **vulpina** L. 1753 · D:Fuchs-Segge; E:Fox Sedge · ⚃ ∼ Z7 V-VI; Eur.*, Cauc., W-Sib., E-Sib., C-As. [67516]
– **vulpinoidea** Michx. 1803 · D:Fuchsartige Segge · ⚃ ∼ V-VI; N-Am., nat. in Eur.: BrI, Fr, CH, EC-Eur.; TR

Carica L. 1753 -f- *Caricaceae* · (S. 397)
D:Melonenbaum, Papaya; E:Pawpaw; F:Arbre-aux-melons, Papayer
– × *heilbornii* V.M. Badillo = Carica pentagona
  – nothovar. *pentagona* (Heilborn) V.M. Badillo 1967 = Carica pentagona

– **papaya** L. 1753 · D:Melonenbaum, Papaya; E:Papaya · ♄ e Z10 ⓦ ⚥ ⓝ; S-Am., nat. in S-Fla., Mex., C-Am., W.Ind., trop. Afr., trop. As,
– **pentagona** Heilborn 1921 · D:Babaco; E:Babaco · ♄ ⓦ ⓝ; S-Am.; ? And. [11095]
– **pubescens** Lenné et K. Koch 1854 · D:Berg-Papaya; E:Mountain Papaya · ♄ e ⓦ ⓝ; Panama, Col., Ecuad., Chile; And.

Carissa L. 1767 -f- *Apocynaceae* · (S. 191)
D:Wachsbaum; E:Natal Plum; F:Arbre-à-cire, Carisse
– *acokanthera* Pichon = Acokanthera oppositifolia
– *arduina* Lam. = Carissa bispinosa
– **bispinosa** (L.) Desf. ex Brenan 1804 · D:Dorniger Wachsbaum; E:Hedgethorn · ♄ e Z10 ⓚ; S-Afr.
– **carandas** L. 1767 · D:Karanda-Wachsbaum; E:Karanda · ♄ ♄ e Z10 ⓦ ⓝ; Ind., Malay. Arch.
– **edulis** Vahl 1790 · D:Karanda-Pflaume; E:Carandas Plum · ♄ e Z10 ⓦ; trop. Afr., Arab.
– *grandiflora* (E. Mayer) A. DC. = Carissa macrocarpa
– **macrocarpa** (Eckl.) A. DC. 1844 · D:Natal-Pflaume; E:Natal Plum · ♄ e Z10 ⓚ ⓝ; S-Afr. [58028]
– *schimperi* A. DC. = Acokanthera schimperi
– *spectabilis* (Sond.) Pichon = Acokanthera oblongifolia

Carlina L. 1753 -f- *Asteraceae* · (S. 231)
D:Eberwurz, Silberdistel, Wetterdistel; E:Carline Thistle; F:Carline
– **acanthifolia** All. 1753 · D:Acanthusblättrige Eberwurz; F:Carline à feuilles d'acanthe, Chardonsoleil · ⚃ △ Z7 ∧ VII-IX; Eur.: Ib, Fr, Ap, Ba, PL, EC-Eur. [63010]
– **acaulis** L. 1753 · D:Silberdistel, Wetterdistel · [63011]
  – subsp. **acaulis** · D:Große Eberwurz, Stängellose Silberdistel; E:Stemless Carline Thistle; F:Carline à tige courte · ⚃ Z4 VII-IX ⚥ ▽; Eur.* exc. BrI, Sc
  – subsp. *caulescens* (Lam.) Schübl. et G. Martens 1834 = Carlina acaulis subsp. simplex
  – subsp. **simplex** (Waldst. et Kit.) Nyman 1879 · D:Krausblättrige Silberdistel; F:Carline argentée · ⚃ △ Z4 VII-IX ▽; Eur.* exc. BrI,

Sc [63013]
– var. *alpina* Jacq. 1762 = Carlina acaulis subsp. simplex
– **biebersteinii** Bernh. ex Hornem. 1819
  – subsp. **biebersteinii** · D:Steife Golddistel · ☉ VII-IX; Eur.: Sc, C-Eur., EC-Eur., E-Eur.; Sib., TR
  – subsp. **brevibracteata** (Andrae) K. Werner 1994 · D:Mittlere Golddistel · ☉ VII-IX
– *caulescens* Lam. = Carlina acaulis subsp. simplex
– *utzka* Hacq. = Carlina acanthifolia
– **vulgaris** L. 1753 · D:Gewöhnliche Golddistel, Kleine Eberwurz; E:Common Carline Thistle · ☉ ⚃ VII-IX ⓝ; Eur.*, TR, Cauc., N-Iran [63014]

Carludovica Ruiz et Pav. 1794 -f- *Cyclanthaceae* · (S. 991)
D:Carludovike, Panamapalme; F:Palmier du Panama
– *atrovirens* H. Wendl. = Dicranopygium atrovirens
– *humilis* Poepp. et Endl. = Asplundia humilis
– *moritziana* Klotzsch = Asplundia moritziana
– **palmata** Ruiz et Pav. 1798 · D:Panamahutpalme, Panamapalme; E:Panama Hat Plant · ♄ e Z10 ⓦ ⓝ; trop. S-Am., nat. in W.Ind., E-Afr., Pacific Is.
– *plicata* Klotzsch = Asplundia moritziana

Carmichaelia R. Br. 1825 -f- *Fabaceae* · (S. 502)
D:Rutenblume; F:Carmichaelia
– **aligera** G. Simpson 1854 · ♄ d Z9 ⓚ; NZ (N-Is.)
– **arborea** (G. Forst.) Druce 1917 · ♄ Z8 ⓚ VI-VII; NZ
– *australis* auct. non R. Br. ex Lindl. = Carmichaelia arborea
– **enysii** Kirk 1884 · ♄ Z8 ⓚ VI-VIII; NZ
– **flagelliformis** Colenso ex Hook. f. 1884 · ⚃ ♄ Z8 ⓚ VI; NZ
– **monroi** Hook. f. 1864 · ♄ Z8 ⓚ; NZ
– **orbiculata** Colenso 1890 · ♄ Z8 ⓚ; NZ
– **petriei** Kirk 1899 · ♄ Z8 ⓚ; NZ
– **rivulata** G. Simpson 1945 · ♄ Z8 ⓚ; NZ
– **subulata** Kirk 1899 · ♄ d Z8 ⓚ; NZ
– **williamsii** Kirk 1880 · ♄ Z8 ⓦ III-IV; NZ

Carmona Cav. 1799 -f-
Boraginaceae
- *heterophylla* Cav. = Carmona retusa
- *microphylla* (Lam.) G. Don = Carmona retusa
- **retusa** (Vahl) Masam. 1940 · ♄ ⓦ; Ind., Malay. Arch, Phil., Taiwan

Carnegiea Britton et Rose 1908 -f-
Cactaceae · (S. 349)
D:Riesenkaktus, Saguaro; E:Saguaro; F:Sagaro
- *euphorbioides* (Haw.) Backeb. = Neobuxbaumia euphorbioides
- *gigantea* (Engelm.) Britton et Rose 1908 · D:Riesenkaktus, Saguaro; E:Giant Cactus, Saguaro · ♄ ¥ Z9 ⓚ ⓝ ▽ ✻; USA: S-Calif., Ariz.; Mex.
- *polylopha* (DC.) D.R. Hunt = Neobuxbaumia polylopha

Carpanthea N.E. Br. 1925 -f-
Aizoaceae · (S. 141)
- **pomeridiana** (L.) N.E. Br. 1928 · ⊙ ¥ VI-IX; Kap
'Golden Carpet'

Carpentaria Becc. 1885 -f-
Arecaceae ·
D:Carpentierpalme
- **acuminata** (H. Wendl. et Drude) Becc. 1885 · D:Carpentierpalme · ♄ e Z10; Austr. (N.Terr.)

Carpenteria Torr. 1851 -f-
Hydrangeaceae · (S. 566)
D:Baumanemone; E:Tree Anemone
- **californica** Torr. 1853 · D:Baumanemone; E:Tree Anemone · ♄ e Z8 ⓚ VI-VII; Calif. [11097]
'Elizabeth'
'Ladhams' Variety'

Carpesium L. 1753 -n- *Asteraceae* · (S. 232)
D:Kragenblume; F:Carpésium
- **cernuum** L. 1753 · D:Nickende Kragenblume · ⊙ VII-IX; Eur.* exc. BrI, Sc; TR, Cauc., N-Iran, Him., China, Jap.

Carpinus L. 1753 -f- *Betulaceae* · (S. 289)
D:Hainbuche; E:Hornbeam; F:Charme
- **betulus** L. 1753 · D:Gewöhnliche Hainbuche, Weißbuche; E:Common Hornbeam, European Hornbeam; F:Charme commun, Charmille · ♄ d ⊗ Z5 IV-VI ⓝ; Eur.*, Cauc., TR, Iran [15100]
'Fastigiata' < 1883 [15110]
'Frans Fontaine' 1983 [42730]
'Pendula' < 1873 [33007]
'Purpurea' < 1873 [28580]
- **caroliniana** Walter 1788 · D:Amerikanische Hainbuche; E:American Hornbeam · ♄ ♄ d ⊗ Z5 ⓝ; Can.: E; USA: NE, NCE, SE, SC; Mex., Guat., Belize [15163]
- *caucasica* Grossh. = Carpinus betulus
- **cordata** Blume 1851 · D:Herzblättrige Hainbuche · ♄ d ⊗ Z5; Jap., Korea, China [20087]
- **coreana** Nakai 1926 · D:Koreanische Hainbuche · [24645]
- *fargesii* C.K. Schneid. = Carpinus viminea
- **henryana** (H.J.P. Winkl.) H.J.P. Winkl. 1914 · D:Henrys Hainbuche · ♄ d Z6; C-China, Sichuan [24646]
- **japonica** Blume 1851 · D:Japanische Hainbuche; E:Japanese Hornbeam · ♄ d Z5; Japan [15172]
- **laxiflora** (Siebold et Zucc.) Blume 1851 · D:Lockerblütige Hainbuche · ♄ d Z5; Japan, Korea [24647]
- **mollicoma** Hu 1949 · ♄ e Z8 ⓚ; China (SW-Sichuan, Yunnan) [20776]
- **omeiensis** Hu et W.P. Fang 1964 [24651]
- **orientalis** Mill. 1768 · D:Orientalische Hainbuche; E:Oriental Hornbeam · ♄ ♄ d ⊗ Z6; Eur.: Ap, Ba, H, RO, Krim; TR, Cauc., N-Iran [24652]
- **polyneura** Franch. 1899 · ♄ d; W-China: Sichuan, Hupeh [20777]
- **shensiensis** Hu 1948 · ♄ d; China (Shaanxi) [24653]
- **tschonoskii** Maxim. 1881 · D:Tschonoskis Hainbuche · ♄ d ⊗ Z5; Jap., Korea, N-China [20091]
- var. *henryana* H.J.P. Winkl. 1904 = Carpinus henryana
- **turczaninowii** Hance 1869 · ♄ ♄ d Z7; China, Korea, Jap. [20092]
- **viminea** Wall. ex Lindl. 1830; N-China, W-China, Korea [24654]
- *yedoensis* Maxim. = Carpinus tschonoskii

Carpobrotus N.E. Br. 1925 -m-
Aizoaceae · (S. 141)
D:Hottentottenfeige; E:Hottentot-Fig; F:Figue des Hottentots
- **acinaciformis** (L.) L. Bolus 1927 · ♃ ¥ Z9 ⓚ VII-XI; S-Afr.: Kap, Natal; Austr., Tasman.
- **edulis** (L.) N.E. Br. 1927 · D:Hottentottenfeige; E:Hottentot Fig · ♃ ¥ Z8 ⓚ ⓝ; Kap
- **muirii** (L. Bolus) L. Bolus 1927 · D:Magere Hottentottenfeige · ♃ ¥ Z9 ⓚ; Kap

Carpogymnia (H.P. Fuchs ex Janch.) Á. Löve et D. Löve = Gymnocarpium
- *dryopteris* (L.) Á. Löve et D. Löve = Gymnocarpium dryopteris

Carruanthus (Schwantes) Schwantes 1927 -m- *Aizoaceae* · (S. 141)
- *caninus* (Haw.) Schwantes = Carruanthus ringens
- **peersii** L. Bolus 1936 · ♃ ¥ Z9 ⓚ; Kap
- **ringens** (L.) Boom 1959 · ♃ ¥ Z9 ⓚ; Kap

Carthamus L. 1753 -m- *Asteraceae* · (S. 232)
D:Saflor; E:Safflower; F:Carthame, Safran bâtard
- **lanatus** L. 1753 · D:Wolliger Saflor; E:Distaff Thistle · ⊙ VI-VII; Eur.: Ba, Ib, EC-Eur., Fr, Ap, E-Eur., Ba, CH; Iraq, Cauc., Iran, C-As., N-Afr.
- **tinctorius** L. 1753 · D:Färber-Distel, Färber-Saflor; E:Dyer's Saffron, Fake Saffron · ⊙ VII ✻ ⓝ; W-As., cult. S-Eur., Ind., Calif, nat. in C-Eur., S-Eur.

Carum L. 1753 -n- *Apiaceae* · (S. 170)
D:Kümmel; E:Caraway; F:Cumin
- **carvi** L. 1753 · D:Wiesen-Kümmel; E:Caraway · ⊙ Z3 V-VI ⚥ ⓝ; Eur.* exc. BrI; TR, Cauc., N-Iran, W-Sib., E-Sib., Kamchat., C-As., Mong., Afgh., Him. China, NW-Afr., nat. in N-Am., NZ [63016]
- *copticum* (L.) Benth. et Hook. f. = Trachyspermum ammi
- **roxburghianum** Benth. et Hook. f. 1867
- **verticillatum** (L.) W.D.J. Koch 1824 · D:Quirlblättriger Kümmel · ♃ VII-VIII; Eur.: BrI, Fr, Ib

Carya Nutt. 1818 -f- *Juglandaceae* · (S. 574)
D:Hickorynuss; E:Hickory, Pecan; F:Noyer d'Amérique

- *alba* (L.) Nutt. = Carya ovata
- *amara* (F. Michx.) Nutt. = Carya cordiformis
- **aquatica** (F. Michx.) Nutt. 1824 · D:Bitter-Pekan, Wasser-Hickorynuss · ♄ d Z6; USA: SE, Fla., SC., Mo., Ill. Va.
- **cordiformis** (Wangenh.) K. Koch 1869 · D:Bittere Hickorynuss, Bitternuss; E:Bitternut Hickory, Swamp Hickory · ♄ d Z6 Ⓝ; Can.: E; USA: NE, NCE, NC, SC, SE, Fla. [15629]
- **glabra** (Mill.) Sweet 1826 · D:Ferkelnuss; E:Pignut · ♄ d Z6 Ⓝ; Ont., USA: NE, NCE, SC, SE, Fla. [24655]
- **illinoinensis** (Wangenh.) K. Koch 1869 · D:Pekannuss; E:Pecan · ♄ d Z6 Ⓝ; USA: NCE, Ky. [15631]
- **laciniosa** (F. Michx.) Loudon 1830 · D:Königsnuss; E:Shellbark Hickory · ♄ d Z6 Ⓝ; Ont., USA: NE, NCE, NC, Okla., SE [24656]
- *microcarpa* Nutt. = Carya ovalis
- **myristiciformis** (F. Michx.) Nutt. 1818 · D:Muskat-Hickorynuss; E:Nutmeg Hickory · ♄ d Z9 Ⓚ; USA: SE, SC.; Mex.: Nuevo Leon [24657]
- *olivaeformis* Nutt. = Carya illinoinensis
- **ovalis** (Wangenh.) Sarg. · D:Rote Hickorynuss; E:Red Hickory · ♄ d Z6 Ⓝ; Can.: Ont.; USA: NE, NCE, SE
- **ovata** (Mill.) K. Koch 1869 · D:Schuppenrinden-Hickorynuss; E:Shagbark Hickory · ♄ d Z6 Ⓝ; Can.: E; USA: NE, NCE, NC, SC, SE; Mex. [15633]
- *pecan* (Marshall) Engl. et Graebn. = Carya illinoinensis
- *porcina* (F. Michx.) Nutt. = Carya glabra
- *pubescens* (Willd.) Sweet = Carya laciniosa
- *sulcata* Nutt. = Carya laciniosa
- **tomentosa** (Lam. ex Poir.) Nutt. · D:Spottnuss; E:Big Bud Hickory, Mockernut · ♄ d Z6 Ⓝ; Ont., USA: NE, NCE, NC, SC, SE, Fla. [15634]

Caryocar L. 1771 -n- *Caryocaraceae* · (S. 397) D:Souarinuss; E:Butternut
- **brasiliense** Cambess. 1828 · ♄ Z10 Ⓜ Ⓝ; Bras., Parag., Bol.
- **glabrum** (Aubl.) Pers. 1806 · ♄ Z10 Ⓜ; trop. S-Am.
- **nuciferum** L. 1771 · D:Souarinuss; E:Butternut · ♄ Z10 Ⓜ Ⓝ; Guyan., Bras., Peru

Caryophyllus L. = Syzygium
- *aromaticus* L. = Syzygium aromaticum

Caryopitys Small = Pinus
- *edulis* (Engelm.) Small = Pinus edulis

Caryopteris Bunge 1835 -f- *Verbenaceae* · (S. 884) D:Bartblume; E:Bluebeard; F:Caryoptéris
- × **clandonensis** N.W. Simmonds ex Rehder 1933 (*C. incana* × *C. mongholica*) · D:Clandon-Bartblume; E:Blue Beard, Blue Spiraea; F:Caryoptéris · ♄ d Z6 IX; cult. [15120]
  'Arthur Simmonds' < 1933 [36170]
  'Ferndown' < 1953 [37674]
  'Heavenly Blue' [15130]
  'Kew Blue' 1945 [47130]
  'Worcester Gold' [16547]
- **divaricata** (Siebold et Zucc.) Maxim. 1877 · ♃; China, Korea, Jap.
- **incana** (Thunb. ex Houtt.) Miq. 1866 · D:Graufilzige Bartblume; F:Barbe bleue · ♄ d Z7 ⋀ IX-X; China, Korea, Jap., Taiwan [43384]
- *mastacantha* Schauer = Caryopteris incana
- **mongholica** Bunge 1835 · D:Mongolische Bartblume · ♄ d Z7 ⋀ VIII-IX; Mong., N-China
- *sinensis* (Lour.) Dippel = Caryopteris incana
- *tangutica* Maxim. = Caryopteris incana

Caryota L. 1753 -f- *Arecaceae* · (S. 944) D:Fischschwanzpalme; E:Fishtail Palm; F:Palmier queue-de-poisson
- **maxima** Blume 1838 · D:Indonesische Fischschwanzpalme · ♄ e Z10 Ⓜ; Java
- **mitis** Lour. 1790 · D:Buschige Fischschwanzpalme; E:Burmese Fishtail Palm · ♄ e Z10 Ⓜ; Myanmar, Malay. Pen., Java, Phil.
- **ochlandra** Hance 1879 · ♄ ♄ e Z9 Ⓚ; S-China
- *sobolifera* Wall. ex Mart. = Caryota mitis
- *tremula* Blanco = Arenga tremula
- **urens** L. 1753 · D:Brennpalme, Sagopalme; E:Sago Palm, Wine Palm · ♄ e Z10 Ⓜ Ⓝ; Ind., Sri Lanka, Malay. Pen.

Casimiroa La Llave et Lex. 1825 -f- *Rutaceae* · (S. 785) D:Weiße Sapote; E:White Sapote; F:Sapote blanche
- **edulis** La Llave et Lex. 1825 · D:Weiße Sapote; E:Mexican Apple, White Sapote · ♄ e Z9 Ⓜ Ⓝ; Mex., Guat.

Cassandra D. Don = Chamaedaphne
- *calyculata* (L.) D. Don = Chamaedaphne calyculata

Cassia L. 1753 -f- *Caesalpiniaceae* · (S. 373) D:Gewürzrinde, Kassie, Senna; E:Shower Tree; F:Séné
- *acutifolia* Delile = Senna alexandrina
- **afrofistula** Brenan 1958
- *angustifolia* Vahl = Senna alexandrina
- *artemisioides* Gaudich. ex A. DC. = Senna artemisioides
- **brewsteri** (F. Muell.) Benth. 1864
- *corymbosa* Lam. = Senna corymbosa var. corymbosa
- *cotinifolia* G. Don = Chamaecrista cotinifolia
- *didymobotrya* Fresen. = Senna didymobotrya
- **fistula** L. 1753 · D:Röhren-Kassie; E:Indian Laburnum, Purging Cassia · ♄ s Z10 Ⓜ ⚘ Ⓝ; Ind.
- *floribunda* Cav. = Senna × floribunda
- **grandis** L. f. 1781-82 · D:Grobfrüchtige Kassie, Rosen-Kassie; E:Appleblossom Cassia, Pink Shower · ♄ s Z10 Ⓜ Ⓝ; Mex., C-Am., W.Ind., trop. S-Am.
- *hebecarpa* Fernald = Senna hebecarpa
- *italica* (Mill.) Lam. ex Steud. = Senna italica
- **javanica** L. 1753 · D:Rosafarbene Kassie; E:Rainbow Shower · ♄ d Z10 Ⓜ; Malay. Arch.
- **leptophylla** Vogel 1837
- *marginata* Roxb. = Cassia roxburghii
- *marilandica* hort. = Senna hebecarpa
- *marilandica* L. = Senna marilandica
- *nairobensis* L.H. Bailey = Senna didymobotrya
- *nodosa* Roxb. = Cassia javanica
- *obovata* Collad. = Senna italica
- **odorata** R. Morris 1826 · ♄ Z9 Ⓚ; Austr.: N.S.Wales [11104]
- **roxburghii** DC. 1825 · ♄ e Z10 Ⓜ;

Sri Lanka, S-Ind.
- *senna* L. = Senna alexandrina
- *siamea* Lam. = Senna siamea
- *spectabilis* DC. = Senna spectabilis
- *tomentosa* L. f. = Senna multiglandulosa

Cassine L. 1753 -f- *Celastraceae*
- **orientalis** (Jacq.) Kuntze 1891 · D:Falscher Olivenbaum; E:False Olive · ♄ Z10 ⓦ; Madag., Mauritius

Cassinia R. Br. 1813 -f- *Asteraceae* · (S. 232)
- **fulvida** Hook. f. 1864 · D:Goldpappel; E:Golden Cottonwood, Golden Heather · ♄ Z9 ⓚ VII-VIII; NZ
- **leptophylla** (G. Forst.) R. Br. 1817 · ♄ e Z8 ⓚ; NZ
- **retorta** A. Cunn. ex DC. 1837 · ♄ Z8 ⓚ; NZ
- **vauvilliersii** (Hombr. et Jacquinot ex Decne.) Hook. f. 1852 · D:Berg-Goldpappel; E:Mountain Cottonwood
  - var. **albida** Kirk 1899 · ♄ e Z10 ⓚ; NZ (S-Is.)
  - var. **vauvilliersii** · ♄ Z8 ⓚ VII-VIII; NZ

Cassiope D. Don 1834 -f- *Ericaceae* · (S. 466)
D:Schuppenheide; E:Mountain Heather; F:Cassiope
- **fastigiata** (Wall.) D. Don 1834 · D:Himalaya-Schuppenheide · ♄ e IV-V; Him., China
- **hypnoides** (L.) D. Don 1834 · D:Moosige Schuppenheide · ♄ e △ Z2 VI-VII; Eur.: Sc, N-Russ.; W-Sib., Greenl.
- **lycopodioides** (Pall.) D. Don 1834 · D:Bärlappähnliche Schuppenheide; E:Clubmoss Mountain Heather · ♄ e Z5 IV-V; Alaska, Kamchat., Jap.
- **mertensiana** (Bong.) D. Don 1864
  - subsp. **gracilis** Piper 1907 = Cassiope mertensiana var. gracilis
  - var. **gracilis** (Piper) C.L. Hitchc. 1959 · ♄ e Z5; USA: Oreg., Idaho., Mont.
  - var. **mertensiana** · D:Weiße Schuppenheide; E:Western Moss Heather · ♄ e △ Z5 IV; Alaska, Can.: W; USA: NW, Calif., Nev. [15928]
- **selaginoides** Hook. f. et Thomson 1855 · ♄ e Z4; W-China, Him.

- **tetragona** (L.) D. Don 1834 · D:Vierkantige Schuppenheide; E:White Arctic Mountain Heather · ♄ e △ Z5 V; Eur.: Sc, N-Russ; W-Sib., E-Sib., Amur, Kamchat., Alaska, N-Can., Greenl. [31979]
- **wardii** C. Marquand 1929 · D:Wards Schuppenheide; E:Ward's Moss Heather · ♄ e △ V; SE-Tibet
- **in vielen Sorten:**
'Badenoch'
'Bearsden' c. 1955 [44805]
'Edinburgh' c. 1950 [29880]
'Medusa'
'Muirhead' < 1953 [15935]
'Randle Cooke' 1957

Cassytha L. 1753 -f- *Lauraceae* · (S. 596)
- **filiformis** L. 1753 · ⓦ
- **pubescens** R. Br. 1810 · ♄ ⚥ ⓚ; Austr.

Castanea Mill. 1754 -f- *Fagaceae* · (S. 530)
D:Kastanie; E:Chestnut; F:Châtaignier
- *americana* (Michx.) Raf. = Castanea dentata
- **crenata** Siebold et Zucc. 1846 · D:Japanische Kastanie; E:Japanese Chestnut · ♄ ♄ d Z6 ⓝ; Jap.
- **dentata** (Marshall) Borkh. 1800 · D:Amerikanische Kastanie; E:American Chestnut · ♄ d Z5 ⓝ; Ont., USA: NE, NCE, SE [24662]
- *hystrix* Hook. f. et Thomson ex Miq. = Castanopsis purpurella
- *japonica* Blume = Castanea crenata
- **mollissima** Blume 1851 · D:Chinesische Kastanie; E:Chinese Chestnut · ♄ d Z4 ⓝ; China, Korea, Taiwan [15061]
- **pumila** (L.) Mill. 1768 · D:Pennsylvanische Kastanie; E:Allegheny Chinkapin · ♄ ♄ d Z6 ⓝ; USA: NE, SE, Fla., SC [24664]
- **purpurella** Miq.
- **sativa** Mill. 1768 · D:Edel-Kastanie, Ess-Kastanie, Marone; E:Spanish Chestnut, Sweet Chestnut; F:Châtaignier commun · ♄ d Z6 VI ⚥ ⓝ; Eur.: Ap, A, EC-Eur., Ba; TR, Cauc., N-Iran, NW-Afr., nat. in BrI, Sc, Fr, BrI, E-Eur. [15140]
'Albomarginata' [15401]
'Aspleniifolia' 1838 [33030]
'Belle Epine' [38866]

'Dorée de Lyon' [33016]
'Marron de Lyon' [49176]
'Variegata' < 1975 [34634]
'Vincent van Gogh' [22004]
- *vesca* Gaertn. = Castanea sativa
- *vulgaris* Lam. = Castanea sativa

Castanopsis (D. Don) Spach 1842 -f- *Fagaceae* · (S. 531)
D:Scheinkastanie; E:Chinquapin; F:Faux-châtaignier
- *chrysophylla* (Douglas ex Hook.) A. DC. = Chrysolepis chrysophylla
- **cuspidata** (Thunb.) Schottky 1912 · ♄ e Z7; S-Jap., SE-China
- *hystrix* A. DC. = Castanopsis purpurella
- **purpurella** (Miq.) N.P. Balakr.

Castanospermum A. Cunn. ex Hook. 1830 -n- *Fabaceae* · (S. 502)
D:Australische Kastanie; E:Australia Chestnut; F:Châtaignier d'Australie
- **australe** A. Cunn. et Fraser ex Hook. 1830 · D:Australische Kastanie, Giftkastanie; E:Australia Chestnut, Black Bean Tree, Moreton Bay Chestnut · ♄ e Z9 ⓚ ⚥; Austr.: N.S.Wales [11105]

Castilla Cerv. 1794 -f- *Moraceae* · (S. 650)
D:Kautschukbaum; E:Rubber Tree; F:Arbre à caoutchouc du Panama
- **elastica** Sessé ex Cerv. 1794 · D:Panama-Kautschukbaum; E:Castilla Rubber Tree, Panama Rubber Tree · ♄ Z10 ⓦ ⓝ; S-Mex., C-Am., trop. S-Am.
- **ulei** Warb. 1905 · D:Schwarzer Kautschukbaum · ♄ Z10 ⓦ ⓝ; S-Am.

Castilleja Mutis ex L. f. 1781 -f- *Scrophulariaceae* · (S. 824)
D:Indianerpinsel; E:Indian Paintbrush, Painted Cups
- **miniata** Douglas ex Hook. 1838 · ♃; Alaska.Can.: B.C.Alb.; USA: NW, -Caif, Mont.Colo. N.Mex.

Casuarina L. 1759 -f- *Casuarinaceae* · (S. 406)
D:Kängurubaum, Kasuarine, Keulenbaum; E:Australian Pine, Beefwood; F:Casuarina
- **cunninghamiana** Miq. 1848 · D:Fluss-Keulenbaum; E:River Oak · ♄ e Z9 ⓚ ⓝ; Austr.: Queensl., N.S.Wales
- **equisetifolia** J.R. Forst. et G.

Forst. 1759 · D:Eisenholz, Strand-Keulenbaum; E:Horsetail Tree, South Sea Ironwood · ♄ e Z9 ⓚ ⓝ; SE-As., NE-Austr., Polyn., nat. in S-Fla., Bermudas etc.
- **littoralis** Salisb. 1796 · ♄ e Z9 ⓚ; Austr.: Queensl., N.S.Wales, Victoria, Tasman.
- **nana** Sieber ex Spreng. 1826 · D:Zwerg-Keulenbaum; E:Dwarf She Oak · ♄ e Z9 ⓚ; Austr.
- *quadrivalvis* Labill. = Casuarina stricta
- **stricta** Dryand. 1789 · ♄ e Z9 ⓚ ⓝ; Austr., Tasman.
- **torulosa** Dryand. 1789 · ♄ e Z9 ⓚ ⓝ; Austr.: Queensl., N.S.Wales

Catabrosa P. Beauv. 1812 -f-
Poaceae · (S. 1103)
D:Quellgras; E:Whorl Grass; F:Catabrosa
- **aquatica** (L.) P. Beauv. 1812 · D:Europäisches Quellgras; E:Whorl Grass; F:Glycérie panachée · ♃ ~ VI-X; Eur.*, TR, Iraq, Cauc., Iran, W-Sib., E-Sib., C-As., Afgh., Pakist., Mong., Tibet, Him., Alger., Libya, Can., USA: NCE, NC, SW, Rocky Mts.; Greenl., Arg.

Catalpa Scop. 1777 -f-
Bignoniaceae · (S. 292)
D:Trompetenbaum; E:Catalpa; F:Arbre-aux-trompettes, Catalpa
- **bignonioides** Walter 1788 · D:Gewöhnlicher Trompetenbaum; E:Indian Bean Tree; F:Catalpa commun, Catalpa de la Caroline · ♄ d Z5 VI-VII ⚥ ⓝ; USA: SE, Fla., nat. in USA [15150]
  'Aurea' < 1877 [45010]
  'Nana' c. 1850 · D:Kugel-Trompetenbaum · [15160]
- **bungei** C.A. Mey. 1837 [13262]
  - var. **bungei** · D:Bunges Trompetenbaum; E:Manchurian Catalpa · ♄ d Z6 VII-VIII ⓝ; N-China
  - var. **heterophylla** C.A. Mey. 1837 · ♄ d Z6; N-China
- × **erubescens** Carrière 1869 (*C. bignonioides* × *C. ovata*) · D:Hybrid-Trompetenbaum; E:Hybrid Catalpa · ♄ d Z6 VI-VII; cult.
  'Purpurea' [33033]
- **fargesii** Bureau 1894 · D:Farges Trompetenbaum; E:Farges' Catalpa · ♄ d Z6 VII; W-China [24672]
  fo. duclouxii 1936 (Dode) Gilmour · ♄ d Z6; C-China, W-China
- *henryi* Dode = Catalpa ovata
- × *hybrida* Späth = Catalpa × erubescens
- *kaempferi* (DC.) Siebold et Zucc. = Catalpa ovata
- **ovata** G. Don 1837 · D:Kleinblütiger Trompetenbaum; E:Chinese Catalpa, Yellow Catalpa; F:Catalpa jaune · ♄ d Z6 VII; China, nat. in USA: NE [47980]
- **speciosa** (Warder ex Barney) Engelm. 1880 · D:Prächtiger Trompetenbaum; E:Western Catalpa · ♄ d Z6 VI ⓝ; USA: NCE, Tenn., Ark., nat. in W.Va., Va. [15170]
  'Pulverulenta' [19299]
- *vestita* Diels = Catalpa fargesii

Catananche L. 1753 -f- *Asteraceae* · (S. 232)
D:Rasselblume; E:Blue Cupidone; F:Cupidone
- **caerulea** L. 1753 · D:Amorpfeil, Blaue Rasselblume; E:Blue Cupidone, Cupid's Dart · ♃ Z7 VII-IX; Eur.: sp., F, I; NW-Afr., Libya [63017]
  'Alba' [60007]
  'Bicolor'
  'Major'
- **lutea** L. 1753 · D:Gelbe Rasselblume; E:Yellow Cupidone · ⊙ Z7; Eur.: Ba, Ap, Ib; TR

Catapodium Link 1827 -n-
Poaceae · (S. 1104)
D:Steifgras; E:Fern Grass
- **marinum** (L.) C.E. Hubb. 1954 · D:Gewöhnlicher Lolchschwingel, Niederliegendes Steifgras · ⊙; Eur.: Ib, Fr, BrI, Ap, Ba; coasts
- **rigidum** (L.) C.E. Hubb. 1953 · D:Gewöhnliches Steifgras; E:Fern Grass · ♃ V-IX; Eur.: Ib, Fr, Ap, Ba, ? RO, Krim, C-Eur., BrI; TR, N-Iraq, Syr., Cauc., Iran

Catasetum Rich. ex Kunth 1822 -n-
Orchidaceae · (S. 1054)
- **atratum** Lindl. 1838 · ♃ Z10 ⓜ V ▽ ✳; Bras.
- **barbatum** (Lindl.) Lindl. 1844 · ♃ Z10 ⓜ V ▽ ✳; Guyan., Bras., Peru
- **callosum** Lindl. 1840 · ♃ Z10 ⓜ XII ▽ ✳; Col., Venez.
- **cernuum** (Lindl.) Rchb. f. 1863 · ♃ Z10 ⓜ V-VI ▽ ✳; Bras.
- **expansum** Rchb. f. 1878 · ♃ Z10 ⓜ ▽ ✳; Col., Ecuad.
- **fimbriatum** (C. Morren) Lindl. 1850 · ♃ Z10 ⓜ V-VI ▽ ✳; trop.

S-Am.
- **integerrimum** Hook. 1840 · ♃ Z10 ⓜ IX ▽ ✳; Guat., Col., Ecuad., Venez.
- **macrocarpum** Rich. ex Kunth 1822 · ♃ Z10 ⓜ X-XII ▽ ✳; S-Am.
- **pileatum** Rchb. f. 1882 · ♃ Z10 ⓜ X ▽ ✳; Venez., Trinidad, Bras.
- *platyglossum* Schltr. = Catasetum expansum
- **saccatum** Lindl. 1840 · ♃ Z10 ⓜ ▽ ✳; Guyan., Bras., Peru
- **socco** (Vell.) Hoehne 1952 · ♃ Z10 ⓜ IX ▽ ✳; Bras.

Catha Forssk. ex Schreb. 1777 -f-
Celastraceae · (S. 408)
D:Kathstrauch; E:Khat
- **edulis** (Vahl) Forssk. ex Endl. 1841 · D:Arabischer Tee, Khat; E:Khat, Khat Tree · ♄ e Z10 ⓚ ⚥ ⚘ ⓝ; Eth., trop. Afr., S-Afr., Yemen

Catharanthus G. Don 1837 -m-
Apocynaceae · (S. 191)
D:Catharanthe, Zimmerimmergrün; E:Madagascar Periwinkle; F:Pervenche de Madagascar
- **roseus** (L.) G. Don 1837 · D:Rosafarbenes Zimmerimmergrün; E:Madagascar Periwinkle, Rosy Periwinkle; F:Pervenche de Madagascar · ♃ Z10 ⓜ ⓚ III-X ⚥ ⚘; Madag., nat. in Trop.
  A Albus-Gruppe
    Kronblätter weiß, ein- oder zweifarbig, Auge weiß oder grün.
  O Ocellatus-Gruppe
    Kronblätter weiß, Auge farbig.
  R Roseus-Gruppe
    Kronblätter farbig, Auge farbig
  Quelle: BERGEN, M. VAN, SNOEIJER, W. (1996)
  'Mediterranean Lilac'
  'Peppermint Cooler'
  'Tropicana Rose'

Catopsis Griseb. 1865 -f-
Bromeliaceae · (S. 971)
D:Riementillandsie; E:Strap Air Plant
- **berteroniana** (Schult. f.) Mez 1896 · D:Pudrige Riementillandsie; E:Powdery Strap Airplant · ♃ Z10 ⓜ; S-Fla., C-Am., W.Ind., Venez., Trinidad, E-Bras.
- *brevifolia* Mez et Wercklé = Catopsis morreniana
- **floribunda** (Brongn.) L.B. Sm. 1937 · D:Reichblütige Riementil-

landsie; E:Florida Strap Airplant · ⁴ Z10 ⓦ; S-Fla., W-Ind., C-Am., trop. S-Am
- **hahnii** Baker 1887 · D:Hahns Riementillandsie · ⁴ Z10 ⓦ; S-Mex., Guat., Hond., Nicar.
- **morreniana** Mez 1896 · D:Kurzblättrige Riementillandsie · ⁴ Z10 ⓦ; S-Mex., C-Am.
- **nutans** (Sw.) Griseb. 1864 · D:Nickende Riementillandsie; E:Nodding Strap Airplant · ⁴ Z10 ⓦ; C-Am., W.Ind., trop. S-Am.
- **penduliflora** C.H. Wright = Fosterella penduliflora
- **sessiliflora** (Ruiz et Pav.) Mez 1896 · D:Schlanke Riementillandsie · ⁴ Z10 ⓦ; S-Mex., C-Am., trop. S-Am.

Cattleya Lindl. 1824 -f- Orchidaceae · (S. 1055)
- **aclandiae** Lindl. 1840 · ⁴ Z10 ⓦ VI-VII ▽ ✳; Bras.: Bahia
- **amethystoglossa** Linden et Rchb. f. 1862 · ⁴ Z10 ⓦ IV-V ▽ ✳; Bras.: Bahia, Minas Gerais
- **aurantiaca** (Bateman ex Lindl.) P.N. Don 1840 · ⁴ Z10 ⓦ VII-VIII ▽ ✳; Mex.
- **bicolor** Lindl. 1836 · ⁴ Z10 ⓦ IX-XI ▽ ✳; Bras.: Rio de Janeiro, Minas Gerais
- **bowringiana** O'Brien 1885 · ⁴ Z10 ⓦ X-XI ▽ ✳; C-Am.
- **deckeri** Klotzsch 1855 · ⁴ Z10 ⓦ; Mex., C-Am.
- **dormaniana** (Rchb. f.) Rchb. f. 1882 · ⁴ Z10 ⓦ I-II ▽ ✳; Bras.: Rio de Janeiro
- **dowiana** Bateman et Rchb. f. 1866
  - var. **aurea** (Linden) B.S. Williams et Moore 1883 · ⁴ Z10 ⓦ IX-X ▽ ✳; Col.
  - var. **dowiana** · ⁴ Z10 ⓦ ▽ ✳; C-Am.
- **elongata** Barb. Rodr. 1877 · ⁴ Z10 ⓦ V ▽ ✳; Bras.: Bahia, Minas Gerais
- **forbesii** Lindl. 1826 · ⁴ Z10 ⓦ VII-IX ▽ ✳; E-Bras., S-Bras.
- **gaskelliana** (N.E. Br.) Rchb. f. 1883 · ⁴ Z10 ⓦ VII-IX ▽ ✳; Venez., Bras.
- **granulosa** Lindl. 1842 · ⁴ Z10 ⓦ VIII-IX ▽ ✳; Bras.: Espirito Santo
- **× guatemalensis** T. Moore 1861 (*C. aurantiaca* × *C. skinneri*)
- **guttata** Lindl. 1831 · ⁴ Z10 ⓦ X-XI ▽ ✳; Bras.
  - var. *leopardina* Linden et Rodigas 1885 = Cattleya tigrina
  - var. *leopoldii* (Verschaff. ex Lem.) Rolfe = Cattleya tigrina
- **harrisoniana** Bateman ex Lindl. 1919 · ⁴ Z10 ⓦ ▽ ✳; Bras.
- **intermedia** Graham ex Hook. 1828 · ⁴ Z10 ⓦ V-XI ▽ ✳; NE-Bras.
- **kerrii** Brieger et Bicalho 1976 · ⁴ ⓦ; Bras. (Bahia)
- **labiata** Lindl. 1821 · ⁴ Z10 ⓦ ▽ ✳; NE-Bras.
  - var. *autumnalis* hort. = Cattleya labiata
  - var. *dowiana* (Bateman et Rchb.) J.H. Veitch 1887 = Cattleya dowiana var. dowiana
  - var. *gaskelliana* N.E. Br. 1883 = Cattleya gaskelliana
  - var. *mendelii* (O'Brien) H.J. Veitch 1887 = Cattleya mendelii
  - var. *schroederae* (Rchb.) hort. = Cattleya schroederae
  - var. *trianaei* (Linden et Rchb. f.) H.J. Veitch 1887 = Cattleya trianae
  - var. *vera* H.J. Veitch 1887 = Cattleya labiata
  - var. *warneri* (T. Moore ex R. Warner) H.J. Veitch 1887 = Cattleya warneri
  - var. *warscewiczii* (Rchb. f.) H.J. Veitch 1887 = Cattleya warscewiczii
- **lawrenceana** Warsz. ex Rchb. f. 1883 · ⁴ Z10 ⓦ III-IV ▽ ✳; Venez., Guyan.
- *leopoldii* Verschaff. ex Lem. = Cattleya tigrina
- **loddigesii** Lindl. 1826 · ⁴ Z10 ⓦ VIII-IX ▽ ✳; Bras., Parag.
- **lueddemanniana** Rchb. f. 1854 · ⁴ Z10 ⓦ VII-IX ▽ ✳; Venez.
- **luteola** Lindl. 1853 · ⁴ Z10 ⓦ XI-XII ▽ ✳; Ecuad., Peru, Bras.: Amazon.; Bol.
- **maxima** Lindl. 1833 · ⁴ Z10 ⓦ X-I ▽ ✳; Col., Ecuad., Peru
- **mendelii** L. Linden et Rodigas 1886 · ⁴ Z10 ⓦ V-VI ▽ ✳; Col.
- **mossiae** C.S.P. Parish ex Hook. 1838 · ⁴ Z10 ⓦ V-VI ▽ ✳; Venez.
- **nobilior** Rchb. f. 1883 · ⁴ Z10 ⓦ V-VI ▽ ✳; SW-Bras.
- **percivaliana** (Rchb. f.) O'Brien 1883 · ⁴ Z10 ⓦ I-III ▽ ✳; Venez.
- **porphyroglossa** Linden et Rchb. f. 1856 · ⁴ Z10 ⓦ; Bras. (Minas Gerais, Paraná)
- **rex** O'Brien 1890 · ⁴ Z10 ⓦ VII-VIII ▽ ✳; Col., Peru
- *sanderiana* hort. = Cattleya warscewiczii
- **schilleriana** Rchb. f. 1857 · ⁴ Z10 ⓦ VII-IX ▽ ✳; Bras.: Bahia
- **schofieldiana** Rchb. f. 1882 · ⁴ Z10 ⓦ; Bras. (Espírito Santo)
- **schroederae** Rchb. f. 1887 · ⁴ Z10 ⓦ III-V ▽ ✳; Col.
- **skinneri** Bateman 1838 · ⁴ Z10 ⓦ III-IV ▽ ✳; Mex., C-Am.
- **tigrina** A. Rich. 1848 · ⁴ Z10 ⓦ; E.-Bras.
- **trianae** Linden et Rchb. f. 1860 · ⁴ Z10 ⓦ XII-II ▽ ✳; Col.
- **velutina** Rchb. f. 1870 · ⁴ Z10 ⓦ V-VII ▽ ✳; Bras. (Paraiba)
- **× venosa** · ⁴ ⓦ; Bras. (Rio de Janeiro)
- **violacea** (Kunth) Rolfe 1889 · ⁴ Z10 ⓦ VII-IX ▽ ✳; Col., Ecuad., Peru, Venez., Guyan.
- *violacea* hort. = Cattleya loddigesii
- **walkeriana** Gardner 1843 · ⁴ Z10 ⓦ II-V ▽ ✳; Bras., Bol.
- **warneri** T. Moore ex R. Warner 1862 · ⁴ Z10 ⓦ VI-VII ▽ ✳; Bras.: Minas Gerais, Espirito Santo
- **warscewiczii** Rchb. f. 1854 · ⁴ Z10 ⓦ VII-VIII ▽ ✳; Col. (Medellin)
- **in vielen Sorten**

× Cattleytonia hort. 1959 -f- Orchidaceae · (*Broughtonia* × *Cattleya*)

Caucaea Schltr. 1920 -f- Orchidaceae
- **nubigena** (Lindl.) M.W. Chase et N.H. Williams 2001 · ⁴ Z10 ⓦ XII-I ▽ ✳; Col., Ecuad., Peru
- **phalaenopsis** (Linden et Rchb. f.) M.W. Chase et N.H. Williams 2001 · ⁴ Z10 ⓦ XII-IV ▽ ✳; Ecuad.

Caucalis L. 1753 -f- *Apiaceae* · (S. 170)
D:Haftdolde; F:Caucalis
- **platycarpos** L. · D:Gewöhnliche Acker-Haftdolde · ⊙ V-VII; Eur.* exc. Sc, BrI; TR, Cauc., Iran

Caularthron Raf. 1837 -n- Orchidaceae · (S. 1055)
- **bicornutum** (Hook.) Raf. 1837 · ⁴ Z10 ⓦ IV ▽ ✳; trop. S-Am.

× Caulocattleya Dressler 1975 -f- Orchidaceae · (*Cattleya* × *Caularthron*)

Caulophyllum Michx. 1803 -n- Berberidaceae · (S. 285)
D:Indianerwiege; E:Papoose Root
- **thalictroides** (L.) Michx. 1803 ·

D:Indianische Blaubeere, Indianerwiege; E:Papoose Root, Squaw Root · ♃ Z7 V ⚕ ☠; Can.: E; USA; NE, NCE, SE

Cautleya (Benth.) Hook. f. 1890 -f- *Zingiberaceae* · (S. 1147)
- **gracilis** (J.J. Sm.) Dandy 1932 · ♃ Z8 Ⓚ VIII; Him. [63018]
- *lutea* (Royle) Royle ex Hook. f. = Cautleya gracilis
- *robusta* Baker = Cautleya spicata
- **spicata** (Sm.) Baker 1890 · ♃ Z8 Ⓚ VIII-IX; Him. (Ind.: Himachal Pradesh, Nepal, Sikkim), S-China

'*Robusta*' = Cautleya spicata

Cavendishia Lindl. 1835 -f- *Ericaceae* · (S. 466)
- **acuminata** (Hook.) Benth. ex Hemsl. 1881 · ♃ e ⌇ Z10 Ⓚ XI; Col., Ecuad.

Caylusea A. St.-Hil. 1837 -f- *Rosaceae* · (S. 735)
- **abyssinica** Fisch. et C.A. Mey. 1840 · ⊙; Eth.

Cayratia Juss. 1818 -f- *Vitaceae* · (S. 891)
- **japonica** (Thunb.) Gagnep. 1911 · E:Lakum · ♃ ⌇ Z8 VI-VII; Ind., China, Malay. Pen., Ryukyu Is., Jap.
- **thomsonii** (M.A. Lawson) Suess. 1953 · ♄ ≀ d ⌇ Z8 Ⓚ; W-China, C-China, Him. [13197]

Ceanothus L. 1753 -m- *Rhamnaceae* · (S. 737) D:Säckelblume; E:California Lilac; F:Céanothe
- **americanus** L. 1753 · D:Amerikanische Säckelblume; E:Wild Snowball · ♄ d Z6 VII-IX ⚕; Can.: E; USA: NE, NCE, SC, SE, Fla. [24681]
- **arboreus** Greene 1886 · ♄ ♄ e Z8 Ⓚ; Calif. (Channel Is.) [24682]
- *arnouldii* Carr = Ceanothus × delilianus
- **austromontanus** Abrams 1910 · ♄ e Ⓚ; Calif.
- **coeruleus** Lag. 1894 · ♄ e Ⓚ VII-X; Mex., Guat. [24684]
- × **delilianus** Spach (*C. americanus* × *C. coeruleus*) · D:Französische Hybrid-Säckelblume; E:French Hybrid Ceanothus; F:Céanothe d'été · ♄ e Z6; cult.

'Gloire de Versailles' [15190]
'Henri Desfossé' [42538]
'Topaze' [15210]

- *dentatus* hort. = Ceanothus × lobbianus
- **dentatus** Torr. et A. Gray · D:Gezähnte Säckelblume; E:Cropleaf Ceanothus
- **divergens** Parry 1889 · D:Sankt-Helens Säckelblume; E:Calistoga Ceanothus, Mount St. Helena Ceanothus · ♄ e Z8 Ⓚ; Calif.
- **fendleri** A. Gray 1849 · D:Fendlers Säckelblume; E:Buckbrush · ♄ e Z5 VI-VII; USA: NC, Rocky Mts, SW; N-Mex.
- **foliosus** Parry
- **gloriosus** J.T. Howell 1937 · E:Point Reyes Creeper · ♄ e Z8 Ⓚ; Calif. [24688]

'Anchor Bay'
'Emily Brown' [20033]

- **griseus** (Trel.) McMinn 1942 · E:Carmel Ceanothus · [24689]
  - var. **griseus** · ♄ e Z8 Ⓚ; Calif.
  - var. **horizontalis** McMinn 1942 · ♄ e Z8 Ⓚ; C-Calif.; coast [11107]
- **impressus** Trel. 1888 · D:Sankt-Barbaras Säckelblume; E:Santa Barbara Ceanothus · ♄ e Z8 Ⓚ; Calif. [24694]
- × **lobbianus** (Hook.) McMinn 1842 (*C. dentatus* × *C. griseus*) · ♄ e Z8 Ⓚ; Calif. [24687]
- **ovatus** Desf. · D:Ovalblättrige Säckelblume; E:New Jersey Tea · ♄ d Z5 VI; Can.: E; USA: NE, NCE, SC, SE
- × **pallidus** Lindl. 1840 (*C.* × *delilianus* × *C. ovatus*) · D:Hybrid-Säckelblume · ♄ d Z6; cult. [24701]

'Marie Simon' [15200]
'Perle Rose' [28590]

- **papillosus** Torr. et A. Gray 1838 · ♄ e Z8 Ⓚ; Calif [24703]
  - subsp. **papillosus**
  - subsp. **roweanus** (McMinn) Munz 1974 · ♄ e Z8 Ⓚ; Calif.
  - var. *roweanus* McMinn 1939 = Ceanothus papillosus subsp. roweanus
- **prostratus** Benth. 1849 · ≀ e Z7; USA: NW, Calif., Nev. [34243]
- **purpureus** Jeps. 1901 · D:Ilexblättrige Säckelblume; E:Hollyleaf Ceanothus · ♄ e Z8 Ⓚ; Calif. (Napa Range)
- **rigidus** Nutt. 1838 · D:Monterey-Säckelblume; E:Monterey Ceanothus · ♄ e Z8 Ⓚ; USA: Calif. (Monterey) [24707]

'Snow Flurries' [24732]

- **thyrsiflorus** Eschsch. 1826 [11106]

'Skylark'

  - var. *griseus* Trel. ex B.L. Rob. 1897 = Ceanothus griseus
  - var. **repens** McMinn 1942 · D:Kriechende Säckelblume; E:Creeping Blue Blossom · ≀ e ⇝ Z8 Ⓚ; N-Calif.; coast
  - var. **thyrsiflorus** · D:Blaue Säckelblume; E:Blue Blossom; F:Céanothe à feuilles de thyrse · ♄ ♄ e Z8 Ⓚ; Calif., S-Oregon
- × **veitchianus** Hook. 1859 (*C. griseus* × *C. rigidus*) · D:Veitchs Säckelblume · ♄ e Z8 Ⓚ; cult. [24711]
- **in vielen Sorten:**

'Autumnal Blue' [11872]
'Blue Mound' [24718]
'Burkwoodii' [24721]
'Cascade' [24722]
'Concha' [24723]
'Delight' [24726]
'Italian Skies' [24729]
'Puget Blue' [24731]
'Trewithen Blue' [24683]
'Yankee Point' [20402]

Cecropia Loefl. 1759 -f- *Cecropiaceae* · (S. 406) D:Ameisenbaum; E:Snake Wood; F:Parasolier
- **palmata** Willd. 1806 · D:Mexikanischer Ameisenbaum; E:Ambay, Snakewood Tree · ♄ Z9 Ⓦ; Mex., W.Ind., Bras.
- **peltata** L. 1759 · D:Karibischer Ameisenbaum; E:Trumpet Tree · ♄ Z9 Ⓦ Ⓝ; C-Am., W.Ind., trop. S-Am.

Cedrela P. Browne 1756 -f- *Meliaceae* · (S. 635) D:Zedrele; F:Cèdre bâtard
- **odorata** L. 1759 · D:Westindische Zedrele; E:Spanish Cedar, Toona · ♄ Z9 Ⓚ Ⓝ ✱; Mex., C-Am., S-Am.
- *sinensis* A. Juss. = Toona sinensis
- *toona* Roxb. ex Rottler = Toona ciliata

Cedronella Moench 1794 -f- *Lamiaceae* · (S. 580) D:Balsamstrauch; F:Baume de Galaad
- *cana* Hook. = Agastache cana
- **canariensis** (L.) Webb et Berthel. 1836-50 · D:Balsamstrauch; E:Balm of Gilead · ♃ Z8 Ⓚ ⚕; Canar., Azor., Madeira
- *mexicana* (Kunth) Benth. = Agastache mexicana
- *triphylla* Moench = Cedronella canariensis

Cedrostis Post et Kuntze = Kedrostis

Cedrus Trew 1755 -f- *Pinaceae* · (S. 93)
  D:Zeder; E:Cedar; F:Cèdre
- **atlantica** (Endl.) Manetti ex Carrière 1867 · D:Atlas-Zeder; E:Atlantic Cedar, Atlas Cedar; F:Cèdre de l'Atlas · ♄ e Z7 ⚥ ⓝ; Maroc., Alger.; Atlas [24350]
  'Aurea' Esveld 1900 [24370]
  'Fastigiata' Carrière 1890 [24380]
  Glauca Grp. Carrière 1867 · D:Blaue Atlas-Zeder
  'Glauca Pendula' Hort. USA 1900 [24400]
- **brevifolia** (Hook. f.) A. Henry 1908 · D:Zypern-Zeder; E:Cyprus Cedar · ♄ Z7; Cyprus [15959]
- **deodara** (Roxb.) G. Don 1830 · D:Himalaya-Zeder; E:Deodar, Indian Cedar; F:Cèdre de l'Himalaya · ♄ e Z7 ⓝ; Afgh., W-Him. [24410]
  'Aurea' Nelson 1866 [45820]
  'Blue Snake' Vergeldt 1962 [15379]
  'Eisregen' Horstmann 1983 [32200]
  'Feelin' Blue' Trimp et Sons 1987 [38094]
  'Glauca' Schelle 1909 [17129]
  'Golden Horizon' van Vliet 1975 [31896]
  'Karl Fuchs' Horstmann 1979 [32201]
  'Pendula' Moreau Nurs. > 1900 [30700]
  'Robusta' Lawson 1852 [41220]
- **libani** A. Rich. 1753 · D:Libanon-Zeder; E:Cedar of Lebanon · [24420]
  Nana Grp. Loudon 1838 [32334]
  'Pendula' Knight et Perry 1850 [41998]
  'Sargentii' Arnold Arb. 1923 [32336]
  'Taurus' Vergeer 1988 [24754]
  - subsp. *atlantica* (Endl.) O. Schwarz 1944 = Cedrus atlantica
  - subsp. *brevifolia* (Hook. f.) Meikle = Cedrus brevifolia
  - subsp. **libani** · D:Gewöhnliche Libanon-Zeder · ♄ e Z7 ⓝ; S-TR, Lebanon, Syr., Cyprus
  - subsp. **stenocoma** (O. Schwarz) P.H. Davis · D:Hohe Libanon-Zeder · ♄ e Z6; SE-TR [32338]
- *libanotica* Link = Cedrus libani subsp. libani
  - subsp. *atlantica* (Endl.) O. Schwarz 1944 = Cedrus atlantica

Ceiba Mill. 1754 -f- *Bombacaceae* · (S. 301)
  D:Kapokbaum; E:Kapok Tree; F:Kapokier
- **pentandra** (L.) Gaertn. 1791 · D:Weißer Kapokbaum; E:Kapok Tree, Silk Cotton Tree · ♄ d Z10 ⓦ ⚥ ⓝ; orig. ?; cult. Trop.

Celastrus L. 1753 -m- *Celastraceae* · (S. 408)
  D:Baumwürger; E:Bittersweet; F:Bourreau des arbres
- **angulatus** Maxim. 1881 · D:Kantiger Baumwürger · ♄ d ⚥ ⚭ Z5 VI; NW-China, C-China [22005]
- *articulatus* Thunb. = Celastrus orbiculatus var. orbiculatus
- *edulis* Vahl = Catha edulis
- **flagellaris** Rupr. 1857 · ♄ ⚥ ⚭ Z4 VI; Amur, N-China, Manch., Korea, Jap. [24756]
- **gemmata** Loes. 1902 · ♀ d Z7; C-China, W-China
- **hookeri** Prain 1904 · ♄ ♀ ⚥ Z6; S-China, Him.
- **hypoleucus** (Oliv.) Warb. ex Loes. 1901 · ♄ ♀ d ⚥ Z8 ⓚ VI; C-China: Sichuan, Hupeh
- **loeseneri** Rehder et E.H. Wilson 1915 · ♄ ⚥ Z6; C-China
- **orbiculatus** Thunb. 1784 [44283]
  'Diana' [35013]
  'Hercules' [35014]
  - var. **orbiculatus** · D:Rundblättriger Baumwürger; E:Oriental Bittersweet, Staff Vine; F:Bourreau des arbres · ♄ d ⚥ ⚭ Z5 VI; China, Manch., Jap. Sachal., nat. in E-USA
  - var. **punctatus** (Thunb.) Rehder · ♄ ♀ d ⚥ Z4 VI; s E-As.
- **rosthornianus** Loes. 1901 · ♄ d ⚥ ⚭ Z5 VI; W-China, C-China [24759]
- **scandens** L. 1753 · D:Amerikanischer Baumwürger; E:American Bittersweet, Waxwork · ♄ d ⚥ ⚭ Z5 VI ✱; Can.: E; USA: NE, NCE, Okla., SE [44284]

Celmisia Cass. 1817 -f- *Asteraceae* · (S. 232)
- **allanii** W. Martin 1935 · ♃ Z8 ⓚ; NZ (S-Is.)
- **alpina** (Kirk) Cheeseman 1925 · ♃ Z8 ⓚ; NZ (S-Is.)
- **argentea** Kirk 1899 · ♄ e Z8 ⓚ; NZ
- **bellidioides** Hook. f. · ♃ Z7 ⓚ; NZ
- **brevifolia** Cockayne et Cheeseman 1925 · ♃ Z8 ⓚ; NZ (S-Is.)
- **coriacea** (G. Forst.) Hook. f. 1844 · ♃ Z7 ⓚ; NZ [71851]
- **gracilenta** Hook. f. 1844 · ♃ Z7 ⓚ; NZ
- **hectoris** Hook. f. 1864 · ♄ e Z7 ⓚ; NZ (S-Is.); mts.
- **holosericea** (G. Forst.) Hook. f. 1844 · ♃ Z7 ⓚ; NZ

- **hookeri** Cockayne 1915 · ♃ Z8 ⓚ; NZ (S-Is.)
- **ramulosa** Hook. f. 1867 · ♄ e Z7 ⓚ; NZ
- **saxifraga** (Benth.) W.M. Curtis 1968 · ♃ Z8 ⓚ; Austr. (Tasman.)
- **semicordata** Petrie 1914 · ♃ Z8 ⓚ; NZ (S-Is.)
- **sessiliflora** Hook. f. 1864 · ♃ Z8 ⓚ; NZ (S-Is.); mts.
- **spectabilis** Hook. f. 1844 · ♃ Z7 ⓚ; NZ
  - var. **angustifolia** W. Martin 1935 · ♃ Z7 ⓚ; NZ (S-Is.); mts.
  - var. **spectabilis**
- **traversii** Hook. f. 1864 · ♃ Z7 ⓚ; NZ (S-Is.); mts. [71853]
- **viscosa** Hook. f. 1864 · ♄ e Z8 ⓚ; NZ (S-Is.); mts.

Celosia L. 1753 -f- *Amaranthaceae* · (S. 153)
  D:Brandschopf, Hahnenkamm; E:Cockscomb, Woolflower; F:Célosie, Crête-de-coq
- **argentea** L. 1753
  - var. **argentea** · D:Silber-Brandschopf; E:Red Spinach · ⊙ Z9 VII-IX ⓝ; Trop.
  - var. **cristata** (L.) Kuntze 1891 · D:Hahnenkamm; E:Cockscomb; F:Célosie crête de coq · ⊙ Z9 VII-IX; cult.
  Ch Childsii-Gruppe
      Kuglige Büschel von Blütenständen.
  Cr Cristata-Gruppe
      Gewellte Büschel aus verwachsenen Blütenstielen.
  P   Plumosus-Gruppe
      Aufrechte, fedrige Blütenstände mit kleinen, deformierten Blüten.
  S   Spicata-Gruppe
      Schlanke Blütenstände von metallischem Rosa oder Gelb.
  Quelle: GRIFFITHS, M. (1994)
    Century Ser. (Cr)
    Flamingo Ser. (S)
    Geisha Ser. (P)
    Olympia Ser. (Cr)
- *cristata* L. = Celosia argentea var. cristata
- *plumosa* Burv. = Celosia argentea var. cristata

Celsia L. = Verbascum
- *rechingeri* Murb. = Verbascum phoeniceum

Celtis L. 1753 -f- *Ulmaceae* · (S. 875)
  D:Zürgelbaum; E:Nettle Tree;

F:Micocoulier
- **africana** Burm. f. 1817
- **australis** L. 1753 · D:Südlicher Zürgelbaum; E:Nettle Tree · ♄ ♄ d Z6 III-IV ⚥ Ⓝ; Eur.: Ib, Fr, Ap, Ba, RO; TR, Levante, Cauc., Madeira, NW-Afr., Libya, nat. in CH [46740]
- **biondii** Pamp. 1910 · ♄ d Z5; C-China [24762]
- **bungeana** Blume 1852 · ♄ d Z6; C-China, N-China, Manch., Korea [20341]
- **caucasica** Willd. 1806 · D:Kaukasischer Zürgelbaum; E:Caucasian Nettle Tree · ♄ ♄ d Z6; E-BG, TR, Cauk., C-As, Afgh. [24763]
- **glabrata** Planch. 1848 · D:Kahler Zürgelbaum · ♄ ♄ d Z5; Cauc., Krim, TR [24764]
- **integrifolia** Lam. 1796 · ♄ Z9 ⓚ; trop. Afr., Arab.
- *integrifolia* Nutt. = Celtis laevigata
- **julianae** C.K. Schneid. 1916 · ♄ d; C-China [24766]
- **koraiensis** Nakai 1909 · D:Koreanischer Zürgelbaum · ♄ Z6; Korea, Manch., N-China [24767]
- **labilis** C.K. Schneid. 1916 · ♄ d Z6; C-China
- **laevigata** Willd. · D:Glattblättriger Zürgelbaum; E:Sugarberry · ♄ Z6 Ⓝ; USA: Va., Mo., Kans., SE, SC, N.Mex.; Mex., W.Ind.
- *mississippiensis* Spach = Celtis laevigata
- **occidentalis** L. 1753 [46760]
  - var. **cordata** Willd. 1811 · ♄ ♄ d Z5; S-USA
  - var. *occidentalis* · D:Amerikanischer Zürgelbaum; E:Common Hackberry, Mississippi Hackberry · ♄ d Z5 Ⓝ; E-Can., USA: NE, NCE, NC, SC, SE
  - var. *pumila* (Pursh) Dippel 1892 = Celtis occidentalis var. occidentalis
- **reticulata** Torr. 1827 · ♄ ♄ d Z6; SW-USA [27218]
- **sinensis** Pers. 1805 · D:Chinesischer Zürgelbaum; E:Chinese Hackberry · ♄ d Z8 △; Jap., Korea, E-China [20342]
- **tournefortii** Lam. 1797 · D:Tourneforts Zürgelbaum · ♄ ♄ d Z6; Eur.: Sic., Ba, Krim; TR, N-Iraq, N-Iran [24770]

Cenchrus L. 1753 -m- *Poaceae* · (S. 1104)
D:Klebgras, Stachelgras; E:Sandbur

- **ciliaris** L. 1771 · D:Klebgras; E:African Foxtail Grass, Buffel Grass · ⌖ Z8 Ⓝ; Afr., SW-As., Sic.
- **incertus** M.A. Curtis 1837 · D:Stachelgras; E:Coast Sandbur, Spiny Burr Grass · ⊙ Z9; Am., nat. in Corse, I, ? F, ? sp.

Centaurea L. 1753 -f- *Asteraceae* · (S. 233)
D:Flockenblume, Kornblume; E:Knapweed, Star Thistle; F:Bleuet, Centaurée
- **americana** Nutt. 1821 · D:Amerikanische Flockenblume; E:American Star Thistle, Basket Flower · ⊙ Z4 VII-VIII; USA: Mo. SE, SC, SW; Mex.
- **argentea** L. 1753 · ⌖ Z8 ⓚ; Eur.: Crete; mts.
- **atropurpurea** Waldst. et Kit. 1802 · ⌖ Z6; Eur.: Ba, RO [72428]
- **babylonica** (L.) L. 1771 · ⌖ Z6; S-TR, Lebanon
- **bella** Trautv. 1866 · D:Zierliche Silber-Flockenblume; F:Centaurée élégante · ⌖ △ Z6 VI-VII; Cauc. [63019]
- **benoistii** Humbert 1924
- **bracteata** Scop. 1786 · D:Hellschuppige Flockenblume · ⌖ VII-IX; Eur.: F, I, CH, A, Slove.; Croatia; S-Alp.
- **calcitrapa** L. 1753 · D:Stern-Flockenblume; E:Purple Star Thistle · ⊙ ⊙ VII-X; Eur.*, NW-Afr., nat. in BrI, A, D, N-Am.
- **cana** Waldst. et Kit. · ⌖; Eur.: Ba, Krim
- *candidissima* hort. = Centaurea ragusina
- *candidissima* Lam. = Centaurea cineraria
- **cheiranthifolia** Willd. 1794
  - var. **cheiranthifolia**
  - var. **purpurascens** (DC.) Wagenitz 1974 · ⌖; NE-TR, Cauc.
- **cineraria** L. 1753 · ⌖ ♄ Z8 ⓚ VII-VIII; Eur.: W-I, Sic.
- **clementei** Boiss. ex DC. 1838 · ⌖ Z6; SW-Sp.
- **cyanus** L. 1753 · D:Kornblume; E:Bachelor's Button, Cornflower · ⊙ ⋈ VI-X ⚥; Eur.: Sic., Ba, nat. in Eur.*, Cauc., W-Sib., E-Sib., NW-Afr., N-Am.
  Florence Ser.
  Gloria Ser.
  King Size Ser.
  Midget Ser.
- *cynaroides* Link = Stemmacantha centauroides
- **dealbata** Willd. 1803 ·

F:Centaurée blanchâtre · ⌖ Z3 VI-VII; Cauc. [63020]
  'Steenbergii' [63021]
- **diffusa** Lam. 1785 · D:Sparrige Flockenblume; E:White Knapweed · ⊙ VII-VIII; Eur.: Ba, E-Eur.; TR, nat. in C-Eur., EC-Eur., F, I
- *fischeri* = Centaurea cheiranthifolia var. purpurascens
- **glastifolia** L. 1753 · ⌖ ~ Z6 VI-IX; Eur.: Russ.; TR, Cauc. [63057]
- *gymnocarpa* Moris et De Not. = Centaurea cineraria
- **hypoleuca** DC. 1838 · ⌖ Z5 VII-X; TR, Cauc., NW-Iran [63022]
  'John Coutts' [63023]
- **incana** Lag. 1816 · ⌖; Maroc., Alger.
- **jacea** Gren. et Godr.
  - subsp. **jacea** · D:Gewöhnliche Wiesen-Flockenblume · ⌖ Z6 VI-X; Eur.* exc. BrI; TR, nat. in BrI, N-Am.
- **jacea** L. 1753 · D:Wiesen-Flockenblume; E:Brown Knapweed · [63024]
  - subsp. *gaudini* (Boiss. et Reut.) Gremli 1874 = Centaurea bracteata
- **kosaninii** Hayek 1914 · ⌖ △ VI; AL
- **kotschyana** Heuff. ex W.D.J. Koch 1835 · ⌖ Z5 VI-VII; Eur.: Ba, RO, W-Russ.; mts.
- **macrocephala** Muss. Puschk. ex Willd. 1803 · D:Großköpfige Flockenblume; E:Great Golden Knapweed; F:Centaurée à grosse tête · ⌖ Z3 VII-VIII; Cauc. [63025]
- **melitensis** L. 1753 · D:Malteser Flockenblume; E:Maltese Star Thistle · ⊙ X-VII; Eur.: Ib, F, Ap, Ba; Canar., Madeira, NW-Afr.
- **microptilon** (Godr.) Gren. et Godr. 1850 · D:Kleinfederige Flockenblume · ⌖; Eur.: sp., F, B, NL
- **montana** L. 1753 · D:Berg-Flockenblume; E:Mountain Knapweed, Perennial Cornflower; F:Centaurée des montagnes · ⌖ Z3 V-X; Eur.: Ib, Fr, Ap, C-Eur., EC-Eur., Slove., Croatia ; mts., nat. in FIN [63026]
  'Alba' [63027]
  'Carnea' [68369]
  'Grandiflora' [63028]
  'Parham' [63029]
  'Violacea'
- *moschata* L. = Amberboa moschata
- **nigra** L. 1753
  - subsp. **debeauxii** (Gren. et

Godr.) Malag. 1973 · ♃ Z5; SW-F, N-Sp.
- subsp. **nemoralis** (Jord.) Gremli 1874 · D:Hain-Flockenblume · ♃ Z5 VII-IX; Eur.: C-Eur., F
- subsp. **nigra** · D:Schwarze Flockenblume; E:Black Knapweed, Common Knapweed · ♃ Z5 VII-IX; Eur.: Fr, BrI, Ib, Ap, C-Eur., Ba, Sc, nat. in N-Am., NZ
- subsp. **rivularis** (Brot.) Cout. 1913 [63032]
- **nigrescens** Willd. 1874 · D:Schwärzliche Flockenblume; E:Vochin Knapweed · ♃ VII-IX; Eur.: Fr, Ap, C-Eur., EC-Eur., Ba, RO, ? W-Russ.
- *odorata* hort. = Amberboa moschata
- **orientalis** L. 1753 · ♃ Z7 ⋀ VII-IX; Eur.: Ba, E-Eur. [63033]
- **paniculata** L. 1753 · D:Rispige Flockenblume · ⊙ VII-IX; Eur.: Ib, F, I
- **phrygia** L. 1753 · D:Phrygische Flockenblume · ♃ Z6 VIII-IX; Eur.: Ap, C-Eur., EC-Eur., Sc, Ba, E-Eur., ; Cauc.
- × **psammogena** Gáyer 1909 (*C. diffusa* × *C. stoebe*) · D:Sandbürtige Flockenblume · ; Eur.: D (Mannheim)
- **pseudophrygia** C.A. Mey. 1845 · D:Perücken-Flockenblume · ♃ VIII-IX; C-Eur., DK, Norw., S-Russl.
- **pulcherrima** Willd. 1803 · D:Silber-Flockenblume · ♃ Z6 VI-VII; Cauc., TR [63034]
- **ragusina** L. 1753 · E:Dusty Miller · ♃ Z7 VII-VIII; Eur.: Croatia
- **rhaetica** Moritzi 1839 · D:Rätische Flockenblume · ♃ VII-VIII; Eur.: I, CH; S-Alp.
- *rhapontica* L. = Stemmacantha rhapontica
- *rhenana* Boreau = Centaurea stoebe subsp. stoebe
- **rupestris** L. 1763 · ♃ ; Eur.: I, Ba [63035]
- **ruthenica** Lam. 1783 · D:Gelbe Flockenblume · ♃ Z3 VII-VIII; Eur.: E-Eur.; Cauc., W-Sib., C-As. [63036]
- **salonitana** Vis. 1829 · ♃ ; Eur.: H, Ba, RO, Krim; TR, Cauc.
- **scabiosa** L. 1753 · D:Skabiosen-Flockenblume · [63037]
 - subsp. **alpestris** (Hegetschw.) Nyman 1879 · D:Alpen-Flockenblume · ♃ Z4 VII-VIII; Eur.: F, I, CH, A, EC-Eur., ? sp.; Pyr., Alp., Jura, W-Carp. [67782]

- subsp. **fritschii** Hayek · D:Fritschs Flockenblume · ♃ Z4 VI-X; Eur.: A, Slove., H, BG, AL
- subsp. **grineensis** (Reut.) Nyman · D:Schmalblättrige Flockenblume · ♃ Z4 VI-IX; Eur.: I, C-Eur., EC-Eur., Ba, RO
- subsp. **scabiosa** · D:Gewöhnliche Skabiosen-Flockenblume; E:Greater Knapweed; F:Centaurée scabieuse · ♃ Z4 VII-VIII; Eur.*, W-Sib., E-Sib.
- **simplicicaulis** Boiss. et A. Huet 1856 · ♃ △ Z4 VI; Cauc. (Armen.) [63038]
- **solstitialis** L. 1753 · D:Sonnwend-Flockenblume; E:St Barnaby's Thistle, Yellow Star Thistle · ⊙ ⊙ VII-X; Eur.: Ib, Fr, Ap, Ba, E-Eur.; TR, Lebanon, Cauc., Iran, nat. in BrI, C-Eur., EC-Eur., N-Am.
- **speciosa** Boiss. 1849 · ♃ ♄ ⌂; TR, Palaest.
- **splendens** L. 1753 · D:Glänzende Flockenblume · ⊙ ♃ VII-VIII; Eur.: I, CH, Ba
- **stenolepis** A. Kern. 1872 · D:Schmalschuppige Flockenblume · ♃ Z5 VIII-IX; Eur.: I, A, EC-Eur., Ba, E-Eur.
- **stoebe** L. 1753 · D:Rispen-Flockenblume
 - subsp. *maculosa* (Lam.) Schinz et Thell. 1909 = Centaurea stoebe subsp. stoebe
 - subsp. **micranthos** (Gugler) Hayek 1931 · D:Kleinköpfige Rispen-Flockenblume · ♃ VII-IX; Eur.: A, H
 - subsp. **stoebe** · D:Gefleckte Flockenblume, Gewöhnliche Rispen-Flockenblume · ⊙ ♃ VII-IX; Eur.: F, C-Eur., N-I, nat. in N-Am.
- *stricta* Waldst. et Kit. = Centaurea triumfettii subsp. stricta
- *suaveolens* Willd. = Amberboa moschata
- **transalpina** Schleich. ex DC. 1815 · D:Südliche Flockenblume · ♃ ; Eur.: F, CH, A, I; Alp.
- **triumfettii** All. 1773 [63039]
 - subsp. **cana** (Waldst. et Kit.) Dostál 1976 · ♃ Z5; Ba, Krim
 - subsp. **stricta** (Waldst. et Kit.) Dostál 1931 · ♃ Z5; Eur.: EC-Eur., N-Ba
 - subsp. **triumfettii** · D:Bunte Flockenblume · ♃ Z5 V-VII; Eur.* exc. BrI, Sc; TR, Lebanon, Cauc., N-Iran, Maroc.
- **uniflora** Turra 1765
 - subsp. **nervosa** (Willd.) Bonnier et Layens 1894 · D:Fede-

rige Flockenblume; E:Plume Knapweed · ♃ Z4 VII; Eur.: F, I, C-Eur., Ba, RO; Alp., N-Apenn., S-Carp., Balkan mts. [63040]
- subsp. **uniflora** · ♃ Z4; Eur.: F, I, CH; SW-Alp., Apenn.
- **vallesiaca** (DC.) Jord. 1852 · D:Walliser Flockenblume · ⊙ VII-IX; Eur.: F, CH, I; SW-Alp.

Centaurium Hill 1756 -n- *Gentianaceae* · (S. 540) D:Tausendgüldenkraut; E:Centaury; F:Gentianelle, Petite centaurée
- *chloodes* (Brot.) Samp. = Centaurium confertum
- **confertum** (Pers.) Druce 1917 · ⊙ ⊙ △ Z8 ⌂ VII-IX ▽; Eur.: Ib, F; costs
- **erythraea** Rafn 1800 · D:Echtes Tausendgüldenkraut, Kopfiges Tausendgüldenkraut; E:Centaury, Common Centaury · ⊙ ⊙ Z8 VII-X ⚥ ▽; Eur.*, TR, Levante, Cauc., N-Iraq, Iran, W-Sib., C-As., Afgh., Pakist., NW-Afr., Libya [63041]
- **littorale** (Turner) Gilmour · D:Gewöhnliches Strand-Tausendgüldenkraut · ⊙ Z8 VII-IX ▽; Eur.: Sc, BrI, Fr, C-Eur., EC-Eur., E-Eur., ? I
- *minus* auct. non Moench = Centaurium erythraea
- **pulchellum** (Sw.) Druce · D:Gewöhnliches Kleines Tausendgüldenkraut · ⊙ Z8 VII-IX ▽; Eur.*, TR, Levante, Cauc., C-As.
- **scilloides** (L. f.) Samp. 1913 · D:Staudiges Tausendgüldenkraut; E:Perennial Centaury · ⊙ ⊙ ♃ △ Z8 VII-IX ▽; Eur.: Ib, F, BrI
- **spicatum** (L.) Fritsch 1907 · D:Ähriges Tausendgüldenkraut · ⊙ ⊙ Z8 ▽; Eur.: Ib, Fr, Ap, Ba, E-Eur.; TR, Levante, Iraq, Cauc., Iran, Afgh., C-As., N-Afr.
- *umbellatum* Gilib. = Centaurium erythraea

Centella L. 1763 -f- *Apiaceae* · (S. 170) D:Sumpfpfennigkraut; E:Pennywort
- **asiatica** (L.) Urb. 1879 · D:Asiatisches Sumpfpfennigkraut; E:Asiatic Pennywort, Indian Pennywort · ♃ ∼ ⌂ ⚥ ✲ ⓝ; ? Afr.

Centradenia G. Don 1832 -f- *Melastomataceae* · (S. 628)
- **floribunda** Planch. 1849 · ♄ Z9 ⓦ

II-VI; Guat.
- **grandifolia** (Schltdl.) Endl. 1843 · ♄ Z9 ⓦ XI-XII; S-Mex., Guat.
- **inaequilateralis** (Schltdl. et Cham.) G. Don 1832 · ♄ Z9 ⓦ XI-I; Mex.
- *rosea* Lindl. = Centradenia inaequilateralis

Centranthus Lam. et DC. 1805 -m- *Valerianaceae* · (S. 881)
D:Spornblume; E:Red Valerian; F:Valériane des jardins
- **angustifolius** (Mill.) DC. 1805 · D:Schmalblättrige Spornblume · ♃ ∧ VI-VII; Eur.: F, CH, I
- **calcitrapae** (L.) Dufr. 1811 · ☉ VII-VIII; Eur.: Ib, Fr, Ap, Ba, Krim; TR, Cyprus, Madeira, Canar., NW-Afr.
- **macrosiphon** Boiss. 1843 · ☉ V-VIII; Eur.: S-Sp.; Alger., nat. in I
- **ruber** (L.) DC. 1805 · D:Rote Spornblume; E:Jupiter's Beard, Red Valerian; F:Lilas d'Espagne, Valériane rouge · ♃ Z7 V-VII ⚥ ; Eur.: Ib, Fr, Ap, Ba; NW-TR, Syr., NW-Afr., nat. in BrI, C-Eur., Krim [73838]
'Albus' [63043]
'Coccineus' [63044]

Centropogon C. Presl 1836 -m- *Campanulaceae* · (S. 383)
D:Stachelbart
- **cornutus** (L.) Druce 1914 · ♄ ⚥ Z10 ⓦ XII-II; C-Am., trop. S-Am.
- **fastuosus** Scheidw. 1841 Z10 ⓦ
- × **lucyanus** Schönland 1889 (*C. fastuosus* × *Siphocampylus betulifolius*) · ♄ Z10 ⓦ XII-II; NE-TR, Syr., Lebanon
- *surinamensis* C. Presl = Centropogon cornutus

Centrosema (DC.) Benth. 1838 -n- *Fabaceae* · (S. 502)
D:Schmetterlingserbse; E:Butterfly Pea; F:Pois bâtard, Pois-rivière
- **plumieri** (Turpin ex Pers.) Benth. 1837 · ♃ ⓦ ⓝ; trop. Am., nat. in trop. As., Afr.
- **pubescens** Benth. 1837 · ♃ ⓦ ⓝ; trop. Am.
- **virginianum** (L.) Benth. 1837 · D:Virginische Schmetterlingserbse; E:Butterfly Pea, Conchita · ♃ ⚥ Z6 VII-VIII; USA: NE, SE, Fla., SC; trop. S-Am., nat. in trop. Afr.

Centrosolenia Benth. = Nautilocalyx
- *bullata* Lem. = Nautilocalyx bullatus
- *picta* Hook. = Nautilocalyx pictus

Cephaelis Sw. = Psychotria
- *acuminata* H. Karst. = Psychotria cuspidata
- *ipecacuanha* (Brot.) A. Rich. = Psychotria ipecacuanha

Cephalandra Schrad. ex Eckl. et Zeyh. = Coccinia
- *indica* (Wight et Arn.) Naudin = Coccinia grandis

Cephalanthera Rich. 1818 -f- *Orchidaceae* · (S. 1055)
D:Waldvögelein; E:Helleborine; F:Céphalanthère
- **damasonium** (Mill.) Druce 1906 · D:Bleiches Waldvögelein; E:White Helleborine · ♃ Z6 V-VI ▽ ✻; Eur.*, TR, Cauc., N-Iran, N-As., Alger.
- *ensifolia* (Sw.) Rich. = Cephalanthera longifolia
- *grandiflora* Gray = Cephalanthera damasonium
- **longifolia** (L.) Fritsch 1888 · D:Langblättriges Waldvögelein, Schwertblättriges Waldvögelein; E:Sword-leaved Helleborine, White Lady · ♃ Z7 V-VI ▽ ✻; Eur.*, TR, Lebanon, Cauc., Iran, Him., C-As., E-As.
- *pallens* Rich. = Cephalanthera longifolia
- **rubra** (L.) Rich. 1817 · D:Rotes Waldvögelein; E:Red Helleborine · ♃ Z6 VI-VII ▽ ✻; Eur.*, TR, Cyprus, Cauc., NW-Iran, Maroc.

Cephalanthus L. 1753 -m- *Rubiaceae* · (S. 769)
D:Knopfbusch; E:Buttonbush; F:Pois-bouton
- **occidentalis** L. 1753 · D:Knopfbusch; E:Button Bush, Button Willow · ♄ d Z5 VII-VIII; Can.: E; USA: NE, NCE, SE, Fla., SC, SW, Calif.; Mex. W.Ind. [31755]

Cephalaria Schrad. ex Roem. et Schult. 1818 -f- *Dipsacaceae* · (S. 452)
D:Schuppenkopf; E:Giant Scabious; F:Céphalaire
- **alpina** (L.) Schrad. ex Roem. et Schult. 1818 · D:Alpen-Schuppenkopf; E:Alpine Scabious · ♃ VII-VIII; Eur.: I, C-Eur.; Alp., Jura, Apenn. [63045]
- **dipsacoides** Boiss. et Balansa 1859 · ♃ ; TR, Syr.
- **gigantea** (Ledeb.) Bobrov 1932 · D:Großer Schuppenkopf; E:Giant Scabious, Yellow Scabious · ♃ VII-VIII; Cauc. [63046]
- **leucantha** (L.) Schrad. ex Roem. et Schult. 1818 · ♃ VII-VIII; Eur.: Ib, Fr, Ap, Ba; Maroc., Alger.
- **radiata** Griseb. et Schenk 1852 · D:Strahlender Schuppenkopf · ♃ ; Eur.: RO; mts.
- **syriaca** (L.) Schrad. ex Roem. et Schult. 1818 · D:Orientalischer Schuppenkopf · ☉ ⓝ; Cauc., Iran, Afgh., C-As., nat. in F, I
- *tatarica* hort. non (L.) Roem. et Schult. = Cephalaria gigantea
- **tchihatchewii** Boiss. 1860 · ♃ ; E-TR, W-Iran
- **transsylvanica** (L.) Roem. et Schult. 1818 · D:Siebenbürger Schuppenkopf · ☉ VII-VIII; Eur.: Fr, Ap, EC-Eur., Ba, E-Eur.; TR, Cauc., Iran, nat. in A
- **uralensis** (Murr) Roem. et Schult. 1818

Cephalipterum A. Gray 1852 -n- *Asteraceae* · (S. 233)
D:Silberne Strohblume; E:Silver-flowered Everlasting; F:Immortelle argentée
- **drummondii** A. Gray 1852 · D:Silberne Strohblume; E:Silver-flowered Everlasting · ☉ ⋈ Z8 ⓚ; W-Austr., S-Austr.

Cephalocereus Pfeiff. 1838 -m- *Cactaceae* · (S. 349)
- *blossfeldiorum* Werderm. = Espostoa blossfeldiorum
- *dybowskii* (Rol.-Goss.) Britton et Rose = Austrocephalocereus dybowskii
- *glaucescens* (Labour.) Borg = Pilosocereus glaucescens
- *guentheri* Kupper = Espostoa guentheri
- *lehmannianus* Werderm. = Austrocephalocereus lehmannianus
- *leucostele* (Gürke) Britton et Rose = Stephanocereus leucostele
- *melanostele* Vaupel = Espostoa melanostele
- *palmeri* Rose = Pilosocereus leucocephalus
- *pentaedrophorus* (Labour.) Britton et Rose = Pilosocereus pentaedrophorus
- *polyanthus* Werderm. = Micranthocereus polyanthus
- *purpureus* Gürke = Austrocephalocereus purpureus

- **senilis** (Haw.) Pfeiff. 1838 · D:Greisenhaupt; E:Old Man Cactus · ⚥ Z9 ⓜ ▽ ✳; C-Mex.

Cephalocleistocactus F. Ritter = Cleistocactus
- *ritteri* (Backeb.) Backeb. = Cleistocactus ritteri

Cephalophyllum (Haw.) N.E. Br. 1925 -n- *Aizoaceae* · (S. 141)
- *decipiens* (Haw.) L. Bolus = Cephalophyllum loreum
- **loreum** (L.) Schwantes 1928 · ⚄ ⚥ Z9 ⓚ; Kap
- **subulatoides** (Haw.) N.E. Br. 1929 · ⚄ ⚥ Z9 ⓚ; Kap
- **tricolorum** (Haw.) Schwantes 1928 · ⚄ ⚥ Z9 ⓚ; Kap

Cephalotaxus Siebold et Zucc. 1842 -f- *Cephalotaxaceae* · (S. 87) D:Kopfeibe; E:Plum Yew; F:If-à-prunes
- *argotaenia* Pilg. = Amentotaxus argotaenia
- *celebica* Warb. = Taxus sumatrana
- *drupacea* Siebold et Zucc. = Cephalotaxus harringtonii var. drupacea
- **fortunei** Hook. · ♄ e Z7; C-China
- **harringtonii** (Knight ex J. Forbes) K. Koch 1873 · D:Harringtons Kopfeibe, Japanische Kopfeibe; E:Japanese Plum Yew · [24771] 'Fastigiata' Carrière 1913 [46980]
  - var. **drupacea** (Siebold et Zucc.) Koidz. 1930 · D:Pflaumen-Kopfeibe; E:Cow's Tail Pine, Plum Yew · ♄ e Z7 ⓝ; Jap., C-China [46960]
  - var. **harringtonii** · D:Gewöhnliche Japanische Kopfeibe; E:Japanese Plum Yew · ♄ ♄ e Z6; China, Korea, Jap.
- *pedunculata* Siebold et Zucc. = Cephalotaxus harringtonii var. harringtonii
- *sumatrana* Miq. = Taxus sumatrana

Cephalotus Labill. 1806 -m- *Cephalotaceae* · (S. 409) D:Drüsenköpfchen; E:Australian Pitcher Plant; F:Plante-outre
- **follicularis** Labill. 1806 · D:Drüsenköpfchen; E:Australian Flycatcher Plant · ⚄ Z10 ⓜ ⓚ; W-Austr.

Ceraria H. Pearson et Stephens 1912 -f- *Portulacaceae*
- **namaquensis** (Sond.) H. Pearson et Stephens 1912 · ♄ ⚥ e Z9 ⓚ; S-Afr. (W-Cape)
- **pygmaea** (Pillans) G.D. Rowley 1996 · ♄ ⚥ e Z9 ⓚ; S-Afr. (Cape Prov.: Little Namaqualand)

Cerastium L. 1753 -n- *Caryophyllaceae* · (S. 399) D:Hornkraut; E:Mouse Ear; F:Céraiste
- **alpinum** L. 1753 · D:Alpen-Hornkraut · [68613]
  - subsp. **alpinum** · D:Gewöhnliches Alpen-Hornkraut; E:Alpine Mouse Ear · ⚄ Z3 VII-VIII; Eur.*; N, mts.
  - subsp. **lanatum** (Lam.) Asch. et Graebn. 1917 · D:Wolliges Alpen-Hornkraut · ⚄ △ Z3 VI-VIII; Eur.*; N, mts.; N-As., China, N-Am., Greenl. [69139]
- **arvense** L. 1753 · D:Acker-Hornkraut 'Compactum' [63048]
  - subsp. **arvense** · D:Gewöhnliches Acker-Hornkraut; F:Céraiste des champs · ⚄ △ Z3 IV-V; Eur.*, Cauc., W-Sib., E-Sib., Amur, C-As., Mong., N-China, Maroc., nat. in N-Am. [63047]
- **biebersteinii** DC. 1823 · ⚄ ⤳ V-VI; Krim [63049]
- **brachypetalum** N.H.F. Desp. ex Pers. 1805 · D:Bärtiges Hornkraut, Kleinblütiges Hornkraut · ⊙ IV-VI; Eur.*, TR, Levante, Maroc., Alger.
- **candidissimum** Correns 1909 · ⚄ ⤳ V-VI; GR [71854]
- **carinthiacum** Vest 1808
  - subsp. **austroalpinum** (Kunz) Kunz 1956 · D:Südalpines Hornkraut · ⚄ VI-IX; Eur.: CH, A
  - subsp. **carinthiacum** · D:Kärntner Hornkraut · ⚄ VI-IX; Eur.: CH, I, A, Slove.; E-Alp.
- **cerastoides** (L.) Britton 1894 · D:Dreigriffeliges Hornkraut · ⚄ VII-VIII; Eur.*, TR, Levante, Cauc., Iran, W-Sib., E-Sib., C-As., Him., Mong., Maroc., N-Am., Greenl.
- **diffusum** Pers. 1805 · D:Viermänniges Hornkraut
  - subsp. **diffusum** · D:Gewöhnliches Viermänniges Hornkraut · ⊙ III-VI; Eur.*, NW-TR, Maroc., Alger., Libya
  - subsp. **subtetrandrum** (Lange) P.D. Sell et Whitehead 1964 · D:Fünfmänniges Hornkraut · III-V; Eur.: A, EC-Eur., S-Sweden
- **dubium** (Bastard) Guépin 1830 · D:Klebriges Hornkraut · ⊙ IV-VI; Eur.* exc. BrI, Sc; TR, Levante, Alger.
- **fontanum** Baumg. 1816 · D:Quellen-Hornkraut · ⚄ IV-VI; Eur.*, TR, Maroc., Tun.
- **glomeratum** Thuill. 1799 · D:Knäuel-Hornkraut · ⊙ III-IX; Eur.*, TR, Levante, Cauc., C-As., NW-Afr., Libya, N-Am., S-Am., S-Afr., Austr.
- **glutinosum** Fr. 1817 · D:Bleiches Zwerg-Hornkraut · ⊙ III-V; Eur.*, TR, Cauc., Maroc.
- **grandiflorum** Waldst. et Kit. 1803-05 · ⚄ △ VII-VIII; Eur.: Croatia, Bosn., Montenegro, YU, , AL [71855]
- **holosteoides** Fr. 1817 · D:Gewöhnliches Hornkraut · ⚄ III-VI; Eur.*, TR, Maroc., Tun., nat. in cosmop.
- **julicum** Schellm. 1938 · D:Julisches Hornkraut · ⚄ V-VII; Eur.: A, Slove.; SE-Alp.
- *lanatum* Lam. = Cerastium alpinum subsp. lanatum
- **latifolium** L. 1753 · D:Breitblättriges Hornkraut · ⚄ VII-VIII; Eur.: F, I, C-Eur., EC-Eur., RO; Alp., Apenn., Carp.
- **ligusticum** Viv. 1802 · D:Ligurisches Hornkraut · ⊙ IV-V; Eur.: Ap, Ba, ? F; TR
- **lucorum** (Schur) Möschl 1973 · D:Großfrüchtiges Hornkraut · ⚄ IV-VI; N-Sp. to C-Eur.
- **pedunculatum** Gaudin ex Ser. 1824 · D:Langstieliges Hornkraut · ⚄ VII-VIII; Eur.: F, I, D, A; Alp.
- **pumilum** Curtis 1777 · D:Dunkles Zwerg-Hornkraut, Niedriges Hornkraut · ⊙ III-V; Eur.*, TR, Cauc., Iran, Maroc., Tun.
- *repens* M. Bieb. non L. = Cerastium biebersteinii
- **semidecandrum** L. 1753 · D:Sand-Hornkraut · ⊙ III-V; Eur.*, TR, Cyprus, Cauc., N-Iran
- **siculum** Guss. 1832 · D:Sizilianisches Hornkraut · ⊙; Eur.: Balear., F, I, ? sp.
- **sylvaticum** Waldst. et Kit. 1802 · D:Wald-Hornkraut · ⚄ VI-VII; Eur.: I, A, EC-Eur., Ba, E-Eur.
- **tenoreanum** Ser. 1824 · D:Tenores Hornkraut · ⊙ IV-V; CH, A, I, Ba
- **tomentosum** L. 1753 · D:Filziges Hornkraut; E:Snow-in-Summer · [63050]
  - subsp. **columnae** (Ten.) Arcang. 1882 · F:Céraiste laineux · ⚄ ⤳ △ Z4 V-VI; S-I [63052] 'Silberteppich' [63051]

– subsp. **tomentosum** · F:Céraiste feutré, Céraiste laineux · ♄ Z4 V-VII; Eur.: I, Sic.; Apenn., nat. in BrI, Sc, C-Eur., EC-Eur.
'Yo Yo'
– **uniflorum** Clairv. 1811 · D:Einblütiges Hornkraut · ♄ VII-VIII; Eur.: I, C-Eur., EC-Eur., Slove., Bosn., Serb.; Alp., Carp., Bosn., Serb.
– *villosum* Baumg. = Cerastium alpinum subsp. lanatum

Cerasus Mill. = Prunus
– *avium* = Prunus avium
– *fruticosa* Pall. = Prunus fruticosa
– *vulgaris* Mill. = Prunus cerasus

Ceratocapnos Durieu 1844 -f- *Fumariaceae* · (S. 537)
D:Lerchensporn
– **claviculata** (L.) Lidén 1984 · D:Rankender Lerchensporn · ⊙ VI-IX; Eur.: Sc, BrI, Fr, D, Ib

Ceratocephala Moench 1794 -f- *Ranunculaceae* · (S. 728)
D:Hornköpfchen; F:Cératocéphale
– **falcata** (L.) Pers. 1805 · D:Sichelfrüchtiges Hornköpfchen · ⊙ III-V; Eur.: Ib, Fr, Ap, Ba, E-Eur., ? H; TR, Cyprus, Cauc., Iran, C-As., Him., NW-Afr.
– **testiculata** (Crantz) Roth 1827 · D:Geradfrüchtiges Hornköpfchen · ⊙ III-V; Eur.: A, EC-Eur., Ba, E-Eur.; TR, Cauc., Iran, Afgh., Pakist., Sib., Maroc., Alger.

Ceratonia L. 1753 -f- *Caesalpiniaceae* · (S. 373)
D:Johannisbrotbaum; E:St John's Bread; F:Caroubier
– **siliqua** L. 1753 · D:Johannisbrotbaum; E:Carob, St John's Bread · ♄ ♄ e Z8 ⌂ ⚥ ⓝ; Eur.: Ib, Fr, Ap, Ba; TR, Levante, Arab., NW-Afr., Libya [19303]

Ceratopetalum Sm. 1793 -n- *Cunoniaceae* · (S. 439)
– **gummiferum** Sm. 1793 · ♄ ♄ Z10 ⌂; Austr.: Queensl., N.S.Wales

Ceratophyllum L. 1753 -n- *Ceratophyllaceae* · (S. 410)
D:Hornblatt; E:Hornwort; F:Cératophylle
– **demersum** L. · D:Gewöhnliches Raues Hornblatt; F:Coon's Tail, Hornwort; F:Cératophylle émergé · ⌛ ≈ ⌂ VI-IX; Eur.*, TR, Cauc., W-Sib., E-Sib., N-Afr. [67158]

– **submersum** L. 1763 · D:Zartes Hornblatt; E:Soft Hornwort; F:Cératophylle submergé · ⌛ ≈ ⌂ VI-VIII; Eur.*, TR, Palaest., Cauc., W-Sib., C-As., Alger., Tun., Libya

Ceratopteris Brongn. 1821 -f- *Parkeriaceae* · (S. 75)
D:Hornfarn; E:Floating Fern, Water Fern; F:Fougère cornue
– **thalictroides** (L.) Brongn. 1821 · D:Wasser-Hornfarn; E:Water Fern · ⌛ Z10 ⌂; trop. Afr., Ind., Sri Lanka, Malay. Arch., S-Jap., Polyn., nat. in Jamaica

Ceratostigma Bunge 1833 -n- *Plumbaginaceae* · (S. 697)
D:Hornnarbe; E:Plumbogo; F:Dentelaire
– **abyssinicum** (Hochst.) Schwein. et Asch. 1867 · ♄ e Z9 ⌂; Kenya, Sudan
– **griffithii** C.B. Clarke 1882 · ♄ e Z7; Tibet, Bhutan; Him. [68023]
– **plumbaginoides** Bunge 1833 · D:Kriechende Hornnarbe; E:Dwarf Plumbago, Leadwort; F:Dentelaire bleue · ⌛ ♄ d Z6 IX-X; W-China, nat. in NW-F, NW-I [63053]
– **willmottianum** Stapf 1914 · D:Willmotts Hornnarbe; E:Chinese Plumbago · ♄ d Z7 ⋏ IX-X; Tibet, W-China [72560]
'Forest Blue' [72562]

Ceratotheca Endl. 1832 -f- *Pedaliaceae* · (S. 689)
– **sesamoides** Endl. 1832 · D:Falscher Sesam; E:False Sesame · ⊙ Z10 ⌂ ⓝ; W-Sudan, trop. Afr.
– **triloba** E. Mey. ex Bernh. · ⊙ D Z10 ⌂; S-Afr.

Ceratozamia Brongn. 1846 -f- *Zamiaceae* · (S. 102)
– *longifolia* Miq. = Ceratozamia mexicana var. longifolia
– **mexicana** Brongn. 1846
– var. **longifolia** (Miq.) Dyer 1884 Z10 ⌂ ▽ ✳; Mex.
– var. **mexicana** Brongn. · ♄ e Z10 ⌂ ▽ ✳; Mex.
– var. **miqueliana** (H. Wendl.) J. Schust. 1932 Z10 ⌂ ▽ ✳; Mex.
– *miqueliana* H. Wendl. = Ceratozamia mexicana var. miqueliana
– *robusta* Miq. = Ceratozamia mexicana var. longifolia

Cerbera L. 1753 -f- *Apocynaceae* · (S. 191)
– **manghas** L. 1753 · D:Gottesurteilsbohne; E:Bentan, Bintaru, Madagascar Ordeal Bean · ♄ ♄ e ⚡ Z10 ⌂ ☠; Ind., Sri Lanka, China, Malay. Arch., Austr., Pacific Is., Madag.
– *odollam* Gaertn. = Cerbera manghas
– *tanghin* Hook. = Cerbera manghas
– *venenifera* (Poir.) Steud. = Cerbera manghas

Cercidiphyllum Siebold et Zucc. 1846 -n- *Cercidiphyllaceae* · (S. 410)
D:Katsurabaum, Kuchenbaum; E:Katsura Tree; F:Cercidiphyllum
– **japonicum** Siebold et Zucc. 1846 · D:Katsurabaum, Kuchenbaum; E:Katsura Tree · ♄ d Z5; W-China, C-China, Jap. [15230]
'Pendulum' = Cercidiphyllum magnificum fo. pendulum
'Rotfuchs' [30515]
– var. *magnificum* Nakai < 1920 = Cercidiphyllum magnificum
– var. *sinense* Rehder et E.H. Wilson 1913 = Cercidiphyllum japonicum
– **magnificum** (Nakai) Nakai 1920 · D:Großer Katsurabaum · ♄ d Z5 IV-V; Jap. [33035]
fo. pendulum 1979 (Miyoshi ex Makino et Nemoto) Spongberg [37875]

Cercis L. 1753 -f- *Caesalpiniaceae* · (S. 373)
D:Judasbaum; E:Redbud; F:Arbre de Judée, gainier
– **canadensis** L. 1753 · D:Kanadischer Judasbaum; E:Eastern Redbud, Redbud · ♄ d Z6 IV-V; Ont., USA: NE, NCE, NC, SC, SE, Fla.; Mex. [33037]
'Forest Pansy' [35472]
– **chinensis** Bunge 1835 · D:Chinesischer Judasbaum; E:Chinese Redbud · ♄ ♄ d Z7 V; C-China [19305]
'Avondale' [15334]
– **griffithii** Boiss. 1872 · ♄ ♄ d Z7; Iran, Afgh., C-As [24780]
– **occidentalis** Torr. et A. Gray 1850 · D:Kalifornischer Judasbaum; E:California Redbud, Western Redbud · ♄ ♄ d Z8; USA: Calif., Ariz., Utah., Nev. [14624]
– **siliquastrum** L. 1753 · D:Gewöhnlicher Judasbaum; E:Judas Tree, Love Tree; F:Arbre de Judée · ♄ d Z7 IV-V ⓝ; Eur.: Fr, Ap, Ba;

TR, Syr., Palaest., nat. in Ib, Krim [15240]
'Alba' [16209]
- **yunnanensis** Hu et W.C. Cheng 1948 · D:Yunnan-Judasbaum · [20343]

Cercocarpus Kunth 1824 -m- *Rosaceae* · (S. 747)
D:Bergmahagoni; E:Mountain Mahogany; F:Acajou de montagne
- *betuloides* Nutt. ex Torr. et A. Gray = Cercocarpus montanus var. glaber
- *intricatus* S. Watson = Cercocarpus ledifolius var. intricatus
- **ledifolius** Nutt. ex Torr. et A. Gray 1840
  - var. **intricatus** (S. Watson) M.E. Jones · D:Kleiner Bergmahagoni; E:Little Mountain Mahogany · Z8 ⓚ; USA: Utah, Ariz.
  - var. **ledifolius** · D:Porstblättriger Bergmahagoni; E:Mountain Mahogany · ♄ ♄ e Z8 ⓚ Ⓝ; USA: NW, Calif., Rocky Mts, SW; Mex.: Baja Calif.
- **montanus** Raf. 1832 · D:Bergmahagoni; E:Mountain Mahogany
  - var. **glaber** (S. Watson) F.L. Martin 1950 · D:Glatter Bergmahagoni · ♄ ♄ e Z7 ∧; USA: NW, Calif., SW; Baja Calif.
  - var. **montanus** · D:Gewöhnlicher Bergmahagoni · ♄ e Z7 ∧; USA: NW, Rocky Mts., Calif., SW; Baja Calif.; N-Mex.
- *parvifolius* Nutt. ex Hook. et Arn. = Cercocarpus montanus var. montanus

Cereus Mill. 1754 -m- *Cactaceae* · (S. 349)
- *acranthus* Vaupel = Haageocereus acranthus subsp. acranthus
- **aethiops** Haw. 1830 · Ψ Z9 ⓚ ▽ ✻; Arg.
- *alacriportanus* Pfeiff. = Cereus hildmannianus
- *anguinus* Gürke = Cleistocactus baumannii subsp. anguinus
- *areolatus* Muehlenpf. ex K. Schum. = Cleistocactus parviflorus
- *aureus* Meyen non Salm-Dyck = Corryocactus aureus
- *azureus* J. Parm. ex Pfeiff. = Cereus aethiops
- *baumannii* Lem. = Cleistocactus baumannii subsp. baumannii
- *beneckei* C. Ehrenb. = Stenocereus beneckei
- *brachypetalus* Vaupel = Corryocactus brachypetalus
- *brevistylus* K. Schum. ex Vaupel = Corryocactus brevistylus
- **caesius** Salm-Dyck ex Pfeiff. 1849 · Ψ Z9 ⓚ ▽ ✻; ? Bras.
- *chalybaeus* Otto = Cereus aethiops
- *chichipe* Rol.-Goss. = Polaskia chichipe
- *chlorocarpus* (Humb., Bonpl. et Kunth) DC. = Browningia chlorocarpa
- *chosicensis* Werderm. et Backeb. = Haageocereus pseudomelanostele
- *cinnabarinus* Eichlam = Heliocereus cinnabarinus
- *coerulescens* Salm-Dyck = Cereus aethiops
- *damazioi* K. Schum. ex Weing. = Arthrocereus microsphaericus
- *dayamii* Speg. = Cereus stenogonus
- *decumbens* Vaupel = Haageocereus decumbens
- *dumortieri* Scheidw. = Isolatocereus dumortieri
- *dybowskii* Rol.-Goss. = Austrocephalocereus dybowskii
- *elegantissimus* (Britton et Rose) A. Berger = Heliocereus coccineus
- *emoryi* Engelm. = Bergerocactus emoryi
- **fernambucensis** Lem. 1839 · Ψ Z9 ⓚ ▽ ✻; Bras.
- *flagelliformis* (L.) Mill. = Aporocactus flagelliformis
- *flagriformis* Pfeiff. = Aporocactus flagelliformis
- *fluminensis* Miq. = Coleophalocereus fluminensis
- *forbesii* Otto ex C.F. Först. = Cereus validus
- *giganteus* Engelm. = Carnegiea gigantea
- *grandiflorus* (L.) Mill. = Selenicereus grandiflorus
- *greggii* Engelm. = Peniocereus greggii
- **hexagonus** (L.) Mill. 1768 · Ψ Z9 ⓚ ▽ ✻; Venez., Surinam
- **hildmannianus** K. Schum. · Ψ Z9 ⓚ ▽ ✻; S-Bras., Parag., Urug.
- **huntingtonianus** Weing. 1932 · Ψ Z9 ⓚ ▽ ✻; ? Arg.
- *ianthothele* Monv. = Pfeiffera ianthothele
- *jalapensis* Vaupel = Selenicereus coniflorus
- **jamacaru** DC. 1828 · Ψ Z9 ⓚ ▽ ✻; Bras.
- *leptophis* DC. = Aporocactus flagelliformis
- *limensis* Salm-Dyck = Haageocereus acranthus subsp. acranthus
- *macdonaldiae* Hook. = Selenicereus macdonaldiae var. macdonaldiae
- *marginatus* DC. = Pachycereus marginatus
- *martianus* Zucc. = Aporocactus martianus
- *melanostele* (Vaupel) A. Berger = Espostoa melanostele
- *melanotrichus* K. Schum. = Corryocactus melanotrichus
- *microspermus* Werderm. et Backeb. = Browningia microsperma
- *microsphaericus* K. Schum. = Arthrocereus microsphaericus
- *neotetragonus* Backeb. = Cereus fernambucensis
- *pernambucensis* Britton et Rose = Cereus fernambucensis
- *peruvianus* (L.) Mill. = Cereus repandus
- *queretaroensis* F.A.C. Weber = Stenocereus queretaroensis
- **repandus** (L.) Mill. 1768 · E:Peruvian Cactus · Ψ Z9 ⓚ ▽ ✻; ? S-Am., nat. in SE-F
- *schottii* Engelm. = Lophocereus schottii
- *sericatus* Backeb. = Espostoa lanata
- *silvestrii* Speg. = Lobivia silvestrii
- *spachianus* Lem. = Trichocereus spachianus
- *speciosissimus* (Desf.) DC. = Heliocereus speciosus var. speciosus
- *speciosus* (Cav.) K. Schum. = Heliocereus speciosus var. speciosus
- **stenogonus** K. Schum. 1899 · Ψ Z9 ⓚ ▽ ✻; E-Bol., Parag., N-Arg.
- *striatus* K. Brandegee = Peniocereus striatus
- *thurberi* Engelm. = Stenocereus thurberi
- *triangularis* hort. non (L.) Haw. = Hylocereus undatus
- **validus** Haw. 1831 · Ψ Z9 ⓚ ▽ ✻; E-Bol., Arg.
- *versicolor* Werderm. et Backeb. = Haageocereus versicolor
- *viperinus* F.A.C. Weber = Peniocereus viperinus
- *weberbaueri* Vaupel = Weberbauerocereus weberbaueri
- *xanthocarpus* K. Schum. = Cereus hildmannianus

Cerinthe L. 1753 -f- *Boraginaceae* · (S. 305)
D:Wachsblume; E:Honeywort; F:Mélinet

- **glabra** Mill. 1768 · D:Alpen-Wachsblume; E:Smooth Honeywort · ⚃ △ Z5 V-VII; Eur.: Fr, Ap, C-Eur., EC-Eur., Ba, RO; TR; mts. [68940]
- **major** L. 1753 · D:Große Wachsblume; E:Honeywort · ⊙ Z5 VI-VII; Eur.: Ib, Fr, Ap, Ba; TR, Syr., Palaest., N-Afr.
  'Purpurascens'
- **minor** L. 1753 · D:Kleine Wachsblume; E:Lesser Honeywort · ⊙ ⚃ Z5 V-VII; Eur.: C-Eur., EC-Eur., Fr, Ap, E-Eur., Ba; TR, Iraq, Cauc., Iran

Ceriops Arn. 1838 -f- *Rhizophoraceae* · (S. 741)
- **candolleana** Arn. 1838 · ♄ ♄ ⓦ ⓝ; Trop.
- **tagal** (Perr.) C.B. Rob. 1908 · ♄ ⓦ; Java, Phil. +

Cerochlamys N.E. Br. 1928 -f- *Aizoaceae* · (S. 141)
- **pachyphylla** (L. Bolus) L. Bolus 1950 · ⚃ ♆ Z9 ⓦ; S-Afr. (Cape Prov.: Little Karroo)

Ceropegia L. 1753 -f- *Asclepiadaceae* · (S. 205)
D:Leuchterblume; F:Céropégia
- **africana** R. Br. 1822
  - subsp. **africana** · ⚃ ♆ ⚇ Z10 ⓦ; S-Afr.: Kap, Natal
  - subsp. **barklyi** (Hook. f.) Bruyns 1985 · ⚃ ♆ ⚇ Z10 ⓦ; S-Afr.: Natal
- **albisepta** Jum. et H. Perrier 1908 · ⚃ ♆ ⚇ Z10 ⓦ V-VIII; Zaire
- **ampliata** E. Mey. 1837 · ♆ Z10 ⓦ; S-Afr. (Cape Prov., Natal), E-Afr., Madag.
- *barklyi* Hook. f. = Ceropegia africana subsp. barklyi
- **bulbosa** Roxb. 1795 · ⚃ ♆ ⚇ Z10 ⓦ; Ind.
  - var. *esculenta* (Edgew.) Hook. f. 1883 = Ceropegia bulbosa
  - var. *lushii* (Graham) Hook. f. 1883 = Ceropegia bulbosa
- **cimiciodora** Oberm. 1933 · ♆ ⚇ Z10 ⓦ; S-Afr. (Cape Prov.)
- **crassifolia** Schltr. 1895 · ⚃ ♆ ⚇ Z10 ⓦ; Namibia, S-Afr.
- **cumingiana** Decne. 1844 · ⚃ ♆ ⚇ Z10 ⓦ VI-VIII; Malay. Arch., Phil., N.Guinea, trop. Austr.
- *debilis* N.E. Br. = Ceropegia linearis subsp. debilis
- **dichotoma** Haw. · ⚃ ♆ Z10 ⓦ VII-X; Canar. (La Palma, Tenerife, Hierro)

- **distincta** N.E. Br. 1895 · ♄ ♆ Z10 ⓦ; Zanzibar
  - subsp. *haygarthii* (Schltr.) H. Huber 1957 = Ceropegia haygarthii
  - subsp. *lugardiae* (N.E. Br.) H. Huber 1957 = Ceropegia lugardiae
- **elegans** Wall. 1830
  - var. **elegans** · ♄ ♆ ⚇ Z10 ⓦ; Sri Lanka, nat. in Cambodia
  - var. **gardneri** (Thwaites ex Hook.) H. Huber 1957 · ♄ ♆ ⚇ Z10 ⓦ; Sri Lanka
- **fusca** Bolle 1861 · ♄ ♆ Z10 ⓦ VII-X; Canar.
- *gardneri* Thwaites ex Hook. = Ceropegia elegans var. gardneri
- *hastata* N.E. Br. = Ceropegia linearis subsp. woodii
- **haygarthii** Schltr. 1905 · ♄ ♆ ⚇ Z10 ⓦ; S-Afr.: Kap, Natal, Transvaal
- *hians* Svent. = Ceropegia dichotoma
- **linearis** E. Mey. 1837
  - subsp. **debilis** (N.E. Br.) H. Huber 1957 · ⚃ ♆ ⚇ Z10
  - subsp. **linearis** · ⚃ ♆ ⚇ Z10 ⓦ I-XII; Mozamb., S-Afr.: Natal
  - subsp. **tenuis** (N.E. Br.) Bruyns 1985 · ⚃ ♆ ⚇ Z10; S-Afr. (Cape Prov.)
  - subsp. **woodii** (Schltr.) H. Huber 1957 · D:Hängende Leuchterblume; E:Hearts on a String, Rosary Vine · ⚃ ♆ ⚇ Z10; Kap, Zimbabwe
- **lugardiae** N.E. Br. 1901 · ♄ ♆ ⚇ Z10 ⓦ VI-VIII; E-Afr., trop. S-Afr.
- *lushii* Graham = Ceropegia bulbosa
- **nilotica** Kotschy 1865 · ⚃ ♆ ⚇ Z10 ⓦ; trop. Afr., S-Afr.
- **occulta** R.A. Dyer 1958 · ⚃ ♆ ⚇ Z9 ⓦ; S-Afr. (Cape Prov.)
- **radicans** Schltr. · ⚃ ♆ ⤳ Z10 ⓦ VI-VIII; Kap
- *robynsiana* Werderm. = Ceropegia albisepta
- **sandersonii** Decne. ex Hook. f. 1869 · D:Kletternde Leuchterblume; E:Fountain Flower, Parachute Plant · ⚃ ♆ ⚇ Z10 ⓦ VII-XI; Mozamb., S-Afr.: Natal, Transvaal
- **stapeliiformis** Haw. · ⚃ ♆ ⚇ Z10 ⓦ VII-X; S-Afr.: Kap, Transvaal
- *thorncroftii* N.E. Br. = Ceropegia crassifolia
- *woodii* Schltr. = Ceropegia linearis subsp. woodii

Ceroxylon Bonpl. ex DC. 1804 -n- *Arecaceae* · (S. 944)
D:Wachspalme; E:Wax Palm; F:Céroxylon, Palmier
- **alpinum**
  - subsp. **alpinum** · D:Berg-Wachspalme · ♄ e Z9 ⓦ ⓝ; Col.

Cestrum L. 1753 -n- *Solanaceae* · (S. 846)
D:Hammerstrauch; E:Jessamine; F:Cestrum
- **aurantiacum** Lindl. 1844 · D:Orangefarbener Hammerstrauch; E:Orange Cestrum · ♄ e Z9 ⓦ VII-XI; Guat. [58031]
- × **cultum** Francey 1935 (*C. elegans* × *C. parqui*) · ♄ e Z9 ⓦ; cult.
- **diurnum** L. 1753 · ♄ e D Z9 ⓦ VIII-X; W.Ind.
- **elegans** (Brongn. ex Neumann) Schltdl. 1847 [11108]
  - var. **elegans** · D:Roter Hammerstrauch; E:Red Cestrum · ♄ e Z9 ⓦ IV-IX; Mex.
  - var. **longiflorum** Francey 1935 · ♄ e Z9 ⓦ; Mex.
- **fasciculatum** (Endl.) Miers 1846 · D:Büscheliger Hammerstrauch · ♄ e Z9 ⓦ IV-V; Mex.
- **nocturnum** L. 1753 · D:Nachtjasmin; E:Lady of the Night, Night Jessamine · ♄ e Z9 ⓦ; W.Ind. [11112]
- **parqui** L'Hér. 1788 · D:Weidenblättriger Hammerstrauch; E:Willow Leaf Jessamine · ♄ d Z9 ⓦ VI-VII ✂; Chile, nat. in S-Eur.
- **psittacinum** Stapf 1928 · ƒ e Z9 ⓦ; C-Am.
- *purpureum* (Lindl.) Standl. = Cestrum elegans var. elegans
- **roseum** Kunth 1818 · ♄ e Z9 ⓦ; Mex.
  'Illnacullin'
- **in vielen Sorten:**
  'Newellii' (*C. elegans* × *C. fasciculatum*) · e V-IX [58032]

Ceterach Willd. = Asplenium
- *officinarum* DC. = Asplenium ceterach

Chaenactis DC. 1836 -f- *Asteraceae* · (S. 233)
- **artemisiifolia** (Harv. et A. Gray) A. Gray 1874 · ⊙ Z7 VII-VIII; S-Calif.
- **glabriuscula** DC. 1836
  - var. **glabriuscula** · E:Yellow Pincushion · ⊙ Z7; Calif.
  - var. **tenuifolia** (Nutt.) H.M. Hall 1907 · ⊙ Z7 VII-VIII; S-Calif.

– *tenuifolia* Nutt. = Chaenactis glabriuscula var. tenuifolia

Chaenomeles Lindl. 1821 -f- *Rosaceae* · (S. 748)
D:Scheinquitte, Zierquitte; E:Flowering Quince; F:Cognassier du Japon
– × **californica** J.G.C. Weber 1963 (*C. japonica*) · D:Kalifornische Scheinquitte · ℏ d; cult. [24801]
– **cathayensis** (Hemsl.) C.K. Schneid. 1906 · D:Cathaya-Scheinquitte · ℏ d III-IV; C-China [24802]
– **japonica** (Thunb.) Lindl. ex Spach 1834 [15450]
  'Sargentii' 1899 [38950]
  – var. **alpina** Maxim. 1873 · ℏ d Z5 III-IV; Jap.
  – var. **japonica** (Thunb.) Lindl. ex Spach · D:Japanische Scheinquitte; E:Japanese Quince, Maule's Quince; F:Cognassier du Japon · ℏ d Z5 IV Ⓝ; Jap.
– **lagenaria** (Loisel.) Koidz. = Chaenomeles speciosa
  – var. *wilsonii* Rehder = Chaenomeles cathayensis
– **speciosa** (Sweet) Nakai 1929 · D:Chinesische Scheinquitte; E:Chinese Quince · ℏ d Z5 V-VI ⚥ ; China, nat. in Jap. [15460]
  'Falconnet Charlet' 1915 [16233]
  'Geisha Girl' [19306]
  'Nivalis' 1881 [15370]
  'Simonii' < 1882 [15410]
  'Umbilicata' < 1847 [37017]
– × **superba** (Frahm) Rehder 1920 (*C. japonica* × *C. speciosa*) · D:Zierquitte; E:Flowering Quince · ℏ d Z5 III-IV; cult. [11576]
  'Crimson and Gold' 1939 [15290]
  'Elly Mossel' [15300]
  'Fire Dance' 1953 [15340]
  'Jet Trail' [33044]
  'Nicoline' < 1954 [15360]
  'Pink Lady' 1946 [15390]
  'Vesuvius' 1953 [15430]
– × **vilmoriana** J.G.C. Weber 1963 (*C. speciosa*) · D:Vilmorins Scheinquitte; E:Vilmorin's Quince · ℏ d Z6; cult. [24804]

Chaenorhinum (DC.) Rchb. 1828 -n- *Scrophulariaceae* · (S. 824)
D:Klaffmund, Orant, Zwerglöwenmaul; E:Dwarf Snapdragon, Toadflax; F:Linaire
– *crassifolium* (Cav.) Lange = Chaenorhinum origanifolium subsp. crassifolium
– **glareosum** (Boiss.) Willk. 1886 · ⊙ Z8; S-Sp. (Sierra Nevada, Sierra Tejeda)
– **minus** (L.) Lange 1870 · D:Klaffmund · Z8
  – subsp. **litorale** (Willd.) Hayek 1929 · D:Strand-Klaffmund · ⊙ V-IX; Eur.: Adria, nat. in A (Kärnten, Steiermark)
  – subsp. **minus** · D:Gewöhnlicher Klaffmund, Kleiner Orant · ⊙ VI-X; Eur.*, TR, Lebanon, Cauc., C-As., NW-Afr.
– **origanifolium** (L.) Kostel. 1869 [67888]
  'Blue Dream' [63054]
  – subsp. **crassifolium** (L.) Lange 1973 · ⚄ Z7; Eur.: sp., Ba
  – subsp. **origanifolium** · ⚄ Z7; Eur.: Ib, I, F; Maroc., Alger., Tun.
– **villosum** (L.) Lange 1870 · ⚄ Z7; S-Sp., SW-F, NW-Afr.

Chaerophyllum L. 1753 -n- *Apiaceae* · (S. 171)
D:Kälberkropf, Kerbelrübe; E:Chervil; F:cerfeuil sauvage, Chérophylle
– **aromaticum** L. 1753 · D:Gewürz-Kälberkropf · ⚄ Z6 VII-VIII; Eur.: Ap, C-Eur., EC-Eur., Ba, E-Eur.
– **aureum** L. 1762 · D:Gold-Kälberkropf · ⚄ Z6 VI-VII; Eur.: Ib, Fr, Ap, C-Eur., E-Eur., Ba; TR, Cauc., N-Iran
– **bulbosum** L. 1753 · D:Kerbelrübe, Knolliger Kälberkropf; E:Bulbous Chervil, Garden Chevril, Parsnip Chevril · ⊙ Z6 VI-VII Ⓝ; Eur.* exc. Ib, BrI; Cauc., C-As., nat. in N-Am.
– **elegans** Gaudin · D:Zierlicher Kälberkropf · ⚄ Z6 VI-VIII; Eur.: I, CH, A; Alp.
– **hirsutum** L. 1753 · D:Rauhaariger Kälberkropf · [73807]
  'Roseum' [73808]
  – subsp. **hirsutum** · D:Berg-Kerbelrübe, Gewöhnlicher Rauhaariger Kälberkropf; E:Hairy Chervil · ⚄ Z6 V-VIII; Eur.* exc. BrI, Sc, nat. in DK
  – subsp. **villarsii** (W.D.J. Koch) Briq. 1905 · D:Alpen-Kälberkropf, Villars Kälberkropf · ⚄ Z6 V-VI; Eur.: I, F, C-Eur., Slove., Croatia, AL
– *sativum* Lam. = Anthriscus cerefolium var. cerefolium
– **temulum** L. 1753 · D:Hecken-Kälberkropf, Taumel-Kälberkropf; E:Rough Chervil · ⊙ ⊙ Z6 V-VII ✿; Eur.*, TR, Cauc., NW-Afr.
– *trichospermum* Schult. non Lam. = Anthriscus cerefolium var. trichocarpa

Chamaebatia Benth. 1849 -f- *Rosaceae* · (S. 748)
D:Fiederspiere; E:Mountain Misery
– **foliolosa** Benth. 1849 · D:Kalifornische Fiederspiere; E:Sierran Mountain Misery · ℏ e Z8 ⓕ VII; Calif.

Chamaebatiaria (Porter) Maxim. 1879 -f- *Rosaceae* · (S. 748)
D:Harzspiere, Scheinfiederspiere
– **millefolium** (Torr.) Maxim. 1879 · D:Harzspiere, Scheinfiederspiere; E:Fernbush · ℏ d Z7 ∧ VII-VIII; USA: NW, Rocky Mts, Calif., SW

Chamaebuxus DC. = Polygala
– *alpestris* Spach = Polygala chamaebuxus var. chamaebuxus
– *vayredae* (Costa) Willk. = Polygala vayredae

Chamaecereus Britton et Rose = Lobivia
– *silvestrii* (Speg.) Britton et Rose = Lobivia silvestrii

Chamaecistus Regel = Loiseleuria
– *procumbens* (L.) Kuntze = Loiseleuria procumbens

Chamaecrista Moench 1794 -f- *Caesalpiniaceae* · (S. 374)
– **cotinifolia** (G. Don) H.S. Irwin et Barneby 1982 · ℏ ⋉ ⓕ; Bras.
– **fasciculata** (Michx.) Greene 1897 · ⊙ ⚄ Z5; USA: NE, NEC, SE, Fla., Tex.

Chamaecyparis Spach 1841 -f- *Cupressaceae* · (S. 89)
D:Scheinzypresse; E:False Cypress; F:Faux-cyprès
– *funebris* (Endl.) Franco = Cupressus funebris
– **lawsoniana** (A. Murray bis) Parl. 1864 · D:Lawsons Scheinzypresse; E:Lawson's Cypress, Oregon Cedar; F:Cyprès de Lawson · ℏ ℏ e Z5 III-IV ✿ Ⓝ; USA: S-Oreg., N-Calif., nat. in Eur. [24440]
  'Alumigold' J. Maks 1961 [28810]
  'Alumii' Beissn. 1891 [24450]
  'Blue Surprise' de Beer 1968 [29230]
  'Columnaris' Spek 1949 [24460]
  'Ellwood's Gold' Hillier Nurs. 1968 [24470]
  'Ellwood's Pillar' Grootendorst 1977 [41540]
  'Ellwoodii' Hornibrook 1929 [24480]

'Erecta Viridis' R. Smith 1867 [42074]
'Fletcheri' Hornibrook 1923 [24500]
'Golden Wonder' Bosman 1963 [24560]
'Minima Aurea' W.H. Rogers 1939 [24620]
'Minima Glauca' R. Smith 1867 [24630]
'Pembury Blue' Jackman 1968 [47660]
'Stardust' Langenberg > 1965 [24650]
'Stewartii' Stewart and Son 1920 [24660]
- *nutkaensis* Lindl. et Gordon = Xanthocyparis nootkatensis
- **obtusa**
  'Aurora' Koster et Sons 1940 [42250]
  'Crippsii' Cripps et Sons 1901 [24750]
  'Draht' Drath 1969 [32014]
  'Fernspray Gold' Duncan et Davis 1975 [36120]
  'Gracilis' Siebold 1862 [24760]
  'Kosteri' Koster et Sons ca 1915 [24820]
  'Nana Aurea' Carrière 1867 [43058]
  'Nana Gracilis' R. Smith 1867 [24810]
  'Tempelhof' Konijn Nurs. 1964 [34548]
  'Tetragona Aurea' Barron 1875 [32540]
  'Yellowtip' (v) van den Akker 1945 [37638]
  - var. **obtusa** · D:Gewöhnliche Feuer-Scheinzypresse, Hinoki-Scheinzypresse; F:Cyprès nain · ♄ e Z4 III-IV ✼ Ⓝ; Jap., Taiwan [28098]
- **pisifera** (Siebold et Zucc.) Endl. 1847 · D:Erbsenfrüchtige Scheinzypresse; E:Sawara Cypress; F:Cyprès porte-pois · ♄ ♄ e Z4 III-IV ✼ Ⓝ; Jap. [24840]
  'Boulevard' Kempenaar 1934 [25010]
  'Filifera Aurea' Veitch 1889 [24880]
  'Filifera Nana' Beissn. 1897 [24910]
  Nana Grp.
  Plumosa Grp. [24940]
  'Plumosa Aurea' Sénéclauze 1868 [24950]
  'Squarrosa' Hort. J > 1844 [28128]
  'Sungold' Goddard Nurs. > 1969 [15965]
- **thyoides** (L.) Britton, Sterns et Poggenb. 1888 · D:Weiße Scheinzypresse; E:White Cedar, White Cypress · [28135]
  'Andelyensis' Couchois ca 1850 [25020]
  'Ericoides' Carrière 1855 [12825]
  'Rubicon' Wansdyke Nurs. 1971 [44380]
  - var. **thyoides** · D:Gewöhnliche Weiße Scheinzypresse; F:Cyprès blanc · ♄ e Z5 IV ✼ Ⓝ; USA: NE, SE, Fla.

Chamaecytisus Link 1829 -m-
Fabaceae · (S. 502)
D:Geißklee, Zwergginster
- **albus** (Hacq.) Rothm. 1944 · D:Weißer Zwergginster; E:Portuguese Broom, White Broom · ⌁ d △ Z6 VI-VIII ✼; Eur.: EC-Eur., Ba, E-Eur. [24852]
- **austriacus** (L.) Link 1829 ·
  D:Österreichischer Zwergginster, Österreichischer Geißklee · ♄ d △ Z6 VI-VIII ✼; Eur.: EC-Eur., Ba, E-Eur.; Cauc. [20097]
- **ciliatus** (Wahlenb.) Rothm. 1944 · ♄ d Z6; Eur.: A, EC-Eur., RO, BG
- **eriocarpus** (Boiss.) Rothm. 1944 · ♄ d; Ba
- **glaber** (L. f.) Rothm. · ♄ d Z6 V-VI; Eur.: YU, BG, RO [24853]
- **hirsutus** (L.) Link 1829 · D:Rauhaariger Zwergginster · ♄ d Z6 IV-VI ✼; Eur.: Fr, Ap, C-Eur., EC-Eur., Ba, E-Eur.; TR [24854]
- **proliferus** (L. f.) Link 1829 · E:Escabon · ♄ Z9 ⌂ IV-V Ⓦ; Canar.
- **purpureus** (Scop.) Link 1931 · D:Purpur-Zwergginster; E:Purple Broom; F:Genêt pourpre · ♄ △ Z5 IV-VII ✼; Eur.: I, A, Slove., Croatia, AL, nat. in D [19314]
- **ratisbonensis** (Schaeff.) Rothm. 1944 · D:Regensburger Zwergginster · ♄ ♄ d Z5 V-VI ✼; Eur.: C-Eur., EC-Eur., Ba, E-Eur. [24855]
- **ruthenicus** (Fisch. ex Wol.) Klásk. 1958 · ♄ d; PL, Russ.
- **supinus** (L.) Link 1831 · D:Kopf-Zwergginster; E:Clustered Broom · ♄ d Z6 VI-VII ✼; Eur.* exc. BrI, Sc; TR [24856]
- × **versicolor** (Dippel) Karlsson 1998 (*C. hirsutus* × *C. purpureus*) · ♄ d Z6 V-VI; cult. [24857]

Chamaedaphne Moench 1794 -f-
Ericaceae · (S. 466)
D:Lederblatt, Torfgränke; E:Leatherleaf
- **calyculata** (L.) Moench 1794 · D:Torfgränke; E:Leatherleaf · ♄ e △ Z7 IV-V ✼; Eur.: Sc, PL, Russ.; N-As., Jap., Alaska, Can., USA: NE, SE, NCE; [19315]
  'Nana' [31980]

Chamaedorea Willd. 1806 -f-
Arecaceae · (S. 945)
D:Bergpalme; F:Palmier de montagne
- **arenbergiana** H. Wendl. 1854 · ♄ e Z9 Ⓦ; C-Am.
- **cataractarum** Mart. 1849 · ♄ e Z10 Ⓦ; S-Mex.
- *desmoncoides* H. Wendl. = Chamaedorea elatior
- **elatior** Mart. 1830 · ♃ e Z9 Ⓦ; Mex., Guat.
- **elegans** Mart. 1830 · D:Mexikanische Bergpalme, Zierliche Bergpalme; E:Parlour Palm · ♄ e Z9 Ⓦ; Mex., Guat.
- **ernesti-augustii** H. Wendl. 1852 · ♄ e Z9 Ⓦ; Mex., Guat., Hond.
- *erumpens* H.E. Moore = Chamaedorea seifrizii
- **geonomiformis** H. Wendl. 1852 · ♄ e Z9 Ⓦ; Belize, Hond.
- **glaucifolia** H. Wendl. 1854 · ♄ e Z9 Ⓦ; S-Mex.
- **graminifolia** H. Wendl. 1854 · ♄ e Z9 Ⓦ; Mex., Guat.
- **metallica** O.F. Cook ex H.E. Moore 1966 · D:Metallische Bergpalme; E:Miniature Fish-tail Palm · ♄ e Z9 Ⓦ; Mex.
- **microspadix** Burret 1933 · ♄ e Z9 Ⓦ; E-Mex.
- *nana* hort. = Chamaedorea metallica
- **neurochlamys** Burret 1933 · ♄ ♄ e Z9 Ⓦ; S-Mex., C-Am.
- **oblongata** Mart. 1838 · ♄ e Z9 Ⓦ; E-Mex., C-Am.
- **pinnatifrons** (Jacq.) Oerst. 1859 · ♄ e Z9 Ⓦ; Mex.
- **pochutlensis** Liebm. 1849 · ♄ e Z9 Ⓦ; Mex.
- **pumila** H. Wendl. ex Dammer 1904 · ♄ e Ⓦ; Costa Rica
- *pumila* hort. = Chamaedorea metallica
- **radicalis** Mart. 1849 · ♄ e Z9 Ⓦ; NE-Mex. [16235]
- **sartorii** Liebm. 1849 · ♄ e Z9 Ⓦ; Mex., C-Am.
- **seifrizii** Burret 1938 · D:Seifriz-Bergpalme; E:Reed Palm · ♄ e Z9 Ⓦ; Mex. (Yucatan)
- **stolonifera** H. Wendl. 1892 · ♄ e Z9 Ⓦ; Mex. (Chiapas)
- **tenella** H. Wendl. 1880 · ♄ e Z9 Ⓦ; Mex.
- **tepejilote** Liebm. 1849 · ♄ e Z9 Ⓦ Ⓝ; S-Mex., C-Am.
- *wendlandiana* (Oerst.) Hemsl. = Chamaedorea tepejilote

Chamaelirium Willd. 1808 -n-
Melanthiaceae · (S. 1038)
D:Funkelstern; E:Blazing Star
- **luteum** (L.) A. Gray 1867 · E:Fairywand · ⌁ Z4 ⚥; Can.: Ont.; USA: NE, NCE, SE, Fla.

Chamaemelum Mill. 1785 -n-
Asteraceae · (S. 233)
D:Römische Kamille; E:Chamomile; F:Camomille romaine
- *inodorum* (L.) Vis. = Tripleurospermum perforatum
- **nobile** (L.) All. 1785 · D:Römische Kamille; E:Camomile · ⌁ Z4

VI-IX ⚘ Ⓝ; Eur.: BrI, Fr, Ib, Azor.; Maroc., Alger., nat. in C-Eur., Ap, EC-Eur., BG [63055]
'Flore Pleno'
'Ligulosum'
'Treneague' [68250]

Chamaepericlymenum Hill = Cornus
- *canadense* (L.) Asch. et Graebn. = Cornus canadensis
- *suecicum* (L.) Asch. et Graebn. = Cornus suecica

Chamaeranthemum Nees 1836 -n- Acanthaceae · (S. 125)
- **beyrichii** Nees 1836 · ♃ ⓦ; S-Bras.
- **gaudichaudii** Nees 1847 · ♃ ⓦ; Bras.
- *igneum* (Linden) Regel = Xantheranthemum igneum
- **venosum** M.B. Foster ex Wassh. et L.B. Sm. 1969 · ♃; Bras.

Chamaerops L. 1753 -f- Arecaceae · (S. 945)
D:Zwergpalme; F:Palmier nain
- *excelsa* Mart. = Trachycarpus fortunei
- *fortunei* Hook. = Trachycarpus fortunei
- **humilis** L. · D:Europäische Zwergpalme; E:Mediteranean Fan Fern, Palmito · ♄ e Z9 ⓚ Ⓝ; Eur.: Ib, F, Ap; N-Afr.
- *hystrix* (Fraser ex Thouin) Pursh = Rhapidophyllum hystrix

Chamaespartium Adans. 1763 -n- Fabaceae · (S. 503)
D:Flügelginster; E:Winged Broom; F:Genêt ailé
- **sagittale** (L.) P.E. Gibbs 1968 · D:Flügelginster
  - subsp. **delphinensis** (Verl.) O. Bolòs et Vigo 1984 · ♄ ⇝ Z4 V-VI ⚘; S-F [22187]
  - subsp. **sagittale** · D:Gewöhnlicher Flügelginster; E:Arrow Broom, Winged Broom; F:Genêt ailé, Génistelle · ♄ ⇝ Z6 V-VI ⚘; Eur.* exc. BrI, Sc [15643]

Chamaesyce Gray 1821 -f- Euphorbiaceae · (S. 479)
D:Wolfsmilch; E:Spurge
- **humifusa** (Willd. ex Schltr.) Prokh. 1927 · D:Niederliegende Wolfsmilch · ⊙ VI-IX ⚘; Eur.: Russ.; Cauc., W-Sib., E-Sib., Amur, C-As, Mong., China: Sinkiang, Jap., nat. in Fr, Ap, C-Eur., EC-Eur. RO

- **maculata** (L.) Small 1903 · D:Gefleckte Wolfsmilch; E:Spotted Spurge · ⊙ VI-IX ⚘; N-Am., nat. in Eur: : Ib, Fr, Ap, C-Eur., Ba, RO
- **nutans** (Lag.) Small 1903 · D:Nickende Wolfsmilch · ⊙ VII-IX ⚘; N-Am., nat. in Eur: : Fr, Ap, C-Eur., Ba, RO
- **prostrata** (Aiton) Small 1903 · D:Hingestreckte Wolfsmilch · ⊙ VI-IX ⚘; N-Am., nat. in Eur.: Ib, I, Sic., GR
- **serpens** (Kunth) Small 1903 · D:Schlängelnde Wolfsmilch · ⊙ ⚘; Am., nat. in sp., S-F

Chambeyronia Vieill. 1873 -f- Arecaceae · (S. 945)
- **macrocarpa** (Brongn.) Vieill. ex Becc. 1920 · ♄ e Z10 ⓦ; N. Caled.

Chamelaucium Desf. 1828 -n- Myrtaceae
- **uncinatum** Schauer 1844 · E:Geraldton Waxflower · ♄ e ⓚ III-IV; W-Austr.

Chamerion (Raf.) Raf. ex Holub = Epilobium
- *angustifolium* (L.) Holub = Epilobium angustifolium
- *dodonaei* (Vill.) Holub = Epilobium dodonaei
- *fleischeri* (Hochst.) Holub = Epilobium fleischeri

Chamomilla Gray = Matricaria
- *recutita* (L.) Rauschert = Matricaria recutita
- *suaveolens* (Pursh) Rydb. = Matricaria discoidea

Chamorchis Rich. 1818 -f- Orchidaceae · (S. 1055)
D:Zwergorchis, Zwergständel; F:Chamorchis, Orchis
- **alpina** (L.) Rich. 1818 · D:Zwergorchis, Zwergständel · ♃ VII-VIII ▽ ✱; Eur.: Fr, Ap, C-Eur., EC-Eur., Slove., RO, N-Russ.; N, Alp., Carp.

× **Charlesworthara** hort. 1919 -f- Orchidaceae ·
  (Cochlioda × Miltonia × Oncidium)

Chartolepis Cass. = Centaurea
- *glastifolia* (L.) Cass. = Centaurea glastifolia

Chasmanthe N.E. Br. 1932 -f- Iridaceae · (S. 1018)

D:Rachenlilie; E:Cobra Lily; F:Chasmanthe
- **aethiopica** (L.) N.E. Br. 1932 · D:Niedere Rachenlilie; E:African Cornflag · ♃ Z9 ⓚ; S-Kap
- **bicolor** (Gasp. ex Ten.) N.E. Br. 1932 · D:Hohe Rachenlilie · ♃ Z9 ⓚ; S-Afr. (SW-Cape)
- **floribunda** (Salisb.) N.E. Br. 1932 · D:Stattliche Rachenlilie · ♃ Z9 ⓚ; S-Afr. (SW-Cape)
  'Duckittii' · D:Gelbe Rachenlilie
  - var. *duckittii* G.J. Lewis ex L. Bolus 1933 = Chasmanthe floribunda
- *praealta* Rehder = Chasmanthe floribunda

Chasmanthium Link 1827 -n- Poaceae · (S. 1104)
D:Plattährengras; E:Bamboo Grass
- **latifolium** (Michx.) H.O. Yates 1966 · D:Plattährengras; E:Bamboo Grass, Sea Oats · ♃ ∞ Z4 VIII; USA: NE, NCE, NC, SC, SE, Fla. [67517]

Chasmatophyllum (Schwantes) Dinter et Schwantes 1927 -n- Aizoaceae · (S. 142)
- **musculinum** (Haw.) Dinter et Schwantes 1927 · ♃ ⚭ Z9 ⓚ; S-Afr.: Kap, Orange Free State; Namibia

Cheilanthes Sw. 1806 -f- Adiantaceae · (S. 58)
D:Lippenfarn, Pelzfarn, Schuppenfarn; E:Lip Fern; F:Cheilanthès
- **acrostica** (Balb.) Tod. 1866 · D:Schuppenfarn · ♃ ⓚ IV-VI; Eur.: Ib, Fr, Ap, Ba; TR, Levante, NW-Afr., Libya
- *fragrans* (L. f.) Sw. = Cheilanthes pteridioides
- **hirta** Sw. 1806 · E:Parsley Fern · ♃ Z10 ⓚ; S-Afr.
- **lanosa** (Michx.) D.C. Eaton 1874 · ♃ Z6; USA: NE, NEC, SE, SC
- *marantae* (L.) Domin = Notholaena marantae
- **microphylla** (Sw.) Sw. 1806 · E:Southern Lip Fern · ♃ ⓚ; Fla., Mex., C-Am., W.Ind., S-Am.
- **pteridioides** (Reichard) C. Chr. 1905 · ♃ Z8 ⓚ; Eur.: Ib, Fr, Ap, Ba; TR, Levante, Cauc., Iran, C-As., NW-Afr., Libya

Cheiranthus L. = Erysimum
- *cheiri* L. = Erysimum cheiri

– *scoparius* Brouss. ex Willd. =
Erysimum scoparium

Cheiridopsis N.E. Br. 1925 -f-
Aizoaceae · (S. 142)
– *aurea* L. Bolus = Cheiridopsis
robusta
– *brevis* L. Bolus = Cheiridopsis
robusta
– *candidissima* (Haw.) N.E. Br. =
Cheiridopsis denticulata
– **caroli-schmidtii** (Dinter et A.
Berger) N.E. Br. 1926 · ⚃ ⚇ Z9 ⓚ;
Namibia (Great Namaqualand)
– *cigarettifera* (A. Berger) N.E. Br. =
Cheiridopsis namaquensis
– **denticulata** (Haw.) N.E. Br.
1926 · ⚃ ⚇ Z9 ⓚ; Kap
– *gibbosa* Schick et Tischer =
Cheiridopsis pillansii
– *marlothii* N.E. Br. = Cheiridopsis
namaquensis
– **namaquensis** (Sond.) H.E.K.
Hartmann 2001 · ⚃ ⚇ Z9; Kap
– **pillansii** L. Bolus 1927 · ⚃ ⚇ Z9
ⓚ; Kap
– **purpurea** L. Bolus 1931 · ⚃ ⚇ Z9
ⓚ; Kap
– **robusta** (Haw.) N.E. Br. 1920
– *vanzyjlii* L. Bolus = Ihlenfeldtia
vanzylii

Chelidonium L. 1753 -n-
Papaveraceae · (S. 683)
D:Schöllkraut; E:Greater
Celadine; F:Chélidoine, Herbe-
aux-verrues
– *japonicum* Thunb. = Hylomecon
japonica
– *lasiocarpum* Olivier = Stylophorum
lasiocarpum
– **majus** L. 1753 · D:Schöllkraut;
E:Greater Celandine · [71857]
– var. **laciniatum** (Mill.) Syme ·
D:Gefranstes Schöllkraut · ⚃ Z6
✿
'Flore Pleno'
– var. **majus** · D:Gewöhnliches
Schöllkraut · ☉ ⚃ Z6 IV-X ⚥ ✿;
Eur.*, TR, Cauc., W-Sib., C-As.,
Mong., Maroc., Alger., nat. in
N-Am.

Chelone L. 1753 -f-
Scrophulariaceae · (S. 824)
D:Schildblume, Schlangenkopf;
E:Shellflower; F:Chélone
– *barbata* Cav. = Penstemon
barbatus subsp. barbatus
– *campanulata* Cav. = Penstemon
campanulatus
– **glabra** L. 1753 · D:Kahler
Schlangenkopf; E:Snakehead,
Turtlehead; F:Galane en épis · ⚃
Z3 VIII-X ⚥; Can.: E; USA; NE,
NCE, SE [70769]
– **lyonii** Pursh · ⚃ VII-IX; USA:
Tenn., N.C., S.C., nat. in USA: NE
[63058]
– **obliqua** L. · D:Miesmäulchen;
F:Galane oblique · ⚃ Z6 VII-IX;
USA: NE, NCE, SE, Fla. [63059]
– var. *alba* hort. = Chelone glabra

Chelonopsis Miq. 1865 -f-
Lamiaceae
– **moschata** Miq. 1865 · ⚃; Jap.
[73810]

Chelyorchis Dressler et N.H.
Williams 2000 -f- *Orchidaceae*
– **ampliata** (Lindl.) Dressler et N.H.
Williams 2000 · ⚃ Z10 ⓦ IV-V
▽ ✳; C-Am., Col., Ecuad., Peru,
Venez., Trinidad

Chenopodium L. 1753 -n-
Chenopodiaceae · (S. 413)
D:Gänsefuß; E:Goosefoot;
F:Chénopode
– **album** L. · D:Gewöhnlicher Wei-
ßer Gänsefuß · ☉ Z5 VII-X ⓝ;
Eur.*, cosmop.
– *amaranticolor* (H.J. Coste et
A. Reyn.) Coste et A. Reyn. =
Chenopodium giganteum
– **ambrosioides** L. 1753
– var. **ambrosioides** · D:Mexikani-
scher Tee, Wohlriechender Gän-
sefuß; E:Wormseed · ⚃ VI-IX;
trop. Am., nat. in C-Eur., S-Eur.,
Canar., N-Afr., Can.: E, USA*
– var. **anthelminticum** (L.) A.
Gray 1867 · ⚃ Z5 ✿; USA: NE,
NEC, SC, SE, Fla.; Bermudas,
Puerto Rico, Dom.Rep., Costa
Rica, C-Am.
– *anthelminticum* L. = Chenopodium
ambrosioides var. anthelminticum
– **aristatum** L. 1753 · ☉ ✕ Z5
VI-IX; W-Sib., E-Sib., Amur, C-As.,
Mong., China, Korea, Jap.
– **berlandieri** Moq. 1840
– subsp. **berlandieri** · D:Berlan-
diers Gänsefuß · ☉ Z5 VII-IX;
USA, Mex., nat. in Eur.
– subsp. **nuttalliae** (Saff.) H. Dan.
Wilson et Heiser 1979 · D:Nut-
talls Gänsefuß · ☉ Z5 ⓝ; Mex.
– **bonus-henricus** L. 1753 · D:Guter
Heinrich, Wilder Mehlspinat;
E:Good King Henry · ☉ ⚃ Z5
VI-VIII ⓝ; Eur.*, nat. in N-Am.
[73451]
– **botryodes** Sm. 1811 ·
D:Dickblättriger Gänsefuß, Dick-
blatt-Gänsefuß · ☉ Z5 III-X; Eur.*,
As., Afr., N-Am.; coasts, saline
habitats
– **botrys** L. 1753 · D:Klebriger Gän-
sefuß; E:Jerusalem Oak · ☉ ✕
VII-VIII; Eur.: Ib, Fr, Ap, Ba, CH,
EC-Eur., E-Eur.; TR, Cyprus, Syr.,
Cauc., Iran, W-Sib., C-As., Him.,
nat. in A, D, N-Am.
– **capitatum** (L.) Asch. 1864 ·
D:Kopfiger Erdbeerspinat;
E:Strawberry Blite · ☉ Z5 VI-VIII
ⓝ; cult. Eur.
– *chenopodioides* = Chenopodium
botryodes
– **ficifolium** Sm. 1778 · D:Feigen-
blättriger Gänsefuß · ☉ Z5 VI-IX;
Eur.* exc. Sc; TR, Iran, W-Sib.,
E-Sib., C-As., Him., Jap., Egypt,
nat. in Sc
– **foliosum** Asch. 1864 · D:Durch-
blätterter Gänsefuß, Echter Erd-
beerspinat · ☉ Z5 VI-VIII ⓝ; Eur.:
Ib, Fr, C-Eur., Ba; TR, Cyprus, Syr.,
Cauc., N-Iran, C-As., Him., nat. in
EC-Eur., E-Eur., S-Afr., N-Am.
– **giganteum** D. Don 1825 · D:Spi-
natbaum; E:Tree Spinach · ☉ Z5
VII-VIII ⓝ; N-Ind.
– **glaucum** L. 1753 · D:Graugrü-
ner Gänsefuß; E:Oak Leaved
Goosefoot · ☉ Z5 VII-X; Eur.*,
Cauc., Iran, W-Sib., E-Sib. Amur,
Sachal., Kamchat., C-As.
– **hircinum** Schrad. 1836 · D:Bocks-
Gänsefuß · ☉ Z5 VIII-X; S-Am.,
nat. in Eur., S-Afr.
– **hybridum** L. 1753 · D:Bastard-
Gänsefuß, Stechapfelblättriger
Gänsefuß, Unechter Gänsefuß;
E:Sowbane · ☉ Z5 VI-IX; Eur.*
exc. BrI; TR, Cauc., W-Sib., E-Sib.,
Amur, C-As., Mong., Tibet, Him.,
Manch., China, Korea, nat. in
N-Am.
– **murale** L. 1753 · D:Mauer-Gän-
sefuß; E:Australian Spinach · ☉
Z5 VII-IX ⓝ; Eur.*, TR, Levante,
Cauc., Iran, C-As., Ind., N-Afr.,
nat. in N-Am., S-Am., Austr., NZ
– *nuttalliae* Saff. = Chenopodium
berlandieri subsp. nuttalliae
– **opulifolium** Schrad. ex W.D.J.
Koch et Ziz 1974 · D:Schneeball-
blättriger Gänsefuß · ☉ Z5 VII-IX;
Eur.* exc. BrI; Sc; TR, Cauc., Iran,
W-Sib. C-As., N-Afr., nat. in Sc
– **pallidicaule** Aellen 1929 · ⚃ ⓝ;
Peru, Bol., Chile
– **polyspermum** L. 1753 · D:Viel-
samiger Gänsefuß; E:Many-seed
Goosefoot · ☉ Z5 VII-IX; Eur.*,
N-Afr., As.

- **pratericola** Rydb. 1912 ·
  D:Schmalblättriger Gänsefuß ·
  ⊙ Z5 VIII-X; N-Am., nat. in Eur.,
  S-Am.
- **probstii** Aellen 1928 · D:Probst-
  Gänsefuß · VIII-IX; Austr.:
  Queensl., S-Austr., nat. in Eur.
- **pumilio** R. Br. 1810 · D:Austra-
  lischer Gänsefuß · ⊙ Z5 VI-IX;
  Austr., Tasman., nat. in Eur.: Ib, B,
  D, F, N-Am., S-Afr., NZ
- **purpurascens** B. Juss. ex Jacq. ·
  ⊙ Z5 VII-VIII; China
- **quinoa** Willd. 1797 · D:Quinoa,
  Reis-Melde; E:Quinoa · ⊙ Z5
  VI-VIII ⓝ; Col, Ecuad., Peru, Chile,
  Arg.
- **rubrum** L. 1753 · D:Roter Gän-
  sefuß; E:Red Goosefoot · ⊙ Z5
  VII-IX; Eur.*, Levante, Cauc.,
  W-Sib., E-Sib. , C-As., Mong.,
  China: Sinkiang, ? Manch.,
  N-Am.
- **schraderianum** Schult. 1820 ·
  D:Schraders Gänsefuß · ⊙ Z5
  VII-IX; E-Afr., nat. in Eur.: EC-Eur.,
  EC-Eur.; Cauc., Trop., Subtrop.
- **strictum** Roth · D:Gewöhnli-
  cher Gestreifter Gänsefuß · ⊙
  Z5 VIII-X; Eur.: C-Eur., EC-Eur.,
  E-Eur.; Cauc., Iran, W-Sib., Amur,
  C-As., Him., China, Canar., Eth.
- **suecicum** Murr 1902 · D:Grüner
  Gänsefuß · ⊙ Z5 VI-VIII; Eur.* exc.
  Ib; W-Sib., E-Sib. Amur, Sachal.,
  Kamchat., C-As.
- **urbicum** L. · D:Gewöhnlicher
  Straßen-Gänsefuß · ⊙ Z5 VII-VIII;
  Eur.* exc. BrI, Sc; TR, Cauc., Iran,
  W-Sib., E-Sib. Amur, C-As., Mong.,
  China: Sinkiang, Manch., nat. in
  BrI
- *virgatum* (L.) Ambrosi =
  Chenopodium foliosum
- **vulvaria** L. 1753 · D:Stinken-
  der Gänsefuß; E:Vulvaria · ⊙ Z5
  VI-IX; Eur.*, TR, Levante, W-Sib.,
  C-As., N-Afr., nat. in N-Am., Austr.

Chevaliera Gaudich. ex Beer =
Aechmea
- *ornata* Gaudich. = Aechmea
  ornata
- *sphaerocephala* Gaudich. =
  Aechmea sphaerocephala

Chiapasia Britton et Rose 1923 -f-
Cactaceae · (S. 349)
- **nelsonii** (Britton et Rose) Britton
  et Rose 1923 · ♄ ⚥ Z9 ⓜ ▽ ✳;
  Mex., Hond.

Chiastophyllum (Ledeb.) A. Berger
1930 -n- *Crassulaceae* · (S. 430)
D:Walddickblatt; F:Goutte d'or
- **oppositifolium** (Ledeb.) Stapf ex
  A. Berger 1930 · D:Goldtröpfchen,
  Walddickblatt; F:Goutte d'or · ⚃ ⚥
  △ Z7 VI; W-Cauc. [63061]
  'Jim's Pride' [68759]
  'Variegatum' [69141]

Chileniopsis Backeb. = Neoporteria
- *villosa* (Monv.) Backeb. =
  Neoporteria villosa

Chiliotrichum Cass. 1817 -n-
Asteraceae · (S. 234)
- *amelloides* DC. = Chiliotrichum
  diffusum
- **diffusum** (G. Forst.) Kuntze
  1898 · ♄ Z8 ⓚ; Chile, Arg., Anden
  'Siska' [67952]

Chilopsis D. Don 1823 -f-
Bignoniaceae · (S. 292)
D:Wüstenweide; E:Desert Willow
- **linearis** (Cav.) Sweet 1823 ·
  D:Wüstenweide; E:Desert
  Willow · ♄ ♄ e Z8 ⓚ; USA: Calif.,
  SW, Tex.; Mex.

Chiloschista Lindl. 1832 -f-
Orchidaceae · (S. 1056)
- **lunifera** (Rchb. f.) J.J. Sm. 1905 ·
  ⚃ ⓜ IV-V ▽ ✳; N-Ind., Sikkim,
  Myanmar, Thail.
- *usneoides* (D. Don) Lindl. 1832

Chimaphila Pursh 1813 -f-
Pyrolaceae · (S. 723)
D:Winterlieb; E:Prince's Pine;
F:Chimaphile
- **umbellata** (L.) W.P.C. Barton
  1817 · D:Doldiges Winterlieb;
  E:Prince's Pine · ⚃ ♄ e Z4 VI-VIII
  ⚥ ▽; Eur.: Fr, C-Eur., Sc, EC-Eur.,
  W-Ba, E-Eur., W-Sib., Sachal.,
  Amur, Korea, Jap., Alaska, Can.,
  USA* exc. SC, SW

Chimonanthus Lindl. 1819 -m-
Calycanthaceae · (S. 380)
D:Winterblüte; E:Wintersweet;
F:Chimonanthe odorant
- *fragrans* Lindl. = Chimonanthus
  praecox
- **nitens** Oliv. 1887 · ♄ e Z7; China
- **praecox** (L.) Link 1822 ·
  D:Chinesische Winterblüte;
  E:Wintersweet; F:Chimonanthe
  odorant · ♄ d D Z7 △ I-III; China
  [15490]
  'Luteus'
- **yunnanensis** W.W. Sm. 1914 · ♄ d
  Z7; China (Yunnan)

Chimonobambusa Makino 1914 -f-
Poaceae · (S. 1104)
- **macrophylla** T.H. Wen et Ohrnb.
  1990
- **marmorea** (Mitford) Makino
  1914 · D:Marmorierter Winterb-
  ambus; E:Marbled Bamboo · ♄ e
  Z6; Jap. [14113]
- **quadrangularis** (Franceschi)
  Makino 1914 · ♄ e Z8 ⓚ;
  SE-China, Taiwan [13893]
- **tumidissinoda** Ohrnb. 1990 · ♄ e
  Z8 ⓚ; China (Yunnan)

Chiococca P. Browne 1756 -f-
Rubiaceae · (S. 769)
D:Schneebeere; E:Snowberry
- **alba** (L.) Hitchc. 1893 · D:West-
  indische Schneebeere; E:West
  Indian Snowberry · ♄ e D Z10 ⓚ
  II; S-Fla., W.Ind.

Chiogenes Salisb. ex Torr. =
Gaultheria
- *serpyllifolia* (Pursh) Salisb. =
  Gaultheria hispida

Chionanthus L. 1753 -m- *Oleaceae* ·
(S. 673)
D:Schneeflockenstrauch; E:Fringe
Tree; F:Arbre de neige
- **retusus** Lindl. et Paxton 1852 ·
  D:Chinesischer Schneeflocken-
  strauch; E:Chinese Fringe Tree · ♄
  d Z6 VI-VII; China, Korea, Taiwan
  [16301]
- **virginicus** L. 1753 · D:Virgini-
  scher Schneeflockenstrauch;
  E:American Fringe Tree; F:Arbre à
  franges, Arbre de neige · ♄ ♄ d Z5
  VI ⚥ ; USA: NE, NCE, SC, SE, Fla.
  [15500]

Chionochloa Zotov 1963 -f-
Poaceae ·
D:Schneegras; E:Snow Grass
- **conspicua** (G. Forst.) Zotov
  1963 · D:Feder-Schneegras;
  E:Hunangamoho Grass, Plumed
  Tussock Grass · ⚃ Z7; NZ
- **flavicans** Zotov 1963 · D:Brei-
  tes Schneegras; E:Broad Leaved
  Snow Tussock · ♄ e Z8 ⓚ; NZ
- **rubra** Zotov 1963 · D:Rotgefleck-
  tes Schneegras; E:Red Tussock
  Grass · ⚃ Z7; NZ

Chionodoxa Boiss. 1844 -f-
Hyacinthaceae · (S. 1008)
D:Schneeglanz, Schneestolz,
Sternhyazinthe; E:Glory of the
Snow; F:Gloire des neiges
- **forbesii** Baker 1871 · D:Blauer

Schneeglanz; E:Glory of the Snow · ⚃ Z4 IV; W-TR [71728]
- *gigantea* Whittall = Chionodoxa luciliae
- **lochiae** Meikle 1954 · D:Zyprischer Schneeglanz · ⚃ Z4 V; Cyprus [73034]
- *luciliae* auct. non Boiss = Chionodoxa forbesii
- **luciliae** Boiss. 1844 · D:Großer Schneeglanz, Schneestolz, Sternhyazinthe · ⚃ Z4 ▽; TR
  'Alba' [73035]
  Gigantea Grp. · [63062]
  'Rosea' [73038]
- **nana** (Schult. et Schult. f.) Boiss. et Heldr. 1854 · D:Kleiner Schneeglanz; E:Glory of the Snow · ⚃ Z4 IV; Crete
- **sardensis** Whittall 1883 · D:Dunkler Schneeglanz · ⚃ Z4 IV; W-TR [71727]
- **siehei** Stapf 1925 · D:Wuchernder Schneeglanz · [73030]
  'Blue Giant' [73031]
  'Pink Giant' [73032]
- **tmoli** Whittall 1889 · D:Weißer Schneeglanz · [73041]

Chionohebe B.G. Briggs et Ehrend. 1976 -f- *Scrophulariaceae* · (S. 825)
D:Schneeehrenpreis
- **densifolia** (F. Muell.) B.G. Briggs et Ehrend. 1976 · D:Dichtblättriger Schneeehrenpreis · ⚃ ⓚ; NZ, Austr.
- **pulvinaris** (Hook. f.) B.G. Briggs et Ehrend. 1976 · D:PolsterSchneeehrenpreis · ⚃ Z8 ⓚ; NZ

× **Chionoscilla** J. Allen ex G. Nicholson 1889 -f- *Hyacinthaceae* · (*Scilla* × *Chionodoxa*)
- **allenii** J. Allen ex G. Nicholson 1899 (*Scilla bifolia* × *Chionodoxa forbesii*) · ⚃ Z4 III-IV; cult.

Chirita Buch.-Ham. ex D. Don 1822 -f- *Gesneriaceae* · (S. 548)
- **barbata** Sprague · ⚃ Z10 ⓦ VII-VIII; Ind., Malay. Arch.
- **hamosa** (Wall.) R. Br. 1840 · ⚃ Z10 ⓦ VII-VIII; Ind., Myanmar
- **lavandulacea** Stapf · ⚃ Z10 ⓦ I-III; Malay.Arch.
- **micromusa** B.L. Burtt · ⚃ Z10 ⓦ VI-VIII; Thail.
- **pumila** D. Don 1825 · ⚃ Z10 ⓦ VII-IX; Him.
- **sinensis** Lindl. 1844 · ⚃ Z10 ⓦ; China (Hongkong)
- **trailliana** Forrest et W.W. Sm.

1916 Z10 ⓦ; China

Chironia L. 1753 -f- *Gentianaceae* · (S. 541)
D:Chironie, Weihnachtsbeere; E:Christmas Berry; F:Chironia
- **floribunda** Paxton 1844 · ⚃ ⓚ; S-Afr.
- **linoides** L. 1753 · ♄ Z9 ⓚ VII-X; S-Afr.

× **Chitalpa** T.S. Elias et Wisura 1991 -f- *Bignoniaceae* · (S. 293) (*Catalpa* × *Chilopsis*)
- **tashkentensis** T.S. Elias et Wisura 1991 (*Catalpa bignonioides* × *Chilopsis linearis*) · ♄ d Z8 ⓚ; cult. [15258]

Chlidanthus Herb. 1821 -m- *Amaryllidaceae* · (S. 908)
D:Prunkblüte; E:Fairy Lily; F:Pancrais jaune
- **fragrans** Herb. 1821 · D:Prunkblüte, Schönblüte; E:Fairy Lily, Perfumed Fairy Lily · ⚃ D Z9 ⓚ VII-VIII; Peru, Bol., NE-Arg.; And.

Chloranthus Sw. 1787 -m- *Chloranthaceae* · (S. 416)
- **japonicus** Siebold 1829 · ⚃ ⓚ; Jap., Sachal., Manch., Korea
- **spicatus** (Thunb.) Makino 1902 · ♄ e ⓦ ⓝ; S-China, nat. in Jap.

Chloris Sw. 1788 -f- *Poaceae* · (S. 1104)
D:Gilbgras; E:Finger Grass
- **argentina** (Hack.) Lillo et Parodi 1918 · D:Argentinisches Fingergras · ☉ ⚃ Z9; Arg.
- **barbata** (L.) Sw. 1797 · D:Bärtiges Gilbgras; E:Giant Finger Grass, Swollen Windmill Grass · ☉ ⚃ Z9 ⓚ VIII-IX; Trop.
- **gayana** Kunth 1829 · D:Rhodasgras; E:Rhodes Grass · ☉ ⚃ Z9 ⓝ; trop. Afr., S-Afr., Sahara, S-As., Austr.
- **radiata** (L.) Sw. 1788 · ⚃ Z9 ⓚ VIII-IX; W.Ind.
- **truncata** R. Br. 1810 · D:Gestutztes Fingergras; E:Creeping Windmill Grass, Star Grass · ⚃ Z9 ⓚ VIII-IX; Austr.: Queensl., N.S.Wales,
- **virgata** Sw. 1797 · D:FederFingergras; E:Feather Windmill Grass · ☉ ⚃ Z10 VII-IX; Trop.

Chlorophora Gaudich. 1826 -f- *Moraceae* · (S. 650)
D:Färberholz; E:Fustic; F:Iroko

- *excelsa* (Welw.) Benth. et Hook. f. = Milicia excelsa
- **tinctoria** (L.) Gaudich. ex Benth. et Hook. f. 1826 · D:Amerikanisches Färberholz; E:Fustic Tree · ♄ d Z10 ⓦ ⓝ; Mex., C-Am., W.Ind., S-Am.

Chlorophytum Ker-Gawl. 1807 -n- *Anthericaceae* · (S. 916)
D:Grüner Heinrich, Grünlilie; E:Spider Ivy, Spider Plant; F:Phalangère
- *amaniense* Engl. = Chlorophytum filipendulum subsp. amaniense
- *bichetii* Backer = Chlorophytum laxum
- **capense** (L.) Voss 1895 · ⚃ Z9 ⓚ; S-Afr.
- **comosum** (Thunb.) Jacques 1862 · D:Grünlilie; E:Spider Plant · ⚃ Z9 ⓦ ⓚ; S-Afr.: Kap, Natal
  'Milky Way'
  'Vittatum'
- *elatum* (Aitch.) R. Br. ex Ker-Gawl. = Chlorophytum comosum
- **filipendulum** Baker 1878
  - subsp. **amaniense** (Engl.) Nordal et A.D. Poulsen 1998 · ⚃ Z10 ⓦ; Tanzania (Usambara)
- *heyneanum* Wall. ex Hook. f. = Chlorophytum heynei
- **heynei** Baker 1876 · ⚃ Z10 ⓦ; Ind., Sri Lanka
- *hoffmannii* Engl. = Chlorophytum holstii
- **holstii** Engl. 1895 · ⚃ Z10 ⓦ; Tanzania
- **inornatum** Ker-Gawl. 1807 · ⚃ Z10 ⓦ; W-Afr.
- **laxum** R. Br. 1810 · ⚃ Z10 ⓦ; Gabon
  'Variegatum'
- **macrophyllum** (A. Rich.) Asch. 1867 · ⚃ Z10 ⓦ; Eth.
- **nepalense** (Lindl.) Baker 1876 · ⚃ Z10 ⓦ; Nepal, Sikkim
- **orchidastrum** Lindl. · ⚃ Z10 ⓦ; W-Afr.: Sierra Leone
- *sternbergianum* (Schult. et Schult. f.) Steud. = Chlorophytum comosum
- *undulatum* Wall. ex Hook. f. = Chlorophytum nepalense

Chloroxylon DC. 1824 -n- *Rutaceae* · (S. 785)
D:Grünholz; E:Satin Wood; F:Bois jaune, Bois-satin
- **swietenia** DC. 1824 · D:Grünholz; E:Satin Wood · ♄ d ⓦ ⓝ; Ind.

Choisya Kunth 1823 -f- *Rutaceae* · (S. 786)
D:Orangenblume; E:Orange Blossom; F:Oranger du Mexique
- **dumosa** (Torr.) A. Gray 1888 · ♄ Z7 ⓚ; USA (Tex., SW); Mex. [24865]
- *grandiflora* Regel = Choisya ternata
- **ternata** (La Llave et Lex.) Kunth 1823 · D:Mexikanische Orangenblume; E:Mexican Orange Blossom · ♄ e D Z8 ⓚ V-VI; Mex. [31456]
  'Aztec Pearl' [11487]
  'Sundance' [11486]

Chondrilla L. 1753 -f- *Asteraceae* · (S. 234)
D:Knorpellattich; E:Nakedweed; F:Chondrille
- **chondrilloides** (Ard.) H. Karst. 1883 · D:Alpen-Knorpellattich · ⚃ VII-VIII; Eur.: Fr, Ap, C-Eur., Slove., ? RO; mts.
- **juncea** L. 1753 · D:Binsen-Knorpellattich, Großer Knorpellattich; E:Nakedweed · ⚃ VII-IX; Eur.* exc. BrI, Sc; TR, Syr., Iraq, Cauc., N-Iran, Afgh., NW-Afr.

× **Chondrobollea** hort. 1902 -f- *Orchidaceae* ·
(*Bollea* × *Chondrorhyncha*)

Chondrodendron Ruiz et Pav. 1794 -n- *Menispermaceae* · (S. 639)
- **microphyllum** (Eichler) Moldenke 1938 · ♄ ⚘ ⓚ ✻; Bras.: Bahia
- **platyphyllum** (A. St.-Hil.) Miers 1867 · ♄ ⚘ ⓚ ✻; SE-Bras.
- **tomentosum** Ruiz et Pav. 1798 · ♄ ⚘ ⓚ ⚘ ✻; Panama, S-Am.

Chondrorhyncha Lindl. 1846 -f- *Orchidaceae* · (S. 1056)
- *chestertonii* Rchb. f. = Chondroscaphe chestertonii
- *fimbriata* (Linden et Rchb. f.) Rchb. f. = Chondroscaphe fimbriata

Chondroscaphe (Dressler) Senghas et G. Gerlach 1933 -f- *Orchidaceae*
- **chestertonii** (Rchb. f.) Senghas et G. Gerlach 1993 · ⚃ Z10 ⓚ VI-VIII ▽ ✻; Col.
- **fimbriata** (Linden et Rchb. f.) Dressler 2001 · ⚃ Z10 ⓚ VII-VIII ▽ ✻; Col.

Chordospartium Cheeseman 1911 -n- *Fabaceae* ·
D:Seilginster; E:Weeping Tree Broom
- **stevensonii** Cheeseman 1911 · D:Hängender Seilginster · ♄ ♄ Z8 ⓚ; NZ [11114]

Chorisia Kunth 1822 -f- *Bombacaceae* · (S. 301)
D:Florettseidenbaum, Wollbaum; E:Floss Silktree; F:Chorisia, Fromager
- **insignis** Kunth 1822 · ♄ d Z10 ⓚ; Peru, Arg.
- **speciosa** A. St.-Hil. 1827 · D:Brasilianischer Florettseidenbaum; E:Floss Silktree · ♄ d Z10 ⓚ; Bras., Arg.

Chorispora R. Br. ex DC. 1821 -f- *Brassicaceae* · (S. 320)
D:Gliederschote; E:Crossflower
- **tenella** (Pall.) DC. 1821 · D:Gliederschote; E:Crossflower · ⊙ Z7 V; Eur.: BG, RO, Russ.; TR, Syr., Iran, W-Sib., Mong.

Chorizema Labill. 1800 -n- *Fabaceae* · (S. 503)
D:Flammenerbse, Kreisfahne; E:Flame Pea; F:Chorizema
- **cordatum** Lindl. 1838 · D:Herzförmige Flammenerbse; E:Heart-leaved Flame Pea · ♄ e Z9 ⓚ; W-Austr.
- **diversifolium** A. DC. 1836 · ⚘ e ⓚ; Austr. (W-Austr.)
- **ilicifolium** Labill. · D:Heilige Flammenerbse; E:Holly Flame Pea · ♄ e Z9 ⓚ □ IV-V; W-Austr.
- *varium* Benth. ex Lindl. = Chorizema ilicifolium

Chortolirion A. Berger 1908 -n- *Aloaceae* ·
D:Weidelilie
- **angolense** (Baker) A. Berger 1908 · D:Weidelilie

Chosenia Nakai 1920 -f- *Salicaceae*
- **arbutifolia** (Pall.) A.K. Skvortsov 1957 · ♄ d Z5 V; E-Sib., Amur, Manch., Korea, Jap.
- *bracteosa* (Turcz.) Nakai = Chosenia arbutifolia
- *eucalyptoides* (F.N. Meijer) Nakai = Chosenia arbutifolia
- *macrolepis* (Turcz.) Kom. = Chosenia arbutifolia
- *splendida* (Nakai) Nakai = Chosenia arbutifolia

Christella H. Lév. 1915 -f- *Thelypteridaceae*
- **dentata** (Forssk.) Brownsey et Jermy 1973 · ⚃ Z10 ⓚ; Eur.: Azor., S-Sp., I, Crete; trop. Afr., trop. As.

Christia Moench 1802 -f- *Fabaceae* · (S. 503)
- **vespertilionis** (L. f.) Backh. f. 1961 · ⊙ ⚃ ⓚ VII-IX; Cambodia, S-Vietn.

Chrozophora Neck. ex Juss. 1824 -f- *Euphorbiaceae* · (S. 480)
D:Lackmuskraut; E:Tournesol; F:Croton, Tournesol
- **tinctoria** (L.) A. Juss. 1813 · D:Lackmuskraut; E:Tournesol · ⊙ ⓚ Ⓝ; Eur.: Ib, Fr, Ap, Ba, Krim; TR, Levante, Socotra, Iran, Afgh., Ind., C-As., N-Afr.

Chrysalidocarpus H. Wendl. 1878 -m- *Arecaceae* ·
D:Goldfruchtpalme; E:Yellow Palm; F:Aréquier, Palmier doré
- **cabadae** H.E. Moore 1962 · ♄ e Z10 ⓚ; Comoro Is.
- **lutescens** H. Wendl. 1995 · D:Madagaskar-Goldfruchtpalme; E:Butterfly Palm, Madagascar Palm · ♄ e Z10 ⓚ; Madag. [22901]

Chrysanthemoides Fabr. 1759 -f- *Asteraceae* · (S. 234)
- **monilifera** (L.) Norl. 1943 · ♄ Z9 ⓚ; S-Afr.

Chrysanthemum L. 1753 -n- *Asteraceae* · (S. 234)
D:Chrysantheme, Winteraster; E:Florist's Chrysanthemum; F:Chrysanthème
- *alpinum* L. = Leucanthemopsis alpina
- *anethifolium* (Willd.) Steud. = Argyranthemum foeniculaceum
- *arcticum* L. = Arctanthemum arcticum
- *argenteum* (Willd.) Bornm. = Tanacetum argenteum
- *balsamita* L. = Tanacetum balsamita subsp. balsamita
- *biebersteinianum* Adams = Anthemis marschalliana
- *catananche* Ball = Rhodanthemum catananche
- *cinerariifolium* (Trevir.) Vis. = Tanacetum cinerariifolium
- **coreanum** (H. Lév. et Vaniot) Nakai ex T. Mori 1922 · ⚃ Z7;

Korea
- *coronarium* L. = Glebionis coronaria var. coronaria
- *corymbosum* L. = Tanacetum corymbosum subsp. corymbosum
- *densum* (Labill.) Steud. = Tanacetum densum subsp. densum
- *erubescens* Stapf = Chrysanthemum zawadskii var. latilobum
- *foeniculaceum* (Willd.) Desf. = Argyranthemum foeniculaceum
- *frutescens* L. = Argyranthemum frutescens
- *gayanum* Ball = Rhodanthemum gayanum
- × **grandiflorum** (Ramat.) Kitam. (? × *C. indicum*) · D:Garten-Chrysantheme; E:Chrysanthemum · ♃ Z7 ⚥ ; cult.
  1 Hauskultur, großblumig
  2 Hauskultur, mittelgroßblumig
  3 Hauskultur, geschlossene Ballform
  4 Hauskultur, hängende Strahlen
  5 Hauskultur, mittelblumig
  6 Hauskultur, anemonenblütig
  7 Hauskultur, einfach blühend
  8 Hauskultur, Pompon und Semipompon
  9 Hauskultur, kleinblütig
  10 Hauskultur, feder- oder löffelartig
  11 Hauskultur, andere Formen
  12 Hauskultur, Charm und Kaskade
  13 Oktoberblüte, geschlossene Ballform
  14 Oktoberblüte, hängende Strahlen
  15 Oktoberblüte, mittelgroßblütig
  16 Oktoberblüte, großblütig
  17 Oktoberblüte, einfach blühend
  18 Oktoberblüte, Pompon
  19 Oktoberblüte, kleinblütig
  20 Oktoberblüte, andere Blütenformen
  22 Charm
  23 Freiland, frühblühend, Ballonform
  24 Freiland, frühblühend, mit hängenden Strahlen
  25 Freiland, frühblühend, mittelgroßblütig
  26 Freiland, frühblühend, anemonenblütig
  27 Freiland, frühblühend, einfach blühend
  28 Freiland, frühblühend, Pompon
  29 Freiland, frühblühend, kleinblumig
  30 Freiland, frühblühend, andere Blütenformen
  -K Koreanum-Hybride
  Diese wurden früher unter der Bezeichnung *C.* × *koreanum* gehandelt und entstanden aus *C. sibiricum* Fisch. Ihre Vorzüge sind die besonders gute Winterhärte, der weniger strenge Chrysanthemen-Duft und die lange Haltbarkeit als Schnittblume.
  -Rub Rubellum-Hybride
  Sie wurden bislang unter *C. zawadskii* var. *latilobum* (Syn. *C. rubellum*) aufgelistet, werden jetzt jedoch zu den Grandiflorum-Hybriden gerechnet. Ihr Kennzeichen sind tief eingeschnittene, graugrüne Blätter, die oft in großen Rosetten überwintern.
  Quelle: PHILIP, C., LORD, T. (2006)
  'Altgold' [63094]
  'Anastasia' [63434]
  'Bronze Elegance' (28)
  'Citrus' (29-K) [63101]
  'Clara Curtis' (29-Rub) [63173]
  'Duchess of Edinburgh' (29-Rub) [63174]
  'Edelweiß' (29-K) [63104]
  'Emperor of China' (29-Rub)
  'Fellbacher Wein' (29-K) [63106]
  'Goldmarianne' (27-K) [63109]
  'Kleiner Bernstein' (-K) [63119]
  'Mary Stoker' (29-Rub) [63510]
  'Mei-kyo' (28) [69978]
  'Nebelrose' [63122]
  'Orchid Helen' [63124]
  'Ordenstern' (29-K) [63125]
  'Paul Boissier'
  'Schweizerland' [63136]
  'White Bouquet' (28) [63142]
- *haradjanii* Rech. f. = Tanacetum haradjanii
- × *hortorum* W.T. Mill. = Chrysanthemum × grandiflorum
- *indicum* hort. = Chrysanthemum × grandiflorum
- **indicum** L. 1753 · ♃ Z6 ⚥ ⓝ; China
- × *koreanum* hort. = Chrysanthemum × grandiflorum
- *majus* (Desf.) Asch. = Tanacetum balsamita subsp. balsamita
- *maritimum* (L.) Pers. = Tripleurospermum maritimum
- subsp. *inodorum* (K. Koch) Vis. = Tripleurospermum perforatum
- *mawii* Hook. f. = Rhodanthemum gayanum
- *maximum* hort. = Leucanthemum × superbum
- *millefolium* (L.) Willd. = Tanacetum millefolium
- × *morifolium* Ramat. = Chrysanthemum × grandiflorum
- *naktongense* Nakai = Chrysanthemum zawadskii var. latilobum
- *nivellei* hort. non Braun-Blanq. et Maire = Heteranthemis viscidihirta
- *pacificum* Nakai = Ajania pacifica
- *ptarmiciflorum* (Webb) Brenan = Tanacetum ptarmiciflorum
- *roseum* Adams = Tanacetum coccineum
- *rubellum* Sealy = Chrysanthemum zawadskii var. latilobum
- *segetum* L. = Glebionis segetum
- *serotinum* L. = Leucanthemella serotina
- *sinense* Sabine ex Sweet = Chrysanthemum × grandiflorum
- × *superbum* Bergmans ex J.W. Ingram = Leucanthemum × superbum
- *tricolor* Andrews = Ismelia carinata
- *uliginosum* Pers. = Leucanthemella serotina
- *viscidehirtum* (Schott) Thell. = Heteranthemis viscidihirta
- **weyrichii** (Maxim.) Miyabe 1915 · F:Chrysanthème nain d'Extrême-Orient · ♃ △ Z4 VI-VII; Jap. [63178]
- **yezoense** Maek. 1921 · ♃ Z3; Jap.; coast
- **zawadskii** Herbich 1831
  - var. **latilobum** (Maxim.) Kitam. 1938 · D:Koreanische Garten-Chrysantheme · ♃ ⚘ Z7 △ IX-X ▽; Jap., Korea, Manch., N-China
  - var. **zawadskii** · D:Korea-Chrysanthemum; E:Korean Chrysanthemum · ♃ ⤳ △ Z6 VI-VII ▽; Russ., Slova; Carp., Ural

Chrysobalanus L. 1753 -m- *Chrysobalanaceae* · (S. 416)
D:Goldpflaume, Icacopflaume; E:Coco Plum; F:Icaquier
- **icaco** L. 1753 · D:Goldpflaume, Icacopflaume; E:Coco Plum · ♄ ♄ e Z10 ⓖ ⓝ; Fla., Mex., C-Am., W.Ind., Ecuad., N-Bras.

Chrysocoma L. 1753 -f- *Asteraceae* · (S. 234)
D:Goldhaar; E:Goldilock; F:Chrysocome
- **coma-aurea** L. 1753 · D:Schopf-

Goldhaar; E:Yellow Edging Daisy · ♃ Z9 Ⓚ VII-VIII; S-Afr.

Chrysogonum L. 1753 -n- *Asteraceae* · (S. 235)
D:Goldkörbchen; E:Golden Knee; F:Chrysogonum
- **virginianum** L. 1753 · D:Goldkörbchen; E:Golden Star, Green-and-Gold · ♃ V-VII; USA: NE, SE, Fla. [63179]

Chrysolarix H.E. Moore = Pseudolarix
- *amabilis* (J. Nelson) H.E. Moore = Pseudolarix amabilis

Chrysolepis Hjelmq. 1948 -f- *Fagaceae* · (S. 531)
D:Goldschuppenkastanie; E:Golden Chinkapin
- **chrysophylla** (Douglas ex Hook.) Hjelmq. 1948 · D:Goldschuppenkastanie; E:Golden Chinkapin · ♄ e Z7 Ⓚ Ⓝ; USA: Wash., Oreg., Calif.

Chrysophyllum L. 1753 -n- *Sapotaceae* · (S. 805)
D:Sternapfel; E:Star Apple; F:Caïmitier
- **cainito** L. 1753 · D:Sternapfel; E:Star Apple · ♄ ♄ e Z10 Ⓦ Ⓝ; C-Am., W.Ind.
- **flexuosum** Mart. 1837
- **imperiale** (Linden ex K. Koch et Fintelm.) Benth. et Hook. f. 1876 · ♄ e Z10 Ⓦ; Bras.
- *lanceolatum* (Blume) A. DC. = Chrysophyllum flexuosum
  - var. *stellatocarpon* P. Royen 1958 = Chrysophyllum roxburghii
- **roxburghii** G. Don 1837
- **sanguinolentum** (Pierre) Baehni 1965
  - subsp. **balata** Ducke 1990 · D:Conquirama · ♄ Ⓦ Ⓝ; Amazon.

Chrysopogon Trin. 1820 -m- *Poaceae* · (S. 1105)
D:Goldbart; E:Love Grass; F:Barbon, Chrysopogon
- **gryllus** (L.) Trin. 1820 · D:Goldbart · ♃ VI Ⓝ; Eur.: Fr, Ap, C-Eur., EC-Eur., Ba, E-Eur.; TR, Syr., N-Iraq, Cauc., Iran, Nepal, Ind. (Assam.), nat. in Austr. [67518]
- *nutans* (L.) Benth. = Sorghastrum nutans

Chrysopsis (Nutt.) Elliott 1824 -f- *Asteraceae* · (S. 235)
D:Goldaster; E:Golden Aster; F:Aster doré
- **mariana** (L.) Elliott 1824 · ♃ Z4; USA: NE, SE, Fla., Tex. [63183]
- *rutteri* (Rothr.) Greene = Heterotheca rutteri

Chrysosplenium L. 1753 -n- *Saxifragaceae* · (S. 813)
D:Milzkraut; E:Golden Saxifrage; F:Cresson doré, Dorine
- **alternifolium** L. 1753 · D:Wechselblättriges Milzkraut; E:Golden Saxifrage · ♃ ⇝ ∼ Z4 IV-VI; Eur.*, Cauc., W-Sib., E-Sib., Amur, Kamchat., Him., Mong., Jap., Can., USA (Iowa), Greenl.
- **davidianum** Decne. ex Maxim. 1877 · ♃; China
- **oppositifolium** L. 1753 · D:Gegenblättriges Milzkraut; E:Golden Saxifrage
  - var. **oppositifolium** · ♃ ∼ Z5 IV-VI; Eur.* exc. EC-Eur.
  - var. **rosulare** Schott · ♃ ⇝ ∼ Z5 IV-VI

Chrysothamnus Nutt. 1840 -m- *Asteraceae* · (S. 235)
D:Kaninchenstrauch; E:Rabbitbush; F:Chrysothamne
- **nauseosus** (Pursh) Britton et A. Br. 1898 · ♄; Can.: B.C., Sask.; USA.: NW, Calif., Rocky Mts., SW, SC; N-Mex.
- **paniculatus** (A. Gray) H.M. Hall 1907 · ♄ Ⓚ; USA: Calif., Nev., Utah, Ariz.

Chrysothemis Decne. 1849 -f- *Gesneriaceae* · (S. 548)
- **friedrichsthaliana** (Hanst.) H.E. Moore 1954 · ♃ Z10 Ⓦ VII-VIII; C-Am., W-Col.
- **pulchella** (Donn ex Sims) Decne. 1849 · ♃ Z10 Ⓦ VI-VIII; C-Am., S-Am.

Chrysurus Pers. = Lamarckia
- *cynosuroides* Pers. = Lamarckia aurea

Chusquea Kunth 1822 -f- *Poaceae* · (S. 1105)
- **coronalis** Soderstr. et C.E. Calderón 1978 · ♄ e Z9 Ⓦ; Guat., Costa Rica [24867]
- **culeou** E. Desv. 1854 · ♄ e Z7; Chile, Arg. (Patag.) [29460]
- **montana** Phil. 1865
- *nigricans* Phil. = Chusquea montana
- **quila** Kunth 1829
- **ramosissima** Lindm. 1900 · Ⓦ; S-Am.

Chysis Lindl. 1837 -f- *Orchidaceae* · (S. 1056)
- **aurea** Lindl. 1837 · ♃ Z10 Ⓦ ▽ *; Mex., trop. S-Am.
  - var. *bractescens* (Lindl.) P.H. Allen 1955 = Chysis bractescens
- **bractescens** Lindl. 1840 Z10 Ⓦ ▽ *; Mex., Belize, Guat., Nicaragua
- **limminghii** Linden et Rchb. f. 1858 · ♃ Z10 Ⓦ ▽ *; Mex.

Cibotium Kaulf. 1820 -n- *Dicksoniaceae* · (S. 66)
D:Vegetabilisches Lamm, Schatullenfarn; E:Tree Fern; F:Fougère arborescente
- *assamicum* Hook. = Cibotium barometz
- **barometz** (L.) Sm. · D:Chinesischer Schatullenfarn; E:Scythian Lamb · ♄ e Z9 Ⓚ ▽ *; S-China, Taiwan, Malay. Arch.
- **glaucum** (Sm.) Hook. et Arn. 1832 · D:Hawaianischer Schatullenfarn; E:Hawaiian Tree Fern · ♃ Z9 Ⓚ; Hawaii
- **regale** Verschaff. et Lem. 1868 · ♄ e Z9 Ⓚ; Mex.
- **schiedei** Schltdl. et Cham. 1830 · D:Mexikanischer Baumfarn; E:Mexican Tree Fern · ♄ e Z9 Ⓚ; Mex., Guat.

Cicendia Adans. 1763 -f- *Gentianaceae* · (S. 541)
D:Fadenenzian, Zindelkraut; E:Yellow Centaury
- **filiformis** (L.) Delarbre 1800 · D:Europäischer Fadenenzian, Zindelkraut · ⊙ VII-X; Eur.: Ib, Fr, BrI, D, Ap, Ba; TR, Levante, Azor., NW-Afr.

Cicer L. 1753 -n- *Fabaceae* · (S. 503)
D:Kichererbse; E:Chick Pea; F:Cicer, Pois-chiche
- **arietinum** L. 1753 · D:Kichererbse; E:Chick Pea, Egyptian Pea · ⊙ Z8 Ⓝ; orig. ?; cult. S-Eur., N-Afr., As., nat. in F, I

Cicerbita Wallr. 1822 -f- *Asteraceae* · (S. 235)
D:Milchlattich; E:Blue Sowthistle; F:Mulgédie
- **alpina** (L.) Wallr. 1822 · D:Alpen-Milchlattich; E:Mountain Sow Thistle · ♃ Z4 VII; Eur.*; N, mts. [63187]

- **bourgaei** (Boiss.) Beauverd 1910 ·
  ⌐ Z5 VI-VII; TR
- **macrophylla** (Willd.) Wallr. ·
  D:Gewöhnlicher Großblättriger
  Milchlattig; E:Blue Sow Thistle ·
  ⌐ Z4 VII; Eur.: E-Russ.; Cauc., nat.
  in BrI, Sc, EC-Eur., D, F, I
- **plumieri** (L.) Kirschl. 1851 ·
  D:Französischer Milchlattich · ⌐
  Z5 VII-VIII; Eur.: sp., F, CH, D, ?
  Montenegro, BG; mts., nat. in BrI

Cichorium L. 1753 -n- *Asteraceae* ·
(S. 235)
D:Chicorée, Endivie, Wegwarte;
E:Chicory; F:Chicorée
- **calvum** Sch. Bip. 1859 · D:Glatz-
  frucht-Wegwarte; E:Sugar Loaf ·
  ⊙ VII-IX; Eth.
- **endivia** L. 1753 · D:Endivie ·
  [73159]
  - var. **crispum** Lam. 1785 · D:Fri-
    sée-Endivie, Krause Endivie · ⊙
    ℕ; cult.
  - var. **endivia** · D:Schnitt-Endivie,
    Winter-Endivie; E:Endive · ⊙
    ⊙ VII-IX ℕ; Eur.: Ib, Fr, Ap, Ba;
    TR, Iraq, Arab., Iran, Canar.,
    Madeira, N-Afr.
  - var. **latifolium** Lam. 1785 ·
    D:Breitblättrige Endivie, Esca-
    riol; E:Escarole · ⊙ ℕ; cult.
- **intybus** L. 1753 · D:Wegwarte ·
  [63188]
  - var. **foliosum** Hegi 1929 ·
    D:Chicorée, Fleischkraut, Radic-
    chio, Salat-Zichorie; E:Chicory
    Radiccio; F:Chicorée · Z3
  - var. **intybus** · D:Gewöhnliche
    Wegwarte, Zichorie; E:Chicory ·
    ⌐ Z3 VII-X ✿; Eur.*, TR, Cyprus,
    Cauc., Iran, C-As., Pakist., Him.,
    W-Sib., E-Sib., Amur, Sachal.,
    Kamchat., China
  - var. **sativum** DC. 1815 · D:Kaf-
    fee-Zichorie, Wurzel-Zichorie · ⌐
    Z3 ℕ; cult.
  - var. *sylvestre* Vis. 1847 =
    Cichorium intybus var. intybus
- **spinosum** L. 1753 · ⌐ Z7 ⌂;
  Eur.: sp., I, Sic., GR, Crete; Sw-TR,
  Cyprus

Cicuta L. 1753 -f- *Apiaceae* ·
(S. 171)
D:Wasserschierling; E:Cowbane;
F:Cicutaire, Ciguë aquatique
- **virosa** L. 1753 · D:Giftiger Was-
  serschierling; E:Cowbane, Water
  Hemlock · ⌐ VII-VIII ✿; Eur.*,
  N-As., Jap.

Cimicifuga Wernisch. 1763 -f-
Ranunculaceae · (S. 729)
D:Silberkerze, Wanzenkraut;
E:Bugbane; F:Cierge d'argent
- **americana** Michx. 1925 ·
  D:Amerikanische Silberkerze;
  E:American Bugbane · ⌐ Z5
  VIII-IX; USA: NE, SE
- *cordifolia* Pursh = Cimicifuga
  racemosa var. cordifolia
- **dahurica** (Turcz.) Torr. et A. Gray
  ex Maxim. 1893 · D:August-Silber-
  kerze; E:Bugbane · ⌐ Z5 VIII-IX
  ✿; E-Sib., Amur, Mong., China,
  Jap. [63190]
- **europaea** Schipcz. 1937 · D:Wan-
  zenkraut · ⌐ VII-VIII; Eur.: A,
  EC-Eur., E-Eur.
- **foetida** L. 1753 · D:Stinkendes
  Wanzenkraut; E:Foetid Bugbane ·
  ⌐ Z3; Eur.: EC-Eur., RO, RUS.;
  W-Sib., E-Sib., E-As. [63191]
- **heracleifolia** Kom. 1901 ·
  E:Komarov's Bugbane · ⌐ Z3;
  N-China, Korea, Amur
- **japonica** (Thunb.) Spreng. 1825
  - var. **acerina** (Siebold et Zucc.)
    Huth 1992 · ⌐ Z5 VIII-IX; Jap.
    [69142]
    'Compacta' [63189]
  - var. **japonica** · D:Spätherbst-
    Silberkerze · ⌐ Z5 IX; Jap.
    'Frau Herms' [68057]
- **racemosa** (L.) Nutt. 1818 [63192]
  - var. **cordifolia** (Pursh) A. Gray
    1895 · D:Lanzen-Silberkerze ·
    ⌐ Z4 VIII-IX ✿; USA: Va., SE
    [63193]
  - var. **racemosa** · D:Juli-Sil-
    berkerze; E:Black Snakeroot;
    F:Herbe aux punaises · ⌐ Z4 VII-
    VIII ✿ ✿; Ont., USA: NE, NCE,
    SE
- **ramosa** Nakai 1932 · D:Sep-
  tember-Silberkerze · ⌐ Z5 IX;
  Kamchat. [63194]
  'Atropurpurea' [63195]
- **rubifolia** Kearney 1897 · ⌐ Z6;
  USA: Tenn.
- **simplex** Wormsk. ex DC.
  1824 · D:Oktober-Silberkerze;
  E:Kamchatka Bugbane · ⌐ Z5
  IX-X; Jap., Sachal., Kamchat.,
  Manch. [63197]
  'Armleuchter' [63198]
  Atropurpurea Grp.
  'Brunette' [60522]
  'Prichard's Giant'
  'White Pearl' = Cimicifuga simplex
    'Armleuchter'

Cinchona L. 1753 -f- *Rubiaceae* ·
(S. 770)
D:Chinarindenbaum, Chinin-
baum, Fieberrindenbaum;
E:Jesuit's Bark, Sacred Bark;
F:Quinquina
- **officinalis** L. 1753 · D:Chinarin-
  denbaum, Chininbaum, Fieber-
  rindenbaum; E:Peruvian Bark,
  Quinine Tree · ♄ ♄ Z9 ⓦ ✿ ℕ;
  Col., Ecuad., Peru
- **pitayensis** (Wedd.) Wedd. 1849 ·
  ♄ Z9 ⓦ ℕ; Col., Ecuad.
- **pubescens** Vahl 1790 · D:Roter
  Chinarindenbaum; E:Red
  Peruvian Bark, Redbark · ♄ Z9 ⓦ
  ✿ ✿; C-Am., trop. S-Am.
- *succirubra* Pav. ex Klotzsch =
  Cinchona pubescens

Cineraria L. 1753 -f- *Asteraceae* ·
D:Zinerarie; E:Cineraria;
F:Cinéraire
- *alpina* (L.) L. = Senecio alpinus
- *bicolor* Willd. = Senecio cineraria
- *candidissima* hort. = Senecio
  viravira
- *cruenta* hort. = Pericallis × hybrida
- × *hybrida* hort. = Pericallis ×
  hybrida
- *maritima* (L.) L. = Senecio
  cineraria
  - var. *candidissima* hort. = Senecio
    viravira
- **saxifraga** DC. 1838 · ♄ Z9 ⓚ
  III-IX; S-Afr.

Cinna L. 1753 -f- *Poaceae* · (S. 1105)
- **latifolia** (Trevir.) Griseb. 1852 ·
  ⌐ ▽; Eur.: Sc, Russ.; Sib., Jap.,
  Alaska, Can., USA* exc. SC

Cinnamodendron Endl. 1840 -n-
Canellaceae · (S. 391)
D:Winterrinde
- **corticosum** Miers 1858 · D:Fal-
  sche Winterrinde · ♄ ⓦ ℕ; W.Ind.

Cinnamomum Schaeff. 1760 -n-
Lauraceae · (S. 596)
D:Kampferbaum, Zimtbaum,
Zimtlorbeer; E:Camphor Tree,
Cinnamon; F:Camphrier,
Cannelier
- **aromaticum** Nees 1831 ·
  D:China-Zimtbaum; E:Cassia
  Bark, Chinese Cinnamon · ♄ e Z9
  ⓦ ✿ ℕ; China: Kwangsi
- **burmanii** (Nees) Blume 1826 · ♄
  ♄ e Z9 ⓦ ℕ; Malay. Arch.
- **camphora** (L.) J. Presl 1825 ·
  D:Kampferbaum; E:Camphor
  Tree · ♄ e Z9 ⓦ ✿ ℕ; S-China,
  S-Jap., Riukiu-Is., Taiwan, nat. in
  Fla., Ga., La. [11115]
- *cassia* Blume = Cinnamomum

aromaticum
- **loureiroi** Nees 1836 · D:Saigon-Zimtbaum; E:Saigon Cinnamon · ♄ e Z9 Ⓝ; Jap., China, Indochina, Java
- **micranthum** (Hayata) Hayata 1913 · ♄ e Z9 ⓜ Ⓝ; Taiwan
- **tamala** (Buch.-Ham.) Nees et C.H. Eberm. 1831 · ♄ e Z9 ⓜ Ⓝ; Ind.
- *verum* J. Presl = Cinnamomum zeylanicum
- **zeylanicum** Blume 1826 · D:Ceylon-Zimtbaum; E:Ceylon Cinnamon · ♄ Z10 ⓜ ⚥ Ⓝ; SW-Ind., Sri Lanka

Cionura Griseb. 1844 -f- *Asclepiadaceae* · (S. 206)
- **erecta** (L.) Griseb. 1844 · ♃ ⚥ D ⓚ VI-VII; Eur.: Ba; TR, Cyprus, Syr.; Iran, Afgh.

Cipocereus F. Ritter 1979 -m- *Cactaceae* · (S. 350)
- **bradei** (Backeb. et Voll) Zappi et N.P. Taylor 1991 · ⚶ Z9 ⓚ; Bras. (Minas Gerais)

Circaea L. 1753 -f- *Onagraceae* · (S. 677)
D:Hexenkraut; E:Enchanter's Nightshade; F:Circée
- **alpina** L. 1753 · D:Alpen-Hexenkraut; E:Enchanter's Nightshade · ♃ Z5 VI-VII; Eur.*, TR, Cauc., W-Sib., E-Sib., Amur, Sachal., Kamchat., C-As., China, Jap., Alaska, Can., USA* exc. SC, Fla.
- **cordata** Royle 1834 · ♃ Z5; N-Ind., China, Amur, Manch., Korea, Jap., Taiwan
- × **intermedia** Ehrh. 1789 (*C. alpina* × *C. lutetiana*) · D:Mittleres Hexenkraut · ♃ Z5 VI-VII; Eur.*, Cauc.
- **lutetiana** L. 1753 · D:Gewöhnliches Hexenkraut; E:Paris Nightshade · ♃ Z5 VI-VII; Eur.*, Cauc., W-Sib., E-Sib., C-As. [63200]

Cirrhaea Lindl. 1825 -f- *Orchidaceae* · (S. 1056)
- **dependens** (Lodd.) Loudon 1830 · ♃ Z10 ⓜ VI-VII ▽ ✻; Bras.
- **fuscolutea** Lindl. 1833 · ♃ Z10 ⓜ V-VI ▽ ✻; Bras.
- *saccata* Lindl. = Cirrhaea fuscolutea

Cirrhopetalum Lindl. = Bulbophyllum

- *campanulatum* (Rolfe) Rolfe = Bulbophyllum auratum
- *collettii* Hemsl. = Bulbophyllum wendlandianum
- *gracillimum* Rolfe = Bulbophyllum gracillimum
- *longissimum* (Ridl.) Ridl. = Bulbophyllum longissimum
- *makoyanum* Rchb. f. = Bulbophyllum makoyanum
- *mastersianum* Rolfe = Bulbophyllum mastersianum
- *medusae* Lindl. = Bulbophyllum medusae
- *ornatissimum* Rchb. f. = Bulbophyllum ornatissimum
- *picturatum* Lodd. = Bulbophyllum picturatum
- *psittacoides* Ridl. = Bulbophyllum gracillimum
- *thouarsii* Lindl. = Bulbophyllum longiflorum
- *umbellatum* (G. Forst.) Reinw. ex Hook. et Arn. = Bulbophyllum longiflorum

Cirsium Mill. 1754 -n- *Asteraceae* · (S. 236)
D:Kratzdistel; E:Thistle; F:Cirse
- **acaule** Scop. 1769 · D:Stängellose Kratzdistel; E:Ground Thistle · ♃ △ VII-VIII; Eur.* [63201]
- *acaulon* (L.) Scop. = Cirsium acaule
- *afrum* (Jacq.) Fisch. = Ptilostemon afer
- **altissimum** (L.) Spreng. 1826 · D:Hohe Kratzdistel; E:Big Thistle · ♃ VII-X; USA: NE, NCE, NC, SC, SE, Fla.
- **arvense** (L.) Scop. 1772 · D:Acker-Kratzdistel; E:Canada Thistle, Creeping Thistle · ♃ VII-VIII; Eur.*, TR, Cauc., Iran, Afgh., Pakist., Him., C-As., W-Sib., E-Sib., Amur, Sachal., Kamchat., Mong., China, Korea, N-Jap., nat. in N-Am., Chile
- **brachycephalum** Jur. 1857 · D:Kurzkopf-Kratzdistel · ⊙ ♃ VI-IX; Eur.: A, EC-Eur., Serb., RO
- **canum** (L.) All. 1785 · D:Graue Kratzdistel · ♃ VII-VIII; Eur.: C-Eur., I, EC-Eur., Ba, E-Eur.; TR, Cauc., W-Iran, W-Sib.
- **carniolicum** Scop. 1772 · D:Krainer Kratzdistel · ♃ VII-VIII; Eur.: sp., F, I, A, Slove.; Pyr., E-Alp.
- *casabonae* (L.) DC. = Ptilostemon casabonae
- **diacanthum** DC. 1813 · ⊙ ♃; TR
- **dissectum** (L.) Hill 1768 · D:Eng-

lische Kratzdistel · ♃ Z7 VI-VII; Eur.: BrI, Fr, Ib, D, nat. in H, Norw.
- **eriophorum** (L.) Scop. 1772 · D:Wollköpfige Kratzdistel; E:Woolly Thistle · ⊙ Z6 VII-VIII; Eur.* exc. Sc [63202]
- **erisithales** (Jacq.) Scop. 1769 · D:Klebrige Kratzdistel · ♃ VII-IX; Eur.: Fr, Ap, C-Eur., EC-Eur., Ba, E-Eur.; mts.
- **heterophyllum** (L.) Hill 1768 · D:Verschiedenblättrige Kratzdistel; E:Melancholy Thistle · ♃ ⚭ Z5 VII-VIII; Eur.* exc. ? Ib; Sib., nat. in N-Am.
- **japonicum** DC. 1838 · D:Japanische Kratzdistel; E:Tiger Thistle; F:Cirse du Japon · ♃ ⚭ Z6 VI-VIII; Jap. [63203]
  'Early Pink Beauty' [63204]
  'Rose Beauty'
- *lanceolatum* (L.) Scop. = Cirsium vulgare
- **montanum** (Waldst. et Kit. ex Willd.) Spreng. 1826 · D:Berg-Kratzdistel · ♃ VII-VIII; Eur.: F, I, Slove., Croatia., YU; mts.
- **oleraceum** (L.) Scop. 1769 · D:Kohl-Kratzdistel; E:Cabbage Thistle, Siberian Thistle · ♃ ⚭ VI-VIII ⚥ Ⓝ; Eur.* exc. BrI; W-Sib. [67160]
- **palustre** (L.) Scop. 1772 · D:Sumpf-Kratzdistel; E:Marsh Thistle · ⊙ ⊙ ⚭ Z4 VII-IX; Eur.*, W-Sib. [67161]
- **pannonicum** (L. f.) Link 1822 · D:Pannonische Kratzdistel · ♃ VI-VIII; Eur.: A, Ap, Ba, EC-Eur., E-Eur.
- × **rigens** (Aiton) Wallr. 1822 (*C. acaule* × *C. oleraceum*) · D:Kurzstängelige Hybrid-Kratzdistel · ♃; Eur.
- **rivulare** (Jacq.) All. 1789 · D:Bach-Kratzdistel; E:Brook Thistle · ♃ Z5 V-VII; Eur.* exc. BrI, Sc [63206]
- *salisburgense* (Willd.) G. Don = Cirsium rivulare
- *silvaticum* Tausch = Cirsium vulgare
- **spinosissimum** (L.) Scop. 1769 · D:Alpen-Kratzdistel; E:Spiny Thistle · ♃ Z5 VII-VIII; Eur.: F, I, C-Eur., Slove.; Alp., Apenn., Alpi Apuane
- **tuberosum** (L.) All. 1785 · D:Knollige Kratzdistel · ♃ VII-VIII; Eur.: BrI, Fr, Ib, C-Eur., Slove., nat. in CZ
- **vulgare** (Savi) Ten. 1836 ·

D:Gewöhnliche Kratzdistel, Lanzett-Kratzdistel; E:Bull Thistle, Thistle · ⊙ Z2 VI-IX ⓝ; Eur.*, TR, Cauc., N-Iran, W-Sib., C-As., NW-Afr., nat. in N-Am., C-Am., Austr.
- **waldsteinii** Rouy 1905 · D:Armköpfige Kratzdistel · ⌖ VII-VIII; Eur.: A, EC-Eur., Slove., RO, W-Russ.; E-Alp., Carp.

Cissus L. 1753 -f- *Vitaceae* · (S. 891) D:Klimme, Zimmerrebe; E:Grape Ivy, Treebine; F:Liane du voyageur, Vigne d'appartement
- **adenopoda** Sprague 1906 · ⌖ ⚡ ⓦ; W-Afr., C-Afr., Uganda
- **amazonica** Linden 1865 · ⌖ ⚡ Z10 ⓦ; Amazon.
- **antarctica** Vent. 1803 · D:Känguru-Klimme, Känguruwein; E:Kangaroo Vine · ♄ e ⚡ Z10 ⓚ; Austr.: Queensl., N.S.Wales
- *bainesii* Hook. f. = Cyphostemma bainesii
- *brevipedunculata* Maxim. = Ampelopsis brevipedunculata var. brevipedunculata
- *cactiformis* Gilg = Cissus quadrangularis
- *capensis* Willd. = Rhoicissus capensis
- *crameriana* Schinz = Cyphostemma currori
- *currorii* Hook. f. = Cyphostemma currori
- *dinteri* Schinz = Cissus nymphaeifolia
- **discolor** Blume 1823 · D:Begonien-Klimme; E:Rex Begonia Vine · ♄ e ⚡ Z10 ⓦ; Java
- *fleckii* Schinz = Cyphostemma fleckii
- **gongylodes** (Burch. ex Baker) Planch. 1887 · ♄ e ⚡ Z9 ⓦ; Bras., Peru, Parag.
- *incisa* (Nutt.) Des Moul. = Cissus trifoliata
- *juttae* Dinter et Gilg = Cyphostemma juttae
- *macropus* Welw. = Cyphostemma macropus
- **njegerre** Gilg 1910 · ⌖ e ⚡ ⓦ; Tanzania (Usambara)
- **nymphaeifolia** Planch. 1887 · ⌖ ⤳ Z10 ⓚ; Namibia
- *orientalis* Lam. = Ampelopsis orientalis
- **quadrangularis** L. 1767 · ♄ ⚡ d ⚡ Z10 ⓦ; trop. Afr., S-Afr., Madag., Arab.
- **rhombifolia** Vahl 1798 · D:Zimmerrebe; E:Grape Ivy · ⌖ Z10 ⓦ ⓚ; Mex., C-Am., W.Ind., trop. S-Am.
- **rotundifolia** (Forssk.) Vahl 1790 · E:Arabian Wax Cissus · ♄ e ⚡ Z10 ⓦ; Tanzania, Mozamb. [70623]
- *sandersonii* Harv. = Cyphostemma sandersonii
- **sicyoides** L. 1762 · D:Prinzessinnenwein; E:Princess Vine · ♄ e ⚡ Z10 ⓦ ⓚ; S-Am. 'Albonitens'
- **striata** Ruiz et Pav. 1798 · D:Kleine Zimmerrebe; E:Miniature Grape Ivy · ♄ e ⚡ Z10 ⓦ ⓚ; Chile, S-Bras.
- **trifoliata** (L.) L. 1759 · E:Ivy Treebine, Marine Ivy · ♄ ⚡ s ⚡ Z8 ⓚ; USA: Mo., Kans., SC, SE, Fla.
- **tuberosa** Moç. et Sessé ex DC. 1824 · ⚡ ⚡ Z10 ⓦ; Mex.

Cistanthe Spach 1836 -f- *Portulacaceae*
- **tweedyi** (A. Gray) Hershk. = Lewisia tweedyi

Cistus L. 1753 -m- *Cistaceae* · (S. 417) D:Zistrose; E:Rock Rose, Sun Rose; F:Ciste
- × **aguilarii** O.E. Warb. 1931 (*C. ladanifer* × *C. populifolius*) · ♄ e Z8 ⓚ; SW-Eur., N-Afr. [11116] 'Maculatus'
- *albanicus* E.F. Warb. ex Heywood = Cistus sintensii
- **albidus** L. 1753 · D:Weißliche Zistrose; E:White-leaved Rock Rose · ♄ e Z8 ⓚ; Eur.: Ib, Fr, Ap; Maroc., Alger. [24868]
- × **canescens** Sweet 1825 (*C. albidus* × *C. incanus*) · D:Filzige Zistrose · ♄ e Z8 ⓚ; cult. 'Albus'
- **clusii** Dunal 1824 · ♄ e Z8 ⓚ; Eur.: Ib, I, Sic.; NW-Afr.
- × **corbariensis** Pourr. 1788 (*C. populifolius* × *C. salviifolius*) · ♄ e Z8 ⓚ; S-Eur. [15284]
- *corsicus* Loisel. = Cistus creticus subsp. corsicus
- **creticus** L. 1753 [24875]
  - subsp. **corsicus** (Loisel.) Greuter et Burdet 1981 · ♄ e Z8 ⓚ; Corse, Sard., Maroc.
  - subsp. **creticus** · ♄ Z8 ⓚ ⓝ; Eur.: Ap, GR, Krim; Cypus, Levante, TR, Cauc., Alger., Libya
- *crispus* hort. = Cistus × purpureus
- **crispus** L. 1753 · ♄ Z8 ⓚ; Eur.: Ib, Fr, Ap; NW-Afr.
- × **cyprius** Lam. 1786 (*C. ladanifer* × *C. laurifolius*) · ♄ e Z8 ⓚ ∧; SW-Eur. [24872]
- × **florentinus** Lam. 1786 (*C. monspeliensis* × *C. salviifolius*) · ♄ e Z8 ⓚ; S-Eur., N-Afr. [24873]
- **hirsutus** Lam. 1778 · ♄ e Z8 ⓚ
- *hirsutus* Lam. 1786 non 1778 = Cistus psilosepalus
- × *hybridus* Pourr. = Cistus × corbariensis
- **incanus** L. 1753 · ♄ e Z8 ⓚ; Eur.: Ib, Ap, Ba, Krim; TR, Cyprus, Levante, N-Afr. [24874]
  - subsp. **corsicus** (Loisel.) Heywood 1968 = Cistus creticus subsp. corsicus
  - subsp. **creticus** (L.) Heywood 1968 = Cistus creticus subsp. creticus
- **ladanifer** L. 1753 · D:Lack-Zistrose; E:Common Gum Cistus, Ladanum · ♄ e Z8 ⓚ ∧ ⚡; Eur.: Ib, F; Maroc., Alger. [24876] Palhinhae Grp. · ♄ e Z8 ⓚ; SW-P
- **laurifolius** L. 1753 · D:Lorbeerblättrige Zistrose · ♄ e Z7 ⓚ ∧ VI-VIII; Eur.: Ib, Fr, Ap; Maroc. [11117]
- **libanotis** L. 1759 · ♄ e Z8 ⓚ; Eur.: sw. Ib
- × *loretii* hort. = Cistus × lusitanicus 'Decumbens'
- × *loretii* Rouy et Foucaud = Cistus × stenophyllus
- × **lusitanicus** Maund non Mill. 1837 (*C. ladanifer* × *C. psilosepalus*) · ♄ e Z8 ⓚ; SW-Eur. 'Decumbens' Z8 [60371]
- **monspeliensis** L. 1753 · D:Montpellier-Zistrose; E:Montpelier Rock Rose · ♄ e Z8 ⓚ; Eur.: Ib, Fr, Ap, Ba; TR, Cyprus, NW-Afr. [24877]
- × **obtusifolius** Sweet 1827 (*C. hirsutus* × *C. salviifolius*)
- *palhinhae* J.W. Ingram = Cistus ladanifer
- **parviflorus** Lam. 1786 · D:Kleinblütige Zistrose · ♄ e Z8 ⓚ; Eur.: Sic., GR, Crete; TR, Libya [24878]
- *polymorphus* Willk. = Cistus incanus
- **populifolius** L. 1753 [24879]
  - subsp. **major** (Pourr. et Dunal) Heywood 1968
  - subsp. **populifolius** · ♄ e Z8 ⓚ ∧; P, sp., S-F
  - var. *lasiocalyx* (Willk.) Warb. = Cistus populifolius subsp. major
- **psilosepalus** Sweet 1826 · ♄ e Z8 ⓚ; Eur.: Ib, ?F
- × **pulverulentus** Lam. 1788 (*C. albidus* × *C. crispus*) · ♄ e Z8 ⓚ; SW-Eur. [24881]

'Sunset' [15299]
- × **purpureus** Lam. 1786 (*C. creticus* subsp. *creticus* × *C. ladanifer*) · D:Purpur-Zistrose; E:Purple Cistus · ♄ e Z8 ⓚ; cult. [24869]
'Alan Fradd' [54169]
- **salviifolius** L. 1753 · D:Salbeiblättrige Zistrose; E:Sage-leaved Rock Rose · ♄ e Z8 ⓚ V; Eur.: Ib, Ap, F, Ba, CH; TR, Levante, N-Afr., nat. in W-Sib., C-As. [14031]
- **sintensii** Litard. 1936 · ♄ e Z8 ⓚ; Eur.: GR, AL
- × **skanbergii** Lojac. 1885 (*C. monspeliensis* × *C. parviflorus*) · ♄ e Z8 ⓚ; GR
- × **stenophyllus** Link 1822 (*C. ladanifer* × *C. monspeliensis*) · ♄ e Z8 ⓚ; S-Eur., N-Afr. [29461]
- **symphytifolius** Lam. 1786 · ♄ e Z8 ⓚ; Canar. [24883]
- × **verguinii** H.J. Coste et Soulié 1908 (*C. ladanifer* × *C. salviifolius*) · ♄ e Z8 ⓚ; Eur.: sp., S-F
- *villosus* L. = Cistus incanus
- **in vielen Sorten:**
'Grayswood Pink' [16658]
'Peggy Sammons' (*C. albidus* × *C. laurifolius*) [14021]
'Silver Pink' (*C. creticus* subsp. *creticus* × *C. laurifolius*)

Citriobatus A. Cunn. ex Putt. 1839 -m- *Pittosporaceae* · (S. 694) D:Orangenbeere
- **multiflorus** A. Cunn. 1863 · D:Reichblütige Orangenbeere · ♄ ⚥ ⓚ III-IV; Austr.: Queensl., N.S.Wales

× **Citrofortunella** J.W. Ingram et H.E. Moore 1975 -f- *Rutaceae* · (S. 786)
D:Limequat; E:Limequat (*Citrus* × *Fortunella*)
- **floridana** J.W. Ingram et H.E. Moore 1975 (*Citrus aurantiifolia* × *Fortunella japonica*) · D:Limequat; E:Limequat · ♄ e Z9 ⓚ; cult.
- *microcarpa* (Bunge) Wijnands = Citrus madurensis
- *mitis* (Blanco) J.W. Ingram et H.E. Moore = Citrus madurensis
- **swinglei** J.W. Ingram et H.E. Moore 1975 (*Citrus aurantiifolia* × *Fortunella margarita*) · E:Limequat · ♄ e Z9 ⓚ; cult.

× **Citroncirus** J.W. Ingram et H.E. Moore 1975 -m- *Rutaceae* · (S. 786)

D:Citrange; E:Citrange (*Citrus* × *Poncirus*)
- **webberi** J.W. Ingram et H.E. Moore 1975 (*Citrus sinensis* × *Poncirus trifoliata*) · D:Citrange; E:Citrange · ♄ ♄ s Z8 ⓚ; cult.

Citronella D. Don 1832 -f- *Icacinaceae* · (S. 572)
- **gongonha** (Mart.) R.A. Howard 1840 · ⓦ; S-Am.
- **megaphylla** (Miers) R.A. Howard 1940 · ♄ ♄ e Z9 ⓚ; Bras.

Citropsis (Engl.) Swingle et M. Kellerm. 1913 -f- *Rutaceae* · (S. 786)
D:Kirschorange; E:African Cherry Orange
- **gilletiana** Swingle et M. Kellerm. 1938 · D:Gillets Kirschorange; E:Gillet's Cherry Orange · ♄ Z10 ⓚ ⓝ; trop. Afr.
- **schweinfurthii** (Engl.) Swingle et M. Kellerm. 1913 · ♄ Z10 ⓦ; Sudan, Uganda, Zaire

Citrullus Schrad. ex Eckl. et Zeyh. 1836 -m- *Cucurbitaceae* · (S. 439)
D:Arbuse, Koloquinte, Wassermelone; E:Water Melon; F:Pastèque
- **colocynthis** (L.) Schrad. 1838 · D:Bitter-Melone; E:Bitter Apple, Vine of Sodom · ⚄ ⚥ ⚧ ⓦ ⚢ ⚤ ⓝ; Eur.: sp., Sic., GR, Canar.; S-TR, Levante, Iran, Ind., C-As., N-Afr., nat. in I, H, RO
- **lanatus** (Thunb.) Matsum. et Nakai 1916 · D:Wassermelone
  - var. *caffer* (Schrad.) Mansf. 1959 = Citrullus lanatus var. vulgaris
  - var. **citroides** (L.H. Bailey) Mansf. 1959 · D:Futter-Wassermelone; E:Citron Melon, Stock Melon · ⊙ Z9 ⓦ ⓝ; S-Afr.
  - var. **lanatus** · D:Wilde Wassermelone; E:Wild Melon · ⊙ Z9 VII-VIII; Namibia
  - var. **vulgaris** (Schrad.) Mansf. 1959 · D:Gewöhnliche Wassermelone; E:Water Melon · ⊙ Z9 ⓝ; cult.
- *vulgaris* Schrad. = Citrullus lanatus var. lanatus

Citrus L. 1753 -f- *Rutaceae* · (S. 787)
D:Apfelsine, Grapefruit, Limette, Mandarine, Orange, Zitrone; E:Grapefruit, Lemon, Lime, Mandarin, Orange; F:Citronnier, Limetier, Mandarinnier, Oranger, Pamplemoussier

- **aurantiifolia** (Christm. et Panz.) Swingle 1913 · D:Limone, Sauere Limette; E:Lime, Mexican Lime, Sour Lime · ♄ ♄ e ⚥ Z9 ⓚ ⚢ ⓝ; Malay. Arch., nat. in Trop., Fla. [19188]
- **aurantium** L. 1753 · D:Bitterorange, Pomeranze; E:Bigarade, Bitter Orange, Marmelade Orange, Seville Orange · ♄ e ⚥ Z9 ⓚ ⓝ; S-Vietn., nat. in Fla., Ga.
  - subsp. *amara* (L.) Engl. 1896 = Citrus aurantium
  - subsp. *bergamia* (Risso et Poit.) Wight et Arn. ex Engl. 1896 = Citrus bergamia
  - subsp. *khatta* (Bonavia) Engl. 1896 = Citrus karna
  - var. *grandis* L. 1753 = Citrus maxima
  - var. *ichangensis* Guill. 1911 = Citrus ichangensis
  - var. *myrtifolia* (Raf.) Ker-Gawl. 1818 = Citrus myrtifolia
  - var. *sinensis* L. 1753 = Citrus sinensis
- *australis* Planch. = Microcitrus australis
- **bergamia** Risso et Poit. 1826 · ♄ e ⚥ Z9 ⓚ ⚢ ; orig. ? [58035]
- *decumana* (L.) L. = Citrus maxima
  - var. *racemosa* (Risso et Poit.) Roem. 1846 = Citrus paradisi
- **deliciosa** Ten. 1840 · D:Mittelmeer-Mandarine; E:Mediterranean Mandarin, Willow Leaf Mandarin · ♄ e Z9 ⓚ ⓝ; orig. ?
- *grandis* (L.) Osbeck = Citrus maxima
- *hindsii* (Champ. ex Benth.) Govaerts = Fortunella hindsii
- **hystrix** DC. 1813 · D:Kafir-Limette; E:Combavas, Kaffir Lime, Leech Lime, Mauritius Papada · ♄ e ⚥ Z9 ⓚ ⓝ; Indochina, Malay. Pen., Sumat., Phil.
- **ichangensis** (Guill.) Swingle 1913 · D:Ichang-Zitrone; E:Ichang Lemon, Ichant Papada · ♄ e ⚥ Z8 ⓚ ⓝ; Ind.: Assam; SW-China, C-China
- *japonica* Thunb. = Fortunella japonica
- **junos** Siebold ex Tanaka 1924 · D:Yuzu-Orange; E:Yuzu · ♄ e ⚥ Z9 ⓚ ⓝ; China
- **karna** Raf. · ♄ e ⚥ Z9 ⓚ ⓝ; Ind.
- **latifolia** (Yu. Tanaka) Yu. Tanaka 1951 · D:Persische Limette; E:Bearss Lime, Persian Lime, Tahiti Lime · ♄ e ⚥ Z9 ⓚ ⓝ; Tahiti

- *lima* Macfad. = Citrus aurantiifolia
- **limetta** Risso 1813 · D:Römische Limette, Süße Zitrone · ♄ e ⚭ Z9 ⓚ Ⓝ; trop. As.
- **limon** (L.) Burm. f. 1768 · D:Zitrone; E:Lemon · ♄ e ⚭ Z9 ⓚ ⚥ Ⓝ; ? N-Myamar, S-China, nat. in Fla., trop. Am. [58037]
  'Lisbon'
  'Lunario'
  'Meyeri' = Citrus meyeri
  'Quatre Saisons' = Citrus limon 'Lunario'
  'Variegata'
- **limonia** Osbeck 1765 · D:Lemandarin, Mandarinen-Limette, Volkamer Zitrone; E:Lemandarin, Mandarin Lime, Rangpur · ♄ e ⚭ D Z9 ⓚ ⚥ Ⓝ; China [18021]
  - var. *limetta* (Risso) Asch. et Graebn. 1915 = Citrus limetta
- × **limonimedica** Lush. 1910 (*C. limon* × *C. medica*)
- *limonum* Risso = Citrus limon
- **madurensis** Lour. 1790 · D:Calamondin, Panama-Orange; E:Calamondin, Panama Orange · ♄ e ⚭ D Z9 ⓚ ⌀; cult. [30726]
- *margarita* Lour. = Fortunella margarita
- **maxima** (Burm.) Merr. 1917 · D:Pampelmuse; E:Pomelo, Pummelo, Shaddock · ♄ e ⚭ Z9 ⓚ Ⓝ; ? Thail., ? Malay. Pen.
- **medica** L. 1753 · D:Zitronat-Zitrone; E:Citron · ♄ ♄ e Z9 ⓚ ⚥ Ⓝ; Ind., nat. in Fla. [58038]
  'Buddah's Hand' = Citrus medica 'Sarcodactylis'
  'Cedro'
  'Sarcodactylis' · D:Buddhas-Hand-Zitrone, Gefingerte Zitrone; E:Buddha's Hand Citron
  - subsp. *acida* (Roxb.) Engl. 1896 = Citrus aurantiifolia
  - var. *ethrog* Engl. 1931 = Citrus × limonimedica
  - var. *limon* L. 1753 = Citrus limon
    - *um* (Risso) Wight et Arn. 1834 = Citrus limon
  - var. *sarcodactylis* (Hoola van Nooten) Swingle 1914 = Citrus medica 'Sarcodactylis'
- **meyeri** Yu. Tanaka 1946 · D:Meyers Zitrone; E:Meyer's Lemon · ♄ e Z9 ⓚ; cult. [24884]
- **myrtifolia** Raf. 1838 · D:Myrtenblättrige Orange; E:Myrtle-leaf Ornange · ♄ e ⚭ Z9 ⓚ Ⓝ; ? China [58039]
  'Chinotto'
- **nobilis** Lour. 1790 · D:Königs-Mandarine; E:Florida Orange, King Mandarin, King Orange,

Tangor · ♄ e ⚭ Z9 ⓚ Ⓝ; Vietn. [58040]
- **paradisi** Macfad. 1830 · D:Grapefruit, Paradisapfel; E:Grapefruit · ♄ e ⚭ Z9 ⓚ Ⓝ; cult. W.Ind. [58041]
  'Star Ruby'
- *ponderosa* hort. = Citrus pyriformis
- **pyriformis** Hassk. 1842 · D:Birnenförmige Zitrone
  'Ponderosa' · D:Riesen-Zitrone; E:Giant Lemon, Wonder Lemon
- *racemosa* (Risso et Poit.) Marcow. ex Tanaka = Citrus paradisi
- **reticulata** Blanco 1837 · D:Gewöhnliche Mandarine; E:Common Mandarin, Mandarin Orange · ♄ ♄ e ⚭ ⓚ ⚥ Ⓝ; SE-As., Phil. [58042]
  - var. *deliciosa* (Ten.) Swingle 1914 = Citrus deliciosa
- **sinensis** (L.) Osbeck 1765 · D:Apfelsine, Orange; E:Orange, Sweet Orange · ♄ e ⚭ Z9 ⚥ Ⓝ; ? China, nat. in Fla. [58043]
  'Embiguo'
  'Navel Orange' = Citrus sinensis 'Embiguo'
  'Navelate'
  'Sanguinelli'
  'Valencia'
  'Washington Navel'
- *taitensis* Risso = Citrus limonia
- × **tangelo** J.W. Ingram et H.E. Moore 1975 (*C. paradisi* × *C. reticulata*) · D:Tangelo; E:Tangelo · ♄ e ⚭ Z9 ⓚ Ⓝ; ? China; cult. China, Jap., USA
- **tangerina** Hort. ex Tanaka 1927
- *trifoliata* L. = Poncirus trifoliata
- **unshiu** (Swingle) Marcow. 1921 · D:Satsuma; E:Satsuma Mandarin · ♄ ♄ Z9 ⓚ Ⓝ; cult. Jap.: Prov. Satsuma
- *volkameriana* Pasq. = Citrus limonia
- *vulgaris* Risso = Citrus aurantium

Cladanthus Cass. 1816 -m- *Asteraceae* · (S. 236)
D:Palmblume; E:Palm Springs Daisy; F:Anthémis d'Arabie
- **arabicus** (L.) Cass. 1816 · D:Nordafrikanische Astblume · ☉ Z7 VII-X; S-Sp., N-Afr. [70047]

Cladium P. Browne 1756 -n- *Cyperaceae* · (S. 994)
D:Schneide; E:Great Fen Sedge; F:Marisque
- **mariscus** (L.) Pohl 1809 · D:Binsen-Schneide; E:Elk Sedge, Fen Sedge; F:Cladium marisque · ♃ ∾ ⚭ Z3 VI-VIII; Eur.*, Cauc., TR,

Iran, C-As., Him., E-As., SE-As., N-Afr., Afr., Madag., N-Am., S-Am., Austr. [67162]

Cladothamnus Bong. 1833 -m- *Ericaceae* · (S. 467)
- **pyroliflorus** Bong. 1833 · ♄ d Z5 V-VI; Alaska, Can.: B.C.; USA: NW

Cladrastis Raf. 1824 -f- *Fabaceae* · (S. 504)
D:Gelbholz; E:Yellow Wood; F:Virgilier
- *amurensis* (Rupr. et Maxim.) K. Koch = Maackia amurensis var. amurensis
  - var. *floribunda* Maxim. ex Franch. et Sav. 1930 = Maackia amurensis var. buergeri
- *kentukea* (Dum.-Cours.) Rudd = Cladrastis lutea
- **lutea** (F. Michx.) K. Koch 1869 · D:Kentucky-Gelbholz; E:Kentucky Yellow Wood; F:Virgilier à bois jaune · ♄ d Z5 V-VI Ⓝ; USA: Ky. NCE, SE, Okla. [27930]
- **platycarpa** (Maxim.) Makino 1901 · D:Japanisches Gelbholz; E:Japanese Yellow Wood · ♄ d Z4 V; Jap.
- **sinensis** Hemsl. 1892 · D:Chinesisches Gelbholz; E:Chinese Yellow Wood · ♄ d Z6 VII-VIII; W-China, C-China
- *tinctoria* Raf. = Cladrastis lutea

Clappertonia Meisn. 1837 -f- *Tiliaceae* · (S. 870)
- **ficifolia** (Willd.) Decne. 1864 · D:Bolobolobaum; E:Bolo-bolo · ♄ ⓚ; trop. Afr.

Clarkia Pursh 1814 -f- *Onagraceae* · (S. 677)
D:Atlasblume, Clarkie, Godetie; E:Farewell to Spring, Godetia, Satin Flower; F:Clarkia
- **amoena** (Lehm.) A. Nelson et J.F. Macbr. 1918 · D:Atlasblume; E:Satin Flower
  'Aurora'
  'Lilac Lady'
  'Sybil Sherwood'
  - subsp. **amoena** · ☉ VI-IX; Calif.
  - subsp. **whitneyi** (A. Gray) F.H. Lewis et M.R. Lewis 1955 · ☉ VI-IX; NW-Calif.
- **breweri** (A. Gray) Greene 1887 · D:Feenfächer; E:Fairy Fans · ☉ VII-VIII; Calif.
- **concinna** (Fisch. et C.A. Mey.) Greene 1887 · D:Rotband-Godetie; E:Red Ribbons · ☉ VII-VIII;

Calif.
- **pulchella** Pursh 1814 · D:Groß-
  blütige Godetie; E:Large-flowered
  Clarkia · ⊙ VII-VIII; Can.: B.C.;
  USA: NW., Calif., Idaho, Mont.,
  S.Dak.
  'Alba'
  'Snowflake'
- **rhomboidea** Douglas ex Hook.
  1833 · D:Diamanten-Godetie;
  E:Diamond Fairyfan · ⊙ VII-VIII;
  B.C., USA: NW, Rocky Mts., Calif.,
  SW
- **unguiculata** Lindl. 1839 · D:Man-
  delröschen · ⊙ VII-VIII; Calif.
  'Albatross'
  'Apple Blossom'

Clausena Burm. f. 1768 -f-
Rutaceae · (S. 787)
- **dentata** (Willd.) M. Roem. 1840 ·
  ♄ e Z10 ⓝ; Ind.
- **lansium** (Lour.) Skeels 1909 ·
  D:Wampi; E:Wampee · ♄ e Z10 ⓜ
  ⓝ; S-China

Clavija Ruiz et Pav. 1794 -f-
Theophrastaceae · (S. 866)
- **longifolia** (Jacq.) Mez 1901 · ♄ e
  D Z10 ⓜ; Venez.
- *ornata* D. Don = Clavija longifolia

Claytonia L. 1753 -f- *Portulacaceae* ·
(S. 709)
D:Tellerkraut; E:Purslane;
F:Claytone
- **megarhiza** (A. Gray) Parry ex S.
  Watson
- **perfoliata** (Donn ex Willd.) J.T.
  Howell 1798 · D:Gewöhnliches
  Tellerkraut, Winter-Portulak, Win-
  terpostelein; E:Miner's Lettuce,
  Winter Purslane · ⊙ IV-VI ⚥ ⓝ;
  Can.: B.C.; USA: NW, Rocky Mts.,
  Calif., SW; Mex.: Baja Calif., nat.
  in W-Eur., C-Eur., Cuba
- **sibirica** L. 1753 · D:Sibirisches
  Tellerkraut; E:Siberian Purslane,
  Spring Beauty; F:Montia de
  Sibérie · ⊙ △ Z3 IV-V; Alaska,
  B.C., USA: NW, Rocky Mts., Calif.,
  nat. in NL, GB [65295]
- **virginica** L. 1753 · D:Virginische
  Claytonie; E:Spring Beauty · ♃ △
  Z6 III; Can.: E; USA: NE, NCE, SC,
  SE; Mex.

Cleisostoma Blume 1825 -n-
Orchidaceae · (S. 1056)
- **filiforme** (Lindl.) Garay 1972 ·
  ♄ Z9 ⓜ VI-X ▽ ✳; Him., Ind.:
  Khasia Hills; Myanmar
- **racemiferum** (Lindl.) Garay

1972 · ♄ Z9 ⓜ V-VI ▽ ✳; Nepal,
Ind., Myanmar, Thail.

Cleistocactus Lem. 1861 -m-
Cactaceae · (S. 350)
D:Silberkerzenkaktus; F:Cierge
- *acanthurus* (Vaupel) D.R. Hunt =
  Borzicactus acanthurus
- *anguinus* (Gürke) Britton et Rose
  = Cleistocactus baumannii subsp.
  anguinus
- *areolatus* (Muehlenpf. ex K.
  Schum.) Riccob. = Cleistocactus
  parviflorus
- **baumannii** (Lem.) Lem. 1861
  - subsp. **anguinus** (Gürke) P.J.
    Braun et Esteves 1995 · ♃ Z9 ⓜ
    ▽ ✳; Parag.
  - subsp. **baumannii** · ♃ Z9 ⓜ ▽
    ✳; NE-Arg., Parag., Urug.
  - subsp. **chacoanus** (F. Ritter) P.J.
    Braun et Esteves 1995
- **brookei** Cárdenas 1952 · ♃ Z9 ⓜ
  ▽ ✳; S-Bol.
- **candelilla** Cárdenas 1952 · ♃ Z9
  ⓜ; SE-Bol.
- *chacoanus* F. Ritter = Cleistocactus
  baumannii subsp. chacoanus
- *fossulatus* Mottram = Oreocereus
  pseudofossulatus
- **hyalacanthus** (K. Schum.) Rol.-
  Goss. 1935 · ♄ ♃ ⓜ
- *icosagonus* (Kunth) F.A.C. Weber
  ex Rol.-Goss. 1904 · ♄ ♃ Z9 ⓜ ▽
  ✳; S-Ecuad., N-Peru
- *jujuyensis* (Backeb.) Backeb. =
  Cleistocactus hyalacanthus
- **parviflorus** (K. Schum.) Rol.-
  Goss. 1904 · ♃ Z9 ⓜ ▽ ✳; Bol.
- **ritteri** Backeb. 1959 · ♄ ♃ Z9 ⓜ ▽
  ✳; C-Bol.
- *roezlii* (Haage) Backeb. =
  Borzicactus roezlii
- *samaipatanus* (Cárdenas) D.R.
  Hunt = Borzicactus samaipatanus
- *sepium* (Kunth) Rol.-Goss. =
  Borzicactus sepium
- **smaragdiflorus** (F.A.C. Weber)
  Britton et Rose 1920 · ♃ Z9 ⓜ;
  N-Arg.
- **straussii** (Heese) Backeb. 1934
  - var. **fricii** (Dörfl.) Backeb. 1959 ·
    ♃ ⓜ
  - var. *jujuyensis* 1934 =
    Cleistocactus hyalacanthus
  - var. **straussii** · ♃ ⓜ
- **tupizensis** (Vaupel) Backeb.
  1934 · ♄ ♃ Z9 ⓜ; Bol. (Potosí)
- **variispinus** F. Ritter 1964 · ♃ Z9
  ⓜ; Bol.
- **vulpis-cauda** F. Ritter et
  Cullmann 1962 · ♃ Z9 ⓜ; Bol.
  (Chuquisaca)

- *wendlandiorum* Backeb. =
  Cleistocactus brookei
- *winteri* D.R. Hunt = Hildewintera
  aureispina

Cleistogenes Keng 1934 -f-
Poaceae · (S. 1105)
D:Steifhalm
- **serotina** (L.) Keng 1934 · D:Steif-
  halm · ♃ VIII-IX; Eur.* exc. BrI, Sc;
  TR, Cauc., N-China

Clematis L. 1753 -f- *Ranunculaceae* ·
(S. 729)
D:Clematis, Waldrebe;
E:Clematis; F:Clématite
- **addisonii** Britton ex Vail 1890 ·
  D:Addisons Waldrebe
- **aethusifolia** Turcz. 1832 ·
  D:Petersilienblättrige Waldrebe ·
  ♄ d ⚥ Z5 ♀; N-China, Korea
  [61925]
- **afoliata** Buchanan 1871 · ♄ d D
  Z8 ⓜ V; NZ [61927]
- **akebioides** (Maxim.) Veitch
  1912 · ♉ d Z5; Sib., W-China
  [61970]
- **alpina** (L.) Mill. 1768 · D:Alpen-
  Waldrebe; E:Alpine Clematis;
  F:Clématite des Alpes · ♉ d ⚥ △
  Z5 V-VII ♀ ▽; Eur.* exc. BrI, Ib
  [44285]
  'Odorata' M. Johnson 1980
  - subsp. *sibirica* (L.) Kuntze 1885
    = Clematis sibirica
- **apiifolia** DC. 1817 · D:Sellerie-
  blättrige Waldrebe · ♉ d ⚥ Z7 IX-X;
  C-China, Japan, Korea [21828]
  - var. *biternata* Makino 1906 =
    Clematis brevicaudata
- **aristata** R. Br. 1817 [21830]
- **armandii** Franch. 1885 ·
  D:Armands Waldrebe;
  E:Evergreen Clematis;
  F:Clématite d'Armand · ♄ e ⚥ Z8
  ⓜ V; C-China, S-China [38086]
- × **aromatica** Lenné et K.
  Koch 1855 (*C. flammula* × *C.
  integrifolia*) · ♄ Z5 VII ♀; cult.
  [15222]
- **australis** Kirk 1889 · ♄ ♉ e ⚥ Z8
  ⓜ; NZ [61932]
- *balearica* Rich. = Clematis cirrhosa
  var. balearica
- × **bonstedtii** H.R. Wehrh. ex
  Boom 1931 (*C. tubulosa* × *C.
  stans*) · D:Bonstedts Waldrebe ·
  [61934]
  'Crépuscule' (He) Lemoine [63208]
  'Gentianoides' = Clematis gentianoides
- **brachiata** Thunb. · ♉ d Z9 ⓜ;
  S-Afr., trop. Afr.
- **brevicaudata** DC. 1817 · D:Kurz-

schwänzige Waldrebe · ⑂ d; Jap. (Honshu) [61935]
- **buchananiana** DC. 1817 · D:Buchanans Waldrebe · ⑂ d ⚥ Z6; Pakist., N-Ind., Myanmar, W-China [61941]
- *calycina* Sol. = Clematis cirrhosa var. cirrhosa
- **campaniflora** Brot. 1804 · D:Glockenblütige Waldrebe · ♄ d ⚥ Z6 VI-VII ✼; P, S-Sp. [21864]
- **chiisanensis** Nakai 1914 · D:Pagoden-Waldrebe · ⑂ d Z4; Korea [21865]
- **chinensis** Osbeck 1757 · D:Chinesische Waldrebe · [21866]
- **chrysocoma** Franch. 1886 · D:Goldschopfige Waldrebe · ♄ ⑂ d Z7 ✼; SW-China [21867]
  - var. **sericea** (Franch.) C.K. Schneid. 1917 = Clematis spooneri
- **cirrhosa** L. 1753 · D:Macchien-Waldrebe; E:Fern Leaved Clematis · [61936]
  - var. **balearica** (Rich.) Willk. et Lange · D:Balearen-Waldrebe · ♄ e ⚥ Z8 ⓚ IX-III ✼; Corse, Minorca [12942]
  - var. **cirrhosa** · D:Gewöhnliche Macchien-Waldrebe · ♄ e Z8 ⓚ I-III ✼; Eur.: Ib.Ap, Ba; TR, Levante, NW-Afr., Libya
- *coccinea* Engelm. ex Gray = Clematis texensis
- **colensoi** Hook. f. 1852 · ♄ e ⚥ Z8 ⓚ V-VI; NZ
- **columbiana** (Nutt.) Torr. et A. Gray 1838 · D:Columbia-Waldrebe; E:Columbia Virgin's Bower · ♄ ⑂ d ⚥ Z4; N-Am.
- **connata** DC. 1824 · D:Verwachsenblütige Waldrebe · ♄ ⑂ d ⚥ Z6; Him., SW-China [21872]
- **crispa** L. 1753 · D:Krause Waldrebe; E:Leather Flower · ♄ d ⚥ Z6 VI-VIII ✼; USA: Va., Ill., Mo., SC, SE, Fla. [21873]
- *cylindrica* Sims = Clematis crispa
- **denticulata** Vell. 1825 · ♄ ⑂ ⚥; s S-Am, Arg.
- *dioscoreifolia* H. Lév. et Vaniot = Clematis terniflora
- × **diversifolia** DC. 1817 (*C. integrifolia* × *C. viticella*) · D:Verschiedenblättrige Waldrebe · ⑂ d Z4; cult.
- × **durandii** Durand 1870 (*C. integrifolia* × *C. lanuginosa*) · D:Durands Waldrebe · ♄; cult. [44301]
- × *eriostemon* Decne. = Clematis × diversifolia

- *fargesii* Franch. = Clematis potaninii var. fargesii
  - var. *souliei* hort. = Clematis potaninii var. potaninii
- **fasciculiflora** Franch. 1889 · ⑂ e Z8 ⓚ; SW-China [21913]
- **finetiana** H. Lév. et Vaniot 1909 · ⑂ s Z8 ⓚ; C-China, W-China [21914]
- **flammula** L. 1753 · D:Mandel-Waldrebe; E:Fragrant Clematis, Virgin's Bower; F:Flammule · ♄ d ⚥ Z6 VII-X; Eur.: Ib, Fr, Ap, Ba; TR, Syr., Palaest., Cauc., Iran, Afgh., NW-Afr., Libya, nat. in EC-Eur., Krim [12943]
  - var. *robusta* Carrière 1874 = Clematis terniflora
- **florida** Thunb. 1784 · D:Reichblütige Waldrebe
  - var. **flore-pleno** D. Don 1937 [16884]
  - var. **florida** 1784 · ♄ s ⚥ Z7 VI-VIII ✼; China, nat. in Jap.
  - var. **sieboldiana** D. Don 1837 [34927]
- **foetida** Raoul 1846 · D:Stinkende Waldrebe · ⑂ e Z8 ⓚ; NZ [21915]
- *forrestii* W.W. Sm. = Clematis napaulensis
- **forsteri** J.F. Gmel. 1791 · ♃ e ⚥ Z8; E-Sib., Amur, Mong., China [21916]
- **fremontii** S. Watson 1875 · ♃ ⚥ Z4 VII-VIII; USA: Kans., Mo., Nebr.
- **fusca** Turcz. 1840 · D:Kamtschatka-Waldrebe
  - var. **fusca** · ♄ ⚥ Z5 VII-VIII; E-Sib., Kamchat., Sachal., Jap. [21918]
  - var. **mandschurica** Regel 1861
  - var. **violacea** (Maxim.) Kitag. 1939 = Clematis ianthina
- **gentianoides** DC.
- *glauca* Willd. = Clematis orientalis var. daurica
- **glycinoides** DC. 1817
- **gouriana** Roxb. ex DC. 1817 [21920]
- **gracilifolia** Rehder et E.H. Wilson 1913 · ⑂ d Z5; China (Sichuan, Gansu) [21921]
- *grata* hort. = Clematis × jouiniana
- **heracleifolia** DC. 1817 · D:Großblättrige Waldrebe; F:Clématite à feuilles de berce · ♄ d Z5 ✼; C-China, N-China [63210]
  - var. *ichangensis* Rehder et E.H. Wilson 1913 = Clematis heracleifolia
- *hexapetala* Pall. = Clematis forsteri
- *hilarii* Spreng. = Clematis

denticulata
- **hirsutissima** Pursh 1814 · D:Becher-Waldrebe, Rauhaarige Waldrebe; E:Old Man's Whiskers, Sugarbowl · ♃ Z6; B.C., USA: NW, Rocky Mts, SW
- **hookeriana** Allan 1961 · ⑂ e Z8 ⓚ; NZ [21923]
- **ianthina** Koehne [21919]
- *indivisa* Willd. = Clematis paniculata var. paniculata
- **integrifolia** L. 1753 · D:Ganzblättrige Waldrebe · ♄ Z5 V-VIII ✼; Eur.: I, Ba, EC-Eur., E-Eur.; Cauc., W-Sib., E-Sib., C-As., China: Sinkiang [44351]
  'Alba' [61944]
- **intricata** Bunge 1835 · D:Verworrene Waldrebe · ⑂ d Z5; N-China, S-Mong. [21924]
- **ispahanica** Boiss. 1846 [21932]
- × **jackmanii** T. Moore 1865 (*C. lanuginosa* × *C. viticella*) · ♄ d ⚥ Z6 VII-X ✼; cult. [44305]
- **japonica** Thunb. ex Murray 1784 · D:Japanische Waldrebe · ⑂ ⚥ Z6; Japan: Honshu [61948]
- × **jouiniana** C.K. Schneid. 1904 (*C. heracleifolia* var. *davidiana* × *C. vitalba*) · D:Stauden-Waldrebe; F:Clématite herbacée · ⑂ d Z5 VIII-X ✼; Afgh., Him., China [61942]
- **kirilovii** Maxim. 1877
- **koreana** Kom. 1901 · D:Koeanische Waldrebe · ♄ d ⤳ Z6 VI; Manch., N-Korea [21952]
- **ladakhiana** Grey-Wilson 1989 · D:Ladakh-Waldrebe
- **lanuginosa** Lindl. 1852-53 · D:Wollige Waldrebe · ♄ d ⚥ Z6 VI-X; E-China [24783]
- **lasiandra** Maxim. 1877 · D:Zottige Waldrebe · ♄ d ⚥ Z6 VIII-X; C-China. [21954]
- **ligusticifolia** Nutt. 1838 · D:Zungenblättrige Waldrebe · ⑂ d ⚥ Z5 VIII-IX ✼; w N-Am. [21955]
- **macropetala** Ledeb. 1829 · D:Großblumige Waldrebe; E:Downy Clematis · ♄ d ⚥ Z6 V-VI ✼; E-Sib., N-China [44352]
- **mandschurica** Rupr. 1857 · D:Mandschurische Waldrebe · ♃ Z7; China [68609]
- **marata** J.B. Armstr. 1881 · ♄ ⑂ e ⚥ Z8 ⓚ; NZ [21956]
- **marmoraria** Sneddon 1975 · ♄ e Z8 ⓚ; NZ
- *maximowicziana* Franch. et Sav. = Clematis terniflora
- **microphylla** DC. 1817 · D:Kleinblättrige Waldrebe · ⑂ e ⚥ Z9 ⓚ;

Austr.: Queensl., N.S.Wales, Victoria, Tasman., S-Austr., W-Austr. [22062]
- **montana** Buch.-Ham. ex DC. 1817 [15195]
  - var. **grandiflora** Hook. 1844
  - var. **montana** · D:Berg-Waldrebe; F:Clématite des montagnes · ♄ d ⚥ Z6 V-VI ✿; Him., China: Yunnan [20256]
  - var. **rubens** E.H. Wilson 1905
  - var. *sericea* Finet et Gagnep. 1903 = Clematis spooneri
  - var. **wilsonii** Sprague 1825 · ∫ d Z6; China
- **napaulensis** DC. 1817 · D:Himalaya-Waldrebe · ♄ ∫ e ⚥ Z8 ⓚ; SW-China, N-Ind. [29465]
- **ochotensis** (Pall.) Poir. 1811 · D:Japanische Alpen-Waldrebe · ♄ Z5; E-Sib., Sachal., Kamchat., Korea, Jap. [22087]
- **ochroleuca** Aiton 1789 · D:Gelblich-weiße Waldrebe · ♃ ♄ Z6 V-VI; USA: NE, SE [22088]
- **orientalis** L. 1753 · D:Orientalische Waldrebe; E:Orange Peel Clematis · [15648]
  - var. **daurica** (Pers.) Kuntze · ♄ ⚥ Z6 IX-X ✿; W-China, Sib.
  - var. **orientalis** · ♄ d ⚥ Z6 VII-IX ✿; Eur.: GR, Russ.; TR, Cauc., Iran, Pakist., C-As., Mong., Tibet, China, nat. in sp., I
- **paniculata** J.F. Gmel. 1791 [44289]
  - var. **lobata** Hook.
  - var. **paniculata** · ♄ e ⚥ Z6 V-VI; NZ
- *paniculata* Thunb. = Clematis terniflora
- **patens** C. Morren et Decne. 1836 · D:Offenblütige Waldrebe · ♄ d ⚥ Z6 V-VII ✿; China, Jap. [22101]
- **petriei** Allan 1961 [20020]
- **pierotii** Miq. 1867 · ∫ d; Jap. (Kyushu, Shikoku, Ryukyu Is.) [22102]
- **pitcheri** Torr. et A. Gray 1838 · ♄ ∫ d ⚥ Z4; SE-USA
- **potaninii** Maxim. 1890 · D:Anemonen-Waldrebe · [22103]
  - var. **fargesii** (Franch.) Hand.-Mazz. 1939 · D:Farges Waldrebe · ♄ d ⚥ Z6 VI-IX ✿; W-China [26344]
  - var. **potaninii** · ♄ d ⚥ Z7 ✿; S-China
- **quadribracteolata** Colenso 1882 · ∫ e ⚥ ⓚ; NZ [22106]
- **recta** L. 1753 · D:Aufrechte Waldrebe; F:Clématite droite · ♃ D Z5 VI-VII ✿; Eur.* exc. BrI, Sc; Cauc.

[63217]
'Purpurea' Daisy Hill Nurs. c. 1900
[63219]
  - subsp. *mandshurica* = Clematis mandschurica
- **rehderiana** Craib 1914 · D:Rehders Waldrebe · ♄ d ⚥ Z6 VII-X ✿; W-China [15226]
- **serratifolia** Rehder 1910 · D:Koreanische Waldrebe · ♄ d ⚥ Z6 VIII-IX ✿; Jap., N-Korea, Manch., Amur [15227]
- **sibirica** (L.) Mill. 1768 · D:Sibirische Waldrebe · ♄ d △ V-VII ▽; Eur.: Sc, N-Russ.; W-Sib., E--Sib., C-As. [21826]
- *simsii* Sweet = Clematis crispa
- **songarica** Bunge 1839 · D:Songarische Waldrebe · ♄ d Z6 VIII-IX ✿; C-As., S-Sib., Mong., Korea
- **spooneri** Rehder et E.H. Wilson 1913 · ♄ d ⚥ Z6 VII-IX; Yunnan [21868]
- **stans** Siebold et Zucc. 1846 · D:Japanische Strauch-Waldrebe · ♄ ♄ d Z5 VIII-IX ✿; Jap. [22123]
- **tangutica** (Maxim.) Korsh. · ♄ d ⚥ Z5 VI ✿; Mong., NW-China
- *ternata* Makino = Clematis japonica
- **terniflora** DC. 1818 · D:Rispenblütige Waldrebe · ♄ d ⚥ Z6 IX-X ✿; China, Korea [27426]
  - var. *mandshurica* (Rupr.) Ohwi 1938 = Clematis mandschurica
- **texensis** Buckland 1862 · D:Texas-Waldrebe; E:Scarlet Clematis · ♄ d ⚥ Z6 VII-IX ✿; Tex. [18845]
- *thunbergii* Steud. = Clematis terniflora
- **tibetana** Kuntze 1885 · D:Blaugrüne Waldrebe · [22134]
  - subsp. **tibetana** · ♄ ∫ d ⚥ Z6 ✿; China [22135]
  - subsp. **vernayi** (Fisch.) Grey-Wilson 1989 · ♄ d ⚥ Z6 ✿; Nepal, Tibet [34929]
    - var. **laciniifolia** Grey-Wilson 1989 · ∫ d Z6; Nepal, Tibet
    - var. **vernayi**
- **tosaensis** Makino [22138]
- × **triternata** DC. 1817 (*C. flammula* × *C. viticella*) · ♄ ∫ d ⚥ Z6 ✿; cult.
'Rubromarginata' (Fl) [34639]
- **tubulosa** Turcz. 1837 · D:Röhrenblütige Waldrebe · ; N-China [63211]
- × **vedrariensis** R. Vilm. 1914 (*C. chrysocoma* × *C. montana* var. *rubens*) · ♄ ∫ e ⚥ Z6; cult. [22145]
- **veitchiana** Craib 1914 · D:Veitchs Waldrebe · ♄ d ⚥ Z6 IX-X;

W-China [22146]
- *vernayi* Fisch. = Clematis tibetana subsp. vernayi
- **versicolor** Small ex Rydb. 1901
- **villosa** DC. 1818 · ♄ ⓚ VIII-IX; S-Afr., trop. S-Afr.
- **viorna** L. 1753 · D:Braunblütige Waldrebe; E:Leather Flower · ♄ d ⚥ Z6 VII ✿; USA: NE, NCE, SC, SE [22045]
- **virginiana** L. 1755 · D:Virginische Waldrebe; E:Devil's Darning Needles, Virgin's Bower · ♄ d ⚥ Z5 VIII-IX ✿; Can.: E; USA: NE, NCE, NC, SE [22144]
- **vitalba** L. 1753 · D:Gewöhnliche Waldrebe; E:Old Man's Beard, Traveller's Joy; F:Clématite des haies · ♄ ∫ d ⚥ Z5 VI-IX ⚥ ✿ Ⓝ; Eur.* exc. Sc; TR, Cyprus, Lebanon, Cauc., N-Iran, Afgh., Alger., nat. in Sc [44291]
- **viticella** L. 1753 · D:Italienische Waldrebe; F:Clématite bleue · ♄ ∫ d ⚥ Z6 VI-IX ✿; Eur.: I, Ba; TR, Cyprus, Cauc., Iran, nat. in Fr, D, CZ [44294]
- **in vielen Sorten:**
  Ar **Armandii-Gruppe**
    Sorten, die zu Arten aus der Subsektion Meyenianae (Tamura) M. Johnson (vorwiegend C. armandii) gehören oder aus diesen entstanden sind. Immergrüne, verholzende Kletterpflanzen. Blüten im Winter oder zeitigen Frühjahr in den Blattachseln an vorjährigen Zweigen, einfach, schalenförmig oder ± tellerförmig, 4–7(10) cm breit. Tepalen 4–6, weiß oder rosa. Blätter ziemlich ledrig, 3-zählig oder gelegentlich gefiedert.
  At **Atragene-Gruppe**
    Sorten, die zu Arten aus dem Subgenus Atragene (L.) Torrey et A. Gray (*C. alpina*, *C. chiisanensis*, *C. fauriei*, *C. koreana*, *C. macropetala*, *C. occidentalis*, *C. ochotensis*, *C. sibirica*, *C. turcestanica*) gehören oder aus diesen Arten durch Kreuzung entstanden sind. Sommergrüne, verholzende Kletterpflanzen mit Wuchshöhen von 2–4(–5) m. Blätter 3-zählig oder doppelt 3-zählig. Blüten vorwiegend April–Mai(Juni) blattachselständig

an vorjährigen Zweigen, gelegentlich auch später einzeln und endständig an diesjährigen Trieben, einfach (Staminodien fehlend oder diese zu 4, selten 5) oder Blüten „gefüllt" (mit mehr als 6 Staminodien), glockig oder breit glockig, nickend, (2)4–10(12) cm breit, Tepalen 4, weiß, hellgelb oder mit Anflügen von rosa, purpurrrot, purpurn, blauviolett oder blau. Die äußeren Staubblätter zu petaloiden Staminodien umgewandelt, diese meist kürzer als die Tepalen. Blütezeit April–Mai(Juni).

Ci Cirrhosa-Gruppe
Sorten, die vorwiegend zu *C. cirrhosa* gehören oder aus Kreuzungen mit dieser Art entstanden sind. Immergrüne, verholzende Kletterpflanzen. Blüten einfach, glockig bis schüsselförmig, (2)5–8(10) cm breit, nickend, an vorjährigen Zweigen. Tepalen 4(5), cremefarben, ohne oder mit roten bis purpurnen Flecken oder Tönungen. Blütezeit vom Spätherbst bis zum Frühjahr. Blätter einfach oder 3-zählig bis doppelt 3-zählig.

EL Frühe Großblütige Gruppe
Diese Gruppe schließt die frühere Patens- und Florida-Gruppe ein und umfasst damit Sorten, die direkt oder indirekt von *C. patens* abstammen. Sommergrüne, verholzende Kletterpflanzen. Blätter meist einfach oder 3-zählig, gelegentlich gefiedert. Blüten im Frühjahr oder Frühsommer an vorjährigen Zweigen und oft später im Jahr an diesjährigen Trieben. Bei einigen Sorten dauert die Blüte nahezu ununterbrochen an. Blüten einfach, halb oder ganz gefüllt, aufrecht, tellerförmig flach oder nahezu so, (7)10–22(25) cm breit. Tepalen einfacher Blüten (4)6–8(9), weiß, cremefarben, hell oder grünlich gelb oder in verschiedenen Schattierungen pinkfarben, pinkfarbenpurpurn, rot, purpurrot, purpurn, violettblau oder blau, oft heller oder dunkler oder andersfarbig gestreift. Die meisten Sorten sind mindestens in der Winterhärtezone 6 ausreichend frosthart.

Fl Flammula-Gruppe
Sorten, die zu Arten aus der Sektion Flammula DC. (*C. angustifolia, C. flammula, C. recta* und *C. terniflora*) gehören oder aus Kreuzungen mit diesen Arten entstanden sind. Meist sommergrüne Halbsträucher mit verholzender Sprossbasis, Sprosse aufrecht oder kletternd. Blüten meist duftend, meist einfach, tellerförmig flach, 2–4 cm breit, aufrecht oder nach außen zeigend, meist in großen Rispen, an diesjährigen Trieben, Tepalen 4–6, weiß, cremefarben, blau oder purpur. Blütezeit im Sommer. Blätter ziemlich ledrig, meist gefiedert, selten einfach oder 3-zählig.

Fo Forsteri-Gruppe
Sorten, die zu Arten aus der Sektion Novaezeelandica M. Johnson (*C. australis, C. foetiida, C. forsteri, C. marata, C. marmoraria, C. paniculata, C. petriei*) gehören oder aus Kreuzungen mir diesen Arten entstanden sind. Immergrüne Kletterpflanzen. Blätter 3-zählig oder doppelt 3-zählig. Blüten diözisch, einfach, flach oder glockig, 2–9 cm breit, an vor- und diesjährigen Trieben, Tepalen 4–8, weiß bis grünlich gelb.

He Heracleifolia-Gruppe
Sorten, die zu Arten des Subgenus Tubulosa (Decne.) Grey-Wilson (*C. heracleifolia, C. stans, C. tabulosa*) gehören oder aus Kreuzungen mit diesen Arten entstanden sind. Sommergrüne, an der Basis der Sprosse verholzende Halbsträucher mit aufrechten oder kletternden Stängeln, die über Winter absterben können. Blätter 3-zählig oder gefiedert. Blüten im Sommer oder Frühherbst an diesjährigen Trieben, einfach, röhrenförmig, glockig oder mit abspreizenden Tepalen, zwittrig, monözisch oder diözisch (1,5)2–5 cm breit, Tepalen 4, weiß, cremegelb, purpurrot, blattviolett oder blau.

In Integrifolia-Gruppe
Sorten, die überwiegend zu *C. integrifolia* gehören oder aus Kreuzungen mit dieser Art entstanden sind. Sommergrüne, an der Basis der Sprosse verholzende, aufrechte oder kletternde Halbsträucher. Blätter einfach oder 3-zählig, selten gefiedert. Blüten einfach, meist glockig, gelegentlich ± tellerförmig flach, 4–9(14) cm breit, meist nickend, an diesjährigen Trieben, Tepalen 4(–7), weiß, blassrot, purpurrot, blau, blauviolett oder purpurn. Blütezeit im Sommer und Frühherbst.

LL Späte Großblütige Gruppe
Die Gruppe umfasst die frühere Lanuginosa- und Jackmanii-Gruppe. Sommergrüne, verholzende Kletterpflanzen. Blätter gewöhnlich 3-zählig oder gefiedert, selten einfach. Blüten im Sommer und Frühherbst an diesjährigen Trieben. Blüten meist einfach, gelegentlich halb oder ganz gefüllt, aufrecht, waagerecht oder halb nickend, meist tellerförmig flach, gelegentlich schalenförmig, (5)10–20(29) cm breit. Tepalen einfacher Blüten 4–6(8), weiß oder in verschiedenen Schattierungen pinkfarben, rosapurpurn, rot, purpurrot, purpurn, purpurblau oder blau, oft dunkler oder heller oder andersfarbig gestreift. Die meisten Sorten sind mindestens in der Winterhärtezone 6 ausreichend frosthart.

Mo Montana-Gruppe
Sorten, die zu Arten aus der Sektion Montanae (C.K. Schneid.) Grey-Wilson (*C. chrysocoma, C. montana, C. spooneri*) gehören oder die aus Kreuzungen mit diesen Arten entstanden sind. Sommergrüne, verholzende

Kletterpflanzen. Blätter meist 3-zählig, selten gefiedert, kahl bis spärlich weiß oder dicht gelblich behaart. Blüten im Frühjahr in den Blattachseln vorjähriger Zweige oder gelegentlich später an der Basis diesjähriger Triebe, meist einfach, ± tellerförmig flach ausgebreitet, 3–10(14) cm breit, gelegentlich gefüllt oder halb gefüllt, aufrecht, Tepalen der einfachen Blüten 4(6), weiß, blassrot bis dunkel purpurrot, gelegentlich hellgelb.

Ta **Tangutica-Gruppe**
Sorten, die zu Arten aus der Sektion Meclatis (Spach.) Baill. (*C. intricata, C. isphanica, C. ladakhiana, C. orientalis, C. serratifolia, C. tangutica, C. tibetana*) gehören oder aus Kreuzungen mit diesen Arten entstanden sind. Sommergrüne, verholzende Kletterpflanzen mit Wuchshöhen zwischen 2 und 10 m. Blätter 3-zählig oder gefiedert. Blüten einfach, glockig oder Tepalen abspreizend, 2,5–9 cm breit, nickend oder selten nach außen gerichtet, an diesjährigen Trieben, Tepalen 4(–6), weiß, cremefarben, gelb, orangegelb oder gelb mit purpurnem oder rotbraunem Anflug. Blütezeit im Sommer und Frühherbst.

Tx **Texensis-Gruppe**
Kreuzungen zwischen *C. texensis* und großblumigen Hybriden. Sommergrüne Kletterpflanzen mit krautigen oder an der Basis verholzenden Sprossen. Wuchshöhe bei allen Sorten 2–4 m. Blätter etwas ledrig, meist gefiedert, selten 3-zählig. Blüten einfach, tulpenförmig oder glockig, 4–10 cm breit, aufrecht oder nickend, an diesjährigen Trieben, Tepalen 4–6, ziemlich dick, blassrosa, rosarot, rot, purpurrot oder malvenrosa, selten weiß. Blütezeit im Sommer oder Frühherbst.

Va **Vitalba-Gruppe**
Sorten, die zu Arten aus der Sektion Clematis L. (*C. ligusticifolia, C. potaninii, C. vitalba, C. virginiana*) gehören oder aus Kreuzungen dieser Arten entstanden sind. Sommergrüne, verholzende Kletterpflanzen. Blätter 3-zählig oder gefiedert. Blüten im späten Frühjahr und vom Sommer bis zum Herbst an diesjährigen Trieben. Blüten meist einfach, bis zu 5(6) cm breit, aufrecht, Tepalen 4–6, ± abspreizend, weiß bis hellgelb. Blütezeit im späten Frühjahr und vom Sommer bis zum Herbst. Sorten dieser Gruppe haben keine gärtnerische Bedeutung.

Vi **Viorna-Gruppe**
Sorten, die zu Arten aus der Sektion Viorna A. Gray (*C. crispa, C. fusca, C. ianthina, C. pitcheri, C. reticulata, C. texensis, C. viorna*) gehören oder aus Kreuzungen mit diesen Arten entstanden sind. Sommergrüne, verholzende Kletterpflanzen, Halbsträucher oder aufrechte, gelegentlich krautige Pflanzen. Blätter 3-zählig bis gefiedert. Blüten urnenförmig oder glockig, 1,5–5 cm breit, nickend oder halb nickend, an diesjährigen Trieben, Tepalen 4, dick, von der Mitte an oder an der Spitze zurückgebogen, rosarot, malvenrosa, malvenfarben oder purpurn. Filamente gewöhnlich behaart. Blütezeit vom späten Frühjahr bis zum Herbst.

Vt **Viticella-Gruppe**
Sorten, die zu *C. viticella* gehören oder aus Kreuzungen mit dieser Art entstanden sind. Ausgenommen Hybriden zwischen *C. integrifolia* × *C. viticella*, die zur Integrifolia-Gruppe gehören. Sommergrüne, verholzende Kletterpflanzen. Blätter gefiedert oder seltener 3-zählig, Blättchen einfach, 3-zählig oder gefiedert. Blüten glockig oder gelegentlich mit abstehenden Tepalen nahezu tellerförmig, 2,5–12(18) cm breit, einfach, halb oder ganz gefüllt, nach auswärts gerichtet oder nickend, an diesjährigen Trieben, Tepalen 4–6, weiß oder in verschiedenen Schattierungen rosarot, rot, purpurrot, purpurn, blauviolett oder blau, oft heller oder dunkler oder andersfarbig gestreift. Blütezeit im Sommer und Frühherbst.
-d gefüllt blühend
Quelle: MATTHEWS, V. (2002). Achtung: PHILIP, C., LORD, T. (2006) verwendet eine andere Einteilung, wir verwenden das „Internationale Clematis Register".
(Beschreibungen nach Bärtels, A., und Kaiser, K., 2004)

'Abundance' (Vt) F. Morel c. 1900 [12773]
'Albiflora' (At) M. Johnson 1955 [34904]
'Apple Blossom' (Ar) < 1926 [16525]
'Barbara Jackman' (EL) Jackman 1952 [34566]
'Bees Jubilee' (EL) Bees Nurs. < 1958 [32287]
'Bill MacKenzie' (Ta) W.G. MacKenzie 1968 [35062]
'Broughton Star' (Mo-d) Denny 1986 [49233]
'Comtesse de Bouchaud' F. Morel < 1900 [35019]
'Côte d'Azur' (He) Lemoine [63212]
'Doctor Ruppel' (EL) Ruppel < 1975 [44358]
'Duchess of Albany' (Tx) A.G. Johnsohn 1897 [35052]
'Elizabeth' (Mo) Jackman < 1953 [36113]
'Elsa Späth' (EL) Späth 1891 [44359]
'Ernest Markham' (LL) Markham 1926 [44302]
'Étoile Violette' (Vt) F. Morel < 1885 [15644]
'Frances Rivis' (At) Morris Arb. < 1965 [35015]
'Freckles' (Ci) R,J. Evison 1987 [61937]
'Freda' (Mo) [18834]
'General Sikorski' (EL) W. Noll c. 1980 [18886]
'Gipsy Queen' (LL) T. Cripps 1877 [44303]
'Gravetye Beauty' (Tx) F. Morel c. 1900 [35053]
'Hagley Hybrid' (LL) P. Picton c. 1945 [44304]
'Henryi' (EL) Anderson-Henry 1855 [12765]
'Huldine' (LL) F. Morel < 1914 [12775]
Jackmanii = Clematis × jackmanii
'Kermesina' (Vt) Lemoine < 1883 [12776]
'Lady Betty Balfour' (LL) Jackman 1910 [44306]
'Lasurstern' (EL) Goos & Koenemann 1905 [44307]
'Little Nell' (Vt) F. Morel < 1914 [16526]

'Madame Julia Corrévon' (Vt) F. Morel < 1900 [12777]
'Marjorie' (Mo-d) M. Free < 1980
'Markham's Pink' (At-d) Markham < 1935 [44353]
'Mayleen' (Mo) J. Fisk 1984 [18835]
'Mevrouw Le Coultre' (EL) Grootendorst < 1890 [44308]
'Mrs Cholmondeley' (EL) C. Noble c. 1873 [35046]
'Mrs N. Thompson' (EL) W. Pennell 1954 [44362]
'Mrs Robert Brydon' (He) R. Brydon c. 1935 [15223]
'Multi Blue' (EL-d) Bounter & Zoon 1983 [34624]
'Nelly Moser' (EL) Moser < 1897 [44311]
'Niobe' (EL) C. Noll c. 1970 [44361]
'Pamela Jackman' (At) Jackman < 1939 [44349]
'Perle d'Azur' (LL) F. Morel < 1885 [35048]
'Praecox' (He) [63216]
'Prince Charles' (LL) A. Keay 1975 [16857]
'Purpurea Plena Elegans' (Vt-d) F. Morel < 1899 [12781]
'Rouge Cardinal' (LL) A. Girauld < 1968 [41081]
'Royal Velours' (Vt) F. Morel < 1914 [16527]
'Tetrarose' (Mo) Proefstation Boskoop 1960 [44288]
'The President' (EL) C. Noble < 1873 [44315]
'Ville de Lyon' (LL) F. Morel 1899 [44316]
'Vyvyan Pennell' (EL-d) W. Pennell c. 1954 [44364]
'William Kennett' (EL) Jackman < 1875 [44317]
'Wyevale' (He) H. Williamsion c. 1955 [69143]

Clematoclethra (Franch.) Maxim. 1889 -f- *Actinidiaceae* · (S. 136)
- **integrifolia** Maxim. 1890 · ♄ ∫ d ⚥ Z6; NW-China
- **lasioclada** Maxim. 1890 · ♄ ∫ d ⚥ Z6; W-China

Clematopsis Bojer ex Hutch. = Clematis
- *villosa* (DC.) Hutch. = Clematis villosa

Cleome L. 1753 -f- *Capparaceae* · (S. 392)
D:Spinnenpflanze; E:Spider Flower; F:Cléome
- *gigantea* hort. = Cleome hassleriana
- *grandis* hort. = Cleome hassleriana
- **gynandra** L. 1753 · D:Afrikanische Spinnenpflanze; E:African Spider Flower · ☉ ⓚ Ⓝ; trop. Afr., trop. As., nat. in trop. Am..

- **hassleriana** Chodat 1898 · D:Spinnenpflanze; E:Spider Plant · ☉ VII-X; SE-Bras., Arg. [16711]
  'Helen Campbell'
  'Violet Queen'
  'Violettkönigin' = Cleome hassleriana
  'Violet Queen'
- *pentaphylla* L. = Cleome gynandra
- *pungens* auct. = Cleome hassleriana
- *pungens* Willd. = Cleome spinosa
- **serrulata** Pursh 1814
- *spinosa* hort. = Cleome hassleriana
- **spinosa** Jacq. 1760 · D:Dornige Spinnenpflanze · ☉ VII-X ✿; S-Am.
- **violacea** L. 1753 · ☉; Ib, NW-Afr.

Cleretum N.E. Br. 1925 -n- *Aizoaceae* · (S. 142)
- **herrei** (Schwantes) Ihlenf. et Struck 1987 · ☉ ⚥ Z9 ⓚ; Kap

Clerodendrum L. 1753 -n- *Verbenaceae* · (S. 884)
D:Losbaum, Losstrauch; F:Clérodendron
- **bungei** Steud. 1840 · D:Herrlicher Losstrauch; E:Glory Flower · ♄ d Z8 ⓚ VIII-IX; China, Sikkim, Riukiu-Is. [11123]
- *foetidum* Bunge = Clerodendrum bungei
- *fragrans* (Vent.) R. Br. = Clerodendrum philippinum
- **paniculatum** L. 1767 · D:Rispenblütiger Losstrauch · ♄ e Z10 ⓚ; SE-As.
- **philippinum** Schauer 1847 · D:Lauben-Losstrauch; E:Glory Bower · ♄ e D Z10 ⓚ I-XII; China, Jap. Nat. Trop
- **speciosissimum** Van Geert ex Morren 1936 · ♄ s Z10 ⓚ VI-IX; Malay. Arch., N.Guinea, Polyn.
- × **speciosum** Dombrain 1869 (*C. splendens* × *C. thomsoniae*) · ♄ e Z10 ⓚ; cult.
- **splendens** G. Don 1824 · ♄ e ⚥ Z10 ⓚ XII-IV; trop. Afr.
- **thomsoniae** Balf. 1862 · D:Kletternder Losstrauch; E:Bleeding Heart Vine · ♄ e ⚥ Z10 ⓚ III-VII; W-Afr., Cameroun
- **trichotomum** Thunb. 1780 [37562]
  - var. **fargesii** (Dode) Rehder 1916 · ♄ d ⊛ Z7 ∧ IX; China, Taiwan [15510]
  - var. **trichotomum** · D:Japanischer Losbaum; E:Glory Tree · ♄ ♄ d Z7 ∧ ⚥ ; Jap.

- **ugandense** Prain 1909 · D:Uganda-Losstrauch · ♄ s ⚥ Z10 ⓚ IV-IX; E-Afr., Zimbabwe [11125]

Clethra L. 1753 -f- *Clethraceae* · (S. 419)
D:Scheineller, Zimterle; E:Summer-Sweet, White Alder; F:Cléthra
- **acuminata** Michx. 1803 · D:Berg-Zimterle; E:Summersweet, White Alder · ♄ d Z6 VII-VIII; USA: NE, SE [15520]
- **alnifolia** L. 1753 · D:Erlenblättrige Zimterle; E:Sweet Pepper Bush, White Alder; F:Cléthra à feuilles d'aulne · ♄ d Z6 VII-IX; USA: NE, SE, Fla., SC [15530]
  'Paniculata' [32097]
  'Pink Spire' [32460]
  'Rosea' [15540]
- **arborea** Aiton 1789 · D:Madeira-Zimterle, Maiglöckchen-Zimterle; E:Lily-of-the-Valley Tree · ♄ e Z9 ⓚ VIII-IX; Madeira [11127]
- **barbinervis** Siebold et Zucc. 1846 · D:Japanische Zimterle; F:Cléthra · ♄ d Z6 VII-IX; Jap., Korea [15550]
- **delavayi** Franch. 1895 · D:Delavays Zimterle · ♄ d Z5 VII-VIII; W-China [24893]
- **fargesii** Franch. 1895 · D:Farges Zimterle · ♄ d Z5 VII-VIII; C-China [24894]
- **monostachya** Rehder et E.H. Wilson 1913 · ♄ ♄ s Z6; E-Him., China, Myanmar, Vietn. [24895]
- **tomentosa** Lam. 1786 · D:Filzige Zimterle; F:Cléthra · ♄ d Z7 VIII-IX; USA: SE, Fla. [33050]

Cleyera Thunb. 1783 -f- *Theaceae* · (S. 863)
D:Sakakistrauch; E:Sakaki
- *fortunei* Hook. f. = Cleyera japonica
- **japonica** Thunb. 1783 · D:Sakakistrauch; E:Sakaki · ♄ ♄ e Z8 ⓚ; Him., Jap. [24896]
  'Fortunei'
  'Tricolor'
  'Variegata' = Cleyera japonica 'Fortunei'
  - var. *tricolor* Kobuski 1937 = Cleyera japonica
- *ochnacea* DC. = Cleyera japonica

Clianthus Sol. ex Lindl. 1835 -m- *Fabaceae* · (S. 504)
D:Prunkblume, Ruhmesblume; E:Glory Pea; F:Bec-de-perroquet
- **formosus** (G. Don) Ford et

Vickery 1950 · D:Queensland-Ruhmesblume; E:Glory Pea, Sturt's Desert Pea · ♃ ♄ e Z9 ⓚ VII-IX; Austr.
- **puniceus** (G. Don) Sol. ex Lindl. 1835 · D:Kakadu-Ruhmesblume; E:Lobster's Claw, Parrot's Bill · ♄ e Z8 ⓚ III-V; NZ [11128]
  'Albus'
  'Flamingo' [24897]
  'Roseus' [30518]
- *speciosus* (G. Don) Asch. et Graebn. = Clianthus formosus

Clidemia D. Don 1828 -f- *Melastomataceae* · (S. 628)
D:Seifenstrauch; E:Soap Bush
- **hirta** (L.) D. Don 1823 · D:Seifenstrauch; E:Soapbush · ♄ ⓜ; Mex., W.Ind., trop. S-Am., nat. in OW Trop.

Clinopodium L. 1753 -n- *Lamiaceae* · (S. 580)
D:Wirbeldost; E:Calamint; F:Calament commun, Clinopode
- **vulgare** L. 1753 · D:Wirbeldost
  - subsp. **arundanum** (Boiss.) Nyman 1881 · D:Östlicher Wirbeldost · ♃ Z7; S-Eur., TR, Syr., N-Iraq, Cauc., Iran, Afgh.
  - subsp. **vulgare** · D:Gewöhnlicher Wirbeldost; E:Cushion Calamint, Wild Basil · ♃ Z7 VII-IX; Eur.*, Cauc., W-Sib., E-Sib.

Clinostigma H. Wendl. 1862 -n- *Arecaceae*
- *mooreanum* (F. Muell.) H. Wendl. et Drude = Lepidorrhachis mooreana

Clintonia Raf. 1818 -f- *Convallariaceae* · (S. 986)
D:Clintonie
- **andrewsiana** Torr. 1857 · ♃ Z8; Calif.
- **borealis** (Aiton) Raf. 1832 · D:Blaubart-Clintonie; E:Bluebeard · ♃ ⚭ Z3 V; Can.: E; USA; NE, NCE, SE
- **umbellulata** (Michx.) Morong 1894 · D:Schirm-Clintonie; E:Speckled Clintonia · ♃ ⚭ Z4 V; USA: NE, SE
- **uniflora** (Menzies ex Schult. et Schult. f.) Kunth 1850 · D:Einblütige Clintonie; E:Bride's Bonnet, Queen's Cup · ♃ Z6 V; Alaska, Can.: W; USA: NW, Rocky Mts., Calif.

Clitoria L. 1753 -f- *Fabaceae* ·

(S. 504)
D:Schamblume; E:Butterfly Pea; F:Pois razier, Pois savane
- **laurifolia** Poir. 1811 · ♄ Z10 ⓜ ⓝ; trop. Am.; cult. Sri Lanka, Malay. Arch.
- **ternatea** L. 1753 · D:Blaue Schamblume; E:Butterfly Pea · ♃ ⚡ Z10 ⓜ VI-IX ⓝ; ? S-Am., nat. in Trop.

Clivia Lindl. 1828 -f- *Amaryllidaceae* · (S. 908)
D:Clivie, Riemenblatt; E:Kaffir Lily; F:Clivia
- × **cyrtanthiflora** (Van Houtte) Wittm. (*C. miniata* × *C. nobilis*) · D:Hybrid-Clivie · ♃ Z9 ⓚ ✿; cult.
- **gardenii** Hook. · ♃ Z9 ⓚ XII-III ✿; S-Afr.: Natal, Transvaal
- **miniata** (Lindl.) Bosse 1859 · D:Zimmer-Clivie; E:Kaffir Lily · ♃ Z9 ⓚ II-V ✿; S-Afr.: Natal
- **nobilis** Lindl. 1888 · D:Edle Clivie; E:Greentip Kaffir Lily · ♃ Z9 ⓚ VIII-XI ✿; S-Afr.

Clowesia Lindl. 1843 -f- *Orchidaceae* · (S. 1057)
- **russelliana** (Hook.) Dodson 1975 · ♃ Z10 ⓜ VIII-IX ▽ ✿; Mex., C-Am., Venez.

Clusia L. 1753 -f- *Clusiaceae* · (S. 420)
D:Balsamapfel; E:Balsam Apple; F:Pommier baumier
- **grandiflora** Splitg. 1842 · D:Großblütiger Balsamapfel · ♄ e Z9 ⓜ; Guyan.
- **major** L. 1753 · D:Rosafarbener Balsamapfel; E:Autograph Tree, Balsam Apple, Scotch Attorney · ♄ ♄ e Z9 ⓜ ⓝ; S-Fla., Mex., W.Ind., C-Am., S-Am.
- **palmicida** Rich. ex Planch. et Triana 1860 · ⓜ; Guyan.
- *rosea* Jacq. = Clusia major

Clypeola L. 1753 -f- *Brassicaceae* · (S. 320)
D:Schildspar; F:Clypéole
- **jonthlaspi** L. 1753 · ⊙; Eur.: Ib, Ap, Fr, CH, E-Eur., Ba; SW-As.

Clytostoma Miers ex Bureau 1868 -n- *Bignoniaceae* · (S. 293)
D:Schönmund; E:Love Charm; F:Bignone d'Argentine
- **binatum** (Thunb.) Sandwith 1937 · ♄ l e ⚡ Z10 ⓜ; Venez., Guyana, Bras., Parag., Urug.

- **callistegioides** (Cham.) Bureau 1868 · D:Argentinischer Schönmund; E:Love Charm, Violet Trumpet Vine · ♄ e ⚡ Z10 ⓜ III-IV; S-Bras., Arg. [11129]

Cneorum L. 1753 -n- *Cneoraceae* · (S. 422)
D:Zeiland, Zwergölbaum; F:Camélée
- **tricoccon** L. 1753 · ♄ e Z9 ⓚ; Eur.: sp., F, Sard., I [11133]

Cnicus L. 1753 -m- *Asteraceae* · (S. 236)
D:Benediktenkraut, Bitterdistel; E:Blessed Thistle; F:Chardon bénit, Cnicaut
- **benedictus** L. 1753 · D:Benediktenkraut, Bitterdistel; E:Blessed Thistle · ⊙ Z8 VI-VII ⚡ ⓝ; Eur.: Ib, Fr, Ap, Ba; TR, Levante, Cauc., Iran, C-As., Afgh., Alger., nat. in RO, S-Russ.
- *oleraceus* L. = Cirsium oleraceum
- *spinosissimus* L. = Cirsium spinosissimum

Cnidium Cusson ex Juss. 1782 -n- *Apiaceae* · (S. 171)
D:Brenndolde; F:Cnide
- **dubium** (Schkuhr) Thell. 1926 · D:Sumpf-Brenndolde · ♃ VIII-IX; Eur.: Sc, C-Eur., EC-Eur., E-Eur.; W-Sib., E-Sib., C-As.
- **silaifolium** (Jacq.) Simonk. 1887 · D:Silgenblättrige Brenndolde · ♃ VII-VIII; Eur.: Fr, Ap, Ba; TR, Syr., Lebanon

Cnidoscolus Pohl 1827 -m- *Euphorbiaceae* · (S. 480)
D:Weißnessel; E:Spurge Nettle
- *stimulosus* (Michx.) Engelm. et A. Gray = Cnidoscolus urens var. stimulosus
- **urens** (L.) Arthur 1921
  - var. **stimulosus** (Michx.) Govaerts 2000 · ♃ ♄ ⓜ; USA: Va., SE, Fla.
  - var. **urens** · D:Brennende Weißnessel; E:Spurge Nettle, White Nettle · ♄ Z10 ⓜ VII-IX ✿; S-Mex., C-Am., Lesser Antilles, S-Am.

Cobaea Cav. 1791 -f- *Cobaeaceae* · (S. 422)
D:Glockenrebe; E:Cup and Saucer Vine; F:Cobée
- **scandens** Cav. 1791 · D:Glockenrebe; E:Cup and Saucer Vine, Mexican Ivy; F:Cobée · ⊙ ♄ e ⚡ Z9

ⓚ VII-X; Mex. [16712]
'Alba'

Coccinia Wight et Arn. 1834 -f-
Cucurbitaceae · (S. 439)
D:Scharlachranke; E:Scarlet-
fruited Gourd
- *abyssinica* (Lam.) Cogn. 1881 Z9
Ⓝ; Eth.
- *cordifolia* (L.) Cogn. 1881
- *grandis* (L.) Voigt 1845 · D:Große
Scharlachranke; E:Ivy Gourd · ⚃
⚄ ⚇ Z9 ⓜ VII-VIII Ⓝ; trop. Afr.,
trop. As., Austr.: N.Terr., nat. in
trop. Am.

Coccoloba P. Browne 1756 -f-
Polygonaceae · (S. 704)
D:Meertraubenbaum, Seetraube;
E:Sea Grape; F:Raisin de mer,
Raisinier
- *grandifolia* Jacq. = Coccoloba
pubescens
- **pubescens** L. 1759 · D:Lederman-
telbaum; E:Leather Coat Tree · ♄ e
Z10 ⓜ; Mex., W.Ind., Guyan.
- **uvifera** (L.) L. 1759 · D:Meer-
traubenbaum, Seetraube; E:Sea
Grape · ♄ ♄ e Z10 ⓜ Ⓝ; Fla.,
Bahamas, Bermuda, Mex., W.Ind.,
trop. S-Am.

Coccothrinax Sarg. 1899 -f-
Arecaceae · (S. 946)
D:Silberpalme; E:Silver Palm;
F:Palmier argenté
- *alta* (O.F. Cook) Becc. =
Coccothrinax barbadensis
- **argentata** (Jacq.) L.H. Bailey
1939
- **argentea** (Lodd. ex Schult. et
Schult. f.) Sarg. ex Becc. 1901 ·
D:Florida-Silberpalme; E:Silver
Thatch Palm · ♄ e Z10 ⓚ Ⓝ; Haiti
- **barbadensis** (Lodd. ex Mart.)
Becc. 1908 · ♄ e Z10 ⓜ; W.Ind.
(Guadeloupe)
- *crinita* (Griseb. et H. Wendl. ex
C.H. Wright) Becc. 1908
- *dussiana* L.H. Bailey =
Coccothrinax barbadensis
- **fragrans** Burret 1929 · ♄ e Z10
ⓜ; Haiti, E-Cuba

Cocculus DC. 1817 -m-
Menispermaceae · (S. 639)
D:Kokkelstrauch; E:Moonseed;
F:Cocculus
- **carolinus** (L.) DC. 1817 · D:Caro-
lina-Kokkelstrauch; E:Carolina
Moonseed · ♄ d ⚄ Z7 ⋀; USA: NE,
NCE, Kans., SC, SE, Fla.
- **laurifolius** (Roxb.) DC. 1817 ·

D:Himalaya-Kokkelstrauch;
E:Coralbead · ♄ e Z8 ⓚ; Him.,
China, Taiwan, Ryukyu-Is., Jap.
[11134]
- **orbiculatus** (L.) DC. 1817 · D:Asi-
atischer Kokkelstrauch; E:Queen
Coralbead · ♄ d ⚄ Z7 ⋀; Him.,
China, Jap., Phil. [42201]
- *trilobus* (Thunb.) DC. = Cocculus
orbiculatus

Cochleanthes Raf. 1837 -f-
Orchidaceae · (S. 1057)
- **amazonica** (Rchb. f. et Warsz.)
R.E. Schult. et Garay 1959 · ⚃ Z10
ⓜ XII-III ▽ ✱; Amazon., Venez.
- **discolor** (Lindl.) R.E. Schult. et
Garay 1959 · ⚃ Z10 ⓜ I-III ▽ ✱;
Hond., Costa Rica, Panama, Cuba,
Venez.
- **flabelliformis** (Sw.) R.E. Schult.
et Garay 1959 · ⚃ Z10 ⓜ XII-III ▽
✱; W.Ind.
- **marginata** (Rchb. f.) R.E.
Schult. et Garay 1959 · ⚃ Z10 ⓜ;
Panama, Col., Venez.
- **wailesiana** (Lindl.) R.E. Schult. et
Garay 1959 · ⚃ Z10 ⓜ V-VI ▽ ✱;
Bras.

Cochlearia L. 1753 -f- *Brassicaceae* ·
(S. 321)
D:Löffelkraut; E:Scurvygrass;
F:Cranson
- **anglica** L. 1759 · D:Englisches
Löffelkraut · ☉ ⚃ Z6 V-VII ▽; Eur.:
Sc, BrI, D, Fr, Ib; coasts
- *armoracia* L. = Armoracia
rusticana
- **bavarica** Vogt 1985 · D:Bayeri-
sches Löffelkraut · ☉ ⚃ Z6 ▽;
Eur.: D
- **danica** L. 1753 · D:Dänisches Löf-
felkraut · ☉ Z6 V-VI ▽; Eur.: Sc,
BrI, D, Balt., Fr, Ib; coasts
- **glastifolia** L. 1753 · ☉ ⚃; Eur.: Sp,
?P
- **macrorhiza** (Schur) Pobed.
1968 · ☉ ⚃ Z6 III-VI ▽; C-Eur.,
W-Eur.
- **officinalis** L. 1753 · D:Echtes
Löffelkraut; E:Common Scurvy
Grass, Spoonwort · ☉ ⚃ Z6 V-VI
⚅ Ⓝ; Eur.* exc. Ap, Ba; coasts:
Canar., Sib., Kamchat., N-Jap.,
Greenl., nat. in Ap [69704]
- **pyrenaica** DC. 1821 · D:Pyrenäen-
Löffelkraut
- subsp. **excelsa** (J. Zahlbr.) O.
Schwarz 1949 · D:Alpen-Löffel-
kraut · ☉ ⚃ Z6 VII-VIII ▽; Eur.:
A
- subsp. **pyrenaica** · D:Gewöhnli-

ches Pyrenäen-Löffelkraut · ⚃ Z6
V-VI ▽; Eur.: sp., F, C-Eur., BrI,
Norw.
- *saxatilis* L. = Kernera saxatilis

× **Cochlenia** hort. 1967 -f-
Orchidaceae ·
(*Cochleanthes* × *Stenia*)

Cochlioda Lindl. 1853 -f-
Orchidaceae · (S. 1057)
- **densiflora** Lindl. 1853 · ⚃ Z10 ⓚ
VII-XI ▽ ✱; Peru, Bol.
- **noezliana** (Mast.) Rolfe 1890 · ⚃
Z10 ⓚ; N-Peru
- **rosea** (Lindl.) Benth. · ⚃ Z10 ⓚ
XII-III ▽ ✱; Ecuad., Peru
- *sanguinea* (Rchb. f.) Benth. =
Odontoglossum sanguineum

Cocos L. 1753 -f- *Arecaceae* ·
(S. 946)
D:Kokosnuss, Kokospalme;
E:Coconut; F:Cocotier
- *australis* hort. = Butia capitata
- var. *bonnetii* (Becc.) hort. =
Butia capitata
- *australis* Mart. = Syagrus
romanzoffiana
- *bonnetii* (Becc.) hort. = Butia
capitata
- *eriospatha* Mart. ex Drude = Butia
eriospatha
- **nucifera** L. 1753 · D:Kokosnuss,
Kokospalme; E:Coconut, Coconut
Palm · ♄ e Z10 ⓜ ⚘ Ⓝ; orig. ? ;
cult. Trop., nat. in pantrop.
- *plumosa* Hook. = Syagrus
romanzoffiana
- *romanzoffiana* Cham. = Syagrus
romanzoffiana
- *weddelliana* H. Wendl. =
Lytocaryum weddellianum
- *yatay* Mart. = Butia yatay

Codiaeum A. Juss. 1873 -n-
Euphorbiaceae · (S. 480)
D:Wunderstrauch; E:Croton;
F:Croton
- **variegatum** (L.) Blume 1826 ·
D:Kroton, Wunderstrauch;
E:Croton
- var. **pictum** (Lodd.) Müll. Arg.
1866 = Codiaeum variegatum
var. variegatum
- var. **variegatum** · ♄ ♄ e Z10 ⓜ
✿; Molucca

Codonanthe (Mart.) Hanst. 1854
-f- *Gesneriaceae* · (S. 548)
- **crassifolia** (Focke) C.V. Morton
1938 · ⚃ ⚄ Z10 ⓜ; Trinidad,
Guyana, Bras., E-Peru

- **gracilis** (Mart.) Hanst. 1854 · ⚃ Z10 ⓦ; S-Bras.
- **hookeri** Lem. 1855 · ♄ ⓦ; Bras.
- *ventricosa* (Vell.) Hoehne = Codonanthe gracilis

× **Codonatanthus** W.R. Saylor 1978 -m- *Gesneriaceae* · (*Codonanthe* × *Nematanthus*)

Codonopsis Wall. 1824 -f- *Campanulaceae* · (S. 384) D:Glockenwinde; E:Bonnet Bellflower; F:Codonopsis
- **bhutanica** Ludlow 1972 · ⚃;
  Him.: Bhutan, Nepal
- **bulleyana** Forrest ex Diels 1912 · ⚃ △ Z4 VI; NW-Yunnan, SE-Tibet
- **cardiophylla** Diels ex Kom. 1908 · ⚃ Z4; C-China, Tibet
- **clematidea** (Schrenk ex Fisch. et C.A. Mey.) C.B. Clarke 1881 · D:Tigerglocke · ⚃ △ Z4 VII; C-As. [63221]
- **convolvulacea** Kurz 1873 · ⚃ ⚥ △ Z5 VII; Him., Tibet
- **forrestii** Diels 1912 · ⚃ ⚥ △ Z7 VI-VII; Yunnan
- *handeliana* Nannf. = Codonopsis tubulosa
- **lanceolata** (Siebold et Zucc.) Trautv. 1879 · ⚃ ⚥ △ Z7 VI-VII; China, Amur, Manch., Korea, Jap. [71862]
- **meleagris** Diels 1912 · ⚃ △ Z4 VIII; Yunnan
- **mollis** Chipp 1908 · ⚃ ⚥ Z7; S-Tibet, China [63222]
- **obtusa** (Chipp) Nannf. 1930 · ⚃; C-As., Afgh., N-Pakist., Kashmir
- **ovata** Benth. 1835 · ⚃ △ Z4 VIII; W-Him.
- **pilosula** (Franch.) Nannf. 1929 · ⚃ ⚥ Z6; Amur, Mong., NW-China, Korea
- **rotundifolia** Royle 1835 · ⚃ ⚥ △ Z7 VI-VII; Him., SE-Tib.
- **tangshen** Oliv. 1891 · ⚃ ⚥ △ Z4 VI-VII ⚥; China: Hupeh
- **tubulosa** Kom. 1908 · ⚃ Z7; China (Yunnan, Sichuan), N-Myanmar
- **ussuriensis** (Rupr. et Maxim.) Hemsl. 1889 · ⚃ ⚥ △ Z7 VI-VII; Amur, Manch., Korea, Jap.
- *vinciflora* Kom. = Codonopsis convolvulacea
- **viridiflora** Maxim. 1881 · ⚃ △ Z7 VII-VIII; China: Sichuan, Kansu [63223]

Coelia Lindl. 1830 -f- *Orchidaceae* · (S. 1057)

- **bella** (Lem.) Rchb. f. 1861 · ⚃ Z10 ⓦ X-XI ▽ ✲; Guat.
- *macrostachya* Lindl. = Bothriochilus macrostachyus
- **triptera** (Sm.) G. Don ex Steud. 1840 · ⚃ Z10 ⓦ II-IV ▽ ✲; Mex., W.Ind.

Coeloglossum Hartm. 1820 -n- *Orchidaceae* · (S. 1057) D:Hohlzunge; E:Frog Orchid; F:Cœloglosse, Habénaire
- **viride** (L.) Hartm. · D:Grüne Hohlzunge; E:Frog Orchid · ⚃ Z6 V-VI ▽ ✲; Eur.*, TR, N-As., N-Am.

Coelogyne Lindl. 1821 -f- *Orchidaceae* · (S. 1058)
- **asperata** Lindl. 1849 · ⚃ Z10 ⓦ IV-VII ▽ ✲; Malay. Arch., N.Guinea
- **barbata** Griff. 1848 · ⚃ Z10 ⓦ X-XII ▽ ✲; Bhutan, NE-Ind.
- **carinata** Rolfe 1895 · ⚃ Z10 ⓦ VI ▽ ✲; N.Guinea
- *corrugata* Wight = Coelogyne nervosa
- **corymbosa** Lindl. 1854 · ⚃ Z10 ⓦ VII-IX ▽ ✲; Him., SW-China
- **cristata** Lindl. 1821 · D:Engelsorchidee · ⚃ Z10 ⓦ I-IV ▽ ✲; E-Him.
  fo. hololeuca 2007 (Rchb. f.) M. Wolff et O. Gruss · D:Weiße Engelsorchidee · ⚃ Z10 ⓦ I-IV ▽ ✲; Nepal
- *dayana* Rchb. f. = Coelogyne pulverula
- *elata* Lindl. = Coelogyne stricta
- **fimbriata** Lindl. 1825 · ⚃ Z10 ⓦ VIII-X ▽ ✲; Ind. (Khasi Mts.), Indochina, China
- **flaccida** Lindl. 1830 · ⚃ Z10 ⓦ III-IV ▽ ✲; Nepal
- **flexuosa** Rolfe 1892 · ⚃ Z10 ⓦ IV-VI ▽ ✲; Java
- *fuliginosa* Lodd. ex Hook. = Coelogyne fimbriata
- **fuscescens** Lindl. 1830 · ⚃ Z10 ⓦ I-II ▽ ✲; NE-Ind.
- **huettneriana** Rchb. f. 1872 · ⚃ Z10 ⓦ IV-VI ▽ ✲; Myanmar, Thail.
- **lawrenceana** Rolfe 1905 · ⚃ Z10 ⓦ III-IV ▽ ✲; Vietn.
- *massangeana* Rchb. f. = Coelogyne tomentosa
- **miniata** (Blume) Lindl. 1833 · ⚃ Z10 ⓦ VII-IX ▽ ✲; Sumat., Java, Bali
- **nervosa** A. Rich. 1841 · ⚃ Z10 ⓦ IX-X; Ind.
- **nitida** (Wall. ex Don) Lindl. 1821 · ⚃ Z10 ⓦ IV-VI ▽ ✲; Him.,

Myanmar, Yunnan, Thail., Laos
- *ochracea* Lindl. = Coelogyne nitida
- **ovalis** Lindl. 1838 · E:Jivanti · ⚃ Z10 ⓦ VI-VIII ▽ ✲; Him., Yunnan, Myanmar, Thail.
- **pandurata** Lindl. 1853 · D:Schwarze Engelsorchidee; E:Black Orchid · ⚃ Z10 ⓦ VI-VIII ▽ ✲; Malay. Pen., Kalimantan
- **parishii** Hook. f. 1862 · ⚃ Z10 ⓦ V-VI ▽ ✲; Myanmar
- **pulverula** Teijsm. et Binn. 1862 · ⚃ Z10 ⓦ IV-VI ▽ ✲; Thail., Sumat., Kalimantan
- **rochussenii** de Vries 1854 · ⚃ Z10 ⓦ ▽ ✲; Malay. Arch.
- **speciosa** (Blume) Lindl. 1833 · ⚃ Z10 ⓦ I-XII ▽ ✲; Sumat., Java, Kalimantan
- **stricta** (D. Don) Schltr. 1919 · ⚃ Z10 ⓦ; Him., Myanmar, Laos, Vietn.
- **swaniana** Rolfe 1894 · ⚃ Z10 ⓦ VII-VIII ▽ ✲; Malay. Pen., Sumat., Kalimantan
- **tomentosa** Lindl. 1854 · ⚃ Z10 ⓦ IV-V ▽ ✲; Thail., Sumat, Kalimantan
- **trinervis** Lindl. 1830 · ⚃ Z10 ⓦ I; Myanmar, Thail., Cambodia, Vietn., Malay. Pen., Java
- **veitchii** Rolfe 1895 · ⚃ Z10 ⓦ VII-VIII ▽ ✲; N.Guinea
- **viscosa** Rchb. f. 1856 · ⚃ Z10 ⓦ I-II ▽ ✲; N-Ind., SW-China, Myanmar, Malay. Pen.

Coffea L. 1753 -f- *Rubiaceae* · (S. 770) D:Kaffeestrauch; E:Coffee; F:Caféier
- **arabica** L. 1753
  - var. **arabica** · D:Arabischer Kaffeestrauch; E:Arabian Coffee · ♄ e Z10 ⓦ ⚥ ⓝ; Eth., Sudan
  - var. **mokka** Cramer 1913 · D:Mokka-Kaffeestrauch · ♄ e Z10 ⓝ; ? E-Afr.
- *bengalensis* Roxb. = Psilanthus bengalensis
- **canephora** Pierre ex A. Froehner 1897 · D:Robusta-Kaffeestrauch; E:Robusta Coffee · ♄ ♄ e Z10 ⓦ ⓝ; W-Afr., C-Afr., Sudan, Uganda, Angola
- **congensis** A. Fröhner 1897 · D:Kongo-Kaffeestrauch; E:Congo Coffee · ♄ Z10 ⓦ ⓝ; Congo
- *dewevrei* De Wild. et T. Durand = Coffea liberica var. dewevrei
- **eugenioides** S. Moore 1907 · ♄ ♄ Z10 ⓦ ⓝ; Uganda, Tanzania, E-Congo

- **liberica** W. Bull ex Hiern 1876
  - var. **dewevrei** (De Wild. et T. Durand) Lebrun 1941 · D:Excelsa-Kaffeestrauch; E:Excelsa Coffee · ♄ ♄ e Z10; W-Afr.
  - var. **liberica** · D:Liberia-Kaffestrauch; E:Liberian Coffee · ♄ ♄ e Z10 ⓜ ⚥ ⓝ; trop. Afr.
- **racemosa** Lour. 1799 · D:Wilder Kaffeestrauch; E:Wild Coffee · ♄ ♄ d Z10 ⓜ ⓝ; Tanzania, Mozamb., Zimbabwe
- **robusta** L. Linden = Coffea canephora
- **stenophylla** G. Don 1834 · D:Sierra-Leone-Kaffeestrauch; E:Sierra Leone Coffee · ♄ ♄ Z10 ⓜ ⓝ; W-Afr.: Guinea, Sierra Leone, Ivory Coast

Coincya Rouy 1891 -f- *Brassicaceae* · (S. 321)
D:Lacksenf, Schnabelsenf
- **monensis** (L.) Greuter et Burdet 1983 · D:Schnabelsenf
  - subsp. **cheiranthos** (Vill.) Aedo et al. 1993 · D:Goldlack-Schnabelsenf · ⚁ VI-X; Eur.: Fr, BrI, IB, Ap

Coix L. 1753 -f- *Poaceae* · (S. 1106)
D:Hiobsträne, Jupitertränen, Tränengras; E:Job's Tears; F:Larme-de-Job, Larme-de-Jupiter
- **lacryma-jobi** L. 1753 · D:Hiobsträne, Jupitertränen, Tränengras; E:Job's Tears; F:Larme-de-Job · ☉ ☉ ⚁ ⚭ Z9 ⚥ ⓝ; trop. As.

Cola Schott et Endl. 1832 -f- *Sterculiaceae* · (S. 857)
D:Kolabaum, Kolanuss; E:Cola; F:Colatier
- **acuminata** (P. Beauv.) Schott et Endl. 1832 · D:Kolanuss; E:Goora Nut, Kola · ♄ e Z10 ⓜ ⚥ ⓝ; W-Afr., C-Afr., Angola
- **anomala** K. Schum. 1900 · E:Bamenda Cola · ♄ Z10 ⓜ ⓝ; Cameroun
- **nitida** (Vent.) Schott et Endl. 1832 · D:Bittere Kolanuss; E:Kola Nut · ♄ Z10 ⓜ ⚥ ⓝ; Liberia, Ivory Coast
- **quinqueloba** (K. Schum.) Garcke 1861 · ♄ ⚭ Z10 ⓜ; trop. Afr.
- **vera** K. Schum. = Cola nitida
- **verticillata** (Thonn.) Stapf ex A. Chev. 1911 · E:Owé Cola · ♄ Z10 ⓜ ⓝ; W-Afr., C-Afr.

Colchicum L. 1753 -f- *Colchicaceae* ·

(S. 979)
D:Zeitlose; E:Autumn Crocus, Naked Ladies; F:Colchique
- × **agrippinum** hort. ex Baker 1879 (*C. autumnale* × *C. variegatum*) · ⚁ Z5 IX ⚘; GR, nat. in BrI
- **alpinum** DC. 1805 · D:Alpen-Zeitlose · ⚁ Z4 VII-VIII ⚘; Eur.: F, Ap, CH
- **arenarium** Waldst. et Kit. 1810 · ⚁ Z6 IX-X ⚘; Eur.: H, Slova., Serb.
- **atropurpureum** Stapf ex Stearn 1934
- **atticum** Tomm. = Merendera attica
- **autumnale** L. 1753 · D:Herbst-Zeitlose; E:Naked Ladies; F:Colchique d'automne · ⚁ Z5 X-XI ⚥ ⚘ ⓝ; Eur.* exc. Sc, nat. in Sc [63224]
  'Alboplenum' [63226]
  'Album' [63225]
  'Major' = Colchicum × byzantinum
  'Minor' = Colchicum autumnale
  'Pleniflorum'
- **baytopiorum** C.D. Brickell 1983 · ⚁ Z8 ⓐ; SW-TR
- **bivonae** Guss. 1821 · ⚁ Z6 IX-X ⚘; Eur.: Sard., I, Sic., Ba
- **boissieri** Orph. 1874 · ⚁ Z8 ⓐ; Eur.: S-GR; TR
- **bornmuelleri** Freyn = Colchicum speciosum
- **bowlesianum** B.L. Burtt = Colchicum bivonae
- **bulbocodium** Ker-Gawl. = Bulbocodium vernum
- × **byzantinum** Ker-Gawl. 1807 (*C. cilicicum* × ?) · ⚁ Z6 ⚘; TR: Taurus [63228]
- **cilicicum** (Boiss.) Dammer 1898 · ⚁ Z6; TR, Syr., Lebanon [72501]
- **corsicum** Baker 1879 · ⚁ Z7 ▽; Corse
- **crociflorum** (Regel) Regel = Colchicum kesselringii
- **cupanii** Guss. 1827 · ⚁ Z8 ⓐ ∧ ⚘; Eur.: F, Sard, I, Sic., GR, , Crete; Alg., Tun.
  - var. **pulverulentum** · ⚁
- **decaisnei** Boiss. = Colchicum troodi
- **doerfleri** Halácsy ex Degen et Dörfl. = Colchicum hungaricum
- **giganteum** Arn. = Colchicum speciosum
- **haussknechtii** Boiss. = Colchicum persicum
- **hungaricum** Janka 1886 · ⚁ Z7; Eur.: H, Ba
- **kesselringii** Regel 1884 · ⚁ Z6 ⓐ; C-As., N-Afgh., Pakist.
- **kotschyi** Boiss. 1854 · ⚁ Z7; TR,

Iran, Iraq
- **kurdicum** (Bornm.) Steven = Merendera kurdica
- **laetum** Steven 1829 · ⚁ Z7 IX-X ⚘; Cauc.
- **lingulatum** Boiss. et Spruner 1844 · ⚁ Z8 ⓐ; Eur.: GR; NW-TR
- **longifolium** Castagne = Colchicum neapolitanum
- **lusitanicum** Brot. 1827 · ⚁ Z8 ⓐ
- **luteum** Baker 1874 · ⚁ Z7; C-As., Afgh., N-Ind., SW-China
- **macrophyllum** B.L. Burtt 1951 · ⚁ Z8 ⓐ; SW-TR, Crete
- **micranthum** Boiss. 1882 · ⚁ Z7; NW-TR
- **neapolitanum** (Ten.) Ten. 1835 · ⚁ Z6 VIII-IX ⚘; Eur.: sp., F, Ap, W-Ba; NW-Afr. [63233]
- **pannonicum** Griseb. et Schenk = Colchicum autumnale
- **parnassicum** Boiss. 1859 · ⚁ Z8 ⓐ; GR
- **persicum** Baker 1879 · ⚁ X ⚘; Iran
- **psaridis** Halácsy 1904 · ⚁ Z8 ⓐ; Eur.: S-GR; S-TR
- **pusillum** Sieber 1822 · ⚁ Z8 ⓐ; Eur.: GR, Crete; Cyprus
- **regelii** Stef. = Colchicum kesselringii
- **sibthorpii** Baker = Colchicum bivonae
- **speciosum** Steven 1824 · ⚁ Z5 IX-X ⚘; Cauc., TR [63235]
- **szovitsii** Fisch. et C.A. Mey. 1835
- **tenorei** Parl. = Colchicum lusitanicum
- **troodi** Kotschy 1865 · ⚁ Z8 ⓐ ⚘; Cyprus, TR, W-Syr., Lebanon, Israel
- **variegatum** L. 1753 · ⚁ Z8 ⓐ VIII ⚘; Eur.: GR; TR
- **vernum** (L.) Stef. = Bulbocodium vernum

Coleanthus Seidl 1817 -m- *Poaceae* · (S. 1106)
D:Scheidenblütgras
- **subtilis** (Tratt.) Seidl 1817 · D:Scheidenblütgras · ☉ V-X ▽; Eur.: F, D, A, EC-Eur., Slova., W-Sib., Amur, nat. in USA: NW

Coleocephalocereus Backeb. 1938 -m- *Cactaceae* · (S. 350)
- **aureus** F. Ritter 1968 · ⚘ Z9 ⓜ; E-Bras.
- **fluminensis** (Miq.) Backeb. 1941 · ♄ ⚘ Z9 ⓜ ▽ ✱; Bras.
- **goebelianus** (Vaupel) Buining 1970 · ⚘ Z9 ⓜ; Bras. (Bahia)
- **paulensis** Speg. 1925 · ⚘ ⓜ; Bras.

- **pluricostatus** Buining et Brederoo 1971 · ⚥ Z9 ⓜ; Bras. (Minas Gerais, Espírito Santo)
- **purpureus** (Buining et Brederoo) F. Ritter · ⚥ Z8 ⓚ; Bras. (Minas Gerais)

Coleonema Bartl. et H.L. Wendl. 1824 -n- *Rutaceae* · (S. 787)
- **album** (Thunb.) Bartl. et H.L. Wendl. 1824 · E:White Breath of Heaven · ♄ e D Z9 ⓚ III-V; Kap [24901]
- **calycinum** (Steud.) I. Williams 1981 · ♄ e D Z9 ⓚ III-V; Kap
- **pulchrum** Hook. 1834 · ♄ e Z9 ⓚ; S-Afr. [11135]

Coleostephus Cass. 1826 -m- *Asteraceae* · (S. 237)
- **multicaulis** (Desf.) Durieu 1845-46 · ⊙ VII-VIII; Alger. [16696]
- **myconis** (L.) Rchb. f. 1853 · ⊙; Eur.: sp., F, Corse, I; N-Afr.

Coleotrype C.B. Clarke 1881 -f- *Commelinaceae* · (S. 982)
- **natalensis** C.B. Clarke 1881 · ♃ Z9 ⓜ; S-Afr.: Natal

Coleus Lour. = Plectranthus
- *amboinicus* Lour. = Plectranthus amboinicus
- *barbatus* (Andrews) Benth. = Plectranthus barbatus
- *blumei* Benth. = Plectranthus scutellarioides
- *esculentus* (N.E. Br.) G. Taylor = Plectranthus esculentus
- *forskohlii* (Poir.) Briq. = Plectranthus barbatus
- *pumilus* Blanco = Plectranthus scutellarioides
- *rehneltianus* A. Berger = Plectranthus scutellarioides
- *rotundifolius* (Poir.) A. Chev. et Perrot = Plectranthus rotundifolius

Colletia Comm. ex Juss. 1838 -f- *Rhamnaceae* · (S. 737) D:Ankerpflanze, Colletie; E:Anchor Plant; F:Colletia
- *armata* Miers = Colletia hystrix
- **hystrix** Clos 1847 · ♄ Z8 ⓚ; Chile [24904]
- **paradoxa** (Spreng.) Escal. 1946 · D:Ankerpflanze; E:Anchor Plant · ♄ Z8 ⓚ XI-XII; S-Bras., Urug., N-Arg. [24902]
- *spinosa* Lam. = Colletia hystrix

Collinia (Liebm.) Liebm. ex Oerst. = Chamaedorea

- *elegans* (Mart.) Liebm. ex Oerst. = Chamaedorea elegans

Collinsia Nutt. 1817 -f- *Scrophulariaceae* · (S. 825) D:Collinsie; F:Collinsia
- **bicolor** Benth. 1831-35 · D:Pagoden-Collinsie; E:Chinese Houses, Innocence · ⊙ Z9 VII-VIII; Calif.
- **grandiflora** Douglas ex Lindl. 1827 · D:Großblütige Collinsie; E:Blue Lips · ⊙ Z9 VI-VIII; B.C., USA: NW, Calif.
- *heterophylla* Buist ex Graham = Collinsia bicolor
- **tinctoria** Hartw. ex Benth. 1849 · E:Tincture Plant · ⊙ Z9 VII-VIII; Calif.
- **verna** Nutt. 1817 · D:Blauäugige Collinsie; E:Blue Eyed Mary · ⊙ Z9 V-VI; USA: NE, NCE, Kans., Ark.

Collinsonia L. 1753 -f- *Lamiaceae* · (S. 580) D:Pferdemelisse; E:Horse Balm
- **canadensis** L. 1753 · D:Kanadische Pferdemelisse; E:Horseweed, Stone Root · ♃ VII-IX ⚥ ; Ont., USA: NE, NCE, SE, Fla.

Collomia Nutt. 1818 -f- *Polemoniaceae* · (S. 699) D:Leimsaat; E:Collomia; F:Collomia
- **cavanillesii** Hook. et Arn. 1839 · ⊙ VII-VIII; Bol., Chile, Arg.
- *coccinea* Lehm. = Collomia cavanillesii
- **grandiflora** Douglas ex Lindl. 1828 · D:Großblumige Leimsaat; E:Mountain Trumpet · ⊙ Z6 VI-VIII; B.C., USA: NW, Rocky Mts., Calif., nat. in W-Eur., C-Eur.
- **linearis** Nutt. 1818 · ⊙; Can., USA* exc. SE, Fla.

× **Colmanara** hort. 1936 -f- *Orchidaceae* · (Miltonia × Odontoglossum × Oncidium)

Colobanthus Bartl. 1830 *Caryophyllaceae* · (S. 400)
- **canaliculatus** Kirk 1895 · ♃ Z8 ⓚ; NZ (S-Is.); mts.

Colocasia Schott 1832 -f- *Araceae* · (S. 924) D:Zehrwurz; E:Taro; F:Chouchine, Taro
- **affinis** Schott 1859 · ♃ Z10 ⓜ; S-Him.

- *antiquorum* Schott = Colocasia esculenta
- **esculenta** (L.) Schott 1832 · D:Taro, Zehrwurzel; E:Coco Yam, Dasheen, Taro · ♃ Z10 ⓜ; Him., Ind., Sri Lanka, nat. in Trop., Subtrop. 'Antiquorum' · D:Wasserbrotwurzel; E:Eddo · ⓝ, nat. in N-Afr. 'Fontanesia'
  - var. *antiquorum* (Schott) F.T. Hubb. et Rehder 1932 = Colocasia esculenta
- **fallax** Schott 1859 · ♃ Z10 ⓜ; S-Him.
- **gigantea** (Blume) Hook. f. 1893 · ♃ Z10 ⓜ; Ind., Indochina, Malay. Arch.
- *indica* auct. non (Lour.) Kunth = Colocasia gigantea

Colocynthis Mill. = Citrullus
- *citrullus* (L.) Kuntze = Citrullus lanatus var. lanatus
- *vulgaris* Schrad. = Citrullus colocynthis

Colquhounia Wall. 1822 -f- *Lamiaceae*
- **coccinea** Wall. 1822
  - var. *mollis* (Schltdl.) Prain 1893 · ♄ Z8 ⓚ
  - var. *vestita* Prain = Colquhounia vestita
- *mollis* Schltdl. = Colquhounia coccinea var. mollis
- *tomentosa* Houllet = Colquhounia coccinea var. mollis
- **vestita** Wall. 1824 · ♄ e Z8 ⓚ; Him.
  - var. *rugosa* C.B. Clarke ex Prain = Colquhounia coccinea var. mollis

Columnea L. 1753 -f- *Gesneriaceae* · (S. 548) D:Kolumnee, Rachenrebe; F:Columnéa
- *affinis* C.V. Morton = Dalbergaria aureonitens
- **allenii** C.V. Morton 1942 · ♄ e ⚥ Z9 ⓜ VII-X; Panama
- **arguta** C.V. Morton 1942 · ♄ e ⚥ Z9 ⓜ IX-X; Panama
- *aureonitens* Hook. = Dalbergaria aureonitens
- × **banksii** Lynch 1918 (*C. oerstediana* × *C. schiedeana*) · ♄ e ⚥ Z9 ⓜ; cult.
- **billbergiana** Beurl. 1854 · ♄ e Z9 ⓜ; Panama
- **crassifolia** Brongn. 1847 · ♄ e Z9 ⓚ VI-VIII; Mex., Guat.

- **glabra** Oerst. 1858 · ♄ e Z9 ⓦ VIII-V; Costa Rica
- **gloriosa** Sprague 1911 · E:Goldfish Plant · ♄ e ⚥ Z9 ⓦ IX-V; Costa Rica
- **hirta** Klotzsch et Hanst. 1865
  - var. **hirta** · ♄ e Z9 ⓦ III-IV; Costa Rica
  - var. **pilosissima** (Standl.) Standl. 1930 · ♄ e ⚥ Z9 ⓦ III-V; Hond.
- *illepida* H.E. Moore = Trichantha illepida
- **lepidocaula** Hanst. 1865 · ♄ e Z9 ⓦ; Costa Rica
- **linearis** Oerst. 1858 · ♄ e Z9 ⓦ; Costa Rica
- **magnifica** Klotzsch et Hanst. ex Oerst. 1858 · ♄ e ⚥ Z9 ⓦ; Costa Rica, Panama
- **microphylla** Klotzsch et Hanst. ex Oerst. 1858 · ♄ e ⚥ Z9 ⓦ III-VIII; Costa Rica
- **nicaraguensis** Oerst. 1858 · ♄ e Z9 ⓦ; C-Am.
- **oerstediana** Klotzsch ex Oerst. 1858 · ♄ e ⚥ Z9 ⓦ II-III; Costa Rica
- *percrassa* C.V. Morton = Columnea billbergiana
- *pilosissima* Standl. = Columnea hirta var. pilosissima
- *sanguinea* (Pers.) Hanst. = Dalbergaria sanguinea
- **scandens** L. 1753
  - var. **scandens** · ♄ e Z9 ⓦ; Hispaniola, Puerto Rico, Lesser Antilles, Venez.
  - var. **tulae** (Urb.) Wiehler 1981 · ⚂ e ⚭ Z9 ⓦ; Puerto Rico, Haiti, Nicar.
- **schiedeana** Schltdl. 1833 · ♄ e Z9 ⓦ III-V; E-Mex.
- *tigrina* Raymond = Columnea zebrina
- *tulae* Urb. = Columnea scandens var. tulae
- × **vedrariensis** R. Vilm. ex Mottet 1918 (*C. magnifica* × *C. schiedeana*) · ⚂ e ⚥ ⚭ Z9 ⓦ II-V; cult.
- **verecunda** C.V. Morton 1962 · ♄ e Z9 ⓦ; Costa Rica
- **zebrina** Raymond 1966 · ♄ e Z9 ⓦ; Panama
- **in vielen Sorten:**
  'Aladdins Lamp'
  'Chanticleer'
  'Rising Sun'

Coluria R. Br. 1823 -f- *Rosaceae* · (S. 749)
- **geoides** (Pall.) Ledeb. 1830 · ⚂ IV-V; Altai
- *potentilloides* R. Br. = Coluria geoides

Colutea L. 1753 -f- *Fabaceae* · (S. 504)
D:Blasenstrauch; E:Bladder Senna; F:Baguenaudier
- **arborescens** L. 1753 · D:Gewöhnlicher Blasenstrauch; E:Bladder Senna; F:Baguenaudier commun · ♄ d ⚭ Z6 VI-VIII ✿ ⓝ; Eur.* exc. BrI, Sc, nat. in BrI [15560]
- **buhsei** (Boiss.) Shap. 1945 · ♄ d Z7 VII ✿; Iran
- **cilicica** Boiss. et Balansa 1856 · ♄ d Z6 VI-VII ✿; Eur.: GR, Krim; TR, Cauc.
- *cruenta* Dryand. = Colutea orientalis
- **gracilis** Freyn et Sint. 1904 · ♄ d Z6 VII ✿; C-As. [31206]
- × **media** Willd. 1819 (*C. arborescens* × *C. orientalis*) · D:Bastard-Blasenstrauch; E:Hybrid Baldder Senna; F:Baguenaudier hybride · ⚂ d ⚭ Z6 VI-VIII ✿; cult. [33052]
  'Copper Beauty' [27158]
- **orientalis** Mill. 1785 · D:Orientalischer Blasenstrauch; E:Oriental Bladder Senna · ♄ d Z6 VI-IX ✿; Krim, Cauc., nat. in S-Eur. [24905]
- **persica** Boiss. 1845 · ♄ d Z7 ✿; S-Iran
  - var. **bushei** Boiss. 1845 = Colutea buhsei

Coluteocarpus Boiss. 1842 -m- *Brassicaceae* · (S. 321)
- **vesicaria** (L.) Holmboe 1907 · ⚂ △ ⚭ Z8 ∧ IV-V; TR, Cauc. (Armen), Lebanon

Colvillea Bojer ex Hook. 1834 -f- *Caesalpiniaceae* ·
D:Colvillee; E:Colville's Glory
- **racemosa** Bojer 1834 · D:Colvillee; E:Colville's Glory · ♄ e Z10 ⓦ; Madag.

Combretum Loefl. 1753 -n- *Combretaceae* · (S. 423)
D:Langfaden; F:Chigommier
- **bracteosum** (Hochst.) Brandis 1893 · ♄ ♄ ⚥ Z10 ⓦ; S-Afr.
- **coccineum** Lam. 1785 · ♄ ⚥ Z10 ⓦ IX-X; Madag.
- **comosum** G. Don 1824 · ♄ ⚥ Z10 ⓦ VII-VIII; W-Afr.: Sierra Leone
- **erythrophyllum** (Burch.) Sond. 1850
- **grandiflorum** G. Don 1824 · ♄ ⚥ Z10 ⓦ VII; W-Afr.: Sierra Leone
- *purpureum* Vahl = Combretum coccineum

Commelina L. 1753 -f- *Commelinaceae* · (S. 982)
D:Commeline, Tagblume; E:Dayflower; F:Comméline, Ephémère
- **benghalensis** L. 1753 · D:Bengalische Tagblume; E:Benghal Dayflower · ⚂ ⚥ ～ Z9 ⓦ; trop. Afr., trop. As.
- **communis** L. 1753 · ☉ Z7 VII-X; China, nat. in Eur.: I, CH, EC-Eur., Croatia, RO, Russ.; Cauc., W-Sib., E-Sib., Kamchat.,
- **dianthifolia** Delile 1912 · D:Nelkenblättrige Tagblume · ⚂ Z7; USA: SW, Colo., Tex.; Mex.
- **diffusa** Burm. f. 1768 · D:Kletternde Tagblume; E:Climbing Dayflower · ⚂ ⚥ ⚭ ⤳ Z7 ⓦ ⓚ; USA: NE, NCE, Kans., SE, Fla., SC; S-Am, Trop.
- *graminifolia* Kunth = Commelina dianthifolia
- **tuberosa** L. 1753 · D:Knollige Tagblume; E:Dayflower · ⚂ Z8 ⓚ VI-IX; C-Am., S-Am. [67994]
  'Alba'
  Coelestis Grp. · D:Witwentränen; E:Widow's Tears
- **virginica** L. 1762 · ⚂ ⓚ VI-VIII; USA: NE, NCE, Kans., SC, SE, Fla.

Commiphora Jacq. 1797 -f- *Burseraceae* · (S. 337)
D:Myrrhe; E:Myrrh; F:Myrrhe
- **abyssinica** Engl. 1883 · D:Arabische Myrrhe; E:Abyssinian Myrrh · ♄ ψ ⓚ ⚥ ⓝ; N-Eth., S-Arab.
- *molmol* (Engl.) Engl. = Commiphora myrrha
- **myrrha** (Nees) Engl. 1883 · D:Echte Myrrhe; E:Myrrh · ♄ ψ ⓚ ⚥; Somalia
- **opobalsamum** (L.) Engl. 1883 · D:Balsam-Myrrhe; E:Balm of Gilead · ♄ ψ ⓚ ⓝ; Sudan, Eth., Somalia, Arab.

Comparettia Poepp. et Endl. 1836 -f- *Orchidaceae* · (S. 1058)
- **coccinea** Lindl. 1888 · ⚂ Z10 ⓦ XI-XII ▽ ✳; Bras.
- **falcata** Poepp. et Endl. 1836 · ⚂ Z10 ⓦ XI-I ▽ ✳; Mex., C-Am., W.Ind., trop. S-Am.
- **macroplectron** Rchb. f. 1878 · ⚂ Z10 ⓦ IX-X ▽ ✳; Col.
- *rosea* Lindl. = Comparettia falcata

Comptonia L'Hér. ex Aiton 1789 -f- *Myricaceae* · (S. 654)
D:Farnmyrte; E:Sweet Fern; F:Comptonie
- **peregrina** (L.) Coult. 1894 [18018]
  - var. **aspleniifolia** (L.) Fernald 1938 · ♄ d Z6 IV-V; USA: NE
  - var. **peregrina** · D:Farnmyrte; E:Sweet Fern · ♄ d Z6 ☼ ; USA: NE

Conandron Siebold et Zucc. 1843 -n- *Gesneriaceae* · (S. 549)
- **ramondioides** Siebold et Zucc. 1843 · ⚕ Z9 ⓚ V-VI; Jap., Taiwan

Conicosia N.E. Br. 1925 -f- *Aizoaceae* · (S. 142)
- *capensis* (Haw.) N.E. Br. = Conicosia pugioniformis
- *communis* (Edwards) N.E. Br. = Conicosia pugioniformis
- **pugioniformis** (L.) N.E. Br. 1926 · ⚕ Z9 ⓚ; S-Afr. (SW-Cape)

Coniogramme Fée 1852 -f- *Adiantaceae* · (S. 59)
D:Goldfarn, Silberfarn; E:Bamboo Fern; F:Fougère-bambou
- **japonica** (Thunb.) Diels 1899 · D:Japanischer Silberfarn; E:Bamboo Fern · ⚕ Z10 ⓚ; China, Korea, Jap., Riukiu-Is., Taiwan
  'Variegata' · D:Japanischer Goldfarn

Conioselinum Fisch. ex Hoffm. 1814 -n- *Apiaceae* · (S. 172)
D:Schirlingssilge; F:Conioselinum
- **tataricum** Hoffm. 1816 · D:Schirlingssilge · ⚕ VII-IX; Eur.: A, EC-Eur., Sc, E-Eur.; W-Sib., E-Sib., C-As.

Conium L. 1753 -n- *Apiaceae* · (S. 172)
D:Schierling; E:Hemlock; F:Ciguë
- **maculatum** L. 1753 · D:Gefleckter Schierling; E:Poison Hemlock · ⊙ Z5 VI-VIII ☼ ⚘ ☠; Eur.*, TR, Cauc., Iran, W-Sib., C-As., China: Sinkiang; NW-Afr., Eth., S-Afr., nat. in Can., USA, Mex. [73452]

Conoclinium DC. 1836 -n- *Asteraceae* · (S. 237)
D:Nebelblume; E:Mist Flower
- **coelestinum** (L.) DC. 1836 · D:Himmelblaue Nebelblume; E:Ageratum, Mist Flower · ⚕ VII-X; USA: NE, NCE, Kans., SC, SE, Fla. [71373]

Conophyllum Schwantes = Mitrophyllum
- *dissitum* (N.E. Br.) Schwantes = Mitrophyllum dissitum
- *gracile* Schwantes = Mitrophyllum abbreviatum
- *grande* (N.E. Br.) L. Bolus = Mitrophyllum grande
- *mitratum* (Marloth) Schwantes = Mitrophyllum mitratum

Conophytum N.E. Br. 1922 -n- *Aizoaceae* · (S. 142)
- *altile* (N.E. Br.) N.E. Br. = Conophytum ficiforme
- *ampliatum* L. Bolus = Conophytum bilobum subsp. bilobum
- **angelicae** (Dinter et Schwantes) N.E. Br. · ⚕ ⚘ Z9 ⓚ; Namibia
- *assimile* (N.E. Br.) N.E. Br. = Conophytum ficiforme
- **bicarinatum** L. Bolus 1939 · ⚘ Z9 ⓚ; S-Afr. (Cape Prov.)
- **bilobum** (Marloth) N.E. Br. 1922
  - subsp. **bilobum** · ⚕ ⚘ Z9 ⓚ; Kap
  - subsp. **gracilistylum** (L. Bolus) S.A. Hammer 1933 · ⚕ ⚘ Z9 ⓚ; Kap
- **breve** N.E. Br. 1925 · ⚕ ⚘ Z9 ⓚ; Kap
- **calculus** (A. Berger) N.E. Br. 1922 · ⚕ ⚘ Z9 ⓚ; Kap
- *caroli* Lavis = Ophthalmophyllum caroli
- **depressum** Lavis 1931 · ⚕ ⚘ Z9 ⓚ; Kap
- **ectypum** N.E. Br. 1925
  - subsp. **ectypum** · ⚕ ⚘ Z9 ⓚ; W-Kap
  - var. *tischleri* (Schwantes) Tischer 1953 = Conophytum ectypum subsp. ectypum
- *elishae* (N.E. Br.) N.E. Br. = Conophytum bilobum subsp. bilobum
- **fibuliforme** (Haw.) N.E. Br. 1922 · ⚕ ⚘ Z9 ⓚ; Kap
- **ficiforme** (Haw.) N.E. Br. 1922 · ⚕ ⚘ Z9 ⓚ; Kap
- **flavum** N.E. Br.
- *friedrichiae* (Dinter) Schwantes = Ophthalmophyllum friedrichiae
- **frutescens** Schwantes 1927 · ♄ ⚘ e Z9 ⓚ; S-Afr. (Cape Prov.: Little Namaqualand)
- **fulleri** L. Bolus 1928 · ⚕ ⚘ Z9 ⓚ; Kap
- *gracilistylum* (L. Bolus) N.E. Br. = Conophytum bilobum subsp. gracilistylum
- *grandiflorum* L. Bolus = Conophytum bilobum subsp. bilobum
- *haramoepense* (L. Bolus) G.D. Rowley = Ophthalmophyllum lydiae
- *herrei* Schwantes = Conophytum minusculum
- *johannis-winkleri* (Dinter et Schwantes) N.E. Br. = Conophytum pageae
- *longum* N.E. Br. = Ophthalmophyllum longum
- *lydiae* (H. Jacobsen) G.D. Rowley = Ophthalmophyllum lydiae
- **marginatum** Lavis 1930
- *maughanii* N.E. Br. = Ophthalmophyllum maughanii
- *meyerae* Schwantes = Conophytum bilobum subsp. bilobum
- **meyeri** N.E. Br. 1925 · ⚕ ⚘ Z9 ⓚ; S-Afr. (Cape Prov.)
- **minimum** (Haw.) N.E. Br. 1922 · ⚕ ⚘ Z9 ⓚ; Kap
- **minusculum** (N.E. Br.) N.E. Br. 1922 · ⚕ ⚘ Z9 ⓚ; Kap
- *minutiflorum* (Schwantes) N.E. Br. = Conophytum pageae
- **minutum** (Haw.) N.E. Br. 1922 · ⚘ Z9 ⓚ; S-Afr. (Cape Prov.)
- *mundum* N.E. Br. = Conophytum obcordellum
- *obconellum* (Haw.) Schwantes = Conophytum obcordellum
- **obcordellum** (Haw.) N.E. Br. · ⚕ ⚘ Z9 ⓚ; Kap
- *odoratum* (N.E. Br.) N.E. Br. = Conophytum ficiforme
- *ornatum* Lavis = Conophytum flavum
- **pageae** (N.E. Br.) N.E. Br. 1922 · ⚕ ⚘ Z9 ⓚ; Namibia
- *pearsonii* N.E. Br. = Conophytum minutum
- **pellucidum** Schwantes 1927 · ⚕ ⚘ Z9 ⓚ; Kap
- *pictum* (N.E. Br.) N.E. Br. = Conophytum minimum
- *pillansii* Lavis = Conophytum subfenestratum
- *praesectum* N.E. Br. = Ophthalmophyllum praesectum
- *pusillum* (N.E. Br.) N.E. Br. = Conophytum minimum
- **saxetanum** (N.E. Br.) N.E. Br. 1922 · ⚕ ⚘ Z9 ⓚ; Namibia
- *scitulum* (N.E. Br.) N.E. Br. = Conophytum minimum
- *singulare* G.D. Rowley = Ophthalmophyllum caroli
- *speciosum* Tischer = Conophytum wettsteinii subsp. ruschii
- **stephanii** Schwantes 1929 · ⚕ ⚘ Z9 ⓚ; Kap
- *stipitatum* = Conophytum

uviforme
- **subfenestratum** Schwantes 1929 · ⚃ ⚇ Z9 ⌂; Kap
- **taylorianum** (Dinter et Schwantes) N.E. Br. 1926
  - subsp. **ernianum** (Loesch et Tischer) S.A. Hammer 1993 · ⚇ Z9 ⌂; S-Afr. (Cape Prov.)
  - var. *ernianum* (Loesch et Tischer) de Boer = Conophytum taylorianum subsp. ernianum
- *tischleri* Schwantes = Conophytum ectypum subsp. ectypum
- **truncatum** (Thunb.) N.E. Br. 1922 · ⚇ Z9 ⌂; S-Afr. (Cape Prov.)
  - subsp. **truncatum**
  - subsp. **viridicatum** (N.E. Br.) S.A. Hammer 1993 · ⚃ ⚇ Z9 ⌂; Kap
- **turrigerum** (N.E. Br.) N.E. Br. 1922 · ⚃ ⚇ Z9 ⌂; Kap
- *ursprungianum* Tischer = Conophytum obcordellum
- **uviforme** (Haw.) N.E. Br. · ⚇ Z9 ⌂; S-Afr. (Cape Prov.)
- **velutinum** Schwantes 1927 · ⚇ Z9 ⌂; S-Afr. (CapE: Komaggas)
- *verrucosum* (Lavis) G.D. Rowley = Ophthalmophyllum verrucosum
- **wettsteinii** (A. Berger) N.E. Br. 1926
  - subsp. **ruschii** (Schwantes) S.A. Hammer 1993
  - subsp. **wettsteinii** · ⚃ ⚇ Z9 ⌂; Kap

Conopodium W.D.J. Koch 1824 -n- Apiaceae · (S. 172)
D:Erdkastanie, Knollenkümmel; E:Pignut; F:Conopode
- **denudatum** W.D.J. Koch 1824 · ⚃; Eur.: Ib, F, CorseI, I, BrI, Norw.; NW-Afr.
- **majus** (Gouan) Loret 1886 · D:Französische Erdkastanie · ⚃ V-VI; Eur.: Norw., BrI, F, Ib, Ap

Conradina A. Gray 1870 -f- Lamiaceae ·
D:Felsenrosmarin; E:False Rosemary
- **verticillata** Jennison 1933 · D:Tennessee-Felsenrosmarin; E:Cumberland Rosemary

Conringia Heist. ex Fabr. 1759 -f- Brassicaceae · (S. 321)
D:Ackerkohl; E:Hare's Ear Mustard; F:Conringia
- **austriaca** (Jacq.) Sweet 1828 · D:Österreichischer Ackerkohl · ⊙ V-VIII; Eur.: Ap, A, H, Ba, RO, Krim; TR, Cauc.
- **orientalis** (L.) Dumort. 1827 · D:Orientalischer Ackerkohl; E:Hare's Ear Cabbage · ⊙ V-VII ⓝ; Eur.: C-Eur., EC-Eur., Ba, E-Eur., Ap; TR, Cauc., Iran, Iraq, Afgh., Pakist., N-Afr., nat. in Sc, Fr, Ib

Consolida Gray 1821 -f- Ranunculaceae · (S. 729)
D:Rittersporn; E:Larkspur; F:Dauphinelle
- **ajacis** (L.) Schur 1853 · D:Garten-Rittersporn, Hyazinthenblütiger Sommer-Rittersporn; E:Rocket Larkspur · ⊙ ⚘ VI-VIII; Eur.: Ib, Fr, Ap, Ba, Krim; TR, Syr., Cyprus, Cauc., C-As, nat. in C-Eur., Ind., N-Am.
- *ambigua* (L.) P.W. Ball et Heywood = Consolida ajacis
- **hispanica** (Costa) Greuter 1989 · D:Iberischer Rittersporn · ⊙ VI-VIII; Eur.: Ib, H, Ba, E-Eur.; TR, Levante, Cauc., Iran, NW-Afr., nat. in F, Ap, C-Eur., EC-Eur.
- **orientalis** (J. Gay) Schrödinger 1909 · D:Orientalischer Rittersporn; E:Oriental Larkspur · ⊙ VI-VIII; Eur.: Ib, H, Ba, EC-Eur.; TR, Syr., Cauc., Iran, C-As, Him., NW-Afr., nat. in Fr, Ap, C-Eur., CZ
- **regalis** A. Gray 1821 · D:Acker-Rittersporn; E:Field Larkspur
  'Blue Cloud'
  'Snow Cloud'
  'White Spire'
  - subsp. **regalis** · D:Gewöhnlicher Acker-Rittersporn; E:Common Field Larkspur · ⊙ V-VIII ⚜ ⚘; Eur.* exc. BrI, Ib; TR, Cauc., Iran, W-Sib., nat. in Ib

Convallaria L. 1753 -f- Convallariaceae · (S. 987)
D:Maiglöckchen; E:Lily of the Valley; F:Muguet
- *japonica* L. f. = Ophiopogon japonicus
- **majalis** L. 1753 [73839]
  'Albostriata'
  'Aureovariegata'
  'Flore Pleno' [63244]
  'Grandiflora' [63245]
  'Prolificans'
  - subsp. **majalis** 1753 · D:Gewöhnliches Maiglöckchen; E:Lily-of-the-Valley; F:Muguet · ⚃ ⚘ D Z3 V ⚜ ⚘; Eur.*, N-TR, Cauc., E-Sib., Amur, Sachal., China, Korea, Jap., nat. in N-Am. [63243]
  - var. *montana* (Raf.) H.E. Ahles 1964 = Convallaria montana
  - *majuscula* Greene = Convallaria montana
- **montana** Raf. 1840
- *polygonatum* Lour. = Polygonatum odoratum var. odoratum

Convolvulus L. 1753 -m- Convolvulaceae · (S. 425)
D:Winde; E:Field Bindweed; F:Liseron
- **althaeoides** L. 1753
  - subsp. **althaeoides** · ⚃ ⚘ △ Z8 ⋀ VI-IX; Eur.: Ib, Fr, Ap, Ba, RO; TR, Levante, N-Afr.
  - subsp. **tenuissimus** (Sibth. et Sm.) Stace 1971
- **arvensis** L. 1753 · D:Acker-Winde; E:Bindweed, Field Bindweed · ⚃ ⚘ Z5 VI-X ⚜; Eur.*, TR, Levante, Cauc., Iran, W-Sib., E-Sib., nat. in cosmop.
- **boissieri** Steud. 1840
  - subsp. **boissieri** · ⚃ ⚘ △ Z8 ⌂ ⋀ VI-VIII; S-Sp.
  - subsp. **compactus** Stace 1971 · ⚃ Z8 ⌂; Eur.: Ba; TR
- **cantabrica** L. 1753 · D:Kantabrische Winde · ⚃ △ Z8 ⋀ VI-VII; Eur.: Ib, Fr, Ap, Ba, A, E-Eur.; TR, Syr., Palaest., Cauc., Iran, NW-Afr. [20548]
- **chilensis** Pers. 1805
- **cneorum** L. 1753 · ♄ e Z8 ⌂ V-IX; Eur.: sp., I, Sic., Croatia, AL [16716]
- *dahuricus* Herb. = Calystegia dahurica
- *dissectus* Jacq. = Merremia dissecta
- **farinosus** L. 1771 · ⚃ ⚘ ⌂; S-Afr., nat. in P
- **floridus** L. f. 1782 · ♄ e Z9 ⌂; Canar.
- **humilis** Jacq. 1791 · ⊙ ⚃ Z8; Eur.: P, sp., I, Sic.; Levante, N-Afr.
- **lineatus** L. 1759 · ♄ △ Z7 ⌂ ⋀ VII-VIII; Eur.: Ib, Fr, Ap, Ba, E-Eur.; TR, Levante, Cauc., Iran, W-Sib., C-As., N-Afr.
- *macrocarpus* L. = Operculina macrocarpa
- **meonanthus** Hoffmanns. et Link 1820 · ⊙; Eur.: Ib, I, Sic.; ? Maroc., ? Alger.
- *muricatus* L. = Ipomoea muricata
- *nitidus* Boiss. non Desr. = Convolvulus boissieri subsp. boissieri
- **oleifolius** Desr. 1792 · ♄ ⌂ VII-VIII; Eur.: Malta, GR, Crete; TR, Levante, Egypt, Libya
- *pellitus* Ledeb. = Calystegia

hederacea
- *pulcher* (Brummitt et Heywood) Oberd. = Calystegia pulchra
- **sabatius** Viv. 1824 · D:Kriechende Winde; E:Ground Morning Glory · ⌔ ♄ Z8 ⓚ V-X; Eur.: I; Maroc., Alger. [68432]
- **scammonia** L. 1753 · D:Kleinasiatische Winde; E:Scammony · ⌔ ⚥ Z7 VI ⚥ ✿; Eur.: ? GR, Krim; TR, Syr., Palaest., N-Iraq
- **scoparius** L. f. 1782 · ♄ d Z9 ⓚ Ⓝ; Canar.
- *sepium* L. = Calystegia sepium
- **siculus** L. 1753 · ⌔ ⚥; Eur.: Ib, F, Ap, Ba; TR, Cyprus, Levante, N-Afr., Macaron., Sokotra
- *silvaticus* Kit. = Calystegia silvatica
- *soldanella* L. = Calystegia soldanella
- *speciosus* L. f. = Argyreia nervosa
- × **suendermannii** Bornm. = Convolvulus boissieri subsp. compactus
- **tricolor** L. 1753 · D:Dreifarbige Winde; E:Dwarf Morning Glory; F:Belle de jour, Liseron d'été · ☉ ⌔ Z8 VI-IX; Eur.: Ib, Fr, Ap, Ba; NW-Afr., Libya
  'Blue Flash'
  'Blue Tilt'
  Ensign Ser.
- *turpethum* L. = Operculina turpethum
- *undulatus* Cav. = Convolvulus humilis

Conyza Less. 1832 -f- *Asteraceae* · (S. 237)
D:Berufkraut; E:Fleabane; F:Erigeron
- **albida** Willd. ex Spreng. 1826 · D:Weißes Berufkraut · ☉ Z7; orig. ?, nat. in nat. in sp., F
- **bonariensis** (L.) Cronquist 1943 · D:Südamerikanisches Berufkraut · ☉ Z7 VII-X; S-Am., nat. in Eur.*: Ib, Fr, Ap, Ba
- **canadensis** (L.) Cronquist 1943 · D:Kanadisches Berufkraut; E:Canada Fleabane, Horse Weed, Mule Tail · ☉ Z7 VII-X ⚥ ; Can., USA*, C-Am., W.Ind., S-Am., nat. in cosmop.

Copaifera L. 1762 -f- *Caesalpiniaceae* · (S. 374)
D:Kopaivabalsam, Kopaivabaum; E:Cobaiba; F:Copalier
- *copallifera* (Benn.) Milne-Redh. = Guibourtia copallifera
- **coriacea** Mart. 1823 · ♄ Z10 ⓦ

Ⓝ; S-Am.
- *demeusii* Harms = Guibourtia demeusii
- **gorskiana** Benth. 1865 · ♄ Z10 ⓦ Ⓝ; E-Afr.
- **guyanensis** Desf. 1821 · ♄ Z10 ⓦ Ⓝ; S-Am.
- *jacquinii* Desf. = Copaifera officinalis
- **langsdorffii** Desf. · D:Kopaivabaum; E:Copaifera · ♄ Z10 ⓦ ⚥ Ⓝ; Bras., Parag.
- **multijuga** Hayne · ♄ Z10 ⓦ Ⓝ; Bras.
- **officinalis** (Jacq.) L. 1762 · D:Kopaivabalsam; E:Kopal · ♄ Z10 ⓦ ⚥ Ⓝ; W.Ind., S-Am.
- **reticulata** Ducke 1915 · ♄ Z10 ⓦ ⚥ Ⓝ; Bras., Bol.

Copernicia Mart. ex Endl. 1837 -f- *Arecaceae* · (S. 946)
D:Karnaubapalme; E:Caranda Palm; F:Palmier à cire
- **alba** Morong 1893 · ♄ e Z10 ⓦ; Bras., Bol., Parag., N-Arg.
- **cerifera** Mart. 1838 · ♄ ⓦ; Bras.
- **prunifera** (Mill.) H.E. Moore 1963 · D:Karnaubapalme; E:Wax Palm · ♄ e Z10 ⓦ ⚥ Ⓝ; Bras.

Copiapoa Britton et Rose 1922 -f- *Cactaceae* · (S. 350)
- **bridgesii** (Pfeiff.) Backeb. 1959 · ⚘ Z9 ⓚ; Chile (N-Atacama)
- **calderana** F. Ritter 1959 · ⚘ Z9 ⓚ; Chile (N-Atacama)
- **cinerascens** (Salm-Dyck) Britton et Rose 1922
  - var. **cinerascens** · ⚘ Z9 ⓚ ▽ ✱; ChilE: Atacama
  - var. **grandiflora** (F. Ritter) A.E. Hoffm. 1969 · ⚘ Z9 ⓚ ▽ ✱; N-Chile
- **cinerea** (Phil.) Britton et Rose 1922
  - var. **cinerea** · ⚘ Z9 ⓚ ▽ ✱; Chile
  - var. **columna-alba** (F. Ritter) Backeb. 1962 · ⚘ Z9 ⓚ ▽ ✱; N-Chile
  - var. **gigantea** (Backeb.) N.P. Taylor 1987 · ⚘ Z9 ⓚ ▽ ✱; N-Chile
- **coquimbana** (Rümpler) Britton et Rose 1922
  - var. **coquimbana** · ⚘ Z9 ⓚ ▽ ✱; ChilE: Coquimbo
  - var. **fiedleriana** (K. Schum.) A.E. Hoffm. 1989 · ⚘ Z9 ⓚ ▽ ✱; N-Chile
- **echinoides** (Lem. ex Salm-Dyck) Britton et Rose 1922 · ⚘ Z9 ⓚ ▽

✱; ChilE: Antofagasta
- *fiedleriana* (K. Schum.) Backeb. = Copiapoa coquimbana var. fiedleriana
- *gigantea* Backeb. = Copiapoa cinerea var. gigantea
- *grandiflora* F. Ritter = Copiapoa cinerascens var. grandiflora
- *haseltoniana* Backeb. = Copiapoa cinerea var. gigantea
- **humilis** (Phil.) Hutchison 1953
  - var. **humilis** · ⚘ Z9 ⓚ ▽ ✱; N-Chile
  - var. **taltalensis** (Werderm.) A.E. Hoffm. 1989 · ⚘ Z9 ⓚ ▽ ✱; Chile
- **hypogaea** F. Ritter 1980 · ⚘ Z9 ⓚ; Chile (Atacama)
- **krainziana** F. Ritter 1963 · ⚘ Z9 ⓚ ▽ ✱; N-Chile
- *lembckei* Backeb. = Copiapoa calderana
- **marginata** (Salm-Dyck) Britton et Rose 1922 · ⚘ Z9 ⓚ; Chile (N-Atacama)
- *mollicula* F. Ritter = Copiapoa hypogaea
- *montana* F. Ritter = Copiapoa hypogaea
  - var. *molicula* F. Ritter = Copiapoa hypogaea
- **pepiniana** (K. Schum.) Backeb. 1935 · ⚘ Z9 ⓚ ▽ ✱; Chile
- *taltalensis* (Werderm.) Looser = Copiapoa humilis var. taltalensis
- **tenuissima** F. Ritter 1963 · ⚘ Z9 ⓚ ▽ ✱; N-Chile
- *totoralensis* F. Ritter = Copiapoa coquimbana var. fiedleriana

Coprosma J.R. Forst. et G. Forst. 1775 -f- *Rubiaceae* · (S. 770)
- **acerosa** A. Cunn. 1839 · E:Sand Coprosma · ♄ e Z8 ⓚ; NZ [24906]
- **baueri** Endl. 1841 · ♄ e Z9 ⓚ Ⓝ; NZ, Norfolk Is. [24784]
- × **kirkii** Cheeseman 1897 (*C. acerosa* × *C. repens*) · ♄ e ⟿ Z9 ⓚ; NZ
- **lucida** J.R. Forst. et G. Forst. 1775 · ♄ e Z8 ⓚ; NZ [24907]
- **petriei** Cheeseman 1886 · ♄ e ⟿ △ Z7 ⓚ ∧; NZ
- **repens** A. Rich. 1832 · ♄ ♄ e Z9 ⓚ; NZ [24909]
  'Coppershine'
  'Pink Splendor' [24911]
  'Variegata' [24912]

Coptis Salisb. 1807 -f- *Ranunculaceae* · (S. 730)
D:Goldmund; E:Gold Threat; F:Coptide

- **trifolia** (L.) Salisb. 1807 · D:Goldmund; E:Gold Thread · ⚃ △ Z2 V-VI ⚜; Alaska, Can., USA: NE, NCE; Sib., Jap., Greenl.

Corallodiscus Batalin 1854 -m- *Gesneriaceae* · (S. 549)
- **kingianus** (Craib) B.L. Burtt 1947 · ⚃ Z9 ⚐ VI-VII; China: Sichuan
- **lanuginosus** (DC.) B.L. Burtt 1947 · ⚃ Z9 ⚐ VI-VII; E-Him., Tibet, SW-China

Corallorhiza Gagnebin 1755 -f- *Orchidaceae* · (S. 1058) D:Korallenwurz; E:Coralroot Orchid; F:Racine corail
- **trifida** Châtel. 1760 · D:Europäische Korallenwurz; E:Coralroot Orchid · ⚃ V-VII ▽ ✷; Eur.*, TR, Cauc., W-Sib., E-Sib., Amur, Kamchat., C-As., Mong., China, N-Am.

Corbularia Salisb. = Narcissus
- *bulbocodium* (L.) Haw. = Narcissus bulbocodium subsp. bulbocodium var. bulbocodium

Corchorus L. 1753 -m- *Tiliaceae* · (S. 870) D:Jute; E:Jute; F:Jute
- **capsularis** L. 1753 · D:Rundkapsel-Jute; E:White Jute · ⊙ Z10 ⚐ ⚋; orig. ?; cult. Ind., China, Jap., Taiwan
- **olitorius** L. 1753 · D:Langkapsel-Jute; E:Nalta Jute · ⊙ Z10 ⚐ ⚋; Ind., nat. in trop. As.
- **trilocularis** L. 1767 · ⊙ Z10 ⚋; Afr., Arab., Ind.

Cordia L. 1753 -f- *Boraginaceae* · (S. 306) D:Kordie; F:Cordia, Sebestier
- **alliodora** (Ruiz et Pav.) Oken 1841 · D:Lauch-Kordie; E:Salmwood · ♄ s D Z10 ⚐ ⚋; Mex., C-Am., W.Ind., trop. S-Am.
- **decandra** Hook. et Arn. 1830 · ♄ e Z10 ⚐ IV-V; Chile
- **glabra** Cham. 1833 · ♄ Z10 ⚐ IX-X; Bras.
- **greggii** Torr. 1859 · ♄ Z10 ⚐ VII-VIII; N-Mex.
- *retusa* Vahl = Carmona retusa
- **sebestena** L. 1753 · D:Scharlach-Kordie, Sebestenenbaum; E:Geiger Tree, Geranium Tree · ♄ e Z10 ⚐; Fla., W.Ind., Venez.
- **superba** Cham. 1829 · ♄ e Z10 ⚐ IX; Bras. [11137]

Cordyline Comm. ex R. Br. 1810 -f- *Draceanaceae* · (S. 896) D:Keulenlilie, Kolbenbaum, Kolbenlilie; E:Cabbage Tree; F:Cordyline
- **australis** (G. Forst.) Endl. 1833 · ♄ e Z10 ⚐; NZ [11138]
  'Albertii'
  'Atropurpurea' [24914]
  Purpurea Grp. · ⚐
  'Red Star' [20325]
  'Torbay Dazzler'
- **banksii** Hook. f. 1860 · ♄ e Z10 ⚐; NZ [24913]
- *baueri* Hook. f. = Cordyline obtecta
- **fruticosa** (L.) A. Chev. 1919 · ♄ e Z10 ⚐ ⚋; Ind., Malay. Arch., N.Guinea, NE-Austr., NZ, Polyn., Hawaii
- *haageana* K. Koch = Cordyline murchisoniae
- **indivisa** (G. Forst.) Endl. 1836 · ♄ e Z10 ⚐ ⚐; NZ [19317]
  'Purpurea'
- **murchisoniae** F. Muell. 1866 · ♄ e Z10 ⚐; Austr.: Queensl.
- **obtecta** (Graham) Baker 1875 · ♄ e Z10 ⚐; Norfolk Is.
- **pumilio** Hook. f. 1860 · ♄ e Z10 ⚐; NZ
- **rubra** Otto et A. Dietr. 1848 · ♄ e Z10 ⚐; orig. ?
- **stricta** (Sims) Endl. 1836 · ♄ e Z10 ⚐; Austr.: Queensl., N.S.Wales
- *terminalis* (L.) Kunth = Cordyline fruticosa

Corema D. Don 1827 -n- *Empetraceae* · (S. 460) E:Crowberry
- **album** (L.) D. Don 1827 · E:Portuguese Crowberry · ♄ e Z8 ⚐; Eur.: sp., P, Azor.

Coreopsis L. 1753 -f- *Asteraceae* · (S. 237) D:Mädchenauge, Schöngesicht, Wanzenblume; E:Tickseed; F:Coréopsis, Œil de Jeune fille
- *atkinsoniana* Douglas ex Lindl. = Coreopsis tinctoria var. atkinsoniana
- **auriculata** L. 1753 · ⚃ Z4 V-VIII; USA: Va., Ky., SE, Fla.
  'Schnittgold' [63252]
- **basalis** (Otto et A. Dietr.) S.F. Blake 1916 · ⊙ VII-IX; Tex.
- **bigelovii** (A. Gray) Voss 1907 · D:Bigelows Mädchenauge; E:Bigelow's Tickseed · ⊙ VII-IX; Calif.

- **californica** (Nutt.) H. Sharsm. 1938 · D:Kalifornisches Mädchenauge; E:California Tickseed · ⊙ VII-IX; S-Calif., S-Ariz.
- **calliopsidea** (DC.) A. Gray 1859 · E:Leaf Stem Tickseed · ⊙ VII-VIII; S-Calif.
- *cardaminifolia* (DC.) Torr. et A. Gray = Coreopsis tinctoria var. atkinsoniana
- **delphiniifolia** Lam. 1786 · ⚃ Z7 VIII-IX; USA: SE
- *diversifolia* Hook. = Coreopsis basalis
- **douglasii** (DC.) H.M. Hall 1907 · D:Douglas-Mädchenauge; E:Douglas Tickseed · ⊙ VII-VIII; C-Calif.
- *drummondii* (D. Don) Torr. et A. Gray = Coreopsis basalis
- *ferulifolia* Jacq. = Bidens ferulifolia
- **grandiflora** T. Hogg ex Sweet 1826 · D:Großblumiges Mädchenauge; F:Coréopsis à grandes fleurs · ⊙ ⚃ ⚹ Z7 VI-VIII; USA: SE, Fla., Kans., Mo., SC; N-Mex. [63248]
  'Badengold' Legeland 1939 [63249]
  'Early Sunrise' [63251]
  'Mayfield Giant'
  'Rotkehlchen' [63259]
  'Sonnenkind' [63253]
  'Sunray' Fleuroselect 1980 [63254]
- **lanceolata** L. 1753 · D:Lanzettblättriges Mädchenauge; E:Lance Leaf Tickseed; F:Coréopsis lancéolé · ⚃ ⚹ Z3 VI-VIII; Can.: Ont.; USA: NE, NCE, SC, SE, Fla.; N-Mex. [63255]
  'Baby Gold' [60459]
  'Goldfink' Pötschke 1960 [63256]
  'Sterntaler' Pötschke 1962 [63260]
- **major** Walter 1788 · ⚃ Z7 VII-VIII; USA: NE, Ohio, SE [71866]
- **maritima** (Nutt.) Hook. f. 1876 · D:Nacktstängliges Mädchenauge; E:Sea Dahlia · ⊙ ⚃ Z8 VI-IX; SW-Calif.
- **nuecensis** A. Heller 1895 · E:Crown Tickseed · ⊙ Z8 VII-IX; Tex.
- **palmata** Nutt. 1818 · D:Palmblatt-Mädchenauge; E:Stiff Tickseed · ⚃ Z4 IV-IX; Can.: E; USA: NCE, SE, SC [63261]
- **pubescens** Elliott 1824 · E:Tickseed · ⚃ Z7 VI-IX; USA: NE, NCE, Okla., SE, Fla.
- **rosea** Nutt. 1818 · D:Rosa Mädchenauge; E:Pink Tickseed · ⚃ △ Z4 VIII-IX; Can.: E; USA: NE [63262]

'American Dream' [63263]
'Nana'
- *senifolia* Michx. = Coreopsis major
- **stillmanii** (A. Gray) S.F. Blake 1913 · D:Stillmans Mädchenauge; E:Stillman's Tickseed · ⊙ VII-IX; C-Calif.
- **tinctoria** Nutt. 1821 [16717]
  - var. **atkinsoniana** (Douglas ex Lindl.) H.M. Parker ex E.B. Sm. 1975 · D:Columbia-Mädchenauge; E:Columbia Coreopsis · ⊙ ⊙ VIII-IX; USA: NC, SW, SC, La.; Mex.
  - var. **tinctoria** · D:Färber-Mädchenauge; E:Annual Coreopsis, Tickseed · ⊙ VII-IX; Can., USA*
- **tripteris** L. 1753 · D:Hohes Mädchenauge; E:Tall Tickseed · ⚃ Z4 VII-IX; Can.: Ont.; USA: NCE, NE, SC, SE, Kans. [63264]
- **verticillata** L. 1753 · D:Netzblattstern, Quirlblättriges Mödchenauge; E:Moonbeam Coreopsis; F:Coréopsis à feuilles en aiguilles · ⚃ Z6 VI-VIII; USA: NE, SE, Fla. [63266]
'Grandiflora'
'Moonbeam' [63268]
'Zagreb' [63267]

Corethrogyne DC. 1836 -f- *Asteraceae* · (S. 237)
- **californica** DC. 1836 · ⚃ Z8 ⓚ; USA: Oreg., Calif.; Mex. (Baja Calif.)

Coriandrum L. 1753 -n- *Apiaceae* · (S. 172)
D:Koriander; E:Coriander; F:Coriandre
- **sativum** L. 1753 · D:Koriander; E:Chinese Parsley, Coriander · ⊙ VI-VIII ⚥ Ⓝ; orig. ?, cult. cosmop., nat. in S-Eur. [69025]

Coriaria L. 1753 -f- *Coriariaceae* · (S. 427)
D:Gerberstrauch; F:Corroyère
- **japonica** A. Gray 1858-59 · D:Japanischer Gerberstrauch · ♄ d Z6 V; Jap. [11302]
- **myrtifolia** L. 1753 · D:Europäischer Gerberstrauch; E:Tanner's Sumach · ♄ d Z7 ∧ IV-V ⚤ Ⓝ; Eur.: Ib, Fr, I, ? GR; Maroc., Alger., nat. in P [24916]
- **nepalensis** Wall. 1832 · ♄ d Z8 ⓚ; Him. (Pakist., N-Ind., Nepal), SW-China, Myanmar [35516]
- **sinica** Maxim. 1881 · ♄ d [20778]
- **terminalis** Hemsl. 1892 [24917]
  - var. **terminalis** Hemsl. · D:Rispenblütiger Gerberstrauch · ♄ d Z8 ∧; Him., W-China
  fo. fructurubro 1892 Hemsl. Z8 ∧; orig. ?
  - var. **xanthocarpa** Rehder et E.H. Wilson 1914 · ♄ d ⊛ Z8 ∧ VI; Sikkim

Coridothymus Rchb. f. = Thymbra
- *capitatus* (L.) Rchb. f. = Thymbra capitata

Coris L. 1753 -m- *Primulaceae* · (S. 712)
D:Stachelträubchen; F:Coris
- **monspeliensis** L. 1753 · ♄ Z7 VI-VII; Eur.: Ib, Fr, Ap, Ba; N-Afr.

Corispermum L. 1753 -n- *Chenopodiaceae* · (S. 413)
D:Wanzensame; E:Bugseed; F:Corispermum
- **filifolium** C.A. Mey. 1854 · ⊙; Eur.: E-Russ.
- **intermedium** Schweigg. 1812 · D:Dünen-Wanzensame · ⊙ VIII-IX; Eur.: D, PL, Balt.; costs
- **leptopterum** (Asch.) Iljin 1929 · D:Großblättriger Wanzensame, Schmalflügeliger Wanzensame · ⊙ VII-IX; Eur.: D, A, H
- **marschallii** Steven 1814 · D:Grauer Wanzensame · ⊙ VII-IX; Eur.: D, EC-Eur., Ba, E-Eur., nat. in NL, I
- **nitidum** Kit. ex Schult. 1814 · D:Glanz-Wanzensame · ⊙ VIII-X; Eur.: EC-Eur., Ba, E-Eur., TR, ? Cauc.

Cornucopiae L. 1753 -n- *Poaceae* · (S. 1106)
- **cucullatum** L. 1753 · ⊙; Eur.: Malta, GR; TR, Levant., Iraq

Cornus L. 1753 -f- *Cornaceae* · (S. 427)
D:Hartriegel, Kornelkirsche; E:Cornel, Dogwood; F:Cornouiller
- **alba** L. 1767 · D:Tatarischer Hartriegel; E:Sibirischer Dogwood; F:Cornouiller blanc · ♄ d Z3 V-VI; N-Russ., W-Sib., E-Sib., Amur, Sachal., Mong., NE-China, Manch., N-Korea, Jap., nat. in N-Eur. [15570]
'Aurea' [42520]
'Elegantissima' c. 1900 [28040]
'Gouchaultii' 1888 [28600]
'Kesselringii' 1905 [15590]
'Sibirica' < 1830 · E:Westonbirt Dogwood · [15600]
'Spaethii' 1884 [15610]
'Westonbirt' = Cornus alba 'Sibirica'
- **alternifolia** L. f. 1782 · D:Wechselblättriger Hartriegel; E:Pagoda Dogwood; F:Cornouiller à feuilles alternes · ♄ ♄ d Z6 V-VI; Can.: E; USA: NE, NCE, SE, Fla. [15630]
'Argentea' c. 1900 [15632]
- **amomum** Mill. 1768 · D:Seidenhaariger Hartriegel; E:Silky Dogwood · ♄ d Z5 V-VI; Can.: E; USA: NE, NCE, SE [11859]
- × **arnoldiana** Rehder 1903 (C. obliqua × C. racemosa) · ♄ d Z4 VI-VII; cult.
- **asperifolia** Michx. 1803 [24924]
  - var. **asperifolia** · D:Rauhblättriger Hartriegel; E:Tough Leaf Dogwood · ♄; USA: SE
  - var. **dummondii** (C.A. Mey.) Coult. et W.H. Evans 1890 · D:Drummonds Hartriegel; E:Drummond Dogwood; F:Cornouiller de Drummond · ♄ d Z5 VI-VII Ⓝ; Can.: Ont.; USA: NE, NCE, NC, SE, SC [38870]
- *australis* C.A. Mey. = Cornus sanguinea subsp. australis
- *baileyi* Coult. et W.H. Evans = Cornus sericea
- *brachypoda* K. Koch = Cornus controversa
- **bretschneideri** L. Henry 1899 · D:Bretschneiders Hartriegel · ♄ d Z5 VI; N-China [24925]
- **canadensis** L. 1753 · D:Kanadischer Hartriegel; E:Bunch Berry, Creeping Dogwood; F:Cornouiller du Canada · ⚃ ∆ ⊛ Z2 VI; Alaska, Can., USA: NE, NCE, Rocky Mts., SW, NW, Calif., Greenl., Kamchat., Sachal., Amur, Korea, Jap. [15640]
- *candidissima* Mill. = Cornus florida
- **capitata** Wall. 1820 · D:Benthams Hartriegel; E:Bentham's Cornel; F:Cornouiller de Bentham · ♄ ♄ e Z8 ⓚ VI-VII; Him. [24926]
- **controversa** Hemsl. ex Prain · D:Pagoden-Hartriegel, Riesen-Hartriegel; E:Giant Dogwood; F:Cornouiller des pagodes · ♄ ♄ d Z7 VI-VII; China, Korea, Jap. [15650]
'Pagoda' [16034]
'Variegata' c. 1890 [31470]
- *drummondii* C.A. Mey. = Cornus asperifolia var. dummondii
- **florida** L. 1753 · D:Blumen-Hartriegel; E:Eastern Flowering Dogwood, White Dogwood; F:Cornouiller à fleurs · ♄ ♄ d Z6 V Ⓝ; Ont., USA: NE, NCE, Kans., SC,

SE, Fla.; NE-Mex. [15660]
'Cherokee Chief' 1956 [46460]
'Cherokee Sunset' 1979 [19319]
'Cloud Nine' 1951 [32240]
'Rainbow' 1964 [33819]
fo. rubra 1889 (Weston) Schelle Z5; cult. [15670]
'Sunset' = Cornus florida 'Cherokee Sunset'
- *foemina* Mill. = Cornus stricta
- *foemina* Wangerin = Cornus racemosa
- **glabrata** Benth. 1844 · D:Westlicher Hartriegel; E:Brown Dogwood, Western Cornel · ♄ ♄ d Z6 VI; USA: Oreg., Calif. [24939]
- **hemsleyi** C.K. Schneid. et Wangerin 1909 · ♄ ♄ d Z6 VII; C-China [24941]
- **hessei** Koehne 1899 · D:Zwerg-Hartriegel · ♄ d △ Z5 VI-VIII; ? NE-As.
- **hongkongensis** Hemsl. 1888 [24942]
- **kousa** Hance 1873 [15680]
'China Girl' 1978 [15649]
'Gold Star' < 1977
'Milky Way' 1980 [15652]
'Satomi' 1979 [32099]
'Schmetterling' c. 1970 [15653]
'Snowboy' 1978
- var. **chinensis** Osborn 1922 · D:Chinesischer Blumen-Hartriegel · ♄ ♄ d Z5 VI; China
- var. **kousa** · D:Japanischer Blumen-Hartriegel; E:Japanese Dogwood; F:Cornouiller kousa · ♄ ♄ d Z5 VI; Jap., Korea
- **macrophylla** Wall. 1820 · D:Großblättriger Hartriegel; E:Chinese Dogwood · ♄ ♄ d Z6 VII-VIII; Him., China, Jap. [20101]
- **mas** L. 1753 · D:Kornelkirsche; E:Cornelian Cherry; F:Cornouiller mâle · ♄ d ⚥ Z5 III-IV ⚥ ⓃⓃ; Eur.: Fr, Ap, C-Eur., EC-Eur., Ba, E-Eur.; TR, Syr., Cauc., Iran, nat. in BrI [15700]
'Aurea' 1895 [56696]
'Jolico' 1990 [55302]
'Variegata' 1838 [33825]
- **nuttallii** Audubon 1840 · D:Nuttalls Blumen-Hartriegel; E:Mountain Dogwood, Pacific Dogwood; F:Cornouiller de Nutall · ♄ ♄ d Z7 V Ⓝ; Can.: B.C.; USA: NW, Calif., Idaho [15710]
'Goldspot' 1947 [33090]
'Monarch' 1980 [36496]
- **obliqua** Raf. 1820 · D:Schiefer Hartriegel; E:Silky Dogwood · ♄ d Z4 VI-VII; Can.: E; USA: NC, NCE, NE, Ark., Okla [24943]
- **officinalis** Siebold et Zucc. 1835 ·

D:Japanische Kornelkirsche; E:Japanese Cornelian Cherry; F:Cornouiller officinal · ♄ d Z5 III-IV ⚥ ; China, Korea, Jap. [34768]
- *paniculata* L'Hér. = Cornus racemosa
- **paucinervis** Hance 1881 · ♄ d Z5 VII-VIII; C-China [24944]
- *pubescens* Nutt. = Cornus sericea subsp. occidentalis
- **pumila** Koehne 1903 · ♄ s Z5; orig. ? [24945]
- *purpusii* Koehne = Cornus obliqua
- **racemosa** Lam. 1786 · D:Rispen-Hartriegel; E:Panicled Dogwood · ♄ d Z5 VI-VII; Can.: E; USA: NE, SE [24946]
- **rugosa** Lam. 1786 · D:Rundblättriger Hartriegel; E:Roundleaf Dogwood · ♄ d Z4 V-VII; Can.: E; USA: NE, NCE [24948]
- **sanguinea** L. 1753 · D:Blutroter Hartriegel · [15720]
'Midwinter Fire' 1980 [14016]
'Winter Beauty' = Cornus sanguinea 'Winter Flame'
'Winter Flame' [15267]
- subsp. **australis** (C.A. Mey.) Jáv. 1978 · D:Östlicher Blutroter Hartriegel · ♄ d Z5; Eur.: C-Eur., EC-Eur., Ba +; TR, Lebanon, Cauc., C-As.
- subsp. **sanguinea** · D:Gewöhnlicher Blutroter Hartriegel; E:Common Dogwood, Dogberry; F:Cornouiller sanguin · ♄ d Z4 V-VI ⚥ Ⓝ; Eur.*, TR, Cauc., C-As.
- **sericea** L. 1771 · D:Weißer Hartriegel
'Baileyi' 1892 Z5 [24969]
'Flaviramea' 1899 [15730]
'Kelseyi' 1939 [47420]
- subsp. **occidentalis** (Torr. et A. Gray) Fosberg 1942 · D:Weichhaariger Hartriegel; E:Creek Dogwood · ♄ d ⚥ Z2 VI-VIII; Alaska, Can.: W; USA: NW, Rocky Mts., Calif.
- subsp. **sericea** · D:Gewöhnlicher Weißer Hartriegel; E:American Dogwood, Red Osier Dogwood · ♄ d Z2 VI-VII [13135]
- *sibirica* Lodd. ex G. Don = Cornus alba
- *stolonifera* F. Michx. = Cornus sericea subsp. sericea
- var. *occidentalis* (Torr. et A. Gray) C.L. Hitchc. 1961 = Cornus sericea subsp. occidentalis
- **stricta** Lam. 1786 · D:Steifer Hartriegel; E:Stiff Dogwood · ♄ d Z7

V-VI; USA: SC, SE, Fla. [24951]
- **suecica** L. 1753 · D:Schwedischer Hartriegel; E:Dwarf Cornel · ⚘ △ Z2 V-VII ▽; Eur.: BrI, Sc, NL, D, PL, Russ.; Amur, Sachal., Kamchat., Alaska, Can., Greenl. [24952]
- *tatarica* Mill. = Cornus alba
- × **unalaschkensis** Ledeb. 1844 (*C. canadensis* × *C. suecica*) · ⚘ Z2; Alaska, Nfld., Greenl.
- **walteri** Wangerin 1908 · ♄ d Z6 VI; C-China, W-China, Korea [14681]
- in vielen Sorten:
'Ascona' 1989 (*C. florida* × *C. nuttallii*) [31761]
'Eddie's White Wonder' c. 1966 (*C. florida* × *C. nuttallii*) [36008]
'Norman Hadden' c. 1960 (*C. capitata* × *C. kousa*)
'White Gold' [19323]

Corokia A. Cunn. 1839 -f- *Escalloniaceae* · (S. 476)
- **buddleioides** A. Cunn. 1839 · ♄ e Z8 ⓚ; NZ (N-Is.)
- **cotoneaster** Raoul 1844 · D:Zickzackstrauch; E:Wire Netting Bush · ♄ e Z8 ⓚ VI-VII; NZ [29015]
- **macrocarpa** Kirk 1899 · ♄ e Z8 ⓚ; NZ (Chatham Is.)
- × **virgata** Turrill 1912 (*C. cotoneaster*) · ♄ e Z8 ⓚ; cult.
'Bronze King' [19324]
'Red Wonder' [24977]
'Yellow Wonder' [19325]

Coronaria Guett. = Silene
- *coriacea* Schischk. ex Gorschk. = Silene coronaria
- *flos-cuculi* (L.) A. Braun = Silene flos-cuculi
- *flos-jovis* (L.) A. Braun = Silene flos-jovis
- *tomentosa* A. Braun = Silene coronaria

Coronilla L. 1753 -f- *Fabaceae* · (S. 505)
D:Kronwicke; E:Scorpion Vetch; F:Coronille
- **coronata** L. 1759 · D:Berg-Kronwicke; E:Scorpion Vetch · ⚘ △ Z6 V-VII; Eur.: Fr, Ap, C-Eur., EC-Eur., Ba, E-Eur.; Cauc., Iran [68058]
- **cretica** L. 1753 · D:Kretische Kronwicke · ⊙ Z8; Eur.: I, Ba, Russ.; TR, Syr., Palaest., Cauc.
- *emerus* L. = Emerus major
- **minima** L. 1756 · D:Kleine Kronwicke · ♄ ⤳ △ D Z7 ⋀ VI-VII;

Eur.: P, sp., F, I, CH; NW-Afr. [24982]
- **montana** Scop. = Coronilla coronata
- **orientalis** Mill. 1768 · ⚤ △ Z8 V-VII; TR [24981]
- **repanda** (Poir.) Guss. 1844 · ☉; Eur.: Ib, Ap; Cyprus, Palaest., NW-Afr., Libya
- **rostrata** Boiss. et Spruner 1843 · ☉; Eur.: : AL, GR, Creta, Krim ; TR
- **scorpioides** (L.) W.D.J. Koch 1839 · D:Skorpion-Kronwicke; E:Scorpion Senna · ☉ Z7 V-VI ✀; Eur.: Ib, Fr, Ap, Ba, RO, Krim; TR, Levante, Cauc., Iran, NW-Afr., Libya
- **vaginalis** Lam. 1786 · D:Scheiden-Kronwicke · ♄ △ Z6 V-VII; Eur.: Fr, Ap, C-Eur., EC-Eur., Ba, ? RO; mts. [24979]
- **valentina** L. 1753 [24978]
 'Citrina'
 'Variegata' [60183]
 - subsp. **glauca** (L.) Batt. 1889 · D:Blaugrüne Valencia-Kronwicke; E:Scorpion Vetch · ♄ e Z9 ⓚ IV-VII; Eur.: Ib, Fr, Ap, Ba; TR, NW-Afr., Libya, nat. in BrI
 - subsp. **valentina** · D:Valencia-Kronwicke · ♄ e Z9 ⓚ; Eur.: Ib, F, Ap, Ba; TR, N-Afr.

Coronopus Zinn 1757 -m- *Brassicaceae* · (S. 321)
D:Krähenfuß; E:Swine Cress
- **didymus** (L.) Sm. 1800 · D:Zweiknotiger Krähenfuß · ☉ VI-VIII; S-Am., nat. in Eur.* exc. Sc; N-Am., Austr.
- **squamatus** (Forssk.) Asch. 1860 · D:Gewöhnlicher Krähenfuß, Niederliegender Knotenfuß; E:Crowfoot · ☉ V-VIII; Eur.*, TR, Levante, Cauc., Iran, N-Afr.

Corozo Jacq. ex Giseke = Elaeis
- **oleifera** (Humb., Bonpl. et Kunth) L.H. Bailey = Elaeis oleifera

Correa Andrews 1798 -f- *Rutaceae* · (S. 788)
D:Australische Fuchsie, Correa; E:Tasmanian Fuchsia; F:Fuchsia d'Australie
- **alba** Andrews 1798 · D:Weiße Correa; E:Botany Bay Tea Tree · ♄ e Z8 ⓚ I-XII; Austr.: N.S. Wales, S-Austr., Tasman., Victoria [24983]
- **backhousiana** Hook. 1834 · D:Cremefarbene Correa; E:Australian Fuchsia · ♄ e Z8 ⓚ V-VI; Tasman. [11139]
- **bauerlenii** F. Muell. 1885 · E:Chef's Hat Correa · ♄ e Z8 ⓚ; Austr.: N.S.Wales
- × **bicolor** Paxton 1840 (*C. alba* × *C. pulchella*) · ♄ e Z8 ⓚ; cult.
- *cardinalis* F. Muell. ex Hook. = Correa reflexa var. cardinalis
- **decumbens** F. Muell. 1855 · ♄ e Z8 ⓚ; Austr. (S-Austr.)
- × **harrisii** Paxton 1840 (*C. pulchella* × *C. reflexa var. reflexa*) · ♄ e Z8 ⓚ; cult. [27162]
- **pulchella** J. Mackay ex Sweet 1827 · D:Lachs-Correa; E:Correa · ♄ e Z8 ⓚ; Austr.: S-Austr.
- **reflexa** (Labill.) Vent. 1803
 - var. **cardinalis** (F. Muell. ex Hook.) Court 1957 Z8 ⓚ; Austr.: Victoria
 - var. **reflexa** · D:Australische Fuchsie, Gemeine Correa; E:Common Correa · ♄ e Z8 ⓚ III-V; Austr.: N.S.Wales, Victoria, S-Austr., Tasman. [11142]
- *speciosa* Donn ex Andrews = Correa reflexa var. reflexa
- **in vielen Sorten:**
 'Anglesea'
 'Dusky Bells'
 'Mannii'

Corrigiola L. 1753 -f- *Molluginaceae* · (S. 647)
D:Hirschsprung; E:Strapwort; F:Corrigiola
- **litoralis** L. 1753 · D:Gewöhnlicher Hirschsprung · ☉ VII-X; Eur.: Ib, Fr, Ap, Ba, E-Eur., D; TR, Palaest., N-Afr, Trop. Afr., S-Afr.; coasts

Corryocactus Britton et Rose 1920 -m- *Cactaceae* · (S. 350)
- **aureus** (Meyen) Hutchison 1963 · ♄ ⚤ Z9 ⓚ ▽ ✳; S-Peru, N-Chile
- **brachypetalus** (Vaupel) Britton et Rose 1920 · ♄ ⚤ Z9 ⓚ ▽ ✳; S-Peru
- **brevistylus** (K. Schum. ex Vaupel) Britton et Rose 1920 · ♄ ⚤ Z9 ⓚ ▽ ✳; S-Peru
- **erectus** (Backeb.) F. Ritter 1981 · ⚤ Z9 ⓚ; Peru (Cuzco)
- **melanotrichus** (K. Schum.) Britton et Rose 1920 · ⚤ Z9 ⓚ ▽ ✳; Bol.
- *spiniflorus* (Phil.) Hutchison = Austrocactus spiniflorus
- **squarrosus** (Vaupel) Hutchison 1963 · ⚤ Z9 ⓚ ▽ ✳; Peru: Junin

Cortaderia Stapf 1897 -f- *Poaceae* · (S. 1106)
D:Pampasgras; E:Pampas Grass; F:Herbe de la pampa
- **dioica** (Spreng.) Spreng. 1902 · ⚤ Z8 ⓚ; NZ
- **fulvida** (Buchanan) Zotov 1963 · ⚤ Z8 ⓚ; NZ
- **richardii** (Endl.) Zotov 1963 · ⚤ Z8 ⓚ; NZ
- **selloana** (Schult. et Schult. f.) Asch. et Graebn. 1900 · D:Pampasgras; E:Pampas Grass; F:Herbe de la pampa · ⚤ Z7 △ IX-X ⓝ; S-Bras., Urug., Arg., nat. in Azor., NW-Sp. , F [10297]
 'Argentea' [67520]
 'Gold Band' [68188]
 'Pumila' [70318]
 'Rendatleri' [67523]
 'Rosea' [67524]
 'Sunningdale Silver' [67526]
- **in vielen Sorten:**
 'Toe Toe' = Cortaderia richardii

Cortusa L. 1753 -f- *Primulaceae* · (S. 712)
D:Heilglöckchen; F:Cortuse
- **matthioli** L. 1753 · D:Alpen-Heilglöckchen · ⚤ △ Z5 VII-VIII ▽; Eur.: Fr, C-Eur., EC-Eur., Ap, Ba, E-Eur. [63271]
 fo. pekinensis 1894 V.A. Richt. Z5 ▽; Amur, N-China, Korea, Sachal. [63273]
- **turkestanica** Losinsk. 1937 · ⚤; C-As.

Coryanthes Hook. 1821 -f- *Orchidaceae* · (S. 1058)
D:Maskenorchidee; E:Helmet Orchid; F:Orchidée-casque
- **macrantha** (Hook.) Hook. 1831 · ⚤ Z10 ⓚ V ▽ ✳; Venez., Guyana, Trinidad
- **maculata** Hook. 1831 · ⚤ Z10 ⓚ VI-VII ▽ ✳; Guyan.
- **speciosa** (Hook.) Hook. 1831 · ⚤ Z10 ⓚ VI-VII ▽ ✳; C-Am., W.Ind., trop. S-Am.

Corydalis DC. 1805 -f- *Fumariaceae* · (S. 537)
D:Lerchensporn; E:Corydalis; F:Corydale
- **alexeenkoana** N. Busch 1905 · ⚤; Cauc.
- **ambigua** Cham. et Schltdl. 1826
- *ambigua* hort. = Corydalis fumariifolia
- **angustifolia** (M. Bieb.) DC. 1821 · ⚤ △ Z6 IV; TR, Cauc., Iran
- **bracteata** (Stephan) Pers. 1806 · ⚤ △ Z7 V-VI; Altai, Sib.
- **buschii** Nakai 1914 · ⚤; Amur, Manch., Korea
- **capnoides** (L.) Pers. 1806 ·

D:Weißer Lerchensporn · ☉
VI-VIII; Eur.: I, A, EC-Eur., E-Eur.;
W-Sib., E-Sib., C-As., Tibet,
Mong., nat. in FIN
- **cashmeriana** Royle 1833 ·
D:Blauer Himalaya-Lerchen-
sporn · ♃ Z5 ⌂ V-VIII; Kashmir,
Him., SE-Tibet
- **caucasica** DC. 1821 · ♃ ; TR,
Cauc.
- **cava** (L.) Schweigg. et Körte
1811 · D:Hohler Lerchensporn;
E:Bulbous Corydalis, Hollowroot;
F:Corydale creux · ♃ Z6 III-V ❦
✼ ; Eur.* exc. BrI; TR, Cauc.,
N-Iran [63274]
- **cheilanthifolia** Hemsl. 1892 · ♃
△ Z6 V; W-China [63275]
- *claviculata* = Ceratocapnos
claviculata
- **conorhiza** Ledeb. 1842 · ♃ ; TR,
Cauc.
- *decipiens* Nyman, Schott et
Kotschy = Corydalis solida subsp.
incisa
- **elata** Bureau et Franch. 1891 · ♃ ;
China (Sichuan) [63276]
- **flexuosa** Franch. 1886 · ♃ Z5
III-VI; China (Sichuan) [67756]
  'Blue Panda' [67810]
  'China Blue' [63277]
  'Père David' [63278]
  'Purple Leaf' [63279]
- **fumariifolia** Maxim. 1859
- *glauca* (Curtis) Pursh = Capnoides
sempervirens
- **glaucescens** Regel 1870 · ♃ Z8
⌂; C-As.
- **gracilis** Ledeb. 1842
- **haussknechtii** Lidén 1989
- **henrikii** Lidén 1991
- **intermedia** (L.) Mérat 1812 ·
D:Mittlerer Lerchensporn · ♃
III-IV; Eur.* exc. BrI
- **ledebouriana** Kar. et Kir. 1841 · ♃
⌂; C-As., Afgh.
- **linstowiana** Fedde 1925
- *lutea* (L.) DC. = Pseudofumaria
lutea
- **malkensis** Galushko 1975
- **nobilis** (L.) Pers. 1806 · ♃ △ Z6
IV-VI; W-Sib. (Altai), C-As., nat. in
Sc [63281]
- **nudicaulis** Regel 1884 · ♃ ; C-As.
- **ochotensis** Turcz. · ☉ ☉ Z7;
E-Sib., N-China, Manch., Korea,
Jap.
- **ophiocarpa** Hook. f. et Thomson
1855 · ☉ △ Z6 VI; Him., China,
Jap., Taiwan
- **paczoskii** N. Busch 1905 · ♃ ;
Krim
- **paschei** Lidén 1989 · ♃ ; SW-TR

- **popovii** Nevski ex Popov 1934 · ♃
Z8; C-As.
- **pumila** W.D.J. Koch 1832 ·
D:Zwerg-Lerchensporn · ♃ III-IV;
Eur.: Ap, C-Eur., EC-Eur., Sc, Ba,
RO [60377]
- **saxicola** G.S. Bunting 1966 · ♃ △
Z7 ∧ V-VI; China
- **schanginii** (Pall.) B. Fedtsch.
1904 · ♃ ; W-Sib., C-As., China,
Mong.
- *sempervirens* (L.) Pers. =
Capnoides sempervirens
- **smithiana** Fedde 1924
- **solida** (L.) Clairv. 1811 · D:Gefin-
gerter Lerchensporn · [63283]
  'Beth Evans'
  'George Baker' [63284]
  Transsylvanica Grp. [63285]
  - subsp. **incisa** Lidén 1989 ·
  D:Bleicher Gefingerter Lerchen-
  sporn · ♃ ; Eur.: Ba; mts. [60370]
  - subsp. **solida** · D:Gewöhnli-
  cher Gefingerter Lerchensporn;
  E:Bird in a Bush, Fumewort ·
  ♃ Z6 IV ❦ ; Eur.* exc. BrI; TR,
  Lebanon, nat. in BrI
- *thalictrifolia* Franch. = Corydalis
saxicola
- **tomentella** Franch. 1894 · ♃ Z6;
China
- *transsilvanica* Schur = Corydalis
solida
- **triternata** Zucc. 1843
- **turczaninovii** Halda · ♃ ; E-Sib.,
Amur, Manch.
- **wendelboi** Lidén 1989
- **wilsonii** N.E. Br. 1903 · ♃ △ Z7 ∧
V-IX; C-China

Corylopsis Siebold et Zucc. 1835 -f-
Hamamelidaceae · (S. 562)
D:Scheinhasel; E:Winter Hazel;
F:Faux-noisetier
- **glabrescens** Franch. et Sav. 1878 ·
D:Kahle Scheinhasel · ♄ d Z6 VI;
Jap. [12355]
- **pauciflora** Siebold et Zucc. 1835 ·
D:Armblütige Scheinhasel, Nied-
rige Scheinhasel; E:Buttercup
Winter Hazel; F:Corylopsis à
petites fleurs · ♄ d Z7 III-IV; Jap.,
Taiwan [15740]
- **platypetala** Rehder et E.H. Wilson
1913 · ♄ d Z7 IV; China: Hupeh
[56736]
- **sinensis** Hemsl. 1906 · D:Chi-
nesische Scheinhasel; E:Chinese
Winter Hazel · ♄ ♄ d Z7 III-IV;
W-China, C-China [24986]
  'Spring Purple' [24987]
  - var. **calvescens** Rehder et E.H.
  Wilson 1913 = Corylopsis

platypetala
  fo. *veitchiana* = Corylopsis veitchiana
- **spicata** Siebold et Zucc. 1889 ·
D:Ährige Scheinhasel, Winter-
Scheinhasel; E:Spike Winter
Hazel; F:Corylopsis en épis · ♄ d
Z7 II-IV; Jap. [15750]
- **veitchiana** Bean 1910 · D:Veitchs
Scheinhasel · ♄ d Z7 IV; China:
Hupeh [16311]
- **willmottiae** Rehder et E.H.
Wilson 1913 · D:Willmotts Schein-
hasel; F:Corylopsis de Miss
Willmontt · ♄ d Z7 IV; W-Sichuan
[33054]

Corylus L. 1753 -f- *Betulaceae* ·
(S. 289)
D:Hasel, Haselnuss; E:Hazel;
F:Noisetier
- **americana** Marshall · ♄ d Z5;
Can., e USA [24988]
- **avellana** L. 1753 · D:Gewöhnliche
Hasel; E:Cob, Hazel; F:Coudrier,
Noisetier commun · ♄ ♄ d Z5 II-IV
❦ ⓝ; Eur.*, Cauc., TR, N-Iran
[15760]
  'Aurea' [15770]
  'Contorta' [12722]
  'Cosford Cob' [15790]
  'Fuscorubra' [15664]
  'Kentish Cob' [25007]
  'Rote Zellernuss'
- **chinensis** Franch. 1899 · D:Chi-
nesische Hasel; E:Chinese Hazel ·
♄ d Z6 II-III ⓝ; W-China, C-China
[25027]
- **colurna** L. 1753 · D:Baum-Hasel;
E:Turkish Hazel; F:Noisetier de
Byzance · ♄ d Z5 II-III ⓝ; Eur.: Ba,
RO; TR, Cauc., Iran [15900]
  - var. *chinensis* (Franch.) Burkill
  1899 = Corylus chinensis
- × **colurnoides** C.K. Schneid. (*C.
avellana* × *C. colurna*) · ♄ ♄ d Z5;
cult. [25028]
- **cornuta** Marshall 1785 · D:Schna-
belnuss; E:Beaked Hazel · ♄ d Z5
II-III; Can., USA: NE, NCE, NC, SE,
NW, Calif., Rocky Mts. [25029]
- **heterophylla** Fisch. et Trautv.
1844 · D:Mongolische Hasel-
nuss; E:Siberian Hazel · ♄ ♄ d Z5;
Korea, Jap., E-Sib., Manch., Amur,
E-Mong.
- **maxima** Mill. 1768 · D:Große
Hasel, Lamberts Hasel; E:Filbert;
F:Noisetier franc · ♄ d Z5 II-III ⓝ;
Eur.: Croatia, Maced., GR; TR,
Cauc., nat. in BrI, A [25033]
  'Hallesche Riesennuß' [15830]
  'Purpurea' [15910]
  'Webb's Prize Cob' [15880]

'Wunder von Bollweiler' [15890]
- *rostrata* Aitch. = Corylus cornuta
  - var. *sieboldiana* (L.) Maxim. 1881 = Corylus sieboldiana var. sieboldiana
  - **sieboldiana** Blume 1851 [25034]
  - var. **mandshurica** (Maxim. et Rupr.) C.K. Schneid. 1916 · ħ d Z5; Korea, Jap., Manch., Amur
  - var. **sieboldiana** · D:Japanische Hasel; E:Japanese Hazel · ħ d Z5 II-III; Jap.
  - **spinescens** Rehder 1926
  - **tibetica** Batalin 1893 · ħ d Z7; China
  - *tubulosa* Willd. = Corylus maxima

Corynabutilon (K. Schum.) Kearney = Abutilon
- *vitifolium* (Cav.) Kearney = Abutilon vitifolium

Corynanthe Welw. 1869 -f- Rubiaceae · (S. 771)
- *johimbe* K. Schum. = Pausinystalia johimbe
- **pachyceras** K. Schum. 1901 · ħ ⓜ; trop. Afr.

Corynephorus P. Beauv. 1812 -m- Poaceae · (S. 1107)
D:Silbergras; E:Grey Hair Grass
- **canescens** (L.) P. Beauv. 1812 · D:Gewöhnliches Silbergras; E:Grey Hair Grass · ⚄ VI-VIII; Eur.* exc. Ba; Maroc., nat. in USA [67527]

Corynocarpus J.R. Forst. et G. Forst. 1775 -m- Corynocarpaceae · (S. 428)
D:Karakabaum; F:Corynocarpus
- **laevigatus** J.R. Forst. et G. Forst. 1775 · D:Neuseeländischer Karakabaum; E:New Zealand Laurel · ħ e ⓜ ✱; NZ [11143]

Corypha L. 1763 -f- Arecaceae · (S. 947)
D:Schopfpalme, Talipotpalme; F:Palmier, Palmier talipot
- *australis* R. Br. = Livistona australis
- *elata* Roxb. = Corypha utan
- *gebanga* Blume = Corypha utan
- *nana* Humb., Bonpl. et Kunth = Cryosophila nana
- **umbraculifera** L. 1753 · D:Talipotpalme; E:Talipot Palm · ħ e Z10 ⓜ ⓝ; S-Ind., Sri Lanka
- **utan** Lam. 1786 · D:Buri-Schopfpalme; E:Gebang · ħ e ⓜ ⓝ; E-Ind., Myanmar, Andaman Is.,

Malay. Arch., Phil.

Coryphantha (Engelm.) Lem. 1868 -f- Cactaceae · (S. 351)
- *alversonii* (J.M. Coult. ex Zeiss.) Orcutt = Escobaria vivipara var. vivipara
- *arizonica* (Engelm.) Britton et Rose = Escobaria vivipara var. arizonica
- *asperispina* Boed. = Escobaria missouriensis var. asperispina
- *bella* (Britton et Rose) Fosberg = Escobaria emskoetteriana
- **bergeriana** Boed. 1929 · ψ ⓚ
- *bisbeeana* Orcutt = Escobaria vivipara var. bisbeeana
- *bumamma* (C. Ehrenb.) Britton et Rose = Coryphantha elephantidens
- **calipensis** Bravo 1964 · ψ ⓚ
- *ceratites* (Quehl) A. Berger = Neolloydia conoidea
- *chaffeyi* (Britton et Rose) Fosberg = Escobaria dasyacantha var. chaffeyi
- **clavata** (Scheidw.) Backeb. 1942 · ψ Z9 ⓚ ∇ ✱; Mex.: Hidalgo, Queretaro, San Luis Potosí, Zacatecas, Guanajuato
- **compacta** (Engelm.) Britton et Rose 1923 · ψ ⓚ
- *conoidea* (DC.) Orcutt ex A. Berger = Neolloydia conoidea
- **cornifera** (DC.) Lem. 1868 · ψ Z9 ⓚ ∇ ✱; Mex.: Coahuila, Durango, San Luis Potosí, Zacatecas,
- *dasyacantha* (Engelm.) Orcutt = Escobaria dasyacantha var. dasyacantha
- **delaetiana** (Quehl) A. Berger 1929 · ψ ⓚ
- **echinus** (Engelm.) Britton et Rose 1923 · ψ ⓚ
- **elephantidens** (Lem.) Lem. 1868 · ψ Z9 ⓚ ∇ ✱; Mex. (Morelos, Michoacán)
- **erecta** (Lem. ex Pfeiff.) Lem. 1868 · ψ Z9 ⓚ ∇ ✱; Mex.: Hidalgo, San Luis Potosí, Guanajuato, Querétaro
- **georgii** Boed. 1931
- **glanduligera** (Otto ex A. Dietr.) Lem. 1868 · ψ ⓚ
- *grandiflora* (Pfeiff.) A. Berger = Neolloydia conoidea
- **guerkeana** (Boed.) Britton et Rose 1923 · ψ ⓚ
- *hesteri* Y. Wright = Escobaria hesteri
- **longicornis** Boed. 1931 · ψ ⓚ
- **macromeris** (Engelm.) Lem.

1868 · E:Donana · ψ Z9 ⓚ ∇ ✱; USA: Tex., N.Mex.; N-Mex.
- **maiz-tablasensis** Fritz Schwarz ex Backeb. 1949 · ψ ⓚ
- *marstonii* Clover = Escobaria missouriensis var. missouriensis
- *minima* Baird = Escobaria minima
- *missouriensis* (Sweet) Britton et Rose = Escobaria missouriensis var. missouriensis
- *muehlenpfordtii* (Poselg.) Britton et Rose = Coryphantha scheeri
- *nellieae* Croizat = Escobaria minima
- *neomexicana* (Engelm.) Britton et Rose = Escobaria vivipara var. neomexicana
- *neoscheerii* Backeb. = Coryphantha scheeri
- **octacantha** (DC.) Britton et Rose 1923 · ψ ⓚ
- *odorata* Boed. = Cumarinia odorata
- **pallida** Britton et Rose 1923 · ψ ⓚ
- **poselgeriana** (A. Dietr.) Britton et Rose 1923 · ψ Z9 ⓚ ∇ ✱; Mex.: Coahuila
- **potosina** (Jacobi) Glass et R.C. Foster 1970 · ψ ⓚ
- **pseudoechinus** Boed. 1929 · ψ ⓚ
- **pseudonickelsae** Backeb. 1949 · ψ ⓚ
- **pycnacantha** (Mart.) Lem. 1868 · ψ ⓚ
- *radians* (DC.) Britton et Rose = Coryphantha cornifera
- *radiosa* (Engelm.) Rydb. = Escobaria vivipara var. radiosa
- **recurvata** (Engelm.) Britton et Rose 1923 · ψ ⓚ
- **reduncuspina** Boed. 1933 · ψ ⓚ
- **retusa** (Pfeiff.) Britton et Rose 1923 · ψ ⓚ
- *robertii* A. Berger = Escobaria emskoetteriana
- *rosea* Clokey = Escobaria vivipara var. rosea
- *roseana* (Boed.) Moran = Escobaria roseana
- *salm-dyckiana* (Scheer ex Salm-Dyck) Britton et Rose = Coryphantha delaetiana
- **scheeri** (Kuntze) L.D. Benson · ψ Z9 ⓚ ∇ ✱; USA: N.Mex.; Mex.: Hidalgo
- *sneedii* (Britton et Rose) A. Berger = Escobaria sneedii
- **sulcata** (Engelm.) Britton et Rose 1923 · ψ ⓚ
- **sulcolanata** (Lem.) Lem. 1868 · ψ ⓚ
- **unicornis** Boed. 1928 · ψ ⓚ
- *varicolor* Tiegel = Escobaria

tuberculosa
- **vaupeliana** Boed. 1928 · ⚹ ⓚ
- *villarensis* Backeb. = Coryphantha georgii
- *vivipara* (Nutt.) Britton et Rose = Escobaria vivipara var. vivipara
- *wissmannii* (Hildm. ex K. Schum.) A. Berger = Escobaria missouriensis var. missouriensis
- *zilziana* Boed. = Escobaria zilziana

Corytoplectus Oerst. 1858 -m- *Gesneriaceae* · (S. 549)
- **speciosus** (Poepp.) Wiehler 1973 · ♄ ⓦ; Venez., Col., Ecuad., Peru

Cosmos Cav. 1791 -m- *Asteraceae* · (S. 237)
D:Kosmee, Schmuckkörbchen; E:Mexican Aster; F:Cosmos
- **atrosanguineus** (Hook.) Voss 1894 · D:Schwarzes Schmuckkörbchen; E:Black Cosmos, Chocolate Cosmos · ⊙ ⚄ Z8 VII-X; Mex. [67904]
- **bipinnatus** Cav. 1791 · D:Fiederblättriges Schmuckkörbchen; E:Garden Cosmos, Mexican Aster; F:Cosmos · ⊙ ✕ X; Mex., C-Am., trop. S-Am. [72624]
'Dazzler'
'Gloria'
'Purity'
'Sea Shells'
Sonata Ser.
- **diversifolius** Otto 1838 · ⊙ ⊙ ⚄ Z9 VIII-X; Mex.
- **sulphureus** Cav. 1791 · D:Gelbes Schmuckkörbchen; E:Yellow Cosmos · ⊙ VIII-IX; Mex., C-Am., trop. S-Am.
Cosmic Ser.
Ladybird Ser.
'Polidor'

Costus L. 1753 -m- *Costaceae* · (S. 991)
D:Kostwurz; E:Spiral Flag, Spiral Ginger; F:Costus
- **afer** Ker-Gawl. 1823 · E:Spiral Ginger · ⚄ Z10 ⓦ; W-Afr.
- **curvibracteatus** Maas 1975 · ⚄ Z10 ⓦ; Nicar., Costa Rica, Panama, Col.
- **cuspidatus** (Nees et Mart.) Maas 1976 · ⚄ Z10 ⓦ I-XII; Bras.
- **guanaiensis** Rusby 1902 · ⚄ ⓦ; Mex., C-Am., W.Ind., Col., Ecuad., Peru, Bol., N-Bras., Guayanas, Venez.
- *igneus* N.E. Br. = Costus cuspidatus
- **lucanusianus** Braun-Blanq. et K. Schum. 1889 · ⚄ D Z10 ⓦ; C-Afr.
- **malortieanus** H. Wendl. 1863 · ⚄ Z10 ⓦ; Costa Rica
- **speciosus** (J. König) Sm. 1791 · D:Prächtige Kostwurz; E:Crape Ginger, Malay Ginger · ⚄ Z10 ⓦ; Him., Ind., Sri Lanka, Malay. Arch., N.Guinea
- **spicatus** (Jacq.) Sw. 1788 · D:Ährige Kostwurz; E:Cimarron · ⚄ Z10 ⓦ; Haiti
- **spiralis** Roscoe 1807 · D:Gedrehte Kostwurz · ⚄ Z10 ⓦ; Trop. S-Am.

Cotinus Mill. 1754 -m- *Anacardiaceae* · (S. 155)
D:Perückenstrauch; E:Smoke Bush, Smokewood; F:Arbre à perruque
- *americanus* Nutt. = Cotinus obovatus
- **coggygria** Scop. 1771 · D:Europäischer Perückenstrauch; E:Smoke Tree, Sumach; F:Arbre à perruque, Fustet · ♄ d ⊛ Z6 VI-VII ✿ Ⓝ; Eur.: Fr, Ap, C-Eur., EC-Eur., Ba, E-Eur.; TR, Syr., Cauc., Iran, Him., China, nat. in sp. [15920]
'Foliis Purpureis' = Cotinus coggygria Rubrifolius Grp.
Purpureus Grp. < 1871 · d [25047]
'Royal Purple' < 1984 [15930]
Rubrifolius Grp. < 1930 [15940]
'Velvet Cloak' < 1962 [26015]
- **Dummer-Hybriden** (C. coggygria 'Velvet Cloak' × C. obovatus)
'Flame' [19327]
'Grace' [12799]
- **obovatus** Raf. 1840 · D:Amerikanischer Perückenstrauch; E:American Smoketree · ♄ ♄ d ⊛ Z5 VI-VII; USA: SE, Mo., Okla. [15666]

Cotoneaster Medik. 1789 -m- *Rosaceae* · (S. 749)
D:Zwergmispel; E:Cotoneaster; F:Cotonéaster
- **acuminatus** Lindl. 1822 · D:Spitzblättrige Zwergmispel · ♄ d Z6 V; Him., nat. in F, D
- **acutifolius** Turcz. 1832 · D:Peking-Zwergmispel · ♄ d Z5 V-VI; N-China [15950]
- **adpressus** Bois 1904 · D:Kriechende Zwergmispel, Spalier-Zwergmispel; E:Creeping Cotoneaster; F:Cotonéaster rampant · ♄ d ⤳ △ Z5 VI; W-China [15960]
'Little Gem' [14554]
- var. *praecox* Bois et Berthault = Cotoneaster nanshan
- **affinis** Lindl. 1822
- var. **affinis** · ♄ d Z7 △ V; Him., W-China
- var. **bacillaris** (Wall. ex Lindl.) C.K. Schneid. · ♄ ♄ d Z7 V-VI; Him.
- **ambiguus** Rehder et E.H. Wilson 1912 · D:Zweifarbige Zwergmispel · ♄ d Z6 V-VI; W-China
- **amoenus** E.H. Wilson 1912 · D:Schöne Zwergmispel · ♄ e Z7 △ VI; SW-China [25051]
- **apiculatus** Rehder et E.H. Wilson 1912 · D:Preiselbeer-Zwergmispel; E:Cranberry Cotoneaster · ♄ d Z4 VI; W-China [25053]
- **ascendens** Flinck et B. Hylmö 1966 · D:Aufsteigende Zwergmispel · ♄ d Z4; orig ? · cult.China: Hubei [30522]
- **bullatus** Bois 1904 · D:Runzelige Zwergmispel · ♄ d ⊛ Z5 V-VI; W-China [15970]
'Firebird' [33056]
- **buxifolius** Wall. ex Lindl. 1829 · D:Buchsblättrige Zwergmispel · ♄ e Z7 △; Ind. (Nilgiri) [25055]
- **cashmiriensis** G. Klotz 1963 · D:Kaschmir-Zwergmispel · ♄ e Z7; Kashmir [16180]
- *cochleatus* hort. = Cotoneaster cashmiriensis
- **congestus** Baker 1869 · D:Gedrungene Zwergmispel · ♄ e △ Z6 VI; Him. [24785]
'Nanus'
- **conspicuus** Comber ex C. Marquand 1963 · D:Bogen-Zwergmispel, Tibetanische Zwergmispel · ♄ d Z6 V; SE-Tibet [19329]
'Decorus' [16010]
- **cornubia** · ♄ ♄ e
- **dammeri** C.K. Schneid. 1906 · D:Teppich-Zwergmispel; E:Bearberry Cotoneaster; F:Cotonéaster de Dammer · ♄ e Z5; China [17359]
'Holsteins Resi' [36172]
'Major' 1986 [37679]
'Streibs Findling' = Cotoneaster procumbens
- **dielsianus** E. Pritz. 1900 · D:Diels Zwergmispel · [16070]
- var. **dielsianus** · ♄ d ⊛ Z5 VI; W-China, C-China
- var. **elegans** Rehder et E.H. Wilson 1912 · ♄ d Z5 V-VI; W-China: Sichuan
- **divaricatus** Rehder et E.H. Wilson 1912 · D:Sparrige Zwergmispel;

E: Spreading Cotoneaster · ♄ d ⚥ Z5 VI; W-China, C-China, nat. in Eur. [16080]
- *floccosus* (Rehder et Wilson) Flinck et B. Hylmö = Cotoneaster salicifolius var. floccosus
- **foveolatus** Rehder et E.H. Wilson 1912 · ♄ d Z4 VI; C-China. [25071]
- **franchetii** Bois 1902 · D:Franchets Zwergmispel; E:Franchet's Cotoneaster · ♄ d ⚥ Z7 VI; W-China [16100]
  - var. *sternianus* Turrill 1950 = Cotoneaster sternianus
- **frigidus** Wall. ex Lindl. 1829 · D:Baum-Zwergmispel · ♄ d ⚥ Z7 VI; Him. [25072]
- **glabratus** Rehder et E.H. Wilson 1912 · D:Kahlwerdende Zwergmispel · ♄ e Z7; W-China: Sichuan [25073]
- **glaucophyllus** Franch. 1890 · D:Blaugrüne Zwergmispel · ♄ e Z7; China
- **harrovianus** E.H. Wilson 1912 · ♄ e ⚥ Z7 △ VI; W-China
- **hebephyllus** Diels 1912 · ♄ d Z6 V; SW-China [25074]
- **henryanus** (C.K. Schneid.) Rehder et E.H. Wilson 1912 · D:Henrys Zwergmispel · ♄ d ⚥ Z7 VI; C-China. [19331]
- **hjelmqvistii** Flinck et B. Hylmö 1991 · D:Hjelmquvists Zwergmispel · ♄ d; China (Sichuan)
- **horizontalis** Decne. 1877 · D:Fächer-Zwergmispel; E:Herring Bone Cotoneaster; F:Cotonéaster horizontal · ♄ d Z4 VI-VI; W-China [16120]
  'Saxatilis' = Cotoneaster perpusillus
  - var. *perpusillus* C.K. Schneid. 1906 = Cotoneaster perpusillus
  - var. *wilsonii* Havemeyer ex E.H. Wilson = Cotoneaster ascendens
- *humifusus* Duthie ex J.H. Veitch = Cotoneaster dammeri
- **hupehensis** Rehder et E.H. Wilson 1912 · D:Hupeh-Zwergmispel · ♄ d ⚥ Z5 V; W-China, C-China
- × *hybridus* hort. = Cotoneaster × watereri
- **ignavus** E.L. Wolf 1907 · ♄ d Z6 V; C-As.
- **insignis** Pojark. 1939 · ♄ ♄ s Z6 V; C-As., Iran, Afgh., Him.
- **integerrimus** Medik. 1793 · D:Gewöhnliche Zwergmispel · ♄ d ⚥ Z6 IV-V ✿ ▽; Eur.*, Cauc. [30960]
- **integrifolius** (Roxb.) G. Klotz 1963 · D:Ganzblättrige Zwergmispel · ♄ e; Him., SW-China [25075]
- **lacteus** W.W. Sm. 1917 · D:Späte Zwergmispel · ♄ e ⚥ Z7 △ VI-VII; W-China [10550]
- *laxiflorus* Jacq. ex Lindl. = Cotoneaster melanocarpus
- **lindleyi** Steud. · ♄ d Z6; Him.
- **linearifolius** (G. Klotz) G. Klotz 1978 · ♄ e; Nepal [34888]
- **lucidus** Schltdl. 1854 · D:Glänzende Zwergmispel, Sibirische Zwergmispel · ♄ d Z5 V-VI; Altai
- **melanocarpus** Lodd. 1828 · ♄ d Z7; C-As.
- **microphyllus** Wall. ex Lindl. 1827 · D:Kleinblättrige Zwergmispel; F:Cotonéaster à petites feuilles · ♄ e △ ⚥ Z7 V-VI; Him. [33062]
  'Melanotrichus'
  'Vellaeus'
  - var. *glacialis* Hook. f. 1874 = Cotoneaster congestus
  - var. *thymifolius* (Baker) Koehne 1893 = Cotoneaster integrifolius
  - var. *vellaeus* (Franch.) Rehder et E.H. Wilson 1912 = Cotoneaster microphyllus
- **multiflorus** Bunge 1830 · D:Vielblütige Zwergmispel · [16200]
  - var. *calocarpus* Rehder et E.H. Wilson 1912 · ♄ d ⚥ Z5 V; W-China [13709]
  - var. *multiflorus* · ♄ d Z5; NW-China
- **nanshan** Mottet · D:Nanshan-Zwergmispel · ♄ d △ ⚥ Z5 VI; W-China [25083]
  'Boer' = Cotoneaster apiculatus
  'Copra' [25087]
- *nebrodensis* (Guss.) K. Koch = Cotoneaster nummularius
- **niger** (Thunb.) Fr. 1845 · D:Schwarze Zwergmispel · ♄ d Z5 V-VI; Eur.: Sc, EC-Eur., Ba, E-Eur.; TR, Cauc., W-Sib., E-Sib., Amur, C-As., Mong., China, Korea [17426]
- **nitens** Rehder et E.H. Wilson 1912 · ♄ d △ ⚥ Z6 V-VI; Him., SW-China
- **nummularius** Fisch. et C.A. Mey. · ♄ Z5; Crete, Cyprus, TR, Syr., Lebanon, N-Iraq, Cauc., Iran
- **obscurus** Rehder et E.H. Wilson 1912 · ♄ d Z5 VI; W-China
- **pannosus** Franch. 1890 · D:Grobflockige Zwergmispel · ♄ d ⚥ Z7 VI; SW-China
- **perpusillus** (C.K. Schneid.) Flinck et B. Hylmö 1966 · D:Kleine Zwergmispel · ♄ d Z6; China (Hubei) [19334]
- *praecox* (Bois et Berthault) M. Vilm. = Cotoneaster nanshan
- **procumbens** G. Klotz 1957 [25088]
  'Queen of Carpets' [32647]
  'Streib's Findling' c. 1960
- *pyrenaicus* Chanc. = Cotoneaster congestus
- **racemiflorus** (Desf.) K. Koch 1869 · D:Dichtblütige Zwergmispel · [25092]
  - var. *nummularius* (Fisch. et C.A. Mey.) Dippel = Cotoneaster nummularius
  - var. *racemiflorus* · ♄ d Z5; Syr., Cauc., N-Iran, C-As., Him.
  - var. *royleanus* Dippel · ♄ d Z5; Him.
  - var. *soongoricus* (Regel et Herder) C.K. Schneid. 1906 Z5; W-China [16210]
- **radicans** (C.K. Schneid.) G. Klotz 1963 · D:Kriechende Zwergmispel · ♄ e ⤳ △ Z5 V; W-China
  'Eichholz' 1965 [45360]
- **rhytidophyllus** Rehder et E.H. Wilson 1912 · ♄ e ⚥ Z7 △ VI; W-China
- **roseus** Edgew. 1851 · D:Rosarote Zwergmispel · ♄ d ⚥ Z6 VI; Afgh., Pakist., Kashmir, NW-Ind.
- **rotundifolius** Wall. ex Lindl. 1829 · D:Rundblättrige Zwergmispel · [16260]
  - var. *lanatus* (Jacques) C.K. Schneid. 1906 · ♄ e Z6; Him.
  - var. *rotundifolius* · ♄ e ⚥ Z7 △ VI; Him.
- **rugosus** E. Pritz. 1900 · D:Runzelblättrige Zwergmispel · ♄ e ⚥ Z6 VI; C-China. [25094]
- **salicifolius** Franch. 1885 [25856]
  - var. *floccosus* Rehder et E.H. Wilson 1912 · ♄ e ⚥ Z6 VI-VII; W-China [16270]
  - var. *rugosus* (E. Pritz.) Rehder et E.H. Wilson 1912 = Cotoneaster rugosus
  - var. *salicifolius* · D:Weidenblättrige Zwergmispel; E:Willowleaf Cotoneaster; F:Cotonéaster à feuilles de saule · ♄ e Z6; China
- **sargentii** G. Klotz 1996
  'Herbstfeuer' c. 1930 [16160]
  'Parkteppich' 1950 [16280]
  'Repens' [16300]
- **serotinus** Hutch. 1920 · D:Späte Zwergmispel · ♄ e ⚥ Z7 △ VII; W-China
- **simonsii** Baker 1869 · D:Himalaya-Zwergmispel; E:Himalayan Cotoneaster · ♄ e ⚥ Z6 VI-VII;

Ind.: Khasia Hills, nat. in NW-Eur. [16310]
- **splendens** Flinck et B. Hylmö 1964 · D:Glänzende Zwergmispel · ♄ d Z5; W-China [17535]
- **sternianus** (Turrill) Boom 1957 · D:Wintergrüne Zwergmispel · ♄ e ♣ Z7 ∧ V-VI; Tibet [16320]
- × **suecicus** G. Klotz 1982 (*C. conspicuus* × *C. dammeri*) · D:Schwedische Zwergmispel
  'Coral Beauty' [26083]
  'Skogholm' [16050]
- *thymifolius* Baker = Cotoneaster integrifolius
- **tomentosus** Lindl. 1821 · D:Filzige Zwergmispel · ♄ d ♣ Z5 IV-VI; Eur.: Ib, F, Ap, C-Eur., EC-Eur., Ba, RO, nat. in Sc [30970]
- **wardii** W.W. Sm. 1917 · D:Wards Zwergmispel · ♄ e ♣ Z7 ∧ VI; SE-Tibet [16330]
- × **watereri** Exell 1928 (*C. frigidus* × *C. rugosus* × *C. salicifolius*) · D:Waterers Zwergmispel · ♄ s Z6; cult. [16340]
  'Cornubia' c. 1930 [16150]
  'Exburiensis' c. 1930 [25113]
  'Pendulus' [16170]
- *wheeleri* Exell = Cotoneaster × watereri
- *wheeleri* hort. = Cotoneaster buxifolius
- **zabelii** C.K. Schneid. 1906 · D:Zabels Zwergmispel · ♄ d Z5 V; C-China.

Cottendorfia Schult. f. 1829 -f- *Bromeliaceae* · (S. 971)
- **florida** Schult. f. 1830 · ♃ Z10 ⓦ; E-Bras.

Cotula L. 1753 -f- *Asteraceae* · (S. 238)
D:Laugenblume; E:Buttonweed; F:Cotule
- **barbata** DC. 1838 · ☉ Z8 VII-VIII; S-Afr.
- **coronopifolia** L. 1753 · D:Krähenfuß-Laugenblume, Wasserknopf; E:Brass Buttons; F:Cotule à feuilles de sénebière · ♃ Z7 VII-VIII; Kap, Austr., NZ, S-Am., nat. in BrI, Fr, Sard., Ib, Sc [69144]
- **hispida** (DC.) Harv. 1865 · ♃ Z9 ⓚ; S-Afr. [63288]
- **lineariloba** (DC.) Hilliard 1973 · ♃ Z9 ⓚ; S-Afr.
- *potentillina* (F. Muell.) Druce = Leptinella potentillina
- *pyrethrifolia* Hook. f. = Leptinella pyrethrifolia
- *squalida* (Hook. f.) Hook. f. = Leptinella squalida
- **turbinata** L. 1753

Cotyledon L. 1753 -f- *Crassulaceae* · (S. 430)
- *arborescens* Mill. = Crassula arborescens
- **barbeyi** Schweinf. ex Baker 1893 · ♄ ♆ Z10 ⓚ; Yemen, Eth., Somalia
- *breviflora* (Boiss.) Maire = Pistorinia breviflora subsp. breviflora
- *cacalioides* L. f. = Tylecodon cacalioides
- *coruscans* Haw. = Cotyledon orbiculata var. oblonga
- *decussata* Sims = Cotyledon orbiculata var. orbiculata
- *flanaganii* Schönland et Baker f. = Cotyledon orbiculata var. flanaganii
- *gracilis* Haw. = Cotyledon papillaris
- *hispanica* L. = Pistorinia hispanica var. hispanica
- *horizontalis* Guss. = Umbilicus horizontalis
- *intermedia* (Boiss.) Bornm. = Umbilicus horizontalis var. intermedius
- *jacobseniana* Poelln. = Cotyledon papillaris
- *libanotica* Labill. = Rosularia sempervivum subsp. libanotica
- *macrantha* A. Berger = Cotyledon orbiculata var. orbiculata
- *oppositifolia* Ledeb. ex Nordm. = Chiastophyllum oppositifolium
- **orbiculata** L. 1753
  - var. *ausana* (Dinter) H. Jacobsen 1955 = Cotyledon orbiculata var. orbiculata
  - var. **flanaganii** (Schönland et Baker) Toelken 1979 Z10 ⓚ; Cape Prov.
  - var. **oblonga** (Haw.) DC. 1828 · ♆ Z10 ⓚ; S-Afr. (Cape Prov.)
  - var. **orbiculata** · D:Schweinsohr; E:Pig's Ears · ♄ ♆ Z10 ⓚ VII-VIII ☠; S-Afr., Namibia, Angola, nat. in F, sp.
- *pachyphytum* Baker = Pachyphytum bracteosum
- **papillaris** L. f. 1782 · ♄ ♄ ♆ e Z10 ⓚ VII-VIII; Kap
- *pendulina* DC. = Umbilicus rupestris
- *pistorinia* Ortega = Pistorinia hispanica var. hispanica
- *reticulata* L. f. = Tylecodon reticulatus
- *rupestris* Salisb. = Umbilicus rupestris
- *salzmannii* (Boiss. ex Emb.) H. Lindb. = Pistorinia breviflora subsp. breviflora
- *simplicifolia* hort. = Chiastophyllum oppositifolium
- *umbilicus-veneris* L. = Umbilicus erectus
- *undulata* Haw. = Cotyledon orbiculata var. oblonga

Couma Aubl. 1775 -f- *Apocynaceae* · (S. 191)
D:Sorvagummi; E:Sorva Gum
- **macrocarpa** Barb. Rodr. 1891 · D:Sorvagummi; E:Sorva Gum · ♄ ⓦ ⓝ; Amazon.

Coumarouna Aubl. = Dipteryx
- *odorata* Aubl. = Dipteryx odorata

Couroupita Aubl. 1775 *Lecythidaceae* · D:Kanonenkugelbaum
- **guianensis** Aubl. 1932 · ♄ d Z10 ⓦ; C-Am., n. S-Am.

Coussapoa Aubl. 1775 -f- *Cecropiaceae* · (S. 407)
- **dealbata** André 1870 · ♄ e Z9 ⓦ; Bras.
- **microcarpa** (Schott) Rizzini 1950 · ♄ e Z9 ⓦ; Bras.
- *schottii* Miq. = Coussapoa microcarpa

Coutarea Aubl. 1775 -f- *Rubiaceae* · (S. 771)
- **latifolia** Moç. et Sessé 1830 · ♄ e Z10 ⓦ; Mex.

Crambe L. 1753 -f- *Brassicaceae* · (S. 322)
D:Meerkohl; E:Sea Kale; F:Chou marin, Crambe
- **abyssinica** Hochst. ex R.E. Fr. 1914 · D:Abessinischer Meerkohl, Krambe; E:Abyssinian Kale · ⓝ; ?TR, nat. in USA
- **cordifolia** Steven 1812 · D:Meerkohl · ♃ Z6 VI; Cauc. [63291]
- **koktebelica** (Junge) N. Busch 1908
- **maritima** L. 1753 · D:Küsten-Meerkohl, Strandkohl; E:Sea Kale · ♃ Z5 V-VI ⓝ ▽; Eur.* exc. Ap ; Cauc.; coasts, nat. in EC-Eur. [63292]
- **tataria** Sebeók 1779 · D:Tatarischer Meerkohl; E:Tatarian Breadplant · ♃ Z5 IV-VI; Eur.: I, A, EC-Eur., Ba, E-Eur.; TR, Cauc., W-Sib.

Craniolaria L. 1753 -f- *Pedaliaceae* · (S. 625)
D:Vogelkopf; F:Martynia
- **annua** L. 1753 · D:Einjähriger Vogelkopf · ☉ VII-VIII; trop. S-Am.

Craspedia G. Forst. 1786 -f- *Asteraceae* · (S. 238)
D:Junggesellenknopf, Trommelschlägel; E:Billy Buttons; F:Baguette de tambour
- **alpina** Backh. ex Hook. f. 1847 · ⁂ Z8 ⌂; Austr.: Tasman., Victoria
- **globosa** Benth. 1867 · D:Trommelschlägel; E:Drumsticks · ☉ ⁂ ⋈ Z8 ⌂ VI-VIII; Austr. [63293]
'Drumstick'
- **incana** Allan 1961 · ⁂ Z8 ⌂; NZ
- *lanata* (Hook. f.) Allan = Craspedia alpina
- **minor** (Hook. f.) Allan 1961 · ⁂ Z8 ⌂; NZ
- **uniflora** G. Forst. 1786 · E:Bachelor's Button, Billy Buttons · ☉ ⁂ ⋈ Z8 ⌂ VI-VII; Austr.: S-Austr., Tasman.; NZ

Crassocephalum Moench 1794 -n- *Asteraceae* · (S. 238)
- **biafrae** (Oliv. et Hiern) S. Moore 1912 · ⌚ ⓝ; W-Afr.
- **mannii** (Hook. f.) Milne-Redh. 1923 · ƫ ⌚; Nigeria, Cameroun

Crassula L. 1753 -f- *Crassulaceae* · (S. 431)
D:Dickblatt; E:Pigmyweed; F:Crassula
- **alba** Forssk. 1775
- **alstonii** Marloth 1910 · ⁂ Ψ Z9 ⌂ X-XI; Kap
- **aquatica** (L.) Schönland 1891 · D:Wasser-Dickblatt · ☉ ~ VII-IX; Eur.: Sc, BrI, C-Eur., EC-Eur., E-Eur.; Amur, Korea, Jap., Calif.
- **arborescens** (Mill.) Willd. 1798 · ƫ ƫ Ψ e Z9 ⌂; S-Afr.: Kap, Natal
- *arta* Schönland = Crassula deceptor
- **barbata** Thunb. 1778 · ⁂ Ψ Z9 ⌂ I-V; Kap
- **barklyi** N.E. Br. 1906 · ⁂ Ψ Z9 ⌂; Kap, Namibia
- **brevifolia** Harv. 1923 · ƫ Ψ e Z9 ⌂; Namibia, S-Afr. (Cape Prov.)
- **capitella** Thunb. 1778
  - subsp. **capitella** · ☉ ⁂ ƫ Ψ e Z9 ⌂; S-Afr.(Natal, Oranje Free State, Cape Prov.), SE-Namibia
- *cephalophora* Thunb. = Crassula nudicaulis
- **coccinea** L. 1753 · ƫ ƫ ƫ Ψ e Z9 ⌂ VII-VIII; S-Afr.
- **columnaris** Thunb. 1778 · ☉ Ψ Z9 ⌂ X-XI; Kap
- *conjuncta* N.E. Br. = Crassula perforata
- *cooperi* Regel = Crassula exilis subsp. cooperi
- **corallina** Thunb. 1862 · ⁂ Z9 ⌂ VII-VIII; Kap, Namibia
- **cordata** Thunb. 1778 · ƫ e Z9 ⌂ VI-VIII; SE-Kap
- *cornuta* Schönland et Baker f. = Crassula deceptor
- *corymbulosa* Link et Otto = Crassula capitella subsp. thyrsiflora
- **cotyledonis** Thunb. 1778 · Ψ Z8 ⌂; S-Afr. (Cape Prov.), Namibia
- **cultrata** L. 1771 · ƫ e Z9 ⌂; Kap
- *curta* N.E. Br. = Crassula setulosa var. rubra
- *dasyphylla* Harv. = Crassula corallina
- **deceptor** Schönland et Baker f. 1902 · Ψ Z8 ⌂ X-XI; S-Afr. (Cape Prov.), Namibia
- *deceptrix* Schönland = Crassula deceptor
- *decipiens* N.E. Br. = Crassula tecta
- *deltoidea* auct. non Thunb. = Crassula plegmatoides
- **deltoidea** Thunb. 1778 · ƫ Ψ e Z9 ⌂; S-Afr. (Cape Prov.), SE-Namibia
- **dichotoma** L. 1760 · ☉ Z9 ⌂ VII-VIII; Kap
- *dubia* Schönland = Crassula cotyledonis
- **exilis** Harv. 1862
  - subsp. **cooperi** (Regel) Toelken 1975 · ⁂ Ψ Z9 ⌂ III-V; Namibia, S-Afr. (Transvaal)
  - subsp. **exilis** · ☉ ⁂ Ψ Z9 ⌂; Kap
  - subsp. **sedifolia** (N.E. Br.) Toelken 1975 · ⁂ Ψ ◠ △ Z8 ⌂ ⋀ VII-VIII; Kap
- *falcata* J.C. Wendl. = Crassula perfoliata var. minor
- **globularioides** Britten 1971
  - subsp. **illichiana** (Engl.) Toelken 1975 · ⁂ Ψ ⌚; Tanz., Uganda, Malawi
- **helmsii** (Kirk) Cockayne 1907 · D:Nadelkraut-Dickblatt, Nadelkraut; F:Cockayne · ⁂ Ψ ⌂ VIII-IX; Austr., NZ, nat. in BrI [67163]
- **hemisphaerica** Thunb. 1778 · ⁂ Ψ Z9 ⌂; Namibia
- *impressa* N.E. Br. = Crassula schmidtii
- × **justi-corderoyi** H. Jacobsen et Poelln. 1936 (*C. expansa* subsp. *fragilis* × *C. perfoliata* var. *minor*) · ⁂ Z9 ⌂; cult.
- **lactea** Sol. ex Aiton 1789 · ƫ Ψ e Z9 ⌂ XII-III; S-Afr.: E-Kap, Natal, Transvaal
- *marginalis* Aiton = Crassula pellucida subsp. marginalis
- *marnieriana* (H. Huber) H. Jacobsen = Crassula rupestris subsp. marnieriana
- **mesembryanthemopsis** Dinter 1923 · ⁂ Ψ Z9 ⌂; Namibia
- **mesembryanthoides** (Haw.) D. Dietr. 1840 · ƫ Ψ ⋛ Z9 ⌂; SE-Kap
- *milfordiae* Byles = Crassula setulosa var. rubra
- *montis-draconis* Dinter = Crassula brevifolia
- **multicava** Lem. 1862 · ƫ Ψ e Z9 ⌂ IV-VII; S-Afr.: Natal, Transvaal
- **muscosa** L. 1762 · E:Toy Cypress · ƫ Ψ e Z9 ⌂ II-III; Namibia
- **nudicaulis** L. 1753 · ⁂ Ψ Z9 ⌂; S-Afr.: Kap, Orange Free State, Namibia
- *obliqua* Aiton = Crassula ovata
- *obvallata* L. = Crassula nudicaulis
- **orbicularis** L. 1753 · ⁂ Ψ Z9 ⌂ II-III; S-Afr.: Kap, Natal
- **ovata** (Mill.) Druce 1917 · D:Jadestrauch; E:Baby Jade, Jade Plant · ƫ Ψ Z9 ⌂ IV-VII; S-Afr.: Kap, Natal
'Blauer Vogel'
'Hummels Sunset'
'Variegata'
- **pellucida** L. 1753
  - subsp. **marginalis** (Aiton) Toelken 1975 · ⁂ Ψ Z9 ⌂; S-Afr.
  - subsp. **pellucida** · ⁂ Ψ Z9 ⌂; Kap
- **perfoliata** L. 1753 · D:Propellerpflanze; E:Propeller Plant
  - var. *falcata* (J.C. Wendl.) Toelken 1975 = Crassula perfoliata var. minor
  - var. **minor** (Haw.) G.D. Rowley 1978 · ƫ Ψ Z9 ⌂; S-Afr. (Cape Prov.)
  - var. **perfoliata** · ƫ Ψ Z9 ⌂; S-Afr.: Kap, Natal
- **perforata** Thunb. 1778 · ⁂ Ψ Z9 ⌂; Kap
- *perfossa* Lam. = Crassula perforata
- **plegmatoides** H. Friedrich 1967 · ⁂ Z9 ⌂; Kap, Namibia
- *portulacea* Lam. = Crassula ovata
- *pseudolycopodioides* Dinter et Schinz = Crassula muscosa
- **pyramidalis** Thunb. 1778 · ☉ Ψ Z9 ⌂; Kap
- *quadrifida* Baker = Crassula

multicava
- *recurva* (Hook. f.) Ostenf. = Crassula helmsii
- *recurva* N.E. Br. = Crassula alba
- *rosularis* Haw. = Crassula orbicularis
- **rupestris** Thunb. 1778
  - subsp. **marnieriana** (H. Huber et H. Jacobsen) Toelken 1975 · ⚃ ⚇ Z9 ⓚ; S-Afr. (Cape Prov.)
  - subsp. **rupestris** · ⚃ ⚇ Z9 ⓚ IV-V; Kap
- **sarcocaulis** Eckl. et Zeyh. 1837 · ħ ⚇ e Z8 ⓚ; S-Afr 'Alba'
- **schmidtii** Regel 1886 · ⚃ ⚇ Z9 ⓚ IV-VIII; Namibia, S-Afr.
- *sedifolia* N.E. Br. = Crassula exilis subsp. sedifolia
- *sediformis* Schweinf. = Sedum crassularia
- *sedoides* Mill. = Crassula orbicularis
- **setulosa** Harv. 1862 [63294]
  - var. **curta** (N.E. Br.) Schönland 1929 = Crassula setulosa var. rubra
  - var. **rubra** (N.E. Br.) G.D. Rowley 1978 · ⚃ ⚇ △ Z8 ⓚ ∧; S-Afr.: Kap, Natal; Lesotho [60012]
  - var. **setulosa** · ⚃ ⚇ Z9 ⓚ; S-Afr.: Kap, Natal; Lesotho
- **socialis** Schönland 1929 · ⚃ ⚇ Z9 ⓚ; SE-Kap
- **spathulata** Thunb. 1778 · ⚃ ⚇ Z9 ⓚ IV-V; S-Afr.: SE-Kap, Natal
- **tecta** Thunb. 1778 · ⚃ ⚇ Z9 ⓚ; W-Kap
- *teres* Marloth = Crassula barklyi
- **tetragona** L. 1753 · ħ ⚇ Z9 ⓚ; E-Kap
- *thyrsiflora* Thunb. = Crassula capitella subsp. thyrsiflora
- **tillaea** Lest.-Garl. 1903 · D:Moos-Dickblatt · ⊙ ⚇ ~ Z9 V-IX; Eur.: Ib, Fr, Ap, Ba, BrI, C-Eur.; TR, NW-Afr., Libya
- *torquata* Baker f. = Crassula cultrata
- *trachysantha* (Eckl. et Zeyh.) Harv. = Crassula mesembryanthoides
- *turrita* Thunb. = Crassula capitella subsp. thyrsiflora

+ **Cratagemospilus** Simon-Louis ex Bellair 1899 -f- *Rosaceae* · (S. 749)
D:Bronvauxmispel; E:Bronvaux Medlar; F:Néflier de Bronvaux
- **dardarii** Simon-Louis ex Bellair 1899 (*Crataegus monogyna* × *Mespilus germanica*) · ħ d Z6 V;

cult. [14156]
- **potsdamensis** Bergann 1984 (*Crataegus laevigata* 'Paul's Scarlet' × *Mespilus germanica*) · ħ d Z6 V; cult.

Crataegus L. 1753 -f- *Rosaceae* · (S. 749)
D:Weißdorn; E:Hawthorn; F:Aubépine, Epine
- **altaica** (Loudon) Lange 1897 · D:Altai-Weißdorn · ħ d Z4 V; W-Sib.: Altai, C-As., Afgh. [25125]
- **aprica** Beadle 1900 · ħ ħ d Z5; USA: Va., SE
- **arkansana** Sarg. 1901 · ħ d Z5; USA: NE
- **arnoldiana** Sarg. 1901 · ħ d Z5 V; USA: NE
- **azarolus** L. 1753 [14154]
  - var. **azarolus** · D:Azaroldorn, Welsche Mispel; E:Azarole, Mediterranean Medlar · ħ d Z6 VII ⚘ ⓝ; Eur.: Crete, nat. in sp., F, I, Sic.
  - var. **sinaica** (Boiss.) Lange 1897 Z6; Sinai
- **calpodendron** (Ehrh.) Medik. 1793 · D:Filziger Weißdorn; E:Pear Thorn · ħ ħ d Z5 VI; Can.: Ont.; USA: NE, NCE, SE, SC, Kans.
- **canbyi** Sarg. 1901 · ħ ħ d Z6; USA: Pa., Del., Md.
- × *carrierei* Vauvel ex Carrière = Crataegus × lavallei 'Carrierei'
- × **celsiana** (Dum.-Cours.) Bosc (*C. crus-galli* × *C. pentagyna*) · ħ ħ d; cult.
- **chlorosarca** Maxim. 1879 · ħ d V; Jap., Sachal. [37038]
- **chrysocarpa** Ashe 1900
  - var. **chrysocarpa** · D:Rundblättriger Weißdorn; E:Bicknell's Thorn · ħ ħ d Z4 V; Can.: E, Sask.; USA: NE, NCE, NC, Rocky Mts., N.Mex.
  - var. **phoenicea** E.J. Palmer 1937 · ħ d Z5; E-Can.; USA: NE, NEC
- **coccinioides** Ashe 1899 · ħ ħ d ⚘ Z5 V; USA: Ill., Mo., Kans., Okla., Okla.
- **collina** Chapm. 1892 · ħ d Z4 V; USA: Ne, NCE, Kans., Okla., SE
- **crus-galli** L. · D:Hahnensporn-Weißdorn; E:Cockspur Thorn; F:Aubépine ergot de coq · ħ ħ d Z5 V-VI; Can.: E; USA: NE, NCE, SC, SE, Fla., nat. in CZ
- *curvisepala* Lindm. = Crataegus rhipidophylla var. rhipidophylla
- **dahurica** Koehne ex C.K. Schneid. 1893 · ħ d Z5 IV-V; E-Sib.

- × **dippeliana** Lange 1895 (*C. punctata* × *C. tanacetifolia*) · ħ ħ d Z5 VI; cult.
- **douglasii** Lindl. 1810 · D:Oregon-Weißdorn; E:Black Hawthorn · ħ ħ d Z5 V; Alaska, Can., USA: NW, Calif., Rocky Mts., NC, NCE [25128]
- **dsungarica** Zabel ex Lange 1897 · ħ d Z5 V; E-Sib., N-China
- × **durobrivensis** Sarg. 1902 (*C. pruinosa* × *C.* × *subsphaericea*) · ħ d Z5 V; USA: N.Y.
- **ellwangeriana** Sarg. 1902 · ħ d Z5; E-USA
- **flava** Aiton 1789 · D:Gelbfrüchtiger Weißdorn; E:Summer Haw, Yellow Haw · ħ ħ d Z5 VI; USA: NE, SE, Fla.
- **fontanesiana** (Spach) Steud. 1840 · ħ d Z6; USA: Pa.
- × **grignonensis** Mouill. 1890 (*C. crus-galli* × *C. pubescens*) · ħ d Z5 V-VI; cult. [29660]
- **holmesiana** Ashe 1900 · ħ ħ d Z5 V; Can.: E; USA: NE, NCE
- **intricata** Lange 1895 · D:Verworrener Weißdorn; E:Thicket Hawthorn · ħ d Z5 V; USA: NE, NCE, SE, Okla., nat. in RO [30913]
- **laciniata** Ucria 1793 · D:Orientalischer Weißdorn; E:Oriental Thorn · ħ ħ d ⚘ VI; Eur.: Ib, Ba, E-Eur.; Maroc., Alger., nat. in F [25148]
- **laevigata** (Poir.) DC. 1825 · D:Zweigriffliger Weißdorn · [33547]
  'Alboplena' = Crataegus laevigata 'Plena'
  'Crimson Cloud' [25129]
  'Paul's Scarlet' · D:Rotdorn · [16390]
  'Plena' [12807]
  'Rosea Flore Pleno'
  - subsp. **laevigata** · D:Gewöhnlicher Zweigriffeliger Weißdorn; E:English Hawthorn, May; F:Aubépine à deux styles · ħ ħ d Z5 V ⚘ ⓝ; Eur.* [16410]
- × **lavallei** Hérincq ex Lavallée 1892 (*C. crus-galli* × *C. pubescens fo. stipulacea*) · D:Lederblättriger Weißdorn; E:Lavell Hawthorn · ħ ħ d ⚘ Z5 VI; cult.
  'Carrierei' [16350]
- × **macrocarpa** Hegetschw. 1840 (*C. laevigata* subsp. *laevigata* × *C. rhipidophylla*) · D:Großfrüchtiger Weißdorn · ħ d V-VI; Eur.: Fr, I, C-Eur., Sc, PL, RO [22242]
- **maximowiczii** C.K. Schneid. 1906 · ħ ħ d Z5; E-Sib., Amur, Sachal., Korea

– × **media** Bechst. 1797 (*C. laevigata subsp. laevigata* × *C. monogyna*) · D:Bastard-Weißdorn, Mittlerer Weißdorn · ♄ d V-VI; NW-Eur., C-Eur. [25136]
– **mollis** (Torr. et A. Gray) Scheele 1848 · D:Weichhaariger Weißdorn; E:Red Haw · ♄ d ⊛ Z5 VI; Can.: Ont.; USA: NC, NCE, SE, Okla. [25142]
– **monogyna** Jacq. 1775 · D:Eingriffliger Weißdorn · [16380]
   'Bicolor'
   'Biflora' · E:Glastonbury Thorn
   'Compacta' 1908 [43065]
   'Semperflorens' < 1894
   'Stricta' 1838 [29780]
   – subsp. **monogyna** · D:Gewöhnlicher Eingriffeliger Weißdorn; E:English Hawthorn, May; F:Aubépine monogyne · ♄ ♄ d Z5 V-VI ⚥ ℕ; Eur.*, TR, Levante, N-Iraq, Cauc., N-Iran, NW-Afr.
– × **mordenensis** Boom 1959 (*C. laevigata subsp. laevigata* × *C. succulenta*) · ♄ ♄ d ⊛ Z5 V; cult.
   'Toba' c. 1959 [16400]
– **nigra** Waldst. et Kit. 1799-1802 · D:Schwarzfrüchtiger Weißdorn; E:Hungarian Thorn · ♄ ♄ d Z5 V ⚥; Eur.: Slova., H, Croatia, Bosn., AL, ? RO [25146]
– × **nitida** (Engelm.) Sarg. 1912 (*C. crus-galli* × *C. viridis*) · ♄ d ⊛ Z5 V; USA: NCE, Ark. [25147]
– **oliveriana** (Dum.-Cours.) Bosc 1825 · ♄ d Z6; W-As., SE-Eur.
– *orientalis* Pall. ex M. Bieb. = Crataegus laciniata
– *oxyacantha* auct. non L. = Crataegus laevigata subsp. laevigata
– **pedicellata** Sarg. 1901 · D:Scharlach-Weißdorn; E:Scarlet Hawthorn · ♄ d ⊛ Z5 V; Can.: E; USA: NE, NCE
– **pentagyna** Waldst. et Kit. ex Willd. 1799 · D:Fünfgriffeliger Weißdorn · ♄ ♄ d Z5 V ⚥; Eur.: EC-Eur., Ba, E-Eur.; TR, Cauc., N-Iran
– × **persimilis** Sarg. 1903 (*C. crus-galli* × *C. succulenta var. macracantha*) · D:Pflaumenblättriger Weißdorn · ♄ d Z5; USA (N.Y.)
   'MacLeod'
   'Prunifolia' = Crataegus × persimilis 'MacLeod'
   'Splendens' [13412]
– **persistens** Sarg. 1913 (*C. crus-galli* × ?) · ♄ ♄ d Z5; cult.
– **phaenopyrum** (L. f.) Medik. 1793 · D:Washington-Weißdorn;

E:Washington Thorn · ♄ ♄ d Z5 V-VI; USA: NE, NCE, SE, Fla. [25149]
– **pinnatifida** Bunge 1835 [25151]
   – var. **major** N.E. Br. 1886 · ♄ d Z6 ℕ; N-China [33064]
   – var. **pilosa** C.K. Schneid. 1906 · ♄ d Z6; C-As., Korea
   – var. **pinnatifida** · D:Fiederblatt-Weißdorn; E:Chinese Haw · ♄ d ⊛ Z6 V ℕ; Amur, Manch., Korea
– *populifolia* Walter = Crataegus phaenopyrum
– **pruinosa** H.L. Wendl. 1823 · D:Bereifter Weißdorn; E:Frosted Hawthorn · ♄ ♄ d ⊛ Z5 V; Can.: E; USA: NE, NCE, SE, Okla.
– × *prunifolia* Pers. = Crataegus × persimilis 'MacLeod'
– **pubescens** (Humb., Bonpl. et Kunth) Steud. 1840 · ♄ d Z7; Mex.
   fo. stipulacea 1914 (Loudon) Stapf · ♄ ♄ d Z7 V-VI; Mex. [17396]
– **punctata** Jacq. 1770 · D:Punktierter Weißdorn; E:Dotted Haw · ♄ ♄ d ⊛ Z5 VI; Can.: E; USA: NE, NCE, SE, Okla. [25152]
– **rhipidophylla** Gand. 1871 · D:Großkelchiger Weißdorn
   – var. **lindmannii** (Hrabětová) K.I. Chr. 1992 · D:Langkelch-Weißdorn, Lindmans Weißdorn · ♄ d V; Eur.: Fr, C-Eur., Sc, EC-Eur., E-Eur., RO
   – var. **rhipidophylla** · D:Gewöhnlicher Großkelchiger Weißdorn, Krummkelch-Weißdorn · ♄ d V; Eur., TR, Cauc. [19941]
– **rivularis** Nutt. ex Torr. et A. Gray 1840 · D:Bach-Weißdorn; E:River Hawthorn · ♄ ♄ d Z5 VI; USA: Rocky Mts., SW
– *rotundifolia* Lam. = Amelanchier ovalis
– *rotundifolia* Moench = Crataegus chrysocarpa var. chrysocarpa
– **sanguinea** Pall. 1784 · D:Blut-Weißdorn · ♄ ♄ d Z4 V; Eur.: Russ.; W-Sib., E-Sib., C-As, Mong., nat. in A, ? F
– **schraderiana** Ledeb. 1843 · ♄ d; GR, Krim
– **submollis** Sarg. 1901 · D:Quebec-Weißdorn; E:Quebec Hawthorn · ♄ d Z5 VI; Can.: E; USA: NE
– × **subsphaericea** Gand. 1871 (*C. monogyna* × *C. rhipidophylla*) · D:Verschiedenzähniger Weißdorn · ♄ d; F, D +
– **succulenta** (Link) Schrad. 1831
   – var. **macracantha** (Lodd.) Eggl. 1915 Z4 V-VI; SE-Can., USA: NE, NCE [14158]

   – var. **succulenta** · D:Saft-Weißdorn; E:Fleshy Hawthorn · ♄ d ⊛ Z5 V; Can.: E; USA: NE, NCE, NC, Rocky Mts., SE, SW
– **tanacetifolia** (Lam.) Pers. 1807 · D:Rainfarn-Weißdorn; E:Tansy Leaved Thorn · ♄ ♄ d Z6; TR [19338]
– *tanacetifolia* auct. non (Lam.) Pers. = Crataegus laciniata
– *tomentosa* Du Roi = Crataegus calpodendron
– *trilobata* (Labill.) Labill. = Malus trilobata
– **uniflora** Münchh. 1770 · D:Einblütiger Weißdorn · ♄ d Z5 V-VI; USA: NE, NCE, SC, SE, Fla.
– **viridis** L. 1753 · D:Grüner Weißdorn; E:Green Hawthorn · ♄ d Z5 V-VI; USA: NE, NCE, Kans., SC, SE, Fla. [25154]
– **wattiana** Hemsl. et Lace 1891 · ♄ d ⊛ Z5 V-VIII; C-As., Pakist. [25156]
– **wilsonii** Sarg. 1912 · ♄ ♄ d ⊛ Z6 V; C-China.

× **Crataemespilus** E.G. Camus 1899 -f- *Rosaceae* · (S. 749)
D:Weißdornmispel; E:Haw Medlar
– **gillotii** Beck 1914 (*Crataegus monogyna* × *Mespilus germanica*) · D:Gelappte Weißdornmispel · ♄ d Z6 V-VI; cult.
– **grandiflora** (Sm.) E.G. Camus 1899 (*Crataegus laevigata subsp. laevigata* × *Mespilus germanica*) · D:Großblütige Weißdornmispel · ♄ d Z6 V-VI; cult.

Crateva L. 1753 -f- *Capparaceae* · (S. 392)
D:Tempelbaum; E:Temple Plant
– **adansonii** DC. 1824 · ♄ d Z10 ⓦ; trop. Afr., Ind., Sri Lanka, Myanmar, Malay. Arch.
– *religiosa* auct. non G. Forst. = Crateva adansonii
– **religiosa** G. Forst. 1786 · D:Tempelbaum; E:Temple Plant · ♄ ♄ d Z10 ⓦ ℕ; trop. Afr., Madag., Ind., China, Malay. Pen., Austr.: Queensl.; Polyn.

Cremanthodium Benth. 1873 -n- *Asteraceae* · (S. 239)
– **oblongatum** C.B. Clarke 1876 · ⚳ Z7; W-Him., Tibet, China (Gansu)

× **Cremneria** Moran 1975 -f- *Crassulaceae*
– **mutabilis** (Deleuil ex E. Morren)

Moran 1975 (*Cremnophila linguifolia* × *Echeveria carnicolor*) · ♃ Z9 ⓚ; cult.

Cremnophila Rose 1905 -f- *Crassulaceae* · (S. 431)
- **linguifolia** (Lem.) Moran 1975 · ♃ ♆ Z9 ⓚ III-V; Mex.
- **nutans** (Rose) Rose 1905 · ♃ ♆ Z9 ⓚ III; Mex.

Crepis L. 1753 -f- *Asteraceae* · (S. 239)
D:Pippau; E:Hawk's Beard; F:Crépide, Crépis
- **alpestris** (Jacq.) Tausch 1828 · D:Alpen-Pippau · ♃ VI-VIII; Eur.: F, I, C-Eur., Slova., Ba, RO; mts.
- **aurea** (L.) Cass. 1822 · D:Gold-Pippau · ♃ △ Z6 VI-VII; Eur.: F, I, C-Eur., Ba; mts. [63295]
- **biennis** L. 1753 · D:Wiesen-Pippau; E:Rough Hawk's Beard · ⊙ Z6 V-VIII; Eur.*
- **bocconi** P.D. Sell 1976 · D:Berg-Pippau · ♃ VI-VIII; Eur.: F, J, C-Eur., Slove.; Alp.
- **capillaris** (L.) Wallr. 1840 · D:Kleinköpfiger Pippau; E:Smooth Hawk's Beard · ⊙ Z6 VI-X; Eur.*
- **conyzifolia** (Gouan) A. Kern. 1872 · D:Großköpfiger Pippau · ♃ Z6 VII-IX; Eur.: Ib, Fr, C-Eur., EC-Eur., Ba, RO, W-Russ.; mts.; TR, Cauc.
- **foetida** L. 1753 · D:Stinkender Pippau
  - subsp. **foetida** · D:Gewöhnlicher Stinkender Pippau · ⊙ VI-VIII; Eur.* exc. Sc; TR, Syr., Cyprus, Cauc., Iran, C-As., Him.
  - subsp. **rhoeadifolia** (M. Bieb.) Čelak. 1871 · D:Mohn-Pippau · ⊙ VI-IX; Eur.: A, EC-Eur., Ba, E-Eur.; TR, Syr., Cauc., N-Iran
- **froelichiana** DC. 1838 · D:Froelichs Pippau · ♃ V; Eur.: N-I; Alp.
- **incana** Sibth. et Sm. 1813 · E:Pink Dandelion · ♃ △ Z8 VIII; S-GR
- **jacquinii** Tausch 1828 · D:Felsen-Pippau
  - subsp. **jacquinii** · D:Gewöhnlicher Felsen-Pippau · ♃ △ Z5 VII-VIII; Eur.: I, C-Eur., EC-Eur., Ba, RO; E-Alp., Carp.; Balkan
  - subsp. **kerneri** (Rech. f.) Merxm. 1852 · D:Kerners Felsen-Pippau · ♃ Z5 VII-VIII; Eur.: SE-Alp., NW-Ba
- *kerneri* Rech. f. = Crepis jacquinii subsp. kerneri
- **mollis** (Jacq.) Asch. · D:Gewöhnlicher Weichhaariger Pippau · ♃ VI-VIII; Eur.* exc. Sc, Ib
- **nicaeensis** Balb. 1806 · D:Nizza-Pippau · ⊙ V-VI; Eur.: Ib, Fr, Ap, Ba; Cauc., nat. in BrI, Sc, D, EC-Eur., RO
- **paludosa** (L.) Moench 1794 · D:Sumpf-Pippau · ♃ Z6 VI-VIII; Eur.*, TR, Cauc., Sib.
- **pannonica** (Jacq.) K. Koch 1851 · D:Pannonischer Pippau · ⊙ Z6 VI-VIII; Eur.: A, EC-Eur., Ba, E-Eur.; TR, Cauc., NW-Iran
- **praemorsa** (L.) Walther 1802 · D:Abgebissener Pippau · ♃ V-VI; Eur.* exc. BrI, Ib; Cauc., Sib.
- **pulchra** L. 1753 · D:Schöner Pippau · ⊙ V-VII; Eur.: Ib, F, I, D, EC-Eur., Ba, RO, Krim; Maroc., Alger.
- **pygmaea** L. 1753 · D:Zwerg-Pippau · ♃ △ Z6 VII-VIII; Eur.: sp., F, I, CH; mts.
- **pyrenaica** (L.) Greuter 1970 · D:Pyrenäen-Pippau, Schabenkraut-Pippau · ♃ Z6 VI-VIII; Eur.: sp., F, I, C-Eur., Slove.; mts.
- **rhaetica** Hegetschw. 1839 · D:Rätischer Pippau · ♃ VII-VIII; Eur.: F, I, CH, A; Alp.
- *rigens* Aiton = Leontodon rigens
- **rubra** L. 1753 · D:Roter Pippau; F:Crépide rouge · ⊙ Z6 VI-VII; Eur.: S-I, Ba; W-TR, nat. in F
- **sancta** (L.) Babc. 1941 · D:Belgischer Pippau · ♃ IV-V; Eur.: Ba, RO, Russ., nat. in Ib, F, Ap, CH
- **setosa** Haller f. 1797 · D:Borsten-Pippau; E:Bristly Hawk's Beard · ⊙ VI-IX; Eur.: Fr, C-Eur., Ap, EC-Eur., BA, RO, Krim; TR, Cauc.
- **tectorum** L. 1753 · D:Dach-Pippau; E:Narrow-leaf Hawk's Beard · ⊙ V-X; Eur.* exc. BrI; Cauc., Sib.
- **terglouensis** (Hacq.) A. Kern. 1881 · D:Triglav-Pippau · ♃ △ Z5 VII-VIII; Eur.: C-Eur., I; E-Alp.
- **vesicaria** L. 1753 · D:Blasen-Pippau
  - subsp. **taraxacifolia** (Thuill.) Thell. 1914 · D:Löwenzahn-Pippau · ⊙ V-VI; Eur.: Ib, BrI, I, CH, D, A, Slove., Croatia, Madeira; NW-Afr.
- *virens* L. = Crepis capillaris
- **zacintha** (L.) Babc. 1941 · ⊙; Eur.: Ib, F, D, Ap, Ba, Krim; TR, Syr., nat. in CH, A

Crescentia L. 1753 -f- *Bignoniaceae* · (S. 293)
D:Kalebassenbaum; E:Calabash Tree; F:Calebassier
- **cujete** L. 1753 · D:Kalebassenbaum; E:Calabash Tree · ♄ Z10 ⓦ ⓝ; S-Fla., Mex., W.Ind.

Crinitaria Cass. = Aster
- *linosyris* (L.) Less. = Aster linosyris

Crinodendron Molina 1782 -n- *Elaeocarpaceae* · (S. 459)
D:Laternenbaum; E:Lantern Tree; F:Crinodendron
- **hookerianum** Gay 1845 · D:Laternenbaum; E:Lantern Tree; F:Arbre aux lanternes · ♄ e ⓚ V; Chile [11144]
- *lanceolatum* Miq. = Crinodendron hookerianum
- **patagua** Molina 1782 · D:Maiglöckchenbaum; E:Lily-of-the-Valley Tree · ♄ ♄ e ⓚ XI-II; Chile [11145]

Crinum L. 1853 -n- *Amaryllidaceae* · (S. 909)
D:Hakenlilie; E:Cape Lily; F:Crinum
- **abyssinicum** Hochst. ex A. Rich. 1850 · ♃ Z9 ⓚ; Eth.
- *amabile* Donn = Crinum asiaticum var. asiaticum
- **asiaticum** L. 1753
  - var. **asiaticum** · D:Asiatische Hakenlilie, Giftlilie; E:Asiatic Poison Bulb · ♃ Z8 ⓦ III-X ☠; Ind., Sri Lanka, trop. SE-As., Polyn.
  - var. **pedunculatum** (R. Br.) Fosberg et Sachet 1810 · D:Strand-Hakenlilie, Sumpf-Hakenlilie · ♃ ⓚ VII-VIII; Austr.: Queensl., N.S.Wales
- *augustum* Roxb. ex Ker-Gawl. = Crinum asiaticum var. asiaticum
- **bulbispermum** (Burm. f.) Milne-Redh. et Schweick. 1939 · D:Orangefarbene Hakenlilie · ♃ Z8 ⓚ ⚠ VII-VIII; S-Afr.
- *caffrum* Herb. = Crinum campanulatum
- **campanulatum** Herb. 1820 · D:Wasser-Hakenlilie · ♃ Z9 ⓚ VII-VIII; S-Afr.
- **erubescens** L. f. ex Aiton 1789 · ♃ Z9 ⓦ VII-VIII; trop. S-Am.
- *giganteum* Andrews = Crinum jagus
- × **herbertii** Sweet 1826? (C. bulbispermum × C. zeylanicum) · ♃ Z10; cult.
- **jagus** (J. Thomps.) Dandy 1939 · ♃ ⓦ VI-VIII; W-Afr., C-Afr., Sudan, Angola
- **lorifolium** Roxb. ex Ker-Gawl.

1817 · ⌐ Z10 ⓚ VII-VIII; Ind.
- **macowanii** Baker 1878 ·
E:Pyjama Lily · ⌐ Z9 ⓚ X-XI;
S-Afr.
- **moorei** Hook. f. 1874 · D:Busch-Hakenlilie · ⌐ Z8 ⓚ VII-VIII;
S-Afr.: Natal
- **natans** Baker 1898 · ⌐ ≈ ⓦ;
W-Afr., Cameroun, Ind.
- *pedunculatum* R. Br. = Crinum asiaticum var. pedunculatum
- × **powellii** Baker 1888 (*C. bulbispermum* × *C. moorei*) ·
D:Hakenlilie, Kaplilie; E:Crinum ·
⌐ Z8 ⓚ ∧ VII-IX; cult. [63296]
  'Album'
- *pratense* Herb. = Crinum lorifolium
- **purpurascens** Herb. 1837 · ⌐ ∼
Z10 ⓚ I-XII; W.Sudan, Sudan, Cameroun, Angola
- *scabrum* Herb. = Crinum zeylanicum
- *schmidtii* Regel = Crinum moorei
- *speciosum* L. f. = Cyrtanthus elatus
- **virgineum** Mart. 1830 · ⌐ ⓦ
VI-VIII; S-Bras.
- **zeylanicum** (L.) L. 1767 · E:Milk and Wine Lily, Poison Bulb · ⌐ Z10 ⓦ IV-V; trop. Afr., trop. As.

Crithmum L. 1753 -n- *Apiaceae* ·
(S. 173)
D:Meerfenchel; E:Shampire;
F:Perce-pierre
- **maritimum** L. 1753 · D:Meer-Fenchel; E:Rock Samphire, Sea Fennel · ⌐ ⚥ Z7 VI-VIII ⚲ ⓝ; Eur.: Ib, Fr, Ap, Ba, Krim; TR, Cauc., N-Afr., Canar., Madeira

Crocosmia Planch. 1851 -f-
Iridaceae · (S. 1018)
D:Montbretie; E:Montbretia;
F:Montbretia
- **aurea** (Pappe ex Hook.) Planch. ·
D:Reichblütige Gold-Montbretie ·
⌐ Z8 ⓚ IV-V; E-Afr., S-Afr. (Kap, Natal)
- × **crocosmiiflora** (Lemoine) N.E. Br. 1932 (*C. aurea* × *C. pottsii*) · D:Garten-Montbretie;
E:Montbretia · ⌐ ≈ Z7 ∧ VII-IX;
cult. [72545]
  'Babylon' (CF) van Dijk > 1991 [60768]
  'Carmin Brillant' (CF) Pfitzer 1950
  'Citronella' (CF) Henley 1917 [68407]
  'Dusky Maiden' (CF) Browne 1989
  'Emily McKenzie' (CF) McKenzie 1951 [16516]
  'George Davison' (CF) Davison 1900 [60767]
  'Norwich Canary' Hort. NL 1990 [73821]
  'Solfatare' Lemoine 1886
  'Star of the East' Davison 1910
- **masoniorum** (L. Bolus) N.E. Br. ·
D:Masons Montbretie · ⌐ ≈ Z8 ∧
VII-VIII; S-Afr. (Transkei) [60333]
  'Dixter Flame' (M) Lloyd c. 1990
  'Early Bird' (M) Mahir 1992
  'Flamenco' (M) Smith et Archibald > 1975
- **paniculata** (Klatt) Goldblatt 1971 · D:Hohe Montbretie · ⌐ Z8 ⓚ VIII-IX; S-Afr.
- **pottsii** (Baker) N.E. Br. 1877 ·
D:Potts' Montbretie · ⌐ Z8 ∧ VIII;
S-Afr.
- *rosea* = Tritonia disticha subsp. rubrolucens
- **in vielen Sorten:**
  'Amberglow' Browne 1984
  'Bressingham Beacon' Bloom 1975
  'Emberglow' Bloom 1970 [68812]
  'Jenny Bloom' Bloom 1975
  'Jupiter' van Dijk 1993
  'Lucifer' Bloom 1969 [63298]
  'Mars' van Dijk 1993 [67968]
  'Severn Sunrise' Cattermole et Durand 1990
  'Spitfire' Bloom 1970

Crocus L. 1753 -m- *Iridaceae* ·
(S. 1018)
D:Krokus; E:Crocus; F:Crocus
- **abantensis** T. Baytop et B. Mathew 1975 · ⌐ Z7; NW-TR
- **aerius**
  - hort. non Herb. = Crocus biflorus subsp. pulchricolor
- *albiflorus* Kit. = Crocus vernus subsp. albiflorus
- **alatavicus** Regel et Semen. 1868
- **ancyrensis** (Herb.) Maw 1881 · ⌐ Z6 II-III ▽; TR [63300]
- **angustifolius** Weston 1771 ·
E:Cloth-of-Gold Crocus · ⌐ Z4 III ▽; Cauc., Krim
- **antalyensis** B. Mathew 1972 · ⌐ Z7; W-TR
- **asumaniae** B. Mathew 1979 · ⌐ Z8 ⓐ; SW-TR
- *balansae* J. Gay ex Baker = Crocus olivieri subsp. balansae
- **banaticus** J. Gay 1831 · ⌐ Z4 IX-X ▽; Eur.: Serb., RO, W-Russ
- **baytopiorum** B. Mathew 1974 · ⌐ ⓐ; W-TR
- **biflorus** Mill. 1768
  - subsp. **adamii** (J. Gay) B. Mathew 1982 · ⌐; Eur.: Ba, W-Russ., Krim; Cauc, N-Iran
  - subsp. **alexandri** (Nicic ex Velen.) B. Mathew 1982 · ⌐ Z4; Eur.: Serb., SW-BG
  - subsp. **biflorus** · E:Scotch Crocus · ⌐ Z4 II-III ▽; Eur.: Ap,
Ba, Russ.; TR, Cauc., N-Iraq, N-Iran
  - subsp. *parkinsonii* Sabine = Crocus biflorus subsp. biflorus
  - subsp. **pulchricolor** (Herb.) B. Mathew 1982 · ⌐ Z4; NW-TR
  - subsp. **tauri** (Maw) B. Mathew 1982 · ⌐; TR, N-Iraq, NW-Iran
  - var. *violaceus* Boiss. = Crocus biflorus subsp. adamii
- **boryi** J. Gay 1831 · ⌐ Z8; Eur.:
GR, Crete
- *byzantinus* Ker-Gawl. = Crocus serotinus subsp. salzmannii
- **cambessedesii** J. Gay 1831 · ⌐ Z8 ⓐ XI-III ▽; Balear.
- **cancellatus** Herb. 1841
  - subsp. **cancellatus** · ⌐ Z5 IX-XI ▽; S-TR, Lebanon, N-Israel
  - subsp. **mazziaricus** (Herb.) B. Mathew 1982 · ⌐ Z5; Eur.: Ba;
TR
- **candidus** E.D. Clarke 1812 · ⌐ Z7 ▽; NW-TR
- **cartwrightianus** Herb. 1843 · ⌐ Z8; Eur.: GR, Crete
- **chrysanthus** (Herb.) Herb. 1843 ·
D:Kleiner Krokus · ⌐ Z4 II-IV ▽; Eur.: Ba, RO; TR, nat. in CZ [72135]
  'Advance'
  'Blue Pearl' [72137]
  'Cream Beauty'
  'E.P. Bowles'
  'Ladykiller'
  'Snow Bunting'
  'Zwanenburg Bronze'
- *cilicius* Kotschy ex Baker = Crocus cancellatus subsp. cancellatus
- *clusii* J. Gay = Crocus serotinus subsp. clusii
- **corsicus** Vanucchi ex Maw 1878 · ⌐ Z7 IV ▽; Corse [63301]
- **cvijicii** Košanin 1926 · ⌐ Z7; Eur.:
Maced., N-GR, E-AL; mts.
- **dalmaticus** Vis. 1842 · ⌐ Z7 II-III ▽; Eur.: Croatia, Montenegro, N-AL. mts.
- **danfordiae** Maw 1881 · ⌐ Z7 ⓐ;
TR
- **etruscus** Parl. 1858 · ⌐ Z6 III ▽; I (Toscana)
  'Zwanenburg'
- **flavus** Weston · D:Gold-Krokus;
E:Yellow Crocus · ⌐ Z4 II-III ▽;
Eur.: Ba, RO, Krim; TR
- **fleischeri** J. Gay 1831 · ⌐ Z6 III ▽; TR
- **gargaricus** Herb. 1841 · ⌐ Z7 ⓐ;
NW-TR
- **goulimyi** Turrill 1955 · ⌐ Z7 ▽;
S-GR (Areopolis)
- **graveolens** Boiss. et Reut. ex

Boiss. 1882 · ⚳ Z8 ⓐ; S-TR, NW-Syr., Lebanon, N-Israel
- **hadriaticus** Herb. 1845 · ⚳ Z8 ⓐ ▽; GR
- **hyemalis** Boiss. et C.I. Blanche 1859 · ⚳ Z8 XI-XII ▽; Israel, Lebanon, Syr.
- **imperati** Ten. · ⚳ Z7 II-III ▽; W-I
- *iridiflorus* Heuff. ex Rchb. = Crocus banaticus
- × **jessoppiae** Bowles 1924 (*C. reticulatus* × *?*) · ⚳; orig. ?
- **karduchorum** Kotschy et Maw 1881 · ⚳ Z8 ⓐ; SE-TR
- **korolkowii** Maw ex Regel 1879 · E:Celandine Crocus · ⚳ Z6 III ▽; C-As., Afgh., N-Pakist.
- **kosaninii** Pulevic 1976 · ⚳ Z6; Eur.: Maced.
- **kotschyanus** K. Koch 1853
  - subsp. **cappadocicus** B. Mathew 1980 · ⚳ Z5; TR
  - subsp. **kotschyanus** · ⚳ Z5 IX-X ▽; S-TR, Lebanon, Syr.
    'Albus'
- **laevigatus** Bory et Chaub. 1832 · ⚳ Z7 X-II ▽; Eur.: GR, Crete
- **longiflorus** Raf. 1839 · ⚳ Z5 X-XI ▽; Eur.: S-I, Sic., Malta
- × **luteus** Lam. 1791 (*C. angustifolius* × *C. flavus*) · ⚳ Z4 III; cult.
- **malyi** Vis. 1871 · ⚳ Z7; Eur.: Croat., Bosn.
- **medius** Balb. 1801 · ⚳ Z6 X-XI ▽; Eur.: SE-F, NW-I
- **minimus** DC. 1805 · ⚳ Z8 III ▽; Corse, Sard.
- **niveus** Bowles 1900 · ⚳ Z6 X-XI ▽; S-GR
- **nudiflorus** Sm. 1798 · ⚳ Z5 IX ▽; Eur.: sp., SW-F, nat. in BrI
- **ochroleucus** Boiss. et Gaill. 1859 · ⚳ Z5 ▽; Syr.
- *odorus* Biv. = Crocus longiflorus
- **olivieri** J. Gay 1831
  - subsp. **balansae** (J. Gay ex Baker) B. Mathew 1973 · ⚳ Z7 ▽; W-TR
  - subsp. **olivieri** · ⚳ Z7 III ▽; Eur.: Ba, RO; TR
- **oreocreticus** B.L. Burtt 1949 · ⚳ Z8; Crete; mts.
- **pallasii** Goldb. 1817 · ⚳ Z8; Eur.: Ba, RO, Krim; TR, Syr., Lebanon, Palaest., Iran
- **pelistericus** Pulevic 1976 · ⚳ Z7; Eur.: Maced., N-GR
- **pestalozzae** Boiss. 1853 · ⚳ Z7 ⓐ; NW-TR
  'Caeruleus' Barr
- **pulchellus** Herb. 1841 · ⚳ Z6 IX-XI ▽; GR, TR

'Albus'
'Zephyr'
- **reticulatus** Steven ex Adams · ⚳ Z8 II-III ▽; Eur.: NE-I, H, Ba, EC-Eur.; TR, Cauc.
- **robertianus** C.D. Brickell 1973 · ⚳ Z8; GR; mts.
- *salzmannii* J. Gay = Crocus serotinus subsp. salzmannii
- **sativus** L. 1753 · D:Echter Safran; E:Autumn Crocus, Saffron Crocus · ⚳ Z6 XI ⚥ ⚔ ⓝ ▽; cult. [63303]
  'Albus'
  - var. *cashmirianus* Royle = Crocus sativus
- **scardicus** Košanin 1926 · ⚳ Z6; Eur.: Serb., AL; mts.
- **scepusiensis** (Rehmann et Wol.) Borbás ex Kulcz. = Crocus vernus
- **scharojanii** Rupr. 1868 · ⚳ Z6; NE-TR, Cauc.
- **serotinus** Salisb. 1806
  - subsp. **clusii** (J. Gay) B. Mathew 1831 · ⚳ Z6 X ▽; P, W-Sp.
  - subsp. **salzmannii** (J. Gay) B. Mathew 1831 · ⚳ Z6 IX-X ▽; Eur.: sp.; N-Afr.
  - subsp. **serotinus** · ⚳ Z6 ▽; P
- **sieberi** J. Gay 1831
  'Albus'
  'Bowles White' = Crocus sieberi 'Albus'
  'Firefly' [72144]
  'Hubert Edelsten'
  'Violet Queen'
  - subsp. **atticus** (Boiss. et Orph.) B. Mathew 1982 Z7 ▽; GR
  - subsp. **sieberi** · D:Siebers Krokus · ⚳ Z7 III ▽; Crete
  - subsp. **sublimis** (Herb.) B. Mathew 1982 Z7 ▽; S-Ba
- **speciosus** M. Bieb. 1800 [63304]
  'Aitchisonii'
  'Albus'
  'Conqueror'
  'Oxonian'
  - subsp. **speciosus** · ⚳ Z4 IX-X ▽; TR, Iran, Krim
  - subsp. **xantholaimos** B. Mathew 1982 · ⚳ Z4; N-TR
- *susianus* Ker-Gawl. = Crocus angustifolius
- *suterianus* Herb. = Crocus olivieri subsp. olivieri
- *tauricus* (Trautv.) Puring = Crocus biflorus subsp. adamii
- **thomasii** Ten. 1826 · ⚳ Z7 ⓐ; Eur.: S-I, Croatia (Dalmatia)
- **tommasinianus** Herb. 1847 · D:Dalmatiner Krokus · ⚳ Z5 II-III ▽; Eur.: H, Croatia, Bosn., YU, BG, nat. in BrI, NL
  'Albus'

'Barr's Purple'
'Roseus'
'Ruby Giant'
'Whitewell Purple' [63305]
- **tournefortii** J. Gay 1831 · ⚳ Z8; Eur.: S-GR, Crete, Rhodos
- **vallicola** Herb. 1845 · ⚳ Z7; TR, Cauc.
- **veluchensis** Herb. 1845 · ⚳ Z6; Eur.: Serb., AL, BG, GR
- **vernus** (L.) Hill 1765 · D:Frühlings-Krokus
  'Gelbe Riesen' = Crocus vernus 'Grand Jaune'
  'Grand Jaune'
  'Haarlem Gem'
  Heuffelianus Grp. · ⚳ II-IV ▽
  'Jeanne d'Arc'
  'Remembrance'
  Scepusiensis Grp. · ▽
  'Vanguard'
  - subsp. **albiflorus** (Kit.) Asch. et Graebn. 1906 · D:Weißer Krokus · ⚳ Z4 II-IV ▽; Eur.: sp., F, Ap, C-Eur., CZ, W-Ba; mts.
- **versicolor** Ker-Gawl. 1808 · ⚳ Z5 III-IV ▽; Eur.: SE-F, NW-I
- **vitellinus** Wahlenb. 1828 · ⚳ Z8 I-II ▽; Lebanon, W-Syr.
- *zonatus* J. Gay = Crocus kotschyanus subsp. kotschyanus

Crossandra Salisb. 1806 -f- *Acanthaceae* · (S. 130)
- **flava** Hook. 1853 · ⚳ Z10 ⓦ XII-VI; W-Afr.
- **infundibuliformis** (L.) Nees 1832 · E:Firecracker Flower · ♄ e Z10 ⓦ V-VIII; Pakist., Ind., Sri Lanka, SE-As.
- **nilotica** Oliv. 1875 · ♄ e Z10 ⓦ V-VIII; Kenya, Mozamb.
- **pungens** Lindau 1894 · ⚳ e Z10 ⓦ; E-Afr.
- **subacaulis** C.B. Clarke 1899 · ⚳ Z10 ⓦ VII-VIII; E-Afr.
- *undulifolia* Salisb. = Crossandra infundibuliformis

Crotalaria L. 1753 -f- *Fabaceae* · (S. 505)
D:Klapperhülse; E:Rattlebox; F:Crotalaria
- **agatiflora** Schweinf. 1892 · D:Vogelblume · ♄ ♄ Z9 ⓦ; E-Afr., NE-Afr.
- *anagyroides* Kunth = Crotalaria micans
- **capensis** Jacq. 1776-77 · D:Kap-Goldregen · ♄ ♄ e Z9 ⓐ; S-Afr., Mozamb.
- **intermedia** Kotschy 1865 · ♄ Z9 ⓦ ⓝ; trop. Afr., nat. in N-Am.

- **juncea** L. 1753 · E:Sunhemp · ☉ Z9 ⓛ VIII-IX Ⓝ; cult.
- **micans** Link 1824 · ☉ Z9 ⓛ Ⓝ; trop. S-Am.
- **mucronata** Desv. 1814 · ♃ Z9 ⓛ Ⓝ; Trop., Subtrop., Old World
- **retusa** L. 1753 · E:Devil Bean, Rattlebox · ☉ Z9 ⓛ VIII-IX Ⓝ; trop. Afr., S-As., nat. in trop. Am.
- **zanzibarica** Benth. 1843 · E:Curara Pea · ♄ Z9 ⓛ Ⓝ; E-Afr.

Croton L. 1753 -m- *Euphorbiaceae* · (S. 480)
D:Kroton; E:Croton; F:Croton
- **cascarilla** (L.) L. 1763 · E:Wild Rosemary · ♄ ⓛ Ⓝ; Bahamas
- **eluteria** (L.) W. Wright 1787 · D:Kaskarillabaum; E:Cascarilla · ♄ ⓛ Ⓝ; W.Ind.
- *pictum* Lodd. = Codiaeum variegatum var. variegatum
- **tiglium** L. 1753 · D:Krotonölbaum; E:Purging Croton · ♄ e ⓛ ⚥ ⚲ Ⓝ; Ind., Sri Lanka, S-China, Phil., Molucca I.
- *variegatus* L. = Codiaeum variegatum var. variegatum

Crowea Sm. 1798 -f- *Rutaceae* · (S. 788)
- **angustifolia** Turcz. 1849 · ♄ e ⓛ III; W-Austr. [25161]
- **exalata** F. Muell. 1855 · ♄ e ⓛ; Austr. [25162]
- **saligna** Andrews · D:Rote Wachsblume · ♄ e ⓛ VII; Austr.: N.S.Wales [25165]

Crucianella L. 1753 -f- *Rubiaceae* · (S. 771)
D:Kreuzblatt; E:Crosswort; F:Crucianelle
- **angustifolia** L. 1753 · ☉ Z8; Eur.: Ib, F, Ap, Ba, E-Eur.; TR, SW-As., NW-Afr.
- **maritima** L. 1753 · ♄ Z8 ⓛ; Eur.: Ib, F, Ap; N-Afr., Palaest.

Cruciata Mill. 1754 -f- *Rubiaceae* · (S. 771)
D:Kreuzlabkraut; F:Croisette, Gaillet croisette
- **glabra** (L.) Ehrend. 1958 · D:Kahles Kreuzlabkraut · ♃ IV-VI; Eur.* exc. BrI, Sc; W-As., Him., N-Afr.
- **laevipes** Opiz · D:Gewöhnliches Kreuzlabkraut · ♃ IV-VI; Eur.*, TR, Cauc., Iran, W-Him., nat. in N-Am.
- **pedemontana** (Bellardi) Ehrend. 1958 · D:Piemonteser Kreuzlabkraut · ☉ IV-V; Eur.* exc. BrI, Sc; TR, Lebanon, Cauc., Iran, Afgh.,

Pakist., Maroc.

Crupina (Pers.) DC. 1810 -f- *Asteraceae* · (S. 239)
D:Schlupfsame; F:Crupina
- **vulgaris** Cass. 1818 · D:Gewöhnlicher Schlupfsame; E:Common Crupina · ☉ Z8 V-VII; Eur.: Ib, Fr, Ap, Ba, CH, EC-Eur., E-Eur.; TR, Cauc., NW-Iran, Maroc.

Cryosophila Blume 1838 -f- *Arecaceae* · (S. 947)
D:Stechwurzelpalme; F:Palmier à racines épineuses
- **nana** (Humb., Bonpl. et Kunth) Blume 1838 · ♄ e ⓛ; Mex.
- **warscewiczii** (H. Wendl.) Bartlett 1935 · ♄ e ⓛ; Nicar., Costa Rica, Panama

Crypsis Aiton 1789 -f- *Poaceae* · (S. 1107)
D:Dorngras; F:Crypsis piquant
- **aculeata** (L.) Aiton 1789 · D:Starres Dorngras · ☉ ∼ VII-IX; Eur.: Fr, Ap, A, EC-Eur., Ba, E-Eur.; Cyprus, Palaest., Iraq, Cauc., Iran, W-Sib., C-As., Mong., China, N-Afr.
- **alopecuroides** (Piller et Mitterp.) Schrad. 1806 · D:Fuchsschwanz-Sumpfgras · ☉ ∼ VI-IX; Eur.: P, F, Ap, A, EC-Eur., Ba, E-Eur.; TR, Cyprus, Syr., Iraq, Cauc., Iran, W-Sib., C-As., N-Afr.
- **schoenoides** (L.) Lam. 1791 · D:Knopfbinsen-Sumpfgras · ☉ ∼ VII-IX; Eur.: Ib, F, Ap, A, EC-Eur., Ba, E-Eur.; TR, Cauc., Iran, Afgh., Pakist., NW-Ind., W-Sib., C-As., Tibet, Mong., China: Sinkiang; N-Afr., trop. Afr., Madag., nat. in N-Am.

Cryptantha G. Don 1836 -f- *Boraginaceae* · (S. 306)
- **thompsonii** I.M. Johnst. 1932 · ♃; USA: Wash.

Cryptanthus Otto et A. Dietr. 1836 -m- *Bromeliaceae* · (S. 971)
D:Erdstern, Versteckblume; E:Earth Star; F:Cryptanthus
- **acaulis** (Lindl.) Beer 1856 · D:Grüner Erdstern; E:Green Earthstar, Starfish Plant · ♃ Z9 ⓛ; Bras.
  - var. *bromelioides* (Otto␣␣A. Dietr.) Mez 1896 = Cryptanthus bromelioides
- **bahianus** L.B. Sm. 1943 · ♃ Z9 ⓛ; Bras.

- **beuckeri** E. Morren 1880 · ♃ Z9 ⓛ; Bras.
- **bivittatus** (Hook.) Regel 1864 · D:Erdstern; E:Earth Star · ♃ Z9 ⓛ; E-Bras.
- **bromelioides** Otto et A. Dietr. 1836 · ♃ Z9 ⓛ; Bras.
- **fosterianus** L.B. Sm. 1952 · ♃ Z9 ⓛ; NW-Bras.
- **lacerdae** Antoine 1883 · ♃ Z9 ⓛ; ? E-Bras.
- *praetextus* E. Morren ex Baker = Cryptanthus acaulis
- *sinuosus* L.B. Sm. = Cryptanthus acaulis
- *undulatus* Otto et A. Dietr. = Cryptanthus acaulis
- **zonatus** (Vis.) Beer 1856 · D:Zebra-Erdstern; E:Zebra Plant · ♃ Z9 ⓛ; Bras.

Cryptocarya R. Br. 1810 -f- *Lauraceae* · (S. 597)
- **chingii** W.C. Cheng 1936
- **moschata** Nees et Mart. 1833 · D:Amerikanische Muskatnuss · ♄ Z10 ⓛ Ⓝ; Bras.

Cryptochilus Wall. 1824 -m- *Orchidaceae* · (S. 1059)
- **luteus** Lindl. 1859 · ♃ Z10 ⓛ V-VI ▽ ✻; Ind.: Sikkim
- **sanguineus** Wall. 1824 · ♃ Z10 ⓛ V-VI ▽ ✻; Nepal, Sikkim

Cryptocoryne Fisch. ex Wydler 1830 -f- *Araceae* · (S. 924)
D:Wassertrompete; E:Water Trumpet; F:Trompette d'eau
- **affinis** N.E. Br. ex Hook. f. 1893 · ♃ ≈ Z10 ⓛ; Malay. Pen.
- **albida** R. Parker 1931 · D:Weißlicher Wasserkelch · ♃ ≈ Z10 ⓛ; Myanmar
- *balansae* Gagnep. = Cryptocoryne crispatula var. balansae
- **beckettii** Thwaites ex Trimen 1885 · D:Becketts Wasserkelch · ♃ ≈ Z10 ⓛ; Sri Lanka
- *blassii* de Wit = Cryptocoryne cordata var. cordata
- **ciliata** (Roxb.) Fisch. ex Wydler 1830 · D:Bewimperter Wasserkelch · ♃ ≈ Z10 ⓛ; Pakist., Ind., Thail., Malay. Arch., N.Guinea
- **cordata** Griff. 1851 · D:Herzblättriger Wasserkelch; E:Swamp Coleus
  - var. **cordata** 1941 · ♃ ≈ Z10 ⓛ; Thail.
  - var. **grabowskii** (Engl.) N. Jacobsen 2002 · ♃ ≈ Z10 ⓛ; Thail., Malay. Pen.

– var. **zonata** (de Wit) N. Jacobsen 2002 · ⁴ ~ ≈ Z10 ⓦ; N-Kalimantan
– **crispatula** Engl. 1920 · D:Grasblättriger Wasserkelch
– var. **balansae** (Gagnep.) N. Jacobsen 1991 · D:Kalk-Wasserkelch · ⁴ ≈ Z10 ⓦ; N-Vietn., Thail.
– **fusca** de Wit 1970 · D:Rotbrauner Wassrkelch · ⁴ ≈ Z10 ⓦ; Kalimantan
– *grabowskii* Engl. = Cryptocoryne cordata var. grabowskii
– *grandis* Ridl. = Cryptocoryne cordata var. grabowskii
– **griffithii** Schott 1856 · D:Griffiths Wasserkelch · ⁴ ≈ Z10 ⓦ; Malay. Pen., Sumat.
– *haerteliana* H. Jacobsen ex Milkuhn = Cryptocoryne affinis
– × *lucens* de Wit = Cryptocoryne × willisii
– *lutea* Alston = Cryptocoryne walkeri
– **nevillii** Trimen ex Hook. f. 1898 · D:Nevills Wasserkelch · ⁴ ~ Z10 ⓦ; Sri Lanka
– **parva** de Wit 1970 · D:Kleiner Wasserkelch · ⁴ ≈ Z10 ⓦ; Sri Lanka
– × **purpurea** Ridl. 1904 (*C. cordata* × *C. griffithii*) · D:Purpur-Wasserkelch · ⁴ ~ ≈ Z10 ⓦ; Malay. Pen.
– **retrospiralis** (Roxb.) Kunth 1841 · D:Gedrehter Wasserkelch · ⁴ ~ ≈ Z10 ⓦ; Ind., Mynamar
– *siamensis* Gagnep. = Cryptocoryne cordata var. cordata
– *somphongsii* hort. = Cryptocoryne crispatula var. balansae
– **thwaitesii** Schott 1857 · D:Thwaites Wasserkelch · ⁴ ≈ Z10 ⓦ; Sri Lanka
– *tortilis* de Wit = Cryptocoryne fusca
– **undulata** A. Wendt 1954 · D:Gewellter Wasserkelch · ⁴ ~ ≈ Z10 ⓦ; Sri Lanka
– **versteegii** Engl. 1910 · D:Versteegs Wasserkelch · ⁴ ~ Z10 ⓦ; N.Guinea
– **walkeri** Schott 1857 · D:Walkers Wasserkelch · ⁴ ≈ Z10 ⓦ; Sri Lanka
– **wendtii** de Wit 1958 · D:Wendts Wasserkelch · ⁴ ~ ≈ Z10 ⓦ; Sri Lanka
– *willisii* Engl. ex Baum = Cryptocoryne undulata
– × **willisii** Reitz 1908 (*C. parva* × *C. walkeri*) · D:Willis Wasserkelch · ⁴ ≈ Z10 ⓦ; Sri Lanka

– *zonata* de Wit = Cryptocoryne cordata var. zonata

Cryptogramma R. Br. 1823 -f- *Adiantaceae* · (S. 59) D:Rollfarn; E:Parsley Fern; F:Alosure crépue
– **acrostichoides** R. Br. ex Hook. 1823 · D:Amerikanischer Rollfarn; E:American Rockbrake · ⁴ Z4; Alaska, Can.; USA: NW, Rocky Mts., Calif., SW, Mich.; Mex. (Baja Calif.), Kamchat.
– **crispa** (L.) R. Br. ex Hook. 1842 · D:Krauser Rollfarn; E:European Parsley Fern · ⁴ △ Z6 VIII-IX ▽; Eur.*, TR, Cauc., W-Sib.
– var. *acrostichioides* (R. Br. ex Hook.) C.B. Clarke 1867 = Cryptogramma acrostichoides
– **stelleri** (S.G. Gmel.) Prantl 1882 · D:Zierlicher Rollfarn; E:Fragile Rockbrake · ⁴ △ Z3; Alaska, Can., USA: NE, NCE, Rocky Mts., NW; Sib., Him., Jap.

Cryptomeria D. Don 1838 -f- *Taxodiaceae* · (S. 98) D:Sicheltanne; E:Japanese Cedar; F:Cèdre du Japon
– *fortunei* Hooibr. = Cryptomeria japonica var. sinensis
– **japonica** (Thunb. ex L. f.) D. Don 1839 · D:Japanische Sicheltanne; E:Japanese Cedar · [25030] Araucarioides Grp. 1987 [25166] 'Bandai-sugi' Murr. J 1932 [25040] 'Cristata' Beissn. 1901 [31902] Elegans Grp. [46600] 'Globosa Nana' Hornibrook 1923 [32558] 'Jindai-sugi' Hornibrook 1939 [25180] 'Rasen-sugi' Hort. J [15996]
– var. **japonica** · D:Gewöhnliche Japanische Sicheltanne; F:Cryptoméria du Japon · ♄ e Z6 ⓝ; Jap.
– var. **sinensis** Siebold ex Siebold et Zucc. 1870 · D:Chinesische Sicheltanne; Z6; S-China
– *kawaii* Hayata = Cryptomeria japonica var. sinensis

Cryptophoranthus Barb. Rodr. = Acianthera
– **dayanus** · ⁴ ; Col.
– *maculata* (N.E. Br.) Rolfe = Pleurothallis maculata

Cryptostegia R. Br. 1819 -f- *Asclepiadaceae* · (S. 206)
– **grandiflora** (Roxb.) R. Br. 1819 · E:Rubber Vine · ⁴ e ⅔ ⓦ VII; trop. Afr., Mascarene Is., cult. Ind.

[11146]

Cryptotaenia DC. 1829 -f- *Apiaceae* · (S. 173) E:Honewort
– **canadensis** (L.) DC. 1829 · E:Honewort, White Chervil · ⁴ ; N-Am., Jap., nat. in A.
– **japonica** Hassk. · E:Japanese Honewort, Mitsuba · ⁴ ; Jap., Korea, China
'Atropurpurea' [73299]

Ctenanthe Eichler 1884 -f- *Marantaceae* · (S. 1035) D:Kammmaranthe; F:Ctenanthe
– **amabilis** (E. Morren) H. Kenn. et Nicolson 1987 · ⁴ Z10 ⓦ; Bras.
– **compressa** (A. Dietr.) Eichler 1884 · D:Grüne Kammmarante · ⁴ Z10 ⓦ; Bras.
– var. *luschnathiana* (Regel et Körn.) K. Schum. 1902 = Ctenanthe compressa
– **kummeriana** (E. Morren) Eichler 1884 · D:Gestreifte Kammmarante · ⁴ Z10 ⓦ; Bras.
– **lubbersiana** (E. Morren) Eichler ex Petersen 1890 · D:Bamburanta, Marmorierte Kammmarante · ⁴ Z10 ⓦ; Bras.
– **oppenheimiana** (E. Morren) K. Schum. 1902 · D:Hohe Kammmarante; E:Never Never Plant · ⁴ Z10 ⓦ; Bras.
– **setosa** (Roscoe) Eichler 1884 · D:Borstige Kammmarante · ⁴ Z10 ⓦ; Bras.

Cucubalus L. 1753 -m- *Caryophyllaceae* · (S. 400) D:Taubenkropf; E:Berry Catchfly; F:Cucubale
– **baccifer** L. 1753 · D:Taubenkropf; E:Berry Catchfly · ⁴ Z7 VII-IX; Eur.* exc. Sc; TR, Levante, Cauc., Iran, W-Sib., Amur, C-As., Him., China, Jap.

Cucumeropsis Naudin 1866 -f- *Cucurbitaceae* · (S. 440)
– *edulis* (Hook. f.) Cogn. = Cucumeropsis mannii
– **mannii** Naudin 1866 Z10 ⓦ ⓝ; trop. Afr.

Cucumis L. 1753 -m- *Cucurbitaceae* · (S. 440) D:Gurke, Melone; E:Cucumber, Melon; F:Concombre, Melon
– **anguria** L. 1753 · D:Anguria-Gurke; E:West Indian Gherkin · ☉ ⅔ ⤳ ⊗ Z10 ⓦ ⓝ; trop. Afr., nat.

in trop. Am., Austr.: Queensl.
- *citrullus* L. = Citrullus lanatus var. lanatus
- *colocynthis* L. = Citrullus colocynthis
- **dipsaceus** Ehrenb. ex Spach 1838 · D:Igel-Gurke; E:Hedgehog Gourd · ⊙ ⤳ ⚤ Z10 ⓚ; Arab.
- **melo** L. 1753 · D:Melone; E:Melon
  Cantalupensis Grp. · D:Gewöhnliche Zucker-Melone, Kantalupe; E:Cantaloupe
  Chito Grp. · D:Apfel-Melone, Orangen-Melone; E:Mango Melon, Melon Apple, Orange Melon
  Conomon Grp. · D:Gemüse-Melone; E:Oriental Pickling Melon · ⓚ ⌐
  Dudaim Grp. · D:Zier-Melone; E:Queen Anne's Pocket Melon, Stink Melon · ⓚ ⌐
  Flexuosus Grp. · D:Armenische Melone; E:Serpent Melon, Snake Melon · ⓚ ⌐
  Inodorus Grp. · D:Honig-Melone; E:Honeydew Melon, Winter Melon · ⓚ ⌐
  Reticulatus Grp. · D:Netz-Melone; E:Musk Melon, Netted Melon
  - subsp. **agrestis** (Naudin) Greb. 1962 Z10
    - var. **momordica** (Roxb.) Duthie et J.B. Fuller 1883 · D:Schnapp-Melone; E:Phoot, Snap Melon · Z10
  - subsp. **melo** · D:Zucker-Melone; E:Musk Melon, Sweet Melon · ⊙ ⤳ Z10 ⓚ ⌐ VI-VIII Ⓝ; ? trop. Afr., ? W-As.; cult.
- **metuliferus** E. Mey. ex Schrad. 1838 · D:Horn-Gurke, Kiwano; E:Horny Cucumber · ⊙ ⤳ Z10 ⓚ Ⓝ; trop. Afr., S-Afr., cult. NZ
- **myriocarpus** Naudin 1859 · ⊙ Z10; S-Afr.
- **sativus** L. 1753 · D:Gurke; E:Cucumber, Gherkin · ⊙ ⚥ ⤳ Z10 VI-IX ⚥ Ⓝ; Ind. [73792]

Cucurbita L. 1753 -f- *Cucurbitaceae* · (S. 440)
D:Kürbis; E:Marrow, Pumpkin; F:Courge
- **argyrosperma** C. Huber 1867 · D:Ayote; E:Cushaw, Silver-seed Gourd · ⊙ ⤳ Z9 Ⓝ; Mex., Guat.; cult.
- *citrullus* L. = Citrullus lanatus var. lanatus
- **ficifolia** C.D. Bouché 1837 · D:Feigenblatt-Kürbis; E:Fig Leaved Gourd · ⊙ ♃ ⤳ ⚤ Z10 Ⓝ; N-Am.; cult.
- **foetidissima** Kunth 1817 · D:Prä-

rie-Kürbis; E:Buffalo Gourd, Prairie Gourd · ♃ Z10; USA: Calif., Colo., Tex.; Mex.
- *hispida* Thunb. ex Murray = Benincasa hispida
- **maxima** Duchesne ex Lam. 1786 · D:Riesen-Kürbis, Speise-Kürbis; E:Pumpkin · ⊙ ⤳ ⚤ Z9 VI-IX ⚥ Ⓝ; S-Am.; cult. [73118]
  'Black Hubbard'
  'Buttercup'
  'Roter Zentner'
  'Uchiki Kuri'
- *mixta* Pangalo = Cucurbita argyrosperma
- **moschata** (Duchesne ex Lam.) Duchesne ex Poir. 1786 · D:Bisam-Kürbis, Moschus-Kürbis; E:Cushaw, Squash · ⊙ ⤳ Z10 VI-IX Ⓝ; C-Am; cult. [73120]
  'Bursin'
  'Early Butternut'
  'Ponca'
- **pepo** L. 1753 · D:Gemüse-Kürbis, Patisson, Zucchini; E:Courgette, Vegetable Marrow, Zucchini · ⊙ ⤳ ⚤ Z10 VI-VIII ⚥ Ⓝ; ? C-Am., ?SE-USA; cult. [72537]
  'Bischofsmützen'
  'Diamant'
  'Gold Rush'
  'Lady Godiva'
  'Triple Treat'
  'Zephir'
- *siceraria* Molina = Lagenaria siceraria

Cudrania Trécul 1847 -f- *Moraceae* · (S. 651)
D:Seidenwurmdorn; E:Silkworm Thorn; F:Epine du ver à soie
- **tricuspidata** (Carrière) Bureau ex Lavallée 1876 · D:Seidenwurmdorn; E:Chinese Silkworm Thorn · ♄ d Z7 Ⓝ; Korea, C-China [25198]

Cuitlauzina Lex. 1825 -f- *Orchidaceae*
- **candida** (Lindl.) Dressler et N.H. Williams 2003 · ♃ Z10; Mex., Guat.
- **convallarioides** (Schltr.) Dressler et N.H. Williams 2003 · ♃ Z10 ⓚ IX-XI ▽ ✳; Costa Rica
- **pulchella** (Bateman ex Lindl.) Dressler et N.H. Williams 2003 · E:Lily-of-the-Valley Orchid · ♃ D Z10 ⓚ II-IV ▽ ✳; Guat.

Culcasia P. Beauv. 1805 -f- *Araceae* · (S. 924)
- **mannii** (Hook. f.) Engl. 1887 · ♃ ⓦ; Cameroun

- **scandens** P. Beauv. 1803 · ♃ ⓦ; W-Afr., Gabun, Zaire, Angola

Culcita C. Presl 1836 -f- *Dicksoniaceae* · (S. 66)
- **macrocarpa** C. Presl 1836 · ♃ e Z9 ⓚ Ⓝ ▽; Ib., Azor., Madeira, Canar.

Cumarinia Buxb. 1930 -f- *Cactaceae*
- **odorata** (Boed.) Buxb. 1930 · ⚘ Z9 ⓚ ▽ ✳; Mex.: Tamaulipas, San Luis Potosí

Cuminum L. 1753 -n- *Apiaceae* · (S. 173)
D:Kreuzkümmel; E:Cumin; F:Cumin
- **cyminum** L. 1753 · D:Kreuzkümmel; E:Cumin · ⊙ ⚥ Ⓝ; C-As., N-Afr., Eth., cult., nat. in sp., F, Sic..

Cunninghamia R. Br. 1826 -f- *Taxodiaceae* · (S. 98)
D:Spießtanne; E:China Fir; F:Sapin chinois
- *cupressoides* (D. Don) Siebold et Zucc. = Athrotaxis cupressoides
- *kawakamii* Hayata = Cunninghamia konishii
- **konishii** Hayata 1908 · D:Taiwan-Spießtanne; E:Formosan Cunninghamia · ♄ e Z9 ⓚ; Taiwan [25195]
- **lanceolata** (Lamb.) Hook. 1827 · D:Chinesische Spießtanne; E:China Fir · ♄ e Z7 ⓚ ∧ Ⓝ; C-China, SE-China [32568]
- *sinensis* R. Br. = Cunninghamia lanceolata

Cunonia L. 1759 -f- *Cunoniaceae* · (S. 441)
D:Löffelbaum; E:Red Alder; F:Arbre à cuiller
- **capensis** L. 1759 · D:Kap-Löffelbaum; E:African Red Alder · ♄ ♄ e ⓚ; S-Afr.

Cuphea P. Browne 1756 -f- *Lythraceae* · (S. 608)
D:Köcherblümchen; F:Cuphéa, Fleur-cigarette
- **cyanaea** DC. 1828 · ♄ e Z9 ⓚ; Mex., Guat.
- **hyssopifolia** Kunth 1823 · D:Falsches Heidekraut; E:False Heather · ♄ Z10 ⓚ III-X; Mex., Guat. [43066]
  'Alba'
  'Ruby Glow' [25206]

'White Star' [25208]
- **ignea** A. DC. 1849 · D:Zigarettenblümchen; E:Mexican Cigar Plant · ḥ ḥ e Z9 ⓚ V-IX; Mex. [16718]
'Firefly'
- **lanceolata** W.T. Aiton 1811
  - var. **lanceolata** · ⊙ Z10; C-Mex.
  - var. **silenoides** (Nees) Regel 1864 · ⊙ Z10 VII-IX; C-Mex.
- **llavea** La Llave et Lex. 1824
  - var. **llavea** · ḥ e Z10 ⓚ; Mex.
  - var. **miniata** Brongn. et Koehne 1882 · ḥ e Z10 ⓚ VII-IX; Mex.
- **micropetala** Kunth 1823 · ḥ e Z10 ⓚ XI-III; Mex.
- *miniata* Brongn. = Cuphea llavea var. miniata
- *platycentra* Lem. = Cuphea ignea
- **procumbens** Cav. 1797 · ⊙ Z10 VI-X; Mex.

Cupresinnata J. Nelson = Taxodium
- *mexicana* J. Nelson = Taxodium mucronatum

× **Cupressocyparis** Dallim. = × Cuprocyparis
- *leylandii* (Dallim. et A.B. Jacks.) Dallim. = × Cuprocyparis leylandii

Cupressus L. 1753 -f- *Cupressaceae* · (S. 89)
D:Zypresse; E:Cypress; F:Cyprès
- **arizonica** Greene 1882 · D:Arizona-Zypresse; E:Arizona Cypress · [25222]
'Conica' Den Ouden/Boom 1937 [32572]
'Fastigiata' Minier Nurs. 1962 [45240]
'Glauca' Woodall 1916 [42130]
  - var. **arizonica** · D:Gewöhnliche Arizona-Zypresse; E:Rough Barked Arizona Cypress · ḥ e Z7 ⓝ; USA: SC, SW, Calif.; N-Mex., Baja Calif.
  - var. **glabra** (Sudw.) Little 1910 · D:Glattrindige Arizona-Zypresse; E:Smooth Arizona Cypress · ḥ Z7; Ariz. [25227]
- **bakeri** Jeps. 1909 · D:Modoc-Zypresse; E:Baker's Cypress, Modoc Cypress · ḥ e Z7; N-Calif. [25223]
  - subsp. *matthewsi* C.B. Wolf 1948 = Cupressus bakeri
- **cashmeriana** Royle ex Carr 1867 · D:Kaschmir-Zypresse; E:Kashmir Cypress · ḥ e ⓚ; ? Him. [30492]
- **duclouxiana** Hickel ex A. Camus 1914 · D:Yunnan-Zypresse; E:Ducloux Cypress · ḥ e Z8 ⓚ; W-China [25225]
- **dupreziana** A. Camus 1926 ·

D:Sahara-Zypresse; E:Sahara Cypress · ḥ e; Alger. (Sahara)
- **funebris** Endl. 1847 · D:Tränen-Zypresse, Trauer-Zypresse; E:Chinese Weeping Cypress, Mourning Cypress · ḥ e Z8 ⓚ ✿ ⓝ; China: Yunnan, Hupeh, Kiangsi, Anwhei, Tschekiang [27401]
- *glabra* Sudw. = Cupressus arizonica var. glabra
- *glandulosa* Hook. ex Gordon = Cupressus macnabiana
- **goveniana** Gordon ex Lindl. 1849 · D:Kalifornische Zypresse; E:Gowen Cypress · [25228]
  - var. **goveniana** · D:Gewöhnliche Kalifornische Zypresse, Mendocino-Zypresse · ḥ ḥ e Z8 ⓚ; Calif.
  - var. *pygmaea* Lemmon 1895 = Cupressus goveniana var. goveniana
  - var. *sargentii* (Jeps.) A. Henry 1910 = Cupressus sargentii
- *horizontalis* Mill. = Cupressus sempervirens
- *lambertiana* Hort. ex Carrière = Cupressus macrocarpa
- *lawsoniana* A. Murray bis = Chamaecyparis lawsoniana
- **lusitanica**
  - var. **lusitanica** · D:Gewöhnliche Mexikanische Zypresse · ḥ e Z9 ⓚ ⓝ; Mex., Guat.
- **macnabiana** A. Murray bis 1855 · D:Harzige Kalifornische Zypresse; E:Macnab Cypress · ḥ ḥ e Z8 ⓚ; N-Calif.
- **macrocarpa** Hartw. ex Gordon 1849 · D:Monterey-Zypresse; E:Monterey Cypress · ḥ e Z8 ⓚ ⓝ; Calif. (Monterey County) [25234]
'Goldcrest' Treseder 1948 [32576]
'Lutea' Dickson's Nurs. ca 1893 [33940]
- *nootkatensis* D. Don = Xanthocyparis nootkatensis
- *obtusa* (Siebold et Zucc.) F. Muell. = Chamaecyparis obtusa var. obtusa
- *pisifera* (Siebold et Zucc.) F. Muell. = Chamaecyparis pisifera
- **sargentii** Jeps. 1909 · D:Sargents Zypresse; E:Sargent Cypress · ḥ e Z8 ⓚ; W-Calif.
  - var. *duttonii* Jeps. 1923 = Cupressus sargentii
- **sempervirens** L. 1753 · D:Echte Zypresse, Italienische Zypresse, Mittelmeer-Zypresse; E:Italian Cypress · ḥ e Z8 ⓚ II-IV ✿; Eur.: GR, Crete; TR, Cyprus, Palaest., N-Iran, NW-Afr., nat. in Eur.: Ib, F,

CH, Ap, Ba, Krim [11148]
'Horizontalis' Mill. ex Gordon 1858
'Pyramidalis' = Cupressus sempervirens Stricta Grp.
Stricta Grp. [32578]
'Totem Pole' Hort. NZ 1984 [15249]
  - var. *dupreziana* (A. Camus) Silba 1981 = Cupressus dupreziana
  - var. *horizontalis* (Mill.) Gordon 1830 = Cupressus sempervirens
- *thyoides* L. = Chamaecyparis thyoides var. thyoides
- **torulosa** D. Don ex Lamb. 1824 · D:Bhutan-Zypresse, Himalaya-Zypresse; E:Himalayan Cypress, West Himalayan Cypress · ḥ e Z8 ⓚ ⓝ; W-Him., W-China [25236]
  - var. *cashmeriana* (Carrière) A.H. Kent 1900 = Cupressus cashmeriana

× **Cuprocyparis** Farjon 2002 -f- *Cupressaceae* · (S. 89)
D:Bastardzypresse; E:Leyland Cypress; F:Cyprès bâtard, Cyprès de Leyland (Xanthocyparis × Cupressus)
- **leylandii** (Dallim. et A.B. Jacks.) Farjon 2002 (Xanthocyparis nootkatensis × Cupressus macrocarpa) · D:Bastardzypresse, Leylandzypresse; E:Leyland Cypress · ḥ e Z7; cult. [27850]
'Castlewellan' J. Keown 1962 [45410]
'Gold Rider' [42000]
'Harlequin' (v) Lord Bradford 1985
'Herculea' Hort. NL 1993 [13918]
'Mellow Yellow' = × Cuprocyparis leylandii 'Robinson's Gold'
'Robinson's Gold' G. Robinson 1962 [31589]
'Variegata' = × Cuprocyparis leylandii 'Harlequin'

Curculigo Gaertn. 1788 -f- *Hypoxidaceae* · (S. 1015)
D:Rüssellilie; E:Palm Grass
- **capitulata** (Lour.) Kuntze 1891 · ⚁ Z10 ⓚ; trop. As., Austr.; N.Terr., Queensl., N.S.Wales
- **latifolia** Dryand. 1811 · D:Palmgras; E:Palm Grass · ⚁ Z10 ⓚ; Myanmar, Malay. Arch.
- *recurvata* Dryand. = Curculigo capitulata

Curcuma L. 1753 -f- *Zingiberaceae* · (S. 1147)
D:Safranwurz; F:Curcuma, Turmeric
- **amada** Roxb. 1810 · D:Mangoingwer · ⚁ Z10 ⓚ ✿ ⓝ; Ind. (Bengal., Konkan)

- **angustifolia** Roxb. 1810 · D:Indische Safranwurz; E:Bombay Arrowroot, Indian Arrowroot · ⌃ Z10 ⓜ ⓝ; Him., Ind.
- **aromatica** Salisb. 1808 · D:Würzige Safranwurz; E:Wild Turmeric · ⌃ Z10 ⓜ ⚥ ⓝ; ? Ind.
- **caesia** Roxb. 1810 · ⌃ Z10 ⓜ ⓝ; Ind.: Bengalen
- *domestica* Valeton = Curcuma longa
- **elata** Roxb. 1814 · ⌃ Z10 ⓜ; Myanmar, Thail. Vietn.
- **heyneana** Valeton et Zijp 1917 · E:Zedgary · ⌃ Z10 ⓜ ⓝ; Java
- **longa** L. 1753 · D:Gelbwurzel, Kurkuma; E:Turmeric · ⌃ Z10 ⓜ ⚥ ⓝ; ? Ind., ? SE-As.
- *mangga* Valeton et Zijp = Curcuma zedoaria
- *pallida* Lour. = Curcuma zedoaria
- **petiolata** Roxb. 1820 · ⌃ Z10 ⓜ; E-Him., Myanmar, Thail., Java
- *purpurascens* Blume = Curcuma longa
- **roscoeana** Wall. 1829 · ⌃ Z10 ⓜ VIII-X; Myanmar
- ×*xanthorrhiza* Roxb. = Curcuma zedoaria
- **zedoaria** (Christm.) Roscoe 1810 · D:Zitwer; E:Zedgary · ⌃ Z10 ⓜ ⚥ ⓝ; cult., nat. in SE-As.

Currania Copel. = Gymnocarpium
- *dryopteris* (L.) Wherry = Gymnocarpium dryopteris
- *robertiana* (Hoffm.) Wherry = Gymnocarpium robertianum

Curtisia Aiton 1789 -f- *Cornaceae* · (S. 428)
- **dentata** (Burm. f.) C.A. Sm. 1951 · ♄ e Z9 ⓜ ⓝ; S-Afr.

Curtonus N.E. Br. = Crocosmia
- *paniculatus* (Klatt) N.E. Br. = Crocosmia paniculata

Cuscuta L. 1753 -f- *Convolvulaceae* · (S. 448)
D:Seide; E:Dodder; F:Cuscute
- **approximata** Bab. 1844 · ☉ ⚥; Eur.: Ib, Fr, Me, Ap, Ba, E-Eur.; TR, Levante, , Iran, C-As., Him., China
- *australis* R. Br. = Cuscuta scandens
- **campestris** Yunck. 1932 · D:Nordamerikanische Seide; E:Field Dodder · ☉ ⚥ VII-X; USA*, nat. in Eur.* exc. Sc; Cauc., C-As.
- **epilinum** Weihe 1824 · D:Flachs-Seide; E:Flax Dodder · ☉ ⚥ VI-VIII; Palaest., SW-As., nat. in Eur., N-Afr.
- **epithymum** (L.) L. 1774 · D:Thymian-Seide
  - subsp. **epithymum** · D:Gewöhnliche Thymian-Seide; E:Clover Dodder · ☉ ⚥ VII-VIII ⚥; Eur.*, TR, Syr., Palaest., Cauc., Iran, W-Sib., C-As., NW-Afr., Libya, nat. in N-Am.
  - subsp. **trifolii** (Bab. et Gibson) Berher 1887 · D:Klee-Seide · ☉ ⚥ VII-VIII; Eur.: BrI, Sc, Fr, Ap, C-Eur., H; Cauc., nat. in N-Am., Chile, Austr., NZ
- **europaea** L. 1753 · D:Europäische Seide, Nessel-Seide
  - subsp. **europaea** · D:Gewöhnliche Nessel-Seide; E:European Dodder · ☉ ⚥ VI-VIII; Eur.*, TR, Syr., Palaest., Cauc., Iran, W-Sib., E-Sib., Amur, Sachal. C-As., Mong., Him., Alger., Libya
  - subsp. **nefrens** (Fr.) O. Schwarz 1949 · D:Hecken-Seide · ☉ ⚥; D, PL +
  - subsp. **viciae** (Engelm.) Ganesch. 1928 · D:Wicken-Seide · ⚥; D, H, PL +
- **gronovii** Willd. ex Roem. et Schult. 1820 · D:Weiden-Seide; E:Swamp-Dodder · ☉ ⚥ VIII-IX; N-Am., nat. in Fr, I, D, EC-Eur., Ba, W-Russ.
- **lupuliformis** Krock. 1787 · D:Pappel-Seide · ☉ ⚥ VII-IX; Eur.: NL, C-Eur., EC-Eur., Ba, E-Eur.; Cauc., W-Sib., E-Sib. , C-As., Mong, China
- **odorata** Ruiz et Pav. 1798 · ⌃ ⚥ ⓜ; Peru
- **reflexa** Roxb. 1798 · ☉ ⚥ X-XII; Him., Ind., Sri Lanka, Malay. Pen.
- **scandens** Brot. · D:Gewöhnliche Südliche Seide · ☉ ⚥ VI-IX; Eur.: Ib, Fr, D, Ap, Ba, E-Eur.; TR
- **suaveolens** Ser. 1840 · D:Chilenische Seide · ☉ ⚥ VIII-IX; S-Am., nat. in Eur.: Ib, Fr, Ap, C-Eur., EC-Eur., E-Eur.; USA, Afr., Austr.
- *trifolii* = Cuscuta epithymum subsp. trifolii

Cusparia Humb. ex R. Br. = Angostura
- *febrifuga* Humb. ex DC. = Angostura trifoliata
- *trifoliata* (Willd.) Engl. = Angostura trifoliata

Cussonia Thunb. 1780 -f- *Araliaceae* · (S. 198)
E:Cabbage Tree; F:Cussonia
- **holstii** Harms ex Engl. 1894 · ♄ ⓜ; Eth., E-Afr., Zaire, Yemen
- *microstachys* Harms = Cussonia holstii
- **paniculata** Eckl. et Zeyh. 1837 · D:Kohlpalme; E:Cabbage Tree · ♄ ⚥ e Z10 ⓝ; S-Afr.
- **spicata** Thunb. 1780 · D:Kipersolbaum; E:Common Cabbage Tree · ♄ ⚥ e Z10 ⓝ; S-Afr.: Kap, Natal, Transvaal; Komor.

Cyamopsis DC. 1789 -f- *Fabaceae* · (S. 505)
D:Büschelbohne; E:Cluster Bean
- *psoraloides* DC. = Cyamopsis tetragonoloba
- **tetragonoloba** (L.) Taub. 1894 · D:Büschelbohne; E:Cluster Bean, Guar · ☉ Z10 ⓜ ⚥ ⓝ; cult.

Cyananthus Wall. ex Benth. 1836 -m- *Campanulaceae* · (S. 384)
D:Blauröhre; E:Trailing Bellflower; F:Cyananthus
- **delavayi** Franch. 1887 · D:Delavays Blauröhre · ⌃ △ Z7 ⓜ ∧ VII-VIII; Yunnan
- **formosus** Diels 1912 · ⌃ △ Z7 ⓜ ∧ VII-VIII; Yunnan
- **forrestii** Diels 1912 · D:Forrests Blauröhre · ⌃ △ ⓜ ∧ IX; Yunnan
- **lobatus** Wall. ex Benth. 1836 · D:Gelappte Blauröhre · ⌃ △ Z7 ∧ VII-X; NW-Him. [69145]
  'Albus'
  'Sherriff's Variety'
- **microphyllus** Edgew. · D:Kleinblättrige Blauröhre · ⌃ △ Z7 ∧ VII-VIII; N-Ind., Nepal
- **sherriffii** Cowan 1938 · D:Sherriffs Blauröhre · ⌃ △ Z8 ⓜ ∧ VII-VIII; Bhutan, S-Tibet

Cyanastrum Oliv. 1965 -n- *Cyanastraceae* · (S. 1141)
- **cordifolium** Oliv. 1965 · ⌃ Z10 ⓜ; Cameroun, Gabon

Cyanella Royen ex L. 1754 -f- *Tecophilaeaceae*
- **lutea** L. f. 1782 · ⓝ; S-Afr. (SW-Cape)

Cyanopsis Cass. 1817 -f- *Asteraceae*
- **muricata** Dostál 1976 · ☉; S-Sp. (Prov. Malaga)

Cyanotis D. Don 1825 -f- *Commelinaceae* · (S. 983)
D:Teddybärpflanze; E:Teddy Bear Vine
- **beddomei** (Hook. f.) Erhardt, Götz et Seybold · D:Teddy-

bärpflanze; E:Teddy Bear Plant ·
⚃ ⚡ ⤳ Z9 ⓦ ⓚ; Ind. (Malabar
Coast)
- **kewensis** C.B. Clarke = Cyanotis
beddomei
- **somaliensis** C.B. Clarke 1894 ·
D:Katzenohren; E:Pussy Ears · ⚃
⚡ ⤳ Z9 ⓦ ⓚ; Somalia

Cyanus Mill. = Centaurea
- *arvensis* Moench = Centaurea
cyanus
- *montanus* (L.) Hill = Centaurea
montana
- *triumfettii* (All.) Á. Löve et D. Löve
= Centaurea triumfettii subsp.
triumfettii

Cyathea Sm. 1793 -f- *Cyatheaceae* ·
(S. 63)
D:Becherfarn; E:Tree Fern;
F:Fougère arborescente
- **arborea** (L.) Sm. 1793 · ♄ e Z9 ⓚ
▽ ✲; W.Ind., Venez., N-Col.
- **australis** (R. Br.) Domin 1929 ·
D:Rauer Becherfarn; E:Rough
Tree Fern · ♄ e Z9 ⓚ ▽ ✲; Austr.:
Queensl., N.S.Wales, Victoria,
Tasman.
- **brownii** Domin 1929 · D:Browns
Becherfarn · ♄ e Z9 ⓚ; NZ:
Norfolk Is.
- **capensis** (L. f.) Sm. 1793 · D:Kap-
Becherfarn · ♄ Z9 ⓦ ▽ ✲; S.Afr.,
S-Bras.
- **cooperi** (F. Muell.) Domin 1929 ·
D:Schuppen-Becherfarn · ♄ e
Z9 ⓚ ▽ ✲; Austr.: Queensl.,
N.S.Wales
- **cunninghamii** Hook. f. 1854 · ♄ e
Z9 ⓚ; Austr. (Tasman.), NZ
- **dealbata** G. Forst. 1800 ·
D:Ponga, Silber-Becherfarn;
E:Silver King Fern · ♄ e Z9 ⓚ ▽
✲; NZ, Norfolk Is.
- **dregei** Kuntze 1836 · ♄ ♄ e Z8 ⓚ;
S-Afr., Zimbabwe; mts.
- **insignis** D.C. Eaton 1860 · ♄ Z9
ⓚ ▽ ✲; Jamaica
- **medullaris** (G. Forst.) Sw. 1800 ·
D:Schwarzer Becherfarn; E:Sago
Fern · ♄ e Z9 ⓚ ▽ ✲; Austr.:
Victoria, Tasman.; NZ, Pacific Is.
- **smithii** Hook. f. 1854
- **spinulosa** Wall. 1828 · ♄ e Z9 ⓚ
▽ ✲; Ind., Myanmar
- *tricolor* Colenso = Cyathea
dealbata

Cyathodes Labill. 1804 -f-
Epacridaceae · (S. 461)
- *acerosa* (Gaertn.) R. Br. =
Cyathodes juniperina

- **colensoi** (Hook. f.) Hook. f.
1864 · ♄ e ⤳ ⓚ ⓐ II-IV; NZ
- **juniperina** (J.R. Forst. et G.
Forst.) Druce 1917 · ♄ e ⓚ; Austr.,
Tasman., NZ

Cybistax Mart. ex Meisn. 1840 -f-
Bignoniaceae · (S. 294)
- *antisyphilitica* (Mart.) Mart.
1845 · ⓦ; Bras.
- *donnell-smithii* (Rose) Seibert
1940 · ♄ ⓦ; Mex., Guat.

Cycas L. 1753 -f- *Cycadaceae* ·
(S. 101)
D:Sagopalmfarn; E:Cycad;
F:Cycas
- **cairnsiana** F. Muell. 1877 · ♄ e
Z10 ⓚ ▽ ✲; Austr.
- **circinalis** L. 1753 · D:Eingerollter
Sagopalmfarn; E:False Sago · ♄
e Z10 ⓦ ▽ ✲; S-Ind., Sri Lanka,
Malay. Pen., Phil., Taiwan
- **media** R. Br. 1810 · E:Australian
Nut Palm · ♄ e Z10 ⓦ ▽ ✲;
Austr.: Queensl.
- **panzhihuaensis** L. Zhou et S.Y.
Yang 1981 · ♄ e; China
- **pectinata** Buch.-Ham. 1826
- **revoluta** Thunb. 1782 · D:Japa-
nischer Sagopalmfarn; E:Sago
Cycas · ♄ e Z10 ⓦ ✾ ▽ ✲; S-Jap.,
Ryukyu Is. [58044]
- **rumphii** Miq. 1839 · ♄ e Z10 ⓦ ▽
✲; Malay. Pen., N.Guinea, Polyn.
- **siamensis** Miq. 1863 · D:Thailän-
discher Sagopalmfarn · ♄ e Z10 ⓦ
▽ ✲; Myanmar, Thail.

Cyclamen L. 1753 -n- *Primulaceae* ·
(S. 713)
D:Alpenveilchen; E:Persian
Violet, Sowbread; F:Cyclamen,
Pain de pourceau
- *abchasicum* (Medw.) Kolak.
= Cyclamen coum subsp.
caucasicum
- **africanum** Boiss. et Reut. 1852 ·
⚃ Z9 ⓚ VIII-X ▽ ✲; Alger., Tun.
- *× atkinsii* T. Moore = Cyclamen
coum subsp. coum
- **balearicum** Willk. 1875 · D:Bale-
aren-Alpenveilchen; E:Majorca
Cyclamen · ⚃ Z8 ⓚ ▽ ✲; S-F,
Balear.
- **cilicium** Boiss. et Heldr. 1843 · ⚃
Z7 ⓚ ⋀ IX-X ▽ ✲; S-TR [63306]
'Album'
- var. *intaminatum* Meikle 1878 =
Cyclamen intaminatum
- **coum** Mill. 1768 [73840]
'Album'
'Atkinsii' (*C. coum* × *C. persicum*)

Nymans Grp. [68766]
Pewter Grp.
'Roseum' [63309]
'*Silver Leaf*' = Cyclamen coum Nymans
Grp.
- subsp. **caucasicum** (K. Koch) O.
Schwarz 1855 Z6 ▽ ✲; Cauc.,
NE-TR, N-Iran [63311]
- subsp. **coum** · D:Vorfrühlings-
Alpenveilchen; F:Cyclamen de
Kos · ⚃ △ Z6 II-IV ▽ ✲; Eur.:
BG, Krim; TR, Cauc. [72342]
- subsp. *hiemale* (Hildebr.) O.
Schwarz 1855 = Cyclamen coum
subsp. coum
- **creticum** (Dörfl.) Hildebr. 1906 ·
⚃ Z8 ⓚ III-V ▽ ✲; Crete
- **cyprium** Kotschy 1865 · ⚃ Z9 ⓚ
IX-X ▽ ✲; Cyprus
- *europaeum* Albov = Cyclamen
purpurascens subsp. ponticum
- var. *caucasicum* (K. Koch) O.
Schwarz 1849 = Cyclamen coum
subsp. caucasicum
- *fatrense* Halda et Soják =
Cyclamen purpurascens subsp.
purpurascens
- **graecum** Link 1834 · D:Griechi-
sches Alpenveilchen; E:Greek
Cyclamen · ⚃ Z9 ⓚ IX-X ▽ ✲;
Eur.: GR, Crete; TR, Cyprus
'Album'
- **hederifolium** Aiton 1789 ·
D:Herbst-Alpenveilchen, Neapo-
litanisches Alpenveilchen; E:Ivy-
leaved Cyclamen; F:Cyclamen de
Naples · ⚃ Z6 IX-XI ▽ ✲; Eur.:
Fr, Ap, CH, Ba; TR, nat. in BrI
[73841]
'Album' [63314]
'Perlenteppich' [63315]
'Rosenteppich' [63316]
'Silverleaf'
- subsp. *creticum* (Dörfl.) O.
Schwarz 1938 = Cyclamen
creticum
- *hiemale* Hildebr. = Cyclamen coum
subsp. coum
- *ibericum* T. Moore = Cyclamen
coum subsp. caucasicum
- **intaminatum** (Meikle) Grey-
Wilson 1988 · ⚃ Z8 ⓐ IX-X ▽ ✲;
TR
- *latifolium* Sibth. et Sm. =
Cyclamen persicum
- **libanoticum** Hildebr. 1898 · ⚃
Z9 ⓚ IX-XI ▽ ✲; TR: Amanus;
Lebanon
- *linearifolium* DC. = Cyclamen
hederifolium
- **mirabile** Hildebr. 1906 · ⚃ Z7 ⋀
IX-X ▽ ✲; TR (Prov. Avelin)
- *neapolitanum* Boiss. = Cyclamen

cyprium
- *neapolitanum* Duby = Cyclamen africanum
- *neapolitanum* Ten. = Cyclamen hederifolium
- *orbiculatum* Mill. = Cyclamen coum subsp. coum
- **parviflorum** Pobed. 1946 · ⚘ Z7 II-IV ▽ ✻; NE-TR
- **persicum** Mill. 1768 · D:Zimmer-Alpenveilchen; E:Florist's Cyclamen · ⚘ Z9 ⓚ ⓤ VIII-IV ✿ ▽ ✻; Eur.: Crete; TR, Levante, Tun., Alger.
  _{Concerto Ser.}
  _{Kleine Dresdnerin Ser.}
  _{Rokoko Ser.}
  _{Rondo Ser.}
- *ponticum* (Albov) Pobed. = Cyclamen purpurascens subsp. ponticum
- **pseudibericum** Hildebr. 1901 · ⚘ Z7 ⓚ ∧ II ▽ ✻; TR: Taurus, Amanus [63317]
- *pseudograecum* Hildebr. = Cyclamen graecum
- **purpurascens** Mill. 1753 [63318]
  - subsp. **ponticum** (Albov) Grey-Wilson 1988 · ⚘ Z6 VII-IX ▽ ✻; Cauc.
  - subsp. **purpurascens** · D:Sommer-Alpenveilchen, Wildes Alpenveilchen; F:Cyclamen d'Europe · ⚘ △ Z6 VII-IX ⚥ ✿ ▽ ✻; Eur.: Fr, C-Eur., EC-Eur., Ap, Slove., Croatia, Bosn., Serb., nat. in E-Eur.
- **repandum** Sm. 1806 [63319]
  - subsp. **peloponnesiacum** Grey-Wilson 1988 Z7 ▽ ✻; GR (Peloponnese)
  - subsp. **repandum** · D:Efeublättriges Alpenveilchen; F:Cyclamen de Naples · ⚘ Z7 ⓚ ∧ III-V ▽ ✻; Eur.: Fr, Ap, Ba
  - subsp. **rhodense** (Meikle) Grey-Wilson 1988 Z7 ▽ ✻; GR (Rhodos)
  - var. *creticum* Dörfl. 1905 = Cyclamen creticum
- **rohlfsianum** Asch. 1897 · ⚘ Z9 ⓚ IX-X ▽ ✻; Libya (Cyrenaica)
- **trochopteranthum** O. Schwarz 1975 · ⚘ Z7 ▽ ✻; SW-TR
- *vernale* Mill. = Cyclamen persicum
- *vernale* O. Schwarz = Cyclamen repandum subsp. repandum
- × **wellensiekii** Ietsw. 1974 (*C. cyprium* × *C. libanoticum*) · ⚘ ⓚ; cult.

Cyclanthera Schrad. 1831 -f-
Cucurbitaceae · (S. 441)

- **brachybotrys** (Poepp. et Endl.) Cogn. 1878 · ☉ ⤳ Z10 ⓝ; Ecuad., Peru
- **brachystachya** (Ser.) Cogn. 1878 · ☉ ⚥ ⤳ ♂ Z10; S-Am.; And.
- *explodens* Naudin = Cyclanthera brachystachya
- **pedata** (L.) Schrad. 1833 · D:Korila; E:Stuffing Gourd · ☉ ⚥ ♂ Z10 ⓝ; cult.

Cyclanthus Poit. 1822 -m-
Cyclanthaceae · (S. 992)
D:Scheibenblume; F:Cyclanthus
- **bipartitus** Poit. 1822 · ⚘ Z10 ⓦ; C-Am., trop. S-Am.
- *cristatus* Klotzsch = Cyclanthus bipartitus

Cyclobothra Sweet = Calochortus
- *alba* Benth. = Calochortus albus
- *flava* (Schult. f.) Lindl. = Calochortus barbatus
- *pallida* (Schult. f.) Lindl. = Calochortus barbatus
- *paniculata* Lindl. = Calochortus albus
- *uniflora* (Hook. et Arn.) Kunth = Calochortus uniflorus

Cycloloma Moq. 1840 -f-
Chenopodiaceae · (S. 413)
- **atriplicifolia** (Spreng.) Coult. 1894 · ☉; Can.: Man.; USA* exc. NE, NW, Calif., nat. in F, I, EC-Eur., AL

Cyclophorus Desv. = Pyrrosia
- *adnascens* (Sw.) Desv. = Pyrrosia lanceolata
- *hastatus* (Thunb.) C. Chr. = Pyrrosia hastata
- *lingua* (Thunb.) Desv. = Pyrrosia lingua

Cyclosorus Link 1833 -m-
Thelypteridaceae · (S. 81)
- **arcuatus** (Poir.) Alston 1955
  - var. **arcuatus** · ⚘ Z10 ⓦ; trop. S-Am.
  - var. **lepidus** (T. Moore) Alston 1955 · ⚘ Z10 ⓦ; trop. S-Am.
- *dentatus* (Forssk.) Ching = Christella dentata
- **interruptus** (Willd.) H. Itô 1937 · ⚘ ⓚ; Austr. (N.Terr., Queensl., N.S.Wales, W-Austr.), NZ

Cycnoches Lindl. 1832 -n-
Orchidaceae · (S. 1059)
D:Schwanenorchis; E:Swan Orchid; F:Cycnoches

- **aureum** Lindl. et Paxton 1852 Z10 ⓦ ▽ ✻; C-Am.
- **chlorochilon** Klotzsch 1838 · ⚘ Z10 ⓦ V-VI ▽ ✻; Col., Venez., Guyan.
- **egertonianum** Bateman 1842 · ⚘ Z10 ⓦ VIII-IX ▽ ✻; C-Am.
- **loddigesii** Lindl. 1832 · ⚘ Z10 ⓦ VIII-X ▽ ✻; Col., Venez., Surinam, Bras.
- **maculatum** Lindl. 1840 · ⚘ Z10 ⓦ VIII-IX ▽ ✻; Mex., Venez.
- **pentadactylon** Lindl. 1843 · ⚘ Z10 ⓦ III-VI ▽ ✻; Bras.
- **ventricosum** Bateman 1838 · ⚘ Z10 ⓦ ▽ ✻; Mex., C-Am.

× **Cycnodes** hort. 1961 -f-
Orchidaceae ·
(*Cycnoches* × *Mormodes*)

Cydonia Mill. 1913 -f- *Rosaceae* · (S. 750)
D:Quitte; E:Quince; F:Cognassier
- *japonica* (Thunb.) Pers. = Chaenomeles japonica var. japonica
- *japonica* Loisel. = Chaenomeles speciosa
- *maulei* T. Moore = Chaenomeles japonica var. japonica
- **oblonga** Mill. 1768 · D:Echte Quitte; E:Quince · [30980]
  - var. **maliformis** (Mill.) C.K. Schneid. 1906 · D:Apfel-Quitte · Z5
    'Konstantinopler Apfelquitte' [13196]
    'Riesenquitte von Leskovac' [13220]
  - var. **oblonga** · D:Birnen-Quitte; F:Cognassier commun · ♄ d ♂ Z5 V-VI ⚥ ⓝ; Cauc., N-Iran, nat. in Eur.* exc. BrI; TR, Syr., Arab., C-As., Afgh., Pakist., N-Afr.
    'Champion' [13200]
    'Portugieser Birnenquitte' [13210]
    'Vranja' [39494]
- *sinensis* (Dum.-Cours.) Thouin = Pseudocydonia sinensis
- *vulgaris* Pers. = Cydonia oblonga var. oblonga

Cylindrophyllum Schwantes 1927 -n- *Aizoaceae* · (S. 142)
D:Walzenblatt
- **calamiforme** (L.) Schwantes 1927 · D:Röhren-Walzenblatt · ⚘ ⚶ Z9 ⓚ; Kap

Cylindropuntia (Engelm.) F.M. Knuth = Opuntia
- *cylindrica* (Lam.) F.M. Knuth = Opuntia cylindrica
- *leptocaulis* (DC.) F.M. Knuth =

Opuntia leptocaulis
- *tunicata* (Lehm.) F.M. Knuth = Opuntia tunicata

Cymbalaria Hill 1756 -f- *Scrophulariaceae* · (S. 825)
D:Zimbelkraut; E:Toadflax; F:Cymbalaire
- **aequitriloba** (Viv.) A. Chev. 1937 · ⚃ ⤳ △ Z7 ∧ VI-VIII; Eur.: Balear., Corse, Sard., I (Is. north to Giglio)
- **hepaticifolia** (Poir.) Wettst. 1891 · ⚃ ⤳ △ Z8 ∧ V-IX; Corse [60378]
- **muralis** G. Gaertn., B. Mey. et Scherb. 1800 · D:Mauer-Zimbelkraut; E:Ivy-leaved Toadflax, Pennywort; F:Ruine de Rome · ⚃ ⤳ △ Z3 VI-IX ⚥; Eur.: CH, I, Sic., Slove., Croatia, Bosn., Montenegro, nat. in BrI, Sc, Fr, C-Eur., EC-Eur., EC-Eur., Ib [63320]
  'Alba'
  'Globosa Alba'
  'Nana Alba'
  'Pallidior' [73709]
- **pallida** (Ten.) Wettst. 1891 · D:Bleiches Zimbelkraut · ⚃ ⤳ △ Z7 ∧ VI-IX; Eur.: C-I; mts., nat. in BrI [63321]
  'Taggle'
- **pilosa** (Jacq.) L.H. Bailey 1923 · D:Behaartes Zimbelkraut · ⚃ ⤳ △ Z4 VI-IX; Eur.: Sard., I

Cymbidium Sw. 1799 -n- *Orchidaceae* · (S. 1059)
D:Kahnorchis; F:Cymbidium
- **aloifolium** (L.) Sw. 1799 · ⚃ Z9 ⌂ VII-VIII ▽ ✻; Him., S-Ind., S-China, Myanmar, Sumat., Java
- **canaliculatum** R. Br. 1810 · ⚃ Z9 ⌂ IV-V ▽ ✻; Austr.: North Terr., Queensl., N.S.Wales
- **devonianum** Lindl. et Paxton 1843 · ⚃ Z9 ⌂ V-VI ▽ ✻; Sikkim
- **eburneum** Lindl. 1847 · ⚃ Z9 ⌂ IV-V ▽ ✻; N-Ind., Myanmar
- **elegans** Lindl. 1833 · ⚃ Z9 ⌂ ▽ ✻; Him., W-China
- **ensifolium** (L.) Sw. 1799 · ⚃ Z9 ⌂ V ▽ ✻; China, Ind.: Assam
- **floribundum** Lindl. 1833 · ⚃ Z9 ⌂ ▽ ✻; China, SE-Tibet, Jap.
- *grandiflorum* Griff. = Cymbidium hookerianum
- **hookerianum** Rchb. f. 1866 · ⚃ Z9 ⌂ I-II ▽ ✻; Nepal, Bhutan, Tibet
- **insigne** Rolfe 1904 · ⚃ Z9 ⌂ III-V ▽ ✻; Vietn.: Annam
- **iridioides** D. Don 1824 · ⚃ Z9 ⌂ IX-X ▽ ✻; N-Ind., Him., W-China
- *longifolium* D. Don = Cymbidium elegans
- **lowianum** (Rchb. f.) Rchb. f. 1879 · ⚃ Z9 ⌂ II-V ▽ ✻; NE-Ind.: Khasia; Myanmar
- **madidum** Lindl. 1840 · ⚃ Z9 ⌂ ▽ ✻; Austr.: Queensl., N.S.Wales
- **mastersii** Griff. ex Lindl. 1845 · ⚃ Z9 ⌂ XI-XII ▽ ✻; Ind: Assam
- *pumilum* Rolfe = Cymbidium floribundum
- *syringodorum* Griff. = Cymbidium eburneum
- **tigrinum** C.S.P. Parish ex Hook. f. 1864 · ⚃ Z9 ⌂ VI-VII ▽ ✻; Myanmar
- **tracyanum** L. Castle 1890 · ⚃ Z9 ⌂ ▽ ✻; SW-China, N-Thail.
- **in vielen Sorten**

Cymbopetalum Benth. 1861 -n- *Annonaceae* · (S. 161)
- **penduliflorum** Baill. 1868 · D:Xochinacatztli · ♄ ♄ ⌂ ⓝ; Mex., Guat.

Cymbopogon Spreng. 1815 -m- *Poaceae* · (S. 1107)
D:Zitronellagras, Zitronengras; E:Lemongrass; F:Citronnelle, Verveine de Ceylan
- **citratus** (DC. ex Nees) Stapf 1906 · D:Westindisches Zitronengras; E:West Indian Lemongrass · ⚃ Z9 ⌂ ⚥; ? Ind., ? Malay. Arch. [69931]
- *confertiflorus* (Steud.) Stapf = Cymbopogon nardus var. confertiflorus
- **exaltatus** (R. Br.) Domin 1915
- **flexuosus** (Nees ex Steud.) Stapf 1906 · ⚃ Z9 ⌂ ⓝ; Ind.
- **iwarancusa** (Jones) Schult. 1824 · ⚃ Z9 ⌂ ⓝ; Afgh., Him.
- **martinii** (Roxb.) Will. Watson 1882 · D:Palmarosagras; E:Rosha Grass · ⚃ Z9 ⌂ ⓝ; Ind.
- **nardus** (L.) Rendle 1899
  - var. **confertiflorus** (Steud.) Bor 1853 · D:Dichtblättriges Zitronellagras · ⚃ Z9 ⌂; S-Ind., Sri Lanka
  - var. **nardus** · ⚃ Z9 ⌂ ⚥ ⓝ; Ind.
- **schoenanthus** (L.) Spreng. 1815 · D:Kamelgras; E:Geranium Grass · ⚃ Z9 ⌂ ⓝ; N-Afr., NW-Ind.
- **winterianus** Jowitt 1908 · D:Javazitronelle; E:Java Citronelle · ⚃ Z9 ⌂ ⚥; Sri Lanka

Cymophyllus Mack. ex Britton et A. Br. 1913 -m- *Cyperaceae* · D:Appalachengras
- **fraseri** (Andrews) Mack. 1913 · D:Appalachengras · ⚃ Z7 V-VII; USA: NE, NCE [67496]
- **fraserianus** (Ker-Gawl.) Kartesz et Gandhi 1811

Cynanchum L. 1753 -n- *Asclepiadaceae* · (S. 206)
D:Hundswürger; F:Cynanque
- **ambiguum** (Maxim.) Matsum. 1912 · ⚃ ⌂; Jap.
- *aphyllum* (Thunb.) Schltr. = Sarcostemma viminale
- *aphyllum* hort. = Cynanchum gerrardii
- **gerrardii** (Harv.) Liede 1991 · ⚃ ⚥ Z10 ⌂; E-Afr., Arab.
- **macrolobum** Jum. et H. Perrier 1911 · ♄ ⚥ Z10 ⌂; SW-Madag.
- **marnierianum** Rauh 1970 · ♄ ⚥ Z10 ⌂; SW-Madag.
- *nigrum* (L.) Pers. non Cav. = Vincetoxicum nigrum
- **perrieri** Choux 1914 · ♄ ⚥ d Z10 ⌂; Madag.
- *sarcostemmatoides* K. Schum. = Cynanchum gerrardii
- *tetrapterum* hort. = Cynanchum gerrardii

Cynara L. 1753 -f- *Asteraceae* · (S. 239)
D:Artischocke, Kardy; E:Globe Artichoke; F:Artichaut, Cardon
- **cardunculus** L. 1753 · D:Kardy, Wilde Artischocke; E:Cardoon · ⚃ Z6 VIII-IX ⚥ ⓝ; Eur.: Ib, Fr, Ap, Ba; N-Afr., nat. in Arg., Chile [63322]
  'Cardy' [72343]
  'Große Grüne' [69644]
  Scolymus Grp. · D:Gemüse-Artischocke; E:Globe Artichoke · ⚃ Z7 ⚥; cult. [69146]
  - var. *scolymus* (L.) Benth. 1867 = Cynara cardunculus Scolymus Grp.
- *horrida* Aiton = Cynara cardunculus
- *scolymus* L. = Cynara cardunculus Scolymus Grp.

Cynodon Rich. 1805 -m- *Poaceae* · (S. 1107)
D:Bermudagras, Hundszahngras; E:Bermuda Grass; F:Chiendent, Pied-de-poule
- **dactylon** (L.) Pers. 1805 · D:Gewöhnliches Hundszahngras; E:Bahama Grass, Bermuda Grass, Star Grass · ⚃ ⤳ Z7 VII-IX ⚥ ⓝ;

Eur.* ecx. Sc; cosmop.
- **plectostachyus** (K. Schum.) Pilg. 1907 · ⚃ ⓜ Ⓝ; Eth., C-Afr., E-Afr., trop. S-Afr.
- **transvaalensis** Burtt Davy 1921 · ⚃ Z8 ⓚ Ⓝ; S-Afr.

Cynoglossum L. 1753 -n- *Boraginaceae* · (S. 306)
D:Hundszunge; E:Hound's Tongue; F:Cynoglosse, Langue-de-chien
- **amabile** Stapf et J.R. Drumm. 1906 · D:Chinesische Hundszunge; E:Chinese Forget-me-not · ⊙ Z7 VII-IX; Tibet, W-China 'Blue Shower' 'Firmament'
- **cheirifolium** L. 1753 · ⊙ Z7 VII-VIII; Eur.: Ib, Fr, Ap; NW-Afr., Libya
- **coelestinum** Lindl. 1839 · ⊙ ⚃ Z8 VII-IX; N-Ind.
- **creticum** Mill. 1768 · D:Geaderte Hundszunge · ⊙ Z7; Eur.*: Ib, Fr, Ap, Ba, Krim, ? RO; TR, Levante, Iraq, Cauc., Iran, C-As., NW-Afr.
- **dioscoridis** Vill. 1779 · ⊙ Z6 ⓚ; Eur.: F, NE-Sp., I (Alp. Maritimes)
- **germanicum** Jacq. 1767 · D:Deutsche Hundszunge · ⊙ V-VII; Eur.: Fr, BrI, EC-Eur., Ap, Ba, E-Eur., Ib, C-Eur.; NW-TR, Cauc.
- **grande** Douglas ex Lehm. 1830 · D:Vergissmeinnichtähnliche Hundszunge; E:Hound's Tongue · ⊙ ⚃ Z7 V-VI; Can.: W; USA: NW, Calif.
- **hungaricum** Simonk. 1878 · D:Ungarische Hundszunge · ⊙ V-VII; Eur.: A, EC-Eur., Ba, E-Eur.; TR
- **nervosum** Benth. ex Hook. f. 1883 · D:Himalaya-Hundszunge · ⚃ Z5 VII; Him. [63323]
- **officinale** L. 1753 · D:Gewöhnliche Hundszunge; E:Common Hound's Tongue · ⊙ Z6 V-VI ⚥ ⚔; Eur.*, Cauc., TR, W-Sib., E-Sib., C-As. [63224]

Cynosurus L. 1753 -m- *Poaceae* · (S. 1108)
D:Kammgras; E:Dog's Tail; F:Crételle, Cynosure
- *aureus* L. = Lamarckia aurea
- **cristatus** L. 1753 · D:Wiesen-Kammgras; E:Crested Dog's Tail · ⚃ VI-VII Ⓝ; Eur.*, TR, Cauc., N-Iran, nat. in N-Am., Austr., NZ
- **echinatus** L. 1753 · D:Stachliges Kammgras; E:Rough Dog's Tail · ⊙ Z7 V; Eur.: : Ib, Fr, CH, Ap, Ba, RO,

W-Russ., Krim; TR, Cyprus, Syr., Lebanon, Israel, Iraq, Cauc., Iran, C-As., NW-Afr., Macaron., nat. in D, A, H, Cz
- **elegans** Desf. 1789 · ⊙ Z7; IB, F, Ap, GR; NW-Afr., Canar.; N-China, Jap.
- **siculus** Jacq. 1767 · ⚃ ⚲ Z7; Eur.: sp., Ap; NW-Afr.

Cypella Herb. 1826 -f- *Iridaceae* · (S. 1019)
D:Becherschwertel; F:Cypella
- **aquatilis** Ravenna 1981 · ⚃; Bras.
- **coelestis** (Lehm.) Diels 1930 · D:Blaues Becherschwertel · ⚃ Z9 ⓚ VIII-IX; Bras., Urug., Arg., ? Parag.
- **herbertii** (Lindl.) Herb. 1826 · D:Becherschwertel · ⚃ Z9 ⓚ VII; S-Bras., Urug., Arg

Cyperus L. 1753 -m- *Cyperaceae* · (S. 994)
D:Zypergras; E:Galingale; F:Souchet
- *adenophorus* Schrad. ex Nees = Cyperus haspan
- **albostriatus** Schrad. 1832 · ⚃ Z9 ⓚ; Trop., S-Afr.
- **alopecuroides** Rottb. 1772 · ⚃ Z10 ⓜ ⓚ Ⓝ; trop. Afr., Ind., Sri Lanka, trop. As., Austr.
- *alternifolius* hort. non L. = Cyperus alternifolius subsp. flabelliformis
  - subsp. **flabelliformis** Kük. 1936 · E:Umbrella Grass · ⚃ ⚲ Z9 ⓚ; trop. Afr., S-Afr. [58045]
  - **alternifolius** L. 1767 · ⚃ Z10 ⓜ ⓚ; Madag., Reunion, Mauritius, nat. in P, Azor.
- **brevifolius** (Rottb.) Hassk. 1844 · ⚃ ⚲ ⓜⓚ; trop. Am., trop. As.
- **congestus** Vahl 1805 · ⊙ Z9 VII-VIII; S-Afr., Austr.
- **cyperoides** (L.) Kuntze 1898 · ⚃ Z9; E-Afr., Namibia, Madag., Ind.
- *diffusus* hort. non Vahl = Cyperus albostriatus
- **diffusus** Vahl 1805 · ⚃ ⓚ; S-Afr.
- **entrerianus** Boeck. 1878 · ⚃ ⚲ ⓚ ⋀; Urug.
- **eragrostis** Lam. 1791 · D:Frischgrünes Zypergras; E:Tall Flat Sedge · ⚃ ⚲ Z8 ⓚ VI-IX; W-USA, trop. Am., nat. in Ib, F
- **esculentus** L. 1753 · D:Erdmandel; E:Chufa, Tiger Nut · ⚃ Z8 ⓚ ⚥ Ⓝ; Eur.: P, F, Ap, Ba, TR, Cauc., Ind., Afr., Alaska, Can.: W; USA*, Mex., Peru, nat. in sp., A, Russ.
- **fertilis** Boeck. 1884 · ⚃ Z10 ⓜ;

W-Afr., C-Afr., Angola
- *flabelliformis* Rottb. = Cyperus alternifolius subsp. flabelliformis
- *flavescens* L. = Pycreus flavescens
- **fuscus** L. 1753 · D:Braunes Zypergras · ⊙ ∼ VI-IX; Eur.*, TR, Cauc., Iran, W-Sib., E-Sib., C-As., Him., China, N-Afr., nat. in N-Am.
- **glaber** L. 1771 · ⊙; Eur.: Ap, A, Ba, E-Eur.; TR, Cauc., Iran, Pakist., C-As. [67164]
- **glomeratus** L. 1756 · D:Knäueliges Zypergras · ⚃ VII-IX; Eur.: Fr, Ap, C-Eur., EC-Eur., Ba.; TR, Cauc., W-Sib., Amur, C-As., Him., N
- **gracilis** R. Br. 1810 · D:Zierliches Zypergras; E:Flat Sedge · ⚃ ∼ ⓜ ⓚ; Austr., N.Caled.
- **haspan** L. 1753 · ⚃ ∼ Z8 ⓜ; USA: NE, NCE, SC; Trop.
- *involucratus* Roxb. = Cyperus alternifolius subsp. flabelliformis
- *laxus* hort. = Cyperus albostriatus
- **longus** L. 1753 · D:Hohes Zypergras · [67165]
  - subsp. **badius** (Desf.) Murb. 1899 · D:Kastanienbraunes Zypergras · ⚃ ∼ Z7 VII-IX; Eur. most
  - subsp. **longus** · D:Gewöhnliches Hohes Zypergras, Langes Zypergras; E:Galingale, Sweet Galingale; F:Souchet odorant · ⚃ ∼ Z7 VII-X; Eur.* exc. Sc; TR, Cauc., Iran, C-As., Afgh., Him., Ind., Java, Afr., W-Austr.
- **michelianus** (L.) Delile 1813 · D:Zwerg-Zypergras · ⊙ ∼ VII-IX; Eur.: P, Fr, Ap, C-Eur., EC-Eur., Ba, E-Eur.; TR, Cauc., W-Sib., C-As., Him., Ind., Indochina, China, Jap., N-Afr.
- *natalensis* auct. non Hochst. ex C. Krauss = Cyperus owanii
- **owanii** Boeck. 1878 · ⚃ ⚲ ⓚ; S-Afr.
- **pannonicus** Jacq. 1778 · D:Salz-Zypergras · ⚃ ∼ VII-IX; Eur.: A, EC-Eur., Ba, E-Eur.; Cauc., W-Sib., C-As.
- **papyrus** L. 1753 · E:Egyptian Paper Plant, Papyrus · ⚃ ∼ Z9 ⓜ Ⓝ; C-Afr., Sudan, nat. in Sic., Egypt [58056]
  'Nanus' = Cyperus prolifer
- **prolifer** Lam. 1791 · ⚃ ∼ Z9 ⓚ; S-Afr.
- **rotundus** L. 1753 · D:Knolliges Zypergras; E:Nutgrass · ⚃ ⓚ VII-IX ⚥ Ⓝ; Eur.: Ib, Fr, Ap, Ba, CH, A; TR, SW-As, C-As., Ind., E-As., trop. Afr., S.Afr., N-Am.,

S-Am., Austr., nat. in USA
- **serotinus** Rottb. 1773 · D:Spätes Zypergras · ⁄ ∼ ; Eur.: Ib, Fr, Ap, Ba, A, H, E-Eur.; TR, Cauc., Amur, C-As, N-Ind., E-China
- *sumula* hort. = Cyperus cyperoides
- *vegetus* Willd. = Cyperus eragrostis

Cyphomandra Mart. ex Sendtn. 1845 -f- *Solanaceae* · (S. 846) D:Baumtomate; E:Tree Tomato; F:Arbre-à-tomates
- **betacea** (Cav.) Sendtn. 1845 · D:Baumtomate; E:Tree Tomato · ℏ e Z9 ⓚ ⓝ; Peru, S-Bras., ? Peru; cult. Trop., Subtrop., nat. in Peru: Anden [11512]
- *crassicaulis* (Ortega) Kuntze = Cyphomandra betacea
- *crassifolia* (Ortega) J.F. Macbr. = Cyphomandra betacea

Cyphophoenix H. Wendl. ex Hook. f. 1883 -f- *Arecaceae* · (S. 947)
- **elegans** Benth. et Hook. f. 1883

Cyphostemma (Planch.) Alston 1931 -n- *Vitaceae* · (S. 891)
- **bainesii** (Hook. f.) Desc. 1960 · Ψ Z9 ⓚ; Namibia
- *cramerianum* (Schinz) Desc. = Cyphostemma currori
- **currori** (Hook. f.) Desc. 1967 · Ψ Z9 ⓚ; Angola, Namibia, Kap
- **elephantopus** Desc. 1962
- **fleckii** (Schinz) Desc. 1960 Z9 ⓚ; Namibia
- **juttae** (Dinter et Gilg) Desc. 1967 · Ψ Z9 ⓚ; Namibia
- **laza** Desc. 1962
- **macropus** (Welw.) Desc. 1967 · Ψ Z9 ⓚ; Namibia
- **sandersonii** (Harv.) Desc. 1960

Cypripedium L. 1753 -n- *Orchidaceae* · (S. 1059) D:Frauenschuh; E:Lady's Slipper; F:Sabot-de-Vénus
- **acaule** Aiton 1789 · D:Kurzstängeliger Frauenschuh; E:Pink Lady's Slipper · ⁄ Z5 V-VI ▽ ✱; Can., USA: NE, NCE, SE
- **arietinum** R. Br. 1813 · D:Gehörnter Frauenschuh; E:Ram's Head Lady's Slipper · ⁄ Z4 V-VI ▽ ✱; Can.: E; USA: NE, NCE
- **calceolus** L. 1753 · D:Gelber Frauenschuh, Marien-Frauenschuh; E:Lady's Slipper Orchid; F:Sabot de Vénus · ⁄ Z5 V-VI ▽ ✱; Eur.*, W-Sib., E-Sib., Amur, Sachal.,

Mong., N-China [63325]
- var. *parviflorum* (Salisb.) Fernald = Cypripedium parviflorum var. parviflorum
- var. *pubescens* (Willd.) Correll = Cypripedium parviflorum var. pubescens
- **californicum** A. Gray 1868 · ⁄ Z7 V ▽ ✱; USA: Oreg., Calif.
- **candidum** Muhl. ex Willd. 1805 · ⁄ ∼ ∧ V-VI ▽ ✱; USA: NE, NCE, NC
- **cordigerum** D. Don 1825 · D:Herztragender Frauenschuh · ⁄ ⌐ ∧ V-VI ▽ ✱; Him., Kashmir, Nepal [63326]
- **debile** Rchb. f. 1874 · ⁄ Z7; Jap., China, Taiwan
- **fasciculatum** Kellogg ex S. Watson 1882 · ⁄ Z8 ⌐ V-VI ▽ ✱; Can.: B.C.; USA: NW, Calif., Rocky Mts.
- **fasciolatum** Franch. 1894 · ⁄ ⓚ ⌐ VI ▽ ✱; W-China
- **flavum** P.F. Hunt et Summerh. 1996 · ⁄ Z7; SW-China, Tibet [73077]
- **formosanum** Hayata 1975 · ⁄ ▽ ✱; Taiwan
- **franchetii** E.H. Wilson 1912 · ⁄ ; China
- **guttatum** Sw. 1800 · D:Getüpfelter Frauenschuh; E:Spotted Lady's Slipper · ⁄ Z4 IV-V ▽ ✱; Eur.: Russ.; Sib., Alaska, Can.: W
- var. *yatabeanum* (Makino) Pfitzer = Cypripedium yatabeanum
- **henryi** Rolfe 1892 · ⁄ Z7; C-China [73634]
- **japonicum** Thunb. 1784 · D:Japanischer Frauenschuh; E:Japanese Lady's Slipper · ⁄ Z8 ⌐ ∧ V-VI ▽ ✱; China, Jap.
- **kentuckiense** C.F. Reed 1981 · ⁄ Z6; USA: SE, Okla.
- **macranthos** Sw. 1800 · D:Großblütiger Frauenschuh · ⁄ Z6 V-VI ▽ ✱; Russ., W-Sib., E-Sib., Amur, Sachal., Kamchat., Mong., N-China, Manch., Korea, Jap. [63327]
- **margaritaceum** Franch. 1888 · ⁄ Z7; China (Yunnan, Sichuan)
- **montanum** Douglas ex Lindl. 1840 · D:Berg-Frauenschuh; E:Mountain Lady's Slipper · ⁄ Z5 ⌐ V-VI ▽ ✱; Alaska, Can.: W; USA: NW, Calif., Rocky Mts.
- **parviflorum** Salisb. 1791
- var. **parviflorum** · D:Kleinblütiger Frauenschuh · ⁄ Z5 V-VI ▽ ✱; Can., USA: NW, Rocky Mts.,

NC, NCE, NE, SE
- var. **pubescens** (Willd.) O.W. Knight 1906 · D:Behaarter Frauenschuh; E:Lady's Slipper · ⁄ Z5 V-VI ⚥ ▽ ✱; Can.: E; USA: NE, NCE, SE
- *planipetalum* (Fernald) F.J.A. Morris et E.A. Eames = Cypripedium parviflorum var. pubescens
- *pubescens* Willd. = Cypripedium parviflorum var. pubescens
- **reginae** Walter 1788 · D:Königin-Frauenschuh; E:Showy Lady's Slipper · ⁄ Z4 V-VI ▽ ✱; Can.: E; USA; NE, NCE, SE [71745]
- **segawai** Masam. 1933 · ⁄; Taiwan
- *spectabile* Salisb. = Cypripedium reginae
- **tibeticum** King ex Rolfe 1892 · ⁄ Z6; Him., SW-China [73076]
- **yatabeanum** Makino 1899 · ⁄ Z4 ▽ ✱; Jap.
- **in vielen Sorten**

Cyrilla Garden ex L. 1797 *Cyrillaceae* · (S. 449)
- **racemiflora** Garden ex L. 1767 [36622]

Cyrtandra J.R. Forst. et G. Forst. -f- *Gesneriaceae* · (S. 549)
- **coccinea** Blume · ℏ Z10 ⓚ; Malay. Arch.

Cyrtanthera Nees = Justicia
- *pohliana* Nees = Justicia carnea

Cyrtanthus Aiton 1789 -m- *Amaryllidaceae* · (S. 909) D:Feuerblüte; E:Fire Lily; F:Cyrtanthus
- **angustifolius** (L. f.) Aiton 1789 · ⁄ ⓚ V-VI; Kap
- **brachyscyphus** Baker 1888 · ⁄ e Z10 ⓦ; S-Afr. (Cape Prov., Natal)
- **elatus** (Jacq.) Traub 1969 · D:Scarborough-Feuerblüte; E:Scarborough Lily · ⁄ e Z10 ⓦ VII-VIII; S-Afr. (Cape) 'Pink Diamond'
- **mackenii** Hook. f. 1869
- var. **cooperi** (Baker) R.A. Dyer 1939 · ⓚ; S-Afr.
- var. **mackenii** Hook. f. · D:Ifafa-Feuerblüte; E:Ifafa Lily · ⁄ ⓚ V-VI; S-Afr.: Natal
- **macowanii** Baker 1875 · ⁄ ⓚ VI; Kap
- **obliquus** (L. f.) Aiton 1789 · ⁄ ⓚ V-VI; Kap
- **ochroleucus** (Herb.) Burch. ex

Steud. 1840 · ⚃ ⓚ II; Kap
- *parviflorus* Baker = Cyrtanthus brachyscyphus
- *purpureus* (Aiton) Herb. = Cyrtanthus elatus
- **sanguineus** (Lindl.) Walp. · ⚃ ⓚ VIII; S-Afr.: Kap, Natal

Cyrtochilum Kunth 1816 -n- *Orchidaceae*
- **aureum** (Lindl.) Senghas 1997 · ⚃ Z10 ⓚ V-VI ▽ ✻; Peru
- **edwardii** (Rchb. f.) Kraenzl. 1917 · ⚃ Z10 ⓚ II-III ▽ ✻; Ecuad.
- **halteratum** (Lindl.) Kraenzl. 1917 · ⚃ Z9 ⓚ IV-V ▽ ✻; Col., Venez.
- **macranthum** (Lindl.) 1917 · ⚃ Z10 ⓚ V-VII ▽ ✻; Col., Ecuad., Peru
- **serratum** (Lindl.) Kraenzl. 1917 · ⚃ Z10 ⓦ VII-VIII ▽ ✻; Peru

Cyrtomium C. Presl = Polystichum
- *caryotideum* (Wall.) C. Presl = Polystichum falcatum var. caryotideum
- *falcatum* (L. f.) C. Presl = Polystichum falcatum var. falcatum
- *fortunei* J. Sm. = Polystichum falcatum var. fortunei
- *macrophyllum* (Makino) Tagawa = Polystichum macrophyllum

Cyrtopodium R. Br. 1813 -n- *Orchidaceae* · (S. 1060)
D:Krummfuß; F:Orchidée
- **andersonii** (Lamb. ex Andrews) R. Br. 1813 · ⚃ Z10 ⓦ IV-V ▽ ✻; Fla., Venez., Bras.
- **punctatum** (L.) Lindl. 1833 · E:Cow Horn Orchid · ⚃ Z10 ⓦ IV-VI ▽ ✻; S-Fla., C-Am., W.Ind., S-Am.

Cyrtorchis Schltr. 1914 -f- *Orchidaceae* · (S. 1060)
- **arcuata** (Lindl.) Schltr. 1914 · ♄ Z9 ⓦ IV-V ▽ ✻; trop. Afr., S-Afr.

Cyrtosperma Griff. 1851 -n- *Araceae* · (S. 925)
- *bantamense* Koord. = Cyrtosperma merkusii
- *chamissonis* (Schott) Merr. = Cyrtosperma merkusii
- **johnstonii** (N.E. Br.) N.E. Br. 1882 · ⚃ Z10 ⓦ; Salom.
- **merkusii** (Hassk.) Schott 1914 · ⚃ Z10 ⓦ Ⓝ; Malay Arch., N.Guinea, Pacific Is.

Cyrtostachys Blume 1838 -f- *Arecaceae* · (S. 947)
- *lakka* Becc. = Cyrtostachys renda
- **renda** Blume 1838 · E:Sealing Wax Palm · ♄ e Z10 ⓦ; Malay. Pen., Sumat., Kalimantan

Cystopteris Bernh. 1805 -f- *Woodsiaceae* · (S. 82)
D:Blasenfarn; E:Bladder Fern; F:Cystoptéride
- **alpina** (Roth) Desv. 1827 · D:Alpen-Blasenfarn; E:Alpine Bladder Fern · ⚃ △ Z6 VII-IX; Eur.: Ib, Fr, Ap, D, ? EC-Eur., ? Sc, Ap, Ba, E-Eur.; TR, Maroc., Alger.
- **bulbifera** (L.) Bernh. 1806 · D:Brutknospen-Balsenfarn; E:Berry Bladder Fern; F:Cystoptéris bulbifère · ⚃ △ Z5; Can.: E; USA: NE, NCE, SE, SW, Tex., Utah [67392]
- *crispa* (Gouan) H.P. Fuchs = Cystopteris alpina
- **dickieana** R. Sim 1848 · D:Runzelsporiger Blasenfarn; E:Bladder Fern · ⚃ △ Z6 VIII-IX; Eur.* exc. EC-Eur., Ba; W-Sib., E-Sib. [72497]
- **fragilis** (L.) Bernh. 1805 · D:Zerbrechlicher Blasenfarn; E:Brittle Bladder Fern · ⚃ △ Z2 VII-IX; Eur.*, Cauc., W-Sib., E-Sib., C-As., Amur [67393]
  - subsp. *alpina* (Lam.) Briq. 1910 = Cystopteris alpina
  - subsp. *dickieana* (R. Sim) Moore 1855 = Cystopteris dickieana
  - var. *dickieana* (R. Sim) T. Moore 1967 = Cystopteris dickieana
- **montana** (Lam.) Desv. 1827 · D:Berg-Blasenfarn; E:Mountain Bladder Fern · ⚃ △ Z4 VII-VIII ▽; Eur.*, Cauc., W-Sib., E-Sib.
- *regia* (L.) Desv. = Cystopteris fragilis
- *regia* auct. non (L.) Desv. = Cystopteris alpina
- **sudetica** A. Braun et Milde 1855 · D:Sudeten-Blasenfarn · ⚃ △ Z6 VII-IX ▽; Eur.: D, A, EC-Eur., Norw.; Cauc, W-Sib., E-Sib., Amur

Cytisanthus O. Lang = Genista
- *radiatus* (L.) O. Lang = Genista radiata

Cytisophyllum O. Lang 1843 -n- *Fabaceae* · (S. 505)
D:Scheingeißklee; F:Faux-cytise
- **sessilifolium** (L.) O. Lang 1843 · D:Kahler Geißklee, Meergrüner Geißklee, Scheingeißklee · ♄ d V-VII ✿; Eur.: sp., F, I

Cytisus Desf. 1798 -m- *Fabaceae* · (S. 506)
D:Besenginster, Geißklee; E:Broom; F:Genêt à balai
- *albus* (Lam.) Link = Cytisus multiflorus
- *albus* Hacq. = Chamaecytisus albus
- **ardoini** E. Fourn. 1866 · D:Ardoines Geißklee · ♄ d ⤳ △ Z7 IV-V ✿; Eur.: F (Alp. Maritime)
- *austriacus* L. = Chamaecytisus austriacus
- *battandieri* Maire = Argyrocytisus battandieri
- × **beanii** G. Nicholson 1900 (*C. ardoini* × *C. purgans*) · ♄ ♄ △ Z6 V ✿; cult. [16440]
  'Osiris' < 1984 [61004]
- *biflorus* L'Hér. = Chamaecytisus ratisbonensis
- *canariensis* (L.) Kuntze = Genista canariensis
- *candicans* (L.) Lam. = Genista canariensis
- **cantabricus** (Willk.) Rchb. f. et Beck 1867 · ♄ ⤳ V-VI; Eur.: N-Sp., SW-F
- *capitatus* Scop. = Chamaecytisus supinus
- × **dallimorei** Rolfe 1910 (*C. multiflorus* × *C. scoparius* 'Andreanus') · ♄ d Z6 V; cult.
- **decumbens** (Durande) Spach 1845 · D:Niederliegender Geißklee; F:Cytise rampant · ♄ d △ Z5 V-VI ✿; Eur.: F, CH, I, Croatia, Bosn., Montenegro, AL [16450]
- *demissus* Boiss. = Chamaecytisus hirsutus
- *elongatus* Waldst. et Kit. = Chamaecytisus glaber
- **emeriflorus** Rchb. 1832 · D:Strauchwicken-Geißklee · ♄ d Z6 V-VI; Eur.: CH, I; S-Alp. [25257]
- **filipes** Webb et Berthel. 1842 · ♄ d Z9 ⓚ IV-V; Canar. [25258]
- *glaber* L. f. = Chamaecytisus glaber
- *hirsutus* L. = Chamaecytisus hirsutus
  - subsp. *ciliatus* (Wahlenb.) Asch. et Graebn. = Chamaecytisus ciliatus
- × **kewensis** Bean 1891 (*C. ardoini* × *C. multiflorus*) · D:Zwerg-Elfenbein-Ginster · ♄ d ⤳ △ Z6 V ✿; cult. [16460]
- *leucanthus* Waldst. et Kit. = Chamaecytisus albus
- *maderensis* (Webb et Berthel.) Masf. = Genista maderensis
- *monspessulanus* L. = Genista monspessulana

- **multiflorus** (L'Hér. ex Aiton) Sweet 1826 · D:Vielblütiger Geißklee; E:White Spanish Broom · ♄ d Z7 △ V-VI ✿; Eur.: Ib [25261]
  'White Bouquet' < 1989 [25262]
- **nigricans** L. 1753 · D:Schwarzwerdender Geißklee; E:Black Broom · ♄ d D Z5 VI-VII ✿; Eur.: Ap, C-Eur., EC-Eur., Ba, E-Eur. [16470]
  'Cyni' [34910]
- × **praecox** Bean 1892 (C. multiflorus × C. purgans) · D:Elfenbein-Ginster; E:Warminster Broom; F:Genêt précoce · ♄ d Z6 IV-V ✿; cult. [16480]
  'Albus' < 1911 [16490]
  'Allgold' 1963 [16500]
  'Frisia' 1963 [16162]
  'Hollandia' 1956 [16510]
  'Zeelandia' c. 1950 [34752]
- **procumbens** (Waldst. et Kit. ex Willd.) Spreng. 1826 · D:Niederliegender Besen-Ginster · ♄ d ⤳ △ Z5 IV-VI; Eur.: A, EC-Eur., Ba, E-Eur. [37382]
- *proliferus* L. f. = Chamaecytisus proliferus
- **pseudoprocumbens** Markgr. 1926 · D:Ausgebreiteter Besen-Ginster · ♄ V-VI; Eur.: I, Slove., AL
- **purgans** (L.) Spach 1845 · D:Abführender Geißklee; E:Broom · ♄ d Z7 △ V-VII ✿; Eur.: P, sp., F [45590]
- *purpureus* Scop. = Chamaecytisus purpureus
- × *racemosus* Marnock ex G. Nicholson = Genista × spachiana
- *ratisbonensis* Schaeff. = Chamaecytisus ratisbonensis
- *sagittalis* (L.) W.D.J. Koch = Chamaespartium sagittale subsp. sagittale
- **scoparius** (L.) Link 1822 · D:Besenginster · [16540]
  'Andreanus Splendens' [28760]
  'Boskoop Ruby' < 1978 [42132]
  'Burkwoodii' · d [16560]
  'Firefly' [16620]
  'Golden Sunlight' 1929 [16630]
  'Goldfinch' [16650]
  'Killiney Red' [16660]
  'La Coquette' [38865]
  'Lena' [41972]
  'Luna' 1959 [16680]
  'Palette' c. 1959 [16700]
  'Red Wings' 1951 [16720]
  'Roter Favorit' c. 1959 [42890]
  'Windlesham Ruby' [35000]
  - subsp. *cantabricus* (Willk.) M. Laínz et Rivas Mart. et al. 1971 = Cytisus cantabricus
  - subsp. **maritimus** (Rouy) Heywood 1959 · D:Küsten-Besenginster · Z6 ✿; Eur.: BrI, D +; coasts
  - subsp. **scoparius** · D:Besenpfriem, Gewöhnlicher Besenginster; E:Broom, Common Broom, Scotch Broom; F:Genêt à balais · ♄ d Z6 V-VI ⚥ ✿ Ⓝ; Eur.*
  - var. *prostratus* (C. Bailey) A.B. Jacks. 1939 = Cytisus scoparius subsp. maritimus
  - *sessilifolius* L. = Cytisophyllum sessilifolium
  - **striatus** (Hill) Rothm. 1944 · D:Gestreifter Geißklee; E:Portuguese Broom · ♄ d Ⓚ; Eur.: P, sp., nat. in F
  - *supinus* L. = Chamaecytisus supinus
  - × *versicolor* (G. Kirchn.) Dippel = Chamaecytisus × versicolor

Daboecia D. Don 1834 -f- Ericaceae · (S. 467)
D:Glanzheide; E:St Daboec's Heath; F:Bruyère des Açores
- **azorica** Tutin et E.F. Warb. 1932 · D:Azoren-Glanzheide · ♄ e Z8 Ⓚ VI-VII; Azor.
- **cantabrica** (Huds.) K. Koch 1872 · D:Irische Glanzheide; E:Connemara Heath, St Daboec's Heath; F:Bruyère de saint Daboec · ♄ e Z7 Ⓚ △ VI-IX; Eur.: Ib, F, IRL [31981]
  'Alba' [29890]
  'Atropurpurea' 1867 [32474]
  'Bicolor' 1872 [32476]
  'Cinderella' 1978 [29900]
  'Cupido' [37576]
  'Globosa Pink' 1851 [32478]
  'Praegerae' [33977]
  - subsp. *azorica* (Tutin et E.F. Warb.) D.C. McClint. 1989 = Daboecia azorica
- *polifolia* D. Don = Daboecia cantabrica
- × **scotica** D.C. McClint. 1978 (D. azorica × D. cantabrica) · D:Schottische Glanzheide · ♄ e Z7; cult.
  'Cora' 1971 [37828]
  'Silverwells' [37577]
  'William Buchanan' 1968 [29930]

Dacrycarpus (Endl.) de Laub. 1969 -m- Podocarpaceae · D:Warzeneibe; E:Dacryberry; F:If verruqueux
- **dacrydioides** (A. Rich.) de Laub. 1969 · D:Neuseeländische Warzeneibe; E:New Zealand Dacryberry · ♄ Z9 Ⓚ; NZ [30501]

Dacrydium Sol. ex G. Forst. 1786 -n- Podocarpaceae · (S. 95)
D:Harzeibe; E:Rimu; F:Pin Huon, Pin rouge
- **beccarii**
  - var. *subelatum* Corner 1939 = Dacrydium elatum
- **cupressinum** Sol. ex G. Forst. 1786 · D:Maniu, Zypressenartige Harzeibe; E:Red Pine, Rimu · ♄ e Z9 Ⓚ Ⓝ; NZ
- **elatum** (Roxb.) Wall. ex Hook. 1843 · D:Breite Harzeibe · Ⓦ; Malay. Pen., Sumatra, Kalimantan, Cambodia
- *franklinii* = Lagarostrobos franklinii
- *hookerianum* (W. Archer bis) Eichler = Microstrobos niphophilus
- *junghuhnii* Miq. = Dacrydium elatum
- *mai* A. Cunn. = Prumnopitys taxifolia
- *pierrei* Hickel = Dacrydium elatum
- *taxifolium* Banks et Sol. ex D. Don = Prumnopitys taxifolia

Dacryodes Vahl 1810 -m- Burseraceae · (S. 337)
- **edulis** (G. Don) Lam. 1932 · ♄ Ⓦ Ⓝ; W-Afr., Cameroun, Angola
- **excelsa** Vahl 1810 · ♄ Ⓦ; Puerto Rico, Lesser Antilles

Dactylis L. 1753 -f- Poaceae · (S. 1108)
D:Knäuelgras; E:Cock's Foot; F:Dactyle
- **glomerata** L. 1753 · D:Wiesen-Knäuelgras; E:Cocksfoot, Orchard Grass · ♃ Z5 V-VII Ⓝ; Eur.*, TR, Levante, Syr., Iraq, Cauc., Iran, W-Sib., E-Sib., Afgh, Pakist., Him., Mong., China, Korea, Jap., Taiwan, Maroc., Alger., nat. in N-Am., Arg., Chile, S-Afr.
  'Variegata' [67528]
- **polygama** Horv. 1774 · D:Wald-Knäuelgras · ♃ Z5 VI-VII; Eur.: BrI, Sc, C-Eur., EC-Eur., I, Ba, E-Eur.

Dactylorchis (Klinge) Verm. = Dactylorhiza
- *majalis* (Rchb.) Verm. = Dactylorhiza majalis

Dactylorhiza Neck. ex Nevski 1937 -f- Orchidaceae · (S. 1060)
D:Fingerwurz, Knabenkraut; E:Marsh Orchid, Spotted Orchid;

F:Dactylorhize
- × **aschersoniana** (Hausskn.) Borsos et Soó 1960 (*D. incarnata* × *D. majalis*) · D:Aschersons Bastard-Fingerwurz · ♃ ▽ ✻
- × **carnea** (E.G. Camus) Soó 1962 (*D. incarnata* × *D. maculata* subsp. *ericetorum*) · D:Fleischrosa Bastard-Fingerwurz · ♃ ▽ ✻
- × **dinglensis** (Wilmott) Soó 1962 (*D. maculata* subsp. *ericetorum* × *D. majalis* subsp. *occidentalis*) · D:Dingles Bastard-Fingerwurz · ♃ ▽ ✻; D +
- **elata** (Poir.) Soó 1962 · D:Hohe Fingerwurz · ♃ Z7 ⌂ ∧ V-VI ▽ ✻; Eur.: Ib, F, Sic.; Maroc., Alger.
- **foliosa** (Sol. ex Lowe) Soó 1962 · D:Madeira-Fingerwurz · ♃ Z7 ⌂; Madeira
- **fuchsii** (Druce) Soó · D:Gewöhnliche Fuchs' Fingerwurz; E:Common Spotted Orchid · ♃ Z6 VI-VII ▽ ✻; Eur. exc. Ib., Sib., ? N-Afr.
- **incarnata** (L.) Soó 1962 · D:Fleischfarbige Fingerwurz · [73078]
  - subsp. **cruenta** (O.F. Müll.) P.D. Sell 1967 · D:Blutrote Fingerwurz · ♃ VI-VII ▽ ✻; N-Eur., E-Eur., Alp, TR, W-Sib., E-Sib.
  - subsp. **incarnata** · D:Gewöhnliche Fleischfarbige Fingerwurz; E:Early Marsh Orchid · ♃ Z7 V-VII ▽ ✻; Eur.*, N-TR, W-Sib., E-Sib.
- **lapponica** (Laest. ex Hartm.) Soó 1962 · D:Lappländische Fingerwurz · ♃ VI-VIII ▽ ✻; Eur.: Sc
- **maculata** (L.) Soó 1962 · D:Gefleckte Fingerwurz · [63078]
  - subsp. *fuchsii* (Druce) Hyl. = Dactylorhiza fuchsii
  - subsp. **maculata** · D:Gewöhnliche Gefleckte Fingerwurz; E:Heath Spotted Orchid; F:Orchis tacheté · ♃ Z6 V-VIII ▽ ✻; Eur. exc. SE-Eur.
- **majalis** (Rchb.) P.F. Hunt et Summerh. · D:Gewöhnliche Breitblättrige Fingerwurz; E:Broad Leaved Marsh Orchid · ♃ Z6 V-VI ▽ ✻; Eur.* [68563]
- **praetermissa** (Druce) Soó 1962 · D:Übersehene Fingerwurz; E:Southern Marsh Orchid · ♃ VI ▽ ✻; NW-Eur. [68562]
- **purpurella** (T. Stephenson et T.A. Stephenson) Soó 1962 · D:Purpurrote Fingerwurz · ♃ Z6 VI ▽ ✻; NW-Eur. [68561]
- **ruthei** (M. Schulze et R. Ruthe) Soó 1962 · D:Ruthes Fingerwurz · ♃ ▽ ✻; Eur.: D, PL
- **sambucina** (L.) Soó 1962 · D:Holunder-Fingerwurz; E:Elderflower Orchid · ♃ Z7 IV-VI ▽ ✻; Eur.* exc. BrI; Cauc.
- **sphagnicola** (Höppner) Aver. 1962 · D:Gewöhnliche Torfmoos-Fingerwurz · ♃ VI ▽ ✻; Eur.: Fr, D, Sk
- *strictifolia* (Opiz) Rauschert = Dactylorhiza incarnata subsp. incarnata
- × **transiens** (Druce) Soó 1962 (*D. fuchsii* × *D. maculata* subsp. *ericetorum*) · D:Gefleckte Bastard-Fingerwurz · ♃ ▽ ✻
- **traunsteineri** (Saut. ex Rchb.) Soó 1962 · D:Traunsteiners Fingerwurz · ♃ Z6 VII-VIII ▽ ✻; Eur.: BrI, Sc, C-Eur., EC-Eur., Slove., E-Eur., Ap; W-Sib.
  - subsp. **curvifolia** (F. Nyl.) Soó 1981 · D:Ostsee-Fingerwurz · ♃ VI ▽ ✻; Eur.: D, PL, DK
  - subsp. **traunsteineri** · D:Gewöhnliche Traunsteiners Fingerwurz

Daemonorops Blume 1830 -f- *Arecaceae* · (S. 948) D:Drachenblutpalme; E:Dragon's Blood Palm; F:Palmier sang-de-dragon
- **draco** Blume 1838 · D:Drachenblutpalme; E:Dragon's Blood Palm · ♄ e ⌂ ⚥ ⌂; Ind.
- **lewisiana** (Griff.) Mart. 1853 · ♄ e ⚥ ⌂; Malay. Pen. (Penang)
- **margaritae** (Hance) Becc. 1902 · ♄ ⌂; China, Taiwan, Phil.

Dahlia Cav. 1791 -f- *Asteraceae* · (S. 240) D:Dahlie, Georgine; E:Dahlia; F:Dahlia
- **coccinea** Cav. 1794 · ♃ ⌂ VIII-IX; Mex.
- **excelsa** Benth. 1827-28 · ♄ ⌂ XI; Mex.
- × **hortensis** Guillaumin 1934 (*D. coccinea* × *D. pinnata*) · ♃ ⌂ VIII-IX; ? Mex.
- **imperialis** Roezl ex J.G. Ortega 1863 · ♄ ⌂ XI-II; Mex.
- *juarezii* hort. ex Sasaki = Dahlia × hortensis
- *juarezii* M.E. Berg ex Mast. = Dahlia coccinea
- **merckii** Lehm. 1839 · E:Bedding Dahlia · ♃ ⌂ VII-IX; Mex.
- **pinnata** Cav. 1791 · ♃ ⌂ VIII-X; Mex.
- *rosea* Cav. = Dahlia pinnata
- **sherffii** P.D. Sorensen 1969
- *variabilis* (Willd.) Desf. = Dahlia pinnata
- **in vielen Sorten:**
  1. einfach blühende Dahlie
     Blüten mit einem einfachen Ring von Blütenblättern und einer flachen Scheibe in der Mitte. Hierher gehören auch die sogenannten Mignon- und Top-Mix-Dahlien.
  2. anemonenblütige Dahlie
     Die Mitte dieser an sich einfachen Blüten besteht aus einer dichten Gruppe von röhrenförmigen Blütenblättern, die keine Scheibe mehr bilden.
  3. Halskrausen-Dahlie
     Einem Ring von flachen, sich oft überlappenden Blütenblättern folgt ein zweiter von kleineren, meist andersfarbigen. Die Mitte bildet eine Scheibe.
  4. Seerosen-Dahlie
     Die gefüllten Blüten haben sehr flache Blütenblätter, was der Blüte insgesamt ein sehr flaches Aussehen gibt.
  5. Dekorative Dahlie
     Da die Blütenblätter sowohl nach der Längsseite als auch zu den Spitzen hin gerollt sein können, haben die dicht gefüllten Blüten ein sehr volles Aussehen.
  6. Ball-Dahlie
     Die dicht gefüllten Blüten haben ein ballförmiges Aussehen, die Blütenblätter sind um die Längsachse über mehr als die Hälfte ihrer Länge eingerollt.
  7. Pompon-Dahlie
     Die Blüten sind noch stärker gerundet als bei den Ball-Dahlien, die Blütenblätter sind um die Längsachse in voller Länge eingerollt.
  8. Kaktus-Dahlie
     Dicht gefüllte Blüten mit schmalen, zugespitzten Blütenblättern, die um die Längsachse über mehr als die Hälfte nach außen aufgerollt sind.
  9. Semi-Kaktus-Dahlie
     Die Blüten liegen in der Form zwischen den Kaktus- und den Dekorativen Dahlien. An der Basis sind die

Blütenblätter flach, zum Ende hin zugespitzt.
10 Diverse Dahlien
Hierzu gehören alle Dahlien, die in keine andere Gruppe passen wie Päonienblütige Dahlien, Giraffe-Dahlien, Nelkenblütige Dahlien und andere.
11 Hirschgeweih-Dahlien
Früher zu den Dekorativen und Semi-Kaktus-Dahlien gehörend werden jetzt alle Sorten mit am Ende gespaltenen oder gefransten Blütenblättern vereint.
12 Orchideenblütige, einfach blühende Dahlien
Eine kleine Gruppe von Dahlien, zu denen auch die Star-Dahlien gehören. Die Bütenblätter sind leicht von der Längsseite her nach oben oder unten gebogen, sodass sie seher schmale Blütenblätter haben, die sich nicht berühren.
13 Orchideenblütige, gefüllt blühende Dahlien
Wie Gruppe 12, aber mit einer deutlich höheren Anzahl von Blütenblättern.
Ergänzt werden die Klassen durch folgende Buchstaben:
-a riesenblütig
  mehr als 25,4 cm
-b großblütig
  20,3–24,4 cm
-c mittelgroß blühend
  15,2–20,3 cm
-d kleinblütig
  10,2–15,2 cm
-e miniaturblütig
  weniger als 10,2 cm
Quelle: The International Dahlia Register
'Alstergruß' (3) Wagschal
'Anatol' (5-b)
'Arabian Night' (5-d) Wejers 1951
'Berliner Kleene' (5-d) Severin
'Bishop of Llandaff' (10) Treseder 1928 [68829]
'David Howard' (5-e) Howard 1960
'Doris Day' (8-d) Wejers 1952
'Duet' (5-c)
'Ellen Houston' (1)
'Eveline' (5-d)
'Gerrie Hoek' (5-c) Hoek 1946
'Glorie van Heemstede' (5-d) Becking & Costijn 1947
'Heidi' Lammerse 1958
'Irene van der Zweet' (1) Bruidegom 1967
'Kidds Climax' (5-a) 1952

'Lilac Time' (5-c) Torrance et Hopkins 1939
'Moonfire' (10)
'My Love' (9-d) van Vlen
'Park Princess' (8-d) Maarse 1959 [67912]
'Red Cap' (5-e) Lammerse 1957
'Requiem' (5-d) Flaton 1952
'Roxy' (1) Lorenzen
'Stolze von Berlin' (6-b) Schwiglowski 1914
'Thomas A. Edison' (5-c) Dahliadel 1930
'White Star' (9-c) de Ruij 1958

Dais L. 1762 -f- *Thymelaeaceae*
- **cotinifolia** L. 1762 · ♄ ♄ d Z9 ⓚ; S-Afr., Madag., Lesotho, Simbabwe, Mozamb. [11147]

Dalbergaria Tussac 1808 -f- *Gesneriaceae*
- **aureonitens** (Hook.) Wiehler 1973 · ⌇ e Z9 ⓦ; trop. S-Am.
- **sanguinea** (Pers.) Steud. 1840 · ♄ e Z9 ⓦ; W.Ind.

Dalbergia L. f. 1782 -f- *Fabaceae* · (S. 506)
D:Dalbergie, Rosenholz; E:Rosewood; F:Bois de rose, Palissandre
- **hancei** Benth. 1860 · ⓦ
- **latifolia** Roxb. ex DC. 1798 · D:Schwarzes Rosenholz; E:Black Rosewood, Black Wood · ♄ d Z9 ⓦ ⓝ; Ind.
- **melanoxylon** Guill. et Perr. 1832 · D:Afrikanische Grenadilla, Senegal-Ebenholz; E:African Blackwood, Senegal Ebony · ♄ Z9 ⓦ ⓝ; trop. Afr., nat. in C-Am.
- **nigra** (Vell.) Allemão ex Benth. 1860 · D:Brasilianisches Rosenholz; E:Bahia Rosewood · ♄ Z9 ⓦ ⓝ ▽ ✱; Bras.
- **retusa** Hemsl. 1878 · D:Coccobolo, Rosenholz; E:Cocobolo · ♄ Z9 ⓦ ⓝ; C-Am., S-Am.
- **sissoo** Roxb. ex DC. 1825 · D:Ostindisches Rosenholz; E:Indian Rosewood, sisu · ♄ d Z9 ⓦ ⓝ; S-Him.

Dalea L. 1758 -f- *Fabaceae* · (S. 506)
- **candida** (Michx.) Willd. 1802 [71870]
- **mollis** Benth. 1848 · ⌇ ⓚ; USA (Calif, Ariz); Mex. (Sonora)
- **purpurea** Vent. 1801 · E:Purple Prairie Clover · [71661]

Dalechampia L. 1753 -f- *Euphorbiaceae* · (S. 481)
D:Dalechampie; F:Dalechampia
- *roezliana* Müll. Arg. =

Dalechampia spathulata
- **spathulata** (Scheidw.) Baill. 1858 · ♄ e Z10 ⓦ; Mex.
- – var. *rosea* Müll. Arg. 1866 = Dalechampia spathulata

Dampiera R. Br. 1810 *Goodeniaceae*
- **diversifolia** De Vriese 1845 · ⌇ Z8 ⓚ; Austr. (W-Austr.)
- **stricta** (Sm.) R. Br. 1810 · ⌇ ⓚ; Austr. (Queensl., N.S.Wales, Victoria, Tasman.)

Danae Medik. 1787 -f- *Ruscaceae* · (S. 1138)
D:Alexandrinischer Lorbeer, Traubendorn; E:Alexandrian Laurel; F:Laurier d'Alexandrie
- **racemosa** (L.) Moench 1794 · D:Alexandrinischer Lorbeer, Traubendorn; E:Alexandrian Laurel · ♄ e Z8 ⓚ △; Cauc., Iran, N-Syr. [11149]

Daniella Benn. 1865 -f- *Caesalpiniaceae* · (S. 374)
- **ogea** Rolfe 1911 · E:Gum Copal · ♄ Z10 ⓦ ⓝ; W-Afr., Benin, Nigeria, Liberia

Danthonia DC. 1805 -f- *Poaceae* · (S. 1108)
D:Dreizahn, Kelchgras, Traubenhafer; E:Heath Grass; F:Danthonia
- **alpina** Vest 1821 · D:Kelch-Traubenhafer, Kelchgras · ⌇ V-VI; Eur.* exc. BrI, Sc
- **decumbens** (L.) Lam. et DC. · D:Gewöhnlicher Dreizahn · ⌇ VI-VII; Eur.*, TR, Cauc.

Daphne L. 1753 -f- *Thymelaeaceae* · (S. 867)
D:Heideröschen, Kellerhals, Königsblume, Seidelbast; E:Daphne; F:Bois-joli, Camélée, Daphné
- **acutiloba** Rehder 1916 · ♄ Z6 VII ✿ ▽; W-China
- **albowiana** Woronow ex Pobed. 1949 · ♄ e; Cauc., TR [31524]
- **alpina** L. 1753 · D:Alpen-Seidelbast · ♄ d △ D Z5 V-VI ✿ ▽; Eur.: F, I, CH, A, Slove., Croatia, Bosn., YU, ? sp., mts. [31515]
- **altaica** Pall. 1784 · D:Altai-Seidelbast · ♄ d △ D Z5 V-VI ✿ ▽; W-Sib. (Altai), C-As. [31516]
- **arbuscula** Čelak. 1880 · ♄ e △ Z6 VI ✿ ▽; Slova. [19341]
- **aurantiaca** Diels 1912 · ♄ e Z6 ✿ ▽; SW-China [31525]

- **bholua** Buch.-Ham. ex D. Don 1825 · ♄ e Z8 ⓚ ✿ ▽; E-Him.: E-Nepal, Bhutan, Sikkim, NW-Assam
  'Gurkha' 1976
  'Jacqueline Postill' [26403]
- **blagayana** Freyer 1838 · D:Königs-Seidelbast; E:Balkan Daphne · ♄ e △ D Z6 IV-V ✿ ▽; Eur.: Ba, RO [35302]
- × **burkwoodii** Turrill 1949 (*D. caucasica* × *D. cneorum*) · D:Burkwoods Seidelbast; E:Burkwood's Daphne · ♄ d D Z6 V-VI ✿; cult.
  'Astrid' [19342]
  'Carol Mackie'
  'G.K. Argles'
  'Somerset' 1963 [16750]
- **caucasica** Pall. 1784 [31519]
  - var. **axilliflora** Keissl. 1898 · ♄ d Z6 V-VI ✿ ▽; Cauc.
  - var. **caucasica** · D:Kaukasischer Seidelbast; E:Caucasian Daphne · ♄ d D Z6 V-VI ✿ ▽; Cauc., TR
- **cneorum** L. 1753 · D:Heideröschen, Rosmarin-Seidelbast · [16760]
  'Eximia' 1957 [15679]
  'Major' [32482]
  'Variegata' [31526]
  - var. **cneorum** · D:Gewöhnlicher Rosmarin-Seidelbast; E:Garland Flower, Rose Daphne; F:petite Thymélée, Thymélée des Alpes · ♄ ♄ e △ D Z5 V-VI ✿ ▽; Eur.* exc. BrI, Sc
  - var. **pygmaea** Stoker 1935 · D:Kleiner Rosmarin-Seidelbast · ♄ e Z4 ▽; Eur.: N-I, SE-F; Alp.
  - var. **verlotii** (Gren. et Godr.) Meisn. · ♄ e Z5 IV-V ✿ ▽; SE-F, D (Bayern)
- **genkwa** Siebold et Zucc. 1840 · D:Chinesischer Seidelbast; E:Chinese Daphne · ♄ d Z5 IV-V ⚥ ✿ ▽; China, Korea [31520]
- **giraldii** Nitsche 1907 · ♄ d Z3; China (Gansu, Shaanxi)
- **glandulosa** Spreng. = Daphne oleoides
- **glomerata** Lam. 1791 · ♄ e Z6 ✿ ▽; NE-TR, Cauc.
- **gnidium** L. 1753 · ♄ e Z8 ⓚ VII-IX ✿ ▽; Eur.: Ib, Fr, Ap, Ba, Canar., Madeira; NW-Afr.
- × **hendersonii** Hodgkin ex C.D. Brickell et B. Mathew 1976 (*D. cneorum* × *D. petraea*) · ♄ ✿
- × **houtteana** Lindl. et Paxton 1851 (*D. laureola* × *D. mezereum*) · ♄ s D Z6 IV ✿; cult.
- × **hybrida** Colville ex Sweet (*D. oleoides* × *D. sericea*) · ♄ e Z6 ✿; cult.
- **jasminea** Sibth. et Sm. 1809 · ♄ e Z9 ⓚ ▽; Eur.: SE-GR
- **laureola** L. 1753 · D:Lorbeer-Seidelbast · [20664]
  - subsp. **laureola** · D:Gewöhnlicher Lorbeer-Seidelbast; E:Spurge Laurel · ♄ e Z7 II-IV ✿ ▽; Eur.: Ib, Fr, BrI, Ap, C-Eur., EC-Eur., Ba, RO; N-TR, Maroc., Alger.
  - subsp. **philippi** (Gren.) Rouy 1927 · ♄ e ⟿ Z7 IV-V ✿ ▽; sp., F; Pyr.
- **longilobata** (Lecomte) Turrill 1959 · ♄ s Z6; China (SE-Tibet, NW-Yunnan)
- × **mantensiana** Manten ex T.M.C. Taylor et Vrugtman 1964 (*D.* × *burkwoodii* × *D. retusa*) · ♄ e ✿; cult.
- **mezereum** L. 1753 [16770]
  - var. **mezereum** · D:Gewöhnlicher Seidelbast, Kellerhals; E:February Daphne, Mezereon; F:Bois gentil, Bois joli · ♄ d Z4 III-IV ⚥ ✿ ▽; Eur.*, Cauc., TR, N-Iran, W-Sib., E-Sib.
  'Alba' [16780]
- × **napolitana** Lodd. 1823 (*D. cneorum* × *D. sericea*) · ♄ e D Z8 ⓚ V-VI ✿; cult. [31528]
- **odora** Thunb. ex Murray 1783 · D:Duftender Seidelbast; E:Winter Daphne · ♄ e D Z7 I-III ✿ ▽; China [17492]
  'Alba'
  'Aureomarginata' [26402]
- **oleoides** Schreb. · ♄ e D Z7 V-VI ✿ ▽; Eur.: Ib, Ap, Ba; TR, Lebanon, Cauc., W-Iran, Alger., Libya
- **petraea** Leyb. 1853 · D:Felsen-Seidelbast · ♄ e D Z6 VI ✿ ▽; Eur.: I (Brescia)
- **philippi** Gren. et Godr. = Daphne laureola subsp. philippi
- **pontica** L. 1753 · D:Pontischer Seidelbast; E:Twin-flower Daphne · ♄ e D Z6 V-V ✿ ▽; Eur.: BG; N-TR, Cauc. [20665]
- **retusa** Hemsl. = Daphne tangutica Retusa Grp.
- × **rossettii** hort. 1927 (*D. cneorum* × *D. laureola subsp. philippi*)
- **sericea** Vahl 1790 · D:Berg-Seidelbast · ♄ e Z8 ⓚ V-VI ✿ ▽; Eur.: I, Sic., GR, Crete; TR, Syr., Lebanon [31529]
- **striata** Tratt. 1814 · D:Gestreifter Seidelbast, Steinröschen · ♄ ♄ e ⟿ △ Z7 V-VII ✿ ▽; Eur.: F, I, C-Eur., Slove.; Alp. [31531]
- **tangutica** Maxim. 1881 · ♄ e D Z6 III-IV ✿ ▽; China: Kansu [11452]
  Retusa Grp. · ♄ D V-VI ✿ ▽; W-Him. [35303]
- × **thauma** Farrer 1912 (*D. petraea* × *D. striata*) · ♄ e Z7 ✿ ▽; N-I (Cima Tombea) [31532]

Daphniphyllum Blume 1826-27 -n- *Daphniphyllaceae* · (S. 449)
D:Scheinlorbeer; F:Faux-laurier
- **himalayense** Müll. Arg. 1869
  - subsp. **macropodum** (Miq.) T.C. Huang 1966 · ♄ ♄ e Z7; Jap., Korea, China, Taiwan
  - **humile** Maxim. ex Franch. et Sav. 1878 · ♄ e Z7; Jap., Korea
- **macropodum** Miq. 1867 · D:Chinesischer Scheinlorbeer · ♄ ♄ e Z7; Jap., Korea [11152]

Darlingtonia Torr. 1853 -f- *Sarraceniaceae* · (S. 809)
D:Kobralilie, Kobraschlauchpflanze; E:Cobra Lily; F:Lis-cobra, Plante-cobra
- **californica** Torr. 1853 · D:Kobralilie, Kobraschlauchpflanze; E:Cobra Lily · ♃ Z7 V-VIII; USA: S-Oreg, N-Calif.

Darmera Voss 1899 -f- *Saxifragaceae* · (S. 813)
D:Schildblatt; E:Indian Rhubarb; F:Darmera
- **peltata** (Torr. ex Benth.) Voss 1899 · D:Schildblatt; E:Indian Rhubarb, Umbrella Plant; F:Saxifrage pelté · ♃ ⟿ Z6 IV-V; USA: Oreg., Calif. [67166]
  'Nana'

Darwinia Rudge 1816 -f- *Myrtaceae* · (S. 660)
- **hookeriana** (Meisn.) Benth. 1865 · ♄ e Z9 ⓚ IV; S-Austr.
- **macrostegia** (Turcz.) Benth. 1865 · E:Mondurup Bell · ♄ e Z9 ⓚ IV; S-Austr.
- **meeboldii** C.A. Gardner 1942 · ♄ ⓚ; Austr. (W-Austr.)

Dasylirion Zucc. 1838 -n- *Dracaenaceae* · (S. 1001)
D:Rauschopf; E:Bear Grass; F:Dasylirion
- **acrotrichum** (Schiede) Zucc. 1840 · ♄ e Z9 ⓚ; C-Mex.
- **caespitosum** Scheidw. = Calibanus hookeri
- **glaucophyllum** Hook. 1858 · ♄ e Z9 ⓚ; E-Mex. [11153]

- *gracile* (Lem.) J.F. Macbr. = Beaucarnea gracilis
- **graminifolium** (Zucc.) Zucc. 1838 · ¥ Z9 ⓚ; SE-Mex.
- *hartwegianum* Hook. = Calibanus hookeri
- *hookeri* Lem. = Calibanus hookeri
- *laxiflorum* Baker = Dasylirion serratifolium
- *longifolium* (Karw. ex Schult. f.) Zucc. = Nolina longifolia
- **longissimum** Lem. · ♄ e Z9 ⓚ; E-Mex.
- *quadrangulatum* S. Watson = Dasylirion longissimum
- **serratifolium** (Karw. ex Schult. et Schult. f.) Zucc. 1838 · ¥ Z9 ⓚ; E-Mex.
- *strictum* (Lem.) J.F. Macbr. = Beaucarnea stricta
- **wheeleri** S. Watson 1879 · ♄ e Z9 ⓚ; USA: Tex., SW.; N- Mex.

Dasypyrum (Coss. et Durieu) T. Durand 1888 -n- *Poaceae* · (S. 1109)
- **villosum** (L.) Borbás 1896 · ⊙; Eur.: Ib, Fr, Ap, Ba, RO, Krim; TR, Cauc.

Datisca L. 1753 -f- *Datiscaceae* · (S. 449)
D:Scheinhanf, Streichkraut; E:Acalbir; F:Faux-chanvre
- **cannabina** L. 1753 · D:Scheinhanf, Streichkraut; E:False Hemp · ♃ Z7 ∧ VII-VIII; Eur.: Crete; TR, Cyprus, Lebanon, Cauc., Iran, C-As., Him. [72430]

Datura L. 1753 -f- *Solanaceae* · (S. 847)
D:Stechapfel; E:Thorn Apple; F:Faux-metel, Pomme du diable
- *alba* Nees = Datura metel
- *arborea* L. = Brugmansia arborea
- *aurea* (Lagerh.) Saff. = Brugmansia aurea
- *bertolonii* Parl. ex Guss. = Datura stramonium var. inermis
- × *candida* (Pers.) Saff. = Brugmansia × candida
- **ceratocaula** Ortega 1797 · ⊙ ~ D Z10 VIII ☠; Mex.
- *cornigera* Hook. = Brugmansia arborea
- *fastuosa* L. = Datura metel
- **ferox** L. · D:Dorniger Stechapfel; E:Longspine Thorn Apple · ⊙ Z8 VII-VIII ☠; China, nat. in S-Eur., N-Afr.
- *inermis* Juss. ex Jacq. = Datura stramonium var. inermis
- **innoxia** Mill. 1768 · ⊙ Z9 VIII-X ☠ Ⓝ; USA: SE, Fla., ; Mex., W.Ind., C-Am., S-Am., nat. in Eur.: Ib, F, Ap
- **metel** L. 1753 · D:Flaumiger Stechapfel; E:Downy Thorn Apple, Horn of Plenty · ⊙ Z9 VI-VII ☠ Ⓝ; trop. Afr., trop. As, nat. in Trop., Subtrop.
  'Belle Blanche'
  'Golden Queen'
  'La Fleur Lilac' = Datura stramonium var. tatula
- *meteloides* DC. ex Dunal = Datura innoxia
- *mollis* Saff. = Brugmansia versicolor
- *praecox* Godr. = Datura stramonium var. tatula
- **quercifolia** Humb., Bonpl. et Kunth · D:Eichenblättriger Stechapfel; E:Oakleaf Datura · ⊙ Z8 VII ☠; USA: SW; N-Mex.
- *rosei* Saff. = Brugmansia sanguinea subsp. sanguinea
- *sanguinea* Ruiz et Pav. = Brugmansia sanguinea subsp. sanguinea
- **stramonium** L. 1753 · D:Weißer Stechapfel
  - var. **godronii** Danert
  - var. **inermis** (Juss. ex Jacq.) Timm 1938 · D:Dornloser Stechapfel; E:Thornless Thorn Apple
  - var. **stramonium** · D:Gewöhnlicher Weißer Stechapfel; E:Thorn Apple · ⊙ Z7 IX-X ⚕ ☠; ? N-AM, nat. in Eur.*
  - var. **tatula** (L.) Torr. 1824 · ⊙ Z7
- *suaveolens* Humb. et Bonpl. ex Willd. = Brugmansia suaveolens
- *tatula* L. = Datura stramonium var. tatula
- *versicolor* (Lagerh.) Saff. = Brugmansia versicolor

Daubentonia DC. = Sesbania
- *tripetii* Poit. = Sesbania tripetii

Daucus L. 1753 -m- *Apiaceae* · (S. 174)
D:Möhre; E:Carrot; F:Carotte
- **carota** L. 1753 · D:Möhre
  - subsp. **carota** · D:Wilde Möhre; E:Wild Carrot · ⊙ VI-IX
  - subsp. **sativus** (Hoffm.) Schübl. et G. Martens · D:Gelbe Rübe, Karotte, Mohrrübe, Speise-Möhre; E:Carrot · ⊙ VI-IX ⚕; cult.

Davallia Sm. 1793 -f- *Davalliaceae* · (S. 64)
D:Hasenpfotenfarn, Krugfarn; E:Hare's Foot Fern; F:Davallia
- **bullata** Wall. 1828 · D:Hasenpfotenfarn; E:Hare's Foot Fern · ♃ Z10 ⓦ; trop. As., Jap., China
  - var. *mariesii* (T. Moore) Baker = Davallia mariesii
- **canariensis** (L.) Sm. 1793 · D:Kanarischer Hasenpfotenfarn; E:Canary Island Hare's Foot Fern · ♃ ⇝ Z9 ⓚ; Eur.: Ib, Canar., Madeira, Cap Verde
- **decurrens** Hook. 1846 · ♃ Z10; Phil.
- **denticulata** (Burm. f.) Mett. ex Kuhn 1867 · ♃ Z10 ⓦ; W-Afr., Madag., Ind., Sri Lanka, Indochina, Malay. Arch., Polyn., N-Austr.
- **divaricata** Blume 1828 · ♃ ⇝ Z10 ⓦ; N-Ind., China, Phil., Java, Sulawesi
- *elegans* Sw. = Davallia denticulata
- **fejeensis** Hook. 1846 · D:Kaninchenpfotenfarn; E:Rabbit's Foot Fern · ♃ ⇝ Z10 ⓦ; Fiji
- *griffithiana* Hook. = Humata griffithiana
- *heterophylla* Sm. = Humata heterophylla
- *lonchitidea* Wall. = Microlepia platyphylla
- **mariesii** T. Moore 1891 · D:Ballfarn; E:Squirrel's Foot Fern · ♃ ⇝ Z9 ⓦ; China, Korea, Jap., Taiwan
- *pedata* Sm. = Humata repens
- *polyantha* Hook. = Davallia divaricata
- **pyxidata** Cav. 1802 · D:Australischer Hasenpfotenfarn; E:Australian Hare's Foot Fern · ♃ ⇝ Z10 ⓦ; Austr.: N.S.Wales
- **solida** (G. Forst.) Sw. 1801 · ♃ ⇝ Z10 ⓦ; Malay. Arch., Austr.: Queensl.; Polyn.
- **trichomanoides** Blume · ♃ ≹ ⇝ Z10 ⓦ; Sri Lanka, Indochina, Malay. Arch., Jap.
- *tyermannii* (T. Moore) Baker = Humata tyermannii

Davidia Baill. 1871 -f- *Nyssaceae* · (S. 670)
D:Taschentuchbaum, Taubenbaum; E:Dove Tree; F:Arbre aux pochettes, Davidia
- **involucrata** Baill. 1871 · D:Taschentuchbaum, Taubenbaum; E:Dove Tree, Ghost Tree, Handkerchief Tree
  - var. **involucrata** · D:Gewöhnlicher Taubenbaum · ♄ d Z7; W-China

– var. *laeta* (Dode) Krüssm. = Davidia involucrata var. vilmoriniana
– var. **vilmoriniana** (Dode) Wangerin 1910 · D:Sichuan-Taubenbaum · ♄ d Z7 V-VI; China: Sichuan, Hupeh [16800]
– *vilmoriniana* Dode = Davidia involucrata var. vilmoriniana

Daviesia Sm. 1798 -f- *Fabaceae* · (S. 506)
D:Bittererbse; E:Bitter Peas
– **polyphylla** Benth. 1839 · ♄ e Z9 ⓚ; W-Austr.
– **ulicina** Sm. 1805 · ♄ e ⓚ; Austr., Tasman.

Deamia Britton et Rose 1920 -f- *Cactaceae* · (S. 351)
– **testudo** (Karw.) Britton et Rose 1920 · ♆ ≹ Z9 ⓚ ▽ *; C-Am., Col.

Debregeasia Gaudich. 1844-66 -f- *Urticaceae* · (S. 877)
– **longifolia** (Burm. f.) Wedd. 1869 · ♄ e ⓦ; S-Him., Ind., Sri Lanka, Myanmar, Java

Decabelone Decne. = Tavaresia
– **elegans** Decne. 1871 · ♃ ♆; Angola, Namibia

Decaisnea Hook. f. et Thomson 1855 -f- *Lardizabalaceae* · (S. 594)
D:Blauschote, Gurkenstrauch; F:Decaisnea
– **fargesii** Franch. 1892 · ♄ d ♣ Z7 V-VI; W-China [16810]

Decaryia Choux 1929 -f- *Didiereaceae* · (S. 451)
D:Zickzackpflanze
– **madagascariensis** Choux 1934 · D:Zickzackpflanze · ♄ ♆ Z10 ⓚ ▽ *; SW-Madag.

Deckenia H. Wendl. ex Seem. 1870 -f- *Arecaceae* · (S. 948)
– **nobilis** H. Wendl. ex Seem. 1870 · ♄ e Z10 ⓦ; Seych.

Decodon J.F. Gmel. 1791 -m- *Lythraceae* · (S. 608)
– **verticillatus** (L.) Elliott 1821 · ♃ ♄; USA: NE, SE, Fla., Ill.; C-Mex.

Decumaria L. 1763 -f- *Hydrangeaceae* · (S. 566)
D:Sternhortensie; E:Climbing Hydrangea
– **barbara** L. 1763 · D:Amerikanische Sternhortensie; E:Climbing Hydrangea, Wood Vamp · ♄ d ≹ Z7 ∧ V-VI; USA: Va., SE, Fla. [60338]
– **sinensis** Oliv. 1888 · D:Chinesische Sternhortensie · ♄ e Z8 ⓚ; C-China

Degenia Hayek 1937 -f- *Brassicaceae* · (S. 322)
– **velebitica** (Degen) Hayek 1937 · ♃ Z7; Croatia: Velebit [71871]

Deherainia Decne. 1876 -f- *Theophrastaceae* · (S. 866)
– **smaragdina** Decne. 1876 · ♄ e ⓦ; Mex.

Deilanthe N.E. Br. 1930
– **peersii** (L. Bolus) N.E. Br. 1931 · ♃ ♆ Z9 ⓚ; S-Afr. (Cape Prov.)

Deinanthe Maxim. 1867 -f- *Hydrangeaceae* · (S. 567)
D:Scheinhortensie; F:Deinanthe
– **bifida** Maxim. 1837 · D:Weiße Scheinhortensie · ♃ Z7 ∧ VII-VIII; Jap. [73247]
– **caerulea** Stapf 1911 · D:Blaue Scheinhortensie · ♃ Z7 ∧ VII-VIII; China: Hupeh

× **Dekensara** hort. 1955 -f- *Orchidaceae* · (*Cattleya* × *Rhyncholaelia* × *Schomburgkia*)

Delairea Lem. 1844 -f- *Asteraceae* · (S. 240)
D:Salonefeu; E:German Ivy; F:Delairea
– **odorata** Lem. 1844 · D:Salonefeu; E:German Ivy, Parlour Ivy · ♃ ≹ ⟿ Z9 ⓚ; Kap, nat. in S-Eur., W-Eur., NW-Afr. [11294]

Delonix Raf. 1836 -f- *Caesalpiniaceae* · (S. 374)
D:Flamboyant; E:Flame Tree; F:Flamboyant
– **regia** (Bojer ex Hook.) Raf. · D:Flamboyant; E:Flamboyant, Flame Tree · ♄ d Z9 ⓦ; Madag., nat. in Trop., Subtrop.

Delosperma N.E. Br. 1925 -n- *Aizoaceae* · (S. 142)
D:Mittagsblume; F:Delosperma, Ficoide
– **aberdeenense** (L. Bolus) L. Bolus · ♄ ♆ Z9 ⓚ; S-Afr. [63329]
– **ashtonii** L. Bolus 1932 · ♆ Z9 ⓚ; S-Afr. (Orange Free State, Transvaal), Botswana
– **brunnthaleri** (A. Berger) Schwantes ex H. Jacobsen · ♆ Z9; S-Afr. (Natal) [67783]
– **congestum** L. Bolus 1954 · ♆ Z9 ⓚ; S-Afr. (Cape Prov.) [60537]
– **cooperi** (Hook. f.) L. Bolus 1927 · E:Hardy Ice Plant · ♃ ♄ ♆ e Z7 Ⓐ ∧ VI-VIII; S-Afr.: Orange Free State [73842]
– **echinatum** (Lam.) Schwantes 1927 · ♃ ♆ Z9 ⓚ; Kap
– **ecklonis** (Salm-Dyck) Schwantes 1927 · ♃ ♆ Z9 ⓚ; Kap
– **lehmannii** (Eckl. et Zeyh.) Schwantes 1948 · ♆ Z9 ⓚ; S-Afr. (Cape Prov.)
– **lineare** L. Bolus 1928 · ♄ ♆ Z7 Ⓐ ∧ VI-VIII; Lesotho [67811]
– **lydenburgense** L. Bolus 1958 · ♆ Z9 ⓚ; S-Afr. (Transvaal)
– **nubigenum** (Schltr.) L. Bolus 1960 · D:Lesotho-Mittagsblume · ♄ ♆ Z9 ⓚ; S-Afr. Orange Free State [63331]
– *pruinosum* (Thunb.) J.W. Ingram = Delosperma echinatum
– **sutherlandii** (Hook. f.) N.E. Br. 1926 · ♆ Z9 ⓚ; S-Afr. (Transvaal, Natal) [68300]

Delphinium L. 1753 -n- *Ranunculaceae* · (S. 730)
D:Rittersporn; E:Larkspur; F:Pied-d'alouette
– *ajacis* L. = Consolida ajacis
– *ajacis* L. emend. J. Willm. = Consolida orientalis
– **bicolor** Nutt. 1834 · D:Niederer Rittersporn; E:Flat Head Larkspur · ♃ △ Z4 V-VIII; W-Can., USA: Rocky Mts., NC
– **brunonianum** Royle 1834 · ♃ △ D Z4 VI-VII; C-As., Afgh., Pakist., Tibet, Him.
– **bulleyanum** Forrest ex Diels 1912 · ♃ Z7; W-China
– **cardinale** Hook. 1855 · D:Roter Rittersporn; E:Scarlet Larkspur · ♃ Z7 ▭ ∧ VII-VIII; S-Calif.
– **carolinianum** Walter 1788 · ♃ Z4; USA: NEC, SE, Fla., NC, Tex., Colo.
– **cashmerianum** Royle · ♃ △ Z5 VI-X; Him.
– **cheilanthum** Fisch. ex DC. 1817 · ♃ Z4 VI-VII; E-Sib.
– *consolida* L. = Consolida regalis subsp. regalis
– **elatum** L. 1753 · D:Hoher Rittersporn · ♃ Z3 VI-VIII ☠ ▽; Eur.: Fr, Ap, C-Eur., EC-Eur., Ba; mts.; W-Sib., E-Sib., Mong., nat. in Sc

[63344]
- **exaltatum** Aiton 1789 · ⚃ Z5; USA: NE, NEC, N.C., Tenn. [71891]
- **fissum** Waldst. et Kit. · ⚃ Z7 VI-VII; Eur.: Ib, Fr, Ap, Ba, E-Eur.; TR, Levante
- **glareosum** Greene 1896 · ⚃ Z5; USA: Wash. (Olympic mts.)
- **grandiflorum** L. 1753 · F:Dauphinelle à grandes fleurs · ⚃ △ Z3 VI-VIII; E-Sib., W-China [70338]
  'Blauer Spiegel' [63405]
  'Blauer Zwerg' [63406]
  Butterfly Ser.
  - var. *chinense* Fisch. ex DC. 1817 = Delphinium grandiflorum
- **huetianum** Meikle 1970 · ⚃ VIII-IX; N-TR
- **hybridum** Stephan ex Willd. · ⚃ Z7; Cauc.
- **likiangense** Franch. 1893 · ⚃ Z7; China (Yunnan)
- **luteum** A. Heller 1903 · ⚃ Z8 ⓚ; N-Calif.
- **maackianum** Regel 1861 · F:Pied d'alouette · ⚃ Z3 VI-VII; Sib.
- **menziesii** DC. 1818 · ⚃ Z3; Can.: B.C.; USA: NW, Calif., Rocky Mts.
- **muscosum** Exell et Hillc. 1953 · ⚃ △ Z7 VI-VII; Bhutan
- **nudicaule** Torr. et A. Gray 1838 · D:Nacktstängliger Lerchensporn; E:Red Larkspur · ⚃ △ Z7 ∧ VI-VII; N-Calif. [63412]
- **nuttallianum** Pritz. ex Walp. 1842 · ⚃ Z4; Can.: B.C.; USA: NW, Calif., Rocky Mts.
- *orientale* J. Gay = Consolida orientalis
- **oxysepalum** Borbás et Paxton 1890 · ⚃ Z6; Eur.: CZ, PL; Carp. Mts.
- **przewalskii** Huth 1895 · ⚃ Z6; W-Mong.
- **pylzowii** Maxim. ex Regel 1877
- **requienii** DC. · ⊙ ⊙ Z8 ⓚ; Eur.: S-F, ? Corse, Sard.
- × **ruysii** hort. ex L. Möller (*D. elatum* × *D. nudicaule*) · ⚃ Z6; cult.
  'Rosa Sensation' [63420]
- **semibarbatum** Bien. ex Boiss. 1924 · D:Gelber Rittersporn; E:Zalil; F:Pied d'alouette · ⚃ ✕ Z7 ∧ VI-VII; Iran, Afgh., N-Ind. [63421]
- **staphisagria** L. 1753 · ⚃ Z8 ⓚ ☤ ☠; Eur.: Ib, Fr, Ap, Ba; TR, Cyprus, Syr., NW-Afr.
- *sulphureum* hort. = Delphinium semibarbatum

- **tatsienense** Franch. 1893 · F:Dauphinelle du Setchouan · ⚃ Z6 VII; Sichuan [63422]
- **tricorne** Michx. 1803 · ⚃ Z4 V-VI; USA: NE, NCE, NC, SC, SE
- **triste** Fisch. · ⚃ Z3 VI-VII; Sib.
- **uliginosum** Curran 1885 · ⚃ Z8 ⓚ; Calif.
- **vestitum** Wall. ex Royle 1834 · ⚃ Z7; Him. (Pakist. - E-Nepal)
- *zalil* Aitch. et Hemsl. = Delphinium semibarbatum
- **in vielen Sorten:**
  B Belladonna-Gruppe
    Entstanden aus *D. elatum* × *D. grandiflorum*, wird vegetativ vermehrt, bei einigen Sorten auch generativ. Liebt warme, sonnige Standorte mit gutem Wasserabzug.
  E Elatum-Gruppe
    Gezüchtet aus *D. elatum*, *D. formosanum*, *D. cheilanthum* und *D. grandiflorum* und einigen weiteren, im Handel auch unter dem Namen *D.* × *cultorum* zu finden. Wird vegetativ vermehrt und liebt hohe Luftfeuchtigkeit und sonnigen Standort.
  P Pacific-Gruppe
    Wird generativ vermehrt, die Pflanzen sind kräftiger als die anderen Typen, oft halb oder ganz gefüllte Blüten. Die Sorten stellen weniger Standortansprüche und sind gut geeignet als Schnittblumen.
'Abgesang' (E) Foerster 1967 [63353]
Astolat Grp. (P) [63413]
'Bellamosum' (B) [63335]
'Berghimmel' (E) Foerster 1920 [63360]
Black Knight Grp. (P) Benary [63414]
Blue Bird Grp. (P) [63415]
'Blue Jay' (P) [68065]
'Casa Blanca' (B) [63337]
'Cliveden Beauty' (B) Barr 1918 [63338]
'Finsteraarhorn' (E) Foerster 1937 [63371]
Galahad Grp. (P) Benary [63416]
Guinevere Grp. (P) Benary [60645]
'Jubelruf' (E) Foerster 1956 [63377]
King Arthur Grp. (P) [63417]
'Lanzenträger' (E) Kayser & Seibert 1967 [63381]
Magic Fountains Grp. (P) [60020]
'Moerheimii' (B) Ruys Moerheim Nurs. 1909 [63340]
'Morgentau' (E) [63385]
'Ouvertüre' (E) Foerster 1936 [63386]
'Piccolo' (B) Weinreich 1972 [63341]
'Schildknappe' (E) Kayser & Seibert 1949 [63391]

'Sommernachtstraum' (E) Kayser & Seibert 1959 [63395]
Summer Skies Grp. (P) [63419]
'Völkerfrieden' (B) Späth 1942 [63343]

Dendranthema (DC.) Des Moul. = Chrysanthemum
- *arcticum* (L.) Tzvelev = Arctanthemum arcticum
- *coreanum* (H. Lév. et Vaniot) Vorosch. = Chrysanthemum coreanum
- *indicum* (L.) Des Moul. = Chrysanthemum indicum
- *indicum* hort. = Chrysanthemum × grandiflorum
- *pacificum* (Nakai) Kitam. = Ajania pacifica
- *weyrichii* (Maxim.) Tzvelev = Chrysanthemum weyrichii
- *yezoense* (Maek.) D.J.N. Hind = Chrysanthemum yezoense
- *zawadskii* (Herbich) Tzvelev = Chrysanthemum zawadskii var. zawadskii

Dendrobium Sw. 1799 -n- Orchidaceae · (S. 1060)
- **adae** F.M. Bailey 1884 · ⚃ Z10 ⓦ; Austr. (Queensl.)
- **aduncum** Wall. ex Lindl. 1842 · ⚃ Z10 ⓦ VI-IX ▽ ✽; Him., Indochina, China
- *aggregatum* Roxb. = Dendrobium lindleyi
- **albosanguineum** Lindl. et Paxton 1851 · ⚃ Z10 ⓦ; Myanmar, Thail.
- **amethystoglossum** Rchb. f. 1872 · ⚃ Z10 ⓦ; Phil. (Luzon)
- **anosmum** Lindl. 1845 · ⚃ Z10 ⓦ II-IV ▽ ✽; Thail., Laos, Vietn., Malay. Arch., Phil., N.Guinea
- **aphyllum** (Roxb.) C.E.C. Fisch. 1822 · ⚃ Z10 ⓦ III-V ▽ ✽; NE-Ind., Him., SW-China, Indochina, Malay. Pen.
- *arachnites* Rchb. f. = Dendrobium dickasonii
- **atroviolaceum** Rolfe 1890 · ⚃ Z10 ⓦ IV-V ▽ ✽; N.Guinea
- **bellatulum** Rolfe 1903 · ⚃ Z10 ⓚ IV-V ▽ ✽; Vietn.: Annam
- **bicaudatum** Reinw. ex Lindl. 1859 · ⚃ Z10 ⓦ V-VII ▽ ✽; Molucca I.: Ambon
- **bigibbum** Lindl. 1880 · ⚃ Z10 ⓦ II-III ▽ ✽; N.Guinea, Austr.: Queensl.
- **brymerianum** Rchb. f. 1875 · ⚃ Z10 ⓦ II-III ▽ ✽; Myanmar, Thail., Laos
- **bullenianum** Rchb. f. 1862 · ⚃ Z10 ⓦ ▽ ✽; Phil.

- **chrysanthum** Wall. ex Lindl. 1830 · ♃ Z10 ⓜ VIII-IX ▽ ✱; Nepal, Him., Myanmar, Thail.
- **chrysotoxum** Lindl. 1847 · ♃ Z10 ⓜ III-IV ▽ ✱; Ind., China, Myanmar, Laos
- *ciliatum* C.S.P. Parish ex Hook. f. = Dendrobium venustum
- **crepidatum** Lindl. et Paxton · ♃ Z10 ⓜ IV-V ▽ ✱; Ind.: Sikkim, Assam; Myanmar
- **crumenatum** Sw. 1799 · ♃ Z10 ⓜ I-XII ▽ ✱; Myanmar, Malay. Pen.
- **crystallinum** Rchb. f. 1868 · ♃ Z10 ⓜ; N-Ind., Myanmar, Laos, Kampuchea, Vietn.
- **dearei** Rchb. f. 1882 · ♃ Z10 ⓜ IV-VI ▽ ✱; Phil.
- **delacourii** Guillaumin 1924 · ♃ Z10 ⓜ; Indochina
- **delicatum** · ♃ Z10 ⓜ; Austr. (Queensl., N.S.Wales)
- **densiflorum** Lindl. 1830 · ♃ Z10 ⓜ ▽ ✱; Him., Indochina
- **devonianum** Paxton 1840 · ♃ Z10 ⓜ V-VI ▽ ✱; Him., Indochina
- **dickasonii** L.O. Williams 1940 · ♃ D Z10 ⓜ V ▽ ✱; Myanmar, Thail.
- **discolor** Lindl. 1841 · ♃ Z10 ⓚ I-V ▽ ✱; N.Guinea, Austr.: Queensl.
- **draconis** Rchb. f. 1862 · ♃ Z10 ⓜ ▽ ✱; Myanmar, Thail.
- **falconeri** Hook. 1856 · ♃ Z10 ⓜ V-VI ▽ ✱; Ind.: Assam; S-Myanmar
- **falcorostrum** Fitzg. 1876 · ♃ Z10 ⓜ ▽ ✱; Austr.
- **farmeri** Paxton 1849 · ♃ Z10 ⓜ IV-V ▽ ✱; Him., Myanmar, Thail., Malay. Pen.
- **fimbriatum** Hook. 1823
  - var. **fimbriatum** · ♃ Z10 ⓜ ▽ ✱; Him., Myanmar
  - var. **oculatum** Hook. 1845 · ♃ Z10 ⓜ III-V ▽ ✱; Sikkim
- **findleyanum** C.S.P. Parish et Rchb. f. 1874 · ♃ Z10 ⓜ II-III ▽ ✱; Myanmar, Thail.
- **formosum** Roxb. ex Lindl. 1830 · ♃ Z10 ⓜ II-V ▽ ✱; Nepal, Him., Myanmar, Thail.
- **friedricksianum** Rchb. f. 1887 · ♃ Z10 ⓜ; Thail.
- **gibsonii** Paxton 1838 · ♃ Z10 ⓚ VIII-X ▽ ✱; Him., Myanmar, Yunnan
- **goldschmidtianum** Kraenzl. 1909 · ♃ Z10 ⓜ; Taiwan
- **gouldii** Rchb. f. 1867
- **gratiosissimum** Rchb. f. 1865 · ♃ Z10 ⓜ III-V ▽ ✱; Myanmar, Thail.
- **hercoglossum** Rchb. f. 1886
- **heterocarpum** Wall. ex Lindl. 1830 · ♃ Z10 ⓜ I-III ▽ ✱; Him., Ind., Sri Lanka, Myanmar, Phil., Java
- *hildebrandii* Rolfe = Dendrobium signatum
- **histrionicum** (Rchb. f.) Schltr. 1914 · ♃ Z10 ⓜ IV-V ▽ ✱; Myanmar, Thail.
- **hookerianum** Lindl. 1859 · ♃ Z10 ⓜ VIII-IX ▽ ✱; Him., Ind.: Assam
- **infundibulum** Lindl. 1859
  - var. **infundibulum** · ♃ Z10 ⓜ ▽ ✱; Myanmar, Thail.
  - var. **jamesianum** (Rchb. f.) Veitch 1869 · ♃ Z10 ⓜ III-V ▽ ✱; Myanmar
- *infundibulum* Rchb. f. = Dendrobium formosum
- *jamesianum* Rchb. f. = Dendrobium infundibulum var. jamesianum
- **jonesii** Rendle 1901 · ♃ Z10 III-V ▽ ✱; N.Guinea, Queensl.
- **kingianum** Bidwill ex Lindl. 1844 · ♃ ⚥ Z10 ⓚ IV-V ▽ ✱; Austr.: Queensl., N.S.Wales
- **lindleyi** Steud. 1840 · ♃ Z10 ⓜ III-V ▽ ✱; Him., S-China, Indochina, Malay. Pen.
- **linguiforme** Sw. 1800 · ♃ Z10 ⓜ; Austr. (Queensl., N.S.Wales, N. Terr.)
- **lituiflorum** Lindl. 1856 · ♃ Z10 ⓜ IV-V ▽ ✱; NE-Ind., Myanmar, Thail.
- **loddigesii** Rolfe 1887 · ♃ Z10 ⓜ II-IV ▽ ✱; China: Yunnan, Honan; Laos
- **luteolum** Bateman 1864 · ♃ Z10 ⓜ I-V ▽ ✱; Myanmar
- *lyonii* Ames = Epigeneium lyonii
- *minax* Rchb. f. = Dendrobium bicaudatum
- **mirbelianum** Gaudich. 1829 · ♃ Z10 ⓜ ▽ ✱; Austr.: Queensl.
- *miyakei* Schltr. = Dendrobium goldschmidtianum
- **moniliforme** (L.) Sw. 1799 · ♃ Z10 ⓚ IV-V ▽ ✱; China, S-Korea, Jap.
- **moschatum** (Willd.) Sw. 1805 · ♃ Z10 ⓜ V-VII ▽ ✱; Sikkim, Myanmar, Thail., Laos
- **nobile** Lindl. 1830 · ♃ Z10 ⓜ III-VI ⚥ ▽ ✱; Him., W-China, Taiwan
- **ochreatum** Lindl. 1835 · ♃ Z10 ⓜ III-IV ▽ ✱; Ind.: Khasia Hills
- **oligophyllum** Gagnep. 1950
- **parishii** Rchb. f. 1863 · ♃ Z10 ⓜ V-VI ▽ ✱; S-China, Indochina
- *paxtonii* Lindl. = Dendrobium chrysanthum
- **pendulum** Roxb. 1832 · ♃ Z10 ⓜ VIII-XII ▽ ✱; Myanmar
- *phalaenopsis* Fitzg. = Dendrobium bigibbum
- *pierardii* Roxb. ex Hook. = Dendrobium aphyllum
- **primulinum** Lindl. 1858 · ♃ Z10 ⓜ IV-V ▽ ✱; Nepal, Him., S-China, Myanmar, Thail., Vietn., Malay. Pen.
- **pulchellum** Roxb. ex Lindl. 1830 · ♃ Z10 ⓜ IV-V ▽ ✱; Him., Indochina
- *ruppianum* A.D. Hawkes = Dendrobium jonesii
- **secundum** (Blume) Lindl. 1829 · ♃ Z10 ⓜ; Indochina, Malay. Arch., Phil., Pacific Is.
- **senile** C.S.P. Parish et Rchb. f. 1865 · ♃ Z10 ⓜ IV-VI ▽ ✱; Myanmar
- **signatum** Rchb. f. 1884 · ♃ Z10 ⓜ; Myanmar, Thail.
- **speciosum** Sm. 1804 · E:King Orchid, Rock Orchid · ♃ Z10 ⓚ III-V ▽ ✱; Austr.: Queensl., N.S.Wales, Victoria
  - var. *fusiforme* F.M. Bailey 1884 = Dendrobium jonesii
- **stratiotes** Rchb. f. 1886 · ♃ Z10 ⓜ VI-VII ▽ ✱; Sulawesi
- × **superbiens** Rchb. f. 1876 (*D. bigibbum* × *D. discolor*) · ♃ Z10 ⓜ X-XII ▽ ✱; N-Austr.
- *superbum* Rchb. f. = Dendrobium anosmum
- **taurinum** Lindl. 1843 · ♃ Z10 ⓜ IX-XII ▽ ✱; Phil.
- **tetragonum** A. Cunn. ex Lindl. 1839 · ♃ Z10 ⓜ X-XII ▽ ✱; Austr.: Queensl., N.S.Wales
- **thyrsiflorum** Rchb. f. ex André 1875 · ♃ Z10 ⓜ ▽; Myanmar, Thail.
- *topaziacum* Ames = Dendrobium bullenianum
- **tortile** Lindl. 1847 · ♃ Z10 ⓜ; Myanmar, Cambodia, Laos, Vietnam
- *undulatum* R. Br. = Dendrobium discolor
- **venustum** Teijsm. et Binn. 1864 · ♃ Z10 ⓜ X-XI ▽ ✱; Indochina
- **wardianum** R. Warner 1863
- *wilkianum* Rupp = Dendrobium mirbelianum
- **williamsonii** J. Day et Rchb. f. 1869 · ♃ Z10 ⓚ III ▽ ✱; Ind.: Assam; Myanmar, Thail.
- **in vielen Sorten**

Dendrocalamus Nees 1835 -m-
Poaceae · (S. 1109)
- **asper** (Schult.) Backer ex K.
  Heyne 1927 · ♄ e Z10 ⓦ Ⓝ; orig.
  ?, nat. in Malay. Arch.
- **giganteus** Munro 1868 · E:Giant
  Bamboo · ♄ e Z10 ⓦ Ⓝ; N-Guinea,
  Myanmar, Thail., Ind., China:
  Sichuan
- **hamiltonii** Nees et Arn. 1868 · ♄ e
  Z10 ⓦ Ⓝ; Him.
- **strictus** (Roxb.) Nees 1835 ·
  D:Kalkuttabambus; E:Calcutta
  Bamboo · ♄ e Z10 ⓦ Ⓝ; Ind.,
  Myanmar, Thail., Malay. Pen.

Dendrochilum Blume 1825 -n-
Orchidaceae · (S. 1060)
- **cobbianum** Rchb. f. 1880 · ♃ Z10
  ⓜ IX-X ▽ ✻; Phil.: Luzon
- **cornutum** Blume 1826 · ♃ Z10 ⓜ
  VII-VIII ▽ ✻; Sumat., Java
- **filiforme** Lindl. 1840 · ♃ Z10 ⓜ
  VI-VII ▽ ✻; Phil.
- **glumaceum** Lindl. 1841 · E:Silver
  Chain · ♃ Z10 ⓜ I-II ▽ ✻; Phil.
- **latifolium** Lindl. 1843 · ♃ Z10 ⓜ
  II-IV ▽ ✻; Phil.

Dendrocnide Miq. 1851 -f-
Urticaceae
- *moroides* (Wedd.) Chew =
  Laportea moroides

Dendromecon Benth. 1834 -f-
Papaveraceae · (S. 683)
D:Baummohn; E:Tree Poppy;
F:Pavot en arbre
- *harfordii* Kellogg = Dendromecon
  rigida subsp. harfordii
- **rigida** Benth. 1834
  - subsp. **harfordii** (Kellogg) P.H.
    Raven · D:Harfords Baummohn ·
    ♄ Z8 ⓜ; Calif. (Santa Cruz,
    Santa Rosa Is.)
  - subsp. **rigida** · D:Mexikanischer
    Baummohn; E:Bush Poppy, Tree
    Poppy · ♄ e Z8 ⓜ III-VI; Calif.

Dendropanax Decne. et Planch.
1854 -m- *Araliaceae* · (S. 198)
- **trifidus** (Thunb.) Makino ex H.
  Hara 1940

Denmoza Britton et Rose 1922 -f-
Cactaceae · (S. 351)
- **erythrocephala** (K. Schum.) A.
  Berger 1929 · ⚘ Z9 ⓜ ▽ ✻; Arg.
- **rhodacantha** (Salm-Dyck) Britton
  et Rose 1922 · ⚘ Z9 ⓜ ▽ ✻;
  NW-Arg.

Dennstaedtia Bernh. 1800 -f-
Dennstaedtiaceae · (S. 65)
D:Schüsselfarn; F:Dennstaedtia
- **cicutaria** (Sw.) T. Moore 1857 · ♃
  Z10 ⓜ; Mex., W-Ind., trop. S-Am.
- **davallioides** (R. Br.) T. Moore
  1858 · ♃ Z10 ⓜ; Austr.: Queensl.,
  N.S.Wales, Victoria
- **obtusifolia** (Willd.) T. Moore
  1861 · ♃ Z10 ⓜ; C-Am., W.Ind.,
  trop. S-Am.
- **punctilobula** (Michx.) T. Moore
  1857 · D:Heuduftender Schüssel-
  farn; E:Hay Scented Fern, Wild
  Fern · ♃ Z6; Can.: E; USA; NE,
  NCE, SE [67395]

Dentaria L. = Cardamine
- *bulbifera* L. = Cardamine bulbifera
- *digitata* Lam. = Cardamine
  pentaphyllos
- *diphylla* Michx. = Cardamine
  diphylla
- *enneaphylla* L. = Cardamine
  enneaphyllos
- *heptaphylla* Vill. = Cardamine
  heptaphylla
- *pentaphyllos* L. = Cardamine
  pentaphyllos
- *pinnata* Lam. = Cardamine
  heptaphylla
- *polyphylla* Waldst. et Kit. =
  Cardamine kitaibelii

Dermatobotrys Bolus 1890 -m-
Scrophulariaceae · (S. 825)
- **saundersii** Bolus 1890 · ♄ d Z10
  ⓜ I-III; S-Afr.: Natal

Derris Lour. 1790 -f- *Fabaceae* ·
(S. 507)
D:Tubawurzel; E:Tuba Root;
F:Derris
- **elliptica** (Sweet) Benth. 1860 ·
  D:Tubawurzel; E:Derris Root,
  Tuba Root · ♄ e ⚥ Z9 ⓦ ⚥ ⚔ Ⓝ;
  Myanmar, Thail., Malay. Arch.
- **malaccensis** (Benth.) Prain 1897 ·
  D:Fischgift-Tubawurzel; E:Fish
  Poison · ♄ e ⚥ Z9 ⓦ ⚥ ; Malay.
  Pen.

Derwentia Raf. = Parahebe
- *perfoliata* (R. Br.) Raf. = Parahebe
  perfoliata

Deschampsia P. Beauv. 1812 -f-
Poaceae · (S. 1109)
D:Schmiele; E:Hair Grass;
F:Canche
- **cespitosa** (L.) P. Beauv. 1812 ·
  D:Rasen-Schmiele · [67529]
  'Bronzeschleier' Foerster 1963 [67530]
  'Goldgehänge' Partsch 1987 [67531]
  'Goldschleier' Partsch [67532]
  'Goldtau' Partsch [67533]
  'Tautträger' Foerster 1961 [67534]
  - subsp. **cespitosa** · D:Gewöhn-
    liche Rasen-Schmiele; E:Tufted
    Hairgrass; F:Canche cespiteuse ·
    ♃ ⁓ VI-IX Ⓝ; Eur.*, TR, Iran,
    W-Sib., E-Sib., C-As., Mong.,
    Him., N-Am.
- **flexuosa** (L.) Trin. 1836 ·
  D:Draht-Schmiele
  'Hohe Tatra' [67538]
  'Tatragold' = Deschampsia flexuosa 'Hohe
  Tatra'
  - subsp. **flexuosa** · D:Gewöhn-
    liche Draht-Schmiele; E:Wavy
    Hair Grass; F:Canche flexueuse ·
    ♃ VI-VII; Eur.*, TR, Cauc.,
    N-Iran, W-Sib., E-Sib., Amur,
    Sachal., Kamchat., Jap., Taiwan,
    Maroc., Alger., Alaska, Can.,
    USA: NE, NCE, SE, SC; Greenl.,
    Arg., Chile, nat. in N.Guinea,
    Phil., Kalimantan, NZ [67537]
  - **littoralis** (Gaudin) Reut. 1861 ·
    D:Bodensee-Schmiele, Ufer-
    Schmiele · ♃ VII-VIII; Eur.: C-Alp.
- **media** (Gouan) Roem. et Schult.
  1817 · D:Binsen-Schmiele · ♃
  VI-VII; Eur.: Ib, F, I, D, Ba; TR,
  Cauc.
- *rhenana* Gremli = Deschampsia
  littoralis
- **setacea** (Huds.) Hack. 1880 ·
  D:Borst-Schmiele · ♃ VII-VIII;
  Eur.: Sc, BrI, Fr, D, PL, Ib
- **wibeliana** (Sond.) Parl. 1845 ·
  D:Elbe-Schmiele, Wibels
  Schmiele · ♃ V-VI; Eur.: NW-D

Descurainia Webb et Berthel. 1836
-f- *Brassicaceae* · (S. 322)
D:Besenrauke; E:Flixweed;
F:Réséda à balai
- **sophia** (L.) Prantl 1891 ·
  D:Gewöhnliche Besenrauke · ☉ ☉
  V-IX; Eur.*, TR, Levante; Cauc.,
  W-Sib., E-Sib., Amur, Kamchat.,
  C-As., Tibet, Mong., China,
  Maroc., Alger., Egypt, nat. in
  N-Am.

Desfontainia Ruiz et Pav. 1794 -f-
Loganiaceae · (S. 450)
- **spinosa** Ruiz et Pav. 1794 · ♄ e
  Z8 ⓜ VII-VIII; Costa Rica, S-Am.;
  And.
  'Harold Comber'

Desmazeria Dumort. 1822 -f-
Poaceae · (S. 1109)
- *rigida* (L.) Tutin = Catapodium
  rigidum

- **sicula** (Jacq.) Dumort. 1822 · ⊙; Eur.: S-I, Sic., Sard.; N-Afr.

Desmodium Desv. 1813 -n-
Fabaceae · (S. 507)
D:Bettlerkraut, Wandelklee;
E:Beggarweed, Tick Trefoil;
F:Sainfoin oscillant
- **canadense** (L.) DC. 1825 · D:Kanadischer Wandelklee, Zeckenklee; E:Canada Tick Trefoil · ♄ d Z2 VII; Can.: E, Sask.; USA: NE, NCE, Okla.
- **elegans** DC. 1825 · D:Ähriger Wandelklee · ♄ d Z6 VIII-X; Him., China [20351]
- **intortum** (Mill.) Urb. 1920 · D:Grüner Wandelklee; E:Beggarlice · ⚃ 🆆 🆁; C-Am., Bras. (Austr.)
- **motorium** (Houtt.) Merr. 1938 · D:Telegrafenpflanze; E:Telegraph Plant · ⊙ ⚃ ♄ Z10 🆆 VIII-IX; Ind., Sri Lanka, Phil.
- *penduliflorum* Oudem. = Lespedeza thunbergii
- *tiliifolium* (D. Don) G. Don = Desmodium elegans
- **tortuosum** (Sw.) DC. 1849 · D:Florida-Wandelklee; E:Florida Beggarweed · ⚃ 🆆 🆁; Fla., W.Ind.
- **uncinatum** (Jacq.) DC. 1825 · D:Spanischer Wandelklee; E:Spanish Tick Clover · ⚃ 🆆 🆁; S-Am, nat. in Austr.
- **yunnanense** Franch. 1889 · ♄ d Z9 🆆; SW-China

Desmoncus Mart. 1891 -m-
Arecaceae · (S. 948)
D:Hakenpalme; F:Palmier
- *horridus* Splitg. ex Mart. = Desmoncus orthacanthos
- **orthacanthos** Mart. 1824 · ♄ e ⚡ 🆆; Surinam

Deuterocohnia Mez 1894 -f-
Bromeliaceae · (S. 972)
- **brevifolia** (Griseb.) M.A. Spencer et L.B. Sm. 1992 · ⚃ ⌂ Z9 🆆; NW-Arg., S-Bol.
- **longipetala** (Baker) Mez 1894 · ⚃ Z9 🆆; Peru, Bras., Arg.
- **lorentziana** (Mez) M.A. Spencer et L.B. Sm. 1992 · ⚃ ⌂ Z9 🆆; NW-Arg.

Deutzia Thunb. 1784 -f-
Hydrangeaceae · (S. 567)
D:Deutzie; E:Deutsia; F:Deutzia
- × **candelabrum** (Lemoine) Rehder 1927 (*D. gracilis* × *D. scabra*) · D:Armleuchter-Deutzie ·

♄ d Z6 V-VI; cult.
'Erecta'
- × **candida** (Lemoine) Rehder 1907 (*D. scabra* × *D.* × *lemoinei*) · D:Weiße Deutzie · ♄ d Z6 VI; cult.
'Boule de Neige' [16870]
- × **carnea** (Lemoine) Rehder 1927 (*D. scabra* × *D.* × *rosea*) · D:Fleischfarbige Deutzie · ♄ d Z6; cult.
- **compacta** Craib 1913 · D:Kompakte Deutzie · ♄ d Z6; cult. in China
- **coreana** H. Lév. 1910 · D:Koreanische Deutzie · ♄ d Z6; Korea [29298]
- **corymbosa** R. Br. 1839 · D:Doldige Deutzie · ♄ d Z8 🆆 VI; W-Him.
- **crenata** Siebold et Zucc. 1835 · D:Gekerbtblättrige Deutzie · ♄ d Z6 V-VI; Jap.
'Nikko' c. 1975 [37006]
- **discolor** Hemsl. 1887 · D:Zweifarbige Deutzie · ♄ d Z6 VI; C-China [24786]
- × **elegantissima** (Lemoine) Rehder 1927 (*D. purpurascens* × *D. scabra*) · D:Elegante Deutzie · ♄ d Z6; cult.
'Rosealind' 1962 [37683]
- × **excellens** (Lemoine) Rehder 1927 (*D. vilmorinae* × *D.* × *rosea*) · D:Hervorragende Deutzie · ♄ d Z5; cult.
- **glabrata** Kom. 1904 · D:Kahle Deutzie
- **glauca** W.C. Cheng 1935 · D:Blaugrüne Deutzie
- **gracilis** Siebold et Zucc. · D:Zierliche Deutzie; E:Japanese Snow Flower, Slender Deutsia; F:Petit deutzia · ♄ d Z5 V-VI; Jap.
- **hookeriana** (C.K. Schneid.) Airy Shaw 1934 · D:Hookers Deutzie · ♄ d Z5; E-Him., China (Yunnan)
- × **hybrida** Lemoine 1925 (*D. discolor* × *D. mollis*) · D:Hybrid-Deutzie · ♄ d Z6; cult.
'Magician' [11874]
'Mont Rose' c. 1925 [16850]
'Pink Pompon' 1984 [33594]
- × **kalmiiflora** Lemoine (*D. parviflora* × *D. purpurascens*) · D:Kalmiablütige Deutzie · ♄ d Z6; cult. [16860]
- × **lemoinei** Lemoine ex Bois 1894 (*D. gracilis* × *D. parviflora*) · D:Lemoines Deutzie · ♄ d Z5; cult. [28620]
- **longifolia** Franch. · D:Langblättrige Deutzie · ♄ d Z6 VI; Yunnan, Sichuan

- × **magnifica** (Lemoine) Rehder 1927 (*D. scabra* × *D. vilmorinae*) · D:Großartige Deutzie · ♄ d Z5; cult. [16890]
'Nancy' 1975 [29302]
- × **maliflora** Rehder 1927 (*D. purpurascens* × *D.* × *lemoinei*) · D:Apfelblüte Deutzie · ♄ d Z6; cult.
'Boule Rose' [29303]
- **maximowicziana** Makino 1892 · D:Maximoczs Deutzie · ♄ d Z6; Jap.
- **mollis** Duthie 1906 · D:Flaumige Deutzie · ♄ d Z6; C-China: W-Hubei
- **monbeigii** W.W. Sm. 1920 · ♄ d Z6; SW-China
- × **myriantha** Lemoine 1904 (*D. parviflora* × *D. setchuenensis*) · D:Reichblütige Deutzie · ♄ d Z5; cult.
- **ningpoensis** Rehder 1911 · D:Ningpo-Deutzie · ♄ d Z5 VII; E-China [30532]
- **parviflora** Bunge 1835 · D:Kleinblütige Deutzie · ♄ d Z6 VI; N-China, Manch., Korea [29304]
- **pulchra** S. Vidal 1886 · D:Schöne Deutzie · ♄ d Z6 V-VI; Phil., Taiwan
- **purpurascens** (Franch. ex L. Henry) Rehder 1911 · D:Purpur-Deutzie · ♄ d Z6 V-VI; W-China
- × **rosea** (Lemoine) Rehder 1914 (*D. gracilis* × *D. purpurascens*) · D:Rosa Deutzie · ♄ d Z6; cult. [16910]
'Campanulata' 1899 [15177]
'Carminea' 1900 [14216]
- **rubens** Rehder 1911 · D:Rote Deutzie · ♄ d Z6 VI; C-China: Sichuan, Hubei, Shaanxi
- **scabra** Thunb. 1784 · D:Raue Deutzie; E:Deutzia · ♄ d Z6 VI-VII; Jap., Riukiu-Is. [19344]
'Candidissima' 1867 [16940]
'Plena' < 1861 [16950]
'Pride of Rochester' 1890 [16960]
- **schneideriana** Rehder 1911 · D:Schneiders Deutzie · [29305]
  - var. **laxiflora** Rehder · ♄ d Z6; C-China
  - var. **schneideriana** · ♄ d Z6 VI-VII; C-China.
- **setchuenensis** Franch. 1896 · D:Sichuan-Deutzie
  - var. **corymbiflora** (Lemoine) Rehder 1911 · D:Sternblütige Sichuan-Deutzie · ♄ d Z6; W-China, C-China
  - var. **setchuenensis** · D:Gewöhnliche Sichuan-Deutzie · ♄ d Z6

VI-VII; W-China
- *sieboldiana* Maxim. = Deutzia scabra
- **staminea** R. Br. ex Wall. 1831 · ♄ d Z8 ⓚ VI-VII; Him.
- **taiwanensis** (Maxim.) C.K. Schneid. 1904 · D:Taiwan-Deutzie · ♄ s Z7; Taiwan [20207]
- **vilmorinae** Lemoine et Bois 1904 · D:Vilmorins Deutzie · ♄ d Z6 VI; C-China. [29307]
- × **wilsonii** Duthie 1906 (*D. discolor* × *D. parviflora*) · D:Wilsons Deutzie · ♄ d Z6; cult. [29308]

× **Diabroughtonia** hort. 1956 -f- *Orchidaceae* · (*Broughtonia* × *Caularthron*)

Diacrium Benth. = Caularthron
- *bicornutum* (Hook.) Benth. = Caularthron bicornutum

× **Dialaelia** hort. 1905 -f- *Orchidaceae* · (*Caularthron* × *Laelia*)

× **Dialaeliocattleya** hort. 1915 -f- *Orchidaceae* · (*Cattleya* × *Caularthron* × *Laelia*)

× **Dialaeliopsis** hort. 1966 -f- *Orchidaceae* · (*Caularthron* × *Laeliopsis*)

Dianella Lam. 1789 -f- *Phormiaceae* · (S. 1091) D:Flachslilie; E:Flax Lily; F:Dianella
- **caerulea** Sims 1801 · D:Blaue Flachslilie; E:Blue Flax Lily · ♃ ♄ e Z9 ⓚ; Austr.: N.S.Wales, Victoria; N. Guinea, Fiji, N.Caled.
- **ensifolia** (L.) DC. 1802 · D:Neuseeländische Flachslilie; E:New Zealand Lily Plant, Umbrella Dracaena · ♄ e ♧ Z9 ⓚ; Madag., Mascarene Is., Ind., Myanmar, Sri Lanka, Malay. Arch., Jap., Ryukyu Is., Taiwan, Austr., Pacific Is.
- **intermedia** Endl. 1833 · D:Norfolk-Flachslilie · ♃ e ♧ Z9 ⓚ; NZ, Norfolk Is., Fiji
- *laevis* R. Br. = Dianella longifolia
- **longifolia** R. Br. · D:Langblättrige Flachslilie · ♃ e ♧ Z9 ⓚ; Austr.: Queensl., N.S.Wales, Victoria, Tasman.
- **nigra** Colenso 1884 · D:Schwarze Flachslilie · ♃ Z9 ⓚ; NZ
- **revoluta** R. Br. 1810 · ♃ e Z9 ⓚ; Austr.: N.S.Wales, Tasman.
- *strumosa* Lindl. = Dianella longifolia
- **tasmanica** Hook. f. 1858 · D:Tasmanische Flachslilie · ♃ e ♧ Z9 ⓚ; Austr.: N.S.Wales, Victoria, Tasman.
  'Variegata'

Dianthus L. 1753 -m- *Caryophyllaceae* · (S. 400) D:Nelke; E:Carnation, Pink; F:Œillet
- × **allwoodii** hort. (*D. caryophyllus* × *D. plumarius*) · D:Allwoods Nelke; E:Allwood Pink · ♃ Z3; cult.
- *alpinus* All. = Dianthus pavonius
- **alpinus** L. 1753 · ♃ △ Z3 VII-VIII ▽; Eur.: A; NE-Alp.
  'Albus' [63571]
  'Joan's Blood'
- **amurensis** Jacq. 1861 · ♃ Z3 ▽; E-As., China
- **anatolicus** Boiss. 1843 · ♃ ⤳ △ Z6 VI-VII ▽; TR
- **arenarius** L. · D:Gewöhnliche Sand-Nelke; F:Oeillet des sables · ♃ △ Z3 VI-IX ▽; Eur.: Sc, C-Eur., EC-Eur., N-Ba, E-Eur.
- **armeria** L. 1753 · D:Büschel-Nelke, Raue Nelke; E:Deptford Pink · ⊙ Z6 VI-VIII ▽; Eur.* , W-As.
- × **arvernensis** Rouy et Foucaud 1896 (*D. monspessulanus* × *D. seguieri*) · ♃ ⤳ △ Z4 VII-VIII; cult. [63515]
- **barbatus** L. 1753 · D:Bart-Nelke; E:Sweet William; F:Oeillet des poètes · ⊙ ♃ ✂ Z4 VI-VIII ▽; Eur.* exc. BrI, Sc; mts., nat. in FIN [68240]
  'Indianerteppich'
  'Nigrescens'
  'Plenus'
  'Sooty'
  Super Duplex Ser.
- *bebius* Vis. ex Rchb. = Dianthus petraeus subsp. petraeus
- *boydii* hort. = Dianthus callizonus
- **brevicaulis** Fenzl · ♃ △ Z7 VII ▽; TR: Taurus
- **callizonus** Schott et Kotschy 1851 · ♃ △ Z7 ⓐ ∧ V ▽; RO; S-Carp.
- **campestris** M. Bieb. 1808 · ♃ △ Z3 VI ▽; Eur.: E-Eur.; W-Sib.
- **carthusianorum** L. 1753 · D:Karthäuser-Nelke; E:Charterhouse Pink; F:Oeillet des Chartreux · ♃ Z3 VI-IX ▽; Eur.* exc. BrI, Sc, nat. in Sc [63542]
  fo. nanus · ♃ ▽; cult.
  - var. *humilis* Griess. = Dianthus carthusianorum fo. nanus
- **caryophyllus** L. 1753 · D:Garten-Nelke, Land-Nelke; E:Carnation, Gilly Flower · ♃ ✂ Z7 VII-VIII ⚕ ▽; Eur.: Sard., I, Sic., GR, nat. in sp., F [16726]
  'Chabaud'
  'Grenadin'
  Lillipot Ser.
  'Wenerdwerg'
- **chinensis** L. 1753 · D:Chinenser-Nelke, Kaiser-Nelke; E:Annual Pink; F:Oeillet de Chine · ⊙ ⊙ ♃ ✂ Z7 VII-IX ⚕ ▽; China, Korea [16727]
  'Heddewigii'
- **collinus** Waldst. et Kit. 1801 · D:Hügel-Nelke · ♃ VI-VIII ▽; Eur.: A, RO, W-Russ.
- *creticus* Tausch = Dianthus fruticosus subsp. creticus
- **crinitus** Sm. 1794
- *croaticus* Borbás = Dianthus giganteus
- **cruentus** Griseb. 1843 · D:Blut-Nelke; F:Oeillet sanguin · ♃ Z7 VI-VII ▽; Eur.: Ba; TR [63543]
- **deltoides** L. 1753 · D:Heide-Nelke; E:Maiden Pink; F:Oeillet à delta · ♃ Z3 VI-IX ▽; Eur.*, W-Sib. [73830]
  'Albus' [63545]
  'Brilliant' [63546]
  'Leuchtfunk' Benary [63548]
  'Nelly' [69158]
  'Rosea'
  'Splendens' [63550]
- **erinaceus** Boiss. 1843
  - var. **alpinus** Boiss. 1867 · ♃; TR
  - var. **erinaceus** · D:Igel-Nelke · ♃ △ Z7 VI-VII ▽; TR [70153]
- **freynii** Vandas 1890 · D:Freyn-Nelke · ♃ △ Z6 VIII ▽; Bosn., S-BG
- *friwaldskyanus* Boiss. = Dianthus gracilis subsp. friwaldskyanus
- **fruticosus** L. 1753
  - subsp. **creticus** (Tausch) Runemark 1980 · D:Kretische Strauch-Nelke · ♄ Z9 ⓚ VII-IX ▽; Eur.: Crete
  - subsp. **fruticosus** · D:Strauch-Nelke · ♄ e Z9 ⓚ ▽; Eur.: GR, Aegeis
- **furcatus** Balb. 1804 · ♃ Z7 ▽; Eur.: sp., F, Corse, I; mts.
- **giganteus** d'Urv. 1822 · ♃ Z5 VII-VIII ▽; Eur.: Ba, RO; W-TR
- **glacialis** Haenke 1809 · D:Gletscher-Nelke; E:Glacier Pink · ♃ △ Z5 VII-VIII ▽; Eur.: I, CH, A, EC-Eur., Ro; E-Alp., Carp.

- **gracilis** Sibth. et Sm. 1809
  - subsp. **friwaldskyanus** (Boiss.) Tutin 1963 Z7 ▽; N-Maced., AL
  - subsp. **gracilis** · D:Mazedonische Nelke · ♃ Z7 ▽; Eur.: Maced., AL, BG
  - subsp. *simulans* hort. = Dianthus simulans
- **graniticus** Jord. 1849 · ♃ △ Z6 VI-VIII ▽; Eur.: C-F
- **gratianopolitanus** Vill. 1789 · D:Pfingst-Nelke; E:Cheddar Pink; F:Oeillet bleuâtre, Oeillet de la Pentecôte · ♃ △ Z3 V-VI ▽; Eur.: BrI, Fr, C-Eur., EC-Eur., W-Russ. [63555]
  'Badenia' Knecht [63520]
  'Blauigel' Penzler 1957 [63521]
  'Compactus Eydangeri'
  'Emmen' [63524]
  'Feuerhexe' Kayser & Seibert [63526]
  'La Bourboule' < 1952 [60169]
  'Nordstjernen' Landw. Hochschule Aas < 1932 [69159]
  'Oakington Pink' [63534]
  'Pink Jewel' < 1981 [63535]
  'Prince Charming'
  'Rosafeder' [63536]
  'Rotkäppchen' Jürgl 1960 [63537]
  'Rubin' Knecht [63538]
  'Stäfa' [63540]
- **haematocalyx** Boiss. et Heldr. 1854
  - subsp. **haematocalyx** · ♃ ⤳ Z7 VI-VII ▽; Eur.: Maced., AL, GR
  'Alpinus' = Dianthus haematocalyx subsp. pindicola
  - subsp. **pindicola** (Vierh.) Hayek 1924 · ♃ Z8 ▽; Eur.: AL, NW-GR
- *heddewigii* (Regel) hort. = Dianthus chinensis
- *kitaibelii* Janka = Dianthus petraeus subsp. petraeus
- **knappii** (Pant.) Asch. et Kanitz ex Borbás 1877 · D:Schwefel-Nelke · ♃ Z3 VI ▽; Eur.: Bosn., Montenegro [63557]
- *lereschii* = Dianthus furcatus
- **microlepis** Boiss. 1843 [71905]
  - var. **microlepis** · D:Bulgarische Zwerg-Nelke · ♃ △ Z5 VI ▽; BG
  - var. **musalae** Velen. · D:Pirin Zwerg-Nelke · ♃ ▽; Eur.: BG; mts.
- **monspessulanus** L. 1759 [63558]
  - subsp. **monspessulanus** · D:Montpellier-Nelke · ♃ Z4 VII ▽; Eur.: C-F
  - subsp. **sternbergii** (Sieber ex Capelli) Hegi 1911 · ♃ △ Z4 VII-VIII ▽; Eur.: I, A, Slove.; SE-Alp.
- *musalae* (Velen.) Velen. = Dianthus microlepis var. musalae

- **myrtinervius** Griseb. 1843 · ♃ △ Z7 VI ▽; Maced. [68729]
- **nardiformis** Janka 1873 · ♃ △ Z6 VI ▽; Eur.: GB, RO [63559]
- *neglectus* Loisel. = Dianthus pavonius
- **nitidus** Waldst. et Kit. 1806 · ♃ Z6 VII-VIII ▽; W-Carp.
- **pavonius** Tausch 1839 · D:Pfauen-Nelke; E:Alpine Pink · ♃ △ Z4 VI-VIII ▽; Eur.: F, I; Alp. [63560]
- **pelviformis** Heuff. 1853 · ♃ V-VII ▽; AL, BG
- **petraeus** Waldst. et Kit. 1807
  - subsp. **noeanus** (Boiss.) Tutin · ♃ △ Z4 VI-VIII ▽; BG [63561]
  - subsp. **petraeus** · D:Geröll-Nelke · ♃ Z4 ▽; Eur.: Ba, RO
- **pinifolius** Sibth. et Sm. 1809 · D:Mazedonische Fransen-Nelke · ♃ Z7 ▽; Eur.: Ba, RO; TR
- **plumarius** L. 1753 · D:Feder-Nelke, Hainburger Nelke; E:Pink; F:Oeillet mignardise · ♃ Z3 IV-VI ▽; Eur.: A, Slove., Croatia, nat. in BrI, D, I [63569]
  'Albiflorus'
  'Albus Plenus' [63570]
  'David' [63575]
  'Desmond' [63577]
  'Diamant' O. Mann [63579]
  'Doris' [63581]
  'Heidi' Frikart 1959 [63583]
  'Helen' Allwood < 1948 [63584]
  'Ine' Hendriksen < 1964 [63585]
  'Maggie' Hendriksen < 1981 [63587]
  'Mrs Sinkins' Sinkins
  'Munoth' Frei [63590]
  'Pike's Pink' [63591]
- **pontederae** A. Kern. 1882 · D:Pannonische Kartäuser-Nelke · ♃ V-VII ▽; Eur.: N-I, A, Slove., H, BG, RO [63593]
- **pyrenaicus** Pourr. 1788 · ♃ ▽; Eur.: NE-Sp., S-F; mts.
- **scardicus** Wettst. 1892
- **seguieri** Vill. 1785 · D:Busch-Nelke
  - subsp. **glaber** Čelak. 1875 · D:Kahle Busch-Nelke · ♃ Z7 VI-VIII ▽; Eur.: F, D, CZ
  - subsp. **seguieri** · D:Gewöhnliche Busch-Nelke · ♃ Z7 VI-VIII ▽; Eur.: F, I, CH
  - subsp. *sylvaticus* (Hoppe) Hegi = Dianthus seguieri subsp. glaber
- **serotinus** Waldst. et Kit. · D:Spätblühende Nelke · ♃ ⤳ △ VII-X ▽; Eur.: CZ, Slova., H, Serb., RO
- **simulans** Stoj. et Stef. 1933 · ♃ Z7; Eur.: BG (Orvilos)
- *sinensis* Link = Dianthus chinensis

- **spiculifolius** Schur 1866 · D:Fransen-Nelke · ♃ △ Z6 VI-VIII ▽; Eur.: RO, W-Russ.; E-Carp.
- **squarrosus** M. Bieb. 1808 · ♃ Z6 ▽; Eur.: RUS; C-As.
- *sternbergii* Sieber ex Capelli = Dianthus monspessulanus subsp. sternbergii
- **strictus** Banks et Sol. 1794 · ♃ △ Z4 VI-VII ▽; Eur.: Crete; TR, Syr.
  - var. *bebius* (Vis.) Hort. = Dianthus petraeus subsp. petraeus
- *strictus* Sibth. et Sm. = Dianthus petraeus subsp. petraeus
- **subacaulis** Vill. 1789 [63595]
  - subsp. **brachyanthus** (Boiss.) P. Fourn. 1936 · ♃ Z5 ▽; Eur.: F, sp.
  - subsp. **subacaulis** · D:Kurzstängelige Nelke · ♃ △ Z5 VI-VIII ▽; Eur.: sp., F; Maroc.; mts.
- **suffruticosus** Willd. 1809 · ♄ ⓚ VII-IX ▽; orig. ?
- **superbus** L. 1755 · D:Pracht-Nelke
  - subsp. **superbus** · D:Gewöhnliche Pracht-Nelke; E:Pink; F:Oeillet superbe · ♃ Z4 VI-VIII ⚥ ▽; Eur.* exc. BrI; W-Sib., E-Sib., Amur, Sachal., Mong., China, Jap., Taiwan [63596]
  - var. **longicalycinus** Will. · ♃ Z4 ▽; Jap., Korea, China, Taiwan
- *sylvaticus* Hoppe ex Willd. = Dianthus seguieri subsp. glaber
- **sylvestris** Wulfen 1787 · D:Stein-Nelke · [63597]
  - subsp. **sylvestris** · D:Gewöhnliche Stein-Nelke; F:Oeillet des bois · ♃ △ Z5 VI-VIII ▽; Eur.: Ib, Fr, Ap, Ba, C-Eur.; NW-Afr.
  - subsp. **tergestinus** (Rchb.) Hayek 1924 · ♃ △ Z5 VI-VII ▽; Eur.: Croatia, Bosn., Montenegro, AL, I (Monte Gargano)
- *tatrae* Borbás = Dianthus plumarius 'Albiflorus'
- *tergestinus* (Rchb.) A. Kern. = Dianthus sylvestris subsp. tergestinus
- **trifasciculatus** Kit. 1814 · ♃ ▽; Ba, RO, W-Russl.
- **tristis** Velen. 1890 · ♃ ▽; Eur.: Ba
- **turkestanicus** Preobr. 1915
- **versicolor** Fisch. ex Link 1821
- *webbianus* Vis. = Dianthus erinaceus var. erinaceus
- **in vielen Sorten:**
  B Rabatten-Nelke (border carnation)

Da die Pflanzen zum Teil auch aus nicht ganz winterharten Nelken des *D. caryophyllus*-Komplexes gezüchtet werden, sind sie in Mitteleuropa kaum verbreitet, stehen aber in England hoch im Kurs.

M **Malmaison-Nelke**
Sie werden auch als „Topf-Nelken" bezeichnet, da sie frostfrei überwintert werden müssen.
Die Blüten sind noch größer und gefüllter als bei den Rabatten-Nelken und erinnern an die stark duftende Bourbon-Rose 'Souvenir de la Malmaison'.

P **Hybrid-Federnelke (pink)**
Gezüchtet aus Sorten von *D. plumarius* und *D. caryopyllus*, doch haben die „Pinks" in England eine so lange Tradition, dass heute eine genaue Definition unmöglich ist. Teils samenvermehrt, teils vegetativ. Hierher gehören auch die Sorten von *D. allwoodii*.

Pa **Einjährige Nelke (pink/annual)**
Im Gegensatz zur englischen Aussage „Pink" (= Hybrid-Edelnelke) umfasst diese Gruppe alle einjährigen Nelken, also auch die Sorten von *D. barbatus* und *D. chinensis*.

Pf **Remontant-Nelke (perpetual-flowering carnation)**
Ausdauernd blühende Nelken werden hauptsächlich im Freien gezogen, können aber auch unter Glas kultiviert werden, um makellose Blüten zu erhalten. Oft werden die Seitentriebe ausgebrochen und nur die oberste Knospe zur Entwicklung stehen gelassen.

Quelle: The International Dianthus Register and Checklist

'Annabelle' (P) Carlile < 1957 [63573]
'Fusilier' (P) S.T. Byatt < 1955
'Haytor White' (P) C. Wyatt 1971 [63582]
'Inshriach Dazzler' (P) J. Drake 1979
'Little Jock' (P) J. Gray < 1930

Diapensia L. 1753 -f-
Diapensiaceae · (S. 450)
D:Trauerblume; F:Diapensia
- **lapponica** L. 1753 · ♃ e Z2 IV-V; Sc, N-Russ., W-Sib, E-Can., Greenl.

Diaphananthe Schltr. 1915 -f-
Orchidaceae · (S. 1061)
- **bidens** (Afzel. ex Sw.) Schltr. 1914 · ♃ Z9 ⓦ VI-VII ▽ ✻; W-Afr., C-Afr., Angola, Uganda
- **pellucida** (Lindl.) Schltr. 1914 · ♃ Z9 ⓦ XI-I ▽ ✻; W-Afr., C-Afr., Uganda
- **pulchella** Summerh. 1845 · ⊙; Kenya, Tanz., Uganda, Malaw, Zambia

Diarrhena P. Beauv. 1812 -f-
Poaceae · (S. 1109)
- **americana** P. Beauv. 1812 · ♃ VII-VIII; USA: NE, NCE, NC, SC, SE
- **japonica** Franch. et Sav. 1879 · ♃; Jap., S- Korea (Quelpart Is.); mts.

Diascia Link et Otto 1820 -f-
Scrophulariaceae · (S. 826)
D:Doppelhörnchen; E:Twinspur; F:Diascia
- **anastrepta** Hilliard et B.L. Burtt 1983 · ♃ Z8 ⓐ; S-Afr. (Natal)
- **barberae** Hook. f. 1871 · E:Twinspur; F:Diascia · ⊙ Z8 VII-IX; S-Afr.
  'Belmore Beauty'
  'Katherine Sharman'
  'Ruby Field' [63598]
- *cordata* hort. = Diascia barberae
- **cordata** N.E. Br. 1895 · ♃ △ Z8 ⓐ; S-Afr.: Natal
- *elegans* hort. = Diascia vigilis
- *felthamii* = Diascia fetcaniensis
- **fetcaniensis** Hilliard et B.L. Burtt 1984 · ♃ Z8 ⓐ; S-Afr.
- **integerrima** E. Mey. ex Benth. 1836 · F:Diascia · ♃ Z8 ⓐ; S-Afr.
- *integrifolia* = Diascia integerrima
- **lilacina** Hilliard et B.L. Burtt 1983 · ♃ Z8 ⓐ; S-Afr.
- **patens** (Thunb.) Fourc. 1941 · ♃ Z8 ⓐ; S-Afr. (Cape Prov.)
- **rigescens** E. Mey. ex Benth. 1836 · ♄ Z8 ⓐ △ VIII-IX; S-Afr.
- **stachyoides** Schltr. ex Hiern 1904 · ♃ Z8 ⓐ; S-Afr.
- **tugelensis** Hilliard et B.L. Burtt 1983 · ♃ Z8 ⓐ; S-Afr. (Natal)
- **vigilis** Hilliard et B.L. Burtt 1983 · ♃ Z8 ⓐ; S-Afr.: Orange Free State [16729]
- **in vielen Sorten:**
  'Appleby Appleblossom'
  'Blackthorn Apricot' [69167]
  'Coral Belle'
  'Jack Elliott'
  'Lilac Belle'
  'Salmon Supreme'
  'Twinkle'

Diastema Benth. 1845 -n-
Gesneriaceae · (S. 549)
- **quinquevulnerum** Planch. et Linden 1852-53 · ♃ Z10 ⓦ VII-VIII; Venez.

Dicentra Borkh. ex Bernh. 1833 -f-
Fumariaceae · (S. 537)
D:Herzblume, Tränendes Herz; E:Bleeding Heart; F:Cœur de Marie
- **canadensis** (Goldie) Walp. 1842 · D:Kanadische Herzblume; E:Squirrel Corn · ♃ △ Z5 V; Can.: E; USA: NE, NCE, Tenn., N.C.
- **chrysantha** (Hook. et Arn.) Walp. 1842 · D:Goldene Herzblume; E:Golden Eardrops · ♃ Z8 ∧ VIII-IX; USA: S-Oreg., Calif.
- **cucullaria** (L.) Bernh. 1833 · D:Kapuzen-Herzblume; E:Dutchman's Breeches · ♃ Z5 V; Can.: E; USA: NE, NCE, NC, SE, NW, Idaho [63599]
- **eximia** (Ker-Gawl.) Torr. 1843 · D:Zwerg-Herzblume; E:Turkey Corn · ♃ Z5 V-VI; USA: NE, SE [63600]
  'Alba' [63601]
- **formosa** (Andrews) Walp. 1842 [63602]
  'Alba' [70319]
  - subsp. **formosa** · D:Kleines Tränendes Herz; E:Wild Bleeding Heart · ♃ Z7 VI-X; Can.: B.C.; USA: NW, Calif.
  - subsp. **oregana** (Eastw.) Munz 1958 · D:Oregon-Herzblume · ♃ Z5 IV-IX; USA: Oreg., Calif.
- **macrantha** Oliv. 1890
- **macrocapnos** Prain 1896 · ♃ ⌇ Z7; Him.(Ind.: Uttar Pradesh - E-Nepal)
- *oregana* Eastw. = Dicentra formosa subsp. oregana
- **peregrina** (Rudolph) Makino 1908 · ♃; Amur, Sachal., Jap., Kamchat.
- **scandens** (D. Don) Walp. 1842 · ♃ ⌇ Z5; Him. (Nepal - Ind.: Assam), China (Yunnan)
- **spectabilis** (L.) Lem. 1847 · D:Tränendes Herz; E:Bleeding Heart; F:Coeur de Marie · ♃ ✂ Z6 V ✱; China, Manch., Korea [63609]
  'Alba' [63611]
- **torulosa** Hook. f. et Thomson 1855
- **in vielen Sorten:**

'Adrian Bloom' [63603]
'Bacchanal' [63604]
'Bountiful' [63605]
'Langtrees' [68067]
'Luxuriant' [63607]
'Pearl Drops' = Dicentra 'Langtrees'
'Snowdrift' = Dicentra eximia 'Alba'
'Stuart Boothman' [63608]

Dichaea Lindl. 1833 -f-
Orchidaceae · (S. 1061)
- **muricata** (Sw.) Lindl. 1833 · ⚃ ⚇
  Z10 ⓜ ▽ ✳; C-Am., W.Ind., trop.
  S-Am.
- **vaginata** Rchb. f. ex Kraenzl.
  1923 · ⚃ ⓜ; Mex., ? C-Am.

Dichanthium P. Willemet 1796 -n-
Poaceae · (S. 1110)
D:Blaustängel; E:Blue Stem
- **annulatum** (Forssk.) Stapf 1918 ·
  D:Kleberg-Blaustängel; E:Diaz
  Blue Stem, Kleberg Grass, Ringed
  Beard Grass · ⚃ Z10; Ind., China:
  S
- **aristatum** (Poir.) C.E. Hubb.
  1940 · D:Angleton-Blaustängel;
  E:Angleton Blue Stem · ⚃ Z10;
  Ind., E-As.
- *ischaemum* (L.) Roberty =
  Bothriochloa ischaemum

Dichelostemma Kunth 1843 -n-
Alliaceae · (S. 902)
- **congestum** (Sm.) Kunth 1843 ·
  E:Northern Saitas · ⚃ Z8 ⓚ
  VI-VII; USA: Wash., Oreg., Calif.
- **ida-maia** (A.W. Wood) Greene
  1894 · ⚃ Z7 ⓚ; USA: Oreg.,
  N-Calif.
- **multiflorum** (Benth.) A. Heller
  1905 · E:Wild Hyacinth · ⚃ Z7 ⓚ
  VI-VII; USA: Oreg., Calif., Rocky
  Mts., SW
- **pulchellum** (Salisb.) A. Heller
  1906 · ⚃ Z5 ⓚ; USA: NW, Calif.,
  Utah, Ariz.; Mex. (Baja Calif.,
  Sonora)
- **volubile** (Kellogg) A. Heller
  1903 · ⚃ Z8 ⓚ; Calif.

Dichondra J.R. Forst. et G. Forst.
1775 -f- *Convolvulaceae* · (S. 425)
- **micrantha** Urb. 1924 · ⚃ ⤳ Z10
  ⓚ XII-VII; Korea, S-Jap., China,
  Taiwan, Trop., nat. in Azor., BrI, I,
  S-USA
- **repens** J.R. Forst. et G. Forst.
  1775 · ⚃ ⤳ ⓚ VI-IX; USA: NE,
  SE, Fla., SW; Trop.
- **sericea** Sw. 1788 · ⚃ ⤳ ⓚ XII-
  VII; C-Am., S-Am.

Dichorisandra J.C. Mikan 1820 -f-
Commelinaceae · (S. 983)
- **mosaica** Linden ex K. Koch 1866 ·
  ⚃ Z9 ⓜ; Bras.
- **penduliflora** Kunth 1843 · ⚃ ⓜ;
  N-Bras.
- **reginae** (L. Linden et Rodigas)
  W. Ludw. 1957 · E:Queen's
  Spiderwort · ⚃ Z9 ⓜ; C-Peru
- **thyrsiflora** J.C. Mikan 1820 ·
  E:Blue Ginger · ⚃ Z9 ⓜ IX-X;
  SE-Bras.
- *undata* Linden ex K. Koch =
  Geogenanthus poeppigii

Dichostylis P. Beauv. = Fimbristylis
- *micheliana* (L.) Ness = Cyperus
  michelianus

Dichroa Lour. 1790 -f-
Hydrangeaceae · (S. 567)
- **febrifuga** Lour. 1790 ·
  E:Feverfuge · ♄ e ⓜ IV-VI; Him.,
  China, Phil., Java

Dichroanthus Webb et Berthel. =
Erysimum
- *scoparius* Webb et Berthel. =
  Erysimum scoparium

Dichrostachys (A. DC.) Wight
et Arn. 1834 -f- *Mimosaceae* ·
(S. 643)
- **cinerea** (DC.) Wight et Arn.
  1834 · ♄ ♄ d Z10 ⓜ; Afr., Ind.

Dicksonia L'Hér. 1789 -f-
Dicksoniaceae · (S. 67)
D:Beutelfarn, Taschenfarn; E:Tree
Fern; F:Fougère arborescente
- **antarctica** Labill. 1806 · D:Aus-
  tralischer Taschenfarn; E:Soft
  Tree Fern · ♄ e Z8 ⓜ ▽ ✳; Austr.:
  Queensl., N.S.Wales, Victoria,
  S-Austr., Tasman. [73384]
- *culcita* L'Hér. = Culcita macrocarpa
- *davallioides* R. Br. = Dennstaedtia
  davallioides
- **fibrosa** Colenso 1844 · D:Filziger
  Taschenfarn; E:Golden Tree Fern ·
  ♄ e Z9 ⓜ ▽ ✳; NZ
- *obtusifolia* Willd. = Dennstaedtia
  obtusifolia
- *regalis* (Verschaff. et Lem.) Baker
  = Cibotium regale
- *schiedei* (Schltdl. et Cham.) Baker
  = Cibotium schiedei
- **sellowiana** Hook. 1844 · ⓜ;
  S-Am.
- **squarrosa** (G. Forst.) Sw. 1800 ·
  D:Neuseeländischer Taschenfarn;
  E:New Zealand Tree Fern · ♄ e Z9
  ⓚ ▽ ✳; NZ

Dicliptera Juss. 1805 -f-
Acanthaceae · (S. 130)
- **suberecta** (André) Bremek.
  1943 · ♄ ⚃ Z10 ⓜ; Urug.

Dicranopygium Harling 1954 -n-
Cyclanthaceae · (S. 992)
- **atrovirens** (H. Wendl.) Harling
  1954 · ⓜ; ? Col.

Dicranostigma Hook. f. et
Thomson 1855 -n- *Papaveraceae* ·
(S. 683)
D:Östlicher Hornmohn; E:Eastern
Horned Poppies; F:Pavot cornu
d'Orient
- **franchetianum** (Prain) Fedde
  1909 · D:Asiatischer Hornmohn;
  E:Annual Dicranostigma · ⊙ △ Z6
  IV-V; Yunnan, Sichuan
- **lactucoides** Hook. f. et Thomson
  1855 · D:Himalaya-Hornmohn;
  E:Himalayan Horned Poppy · ⚃
  Z6; Him.
- **leptopodum** (Maxim.) Fedde
  1905 · D:Feinstieliger Hornmohn ·
  ⊙ △ Z6 IV-V; China: Kansu

Dictamnus L. 1753 -m- *Rutaceae* ·
(S. 788)
D:Diptam; E:Dittany; F:Fraxinelle
- **albus**
  'Purpureus'
  - var. **albus** · D:Gewöhnlicher
    Diptam; E:Burning Bush,
    Dittany; F:Herbe aux éclairs ·
    ⚃ Z7 V-VI ▽; Eur.: Ib, Ap,
    C-Eur., EC-Eur., Ba, E-Eur.
  - var. **caucasicus** (Fisch. et C.A.
    Mey.) Rouy · D:Kaukasischer
    Diptam · ⚃ Z7 V-VI ▽; Eur.:
    S-Russ.; TR, Cauc., NW-Iran
    [63614]
- *caucasicus* (Fisch. et C.A. Mey.)
  Grossh. = Dictamnus albus var.
  caucasicus
- *fraxinella* Pers. = Dictamnus albus
  var. albus
- *gymnostylis* Steven = Dictamnus
  albus var. albus

Dictyosperma H. Wendl. et Drude
1875 -n- *Arecaceae* · (S. 948)
D:Hurrikanpalme; E:Princess
Palm; F:Aréquier, Palmier
- **album** (Bory) H. Wendl. et
  Drude ex Scheff. · D:Hurrikan-
  palme; E:Common Princess Palm,
  Hurricane Palm · ♄ e Z10 ⓜ;
  Mauritius

Dicypellium Nees et Mart. 1836 -n-
Lauraceae · (S. 597)

D:Nelkenzimt
- **caryophyllatum** (Mart.) Nees 1836 · D:Nelkenzimt · ♄ ⓦ Ⓝ; trop. Am.

Dicyrta Regel = Achimenes
- *candida* (Lindl.) Hanst. = Achimenes candida
- *warszewicziana* Regel = Achimenes warszewicziana

Didierea Baill. 1880 -f- Didiereaceae · (S. 451)
- *ascendens* Drake = Alluaudia ascendens
- *dumosa* Drake = Alluaudia dumosa
- **madagascariensis** Baill. 1880 · ♄ ♄ d Z10 ⓦ ▽ ✱; Madag.
- *mirabilis* Baill. = Didierea madagascariensis
- *procera* Drake = Alluaudia procera

Didymocarpus Wall. 1819 -m- Gesneriaceae
- *hamosus* Wall. = Chirita hamosa
- **obtusus** Wall. · ⚄ ; Nepal

Didymochlaena Desv. 1811 -f- Dryopteridaceae · (S. 67)
- **truncatula** (Sw.) J. Sm. 1841 · ⚄ Z10 ⓦ; Trop.

Didymosperma H. Wendl. et Drude ex Hook. f. = Arenga
- *porphyrocarpum* (Blume) H. Wendl. et Drude = Arenga porphyrocarpa
- *tremulum* (Blanco) H. Wendl. et Drude = Arenga tremula

Dieffenbachia Schott 1829 -f- Araceae · (S. 925) D:Dieffenbachie; E:Dumb Cane, Mother-in-law's Tongue; F:Dieffenbachia
- × **bausei** Regel 1873 (*D. weirii* × *D. seguine*) · ⚄ Z10 ⓦ ✼; cult.
- **bowmannii** Carrière 1872 · ⚄ Z10 ⓦ; Col., Bras.
- **costata** Klotzsch ex Schott 1856 · ⚄ Z10 ⓦ; Peru
- **humilis** Poepp. 1845 · ⚄ Z10 ⓦ; Bras., Peru
- **imperialis** Linden et André 1874 · ⚄ Z10 ⓦ; Peru
- *latimaculata* Linden et André = Dieffenbachia bowmannii
- **leopoldii** W. Bull 1876 · ⚄ Z10 ⓦ; Costa Rica
- *macrophylla* Poepp. = Dieffenbachia costata
- *maculata* (Lodd.) G.S. Bunting = Dieffenbachia seguine
- × **memoria-corsii** Fenai 1880 (*D. wallisii* × *D. seguine*) · ⚄ Z10 ⓦ; cult.
- **parlatorei** Linden et André 1875 · ⚄ Z10 ⓦ; Col.
  'Marmorea'
  - var. *marmorea* Linden et André 1877 = Dieffenbachia parlatorei
- *picta* Schott = Dieffenbachia seguine
- *reginae* hort. = Dieffenbachia bowmannii
- **rex** hort. ex L. Gentil · ⚄ Z10 ⓦ; S-Am.
- *roehrsii* hort. = Dieffenbachia seguine 'Rudolph Roehrs'
- **seguine** (Jacq.) Schott 1832 · D:Dieffenbachie, Schweigrohrwurzel; E:Dumb Cane, Mother-in-Law Plant · ⚄ Z10 ⓦ ✼; W.Ind.
  'Exotica'
  'Hoffmannii'
  'Lancifolia'
  'Rudolph Roehrs'
  'Shuttleworthiana'
- **shuttleworthiana** Regel 1878
- × **splendens** W. Bull 1878 (*D. leopoldii* × *D. seguine*) · ⚄ Z10 ⓦ; cult.
- **weirii** Berk. 1866 · ⚄ Z10 ⓦ; cult.

Dierama K. Koch 1855 -n- Iridaceae · (S. 1019) D:Trichterschwertel; E:African Hairbell, Wand Flower; F:Canne à pêche des anges
- **dracomontanum** Hilliard 1988 · ⚄ Z9 ⓚ; S-Afr., Lesotho
- **igneum** Klatt 1882 · ⚄ Z9 ⓚ; S-Afr. (Cape Prov., Natal)
- **latifolium** N.E. Br. 1929 · ⚄ Z8 ⓚ; S-Afr. (Cape Prov., Natal), Zimbabwe
- **medium** N.E. Br. 1929 · ⚄ Z8 ⓚ; S-Afr. (Transvaal), Swaziland
- **pauciflorum** N.E. Br. 1929 · ⚄ Z8 ⓚ; S-Afr., Zimbabwe
- **pendulum** (L. f.) Baker 1877 · E:Angel's Fishing Rods; F:Canne-à-pêche-des-anges · ⚄ Z7 ⟋ ∧ VII-VIII; E-Afr., S-Afr. [63615]
  - var. *pumilum* (N.E. Br.) Baker = Dierama pumilum
- **pulcherrimum** (Hook. f.) Baker 1877 · ⚄ Z7 ⟋ ∧ IX-X; S-Afr.
  'Blackbird'
  'Slieve Donard'
- **pumilum** N.E. Br. 1929
- **reynoldsii** I. Verd. 1941 · ⚄ Z8 ⓚ; S-Afr. (Cape Prov., Natal)
- **robustum** N.E. Br. 1929 · ⚄ Z9 ⓚ; S-Afr., Lesotho
- **trichorhizum** L. Bolus 1927 · ⚄ ⓚ; S-Afr. (Natal, Transvaal), Lesotho
- **in vielen Sorten:**
  'Black Knight'
  'Puck'
  'Snowbells'

Diervilla Mill. 1763 -f- Caprifoliaceae · (S. 393) D:Buschgeißblatt; E:Bush Honeysuckle; F:Diervilla
- *canadensis* Willd. = Diervilla lonicera
- **lonicera** Mill. 1768 · D:Kanadisches Buschgeißblatt; E:Bush Honeysuckle · ♄ d Z5 VI-VII; Can.: E; USA: NE, NCE, N.C. [15681]
- **rivularis** Gatt. 1888 · D:Bach-Buschgeißblatt · ♄ d Z5 VII-VIII; USA: SE; S-Alleghenies [28375]
- **sessilifolia** Buckland 1843 · D:Stielloses Buschgeißblatt; E:Bush Honeysuckle · ♄ d Z5 VI-VIII; USA: Va., SE [19900]
  'Butterfly' [19347]
  'Dise' [56165]
- × **splendens** Carrière 1852-53 (*D. lonicera* × *D. sessilifolia*) · ♄ d Z5 VI-VIII; cult. [43198]

Dietes Salisb. ex Klatt 1866 -f- Iridaceae · (S. 1019)
- **bicolor** (Steud.) Klatt 1866 · ⚄ Z9 ⓚ VI-VII; Kap
- **grandiflora** N.E. Br. 1928 · ⚄ Z9 ⓚ; S-Afr. (Cape Prov., Natal)
- **iridioides** (L.) Klatt 1894 · ⚄ Z9 ⓚ VI-VIII; E-Afr., S-Afr.
- **robinsoniana** (F. Muell.) Klatt 1882 · ⚄ Z9 ⓚ VII-VIII; Lord Howe Is.
- *vegeta* (L.) N.E. Br. = Dietes iridioides

Digitalis L. 1753 -f- Scrophulariaceae · (S. 826) D:Fingerhut; E:Foxglove; F:Digitale
- **ciliata** Trautv. 1866 · ⚄ ; Cauc.
- **davisiana** Heywood 1949 · ⚄ Z8 ⓚ; TR
- **dubia** Rodr. 1874 · ⚄ Z8 ⓚ; Eur.: Balear.
- **ferruginea** L. 1753 [63616]
  - subsp. **ferruginea** · D:Rostiger Fingerhut; E:Rusty Foxglove · ⊙ ⚄ VII-VIII ✼; Eur.: H, Ba, RO; TR, Lebanon, Cauc.
  - subsp. **schischkinii** (Ivanina) K. Werner 1960 · ⚄ ✼; Cauc., TR
  - var. *parviflora* Lindl. 1821 = Digitalis ferruginea subsp. schischkinii

- **fontanesii** Steud. 1840
- × **fucata** Ehrh. 1792 (*D. lutea* subsp. *lutea* × *D. purpurea*) · ⚄ VI-VII ✱; cult.
- × **fulva** Lindl. 1821 (*D. grandiflora* × *D. purpurea*)
- *gloxinioides* Carrière = Digitalis purpurea
- **grandiflora** Mill. 1768 · D:Großblütiger Fingerhut, Großer Gelber Fingerhut; E:Large Yellow Foxglove; F:Digitale à grandes fleurs · ⊙ ⚄ VI-VII ✱ ▽; Eur.: Fr, Ap, C-Eur., EC-Eur., Ba, E-Eur.; W-Sib. (Altai) [63619]
  'Carillon' [71300]
  'Glory of Roundway'
- **laevigata** Waldst. et Kit. 1803-05
  - subsp. **graeca** (Ivanina) K. Werner 1960 · ⚄; Eur.: Ba
  - subsp. **laevigata** · ⚄ ✱; Eur.: Ba [63620]
- **lanata** Ehrh. · D:Gewöhnlicher Wolliger Fingerhut; E:Woolly Foxglove · ⊙ ⚄ VI-VIII ⚥ ✱; Eur.: H, Ba, nat. in A
- **lutea** L. 1753
  - subsp. **australis** (Ten.) Arcang. 1882 · ⚄; Eur.: I, Corse
  - subsp. **lutea** · D:Gelber Fingerhut, Kleiner Gelber Fingerhut; E:Small Yellow Foxglove, Straw Foxglove; F:Digitale jaune · ⚄ VI-VIII ⚥ ✱ ▽; Eur.: Ib, Fr, Ap, C-Eur., nat. in PL [63622]
- × **mertonensis** Buxton et C.D. Darl. 1931 (*D. grandiflora* × *D. purpurea*) · ⚄ V-VI ✱; cult. [63623]
- **obscura** L. 1753 · ♄ ⚄ ⚎ ✱; sp., Maroc. [63624]
- **parviflora** Jacq. 1770 · ⚄ ✱; N-Sp.; mts. [60133]
- × *purpurascens* Roth = Digitalis × fucata
- **purpurea** L. 1753 · D:Roter Fingerhut · [63625]
  'Alba' · ⚄; cult. [63626]
  Excelsior Ser. [63628]
  Foxy Ser. [67972]
  Gloxinioides Ser. · [63630]
  'Sutton's Apricot' [63627]
  - *f.* **albiflora** Lej. = Digitalis purpurea 'Alba'
  - subsp. **heywoodii** P. Silva et M. Silva 1959 · ⊙ ⚄; Eur.: S-Sp.
  - subsp. **purpurea** · D:Gewöhnlicher Roter Fingerhut; E:Foxglove; F:Digitale pourpre · ⊙ ⚄ VI-VII ⚥ ✱; Eur.* exc. Ba, EC-Eur.; Maroc., Madeira
- × **sibirica** Lindl. 1960 (*D. grandiflora* × ?)
- **thapsi** L. 1753 · ⚄ VI-IX ✱; Eur.: Ib [63632]
- **trojana** Ivanina 1855 · ⊙ ⚄; TR
- **viridiflora** Lindl. 1821 · ⚄; Eur.: Ba

Digitaria Haller 1768 -f- *Poaceae* · (S. 1110)
D:Fingerhirse; E:Finger Grass; F:Digitaire
- **cruciata** (Nees) A. Camus Z7 ⓝ; Him.; Ind., China
- *decumbens* Stent = Digitaria eriantha
- **eriantha** Steud. 1829 · D:Pangolagras; E:Common Finger Grass · ⚄ Z7 ⓝ; S-Afr., nat. in C-Am., W.Ind.
- **exilis** (Kippist) Stapf 1905 · D:Fonio-Hirse; E:Hungry Rice · ⊙ Z8 ⓚ ⓝ; cult. W-Afr.
- **iburua** Stapf 1915 · ⊙ Z8 ⓚ ⓝ; Nigeria
- **ischaemum** (Schreb.) Muhl. 1817 · D:Faden-Fingerhirse, Faden-Hirse; E:Finger Grass, Smooth Crab Grass · ⊙ Z7 X; Eur.: Ib, Fr, Ap, Ba, E-Eur.; TR, Cauc., W-Sib., E-Sib., Amur, C-As., Him., Ind., Tibet, China, Jap., Can., USA*, nat. in BrI, Sc, C-Eur.
- **sanguinalis** (L.) Scop. 1771 · D:Blut-Fingerhirse
  - var. **esculenta** (Gaudin) Caldesi · ⊙ Z7 VII-IX ⓝ; cult.
  - var. **pectiniformis** Henrard 1934 · D:Wimper-Fingerhirse · Z7
  - var. **sanguinalis** · D:Gewöhnliche Blut-Fingerhirse; E:Hairy Crab Grass · ⊙ Z7 VII-X; Eur.: Ib, Fr, Ap, Ba, E-Eur., H; TR, Cauc., C-As., Myanmar, China, Korea, Jap., Afr., N-Am., S-Am., Austr., NZ, nat. in Sc, C-Eur.

Dillenia L. 1753 -f- *Dilleniaceae* · (S. 452)
D:Rosenapfel; E:Elephant's Apple; F:Dillénie
- **indica** L. 1753 · D:Elefantenapfel, Indischer Rosenapfel; E:Chulta, Elephant's Apple · ♄ e ⓚ ⓝ; Ind., Sri Lanka, Indochina, Malay. Arch.

× **Dillonara** hort. 1966 -f- *Orchidaceae* · (*Epidendrum* × *Laelia* × *Schomburgkia*)

Dillwynia Sm. 1805 -f- *Fabaceae* · (S. 507)
- **floribunda** Sm. 1805 · ♄ e Z9 ⓚ III-IV; Austr., Tasman.
- **juniperina** Lodd. 1820 · ♄ e Z9 ⓚ; Austr.

Dimocarpus Lour. 1790 -m- *Sapindaceae* · (S. 800)
D:Longanbaum; E:Longan Fruit
- **longan** Lour. 1790 · D:Longanbaum; E:Longan Fruit · ♄ Z10 ⓚ ⓝ; Ind., Sri Lanka, S-China

Dimorphanthus Miq. = Aralia
- *elatus* Miq. = Aralia elata var. elata
- *mandshuricus* (Rupr. et Maxim.) Maxim. = Aralia elata var. elata

Dimorphorchis Rolfe 1919 -f- *Orchidaceae* · (S. 1061)
- **lowii** (Lindl.) Rolfe 1919 · ⚄ Z10 ⓚ VII-X ▽ ✱; Kalimantan

Dimorphotheca Moench 1794 -f- *Asteraceae* · (S. 240)
D:Kapkörbchen; E:Sun Marigold; F:Souci de Cap
- *annua* Less. = Dimorphotheca pluvialis
- *barberiae* Harv. = Osteospermum barberiae
- *calendulacea* Harv. = Dimorphotheca sinuata
- **pluvialis** (L.) Moench 1794 · D:Regenzeigendes Kapkörbchen; E:Rain Daisy, Weather Prophet; F:Souci pluvial · ⊙ Z9 VII-VIII; S-Afr.
- **sinuata** DC. 1838 · D:Buschiges Kapkörbchen; E:Namaqualand Daisy · ⊙ Z9 VII-VIII; S-Afr.

Dinochloa Buse 1851-55 -f- *Poaceae* · (S. 1110)
- **scandens** (Blume ex Nees) Kuntze 1891 · ♄ ⚥ ⓝ; Java

Dinteranthus Schwantes 1926 -m- *Aizoaceae* · (S. 143)
- **microspermus** (Dinter et Derenb.) Schwantes 1927 · ⚄ ⚕ Z9 ⓚ; Namibia (Great Namaqualand)
- **vanzylii** (L. Bolus) Schwantes 1951 · ⚄ ⚕ Z9 ⓚ; Kap
- **wilmotianus** L. Bolus 1939 · ⚄ ⚕ Z9 ⓚ; S-Afr. (Cape Prov.: Gordonia Distr.)

Dionaea Sol. ex J. Ellis 1768 -f- *Droseraceae* · (S. 457)
D:Venusfliegenfalle; E:Venus' Fly Trap; F:Attrappe-mouches, Dionée
- **muscipula** J. Ellis 1768 · D:Venusfliegenfalle; E:Venus' Fly Trap,

Venus' Mouse Trap · ⁴ Z8 ⓚ ⌐
V-VII ▽ ✻; USA: N.C., S.C.

Dionysia Fenzl 1843 -f-
Primulaceae · (S. 713)
- **aretioides** (Lehm.) Boiss. 1846 ·
  ⁴ ⌒ ⓚ; Iran: Elburs
- **involucrata** Zaprjag. 1936
  [71919]
- **tapetodes** Bunge 1871 · ♄ e
  Z8 ⓚ; C-As., NE-Iran, C-Afgh.,
  W-Pakist.

Dioon Lindl. 1843 -n- *Zamiaceae* ·
(S. 102)
D:Doppelpalmfarn; E:Fern Palm;
F:Dioon, Palmier mexicain
- **edule** Lindl. 1843 · D:Mexikanischer Doppelpalmfarn; E:Mexican
  Fern Palm · ♄ e Z10 ⓦ ▽ ✻; Mex.
- **mejiae** Standl. et L.O. Williams
  1950 · ♄ e Z10 ⓦ; Hond.
- **spinulosum** Dyer ex Eichler
  1883 · ♄ e Z10 ⓦ ▽ ✻; Mex.

Dioscorea L. 1753 -f-
Dioscoreaceae · (S. 1000)
D:Yamswurzel; E:Yam; F:Igname
- **abyssinica** Hochst. · ⁴ ⚥ Z10
  ⓝ; Eth., E-Afr.
- **alata** L. 1753 · D:Wasser-Yamswurzel; E:Water Yam, White Yam ·
  ⁴ ⚥ Z10 ⓦ ⓝ; orig. ?, nat. in trop.
  As.
- **balcanica** Košanin 1914 · ⁴ ⚥ Z6;
  Eur.: Montenegro, N-AL
- *batatas* Decne. = Dioscorea
  polystachya
- *brasiliensis* Willd. = Dioscorea
  trifida
- **bulbifera** L. 1753 · D:Brotwurzel,
  Yamswurzel; E:Air Potato · ⁴ ⚥
  Z10 ⓦ ⓝ; trop. Afr., Indochina,
  Malay. Pen., Phil.
- **caucasica** Lipsky 1893 · ⁴ ⚥;
  Cauc.
- **cayenensis** Lam. 1789
  - subsp. **cayenensis** · D:Gelbe
    Yamswurzel; E:Yellow Yam · ⁴ ⚥
    Z10 ⓦ ⓝ; W-Afr.
  - **cayensis**
  - subsp. **rotunda** (Poir.) J. Miège
    1968 · D:Guinea-Yamswurzel;
    E:White Guinea Yam · ⁴ ⚥ Z10
    ⓦ ⓝ; Ind., Myanmar, N-Thail.,
    Laos, N-Vietn., S-China
- **deltoidea** Wall. ex Griseb. 1842 ·
  ⁴ ⚥ Z10 ⓝ ▽ ✻; Afgh., N-Ind.,
  Nepal, Kashmir, China
- *discolor* Kunth = Dioscorea
  dodecaneura
- **dodecaneura** Vell. 1831 · ⁴ ⚥ Z10
  ⓦ; trop. S-Am.
- **dumetorum** (Kunth) Pax 1887 ·
  ⁴ ⚥ Z10 ⓦ ⓝ; trop. Afr.
- **elephantipes** (L'Hér.) Engl. 1908 ·
  D:Elefantenfuß; E:Elephant's
  Foot, Hottentot Bread · ♄ d ⚥ Z8
  ⓚ; S-Afr.: E-Kap. Natal, Transvaal
- **esculenta** (Lour.) Burkill 1917 · ⁴
  ⚥ Z10 ⓦ ⓝ; orig. ?; cult. trop. Afr.
- *fargesii* Franch. = Dioscorea
  kamoonensis
- **floribunda** M. Martens et Galeotti
  1842 · ⁴ ⚥ Z10 ⓦ ⓝ; S-Mex.,
  C-Am.
- **hispida** Dennst. 1818 · D:Bittere
  Yamswurzel; E:Asiatic Bitter Yam ·
  ⁴ ⚥ Z10 ⓦ ⓝ; Indochina, Malay.
  Pen., Honan, Phil.
- **japonica** Thunb. 1784 · ⁴ ⚥ ⓝ;
  Jap., cult. Jap., China
- **kamoonensis** Kunth 1850 · ⁴ ⚥;
  W-China
- *macroura* Harms = Dioscorea
  sansibarensis
- **nummularia** Lam. 1789 · ⁴ ⚥ ⓝ;
  SE-As.
- **pentaphylla** L. 1753 · ⁴ ⚥ ⓦ ⓝ;
  Ind., Myanmar, Sri Lanka, Malay.
  Pen., nat. in China, Taiwan, Pacific
  Is.
- **polystachya** Turcz. 1837 · D:Chinesische Yamswurzel; E:Chinese
  Yam; F:Igname · ⁴ ⚥ Z5 ⓦ ⓚ ⓝ;
  China, Korea, Jap., nat. in E-USA
- **prazeri** Prain et Burkill 1904 · ⁴
  ⚥ ⓦ ⓝ; Ind.
- *rotunda* Poir. = Dioscorea cayensis
  subsp. rotunda
- **sansibarensis** Pax 1892 · ⁴ ⚥ Z10
  ⓦ; trop. Afr., Madag.
- *sativa* hort. non L. = Dioscorea
  bulbifera
- **sylvatica** Eckl. 1830 · ♄ ⚥ Z8 ⓚ;
  trop. Afr., S-Afr.
- **trifida** L. f. 1782 · D:Kuschkusch-Yamswurzel; E:Cush Cush,
  Yampee · ⁴ ⚥ Z10 ⓦ ⓝ; W.Ind.,
  Guat., Col., Ecuad., Peru, Bras.,
  Guyan.
- **villosa** L. 1753 · D:Wilde Yamswurzel; E:China Root, Wild Yam ·
  ⁴ ⚥ ; USA: NE, NCE, SC, SE

Dioscoreophyllum Engl. 1895 -m-
Menispermaceae · (S. 639)
- **cumminsii** (Stapf) Diels 1910 ·
  E:Serendipity Berry · ⁴ ⚥ ⓦ ⓝ;
  trop. Afr.

Diosma L. 1753 -f- *Rutaceae* ·
(S. 788)
D:Götterduft; F:Parfum des dieux
- *alba* Thunb. = Coleonema album
- **ericoides** L. 1753 · ♄ e Z9 ⓚ;
  S-Afr.
- *fragrans* Sims = Adenandra
  fragrans
- **hirsuta** L. 1753 · ♄ e Z9 ⓚ I-XII;
  Kap
- *tenuifolia* C. Presl non Willd. =
  Coleonema calycinum

Diosphaera Buser = Trachelium
- *jacquinii* (Sieber) Buser =
  Trachelium jacquinii subsp.
  jacquinii
- *rumeliana* (Hampe) Bornm.
  = Trachelium jacquinii subsp.
  jacquinii

Diospyros L. 1753 -f- *Ebenaceae* ·
(S. 458)
D:Dattelpflaume, Ebenholz,
Lotuspflaume; E:Ebony; F:Kaki,
Plaqueminier
- **celebica** Bakh. 1933 · ♄ ⓦ ⓝ;
  Sulawesi
- **crassiflora** Hiern 1873 · D:Westafrikanisches Ebenholz; E:Benin
  Ebony · ♄ ⓦ ⓝ; W-Afr.
- **digyna** Jacq. 1798 · D:Schwarzes
  Ebenholz; E:Black Sapote · ♄ ⓦ
  ⓝ; Mex.; cult. Trop.
- **duclouxii** Dode 1949
- *ebenaster* auct. non Retz. =
  Diospyros digyna
- **ebenum** J. König 1776 · D:Echtes
  Ebenholz; E:Ebony · ♄ d ⓦ ⓝ;
  Ind., Sri Lanka
- **kaki** L. f. 1782 · D:Kakipflaume;
  E:Kaki, Persimmon · ♄ d ⚭ Z8
  ⓚ VI ⚲ ⓝ; China, S-Korea, Jap.
  [58051]
  'Fuyu'
  'Muscat'
- **lotus** L. 1753 · D:Lotuspflaume;
  E:Date Plum · ♄ ♄ d ⚭ Z5 V-VI ⓝ;
  TR, Korea, China, nat. in Eur.: Ba
  [20107]
- **melanoxylon** Roxb. 1795 ·
  D:Coromandel-Ebenholz · ♄ ♄ ⓦ
  ⓝ; Ind., Sri Lanka
- **virginiana** L. 1753 · D:Persimone;
  E:American Persimmon, Winter
  Plum · ♄ d ⚭ Z7 V-VI ⓝ; USA: NE,
  NCE, Kans., SC, SE, Fla. [20109]

Diotis Desf. = Otanthus
- *maritima* (L.) Desf. ex Cass. =
  Otanthus maritimus

Dipcadi Medik. 1790 -n-
Hyacinthaceae · (S. 1008)
- **serotinum** (L.) Medik. 1790 · ⁴
  ⓚ; Eur.: sp., F, I

Dipelta Maxim. 1877 -f-

Caprifoliaceae · (S. 394)
D:Doppelschild; F:Dipelta
- **floribunda** Maxim. 1877 · D:Doppelschild · ♄ d Z6 V-VI; C-China [18220]
- **ventricosa** Hemsl. 1908 · D:Ohr-Doppelschild · ♄ d Z6 V-VI; W-China [16972]
- **yunnanensis** Franch. 1891 · ♄ d Z7; China (Yunnan)

Diphasiastrum Holub 1975 -n-
Lycopodiaceae · (S. 55)
D:Flachbärlapp; E:Alpine Clubmoss; F:Lycopode
- **alpinum** (L.) Holub 1975 · D:Alpen-Flachbärlapp · ⚁ VIII-IX ▽; Eur.*, TR, Cauc., W-Sib., E-Sib., Amur, Kamchat., C-As., E-As., N-Am.
- **complanatum** (L.) Holub 1975 · D:Gewöhnlicher Flachbärlapp; E:Ground Pine · ⚁ ⤳ VIII-IX ✴; Eur.* exc. BrI; TR, Cauc., W-Sib., E-Sib., Amur, Sachal., Kamchat., China, N-Jap., Ind, Sri Lanka, Malay. Arch., Phil., Alaska, Can., USA: NE, NCE, SE, Rocky Mts., Wash.
- **issleri** (Rouy) Holub 1975 · D:Isslers Flachbärlapp · ⚁ VIII-IX ▽; Eur.: C-Eur , F, BrI
- **oellgaardii** A.M. Stoor et al. 1996 · D:Oellgards Flachbärlapp · ⚁ ▽; Eur.: F, D +
- **tristachyum** (Pursh) Holub 1975 · D:Zypressen-Flachbärlapp · ⚁ VIII-IX ▽; Eur.* exc. BrI, Ib; TR, N-Am.
- **zeilleri** (Rouy) Holub 1975 · D:Zeillers Flachbärlapp · ⚁ VIII-IX ▽; Eur.

Diphasium C. Presl ex Rothm. = Diphasiastrum
- *alpinum* = Diphasiastrum alpinum
- *complanatum* Rothm. = Diphasiastrum complanatum

Diphylleia Michx. 1803 -f-
Berberidaceae · (S. 285)
D:Schirmblatt; E:Umbrella Leaf; F:Diphylleia
- **cymosa** Michx. 1803 · D:Schirmblatt; E:Umbrella Leaf · ⚁ Z7 V-VI; USA: Va., SE [63633]

Dipladenia A. DC. = Mandevilla
- *atropurpurea* (Lindl.) A. DC. = Mandevilla atroviolacea
- *boliviensis* Hook. f. = Mandevilla boliviensis
- *eximia* Hemsl. = Mandevilla

eximia
- *sanderi* Hemsl. = Mandevilla sanderi

Diplarrhena Labill. 1800 -f-
Iridaceae · (S. 1020)
D:Tasmanische Iris
- **latifolia** Benth. 1873 · D:Breitblättrige Tasmanische Iris · ⚁ Z8 ⓚ VII-VIII; Tasman.
- **moraea** Labill. 1800 · D:Schmalblättrige Tasmanische Iris; E:Butterfly Flag · ⚁ Z8 ⓚ VII-VIII; Austr.: N.S.Wales, Victoria, Tasman.

Diplazium Sw. 1801 -n-
Woodsiaceae · (S. 83)
- **acrostichoides** (Sw.) Butters 1917 · ⚁; Can.: E; USA: NE, NCE, SE
- **australe** (R. Br.) N.A. Wakef. 1942 · E:Austral Lady Fern · ⚁ Z8 ⓚ; Austr., NZ [72100]
- **celtidifolium** Kunze 1845 · ⚁ Z10 ⓜ; Ind., Sri Lanka, S-China, Taiwan, Jap., Indochina, Malay. Pen., Polyn.
- **lanceum** (Thunb.) C. Presl 1836 · ⚁ ⓜ; Ind., Sri Lanka, China, Jap., Taiwan
- *pycnocarpon* (Spreng.) M. Broun = Athyrium pycnocarpon
- **sylvaticum** (Bory) Sw. 1867 · ⚁ ⓚ; Trop.
- *thelypteroides* C. Presl = Diplazium australe

Diplocyclos (Endl.) Post et Kuntze 1903 -m- *Cucurbitaceae* · (S. 441)
D:Scheinzaunrübe; F:Faussecouleuvrée
- **palmatus** (L.) C. Jeffrey 1962 · E:Lollipop Climber · ⚁ ⚥ ⚢ Z10 ⓚ VII-IX; trop. Afr., trop. As., Austr.: N.Terr., Queensl., N.S.Wales

Diplocyclus Post et Kuntze = Diplocyclos

Diploknema Pierre 1884 -f-
Sapotaceae · (S. 806)
- **butyracea** (Roxb.) H.J. Lam 1925 · D:Fulwafettbaum; E:Indian Buttertree · ♄ e ⓜ ⓝ; Tibet, Nepal, Bhutan, Ind., Andaman. I.

Diplotaxis DC. 1821 -f-
Brassicaceae · (S. 322)
D:Doppelsame; E:Wall Rocket; F:Diplotaxis
- **muralis** (L.) DC. 1821 · D:Mauer-

Doppelsame; E:Wall Rocket · ⊙ Z7 VI-IX; Eur.* exc. BrI, Sc; Cauc.
- **tenuifolia** (L.) DC. 1821 · D:Schmalblättriger Doppelsame; E:Lincoln's Weed, Sand Rocket · ⚁ Z7 V-X; Eur.* exc. BrI, Sc; TR, Syr.
- **viminea** (L.) DC. 1821 · D:Ruten-Doppelsame · ⊙ Z8 VI-IX; Eur.: Ib, Fr, Ap, Ba, Krim; TR, Levante, Maroc., Alger., Egypt, nat. in D, RO

Diplothemium Mart. = Polyandrococos
- *caudescens* Mart. = Polyandrococos caudescens

Dipogon Liebm. 1854 -m-
Fabaceae · (S. 507)
D:Okiebohne; E:Australian Pea
- **lignosus** (L.) Verdc. 1968 · D:Okiebohne; E:Australian Pea, Dolichos Pea · ♄ Z9 ⓚ; S-Afr.

Dipsacus L. 1753 -m- *Dipsacaceae* · (S. 453)
D:Karde; E:Teasel; F:Cardère
- **ferox** Loisel. 1807 · ⊙; Eur.: I, Sard., Corse
- **fullonum** L. 1753 · D:Wilde Karde; E:Common Teasel, Wild Teasel · ⊙ Z3 VII-VIII; Eur.* exc. Sc; TR, Levante, Cauc., Iran, NW-Afr., nat. in DK
- **inermis** Wall. 1820 · ⚁; Him. (Afgh. - SW-China), Myanmar
- **laciniatus** L. 1753 · D:Schlitzblättrige Karde; E:Cut Leaved Teasel · ⊙ Z3 VII-VIII; Eur.: Fr, Ap, C-Eur., EC-Eur., Ba, E-Eur., ? Ib; TR, Iraq, Syr., Cauc., Iran, C-As.
- **pilosus** L. 1753 · D:Behaarte Karde · ⊙ VII-VIII; Eur.*, Cauc., Iran
- **sativus** (L.) Honck. 1782 · D:Weber-Karde; E:Card's Thistle, Fuller's Teasel · ⊙ Z5 VII-VIII ⓝ; orig.?, cult., nat. in Eur. [73454]
- **strigosus** Willd. ex Roem. et Schult. 1818 · D:Schlanke Karde · ⊙ VII-VIII; Eur.: Russ.; TR, Cauc., N-Iran, C-As., nat. in BrI, Sc, EC-Eur.
- *sylvestris* Huds. = Dipsacus fullonum

Dipteracanthus Nees = Ruellia
- *devosianus* (Jacob-Makoy) Boom = Ruellia devosiana
- *portellae* (Hook. f.) Boom = Ruellia portellae

Dipterocarpus C.F. Gaertn. 1805

-m- *Dipterocarpaceae* · (S. 455)
D:Zweiflügelfruchtbaum;
F:Diptérocarpus, Keruing
- **alatus** Roxb. ex G. Don 1831 · ♄ d ⓦ Ⓝ; Myanmar
- **turbinatus** C.F. Gaertn. 1805 · D:Ostindischer Zweiflügelfruchtbaum; E:Copaiba Balsam, Gurjun Balsam · ♄ e ⓦ Ⓝ; Ind., Myanmar

Dipteronia Oliv. 1889 -f- *Aceraceae* · (S. 800)
- **sinensis** Oliv. 1889 · ♄ d ⚥ Z7 ∧ VI; C-China [15269]

Dipteryx Schreb. 1791 -f- *Fabaceae* · (S. 508)
D:Tonkabohne; E:Tonka Bean; F:Coumarouna, Tonka
- **odorata** (Aubl.) Willd. 1802 · D:Tonkabohne; E:Tonka Bean · ♄ ⓚ ⚘ ✿ Ⓝ; Guyan., Surinam, N-Bras.

Dirca L. 1753 -f- *Thymelaeaceae* · (S. 867)
D:Bleiholz, Lederholz; E:Leatherwood; F:Bois de plomb
- **palustris** L. 1753 · D:Sumpf-Lederholz; E:Leatherwood, Rope Bark · ♄ d Z5 III-V ✿; Can.: E; USA: NE, NCE, SE, Fla.

Disa P.J. Bergius 1767 -f- *Orchidaceae* · (S. 1061)
- **uniflora** P.J. Bergius 1767 · D:Stolz des Tafelberges; E:Pride-of-Table-Mountain · ⚃ Z9 ⓚ VII-VIII ▽ ✲; SW-Kap

Disanthus Maxim. 1866 -m- *Hamamelidaceae* · (S. 562)
D:Doppelblüte
- **cercidifolius** Maxim. 1866 · D:Doppelblüte · ♄ d Z7 ∧ X; Jap. [15275]

Dischidia R. Br. 1810 -f- *Asclepiadaceae* · (S. 206)
D:Urnenpflanze; F:Dischidia
- **albida** Griff. 1854 · ⚃ Ψ e ⚘ ⓚ; Malay. Pen., Sumat., Kalimantan, Sulawesi
- **major** (Vahl) Merr. 1917 · ⚃ Ψ e ⚘ ⓚ; Ind., SE-As., Austr.
- **merrillii** Becc. · ⚃ Ψ e ⚘ ⓚ; Phil.
- *pectenoides* H. Pearson = Dischidia vidalii
- *rafflesiana* Wall. = Dischidia major
- **sagittata** (Blume) Decne. 1844 · ⚃ Ψ e ⚘ ⓚ; Java
- **vidalii** Becc. 1886 · ⚃ Ψ e ⚘ ⓚ;

Phil.

Dischisma Choisy 1823 -n- *Scrophulariaceae* · (S. 826)
- **arenarium** E. Mey. 1836 · ⊙; S-Afr.

Discocactus Pfeiff. 1837 -m- *Cactaceae* · (S. 351)
- *alteolens* Lem. ex A. Dietr. = Discocactus placentiformis
- *hartmannii* (K. Schum.) Britton et Rose = Discocactus heptacanthus subsp. magnimammus
- **heptacanthus** (Barb. Rodr.) Britton et Rose 1922
  - subsp. **magnimammus** (Buining et Brederoo) N.P. Taylor et Zappi 1991 · Ψ Z10 ⓦ; Bras. (Matto Grosso), Parag.
- **horstii** Buining et Brederoo 1973 · Ψ Z9 ⓦ; Bras. (Minas Gerais)
- **placentiformis** (Lehm.) K. Schum. · Ψ ⓦ
- *subviridigriseus* Buining et Brederoo = Discocactus placentiformis
- *tricornis* Monv. ex Pfeiff. et Otto = Discocactus placentiformis

Diselma Hook. f. 1857 -f- *Cupressaceae* · D:Tasmanische Zypresse
- **archeri** Hook. f. 1857 · D:Tasmanische Zypresse · ♄ e Z8 ⓚ; Austr. (W-Tasman.)

Disocactus Lindl. 1845 -m- *Cactaceae* · (S. 352)
- **biformis** (Lindl.) Lindl. 1845 · Ψ Z9 ⓦ ▽ ✲; Guat., Hond.
- **eichlamii** (Weing.) Britton et Rose 1913 · Ψ Z9 ⓦ ▽ ✲; Guat.
- *flagelliformis* (L.) Barthlott = Aporocactus flagelliformis
- *martianus* (Zucc.) Barthlott = Aporocactus martianus
- *nelsonii* (Britton et Rose) Linding. = Chiapasia nelsonii
- *ramulosus* (Salm-Dyck) Kimnach = Pseudorhipsalis ramulosa
- *speciosus* (Cav.) Britton et Rose = Heliocereus speciosus var. speciosus

× **Disophyllum** Innes 1968 -n- *Cactaceae* · (*Disocactus* × *Epiphyllum*)
- **in vielen Sorten:**
'Frühlingsabend'
'Frühlingsgold'
'Frühlingstraum'

Disphyma N.E. Br. 1925 -n- *Aizoaceae* · (S. 143)
D:Purpurtaupflanze; E:Purple Dewplant
- **australe** (Sol.) J.M. Black 1932 · ⚃ Ψ Z9 ⓚ; NZ
- **crassifolium** (L.) L. Bolus 1927 · ⚃ Ψ Z9 ⓚ; S-Afr., nat. in Balear., P

Disporopsis Hance 1883 -f- *Convallariaceae*
- **pernyi** (Hua) Diels 1901 · ⚃; W-China

Disporum Salisb. ex G. Don 1812 -n- *Convallariaceae* · (S. 987)
D:Feenglöckchen; E:Fairy Bells; F:Clochette des fées
- **cantoniense** (Lour.) Merr. 1919
- **flavens** Kitag. 1934 · ⚃; Manch., Korea
- *hookeri* (Torr.) G. Nicholson = Prosartes hookeri
  - var. *oblongifolium* (S. Watson) Britton = Prosartes hookeri
  - var. *oreganum* (S. Watson) Q. Jones 1906 = Prosartes hookeri
  - var. *trachyandrum* (Torr.) Q. Jones = Prosartes hookeri
- *oreganum* (S. Watson) W.T. Mill. = Prosartes hookeri
- *parvifolium* (S. Watson) Britton = Prosartes hookeri
- **sessile** (Thunb.) D. Don ex Schult. et Schult. f. 1829 · ⚃ Z7; Jap., Korea, Sachalin
'Variegatum'
- *trachyandrum* (Torr.) Britton = Prosartes hookeri

Dissotis Benth. 1849 -f- *Melastomataceae* · (S. 628)
- **eximia** Harv. 1868 · ⚃ Z10 ⓚ; S-Afr.
- **plumosa** (D. Don) Hook. f. 1871 · ⚃ ⚘ ⤳ Z10 ⓦ VII-IX; W-Afr., C-Afr.
- *princeps* Triana = Dissotis eximia
- *rotundifolia* (Sm.) Triana = Dissotis plumosa

Distemonanthus Benth. -m- *Caesalpiniaceae* · (S. 375)
- **benthamianus** Baill. · D:Afrikanisches Zitronenholz, Movingui; E:Nigerian Satinwood · ♄ Ⓝ; W-Afr., C-Afr.

Distictis Mart. ex Meisn. 1840 -f- *Bignoniaceae* · (S. 294)
D:Klettertrompete; F:Bignone
- **buccinatoria** (DC.) A.H. Gentry

1973 · D:Mexikanische Klettertrompete; F:Mexican Blood Flower · ♄ ʃ e ⚥ Z9 ⓚ VII-VIII; Mex. [11268]
- **laxiflora** (DC.) Greenm. 1898 · ♄ ʃ ⚥ Z9 ⓚ; Mex., Nicar.
- **mansoana** (DC.) Bureau 1894 · ʃ ⓦ; Bras.

Distylium Siebold et Zucc. 1835 -n- *Hamamelidaceae* · (S. 562)
- **myricoides** Hemsl. 1938
- **racemosum** Siebold et Zucc. 1835 · D:Isubaum; E:Isu Tree · ♄ ♄ e Z8 ⓚ III-IV; Jap., Riukiu-Is. [16973]

Dittrichia Greuter 1973 -f- *Asteraceae* · (S. 240)
D:Alant; E:Fleabane; F:Aunée
- **graveolens** (L.) Greuter 1973 · D:Drüsiger Alant, Klebriger Alant; E:Camphor Inula, Stinkweed · ☉ VII-IX; Eur.: Ib, Fr, Ap, Ba; TR, Iraq, Iran, Afgh., NW-Ind.
- **viscosa** (L.) Greuter 1973 · ⚳ ♄ ⓚ; Eur: sp., F, I; W-As., N-Afr.

Dizygotheca N.E. Br. = Schefflera
- *elegantissima* (Veitch ex Mast.) R. Vig. et Guillaumin = Schefflera elegantissima
- *kerchoveana* (Veitch ex P.W. Richards) N. Taylor = Schefflera kerchoveana

Dodecatheon L. 1753 -n- *Primulaceae* · (S. 713)
D:Götterblume; E:Shooting Star; F:Fleur des dieux, Gyroselle
- **alpinum** (A. Gray) Greene 1895 · ⚳ Z6; USA: Calif., Nev.Ariz.; mts
- **clevelandii** Greene 1888 · D:Cleveland-Götterblume; E:Cleveland Shootingstar · ⚳ △ Z6 V-VI; Calif.: Sierra Nevada [63647]
- *cusickii* Greene = Dodecatheon pulchellum subsp. cusickii
- **dentatum** Hook. 1838
  - subsp. **dentatum** · D:Gezähnte Götterblume · ⚳ Z5; B.C., USA: Wash., N-Oreg., Idaho, Utah
  - subsp. **ellisiae** (Standl.) H.J. Thomps. 1953 · ⚳; USA: SW
- *ellisiae* Standl. = Dodecatheon dentatum subsp. ellisiae
- **frigidum** Cham. et Schltdl. 1826 · D:Alaska-Götterblume; E:Arctic Shootingstar · ⚳ △ Z3 V-VI; Alaska, Can.: W; Sib.
- **hendersonii** A. Gray 1886 · D:Hendersons Götterblume; E:Mosquito Bills · ⚳ △ Z6 V-VI;

Calif.: Sierra Nevada
- **jeffreyi** Van Houtte 1867 · D:Hohe Götterblume; E:Tall Shooting Star · ⚳ △ Z5 V-VI; Alaska, Can.: W; USA: NW, Calif., Rocky Mts. [63648]
- **meadia** L. 1753 · D:Meads Götterblume; E:American Cowslip, Shooting Star · ⚳ △ Z3 V-VI; USA: NE, NCE, SE, SC [63650]
  'Alba' [63651]
- *pauciflorum* (Durand) Greene = Dodecatheon meadia
- **pulchellum** (Raf.) Merr. 1948 [63654]
  'Red Wings' [63655]
  - subsp. **cusickii** (Greene) Calder 1965 Z5; Can. (B.C.); USA: NW, Mont., Idaho
  - subsp. **pulchellum** · D:Schöne Götterblume; F:Gyroselle élégant · ⚳ △ Z5 V-VI; Alaska, Can.: W; USA: NW, Calif., Rocky Mts.; Mex.
- *radicatum* Greene = Dodecatheon pulchellum subsp. pulchellum
- *tetrandrum* Suksd. ex Greene = Dodecatheon jeffreyi

Dodonaea Mill. 1754 -f- *Sapindaceae* · (S. 800)
D:Dodonaee; F:Dodonéa
- **triquetra** J.C. Wendl. 1798 · ♄ e Z9 ⓚ ✿; Trop.
- **viscosa** (L.) Jacq. 1760 · D:Australischer Hopfen; E:Hop Bush, Hopwood, Native Hops · ♄ e Z9 ⓚ ⚥ ✿ ⓦ; USA: Fla., Ariz.; W.Ind., Trop. [58054]
  'Purpurea' [58055]

Dolichos L. 1753 -m- *Fabaceae* · (S. 508)
D:Helmbohne; F:Dolique
- *biflorus* auct. non L. = Macrotyloma uniflorum
- *biflorus* L. = Vigna unguiculata subsp. unguiculata
- **kilimandscharicus** Taub. 1894 · ⚳; C.-Afr., E-Afr.
- *lablab* L. = Lablab purpureus
- *lobatus* Willd. = Pueraria lobata
- *soja* L. = Glycine max
- *uniflorus* Lam. = Macrotyloma uniflorum

Dolichothele (K. Schum.) Britton et Rose = Mammillaria
- *balsasoides* (R.T. Craig) Backeb. = Mammillaria beneckei
- *baumii* (Boed.) Werderm. et Buxb. = Mammillaria baumii
- *longimamma* (DC.) Britton et Rose

= Mammillaria longimamma
- *nelsonii* (Britton et Rose) Backeb. = Mammillaria nelsonii
- *surculosa* (Boed.) Backeb. ex Buxb. = Mammillaria surculosa
- *uberiformis* (Zucc.) Britton et Rose = Mammillaria longimamma

Dombeya Cav. 1785-86 -f- *Sterculiaceae* · (S. 857)
D:Hortensienbaum; F:Hortensia en arbre
- **acutangula** Cav. 1787 · ♄ Z10 ⓦ; Maskarene Is.
- **burgessiae** Gerrard ex Harv. 1862 · D:Ahornblättriger Hortensienbaum; E:Pink Dombeya · ♄ e Z10 ⓦ; E-Afr., trop. S-Afr., S-Afr. [27537]
- *calantha* K. Schum. = Dombeya burgessiae
- × **cayeuxii** André 1897 (*D. burgessiae* × *D. wallichii*) · D:Rispiger Hortensienbaum; E:Pink Snowball · ♄ e Z10 ⓦ; cult.
- *mastersii* Hook. f. = Dombeya burgessiae
- *natalensis* Sond. = Dombeya tiliacea
- **rotundifolia** Planch. 1850-51 · ♄ e Z9 ⓚ; S-Afr.
- **tiliacea** (Endl.) Planch. 1850-51 · ♄ e Z10 ⓦ; S-Afr.
- **wallichii** (Lindl.) Benth. et Hook. f. 1862 · D:Hortensienbaum, Wallichs Hortensienbaum; E:Pink Ball Tree · ♄ e Z10 ⓦ II-III; Madag. [11154]

× **Domindesmia** hort. 1964 -f- *Orchidaceae* ·
(*Domingoa* × *Hexadesmia*)

× **Domliopsis** hort. 1965 -f- *Orchidaceae* ·
(*Domingoa* × *Laeliopsis*)

Donia G. Don = Clianthus
- *punicea* G. Don = Clianthus puniceus
- *speciosa* G. Don = Clianthus formosus

Doodia R. Br. 1810 -f- *Blechnaceae* · (S. 62)
D:Raspelfarn; E:Rasp-Fern; F:Doodia rude
- **aspera** R. Br. 1810 · ⚳ Z9 ⓚ; Austr.: Queensl., N.S.Wales, Victoria
- **caudata** (Cav.) R. Br. 1810 · ⚳ Z9 ⓚ; Austr.: Queensl., N.S.Wales, Victoria, Tasman.; NZ, Polyn.

- **media** R. Br. 1810 · ⚃ Z9 🔒;
  Austr., NZ, N.Caled.

Dorema D. Don 1831 -n- *Apiaceae* ·
(S. 174)
D:Ammoniakpflanze; E:Gum
Ammoniac; F:Doréma, Gomme-
ammniaque
- **ammoniacum** D. Don 1833 ·
  D:Ammoniakpflanze; E:Gum
  Ammoniac · ⚃ VI ⚥ ; Iran, C-As.,
  Afgh., Sib.

× **Doriella** hort. 1966 -f-
Orchidaceae ·
(*Doritis* × *Kingiella*)

× **Doritaenopsis** hort. 1935 -f-
Orchidaceae ·
(*Doritis* × *Phalaenopsis*)

Doritis Lindl. 1833 -f- *Orchidaceae* ·
(S. 1062)
- **pulcherrima** Lindl. 1833 · ⚃
  Z9 🔒 VIII-XI ▽ ✳; S-China,
  Myanmar, Thail., Cambodia,
  Malay. Pen., N-Sumat.

Doronicum L. 1753 -n- *Asteraceae* ·
(S. 240)
D:Gämswurz; E:Leopard's Bane;
F:Doronic
- **austriacum** Jacq. 1774 · D:Öster-
  reichische Gämswurz · ⚃ Z5 VII-
  VIII; Eur.* exc. Sc, BrI; W-TR; mts.
- **carpetanum** Boiss. et Reut. ex
  Willk. 1865 · ⚃ Z7 🔒; Eur.: Ib
- **cataractarum** Widder 1925 ·
  D:Sturzbach-Gämswurz · ⚃ VII-IX;
  Eur.: A (Koralpe)
- **clusii** (All.) Tausch 1828
  - var. **clusii** · D:Clusius' Gäms-
    wurz, Zottige Gämswurz · ⚃
    Z6 VI-VII; Eur.* exc. BrI, Sc;
    Cordillera Cantábrica, Pyr., Alp.,
    Carp.
  - var. **villosum** Tausch 1828 ·
    D:Steirische Gämswurz · ⚃ Z6
    VII-IX; Eur.: CH, A, RO + ; Alp.,
    Carp.
- **columnae** Ten. 1811 · D:Herz-
  blättrige Gämswurz · ⚃ Z5 V-VI;
  Eur.: C-Eur., E-Eur., I, Ba; mts.
- *cordatum* auct. non Lam. =
  Doronicum columnae
- *cordifolium* Sternb. = Doronicum
  columnae
- × **excelsum** (N.E. Br.) Stace 1991
  (*D. columnae* × *D. pardalianches* ×
  D. plantagineum) · ⚃ Z6; cult.
  'Harpur Crewe' [63667]
- **glaciale** (Wulfen) Nyman 1855 ·
  D:Gletscher-Gämswurz

- subsp. **calcareum** (Vierh.) Hegi
  1928 · D:Kalkliebende Gäms-
  wurz · ⚃ Z6 VI-VIII; Eur.: A;
  NE-Alp.
- subsp. **glaciale** · D:Gewöhnliche
  Gletscher-Gemswurz · ⚃ Z6 VII-
  VIII; Eur.: I, D, A, Slove.; E-Alp.
- **grandiflorum** Lam. 1786 ·
  D:Großblütige Gämswurz · ⚃ Z5
  VII-VIII; Eur.: Ib, Fr, Ap, C-Eur.,
  Ba, ? RO
- **orientale** Hoffm. 1808 · D:Kau-
  kasus-Gämswurz; F:Doronic du
  Caucase · ⚃ ⋈ Z5 IV-V; Eur.: Ap,
  H, Ba, RO, W-Russ.; TR, Lebanon,
  Cauc. [63656]
  'Finesse' [63657]
  'Frühlingspracht' [63658]
  'Goldzwerg' [63660]
  'Little Leo' [63661]
  'Magnificum' [63662]
- **pardalianches** L. 1753 · D:Krie-
  chende Gämswurz; E:Great
  Leopard's Bane · ⚃ Z6 V-VII;
  Eur.: sp., Fr, I, CH, D; mts., nat. in
  BrI, A [63665]
- **plantagineum** L. 1753 · D:Wege-
  rich-Gämswurz; F:Doronic
  plantain · ⚃ ⋈ Z6 IV-V; Eur.: Ib, F,
  I, nat. in BrI, NL

Dorotheanthus Schwantes 1927
-m- *Aizoaceae* · (S. 143)
D:Mittagsblume; E:Iceplant;
F:Ficoide, Mésembryanthème
- **apetalus** (L. f.) N.E. Br. 1928 · ☉
  ψ VII-IX; Kap
- **bellidiformis** (Burm. f.) N.E. Br.
  1929 · D:Garten-Mittagsblume;
  E:Livingstone Daisy · ☉ ψ VII-IX;
  Kap [16733]
  'Lunette'
- *criniflorus* (L. f.) Schwantes =
  Dorotheanthus bellidiformis
- *gramineus* (Haw.) Schwantes =
  Dorotheanthus apetalus
- *oculatus* N.E. Br. = Dorotheanthus
  bellidiformis

Dorstenia L. 1753 -f- *Moraceae* ·
(S. 651)
D:Dorstenie; F:Dorstenia
- **arifolia** Lam. 1786 · ⚃ 🏠; Bras.
- **barteri** Bureau 1873 · ⚃ 🏠;
  Nigeria, Cameroun
- **carnosula** De Wild. 1932
- **contrajerva** L. 1753 · E:Contra
  Hierba, Torn's Herb · ⚃ 🏠 ⚥ ⓝ;
  S-Mex., W.Ind., Bras., Afr.
- **convexa** De Wild. 1909 · ⚃ 🏠;
  Zaire
- *erecta* Vell. = Dorstenia hirta
- **foetida** (Forssk.) Schweinf. 1896

- **hildebrandtii** Engl. 1894 · ⚃ 🏠;
  Kenya, Tanzania
- **hirta** Desv. 1826 · ⚃ 🏠; Bras.
- **psilurus** Welw. 1869 · ⚃ 🏠; trop.
  Afr.
- **radiata** Lam. 1789
- **turnerifolia** Fisch. et C.A. Mey.
  1846 · ⚃ 🏠; Lat.-Am.
- **urceolata** Schott 1821 · ⚃ 🏠;
  Bras.
- **yambuyaensis** De Wild. 1908 · ⚃
  🏠; Zaire

Doryanthes Corrêa 1802 -f-
Doryanthaceae · (S. 1000)
D:Speerblume; E:Spear Lily;
F:Lis-javelot
- **excelsa** Corrêa 1802 · D:Hohe
  Speerblume; E:Australian Giant
  Lily, Spear Lily · ⚃ Z10 🔒; Austr.:
  Queensl., N.S.Wales
- **palmeri** W. Hill Ex Benth. 1873 ·
  D:Palmers Speerblume · ⚃ Z10
  🔒; Austr.: Queensl., N.S.Wales

Dorycnium Mill. 1754 -n-
Fabaceae · (S. 508)
D:Backenklee; F:Dorycnium
- **germanicum** (Gremli) Rikli
  1900 · D:Deutscher Backenklee · ♄
  VII; Eur.: I, CH, D, A, CZ, H, Slove.
- **graecum** (L.) Ser. 1825 · ♄ ⚃;
  E-Ba, Krim, Cauc., TR
- **herbaceum** Vill. 1779 · D:Krau-
  tiger Backenklee · ♄ ⚃ Z8 VI-VII;
  Ba, Ap, Krim, TR, Cauc.
- **hirsutum** (L.) Ser. 1825 ·
  D:Behaarter Backenklee, Zotti-
  ger Backenklee; E:Hairy Canary
  Clover; F:Dorycnium hérissé ·
  ♄ ⚃ Z8 🔒 VI-IX; Eur.: Ib, F, Ap,
  Ba; TR, Levante, Maroc., Tun.
  [63668]
- **pentaphyllum** Scop. 1772 ·
  D:Fünfblättriger Backenklee · ♄
  Z8 V-VI; Eur.: Ib, F, I
  - subsp. *germanicum* (Gremli)
    Gams 1889 = Dorycnium
    germanicum
- **rectum** (L.) Ser. 1825 · ♄ ⚃ Z8;
  Eur.: Ib, Fr, Ap, Ba; TR

Doryopteris J. Sm. 1841 -f-
Adiantaceae · (S. 59)
D:Speerfarn; F:Fougère
- **ludens** (Wall.) J. Sm. 1875 · ⚃
  Z10 🏠; Indochina, Phil.
- *palmata* (Willd.) J. Sm. =
  Doryopteris pedata var. palmata
- **pedata** (L.) Fée 1850-52
  - var. **palmata** (Willd.) Hicken
    1908 · ⚃ Z10 🏠; Mex., C-Am.,
    trop. S- Am.

- var. **pedata** · D:Gestielter Speerfarn; E:Hand Fern · ⚄ Z10 ⓜ; W.Ind., trop. S-Am.
- **sagittifolia** (Raddi) J. Sm. 1841 · ⚄ Z10 ⓜ; trop. S-Am.

Dossinia C. Morren 1848 -f- *Orchidaceae* · (S. 1062)
- **marmorata** C. Morren 1848 · ⚄ ⓜ VII-X ▽ ✻; Kalimantan (Sarawak)

Douglasia Lindl. = Androsace
- *montana* A. Gray = Androsace montana
- *vitaliana* (L.) Hook. f. ex Pax = Vitaliana primuliflora subsp. primuliflora

Dovyalis E. Mey. ex Arn. 841 -f- *Flacourtiaceae* · (S. 533)
- **caffra** (Hook. f. et Harv.) Hook. f. 1868 · D:Kei-Apfel; E:Kei Apple · ♄ d Z9 ⓜ Ⓝ; S-Afr.
- **hebecarpa** (Gardner) Warb. 1893 · D:Ceylon-Stachelbeere; E:Ceylon Gooseberry · ♄ d Z10 ⓜ; Ind., Sri Lanka

Downingia Torr. 1857 -f- *Campanulaceae* · (S. 384) D:Scheinlobelie; E:Californian Lobelia; F:Clintonia, Fausse-lobélie
- **elegans** (Douglas) Torr. 1874 · D:Scheinlobelie; E:Blue Calico Flower · ⊙ VII-VIII; USA: NW, Idaho, Nev., Calif.
- **pulchella** (Lindl.) Torr. 1857 · ⊙ VII-VIII; Calif.

Doxantha Miers = Macfadyena
- *capreolata* (L.) Miers = Bignonia capreolata
- *unguis-cati* (L.) Rehder = Macfadyena unguis-cati

Draba L. 1753 -f- *Brassicaceae* · (S. 323) D:Felsenblümchen; E:Whitlow Grass; F:Drave
- **acaulis** Boiss. 1842 · ⚄ Z7; TR (Cilic. Taurus)
- **aizoides** L. 1797 · D:Immergrünes Felsenblümchen; E:Yellow Whitlow Grass; F:Drave faux-aizoon · ⚄ △ Z4 IV ▽; Eur.* exc. Sc; mts. [63671]
- **alticola** Kom. · ⚄; C-As.; mts.
- **argaea** Kotschy ex Boiss. 1867
- **aspera** Bertol. 1819 · D:Raues Felsenblümchen · ⚄ Z4 VI-VII ▽; Eur.: Ba, Ap, F; mts.
- **athoa** (Griseb.) Boiss. 1853
- **aurea** Vahl ex Hornem. 1806
- **borealis** DC. 1821
- **brachystemon** DC. 1821 · ⚄ ▽; Eur.: E-Pyr., Alp. (Monte Rosa)
- **bruniifolia** Steven 1812 [63672]
  - subsp. **bruniifolia** · ⚄ △ Z7 IV-V ▽; TR, Iraq, Cauc., Iran
  - subsp. **olympica** (Sibth. ex DC.) Coode et Cullen Z7 ▽; TR
- *bryoides* DC. = Draba rigida var. bryoides
- **cuspidata** M. Bieb. 1819 · ⚄ △ Z6 IV-V ▽; Krim
- **dedeana** Boiss. et Reut. ex Boiss. 1845 · ⚄ △ Z7 IV-V ▽; Eur.: sp.; mts.
- **densiflora** Nutt. 1838 · ⚄ ▽; Can. (B.C.); USA: NW, Calif.
- *diversifolia* Boiss. et A. Huet = Draba bruniifolia subsp. bruniifolia
- **dolomitica** Buttler 1969 · D:Dolomiten-Felsenblümchen · ⚄ VI-VIII ▽; Eur.: I, A; Dolomiten, Brenner
- **dubia** Suter 1802 · D:Eis-Felsenblümchen · ⚄ Z6 V-VII ▽; Eur.: Ib, Fr, Ap, C-Eur., EC-Eur., Ba; mts.
- **fladnizensis** Wulfen 1779 · D:Fladnitzer Felsenblümchen; E:Austrian Whitlow Grass · ⚄ △ Z5 V-VI ▽; Eur.: Sc, C-Eur., EC-Eur., F, I, E-Eur.; N, mts.; Alaska, USA: NW, Calif., Rocky Mts.; C-As., Him.
- **haynaldii** Stur 1861 · ⚄ Z7 ▽; RO; S-Carp. [63672]
- **hispanica** Boiss. 1838 · ⚄ Z7 ▽; Eur.: sp., Maroc.; mts.
- **hoppeana** Rchb. 1828 · D:Hoppes Felsenblümchen · ⚄ Z7 VII-VIII ▽; Eur.: F, I, C-Eur.; Alp.
- **incana** L. 1753 · D:Graues Felsenblümchen; E:Hoary Whitlow Grass · ⊙ ⚄ △ Z4 V-VI ▽; Eur.: BrI, Sc, Fr, C-Eur., Ib, E-Eur.; N, mts.
- **incerta** Payson 1917 · ⚄ Z4; Alaska, Can.: B.C., Alta. ; USA: NW, Mont., Wyo.
- **ladina** Braun-Blanq. 1920 · D:Bündner Felsenblümchen · ⚄ VII-VIII ▽; Eur.: E-CH; mts.
- **lasiocarpa** Rochel ex M. Bieb. 1819 · D:Karpaten-Felsenblümchen · ⚄ △ Z5 III-V ▽; Eur.: A, Ba, RO; Carp., Balkan [63674]
- **loiseleurii** Boiss. 1854 · ⚄ Z9 ⓜ ▽; Corse [63675]
- **longisiliqua** Schmalh. ex Akinf. 1982 · ⚄ Z6; Cauc.
- **mollissima** Steven 1812 · ⚄ Z7 ∧ III-IV ▽; Cauc.
- **muralis** L. 1753 · D:Mauer-Felsenblümchen · ⊙ V-VI ▽; Eur.*
- **nemorosa** L. 1753 · D:Hain-Felsenblümchen · ⊙ V-VI ▽; Eur.* exc. BrI; TR, Cauc., W-Sib., E-Sib., Amur, Sachal., Kamchat
- **norvegica** Gunnerus 1772 · D:Norwegisches Felsenblümchen · ⚄ Z6 VI-VII ▽; Eur.: BrI, Sc, N-Russ., A; Sib., N-Am
- **oligosperma** Hook. 1830
- *olympica* Sibth. ex DC. = Draba bruniifolia subsp. olympica
- **pacheri** Stur 1855 · D:Tauern-Felsenblümchen · ⚄ VI-VIII ▽; Eur.: E-A, Slova.
- **parnassica** Boiss. et Heldr. 1853 · ⚄ Z8 ⓜ ▽; GR; mts.
- *paysonii* J.F. Macbr. = Draba densiflora
- **polytricha** Ledeb. 1841 · ⚄ Z7 ▽; TR, Cauc.
- **rigida** Willd. 1800 [71753]
  - var. **bryoides** (DC.) Boiss. Z7 ▽; TR, Cauc. [69860]
  - var. **imbricata** (C.A. Mey.) Trehane
  - var. **rigida** · ⚄ △ Z7 IV-V ▽; Cauc.
- **rosularis** Boiss. 1842 · ⚄ Z6; E-TR
- **sachalinensis** F. Schmidt 1868 · ⚄; Sachal., Jap. (Hokkaido)
- **sakuraii** Makino 1983 · ⚄; Jap. (Honshu); mts.
- × **salomonii** Sünd. 1906 [69169]
- **sauteri** Hoppe 1823 · D:Sauters Felsenblümchen · ⚄ △ VI ▽; Eur.: D, A; NE-Alp. [68720]
- **sibirica** (Pall.) Thell. 1906 · F:Drave de Sibérie · ⚄ ⤳ △ Z1 V-VI ▽; Eur.: Russ.; Cauc., W-Sib., E-Sib., C-As., Mong., China: Sinkiang, Greenl. [63677]
- **siliquosa** M. Bieb. 1808 · D:Kärntner Felsenblümchen · ⚄ △ Z6 V-VII ▽; Eur.: Ib, Ap, C-Eur., EC-Eur., E-Eur., BG; TR, Cauc., Iran
  - subsp. *carinthiaca* (Hoppe) O. Bolòs et Vigo 1974 = Draba siliquosa
- **stellata** Jacq. 1762 · D:Sternhaar-Felsenblümchen · ⚄ VI-VII ▽; Eur.: A; NE-Alp.
- *stylaris* W.D.J. Koch = Draba incana
- × **suendermannii** Sünd. 1925 (*D. dedeana* × ?) · D:Sündermanns Felsenblümchen; F:Drave de Sündermann · ⚄; cult. [63678]
- **tomentosa** Clairv. 1811 · D:Filziges Felsenblümchen · ⚄ Z6 VI-VIII ▽; Eur.: Fr, C-Eur., EC-Eur., Ba;

mts.
- *tomentosa* Hegetschw. = Draba dubia
- *wahlenbergii* Hartm. = Draba fladnizensis

Dracaena Vand. ex L. 1767 -f- *Dracaenaceae* · (S. 1001)
D:Drachenbaum, Schlangenlilie; E:Dragon Tree; F:Dragonnier, Pléomèle
- **aletriformis** (Haw.) Bos 1992 · ♄ e Z9 ⓦ; S-Afr.
- **arborea** (Willd.) Link 1821 · ♄ e Z9 ⓚ ⓝ; W-Afr., C-Afr., Angola
- **aubryana** Brongn. ex E. Morren 1860 · ♄ e Z9 ⓦ; W-Afr.
- *australis* G. Forst. = Cordyline australis
- **braunii** Engl. 1893 · D:Panaschierter Drachenbaum; E:Ribbon Plant · ♄ e Z9 ⓦ; Cameroun
- **cinnabari** Balf. f. 1882 · E:Socotra Dragon Tree · ♄ e Z9 ⓦ ⓝ; Socotra
- **concinna** Kunth 1850 · ♄ e Z9 ⓦ; Mauritius
- *deremensis* Engl. = Dracaena fragrans
- **draco** (L.) L. 1767 · D:Echter Drachenbaum; E:Dragon Tree · ♄ e Z9 ⓦ ⓚ ▽; Canar., Cap Verd. [11328]
- **elliptica** Thunb. 1808 · ♄ e Z9 ⓦ; Ind., Sumat., Java
- **fragrans** (L.) Ker-Gawl. 1808 · ♄ e Z9 ⓦ ⓚ ⓝ; trop. Afr.
- *godseffiana* Sander ex Mast. = Dracaena surculosa
- **goldieana** W. Bull ex Mast. et Moore 1872 · ♄ e Z9 ⓦ; Nigeria, C-Afr.
- *hookeriana* K. Koch = Dracaena aletriformis
- *indivisa* G. Forst. = Cordyline indivisa
- *marginata* Lam. = Dracaena reflexa var. angustifolia
- **phrynioides** Hook. 1862 · ♄ e Z9 ⓦ; W-Afr., Cameroun
- **reflexa** Lam. 1786
  - var. **angustifolia** Baker 1875 · D:Gerandeter Drachenbaum; E:Dragon Tree · ♄ e Z9 ⓦ; Reunion
  - var. **reflexa** · E:Song of India · ♄ e Z9 ⓦ; Mauritius
- *rumphii* (Hook.) Regel = Dracaena aletriformis
- *sanderiana* Sander = Dracaena braunii
- *stricta* Sims = Cordyline stricta
- **surculosa** Lindl. · ♄ e Z9 ⓦ ⓚ;

W-Afr.
- *thalioides* Jacob-Makoy ex Regel = Dracaena aubryana
- **umbraculifera** Jacq. 1797 · ♄ e Z9 ⓦ; ? Mauritius

Dracocephalum L. 1753 -n- *Lamiaceae* · (S. 580)
D:Drachenkopf; E:Dragon's Head; F:Tête-de-dragon
- **argunense** Fisch. ex Link 1822 · ⚘ Z7; E-Sib., N-China, Manch., Korea, Jap. [71922]
- **austriacum** L. 1753 · D:Österreichischer Drachenkopf · ⚘ Z4 V-VIII ▽; Eur.: F, I, CH, A, EC-Eur, E-Eur.; TR, Cauc.
- **bipinnatum** Rupr. 1869 · ⚘ ♄ Z7 VII-VIII; C-As., Afgh, Him, W-Tibet, China: Sinkiang
- **botryoides** Steven 1812 · ⚘ △ Z5 IV; Cauc. [71923]
- **bullatum** Forrest ex Diels 1912 · ⚘ △ Z7 VI-VII; Yunnan
- **calophyllum** Hand.-Mazz. 1924 · ⚘ △ Z7 ⓚ ∧ IX-X; Yunnan, Sichuan
- **forrestii** W.W. Sm. 1916 · ⚘ △ Z7 ∧ VIII-X; Yunnan
- **grandiflorum** L. 1753 · ⚘ △ Z3 VII-VIII; Sib. [60192]
- *hemsleyanum* (Oliv. ex Prain) Prain ex C. Marquand = Nepeta hemsleyana
- **imberbe** Bunge 1836 · ⚘ Z3; W-Sib., E-Sib. C-As., China (Xinjiang)
- **isabellae** Forrest ex W.W. Sm. 1914 · ⚘ △ Z7 VII-VIII; C-China
- **moldavicum** L. 1753 · D:Türkischer Drachenkopf · ⊙ Z7 VII-VIII; W-Sib., E-Sib., Him., nat. in Eur.: PL, RO, Russ.; China
- **nutans** L. 1753 · ⚘ Z3; E-Russ., W-Sib., E-Sib., Amur, C-As., Mong., Manch., China: Xinjiang, nat. in E-Eur.
- **peregrinum** L. 1756 · ⚘ △ Z7 VII-VIII; Altai [70739]
- **prattii** (H. Lév.) Hand.-Mazz. = Nepeta prattii
- **renati** Emb. 1935 · ⚘ Z7; Maroc.
- **rupestre** Hance 1869 · ⚘; W-China [63680]
- *ruprechtii* Regel = Dracocephalum bipinnatum
- **ruyschiana** L. 1753 · D:Nordischer Drachenkopf; E:Dragonhead; F:Dracocéphale de Ruysch · ⚘ Z3 VII-VIII ▽; Eur.: Fr, C-Eur., EC-Eur., E-Eur., Ap, Sc; Cauc., W-Sib., E-Sib., C-As., Mong., Manch. [63681]

- **tanguticum** Maxim. 1881 · ⚘; SW-China
- **wendelboi** Hedge 1967 · ⚘; Afgh.

Dracontium L. 1753 -n- *Araceae* · (S. 925)
- **gigas** (Seem.) Engl. 1829 · ⚘ Z10 ⓦ; Nicar.

Dracontomelon Blume 1850 -n- *Anacardiaceae* · (S. 156)
D:Drachenapfel; E:Argus Pheasant Tree
- **dao** (Blanco) Merr. et Rolfe 1908 · ♄
- **mangiferum** Blume 1850 · D:Drachenapfel; E:Argus Pheasant Tree · ♄ ⓦ ⓝ; Malay. Arch., Phil., Fiji

Dracophilus (Schwantes) Dinter et Schwantes 1927 -m- *Aizoaceae* · (S. 143)
- **dealbatus** (N.E. Br.) Walgate 1939
- **delaetianus** (Dinter) Dinter et Schwantes 1927 · ⚘ Z9 ⓚ; Namibia (Great Namaqualand)
- *montis-draconis* (Dinter) Dinter et Schwantes = Dracophilus dealbatus

Dracophyllum Labill. 1798 -n- *Epacridaceae* · (S. 461)
D:Drachenblatt; F:Dragonnier
- **sayeri** F. Muell. 1887 · ♄ ⓚ; Austr. (Queensl.)
- **secundum** (Poir.) R. Br. 1810 · ♄ e Z8 ⓚ IV-V; Austr.: N.S.Wales

Dracopsis Cass. 1825 -f- *Asteraceae* · (S. 241)
D:Sonnenhut
- **amplexicaulis** (Vahl) Cass. 1825 · D:Stängelumfassender Sonnenhut · ⊙ Z8 VII-VIII; USA: Kans., Mo., SE, SC

Dracula Luer 1978 -f- *Orchidaceae* · (S. 1062)
D:Draculaorchidee; F:Dracula
- **bella** (Rchb. f.) Luer 1978 · ⚘ Z10 ⓚ XII-VI ▽ ✻; Col.
- **chimaera** (Rchb. f.) Luer 1978 · ⚘ Z10 ⓚ XI-II ▽ ✻; Col.
- **erythrochaete** (Rchb. f.) Luer 1978 · ⚘ Z10 ⓚ IX-XI ▽ ✻; C-Am., Col.
- **radiosa** (Rchb. f.) Luer 1978 · ⚘ Z10 ⓚ V-VIII ▽ ✻; Col.

Dracunculus Mill. 1754 -m- *Araceae* · (S. 926)
D:Drachenwurz; E:Dragon Arum;

F:Serpentaire
- **canariensis** Kunth 1841 · D:Kanarische Drachenwurz · ♃ Z9 ⓚ; Canar.
- *muscivorus* (L. f.) Parl. = Helicodiceros muscivorus
- **vulgaris** Schott · D:Drachenwurz, Schlangenwurz; E:Dragon Arum · ♃ Z9 ⓚ V ✼; Eur.: Ap, Ba; TR, nat. in Ib, F

Dregea E. Mey. 1838 -f- *Asclepiadaceae* · (S. 206)
- **sinensis** Hemsl. 1889 · ♄ e ⚶ Z9 ⓚ VI-VII; China [11513]

Drepanostachyum Keng f. 1983 -n- *Poaceae*
- **falcatum** (Nees) Keng f. 1983 · ♄ e Z8 ⓚ; E-Him.
- *falconeri* (Munro) D.C. McClint. = Himalayacalamus falconeri
- *hookerianum* (Munro) Keng f. = Himalayacalamus hookerianus
- **khasianum** (Munro) Keng f. 1983

Drimia Jacq. ex Willd. 1797 -f- *Hyacinthaceae*
- **haworthioides** Baker 1875 · ♃ Z9 XI-I; S.Afr.

Drimiopsis Lindl. et Paxton 1851 -f- *Hyacinthaceae* · (S. 1008)
- **botryoides** Baker · ♃ Z10 ⓜ III-IX; Tanzania: Sansibar
- *kirkii* Baker = Drimiopsis botryoides
- **maculata** Lindl. et Paxton 1851 · ♃ Z9 ⓜ IV-VII; S-Afr.

Drimys J.R. Forst. et G. Forst. 1775 -f- *Winteraceae* · (S. 893) D:Winterrinde; E:Winter's Bark
- *aromatica* F. Muell. = Tasmannia lanceolata
- *lanceolata* Poir. = Tasmannia lanceolata
- **winteri** J.R. Forst. et G. Forst. 1776 [11514]
   - var. **andina** Reiche 1898 · ♄ e Z8 ⓚ; C-Chil., W-Arg.
   - var. **winteri** · D:Beißrinde, Winterrinde; E:Drimys, Winter's Bark · ♄ ♄ e Z8 ⓚ; Chile, S-Arg.

Drosanthemum Schwantes 1927 -n- *Aizoaceae* · (S. 143)
- **bellum** L. Bolus 1929 · ♄ ψ ⓚ; Kap
- **floribundum** (Haw.) Schwantes 1927 · ♄ ψ ⓚ VI-VII; Kap, Namibia
- **hispidum** (L.) Schwantes 1927 · ♄ ψ ⓚ VI-VIII; Namibia, Kap, nat. in Mallorca
- **speciosum** (Haw.) Schwantes 1927 · ♄ ψ ⓚ; Kap

Drosera L. 1753 -f- *Droseraceae* · (S. 457)
- **adelae** F. Muell. 1864 · ♃ Z10 ⓚ ▽; Austr.: Queensl.
  - var. *latior* F. Muell. ex Diels 1906 = Drosera schizandra
- **affinis** Welw. ex Oliv. 1871 · D:Ähnlicher Sonnentau · ♃ ⓚ ▽; W-Afr.
- **aliciae** Raym.-Hamet 1905 · ♃ Z9 ⓚ V-VIII ▽; S-Afr.
- **andersoniana** W. Fitzg. ex Ewart et Jean White 1909 · D:Andersons Sonnentau · ♃ Z9 ⓚ; Austr. (W-Austr.)
- **androsacea** Diels 1904 · D:Mannsschild-Sonnentau · ♃ Z9 ⓚ; Austr. (W-Austr.)
- **anglica** Huds. 1778 · D:Englischer Sonnentau, Langblättriger Sonnentau; E:English Sundew, Great Sundew; F:Rossolis d'Angleterre · ♃ Z5 VII-VIII
- **arcturi** Hook. 1834 · ♃ Z9 ⓚ; NZ, Austr. (N.S.Wales, Victoria, Tasman.)
- *atra* Colenso = Drosera arcturi
- *auriculata* Backh. ex Planch. = Drosera peltata subsp. auriculata
- *bicolor* Lowrie et Carlquist = Drosera peltata subsp. peltata
- **binata** Labill. 1804 · D:Gabelblättriger Sonnentau; E:Forked Sundew · ♃ Z9 ⓚ V-VII ▽; Austr.: N.S.Wales, Victoria, S-Austr.; NZ 'Dichotoma' · ▽ 'Multifida'
- **brevifolia** Pursh 1814 · D:Kurzblättriger Sonnentau · ⊙ Z9 ⓚ ▽; USA: NE, SE, Fla.; Mex., S-Am.
- **bulbigena** Morrison 1903 · ♃ Z9 ⓚ; Austr. (W-Austr.)
- **bulbosa**
  - subsp. **major** (Diels) N.G. Marchant 1992 · ♃ Z9 ⓚ; Austr. (W-Austr.)
  - var. *major* Diels 1906 = Drosera bulbosa subsp. major
- **burkeana** Planch. 1848 · ♃ Z9 ⓚ ▽; Madag., S-Afr.
- **burmannii** Vahl 1794 · D:Burmanns Sonnentau · ♃ Z9 ⓚ ▽; Ind., China, Jap., N-Austr.
- **capensis** L. 1753 · D:Kap-Sonnentau; E:Cape Sundew · ♃ Z9 ⓚ V-VIII ▽; S-Afr.
- **capillaris** Poir. 1804 · D:Rosa Sonnentau; E:Pink Sundew · ♃ Z9 ⓚ ▽; USA: NE, SE, SC, Fla.; Mex., W.Ind., trop. S-Am.
- **cistiflora** L. 1760 · D:Zistrosen-Sonnentau · ♃ Z9 ⓚ ▽; SW-Kap
- *congolana* Taton = Drosera madagascariensis
- **cuneifolia** L. f. 1781 · D:Keilblättriger Sonnentau · ♃ Z9 ⓚ ▽; S-Afr.
- *curvipes* Planch. = Drosera madagascariensis
- *debbertii* Oberm. = Drosera slackii
- *debilis* F. Muell. ex Diels = Drosera macrantha
- *dichotoma* Banks et Sol. ex Sm. = Drosera binata
- **dichrosepala** Turcz. 1854 · D:Zweifarbiger Sonnentau · ♃ Z9 ⓚ ▽; SW-Austr.
  - subsp. **enodes** (N.G. Marchant et Lowrie) J. Schlauer 1996 · ♃ Z9 ⓚ; Austr. (W-Austr.)
- **echinoblastus** N.G. Marchant et Lowrie 1992 · ♃ Z9 ⓚ; Austr. (W-Austr.)
- *enodes* N.G. Marchant et Lowrie = Drosera dichrosepala subsp. enodes
- **ericksoniae** N.G. Marchant et Lowrie 1992 · ♃ Z9 ⓚ; Austr. (W-Austr.)
- **erythrogyne** N.G. Marchant et Lowrie 1192 · ♃ Z9; Austr. (W-Austr.)
- **erythrorhiza** Lindl. 1839 · D:Blut-Sonnentau; E:Red Ink Sundew · ♃ Z9 ⓚ; Austr. (W-Austr.)
  - subsp. **squamosa** (Benth.) N.G. Marchant et Lowrie 1992 · ♃ Z9 ⓚ; Austr. (W-Austr.)
  - var. *imbecilia* Diels 1906 = Drosera erythrorhiza
  - var. *squamosa* (Benth.) Raym.-Hamet 1907 = Drosera erythrorhiza subsp. squamosa
- *filicaulis* Endl. = Drosera menziesii
- **filiformis** Raf. 1808
  - var. **filiformis** · D:Fadenblättriger Sonnentau; E:Thread-leaf Sundew · ♃ Z8 ⊑ ▽; USA: NE, SE, Fla.
  - var. **tracyi** (Macfarl. ex Diels) Diels 1906 · ♃ Z9 ⓚ; USA: SE, Fla.
- *flabellata* Benth. = Drosera platypoda
- **gigantea** Lindl.
- *gracilis* Hook. f. ex Planch. = Drosera peltata
- **graniticola** N.G. Marchant 1982 · D:Granit-Sonnentau · ♃ Z9 ⓚ; Austr. (W-Austr.)
- **hamiltonii** C.R.P. Andrews 1903 · D:Hamiltons Sonnentau · ♃ Z9

ⓚ; Austr. (W-Austr.)
- **heterophylla** Lindl. 1839 · ♃ Z9 ⓚ; Austr. (W-Austr.)
- × **hybrida** Macfarl. 1899 (*D. filiformis* × *D. intermedia*) · D:Hybrid-Sonnentau · ♃ ⓐ; USA (N.Y.)
- **indica** L. 1753 · D:Asiatischer Sonnentau
- **intermedia** Hayne 1800 · D:Mittlerer Sonnentau; E:Long Leaved Sundew, Love Nest Sundew · ♃ Z6 VII-VIII ▽; Eur.*, TR, Cauc., Can.: W; USA: Ne, NCE, SE, Fla.; Cuba
- *ligulata* Colenso = Drosera arcturi
- *lobbiana* Turcz. = Drosera peltata
- *longifolia* auct. non L. = Drosera intermedia
- *longifolia* L. = Drosera anglica
- **lowriei** N.G. Marchant 1992 · ♃ Z9 ⓚ; Austr. (W-Austr.)
- **macrantha** Endl. 1837 · D:Kletternder Sonnentau · ♃ Z8 ⓚ; Austr. (W-Austr.)
  - subsp. *planchonii* (Hook. f. ex Planch.) N.G. Marchant 1982 = Drosera macrantha
  - var. *burgesii* Diels 1906 = Drosera macrantha
  - var. *minor* Benth. 1864 = Drosera macrantha
  - var. *stricticaulis* Diels 1906 = Drosera macrantha
- **macrophylla** Lindl. 1839 · D:Großblättriger Sonnentau · ♃ Z9 ⓚ; Austr. (W-Austr.)
  - subsp. *monantha* Lowrie et Carlquist 1992 = Drosera macrophylla
- **madagascariensis** DC. 1824 · D:Madagaskar-Sonnentau · ♃ Z10 ⓦ; trop. Afr., S-Afr., Madag.
  - var. *major* Burtt Davy 1926 = Drosera madagascariensis
- **menziesii** R. Br. ex DC. 1824 · ♃ Z9 ⓚ; Austr. (W-Austr.)
  - subsp. **basifolia** N.G. Marchant et Lowrie 1992 · ♃ Z9 ⓚ; Austr. (W-Austr.)
  - var. *albiflora* Benth. 1864 = Drosera macrantha
- **modesta** Diels 1904 · D:Unscheinbarer Sonnentau · ♃ Z9 ⓚ; Austr. (W-Austr.)
- **montana** A. St.-Hil. 1824 · D:Berg-Sonnentau · ♃ ⓚ ▽; Bol., S-Bras.
- **nitidula** Planch. 1848 · ♃ Z9 ⓚ; Austr. (W-Austr.)
- × **obovata** Mert. et W.D.J. Koch (*D. anglica* × *D. rotundifolia*) · D:Bastard-Sonnentau · ♃ VII-VIII; Eur. , N-As., Jap.
- **occidentalis** Morrison

- **orbiculata** N.G. Marchant et Lowrie 1992 · ♃ Z9 ⓚ; Austr. (W-Austr.)
- **paleacea** DC. 1824 · D:Schuppiger Sonnentau · ♃ Z9 ⓚ ▽; W-Austr.
  - subsp. **roseana** (N.G. Marchant et Lowrie) J. Schlauer 1996 · ♃ Z9 ⓚ; Austr. (W-Austr.
- **pauciflora** Banks ex DC. 1824 · D:Armblütiger Sonnentau · ♃ ⓚ ▽; SW-Kap
- **peltata** Thunb. · D:Schild-Sonnentau · ♃ Z9 ⓦ; Ind., Thail., Java, Sulawesi, Phil., China, Korea, Jap., Taiwa, N.Guinea, E-Austr.
  - subsp. **auriculata** (Backh. ex Planch.) B.J. Conn 1981
  - subsp. **peltata** 1797
- *penduliflora* Planch. = Drosera ramellosa
- *planchonii* Hook. f. ex Planch. = Drosera macrantha
- **platypoda** Turcz. 1854 · ♃ Z9 ⓚ; Austr. (W-Austr.)
- *polyneura* Colenso = Drosera arcturi
- *porrecta* Lehm. = Drosera stolonifera subsp. porrecta
- *preissii* (Lehm.) Planch. = Drosera heterophylla
- *primulacea* Schlotth. = Drosera erythrorhiza
- **prolifera** C.T. White 1940 · ♃ Z9 ⓚ; Austr. (Queensl.)
- **pygmaea** DC. 1824 · D:Zwerg-Sonnentau · ♃ Z8 ⓚ ▽; E-Austr., S-Austr., NZ
- **ramellosa** Lehm. 1844 · ♃ Z9 ⓚ; Austr. (W-Austr.)
- **ramentacea** Burch. ex DC. 1824 · ♃ ⓚ ♄ ▽; SW-Kap
- **regia** Stephens 1926 · D:Königs-Sonnentau; E:Giant Sundew · ♃ Z9 ⓚ ▽; Kap
- *roseana* Lowrie et N.G. Marchant = Drosera paleacea subsp. roseana
- **rosulata** Lehm. 1844 · ♃ Z9 ⓚ; Austr. (W-Austr.)
- **rotundifolia** L. 1753 · D:Rundblättriger Sonnentau; E:Round Leaved Sundew; F:Rossolis à feuilles rondes · ♃ Z6 VII-VIII ♄ ▽; Eur.*, TR, Syr., Cauc., W-Sib., E-Sib., Amur, Sachal., Kamchat., Jap., Alaska, Can., USA: NE, NCE, NC, SE, Rocky Mts., NW, Calif.
- *ruahinensis* Colenso = Drosera arcturi
- **schizandra** Diels 1906 · ♃ Z9 ⓚ; Austr. (Queensl.)
- **scorpioides** Planch. 1848 ·

D:Skorpion-Sonnentau · ♃ Z9 ⓚ; Austr. (W-Austr.)
- var. *brevipes* Benth. 1864 = Drosera scorpioides
- **sewelliae** Diels 1904 · ♃ Z9 ⓚ; Austr. (W-Austr.)
- **slackii** Cheek 1987 · D:Slacks Sonnentau · ♃ Z9 ⓚ; S-Afr. (Cape Prov.)
- **spatulata** Labill. 1804 · D:Löffelblättriger Sonnentau; E:Spoonleaf Sundew · ♃ Z8 ⓚ ▽; Jap., China, Taiwan, Malay. Arch., E-Austr., Tasman., NZ
- **spilos** N.G. Marchant et Lowrie 1992 · ♃ Z9 ⓚ; Austr. (W-Austr.)
- *squamosa* Benth. = Drosera erythrorhiza subsp. squamosa
- **stolonifera**
  - subsp. **compacta** N.G. Marchant 1982 · ♃ Z9 ⓚ; Austr. (W-Austr.)
  - subsp. **porrecta** (Lehm.) N.G. Marchant 1992 · ♃ Z9 ⓚ; Austr. (W-Austr.)
  - subsp. **rupicola** N.G. Marchant 1982 · ♃ Z9 ⓚ; Austr. (W-Austr.)
- **stricticaulis** (Diels) O.H. Sarg. 1913 · ♃ Z9 ⓚ; Austr. (W-Austr.)
- *thysanosepala* Diels = Drosera menziesii
- *tracyi* Macfarl. ex Diels = Drosera filiformis var. tracyi
- **tubaestylus** N.G. Marchant et Lowrie 1992 · ♃ Z9 ⓚ; Austr. (W-Austr.)
- **villosa** A. St.-Hil. 1824 · D:Zottiger Sonnentau · ♃ ⓚ ▽; SE-Austr., S-Austr., Tasman.
- **zonaria** Planch. 1848 · ♃ Z8 ⓚ; Austr. (W-Austr.)

Drosophyllum Link 1806 -n-
Drosophyllaceae · (S. 457)
- **lusitanicum** (L.) Link 1806 · D:Taublatt · ♄ Z9 ⓚ ▽; SW-Sp., P, N-Maroc.

Dryadella Luer 1978 -f-
Orchidaceae
- **edwallii** (Cogn.) Luer 1978 · ♃ Z10 ⓦ; Bras.
- **lilliputana** (Cogn.) Luer 1978 · ♃ Z10 ⓚ ▽ ✽; Bras.: Sao Paulo

Dryandra R. Br. 1810 -f-
Proteaceae · (S. 717)
- **carduacea** Lindl. 1840 · ♄ e Z9 ⓚ; W-Austr.
- **floribunda** R. Br. 1810 · ♄ e Z9 ⓚ; W-Austr.
- **formosa** R. Br. 1810 · D:Prächtige

Dryandra; E:Showy Dryandra · ♄ e ⋈ Z9 ⓚ; W-Austr.
- **fraseri** R. Br. 1830 · ♄ ⓦ; W-Afr.
- **nivea** (Labill.) R. Br. 1810 · ♄ e Z9 ⓚ; W-Austr.
- **nobilis** Lindl. 1840 · ♄ e Z9 ⓚ; W-Austr.
- **polycephala** Benth. 1870 · D:Vielköpfige Dryandra; E:Many-head Dryandra · ♄ e ⋈ Z9 ⓚ; W-Austr.
- **quercifolia** Meisn. 1856 · D:Eichenblättrige Dryandra; E:Oak Leaved Dryandra · ♄ e ⋈ Z9 ⓚ; W-Austr.
- **squarrosa** R. Br. 1830 · ♄ e ⋈ Z9 ⓚ; W-Austr.

Dryas L. 1753 -f- *Rosaceae* · (S. 750)
- **drummondii** Richardson ex Hook. 1830 [71925]
  - var. **drummondii** · D:Gelbe Silberwurz; E:Yellow Mountain Avens · ♄ e Z1; Can.; USA: Mont.; Greenl.
  - var. **tomentosa** (Farr) L.O. Williams 1936 · D:Filzige Silberwurz · ♄ Z3; Can.: Alta., B.C.
- *integrifolia* Vahl = Dryas octopetala subsp. octopetala var. integrifolia
- *lanata* Stein ex Correvon = Dryas octopetala subsp. octopetala fo. argentea
- **octopetala** L. 1753 · D:Weiße Silberwurz · [63682]
  - subsp. *chamaedryfolia* (Crantz) Gams = Dryas octopetala subsp. octopetala
  - subsp. **octopetala** · D:Gewöhnliche Weiße Silberwurz; E:Mountain Avens; F:Dryade à huit pétales · ♄ e Z1 VI-VIII; Eur.*; N, mts.; W-Sib., E-Sib., Kamchat., Sachal., Amur, NW-China, Jap., Alaska, E-Can., USA: NW, Rocky Mts.; Greenl.
    fo. argentea 1960 (Blytt) Hultén Z2; E-Alps
    - var. **integrifolia** (Vahl) Hartz 1895 · ♄ Z2; N-Eur., Alaska, Can., Greenl.
    - var. **vestita** Beck 1892 = Dryas octopetala subsp. octopetala fo. argentea
- × **suendermannii** Keller ex Sünd. 1925 (*D. drummondii* × *D. octopetala*) · D:Sündermanns Silberwurz · ♄ e Z3; cult. [63683]
- *tenella* Pursh = Dryas octopetala subsp. octopetala var. integrifolia
- *tomentosa* Farr = Dryas drummondii var. tomentosa
- *vestita* (Beck) hort. = Dryas

octopetala subsp. octopetala fo. argentea

Drymaria Willd. ex Roem. et Schult. 1819 -f- *Caryophyllaceae* · (S. 400)
- **cordata** (L.) Willd. ex Schult. 1819 · E:West Indian Chickweed · ☉; USA: SE, Fla.

Drymoglossum C. Presl = Pyrrosia
- *carnosum* (Wall.) J. Sm. = Pyrrosia confluens
- *heterophyllum* (L.) C. Chr. = Pyrrosia heterophylla
- *niphoboloides* (Luerss.) Baker = Pyrrosia niphoboloides
- *piloselloides* (L.) C. Presl = Pyrrosia heterophylla

Drymonia Mart. 1829 -f- *Gesneriaceae* · (S. 549)
- **coccinea** (Aubl.) Wiehler 1973
- *punctata* Lindl. = Alsobia punctata
- **serrulata** (Jacq.) Mart. 1829 · ♄ ⚥ ⤳ Z10 ⓦ; Mex., C-Am., W.Ind., trop. S-Am.
- *spectabilis* (Kunth) Mart. ex DC. = Drymonia serrulata
- **turrialvae** Hanst. 1865 · ♄ Z10 ⓦ; Costa Rica, Panama, Col., Ecuad.

Drynaria (Bory) J. Sm. 1841 -f- *Polypodiaceae* · (S. 76)
- **quercifolia** (L.) J. Sm. 1841 · D:Eichenblättriger Korbfarn; E:Squirrel Head · ♃ Z10 ⓦ; Malay. Arch., Austr., Polyn.
- **rigidula** (Sw.) Bedd. 1868 · D:Korbfarn; E:Basket Fern · ♃ Z10 ⓦ; Ind., S-China, Malay. Pen., Austr.: Queensl.; Polyn.

Dryobalanops C.F. Gaertn. 1805 -f- *Dipterocarpaceae* · (S. 455)
- **aromatica** C.F. Gaertn. 1805 · D:Borneokampfer; E:Baru Camphor · ♄ e ⓦ ⚥ ⓝ; Sumat., N-Kalimantan

Dryopteris Adans. 1763 -f- *Dryopteridaceae* · (S. 68)
- **aemula** (Aiton) Kuntze 1891 · ♃ Z5; Eur.: Azor., N-Sp., F, BR; TR
- **affinis** (Lowe) Fraser-Jenk. 1979 · D:Spreuschuppiger Wurmfarn; E:Golden Shield Fern; F:Fougère à écailles dorées · ♃ Z6 VII-IX; Eur.* [67398]
  'Crispa' [68073]
  'Cristata' [67399]
  'Pinderi' [67401]

- **atrata** (Wall.) Ching 1933 · F:Fougère trompe-d'éléphant · ♃ Z7 ∧; N-Ind., China, Taiwan, Jap. [67402]
- *atrata* hort. = Dryopteris cycadina
- *austriaca* hort. = Dryopteris cycadina
- × **bootii** (Tuck.) Underw. 1893 (*D. cristata* × *D. intermedia*) · ♃ Z4; Can.: E; USA: NE, Tenn.
- **carthusiana** (Vill.) H.P. Fuchs 1959 · D:Dorniger Wurmfarn, Gewöhnlicher Dornfarn; E:Charterhouse Shield Fern; F:Dryoptéris de la Chartreuse · ♃ Z5 VII-VIII; Eur.*, TR, W-As. [67403]
- **clintoniana** (D.C. Eaton) Dowell 1906 · ♃ Z4; Can.: W; USA: NE, NEC
- × **complexa** Fraser-Jenk. 1987 (*D. affinis* × *D. filix-mas*) · ♃ Z5; BrI +
- **crassirhizoma** Nakai 1920 · ♃ Z6; Jap., Korea, Manch., Sachal.
- **cristata** (L.) A. Gray 1848 · D:Kamm-Wurmfarn, Kammfarn; E:Crested Wood Fern · ♃ ⤳ Z4 VII-IX ▽; Eur.*, W-Sib., Can., USA: NE, NCE, NC, SE, Mont. [67404]
  - var. *clintoniana* (D.C. Eaton) Underw. = Dryopteris clintoniana
- **cycadina** (Franch. et Sav.) C. Chr. 1905 · ♃ Z6; S-Him., Nepal, China, Korea, Jap., Taiwan
- *decursive-pinnata* (H.C. Hall) Kuntze = Phegopteris decursive-pinnata
- × **deweveri** (Jansen) Jansen et Wacht. 1934 (*D. carthusiana* × *D. dilatata*) · D:Dewevers Dornfarn · ♃; Eur.: N-Sp., Fr, C-Eur., Sc, EC-Eur., E-Eur.; N-TR, Cauc.
- **dickinsii** (Franch. et Sav.) C. Chr. 1905 · ♃ Z7; China, Jap.
- **dilatata** (Hoffm.) A. Gray 1848 · D:Breitblättriger Wurmfarn, Breitblättriger Dornfarn; E:Broad Buckler Fern; F:Fougère dilatée · ♃ Z5 VII-IX; Eur.*, TR, Cyprus, Cauc., N-As., N-Am., Greenl. [67405]
  'Crispa Whiteside'
  'Grandiceps'
  'Lepidota Cristata'
- **erythrosora** (Eaton) Kuntze 1891 · D:Rotschleier-Wurmfarn; E:Japanese Shield Fern; F:Fougère à indusies rouges · ♃ Z8 ∧; China, Korea, Jap., Taiwan, Phil. [67407]
  'Prolifera'

- **expansa** (C. Presl) Fraser-Jenk. et Jermy · D:Gewöhnlicher Feingliedriger Dornfarn · ⚃ Z3 VII-VIII; Eur.*
- **filix-mas** (L.) Schott 1834 · D:Gewöhnlicher Wurmfarn; E:Male Fern; F:Fougère mâle · ⚃ Z2 VII-IX ⚥ ⚲; Eur.*, TR, Cauc., W-Sib., E-Sib., C-As., Him., Ind., China, Korea, Jap., Taiwan, NW-Afr., N-Am., Mex., Jamaica, S-Am. (Anden), E-Bras. [67408]
  'Barnesii' [67409]
  'Crispa Cristata' [69172]
  'Cristata' [69173]
  'Linearis' [67410]
  'Linearis Polydactyla' [67411]
- **fragrans** (L.) Schott 1834 · D:Duftender Wurmfarn; E:Fragrant Fern · ⚃ △ Z3 ▽; Eur.: FIN; W-Sib., E-Sib., Amur, Sachal., Kamchat., Korea, N-Jap., Alaska, Can., USA: NE, NCE; Greenl.
- **goldiana** (Hook.) A. Gray 1848 · D:Riesen-Wurmfarn; E:Goldie's Wood Fern; F:Dryoptéris géant · ⚃ Z3; Can.: E; USA: NE, NCE, SE [73837]
- *hexagonoptera* (Michx.) C. Chr. = Phegopteris hexagonoptera
- **hirtipes** (Blume) Kuntze 1891 · ⚃ Z8 ⓚ ∧; Him., Ind., Sri Lanka, S-China, Indochina., Malay. Pen., Polyn.
- **hondoensis** Koidz. 1932 · ⚃; Jap. [67412]
- *lepida* (T. Moore) C. Chr. = Cyclosorus arcuatus var. arcuatus
- *linnaeana* C. Chr. = Gymnocarpium dryopteris
- **marginalis** (L.) A. Gray 1848 · E:Marginal Shield Fern · ⚃ △ Z4; Can.: E; USA: NE, NCE, Mo., Okla., SE
- *montana* (J.A. Vogler) Kuntze = Oreopteris limbosperma
- *noveboracensis* (L.) A. Gray = Parathelypteris noveboracensis
- **odontoloma** C. Chr. 1924 · ⚃; Him.
- **oreades** Fomin 1911 · D:Geröll-Wurmfarn; E:Mountain Male Fern · ⚃ Z6 VII-VIII; Eur.: BrI, Fr, D, Ib., Ap; Cauc.
- *oreopteris* (Ehrh.) Maxon = Oreopteris limbosperma
- *paleacea* auct. = Dryopteris affinis
- *parasitica* (L.) Kuntze = Christella dentata
- *pseudomas* (Woll.) Holub et Pouzar = Dryopteris affinis
- **remota** (A. Braun ex Döll) Druce 1908 · D:Entferntfiedriger Dornfarn · ⚃ VII-VIII; Eur.* exc. BrI; TR
- *robertiana* (Hoffm.) C. Chr. = Gymnocarpium robertianum
- ×**sarvelae** Fraser-Jenk. et Jermy 1977 (*D. carthusiana* × *D. expansa*) · D:Sarvelas Dornfarn · ⚃; GB, FIN +
- **sieboldii** (Van Houtte) Kuntze 1891 · E:Christmas Fern · ⚃ Z8 ⓚ ∧; Jap., Taiwan [69174]
- *spinulosa* D. Watt = Dryopteris carthusiana
  - var. *americana* (Fisch.) Fernald 1915 = Dryopteris dilatata
  - var. *dilatata* (Hoffm.) D. Watt 1893 = Dryopteris dilatata
- *standishii* (Moore) C. Chr. = Arachniodes standishii
- **stewartii** · ⚃; Him., China
- ×*tavelii* auct. non Rothm. = Dryopteris × complexa
- ×*tavelii* Rothm. = Dryopteris affinis
- *thelypteris* (L.) A. Gray = Thelypteris palustris
- **tokyoensis** (Makino) C. Chr. 1905 · ⚃; Jap., Korea
- **uniformis** (Makino) Makino 1909 · ⚃ Z7; Jap., S-Korea, China [67414]
- **villarii** (Bellardi) Woyn. ex Schinz et Thell. 1915 · D:Starrer Wurmfarn · ⚃ △ Z4 VII-VIII; Eur.: Fr, C-Eur., Ba, ? PL; mts.; Cauc., Iran, Afgh., NW-Afr.
- **wallichiana** (Spreng.) Hyl. 1953 · D:Gebirgs-Wurmfarn; E:Alpine Wood Fern · ⚃ Z6; Pakist., Nepal, Myanmar, China [67416]

Drypis L. 1753 -f- *Caryophyllaceae* · (S. 400)
- **spinosa** L. 1753 · D:Dornnelke, Kronentau · ⚃ Z8; Ba, I

Duboisia R. Br. 1810 -f- *Solanaceae* · (S. 847)
- **hopwoodii** (F. Muell.) F. Muell. 1877 · D:Pituri; E:Pituri · ♄ ⓚ ⓝ; Austr.: W-Austr., S-Austr., N.S.Wales
- **leichhardtii** (F. Muell.) F. Muell. 1883 · ♄ ⓚ ⓝ; Austr.
- **myoporoides** R. Br. 1810 · D:Korkholz; E:Corkwood · ♄ ♄ ⓚ ⚥ ⚲ ⓝ; Austr.: Queensl., N.S.Wales; N.Caled.

Duchesnea Sm. 1811 -f- *Rosaceae* · (S. 750)
D:Scheinerdbeere; E:Indian Strawberry
- **indica** (Andrews) Focke 1888 · D:Indische Erdbeere, Scheinerdbeere; E:Indian Strawberry, Mock Strawberry; F:Faux-fraisier · ⚃ ⚥ ∿ ⚙ Z6 V-IX; Ind., China, Jap., nat. in USA, S-Eur. [63684]
  'Harlequin'

Dudleya Britton et Rose 1903 -f- *Crassulaceae* · (S. 431)
D:Dudleya
- **caespitosa** (Haw.) Britton et Rose 1903 · ⚃ ⚕ Z8 ⓚ III-IV; C-Calif.
- **candida** Britton 1903 · ⚃ ⚕ Z8 ⓚ; Mex.: Baja Calif.
- *cotyledon* (Jacq.) Britton et Rose = Dudleya caespitosa
- **cymosa** (Lem.) Britton et Rose 1903 · D:Canyon-Dudleya; E:Canyon Live Forever · ⚃ ⚕ Z8 ⓚ VII-VIII; Calif.
- **densiflora** (Rose) Moran 1943 · ⚃ ⚕ Z8 ⓚ VI-VIII; Calif.
- **edulis** (Nutt.) Moran 1943 · ⚃ ⚕ Z8 ⓚ; S-Calif., N-Baja Calif.
- **farinosa** (Lindl.) Britton et Rose 1903 · D:Gepuderte Dudleya; E:Powdery Live Forever · ⚃ ⚕ Z8 ⓚ III-IV; Calif.
- **pulverulenta** (Nutt.) Britton et Rose 1863 · ⚃ ⚕ Z8 ⓚ IV-VI; Calif., Mex.
- *purpusii* (K. Schum.) Britton et Rose = Dudleya cymosa
- **rigida** Rose · ⚃ ⚕ Z8 ⓚ VII-VIII; Mex.: Baja Calif.
- **variegata** (S. Watson) Moran 1953 · ⚃ ⚕ Z8 ⓚ; S-Calif., Baja Calif.

Dulacia Vell. 1825 -f- *Olacaceae* · (S. 671)
- **inopiflora** (Miers) Kuntze 1891 · E:Potency Wood · ♄ ⓚ ⚥; Col., Venez., Bras., Peru

Dulichium Pers. 1805 -n- *Cyperaceae* · (S. 995)
- **arundinaceum** (L.) Britton 1894

Dunalia Kunth 1818 -f- *Solanaceae*
- **australis** (Griseb.) Sleumer 1950
- **lycioides** Miers 1848 · ♄ ⓚ; Peru, Col., Bol., Ecuad.

Duranta L. 1753 -f- *Verbenaceae* · (S. 884)
D:Himmelsblüte
- **erecta** L. 1753 · D:Einzelstämmige Himmelsblüte; E:Pigeon Berry, Skyflower · ♄ e Z9 ⓚ VIII; USA: Calif., Tex.; Mex., W.Ind., S-Am. [11515]

– **lorentzii** Griseb. 1879 · ♄ e ⚘ Z9 Ⓚ; Arg.
– *plumieri* Jacq. = Duranta erecta
– *repens* L. = Duranta erecta
'Variegata'

Durio Adans. 1763 -m- *Bombacaceae* · (S. 302) D:Durianbaum
– **zibethinus** Murray · D:Durianbaum, Zibetbaum; E:Durian · ♄ e Z10 Ⓦ Ⓝ; Malay. Arch.

Duvalia Haw. 1812 -f- *Asclepiadaceae* · (S. 207)
– **caespitosa** (Masson) Haw. · ♃ Ψ Z9 Ⓚ; S-Afr.: Kap, Orange Free State
– **pillansii** N.E. Br. 1908 · ♃ Ψ Z10 Ⓚ; Kap
– **polita** N.E. Br. 1876 · ♃ Ψ Z10 Ⓚ; Mozamb., Namibia, S-Afr.: Transvaal
– *radiata* (Sims) Haw. = Duvalia caespitosa

Dyckia Schult. f. 1829 -f- *Bromeliaceae* · (S. 972)
– **altissima** Lindl. 1841 · ♃ Z9 Ⓚ; Bras.
– **brevifolia** Baker 1871 · ♃ Z9 Ⓚ; Bras.
– **encholirioides** (Gaudich.) Mez 1896
  – var. **encholirioides** · ♃ Z9 Ⓚ; S-Bras.; coast
  – var. **rubra** (Wittm.) Reitz 1951 · ♃ Z9 Ⓚ; S-Bras.
– **fosteriana** L.B. Sm. 1943 · ♃ Z9 Ⓚ; Bras.
– **rariflora** Schult. et Schult. f. 1830 · ♃ Z9 Ⓚ; Bras.
– **remotiflora** Otto et A. Dietr. 1833 · ♃ Z9 Ⓚ; Urug.
– *rubra* Wittm. = Dyckia encholirioides var. rubra
– **velascana** Mez 1894 · ♃ Z9 Ⓚ; Arg.

Dyera Hook. f. 1882 -f- *Apocynaceae* · (S. 192)
– **costulata** (Miq.) Hook. f. 1883 · ♄ Ⓦ Ⓝ; Malay. Arch.

Dypsis Noronha ex Mart. 1838 -f- *Arecaceae* · (S. 949)
– *cabadae* (H.E. Moore) Beentje et J. Dransf. = Chrysalidocarpus cabadae
– **decaryi** (Jum.) Beentje et J. Dransf. 1995 · D:Dreieckspalme; E:Triangle Palm · ♄ e Ⓦ ▽ ✱; Madag. [16239]
– *lutescens* (H. Wendl.) Beentje et J. Dransf. = Chrysalidocarpus lutescens
– **pinnatifrons** Mart. 1838 · ♄ ♄ Z10 Ⓦ; Madag.

Dyssodia Cav. 1801 -f- *Asteraceae*
– **papposa** (Vent.) Hitchc. 1891 · ⊙; USA: Rocky Mts., Ariz., NC, SC, SE; Mex.

Eberlanzia Schwantes 1926 -f- *Aizoaceae* · (S. 143)
– **sedoides** (Dinter et A. Berger) Schwantes 1926
– **spinosa** (L.) Schwantes 1926

Ebnerella Buxb. = Mammillaria
– *aureilanata* (Backeb.) Buxb. = Mammillaria aureilanata
– *bocasana* (Poselg.) Buxb. = Mammillaria bocasana
– *carretii* (Rebut ex K. Schum.) Buxb. = Mammillaria carretii
– *fraileana* (Britton et Rose) Buxb. = Mammillaria fraileana
– *glochidiata* (Mart.) Buxb. = Mammillaria wildii
– *plumosa* (F.A.C. Weber) Buxb. = Mammillaria plumosa
– *schiedeana* (C. Ehrenb.) Buxb. = Mammillaria schiedeana
– *seideliana* (Quehl) Buxb. = Mammillaria seideliana
– *surculosa* (Boed.) Buxb. = Mammillaria surculosa
– *wildii* (A. Dietr.) Buxb. = Mammillaria wildii
– *zephyrantoides* (Scheidw.) Buxb. = Mammillaria zephyranthoides

Ebracteola Dinter et Schwantes 1927 -f- *Aizoaceae* · (S. 144)
– **montis-moltkei** (Dinter) Dinter et Schwantes 1927 · ♃ Ψ Z9 Ⓚ; Namibia

Ecballium A. Rich. 1824 -n- *Cucurbitaceae* · (S. 441) D:Spritzgurke; E:Squirting Cucmber; F:Concombre sauvage, Ecbalie
– **elaterium** (L.) A. Rich. 1824 · D:Eselsgurke, Spritzgurke; E:Squirting Cucumber · ⊙ ⇝ Z9 VI-VIII ⚕ ☠; Eur.: Ib, Fr, Ap, Ba, E-Eur.; TR, Levante, Cauc., C-As., NW-Afr., Libya, nat. in BrI, EC-Eur.

Ecclinusa Mart. 1939 -f- *Sapotaceae* · (S. 806)
– *balata* Ducke = Chrysophyllum sanguinolentum subsp. balata
– **guianensis** Eyma 1936

Eccremocarpus Ruiz et Pav. 1794 -m- *Bignoniaceae* · (S. 294) D:Schönranke; E:Glory Flower; F:Eccremocarpus
– **scaber** Ruiz et Pav. 1798 · D:Schönranke; E:Glory Flower; F:Bignone du Chili · ⊙ ♃ ♄ ♄ e ⌇ Z9 VI-X; Chile [20448]
'Aureus' [21445]
'Carmineus'
'Roseus'
Tresco Ser.

Echeveria DC. 1828 -f- *Crassulaceae* · (S. 431) D:Echeverie; E:Echeveria; F:Artichaut, Echévéria
– **affinis** E. Walther 1958 · ♃ Ψ Z8 Ⓚ IV-V; Mex.
– **agavoides** Lem. 1863 · ♃ Ψ Z8 Ⓚ; Mex.
– **amoena** De Smet 1875 · ♃ Ψ Z8 Ⓚ III-V; Mex.
– *argentea* Lem. = Dudleya pulverulenta
– *bracteosa* (Link, Klotzsch et Otto) Lindl. ex Paxton = Pachyphytum bracteosum
– *caespitosa* (Haw.) DC. = Dudleya caespitosa
– *candida* (Britton) A. Berger = Dudleya candida
– **carnicolor** (Baker) E. Morren 1874 · ♃ Ψ Z8 Ⓚ I-III; Mex.
– × *clavifolia* A. Berger = × Pachyveria clavata
– **coccinea** (Cav.) DC. 1828 · ♄ Ψ e Z8 Ⓚ VI-VIII; Mex.
– *cotyledon* (Jacq.) A. Nelson et J.F. Macbr. = Dudleya caespitosa
– **cuspidata** Rose 1903 · ♃ Ψ Z8 Ⓚ VI-VII; Mex.
– *cymosa* Lem. = Dudleya cymosa
– *densiflora* (Rose) A. Berger = Dudleya densiflora
– **derenbergii** J.A. Purpus 1921 · E:Painted Lady · ♃ Ψ Z8 Ⓚ IV-VI; Mex.
– *edulis* (Nutt.) Purpus ex A. Berger = Dudleya edulis
– **elegans** Rose 1905 · ♄ Ψ Z8 Ⓚ III-VII; Mex.
– *farinosa* Lindl. = Dudleya farinosa
– **fulgens** Lem. 1845 · ♄ Ψ e Z8 Ⓚ XI-IV; Mex.
– **gibbiflora** DC. 1828 · ♄ Ψ e Z8 Ⓚ; Mex.
– **gigantea** Rose et Purpus 1910 · ♄ Ψ e Z8 Ⓚ IX-X; Mex.
– *glauca* (Baker) E. Morren =

Echeveria secunda
- **harmsii** J.F. Macbr. 1931 · ♃ Ψ Z8 ⌂ V-VII; Mex.
- **laui** Moran et J. Meyrán 1976 · ♃ Ψ Z8 ⌂ X-III; Mex.
- **leucotricha** J.A. Purpus 1914 · ♄ Ψ e Z8 ⌂ III-V; Mex.
- *linguifolia* Lem. = Cremnophila linguifolia
- **longissima** E. Walther 1938 · ♃ Ψ Z8 ⌂; Mex.
- **lutea** Rose 1911 · ♃ Ψ Z8 ⌂; Mex.
- *microcalyx* Britton et Rose = Echeveria amoena
- **multicaulis** Rose 1905 · ♄ Ψ Z8 ⌂ IV-V; Mex.
- *mutabilis* Deleuil ex E. Morren = × Cremneria mutabilis
- **nodulosa** (Baker) Otto 1873 · ♄ Ψ Z8 ⌂ III-IV; Mex.
- *pachyphytum* (Baker) E. Morren = Pachyphytum bracteosum
- **paniculata** A. Gray 1852 · ♃ Ψ Z8 ⌂; Mex.
- **peacockii** Croucher 1874 · ♃ Ψ Z8 ⌂ IV-VII; Mex.
- *perelegans* A. Berger = Echeveria elegans
- **pilosa** J.A. Purpus 1917 · ♄ Ψ e Z8 ⌂ VI; Mex.
- **pringlei** (S. Watson) Rose 1903 · ♃ Ψ Z8 ⌂ III-IV; Mex.
- *pubescens* Schltdl. = Echeveria coccinea
- × **pulchella** A. Berger 1904 · ♃ Ψ Z8 ⌂ IV-V; Mex.
- **pulidonis** E. Walther 1972 · ♃ Ψ Z8 ⌂ II-IV; E-Mex.
- *pulverulenta* Nutt. = Dudleya pulverulenta
- **pulvinata** Rose 1903 · ♄ Ψ e Z8 ⌂ III-IV; Mex.
- *pumila* Van Houtte = Echeveria secunda
- *purpusii* (K. Schum.) K. Schum. = Dudleya cymosa
- *purpusii* Britton = Echeveria amoena
- **purpusorum** A. Berger 1930 · ♃ Ψ Z8 ⌂ V-VI; S-Mex.
- **quitensis** (Kunth) Lindl. 1852 · ♄ Ψ e Z8 ⌂ VII-VIII; Col., Ecuad.
- *retusa* Lem. = Echeveria fulgens
- *rigida* (Rose) A. Berger = Dudleya rigida
- **secunda** Booth 1838
  fo. byrnesii 1998 (Rose) Kimnach
  fo. secunda · ♃ Ψ Z8 ⌂ III-IV; Mex.
  - var. *glauca* (Baker) Otto 1873 = Echeveria secunda
  - var. *pumila* (Schltdl.) Otto 1873 = Echeveria secunda
- **setosa** Rose et Purpus 1910 · ♃ Ψ Z8 ⌂ IV-VII; Mex.
- **in vielen Sorten:**
  'Black Prince'
  'Perle d'Azur'

Echidnopsis Hook. f. 1871 -f- *Asclepiadaceae* · (S. 207)
D:Schlangenstapelie; F:Echidnopsis
- **cereiformis** Hook. f. 1871 · ♃ Ψ Z9 ⌂; S-Arab., Eth., Somalia

Echinacea Moench 1794 -f- *Asteraceae* · (S. 241)
D:Igelkopf, Scheinsonnenhut; E:Cone Flower; F:Echinacéa
- **angustifolia** DC. 1836 · D:Schmalblättriger Scheinsonnenhut; E:Coneflower · ♃ Z3 VII-IX ⚕; Can.: Sask., Man.; USA: SC, NC, Rocky Mts. [61304]
- **pallida** (Nutt.) Nutt. 1840 · ♃ Z5; USA: NEC, SE, Tex., NC., Mont. [69175]
- **paradoxa** (Norton) Britton 1913 · ♃; USA: SC, Mo., Kans. [60545]
- **purpurea** (L.) Moench 1794 · D:Roter Scheinsonnenhut; E:Purple Cone Flower; F:Echinacée pourpre · ♃ Z3 VII-IX ⚕; USA: NE, NCE, SE [63685]
  'Alba' = Echinacea purpurea 'White Swan'
  'Kim's Knee High' [69861]
  'Leuchtstern' [63690]
  'Magnus' Nilsson [63691]
  'Rubinstern' [63693]
  'White Lustre' [61312]
  'White Swan' [63696]

Echinaria Desf. 1799 -f- *Poaceae* · (S. 1110)
- **capitata** (L.) Desf. 1799 · ⊙; Eur.: Ib, Fr, Ap, Ba, Krim; NW-Afr., Cyprus, Syr., C-As.

Echinocactus Link et Otto 1827 -m- *Cactaceae* · (S. 352)
- *andreae* Boed. = Gymnocalycium andreae
- *anisitsii* K. Schum. = Gymnocalycium anisitsii
- *baldianus* Speg. = Gymnocalycium baldianum
- *bicolor* Pfeiff. = Thelocactus bicolor var. bicolor
- *chilensis* Hildm. ex K. Schum. = Neoporteria chilensis
- *chrysacanthus* Orcutt = Ferocactus chrysacanthus
- *conothelos* Regel et E. Klein = Thelocactus conothelos var. conothelos
- *coptonogonus* Lem. = Stenocactus coptonogonus
- *crassihamatus* F.A.C. Weber = Sclerocactus uncinatus var. crassihamatus
- *cylindraceus* (Engelm.) Engelm. = Ferocactus cylindraceus var. cylindraceus
- *denudatus* Link et Otto = Gymnocalycium denudatum
- *echidne* DC. = Ferocactus echidne
- *emoryi* Engelm. = Ferocactus emoryi
- *erectocentrus* J.M. Coult. = Echinomastus erectocentrus
- *flavovirens* Scheidw. = Ferocactus flavovirens
- *fordii* Orcutt = Ferocactus fordii
- *fossulatus* Scheidw. = Thelocactus hexaedrophorus var. hexaedrophorus
- *gibbosus* (Haw.) DC. = Gymnocalycium gibbosum var. gibbosum
- *gielsdorfianus* Werderm. = Turbinicarpus gielsdorfianus
- *glaucescens* DC. = Ferocactus glaucescens
- *glaucus* K. Schum. = Sclerocactus glaucus
- *grandis* Rose = Echinocactus platyacanthus fo. grandis
- **grusonii** Hildm. 1886 · D:Goldkugelkaktus, Schwiegermuttersessel; E:Barrel Cactus, Mother-in-law's Seat · Ψ Z9 ⌂ ▽ ✱; Mex.
- *hamatacanthus* Muehlenpf. = Ferocactus hamatacanthus var. hamatacanthus
- *haynei* Otto ex Salm-Dyck = Matucana haynei subsp. haynei
- *heterochromus* F.A.C. Weber = Thelocactus heterochromus
- *hexaedrophorus* Lem. = Thelocactus hexaedrophorus var. hexaedrophorus
- *histrix* DC. = Ferocactus histrix
- **horizonthalonius** Lem. 1839 · Ψ Z9 ⌂ ▽ ✱; USA: SC, SW; N-Mex.
- *ingens* Zucc. ex Pfeiff. = Echinocactus platyacanthus fo. platyacanthus
- *intertextus* Engelm. = Echinomastus intertextus
- *johnsonii* Parry ex Engelm. = Echinomastus johnsonii
- *leucacanthus* Zucc. ex Pfeiff. = Thelocactus leucacanthus var. leucacanthus
- *macrodiscus* Mart. = Ferocactus macrodiscus
- *mandragora* A. Berger = Turbinicarpus mandragora

– *mihanovichii* Frič et Gürke = Gymnocalycium mihanovichii var. mihanovichii
– *monvillei* Lem. = Gymnocalycium monvillei subsp. monvillei
– *multicostatus* Hildm. ex K. Schum. = Stenocactus multicostatus
– *multiflorus* Hook. = Gymnocalycium monvillei subsp. monvillei
– *palmeri* Rose = Echinocactus platyacanthus fo. platyacanthus
– *pectinatus* Scheidw. = Echinocereus pectinatus var. pectinatus
– *peninsulae* F.A.C. Weber = Ferocactus peninsulae var. peninsulae
– *phyllacanthus* Mart. = Stenocactus phyllacanthus
– *pilosus* Galeotti ex Salm-Dyck = Ferocactus pilosus
– *platensis* Speg. = Gymnocalycium hyptiacanthum
– **platyacanthus** Link et Otto 1827
  fo. grandis 1980 (Rose) Bravo · ⚲ Z9 ⓚ ▽ ✳
  fo. platyacanthus · ⚲ Z9 ⓚ ▽ ✳; Mex.
– *polyancistrus* Engelm. et Bigelow = Sclerocactus polyancistrus
– **polycephalus** Engelm. et Bigelow 1856
  – var. **polycephalus** · E:Cottontop Cactus · ⚲ Z9 ⓚ ▽ ✳; USA: S-Nev., S-Utah, W-Ariz., Calif.; NW-Mex.
  – var. **xeranthemoides** J.M. Coult. 1896 · ⚲ Z9 ⓚ ▽ ✳; S-Utah, N-Ariz.
– *pottsii* Salm-Dyck = Ferocactus pottsii var. pottsii
– *quehlianus* Haage ex Quehl = Gymnocalycium quehlianum
– *rhodacanthus* Salm-Dyck = Denmoza rhodacantha
– *rinconensis* Poselg. = Thelocactus rinconensis
– *ritteri* Boed. = Aztekium ritteri
– *robustus* Pfeiff. = Ferocactus robustus
– *roseanus* Boed. = Escobaria roseana
– *saglionis* Cels = Gymnocalycium saglionis subsp. saglionis
– *saueri* Boed. = Turbinicarpus saueri
– *scheerii* Salm-Dyck = Sclerocactus scheerii
– *schickendantzii* F.A.C. Weber = Gymnocalycium schickendantzii
– *schmiedickeanus* Boed. = Turbinicarpus schmiedickeanus var. schmiedickeanus

– *setispinus* Engelm. = Thelocactus setispinus
– *simpsonii* Engelm. = Pediocactus simpsonii
– *smithii* Muehlenpf. = Neolloydia smithii
– *stainesii* Audot = Ferocactus pilosus
– **texensis** Hopffer 1842 · ⚲ Z9 ⓚ ▽ ✳; USA: Tex., N.Mex.; NE-Mex.
– *tulensis* Poselg. = Thelocactus tulensis
– *turbiniformis* Pfeiff. = Strombocactus disciformis
– *uncinatus* Galeotti = Sclerocactus uncinatus var. uncinatus
– *unguispinus* Engelm. = Echinomastus unguispinus
– *vaupelianus* Werderm. = Stenocactus vaupelianus
– *viereckii* Werderm. = Turbinicarpus viereckii
– *viridescens* Torr. et A. Gray = Ferocactus viridescens
– *visnaga* Hook. = Echinocactus platyacanthus fo. platyacanthus
– *weberbaueri* Vaupel = Matucana haynei subsp. myriacantha
– *wislizeni* Engelm. = Ferocactus wislizenii var. wislizenii

Echinocereus Engelm. 1848 -m-
Cactaceae · (S. 352)
D:Igelsäulenkaktus; E:Hedgehog Cactus; F:Cierge-hérisson
– **adustus** Engelm. 1848 · ⚲ Z9 ⓚ; Mex. (Chihuahua, Durango)
  – var. **adustus** · ⚲ ⓚ
  – var. **schwarzii** (A.B. Lau) N.P. Taylor 1985 · ⚲ Z8 ⓚ; Mex. (Chihuahua)
– *aggregatus* (Engelm.) Rydb. = Echinocereus coccineus
– *albatus* Backeb. = Echinocereus nivosus
– *angusticeps* Clover = Echinocereus papillosus
– *armatus* (Poselg.) A. Berger = Echinocereus reichenbachii var. armatus
– *baileyi* Rose = Echinocereus reichenbachii var. baileyi
– **berlandieri** (Engelm.) Haage 1992 · ⚲ Z9 ⓚ ▽ ✳; S-Tex., NE-Mex.
  – var. *poselgerianus* (Linke) Lodé 1992 = Echinocereus berlandieri
– *blanckii* hort. ex Palmer = Echinocereus berlandieri
  – var. *berlandieri* (Engelm.) Backeb. 1960 = Echinocereus berlandieri
– **bonkerae** Thornber et Bonker 1932 · ⚲ Z9 ⓚ; USA: Ariz.
– **boyce-thompsonii** Orcutt 1926 · ⚲ Z9 ⓚ; USA: Ariz.
– **brandegeei** (J.M. Coult.) K. Schum. 1897 · ⚲ Z9 ⓚ; Mex. (Baja Calif.)
– **bristolii** W.T. Marshall 1938 · ⚲ Z9 ⓚ; Mex. (Sonora)
– *caespitosus* (Engelm.) Engelm. = Echinocereus reichenbachii var. reichenbachii
– **chisoensis** W.T. Marshall 1940 · ⚲ Z9 ⓚ; USA: Tex.; NW-Mex.
  – var. **chisoensis** · ⚲ ⓚ
  – var. **fobeanus** (Oehme) N.P. Taylor 1985 · ⚲ Z9 ⓚ; USA: Tex.
– *chloranthus* (Engelm.) Haage = Echinocereus viridiflorus var. chloranthus
  – var. *cylindricus* (Engelm.) N.P. Taylor 1984 = Echinocereus viridiflorus var. cylindricus
  – var. *neocapillus* Weniger 1969 = Echinocereus viridiflorus var. chloranthus
  – var. *russanthus* (Weniger) Lamb. ex G.D. Rowley 1974 = Echinocereus russanthus
– **cinerascens** (DC.) Lem. · ⚲ Z9 ⓚ ▽ ✳; Mex.
– **coccineus** Engelm. 1848 · E:Scarlet Hedgehog Cactus · ⚲ Z9 ⓚ ▽ ✳; USA: Ariz.
– *cucumis* Werderm. = Echinocereus scheeri var. gentryi
– **dasyacanthus** Engelm. 1848 · E:Texas Rainbow Cactus · ⚲ Z9 ⓚ ▽ ✳; USA: E-Ariz., W-Tex.; N-Mex.
– *davisii* Houghton = Echinocereus viridiflorus var. davisii
– *delaetii* Gürke = Echinocereus longisetus var. delaetii
  – var. *freudenbergeri* (G. Frank) N.P. Taylor 1985 = Echinocereus freudenbergeri
– *dubius* (Engelm.) Rümpler = Echinocereus enneacanthus var. enneacanthus
– **engelmannii** (Scheidw.) Engelm. 1868 · ⚲ ⓚ
  – var. **acicularis** L.D. Benson 1969 · ⚲ ⓚ
  – var. **engelmannii** · E:Saints Cactus · ⚲ Z8 ⓚ ▽ ✳; USA: Ariz., Utah, Calif.; NE-Mex.
  – var. **nicholii** L.D. Benson 1944 = Echinocereus nicholii
  – var. *variegatus* (Engelm. et Bigelow) Rümpler 1885 = Echinocereus engelmannii
– **enneacanthus** Engelm. 1848
  – subsp. *brevispinus* (W.O. Moore)

N.P. Taylor 1997 = Echinocereus enneacanthus var. brevispinus
- var. **brevispinus** (W.O. Moore) L.D. Benson 1969 · ψ Z9 ⓚ; USA: Tex., N.Mex.; N-Mex.
- var. **enneacanthus** · E:Strawberry Cactus · ψ Z9 ⓚ ▽ ❋; USA: N.Mex., Tex.; NE-Mex.
- **fasciculatus** (Engelm. ex B.D. Jacks.) L.D. Benson 1969 · ψ Z9 ⓚ; USA: SW; Mex. (Sonora)
- **fendleri** (Engelm.) Rümpler 1870
  - subsp. *rectispinus* (Peebles) N.P. Taylor 1997 = Echinocereus fendleri var. rectispinus
  - var. *bonkerae* (Thornber et Bonker) L.D. Benson 1944 = Echinocereus bonkerae
  - var. *boyce-thompsonii* (Orcutt) L.D. Benson = Echinocereus boyce-thompsonii
  - var. *fasciculatus* (Engelm. ex B.D. Jacks.) N.P. Taylor 1985 = Echinocereus fasciculatus
  - var. **fendleri** · E:Hedgehog Cactus · ψ Z9 ⓚ ▽ ❋; Mex. (Chihuahua)
  - var. *kuenzleri* (Castetter et al.) L.D. Benson 1982 = Echinocereus fendleri var. fendleri
  - var. *ledingii* (Peebles) N.P. Taylor 1985 = Echinocereus ledingii
  - var. **rectispinus** (Peebles) L.D. Benson 1944 · ψ Z9 ⓚ; USA: SW, W-Tex.
- **ferreirianus** H.E. Gates 1953 · ψ Z9 ⓚ; Mex. (Baja Calif.)
- *fitchii* Britton et Rose = Echinocereus reichenbachii var. fitchii
- *fobeanus* Oehme = Echinocereus chisoensis var. fobeanus
- **freudenbergeri** G. Frank 1981 · ψ Z9 ⓚ; Mex. (Coahuila)
- *gentryi* Clover = Echinocereus scheeri var. gentryi
- **grandis** Britton et Rose 1922 · ψ Z9 ⓚ; Mex. (Baja Calif.)
- *hexaedrus* (Engelm.) Rümpler = Echinocereus coccineus
- **knippelianus** Liebner 1895 · ψ Z9 ⓚ ▽ ❋; Mex. (Coahuila, Nuevo León)
  - var. *kruegeri* Glass et R.C. Foster 1978 = Echinocereus knippelianus
- *koehresiana* hort. = Echinocereus ortegae
- **laui** G. Frank 1978 · ψ Z9 ⓚ; Mex. (E-Sonora)
- **ledingii** Peebles 1936 · ψ Z9 ⓚ; USA: SE-Ariz.

- *leonensis* Mathsson = Echinocereus pentalophus var. leonensis
- *leptacanthus* (DC.) K. Schum. = Echinocereus pentalophus var. pentalophus
- *leucanthus* N.P. Taylor = Wilcoxia albiflora
- *lloydii* Britton et Rose = Echinocereus × roetteri
- **longisetus** (Engelm.) Lem. 1868 · ψ Z9 ⓚ; Mex. (Coahuila, Nuevo León)
  - var. **delaetii** (Gürke) N.P. Taylor 1988 · ψ Z9 ⓚ; Mex. (S-Coahuila)
  - var. **longisetus**
- *luteus* Britton et Rose = Echinocereus subinermis var. subinermis
- *melanocentrus* Lowry = Echinocereus reichenbachii var. fitchii
- *merkeri* Hildm. ex K. Schum. = Echinocereus enneacanthus var. enneacanthus
- **mojavensis** (Engelm. et J.M. Bigelow) Rümpler 1885 · ψ Z9 ⓚ; USA: SW; N-Mex.
- *morricalii* Ríha = Echinocereus viereckii var. morricalii
- **nicholii** (L.D. Benson) Parfitt 1987 · ψ Z9 ⓚ; USA: Ariz.; Mex. (Sonora)
- **nivosus** Glass et R.C. Foster 1978 · ψ Z9 ⓚ; Mex. (Coahuila)
- *ochoterenae* J.G. Ortega = Echinocereus subinermis var. ochoterenae
- *octacanthus* (Muehlenpf.) Britton et Rose = Echinocereus coccineus
- *oklahomensis* Lahman = Echinocereus reichenbachii var. baileyi
- *ortegae* Rose ex J.G. Ortega 1929
- *pacificus* Engelm. = Echinocereus polyacanthus var. pacificus
- **palmeri** Britton et Rose 1922 · ψ Z9 ⓚ; Mex. (Chihuahua)
- **pamanesiorum** A.B. Lau 1981 · ψ Z9 ⓚ; Mex. (Zacatecas)
- **papillosus** Linke ex Rümpler 1885 · ψ Z9 ⓚ ▽ ❋; USA: S-Tex.; Mex. (Tamaulipas)
  - var. *angusticeps* (Clover) W.T. Marshall 1941 = Echinocereus papillosus
- **parkeri** N.P. Taylor 1988 · ψ Z9 ⓚ; Mex. (Nuevo León, Tamaulipas, San Luis Potosí, Zacatecas)
  - var. **gonzalezii** N.P. Taylor 1988 · ψ Z9 ⓚ; Mex.
  - var. **parkeri** · ψ ⓚ

- **pectinatus** (Scheidw.) Engelm. 1848 · E:Yellow Alicoche
  - var. *dasyacanthus* (Engelm.) N.P. Taylor 1984 = Echinocereus dasyacanthus
  - var. **pectinatus** · E:Hedgehog Cactus, Rainbow Cactus · ψ Z9 ⓚ ▽ ❋; USA: SC, SW; N-Mex.
  - var. *reichenbachii* (Terscheck ex Walp.) Werderm. 1930 = Echinocereus reichenbachii
  - var. *rigidissimus* (Engelm.) Rümpler 1885 = Echinocereus rigidissimus var. rigidissimus
  - var. *rubispinus* G. Frank et A.B. Lau 1982 = Echinocereus rigidissimus var. rubispinus
  - var. **wenigeri** L.D. Benson 1968 · ψ Z9 ⓚ ▽ ❋; USA: Tex.
- **pentalophus** (DC.) Lem. 1868
  - var. *leonensis* (Mathsson) N.P. Taylor 1985 · ψ Z9 ⓚ; Mex. (Coahuila, Nuevo León)
  - var. **pentalophus** · E:Lady Finger Cactus · ψ Z9 ⓚ ▽ ❋; S-Tex., E-Mex.
  - var. **procumbens** (Engelm.) P. Fourn. 1935
- *perbellus* Britton et Rose = Echinocereus reichenbachii var. perbellus
- **polyacanthus** Engelm. 1848 · ψ Z9 ⓚ; USA: SW; NW-Mex.
  - subsp. **acifer** (Otto ex Salm-Dyck) N.P. Taylor 1997 · ψ Z9 ⓚ; N-Mex.
  - var. *densus* (Regel) N.P. Taylor 1985 = Echinocereus polyacanthus subsp. acifer
  - var. **pacificus** (Engelm.) N.P. Taylor 1984 · ψ Z9 ⓚ; Mex. (N-Baja Calif.)
  - var. **polyacanthus** · ψ ⓚ
- *poselgeri* Lem. = Wilcoxia poselgeri
- **pseudopectinatus** (N.P. Taylor) N.P. Taylor 1989 · ψ Z9 ⓚ; Mex. (E-Sonora), USA (SE-Ariz.)
- **pulchellus** (Mart.) F. Seitz 1870 · ψ Z9 ⓚ; Mex.
  - var. *amoenus* (A. Dietr.) K. Schum. 1894 = Echinocereus pulchellus var. pulchellus
  - var. **pulchellus** · ψ Z9 ⓚ; C-Mex.
  - var. **weinbergii** (Weing.) N.P. Taylor 1985 · ψ Z9 ⓚ; Mex. (Zacatecas)
- *purpureus* Lahman = Echinocereus reichenbachii var. reichenbachii
- **reichenbachii** (Terscheck ex Walp.) Haage 1859
  - var. **armatus** (Poselg.) N.P. Taylor 1985 · ψ Z8 ⓚ ▽ ❋; Mex.

(Nuevo León)
- var. **baileyi** (Rose) N.P. Taylor 1985 · ♃ Z8 ⓖ ▽ ✻; USA: Okla., Tex.
- var. **fitchii** (Britton et Rose) L.D. Benson 1969 · ♃ Z8 ⓖ ▽ ✻; S-Tex., Mex.: Nuevo León, Tamaulipas
- var. **perbellus** (Britton et Rose) L.D. Benson 1969 · ♃ Z8 ⓖ ▽ ✻; W-Tex., E-N.Mex., SE-Colo.
- var. **reichenbachii** · ♃ Z8 ⓖ ▽ ✻; SW-USA, NE-Mex.
- **rigidissimus** (Engelm.) Haage 1897
  - var. **rigidissimus** · ♃ Z9 ⓖ ▽ ✻; USA: SW; NW-Mex.
  - var. **rubispinus** G. Frank et A.B. Lau 1982 · ♃ Z8 ⓖ ▽ ✻; Mex. (Chihuahua, Mexico)
- *roemeri* (Muehlenpf.) Rydb. = Echinocereus coccineus
- × **roetteri** (Engelm.) Rümpler 1885 (*E. coccineus* × *E. dasyacanthus*) · ♃ Z9 ⓖ; USA: Tex.
- **russanthus** Weniger 1969
- *salm-dyckianus* Scheer = Echinocereus scheeri var. scheeri
- *sarissophorus* Britton et Rose = Echinocereus enneacanthus var. enneacanthus
- **scheeri** (Salm-Dyck) Scheer 1856
  - var. **gentryi** (Clover) N.P. Taylor 1984 · ♃ Z9 ⓖ; Mex.: Sonora
  - var. **scheeri** · ♃ Z9 ⓖ ▽ ✻; N-Mex.
- *schmollii* (Weing.) N.P. Taylor = Wilcoxia schmollii
- *schwarzii* A.B. Lau = Echinocereus adustus var. schwarzii
- **sciurus** (K. Brandegee) Dams 1904
  - var. **floresii** (Backeb.) N.P. Taylor 1985 · ♃ ⓖ
  - var. **sciurus** · ♃ ⓖ
- **spinigemmatus** A.B. Lau 1984 · ♃ Z9 ⓖ; Mex. (Zacatecas, Jalisco)
- *spinosissimus* Walton = Echinocereus dasyacanthus
- **stolonifer** W.T. Marshall 1938
- **stoloniferus**
  - var. **stolonifer** · ♃ ⓖ
  - var. **tayopensis** (W.T. Marshall) N.P. Taylor 1985 · ♃ ⓖ
- **stramineus** (Engelm.) F. Seitz 1870 · ♃ Z8 ⓖ ▽ ✻; USA: Tex., N.Mex.; N-Mex.
- **subinermis** Salm-Dyck ex Scheer 1856
  - var. **luteus** Britton et Rose 1913 = Echinocereus subinermis var. subinermis
  - var. **ochoterenae** (J.G. Ortega)

G. Unger 1984 · ♃ Z9 ⓖ; Mex. (Sianloa)
- var. **subinermis** · ♃ Z9 ⓖ ▽ ✻; NW-Mex.
- **triglochidiatus** Engelm. ex Haage 1848 · E:King Cup Cactus, Spineless Hedgehog · ♃ Z8 ⓖ ▽ ✻; USA: SC, SW, Rocky Mts.; N-Mex.
  - var. *arizonicus* (Rose ex Orcutt) L.D. Benson 1969 = Echinocereus coccineus
  - var. *gonacanthus* (Engelm. et Bigelow) Boissev. et C. Davidson 1940 = Echinocereus triglochidiatus
  - var. *mojavensis* (Engelm. et Bigelow) L.D. Benson 1969 = Echinocereus mojavensis
  - var. *neomexicanus* (Standl.) W.T. Marshall 1941 = Echinocereus coccineus
  - var. *paucispinus* (Engelm.) W.T. Marshall 1941 = Echinocereus coccineus
- **viereckii** Werderm. 1934 · ♃ Z9 ⓖ; Mex. (Tamaulipas)
  - var. **morricalii** (Ríha) N.P. Taylor 1985 · ♃ Z9 ⓖ; Mex. (Nuevo León)
  - var. **viereckii** · ♃ ⓖ
- **viridiflorus** Engelm. 1848 · E:Golden-spine Hedgehog, Green Hedgehog
  - var. **chloranthus** (Engelm.) Backeb. 1960 · ♃ Z8 ⓖ ▽ ✻; USA: Tex., N.Mex.; N-Mex.
  - var. **cylindricus** (Engelm.) Rümpler 1885 · ♃ Z8 ⓖ; USA: Tex., N.Mex.; Mex.(Chihuahua)
  - var. **davisii** (Houghton) W.T. Marshall · ♃ Z8 ⓖ; USA: Tex.
  - var. **viridiflorus** · E:Nylon Hedgehog Cactus · ♃ Z8 ⓖ ▽ ✻; USA: S.Dak., Wyom., Kans., Colo., N.Mex., Okla., Tex.
- **websterianus** G.E. Linds. 1947 · ♃ ⓖ
- *weinbergii* Weing. = Echinocereus pulchellus var. weinbergii

Echinochloa P. Beauv. 1812 -f- *Poaceae* · (S. 1111)
D:Hühnerhirse; E:Cockspur; F:Panic
- **colona** (L.) Link 1833 · D:Schama-Hirse; E:Jungle Rice, Shama Millet · ⊙ ⓜ VII-IX ⓝ; Trop., nat. in Ib, F, Ap, Crete, Cauc.
- **crus-galli** (L.) P. Beauv. 1812 · D:Gewöhnliche Hühnerhirse; E:Barnyard Grass, Cockspur · ⊙

Z6 VII-X ⓝ; Eur.: Ib, Fr, Ap, Ba, E-Eur.; Cauc., W-Sib., E-Sib., Amur, C-As., Ind., China, Jap., Afr., N-Am., S-Am., Austr., nat. in Eur.: Sc, C-Eur., EC-Eur.; cosmop.
- **crus-pavonis** (Kunth) Schult. 1824 · ⊙ ⓝ; USA: SE, SC; W.Ind., trop. Am., nat. in N-I
- **frumentacea** Link 1827 · D:Sawa-Hirse; E:Billion Dollar Grass · ⊙ ⓝ; Ind., SE-As, nat. in China, Jap., USA
- **muricata** (P. Beauv.) Fernald 1915 · D:Stachelfrüchtige Hühnerhirse · ⊙ VII-X; USA: NE, NEC, NC, SC, SE, Fla., nat. in D, BrI
- **pyramidalis** (Lam.) Hitchc. et Chase 1917 · D:Antilopengras; E:Antelope Grass · ♃ ⓜ ⓝ; Afr.: Nil, Niger-Sudd
- **stagnina** (Retz.) P. Beauv. 1812 · ♃ ⓜ ⓝ; C-Afr., As.
- **utilis** Ohwi et Yabuno 1962 · D:Japanische Hühnerhirse; E:Japanese Millet · ⊙ ⓝ; Jap., China

Echinocystis Torr. et A. Gray 1840 -f- *Cucurbitaceae* · (S. 442)
D:Igelgurke; E:Mock Cucumber; F:Concombre-oursin
- **lobata** (Michx.) Torr. et A. Gray 1840 · D:Igelgurke; E:Prickly Cucumber, Wild Balsam Apple · ⊙ ⚥ VI-VIII; Can.: Sask.; USA* exc. Calif., nat. in C-Eur., EC-Eur., W-Ba, E-Eur.

Echinodorus Rich. ex Engelm. 1815 -m- *Alismataceae* · (S. 899)
D:Schwertpflanze
- *amazonicus* Rataj = Echinodorus grisebachii
- *argentinensis* Rataj = Echinodorus grandiflorus
- *aureobrunneus* hort. = Echinodorus uruguayensis
- **berteroi** (Spreng.) Fassett 1955 · D:Zellophan-Schwertpflanze · ♃ ～ ≈ Z9 ⓜ; USA: Tex., Fla.; Mex., W. Ind.
- *bleheri* Rataj = Echinodorus grisebachii
- **bolivianus** (Rusby) Holm-Niels. 1979 · D:Zwerg-Schwertpflanze · ～ ≈ Z9 ⓜ; trop. Am: Mex. - Bras.
- **cordifolius** (L.) Griseb. 1857 · D:Herzblättrige Schwertpflanze; E:Creeping Burrhead · ♃ ～ ≈ Z9 ⓜ; USA: NE, NCE, NC, Kans., SE, Fla.; Mex. [61315]
- **grandiflorus** (Cham. et Schltdl.)

Micheli · ⚃ ⌇ ≈ Z9 ⓦ;
S-Bras., Urug., Arg.
- **grisebachii** Small 1909 · D:Amazonas-Schwertpflanze · ⚃ ⌇ ≈ Z9 ⓦ; Amazon.
- **horizontalis** Rataj 1969 · D:Horizontale Schwertpflanze · ⚃ ⌇ ≈ Z9 ⓦ; Amazon.
- *humilis* (Rich. ex Kunth) Buchenau = Ranalisma humile
- **macrophyllus** (Kunth) Micheli 1881 · D:Großblättrige Schwertpflanze · ⚃ ⌇ ≈ Z9 ⓦ; S-Am.
- *major* (Micheli) Rataj = Echinodorus martii
- **martii** Micheli 1881 · D:Gewelltblättrige Schwertpflanze · ⚃ ⌇ ≈ Z9 ⓦ; Bras.
- **nymphaeifolius** (Griseb.) Buchenau 1882 · D:Seerosenblättrige Schwertpflanze · ⚃ ⌇ ≈ Z9 ⓦ; Mex., Hond., Cuba
- *osiris* Rataj = Echinodorus uruguayensis
- **paniculatus** Micheli 1881 · D:Rispige Schwertpflanze · ⚃ Z9 ⓦ; n S-Am.
- *parviflorus* Rataj = Echinodorus grisebachii
- *pellucidus* Rataj = Echinodorus uruguayensis
- *quadricostatus* Fassett = Echinodorus bolivianus
  - var. *xinguensis* Rataj 1975 = Echinodorus bolivianus
- *radicans* (Nutt.) Engelm. = Echinodorus cordifolius
- *ranunculoides* (L.) Engelm. = Baldellia ranunculoides
- **tenellus** (Mart.) Buchenau 1868 · D:Grasartige Schwertpflanze · ⚃ ⌇ ≈ ⓦ; USA, Mex., C-Am., W.Ind., trop. S-Am.
- **uruguayensis** Arechav. 1902 · D:Uruguay-Schwertpflanze · ⚃ ≈ Z9 ⓦ; Bras.

Echinofossulocactus Lawr. 1841 -m- *Cactaceae* · (S. 352)
- *albatus* (A. Dietr.) Britton et Rose = Stenocactus vaupelianus
- *coptonogonus* (Lem.) Lawr. = Stenocactus coptonogonus
- *crispatus* (DC.) Lawr. = Stenocactus crispatus
- **gladiatus** (Link et Otto) Lawr. 1841 · ⚇ Z9 ⓚ ▽ ✽; Mex.
- *lamellosus* (A. Dietr.) Britton et Rose = Stenocactus crispatus
- *multicostatus* (Hildm. ex K. Schum.) Britton et Rose = Stenocactus multicostatus
- *phyllacanthus* Mart. ex A. Dietr. et

Otto = Stenocactus phyllacanthus
- *vaupelianus* (Werderm.) Tiegel et Oehme = Stenocactus vaupelianus
- *violaciflorus* (Quehl) Britton et Rose = Stenocactus crispatus

Echinomastus Britton et Rose 1922 -m- *Cactaceae* · (S. 353)
- *durangensis* (Runge) Britton et Rose = Echinomastus unguispinus
- **erectocentrus** (J.M. Coult.) Britton et Rose 1923 · ⚇ Z9 ⓚ; SW-Ariz., Mex.: Sonora
- **gautii** (L.D. Benson) Mosco et Zanov. 1997
- **intertextus** (Engelm.) Britton et Rose 1922 · ⚇ Z9 ⓚ; USA: Tex., SW; Mex: Chihuahua, Coahuila, Sonora
- **johnsonii** (Parry ex Engelm.) E.M. Baxter 1935 · ⚇ Z9 ⓚ; USA: Calif., Nev., Ariz.
- **mariposensis** Hester 1945 · ⚇ Z9 ⓚ ▽ ✽; S-Tex., Mex.: Coahuila
- **unguispinus** (Engelm.) Britton et Rose 1922 · ⚇ Z9 ⓚ ▽ ✽; Mex.: Chihuahua, Zacatecas

Echinopanax Decne. et Planch. = Oplopanax
- *horridus* (Sm.) Sm. ex J.G. Cooper = Oplopanax horridus

Echinopepon Naudin 1866 -m- *Cucurbitaceae* · (S. 442)
- **minimus** (Kellogg) S. Watson 1889 · ☉ ⚥ ⓦ; Baja Calif.
- **wrightii** (A. Gray) S. Watson 1887 · ☉; W-Tex., Ariz., N-Mex.

Echinops L. 1753 -m- *Asteraceae* · (S. 241)
D:Kugeldistel; E:Globe Thistle; F:Boule azurée
- **bannaticus** L.
  'Taplow Blue' [63700]
- **bannaticus** Rochel ex Schrad. 1827 · D:Banater Kugeldistel, Ruthenische Kugeldistel; E:Blue Globe Thistle; F:Boule azurée · ⚃ Z3 VII-IX; Eur.: Ba, Ro, Krim [63697]
  'Blue Globe' [63699]
- **cornigerus** DC. 1838
- **exaltatus** Schrad. 1809 · D:Drüsenlose Kugeldistel · ⚃ Z3 VI-VIII; Eur.: NE-I, Ba, EC-Eur., nat. in A, D, DK [61320]
- **gmelinii** Turcz. 1832 · ☉ Z5; C-As., Mong., China [61321]
- **humilis** M. Bieb. 1819 · ⚃ Z3 VIII-IX; W-As
- **microcephalus** Sibth. et Sm.

1813 · ⚃; Eur.: Ba, RO; TR [61322]
- **niveus** Wall. ex Royle 1835 · F:Boule bleue · ⚃ Z7 VII-VIII; Him. [61323]
- *ritro* hort. non L. = Echinops bannaticus
- **ritro** L. 1753
  'Veitch's Blue' [63702]
  - subsp. **ritro** · ⚃ Z3 VII-IX; Eur.: Ib, Fr, Ap, Ba, EC-Eur., E-Eur.; TR, Cauc., W-Sib., C-As.
  - subsp. **ruthenicus** (M. Bieb.) Nyman · ⚃ Z3 VII-IX; Eur.: A, I, Slove., Croatia, BG, Russ. [61324]
- *ruthenicus* M. Bieb. = Echinops ritro subsp. ruthenicus
- **sphaerocephalus** L. 1753 · D:Drüsige Kugeldistel; E:Great Globe Thistle · ⚃ Z3 VI-VIII; Eur.* exc. BrI, Sc; TR, Cauc., C-As., nat. in Sc [63703]
  'Arctic Glow' [68253]

Echinopsis Zucc. 1837 -f- *Cactaceae* · (S. 353)
D:Seeigelkaktus; F:Cactushérisson
- *albispinosa* K. Schum. = Echinopsis tubiflora
- **ancistrophora** Speg. 1905 · ⚇ Z9 ⓚ ▽ ✽; W-Arg.
  - var. *hamatacantha* (Backeb.) Rausch 1977 = Echinopsis hamatacantha
  - var. *polyancistra* (Backeb.) Rausch 1977 = Echinopsis polyancistra
- **arachnacantha** (Buining et F. Ritter) H. Friedrich 1974 · ⚇ Z9 ⓚ ▽ ✽; Arg.: Salta
  - var. *torrecillasensis* (Cárdenas) H. Friedrich = Echinopsis torrecillasensis
- **aurea** Britton et Rose 1922
  - var. **aurea** · ⚇ Z9 ⓚ ▽ ✽; Arg.: Catamarca
  - var. **dobeana** (Dölz) J. Ullmann 1990 · ⚇ ⓚ
  - var. **fallax** (Oehme) J. Ullmann 1990 · ⚇ ⓚ
  - var. **leucomalla** (Wessner) Rausch 1965 · ⚇ ⓚ
  - var. **quinesensis** Rausch 1965 · ⚇ ⓚ
- *backebergii* Werderm. = Lobivia backebergii
- *boyuibenensis* F. Ritter = Echinopsis obrepanda var. obrepanda
- **bridgesii** Salm-Dyck 1850 · ⚇ Z9 ⓚ; Bol.

- *bruchii* (Britton et Rose) A. Cast. et H.V. Lelong = Trichocereus bruchii
- **calochlora** K. Schum. 1903 · Ψ Z9 ⓚ ▽ ✻; Bras.: Goias
- **calorubra** Cárdenas 1957 · Ψ Z9 ⓚ; Bol. (Valle Grande)
- *candicans* (Gillies ex Salm-Dyck) F.A.C. Weber ex D.R. Hunt = Trichocereus candicans
- **cardenasiana** (Rausch) H. Friedrich 1974 · Ψ Z9 ⓚ; Bol. (Tarija)
- *chamaecereus* H. Friedrich et G.D. Rowley = Lobivia silvestrii
- *chilensis* (Colla) H. Friedrich et G.D. Rowley = Trichocereus chiloensis
- *chrysantha* Werderm. = Lobivia chrysantha
  - var. *marsoneri* = Lobivia marsoneri
- *cinnabarina* (Hook.) Labour. = Lobivia cinnabarina
- **cochabamensis** Backeb. 1957 · Ψ Z9 ⓚ; Bol.
- *densispina* Werderm. = Lobivia densispina
- *deserticola* (Werderm.) H. Friedrich et G.D. Rowley = Trichocereus deserticolus
- *escayachensis* (Cárdenas) H. Friedrich et G.D. Rowley = Trichocereus escayachensis
- **eyriesii** (Turpin) Pfeiff. et Otto 1839 · Ψ Z9 ⓚ; S-Bras., Urug., N-Arg. (Entre Rios)
- **ferox** (Britton et Rose) Backeb. 1936 · Ψ Z9 ⓚ ▽ ✻; Bol., N-Arg.
- *formosa* (Pfeiff.) Salm-Dyck = Trichocereus formosus
- *gemmata* K. Schum. = Echinopsis eyriesii
- **hamatacantha** Backeb. 1991 · Ψ Z9 ⓚ ▽ ✻; Arg.: Salta
- *hertrichiana* (Backeb.) D.R. Hunt = Lobivia hertrichiana
- *huascha* (F.A.C. Weber) H. Friedrich et G.D. Rowley = Trichocereus huascha
- *ibicuatensis* Cárdenas = Echinopsis bridgesii
- × **imperialis** hort. Hummel ex Poind. 1935 · Ψ ⓚ
- *kermesina* (Krainz) Krainz = Echinopsis mamillosa var. kermesina
- **kratochviliana** Backeb. 1934 · Ψ Z9 ⓚ; Arg.: Salta
- *kuehnrichii* (Frič) H. Friedrich et Glaetzle = Lobivia kuehnrichii
- *lageniformis* (C.F. Först.) H. Friedrich et G.D. Rowley =

Trichocereus bridgesii
- *lateritia* Gürke = Lobivia lateritia
  - var. *cintiensis* = Lobivia lateritia
- **leucantha** (Gillies ex Salm-Dyck) Walp. 1843 · Ψ Z9 ⓚ ▽ ✻; Arg.
- *leucorhodantha* Backeb. = Echinopsis ancistrophora
- **longispina** (Britton et Rose) Backeb. 1931 · Ψ Z9 ⓚ ▽ ✻; Arg.: Rio Negro
- *macrogona* (Salm-Dyck) H. Friedrich et G.D. Rowley = Trichocereus macrogonus
- **mamillosa** Gürke 1907
  - var. **flexilis** Rausch 1977 · Ψ Z8 ⓚ; Arg.
  - var. **kermesina** (Krainz) H. Friedrich 1971 · Ψ Z9 ⓚ ▽ ✻; Arg.: Jujuy
  - var. **mamillosa** · Ψ Z9 ⓚ ▽ ✻; Bol.: Tarija
- **marsoneri** Werderm. 1932 · Ψ Z9 ⓚ; Arg. (Jujuy)
- *maximiliana* Heyder = Lobivia maximiliana
- *melanopotamica* Speg. = Echinopsis leucantha
- *mirabilis* Speg. = Setiechinopsis mirabilis
- *multiplex* (Pfeiff.) Zucc. = Echinopsis oxygona
- *narvaecensis* (Cárdenas) H. Friedrich et G.D. Rowley = Trichocereus narvaecensis
- **obrepanda** (Salm-Dyck) K. Schum. 1894
  - var. **fiebrigii** (Gürke) H. Friedrich 1974 · Ψ Z9 ⓚ ▽ ✻; Bol. (Cochabamba)
  - var. **obrepanda** · Ψ Z9 ⓚ ▽ ✻; Bol.: Cochabamba
- **oxygona** (Link) Zucc. 1839 · Ψ Z9 ⓚ ▽ ✻; S-Bras., N-Arg.
- *pachanoi* (Britton et Rose) H. Friedrich et G.D. Rowley = Trichocereus pachanoi
- *pampana* (Britton et Rose) D.R. Hunt = Lobivia pampana
- *pamparuizii* Cárdenas = Lobivia pampana
- *pasacana* H. Friedrich et G.D. Rowley = Trichocereus pasacana
- *pecheretiana* (Backeb.) H. Friedrich et G.D. Rowley = Trichocereus huascha
- *pelecyrhachis* Backeb. = Echinopsis ancistrophora
- *pentlandii* (Hook.) Salm-Dyck = Lobivia pentlandii
- **polyancistra** Backeb. 1933 · Ψ D Z9 ⓚ ▽ ✻; Arg.: Salta
- *purpureopilosa* (Weing.) H. Friedrich et G.D. Rowley =

Trichocereus purpureopilosus
- **rhodotricha** K. Schum. 1900 · Ψ Z9 ⓚ ▽ ✻; NE-Arg., Parag
- *rojasii* Cárdenas = Echinopsis obrepanda var. obrepanda
- *roseolilacina* Cárdenas = Echinopsis obrepanda var. obrepanda
- *sanguiniflora* (Backeb.) D.R. Hunt = Lobivia sanguiniflora
- *schickendantzii* (F.A.C. Weber) H. Friedrich et G.D. Rowley = Trichocereus schickendantzii
- *schieliana* (Backeb.) D.R. Hunt = Lobivia schieliana
- *shaferi* Britton et Rose = Echinopsis leucantha
- **silvestrii** Speg. 1905 · Ψ Z9 ⓚ; Arg. (Tucumán, Salta)
- *smrziana* Backeb. = Trichocereus smrzianus
- *spachiana* (Lem.) H. Friedrich et G.D. Rowley = Trichocereus spachianus
- *spiniflora* (K. Schum.) A. Berger = Acanthocalycium spiniflorum var. spiniflorum
- *strigosa* (Salm-Dyck) H. Friedrich et G.D. Rowley = Trichocereus strigosus
- **subdenudata** Cárdenas 1956 · Ψ Z9 ⓚ; Bol.
- *tacaquirensis* (Vaupel) H. Friedrich et G.D. Rowley = Trichocereus tacaquiriensis
- *tapecuana* F. Ritter = Echinopsis obrepanda var. obrepanda
- *tarijensis* (Vaupel) H. Friedrich et G.D. Rowley = Trichocereus tarijensis
- *terscheckii* (J. Parm. ex Pfeiff.) H. Friedrich et G.D. Rowley = Trichocereus terscheckii
- *thelegona* (K. Schum.) H. Friedrich et G.D. Rowley = Trichocereus thelegonus
- *thelegonoides* (Speg.) H. Friedrich et G.D. Rowley = Trichocereus thelegonoides
- **torrecillasensis** Cárdenas 1956 · Ψ Z9 ⓚ; Bol. (Santa Cruz)
- **tubiflora** (Pfeiff.) K. Schum. 1846 · Ψ Z9 ⓚ ▽ ✻; Arg.: Tucuman, Catamarca, Salta
- *turbinata* (Pfeiff.) Pfeiff. et Otto = Echinopsis eyriesii
- **valida** (Monv.) Salm-Dyck 1849 · Ψ Z9 ⓚ; Peru, Bol.
- *violacea* Werderm. = Acanthocalycium spiniflorum
- *werdermanni* (Backeb.) H. Friedrich et G.D. Rowley = Trichocereus werdermannianus

- **yuquina** · ⚥ Z8 ⓚ; Bol. (Chuquisaca)
- **in vielen Sorten:**
'Aurora'
'Herbert Baierl'
'Johnsohn's Greengold'
'Morgenzauber'
'Nürnberg'
'Orpheus'
'Pauline'
'Rosy Star'

Echinospartum (Spach) Fourr. 1868 -n- *Fabaceae*
- **horridum** (Vahl) Rothm. 1941 · D:Abschreckender Ginster · ♄ d Z8 ⓚ ∧ VI-VIII ✿; Eur.: sp., S-F [19348]

Echioides Ortega = Arnebia
- *longiflora* (K. Koch) I.M. Johnst. = Arnebia pulchra

Echites P. Browne 1756 -f- *Apocynaceae*
- *nutans* G. Anderson = Prestonia quinquangularis
- *peltatus* Vell. = Peltastes peltatus
- *rubrovenosus* Linden = Prestonia quinquangularis

Echium L. 1753 -n- *Boraginaceae* · (S. 306)
D:Natternkopf; E:Bugloss; F:Vipérine
- **angustifolium** Mill. 1768 · ♃ Z8 ⓚ VI-VIII; Eur.: GR, Crete; TR, Levante, NW-Afr.
- **callithyrsum** Webb ex Bolle 1867 · ♄ Z8 ⓚ; Canar.: ? Teneriffa, Madeira
- **candicans** L. f. 1782 · D:Stolz von Madeira; E:Pride-of-Madeira · ♄ Z8 ⓚ IV-VII ▽; Canar.
- **creticum** L. 1753 · ⊙ VII-VIII; Eur.: Ib, F, Corse, Sard.; NW-Afr.
- *fastuosum* Jacq. = Echium candicans
- **italicum** L. 1753 · D:Hoher Natternkopf; E:Italian Bugloss · ⊙ VI-IX; Eur.: Ib, Fr, Ap, Ba, A, EC-Eur., E-Eur.; TR, Syr., Cauc., C-As., Egypt, Libya
- **lusitanicum** L. 1753 · ♃ ; P, W-Sp.
- **pininana** Webb et Berthel. 1844 · ♃ Z8 ⓚ VI-VIII; Canar.: La Palma
- **plantagineum** L. 1771 · D:Wegerichblättriger Natternkopf; E:Purple Bugloss; F:Vipérine faux-plantain · ⊙ ⊙ VI-VIII; Eur.: Ib, Fr, Ap, Ba, BrI, EC-Eur, E-Eur.; TR, Levante, N-Afr., nat. in Cauc.
- **russicum** J.F. Gmel. 1791 · ⊙ VI-VII; Eur.: A, EC-Eur., Ba, E-Eur.; TR, Cauc. [68075]
- *sericeum* Vahl = Echium angustifolium
- **vulgare** L. 1753 · D:Gewöhnlicher Natternkopf; E:Viper's Bugloss · ⊙ V-VIII ⚥ ✿; Eur.*, Cauc., TR, Cyprus, W-Sib., C-As. [63704]
'Blue Bedder'
'White Bedder'
- **webbii** Coincy 1903 · ♄ Z8 ⓚ; Canar.
- **wildpretii** H. Pearson ex Hook. f. 1902 · D:Diamant-Natternkopf; E:Tower-of-Jewels · ♄ Z8 ⓚ VI-VIII; Canar.: Gran Canaria, Teneriffa

Edgeworthia Meisn. 1842 -f- *Thymelaeaceae* · (S. 867)
- **chrysantha** Lindl. 1846; China [58059]
'Red Dragon' [20352]
- *papyrifera* Siebold et Zucc. = Edgeworthia chrysantha

Edmondia Cass. 1819 -f- *Asteraceae* · (S. 241)
- **sesamoides** (L.) Hilliard 1981 · ♄ ⋈ Z9 ⓚ; S-Afr.

Edraianthus (A. DC.) DC. 1839 -m- *Campanulaceae* · (S. 384)
D:Becherglocke, Büschelglocke; E:Grassy Bells
- *croaticus* (A. Kern.) A. Kern. = Edraianthus graminifolius
- **dalmaticus** (A. DC.) A. DC. 1839 · D:Dalmatinische Büschelglocke · ♃ △ Z6 VI-VII; Eur.: Croatia, Bosn., ? Montenegro [68648]
- **dinaricus** (A. Kern.) Wettst. 1887 · ♃ △ Z7 VII-VIII; Eur.: Croatia
- **graminifolius** (L.) A. DC. 1839 · D:Grasartige Büschelglocke; F:Edraianthus à feuilles de graminée · ♃ △ Z7 VII-VIII; Eur.: I, Sic., Ba, RO [63705]
- *kitaibelii* (A. DC.) A. DC. = Edraianthus graminifolius
- **parnassicus** (Boiss. et Spruner) Halácsy 1894 · ♃ △ Z8 VI-VII; GR
- **pumilio** (Port.) A. DC. 1839 · D:Zwerg-Büschelglocke; F:Campanule · ♃ △ Z6 VI-VII; Eur.: Croatia (Biokovo Planina) [63706]
- var. *major* Vis. = Edraianthus dinaricus
- **serbicus** Petrovic 1882 · ♃ Z6; Eur.: Serb., BG; mts. [69176]
- **serpyllifolius** (Vis.) A. DC. 1839 · ♃ △ Z7 VI-VII; Eur.: Croatia, Bosn., Montenegro, AL
'Albus' [60472]
- **tenuifolius** (Waldst. et Kit.) A. DC. 1839 · ♃ △ Z7 VI-VII; Eur.: Slove., Croatia, Bosn., Montenegro, AL, GR [63707]

Edwardsia Salisb. = Sophora
- *chilensis* Miers = Sophora macrocarpa
- *microphylla* (Aiton) Salisb. = Sophora microphylla var. microphylla
- *tetraptera* (J.S. Muell.) Poir. = Sophora tetraptera

Egeria Planch. 1849 -f- *Hydrocharitaceae* · (S. 1012)
D:Wasserpest; E:Waterweed; F:Peste d'eau
- **densa** Planch. 1849 · D:Dichtblättrige Wasserpest; E:Dense Waterweed · ♃ ≈ Z7 V-VIII; Bras. (Minas Gerais), Urug., N-Arg., nat. in Eur.: BrI, F, C-Eur., I; N-Am., C-Am., Austr., NZ

Ehretia P. Browne 1756 -f- *Boraginaceae* · (S. 307)
- **acuminata** R. Br. 1810 · E:Silky Ash · ♄ d Z7 VIII; China, Jap.
- **dicksonii** Hance 1862 · ♄ d Z7; China, Taiwan, Ryukyu-Is.
- *microphylla* Lam. = Carmona retusa
- *thyrsiflora* (Siebold et Zucc.) Nakai = Ehretia acuminata

Eichhornia Kunth 1843 -f- *Pontederiaceae* · (S. 1136)
D:Wasserhyazinthe; E:Water Hyacinth; F:Jacynthe d'eau
- **azurea** (Sw.) Kunth 1843 · ♃ ∼ ≈ Z10 ⓦ VI-X; subtrop. Am., trop. Am.
- **crassipes** (Mart.) Solms 1883 · D:Wasserhyazinthe; E:Water Hyacinth; F:Jacinthe d'eau · ♃ ≈ Z10 ⓦ VI-IX; Bras., nat. in Trop., Subtrop., P, Calif. [67170]
- **paniculata** (Spreng.) Solms 1883 · ♃ ∼ Z10 ⓦ VII-VIII; trop. S-Am.
- *speciosa* Kunth = Eichhornia crassipes

Elaeagnus L. 1753 -f- *Elaeagnaceae* · (S. 458)
D:Ölweide; E:Oleaster; F:Chalef
- **angustifolia** L. 1753 [16970]

- var. **angustifolia** · D:Schmalblättrige Ölweide; E:Oleaster, Russian Olive; F:Olivier de Bohême · ♄ ♄ d Z4 V-VI; TR, Syr., Cauc., Iran, Afgh., Pakist., W-Sib., C-As., Mong., Tibet, Him., nat. in Eur.* exc. BrI, Sc
- var. *orientalis* (L.) Kuntze 1887 = Elaeagnus angustifolia var. angustifolia
- var. *spinosa* (L.) Kuntze 1887 · ♄ Z4
- *argentea* hort. = Elaeagnus 'Quicksilver'
- *argentea* Moench = Elaeagnus angustifolia var. angustifolia
- *argentea* Pursh = Elaeagnus commutata
- **commutata** Bernh. ex Rydb. 1917 · D:Silber-Ölweide; E:Silver Berry; F:Chalef argenté · ♄ d D Z3 V-VII; Alaska, Can.; USA: NCE, NC, Rocky Mts. [16980]
- *crispa* Thunb. = Elaeagnus umbellata var. umbellata
- × **ebbingei** Boom ex Door. 1952 (*E. macrophylla* × *E. pungens*) · D:Wintergrüne Ölweide · ♄ e Z7 X-XII; cult. [28630]
  'Coastal Gold' [15684]
  'Gilt Edge' 1961 [17126]
  'Limelight' [34045]
- *edulis* Carrière = Elaeagnus multiflora
- **glabra** Thunb. 1784 · ♄ e Z8 ⓚ X-XI; China, Jap.
- *longipes* A. Gray = Elaeagnus multiflora
- **macrophylla** Thunb. 1783 · D:Großblättrige Ölweide · ♄ e D Z8 ⓚ IX-XI; Jap., Korea, Riukiu-Is. [22333]
- **multiflora** Thunb. 1784 · D:Reichblütige Ölweide; E:Cherry Elaeagnus; F:Goumi · ♄ ♄ d Z5; China, Korea, Jap. [16990]
- *orientalis* L. = Elaeagnus angustifolia var. angustifolia
- *parvifolia* Wall. ex Royle = Elaeagnus umbellata var. parvifolia
- **pungens** Thunb. 1784 · D:Dornige Ölweide · ♄ e Z7; N-China, Jap. [33988]
  'Aureomaculata' = Elaeagnus pungens 'Maculata'
  'Aureovariegata' = Elaeagnus pungens 'Maculata'
  'Goldrim' [34231]
  'Maculata' [29060]
  'Variegata' [26085]
- var. *reflexa* (C. Morren et Decne.) C.K. Schneid. 1909 = Elaeagnus × reflexa
- × **reflexa** C. Morren et Decne. 1836 (*E. glabra* × *E. pungens*) · ♄ d D Z7 X-XI Ⓝ; cult.
- *spinosa* L. = Elaeagnus angustifolia var. spinosa
- **umbellata** Thunb. 1784 [33072]
  - var. **parvifolia** (Wall. ex Royle) C.K. Schneid. 1909 Z5; Him.
  - var. **umbellata** · D:Doldige Ölweide; E:Autumn Elaeagnus, Autumn Olive · ♄ d Z5; Him., China, Korea, Jap.
- **in vielen Sorten:**
  'Caspica' = Elaeagnus 'Quicksilver'
  'Quicksilver' [16627]

Elaeis Jacq. 1763 -f- *Arecaceae* · (S. 949)
D:Ölpalme; E:Oil Palm; F:Palmier à huile
- **guineensis** Jacq. 1763 · D:Afrikanische Ölpalme; E:African Oil Palm, Macaw Fat · ♄ e Z10 ⓦ Ⓝ; W-Afr., C-Afr., Angola, E-Afr.
- *melanococca* Gaertn. = Elaeis oleifera
- **oleifera** (Kunth) Cortés 1788 · D:Amerikanische Ölpalme; E:American Oil Palm · ♄ e Z10 ⓦ Ⓝ; C-Am., trop. S-Am.

Elaeocarpus L. 1753 -m- *Elaeocarpaceae* · (S. 459)
D:Ganiterbaum, Ölfrucht; E:Quandong
- **cyaneus** W.T. Aiton ex Sims 1815 · E:Blueberry Ash · ♄ Z9 ⓚ Ⓝ; Austr.: N.S.Wales
- **floribundus** Blume 1825 · E:Egg Laurel · ♄ e Z9 ⓦ Ⓝ; Him., Myanmar [29309]
- **lanceolatus** Blume 1825 · ⓦ; Java
- *reticulatus* Sm. = Elaeocarpus cyaneus
- **sylvestris** (Lour.) Poir. 1811

Elaeodendron Jacq. 1782 -n- *Celastraceae* · E:False Olive
- *orientale* Jacq. = Cassine orientalis

Elaphoglossum Schott ex J. Sm. 1841 -n- *Lomariopsidaceae* · (S. 71)
D:Zungenfarn; F:Fougère-langue
- **conforme** (Sw.) Schott 1834 · ⚃ ⓦ
- **crinitum** (L.) H. Christ 1899 · ⚃ Z10 ⓦ; Mex., Guat., Costa Rica
- **latifolium** (Sw.) J. Sm. 1842 · ⚃ Z10 ⓦ; Mex., W-Ind., trop. S-Am.
- **villosum** (Sw.) J. Sm. 1841 · ⚃ Z10 ⓦ; C-Am., W.Ind.

Elatine L. 1753 -f- *Elatinaceae* · (S. 460)
D:Tännel; E:Waterwort; F:Elatine
- **alsinastrum** L. 1753 · D:Quirl-Tännel · ⊙ ⚃ ~ VII-VIII; Eur.* exc. BrI; Cauc., W-Sib., C-As, Jap., NW-Afr.
- *gyrosperma* Düben ex Meinsh. = Elatine hydropiper
- **hexandra** (Lapierre) DC. 1807 · D:Sechsmänniger Tännel · ⊙ ~ VI-VIII; Eur.*
- **hydropiper** L. · D:Gewöhnlicher Wasserpfeffer-Tännel · ⊙ ~ VI-IX; Eur.*, TR, Cauc., W-Sib.
- **macropoda** Guss. 1827 · D:Langstängeliger Tännel · ⊙ ~ Z8 ⓦ ⓚ; Eur.: Ib, Fr, Ap; TR, Levante, N-Afr.
- **triandra** Schkuhr 1791 · D:Dreimänniger Tännel · ⊙ VI-IX; Eur.* exc. Ib, BrI; ? C-As., NE-As.

Elatostema J.R. Forst. et G. Forst. 1776 -f- *Urticaceae* · D:Melonenbegonie
- *pulchrum* (N.E. Br.) Hallier f. = Pellionia pulchra
- *repens* (Lour.) Hallier f. = Pellionia repens

Elegia L. 1771 -f- *Restionaceae* · (S. 1138)
- **capensis** (Burm. f.) Schelpe 1967 · ⚃ ⋈ Z8 ⓚ; S-Afr. (Cape)
- *verticillaris* (L. f.) Kunth = Elegia capensis

Eleocharis R. Br. 1810 -f- *Cyperaceae* · (S. 995)
D:Sumpfbinse; E:Spike Rush; F:Eleocharis
- **acicularis** (L.) Roem. et Schult. 1817 · D:Nadel-Sumpfsimse; E:Needle Spike Rush; F:Scirpe épingle · ⚃ ~ VI-X; Eur.*, Cauc., W-Sib., E-Sib., Amur, Kamchat., C-As., Mong., Manch., N-Afr., Austr., USA*, S-Am. [67171]
- **atropurpurea** (Retz.) Kunth 1837 · D:Schwarzrote Sumpfbinse · ⊙ ~ VIII-IX; Eur.: I, CH; Trop., Subtrop.
- *austriaca* Hayek = Eleocharis mammilata subsp. austriaca
- *carniolica* W.D.J. Koch = Eleocharis uniglumis
- **dulcis** (Burm. f.) Trin. ex Hensch. 1833 · D:Chinesische Wassernuss, Wasserkastanie; E:Chinese

Waterchestnut, Water Chestnut · ⌖ ⌁ Z9 ⓚ Ⓝ; trop. Afr., Madag., Ind., trop. E-As., Austr., Pacific Is.
- **mamillata** (H. Lindb.) H. Lindb. 1902
  - subsp. **mammilata** 1902 · D:Zitzen-Sumpfsimse · ⌖ ⌁ V-VIII; Eur.: Fr, C-Eur., EC-Eur., Sc, Ba, E-Eur.; W-Sib., E-Sib., Amur
  - **mammilata** Lindb. f.
  - subsp. **austriaca** (Hayek) Strandh. 1965 · D:Österreichische Sumpfsimse · ⌖ ⌁ V-VIII; Eur.*, Cauc., W-Sib., E-Sib., Amur
- **multicaulis** (Sm.) Desv. 1818 · D:Vielstängelige Sumpfsimse · ⌖ ⌁ VI-VII; Eur.* , NW-Afr.
- **ovata** (Roth) Roem. et Schult. 1817 · D:Eiförmige Sumpfsimse · ⊙ ⌁ VII-IX; Eur.: Fr, Ap, C-Eur., EC-Eur., Ba, E-Eur.; Cauc., E-Sib., Amur, Him., Manch.
- **palustris** (L.) Roem. et Schult. 1817 · D:Gewöhnliche Sumpfsimse; E:Common Spike Rush, Creeping Spike Rush · [67172]
  - subsp. **palustris** · D:Kleinfrüchtige Gewöhnliche Sumpfbinse; F:Eleocharis des marais · ⌖ ⌁ V-VIII; Eur.*, Cauc., Iran, Afgh., Him., W-Sib., E-Sib., C-As., Mong., China
  - subsp. **vulgaris** Walters 1949 · D:Großfrüchtige Gewöhnliche Sumpfsimse · ⌖ ⌁ V-VIII; Eur., ? TR, Cauc., W-Sib., E-Sib., C-As, Mong., N-Am.
- **parvula** (Roem. et Schult.) Palla 1888 · D:Kleine Sumpfsimse; E:Little Head Spike Rush · ⌖ ⌁ ≈ Z8 ⓚ VI-IX; Eur.*, C-As., Amur, Jap., Indochina, Java, N-Afr., Can., USA*, S-Am.
- *pygmaea* Torr. = Eleocharis parvula
- **quinqueflora** (Hartmann) O. Schwarz 1949 · D:Armblütige Sumpfsimse · ⌖ ⌁ V-VI; Eur.* exc. ? Ib; TR, N-As., Maroc., N-Am.
- **uniglumis** (Link) Schult. 1824 · D:Einspelzige Sumpfsimse · ⌖ ⌁ V-VIII; Eur.*, Cauc., W-Sib., E-Sib., Kamchat., C-As., Him., Mong.
- **vivipara** Link 1827 · ⌖ ⌁ ≈ Z9 ⓚ; USA: Va., SE, Fla.
- *vulgaris* (Walters) A. Löve et D. Löve = Eleocharis palustris subsp. vulgaris

Eleogiton Link = Isolepis
- *fluitans* (L.) Link = Isolepis fluitans

Elephantorrhiza Benth. 1841 -f- *Mimosaceae*
- **elephantina** (Burch.) Skeels 1910

Elettaria Maton 1811 -f- *Zingiberaceae* · (S. 1147) D:Kardamom; E:Cardamom; F:Cardamome
- **cardamomum** (L.) Maton 1811 · D:Malabar-Kardamom; E:Chester Cardamom · ⌖ Z10 ⓚ ⚥ Ⓝ; S-Ind., Sri Lanka, SE-As.
  - var. *major* (Sm.) Thwaites 1861 = Elettaria ensal
- **ensal** (Gaertn.) Abeyw. 1959 · D:Ceylon-Kardamom · ⌖ Z10 ⓚ Ⓝ; Sri Lanka
- *major* Sm. = Elettaria ensal

Eleusine Gaertn. 1788 -f- *Poaceae* · (S. 1111) D:Fingerhirse; E:Yard Grass; F:Eleusine, panic digité
- **coracana** (L.) Gaertn. 1788 · D:Fingerhirse, Korakan; E:Caracan Millet, Finger Millet · ⊙ Z9 Ⓝ; trop. Afr., trop. As.
- **indica** (L.) Gaertn. 1788 · D:Wilder Korakan; E:Indian Goose Grass · ⊙ ⌖ ⋊ Z9 VII-VIII; trop. Afr., trop. As., nat. in S-Eur., N-Am.
- **tristachya** (Lam.) Lam. 1771 · ⊙ Z9; Trop. Old World

Eleutherococcus Maxim. 1859 -m- *Araliaceae* · (S. 198) D:Fingeraralie; F:Acanthopanax
- **divaricatus** (Siebold et Zucc.) S.Y. Hu 1980 · ♄ d Z6 IX; China: Hopei, Honan, Jap.
- **giraldii** (Harms) Nakai 1924 · ♄ d Z6 VIII; C-China, N-China
- **henryi** Oliv. 1887 · D:Henrys Fingeraralie · ♄ d Z6 VIII-IX; C-China
- **leucorrhizus** Oliv. 1887 · ♄ Z6 VII; China: Sichuan, Yunnan, Hupeh, Kansu
- **senticosus** (Rupr. et Maxim.) Maxim. 1859 · D:Borstige Fingeraralie, Stachelpanax; E:Siberian Ginseng · ♄ d Z5 VII ⚥ ; Amur, N-China, Manch., Korea, Jap., Sachal. [20353]
- **sessiliflorus** (Rupr. et Maxim.) S.Y. Hu 1980 · D:Amur-Fingeraralie · ♄ d Z5 VII-IX; Manch., N-China, Korea
- **setchuenensis** (Harms) Nakai 1927 · ⌖ d Z6 VII; W-China
- **sieboldianus** (Makino) Koidz. 1939 · D:Siebolds Fingeraralie · ♄ d Z6 VI-VII; China [13108] 'Variegatus' [11317]
- **simonii** (Simon-Louis ex Mouill.) Hesse 1913 · ♄ d Z6 VI; C-China.

Eleutheropetalum H. Wendl. = Chamaedorea
- *ernesti-augusti* (H. Wendl.) H. Wendl. ex Oerst. = Chamaedorea ernesti-augustii

Elisena Herb. = Hymenocallis
- *longipetala* Lindl. = Hymenocallis longipetala

Elisma Buchenau = Luronium
- *natans* (L.) Buchenau = Luronium natans

× **Elleanthera** hort. -f- *Orchidaceae* · (*Renanthera* × *Renantherella*)

Elleanthus C. Presl 1827 -m- *Orchidaceae* · (S. 1062)
- **capitatus** (Poepp. et Endl.) Rchb. f. 1862 · ⌖ Z10 ⓚ X-XI ▽ ✻; Mex., C-Am., W.Ind., S-Am.
- **caravata** (Aubl.) Rchb. f. 1881 · ⌖ Z10 ⓚ IX-X ▽ ✻; Guyan.

Elliottia Muhl. ex Elliott 1817 -f- *Ericaceae*
- **bracteata** Benth. et Hook. f. 1876 [20354]
- **racemosa** Muhl. ex Elliott 1817 · ♄ Z8 ⓚ; USA (Ga, S.C.)

Elmera Rydb. 1905 -f- *Saxifragaceae* · (S. 814)
- **racemosa** (S. Watson) Rydb. 1905 · ⌖ Z5; USA: Utah

Elmerrillia Dandy 1927 -f- *Magnoliaceae*
- **tsiampacca** (L.) Dandy · ♄; Sulawesi, Moluccas, New Guinea, Bismarck Arch.

Elodea Michx. 1803 -f- *Hydrocharitaceae* · (S. 1012) D:Wasserpest; E:Waterweed; F:Elodée, Peste d'eau
- **callitrichoides** (Rich.) Casp. 1857 · D:Argentinische Wasserpest; E:Greater Water Thyme · ⌖ ≈ ⓚ ⓚ VII-IX; Arg., nat. in F (Alsace), D
- **canadensis** Michx. 1803 · D:Kanadische Wasserpest; E:Canadian Pondweed; F:Elodée du Canada · ⌖ ≈ ⓚ V-VIII; Can., USA*, nat. in cosmop. [67173]
- *crispa* hort. = Lagarosiphon major

– *densa* (Planch.) Casp. = Egeria densa
– *ernstae* H. St. John = Elodea callitrichoides
– **nuttallii** (Planch.) H. St. John 1920 · D:Nuttalls Wasserpest, Schmalblättrige Wasserpest; E:Western Waterweed · ⚃ ≈ ⓚ VI-VIII; Can.: E; USA: NE, NCE, NC, NW, Calif., nat. in W-Eur., D, Jap.
– *occidentalis* (Pursh) H. St. John = Elodea nuttallii

Elsholtzia Willd. 1790 -f- *Lamiaceae* · (S. 581)
D:Kammminze; E:Elsholtzia; F:Elsholtzia
– **ciliata** (Thunb.) Hyl. 1941 · D:Echte Kammminze · ⊙ Z5 VII-XI Ⓝ; C-As., Jap., Korea, China, Taiwan, nat. in Eur.: Sc, C-Eur., EC-Eur., Ba, E-Eur.
– *cristata* Willd. = Elsholtzia ciliata
– **stauntonii** Benth. 1833 · D:Chinesische Kamm-Minze; E:Mint Bush; F:Elsholtzia · ♄ d D Z7 IX-X; N-China [17000]
'Alba' [20111]

Elymus L. 1753 -f- *Poaceae* · (S. 1111)
D:Haargerste, Quecke; E:Couch; F:Blé d'azur, Chiendent des sables, Elyme
– *arenarius* L. = Leymus arenarius
– **arenosus** (Spenn.) Conert 1997 · D:Sand-Quecke · ⚃ Z6; NW-Eur.; coasts
– **athericus** (Link) Kerguélen 1983 · D:Dünen-Quecke · ⚃ V-VII; Eur.: BrI, Sc, Ib, Fr, C-Eur., Ap, Ba, RO; coasts; TR, NW-Iran, Afgh., nat. in N-Am.
– **canadensis** L. 1753 · D:Kanada-Quecke; E:Canada Wild Rye · ⚃ Z3 VII-IX; Alaska, Can., USA*
– **caninus** (L.) L. 1755 · D:Hunds-Quecke; E:Bearded Couch · ⚃ VI-VII; Eur.*, TR, Iraq, Cauc., Iran, Afgh., Pakist., NW-Ind., W-Sib., E-Sib., C-As., NW-Ind., W-China, nat. in N-Am., Jap., NZ
– **elongatus** (Host) Runemark 1972 · ⚃ Z5; Eur.: Ib, Fr, Ap, Ba, E-Eur. +
– **farctus** (Viv.) Runemark ex Melderis 1978 · D:Strand-Quecke
  – subsp. **boreoatlanticus** (Simonet et Guin.) Melderis 1978 · D:Binsen-Quecke · ⚃ Z5 Ⓝ; W-Eur., D, nat. in N-Am.
  – subsp. **farctus** · D:Gewöhnliche Stand-Quecke; E:Sand Couch · ⚃ Z5 VI-VIII Ⓝ; Eur.*, TR, N-Afr.; coasts, nat. in N-Am.
– *giganteus* Vahl = Leymus racemosus
– **hispidus** (Opiz) Melderis 1978 · D:Graugrüne Quecke
  – subsp. **hispidulus** (Schur) Melderis 1978 · ⚃ Z5; SE-Eur.
  – subsp. **hispidus** · D:Gewöhnliche Graugrüne Quecke · ⚃ Z5 VI-VII Ⓝ; Eur.* exc. BrI, Sc; TR, N-Iraq, Cauc., Iran, Pakist., C-As.
– × **laxus** (Fr.) Melderis et D.C. McClint. 1983 (*E. farctus* × *E. repens* subsp. *repens*) · D:Lockerblütige Bastard-Quecke · ⚃; D +
– **magellanicus** (Desv.) Á. Löve 1984 · ⚃ Z6; S-Am.; mts. [67468]
– **obtusiflorus** (DC.) Conert 1997 · D:Pontische Quecke, Stumpfblütige Quecke · ⚃ VIII-IX; Eur.: NL, D, Dk+, nat. in Eur.: F, I, D, A
– × **obtusiusculus** (Lange) Melderis et D.C. McClint. 1983 (*E. athericus* × *E. farctus*) · D:Bastard-Binsen-Quecke · ⚃; Eur.: Slove., Serb., BG, RO; TR, nat. in F, I, A, D
– × **oliveri** (Druce) Melderis et D.C. McClint. 1983 (*E. athericus* × *E. repens* subsp. *repens*) · ⚃; D +
– *pauciflorus* (Schwein.) Gould = Elymus trachycaulus
– *racemosus* Lam. = Leymus racemosus
– **repens** (L.) Gould · D:Gewöhnliche Kriech-Quecke; E:Couch Grass · ⚃ VI-VIII ⚥ Ⓝ; Eur.*, Can.; E; USA: Maine; Sib., N-Afr., nat. in USA, Mex.
– **trachycaulus** (Link) Gould ex Shinners 1954; Alaska, Can.; USA*; N-Mex., E-Sib., E-As.
– **virginicus** L. 1753 · D:Virginische Quecke; E:Virginia Wild Rye · ⚃ Z3; Can.; USA* exc. Calif.

Elyna Schrad. = Kobresia
– *myosuroides* (Vill.) Fritsch ex Janch. = Kobresia myosuroides

Elytrigia Desv. = Elymus
– *atherica* (Link) M.A. Carreras ex Kerguélen = Elymus athericus
– *intermedia* (Host) Nevski = Elymus hispidus subsp. hispidus
  – subsp. *barbulata* (Schur) Á. Löve 1980 = Elymus trachycaulus
– *juncea* (L.) Nevski = Elymus farctus subsp. farctus
– *junceiformis* Á. Löve et D. Löve = Elymus farctus subsp. boreoatlanticus

– *repens* (L.) Nevski = Elymus repens

Emblica Gaertn. = Phyllanthus
– *officinalis* Gaertn. = Phyllanthus emblica

Embothrium J.R. Forst. et G. Forst. 1775 -n- *Proteaceae* · (S. 717)
D:Flammenbusch; E:Fire Bush; F:Arbre de feu
– **coccineum** J.R. Forst. et G. Forst. 1775 · D:Chilenischer Flammenbusch; E:Chilean Fire Bush · ♄ e Z8 ⓚ; Chile, W-Arg. [36626]
'Inca Flame'
'Lanceolatum'

Emerus Mill. 1754 -m- *Fabaceae* · (S. 508)
D:Strauchkronwicke
– **major** Mill. 1768 · D:Strauchkronwicke; E:Scorpion Senna · ♄ e Z6 V-VII; Eur.* exc. BrI; TR, Cyprus, Syr., Cauc., Tun., Libya [30521]

Emex Neck. ex Campd. 1819 -f- *Polygonaceae* · (S. 704)
D:Teufelsdorn; E:Devil's Thorn
– **spinosa** (L.) Campd. 1819 · D:Teufelsdorn; E:Devil's Thorn · ⊙ Z3; Eur.: Ib, Ap, Ba; TR

Emilia (Cass.) Cass. 1817 -f- *Asteraceae* · (S. 241)
D:Emilie; F:Emilie
– **coccinea** (Sims) G. Don ex Sweet 1839 · E:Tassel Flower · ⊙ Z9; Afr.
– *flammea* Cass. = Emilia sonchifolia
– *flammea* hort. = Emilia coccinea
– *javanica* (Burm. f.) C.B. Rob. = Emilia sonchifolia
– *javanica* auct. = Emilia coccinea
– *sagittata* DC. = Emilia sonchifolia
– **sonchifolia** (L.) DC. 1834 · ⊙ Z9; trop. Afr., Ind., S-China

Emmenopterys Oliv. 1889 -f- *Rubiaceae* · (S. 772)
– **henryi** Oliv. 1889 · ♄ d Z8 ⓚ VI-VII; China: Hupeh; Myanmar, Thail. [20355]

Empetrum L. 1753 -n- *Empetraceae* · (S. 460)
D:Krähenbeere; E:Crowberry; F:Camarine
– **atropurpureum** Fernald et Wiegand 1913 · ♄ e ⤳ Z3 V; Can.: E; USA: NE
– **hermaphroditum** Hagerup 1927 · D:Zwittrige Krähenbeere · ♄ ⤳ Z2 IV-V; Eur.*, TR, Cauc., W-Sib., E-Sib., Kamchat., Can., Greenl.

- **nigrum** L. 1753 · D:Schwarze Krähenbeere; E:Black Crowberry; F:Camarine noire · ♄ e ⟿ Z2 IV-V; Can., USA: NW, Calif., NE, NEC; Eur.*; N, mts.; W-Sib., E-Sib., Kamchat., Amur, Korea, Sachal., Jap., Alaska, Greenl. [30620]
  'Bernstein' [32596]
  'Smaragd' [31982]
  - subsp. *hermaphroditum* (Hagerup) Böcher 1952 = Empetrum hermaphroditum
- **rubrum** Willd. 1806

Encelia Adans. 1763 -f- *Asteraceae* · (S. 242)
- **farinosa** A. Gray ex Torr. 1848 · ♄ Z8 ⌂; USA: Calif., SW

Encephalartos Lehm. 1834 -m- *Zamiaceae* · (S. 103)
D:Brotpalmfarn; E:Cycad; F:Arbre à pain
- **altensteinii** Lehm. 1834 · ♄ e Z9 ⌂ ⚘ ▽ ✳; S-Afr.
- **caffer** (Thunb.) Lehm. 1834 · D:Kafir-Brotpalmfarn; E:Kaffir Bread · ♃ e Z9 ⌂ ⚘ ▽ ✳; Kap
- **cycadifolius** (Jacq.) Lehm. 1834 · ♄ e Z9 ⌂ ⚘ ▽ ✳; S-Afr.
- **ferox** Bertol. 1851 · ♄ e Z9 ⌂; S-Afr.
- **friderici-guilielmi** Lehm. 1834 · ♄ ♄ e Z9 ⌂; S-Afr. (Cape Prov.)
- **hildebrandtii** A. Braun et C.D. Bouché 1874 · ♄ e Z9 ⌂ ⚘ ▽ ✳; E-Afr.
- **horridus** (Jacq.) Lehm. 1834 · ♃ e Z9 ⌂ ▽ ✳; Kap
- **lebomboensis** I. Verd. 1949 · D:Lebombo-Brotpalmfarn; E:Lebombo Cycad · ♄ e Z9 ⌂ ⚘ ▽ ✳; S-Afr.
- **lehmannii** (Eckl. et Zeyh. ex Eckl.) Lehm. 1834 · D:Karoo-Brotpalmfarn; E:Karoo Cycad · ♄ e Z9 ⌂ ⚘ ▽ ✳; Kap
- **longifolius** (Jacq.) Lehm. 1834 · D:Suurberg-Brotpalmfarn; E:Suurberg Cycad · ♄ e Z9 ⌂ ⚘ ▽ ✳; Kap
- **natalensis** R.A. Dyer et I. Verd. 1951
- **transvenosus** Stapf et Burtt Davy 1926 · D:Modjadji-Brotpalmfarn; E:Modjadji Cycad · ♄ e Z9 ⌂ ⚘ ▽ ✳; S-Afr.: Transvaal
- **villosus** Lehm. 1868 · ♃ Z9 ⌂ ⚘ ▽ ✳; S-Afr.: SE-Kap, Natal

Encephalocarpus A. Berger 1929 -m- *Cactaceae* · (S. 353)

- **strobiliformis** (Werderm.) A. Berger 1929 · ⚲ Z9 ⌂; Mex.: Nuevo León, Tamaulipas

Encyclia Hook. 1828 -f- *Orchidaceae* · (S. 1062)
- **adenocaula** (La Llave et Lex.) Schltr. 1918 · ♃ Z10 ⌂ VII ▽ ✳; Mex.
- **alata** (Bateman) Schltr. 1914 · ♃ Z10 ⌂ V-X ▽ ✳; C-Am.
- *baculus* (Rchb. f.) Dressler et G.E. Pollard = Prosthechea baculus
- *boothiana* (Lindl.) Dressler = Prosthechea boothiana
- *brassavolae* (Rchb. f.) Dressler = Prosthechea brassavolae
- *citrina* (La Llave et Lex.) Dressler = Euchile citrina
- *cochleata* (L.) Dressler = Prosthechea cochleata
- **cordigera** (Humb., Bonpl. et Kunth) Dressler 1964 · ♃ Z10 ⌂ IV-VI ▽ ✳; Mex., C-Am., Col., Venez.
- **dichroma** (Lindl.) Schltr. 1914
- *fragrans* (Sw.) Dressler = Prosthechea fragrans
- *glumacea* (Lindl.) Pabst = Prosthechea glumacea
- *mariae* (Ames) Hoehne = Euchile mariae
- **megalantha** (Barb. Rodr.) Porto et Brade 1935 · ♃; Bras.
- *michuacana* (La Llave et Lex.) Schltr. = Prosthechea michuacana
- *nemoralis* (Lindl.) Schltr. = Encyclia adenocaula
- *odoratissima* (Lindl.) Schltr. = Encyclia patens
- **oncidioides** (Lindl.) Schltr. 1914 · ♃ Z10 ⌂ V-VI ▽ ✳; Guyan., Bras.
- **patens** Hook. 1830 · ♃ Z10 ⌂ VI-VII ▽ ✳; Bras.
- *prismatocarpa* (Rchb. f.) Dressler = Prosthechea prismatocarpa
- *radiata* (Lindl.) Dressler = Prosthechea radiata
- **tampensis** (Lindl.) Schltr. 1913 · E:Tampa Butterfly Orchid · ♃ Z10 ⌂ VI-VII ▽ ✳; Fla.
- *vespa* (Vell.) Dressler = Prosthechea michuacana
- *virgata* (Lindl.) Schltr. = Prosthechea michuacana
- *vitellina* (Lindl.) Dressler = Prosthechea vitellina

Endymion Dumort. = Hyacinthoides
- *campanulatus* (Aiton) Willk. = Hyacinthoides hispanica subsp. hispanica
- *hispanicus* (Mill.) Chouard =

Hyacinthoides hispanica subsp. hispanica
- *non-scriptus* (L.) Garcke = Hyacinthoides non-scripta
- *nutans* (Sm.) Dumort. = Hyacinthoides non-scripta
- *patulus* (DC.) Dumort. = Hyacinthoides hispanica subsp. hispanica

Enkianthus Lour. 1790 -m- *Ericaceae* · (S. 467)
D:Prachtglocke; F:Enkianthus
- **campanulatus** (Miq.) G. Nicholson 1884-88 · D:Glockige Prachtglocke
  'Hollandia'
  'Red Bells' 1965 [29312]
  'Ruby Glow' 1993 [44781]
  - var. **campanulatus** · ♄ d Z5 V; Jap. [17010]
  - var. **palibinii** (Craib) Bean 1914 · D:Palibins Prachtglocke · ♄ d Z5; Jap. (Honshu); mts.
  'Albiflorus' · V [17020]
- **cernuus** (Siebold et Zucc.) Benth. et Hook. f. ex Makino 1894 · D:Nickende Prachtglocke · [29317]
  - var. **cernuus** · D:Weiße Nickende Prachtglocke · ♄ d Z6 V; Jap.
  - var. **rubens** (Maxim.) Benth. et Hook. f. ex Makino 1894 · D:Rote Nickende Prachtglocke · ♄ d Z6 V-VI; Jap.
- **chinensis** Franch. 1895 · D:Chinesische Prachtglocke · ♄ d Z7 ∧ V; W-China, C-China [29318]
- **deflexus** (Griff.) C.K. Schneid. 1911 · D:Himalaya-Prachtglocke · ♄ ♄ d Z6; Him. (E-Nepal - SW-China), Myanmar
- **perulatus** (Miq.) C.K. Schneid. 1911 · D:Frühblühende Prachtglocke · ♄ d Z7 V; Jap.
- **serrulatus** (Willd.) C.K. Schneid. 1911 · ♄ ♄ d Z6; C-China, W-China
- **sikokianus** (Palib.) Ohwi 1853 · D:Shikoku-Prachtglocke · ♄ d; Jap.
- **subsessilis** (Miq.) Makino 1894 · ♄ d Z6 V-VI; Jap.

Ensete Bruce ex Horan. 1862 -n- *Musaceae* · (S. 1041)
D:Zierbanane; F:Bananier d'Abyssinie
- *edule* Bruce et Horan. = Ensete ventricosum
- **ventricosum** (Welw.) Cheesman 1948 · D:Ensete, Zierbanane; E:Abyssinian Banana · ♃ Z10

⊕ Ⓝ; E-Afr., C-Afr., trop. S-Afr., S-Afr. [58109]
'Maurelii'

Entada Adans. 1763 -f-
Mimosaceae · (S. 644)
D:Meerbohne, Riesenhülse; E:Sea Bean; F:Haricot de mer
- **phaseoloides** (L.) Merr. 1914 · E:Drinking Vine · ♄ ⚥ ⓦ ⚥ Ⓝ; trop. Afr., trop. As., Pacific Is.

Entandrophragma C. DC. 1894 -n-
Meliaceae · (S. 635)
- **angolense** (Welw. ex C. DC.) C. DC. 1894 · ♄ Ⓝ; trop. Afr.
- **candollei** Harms 1896 · D:Kosipo · ♄ ⓦ Ⓝ; W-Afr., C-Afr.
- **caudatum** (Sprague) Sprague 1910
- **cylindricum** (Sprague) Sprague 1910 · E:Sapele · ♄ ⓦ Ⓝ; W-Afr., C-Afr., Uganda
- **utile** (Dawe et Sprague) Sprague 1910 · ♄ ⓦ Ⓝ; W-Afr., C-Afr., Angola

Entelea R. Br. 1824 -f- *Tiliaceae* · (S. 870)
- **arborescens** R. Br. 1824 · ♄ ♄ e ⊕; NZ

Enterolobium Mart. 1837 -n-
Mimosaceae · (S. 644)
D:Affenseife; E:Elephant's Ear
- **cyclocarpum** (Willd.) Griseb. 1860 · D:Affenseife; E:Elephant's Ear · ♄ Z9 ⓦ Ⓝ; Mex., C-Am., W.Ind., trop. S-Am.

Eomecon Hance 1884 -f-
Papaveraceae · (S. 684)
D:Schneemohn; E:Snow Poppy; F:Coquelicot du soleil levant
- **chionantha** Hance 1884 · D:Schneemohn · ⚶ Z7 △ IV; E-China

Epacris Cav. 1797 -f- *Epacridaceae* · (S. 461)
D:Australheide; E:Australian Heath; F:Bruyère australe
- **heteronema** Labill. 1805 · ♄ e Z9 ⊕ II-IV; Austr.: N.S.Wales, Victoria, Tasman.
- **impressa** Labill. 1805 · D:Tasmanische Australheide; E:Australian Heath · ♄ e Z9 ⊕ XII-IV; Austr.: N.S.Wales, Victoria, S-Austr., Tasman.
- **longiflora** Cav. 1797 · D:Reichblütige Australheide; E:Bush Fuchsia · ♄ e Z9 ⊕ III-V; Austr.:

N.S.Wales
- **microphylla** R. Br. 1810 · D:Kleinblättrige Australheide; E:Coral Heath · ♄ e D Z9 ⊕ III-V; Austr.: Queensl., N.S.Wales, Tasman.; NZ
- *miniata* Lindl. = Epacris longiflora
- **obtusifolia** Sm. 1804 · D:Stumpfblättrige Australheide; E:Bluntleaf Heath, Common Heath · ♄ e D Z9 ⊕ III-V; Austr.: Queensl., N.S.Wales, Victoria, Tasman.
- **paludosa** R. Br. 1810 · D:Sumpf-Australheide; E:Alpine Heath, Swamp Heath · ♄ e Z9 ⊕ III-V; Austr.: N.S.Wales, Victoria, Tasman.
- *pulchella* Cav. = Epacris microphylla
- **purpurascens** R. Br. 1810 · ♄ e Z9 ⊕ III-V; Austr.: N.S.Wales

Ephedra L. 1753 -f- *Ephedraceae* · (S. 104)
D:Meerträubel; E:Joint Fir; F:Ephèdre, Raisin de mer
- **altissima** Desf. 1799 · D:Hohes Meerträubel · ♄ ǀ e ⚥ ⊕; N-Afr.
- **americana** Humb. et Bonpl. ex Willd. 1806 · D:Anden-Meerträubel
- *campylopoda* C.A. Mey. = Ephedra foeminea
- **distachya** L. 1753 [15967]
  - subsp. **distachya** · D:Gewöhnliches Meerträubel; E:Joint Pine · ♄ e Z6 ⚥ ⚔; Eur.* exc. BrI, Sc; Cauc., W-Sib., C-As.
  - subsp. **helvetica** (C.A. Mey.) Asch. et Graebn. 1897 · D:Schweizerisches Meerträubel · ♄ e ⟿ △ Z6 IV-V; Eur.: CH, S-F, I; SW-Alp., S-Alp.
  - subsp. **monostachya** (L.) Riedl Z4; Eur.: E-Eur.; TR +
- *equisetiformis* Webb et Berthel. = Ephedra major subsp. major
- **equisetina** Bunge 1852 · D:Mongolisches Meerträubel; E:Mongolian Ephedra · ♄ e △ Z7; C-As., Mong., N-China
- **foeminea** Forssk. 1775 · ♄ e ⚥ ⟿ △ ⊕; Eur.: I, Ba; TR; Levante, Libya
- **fragilis** Desf. 1799 · ♄ e Z8 ⊕; Eur.: Ib, I, Sic.; NW-Afr., Libya
  - subsp. *campylopoda* (C.A. Mey.) K. Richt. 1890 = Ephedra foeminea
- **gerardiana** Wall. ex C.A. Mey. 1846
  - var. **gerardiana** · D:Kriechendes Meerträubel; E:Pakistani Ephedra · ♄ e Z6; Him., China

  - var. **sikkimensis** Stapf 1889 · ♄ e △ Z6; N-Ind. [42598]
- *helvetica* C.A. Mey. = Ephedra distachya subsp. helvetica
- **major** Host 1831
  - subsp. **major** · D:Großes Meerträubel · ♄ e △ Z7; Eur.: Ib, Fr, Ap, Ba; TR, Cyprus, Pakistan, W-Him., NW-Afr.
  - subsp. **procera** (Fisch. et C.A. Mey.) Bornm. 1928 · ♄ Z7; Eur.: S-Ba; TR, Cyprus, Cauc., Iran, Him.; mts.
- **minima** K.S. Hao 1934 · ♄ e Z7; China [12413]
- **minuta** Florin 1927
- *nebrodensis* Tineo ex Guss. = Ephedra major subsp. major
- **nevadensis** S. Watson 1879 · ♄ e Z8 ⊕; USA: Oreg., Calif., Utah, Nev., Ariz.
- *procera* Fisch. et C.A. Mey. = Ephedra major subsp. procera
- *scoparia* Lange = Ephedra major subsp. major
- **shennungiana** T.H. Tang 1928 · ♄ e ⊕; China: Fukien
- **sinica** Stapf 1927 · D:Chinesisches Meerträubel; E:Joint Fir · ♄ e ⊕ ⚥; N-China
- **viridis** Coville 1893 · ♄ e Z9 ⊕; USA: Oreg., Calif, Rocky Mts., SW
- *vulgaris* Rich. = Ephedra distachya subsp. distachya

× **Epibroughtonia** hort. 1957 · (*Broughtonia* × *Epidendrum*)

× **Epicattleya** Rolfe 1889 · (*Cattleya* × *Epidendrum*)

Epidendrum L. 1763 -n-
Orchidaceae · (S. 1063)
- *adenocaulum* La Llave et Lex. = Encyclia adenocaula
- *alatum* Bateman = Encyclia alata
- **anceps** Jacq. 1783 · ⚶ Z10 ⓦ ▽ ✻; USA: Fla.; C-Am., W.Ind., trop. S-Am., coasts
- **avicula** Lindl. 1841 · ⚶ Z10; Bras., Ecuad., Peru
- *baculus* Rchb. f. = Prosthechea baculus
- *beyrodtianum* Schltr. = Prosthechea baculus
- *bicornutum* Hook. = Caularthron bicornutum
- *boothianum* Lindl. = Prosthechea boothiana
- *brassavolae* Rchb. f. = Prosthechea brassavolae
- **ciliare** L. 1759 · ⚶ Z10 ⓦ XI-I ▽ ✻; C-Am., W.Ind., trop. S-Am.

- **cnemidophorum** Lindl. 1853 · ⚃ Z10 ⓜ IV-V ▽ ✲; Guat., Costa Rica
- *cochleatum* L. = Prosthechea cochleata
- **coronatum** Ruiz et Pav. 1798 · ⚃ Z10 ⓜ ▽ ✲; Mex., C-Am., trop. S-Am.
- **difforme** Jacq. 1760 · E:Umbrella Star Orchid · ⚃ Z10 ⓜ ▽ ✲; Fla.; Mex., C-Am., W.Ind., S-Am.
- **diffusum** Sw. 1788 · ⚃ Z10 ⓜ ▽ ✲; C-Am., W.Ind.
- *elegans* (Knowles et Westc.) Rchb. f. = Barkeria uniflora
- *fragrans* Sw. = Prosthechea fragrans
- *glumaceum* Lindl. = Prosthechea glumacea
- *grandiflorum* Humb. et Bonpl. = Stanhopea jenischiana
- **ibaguense** Kunth 1816 · ⚃ Z10 ⓜ XII-V ▽ ✲; C-Am., W.Ind., trop. S-Am.
- *latiflium* (Lindl.) Garay et H.R. Sweet = Epidendrum tridens
- **longispicatum** · ⚃ ; Guyan., SE-Bras.
- **medusae** (Rchb. f.) Pfitzer 1889 · ⚃ Z10 ⓜ VII-VIII ▽ ✲; Ecuad.
- *nemorale* Lindl. = Encyclia adenocaula
- **neoporpax** Ames 1934 · ⚃ Z10 ⓜ ▽ ✲; Mex., C-Am., trop. S-Am.
- **nocturnum** L. 1760 · E:Night Scented Orchid · ⚃ Z10 ⓜ VIII-X ▽ ✲; Fla., W.Ind., trop. S-Am.
  - var. *latifolium* Lindl. 1837 = Epidendrum tridens
- *odoratissimum* Lindl. = Encyclia patens
- *oncidioides* Lindl. = Encyclia oncidioides
- **paniculatum** Ruiz et Pav. 1798 · ⚃ Z10 ⓜ X-XII ▽ ✲; C-Am., W.Ind., trop. S-Am.
- **parkinsonianum** Hook. 1840 · ⚃ Z10 ⓜ VII-VIII ▽ ✲; Mex.
- *pentotis* Rchb. f. = Prosthechea baculus
- *porpax* Rchb. f. = Epidendrum neoporpax
- *prismatocarpum* Rchb. f. = Prosthechea prismatocarpa
- **purum** Lindl. 1844 · ⚃ Z10 ⓜ ▽ ✲; n S-Am.
- *skinneri* Bateman ex Lindl. = Barkeria skinneri
- *spectabile* (Bateman ex Lindl.) Rchb. f. = Barkeria spectabilis
- **stamfordianum** Bateman 1839 · ⚃ Z10 ⓜ III-IV ▽ ✲; Mex., C-Am., Col., Venez.

- **stenopetalum** Hook. 1838 · ⚃ Z10 ⓜ II-III ▽ ✲; Mex., C-Am., W.Ind., trop. S-Am.
- *tampense* Lindl. = Encyclia tampensis
- **tridens** Poepp. et Endl. 1836 · ⚃ Z10 ⓜ VIII-X ▽ ✲; W.Ind., Venez., Trinidad, Bras.
- *varicosum* Bateman ex Lindl. = Prosthechea varicosa
- *variegatum* Hook. = Prosthechea vespa
- *verrucosum* Lindl. = Encyclia adenocaula
- *vespa* Vell. = Prosthechea vespa
- *virgatum* Lindl. = Prosthechea michuacana
- *vitellinum* Lindl. = Prosthechea vitellina
- **in vielen Sorten**

× **Epidiacrium** hort. 1908 -n- Orchidaceae · (*Caularthron* × *Epidendrum*)

× **Epidrobium** hort. -n- Orchidaceae · (*Dendrobium* × *Epidendrum*)

Epigaea L. 1753 -f- Ericaceae · (S. 468)
D:Bodenlorbeer; F:Epigée
- **asiatica** Maxim. 1867 · D:Japanischer Bodenlorbeer · ♄ e ⤳ Z4 IV-V; Jap.
- **gaultherioides** (Boiss. et Balansa) Takht. 1941 · D:Türkischer Bodenlorbeer · ♄ e Z6 III-IV; NE-TR, Cauc.
- × **intertexta** Mulligan 1939 (*E. asiatica* × *E. repens*) · ♄ e Z3; cult.
- **repens** L. 1753 · D:Kriechender Bodenlorbeer; E:Mayflower, Trailing Arbutus · ♄ e ⤳ Z2 III-IV ⚥ ; Can.: E, Sask.; USA: NE, SE, Fla. [29319]

Epigeneium Gagnep. 1932 -n- Orchidaceae · (S. 1063)
- **amplum** (Lindl.) Summerh. 1957 · ⚃ Z10 ⓜ V-VI ▽ ✲; Ind.: Sikkim
- *coelogyne* (Rchb. f.) Summerh. = Epigeneium amplum
- **fargesii** (Finet) Gagnep. 1932 · ⚃ ⓜ; E-Him., S-China, Thail., Taiwan
- **lyonii** (Ames) Summerh. 1957 · ⚃ Z10 ⓜ ▽ ✲; Phil.

× **Epigoa** hort. 1957 -f- Orchidaceae · (*Domingoa* × *Epidendrum*)

× **Epilaelia** hort. 1894 -f- Orchidaceae · (*Epidendrum* × *Laelia*)

× **Epilaeliocattleya** hort. 1960 -f- Orchidaceae · (*Cattleya* × *Epidendrum* × *Laelia*)

× **Epilaeliopsis** hort. 1957 -f- Orchidaceae · (*Epidendrum* × *Laeliopsis*)

Epilobium L. 1753 -n- Onagraceae · (S. 677)
D:Kolibritrompete, Weidenröschen; E:Willowherb; F:Epilobe
- *adenocaulon* Hausskn. = Epilobium ciliatum
- **alpestre** (Jacq.) Krock. 1787 · D:Quirlblättriges Weidenröschen · ⚃ VII-VIII; Eur.* exc. BrI, Sc; Cauc.; mts.
- **alsinifolium** Vill. 1779 · D:Mierenblättriges Weidenröschen · ⚃ Z3 VII-VIII; Eur.*; N, mts.
- **anagallidifolium** Lam. 1786 · D:Gauchheilblättriges Weidenröschen · ⚃ Z6 VII-VIII; Eur.*, TR, Cauc., N-As., C-As., N-Am.
- **angustifolium** L. 1753 · D:Schmalblättriges Weidenröschen; E:Fire Weed, Rosebay Willowherb · ⚃ Z3 VII-VIII ⚥ ⓝ; Eur.*, TR, Syr., Iran, W-Sib., E-Sib., Amur, Sachal., Kamchat., Korea, Him., Mong., Jap. China, Maroc., Alaska, Can., USA* exc. SC [63708]
'Album' [70156]
'Isobel'
'Stahl Rose'
- **brachycarpum** C. Presl 1831 · D:Kurzfrüchtiges Weidenröschen · N-Am., nat. in D
- **canum** (Greene) P.H. Raven 1976
'Album'
'Dublin'
'Glasnevin' = Epilobium canum 'Dublin'
'Olbrich Silver'
'Western Hills'
  - subsp. **angustifolium** (D.D. Keck) P.H. Raven 1976 · D:Schmalblättriges Weidenröschen · ⚃ Z8 ⓚ; Calif.
  - subsp. **canum** · D:Kalifornisches Weidenröschen, Kolibritrompete; E:California Fuchsia, Hummingbird Flower · ⚃ ♄ △ Z8 ⓚ ∧ X-XI; Calif.
  - subsp. **latifolium** (Hook.) P.H. Raven 1976 · ⚃ ♄ ♄ △ Z8 ⓚ ∧ VII-X; USA: Oreg., Calif., Nev., Ariz., N.Mex. [67098]

- **ciliatum** Raf. 1808 · D:Drüsiges Weidenröschen · ⚃ VI-IX; Alaska, Can., USA: NE, NCE, NC, Rocky Mts., NW, Calif., nat. in BrI, Sc, Fr, D, EC-Eur., E-Eur.
- **collinum** C.C. Gmel. 1826 · D:Hügel-Weidenröschen · ⚃ VI-IX; Eur.* exc. BrI
- **crassum** Hook. f. 1855 · ⚃ Z8 ⓚ; NZ (S-Is.)
- **dodonaei** Vill. 1779 · D:Rosmarin-Weidenröschen; E:Alpine Willowherb · ⚃ Z6 VII; Eur.: Fr, Ap, C-Eur., EC-Eur., Ba, E-Eur.; TR, W-Iran [63709]
- **duriaei** J. Gay 1836 · D:Durieus Weidenröschen · ⚃ VII; Eur.: sp., F, CH
- **fleischeri** Hochst. 1826 · D:Fleischers Weidenröschen, Kies-Weidenröschen · ⚃ △ Z5 VII-IX; Eur.: F, I, C-Eur.; Alp. [63710]
- **glabellum** G. Forst. 1786 · ⚃ Z8 ⓚ VII-VIII; NZ
- **hirsutum** L. 1753 · D:Zottiges Weidenröschen · ⚃ VI-IX; Eur.*, N-Afr., nat. in N-Am. [63711]
  'Well Creek'
- **komarovianum** H. Lév. 1908 · ⚃ ⤳ △ Z8 ⓚ VI-VIII; NZ
- **lanceolatum** Sebast. et Mauri 1818 · D:Lanzettblättriges Weidenröschen · ⚃ VI-VIII; Eur.* exc. Sc; TR, Cyprus, Cauc., N-Iran, Alger.
- **montanum** L. 1753 · D:Berg-Weidenröschen, Hartheu-Weidenröschen · ⚃ VI-IX; Eur.*, TR, Levante, Cauc., N-Iran, W-Sib., E-Sib., ? Sachal.
- **nummulariifolium** R. Cunn. ex A. Cunn. 1839 · D:Rundblättriges Weidenröschen · ⚃ ⤳ △ VI-VIII; NZ
- **nutans** F.W. Schmidt 1794 · D:Nickendes Weidenröschen · ⚃ VII-VIII; Eur.: sp., Fr, C-Eur., EC-Eur., Ba, E-Eur.; mts.
- **obcordatum** A. Gray 1865 · ⚃; USA: Oreg., Calif., Rocky Mts., SW
- **obscurum** Schreb. 1771 · D:Dunkelgrünes Weidenröschen · ⚃ VI-IX; Eur.*, TR, Cauc., Madeira, Maroc., Alger.
- **palustre** L. 1753 · D:Sumpf-Weidenröschen · ⚃ VII-IX; Eur.*, TR, Cauc., N-Iran, W-Sib., E-Sib., Amur, Sachal., Kamchat., C-As., Him., Tibet, Mong., China, Jap., N-Am., Greenl.
- **parviflorum** Schreb. 1771 · D:Kleinblütiges Weidenröschen · ⚃ VI-IX ⚥; Eur.*, TR, Levante,

Cauc., Iran, Him., NW-Afr.
- **purpuratum** Hook. f. 1867 · D:Purpur-Weidenröschen · ⚃ ⤳ △ Z8 VI-VIII; NZ
- **roseum** Schreb. 1771 · D:Rosenrotes Weidenröschen · ⚃ VII-IX; Eur.*, TR, Lebanon, Cauc., Iran, C-As.
- *rosmarinifolium* Haenke = Epilobium dodonaei
- **septentrionale** (D.D. Keck) P.H. Raven
- **tetragonum** L. 1753 · D:Vierkantiges Weidenröschen
  - subsp. **lamyi** (F.W. Schultz) Nyman 1879 · D:Graugrünes Weidenröschen · ⚃ VII-IX; Eur.*, TR, Madeira
  - subsp. **tetragonum** · D:Gewöhnliches Vierkantiges Weidenröschen · ⚃ VII-VIII; Eur.*, TR, Levante, Cauc., Iran, W-Sib., C-As., NW-Afr.

Epimedium L. 1753 -n- Berberidaceae · (S. 285) D:Elfenblume, Sockenblume; E:Bishop's Head, Bishop's Mitre; F:Fleur des elfes
- **acuminatum** Franch. 1886 · ⚃ Z7; W-China, C-China [73364]
- **alpinum** L. 1753 · D:Alpen-Sockenblume; E:Pink Epimedium; F:Fleur des elfes alpinum · ⚃ Z5 III-V; Eur.: I, A, Slove., Croatia, Bosn., YU, AL, nat. in BrI, Fr, D, DK [63715]
- × **cantabrigiense** Stearn 1979 (E. alpinum × E. pubigerum) · ⚃ Z5; cult. [63716]
- *colchicum* Boiss. = Epimedium pinnatum subsp. colchicum
- **davidii** Franch. 1885 · ⚃; China (Sichuan) [73368]
- **diphyllum** Graham · ⚃ Z5 IV-V; Jap.
- *diphyllum* Yoshino non Graham = Epimedium setosum
- **grandiflorum** C. Morren 1834 · D:Großblütige Sockenblume; E:Barrenwort; F:Fleur des elfes à grandes fleurs · ⚃ Z5 IV-V; Jap., N-China [63718]
  'Crimson Beauty' Ruys Moerheim Nurs.
  'Flavescens'
  'Lilafee' Pagels [63720]
  'Nanum'
  'Normale'
  'Rose Queen' [63721]
  'Violaceum' [63723]
  - subsp. **koreanum** (Nakai) Kit. 1962 = Epimedium koreanum
- *hexandrum* Hook. = Vancouveria

hexandra
- **koreanum** Nakai 1936 · ⚃; Korea
- **leptorrhizum** Stearn 1933 · ⚃ Z7; China (Sichuan) [73374]
- *macranthum* C. Morren et Decne. = Epimedium grandiflorum
  fo. *niveum* (Vilm.) Voss = Epimedium × youngianum 'Niveum'
  - var. *sulphureum* C. Morren = Epimedium × versicolor 'Sulphureum'
- *musschianum* C. Morren et Decne. = Epimedium × youngianum
  - var. *violaceum* hort. = Epimedium × youngianum 'Roseum'
- *niveum* Vilm. = Epimedium × youngianum 'Niveum'
- *ochroleucum* Farrer = Epimedium × versicolor 'Sulphureum'
- × **perralchicum** Stearn 1938 (E. perralderianum × E. pinnatum) · ⚃ Z7; cult.
  'Frohnleiten' [63725]
- **perralderianum** Coss. · ⚃ Z8 IV-V; Alger. [63726]
- **pinnatum** Fisch. 1821 · D:Gefiederte Sockenblume · [60346]
  - subsp. **colchicum** (Boiss.) N. Busch 1903 · ⚃ Z6 IV-V; W-Cauc., NE-TR [63717]
  - subsp. **pinnatum** · D:Gewöhnliche Gefiederte Sockenblume · ⚃ Z6; N-Iran, E-Cauc.
  - var. *elegans* hort. = Epimedium pinnatum subsp. colchicum
  - var. *perralderinaum* (Coss.) H.R. Wehrh. 1930 = Epimedium perralderianum
  - var. *sulphureum* (C. Morren) Bergmans 1924 = Epimedium × versicolor 'Sulphureum'
- **pubigerum** (DC.) C. Morren et Decne. 1834 · ⚃ Z5 V; BG, TR, Cauc. [63728]
- *purpureum* Vilm. = Epimedium × rubrum
- *roseum* Vilm. = Epimedium × youngianum 'Roseum'
- × **rubrum** C. Morren 1853 (E. alpinum × E. grandiflorum) · ⚃ Z5 IV-V; cult. [63729]
  'Coccineum'
- **sagittatum** (Siebold et Zucc.) Maxim. 1877 · ⚃ Z6; C-China. nat in Jap. [73381]
- **setosum** Koidz. 1932 · ⚃ Z7; Jap. (Honshu)
- *sulphureum* C. Morren = Epimedium × versicolor 'Sulphureum'
- *sulphureum* Nakai = Epimedium grandiflorum 'Flavescens'

– × **versicolor** C. Morren 1854
(*E. grandiflorum* × *E. pinnatum*
subsp. colchicum) · ⚄ Z5 IV-V; cult.
[63730]
'Sulphureum' [63731]
– × **warleyense** Stearn 1938 (*E. alpinum* × *E. pinnatum subsp. colchicum*) · ⚄ Z5 V-VII; cult.
[69177]
'Orangekönigin' [63732]
– × **youngianum** Fisch. et C.A. Mey. 1846 (*E. diphyllum subsp. diphyllum* × *E. grandiflorum*) · ⚄ Z5 IV-V; cult.
'Lilacinum' = Epimedium × youngianum
'Roseum'
'Niveum' [63735]
'Roseum' [63734]

Epipactis Zinn 1757 -f-
Orchidaceae · (S. 1063)
D:Ständelwurz, Stendelwurz, Sumpfwurz; E:Helleborine; F:Epipactis
– **albensis** H. Nováková et Rydlo · D:Elbe-Ständelwurz · ⚄ VIII-XI ▽ ✱; Eur.: CZ, A, D
– **atrorubens** (Bernh.) Besser 1809 · D:Rotbraune Ständelwurz · ⚄ Z6 VI-VIII ▽ ✱; Eur.*
– *confusa* D.P. Young = Epipactis phyllanthes subsp. confusa
– *distans* Arv.-Touv. = Epipactis helleborine subsp. distans
– **gigantea** Douglas ex Hook. 1839 · D:Amerikanische Ständelwurz · ⚄ Z6 ▽ ✱; N-Am. [63736]
– **greuteri** H. Baumann et Künkele 1981 · D:Greuters Ständelwurz · ⚄ ▽ ✱; Eur.: GR, D, A +
– **helleborine** (L.) Crantz 1769 · D:Breitblättrige Ständelwurz
– subsp. **distans** (Arv.-Touv.) R. Engel et P. Quentin 1872 · D:Kurzblättrige Ständelwurz · ⚄ ▽ ✱; D +
– subsp. **helleborine** · D:Gewöhnliche Breitblättrige Ständelwurz; E:Broad Leaved Helleborine · ⚄ Z6 VI-IX ▽ ✱; Eur.*, TR, Cyprus, Syr., Cauc., N-Iraq, Iran, Afgh., Pakist., NW-Afr., Can., USA: NE, NCE, NW
– subsp. **leutei** (Robatsch) Kreutz 2004 · D:Leutes Ständelwurz · ⚄ VII-VIII ▽ ✱; Eur.: A, Slove. +
– subsp. **renzii** (Robatsch) Løjtnant 1996 · D:Jutländische Ständelwurz · ⚄ ▽ ✱; Eur.: DK
– *latifolia* (L.) All. = Epipactis helleborine subsp. helleborine
– **leptochila** (Godfery) Godfery
– subsp. **leptochila** 1921 ·
 D:Schmallippige Ständelwurz · ⚄ VII ▽ ✱; Eur.: BrI, F, DK, PL, Slova.
– subsp. **peitzii** (H. Neumann et Wucherpf.) Kreutz 2004 · ⚄ ▽ ✱; D +
– *leutei* Robatsch = Epipactis helleborine subsp. leutei
– **microphylla** (Ehrh.) Sw. 1800 · D:Kleinblättrige Ständelwurz · ⚄ VI-VIII ▽ ✱; Eur.* exc. BrI, Sc; TR, Cyprus, Cauc., N-Iran
– **muelleri** Godfery 1921 · D:Müllers Ständelwurz · ⚄ VII-VIII ▽ ✱; Eur.: Fr, C-Eur., EC-Eur.
– **nordeniorum** Robatsch · D:Nordens Ständelwurz · ⚄ VIII-X ▽ ✱; Eur.: A +
– **palustris** (L.) Crantz 1769 · D:Sumpf-Ständelwurz; E:Marsh Helleborine; F:Epipactis des marais · ⚄ Z6 VI-VII ▽ ✱; Eur.*, TR, N-Iraq, Cauc., N-Iran, W-Sib., E-Sib., C-As. [63737]
– *peitzii* H. Neumann et Wucherpf. = Epipactis leptochila subsp. peitzii
– **phyllanthes** G.E. Sm. 1852
– subsp. **confusa** (D.P. Young) Løjtnant 1953 · D:Zierliche Ständelwurz · ⚄ VII-VIII ▽ ✱; Eur.: Sweden, DK
– subsp. **phyllanthes** · D:Grüne Ständelwurz · ⚄ ▽ ✱; Eur.: F, BrI, Sc, D
– **pontica** Taubenheim 1975 · D:Pontus-Ständelwurz, Schwarzmeer-Ständelwurz · ⚄ VII-IX ▽ ✱; TR, A +
– *renzii* Robatsch = Epipactis helleborine subsp. renzii
– **veratrifolia** Boiss. et Hohen. 1854 · D:Germerblättrige Ständelwurz
– **viridiflora** Hoffm. ex Krock. · D:Violette Ständelwurz · ⚄ VIII-IX ▽ ✱; Eur.: BrI, DK, Fr, C-Eur., EC-Eur., Ba, Ro, W-Russ.

× **Epiphronitis** A.D. Hawkes 1961 -f- Orchidaceae · (*Epidendrum* × *Sophronitis*)
– **veitchii** hort. (*Epidendrum ibaguense* × *Sophronitis grandiflora*)

Epiphyllanthus A. Berger = Schlumbergera
– *obovatus* (Engelm.) Britton et Rose = Schlumbergera opuntioides

Epiphyllopsis (A. Berger) Backeb. et F.M. Knuth = Rhipsalidopsis
– *gaertneri* (Regel) A. Berger = Rhipsalidopsis gaertneri

Epiphyllum Haw. 1812 -n-
Cactaceae · (S. 353)
D:Blattkaktus, Schusterkaktus; E:Orchid Cactus; F:Cactus des savetiers
– **anguliger** (Lem.) G. Don 1855 · ♄ Z10 ⓖ ▽ ✱; S-Mex.
– **chrysocardium** Alexander 1956 · ♄ ♆ ⚯ Z9 ⓖ ▽ ✱; Mex.: Chiapas
– **crenatum** (Lindl.) G. Don 1855 · ♄ ♆ Z9 ⓖ ▽ ✱; Guat., Hond.
– *crispatum* Haw. = Rhipsalis crispata
– *grande* (Lem.) Britton et Rose = Epiphyllum oxypetalum
– **hookeri** (Link et Otto) Haw. 1829 · ♄ ♆ Z9 ⓖ ▽ ✱; S-Mex., C-Am., Venez., Guyan.
– *nelsonii* Britton et Rose = Chiapasia nelsonii
– **oxypetalum** (DC.) Haw. 1829 · E:Duchman's Pipe Cactus · ♄ ♆ Z9 ⓖ ▽ ✱; Mex., Guat., Venez., Bras.
– *phyllanthoides* (DC.) Sweet = Nopalxochia phyllanthoides
– **pittieri** (F.A.C. Weber) Britton et Rose 1913 · ♄ ♆ Z9 ⓖ ▽ ✱; Costa Rica
– *russellianum* Hook. = Schlumbergera russelliana
– var. *gaertneri* Regel 1884 = Rhipsalidopsis gaertneri
– **stenopetalum** (C.F. Först.) Britton et Rose 1913 · ♄ ♆ Z9 ⓖ ▽ ✱; Mex.
– *strictum* (Lem.) Britton et Rose = Epiphyllum hookeri
– **thomasianum** (K. Schum.) Britton et Rose 1913 · ♄ ♆ Z9 ⓖ ▽ ✱; Mex., C-Am.
– **in vielen Sorten:**
'Bruno Förster'
'Cooperi'
'Hermosissimus'
'King Midias'
'Olympia'
'Prof Ebert'

Epipogium Borkh. 1792 -n-
Orchidaceae · (S. 1063)
D:Widerbart; E:Ghost Orchid; F:Epipogium
– **aphyllum** Sw. 1814 · D:Blattloser Widerbart; E:Ghost Orchid · ⚄ VII-VIII ▽ ✱; Eur.* exc. Ib; TR, Cauc., NW-Iran, W-Sib., E-Sib., Amur, Sachal., Kamchat., Him., E-As.

Epipremnum Schott 1857 -n-
Araceae · (S. 926)
D:Efeutute, Tongapflanze;
E:Devil's Ivy; F:Pothos
- **aureum** (Linden et André) G.S.
Bunting 1964 · D:Goldene Efeutute; E:Devil's Ivy, Golden Hunters
Robe · ♃ ⌇ e Z10 ⓦ; Salomon. Is.
- *mirabile* Schott = Epipremnum pinnatum
- **pinnatum** (L.) Engl. 1908 ·
D:Gefleckte Efeutute;
E:Tongavine, Variegated
Philodendron · ♃ ⌇ Z10 ⓦ; Malay. Arch., N.Guinea, Pacific Is.
'Aureum' = Epipremnum aureum

Episcia Mart. 1829 -f- *Gesneriaceae* ·
(S. 550)
D:Episcie, Schattenröhre;
E:Basket Plant; F:Episcie
- **cupreata** (Hook.) Hanst. 1865 · ⌇
Z10 ⓦ VI-IX; Col.
- *dianthiflora* H.E. Moore et R.G. Wilson = Alsobia dianthiflora
- **lilacina** Hanst. 1865 · ⌇ Z10 ⓦ
IX-XII; Nicar., Costa Rica, Panama
- *punctata* (Lindl.) Hanst. = Alsobia punctata
- **reptans** Mart. 1829 · ⌇ Z10 ⓦ
VI-IX; Col., Surinam, Bras.
- *tessellata* Linden ex Lem. =
Nautilocalyx bullatus

Epithelantha F.A.C. Weber ex
Britton et Rose 1922 -f- *Cactaceae* ·
(S. 353)
D:Knopfkaktus; E:Button Cactus
- *densispina* Bravo = Epithelantha micromeris var. greggii
- **micromeris** (Engelm.) F.A.C.
Weber ex Britton et Rose 1922 ·
D:Silbener Knopfkaktus; E:Button Cactus
- var. **greggii** (Engelm.) Borg 1937 · ⚥ ⓐ
- var. **micromeris** · ⚥ Z9 ⓐ ▽ ✻;
USA: Tex., Ariz.; NE-Mex.
- var. **pachyrhiza** W.T.
Marshall 1944 · ⚥ Z9 ⓐ; Mex.
(S-Coahuila)
- *pachyrhiza* (W.T. Marshall)
Backeb. = Epithelantha
micromeris var. pachyrhiza

× **Epitonia** hort. -f- *Orchidaceae* ·
(*Broughtonia* × *Epidendrum*)

Equisetum L. 1753 -n-
Equisetaceae · (S. 57)
D:Schachtelhalm; E:Horsetail;
F:Prêle
- **arvense** L. 1753 · D:Acker-Schachtelhalm, Zinnkraut; E:Common Horsetail · ⌇ Z2 III-IV ⚥ ; Eur.*,
TR, Cauc., N-Iran, W-Sib., E-Sib.,
Amur, Sachal., Kamchat., C-As.,
Him., China, Korea, Jap., Alaska,
Can., USA*, Greenl.
- × **dycei** C.N. Page 1981 (*E. fluviatile* × *E. palustre*) · D:Dyces Schachtelhalm · ⌇ ∿ ; D, BrI +
- **fluviatile** L. 1753 · D:Teich-Schachtelhalm; F:Prêle des bourbiers · ⌇ ∿ Z2 V-VI; Eur. *,
As. N-Am. [70138]
- **giganteum** L. 1759 · D:Großer Schachtelhalm; E:Giant Horsetail ·
⌇ ⓦ; trop. S-Am.
- **hyemale** L. 1753 · D:Winter-Schachtelhalm · [69178]
- var. **hyemale** · D:Gewöhnlicher Winter-Schachtelhalm; E:Dutch Rush, Rough Horsetail, Scouring Rush · ⌇ ∿ Z5 VI-VIII ⚥ ⚘;
Eur.*, Cauc., TR, W-Sib., E-Sib.,
Amur, Sachal., C-As., Him.,
Korea, Jap.
- var. **robustum** (A. Braun) Eaton 1903 · F:Prêle d'hiver · ⌇ ∿ Z5;
Alaska, Can., USA*, Mex., Guat.
[63738]
- *limosum* L. = Equisetum fluviatile
- × **litorale** Kühlew. ex Rupr. 1845
(*E. arvense* × *E. fluviatile*) · D:Ufer-Schachtelhalm · ⌇ ∿ VI-VII;
Eur.: N, C-Eur.; W-Sib., E-Sib.,
N-Am.
- *maximum* auct. non Lam. =
Equisetum telmateia
- × **meridionale** (Milde) Chiov.
1929 (*E. ramosissimum* × *E. variegatum*) · D:Südlicher Schachtelhalm · ⌇ ; Eur.: CH, N-I, CZ, Slova.
- × **moorei** Newman 1854 (*E. hyemale* × *E. ramosissimum*) ·
D:Moores Schachtelhalm · ⌇; BrI,
C-Eur., Slove., CZ, Slova.
- **palustre** L. 1753 · D:Duwok, Sumpf-Schachtelhalm;
E:Horsetail, Marsh Horsetail;
F:Prêle des marais · ⌇ ∿ VI-IX
⚘; Eur.*, TR, Syr., Cauc., W-Sib., E-Sib., Amur, Sachal., Kamchat.,
Mong., Jap, China, Alaska, Can.,
USA: NE, NCE, NC, NW, Calif.
[67174]
- **pratense** Ehrh. 1784 · D:Wiesen-Schachtelhalm · ⌇ V-VI; Eur.*
exc. Ib, ? Fr; TR, Syr. Leb., Cauc.,
W-Sib., E-Sib., Amur, Sachal.,
Kamchat., C-As., China: Sinkiang;
Mong., Korea, Jap., N-Am.
- **ramosissimum** Desf. · D:Gewöhnlicher Ästiger Schachtelhalm ·
⌇ V-VII; Eur.* exc. BrI, Sc; TR,
Levante, Cauc., Iran, W-Sib., C-As,
Him., Tibet, Mong., China, Jap.,
N-Afr., Afr., Am.
- *robustum* A. Braun = Equisetum hyemale var. robustum
- **schaffneri** Milde 1861 · ⌇ ∿ ⓦ;
Mex., Peru, Chile
- **scirpoides** Michx. 1803 ·
D:Zwerg-Schachtelhalm; E:Sedge Horsetail · ⌇ △ ∿ Z2; Eur.:
Sc, Russ.; W-Sib., E-Sib., Amur,
Kamchat., Alaska, Can., USA: NE,
NCE, NC, NW [63739]
- **sylvaticum** L. 1753 · D:Wald-Schachtelhalm; E:Wood Horsetail · ⌇ IV-V; Eur.*, W-Sib.,
E-Sib., Amur, Sachal., Kamchat.,
Manch., China, Korea, Jap.,
Alaska, Greenl., Can.; USA: NE,
NCE, NW, Idaho
- **telmateia** Ehrh. 1783 · D:Riesen-Schachtelhalm; E:Giant Horsetail ·
⌇ ∿ Z6 IV-V; Eur.*, TR, Levante,
Cauc., N-Iran, NW-Afr., Libya,
Alaska, Can.: W; USA: NCE, NW,
Calif.
- × **trachyodon** (A. Braun) W.D.J.
Koch 1845 (*E. hyemale* × *E. variegatum*) · D:Rauzähniger Schachtelhalm · ⌇ VII-VIII;
Eur. , Cauc., W-Sib., E-Sib., Amur,
Kamchat., C-As., Mong., China
- **variegatum** Schleich. ex F. Weber et D. Mohr 1807 · D:Bunter Schachtelhalm; E:Scouring Rush;
F:Prêle panachée · ⌇ △ ∿ Z2
IV-IX; Eur.*, TR, Cauc., Amur,
Kamchat., Mong., Alaska, Can.,
USA: NW, Calif., Rocky Mts., NC;
Greenl. [63740]

Eragrostis Wolf 1776 -f- *Poaceae* ·
(S. 1111)
D:Liebesgras, Teffgras; E:Love Grass; F:Amourette, Eragrostis
- *abessinica* Link = Eragrostis tef
- **airoides** Nees 1829
- **albensis** H. Scholz 1995 · D:Elbe-Liebesgras · ⊙; D +
- **amabilis** (L.) Hook. et Arn.
1838 · D:Japanisches Liebesgras;
E:Japanese Love Grass, Love Grass · ⊙ ⋈ Z9 VIII; Bras.
- **cilianensis** (All.) Vignolo ex Janch. 1907 · D:Großes Liebesgras; E:Gray Love Grass · ⊙ Z9
VII-X; Eur.: Ib, Fr, Ap, Ba, RO,
Krim; TR, Cauc., SW-As., C-As.,
nat. in C-Eur., CE-Eur.
- **curvula** (Schrad.) Nees 1841 ·
D:Schwachgekrümmtes Liebesgras; E:Weeping Love Grass · ⌇

Z7 VI-IX; Eth., trop. Afr., S-Afr. [67542]
- **minor** Host 1809 · D:Kleines Liebesgras; E:LittleLove Grass · ⊙ VII-VIII; Eur.* exc. BrI, Sc; TR, Cauc., Iran, W-Sib., E-Sib., Amur, C-As. Him., China: Sinkiang, Korea, Jap., trop. Afr., nat. in Austr., Am.
- **multicaulis** Steud. 1854 · D:Japanisches Liebesgras · ⊙ ⓘ VII-X; Ind., China, Taiwan, Korea, Amur, Sachal., Jap., Malay. Pen.
- **pilosa** (L.) P. Beauv. 1812 · D:Behaartes Liebesgras; E:Soft Love Grass · ⊙ Z7 VII-VIII Ⓝ; Eur.* ; TR, W-Sib., E-Sib., Amur, C-As., China, Korea, Jap., Nigeria, Eth., E-Afr., nat. in USA, C-Am., W.Ind., S-Am.
- **superba** Peyr. 1860 · ⓘ Ⓝ; E-Afr.
- **tef** (Zuccagni) Trotter 1918 · D:Äthiopisches Liebesgras, Zwerg-Hirse; E:Love Grass, Teff · ⊙ Z9 VIII-X Ⓝ; Eth.
- *tenella* (L.) P. Beauv. ex Roem. et Schult. = Eragrostis amabilis
- **trichodes** (Nutt.) A.W. Wood 1861 · D:Sand-Liebesgras; E:Sand Love Gras · ♃ VIII-IX; USA: NCE, NC, Colo., SC, SE [73018]
- **unioloides** (Retz.) Nees ex Steud. 1854 · ⊙ ⋈ Z9 ⓘ VI-VIII; trop. As.

Eranthemum L. 1753 -n-
Acanthaceae · (S. 130)
D:Frühlingsblume;
F:Eranthémum
- *atropurpureum* W. Bull non Hook. f. = Pseuderanthemum atropurpureum
- *beyrichii* (Nees) Regel = Chamaeranthemum beyrichii
- *gaudichaudii* (Nees) Van Houtte = Chamaeranthemum gaudichaudii
- *igneum* Linden = Xantheranthemum igneum
- *nervosum* (Vahl) R. Br. ex Roem. et Schult. = Eranthemum pulchellum
- **pulchellum** Andrews 1800 · D:Blaue Frühlingsblume; E:Blue Sage · ♄ e Z10 ⓘ XII-II; Ind.
- *reticulatum* Hook. f. = Pseuderanthemum reticulatum
- *schomburgkii* hort. = Pseuderanthemum reticulatum
- *sinuatum* (Vahl) R. Br. = Pseuderanthemum sinuatum
- **wattii** (Bedd.) Stapf 1909 · D:Purpurne Frühlingsblume · ♄ e Z10 ⓘ XI-I; N-Ind.

Eranthis Salisb. 1807 -f-
Ranunculaceae · (S. 730)
D:Winterling; E:Winter Aconite; F:Eranthe, Helléborine
- **cilicica** Schott et Kotschy 1854 · ♃ Z4 III ⚘; TR, Syr. [63741]
- **hyemalis** (L.) Salisb. 1807 · D:Kleiner Winterling, Südeuropäischer Winterling; E:Winter Aconite · ♃ Z5 II-III ⚘; Eur.: F, I, Slove., Croatia, Bosn., YU, BG, nat. in BrI, C-Eur., EC-Eur., RO [63742]
- var. *cilicica* (Schott et Kotschy) Huth 1892 = Eranthis cilicica
- × **tubergenii** Bowles 1924 (*E. cilicica × E. hyemalis*) · D:Tubergens Winterling · ♃ Z5 II-III ⚘; cult.
'Guinea Gold'

Ercilla A. Juss. 1832 -f-
Phytolaccaceae · (S. 691)
- **spicata** (Bertero) Moq. 1849 · ♄ e ⚘ Z8 ⓘ III-IV; Chile
- *volubilis* Juss. = Ercilla spicata

Erdisia Britton et Rose = Corryocactus
- *erecta* Backeb. = Corryocactus erectus
- *melanotricha* (K. Schum.) Backeb. = Corryocactus melanotrichus
- *meyenii* Britton et Rose = Corryocactus aureus
- *squarrosa* (Vaupel) Britton et Rose = Corryocactus squarrosus

Erechtites Raf. 1817 -f- Asteraceae · (S. 242)
D:Scheingreiskraut; E:Burnweed
- **hieraciifolia** (L.) Raf. ex DC. 1838 · D:Amerikanisches Scheingreiskraut; E:American Burnweed · ⊙ VII-X; N-Am., S-Am., nat. in A, EC-Eur., Slove., Croatia, RO

Eremaea Lindl. 1839 -f- Myrtaceae · (S. 660)
- **fimbriata** Lindl. 1839 · ♄ e ⓘ; Austr. (W-Austr.)

Eremocitrus Swingle 1914 -m-
Rutaceae · (S. 789)
D:Wüstenlimette; E:Desert Lime; F:Limettier du désert
- **glauca** (Lindl.) Swingle 1914 · D:Australische Wüstenlimette; E:Australian Desert Lime · ♄ e Z9 ⓘ Ⓝ; NE-Austr.

Eremostachys Bunge 1830 -f-
Lamiaceae · (S. 581)
- **laciniata** (L.) Bunge 1830 · ♃ Z8 ⓘ ∧ VI-VIII; TR, Syr., Iran, C-As.
- **speciosa** Rupr. 1869 · ♃ ⓘ; C-As., Iran, Him.

Eremurus M. Bieb. 1832 -m-
Asphodelaceae · (S. 966)
D:Kleopatranadel, Lilienschweif, Steppenkerze; E:Desert Candle, Foxtail Lily; F:Aiguille de Cléopâtre
- **aitchinsonii** Baker 1880 · ♃ Z7 ∧ VI-VII; orig. ? [61931]
- **bucharicus** Regel 1884 · ♃ Z6 VI-VII; C-As., Afgh.
- *bungei* Baker = Eremurus stenophyllus subsp. stenophyllus
- *elwesii* Micheli = Eremurus aitchinsonii
- **himalaicus** Baker 1876 · D:Himalaya-Steppenkerze · ♃ Z7 ∧ VI; Afgh., NW-Ind, C-As. [63744]
- × **himrob** hort. (*E. himalaicus × E. robustus*) · D:Hybrid-Steppenkerze · ♃ Z7 ∧
- × **isabellinus** R. Vilm. 1905 (*E. olgae × E. stenophyllus*) · D:Isabellen-Steppenkerze · ♃ Z7 ∧; cult.
- **olgae** Regel 1873 · ♃ Z7 ∧ VI; Iran, Afgh., C-As.(Tadschik.) [71638]
- **robustus** (Regel) Regel 1873 · D:Turkestan-Steppenkerze; F:Aiguille de Cléopâtre, Lis des steppes · ♃ Z7 ∧ VI-VII; C-As. [63748]
- var. *elwesii* (Micheli) Leichtlin = Eremurus aitchinsonii
- **spectabilis** M. Bieb. 1810 · ♃ Z7 ∧ VI-VII; TR, Iraq, Lebanon, Iran
- **stenophyllus** (Boiss. et Buhse) Baker 1876
- subsp. **stenophyllus** · D:Afghanistan-Steppenkerze · ♃ Z5 ∧ VI-VII; Iran [67853]
- var. *bungei* (Baker) O. Fedtsch. = Eremurus stenophyllus subsp. stenophyllus
- *tauricus* Weinm. = Eremurus spectabilis
- × **tubergenii** Tubergen (*E. himalaicus × E. stenophyllus*) · D:Tubergens Steppenkerze · ♃ Z7; cult.
- **in vielen Sorten:**
'Cleopatra' [68375]
'Oase' [71646]
'Obelisk' [71647]
'Romance' [71651]
Ruiter Hybrids [63745]
Shelford Hybrids [63746]

Erepsia N.E. Br. 1925 -f- *Aizoaceae* · (S. 144)
D:Seefeige; E:Lesser Sea-Fig; F:Figuier de mer
- *haworthii* (Donn) Schwantes = Lampranthus haworthii
- **inclaudens** (Haw.) Schwantes 1928 · ♄ ⚹ Z9 ⓚ VII-IX; Kap
- **pillansii** (Kensit) Liede 1990 · ♄ ⚹ Z9 ⓚ; Kap

Eria Lindl. 1825 -f- *Orchidaceae* · (S. 1064)
- **bractescens** Lindl. 1841 · ⚃ Z9 ⓦ VI ▽ ✻; Malay. Pen., Java
- **coronaria** (Lindl.) Rchb. f. 1861 · ⚃ Z9 ⓦ; Him., Assam, Thail., Malay. Pen.
- **hyacinthoides** (Blume) Lindl. 1830 · ⚃ Z9 ⓦ; Malay. Arch.
- **javanica** (Sw.) Blume 1836 · ⚃ Z9 ⓚ IV-VI ▽ ✻; Him., Myanmar, Thail., Malay. Arch., Phil.
- *stellata* Lindl. = Eria javanica

Erianthus Michx. = Saccharum
- *contortus* Baldwin ex Elliott = Saccharum contortum

Eriastrum Wooton et Standl. 1913 -n- *Polemoniaceae* · (S. 700)
- **densifolium** (Benth.) H. Mason 1945 · E:Giant Woolstar, Starflower · ⚃ ♄ ♄ e Z8 ⓚ; Calif., Baja Calif.

Erica L. 1753 -f- *Ericaceae* · (S. 468)
D:Erika, Heide; E:Heath; F:Bruyère, Bruyère d'hiver
- **abietina** L. 1753 · ♄ e ⓚ; S-Afr.
- **albens** L. 1771 · ♄ e ⓚ III-IV; S-Afr.
- **arborea** L. 1753 · D:Baum-Heide; E:Briar, Tree Heath · ♄ ♄ e Z8 ⓚ II-IV ⓝ; Eur.: Ib, Fr, Ap, Ba, Canar., Madeira; TR, Cauc., Yemen, NW-Afr., Tibesti, mts. E-Afr. [28825]
  'Albert's Gold' 1993 [14768]
  'Alpina' 1899 · e Z7 ∧ V-VI [33074]
  'Estrella Gold' 1972 [55315]
- **aristata** Andrews 1807 · ♄ e ⓚ V-IX; S-Afr.
- **australis** L. 1771 · D:Spanische Heide; E:Southern Heath, Spanish Heath · ♄ e Z8 ⓚ IV-VI; Eur.: Ib; Maroc. [28823]
  'Riverslea'
- **baccans** L. 1771 · ♄ e Z10 ⓚ IV-VII; S-Afr.
- **bauera** Andrews 1812 · ♄ e Z10 ⓚ VII-IX; S-Afr.
- **bergiana** L. 1771 · ♄ e Z9 ⓚ V-VII; S-Afr.
- *bowieana* Lodd. = Erica bauera
- **bucciniiformis** Salisb. 1796 · ♄ e ⓚ IX-X; S-Afr.
- **caffra** L. 1753 · ♄ e Z10 ⓚ III-V; S-Afr.
- **canaliculata** Andrews 1805-09 · ♄ e Z8 ⓚ II-V; S-Afr.
- **carnea** L. 1753 · D:Schnee-Heide; E:Winter Heath; F:Bruyère couleur chair, Bruyère des neiges · ♄ ♄ e Z5 II-IV ❄; Eur.: F, I, C-Eur., EC-Eur., Ba, ? RO [28826]
  'Alba' [17030]
  'Atrorubra'
  'Challenger' [42874]
  'December Red' [38832]
  'Foxhollow' 1970 [31983]
  'King George'
  'March Seedling' [17050]
  'Myretoun Ruby' [17060]
  'Pink Spangles' 1962 [31986]
  'Praecox Rubra' [42175]
  'Rubinteppich' [17070]
  'Ruby Glow' [33800]
  'Snow Queen' 1934 [17080]
  'Springwood Pink' [33082]
  'Springwood White' [17090]
  'Vivellii' 1919 [17100]
  'Winter Beauty' [17110]
- × **cavendishiana** Paxton 1847 (*E. abietina* × *E. discolor*) · ♄ e ⓚ V-VII; cult.
- **cerinthoides** L. 1753 · D:Scharlach-Heide · ♄ e Z10 ⓚ VII-VIII; S-Afr.
- **chamissonis** Klotzsch 1839 · ♄ e Z10 ⓚ IV; S-Afr.
- **ciliaris** L. 1753 · D:Wimper-Heide; E:Dorset Heath · ♄ e Z8 ∧ VI-VII; Eur.: BrI, Fr, Ib; Maroc. [28867]
  'Corfe Castle' [55317]
  'David McClintock' [34704]
  'Globosa' [28871]
  'Mrs C.H. Gill' [42205]
  'Stoborough' [55318]
- **cinerea** L. 1753 · D:Graue Heide; E:Bell Heather; F:Bruyère cendrée · ♄ ♄ e Z6 VI-VIII; Eur.: BrI, Sc, Fr, Ib, C-Eur., Ap; Alger. [31030]
  'Alba' < 1778 [31765]
  'C.D. Eason' 1931
  'C.G. Best' 1931 [31988]
  'Cevennes' [29950]
  'Golden Sport' < 1968 [31770]
  'Katinka' 1968 [29960]
  'Pallas' < 1970 [29970]
  'Pink Ice' 1966 [29980]
  'Rosea' [14289]
  'Stephen Davis' < 1969 [29990]
  'Velvet Night' [14292]
- *coccinea* P.J. Bergius non L. = Erica abietina
- **colorans** Andrews 1810-30 · ♄ e Z9 ⓚ IV-VI; S-Afr.
- **conspicua** Sol. 1789 · ♄ e ⓚ V-VIII; S-Afr.
- **cruenta** Sol. 1789 · ♄ e Z9 ⓚ VIII-X; S-Afr.
- **curviflora** L. 1753 · ♄ e Z9 ⓚ III-VI; S-Afr.
- **cyathiformis** Salisb. 1802 · ♄ e ⓚ III-IV; S-Afr.
- × **cylindrica** Andrews 1845 · ♄ e ⓚ V-VII; cult.
- × **darleyensis** Bean 1914 (*E. carnea* × *E. erigena*) · D:Englische Heide; E:Margaret Porter Heath; F:Bruyère hybride de Darleyens · ♄ e Z7 I-V; cult. [28995]
  'Arthur Johnson' [15694]
  'Darley Dale' c. 1890 [42876]
  'Furzey' [28998]
  'Jack H. Brummage' 1966
  'Jenny Porter' [42173]
  'Margaret Porter' [29004]
  'Silberschmelze' 1937 [17140]
  'White Perfection' [55319]
- **doliiformis** Salisb. 1802 · ♄ e ⓦ VI-VII; S-Afr.
- **erigena** R. Ross 1969 · D:Purpur-Heide; E:Irish Heath · ⚃ e Z8 ⓚ III-V; Eur.: IRL, F, Ib [29011]
  'Brightness' [15685]
  'Hibernica' [29013]
  'Irish Dusk' [15687]
  'W.T. Rackliff' [15688]
- **exsurgens** Andrews 1794-1802 · ♄ e ⓚ VI-IX; S-Afr.
- **flammea** Andrews · ♄ e ⓚ X-XII; S-Afr.
- **floribunda** Lodd. 1818 · ♄ e ⓚ III-V; S-Afr.
- *frondosa* Salisb. = Erica abietina
- **gracilis** J.C. Wendl. 1798 · ♄ e Z10 ⓚ IX-XII; S-Afr. [16735]
- *herbacea* L. = Erica carnea
  - subsp. *occidentalis* (Benth.) M. Laínz 1968 = Erica erigena
- *hibernica* (Hook. et Arn.) Syme = Erica erigena 'Hibernica'
- × **hiemalis** hort. · ♄ e Z8 ⓚ II-III; S-Afr. [24791]
- *laevis* Andrews = Erica cyathiformis
- **lusitanica** Rudolphi 1800 · D:Portugiesische Heide; E:Portugal Heath · ♄ e Z8 ⓚ II-IV; Eur.: Ib, F, nat. in BrI [29026]
  'George Hunt' [29028]
- **mackaiana** Bab. 1836 · D:Moor-Heide; E:Mackay's Heath · ♄ e Z5 VII-IX; NW-Sp., W-IRL [29029]
  'Dr Ronald Gray' [29032]
  'Plena' [29035]

- **mammosa** L. 1771 · D:Signal-Heide; E:Red Signal Heath · ♄ e Z9 ⌂ IV-X; S-Afr.
- **manipuliflora** Salisb. 1802 [29038]
- *maweana* Backh. f. = Erica ciliaris
- *mediterranea* L. = Erica erigena
- **multiflora** L. 1753 · D:Vielblütige Heide · ♄ e ⌂ XI-II; Eur.: Ib, Fr, Ap, Ba; NW-Afr., Libya [29039]
- **nigrita** L. 1771 · ♄ e ⌂ III-IV; S-Afr.
- *pelviformis* Salisb. = Erica viridipurpurea
- **persoluta** L. = Erica subdivaricata
  - var. *laevis* (Andrews) Benth. = Erica cyathiformis
- **petiveri** L. 1771 · ♄ e ⌂ XI-III; S-Afr.
- *purpurascens* auct. non L. = Erica erigena
- **recurvata** Andrews 1810-30 · ♄ e ⌂ III-IV; S-Afr.
- *regerminans* Andrews = Erica viridipurpurea
- **scoparia** L. · D:Spanische Besen-Heide; E:Besom Heath · ♄ e Z9 ⌂ V-VI; Eur.: Fr, Ib, Ap, Azoren, Madeira, Canar.; NW-Afr.
- **speciosa** Andrews 1802-05 · ♄ e Z10 ⌂ X-I; S-Afr.
- *speciosa* Schneev. = Erica mammosa
- *stricta* Donn ex Willd. = Erica terminalis
- × **stuartii** E.F. Linton 1902 (*E. mackaiana* × *E. tetralix*) · D:Stuarts Heide · ♄ e Z9 ⌂; cult.
  'Irish Lemon' [12386]
  'Irish Orange' [12387]
- **subdivaricata** P.J. Bergius 1767 · ♄ e ⌂ III-V; S-Afr. [24788]
- **taxifolia** F.A. Bauer 1796 · ♄ e Z9 ⌂ IX-X; S-Afr.
- **terminalis** Salisb. 1796 · D:Steife Heide; E:Corsican Heath · ♄ e Z8 ⌂ ∧ VII-IX; Eur.: sp., Corse, Sard., I; Maroc., nat. in IRL [29048]
- **tetralix** L. 1753 · D:Glocken-Heide; E:Cross Leaved Heath; F:Bruyère à quatre angles, Caminet · ♄ ♄ e Z5 VI-IX; Eur.: BrI, Sc, Fr, Ib, Me, PL, Balt., nat. in CZ [33975]
  'Alba' [17160]
  'Alba Mollis' [55320]
  'Con Underwood' 1938 [17170]
  'Ken Underwood' [31822]
  'Pink Star' [31823]
- **transparens** P.J. Bergius 1767 · ♄ e ⌂ III-IV; S-Afr.
- **umbellata** L. 1753 · ♄ e Z9 ⌂;

Eur.: Ib; Maroc. (Tanger) [29065]
- **vagans** L. 1771 · D:Cornwall-Heide; E:Cornish Heath; F:Bruyère vagabonde · ♄ e Z6 VII-IX; Eur.: BrI, F, sp., nat. in CH [29066]
  'Alba' [17190]
  'Diana Hornibrook' [30010]
  'Holden Pink' [16098]
  'Lyonesse' 1925 [17200]
  'Pyrenees Pink' [57759]
  'Valerie Proudley' 1968 [32488]
- × **veitchii** Bean 1905 (*E. arborea* × *E. lusitanica*) · D:Veitchs Heide · ♄ e Z8 ⌂; cult. [29085]
  'Exeter' [29086]
  'Pink Joy' [29088]
- **ventricosa** Thunb. 1785 · ♄ e Z10 ⌂ V-IX; S-Afr. [24789]
- **versicolor** J.C. Wendl. 1794-1802 · ♄ e Z10 ⌂ I-XII; S-Afr.
- **vestita** Thunb. · ♄ e Z10 ⌂ II-V; S-Afr.
- **viridiflora** Andrews · ♄ e ⌂ VI-VIII; S-Afr.
- **viridipurpurea** L. 1753 · ♃ ♄ ♄ e ⌂ III-IV; S-Afr.
- × **watsonii** (Benth.) Bean 1839 (*E. ciliaris* × *E. tetralix*) · D:Watsons Heide · ♄ e Z7 ∧ VII; cult. [31990]
  'Dawn' 1923 [15691]
  'Mary' < 1931 [12394]
- × **williamsii** Druce 1911 (*E. tetralix* × *E. vagans*) · D:Lizard-Heide · ♄ e Z5 VII-VIII; cult. [31824]
  'P.D. Williams' [36551]
- × **willmorei** Knowles et Westc. 1838 · ♄ e ⌂ IV-V; cult. [24790]

Erigeron L. 1753 -m- *Asteraceae* · (S. 242)
D:Berufkraut, Feinstrahl; E:Fleabane; F:Erigeron, Vergerette
- **acris** L. · D:Gewöhnliches Scharfes Berufkraut · ♃ ⊙ VI-IX; Eur.*, TR, Cauc., Iran, Afgh., C-As., N-As., Maroc., N-Am.
- **alpinus** L. 1753 · D:Alpen-Berufkraut; E:Mountain Fleabane · ♃ △ Z5 VII-IX; Eur.* exc. Sc, BrI; Cauc., N-Iran, Lebanon, ? Afgh.; mts.
  - var. *uniflorus* (L.) Griseb. 1844 = Erigeron uniflorus
- **annuus** (L.) Pers. 1807 · D:Einjähriger Feinstrahl
  - subsp. **annuus** · D:Gewöhnlicher Einjähriger Feinstrahl; E:Annual Fleabane · ⊙ Z3 VI-IX; Can., N-USA, nat. in Eur.* exc.

BrI, Ba
  - subsp. **strigosus** (Willd.) Wagenitz 1965 · D:Striegelhaariger Einjähriger Feinstrahl · ⊙ Z3 VI-X; Can., USA, Panama, nat. in Eur.
- **atticus** Vill. 1788 · D:Drüsiges Berufkraut · ♃ Z6 VII-IX; Eur.: Fr, C-Eur., EC-Eur., Ba, RO; mts.
- **aurantiacus** Regel 1879 · D:Orangefarbenes Berufkraut; E:Orange Daisy · ♃ △ Z6 VII-VIII; C-As. [63749]
- **aureus** Greene 1891 · ♃ Z5; Can.: W; USA: Wash..; mts.
  'Canary Bird' [63750]
- **basalticus** Hoover 1944 · ♃ Z5; USA: Wash.
- **borealis** (Vierh.) Simmons 1913 · ♃ Z6; Eur.: BrI, Sc, N-Russ.; W-Sib.
- *canadensis* L. = Conyza canadensis
- **candidus** Widder 1932 · D:Voralpen-Berufkraut · ♃ VII-VIII; Eur.: SE-A (Koralpe)
- **compositus** Pursh 1813
  - var. **compositus** · ♃ △ Z5 VI-VII; Alaska, Can., USA: NC, Rocky Mts., NW, Calif., SW; Greenl.
  - var. **discoideus** A. Gray 1862 · ♃ Z5; Alaska, Can.: W; USA: NW, Calif., Rocky Mts., SW; NC; Greenl. [63786]
- **coulteri** Porter 1874 · D:Rocky-Mountain-Berufkraut; E:Large Mountain Fleabane · ♃ △ Z5 VI-VII; USA: Rocky Mts., SW, Calif.
- **elegantulus** Greene 1895 · ♃ Z6; USA: Oreg, Calif.
- **flettii** G.N. Jones 1936
- **gaudinii** Brügger 1886 · D:Gaudins Berufkraut · ♃ VII-VIII; Eur.: F, I, CH, D, A; Alp., Schwarzwald
- **glabellus** Nutt. 1818 · E:Streamside Fleabane · ⊙ ♃ Z2 VI; Alaska, Can.: W, Man.; USA: NCE, NC, Rocky Mts.
- **glabratus** Bluff et Fingerh. 1825 · D:Kahles Berufkraut · ♃ Z6 VII-IX; Eur.: Ib, Fr, Ap, C-Eur., EC-Eur., Ba, RO; TR; mts.
- **glaucus** Ker-Gawl. 1815 · D:Strand-Berufkraut; E:Beach Aster, Seaside Daisy · ♃ △ Z3 VII-IX; USA: Oreg., Calif. [63751]
  'Roseus'
- **karvinskianus** DC. 1836 · D:Karwinskis Berufkraut; E:Mexican Daisy, Santa Barbara Daisy · ♃ ↝ △ Z7 ⌂ ∧ IX-XI; Austr. (N.S.Wales, Victoria, S-Austr., Tasman., W-Austr.), nat. in BrI, Ib,

F, CH, I, S-Am [63783]
'Blütenmeer' [69983]
'Profusion'
- **leiomerus** A. Gray 1884 · ⚃ ⤳ △ Z3 VII-VIII; USA: Rocky Mts., N.Mex.
- **linearis** (Hook.) Piper 1906 · ⚃ Z4; Can.: B.C.; USA: NW, Calif., Nev., Wyo., Mont., Idaho
- *mesa-grande* hort. = Erigeron speciosus var. macranthus
- *mucronatus* DC. = Erigeron karvinskianus
- **multiradiatus** (Lindl. ex DC.) C.B. Clarke 1876 · ⚃ Z6; Him. (Pakist. - Bhutan)
- **nanus** Nutt. 1841 · ⚃ Z3; USA: Idaho, Wyo., Utah
- **neglectus** A. Kern. 1871 · D:Verkanntes Berufkraut · ⚃ VII-VIII; Eur.: F, I, CH, D, A; Alp.
- **peregrinus** (Pursh) Greene 1897
  - subsp. **callianthemus** (Greene) Cronquist 1943 · ⚃ Z2; Alaska, Can.: W; USA: NW, Calif., Rocky Mts., SW
  - subsp. **peregrinus**
- **philadelphicus** L. 1753 · D:Philadelphia-Feinstrahl; E:Frost Root, Philadelphia Fleabane · ⊙ ⚃ ⋉ Z2 VI-VII; Can., USA: NE, NCE, NC, SE, Fla., SC, Rocky Mts., Calif., NW
- **pinnatisectus** (A. Gray) A. Nelson 1899
- *polymorphus* auct. non Scop. = Erigeron glabratus
- **pulchellus** Michx. 1803 · E:Robin's Plantain · ⊙ ⚃ Z4 VI-VII; Can.: E; USA: NE, NCE, SC, SE, Fla.
- **radicatus** Hook. 1834 · ⚃ Z5; Can.: Sask.; USA: Mont., Wyo.
- *salsuginosus* auct. = Erigeron peregrinus subsp. callianthemus
- **simplex** Greene 1897 · ⚃ Z4; USA: Oreg., Rocky Mts., SW
- **speciosus** (Lindl.) DC. 1836 [63784]
  'Grandiflorus'
  'Pink Jewel'
  'Roseus'
  - var. **macranthus** (Nutt.) Cronquist 1943 · ⚃ ⋉ Z3 VI-VII; Can.: Alta.; USA: Rocky Mts., SW
  - var. **speciosus** · D:Aspen-Berufkraut; E:Aspen Daisy, Aspen Fleabane · ⚃ Z3; Can.: W; USA: NW, Rocky Mts., SW
- *trifidus* = Erigeron compositus var. discoideus
- **uniflorus** L. 1753 · D:Einköpfiges Berufkraut; E:One Flower Fleabane · ⚃ △ Z2 VII-VIII; Eur.* exc. BrI, N, mts.; TR, Cauc., Lebanon
- **in vielen Sorten:**
  'Adria' Götz [63756]
  'Azurfee' [63757]
  'Dignity'
  'Dominator' Bornimer Staudenkulturen [63760]
  'Dunkelste Aller' Foerster [63761]
  'Foersters Liebling' Benary [63762]
  'Quakeress' [73458]
  'Rosa Juwel' [63770]
  'Rotes Meer' Götz [63775]
  'Schwarzes Meer' [63776]
  'Sommerneuschnee' Foerster [63777]
  'Strahlenmeer' Götz [63778]
  'Wuppertal' Arends [63782]

Erinacea Adans. 1763 -f- *Fabaceae* · (S. 508)
D:Igelginster; E:Hedgehog Broom; F:Erinacée
- **anthyllis** Link 1831 · D:Igelginster; E:Blue Broom · ♄ e △ Z8 ⓚ ⋀ IV-V; Eur.: sp., F; NW-Afr.

Erinus L. 1753 -m- *Scrophulariaceae* · (S. 826)
D:Alpenbalsam; E:Fairy Foxglove; F:Erine
- **alpinus** L. 1753 · D:Alpenbalsam; E:Alpine Balsam, Liver Balsam · ⚃ △ Z6 V-VII; Eur.: Ib, Fr, Ap, C-Eur.; mts., nat. in Br [63787]
  'Albus' [63788]
  'Dr Hähnle' [63789]

Eriobotrya Lindl. 1821 -f- *Rosaceae* · (S. 751)
D:Wollmispel; E:Loquat; F:Bibacier, Néflier du Japon
- **deflexa** (Hemsl.) Nakai 1916 · ⚃ Z9 ⓚ; Taiwan, S-Vietnam
- **japonica** (Thunb.) Lindl. 1821 · D:Japanische Wollmispel; E:Japanese Medlar, Loquat, Nispero · ♄ e Z8 ⓚ IX-X ⚥ ⓝ; China, S-Jap. [58060]
  'Coppertone' [19176]
  'Tanaka' [11159]

Eriocactus Backeb. = Notocactus
- *leninghausii* (K. Schum.) Backeb. = Notocactus leninghausii
- *schumannianus* (Nicolai) Backeb. = Notocactus schumannianus

Eriocaulon L. 1753 -n- *Eriocaulaceae* · (S. 1002)
D:Wollstängel; E:Pipewort; F:Eriocaulon
- **aquaticum** (Hill) Druce 1909 · ⚃ ≈ Z5; USA: NE, NEC, SE; IRL, Hebrides
- *kunthii* Körn. = Eriocaulon ligulatum
- **ligulatum** (Vell.) L.B. Sm. 1939 · ⚃ ⋉ ⓚ; Austr.

Eriocephalus L. 1753 -m- *Asteraceae* · (S. 242)
D:Wollkopf; F:Faux-kapokier
- **africanus** L. 1753 · ♄ Z9 ⓚ I-II; S-Afr.

Eriocereus Riccob. 1909 -m- *Cactaceae* · (S. 354)
- **bonplandii** (J. Parm. ex Pfeiff.) Riccob. 1909 · ⚘ Z9 ⓚ ▽ ✻; S-Bras., Parag., N-Arg.
- **guelichii** (Speg.) A. Berger 1929 · ⚘ Z9 ⓚ ▽ ✻; N-Arg.
- **jusbertii** (K. Schum.) Riccob. 1929 · ⚘ Z9 ⓚ ▽ ✻; orig. ?
- **martinii** (Labour.) Riccob. 1909 · ⚘ Z9 ⓚ ▽ ✻; Arg.
- *pomanensis* (F.A.C. Weber) Riccob. = Eriocereus bonplandii
- **tortuosus** (J. Forbes) Riccob. 1909 · ⚘ Z9 ⓚ ▽ ✻; Arg., Bol, Parag., Urug.

Eriodendron DC. = Ceiba
- *anfractuosum* DC. = Ceiba pentandra

Eriodictyon Benth. 1844 -n- *Hydrophyllaceae* · (S. 570)
- **californicum** (Hook. et Arn.) Torr. 1858 · E:Consumptive's Weed, Holy Herb · ⚃ ⓚ ⚥; Calif.
- **tomentosum** Benth. 1844 · ♄ Z8 ⓚ; Calif.

Erioglossum Blume = Lepisanthes
- *rubiginosum* (Roxb.) Blume = Lepisanthes rubiginosa

Eriogonum Michx. 1803 -n- *Polygonaceae* · (S. 704)
D:Wollampfer, Wollknöterich; E:Umbrella Plant, Wild Buckwheat; F:Renouée laineuse
- **allenii** S. Watson 1890 · ⚃ Z5; USA: Va., W.Va. [63790]
- **caespitosum** Nutt. 1834 · ⚃ Z7; USA: Oreg, Calif., Rocky Mts.
  - subsp. **caespitosum**
  - subsp. **douglasii** (Benth.) S. Stokes 1936 · ⚃ Z7; USA: NW, Calif., Nev.
- **compositum** Douglas ex Benth. 1835 · ⚃ Z5; USA: Wash., Oreg., Idaho, N-Calif.

- **corymbosum** Benth. 1856 · D:Trockenblättriger Wollknöterich; E:Crisp Leaf Wild Buckwheat · ♄ △ Z3 VII-IX; Calif.
- *douglasii* = Eriogonum caespitosum subsp. douglasii
- **fasciculatum** Benth. 1837 · ♄ e Z7; USA: Calif., Nev., Utah [71945]
- **flavum** Nutt. 1837 · D:Goldener Wollknöterich; E:Alpine Golden Wild Buckwheat · ♃ ⤳ △ Z5 VII-IX; Calif.
- **jamesii** Benth. 1856 · D:Colorado-Wollknöterich; E:Antelope Sage, Buckwheat · ♄ △ Z4 VII-VIII; USA: Colo., N.Mex.
- **ovalifolium** Nutt. 1834 · ♃ Z4; USA: Oreg., Calif. Nev.; Mex.(Baja Calif.)
- **racemosum** Nutt. 1847 · D:Rotwurzeliger Wollknöterich; E:Redroot Eriogonum · ♃ △ Z5 VII-VIII; USA: Utah, Colo., N.Mex., Ariz., Tex.
- **siskiyouense** Small 1898
- **umbellatum** Torr. 1827 [63791]
  - var. **torreyanum** (A. Gray) M.E. Jones 1903
  - var. **umbellatum** · D:Flaumiger Wollknöterich; E:Sulphur Flower · ♄ e ⤳ △ Z7 VI-IX; USA: NW, Calif., Rocky Mts.

Eriolobus (DC.) M. Roem. = Malus
- *tschonoskii* Rehder = Malus tschonoskii

Eriophorum L. 1753 -n- Cyperaceae · (S. 995) D:Wollgras; E:Cotton Grass; F:Linaigrette
- **angustifolium** Honck. 1782 · D:Schmalblättriges Wollgras; E:Common Cotton Grass; F:Linaigrette à feuilles étroites · ♃ ⤳ Z4 IV-V; Eur.*, Cauc., E-TR, W-Sib., E-Sib., Amur, Sachal., Kamchat., C-As., Mong., Manch., Korea, Alaska, Can., USA: NE, NCE, NC, Rocky Mts, NW; Greenl. [67175]
- **gracile** W.D.J. Koch 1799 · D:Schlankes Wollgras · ♃ ⤳ V-VI; Eur.* exc. Ib; W-Sib., E-Sib., N-Am.
- **latifolium** Hoppe 1800 · D:Breitblättriges Wollgras; E:Broad Leaved Cotton Grass; F:Linaigrtte à feuilles larges · ♃ ⤳ IV-V; Eur.*, Cauc., TR, W-Sib., E-Sib., Amur, Sachal., Mong., Manch., Korea [67176]
- *polystachion* L. = Eriophorum angustifolium
- **scheuchzeri** Hoppe 1800 · D:Scheuchzers Wollgras; E:White Cotton Grass · ♃ △ ⤳ Z6 VI; Eur.* exc. BrI; N, mts.; W-Sib., E-Sib., Sachal., Kamchat., C-As., Alaska, Can., Greenl.
- *spissum* Fernald = Eriophorum vaginatum
- **vaginatum** L. 1753 · D:Scheiden-Wollgras; E:Tussock Cotton Grass; F:Linaigrette gainée · ♃ ⤳ III-V; Eur.*, TR, Cauc., W-Sib., E-Sib., Amur, Sachal., Kamchat., Mong., Manch., Jap., Alaska, Can. [67178]
'Heidelicht' [67179]

Eriophyllum Lag. 1816 -n- Asteraceae · (S. 243) D:Wollblatt; E:Wooly Sunflower; F:Eriophylle
- **lanatum** (Pursh) J. Forbes 1833 · D:Großköpfiges Wollblatt · [63792]
  - var. **integrifolium** (Hook.) Smiley 1921 · ; USA: NW, Calif., Rocky Mts.
  - var. **lanatum** · D:Gewöhnliches Großköpfiges Wollblatt; E:Woolly Sunflower; F:Aster doré du désert, Eriophylle gazonnant · ♃ Z5 VII-VIII; Can.: B.C.; USA: Calif.
  - var. **leucophyllum** (DC.) W.R. Carter 1921 = Eriophyllum lanatum var. integrifolium

Eriopsis Lindl. 1847 -f- Orchidaceae · (S. 1064)
- **biloba** Lindl. 1847 · ♃ Z10 ⓦ VIII-IX ▽ ✳; C-Am., trop. S-Am.

Eriostemon Sm. 1798 -m- Rutaceae · (S. 789) D:Wollfadenraute; E:Waxflower; F:Eriostémon
- **myoporoides** DC. 1824 · ♄ e Z10 ⓐ III-IV; Austr.: Queensl., N.S.Wales, Victoria

Eriosyce Phil. 1872 -f- Cactaceae · (S. 354)
- **aurata** (Pfeiff.) Backeb. 1936 · ♇ Z9 ⓐ ▽ ✳; ChilE: Aconcagua, Coquimba, Santiago; Arg.
- *ceratistes* (Otto) Britton et Rose = Eriosyce aurata
- *sandillon* (Gay) Phil. = Eriosyce aurata

Eritrichium Schrad. ex Gaudin 1928 -n- Boraginaceae · (S. 307) D:Himmelsherold; E:Alpine Forget-me-not; F:Roi des Alpes
- **canum** (Benth.) Kitam. 1963 · ♃ △ Z5 VI-VII; W-Sib., E-Sib., Mong., NE-China
- **nanum** (L.) Schrad. ex Gaudin 1928 · D:Gletscher-Vergissmeinnicht, Himmelsherold; E:Alpine Forget-me-not, King of the Alps · ♃ △ VII; Eur.: F, I, Ch, A, Slove, ? W-Russ.; Alp., Carp.
- *rupestre* (Pall.) Bunge = Eritrichium canum
- *strictum* Decne. = Eritrichium canum

Erodium L'Hér. ex Aiton 1789 -n- Geraniaceae · (S. 544) D:Reiherschnabel; E:Heron's Bill, Stork's Bill; F:Bec-de-héron
- **absinthoides** Willd. · ♃ Z6; TR: Amanus
- **ballii** Jord. 1852 · D:Dünen-Reiherschnabel · ⊙ IV-IX; Eur.: D +
- **carvifolium** Boiss. et Reut. 1842 · ♃ Z7; Eur.: C-Sp.; mts.
- **castellanum** (Pau) Guitt. 1972 · ♃; Eur.: sp.
- **cheilanthifolium** Boiss. 1838 · ♃ △ Z6 VI-VII; Eur.: sp., F [70157]
- **chrysanthum** L'Hér. ex DC. 1802 · ♃ △ Z7 VI-VIII; GR [68915]
- **ciconium** (L.) L'Hér. 1789 · D:Langschnäbliger Reiherschnabel · ⊙ ⊙ IV-VIII; Eur.: Ib, Fr, Ap, Ba, RO, S-Russ.; TR, Levante, Iraq, Cauc., Iran, Afgh., C-As., N-Afr., nat. in N-Am.
- **cicutarium** (L.) L'Hér. ex Aiton 1789 · D:Gewöhnlicher Reiherschnabel; E:Heron's Bill, Stork's Bill · ⊙ ⊙ IV-X ⚥ Ⓝ; Eur.*, TR, Levante, Iran, Cauc., W-Sib., E-Sib., Amur, Kamchat., C-As., W-Him., China, nat. in N-Am., S-Am., E-Afr., Austr.
- **corsicum** Léman 1805 · ♃ △ ∧ VI-VII; Corse, Sard. [69179]
'Album' [73851]
- **danicum** K. Larsen 1958 · D:Dänischer Reiherschnabel · ⊙; Eur.: D, DK +; coasts
- *daucoides* hort. = Erodium castellanum
- **foetidum** (L.) L'Hér. 1802 · ♃ Z6; Eur.: S-F; Pyr.
- **glandulosum** (Cav.) Willd. 1792 · ♃ Z6 VI-VII; Eur.: sp., F
'Roseum'
- **gruinum** (L.) L'Hér. ex Aiton 1789 · E:Long Beaked Stork's Bill · ⊙ ⊙ Z8 VI-VIII; Eur.: Sic., GR,

Crete; TR, Levante, Iraq, Iran, Egypt, Libya, nat. in Fr
- **guttatum** (Desf.) Willd. 1800 · ♃ Z8 ⓚ; sp., N-Afr., Palest. [71677]
- × **hybridum** Sünd. 1906 (*E. daucoides* × *E. manescavii*) · ♃ Z7; cult. [73510]
- *hymenodes* L'Hér. = Erodium trifolium
- × **kolbianum** Sünd. ex R. Knuth 1906 (*E. glandulosum* × *E. rupestre*) · ♃ Z6; cult.
  'Natasha'
- **lebelii** Jord. 1851 · D:Drüsiger Reiherschnabel · ⊙ IV-X; Eur.: Ib., F, Ap, D + ; coasts
- *macradenum* L'Hér. = Erodium glandulosum
- **malacoides** (L.) L'Hér. 1789 · D:Herzblatt-Reiherschnabel · ⊙; Eur.: Ib, Fr, Ap, Ba, Krim; TR, Levante, Cauc., Iran, C-As., .N-Afr., nat. in N-Am., S-Am., S-Afr.
- **manescavii** Coss. 1847 · D:Pyrenäen-Reiherschnabel · ♃ △ Z6 VI-IX; Eur.: F; Pyr. [63799]
- **moschatum** (L.) L'Hér. ex Aiton 1789 · D:Moschus-Reiherschnabel; E:Common Heron's Bill, Musky Stork's Bill · ⊙ Z6 V-VIII ⓝ; Eur.: Ib, Fr, Ap, Ba, BrI; TR, Levante, N-Iraq, Iran, N-Afr., nat. in C-Eur., EC-Eur., N-Am., S-Am., E-Afr., S-Afr., Austr., NZ
- **pelargoniiflorum** Boiss. et Heldr. 1849 · ♃ Z6 VII-VIII; TR [71376]
- *petraeum* (Gouan) Willd. = Erodium foetidum
  - subsp. *crispum* (Lapeyr.) Rouy 1897 = Erodium cheilanthifolium
  - subsp. *glandulosum* (Cav.) Bonnier 1913 = Erodium glandulosum
- **reichardii** (Murray) DC. 1824 · D:Balearen-Reiherschnabel; E:Alpine Geranium · ♃ △ Z7 ⓚ ⋏ VII-VIII; Balear. [63796]
  'Album' [68077]
- **rupestre** (Pourr. ex Cav.) Guitt. 1909 · D:Felsen-Reiherschnabel; E:Stork's Bill · ♃ △ Z6 VI-VII; NE-Sp.
- *supracanum* L'Hér. = Erodium rupestre
- **trichomanefolium** L'Hér. ex DC. 1802 · ♃ Z8 ⓚ; TR, Syr., Lebanon
- **trifolium** (Cav.) Cav. 1801 · ⊙ ♃ Z8 ⓚ; NW-Afr.; Atlas mts.
- × **variabile** A.C. Leslie 1981 (*E. corsicum* × *E. reichardii*) · ♃ Z7; cult. [60423]
  'Bishop's Form' [72594]

'Flore Pleno' [63795]
'Roseum' [63797]
- × **wilkommianum** Sünd. et Kunth (*E. cheilanthifolium* × *E. glandulosum*) · ♃ Z6; cult.
- **in vielen Sorten:**
'County Park' [63798]
'Merstham Pink'
'Stephanie'

Erophila DC. 1821 -f- *Brassicaceae* · (S. 323)
D:Hungerblümchen
- **verna** (L.) DC. 1821 · D:Frühlings-Hungerblümchen
  - subsp. **praecox** (Steven) Walp. 1964 · D:Frühes Hungerblümchen · III-V; Eur., TR, Levante, SW-As., N-Afr.
  - subsp. **spathulata** (Láng) Vollm. 1914 · D:Rundfrüchtiges Hungerblümchen · III-V; Eur., TR, Iran, C-As., Maroc.
  - subsp. **verna** · D:Gewöhnliches Frühlings-Hungerblümchen · ⊙ III-V; Eur.*, TR, Levante, Cauc., Iran, Kashmir, C-As., N-Afr., nat. in N-Am.

Eruca Mill. 1754 -f- *Brassicaceae* · (S. 323)
D:Rauke; E:Rocket Salad; F:Roquette
- **sativa** Mill. 1768 · D:Öl-Rauke, Rukola; E:Arugula, Italian Cress, Rocket Salad · ⊙ Z7 V-VI; Eur.: Ib, Fr, Ap, Ba, CH, H, EC-Eur.; TR, Cauc., Afgh., Levante, NW-Afr., Libya [76749]
- **vesicaria** (L.) Cav. 1802 · D:Wilde Rauke; E:Rocket · ⊙ Z7; Eur.: Ib, Fr, CH, Ap, H, Ba, E-Eur., nat. in D, A, Cz, PL, Norw.
  - subsp. *sativa* (Mill.) Thell. 1918 = Eruca sativa

Erucastrum (DC.) C. Presl 1826 -n- *Brassicaceae* · (S. 323)
D:Hundsrauke; E:Hairy Rocket; F:Érucastre
- **gallicum** (Willd.) O.E. Schulz 1916 · D:Französische Hundsrauke; E:Hairy Rocket · ⊙ V-X; Eur.: sp., Fr, I, C-Eur., EC-Eur., nat. in BrI, Sc, EC-Eur.
- **nasturtiifolium** (Poir.) O.E. Schulz 1916 · D:Stumpfkantige Hundsrauke · ⊙ ♃ V-VIII; Eur.: Ib, Fr, Ap, Ba, C-Eur., H, nat. in RO

Ervatamia (A. DC.) Stapf = Tabernaemontana
- *coronaria* (Jacq.) Stapf =

Tabernaemontana divaricata

Ervum L. = Vicia
- *ervilia* L. = Vicia ervilia

Erycina Lindl. 1853 -f- *Orchidaceae* · (S. 1064)
- **echinata** (Kunth) Lindl. 1853 · ♃ Z10 ⓦ ▽ ✲; Mex.
- **pusilla** (L.) N.H. Williams et M.W. Chase · ♃ Z10 ⓦ VII-VIII ▽ ✲; C-Am., S-Am.

Eryngium L. 1753 -n- *Apiaceae* · (S. 174)
D:Edeldistel, Mannstreu; E:Sea Holly; F:Chardon, Panicaut
- **agavifolium** Griseb. 1847 · ♃ Z7 I-III; Arg. [63800]
- **alpinum** L. 1753 · D:Alpen-Mannstreu; F:Panicaut des Alpes · ♃ △ ⋈ VII-VIII ▽; Eur.: F, I, CH, A, Slove., Croatia [63801]
  'Amethyst' Arends 1950 [63802]
  'Blue Star' Fuß [63803]
  'Superbum' [63805]
- **amethystinum** L. 1753 · D:Amethyst-Mannstreu; E:Amethyst Eryngium · ♃ ⋈ VII-VIII; Eur.: Ap, Ba [63806]
- **bourgatii** Gouan 1773 · D:Pyrenäendistel, Spanischer Mannstreu; F:Panicaut de Bourgat · ♃ △ Z5 VII-VIII; Eur.: sp., F (Pyr.); Maroc.; mts. [63807]
  'Oxford Blue'
- **bromeliifolium** F. Delaroche 1808 · ♃ ⓚ VIII-IX; Mex. [63808]
- **caeruleum** M. Bieb. · ♃ VII-VIII; TR, Cauc., Iran, C-As., Kashmir, Him., Tibet
- **campestre** L. 1753 · D:Feld-Mannstreu; E:Sea Holly · ♃ VII-VIII ⚡ ▽; Eur.* exc. Sc; TR, Cyprus, Cauc., Iran, Afgh., NW-Afr., Libya [63809]
- **creticum** Lam. 1798 · ⊙ ⊙ ♃ Z7; Eur.: Ba; TR, Cyprus, Syr., N-Iraq, Egypt
- **dichotomum** Desf. 1798
- **ebracteatum** Lam. 1798 · ♃ Z8 ⓚ; S-Am.
- **eburneum** Decne. 1873
- **foetidum** L. 1753
- **giganteum** M. Bieb. 1808 · D:Elfenbein-Mannstreu; E:Giant Sea Holly, Miss Willmott's Ghost; F:Panicaut géant · ⊙ ⋈ Z6 VII-VIII; Cauc., Iran [63810]
  'Silver Ghost'
- **glaciale** Boiss. 1838 · ♃ Z7; Eur.: sp. (Sierra Nevada)
- **horridum** Malme 1904

- **maritimum** L. 1753 · D:See-Mannstreu, Stranddistel; E:Sea Holly · ⊙ ⚃ VI-X ⚥ ▽; Eur.*, TR, Levante, Cauc., NW-Afr.; coasts [63812]
- × **oliverianum** F. Delaroche 1808 (*E. giganteum* × *E. planum*) · ⚃ ⚮ Z5 VII-VIII; cult. [63813]
- **palmatum** Pančić et Vis. 1870 · ⚃ Z6; Eur.: Ba
- **pandanifolium** Cham. et Schltdl. 1826 · ⚃ Z8 ⓘ VII-VIII; S-Bras., Arg., nat. in C-P [71946]
- **planum** L. 1753 · D:Flachblättriger Mannstreu; F:Panicaut à feuilles mutiques · ⚃ ⚮ Z4 VII-VIII ⚥ ; Eur.: C-Eur., EC-Eur., YU; Cauc., W-Sib., C-As. [63814]
  'Blauer Zwerg' [63815]
  'Blaukappe' [63816]
  'Flüela'
  'Silverstone'
- **proteiflorum** F. Delaroche 1808 · ⚃ Z8 ⓘ; Mex.
- **serbicum** Pančić 1856 · ⚃ ⚮ Z6 VII-VIII; Serb.
- **serra** Cham. et Schltdl. 1826 · ⚃ Z8 ∧ VIII-IX; Bras., Arg.
- **spinalba** Vill. 1779 · ⚃ Z6; Eur.: F, I; SW-Alp.
- **tricuspidatum** L. 1756 · D:Dreispitz-Mannstreu · ⚃ Z8 VIII-IX; Eur.: sp., Sard., Sic.; N-Afr. [63818]
- × **tripartitum** Desf. · ⚃ Z5 VII-VIII; orig. ? [63819]
- **variifolium** Coss. 1875 · ⚃ Z7 ∧ VIII; Maroc.; Atlas [60256]
- **yuccifolium** Michx. 1803 · D:Yuccablättriger Mannstreu; E:Buttonsnake Root, Rattlesnake Master · ⚃ VII-IX; USA: NE, NCE, Kans., SC, SE, Fla. [63820]
- × **zabelii** H. Christ ex Bergmans 1908 (*E. alpinum* × *E. bourgatii*) · ⚃ ⚮ Z5 VII-VIII; cult.
  'Juwel' [63821]
  'Violetta' Arends 1913 [63822]

Erysimum L. 1753 -n- *Brassicaceae* · (S. 324)
D:Goldlack, Schöterich; E:Wallflower; F:Vélar
- × **allionii** hort. (*E. perofskianum* × ?) · D:Goldlack-Schöterich; E:Siberian Wallflower · ⊙ Z7 IV-V; cult. [60455]
  Delight Ser.
  New Bedder Ser.
- **andrzejowskianum** Besser 1821 · D:Andrzejowski-Schöterich · ⊙ V-VII; ? Krim, Cauc., W-Sib., E-Sib., C-As., Mong.
- **aureum** M. Bieb. 1808 · D:Gold-Schöterich · ⊙ Z6 V-VII; Eur.: Russ.; Cauc.
- **bicolor** (Hornem.) DC. 1821
  'Variegatum'
- **cheiranthoides** L. 1753 · D:Acker-Schöterich; E:Wormseed Mustard · ⊙ Z5 V-IX ⚥ ; Eur.* exc. Ib, Ap; W-Sib., E-Sib., Amur, Sachal., Kamchat., C-As., nat. in N-Am
- **cheiri** (L.) Crantz 1769 · D:Goldlack; E:Wallflower; F:Vélard · ⚃ ♄ D Z7 ∧ V-VI ⚥ ⚘; TR, W-Syr., nat. in Eur.* exc. Sc [68415]
  Bedder Ser.
  'Bloody Warrior'
  'Cloth of Gold'
  'Fair Lady'
  'Harpur Crewe'
- **crepidifolium** Rchb. 1823 · D:Bleicher Schöterich · ⊙ ⚃ IV-VII ⚘; Eur.: D, CZ, H, RO
- **diffusum** Ehrh. 1792 · D:Grauer Schöterich · ⊙ ⚃ V-VII ⚘; Eur.: A, EC-Eur., Ba, E-Eur.; TR, Cauc., C-As.
- *dubium* (Suter) Thell. non DC. = Erysimum ochroleucum
- **hieraciifolium** L. 1755 · D:Ruten-Schöterich, Steifer Schöterich; E:Alpine Wallflower · ⊙ Z7 VI-IX; Eur.: Fr, C-Eur., EC-Eur., Sc, Ba, E-Eur.
- *humile* Pers. = Erysimum ochroleucum
- **hungaricum** Zapal. 1913 · D:Ungarischer Schöterich · ⊙; Eur.: A, EC-Eur., RO, ? W-Russ.; Carp.
- **kotschyanum** J. Gay 1842 · ⚃ △ Z6 VI-VII; TR
- **linifolium** (Pers.) J. Gay 1895 · ⚃ Z6; C-Sp., N-Port. [61950]
  'Variegatum'
- **marschallianum** Andrz. ex DC. 1819 · D:Harter Schöterich · ⊙ Z6 VI-IX; Eur.: C-Eur., EC-Eur., E-Eur.; W-Sib., E-Sib., C-As., Him., Mong.
- × *marshallii* hort. = Erysimum × allionii
- **ochroleucum** DC. 1805 · D:Blassgelber Schöterich · ⚃ D Z6 VI; Eur.: F, CH; SW-Alp.
- **odoratum** Ehrh. 1792 · D:Wohlriechender Schöterich · ⊙ VI-VII; Eur.: EC-Eur., Fr, Ap, Ba, E-Eur., A, D
- **perofskianum** Fisch. et C.A. Mey. 1838 · D:Afghanischer Schöterich · ⊙ Z8 III-V; Cauc., Afgh. [68370]
- **pulchellum** (Willd.) J. Gay 1842 · ⚃ △ Z6 IV-VII; Eur.: Ba; TR, Cauc.
  'Aurantiacum' [63823]
  'Variegatum'
- *pumilum* auct. non Gaudin = Erysimum rhaeticum
- **repandum** L. 1753 · D:Sparriger Schöterich; E:Bushy Wallflower · ⊙ Z6 V-VII; Eur.: C-Eur., EC-Eur., Ba, E-Eur.; TR, Levante, Cauc., Iran, Kashmir, C-As.
- **rhaeticum** (Schleich. ex Hornem.) DC. 1821 · D:Schweizer Schöterich · ⚃ △ VI; Eur.: F, I, CH, A; Alp. [63824]
- **scoparium** (Brouss. ex Willd.) Snogerup 1889 · ⚃ Z8 ⓘ; Canar. Is.
- **suffrutescens** (Abrams) Rossbach 1958 · ⚃ ♄ Z9 ⓘ; Calif.; coast [68431]
- **sylvestre** (Crantz) Scop. · D:Wald-Schöterich · ⚃ Z6 IV-VII; Eur.: I, A, Slove.; E-Alp.
- **wheeleri** Rothr. 1878
- **in vielen Sorten:**
  'Bowles' Mauve'
  'Constant Cheer' [67813]
  'Devon Sunset'
  'John Codrington'
  'Moonlight'
  'Orange Flame' [60695]
  'Türkischer Bazar' [69184]
  'Yellow Bird' [70909]

Erythea S. Watson = Brahea
- *armata* (S. Watson) S. Watson = Brahea armata
- *brandegeei* Purpus = Brahea brandegeei
- *edulis* (H. Wendl. ex S. Watson) S. Watson = Brahea edulis

Erythraea Borkh. = Centaurium
- *centaurium* auct. non (L.) Pers. = Centaurium erythraea
- *diffusa* J. Woods = Centaurium scilloides
- *massonii* Sw. = Centaurium scilloides

Erythrina L. 1753 -f- *Fabaceae* · (S. 508)
D:Korallenbaum; E:Coral Tree; F:Arbre-à-corail, Erythrine
- **abyssinica** Lam. ex DC. 1825 · ♄ d Z10 ⓘ; Eth., trop. Afr., Mozamb., Him
- **amazonica** Krukoff 1933
- **americana** Mill. 1768 · ♄ ♄ d Z9 ⓘ; Ariz., Mex. [58061]
- **berteroana** Urb. 1908 · ♄ e Z10 ⓘ; S-Mex., C-Am., W.Ind., Col.

- **caffra** Thunb. 1800 · D:Kap-Korallenbaum; E:Cape Kaffirboom, Lucky Beantree · ♄ s Z10 ⓚ; S-Afr. [11158]
- **corallodendron** L. 1753 · D:Echter Korallenbaum; E:Coral Tree · ♄ d Z10 ⓚ ✿; ? W.Ind.
- *coralloides* A. DC. = Erythrina americana
- **crista-galli** L. 1767 · D:Gewöhnlicher Korallenbaum; E:Cockspur Coral Tree; F:Erythrine crête-decoq · ♄ d Z8 ⓚ VII-IX ✿; Bras., Parag., Bol., Arg. [58062] 'Compacta' [11161]
- **falcata** Benth. 1859 · ♄ ♄ d Z10 ⓦ; S-Peru, Bol., E-Bras., Parag., N-Arg.
- **flabelliformis** Kearney 1894 · ♄ ♄ Z9 ⓚ; SE-Ariz., SW- N.Mex., W-Mex.
- **fusca** Lour. 1790 · D:Scharlach-Korallenbaum; E:Purple Coral Tree · ♄ d Z8 ⓚ ⓝ; S-Am., Guyana, Venez.
- *glauca* Willd. = Erythrina fusca
- **herbacea** L. 1753 · D:Mexikanischer Korallenstrauch; E:Deer's Peas · ♄ d Z10 ⓚ VIII-IX; USA: SE, Fla., SC; Mex.
- **humeana** Spreng. 1826 · D:Natal-Korallenbaum; E:Natal Coral Tree · ♄ d Z9 ⓦ VII-X; trop. Afr.
- **latissima** E. Mey. 1836 · ♄ d Z10 ⓦ; S-Afr., Mozamb.
- **lysistemon** Hutch. 1933 · ♄ s Z9 ⓚ; S-Afr., Rhodes.
- *piscipula* L. = Piscidia piscipula
- **poeppigiana** (Walp.) O.F. Cook 1901 · ♄ d Z10 ⓦ ⓝ; trop. Am.
- *princeps* A. Dietr. = Erythrina humeana
- **senegalensis** DC. 1825 · D:Senegal-Korallenbaum · ♄ Z9 ⓦ ⓝ; W-Afr., W-Sudan
- **subumbrans** (Hassk.) Merr. 1910 · E:December Tree · ♄ Z10 ⓦ ⓝ; trop. As.
- **variegata** L. 1754 · D:Indischer Korallenbaum; E:Indian Coral Tree · ♄ d Z10 ⓦ ✤ ⓝ; Tanzania, Ind., Sri Lanka, Myanmar, China, Taiwan, Malay. Arch., Phil., Polyn.
- **vespertilio** Benth. 1848 · ♄ d Z10 ⓦ; Austr.: Queensl., N.S.Wales, W-Austr., N.Terr.
- **zeyheri** Harv. 1862

Erythrochiton Nees et Mart. 1823 -m- *Rutaceae* · (S. 789)
D:Rotkelch; F:Erythrochiton
- **brasiliensis** Nees et Mart. 1823 · ♄ e ⓦ; E-Bol., Peru, S-Bras.

Erythronium L. 1753 -n- *Liliaceae* · (S. 1031)
D:Hundszahn, Zahnlilie; E:Dog's Tooth Violet; F:Dent-de-chien, Erythrone
- **albidum** Nutt. 1818 · D:Weißer Hundszahn; E:White Trout Lily · ♃ Z4 IV-V; Can.: Ont.; USA: NCE, NE, SE, Okla.
- **americanum** Ker-Gawl. 1808 · D:Amerikanischer Hundszahn; E:Trout Lily, Yellow Adder's Tongue · ♃ Z3 IV-V ✤; Can.: E; USA: NE, NCE, Okla.
- **californicum** Purdy 1904 · D:Kalifornischer Hundszahn; E:Fawn Lily · ♃ Z5 IV-V; USA: N-Calif.
- **caucasicum** Woronow 1933 · ♃; Cauc., N-Iran
- **citrinum** S. Watson 1887 · D:Gelber Hundszahn; E:Fawn Lily · ♃ Z4 IV-V; USA: S-Oreg.
- **dens-canis** L. 1753 · D:Europäischer Hundszahn; E:Dog's Tooth Violet; F:Erythrone dent-dechien · ♃ Z5 III-V; Eur.* exc. BrI, Sc [63825]
  'Frans Hals'
  'Lilac Wonder'
  'Purple King'
  'Rose Queen'
  'Snowflake'
- var. **niveum** · ♃ Z3
- **grandiflorum** Pursh 1813 · D:Großblütiger Hundszahn; E:Avalanche Lily · ♃ Z5 IV-V; B.C., USA: NW
- **helenae** Applegate 1933 · ♃ Z5; NW-Calif.
- **hendersonii** S. Watson 1887 · D:Hendersons Hundszahn; E:Henderson's Fawnlily · ♃ Z5 IV-V; USA: S-Oreg.
- **howellii** S. Watson 1887 · ♃ Z3; USA: SW-Oreg., NW-Calif.
- **japonicum** Decne. 1854 · ♃; Jap., Korea, N-China [63827]
- **multiscapoideum** (Kellogg) A. Nelson et P.B. Kenn. 1908 · ♃ Z5 IV-V; Calif.: Sierra Nevada
- **oregonum** Applegate 1935 · D:Riesen-Hundszahn; E:Giant Fawn Lily · ♃ Z5 IV-V; B.C., USA: NW
- *purdyi* hort. = Erythronium multiscapoideum
- **revolutum** Sm. 1809 · D:Rosa Hundszahn; E:Pink Fawn Lily · ♃ Z5 IV-V; B.C., USA: NW, N-Calif.
- **sibiricum** (Fisch. et C.A. Mey.) Krylov 1929 · D:Sibirischer Hundszahn
- **tuolumnense** Applegate 1930 · D:Stern-Hundszahn; E:Trout Lily · ♃ Z5 IV; Calif. [68406]
- in vielen Sorten:
  'Citronella'
  'Kondo'
  'Pagoda' [63828]
  'White Beauty' [63829]

Erythrophleum Afzel. ex G. Don 1826 -n- *Caesalpiniaceae* · (S. 375)
D:Gottesurteilsbaum; E:Ordeal Tree
- **fordii** Oliv. 1883 · ♄
- **suaveolens** (Guill. et Perr.) Brenan 1960 · ♄ ⓦ ✿ ⓝ; W-Afr.: Sierra Leone

Erythrorhipsalis A. Berger 1920 -f- *Cactaceae* · (S. 354)
- **pilocarpa** (Loefgr.) A. Berger 1920 · ♄ ♇ Z9 ⓦ; Bras.: Sao Paulo

Erythrotis Hook. f. = Cyanotis
- *beddomei* Hook. f. = Cyanotis beddomei

Erythroxylum P. Browne 1756 -n- *Erythroxylaceae* · (S. 475)
D:Kokastrauch, Rotholz; E:Coca; F:Coca, Cocaïer
- **acuminatum** Ruiz et Pav. 1830 · D:Wilder Kokastrauch; E:Wild Coca · ♄ ⓦ; Peru
- **coca** Lam. 1786
  - var. **coca** · D:Echter Kokastrauch; E:Coca · ♄ e ⓦ ✤ ✿; S-Peru, Bol.
  - var. **ipadu** Plowman 1979 · D:Amazonas-Kokastrauch; E:Amazonian Coca · ♄ ⓦ ✤ ✿; Amazon.
- **lucidum** Kunth 1822 · ♄ ⓦ; Col.
- **monogynum** Roxb. 1798 · E:Bastard Sandal · ♄ ⓦ; Ind., China
- **novogranatense** (D. Morris) Hieron. 1895
  - var. **novogranatense** · D:Kolumbianischer Kokastrauch; E:Columbian Coca · ♄ e ⓦ ✤ ✿; Col., Venez.
  - var. **truxillense** (Rusby) Plowman 1980 · D:Truxillo-Kokastrauch; E:Truxillo Coca · ♄ e ⓦ ✤ ✿; N-Peru
- *truxillense* Rusby = Erythroxylum novogranatense var. novogranatense

Escallonia Mutis ex L. f. 1782 -f- *Escalloniaceae* · (S. 476)
D:Andenstrauch, Escallonie; F:Escallonia

- **alpina** Poepp. ex DC. 1830 · ♄ e Z9 ⌂; Chile
- **bifida** Link et Otto 1871 · D:Weißer Andenstrauch; E:White Escallonia · ♄ ♄ e Z9 ⌂ VII-VIII; Bras., Parag., Urug., Arg.
- × **exoniensis** hort. Veitch 1891 (*E. rosea* × *E. rubra*) · ♄ ♄ e Z8 ⌂; cult. [14264]
- **floribunda** Kunth 1819 · ♄ e Z9 ⌂ VII-VIII; Col., Venez.
- **grahamiana** Gillies 1833 · ♄ e Z9 ⌂; Chile
- **illinita** C. Presl 1831 · ♄ e Z8 ⌂ VII-VIII; Chile
- **laevis** (Vell.) Sleumer 1968 · D:Rosa Andenstrauch; E:Pink Escallonia · ♄ e Z9 ⌂ VII-VIII; Bras. [14244]
  'Gold Brian'
  'Gold Ellen'
- × **langleyensis** Veitch ex Mast. 1897 (*E. rubra* × *E. virgata*) · ♄ e Z8 ⌂ ∧ VII-VIII; cult.
- *montevidensis* (Cham. et Schltdl.) DC. = Escallonia bifida
- *organensis* Gardner = Escallonia laevis
- *philippiana* (Engl.) Mast. = Escallonia virgata
- **pulverulenta** (Ruiz et Pav.) Pers. 1805 · ♄ e Z9 ⌂ VII-IX; Chile
- **resinosa** Pers. 1805
- × **rigida** Phil. 1894 (*E. rubra* × *E. virgata*) · D:Bastard-Andenstrauch · ♄ e Z9 ⌂; Chile
- **rosea** Griseb. 1854 · ♄ e Z9 ⌂ VII-VIII; Arg., Chile
- **rubra** (Ruiz et Pav.) Pers. 1805 [56157]
  'Crimson Spire' [14262]
  'Ingramii'
  'Woodside'
  - var. **macrantha** (Hook. et Arn.) Reiche 1899 · ♄ e Z8 ⌂ VII-VIII; Arg., Chile [14085]
  - var. **rubra** · D:Roter Andenstrauch · ♄ e Z9 ⌂ VII-VIII; Arg., Chile
- **virgata** (Ruiz et Pav.) Pers. 1805 · D:Rutenförmiger Andenstrauch · ♄ e Z8 ⌂ ∧ VII-VIII; Arg., Chile [36628]
  - var. **philippiana** Engl. 1870 = Escallonia virgata
- **in vielen Sorten:**
  'Apple Blossom'
  'C.F. Ball' c. 1912 [15695]
  'Donard Radiance' [14071]
  'Donard Seedling' [17230]
  'Edinensis' < 1914
  'Iveyi' · ♄ e ⌂
  'Pride of Donard' [14152]

'Red Dream' 1933 [18301]
'Red Elf' 1970

Eschscholzia Cham. 1820 -f- *Papaveraceae* · (S. 684) D:Goldmohn, Kappenmohn; E:Californian Poppy; F:Eschscholzia
- **caespitosa** Benth. 1835 · D:Polster-Kappenmohn; E:Slender California Poppy, Tufted Poppy · ☉ Z7 VII-IX; Calif.: Sierra Nevada
  'Sundew'
- **californica** Cham. 1820 · D:Kalifornischer Kappenmohn, Schlafmützchen; E:California Poppy; F:Pavot jaune de Californie · ☉ ☉ ♃ Z6 VI-X ☙ ♀; USA: Oreg., Calif., nat. in C-Eur., W-Eur.
  'Apricot Chiffon'
  'Dalli'
  'Milky White'
  'Mission Bells'
  'Purple Gleam'
- **lobbii** Greene 1905 · ☉ Z7; Calif.
- *tenuifolia* Benth. = Eschscholzia caespitosa

Escobaria Britton et Rose 1923 -f- *Cactaceae* · (S. 354)
- **aguirreana** (Glass et R.C. Foster) N.P. Taylor 1983 · Ψ Z9 ⌂; Mex. (Coahuila)
- **albicolumnaria** Hester 1941 · Ψ Z9 ⌂; USA: W-Tex.
- *asperispina* (Boed.) D.R. Hunt = Escobaria missouriensis var. asperispina
- *chaffeyi* Britton et Rose = Escobaria dasyacantha var. chaffeyi
- **chihuahuensis** Britton et Rose 1923 · Ψ Z9 ⌂ ▽ ✲; Mex.: Chihuahua
- **dasyacantha** (Engelm.) Britton et Rose 1923
  - var. **chaffeyi** (Britton et Rose) N.P. Taylor 1983 · Ψ Z9 ⌂; Mex. (Zacatecas)
  - var. **dasyacantha** · Ψ Z9 ⌂ ▽ ✲; USA: N.Mex., Tex.; N-Mex.
- **emskoetteriana** (Quehl) Borg 1937 · Ψ Z9 ⌂ ▽ ✲; S-Tex., NE-Mex.
- **guadalupensis** S. Brack et K.D. Heil 1986 · Ψ Z9 ⌂; USA: Tex.
- **hesteri** (Y. Wright) Buxb. 1951 · Ψ Z9 ⌂; USA: W-Tex.
- **laredoi** (Glass et R.C. Foster) N.P. Taylor 1979 · Ψ Z9 ⌂; Mex. (Coahuila)
- *leei* Boed. = Escobaria sneedii var. leei

- **minima** (Baird) D.R. Hunt 1978 · Ψ Z9 ⌂; USA: W-Tex.
- **missouriensis** (Sweet) D.R. Hunt 1978
  - var. **asperispina** (Boed.) N.P. Taylor 1983 · Ψ Z8 ⌂; Mex. (Coahuila, Nuevo León)
  - var. **missouriensis** · Ψ Z8 ⌂ ▽ ✲; Can.: Man.; USA: NC, Rocky Mts., SC, SW, Calif.; N- Mex.
- **orcuttii** Boed. 1933
  - var. **koenigii** Castetter, P. Pierce et K.H. Schwer. 1975 · Ψ ⌂
  - var. **macraxina** Castetter, P. Pierce et K.H. Schwer. 1975 · Ψ Z9 ⌂; USA (N.Mex.)
  - var. **orcuttii** · Ψ ⌂
- **organensis** (Zimmerman) Castetter, P. Pierce et K.H. Schwer. 1975 · Ψ Z9 ⌂; USA: N.Mex.
- *rigida* Backeb. = Escobaria laredoi
- **roseana** (Boed.) Backb. 1951 · Ψ Z9 ⌂ ▽ ✲; Mex.: Coahuila
- *runyonii* Britton et Rose = Escobaria emskoetteriana
- **sandbergii** Castetter, P. Pierce et K.H. Schwer. 1975 · Ψ ⌂
- **sneedii** Britton et Rose 1923 · Ψ Z9 ⌂; USA: SW, Tex.; Mex. (Chihuahua)
  - var. **leei** (Rose ex Boed.) D.R. Hunt 1978 · Ψ Z9 ⌂; USA: N.Mex.
  - var. **sneedii**
- *strobiliformis* hort. non Poselg. = Escobaria tuberculosa
- **tuberculosa** (Engelm.) Britton et Rose · Ψ Z9 ⌂ ▽ ✲; USA: N.Mex., Tex.; N-Mex.
- **villardii** Castetter, P. Pierce et K.H. Schwer. 1975 · Ψ Z9 ⌂; USA: N.Mex.
- **vivipara** (Nutt.) Buxb. 1951
  - var. **aggregata** (Engelm.) D.R. Hunt 1978 · Ψ ⌂
  - var. **arizonica** (Engelm.) D.R. Hunt 1978 · Ψ ⌂
  - var. **bisbeeana** (Orcutt) D.R. Hunt 1978 · Ψ ⌂
  - var. **kaibabensis** (P.C. Fisch.) N.P. Taylor 1983 · Ψ ⌂
  - var. **neomexicana** (Engelm.) Buxb. 1972 · Ψ Z9 ⌂
  - var. **radiosa** (Engelm.) D.R. Hunt 1978 · Ψ ⌂
  - var. **rosea** (Clokey) D.R. Hunt 1978 · Ψ ⌂
  - var. **vivipara** · Ψ Z9 ⌂ ▽ ✲; Can.: W, Man.; USA: Rocky Mts., NC, Tex.; N-Mex.
- **zilziana** (Boed.) Backeb. 1961 · Ψ Z9 ⌂ ▽ ✲; Mex.: Coahuila

Escontria Rose 1906 -f- *Cactaceae* · (S. 354)
- **chiotilla** (F.A.C. Weber) Rose 1906 · ♄ ⚶ Z9 ⓚ; S-Mex.

Esmeralda Rchb. f. 1862 -f- *Orchidaceae* · (S. 1064)
- **cathcartii** (Lindl.) Rchb. f. 1862 · ♃ Z10 ⓦ V-VII ▽ ✲; E-Him.

× **Esmeranda** Vacherot 1954 -f- *Orchidaceae* ·
 (*Esmeralda* × *Vanda*)

Espostoa Britton et Rose 1920 -f- *Cactaceae* · (S. 355)
- **blossfeldiorum** (Werderm.) Buxb. 1959 · ⚶ Z9 ⓦ ▽ ✲; N-Peru
- **guentheri** (Kupper) Buxb. 1959 · ⚶ Z9 ⓦ ▽ ✲; Bol.
- **huanucoensis** F. Ritter = Espostoa lanata
- **hylaea** F. Ritter 1964 · ⚶ Z9 ⓚ; Peru
- **lanata** (Humb., Bonpl. et Kunth) Britton et Rose 1920 · E:Cotton Ball Cactus · ⚶ Z9 ⓦ ▽ ✲; N-Peru
- *laticornua* Rauh et Backeb. = Espostoa lanata
- **melanostele** (Vaupel) Borg 1937 · ⚶ Z9 ⓦ ▽ ✲; Peru
- **mirabilis** F. Ritter · ⚶ Z9 ⓚ; Peru
- *nana* F. Ritter = Espostoa melanostele
- **ritteri** Buining 1960 · ⚶ Z9 ⓦ ▽ ✲; N-Peru
- *sericata* (Backeb.) Backeb. = Espostoa lanata

Espostoopsis Buxb. = Austrocephalocereus
- *dybowskii* (Rol.-Goss.) Buxb. = Austrocephalocereus dybowskii

Etlingera Giseke 1792 -f- *Zingiberaceae* · (S. 1147) D:Fackelingwer; E:Torch Ginger; F:Sceptre de l'Empereur
- **elatior** (Jack) R.M. Sm. 1986 · D:Malayischer Fackelingwer; E:Philippine Waxflower, Torch Ginger · ♃ Z10 ⓦ VII-VIII; Malay. Pen.

Euanthe Schltr. 1914 -f- *Orchidaceae* · (S. 1065)
- **sanderiana** (Rchb. f.) Schltr. 1914 · ♃ Z10 ⓚ IX-X ▽ ✲; Phil.: Mindanao

Eucalyptus L'Hér. 1789 -f- *Myrtaceae* · (S. 660) D:Blaugummibaum, Eukalyptus; E:Gum, Ironbark; F:Eucalyptus
- **aggregata** H. Deane et Maiden 1900 · ♄ e Z10 ⓚ; Austr. (N.S.Wales, Victoria)
- **alba** Reinw. ex Blume 1826 · ♄ e Z10 ⓚ ⓝ; Malay. Arch., N.Guinea, N-Austr.
- **alpina** Lindl. 1838 · ♄ ♄ e Z9 ⓚ; Austr. (Victoria)
- **amplifolia** Naudin 1891 · ♄ e Z10 ⓚ; Austr.: Queensl., N.S.Wales
- **amygdalina** Labill. 1806 · E:Black Peppermint · ♄ e D Z9 ⓚ; Tasman.
- **archeri** Maiden et Blakely 1929 · ♄ e Z9 ⓚ; Tasman.
- **astringens** (Maiden) Maiden 1924 · ♄ e Z10 ⓚ ⓝ; W-Austr., cult. Maroc., S-Afr., Cyprus
- **botryoides** Sm. 1797 · E:Bangalay · ♄ e Z10 ⓚ; Austr.: N.S.Wales, Victoria
- **bridgesiana** R.T. Baker 1898 · D:Apfel-Eukalyptus · ♄ e Z9 ⓚ; Austr. (Queensl., N.S.Wales, Victoria)
- **caesia** Benth. 1867 · ♄ ♄ e Z9 ⓚ; W-Austr.
- **calophylla** R. Br. ex Lindl. 1841 · D:Marri-Eukalyptus; E:Marri · ♄ e ⋈ Z10 ⓚ ⓝ; W-Austr.
- **camaldulensis** Dehnh. 1832 · D:Roter Eukalyptus; E:Red River Gum, River Red Gum · ♄ e Z9 ⓚ ⚶ ⓝ; Austr.
- **camphora** R.T. Baker 1898 · ♄ e Z8 ⓚ; Austr. (Queensl., N.S.Wales, Victoria)
- **cinerea** F. Muell. ex Benth. 1867 · E:Argyle Apple, Ash Colored Eucalyptus · ♄ e ⋈ Z10 ⓚ; Austr.: N.S.Wales, Victoria
- **citriodora** Hook. 1848 · D:Zitronen-Eukalyptus; E:Lemon Eucalyptus, Lemon Scented Gum · ♄ e D Z10 ⓚ ⚶ ⓝ; Austr.: Queensl. [11162]
- **cladocalyx** F. Muell. 1853 · E:Sugar Gum · ♄ e Z9 ⓚ ⓝ; S-Austr.
- **cneorifolia** DC. 1828 · ♄ e Z10 ⓚ; S-Austr.
- **coccifera** Hook. f. 1847 · D:Trichterfrucht-Eukalyptus · ♄ ♄ e Z8 ⓚ; Tasman.
- **cordata** Labill. 1806 · D:Silberdollar-Eukalyptus; E:Silver Dollar Eucalyptus · ♄ ♄ e Z8 ⓚ; Tasman.
- **cornuta** Labill. 1800 · E:Yate · ♄ e Z9 ⓚ; W-Austr.
- **crebra** F. Muell. 1859 · E:Iron bark · ♄ e Z10 ⓚ ⓝ; Austr.: Queensl., N.S.Wales
- **crenulata** Blakely et Beuzev. 1939 · ♄ e Z8 ⓚ; Austr. (Victoria)
- **crucis** Maiden 1923 · ♄ e Z10 ⓚ; W-Austr.
- **curtisii** Blakely et C.T. White 1931 · ♄ e Z10 ⓚ; Austr.: Queensl.
- **dalrympleana** Maiden 1920 · D:Breitblättriger Eukalyptus · ♄ e Z8 ⓚ; Austr.: N.S.Wales, Victoria, Tasman.
- *debeuzevillei* Maiden = Eucalyptus pauciflora subsp. debeuzevillei
- **delegatensis** R.T. Baker 1898 · E:Alpine Ash, Stringybark · ♄ e Z9 ⓚ; Austr.: N.S.Wales, Victoria, Tasman.
- **diversicolor** F. Muell. 1863 · D:Karri-Eukalyptus; E:Karri · ♄ e Z10 ⓚ ⓝ; W-Austr.
- **dives** Schauer 1843 · E:Broad Leaved Peppermint Gum · ♄ e Z10 ⓚ ⚶ ⓝ; Austr.: N.S.Wales, nat. in Zaire
- **eugenioides** Sieber ex Spreng. 1827 · ♄ e Z10 ⓚ; Austr.: Queensl., N.S.Wales, Victoria
- **eximia** Schauer 1843 · ♄ e Z10 ⓚ; Austr.: N.S.Wales 'Nana' [11163]
- **fastigiata** H. Deane et Maiden 1897 · E:Brown Barrel · ♄ e Z10 ⓚ; Austr.: N.S.Wales, Victoria
- **ficifolia** F. Muell. 1860 · D:Purpur-Eukalyptus; E:Red Flowering Gum · ♄ e Z9 ⓚ; W-Austr. [11164]
- **fraxinoides** H. Deane et Maiden 1/*/ · E:White Ash · ♄ e Z9 ⓚ; Austr.: N.S.Wales, Victoria
- **fruticetorum** F. Muell. ex Miq. 1859 · E:Silver Malee Scrub · ♄ e Z8 ⓚ ⚶ ; Austr.
- **glaucescens** Maiden ex Blakely 1929 · ♄ e Z8 ⓚ; Austr. (N.S.Wales, Victoria)
- **globulus** Labill. 1799
 - subsp. **bicostata** (Maiden, Blakely et Simmonds) J.B. Kirkp. 1974 Z9 ⓚ
 - subsp. **globulus** · D:Blaugummibaum, Fieberbaum; E:Blue Gum, Tasmanian Blue Gum; F:Eucalyptus bleu · ♄ e Z9 ⓚ ⚶ ⓝ; Austr.: Victoria, Tasman., nat. in Calif.
 - subsp. **maidenii** (F. Muell.) J.B. Kirkp. 1974 · ♄ e Z9 ⓚ ⓝ; Austr.: N.S.Wales, Victoria
- **gomphocephala** DC. 1828 · E:Tuart · ♄ e Z9 ⓚ ⓝ; W-Austr.
- **goniocalyx**
 - var. *nitens* H. Deane et Maiden = Eucalyptus nitens
- **gregsoniana** L.A.S. Johnson et Blaxell 1973 · ♄ e Z8 ⓚ; Austr.

(N.S.Wales); mts.
- **gunnii** Hook. f. 1844 · D:Mostgummi-Eukalyptus, Tasmanischer Eukalyptus; E:Cider Gum; F:Eucalyptus commun · ♄ e Z8 ⓚ Ⓝ; Tasman. [47150]
  - var. *divaricata* · ♄ e ⓚ; Austr. (Tasman.)
- **johnstonii** Maiden 1922 · ♄ e Z8 ⓚ; Tasman.
- **kybeanensis** Maiden et Cambage 1915 · ♄ ♄ e; Austr. (N.S. Wales, Victoria)
- **largiflorens** F. Muell. 1855 · E:Black Box · ♄ e Z10 ⓚ; Austr.: Queensl., N.S.Wales, Victoria, S-Austr.
- **lehmannii** (L. Preiss ex Schauer) Benth. 1867 · E:Bushy Yate · ♄ e ⋊ Z9 ⓚ; W-Austr.
- **leucoxylon** F. Muell. 1855 · D:Weißer Gummi-Eukalyptus; E:White Ironbark, Yellow Gum · ♄ e Z9 ⓚ Ⓝ; Austr.: N.S.Wales, Victoria, S-Austr.
- **macarthurii** H. Deane et Maiden 1899 · ♄ e Z8 ⓚ; Austr.: N.S.Wales
- **macrocarpa** Hook. 1841 · ♄ e Z10 ⓚ; Austr. (W-Austr.)
- **maculata** Hook. 1844 · D:Gesprenkelter Eukalyptus; E:Spotted Gum · ♄ e Z10 ⓚ Ⓝ; Austr.: Queensl., N.S.Wales, Victoria
  - var. *citriodora* (Hook.) F.M. Bailey 1924 = Eucalyptus citriodora
- *maideni* F. Muell. = Eucalyptus globulus subsp. maidenii
- **mannifera** Mudie 1834 · ♄ e Z9 ⓚ; Austr.: N.S.Wales
- **marginata** Donn ex Sm. 1802 · E:Jarrah, West Australian Mahogany · ♄ e ⋊ Z10 ⓚ Ⓝ; W-Austr.
- **melliodora** R. Cunn. ex Schauer 1843 · ♄ e Z10 ⓚ; Austr. (Queensl., N.S.Wales, Victoria)
- **microcorys** F. Muell. 1858 · E:Tallow Wood · ♄ e Z10 ⓚ Ⓝ; Austr.: Queensl., N.S.Wales
- **mitchelliana** Cambage 1919 · ♄ e Z10 ⓚ; Austr. (Victoria)
- **moorei** Maiden et Cambage 1905 · ♄ ♄ e Z8 ⓚ; Austr. (N.S.Wales)
- **nicholii** Maiden et Blakely 1929 · ♄ e Z8 ⓚ; Austr.: N.S.Wales
- *niphophila* Maiden et Blakely = Eucalyptus pauciflora subsp. niphophila
- **nitens** (H. Deane et Maiden) Maiden 1913 · ♄ e Z8 ⓚ; Austr. (N.S.Wales, Victoria)
- **nitida** Hook. f. 1856 · ♄ e; Austr. (Tasman.)
- **nova-anglica** H. Deane et Maiden 1900 · ♄ e; Austr. (Queensl., N.S.Wales)
- **nutans** F. Muell. 1863 · ♄ ♄ e Z10 ⓚ; W-Austr.
- **obliqua** L'Hér. 1789-92 · E:Messmate · ♄ ♄ e Z9 ⓚ Ⓝ; Austr.: Queensl., N.S.Wales, Victoria, S-Austr., Tasman.
- **occidentalis** Endl. 1837
  - var. **adstringens** Endl. 1911 · D:Malettorinde · ♄ e Z10 ⓚ Ⓝ
  - var. *occidentalis* · E:Swamp Yate · ♄ e Z10 ⓚ; W-Austr.
- **orbifolia** F. Muell. 1865 · ♄ ♄ e Z10 ⓚ; Austr.: W-Austr., N.Terr., S-Austr.
- **ovata** Labill. 1806 · ♄ e Z8 ⓚ; Austr.: N.S.Wales, S-Austr., Victoria, Tasman.
- **paniculata** Sm. 1797 · E:Grey Ironbark · ♄ e Z10 ⓚ Ⓝ; Austr.: N.S.Wales
- **parvifolia** Cambage 1909 · ♄ e Z8 ⓚ; Austr.: N.S.Wales
- **pauciflora** Siebold ex Spreng. 1827 [15704]
  - subsp. **debeuzevillei** (Maiden) L.A.S. Johnson et Blaxell 1973 · ♄ ♄ e Z8 ⓚ; Austr. (N.S. Wales, Victoria)
  - subsp. **niphophila** (Maiden et Blakely) L.A.S. Johnson et Blaxell 1973 · ♄ ♄ e Z7 ⓚ; Austr.: N.S.Wales (Mt. Kosciusco) [32468]
  - subsp. **pauciflora** · E:Snow Gum, White Sally · ♄ e Z8 ⓚ Ⓝ; Austr.: Queensl., N.S.Wales, Victoria, S-Austr., Tasman.
- **perriniana** F. Muell. ex Rodway 1893 · ♄ e Z8 ⓚ; Austr.: N.S.Wales, Victoria, Tasman. [11166]
- *phellandra* R.T. Baker et H.G. Sm. = Eucalyptus radiata
- **pilularis** Sm. 1828 · E:Black Butt · ♄ e Z10 ⓚ Ⓝ; Austr.: SE-Queensl., N.S.Wales
- **polyanthemos** Schauer 1836 · E:Red Box · ♄ e Z9 ⓚ; Austr.: N.S.Wales, Victoria
- *polybractea* R.T. Baker = Eucalyptus fruticetorum
- **preissiana** Schauer 1844 · ♄ e Z10 ⓚ; W-Austr.
- **pulchella** Desf. 1829 · ♄ e Z10 ⓚ; Tasman.
- **pulverulenta** Sims 1819 · E:Silver Leaf Mountain Gum · ♄ ♄ e Z9 ⓚ; Austr.: N.S.Wales
- **pyriformis** Turcz. 1849 · D:Birnen-Eukalyptus; E:Pear Shaped Mallee · ♄ e ⋊ Z10 ⓚ; W-Austr.
- **radiata** Sieber ex DC. 1828 · D:Pfefferminz-Eukalyptus; E:Narrow-leaved Peppermint · ♄ e Z9 ⓚ Ⓝ; Austr.
- **regnans** F. Muell. 1870 · E:Giant Gum, Mountain Ash · ♄ e Z9 ⓚ Ⓝ; Austr.: Victoria, Tasman.
- **resinifera** Sm. 1790 · E:Red Mahogany · ♄ e Z10 ⓚ Ⓝ; Austr.: Queensl., N.S.Wales
- × **rhodantha** Blakely et H. Steedman 1938 (*E. macrocarpa* × *E. pyriformis*) · E:Kino Gum · ♄ e Z10 ⓚ; W-Austr.
- **risdonii** Hook. f. 1847 · ♄ ♄ e Z8 ⓚ; Austr. (Tasman.)
- **robusta** Sm. 1797 · E:Swamp Mahogany · ♄ e Z10 ⓚ Ⓝ; Austr.: Queensl., N.S.Wales
- *rostrata* Schltdl. non Cav. = Eucalyptus camaldulensis
- **rubida** H. Deane et Maiden 1899 · ♄ e Z9 ⓚ; Austr. (Queensl., Victoia, Tasman., S-Austr.)
- *salicifolia* Cav. = Eucalyptus amygdalina
- **saligna** Sm. 1797 · E:Sydney Blue Gum · ♄ e Z10 ⓚ Ⓝ; Austr.: SE-Queensl., N.S.Wales
- **sideroxylon** A. Cunn. ex Woolls 1886 · D:Mugga-Eukalyptus; E:Mugga, Pink Ironbark · ♄ e Z9 ⓚ Ⓝ; Austr.: Queensl., N.S.Wales, Victoria
- **smithii** R.T. Baker 1899 · E:Gully Ash · ♄ e Z10 ⓚ ⚥ ; Austr.: N.S.Wales, Victoria
- **staigeriana** F. Muell. ex F.M. Bailey 1883 · ♄ e Z10 ⓚ Ⓝ; Austr., nat. in Bras., Guat., Zaire
- **stellulata** Sieber ex DC. 1828 · ♄ e Z10 ⓚ; Austr.: N.S.Wales, Victoria
- **subcrenulata** Maiden et Blakely 1929 · ♄ e Z9 ⓚ; Austr. (Tasman.)
- **tereticornis** Sm. 1795 · E:Forest Red Gum, Grey Gum · ♄ e Z10 ⓚ Ⓝ; Austr.: Queensl., N.S.Wales, Victoria
- **tetragona** (R. Br.) F. Muell. 1864 · ♄ e Z10 ⓚ; W-Austr.
- **tetraptera** Turcz. 1849 · ♄ e Z10 ⓚ; W-Austr.
- **torquata** Luehm. 1897 · ♄ e Z10 ⓚ; W-Austr.
- *umbellata* (Gaertn.) Domin = Eucalyptus tereticornis
- **urnigera** Hook. f. 1847 · E:Urn Gum · ♄ e Z8 ⓚ; Tasman.

- **vernicosa** Hook. f. 1847 · ♄ e Z8 ⓚ; Austr. (Tasman.)
- **viminalis** Labill. 1806 · D:Rutenförmiger Eukalyptus, Zucker-Gummi-Eukalyptus; E:Manna Gum, Ribbon Gum · ♄ e Z8 ⓚ ⓝ; Austr.: N.S. Wales, S-Austr., Tasman., Victoria
- **wandoo** Blakely 1934 · D:Wandoo-Eukalyptus; E:Wandoo · ♄ e Z10 ⓚ ⓝ; Austr.
- **woodwardii** Maiden 1910 · ♄ e Z10 ⓚ; W-Austr.
- **youmanii** Blakely et McKie 1930 · ♄ e; Austr. (Queensl., N.S.Wales)

Eucharidium Fisch. et C.A. Mey. = Clarkia
- *breweri* A. Gray = Clarkia breweri
- *concinnum* Fisch. et C.A. Mey. = Clarkia concinna

Eucharis Planch. et Linden 1853 -f- *Amaryllidaceae* · (S. 909) D:Amazonaslilie, Herzkelch; E:Amazon Lily; F:Lis du Brésil
- **amazonica** Planch. 1857 · D:Amazonaslilie; E:Amazon Lily · ⚘ ⋈ Z10 ⓦ XII-VII; Ecuad., Peru
- **candida** Planch. et Linden 1853 · D:Kolumbianischer Herzkelch · ⚘ Z10 ⓦ III; Col.
- × **grandiflora** Planch. et Linden 1854 (*E. moorei* × *E. sanderi*) · D:Großblütiger Herzkelch · ⚘ Z10 ⓦ
- × *mastersii* Baker = Eucharis × grandiflora
- **sanderi** Baker 1883 · D:Sanders Herzkelch · ⚘ Z10 ⓦ II-IV; Col.
- *subedentata* (Baker) Benth. et Hook. f. = Caliphruria subedentata

Euchile (Dressler et G.E. Pollard) Withner 1998 -f- *Orchidaceae*
- **citrina** (La Llave et Lex.) Withner 1998 · ⚘ D Z10 ⓦ IV-V ▽ ✻; Mex.
- **mariae** (Ames) Withner 1998

Euchlaena Schrad. = Zea
- *mexicana* Schrad. = Zea mexicana

Euclidium R. Br. 1812 -n- *Brassicaceae* · (S. 324) D:Schnabelschötchen
- **syriacum** (L.) R. Br. 1812 · D:Schnabelschötchen · ⊙ VI; Eur.: A, EC-Eur., Ba, E-Eur.; TR, Levante, Cauc., Iran, W-Sib., C-As., Him.

Eucnide Zucc. 1844 -f- *Loasaceae* · (S. 605) D:Schönnessel; F:Eucnide, Mentzelia
- **bartonioides** Zucc. 1844 · ⊙ ⓚ VII-VIII; USA: N.Mex., Tex.; Mex.
- **cordata** Kellogg ex Curran 1885 · ⓦ; Mex. (Baja Calif., Sonora)

Eucodonia Hanst. 1854 -f- *Gesneriaceae* · (S. 550)
- **verticillata** (M. Martens et Galeotti) Wiehler 1976 · ⚘ Z10 ⓦ; Mex.

Eucomis L'Hér. 1789 -f- *Hyacinthaceae* · (S. 1008) D:Schopflilie; E:Pineapple Flower; F:Eucomis
- **autumnalis** (Mill.) Chitt. 1951 · D:Herbst-Schopflilie · ⚘ Z8 ⓚ III-IV; Malawi, Zambia, S-Afr. [29322]
- **bicolor** Baker 1878 · D:Gerandete Schopflilie; F:Eucomis du Cap · ⚘ Z8 ⓚ; S-Afr.: Natal [16736] 'Alba'
- **comosa** (Houtt.) H.R. Wehrh. 1929 · D:Ananansblume, Gewöhnliche Schopflilie; E:Pineapple Flower · ⚘ Z8 ⓚ VI-VII; S-Afr.
- **montana** Compton 1967
- **pallidiflora** Baker 1887
  - subsp. **pole-evansii** (N.E. Br.) Reyneke ex J.C. Manning 2004 · ⚘ Z8 ⓚ; S-Afr.
- *pole-evansii* N.E. Br. = Eucomis pallidiflora subsp. pole-evansii
- *punctata* (Thunb.) L'Hér. = Eucomis comosa
- *undulata* Aiton = Eucomis autumnalis

Eucommia Oliv. 1895 -f- *Eucommiaceae* · (S. 476) E:Gutta Percha Tree
- **ulmoides** Oliv. 1895 · E:Gutta Percha Tree; F:Arbre à Gutta-Percha · ♄ e Z6 ⚭ ⓝ; W-China, C-China [33140]

Eucryphia Cav. 1798 -f- *Eucryphiaceae* · (S. 476) D:Eucryphie, Scheinulme; E:Ulmo; F:Eucryphia
- **cordifolia** Cav. 1798 · D:Chilenische Scheinulme; E:Roble de Chile, Ulmo · ♄ e Z9 ⓚ VIII; S-Chile
- **glutinosa** (Poepp. et Endl.) Baill. 1869 · D:Klebrige Scheinulme · ♄ e D Z8 ⓚ VII-VIII; S-Chile [21644]
- × **hillieri** Ivens 1953 (*E. lucida* × *E. moorei*) · ♄ e Z8 ⓚ; cult.
- × **intermedia** J. Bausch 1937 (*E. glutinosa* × *E. lucida*) · ♄ e Z8 ⓚ; cult.
- **lucida** (Labill.) Baill. 1869 'Pink Cloud'
- **milliganii** Hook. f. 1897 · ♄ ♄ e Z8 ⓚ; Austr. (Tasman.)
- **moorei** F. Muell. · ♄ e Z9 ⓚ; Austr. (N.S.Wales, Victoria)
- × **nymansensis** J. Bausch 1938 (*E. cordifolia* × *E. glutinosa*) · ♄ e Z7; cult. [21643] 'Nymansay'
- *pinnatifolia* Gay = Eucryphia glutinosa

Eugenia L. 1753 -f- *Myrtaceae* · (S. 660) D:Kirschmyrte; E:Stopper; F:Eugenia
- *aromatica* (L.) Baill. = Syzygium aromaticum
- *brasiliensis* Lam. = Eugenia dombeyi
- *caryophyllata* Thunb. = Syzygium aromaticum
- *caryophyllus* (Spreng.) Bullock ex S.G. Harrison = Syzygium aromaticum
- *cumini* (L.) Druce = Syzygium cumini
- **dombeyi** (Spreng.) Skeels 1912 · D:Brasilianische Kirschmyrte; E:Brazil Cherry · ♄ e Z10 ⓚ ⓝ; Bras.
- *jambolana* Lam. = Syzygium cumini
- *jambos* L. = Syzygium jambos
- **klotzschiana** O. Berg 1859 · ♄ e Z10 ⓦ; Bras.
- *luma* (Molina) O. Berg = Luma apiculata
- *michelii* Lam. = Eugenia uniflora
- *myriophylla* Casar. = Myrciaria myriophylla
- *myrtifolia* Sims = Syzygium paniculatum
- *paniculata* (Banks ex Gaertn.) Britten = Syzygium paniculatum
- **stipulata** McVaugh 1956 · ♄ ♄ e; Col., Ecuad., Peru, Bol., N-Bras.
- *ugni* (Molina) Hook. et Arn. = Ugni molinae
- **uniflora** L. 1753 · D:Cayennekirsche, Surinam-Kirchmyrte; E:Surinam Cherry · ♄ ♄ e Z10 ⓚ ⓝ; W.Ind., trop. S-Am.
- **victoriana** · ♄ ♄ e; Col.

Eulalia Kunth 1829 -f- *Poaceae*

– *japonica* Trin. = Miscanthus sinensis

Eulophia R. Br. ex Lindl. 1821 -f- *Orchidaceae* · (S. 1065)
– **alta** (L.) Fawc. et Rendle 1910 · ⚘ Z9 ⌂ IX-X ▽ ✻; trop. Am.
– **bouliawongo** (Rchb. f.) J. Raynal 1966 · ⚘ Z9 ⌂ VI-VII ▽ ✻; Zaire, Angola
– *gigantea* (Welw. ex Rchb. f.) N.E. Br. = Eulophia bouliawongo
– **guineensis** Lindl. 1823 · ⚘ Z9 ⌂ VIII-IX ▽ ✻; W-Afr., C-Afr., E-Afr., Angola
– *horsfallii* (Bateman) Summerh. = Eulophia rosea
– *longifolia* (Kunth) Schltr. = Eulophia alta
– *paivaeana* (Rchb. f.) Summerh. = Eulophia streptopetala
– *porphyroglossa* (Rchb. f.) Bolus = Eulophia rosea
– **rosea** (Lindl.) A.D. Hawkes 1964 · ⚘ Z9 ⌂ X ▽ ✻; W-Afr., C-Afr., E-Afr., trop. S-Afr.
– **streptopetala** Lindl. 1826 · ⚘ Z9 ⌂; Sudan, Eth., E-Afr., Mozamb., S-Afr.

Eulophidium Pfitzer = Oeceoclades
– *maculatum* (Lindl.) Pfitzer = Oeceoclades maculata

Eulophiella Rolfe 1891 -f- *Orchidaceae* · (S. 1065)
– **elisabethae** Linden et Rolfe 1891 · ⚘ Z10 ⌂ IV-V ▽ ✻; Madag.
– *peetersiana* Kraenzl. = Eulophiella roempleriana
– **roempleriana** (Rchb. f.) Schltr. 1915 · ⚘ Z10 ⌂ IV-VI ▽ ✻; Madag.

Eulychnia Phil. 1860 -f- *Cactaceae* · (S. 355)
– **acida** Phil. 1864 · ♄ ♄ ¥ Z9 ⌂ ▽ ✻; Chile
– **breviflora** Phil. 1860 · ♄ ♄ ¥ Z9 ⌂ ▽ ✻; Chile (Coquimbo)
– **castanea** Phil. 1864 · ♄ ¥ Z9 ⌂ ▽ ✻; Chile
– *clavata* Phil. = Austrocactus spiniflorus
– **ritteri** Cullmann 1958 · ♄ ¥ Z9 ⌂ ▽ ✻; Peru
– **saint-pieana** F. Ritter 1964 · ♄ ¥ Z9 ⌂ ▽ ✻; N-Chile
– *spinibarbis* (Otto) Britton et Rose = Eulychnia breviflora

Eunomia DC. = Aethionema
– *rotundifolia* C.A. Mey. =

Aethionema rotundifolium

Euodia J.R. Forst. et G. Forst. 1776 -f- *Rutaceae*
– *daniellii* (Benn.) Hemsl. = Tetradium daniellii
– **glauca** Miq. 1867 · ♄ d ⌂ VII; Jap., China, Taiwan
– *henryi* Dode = Tetradium daniellii
– *hupehensis* Dode = Tetradium daniellii
– **officinalis** Dode 1909 · ♄ ♄ d Z6; C-China, W-China

Euonymus L. 1753 -m- *Celastraceae* · (S. 408) D:Pfaffenhütchen, Spindelstrauch; E:Spindle; F:Fusain
– **alatus** (Thunb.) Siebold 1830 · D:Flügel-Spindelstrauch; E:Winged Spindle; F:Fusain ailé · [17240]
'Compactus' [41260]
– var. **alatus** · ♄ d Z4 V-VI ✿; China, Amur, Manch., Korea, Jap., Sachal.
– var. **apterus** Regel 1861 · ♄ d Z3 ✿
– **americanus** L. 1753
– var. **americanus** · D:Amerikanischer Spindelstrauch; E:Strawberry Bush · ♄ d ⊗ Z6 VI; USA: NE, NCE, SE, Fla., SC
– var. **angustifolius** (Pursh) A.W. Wood 1894 · ♄ d Z6; USA: Ga.
– **atropurpureus** Jacq. 1772-73 · D:Purpur-Spindelstrauch; E:Bitter Ash, Burning Bush, Wahoo · ♄ ♄ d Z4 ✤ ⌂; Can.: Ont.; USA: NE, NCE, NC, Rocky Mts., SC, SE, Fla. [29324]
– **bungeanus** Maxim. 1859 · D:Bunges Spindelstrauch · ♄ d Z4 V ✿; Manch., N-China. [33144]
– **cornutus** Hemsl. 1893
– var. **quinquecornutus** (Comber) Blakelock 1948 · ♄ s; China [34951]
– **echinatus** Wall. 1824 · ♄ e; Him. (Pakist. - Ind.: Sikkim)
– **europaeus** L. 1753 · D:Pfaffenhütchen · [17260]
'Albus' [33146]
'Red Cascade' [17262]
– var. **europaeus** · D:Gewöhnliches Pfaffenhütchen; E:Common Spindle; F:Bonnet de prêtre, Fusain d'Europe · ♄ d ⊗ Z4 V-VI ✤ ✿ ⓝ; Eur.*, Cauc., TR
– var. **intermedius** Gaudin 1828 · ♄ d Z3; SE-Eur.
– **fimbriatus** Wall. 1824 · ♄ d Z8 ⌂; Him.

– **fortunei** (Turcz.) Hand.-Mazz. 1933
'Blondy' [28189]
'Canadale Gold' 1974 [42082]
'Coloratus' 1914 [17270]
'Dart's Blanket' 1969 [47160]
'Emerald 'n' Gold' 1967 [29080]
'Emerald Gaiety' 1969 [30490]
'Gold Tip' 1972 [36018]
'Harlequin' < 1990 [15178]
'Kewensis' 1893 [14182]
'Minimus' 1912 [17290]
'Silver Queen' 1914 [30570]
'Sunshine' 1978 [47590]
'Variegatus' 1860 [17280]
– var. **fortunei** · D:Kletternder Spindelstrauch; E:Dwarf Euonymus; F:Fusain du Japon · ♄ e Z6 ✿; W-China, C-China
– var. **radicans** (Siebold ex Miq.) Rehder 1938 · ♄ e ⅔ ⟿ Z6 ✿; Jap., Korea, Riukiu-Is. [17300]
– var. **vegetus** (Rehder) Rehder 1938 · ♄ e Z6 ✿; China
– **grandiflorus** Wall. ex Roxb. 1824 · ♄ ♄ s Z9 ⌂; N-Ind., W-China, N-Myanmar
– **hamiltonianus** Wall. 1824
'Coral Charm' [29326]
'Winter Glory' [29334]
– var. **hamiltonianus** · D:Hamiltons Spindelstrauch; E:Hamilton's Spindle · ♄ ♄ d Z4 ✿; Him.
– var. **hians** (Koehne) Blakelock 1951 Z4; China, Manch., Korea, Jap., Sachal.
– var. **lanceifolius** (Loes.) Blakelock 1951 Z4; C-China, S-China
– var. **maackii** (Rupr.) Kom. 1904 · D:Maacks Spindelstrauch; E:Maack's Spindle · d Z4 ✿; N-China, Korea [33150]
– var. **nikoensis** (Nakai) Blakelock 1951 = Euonymus hamiltonianus var. sieboldianus
– var. **sieboldianus** (Blume) H. Hara · D:Siebolds Spindelstrauch; E:Siebold's Spindle · ♄ ♄ d Z4 ✿; Korea, Jap. [33152]
– var. *yedoensis* (Koehne) Blakelock 1951 = Euonymus hamiltonianus var. sieboldianus
– **japonicus** Thunb. 1780 · D:Japanischer Spindelstrauch; E:Evergreen Euonymus, Japanese Euonymus · ♄ ♄ e Z8 ⌂ ∧ ✿ ⓝ; Jap., Korea, Riukiu-Is. [15204]
'Albomarginatus' [20591]
'Aureomarginatus' [33154]
'Aureus' [29964]

'Bravo' [15242]
'Duc d'Anjou'
'Microphyllus' [45400]
'Microphyllus Albovariegatus' [14184]
'Microphyllus Pulchellus'
'Ovatus Aureus' [17152]
'Président Gauthier' [58066]
- **kiautschovicus** Loes. 1902 · ♄ e ⤳ Z6; C-China, E-China [19354]
- *lanceifolius* Loes. = Euonymus hamiltonianus var. lanceifolius
- **latifolius** (L.) Mill. 1768 · D:Breitblättriges Pfaffenhütchen; E:Broad Leaved Spindle · ♄ d Z6 V-VI ✿ Ⓝ; Eur.: Fr, Ap, C-Eur., ? EC-Eur., Ba, E-Eur.; TR, Cyprus, Syr., Cauc., N-Iran, Maroc., Alger., nat. in RO, Krim [31040]
- **lucidus** D. Don 1825 · ♄ ♄ e Z9 ⓚ; Him., N-Assam
- *maackii* Rupr. = Euonymus hamiltonianus var. maackii
- **macropterus** Rupr. 1857 · ♄ d Z5; Amur, Manch., Korea, Jap.
- **maximowiczianus** (Prokh.) Vorosch. 1954 · ♄ d; Amur, Manch.
- **myrianthus** Hemsl. 1893 · ♄ e Z9 ⓚ; W-China [27235]
- **nanus** M. Bieb. 1819
  - var. *koopmannii* (Lauche) Lauche ex Koehne 1828 = Euonymus nanus var. turcestanicus
  - var. **nanus** · D:Zwerg-Spindelstrauch; E:Dwarf Spindle · ♄ e Z4 ✿; Eur.: RO, W-Russ; Cauc., C-As., W-China
  - var. **turcestanicus** (Dieck) Krysht. 1914 · ♄ d Z4 V-VI ✿; C-As.; Altai, Tien-schan [17330]
- *nikoensis* Nakai = Euonymus hamiltonianus var. sieboldianus
- **obovatus** Nutt. 1818 · E:Running Strawberry Bush · ♄ d ⤳ Z3; Ont., USA: NE, NCE, Tenn.
- **oresbius** W.W. Sm. 1917 · ♄ ♄ d Z5; China (Yunnan, Sichuan)
- **oxyphyllus** Miq. 1865 · D:Spitzblättriger Spindelstrauch · ♄ d Z6 ✿; China, Korea, Jap. [17340]
- *patens* Rehder = Euonymus kiautschovicus
- **pauciflorus** Maxim. 1859 · ♄ d Z5 V-VI; Amur, Manch. [33156]
- *pendulus* = Euonymus lucidus
- **phellomanus** Loes. ex Diels 1900 · D:Kork-Spindelstrauch · ♄ d Z6 ✿; W-China, N-China [28650]
- **planipes** (Koehne) Koehne 1906 · D:Flachstieliger Spindelstrauch; E:Dingle Dangle Tree · ♄ d ⚭ Z5 V; Jap., Korea, Manch., Amur

[17350]
- *radicans* Sieber ex Miq. = Euonymus fortunei var. fortunei
- **sachalinensis** (F. Schmidt) Maxim. 1881
- *sachalinensis* auct. non (Schmidt) Maxim. = Euonymus planipes
- **sanguineus** Loes. ex Diels 1900 · D:Blut-Spindelstrauch · ♄ d ⚭ Z6 V ✿; W-China, C-China [33158]
- *turcestanicus* Dieck = Euonymus nanus var. turcestanicus
- **vagans** Wall. 1824
- **verrucosus** Scop. 1771 · D:Warzen-Pfaffenhütchen · ♄ d Z5 V-VI ✿; Eur.: Ap, C-Eur., EC-Eur., Ba, E-Eur.; TR, Cauc. [33160]
- **wilsonii** Sprague 1908 · ♄ e Z9; W-China
- *yedoensis* Koehne = Euonymus hamiltonianus var. sieboldianus

Eupatorium L. 1753 -n- *Asteraceae* · (S. 243)
D:Kunigundenkraut, Wasserdost; E:Hemp Agrimony; F:Eupatoire
- *ageratoides* L. f. = Ageratina altissima
- **album** L. 1767 · ⚘ Z4 VIII-IX; USA: NE, SE, Fla.
- **altissimum** L. 1753 · D:Hoher Wasserdost; E:Tall Thoroughwort · ⚘ Z4 IX-X; USA: NE, NCE, NC, SC, SE
- **angulosum** Glaz. 1909 [63830]
- *aromaticum* L. = Ageratina aromatica
- *atrorubens* (Lem.) G. Nicholson = Bartlettina sordida
- **cannabinum** L. 1753 · D:Gewöhnlicher Wasserdost, Wasserhanf; E:Hemp Agrimony; F:Eupatoire chanvrine · ⚘ Z5 VII-IX ✵; Eur.*, TR, Lebanon, Israel, Cauc., Iran, ? Him., C-As., Maroc., Alger. [63831]
'Album' [68080]
'Flore Pleno'
- **capillifolium** (Lam.) Small 1894 · ☉ ⚘ Z8 ⓚ; USA: Va., Del., SE, Fla., Tex.; Cuba, Bahamas
'Elegant Feather'
- *coelestinum* L. = Conoclinium coelestinum
- *glechonophyllum* Less. = Ageratina glechonophylla
- *ianthinum* (Hook.) Hemsl. = Bartlettina sordida
- *incarnatum* Walter = Fleischmannia incarnata
- **indigoferum** D. Parodi 1877 · ♄ Ⓝ; S-Bras., Arg., Parag.
- *ligustrinum* DC. = Ageratina

riparia
- **maculatum** L. 1755 · D:Gefleckter Wasserdost; E:Joe Pye Weed; F:Eupatoire maculée · ⚘ Z5 VII-IX; Can., USA: NE, N.C., NCE, NC, Rocky Mts., SW
'Album'
'Atropurpureum' [69186]
'Glutball' [63835]
'Purple Bush' [69187]
'Riesenschirm' [63836]
- **megalophyllum** (Lem.) Hook. et Benth. ex Klatt = Bartlettina sordida
- *micranthum* Less. = Ageratina riparia
- **perfoliatum** L. 1753 · D:Durchwachsener Wasserdost; E:Boneset, Common Boneset, Thoroughwort · ⚘ Z3 VII-X ✵; Can.: E; USA: NE, NCE, SC, SE, Fla. [63837]
- **purpureum** L. 1753 · D:Purpur-Wasserdost; E:Joe Pye Weed · ⚘ Z4 VII-IX ✵; USA: NE, NCE, NC, Okla., SE, Fla. [63838]
'Album'
- *riparium* Regel = Ageratina riparia
- *rugosum* Houtt. = Ageratina altissima
- *scandens* L. = Mikania scandens
- **sessilifolium** L. 1753 · ⚘ Z5 VIII-IX; USA: NE, NCE, SE
- *sordidum* Less. = Bartlettina sordida
- *triplinerve* Vahl = Ayapana triplinervis
- *urticifolium* Reichard = Ageratina altissima
- *vernale* Vatke et Kurtz = Ageratina vernalis
- *weinmannianum* Regel et Körn. = Ageratina riparia

Euphorbia L. 1753 -f- *Euphorbiaceae* · (S. 481)
D:Wolfsmilch; E:Spurge; F:Euphorbe
- **abyssinica** J.F. Gmel. 1791 · D:Abessinische Wolfsmilch · ♄ ⚘ d Z10 ⓚ ✿ ▽ ✳; Eth.
- **acanthothamnos** Heldr. et Sart. ex Boiss. 1859
- **aeruginosa** Schweick. 1859 · ⚘ Z7 ⓚ; S-Afr. (Transvaal), Zimbabwe
- **aggregata** A. Berger 1906 · D:Nadelkissen-Wolfsmilch; E:Pincushion Euphorbia · ♄ ⚘ Z8 ⓚ ▽ ✳; S-Afr.: Kap, Orange Free State
- *alcicornis* hort. = Euphorbia ramipressa
- **alluaudi** Drake 1903
  - subsp. **alluaudi** · ♄ ♄ ⚘; ?

Madag.
- **alluaudii**
  - subsp. **oncoclada** (Drake) F. Friedmann et Cremers 1976 · ♄ ⚭ Z10 ⓚ ▽ ✳; Madag.
- **ammak** Schweinf. 1899 · ♄ ⚭ d Z10 ⓚ ▽ ✳; S-Arab.
- **amygdaloides** L. 1753
  'Atropurpurea' = Euphorbia amygdaloides 'Rubra'
  'Rubra' [72595]
  'Variegata'
  - subsp. **amygdaloides** · D:Mandelblättrige Wolfsmilch; E:Wood Spurge; F:Euphorbe faux-amandier · ⚃ Z7 IV-V ✿; Eur.* exc. Sc; TR, Cauc., N-Iran, Alger., Tun., nat. in N-Am. [63842]
  - subsp. **robbiae** (Turrill) Stace 1989 · D:Robb-Wolfsmilch; E:Mrs Robb's Bonnet · ⚃ Z7 V-VII; TR [70751]
- **angularis** Klotzsch 1861 · ♄ ⓚ ▽ ✳; E-Afr.
- **angulata** Jacq. 1789 · D:Kanten-Wolfsmilch · ⚃ V-VI; Eur.: Ib, Fr, Ap, A, EC-Eur., E-Eur.
- **ankarensis** Boiteau 1942 · ⚭ Z10 ⓦ; Madag.
- **antiquorum** L. 1753 · E:Triangular Spurge · ♄ ⚭ d Z10 ⓚ ▽ ✳; Ind., Sri Lanka
- **antisyphilitica** Zucc. 1832 · D:Candelillawachs; E:Candelilla · ♄ ⚭ Z8 ⓚ Ⓝ ▽ ✳; SW-USA, Mex., C-Am.
- **aphylla** Brouss. ex Willd. 1809 · ♄ ⚭ Z9 ⓚ ▽ ✳; Canar.
- **atropurpurea** Brouss. 1809 · ♄ ⚭ Z9 ⓚ ▽ ✳; Canar.: Teneriffa
- **aureoviridiflora** (Rauh) Rauh 1993 · ♄ ⚭ Z10 ⓦ; Madag.
- **austriaca** A. Kern. = Euphorbia illirica
- **avasmontana** Dinter 1928 · ♄ ⚭ Z9 ⓚ ▽ ✳; Kap, Namibia
- **baioensis** S. Carter 1982 · ⚃ ⚭ Z10 ⓦ; Kenya
- **balsamifera** Aiton 1789 · ♄ ⚭ Z9 ⓚ ▽ ✳; Canar., W-Afr., Somalia, S-Arab.
- **barnhartii** Croizat = Euphorbia lacei
- **beaumieriana** Hook. f. et Coss. = Euphorbia officinarum subsp. officinarum
- **beharensis** Leandri 1946 · ♄ ⚭ Z10 ⓚ ▽ ✳; SW-Madag.
- **bergeri** N.E. Br. 1915 · ⚃ ⚭ Z10 ⓚ ▽ ✳; ? Kap
- **bojeri** Hook. = Euphorbia milii var. milii
- × **bothae** Lotsy et Goddijn 1928 · ♄ ⚭ Z8 ⓚ; S-Afr. (Cape Prov.)
- **broteroi** Daveau 1885
- **bubalina** Boiss. 1860 · E:Buffalo Euphorbia · ♄ ⚭ Z9 ⓚ ▽ ✳; Kap
- **bupleurifolia** Jacq. 1797 · ♄ ⚭ Z8 ⓚ ▽ ✳; S-Afr.: Kap, Natal
- **buruana** Pax 1904 · ⚃ ⚭ Z10 ⓦ; Kenya, Tanzania
- **caerulescens** Haw. 1927 · E:Noors · ♄ ⚭ Z8 ⓚ ✳; Kap
- **canariensis** L. 1753 · ♄ ⚭ Z10 ⓚ ▽ ✳; Canar.
- **candelabrum** Kotschy 1857 · D:Kandelaber-Wolfsmilch; E:Candelabra Tree · ♄ ⚭ Z9 ⓚ ▽ ✳; Mozamb., Zimbabwe, Swasiland, S-Afr.: Transvaal. Natal
  - var. *erythraeae* A. Berger = Euphorbia abyssinica
- *cap-saintemariensis* Rauh = Euphorbia decaryi var. cap-saintemariensis
- **capitulata** Rchb. 1832 · D:Zierliche Rasen-Wolfsmilch · ⚃ △ Z7 VI-VII; Eur.: Croatia, Bosn., Montenegro, Maced., AL, GR [63845]
- **caput-medusae** L. 1753 · D:Medusenhaupt-Wolfsmilch; E:Medusa's Head · ⚃ ♄ Z8 ⓚ ▽ ✳; Kap
  - var. *minor* Aiton 1789 = Euphorbia bergeri
- **carniolica** Jacq. 1778 · D:Krainer Wolfsmilch · ⚃ Z6 VI; Eur.: I, CH, A, Slove., Croatia, Bosn., YU, RO, W-Russ.
- **cashmeriana** Royle 1836 · ⚃; Afgh., W-Him.
- **ceratocarpa** Ten. 1811 · ⚃ Z9 ⓚ; Eur.: S-I, Sic. [70752]
- **cereiformis** L. 1753 · ♄ ⚭ Z7 ⓚ; cult. in S-Afr. ?
- **characias** L. 1753 [60622]
  - subsp. **characias** · D:Palisaden-Wolfsmilch; E:Large Mediterranean Spurge · ⚃ Z7; Eur.: Ib, Fr, Ap; Maroc., Libya [60260]
  'Black Pearl' [69793]
  'Blue Hills'
  'Forescate' [60143]
  'Portuguese Velvet'
  - subsp. **wulfenii** (Hoppe ex W.D.J. Koch) Radcl.-Sm. 1968 · F:Euphorbe characias · ⚃ Z7 V-VI; Eur.: F, I, Ba; TR [63846]
  'Humpty Dumpty' [69794]
  'Lambrook Gold'
  Margery Fish Grp.
  'Purple and Gold' [60300]
- **clava** Jacq. 1784 · ♄ ⚭ Z8 ⓚ ▽ ✳;
Kap
- *cognata* (Klotzsch) Boiss. = Euphorbia cashmeriana
- *commelinii* DC. = Euphorbia caput-medusae
- **cooperi** N.E. Br. ex A. Berger 1906 · ♄ ⚭ Z7 ▽ ✳; S-Afr.: Natal, Transvaal; Swasiland
- **corallioides** L. 1753 · F:Euphorbe corail · ⚃ Z7 ⓚ; Eur.: I, Sic., nat. in GB [63847]
- **cornigera** Boiss. 1862 [69805]
  'Goldener Turm' [68303]
- **corollata** L. 1753 · D:Amerikanische Wolfsmilch; E:American Spurge, Flowering Spurge · ⚃ Z5 VIII; Ont., USA: NE, NCE, NC, SC, SE, Fla. [71958]
- **crispa** (Haw.) Sweet 1826 · ⚃ ⚭ Z9 ⓚ; S-Afr. (Cape Prov.)
- **cylindrifolia** Marn.-Lap. 1961 · ⚃ ⚭ ⟿ Z10 ⓚ ▽ ✳; SE-Madag.
- **cyparissias** L. 1753 · D:Zypressen-Wolfsmilch; E:Cypress Spurge · ⚃ Z4 IV-V ✿; Eur.* exc. BrI, Sc, nat. in N-Am. [63848]
  'Betten' = Euphorbia esula subsp. esula
  'Clarice Howard' [68760]
  'Fens Ruby' [68916]
  'Orange Man'
- **decaryi** Guillaumin 1934
  - var. **cap-saintemariensis** (Rauh) Cremers 1984 · ⚃ ⚭ Z10 ⓦ; Madag.
  - var. **decaryi** · ⚃ ⚭ Z10 ⓚ ▽ ✳; SE-Madag.
- **dendroides** L. 1753 · E:Woody Spurge · ♄ d Z8 ⓚ ▽ ✳; Eur.: Ib, Fr, Ap, Ba; TR, Palaest., N-Afr. [70755]
- **didierioides** Denis ex Leandri 1934 · ♄ ⚭ Z10 ⓦ; Madag.
- **dulcis** L. 1753 · D:Süße Wolfsmilch
  'Chameleon' [63850]
  - subsp. **dulcis** · D:Haarfrüchtige Süße Wolfsmilch · ⚃ Z6 V; Eur.* exc. BrI, Sc, nat. in BrI
- *echinus* Hook. f. et Coss. = Euphorbia officinarum subsp. echinus
- **ephedroides** E. Mey. ex Boiss. 1862 · ♄ ⚭ Z8 ⓚ ▽ ✳; Kap
- **epithymoides** L. 1762 · D:Bunte Wolfsmilch, Vielfarbige Wolfsmilch; E:Cushion Spurge; F:Euphorbe dorée, Euphorbe polychrome · ⚃ Z6 V-VI ✿; Eur.: C-Eur., EC-Eur., Ba, Ap, E-Eur. [63860]
  'Candy'
  'Major'
  'Purpurea' [63861]

'Variegata' [69803]
- **erythraea** (A. Berger) N.E. Br. = Euphorbia abyssinica
- **esculenta** Marloth 1908 · ⚃ ⅄ Z8 ⓚ ▽ ✳; Kap
- **esula** L. 1753
  - **nothosubsp. pseudovirgata** (Schur) Govaerts 2000 (*E. esula subsp. esula* × *E. esula subsp. tommasiniana*) · D:Schein-Ruten-Wolfsmilch · ⚃ Z6; Eur.:
  - subsp. **esula** · D:Esels-Wolfsmilch; E:Leafy Spurge, Wolf's Milk · ⚃ Z5 V-VII ✿; Eur.*, nat. in Sib., Amur, Manch, Korea, Jap., N-Am. [61952]
  - subsp. **tommasiniana** (Bertol.) Kuzmanov 1804 · D:Ruten-Wolfsmilch · ⚃ Z5 V-VII ✿; Eur.: I, Ba, Krim; TR
- **exigua** L. 1753 · D:Kleine Wolfsmilch; E:Dwarf Spurge · ⊙ VI-X ✿; Eur.*, TR, Levante, Canar., NW-Afr., nat. in Cauc., N-Iran
- **eyassiana** P.R.O. Bally et S. Carter 1982 · ♄ ⅄ Z10 ⓦ; Tanzania
- **falcata** L. 1753 · D:Sichel-Wolfsmilch · ⊙ VI-X ✿; Eur.* exc. BrI, Sc; TR, Levante, Cauc., SW-As., Pakist., N-Afr.
  - var. **acuminata** (Lam.) St.-Amans 1818 = Euphorbia falcata
- **fasciculata** Thunb. 1800 · ⚃ ⅄ Z8 ⓚ ▽ ✳; Kap
- **ferox** Marloth 1913 · ⚃ ⅄ Z8 ⓚ ▽ ✳; Kap
- **fimbriata** Scop. 1788 · ⚃ ⅄ Z8 ▽ ✳; Kap
- **fragifera** Jan 1818 · ⚃ Z6; Eur.: Croat., Montenegro, Maced., AL
- **franckiana** A. Berger 1906 · ♄ ⅄ Z8 ⓚ ▽ ✳; ? Kap
- **francoisii** Leandri 1946 · ♄ ⅄ Z10 ⓦ; S-Magad.
- *fructus-pini* Mill. = Euphorbia caput-medusae
- **fulgens** Karw. ex Klotzsch 1834 · D:Korallenröschen, Leuchtende Wolfsmilch; E:Scarlet Plume · ♄ ⋈ Z10 ⓦ XII-I ✿; Mex.
- **fusca** Marloth 1910 · ⅄ Z8 ⓚ; S-Afr. (Cape Prov.)
- × **gayeri** Boros ex Soó 1925 (*E. cyparissias* × *E. esula subsp. esula*)
- **glauca** G. Forst. 1786 · ⚃ Z9 ⓚ; NZ
- **globosa** (Haw.) Sims 1826 · ♄ ⅄ Z8 ⓚ ▽ ✳; Kap
- **gorgonis** A. Berger 1910 · D:Gorgonenhaupt-Wolfsmilch; E:Gorgon's Head · ⚃ ⅄ Z8 ⓚ ▽ ✳; Kap
- **grandicornis** Goebel 1897 ·

♄ ⅄ Z8 ⓦ ▽ ✳; E-Afr.: Kenya, Tanzania; S-Afr.: Natal
- **grandidens** Haw. 1825 · ♄ ⅄ d Z8 ⓦ ▽ ✳; Kap
- **greenwayi** P.R.O. Bally et S. Carter 1974 · ♄ ⅄ Z10 ⓦ; Tanzania
- **griffithii** Hook. f. 1887 · D:Griffiths Wolfsmilch; F:Euphorbe de l'Himalaya · ⚃ Z5 V-VI; Bhutan, S-Tibet [63851]
  'Dixter' [63852]
  'Fireglow' [63853]
- **griseola** Pax 1904 · ♄ ⅄ Z7 ⓚ; S-Afr. (Transvaal), Botswana, Malawi, Zimbabwe, Mozamb., Zambia
- **groenewaldii** R.A. Dyer 1938 · ⅄ Z8 ⓚ; S-Afr. (Transvaal)
- **hedyotoides** N.E. Br. 1911 · ♄ ⅄ Z10 ⓦ; Madag.
- **helioscopia** L. 1753 · D:Sonnwend-Wolfsmilch; E:Sun Spurge, Wolf's Milk · ⊙ Z6 VI-X ✿; Eur.*, TR, Levante, Cauc., Iran, C-As., Him., W-Ind. (Nilgiris), N-Afr., nat. in Jap., China
- **heptagona** L. 1753 · ⚃ ⅄ Z8 ⓚ ▽ ✳; Kap
- *hermentiana* Lem. = Euphorbia trigona
- **heterophylla** L. 1753 · D:Poinsettien-Wolfsmilch; E:Japanese Poinsettia, Mexican Fire Plant · ⊙ ⊙ ⚃ ♄ Z7 VII-IX; USA: Ariz; trop. Am., nat. in USA: La., Tex.
- *hislopii* N.E. Br. = Euphorbia milii var. hislopii
- **hofstaetteri** Rauh 1992 · ♄ ⅄ Z10 ⓦ; S-Madag.
- **horrida** Boiss. 1816 · ♄ ⅄ Z7 ⓚ ▽ ✳; S-Afr. (Cape)
  'Striata'
  - var. **striata** A.C. White, R.A. Dyer et B. Sloane = Euphorbia horrida
- *humifusa* Willd. ex Schltr. = Chamaesyce humifusa
- **hyberna** L. 1753 · ⚃ Z9 ⓚ; Eur.: Ib, Br, F, Ap
- *hystrix* Jacq. = Euphorbia loricata
  - var. *viridis* hort. = Euphorbia pentagona
- **illirica** Lam. 1788 · D:Zottige Wolfsmilch · ⚃ V-VII; Eur.: A, D (Passau)
- **inconstantia** R.A. Dyer 1931 · ♄ ⅄ Z8 ⓚ ▽ ✳; Kap
- **inermis** Mill. 1768 · ⅄ Z7 ⓚ; S-Afr. (Cape Prov.)
- **ingens** E. Mey. ex Boiss. 1862 · D:Kaktus-Wolfsmilch; E:Cactus Spurge · ♄ ⅄ Z8 ⓚ; S-Afr.: Natal, Transvaal; Swasiland, Mocamb., Zimbabwe

- **inornata** N.E. Br. 1925 · ♄ ⅄ Z9 ⓚ; S-Afr. (Cape Prov.)
- **jacquemontii** Boiss. 1862 · ⚃ Z8 ⓚ; Him.
- *jacquiniiflora* Hook. = Euphorbia fulgens
- **jansenvillensis** Nel 1935 · ⚃ ⅄ Z8 ⓚ ▽ ✳; Kap
- *kalaharica* Marloth = Euphorbia avasmontana
- **knuthii** Pax 1904 · ⚃ ⅄ Z10; Mozamb., S-Afr.
- **lacei** Craib 1911 · ♄ ⅄ Z9 ⓚ ▽ ✳; Ind.
- **lactea** Haw. 1812 · E:Candelabra Spurge · ♄ ♄ ⅄ Z10 ⓦ ▽ ✳; Ind., Sri Lanka, Molucca I.
- *laro* Drake = Euphorbia tirucalli
- **lathyris** L. 1753 · D:Kreuzblättrige Wolfsmilch; E:Caper Spurge, Mole Plant; F:Euphorbe épurge · ⊙ Z6 VI-VIII ⚥ ✿; Eur.: F, Ap, Ba; NW-Afr., nat. in Eur.: BrI, C-Eur., EC-Eur., RO, Ib, TR, Cauc., N-Am., C-Am., S-Am., China [63855]
- **ledienii** A. Berger 1906 · ♄ ⅄ Z8 ⓚ ▽ ✳; Kap
- *leucodendron* Drake = Euphorbia alluaudi subsp. alluaudi
- **leuconeura** Boiss. 1862 · ♄ ⅄ Z10 ⓦ; Madag.
- **lignosa** Marloth 1909 · ♄ ⅄ Z10 ⓚ ▽ ✳; Namibia
- × **lomi** Rauh 1979 (*E. lophogona* × *E. milii*) · ♄ ⅄ Z10 ⓦ ⓚ; cult.
- **longifolia** Lam. 1788 · ♄ ♄ ⅄ Z7; Madeira, Canar.
- **lophogona** Lam. 1788 · ♄ ⅄ Z10 ⓦ ⓚ ▽ ✳; Madag.
- **loricata** Lam. 1788 · ♄ ⅄ d Z7 ▽; S-Afr. (Cape Prov.)
- **lucida** Waldst. et Kit. 1802 · D:Glänzende Wolfsmilch · ⚃ V-VII ✿ ▽; Eur.: C-Eur., EC-Eur., Ba.; W-Sib., nat. in ne N-Am.
- *lydenburgensis* Schweick. et Letty 1933 · ♄ ⅄ Z8 ⓚ; S-Afr. (Transvaal)
- *maculata* L. = Chamaesyce maculata
- **malevola** L.C. Leach 1964 · ♄ ⅄ Z10; Zimbabwe, Malawi, Zambia
- **mammillaris** L. 1753 · D:Mammilarien-Wolfsmilch; E:Corncob Cactus · ♄ ⅄ Z8 ⓚ ▽ ✳; Kap
  'Variegata'
- **marginata** Pursh 1814 · D:Schnee auf dem Berge, Weißrand-Wolfsmilch; E:Snow on the Mountain · ⊙ ⤳ Z4 VII-X ✿; USA: Minn., NC, SC, Colo., N.Mex.
- *marlothii* Pax = Euphorbia monteiroi

- × **martinii** Rouy 1900 (*E. amygdaloides* subsp. *amygdaloides* × *E. characias*) [69188] 'Red Wing' [70888]
- **mauritanica** L. 1753 · D:Milchbusch; E:Jackal's Food, Yellow Milkbush · ℏ ψ Z8 ⓚ ▽ ✻; Namibia, S-Afr.: Kap, Natal
- *medusae* Panz. = Euphorbia caput-medusae
- **mellifera** Aiton 1789 [70757]
- **meloformis** Aiton 1789
  - subsp. **meloformis** · D:Melonen-Wolfsmilch; E:Melon Spurge · ⇃ ψ Z8 ⓚ ▽ ✻; Kap
  - subsp. **valida** (N.E. Br.) G.D. Rowley 1998 · ⇃ ψ Z8 ⓚ ▽ ✻; Kap
- **milii** Des Moul. 1826
  - var. **hislopii** (N.E. Br.) Ursch et Leandri 1955 · ℏ ψ Z10 ⓚ ✻; Madag.
  - var. **milii** · D:Christusdorn; E:Christ's Thorn, Crown of Thorns · ℏ ψ △ Z10 ⓦ ⓚ ✼ ▽ ✻; Madag.
  - var. **splendens** (Bojer ex Hook.) Ursch et Leandri 1955 · ℏ ψ Z10 ⓦ; Madag.
  - var. **tenuispina** Rauh et Razaf. 1991 · ℏ ψ ⓦ; Madag.
- **millotii** Ursch et Leandri 1955 · ψ Z10 ⓦ; NW-Madag.
- **monteiroi** Hook. 1865 · ℏ ψ △ Z8 ⓚ ▽ ✻; Angola, Namibia, Botswana
- **myrsinites** L. 1753 · D:Walzen-Wolfsmilch; E:Blue Spurge; F:Euphorbe de Corse · ⇃ △ Z6 IV-VI; Eur.: Ib, Ap, Ba, RO, Krim; TR, Iran, C-As., nat. in CZ [63856]
- **neohumbertii** Boiteau 1942 · ℏ ψ Z10 ⓦ; Madag.
- *neriifolia* hort. = Euphorbia undulatifolia
- **neriifolia** L. 1753 · D:Oleander-Wolfsmilch; E:Oleander Spurge · ℏ ℏ ψ e Z10 ⓦ ▽; Ind., Myanmar, Malay. Arch., N.Guinea, Pakistan
- **nicaeensis** All. 1785 [63857]
  - subsp. **glareosa** (Pall. ex M. Bieb.) Radcl.-Sm. 1968 · D:Pannonische Wolfsmilch · ⇃ Z6 VI-VII; Eur.: EC-Eur., E-Eur., Krim; TR, Cauc
  - subsp. **nicaeensis** · D:Nizza-Wolfsmilch · ⇃ Z6 V-VII; Eur.* exc. BrI, Sc; TR, Cauc., Maroc., Alger.
- *niciciana* Borbás ex Novák = Euphorbia seguieriana subsp. seguieriana
- **nivulia** Buch.-Ham. 1825 ·

E:Milkhedge · ℏ ℏ ψ e Z10 ⓦ ▽ ✻; Ind., Myanmar
- *nutans* Lag. = Chamaesyce nutans
- **obesa** Hook. f. 1903 · D:Lebender Baseball; E:Baseball Cactus, Living Baseball · ⇃ ψ Z8 ⓚ ▽ ✻; Kap
- **oblongata** Griseb. 1843 · ⇃; Eur.: Ba, Krim; TR
- **officinarum** L. 1753
  - subsp. **echinus** (Hook. f. et Coss.) Vindt 1960 · ℏ ψ Z8 ⓚ ▽ ✻; S-Maroc.
  - subsp. **officinarum** · E:Official Spurge · ℏ ψ Z9 ⓚ ⌑ ▽ ✻; Maroc.
- *oncoclada* Drake = Euphorbia alluaudii subsp. oncoclada
- **opuntioides** Welw. ex Hiern 1900 · ψ Z10 ⓦ; Angola
- **ornithopus** Jacq. 1809 · ℏ ψ d Z8 ⓚ ✼ ▽ ✻; Kap
- **pachypodioides** Boiteau 1942 · ψ Z10 ⓦ; Madag.
- **palustris** L. 1753 · D:Sumpf-Wolfsmilch; E:Marsh Spurge; F:Euphorbe des marais · ⇃ Z5 V-VI ✼ ▽; Eur.* exc. BrI; TR, Cauc., W-Sib. [67180] 'Walenburgs Glorie' [68082]
- **paralias** L. 1753 · D:Strand-Wolfsmilch · ⇃ Z8 ⓚ; Eur.: Ib, Fr, Ap, Ba, RO, BrI; TR, Levante, Cauc., Macaron., N-Afr.
- *parvimamma* Boiss. = Euphorbia caput-medusae
- **patula** Mill. 1768 · ⇃ ψ Z8 ⓚ ▽ ✻; Kap
- **paulianii** Ursch et Leandri 1955 · ψ ⓦ; Madag.
- **pedilanthoides** Denis 1921 · ℏ ψ Z10 ⓦ; Madag.
- **pentagona** Haw. 1828 · ℏ ψ Z8 ⓚ ▽ ✻; Kap
- **peplus** L. 1753 [73455]
  - var. **minima** DC. 1805 · ☉; S-Eur., TR
  - var. **peplus** · D:Garten-Wolfsmilch; E:Petty Spurge · ☉ VII-X ✼; Eur.*, TR, Levante, Cauc., Iran, Canar., N-Afr., nat. in N-Am., Eth., Austr., NZ, Hawaii
- **persistens** R.A. Dyer 1938 · ψ Z7 ⓚ; S-Afr. (Transvaal), Swaziland, Mozamb.
- **pillansii** N.E. Br. 1913 · ψ Z7 ⓚ; S-Afr. (Cape Prov.)
- **pithyusa** L. 1753 · ⇃ ℏ Z8 ⓚ; Eur.: Balear., F, Ap; ? Maroc. [69189]
- **platyclada** Rauh 1970 · ℏ ψ d Z10 ⓦ; Madag.
- **platyphyllos** L. 1753 · D:Breit-

blättrige Wolfsmilch; E:Broad Spurge · ☉ VII-VIII ✼; Eur.: Ib, Fr, Ap., Ba, EC-Eur., E-Eur., C-Eur.; TR, Cauc.
- **polyacantha** Boiss. 1860 · ℏ ψ Z10 ⓦ; Eth., Sudan
- *polychroma* A. Kern. = Euphorbia epithymoides
- **polygona** Haw. 1803 · ℏ ψ Z8 ⓚ ▽ ✻; Kap
- **portlandica** L. 1753 · ⇃ Z7; Eur.: Ib, F, Br
- **procumbens** Mill. 1768 · ⇃ ψ Z7 ▽ ✻; Kap
- *prostrata* Aiton = Chamaesyce prostrata
- **pseudocactus** A. Berger 1906 · ℏ ψ Z8 ⓚ ▽ ✻; S-Afr.: Natal
- **pseudoglobosa** Marloth 1929 · ℏ ψ d Z7 ⓚ; S-Afr. (Cape Prov.)
- × *pseudovirgata* (Schur) Soó = Euphorbia esula nothosubsp. pseudovirgata
- **pteroneura** A. Berger 1906 · ℏ ψ Z9 ⓦ ▽ ✻; Mex.
- *pugniformis* Boiss. = Euphorbia procumbens
- **pulcherrima** Willd. ex Klotzsch 1834 · D:Poinsettie, Weihnachtsstern; E:Christmas Star, Lobster Plant, Mexican Flameleaf, Poinsettia · ℏ e ✕ Z9 ⓦ ⌒ XII ✼; S-Mex., C-Am.
- **pulvinata** Marloth 1909 · ℏ ψ Z8 ⓚ ▽ ✻; S-Afr.
- *quercifolia* hort. = Euphorbia undulatifolia
- **ramipressa** Croizat 1934 · ℏ ℏ ψ Z8 ⓚ ▽ ✻; Madag.
- **resinifera** O. Berg 1863 · D:Harz-Wolfsmilch; E:Resin Spurge · ℏ ψ Z8 ⓚ ⚡ ▽ ✻; Maroc.
- *rhipsaloides* Lem. = Euphorbia tirucalli
- **rigida** M. Bieb. 1808 · D:Zweidrüsen-Wolfsmilch · ⇃ △ Z8 ∧ IV-VIII; Eur.: P, Ap, Ba, Krim; TR, Syr., Cauc., N-Iran, Maroc. [70758]
- *robbiae* Turrill = Euphorbia amygdaloides subsp. robbiae
- **royleana** Boiss. 1862 · ℏ ψ Z9 ⓚ ▽ ✻; Him.
- **sakarahaensis** Rauh 1992 · ℏ ψ Z10 ⓦ; Madag.
- **salicifolia** Host 1797 · D:Weidenblättrige Wolfsmilch · ⇃ V-VI ✼; Eur.: C-Eur., EC-Eur., Ba, RO, W-Russ.
- *san-salvador* hort. = Euphorbia resinifera
- **sarawschanica** Regel 1882 · ⇃; C-As. (Tienshan, Pamir)

- **saxatilis** Jacq. 1776 · D:Felsen-Wolfsmilch · ⚄ V-VI; Eur.: A, N-I, Slove., Croatia
- **schillingii** Radcl.-Sm. 1987 · ⚄ Z5; Nepal [69190]
- **schimperi** C. Presl 1845 · ⚄ ⚚ Z10 ⌂ ▽ ✲; S-Arab.
- **schoenlandii** Pax 1905 · ⚚ Z7 ⌂; S-Afr. (Cape Prov.)
- *schubei* Pax = Monadenium schubei
- **segetalis** L. 1753 · D:Saat-Wolfsmilch · ⊙ VI-VII ⚘; Eur.: Ib, Fr, Ap, ? Crete, Canar., nat. in C-Eur., EC-Eur., RO
- **seguieriana** Neck. 1770 · D:Steppen-Wolfsmilch
  - subsp. **niciciana** (Borbás ex Novák) Rech. f. 1948 · F:Euphorbe de Gérard · ⚄ Z5 V-IX ⚘; Eur.: Ba; TR, Iran, Pakist. [63862]
  - subsp. **seguieriana** · D:Gewöhnliche Steppen-Wolfsmilch · ⚄ Z5 VI-VIII ⚘; Eur.* exc. BrI, Sc; TR, Cauc., W-Sib., C-As.
- **septentrionalis** P.R.O. Bally et S. Carter 1974 · ⚄ ⚚ Z10 ⌂; Uganda, Kenya, Eth.
- *serpens* Kunth = Chamaesyce serpens
- **sikkimensis** Boiss. 1862 · ⚄ Z6 VII-VIII; Bhutan, Sikkim [63864]
- **spinosa** 1753 · ♄ e Z7 ⌂; Eur.: F, Ap, Ba [70759]
- *splendens* Bojer ex Hook. = Euphorbia milii var. splendens
- **squarrosa** Haw. 1827 · ⚄ ⚚ Z9 ⌂ ▽ ✲; Kap
- **stellata** Willd. · ⚄ ⚚ ⌂ ▽ ✲; Kap
- **stellispina** Haw. 1827 · ⚄ ⚚ Z8 ⌂ ▽ ✲; Kap
- **stenoclada** Baill. 1887 · ♄ ⚚ d Z10 ⌂ ▽ ✲; Madag.
- **stricta** L. 1759 · D:Steife Wolfsmilch; E:Tintern Spurge, Upright Spurge · ⊙ Z6 VI-IX ⚘; Eur.* exc. Sc; TR, Cauc., Iran, C-As.
- **submammillaris** (A. Berger) A. Berger 1906 · ⚄ ⚚ Z8 ⌂ ▽ ✲; Kap
- **susannae** Marloth 1929 · ⚚ Z7 ⌂ ▽ ✲; S-Afr. (Cape Prov.)
- **taurinensis** All. 1785 · D:Turiner Wolfsmilch · ⊙ V-IX; Eur.: Ib, Fr, Ap, Ba, Krim; TR, Cauc., nat. in A, H
- **tetragona** Haw. 1827 · ♄ ⚚ d Z8 ⌂ ▽ ✲; Kap
- **tirucalli** L. 1753 · D:Latex-Wolfsmilch; E:Pencil Tree, Rubber Euphorbia · ♄ ♄ ⚚ d Z8 ⌂ Ⓝ ▽ ✲; E-Afr., S-Afr., Madag.
- **tortirama** R.A. Dyer 1937 · ⚄ ⚚ Z7 ⌂; S-Afr.
- **triangularis** Desf. 1906 · ♄ ⚚ d Z8 ⌂ ▽ ✲; S-Afr.: Kap, Natal
- **trichadenia** Pax 1894 · ⚄ ⚚ Z9 ⌂; S-Afr., Namibia, Zimbabwe, Angola
- *tridentata* Lam. = Euphorbia patula
- **trigona** Mill. 1858 · E:Sudu · ♄ ♄ ⚚ s Z9 ⌂ ▽ ✲; Namibia 'Rubra'
- **tubiglans** Marloth ex R.A. Dyer 1934 · ⚄ ⚚ Z8 ⌂ ▽ ✲; Kap
- **umfoloziensis** Peckover 1991 · ⚄ ⚚ Z8 ⌂; S-Afr. (Natal)
- *uncinata* DC. = Euphorbia stellata
- **undulatifolia** Janse 1953 · D:Wachsblättrige Wolfsmilch; E:Wavy-leaved Spurge · ♄ ♄ ⚚ e Z10 ⓦ ⌂ ▽ ✲; Ind.?
- *valida* N.E. Br. = Euphorbia meloformis subsp. valida
- *variegata* Sims = Euphorbia marginata
- **verrucosa** L. 1753 · D:Warzen-Wolfsmilch · ⚄ V-VI ⚘; Eur.: Ib, Fr, Ap, C-Eur., EC-Eur., Ba, RO
- **viguieri** Denis 1921 · ♄ ⚚ Z10 ⌂ ▽ ✲; W-Madag.
- *villosa* Waldst. et Kit. ex Willd. = Euphorbia illirica
- *viminalis* L. = Sarcostemma viminale
- *virgata* Waldst. et Kit. = Euphorbia esula subsp. tommasiniana
- **virosa** Willd. 1799 · ♄ ⚚ Z9 ⌂ ▽ ✲; Kap, Namibia
- *waldsteinii* (Soják) Radcl.-Sm. = Euphorbia esula subsp. tommasiniana
- **wallichii** Hook. f. 1887 · ⚄ ; Afgh., NW-Pakist., Kashmir, Him., S-Tibet, China (Yunnan) [69804]
- *wulfenii* Hoppe ex W.D.J. Koch = Euphorbia characias subsp. wulfenii
- **xylophylloides** Brongn. ex Lem. 1857 · ♄ ♄ ⚚ d Z10 ⌂ ▽ ✲; Madag.

Euphrasia L. 1753 -f- *Scrophulariaceae* · (S. 827) D:Augentrost; E:Eyebright; F:casse-lunette, Euphraise
- **alpina** Lam. 1786 · ⊙ ; Eur.: sp., F, I, CH; Pyr., Alp., Apenn.
- *arctica* Lange ex Rostr. = Euphrasia stricta
- **borealis** (F. Towns.) Wettst. 1896 · ⊙ ; Eur.: BrI, Norw.
- **christii** Favrat 1887 · ⊙ ; Eur.: N-I, S-CH
- **cisalpina** Pugsley 1932 · ⊙ ; Eur.:

NW-I, S-CH
- **dunensis** Wimm. 1935 · D:Dünen-Augentrost · ⊙ ; Eur.: DK
- **frigida** Pugsley 1930 · D:Nordischer Augentrost · ⊙ ; Eur.: Sc, Russ; Sib., Can.: E; Greenl.
- **hirtella** Jord. ex Reut. 1856 · D:Zottiger Augentrost · ⊙ VI-IX; Eur.: Ib, Fr, Ap, C-Eur., Ba, EC-Eur. +; mts.
- **inopinata** Ehrend. et Vitek 1984 · ⊙ ; Eur.: A (Salzburg, Tirol)
- *kerneri* Wettst. = Euphrasia officinalis subsp. kerneri
- **micrantha** Rchb. 1831 · D:Schlanker Augentrost · ⊙ VI-IX; Eur.* exc. Ba
- **minima** Jacq. ex DC. 1805 · D:Drüsiger Augentrost, Niedlicher Augentrost, Zwerg-Augentrost · ⊙ VII-IX; Eur.* exc. BrI, Sc
- **nemorosa** (Pers.) Wallr. 1815 · D:Hain-Augentrost
  - subsp. **coerulea** (Hoppe et Fürnr.) Wettst. 1901 · D:Blauer Augentrost, Blauer Hain-Augentrost · V-VIII; Eur.: EC-Eur., RO, W-Russ., ? D
  - subsp. *curta* Hoppe et Fürnr. 1899 = Euphrasia nemorosa subsp. nemorosa
  - subsp. **nemorosa** · D:Bläulicher Augentrost, Gewöhnlicher Hain-Augentrost · ⊙ VI-X; Eur.* exc. Ap, Ba
- **officinalis** L. 1753 · D:Augentrost
  - subsp. **kerneri** (Wettst.) Eb. Fisch. 1997 · D:Kerners Augentrost · Z6 V-X; C-Eur., SE-Eur. ; mts.
  - subsp. **officinalis** · D:Gewöhnlicher Augentrost; E:Eufragia, Eufrasia, Eyebright, Gozlukotu · ⊙ Z6 V-X ⚹ Ⓝ; Eur.*
  - subsp. **picta** (Wimm.) Oborný 1881 · D:Bunter Augentrost · Z6; Eur.: Vosges, Alp., Carp.
  - subsp. **rostkoviana** (Hayne) F. Towns. 1884 · D:Großblütiger Augentrost · Z6 V-X; Eur.*, TR, W-Sib.
- *pectinata* Ten. = Euphrasia stricta
- *rostkoviana* Hayne = Euphrasia officinalis subsp. rostkoviana
- **salisburgensis** Funck ex Hoppe 1794 · D:Salzburger Augentrost · ⊙ VII-X; Eur.*, TR
- **sinuata** Vitek et Ehrend. 1984 · D:Buchten-Augentrost · ⊙ ; Eur.: A
- **stricta** D. Wolff ex J.F. Lehm. 1809 · D:Kamm-Augentrost, Niedriger Augentrost, Steifer Augentrost, Tatarischer Augentrost,

Zarter Augentrost · ⊙ VI-X; Eur.* exc. BrI
- **tricuspidata** L. · D:Gewöhnlicher Dreispitziger Augentrost · ⊙ VII-IX; Eur.: I ; SE-Alp.

Eupritchardia Kuntze = Pritchardia
- *gaudichaudii* (Mart.) Kuntze = Pritchardia martii
- *pacifica* (Seem. et H. Wendl. ex H. Wendl.) Kuntze = Pritchardia pacifica

Euptelea Siebold et Zucc. 1840-41 -f- *Eupteleaceae* · (S. 489) D:Schönulme; F:Euptéléa
- *franchetii* Tiegh. = Euptelea pleiosperma
- **pleiosperma** Hook. f. et Thomson 1864 · D:Franchets Schönulme · ₺ d Z7; Him., SE-Tibet, C-China [19355]
- **polyandra** Siebold et Zucc. 1840-41 · D:Vielmännige Schönulme · ₺ d Z7; Jap. [16648]

× **Eurachnis** hort. 1960 -f- *Orchidaceae* · (*Arachnis* × *Euanthe*)

Eurya Thunb. 1783 -f- *Theaceae* · (S. 864) D:Sperrstrauch; F:Eurya
- **japonica** Thunb. 1783 · D:Japanischer Sperrstrauch · ♄ ₺ e Z9 Ⓚ; Ind., Sri Lanka, China, Korea, Taiwan, Jap., Malay. Arch., Fiji
'*Variegata*' = Cleyera japonica 'Fortunei'
- *latifolia* hort. = Cleyera japonica
- *ochnacea* (DC.) Szyszyl. = Cleyera japonica

Euryale Salisb. 1805 -f- *Nymphaeaceae* · (S. 668) D:Stachelseerose; E:Fox Nuts; F:Euryale, Nénuphar épineux
- **ferox** Salisb. ex K.D. Koenig et Sims 1805 · D:Stachelseerose; E:Foxnuts · ♃ ≈ Z8 Ⓦ VI-VIII ⚕ Ⓝ; N-Ind., China, Jap., Taiwan

Euryangium Kauffm. = Ferula
- *sumbul* Kauffm. = Ferula moschata

Euryops (Cass.) Cass. 1820 -m- *Asteraceae* · (S. 243) D:Goldmargerite; F:Marguerite dorée
- **abrotanifolius** DC. 1838 · D:Eberrauten-Goldmargerite · ♄ e Z9 Ⓚ; S-Afr.
- **acraeus** M.D. Hend. 1961 · ♄ e Z8 Ⓐ V-VI; S-Afr. [32498]
- **athanasiae** (L. f.) Less. 1832 · ♄ e Z9 Ⓚ III-IV; S-Afr.
- **chrysanthemoides** (DC.) B. Nord. 1968 · ♄ e Z9 Ⓚ IV-IX; S-Afr. [16737]
- **decumbens** B. Nord. 1961
- **evansii** Schltr. 1896 · D:Evans Kapmargerite · ♄ e Z9 Ⓐ V-VI; S-Afr.
- **linearis** Harv. 1859-63 · ♄ e Z8 Ⓚ; S-Afr. (Cape Prov.)
- **pectinatus** (L.) Cass. 1820 · ♄ e Z8 Ⓚ V-VI; S-Afr.
- **tenuissimus** (L.) DC. 1838 · D:Zarte Kapmargerite; E:Resin Bush · ♄ e Z9 Ⓚ V-IX; Kap
- **tysonii** E. Phillips 1917 · ♄ e Z8 Ⓚ; S-Afr. (Basutoland)
- **virgineus** (L. f.) DC. 1838 · ♄ e Z9 Ⓚ III-IV; S-Afr.

Eusideroxylon Teijsm. et Binn. 1863 -f- *Lauraceae* · (S. 597) E:Ironwood
- *laurifolia* (Blanco) J. Schultze-Motel = Eusideroxylon zwageri
- **zwageri** (Teijsm.) Binn. 1863 · ₺ Ⓦ Ⓝ; S-Sumat., Kalimantan, Phil.

Eustephia Cav. 1795 -f- *Amaryllidaceae* · (S. 910)
- **jujuyensis** hort. · ♃ Z10 Ⓚ; Arg. (Jujuy)
- **pamiana** Stapf 1929 · ♃ Z10 Ⓦ; Arg.

Eustoma Salisb. 1806 -n- *Gentianaceae* · (S. 541) D:Prärieenzian; F:Gentiane de la Prairie
- **exaltatum** (L.) Salisb. ex G. Don 1837 · ⊙ ♃ Z9 Ⓚ; USA: Calif., SW, Tex., SE, Fla.; Mex., C-Am., W.Ind
- **grandiflorum** (Raf.) Shinners 1957 · D:Bauchblume, Großblütiger Prärieenzian; E:Texas Bluebell, Tulip Gentian · ⊙ ✂ Z9 Ⓚ VII-VIII; USA: NC, SC, Colo., N-Mex.

Eustrephus R. Br. 1809 -m- *Philesiaceae* · D:Wombatbeere; E:Wombat Berry
- **latifolius** R. Br. 1809 · ⌇ e Z8 Ⓚ; Austr. (Queensl., N.S.Wales, Victoria), N.Guinea, N.Caled.

Eutaxia R. Br. 1811 -f- *Fabaceae* · (S. 509) D:Eutaxie, Straucherbse; E:Bush Pea; F:Eutaxia
- **microphylla** (R. Br.) J.M. Black 1924 · ♄ Ⓚ; Austr. (Queensl., N.S.Wales, Victoria, Tasman., S-Austr., W-Austr.)
- **myrtifolia** R. Br. 1811 · ♄ e Z9 Ⓚ III-IV; W-Austr.

Euterpe Mart. 1823 -f- *Arecaceae* · (S. 949)
- **edulis** Mart. 1824 · D:Assaipalme; E:Assai Palm · ₺ e Z10 Ⓚ; Bras., Arg.
- **globosa** Gaertn. · ₺; C-Am., W.Ind., Venez., Col., Ecuad., Peru, Bol.
- **oleracea** Mart. 1824 · ₺ e Z10 Ⓦ Ⓝ; Venez., Guyan., Bras.

Eutrema R. Br. 1823 -n- *Brassicaceae* · (S. 324)
- **edwardsii** R. Br. 1823 · ♃; N-As.
- *wasabi* (Siebold) Maxim. = Wasabia japonica

Evolvulus L. 1762 -m- *Convolvulaceae* · (S. 425)
- **arbusculus** Poir. 1813 · ♄ ⌇ Ⓦ I-XII; Hispaniola (Dominican. Rep.)
- **convolvuloides** (Willd.) Stearn 1972
- **glomeratus** Nees et Mart. 1823 [30544]
  - subsp. **glomeratus** · ♄ Z8 Ⓦ; Bras.
  - subsp. **grandiflorus** (D. Parodi) Ooststr. 1934 · ♄ ⌇ Z8 Ⓦ I-XII; S-Bras., Parag., Arg.
- **pilosus** Nutt. 1818 Z7 Ⓚ; USA: SE, SC, NC, Rocky Mts., SW; Mex.
- **purpureocoeruleus** Hook. 1845 · ♃ ⇝ Ⓦ VI-VIII; Jamaica

Ewartia Beauverd 1910 -f- *Asteraceae* · (S. 243)
- **nubigena** (F. Muell.) Beauverd 1910 · ♃ Ⓐ; Austr. (Victoria); mts.

Exacum L. 1753 -n- *Gentianaceae* · (S. 542) D:Bitterblatt; F:Violette allemande
- **affine** Balf. f. ex Regel 1883 · D:Blaues Lieschen; E:German Violet, Tiddly Winks · ⊙ Z9 Ⓚ VII-IX; Socotra
- **trinervium** (L.) Druce 1914
  - subsp. **macranthum** (Arn. ex Griseb.) L.H. Cramer 1981 · ⊙ Z9 Ⓦ; Sri Lanka

Excoecaria L. 1759 -f- *Euphorbiaceae* · (S. 481)

- **acerifolia** Didr. 1857 · ♄ e; China (Yunnan)
- *bicolor* (Hassk.) Zoll. ex Hassk. = Excoecaria cochinchinensis
- **cochinchinensis** Lour. 1790 · ♄ e 🌢 ✷; S-Vietn.

Exochorda Lindl. 1858 -f- *Rosaceae* · (S. 751)
D:Blumenspiere, Radspiere; E:Pearlbush; F:Exochorda
- **giraldii** Hesse 1908 [34220]
    - var. **giraldii** · D:Dahurische Radspiere; E:Pearl Bush; F:Exochorde · ♄ d Z5; C-China
    - var. **wilsonii** (Rehder) Rehder 1914 · F:Exochorde · ♄ d Z5 IV-V; C-China [33162]
- *grandiflora* Lindl. = Exochorda racemosa
- **korolkowii** Lavallée 1880 · D:Turkestanische Radspiere · ♄ d Z6 V; C-As.
- × **macrantha** (Lemoine) C.K. Schneid. 1905 (*E. korolkowii* × *E. racemosa*) · D:Perlen-Radspiere; E:Pearl Bush · ♄ d Z5 V; cult. [15244]
    'The Bride' (*E. korolkowii* × *E. racemosa*) [29810]
- **racemosa** (Lindl.) Rehder 1913 · D:Chinesische Radspiere; E:Common Pearl Bush; F:Exochorde à grandes fleurs · ♄ d Z5 V; E-China [17370]
- **serratifolia** S. Moore 1877 · ♄ d Z5; Manch., Korea [12324]
    'Snow White' [27236]

Exogonium Choisy = Ipomoea
- *purga* (Wender.) Benth. = Ipomoea purga

Faba Mill. = Vicia
- *vulgaris* Moench = Vicia faba var. faba

Fabiana Ruiz et Pav. 1794 -f- *Solanaceae* · (S. 847)
D:Fabiane; F:Fabiana
- **imbricata** Ruiz et Pav. · D:Falsche Heide; E:Pichi · ♄ e Z8 🌢 🌢 ⚥ ✷; S-Peru, Chile, Arg.
    'Prostrata'
    'Violacea'

Facheiroa Britton et Rose 1920 -f- *Cactaceae* · (S. 355)
- *blossfeldiorum* (Engelm.) W.T. Marshall = Espostoa blossfeldiorum
- **ulei** (Gürke) Werderm. 1933 · ♄ Z9; E-Bras.

Fadyenia Hook. 1840 -f- *Dryopteridaceae* · (S. 68)
- **prolifera** Hook. 1840 · ⚕ ⤳ Z10 🌢; W.Ind.

Fagopyrum Mill. 1754 -n- *Polygonaceae* · (S. 705)
D:Buchweizen; E:Buckwheat; F:Blé noir, Sarrasin
- *convolvulus* (L.) H. Gross = Fallopia convolvulus
- **dibotrys** (D. Don) H. Hara 1966
- **esculentum** Moench 1794 · D:Echter Buchweizen; E:Buckwheat · ⊙ VII-X ⚥ 🌢; C-As., S-Sib., N-China, nat. in Eur.*
- *sagittatum* Gilib. = Fagopyrum esculentum
- **tataricum** (L.) G. Gaertn. 1790 · D:Falscher Buchweizen, Tatarischer Buchweizen; E:Tatary Buckwheat · ⊙ VII-IX 🌢; Russ., Cauc., W-Sib., E-Sib., Amur, Pakist., Him., Tibet, China
- *vulgare* Delarbre = Fagopyrum esculentum

Fagraea Thunb. 1782 -f- *Loganiaceae* · (S. 606)
- **fragrans** Roxb. 1814 · ♄ e Z10 🌢 🌢; Malay. Arch.

Fagus L. 1753 -f- *Fagaceae* · (S. 531)
D:Buche; E:Beech; F:Hêtre
- *americana* Sweet = Fagus grandifolia subsp. grandifolia
- **crenata** Blume 1851 · D:Gekerbte Buche; E:Japanese Beech · ♄ d Z6 🌢; Jap. [17380]
    'Mount Fuji' [25591]
- **engleriana** Seemen ex Diels 1900 · D:Englers Buche; E:Engler's Beech; F:Hêtre de Chine · ♄ d Z6; C-China [33164]
- *ferruginea* Aiton = Fagus grandifolia subsp. grandifolia
- **grandifolia** Ehrh. 1787
    - subsp. **grandifolia** · D:Amerikanische Buche; E:American Beech; F:Hêtre d'Amérique · ♄ d Z4 🌢; Can.: E; USA: NE, NCE, SE, Fla., SC [33168]
    - var. *caroliniana* (Loudon) Fernald et Rehder 1907 = Fagus grandifolia subsp. grandifolia
- **japonica** Maxim. 1887 · D:Japanische Buche; E:Japanese Beech · ♄ d Z5; Jap. [25592]
- **lucida** Rehder et E.H. Wilson 1916 · ♄ d Z6; China (Hubei) [25594]
- *macrophylla* (Hohen. ex DC.)

Koidz. = Fagus orientalis
- × *moesiaca* (K. Malý) Czeczott = Fagus × taurica
- **orientalis** Lipsky 1894 · D:Orient-Buche; E:Oriental Beech; F:Hêtre d'Orient · ♄ d Z6; Eur.: Ba, Ro, Krim; TR, Cauc., N-Iran [33170]
- *sieboldii* Endl. ex A. DC. = Fagus crenata
- **sylvatica** L. 1753 · D:Rot-Buche; E:Beech, Common Beech, European Beech; F:Fayard, Hêtre commun · ♄ d Z5 IV-V ⚥ 🌢; Eur.*, TR [17390]
    'Albomarginata' 1770 [33173]
    'Ansorgei' 1891 [33175]
    'Asplenifolia' 1804 [17400]
    'Black Swan' [17562]
    'Dawyck' < 1850 [17440]
    'Dawyck Gold' 1973 [33847]
    'Dawyck Purple' [41572]
    'Laciniata' 1795 [17460]
    'Pendula' 1836 [17470]
    Purpurea Grp.
    'Purpurea Pendula' c. 1865 [17490]
    'Riversii' c. 1870 [33180]
    'Rohanii' 1894 [17500]
    fo. *suenteliensis* hort. ex Schelle = Fagus sylvatica 'Tortuosa'
    'Tortuosa' 1845 [27650]
    - subsp. *orientalis* (Lipsky) Greuter et Burdet 1981 = Fagus orientalis
- × **taurica** Popl. 1928 (*F. orientalis* × *F. sylvatica*) · ♄ d Z5; Eur.: BG, GR, Krim [25595]

Faidherbia A. Chev. 1934 -f- *Mimosaceae* · (S. 644)
D:Anabaum; E:Winterthorn
- **albida** (Delile) A. Chev. 1934 · D:Anabaum; E:Anatree, Winterthorn · ♄ 🌢 🌢; Senegal to Namibia

Falcaria Fabr. 1759 -f- *Apiaceae* · (S. 174)
D:Sichelmöhre; E:Longleaf; F:Falcaire
- **vulgaris** Bernh. 1800 · D:Sichelmöhre · ⊙ ⚕ VII-IX; Eur.: Ib, Fr, EC-Eur., Ap, Ba, E-Eur., A, CH ; TR, SW-As., C-As., nat. in BrI, Sc, N-Am., S-Am.

Falkia L. f. 1782 -f- *Convolvulaceae* · (S. 425)
- **repens** L. f. 1782 · ⚕ ⤳ 🌢 V-VIII; S-Afr.

Fallopia Adans. 1763 -f- *Polygonaceae* · (S. 705)
D:Flügelknöterich; E:Knotweed;

F:Renouée grimpante
- *aubertii* (L. Henry) Holub = Fallopia baldschuanica
- **baldschuanica** (Regel) Holub 1971 · D:Schling-Flügelknöterich, Silberregen; E:Mile-a-Minute Plant, Russian Vine · ♄ ⌇ d ⚥ Z5 VIII-X; C-As.: Tadschik., nat. in BrI, sp., A, EC-Eur., RO [35719]
- × **bohemica** (Chrtek et Chrtková) J.P. Bailey 1989 (*F. japonica* × *F. sachalinensis*) · D:Bastard-Flügelknöterich · ⚃; C-Eur.+
- **convolvulus** (L.) Á. Löve 1970 · D:Acker-Flügelknöterich; E:Black Bindweed · ☉ ⚃ ⚥ VIII-X; Eur.*, TR, Levante, Cauc., Iran, W-Sib., E-Sib., Amur, Sachal., Kamchat., C-As., Mong., N-Afr., nat. in N-Am., S-Afr.
- **dumetorum** (L.) Holub 1971 · D:Hecken-Flügelknöterich; E:Desert Knotgrass · ☉ ⚥ VII-IX; Eur.*, TR, Cauc., Iran, W-Sib., E-Sib., Amur, Sachal., C-As., Afgh., Him., Mong., Manch., N-China, Korea
- **japonica** (Houtt.) Ronse Decr. 1988 · D:Japanischer Flügelknöterich; E:Japanese Knotweed
  'Rosea' [72887]
  'Variegata' [61980]
  - var. **compacta** (Hook. f.) J.P. Bailey 1989 · D:Kleiner Japanischer Flügelknöterich · ⚃ Z4 VIII-X ⚥
  - var. **japonica** · D:Gewöhnlicher Japanischer Flügelknöterich · ⚃ Z4 VII-IX; Jap., nat. in Eur.* [66154]
- **multiflora** (Thunb.) K. Haraldson · D:Chinesischer Flügelknöterich; E:Chinese Fleeceflower · ⚃ ⚥ Z7 ∧ IX-X ⚥ ; China
- **sachalinensis** (F. Schmidt) Ronse Decr. 1988 · D:Sachalin-Flügelknöterich; E:Giant Knotweed; F:Renouée des Sakhalines · ⚃ Z4 VII-X; Jap., Sachal., nat. in Eur.

Fallugia Endl. 1840 -f- *Rosaceae* · (S. 751)
D:Apachenpflaume; E:Apache Plume; F:Plume des Apaches
- **paradoxa** (D. Don) Endl. 1840 · D:Apachenpflaume; E:Apache Plume · ♄ d ⚘ Z7 ∧ VI-VIII ⓝ; USA: Tex., Colo., Nev., Utah, Calif.; N-Mex.

Farfugium Lindl. 1857 -n- *Asteraceae* · (S. 243)
- *grande* Lindl. = Farfugium japonicum
- **japonicum** (L.) Kitam. 1939 · D:Leopardenpflanze; E:Leopard Plant · ⚃ ⓚ IX-X; Jap.
  'Aureomaculatum' [69924]
  'Crispatum' [69744]

Fargesia Franch. 1893 -f- *Poaceae* · D:Schirmbambus; E:Fountain Bamboo; F:Bambou
- **adpressa** T.P. Yi 1985
- **angustissima** T.P. Yi 1985
- **denudata** T.P. Yi 1985 [31404]
- **dracocephala** T.P. Yi 1985 [12659]
- **fungosa** T.P. Yi 1985
- **murieliae** (Gamble) T.P. Yi 1983 · D:Muriels Schirmbambus; E:Muriel Bamboo · ♄ e Z6; W-Him. [53248]
  'Jumbo' Knudsen 1996 [12138]
  'Kranich' Vaupel 1996 [12662]
  'Simba' [32007]
- **nitida** (Mitford) Keng f. 1985 · D:Fontänen-Schirmbambus; E:Fountain Bamboo · ♄ e Z6; W-China, C-China [41290]
  'Eisenach' Olsen 1981 [12952]
  'Nymphenburg' Olsen 1981 [14117]
- **robusta** T.P. Yi 1985
- **rufa** T.P. Yi 1985 [19631]
- **spathacea** Franch. 1893
- **utilis** T.P. Yi 1988 [57218]

Farsetia Turra 1765 -f- *Brassicaceae*
- **aegyptica** Turra 1765 · ♄ Z8; N-Sudan

Fascicularia Mez 1894 -f- *Bromeliaceae* · (S. 972)
- **bicolor** (Ruiz et Pav.) Mez 1894 · ⚃ Z8 ⓚ; Chile
- **kirchhoffiana** (Wittm.) Mez 1919 · ⚃ Z8 ⓚ; Chile
- *pitcairniifolia* (B. Verl.) Mez = Ochagavia litoralis

× **Fatshedera** Guillaumin 1923 -f- *Araliaceae* · (S. 199)
D:Efeuaralie; F:Fatshédéra (*Fatsia* × *Hedera*)
- **lizei** (Cochet) Guillaumin 1923 (*Fatsia japonica* 'Moseri' × *Hedera hibernica*) · D:Efeuaralie; E:Aralia Ivy · ♄ e Z8 ⓚ; cult. [20356]
  'Variegata' · e

Fatsia Decne. et Planch. 1854 -f- *Araliaceae* · (S. 199)
D:Fatsie, Zimmeraralie; E:Fatsi; F:Fatsia
- **japonica** (Thunb.) Decne. et Planch. 1854 · D:Zimmeraralie; E:Glossy-leaved Paper Plant, Japanese Fatsia · ♄ e Z8 ⓦ ⚘; Jap., Riukiu-Is., S-Korea [11168]
  'Variegata' · e

Faucaria Schwantes 1926 -f- *Aizoaceae* · (S. 144)
D:Rachenblatt, Tigerschlund; E:Tiger Jaws; F:Gueule-de-tigre
- **bosscheana** (A. Berger) Schwantes 1926 · ⚃ ⚘ Z9 ⓚ; Kap
- **britteniae** L. Bolus 1933 · ⚘ Z9 ⓚ; S-Afr. (CapE: Albany Distr.)
- **felina** (Weston) Schwantes ex H. Jacobsen 1926 · ⚃ ⚘ Z9 ⓚ; Kap
- *grandis* L. Bolus = Faucaria britteniae
- *lupina* (Haw.) Schwantes = Faucaria felina
- **subintegra** L. Bolus 1934 · ⚘ Z9 ⓚ; S-Afr. (Cape Prov.)
- **tigrina** (Haw.) Schwantes 1926 · D:Tiger-Rachenblatt, Tigerrachen; E:Tiger Jaw · ⚃ ⚘ Z9 ⓚ; Kap
- **tuberculosa** (Rolfe) Schwantes 1926 · ⚃ ⚘ Z9 ⓚ; Kap

Fedia Gaertn. 1790 -f- *Valerianaceae* · (S. 881)
D:Afrikanischer Baldrian; E:African Valerian; F:Corne d'abondance, Valériane africaine
- **cornucopiae** (L.) Gaertn. 1791 · D:Afrikanischer Baldrian; E:Horn of Plenty · ☉ VII-VIII; Eur.: Ib, F, Ap, GR, Crete; N-Afr.

Feijoa O. Berg = Acca
- *sellowiana* (O. Berg) O. Berg = Acca sellowiana

Felicia Cass. 1818 -f- *Asteraceae* · (S. 244)
D:Kapaster; E:Blue Daisy, Blue Margeruite; F:Aster du Cap
- **aethiopica** (Burm. F.) Bolus et Wolley-Dod ex Adams et T.M. Salter 1950 · ♄ e Z9 ⓚ; S-Afr.
- **amelloides** (L.) Voss 1905 · D:Blaue Kapaster; E:Blue Marguerite; F:Marguerite du Cap · ⚃ ♄ Z9 ⓚ I-XII; S-Afr. [16738]
  'Astrid Thomas'
  'Read's White'
  'Santa Anita'
  'Variegata'
- **amoena** (Sch. Bip.) Levyns 1948 · D:Liebliche KLapaster · ☉ ☉ ⚃ Z9 VIII-IX; S-Afr.
- **bergeriana** (Spreng.) O. Hoffm. ex Zahlbr. 1905 · D:Eisvogel-

Kapaster; E:Kingfisher Daisy · ⊙
Z9 VII-VIII; S-Afr.
- **filifolia** Burtt Davy 1912 · ♄ e Z9
  ⌂; S-Afr., Namibia
- **fruticosa** (L.) G. Nicholson 1884 ·
  D:Buschige Kapaster; E:Shrub
  Aster · ♄ e Z9 ⌂; S-Afr.: Kap,
  Transvaal
- **heterophylla** (Cass.) Grau 1973 ·
  ⊙ Z9 ⌂ VI-VIII; W-Kap
- **natalensis** Sch. Bip. ex Walp.
  1843
- *pappei* (Harv.) Hutch. = Felicia
  amoena
- **petiolata** (Harv.) N.E. Br. 1906 ·
  ⚃ Z9 ⌂; S-Afr.
- **rosulata** Yeo 1970 · ⚃ Z9 ⌂;
  S-Afr. [62589]
- **tenella** (L.) Nees 1833 · ⊙ ⊖ ⚃ Z9
  ⌂ VII-VIII; S-Afr.
- **uliginosa** (J.M. Wood et M.S.
  Evans) Grau 1973 · ⚃ Z9 ⌂;
  S-Afr.

Fendlera Engelm. et A. Gray 1852
-f- *Hydrangeaceae* · (S. 567)
- **rupicola** A. Gray 1852 · ♄ d △ Z7
  ⌂ ∧ V; USA: Colo., SW
- **wrightii** (A. Gray) A. Heller
  1897 · ♄ d Z7 ∧; SW-USA, Tex.,
  NW-Mex.

Fenestraria N.E. Br. 1925 -f-
Aizoaceae · (S. 144)
D:Fensterblatt
- *aurantiaca* N.E. Br. = Fenestraria
  rhopalophylla subsp. aurantiaca
- **rhopalophylla** (Schltr. et Diels)
  N.E. Br. 1925
  - subsp. **aurantiaca** (N.E. Br.)
    H.E.K. Hartmann 1982 · E:Baby's
    Toes · ⚃ Ψ Z10 ⌂; Kap
  - subsp. **rhopalophylla** · ⚃ Ψ Z10
    ⌂; Kap

Fenzlia Benth. = Linanthus
- *dianthiflora* Benth. = Linanthus
  dianthiflorus

Ferocactus Britton et Rose 1922
-m- *Cactaceae* · (S. 355)
- *acanthodes* (Lem.) Britton et Rose
  = Ferocactus cylindraceus var.
  cylindraceus
  - var. *lecontei* (Engelm.) G.E.
    Linds. = Ferocactus cylindraceus
    var. lecontei
- *alamosanus* (Britton et Rose)
  Britton et Rose = Ferocactus pottsii
  var. alamosanus
- **chrysacanthus** (Orcutt) Britton
  et Rose 1922 · Ψ Z10 ⌂ ▽ ✻;
  N-Mex.: Isla Cedros

- *coloratus* H.E. Gates = Ferocactus
  gracilis var. coloratus
- *covillei* Britton et Rose =
  Ferocactus emoryi
- **cylindraceus** (Engelm.) Orcutt
  1926
  - var. **cylindraceus** · E:Compass
    Barrel Cactus · Ψ Z10 ⌂ ▽ ✻;
    Mex.: Baja Calif., Sonora
  - var. *eastwoodiae* (L.D. Benson)
    N.P. Taylor 1984 = Ferocactus
    eastwoodiae
  - var. **lecontei** (Engelm.) Bravo
    1980 · Ψ Z9 ⌂
- **diguetii** (F.A.C. Weber) Britton et
  Rose 1922 · Ψ ⌂
- **eastwoodiae** (L.D. Benson) L.D.
  Benson 1982 · Ψ Z9 ⌂; USA:
  Ariz.
- **echidne** (DC.) Britton et Rose
  1922 · Ψ Z10 ⌂ ▽ ✻; N-Mex.
- **emoryi** (Engelm.) Orcutt 1926 · Ψ
  Z10 ⌂ ▽ ✻; SW-Ariz., NW-Mex.
  - var. **emoryi**
  - var. **rectispinus** Engelm. 1984 ·
    Ψ Z9 ⌂; Mex. (N-Baja Calif.)
- **flavovirens** (Scheidw.) Britton et
  Rose 1922 · Ψ Z10 ⌂ ▽ ✻; S-Mex.
- **fordii** (Orcutt) Britton et Rose
  1922 · Ψ Z10 ⌂ ▽ ✻; NW-Mex.
- **glaucescens** (DC.) Britton et Rose
  1922 · Ψ Z10 ⌂ ▽ ✻; E-Mex.
- **gracilis** H.E. Gates 1933
  - var. **coloratus** (H.E. Gates)
    G.E. Linds. 1955 · Ψ Z9 ⌂; Mex.
    (Baja Calif.)
  - var. **gracilis** · Ψ Z10 ⌂ ▽ ✻;
    NW-Mex.
- **hamatacanthus** (Muehlenpf.)
  Britton et Rose 1922
  - var. **hamatacanthus** · E:Turk's
    Head · Ψ Z10 ⌂ ▽ ✻; USA:
    N.Mex., Tex.; NE-Mex.
  - var. **sinuatus** (A. Dietr.) L.D.
    Benson 1969 · Ψ Z9 ⌂; USA
    (Tex.), N-Mex.
- *herrerae* Ortega = Ferocactus
  wislizenii var. herrerae
- **histrix** (DC.) G.E. Linds. 1955 · Ψ
  Z10 ⌂ ▽ ✻; C-Mex.
- *horridus* Britton et Rose =
  Ferocactus peninsulae var.
  peninsulae
- **latispinus** (Haw.) Britton et Rose
  1922
  - var. **flavispinus** (F.A.C. Weber)
    Y. Itô 1984 · Ψ ⌂
  - var. **latispinus** · E:Devil's
    Tongue · Ψ Z10 ⌂ ▽ ✻; Mex.
  - var. **spiralis** (Karw. ex Pfeiff.)
    N.P. Taylor 1984 · Ψ Z9 ⌂;
    S-Mex-
- *lecontei* (Engelm.) Britton et Rose

= Ferocactus cylindraceus var.
lecontei
- **macrodiscus** (Mart.) Britton et
  Rose 1922 · Ψ Z10 ⌂ ▽ ✻; Mex.:
  Guanajuato, Oaxaca
- *melocactiformis* DC. = Ferocactus
  histrix
- *orcuttii* (Engelm.) Britton et Rose
  = Ferocactus viridescens
- **peninsulae** (F.A.C. Weber)
  Britton et Rose 1922
  - var. **peninsulae** · Ψ Z10 ⌂ ▽ ✻;
    Mex.: Baja Calif.
  - var. **santa-maria** (Britton et
    Rose) N.P. Taylor 1984 · Ψ Z9 ⌂;
    Mex. (Baja Calif.)
  - var. **townsendianus** (Britton et
    Rose) N.P. Taylor 1984 · Ψ Z9 ⌂;
    Mex. (Baja Calif.)
- **pilosus** (Salm-Dyck) Werderm.
  1933 · Ψ Z10 ⌂ ▽ ✻; N-Mex.
  - var. **pringlei** · Ψ ⌂
- **pottsii** (Salm-Dyck) Backeb. 1961
  - var. **alamosanus** (Britton et
    Rose) G. Unger 1971 · Ψ Z9 ⌂;
    Mex. (Sonora)
  - var. **pottsii** · Ψ Z10 ⌂ ▽ ✻;
    Mex.: Sonora, Chihuahua,
    Sinaloa
- *rectispinus* (Engelm.) Britton et
  Rose = Ferocactus emoryi var.
  rectispinus
- *recurvus* (Mill.) G.E. Linds. =
  Ferocactus latispinus var. spiralis
- **reppenhagenii** G. Unger 1974 · Ψ
  Z9 ⌂; SW-Mex.
- **robustus** (Pfeiff.) Britton et
  Rose 1922 · Ψ Z10 ⌂ ▽ ✻; Mex.:
  Puebla
- *santa-maria* Britton et Rose =
  Ferocactus peninsulae var. santa-
  maria
- **schwarzii** G.E. Linds. 1955 · Ψ Z9
  ⌂; Mex. (Sinaloa)
- *setispinus* (Engelm.) L.D. Benson =
  Thelocactus setispinus
- *sinuatus* A. Dietr. = Ferocactus
  hamatacanthus var. sinuatus
- *stainesii* (Salm-Dyck) Britton et
  Rose = Ferocactus pilosus
- *townsendianus* Britton et Rose
  = Ferocactus peninsulae var.
  townsendianus
- *victoriensis* (Rose) Backeb. =
  Ferocactus echidne
- **viridescens** (Torr. et A. Gray)
  Britton et Rose 1922 · E:Small
  Barrel Cactus · Ψ Z10 ⌂ ▽ ✻;
  S-Calif., Baja Calif.
- **viscainensis** H.E. Gates 1933 · Ψ
  Z9 ⌂; Mex. (Baja Calif.)
- **wislizenii** (Engelm.) Britton et
  Rose 1922 · E:Fishhook Cactus

– var. **herrerae** (Ortega) N.P. Taylor 1984 · ♃ Z9 ⌂; NW-Mex.
– var. **wislizenii** · ♃ Z10 ⌂ ▽ ✱; Mex.: Sonora, Chihuahua, Sinaloa, Durango

Feronia Corrêa = Limonia
– *elephantum* Corrêa = Limonia acidissima
– *limonia* (L.) Swingle = Limonia acidissima

Ferraria Burm. ex Mill. 1759 -f- *Iridaceae* · (S. 1020)
– **crispa** Burm. 1791 · ⚄ Z9 ⌂ III-IV; Kap, nat. in Mallorca
– *undulata* L. = Ferraria crispa

Ferula L. 1753 -f- *Apiaceae* · (S. 175)
D:Riesenfenchel, Steckenkraut; E:Giant Fennel; F:Férule
– **assa-foetida** L. 1753 · ⚄ Z8 ⌂ ∧ VII-VIII ⚥ ✿ ⓝ; C-As., Iran, Afgh. [71961]
– **communis** L. 1753 · D:Riesenfenchel, Steckenkraut; E:Giant Fennel · ⚄ Z8 ⌂ ∧ VII-VIII ⓝ; Eur.: Ib, Fr, Ap, Ba, Canar.; TR, Cyprus, Lebanon, N-Afr. [72434]
– **foetida** (Bunge) Regel 1877 · D:Stinkasant · ⚄ Z8 ⌂ ⓝ; C-As.
– *galbaniflua* Boiss. et Buhse = Ferula gummosa
– **gummosa** Boiss. 1856 · ⚄ Z8 ⚥ ⓝ; Iran, C-As. (Copet Dag)
– *hispanica* Rouy = Ferula tingitana
– **moschata** (Reinsch) Koso-Pol. 1926 · E:Musk Root · ⚄; C-As.
– **narthex** Boiss. 1872 · ⚄ Z8 ⌂ ∧ VII-VIII ⚥ ⓝ; NW-Him.
– **rubricaulis** Boiss. 1856 · ⚄; W-As.
– *sumbul* (Kauffm.) Hook. f. = Ferula moschata
– **tingitana** L. 1753 · ⚄ Z8 ⌂ ∧ VII-VIII; Eur.: Ib; N-Afr.

Ferulago W.D.J. Koch 1824 -f- *Apiaceae* · (S. 175)
D:Birkwurz; F:Férule bâtarde, Petite férule
– **galbanifera** (Mill.) W.D.J. Koch 1835 · D:Knotenblütige Birkwurz · ⚄ Z6; Eur.: F, Ap, Ba, E-Eur.; Cauc.
– **nodosa** Boiss. 1849 · ⚄ ⌂; Eur.: Sic., AL, GR, Crete

Fessia Speta = Scilla
– *furseorum* (Meikle) Speta = Scilla furseorum
– **greilhuberi** (Speta) Speta 1998 · ⚄; Iran

– *hohenackeri* (Fisch. et C.A. Mey.) Speta = Scilla hohenackeri
– *puschkinioides* (Regel) Speta = Scilla puschkinioides

Festuca L. 1753 -f- *Poaceae* · (S. 1112)
D:Schwingel; E:Fescue; F:Fétuque
– *acerosa* K. Koch = Festuca punctoria
– **acuminata** Gaudin 1811 · D:Zugespitzter Schwingel · ⚄ VII-VIII; Eur.: F, I, CH; Alp.
– **airoides** Lam. 1788 · D:Kleiner Schaf-Schwingel · ⚄ VI-VII; Eur.* exc. BrI, Sc; mts.
– **alpestris** Roem. et Schult. 1817 · D:Südalpen-Buntschwingel · ⚄ △ VII-VIII; Eur.: I, Slove.; SE-Alp. [67543]
– **alpina** Suter 1802 · D:Alpen-Schwingel · ⚄ △ VI-VIII; Eur.: F, I, C-Eur., Ba; Pyr., Alp., Balkan [67544]
– **altissima** All. 1789 · D:Wald-Schwingel · ⚄ VI-VII; Eur.*, Cauc., W-Sib., E-Sib., C-As. [67545]
– **amethystina** L. · D:Gewöhnlicher Amethyst-Schwingel; E:Tufted Fescue · ⚄ △ VI; Eur.: Fr, Ap, C-Eur., Ba, E-Eur.; TR, Cauc. [67546]
– *apennina* De Not. = Festuca pratensis subsp. apennina
– **arundinacea** Schreb. · D:Gewöhnlicher Rohr-Schwingel; E:Meadow Fescue, Tall Fescue · ⚄ VI-VII ⓝ; Eur.*, TR
– **beckeri** (Hack.) Trautv. 1884 · D:Dünen-Schaf-Schwingel · ⚄ VI-VII; Eur.: Sc, D, PL, Russ., ? NL; coasts
– **brevipila** R. Tracey · D:Gewöhnlicher Raublättriger Schaf-Schwingel, Raublatt-Schwingel · ⚄ V-VII; Eur.: Fr, C-Eur., Sc, nat. in BrI, Russ.
– **calva** (Hack.) K. Richt. 1850 · D:Glatter Bunt-Schwingel, Kahler Buntschwingel · ⚄ VII; Eur.: I, A, Slove.; E-Alp.
– *capillata* Lam. = Festuca amethystina
– **cinerea** Vill. 1787 · ⚄ △ V-VI; Eur.: SE-F; NW-I [67548]
– *crinum-ursi* hort. non Ramond = Festuca gautieri
– *crinum-ursi* Ramond = Festuca eskia
– **curvula** Gaudin 1811
– subsp. **crassifolia** (Gaudin) Markgr.-Dann. 1978 · ⚄; Eur.:

CH (Valais)
– subsp. **curvula**
– *diffusa* J.J. Vassil. = Festuca ovina
– **drymeia** Mert. et W.D.J. Koch 1823 · D:Berg-Schwingel · ⚄ VI; Eur.: Ap, A, EC-Eur., Ba, E-Eur.; TR, Cauc., Iran
– **duvalii** (St.-Yves) Stohr 1955 · D:Duvals Schaf-Schwingel · ⚄; Eur.: F, B, D, PL
– **eggleri** R. Tracey 1977 · D:Egglers Schwingel · ⚄ V-VI; Eur.: A (Murtal)
– *elatior* L. = Festuca arundinacea
– subsp. *pratensis* (Huds.) Hack. 1882 = Festuca pratensis subsp. pratensis
– **elegans** Boiss. 1838
– **eskia** Ramond ex DC. 1805 · ⚄ ⇝ VII-VIII; Eur.: sp., F, ? RO; Pyr.
– *fallax* Thuill. = Festuca rubra
– **filiformis** Pourr. 1788 · D:Haar-Schaf-Schwingel; E:Hair Fescue · ⚄ V-VII; Eur.* exc. Sc; Cauc., nat. in Sc, N-Am., NZ [67556]
– **flavescens** Bellardi 1793 · D:Gelblicher Schwingel · ⚄ VII-VIII; Eur.: F, I; SW-Alp.
– **frigida** (Hack.) K. Richt. 1890 · ⚄ △ VI-VII; S-Sp.: Sierra Nevada
– **gautieri** (Hack.) K. Richt. 1890 · D:Bärenfellgras; E:Bear Skin Fescue; F:Fétuque de Gautier, Fétuque en balai · ⚄ △ V-VI; SW-F, NE-Sp. [67557]
'Pic Carlit' [67558]
– **gigantea** (L.) Vill. 1787 · D:Riesen-Schwingel; E:Giant Fescue; F:Fétuque géante · ⚄ VII-VIII; Eur.*, Cauc., W-Sib., E-Sib., C-As. [67559]
– **glacialis** (Miègev. ex Hack.) K. Richt. 1890 · ⚄ VI-VII; sp., F; Pyr. [67560]
– **glauca**
'Aprilgrün' [67547]
– **glauca** Vill. 1787 · D:Blau-Schwingel; E:Blue Fescue, Grey Fescue; F:Fétuque bleue · ⚄; SE-Eur., S-Eur.
'Blaufuchs' [67563]
'Blauglut' [60193]
'Elijah Blue' [73200]
'Golden Toupee' [69795]
'Harz' [67565]
'Meerblau' [67566]
'Seeigel'
– **guestfalica** Boenn. ex Rchb. 1831 · D:Harter Schaf-Schwingel, Westfälischer Schwingel · ⚄ V-VII; Eur.: BrI, Fr, C-Eur., EC-Eur., ? RO
– **halleri** All. 1785 · D:Hallers Schwingel · ⚄ △ VI-VIII; Eur.: F, I,

- *hervieri* (St.-Yves) Patzke = Festuca marginata
- **heteromalla** Pourr. 1788 · D:Ausgebreiteter Rot-Schwingel · ♃ VI-VII; Eur.: Fr, Ap, C-Eur., EC-Eur., Sc, ? RO
- **heteropachys** (St.-Yves) Patzke ex Auquier 1973 · D:Derber Schaf-Schwingel · ♃ VI-VII; Eur.: F, B, D, CH
- **heterophylla** Lam. 1778 · D:Verschiedenblättriger Schwingel; E:Shade Fescue · ♃ VI-IX; Cauc.
- **intercedens** (Hack.) Lüdi ex Bech. 1940 · D:Dazwischenliegender Schwingel · ♃ VI-VII; Eur.: I, CH, A; Alp.
- **juncifolia** St.-Amans 1821 · D:Binsenblättriger Schwingel · ♃; Eur.: BrI, Fr, sp.
- *lachenalii* (C.C. Gmel.) Spenn. = Micropyrum tenellum
- **laevigata** Gaudin 1808 · D:Glatter Schaf-Schwingel, Krumm-Schwingel · ♃ V-VII; Eur.: F, I, CH, D, A; Pyr., Alp., Apenn.
- **laxa** Host 1802 · D:Schlaffer Schwingel · ♃ VII-VIII; Eur.: A, Slove., I; SE-Alp.
- **mairei** St.-Yves 1922 · D:Atlas-Schwingel · ♃; Maroc., Alger. [67561]
- **makutrensis** Zapal. 1910 · D:Makutrenser Schaf-Schwingel · ♃ VI; Eur.: PL, Russ., ? D
- **marginata** (Hack.) Richt. 1890 · ♃; Eur.: sp., F, B
- *maritima* L. = Vulpia unilateralis
- **nigrescens** Lam. · D:Herbst-Rot-Schwingel, Schwarzwerdender Schwingel · ♃ ⤳ VI ⓝ; Eur.*
- *nigricans* (Hack.) K. Richt. = Festuca violacea
- **nitida** Kit. 1814 · D:Glanz-Schwingel · ♃ VII-VIII; Eur.: I, A, Slove., RO; SE-Alp., Carp.
- **norica** (Hack.) K. Richt. 1890 · D:Norischer Schwingel · ♃ VII-VIII; Eur.: I, CH, D, A, Slove.; E-Alp.
- **novae-zealandiae** (Hack.) Cockayne 1916
- **ovina** L. · D:Gewöhnlicher Schaf-Schwingel; E:Blue Fescue, Sheep's Fescue; F:Fétuque ovine · ♃ V-VII ⓝ; Eur.* exc. Ib; Cauc., W-Sib. [67562]
- **pallens** Host 1802 · D:Bleicher Schaf-Schwingel · ♃ V-VI; Eur.: Fr, C-Eur., EC-Eur., ? Bosn., RO, W-Russ.
- **paniculata** (L.) Schinz et Thell.

1913 · D:Gold-Schwingel · ♃ VI-VII; Eur.: Ib, Fr, Ap, C-Eur., Ba, RO; Maroc.
- **patzkei** Markgr.-Dann. 1978 · D:Patzkes Schaf-Schwingel · ♃; Eur.: E-F, D , Luxemburg
- *picta* Kit. = Festuca picturata
- **picturata** Pils 1980 · D:Bunter Violett-Schwingel · ♃ VII-VIII; Eur.: N-I, A, Slova., PL, BG, RO; mts.
- *polonica* Zapal. = Festuca beckeri
- **pratensis** Huds. 1762 · D:Wiesen-Schwingel
  - subsp. **apennina** (De Not.) Hack. ex Hegi 1908 · D:Apenninen-Wiesen-Schwingel · ♃ VI-VII; Eur.: Alp., Apenn., Sic. mts., Slove., Croatia, Carp.
  - subsp. **pratensis** · D:Gewöhnlicher Wiesen-Schwingel; E:Meadow Fescue · ♃ VI-VII ⓝ; Eur.*, TR, Cauc., W-Sib., E-Sib., C-As., nat. in Amur, Sachal.
- **psammophila** (Hack. ex Čelak.) Fritsch 1897 · D:Sand-Schaf-Schwingel · ♃ VI-VII; Eur.: D, PL, CZ, Balt.
- **pseudodalmatica** Krajina ex Domin 1929 · D:Falscher Dalmatiner Schwingel · ♃ V-VI; Eur.: A, EC-Eur.; Cauc., Iran, C-As.
- **pseudodura** Steud. 1854 · D:Harter Schwingel · ♃ VII-VIII; Eur.: I, CH, A; E-Alp.
- **pseudovina** Hack. ex Wiesb. 1880 · D:Falscher Schaf-Schwingel, Harter Felsen-Schwingel · ♃ VI-VII; Eur.: C-Eur., EC-Eur., BaE-Eur.; Cauc., W-Sib., E-Sib., C-As.
- *puccinellii* Parl. = Festuca violacea
- **pulchella** Schrad. · D:Gewöhnlicher Schöner Schwingel, Zierlicher Schwingel · ♃ VII-VIII; Eur.: F, I, C-Eur., Slove., ? RO; Alp., Jura, ? Carp. [67568]
- *pumila* Vill. = Festuca quadriflora
- **punctoria** Sibth. et Sm. 1806 · ♃ △ VI-VII; N-TR [67569]
- **quadriflora** Honck. 1782 · D:Niedriger Schwingel · ♃ △ VII-VIII; Eur.: sp., F, I, C-Eur., Slove.; Pyr., Alp., Jura [67570]
- *ramondii* Patzke = Festuca gautieri
- **rubra** L. 1753 · D:Rot-Schwingel
  - subsp. **arenaria** (Osbeck) F. Aresch. 1866 · D:Dünen-Rot-Schwingel · ♃; Eur.: NW-Eur., Balt.; coasts
  - subsp. **juncea** (Hack.) K. Richt. 1890 · D:Binsen-Rot-Schwingel · ♃; Eur.: most exc. Russ.
  - subsp. **litoralis** (G. Mey.)

Auquier 1968 · D:Salzwiesen-Rot-Schwingel · ♃; W-Eur., Balt.; coasts
  - subsp. **rubra** · D:Gewöhnlicher Rot-Schwingel; E:Creeping Fescue, Red Fescue · ♃ ⤳ VI ⓝ; Eur.*, TR, Cauc., Iran, W-Sib., E-Sib., C-As., N-Ind., Mong., China, Jap., Maroc., Alger., nat. in N-Am., S-Am., Austr., NZ [67572]
- **rupicaprina** (Hack.) A. Kern. 1884 · D:Gämsen-Schwingel · ♃ △ VI-VII; Eur.: C-Eur., Slove.; Alp. [67573]
- **rupicola** Heuff. 1858 · D:Furchen-Schaf-Schwingel · ♃ V-VII; Eur.: Fr, Ap, C-Eur., EC-Eur., Ba; Cauc., W-Sib., C-As.
- *salina* Natho et Stohr = Festuca rubra subsp. litoralis
- **scabriculmis** (Hack.) K. Richt. 1890 · D:Rauhalmiger Schwingel · ♃ VII-VIII; Eur.: F, I, CH; S-Alp.
- *scoparia* A. Kern. ex Hook. = Festuca gautieri
- **stenantha** (Hack.) K. Richt. 1890 · D:Schmalblütiger Schwingel · ♃ VII-VIII; Eur.: F, I, CH, A, Slove., Croatia, Bosn.; Alp., Croatia, Bosn.
- **stricta** Host 1802 · D:Steif-Schwingel · ♃ V-VII; Eur.: I, A, EC-Eur., RO
- *supina* Schur = Festuca airoides
- *sylvatica* (Pollich) Vill. = Festuca altissima
- *tenuifolia* Sibth. = Festuca filiformis
- **ticinensis** (Markgr.-Dann.) Markgr.-Dann. 1978 · D:Tessiner Schwingel · ♃ V-VII; Eur.: I, CH; S-Alp.
- **trichophylla** (Ducros ex Gaudin) K. Richt. 1884 · D:Gämsen-Schwingel, Haarblättriger Schwingel · ♃ VI-VII; Eur.: Ib, Fr, Ap, C-Eur., EC-Eur., RO
- *unifaria* Dumort. = Festuca rubra subsp. juncea
- **vaginata** Waldst. et Kit. ex Willd. 1809 · D:Sand-Schwingel · ♃ V-VI; Eur.: A, EC-Eur., Ba, E-Eur.
- **valesiaca** Schleich. ex Gaudin 1811 · D:Walliser Schaf-Schwingel · [67575]
  'Glaucantha'
  'Silbersee' [67576]
  - subsp. **parviflora** (Hack.) R. Tracey 1977 · D:Falscher Walliser Schaf-Schwingel · ; Eur.: C-Eur., EC-Eur., Ba, E-Eur.; Cauc., W-Sib., C-As.

- subsp. **valesiaca** · D:Gewöhnlicher Walliser Schaf-Schwingel; F:Fétuque du Valais · ⚃ △ VI; Eur.: Fr, Ap, C-Eur., EC-Eur., Ba, E-Eur.; TR, Cauc., C-As., Mong.
- **varia** Haenke 1788 · D:Bunt-Schwingel · ⚃ VII-VIII; Eur.: I, A, Slove.; E-Alp.
- *versicolor* Tausch = Festuca varia
- *villosa* Schweigg. = Festuca rubra subsp. arenaria
- **violacea** Ser. ex Gaudin 1808 · D:Dunkelvioletter Schwingel, Violetter Schwingel · ⚃ VII-VIII; Eur.: C-Eur., F, I; Alp., Jura
- **vivipara** (L.) Sm. 1800 · D:Brutknospen-Schwingel · ⚃ △ VI-VII; Eur.: BrI, Sc, N-Russ.; Sib., N-Am., Greenl. [67577]

× **Festulolium** Asch. et Graebn. 1902 -n- *Poaceae* · D:Schwingellolch (*Festuca* × *Lolium*)
- **loliaceum** (Huds.) P. Fourn. 1935 (*Festuca pratensis* × *Lolium perenne*) · D:Schwingellolch · ⚃ Z5; Eur.*

Fibigia Medik. 1792 -f- *Brassicaceae* · (S. 324) D:Schildkresse
- **clypeata** (L.) Medik. 1792 · ⚃ △ ⋊ Z7 ∧ V-VI; Eur.: I, Ba, Krim; TR, Syr., Palaest., Iraq, Cauc. Iran, Egypt [63865]
- **eriocarpa** (DC.) Sibth. et Sm. 1867 · ⚃ Z8; Eur.: GR; TR, Syr., Lebanon, Israel, Cauc.
- **triquetra** (DC.) Boiss. ex Prantl 1881 · ⚃ Z6; Eur.: Croat.; coast

Ficinia Schrad. 1832 -f- *Cyperaceae*
- *poiretii* Kunth = Isolepis cernua

Ficus L. 1753 -f- *Moraceae* · (S. 651) D:Feige, Gummibaum; E:Fig; F:Figuier
- **altissima** Blume 1825 · D:Hohe Feige; E:Council Tree, False Banyan · ♄ e Z10 ⓦ; Him., Ind., Sri Lanka, Myanmar, Malay. Arch., Phil.
- **aspera** G. Forst. 1786 · ♄ e ⊗ Z10 ⓦ; Vanuatu
  'Canonii'
  'Parcellii'
- **auriculata** Lour. 1790 · D:Ohr-Feige, Roxburgh-Feige; E:Roxburgh Fig · ♄ ♄ e ⊗ Z10 ⓦ; Him., S-China, Thail., Vietn.
- *australis* Willd. = Ficus rubiginosa
- *barbata* Miq. = Ficus villosa
- **barteri** Sprague 1903 · ♄ ♄ e Z10 ⓦ; W-Afr., C-Afr.
- **benghalensis** L. 1753 · D:Banyan-Feige; E:Banyan Tree, Indian Banyan · ♄ ♄ e Z10 ⓦ ⚥ ; Him., Ind.
  'Krishnae' Z10
- **benjamina** L. 1767 · D:Benjamin-Feige, Benjamin-Gummibaum; E:Benjamin Fig, Tropic Laurel, Weeping Fig · ♄ e Z10 ⓦ; Him., Ind., Myanmar, S-China, Malay. Arch., N-Austr.
- **binnendijkii** (Miq.) Miq. 1867 · ♄ e Z10 ⓦ; Java
- **callosa** Willd. 1798 · ♄ e Z10 ⓦ; Ind., Sri Lanka, Myanmar, Java
- *canonii* W. Bull ex Van Houtte = Ficus aspera
- *capensis* Thunb. = Ficus sur
- **carica** L. 1753 · D:Echte Feige; E:Fig · ♄ ♄ d Z8 ⓐ ∧ V-X ⚥ ⓝ; Eur.: Ib, Fr, Ap, Ba; TR, Levante, N-Iraq, Iran, C-As., NW-Afr.; nat. in BrI, C-Eur., EC-Eur., Krim [35038]
  'Brown Turkey' [34225]
  'Brunswick'
  'Goutte d'Or'
  'Marseillaise' [13654]
  'Sultane'
  'Violette Dauphine' [14297]
- **celebensis** Corner 1959 · ♄ e Z10 ⓦ; Sulawesi
- *cerasiformis* Desf. = Ficus parietalis
- **cyathistipula** Warb. 1894 · ♄ e ⊗ Z10 ⓦ; trop. Afr.
- **deltoidea** Jack 1822
  - var. **deltoidea** 1960 · E:Mistletoe Fig · ♄ e ⊗ Z10 ⓦ; Malay. Arch.
  - var. **diversifolia** (Blume) Corner · ♄ Z10 ⓦ; Malay. Arch.
- *diversifolia* Blume = Ficus deltoidea var. diversifolia
- **dryepondtiana** Gentil ex De Wild. 1913 · ♄ e Z10 ⓦ; C- Afr.
- *edulis* Bureau = Ficus habrophylla
- **elastica** Roxb. 1832 · D:Gummibaum; E:India Rubber Tree, Rubber Plant · ♄ e Z10 ⓦ ⓝ; E-Him., Myanmar, Malay. Arch.
- *foveolata* Wall. ex Miq. = Ficus sarmentosa var. sarmentosa
  - var. *nipponica* (Franch. et Sav.) King 1888 = Ficus sarmentosa var. nipponica
- *glabella* Blume = Ficus virens var. glabella
- *glomerata* Roxb. = Ficus racemosa
- **habrophylla** G. Benn. et Seem. 1865 · ♄ e ⊗ Z10 ⓦ; N.Caled.
- **hispida** L. f. 1782 · D:Fluss-Feige; E:River Fig, Rough Leaved Fig, Soft Fig · ♄ e Z10 ⓦ; Ind., Sri Lanka, China, Malay. Arch., N-Austr.
- *indica* L. = Ficus benghalensis
- *krishnae* C. DC. = Ficus benghalensis
- *leprieurii* Miq. = Ficus natalensis subsp. leprieurii
- **lyrata** Warb. 1894 · D:Leier-Gummibaum; E:Fiddle-leaf Fig · ♄ e Z10 ⓦ; W-Afr.
- **macrophylla** Desf. ex Pers. 1806 · D:Großblättrige Feige; E:Australian Banyan, Moreton Bay Fig · ♄ e Z10 ⓦ; Austr.: Queensl., N.S.Wales, Lord Howe Is.
- **microcarpa** L. f. 1782
  - var. **hillii** (F.M. Bailey) Corner 1960 · ♄ e Z10 ⓦ; S-As., N.Caled.
  - var. **microcarpa** · D:Vorhang-Feige; E:Chinese Banyan, Curtain Fig, Indian Laurel Fig · ♄ e Z10 ⓦ; Him., Ind., Myanmar, China, Malay. Arch., Austr., N.Caled.
- **montana** Burm. f. 1768 · D:Eichenblättrige Feige; E:Oak Leaved Fig · ♄ e ⤳ Z10 ⓦ; ? Ind., ? SE-As.
- **natalensis** Hochst. 1845
  - subsp. **leprieurii** (Miq.) C.C. Berg 1988 · ♄ e Z10 ⓦ; trop. Afr.
  - subsp. **natalensis** · D:Natal-Feige; E:Natal Fig · ♄ ♄ Z10 ⓦ; trop. Afr., S-Afr.
- **neriifolia** Sm. 1810 · ♄ e Z9 ⓦ; Him.
- *nipponica* Franch. et Sav. = Ficus sarmentosa var. nipponica
- *nitida* Thunb. = Ficus benjamina
- **nymphaeifolia** Mill. 1771 · ♄ e Z10 ⓦ; Panama, trop. S-Am.
- **palmeri** S. Watson 1889 · D:Wüsten-Feige; E:Desert Fig · ♄ e Z10 ⓦ; Mex.: Baja Calif.
- *parcellii* Veitch ex Cogn. et Marchal = Ficus aspera
- **parietalis** Blume 1825 · E:Sharp Fig · ♄ e Z10 ⓦ; W-Afr.
- **petiolaris** Kunth 1817 · ♄ e; Mex. (Sierra Madre occidental)
- *porteana* Regel = Ficus callosa
- **pumila** L. 1753 · D:Kletter-Feige; E:Creeping Fig, Fig Vine · ♄ e ⚑ ⤳ Z9 ⓦ ⓐ; China, Jap., Riukiu-Is., Taiwan, N-Vietn.
  'Variegata' · e
- *quercifolia* Roxb. = Ficus montana
- **racemosa** L. 1753 · E:Cluster Fig,

Country Fig · ♄ e Z10 ⓦ; Ind., Sri Lanka, China, SE-As.
- *radicans* Desf. = Ficus sagittata
- **religiosa** L. 1753 · D:Bobaum, Indischer Pepulbaum; E:Peepul Tree, Sacred Fig · ♄ e Z10 ⓦ ⚥; Ind., Sri Lanka
- **repandifolia** Elmer 1906
- *retusa* hort. non L. = Ficus microcarpa var. microcarpa
  - var. *nitida* (Thunb.) Miq. 1913 = Ficus benjamina
- *roxburghii* Miq. = Ficus auriculata
- **rubiginosa** Desf. ex Vent. 1804 · D:Rost-Feige; E:Port Jackson Fig, Rusty Fig · ♄ e Z10 ⓚ; Austr.: Queensl., N.S.Wales
  'Australis'
- **rumphii** Blume 1825 · ♄ e Z9 ⓦ; Ind., Malay. Pen., Molucca Is.
- **sagittata** Vahl 1790 · E:Trailing Fig · ♄ e Z10 ⓦ; E-Him., SE-As., Phil., Pacific Is.
- **sarmentosa** Buch.-Ham. ex Sm. 1810
  - var. **nipponica** (Franch. et Sav.) Corner 1960 · ♄ e ⚥ Z10 ⓦ ⓚ; Jap., Korea, China, Taiwan, E-Him.
  - var. **sarmentosa** · ♄ e Z10 ⓚ; Him., China, Korea, Jap., Ryukyu Is., Taiwan
- *schlechteri* Warb. = Ficus microcarpa var. hillii
- *stipulata* Thunb. = Ficus pumila
- **stricta** (Miq.) Miq. 1867 · ♄ e Z10 ⓦ; SE-As., China: Yunnan
- **subulata** Blume 1825 · ♄ e Z10 ⓦ; NE-Ind., SE-As., S-China
- **sur** Forssk. 1775 · D:Kap-Feige; E:Bush Fig, Cape Fig · ♄ d Z10 ⓦ; trop. Afr., S-Afr., Yemen
- **sycomorus** L. 1753 · D:Esels-Feige, Sykomore; E:Mulberry Fig, Pharoah Fig · ♄ d Z10 ⓚ ⓝ; Sudan, E-Afr., trop. S-Afr., S-Afr., Arab.
- *triangularis* Warb. = Ficus natalensis subsp. leprieurii
- *vesca* Miq. = Ficus racemosa
- **villosa** Miq. 1848 · E:Villous Fig · ♄ e ⚥ Z10 ⓦ; NE-Ind., Andaman Is.
- **virens** Aiton 1789
  - var. **glabella** (Blume) Corner 1960 · ♄ e Z10 ⓦ; Thail., Malay. Arch.
  - **wildemaniana** Warb. ex De Wild. et T. Durand 1901 · ♄ Z10 ⓦ; W-Afr., C-Afr.

Filago L. 1753 -f- *Asteraceae* · (S. 244)

D:Fadenkraut, Filzkraut; E:Cudweed; F:Cotonnière, Filago
- **arvensis** L. 1753 · D:Acker-Filzkraut · ⊙ VII-IX; Eur.* exc. BrI; TR, SW-As., Sib., C-As., Him., NW-Afr.
- **gallica** L. 1753 · D:Französisches Filzkraut · ⊙ VI-VIII; Eur.: Ib, Fr, Ap, Ba, C-Eur., BrI; TR, Cyprus, Syr., Macaron., NW-Afr., Libya
- **lutescens** Jord. 1846 · D:Gelbliches Filzkraut · ⊙ VII-IX; Eur.*, Macaron., ? N-Afr.
- **minima** (Sm.) Pers. 1807 · D:Kleines Filzkraut · ⊙ VII-IX; Eur.*
- **neglecta** (Soy.-Will.) DC. 1838 · D:Übersehenes Filzkraut · ⊙; Eur.: F, B, Corse
- **pyramidata** L. 1753 · D:Spatelblättriges Filzkraut · ⊙ VII-IX; Eur.: BrI, Ib, Fr, Ap, C-Eur., Ba, Krim; TR, Cauc., SW-As., C-As., NW-Afr.
- **vulgaris** Lam. 1779 · D:Deutsches Filzkraut · ⊙ VII-IX; Eur.*, TR, Cauc., N-Iran, NW-Afr.

Filicium Thwaites ex Benth. 1864 -n- *Sapindaceae* · (S. 800)
D:Flügelblatt; F:Arbre-fougère
- **decipiens** (Wight et Arn.) Thwaites 1864 · ♄ e ⓦ; C-Afr., E-Afr., Ind., Sri Lanka, Fiji

Filipendula Mill. 1754 -f- *Rosaceae* · (S. 752)
D:Mädesüß; E:Dropwort, Meadowsweet; F:Filipendule
- **camtschatica** (Pall.) Maxim. 1879 · D:Kamtschatka-Mädesüß; F:Filipendule du Kamtchatka · ⚃ Z3 VII-VIII; Jap., Manch., Kamchat. [63866]
- **palmata** (Pall.) Maxim. 1879 · F:Filipendule à feuilles palmées · ⚃ Z2 VI-VIII; E-Sib., Amur, Sachal., Kamchat., Mong., China, Jap. [63867]
  'Nana' [63868]
  'Rubra' [63869]
- **purpurea** Maxim. 1879 · D:Japanisches Mädesüß · ⚃ Z6 VI-VIII; Jap. [63870]
  'Alba' [63871]
  'Elegans' [63872]
- **rubra** (Hill) B.L. Rob. 1906 · D:Prärie-Mädesüß; E:Queen of the Prairie · ⚃ Z2 VI-VII; USA: NE, NCE, SE [63873]
- **ulmaria** (L.) Maxim. 1879 · D:Echtes Mädesüß; E:Meadow Sweet, Queen of the Meadow; F:Reine des prés · ⚃ ∼ Z2 VI-IX

⚥ ⓝ; Eur.*, TR, Cauc., W-Sib., E-Sib., C-As., Mong., nat. in N-Am. [63875]
  'Aurea' [63876]
  'Plena' [63877]
  'Variegata' [63878]
- **vulgaris** Moench 1794 · D:Kleines Mädesüß; E:Dropwort; F:Filipendule vulgaire · ⚃ Z3 VI-VII; Eur.*, TR, Cauc., W-Sib., E-Sib., nat. in N-Am. [63879]
  'Plena' [63880]

Fimbristylis Vahl 1805 -f- *Cyperaceae* · (S. 996)
D:Fransenbinse; F:Fimbristylis
- **aestivalis** (Retz.) Vahl 1805 · ⓚ; Amur, Taiwan, China, Indochina, Ind., Malaysia, Austr.
- **annua** (All.) Roem. et Schult. 1817 · D:Fransenried · ⊙ VII-IX; Eur.: F, I, Slove; TR, Cauc., C-As., E-As., N-Am., Trop., nat. in CH, S-Eur., Austr., Afr.
- **globulosa** (Retz.) Kunth 1837 · ⚃ ⓦ ⓝ; Ind., Sri Lanka, Malay. Pen., Micron.

Firmiana Marsili 1786 -f- *Sterculiaceae* · (S. 857)
D:Sonnenschirmbaum; E:Parasol Tree; F:Firmiana
- **simplex** (L.) W. Wight 1909 · D:Chinesischer Sonnenschirmbaum; E:Chinese Parasol Tree · ♄ d Z9 ⓚ; China, Taiwan, Ryukyu Is., Indochina [39001]

Fittonia Coëm. 1865 -f- *Acanthaceae* · (S. 130)
D:Fittonie, Silbernetzblatt; E:Nerve Plant; F:Fittonia
- **albivenis** (Lindl. ex Veitch) Brummitt 1979 · D:Silbernetzblatt; E:Mosaic Plant, Silver Net Leaf · ⚃ Z10 ⓦ; Col., Ecuad., Peru, Bol., N-Bras.
- *argyroneura* Coëm. = Fittonia albivenis
- **gigantea** Linden ex André 1869 · ⚃ Z10 ⓦ; Peru
- **verschaffeltii** (Lem.) Van Houtte 1862-65
  - var. *argyroneura* (Coëm.) G. Nicholson = Fittonia albivenis
  - var. **pearcei** G. Nicholson Z10
  - var. **verschaffeltii** · ⚃ Z10 ⓦ; Col., Ecuad., Peru, Bol.

Fitzroya Hook. f. ex Lindl. 1851 -f- *Cupressaceae* · (S. 89)
D:Patagonische Zypresse, Alerce; E:Patagonian Cypress; F:Cyprès

de Patagonie
- *archeri* (Hook. f.) Benth. et Hook. f. = Diselma archeri
- **cupressoides** (Molina) I.M. Johnst. 1924 · D:Patagonische Zypresse, Alerce; E:Patagonian Cypress · ħ e Z8 Ⓚ Ⓝ ∇ *; S-Chile, N-Patag.

Flacourtia Comm. ex L'Hér. 1789 -f- *Flacourtiaceae* · (S. 533)
D:Flacourtie, Madagaskarpflaume; E:Governor's Plum, Rukam; F:Prunier de Madagascar
- **indica** (Burm. f.) Merr. 1917 · D:Ramontchi; E:Madagascar Plum · ♄ ħ d Z10 Ⓦ Ⓝ; trop. Afr., trop. As.
- **jangomans** (Lour.) Rausch 1797
- **rukam** Zoll. et Moritzi 1846 · D:Madagaskarpflaume; E:Rukam · ħ Z10 Ⓦ Ⓝ; Malay. Arch., Phil.

Fleischmannia Sch. Bip. 1850 -f- *Asteraceae*
- **incarnata** (Walter) R.M. King et H. Rob. 1970 · ♃ Z10 Ⓚ V-X; USA: W.Va., NCE, SE, Fla, SC, SW; Mex.

Flemingia Roxb. ex W.T. Aiton 1812 -f- *Fabaceae* · (S. 509)
- **macrophylla** (Willd.) Merr. 1910 · ♄ Ⓝ; SE-As.
- **strobilifera** (L.) W.T. Aiton 1812 · ♄; Trop. u. Subtrop. As u. Am., Him., Malay Arch., Phil.
- **vestita** Benth. ex Baker 1876 · Ⓝ; Him., N-Ind.

Flueckigera Kuntze = Ledenbergia
- *macrantha* (Standl.) P. Wilson = Ledenbergia macrantha

Fockea Endl. 1839 -f- *Asclepiadaceae* · (S. 207)
- **capensis** Endl. 1839 · ♄ Ψ ≋ Ⓚ; Kap
- *crispa* (Jacq.) K. Schum. = Fockea capensis
- *cylindrica* R.A. Dyer = Fockea edulis
- **edulis** (Thunb.) K. Schum. 1893 · ♃ Ψ ≋ Z9 Ⓚ; S-Afr.
- *glabra* Decne. = Fockea edulis
- **multiflora** K. Schum. 1893 · ♄ Ψ Ⓚ; S-Angola, Tanzania

Foeniculum Mill. 1754 -n- *Apiaceae* · (S. 175)
D:Fenchel; E:Fennel; F:Fenouil
- *dulce* Mill. = Foeniculum vulgare subsp. vulgare
- *piperitum* (Ucria) Sweet = Foeniculum vulgare subsp. piperitum
- **vulgare** Mill. 1768 · D:Fenchel; E:Fennel · ⊙ ♃ VII-IX ⚕; Eur.: Ib, Fr, Ap, Ba, BrI; TR, Cauc., Iran, N-Afr., nat. in C-Eur., EC-Eur., E-Eur., N-Am., S-Am., Jap., China, NZ [63881]
  - subsp. **piperitum** (Ucria) Bég. 1907 · D:Pfeffer-Fenchel · ♃ Z5
  - subsp. **vulgare** Mill. · D:Garten-Fenchel; E:Finnochio · ; Eur.*
    - var. **azoricum** (Mill.) Thell. · D:Gemüse-Fenchel, Knollen-Fenchel; E:Florence Fennel · ⊙ ♃ Z5; cult.
    - var. **dulce** (DC.) Batt. 1889 · D:Gewürz-Fenchel; E:Sweet Fennel · ⊙ ♃ Z5 VII-VIII ⚕ Ⓝ; cult.

    var. dulce 'Giant Bronze'
    var. dulce 'Purpureum'
    var. dulce 'Rubrum' [60403]
    - var. **vulgare** · D:Wilder Fenchel · ⊙ ♃ Z5 VII-VIII

Fokienia A. Henry et H.H. Thomas 1911 -f- *Cupressaceae* · (S. 90)
D:Pemouzypresse
- **hodginsii** A. Henry et H.H. Thomas 1911 · D:Pemouzypresse · ħ e Z8 Ⓚ; China: Fukien

Fontanesia Labill. 1791 -f- *Oleaceae* · (S. 673)
D:Fontanesie; E:Fontanesia; F:Fontanesie
- *angustifolia* Dippel = Fontanesia phillyreoides subsp. phillyreoides
- *fortunei* Carrière = Fontanesia phillyreoides subsp. fortunei
- **phillyreoides** Labill. 1791 [29344]
  - subsp. **fortunei** (Carrière) P.S. Green et Yalt. 1978 · D:Glattrandige Fontanesie · ♄ d Z5 V-VI; E-China
  - subsp. **phillyreoides** · D:Kleinasiatische Fontanesie · ħ d Z6 V-VI; Eur.: Sic.; TR, Lebanon, Syr., nat. in I

Forestiera Poir. 1810 -f- *Oleaceae* · (S. 673)
D:Adelie
- **acuminata** (Michx.) Poir. 1810 · D:Spitzblättrige Adelie, Sumpfliguster; E:Alligator Tree, Swamp Privet · ♄ ħ d ~ Z6 IV-V; USA: NCE, Kans., SC, SE, Fla.
- **ligustrina** (Michx.) Poir. 1810 · D:Ligusterähnliche Adelie · ħ d Z6 VIII; USA: NE, SE, Fla.
- **neomexicana** A. Gray 1876 · D:Neumexikanische Adelie, Wüstenolive; E:Desert Olive, New Mexico Privet; F:Olivier du désert · ♄ ħ d Z6 IV-V; USA: SC, Colo., SW, Calif. [29345]

Forsythia Vahl 1804 -f- *Oleaceae* · (S. 674)
D:Forsythie, Goldglöckchen; E:Forsythia; F:Forsythia
- **europaea** Degen et Bald. 1897 · D:Europäische Forsythie · ♄ d Z6 IV-V; Eur.: S-YU, AL
- **giraldiana** Lingelsh. 1909 · ♄ d Z6 IV-V; NW-China [25613]
- × **intermedia** Zabel 1889 (*F. suspensa* × *F. viridissima*) · D:Garten-Forsythie; F:Forsythia de Paris · ♄ d ⋈ Z5 III-V; cult. [25794]

'Beatrix Farrand' 1959 [17530]
'Fiesta' 1986 [19362]
'Golden Nugget' 1964 [26079]
'Goldzauber' 1974 [29090]
'Lynwood' 1935 [17540]
'Minigold' [13146]
'Spectabilis' 1906 [17550]
'Spring Glory' 1942 [17560]
'Week-End' 1984 [15046]
- **japonica** Makino · ♄ d Z6 IV; Jap.
- **ovata** Nakai 1917 · D:Koreanische Forsythie; E:Korean Forsythia · ♄ d Z5 IV; Korea [28320]

'Tetragold' 1963 [17570]
- **suspensa** (Thunb.) Vahl 1804 [25633]

'Nymans' [30545]
'Taff's Arnold' [25634]
'Variegata' = Forsythia suspensa 'Taff's Arnold'
  - var. **fortunei** (Lindl.) Rehder 1891 · D:Bogige Forsythie · ♄ d Z5 IV; E-China [17580]
  - var. **sieboldii** Zabel 1885 · D:Kletter-Forsythie · ♄ d Z5 IV; Jap.
  - var. **suspensa** · D:Hänge-Forsythie; E:Weeping Forsythia · ♄ d Z5 IV-V ⚕; China
- **viridissima** Lindl. 1846 [25637]

'Bronxensis' 1947 [34060]
'Weber's Bronx' < 1979 [23567]
  - var. **koreana** Rehder · D:Großblütige Grüne Forsythie · ♄ d Z5; Korea
  - var. **viridissima** · D:Grüne Forsythie; E:Green Forsythia · ♄ d Z6 IV-V; China
- **in vielen Sorten:**

'Arnold Dwarf' 1941 [18141]
'Marée d'Or' 1986

'Mêlée d'Or' 1986 [14001]
'Northern Gold' 1984 [34691]

Fortunearia Rehder et E.H. Wilson 1913 -f- *Hamamelidaceae* · D:Fortunearie
- **sinensis** Rehder et E.H. Wilson 1913 · D:Fortunearie · ♄ ♄ d Z8 ⓚ; China

Fortunella Swingle 1915 -f- *Rutaceae* · (S. 790) D:Kumquat, Zwergorange; E:Kumquat; F:Kumquat
- **hindsii** (Champ. ex Benth.) Swingle 1915 · D:Hongkong-Kumquat; E:Hong Kong Kumquat · ♄ e Z9 ⓚ Ⓝ; Hongkong, China
- **japonica** (Thunb.) Swingle 1915 · D:Runde Kumquat; E:Round Kumquat · ♄ e ⚭ Z9 ⓚ Ⓝ; S-China [11516]
- **margarita** (Lour.) Swingle 1915 · D:Ovale Kumquat; E:Oval Kumquat · ♄ e Z8 ⓚ Ⓝ; S-China [18051]

Fosterella L.B. Sm. 1960 -f- *Bromeliaceae* · (S. 973)
- **penduliflora** (C.H. Wright) L.B. Sm. 1960 · ⚃ Z9 ⓦ; Bol, W-Arg.

Fothergilla L. 1774 -f- *Hamamelidaceae* · (S. 562) D:Federbuschstrauch; E:Witch Alder; F:Fothergilla
- **alnifolia** L. f. = Fothergilla gardenii
  - var. **major** Sims 1810 = Fothergilla major
- **carolina** (L.) Britton = Fothergilla gardenii
- **gardenii** Murray 1774 · D:Erlenblättriger Federbuschstrauch; E:Dwarf Witch Alder · ♄ d △ Z7 V; USA: Va., SE [30630]
  'Blue Mist' [25639]
- **major** (Sims) Lodd. 1829 · D:Großer Federbuschstrauch; E:Witch Alder · ♄ d Z7 V; USA: SE [17590]
  Monticola Grp.
- **monticola** Ashe = Fothergilla major
- **parvifolia** Kearney = Fothergilla gardenii

Fouquieria Kunth 1823 -f- *Fouquieriaceae* · (S. 535) D:Kerzenstrauch, Ocotillostrauch; E:Ocotillo; F:Cierge, Cirio
- **columnaris** (Kellogg) Kellogg ex Curran 1885 · ♄ ⚃ Z9 ⓚ ▽ ✻; Mex.: Baja Calif., Sonora
- **diguetii** (Tiegh.) I.M. Johnst. 1925 · ♄ d Z9 ⓚ; Mex. (Baja Calif., Sonora), SW-Calif.
- **macdougalii** Nash 1903 · D:Mexikanischer Kerzenstrauch · ♄ ⚃ d ⓚ; Mex. (Sonora, Sinaloa)
- **splendens** Engelm. 1848 · D:Kalifornischer Kerzenstrauch; E:American Desert Candlewood, Ocotillo · ♄ ⚃ Z9 ⓚ; S-Calif., Baja Calif.

Fragaria L. 1753 -f- *Rosaceae* · (S. 752) D:Erdbeere; E:Strawberry; F:Fraisier
- × **ananassa** (Duchesne) Guédès 1872 (*F. chiloensis* × *F. virginiana*) · D:Garten-Erdbeere, Kultur-Erdbeere; E:Garden Strawberry, Strawberry · ⚃ V-VI Ⓝ; cult., nat. in Eur.
  'Deutsch Evers Bromba' [12750]
  'Elsanta' [13312]
  'Hummi Gento' [12810]
  'Korona' [13314]
  'Ostara' [34262]
  'Pink Panda' [63884]
  'Red Ruby' [68084]
  'Variegata'
- **bucharica** Losinsk. 1926 · ⚃ Ⓝ; C-As.
- **chiloensis** (L.) Mill. 1768 · D:Chile-Erdbeere; E:Beach Strawberry, Chiloe Strawberry · ⚃ Z4 Ⓝ; Alaska, Can.: W; USA: NW, Calif.; S-Chile, nat. in Teneriffa [69194]
  'Chaval' [63883]
  'Variegata' [68754]
- **fortensis** (Weston) Duchesne ex Rozier = Fragaria vesca var. hortensis
- **grandiflora** Ehrh. non (L.) Crantz = Fragaria × ananassa
- × **hagenbachiana** K.H. Lang et W.D.J. Koch 1842 (*F. vesca* × *F. viridis*) · D:Bastard-Erdbeere · ⚃; D. +
- **indica** Andrews = Duchesnea indica
- **iturupensis** Staudt 1973 · ⚃ Ⓝ; Jap. (S-Kurilen)
- × **magna** Thuill. = Fragaria × ananassa
- **moschata** (Duchesne) Weston 1771 · D:Zimt-Erdbeere; E:Hautbois Strawberry · ⚃ Z6 V-VI Ⓝ; Eur.* exc. BrI, Sc; Cauc., nat. in BrI, Sc
- × **neglecta** Lindem. 1865 (*F. moschata* × *F. viridis*) · D:Übersehene Erdbeere · ⚃; D, Krim, Cauc., E-Sib.+
- **ovalis** (Lehm.) Rydb. 1906 · ⚃ Ⓝ; USA: Rock Mts., SW
- **vesca** L. 1753 · D:Wald-Erdbeere · [69195]
  - var. **hortensis** (Duchesne) Staudt · D:Kultur-Wald-Erdbeere, Monats-Erdbeere · ⚃ Z5; cult. [12930]
    'Alexandria' [63886]
    'Multiplex' [63887]
    'Rügen' [37088]
    'Verbesserte Rügen'
  - var. **monophylla** (L.) Pers. 1802 · D:Einblättrige Wald-Erdbeere; E:Single Leaf Strawberry · ⚃ Z5; cult.
  - var. **vesca** · D:Gewöhnliche Wald-Erdbeere; E:Alpine Strawberry, Wild Strawberry; F:Fraisier des bois · ⚃ Z5 V-VI ⚥ Ⓝ; Eur.*, Cauc., W-Sib., E-Sib., C-As., N-Afr. [63889]
- **virginiana** Mill. 1768 · D:Virginische Erdbeere; E:Virginia Strawberry · ⚃ Z3 Ⓝ; Alaska, Can., USA: * exc. Fla., nat. in E-Eur.
- **viridis** Weston 1771 · D:Knack-Erdbeere · ⚃ Z6 V-VI Ⓝ; Eur.* exc. BrI; Cauc., W-Sib., E-Sib., C-As.

Frailea Britton et Rose 1922 -f- *Cactaceae* · (S. 355)
- *alacriportana* Backeb. et Voll = Frailea gracillima
- *asterioides* Werderm. = Frailea castanea
- *aureispina* F. Ritter = Frailea pygmaea
- *bruchii* Speg. = Gymnocalycium bruchii var. bruchii
- *carminifilamentosa* Kilian ex Backeb. = Frailea pumila
- **castanea** Backeb. 1936 · ⚃ Z9 ⓚ ▽ ✻; Bras.: Rio Grande do Sul; Urug., Arg.: Misiones
- **cataphracta** (Dams) Britton et Rose 1922 · ⚃ Z8 ⓚ ▽ ✻; Bras.: Mato Grosso; Parag., E-Bol.
- *cataphractoides* Backeb. = Frailea cataphracta
- *chrysacantha* Hrabětová = Frailea pumila
- **colombiana** (Werderm.) Backeb. 1935 · ⚃ Z9 ⓚ; S-Bras., Urug.
- **gracillima** (Monv. ex Lem.) Britton et Rose 1922 · ⚃ Z9 ⓚ ▽ ✻; Bras.: Rio Grande do Sul; N-Urug.
- **grahliana** (F. Haage) Britton et Rose 1922 · ⚃ Z9 ⓚ ▽ ✻; Parag., ? Arg. (Misiones)
- **horstii** F. Ritter 1970 · ⚃ Z9 ⓚ;

Bras. (Rio Grande do Sul)
- **ignacionensis** Buining et G. Moser 1971 · ⚜ Z9 ⓚ; S-Parag.
- *itapuensis* nom. inval. = Frailea gracillima
- **knippeliana** (Quehl) Britton et Rose 1922 · ⚜ Z9 ⓚ ▽ ✽; S-Parag.
- **lepida** Buining et Brederoo 1973 · ⚜ Z9 ⓚ; Bras. (Rio Grande do Sul)
- **mammifera** Buining et Brederoo 1972 · ⚜ Z9 ⓚ; Bras. (Rio Grande do Sul), E-Arg.
- *matoana* Buining et Brederoo = Frailea cataphracta
- **pumila** (Lem.) Britton et Rose · ⚜ Z9 ⓚ ▽ ✽; Bras.: Rio Grande do Sul; Urug., Parag.
- **pygmaea** (Speg.) Britton et Rose · ⚜ Z9 ⓚ ▽ ✽; Bras.: Rio Grande do Sul; Urug.
- **schilinzkyana** (Haage) Britton et Rose 1922 · ⚜ ⓚ
- *ybatensis* Buining et G. Moser = Frailea ignacionensis

Franciscea Pohl = Brunfelsia
- *calycina* (Benth.) Miers = Brunfelsia pauciflora var. calycina
- *hopeana* Hook. = Brunfelsia uniflora

Francoa Cav. 1801 -f-
Saxifragaceae · (S. 814)
D:Brautkranz, Jungfernkranz; E:Bridal Wreath; F:Francoa
- *appendiculata* Cav. = Francoa sonchifolia var. appendiculata
- *ramosa* D. Don = Francoa sonchifolia var. ramosa
- **sonchifolia** Cav. 1801
  - var. **appendiculata** (Cav.) Reiche 1902 · ⚃ Z7; Chile
  - var. **ramosa** (D. Don) Reiche 1902 · D:Jungfernkranz; E:Maiden's Wreath · ⚃ Z7 V-VII; Chile
  - var. **sonchifolia** · D:Brautkranz; E:Bridal Wreath · ⚃ Z7; Chile

Frangula Mill. 1754 -f-
Rhamnaceae · (S. 737)
D:Faulbaum; E:Alder Buckthorn; F:Nerprun
- **alnus** Mill. · D:Gewöhnlicher Faulbaum; E:Alder Buckthorn, Common Buckthorn; F:Bourdaine · ♄ ♄ Z3 V-VI ⚥ ⚘ Ⓝ; Eur.*, TR, Syr., Cauc., N-Iran, W-Sib., E-Sib., C-As., NW-Afr. [15731]
- **purshiana** (DC.) J.G. Cooper 1860 · D:Purgier-Faulbaum, Sagrada-Faulbaum; E:Cascara Buckthorn · ♄ ♄ Z5 VII ⚥ ⚘; B.C., USA: NW, Calif., Rocky Mts. [29166]
- **rupestris** (Scop.) Schur 1866 · D:Felsen-Faulbaum · ♄ ↝ △ Z6 VI-VII ⚘; Eur.: I, Ba

Frankenia L. 1753 -f-
Frankeniaceae · (S. 536)
D:Frankenie, Seeheide; E:Sea Heath; F:Frankénie
- **hirsuta** L. 1753 · D:Haarige Seeheide · ♄ e △ ⓚ ∧ VI-VIII; Eur.: Ib, Fr, Ap, Ba, E-Eur.; TR, Levante, Cauc., W-Sib., C-As., N-Afr., S-Afr.
- **laevis** L. 1753 · D:Glatte Seeheide; E:Sea Heath · ⚃ △ ⓚ ∧ VI-VIII; Eur.: BrI, Fr, Ib, Ap; NW-Afr., Libya [63890]
- **pulverulenta** L. 1753 · ⓚ; Eur.: Ib, F, Ap, Ba; N-Afr., TR, Levante
- **thymifolia** Desf. 1798 · D:Thymianblättrige Seeheide · ♄ e ⓚ; sp., N-Afr.

Franklinia W. Bartram ex Marshall 1785 -f- *Theaceae* · (S. 864)
D:Franklinie; E:Franklin Tree; F:Franklinia
- **alatamaha** Marshall 1785 · D:Franklinie; E:Franklin Tree · ♄ d Z8 VIII-X; USA: Ga. [16975]

Fraxinus L. 1753 -f- *Oleaceae* · (S. 674)
D:Esche; E:Ashe; F:Frêne
- **americana** L. 1753 [33186]
  - var. **americana** · D:Weiß-Esche; E:American Ash · ♄ d Z5 IV-V Ⓝ; Can.: E; USA: NE, NCE, NC, SC, SE, Fla.
  - var. **microcarpa** A. Gray 1878 · ♄ Z3; USA: Va., SE
- **angustifolia** Vahl 1804 [47990]
  'Elegantissima' 1884 [19363]
  'Raywood' 1928 [29610]
  'Variegata' [43069]
  - subsp. **angustifolia** · D:Quirl-Esche, Schmalblättrige Esche; E:Narrow-leaved Ash; F:Frêne à feuilles étroites · ⚃ ♄ d Z6 III-V; Eur.: Ib, Fr, A, BG, EC-Eur., E-Eur.; TR
  - var. **australis** (Gay) C.K. Schneid. Z6; S-Eur., N-Afr.
  - subsp. **oxycarpa** (M. Bieb. ex Willd.) Franco et Rocha Afonso 1971 · D:Spitzfrüchtige Esche · ♄ d Z6; Eur.: Ib, F, Ap, Ba; Krim; TR, Cauc.
  - subsp. **syriaca** (Boiss.) Yalt. 1978 · D:Syrische Esche · ♄ ♄ Z6 V; TR, Syr., Iraq, Iran, Afgh., W-Pakist.
- **anomala** Torr. ex S. Watson 1871 · D:Einblättrige Esche, Utah-Esche; E:Single Leaf Ash, Utah Ash · ♄ ♄ d Z5; USA: Rocky Mts, SW, Calif.
- **biltmoreana** Beadle 1898 · D:Biltmore-Esche · ♄ d Z6; SE-USA [25654]
- **bungeana** A. DC. 1844 · D:Bunges Blumen-Esche; E:Northern Ash · ♄ d Z7; N-China [24792]
- **chinensis** Roxb. 1820 [25655]
  - var. **chinensis** · D:Chinesische Esche; E:Chinese Ash · ♄ d Z6; China
  - var. **rhynchophylla** (Hance) Hemsl. 1889 · D:Schnabel-Esche · ♄ d Z6; Jap., Korea, N-China
- **cuspidata** Torr. 1859 · D:Stachelspitzige Blumenesche · ♄ ♄ d Z7 IV-V; USA: Ariz., N.Mex., Tex.; N-Mex.
- **excelsior** L. 1753 · D:Gewöhnliche Esche; E:Common Ash, European Ash; F:Frêne commun · ♄ d Z4 IV-V ⚥ Ⓝ; Eur.*, TR, Syr., Cauc., N-Iran [17610]
  'Altena' 1967 [29790]
  'Aurea Pendula' 1838 [33189]
  'Diversifolia' 1789 · D:Einblatt-Esche; E:One-leafed Ash · [25651]
  fo. *globosa* hort. = Fraxinus excelsior 'Nana'
  'Nana' 1805 · D:Kugel-Esche · [13713]
  'Pendula' · E:Weeping Ash · [25652]
  'Westhof's Glorie' 1949 [17650]
- **holotricha** Koehne 1906 · D:Behaarte Esche · ♄ Z6 IV-V; SE-Eur. + [25669]
- *lanceolata* Borkh. = Fraxinus pennsylvanica var. pennsylvanica
- **lanuginosa** Koidz. 1926 · D:Wollflaumige Esche · ♄ d Z6 IV-V; Jap., ? S-Korea
- **latifolia** Benth. 1844 · D:Oregon-Esche; E:Oregon Ash · ♄ d Z6 Ⓝ; B.C., USA: NW, Calif. [25672]
- **longicuspis** Siebold et Zucc. 1846 · D:Langspitzige Esche; E:Japanese Ash · ♄ d Z6; China: Sichuan; Jap. [24793]
- **mandshurica** Rupr. 1857 · D:Mandschurische Esche · ♄ d Z5 Ⓝ; Amur, Sachal., Manch., N-China, Korea, Jap.
- *mariesii* Hook. f. = Fraxinus sieboldiana
- **nigra** Marshall 1785 · D:Schwarz-Esche; E:Black Ash · ♄ d Z4 Ⓝ; Can.: E; USA: NE, NCE [25674]
- *oregona* Nutt. = Fraxinus latifolia

- **ornus** L. 1753 · D:Blumen-Esche · [17660]
  'Arie Peters' [33924]
  'Meczek' [42808]
  'Obelisk' [19364]
  - var. **ornus** · D:Gewöhnliche Blumen-Esche, Manna-Esche; E:Flowering Ash, Manna Ash; F:Frêne à fleurs, Frêne à manne · ♄ d Z7 IV-VI ⚥ Ⓝ; Eur.: Ib, Ap, Ba, Me, EC-Eur., RO; TR, Syr., Cauc., nat. in Fr
  - var. **rotundifolia** (Lam.) Ten. 1831 · D:Rundblättrige Blumen-Esche · ♄ Z6; S-Med. [33198]
- *oxycarpa* M. Bieb. ex Willd. = Fraxinus angustifolia subsp. oxycarpa
- *oxyphylla* M. Bieb. = Fraxinus angustifolia subsp. angustifolia
- **pallisiae** Wilmott ex Pallis 1906 · ♄ d Z6; Eur.: Ba, RO, W-Russ.; TR [25668]
- *parvifolia* Lam. = Fraxinus ornus var. rotundifolia
- **paxiana** Lingelsh. 1907 · D:Chinesische Blumen-Esche · ♄ ♄ d Z7; Him., China [17670]
- **pennsylvanica** Marshall 1785 · D:Pennsylvanische Esche, Rot-Esche · ♄ [48000]
  'Variegata'
  - var. *lanceolata* (Borkh.) Sarg. 1894 = Fraxinus pennsylvanica var. subintegerrima
  - var. **pennsylvanica** · D:Rot-Esche; E:Red Ash · ♄ d ~ Z4 IV-V Ⓝ; Can.: E; USA; NE, NCE, SE
  - var. **subintegerrima** (Vahl) Fernald 1947 · D:Grün-Esche · ♄ Z4; Can., USA: NE, NEC, NC, SC, SE, Fla
- **platypoda** Oliv. 1929 · D:Breitstielige Esche · ♄ d Z6; China: Sichuan, Yunnan, Hupeh, Kansu; Jap.
- **potamophila** Herder 1868 · D:Fluss-Esche · ♄ d Z6; C-As.
- *pubescens* Lam. = Fraxinus pennsylvanica var. pennsylvanica
- **quadrangulata** Michx. 1803 · D:Blau-Esche; E:Blue Ash · ♄ d Z5 Ⓝ; Can.: Ont.; USA: NE, NCE, Okla., SE [20357]
- **retusa** Champ. ex Benth. 1852 [25705]
  - var. **henryana** Oliv. 1890 · ♄ ♄ d; China (Hubei)
  - var. **retusa**
- *rhynchophylla* Hance = Fraxinus chinensis var. rhynchophylla
- *rotundifolia* Lam. = Fraxinus ornus var. rotundifolia
- *rotundifolia* Mill. = Fraxinus angustifolia subsp. angustifolia
- **sieboldiana** Blume 1850 · D:Siebolds Esche; E:Chinese Flowering Ash, Siebold Ash · ♄ ♄ d Z6; China: Kingsi; S-Korea, Jap. [20119]
- **tomentosa** Michx. 1849 · ♄ d Z6; USA: NE, NCE, SE, Fla [25706]
- **velutina** Torr. 1848 [23686]
  - var. **coriacea** (S. Watson) Rehder 1917 · ♄ Z7; Calif., Nev., Utah, Ariz.
  - var. **velutina** · D:Arizona-Esche · ♄ ♄ d Z7 V; USA: S-Calif., Ariz., N.Mex.; Mex.: Baja Calif., Sonora
- **xanthoxyloides** (G. Don) A. DC. 1844 [25712]
  - var. **xanthoxyloides** · D:Afghanische Esche; E:Afghan Ash · ♄ d Z6 Ⓝ; Maroc., Alger., Afgh., Kashmir, Nepal
  - var. **dimorpha** (Coss. et Durieu) Wenz. 1883 · ♄ d Z8; N-Afr.
  - var. **dumosa** (Carrière) Lingelsh. 1920 · ♄ d Z8; cult. [35526]

Freesia Eckl. ex Klatt 1866 -f- Iridaceae · (S. 1020)
D:Freesie; E:Freesia; F:Freesia
- **alba** (G.L. Mey.) Gumbl. 1896 · ⚘ Z9 ⓐ; S-Afr.
- **corymbosa** (Burm. f.) N.E. Br. 1929 · ⚘ Z9 ⓐ II-V; S-Afr.
- *odorata* (Lodd.) Klatt = Freesia corymbosa
- **refracta** (Jacq.) Eckl. ex Klatt 1866 · ⚘ Z9 ⓐ II-V; S-Afr., nat. in Mallorca
  - var. *alba* G.L. Mey. 1881 = Freesia alba
- **sparmannii** (Thunb.) N.E. Br. 1921 · ⚘ D Z9 ⓐ II-V; Kap
- **xanthospila** · ⚘ Z8 ⓐ; S-Afr. (Cape Prov.)
- in vielen Sorten:
  'Oberon'
  'Superior'

Fremontia Torr. = Fremontodendron
- *californica* Torr. = Fremontodendron californicum
- *mexicana* (Davidson) J.F. Macbr. = Fremontodendron mexicanum

Fremontodendron Coville 1893 -n- Sterculiaceae · (S. 858)
D:Flanellstrauch; E:Flannel Bush; F:Arbre-à-flanelle
- **californicum** (Torr.) Coville 1893 · D:Kalifornischer Flanellstrauch; E:California Beauty, Flannelbush, Fremontia · ♄ ♄ e Z9 ⓐ; USA: Calif., Ariz.; Baja Calif. [11517]
  'Pacific Sunset' < 1984
- **mexicanum** Davidson 1917 · D:Mexikanischer Flanellstrauch; E:California Beauty, Fremontia, Mexican Flannelbush · ♄ ♄ e Z9 ⓐ; S-Calif., Baja Calif.
- in vielen Sorten:
  'California Glory' 1952 (*F. californicum* × *F. mexicanum*) [16227]

Frenela Mirb. = Callitris
- *hugelii* Carrière = Callitris columellaris

Freycinetia Gaudich. 1824 -f- Pandanaceae · (S. 1089)
D:Kletterschraubenpalme
- **banksii** A. Cunn. 1836 · ⚘ Z10 ⓦ; NZ
- **cumingiana** Gaudich. 1841 · ♄ e ⚶ Z10 ⓦ; Phil.
- **insignis** Blume 1837 · ♄ e ⚶ Z10 ⓦ IV-VI; Java
- *luzonensis* C. Presl = Freycinetia cumingiana

Freylinia Colla 1823 -f- Scrophulariaceae · (S. 827)
- **lanceolata** G. Don 1839 · ♄ e Z9 ⓐ XI; S-Afr.
- **undulata** Benth. 1836 · ♄ e Z9 ⓐ VI; S-Afr.

Frithia N.E. Br. 1926 -f- Aizoaceae · (S. 144)
D:Frithie
- **pulchra** N.E. Br. 1926 · D:Purpur-Frithie · ⚘ Z9 ⓐ; S-Afr. (Transvaal)

Fritillaria L. 1753 -f- Liliaceae · (S. 1031)
D:Kaiserkrone, Schachblume; E:Fritillary; F:Couronne impériale, Fritillaire
- **acmopetala** Boiss. 1846
  - subsp. **acmopetala** · ⚘ Z7 IV-V ▽; TR, Cyprus, Lebanon, ? Syr.
  - subsp. **wendelboi** Rix 1983 · ⚘; S-TR
- **affinis** (Schult. et Schult. f.) Sealy 1980 · E:Riceroot · ⚘ Z5 ▭ V ▽; Can.: B.C.; USA: NW, Calif., Idaho
  'Gracilis'
  'Limelight'
- **alburyana** Rix 1971 · ⚘ Z7 ⓐ; E-TR
- **armena** Boiss. 1846 · ⚘ Z7 ⓐ;

- **assyriaca** Baker 1874 · ♃ Z6 ▽; TR, N-Iraq, W-Iran
- **aurea** Schott 1854 · ♃ Z7 IV ▽; TR
- *barbata* Humb., Bonpl. et Kunth = Calochortus barbatus
- **biflora** Lindl. 1834 · ♃ Z8 ⌂; Calif., Baja Calif.
  'Martha Roderick'
- **bithynica** Baker 1874 · ♃ Z6 ▽; W-TR
- **brandegeei** · ♃; USA: Calif.
- **bucharica** Regel 1884 · ♃ Z5; C-As., Afgh.
- **camschatcensis** (L.) Ker-Gawl. 1809 · E:Black Sarana · ♃ Z4 VI ▽; Alaska, Can.: W; USA: NW; Kamchat., Sachal., Amur, Jap.
- *carduchorum* = Fritillaria minuta
- **carica** Rix 1975 · ♃ Z8 ⌂; SW-TR, GR (Aegean region)
- **caucasica** Adams 1805 · ♃ Z7; NE-TR, Cauc., NW-Iran
- *caussolensis* Goaty et Pons ex Ardoino = Fritillaria orientalis
- **collina** Adams 1806 · ♃ Z8 ⌂; C-As.
- **conica** Boiss. 1846 · ♃ Z8 ⌂; Eur.: S-GR
- **crassifolia** Boiss. et A. Huet 1859
  - subsp. **crassifolia** · ♃ Z7 ▽; TR, N-Iraq, Cauc., Iran
  - subsp. **kurdica** (Boiss. et Noë) Rix 1974 · ♃ Z7; SE-TR, Cauc., Iran, N-Iraq
- **davisii** Turrill 1940 · ♃ Z7 ▽; S-GR
- **eastwoodiae** R.M. Macfarlane 1978 · ♃ ⌂; USA: Oreg., N-Calif.
- **eduardii** Regel 1885 · ♃ Z7; C-As., S-Kashmir
- **ehrhartii** Boiss. et Orph. 1859 · ♃ Z8 ⌂; Eur.: GR (Aegean region)
- **elwesii** Boiss. 1884 · ♃ Z7 ⌂; S-TR
- **fleischeriana** Steud. et Hochst. ex Schult. f. 1829 · ♃ Z8 ⌂; TR
- **forbesii** Baker 1874 · ♃ Z8 ⌂; SW-TR
- *gracilis* (Ebel) Asch. et Graebn. = Fritillaria messanensis subsp. gracilis
- **graeca** Boiss. et Spruner 1846
  - subsp. **graeca** · ♃ Z7 IV-V ▽; Eur.: Ba
  - subsp. **thessala** (Boiss.) Rix 1978 · ♃ Z7 ⌂; Eur.: Maced., S-AL, NW-GR
- *grayana* Rchb. f. et Baker = Fritillaria biflora
- **gussichiae** (Degen et Dörfl.) Rix 1978 · ♃ Z6 ⌂; Eur.: N-GR, BG, Maced.
- **hermonis** Baker 1889
  - subsp. **amana** Rix 1975 · ♃ Z8 ⌂; S-TR, Lebanon
- *hispanica* Boiss. et Reut. = Fritillaria lusitanica
- **imperialis** L. 1753 · D:Kaiserkrone; E:Crown Imperial; F:Couronne impériale · ♃ Z4 IV-V ✱ ▽; TR, N-Iraq, Iran, Afgh., Pakist., Kashmir [60051]
  'Aurora' [63892]
  'Lutea' [60052]
  'Lutea Maxima' [63893]
  'Prolifera'
  'Rubra Maxima' [63894]
- **involucrata** All. 1789 · ♃ Z7 ▽; SE-F, NW-I
- *ionica* = Fritillaria graeca subsp. thessala
- **kotschyana** · ♃ Z8 ⌂; N-Iran, Cauc.
- *lanceolata* Pursh = Fritillaria affinis
- **latakiensis** Rix 1975 · ♃ Z8 ⌂; S-TR, Lebanon, Syr.
- **latifolia** Willd. 1799 · ♃ Z6 IV ▽; Cauc.
- **lusitanica** Wikstr. 1821 · D:Spanische Kaiserkrone · ♃ Z7 ⌂; Eur.: Ib; Maroc.
- **meleagris** L. 1753 · D:Gewöhnliche Schachblume, Kiebitzei; E:Snake's Head Fritillary; F:Oeuf de vanneau · ♃ Z4 IV-V ✱ ▽; Eur.* exc. Sc, Ib, nat. in Sc [63895]
  'Alba' [73140]
  'Aphrodite' [73143]
- **messanensis** Raf. 1814
  - subsp. **gracilis** (Ebel) Rix 1978 · ♃ Z9 ⌂; Eur.: Croat., AL
  - subsp. **messanensis**
- **michailovskyi** Fomin · ♃ Z7 ▽; NE-TR [63897]
- **micrantha** A. Heller 1910 · ♃ Z8 ⌂; Can.: B.C.; USA: NW, Calif., Mont., Idaho
- **minuta** Boiss. et Noë 1859 · ♃ Z8 ⌂; SE-TR, NW-Iran
- *montana* Hoppe = Fritillaria orientalis
- *multiflora* Kellogg = Fritillaria micrantha
- *nigra* hort. = Fritillaria orientalis
- *nigra* Mill. = Fritillaria pyrenaica
- **obliqua** Ker-Gawl. 1805 · ♃ Z8 ⌂; Eur.: S-GR (Attiki)
- **olivieri** Baker 1875 · ♃ Z6 ⌂; W-Iran
- *ophioglossifolia* Freyn et Sint. = Fritillaria crassifolia subsp. crassifolia
- **orientalis** Adams 1805 · ♃ Z7 ▽;

E-TR

Eur.: F, I, Ba, RO, W-Russ; Cauc.
- **pallidiflora** Schrenk 1841 · D:Bleiche Kaiserkrone; F:Fritillaire à fleurs pâles · ♃ Z3 IV ▽; NW-China, E-Sib.
- **persica** L. 1753 · D:Persische Kaiserkrone; F:Fritillaire de Perse · ♃ Z5 ⌐ IV ▽; Iran, Syr., Iraq [60050]
  'Adiyaman' [73279]
- **pinardii** Boiss. · ♃ Z7 ▽; TR, Syr., Lebanon, Cauc. (Armen.), Iran
- **pluriflora** Torr. 1857 · ♃ Z5 ⌐ IV-V ▽; Calif.
- **pontica** Wahlenb. 1826 · ♃ Z6 IV-V ▽; Eur.: Ba; TR
- **pudica** (Pursh) Spreng. 1825 · E:Yellow Fritillary · ♃ Z3 IV ▽; Can.; W; USA: NW, Rocky Mts., Calif.
- **purdyi** Eastw. 1902 · ♃ Z8 ⌂; USA: Oreg., N-Calif.
- **pyrenaica** L. 1753 · ♃ Z5 V ▽; Eur.: N-Sp., S-F; mts.
- **raddeana** Regel 1887 · ♃ Z4 ▽; NW-Iran, C-As. [63899]
- **recurva** Benth. 1857 · E:Scarlet Fritillary · ♃ Z7 ⌐ IV-V ▽; USA: S-Oreg., Calif.
- **rhodocanakis** Orph. ex Baker 1878 · ♃ Z8 ⌂; Eur.: S-GR (Idhra Is.)
- **ruthenica** Wikstr. 1821 · ♃ Z4 IV-V ▽; Eur.: Russ.; Cauc., W-Sib., C-As.
- *schliemannii* Sint. = Fritillaria bithynica
- **sewerzowii** Regel 1868 · ♃ Z5 IV ▽; C-As., NW-China
- **sibthorpiana** (Sibth. et Sm.) Baker 1874 · ♃ Z8 ▽; SW-TR
- **stenanthera** (Regel) Regel 1883 · ♃ Z7 ⌂; C-As.
- **stribrnyi** Velen. 1893 · ♃ Z7 ⌂; Eur.: S-BG, europ. TR
- **thunbergii** Miq. 1867 · ♃ Z8 ⌂; C-China, C-As. nat in Jap.
- **tubaeformis** Gren. et Godr. 1855 · ♃ Z6; Eur.: F, I; SW-Alp. [72146]
- **tuntasia** Heldr. ex Halácsy 1904 · ♃ Z8 ⌂; Eur.: GR (Kithnos, Sérifos)
- **ussuriensis** Maxim. 1882 · ♃ Z7 ⌂; Amur, Manch., Korea
- **uva-vulpis** Rix 1975 · ♃ Z7 ⌂; SE-TR, N-Iraq, NW-Iran [72147]
- **verticillata** Willd. 1799 · ♃ Z5 ✱ ▽; C-As., W-Sib.
- **whittallii** Baker 1893 · ♃ Z8 ⌂; SW-TR

Froelichia Moench 1794 -f- *Amaranthaceae* · (S. 153)

D:Schneckenbaumwolle;
E:Cottonweed
- **floridana** (Nutt.) Moq. 1849 · ⊙ Z6; USA: NCE, NC, SE, SC
- **tomentosa** (Mart.) Moq. 1849 · ⓦ; Urug.

Fuchsia L. 1753 -f- *Onagraceae* · (S. 678)
D:Fuchsie; E:Fuchsia; F:Fuchsia
- **alpestris** Gardner 1843 · ♄ ⚘ Z10 ⓚ; Bras.
- **ampliata** Benth. 1845 · ♄ Z10 ⓚ; S-Col., Ecuad., Peru
- **arborescens** Sims 1826 · ♄ ♄ e D Z10 ⓚ X-III; Mex., Guat., Costa Rica
- **austromontana** I.M. Johnst. 1939 · ♄ ⓚ; Peru
- **ayavacensis** Kunth 1823 · ♄ Z10 ⓚ; Peru
- × **bacillaris** Lindl. 1832 (*F. microphylla* × *F. thymifolia* subsp. *thymifolia*) · ♄ Z9 ⓚ VI-IX; Mex.
- **boliviana** Carrière 1876
  - var. **boliviana** · ♄ e Z10 ⓚ VI-IX; Ecuad., Peru, Bol., Arg.
  - var. **luxurians** I.M. Johnst. 1925 · ♄ e Z10 ⓚ; C-Am., trop. S-Am.
  'Alba' · e
- **campii** P.E. Berry 1995
- **campos-portoi** Pilg. et Schulze-Menz 1935
- **cinerea** P.E. Berry 1982
- **coccinea** Aiton 1789 · ♄ Z9 ⓚ VI-IX; S-Bras.
- × **colensoi** Hook. f. 1867 (*F. excorticata* × ?) · ♄ d Z9 ⓚ VII-IX; NZ
- *conica* Lindl. = Fuchsia magellanica var. conica
- **corymbiflora** Ruiz et Pav. 1802 · ♄ Z10 ⓚ VII-IX
- **crassistipula** P.E. Berry 1982
- **cylindracea** Lindl. 1838
- **decussata** Ruiz et Pav. 1802 · ♄ d Z8 ⓚ; Peru
- **denticulata** Ruiz et Pav. 1802 · ♄ Z10 ⓚ; Peru, Bol.
- *discolor* Lindl. = Fuchsia magellanica var. discolor
- **encliandra** Steud. 1840
  - subsp. **encliandra** · ♄ Z10 ⓚ; Mex.
  - subsp. **tetradactyla** (Lindl.) Breedlove 1969 · ♄ d Z8 ⓚ; Guat.
- **excorticata** (J.R. Forst. et G. Forst.) L. f. 1781 · D:Baum-Fuchsie; E:Tree Fuchsia · ♄ d Z9 ⓚ; NZ
- × **exoniensis** Paxton (*F. cordifolia* × *F. magellanica* var. *conica*) · ♄

ⓚ; cult.
- **fulgens** Moç. et Sessé ex DC. 1828 · ♄ Z10 ⓚ VI-VIII; Mex.
  'Rubra Grandiflora'
  'Variegata'
- **gehrigeri** Munz 1943 · ♄ d Z8 ⓚ; Venez.
- **glazioviana** Taub. 1892
- *globosa* Lindl. = Fuchsia magellanica var. conica
- *gracilis* Lindl. = Fuchsia magellanica var. gracilis
- **hartwegii** Benth. 1845 · ♄ ♄ d ⓚ; Mex.
- **hatschbachii** P.E. Berry 1989
- **hemsleyana** Woodson et Seibert 1937 · ♄ Z10 ⓚ V-IX; Costa Rica, Panama
- **jimenezii** Breedlove, P.E. Berry et P.H. Raven 1982
- **juntasensis** Kuntze 1898
- **loxensis** Kunth 1823 · ♄ ♄ d Z8 ⓚ; Ecuad.
- **lycioides** Andrews 1800 · ♄ s Z10 ⓚ; Chile [67752]
- **macrantha** Hook. 1846 · ♄ ⤳ ⓚ IV-VI; Peru
- **macrophylla** I.M. Johnst. 1925 · ♄ ⚘ d Z8 ⓚ; Peru
- *macrostemma* Ruiz et Pav. = Fuchsia magellanica var. magellanica
- **macrostigma** Benth. 1844 · ♄ d Z10; Col., Ecuad., Peru
- **magellanica** Lam. 1788 [63900]
  - var. **conica** (Lindl.) L.H. Bailey 1900 · ♄ Z7; cult.
  - var. **discolor** (Lindl.) L.H. Bailey 1900 · ♄ Z7; Falkland
  - var. **globosa** (Lindl.) L.H. Bailey 1900 = Fuchsia magellanica var. conica
  - var. **gracilis** (Lindl.) L.H. Bailey 1900 · ♄ Z7; Mex.
  'Aurea' [71962]
  'Tricolor' [17503]
  'Variegata' [42169]
  - var. **macrostema** (Ruiz et Pav.) Munz 1943 · ♄ d ⓚ; S-Chile [70167]
  - var. **magellanica** · D:Scharlach-Fuchsie; E:Hardy Fuchsia · ♄ Z7 V-IX; S-Chile
  'Alba' = Fuchsia magellanica var. molinae
  'Alba Aureovariegata'
  'Logan Woods'
  'Pumila'
  'Riccartonii' [33201]
  - var. **molinae** Espinosa 1929 · ♄ Z7; Chile (Chiloe)
  'Sharpitor' [20023]
- **mathewsii** J.F. Macbr. 1940

- **michoacanensis** Sessé et Moq. 1888
- **microphylla** Kunth 1823 · ♄ Z10 ⓚ IX-X; Mex. [20401]
  - subsp. **aprica** (Lundell) Breedlove 1969 · ♄ d Z10 ⓚ; Mex., Guat., Hond., El Salv.
  - subsp. **hidalgensis** (Munz) Breedlove 1969
- *minimiflora* Hemsl. = Fuchsia thymifolia subsp. minimiflora
- **minutiflora** Hemsl. 1878 · ♄ Z10 ⓚ; Mex.
- **nigricans** Linden 1849 · ♄ ⚘ d Z8 ⓚ; Venez.
- **pallescens** Diels 1938
- **paniculata** Lindl. 1856 · ♄ ♄ Z10 ⓚ; Mex, C-Am.
- *parviflora* hort. = Fuchsia × bacillaris
- *pendula* Salisb. = Fuchsia coccinea
- **perscandens** Cockayne et Allan 1927 · ♄ ⚘ d ⚘ ⓚ; NZ
- **petiolaris** Kunth 1923
- **procumbens** R. Cunn. ex A. Cunn. 1839 · D:Kriechende Fuchsie; E:Creeping Fuchsia · ♄ d ⚘ ⤳ Z9 ⓚ III-V; NZ [11518]
- **ravenii** Breedlove 1969 · ♄ d Z8 ⓚ; Mex.
- **regia** (Vand. ex Vell.) Munz 1943 [69984]
  - subsp. **regia** · ♄ Z10 ⓚ; Bras.
  - subsp. **reitzii** P.E. Berry 1989 · ♄ Z10 ⓚ; Bras.
  - subsp. **serrae** P.E. Berry 1989 · ♄ Z10 ⓚ; Bras.
  - var. **alpestris** (Gardner) Munz 1943 = Fuchsia alpestris
- **rivularis** J.F. Macbr. 1940
- **sanctae-rosae** Kuntze 1898 · ♄ ⓚ; Peru, Bol.
- **scabriuscula** Benth. 1845
- *serratifolia* Ruiz et Pav. = Fuchsia denticulata
- **sessilifolia** Benth. 1845 · ♄ ⚘ d Z8 ⓚ; Col., Ecuad.
- **simplicicaulis** Ruiz et Pav. 1802 · ⚘ ⚘ Z10 ⓚ; C-Peru
- **splendens** Zucc. 1832 · ♄ Z9 ⓚ VIII-XI; Mex., Guat., Costa Rica
- **sylvatica** Benth. 1845
- *syringiflora* Carrière = Fuchsia arborescens
- **thymifolia** Kunth 1823
  - subsp. **minimiflora** (Hemsl.) Breedlove 1964 · ♄ d Z9 ⓚ; Mex., Guat.
  - subsp. **thymifolia** · ♄ Z9 ⓚ VI-IX; Mex.
- **tillettiana** Munz 1972 · ♄ ♄ d Z10; Venez., ? Col.
- **triphylla** L. 1753 · ♄ e Z10 ⓚ

V-XI; Hispaniola
- **tuberosa** K. Krause 1905 · ♄ ⓚ; Peru
- **vargasiana** Munz ex Vargas 1946 · ♄ d Z8 ⓚ; Peru
- **venusta** Kunth 1823 · ♄ Z10 ⓚ; Col.
- × **vulcanica** André 1888 · ♄ ⚲ d Z8 ⓚ; S-Col., Ecuad. [61684]
- **wurdackii** · ♄ d Z8 ⓚ; N-Peru
- **in vielen Sorten:**
'Abbé Farges' [67748]
'Alice Hoffman' Kleese 1911 [14076]
'Andenken an Heinrich Henkel' Henkel 1898
'Annabel' Ryle 1977
'Balkonkönigin' Neubronner 1896
'Beacon' Bull 1871
'Bicentennial' Paskesen 1976
'Brutus' Lemoine 1897
'Carmel Blue' Hodges 1956
'Cascade' Lagen 1937
'Checkerboard' Walker & Jones 1948
'Constance' Berkeley Nurs. 1935
'Corallina' Pince 1844
'Dark Eyes' Erickson 1958
'David' Wood 1937 [67741]
'Display' Smith 1881 [67751]
'Dollarprinzessin' Lemoine 1912 [70079]
'Estelle Marie' Newton 1973
'Florence Turner' Turner 1955 [67750]
'Frau Alice Hoffmann' = Fuchsia 'Alice Hoffman'
'Gartenmeister Bonstedt' Bonstedt 1905
'Genii' Reiter 1951 [55146]
'Gruß aus dem Bodethal' Sattler & Belge 1838
'Harry Gray' Dunnett 1981
'Hawkshead' Travis 1962
'Joy Patmore' Turner 1961
'La Campanella' Blackwell 1961
'Lady Thumb' Roe 1966 [14079]
'Lena' Bunney 1862
'Little Beauty' [67749]
'Madame Cornelissen' Cornelissen 1860 [17690]
'Margaret' Wood > 1937 [67753]
'Nancy Lou' Stubbs 1971
'Orange Drops' Martin 1963
'Papoose' Redstrom 1960
'Peppermint Stick' Walker & Jones 1950
'Phyllis' Brown 1938 [67745]
'Pixie' Russell 1960 [67746]
'Preston Guild' Thornley 1971
'Red Spider' Reiter 1946
'Rose of Castile' Banks 1855
'Santa Cruz' Tiret 1947 [67744]
'Snowcap' Henderson
'Sunray' Rudd < 1929
'Swingtime' Tiret 1950
'Thalia' Bonstedt 1905
'Thompsoniana' Youell 1841 [63907]
'Tom Thumb' Baudinat 1850 [14075]
'Tom West' Meillez 1853 [67740]

'Vielliebchen' Wolf 1911 [67743]
'Whiteknight's Pearl' Wright 1980 [15079]
'Winston Churchill' Garson 1942

× **Fujiwarara** hort. 1963 -f- *Orchidaceae* · (*Brassavola* × *Cattleya* × *Laeliopsis*)

Fumana (Dunal) Spach 1836 -f- *Cistaceae* · (S. 418)
D:Nadelröschen; F:Fumana
- **ericoides** (Cav.) Gand. 1833 · D:Aufrechtes Nadelröschen, Felsen-Nadelröschen · ♄ e Z8 ⓚ V-VII; Eur.: Ib, Fr, CH, Ap, Ba; NW-Afr,
- **procumbens** (Dunal) Gren. et Godr. 1847 · D:Gewöhnliches Nadelröschen · ♄ e △ Z7 ∧ VIII-X; Eur.* exc. BrI, Sc; TR, Syr., Cauc., Iran

Fumaria L. 1753 -f- *Fumariaceae* · (S. 538)
D:Erdrauch; E:Fumitory; F:Fumeterre
- *bulbosa* auct. non L. (DC.) = Corydalis cava
- *bulbosa* L. = Corydalis solida subsp. solida
- **capreolata** L. 1753 · D:Rankender Erdrauch; E:White Ramping Fumitory · ☉ V-IX; Eur.: Fr, Ib, Ap, BrI, CH, Ba; TR, Cauc., nat. in D, EC-Eur.
- *cava* (L.) Mill. = Corydalis cava
- **densiflora** DC. 1813 · D:Dichtblütiger Erdrauch · ☉ V-VI; Eur.: Ib, Fr, BrI, Ap, Ba, RO; TR, Levante, C-As., N-Afr.
- *fungosa* Aiton = Adlumia fungosa
- **muralis** Sond. ex W.D.J. Koch 1847 · D:Mauer-Erdrauch · ☉ VI-IX; Eur.: Sc, BrI, Fr, D, Ib
- **officinalis** L. 1753 [71963]
  - subsp. **officinalis** · D:Gewöhnlicher Erdrauch; E:Common Fumitory · ☉ V-X ⚇ ⚔; Eur.*, TR, Cyprus, Syr., Cauc., N-Afr.
  - subsp. **wirtgenii** (W.D.J. Koch) Nyman 1882 · D:Wirtgens Erdrauch · ☉ V-X; Eur., Maroc.
- **parviflora** Lam. 1788 · D:Kleinblütiger Erdrauch · ☉ VI-IX; Eur.: Ib, Fr, BrI, Ap, D, H, Ba, EC-Eur.; TR, levante, Cauc., Iran, C-As., N-Afr.
- **rostellata** Knaf 1846 · D:Geschnäbelter Erdrauch · ☉ VI-IX; Eur.: C-Eur., EC-Eur., Ba, E-Eur.; TR
- **schleicheri** Soy.-Will. 1828 · D:Dunkler Erdrauch, Schleichers Erdrauch · ☉ VI-IX; Eur.: Fr, Ap, C-Eur., EC-Eur., Ba, E-Eur.; TR
- **solida** (L.) Mill. = Corydalis solida subsp. solida
- **vaillantii** Loisel. 1809 · D:Blasser Erdrauch
  - subsp. **schrammii** (Asch.) Nyman 1878 · D:Schramms Erdrauch · ☉ VI-VIII; Eur.: Ib, Fr, C-Eur., H, Ba, W-Russ. +
  - subsp. **vaillantii** · D:Gewöhnlicher Blasser Erdrauch, Vaillants Erdrauch · ☉ V-X; Eur.*, TR, Levante, Cauc., Iran, C-As., Him., NW-Afr., Libya
- *wirtgenii* W.D.J. Koch = Fumaria officinalis subsp. wirtgenii

Funkia Spreng. = Hosta
- *ovata* Spreng. = Hosta ventricosa
- *subcordata* Spreng. = Hosta plantaginea

Funtumia Stapf 1900 -f- *Apocynaceae* · (S. 192)
- **elastica** (P. Preuss) Stapf 1901 · ♄ ⓦ ⓝ; C-Afr., Uganda

Furcraea Vent. 1793 -f- *Agavaceae* · (S. 896)
- *bedinghausii* K. Koch = Furcraea parmentieri
- **cabuya** Trel. 1910 · ⚘ Z9 ⓦ ⓝ; Costa Rica to Ecuad.
- *cubensis* (Jacq.) Haw. = Furcraea hexapetala
- *elegans* Tod. = Furcraea stricta
- *flavoviridis* Hook. = Furcraea selloa
- **foetida** (L.) Haw. 1812 · D:Mauritiushanf; E:Green Aloe, Mauritius Hemp · ⚘ Z9 ⓚ ⓝ; Mex. (Yucatan), C-Am., S-Am.
- *gigantea* Vent. = Furcraea foetida
- **hexapetala** (Jacq.) Urb. 1903 · D:Kubahanf; E:Bayonette · ⚘ Z9 ⓚ; Cuba, Haiti
- *lindenii* Jacobi = Furcraea selloa
- **longaeva** Karw. et Zucc. 1832 · ♄ ⚘ Z9 ⓚ; Mex. (Guerrero, Oaxaca, Puebla)
- *macrophylla* Baker = Furcraea hexapetala
- **parmentieri** (Roezl) García-Mend. 2000 · ⚘ Z9 ⓚ; C-Mex.
- *pubescens* Baker = Furcraea undulata
- *roezlii* André = Furcraea parmentieri
- **selloa** K. Koch 1860 · ⚘ Z9 ⓚ; Mex., Guat., Col.
  - var. *marginata* Trel. = Furcraea selloa

- **stricta** Jacobi 1869 · ⚥ Z9 ⓚ; Mex.
- **undulata** Jacobi 1869 · ⚥ Z9 ⓚ; ? Mex.

Gagea Salisb. 1806 -f- *Liliaceae* · (S. 1031)
D:Gelbstern; E:Star of Bethlehem; F:Gagéa
- **bohemica** (Zauschn.) Schult. et Schult. f. 1829 · D:Felsen-Gelbstern
  - subsp. **bohemica** · D:Böhmischer Felsen-Gelbstern · ♃ III-IV; Eur.: BrI, C-Eur., EC-Eur., Ap, Ba; TR, Palaest., ? N-Afr.
  - subsp. **saxatilis** (Mert. et W.D.J. Koch) Asch. et Graebn. 1905 · D:Gewöhnlicher Felsen-Gelbstern · ♃ III-IV; Eur.: Fr, Ap, C-Eur., Ba
- *fistulosa* auct. = Gagea fragifera
- **fragifera** (Vill.) Ehr. Bayer et G. López 1989 · D:Röhriger Gelbstern · ♃ VI-VII; Eur.: Ib, Fr, C-Eur., Ap, Ba, E-Eur.; mts.
- **lutea** (L.) Ker-Gawl. 1809 · D:Wald-Gelbstern; E:Yellow Star-of-Bethlehem · ♃ Z6 IV; Eur.*, Cauc., Him., W-Sib., E-Sib., Amur, Sachal., Kamchat. N-China, Korea, Jap. [71964]
- **minima** (L.) Ker-Gawl. 1816 · D:Kleiner Gelbstern · ♃ Z6 III-IV; Eur.: Ap, C-Eur., EC-Eur., Sc, Ba, E-Eur.; Cauc., W-Sib.
- **pomeranica** R. Ruthe 1893 · D:Pommerscher Gelbstern · ♃; Eur.: D +
- **pratensis** (Pers.) Dumort. 1827 · D:Wiesen-Gelbstern · ♃ Z7 III-V; Eur.* exc. BrI; TR
- **pusilla** (F.W. Schmidt) Schult. et Schult. f. 1826 · D:Zwerg-Gelbstern · ♃ III-IV; Eur.: C-Eur., EC-Eur., Ba, E-Eur., ? I; TR, Cauc., C-As., China: Sinkiang
- **spathacea** (Hayne) Salisb. 1806 · D:Scheiden-Gelbstern · ♃ IV-V; Eur.: Fr, C-Eur., EC-Eur., Ba, Sc, E-Eur., ? Ap
- *sylvatica* (Pers.) Loudon = Gagea lutea
- **villosa** (M. Bieb.) Sweet 1826 · D:Acker-Gelbstern · ♃ Z7 III-IV; Eur.* exc. BrI; TR, Cauc., Iran, NW-Afr.

Gaillardia Foug. 1786 -f- *Asteraceae* · (S. 244)
D:Kokardenblume; E:Blanketflower; F:Gaillarde
- **amblyodon** J. Gay 1839 · ☉ Z8

VI-XI; Tex.
- **aristata** Pursh 1813 · D:Prärie-Kokardenblume; E:Great Blanket Flower · ♃ Z6 VI-IX; Can.: E; USA: NW, Rocky Mts., SW, nat. in Azor., S-Sp. [63908]
- *bicolor* Lam. = Gaillardia pulchella var. pulchella
- × **grandiflora** Van Houtte 1857 (*G. aristata* × *G. pulchella*) · D:Großblumige Kokardenblume · ♃ Z6 [69646]
  'Bremen' Benary 1929 [63909]
  'Burgunder' Benary 1931 [63910]
  'Fackelschein' [63911]
  'Kobold' [63913]
  'Tokajer' Benary 1945
- **lanceolata** Michx. 1803 · ☉ ⊙ ♃ Z7 VI-IX; USA: SE, Fla., SW
- *picta* Sweet = Gaillardia pulchella var. picta
- **pulchella** Foug. 1788
  - var. **picta** (Sweet) A. Gray 1884 · ☉ Z8; Tex., Mex.
  - var. **pulchella** · D:Kurzlebige Kokardenblume; E:Annual Gaillardia, Firewheel; F:Gaillardie · ☉ Z8; USA: SE, Fla., SC, SW, Colo.

Galactites Moench 1794 -f- *Asteraceae* · (S. 244)
D:Milchfleckdistel; F:Chardon-Marie
- **tomentosa** Moench 1794 · ☉ ⊙; Eur.: Ib, Ap, Ba., Fr ; Canar., Maroc., Alger., Tun.

Galanthus L. 1753 -m- *Amaryllidaceae* · (S. 910)
D:Schneeglöckchen; E:Snowdrop; F:Perce-neige
- × **allenii** Baker 1891 (*G. alpinus* × *G. woronowii*) · ♃ Z6; Cauc., NW-Iran
- **alpinus** Sosn. 1911
  - var. **alpinus** · ♃ Z5; Cauc., TR
  - var. **bortkewitschianus** (Koss) A.P. Davis 1996 · ♃ Z6; Cauc.
- **angustifolius** Koss 1951 · ♃; Cauc.
- *bortkewitschianus* Koss = Galanthus alpinus var. bortkewitschianus
- *byzanthinus* = Galanthus plicatus subsp. byzantinus
- *cabardensis* = Galanthus transcaucasicus
- *caucasicus* (Baker) Grossh. = Galanthus alpinus var. alpinus
  - var. *hiemalis* Stern 1961 = Galanthus elwesii
- **elwesii** Hook. f. 1875 · D:Groß-

blütiges Schneeglöckchen; E:Giant Snowdrop · ♃ Z6 II ▽ ✳; Eur.: Ba, RO, W-Russ.; TR
- **fosteri** Baker 1889 · ♃ Z5; TR, Syr., Lebanon, Palaest.
- **gracilis** Čelak. 1891 · ♃ Z6; Eur.: BG, GR, RO, S-Russ.; TR
- **graecus** (hort.) = Galanthus gracilis
- **ikariae** Baker 1893 · ♃ Z6 II-III ▽ ✳; TR, Cauc.
  - subsp. *latifolius* Stearn 1956 = Galanthus woronowii
- *kemulariae* = Galanthus transcaucasicus
- *lagodechianus* = Galanthus transcaucasicus
- **nivalis** L. 1753 · D:Kleines Schneeglöckchen; E:Common Snowdrop, Snowdrop; F:Perce-neige · ♃ Z4 II-III ⚥ ▽ ✳; Eur.* exc. BrI, Sc, nat. in BrI, Sc [63915]
  'Flore Pleno' [73722]
  'Lady Elphinstone'
  'Pusey Green Tips'
  'Viridapice'
- **plicatus** M. Bieb. 1819
  - subsp. **byzantinus** (Baker) D.A. Webb 1978 · ♃ Z6; NW-TR
  - subsp. **plicatus** · ♃ Z6 II ▽ ✳; Eur.: RO, Krim, W-Russ.
- **reginae-olgae** Orph. · D:Herbst-Schneeglöckchen · ♃ Z7 ▽ ✳; Sic., GR, SW-TR
- **rizehensis** Stern 1956 · ♃ Z6; NE-TR, Cauc.
- **transcaucasicus** Fomin 1974 · ♃ ; Cauc., Iran
- **woronowii** Losinsk. 1935 · ♃ ; Cauc., TR
- **in vielen Sorten:**
  'Atkinsii'
  'Dionysus'
  'Lady Beatrix Stanley'
  'Magnet'
  'Ophelia'
  'S. Arnott'
  'Straffan'

Galax Sims 1753 -f- *Diapensiaceae* · (S. 450)
D:Bronzeblatt; E:Wandflower, Wandplant; F:Galax
- **urceolata** (Poir.) Brummitt 1972 · D:Bronzeblatt; E:Beetleweed, Wand Plant · ♃ Z5 VI-VII; USA: NE, SE [63916]

Galaxia Thunb. 1783 -f- *Iridaceae* · (S. 1021)
- **ovata** Thunb. 1782 · ♃ Z9 ⓚ VII-VIII; SW-Kap

Gale Adans. = *Myrica*
- *palustris* (Lam.) A. Chev. = *Myrica gale* var. *gale*

Galeandra Lindl. 1830 -f- *Orchidaceae* · (S. 1065)
- **batemanii** Rolfe 1892 · ♃ Z10 ⓜ VII-VIII ▽ ✻; Mex., Guat.
- **devoniana** R.H. Schomb. ex Lindl. 1840 · ♃ Z10 ⓜ VI-VIII ▽ ✻; Guyan., Bras., Peru
- **divens** Rchb. f. et Warsz. 1854 · ♃; Col, Venez., Guyana

Galega L. 1753 -f- *Fabaceae* · (S. 509)
D:Geißraute; E:Goat's Rue; F:Rue de chèvre
- × **hartlandii** Hartland (*G. officinalis* × *G. orientalis*) · ♃ ⋈ Z4 VII-VIII; cult. [61993]
  'Alba' [61994]
  'Duchess of Bedford' [61997]
  'Lady Wilson' [61996]
- **officinalis** L. 1753 · D:Echte Geißraute; E:Galega, Goat's Rue · ♃ ⋈ Z4 VI-VIII ⚥ ⚘ ⓝ; Eur.* exc. BrI, Sc; TR, Lebanon, Cauc., Iran, Pakist. [63918]
  'Alba' [61998]
- **orientalis** Lam. 1788 · ♃ Z6; Cauc. [61999]
- *persica* Pers. = *Galega officinalis*
- *tricolor* Hook. = *Galega officinalis*

Galeobdolon Huds. 1763 -m- *Lamiaceae* ·
D:Falsche Goldnessel
- **endtmannii** (G.H. Loos) Holub 1998 · D:Falsche Goldnessel · ♃; Eur.: D +

Galeopsis L. 1753 -f- *Lamiaceae* · (S. 581)
D:Hohlzahn; E:Hemp Nettle; F:Galéopsis
- **angustifolia** Hoffm. 1804 · D:Schmalblättriger Hohlzahn · ☉ VI-X; Eur.*
- **bifida** Boenn. 1824 · D:Zweispaltiger Hohlzahn · ☉ VI-X; Eur.* exc. Ib; Cauc., W-Sib., E-Sib., Amur, Sachal., C-As., Mong., nat. in N-Am.
- **ladanum** L. 1753 · D:Breitblättriger Hohlzahn; E:Red Hemp Nettle · ☉ VI-X; Eur.* exc. BrI; TR, Cauc., W-Sib., E-Sib.
- *ochroleuca* Lam. = *Galeopsis segetum*
- **pubescens** Besser · D:Gewöhnlicher Weichhaariger Hohlzahn · ☉ VII-IX; Eur.: Fr, Ap, C-Eur.,

EC-Eur., Ba, E-Eur.
- **segetum** Neck. 1770 · D:Gelber Hohlzahn; E:Downy Hemp Nettle · ☉ VI-IX ⚥; Eur.: BrI, Fr, Ib, C-Eur., DK, Ap, Slove., nat. in Ba, RO
- **speciosa** Mill. 1768 · D:Bunter Hohlzahn; E:Large-flowered Hemp Nettle · ☉ VI-X; Eur.* exc. Ib; W-Sib.
- **tetrahit** L. 1753 · D:Gewöhnlicher Hohlzahn; E:Common Hemp Nettle, Hemp Nettle · ☉ VI-X ⚥; Eur.*

Galeottia A. Rich. 1845 -f- *Orchidaceae* · (S. 1065)
- **fimbriata** (Linden et Rchb. f.) Schltr. 1920 · ♃ Z10 ⓜ ▽ ✻; Col.

Galinsoga Ruiz et Pav. 1794 -f- *Asteraceae* · (S. 245)
D:Franzosenkraut, Knopfkraut; E:Gallant Soldier; F:Scabieuse des champs
- **ciliata** (Raf.) S.F. Blake 1922 · D:Behaartes Knopfkraut; E:Shaggy Soldier · ☉ V-X; Mex., nat. in cosmop., Eur.*
- **parviflora** Cav. 1795 · D:Franzosenkraut, Kleinblütiges Knopfkraut; E:Gallant Soldier · ☉ V-X; Mex., nat. in cosmop. exc. Sib.; Eur.*
- *quadriradiata* auct. non Ruiz et Pav. = *Galinsoga ciliata*

Galipea Aubl. 1775 -f- *Rutaceae* · (S. 790)
D:Angosturabaum; E:Angostura; F:Galipéa
- **officinalis** J. Hancock 1829 · D:Angosturabaum; E:Angostura · ♄ e ⓜ ⚥; S-Am.

Galium L. 1753 -n- *Rubiaceae* · (S. 772)
D:Klebkraut, Labkraut; E:Bedstraw; F:Gaillet
- **album** Mill. 1768 · D:Großblütiges Wiesen-Labkraut
  - subsp. **album** · D:Weißes Wiesen-Labkraut · ♃ VI-IX; Eur.*, TR, Lebanon, ? Syr., Cauc., W-Sib., Madeira
  - subsp. **pycnotrichum** (Heinr. Braun) Krendl 1967 · D:Dichthaariges Wiesen-Labkraut · ♃ VI-IX; EC-Eur., SE-Eur., TR, Lebanon, Cauc., W-Sib.
- **anisophyllon** Vill. 1779 · D:Ungleichblättriges Labkraut · ♃ VII-IX; Eur.: Fr, Ap, C-Eur.,

EC-Eur., Ba, E-Eur.; mts.
- **aparine** L. 1753 · D:Kletten-Labkraut; E:Cleavers, Goosegrass · ☉ IX-X ⚥; Eur.*, TR, Levante, Cauc., W-Sib., C-As., NW-Afr., Libya, nat. in cosmop.
- **aristatum** L. 1762 · D:Grannen-Labkraut; E:False Baby's Breath · ♃ Z6 VI-VIII; Eur.: F, I, D, A, CH; Pyr., Alp.
- **austriacum** Jacq. 1773 · D:Österreichisches Labkraut · ♃ VI-VIII; Eur.: A, EC-Eur., Ba, I; mts.
- **boreale** L. 1753 · D:Nordisches Labkraut; E:Northern Bedstraw · ♃ Z2 VII-VIII; Eur.: Ba, Fr, BrI, EC-Eur., Sc, Ap, E-Eur., A, D, Ch., TR, Cauc., Sib., E-As. As., N-Am. [67774]
- × **carmineum** Beauverd 1937 (*G. anisophyllon* × *G.* × *centroniae*) · ♃; Eur.: F, I, CH; S-Alp.
- × **centroniae** Cariot 1879 (*G. pumilum* × *G. rubrum*) · D:Savoyer Labkraut · ♃ VI-VIII; Eur.: F, I, CH, A, Slove ; Alp.
- *cruciata* (L.) Scop. = *Cruciata laevipes*
- **divaricatum** Lam. 1788 · D:Spariges Labkraut · ☉; Eur.: Ib, Fr, Ap, EC-Eur., Ba, RO; TR, Syr., Cyprus, Lebanon, nat. in CH
- **glaucum** L. 1753 · D:Blaugrünes Labkraut · ♃ V-VII; Eur.: Ib, Fr, C-Eur., EC-Eur., Ba, E-Eur.
- **laevigatum** L. 1763 · D:Glattes Labkraut · ♃ VI-VIII; Eur.: F, I, CH, A, Ba , ? Ib; mts.
- **lucidum** All. 1773 · D:Glänzendes Labkraut · ♃ VI-VIII; Eur.: Ib, Fr, Ap, C-Eur., Ba, RO; Cauc., Syr.
- **megalospermum** All. 1785 · D:Schweizer Labkraut · ♃ VII-VIII; Eur.: F, I, CH, D, A; Alp.
- **meliodorum** (Beck) Fritsch 1909 · D:Honig-Labkraut · ♃ VI-VIII; Eur.: A; NE-Alp.
- **mollugo** L. 1753 · D:Kleinblütiges Wiesen-Labkraut; E:False Baby's Breath · ♃ ⤳ Z3 V-IX ⚥; Eur.* [63919]
- **noricum** Ehrend. 1953 · D:Norisches Labkraut · ♃ VII-IX; Eur.: I, D, A, Slove.; E-Alp.
- **odoratum** (L.) Scop. 1771 · D:Waldmeister; E:Sweet Woodruff, Woodruff; F:Aspérule odorante · ♃ D Z5 V-VI ⚥ ⓝ; Eur.*, TR, Cauc., N-Iran, W-Sib., E-Sib., Amur, Sachal., Jap., C-As. [63920]
- **palustre** L. 1753 · D:Sumpf-Labkraut · [67181]

- subsp. **elongatum** (C. Presl) Lange 1869 · D:Hohes Labkraut · ⚃ VI-VIII; Eur.*
- subsp. **palustre** · D:Gewöhnliches Sumpf-Labkraut · ⚃ V-IX; Eur.*, TR, Cauc., Sib., C-As., nat. in N-Am.
- **parisiense** L. 1753 · D:Pariser Labkraut · ⊙ VI-VIII; Eur.* exc. Sc; N-Afr.
- × **pomeranicum** Retz. 1795 (*G. album* × *G. verum*) · D:Weißgelbes Labkraut · ⚃ VI-IX; Eur.*
- **pumilum** Murray 1770 · D:Heide-Labkraut, Triften-Labkraut · ⚃ VII-IX; Eur.* exc. BrI, Ib
- **rivale** (Sibth. et Sm.) Griseb. 1844 · D:Bach-Labkraut · ⚃ VII-VIII; Eur.: A, EC-Eur., Ba, E-Eur.; TR, Cauc., Iran, W-Sib., C-As.
- **rotundifolium** L. 1753 · D:Rundblättriges Labkraut · ⚃ VI-IX; Eur.* exc. BrI, Sc; TR, Cauc., Iran, Afgh., nat. in Sc
- **rubioides** L. 1753 · D:Krapp-Labkraut · ⚃ VI-VIII; Eur.: A, EC-Eur., Ba, E-Eur.; Cauc., W-Sib., nat. in CH
- **rubrum** L. 1753 · D:Rotes Labkraut · ⚃ △ Z6 VII; Eur.: Ch, I; S-Alp., Apenn.
- **saxatile** L. 1753 · D:Harzer Labkraut · ⚃ VI-VIII; Eur.* [68050]
- **schultesii** Vest 1821 · D:Schultes Labkraut · ⚃ VI-IX; Eur.: C-Eur., EC-Eur., Ba, E-Eur.
- **spurium** L. · D:Acker-Labkraut, Kahles Grünblütiges Labkraut · ⊙ V-X; Eur.*, TR, Iraq, Iran, Afgh., Pakist., C-As., N-As., N-Afr.
- **sterneri** Ehrend. 1960 · D:Sterners Labkraut · ⚃ VI-VIII; Eur.: BrI, Sc, D
- **sudeticum** Tausch 1835 · D:Sudeten-Labkraut · ⚃ VII-IX; Eur.: D, CZ, PL; mts.
- **suecicum** (Sterner) Ehrend. 1960 · D:Schwedisches Labkraut · ⚃ VI-VIII; Eur.: Sweden, N-D
- **sylvaticum** L. 1762 · D:Wald-Labkraut · ⚃ VII-VIII; Eur.: Fr, C-Eur., EC-Eur., Ap, Ba [68109]
- **triandrum** Hyl. = Asperula tinctoria
- **tricornutum** Dandy 1957 · D:Dreihörniges Labkraut · ⊙ VII-X; Eur.* exc. BrI; TR, Iraq, Cauc., Iran, C-As., Kashmir, Tibet, nat. in BrI
- **trifidum** L. 1753 · D:Dreispaltiges Labkraut · ⚃ VI-VII; Eur.: Sc, PL, Russ., F (E-Pyr.), A(E-Alp.); TR, W-Sib., E-Sib., Cauc., Mong.,

Jap., N-Am.
- **triflorum** Michx. 1803 · D:Dreiblütiges Labkraut · ⚃ VII-VIII; Eur.: Sc, Russ., CH; circumboreal, Greenl.
- **truniacum** (Ronniger) Ronniger 1913 · D:Traunsee-Labkraut · ⚃ VI-VIII; Eur.: D, A; NE-Alp.
- **uliginosum** L. 1753 · D:Moor-Labkraut · ⚃ VI-IX; Eur.*, TR, N-As., C-As.
- **valdepilosum** Heinr. Braun 1886 · D:Mährisches Labkraut · ⚃ VI-VIII; Eur.: D, DK, EC-Eur., W-Russ.
- **verrucosum** Huds. 1767 · D:Anis-Labkraut · ⊙ VI-VII; Eur.: Ib, Fr, Ap, Ba, nat. in C-Eur., EC-Eur.
- **verum** L. 1753 · D:Echtes Labkraut; E:Lady's Bedstraw, Yellow Bedstraw · ⚃ Z3 VI-IX ⚥ ; Eur.*, TR, Syr., N-Iraq, Cauc., Iran, W-Sib., E-Sib., Amur, Sachal., Kamchat., C-As., Mong., Manch., Jap., NW-Afr., nat. in N-Am. [63921]
- **wirtgenii** F.W. Schultz 1852 · D:Wirtgens Labkraut · ⚃ V-VI; C-Eur.

Galphimia Cav. 1799 -f- *Malpighiaceae* · (S.)
- **glauca** (Poir.) Cav. = Thryallis glauca

Galtonia Decne. 1880 -f- *Hyacinthaceae* · (S. 1008)
D:Galtonie, Sommerhyazinthe; E:Summer Hyacinth; F:Galtonia, Jacinthe du Cap
- **candicans** (Baker) Decne. 1880 · D:Sommerhyazinthe; E:Summer Hyacinth · ⚃ Z7 VII-VIII; S-Afr. [63922]
- **princeps** (Baker) Decne. 1880 · ⚃ Z8 ⌂; S-Afr. (Eastern Cape, Natal) [68434]
- **regalis** Hilliard et B.L. Burtt 1986 · ⚃ Z8 ⌂; S-Afr. (Natal)
- **viridiflora** I. Verd. 1955 · ⚃ Z8 ⌂; S-Afr. (Orange Free State, Natal, Lesotho) [68710]

Galvezia Dombey ex Juss. 1789 -f- *Scrophulariaceae*
- **speciosa** (Nutt.) A. Gray 1887 · ♄ e Z8 ⌂; Calif. (Channel Is.), Mex., Ecuad., Peru

Garcia Vahl ex Rohr 1792 -f- *Euphorbiaceae* · (S. 482)
- **nutans** Vahl ex Rohr 1792 · ♄ ⌂ ⓝ; Mex., C-Am., W.Ind., Col.

Garcinia L. 1753 -f- *Clusiaceae* · (S. 420)
D:Mangostane; E:Mangosteen; F:Guttier, Mangoustanier
- **cochinchinensis** (Lour.) Choisy 1824 · ♄ e ⌂ ⓝ; Cambodia, S-Vietn.
- **dulcis** (Roxb.) Kurz 1874 · ♄ e ⌂ ⓝ; Java, Timor, Molucca Is., Phil.
- **hanburyi** Hook. f. 1875 · D:Gummigutti; E:Gamboge · ♄ e ⌂ ⚕ ⚘ ⓝ; Indochina
- **indica** (Thouars) Choisy 1824 · ♄ e ⌂ ⓝ; Ind.
- **madruno** (Kunth) Hammel 1989 · D:Marienbalsam · ♄ e ⌂ ⓝ; Col., Ecuad., Peru
- **mangostana** L. 1753 · D:Mangostane; E:Mangosteen · ♄ e ⌂ ⓝ; Malay. Pen.
- **morella** Desr. 1792 · ♄ e ⌂ ⓝ; Ind., Sri Lanka, Myanmar, Thail., Malay. Pen.

Gardenia J. Ellis 1761 -f- *Rubiaceae* · (S. 772)
D:Gardenie; E:Gardenia; F:Gardénia, Jasmin du Cap
- **amoena** Sims 1817 · ♄ e ⌂ VI; China
- **augusta** Merr. = Gardenia jasminoides
- **carinata** Wall. ex Roxb. 1824 · ♄ e Z10 ⌂; Thail., Malay. Pen.
- **cornuta** Hemsl. 1906 · D:Horn-Gardenie; E:Horned Gardenia · ♄ e ⌂; S-Afr.
- *florida* L. = Gardenia jasminoides
- **jasminoides** J. Ellis 1761 · D:Kap-Gardenie; E:Cape Jasmine · ♄ e ⚭ D ⌂ VII-X ⚥ ⓝ; Jap., Riukiu-Is., Taiwan, China [11169]
'Grandiflora' [58071]
'Plena'
'Veitchiana'
- *lucida* Roxb. = Gardenia resinifera
- **resinifera** Roth 1821 · ♄ ♄ e ⌂; Ind., Myanmar, Phil.
- **spatulifolia** Stapf et Hutch. = Gardenia volkensii subsp. spathulifolia
- **stanleyana** Hook. = Rothmannia longiflora
- **thunbergia** L. f. 1780 · D:Thunbergs Gardenie; E:White Gardenia · ♄ e ⌂ I-III; Mozamb., S-Afr. [11172]
- **volkensii** K. Schum. 1904
  - subsp. **spathulifolia** (Stapf et Hutch.) Verdc. 1979 · ♄ ♄ e ⌂; S-Afr.

Garidella L. 1753 -n-

Ranunculaceae · (S. 731)
- **nigellastrum** L. 1753 · ⊙;
Eur.: sp., F, GR, Crete, Krim; TR, Cyprus, Palaest.

Garrya Douglas ex Lindl. 1834 -f-
Garryaceae · (S. 539)
D:Becherkätzchen; E:Silk Tassel, Tassel Tree; F:Garrya
- **elliptica** Douglas ex Lindl. 1834 ·
D:Spalier-Becherkätzchen; E:Silk Tassel Bush · ♄ ê e Z8 ⌂ I-III ⓝ; USA: Oreg., Calif. [11173]
  'James Roof' [22159]
  'Pat Ballard' [22162]
- **fadyenii** Hook. 1840 · ♄ e Z9 ⌂ I-III; Jamaica, Cuba
- **fremontii** Torr. 1857 · ♄ e Z7; Calif., Oreg., Wash.
- × **issaquahensis** Nel 1980 [22161]
  'Glasnevin Wine' [22157]
- × **thuretii** Carrière 1869 (*G. elliptica* × *G. fadyenii*) · ♄ ê e Z8 ⌂; cult. [22163]
- **wrightii** Torr. 1857 · ♄ e Z8 ⌂; USA: SW, W-Tex.

Gasoul Adans. = Mesembryanthemum
- *crystallinum* (L.) Rothm. = Mesembryanthemum crystallinum

Gasteria Duval 1809 -f- *Aloaceae* · (S. 905)
D:Gasterie; F:Gastérie, Langue-de-chevreuil
- **acinacifolia** (Jacq.) Haw. 1819 · ⌑ ⌇ Z9 ⌂; S-Afr.
- *angulata* (Willd.) Haw. = Gasteria carinata var. carinata
- *angustifolia* (Aiton) Duval = Gasteria disticha
- *armstrongii* Schönland = Gasteria nitida var. armstrongii
- **batesiana** G.D. Rowley 1955 · ⌇ Z9 ⌂; S-Afr. (Natal, Transvaal)
- **baylissiana** Rauh 1977 · ⌇ Z9 ⌂; S-Afr. (E-Cape)
- **bicolor** Haw. 1826
  - var. **bicolor** · ⌑ ⌇ Z9 ⌂; Kap
  - var. **liliputana** (Poelln.) Van Jaarsv. 1992 · ⌑ ⌇ Z9 ⌂; S-Afr.
- *caespitosa* Poelln. = Gasteria bicolor var. bicolor
- *candicans* Haw. = Gasteria acinacifolia
- **carinata** (Mill.) Duval 1809
  - var. **carinata** · ⌑ ⌇ Z9 ⌂; S-Kap.
  - var. **verrucosa** (Mill.) Van Jaarsv. 1992 · ⌑ ⌇ Z9 ⌂; Kap
- **croucheri** (Hook. f.) Baker 1880 · ⌇ Z9 ⌂; S-Afr. (Natal, Cape Prov.)
- **disticha** (L.) Haw. 1827 · ⌑ ⌇ Z9 ⌂; Kap
- var. *angustifolia* (Aiton) Baker 1880 = Gasteria disticha
- *excavata* (Willd.) Haw. = Gasteria carinata var. carinata
- *formosa* Haw. = Gasteria bicolor var. bicolor
- *humilis* Poelln. = Gasteria carinata var. carinata
- *liliputana* Poelln. = Gasteria bicolor var. liliputana
- *lingua* (Thunb.) A. Berger = Gasteria disticha
- *maculata* (Thunb.) Haw. = Gasteria bicolor var. bicolor
- *minima* hort. = Gasteria bicolor var. liliputana
- *neliana* Poelln. = Gasteria pillansii
- *nigricans* (Haw.) Duval = Gasteria disticha
- **nitida** (Salm-Dyck) Haw. 1827
  - var. **armstrongii** (Schönland) Van Jaarsv. 1992 · ⌑ ⌇ Z9 ⌂; Kap
  - var. **nitida** · ⌑ ⌇ Z9 ⌂; S-Afr.
- *obliqua* (DC.) Duval = Gasteria bicolor var. bicolor
- *picta* Haw. = Gasteria bicolor var. bicolor
- **pillansii** Kensit · ⌑ ⌇ Z9 ⌂; S-Afr.
- *planifolia* (Baker) Baker = Gasteria bicolor var. bicolor
- **pulchra** (Aiton) Haw. 1812
- **rawlinsonii** Oberm. 1976 · ⌑ ⌇ Z9 ⌂; SE-Kap
- *schweickerdtiana* Poelln. = Gasteria carinata var. carinata
- *subcarinata* (Salm-Dyck) Haw. = Gasteria carinata var. carinata
- *verrucosa* (Mill.) Duval = Gasteria carinata var. verrucosa

Gastridium P. Beauv. 1812 -n- *Poaceae* · (S. 1112)
D:Nissegras; E:Nit Grass; F:Gastridium
- **ventricosum** (Gouan) Schinz et Thell. 1913 · D:Nissegras · ⊙; Eur.: Ib, Fr, Ap, Ba, RO, BrI; TR, Syr., Iraq, Lebanon, Israel, W-Iran, NW-Afr., Libya, nat. in USA, S-Austr.

Gastrochilus D. Don 1825 -m- *Orchidaceae* · (S. 1066)
- **bellinus** (Rchb. f.) Kuntze 1891 · ⌑ Z10 ⌂ II-III ▽ ✻; Myanmar, Thail.

Gaudinia P. Beauv. 1812 -f- *Poaceae* · (S. 1112)
D:Ährenhafer; E:French Oat Grass; F:Gaudinie
- **fragilis** (L.) P. Beauv. 1812 ·
D:Zerbrechlicher Ährenhafer · ⊙ ⋈ VI-VIII; Eur.: Ib, Fr, Ap, CH, Ba, Krim; TR, Syr., Canar., NW-Afr., Libya, nat. in BrI

× *Gaulnettya* Marchant = Gaultheria
- *wisleyensis* Marchant = Gaultheria × wisleyensis

Gaultheria Kalm ex L. 1753 -f- *Ericaceae* · (S. 468)
D:Rebhuhnbeere, Scheinbeere; E:Shallon; F:Gaultheria, Thé des bois
- **adenothrix** (Miq.) Maxim. 1873 · ♄ e Z9 ⌂; Jap. [22165]
- **buxifolia** Willd. 1801 · D:Buchsblättrige Scheinbeere
- **cuneata** (Rehder et E.H. Wilson) Bean 1919 · D:Chinesische Scheinbeere · ♄ e ⊛ Z6 VI; W-China [22167]
  'Pinkie'
- **eriophylla** (Pers.) Mart. ex Sleumer 1952 [22168]
- **forrestii** Diels 1912 · D:Forrests Scheinbeere · ♄ e Z6 V-VI; W-China: Yunnan
- **hispida** R. Br. 1810 · D:Tasmanische Scheinbeere; E:Snow Berry, Tasmanian Waxberry · ♄ e ⊛ Z9 ⌂ V-VI; Austr.: Victoria, Tasman. [22169]
- **hookeri** C.B. Clarke 1882 · D:Hookers Scheinbeere · ♄ e ⊛ Z6 III-IV; E-Him. [27796]
- **insana** (Molina) D.J. Middleton 1990 · ♄ e Z8 ⌂ ✻; Chile, Arg. [29346]
- **itoana** Hayata 1906 · D:Taiwanesische Scheinbeere · ♄ e ⊛ Z6; Taiwan [31825]
- **miqueliana** Takeda 1918 · D:Miquels Scheinbeere · ♄ e ⊛ Z7 VI; Jap., Sachal., Aleuten [17710]
- **mucronata** (L. f.) Hook. et Arn. 1834 · D:Steife Scheinbeere · [29347]
  'Alba' (f) [19880]
  'Crimsonia' (f) 1969 [26023]
  'Mother of Pearl' = Gaultheria mucronata 'Parelmoer'
  'Parelmoer' (f) [26033]
  'Rosea' (f) [29348]
  'Thymifolia' (m)
  - var. **mucronata** · D:Kahle Steife Scheinbeere; E:Prickly Heath; F:Pernettya mucronée · ♄ e ⊛ Z6 V-VI ✻; S-Chile [12714]
  - var. **rupicola** (Phil.) D.J. Middleton 1990 · D:Behaarte Steife Scheinbeere · ♄ e Z6; C-China

- **myrsinoides** Kunth 1818 [29351]
  - var. **myrsinoides** · ♄ e Z9 ⓚ; C-Am., S-Am.
  - var. **pentlandii** (DC.) Kunth 1818 · ♄ e ⚙ Z9 ⓚ V-VI; C-Am., S-Am.
- **nummularioides** D. Don 1825 · D:HImalaya-Scheinbeere · ♄ e Z9 ⓚ; Him., Ind.: Khasia Hills; SW-China, Myanmar, Malay. Arch.
- **procumbens** L. 1753 · D:Niedere Rebhuhnbeere, Niederliegende Scheinbeere; E:Checkerberry; F:Gaulthérie du Canada · ♄ e ⚙ Z5 VII-VIII ⚥; Can.: E; USA; NE, NCE, SE [17720]
- **pumila** (L. f.) D.J. Middleton 1990 · ♄ e Z7; Falkland Is., Patag., Tierra de Fuego
- **pyroloides** Hook. f. et Thomson ex Miq. 1863 · ♄ e ⚙ Z6 V-VI; E-Him. [22172]
- **rupestris** (L. f.) D. Don ex G. Don 1834 · ♄ e Z7 VI-VII; NZ [22174]
- **semi-infera** (C.B. Clarke) Airy Shaw 1941 · ♄ e ⚙ Z9 ⓚ V; Him., W-China [22175]
- **shallon** Pursh 1814 · D:Hohe Rebhuhnbeere, Shallon-Scheinbeere; E:Salal; F:Palommier · ♄ e Z6 V-VI; Alaska, Can.: W; USA: NW, Calif. [17730]
- **tasmanica** (Hook. f.) D.J. Middleton 1990 · ♄ e ⤳ ⚙ Z7 V; Tasman.
- **tetramera** W.W. Sm. 1920 · ♄ e Z9 ⓚ; China (Yunnan, Tibet)
- **trichophylla** Royle 1835 · ♄ e ⤳ ⚙ Z7 ⋀ V; Him., W-China
- **veitchiana** Craib 1912 · D:Veitchs Scheinbeere · ♄ e ⚙ ⓚ V; China: Hupeh
- **wardii** C. Marquand et Airy Shaw 1929 · ♄ e Z6; SE-Tibet, E-Him.
- × **wisleyensis** Marchant ex D.J. Middleton 1991 (*G. mucronata* × *G. shallon*) · D:Hybrid-Scheinbeere · ♄ e Z7 IV-VI; cult.
  'Pink Pixie' 1965 [15741]
  'Wisley Pearl' c. 1929 [14516]
- **yunnanensis** (Franch.) Rehder 1934 · D:Yunnan-Scheinbeere · ♄ e Z6 V-VI; China: Yunnan

× **Gauntlettara** hort. 1966 -f- *Orchidaceae* ·
(*Broughtonia* × *Cattleyopsis* × *Laeliopsis*)

Gaura L. 1753 -f- *Onagraceae* · (S. 678)
D:Prachtkerze; F:Gaura
- **coccinea** (Nutt. ex Fraser) Pursh 1814 · D:Duftende Prachtkerze; E:Scarlet Beeblossom · ⚁ Z4 VII-X; Can., USA: NCE, NC, SC, SW, Rocky Mts., Calif. [71738]
- **lindheimeri** Engelm. et A. Gray 1845 · ⚁ ♄ d Z4 VII-X; USA: La., Tex. [63923]
  'Corrie's Gold' [69670]
  'Siskiyou Pink' Siskiyou Rar ePlants [60060]
  'Whirling Butterflies' Siskiyou Rar ePlants [68104]

Gaussia H. Wendl. 1865 -f- *Arecaceae* · (S. 950)
- **attenuata** (O.F. Cook) Becc. 1912 · ♄ Z10 ⓜ; Puerto Rico
- **maya** (O.F. Cook) H.J. Quero et Read 1986 · ♄ e Z10 ⓜ; Guat., Belize, Mex.

Gaylussacia Kunth 1818 -f- *Ericaceae* · (S. 469)
D:Buckelbeere; E:Huckleberry; F:Gaylussacia
- **baccata** (Wangenh.) K. Koch 1872 · D:Schwarze Buckelbeere; E:Black Huckleberry, Huckleberry · ♄ d V-VI; Can.: E, Sask.; USA: NE, NCE, SE [22178]
- **brachycera** (Michx.) A. Gray 1846 · D:Buchs-Buckelbeere; E:Box Huckleberry · ♄ e ⋀ V-VI; USA: NE, Tenn. [22181]
- **dumosa** (Andrews) Torr. et A. Gray ex A. Gray 1843 · D:Zwerg-Buckelbeere; E:Dwarf Huckleberry · ♄ d ⤳ V-VI; Can.: E; USA: Ne, SE, Fla.
- **frondosa** (L.) Torr. et A. Gray ex Torr. 1843 · D:Blaue Buckelbeere; E:Blue Huckleberry, Dangleberry · ♄ d V-VI; USA: NE, SE, Fla. [22182]
- *resinosa* (Aiton) Torr. et A. Gray = Gaylussacia baccata
- **ursina** (M.A. Curtis) Torr. et A. Gray 1846 · D:Bären-Buckelbeere · ♄ d; USA: N.C., S.C., Ga., Tenn.

Gazania Gaertn. 1791 -f- *Asteraceae* · (S. 245)
D:Gazanie; E:Treasureflower; F:Gazanie
- *bracteata* N.E. Br. = Gazania krebsiana subsp. serrulata
- **krebsiana** Less. 1832
  - subsp. **krebsiana** · ⚁ Z9 ⓚ; S-Afr.
  - subsp. **serrulata** (DC.) Roessler 1959 · ⚁ Z9 ⓚ; S-Afr.
- **linearis** (Thunb.) Druce 1917 · ☉ ☉ ⚁ Z9 ⓚ VII-IX; S-Afr. [70159]
- *longiscapa* DC. = Gazania linearis
- *nivea* auct. non Less. = Gazania krebsiana subsp. krebsiana
- **pavonia** (Andrews) R. Br. 1813 · D:Kap-Gazanie; E:Cape Treasure Flower · ⚁ Z9 ⓚ VI-VIII; S-Afr.
- **pinnata** (Thunb.) Less. 1838 · ⚁ Z9 ⓚ VI-VIII; Kap
- *pygmaea* Sond. = Gazania krebsiana subsp. serrulata
- **rigens** (L.) Gaertn. 1741
  'Variegata'
  - var. **rigens** · D:Geäugte Gazanie; E:Treasure Flower · ♄ Z9 ⓚ VII-IX; S-Afr., nat. in P, Balear.
  - var. **uniflora** (L. f.) Roessler 1959 · ♄ e Z9 ⓚ V-IX; S-Afr.
- *splendens* hort. = Gazania rigens var. rigens
- *uniflora* (L. f.) Sims = Gazania rigens var. uniflora
- **in vielen Sorten:**
  'Cookei'
  'Kon Tiki'
  Mini Star Grp.
  'Orange Peacock'
  'Yellow Buttons'

Geissorhiza Ker-Gawl. 1803 -f- *Iridaceae* · (S. 1021)
- **aspera** Goldblatt 1970 · ⚁ Z8 ⓚ V; S-Afr.
- *excisa* (L. f.) Ker-Gawl. = Geissorhiza ovata
- *grandis* Hook. f. = Gladiolus grandiflorus
- **humilis** (Thunb.) Ker-Gawl. 1804 · ⚁ Z8 ⓚ VI-VII; Kap
- **inflexa** (F. Delaroche) Ker-Gawl. 1804 · ⚁ Z8 ⓚ; SW-Kap
  - var. *erosa* (Salisb.) Goldblatt 1985 = Geissorhiza inflexa
- **ovata** (Burm. f.) Asch. et Graebn. 1906 · ⚁ Z8 ⓚ IV-V; S-Afr.
- *quinquangularis* Eckl. ex Klatt = Geissorhiza inflexa
- **radians** (Thunb.) Goldblatt 1983 · E:Wine Cup · ⚁ Z8 ⓚ V; S-Afr.
- *rochensis* (Ker-Gawl.) Ker-Gawl. = Geissorhiza radians
- *secunda* (P.J. Bergius) Ker-Gawl. = Geissorhiza aspera

Geitonoplesium A. Cunn. ex R. Br. 1832 -n- *Philesiaceae* · (S. 1090)
- **cymosum** (R. Br.) A. Cunn. ex R. Br. 1832 · ♄ e ⚥ ⓚ; Phil., Kalimantan, N.Guinea, Salom., Austr.: Queensl., N.S.Wales, Victoria; Fiji

Gelsemium Juss. 1789 -n- *Loganiaceae* · (S. 606)

D:Jasminwurzel; E:Yellow Jessamine; F:Jasmin de Virginie
- **rankinii** Small 1928 · ♄ e Z8 ⓚ; USA: SE, Fla.
- **sempervirens** (L.) J. St.-Hil. 1805 · D:Gelbe Jasminwurzel; E:False Jasmine, False Jessamine · ♄ e ⚥ D Z9 ⓚ IV-VI ⚥ ✿; USA: Va., SE, Fla.; Guat. [11329]
'Flore Pleno' [22183]

Gemmingia Heist. ex Fabr. = Belamcanda
- *chinensis* (L.) Kuntze = Belamcanda chinensis

Genipa L. 1754 -f- *Rubiaceae* · (S. 773)
D:Genipap; E:Genipap; F:Génipayer
- **americana** L. 1759 · D:Genipap; E:Genipap, Marmalade Box · ♄ e Z10 ⓚ ⓝ; Mex., C-Am., W.Ind., trop. S-Am.

Genista L. 1753 -f- *Fabaceae* · (S. 509)
D:Ginster; E:Greenweed, Woadwaxen; F:Genêt
- **aetnensis** (Raf. ex Biv.) DC. 1825 · D:Ätna-Ginster; E:Mount Etna Broom · ♄ d Z8 ⓚ VII ✿; Sard., Sic. [22184]
- **anglica** L. 1753 · D:Englischer Ginster; E:Needle Furze, Petty Whin · ♄ d Z7 V-VII ✿; Eur.: BrI, Sc, C-Eur., Fr, Ib, Ap; Maroc. [31050]
'Cloth of Gold' [22186]
- **aspalathoides** Lam. 1788 · ♄ d Z8 ⓚ VI ✿; Sic., Alger., Tun.
- **canariensis** L. 1753 · E:Florist's Genista, Genista · ♄ e Z9 ⓚ ✿; Canar. [22185]
- *candicans* L. = Genista canariensis
- **cinerea** (Vill.) DC. 1805 · D:Grauer Ginster · ♄ d Z7 V-VI ✿; Eur.: sp., F, I; Alger., Tun.
- *dalmatica* Bartl. = Genista sylvestris var. sylvestris
- *decumbens* (Durande) Willd. = Cytisus decumbens
- *delphinensis* Verl. = Chamaespartium sagittale subsp. delphinensis
- *depressa* M. Bieb. = Genista tinctoria subsp. tinctoria
- **ephedroides** DC. 1825 · ♄ d D Z9 ⓚ V-VI ✿; Eur.: Sard.
- **germanica** L. 1753 · D:Deutscher Ginster; E:German Greenweed · ♄ d Z6-7 V-VII ✿; Eur.* exc. BrI, Ib [32005]
- **hispanica** L. 1753 · D:Spanischer Ginster; E:Spanish Gorse · ♄ d △ Z7 ∧ VI-VII ✿; S-F, sp. [17740]
- *horrida* (Vahl) DC. = Echinospartum horridum
- *humifusa* Vill. non L. = Genista villarsii
- **januensis** Viv. 1802 · D:Genua-Ginster; E:Genoa Broom · ♄ d Z8 ⓚ V-VI ✿; Eur.: Ap, Ba, RO [22188]
- **linifolia** L. 1762 · D:Leinblättriger Ginster; E:Flax Broom · ♄ e Z9 ⓚ ✿; Eur.: sp., Canar.; N-Afr.
- **lydia** Boiss. 1843 · D:Lydischer Ginster; E:Lydia Broom; F:Genêt de Lydie · ♄ d Z7 ∧ V-VI ✿; Eur.: Ba; TR, Syr. [17750]
- **maderensis** (Webb et Berthel.) Lowe 1862 · D:Madeira-Ginster · ♄ e Z9 ⓚ V-VI ✿; Madeira [22189]
- **monspessulana** (L.) O. Bolòs et Vigo 1974 · D:Montpellier-Ginster; E:Montpelier Broom · ♄ e D Z8 ⓚ V-VI ✿; Eur.: Ib, Fr, Ap, Ba; Azor., Canar., TR, Syr., Cauc., NW-Afr. [22191]
- **nissana** Petrovic 1886 · ♄ d Z6 VI-VII ✿; Serb., AL, Maced.
- **pilosa** L. 1753 · D:Behaarter Ginster; E:Hairy Greenwood, Prostrate Broom; F:Genêt poilu · ♄ d ⤳ Z6 V-VII ✿; Eur.* [31070]
'Goldilocks' 1970 [34080]
'Vancouver Gold' [37581]
'Yellow Spreader' [42690]
- *purgans* L. = Cytisus purgans
- **radiata** (L.) Scop. 1805 · D:Strahlen-Ginster; F:Genêt rayonnant · ♄ d Z6 V-VI ✿; Eur.: F, C-Eur., I, Ba, RO [17760]
- *sagittalis* L. = Chamaespartium sagittale subsp. sagittale
- *scoparius* (L.) DC. = Cytisus scoparius subsp. scoparius
- **sericea** Wulfen 1788 · ♄ d Z7 ∧ V-VI ✿; Eur.: I, Ba; mts.
- × **spachiana** Webb 1845 (G. canariensis × G. stenopetala) · ♄ e Z9 ⓚ III-V ✿; Canar. (Teneriffa) [22195]
- **stenopetala** Webb et Berthel. 1842 · ♄ e Z9 ⓚ ✿; Canar. Is. [22196]
- **subcapitata** Pančić 1874 · ♄ Z8 ⓚ ✿; Eur.: Ba
- **sylvestris** Scop. 1772 [22197]
- var. **pungens** (Vis.) Rehder 1927 · ♄ d ⤳ Z8 ⓚ ⓚ V-VII ✿; Eur.: I, Ba
- var. **sylvestris** · D:Wald-Ginster; E:Dalmatian Broom · ♄ d Z7 ✿; Eur.: I, Slove., Croatia, Bosn., YU, AL
- **tinctoria** L. 1753 · D:Färber-Ginster · [17780]
'Flore Pleno' 1853 [17800]
'Humifusa' [20121]
'Royal Gold' 1960 [17810]
   - subsp. **tinctoria** · D:Eiblatt-Ginster, Gewöhnlicher Färber-Ginster; E:Dyer's Broom, Dyer's Greenweed; F:Genêt des teinturiers · ♄ d Z5 VI-VIII ⚥ ✿; Eur.*, W-Sib.
   - var. **hirsuta** K. Koch 1853 · ♄ d Z5 ✿
   - var. **humilior** (Willd.) C.K. Schneid. 1907 · ♄ d Z3 ✿; N-I, CH (Tessin)
- **umbellata** Poir. 1812 · ♄ Z8 ⓚ ✿; Eur.: sp.; Maroc., Alger.
- **villarsii** Clementi 1841 · ♄ ⤳ △ Z7 VI ✿; Eur.: F, Croatia, AL [22192]

Genistella Ortega = Chamaespartium
- *sagittalis* (L.) Gams = Chamaespartium sagittale subsp. sagittale

Genlisea A. St.-Hil. 1833 -f- *Lentibulariaceae* ·
D:Reusenfalle
- **pygmaea** A. St.-Hil. 1833 · D:Kleine Reusenfalle
- **repens** Benj. 1847 · D:Ausläufertreibende Reusenfalle

Gentiana L. 1753 -f- *Gentianaceae* · (S. 542)
D:Enzian; E:Gentian; F:Gentiane
- **acaulis** L. 1753 · D:Keulen-Enzian, Kochs Enzian, Stängelloser Silikat-Enzian; E:Trumpet Gentian; F:Gentiane acaule, Gentiane à tige courte · ♃ △ Z3 VI-VII ⚥ ▽; Eur.* exc. BrI, Sc [63924]
'Alba' [63925]
'Frohnleiten'
'Holzmannii' [70364]
'Undulatifolia'
   - var. *alpina* (Vill.) Griseb. 1839 = Gentiana alpina
- **affinis** Griseb. ex Hook. 1837 · ♃ Z5 ▽; Can.: W; USA: NW, Rocky Mts. [70259]
- **alba** Muhl. 1813 · D:Weißer Enzian · ♃ Z5; Can.: E [70292]
- **algida** Pall. 1788 · D:Arktischer Enzian
- **alpina** Vill. 1787 · D:Alpen-Glocken-Enzian, Südalpen-Enzian; E:Southern Gentian · ♃ △ Z6 VI ▽; Eur.: sp., F, I, CH; Sierra Nevada, Pyr., Alp. [70300]

- **andrewsii** Griseb. 1837 · D:Blinder Enzian, Geschlossener Enzian; E:Closed Gentian · ⌔ Z6 VIII ▽; Can.: E, Sask.; USA: NE, NCE, NC, SE, Colo. [70302]
- *angulosa* M. Bieb. = Gentiana verna subsp. angulosa
- **angustifolia** Vill. 1787 · D:Schmalblättriger Enzian; F:Gentiane à feuilles étroites · ⌔ △ Z7 V-VI ▽; Eur.: F, CH, I; Pyr., SW-Alp., Jura [69197]
  'Frei' [63927]
- **asclepiadea** L. 1753 · D:Schwalbenwurz-Enzian; E:Willow Gentian; F:Gentiane fausse asclépiade · ⌔ Z6 VII-VIII ✿ ▽; Eur.: Fr, Ap, C-Eur., EC-Eur., Ba [63928]
  'Alba' [63929]
  'Rosea' [68304]
- **bavarica** L. · ⌔ Z5 VII-VIII ▽; Eur.: Fr, Ap, Ba, C-Eur.; Alp., Carp., Apenn.
- *bisetaea* Howell = Gentiana setigera
- **brachyphylla** Vill. · D:Kurzblättriger Enzian · ⌔ Z4 VII-VIII ▽; Eur.: sp., F, I, C-Eur., W-Ba, RO; Sierra Nevada, Pyr., Alp. [70303]
- **burseri** Lapeyr. · ⌔ Z7 ▽; Eur.: F, sp., I; Pyren., SW-Alp.
- **cachemirica** Decne. 1841 · D:Kaschmir-Enzian · ⌔ Z8; Him. (Pakist. - Kashmir) [70344]
- **clusii** E.P. Perrier et Songeon 1854 · D:Clusius' Enzian, Stängelloser Kalk-Enzian · ⌔ △ Z6 VI ✿ ▽; Eur.: F, I, C-Eur., EC-Eur., Slove., Croatia, RO; mts. [63930]
  'Alboviolacea'
  'Amethyst'
- **cruciata** L. 1753 · D:Kreuz-Enzian · [63931]
  - subsp. **cruciata** · D:Gewöhnlicher Kreuz-Enzian; E:Cross Gentian; F:Gentiane croisette · ⌔ Z5 VII-VIII ▽; Eur.* exc. BrI, Sc; TR, Cauc., Iran, W-Sib., C-As.
  - subsp. **phlogifolia** (Schott et Kotschy) Tutin 1971 · D:Großer Kreuz-Enzian · ⌔ Z5 VI-VII ▽; E-Carp., S-Carp.
- **dahurica** Fisch. 1812 · D:China-Enzian, Dahurischer Enzian; F:Gentiane de Sibérie · ⌔ Z4 VI-VII ▽; E-Sib., Mong., Tibet, N-China [67814]
- **decumbens** L. f. 1782 · D:Sibirischer Enzian · ⌔ Z4 VII-VIII ▽; Eur.: E-Russ.; C-As., NE-As. [63932]
- **dinarica** Beck 1887 · D:Dinarischer Glocken-Enzian; F:Gentiane des Alpes Dinariques · ⌔ Z6 V-VI ▽; Eur.: I, Croatia, AL; mts. [63933]
- *excisa* C. Presl = Gentiana acaulis
- **farreri** Balf. f. 1918 · D:Wellensittich-Enzian · ⌔ △ Z5 VIII-IX ▽; China: Tibet, Gansu [63934]
- **fetisowii** Regel et C.G.A. Winkl. 1882 · ⌔ Z4 VIII ▽; W-Sib., C-As., Tibet, China: Sinkiang
- *flavida* = Gentiana alba
- **freyniana** Bornm. ex Freyn 1852 · D:Kleinasiatischer Enzian · ⌔ △ Z7 VII ▽; TR [70374]
- **frigida** Haenke 1789 · D:Kälte-Enzian, Tauern-Enzian · ⌔ Z5 VII-IX ▽; Eur.: A, EC-Eur., BG, RO, W-Russ.; Alp., Carp., SW-BG
- **froelichii** Jan ex Rchb. 1832 · D:Karawanken-Enzian · ⌔ Z6 VII-V ▽; Eur.: I, A, Slove.; SE-Alp.
- **gelida** M. Bieb. 1808 · D:Schwefel-Enzian · ⌔ Z6; TR, Cauc., N-Iran [70350]
- **gracilipes** Turrill 1915 · D:Rosetten-Enzian · ⌔ Z6 VII-VIII ▽; China: Kansu [63935]
- × **hexafarreri** hort. (*G. farreri* × *G. hexaphylla*) · ⌔ Z6; cult. [70352]
- **hexaphylla** Maxim. 1894 · D:Sechszipfliger Enzian · ⌔ Z5 VII-VIII ▽; China: Kansu, E-Tibet
- *kesselringii* Regel = Gentiana walujewii
- **kochiana** E.P. Perrier et Songeon = Gentiana acaulis
- **kurroo** Royle 1839 · D:Kies-Enzian · ⌔ △ Z7 IX-X ▽; Him. [70353]
- *lagodechiana* (Kusn.) Grossh. = Gentiana septemfida var. lagodechiana
- **ligustica** · ⌔; Eur.: F, I; Alps Maritimes, C-Apenn. [70354]
- **lutea** L. 1753 · D:Gelber Enzian; E:Great Yellow Gentian, Yellow Gentian; F:Gentiane jaune · ⌔ Z5 VI-VIII ✿ ⓝ ▽; Eur.: Ib, Fr, Ap, Ba, C-Eur., EC-Eur.; TR; mts., nat. in CZ [63936]
- × **macaulayi** hort. (*G. farreri* × *G. sino-ornata*) · ⌔ Z4 ▽; cult. [70357]
  'Kidbrooke Seedling' [68088]
  'Kingfisher' [63937]
  'Praecox'
- **macrophylla** Pall. 1789 · D:Großblättriger Enzian · ⌔ ✿ ▽; China
- **makinoi** Kusn. 1893 · D:Japanischer Enzian · ⌔ Z6 ▽; Jap.: Hondshu [63938]
- **nivalis** L. 1753 · D:Schnee-Enzian · ⊙ Z5 VII-VIII ▽; Eur.*, Cauc.
- **occidentalis** Jakow. 1899 · D:Westlicher Glocken-Enzian · ⌔ ▽; Eur.: F, sp.; Pyr., Cordillera Cantábrica
- **orbicularis** Schur 1866 · D:Rundblättriger Enzian · ⌔ VII-VIII ▽; Eur.: Alp., Carp.; TR [70374]
- **ornata** (Wall. ex G. Don) Griseb. 1839 · D:Nepal-Enzian · ⌔ △ Z6 VIII-IX ▽; Nepal [70375]
- **pannonica** Scop. 1771 · D:Ungarischer Enzian · ⌔ Z5 VII-IX ✿ ▽; Eur.: C-Eur., CZ, I, Slove. [70376]
- **paradoxa** Albov 1894 · D:Seltsamer Enzian · ⌔; Cauc. [70377]
- **parryi** Engelm. 1863 · D:Colorado-Enzian · ⌔ △ Z4 VIII ▽; USA: Utah, Colo., N.Mex.
- *phlogifolia* Schott et Kotschy = Gentiana cruciata subsp. phlogifolia
- **pneumonanthe** L. 1753 · D:Lungen-Enzian; E:Marsh Gentian; F:Gentiane pneumonanthe · ⌔ Z4 VII-IX ▽; Eur.*, Cauc., W-Sib., E-Sib. [63940]
- **prostrata** Haenke 1789 · D:Niederliegender Enzian · ⊙ VII-VIII ▽; Eur.: I, CH, A; E-Alp.; Cauc. [70379]
- **pumila** Jacq. 1762 · D:Niedriger Frühlings-Enzian, Zwerg-Enzian · ⌔ Z6 VI-X ▽; Eur.: F, I, A, Slove.; Alp.
- **punctata** L. 1753 · D:Tüpfel-Enzian; E:Spotted Gentian · ⌔ Z5 VII-IX ✿ ▽; Eur.: Fr, Ap, C-Eur., EC-Eur., Ba; mts. [70382]
- *purdomii* C. Marquand = Gentiana gracilipes
- **purpurea** L. 1753 · D:Purpur-Enzian; E:Purple Gentian · ⌔ Z5 VII-IX ✿ ⓝ ▽; Eur.: F, C-Eur., I, Norw. [63941]
- **robusta** King 1883 · ⌔; Him.
- **saxosa** G. Forst. 1777 · D:Neuseeländer Strand-Enzian · ⌔ Z8 ⓐ ▽; NZ [70383]
- **scabra** Bunge 1835 · D:Rauer Enzian · ⌔ Z5; E-Sib., Amur., N-China, Korea, Jap. [68633]
- *schleicheri* (Vacc.) Kunz = Gentiana terglouensis subsp. schleicheri
- **septemfida** Pall. 1788 [63943]
  - var. **lagodechiana** Kusn. 1903 · D:Kaukasus-Enzian · ⌔ △ Z3 VIII-IX ▽; E-Cauc. [63944]
  - var. **septemfida** · D:Sommer-Enzian; E:Summer Gentian;

F:Gentiane d'été · ⚃ Z3 ▽; TR, Cauc., Iran
- **setigera** A. Gray 1876 · D:Mendocino-Enzian; E:Mendocino Gentian · ⚃; USA: SW-Oreg. Calif.; mts.
- **sino-ornata** Balf. f. 1918 · D:Chinesischer Herbst-Enzian, Oktober Enzian · ⚃ △ Z7 ∧ IX-X ▽; China: Sichuan, Xizang, Yunnuan [63946]
    'Alba' [70388]
    'Bellatrix' [68085]
    Brin Form [63947]
    'Excelsior' [63954]
    'Lapis' [63950]
    'Luzerna' [61953]
    'Weißer Traum' [63953]
- **siphonantha** Maxim. ex Kusn. 1891 · D:Felsen-Enzian
- × **stevenagensis** hort. ex Barker 1934 (G. sino-ornata × G. veitchiorum) · ⚃ Z5; cult. [63945]
- **straminea** Maxim. 1881 · D:Stroh-Enzian · ⚃ △ Z5 VIII-IX ▽; NE-Tibet, NW-China [70489]
- **terglouensis** Hacq. 1782 · D:Julischer Enzian, Triglav-Frühlings-Enzian · ⚃ VII-VIII ▽; Eur.: F, I, CH, A, Slove.; Alp. [70492]
    - subsp. **schleicheri** (Vacc.) Tutin 1971 · D:Schleichers Frühlings-Enzian · ⚃ VII-VIII ▽; Eur.: sp., F, I, CH
- **ternifolia** Franch. 1884 · ⚃ Z8; China (Yunnan)
- **tianshanica** Rupr. ex Kusn. 1869 · ⚃ Z7 ▽; C-As., Him., Pakist., W-China, China [63955]
- **tibetica** King ex Hook. f. 1883 · D:Tibet-Enzian; F:Gentiane du Tibet · ⚃ VII-VIII ▽; Him., Tibet [63956]
- **triflora** Pall. 1788 · D:Dreiblütiger Enzian · [63957]
    - var. **japonica** (Kusn.) H. Hara 1949 · ⚃ Z5; Jap., Sachal. [70501]
    - var. **triflora** · ⚃ Z5 VIII-IX ▽; E-Sib., Amur, Sachal., Korea, Jap.
- **utriculosa** L. 1753 · D:Schlauch-Enzian · ⊙ Z6 V-VIII ▽; Eur.: BrI, Sc, Fr, D, EC-Eur., Croatia, E-Eur.
- **veitchiorum** Hemsl. 1909 · D:Veitchs Enzian · ⚃ △ Z6 IX-X ▽; E-Tibet, Sichuan [70503]
- **verna** L. 1753 · D:Frühlings-Enzian, Schusternagel; E:Spring Gentian
    - subsp. **angulosa** (M. Bieb.) V.E. Avet. 1977 [63926]
    - subsp. **balcanica** N.M. Pritch.

1977
    - subsp. **tergestina** (Beck) Hayek 1930 · ⚃; Eur.: I, Ba
    - subsp. **verna** 1753 · ⚃ △ Z5 III-V ▽; Eur.* exc. Sc; TR, Cauc., N-Iran, Maroc. [63958]
- **waltonii** Burkill 1906 · ⚃; China (Tibet)
- **walujewii** Regel et Schmalh. 1879 · ⚃ ▽; C-As.
    - var. *kesselringii* (Regel) Kusn. 1894 = Gentiana walujewii
- **wutaiensis** C. Marquand 1931 · ⚃ Z7 ▽; China [70504]
- **in vielen Sorten:**
    'Blauer Zwerg' [63948]
    'Blue Heaven' [70315]
    'Cairngorm'
    'Christine Jean'
    'Edith Sarah' [68086]
    'Emmen'
    'Inshriach Hybrids'
    'Royal Blue' [63939]
    'Strathmore' [68090]
    'White Wings'

Gentianella Moench 1782 -f-
Gentianaceae · (S. 542)
D:Fransenenzian; E:Felwort; F:Gentiane ciliée
- **amarella** (L.) Börner 1912 · D:Bitterer Fransenenzian · ⊙ VIII-X ▽; Eur.: BrI, Sc, Fr, Ap, EC-Eur., E-Eur.
    - subsp. *uliginosa* (Willd.) Tzvelev 1978 = Gentianella uliginosa
- **anisodonta** (Borbás) Á. Löve et D. Löve 1961 · D:Ungleichzähniger Fransenenzian · ⊙ VI-IX ▽; Eur.: I, CH, A, Slove., Croatia; Alp., Apenn., Croatia
- **aspera** (Hegetschw.) Skalický, Chrtek et J. Gill 1966 · D:Rauer Fransenenzian · ⊙ V-IX ▽; Eur.: CH, D, A, CZ, Slove.
- **austriaca** (A. Kern. et J. Kern.) Holub · D:Österreichischer Fransenenzian
- *austriaca* auct. non (A. Kern. et J. Kern.) Holub = Gentianella bohemica
- **bohemica** Skalický 1969 · D:Böhmischer Fransen-Einzian · ⊙ VII-X ▽; Eur.: SE-D, NE-A, EC-Eur.
- **campestris** (L.) Börner 1912 · D:Feld-Fransenenzian
    - subsp. **baltica** (Murb.) Á. Löve et D. Löve 1961 · D:Baltischer Fransenenzian · VIII-X ▽; Eur.: Sweden, NW-F, D, PL
    - subsp. **campestris** · D:Gewöhnlicher Feld-Fransenenzian · ⊙ V-X ▽; Eur.* exc. Ba

- **ciliata** (L.) Borkh. 1796 · D:Gewöhnlicher Fransenenzian · ⊙ VIII-X ▽; Eur.* exc. BrI; TR, Cauc., Iran, ? Sib., Maroc.
- **engadinensis** (Wettst.) Holub 1967 · D:Engadiner Fransenenzian · ⊙ VII-VIII ▽; Eur.: I, CH; Alp.
- **germanica** (Willd.) Börner · D:Gewöhnlicher Deutscher Fransenenzian · ⊙ IX ▽; Eur.: BrI, Fr, Ap, C-Eur., EC-Eur., RO
- **insubrica** (Kunz) Holub 1967 · D:Insubrischer Fransenenzian · ⊙ VI-IX ▽; Eur.: S-CH
- **lutescens** (Velen.) Holub 1967 · D:Karpaten-Fransenenzian · ⊙ V-IX ▽; Eur.: D, A, EC-Eur., RO
- **nana** (Wulfen) N.M. Pritch. 1972 · D:Zwerg-Fransenenzian · ⊙ VII-IX ▽; Eur.: I, A; E-Alp.
- *praecox* (A. Kern. et Jos. Kern.) Dostál ex E. Mayer = Gentianella lutescens
- **ramosa** (Hegetschw.) Holub 1967 · D:Büschel-Fransenenzian · ⊙ VII-IX ▽; Eur.: I, CH, ? F; Alp.
- **tenella** (Rottb.) Börner 1912 · D:Zarter Fransenenzian · ⊙ VIII ▽; Eur.* exc. BrI; W-Sib., E-Sib., Kamchat., C-As.
- **uliginosa** (Willd.) Börner 1912 · D:Sumpf-Fransenenzian · ⊙ VIII-X ▽; Eur.: BrI, Sc, NL, D, EC-Eur., E-Eur., ? F

Geogenanthus Ule 1913 -m-
Commelinaceae · (S. 984)
- **poeppigii** (Miq.) Faden 1981 · ⚃ ⓦ; Bras., Col.
- *undatus* (K. Koch et Linden) Mildbr. et Strauss = Geogenanthus poeppigii
- *wittianus* (Ule) Ule = Geogenanthus poeppigii

Geonoma Willd. 1805 -f-
Arecaceae · (S. 950)
- *acaulis* Mart. = Geonoma macrostachys var. acaulis
- **brongniartii** Mart. 1843 · ♄ ⓦ; Col., Ecuad., Peru, Bol., N-Bras.
- **cuneata** H. Wendl. ex Spruce 1869
    - var. **gracilis** (H. Wendl.) Skov ex Govaerts et J. Dransf. 1989 · ♄ e ⓦ; Bras.
- *elegans* Mart. = Geonoma pauciflora
- *ghiesbreghtiana* Linden et H. Wendl. = Calyptrogyne ghiesbreghtiana
- *gracilis* H. Wendl. = Geonoma cuneata var. gracilis

- **macrostachys** Mart. 1823
  - var. **acaulis** (Mart.) A.J. Hend. 1995 · ♄ e ⓜ; C-Bras.
- **maxima** (Poit.) Kunth 1841
  - var. **spixiana** (Mart.) A.J. Hend. 1995 · ♄ e ⓜ; Bras.
- **pauciflora** Mart. 1823 · ♄ e ⓜ; C-Bras.
- **pohliana** Mart. 1826 · ♄ e ⓜ; trop. Bras.
- *spixiana* Mart. = Geonoma maxima var. spixiana

Geranium L. 1753 -n- *Geraniaceae* · (S. 544)
D:Storchschnabel; E:Crane's Bill; F:Bec-de-grue, Géranium
- **albanum** M. Bieb. 1808 · D:Ostkaukasus-Storchschnabel · ⌔ Z7; SE-Cauc., Iran [70508]
- **albiflorum** Ledeb. 1829 · D:Weißer Storchschnabel
- **argenteum** L. 1753 · D:Silber-Storchschnabel · ⌔ △ Z6 VI-VIII; Eur.: F, I, Slove.; mts. [70509]
- **aristatum** Freyn et Sint. 1897 · D:Alpenveilchen-Storchschnabel · ⌔ Z7 VI-VII; Eur.: Maced., AL, GR; mts. [70510]
- **asphodeloides** Burm. · ⊙ ⌔ Z8; Eur.: Ap, Ba, RO, Krim.; TR, Cauc., N-Iran
- **balkanum** hort. ex N. Taylor 1915 · ⌔; cult.
  'Album'
- **biuncinatum** Kokwaro 1971 · ⊙ Z9; Arab. Pen., Somalia, Eth., Sudan
- **bohemicum** L. 1756 · D:Böhmischer Storchschnabel · ⊙ VI-VII; Eur.* exc. BrI, Ib; Cauc.
- **caffrum** Eckl. et Zeyh. 1835 · D:Kaffern-Storchschnabel · ⌔ Z9 ⓜ; S-Afr.
- **canariense** Reut. 1857 · D:Kanarischer Storchschnabel · ⌔ Z9 ⓜ; Canar., Madeira
- × **cantabrigiense** Yeo 1985 (*G. dalmaticum* × *G. macrorrhizum*) · D:Cambridge-Storchschnabel · ⌔ Z5; cult. [70513]
  'Berggarten' Markwort [63959]
  'Biokovo' Simon [63960]
  'Cambridge' [63961]
  'Karmina' Pagels [63962]
  'Saint Ola' Bremner [68771]
- **cataractarum** Coss. 1851 · D:Wasserfall-Storchschnabel · ⌔ Z8 ⓜ; Eur.: S-Sp.; Maroc.
- *chinense* hort. = Geranium platyanthum
- **cinereum** Cav. 1787 · D:Grauer Storchschnabel · [63963]

  'Ballerina' Bloom > 1961 [63964]
  'Giuseppii' [63966]
  'Lawrence Flatman' Bloom 1980
  'Splendens' Arends 1930 [63968]
  - subsp. **cinereum** · F:Géranium cendré · ⌔ △ Z5 VI-VII; Eur.: Ib, Fr; Pyr.
  - subsp. **subcaulescens** (L'Hér. ex DC.) R. Knuth · ⌔ △ Z5 VI-VII; Eur.: I, Ba; TR, Syr. [63965]
- **clarkei** Traub 1985 · D:Clarkes Storchschnabel · ⌔ Z7; Kashmir [70516]
  'Kashmir Blue' [69199]
  'Kashmir Pink' [69200]
  'Kashmir Purple' [63969]
  'Kashmir White' [63970]
- **collinum** Stephan ex Willd. 1800 · D:Hügel-Storchschnabel · ⌔ Z7; Eur.: RO, Russ.; TR, Cauc., C-As., W-Sib. Iran, Afgh., Pakist.
- **columbinum** L. 1753 · D:Tauben-Storchschnabel; E:Dove's Foot Cranesbill; ⊙ Z7 VI-IX; Eur.*, TR, Levante, Cauc., N-Iran, NW-Afr., Libya, nat. in N-Am.
- **dalmaticum** (Beck) Rech. f. 1934 · D:Dalmatiner Storchschnabel; F:Géranium de Dalmatie · ⌔ △ Z5 VI-VII; Eur.: W-Ba [63971]
  'Album' [63972]
  'Bressingham Pink' [63973]
- **delavayi** Franch. 1886 · D:Delavays Storchschnabel · ⌔ Z9 ⓜ; SW-China [70518]
- **dissectum** L. 1755 · D:Schlitzblättriger Storchschnabel; E:Cut Leaved Cranesbill; ⊙ Z7 V-IX; Eur.*, TR, Levante, Cauc., Iran, C-As., N-Afr., nat. in Am., Austr.
- **divaricatum** Ehrh. 1792 · D:Spreizender Storchschnabel · ⊙ VI-VIII; Eur.* exc. BrI, Sc; TR, Iraq, Cauc., Iran, Afgh., W-Sib., C-As., China: Sinkiang
- **endressii** J. Gay 1832 · D:Pyrenäen-Storchschnabel, Rosa Storchschnabel; E:French Cranesbill; F:Géranium des Pyrénées, Géranium en coussinet · ⌔ Z5 V-VI; sp., F; W-Pyr. [63974]
  'Album'
- **erianthum** DC. 1824 · D:Wolliger Storchschnabel · ⌔ Z3; Amur, Sacchal., Kamch., Alaska, Can.: B.C. [70520]
- *eriostemon* Fisch. ex DC. = Geranium platyanthum
- **farreri** Stapf 1926 · D:Farrers Storchschnabel · ⌔ △ Z4 VI-VIII; China: Kansu, Sichuan [70523]
- **fremontii** Torr. ex A. Gray 1849 · D:Fremonts Storchschnabel ·

  ⌔ Z4; USA: Wyo., Colo., SW [70524]
- **gracile** Ledeb. ex Nordm. 1837 · D:Zierlicher Storchschnabel · ⌔ Z7; NE-TR, Cauc., N-Iran [70525]
  'Sirak' Simon [63978]
- *grevilleanum* Wall. = Geranium lambertii
- **gymnocaulon** DC. 1824 · D:Nacktstängliger Storchschnabel · ⌔; Cauc., NE-TR
- **harveyi** Briq. 1908 · D:Harveys Storchschnabel · [70527]
- **himalayense** Klotzsch 1862 · D:Himalaya-Storchschnabel; E:Dwarf Cranesbill, Hardy Geranium; F:Géranium de l'Himalaya · ⌔ △ Z4 VII-IX; Afgh., Kashmir, NW-Ind., Nepal [63979]
  'Gravetye' [63981]
  'Irish Blue' [70528]
  'Plenum' [69201]
  - var. *alpinum* P.H. Raven = Geranium himalayense 'Gravetye'
- **ibericum** Cav. 1787 · D:Herzblättriger Storchschnabel; E:Iberian Cranesbill · [70529]
  - subsp. **ibericum** · ⌔ △ Z6 VII-VIII; TR, Cauc., nat. in Fr
  - subsp. **jubatum** (Hand.-Mazz.) P.H. Davis 1955 · ⌔ Z6; N-TR
- **incanum** Burm. f. 1759 · D:Südafrikanischer Storchschnabel · ⌔ Z9 ⓜ; S-Afr. [70530]
  - var. **incanum**
  - var. **multifidum** Hilliard et B.L. Burtt 1985 · ⌔ ⓜ; S-Afr.
- **kishtvariense** R. Knuth 1923 · D:Kaschmir-Storchschnabel · ⌔ Z8 ⓜ; Kashmir [70532]
- **koreanum** Kom. 1901 · D:Korea-Storchschnabel · ⌔; Korea
- **lambertii** Sweet 1827 · D:Lamberts Storchschnabel · ⌔ Z8 ⓜ; Him. (C-Nepal, Bhutan, Uttar Pradesh, SE-Tibet) [70533]
- *lancastriense* With. = Geranium sanguineum var. striatum
- **libani** P.H. Davis 1955 · D:Libanon-Storchschnabel · ⌔ Z8 ⓜ; S-TR, W-Syr., Lebanon
- × **lindavicum** Sünd. ex R. Knuth 1912 (*G. argenteum* × *G. cinereum*) · D:Lindauer Storchschnabel · [70534]
  'Apple Blossom' [73870]
- **linearilobum** DC. 1815 · D:Kleinblättriger Storchschnabel
  - subsp. **transversale** (Kar. et Kir.) P.H. Davis 1970 · ⌔ Z8; W-Sib., C-As., C-China
- **lucidum** L. 1753 · D:Glänzender

Storchschnabel · ⊙ Z7 V-VIII; Eur.* exc. Sc; TR, Levante, C-As., NW-Afr., Libya
- **macrorrhizum** L. 1753 · D:Felsen-Storchschnabel; E:Bulgarian Geranium; F:Géranium des Balkans · ⚁ △ Z4 V-VII; Eur.: Fr, I, A, Ba, RO, W-Russ., nat. in BrI, D, Krim [70537]
  'Album' [63984]
  'Bevan's Variety' Bevan [63985]
  'Czakor' Simon 1975 [63986]
  'Ingwersen's Variety' Ingwersen Nurs. [63987]
  'Spessart' Simon 1957 [63991]
  'Variegatum' [70542]
- **macrostylum** Boiss. 1843 · D:Knolliger Storchschnabel · ⚁ Z7; Eur.: GR, AL, BG.; TR
- **maculatum** L. 1753 · D:Amerikanischer Storchschnabel; E:Spotted Cranebill · ⚁ Z4 VI-VII ☼; Can.: E; USA: NE, NCE, Kans., SE [69203]
  'Album' [70543]
  'Chatto' [69204]
- **maderense** Yeo 1969 · D:Madeira-Storchschnabel · ⚁ Z9 ⌂; Madeira [70545]
- × **magnificum** Hyl. 1961 (*G. ibericum subsp. ibericum* × *G. platypetalum*) · D:Pracht-Storchschnabel · ⚁ Z5 VI-VII; cult. [63996]
  'Rosemoor' Simon, Frei [63998]
- **malviflorum** Boiss. et Reut. 1852 · D:Malvenblütiger Storchschnabel · ⚁ Z9 ⌂; Eur.: S-Sp.; Maroc., Alger. [70546]
- *meeboldii* Briq. = Geranium himalayense
- **molle** L. 1753 · D:Weicher Storchschnabel; E:Soft Cranesbill · ⊙ ⊙ V-X; Eur.*, TR, Levante, Cauc., N-Iran, Him., N-Afr., nat. in N-Am., Austr.
- × **monacense** Harz (*G. phaeum* × *G. reflexum*) · D:Münchner Storchschnabel · ⚁ Z5; cult. [70547]
  'Muldoon' · ⚁; cult.
  'Variegatum'
  - **nothovar. anglicum** (*G. phaeum var. lividum* × *G. reflexum*) · ⚁; cult.
- *napuligerum* hort. non Franch. = Geranium farreri
- **nepalense** Sweet 1820-22 · D:Nepal-Storchschnabel; E:Nepalese Cranesbill · ⚁ △ Z7 V-VII; Afgh., Pakistan, W-China, Sri Lanka [70548]
  - var. *thunbergii* (Lindl. et Paxton) Kudô 1922 = Geranium thunbergii
- **nervosum** Rydb. 1901 · D:Geaderter Storchschnabel · ⚁ Z4; USA: NW, Calif., Rocky Mts.
- **nodosum** L. 1753 · D:Knotiger Storchschnabel; F:Géranium noueux · ⚁ Z6 V-IX; Eur.: Ib, Fr, CH, Ap, Slove., Croatia, YU, nat. in BrI, NL, D [64000]
  'Svelte Lilac' [71793]
  'Swish Purple'
- **ocellatum** Cambess. 1842 · D:Geäugter Storchschnabel · ⊙; W-Afr., E-Afr., Eth., Arab. Pen., Iran, Him., SW-China.; mts.
- **orientalitibeticum** R. Knuth 1923 · D:Tibet-Storchschnabel · ⚁ Z8; China (Sichuan, E-Tibet) [64001]
- × **oxonianum** Yeo 1985 (*G. endressii* × *G. versicolor*) · D:Oxford-Storchschnabel · ⚁ Z5; cult. [70549]
  'A.T. Johnson' Cambridge Cult.
  'Claridge Druce' G.S. Thomas 1960 [64002]
  'David McClintock' [61958]
  'Hollywood' [70561]
  'Phoebe Noble' Noble c. 1985 [70553]
  'Rose Clair' Ingwersen Nurs. [64003]
  'Rosenlicht' Klose [69206]
  'Thurstonianum' [70563]
  'Wargrave Pink' Waterer Nurs. 1930 [71807]
  'Winscombe' [64004]
- **palmatum** Cav. 1787 · D:Riesen-Storchschnabel · ⚁ Z9 ⌂ VII-IX; Canar., Madeira [70566]
- **palustre** L. 1756 · D:Sumpf-Storchschnabel; F:Géranium des marais · ⚁ ∿ ≈ Z6 VI-VIII; Eur.* exc. BrI; Cauc. [64005]
- **peloponnesiacum** Boiss. 1853 · D:Griechischer Storchschnabel · ⚁ Z8 ⌂; GR [64567]
- **phaeum** L. 1753 · D:Brauner Storchschnabel · [64006]
  'Album' [64007]
  'Joan Baker' [71584]
  'Lily Lovell' [70571]
  'Samobor' Strangman [69207]
  'Variegatum' [70573]
  - subsp. *lividum* (L'Hér.) Hayek = Geranium phaeum var. lividum
  - var. **lividum** (L'Hér.) Pers. · D:Blassvioletter Storchschnabel · ⚁ Z5; Eur.: sp., F, I, Ba [64009]
  - var. **phaeum** · D:Gewöhnlicher Brauner Storchschnabel; E:Dusky Cranesbill; F:Géranium brun · ⚁ Z5 V-VII; Eur.* exc. BrI, Sc, nat. in BrI, Sc
- **platyanthum** Duthie 1906 · D:Großblütiger Storchschnabel · ⚁ Z5 VI-VII; China [70522]
- **platypetalum** Fisch. et C.A. Mey. · D:Horstiger Storchschnabel · ⚁ Z5 VI-VIII; TR, Cauc., Iran
- **pogonanthum** Franch. 1889 · D:Nickender Storchschnabel · ⚁ Z8; China (Sichuan, Yunnan), Myanmar
- **polyanthes** Edgew. et Hook. f. 1875 · D:Vielblütiger Storchschnabel · [70574]
- **potentilloides** L'Hér. ex DC. 1824 · D:Fingerkautartiger Storchschnabel
- **pratense** L. 1753 · D:Wiesen-Storchschnabel; E:Meadow Cran's Bill; F:Géranium des prés
  'Albiflorum'
  'Mrs Kendall Clark' Ingwersen Nurs. 1946 [64012]
  'Plenum Caeruleum' [70581]
  'Plenum Violaceum' [70582]
  'Silver Queen' [70580]
  'Striatum' Van Houtte c. 1850 [64011]
  - subsp. **pratense** · ⚁ VI-VIII; Eur.*, TR, W-Sib., E-Sib., C-As., Mong., China [64010]
  - subsp. **stewartianum** Y.J. Nasir 1983 · ⚁; Pakist., Kashmir, Ind.
- **procurrens** Yeo 1973 · D:Niederliegender Storchschnabel · ⚁ Z7; Him. [64014]
  'Sue Crûg' [69752]
- **psilostemon** Ledeb. · D:Armenischer Storchschnabel; E:Armenian Cranesbill · ⚁ Z6 VI-VII; NE-TR, SW-Cauc. [64015]
  'Bressingham Flair' Bloom 1973 [64017]
  'Iwan' Louette
- **pulchrum** N.E. Br. 1895 · D:Schöner Storchschnabel · ⚁ Z9 ⌂; S-Afr.
- *punctatum* Hort. ex A.T. Johnson = Geranium × monacense 'Muldoon'
- **purpureum** Vill. 1786 · D:Purpurner Stink-Storchschnabel · ⊙ V-IX; Eur.: Ib, Fr, BrI, Ap, Ba, Krim, ? RO; TR, Levante, Cauc., N-Iran, NW-Afr., Libya, nat. in NZ
- **pusillum** Burm. f. ex L. 1759 · D:Zwerg-Storchschnabel · ⊙ V-X; Eur.*, TR, Levante, C-As., Maroc., Alger., nat. in N-Am.
- **pylzowianum** Maxim. 1880 · D:Knöllchen-Storchschnabel · ⚁ Z5 VI-VIII; China: Yunnan, Sichuan, Schansi, Kansu [70587]
- **pyrenaicum** Burm. f. · D:Pyrenäen-Storchschnabel · ⚁ Z7 V-X; Eur.: Ib, Fr, Ap, BrI, C-Eur., H, Ba, RO; TR, Levante, Cauc., N-Iran,

NW-Afr., Libya, nat. in D, N-Am. [64018]
- **rectum** Trautv. 1860 · D:Aufrechter Storchschnabel · [70589]
- **reflexum** L. 1771 · D:Zurückgebogener Storchschnabel · ⚃ Z6 VI-VII; Eur.: I, Ba, nat. in D
- **regelii** (Regel) Nevski 1937 · D:Zwerg-Wiesen-Storchschnabel · ⚃ Z6; C-As., Afgh., N-Pakist. [64019]
- **renardii** Trautv. · D:Kaukasus-Storchschnabel; F:Géranium à feuilles de crêpe · ⚃ VI; Cauc. [64020]
  'Philipe Vapelle' [64021]
  'Tcschelda' Zetterlund [64022]
- **richardsonii** Fisch. et Trautv. 1837 · D:Richardsons Storchschnabel; E:White Cranesbill · ⚃ ⟿ V-VI; Alaska, Can.: W; USA: NC, SW, Rocky Mts., NW, Calif.
- × **riversleaianum** Yeo 1985 (*G. endressii* × *G. traversii*) · D:Riverslea-Storchschnabel · ⚃ Z7; cult. [70592]
  'Mavis Simpson' [64023]
  'Russell Prichard' Prichard [64024]
- **rivulare** Vill. · D:Blassblütiger Storchschnabel · ⚃ Z6 VII-VIII; Eur.: F, CH, I; Alp. [70593]
- **robertianum** L. 1753 · D:Stink-Storchschnabel
  - subsp. *purpureum* = Geranium purpureum
  - subsp. **robertianum** · D:Gewöhnlicher Stink-Storchschnabel, Ruprechtskraut; E:Herb Robert · ⊙ Z6 V-X ❀; Eur.*, TR, Levante, Cauc., Iran, W-Sib., C-As., China, Jap., NW-Afr., Libya, nat. in N-Am., NZ [64025]
- **robustum** Kuntze 1893 · D:Verholzender Storchschnabel · [70596]
- **rotundifolium** L. 1753 · D:Rundblättriger Storchschnabel · ⊙ VI-X; Eur.* exc. Sc; TR, N-Afr.
- **rubescens** Yeo 1969 · ⊙ Z9 ⌂; Madeira
- **rubifolium** Lindl. 1840 · ⚃ Z8; Kashmir
- **ruprechtii** Woronow ex Grossh. 1932 · D:Ruprechts Storchschnabel · ⚃; Cauc.
- **sanguineum** L. 1753 · D:Bluroter Storchschnabel · [64026]
  'Album' [64027]
  'Ankum's Pride' Jansen [68917]
  'Apfelblüte' Pagels [64028]
  'Cedric Morris' [70599]
  'Elsbeth' Simon 1982 [64030]

  'Glenluce' [70601]
  'Max Frei' Frei [64032]
  'Nanum' [69208]
  - var. *lancastriense* (With.) G. Nicholson = Geranium sanguineum var. striatum
  - var. *prostratum* (Cav.) Pers. = Geranium sanguineum var. striatum
  - var. **sanguineum** · D:Gewöhnlicher Blutroter Storchschnabel; E:Bloody Cranesbill; F:Géranium sanguin · ⚃ Z5 VI-VIII; Eur.*, TR, Cauc.
  - var. **striatum** Weston · F:Géranium sanguin · ⚃ ⟿ Z5; BrI [68255]
- **sessiliflorum** Cav. 1787 [70612]
  'Nigricans' = Geranium sessiliflorum subsp. novae-zelandiae
  - subsp. **novae-zelandiae** Carolin [64036]
  - subsp. **sessiliflorum** · ⚃ △ Z7 VI-VII; S-Am., Austr., Tasman., NZ
- **shikokianum** Matsum. 1921 · ⚃ Z8; Korea [70613]
- **sibiricum** L. · D:Sibirischer Storchschnabel · ⚃ Z6 VII-VIII; RO, Russ., China, nat. in Eur.: C-Eur., EC-Eur.; N-Am.
- **sinense** R. Knuth 1912 · ⚃ Z8; China (Sichuan, Yunnan)
- **soboliferum** Kom. 1901 · ⚃ Z6; Amur, Manch., Korea, Jap. mts.
- **stapfianum** Hand.-Mazz. · ⚃ △ V-VI; Yunnan, Sichuan
  'Roseum' = Geranium orientalitibeticum
- *subcaulescens* L'Hér. ex DC. = Geranium cinereum subsp. subcaulescens
- **swatense** Schönb.-Tem. 1970
- **sylvaticum** L. 1753 · D:Wald-Storchschnabel · [64038]
  'Amy Doncaster' [71599]
  'Mayflower' [64041]
  - var. **sylvaticum** · D:Gewöhnlicher Wald-Storchschnabel; F:Géranium des bois · ⚃ Z4 V-VII; Eur.*, TR, Cauc., W-Sib., E-Sib., C-As., nat. in N-Am.
    fo. *albiflorum* A. Blytt [64039]
    'Album' = Geranium sylvaticum var. sylvaticum fo. albiflorum
  - var. **wanneri** Briq. 1889
- **thunbergii** Lindl. et Paxton 1851 · ⚃ Z7; N-China, Korea, Jap., Taiwan [63999]
- **transbaicalicum** Serg. 1934 · ⚃ Z3; E-Sib., Mong., Manch.
- *transversale* = Geranium linearilobum subsp. transversale
- **traversii** Hook. f. 1867 · ⚃ Z8 ⌂

  VII-IX; NZ
  - var. *elegans* Cockayne 1902 = Geranium traversii
  - *trifolium* Cav. = Erodium trifolium
  - **tuberosum** L. · E:Tuberous Wild Geranium · ⚃ Z7 IV-V; Eur.: Fr, Ap, Ba, Krim; TR, Levante, Iraq, Cauc., Iran, Alger., Tun., Libya [64043]
  - **versicolor** L. · ⚃ Z6; Eur.: I, Sic., Ba. nat. in Br, F [64044]
    'Snow White'
  - **viscosissimum** Fisch. et C.A. Mey. 1846 · ⚃ Z7; Can.: W; USA: NW, Calif., Rocky Mts., S.Dak.
  - **wallichianum** D. Don · ⚃ △ Z7 ⋀ VIII-IX; Him.: Afgh., Kashmir, NW-Ind., Nepal, Bhutan [64045]
    'Buxton's Variety' [64046]
  - *wilfordii* Hort. non Maxim. = Geranium thunbergii
  - **wlassovianum** Link · ⚃ Z3 VI-X; E-Sib., Amur, Mong., Manch. [64047]
  - **yesoense** Franch. et Sav. 1879 · ⚃ Z8; Jap.
    - var. **nipponicum** Nakai 1967 · ⚃; Jap. (Honshu); mts.
    - var. **yesoense**
  - **yoshinoi** Makino ex Nakai 1912 · ⚃; Jap. (Honshu) [69726]
  - **in vielen Sorten:**
    'Ann Folkard' [63982]
    'Anne Thomson' [71812]
    'Birch Lilac' [64040]
    'Brookside' [70172]
    'Dilys' (*G. procurrens* × *G. sanguineum*) [61955]
    'Johnson's Blue' [64013]
    'Nimbus' [70173]
    'Orkney Pink'
    'Patricia' [68773]
    'Salome'
    'Silva' [64042]
    'Spinners' [68091]
    'Wageningen' [71806]
    'Walters Gift' [70554]

Gerbera L. 1758 -f- *Asteraceae* · (S. 245)
D:Gerbera; E:Transvaal Daisy; F:Gerbéra
- **jamesonii** Bolus ex Hook. f. 1889 · D:Barberton-Gerbera; E:Barberton Daisy · ⚃ ⋈ Z8 ⌂ IV-IX; S-Afr.
- **nivea** (DC.) Sch. Bip. 1844 · D:Weiße Gerbera · ⚃ ⌂; Him. (W-Nepal - SW-China)
- **viridifolia** Sch. Bip. 1844 · ⚃ Z8 ⌂ IV-VIII; S-Afr.
- **in vielen Sorten**

Gesneria L. 1753 -f- *Gesneriaceae* ·

(S. 550)
D:Gesnerie; E:Gesneria;
F:Gesnéria
- **cubensis** (Decne.) Baill. 1891 · ♄ Z10 ⓦ VI-VII; Cuba, Haiti
- **cuneifolia** (Moç. et Sessé ex DC.) Fritsch 1894 · ♃ Z10 ⓦ; Puerto Rico
- **libanensis** Linden ex C. Morren 1846 · ♄ e Z10 ⓦ VII-VIII; E-Cuba
- **longiflora** Kunth 1818 · ⓦ
- *macrantha* hort. non Spreng. = Sinningia cardinalis
- **pedunculosa** (DC.) Fritsch 1894 · ♃ Z10 ⓦ VII-VIII; Puerto Rico
- **ventricosa** Sw. 1788 · ♄ e Z10 ⓦ VI-VIII; Lesser Antilles

Geum L. 1753 -n- *Rosaceae* · (S. 752)
D:Nelkenwurz; E:Avens; F:Benoîte
- **aleppicum** Jacq. 1784
- × **borisii** Kellerer ex Sünd. 1906 (*G. bulgaricum* × *G. reptans*) · D:Prinz-Boris-Nelkenwurz · ♃ Z4; cult.
- **bulgaricum** Pančić 1883 · D:Bulgarische Nelkenwurz; F:Benoîte bulgare · ♃ Z4; Bosn., Montenegro, Maced., AL, BG; mts. [64048]
- **calthifolium** Sm. · ♃ Z6; Alaska
- **chiloense** Balb. ex Ser. 1825 · D:Chile-Nelkenwurz · ♃ VI-VIII; Chile (Chiloe) [64049]
  'Dolly North' [64061]
  'Feuerball' = Geum chiloense 'Mrs J. Bradshaw'
  'Goldball' = Geum chiloense 'Lady Stratheden'
  'Lady Stratheden' [64050]
  'Mrs J. Bradshaw' [64051]
- **coccineum** Sibth. et Sm. 1809 · D:Rote Nelkenwurz; E:Avens; F:Benoîte rouge · ♃ Z5 V-VII; Eur.: Ba; TR, Cauc. [64052]
  'Borisii' = Geum coccineum 'Werner Arends'
  'Coppertone' [68305]
  'Feuermeer' [64054]
  'Werner Arends' [64055]
- × **heldreichii** hort. ex Bergmans 1924 (*G. coccineum* × *G. montanum*) · D:Heldreichs Nelkenwurz · ♃ Z5; cult.
  'Georgenberg' [64058]
  'Sigiswang' [64060]
- × **intermedium** Ehrh. 1791 (*G. rivale* × *G. urbanum*)
- **japonicum** Thunb. 1784 · D:Japanische Nelkenwurz; E:Japanese Avens · ♃ Z7; E-As., Kamchat., N-Am., nat. in BrI, Norw., Russ.,

D, Cz
- **macrophyllum** Willd. 1809 · D:Großblättrige Nelkenwurz · ♃ Z4; E-As., N-Am., nat. in D
- *magellanicum* = Geum parviflorum
- **montanum** L. 1753 · D:Berg-Nelkenwurz; E:Alpine Avens · ♃ △ Z6 V-X; Eur.* exc. BrI, Sc; mts. [64065]
- **parviflorum** Sm. 1805 · ♃ Z9 ⓚ; NZ, Chile, Arg.
- **pentapetalum** (L.) Makino 1910 · ♄ e Z8; Jap., Sachal., Kamch.
- **pyrenaicum** Mill. 1768 · D:Pyrenäen-Nelkenwurz; E:Pyrenean Avens · ♃ Z6; Eur.: F, sp. ; Pyren.
- **reptans** L. 1753 · D:Kriechende Nelkenwurz; E:Creeping Avens; F:Benoîte rampante · ♃ △ Z6 VI-VII; Eur.: F, I, C-Eur., EC-Eur., Ba, RO; Alp., Carp., Balkan [64067]
- × **rhaeticum** Brügger 1882 (*G. montanum* × *G. reptans*) · D:Rhätische Nelkenwurz · ♃ △ Z6 V-VI; D, CH +
- **rivale** L. 1753 · D:Bach-Nelkenwurz; E:Indian Chocolate Root, Water Avens · ♃ Z3 IV-VI; Eur.*, TR, Cauc., W-Sib., E-Sib., C-As. [64068]
  'Album' [64069]
  'Leonard Messel' = Geum rivale 'Leonard's Variety'
  'Leonard's Variety' [64071]
  'Lionel Cox' [64072]
- *sibiricum* hort. = Geum chiloense
- **triflorum** Pursh 1813
  - var. **campanulatum** (Greene) C.L. Hitchc. 1961 · ♃ ; Wash. (Olympic mts.), Oreg.
  - var. **triflorum** · D:Prärie-Nelkenwurz; E:Old Man's Whiskers, Prairie Smoke · ♃ Z1 V-VIII; Can., USA: NE, SC, NW, Rocky Mts., SW, Calif., NW [64073]
- **urbanum** L. 1753 · D:Echte Nelkenwurz; E:Clove Root, Herb Bennet, Wood Avens · ♃ Z6 V-X ⚥ ; Eur.*, TR, Syr., N-Iraq, Cauc., N-Iran, W-Sib., C-As., W-Him., NW-Afr. [64074]

Gevuina Molina 1782 -f- *Proteaceae* · (S. 718)
D:Chilenuss; E:Chilean Nut; F:Noisetier du Chili
- **avellana** Molina 1782 · D:Chilenuss; E:Chilean Hazel, Chilean Nut · ♄ e Z9 ⓚ Ⓝ; Arg., Chile

Gibasis Raf. 1837 -n- *Commelinaceae*

- **geniculata** (Jacq.) Rohweder 1956 · ♃ ↝ Z9 ⓦ; Mex., C-Am., W.Ind., S-Am.

Gibbaeum N.E. Br. 1921 -n- *Aizoaceae* · (S. 144)
- **album** N.E. Br. 1926 · ♃ ⚘ Z9 ⓚ; Kap
- *cryptopodium* (Kensit) L. Bolus = Gibbaeum nuciforme
- **dispar** N.E. Br. 1926 · ♃ ⚘ Z9 ⓚ; S-Afr. (Cape)
- **gibbosum** (Haw.) N.E. Br. 1922 · ♃ ⚘ Z9 ⓚ; Kap
- **heathii** (N.E. Br.) L. Bolus 1937 · ♃ ⚘ Z9 ⓚ; Kap
- **muirii** N.E. Br. 1926
- **nuciforme** (Haw.) Glen et H.E.K. Hartmann 2001 · ♃ ⚘ Z9 ⓚ; S-Afr. (Cape Prov.)
- **petrense** (N.E. Br.) Tischer 1937 · ♃ ⚘ Z9 ⓚ; S-Afr. (Cape)
- **pilosulum** (N.E. Br.) N.E. Br. 1926 · ♃ ⚘ Z9 ⓚ; S-Afr. (CapE: Ladismith Distr.)
- **pubescens** (Haw.) N.E. Br. 1922 · ♃ ⚘ Z9 ⓚ; Kap
- **velutinum** (L. Bolus) Schwantes 1927 · ♃ ⚘ Z9 ⓚ; Kap

Gigantochloa Kurz ex Munro 1868 -f- *Poaceae* · (S. 1113)
D:Riesenbambus; F:Bambou géant
- **apus** (Schult. f.) Kurz ex Munro 1868 · ♄ e ⓦ Ⓝ; Myanmar
- *aspera* (Schult. f.) Kurz = Dendrocalamus asper
- **atter** (Hassk.) Kurz ex Munro 1868 · ♄ e ⓦ Ⓝ; S-China
- *kurzii* Gamble = Gigantochloa wrayi
- **levis** (Blanco) Merr. 1916 · ♄ e ⓦ Ⓝ; Malay. Arch.
- *verticillata* Ridl. = Gigantochloa levis
- **wrayi** Gamble 1896 · ♄ e ⓦ Ⓝ; Java

Gilia Ruiz et Pav. -f- *Polemoniaceae* · (S. 700)
D:Gilie; E:Gily Flower; F:Gilia
- **achilleifolia** Benth. 1833 · D:Kalifornische Gilie; E:California Gily Flower · ☉ Z8 VIII; S-Calif., Baja Calif.
- *aggregata* (Pursh) Spreng. = Ipomopsis aggregata
- *androsacea* (Benth.) Steud. = Linanthus androsaceus subsp. androsaceus
- **capitata** Sims 1826 · D:Nadelkissen-Gilie; E:Blue Head Gily

Flower · ☉ Z8 VII-VIII; Can.: B.C.; USA: NW, Calif., Idaho; Mex.: Baja Calif.
- *densiflora* (Benth.) Benth. = Eriastrum densifolium
- *dianthoides* Endl. = Linanthus dianthiflorus
- *grandiflora* (Douglas ex Lindl.) A. Gray = Collomia grandiflora
- **laciniata** Ruiz et Pav. 1789 · ☉ Z8 VII; Peru, Chile, Arg.
- **leptantha** Parish 1900
  - subsp. **leptantha**
  - subsp. **purpusii** (Milliken) A.D. Grant et V.E. Grant 1956
- *rubra* (L.) A. Heller = Ipomopsis rubra
- **tricolor** Benth. 1833 · D:Dreifarbige Gilie; E:Bird's Eyes · ☉ Z7 VII; W-Calif.

Gillenia Moench 1802 -f- *Rosaceae* · (S. 753)
D:Dreiblattspiere, Gillenie; F:Gillenia
- **stipulata** (Muhl. ex Willd.) Nutt. 1817 · D:Südliche Dreiblattspiere; E:American Ipecac · ♃ Z5 VII-VIII; USA: NE, NCE, NC, SE, SC
- **trifoliata** (L.) Moench 1802 · D:Nördliche Dreiblattspiere; E:Bowman's Root, Gillenia, Indian Physic; F:Spirée à trois feuilles · ♃ Z4 VI-VIII ❦ ; Ont., USA: NE, NCE, SE [64075]

Ginkgo L. 1771 -f- *Ginkgoaceae* · (S. 85)
D:Fächertanne, Ginkgo, Mädchenhaarbaum; E:Ginkgo, Maidenhair Tree; F:Arbre aux quarante écus
- **biloba** L. · D:Fächertanne, Ginkgo, Mädchenhaarbaum; E:Ginkgo, Maidenhair Tree; F:Arbre aux quarante écus · ♄ d ⚥ Z5 V-VI ❦ ⓝ; SE-China [25080]
  'Autumn Gold' 1956 [38941]
  'Fairmount' 1972 [32122]
  'Fastigiata' 1896 [25090]
  'Horizontalis' [12329]
  'Pendula' 1967 [32580]
  'Saratoga' 1976 [17552]
  'Tit' 1978 [36545]
  'Tremonia' 1972 [37739]

Gladiolus L. 1753 -m- *Iridaceae* · (S. 1021)
D:Gladiole, Siegwurz; E:Gladiolus; F:Glaïeul
- **atroviolaceus** Boiss. 1854 · ♃ Z7 ▽; Eur.: GR; TR, Lebanon, Palaest., Cauc., Iraq, Iran
- *bicolor* Baker = Gladiolus murielae
- *byzantinus* Mill. = Gladiolus communis subsp. byzantinus
- *callianthus* Marais = Gladiolus murielae
- **cardinalis** Curtis 1790 · ♃ Z9 ⓘ VI-VII ▽; SW-Kap
- **carmineus** C.H. Wright 1906 · ♃ Z8 ⓘ; S-Afr. (W-Cape)
- **carneus** D. Delaroche 1787 · ♃ Z9 ⓘ; S-Afr. (Cape)
- × **colvillei** Sweet 1826 (*G. cardinalis* × *G. tristis*) · D:Zwerg-Gladiole · ♃ Z8; cult.
  'Charm' (N)
  'Guernesey Glory'
  'Nymph' (N)
  'Robinetta'
- **communis** L. 1753
  - subsp. **byzantinus** (Mill.) A.P. Ham. 1978 · D:Byzantinische Siegwurz; E:Byzantine Gladiolus · ♃ Z7 ⋀ VI-VII ▽; Eur.: S-Sp., Sic.; NW-Afr.
  - subsp. **communis** · D:Gewöhnliche Siegwurz; E:Field Gladiolus · ♃ Z6 VII-X ▽; Eur.: Ib, Fr, Ap, Ba, ? Krim; Cauc., Iran, NW-Afr.
- **cunonius** (L.) Gaertn. 1788 · ♃ Z9 ⓘ V-VI ▽; S-Afr.
- **dalenii** Van Geel 1829 · E:Maid-of-the-Mist · ♃ Z9 ⓘ VII-IX ▽; Eth., E-Afr., S-Afr., Arab.
- **grandiflorus** Andrews 1800 · ♃ Z8 ⓘ IV-V; S-Afr.
- **illyricus** W.D.J. Koch 1837 · D:Illyrische Siegwurz · ♃ Z7 V ▽; Eur.: Ib, Fr, BrI, Ap, Ba, RO; TR, Cyprus, Cauc.
- **imbricatus** L. 1753 · D:Dachziegelartige Siegwurz, Wiesen-Siegwurz · ♃ ∿ VII ▽; Eur.: C-Eur., EC-Eur., Ba, Ap; TR, Cauc., W-Sib., nat. in Fr, FIN [64076]
- **italicus** Mill. · D:Saat-Siegwurz; E:Field Gladiolus · ♃ Z7 V ▽; Eur.: Ib, Fr, Ap, Ba, RO, Krim, CH; TR, Arab., SW-As., C-As.
- *laxus* Thunb. = Anomatheca laxa
- **murielae** Kelway et Langport 1932 · D:Stern-Gladiole; E:Acidanthera · ♃ D Z9 ⓘ VII-VIII ▽; Eth., E-Afr., Malawi
- *natalensis* (Eckl.) Reinw. ex Hook. = Gladiolus dalenii
- **palustris** Gaudin 1828 · D:Sumpf-Siegwurz; F:Glaïeul des marais · ♃ ∿ Z6 VI-VII ▽; Eur.: Fr, I, C-Eur., EC-Eur., Ba, E-Eur. [67182]
- **papilio** Hook. f. 1866 · ♃ Z8 ⓘ VII-VIII ▽; S-Afr.
- *primulinus* Baker = Gladiolus dalenii
- *psittacinus* Hook. = Gladiolus dalenii
- *purpureoauratus* Hook. f. = Gladiolus papilio
- **saundersii** Hook. f. · ♃ Z8 ⓘ VII-VIII ▽; S-Afr.
- *segetum* Ker-Gawl. = Gladiolus italicus
- *speciosus* Eckl. = Gladiolus cardinalis
- **tristis** L. 1762 · D:Eintönige Gladiole; E:Yellow Marsh Afrikander · ♃ Z8 ⓘ V-VI ▽; Kap
- **undulatus** L. 1767 · ♃ Z8 ⓘ; S-Afr. (Cape Prov.)
- **in vielen Sorten:**
  (100) miniaturblütig
  (200) kleinblütig
  (300) mittelgroß blühend
  (400) großblütig
  (500) riesenblütig

Zur Angabe der Blütengröße kommt der Code der Farbe, der folgendem Schema folgt:

Farbe	bleich	hell	mittel	dunkel	sonstige
weiß	00				
grün		02	04		
gelb	10	12	14	16	
orange	20	22	24	26	
lachs	30	32	34	36	
rosa	40	42	44	46	
rot	50	52	54	56	58
rosé	60	62	64	66	68
lavendel	70	72	74	76	78
violett	80	82	84	86	88
„smoky"	90	92	94	96	98

Quelle: North American Gladiolus Council
Die RHS hingegen verwendet folgende Einteilung:
  (B) Butterfly-Gruppe
      Kleinblütiger Typ mit oft gerüschten Blüten.
  (E) Exotische Gruppe
  (G) Riesenblütige Gruppe
  (L) Großblütige Gruppe
  (M) Mittelgroß blühende Gruppe
  (Min) Miniaturblütige Gruppe
  (N) Nanus-Gruppe
      Durch Einkreuzen großblütiger Gladiolen entstandene Weiterentwicklung der Primulinus-Gruppe, auch unter der Bezeichnung *G. × collvillei* im Handel.
  (P) Primulinus-Gruppe
      Gezüchtet aus *G. dalenii* × ?, besitzt einen lockeren

Blütenstand kleiner Blüten mit helmförmiger Oberlippe.
(S) Kleinblütige Gruppe
(Tub) Tubergenii-Gruppe
Quelle: Philip, C., Lord, T. (2006)
'Blue Isle' (486)
'Eurovision' (456)
'Fidelio' (376)
'Friendship' (442)
'Jester' (417)
'Mary Housley' (511)
'Oscar' (556)
'Peter Pears' (425)
'Priscilla' (465)
'The Bride'
'Traderhorn' (553)
'White Friendship' (400)
'Wine and Roses' (465)

Glaucidium Siebold et Zucc. 1845 -n- *Glaucidiaceae* · (S. 556)
– **palmatum** Siebold et Zucc. 1845 · ♃ Z7 ∧ IV-V; Jap. [64077]
'Album' = Glaucidium palmatum 'Leucanthemum'
'Leucanthemum' [71981]
– *paradoxum* Makino = Glaucidium palmatum

Glaucium Mill. 1754 -n- *Papaveraceae* · (S. 684) D:Hornmohn; E:Horned Poppy; F:Pavot cornu
– **corniculatum** (L.) Rudolph 1781 · D:Roter Hornmohn; E:Horned Poppy, Red Horned Poppy, Sea Poppy · ⊙ ⊙ Z7 VI-VIII; Eur.* exc. BrI, Sc; TR, Levante, N-Iraq, Cauc., Iran, C-As., N-Afr.
– **flavum** Crantz 1763 · D:Gelber Hornmohn; E:Yellow Horned Poppy · ⊙ ⊙ ♃ Z7 VI-VII ☠; Eur.*, TR, Levante, Cauc., NW-Afr., Libya; coasts, nat. in CZ [64078]
'Aurantiacum'
– **grandiflorum** Boiss. et A. Huet 1856 · D:Großblütiger Hornmohn · ♃ Z7 VI-VIII; TR, Iran
– **squamigerum** Kar. et Kir. 1842 · D:Altai-Hornmohn · ⊙ Z7 VII-VIII; C-As.(Altai), China: Sinkiang
– *vitellinum* hort. non Boiss. et Buhse = Dicranostigma franchetianum

Glaux L. 1753 -f- *Primulaceae* · (S. 713) D:Milchkraut; E:Sea Milkwort; F:Glaux
– **maritima** L. 1753 · D:Milchkraut · ♃ V-VIII; Eur.* exc. Ap, Ba; TR, Cauc., Iran, W-Sib., E-Sib., Amur, Sachal., C-As., Him., Mong., China, Jap., N-Am.

Glaziova Bureau 1868 -f- *Bignoniaceae* · (S. 294)
– **bauhinioides** Bureau ex Baill. 1888 · ♄ ≹ ⓦ; Bras.

Glaziova Mart. ex Drude = Lytocaryum
– *martiana* Glaz. ex Drude = Lytocaryum weddellianum

Glebionis Cass. 1826 -f- *Asteraceae* · D:Wucherblume; E:Crown Daisy
– *carinata* (Schousb.) Tzvelev = Ismelia carinata
– **coronaria**
'German Flag'
'Primrose Gem'
– var. **coronaria** 1841 · D:Kronen-Wucherblume; E:Crown Daisy · ⊙ ✂ VI-IX; Eur.: Ib, Ap, Ba; TR, Levante, N-Iran, N-Afr., nat. in F, A, RO
– **segetum** (L.) Fourr. · D:Saat-Wucherblume; E:Corn Marigold; F:Chrysanthème des moissons · ⊙ ✂ VII-X; Eur.* exc. EC-Eur.; TR, Cyprus, Syr., NW-Afr., Libya [16707]
'Stern des Orients'
– × **spectabile** (Lilja) Karlsson 2002 (*G. coronaria var. coronaria* × *G. segetum*) · D:Hybrid-Wucherblume · ⊙ ✂ VII-IX; cult.

Glechoma L. 1753 -f- *Lamiaceae* · (S. 581) D:Erdefeu, Gundelrebe, Gundermann; E:Ground Ivy; F:Lierre terrestre
– **hederacea** L. 1753 · D:Gewöhnlicher Gundermann; E:Alehoof, Ground Ivy; F:Lierre terrestre · ♃ ≹ ⟿ IV-VI ⚕ ☠; Eur.*, Cauc., W-Sib., E-Sib., ? Amur, C-As., nat. in N-Am. [64079]
'Variegata' [68093]
– subsp. *hirsuta* (Waldst. et Kit.) F. Herm. 1927 = Glechoma hirsuta
– **hirsuta** Waldst. et Kit. 1804 · D:Rauhaariger Gundermann · ♃ ≹ ⟿ IV-VI ☠; Eur.: A, EC-Eur., Ba, E-Eur., Ap

Gleditsia L. 1753 -f- *Caesalpiniaceae* · (S. 375) D:Gleditschie, Lederhülsenbaum; E:Honey Locust; F:Févier d'Amérique, Gleditsia
– **amorphoides** (Griseb.) Taub. 1892 · ♄ d Z6; N-Am., S-Am.
– **aquatica** Marshall 1785 · ♄ d Z6; USA: SE, Tex., Mo
– **caspica** Desf. 1809 · D:Kaspische Gleditschie · ♄ d Z6 VI-VII; N-Iran, Cauc. [23057]
– *horrida* Willd. = Gleditsia sinensis
– **japonica** Miq. 1867 · D:Japanische Gleditschie · ♄ d Z6; Jap., Korea, China [33202]
– **macracantha** Desf. 1809 · D:Großblütige Gleditschie · ♄ d Z6; C-China [23059]
– **sinensis** Lam. 1788 · D:Chinesische Gleditschie; E:Chinese Honey Locust · ♄ d Z6; China, Mong., Korea [23062]
– **triacanthos** L. 1753 · D:Amerikanische Gleditschie, Falscher Christusdorn; E:Honey Locust; F:Epine-du-Christ, Févier d'Amérique · ♄ d Z6 VI-VII ☠ Ⓝ; USA: NE, NCE, NC, SC, SE, Fla., nat. in Eur.: Ib, F, I, C-Eur., EC-Eur., Ba, RO [17820]
'Elegantissima' c. 1880 [32992]
fo. inermis 1903 (L.) Zabel · ♄ d VI-VII; cult. [47600]
'Ruby Lace' 1961 [47170]
'Shademaster' 1954 [46360]
'Skyline' 1957 [46410]
'Sunburst' 1954 [45020]

Gleichenia Sm. 1793 -f- *Gleicheniaceae* · (S. 70) D:Gabelfarn; F:Fougère
– *flabellata* R. Br. = Sticherus flabellatus
– **flexuosa** (Schrad.) Mett. 1863 · ♄ ⓦ
– **microphylla** R. Br. 1810 · ♃ Z10 ⓚ; Malay. Pen., Austr., Tasman., NZ, N.Caled.

Gliricidia Kunth 1824 -f- *Fabaceae* · (S. 510)
– **sepium** (Jacq.) Kunth ex Walp. 1842 · E:Madre de Cacao, Nicaraguan Cocao-shade · ♄ ♄ d ⓦ Ⓝ; Mex., C-Am., Col.

Globba L. 1771 -f- *Zingiberaceae* · (S. 1148)
– **atrosanguinea** Teijsm. et Binn. 1864 · ♃ Z9 ⓦ; Kalimantan
– *bulbifera* Roxb. = Globba marantina
– **marantina** L. 1771 · ♃ Z9 ⓦ VII-IX; Molucca I.: Ambon; Pacific Is.
– **winitii** C.H. Wright 1926 · ♃ Z9 ⓦ VII-IX; Thail.

Globularia L. 1753 -f- *Globulariaceae* · (S. 557)

D:Kugelblume; E:Globe Daisy; F:Globulaire
- **alypum** L. 1753 · ♄ e ⓖ III-X ▽; Eur.: Ib, Fr, Ap, Ba; Madeira, TR, NW-Afr., Libya
- *bisnagarica* L. = Globularia punctata
- **cordifolia** L. 1753 · D:Herzblättrige Kugelblume; F:Globulaire à feuilles en coeur · ♄ ♄ e ⤳ △ Z6 V-VI ▽; Eur.: Ib, Fr, C-Eur., EC-Eur., Ap, Ba; mts. [64080]
  'Alba' [64081]
  - subsp. *bellidifolia* (Ten.) Wettst. 1895 = Globularia meridionalis
- *elongata* Hegetschw. = Globularia punctata
- × **fuxeensis** Giraudias 1889 (*G. nudicaulis* × *G. repens*)
- **incanescens** Viv. 1808 · ⚃ Z7 ▽; N-I; N-Apenn., Alpi Apuani
- **meridionalis** (Podp.) O. Schwarz 1938 · D:Südliche Kugelblume · ♄ e ⤳ △ Z5 V-VI ▽; Eur.: I, A, Ba; mts. [64082]
- **nudicaulis** L. 1753 · D:Nacktstänglige Kugelblume; F:Globulaire à tige nue · ⚃ △ Z5 V-VII ▽; Eur.: sp., Fr, I, C-Eur., Slove.; N-Sp., Pyr., Alp. [64083]
- **punctata** Lapeyr. 1813 · D:Gewöhnliche Kugelblume; F:Globulaire ponctuée · ⚃ △ Z5 V-VI ✿ ▽; Eur.* exc. Sc, BrI [64084]
- **repens** Lam. · D:Kriechende Kugelblume · ♄ ⤳ △ V-VI ▽; Eur.: sp., F, I; mts.
- **spinosa** L. 1753 · D:Dornige Kugelblume · ⚃ ▽; SE-Sp.
- **stygia** Orph. ex Boiss. 1859 · D:Griechische Kugelblume · ♄ e ⤳ △ Z8 ∧ V-VI ▽; Eur.: GR (Peloponnes)
- **trichosantha** Fisch. et C.A. Mey. 1839 · D:Kaukasus-Kugelblume · ⚃ ⤳ △ Z6 V-VI ▽; Eur.: BG, Krim; TR, Syr., N-Iraq, Cauc., N-Iran [64085]
- *willkommii* Nyman = Globularia punctata

Globulea Haw. = Crassula
- *canescens* Haw. = Crassula nudicaulis
- *cultrata* (L.) Haw. = Crassula cultrata
- *mesembryanthoides* Haw. = Crassula mesembryanthoides

Gloriosa L. 1753 -f- *Colchicaceae* · (S. 980)
D:Ruhmeskrone; E:Climbing Lily,
Glory Lily; F:Gloriosa, Superbe de Malabar
- *carsonii* Baker = Gloriosa superba
- *rothschildiana* O'Brien = Gloriosa superba
- *simplex* L. = Gloriosa superba
- **superba** L. 1753 · D:Ruhmeskrone; E:Climbing Lily, Glory Lily · ⚃ Z9 ⓖ VI-VIII ⚥ ☠; trop. Afr., trop. As.
  'Carsonii'
  'Lutea'
  'Rothschildiana'
  'Simplex'
- *virescens* Lindl. = Gloriosa superba

Glottiphyllum N.E. Br. 1921 -n- *Aizoaceae* · (S. 144)
D:Zungenblatt
- **angustum** (Haw.) N.E. Br. 1921 · ⚃ ⚘ ⓖ; S-Afr. (W-Cape)
- *apiculatum* N.E. Br. = Glottiphyllum cruciatum
- **cruciatum** (Haw.) N.E. Br. 1922 · D:Oudtshoorn-Zungenblatt · ⚃ ⚘ Z9 ⓖ; Kap
- **depressum** (Haw.) N.E. Br. 1921 · D:Duftendes Zungenbaltt · ⚃ ⚘ D Z9 ⓖ; Kap
- *fragrans* (Salm-Dyck) Schwantes = Glottiphyllum depressum
- *herrei* L. Bolus = Glottiphyllum suave
- **linguiforme** (L.) N.E. Br. 1921 · D:Wachs-Zungenblatt · ⚃ ⚘ Z9 ⓖ; Kap
- **longum** (Haw.) N.E. Br. 1922 · D:Langes Zungenblatt · ⚃ ⚘ Z9 ⓖ VI; Kap
- **nelii** Schwantes 1928 · D:Prinz-Albert-Zungenblatt · ⚃ ⚘ Z9 ⓖ; Kap
- *praepingue* (Haw.) N.E. Br. = Glottiphyllum cruciatum
- **suave** N.E. Br. 1928 · D:Graues Zungenblatt · ⚃ ⚘ D Z9 ⓖ; Kap

Gloxinia L'Hér. 1789 -f- *Gesneriaceae* · (S. 550)
D:Gloxinie; E:Gloxinia; F:Gloxinia
- *fimbriata* Brongn. = Achimenes glabrata
- **perennis** (L.) Fritsch 1894 · D:Pfefferminz-Gloxinie; E:Canterbury Bells · ⚃ D Z10 ⓖ IX-XI; Col., Peru, Bras.
- **sylvatica** (Kunth) Wiehler 1975 · ⚃ Z10 ⓖ VII-X; Peru, Bol.
- *verticillata* M. Martens et Galeotti = Eucodonia verticillata

Glumicalyx Hiern 1903 -m- *Scrophulariaceae*
- **flanaganii** (Hiern) Hilliard et B.L. Burtt 1977

Gluta L. 1771 -f- *Anacardiaceae* · (S. 156)
- **usitata** (Wall.) Ding Hou 1978 · ♄ ⓖ ⓝ; Malay. Arch., Myanmar, Thail.

Glyceria R. Br. 1810 -f- *Poaceae* · (S. 1113)
D:Schwaden; E:Sweet Grass; F:Glycérie
- *aquatica* (L.) J. Presl et C. Presl = Catabrosa aquatica
- *aquatica* (L.) Wahlenb. = Glyceria maxima
- **declinata** Bréb. 1859 · D:Blaugrüner Schwaden · ⚃ ⤳ VI-VIII; Eur.*, Macaron., nat. in USA
- **fluitans** (L.) R. Br. 1810 · D:Flutender Schwaden, Manna-Schwaden; E:Sweet Grass, Water Manna Grass · ⚃ ⤳ ≈ V-IX ⓝ; Eur.*, TR, Cauc., W-Sib., E-Sib., Madeira, Azor., Maroc., nat. in N-Am., Chile, Austr., NZ [67183]
- **maxima** (Hartm.) Holmb. 1919 · D:Großer Schwaden, Wasser-Schwaden; E:Reed Sweet Grass; F:Glycérie panachée · ⚃ ≈ Z5 VII-VIII ⓝ; Eur.* exc. Ib; TR [67184]
- **nemoralis** (R. Uechtr.) R. Uechtr. et Körn. 1866 · D:Hain-Schwaden · ⚃ ⤳ VI-VII; Eur.: D, EC-Eur., Ba, E-Eur.; TR
- **notata** Chevall. 1827 · D:Falten-Schwaden, Gefalteter Schwaden · ⚃ ⤳ VI-VII; Eur.*, TR, Syr., Iraq, Palaest., Cauc., Iran, Afgh., Pakist., Him., W-Sib., NW-Afr.
- × **pedicellata** F. Towns. 1850 (*G. fluitans* × *G. spectabilis*) · D:Bastard-Schwaden · ⚃ ⤳ VI-VIII; Eur.: BrI, Fr, C-Eur., EC-Eur., Ba, Sc, Balt.
- *plicata* Fr. = Glyceria notata
- *spectabilis* Mert. et W.D.J. Koch = Glyceria maxima
- **striata** (Lam.) Hitchc. 1928 · D:Gestreifter Schwaden · ⚃ ⤳ VII-VIII; N-Am., nat. in F, CH, A, Sweden, W-Russ.; nat. in D

Glycine Willd. 1802 -f- *Fabaceae* · (S. 510)
D:Sojabohne; E:Soya Bean; F:Soja
- *hispida* (Moench) Maxim. = Glycine max
- **max** (L.) Merr. 1917 · D:Sojabohne; E:Soya Bean · ⊙ Z8 VII-

VIII ⚥ Ⓝ; E-Sib., China, Manch., Korea, Jap., Taiwan [71110]
- *soja* Siebold et Zucc. = Glycine max
- *ussuriensis* Regel et Maack = Glycine max

Glycine L. = Apios
- *apios* L. = Apios americana
- *frutescens* L. = Wisteria frutescens
- *subterranea* L. = Vigna subterranea

Glycosmis Corrêa 1805 -f- *Rutaceae* · (S. 790)
- **arborea** (Roxb.) DC. 1824 · ♃ e D Z10 Ⓜ; Him., Ind., Sri Lanka, Indochina, China, Malay. Arch., Phil., Austr.
- **cochinchinensis** (Lour.) Pierre 1896 · e Ⓜ; Ind., S-China, Malay. Arch., Austr., Phil.

Glycyrrhiza L. 1753 -f- *Fabaceae* · (S. 510)
D:Lakritze, Süßholz; E:Sweetwood; F:Réglisse
- **echinata** L. 1753 · D:Römisches Süßholz; E:Roman Liquorice · ⚳ Z7 VI-IX Ⓝ; Eur.: Ap, EC-Eur., Ba; TR, Syr., Palaest., Cauc., Iran, E-As [72414]
- **glabra** L. 1753 · D:Lakritze, Spanisches Süßholz; E:Liquorice · ⚳ Z8 Ⓚ VI-IX ⚥ Ⓝ; Eur.: Ib, Fr, Ap, Ba, E-Eur.; TR, Levante, Cauc., Iran, W-Sib., C-As., China, Libya [11175]
- **uralensis** Fisch. 1825

Glyptostrobus Endl. 1847 -m- *Taxodiaceae* · (S. 99)
D:Wasserfichte; E:Chinese Swamp Cypress
- *heterophyllus* (Brongn.) Endl. = Glyptostrobus pensilis
- *lineatus* (Poir.) Druce = Taxodium distichum var. imbricatum
- **pensilis** (Staunton ex D. Don) K. Koch 1873 · D:Wasserfichte; E:Chinese Swamp Cypress · ♃ e Z8 Ⓚ Ⓝ; SE-China

Gmelina L. 1753 -f- *Verbenaceae* · (S. 885)
- **arborea** Roxb. 1814 · ♃ d Z10 Ⓜ Ⓝ; Ind., Sri Lanka, Myanmar, Andaman Is.
- **philippensis** Cham. 1832 · ♃ Z10 Ⓜ; Myanmar, Thail., Phil. +

Gnaphalium L. 1753 -n- *Asteraceae* · (S. 245)
D:Ruhrkraut; E:Cudweed; F:Gnaphale

- *dioicum* L. = Antennaria dioica var. dioica
- **hoppeanum** W.D.J. Koch 1843 · D:Hoppes Ruhrkraut · ⚳ △ VII-VIII; Eur.: F, C-Eur., EC-Eur., Ba
- *luteoalbum* L. = Pseudognaphalium luteoalbum
- *margaritaceum* L. = Anaphalis margaritacea var. margaritacea
- **norvegicum** Gunnerus 1772 · D:Norwegisches Ruhrkraut; E:Cudweed · ☉ ⚳ △ Z2 VII-IX; Eur.*, W-Sib., Greenl., E-Can.
- *orientale* L. = Helichrysum orientale
- **supinum** L. 1767 · D:Zwerg-Ruhrkraut · ⚳ △ Z2 VI-IX Ⓝ; Eur.*, TR, Cauc., N-Iran, C-As., Greenl., E-Can.
- **sylvaticum** L. 1753 · D:Wald-Ruhrkraut · ⚳ Z4 VII-IX; Eur.*, TR, Cauc., N-Iran, C-As., Sib.
- **uliginosum** L. 1753 · D:Sumpf-Ruhrkraut; E:Low Cudweed · ☉ VII-VIII ⚥; Eur.*, TR

Gnetum L. 1767 -n- *Gnetaceae* · (S. 104)
- **gnemon** L. 1767
  - var. **gnemon** · E:Spinach Joint Fir · ♃ Z10 Ⓜ; Malay. Arch., Phil., N.Guinea, Fiji
  - var. **ovalifolium** (Poir.) Blume 1834 · ♃ Z10 Ⓜ Ⓝ; Sulawesi, Fiji
- **montanum** Markgr. 1930

Gnidia L. 1753 -f- *Thymelaeaceae* · (S. 868)
- **denudata** Lindl. 1823-24 · ♃ e Z9 Ⓚ III-VI; S-Afr.
- **polystachya** P.J. Bergius 1767 · ♃ e Z9 Ⓚ IV-VI; S-Afr.

Godetia Spach = Clarkia
- *amoena* (Lehm.) G. Don = Clarkia amoena subsp. amoena
- *grandiflora* Lindl. = Clarkia amoena
- *whitneyi* (A. Gray) T. Moore = Clarkia amoena subsp. whitneyi

Goethea Nees 1821 -f- *Malvaceae* · (S. 616)
- **strictiflora** Hook. 1852 · ♃ e Z10 Ⓜ VII-IX; Bras.

Goldfussia Nees = Strobilanthes
- *anisophylla* (Wall. ex Lodd.) Nees = Strobilanthes anisophyllus
- *isophylla* Nees = Strobilanthes isophyllus

Gomesa R. Br. 1815 -f- *Orchidaceae* · (S. 1066)
- **crispa** (L.) Klotzsch et Rchb. f. 1852 · ⚳ Z10 Ⓜ V-VII ▽ ✱; Bras.
- **planifolia** (Lindl.) Klotzsch ex Rchb. f. 1852 · ⚳ Ⓜ; SE-Bras., Arg. (Misiones)
- **recurva** R. Br. 1815 · ⚳ Z10 Ⓜ; Bras., Arg.

Gomphocarpus R. Br. = Asclepias
- *fruticosus* (L.) R. Br. = Asclepias fruticosa
- *physocarpus* E. Mey. = Asclepias physocarpa

Gompholobium Sm. 1798 -n- *Fabaceae* · (S. 511)
- **glabratum** DC. 1825
- **huegelii** Benth. 1837 · ♃ e Ⓚ; Austr.: N.S.Wales
- **latifolium** Sm. 1805 · ♃ e Ⓚ; Austr.: Queensl., N.S.Wales, Victoria
- **polymorphum** R. Br. 1811 · ♃ Ⓚ; Austr. (W-Austr.)
- *polymorphum* Sieber ex Benth. = Gompholobium glabratum

Gomphrena L. 1753 -f- *Amaranthaceae* · (S. 153)
D:Kugelamaranth; E:Globe Amaranth; F:Amarantine
- **decumbens** Jacq. 1804 · ☉ Z9; ? S-Bras., ? Arg., Westindien, Mex., C-Am., nat. in SE-USA
- **globosa** L. 1753 · D:Echter Kugelamaranth; E:Globe Amaranth; F:Amarantine · ☉ ⋈ Z9 VII-X; Ind.; cult. trop. Am. [16740]
  'Lavender Lady'
  'Strawberry Fields'
- **haageana** Klotzsch 1853 · D:Haage-Kugelamaranth; E:Rio Grande Globe Amaranth · ☉ Z9 VII-IX; Tex., Mex.

Gongora Ruiz et Pav. 1794 -f- *Orchidaceae* · (S. 1066)
- **galeata** (Lindl.) Rchb. f. 1854 · ⚳ Z10 Ⓜ VI-VIII ▽ ✱; Mex.
- **quinquenervis** Ruiz et Pav. 1798 · ⚳ Z10 Ⓜ IV-VI ▽ ✱; Mex., C-Am., trop. S-Am.
- **truncata** Lindl. 1843 · ⚳ Z10 Ⓜ VI-VII ▽ ✱; Mex.

Goniolimon Boiss. 1848 -n- *Plumbaginaceae* · (S. 697)
- **elatum** (Fisch. ex Spreng.) Boiss. 1848 · ⚳ Z5 VII-IX; Eur.: SE-Russ.; C-As.
- **incanum** (L.) Hepper 1988 · ⚳ Z4; TR [65113]

– *rubellum* (S.G. Gmel.) Klokov
  = Goniolimon tataricum var.
  angustifolium
– **tataricum** (L.) Boiss. 1848
  – var. **angustifolium** Boiss.
  – var. **tataricum** · D:Statice;
    E:Statice, Tatarian Statice;
    F:Statice de Tartarie · ⚃ ⚆ Z4
    VII-IX; Eur.: Ba, RO; Cauc., nat.
    in H [64086]

Goniophlebium C. Presl 1836 -n-
Polypodiaceae · (S. 76)
– **glaucophyllum** Fée 1850 · ⚃ ⓦ;
  Antill. - Ecuad.
– **subauriculatum** (Blume) C. Presl
  1836 · E:Knight's Polypody · ⚃
  ⚇ Z10 ⓦ; NE-Ind., SW-China,
  SE-As., Austr.: Queensl.

Gonospermum Less. 1832 -n-
Asteraceae · (S. 246)
– **canariense** Less. 1832 · ♄ e ⓚ;
  Canaren: La Palma
– **gomerae** Bolle 1859 · ♄ ⓚ;
  Canar. (Gomera)

Gonystylus Teijsm. et Binn. 1862
-m- *Thymelaeaceae* · (S. 868)
– **bancanus** (Miq.) Kurz 1864 · ♄ ⓦ
  Ⓝ ✳; Malay. Arch.

Goodenia Sm. 1793 -f-
Goodeniaceae · (S. 557)
D:Goodenie; F:Goodenia
– **grandiflora** Sims 1805 · D:Groß-
  blütige Goodenie · ♄ Z9 ⓚ VII;
  Austr.
– **incana** R. Br. 1810 · ⚃ ⓚ;
  W-Austr.
– **ovata** Sm. 1794 · ♄ Z9 ⓚ VII-VIII;
  Austr.

Goodia Salisb. 1806 -f- *Fabaceae* ·
(S. 511)
– **lotifolia** Salisb. 1806 · E:Golden
  Tip · ♄ e ⓚ IV-VII; Austr.

Goodyera R. Br. 1813 -f-
Orchidaceae · (S. 1066)
D:Netzblatt; E:Creeping Lady's
Tresses, Jewel Orchid; F:Goodyera
– **colorata** (Blume) Blume 1858 ·
  D:Buntes Netzblatt · ⚃ ⓦ ▽ ✳;
  Sumat., Java
– **hispida** Lindl. 1857 · D:Borstiges
  Netzblatt · ⚃ ⓦ ▽ ✳; Bhutan,
  Ind.: Sikkim, Khasia Hills
– **pubescens** (Willd.) R. Br. 1813 ·
  D:Haariges Netzblatt · ⚃ Z6; Can.:
  Ont.; USA: NE, NEC, SE, Fla.
– **repens** (L.) R. Br. 1813 · D:Krie-
  chendes Netzblatt; E:Creeping

Lady's Tresses, Rattlesnake
Plantain · ⚃ Z4 VII-VIII ▽ ✳;
Eur.*, N-TR, Cauc., N-As., C-As.,
Alaska, Can., USA* exc. SC, Calif.
– **reticulata** (Blume) Blume 1858 ·
  D:Java-Netzblatt · ⚃ ⓦ ▽ ✳;
  Sumat., Java

Gordonia J. Ellis 1771 -f- *Theaceae* ·
(S. 864)
– *alatamaha* (Marshall) Sarg. =
  Franklinia alatamaha
– **axillaris** (Roxb. ex Ker-Gawl.)
  Endl. 1842 · ♄ e Z8 ⓚ XI-IV;
  S-China
– **lasianthus** (L.) J. Ellis 1771 ·
  E:Loblolly Bay · ♄ ♄ e Z8 ⓚ VII-
  VIII Ⓝ; USA: SE, Fla.

Gossweilerodendron Harms 1925
-n- *Caesalpiniaceae* · (S. 376)
– **balsamiferum** (Vermoesen)
  Harms 1925 · ♄ ⓦ Ⓝ; Zaire

Gossypium L. 1753 -n- *Malvaceae* ·
(S. 616)
D:Baumwolle; E:Cotton;
F:Cotonnier
– **arboreum** L. 1753 · D:Baumför-
  mige Baumwolle; E:Tree Cotton ·
  ⊙ ⊙ ⚃ ⓦ ⓚ Ⓝ; Pakist.; cult.
– **barbadense** L. 1753
  – var. **barbadense** · D:Westindi-
    sche Baumwolle; E:Sea Island
    Cotton · ⊙; trop. S-Am.
  – var. *brasiliense* (Macfad.) Mauer
    1930 = Gossypium barbadense
    var. braziliense
  – var. **braziliense** (Raf.) Fryxell
    1973 · D:Brasilianische Baum-
    wolle · ♄ ⓦ Ⓝ; e trop. S-Am.
– *brasiliense* Macfad. = Gossypium
  barbadense var. braziliense
– **herbaceum** L. 1753
  – var. **acerifolium** (Guill. et Perr.)
    A. Chev. · D:Ahornblättrige
    Baumwolle · ⚃ e Ⓝ; Eth., S-Arab.
  – var. **herbaceum** 1939 ·
    D:Gewöhnliche Baumwolle;
    E:Common Cotton, Levant
    Cotton · ⊙ ⓦ ⓚ ⚉ Ⓝ; orig. ?;
    cult. Iran, C-As., Afgh., Pakist.,
    Ind., S-Afr., nat. in Eur.: sp., Ap,
    Ba, RO; TR
  – **hirsutum** L. 1753
    – var. **hirsutum** · D:Amerika-
      nische Baumwolle; E:Upland
      Cotton · ⊙; C-Am., nat. in S-Fla.
    – var. **marie-galante** (G. Watt)
      J.B. Hutch. 1947 · ♄ ♄ Ⓝ;
      W.Ind., Panama, N-Bras.
    – var. **punctatum** (Schumach.
      et Thonn.) J.B. Hutch. 1945 ·

⊙ ⓦ ⓚ Ⓝ; USA: SE, Fla., SC;
Bahamas, C-Am., W.Ind.
– **klotzschianum** Andersson 1855 ·
  D:Galapagos-Baumwolle · Ⓝ;
  Galapagos
– *peruvianum* Cav. = Gossypium
  barbadense var. barbadense
– *punctatum* Schumach. et Thonn.
  = Gossypium hirsutum var.
  punctatum
– *religiosum* L. = Gossypium
  hirsutum var. punctatum
– *vitifolium* Lam. = Gossypium
  barbadense var. barbadense

Grammatophyllum Blume 1825 -n-
Orchidaceae · (S. 1067)
– **scriptum** (L.) Blume 1849 · ⚃ Z10
  ⓦ VI ▽ ✳; Molucca I.: Ambon
– **speciosum** Blume 1825 · ⚃ Z10
  ⓦ ▽ ✳; Malay. Arch., Phil.

Graptopetalum Rose 1911 -n-
Crassulaceae · (S. 432)
D:Felsenrose
– **amethystinum** (Rose) E. Walther
  1931 · D:Rosablättrige Felsenrose;
  E:Jewel-leaf Plant · ⚃ ⚇ Z9 ⓚ VII-
  VIII; Mex.
– **bellum** (Moran et J. Meyrán) D.R.
  Hunt 1979 · D:Kolibri-Felsenrose;
  E:Chihuahua Flower · ⚃ ⚇ Z9 ⓚ
  ⚀ V-VI; Mex.: Chihuahua
– **macdougallii** Alexander 1940 ·
  D:Blaue Felsenrose · ⚃ ⚇ Z8 ⓚ;
  Mex. (Oaxaca)
– **paraguayense** (N.E. Br.) E.
  Walther 1938 · D:Punktierte Fel-
  senrose; E:Ghost Plant, Mother-
  of-Pearl Plant · ⚃ ⚇ Z9 ⓚ; ? Mex.
  [71774]
– *weinbergii* (Rose) E. Walther =
  Graptopetalum paraguayense

Graptophyllum Nees 1832 -n-
Acanthaceae · (S. 131)
– **pictum** (L.) Griff. 1854 ·
  E:Caricature Plant · ♄ e Z10 ⓦ; ?
  N.Guinea

Gratiola L. 1753 -f-
Scrophulariaceae · (S. 827)
D:Gnadenkraut; E:Hedge Hyssop;
F:Gratiole
– **neglecta** Torr. 1819 · D:Überse-
  henes Gnadenkraut · ⊙ Z6 V-IX;
  Can., USA*, nat. in F
– **officinalis** L. 1753 · D:Gottes-
  Gnadenkraut; E:Hedge Hyssop;
  F:Herbe au pauvre homme · ⚃
  ～ Z6 VI-VIII ⚉ ⚘ ▽; Eur.* exc.
  BrI, Sc; TR, Cauc., W-Sib., C-As.
  [64087]

Gravesia Naudin 1851 -f-
Melastomataceae · (S. 629)
- **guttata** (Hook.) Triana 1871 · ⌃ ⓦ; Madag.

Gravisia Mez = Aechmea
- *aquilega* (Salisb.) Mez = Aechmea aquilega
- *exsudans* (Lodd.) Mez = Aechmea aquilega

Greenovia Webb et Berthel. 1836-40 -f- *Crassulaceae* · (S. 432)
- **aizoon** Bolle 1859 · ⌃ ⌿ Z8 ⓚ V; Canar.
- **aurea** (C. Sm. ex Hornem.) Webb et Berthel. 1936-40 · ⌃ ⌿ Z8 ⓚ III-IV; Canar.
- **dodrantalis** (Willd.) Webb et Berthel. 1936-40 · ⌃ ⌿ Z8 ⓚ II-III; Canar.: Teneriffa
- *gracilis* Bolle = Greenovia dodrantalis

Greigia Regel 1864 -f- *Bromeliaceae* · (S. 973)
- **sphacelata** (Ruiz et Pav.) Regel 1864 · ⌃ ⓚ; Peru, Chile

Grevillea R. Br. ex Knight 1809 -f- *Proteaceae* · (S. 718)
D:Grevillee, Silbereiche; E:Spider Flower; F:Grévillée
- **alpina** Lindl. 1838 · ♄ e Z9 ⓚ IV-V; Austr.: N.S.Wales, Victoria
- **aspleniifolia** R. Br. ex Salisb. 1810 · ♄ ♄ e Z9 ⓚ III-V; Austr.: N.S.Wales [58072]
- **banksii** R. Br. 1810 · D:Rotblühende Silbereiche; E:Red Silky Oak · ♄ ♄ e Z9 ⓚ; Austr.: Queensl., N.S.Wales
- **crithmifolia** R. Br. 1830 · ♄ e Z9 ⓚ VI-VIII; W-Austr.
- **glabrata** (Lindl.) Meisn. 1845 · D:Kahle Silbereiche · ♄ e Z9 ⓚ; W-Austr.
- **hilliana** F. Muell. 1858 · ♄ ♄ e Z9 ⓚ; Austr.: Queensl., N.S.Wales
- **juniperina** R. Br. 1810 · ♄ e Z9 ⓚ V; Austr.: N.S.Wales [21646]
  fo. sulphurea 1978 (A. Cunn.) I.K. Ferguson · D:Schwefel-Silbereiche
- *manglesii* hort. = Grevillea glabrata
- **punicea** R. Br. 1810 · ♄ e Z9 ⓚ III-VI; Austr.: N.S.Wales
- **robusta** A. Cunn. ex R. Br. 1830 · D:Australische Silbereiche; E:Silky Oak · ♄ e Z9 ⓚ ☐ ⓝ; Austr.: Queensl., N.S.Wales, nat. in C-Am, S-Am. [11174]
- **rosmarinifolia** A. Cunn. 1825 · D:Rosmarin-Silbereiche; E:Rosemary Grevillea · ♄ e Z8 ⓚ VII-VIII; Austr.: N.S.Wales, Victoria [16211]
- × **semperflorens** F.E. Briggs ex Mulligan 1937 (*G. thelemanniana* × *G. juniperina* fo. *sulphurea*) · ♄ e Z8 ⓚ; cult.
- *speciosa* (Knight) McGill. = Grevillea punicea
- *sulphurea* A. Cunn. = Grevillea juniperina fo. sulphurea
- **thelemanniana** Hügel ex Endl. 1839 · D:Spinnen-Silbereiche; E:Hummingbird Bush, Spider Net Grevillea · ♄ e Z9 ⓚ III-V; W-Austr.

Grewia L. 1753 -f- *Tiliaceae* · (S. 871)
D:Grewie; F:Grewia
- **asiatica** L. 1767 · D:Falsa; E:Phalsa · ♄ e Z10 ⓦ ⓝ; Ind.
- **biloba** G. Don 1831 · ♄ d Z7; Korea, China [29354]
- **occidentalis** L. 1753 · D:Kreuzbeere; E:Crossberry, Lavender Starflower · ♄ ♄ e Z10 ⓚ; S-Afr.
- **robusta** Burch. 1822 · ♄ d Z8 ⓚ; S-Afr. [11176]

Greyia Hook. et Harv. 1859 -f- *Greyiaceae* · (S. 558)
D:Honigbaum; E:Bottlebrush; F:Greya, Rince-bouteille du Natal
- **radlkoferi** Szyszyl. 1888 · D:Großer Honigbaum · ♄ s Z9 ⓚ; S-Afr.
- **sutherlandii** Hook. et Harv. 1859 · D:Natal-Honigbaum; E:Natal Bottlebrush · ♄ s Z9 ⓚ VII-X; S-Afr.: Natal

Griffinia Ker-Gawl. 1820 -f- *Amaryllidaceae* · (S. 910)
- **hyacinthina** (Ker-Gawl.) Ker-Gawl. 1820 · ⌃ Z10 ⓦ VII-VIII; Bras.

Grindelia Willd. 1807 -f- *Asteraceae* · (S. 246)
D:Grindelie, Gummikraut, Teerkraut; E:Gumplant; F:Grindelia
- **chiloensis** (Cornel.) Cabrera 1932 · D:Patagonische Grindelie · ⌃ Z6; Arg. (Patag.)
- **hirsutula** Hook. et Arn. 1833 · D:Haariges Gummikraut; E:Hairy Gumweed, Marsh Gumweed · ⌃; Calif.
- *humilis* Hook. et Arn. = Grindelia hirsutula
- **integrifolia** DC. 1836 · D:Kanadisches Gummikraut · ⌃ Z7; Can.: B.C.; USA: NW. [71982]
- **lanceolata** Nutt. 1834 · D:Schmalblättriges Gummikraut; E:Narrow-leaved Gumweed · ⊙ Z5 VII-VIII; USA: SE, SC, Mo., Kans.
- **robusta** Nutt. 1840 · D:Kalifornisches Gummikraut; E:Gumweed · ⊙ ⌃ Z7 VI-IX ⓝ; Calif. [69209]
- **squarrosa** (Pursh) Dunal 1819 · D:Sperriges Gummikraut; E:Curly-cup Gumweed · ⊙ ⌃ Z3 VI-IX; Can.: W, Man.; USA: NCE, NC, SE, SC, SW, Rocky Mts., SW

Griselinia J.R. Forst. et G. Forst. 1786 -f- *Griseliniaceae* · (S. 559)
D:Griseline; E:Broadleaf; F:Griselinia
- **littoralis** (Raoul) Raoul 1846 · D:Dichte Griseline, Kapuka; E:Broadleaf · ♄ ♄ e Z8 ⓚ; NZ [29355]
  'Bantry Bay'
  'Green Jewel'
  'Variegata'
- **lucida** (J.R. Forst. et G. Forst.) G. Forst. 1786 · D:Lockere Griseline, Puka · ♄ ♄ e Z8 ⓚ; NZ
- **ruscifolia** (Clos) Taub. 1892 · ♄ ⓦ; Bras., Parag., Chile
- **scandens** (Ruiz et Pav.) Taub. 1892 · D:Kletternde Griseline · ʃ e Z8 ⓚ; Chile

Grobya Lindl. 1835 -f- *Orchidaceae* · (S. 1067)
- **amherstiae** Lindl. 1835 · ⌃ Z10 ⓦ IX ▽ ✱; Bras.
- **galeata** Lindl. 1840 · ⌃ Z10 ⓦ VIII-IX ▽ ✱; Bras.

Groenlandia J. Gay 1854 -f- *Potamogetonaceae* · (S. 1137)
D:Fischkraut; E:Frog's Lettuce
- **densa** (L.) Fourr. 1859 · D:Dichtblättriges Laichkraut, Fischkraut; E:Frog's Lettuce · ⌃ ≈ Z7 VI-IX; Eur.*, TR, Levante, Cauc., NW-Iran, W-Him., NW-Afr.

Grossularia Mill. = Ribes
- *alpestris* (Wall. ex Decne.) A. Berger = Ribes alpestre var. alpestre
- *oxyacanthoides* (L.) Mill. = Ribes oxyacanthoides
- *uva-crispa* (L.) Mill. = Ribes uva-crispa var. uva-crispa

Grusonia F. Rchb. ex Britton et Rose = Opuntia
- *bradtiana* (J.M. Coult.) Britton et Rose = Opuntia bradtiana

Guadua Kunth 1822 -f- *Poaceae* · (S. 1113)
- **angustifolia** Kunth 1822 · e ⓦ Ⓝ; Col., Ecuad., nat. in USA, S-Am., C-Am.
- *pallescens* Döll = Bambusa tuldoides

Guaiacum L. 1753 -n- *Zygophyllaceae* · (S. 893)
D:Gujakbaum, Pockholz; E:Lignum Vitae; F:Bois de Gaïac, Gaïac
- **officinale** L. 1753 · ♄ e Z10 ⓦ ⚥ ⚥ Ⓝ ▽ ✻; W.Ind., Panama, Col., Venez.
- **sanctum** L. · D:Heiliges Pockholz; E:Holywood, Lignum Vitae · ♄ e Z10 ⓦ ⚥ Ⓝ ▽ ✻; Fla., S-Mex., W.Ind.

Guarea L. 1771 -f- *Meliaceae* · (S. 635)
- **cedrata** Pellegr. ex A. Chev. 1928 · ♄ ⓦ Ⓝ; Ivory Coast
- **guidonia** (L.) Sleumer 1956 · ♄ e ⚥ Ⓝ; Panama, W.Ind., trop. S-Am.
- **michel-moddei** T.D. Penn. et S.A. Mori 1993

Guibourtia Benn. 1857 -f- *Caesalpiniaceae* · (S. 376)
- **copallifera** Benn. 1857 · ♄ ⓦ Ⓝ; W-Afr.
- **demeusii** (Harms) J. Léonard 1949 · ♄ ⓦ Ⓝ; W-Afr.

Guilielma Mart. = Bactris
- *gasipaes* (Humb., Bonpl. et Kunth) L.H. Bailey = Bactris gasipaes
- *speciosa* Mart. = Bactris gasipaes
- *utilis* Oerst. = Bactris gasipaes

Guillainia Ridl. = Alpinia

Guizotia Cass. 1829 -f- *Asteraceae* · (S. 246)
D:Nigersaat, Ramtillkraut; E:Niger; F:Guizotia
- **abyssinica** (L. f.) Cass. 1829 · D:Nigersaat, Ramtillkraut; E:Niger Seed · ⊙ IX-X Ⓝ; Eth., nat. in Calif.

Gunnera L. 1767 -f- *Gunneraceae* · (S. 559)
D:Mammutblatt; E:Giant Rhubarb; F:Rhubarbe géante
- **flavida** Colenso 1886 · ⚃ Z8 ⚥; NZ
- **hamiltonii** Kirk ex W. Ham. 1885 · ⚃ ⟿ Z8 ⚥ ⚥; NZ
- **magellanica** Lam. 1789 · ⚃ Z8 ∧; S-Chile, Falkland [72438]
- **manicata** Linden ex André 1873 · D:Mammutblatt; E:Chile Rhubarb, Giant Rhubarb · ⚃ Z8 ∧ VII-VIII; S-Bras. [58073]
- **microcarpa** Kirk 1895 · ⚃ ⟿ Z8 ⚥ ⚥; NZ
- *mixta* Kirk = Gunnera microcarpa
- **prorepens** Hook. f. 1852 · ⚃ ⟿ Z8 ⚥ ⚥; NZ
- *scabra* Ruiz et Pav. = Gunnera tinctoria
- **tinctoria** (Molina) Mirb. 1805 · F:Rhubarbe géante · ⚃ Z8 ∧ VII-VIII; Chile [64088]

Gurania (Schltdl.) Cogn. 1875 -f- *Cucurbitaceae* · (S. 442)
D:Gurania; F:Gurania
- **malacophylla** Barb. Rodr. 1894 · ♄ ⚥ Z10 ⓦ VIII-IX; Bras.

Guzmania Ruiz et Pav. 1802 -f- *Bromeliaceae* · (S. 973)
D:Guzmanie; F:Guzmania
- **angustifolia** (Baker) Wittm. 1890 · ⚃ Z10 ⚥; Costa Rica, Panama, Col., Ecuad.
- **berteroniana** (Schult. et Schult. f.) Mez 1896 · ⚃ Z10 ⓦ; Puerto Rico
- **conifera** (André) André ex Mez 1896 · ⚃ Z10 ⓦ; Ecuad., Peru
- **dissitiflora** (André) L.B. Sm. 1934 · ⚃ Z10 ⓦ; Costa Rica, Panama, Col.
- **donnellsmithii** Mez ex Donn. Sm. 1903 · ⚃ Z10 ⓦ; Costa Rica
- **erythrolepis** Brongn. ex Planch. 1856 · ⚃ Z10 ⓦ; Costa Rica, W.Ind.
- **lindenii** (André) Mez 1896 · ⚃ Z10 ⓦ; Peru
- **lingulata** (L.) Mez 1896
  - var. **concolor** Proctor et Cedeño-Mald. 2005 Z10 ⓦ; Costa Rica, Panama, Col., Ecuad., Bras.
  - var. **lingulata** · ⚃ Z10 ⓦ; C-Am., W.Ind., Col., Bras., Bol.
  - var. **minor** (Mez) L.B. Sm. 1960 = Guzmania lingulata var. concolor
  - var. **splendens** (C.D. Bouché) Mez 1935 = Guzmania lingulata var. lingulata
- **melinonis** Regel 1885 · ⚃ Z10 ⓦ; Guyan., Col. Ecuad. Peru, Bol.
- *minor* Mez = Guzmania lingulata var. concolor
- **monostachia** (L.) Rusby ex Mez 1896 · E:West Indian Tufted Airplant · ⚃ Z10 ⓦ; Fla., C-Am., W.Ind., Venez., Col., Ecuad., Peru, Bol.
- **mucronata** (Griseb.) Mez 1896 · ⚃ Z10 ⓦ; Venez.
- **musaica** (Linden et André) Mez 1896 · ⚃ Z10 ⓦ; Col., Panama
- **nicaraguensis** Mez et C.F. Baker ex Mez 1903 · ⚃ Z10 ⓦ; C-Am.
- **sanguinea** (André) André ex Mez 1896 · ⚃ Z10 ⓦ; Costa Rica, Ecuad., Trinidad
- *tricolor* Ruiz et Pav. = Guzmania monostachia
- **variegata** L.B. Sm. 1960 · ⚃ Z10 ⓦ; Ecuad., N-Peru
- **vittata** (Mart. ex Schult. et Schult. f.) Mez 1896 · ⚃ Z10 ⓦ; Col., Bras.
- **wittmackii** (André) André ex Mez 1896 · ⚃ Z10 ⓦ; Col.
- **zahnii** (Hook. f.) Mez 1896 · ⚃ Z10 ⓦ; Costa Rica, Panama

Gymnadenia R. Br. 1813 -f- *Orchidaceae* · (S. 1067)
D:Händelwurz; E:Fragrant Orchid; F:Orchis moucheron
- **conopsea** (L.) R. Br. 1813 · D:Mücken-Händelwurz
  - var. **conopsea** · D:Gewöhnliche Mücken-Händelwurz; E:Fragrant Orchid · ⚃ Z6 V-VIII ▽ ✻; Eur.*, TR, Cauc., Iran, W-Sib., E-Sib., Amur, Sachal., Mong., China, Korea, Jap.
  - var. **densiflora** (Wahlenb.) Lindl. 1890 · D:Dichtblütige Mücken-Händelwurz
- *densiflora* (Wahlenb.) A. Dietr. = Gymnadenia conopsea var. densiflora
- **odoratissima** (L.) Rich. · D:Gewöhnliche Wohlriechende Händelwurz · ⚃ D Z6 VI-VIII ▽ ✻; Eur.* exc. BrI, Sc

Gymnandra Pall. = Lagotis
- *stolonifera* K. Koch = Lagotis stolonifera

Gymnanthocereus Backeb. = Browningia
- *chlorocarpus* (Kunth) Backeb. = Browningia chlorocarpa
- *microspermus* (Werderm. et Backeb.) Backeb. = Browningia microsperma

Gymnocactus Backeb. = Turbinicarpus
- *conothelos* (Regel et E. Klein) Backeb. = Thelocactus conothelos var. conothelos

- *gielsdorfianus* (Werderm.) Backeb. = Turbinicarpus gielsdorfianus
- *horripilus* (Lem. ex C.F. Först.) Backeb. = Turbinicarpus horripilus
- *mandragora* (Frič ex A. Berger) Backeb. = Turbinicarpus mandragora
- *saueri* (Boed.) Backeb. = Turbinicarpus saueri
- *viereckii* (Werderm.) Backeb. = Turbinicarpus viereckii

Gymnocalycium Pfeiff. 1844 -n- Cactaceae · (S. 355)
- *achirasense* H. Till et Schatzl = Gymnocalycium monvillei subsp. achirasense
- **ambatoense** Piltz 1980 · Ψ Z9 ⓚ; Arg.
- **andreae** (Boed.) Backeb. · Ψ Z10 ⓚ ▽ ✶; Arg.: Cordoba
- **anisitsii** (K. Schum.) Britton et Rose 1922 · Ψ Z9 ⓚ ▽ ✶; Parag.
- **baldianum** (Speg.) Speg. 1925 · Ψ Z10 ⓚ ▽ ✶; Arg.: La Rioja, Catamarca, Salta, Tucuman
- **bayrianum** H. Till 1987 · Ψ ⓚ; Arg.
- *bicolor* Schütz = Gymnocalycium valnicekianum subsp. valnicekianum
- **bodenbenderianum** (Hosseus) A. Berger 1929 · Ψ Z9 ⓚ; N-Arg.
  - subsp. **bodenbenderianum**
  - subsp. **intertextum** (Backeb. ex H. Till) H. Till 1993 · Ψ Z9 ⓚ; Arg. (Cordoba)
- *bozsingianum* Schütz = Gymnocalycium castellanosii
- *brachypetalum* Speg. = Gymnocalycium gibbosum var. gibbosum
- **bruchii** (Speg.) Hosseus 1926
  - var. **bruchii** · Ψ Z10 ⓚ ▽ ✶; Arg.: Cordoba
  - var. **niveum** Rausch 1989 · Ψ ⓚ; Arg.
- **buenekeri** (Buining) G. Swales 1978 · Ψ ⓚ
- **calochlorum** (Boed.) Y. Itô 1952 · Ψ Z9 ⓚ; Arg. (Cordoba)
  - var. **proliferum** (Backeb.) Backeb. 1959 = Gymnocalycium parvulum
- **capillense** (Schick) Hosseus 1926 · Ψ Z9 ⓚ; Arg.
- *cardenasianum* F. Ritter = Gymnocalycium spegazzinii subsp. cardenasianum
- **castellanosii** Backeb. 1936 · Ψ Z9 ⓚ; Arg. (La Rioja)
- **chiquitanum** Cárdenas 1963 · Ψ Z9 ⓚ; S-Bol.
- *chubutense* (Speg.) Speg. = Gymnocalycium gibbosum var. gibbosum
- *damsii* (K. Schum.) Britton et Rose = Gymnocalycium anisitsii
- *deeszianum* Dölz = Gymnocalycium capillense
- **delaetii** (K. Schum.) Hosseus 1926 · Ψ Z9 ⓚ; Arg. (Salta)
- **denudatum** (Link et Otto) Pfeiff. ex Mittler · E:Spider Cactus · Ψ Z10 ⓚ ▽ ✶; Bras.: Rio Grande do Sul, N-Urug.
- **eurypleurum** Plesník ex F. Ritter 1979 · Ψ ⓚ
- *eytianum* Cárdenas = Gymnocalycium marsoneri
- *fidaianum* (Backeb.) Hutchison = Weingartia fidaiana
- *friedrichii* (Werderm.) Pažout = Gymnocalycium mihanovichii var. friedrichii
- **gibbosum** (Haw.) Pfeiff. ex Mittler 1844
  - var. **gibbosum** · Ψ Z9 ⓚ ▽ ✶; S-Arg.
  - var. **nigrum** Backeb. 1959 · Ψ Z9 ⓚ; Arg. (Rio Colorado)
  - var. **nobile** (Haw.) Y. Itô 1952 · Ψ Z9 ⓚ; orig. ?
- *glaucum* F. Ritter = Gymnocalycium mucidum
- *horridispinum* G. Frank ex H. Till = Gymnocalycium monvillei subsp. horridispinum
  - var. *achirasense* (H. Till et Schatzl) Lodé 1995 = Gymnocalycium monvillei subsp. achirasense
- **horstii** Buining 1970 · Ψ Z9 ⓚ; Bras. (Rio Grande do Sul)
- **hossei** (Haage) A. Berger 1929 · Ψ Z10 ⓚ ▽ ✶; Arg.: La Rioja
- **hybopleurum** (K. Schum.) Backeb. 1936 · Ψ Z9 ⓚ; Arg. (Cordoba, Catamarca)
- **hyptiacanthum** (Lem.) Britton et Rose 1922 · Ψ Z9 ⓚ; Urug.
  - subsp. **hyptiacanthum** · Ψ ⓚ
  - subsp. **schroederianum** (Osten) Papsch 2001 · Ψ Z9 ⓚ; Urug., Arg. (Entre Rios, Buenos Aires)
- **intermedium** · Ψ ⓚ
- *intertextum* Backeb. ex H. Till = Gymnocalycium bodenbenderianum subsp. intertextum
- *kozelskyanum* Schütz = Gymnocalycium riojense subsp. kozelskyanum
- *lafaldense* Vaupel = Gymnocalycium bruchii var. bruchii
- **leeanum** (Hook.) Britton et Rose 1922 · Ψ Z9 ⓚ; Urug.
  - var. *netrelianum* (Monv. ex Labour.) Backeb. = Gymnocalycium netrelianum
- *loricatum* Speg. = Gymnocalycium spegazzinii subsp. spegazzinii
- **mackieanum** (Hook.) Metzing et al. 1995 · Ψ Z9 ⓚ; Arg.
- **marsoneri** (Frič) Y. Itô 1957 · Ψ Z9 ⓚ; Arg. (Salta)
  - subsp. **marsonerii**
  - subsp. **matoense** (Buining et Brederoo) P.J. Braun et Esteves 1995 · Ψ ⓚ
- *mazanense* (Backeb.) Backeb. = Gymnocalycium hossei
- **megalothelos** (Sencke ex K. Schum.) Britton et Rose 1922 · Ψ ⓚ
- *megatae* (Frič) Backeb. = Gymnocalycium marsoneri subsp. matoense
- **mesopotamicum** R. Kiesling 1980 · Ψ Z9 ⓚ; Arg. (Corrientes)
- *michoga* Frič ex Y. Itô = Gymnocalycium marsoneri
- **mihanovichii** (Frič et Gürke) Britton et Rose 1922
  - var. **friedrichii** Werderm. 1936 · Ψ Z9 ⓚ; N-Parag.
  - var. **mihanovichii** · Ψ Z10 ⓚ ▽ ✶; N-Parag.
  - var. **rysanekianum** Frič ex Pažout 1948 = Gymnocalycium stenopleurum
  - var. **stenogonum** Frič et Pažout 1948 · Ψ Z9 ⓚ; Parag., Arg. (Chaco)
- **monvillei** (Lem.) Britton et Rose 1922
  - subsp. **achirasense** (H. Till et Schatzl) H. Till 1993 · Ψ Z9 ⓚ; Arg.
  - subsp. **horridispinum** (G. Frank ex H. Till) H. Till 1993 · Ψ Z9 ⓚ; Arg. (Cordoba)
  - subsp. **monvillei** · Ψ Z10 ⓚ ▽ ✶; Arg.: Cordoba
- *moserianum* Schütz = Gymnocalycium bodenbenderianum subsp. intertextum
- **mostii** (Gürke) Britton et Rose 1918 · Ψ Z9 ⓚ; Arg. (Cordoba)
- **mucidum** Oehme 1937 · Ψ Z9 ⓚ; Arg. (La Rioja)
- *multiflorum* (Hook.) Britton et Rose = Gymnocalycium monvillei subsp. monvillei
- *neocumingii* (Backeb.) Hutchison = Weingartia neocumingii
- **netrelianum** (Monv. ex Labour.)

Britton et Rose 1922 · ⌇ Z9 ⓚ; Urug.
- *neumannianum* (Backeb.) Hutchison = Weingartia neumanniana
- **obductum** Piltz 1990 · ⌇ Z9 ⓚ; Arg.
- *occultum* Frič ex Schütz = Gymnocalycium stellatum subsp. occultum
- **ochoterenae** Backeb. 1936
  - subsp. **ochoterenae**
  - subsp. **vatteri** (Buining) Papsch 1993 · ⌇ Z9 ⓚ; Arg. (Cordoba)
- **oenanthemum** Backeb. 1934 · ⌇ Z10 ⓚ ▽ ✷; Arg.: Cordoba, Mendoza
- *onychacanthum* Y. Itô = Gymnocalycium marsoneri
- **paediophilum** Schütz 1977 · ⌇ ⓚ
- **paraguayense** (K. Schum.) Hosseus 1939 · ⌇ Z10 ⓚ ▽ ✷; N-Parag.
- **parvulum** (Speg.) Speg. 1925 · ⌇ Z9 ⓚ; Arg. (Cordoba)
- **pflanzii** (Vaupel) Werderm. 1935 · ⌇ Z9 ⓚ; Bol. (Tarija)
  - var. *albipulpa* F. Ritter 1980 = Gymnocalycium zegarrae
- *platense* (Speg.) Britton et Rose = Gymnocalycium hyptiacanthum
- **platygonum** Z. Fleisch. 1962 · ⌇ ⓚ
- *pugionacanthum* Backeb. = Gymnocalycium hybopleurum
- *pungens* Z. Fleisch. = Gymnocalycium schickendantzii
- **quehlianum** (Haage ex Quehl) Hosseus 1926 · E:Chin Cactus · ⌇ Z10 ⓚ ▽ ✷; Arg.: Cordoba
- **ragonesei** A. Cast. 1950 · ⌇ Z9 ⓚ; Arg. (Catamarca)
- **riojense** Frič ex H. Till et W. Till 1991 · ⌇ Z9 ⓚ; Arg. (La Rioja)
  - subsp. **kozelskyanum** Schütz ex H. Till et W. Till 1991 · ⌇ Z9 ⓚ; Arg.
  - subsp. **paucispinum** Backeb. ex H. Till et W. Till 1991 · ⌇ Z9 ⓚ; Arg. (La Rioja)
  - subsp. **riojense**
- **ritterianum** Rausch 1972 · ⌇ Z9 ⓚ; Arg.
- **saglionis** (Cels) Britton et Rose 1923
  - subsp. **saglionis** · ⌇ Z10 ⓚ ▽ ✷; Arg.: Catamarca, Salta, Tucuman
  - subsp. **tilcarense** (Backeb.) H. Till et W. Till 1997 · ⌇ ⓚ
- *sanguiniflorum* (Werderm.) Werderm. = Gymnocalycium baldianum
- *schatzlianum* Strigl et W. Till = Gymnocalycium mackieanum
- **schickendantzii** (F.A.C. Weber) Britton et Rose 1922 · ⌇ Z10 ⓚ ▽ ✷; Arg.: Catamarca, Cordoba, Tucuman
  - var. *delaetii* (K. Schum.) Backeb. 1936 = Gymnocalycium delaetii
- *schroederianum* Osten = Gymnocalycium hyptiacanthum subsp. schroederianum
- *sigelianum* (Schick) Hosseus = Gymnocalycium capillense
- **spegazzinii** Britton et Rose 1922
  - subsp. **cardenasianum** (F. Ritter) R. Kiesling et Metzing 1996 · ⌇ Z10 ⓚ ▽ ✷; S-Bol.
  - subsp. **spegazzinii** · ⌇ Z10 ⓚ ▽ ✷; Arg.: Salta
- **stellatum** Speg. 1925 · ⌇ Z9 ⓚ; Arg. (Cordoba)
  - subsp. **occultum** Frič ex H. Till et W. Till 1996
  - subsp. **stellatum**
  - var. *paucispinum* (Backeb.) R. Strong 1975 = Gymnocalycium riojense subsp. paucispinum
- **stenopleurum** F. Ritter 1979
- **striglianum** Jeggle ex H. Till 1987 · ⌇ Z9 ⓚ; Arg.
- **stuckertii** (Speg.) Britton et Rose 1922 · ⌇ Z9 ⓚ; Arg.
- *sutterianum* (Schick) A. Berger = Gymnocalycium capillense
- *tilcarense* (Backeb.) Schütz = Gymnocalycium saglionis subsp. tilcarense
- **tillianum** Rausch 1970 · ⌇ Z9 ⓚ; Arg. (Catamarca)
- *tudae* Y. Itô = Gymnocalycium marsoneri subsp. matoense
- **uebelmannianum** Rausch 1972 · ⌇ Z9 ⓚ; Arg.
- **uruguayense** (Arechav.) Britton et Rose 1922 · ⌇ Z9 ⓚ; Urug.
- **valnicekianum** Jajó 1934
  - subsp. **valnicekianum** · ⌇ Z9 ⓚ; Arg.
  - var. *bicolor* (Schütz) H. Till et Amerh. 2002 = Gymnocalycium valnicekianum subsp. valnicekianum
- *vatteri* Buining = Gymnocalycium ochoterenae subsp. vatteri
- *venturianum* (Frič) Backeb. = Gymnocalycium baldianum
- **zegarrae** Cárdenas 1958 · ⌇ Z9 ⓚ; Bol.

Gymnocarpium Newman 1851 -n-
Woodsiaceae · (S. 83)
D:Eichenfarn, Ruprechtsfarn; E:Oak Fern; F:Fougère du chêne
- **dryopteris** (L.) Newman 1851 · D:Eichenfarn; E:Oak Fern, Western Oak Fern · ⌅ Z3 VII-VIII; Eur.*, TR, Cauc., Him., W-Sib., E-Sib., Amur, Sachal., Kamchat., C-As., Mong., Manch., Korea, Jap., Alaska, Can, USA: NE, NCE, NC, SW, Rocky Mts., NW; Greenl. [67417]
- *phegopteris* (L.) Newman = Phegopteris connectilis
- **robertianum** (Hoffm.) Newman 1851 · D:Ruprechtsfarn; E:Limestone Oak Fern · ⌅ Z4 VII-VIII; Eur.*, Cauc., Him., W-Sib., E-Sib., Amur, N-China, Korea, Jap., Alger., Alaska, Can., USA: NE, NCE [67418]

Gymnocereus Rauh et Backeb. = Browningia
- *microspermus* (Werderm. et Backeb.) Backeb. = Browningia microsperma

Gymnocladus Lam. 1785 -m-
Caesalpiniaceae · (S. 376)
D:Geweihbaum, Schusserbaum; F:Chicot du Canada
- **chinensis** Baill. 1972 · D:Chinesischer Geweihbaum · ♄ d Z9 ⓚ; China
- **dioicus** (L.) K. Koch 1869 · D:Amerikanischer Geweihbaum; E:Kentucky Coffeetree · ♄ d Z6 V-VI Ⓝ; Ont., USA: NE, NCE, NC, SC, SE [17830]

Gymnospermium Spach 1839 -n-
Berberidaceae · (S. 286)
- **albertii** (Regel) Takht. 1970 · ⌅ Z4 ⓚ IV-V; C-As.
- **altaicum** (Pall.) Spach 1839 · ⌅ Z8 ⓚ; Eur.: GR, RO, W-Russ; C-As.
- **darwasicum** (Regel) Takht. 1970 · ⌅ ⓚ; C-As.

Gymnostachyum Nees 1832 -n-
Acanthaceae
- **ceylanicum** Arn. et Nees 1836 · ⌅ ⓦ I-III; Sri Lanka
- **sanguinolentum** (Vahl) T. Anderson 1860 · ⌅ ⓦ; Sri Lanka
- **venustum** (Wall.) T. Anderson · ⌅ ⓦ X-XI; Ind: S-Khasia

Gynandriris Parl. 1854 -f-
Iridaceae · (S. 1021)
- **sisyrinchium** (L.) Parl. 1854 · ⌅ Z8 ▭ IV-V; Eur.: Ib, Ap, Ba; TR, SW-As, Pakist., Med.

Gynandropsis DC. = Cleome
- *gynandra* (L.) Briq. = Cleome

gynandra

Gynerium Willd. ex P. Beauv. 1812
-n- *Poaceae*
- *argenteum* Nees = Cortaderia selloana

Gynura Cass. 1825 -f- *Asteraceae* · (S. 247)
D:Samtpflanze; E:Velvet Plant; F:Gynure
- **aurantiaca** (Blume) DC. 1838 · D:Purpur-Samtpflanze; E:Purple Velvet Plant · ♄ ⓦ IX-X; Java, Sulawesi
- **crepidioides** Benth.; trop. Afr.
- **procumbens** (Lour.) Merr. 1923 · D:Malayische Samtpflanze; E:Velvet Plant · ♃ ⚥ ⓦ; W-Afr., China, Thail., Malay. Pen.
- *sarmentosa* (Blume) DC. = Gynura procumbens
- **scandens** O. Hoffm. 1895 · ♄ ⚥ ⓦ IV-IX ⚥; E-Afr.

Gypsophila L. 1753 -f- *Caryophyllaceae* · (S. 401)
D:Gipskraut, Schleierkraut; E:Baby's Breath; F:Gypsophile
- **acutifolia** Steven ex Spreng. 1818 · ♃ VII-IX; Eur.: W-Russ.; Cauc., nat. in RO
- **altissima** L. 1753 · ♃; Russ., Cauc., W-Sib., E-Sib.
- **aretioides** Boiss. 1843 · ♃ △ Z5 VI-VII; N-Iran, Cauc. [64089]
 'Caucasica'
 - var. *caucasica* Boiss. 1888 = Gypsophila aretioides
- **briquetiana** Schischk. 1928 · ♃; TR
- **bungeana** D. Dietr. 1840
- **cerastioides** D. Don 1825 · ♃ △ Z5 V-VI; Him.: Kashmir, NW-Ind., Nepal, Sikkim, Bhutan [64090]
- **curvifolia** Fenzl 1842 · ♃ △ ∧ VI; TR
- **elegans** M. Bieb. 1808 · D:Sommer-Schleierkraut; E:Annual Baby's Breath · ⊙ VII; S-Russ., TR, Cauc., Iran
 'Covent Garden'
 'Snowflake'
- **fastigiata** L. 1753 · D:Büschel-Gipskraut · ♃ VI-IX ▽; Eur.: C-Eur., EC-Eur., Sc, E-Eur., ? W-Ba [67766]
- **libanotica** Boiss. 1843 · ♃ △ ∧ VI; TR, Lebanon, Syr.
- × **monstrosa** Gerbeaux (*G. repens* × *G. stevenii*) · ♃ △ V-VI; cult. [64091]
- **muralis** L. 1753 · D:Mauer-Gipskraut; E:Cushion Baby's Breath · ⊙ VI-X; Eur.* exc. BrI; TR, Cauc., W-Sib., E-Sib., Amur, C-As., Manch., nat. in N-Am. [68516]
- **nana** Bory et Chaub. 1832 · D:Zwerg-Gipskraut · ♃; Eur.: GR, Crete; mts.
- **oldhamiana** Miq. 1867
- **pacifica** Kom. 1916 · D:Mandschurisches Gipskraut · ♃ ⚭ Z3 VI-VIII; Amur, Manch. [64092]
- **paniculata** L. 1753 · D:Rispiges Gipskraut, Schleierkraut; E:Baby's Breath; F:Brouillard · ♃ ⚭ Z4 VI-VIII; Eur.: C-Eur., EC-Eur., Ba, E-Eur.; Cauc., W-Sib., C-As., N-Mong., W-China, nat. in N-Am. [60055]
 'Bristol Fairy' [64094]
 'Compacta Plena' [64095]
 'Flamingo' [64096]
 'Schneeflocke' [64098]
- **perfoliata** L. 1753 · D:Durchwachsenblättriges Gipskraut · ♃ VI-IX; Eur.: BG, RO, Russ.; TR, Levante, W-Sib., C-As., nat. in D
- **petraea** (Baumg.) Rchb. 1832 · ♃ △ Z7 VI-VIII; Eur.: RO; Carp. [64099]
- **repens** L. 1753 · D:Kriechendes Gipskraut, Teppich-Schleierkraut; E:Alpine Gypsophila; F:Gypsophile rampante · ♃ ⤳ △ Z4 V-VI; Eur.: Ib, Fr, Ap, C-Eur., EC-Eur.; mts. [64100]
 'Alba'
 'Rosa Schönheit' [60673]
 'Rosea' [64105]
- **scorzonerifolia** Ser. 1824 · D:Schwarzwurzel-Gipskraut · ♃ VI-IX; Eur.: E-Russ; Cauc., nat. in D, CZ
- **stevenii** Fisch. ex Schrank 1819 · ♃ △ VII; Cauc.
- × **suendermannii** Fritsch (*G. petraea* × *G. repens*) · ♃ △ V-VI; cult.
- **tenuifolia** M. Bieb. 1808 · ♃ △ Z5 VI; Cauc., TR
- *transsylvanica* Spreng. = Gypsophila petraea
- **in vielen Sorten:**
 'Rosenschleier' [64107]

Haageocereus Backeb. 1934 -m- *Cactaceae* · (S. 356)
- **acranthus** (K. Schum. ex Vaupel) Backeb. 1936
 - subsp. **acranthus** · ⚘ Z9 ⓦ ▽ ✳; C-Peru
 - subsp. **olowinskianus** (Backeb.) Ostolaza 1998
- **albispinus** (Akers) Backeb. 1958 · ⚘ Z9 ⓦ ▽ ✳; C-Peru
- *aureispinus* Rauh et Backeb. = Haageocereus pseudomelanostele subsp. aureispinus
- **australis** Backeb. 1936
- *chosicensis* (Werderm. et Backeb.) Backeb. = Haageocereus pseudomelanostele
- **decumbens** (Vaupel) Backeb. 1934 · ⚘ ⤳ Z9 ⓦ ▽ ✳; S-Peru, N-Chile
- **icosagonoides** Rauh et Backeb. 1957
- **multangularis** (Willd.) F. Ritter · ⚘ Z9 ⓦ ▽ ✳; C-Peru
- *olowinskianus* Backeb. = Haageocereus acranthus subsp. olowinskianus
- **pseudomelanostele** (Werderm. et Backeb.) Backeb. 1936
 - subsp. **aureispinus** (Rauh et Backeb.) Ostolaza 1998
 - subsp. **pseudomelanostele**
- **versicolor** (Werderm. et Backeb.) Backeb. · ⚘ Z9 ⓦ ▽ ✳; N-Peru
- *weberbaueri* (Vaupel) D.R. Hunt = Weberbauerocereus weberbaueri

Habenaria Willd. 1805 -f- *Orchidaceae* · (S. 1067)
D:Riemenlippe, Zügelständel; F:Habénaire
- *bonatea* L. f. = Bonatea speciosa
- **carnea** Weathers 1891 · D:Fleischfarbiger Zügelständel · ♃ Z9 ⓦ IX-X ▽ ✳; Malay. Pen.: Penang
- **radiata** (Thunb.) Spreng. 1826 · ♃ Z10 ⓦ VIII ▽ ✳; Jap., Korea
- **rhodocheila** Hance 1856 · D:Malayen-Zügelständel · ♃ Z9 ⓦ IX-X ▽ ✳; S-China, Indochina, Malay. Pen.
- *robusta* N.E. Br. = Bonatea speciosa

Haberlea Friv. 1835 -f- *Gesneriaceae* · (S. 551)
D:Haberlee; F:Haberléa
- **ferdinandi-coburgii** Urum. 1902 · ♃ △ IV-V ▽; Eur.: C-BG
- **rhodopensis** Friv. 1835 · ♃ △ IV-V ▽; Eur.: BG, NE-GR; mts. [64108]
 'Virginalis'

Hablitzia M. Bieb. 1817 -f- *Chenopodiaceae* · (S. 413)
- **tamnoides** M. Bieb. 1817

Habranthus Herb. 1824 -m- *Amaryllidaceae* · (S. 910)
- *andersonii* Herb. = Habranthus tubispathus

- **brachyandrus** (Baker) Sealy 1937 · ⚃ Z9 ⓚ VI-VIII; S-Bras., S-Chile
- **gracilifolius** Herb. 1824 · ⚃ ⓚ; Urug., Arg.
- **martinezii** Ravenna 1970 · ⚃ ⓚ; Arg.
- **robustus** Herb. ex Sweet 1831 · ⚃ Z9 ⓚ VII-VIII; S-Bras., ? Arg
- *texanus* (Herb.) Herb. ex Steud. = Habranthus tubispathus
- **tubispathus** (L'Hér.) Herb. 1951 · E:Rio Grande Copper Lily · ⚃ Z9 ⓚ VII-VIII; E-Arg., S-Bras., S-Chile, Urug.
- *tubispathus* auct. non (L'Hér.) Herb. = Habranthus robustus

Habrothamnus Endl. = Cestrum
- *elegans* Brongn. ex Neumann = Cestrum elegans var. elegans
- *purpureus* Lindl. = Cestrum elegans var. elegans

Hacquetia Neck. ex DC. 1790 -f- *Apiaceae* · (S. 176) D:Schaftdolde; F:Hacquetia
- **epipactis** (Scop.) DC. 1830 · D:Goldteller, Schaftdolde · ⚃ Z7 IV-V; Eur.: A, I, Slove., Croatia, PL, Slova., CZ [64109]

Hadrodemas H.E. Moore = Callisia
- *warszewiczianum* (Kunth et C.D. Bouché) H.E. Moore = Callisia warszewicziana

Haemadictyon Steud. = Prestonia
- *venosum* Lindl. = Prestonia quinquangularis

Haemanthus L. 1753 -m- *Amaryllidaceae* · (S. 911) D:Blutblume; E:Blood Lily; F:Hémanthe
- **albiflos** Jacq. 1797 · D:Elefantenohr, Weißblütige Blutblume · ⚃ Z9 ⓚ VII-X; S-Afr.
  - var. *pubescens* auct. = Haemanthus pubescens
- **coccineus** L. 1753 · D:Scharlachrote Blutblume; E:Cape Tulip · ⚃ Z9 ⓚ VIII-IX; Namibia, S-Afr.
- **crispus** Snijman 1981 · ⚃ Z8 ⓚ; S-Afr. (Cape Prov.)
- **deformis** Hook. f. 1871 · ⚃ Z8 ⓚ; S-Afr. (Cape Prov., Natal).
- **humilis** Jacq. 1804
  - subsp. **hirsutus** (Baker) Snijman 1984 · ⚃ Z9 ⓚ VIII-IX; S-Afr.
  - subsp. **humilis** · D:Niedere Blutblume · ⚃ Z9 ⓚ; S-Afr.
- *kalbreyeri* Baker = Scadoxus multiflorus subsp. multiflorus
- *lindenii* N.E. Br. = Scadoxus cinnabarinus
- *multiflorus* Martyn = Scadoxus multiflorus subsp. multiflorus
- *natalensis* Hook. = Scadoxus puniceus
- **pubescens** L. 1782 · ⚃ Z9 ⓚ VII-X; Namibia, S-Afr.
- *puniceus* L. = Scadoxus puniceus
- **sanguineus** Jacq. 1804 · ⚃ Z8 ⓚ; S-Afr. (Cape Prov.)
- *tigrinus* Jacq. = Haemanthus coccineus

Haemaria Lindl. = Ludisia
- *discolor* (Ker-Gawl.) Lindl. = Ludisia discolor var. discolor

Haematoxylum L. 1753 -n- *Caesalpiniaceae* · (S. 376) D:Blutholzbaum, Campecheholz; E:Bloodwood Tree; F:Campêche, Haematoxylon
- **campechianum** L. 1753 · D:Mexikanischer Blutholzbaum; E:Bloodwood Tree, Logwood · ♄ e Z9 ⓖ ⚥ Ⓝ; Mex., C-Am., trop. S-Am.

Haemodorum Sm. 1798 -n- *Haemodoraceae* · (S. 1004)
- **corymbosum** Vahl 1805 · ⚃ ⓚ VIII; Austr.: Queensl., N.S.Wales
- **planifolium** R. Br. 1810 · ⚃ ⓚ VIII; Austr.: Queensl., N.S.Wales
- *teretifolium* R. Br. = Haemodorum corymbosum

Hagenia J.F. Gmel. 1971 -f- *Rosaceae* · (S. 753) D:Kosobaum
- **abyssinica** (Bruce) J.F. Gmel. 1971 · D:Kosobaum · ♄ e ⓚ ⚥ ⚘ Ⓝ; Eth., E-Afr., top. S-Afr.

Hakea Schrad. 1797 -f- *Proteaceae* · (S. 718) D:Hakea, Nadelkissen; E:Pincushion Tree; F:Arbre-aux-oursins, Hakea
- **bucculenta** C.A. Gardner 1936 · D:Stachliges Nadelkissen; E:Red Pokers · ♄ e Z9 ⓚ; W-Austr.
- **ceratophylla** R. Br. 1810 · D:Hornblättriges Nadelkissen · ♄ e Z9 ⓚ; W-Austr.
- **crassifolia** Meisn. 1845 · ♄ e Z9 ⓚ; W-Austr.
- **cyclocarpa** Lindl. 1839 · D:Hornfrüchtiges Nadelkissen; E:Curved Fruit Hakea · ♄ e Z9 ⓚ; W-Austr.
- **dactyloides** (Gaertn.) Cav. 1799 · D:Handförmiges Nadelkissen · ♄ e Z9 ⓚ; Austr.: Queensland, N.S.Wales, Victoria
- *eucalyptoides* Meisn. = Hakea laurina
- **ferruginea** Sweet 1827 · D:Rostfarbenes Nadelkissen · ♄ e Z9 ⓚ VII-VIII; W-Austr.
- **florida** R. Br. 1810 · ♄ e Z9 ⓚ VII; W-Austr.
- **gibbosa** Cav. 1799 · ♄ e Z9 ⓚ; Austr.: N.S.Wales
- **laurina** R. Br. 1830 · D:Ballförmiges Nadelkissen; E:Pincushion Hakea, Sea Urchin · ♄ e Z9 ⓚ Ⓝ; W-Austr.
- **leucoptera** R. Br. 1810 · D:Ausläufer-Nadelkissen; E:Needlewood · ♄ ♄ e Z9 ⓚ; Austr.: Queensl., N.S.Wales, Victoria, S-Austr., N. Terr.
- **lissosperma** R. Br. 1810 · ♄ ♄ e Z8 ⓚ; Austr. (N.S.Wales, Victoria, Tasman.)
- **multilineata** Meisn. 1848 · ♄ e Z9 ⓚ; W-Austr.
- **nitida** R. Br. 1810 · D:Knotiges Nadelkissen · ♄ e Z9 ⓚ; W-Austr.
- **nodosa** R. Br. 1810 · ♄ e Z9 ⓚ; Austr.: S-Austr., Victoria
- **obtusa** Meisn. 1856 · D:Stumpfes Nadelkissen · ♄ e Z9 ⓚ; W-Austr.
- **oleifolia** R. Br. 1810 · D:Ölbaumblättriges Nadelkissen · ♄ ♄ e Z9 ⓚ; W-Austr.
- **orthorrhyncha** F. Muell. 1868 · ♄ e Z9 ⓚ; W-Austr.
- *pectinata* Colla = Hakea suaveolens
- **petiolaris** Meisn. 1845 · ♄ e Z9 ⓚ; W-Austr.
- **platysperma** Hook. 1841 · D:Breitsamiges Nadelkissen · ♄ e Z8 ⓚ; Austr. (W-Austr.)
- **pugioniformis** Cav. 1799 · ♄ e Z9 ⓚ V-VI; Austr.: S-Austr., Tasman., Victoria
- **salicifolia** (Vent.) B.L. Burtt 1941 · D:Weidenblättriges Nadelkissen · ♄ e Z9 ⓚ VII-VIII; Austr.: Queensl., N.S.Wales
- *saligna* (Andrews) Knight = Hakea salicifolia
- **sericea** Schrad. et J.C. Wendl. 1796 · D:Nadelblättriges Nadelkissen; E:Silky Hakea · ♄ e Z9 ⓚ V-VIII; Austr.: N.S.Wales, Victoria
- **suaveolens** R. Br. 1810 · D:Duftendes Nadelkissen; E:Sweet Hakea · ♄ e D Z9 ⓚ VII-VIII; W-Austr.
- **varia** R. Br. 1810 · ♄ e Z9 ⓚ; W-Austr.

Hakonechloa Makino ex Honda 1912 -f- *Poaceae* · (S. 1113) D:Japangras; E:Hakone Grass
- **macra** (Munro) Makino ex Honda · D:Japangras; E:Hakone Grass, Japanese Reed Grass · ♃ Z7 ∧ VII-X; Jap. [67578]
  'Alboaurea'
  'Aureola' · E:Golden-variegated Hakone Grass · [67579]

Haldina Ridsdale 1978 -f- *Rubiaceae*
- **cordifolia** (Roxb.) Ridsdale 1978 · ♄ d Ⓦ Ⓝ; Ind., Sri Lanka, Myanmar, Laos, Vietn.

Halenia Borkh. 1796 -f- *Gentianaceae* · (S. 542)
- **deflexa** (Sm.) Griseb. 1839 · ⊙ ⊙; Can.: Sask., E; USA: Mont., NC, NEC
- **elliptica** D. Don 1836 · ⊙ Z5 VII-VIII; Him.
- **perrottetii** Griseb. 1845 · ⊙ Z5 VII-VIII; Ind.

Halesia J. Ellis ex L. 1759 -f- *Styracaceae* · (S. 860) D:Schneeglöckchenbaum; E:Silver Bell, Snowdrop Tree; F:Halésia
- **carolina** L. 1759 · D:Carolina-Schneeglöckchenbaum; E:Carolina Silverbell, Snowdrop Tree; F:Arbre aux clochettes d'argent · ♄ ♄ d Z6 IV-V; USA: NE, NCE, SE, Fla. [17840]
- **diptera** J. Ellis 1759 · D:Zweiflügeliger Schneeglöckchenbaum · ♄ ♄ d Z6 VI; USA: SE, SC, Fla. [20358]
  'Magniflora' [16976]
- **monticola** (Rehder) Sarg. 1921 [24052]
  - var. **monticola** · D:Berg-Schneeglöckchenbaum; E:Mountain Silverbell, Snowdrop Tree · ♄ d Z5 IV Ⓝ; USA: SE, SC [17860]
  - var. **vestita** Sarg. 1921 · ♄ d Z5 Ⓚ; USA: N.C., Ark. [12326]
- *tetraptera* J. Ellis = Halesia carolina

× **Halimiocistus** Janch. 1925 -m- *Cistaceae*
- **revolii** (H.J. Coste et Soulié) Dans. 1939 (*Cistus* × *Halimium*) · ♄ e Z8 Ⓚ; Eur.: S-F
- **sahucii** (H.J. Coste et Soulié) Janch. 1925 (*Cistus salviifolius* × *Halimium umbellatum*) · ♄ e Z8 Ⓚ; S-F [68449]
- **wintonensis** O.E. Warb. et E.F. Warb. 1939 (*Cistus salviifolius* × *Halimium lasianthum subsp. lasianthum*) · ♄ e Z8 Ⓚ; cult.
  'Merrist Wood Cream'
- **in vielen Sorten:**
  'Ice Dancer'
  'Ingwersenii' c. 1929 (*Cistus hirsutus* × *Halimium umbellatum*) · e Z8

Halimium (Dunal) Spach 1836 -n- *Cistaceae* · (S. 418)
- **alyssoides** (Lam.) K. Koch 1853 · ♄ e Z8 Ⓚ; Eur.: Ib, F
- **atriplicifolium** (Lam.) Spach 1836 · ♄ e Z8 Ⓚ; Eur.: S-Sp., Maroc.
- **commutatum** Pau 1904 · D:Gelbe Zistrose · ♄ e Z8 Ⓚ; Eur.: sp., P; coasts
- **halimifolium** (L.) Willk. 1878 · ♄ e Z8 Ⓚ; Eur.: Ib, F, Ap; NW-Afr.
- **lasianthum** (Lam.) Spach 1836
  - subsp. **formosum** (Curtis) Heywood 1968 · ♄ e Z8 Ⓚ; Eur.: S-P +?
  - subsp. **lasianthum** · ♄ e Z8 Ⓚ V-VI; Eur.: F, Ib
- **ocymoides** (Lam.) Willk. 1878 · ♄ e Z8 Ⓚ; sp., P
- **umbellatum** (L.) Spach 1836 · ♄ e Z8 Ⓚ V-VI; Eur.: Ib, F, GR

Halimodendron Fisch. ex DC. 1825 -n- *Fabaceae* · (S. 511) D:Salzstrauch; E:Salt Tree; F:Caragana argenté
- **halodendron** (Pall.) Voss 1894 · D:Salzstrauch; E:Salt Tree · ♄ d Z5 VI-VII Ⓝ; Eur.: Russ.; N-TR, Cauc., Iran, W-Sib., C-As. [33218]

Halleria L. 1753 *Scrophulariaceae*
- **lucida** L. 1753 · ♄ ♄ e Z9; trop. Afr., S-Afr.

Haloragis J.R. Forst. et G. Forst. 1775 -f- *Haloragaceae* · (S. 560) D:Seebeere; E:Raspwort
- **erecta** (Banks ex Murray) Eichler 1878 · ♄ ♃ Ⓚ; NZ
  'Wellington Bronze'

Haloxylon Bunge 1851 -n- *Chenopodiaceae* · (S. 414) D:Salzbaum, Saxaul; E:Saxaul
- **ammodendron** (C.A. Mey.) Bunge 1851 · ♄ ♄ Z5; Atlas, Ural, Iran, C-As., Mong., China: Sinkiang

Hamamelis L. 1753 -f- *Hamamelidaceae* · (S. 563) D:Zaubernuss; E:Witch Hazel; F:Hamamélis
- × **intermedia** Rehder 1945 (*H. japonica* × *H. mollis*) · D:Hybrid-Zaubernuss; E:Witch Hazel · ♄ d Z6 I-III; cult. [42394]
  'Arnold Promise' Arnold Arb. 1963 [32241]
  'Barmstedt Gold' Hachmann 1975 [30020]
  'Diane' de Belder 1969 [30030]
  'Feuerzauber' Hesse 1968 [17950]
  'Jelena' de Belder 1954 [12849]
  'Orange Beauty' van Nes 1965 [17970]
  'Pallida' RHS Garden Wisley 1958 [45040]
  'Westerstede' Helmers 1977 [30050]
- **japonica** Siebold et Zucc. 1843 [17880]
  - var. **japonica** · D:Japanische Zaubernuss; E:Japanese Witch Hazel; F:Hamamélis du Japon · ♄ d Z6 I-IV; Jap.
    fo. flavopurpurascens 1925 (Makino) Rehder · ♄ d Z6 I-III; Jap. [17900]
    'Zuccariniana' Ottolander 1868 [17920]
- **mollis** Oliv. 1888 · D:Chinesische Zaubernuss; E:Chinese Witch Hazel; F:Hamamélis de Chine · ♄ d Z6 I-III; China: Hupeh [17930]
  'Brevipetala' Chenault 1935 [15744]
  'Pallida' = Hamamelis × intermedia 'Pallida'
- **vernalis** Sarg. 1911 · D:Frühlings-Zaubernuss; E:Ozark Witch Hazel, Spring Witch Hazel · ♄ d Z6 I-III; USA: SE, SC [33973]
  'Sandra' Dummer 1962 [18130]
- **virginiana** L. · ♄ ♄ d Z5 IX-X ⚕ Ⓝ; Can.: E; USA: NE, NCE, SE, Fla. [17980]

Hamatocactus Britton et Rose = Thelocactus
- *crassihamatus* (F.A.C. Weber) Buxb. = Sclerocactus uncinatus var. crassihamatus
- *hamatacanthus* (Muehlenpf.) F.M. Knuth = Ferocactus hamatacanthus var. hamatacanthus
- *setispinus* (Engelm.) Britton et Rose = Thelocactus setispinus
- *sinuatus* (A. Dietr.) Orcutt = Ferocactus hamatacanthus var. hamatacanthus
- *uncinatus* (Galeotti) Buxb. = Sclerocactus uncinatus var. uncinatus

Hamelia Jacq. 1760 -f- *Rubiaceae* · (S. 773) D:Feuerbusch; E:Fire Bush

– **patens** Jacq. 1760 · D:Feuerbusch; E:Firebush, Scarlet Bush · ♄ e Z10 ⓦ VI-IX; Fla., Mex., Bahamas, W.Ind., trop. S-Am.

Hammarbya Kuntze 1891 -f- *Orchidaceae* · (S. 1067)
D:Weichwurz; E:Bog Orchid
– **paludosa** (L.) Kuntze 1891 · D:Weichwurz; E:Bog Orchid · ⚃ VII-VIII ▽ ✻; Eur.* exc. Ap; W-Sib., E-Sib., Sachal., Jap., Alaska, NW-Can., C-USA

Hancornia Gomes 1812 -f- *Apocynaceae* · (S. 192)
D:Mangabeiragummi; E:Mangabeira
– **speciosa** Gomes 1812 · D:Mangabeiragummi; E:Mangabeira · ♄ ⓦ Ⓝ; E-Bras.

Haplocarpha Less. 1831 -f- *Asteraceae* · (S. 247)
– **rueppellii** (Sch. Bip.) K. Lewin 1922 · ⚃ Z9 ⓚ; E-Afr., Eth.; mts.

Haplopappus Cass. 1928 -m- *Asteraceae* · (S. 247)
– *acaulis* (Nutt.) A. Gray = Stenotus acaulis
– **ciliatus** (Nutt.) DC. 1836 · ☉ ☉; USA: Mo., SC, N.Mex.
– *clementis* (Rydb.) S.F. Blake = Pyrrocoma crocea
– *coronopifolius* (Less.) DC. = Haplopappus glutinosus
– *croceus* A. Gray = Pyrrocoma crocea
– **glutinosus** Cass. 1828 · ⚃ △ Z8 ∧ VII-X; Chile. Arg.; And.
– *lyallii* A. Gray = Tonestus lyallii

Haplophyllum A. Juss. 1825 -n- *Rutaceae* · (S. 791)
– **patavinum** (L.) G. Don 1831 · ⚃ △ ⓚ VI-VIII; Eur.: I, Ba, RO

Hardenbergia Benth. 1837 -f- *Fabaceae* · (S. 511)
D:Hardenbergie, Purpurerbse; E:Coral Pea; F:Hardenbergia
– **comptoniana** (Andrews) Benth. 1837 · ♄ e ⚹ Z9 ⓚ I-IV; W-Austr. [11177]
– *monophylla* (Vent.) Benth. = Hardenbergia violacea
– **violacea** (Schneev.) Stearn 1940 · D:Purpurerbse; E:Coral Pea, Vine Lilac · ♄ e ⚹ ↝ Z9 ⓚ III-IV; Austr.: Queensl., N.S.Wales, Victoria, Tasman. [11178]
'Happy Wanderer'

'White Crystal' [30552]

Haronga Thouars = Harungana
– *madagascariensis* (Lam. ex Poir.) Choisy = Harungana madagascariensis

Harpagophytum DC. ex Meisn. 1840 -n- *Pedaliaceae* · (S. 690)
D:Afrikanische Teufelskralle; E:Grapple Plant
– **procumbens** (Burch.) DC. 1845 · D:Afrikanische Teufelskralle; E:Devil's Claw, Grapple Plant · ⚃ ⓚ ⚹ ; S-Afr.

Harpephyllum Bernh. ex C. Krauss 1844 -n- *Anacardiaceae* · (S. 156)
D:Kafirpflaume; E:Kaffir Plum; F:Prunier des Cafres
– **caffrum** Bernh. ex C. Krauss 1844 · D:Kafirpflaume; E:Kaffir Plum · ♄ e Z9 ⓚ; S-Afr.: Kap, Natal

Harpullia Roxb. 1814 -f- *Sapindaceae* · (S. 801)
– **pendula** Planch. et F. Muell. 1859 · E:Moreton Bay Tulipwood · ♄ e Z10 ⓦ; Malay. Arch., Phil., Austr.: Queensl., N.S.Wales

Harrimanella Coville = Cassiope
– *hypnoides* (L.) Coville = Cassiope hypnoides

Harrisia Britton 1909 -f- *Cactaceae* · (S. 356)
– *bonplandii* (J. Parm. ex Pfeiff.) Britton et Rose = Eriocereus bonplandii
– **gracilis** (Mill.) Britton 1909 · ♄ ψ Z9 ⓚ ▽ ✻; Fla., Jamaica
– *guelichii* (Speg.) Britton et Rose = Eriocereus guelichii
– *jusbertii* (K. Schum.) Borg = Eriocereus jusbertii
– *martinii* (Labour.) Britton et Rose = Eriocereus martinii
– *pomanensis* (F.A.C. Weber) Britton et Rose = Eriocereus bonplandii
– **tetracantha** (Labour.) D.R. Hunt 1987 · ♄ ♄ ψ Z9 ⓚ ▽ ✻; Bol.
– *tortuosa* (J. Forbes) Britton et Rose = Eriocereus tortuosus

× **Hartara** hort. 1965 -f- *Orchidaceae* · (*Broughtonia* × *Laelia* × *Sophronitis*)

Hartia Dunn = Stewartia
– *sinensis* Dunn = Stewartia

pteropetiolata

Hartmannia Spach = Oenothera
– *rosea* (L'Hér. ex Aiton) G. Don = Oenothera rosea
– *speciosa* (Nutt.) Small = Oenothera speciosa

Harungana Lam. 1796 -f- *Clusiaceae* · (S. 420)
– **madagascariensis** Lam. ex Poir. 1796 · ♄ ⓦ ⚹ Ⓝ; trop. Afr., Madag., Mauritius

Hasseanthus Rose = Dudleya
– *variegatus* (S. Watson) Rose = Dudleya variegata

Hatiora Britton et Rose 1915 -f- *Cactaceae* · (S. 356)
– *clavata* (F.A.C. Weber) Moran = Rhipsalis clavata
– *gaertneri* (Regel) Barthlott = Rhipsalidopsis gaertneri
– × *graeseri* (Werderm.) Barthlott = Rhipsalidopsis × graeseri
– *rosea* (Lagerh.) Barthlott = Rhipsalidopsis rosea
– **salicornioides** (Haw.) Britton et Rose 1915 · ♄ ψ Z9 ⓦ ▽ ✻; SE-Bras.

× **Hawaiiara** hort. 1959 -f- *Orchidaceae* · (*Renanthera* × *Vanda* × *Vandopsis*)

Haworthia · (S. 905)
– **angustifolia** Haw. · ⚃ ψ Z9 ⓚ; S-Afr.
– **arachnoidea** (L.) Duval · ⚃ ψ Z9 ⓚ; S-Afr.
– *aspera* (Haw.) Haw. = Haworthia
– *asperiuscula* Haw. = Haworthia viscosa
– *asperula* Haw. = Haworthia
– **attenuata** (Haw.) Haw. 1812
– var. **attenuata** · ψ Z9 ⓚ; S-Afr. (Cape Prov.)
– var. *caespitosa* (A. Berger) R.S. Farden 1939 = Haworthia attenuata var. attenuata
– var. *clariperla* (Haw.) Baker 1880 = Haworthia attenuata var. attenuata
– var. **radula** (Jacq.) M.B. Bayer 1999 · ⚃ ψ Z9 ⓚ; Kap
– *batesiana* Uitewaal = Haworthia marumiana var. batesiana
– **chloracantha** Haw. 1821 · ⚃ ψ Z9 ⓚ; Kap
– **coarctata** Haw. · ψ Z9 ⓚ; S-Afr. (Cape Prov.)
– **cooperi** Baker 1870

- var. **cooperi** · ⚥ Z9 ⓚ; S-Afr. (Cape Prov.)
- var. **leightonii** (G.G. Sm.) M.B. Bayer 1976 · ⚥ ⓚ; S-Afr. (Cape Prov.)
- var. **pilifera** (Baker) M.B. Bayer 1999
- × **cuspidata** Haw. 1819 (*H. cymbiformis* var. *cymbiformis* × *H. retusa*) · ⚃ ⚥ Z9 ⓚ; SE-Kap
- **cymbiformis** (Haw.) Duval 1809
- var. **cymbiformis** · ⚃ ⚥ Z9 ⓚ; S-Afr.
- var. **obtusa** (Haw.) Baker 1880 · ⚥ ⓚ; S-Afr. (Cape Prov.)
- var. *umbraticola* (Poelln.) M.B. Bayer 1976 = Haworthia cymbiformis var. obtusa
- *divergens* M.B. Bayer = Haworthia monticola
- *eilyae* Poelln. = Haworthia glauca
- **emelyae** Poelln. 1937 · ⚥ Z9 ⓚ; S-Afr. (Cape Prov.)
- **fasciata** (Willd.) Haw. 1821 · ⚥ Z8 ⓚ; S-Afr. (Cape Prov.)
- *fasciata* hort. = Haworthia attenuata var. attenuata
- *foliolosa* (Haw.) Haw. = Astroloba foliolosa
- *fulva* G.G. Sm. = Haworthia coarctata
- **glabrata** (Salm-Dyck) Baker 1880 · ⚃ ⚥ Z9 ⓚ; S-Afr.
- **glauca** Baker 1880 · ⚥ Z9 ⓚ; S-Afr. (Cape Prov., Orange Free State)
- var. **glauca**
- var. **herrei** (Poelln.) M.B. Bayer 1976 · ⚥ Z9 ⓚ; S-Afr. (Cape Prov.)
- **gracilis** Poelln. 1929
- var. **tenera** (Poelln.) M.B. Bayer 1999
- *guttata* Uitewaal = Haworthia reticulata
- **herbacea** (Mill.) Stearn · ⚃ ⚥ Z9 ⓚ; Kap
- *laetevirens* Haw. = Haworthia turgida var. turgida
- *leightonii* = Haworthia cooperi var. leightonii
- **limifolia** Marloth 1910
- var. **limifolia** · ⚃ ⚥ Z9 ⓚ; S-Afr.: Natal, Transvaal, Swasiland
- var. **ubomboensis** (I. Verd.) G.G. Sm. 1950
- **longiana** Poelln. 1937 · ⚃ ⚥ Z9 ⓚ; Kap
- *margaritifera* Haw. = Haworthia pumila
- **marumiana** Uitewaal 1940 · ⚥ Z9 ⓚ; S-Afr. (Cape Prov.)
- var. *batesiana* (Uitewaal) M.B. Bayer 1999 · ⚥ Z9 ⓚ; S-Afr. (Cape Prov.)
- var. **marumiana**
- *maughanii* Poelln. = Haworthia truncata var. maughanii
- **mirabilis** (Haw.) Haw. 1812
- var. **mirabilis** · ⚃ ⚥ Z9 ⓚ; ? Kap
- var. **triebneriana** (Poelln.) M.B. Bayer 1999
- **monticola** Fourc. · ⚥ ⓚ; S-Afr. (Cape Prov.)
- **mucronata** Haw. 1819 · ⚃ ⚥ Z9 ⓚ; Kap
- *nitidula* Poelln. = Haworthia mirabilis var. triebneriana
- *obtusa* Haw. = Haworthia cymbiformis var. obtusa
- var. *pilifera* (Baker) Uitewaal 1948 = Haworthia cooperi var. pilifera
- *papillosa* Haw. = Haworthia herbacea
- **parksiana** Poelln. 1937 · ⚥ Z8 ⓚ; S-Afr. (Cape Prov.)
- *pellucens* Haw. = Haworthia herbacea
- *pentagona* Haw. = Astroloba spiralis
- *pilifera* Baker = Haworthia cooperi var. pilifera
- **pumila** (L.) Duval 1804 · ⚃ ⚥ Z9 ⓚ; S-Afr.: Kap
- **pygmaea** Poelln. 1919 · ⚃ ⚥ Z9 ⓚ
- *radula* (Jacq.) Haw. = Haworthia attenuata var. radula
- *recurva* Haw. = Haworthia venosa subsp. venosa
- **reinwardtii** (Salm-Dyck) Haw. · ⚃ ⚥ Z9 ⓚ; Kap
- **reticulata** (Haw.) Haw. · ⚃ ⚥ Z9 ⓚ; E-Kap
- **retusa** (L.) Duval 1809 · ⚃ ⚥ Z9 ⓚ; Kap
- × *revendettii* = Haworthia rigida
- × **rigida** (Lam.) Haw. 1821 (*H. glabrata* × *H.* × *tortuosa*) · ⚃ ⚥ Z9 ⓚ; S-Afr.
- *rugosa* (Salm-Dyck) Baker = Haworthia attenuata var. radula
- *ryderiana* Poelln. = Haworthia pumila
- *sampaiana* (Resende) Resende = Haworthia coarctata
- *spiralis* (L.) Duval = Astroloba spiralis
- *subattenuata* (Salm-Dyck) Baker = Haworthia pumila
- *subrigida* (Schult. et Schult. f.) Baker = Haworthia viscosa
- *tenera* Poelln. = Haworthia gracilis var. tenera
- *tesselata* Haw. = Haworthia venosa subsp. tessellata
- × **tortuosa** (Haw.) Haw. 1812 (*H. nigra* ×) · ⚃ ⚥ Z9 ⓚ; orig. ?
- *translucens* (Willd.) Haw. = Haworthia herbacea
- subsp. *tenera* (Poelln.) M.B. Bayer 1976 = Haworthia gracilis var. tenera
- **truncata** Schönland 1910
- var. **maughanii** (Poelln.) Halda 1997
- var. **truncata** · ⚃ ⚥ Z9 ⓚ; Kap
- **turgida** Haw. 1819
- var. **suberecta** Poelln. 1938 · ⚥ ⓚ; S-Afr. (Cape Prov.)
- var. **turgida** · ⚃ ⚥ Z9 ⓚ; Kap
- **ubomboensis** I. Verd. 1941
- **variegata** L. Bolus
- **venosa** (Lam.) Haw. 1821
- subsp. *recurva* (Haw.) M.B. Bayer 1976 = Haworthia venosa subsp. venosa
- subsp. **tessellata** (Haw.) M.B. Bayer 1982 Z9 ⓚ; S-Afr.: Kap, Orange Free State; Namibia
- subsp. **venosa** · ⚃ ⚥ Z9 ⓚ; Kap, Namibia
- subsp. **woolleyi** (Poelln.) Halda 1997 · ⚥ Z8 ⓚ; S-Afr. (Cape Prov.: Steythersilla Distr.)
- **viscosa** (L.) Haw. 1812 · ⚃ ⚥ Z9 ⓚ; Kap
- *vittata* Baker = Haworthia cooperi var. cooperi
- *woolleyi* Poelln. = Haworthia venosa subsp. woolleyi

Hebe Comm. ex Juss. 1789 -f- *Scrophulariaceae* · (S. 827) D:Strauchehrenpreis, Strauchveronika; E:Hedge Veronica; F:Hébé, Véronique arbustive
- **albicans** (Petrie) Cockayne 1929 · ♄ e Z8 ⓚ; NZ [28185]
  'Pink Elephant'
  'Red Hedge'
- **allanii** Cockayne 1926 · ♄ e Z8 ⓚ; NZ
- × **andersonii** (Lindl. et Paxton) Cockayne 1929 (*H. salicifolia* × *H. speciosa*) · ♄ e Z9 ⓚ; cult.
  'Variegata' [24235]
- *anomala* (J.B. Armstr.) Cockayne = Hebe odora
- **armstrongii** (J.B. Armstr.) Cockayne et Allan 1927 · ♄ e Z7 V-VI; NZ
- **balfouriana** (Hook. f.) Cockayne 1929 · ♄ e Z7 ⓚ ∧ VI-VII; NZ
- **benthamii** (Hook. f.) Cockayne et Allan 1927 · ♄ e Z8 ⓚ; NZ
- **brachysiphon** Summerh. 1927 · ♄ e Z8 ⓚ ∧; NZ [33754]
- **buchananii** (Hook. f.) Cockayne et Allan 1927 · F:Véronique

arbustive · ♃ e Z8 ⓚ VI-VII; NZ [33751]
'Minor' [24171]
- **buxifolia** (Benth.) Cockayne et Allan 1927 · D:Buchsblättriger Strauchehrenpreis; F:Véronique arbustive · ♃ e Z8 ⓚ ∧ VI-VII; NZ [38482]
'Nana' [42723]
- **canterburiensis** (J.B. Armstr.) L.B. Moore 1961 · ♃ e Z9 ⓚ; NZ [24166]
- **carnosula** (Hook. f.) Cockayne et Allan 1929 · ♃ e Z6 VI-VIII; NZ [33752]
- *catarractae* G. Forst. = Parahebe catarractae
- **chathamica** (Buchanan) Cockayne et Allan 1927 · ♃ e Z8 ⓚ; NZ (Chatham Is.) [24167]
- **cockayniana** (Cheeseman) Cockayne et Allan 1927 · ♃ e Z8 ⓚ; NZ
- **colensoi** (Hook. f.) Cockayne 1929 · ♃ e Z8 ⓚ; NZ [24169]
- **cupressoides** (Hook. f.) Andersen 1926 · D:Zypressen-Strauchehrenpreis · ♃ e Z8 ⓚ ∧ VI; NZ [15751]
'Nana' [24174]
- **decumbens** (J.B. Armstr.) Cockayne et Allan 1927 · ♃ e Z5 ⓚ; NZ (S-Is.) [24177]
- **diosmifolia** (R. Cunn. ex A. Cunn.) Cockayne et Allan 1927 · ♃ e Z8 ⓚ ⎕ IV-V; NZ [24178]
- **elliptica** (G. Forst.) Pennell 1921 · ♃ e Z8 ⓚ VI-VII; NZ, S-Chile, Falkland [24205]
- **epacridea** (Hook. f.) Cockayne et Allan 1926 · ♃ e ⤳ Z7 ⓐ ∧ VII; NZ [24207]
- × **franciscana** (Eastw.) Souster 1956 (*H. elliptica* × *H. speciosa*) · ♃ e Z8 ⓚ; cult. [24208]
'Blue Gem' c. 1868 [24209]
'Variegata' [24211]
- *glaucocaerulea* (J.B. Armstr.) Cockayne = Hebe pimeleoides var. glaucocaerulea
- **glaucophylla** (Cockayne) Cockayne 1929 · ♃ e Z7; NZ [24212]
- **haastii** (Hook. f.) Cockayne et Allan 1927 · ♃ e ⤳ Z7 ⓐ ∧; NZ [24213]
- **hectorii** (Hook. f.) Cockayne et Allan 1927 · D:Hektors Strauchehrenpreis · ♃ e Z8 ⓚ ∧ VII-VIII; NZ
- **hulkeana** (F. Muell.) Cockayne et Allan 1927 · E:New Zealand Lilac · ♃ e Z9 ⓚ V-VI; NZ [30558]
- **insularis** (Cheeseman) Cockayne

et Allan 1927 · ♃ e Z8 ⓚ; NZ (Three Kings Is.)
- **leiophylla** (Cheeseman) Cockayne et Allan 1927 · ♃ e Z7; NZ [24215]
- **lycopodioides** (Hook. f.) Cockayne et Allan 1927 · ♃ e Z7 ⓐ ∧ VI; NZ
- **macrantha** (Hook. f.) Cockayne et Allan 1927 · ♃ e Z6 ⓚ; NZ (S-Is.) [24216]
- **ochracea** Ashwin 1961 · ♃ e △ Z7 V-VI; NZ [17990]
'Armstrongii'
'James Stirling' [32034]
- **odora** (Hook. f.) Cockayne 1929 · ♃ e Z7; NZ [24218]
'Anomala' · e Z7 ∧ VI-VII [24222]
- **parviflora** (Vahl) Cockayne et Allan 1927
 - var. **parviflora** · E:Kokomura Taranga · Z7; NZ
 - var. **angustifolia** (Hook. f.) L.B. Moore 1961 · ♃ e Z7; NZ
- **pauciflora** G. Simpson et J.S. Thomson 1943 · ♃ e Z7; NZ
- **pauciramosa** (Cockayne et Allan) L.B. Moore 1961 · ♃ e ⓚ; NZ
- **pimeleoides** (Hook. f.) Cockayne et Allan 1927 [24223]
 - var. **glaucocaerulea** (J.B. Armstr.) Cockayne et Allan 1927 · ♃ Z8 ⓐ ∧ VII-VIII; NZ [12854]
 - var. **pimeleoides** · ♃ e ⤳ Z7 VII-VIII; NZ
- **pinguifolia** (Hook. f.) Cockayne et Allan 1927 · D:Fettblättriger Strauchehrenpreis; F:Véronique arbustive · ♃ e Z7 V-VII; NZ [47450]
'Pagei' [24225]
'Sutherlandii' [24227]
- **poppelwellii** (Cockayne) Cockayne et Allan 1927 · ♃ e ⓚ; NZ
- **propinqua** (Cheeseman) Cockayne et Allan 1927 · ♃ e Z7; NZ
- **rakaiensis** (J.B. Armstr.) Cockayne 1929 · ♃ e Z7; NZ [24228]
- **ramosissima** G. Simpson et J.S. Thomson 1942 · ♃ e Z8 ⓚ; NZ (S-Is.)
- **recurva** G. Simpson et J.S. Thomson 1940 · ♃ e ⓚ; NZ [24229]
- **rigidula** (Cheeseman) Cockayne et Allan 1926 · ♃ e Z8 ⓚ; NZ (S-Is.) [24232]
- **salicifolia** (G. Forst.) Pennell 1921 · ♃ e Z8 ⓚ VI-VII; NZ

[24233]
- **salicornioides** (Hook. f.) Cockayne et Allan 1927 · ♃ e ⓚ; NZ
- **speciosa** (A. Cunn.) Cockayne et Allan 1927 · ♃ e Z8 ⓚ IX-X; NZ [24234]
- **stricta** (Banks et Sol.) L.B. Moore 1961
 - var. **stricta** · ♃ Z9; NZ
 - var. **macroura** (Benth.) L.B. Moore 1961 · ♃ e Z9 ⓚ; NZ
- **subalpina** (Cockayne) Cockayne et Allan 1927 · ♃ e Z7 ⓐ ∧ VI; NZ [24236]
- **subsimilis** (Colenso) Ashwin 1961 · ♃ e ⓚ; NZ [24237]
- **topiaria** L.B. Moore 1961 · ♃ e Z8 ⓚ; NZ (S-Is.) [14191]
- **townsonii** (Cheeseman) Cockayne et Allan 1927 · ♃ e Z8 ⓚ; NZ [24243]
- **traversii** (Hook. f.) Cockayne et Allan 1927 · D:Travers Strauchehrenpreis · ♃ e Z8 ⓐ ∧ VI-VIII; NZ [24242]
- **tumida** (Kirk) Cockayne et Allan 1927 · ♃ e Z7; NZ
- **venustula** (Colenso) L.B. Moore 1961 · ♃ e Z9 ⓚ; NZ
- **vernicosa** (Hook. f.) Cockayne et Allan 1927 · ♃ e Z7 ⓐ ∧ VII-VIII; NZ [24244]
- **in vielen Sorten:**
'Amy' St Anne's Gardens [42541]
'Autumn Glory' 1900 [24069]
'Baby Marie' County Park Nurs. [24071]
'Boughton Dome' [24176]
'Emerald Green' McKean 1970
'Great Orme' [24088]
'Green Globe' [33680]
'Loganioides' · e ⤳ Z7 ∧ VI-VII [24108]
'Midsummer Beauty' Cheals c. 1945 [24116]
'Mrs Winder'
'Pewter Dome' [24126]
'Quicksilver' [16222]
'Red Edge' [14157]
'Youngii' Christchurch Bot. Gard. [24158]

Hebeclinium DC. 1836 -n-
Asteraceae
- *atrorubens* Lem. = Bartlettina sordida
- *ianthinum* Hook. = Bartlettina sordida
- **macrophyllum** (L.) DC. 1836 · ♃ Z10 III-V; Lat.-Am.
- *megalophyllum* Lem. = Bartlettina sordida

Hebenstreitia L. = Hebenstretia

Hebenstretia L. 1753 -f-

Scrophulariaceae · (S. 828)
- **comosa** Hochst. 1845 · ⊙ ♃ Z10 VII-IX; Malawi, Zimbabwe, S-Afr.: Natal, Transvaal
- **dentata** L. 1753 · ⊙ Z10 VII-IX; Kap

Hechtia Klotzsch 1835 -f- *Bromeliaceae* · (S. 974)
- **argentea** Baker 1884 · ♃ Z9 ⓚ; Mex.
- *desmetiana* (Baker) Mez = Hechtia rosea
- **glomerata** Zucc. 1843 · ♃ Z9 ⓚ; Mex.
- **marnier-lapostollei** L.B. Sm. 1961 · ♃ Z9 ⓚ; Mex.
- *pitcairniifolia* B. Verl. = Ochagavia litoralis
- **rosea** E. Morren ex Baker 1889 · ♃ Z9 ⓚ; Mex.
- **schottii** Baker 1884 · ♃ Z9 ⓚ; Mex.
- **texensis** S. Watson 1885 · ♃ Z9 ⓚ; Tex.
- **tillandsioides** (André) L.B. Sm. 1951 · ♃ Z9 ⓦ; Mex. (Hidalgo, Vera Cruz, México)

Hedeoma Pers. 1806 -f- *Lamiaceae* · (S. 582)
- **pulegioides** (L.) Pers. 1806 · E:American Pennyroyal · ⊙ VII-VIII ⚥ ⚘; Can.: E; USA: NE, NCE, NC, SE, Fla.

Hedera L. 1753 -f- *Araliaceae* · (S. 199) D:Efeu; E:Ivy; F:Lierre
- **algeriensis** Hibberd 1864 · D:Algerischer Efeu; E:Algerian Ivy · ♄ e ⚥ Z8 ⓚ ⚘ [24249]
- **azorica** Carrière 1890 · ʃ e Z8 ⓚ; Azor. [24248]
- *canariensis* hort. = Hedera algeriensis
- **canariensis** Willd. 1808 · D:Kanarischer Efeu; E:Canary Island Ivy · ♄ e ⚥ Z8 ⓚ VIII-X ⚘; Eur.: P, Azor., Canar., Madeira; NW-Afr.
  - 'Azorica' = Hedera azorica
  - 'Gloire de Marengo' [32469]
  - 'Montgomery' [24246]
- **colchica** (K. Koch) K. Koch 1859 · D:Kolchischer Efeu; E:Colchis Ivy; F:Lierre de Perse, Lierre du Caucase · ♄ e ⚥ Z7 ∧ ⚘; N-TR, Cauc., nat. in F, Krim [37633]
  - 'Arborescens' [18000]
  - 'Aureovariegata' [33098]
  - 'Dentata' [32117]
  - 'Dentata Variegata' [32119]
  - 'Sulphur Heart' 1920 [32506]
- **helix** L. 1753 · D:Gewöhnlicher Efeu; E:Common Ivy, English Ivy, Ivy; F:Lierre grimpant · ʃ e ⚥ ↝ Z5 IX-XI ⚥ ⚘; Eur.*, TR, Levante, nat. in USA [44318]
  - 'Adam' [24261]
  - 'Arborescens' [18010]
  - 'Baltica' 1907 [44319]
  - 'Buttercup' T. Smith 1925 [34084]
  - 'Conglomerata' 1871 [18020]
  - 'Duckfoot' Ballas & Tillender 1796 [39520]
  - 'Glacier' Weber Nurs. c. 1943 [17542]
  - 'Goldchild' [18311]
  - 'Green Ripple' L. Hahn 1939 [41604]
  - *'Hibernica'* = Hedera hibernica
  - 'Ivalace' c. 1958 [32510]
  - 'Königers Auslese' Königer 1935 [18040]
  - 'Kolibri' [20458]
  - 'Little Diamond' c. 1960 [42566]
  - 'Maple Queen' S. Hahn 1940 [10180]
  - 'Minor Marmorata' Paul 1867 [39884]
  - 'Needlepoint' [26102]
  - 'Oro di Bogliasco' 1950 [47005]
  - 'Parsley Crested' c. 1956 [16108]
  - 'Pedata' J. & J. Fraser 1863 [36874]
  - 'Pin Oak' H. Faust 1941 [47200]
  - 'Plattensee' 1987 [41076]
  - fo. poetarum 1993 (Nyman) McAllister et A. Rutherf. · ♄ e ⚥ ∧ IX-X ⚘; Eur.: Gr; TR, Cauc., nat. in sp., F, I, NW-Afr., Egypt [27238]
  - 'Shamrock' 1954 [32300]
  - 'Spetchley' c. 1962 [39897]
  - 'Sulphurea' 1872 [24349]
  - 'Tricolor' Paul 1867 [24354]
  - 'Variegata' [43068]
  - 'Woerneri' 1956 [12859]
  - 'Zorgvlied' < 1980 [17358]
  - var. *hibernica* G. Kirchn. 1864 = Hedera hibernica
- **hibernica** (G. Kirchn.) Carrière 1890 · D:Irischer Efeu; E:Atlantic Ivy, Irish Ivy; F:Lierre d'Irlande · ♄ e ⚥ Z7 IX-X ⚘; SW-IRL [16902]
  - 'Deltoidea' Hibberd 1872
  - 'Variegata' 1859
- *himalaica* Tobler = Hedera nepalensis
- *japonica* Paul = Hedera rhombea
- **nepalensis** K. Koch 1853 · D:Himalaya-Efeu; E:Himalayan Ivy · ♄ e ⚥ Z8 ∧ ⚘; Him. [24254]
  - var. *sinensis* (Tobler) Rehder 1923 = Hedera sinensis
- **pastuchovii** Woronow 1932 · D:Persischer Efeu; E:Persian Ivy · ♄ e ⚥ Z7 ∧ ⚘; Iran, E-Cauc. [24256]
- **rhombea** Siebold et Zucc. ex Bean · D:Japanischer Efeu; E:Japanese Ivy · ♄ e ⚥ Z7 ∧ ⚘; Jap., Riukiu-Is.
- **sinensis** (Tobler) Hand.-Mazz. · ʃ e Z8 ⓚ; E-Him., SW-China, Vietn. [24255]

Hedychium J. König 1783 -n- *Zingiberaceae* · (S. 1148) D:Kranzblume, Schmetterlingsingwer; E:Garland Lily, Ginger Lily; F:Hédychium
- *angustifolium* Roxb. = Hedychium coccineum var. angustifolium
- *aurantiacum* Wall. ex Roscoe = Hedychium coccineum var. aurantiacum
- *carneum* Roscoe = Hedychium coccineum var. coccineum
- *chrysoleucum* Hook. = Hedychium coronarium
- **coccineum** Buch.-Ham. 1811
  - var. **angustifolium** (Roxb.) Baker 1892 · ♃ Z9 ⓦ; Him.
  - var. **aurantiacum** (Roxb.) Baker 1892 · ♃ Z9 ⓦ; Him.
  - var. **coccineum** · D:Roter Schmetterlingsingwer; E:Scarlet Ginger Lily · ♃ Z9 ⓦ; Him.
- **coronarium** J. König 1892 · ♃ D Z9 ⓦ VIII; Ind. [11179]
  - var. *chrysoleucum* (Hook. f.) Baker 1892 = Hedychium coronarium
  - var. **coronarium** · D:Weißer Schmetterlingsingwer; E:Butterfly Lily, White Ginger Lily · ♃ D Z9 ⓦ IV-V; Him., Ind., Sri Lanka, Malay. Arch.
  - var. **maximum** (Roscoe) Baker 1890 · ♃ D Z9 ⓦ IV-V; Ind.
- **densiflorum** Wall. 1853 · ♃ Z8 ⓚ; Him., Assam, C-China, Tibet
- **ellipticum** Buch.-Ham. ex Sm. 1811 · ♃ Z10; Him. (Ind.: Uttar Pradesh - Bhutan), Assam, Myanm., Vietn.
- **flavescens** Carey ex Roscoe 1825 · ♃ Z10 ⓦ; E-Him., Assam, W-China, Vietn.
- **flavum** Roxb. 1820 · ♃ Z9 ⓦ IV-V; Him. [11184]
- **forrestii** Diels 1912 · ♃ Z9 ⓚ; China, Indochina
- **gardnerianum** Sheppard ex Ker-Gawl. 1824 · D:Himalaya-Schmetterlingsingwer; E:Kahila Ginger Lily · ♃ D Z8 ⓦ ⓚ VIII-IX; Nepal, Sikkim, E-Him. [11183]
- **greenei** W.W. Sm. 1911 · ♃ Z10; E-Him., Assam
- **horsfieldii** R. Br. ex Wall. 1853 · ♃ ⚭ Z10 ⓦ; Java
- *maximum* Roscoe = Hedychium coronarium var. maximum
- **speciosum** Wall. 1820 · ♃ D Z9 ⓦ VIII; Him.

- **spicatum** Sm. 1811 · D:Ähriger Schmetterlingsingwer; E:Ginger Lily · ⚃ Z9 ⓦ X; Him.
- **thyrsiforme** Sm. 1811 · ⚃ Z9; Him., Assam, Bangladesh, Myanmar
- **villosum** Wall. 1820 · ⚃; Him., Assam, Indochina, Malay.Pen., China

Hedyotis L. 1753 -f- *Rubiaceae* · D:Ohrkraut; E:Bluets; F:Bleuet d'Amérique
- *serpyllifolia* (Michx.) Torr. et A. Gray = Houstonia serpyllifolia

Hedysarum L. 1753 -n- *Fabaceae* · (S. 512) D:Hahnenkopf, Süßklee; F:Hédysarum
- **boutignyanum** Alleiz. 1928 · ⚃; F (SW-Alp.)
- **coronarium** L. 1753 · D:Hahnenkopf, Italienischer Süßklee; E:French Honeysuckle · ⊙ ⚃ Z8 ⓚ V-VII ⓝ; Eur.: Ib, Ap, nat. in Fr, Ba
- **hedysaroides** (L.) Schinz et Thell. 1913 · D:Alpen-Süßklee; E:Alpine Sainfoin · ⚃ △ Z4 VII-VIII; Eur.: Fr, C-Eur., EC-Eur., Ba, E-Eur., Ap; TR, Cauc.; mts.; W-Sib., E-Sib., Amur, Sachal., Kamchat., C-As., China, Alaska
- **multijugum** Maxim. 1881 · D:Mongolischer Süßklee · ♄ d Z6 VI-IX; Mong. [33220]
- *obscurum* L. = Hedysarum hedysaroides
- *striatum* Thunb. ex Murray = Kummerowia striata

Hedyscepe H. Wendl. et Drude 1875 -f- *Arecaceae* · (S. 950) D:Schirmpalme; E:Umbrella Palm
- **canterburyana** (C. Moore et F. Muell.) H. Wendl. et Drude 1875 · D:Schirmpalme; E:Umbrella Palm · ♄ e Z9 ⓦ ⓚ; Lord Howe Is.

Heeria Schltdl. = Heterocentron
- *elegans* Schltdl. = Heterocentron elegans
- *rosea* (A. Braun et C.D. Bouché) Triana = Heterocentron macrostachyum

Heimerliodendron Skottsb. = Pisonia
- *brunonianum* (Endl.) Skottsb. = Pisonia umbellifera

Heimia Link et Otto 1822 Lythraceae · (S. 608)
- **salicifolia** (Humb., Bonpl. et Kunth) Link 1822 · ♄ d Z8 ⓚ; Tex., Mex., C-Am., Jamaica, S-Am.

Helcia Lindl. 1845 -f- *Orchidaceae* · (S. 1068)
- **sanguinolenta** Lindl. 1845 · ⚃ ⓚ I-II ▽ ✳; Col., Ecuad.

Helenium L. 1853 -f- *Asteraceae* · (S. 248) D:Sonnenbraut; E:Helen's Flower, Sneezeweed; F:Hélénie
- **amarum** (Raf.) H. Rock 1957 · ⊙ Z3; USA: Va., SE, Fla, Mo., Kans., SC
- **autumnale** L. 1753 · D:Gewöhnliche Sonnenbraut; E:Common Sneezeweed, Sneezeweed · ⚃ ⋈ Z3 VIII-IX; Can., USA* [64111]
- **bigelovii** A. Gray 1857 · D:Bigelows Sonnenbraut; E:Bigelow's Sneezeweed · ⚃ Z7 VI-VII; USA: Oreg., Calif. [64114]
  'Superbum' = Helenium bigelovii 'The Bishop'
  'The Bishop' [64115]
- **bolanderi** A. Gray 1868 · ⚃ Z7 VI-VIII; NE-Calif.
- **flexuosum** Raf. 1838 · D:Purpur-Sonnenbraut; E:Purple Head Sneezeweed · ⚃ Z4 VII-X; USA: SE, SC, Ky., Mo., Kans. [71989]
- *grandiflorum* Nutt. = Helenium autumnale
- **hoopesii** A. Gray 1864 · D:Hoopes Sonnenbraut; E:Orange Sneezeweed; F:Hélénium de Hoopes · ⚃ Z3 V-VI; USA: Rocky Mts., Oreg., Calif., SW [64116]
- *nudiflorum* Nutt. = Helenium flexuosum
- **in vielen Sorten:**
  'Baudirektor Linne' Hahn, Deutschmann [64120]
  'Butterpat' [70175]
  'Dunkle Pracht' [64121]
  'Feuersiegel' [64122]
  'Flammenrad' Foerster 1951 [64123]
  'Goldlackzwerg' [64125]
  'Goldrausch' Foerster 1942 [64126]
  'Kanaria' Foerster 1949 [64128]
  'Königstiger' Foerster 1964 [64133]
  'Kupferzwerg' [64132]
  'Moerheim Beauty' Ruys Moerheim Nurs. 1930 [64135]
  'Pumilum Magnificum' [64112]
  'Rubinkuppel' [71635]
  'Rubinzwerg' zur Linden 1989 [64137]
  'Sonnenwunder' [64138]
  'Waltraud' Deutschmann 1947 [64140]
  'Wesergold' [64141]
  'Wyndley' [70891]
  'Zimbelstern' Foerster 1956 [64143]

Heliabravoa Backeb. 1956 -f- *Cactaceae* · (S. 356)
- **chende** (Rol.-Goss.) Backeb. 1956 · ♄ ⚃ Z9 ⓚ ▽ ✳; S-Mex.

Heliamphora Benth. 1840 -f- *Sarraceniaceae* · (S. 809) D:Sonnenkrug, Sumpfkrug; E:Sun Pitcher; F:Héliamphora
- **heterodoxa** Steyerm. 1951 · ⚃ Z9 ⓦ; Venez.
- **ionasii** Maguire 1978 · D:Venezuela-Sonnenkrug · ⚃ Z10 ⓦ; Venez. (Ilu Tepui)
- **minor** Gleason 1939 · D:Kleiner Sonnenkrug · ⚃ Z9 ⓦ; Venez.
- **nutans** Benth. 1840 · D:Nickender Sonnenkrug · ⚃ Z9 ⓦ; Guyana (Mt. Roraima)
- **tatei** Gleason 1931 · D:Savannen-Sumpfkrug

Helianthella Torr. et A. Gray 1841 -f- *Asteraceae* · (S. 248) D:Zwergsonnenblume; F:HéliantheIle, Petit soleil
- **parryi** A. Gray 1864 · D:Parrys Zwergsonnenblume · ⚃; USA: Colo., SW., Wyom.; mts.
- **quinquenervis** (Hook.) A. Gray 1884 · D:Nickende Zwergsonnenblume; E:Nodding Dwarf Sunflower · ⚃ Z4 VI-IX; USA: NW, Rocky Mts., NC, SW
- **uniflora** (Nutt.) Torr. et A. Gray 1841 · D:Einblütige Zwergsonnenblume · ⚃ Z3; Can.: B.C.; USA: NW, Rocky Mts., N.Mex.

Helianthemum Mill. 1754 -n- *Cistaceae* · (S. 418) D:Sonnenröschen; E:Rock Rose, Sun Rose; F:Hélianthème
- *alpestre* (Jacq.) DC. = Helianthemum oelandicum subsp. alpestre
- **apenninum** (L.) Mill. 1768 [64144]
  - var. **apenninum** · D:Apenninen-Sonnenröschen; F:Hélianthème blanc · ♄ △ Z6 V-VII ▽; Eur.: Ib, Fr, Ap, Ba, BrI, C-Eur.
  - var. **roseum** (Jacq.) C.K. Schneid. 1925 Z5 ▽; NW-I [64146]
- **canum** (L.) Baumg. 1816 · D:Graues Sonnenröschen · ♄ △ Z6 V-VII ▽; Eur.*, TR, Cauc., Maroc., Alger. [64147]
- *chamaecistus* Mill. =

Helianthemum nummularium subsp. nummularium
- *fumana* (L.) Mill. = Fumana procumbens
- *italicum* (L.) Pers. = Helianthemum oelandicum subsp. italicum
  - subsp. *alpestre* (Jacq.) E.P. Perrier 1917 = Helianthemum oelandicum subsp. alpestre
  - subsp. *rupifragum* (A. Kern.) Hayek 1925 = Helianthemum oelandicum subsp. rupifragum
- *lasianthum* (Lam.) Pers. = Halimium lasianthum subsp. lasianthum
- **lippii** Pers. 1806
- **lunulatum** (All.) DC. 1805 · F:Héliantème à lunules · ♄ e △ ⋀ VI-VII; Eur.: I (Alpes Maritimes) [64187]
- **macedonicum** hort. · ♄; cult. [64188]
- **mutabile** · ♄ e; cult.
- **nummularium** (L.) Mill. non Grosser 1768 · D:Gewöhnliches Sonnenröschen · [64189]
  - subsp. **glabrum** (W.D.J. Koch) Wilczek 1922 · D:Kahles Sonnenröschen · ♄ e Z5 VI-IX; Eur.: Alp., Apenn., Carp., Balkan, Cauc.
  - subsp. **grandiflorum** (Scop.) Schinz et Thell. 1909 · D:Großblütiges Sonnenröschen · ♄ e Z5 VI-IX; Eur., mts.
  - subsp. **nummularium** · D:Zweifarbiges Sonnenröschen; E:Rock Rose; F:Héliantème nummulaire · ♄ e △ Z5 VI-X; Eur.*, Cauc., TR, Syr.
  - subsp. **obscurum** (Čelak.) Holub 1964 · D:Ovalblättriges Sonnenröschen · ♄ e Z5 V-IX; Eur. exc. BrI, TR
  - subsp. **tomentosum** (Scop.) Schinz et Thell. 1909 · D:Filziges Sonnenröschen · ♄; Eur.: Pyr., S-Alp., Apenn., Carp., Balkan; TR, Cauc., Atlas
- **oelandicum** (L.) DC. 1805
  - subsp. **alpestre** (Jacq.) Breistr. 1947 · D:Alpen-Sonnenröschen · ♄ e Z5 VI-VIII; Eur.: Pyr., Alp., Apenn., Carp., Balkan; TR (Bithyn. Olymp)
  - subsp. **italicum** (L.) Font Quer et Rothm. 1934 · D:Italienisches Sonnenröschen · Z6; Eur.: sp., F, I, Croatia, Montenegro
  - subsp. **oelandicum** · ♄ e △ Z6 V-VI; Eur.: Sc(Öland)
  - subsp. **rupifragum** (A. Kern.) Breistr. 1947 Z6; Eur.: EC-Eur., Ba, RO, E-Eur.
- **pilosum** (L.) Pers. 1806 · ♄ e Z8 ⌂; Eur.: Ib, F, I ; NW-Afr., Libya
- *polifolium* (L.) Mill. = Helianthemum apenninum var. apenninum
- *procumbens* Dunal = Fumana procumbens
- *rhodanthum* Dunal = Helianthemum apenninum var. roseum
- *rupifragum* A. Kern. = Helianthemum oelandicum subsp. rupifragum
- **salicifolium** (L.) Mill. 1768 · D:Weidenblättriges Sonnenröschen · ⊙ IV-V; Eur.: Ib, Fr, CH, Ap, Ba, RO, Krim; TR, Levante, Arab., Cauc., Iran, N-Afr.
- **scardicum** hort. · ♄; cult. [64191]
- *tomentosum* (Scop.) Gray = Helianthemum nummularium subsp. tomentosum
- *umbellatum* (L.) Mill. = Halimium umbellatum
- *vulgare* Gaertn. = Helianthemum nummularium subsp. nummularium
- **in vielen Sorten:**
  'Amabile Plenum'
  'Amy Baring' [64152]
  'Annabell' [69220]
  'Ben Fhada'
  'Ben Heckla'
  'Ben Hope' [69866]
  'Ben Nevis'
  'Bronzeteppich' [64157]
  'Cerise Queen' [64158]
  'Dompfaff' Marx [64160]
  'Elfenbeinglanz' [64163]
  'Fire Dragon' [64165]
  'Gelbe Perle' [64167]
  'Golden Queen' [64169]
  'Henfield Brilliant' [64171]
  'Lawrenson's Pink' [64172]
  'Mrs C.W. Earle'
  'Pink Double' [64174]
  'Raspberry Ripples' [64177]
  'Rhodanthe Carneum'
  'Rubin' [69219]
  'Sterntaler' [64183]
  'Supreme' [64184]
  'The Bride'
  'Wisley Pink' [64185]
  'Wisley Primrose' [64186]

Helianthocereus Backeb. = Trichocereus
- *pasacanus* (F.A.C. Weber) Backeb. = Trichocereus pasacana

Helianthus L. 1753 -m- *Asteraceae* · (S. 248) D:Sonnenblume; E:Sunflower; F:Soleil
- **angustifolius** L. 1753 · D:Sumpf-Sonnenblume; E:Native Sunflower, Swamp Sunflower · ⊙ ⚃ VIII-X; USA: NE, NCE, SE, SC
- **annuus** L. 1753 · D:Gewöhnliche Sonnenblume; E:Common Sunflower · ⊙ VIII-X ⚥ ⓝ; USA: NCE, NC, Rocky Mts., NW, Calif.; N-Mex., nat. in Eur. [16742]
  'Floristan'
  'Giganteus' [71512]
  'Italian White'
  'Mammouth Russian'
  'Pacino'
  'Sunspot'
  'Teddy Bear'
- **argophyllus** Torr. et A. Gray 1841 · ⊙ VIII-X; Tex.
- **atrorubens** L. 1753 · D:Geäugte Sonnenblume; E:Dark-eye Sunflower, Purple Disk Sunflower; F:Soleil vivace · ⚃ Z7 VII-X; USA: SE, Fla., Va [64192]
  'Gullick's Variety'
  'Monarch' [64193]
- **debilis** Nutt. 1841 [16743]
  - subsp. **cucumerifolius** (Torr. et A. Gray) Heiser 1956 · D:Gurkenblättrige Sonnenblume; E:Cucumber-leaf Sunflower · ⊙ VII-IX; USA: SE, Fla., Tex.
  - subsp. **debilis** · D:Texas-Sonnenblume · ⊙; USA: SE, Fla., Tex.
- **decapetalus** L. 1753 · D:Stauden-Sonnenblume; E:Thin-leaved Sunflower · ⚃ Z5 VII-X; Can.: E; USA: NE, NCE, NC, SE [64194]
  'Capenoch Star' [64195]
  'Meteor' Arends [64196]
  'Soleil d'Or' [64199]
  'Triomphe de Gent' = Helianthus decapetalus 'Triumph von Gent'
  'Triumph von Gent' [64198]
- × **doronicoides** Lam. 1789 (*H. giganteus* × *H. mollis*) · ⚃ Z4; USA: NEC, NE, SC
- **giganteus** L. 1753 · D:Riesen-Sonnenblume; E:Giant Sunflower · ⚃ Z4 VIII-X; Can.; USA: NE, NCE, NC, Fla.
- × **kellermanii** (Britton) R.W. Long 1954 (*H. grosseserratus* × *H. salicifolius*) · ⚃
- × **laetiflorus** Pers. 1807 (*H. pauciflorus* × *H. tuberosus*) · D:Schönblumige Sonnenblume; E:Showy Sunflower · ⚃ Z4 IX-X; Alaska, Can., USA* exc. Calif., nat. in F, D, DK, H, Russ.
- **maximiliani** Schrad. 1835 · ⚃ Z4;

Can.; USA: NEC, SE, Tex., Calif., NC
- **microcephalus** Torr. et A. Gray 1842 · ♃ Z4 VIII-IX; USA: NE, NCE, SE, Fla. [64200]
- **mollis** Lam. 1803 · ♃ Z4 VII-IX; USA: NCE, SE, SC [70409]
- × **multiflorus** L. 1753 (*H. annuus* × *H. decapetalus*) · ♃ ⋈ Z5 VII-VIII; cult.
- **nuttallii** Torr. et A. Gray 1842 · D:Nuttalls Sonnenblume · ♃ Z5; Can.: Alta., Sask.; USA: Oreg., Calif., SW
- **occidentalis** Riddell 1836 · D:Wenigblättrige Sonnenblume · ♃ Z4; USA: NE, NEC, SE, Fla., Tex.
- **pauciflorus** Nutt. 1818 · D:Armblütige Sonnenblume; E:Pauciflorus · ♃ Z4 VII-IX; Can.: Ont.; USA: NCE, NC, Rocky Mts., SC, SE, SW [64202]
  'Miss Mellish' [64205]
- *rigidus* Rydb. = Helianthus pauciflorus
- **salicifolius** A. Dietr. 1834 · D:Weidenblättrige Sonnenblume; E:Sunflower; F:Soleil à feuilles de saule · ♃ Z4 IX-X; USA: NC, Mo., SC, Colo., Ark. [64206]
- *sparsifolius* Elliott = Helianthus atrorubens
- **strumosus** L. 1753
  - var. **strumosus** · D:Kropfige Sonnenblume; E:Pale Leaved Sunflower · ♃ Z4; Can.: W; USA: NE, NCE, NC, SC, SE
  - var. **willdenowianus** Thell. · ♃ Z4; cult.
- **tomentosus** Michx. 1803 · D:Filzige Sonnenblume
- **tuberosus** L. 1753 · D:Erdbirne, Indianerknolle, Topinambur; E:Jerusalem Artichoke · ♃ Z4 X ⓝ; Can.: Man.; USA: NE, NCE, Rocky Mts., nat. in Eur.* exc. BrI, Sc [64207]

Helichrysum Mill. 1754 -n- *Asteraceae* · (S. 248)
D:Strohblume; E:Everlasting Flower; F:Immortelle
- **ambiguum** (Pers.) C. Presl 1826
- *angustifolium* (Lam.) DC. = Helichrysum italicum
- **apiculatum** (Labill.) DC. 1838 · ♄ e ⋈ Z9 ⓚ; Austr.: N.S.Wales, Victoria, S-Austr.
- **arenarium** (L.) Moench 1794 · D:Sand-Strohblume; E:Yellow Everlasting Daisy · ♃ ⤳ Z4 VII-IX ⚥ ▽; Eur.: Sc, Fr, C-Eur., EC-Eur., Ba, E-Eur.; TR, Cauc. N-Iran,

W-Sib., C-As., Mong. [64208]
- **arwae** J.R.I. Wood 1984
- **bellidioides** (G. Forst.) Willd. 1803 · ♃ e ⤳ Z7; NZ
- **bellum** Hilliard 1971
- *bracteatum* (Vent.) Andrews = Xerochrysum bracteatum
- **chionophilum** Boiss. et Balansa 1856 · ♄ ♃ Z8 ⓚ; TR, Iraq, Iran
- *coralloides* (Hook. f.) Benth. et Hook. f. = Ozothamnus coralloides
- **cordatum** DC. 1895 · D:Herzblättrige Strohblume; E:Heart-leaved Everlasting · ♄ e ⋈ Z10 ⓚ; W-Austr.
- *depressum* (Hook. f.) Benth. et Hook. f. = Ozothamnus depressus
- **foetidum** (L.) Cass. 1794 · ⊙ Z9; S-Afr.
- **fontanesii** Cambess. 1827 · ♃ Z8 ⓚ; Eur.: Balear.
- **frigidum** (Labill.) Willd. 1803 · D:Korsisches Edelweiß · ♃ e △ Z8 ⓚ V-VII; Corse, Sard.
- **graveolens** (M. Bieb.) Sweet 1826 · ♄ Z7; Krim
- **harveyanum** Wild 1982 · ♃ ⋈ ⓚ; S-Afr.
- **heldreichii** Boiss. 1875
- **hookeri** (Sond.) Druce 1917
- **italicum** (Roth) D. Don 1830 · ♃ Z9 ⓚ [64209]
  - subsp. **italicum** · ♄ e Z8 ⓚ ⚥ ; Eur.: Ib, F, Ap, Ba
  - subsp. **microphyllum** (Willd.) Nyman 1879 · ♄ Z8 ⓚ; Sard., Corse + ; coasts
  - subsp. **serotinum** (Boiss.) P. Fourn. 1940 · D:Currystrauch; E:Curry Plant · ♄ e Z8 ⓚ; SW-Eur.
- *ledifolium* (DC.) Benth. = Ozothamnus ledifolius
- *leontopodium* Hook. f. = Leucogenes leontopodium
- *microphyllum* (Hook. f.) Benth. et Hook. f. = Helichrysum italicum subsp. microphyllum
- **milfordiae** Killick 1960 · ♃ e △ △ Z7 ⓚ ∧ VI-VIII; S-Afr., Lesotho [64210]
- **niveum** Boiss. et Heldr. 1849 · ♃ Z7 VII; TR
- **orientale** (L.) Gaertn. 1791 · ♃ ♄ e Z7 ∧ VIII-IX; Eur.: GR, Crete; TR, nat. in RO
- **petiolare** Hilliard et B.L. Burtt 1973 · D:Lakritz-Strohblume; E:Liquorice Plant · ♄ e Z10 ⓚ VIII-IX; S-Afr. (Cape, Transkei). nat. in P [16745]

'Limelight'
'Variegatum'
- **plicatum** DC. 1838 · ♃ ⤳ Z7 VII-VIII; Eur.: Maced., AL, GR [72000]
  'White Barn'
- **plumeum** Allan 1947 · ♄ e Z8 ⓚ; NZ
- *ramosissimum* Hook. = Helichrysum apiculatum
- *rosmarinifolium* hort. = Ozothamnus thyrsoideus
- *scutellifolium* Benth. = Ozothamnus scutellifolius
- *selago* (Hook. f.) Benth. et Hook. f. ex Kirk = Ozothamnus selago
- *serotinum* Boiss. = Helichrysum italicum subsp. serotinum
- *sesamoides* (L.) Willd. = Edmondia sesamoides
- **sessile** DC. 1838 · ♄ Z9 ⓚ; S-Afr.
- **sessilioides** Hilliard 1973
- **sibthorpii** Rouy 1900 · ♃ Z7 VI-VII ▽; GR (Athos)
- *siculum* (Spreng.) Boiss. = Helichrysum stoechas subsp. barrelieri
- **splendidum** (Thunb.) Less. 1832 · F:Immortelle · ♄ Z7; E-Afr., S-Afr. [64211]
- **stoechas** (L.) Moench 1794 [72001]
  - subsp. **barrelieri** (Ten.) Nyman 1879 Z8 ⓚ; Eur.: I, Si, Ba; Cyprus, TR, Lebanon, NW-Afr.
  - subsp. **stoechas** · E:Goldilocks · ♄ e ⋈ Z8 ⓚ; Eur.: Ib, Fr, Ap, Ba
- **subulifolium** F. Muell. 1862 · ♃ ⓚ; W-Austr.
- *subulifolium* Harv. = Helichrysum harveyanum
- **thianschanicum** Regel 1879 · F:Immortelle du Tian-Shan · ♃ ⤳ Z6 VII-VIII; C-As. [64212]
  'Microphyllum'
- **in vielen Sorten:**
'Goldkind' [64213]
'Schwefellicht' Klose [67834]

Helicia Lour. 1790 -f- *Proteaceae* · (S. 719)
- **grandis** Hemsl. 1900
- **praealta** F. Muell. 1862 · ♄ e ⋈ ⓚ; Austr.

Helicodiceros Schott 1853 -m- *Araceae* ·
D:Drachenmaul; E:Dragon's Mouth
- **muscivorus** (L. f.) Engl. 1879 · D:Drachenmaul; E:Dragon's Mouth · ♃ Z9 ⓚ III-IV; Corse, Sard., Balear.

Heliconia L. 1771 -f- *Heliconiaceae* · (S. 1005)
D:Falsche Paradiesvogelblume, Heliconie, Hummerschere; E:Wild Plantain; F:Balisier
- **angusta** Vell. 1829 · ⚃ Z10 ⓦ; Bras.
- *angustifolia* Hook. = Heliconia angusta
- **aurantiaca** Ghiesbr. 1862 · ⚃ ⋊ Z10 ⓦ XII-I; Guat.
- *bicolor* Benth. = Heliconia angusta
- **bihai** (L.) L. 1771 · D:Scharlachrote Hummerschere; E:Balisier, Firebird · ⚃ Z10 ⓦ; W.Ind.
- **caribaea** Lam. 1785 · ⚃ ⋊ Z10 ⓦ; W.Ind.
- *choconiana* S. Watson = Heliconia aurantiaca
- *illustris* W. Bull = Heliconia indica
- **indica** Lam. · ⚃ Z10 ⓦ; Ind., Java, Fiji
- **latispatha** Benth. 1846 · ⚃ ⋊ Z10 ⓦ; S-Mex., C-Am.
- **mariae** Hook. f. 1864 · ⚃ ⓦ; C-Am., Venez. Col.
- **metallica** Planch. et Linden ex Hook. 1862 · ⚃ Z10 ⓦ I-XII; Panama, trop. S-Am.
- **psittacorum** L. f. 1782 · D:Papageien-Hummerschere; E:Parrot's Plantain · ⚃ ⋊ Z10 ⓦ; W.Ind., Guyana, Bras., Parag.
- **rostrata** Ruiz et Pav. 1802 · D:Hängende Hummerschere; E:Beaked Heliconia · ⚃ ⋊ Z10 ⓦ; trop. S-Am.
- **stricta** Huber 1906 · D:Bananenblättrige Hummerschere · ⚃ Z10 ⓦ; trop. S-Am.
  'Dwarf Jamaican'
- *variegata* Loes. = Heliconia zebrina
- **wagneriana** Petersen 1896 · D:Dreifarbige Hummerschere; E:Wild Plantain · ⚃ ⋊ Z10 ⓦ; Costa Rica, Panama
- **zebrina** Plowman, W.J. Kress et H. Kenn. 1982 · ⚃ Z10 ⓦ; Peru

Helictotrichon Besser 1827 -n- *Poaceae* · (S. 1113)
D:Flaumhafer, Wiesenhafer; E:Oat Grass; F:Avoine des prés
- **adsurgens** (Schur ex Simonk.) Conert 1987 · D:Aufsteigender Wiesenhafer · ⚃ VI-VII; Eur.: A, H, N-I, Bosn., Maced., RO, S-Russ.
- **desertorum** (Less.) Nevski ex Krasch. 1938 · D:Steppenhafer · ⚃ V-VII; Eur.: A, CZ, Russ.; W-Sib., E-Sib., C-As., Mong.
- **parlatorei** (J. Woods) Pilg. 1938 · D:Parlatores Wiesenhafer · ⚃ VII-VIII; Eur.: F, I, D, A, Slove.; Alp.
- **petzense** H. Melzer 1968 · D:Petzen-Wiesenhafer · ⚃ VII; Eur.: A, Slove.; SE-Alp. (Karawanken)
- **planiculme** (Schrad.) Pilg. 1976 · ⚃ Z5 VIII-IX; Eur.: EC-Eur., Ba, E-Eur.; NE-TR
- **praeustum** (Rchb.) Tzvelev 1971 · D:Alpen-Wiesenhafer · ⚃ VI-VIII; Eur.: I, A, EC-Eur., Ba, ? RO, W-Russ.
- **pratense** (L.) Besser 1828 · D:Echter Wiesenhafer, Gewöhnlicher Wiesenhafer · ⚃ V-VII; Eur.*, Cauc.
- **pubescens** (Huds.) Pilg. · D:Flaumiger Wiesenhafer, Gewöhnlicher Flaumhafer; E:Downy Oat · ⚃ V-VII Ⓝ; Eur.*, TR, Cauc., W-Sib., E-Sib., C-As.
- **sempervirens** (Vill.) Pilg. 1938 · D:Blaustrahl-Wiesenhafer; E:Oat Grass; F:Avoine toujours verte · ⚃ Z5 V-VI; Eur.: F, I; SW-Alp. [67580]
  'Pendulum' [67581]
  'Saphirsprudel' [67582]
- **versicolor** (Vill.) Pilg. 1938 · D:Bunter Wiesenhafer · ⚃ VII-VIII; Eur.: sp., Fr, Ap, C-Eur., EC-Eur., Ba, RO, W-Russ.; mts.

Heliocereus (A. Berger) Britton et Rose 1909 -m- *Cactaceae* · (S. 357)
- **cinnabarinus** (Eichlam) Britton et Rose 1920 · Ψ Z9 ⓘ ▽ ✲; Guat.
- **coccineus** Britton et Rose 1909 · Ψ Z9 ⓘ ▽ ✲; C-Mex.
- *elegantissimus* Britton et Rose = Heliocereus coccineus
- **schrankii** (Zucc.) Britton et Rose 1909 · Ψ Z9 ⓘ ▽ ✲; Mex.
- **speciosus** (Cav.) Britton et Rose 1909
  - var. *elegantissimus* (Britton et Rose) Backeb. 1960 = Heliocereus coccineus
  - var. **speciosus** · E:Sun Cactus · Ψ Z9 ⓘ ▽ ✲; Mex., Guat.

Heliophila Burm. f. ex L. 1763 -f- *Brassicaceae* · (S. 325)
D:Sonnenfreund; E:Cape Stock; F:Héliophila
- **integrifolia** L. 1763 · ⊙ Z9 VII-IX; Kap
- **longifolia** DC. 1821 · ⊙ Z9 VII-IX; S-Afr.
- *pilosa* Lam. = Heliophila integrifolia

Heliopsis Pers. 1807 -f- *Asteraceae* · (S. 249)
D:Sonnenauge; E:Ox Eye; F:Héliopsis
- **helianthoides** (L.) Sweet 1826 · D:Sonnenauge
  - var. **helianthoides** · D:Gewöhnliches Sonnenauge; E:Ox Eye · ⚃ Z4; Can.: Ont.; USA: NE, NCE, SE [60033]
  - var. **scabra** (Dunal) Fernald 1942 · D:Raues Sonnenauge · ⚃ ⋊ Z4 VI-IX; Can.; USA: NE, NCE, NC, Rocky Mts., SW, SC, SE [64215]
    'Benzinggold' Benzing [64218]
    'Goldgefieder' Foerster 1949 [64219]
    'Goldgrünherz' Arends [64220]
    'Hohlspiegel' Foerster 1954 [64221]
    'Karat' Götz [64223]
    'Mars' Götz [64225]
    'Sommersonne' [68185]
    'Spitzentänzerin' Foerster 1949 [64229]
- *scabra* Dunal = Heliopsis helianthoides var. scabra

Heliotropium L. 1753 -n- *Boraginaceae* · (S. 307)
D:Heliotrop, Sonnenwende; E:Heliotrope, Turnsole; F:Héliotrope
- **arborescens** L. 1759 · D:Strauchige Sonnenwende; E:Cherry Pie, Heliotrope; F:Héliotrope · ♄ e D ⓘ V-IX ✻; Peru [16746]
  'Album'
  'Marine'
- *corymbosum* Ruiz et Pav. = Heliotropium arborescens
- **europaeum** L. 1753 · D:Europäische Sonnenwende; E:Caterpillar Weed · ⊙ VII-IX ✝; Eur.* exc. BrI, Sc; TR, Cyprus, Palaest., Cauc., N-Iran, N-Afr.
- *peruvianum* L. = Heliotropium arborescens
- **in vielen Sorten:**
  'Chatsworth'
  'Princess Marina'

Helipterum DC. ex Lindl. 1838 -n- *Asteraceae* ·
D:Sonnenflügel; E:Strawflower; F:Acroclinium
- **canescens** (L.) DC. 1838 · ♄ ⋊ Z9 ⓘ; Kap
- **corymbiflorum** Schltdl. 1848 · ⊙ Z9 VII-VIII; Austr.
- **eximium** (L.) DC. 1838 · ♄ ⋊ Z9 ⓘ; Kap
- *manglesii* (Lindl.) F. Muell. = Rhodanthe manglesii
- *roseum* (Hook.) Benth. = Acroclinium roseum

- *sandfordii* Hook. = Rhodanthe humboldtianum

Helleborus L. 1753 -m- *Ranunculaceae* · (S. 731) D:Christrose, Nieswurz; E:Hellebore; F:Hellébore, Rose de Noël
- *abchasicus* A. Braun = Helleborus orientalis subsp. abchasicus
- *antiquorum* A. Braun = Helleborus orientalis subsp. orientalis
- **argutifolius** Viv. 1824 · D:Korsische Nieswurz; E:Corsican Hellebore; F:Hellébore livide de Corse · ⚁ Z7 III-IV ✿; Corse, Sard. [68524]
- *atrorubens* hort. = Helleborus orientalis subsp. abchasicus Early Purple Grp.
- **atrorubens** Waldst. et Kit. 1812 · ⚁ Z6 IV-V ✿; Eur.: Slove., Bosn., YU
- *bocconei* Ten. = Helleborus multifidus subsp. bocconei
- *caucasicus* A. Braun = Helleborus orientalis subsp. orientalis
- *colchicus* Regel = Helleborus orientalis subsp. abchasicus
- *corsicus* Willd. = Helleborus argutifolius
- **croaticus** Martinis 1973 · ⚁; Eur.: N-Croatia [64241]
- **cyclophyllus** (A. Braun) Boiss. 1867 · ⚁ D Z7 IV-V ✿ ▽; Eur.: Ba [60039]
- **dumetorum** Waldst. et Kit. ex Willd. 1809 · D:Hecken-Nieswurz · ⚁ III-V ✿ ▽; Eur.: A, H, PL, Slove., Croatia, RO
  - subsp. *atrorubens* (Waldst. et Kit.) Merxm. et Podlech 1961 = Helleborus atrorubens
- **foetidus** L. 1753 · D:Stinkende Nieswurz; E:Bear's Foot, Stinking Hellebore; F:Hellébore fétide, Pied-de-griffon · ⚁ ℏ e Z6 III-IV ⚶ ✿ ▽; Eur.: Ib, Fr, Ap, C-Eur., BrI [64232]
  'Sopron'
  Wester Flisk Grp. [68763]
- *guttatus* A. Braun et F.W.H. Sauer = Helleborus orientalis subsp. guttatus
- *kochii* Schiffn. = Helleborus orientalis subsp. orientalis
- **lividus** Aiton 1789 · D:Mallorquinische Nieswurz; E:Majorcan Hellebore · ⚁ Z7 ∧ III-IV ✿ ▽; Balear.
  - subsp. *corsicus* (Briq.) Tutin 1986 = Helleborus argutifolius
- **multifidus** Vis. 1829 [68308]
  - subsp. **bocconei** (Ten.) B. Mathew 1989 · ⚁ Z6 ✿ ▽; Eur.: I, Sic. [73804]
  - subsp. **hercegovinus** (Martinis) B. Mathew 1989 · ⚁ Z6 ✿ ▽; S-Ba
  - subsp. **istriacus** (Schiffn.) Merxm. et Podlech 1961 · ⚁ Z6 ✿ ▽; Eur.: ? Slove., Croatia, Bosn., Montenegro
  - subsp. **multifidus** Vis. · ⚁ Z6 III-V ✿ ▽; Eur.: Croat., Bosn., AL, ? RO
  - subsp. *serbicus* (Adamović) Merxm. et Podlech 1961 = Helleborus torquatus
- **niger** L. 1753 [64234]
  'Louis Cobbett'
  'Maximus' [64235]
  'Potter's Wheel'
  'Praecox' [64236]
  - subsp. **macranthus** (Freyn) Schiffn. · ⚁ Z3 XII-III ✿ ▽; Eur.: I, Slove., Croatia [64237]
  - subsp. **niger** · D:Christrose, Schwarze Nieswurz; E:Christmas Rose; F:Hellébore noire, Rose de Noël · ⚁ ⚶ Z3 XII-III ⚶ ✿ ▽; Eur.: C-Eur., I, Slove., Croatia, nat. in F, CZ
- × **nigercors** J.T. Wall 1934 (*H. argutifolius* × *H. niger*) · ⚁ ℏ e Z7 ✿; cult.
- **odorus** Waldst. et Kit. ex Willd. 1809 · D:Duftende Nieswurz; E:Fragrant Hellebore · ⚁ D Z6 II-III ✿ ▽; Eur.: I, H, Slove., Bosn., YU, Maced., AL, RO [60038]
  - subsp. *laxus* (Host) Merxm. et Podlech 1961 = Helleborus multifidus subsp. istriacus
- *olympicus* Lindl. = Helleborus orientalis subsp. orientalis
- **orientalis** Lam. 1789 [64239]
  'Ashwood Hybrids'
  'Ballard Strain' [68528]
  'Galaxy Strain'
  'Party Dress Hybrids'
  'Westwood Hybrids'
  'Zodiak Strain'
  - subsp. **abchasicus** (A. Braun) B. Mathew 1989 · ⚁ Z6 ✿ ▽; GR, TR, Cauc. [68575]
    Early Purple Grp. · ▽ [69681]
  - subsp. **guttatus** (A. Braun et F.W.H. Sauer) B. Mathew 1989 · ⚁ Z6 ✿ ▽; GR, TR, Cauc.
  - subsp. **orientalis** · D:Orientalische Nieswurz; E:Lenten Rose; F:Hellébore d'Orient · ⚁ Z6 II-IV ✿ ▽; Eur.: ? GR; TR, Cauc.
- **purpurascens** Waldst. et Kit. 1803 · ⚁ Z6 III-IV ✿ ▽; Eur.: H, Slova., Bosn., Montenegro, RO, W-Russ., nat. in I [64246]
- × **sternii** Turrill 1957 (*H. argutifolius* × *H. lividus*) · ⚁ Z7 ✿; cult. [68761]
- **thibetanus** Franch. 1886 · ⚁; China (Sichuan, Shananxi, Hubei, Gansu)
- **torquatus** Archer-Hind 1884 · ⚁ Z6 ✿ ▽; Eur.: Serb.
- **viridis** L. 1753 · D:Grüne Nieswurz · [64247]
  - subsp. **occidentalis** (Reut.) Schiffn. 1890 · D:Westliche Grüne Nieswurz · ⚁ Z6 II-III ✿ ▽; Eur.: sp., Fr, D, CH, BrI
  - subsp. **viridis** · D:Gewöhnliche Grüne Nieswurz; E:Green Hellebore · ⚁ Z6 III-IV ⚶ ✿ ▽; Eur.: Fr, C-Eur.
- **in vielen Sorten:**
  'Little Black'
  'Pluto'
  'Taurus'
  'Ushba'
  'White Magic'

Helminthotheca Zinn 1757 -f- *Asteraceae* · D:Wurmlattich; E:Ox Tongue; F:Helminthie
- **echioides** (L.) Holub 1973 · D:Natterkopf-Bitterkraut, Wurmlattich; E:Bristly Oxtongue · ☉ VII-IX; Eur.: Ib, Fr, Ap, Ba, Krim; TR, Iran, N-Afr., Canar., nat. in Eur.: BrI, C-Eur., EC-Eur., RO, N-Am., S-Am., , N-Am., ; Austr.

Helonias L. 1753 -f- *Melanthiaceae* · (S. 1038) D:Sumpfnelke; E:Swamp Pink
- **bullata** L. 1753 · D:Sterile Sumpfnelke; E:Stud Flower, Swamp Pink · ⚁ ∼ Z7 V-VI; USA: NE, SE [68309]
- *dioica* Pursh = Chamaelirium luteum

Heloniopsis A. Gray 1858 -f- *Melanthiaceae* · (S. 1038)
- *japonica* Maxim. = Heloniopsis orientalis var. orientalis
- **orientalis** (Thunb.) Tanaka 1925
  - var. **breviscapa** (Maxim.) Ohwi · ⚁ IV; Jap.
  - var. **orientalis** · ⚁; Jap., Korea, Sachal.

Helwingia Willd. 1865 -f- *Helwingiaceae* · (S. 565) D:Helwingie; F:Helwingie

- **chinensis** Batalin 1893 · D:Chinesische Helwingie · ħ ħ d Z8 ⓚ; S-China, Myanmar, Thail.
- **japonica** (Thunb.) F. Dietr. 1817 · D:Japanische Helwingie · ħ d Z6-7 VI; Jap., Riukiu-Is. [35528]

Helxine Bubani = Soleirolia
- *soleirolii* Req. = Soleirolia soleirolii

Hemerocallis L. 1753 -f-
Hemerocallidaceae · (S. 1005)
D:Taglilie; E:Day Lily; F:Hémérocalle, Lis d'un jour
- **altissima** Stout 1943 · D:Hohe Taglilie · ♃ Z6 VII-IX; China (Nanking) [69778]
- **citrina** Baroni 1897 · D:Zitronen-Taglilie; F:Lis d'un jour · ♃ D Z4 VII-VIII; China: Schensi [64249]
- *crocea* Lam. = Hemerocallis fulva var. fulva
- **dumortieri** C. Morren 1834 · D:Dumortiers Taglilie · ♃ Z4 V-VI; Jap., Korea, Manch., E-Sib.
- **esculenta** Koidz. 1925 · D:Essbare Taglilie · ♃ Z4 V-VI; Jap., Sachal.
- **forrestii** Diels 1912 · D:Forrests Taglilie · ♃ Z5 VI; Yunnan
- **fulva** (L.) L. 1762 [64250]
  - var. **aurantiaca** (Baker) M. Hotta 1986 · D:Orangefarbene Taglilie · ♃ Z6 VII-VIII; China
  - var. **fulva** · D:Bahnwärter-Taglilie, Braunrote Taglilie; E:Orange Daylily, Tawny Daylily · ♃ Z4 VII; ? Jap., nat. in Eur., e N-Am.
    'Kwanzo' [64251]
    'Kwanzo Variegata'
    'Rosea'
  - var. *rosea* Stout 1930 = Hemerocallis fulva var. fulva
  - var. *sempervirens* M. Hotta et M. Matsuoka 1966 = Hemerocallis fulva var. aurantiaca
- *graminea* Andrews = Hemerocallis minor
- *graminifolia* Schltdl. = Hemerocallis minor
- **lilioasphodelus** L. 1753 · D:Gelbe Taglilie, Wiesen-Taglilie; E:Lemon Daylily; F:Hémérocalle jaune · ♃ D Z4 VI; I, Slove.; SE-Alp., nat. in Eur., W-Sib., E-Sib., Amur, China [64378]
- *lutea* L. = Hemerocallis lilioasphodelus
- **middendorffii** Trautv. et C.A. Mey. 1856 · D:Middendorffs Taglilie; F:Hémérocalle de Middendorff · ♃ Z5 V-IX; Amur, N-China, Manch., Korea, Jap., Sachal. [64379]
- **minor** Mill. 1768 · D:Kleine Taglilie, Stern-Taglilie; F:Hémérocalle naine · ♃ Z4 V-VI; E-Sib., Mong., N-China, Korea [64380]
- **multiflora** Stout 1929 · D:Vielblütige Taglilie · ♃ Z4 V-VI; China: Hunan
- **nana** W.W. Sm. et Forrest 1926 · D:Zwerg-Taglilie · ♃ D ⓚ; W-Yunnan
- **thunbergii** Baker 1873 · D:Thunbergs Taglilie; F:Hémérocalle de Thunberg · ♃ D Z4 VII-VIII; Korea, N-China [64381]
- **in vielen Sorten:**
  'American Revolution' Wild 1972 [72010]
  'Arctic Snow' Stamile 1985 [69227]
  'Aten' Kraus 1951 [64258]
  'Atlas' Kraus 1951 [64259]
  'Autumn Red' Nesmith 1941
  'Bed of Roses' Wynne 1963 [64262]
  'Bitsy' Warner 1963 [64264]
  'Black Prince' Russell 1942 [69232]
  'Bonanza' Gates 1994 [64266]
  'Bourbon Kings' Wild 1968 [64267]
  'Burning Daylight' Fischer 1957 [64272]
  'By Myself' Peck 1971 [64273]
  'Cartwheels' Fay-Russell 1956 [64275]
  'Cherry Cheeks' Peck 1968 [69909]
  'Chicago Sunrise' Marsh 1969 [69234]
  'Corky' Fischer 1959 [64284]
  'Crimson Glory' Carpenter 1950 [64286]
  'Crimson Pirate' Sass 1951 [64287]
  'Ed Murray' Grovatt 1971 [64292]
  'Eenie Weenie' 1976 [69236]
  'Fairy Tale Pink' Pierce 1980 [68070]
  'Frances Fay' Fay 1957 [64295]
  'Frans Hals' Flory 1955 [64296]
  'Gentle Shepherd' Yancey 1980 [64298]
  'George Cunningham' Hall 1957 [64299]
  'Golden Chimes' Fischer 1954 [64300]
  'Golden Scepter' Nesmith 1939 [64301]
  'Green Flutter' Williamson 1964 [68620]
  'Ice Carnival' Childs 1967 [64309]
  'Joan Senior' Durio 1977
  'Lemon Bells' Coe 1969 [64317]
  'Little Grapette' Williamson 1970 [64320]
  'Little Wine Cup' Carter-Powell 1966 [69871]
  'Lullaby Baby' Spalding 1975 [68742]
  'Luxury Lace' Spalding 1959 [64325]
  'Mary Todd' Fay 1967 [64328]
  'Mini Stella' Jablonski 1983 [69246]
  'Neyron Rose' Kraus 1950 [64336]
  'Nob Hill' Hall 1962 [64337]
  'Norton Orange' Coe 1971 [64338]
  'Pink Charm' Nesmith 1940 [64341]
  'Pink Damask' Stevens 1951 [64342]
  'Prairie Blue Eyes' Marsh 1970 [64345]
  'Sammy Russell' Russell 1951 [64355]
  'Satin Glass' Fay-Hardy 1960 [64356]
  'Shooting Star' Hall 1951 [64359]
  'Siloam Baby Talk' P. Henry 1982 [68395]
  'Siloam Fairy Tale' P. Henry 1978 [68396]
  'Siloam Ury Winniford' P. Henry 1980 [68400]
  'Snowy Apparition' Childs 1979 [69250]
  'Stafford' Randall 1959
  'Stella de Oro' Jablonski 1975 [64363]
  'Summer Wine' Wild 1973 [64365]
  'Tejas' Russell 1945 [64368]
  'Thumbelina' Fischer 1954 [69252]
  'Toyland' Reckamp 1965 [69253]
  'Wideyed' Craig 1954 [64376]

Hemigraphis Nees 1847 -f-
Acanthaceae · (S. 131)
D:Efeuranke
- **alternata** (Burm. f.) T. Anderson 1864 · D:Rotblättrige Efeuranke; E:Red Ivy · ♃ e ⚹ Z10 ⓚ; orig. ?, nat. in Malay. Arch., Phil.
- **chinensis** T. Anderson ex Hemsl. 1890
- *colorata* (Blume) Hallier f. = Hemigraphis alternata
- **repanda** (L.) Hallier f. 1897 · ♃ e ⚹ Z10 ⓚ; ? Malay. Pen.

Hemionitis L. 1753 -f- *Adiantaceae* · (S. 60)
- **arifolia** (Burm.) T. Moore 1859 · ♃ Z10 ⓚ; Ind., Sri Lanka, Malay. Pen., Phil.
- *cordata* Hook. et Grev. = Hemionitis arifolia
- *japonica* Thunb. = Coniogramme japonica
- **palmata** L. 1753 · ♃ Z10 ⓚ; W.Ind., trop. S-Am.

Hemipappus K. Koch = Tanacetum
- *canus* K. Koch = Tanacetum argenteum

Hemiptelea Planch. 1872 -f-
Ulmaceae · (S. 875)
D:Dornulme
- **davidii** (Hance) Planch. 1872 · D:Dornulme · ħ d Z6; Manch., N-China. [20359]

Hepatica Mill. 1754 -f-
Ranunculaceae · (S. 731)
D:Leberblümchen; E:Liverleaf; F:Hépatique
- **acutiloba** DC. 1824 · ♃ Z4 III-IV; USA: NE, NCE, SE
- **americana** (DC.) Ker-Gawl. 1819 · ♃ Z4; Can.: E; USA: NE, NEC, SE, Fla.
- *angulosa* auct. non Lam. = Hepatica transsilvanica
- × **media** Gürke 1886 (*H. nobilis* × *H. transsilvanica*) · ♃ Z5; RO
  'Ballardii'

- **nobilis** Schreb. 1771 [64383]
  - var. **japonica** Nakai · D:Japanisches Leberblümchen · Z5; Jap.
  - var. **nobilis** · D:Gewöhnliches Leberblümchen · ⚃ Z5 III-IV ⚥ ⚲ ▽; Eur.* exc. BrI; Amur, Manch., Korea
    'Alba' [64384]
    'Alba Plena' [64385]
    'Rosea' [64387]
    'Rubra Plena' [64389]
  - **transsilvanica** Fuss 1850 · D:Siebenbürger Leberblümchen; F:Hépatique de Transsylvanie · ⚃ Z5 II-IV; RO: Transsylvania [64390]
    'De Buis'
    'Eisvogel' [64392]
  - *triloba* Chaix = Hepatica nobilis var. nobilis

× **Heppimenes** Batcheller 1978 -f- *Gesneriaceae* ·
  (*Heppiella* × *Achimenes*)

Heptacodium Rehder 1916 -n- *Caprifoliaceae* · (S. 394)
- *jasminoides* Airy Shaw = Heptacodium miconioides
- **miconioides** Rehder 1916 · ♄ d D ∧ VIII-IX; China (Hubei) [54253]

Heptapleurum Gaertn. = Schefflera
- *arboricola* Hayata = Schefflera arboricola

Heracleum L. 1753 -n- *Apiaceae* · (S. 176)
  D:Bärenklau, Herkulesstaude; E:Hogweed; F:Berce, Berce géante
- **austriacum** L. 1753 · D:Österreichischer Bärenklau · ⚃ VII-VIII; Eur.: I, C-Eur., Slove.; E-Alp.
- **lanatum** Michx. 1803 · D:Wolliger Bärenklau; E:Cow Parsnip, Masterwort · ⚃ VI-VII; W-Sib., E-Sib., Amur, Sachal., Kamchat., N-China, Korea, Jap., Alaska, Can., USA* exc. SW, Fla. [64393]
- **mantegazzianum** Sommier et Levier 1895 · D:Herkulesstaude, Riesen-Bärenklau; E:Giant Hogweed; F:Berce géante du Caucase · ⊙ ⚃ VII ⚲; Cauc., nat. in Eur.* exc. Ib., Ba [64394]
- *maximum* W. Bartram = Heracleum lanatum
- **pubescens** (Hoffm.) M. Bieb. 1819 · ⊙ ⚃ VII; TR
- **sphondylium** L. · D:Gewöhnlicher Wiesen-Bärenklau; E:Hogweed · ⊙ ⚃ VI-X ⚥ ⓝ; Eur.*, TR, Cauc.,

W-Sib., Maroc., Alger.
- **stevenii** Manden. 1950 · D:Stevens Bärenklau; E:Laciniate Hogweed; F:Berce de Steven · ⊙ ⚃ VII; Cauc. [72033]
- *villosum* auct. = Heracleum stevenii

Herbertia Sweet 1827 -f- *Iridaceae* · (S. 1022)
- **lahue** (Molina) Goldblatt 1978 · ⚃ Z9 ⓖ; S-Chile, Arg.
- **pulchella** Sweet 1827 · ⚃ Z9 ⓖ VII-IX; S-Bras., S-Chile

Hereroa (Schwantes) Dinter et Schwantes 1927 -f- *Aizoaceae* · (S. 145)
- **glenensis** (N.E. Br.) L. Bolus 1950 · ⚄ Z9 ⓖ; S-Afr. (Orange Free State)
- **hesperantha** (Dinter et A. Berger) Dinter et Schwantes · ⚃ ⚄ Z9 ⓖ; Namibia
- *karasbergense* L. Bolus = Hereroa hesperantha
- **nelii** Schwantes 1929 · ⚃ ⚄ Z9 ⓖ; Kap
- **puttkameriana** (A. Berger et Dinter) Dinter et Schwantes 1927 · ⚃ ⚄ Z9 ⓖ; Namibia

Hermannia L. 1753 -f- *Sterculiaceae* · (S. 858)
  D:Hermannie, Honigglöckchen; E:Honeybells; F:Hermannia
- **incana** Cav. 1788 · D:Kap-Honigglöckchen · ⚃ e ⓖ IV-VII; S-Afr.
- **verticillata** (L.) K. Schum. 1890 · D:Duftendes Honigglöckchen; E:Honeybells · ♄ D ⓖ II-V; S-Afr.

Herminium L. 1758 -n- *Orchidaceae* · (S. 1068)
  D:Honigorchis; E:Musk Orchid; F:Herminium
- **monorchis** (L.) R. Br. 1813 · D:Einknolle, Gewöhnliche Honigorchis · ⚃ VI-VII ▽ ✽; Eur.* exc. Ib; W-Sib., E-Sib., Amur, C-As., Him., Tibet, Mong., China, Korea, Jap.

Hermodactylus Mill. 1754 -m- *Iridaceae* · (S. 1022)
  D:Wolfsschwertel; E:Snake's Head Iris; F:Iris tête-de-serpent
- **tuberosus** (L.) Mill. 1768 · D:Wolfsschwertel; E:Snake's Head Iris, Widow Iris · ⚃ ⓖ ∧ II-V; Eur.: F, Ap, Ba; Lebanon, Palaest., nat. in BrI

Herniaria L. 1753 -f- *Illecebraceae* · (S. 573)
  D:Bruchkraut; E:Raptureworт; F:Herniaire
- **alpina** Vill. 1787 · D:Alpen-Bruchkraut · ⚃ VII-VIII; Eur.: F, I, CH, A, ? sp.; Pyr., Alp.
- **glabra** L. 1753 · D:Kahles Bruchkraut; E:Glabrous Rapturewort · ⊙ ⊙ ⚃ ⟿ Z5 VI-X ⚥; Eur.*, TR, Syr., Palaest., Cauc., N-Iran, W-Sib., NW-Afr., Libya [64395]
- **hirsuta** L. 1753 · D:Behaartes Bruchkraut; E:Hairy Rapturewort · ⊙ ⊙ ⚃ ⟿ VII-IX ⚥; Eur.* exc. BrI, Sc; TR, N-Afr.
- **incana** Lam. 1789 · D:Graues Bruchkraut · ⚃ VII-X; Eur.* exc. BrI, Sc; TR, Syr., Cauc., Iran, Afgh., Pakist., C-As., Alger.

Herpestis Gaertn. = Bacopa
- *amplexicaulis* (Michx.) Pursh = Bacopa caroliniana
- *monnieri* (L.) Kunth = Bacopa monnieri

Hertia Neck. 1790 -f- · (S. 249)
- **cheirifolia** (L.) Kuntze 1891 · ♄ ⚄ e △ Z8 ⓖ ⓖ V-VII; Alger., Tun. [61881]

Hertrichocereus Backeb. = Stenocereus
- *beneckei* (C. Ehrenb.) Backeb. = Stenocereus beneckei

Hesperaloe Engelm. 1871 -f- *Agavaceae* · (S. 897)
- **funifera** (Lem.) Trel. 1902 · ⚄ Z7; N-Mex.
- **parviflora** (Torr.) Coult. 1894 · E:Red Flowered Yucca · ⚄ Z7; SW-Tex.

Hesperantha Ker-Gawl. 1804 -f- *Iridaceae* · (S. 1022)
  D:Abendblüte; F:Fleur du soir
- **angusta** (Jacq.) Ker-Gawl. 1804 · ⚃ D Z9 ⓖ IV-V; S-Afr.
- **baurii** Baker 1876 · ⚃ Z9 ⓖ; S-Afr., Lesotho, Swaziland
- **falcata** (L. f.) Ker-Gawl. 1804 · ⚃ D Z9 ⓖ IV; S-Afr.
- *graminifolia* Sweet = Hesperantha spicata subsp. graminifolia
- **huttonii** (Baker) Hilliard et B.L. Burtt 1982 · ⚃; S-Afr. (Cape Prov.)
- *inflexa* (D. Delaroche) R.C. Foster = Hesperantha vaginata
- **petitiana** (A. Rich.) Baker 1877 · ⚃ ⓦ; Tans. (Kilimanjaro)

- **spicata** N.E. Br. 1929
  - subsp. **graminifolia** (Sweet) Goldblatt 1984 · ⟁ D Z9 ⓚ IX-X; S-Afr.
- *stanfordiae* L. Bolus = Hesperantha vaginata
- **vaginata** (Sweet) Goldblatt 1970 · D:Kap-Abendblüte; E:Namaqualand Tulip · ⟁ D Z9 ⓚ IV-V; Kap
- *volkensii* Harms = Hesperantha petitiana

Hesperis L. 1753 -f- *Brassicaceae* · (S. 325)
D:Nachtviole; E:Dame's Violet; F:Julienne
- **bicuspidata** (Willd.) Poir. 1813 · ⟁ Z6 V-VI; TR, Lebanon, Syr.
- *lutea* = Sisymbrium luteum
- **matronalis** L. 1753 [64397]
  - subsp. **candida** (Kit.) Hegi et Em. Schmid 1919 · D:Weiße Nachtviole · ☉ ⟁ Z3 VI-VII; Eur.: sp., F, I, A, Slova.; Pyr., Alp., Carp. [70801]
    'Plena'
  - subsp. **matronalis** · D:Gewöhnliche Nachtviole; E:Dame's Violet, Sweet Rocket; F:Julienne des dames · ☉ ⟁ Z3 V-VI; Eur.* exc. BrI, Sc; TR, Cauc., Iran, W-Sib., C-As., nat. in BrI, Sc
    'Alba' = Hesperis matronalis subsp. candida
    'Lilacina Flore Pleno'
- **steveniana** DC. 1821 · ☉; Krim
- **sylvestris** Crantz 1762 · D:Wald-Nachtviole · ⟁ VI-VII; Eur.: A, EC-Eur., Ba, E-Eur.
- **tristis** L. 1753 · D:Trübe Nachtviole · ⟁ V-VI; Eur.: A, EC-Eur., Ba, E-Eur.; Cauc. [71730]
- *violacea* Boiss. = Hesperis bicuspidata

Hesperomecon Greene 1903 -n- *Papaveraceae* · (S. 685)
D:Abendmohn; F:Pavot du soir
- **lineare** (Benth.) Greene 1903 · D:Abendmohn · ☉ VII-VIII; S-Calif.

Hesperoscordum Lindl. = Triteleia
- *hyacinthinum* Lindl. = Triteleia hyacintha

Hesperoyucca (Engelm.) Baker 1892 -f- *Agavaceae*
- **whipplei** (Torr.) Baker 1892 · E:Our Lord's Candle · ⟁ Z8 ⓚ; Calif., Baja Calif.

Heteranthemis Schott 1818 -f- *Asteraceae* · (S. 249)
- **viscidihirta** Schott 1818 · ☉ ⚹ VII-IX; Eur.: S-Sp., S-P; NW-Afr.

Heteranthera Ruiz et Pav. 1794 -f- *Pontederiaceae* · (S. 1136)
D:Heteranthere, Trugkölbchen; E:Mud Plantain; F:Hétéranthère
- **dubia** (Jacq.) MacMill. 1892 · D:Grasblättriges Trugkölbchen; E:Water Star Grass · ⟁ ≈ Z8 ⓦ ⓚ; Can.: E; USA*; Mex., Cuba, trop. S-Am.
- *graminea* Vahl = Heteranthera dubia
- **limosa** (Sw.) Willd. 1801 · ⟁ ∼ Z8 ⓦ; USA: Ky., NCE, NC, Colo., N.Mex., SE, Fla.; Mex., trop. S-Am.
- **peduncularis** Benth. 1840 · ⟁ ∼ Z8 ⓦ; Mex., S-Am.
- **reniformis** Ruiz et Pav. 1798 · D:Nierenförmiges Trugkölbchen; E:Mud Plantain · ⟁ ∼ Z8 ⓦ; USA: NE, NCE, NC, SE, SC, Fla.; trop. Am., nat. in N-I
- **zosterifolia** Mart. 1824 · D:Seegrasblättriges Trugkölbchen · ⟁ ≈ Z10 ⓦ; Bras.

Heterocentron Hook. et Arn. 1838 -n- *Melastomataceae* · (S. 629)
- **elegans** (Schltdl.) Kuntze 1891 · D:Spanischer Schal; E:Spanish Shawl · ⟁ e ↝ Z10 ⓚ VI-VII; Mex. [16701]
- **macrostachyum** Naudin 1850 · ℏ e Z10 ⓦ IX-XII; Mex.
- **subtriplinervium** (Link et Otto) A. Braun et C.D. Bouché 1851 · E:Pearlflower · ℏ Z10 ⓦ IX-XI; Mex.

Heteromeles M. Roem. 1847 -f- *Rosaceae* · (S. 753)
D:Winterbeere; E:Christmas Berry; F:Hétéromelès
- **arbutifolia** (Aiton) M. Roem. 1847 · D:Winterbeere; E:Christmas Berry, Tollon · ℏ ℏ e Z9 ⓚ; Calif., Baja Calif. [43710]

Heteromorpha Cham. et Schltdl. 1826 -f- *Apiaceae* · (S. 176)
- **arborescens** Cham. et Schltdl. 1826 · ℏ ℏ ⓚ; S-Afr., Namibia, Botswana, Mozamb.

Heteropappus Less. 1832 -m- *Asteraceae* · (S. 249)
- **altaicus** (Willd.) Novopokr. 1922 · ⟁; Iran - Him.

Heteropogon Pers. 1806 -n- *Poaceae* · (S. 1114)
E:Spear Grass
- **contortus** (L.) P. Beauv. ex Roem. et Schult. 1817 · E:Black Spear Grass · ⟁ VIII-IX; Eur.: Ib, F, Ap, CH, Croatia; Lebanon, Arab., Iraq, Iran, Afgh., Pakist., Ind., Myanmar, China, S-As., Afr., N-Am., S-Am., Austr.

Heteropyxis Harv. 1863 -f- *Myrtaceae*
- **natalensis** Harv. 1863 · ℏ e Z10 ⓚ; S-Afr., Zimbabwe, Mozamb.

Heterotheca Cass. 1817 -f- *Asteraceae* · (S. 249)
- **inuloides** Cass. 1826 · ⟁ Z8 ⓚ VII-VIII; Mex.
- *mariana* (L.) Shinners = Chrysopsis mariana
- **rutteri** (Rothr.) Shinners 1894 · ⟁ [63186]
- **villosa** (Pursh) Shinners 1951 · D:Goldauge; E:Hairy False Golden Aster · ⟁ △ Z5 VII-X; Can.: W; USA: NW, Calif. Rocky Mts., SW, SC, NC, NCE [63185]
  'Golden Sunshine' [63184]

Heterotrichum DC. 1828 -n- *Melastomataceae* · (S. 629)
- **cymosum** Urb. 1910 · ℏ ℏ ⓦ; Puerto Rico
- **macrodon** Planch. 1849 · ℏ e ⓦ; Venez.

Heuchera L. 1753 -f- *Saxifragaceae* · (S. 814)
D:Purpurglöckchen; E:Coral Bell; F:Désespoir du peintre, Heuchère
- **americana** L. 1753 · D:Hohes Purpurglöckchen; E:Rock Geranium · ⟁ Z4 V-VIII ✶; Can.: Ont.; USA: NE, NCE, SE, SC [64398]
  'Dale' [68097]
  'Ring of Fire' [68597]
  'Ruby Veil' [68211]
- × **brizoides** hort. ex Lemoine (H. americana × H. micrantha × H. sanguinea) · ⟁ Z4; cult. [64399]
  'Coral Cloud' [69254]
  'Feuerregen' [64414]
  'Gracillima' [64409]
  'Pruhoniciana' [64415]
  'Red Spangles' [64417]
  'Schneewittchen' [64419]
  'Weserlachs' [64423]
  'Widar' [64424]
- **cylindrica** Douglas ex Hook. 1832 · D:Walzen-Purpurglöckchen; F:Heuchera cylindrique ·

⚃ Z4 VI-VII; Can.: W; USA: NW, Rocky Mts., Calif. [64402]
'Greenfinch' [64403]
- **glabra** Willd. ex Roem. et Schult. 1920 · ⚃ Z4; Alaska; Can.: W; USA: NW
- **grossulariifolia** Rydb. 1900 · D:Drüsiges Purpurglöckchen · ⚃ Z5; USA: NW, Mont., Idaho
- **hispida** Pursh 1814 · ⚃ ; USA: Va., W.Va.; mts. [64425]
- **micrantha** Douglas ex Lindl. 1830 · D:Kleinblütiges Purpurglöckchen, Silbernes Purpurglöckchen; E:Alumroot; F:Heuchera à petites fleurs · ⚃ Z5 VI; B.C., USA: NW, Calif. [64426]
'Bressingham Bronze'
'Palace Purple' [64427]
- **pilosissima** Fisch. et C.A. Mey. 1838 · D:Küsten-Purpurglöckchen · ⚃ Z6; Calif.; coast
- **pubescens** Pursh 1814 · D:Haariges Purpurglöckchen · ⚃ Z5 V-VI; USA: NE, N.C.
- **pulchella** Wooton et Standl. 1913 · D:Schönes Purpurglöckchen · [70048]
- **rubescens** Torr. 1852 · D:Herzblättriges Purpurglöckchen · ⚃ ; USA: Oreg., Calif., Rocky Mts., Ariz., Tex.
- **sanguinea** Engelm. 1848 · D:Blut-Purpurglöckchen; E:Coralbells; F:Heuchera sanguin · ⚃ Z3 V-VII; Ariz., N.Mex.; N-Mex. [67977]
'Leuchtkäfer' [64412]
'Snow Storm' [64421]
'Splendens' [64422]
- **villosa** Michx. 1803 · D:Spitzblättriges Purpurglöckchen · ⚃ Z5; USA: NE, NEC, SE [73890]
- **in vielen Sorten:**
'Bressingham Hybrids' [64430]
'Can Can' [69875]
'Cascade Dawn' [68818]
'Chocolate Ruffles' [68212]
'Green Ivory'
'Helen Dillon' [69737]
'Mint Frost' [60227]
'Persian Carpet'
'Pewter Moon' [64413]
'Plum Pudding' [68260]
'Rachel' [64428]
'Silver Streak' [68311]
'Sioux Falls' [68590]
'Stormy Seas' [68598]
'Strawberry Swirl' [68313]

× **Heucherella** H.R. Wehrh. 1930 -f- *Saxifragaceae* · (S. 815)
D:Bastardschaumblüte;
F:Heuchèrelle (*Tiarella* ×

Heuchera)
- **alba** (Lemoine) Stearn 1948 (*Tiarella wherryi* × *Heuchera* × *brizoides*) · D:Weiße Bastardschaumblüte · ⚃ Z5 V-VI; cult.
'Bridget Bloom' [64431]
'Rosalie' [69257]
- **tiarelloides** (Lemoine) H.R. Wehrh. ex Stearn 1930 (*Tiarella cordifolia* × *Heuchera* × *brizoides*) · D:Rosafarbene Bastardschaumblüte · ⚃ Z5 V-VI; cult. [64433]
- **in vielen Sorten:**
'Quicksilver' [68819]

Hevea Aubl. 1775 -f- *Euphorbiaceae* · (S. 482)
D:Parakautschukbaum; E:Para Rubber; F:Arbre à caoutchouc
- **benthamiana** Müll. Arg. 1865 · ♄ Z10 ⊛ ⓝ; Bras., Peru, Bol.
- **brasiliensis** (Willd. ex A. Juss.) Müll. Arg. 1865 · D:Amazonas-Parakautschukbaum; E:Para Rubber, Rubber Tree · ♄ e Z10 ⊛ ⓝ; Amazon.

Hexadesmia Brongn. = *Scaphyglottis*
- *crurigera* (Bateman ex Lindl.) Lindl. = *Scaphyglottis crurigera*
- *fasciculata* Brongn. = *Scaphyglottis lindeniana*
- *micrantha* Lindl. = *Scaphyglottis micrantha*

Hexastylis Raf. = *Asarum*
- *shuttleworthii* (Britten et Baker f.) Small = *Asarum shuttleworthii*

Hexisea Lindl. 1834 -f- *Orchidaceae* · (S. 1068)
- **bidentata** Lindl. 1834 · ⚃ Z10 ⊛ VI ▽ ✻; Mex., C-Am., Col., Peru, Venez., Guyan.
- **imbricata** (Lindl.) Rchb. f. 1862 · ⚃ Z10 ⊛ V-VI ▽ ✻; Mex., C-Am., Col., Venez.

Heyderia K. Koch = *Calocedrus*
- *decurrens* (Torr.) K. Koch = *Calocedrus decurrens*
- *formosana* (Florin) H.L. Li = *Calocedrus formosana*
- *macrolepis* (Kurz) H.L. Li = *Calocedrus macrolepis*

Hibanobambusa Maruy. et H. Okamura 1971
- **tranquillans** (Koidz.) Maruy. et H. Okamura 1971
fo. *albostriata* H. Okamura = Hibanobambusa tranquillans 'Shiroshima'

'Shiroshima' 1977 [39594]

Hibbertia Andrews 1800 -f- *Dilleniaceae* · (S. 452)
D:Hibbertie, Münzgold, Südseegold; E:Guinea Gold Vine; F:Hibbertia
- **aspera** DC. 1817
- **cuneiformis** (Labill.) Sm. 1811 · ♄ e Z9 ⊛; Austr. (W-Austr.)
- **dentata** R. Br. ex DC. 1817 · ♄ ⅜ e ⊛; Austr.: Queensl., N.S.Wales, Victoria
- **lasiopus** Benth. 1863 · ♄ e Z10 ⊛; Austr.
- **scandens** (Willd.) Dryand. ex Hoogland 1805 · D:Kletterndes Münzgold; E:Guinea Gold Vine, Snake Vine · ♄ e ⅜ Z10 ⊛ VI-IX; Austr.: Queensl., N.S.Wales [11185]
- *tetranda* = Hibbertia cuneiformis
- *volubilis* (Vent.) Andrews = Hibbertia scandens

Hibiscus L. 1753 -m- *Malvaceae* · (S. 617)
D:Roseneibisch; E:Giant Mallow, Rose Mallow; F:Ketmie, Rose de Chine
- *abelmoschus* L. = Abelmoschus moschatus
- **acetosella** Welw. ex Hiern 1896 · ☉ ☉ ⚃ Z10 ⊛ VII-VIII; W-Afr.
- *calycinus* Willd. = Hibiscus calyphyllus
- **calyphyllus** Cav. 1788 · ♄ ⚃ Z10 ⊛; trop.Afr., S-Afr., Madag., Mascaren. Is.
- **cannabinus** L. 1759 · D:Dekanhanf, Gambohanf; E:Indian Hemp · ☉ ☉ ⚃ Z10 ⊛ VII-VIII ⓝ; cult. trop. Afr., Ind.
- **coccineus** (Medik.) Walter 1788 [24366]
- **diversifolius** Jacq. 1788 · D:Kap-Roseneibisch; E:Cape Hibiscus · ☉ ♄ ♄ Z10 ⊛; trop. Afr.; Austr.: Queensl., N.S.Wales; Pacific Is.
- *eetveldeanus* De Wild. et T. Durand = Hibiscus acetosella
- *esculentus* L. = Abelmoschus esculentus
- **heterophyllus** Vent. 1805 · ♄ e Z10 ⊛; Austr.: Queensl., N.S.Wales
- *huegelii* Endl. = Alyogyne huegelii
- **ludwigii** Eckl. et Zeyh. 1834
- *manihot* L. = Abelmoschus manihot
- **militaris** Cav. 1788 · ⚃ Z8 ⊛ VII-VIII; USA: NE, NCE, NC, SC, SE, Fla. [24369]

- **moscheutos** L. 1753 · D:Sumpf-Roseneibisch · [64434]
  - subsp. **moscheutos** · D:Bebänderter Sumpf-Roseneibisch; E:Rose Mallow, Swamp Rose Mallow; F:Ketmie des marais · ⚃ ∼ Z7 VIII-X; USA: NE, NCE, SE, Fla.
  - subsp. **palustris** (L.) R.T. Clausen 1949 · D:Gewöhnlicher Sumpf-Roseneibisch; E:Marsh Mallow, Sea Hollyhook · ⚃ Z7; USA: NE, NCE, N.C., nat. in I, F, P [19783]
- **mutabilis** L. 1753 · D:Filziger Roseneibisch; E:Confederate Rose, Cotton Rose · ♄ ♄ s Z8 ⓚ; S-China, Taiwan [11186]
- *palustris* L. = Hibiscus moscheutos subsp. palustris
- **paramutabilis** L.H. Bailey 1922 · ♄ ♄ Z9 ⓚ; E-China [24371]
- **pedunculatus** L. f. 1781 · ♄ ⚃ Z10 ⓚ; Mozamb., S-Afr.
- *populneus* L. = Thespesia populnea
- **radiatus** Cav. 1787 · ⚃ Z10; trop. Am.
- **rosa-sinensis** L. 1753 [16747]
  1a Kleinblütige, einfach blühende Grp.
     Blütendurchmesser 6–14 cm, die fünf Blütenblätter überlappen sich nur teilweise, sie sind meist einfarbig (der große Basalfleck kann den Eindruck einer zweifarbigen Sorte erwecken). Sie stellt keine hohen Temperaturansprüche und blüht sehr zuverlässig.
  1b Kleinblütige, gefüllt blühende Grp.
     Wie Gruppe 1a, die Blüten sind jedoch durch eine vermehrte Anzahl der Blütenblätter mehr oder weniger gefüllt.
  2 Tropische Grp.
     Sie geht in der Regel auf den aus Ostafrika stammenden *H. schizopetalus* zurück und besitzt mehr oder weniger kleine (5–12 cm) Blüten, die am Rand stark geschlitzt sind. Durch einen langen Blütenstiel hängen die meisten Blüten. Während der Sommermonate wachsen die Pflanzen stark und bilden lange, peitschenartig überhängende Zweige, benötigen aber zur Blütenbildung hohe Temperaturen.
  3a Großblütige, einfach blühende Grp.
     Durch Einkreuzen tropischer, hauptsächlich hawaiianischer Hibiskus-Arten sind Sorten mit einen Blütendurchmesser von 14–28 cm entstanden. Die fünf Blütenblätter überlappen sich an den Rändern stark und bilden „Wagenradblüten", die häufig gewellt oder gerüscht sind und oft Farbmuster besitzen. Die Sorten haben ein hohes Wärmebedürfnis und sind anfällig gegenüber Wind und Regen. Wegen des geringen Wurzelwachstums werden sie häufig auf starkwurzelnden Unterlagen veredelt.
  3b Großblütige, gefüllt blühende Grp.
     Wie Gruppe 3a, die Blüten sind jedoch durch eine vermehrte Anzahl der Blütenblätter mehr oder weniger gefüllt.

  'Apricot' (1b)
  'Cooperi' (2)
  'El Capitolio' (2)
  'Heidi' (1b) 1961
  'Mrs Betty' (1a)
  'Van Houtte' (1a)
  - var. **calleri** L. Z9 ⓦ ⓚ
  - var. **rosa-sinensis** · D:Chinesischer Roseneibisch; E:China Hibiscus, Rose of China · ♄ e Z9 ⓚ III-X ♀ ; ? trop. As.
- **sabdariffa** L. 1753
  - var. **altissima** Wester Z10 ⓚ ⓝ; W-Afr., nat. in Ind., Java, Phil.
  - var. **sabdariffa** · ⊙ Z10 ⓚ VII-VIII ♀ ⓝ; ? Angola, nat. in Trop.
- **schizopetalus** (Mast.) Hook. f. 1880
  - var. **schizopetalus** · D:Hängender Roseneibisch; E:Coral Hibiscus, Japanese Hibiscus · ♄ e Z10 ⓚ V-XI; E-Afr.
  - var. **variegata** (Mast.) Hook. f. 1880 · ♄ Z10 ⓚ; cult.
- **syriacus** L. 1753 · D:Echter Roseneibisch; E:Hibiscus; F:Hibiscus de Syrie · ♄ d Z7 VIII-IX; S-As., E-As., nat. in S-Eur. [18050]

'Admiral Dewey' < 1900 [18060]
'Ardens' < 1973 [18070]
'Coelestis' < 1887 [13154]
'Diana' 1963 [38874]
'Duc de Brabant' < 1872 [18110]
'Hamabo' < 1935 [18120]
'Helene' 1980 [36174]
'Jeanne d'Arc' 1867 [13155]
'Lady Stanley' < 1961 [13156]
'Mauve Queen' 1933 [39882]
'Meehanii' < 1867 [17136]
'Oiseau Bleu' < 1958 [18180]
'Pink Giant' < 1956 [47220]
'Red Heart' 1973 [18200]
'Russian Violet' < 1970 [29590]
'Speciosus' < 1867 [18230]
'Totus Albus' < 1855 [18240]
'William R. Smith' 1916 [18250]
'Woodbridge' 1928 [18260]
- **tiliaceus** L. 1753 · D:Linden-Roseneibisch; E:Mahaut · ♄ ♄ e Z10 ⓚ ⓝ; Ind., S-China, Taiwan, Malay. Pen., Jap., Austr., nat. in trop.Am., subtrop. Am., Fla.
- **trionum** L. 1753 · D:Stunden-Roseneibisch; E:Flower-of-an-hour · ⊙ Z10 VII-X; Eur.: Ap, EC-Eur., Ba, E-Eur.; TR, Levante, Iran, Egypt, Tun., Alger., nat. in Ib, Fr, C-Eur.

Hicoria Raf. = Carya
- *pecan* Britton = Carya illinoinensis

Hidalgoa La Llave 1824 -f- *Asteraceae* · (S. 250)
D:Kletterdahlie, Klimmdahlie; E:Climbing Dahlia; F:Dahlia grimpant
- **wercklei** Hook. f. 1899 · ⚃ ⚡ Z10 ⓚ VIII-IX; Costa Rica

Hieracium L. 1753 -n- *Asteraceae* · (S. 250)
D:Habichtskraut; E:Hawkweed; F:Epervière
- **alpicola** Schleich. ex Steud. et Hochst. 1821 · D:Seidenhaariges Habichtskraut · ⚃ VII-VIII; Eur.: Ap, C-Eur., EC-Eur., Ba, RO
- **alpinum** L. 1753 · D:Alpen-Habichtskraut · ⚃ Z3 VII-VIII; Eur.* exc. Ib; W-Sib., Greenl.
- **amplexicaule** L. 1753 · D:Stängelumfassendes Habichtskraut · ⚃ VI-VIII; Eur.: Ib, Fr, I, C-Eur., H; NW-Afr.
- **angustifolium** Hoppe 1799 · D:Gletscher-Habichtskraut · ⚃ VII-VIII; Eur.: F, I, CH, D, A; Alp.
- **aurantiacum** L. 1753 · D:Orangerotes Habichtskraut; E:Devil's Paintbrush, Orange Hawkweed; F:Epervière dorée · ⚃ ⤳ VI-VIII; Eur.* exc. BrI, Ib, nat. in BrI [64437]
- **bauhini** Schult. 1809 · D:Ungarisches Habichtskraut · ⚃ V-VII; Eur.: Fr, I, C-Eur., EC-Eur., E-Eur.; Cauc., Lebanon, W-Sib., C-As.

- **bifidum** Kit. ex Hornem. 1815 · D:Gabeliges Habichtskraut · ♃ VI-VIII; Eur.*
- **bombycinum** Boiss. et Reut. ex Rchb. f. 1860 · ♃ △ V; Eur.: sp.
- **bornmuelleri** Freyn 1895 · ♃ △ Z7 VI-VIII; TR [72043]
- **bupleuroides** C.C. Gmel. 1808 · D:Hasenohr-Habichtskraut · ♃ VII-VIII; Eur.: F, I, D, A, EC-Eur.
- **caesium** (Fr.) Fr. 1848 · D:Blaugraues Habichtskraut · ♃ VI-VIII; Eur.: Fr, C-Eur., Sc, EC-Eur., Slove., E-Eur.
- **caespitosum** Dumort. 1827 · D:Wiesen-Habichtskraut; E:Yellow Fox and Cubs, Yellow Hawkweed · ♃ V-VIII; Eur.: Fr, C-Eur., Sc, EC-Eur., Ba, E-Eur., nat. in BrI
- **chondrillifolium** Fr. 1862 · D:Knorpellattich-Habichtskraut · ♃; Eur.: F, I; SW-Alp. [64438]
- **cymosum** L. 1763 · D:Trugdoldiges Habichtskraut · ♃ V-VII; Eur.* exc. BrI, Ib; TR, W-Sib., E-Sib., ? Cauc.
- **dentatum** Hoppe 1815 · D:Gezähntes Habichtskraut · ♃ VII-VIII; Eur.: F, I, Me, EC-Eur., Slove., Croatia, Bosn., RO, W-Russ.; mts.
- **echioides** Lumn. 1791 · D:Natternkopf-Habichtskraut · ♃ VII-VIII; Eur.: C-Eur., EC-Eur., Ba, E-Eur.; TR, Lebanon, W-Sib., Iran, Afgh., C-As., Mong., China: Sinkiang
- × **floribundum** Wimm. et Grab. 1829 (*H. caespitosum* × *H. lactucella*) · D:Reichblütiges Habichtskraut; E:Yellow Devil Hawkweed · ♃ V-IX; Eur.: Sc, NL, C-Eur., EC-Eur., E-Eur.
- **fuscocinereum** Norrl. 1888 · D:Pfeilblättriges Habichtskraut · ♃ V-VII; Eur.: BrI, Sc, F, D, EC-Eur., Russ.
- *glaciale* Reyn. ex Lachen. = Hieracium angustifolium
- **glaucinum** Jord. · D:Frühblühendes Habichtskraut · ♃ V-VII; Eur.*
- **glaucum** All. 1773 · D:Blaugrünes Habichtskraut · ♃ Z6 VII-IX; Eur.: F, I, C-Eur., H, Slove., Croatia, Bosn.; mts.
- **hoppeanum** Schult. 1814 · D:Hoppes Habichtskraut · ♃ V-VIII; Eur.: Ap, Me, EC-Eur., Ba, Ro, Krim; TR, Syr., Cauc., Iran
- **humile** Jacq. 1776 · D:Niedriges Habichtskraut · ♃ Z7 VI-VIII; Eur.: sp., F, Ap, C-Eur., Slove., Croatia, Bosn., Montenegro
- **intybaceum** All. 1773 · D:Endivien-Habichtskraut · ♃ △ Z6 VII-VIII; Eur.: F, C-Eur., I, Slove.; Alp. [64439]
- **jurassicum** Griseb. 1852 · D:Jurassisches Habichtskraut · ♃ VII-VIII; Eur.*, TR, Cauc.
- **lachenalii** C.C. Gmel. 1808 · D:Gewöhnliches Habichtskraut · ♃ VI-VIII; Eur.*, W-As. +
- **lactucella** Wallr. 1822 · D:Öhrchen-Habichtskraut · ♃ V-VIII; Eur.* exc. BrI
- **laevigatum** Willd. 1803 · D:Glattes Habichtskraut · ♃ VI-VIII; Eur.*, TR, Cauc., N-As., C-As.
- **lycopifolium** Froel. 1838 · D:Wolfstrappblättriges Habichtskraut · ♃ VIII-IX; Eur.: F, I, CH, D, A; Alp.
- **macranthum** (Ten.) Ten. 1836 · D:Großköpfiges Habichtskraut · ♃; D +
- **maculatum** Schrank 1789 · D:Geflecktes Habichtskraut · ♃ Z6; Eur.: GB, F, EC-Eur., H, Ba, RO [72044]
  'Leopard' [64440]
- **murorum** L. 1753 · D:Wald-Habichtskraut; E:Golden Lungwort · ♃ Z6 V-VIII; Eur.*, W-As.
- **pannosum** Boiss. 1844 · ♃ △ Z6 VI-VII; Eur.: Ba; TR, Cauc.; mts.
- **peleterianum** Mérat 1812 · D:Peletiers Habichtskraut · ♃ V-VI; Eur.: Sc, BrI, Fr, Ib, C-Eur., Ap, N-Russ; Maroc. [64441]
- **picroides** Vill. 1812 · D:Bitterkrautartiges Habichtskraut · ♃ VIII-IX; Eur.: F, I, CH, D, A; Alp.
- **pictum** Pers. 1807 · D:Geflecktes Habichtskraut · ♃ VI-VIII; Eur.: F, I, CH; Alp., Apenn., Sard.
- **piliferum** Hoppe 1799 · D:Grauzottiges Habichtskraut · ♃ VII-VIII; Eur.: sp., F, I, C-Eur., EC-Eur., Ju, RO; mts.
- **pilosella** L. 1753 · D:Kleines Habichtskraut, Mäuseohr; E:Mouse Ear Hawkweed; F:Epervière piloselle · ♃ ⇝ Z5 V-X ⚥ ; Eur.*, Cauc., W-Sib. [64442]
  'Niveum' [64443]
- **piloselloides** Vill. 1779 · D:Florentiner Habichtskraut; E:King Devil Hawkweed · ♃ V-VIII; Eur.: Fr, Ap, C-Eur., EC-Eur., Ba, E-Eur.; TR, Lebanon, Syr., Cauc., N-Iran, C-As.
- **pilosum** Schleich. ex Froel. 1838 · D:Wollköpfiges Habichtskraut · ♃ VII-VIII; Eur.: Fr, I, C-Eur., Slova., Ba, RO; Alp., Jura, Apenn., Carp., Maced.
- **porrifolium** L. 1753 · D:Lauchblättriges Habichtskraut · ♃ VII-IX; Eur.: I, A, Slove., Croatia; S-Alp., Croatia
- **prenanthoides** Vill. 1779 · D:Hasenlattich-Habichtskraut · ♃ VII-IX; Eur.*, TR, Cauc.; mts.
- **racemosum** Waldst. et Kit. ex Kit. 1803 · D:Traubiges Habichtskraut · ♃ VII-X; Eur.: Fr, Ap, C-Eur., EC-Eur., Ba, RO; TR
- × **rubrum** Peter 1881 (*H. aurantiacum* × *H.* × *floribundum*) · D:Rotes Habichtskraut; F:Epervière rouge · ♃ ⇝ VI-VII; Eur.: PL, CZ, RO [64444]
- **sabaudum** L. 1753 · D:Savoyer Habichtskraut · ♃ VIII-X; Eur.*; TR, Cauc.
- **saussureoides** Arv.-Touv. 1888 · D:Spätblühendes Habichtskraut · ♃ VI-VIII; Eur.: F, I; E-Pyr., W-Alp.
- **schmidtii** Tausch 1828 · D:Blasses Habichtskraut · ♃ V-VII; Eur.*, TR, Lebanon
- **scorzonerifolium** Vill. 1779 · D:Schwarzwurzelblättriges Habichtskraut · ♃ VII-VIII; Eur.: F, I, C-Eur., Slova., Slove., Croatia, Bosn., RO; Alp., Jura, Apenn.
- *silvaticum* Tausch ex Nyman = Hieracium murorum
- **sparsum** Friv. 1836 · D:Zerstreutköpfiges Habichtskraut · ♃ VII-IX; Eur.: Ba, RO; TR
- *sylvaticum* (L.) L. = Hieracium murorum
- **tomentosum** (L.) L. 1755 · D:Wollfilziges Habichtskraut; E:Woolly Hawkweed · ♃ △ VI-VII; Eur.: Jura, Alp., Alpi Apuane
- **transsilvanicum** Heuff. 1858 · D:Siebenbürger Habichtskraut · ♃ VI-VIII; Eur.: A, EC-Eur., Ba, E-Eur.
- **umbellatum** L. 1753 · D:Doldiges Habichtskraut · ♃ Z6 VII-X; Eur.*, TR, Cauc., Iran, W-Sib., E-Sib., Amur, Sachal., Kamchat., C-As., Him., Mong., China, Jap., N-Am. [64445]
- **villosum** Jacq. 1762 · D:Zottiges Habichtskraut; E:Shaggy Hawkweed; F:Epervière velue · ♃ △ Z6 VII; Eur.: F, I, C-Eur., EC-Eur., Ba, RO, W-Russ.; mts. [64446]
- **vogesiacum** (Kirschl.) Fr. 1848 · D:Vogesen-Habichtskraut · ♃ ; Eur.: sp., F, I, CH, BrI

– **vulgatum** Fr. 1819 · D:Dünnstängeliges Habichtskraut · ⚄ ; Eur.: Sk, Br, F, C-Eur., EC-Eur., I, Balt., N-Russ.
– **waldsteinii** Tausch 1828 · ⚄ △ Z6 VI-VII; Eur.: Croatia, Bosn., YU, Maced., AL, GR

Hierochloe R. Br. 1810 -f- *Poaceae* · (S. 1114)
D:Mariengras; E:Holy Grass; F:Hierochloa, Houque
– **australis** (Schrad.) Roem. et Schult. 1817 · D:Südliches Mariengras · ⚄ IV-V; Eur.: I, C-Eur., EC-Eur., Ba, E-Eur., FIN
– **hirta** (Schrank) Borbás · D:Gewöhnliches Raues Mariengras · ⚄ V-VI; Eur.: I, C-Eur., EC-Eur., Sc, Russ.; Cauc., W-Sib., E-Sib., Kamchat., China, N-Am.
– **odorata** (L.) P. Beauv. 1812 · D:Duftendes Mariengras; E:Holy Grass, Sweet Grass · ⚄ ∼ D V-VI ⓝ; Eur.* exc. Ib, Ba; Cauc., N-As., Alaska, Can., USA: NE, NCE, NC, Rocky Mts, SW, NW
– **repens** (Host) Simonk. 1886 · D:Kriechendes Mariengras · ⚄ V-VI; Eur.: A, EC-Eur., BG, E-Eur.; Cauc., W-Sib., C-As.

Higginsia Pers. = Hoffmannia
– *ghiesbreghtii* (Lem.) Hook. = Hoffmannia ghiesbreghtii
– **refulgens** Hook. 1862
 – var. *roezlii* Regel = Hoffmannia roezlii

Hildewintera F. Ritter 1966 -f- *Cactaceae* · (S. 357)
– **aureispina** (F. Ritter) F. Ritter 1966 · ♃ ⚡ Z9 ⓚ; Bol.

Hillebrandia Oliv. 1866 -f- *Begoniaceae* · (S. 283)
– **sandwicensis** Oliv. 1866 · ⚄ ⓦ V; Hawaii

Himalayacalamus Keng f. 1992 -m- *Poaceae*
– **falconeri** (Hook. ex Munro) Keng f. 1992 · ♄ e Z8 ⓚ; C-Him.
– **hookerianus** (Munro) Stapleton 1993 · ♄ e Z8 ⓚ; E-Him.: (Sikkim, Bhutan, Ind.)

Himantoglossum Spreng. 1826 -n- *Orchidaceae* · (S. 1068)
D:Riemenzunge; E:Lizard Orchid; F:Orchis bouc
– **adriaticum** H. Baumann 1978 · D:Adriatische Riemenzunge · ⚄

Z7 ▽ ✳; I
– **hircinum**
 – var. **hircinum** · D:Gewöhnliche Bocks-Riemenzunge; E:Lizard Orchid · ⚄ Z7 V-VI ▽ ✳; Eur.* exc. Sc; Alger.

× **Hippeastrelia** hort. -f- *Amaryllidaceae* · (*Hippeastrum* × *Sprekelia*)

Hippeastrum Herb. 1821 -n- *Amaryllidaceae* · (S. 911)
D:Amaryllis der Gärtner, Ritterstern; F:Amaryllis, Amaryllis de Rouen
– × **acramannii** hort. (*H. aulicum* × *H. psittacinum*) · ⚄ ⓚ ✼; cult.
– **aulicum** (Ker-Gawl.) Herb. 1821 · ⚄ ⓦ; Bras., Parag.
 fo. *robustum* (A. Dietr. ex Walp.) Voss = Hippeastrum aulicum
– *bifidum* Baker = Rhodophiala bifida
– **elegans** (Spreng.) H.E. Moore 1963 · ⚄ ⓦ I-VI; S-Am.
– **leopoldii** T. Moore 1870 · ⚄ ⓦ; Bol.
– **papilio** (Ravenna) Van Scheepen 1997 · ⚄ Z9 ⓚ; S-Bras.
– **pardinum** (Hook. f.) Dombrain 1867 · ⚄ ⓦ I-IV; Bol.
– **psittacinum** (Ker-Gawl.) Herb. 1821 · ⚄ ⓦ IV-V; S-Bras.
– **puniceum** (Lam.) Voss 1895 · D:Barbados-Ritterstern; E:Barbados Lily · ⚄ ⓦ XII-IV; Mex., W.Ind., S-Am.
– **reginae** (L.) Herb. 1821 · D:Mexikanischer Ritterstern; E:Mexican Lily · ⚄ ⓦ I-IV; Mex., C-Am., W.Ind., trop. S-Am.
– **reticulatum** (L'Hér.) Herb. 1824 · ⚄ D ⓦ IX; S-Bras.
– *solandriflorum* (Lindl.) Herb. = Hippeastrum elegans
– **striatum** (Lam.) H.E. Moore 1963 · ⚄ ⓦ XI-III; Bras.
– **vittatum** (L'Hér.) Herb. 1821 · ⚄ ⓦ II-VI ✼; Peru: And.
– in vielen Sorten:
'Apple Blossom'
'Christmas Gift'
'Jewel'
'Lady Jane'
'Pamela'
'Picotee'
'Red Lion'
'Rilona'
'Telstar'

Hippobroma G. Don = Isotoma
– *longiflora* (L.) G. Don = Isotoma

longiflora

Hippochaete Milde = Equisetum
– *hyemalis* (L.) Börner = Equisetum hyemale var. hyemale
– *scirpoides* (Michx.) Farw. = Equisetum scirpoides
– *variegata* (Schleich. ex F. Weber et D. Mohr) Farw. = Equisetum variegatum

Hippocrepis L. 1753 -f- *Fabaceae* · (S. 512)
D:Hufeisenklee; E:Horseshoe Vetch; F:Fer-à-cheval
– **comosa** L. 1753 · D:Gewöhnlicher Hufeisenklee; E:Horseshoe Vetch · ⚄ △ V-X ⓝ; Eur.* exc. BrI, Sc [64447]
– *emerus* (L.) Lassen = Emerus major

Hippolytia Poljakov 1957 *Asteraceae*
– **herderi** (Regel et Schmalh.) Poljakov 1957

Hippomane L. 1753 -f- *Euphorbiaceae* · (S. 482)
– **mancinella** L. 1753 · D:Manzanilla; E:Manchineel · ♄ e ⓦ ✼; S-Fla., W.Ind., S-Am.

Hippophae L. 1753 -f- *Elaeagnaceae* · (S. 458)
D:Sanddorn; E:Sea Buckthorn; F:Argousier
– **rhamnoides** L. 1753 · D:Sanddorn · [18270]
'Frugana' 1986 [14592]
'Hergo' 1983 [37829]
'Leikora' (f) 1979 [37695]
'Pollmix' (m) [37830]
 – subsp. **carpatica** Rousi 1971 · D:Karpaten-Sanddorn · ♄ d ⚥ Z4 III-IV ⓝ; D, A, H, RO + [24395]
 – subsp. **fluviatilis** Soest 1952 · D:Gebirgs-Sanddorn · ♄ d ⚥ Z4 II-IV ⓝ; sp., F, I [24396]
 – subsp. *maritima* Soest 1952 = Hippophae rhamnoides subsp. rhamnoides
 – subsp. **rhamnoides** · D:Küsten-Sanddorn; E:Sea Buckthorn; F:Argousier, Saule épineux · ♄ d Z4 III-V ♃ ; Eur.*, TR, Cauc., Iran, W-Sib., E-Sib., C-As., Tibet, Him., Mong. [24397]
– **salicifolia** D. Don 1825 · D:Weidenblättriger Sanddorn; F:Argousier à feuilles de saule · ♄ d ⚥ Z6 III-IV; Him. [38953]

Hippuris L. 1753 -f- *Hippuridaceae* · (S. 565)
D:Tannenwedel; E:Mare's Tail; F:Pesse, Queue-de-cheval
- **vulgaris** L. 1753 · D:Tannenwedel; E:Mare's Tail; F:Queue de cheval · ⚘ ~ ≈ V-VIII; Eur.*, TR, Cauc., Iran, W-Sib., E-Sib., Amur, Sachal., Kamchat., C-As., Mong., Tibet, N-China, Jap., Alaska, Can., USA: NE, NCE, NC, SW, Rocky Mts., NW, Calif. [67186]

Hirschfeldia Moench 1794 -f- *Brassicaceae* · (S. 325)
D:Grausenf; E:Hoary Mustard; F:Hirschfeldia
- **incana** (L.) Lagr.-Foss. 1847 · D:Gewöhnlicher Grausenf; E:Hairy Brassica · ☉ V-X; Eur.: Ib, Fr, Ap, Ba; TR, Levante, SW-As., NW-Afr., Libya, nat. in BrI, DK, C-Eur.

Hoffmannia Sw. 1788 -f- *Rubiaceae* · (S. 773)
- *bullata* L.O. Williams = Hoffmannia discolor
- **discolor** (Lem.) Hemsl. 1881 · ⚘ e Z10 ⓦ; Mex.
- **ghiesbreghtii** (Lem.) Hemsl. 1881 · ♄ e Z10 ⓦ; Mex., Guat.
- *refulgens* (Hook.) Hemsl. = Hoffmannia discolor
  - var. *roezlii* Regel = Hoffmannia roezlii
- **regalis** (Hook.) Hemsl. 1881 · ♄ e Z10 ⓦ; Mex.
- **roezlii** (Regel) Regel · ⚘ e Z10 ⓦ; Mex.

Hohenbergia Schult. et Schult. f. 1830 -f- *Bromeliaceae* · (S. 974)
- **augusta** (Vell.) E. Morren 1873 · ⚘ Z9 ⓦ; Bras.
- *exsudans* (Lodd.) Mez = Aechmea aquilega
- **stellata** Schult. et Schult. f. 1830 · ⚘ Z9 ⓦ; Venez., Trinidad, Bras.
- *strobilacea* Schult. et Schult. f. = Acanthostachys strobilacea

Hohenbergiopsis L.B. Sm. et Read 1976 -f- *Bromeliaceae*
- **guatemalensis** (L.B. Sm.) L.B. Sm. et Read 1976

Hoheria A. Cunn. 1839 -f- *Malvaceae* · (S. 617)
D:Hoherie, Neuseelandeibisch; E:Lacebark; F:Hohéria
- **angustifolia** Raoul 1844 · ♄ e Z8

ⓚ; NZ
- **glabrata** Sprague et Summerh. 1926 · D:Berg-Neuseelandeibisch; E:Lacebark, Mountain Ribbon · ♄ ♄ d Z8 ⓚ VI-VII; NZ
- **lyallii** Hook. f. · ♄ d Z8 ⓚ; NZ (S-Is.) [11187]
- **populnea** A. Cunn. · D:Pappel-Neuseelandeibisch; E:New Zealand Lacebark · ♄ ♄ e Z8 ⓚ IX; NZ
- **sexstylosa** Colenso 1885 · ♄ e Z8 ⓚ; NZ
  'Stardust'

Holboellia Wall. 1824 -f- *Lardizabalaceae* · (S. 594)
- **coriacea** Diels 1900 · ♄ ⚡ e ⚡ Z9 ⓚ; C-China
- **latifolia** Wall. 1824 · ♄ e ⚡ Z9 ⓚ VII-VIII; Him.

Holcus L. 1753 -m- *Poaceae* · (S. 1114)
D:Honiggras; E:Soft Grass; F:Houque
- **lanatus** L. 1753 · D:Wolliges Honiggras; E:Yorkshire Fog · ⚘ Z5 VI-VIII ⓝ; Eur.*, TR, Cauc.
  'Variegatus'
- **mollis** L. 1759 · D:Weiches Honiggras; E:Creeping Soft Grass · ⚘ Z5 VI-VII; Eur.*, TR [67583]
  'Albovariegatus' [67584]
- *odoratus* L. = Hierochloe odorata

Holmskioldia Retz. 1791 -f- *Verbenaceae* · (S. 885)
D:Chinesenhut; E:Chinese Hat Plant
- **sanguinea** Retz. 1791 · D:Chinesenhut; E:Chinese Hat Plant, Cup and Saucer Plant · ♄ e Z10 ⓦ; Him., Malay. Pen. [11188]

Holodiscus (K. Koch) Maxim. 1879 -m- *Rosaceae* · (S. 753)
D:Schaumspiere; E:Oceanspray; F:Holodiscus
- **discolor** (Pursh) Maxim. 1879 · D:Wald-Schaumspiere; E:Cream Bush, Ocean Spray · ♄ d Z5; Can.: B.C.; USA: NW, Calif., Mont., Idaho [24401]
  - var. *ariifolius* (Sm.) Asch. et Graebn. 1900 = Holodiscus discolor
- **dumosus** (Nutt. ex Hook.) A. Heller 1898 · D:Wüsten-Schaumspiere; E:Rock Spiraea · ♄ d VII-VIII; USA: Rocky Mts., SW; Mex. [24402]

Holoschoenus Link = Scirpoides
- *vulgaris* Link = Scirpoides holoschoenus

Holosteum L. 1753 -n- *Caryophyllaceae* · (S. 401)
D:Spurre; F:Holostée
- **umbellatum** L. 1753 · D:Doldige Spurre · ☉ III-V; Eur.* exc. BrI; TR, Levante, Cauc., Iran, Afgh., C-As., Him., China

× **Holttumara** hort. 1858 -f- *Orchidaceae* ·
  (*Arachnis* × *Renanthera* × *Vanda*)

Homalanthus A. Juss. 1824 -m- *Euphorbiaceae* · (S. 482)
- **populifolius** Graham 1827 · D:Blutendes Herz; E:Bleeding Heart Tree, Queensland Poplar · ♄ e Z10 ⓦ; N.Guinea, Austr.: Queensl., N.S.Wales, Victoria
- **populneus** (Geiseler) Pax 1892 · ♄ ♄ ⓦ; Thail., Malay. Arch., Phil.

Homalocephala Britton et Rose = Echinocactus
- *texensis* (Hopffer) Britton et Rose = Echinocactus texensis

Homalocladium (F. Muell.) L.H. Bailey 1929 -n- *Polygonaceae* · (S. 705)
D:Bandbusch; F:Homalocladium
- **platycladum** (F. Muell.) L.H. Bailey 1929 · D:Bandbusch; E:Centipede Plant, Ribbon Bush · ♄ e ⓚ; Salom. [11189]

Homalomena Schott 1832 -f- *Araceae* · (S. 926)
- **lindenii** (Rodigas) Ridl. 1908 · ⚘ Z10 ⓦ; N.Guinea
- **occulta** (Lour.) Schott 1832 · ⚘ ⓦ; Vietn.
- **rubescens** (Roxb.) Kunth 1841 · ⚘ Z10 ⓦ; Ind.: Sikkim, Assam; Myanmar
- **wallisii** Regel 1877 · ⚘ Z10 ⓦ; Col., Venez.

Homeria Vent. = Moraea
- *collina* (Thunb.) Salisb. = Moraea collina
- **flaccida** Sweet 1826 · ⚘ Z9 ⓚ; S-Afr. (SW-Cape)
- **ochroleuca** Salisb. 1812 · ⚘ Z9 ⓚ; S-Afr. (SW-Cape)

Homogyne Cass. 1816 -f- *Asteraceae* · (S. 250)
D:Alpenlattich; E:Colt's Foot;

F:Homogyne
- **alpina** (L.) Cass. 1821 · D:Alpen-Brandlattich, Grüner Alpenlattich; E:Alpine Coltsfoot · ⚃ △ Z2 V-VI; Eur.* exc. BrI, Sc; mts., nat. in BrI
- **discolor** (Jacq.) Cass. 1821 · D:Filziger Alpenlattich · ⚃ △ Z2 VI-VII; Eur.: D, I, A, Slove., Bosn.; E-Alp., mts. Bosn.
- **sylvestris** (Scop.) Cass. 1821 · D:Wald-Alpenlattich · ⚃ △ Z2 V-VI; Eur.: I, A, Sloven., Croatia, Montenegro; mts.

Honckenya Ehrh. 1783 -f- *Caryophyllaceae* · (S. 401) D:Salzmiere; E:Sea Sandwort; F:Honckénéja
- **peploides** (L.) Ehrh. 1783 · D:Salzmiere; E:Sea Sandwort · ⚃ VI-VII

Honckenya Willd. = Clappertonia
- *ficifolia* Willd. = Clappertonia ficifolia

Honkenya Cothen. = Clappertonia

Hoodia Sweet ex Decne. 1844 -f- *Asclepiadaceae* · (S. 207)
- *bainii* Dyer = Hoodia gordonii
- var. *juttae* (Dinter) H. Huber 1961 = Hoodia juttae
- **currorii** (Hook.) Decne. · ⚇ Z9 ⓚ; Namibia, Angola
- **gordonii** (Masson) Sweet ex Decne. 1844 · ⚇ Z9 ⓚ; Kap, Namibia
- **juttae** Dinter 1914 · ⚇ Z9 ⓚ; Namibia
- *macrantha* Dinter = Hoodia currorii

× **Hookerara** hort. 1963 -f- *Orchidaceae* · (*Cattleya* × *Caularthron* × *Rhyncholaelia*)

Hopea Roxb. 1811 -f- *Dipterocarpaceae* · (S. 455)
- **hainanensis** Merr. et Chun 1940 · ♄
- **odorata** Roxb. 1811 · E:Chengal · ♄ e ⓦ ⓝ; Myanmar, Andaman I., Vietn., Kalimantan, Phil.

Hoplophytum Beer = Aechmea
- *calyculatum* E. Morren = Aechmea calyculata

Hordelymus (Jess.) Jess. ex Harz 1885 -m- *Poaceae* · (S. 1115) D:Waldgerste; E:Wood Barley; F:Orge des bois

- **europaeus** (L.) Jess. ex Harz 1885 · D:Waldgerste · ⚃ VI-VIII; Eur.*, TR, Cauc., NW-Afr.

Hordeum L. 1753 -n- *Poaceae* · (S. 1115) D:Gerste; E:Barley; F:Orge
- **bulbosum** L. · D:Knollen-Gerste; E:Bulbous Barley · ⚃ ; Eur.: Ba, Ib, EC-Eur., RO, Krim, Ap, nat. in F
- *distichon* L. = Hordeum vulgare Distichon Grp.
- *hexastichon* L. = Hordeum vulgare
- **hystrix** Roth 1797 · D:Salz-Gerste · ⊙ VI-VIII; Eur.: Ib, Ap, A, EC-Eur., Ba, E-Eur.; TR, Syr., Lebanon, Israel, Iraq, Cauc., Iran, Afgh., W-Sib., Egypt, nat. in N-Am., trop. Afr., Jap., Austr., NZ
- **jubatum** L. 1753 · D:Mähnen-Gerste; E:Foxtail Barley, Squirrel Tail; F:Orge à crinière · ⊙ ⊙ ⚃ Z5 VI-VIII; Alaska, Can., USA*, Mex., nat. in C-Eur.
- **marinum** L. 1778 · D:Strand-Gerste · ⊙ V-VII; Eur.: Ib, BrI, Fr, Ap, D, Ba, RO; TR, Cyprus, SW-As., Egypt +
- **murinum** L. · D:Mäuse-Gerste; E:False Barley · ⊙ VI-X; Eur.* exc. Sc; TR, Iraq, Arab., Syr., Lebanon, Palaest., Cyprus, Cauc., Iran, Iraq, Afgh., Pakist., NW-Ind., C-As., China, N-Afr., nat. in cosmop.
- *polystichon* Haller f. = Hordeum vulgare
- *sativum* Jess. = Hordeum vulgare
- **secalinum** Schreb. 1771 · ⚃ ; Eur.*, Palaest., Alger., nat. in N-Am., S-Am., S-Afr.
- **spontaneum** K. Koch 1848 · ⊙ ; N-Afr., Crete, TR, Syr., Cyprus, Iraq, Cauc., Iran, Afgh., Pakist., NW-Ind., C-As.
- **vulgare** L. 1753 · D:Mehrzeilige Gerste, Saat-Gerste; E:Barley · ⊙ V-VII ⚥ ⓝ; cult.
    Distichon Grp. · D:Zweizeilige Gerste; E:Pearl Barley · ⊙ VI-VII ⚥ ⓝ; cult.

Horkelia Cham. et Schltdl. 1827 *Rosaceae* · (S. 754)
- **californica** Cham. et Schltdl. 1827 · ⚃ ; Calif.

Hormathophylla Cullen et T.R. Dudley = Alyssum
- *spinosa* (L.) P. Küpfer = Alyssum spinosum

Hormidium Lindl. ex Heynh. = Prosthechea
- *tripterum* (Brongn.) Cogn. =

Prosthechea pygmaea

Horminum L. 1753 -n- *Lamiaceae* · (S. 582) D:Drachenmäulchen; E:Dragon's Mouth; F:Horminelle, Sauge hormin
- **pyrenaicum** L. 1753 · D:Drachenmäulchen; E:Dragon's Mouth, Pyrenean Dead-nettle; F:Horminelle des Pyrénées · ⚃ △ Z7 VI-VIII ▽; Eur.: sp., F, I, C-Eur., Slove.; Pyr., Alp. [64448]

Hornungia Rchb. 1842 -f- *Brassicaceae* · (S. 325) D:Felskresse
- **petraea** (L.) Rchb. 1837 · D:Kleine Felskresse · ⊙ III-V; Eur.*, TR, NW-Afr.

Horridocactus Backeb. = Neoporteria
- *curvispinus* (Bertero) Backeb. = Neoporteria curvispina
- *kesselringianus* Dölz = Neoporteria curvispina
- *nigricans* (A. Dietr.) Backeb. et Dölz = Neoporteria tuberisulcata
- *tuberisulcatus* (Jacobi) Y. Itô = Neoporteria tuberisulcata

Hosta Tratt. 1812 -f- *Hostaceae* · (S. 1005) D:Funkie; E:Giboshi, Plantain Lily; F:Funkia
- **aequinoctiiantha** Koidz. ex Araki 1942 · ⚃ ; Jap.
- *albomarginata* (Hook.) Ohwi = Hosta sieboldii
- *caerulea* (Andrews) Tratt. = Hosta ventricosa
- **capitata** (Koidz.) Nakai 1932 · ⚃ ; Jap., Korea [64512]
- *cathayana* F. Maek. = Hosta tardiva
- **clausa** Nakai 1930 · ⚃ ; Korea (Kekei) [64455]
    - var. **clausa**
    - var. **normalis** F. Maek. 1937 · ⚃ ; Korea [64456]
- *crispula* F. Maek. = Hosta 'Crispula'
- **decorata** L.H. Bailey 1930 · D:Zierliche Weißrand-Funkie · ⚃ VIII; cult. [64459]
    - var. *marginata* Stearn 1931 = Hosta decorata
- *elata* Hyl. = Hosta 'Elata'
- **fluctuans** F. Maek. 1940 · ⚃ ; Jap. (Honshu)
- *glauca* (Siebold ex Miq.) Stearn = Hosta sieboldiana
- **gracillima** F. Maek. 1936 · ⚃ VIII-X; Jap. [64479]

- **hypoleuca** Murata 1962 · ⌛ ; Jap.
- **kikutii** F. Maek. 1937 · ⌛ Z6; Jap. (Kyushu)
  - var. **caput-avis** (F. Maek.) F. Maek. 1950 · ⌛ Z6; Jap.
  - var. **kikutii**
  - var. **polyneuron** (F. Maek.) N. Fujita 1972 · ⌛ Z6; Jap. (Kyushu: Yakushima)
  - var. **yakusimensis** (Masam.) F. Maek. 1940 · ⌛ Z6; Jap. (Kyushu)
- **kiyosumiensis** F. Maek. 1935 · ⌛ ; Jap. (Honshu)
- **lancifolia** (Thunb.) Engl. 1887 · D:Lanzenblatt-Funkie · ⌛ VII-IX; Jap. [64505]
  - var. *alba* W. Irving = Hosta sieboldiana 'Elegans Alba'
  - var. *albomarginata* (Hook.) L.H. Bailey 1915 = Hosta sieboldii
  - var. *longifolia* (Honda) Honda 1935
  - var. *tardiflora* (W. Irving) L.H. Bailey 1915 = Hosta tardiflora
- *latifolia* (Miq.) Matsum. = Hosta ventricosa
  - var. *albimarginata* H.R. Wehrh. 1936 = Hosta 'Crispula'
- *latifolia* H.R. Wehrh. = Hosta 'Elata'
- **longipes** (Franch. et Sav.) Matsum. 1894
  - var. *gracillima* (F. Maek.) N. Fujita 1976 = Hosta gracillima
  - var. **latifolia** F. Maek. 1940 · ⌛ ; Jap., Korea
  - var. **longipes** · ⌛ VIII-IX; Jap.
- **longissima** F. Maek. 1937 · ⌛ VII-VIII; Jap. [64507]
  - var. *longifolia* (Honda) W.G. Schmid 1991 = Hosta longissima
- **minor** (Baker) Nakai 1911 · ⌛ ; Korea, ? Jap. [64508]
- **montana** F. Maek. 1940 · D:Bergfunkie; F:Hosta des montagnes · ⌛ Z6; Jap. [64509]
- *nakaiana* F. Maek. = Hosta capitata
- **nigrescens** (Makino) F. Maek. 1937 · ⌛ ; Jap. (Honshu) [67789]
- **pachyscapa** F. Maek. 1940 · ⌛ ; Jap. (Honshu)
- **plantaginea** (Lam.) Asch. 1825 · D:Lilien-Funkie; E:August Lily · ⌛ VIII-X; China [64518]
  - fo. *grandiflora* (Siebold et Zucc.) Asch. et Graebn. = Hosta plantaginea
  - var. *japonica* Kikuchi et F. Maek. 1940 = Hosta plantaginea
- *polyneuron* F. Maek. = Hosta kikutii var. polyneuron
- **pulchella** N. Fujita 1976 · ⌛ Z6;

Jap.
- **pycnophylla** F. Maek. 1976 · ⌛ ; Jap.
- **rectifolia** Nakai 1930 · ⌛ VII-VIII; Amur, Sachal., Jap.
- **rohdeifolia** F. Maek. 1937 · ⌛ ; Jap. (Honshu)
- **rupifraga** Nakai 1930 · ⌛ VIII; Jap., Korea
- **sieboldiana** (Hook.) Engl. 1887 · D:Blaublatt-Funkie; F:Hosta bleu · ⌛ ; Jap. [64530]
  - *'Alba'* = Hosta sieboldiana 'Elegans Alba'
  - 'Elegans' [64531]
  - 'Elegans Alba'
  - var. *elegans* Hyl. 1954 = Hosta sieboldiana 'Elegans'
  - var. *fortunei* (Baker) Asch. et Graebn. 1905 = Hosta 'Fortunei'
  - var. *glauca* (Siebold ex Miq.) Makino 1902 = Hosta sieboldiana
  - var. *longipes* (Franch. et Sav.) Matsum. 1886 = Hosta longipes var. longipes
- **sieboldii** (Paxton) J.W. Ingram 1967 · D:Schmalblatt-Funkie; F:Hosta à feuilles étroites · ⌛ VII-VIII; Jap. [64548]
  - *'Albomarginata'* = Hosta sieboldii
- *subcordata* Spreng. = Hosta plantaginea
- × **tardiana** hort. (*H. sieboldiana* 'Elegans' × *H. tardiflora*) · ⌛ ; cult. [64560]
  - 'Blue Moon' Smith, 1976 [64564]
  - 'Blue Wedgwood' Smith, Summers 1988 [64565]
  - 'Hadspen Blue' Smith 1988 [64495]
  - 'Halcyon' Smith 1988 [67856]
- **tardiflora** (W. Irving) Stearn 1938 · D:Herbst-Funkie · ⌛ IX-XI; cult. [64562]
- **tardiva** Nakai 1930 · ⌛ ; Jap.
- *tokudama* F. Maek. = Hosta 'Tokudama'
- **tsushimensis** N. Fujita 1976 · ⌛ ; Jap.
- **undulata** (Otto et A. Dietr.) L.H. Bailey 1923 · D:Schneefeder-Funkie · ⌛ VII-IX; cult. [69282]
  - 'Albomarginata' [68484]
  - 'Erromena' [64572]
  - *'Mediovariegata'* = Hosta undulata 'Univittata' [68514]
  - var. *erromena* (Stearn) F. Maek. 1936 = Hosta undulata 'Erromena'
  - var. *univittata* (Miq.) Hyl. 1954 = Hosta undulata 'Univittata'
- **ventricosa** Stearn 1812 · D:Glocken-Funkie; F:Hosta campanulée · ⌛ VIII; China, Jap.,

nat. in E-USA [64577]
  'Aureomaculata'
  'Aureomarginata' [64467]
- **venusta** F. Maek. 1935 · ⌛ VII-VIII; Jap. [64579]
- **yingeri** S.B. Jones 1989 · ⌛ ; Korea
- **in vielen Sorten:**
  'Antioch' Tompkins, Ruh, Hofer 1979 [64472]
  'Aoki' 1879 [69275]
  'August Moon' Summers, Langfelder 1968 [64484]
  'Betsy King' Williams 1943 [64460]
  'Bianca' [64550]
  'Big Daddy' Aden 1976 [64536]
  'Big Mama' Aden 1976 [64537]
  'Birchwood Parky's Gold' Shaw 1986 [64485]
  'Black Hills' Savory 1983 [69876]
  'Blue Angel' Aden 1986 [71273]
  'Blue Boy' Stone 1986 [64514]
  'Blue Cadet' Aden 1974 [64569]
  'Blue Mammoth' Aden [64486]
  'Blue Umbrellas' Aden 1976 [64541]
  'Blue Vision' Aden 1976 [64487]
  'Bressingham Blue' Bloom [68099]
  'Bright Lights' Aden, Klehm [68904]
  'Buckshaw Blue' Smith 1986 [64542]
  'Carnival' Lachman 1986 [69738]
  'Carol' Williams 1963 [69034]
  'Cherry Berry' [69916]
  'Chinese Sunrise' Summers [64454]
  'Christmas Tree' Vaughn 1982 [69821]
  'Crispula' Maekawa 1940 · D:Riesen-Weißrand-Funkie · VII [64457]
  'Crowned Imperial' Walters Gard. 1988
  'Elata' Hylander 1954 · D:Grüne Riesen-Funkie · VI-VII [64461]
  'Fortunei' 1930 · D:Graublatt-Funkie · VII [71780]
  Fortunei Albomarginata Grp. · [64464]
  'Fortunei Albopicta'
  'Fortunei Aureomarginata' [64473]
  'Fortunei Hyacinthina' [64470]
  'Fortunei Obscura'
  'Francee' Klopping 1986 [64468]
  'Frances Williams' Williams 1986 [64533]
  'Geisha' Vaughn 1983 [64490]
  'Ginko Craig' Craig, Summers 1986 [64551]
  'Gold Drop' Anderson 1977 [64491]
  'Gold Edger' Aden 1978 [64492]
  'Gold Regal' Aden 1970 [69739]
  'Gold Standard' Banyai 1976 [64469]
  'Golden Medallion' 1984
  'Golden Prayers' Aden 1976 [64493]
  'Golden Tiara' Savory 1977 [67889]
  'Great Expectations' Bond, Aden 1988 [64543]
  'Green Acres' Geissler 1970 [64511]
  'Green Fountain' Aden 1979 [64504]
  'Green Gold' Savory, Mack 1986 [68314]
  'Ground Master' Aden 1979 [64494]
  'Honeybells' Cumming 1986 [64521]

'Hydon Sunset' Smith, George 1988 [64516]
'Invincible' Aden 1986 [67733]
'Jade Cascade'
'Janet' Shugart, O'Hara 1981 [68315]
'June' [69281]
'Kabitan' 1987 [64552]
'Knockout' Aden 1986
'Krossa Regal' Osaka University 1980 [64517]
Lancifolia Albomarginata' = Hosta sieboldii
'Lemon Lime' Savory 1977 [64553]
'Love Pat' Aden 1978 [64568]
'Mamma Mia' [67758]
'Midas Touch' (Hesse) Rehder 1978 [64544]
'Mildred Seaver' Vaughn 1981
'Moonlight' Banyai 1977 [64496]
'Mountain Snow' Zilis 1988
'North Hills' Summers, Meissner 1964 [68756]
'Northern Halo' Walters Gard. 1984 [69742]
'Pacific Blue Edger'
'Patriot' [68288]
'Pearl Lake' Piedmont 1974 [73081]
'Piedmont Gold' Piedmont 1974 [64474]
'Pizzazz' Aden 1986 [69740]
'Purple Dwarf' Hensen 1983 [64497]
'Purple Profusion' Williams 1962 [64522]
'Queen Josephine' [69917]
'Reversed' Aden 1978
'Royal Standard' Wayside 1986 [64523]
'Sagae' Hort. J [64462]
'Samurai' Aden [68757]
'September Sun' Solberg 1985 [67731]
'Shade Fanfare' Aden 1986 [64498]
'Shade Master' Aden 1982 [64499]
'Sharmon' Donahue 1972 [64476]
'Snow Cap' Aden 1980 [72102]
'Snow Flakes' Williams 1964
'Snowden' Smith 1972 [64546]
'So Sweet' Aden 1986 [69280]
'Special Gift' Fisher 1973 [64500]
'Sum and Substance' Aden 1979 [64501]
'Summer Fragrance' Vaughn 1983 [64525]
'Sun Power' Aden 1986 [67732]
'Sweet Susan' Williams 1958 [64527]
'Tall Boy' J.B. Montreal, Savill 1983 [64529]
'Tokudama' 1940 · D:Blaue Löffel-Funkie · VI-VII [64567]
'True Blue' Aden 1975 [64547]
'Vera Verde' Klehm 1987
'Weihenstephan' Müssel [64557]
'Whirlwind' Kulpa 1989 [73005]
'Wide Brim' Aden 1979 [64503]
'Wogon' Hort. J 1986 [64480]
'Yellow Splash'
'Zounds' Aden 1978 [69790]

Hottonia L. 1753 -f- *Primulaceae* · (S. 714)
D:Wasserfeder; E:Water Violet; F:Hottonie, Plume d'eau
- **palustris** L. 1753 · D:Europäische Wasserfeder, Wasserpri-

mel; E:Featherfoil, Water Violet; F:Hottonie des marais · ⚃ ≈ Z6 V-VII ▽; Eur.* exc. Ib; N-TR [67187]

Houlletia Brongn. 1841 -f- *Orchidaceae* · (S. 1069)
- **brocklehurstiana** Lindl. 1841 · ⚃ Z10 ⓦ XI ▽ ✳; Bras.
- *landsbergi* Linden et Rchb. f. = Houlletia tigrina
- **odoratissima** Linden ex Lindl. et Paxton 1853 · ⚃ Z10 ⓦ VIII-IX ▽ ✳; Col., Peru, Bol., Venez., Bras.
- **tigrina** Linden ex Lindl. 1853 · ⚃ Z10 ⓦ IX ▽ ✳; Costa Rica

Houstonia L. 1753 -f- *Rubiaceae* · (S. 773)
D:Engelsauge, Porzellansternchen; E:Bluets; F:Bleuet d'Amérique
- **caerulea** L. 1753 · D:Porzellansternchen; E:Bluets, Innocence, Quaker Ladies · ⚃ △ Z6 V-VI; Can.: E; USA; NE, NCE, SE [64580]
  'Alba' [69671]
  'Fred Millard'
- **serpyllifolia** Michx. 1803 · D:Kriechendes Porzellansternchen; E:Creeping Bluets · ⚃ △ Z6 V-VI; USA: NE, SE [60440]

Houttuynia Thunb. 1784 -f- *Saururaceae* · (S. 810)
D:Houttuynie; E:Fishwort; F:Houttuynie
- **cordata** Thunb. 1784 · D:Houttuynie; E:Fishwort · ⚃ ⌒ Z7 ⋀ ⚉ ; Him., China, Jap., Ryukyu-Is., Taiwan, Java [67188]
  'Chameleon' [39123]
  'Flore Pleno' [67190]
  'Tricolor' = Houttuynia cordata 'Chameleon'

Hovea R. Br. ex W.T. Aiton 1812 -f- *Fabaceae* · (S. 512)
- **chorizemifolia** DC. 1825 · ♄ e Z9 ⓚ IV; W-Austr.
- **elliptica** DC. 1825 · ♄ e Z9 ⓚ; W-Austr.
- **pungens** Benth. 1837 · ♄ e Z9 ⓚ IV-V; W-Austr.

Hovenia Thunb. 1781 -f- *Rhamnaceae* · (S. 738)
D:Rosinenbaum; E:Raisin Tree; F:Raisin du Japon
- **dulcis** Thunb. 1781 · D:Japanischer Rosinenbaum, Quaffbirne; E:Japanese Raisin Tree · ♄ d Z6 VI-VII ⓝ; China, Korea, Jap.

[19379]

Howea Becc. 1877 -f- *Arecaceae* · (S. 951)
D:Howeapalme, Kentiapalme; E:Sentry Palm; F:Hovéa, Kentia
- **belmoreana** (C. Moore et F. Muell.) Becc. 1877 · D:Bogige Kentiapalme; E:Curly Palm, Sentry Palm · ♄ e Z10 ⓦ ⓚ; Lord Howe Is. [22902]
- **forsteriana** (C. Moore et F. Muell.) Becc. 1877 · D:Kentiapalme; E:Kentia, Paradise Palm · ♄ e Z10 ⓦ ⓚ; Lord Howe Is. [22903]

Hoya R. Br. 1810 -f- *Asclepiadaceae* · (S. 207)
D:Porzellanblume, Wachsblume; E:Porcelaine Flower, Wax Flower; F:Fleur de cire, Fleur de porcelaine
- **australis** R. Br. ex Traill 1830 · D:Australische Porzellanblume; E:Samoan Waxplant · ♄ e ⚌ Z10 ⓚ IX-XI; Austr.: Queensl., N.S.Wales
- *bella* Hook. = Hoya lanceolata subsp. bella
- **carnosa** (L. f.) R. Br. 1810 · D:Porzellanblume; E:Waxplant · ♄ e ⚌ Z10 ⓚ V-IX; C-China, SE-As., Austr.: Queensl. [11519]
  'Variegata'
- **cinnamomifolia** Hook. 1848 · ♄ e ⚌ Z10 ⓦ VII; Java
- **imperialis** Lindl. 1847 · ♄ e ⚌ Z10 ⓦ VII-IX; Malay. Pen., Kalimantan, Molucca I.: Ambon
- **lacunosa** Blume 1826 · ♄ e ⚌ Z10 ⓦ III-VI; Malay. Pen., Sumat., Kalimantan, Java
- **lanceolata** Wall. ex D. Don 1825
  - subsp. **bella** (Hook.) D.H. Kent 1981 · D:Zwerg-Porzellanblume; E:Miniature Waxplant · ♄ e ⚌ Z10 ⓦ V-IX; Myanmar
  - subsp. **lanceolata**
- **linearis** Wall. ex D. Don 1825 · ♄ e ⚌ Z10 ⓦ; Him.
- **longifolia** Wall. ex Wight 1834 · D:Langblättrige Porzellanblume; E:String Bean Plant · ♄ e ⚌ Z10 ⓦ VI; N-Ind.: Sikkim, Khasia Hills
- **macgillivrayi** F.M. Bailey 1914 · ⚘ e Z9 ⓚ; Austr. (Queensl.)
- **multiflora** (Decne.) Blume · ♄ e ⚌ Z10 ⓦ VII-VIII; Malay.Arch., Phil.
- **purpureofusca** Hook. 1850 · ♄ e ⚌ Z10 ⓦ IX; Java
- **shepherdii** Hook. 1861 · ⚘ e Z9 ⓚ; Ind., SW-China

Hudsonia L. 1767 -f- *Cistaceae* · (S. 418)
- **ericoides** L. 1767 · ♄ e Z6 ⓚ; Can.: E; USA: NE

Huernia R. Br. 1810 -f- *Asclepiadaceae* · (S. 208) D:Aasblume; E:Dragon Flower; F:Huernia
- **aspera** N.E. Br. 1887 · ⚊ Z10 ⓚ; Tanzania: Sansibar
- **barbata** (Masson) Haw. 1812 · ⚄ ⚊ Z10 ⓚ; S-Afr.: Kap, Orange Free State
- **bicampanulata** I. Verd. = Huernia kirkii
- **brevirostris** N.E. Br. 1877 · ⚊ Z10 ⓚ; Kap
- **campanulata** (Masson) Haw. 1812 · ⚄ ⚊ Z10 ⓚ; Kap
- **hystrix** (Hook. f.) N.E. Br. 1876 · ⚄ ⚊ Z10 ⓚ; Zimbabwe, Mozamb., S-Afr.: Natal, Transvaal
- **keniensis** R.E. Fr. 1929 · ⚊ Z10 ⓚ; Kenya
- **kirkii** N.E. Br. 1909 · ⚊ Z10 ⓚ; Mozamb., S-Afr.: Transvaal
- **macrocarpa** (A. Rich.) Spreng. 1892 · ⚄ ⚊ Z10 ⓚ; Eth.
- **oculata** Hook. f. 1882 · ⚊ Z10 ⓚ; Namibia
- **pendula** · ⚊ Z9 ⓚ; S-Afr. (Cape Prov.)
- *penzigii* N.E. Br. = Huernia macrocarpa
- *primulina* N.E. Br. = Huernia thuretii var. primulina
- **schneideriana** A. Berger 1913 · ⚊ Z10 ⓚ; Malawi, Mozam.
- **thuretii** Cels 1866
  - var. **primulina** (N.E. Br.) L.C. Leach 1988 · ⚊ Z10 ⓚ; Kap
  - var. **thuretii** · ⚊ Z10 ⓚ; S-Afr.: Kap; SW-Namibia
- **transvaalensis** Stent 1914 · ⚊ Z10 ⓚ; S-Afr.: Transvaal
- **zebrina** N.E. Br. 1909 · D:Gestreifte Aasblume; E:Little Owl, Owl Eyes · ⚊ Z10 ⓚ; Botswana, Namibia, S-Afr.: Natal, Transvaal

Huerniopsis N.E. Br. 1878 -f- *Asclepiadaceae* · (S. 208)
- **atrosanguinea** (N.E. Br.) A.C. White et B. Sloane 1937 · ⚄ ⚊ Z10 ⓚ; Botswana
- **decipiens** N.E. Br. 1878 · ⚄ ⚊ Z10 ⓚ; Botswana, Namibia, Kap
- *gibbosa* Nel = Huerniopsis atrosanguinea
- *papillata* Nel = Huerniopsis atrosanguinea

Hugueninia Rchb. 1832 -f- *Brassicaceae* · (S. 326) D:Farnrauke; E:Tansy-leaved Rocket; F:Hugueninia
- **tanacetifolia** (L.) Rchb. 1832 · D:Farnrauke; E:Tansy-leaved Rocket · ⚄ ⚊ Z7 VII; Eur.: Ib, F, I, CH; mts. NE-Sp., Pyr., SW-Alp.
  - subsp. **suffruticosa** (H.J. Coste et Soulié) P.W. Ball 1963 · ⚄; Eur.: N-Sp., Pyr.; mts.

Hulsea Torr. & Gray *Asteraceae*
- **nana** A.Gray · ⚄ Z7; USA: NW, Calif.

Humata Cav. 1802 -f- *Davalliaceae* · (S. 64)
- **falcinella** (C. Presl) Copel. 1905 · ⚄ Z10 ⓦ; Phil.
- **griffithiana** (Hook.) C. Chr. 1931 · ⚄ Z10 ⓦ; China, Taiwan, N-Ind.
- **heterophylla** (Sm.) Desv. 1825 · ⚄ ⚊ Z10 ⓦ; Malay. Arch., Polyn.
- **repens** (L. f.) Diels 1900 · ⚄ ⤳ Z10 ⓦ; trop. As., Austr.
- **tyermannii** T. Moore 1871 · D:Bärenfußfarn; E:Bear's Foot Fern · ⚄ Z10 ⓦ ⓚ; China

Humea Sm. = Calomeria
- *elegans* Sm. = Calomeria amaranthoides

Humulus L. 1753 -m- *Cannabaceae* · (S. 391) D:Hopfen; E:Hop; F:Houblon
- **japonicus** Siebold et Zucc. 1846 · D:Japanischer Hopfen; E:Japanese Hop; F:Houblon japonais · ⊙ ⚌ Z5 VII-VIII; China, Jap., Taiwan, nat. in USA: NE [16748]
- **lupulus** L. 1753 · D:Gewöhnlicher Hopfen; E:Common Hop, Hop · ⚄ ⚌ Z5 VII-VIII ⚑ ⓝ; Eur.*, Cauc., W-Sib., C-As., TR, nat. in N-Am. [41078]
'Aureus' c. 1889 [24407]
'Hallertauer'
'Taff's Variegated' Taffler 1997
- *scandens* (Lour.) Merr. = Humulus japonicus

Hunnemannia Sweet 1812 -f- *Papaveraceae* · (S. 685) D:Mexikomohn, Tulpenmohn; E:Mexican Tulip Poppy; F:Pavot tulipe mexicain
- **fumariifolia** Sweet 1828 · D:Mexikomohn, Tulpenmohn; E:Golden Cup, Mexican Tulip Poppy · ⊙ ⊖ ⚄ Z8 VI-X; Mex.

Hunteria Roxb. 1832 -f- *Apocynaceae* · (S. 192)
- *corymbosa* Roxb. = Hunteria zeylanica
- **eburnea** Pichon 1953 · ♄ ⓦ; W-Afr.
- **zeylanica** (Retz.) Gardner ex Thwaites 1860 · ♄ ⓦ; E-Afr.., Mocamb., Ind., Sri Lanka Indochina, China, Malay.Pen., Sumatra

× **Huntleanthes** hort. 1966 -f- *Orchidaceae* · (*Cochleanthes* × *Huntleya*)

Huntleya Bateman ex Lindl. 1837 -f- *Orchidaceae* · (S. 1069)
- **meleagris** Lindl. 1837 · ⚄ Z10 ⓦ VI-VII ▽ ✳; Guyana, Bras., Peru

Huperzia Bernh. 1800 -f- *Lycopodiaceae* · (S. 56) D:Teufelsklaue; E:Fir Clubmoss; F:Lycopode
- **selago** (L.) Bernh. ex Schrank et Mart. 1829 · D:Europäische Teufelsklaue, Tannen-Bärlapp; E:Fir Clubmoss · ⚄ VII-X ⚘ ▽; Eur.*, Cauc., N-As., Alaska, Can., USA: NE, NCE.; Greenl., SE-Austr., Tasman., NZ

Hura L. 1753 -f- *Euphorbiaceae* · (S. 483) D:Sandbüchsenbaum; E:Sandbox Tree
- **crepitans** L. 1753 · D:Sandbüchsenbaum; E:Sandbox Tree · ♄ Z10 ⓦ ⚘ ⓝ; C-Am., W.Ind., S-Am.

Hutchinsia R. Br. = Pritzelago
- *alpina* (L.) R. Br. = Pritzelago alpina subsp. alpina
- *auerswaldii* Willk. = Pritzelago alpina subsp. auerswaldii
- *brevicaulis* (Hoppe) Hoppe ex W.D.J. Koch = Pritzelago alpina subsp. brevicaulis

Huynhia Greuter = Arnebia
- *pulchra* (Willd. ex Roem. et Schult.) Greuter et Burdet = Arnebia pulchra

Hyacinthella Schur 1856 -f- *Hyacinthaceae* · (S. 1009)
- *dalmatica* (Baker) Chouard = Hyacinthella leucophaea
- **leucophaea** (K. Koch) Schur 1856 · ⚄ Z8; Eur.: PL, Ba, RO,

Russ.; ? Cauc.
- *pallens* Schur = Hyacinthella leucophaea

Hyacinthoides Heist. ex Fabr. 1759 -f- *Hyacinthaceae* · (S. 1009) D:Hasenglöckchen; E:Bluebell; F:Jacinthe sauvage
- **hispanica** (Mill.) Rothm. 1944
  'Alba'
  'Blue Queen' [64583]
  'Dainty Maid'
  'Excelsior' [64584]
  'Rosea'
  'White Triumphator'
- subsp. **hispanica** · D:Spanisches Hasenglöckchen; E:Spanish Bluebell; F:Scille d'Espagne · ♃ ⋈ Z5 V ▽; Eur.: Ib, nat. in BrI, F, I, W-Ba [60782]
- **italica** (L.) Rothm. 1944 · ♃ Z5 V ▽; Eur.: P, F, I, ? sp.
- **non-scripta** (L.) Chouard ex Rothm. 1944 · D:Atlantisches Hasenglöckchen; E:English Bluebell · ♃ Z5 IV-V ▽; Eur.: BrI, Fr, Ib, nat. in D, I, RO
  'Alba'
  'Rose Queen'
- *racemosa* Medik. = Hyacinthoides hispanica subsp. hispanica
- **reverchonii** (Degen et Hervier) Speta 1987 · ♃ ; Eur.: sp. (Sierra de Cazorla)

Hyacinthus L. 1753 -m- *Hyacinthaceae* · (S. 1009) D:Hyazinthe; E:Hyacinth; F:Jacinthe
- *amethystinus* (L.) = Brimeura amethystina
- *campanulatus* Mill. = Hyacinthoides non-scripta
- *candicans* Baker = Galtonia candicans
- *hispanicus* Lam. = Brimeura amethystina
- **orientalis** L. 1753
  'Amethyst'
  'Anna Marie'
  'Blue Jacket'
  'Carnegie'
  'Delft Blue'
  'Gipsy Queen'
  'Jan Bos'
  'Lady Derby'
  'Ostara'
  'Pink Pearl'
  'Violet Pearl'
  'White Pearl'
- subsp. **orientalis** · D:Hyazinthe; E:Hyacinth;

F:Jacinthe · ♃ D IV-V Ⓝ; TR, Syr., nat. in F, Ap, Ba
- *romanus* L. = Bellevalia romana

Hyaenanche Lamb. 1797 -f- *Euphorbiaceae* · (S. 483)
- **globosa** (Gaertn.) Lamb. 1997 · ♄ ♄ Ⓧ; S-Afr. (Cape Prov.)

Hydnocarpus Gaertn. 1788 -f- *Flacourtiaceae* · (S. 534)
- **anthelmintica** Pierre ex Laness. 1886 · E:Chaulmogra Tree · ♄ Z9 Ⓦ Ⓝ; Indochina
- **hainanensis** (Merr.) Sleumer 1938
- **kurzii** (King) Warb. 1893 · ♄ Z9 Ⓦ ⚥ ⚺ Ⓝ; Myanmar, Ind.: Assam
- *laurifolia* (Dennst.) Sleumer = Hydnocarpus pentandra
- **pentandra** (Buch.-Ham.) Oken 1950 · ♄ Z9 Ⓦ Ⓝ; SW-Ind.

Hydnophytum Jack 1823 -n- *Rubiaceae* · (S. 774)
- **formicarum** Jack 1823 · ♄ e Ⓦ; Molucca I., Sumat.

Hydrangea L. 1753 -f- *Hydrangeaceae* · (S. 568) D:Hortensie; E:Hydrangea; F:Hortensia
- *altissima* Wall. = Hydrangea anomala subsp. anomala
- **anomala** D. Don 1825 [24422]
  'Cordifolia' [13161]
  'Tiliaefolia' [54172]
- subsp. **anomala** · D:Kletter-Hortensie; E:Climbing Hydrangea · ♄ ⚥ d ⚺ Z5; Him., China
- subsp. **petiolaris** (Siebold et Zucc.) E.M. McClint. 1956 · F:Hortensia grimpant · ♄ d ⚺ Z5 VII; S-Korea, Jap., Sachal., Taiwan [13159]
- **arborescens** L. 1753 [54328]
  'Annabelle' [32006]
  'Grandiflora' < 1900 [18300]
- subsp. **arborescens** · D:Wald-Hortensie; E:Sevenbark, Tree Hydrangea; F:Hortensia de Virginie · ♄ d Z5 ⚺; USA: NE, SE
- subsp. **discolor** (Ser.) E.M. McClint. 1956 · ♄ d Z5 VI-VII; USA: NE, NCE, SE, Okla. [18290]
- subsp. **radiata** (Walter) E.M. McClint. 1956 · ♄ d Z7 ∧ VI-VII; USA: N.C., S.C.
- **aspera** D. Don 1825 · ♄ d [18340]
  'Kawakami'
  'Macrophylla' [18310]

Villosa Grp. 1911
- subsp. **aspera** · D:Raue Hortensie; E:Rough Leaved Hydrangea; F:Hortensia · ♄ d Z6; Him., SW-China, Myanmar
- subsp. **robusta** (Hook. f. et Thomson) E.M. McClint. 1956 · ♄ Z7; E-As.
- subsp. **sargentiana** (Rehder) E.M. McClint. 1956 · D:Samt-Hortensie, Sargents Hortensie; F:Hortensia · ♄ d Z6 VII-VIII; China: Hupeh [15764]
- subsp. **strigosa** (Rehder) E.M. McClint. 1956 · F:Hortensia · ♄ d Z6 VIII; China
- subsp. *villosa* (Rehder) E.M. McClint. 1956 = Hydrangea aspera
- var. *macrophylla* Hemsl. 1887 = Hydrangea aspera subsp. strigosa
- *chinensis* Maxim. = Hydrangea scandens subsp. chinensis
- var. *japonica* Maxim. = Hydrangea scandens subsp. chinensis fo. macropetala
- *cinerea* Small = Hydrangea arborescens subsp. discolor
- **heteromalla** D. Don 1825 · D:Chinesische Hortensie · ♄ d Z5 VI-VII; Him., China [24426]
  'Bretschneideri' c. 1882 [55689]
  'Snowcap' [24433]
- *hortensia* Siebold = Hydrangea macrophylla
- **integrifolia** Hayata 1906
- **involucrata** Siebold et Zucc. 1839 · D:Hüllblatt-Hortensie · ♄ d Z7 VII-IX; Jap. [15202]
  'Hortensis' [24436]
  'Viridescens' [24437]
- **luteovenosa** Koidz. 1925 · ♄ d; Jap.
- **macrophylla** (Thunb. ex Murray) Ser. 1830 · D:Garten-Hortensie; E:Hortensia, Lace Cap Hydrangea; F:Hortensia à grandes feuilles · ♄ d Z6 VI-VII; Jap., Korea [14141]
  'Adria' (H) 1957 [13924]
  'Alpenglühen' (H) 1950 [32242]
  'Ami Pasquier' (H) 1930 [16897]
  'Ayesha' (H) [17302]
  Benelux-Grp. (H) 1950 [42012]
  'Blaumeise' (L) 1979 [15716]
  'Bodensee' (H) > 1950 [45320]
  'Bouquet Rose' (H) 1907 [18370]
  'Europa' (H) 1931 [45330]
  'Général Vicomtesse de Vibraye' (H) 1909
  'Hamburg' (H) 1931 [45350]
  'Hobella' (L) [19247]
  'Hörnli' (H) 1952 [42016]
  'King George V' (H) [15758]

'Lanarth White' (L) < 1949 [54376]
'Leuchtfeuer' [26394]
'Lilacina' (L) 1904 [14214]
'Madame Emile Mouillière' (H) 1909
'Mariesii' (L) 1879 [15771]
'Mariesii Perfecta' (L) 1904 [18380]
'Masja' (H) < 1977 [31829]
'Möwe' (L) [42704]
'Mousmée' (L) [13767]
'Nigra' (H) 1870 [14201]
'Nikko Blue' (H) [24503]
'Pia' (H) [14204]
'Rosita' (H) [42018]
'Sibilla' (H) [24519]
'Soeur Thérèse' (H) 1947 [42022]
'Sybille' = Hydrangea macrophylla 'Sibilla'
'Tovelit' (H) c. 1950 [32037]
'Tricolor' (L) Hort. J 1843 [61008]
'Veitchii' (L) Hort. J c. 1861 [15773]
'White Wave' (L) 1902 [37583]
 – subsp. **serrata** (Thunb.) Makino = Hydrangea serrata
 – var. *normalis* Wilson = Hydrangea macrophylla
– **paniculata** Siebold 1829 · D:Rispen-Hortensie; E:Pee Gee Hydrangea; F:Hortensia paniculé · ♄ d Z5 VII-VIII; Jap., Sachal., SE-China [24527]
'Burgundy Lace' [19383]
'Floribunda' 1867 [41985]
'Grandiflora' c. 1867 [18400]
'Kyushu' Hort. J c. 1900 [33676]
'Pink Diamond' < 1990 [19385]
'Praecox' 1893 [18410]
'Tardiva' < 1966 [39116]
'Unique' 1968 [39118]
– *petiolaris* Siebold et Zucc. = Hydrangea anomala subsp. petiolaris
– **quercifolia** W. Bartram 1791 · D:Eichenblättrige Hortensie; E:Oak Leaved Hydrangea; F:Hortensia à feuilles de chêne · ♄ d Z7 ∧ VI; USA: SE, Fla. [31830]
'Harmony' 1988 [16979]
'Sike's Dwarf' [19387]
'Snow Queen' [42235]
'Snowflake' c. 1960 [26213]
– *radiata* Walter = Hydrangea arborescens subsp. radiata
– *sargentiana* Rehder = Hydrangea aspera subsp. sargentiana
– **scandens** (L. f.) Ser. 1830 [24546]
 – subsp. **chinensis** (Maxim.) E.M. McClint. 1956 · ♄ ♄ d Z9 ⓚ; W-China
 fo. macropetala 1903 Hayata
 – subsp. **liukiuensis** (Nakai) E.M. McClint. 1956
 – subsp. **scandens** · D:Hänge-Hortensie; E:Climbing Hydrangea;

F:Hortensia grimpant · ♄ ⌇ d Z9 ⓚ; Jap.
– **seemannii** L. Riley 1924 · ♄ e Z8 ⓚ; Mex.
– **serrata** (Thunb.) Ser. 1830 · ♄ d Z6 VI-VIII; Jap. [19389]
'Acuminata' = Hydrangea serrata 'Bluebird'
'Beni-gaku' (L) [34948]
'Blue Deckle' (L) c. 1968 [54140]
'Bluebird' (L) 1949 [29120]
'Grayswood' (L) 1940 [24551]
'Rosalba' (L) 1865 [18350]
– **serratifolia** (Hook. et Arn.) Phil. 1881
– *strigosa* Rehder = Hydrangea aspera subsp. strigosa
– *villosa* Rehder = Hydrangea aspera
– *xanthoneura* Diels = Hydrangea heteromalla
– **in vielen Sorten:**
B) Schneeball-Hortensien
 Meist niedrige Sträucher mit mehr oder weniger kugeligen Blütenständen, die ausschließlich oder überwiegend aus sterilen Blütenständen bestehen. Hierzu gehört H. arborescens mit ihren Sorten.
(S) Samt-Hortensien
 H. aspera mit der Sorte 'Macrophylla' und H. aspera subsp. sargentiana nehmen mit ihren üppigen, stark behaarten Blättern eine Sonderstellung ein. Sie bauen sich mit starren, wenig verzweigten Ästen nicht gerade elegant auf, sind aber durch ihre Belaubung und die schirmförmigen Blütenstände sehr dekorativ. Sie müssen halbschattig und auf frischen Böden kultiviert werden.
(R) Rispen-Hortensien
 Hierher gehören meist kleinere Sträucher mit weißen Blüten in rispenförmigen Ständen, neben H. paniculata und ihren Sorten ist dies auch H. quercifolia. In den Blütenständen kommen fertile und sterile Blüten nebeneinander vor. Schöne Herbstfärbung des Laubs.
(St) Strauch-Hortensien
 Hierzu gehören H. heteromalla und ihre Sorten. Sie haben mittelgroße, trugdoldige Blütenstände mit weißen, fertilen und sterilen Blüten.

Die Garten-Hortensien (H. macrophylla und ihre Sorten) werden unterteilt in:
(H) Kugelige Blütenstände (Hortensia-Typ)
(L) Tellerförmige Blütenstände (Lacecup-Typ)
Quelle: BÄRTELS, A. (2001)
'Preziosa' (H) (H. macrophylla × H. serrata) [18420]

Hydrastis L. 1759 -f-
Ranunculaceae · (S. 731)
D:Orangenwurzel; E:Golden Seal;
F:Hydrastis
– **canadensis** L. 1759 · D:Kanadische Orangenwurzel; E:Golden Seal, Indian Turmeric, Yellow Puccoon · ♃ Z3 V ☙ ⚘ Ⓝ ∇ ✻; USA: NE, NCE, NC, SE

Hydrilla Rich. 1814 -f-
Hydrocharitaceae · (S. 1013)
D:Grundnessel, Wasserquirl;
E:Esthwaite Waterweed
– **verticillata** (L. f.) Royle 1839 · D:Grundnessel, Wasserquirl;
E:Water Thyme · ♃ ≈ Z7 ⓦ ⓚ VII-VIII; Eur.: BrI, IRL, D, Russ.; W-Sib., Amur, China, Jap., Taiwan, Ind., Sri Lanka, Indochina, Phil., Malay. Arch., E-Afr., Mascarene Is., Austr.

Hydrocera Blume -f-
Balsaminaceae · (S. 281)
D:Wasserhorn; F:Corne d'eau
– **triflora** (L.) Wight et Arn. · ⊙ ∼ ⓦ VII-IX; Ind., Sri Lanka, Indochina, Java

Hydrocharis L. 1753 -f-
Hydrocharitaceae · (S. 1013)
D:Froschbiss; E:Frogbit;
F:Morène, Mors-de-grenouille
– **morsus-ranae** L. 1753 · D:Europäischer Froschbiss; E:Frogbit;
F:Morène · ♃ ∼ Z4 VI-VIII; Eur.*, Cauc., W-Sib., NW-Afr. [67191]

Hydrocleys Rich. -f-
Limnocharitaceae · (S. 1033)
D:Wassermohn; E:Water Poppy;
F:Pavot d'eau
– **nymphoides** (Humb. et Bonpl. ex Willd.) Buchenau 1815 · D:Wassermohn; E:Water Poppy · ♃ ≈ ⓦ VI-X; trop. S-Am. [73706]

Hydrocotyle L. 1753 -f- *Apiaceae* · (S. 176)
D:Wassernabel; E:Pennywort;

F:Ecuelle d'eau, Hydrocotyle
- *asiatica* L. = Centella asiatica
- **dissecta** Hook. f. 1852 · ⚃ ∼ Z8 ⓚ; NZ
- **moschata** G. Forst. 1786 · ⚃ ∼ Z8 ⓚ; NZ, nat. in IRL
- **novae-zelandiae** DC. 1830 · ⚃ ∼ Z8 ⓚ VII-VIII; NZ [64585]
- **vulgaris** L. 1753 · D:Gewöhnlicher Wassernabel; E:Marsh Pennywort, Pennywort · ⚃ ∼ Z6 VII-VIII; Eur.*, Cauc., Maroc., Alger. [64586]

Hydrolea L. 1763 -f-
Hydrophyllaceae · (S. 570)
D:Wasserbläuling
- **spinosa** L. 1763 · D:Amerikanischer Wasserbläuling; E:Espino · ♄ ∼ ⓜ VII-X; Guat., Ecuad., Peru, Venez.

Hydromystria G. Mey. = Limnobium
- *stolonifera* G. Mey. = Limnobium stoloniferum

Hydrophyllum L. 1753 -n-
Hydrophyllaceae · (S. 571)
D:Wasserblatt; E:Waterleaf; F:Hydrophylle
- **canadense** L. 1962 · D:Kanadisches Wasserblatt; E:Waterleaf · ⚃ Z5 V-VI; Can.: Ont.; USA: NE, SE [67192]
- **macrophyllum** Nutt. 1834 · ⚃ Z5 V-VI; USA: NE, NCE, SE
- **virginianum** L. 1753 · D:Virginisches Wasserblatt; E:Shawnee Salad, Virginia Waterleaf · ⚃ Z4 V-VI; Can.: E; USA: NE, NCE, NC, SE

Hydrosme Schott = Amorphophallus
- *rivieri* (Durand ex Carrière) Engl. = Amorphophallus konjac

Hygrophila R. Br. 1810 -f-
Acanthaceae · (S. 131)
D:Wasserfreund; F:Hygrophile
- **angustifolia** R. Br. 1810 · D:Schmalblättriger Wasserfreund; E:Water Wisteria · ⚃ ∼ ≈ Z10 ⓜ; SE-As.
- **corymbosa** (Blume) Lindau 1895 · D:Riesen-Wasserfreund · ⚃ ≈ Z10 ⓜ; Phil.
- **lacustris** (Schltdl. et Cham.) Nees 1847 · ⚃ ≈ Z10 ⓜ; trop. Am.
- **polysperma** (Roxb.) T. Anderson 1867 · D:Indischer Wasserfreund; E:East Indian Swampweed · ☉ ☉ ⚃ ∼ ≈ Z10 ⓜ; Ind.
- *salicifolia* Nees = Hygrophila angustifolia
- **triflora** (Roxb.) Fosberg et Sachet 1981 · D:Dreiblütiger Wasserfreund · ⚃ ∼ ≈ ⓜ; trop. As.

Hygroryza Nees 1833 *Poaceae*
- **aristata** Nees 1833

Hylocereus (A. Berger) Britton et Rose 1909 -m- *Cactaceae* · (S. 357) D:Waldkaktus; F:Cactus des bois
- **costaricensis** (F.A.C. Weber) Britton et Rose 1909 · ♄ ⚴ ⚵ Z10 ⓜ ▽ ✻; Costa Rica
- **guatemalensis** (Eichlam) Britton et Rose 1920 · ♄ ⚴ ⚵ Z10 ⓜ ▽ ✻; Guat.
- **monacanthus** (Lem.) Britton et Rose 1920 · ♄ ⚴ ⚵ Z10 ⓜ ▽ ✻; Col., Panama
- **ocamponis** (Salm-Dyck) Britton et Rose 1909 · ♄ ⚴ ⚵ Z10 ⓜ ▽ ✻; Mex.
- **polyrhizus** (F.A.C. Weber) Britton et Rose 1920 · ♄ ⚴ ⚵ Z10 ⓜ ▽ ✻; Col., Panama
- **purpusii** (Weing.) Britton et Rose 1920 · ♄ ⚴ ⚵ Z10 ⓜ ▽ ✻; Mex.
- **stenopterus** (F.A.C. Weber) Britton et Rose 1909 · ♄ ⚴ ⚵ Z10 ⓜ ▽ ✻; Costa Rica
- *tricostatus* (Rol.-Goss.) Britton et Rose = Hylocereus undatus
- **trigonus** (Haw.) Saff. 1909 · ♄ ⚴ ⚵ Z10 ⓜ ▽ ✻; W.Ind.
- **undatus** (Haw.) Britton et Rose 1918 · D:Distelbirne; E:Queen-of-the-Night, Strawberry Pear · ♄ ⚴ ⚵ Z10 ⓜ ▽ ✻; Haiti, Jamaica, Martinique

Hylomecon Maxim. 1858 -f-
Papaveraceae · (S. 685)
D:Waldmohn; E:Forest Poppy; F:Pavot des bois
- **japonica** (Thunb.) Prantl et Kündig 1889 · D:Japanischer Waldmohn; E:Forest Poppy; F:Pavot jaune du Japon · ⚃ Z7 V-VI; E-China, Korea, Jap. [64587]
- *vernalis* Maxim. = Hylomecon japonica

Hylotelephium H. Ohba = Sedum
- *caucasicum* (Grossh.) H. Ohba = Sedum caucasicum
- *cauticola* (Praeger) H. Ohba = Sedum cauticola
- *pluricaule* (Kudô) H. Ohba = Sedum pluricaule

Hymenaea L. 1753 -f-
Caesalpiniaceae · (S. 377)
D:Heuschreckenbaum; E:Copal; F:Courbaril
- **courbaril** L. 1753 · D:Brasilianischer Heuschreckenbaum; E:Brazilian Copal, Locust Tree · ♄ ⓜ ⓝ; W.Ind., Venez., Guyana, Surinam, Bras.
- **verrucosa** Gaertn. 1791 · D:Ostafrikanischer Heuschreckenbaum; E:East African Copal · ♄ e ⓜ ⓝ; Mozamb., Zanzibar, Madag., Mauritius

Hymenandra (DC.) Spach 1840 -f-
Myrsinaceae · (S. 656)
- **wallichii** DC. 1841 · ♄ ⓜ; Ind.: Bengalen, Assam

Hymenanthera R. Br. 818 -f-
Violaceae
- **angustifolia** R. Br. ex DC. 1824 · ♄ ♄ e Z8 ⓚ; NZ
- **crassifolia** Hook. f. 1852 · ♄ e Z9 ⓚ ⓚ IV-V; NZ

Hymenocallis Salisb. 1812 -f-
Amaryllidaceae · (S. 911)
D:Schönhäutchen; E:Spider Lily; F:Ismène, Lis-araignée
- **amancaes** (Ruiz et Pav.) G. Nicholson 1885 · ⚃ Z9 ⓚ VI-VII; Peru
- **caribaea** (L.) Herb. 1821 · D:Westindisches Schönhäutchen; E:Spider Lily · ⚃ Z10 ⓜ VII-IX; W.Ind.
- **× festalis** (Worsley) Schmarse 1933 (*H. longipetala × H. narcissiflora*) · ⚃ Z9 ⓚ; cult.
- **harrisiana** Herb. 1840 · ⚃ Z10 ⓚ VI-VII; Mex.
- **longipetala** (Lindl.) J.F. Macbr. 1931 · ⚃ Z9 ⓚ; Peru
- **× macrostephana** Baker 1879 (*H. narcissiflora × H. speciosa*) · ⚃ Z9 ⓜ III-V; cult.
- **narcissiflora** (Jacq.) J.F. Macbr. 1931 · D:Peruanisches Schönhäutchen; E:Peruvian Daffodil · ⚃ Z9 ⓚ VI-VII; Peru, Bol.
- **rotata** (Ker-Gawl.) Herb. 1821 · ⚃ Z10 ⓜ III-V; USA: Fla.
- **speciosa** (L. f. ex Salisb.) Salisb. 1812 · D:Prächtiges Schönhäutchen; E:Spider Lily · ⚃ Z10 ⓜ IX-XI; W.Ind.
- **tubiflora** Salisb. 1812 · ⚃ Z10 ⓜ III-X; trop. S-Am.
- *undulata* (Kunth) Herb. = Hymenocallis tubiflora

Hymenogyne Haw. 1821 -f-
Aizoaceae · (S. 145)
- **glabra** (Aiton) Haw. 1821 · ⊙ ⚃
VII-VIII; Kap

Hymenolepis Cass. *Asteraceae* ·
(S. 251)
- **parviflora** · ♄ Z9 ⓚ; S-Afr. (Cape Prov.)

Hymenolobus Nutt. 1838 -m-
Brassicaceae · (S. 326)
D:Salzkresse, Salztäschel, Zartschötchen
- **procumbens** (L.) Nutt. 1838
  - subsp. **pauciflorus** (W.D.J. Koch) Schinz et Thell. 1921 · D:Armblütige Salzkresse · ⊙ VI-VII; Eur.: sp., F, I, Sic., CH, A; mts.
  - subsp. **procumbens** · D:Niederliegende Salzkresse, Salztäschel · ⊙ IV-V; Eur.: Ib, Fr, Ap, Ba, C-Eur., E-Eur.; TR, Levante, Cauc., Iran, W-Sib., C-As. Tibet, Mong., N-Afr., N-Am., nat. in Chile, Austr., NZ

Hymenophyllum Sm. 1793 -n-
Hymenophyllaceae · (S. 70)
D:Hautfarn; E:Filmy Fern; F:Fougère, Hyménophylle
- *ciliatum* (Sw.) Sw. = Hymenophyllum hirsutum
- **demissum** (G. Forst.) Sw. et Schrad. 1801 · ⚃ Z8 ⓚ; NZ
- **hirsutum** (L.) Sw. 1801 · ⚃ Z10 ⓚ; Trop.
- **polyanthon** (Sw.) Sw. 1801 · ⚃ Z10 ⓚ; Trop.
- **tunbrigense** (L.) Sm. 1794 · D:Englischer Hautfarn; E:Tunbridge Wells Filmy Fern · ⚃ Z7 VIII ▽; Eur.: Azor., Canar., Madeira, sp., BrI, B, F, D, I; TR

Hymenosporum R. Br. ex F. Muell. 1831 -n- *Pittosporaceae* · (S. 694)
D:Hautsamenbaum; E:Sweetshade
- **flavum** (Hook.) F. Muell. 1831 · D:Hautsamenbaum; E:Native Frangipani, Sweetshade · ♄ e Z9 ⓚ; Austr.

Hymenostemma Kunze ex Willk. 1864 -n- *Asteraceae* · (S. 251)
- **paludosum** (Poir.) Pomel 1875 · ⊙ VI-IX; Eur.: P, sp., Balear.; N-Afr. [16706]
- **pseudanthemis** Kunze ex Willk. 1864

Hymenoxys Cass. 1828 -f-
Asteraceae · (S. 251)
- **acaulis** (Pursh) K.L. Parker 1950 · ⚃ △ Z3 V-VI; Can., USA: NE, NCE, NC, SC, SW, Rocky Mts., NW, Cailf.
- *californica* Hook. = Lasthenia coronaria
- **grandiflora** (Torr. et A. Gray ex A. Gray) K.L. Parker 1950 · E:Pigmy Sunflower · ⚃ △ Z5 V-VI; USA: Rocky Mts.
- **linearifolia** Hook. 1837 · ⊙ Z5 VI-IX; USA: SC, N.Mex.; Mex.
- **scaposa** (DC.) K.L. Parker 1950 · ⚃ Z4; USA: Kans., Okla., Tex., Colo., N.Mex.; N-Mex. [68653]

Hyophorbe Gaertn. 1791 -f-
Arecaceae · (S. 951)
D:Futterpalme; E:Bottle Palm, Pignut Palm; F:Palmier-bouteille
- **lagenicaulis** (L.H. Bailey) H.E. Moore 1976 · ♄ e Z10 ⓚ; Mauritius
- **verschaffeltii** H. Wendl. 1866 · D:Spindel-Futterpalme; E:Spindle Palm · ♄ e Z10 ⓚ; Maskarene Is. (Rodriguez)

Hyoscyamus L. 1753 -m-
Solanaceae · (S. 847)
D:Bilsenkraut; E:Henbane; F:Jusquiame
- **albus** L. 1753 · D:Weißes Bilsenkraut; E:White Henbane · ⊙ ⊙ ⚃ Z7 ✿; Eur.: Ib, Fr, Ap, Ba, E-Eur.; TR, Iraq, N-Afr., Macaron.
- **muticus** L. 1753 · D:Ägyptisches Bilsenkraut; E:Egyptian Henbane · ⊙ ⊙ VII-IX ✿ ⓝ; Alger., Sahara, Egypt, Sudan, Syr., Arab., Iran, Afgh., Pakist., N-Ind.
- **niger** L. 1753 · D:Schwarzes Bilsenkraut
  - var. **niger** · D:Gewöhnliches Schwarzes Bilsenkraut; E:Black Henbane, Henbane · ⊙ ⊙ Z5 VI-X ⚑ ✿; Eur.*, TR, Cauc., Iran, W-Sib., E-Sib., C-As., Him., Ind., Mong., NW-Afr., nat. in E-As., N-Am., Austr.
  - var. **pallidus** Waldst. et Kit. · ⊙ ⊙ Z5 ✿

Hyoseris L. 1753 -f- *Asteraceae*
- *foetida* L. = Aposeris foetida
- **frutescens** Brullo et Pavone 1988 · ⚃; Sic.

Hyparrhenia E. Fourn. 1855 -f-
Poaceae · (S. 1115)
D:Kahngras
- **hirta** (L.) Stapf 1918 · ⚃ ⓚ;

S-Afr., trop. S-Afr.
- **rufa** (Nees) Stapf 1918 · ⚃ Z9 ⓝ; trop. Afr., nat. in Am.

Hypecoum L. 1753 -n-
Fumariaceae · (S. 538)
D:Lappenblume; F:Hypécoum
- **imberbe** Sm. 1806 · ⊙ Z8 VII-IX; Eur.: Ib, Fr, Ap, Ba; Cauc., Cyprus
- **pendulum** L. 1753 · D:Gelbäuglein · ⊙ Z8 VI-VII; Eur.: Ib, F, D, Ba; TR, SW-As., NW-Afr.
- **procumbens** L. 1753 · ⊙ Z8 VII-IX; Eur.: Ib, Fr, Ap, Ba; TR, Cyprus, N-Iraq, N-Afr.

Hypericum L. 1753 -n- *Clusiaceae* · (S. 420)
D:Hartheu, Johanniskraut; E:St John's Wort; F:Herbe de la St-Jean, Millepertuis
- **aegypticum** L. 1753 · ♄ e ⓚ VIII; Eur.: Sard., Sic., GR, Crete; Alger., Tun., Libya [17948]
- **androsaemum** L. 1753 · D:Mannsblut; E:Tutsan; F:Androsème, Toute-saine · ♄ d Z6 VI-IX ⓝ; Eur.: BrI, Fr, Ib, Ap, CH, BG; N-TR, Cauc., Iran, nat. in A [18430]
  'Albury Purple' [34609]
  'Gladys Brabazon'
  'Variegatum' = Hypericum androsaemum 'Gladys Brabazon'
- **annulatum** Moris 1827 · ⚃ △ Z8 ⋀ VI-VIII; Eur.: Sard., Ba
- **ascyron** L. 1753 · ⚃ Z3 VII; W-Sib., E-Sib., Amur, Korea, China, Jap., Cauc.: E; USA: NE, NCE, NC [70619]
- **athoum** Boiss. et Orph. 1867 · ⚃ Z7; Eur.: N-GR
- *aureum* W. Bartram = Hypericum frondosum
- **balearicum** L. 1753 · ♄ e Z8 ⓚ; Balear.
- **barbatum** Jacq. 1775 · D:Bart-Johanniskraut · ⚃ Z6 V-VI; Eur.: I, A, Ba
- **bellum** H.L. Li 1944 · ♄ d Z6; W-China: Yunnan, Sichuan, Xizang; , N-Myanmar, N-Ind. [24569]
- **buckleyi** M.A. Curtis 1843
- **calycinum** L. 1767 · D:Großblütiges Johanniskraut; E:Aaron's Beard, Rose of Sharon; F:Millepertuis à grandes fleurs · ♄ e △ Z6 VI-IX; Eur.: BG; N-TR, nat. in BrI, Fr, CH, I, P, Russ., Cauc. [51315]
- **canariense** L. 1753 · ♄ ♄ d Z9 ⓚ; Canar., Madeira

– **cerastoides** (Spach) N. Robson 1967 · ⚃ ⤳ △ Z7 ⋏ VI-VIII; Eur.: GR, BG; TR [64590]
– **coris** L. 1753 · D:Quirlblättriges Johanniskraut; E:Yellow Coris; F:Millepertuis coris · ♄ e △ Z8 ⓚ ⋏ VI-VIII; Eur.: S-F, CH, I [70620]
– *cuneatum* Poir. = Hypericum pallens
– *degenii* Bornm. = Hypericum annulatum
– **densiflorum** Pursh 1813 · D:Dichtblütiges Johanniskraut; E:Bushy St. John's Wort · ♄ e Z6 VII-X; USA: NE, NCE, SC, SE, Fla. [24572]
– × **desetangsii** Lamotte 1874 (*H. maculatum* × *H. perforatum* var. *perforatum*) · D:Bastard-Flecken-Johanniskraut · ⚃ VI-VIII; Eur.: sp., Fr, I, BrI, C-Eur.
– *elatum* Aiton = Hypericum × inodorum
– **elegans** Stephan ex Willd. 1802 · D:Zierliches Johanniskraut · ⚃ Z5 VI-VII; Eur.: C-Eur., EC-Eur., Ba, E-Eur.; Cauc., W-Sib., E-Sib.
– **elodeoides** Choisy 1824 · ⚃ Z7; Him. (Kashmir - SW-China), Myanmar
– **elodes** L. 1759 · D:Sumpf-Johanniskraut · ⚃ Z7 VIII-IX ▽; Eur.: Ib, Fr, BrI, I, D [60392]
– **empetrifolium** Willd. 1802 · ♄ e Z9 ⓚ VII-VIII; Eur.: AL, GR, Crete; TR, Cyprus, Libya [24573]
– **ericoides** L. 1753 · ♄ ♄ e Z8 ⓚ; E-Sp., Maroc., Tun.
– **forrestii** (Chitt.) N. Robson 1970 · D:Forrests Johanniskraut · ♄ d Z6 VII-VIII; Him., W-China: Yunnan [24574]
– **fragile** Heldr. et Sart. ex Boiss. 1854 · ⚃ △ Z8 ⋏ VI-VIII; E-GR
– **frondosum** Michx. 1803 · D:Gold-Johanniskraut · ♄ d Z6 VII-VIII; USA: SE, SC, Ky., Ind. [24575]
'Sunburst' [16186]
– **galioides** Lam. 1797 · ♄ Z8 ⓚ; USA: SE, Fla.
– *grandiflorum* hort. = Hypericum olympicum
– **hircinum** L. 1753 · D:Stinkendes Johanniskraut; E:Stinking Tutsan · ♄ s Z7 V-VII; Eur.: Balear., Ap, Ba; TR, Levante, Arab., Maroc., nat. in Ib, Fr, BrI, CH [24576]
– **hirsutum** L. 1753 · D:Behaartes Johanniskraut · ⚃ Z4 VII-VIII; Eur*., TR, Cauc., NW-Iran, Sib., Alger.
– **hookerianum** Wight et Arn. 1834 · D:Hookers Johanniskraut ·

♄ s Z7 ⋏ VII-IX; Ind.: Sikkim, Assam; W-China [24577]
– **humifusum** L. 1753 · D:Niederliegendes Johanniskraut; E:Creeping St John's Wort · ⊙ ⚃ △ Z6 VI-X; Eur.*, Maroc., Alger. [24578]
'Yellow Surprise'
– **hyssopifolium** Vill. 1788 · ⚃ Z6; Eur.: E-Sp., SE-F, NW-I, Serb., BG
– × **inodorum** Mill. 1768 (*H. androsaemum* × *H. hircinum*) · D:Duftloses Johanniskraut; E:Tall Tutsan · ♄ d Z6 VII-VIII; Cauc., Iran, Madeira [24579]
'Autumn Blaze' 1987 [24583]
'Elstead' < 1933 [42068]
'Excellent Flair' 1991 [11865]
'Orange Flair' 1989 [15942]
'Rheingold' 1987 [24596]
– **jakusimense** Koidz. · ⊙ ⚃ Z8; Jap.
– **japonicum** Thunb. 1784 · ⊙ ⚃ ; Nepal, S-Ind., China, Korea, Jap., Java, SE-Austr., NZ
– **kalmianum** L. 1753 · D:Kalms Johanniskraut · ♄ e Z5 VIII; Can.: E; USA: NE, NCE [16188]
– **kouytchense** H. Lév. 1904 · ♄ d Z6 VI-X; W-China: Guizhou [29130]
– **lancasteri** N. Robson 1985 · ♄ d Z7; China (Yunnan, Sichuan)
– **leschenaultii** Choisy 1824 · ♄ e Z9 ⓚ; Sumat., Java, Lombok, SW-Sulawesi
– **lobocarpum** Gatt. 1886 · ♄ e Z6; SE-USA [24602]
– **maculatum** Crantz 1763 · D:Geflecktes Johanniskraut
  – subsp. **maculatum** · D:Gewöhnliches Geflecktes Johanniskraut · ⚃ Z6 VII-VIII; Eur.* , W-Sib.
  – subsp. **obtusiusculum** (Tourlet) Hayek 1912 · D:Stumpfblättriges Geflecktes Johanniskraut · ⚃ Z6 VII-VIII; Eur.: BrI, NL, D, A, F, CH +
– **majus** (A. Gray) Britton 1894 · D:Großes Kanadisches Johanniskraut · ⊙ ⚃ Z3; N-Am., nat. in F, D
– **monogynum** L. 1753 · ♄ Z9 ⓚ; SE-China, Taiwan, Jap. [24603]
– **montanum** L. 1755 · D:Berg-Johanniskraut · ⚃ Z5 VI-VIII; Eur.*; TR, Cauc., Maroc., Alger. [70621]
– × **moserianum** André 1889 (*H. calycinum* × *H. patulum*) · D:Bastard-Johanniskraut; F:Millepertuis · ♄ s Z7 VI-VIII; cult. [18440]
'Tricolor' [39416]
– **mutilum** L. 1753 · ⊙ ⚃ Z3; N-Am., nat. in Eur.: F, I, D, PL coasts

– **nummularium** L. 1753 · ⚃ Z6; Pyr., Alp.
– **olympicum** L. 1753 · D:Olymp-Johanniskraut; E:Polemonia · ♄ △ Z7 ⋏ VI-VII; Eur.: Ba; TR [64591]
fo. minus Hausskn.
fo. minus 'Sulphureum' 1974
fo. uniflorum Jordanov et Kožuharov
fo. uniflorum 'Citrinum' <959
– **orientale** L. 1753 · ⚃ Z7; TR, Cauc.
– var. **ptarmicifolium** · ⚃ Z7
– **pallens** Banks et Soler. 1794 · ♄ Z8 ⓚ; S-TR, W-Syr.
– **patulum** Thunb. 1784 · ♄ Z7 ⋏ VII-IX; Jap. [24604]
– **perforatum** L. 1753 · D:Tüpfel-Hartheu, Tüpfel-Johanniskraut
'Topaz'
– var. **perforatum** · D:Gewöhnliches Tüpfel-Johanniskraut; E:St John's Wort · ⚃ VII-VIII ♣ ; Eur.*, TR, Cyprus, Syr., Cauc., Iraq, Iran, W-Sib., E-Sib., C-As., Mong., Him., NW-Afr. [64592]
– **polyphyllum** Boiss. et Balansa 1856 · D:Vielblättriges Johanniskraut · ♄ △ VI-VIII; TR [64593]
'Grandiflorum' [64595]
'Schwefelperle'
– **prolificum** L. 1753 · D:Sprossendes Johanniskraut · ♄ e Z6 VII-X; S-Ont., USA [47230]
– **pseudohenryi** N. Robson 1970 · ♄ d Z6; W-China: W-Hupeh, W-Sichuan, Yunnan [12869]
– **pulchrum** L. 1753 · D:Schönes Johanniskraut · ⚃ Z5 VII-IX; Eur.* exc. EC-Eur. [64597]
– *pyramidatum* Aiton = Hypericum ascyron
– *quadrangulatum* auct. non L. = Hypericum maculatum subsp. maculatum
– **repens** L. 1755 · ⚃ ⤳ △ VI; TR
– **reptans** Hook. f. et Thomson ex Dyer 1874 · ♄ ⤳ △ Z7 ⋏ IX-X; Sikkim [24605]
– *rhodopeum* Friv. = Hypericum cerastoides
– **richeri** Vill. 1779 · D:Richers Johanniskraut · ⚃ Z6 VII; Eur.: Ib, Fr, I, Ba, RO, W-Russ.; mts.
– **tetrapterum** Fr. 1823 · D:Geflügeltes Johanniskraut; E:St Peter's Wort; F:Millepertuis à quatre ailes · ⚃ Z5 VII-VIII; Eur.*; TR, N-Iraq, Syr., Cauc., Iran [64598]
– **trichocaulon** Boiss. et Heldr. 1849 · ⚃ Z8 ⓚ; Crete
– *webbii* Steud. = Hypericum aegypticum

- **xylosteifolium** (Spach) N. Robson 1967 · ♄ d Z5 V-VII; NE-TR, Cauc.
- **in vielen Sorten:**
  'Gemo' [15944]
  'Hidcote' [18460]
  'Rowallane'
  'Ysella' [24599]

Hyphaene Gaertn. 1790 -f- *Arecaceae* · (S. 951)
D:Dumpalme; E:Doum Plam; F:Palmier d'Egypte, Palmier doum
- **coriacea** Gaertn. 1788 · ♄ ♄ e Z10 ⓦ; E-Afr., Eth., Somal., Malawi, Mocamb., S-Afr., Madag.
- **thebaica** (L.) Mart. 1838 · D:Dumpalme; E:Doum Palm · ♄ e Z10 ⓦ Ⓝ; W.Sudan, Sudan, Egypt, Arab., Somalia

Hypochaeris L. 1753 -f- *Asteraceae* · (S. 251)
D:Ferkelkraut; E:Cat's Ears; F:Porcelle
- **glabra** L. 1753 · D:Kahles Ferkelkraut; E:Smooth Cat's Ear · ⊙ VI-X; Eur.*, TR, Lebanon, NW-Afr.
- **maculata** L. 1753 · D:Geflecktes Ferkelkraut · ⚁ V-VII; Eur.*, Cauc., W-Sib., E-Sib.
- **radicata** L. 1753 · D:Gewöhnliches Ferkelkraut; E:Spotted Cat's Ear · ⚁ VI-IX; Eur.*, TR, NW-Afr.
- **uniflora** Vill. 1779 · D:Einköpfiges Ferkelkraut · ⚁ △ VII-VIII; Eur.: F, I, C-Eur., EC-Eur., E-Eur..; mts.

Hypocyrta Mart. = Nematanthus
- *nummularia* Hanst. = Nematanthus gregarius
- *radicans* Klotzsch et Hanst. ex Hanst. = Nematanthus gregarius

Hypoestes Sol. ex R. Br. 1810 -f- *Acanthaceae* · (S. 131)
D:Hüllenklaue; E:Polka Dot Plant; F:Hypoestes
- **phyllostachya** Baker 1887 · E:Baby's Tears · ♄ e Z9 ⓦ; Madag.
- **sokotrana** Vierh. 1906 · ⓦ; Socotra

Hypolepis Bernh. 1805 -f- *Dennstaedtiaceae* · (S. 65)
D:Buchtenfarn; F:Hypolépis
- **millefolia** Hook. 1852 · ⚁ Z10 ⓦ; NZ
- **punctata** (Thunb.) Mett. 1868 · ⚁ Z10 ⓦ; NZ
- **repens** (L.) C. Presl 1836 · ⚁ Z10 ⓦ; Fla., Mex., W-Ind., C-Am., S-Am.
- **tenuifolia** (G. Forst.) Bernh. ex C. Presl 1836 · ⚁ Z10 ⓦ; Malay. Arch., Austr., NZ

Hypolytrum Rich. ex Pers. 1805 -n- *Cyperaceae*
- **humile** (Hassk. ex Steud.) Boeck. 1871 · ⚁ ≈ ⓦ; Ind.

Hypoxis L. 1759 -f- *Hypoxidaceae* · (S. 1015)
D:Härtling, Sterngras; E:Star Grass
- **hirsuta** (L.) Coville 1894 · D:Filziges Sterngras; E:Stargrass · ⚁ Z7 IV-V; Can.: E; USA: NE, NCE, NC, SC, SE, Fla.
- **hygrometrica** Labill. 1805 · ⚁ Z8 ⓚ; Austr. (Queensl., N.S.Wales, Victoria, Tasman.)
- **parvula** Baker 1878 · ⚁ Z8 ⓚ; S-Afr.

Hypsela C. Presl 1836 -f- *Campanulaceae*
- **reniformis** (Kunth) C. Presl 1836 · ⚁ ⤳ Z8 ⓚ VII-VIII; Chile [68216]

Hyptis Jacq. 1787 -f- *Lamiaceae* · (S. 582)
- **mutabilis** (Rich.) Briq. 1896 · ⊙ ⚁ ⓦ; trop. Am.
- **spicigera** Lam. 1789 · ♄ ⓦ Ⓝ; trop. Afr., Madag.

Hyssopus L. 1753 -m- *Lamiaceae* · (S. 582)
D:Ysop; E:Hyssop; F:Ysope
- *aristatus* Godr. = Hyssopus officinalis subsp. aristatus
- **officinalis** L. 1753 · D:Ysop · [64599]
  'Albus' [64601]
  'Roseus' [64602]
  - subsp. **aristatus** (Godr.) Briq. 1881 · D:Grannen-Ysop · ♄ △ Z7 VI-IX; Eur.: sp., F, I, Ba; Maroc. [64600]
  - subsp. **officinalis** · D:Gewöhnlicher Ysop; E:Hyssop; F:Hyssope · ♄ △ Z7 VII-X ⚥ Ⓝ; Eur.* exc. BrI, Sc; TR, Cauc., Iran, W-Sib., Maroc., Alger.

Hystrix Moench 1794 -f- *Poaceae* · (S. 1115)
D:Flaschenbürstengras; E:Bottle-Brush Grass; F:Hystrix
- *hystrix* (L.) Millsp. = Hystrix patula
- **patula** Moench 1794 · D:Flaschenbürstengras; E:Bottle-Brush Grass · ⚁ ⋈ VI-VIII; Can.: E; USA: NE, NCE, NC, SC, SE [67585]

Iberis L. 1753 -f- *Brassicaceae* · (S. 326)
D:Schleifenblume; E:Candytuft; F:Thlaspi
- **amara** L. 1753 · D:Bittere Schleifenblume; E:Wild Candytuft · ⊙ Z7 V-VIII ⚥ ⚘; Eur.: BrI, sp., F, I, C-Eur.; TR, Cauc., Alger., nat. in EC-Eur., E-Eur., RO
- *coronaria* hort. = Iberis amara
- **crenata** Lam. 1789 · ⊙ Z7 VI-VIII; Eur.: sp.
- **gibraltarica** L. 1753 · ⚁ Z8 ⓚ IV-VI; Eur.: sp. (Gibraltar); Maroc. [60088]
- *intermedia* Guers. = Iberis linifolia subsp. linifolia
- **linifolia** Guers.
  - subsp. **linifolia** · D:Gewöhnliche Mittlere Schleifenblume · ⊙ ⊙ Z7 VI-VII; Eur.: sp., F, I, CH, W-Ba, nat. in B
- **linifolia** Loefl. 1759 · D:Mittlere Schleifenblume
- **odorata** L. 1753 · ⊙ Z7 V-VIII; Eur.: GR, Crete; Levante, SW-As, NW-Afr., Libya
- *pectinata* Boiss. = Iberis crenata
- **pinnata** L. 1755 · D:Fieder-Schleifenblume · ⊙ ⊙ Z7 V-VIII; Eur.: Ib, Fr, Ap, Ba, Krim, CH; N-TR, nat. in C-Eur., RO
- **pruitii** Tineo 1817 · ⚁ Z7 ⓚ ∧ III-IV; Eur.: sp., F, Ap, Ba; Tun.; mts. [61292]
- **saxatilis** L. 1755 [64603]
  'Pygmaea' [60791]
  - var. **corifolia** Sims 1814 · ♄ e △ Z6 V-VI; S-Eur.
  - var. **saxatilis** · D:Felsen-Bauernsenf, Felsen-Schleifenblume; F:Thlaspi des rochers · ♄ ⚁ e Z6 IV-V; Eur.: sp., F, I, CH, Ba, RO, Krim
- **semperflorens** L. 1753 · D:Immerblütige Schleifenblume; F:Thlaspi toujours vert · ♄ ♄ e Z8 ⓚ IV-V; Eur.: Sic., I, nat. in RO
- **sempervirens** L. · D:Immergrüne Schleifenblume; E:Evergreen Candytuft · ♄ e ⌶ △ Z6 V; Eur.: sp., F, I, Ba; TR, nat. in BrI, RO [64606]
  'Appen-Etz' [64608]
  'Elfenreigen' [64609]
  'Findel' Helfert c. 1950 [64610]
  'Fischbeck' [64611]
  'Schneeflocke' T. Smith c. 1925 [69987]
  'Weißer Zwerg' Arends 1894 [64618]
  'Winterzauber' [64620]
  'Zwergschneeflocke' Lindner [64621]

- *spruneri* Jord. = Iberis pruitii
- *stylosa* Ten. = Thlaspi stylosum
- **umbellata** L. 1753 · D:Doldige Schleifenblume; E:Annual Candytuft · ⊙ ⊙ ⋊ Z7 VI-VIII; Eur.: F, I, Ba, nat. in BR, C-Eur., EC-Eur., Ib, RO

Ibervillea Greene 1895 -f-
Cucurbitaceae
- **sonorae** (S. Watson) Greene 1895 · ♃ ⚥ Z10; N-Mex.

Ibicella Van Eselt. 1929 -f-
Pedaliaceae · (S. 625)
D:Einhornpflanze; E:Devil's Claw, Unicorn Plant; F:Ongle du diable
- **lutea** (Lindl.) Van Eselt. 1929 · ⊙ ⊛ VII-VIII; S-Bras., Parag., Urug., N-Arg.

Ida A. Ryan et Oakeley 2003 -f-
Orchidaceae
- **ciliata** (Ruiz et Pav.) A. Ryan et Oakeley 2003 · ♃ Z10 ⓜ III-V ▽ ✱; Col., Ecuad., Peru

Idesia Maxim. 1866 -f-
Flacourtiaceae · (S. 534)
D:Orangenkirsche; F:Idésia
- **polycarpa** Maxim. 1866 [33227]
  - var. **polycarpa** · D:Orangenkirsche; E:Igiri Tree · ♄ d Z7 ⋀ V-VI; Jap., Korea, China, Taiwan
  - var. **vestita** Diels 1900 Z7; W-China: W-Sichuan

Idria Kellogg = Fouquieria
- *columnaris* Kellogg = Fouquieria columnaris

Ignatia L. f. = Strychnos
- *amara* L. = Strychnos ignatii

Ihlenfeldtia H.E.K. Hartmann 1992 -f- *Aizoaceae*
- **vanzylii** (L. Bolus) H.E.K. Hartmann 1992 · ⚘ Z9 ⓚ; S-Afr. (Cape Prov.)

Ilex L. 1753 -f- *Aquifoliaceae* · (S. 196)
D:Stechpalme, Winterbeere; E:Holly, Winterberry; F:Houx
- × **altaclerensis** (Loudon) Dallim. 1908 (*I. aquifolium* × *I. perado* subsp. *perado*) · D:Großblättrige Stechpalme; F:Houx de Highclere · ♄ e Z7; cult. [21143]
  'Belgica Aurea' (f) Koster et Sons 1908 [32512]
  'Camelliifolia' (f) 1865 [32514]
  'Golden King' (f) J. Munro 1884 [18510]

  'Hodginsii' (m) Hodgins' Nurs. c. 1800 [21150]
  'Lawsoniana' (f) Hodgins' Nurs. c. 1800 [21156]
  'Nobilis' = Ilex × altaclerensis 'Hodginsii'
  'Wilsonii' = Ilex aquifolium 'Wilsonii'
- **aquifolium** L. 1753 · D:Gewöhnliche Stechpalme, Hülse; E:Common Holly, English Holly; F:Houx commun · ♄ ♄ e ⊛ Z6-7 V-VI ⚘ ⋊ ⓝ ▽; Eur.* exc. Russ.; TR, Syr., NW-Afr. [18470]
  'Alaska' (f) [18480]
  'Angustifolia' (f) 1789 [43706]
  Argentea Marginata Grp. · [29140]
  'Atlas' (m) Proefstation Boskoop 1961 [18490]
  Aurea Marginata Grp. [18500]
  'Bacciflava' (f) Weston 1775 [33230]
  'Ferox' (m) Loudon 1635 [32518]
  'Ferox Argentea' (m) 1662 [35368]
  'Gold Flash' (f) Nienwesteeg 1978 [43200]
  'Golden Queen' (m) Hort. GB 1867 [17147]
  'Golden van Tol' (f) Ravenstein & Sons 1960 [27660]
  'Handsworth New Silver' (f) Fisher < 1850 [15337]
  'J.C. van Tol' (f) Hort. NL 1895 [18530]
  'Madame Briot' (f) Hort. F 1866 [30070]
  'Myrtifolia' (m) Hort. GB < 1830 [18540]
  'Pyramidalis' (f) van Nes 1885 [18550]
  'Rubricaulis Aurea' (f) < 1867 [15779]
  'Silver Milkmaid' (f) Hort. GB < 1820 [21209]
  'Silver Queen' (m) Hort. GB 1863 [18560]
  'Wilsonii' (f) Fisher c. 1890 [21169]
- × **aquipernyi** Gable 2005 (*I. aquifolium* ×) · ♄ e Z6; cult. [39914]
  'Brilliant' (f) W.B. Clarke 1935 [12875]
  'Dragon Lady' (f) Meserve [17108]
  'San Jose' (f) Skinner [21213]
- × **attenuata** Ashe 1924 (*I. cassine* × *I. opaca*) · E:Topal Holly · ♄ e Z7; USA: SE, Fla. [21214]
  'Blazer' (f) A.J. Webb 1965
  'Sunny Foster' (f) U.S. National Arboretum 1964 [21216]
- **bioritsensis** Hayata 1911 · ♄ ♄ e Z7; China, Taiwan [21218]
- **buergeri** Miq. 1868 · ♄ e Z7; Jap., E-China [21448]
- **cassine** L. 1753 · ♄ e Z7; Jap., China
- **centrochinensis** S.Y. Hu 1949 · ♄ e Z7; China [21221]
- *chinensis* Sims = Ilex cassine
- **ciliospinosa** Loes. 1911 · D:Grannenborstige Stechpalme; E:September Gem Holly · ♄ e Z7 ⋀; C-China, W-China [21222]

- **colchica** Pojark. 1945 · ♄ e Z7; BG, TR, Cauc. [21224]
- **corallina** Franch. 1886 · ♄ ♄ e Z8 ⋀; C-China, W-China [21229]
- **cornuta** Lindl. et Paxton 1850 · D:Chinesische Stechpalme; E:Chinese Holly, Horned Holly; F:Houx · ♄ e Z7 VI-VII; E-China [44555]
  'Dazzler' (f) Walder [21232]
  'Ira Nelson' (f) Jungle Gard. 1957 [21235]
- **crenata** Thunb. ex Murray 1784
  'Braddock Heights' (f) H. Homan [27461]
  'Bruns' [18580]
  'Convexa' (f) Arnold Arb. 1919 [18590]
  'Fastigiata' (f) Hort. J < 1917 [42052]
  'Golden Gem' (f) L. Kenijin & Comp. < 1971 [18600]
  'Green Lustre' (f) O.S. Pride c. 1935 [30090]
  'Helleri' [32104]
  'Hetzii' [18610]
  'Mariesii' (f) C. Maries c. 1890 [32106]
  'Rotundifolia' (f) Hort. J [18620]
  'Shiro-fukurin' = Ilex crenata 'Snowflake'
  'Snowflake' (f) Hort. J 1957
  'Stokes' (m) W.E. Stokes 1925 [18630]
  Variegata Grp. [39886]
  'Wiesmoor Silber' (f) Zimmer Nurs. 1975 [42567]
  'Zwischenahn' (f) > 1950 [18640]
  - var. **crenata** · D:Japanische Stechpalme; E:Boxleaf Holly, Japanese Holly; F:Houx crénelé · ♄ e Z7 V-VI; Jap. [18570]
  - var. **paludosa** (Nakai) H. Hara 1954 · ♄ e Z6; Jap., Sachal. [21256]
- **decidua** Walter 1788 · D:Sommergrüne Winterbeere; E:Possumhaw Holly · ♄ ♄ d ⊛ Z6 V; USA: NE, NCE, Kans., SC, SE, Fla.; NE-Mex. [21258]
- **dimorphophylla** Koidz. 1928 · ♄ e Z7; Ryukyu Is. [21259]
- **fargesii** Franch. 1898 · D:Farges Stechpalme · ♄ e Z6 V-VI; W-China [21264]
- **ficoidea** Hemsl. 1886
- **georgei** Comber 1933 · ♄ e Z8 ⓚ; N-Myanmar, China (Yunnan, Tibet) [21318]
- **glabra** (L.) A. Gray 1856 · D:Kahle Winterbeere, Tintenbeere; E:Inkberry · ♄ e Z3 VI; Can.: E; USA: NE, SC, SE, Fla. [18650]
  'Ivory Queen' (f) C.R. Wolf [21266]
  'Nana' (f) U.S. National Arboretum 1958 [21267]
- **integra** Thunb. ex Murray 1787 · E:Elegance Female Holly, Mochitree · ♄ ♄ e Z7 III-IV; China,

S-Korea, Jap., Taiwan [21272]
- **kingiana** Cockerell 1911 · ♃ e Z7; E-Him., Yunnan [21273]
- × **koehneana** Loes. 1919 (*I. aquifolium* × *I. lawsoniana*) · ♃ e Z7; cult. [21274]
  'Chestnut Leaf' (f) Hort. F [21275]
- **laevigata** (Pursh) A. Gray 1857 · D:Glatte Stechpalme · ♃ d ⊗ Z5 VI-VII; USA: NE, SE [21276]
- **latifolia** Thunb. ex Murray 1784 · D:Tarajo-Stechpalme; E:Tarajo Holly · ♃ ♃ e Z7 VI-VII; Jap., E-China [21277]
- **leucoclada** (Maxim.) Makino 1905 · ♃ e Z7 ∧; Jap. [21278]
- × **makinoi** H. Hara 1936 (*I. leucoclada* × *I. rugosa*) · ♃ e Z7; Jap.
- **maximowicziana**
  - var. **kanehirae** (Yamam.) T. Yamaz. 1987 · ♃ e; Jap.(Kyushu, Ryukyu Is).; Taiwan [21295]
- × **meserveae** S.Y. Hu 1940 (*I. aquifolium* × *I. rugosa*) · ♃ e Z6; cult. [42710]
  'Blue Angel' (f) Meserve 1963 [29280]
  'Blue Maid' [32107]
  'Blue Prince' (m) Meserve 1964 [29290]
  'Blue Princess' (f) Meserve 1958 [29300]
  'Blue Stallion' [41987]
  'China Girl' (f) Meserve 1979 [32244]
- *mutchagara* Makino = Ilex maximowicziana var. kanehirae
- **myrtifolia** Walter 1788 · ♃ e Z7 ⓚ; USA: SE, Fla.
- **opaca** Aiton 1789 · D:Amerikanische Stechpalme; E:American Holly · ♃ ♃ e Z6 VI; USA: NE, NCE, SC, SE, Fla. [21298]
  'Clarissa' (f) O.S. Pride [21303]
  'Dan Fenton' (f) Orton jr. [21304]
  'Morgan Gold' (f) J.M. Morgan 1902 [21313]
  'St Ann' (f) Wheeler c. 1934 [21314]
  'Trisco' (f) O'Rourke c. 1940 [21316]
- **paraguariensis** A. St.-Hil. 1822 · D:Mateteestrauch; E:Paraguay Tea · ♃ e Z10 ⓚ ⚥ ⓝ; Bras., Parag., Urug., Arg. [24794]
- **pedunculosa** Miq. 1868 · D:Langstielige Stechpalme · ♃ ♃ e Z6; C-China [16353]
- **perado** Aiton 1792
  - subsp. **perado** · D:Azoren-Stechpalme; E:Azorean Holly, Madeira Holly; F:Houx des Açores · ♃ e Z8 ⓚ; Azor., Madeira, Canar. [30650]
  - subsp. **platyphylla** (Webb et Berthel.) Tutin 1933 · ♃ e Z7 ⓚ; Madeira, Canar. (Tenerife, Gomera)

- **pernyi** Franch. 1833 · D:Rautenblättrige Stechpalme; E:Perny's Holly; F:Houx de Perny · ♃ ♃ e Z7; C-China, W-China [18660]
  - var. *manipurensis* Loes. 1901 = Ilex georgei
  - var. *veitchii* (Veitch) Bean ex Rehder = Ilex bioritsensis
- **purpurea** Hassk. 1844 · ♃ e Z8 ⓚ; Jap., China [21319]
- **rotunda** Thunb. ex Murray 1784 · ♃ e Z7; Jap., China, Korea, Ryukyu Is., Taiwan
- **rugosa** F. Schmidt 1858 · ♃ e Z3; Jap., Sachal. [21323]
- **serrata** Thunb. ex Murray 1784 · D:Japanische Winterbeere; E:Japanese Winterberry · ♃ d ⊗ Z7 VI; Jap. [21325]
- *sieboldii* Miq. = Ilex serrata
- **spinigera** (Loes.) Loes. 1909 · ♃ e Z7; Iran, Azerb.
- **sugerokii** Maxim. 1881 · ♃ e Z7; Jap., Taiwan [21331]
- **verticillata** (L.) A. Gray 1857 · D:Amerikanische Winterbeere; E:Virginia Winterberry; F:Houx · ♃ d ⊗ Z4 VI-VII ⚥; Can.: E; USA: NE, NCE, SE, Fla. [18680]
  'Apollo' (m) W.F. Kosar 1960 [15264]
  'Bacciflava' (f) Weston 1775 [21333]
  '*Chrysocarpa*' = Ilex verticillata 'Bacciflava'
  'Jim Dandy' (m) Simpson Nurs. 1966 [21334]
  'Oosterwijk' (f) van de Laar 1984 [15403]
  'Winter Red' (f) Simpson Nurs. 1977 [21337]
- **vomitoria** Aiton 1789 · E:Winterberry, Yaupon · ♃ e Z7 ∧; USA: Va, SE, SC, Fla. [21338]
- × **wandoensis** T.R. Dudley 1982 (*I. cornuta* × *I. integra*) · ♃ e Z7; Korea
- **yunnanensis** Franch. 1889
  - var. **gentilis** (Franch. ex Loes.) Diels 1900 · ♃ e; N-Myanmar, W-China, Taiwan
  - var. **yunnanensis** · D:Yunnan-Stechpalme; F:Houx du Yunnan · ♃ e Z7 ∧; SW-China [33238]
- in vielen Sorten:
  'John T. Morris' (m) Skinner 1948 [12876]
  'Lydia Morris' (f) Skinner 1948 [42640]
  'Nellie R. Stevens' (f) N.R. Stevens c. 1900 [21297]
  'Washington' (f) U.S. Plant Introd. Station 1952 [32103]

Iliamna Greene = Sphaeralcea
- *rivularis* (Hook.) Greene = Sphaeralcea rivularis

Illecebrum L. 1753 -n- *Illecebraceae* · (S. 573)
D:Knorpelkraut; E:Coral Necklace; F:Illécèbre
- **verticillatum** L. 1753 · D:Knorpelkraut · ⊙ VII-IX; Eur.: Fr, BrI, Ap, C-Eur., EC-Eur., Sc, Ba, Azor.; Maroc., Alger., Tun.

Illicium L. 1759 -n- *Illiciaceae* · (S. 574)
D:Sternanis; E:Anise Tree; F:Anis étoilé, Faux-anis
- **anisatum** L. 1759 · D:Japanischer Sternanis; E:Aniseed Tree, Star Anise · ♃ ♃ e Z8 ⓚ ⚥ ⓝ; Jap., Korea [21398]
- **floridanum** J. Ellis 1770 · ♃ ♃ e Z9 ⓚ; SE-USA [36624]
- **henryi** Diels 1900 · ♃ ♃ e Z8 ⓚ; C-China, W-China [21399]
- *religiosum* Siebold et Zucc. = Illicium anisatum
- **verum** Hook. f. 1888 · D:Chinesischer Sternanis; E:Chinese Anise · ♃ ♃ Z8 ⓚ ⚥ ⓝ; cult.

Impatiens L. 1753 -f- *Balsaminaceae* · (S. 281)
D:Fleißiges Lieschen, Rühr mich nicht an, Balsamine, Springkraut; E:Balsam, Busy Lizzie; F:Balsamine, Impatiens
- **auricoma** Baill. 1886 · ♃ Z10 ⓦ I-XII; Komor.
- **balfourii** Hook. f. 1903 · D:Balfours Springkraut · ♃ ⓚ VII-X; W-Him., nat. in S-Eur., C-Eur.
- **balsamina** L. 1753 · D:Garten-Springkraut · ⊙ VII-IX; Ind., China, Malay. Pen., nat. in F, EC-Eur.
  Camellia-flowered Grp.
  'Peppermint Stick'
  'Tom Thumb'
- *bicolor* Hook. f. = Impatiens niamniamensis
- **capensis** Meerb. 1775 · D:Orangefarbenes Springkraut; E:Jewelweed, Orange Balsam · ⊙ Z2 VII-X; Alaska, Can., USA* exc. NW, Rocky Mts., nat. in BrI, F
- *congolensis* G.M. Schulze et R. Wilczek = Impatiens niamniamensis
- **glandulifera** Royle 1834 · D:Drüsiges Springkraut, Indisches Springkraut; E:Himalayan Balsam, Policeman's Helmet · ⊙ D VII-X; Him., nat. in Eur., N-Am.: NE
- **hawkeri** W. Bull 1886 · ♃ Z10 ⓦ ⓚ VIII-X; N.Guinea

- **hians** Hook. f. 1862
- *linearifolia* Warb. = Impatiens hawkeri
- **marianae** Rchb. f. ex Hook. f. 1905 · ⚁ ⤳ Z10 ⓦ VI-VII; Ind: Assam
- **niamniamensis** Gilg 1909 · ⚁ Z10 ⓦ I-XII; E-Afr.
- **noli-tangere** L. 1753 · D:Rühr mich nicht an, Großes Springkraut; E:Touch-me-not · ⊙ VII-VIII ⚥ ; Eur.*, TR, Cauc., W-Sib., E-Sib., Amur, Sachal., Kamchat., C-As., China, Korea, Jap., nat. in N-Am.
- **parviflora** DC. 1824 · D:Kleinblütiges Springkraut; E:Small Balsam · ⊙ VI-X; C-As., Him., Mong., W-Sib., nat. in Eur.* exc. Ib, Ba
- **platypetala** Lindl. · ⚁ Z10 ⓦ VII-VIII; Java, Sulawesi
- **pseudoviola** Gilg 1909 · ⊙ ⚁ Z10 ⓦ; Kenya, Tanzania
- **repens** Moon 1824 · ⚁ ⤳ Z10 ⓦ VI-VIII; Ind., Sri Lanka
- *roylei* Walp. = Impatiens glandulifera
- **sodenii** Engl. et Warb. ex Engl. 1895 · ⚁ ⓦ IV-VIII; Kenya, Tanzania
- *sultani* Hook. f. = Impatiens walleriana
- **tinctoria** A. Rich. 1847 · ⚁ Z9 ⓦ; Eth., S-Sudan, E-Zaire, Uganda
- **walleriana** Hook. f. 1868 · D:Fleißiges Lieschen; E:Busy Lizzie; F:Impatiens · ⚁ ⓦ ⏾ I-XII; Tanzania, Mozam. [16751]
   Accent Ser.
   Cameo Ser.
   Fiesta Ser.
   Mosaic Ser.
   Revue Ser.
- **in vielen Sorten:**
  - Neuguinea Grp:

Imperata Cirillo 1792 -f- *Poaceae* · (S. 1116)
E:Chigaya
- **cylindrica** (L.) P. Beauv. 1812 · E:Cogongrass · ⚁ Z8 ⓦ ⓝ; Eur.: Ib, Fr, Ap, Ba; TR, Arab., C-As., NW-Ind., N-Afr., Macaron., nat. in N-Am., Chile [60031]
  'Red Baron' = Imperata cylindrica 'Rubra'
  'Rubra' · D:Blutgras; E:Japanese Blood Grass · [67586]
- *sacchariflora* Maxim. = Miscanthus sacchariflorus

Incarvillea Juss. 1789 -f- *Bignoniaceae* · (S. 294)
   D:Freilandgloxinie; F:Incarvillée
- **arguta** (Royle) Royle 1839 · ⚁ Z8 ⓚ ⟁ VIII; W-Him. [61027]
- *brevipes* (Sprague) hort. = Incarvillea mairei var. mairei
- **compacta** Maxim. 1881 · ⚁ △ Z6 V-VII; NW-China [61028]
  - var. *grandiflora* H.R. Wehrh. 1931 = Incarvillea mairei var. grandiflora
- **delavayi** Bureau et Franch. 1891 · D:Stängellose Freilandgloxinie; E:Chinese Trumpet Flower; F:Incarvillée de Delavay · ⚁ Z6 VI-VII; Yunnan [64622]
  'Alba' = Incarvillea delavayi 'Snowtop'
  'Snowtop' [64623]
- **emodi** (Lindl.) Chatterjee 1948 · ⚁ Z8 ⓚ ⟁ VIII; Him. [61030]
- **forrestii** H.R. Fletcher 1935 · ⚁ ; China (Yunnan)
- *grandiflora* Bureau et Franch. = Incarvillea mairei var. grandiflora
  - var. *brevipes* Sprague = Incarvillea mairei var. mairei
- **lutea** Bureau et Franch. 1891 · ⚁ △ Z6 VI-VII; SW-China [61031]
- **mairei** (H. Lév.) Grierson 1961 [61032]
  - var. **grandiflora** (H.R. Wehrh.) Grierson 1961 · F:Incarvillée à grandes fleurs · ⚁ △ Z4 V-VI; Nepal, Bhutan, W-China, SE-Tibet [61295]
  - var. **mairei** · ⚁ Z4; SW-China [61294]
- **olgae** Regel 1880 · ⚁ Z7 VI-IX; C-As., Afgh. [61035]
- **sinensis** Lam. 1789 [67816]
  - subsp. **sinensis** · D:Chinesische Freilandgloxinie; E:Trumpet Flower · ⊙ ⚁ Z4; Sib., Manch., China
  - subsp. **variabilis** (Batalin) Grierson 1961 · ⊙ ⚁ Z4 VI-VIII; W-China
- *variabilis* Batalin = Incarvillea sinensis subsp. sinensis
- **zhongdianensis** Grey-Wilson 1998 · ⚁ ; China (NW-Yunnan)

Indigofera L. 1753 -f- *Fabaceae* · (S. 512)
D:Indigostrauch; E:Indigo; F:Indigo
- **amblyantha** Craib 1913 · ♄ d Z5 VII-X; China [21400]
- **arrecta** Hochst. ex A. Rich. 1847 · ♄ ⓦ ⓝ; W-Sudan, W-Afr., E-Afr., S-Afr., Arab.
- **australis** Willd. 1802 · D:Australischer Indigostrauch; E:Australian Indigo · ♄ e Z9 ⓚ; Austr.:
   Queensl., N.S.Wales, Victoria
- **cylindrica** DC. 1825 · ♄ ♄ Z9 ⓚ; S-Afr.
- **decora** Lindl. 1846 · ♄ d Z7 ⟁ VII-VIII; Jap., M-China [21401]
  'Alba' [21402]
- **dielsiana** Craib 1913 · ♄ d Z6; SW-China
- **dosua** Buch.-Ham. ex D. Don 1825 · ♄ d Z10 ⓚ; Him. (Ind.: Himachal Pradesh - Arunchal Pradesh) [21403]
- **frutescens** L. f. 1781 · ♄ ♄ d Z9 ⓚ; S-Afr. (Cape Prov.)
- **hebepetala** Benth. ex Baker 1876 · ♄ d Z8 ⓚ; Him. (NW-Pakistan - Bhutan)
- **heterantha** Wall. ex Brandis 1874 · D:Himalaya-Indigostrauch · ♄ d Z7 ⟁ VI-IX; Him. [21442]
- **hirsuta** L. 1837 · D:Behaarter Indigostrauch; E:Hairy Indigo · ⊙ ⓦ ⓝ; Afr., S-As., N-Austr., nat. in Trop.
- *incarnata* Nakai = Indigofera decora
- **kirilowii** Maxim. ex Palib. 1898 · D:Kirilows Indigostrauch · ♄ d Z6 VI; Jap., Korea, Manch., N-China [21405]
- **potaninii** Craib 1913 · D:Potanins Indigostrauch · ♄ d Z7 VII-IX; NW-China [35506]
- **pseudotinctoria** Matsum. 1902 · ♄ d Z6; C-China, Taiwan, Jap. [21406]
- **spicata** Forssk. 1775 · D:Kriechender Indigostrauch; E:Creeping Indigo · ⚁ ⓦ ⓝ; trop. Afr.
- **suffruticosa** Mill. 1768 · D:Mexikanischer Indigostrauch; E:Anil Indigo · ♄ ⓦ ⓝ; trop. Am., nat. in Afr., S-As
- **tinctoria** L. 1753 · D:Indigostrauch; E:Common Indigo, Indigo, True Indigo · ♄ d Z10 ⓦ VII ⓝ; ? W-Afr. [21407]

Indocalamus Nakai 1925 -m- *Poaceae* · (S. 1116)
- **latifolius** (Keng) McClure 1941 · ♄ e Z8 ⓚ; E-China [14119]
  'Hopei'
- **longiauritus** Hand.-Mazz. 1925
- **solidus** C.D. Chu et C.S. Chao 1980
- **tessellatus** (Munro) Keng f. 1957 · ⚁ e Z6; Jap. [14121]

Inga Mill. 1754 -f- *Mimosaceae* · (S. 645)
D:Ingabohne; E:Ice-Cream Bean
- **edulis** Mart. 1837 · D:Ingabohne;

E:Ice Cream Bean · ♄ e Z10 ⓚ ⓝ; C-Am., trop. S-Am.
- **feuillei** DC. 1825 · ♄ Z10 ⓚ ⓝ; Peru
- **laurina** (Sw.) Willd. 1806 · ♄ Z10 ⓚ ⓝ; C-Am., W.Ind.
- *pulcherrima* Sweet = Calliandra tweedii
- **uraguensis** Hook. et Arn. 1833 · ♄ ⓚ; S-Bras., Parag., Urug., N-Arg.

Inocarpus J.R. Forst. et G. Forst. 1775 -m- *Fabaceae* · (S. 512) D:Tahitikastanie; E:Tahitian Chestnut
- **fagifer** (Parkinson ex Du Roi) Fosberg 1941 · D:Tahitikastanie; E:Tahitian Chestnut · ♄ e ⓚ ⓝ; Malay. Arch., Polyn.

Intsia Thouars 1806 -f- *Caesalpiniaceae* · (S. 377)
- **bijuga** (Colebr.) Kuntze 1891 · D:Borneo-Teakholz; E:Bajang · ♄ ⓚ ⓝ; E-Afr., S-As., Malay. Arch., N.Guinea, Austr.: Queensl.; Fiji, Pacific Is.

Inula L. 1753 -f- *Asteraceae* · (S. 251) D:Alant; E:Fleabane; F:Aulnée, Inule
- **acaulis** Schott et Kotschy 1860 · ⚃ △ Z6 VII-VIII; TR, Cauc. [72148]
- **britannica** L. 1753 · D:Ufer-Alant; E:British Elecampane · ⚃ Z7 VII-IX; Eur.* exc. BrI; TR, Cauc., Iran, W-Sib., E-Sib., Amur, Sachal., Kamchat. [61036]
- **candida** (L.) Cass. 1822 · ⚃ ♄ Z7 ⓚ; Eur.: GR, Crete [61037]
- **conyzae** (Griess.) Meikle 1985 · D:Dürrwurz, Dürrwurz-Alant; E:Ploughman's Spikenard · ☉ ⚃ Z6 VI-X; Eur.*, TR, Cauc., Iran, Alger.
- **ensifolia** L. 1753 · D:Schwertblättriger Alant; E:Narrow-leaved Inule; F:Aunée à feuilles en épée · ⚃ △ Z5 VII-VIII; Eur.* exc. BrI, Ib; N-TR, Cauc. [64627]
  'Compacta' [64628]
  'Goldammer' Simon [64629]
  'Goldstar'
- **germanica** L. 1753 · D:Deutscher Alant; E:German Elecampane · ⚃ VII-VIII ▽; Eur.: C-Eur., EC-Eur., Ba, E-Eur.; TR, Cauc., W-Sib., C-As.
- **helenium** L. 1753 · D:Echter Alant, Helenenkraut; E:Elecampane, Scabwort · ⚃ Z5 VII-X ⚥ ; Eur.: Ap, Ba, E-Eur.; TR,

Cauc., NW-Iran, W-Sib., C-As., nat. in Eur.: BrI, Sc, Fr, C-Eur., EC-Eur.; N-Am. [64630]
- **helvetica** Weber 1784 · D:Schweizer Alant; E:Swiss Elecampane · ⚃ VII-IX; Eur.: sp., F, I, CH, D
- **hirta** L. 1753 · D:Rauhaariger Alant; F:Inule hérissée · ⚃ Z4 VI-IX; Eur.* exc. BrI, Sc; W-Sib. [64631]
- **hookeri** C.B. Clarke 1876 · ⚃ Z6 VIII-IX; Sikkim [64632]
- **magnifica** Lipsky 1895 · D:Großer Alant; E:Giant Inula; F:Grande aunée · ⚃ Z6 VII-VIII; Cauc. [64633]
  'Sonnenstrahl' Pagels
- **oculus-christi** L. 1753 · D:Christusaugen-Alant · ⚃ △ Z6 VI-VIII; Eur.: A, Ba, EC-Eur.; TR, Cauc., Iran [61041]
- **orientalis** Lam. 1789 · D:Orientalischer Alant; F:Inule d'Orient · ⚃ Z6 VI-VII; Cauc., TR [64634]
  'Grandiflora' [68537]
- **racemosa** Hook. f. 1881 · ⚃ Z7; Him. (Afgh. - C-Nepal) [64635]
  'Sonnenspeer' [64636]
- **rhizocephala** Schrenk 1841 · ⚃ △ Z7 ⌀ VII-VIII; Afgh., Iran, Pakist., C-As. [64637]
- **royleana** DC. 1836 · ⚃ Z6 VII-IX; Cauc., Him. [61040]
- *salicifolia* hort. = Inula salicina
- **salicina** L. 1753 · D:Weidenblättriger Alant · ⚃ Z6 VI-X; Eur.* exc. BrI; TR, Lebanon, Cauc., N-Iran, Sib., C-As., China, Korea, Jap. [61042]
- **spiraeifolia** L. 1759 · D:Sparriger Alant · ⚃ Z6 VII-VIII; Eur.: Fr, Ap, CH, Ba, ? RO

Iochroma Benth. 1845 -n- *Solanaceae* · (S. 848) D:Veilchenstrauch; F:Arbre à violettes
- **australe** Griseb. 1874 · ♄ e Z8 ⓚ VI; S-Bol., NW-Arg. [30535]
- **coccineum** Scheidw. 1857 · ♄ e Z9 ⓚ VII-VIII; C-Am. [11522]
- **cyaneum** (Lindl.) M.L. Green 1929 · ♄ Z9 ⓚ VII-VIII; Col. [11523]
- **fuchsioides** (Humb. et Bonpl.) Miers 1848 · ♄ e Z9 ⓚ VII-VIII; Col.
- **grandiflorum** Benth. 1845 · ♄ e Z9 ⓚ VII-VIII; Ecuad., Peru; And. [21409]
- *lanceolatum* (Miers) Miers = Iochroma cyaneum
- *tubulosum* Benth. = Iochroma

cyaneum
- *warscewiczii* Regel = Iochroma grandiflorum

Ionopsidium Rchb. 1829 -n- *Brassicaceae* · (S. 326) D:Scheinveilchen; E:Violet Cress; F:Fausse-violette
- **acaule** (Desf.) Rchb. 1829 · E:Diamond Flower, Violet Cress · ☉ Z9 VI-VII ▽; P

Ionopsis Kunth 1816 -f- *Orchidaceae* · (S. 1069) D:Veilchenständel; E:Violet Orchid; F:Ionopsis
- *tenera* Lindl. = Ionopsis utricularioides
- **utricularioides** (Sw.) Lindl. 1826 · D:Rispen-Veilchenständel; E:Delicate Violet Orchid · ⚃ Z10 ⓚ XII-X ▽ ✳; Fla., Mex., W-Ind., C-Am., trop. S-Am.

Ipheion Raf. 1837 -n- *Alliaceae* · (S. 902) D:Frühlingsstern; E:Spring Starflower; F:Iphéion
- **sellowianum** (Kunth) Traub 1949 · ⚃ ⓚ; S-Bras., Urug., Arg.
- **uniflorum** (Graham) Raf. 1837 · D:Frühlingsstern, Sternblume; E:Spring Starflower · ⚃ Z7 ⌀ IV-V; S-Bras., Urug., Arg. [72617]
  'Album'
  'Froyle Mill'
  'Rolf Fiedler'
  'Wisley Blue' [68510]

Ipomoea L. 1753 -f- *Convolvulaceae* · (S. 426) D:Kaiserwinde, Prunkwinde, Purpurwinde; E:Morning Glory; F:Ipomée
- **alba** L. 1753 · D:Mondblüte, Weiße Prunkwinde; E:Moon Flower · ⚃ ⚥ Z8 ⓚ VII-VIII; Trop.
- **aquatica** Forssk. 1775 · D:Sumpfkohl, Wasserspinat; E:Water Convolvulus, Water Spinach · ☉ ☉ ⚃ ~ ⓚ XI-VI ⓝ; Afr., Arab., Ind., Sri Lanka, trop. As., Austr., nat. in Trop.
- **arborescens** (Humb. et Bonpl. ex Willd.) G. Don 1838 · E:Morning Glory Tree, Tree Convolvulus · ♄ e ⓚ VI-VIII; Mex.
- **batatas** (L.) Lam. 1792 · D:Batate, Süßkartoffel; E:Sweet Potato · ⚃ ⚥ ~ Z9 ⓚ ⓝ; cult.
- *biloba* Forssk. = Ipomoea pes-caprae
- **bolusiana** Schinz 1888 · ⚃ ⚕;

trop. Afr., S-Afr., Madag.
- *bona-nox* L. = Ipomoea alba
- **bonariensis** Hook. 1838 · ⚁ ⚥ ⓦ VIII-X; Arg.
- *brasiliensis* (L.) Sweet = Ipomoea pes-caprae
- **cairica** (L.) Sweet 1826 · ⚁ ⚥ Z8 ⓦ II-VII; Trop.
- **carnea** Jacq. 1760
  - subsp. **carnea** · ♄ Z9 ⓦ; Fla., trop. Am., nat. in Trop.
  - subsp. **fistulosa** (Mart. ex Choisy) D.F. Austin 1982 · E:Morning Glory Bush · ♄ Z9 ⓦ I-VI; C-Am., trop. S-Am.
- **coccinea** L. 1753 · D:Sternwinde; E:Red Morning Glory, Star Ipomoea · ⊙ ⚥ Z7 VII-X; Ariz., N.Mex.
- **costata** F. Muell. ex Benth. 1868 · ⚁; Austr. (W-Austr., N.Terr.)
- *crassicaulis* (Benth.) B.L. Rob. = Ipomoea carnea subsp. carnea
- *dissecta* (Jacq.) Pursh = Merremia dissecta
- **eriocarpa** R. Br. 1810 · ♄ ⓝ; Afgh., Ind., Sri Lanka, Trop. Old World
- *fistulosa* Mart. ex Choisy = Ipomoea carnea subsp. fistulosa
- **hederacea** Jacq. 1787 · ⊙ ⚥ Z8 VII-IX; trop. Am.
- **hederifolia** L. 1759 · ⊙ ⚥ Z8 VII-IX; USA: SC; S-Am., nat. in Trop.
- **horsfalliae** Hook. 1834 · ♄ ⚥ Z9 ⓚ X-I; W-Ind.
- × **imperialis** hort. (*I. nil* × ?) · ⚁ ⚥ Z9; cult.
- **indica** (Burm.) Merr. 1917 · D:Indische Prunkwinde; E:Blue Dawn Flower, Ocean Blue Morning Glory · ⚁ ⚥ Z9 ⓦ ⓚ VII-IX; Trop. [11269]
- *learii* Paxton = Ipomoea indica
- **lobata** (Cerv.) Thell. 1919 · D:Lappen-Prunkwinde · ⚁ ⚥ Z8 ⓚ VII-IX; S-Mex. [16786]
- **macrorhiza** Michx. 1803 · ♄ e ⚥ ↝ ⓚ VIII-IX; USA: Calif., Fla., SW; Mex.
- **mauritiana** Jacq. 1790 · D:Haiti-Prunkwinde; E:Mauritanian Convolvulus · ⚁ ⚥ Z9 ⓦ VII-IX; Trop.
- *michauxii* Sweet = Ipomoea macrorhiza
- × **multifida** (Raf.) Shinners 1966 (*I. coccinea* × *I. quamoclit*) · ⊙ ⚥ Z9 VII-XI; cult.
- **muricata** (L.) Jacq. 1803 · ⚁ ⚥ ⓦ VII-VIII; Trop.
- **nil** (L.) Roth 1797 · D:Blaue Prunkwinde; E:Blue Morning Glory · ⚁ ⚥ Z9 ⓚ VII-IX; Trop.

'Scarlet O'Hara'
- *palmata* Forssk. = Ipomoea cairica
- **pandurata** (L.) G. Mey. 1818 · E:Man-of-the-earth, Wild Potato Vine · ⚁ ⚥ Z7 ∧ VII-IX; Can.: Ont.; USA: NE, NCE, Kans., SC, SE, Fla.
- *paniculata* (L.) R. Br. = Ipomoea mauritiana
- **pes-caprae** (L.) R. Br. 1818 · D:Ziegenfuß-Prunkwinde; E:Beach Morning Glory, Goat's Foot · ⚁ ⚥ ↝ Z9 ⓦ I-VII ⓝ; Trop.; coasts
- **polpha** R.W. Johnson 1986
- **purga** (Wender.) Hayne 1833 · D:Herbst-Prunkwinde; E:Jalap · ⚁ ⚥ ⓚ VII-X ♄ ⚔; Mex., Panama
- **purpurea** (L.) Roth 1787 · D:Purpur-Prunkwinde; E:Common Morning Glory · ⊙ ⚥ Z7 VI-IX; trop. Am., ? Mex., nat. in Trop.
- **quamoclit** L. 1753 · D:Zypressen-Prunkwinde; E:Cardinal Climber, Cypress Vine, Quamoclit · ⊙ ⚥ Z8 ⓚ VII-VIII; trop. Am.
- *reptans* auct. non (L.) Poir. = Ipomoea aquatica
- **setosa** Ker-Gawl. 1818 · D:Brasilianische Prunkwinde; E:Brazilian Morning Glory · ♄ ⚥ ⓦ VIII-X; Bras.
- *sibirica* (L.) Pers. = Merremia sibirica
- **stans** Cav. 1794 · ♄ ⓚ; Mex.
- **tricolor** Cav. 1795 · D:Himmelblaue Prunkwinde; E:Flying Saucers, Heavenly Blue Morning Glory; F:Ipomée · ⊙ ⚁ ⚥ Z8 ⓚ VIII-X ⚔; Mex., C-Am., nat. in Trop. [16752]
  'Flying Saucers'
  'Heavenly Blue'
  'Pearly Gates'
- *tuberosa* L. = Merremia tuberosa
- *turpethum* (L.) R. Br. = Operculina turpethum
- *violacea* auct. non L. = Ipomoea tricolor

Ipomopsis Michx. 1803 -f- *Polemoniaceae* · (S. 700)
- **aggregata** (Pursh) V.E. Grant 1956 · E:Scarlet Gilia, Skyrocket · ⊙ ⊙ Z7 VII-X; Can.: B.C.; USA: NW, Calif., Rocky Mts., SC, SW; Mex.
- *elegans* Michx. = Ipomopsis rubra
- **rubra** (L.) Wherry · E:Standing Cypress · ⚁ Z8 ⓚ VII-X; USA: SE, SC, Fla.

Iresine P. Browne 1756 -f-

Amaranthaceae · (S. 153)
D:Iresine; F:Irésine
- **herbstii** Hook. f. 1864 · D:Blutblatt; E:Beefsteak Plant, Blood Leaf; F:Irésine · ⊙ ⅃ Z9 ⓦ; Bras.
- **lindenii** Van Houtte 1868 · F:Irésine · ⚁ ⅃ Z9 ⓦ; Ecuad.
- **paniculata** (L.) Kuntze 1891 · ⓦ; W.Ind., trop. Am.

Iridodictyum Rodion. = Iris
- *histrio* (Rchb. f.) Rodion. = Iris histrio subsp. histrio
- *reticulatum* (M. Bieb.) Rodion. = Iris reticulata var. reticulata

Iris L. 1753 -f- *Iridaceae* · (S. 1022)
D:Iris, Schwertlilie; E:Flag, Sword Lily; F:Iris
- × *albicans* Lange = Iris × germanica subsp. albicans
  - var. *madonna* Dykes 1924 = Iris × germanica subsp. albicans
- **aphylla** L. 1753 · D:Nacktstänglige Schwertlilie; F:Iris sans feuille · ⚁ IV-V ▽; Eur.: F, I, D, EC-Eur., Ba, E-Eur..; Cauc.
- **atrofusca** Baker 1893 · ⚁ ⓚ ▽; Israel
- **atropurpurea** Baker 1889 · ⚁ ⓚ ⌑ V ▽; Israel
- *attica* Boiss. et Heldr. = Iris pumila subsp. attica
- **aucheri** (Baker) Sealy 1950 · ⚁ ⓚ ∧ II-III ▽; TR, Syr., Iraq
- *aurea* Lindl. = Iris crocea
- *bakerana* Foster = Iris reticulata var. bakeriana
- **barnumae** Foster et Baker 1888 · ⚁ △ ⌑ ∧ V-VI ▽; E-TR, NE-Iraq, Iran
- **bismarckiana** Regel 1892 · ⚁ △ ⌑ ∧ V ▽; Lebanon
- **boissieri** Henriq. 1885 · ⚁ ∧ VI ▽; N-P, NW-Sp.
- *bosniaca* Beck = Iris reichenbachii
- **bracteata** S. Watson 1885 · D:Siskiyou-Iris; E:Siskiyou Iris · ⚁ V-VI ▽; USA: Oreg., Calif. [61043]
- **brevicaulis** Raf. 1817 · D:Louisiana-Iris; E:Louisiana Iris · ⚁ VI ▽; USA: NCE, Kans., SC, SE
- **bucharica** Foster 1902 · D:Geweih-Iris · ⚁ △ ∧ III-IV ▽; NE-Afgh., C-As.: Tadschik. [68895]
- **bulleyana** Dykes 1910 · ⚁ ∧ V-VI ▽; W-China, N-Myanmar [61044]
- *californica* = Iris macrosiphon
- *carthaliniae* Fomin = Iris spuria subsp. musulmanica
- **caucasica** Hoffm. · ⚁ △ III-IV ▽; TR, Cauc., Iran

- *chamaeiris* Bertol. = Iris lutescens
- **chrysographes** Dykes 1911 · ♃ ⁓ VI ▽; Yunnan, Sichuan [64811]
  'Black Knight' [61050]
  'Holden Clough' Patton 1971
- **chrysophylla** Howell 1902 · ♃; USA: Oreg., N-Calif.
- **clarkei** Baker ex Hook. f. 1892 · ♃ VI ▽; E-Him. [64810]
- **confusa** Sealy 1937 · ♃ ⌂; S-China [61055]
- *cretensis* Janka = Iris unguicularis subsp. cretensis
- **cristata** Sol. 1789 · D:Kamm-Iris; E:Crested Iris · ♃ △ ⁓ V-VI ▽; USA: NE, SE, SC [61057]
  'Alba' [61058]
- **crocea** Jacquem. ex R.C. Foster 1936 · D:Kaschmir-Iris; E:Golden Flag · ♃ VI ▽; Kashmir [61300]
  'Aurea' [61146]
- **cycloglossa** Wendelbo 1959 · ♃; NW-Afgh.
- **danfordiae** (Baker) Boiss. 1882 · ♃ △ D III-IV ▽; TR [64812]
- **decora** Wall. 1830 · ♃; Him., SW-China
- **delavayi** Micheli 1895 · ♃ ⁓ VII ▽; Yunnan [61065]
- *desertorum* Ker-Gawl. = Iris halophila
- **dichotoma** (Pall.) L.W. Lenz 1776 · ☉ ♃ Z7 VIII-IX; Sib., Mong., Manch. [61302]
- **douglasiana** Herb. 1840 · D:Douglas-Iris; E:Douglas Iris, Mountain Iris · ♃ VI ▽; USA: Oreg., Calif. [61067]
- *elegantissima* = Iris iberica subsp. elegantissima
- **ensata** Thunb. 1794 · D:Japanische Sumpf-Schwertlilie; E:Japanese Water Iris; F:Iris du Japon · ♃ VI Ⓝ ▽; C-As., China, Korea, Jap. [61303]
  'Activity' [69284]
  'Blue King' [61070]
  'Carnival Prince' [61071]
  'Cry of Rejoice' [61074]
  'Emotion' [61079]
  'Gipsy' [61085]
  'Haku-botan' [64826]
  'Mont Blanc' [64827]
  'Moonlight Waves' [61104]
  'Ocean Mist' [69300]
  'Pink Lady' [64828]
  'Reveille' [61110]
  'Rose Queen'
  'Royal Banner' [61114]
  'Sensation' [61121]
  'Signal' [61123]
  'Variegata' [64830]
- **filifolia** Boiss. 1842 · ♃ ∧ VI ▽; SW-Sp., Maroc.
- *flavescens* Delile = Iris imbricata
- **flavissima** Pall. 1776
- *florentina* Kunze = Iris × germanica subsp. albicans
- **foetidissima** L. 1753 · D:Übelriechende Schwertlilie; E:Gladwyn, Roast Beef Plant, Stinking Iris; F:Iris gigot, Iris puant · ♃ VI ▽; Eur.: Ib, Fr, Ap, Ba; N-Afr., nat. in CH [64832]
  'Citrina'
  'Variegata' [61129]
- *foliosa* Mack. et Bush = Iris brevicaulis
- **forrestii** Dykes 1910 · F:Iris de Forrest · ♃ V-VI ▽; Yunnan [64833]
- **fosteriana** Aitch. et Baker 1888 · ♃ △ ∧ III ▽; Iran, NW-Afgh.
- **fulva** Ker-Gawl. 1812 · D:Terrakotta-Schwertlilie; E:Louisiana Iris, Red Iris · ♃ ⁓ VI ▽; USA: Ill., Mo., SE [68243]
- × **fulvala** Dykes 1913 (*I. brevicaulis* × *I. fulva*) · ♃
- **gatesii** Foster 1890 · ♃ ⌂ ⌐ V ▽; SE-TR, N-Iraq
- × **germanica** L. 1753 (*I. pallida* subsp. *pallida* × *I. variegata*)
  'Florentina' = Iris × germanica subsp. albicans
  - subsp. **albicans** (Lange) O. Bolòs et Vigo 2001 · ♃; cult. [61131]
  - subsp. **germanica** · D:Deutsche Schwertlilie; E:Common Iris, German Iris, Orris · ♃ ⋈ V-VI Ⓝ ▽; Eur.: Ib, F, Ap, C-Eur., EC-Eur., Ba; TR, Palaest., NW-Afr., nat. in Eur.*
- *gigantea* Carr = Iris orientalis
- **gracilipes** A. Gray 1859 · ♃ △ VI ▽; Jap. [61132]
- **graeberiana** Sealy 1950 · ♃ △ IV ▽; C-As. [61133]
- **graminea** L. 1753 · D:Grasblättrige Schwertlilie, Pflaumenduft-Iris; F:Iris à feuilles de graminée · ♃ △ D V-VI ▽; Eur.* exc. BrI, Sc; Cauc. [64835]
- *gueldenstaedtiana* Lepech. = Iris halophila
- **halophila** Pall. · ♃ V-VI ▽; S-Russ., Cauc., W-Sib., C-As., Mong., Him. [61134]
- **hexagona** Walter 1788 · ♃ ∧ VI ▽; USA: Va., SE, Tex. [61136]
- **histrio** Rchb. f. 1872
  - subsp. **aintabensis** (G.P. Baker) B. Mathew 1989
  - subsp. **histrio** · ♃ △ ⌂ ∧ III ▽;
TR, Syr.
- **histrioides** (G.F. Wilson) S. Arn. 1892 · ♃ △ ⌂ III ▽; N-TR [61138]
  'George'
  'Katharine Hodgkin'
- × **hollandica** hort. (*I. latifolia* × *I. tingitana* × *I. xiphium*) · D:Holländische Iris; E:Dutch Iris · ♃ ⌂; cult.
  'Blue Magic' (Dut)
  'Golden Harvest' (Dut)
  'Prof Blaauw' (Dut)
  'Purple Sensation' (Dut)
  'White Excelsior' (Dut)
- **hoogiana** Dykes 1916 · ♃ ⌂ ∧ V ▽; C-As. [61139]
  'Alba' [61141]
  'Purpurea' [61143]
- **hookeri** Penny ex G. Don 1850 · ♃; Can.: E; USA: Maine
- **hookeriana** Foster · ♃; Can.: E; USA: Maine
- **humilis** Georgi 1775 · D:Sand-Schwertlilie · ♃ △ D IV-VI ▽; Eur.: A, H, ? W-Ba, RO, Russ.; Cauc., Altai
- *hyrcana* Woronow ex Grossh. = Iris reticulata var. reticulata
- **iberica** Hoffm. 1808
  - subsp. **elegantissima** (Sosn.) Fed. et Takht. 1972 · ♃ Z8 ⌂; E-TR, Cauc. (Armen.), NW-Iran
- *illyrica* Tomm. ex Vis. = Iris pallida subsp. illyrica
- **imbricata** Lindl. 1845 · ♃; Cauc., N-Iran
- **innominata** L.F. Hend. 1930 · E:Rainbow Iris · ♃ △ ⋈ ∧ VI ▽; USA: Oreg., N-Calif. [61144]
- **japonica** Thunb. 1794 · D:Gefranste Schwertlilie; E:Orchid Iris · ♃ ⌂ ∧ III-IV ▽; Jap., C-China [61147]
- **juncea** Poir. 1789 · ♃ ⌂ ∧ V-VI ▽; Eur.: SW-Sp., Sic.; N-Afr., nat. in I
- *kaempferi* Siebold = Iris ensata
- **kemaonensis** Wall. ex D. Don 1839 · ♃; Him. (Kashmir - W-China) [64837]
- **kerneriana** Asch. et Sint. ex Baker 1892 · ♃; TR [61151]
- **kirkwoodiae** Chaudhary 1972 · ♃ Z8 ⌂; S-TR, W-Syr.
- **kochii** A. Kern. ex Stapf 1887 · ♃ IV ▽; Eur.: N-I
- **korolkowii** Regel 1873 · ♃ ∧ V-VI ▽; C-As., Afgh. [61152]
- **lactea** Pall. 1776 · ♃; C-As., Him. (Afgh., Afgh. - Tibet), Mong., Korea
- **lacustris** Nutt. 1818 · ♃ △ V ▽;

Can.: Ont.; USA: Wisc. [64838]
- **laevigata** Fisch. 1839 · D:Asiatische Sumpf-Schwertlilie · ⚃ ~ VII-VIII ▽; China, Manch., Korea, Jap. [61153]
  'Alba' [67194]
  'Colchesterensis'
  'Monstrosa' [67196]
  'Rose Queen' [67197]
  'Snowdrift' [67198]
  'Variegata' [69263]
- **latifolia** (Mill.) Voss 1895 · D:Englische Schwertlilie; E:English Iris; F:Iris à bulbe des Pyrénées · ⚃ ∧ VI ▽; Eur.: sp., F; Cordillera Cantábrica, Pyr. [61284]
- **lazica** Albov 1895 · ⚃; Cauc., NE-TR
- **longipetala** Herb. 1840 · ⚃ V-VI ▽; Calif. [61155]
- **lortetii** Barbey ex Boiss. · ⚃ ⓚ ∧ V-VI ▽; Lebanon
- **lutescens** Lam. 1789 · D:Grünliche Schwertlilie · ⚃ IV-V ▽; Eur.: NE-Ib, S-F, I, nat. in CH, Sic. [61046]
- **macrosiphon** Torr. 1857 · ⚃ Z8 ⓚ; Calif.
- **magnifica** Vved. 1935 · ⚃ ⓚ ∧ IV ▽; C-As.
  'Alba'
- **mandschurica** Maxim. 1880 · ⚃ V ▽; Korea, Manch.
- *mellita* Janka = Iris suaveolens
- × *mesopotamica* Dykes = Iris × germanica subsp. germanica
- **milesii** Foster 1883 · ⚃ V-VII ▽; NW-Him. [61158]
- **missouriensis** Nutt. 1834 · D:Missouri-Schwertlilie; E:Missouri Flag, Rocky Mountain Iris · ⚃ V-VI ▽; Can.: B.C.; USA: NC, Rocky Mts., NW, Calif., SW; Mex. [64841]
- × **monnieri** DC. 1808 (*I. xanthospuria* × ?) · ⚃ VI-VII ▽; Crete [61159]
- **nicolai** (Vved.) Vved. 1935 · ⚃ Z8 ⓚ; Afgh., C-As.
- *nudicaulis* Lam. = Iris aphylla
- *ochroleuca* L. = Iris orientalis
- **orchioides** Carrière 1880 · ⚃ △ ∧ IV ▽; C-As.
- **orientalis** Mill. 1768 · D:Orientalische Schwertlilie; E:Butterfly Iris · ⚃ ⋈ VI-VII ▽; NE-GR, W-TR [61163]
  'Gigantea'
- *orientalis* Thunb. = Iris sanguinea var. sanguinea
- **pallida** Lam. 1789
  'Dalmatica'

'Variegata' [64843]
- subsp. **illyrica** (Tomm. ex Vis.) Wraber 1998 · ⚃; Eur.: Croat. [64836]
- subsp. **pallida** · D:Bleiche Schwertlilie; E:Dalmatian Iris · ⚃ D V-VI ⚥ ⓝ ▽; Eur.: I, Slove., Croat., Montenegro, Maced., nat. in F, CH, A, RO, Ba [61165]
- var. *dalmatica* Tomm. ex Vis. = Iris pallida subsp. pallida
- **paradoxa** Steven 1817 · ⚃ ⓚ ∧ VI ▽; Cauc., N-Iran
- **persica** L. 1753 · ⚃ △ ⓚ ∧ II-III ▽; S-TR, N-Syr., NE-Iraq, Egypt
- **planifolia** (Mill.) Fiori et Paol. 1896 · ⚃ ⓚ XI-I ▽; Eur.: Ib, Sard., Sic., GR, Crete; N-Afr.
- **pontica** Zapal. 1906 · ⚃; Eur.: RO, W-Ukraine; Cauc.
- **prismatica** Pursh ex Ker-Gawl. 1814 · ⚃; USA: NE, SE [61166]
- **pseudacorus** L. 1753 · ⚃; cult. [67199]
  'Alba' [67200]
  'Bastardii' [73901]
  'Beuron' Berlin 1979 [67202]
  'Flore Pleno' [61170]
  'Ilgengold' Berlin 1979 [67206]
  'Sulphur Queen' [67208]
  'Variegata' [67209]
  - var. *bastardii* (Spach) Dykes = Iris pseudacorus
  - var. **pseudacorus** · D:Sumpf-Schwertlilie; E:Flag Iris, Yellow Flag; F:Iris des marais · ⚃ ~ V-VI ⚥ ▽; Eur.*, TR, Syr., Cauc., Iran, W-Sib., Maroc.
- **pseudocaucasica** Grossh. 1916 · ⚃; SE-TR, Cauc., N-Iraq, Iran
- **pumila** L. 1753
  - subsp. **attica** (Boiss. et Heldr.) Hayek 1932 [61174]
  - subsp. **pumila** · D:Zwerg-Schwertlilie; E:Dwarf Flag · ⚃ △ IV-V ▽; Eur.: A, EC-Eur.; Cauc. [61172]
- **reichenbachii** Heuff. · ⚃ ⓚ IV ▽; Eur.: Ba, RO [61175]
- **reticulata** M. Bieb. 1808
  'Cantab'
  'Harmony'
  'J.S. Dijt' [64845]
  'Joyce'
  'Pauline' [64846]
  'Springtime'
  - var. **bakeriana** (Foster) B. Mathew et Wendelbo 1975 · ⚃ △ ∧ II-III ▽; E-TR, N-Iraq, W-Iran
  - var. **reticulata** 1961 · D:Kleine Netzblatt-Iris; E:Netted Iris, Winter Iris · ⚃ △ III ▽; TR, Iraq,

Cauc., Iran [64844]
- × **robusta** E.S. Anderson 1928 (*I. versicolor* × *I. virginica*) · ⚃; cult.
  'Gerald Darby' [70928]
- **rosenbachiana** Regel 1884 · ⚃ ⓚ I-III ▽; C-As., Afgh.
- *rudskyi* Horvat et M.D. Horvat = Iris variegata
- **ruthenica** Ker-Gawl. 1808 · ⚃ △ V-VI ▽; Eur.: RO, ? E-Russ.; W-Sib., E-Sib., Amur, C-As., Mong., China, Korea [69399]
  - var. **nana** · ⚃
- × *sambucina* L. = Iris × squalens
- **sanguinea** Hornem. ex Donn 1813
  'Snow Queen' [64848]
  - var. **sanguinea** · D:Frühe Sibirische Schwertlilie; E:Siberian Iris · ⚃ V-VI ▽; Jap., Korea, Manch., E-Sib. [64847]
- **sari** Schott ex Baker 1876 · ⚃ ⓚ ⌂ VII ▽; TR
- **setosa** Pall. ex Link 1820 · E:Beach Head Iris · ⚃ VI ▽; Alaska, E-Sib., Sachal., Jap. [64850]
  'Arctica' [70201]
  'Blaulicht'
  - var. *arctica* (Eastw.) Dykes = Iris setosa
  - var. *canadensis* Foster 1903 = Iris hookeriana
- **sibirica** L. 1753 · D:Sibirische Schwertlilie, Wiesen-Schwertlilie; E:Siberian Iris; F:Iris de Sibérie · ⚃ ~ V-VI ▽; Eur.: Fr, Ap, C-Eur., EC-Eur., Ba, E-Eur.; TR, Cauc., W-Sib., E-Sib., nat. in Sweden [64853]
  'Alba' [64855]
  'Blue Burgee' McEwen 1971 [64858]
  'Blue King' Barr 1902 [69401]
  'Blue Moon' Scheffy 1952 [61192]
  'Butter and Sugar' McEwen 1976 [64860]
  'Caesar' Morgan 1924 [64861]
  'Caesar's Brother' Morgan 1931 [69998]
  'Cambridge' Brummitt 1964 [64862]
  'Cool Spring' Kellogg 1939 [64863]
  'Dear Delight' McEwen 1975 [69403]
  'Dreaming Spires' Brummitt 1964 [64864]
  'Dreaming Yellow' McEwen 1969 [64865]
  'Ego' McGarvey 1965 [64866]
  'Emperor' Wallace c. 1914 [64869]
  'Ewen' McEwen 1970 [61211]
  'Flight of Butterflies' Witt 1972 [61212]
  'Fourfold White' McEwen 1979 [61214]
  'Lavender Bounty' McEwen 1981 [61226]
  'Marilyn Holmes' McEwen 1968 [64874]
  'Mountain Lake' Gersdorff 1933 [64876]
  'Mrs Rowe' Perry 1916 [64877]
  'My Love' Scheffy 1949 [64878]
  'Orville Fay' McEwen 1969 [61235]

'Papillon' [61239]
'Perry's Blue' Perry 1912 [64879]
'Ruffled Velvet' McEwen 1973 [64881]
'Sea Shadows' Brummitt 1964 [64882]
'Silver Edge' McEwen 1973 [69406]
'Snow Queen' Barr 1900 [69654]
'Snowcrest' Gage 1932 [64883]
'Sparkling Rose' Hager 1967 [69407]
'Strandperle' Goos & Koenemann 1939 [64884]
'Tropic Night' Morgan 1931 [64887]
'Tycoon' Cleveland 1938 [60572]
'Vi Luihn' du Bose 1973 [61266]
'Weißer Orient' Steiger 1958 [61267]
'White Swirl' Cassebeer 1957 [64889]
- sicula Tod. = Iris pallida subsp. pallida
- sindjarensis Boiss. et Hausskn. = Iris aucheri
- sintenisii Janka · ⚃ △ V-VI ▽; Eur.: I, Ba, E-Eur.; TR [64891]
- sisyrinchium L. = Gynandriris sisyrinchium
- songarica Schrenk 1841 · ⚃ V ▽; TR, Iran, C-As., Kashmir, China
- spathacea Thunb. = Moraea spathulata
- spathulata L. f. = Moraea spathulata
- spuria L. 1753 [64892]
  'Alba' [64895]
  'Archie Owen' Hager 1970
  'Blauvogel' [69409]
  'Cambridge Blue' Kelway 1975
  'Elixier' [69410]
  'Port of Call' Hager 1965 [60152]
  'Sierra Nevada' Walker 1973
  'Sunny Day'
  - subsp. muselmanica (Fomin) Takht. 1972 · ⚃; TR, Cauc., NW-Iran
  - subsp. ochroleuca (L.) Dykes 1913 = Iris orientalis
  - subsp. spuria · D:Steppen-Schwertlilie; E:Butterfly Iris; F:Iris des steppes · ⚃ ~ V-VII ▽; Eur.: Ib, BrI, Fr, C-Eur., EC-Eur., GR, E-Eur., Sc; Cauc., N-Iran, nat. in I
- × squalens L. 1759 (I. pallida × I. variegata) · D:Gelbliche Schwertlilie · ⚃ VI; SE-Eur., SW-As.
- stolonifera Maxim. 1880 · ⚃ ⋈ ∧ V-VI ▽; C-As.
  'Zwanenburg Beauty' van Tubergen
- suaveolens Boiss. et Reut. 1854 · ⚃ △ IV-V ▽; Eur.: Ba, RO; TR [61157]
- susiana L. 1753 · D:Dame in Trauer; E:Mourning Iris · ⚃ ⌂ ∧ V-VI ▽; ? Iran, ? Lebanon
- tectorum Maxim. 1871 · D:Dach-Schwertlilie; E:Roof Iris · ⚃ △ ∧

VI ▽; China [64897]
'Alba' [64898]
- tenax Douglas ex Lindl. 1829 · D:Oregon-Iris; E:Oregon Iris · ⚃ △ ∧ V ▽; USA: NW, Calif.; Baja Calif. [64899]
- tingitana Boiss. et Reut. · ⚃ ⌂ IV-V ▽; Maroc., Alger.
- tricuspis Thunb. = Moraea tricuspidata
- tuberosa L. = Hermodactylus tuberosus
- typhifolia Kitag. 1934 · ⚃; N-China
- unguicularis Poir. 1789 [61275]
  'Alba'
  'Mary Barnard' E. Anderson 1962 [61276]
  'Walter Butt' E. Anderson 1962
  - subsp. cretensis (Janka) A.P. Davis et Jury 1990 · ⚃; GR, Crete [61056]
  - subsp. unguicularis · D:Winter-Iris; E:Algerian Iris, Winter Iris · ⚃ ⌂ XI-III ▽; Eur.: GR, Crete; TR, Syr., NW-Afr. [61277]
  - var. lazica (Albov) Dykes 1913 = Iris lazica
- variegata L. 1753 · D:Bunte Schwertlilie · ⚃ V-VI ▽; Eur.: C-Eur., EC-Eur., Ba, E-Eur., nat. in I
- vartanii Foster 1885 · ⚃ ⌂ XII-I ▽; Palaest.
- verna L. 1753 · D:Frühlings-Schwertlilie; E:Dwarf Iris, Vernal Iris · ⚃ △ ∧ IV ▽; USA: NE, SE
- versicolor L. 1753 · D:Verschiedenfarbige Schwertlilie; E:Blue Flag, Iris; F:Iris variable · ⚃ ~ VI-VIII ⚥ ▽; Can.: E, nat. in BrI, D [67210]
  'Kermesina' [67212]
  'Mysterious Monique' Knöpnadel 1986 [67213]
  'Regal Surprise'
- vicaria Vved. 1935 · ⚃; C-As. (Pamir Alai)
- violacea Klatt = Iris spuria subsp. muselmanica
- virginica L. 1753 · ⚃; Can.: E; USA: NE, NEC, NC, SE, Fla., Tex [61137]
  - var. shrevei (Small) E.S. Anderson 1936 = Iris virginica
- warleyensis Foster 1902 · ⚃ ⌂ ⌐ IV ▽; C-As.
- watsoniana Purdy = Iris douglasiana
- willmottiana Foster 1901 · ⚃ ⌂ ⌐ III-IV ▽; C-As.
- wilsonii C.H. Wright 1907 · ⚃ V-VI ▽; W-China [64900]
- winogradowii Fomin 1914 · ⚃ △ ⌂ ∧ III-IV ▽; Cauc.

- *xiphioides* Ehrh. = Iris latifolia
- **xiphium** L. 1753 · D:Spanische Iris; E:Spanish Iris · ⚃ ∧ VI ▽; Eur.: S-F, P, sp.; N-Afr. [61285]
- **in vielen Sorten:**
AB Arilbred-Gruppe
  Gezüchtet aus Iris der Sektion Iris × Sektion Oncocyclus × Sektion Regelia, oft mit dem typischen Signalfleck der Oncocyclus-Iris. Weiterentwicklung der Aril-Gruppe, die im atlantischen Klima nur schlecht gedeiht.
AR Aril-Gruppe
  Gezüchtet aus Iris der Sektion Oncocyclus × Sektion Regelia, oft mit dem typischen Signalfleck der Oncocyclus-Iris. Sehr empfindlich gegen Sommerfeuchtigkeit und daher oft nur Kultur im Kalten Kasten möglich.
BB Border Bearded
  Wie MTB, jedoch in allen Teilen kräftiger, in der BRD der Barbata-Media-Grp. zugeordnet. Die Sorten werden als Beetpflanzen und in Rabatten verwendet. Blüte Mitte Mai bis Anfang Juni.
Cal-Sib Calsib-Gruppe
  Gezüchtet aus *Iris* der Series Californicae × Series Sibiricae, um den Farbenreichtum der kalifornischen Iris mit der Winterhärte der sibirischen Iris zu kombinieren.
CH Pacific-Coast-Gruppe
  Gezüchtet aus *Iris* der Series Californicae. Im englischsprachigen Raum unter der Bezeichnung „Californian Hybrid" im Handel, was die mangelnde Winterhärte verdeutlicht.
Dut Hollandica-Gruppe
  Gezüchtet aus *Iris* des Subgenus Xiphium. Die zwiebelbildenden Pflanzen werden sowohl im Garten ausgepflanzt als auch in hohem Maße für die Treiberei und den Schnittblumenhandel verwendet.
IB Intermedia Bearded
  Mittelhohe Züchtungen (41–70 cm) der Sektion Iris, in der BRD der Barbata-Media-Grp. zugeordnet. Blüte Anfang-Mitte Mai.
LA Louisiana-Gruppe
  Gezüchtet aus Iris der Series

Hexagonae. da manche der Elternpflanzen nicht winterhart sind, überträgt sich diese Eigenschaft auch auf die Nachkommen. Winterharte Sorten hingegen sind problemlos, mögen aber keine kalkhaltigen Böden.

MDB   Miniature Dwarf Bearded
Niedrige Züchtungen (> 20 cm) der Sektion Iris, in der BRD der Barbata-Nana-Grp. zugeordnet. Sehr frühe Blüte (April–Anfang Mai).

MTB   Miniature Tall Bearded
Wie IB, jedoch in allen Teilen zierlicher, in der BRD der Barbata-Media-Grp. zugeordnet. Da die Sorten oft als Tischschmuck verwendet werden, werden sie auch „Table Iris" genannt. Blüte Mitte Mai–Anfang Juni.

SDB   Standard Dwarf Bearded
Niedrige Züchtungen (21–40 cm) der Sektion Iris, in der BRD der Barbata-Nana-Grp. zugeordnet. Frühe Blüte (Ende April–Mitte Mai).
Sino-Sib   Sinosib-Gruppe
Gezüchtet aus den 40-chromosomigen Iris der Series Sibiricae. Die Sorten benötigen mehr Bodenfeuchtigkeit als die „normalen" Sibiricas.

TB   Tall Bearded
Hohe Züchtungen (< 70 cm) der Sektion Iris, in der BRD der Barbata-Elatior-Grp. zugeordnet. Blüte Ende Mai–Mitte Juni.

Weitere Hybriden werden aufgelistet unter *Iris ensata* (früher *I.-kaempferi-Hybriden*), *I. sibirica* und *I spuria*.
Quelle: Iris Check List (The American Iris Society 2001)

'Accent' (TB) R. Buss 1952 [64649]
'Allegiance' (TB) P. Cook 1957 [64655]
'Ambassadeur' (TB) [68555]
'Amethyst Flame' (TB) Schreiner 1957 [64656]
'Apache Warrior' (IB) A. Brown 1971 [64772]
'April Accent' (MDB) A. Brown 1965 [64784]
'Arctic Fancy' (IB) A. Brown 1964 [69369]
'Arpège' (TB) Schreiner 1966 [64657]
'Babbling Brook' (TB) Keppel 1965
'Baria' (IB) P. Cook 1951 [64785]

'Bianca' (TB) [64661]
'Black Hills' (TB) R. Fay 1950 [64662]
'Black Swan' (TB) R. Fay 1952 [69312]
'Blue Denim' (SDB) Warburton 1956 [69381]
'Blue Rhythm' (TB) [64664]
'Blue Sapphire' (TB) Schreiner 1953 [64665]
'Boo' (SDB) Markham 1971 [69878]
'Brasilia' (TB) Schreiner 1960 [64667]
'Brassie' (SDB) Warburton 1957 [64787]
'Bright White' (MDB) Welch 1957 [64788]
'Caliente' (TB) Luihn 1957 [64670]
'Camelot Rose' (TB) Tompkins 1965 [64671]
'Candy Apple' (SDB) Hamblen 1972 [64789]
'Captain Gallant' (TB) Schmelzer 1957 [64672]
'Cherry Garden' (SDB) B. Jones 1966 [64790]
'Christmas Time' (TB) Schreiner 1964 [64674]
'Cliffs of Dover' (TB) R. Fay 1952 [64675]
'Constant Wattez' (IB) van Veen 1955 [69318]
'Cranberry Ice' (TB) Schreiner 1973 [69319]
'Crinoline' (TB) Schreiner 1964 [64677]
'Cup Race' (TB) Buttrick 1962 [64678]
'Cutie' (IB) Schreiner 1962 [64679]
'Dancer's Veil' (TB) Hutchinson 1959
'Deep Space' (TB) Tompkins 1961 [64681]
'Dusky Challenger' (TB) Schreiner 1986
'Eastertime' (TB) Schreiner 1980 [69322]
'Eleanor's Pride' (TB) Watkins 1952
'Empress of India' (TB) [68549]
'Fairy Ballet' (SDB) Sarro 1968 [64795]
'Frost and Flame' (TB) D. Hall 1956 [64685]
'Fuchsjagd' (TB) von Martin 1959 [64687]
'Gala Madrid' (TB) L. Peterson 1967 [69328]
'Gingerbread Man' (SDB) B. Jones 1968 [69385]
'Going my Way' (TB) J. Gibson 1971 [64693]
'Goldfackel' (TB) Steffen 1955 [64696]
'Granada Gold' (TB) Schreiner 1962 [64697]
'Green Spot' (SDB) P. Cook 1951
'Harbor Blue' (TB) Schreiner 1954 [64699]
'Jane Phillips' (TB) [64709]
'Jerry Rubin' (SDB) Nes 1964 [64797]
'Knick-Knack' (MDB) Greenlee 1959
'Latin Lover' (TB) Shoop 1969 [64715]
'Little Rosy Wings' (SDB) G. Douglas 1957 [64799]
'Little Sapphire' (SDB) Price 1961
'Loop the Loop' (TB) Schreiner 1973
'Louvois' (TB) [64720]
'Lovely Again' (TB) R.G. Smith 1973 [64721]
'Lugano' (TB) Cayeux 1959 [64722]
'Matinata' (TB) [64723]

'Meadow Court' (SDB) Neel 1965
'Melon Honey' (SDB) E. Roberts 1972
'Natchez Trace' (TB) J. Wills 1964 [69338]
'Navy Strut' (TB) Schreiner 1972 [69339]
'Nibelungen' (TB) [69340]
'Night Owl' (TB) Schreiner 1970 [64729]
'Nightfall' (TB) [64730]
'Ola Kala' (TB) [64732]
'Olympic Torch' (TB) Schreiner 1956 [64733]
'One Desire' (TB) Shoop 1960 [64734]
'Orange Caper' (SDB) Warburton 1963
'Paradise Pink' (TB) Lapham 1949 [64736]
'Pastel Charm' (TB) B. Dunbar 1964
'Pink Cameo' (TB)
'Pogo' (IB) G. Douglas 1951 [64803]
'Radiant Apogee' (TB) [64739]
'Red Orchid' (TB) [64740]
'Regards' (SDB) Hager 1966 [64805]
'Rippling Waters' (TB) R. Fay 1952 [69345]
'Rosenquarz' (TB) Werckmeister 1964 [69348]
'Sable' (TB) [69707]
'Sable Night' (TB) P. Cook 1950 [64746]
'Sapphire Hills' (TB) Schreiner 1971
'Shipshape' (TB) Babson 1968 [69353]
'Silverado' (TB) R. Matz 1960 [69992]
'Snow Mound' (TB) [69709]
'Solid Mahogany' (TB) [64750]
'Spreckles' (TB) Schreiner 1979
'Stepping Out' (TB) Schreiner 1964 [64753]
'Stockholm' (SDB) Warburton 1971 [64807]
'Study in Black' (TB) Plough 1967 [69356]
'Sun Miracle' (TB) Schreiner 1967 [64754]
'Superstition' (TB) Schreiner 1977 [69359]
'Susan Bliss' (TB) [71705]
'Tinkerbell' (SDB) G. Douglas 1954 [64808]
'Tuxedo' (TB) Schreiner 1966 [64759]
'Tyrolean Blue' (TB) Schreiner 1963 [64760]
'Vanity' (TB) Morrison 1930 [69993]
'Wabash' (TB) [64763]
'White City' (TB)
'White Knight' (TB) [64765]
'Wine and Roses' (TB) D. Hall 1963 [64767]

Isabelia Barb. Rodr. 1877 -f- Orchidaceae · (S. 1069)
– **pulchella** (Kraenzl.) Van den Berg et M.W. Chase 2001 · ⌁ Z10 ⊛ X-XI ▽ ✳; S-Bras.
– **violacea** (Lindl.) Van den Berg et M.W. Chase 2001 · ⌁ Z10 ⊛ XI-II ▽ ✳; Bras.

Isatis L. 1753 -f- *Brassicaceae* · (S. 327)
D: Färberwaid, Waid; E: Woad; F: Pastel
– **glauca** Aucher ex Boiss. 1842 [61286]
– **tinctoria** L. 1753 · D: Färberwaid; E: Common Dyer's Weed, Dyer's

Woad · ⊙ ⚳ Z7 V-VI ⚥ Ⓝ; Eur.*,
TR, Cauc., C-As., W-Sib., E-Sib.,
nat. in N-Afr., Ind., E-As., Chile
[61287]

Ischaemum L. 1753 -n- *Poaceae* ·
(S. 1116)
- **indicum** (Houtt.) Merr. 1938 · ⚳
Ⓝ; SE-As.; cult. W-Afr., W.Ind., Fiji

Ischyrolepis Steud. 1855 -f-
Restionaceae
- **subverticillata** Steud. 1855 · ⚳;
S-Afr. (Cape Prov.)

Islaya Backeb. = Neoporteria
- *bicolor* Akers et Buining =
Neoporteria islayensis
- *copiapoides* Rauh et Backeb. =
Neoporteria islayensis
- *grandis* Rauh et Backeb. =
Neoporteria islayensis
- *islayensis* (C.F. Först.) Backeb. =
Neoporteria islayensis
- *minor* Backeb. = Neoporteria
islayensis
- *molendensis* (Vaupel) Backeb. =
Neoporteria islayensis
- *paucispinosa* (Monv.) F.A.C.
Weber = Neoporteria islayensis

Ismelia Cass. 1826 -f- *Asteraceae* ·
(S. 251)
D:Bunte Wucherblume
- **carinata** (Schousb.) Sch. Bip.
1826 · D:Bunte Wucherblume,
Kiel-Wucherblume; E:Painted
Daisy · ⊙ ⚯ VI-IX; NW-Afr.
[16703]
'Court Jesters'
'Schwarz-Rot-Gold'
'Tetra Polarstern'

Ismene Salisb. ex Herb. =
Hymenocallis
- *amancaes* (Ruiz et Pav.) Herb. =
Hymenocallis amancaes
- *calathina* Herb. = Hymenocallis
narcissiflora

Isnardia L. = Ludwigia
- *alternifolia* (L.) DC. = Ludwigia
alternifolia
- *palustris* L. = Ludwigia palustris

Isoberlinia Craib et Stapf ex
Holland 1911 -f- *Caesalpiniaceae* ·
(S. 377)
- **angolensis** (Welw. ex Benth.)
Hoyle et Brenan 1949 · ♄ ⚯ Ⓦ;
trop. Afr.

Isochilus R. Br. 1813 -m-
Orchidaceae · (S. 1070)
- **linearis** (Jacq.) R. Br. 1813 · ⚳
Z10 🏛 VI-VII ▽ ✻; Mex., W.Ind.,
C-Am., trop. S-Am.

Isoetes L. 1753 -f- *Isoetaceae* ·
(S. 55)
D:Brachsenkraut; E:Quillwort;
F:Isoètes
- **echinospora** Durieu 1861 ·
D:Igelsporiges Brachsenkraut · ⚳
≈ 🏛 ∧ VII-IX; Eur.*, Sachal.,
Kamchat., Jap., Alaska, Can.,
USA: NE, NCE; Greenl., nat. in
W-Sib., E-Sib.
- **lacustris** L. 1753 · D:See-
Brachsenkraut; E:Western Lake
Quillwort · ⚳ ≈ Z3 VII-IX ▽;
Eur.* exc. Ba; W-Sib., Jap., Alaska,
Can., USA: Rocky Mts., Calif.;
Greenl.
- *leiospora* H. Klinggr. = Isoetes
lacustris
- **malinverniana** Ces. et De Not.
1858 · ⚳ ≈ 🏛 🏛 ▽; NW-I
- *setacea* auct. non Lam. = Isoetes
echinospora
- *tenella* Léman ex Desv. = Isoetes
echinospora

Isolatocereus (Backeb.) Backeb.
1942 -m- *Cactaceae*
- **dumortieri** (Scheidw.) Backeb.
1942 · ♄ ⚘ Z9 🏛 ▽ ✻; Mex.

Isolepis R. Br. 1810 -f- *Cyperaceae* ·
(S. 996)
D:Moorbinse, Schuppensimse,
Tauchsimse; E:Club Rush;
F:Scirpe
- *acicularis* (L.) Schltdl. = Eleocharis
acicularis
- **cernua** (Vahl) Roem. et Schult.
1817 · D:Niedere Moorbinse;
E:Low Bulrush · ⚳ ⚯ Z8 🏛;
Eur.: Ib, Fr, BrI, Ap, Ba; N-Afr.,
E-Afr., S-Afr., Madag., Austr., NZ
[60394]
- **fluitans** (L.) R. Br. · D:Flut-
Moorbinse, Flutende Tauchsimse ·
⚳ ≈ Z6 VII-IX; Eur.: Ib, Fr, I,
BrI, D, W-Ba; Ind., Sri Lanka,
Indochina, Malay. Arch., Jap.,
N.Guinea, E-Afr., Angola, S-Afr.,
Austr., NZ
- *holoschoenus* (L.) Roem. et Schult.
= Scirpoides holoschoenus
- **prolifera** (Rottb.) R. Br. 1810 · ⚳
⚯ Z8 🏛; Kap., Austr., NZ
- **setacea** (L.) R. Br. 1810 · D:Bors-
tige Moorbinse, Borstige Schuppen-
simse; E:Bristle Scirpus · ⚳ ⚯ Z6
VII-X; Eur.*, W-Sib., E-Sib., C-As.,
Him., TR, Palaest., Azor., Madeira,
Maroc., Yemen, Eth., E-Afr., S-Afr.,
nat. in Tasman., NZ, N-Am.

Isoplexis (Lindl.) Loudon 1829 -f-
Scrophulariaceae · (S. 828)
- **canariensis** (L.) Loudon 1829 · ♄
e Z9 🏛 V-VI; Canar.
- **sceptrum** (L. f.) Loudon 1829 · ♄
e Z8 🏛; Madeira [61290]

Isopogon R. Br. ex Knight 1809 -m-
Proteaceae · (S. 719)
D:Paukenschlegel; E:Drum Sticks;
F:Isopogon
- **anethifolius** (Salisb.) Knight
1809 · ♄ e Z9 🏛; Austr.
(N.S.Wales)
- **baxteri** R. Br. 1830 · D:Baxters
Paukenschlegel; E:Stirling Range ·
♄ e Z9 🏛 III; W-Austr.
- **cuneatus** R. Br. 1810 · ♄ e Z9 🏛
III-V; W-Austr.
- **sphaerocephalus** Lindl. 1839 · ♄
e Z9 🏛 IV-V; W-Austr.

Isopyrum L. 1753 -n-
Ranunculaceae · (S. 732)
D:Muschelblümchen; E:False Rue
Anemone; F:Isopyre
- **thalictroides** L. 1753 · ⚳ Z6 IV-V
⚥; Eur.: Ib, Fr, Ap, Ba, EC-Eur.,
E-Eur., A [64901]

Isotoma (R. Br.) Lindl. 1826 -f- ·
Campanulaceae · (S. 385)
- **axillaris** Lindl. 1948 · E:Rock
Isotome · ⊙ ⚳ VII-IX; Austr.
[67938]
'Blue Stars' [70074]
'White Star' [70075]
- **fluviatilis** (R. Br.) F. Muell. 1868 ·
⚳ ⤳ 🏛; NZ, Austr.: S-Austr.,
Tasman. [64902]
- **longiflora** (L.) C. Presl 1836 · ⚳
🏛; USA: SE, Fla.; W.Ind., C-Am.,
trop. S-Am., nat. in trop. coasts
- *senecioides* A. DC. = Isotoma
axillaris

Itea L. 1753 -f- *Escalloniaceae* ·
(S. 574)
D:Rosmarinweide; E:Sweetspire;
F:Itéa
- **ilicifolia** Oliv. 1886 · D:Stech-
palmenblättrige Rosmarinweide;
E:Hollyleaf Sweetspire · ♄ e Z8 🏛
VIII; W-China [11525]
- **virginica** L. 1753 · D:Ame-
rikanische Rosmarinweide;
E:Sweetspire, Virginian Willow;
F:Itéa de Virginie · ♄ d Z6 VII-
VIII; USA: NE, NCE, SC, SE, Fla.

[31832]
'Henry's Garnet' [16983]
'Little Henry' [20239]
'Sarah Ever' [21418]
- **yunnanensis** Franch. 1896 · ♄ e Z7; China (Yunnan)

Iva L. 1753 -f- *Asteraceae* · (S. 252)
D:Schlagkraut; E:Marsh Elder; F:Iva
- **xanthiifolia** Nutt. 1818 · D:Spitzklettenblättriges Schlagkraut; E:Marsh Elder · ⊙ VIII-X; w N-Am., Amur, nat. in Fr, C-Eur., EC-Eur.

× **Iwanagara** hort. -f- *Orchidaceae* · (*Cattleya* × *Caularthron* × *Laelia* × *Rhyncholaelia*)

Ixia L. 1762 -f- *Iridaceae* · (S. 1023)
D:Klebschwertel; E:Corn Lily; F:Fleur du soir, Ixia
- **campanulata** Houtt. 1782 · ⚃ ⋈ Z9 ⓚ ▭ VI-VII; Kap
- *corymbosa* L. = Lapeirousia corymbosa
- *crateroides* Ker-Gawl. = Ixia speciosa
- **maculata** L. 1763 · D:Geäugtes Klebschwertel; E:African Corn Lily · ⚃ ⋈ Z9 ⓚ ▭ V-VI; Kap
- **monadelpha** D. Delaroche 1766 · ⚃ Z8 ⓚ; S-Afr. (Cape Prov.)
- **paniculata** D. Delaroche 1766 · ⚃ ⋈ Z9 ⓚ ▭ V-VI; Kap, nat. in W-Eur.
- **polystachya** L. 1762 · ⚃ Z9 ⓚ; S-Afr. (Cape Prov.)
- **speciosa** Andrews 1801
- **viridiflora** Lam. 1789 · D:Türkises Klebschwertel; E:Green Ixia · ⚃ ⋈ Z9 ⓚ ▭ V-VI; Kap
- **in vielen Sorten:**
'Hogarth'
'Mabel'
'Rose Emperor'
'Venus'
'Vulcan'

Ixiolirion Herb. 1821 -n- *Ixioliriaceae* · (S. 1028)
D:Ixlilie; F:Ixiolirion
- *ledebourii* Fisch. et C.A. Mey. = Ixiolirion tataricum var. tataricum
- *montanum* (Labill.) Schult. et Schult. f. = Ixiolirion tataricum var. tataricum
- *pallasii* Fisch. et C.A. Mey. = Ixiolirion tataricum var. tataricum
- **tataricum** (Pall.) Schult. et Schult. f. 1829
'Ledebourii'

'Montanum'
- var. **ixiolirioides** (Regel) X.H. Qian 1984 · ⚃ Z7 △ VI-VII; China: Sinkiang (Sairam Nor)
- var. **tataricum** · ⚃ △ V; W-Sib., C-As., Iran, Afgh., Iraq, Pakist.

Ixora L. 1753 -f- *Rubiaceae* · (S. 774)
- **acuminata** Roxb. 1820 · ♄ e D Z10 ⓚ; N-Ind.
- **borbonica** Cordem. 1895 · ♄ e Z10 ⓚ; Reunion
- **chinensis** Lam. 1789 · E:Broken Pot, Red Balance · ♄ e Z10 ⓚ VII-VIII; Ind.
- **coccinea** L. 1753 · D:Dschungelbrand; E:Flame-of-the-Wood, Ixora, Jungle Flame · ♄ e Z10 ⓚ IV-VIII; Ind.
- **congesta** Roxb. 1820 · ♄ e Z10 ⓚ VII-VIII; Myanmar, Singapore
- **fulgens** Roxb. 1820 · ♄ e Z10 ⓚ VII-VIII; Malay. Arch.
- *griffithii* Hook. = Ixora congesta

Jaborosa Juss. 1789 -f- *Solanaceae*
- **integrifolia** Lam. 1789 · ⚃ Z8 ⓚ; S-Bras., Urug., Arg.

Jacaranda Juss. 1789 -f- *Bignoniaceae* · (S. 295)
D:Jacarandabaum, Palisander; E:Jacaranda; F:Faux-palissandre, Jacaranda
- **brasiliana** Pers. 1806 · ♄ ⋈ Z9 ⓚ; Bras.
- **copaia** (Aubl.) D. Don 1823 · ♄ Z9 ⓚ; Guyan.
- **mimosifolia** D. Don 1822 · ♄ d Z9 ⓚ; Arg. [11192]
- *ovalifolia* R. Br. = Jacaranda mimosifolia
- *procera* Spreng. = Jacaranda copaia

Jacea Mill. = Centaurea
- *communis* Delarbre = Centaurea jacea subsp. jacea

Jacobinia Nees ex Moric. = Justicia
- *carnea* (Lindl.) G. Nicholson = Justicia carnea
- *ghiesbreghtiana* (Lem.) Hemsl. = Justicia ghiesbreghtiana
- *magnifica* (Nees) Lindau = Justicia carnea
- *pohliana* (Nees) Lindau = Justicia carnea
- *suberecta* André = Dicliptera suberecta

Jacobsenia L. Bolus et Schwantes 1954 -f- *Aizoaceae* · (S. 145)

- **kolbei** (L. Bolus) L. Bolus et Schwantes 1954 · ⚃ ⚴ Z9 ⓚ; Kap

Jacquemontia Choisy 1834 -f- *Convolvulaceae*
- **pentantha** (Jacq.) G. Don 1838 · ♄ ⚵ Z10 ⓚ VII-IX; USA: Fla.; Mex., C-Am., W.Ind., trop. S-Am.

Jambosa Adans. = Syzygium
- *caryophyllus* (Spreng.) Nied. = Syzygium aromaticum
- *jambos* (L.) Millsp. = Syzygium jambos
- *vulgaris* DC. = Syzygium jambos

Jamesia Torr. et A. Gray 1840 -f- *Hydrangeaceae* · (S. 568)
D:Jamesie; E:Cliffbush; F:Jamesia
- **americana** Torr. et A. Gray 1840 · D:Jamesie · ♄ d △ D Z7 ∧ V; USA: Nev., Ariz., N.Mex. [27239]

Jancaea Boiss. 1875 -f- *Gesneriaceae* · (S. 551)
- **heldreichii** (Boiss.) Boiss. 1875 · ⚃ △ Z8 ⓚ VI-VII ▽; GR (Olymp)

Jankaea Boiss. = Jancaea

Jasione L. 1753 -f- *Campanulaceae* · (S. 385)
D:Sandglöckchen, Sandrapunzel; E:Sheep's Bit; F:Jasione
- **crispa** (Pourr.) Samp. 1921 · ⊙ ⚃ Z7 VI-VIII; Eur.: IB, F; NW-Afr.
- **heldreichii** Boiss. et Orph. 1859 · ⊙ ⚃ Z6 ▽; Eur.: Ba, RO
- *humilis* (Pers.) Loisel. = Jasione crispa
- **laevis** Lam. 1779 · D:Ausdauerndes Sandglöckchen; E:Shepherd's Bit; F:Jasione lisse · ⚃ △ Z5 VII-VIII; Eur.: sp., Fr, Ap, D, Ba, RO, nat. in FIN [64903]
'Blaulicht' [64904]
- **montana** L. 1753 · D:Berg-Sandglöckchen; E:Sheep's Bit · ⊙ ⚃ Z6 VI-VIII; Eur.*, NW-Afr. [68008]
- var. *littoralis* Fr. 1814 = Jasione montana
- *perennis* Vill. ex Lam. = Jasione laevis

Jasminum L. 1753 -n- *Oleaceae* · (S. 674)
D:Jasmin; E:Jasmine, Jessamine; F:Jasmin
- *affine* Royle ex Lindl. = Jasminum officinale
- **angulare** Vahl 1794 · ʃ e Z9 ⓚ; S-Afr. [11194]

- **azoricum** L. 1753 · D:Azoren-Jasmin · ♄ e ⚥ D Z9 ⓜ VII-X ▽; Madeira [11195]
- **beesianum** Forrest et Diels 1912 · F:Jasmin rose · ♄ d ⚥ D Z8 ⓜ V; W-China [23086]
- **dispermum** Wall. 1820 · D:Zweisamiger Jasmin · ʃ e Z8 ⓜ; Him., W-China
- **floridum** Bunge 1833 · ♄ e Z9 ⓜ VII-IX; China, Jap. [23087]
- **fruticans** L. 1753 · D:Strauch-Jasmin · ♄ e Z8 ⓜ VII-IX; Eur.: Ib, Fr, I, Ba, RO, Krim; TR, Syr., Palaest., Cauc., N-Iran, C-As., NW-Afr., nat. in H, CH [26246]
- *gracillimum* Hook. f. = Jasminum multiflorum
- **grandiflorum** L. 1762 · D:Chinesischer Tee-Jasmin; E:Royal Jasmine · ♄ D Z9 ⓜ VI-IX ⓝ; SW-Arab. [11196]
- **humile** L. 1753 · D:Niedriger Jasmin; E:Italian Yellow Jasmine · ♄ e Z7; C-As., Afgh., Him., Ind., SW-China, Myanmar [23088]
  - fo. farreri (Gilmour) P.S. Green · ⓜ; N-Myanmar
    'Revolutum' [11197]
  - fo. wallichanum 1965 (Lindl.) P.S. Green · ⓜ; Nepal
  - var. *glabrum* (DC.) Kobuski 1939 = Jasminum humile fo. wallichanum
  - var. *revolutum* (Sims) Stokes 1939 = Jasminum humile
- **mesnyi** Hance 1882 · D:Primel-Jasmin; E:Primrose Jasmine · ♄ e Z8 ⓜ III-IV; W-China [11198]
- **multiflorum** (Burm. f.) Andrews 1807 · D:Sternblütiger Jasmin; E:Star Jasmine · ♄ e ⚥ D ⓜ I-III; Ind.
- **multipartitum** Hochst. 1844 · ♄ e Z8 ⓜ; S-Afr.(E-Cape, Natal)
- **nitidum** Skan 1898 · D:Engelsflügel-Jasmin; E:Angelwing Jasmine · ♄ e ⚥ D ⓜ; N.Guinea (Admiralty Is.) [11199]
- **nobile** C.B. Clarke 1882
  - subsp. **rex** (Dunn) P.S. Green 1995 · ♄ e Z8 ⓜ; SW-Thail.
- **nudiflorum** Lindl. 1846 · D:Winter-Jasmin; E:Winter Jasmine; F:Jasmin d'hiver · ♄ d Z7 XII-III; W-China, nat. in F [44322]
  'Aureum' [23094]
  'Mystique'
- **odoratissimum** L. 1753 · D:Duftender Jasmin; E:Yellow Jasmine · ♄ e D ⓜ VI-IX ⓝ; Canar., Madeira
- **officinale** L. 1753 · D:Echter Jasmin, Weißer Jasmin; E:Common Jasmine, Jessamine, White Jasmine; F:Jasmin officinal · ♄ d Z8 ⓜ ⚥; Him., Kashmir, SW-China, nat. in Eur.: Ib, F, Ap, RO, ? CH; Cauc., Iran [58076]
  'Affine'
  'Argenteovariegatum'
  'Aureum' [23091]
  'Fiona Sunrise'
  'Inverleith'
- **parkeri** Dunn 1920 · D:Zwerg-Jasmin; E:Dwarf Jasmine · ♄ e Z8 ⓜ ⋀ VI; NW-Him. [23095]
- **polyanthum** Franch. 1891 · ♄ s ⚥ D Z8 ⓜ VI-IX; W-China [58077]
- *primulinum* Hemsl. = Jasminum mesnyi
- **pubigerum** D. Don 1825 · ♄ ⓜ; Him.
  - var. *glabrum* DC. 1844 = Jasminum humile fo. wallichanum
- *revolutum* Sims = Jasminum humile 'Revolutum'
- *rex* Dunn = Jasminum nobile subsp. rex
- **sambac** (L.) Aiton 1789 · D:Arabischer Jasmin; E:Arabian Jasmine · ♄ e ⚥ D Z9 ⓜ III-X ⓝ; Ind., Sri Lanka [58078]
- × **stephanense** Lemoine 1921 (*J. beesianum × J. officinale*) · ♄ d ⚥ D Z7 ⓜ VI-VII; cult. [32909]
- **subhumile** W.W. Sm. 1913 · ♄ ♄ d Z8 ⓜ; W-China; Him.
- **volubile** Jacq. 1798 · D:Wilder Jasmin; E:Wild Jasmine · ♄ e ⚥ ⓜ II-IV; Austr.
- *wallichianum* Lindl. = Jasminum humile fo. wallichanum

Jateorhiza Miers 1849 -f- *Menispermaceae* · (S. 640)
- *columba* (Roxb.) Oliv. = Jateorhiza palmata
- **palmata** (Lam.) Miers 1849 · E:Calumba Root · ♄ ⚥ ⓜ ⚥ ⓝ; E-Afr., Mozamb., Mauritius

Jatropha L. 1753 -f- *Euphorbiaceae* · (S. 483)
D:Purgiernuss; E:Physicnut; F:Jatropha
- *berlandieri* Torr. = Jatropha cathartica
- **cathartica** Terán et Berland. 1832 · D:Purgiernuss · ♄ ♃ ⓜ; Mex.
- **curcas** L. 1753 · D:Termitenbaum; E:Barbados Nut, Physic Nut · ♃ ♃ Z10 ⓜ ⚶ ⓝ; Mex., Bermuda, S-Am.
- **gossypifolia** L. 1753
- **integerrima** Jacq. 1763 · ♄ ♄ e Z10 ⓜ; Cuba, Hispaniola, Puerto Rico
- **macrocarpa** Griseb. 1874 · ♄ ♃ Z10 ⓜ; Arg.
- *manihot* L. = Manihot esculenta
- **multifida** L. 1753 · D:Korallen-Pugiernuss; E:St Vincent Physic Nut · ♄ ♃ Z10 ⓜ VII ⚶ ⓝ; Mex., W.Ind., Venez., Bras.
- *multiflora* Pax et K. Hoffm. = Jatropha macrocarpa
- **podagrica** Hook. 1848 · D:Guatemalarhabarber; E:Guatemalan Rhubarb · ♄ ♃ Z10 ⓜ V-VI ⚶; Guat., Nicar., Costa Rica, Panama
- *urens* L. = Cnidoscolus urens var. urens

Jeffersonia Barton 1793 -f- *Berberidaceae* · (S. 286)
D:Herzblattschale, Zwillingsblatt; E:Twin Leaf; F:Jeffersonia
- **diphylla** (L.) Pers. 1805 · D:Zwillingsblatt; E:Rheumatism Root · ♃ △ Z5 V-VI; Can.: Ont.; USA: NE, NCE, SE [64905]
- **dubia** (Maxim.) Benth. et Hook. f. 1879 · D:Herzblattschale; E:Twin-Leaf · ♃ △ Z5 IV-V; Manch. [65879]

Jensenobotrya A.G.J. Herre 1951 -f- *Aizoaceae* · (S. 145)
- **lossowiana** A.G.J. Herre 1951 · ♃ ♃ Z9 ⓜ; Namibia

Jessenia H. Karst. = Oenocarpus
- *bataua* (Mart.) Burret = Oenocarpus bataua
- **polycarpa** H. Karst. · ♃; Panama, trop. S-Am.

Joannesia Vell. 1798 -f- *Euphorbiaceae* · (S. 484)
- **princeps** Vell. 1798 · ♄ Z8 ⓜ ⓝ; Venez., N-Bras.

Johannesteijsmannia H.E. Moore 1961 -f- *Arecaceae* · (S. 951)
- **altifrons** (Rchb. f. et Zoll.) H.E. Moore 1961 · ♄ e Z10 ⓜ; Thail., Malay. Pen., Sumatra, Kalimantan

Jovellana Ruiz et Pav. 1798 -f- *Scrophulariaceae* · (S. 828)
- **punctata** Ruiz et Pav. 1798 · ♄ e Z9 ⓜ VI-VII; S-Chile
- **repens** Kraenzl. 1907
- **sinclairii** (Hook.) Kraenzl. 1907 · ♄ e Z9 ⓜ VI-VII; NZ
- **violacea** (Cav.) G. Don 1837-38 ·

ђ e Z9 ⓦ VII-VIII; Chile

Jovibarba (DC.) Opiz 1852 -f- *Crassulaceae* · (S. 432).
D:Donarsbart, Fransenhauswurz; E:Houseleek; F:Barbe-de-Jupiter
- *allionii* (Jord. et Fourr.) D.A. Webb = Jovibarba globifera subsp. allionii
- *arenaria* (W.D.J. Koch) Opiz = Jovibarba globifera subsp. arenaria
- **globifera** (L.) J. Parn. 1990 · D:Gewöhnlicher Fransenhauswurz
  'Green Globe' [70899]
  'Madame Lorraine'
  'Sims'
  - subsp. **allionii** (Jord. et Fourr.) J. Parn. 1990 · D:Allionis Fransenhauswurz · ⚁ ⚘ △ Z7 VII ▽; Eur.: I; SW-Alp. [64906]
  - subsp. **arenaria** (W.D.J. Koch) J. Parn. 1990 · D:Sand-Fransenhauswurz · ⚁ ⚘ △ Z7 VIII ▽; Eur.: A, I; E-Alp., nat. in D (Fichtelgebirge) [68834]
  - subsp. **globifera** · D:Jupiterbart, Sprossende Fransenhauswurz · ⚁ ⚘ △ Z5 VII ▽; Eur.: D, A, EC-Eur. [64911]
  - subsp. **hirta** (L.) J. Parn. 1990 · D:Kurzhaar-Fransenhauswurz · ⚁ ⚘ △ Z7 VII-VIII ▽; Eur.: I, A, H, W-Ba [64910]
- **heuffelii** (Schott) Á. Löve et D. Löve 1961
  'Aquarius' Fearnley 1972
  'Chocoleto' D. Ford 1975 [72791]
  'Giuseppi Spiny' P. Mitchell 1982 [72793]
  'Green Stone' D. Ford 1975
  'Henry Correvon' H.J. Wills 1979 [72779]
  'Minuta' P. Mitchell 1969
  'Orion' P. Mitchell 1981 [72783]
  'Sundancer' C.W. Nixon 1972
  'Tuxedo' D. Ford 1978
  - var. **glabra** (Beck et Szyszyl.) hort. [72773]
  - var. **heuffelii** · D:Balkan-Fransenhauswurz · ⚁ ⚘ △ Z6 VIII ▽; Eur.: Ba, RO; mts. [64907]
  - var. **kopaonikense** (Pančić) P.J. Mitch. 1983 [64908]
  - var. **patens** (Griseb. et Schenk) P.J. Mitch. 1983 [72775]
- *hirta* (L.) Opiz = Jovibarba globifera subsp. hirta
- *sobolifera* (Sims) Opiz = Jovibarba globifera subsp. globifera

Juanulloa Ruiz et Pav. 1794 -f- *Solanaceae* · (S. 848)
- **mexicana** (Schltdl.) Miers 1849 · ђ e Z8 ⓦ VI-X; Peru [11526]

Jubaea Kunth 1816 -f- *Arecaceae* · (S. 951)
D:Honigpalme, Mähnenpalme; E:Honey Palm, Wine Palm; F:Palmier à miel
- **chilensis** (Molina) Baill. 1895 · D:Honigpalme, Mähnenpalme; E:Chilean Wine Palm, Wine Palm · ђ e Z8 ⓚ; Chile
- *spectabilis* Humb., Bonpl. et Kunth = Jubaea chilensis

Jubaeopsis Becc. 1913 -f- *Arecaceae* · (S. 952)
- **caffra** 1913 · ђ e Z9 ⓚ; S-Afr. (Eastern Cape, Natal)

Juglans L. 1753 -f- *Juglandaceae* · (S. 575)
D:Walnuss; E:Walnut; F:Noyer
- **ailantifolia** Carrière 1878 [23096]
  - var. **ailantifolia** · D:Japanische Walnuss; E:Japanese Walnut · ђ d Z6; Jap.
  - var. **cordiformis** (Maxim.) Rehder 1945 · D:Herzfrüchtige Walnuss; E:Heartnut; F:Noyer du Japon · ђ d Z6 ⓦ; Jap. [33246]
- **californica** S. Watson 1875 · ђ ђ d Z8 ⓚ; S-Calif.
  - var. *hindsii* Jeps. 1908 = Juglans hindsii
- **cinerea** L. 1759 · D:Butternuss; E:Butternut, White Walnut; F:Noyer cendré · ђ d Z5 ⚭ ⓦ; Can.: E; USA: NE, NCE, NC, SE [41646]
- *cordiformis* Maxim. = Juglans ailantifolia var. cordiformis
  - var. *ailantifolia* (Carrière) Rehder 1945 = Juglans ailantifolia var. ailantifolia
- *glabra* Mill. = Carya glabra
- **hindsii** (Jeps.) Jeps. ex R.E. Sm. 1909 · D:Kalifornische Walnuss; E:California Walnut · ђ d Z8 ⓚ ⓦ; C-Calif.
- *honorei* Dode = Juglans neotropica
- × **intermedia** Jacques 1834 (*J. nigra* × *J. regia*) · ђ d Z5; cult. [20307]
- **mandshurica** Maxim. 1856 · D:Mandschurische Walnuss; E:Manchurian Walnut; F:Noyer de Mandchurie · ђ d Z5 ⓦ; Amur, Manch. [33249]
- **microcarpa** Berland. 1850 · D:Felsen-Walnuss; E:Texas Walnut · ђ ђ d Z5 ⓦ; USA: Kans., SC, N.Mex; NE-Mex. [23098]
- **neotropica** Diels 1906 · ђ d Z10 ⓚ ⓦ; Venez., Col, Ecuad., Peru, Bol.; And.
- **nigra** L. 1753 · D:Schwarze Walnuss; E:Black Walnut; F:Noyer noir d'Amérique · ђ d Z5 V ⓦ; Can.: Ont.; USA: NE, NCE, NC, SC, SE, Fla. [18690]
- **regia** L. 1753 [18700]
  'Broadview' [44581]
  'Buccaneer' [44588]
  'Franquette' [15835]
  'Laciniata'
  'Mayette' [37250]
  'Parisienne' [33254]
  'Purpurea' [23118]
  - subsp. **fallax** (Dode) Popov 1929 · ђ d Z6 ⓦ; C-As.
  - subsp. **kamaonica** (C. DC.) Mansf. 1959 · ђ d Z6 ⓦ; C-Him.
  - subsp. **regia** · D:Echte Walnuss; E:English Walnut, Persian Walnut; F:Noyer commun · ђ d Z6 V ⚭ ⓦ; Eur.: A, I, Sic., Ba, RO; Cauc., Iran, C-As., nat. in BrI, Fr, Ib, EC-Eur., E-Eur.
  - subsp. **turcomanica** Popov 1929 · ђ d Z6 ⓦ; C-As. (Kopet Dag)
- *rupestris* Engelm. ex Torr. = Juglans microcarpa
- *sieboldiana* Maxim. = Juglans ailantifolia var. ailantifolia
- **stenocarpa** Maxim. 1859 · D:Schmalfrüchtige Walnuss; F:Noyer · ђ d; Manch. [33258]

Juncus L. 1753 -m- *Juncaceae* · (S. 1028)
D:Binse; E:Rush; F:Jonc
- **acutiflorus** Ehrh. ex Hoffm. 1791 · D:Spitzblütige Binse · ⚁ ∼ VII-IX; Eur.*, TR, Palaest., Iran, Maroc.
- **acutus** L. 1753
- **alpinoarticulatus** Chaix 1785 · D:Alpen-Binse · ⚁ ∼ VII-VIII; Eur.*, TR, Cauc., W-Sib., E-Sib., Kamchat., NW-Afr., N-Am.
- *alpinus* Vill. = Juncus alpinoarticulatus
- **anceps** Laharpe 1825 · D:Zweischneidige Binse · ⚁ ∼ VII-VIII; Eur.: Ib, Fr, D, Sc, Ap, Ba; Alger., Tun.; coasts
- **arcticus** Willd. 1799 · D:Arktische Binse · ⚁ VII-VIII; Eur.: Sc, N-Russ., Fr, Ap, C-Eur., ? Ib; N, Alp., Apenn.; Sib., Greenl.
- **articulatus** L. · D:Gewöhnliche Glieder-Binse; E:Joint Leaf Rush, Jointed Rush · ⚁ ∼ Z4 VII-X;

Eur.*, TR, Cauc., Iran, C-As., E-Sib., N-Afr. [67216]
- **atratus** Krock. 1787 · D:Schwarze Binse · ♃ ∼ VII-IX; Eur.: Ap, C-Eur., EC-Eur., Ba, E-Eur.; Cauc., W-Sib., E-Sib., C-As., China
- **balticus** Willd. 1809 · D:Baltische Binse; F:Jonc de la Baltique · ♃ ∼ Z3 VII-VIII; Eur.: BrI, Sc, D, PL, E-Eur.; TR, Alaska, Can., USA * exc. Fla
- **biglumis** L. 1753 · D:Zweiblütige Binse · ♃ ∼ VII-VIII; Eur.: BrI, Sc, N-Russ., A; W-Sib., E-Sib., Kamchat., N-Am.
- **bufonius** L. 1753 · D:Kröten-Binse; E:Toad Rush · ⊙ ∼ V-IX; Eur.*, cosmop. [67217]
- **bulbosus** L. · D:Gewöhnliche Rasen-Binse · ♃ ∼ Z5 VII-IX; Eur.*, Alger., Tun., Azor., Madeira
- **canadensis** J. Gay ex Laharpe 1825 · D:Kanadische Binse · ♃; Can: W; USA: NE, NCE, SE, nat. in B, NL
- **capitatus** Weigel 1772 · D:Kopf-Binse · ⊙ VI-IX; Eur.*, TR, SW-As., Afr., N-Afr.
- **castaneus** Sm. 1800 · D:Kastanienbraune Binse; E:Chestnut Rush · ♃ △ ∼ Z3 VII; Eur.: BrI, Sc, C-Eur., I, EC-Eur.; Sib., Kamchat., Alaska, Can., USA: Rocky Mts., Calif., SW
- **compressus** Jacq. 1762 · D:Zusammengedrückte Binse; E:Round-fruited Rush; F:Jonc comprimé · ♃ ∼ Z5 VII-IX; Eur.*, Cauc., W-Sib., E-Sib., Mong. [67587]
- **conglomeratus** L. 1753 · D:Knäuel-Binse · ♃ ∼ V-VII; Eur.*, TR, SW-As, NW-Afr., N-Am. [67218]
- *decipiens* (Buchenau) Nakai = Juncus effusus
- **dudleyi** Wiegand 1900 · D:Dudleys Binse · ♃ VI-VIII; N-Am., nat. in Scotland
- **effusus** L. 1753 · D:Flatter-Binse; E:Common Rush, Soft Rush; F:Jonc épars · ♃ ∼ Z4 VI-VIII ⚥; Eur.*, TR [67219]
'Curly-Wurly'
'Spiralis' · D:Korkenzieher-Binse; E:Corkscrew Rush, Spiral Rush · [67220]
- **ensifolius** Wikstr. 1823 · D:Schwertblättrige Binse · ♃ ∼ Z3 VI-VIII; w N-Am., nat. in FIN [67221]
- **filiformis** L. 1753 · D:Faden-Binse · ♃ ∼ VI-VIII; Eur.*, TR,

Cauc., W-Sib., E-Sib., N-Am.
- **gerardii** Loisel. 1809 · D:Bodden-Binse, Salz-Binse · ♃ ∼ VI-VII; Eur.*, TR, Levante, Iraq, Cauc., Iran, Afgh., W-Sib., C-As, N-Am.
- *glaucus* Sibth. = Juncus inflexus
- **hybridus** Brot. 1804 · ♃ ∼ ; Eur.: Ib, Fr, Ap, Ba, ? RO; TR, SW-As.
- **inflexus** L. 1753 · D:Blaugrüne Binse; E:Hard Rush; F:Jonc courbé · ♃ ∼ Z4 VI-VIII; Eur.*, TR, Cauc., Iran, C-As. [67588]
- **jacquinii** L. 1767 · D:Gemsen-Binse, Jacquins Binse · ♃ VII-IX; Eur.: F, I, CH, D, A, Slove.; Alp., N-Apenn.
- *lampocarpus* Ehrh. ex Hoffm. = Juncus articulatus
- **maritimus** Lam. 1789 · D:Meerstrand-Binse, Strand-Binse; E:Sparto; F:Jonc maritime · ♃ ∼ VII-VIII; Eur.*, TR, Cauc., Iran, C-As., NW-Ind., Macaron., Afr., N-Am., S-Am., Austr., NZ [67222]
- **minutulus** (Albert et Jahand.) Prain 1921 · D:Kleinste Binse · ⊙ VI-IX; Eur.* exc. Ba; W-Sib., C-As.
- **pygmaeus** Rich. et Thuill. 1799 · D:Zwerg-Binse · ⊙ ∼ V-IX; Eur.: Ib, Fr, Ap, D, DK, Croatia; TR, NW-Afr.
- **ranarius** Perr. et Songeon 1860 · D:Frosch-Binse · ⊙ V-VIII; Eur.: BrI, Sc, Fr, C-Eur., EC-Eur., E-Eur.; N-Am., Greenl.
- **sphaerocarpus** Nees 1818 · D:Kugelfrüchtige Binse · ⊙ VI-VIII; Eur.: Ib, Fr, C-Eur., EC-Eur., Ba, E-Eur.; TR, Cauc., W-Sib., C-As.
- *spiralis* hort. = Juncus effusus 'Spiralis'
- **squarrosus** L. 1753 · D:Sparrige Binse · ♃ VI-VIII; Eur.* exc. Ba; Maroc., Greenl.
- **stygius** L. 1759 · D:Moor-Binse · ♃ ∼ VII-VIII ▽; Eur.: Sc, D, CH, PL, Russ.; W-Sib., Amur, Kamchat.
- **subnodulosus** Schrank 1789 · D:Stumpfblütige Binse; E:Blunt-flowered Rush · ♃ ∼ Z6 VII-VIII; Eur.*, TR, Iraq, Syr., NW-Afr.
- **tenageia** Ehrh. ex L. f. 1781 · D:Sand-Binse · ⊙ ∼ VI-VIII; Eur.* exc. BrI, Sc; Cauc., W-Sib.
- **tenuis** Willd. 1799 · D:Zarte Binse; E:Slender Rush · ♃ VI-IX; N-Am., nat. in Eur.*, TR, Cauc.
- **trifidus** L. 1753 · D:Dreiblatt-Binse
  - subsp. **monanthos** (Jacq.) Asch. et Graebn. 1904 · D:Einblütige Binse, Wenigblütige Dreiblatt-Binse · ♃ VII-VIII; Eur.: Alp., Apenn.; N-Am.
  - subsp. **trifidus** · D:Gewöhnliche Dreiblatt-Binse · ♃ VII-VIII; Eur.*, Cauc., Sib., N-Am., Greenl.
- **triglumis** L. 1753 · D:Dreiblütige Binse · ♃ ∼ VII-VIII; Eur.*, Cauc., W-Sib., E-Sib., C-As

Juniperus L. 1753 -f- *Cupressaceae* · (S. 90)
D:Wacholder; E:Juniper; F:Genévrier
- **ashei** J. Buchholz 1930 · D:Ashes Wacholder; E:Ashe Juniper, Mountain Cedar · ♄ e Z7; USA: Ark., Mo., SC.; Mex. (Coahuila) [28266]
- **bermudiana** L. 1753 · D:Bermuda-Wacholder; E:Bermuda Juniper · ♄ e Z9 ⌂; Bermuda
- *canadensis* Lodd. ex Burgsd. = Juniperus communis var. depressa
- **chinensis**
  'Aurea' (m) Young's Nurs. ca 1855 [28342]
  'Blaauw' Blaauw et Co. ca 1924 [25100]
  'Blue Alps' Grootendorst 1978 [28268]
  'Keteleeri' Keteleer 1910 [25140]
  'Monarch' Grootendorst 1965 [25160]
  'Obelisk' Grootendorst 1946 [25170]
  'Plumosa Aurea' Hornibrook 1923 [25280]
  'Robust Green' Monrovia Nurs. 1973 [30150]
  'Spartan' Monrovia Nurs. 1961
  'Stricta' Den Ouden/Boom < 1945 [25320]
  - var. **chinensis** · D:Gewöhnlicher Chinesischer Wacholder; F:Genévrier de Chine · ♄ ♄ e Z5 III-V; China, Mong., Jap.
  - var. **sargentii** A. Henry 1912 · D:Sargents Chinesischer Wacholder · ♄ e Z4; NE-China, Jap. [10870]
- **communis** L. 1753 · D:Heide-Wacholder; E:Common Juniper, Juniper · [25330]
  'Arnold' Boer Nurs. 1958 [36124]
  'Barmstedt' Hachmann 1983 [28311]
  'Compressa' Carrière 1855 [32029]
  'Depressa Aurea' Hornibrook 1939 [25350]
  'Depressed Star' Den Ouden/Boom 1965 [28345]
  'Gold Cone' Kordes Jungpfl. 1980 [36134]
  'Green Carpet' Bressingham Nurs. 1984 [37644]
  'Hibernica' Gordon 1858 · D:Irischer Wacholder; E:Irish Juniper · [25360]
  'Hornibrookii' Hornibrook 1939 [25370]
  'Horstmann' Horstmann 1978 [27410]

'Meyer' E. Meyer 1945 [25380]
'Oblonga Pendula' Loudon 1838 [27411]
'Repanda' Grootendorst 1940 [25400]
'Sentinel' Grootendorst 1961 [28381]
Suecica Grp. · D:Schwedischer Wacholder; E:Swedish Juniper · [25410]
- subsp. *hemisphaerica* (J. Presl et C. Presl) Nyman 1881 = Juniperus communis var. communis
- var. **communis** · D:Gewöhnlicher Heide-Wacholder; F:Genévrier commun · ♄ ♄ e Z3 IV-V ⚥ ; Eur.*, TR, Cauc., Him., W-Sib., E-Sib., Amur, Sachal., Kamchat., Manch., Korea, Jap., Maroc., Alger., Alaska, Can., USA* exc. Fla. [28391]
- var. **depressa** Pursh 1814 · D:Kanadischer Heide-Wacholder · ♄ Z3; Can.: E; USA: NE, NEC [28387]
- var. **erecta** Pursh = Juniperus communis var. communis
- var. **montana** Aiton 1789 = Juniperus communis var. saxatilis
- var. *nana* (Willd.) Baumg. 1816 = Juniperus communis var. saxatilis
- var. **saxatilis** Pall. 1789 · D:Zwerg-Heide-Wacholder; E:Mountain Juniper · ♄ Z3 VII-VIII; Eur. mts., Cauc., TR, C-As., Him., N-Sib., Amur, Sachal., Kamchat., Mong., N-Korea, Jap., w N-Am., Greenl [28384]
- **convallium** Rehder et E.H. Wilson · D:Gewöhnlicher Mekong-Wacholder · ♄ e Z7; China
- **deppeana** Steud. 1840 · D:Alligator-Wacholder; E:Alligator Juniper · ♄ e Z8 ⓚ; USA: SW, Tex.; Mex. [28407]
- var. **deppeana** · D:Gewöhnlicher Alligator-Wacholder
- var. **pachyphlaea** (Torr.) Martínez 1946 · D:Dickrindiger Alligator-Wacholder · ♄ e Z7; USA: Tex., SW.; Mex. [28408]
- *depressa* Steven = Juniperus communis var. communis
- **drupacea** Labill. 1791 · D:Syrischer Wacholder; E:Syrian Juniper · ♄ e Z8 ⓚ; GR, TR, Syr. [28409]
- *elata* Roxb. = Dacrydium elatum
- *erythrocarpa* Cory = Juniperus pinchotii
- **excelsa** L.
- subsp. **excelsa** · D:Gewöhnlicher Griechischer Wacholder · ♄ ♄ e Z8; Eur.: Ba, Krim; TR, W-Syr.,

Cyprus, Iran, Afgh.
- **excelsa** M. Bieb. 1800 · D:Griechischer Wacholder, Kleinasiatischer Wacholder; E:Greek Juniper
- **flaccida** Schltdl. 1838 · D:Mexikanischer Wacholder; E:Mexican Juniper, Mexican Weeping Juniper · ♄ e Z8 ⓚ; USA: W-Tex.; Mex.; mts.
- **foetidissima** Willd. 1806 · D:Stinkender Baum-Wacholder; E:Stinking Juniper · ♄ ♄ e Z8; Ba, Krim; TR, W-Syr., Cyprus, Cauc. [27412]
- *hemisphaerica* J. Presl et C. Presl = Juniperus communis var. communis
- **horizontalis** Moench 1794 · D:Kriech-Wacholder; E:Creeping Juniper; F:Genévrier rampant · ♄ e ↝ △ Z4; Alaska, Can., USA: NE, NCE, Mont., Wyo. [25430]
'Andorra Compact' Krüssmann 1972 [28414]
'Bar Harbor' Hornibrook 1939 [27840]
'Blue Chip' A.M. Jensen 1984 [25440]
'Douglasii' Douglas Nurs. 1855 [25450]
'Emerald Spreader' Monrovia Nurs. 1973 [47760]
'Grey Pearl' Thomsen Nurs. 1970 [32047]
'Hughes' Cedar Rapid Nurs. 1970 [30780]
'Jade River' Reimer Nurs. 1980 [44384]
'Plumosa' Andorra Nurs. 1919 [25470]
'Prince of Wales' Potmore Nurs. 1967 [32205]
'Turquoise Spreader' Monrovia Nurs. 1973 [47770]
'Wiltonii' South Wilton Nurs. 1914 [47820]
- *litoralis* Maxim. = Juniperus rigida subsp. conferta
- *macrocarpa* Sibth. et Sm. = Juniperus oxycedrus subsp. macrocarpa
- × *media* Melle = Juniperus × pfitzeriana
- **monosperma**
- var. *pinchotii* (Sudw.) Melle 1952 = Juniperus pinchotii
- *nana* Willd. = Juniperus communis var. saxatilis
- **occidentalis** Hook. 1838 · D:Westlicher Wacholder; E:Western Juniper
- var. *conjungens* Engelm. 1877 = Juniperus ashei
- var. **occidentalis** · D:Gewöhnlicher Westlicher Wacholder · ♄ e Z5; USA: Wash., Oreg., Idaho, Nev., Calif.
- var. *texana* Vasey 1876 = Juniperus ashei
- **oxycedrus** L. 1753 · D:Stech-

Wacholder; E:Prickly Juniper · Z8 [28471]
- subsp. **macrocarpa** (Sibth. et Sm.) Ball 1868 · D:Großfrüchtiger Stech-Wacholder · ♄ e Z8; Eur.: Ib, F, Ap, Ba; NW-Afr., Libya; coasts [28472]
- subsp. **oxycedrus** 1897 · D:Rotbeeriger Stech-Wacholder · ♄ ♄ e Z7 ⚥ ; Eur.: Ib, Fr, Ap, Ba, Krim; TR, Levante, Cauc., N-Iran, N-Afr.
- *pachyphlaea* Torr. = Juniperus deppeana var. pachyphlaea
- × **pfitzeriana** (Späth) P.A. Schmidt (*J. chinensis* var. *chinensis* × *J. sabina* var. *sabina*) · D:Pfitzers Wacholder · ♄ e; cult. [28444]
'Blue and Gold' (v) van Gelderen 1984 [19587]
'Gold Coast' Monrovia Nurs. 1965 [28464]
'Gold Sovereign' Hort. GB 1985 [42056]
'Gold Star' Bakker Nurs. 1961 [42600]
'Mint Julep' Monrovia Nurs. 1960 [28466]
'Old Gold' Grootendorst 1958 [25260]
'Pfitzeriana Aurea' Hill Nurs. 1923 [25210]
'Pfitzeriana Compacta' Bobbink et Atkins 1930 [25220]
'Pfitzeriana Glauca' Haygood 1940 [25230]
- **phoenicea** L. · D:Gewöhnlicher Phönizischer Wacholder · ♄ ♄ e Z9 ⓚ ⓝ; Eur.: Ib, Fr, Ap, Ba; W-TR, Cyprus, Palaest., NW-Afr., Libya
- **pinchotii** Sudw. 1905 · D:Texas-Wacholder; E:Pinchot Juniper · ♄ ♄ e Z7; USA: Tex.; Mex. (N-Coahuila) [28473]
- var. *erythrocarpa* (Cory) Silba 1984 = Juniperus pinchotii
- **procera** Hochst. ex Endl. 1847 · D:Ostafrikanischer Wacholder; E:East African Juniper · ♄ e Z9 ⓚ ⓝ; Eth., Kenya, Tanzania, Mozamb., Zimbabwe
- **procumbens** (Siebold ex Endl.) Miq. 1870 · D:Japanischer Kriech-Wacholder; E:Japanese Juniper · ♄ e Z6; S-Jap. [19589]
- *prostrata* Pers. = Juniperus horizontalis
- **recurva** Buch.-Ham. ex D. Don 1825 · D:Hänge-Wacholder, Himalaya-Wacholder; E:Drooping Juniper, Himalayan Weeping Juniper · [28483]
- var. **coxii** (A.B. Jacks.) Melville 1959 · D:Langnadliger Hänge-Wacholder; E:Coffin Juniper · ♄ e Z7; E-Myanmar [28486]
- var. **recurva** · D:Gewöhnlicher Hänge-Wacholder · ♄ ♄ e Z8; Sikkim, Bhutan, SW-China

- **rigida** Siebold et Zucc. 1846 · D:Nadel-Wacholder; E:Temple Juniper
  'Blue Pacific' Monrovia Nurs. 1972 [42058]
  - subsp. **conferta** (Parl.) Kitam. 1974 · D:Strand-Wacholder; E:Shore Juniper; F:Genévrier des rivages · ♄ e ⤳ △ Z6; Jap., Sachal. [42857]
  - subsp. **rigida** · D:Gewöhnlicher Nadel-Wacholder; F:Genévrier à aiguilles · ♄ ♄ e Z6; Jap., Korea, N-China [44771]
- **sabina**
  'Blaue Donau' Blaauw et Co. 1956 [28487]
  'Broadmoor' Hill Nurs. 1933 [47670]
  'Hicksii' Hicks et Son 1940 [16202]
  'Rockery Gem' Grootendorst 1967 [25290]
  'Tamariscifolia' Forbes 1839 [25540]
  'Variegata' (v) Hayne 1822 [35336]
  - var. **sabina** · D:Gewöhnlicher Stink-Wacholder; F:Genévrier sabine · ♄ e Z5 IV-V ⚥ ⚘; Eur.* exc. BrI, Sc; Cauc., Sib., C-As., Alger.; mts. [25500]
- **scopulorum** Sarg. 1897 · D:Felsengebirgs-Wacholder; E:Colorado Juniper, Rocky Mountain Juniper; F:Genévrier des Montagnes Rocheuses · ♄ e Z6 ⓝ; Can.: B.C., Alta.; USA: NW, Rocky Mts., NC, SW; N-Mex.
  'Blue Heaven' Plumfield Nurs. 1963 [47690]
  'Moonglow' Hort. USA 1970 [28504]
  'Skyrocket' Grootendorst 1957 [25670]
  'Springbank' Grootendorst 1969 [25550]
  'Wichita Blue' Monrovia Nurs. 1976 [32015]
- **semiglobosa** Regel 1879 · D:Halbkugeliger Wacholder; E:Russian Juniper · ♄ ♄ e Z4; C-As.
- **sibirica** Burgsd. = Juniperus communis var. saxatilis
- **squamata** Buch.-Ham. ex D. Don 1824 · D:Schuppen-Wacholder; E:Blue Star Juniper, Flaky Juniper · [28513]
  'Blue Spider' van de Laar 1980 [39126]
  'Blue Star' Hoogeveen 1950 [25560]
  'Holger' H. Jensen 1946 [47900]
  'Hunnetorp' Hort. S 1976 [30820]
  'Meyeri' Rehder 1922 [25570]
  - var. **fargesii** Rehder et E.H. Wilson 1914 · D:Farges' Schuppen-Wacholder · ♄ e Z7; SW-China
  - var. **squamata** · D:Gewöhnlicher Schuppen-Wacholder;

F:Genévrier bleu · ♄ ♄ e Z5; Him., W-China, C-China, Taiwan
- **taxifolia** Hook. et Arn. 1838 · D:Luchu-Wacholder; E:Luchu Juniper · ♄ ♄ e Z9 ⓖ; S-Jap., Ryukyu Is. [28517]
- **tetragona** Moench
  - var. *oligosperma* Engelm. 1877 = Juniperus ashei
- *texensis* Melle = Juniperus pinchotii
- **thurifera** L. 1753 · D:Spanischer Wacholder; E:Spanish Juniper · ♄ e Z8 ⓖ; Eur.: sp., F, Corse; Maroc., Alger. [28521]
- **tibetica** Kom. 1924 · D:Tibet-Wacholder; E:Tibetan Juniper · ♄ e Z6; E-Tibet, W-China: Kansu
- **virginiana** L. 1753 · D:Rotzeder, Virginischer Wacholder; E:Eastern Red Cedar, Pencil Cedar, Red Juniper
  'Blue Cloud' Welch 1979 [27860]
  'Burkii' Slavin 1932 [25600]
  'Canaertii' Sénéclauze 1868 [25610]
  'Tripartita' de Vos 1867 [25814]
  - var. *prostrata* (Pers.) Torr. 1847 = Juniperus horizontalis
  - var. **virginiana** · D:Gewöhnlicher Viriginischer Wacholder; F:Bois à encens, Genévrier de Virginie · ♄ ♄ e Z4 IV-V ⚘ ⓝ; Can.: E; USA: NE, NCE, SW, SC, SE, Fla [25590]

Juno Tratt. = Iris
- *aucheri* (Baker) Klatt = Iris aucheri

Jurinea Cass. 1821 -f- *Asteraceae* · (S. 252)
D:Bisamdistel, Silberscharte; F:Jurinée
- **alata** (Desf.) Cass. 1821 · ⌛ Z6 VI-VII; Cauc. [64912]
- **cyanoides** (L.) Rchb. 1831 · D:Sand-Bisamdistel, Sand-Silberscharte · ⌛ Z6 VII-VIII; Eur.: D, CZ, Russ.; Cauc., W-Sib., C-As.
- *depressa* (Steven) C.A. Mey. = Jurinella moschus
- **mollis** (L.) Rchb. 1831 · D:Silberscharte, Spinnweben-Bisamdistel · ⌛ V-VII; Eur.: Ap, A, EC-Eur., Ba, RO; TR

Jurinella Jaub. et Spach 1846 -f- *Asteraceae* · (S. 252)
- **moschus** (Hablitz) Bobrov 1962 · ⌛ △ D Z6 VII-VIII; Cauc., TR

Justicia L. 1753 -f- *Acanthaceae* · (S. 132)
D:Justizie, Purpurschopf, Zim-

merhopfen; E:Water Willow; F:Bélopérone, Plante-aux-crevettes
- **adhatoda** L. 1753 · ♄ e Z10 ⓖ ⚥; S-Ind., Sri Lanka [11018]
- **brandegeana** Wassh. et L.B. Sm. 1969 · D:Garnelen-Justizie; E:Shrimp Plant · ♄ e ⓖ I-XII; NE-Mex., nat. in Fla. [58011]
- **carnea** Lindl. 1831 · D:Brasilianische Justizie; E:Brazilian Plume Flower, King's Crown, Pink Acanthus · ♄ e ⓖ ⓒ VI-VIII; Bras.
- **carthaginensis** Jacq. 1760 · ♄ ⓖ IV-VII; C-Am., W.Ind., trop. S-Am.
- **cydoniifolia** (Nees) Lindau 1895 · ♄ ⚥ ⓖ; Bras.
- **ghiesbreghtiana** Lem. 1847 · ♄ ⓖ XI-II; Mex.
- **insularis** T. Anderson 1864 · ♄ e ⓖ ⓝ; W-Afr., C-Afr.
- *lanceolata* (Chapm.) Small = Justicia ovata var. lanceolata
- **ovata** (Walter) Lindau 1900
  - var. **lanceolata** (Chapm.) R.W. Long 1970 · ⌛ ⓖ III; USA: Va., SE, Fla., Tex.
  - var. **ovata** · ⌛; USA: Va., SE, Fla., Tex.
- *pauciflora* (Nees) Griseb. = Justicia rizzinii
- × **penrhosiensis** (Carrière) L.H. Bailey (*J. ghiesbreghtiana* × *J. pauciflora*) · ♄ ⓖ; cult.
- *picta* L. = Graptophyllum pictum
- **plumbaginifolia** J. Jacq. 1811 · ♄ ⓖ XI-XII; Bras.
- **rizzinii** Wassh. 1973 · ♄ ⓖ ⓒ XII-II; Bras. [11193]
- *sanguinolenta* Vahl = Gymnostachyum sanguinolentum
- **spicigera** Schltdl. 1832 · ♄ e ⓖ; Mex., C-Am.
- *suberecta* André = Dicliptera suberecta
- *vasica* hort. = Justicia adhatoda
- *venusta* Wall. = Gymnostachyum venustum

Juttadinteria Schwantes 1926 -f- *Aizoaceae* · (S. 145)
- **deserticola** (Marloth) Schwantes 1926 · ⌛ ⚥ Z9 ⓖ; Namibia

Kadsura Juss. 1810 -f- *Schisandraceae* · (S. 818)
D:Kadsura, Kugelfaden; F:Kadsura
- **japonica** (L.) Dunal 1817 · ♄ e ⚥ ⓖ Z7 VII-XI; China, Jap., Taiwan
  'Shiromi'
  'Variegata'

Kaempferia L. 1753 -f-
Zingiberaceae · (S. 1148)
D:Gewürzlilie; F:Kaempferia
- **galanga** L. 1753 · D:Indische Gewürzlilie; E:Galanga · ⏀ D Z9 ⓜ VI-VIII ☧ Ⓝ; Ind.
- **gilbertii** W. Bull 1882 · D:Gilberts Gewürzlilie · ⏀ Z9 ⓜ VII-VIII; Ind.
- *ornata* N.E. Br. = Boesenbergia ornata
- *pandurata* Roxb. = Boesenbergia rotunda
- **roscoeana** Wall. 1829 · ⏀ Z9 ⓜ VII-IX; Myanmar
- **rotunda** L. 1753 · D:Gefleckte Gewürzlilie; E:Resurrection Lily · ⏀ D Z9 ⓜ VI-VIII Ⓝ; ? SE-As.
- **vittata** N.E. Br. 1882 · ⏀ Z9 ⓜ; Sumat.

Kalanchoe Adans. 1763 -f-
Crassulaceae · (S. 433)
D:Kalanchoe; F:Kalanchoe
- *beauverdii* Raym.-Hamet = Bryophyllum scandens
- **beharensis** Drake 1903 · E:Felt Bush, Felt Plant · ♄ ⏀ Z8 ⓜ; S-Madag.
- **bentii** C.H. Wright ex Hook. f. · ♄ ⏀ e Z8 ⓜ IV-V; S-Arab.
- **blossfeldiana** Poelln. 1934 · D:Flammendes Käthchen · ♄ ⏀ e Z8 ⓜ ☉ II-V; Madag.
'Feuersturm'
'Harlekin'
'Tetra Vulkan'
- **bracteata** Scott-Elliot 1891 · ♄ ⏀ e Z9; Madag.
- *carnea* N.E. Br. = Kalanchoe laciniata
- *coccinea* Welw. ex Britten = Kalanchoe crenata
- **crenata** (Andrews) Haw. 1812 · ♄ ⏀ e Z8 ⓜ V-VI; E-Afr., Ind. Thail.
- *crenata* (Baker) Raym.-Hamet = Bryophyllum laxiflorum
- *daigremontiana* Raym.-Hamet et H. Perrier = Bryophyllum daigremontianum
- **deficiens** Asch. et Schweinf. 1889
- **eriophylla** Hilsenb. et Bojer 1857 · ⏀ ⏀ Z9; Madag.
- **fedtschenkoi** Raym.-Hamet et H. Perrier 1915 · ⏀ ⏀ Z9 ⓜ; Madag.
- *flammea* Stapf = Kalanchoe glaucescens
- **glaucescens** Britten 1871 · ⏀ ⏀ Z8 ⓜ XII; Somalia
- **globulifera** H. Perrier 1928 · ⏀ ⏀ Z8 ⓜ; Madag.
- **grandidieri** Baill. 1888 · ♄ ⏀ e Z9; Madag.
- **grandiflora** Wight et Arn. 1834 ·

♄ ⏀ Z8 ⓜ V; E-Afr., Ind.
- *integra* (Medik.) Kuntze = Kalanchoe deficiens
  - var. *crenata* (Andrews) Cufod. 1969 = Kalanchoe crenata
- ×**kewensis** Dyer 1903 (*K. bentii* subsp. *bentii* × *K. glaucescens*) · ♄ ⏀ e Z8 ⓜ; cult.
- **laciniata** (L.) DC. 1802 · E:Beach Bells · ♄ ⏀ e Z8 ⓜ V-VI; Bras., E-Afr., S-Afr., Yemen, Ind., Malay. Arch.
- *laxiflora* Baker = Bryophyllum laxiflorum
- **longiflora** Schltr. ex J.M. Wood 1903 · E:Kalanchoe · ⏀ ⏀ Z8 ⓜ; S-Afr.: Natal
- *macrantha* Baker = Kalanchoe marmorata
- *manginii* Raym.-Hamet et H. Perrier = Bryophyllum manginii
- **marmorata** Baker 1892 · E:Pen Wiper Plant · ⏀ ♄ ⏀ e Z8 ⓜ V-VI; Sudan, Eth., E-Afr., C-Afr., Ind.
- *miniata* Hilsenb. et Bojer = Bryophyllum miniatum
- *nadyae* Raym.-Hamet = Kalanchoe bracteata
- **peltata** (Baker) Baill. 1885 · ♄ ⏀ Z8 ⓜ; Eth.
- **petitiana** A. Rich. 1847 · ♄ ⏀ Z8 ⓜ; Eth.
- *pinnata* (Lam.) Pers. = Bryophyllum pinnatum
- *porphyrocalyx* (Baker) Baill. = Bryophyllum porphyrocalyx
- *prolifera* (Bowie) Raym.-Hamet = Bryophyllum proliferum
- **pumila** Baker 1883 · ♄ ⏀ e Z9 ⓜ; Madag.
- **quartiniana** A. Rich. 1847 · ⏀ ⏀ Z8 ⓜ I-III; Eth., Malawi
- **rhombopilosa** Mannoni et Boiteau 1947 · ♄ ⏀ e Z9; Madag.
- **rotundifolia** (Haw.) Haw. 1825 · ⏀ ⏀ Z8 ⓜ XII-IV; Kap, Socotra
- *scandens* H. Perrier = Bryophyllum beauverdii
- *schizophylla* (Baker) Baill. = Bryophyllum schizophyllum
- *somaliensis* Baker = Kalanchoe marmorata
- **spathulata** DC. 1801
- **synsepala** Baker 1882 · ♄ ⏀ e Z9; Madag.
- *teretifolia* Deflers = Kalanchoe bentii
- **thyrsiflora** Harv. 1862 · ⏀ ⏀ Z8 ⓜ IV-V; S-Afr.: Kap, Transvaal
- **tomentosa** Baker 1882 · D:Katzenohr; E:Panda Plant, Pussy Ears · ♄ ⏀ e Z8 ⓜ; C-Madag.
- *tubiflora* (Harv.) Raym.-Hamet =

Bryophyllum delagoense
- *uniflora* (Stapf) Raym.-Hamet = Bryophyllum uniflorum
- **velutina** Welw. ex Britten 1871 · ⏀ ⏀ Z8 ⓜ; C-Afr., Angola, Tanzania

Kalimeris (Cass.) Cass. 1822 -f-
Asteraceae · (S. 252)
D:Schönaster; F:Caliméris
- **incisa** (Fisch.) DC. 1836 · D:Schönaster · ⏀ Z4 VII-IX; N-Sib., N-China, Manch., Korea, Jap. [64913]
'Alba' [73404]
'Blue Star' [64914]
- *integrifolia* hort. = Kalimeris incisa
- **mongolica** (Franch.) Kit. 1937 · D:Mongolische Schönaster; E:Mongolia Aster · ⏀ Z6 VII-IX; China (Mongolia)
- **yomena** (Kitam.) Kitam. 1937 · ⏀; Jap., S-Korea
'Shogun' [69819]

Kalmia L. 1753 -f- *Ericaceae* · (S. 469)
D:Berglorbeer, Lorbeerrose; E:Sheep Laurel; F:Kalmia
- **angustifolia** L. 1753 · D:Schmalblättrige Lorbeerrose; E:Lambkill, Sheep Laurel; F:Laurier des moutons · ♄ e Z5 VI-VII ☧; Can.: E; USA; NE, NCE, SE, nat. in D, NW-GB [31080]
'Candida' [23072]
'Rubra' [18710]
- **hirsuta** Walter 1788 · D:Behaarte Lorbeerrose · ♄ e Z8 ⓜ VI-VII ☧; SE-USA [32853]
- **latifolia** L. 1753 · D:Berglorbeer, Breitblättrige Lorbeerrose; E:Calico Bush, Mountain Laurel; F:Laurier des montagnes · ♄ e Z5 V-VI ☧ ☧; Can.: E; USA: NE, NCE, SE, Fla. [18720]
'Alpine Pink' 1982 [42982]
'Bullseye' 1982 [32245]
'Carousel' 1982 [32246]
'Elf' 1982 [42986]
'Freckles' 1982 [38331]
'Minuet' 1987 [36802]
'Olympic Fire' 1982 [32247]
'Ostbo Red' 1972 [32248]
'Pink Charm' 1980 [44798]
'Pink Frost' 1977 [34645]
'Richard Jaynes' 1984 [42988]
- **polifolia** Wangenh. 1788 · D:Östliche Sumpf-Lorbeerrose, Poleiblättrige Lorbeerrose; E:Bog Laurel, Swamp Laurel · ♄ e Z2 V-VI ☧; Alaska, Can., USA: NE, NCE, Rocky Mts., NW, nat. in BrI

[31991]
'Microphylla'

Kalmiopsis Rehder 1932 -f-
Ericaceae ·
D:Zwerglorbeer
- **leachiana** (L.F. Hend.) Rehder
1932 · D:Zwerglorbeer · ℏ e Z7;
USA: Oreg.; mts. [30003]
'Glendoick' [30004]

Kalopanax Miq. 1863 -m-
Araliaceae · (S. 199)
D:Baumaralie, Baumkraftwurz;
E:Tree Aralia; F:Aralia en arbre,
Kalopanax
- *pictus* (Thunb.) Nakai = Kalopanax septemlobus
- *ricinifolius* (Siebold et Zucc.) Miq.
= Kalopanax septemlobus
- **septemlobus** (Thunb. ex A. Murray) Koidz.
 - var. **maximowiczii** (Van Houtte) Hand.-Mazz. 1933 · ℏ d Z5 V;
China, Jap. [18730]
- **septemlobus** (Thunb.) Koidz. ·
D:Baumaralie, Baumkraftwurz;
E:Castor Aralia, Tree Aralia;
F:Kalopanax du Japon · ℏ ℏ d Z5
VII-VIII; China, Amur, Manch.,
Korea, Jap., Sachal. [12882]

Keckiella Straw 1967 -f-
Scrophulariaceae
- **cordifolia** (Benth.) Straw 1967 ·
D:Kalifornischer Bartfaden;
E:American Wild Fuchsia · ↯ ⚥ Z8
⌂ VI-VIII; S-Calif.
- **corymbosa** (Benth.) Straw 1967

Kedrostis Medik. 1791 -f-
Cucurbitaceae · (S. 443)
- **africana** (L.) Cogn. 1881 · ♃ ♄ ⚥
Z10 ⌂; Namibia, S-Afr.
- **engleri** Gilg 1904 · ♃ ⌂; trop.
Afr.
- *punctulata* (Sond.) Cogn. =
Kedrostis africana

Kelseya (S. Watson) Rydb. 1908 -f-
Rosaceae · (S. 754)
- **uniflora** (S. Watson) Rydb. 1908 ·
ℏ e Z3; USA: Mont., Idaho, Wyom.

Kennedia Vent. 1804 -f- *Fabaceae* ·
(S. 513)
D:Kennedie, Purpurbohne;
E:Coral Pea; F:Kennedia
- **coccinea** Vent. 1804 · ℏ e ⚥ Z10
⌂ IV-IX; W-Austr. [11527]
- *comptoniana* (Andrews) Link =
Hardenbergia comptoniana
- **macrophylla** (Meisn.) Benth.

1836 · ℏ e ⚥ Z10 ⌂; W-Austr.
- *monophylla* Vent. = Hardenbergia violacea
- **nigricans** Lindl. 1835 ·
D:Schwarze Purpurbohne;
E:Black Bean · ℏ ⚥ Z10 ⌂ V-VI;
W-Austr. [11529]
- **prostrata** R. Br. 1812 · D:Scharlach-Purpurbohne; E:Running
Postman, Scarlet Coral Pea · ℏ ↝
Z10 ⌂ IV-VI; Austr., Tasman.
- **rubicunda** (Schneev.) Vent.
1804 · D:Dunkle Purpurbohne;
E:Dusky Coral Pea · ℏ ↯ ⚥ Z10 ⌂
IV-VI; Austr.: N.S.Wales, Victoria

Kensitia Fedde = Erepsia
- *pillansii* (Kensit) Fedde = Erepsia pillansii

Kentia Blume = Howea
- *acuminata* H.L. Wendl. et Drude =
Carpentaria acuminata
- *baueri* (Hook. f. ex Lem.) Seem. =
Rhopalostylis baueri
- *belmoreana* C. Moore et F. Muell.
= Howea belmoreana
- *canterburyana* C. Moore et F.
Muell. = Hedyscepe canterburyana
- *forsteriana* C. Moore et F. Muell. =
Howea forsteriana
- *macarthurii* H. Wendl. ex
H.J. Veitch = Ptychosperma macarthurii
- *mooreana* F. Muell. =
Lepidorrhachis mooreana
- *sapida* (Sol. ex G. Forst.) Mart. =
Rhopalostylis sapida

Kentiopsis Brongn. 1873 -f-
Arecaceae
- *macrocarpa* Brongn. =
Chambeyronia macrocarpa
- **oliviformis** (Brongn. et Gris)
Brongn. 1873 · ℏ; N.Caled.

Kernera Medik. 1792 -f-
Brassicaceae · (S. 327)
D:Kugelschötchen; F:Kernéra
- **saxatilis** (L.) Sweet 1827 ·
D:Kugelschötchen · ♃ △ Z3 VI-VII;
Eur.* exc. BrI, Sc

Kerria DC. 1818 -f- *Rosaceae* ·
(S. 754)
D:Kerrie, Ranunkelstrauch;
E:Kerria; F:Corête
- **japonica** (L.) DC. 1818 · D:Japanisches Goldröschen, Kerrie,
Ranunkelstrauch; E:Japanese
Rose, Jew's Mallow, Kerria;
F:Corête du Japon · ℏ d Z5 V;
W-China, C-China, nat. in CH,

W-Russ. [18740]
'Golden Guinea' [30435]
'Picta' 1844 [38868]
'Pleniflora' 1804 [18750]

Keteleeria Carrière 1866 -f-
Pinaceae · (S. 93)
D:Goldtanne, Stechtanne
- **davidiana** (Bertrand) Beissn. ·
D:Gewöhnliche Sichuan-Stechtanne · ℏ e Z7 Ⓝ; W-China
- **fortunei** (A. Murray bis) Carrière
1866 · D:Hongkong-Stechtanne ·
ℏ e Z9 ⌂; SE-China

Khaya A. Juss. 1830 -f- *Meliaceae* ·
(S. 636)
D:Mahagonibaum; E:Mahogany;
F:Acajou d'Afrique
- **anthotheca** (Welw.) C. DC.
1878 · D:Weißer Mahagonibaum;
E:White Mahogany · ℏ ⌂ Ⓝ;
W-Afr., C-Afr., Uganda, Angola
- **grandifoliola** C. DC. 1907 ·
D:Benin-Mahagonibaum; E:Benin
Mahagoni · ℏ ⌂ Ⓝ; W-Afr.
- **ivorensis** A. Chev. 1909 · D:Afrikanischer Mahagonibaum;
E:African Mahogany · ℏ ⌂ Ⓝ;
W-Afr.
- **mildbraedii** Harms 1917
- **nyasica** Stapf ex Baker f. 1911 · ℏ
⌂ Ⓝ; Cameroun, Zaire (Katanga),
Zambia, Zimbabwe
- **senegalensis** (Desr.) A. Juss.
1830 · D:Savannen-Mahgonibaum; E:Dryzone Mahogany · ℏ
⌂ Ⓝ; trop. Afr.

Kickxia Dumort. 1827 -f-
Scrophulariaceae · (S. 829)
D:Tännelkraut; E:Fluellen;
F:Kickxia
- **elatine** (L.) Dumort. 1827 ·
D:Spießblättriges Tännelkraut ·
⊙ ♃ Z9 VII-X; Eur.*, TR, Iran,
Madeira, Eth., nat. in USA
- **spuria** (L.) Dumort. 1827 ·
D:Eiblättriges Tännelkraut · ⊙ ♃
Z9 VII-X; Eur.* exc. Sc; TR, Syr.,
Cyprus, N-Afr., nat. in DK

Kigelia DC. 1845 -f- *Bignoniaceae* ·
(S. 295)
D:Götzenholz, Leberwurstbaum;
E:Sausage Tree; F:Arbre-à-saucisses
- **africana** (Lam.) Benth. 1849 ·
D:Leberwurstbaum; E:Sausage
Tree · ℏ Z10 ⌂; trop. Afr.
- *pinnata* (Jacq.) DC. = Kigelia africana

× **Kirchara** hort. 1959 -f-
Orchidaceae ·
(*Epidendrum* × *Laelia* × *Sophronitis* × *Cattleya*)

Kirengeshoma Yatabe 1890 -f-
Hydrangeaceae · (S. 568)
D:Wachsglocke; F:Fleur de cire
– *koreana* Nakai = Kirengeshoma palmata Koreana Grp.
– **palmata** Yatabe 1890 · D:Wachsglocke; F:Fleur de cire · ⚃ Z5 VIII-IX; Jap. [64915]
Koreana Grp. · ⚃; Korea [68752]

Kirkia Oliv. 1868 -f- *Simaroubaceae*
– **acuminata** Oliv. 1868 · ♄ d; trop. Afr.

Kitaibelia Willd. 1799 -f-
Malvaceae · (S. 617)
D:Kitaibelie
– **vitifolia** Willd. 1799 · D:Kitaibelie · ⚃ Z6 VII-VIII; Eur.: Bosn., YU, nat. in H, RO [64916]

Kitchingia Baker = Bryophyllum
– *porphyrocalyx* Baker = Bryophyllum porphyrocalyx
– *schizophylla* Baker = Bryophyllum schizophyllum
– *uniflora* Stapf = Bryophyllum uniflorum

Kleinia Mill. 1754 -f- *Asteraceae* · (S. 252)
D:Kleinie; F:Sénéçon
– **amaniensis** (Engl.) A. Berger 1910 · ⚃ ♈ Z10 ⌂; Tanzania
– **anteuphorbia** (L.) Haw. 1812 · E:Groundsel · ♄ ♈ Z9 ⌂; Kap, S-Maroc.
– *articulata* (L. f.) Haw. = Senecio articulatus
– **fulgens** Hook. f. 1866 · ⚃ ♈ Z10 ⌂; S-Afr.: Natal
– **galpinii** A. Berger 1905 · ♄ ♈ e Z9 ⌂ XII-I; S-Afr.: Transvaal
– *gonoclada* DC. = Senecio radicans
– *haworthii* (Sweet) DC. = Senecio haworthii
– *herreana* (Dinter) Merxm. = Senecio herreanus
– **longiflora** DC. 1838 · ♄ ♈ Z10 ⌂; Eth., trop. Afr., S-Afr.
– **neriifolia** Haw. 1812 · ♄ ♈ Z9 ⌂; Canar.
– **petraea** (R.E. Fr.) C. Jeffrey 1986 · ♄ ♈ ↝ Z10 ⌂; Kenya, Tanzania
– *radicans* (L. f.) Haw. = Senecio radicans
– *rowleyanus* H. Jacobsen = Senecio

rowleyanus
– **semperviva** (Forssk.) DC. 1838 · ⚃ ♈ Z9 ⌂; Eth., Tanzania
– **stapeliiformis** (E. Phillips) Stapf 1924 · ⚃ ♈ Z9 ⌂; S-Afr.
– *tomentosa* Haw. = Senecio haworthii

Knautia L. 1753 -f- *Dipsacaceae* · (S. 453)
D:Knautie, Witwenblume; E:Field Scabious; F:Knautia, Scabieuse
– **arvensis** (L.) Coult. 1823 · D:Wiesen-Witwenblume; E:Blue Buttons, Field Scabious · ⚃ Z6 VII-IX; Eur.*, Cauc., Iran, W-Sib., C-As., nat. in Sachal. [64917]
– **carinthiaca** Ehrend. 1962 · D:Kärntner Witwenblume · ⚃ VI-VIII; Eur.: A (Kärnten)
– **dipsacifolia** Kreutzer · D:Gewöhnliche Wald-Witwenblume · ⚃ VI-IX; Eur.: Fr, I, C-Eur., EC-Eur., E-Eur., Bosn., Serb.
– **drymeia** Heuff. 1856 · D:Ungarische Witwenblume
– subsp. **drymeia** · D:Gewöhnliche Ungarische Witwenblume · ⚃ V-IX; Eur.: I, C-Eur., EC-Eur., Ba, RO
– subsp. **intermedia** (Pernh. et Wettst.) Ehrend. 1973 · D:Mittlere Ungarische Witwenblume · ⚃ V-VIII; Eur.: E-Alp., N-Apenn.
– **godetii** Reut. 1857 · D:Godets Witwenblume · ⚃ VI-VIII; Eur.: F, CH; mts.
– **integrifolia** (L.) Bertol. 1835 · D:Einjährige Witwenblume · ☉; Eur.: Ib, Fr, Ap, Ba; TR, Levante, nat. in CH
– **kitaibelii** (Schult.) Borbás 1904 · D:Gelbe Witwenblume · ⚃ VII-VIII; Eur.: D, A, EC-Eur.
– **longifolia** (Waldst. et Kit.) W.D.J. Koch 1835 · D:Langblatt-Witwenblume · ⚃ VII-VIII; Eur.: I, C-Eur., Ba, E-Eur.; Alp., Carp., Balkan
– **macedonica** Griseb. 1846 · F:Knautie de Macédoine · ⚃ Z6 VII-VIII; Eur.: Ba, RO [64919]
'Melton Pastels' [71814]
– **magnifica** Boiss. et Orph. 1869 · ⚃ VII-VIII; GR
– × **norica** Ehrend. 1962 (*K. carinthiaca* × *K. drymeia*) · D:Norische Witwenblume · ⚃ VI-VIII; Eur.: A (Kärnten, Steiermark)
– **purpurea** (Vill.) Borbás 1904 · D:Purpur-Witwenblume · ⚃ VII-VIII; Eur.: sp., F, I, CH
– *sylvatica* (L.) Duby = Knautia dipsacifolia

– **transalpina** (H. Christ) Briq. 1902 · ⚃ VII-VIII; Eur.: I, CH; S-Alp.
– **velutina** Briq. 1902 · D:Samtige Witwenblume · ⚃ VII-VIII; Eur.: I; S-Alp.

Kniphofia Moench 1794 -f-
Asphodelaceae · (S. 966)
D:Fackellilie, Tritome; E:Red Hot Poker, Torch Lily; F:Tritome
– *alooides* Moench = Kniphofia uvaria
– *burchellii* (Herb. ex Lindl.) Kunth = Kniphofia uvaria
– **caulescens** Baker 1872 · ⚃ Z7; S-Afr., Lesotho [60656]
– **citrina** Baker 1893 · ⚃ Z8 ⌂; S-Afr. (Cape Prov.) [64920]
– **ensifolia** Baker · ⚃ Z8 ∧ VI-VII; S-Afr.
– **foliosa** Hochst. 1844 · ⚃ Z8 ⌂ VIII-IX; Eth.
– **galpinii** Baker 1896 · D:Galpins Fackellilie; F:Faux aloès · ⚃ Z8 ⌐ ∧ IX-X; S-Afr.: Natal, Transvaal [64921]
– **gracilis** Harv. ex Baker 1870 · ⚃ Z8 ⌂ VI-VIII; S-Afr.: Natal
– **hirsuta** Codd 1966 · ⚃ Z8 ⌂; S-Afr. (E-Cape Prov.) Lesotho
– **ichopensis** Schinz
– **laxiflora** Kunth 1843 · ⚃ Z8; S-Afr. (E-Cape Prov., Natal)
– **linearifolia** Baker 1892 · ⚃ Z8 ⌂; S-Afr., Zimbabwe, Mozam., Malawi
– *natalensis* Baker = Kniphofia laxiflora
– *nelsoni* Mast. = Kniphofia triangularis
– **northiae** Baker 1889 · ⚃ Z8 ⌂; S-Afr. (E-Cape Prov., Natal) Lesotho
– **praecox** Baker 1870 · D:Frühe Fackellilie · ⚃ Z7 ⌂; S-Afr. (S-Cape Prov.) [64938]
– **pumila** (Aiton) Kunth 1843 · D:Kleine Fackellilie · ⚃ Z8 ⌂ ∧ VIII; Sudan, Eth., Uganda, Zaire
– *quartiniana* A. Rich. = Kniphofia foliosa
– **ritualis** Codd 1966 · ⚃; S-Afr. (Natal, Orange Free State), Lesotho
– **rooperi** · ⚃ Z8 ⌂; S-Afr. (Cape Prov., Natal)
– × **rufa** Leichtlin ex Baker 1900 (*K. angustifolia* × ?) · ⚃ Z8 ⌂ ∧ VI-VIII
– **sarmentosa** (Andrews) Kunth 1843 · ⚃ Z8 ⌂; S-Afr. (Cape Prov.)

- **thomsoni** Baker 1855
- **thomsonii**
  - var. **snowdenii** (C.H. Wright) Marais 1974 · ⚃ ⓚ; Uganda, Kenya
  - var. **thompsonii**
- **triangularis** Kunth · D:Orangefarbene Fackellilie; E:Red Hot Poker · ⚃ ⋈ Z8 ⓚ ∧ VII-IX; S-Afr.
- *tuckii* Baker = Kniphofia ensifolia
- **uvaria** (L.) Oken 1841 · D:Schopf-Fackellilie; E:Red Hot Poker, Torch Lily · ⚃ ⋈ Z8 ▭ ∧ VIII-IX; S-Afr. [64937]
  - 'Grandiflora' [67939]
- in vielen Sorten:
  - 'Alcazar' Lubbe 1936 [64923]
  - 'Border Ballet' [69999]
  - 'Bressingham Comet'
  - 'Corallina' [64925]
  - 'Green Jade' C. Morris 1968 [72443]
  - 'Jenny Bloom'
  - 'Light of the World'
  - 'Little Maid' Chatto [64931]
  - 'Nancy's Red' [73406]
  - 'Percy's Pride'
  - 'Royal Castle' [67768]
  - 'Royal Standard' [64933]
  - 'Safranvogel' [64934]
  - 'Shining Sceptre' [68956]
  - 'Sunningdale Yellow'
  - 'The Rocket' Artindale [64936]

Kobresia Willd. 1805 -f-
Cyperaceae · (S. 996)
D:Nacktried, Schuppenried; E:False Sedge
- **myosuroides** (Vill.) Fiori 1896 · D:Europäisches Nacktried · ⚃ VI-VIII; Eur.* exc. BrI; N, mts.; ? Cauc., W-Sib., E-Sib., Kamchat., Mong., C-As., China, Jap., Korea, Alaska, Can., Rocky Mts., Greenl.
- **simpliciuscula** (Wahlenb.) Mack. 1923 · D:Europäisches Schuppenried · ⚃ VII-VIII; Eur.* exc. Ib; N, mts.; TR, Cauc., W-Sib., E-Sib., C-As; N-Am.

Kobus Kaempf. ex Salisb. = Magnolia
- *acuminata* (L.) Nieuwl. = Magnolia acuminata

Kochia Roth = Bassia
- *scoparia* (L.) Schrad. = Bassia scoparia subsp. scoparia

Koeleria Pers. 1805 -f- *Poaceae* · (S. 1116)
D:Schillergras; E:Hair Grass; F:Keulérie
- **arenaria** (Dumort.) Conert 1987 · D:Sand-Schillergras · ⚃ V-VI; Eur.* exc. Ap, Ba
- **cenisia** P. Rev. · D:Mont-Cenis-Schillergras · ⚃ VII-VIII; Eur.: F, I, CH; S-Alp.
- **eriostachya** Pančić 1856 · D:Wolliges Schillergras · ⚃ VII-VIII; Eur.: I, CH, A, Ba, RO; E-Alp., Carp., Balkan; TR, Cauc., W-Iran
- **glauca** (Schrad.) DC. 1813 · D:Blaugrünes Schillergras; E:Glaucous Hair Grass; F:Keulérie bleue · ⚃ △ Z4 V-VII; Eur.* exc. Ap, Ba; W-Sib., E-Sib., C-As. [67589]
- *gracilis* Pers. = Koeleria macrantha
- **hirsuta** (DC.) Gaudin 1808 · D:Behaartes Schillergras · ⚃ VII-VIII; Eur.: I, CH, A; Alp.
- **macrantha** (Ledeb.) Schult. 1824 · D:Zierliches Schillergras; E:Crested Hair Grass; F:Koelérie à crête · ⚃ Z2 VI; Eur.* exc. Sc; TR, Cauc., Iran, C-As., Sib., Afgh., Pakist. [67590]
- **pyramidata** (Lam.) P. Beauv. 1812 · D:Großes Schillergras, Pyramiden-Schillergras · ⚃ Z2 VI-VII; Eur.: Fr, Ap, C-Eur., EC-Eur., Ba, Dk, E-Eur.; TR [67591]
- **splendens** C. Presl 1820 · D:Glänzendes Schillergras · ⚃ V-VII; Eur.: Ib, Fr, Ap, A, Ba, E-Eur.; Maroc., Alger.
- **vallesiana** (Honck.) Gaudin 1808 · D:Walliser Schillergras; F:Koelérie du Valais · ⚃ V-VI; Eur.: Ib, F, I, CH, D, BrI; NW-Afr.

Koellikeria Regel 1848 -f-
Gesneriaceae · (S. 551)
- **argyrostigma** Regel 1848 · ⚃ Z10 ⓚ; Costa Rica, Col., Ecuad., Peru
- **erinoides** (DC.) Mansf. 1935 · ⚃ Z10 ⓚ VII-VIII; C-Am., S-Am.

Koelreuteria Laxm. 1772 -f-
Sapindaceae · (S. 801)
D:Blasenbaum; E:Golden Rain Tree; F:Koelreuteria, Savonnier
- **bipinnata** Franch. 1887 · D:Doppeltgefiederter Blasenbaum · ♄ d Z8 ⓚ; China (Yunnan)
  - var. **bipinnata**
  - var. **integrifoliola** (Merr.) T.C. Chen 1979
- *integrifolia* Merr. = Koelreuteria bipinnata var. integrifoliola
- **paniculata** Laxm. 1772 · D:Rispiger Blasenbaum; E:Golden Rain Tree; F:Savonnier · [18760]
  - 'Fastigiata' [12313]

'Rosseels' [12923]
  - var. **apiculata** (Rehder et E.H. Wilson) Rehder 1939 · ♄ d Z7 VII-VIII; China: Sichuan [23085]
  - var. **paniculata** · ♄ d ⊗ Z7 VII-VIII; China, Korea, Jap.

Kohleria Regel 1847 -f-
Gesneriaceae · (S. 552)
D:Gleichsaum, Kohlerie; F:Kohléria
- **amabilis** (Planch. et Linden) Fritsch 1913 · D:Liebliche Kohlerie · ⚃ Z10 ⓚ IV-X; Col.
- **bogotensis** (G. Nicholson) Fritsch 1894 · D:Bogota-Kohlerie · ⚃ Z10 ⓚ IX-X; Col.
- **digitaliflora** (Linden et André) Fritsch 1894 · D:Fingerhut-Kohlerie · ⚃ Z10 ⓚ VIII-IX; Col.
- **eriantha** (Benth.) Hanst. 1865 · D:Wollblütige Kohlerie · ⚃ Z10 ⓚ VIII-X; Col.
- **hirsuta** (Kunth) Regel 1848 · D:Borstige Kohlerie · ♄ e Z10 ⓚ VIII-X; Col., Venez., Trinidad, Guyan.
- **lindeniana** (Regel) H.E. Moore 1954 · ⚃ Z10 ⓚ IX-X; Ecuad.
- **ocellata** (Hook.) Fritsch 1894 · D:Geäugte Kohlerie · ⚃ Z10 ⓚ VII-IX; Col.
- **spicata** (Kunth) Oerst. 1858 · D:Ährige Kohlerie · ⚃ Z10 ⓚ VII-IX; Mex., C-Am., trop. S-Am.
- *wageneri* Regel = Kohleria spicata
- **warscewiczii** (Regel) Hanst. 1865 · ⚃ Z10 ⓚ VII-IX; Col.

Kohlrauschia Kunth = Petrorhagia
- *prolifera* (L.) Kunth = Petrorhagia prolifera

Kolkwitzia Graebn. 1901 -f-
Caprifoliaceae · (S. 394)
D:Kolkwitzie; E:Beauty Bush; F:Kolkwitzia
- **amabilis** Graebn. 1901 · D:Kolkwitzie; E:Beauty Bush, Cold Whisky Plant; F:Buisson de beauté · ♄ d Z5 V-VI; China: Hupeh [18770]
  - 'Pink Cloud' 1946 [18780]

Komaroffia Kuntze 1891 -f-
Ranunculaceae · (S. 732)
- **bucharica** Schipcz. · ⊙; C-As.

Korolkowia Regel = Fritillaria
- *sewerzowii* (Regel) Regel = Fritillaria sewerzowii

Krainzia Backeb. = Mammillaria

- *guelzowiana* (Werderm.) Backeb.
  = Mammillaria guelzowiana
- *longiflora* (Britton et Rose) Backeb. = Mammillaria longiflora

Krameria L. ex Loefl. 1758 -f- *Krameriaceae* · (S. 576)
D:Ratanhia; E:Rhatany; F:Kraméria, Rhatania
- **lappacea** (Dombey) Burdet et B.B. Simpson 1983 · D:Ratanhia; E:Rhatany · ♄ ⓦ ⚥ ; Peru, Bol., Chile
- *triandra* Ruiz et Pav. = Krameria lappacea

Krascheninnikovia Gueldenst. 1772 -f- *Chenopodiaceae* · (S. 414)
D:Hornmelde; E:Winterfat
- **cerastoides** (L.) Gueldenst. 1772 · D:Hornmelde; E:Pamirian Winterfat · ♄ e VII-IX; Eur.: sp., A, H, W-Ba, E-Eur.; TR, Cauc., Iran, Pakist., W-Sib., E-Sib., C-As., Mong., China

Kummerowia Schindl. 1912 -f- *Fabaceae* ·
D:Buschklee; E:Bush Clover; F:Lespédéza
- **stipulacea** (Maxim.) Makino 1914 · D:Koreanischer Buschklee; E:Korean Bush Clover, Korean Lespedeza · ⊙ ⓝ; N-China, Amur, Manch., Korea, Jap., nat. in E-USA
- **striata** (Thunb. ex Murray) Schindl. 1912 · D:Japanischer Buschklee; E:Japanese Bush Clover, Japanese Lespedeza · ⊙ ⓝ; Ind., China, E-Sib., Manch., Korea, Jap., Taiwan, nat. in S-USA, E-USA

Kunzea Rchb. 1828 -f- *Myrtaceae* · (S. 661)
- **ambigua** (Sm.) Druce 1917 · ♄ e Z9 ⓦ VIII-II; Austr.: N.S.Wales, Victoria, Tasman.
- **baxteri** (Klotzsch) Schauer 1845 · ♄ e Z9 ⓚ V; W-Austr.
- **parvifolia** Schauer 1845 · ♄ e Z9 ⓚ; Austr.: N.S.Wales, Victoria
- **peduncularis** F. Muell. 1855 · ♄ ♄ e Z9 ⓚ; Austr. (Queensl., N.S.Wales, Victoria), NZ
- **pomifera** F. Muell. 1855 · ♄ e Z9 ⓚ; Austr.: S-Austr., Victoria
- **pulchella** (Lindl.) A.S. George 1966 · ♄ e Z9 ⓚ; W-Austr.

Labisia Lindl. 1845 -f- *Myrsinaceae*
- *malouiana* Linden et Rodigas = Ardisia malouiana

Lablab Adans. 1763 -f- *Fabaceae* · (S. 513)
D:Faselbohne; E:Hyacinth Bean; F:Dolique lablab
- *niger* hort. = Lablab purpureus
- **purpureus** (L.) Sweet 1826 · D:Faselbohne, Lablab-Bohne; E:Bonavist, Hyacinth Bean, Lablab · ⊙ ⚥ Z9 ⓚ ⓝ; Afr.
  'Ruby Moon'
- *vulgaris* Savi = Lablab purpureus

+ **Laburnocytisus** C.K. Schneid. 1907 -m- *Fabaceae* · (S. 513)
D:Geißkleegoldregen; E:Adam's Laburnum
- **adamii** (Poit.) C.K. Schneid. 1907 (*Cytisus purpureus* × *Laburnum anagyroides*) · D:Geißkleegoldregen; E:Adam's Laburnum; F:Cytise d'Adam · ♄ d VI; cult. [18790]

Laburnum Fabr. 1759 -n- *Fabaceae* · (S. 513)
D:Goldregen; E:Bean Tree, Golden Rain; F:Aubour, Cytise, Cytise aubour, Faux-ébénier
- **alpinum** (Mill.) Bercht. et J. Presl 1830-35 · D:Alpen-Goldregen; E:Scotch Laburnum; F:Cytise des Alpes · ♄ ♄ d Z5 V-VI ✿ ⓝ; Eur.: Fr, Ap, C-Eur., EC-Eur., Ba, E-Eur. [18800]
  'Pendulum' < 1838 [33264]
- **anagyroides** Medik. 1787 · D:Gewöhnlicher Goldregen; E:Common Laburnum, Golden Chain; F:Aubour, Cytise faux ébénier · ♄ ♄ d Z5 V-VI ✿ ⓝ; Eur.: Fr, Ap, C-Eur., EC-Eur., Ba, E-Eur., nat. in BrI [18810]
  'Pendulum' [21372]
- *vulgare* Bercht. et J. Presl = Laburnum anagyroides
- × **watereri** (G. Kirchn.) Dippel 1893 (*L. alpinum* × *L. anagyroides*) · D:Hybrid-Goldregen; E:Goldenchain Tree; F:Cytise de Voss · ♄ ♄ d Z6 V-VI ✿; cult. [33268]
  'Vossii' c. 1875 [18820]

Lacaena Lindl. 1843 -f- *Orchidaceae* · (S. 1070)
- **bicolor** Lindl. 1843 · ⚄ ⓦ V-VI ▽ ✳; Mex., Guat.

Lachenalia J. Jacq. ex Murray 1784 -f- *Hyacinthaceae* · (S. 1010)
D:Kaphyazinthe, Lachenalie; E:Cape Cowslip; F:Jacinthe du Cap

- **aloides** (L. f.) Engl. 1899 · D:Echte Kaphyazinthe; E:Cape Cowslip
  'Luteola' Z9
  'Pearsonii'
  'Tricolor'
  - var. **aloides** 1899 · ⚄ ⚥ Z9 ⓚ I-III; S-Afr.: Kap, Natal
  - var. **aurea** (Lindl.) Engl. 1899 Z9
  - var. **quadricolor** (Jacq.) Engl. 1899 Z9
- **bulbifera** (Cirillo) Engl. 1899 · ⚄ ⚥ Z9 ⓚ I-III; S-Afr.
- **contaminata** Sol. ex Aiton 1789 · D:Gefleckte Kaphyazinthe; E:Wild Hyacinth · ⚄ Z9 ⓚ; S-Afr.
- **ensifolia** (Thunb.) J.C. Manning et Goldblatt 2004 · ⚄ Z9 ⓚ; S-Afr. (Cape Prov.)
- *fragrans* Jacq. = Lachenalia unicolor
- **lilacina** Baker 1884 · ⚄ Z9 ⓚ II-III; S-Afr.
- **liliiflora** Jacq. 1997 · ⚄ Z9 ⓚ II-III; S-Afr.
- **mutabilis** Sweet 1831 · ⚄ Z9 ⓚ II-III; S-Afr.: Natal
- **orchioides** (L.) Sol. ex Aiton 1789
  - var. **glaucina** (Jacq.) W.F. Barker 1989 · ⚄ Z9 ⓚ III-IV; Kap
  - var. **orchioides** · ⚄ Z9 ⓚ II-IV; Kap
- **orthopetala** Jacq. 1791 · ⚄ Z9 ⓚ; S-Afr.
- **pallida** Sol. ex Aiton 1789 · ⚄ Z9 ⓚ V; S-Afr.
- *pendula* Sol. ex Aiton = Lachenalia bulbifera
- **purpureocaerulea** Jacq. 1797 · ⚄ Z9 ⓚ III-IV; S-Afr.
- **pustulata** Jacq. 1791 · ⚄ Z9 ⓚ II-III; S-Afr.
- **reflexa** Thunb. 1794 · ⚄ Z9 ⓚ II-III; S-Afr.
- **rubida** Jacq. 1797 · ⚄ Z9 ⓚ IX; Kap
- *tricolor* Thunb. = Lachenalia aloides var. aloides
- **unicolor** Jacq. 1797 · ⚄ Z9 ⓚ VIII; S-Afr.
- **unifolia** Jacq. 1797 · ⚄ Z9 ⓚ III; S-Afr.
- **viridiflora** W.F. Barker 1972 · ⚄ Z8 ⓚ; S-Afr. (Cape Prov.)

Lactuca L. 1753 -f- *Asteraceae* · (S. 253)
D:Lattich, Salat; E:Lettuce; F:Laitue
- *alpina* (L.) Benth. et Hook. = Cicerbita alpina
- *bourgaei* (Boiss.) Irish et N. Taylor

= Cicerbita bourgaei
- **indica** L. 1771 · D:Chinesischer Salat; E:Indian Lettuce · ⊙ ⊙ ⓦ ⓝ; Ind., China, Jap., Phil., Malay. Arch.
- **perennis** L. 1753 · D:Blauer Lattich · ⁴ Z6 V-VI; Eur.: Ib, Fr, Ap, C-Eur., EC-Eur., Ba, RO
- *plumieri* (L.) Gren. et Godr. = Cicerbita plumieri
- **quercina** L. 1753 · D:Eichen-Lattich; E:Wild Lettuce · ⊙ VII-IX; Eur.: Fr, Ap, C-Eur., EC-Eur., Ba, E-Eur.
- **saligna** L. 1753 · D:Weidenblättriger Lattich; E:Willow Leaf Lettuce, Willow Leaved Lettuce · ⊙ VII-VIII; Eur.* exc. Sc; NW-Afr., Egypt
- **sativa** L. 1753 · D:Garten-Lattich, Grüner Salat; E:Lettuce · ⊙ VI-VIII; ? Egypt, ? W-As.
  - var. **angustana** hort. ex L.H. Bailey · D:Spargel-Salat; E:Asparagus Lettuce · ⊙ Z6 ⓝ; cult.
  - var. **capitata** L. 1753 · D:Kopf-Salat; E:Cabbage Lettuce, Head Lettuce · ⊙ Z6 ⚥ ⓝ; cult.
  - var. **crispa** L. 1753 · D:Blatt-Salat, Pflück-Salat; E:Leaf Lettuce · ⊙ Z6 ⓝ; cult.
  - var. **longifolia** Lam. 1792 · D:Binde-Salat, Römischer Salat; E:Cos Lettuce · ⊙ Z6 ⓝ; cult.
- **serriola** L. 1756 · D:Kompass-Lattich; E:Prickly Lettuce, Scarole · ⊙ Z7 VII-IX ⚥ ; Eur.*, TR, Levante, Iraq, Arab., Cauc., Iran, W-Sib., C-As., Afgh., NW-Afr., Egypt., Sudan
  fo. *integrifolia* 1850 Bogenh.
- **tatarica** (L.) C.A. Mey. 1831 · D:Tataren-Lattich; E:Blue Lettuce · ⁴ VII-VIII; Eur.: BG, E-Eur.; TR, Cauc., Iran, Afgh., C-As., China, nat. in Sc, NL, C-Eur., EC-Eur.
- **viminea** (L.) J. Presl et C. Presl 1819 · D:Ruten-Lattich · ⊙ VII-VIII; Eur.* exc. BrI, Sc: TR, Iraq, Cauc., NW-Afr.
- **virgata** Tausch 1829
- **virosa** L. 1753 · D:Gift-Lattich; E:Bitter Lettuce · ⊙ ⊙ Z6 VII-IX ⚥ ⚘ ⓝ; Eur.* exc. Sc; Alger.

Laelia Lindl. 1831 -f- *Orchidaceae* · (S. 1070)
D:Laelie; E:Laelia; F:Laelia
- **albida** Bateman ex Lindl. 1839 · ⁴ Z10 ⓦ XII-II ▽ ✱; Mex.
- **anceps** Lindl. 1835 · ⁴ Z10 ⓦ XII-II ▽ ✱; Mex.
- **autumnalis** (Lex.) Lindl. 1831 · ⁴ Z10 ⓦ XI-I ▽ ✱; Mex.
- *bahiensis* Schltr. = Sophronitis bahiensis
- *bradei* Pabst = Sophronitis bradei
- *briegeri* Blumensch. ex Pabst = Sophronitis briegeri
- *cinnabarina* Bateman ex Lindl. = Sophronitis cinnabarina
- *crispa* (Lindl.) Rchb. f. = Sophronitis cinnabarina
- *crispata* (Thunb.) Garay = Sophronitis crispata
- *crispilabia* A. Rich. ex R. Warner = Sophronitis crispata
- *dayana* Rchb. f. = Sophronitis dayana
- *digbyana* (Lindl.) Benth. = Rhyncholaelia digbyana
- *fidelensis* Pabst = Sophronitis fidelensis
- *flava* Lindl. = Sophronitis crispata
- **furfuracea** Lindl. 1839 · ⁴ Z10 ⓦ IX-XI ▽ ✱; Mex.
- *glauca* (Lindl.) Benth. = Rhyncholaelia glauca
- *grandis* Lindl. et Paxton = Sophronitis grandis
- *harpophylla* Rchb. f. = Sophronitis harpophylla
- *itambana* Pabst = Sophronitis itambana
- *jongheana* Rchb. f. = Sophronitis jongheana
- *kettieana* Pabst = Sophronitis kettieana
- *lobata* (Lindl.) H.J. Veitch = Sophronitis lobata
- *longipes* Rchb. f. = Sophronitis longipes
- *lucasiana* Rolfe = Sophronitis longipes
- *lundii* (Rchb. f. et Warm.) Rchb. f. et Warm. = Sophronitis lundii
- *milleri* Blumensch. ex Pabst = Sophronitis milleri
- *perrinii* (Lindl.) Bateman = Sophronitis perrinii
- *pfisteri* Pabst et Senghas = Sophronitis pfisteri
- *pumila* (Hook.) Rchb. f. = Sophronitis pumila
  - var. *dayana* (Rchb. f.) Burb. ex Dean 1877 = Sophronitis dayana
- *purpurata* Lindl. et Paxton = Sophronitis purpurata
- *reginae* Pabst = Sophronitis reginae
- **rubescens** Lindl. 1840 · ⁴ Z10 ⓦ XI-I ▽ ✱; Mex., C-Am.
- *rupestris* Lindl. = Sophronitis crispata
- *sincorana* Schltr. = Sophronitis sincorana
- **speciosa** (Kunth) Schltr. 1914 · ⁴ Z10 ⓦ IV-V ▽ ✱; Mex.
- *tenebrosa* (Rolfe) Rolfe = Sophronitis tenebrosa
- *tereticaulis* Hoehne = Sophronitis tereticaulis

× **Laeliocattkeria** hort. 1965 -f- *Orchidaceae* · (*Barkeria* × *Cattleya* × *Laelia*)

× **Laeliocattleya** Rolfe 1887 -f- *Orchidaceae* · (*Cattleya* × *Laelia*)

× **Laeliopleya** hort. 1970 -f- *Orchidaceae* · (*Cattleya* × *Laeliopsis*)

Laeliopsis Lindl. = Broughtonia
- *domingensis* Lindl. = Broughtonia domingensis

× **Laelonia** hort. 1957 -f- *Orchidaceae* · (*Broughtonia* × *Laelia*)

Lafoensia Vand. 1788 -f- *Lythraceae* · (S. 609)
- **punicifolia** DC. 1826 · ♄ ⓚ ⓝ; Mex., C-Am., trop. S-Am.
- **vandelliana** Cham. et Schltdl. 1827

Lagarosiphon Harv. 1841 -m- *Hydrocharitaceae* · (S. 1013)
D:Scheinwasserpest, Wassergirlande; E:Curly Water Thyme; F:Fausse-élodée
- **alternifolia** (Roxb.) Druce 1917 · ≈
- **madagascariensis** Casp. 1882 · D:Madagassische Wassergirlande · ⁴ ≈ ⓦ; Madag.
- **major** (Ridl.) Moss 1928 · D:Große Wassergirlande, Scheinwasserpest; E:Oxygen Weed · ⁴ ≈ ⓦ VII-VIII; S-Afr., nat. in NZ, GB, N-I, NW-F
- **muscoides** Harv. 1842 · D:Moosähnliche Wassergirlande · ⁴ ⓦ ⓚ; trop. Afr., S-Afr.
  - var. *major* Ridl. 1886 = Lagarosiphon major

Lagarostrobos Quinn 1982 *Podocarpaceae* ·
D:Neuseeländische Eibe; E:Huon Pine
- **franklinii** (Hook. f.) Quinn 1982 · D:Neuseeländische Eibe; E:Huon

Pine · ♄ e Z8 ⓚ; Austr. (Tasman.)

Lagenandra Dalzell 1852 -f-
Araceae · (S. 927)
- **ovata** (L.) Thwaites 1864 · ♃ ⌇
Z10 ⓦ ⚥; S-Ind., Sri Lanka

Lagenaria Ser. 1825 -f-
Cucurbitaceae · (S. 443)
D:Flaschenkürbis, Kalebasse;
E:Bottle Gourd; F:Bouteille,
Gourde
- **siceraria** (Molina) Standl. 1930 ·
D:Flaschenkürbis, Kalebasse;
E:Bottle Gourd, Calabash Gourd ·
⊙ ⚥ ⚭ D Z10 ⓦ VI-IX Ⓝ; trop.
Afr., trop. As.
 - var. *hispida* (Thunb. ex Murray)
 H. Hara = Benincasa hispida

Lagenocarpus Nees 1834 -m-
Cyperaceae · (S. 997)
- **rigidus** (Kunth) Nees 1842 · ♃ ⚼
ⓦ; Bras.

Lagenophora Cass. 1818
Asteraceae · (S. 253)
- **pinnatifida** Hook. f. 1853 · ♃ Z7;
NZ

Lagerstroemia L. 1759 -f-
Lythraceae · (S. 609)
D:Kräuselmyrte, Lagerströmie;
E:Crape Myrtle; F:Lagerose, Lilas
des Indes
- *elegans* Wall. ex Paxton =
Lagerstroemia indica
- **floribunda** Jack 1820 · ♄; Ind.,
Malay. Pen., Thail., China [21376]
- *flos-reginae* Retz. = Lagerstroemia
speciosa
- **indica** L. 1759 · D:Chinesische
Kräuselmyrte; E:Crape Myrtle ·
♄ ♄ d Z7 VIII-X; China, Korea
[33270]
'Alba'
'Coccinea' [36593]
'Rosea'
'Rubra'
- **speciosa** (L.) Pers. 1806 · D:Indi-
sche Kräuselmyrte; E:Pride-of-
India, Queen's Crape Myrtle · ♄ Z9
ⓦ Ⓝ; trop. As. [21377]
- **in vielen Sorten:**
'Majestic Orchid'
'Natchez'
'Petite Orchid'
'Potomac'
'Red Emperor' [20001]

Lagoecia L. 1753 -m- *Apiaceae* ·
(S. 177)
D:Hasenkümmel

- **cuminoides** L. 1753 · D:Hasen-
kümmel · ⊙; Eur.: Ib, Ap, Ba; Syr.,
Iran, Iraq, TR

Lagotis Gaertn. 1770 -f-
Scrophulariaceae · (S. 829)
D:Rachenblüte
- **integrifolia** (Willd.) Schischk. ·
♃; W-Sib., E-Sib., C-As.
- **stolonifera** (K. Koch) Maxim.
1881 · D:Ährige Rachenblüte · ♃
⌇ △ Z6 VI-VII; Cauc. [64939]

Lagunaria (DC.) Rchb. 1828 -f-
Malvaceae · (S. 618)
D:Norfolkeibisch; E:Norfolk
Island Hibiscus; F:Lagunaria
- **patersonia** (Andrews) G. Don
1831 · D:Norfolkeibisch; E:Cow
Itch Tree, Norfolk Island Hibiscus ·
♄ e Z9 ⓚ; Austr.: Queensl.,
Norfolk, Lord Howe Is. [21379]

Lagurus L. 1753 -m- *Poaceae* ·
(S. 1117)
D:Hasenschwanzgras, Samtgras;
E:Hare's Tail; F:Lagurier, Queue-
de-lièvre
- **ovatus** L. 1753 · D:Hasen-
schwanzgras, Südliches Samtgras;
E:Hare's Tail; F:Queue de lièvre ·
⊙ ⊙ Z9 VI-VIII; Eur.: Ib, Fr, Ap,
Ba, Krim; TR, Levante, Cauc.,
Macaron., N-Afr., nat. in BrI,
N-Am., S-Am., S-Afr., Austr.

Lallemantia Fisch. et C.A. Mey.
1840 -f- *Lamiaceae* · (S. 583)
- **canescens** (L.) Fisch. et C.A. Mey.
1840 · ⊙ ⊙ Z7 VII-IX; TR, Cauc.,
Iran
- **iberica** (M. Bieb.) Fisch. et C.A.
Mey. 1840 · ⊙ ⊙ Z7 VII-VIII Ⓝ;
TR, Syr., Palaest., Iraq, Iran
- **peltata** (L.) Fisch. et C.A. Mey.
1840 · ⊙ Z7 VII-VIII; Cauc.,
Iran
- **royleana** (Benth.) Benth. 1848 ·
E:Rehana Barry · ⊙ Z7 VII-VIII
Ⓝ; Iran, Afgh., Pakist., C-As.,
W-China

Lamarckia Moench 1794 -f-
Poaceae · (S. 1117)
D:Goldschwanzgras, Goldspitzen-
gras, Lamarkie; E:Golden Dog's
Tail; F:Lamarckia
- **aurea** (L.) Moench 1794 · D:Gold-
schwanzgras, Goldspitzengras,
Lamarkie; E:Golden Top Grass ·
⊙ Z7 VII-VIII; Eur.: Ib, Fr, Ap, Ba;
TR, Iran, Afgh., Pakist., N-Afr.,
Macaron., Eth.

Lamiastrum Heist. ex Fabr. =
Lamium
- *argentatum* = Lamium
galeobdolon 'Florentinum'
- *flavidum* = Lamium galeobdolon
subsp. flavidum ⌇
- *galeobdolon* (L.) Ehrend. et
Polatschek = Lamium galeobdolon
- *montanum* = Lamium galeobdolon
subsp. montanum

Lamium L. 1753 -n- *Lamiaceae* ·
(S. 583)
D:Goldnessel, Taubnessel; E:Dead
Nettles; F:Lamier
- **album** L. 1753 · D:Weiße Taub-
nessel; E:White Dead Nettle · ♃
Z4 IV-X ♄ ; Eur.*, TR, Cauc., Iran,
W-Sib., E-Sib., Amur, C-As., Him.,
Mong., Korea, Jap., Canar., nat. in
N-Am.
'Friday' [60924]
- **amplexicaule** L. 1753 · D:Stängel-
umfassende Taubnessel; E:Henbit
Dead Nettle · ⊙ IV-VIII; Eur.*, TR,
Levante, Iran, W-Sib., C-As., Him.,
N-Afr., Canar.
- **argentatum** (Smejkal) Henker ex
G.H. Loos = Lamium galeobdolon
'Florentinum'
- **confertum** Fr. 1845 · D:Mittlere
Taubnessel · ⊙; Eur.: D, DK, PL,
BrI
- **endtmannii** G.H. Loos =
Galeobdolon endtmannii
- *flavidum* F. Herm. = Lamium
galeobdolon subsp. flavidum
- **galeobdolon** (L.) L. 1759 ·
D:Echte Goldnessel, Gewöhnliche
Goldnessel; E:Yellow Archangel;
F:Lamier doré · ♃ ⌇ Z6 V-VII;
Eur.*, TR, Cauc. [64940]
'Florentinum' · D:Silberblatt-Goldnessel ·
V-VII [64941]
'Hermann's Pride' [64942]
'Silberteppich' Pagels [64944]
- subsp. **flavidum** (F. Herm.) Á.
Löve et D. Löve 1961 · D:Alpen-
Goldnessel, Blassgelbe Goldnes-
sel · ♃ VII-VIII; Eur.: Alp., Apenn.
- subsp. **montanum** (Pers.) Hayek
1929 · D:Berg-Goldnessel · ♃
V-VII; Eur., TR, Cauc.
- **garganicum** L. 1763
- subsp. **garganicum** · ♃; Eur.: F,
Ap, Ba, RO [60925]
- subsp. **laevigatum** 1882 =
Lamium garganicum subsp.
garganicum
- subsp. **reniforme** = Lamium
garganicum subsp. striatum
- subsp. **striatum** (Sm.) Hayek
1929 · ♃; Eur.: S-I, Ba; Cyprus

- *luteum* Krock. = Lamium galeobdolon
- **maculatum** L. 1763 · D:Gefleckte Taubnessel; E:Spotted Dead Nettle; F:Lamier maculé · ⚃ Z4 IV-VIII; Eur.* exc. BrI, Sc; TR, Cauc., N-Iran, nat. in BrI, Sc [60926]
  'Album' [64946]
  'Beacon Silver' [64948]
  'Cannon's Gold' [64949]
  'Chequers' [64950]
  'Pink Pewter' [64951]
  'Shell Pink' [64954]
  'White Nancy' [64956]
- *molucellifolium* = Lamium purpureum var. moluccellifolium
- *montanum* (Pers.) Á. Löve et D. Löve = Lamium galeobdolon subsp. montanum
- **orvala** L. 1759 · D:Großblütige Taubnessel; E:Giant Dead Nettle; F:Lamier à grandes fleurs · ⚃ Z6 IV-VI; Eur.: I, A, H, Slove., Croatia, Bosn., Montenegro, ? W-Russ. [64957]
  'Album' [60937]
- **purpureum** L. 1753 · D:Rote Taubnessel
  - var. **incisum** (Willd.) Pers. 1806 · D:Bastard-Taubnessel, Eingeschnittene Taubnessel · III-X; Eur.*
  - var. **moluccellifolium** (Schumach.) Fr. 1801 · D:Entferntblättrige Taubnessel, Mittlere Taubnessel · V-IX; Eur.: BrI, Sc, D, N-Russ., nat. in P
  - var. **purpureum** · D:Gewöhnliche Rote Taubnessel; E:Purple Archangel, Red Dead Nettle · ☉ III-X; Eur.*, TR, Syr., W-Sib., NW-Afr., nat. in N-Am.

Lampranthus N.E. Br. 1930 -m- Aizoaceae · (S. 145)
D:Mittagsblume; E:Dewplant; F:Lampranthus
- *aurantiacum* DC. = Lampranthus glaucoides
- **aureus** (L.) N.E. Br. 1930 · ♄ ⚇ Z9 ⌂ VII-IX; Kap
- **blandus** (Haw.) Schwantes 1938 · ♄ ⚇ Z9 ⌂ VII-IX; Kap
- **brownii** (Hook. f.) N.E. Br. 1930 · ♄ ⚇ Z9 ⌂ VII-IX; Kap
- **coccineus** (Haw.) N.E. Br. 1930 · ♄ ⚇ ⌂; S-Afr. (W-Cape)
- **conspicuus** (Haw.) N.E. Br. 1930 · ♄ ⚇ Z9 ⌂ VII-IX; Kap
- *deltoides* (L.) Glen = Oscularia deltoides
- **falcatus** (L.) N.E. Br. 1930 · ♄ ⚇ D Z9 ⌂ VII-IX; Kap
- **glaucoides** (Haw.) N.E. Br. 1930 · ♄ ⚇ Z9 ⌂ VII-IX; Kap
- **glomeratus** (L.) N.E. Br. 1930 · ♄ ⚇ Z9 ⌂ VII-IX; Kap
- **haworthii** (Donn) N.E. Br. 1930 · ♄ ⚇ Z9 ⌂ VII-VIII; Kap
- **multiradiatus** (Jacq.) N.E. Br. 1930 · ♄ ⚇ e Z9 ⌂; S-Afr. (Cape Prov.)
- *roseus* = Lampranthus multiradiatus
- **sociorum** (L. Bolus) N.E. Br. 1930 · ♄ ⚇ Z9 ⌂ VII-X; Kap
- **spectabilis** (Haw.) N.E. Br. 1930 · D:Kriechende Mittagsblume; E:Trailing Ice Plant · ♄ ⚇ Z9 ⌂ VII-IX; Kap
- **zeyheri** (Salm-Dyck) 1930 · ♄ ⚇ Z9 ⌂ VII-IX; Kap

Landolphia P. Beauv. 1806 -f- Apocynaceae · (S. 192)
- **comorensis** Benth. et Hook. f.; trop. Afr., Madag.
- **heudelotii** A. DC. 1844 · ♄ ⚷ ⌂ ⓝ; W-Afr.
- **kirkii** Dyer 1881 · ♄ ⚷ ⌂ ⓝ; trop. E-Afr.
- **owariensis** P. Beauv. 1806 · ♄ ⚷ ⌂ ⓝ; trop. Afr.

Lanium Lindl. ex Benth. = Epidendrum
- *avicula* (Lindl.) Benth. = Epidendrum avicula

Lannea A. Rich. 1831 -f- Anacardiaceae · (S. 156)
- **coromandelica** (Houtt.) Merr. 1938 · D:Jhingangummi · ♄ ⌂ ⓝ; SE-As.
- **grandis** (Dennst.) Engl. 1897

Lansium Corrêa 1807 -n- Meliaceae · (S. 636)
D:Lansibaum; E:Langsat; F:Lansat
- **domesticum** Corrêa 1807 · D:Lansibaum; E:Langsat · ♄ ⌂ ⓝ; Malay. Pen., Phil., Sulawesi, N.Guinea, cult. Ind.

Lantana L. 1753 -f- Verbenaceae · (S. 885)
D:Wandelröschen; E:Lantana; F:Lantana, Lantanier
- **camara** L. 1753 · D:Wandelröschen; E:Lantana · ♄ e Z10 ⌂ VI-IX ✼ ⓝ; Mex., trop. Am., nat. in Fla., Tex., Hawaii, Trop. [21381]
  'Aloha'
  'Brasier'
  'Feston Rose'
  'Mine d'Or'
  'Naide'
  'Radiation'
  'Variegata'
- *crocea* Jacq. = Lantana camara
- *delicatissima* hort. = Lantana montevidensis
- **montevidensis** (Spreng.) Briq. 1904 · D:Kriechendes Wandelröschen; E:Creeping Lantana · ♄ e Z10 ⌂ VI-IX ✼; Bras., Urug., nat. in USA: Tex., SE, Fla. [58098]
  'Alba'
- *mutabilis* Salisb. = Lantana camara
- *nivea* Vent. = Lantana camara
- *sellowiana* Link et Otto = Lantana montevidensis
- *urticifolia* Mill. = Lantana camara

Lapageria Ruiz et Pav. 1802 -f- Philesiaceae · (S. 1090)
D:Chileglöckchen, Copihue, Lapagerie; E:Chile Bells; F:Lapageria
- **rosea** Ruiz et Pav. 1802 · D:Chileglöckchen, Copihue, Lapagerie; E:Chile Bells, Chilean Bellflower · ♄ e ⚷ Z9 ⌂ VIII-XII; Chile [21384]
  'Alba'
  'Flesh Pink' [21385]
  'Nash Court' [21386]

Lapeirousia Pourr. 1788 -f- Iridaceae · (S. 1023)
D:Lapeirousie; F:Lapeirousia
- **corymbosa** (L.) Ker-Gawl. 1802 · ⚃ Z9 ⌂ V; SW-Kap
- *cruenta* (Lindl.) Baker = Anomatheca laxa
- **dolomitica** Dinter 1931 · ⚃; S-Afr. (N-Cape, W-Cape)
- *grandiflora* (Baker) Baker = Anomatheca grandiflora
- *juncea* (L. f.) Pourr. = Anomatheca verrucosa
- *laxa* (Thunb.) N.E. Br. = Anomatheca laxa

Lapidaria Dinter et Schwantes 1927 -f- Aizoaceae · (S. 146)
- **margaretae** (Schwantes) Dinter et Schwantes 1927

Laportea Gaudich. 1826 -f- Urticaceae · (S. 878)
D:Brennpflanze, Strauchnessel; E:Bush Nettle; F:Laportea
- **canadensis** (L.) Wedd. 1854 · D:Kanadische Strauchnessel; E:Bush Nettle, Wood Nettle · ⚃ ⓝ; Can.: E; USA: NE, NCE, SE, Fla., Okla.

- **moroides** Wedd. 1856 · D:Australische Strauchnessel; E:Gympie Bush · ♄ ♄ ⚥ ⓦ; Austr.: Queensl.

Lappa Scop. = *Arctium*
- *major* Gaertn. = *Arctium lappa*
- *minor* Hill = *Arctium minus*
- *tomentosa* (Mill.) Lam. = *Arctium tomentosum*

Lappula Moench 1794 -f- *Boraginaceae* · (S. 307)
D:Igelsame, Klettenkraut; E:Bur Forget-me-not; F:Echinosperme
- **deflexa** (Wahlenb.) Garcke 1863 · D:Wald-Igelsame · ⊙ VI-VII; Eur.: Sc, Fr, C-Eur., EC-Eur., E-Eur., sp.; N, mts.; Sib., Mong., Manch., N-Am.
- **heteracantha** (Ledeb.) Gürke 1897 · ⊙ VI-VII; SC-Eur., S-Russ.; Cauc.
- **patula** (Lehm.) Gürke 1897 · ⊙; Eur.: sp., Sic., H, Ba, EC-Eur.; TR, Cauc., Iran, Afgh., W-Sib., C-As., China, : Sinkiang; NW-Afr.
- **squarrosa** (Retz.) Dumort. 1827 · D:Kletten-Igelsame, Klettenkraut; E:Burr, Stickweed · ⊙ VI-VII ⓝ; Eur.* exc. BrI; Sc; TR, Cauc., Iran, C-As., W-Sib., E-Sib., nat. in Sc, N-Am.

Lapsana L. 1753 -f- *Asteraceae* · (S. 253)
D:Rainkohl; E:Nipplewort; F:Lampsane, Poule grasse
- **communis** L. · D:Gewöhnlicher Rainkohl; E:Hawksbeard, Nipplewort · ⊙ ⚃ VI-IX; Eur.*, TR, Lebanon, Syr., Cauc., N-Iraq, Iran, NW-Afr., nat. in N-Am.

Lardizabala Ruiz et Pav. 1794 -f- *Lardizabalaceae* · (S. 594)
- **biternata** Ruiz et Pav. 1794 · ♄ e ⚥ Z9 ⓚ XII; Chile [21387]

Larix Mill. 1754 -f- *Pinaceae* · (S. 93)
D:Lärche; E:Larch; F:Mélèze
- *amabilis* J. Nelson = *Pseudolarix amabilis*
- *dahurica* Turcz. et Trautv. = *Larix gmelinii* var. *gmelinii*
- **decidua** Mill. 1768 · D:Europäische Lärche; E:European Larch · [25680]
  'Pendula' Lawson 1836 [25690]
  - var. **decidua** · D:Gewöhnliche Europäische Lärche; F:Mélèze commun · ♄ d Z4 III-IV ⚥ ⓝ; Eur.: Fr, Ap, C-Eur., EC-Eur., Slove., Croatia, ? Bosn., E-Eur.; Alp., W-Carp., nat. in BrI, Sc
  - var. **polonica** (Racib. ex Wóycicki) Ostenf. et Syrach 1930 · D:Polnische Lärche; E:Polish Lark · ♄ d Z4; W-Polen, NW-Ukraine
- × **eurokurilensis** Rohmeder et Dimpflm. 1952 (*L. decidua* × *L. gmelinii*) · D:Bayerische Hybrid-Lärche · ♄ d; cult.
- × **eurolepis** A. Henry 1919 (*L. decidua* × *L. kaempferi*) · D:Schottische Hybrid-Lärche; E:Dunkeld Larch · ♄ d; cult. [22285]
- *europaea* Lam. et DC. = *Larix decidua* var. *decidua*
- **gmelinii** (Rupr.) Kuzen.
  - var. **olgensis** A. Henry 1930 · D:Olgabucht-Lärche; E:Olga Bay Larch · ♄ d Z1; Amur [27625]
  - var. **principis-rupprechtii** (Mayr) Pilg. 1926 · D:Prinz-Rupprecht-Lärche; E:Prince Rupprecht's Larch · ♄ d; N-China, Manch., Korea [11341]
  - **gmelinii** (Rupr.) Rupr. 1920 · D:Dahurische Lärche; E:Dahurian Larch · [11333]
  - var. **gmelinii** · D:Gewöhnliche Dahurische Lärche · ♄ d Z3; E-Sib., Amur, Sachal., Kamchat., Manch., Korea
  - var. **japonica** (Maxim. ex Regel) Pilg. 1926 · D:Kurilen-Lärche; E:Kurile Larch · ♄ d Z1; Sachal., Kurilen
- **kaempferi** (Lamb.) Carrière 1856 · D:Japanische Lärche; E:Japanese Larch; F:Mélèze du Japon · ♄ d Z5 IV ⓝ; C-Jap. [25700]
  'Blue Dwarf' Jeddeloh 1987 [39022]
  'Blue Rabbit Weeping' Hort. NL 1986 [27627]
  'Diane' Böhlje 1974 [31911]
  'Grey Pearl' van Nijnatten 1989 [15979]
  'Little Blue Star' van Nijnatten 1989 [15981]
  'Nana' H. Neumann 1976 [36140]
  'Pendula' Hesse 1896 [25720]
  'Wolterdingen' Horstmann 1970 [32054]
- *kurilensis* Mayr = *Larix gmelinii* var. *japonica*
- **laricina** (Du Roi) K. Koch 1873 · D:Amerikanische Lärche, Tamarack; E:American Larch, Tamarack · ♄ d Z1 III ⓝ; Alaska, Can., USA: NE, NCE [37646]
- *leptolepis* (Siebold et Zucc.) Siebold ex Gordon = *Larix kaempferi*
- *lubarskii* Sukaczev = *Larix gmelinii* var. *olgensis*
- **lyallii** Parl. 1863 · D:Rocky-Mountain-Lärche; E:Alpine Larch, Subalpine Larch · ♄ d Z3; USA: N-Idaho, W-Mont.
- × **marschlinsii** Coaz (*L. decidua* × *L. sibirica*) · D:Schweizer Hybrid-Lärche · ♄ d; cult.
- **occidentalis** Nutt. 1849 · D:Westamerikanische Lärche; E:Western Larch · ♄ d Z6 ⓝ; B.C., USA: NW, Mont., Idaho [13845]
- × **pendula** (Sol.) Salisb. 1808 (*L. decidua* × *L. laricina*) · D:Hänge-Lärche; E:Weeping Larch · ♄ d Z4 III-IV; cult.
- **potaninii** Batalin · D:Gewöhnliche Chinesische Lärche; E:Chinese Larch · ♄ d Z6; W-China
- **sibirica** Ledeb. 1833 · D:Sibirische Lärche; E:Siberian Larch · ♄ d Z2 III-IV ⚥ ⓝ; Eur.: Russ.; W-Sib., E-Sib., C-As [27638]
- *sukaczewii* Dylis = *Larix sibirica*

Larrea Cav. 1800 -f- *Zygophyllaceae*
- **tridentata** (Sessé et Moq. ex DC.) Coville 1893 · ♄ e Z8 ⓚ; USA: Calif., SW, Tex.; Mex.

Laser G. Gaertn., B. Mey. et Scherb. 1799 -n- *Apiaceae* · (S. 177)
D:Rosskümmel; F:Cumin des chevaux, Laser
- **trilobum** (L.) Borkh. 1795 · D:Rosskümmel · ⚃ V-VI ▽; Eur.: Fr, Ap, C-Eur., EC-Eur., Ba, E-Eur.; TR, Lebanon, Cauc., N-Iran

Laserpitium L. 1753 -n- *Apiaceae* · (S. 177)
D:Laserkraut; F:Laser
- **archangelica** Wulfen 1786 · D:Engelwurz-Laserkraut · ⚃; Eur.: EC-Eur., Ba, RO; mts., nat. in A
- **gallicum** L. 1753 · ⚃; Eur.: sp., F, Sard., I
- **halleri** Crantz 1767 · D:Hallers Laserkraut · ⚃ VI-VIII; Eur.: F, Corse, I, CH, A; Alp., Corse [60938]
- **krapfii** Crantz 1767
  - subsp. **gaudinii** (Moretti) Thell. 1925 · D:Schweizer Laserkraut · ⚃ VII-VIII; CH, N-I, A, Slove.
- **latifolium** L. 1753 · D:Breitblättriges Laserkraut · ⚃ VII-VIII; Eur.* exc. BrI; Iran
- **peucedanoides** L. 1756 · D:Haarstrang-Laserkraut · ⚃ VI-VIII; Eur.: I, A, Slove., Croatia; SE-Alp., Croatia

- **prutenicum** L. 1753 · D:Preußisches Laserkraut · ⊙ VII-VIII; Eur.* exc. BrI, Sc
- **siler** L. 1753 · D:Berg-Laserkraut · ♃ VI-VII; Eur.: Ba, Fr, Ib, Ap, C-Eur.; mts. [64958]

Lasia Lour. 1790 -f- *Araceae* · (S. 927)
- **spinosa** (L.) Thwaites 1864 · E:Sampi · ♄ ∼ ⌂ VI-IX; Him., Ind., Sri Lanka, Malay. Arch., China

Lasiagrostis Link = Stipa
- *calamagrostis* (L.) Link = Stipa calamagrostis

Lasthenia Cass. 1834 -f- *Asteraceae* · (S. 253) D:Lasthenie
- **californica** DC. ex Lindl. 1835 · ⊙ VII-VIII; USA: Oreg., Calif., Ariz.; Baja Calif.
- *chrysostoma* (Fisch. et C.A. Mey.) Greene = Lasthenia californica
- **coronaria** (Nutt.) Ornduff 1966 · ⊙ VII-VIII; S-Calif., Baja Calif.
- **glabrata** Lindl. 1835 · ⊙; Calif.

Lastrea Bory = Thelypteris
- *thelypteris* (L.) Bory = Thelypteris palustris

Latania Comm. ex Juss. 1789 -f- *Arecaceae* · (S. 952) D:Latanie; E:Latan; F:Latanier
- *aurea* Duncan = Latania verschaffeltii
- *borbonica* hort. = Livistona chinensis
- *borbonica* Lam. = Latania lontaroides
- *commersonii* J.F. Gmel. = Latania lontaroides
- *glaucophylla* Devansaye = Latania loddigesii
- **loddigesii** Mart. 1875 · D:Blaue Latanie; E:Blue Latan · ♄ e Z10 ⌂; Mauritius
- **lontaroides** (Gaertn.) H.E. Moore 1963 · D:Rote Latanie; E:Red Latan · ♄ e Z10 ⌂; Maskarene Is.
- *rubra* Jacq. = Latania lontaroides
- **verschaffeltii** Lem. 1859 · D:Gelbe Latanie; E:Yellow Latan · ♄ e Z10 ⌂; Maskarene Is. (Rodriguez)

Lathraea L. 1753 -f- *Scrophulariaceae* · (S. 829) D:Schuppenwurz; E:Toothwort; F:Clandestine
- **clandestina** L. 1753 · D:Niedrige Schuppenwurz · ♃ IV-V; Eur.: sp., F, B, I, nat. in BrI
- **squamaria** L. · D:Laubholz-Schuppenwurz; E:Toothwort · ♃ III-V; Eur.*, TR, Cauc., Pakist., Him.

Lathyrus L. 1753 -m- *Fabaceae* · (S. 513) D:Platterbse; E:Wild Pea; F:Pois de senteur, Pois vivace
- **annuus** L. 1753 · D:Einjährige Platterbse · ⊙ ⚦; Eur.: Ib, Fr, Ap, Ba; TR, Levante, Iraq, Cauc., C-As., N-Iran, N-Afr.
- **aphaca** L. 1753 · D:Ranken-Platterbse; E:Yellow Vetchling · ⊙ ⚦ VI-VII ⚥ ⓝ; Eur.* exc. BrI, Sc; TR, Levante; Cauc., Iran, C-As., Afgh., Him., N-Afr., Eth., nat. in Jap., China
- **aureus** (Steven ex Fisch. et C.A. Mey.) D. Brândza 1883 · ♃ Z6; Eur.: Ba
- *aureus* hort. = Lathyrus gmelinii
- **bauhinii** P.A. Genty 1892 · D:Schwertblättrige Platterbse · ♃ V-VII ▽; Eur.: sp., F, CH, D, Ba; Pyr., Alp., Jura, Balkan
- **chloranthus** Boiss. 1859 · ⊙; Armen., N-Iraq, Iran 'Lemonade'
- **cicera** L. 1753 · D:Kicher-Platterbse · ⊙ ⚦ V-VIII ⚥ ⓝ; Eur.: Ib, Fr, Ap, Ba, E-Eur., CH; TR, Levante, Iraq, Cauc., Iran, C-As., N-Afr.
- **clymenum** L. 1753 · ⊙ ⚦ VII-VIII ⓝ; Eur.: Ib, Fr, Ap, Ba; TR, NW-Afr., Libya
- **davidii** Hance 1871 · ♃ Z6; Amur, N-China, Korea, Jap. [60941]
- **gmelinii** (Fisch. ex DC.) Fritsch 1895 · D:Gold-Platterbse · ♃ Z4 V-VII; Ural, C-As. mts. [60942]
- **grandiflorus** Sibth. et Sm. 1813 · D:Großblütige Platterbse · ♃ ⚦ Z7 ⋀ VI-IX; Eur.: Ap, Ba
- **heterophyllus** L. 1753 · D:Verschiedenblättrige Platterbse · ♃ ⚦ Z6 VII-VIII; Eur.: Ib, Fr, Ap, C-Eur., EC-Eur., Sweden
- **hirsutus** L. 1753 · D:Behhartfrüchtige Platterbse; E:Caley Pea, Hairy Vetchling · ⊙ ⚦ Z7 VI-VIII; Eur.* exc. BrI, Sc; TR, Lebanon, Cauc., N-Iran, C-As., NW-Afr., Egypt
- **inconspicuus** L. 1753 · ⊙; Eur.: Ib, Fr, Ap, Ba; TR, Levante, Cauc., Iran, C-As., Alger.
- *japonicus* Willd. = Lathyrus

maritimus
- subsp. *maritimus* (L.) P.W. Ball 1968 = Lathyrus maritimus
- var. *glaber* (Ser.) Fernald 1932 = Lathyrus maritimus
- **laevigatus** (Waldst. et Kit.) Gren. 1865 · D:Gelbe Platterbse · [60943]
  - subsp. **laevigatus** · D:Westliche Gelbe Platterbse · ♃ Z5 V-VIII; Eur.* exc. BrI, Sc
  - subsp. **occidentalis** (Fisch. et C.A. Mey.) Breistr. 1940 · D:Östliche Gelbe Platterbse · ♃ Z5 VI-VIII; C-Alp., SW-Alp., Pyr., N-Sp.
- **latifolius** L. 1753 · D:Breitblättrige Platterbse; E:Everlasting Pea, Perennial Sweet Pea; F:Pois vivace · ♃ ⚦ Z5 VII-VIII; Eur.* exc. BrI, Sc; NW-Afr., nat. in BrI [64959]
  'Albus'
  'Pink Pearl'
  'Red Pearl' [64961]
  'Rose Pearl' [64960]
  'White Pearl' [64962]
- **laxiflorus** (Desf.) Kuntze 1887 · ♃ Z7; Eur.: I, Ba, Krim; TR, Cauc., Iran
- **linifolius** (Reichard) Bässler 1971 · D:Berg-Platterbse · ♃ Z6 IV-VI; Eur.* [60946]
- *luteus* (L.) Peterm. = Lathyrus gmelinii
- **maritimus** (L.) Bigelow 1840 · D:Strand-Platterbse; E:Beach Pea · ♃ ⚦ ↝ VI-VIII; Eur.: BrI, Sc, D, N-Russ.; ; coasts; Sib., Amur, Sachal., Kamchat., China, Jap., China, nat. in Eur.: BrI, Sc, C-Eur., EC-Eur., E-Eur.
- *montanus* Bernh. = Lathyrus linifolius
- **nervosus** Lam. 1786 · ♃ Z9 ⌂; S-Am.
- **neurolobus** Boiss. et Heldr. 1849 · ♃ Z8 ⌂; Crete
- **niger** (L.) Bernh. 1800 · D:Schwarzwerdende Platterbse; E:Black Pea · ♃ Z6 VI; Eur.*, Cauc., TR, Syr., N-Iran, NW-Afr. [60947]
- **nissolia** L. 1753 · D:Gras-Platterbse · ⊙ V-VII; Eur.* exc. Sc; Cauc., TR, N-Iraq, NW-Afr.
- **ochrus** (L.) DC. 1805 · D:Eselsohren, Scheidige Platterbse; E:Cyprus Vetch · ⊙ ⚦ VI-VIII ⓝ; Eur.: Ib, Fr, Ap, Ba; TR, Levante, NW-Afr., Libya
- **odoratus** L. 1753 · D:Duft-Wicke, Duftende Platterbse; E:Sweet Pea;

F:Pois de senteur · ⊙ ⚥ ✕ D VI-IX
✤; S-I, Sic. [16754]
'Anniversary'
'Bicolor'
'Cream Southbourne'
'Jilly'
'Little Sweetheart'
'Midnight'
- **palustris** L. 1753 · D:Sumpf-Platterbse · ⚄ ⚥ Z5 VII-VIII ▽; Eur.*, TR, Cauc., W-Sib., E-Sib., C-As, China: Sinkiang
- **pannonicus** (Jacq.) Garcke · D:Kurzknollige Pannonische Platterbse · ⚄ V-VI ▽; Eur.* exc. BrI, Sc; Cauc., W-Sib.
- **pratensis** L. 1753 · D:Wiesen-Platterbse; E:Meadow Vetchling · ⚄ ⚥ Z4 VI-VII; Eur.*, TR, Syr., Cauc., Iran, W-Sib., E-Sib., C-As., W-Him., C-China, Maroc., Eth. [60948]
- **rotundifolius** Willd. 1802 · ⚄ Z6; Eur.: C-Russ., Krim; TR, Cauc., N-Iraq, N-Iran
- **sativus** L. 1840 · D:Saat-Platterbse; E:Chickling Pea, Grass Pea · ⊙ ⚥ V-VIII ✤ ⓝ; ? W-As., nat. in Eur., SW-As., N-Afr.
- **sphaericus** Retz. 1783 · D:Kugelsamige Platterbse · ⊙ ⚥ V; Eur.: Ib, Fr, CH, Ap, Ba, Sc, RO, Krim; TR, Levante, Iraq, Iran, C-As., Him., NW-Afr., Egypt
- **sylvestris** L. · D:Gewöhnliche Wald-Platterbse; E:Everlasting Pea · ⚄ ⚥ Z6 VII-IX ⓝ; Eur.*, Cauc.
- **tingitanus** L. 1753 · D:Afrikanische Platterbse; E:Tangier Pea · ⚄ ⚥; Eur.: sp., P, Sard., Azor.; Maroc., Alger.
- **tuberosus** L. 1753 · D:Knollen-Platterbse; E:Earthnut Pea, Tuberous Pea · ⚄ ⚥ ↝ Z6 VI-VII ⓝ; Eur.* exc. BrI, Sc; TR, Cauc., Iran, W-Sib., C-As., nat. in BrI, Sc [60950]
- **venetus** (Mill.) Wohlf. 1892 · D:Venezianische Platterbse · ⚄ Z6 V-VI; Eur.: Ap, C-Eur., C-Eur., Ba, E-Eur.; TR [60951]
- **vernus** (L.) Bernh. 1800 · D:Frühlings-Platterbse, Zarte Platterbse; E:Spring Pea; F:Gesse du printemps, Pois printanier · ⚄ Z4 IV-V; Eur.* exc. BrI; TR, Cauc., W-Sib., E-Sib. [64963]
'Alboroseus' [64964]
'Albus' [64965]
'Cyaneus'
'Rosenelfe' [60955]
'Roseus' [64966]

Launaea Cass. 1822 -f- *Asteraceae* · (S. 254)
D:Dornlattich
- **cervicornis** (Boiss.) Font Quer et Rothm. 1934 · ♄ ⓚ; Balear. Is.
- **taraxacifolia** (Willd.) Amin ex C. Jeffrey · D:Löwenzahn-Dornlattich · ⓦ ⓝ; trop. Afr.

Laurelia Juss. 1809 -f- *Monimiaceae*
- *aromatica* Juss. ex Poir. = Laurelia sempervirens
- *crenata* Poepp. ex Tul. = Laurelia sempervirens
- **sempervirens** (Ruiz et Pav.) Tul. 1856 · ♄ e Z9 ⓚ; Chile, Peru
- *serrata* Bertero = Laurelia sempervirens

Laurentia Adans. = Solenopsis
- *axillaris* (Lindl.) E. Wimm. = Isotoma axillaris
- *canariensis* DC. = Solenopsis laurentia
- *fluviatilis* (R. Br.) E. Wimm. = Isotoma fluviatilis
- *gasparrinii* (Tineo) Strobl = Solenopsis laurentia
- *longiflora* (L.) Endl. = Isotoma longiflora
- *michelii* A. DC. = Solenopsis laurentia
- *minuta* (L.) A. DC. = Solenopsis minuta
- *tenella* (Biv.) A. DC. = Solenopsis minuta

Laurocerasus Duhamel = Prunus
- *lusitanica* (L.) M. Roem. = Prunus lusitanica
- *officinalis* M. Roem. = Prunus laurocerasus

Laurus L. 1753 -f- *Lauraceae* · (S. 597)
D:Lorbeerbaum; E:Bay, Laurel; F:Laurier
- **azorica** (Seub.) Franco 1960 · D:Kanarischer Lorbeerbaum; E:Canary Laurel · ♄ e Z9 ⓚ IV-V; Azor., Madeira, Canar. [21388]
- *canariensis* Webb et Berthel. = Laurus azorica
- **nobilis** L. 1753 · D:Lorbeerbaum; E:Bay, Bay Tree, Sweet Bay · ♄ e Z8 ⓚ IV-V ⚥ ⓝ; Eur.: Ib, Fr, Ap, Ba; Cauc., nat. in Krim [37046]
'Angustifolium' [21391]
'Aurea' [21389]

Lavandula L. 1753 -f- *Lamiaceae* · (S. 583)
D:Lavendel; E:Lavender;

F:Lavande
- × **allardii** Hy 1895 (*L. dentata* × *L. latifolia*)
- **angustifolia** Mill. 1768 [29170]
'Alba' [42028]
'Ashdown Forest' Nutlin Nurs. 1985 [64970]
'Blue Cushion' Schofield 1992 [69419]
'Dwarf Blue' Hort. NL < 1911 [13905]
'Hidcote' L. Johnston c. 1920 [45460]
'Hidcote Pink' L. Johnston < 1957 [64967]
'Jean Davis' = Lavandula angustifolia 'Loddon Pink'
'Loddon Pink' Loddon Nurs. < 1950 [69420]
'Miss Katherine' Norfolk Lavender 1992 [60973]
'Munstead' Barr 1902 [47780]
'Rosea' < 1937 [64983]
'Royal Purple' Norfolk Lavender 1944
'Twickel Purple' K. Twickel < 1922 [69421]
- subsp. **angustifolia** Chaix ex Vill. 1786 · D:Echter Lavendel; E:English Lavender; F:Lavande vraie · ♄ e △ D Z7 VII-VIII ⚥ ⓝ; Eur.: Ib, Fr, Ap, ? Ba, nat. in Krim
- **canariensis** (L.) Mill. · ♄ e Z9 ⓚ; Canar. [60985]
- × **chaytoriae** Upson et S. Andrews 2004 · D:Chaytor-Lavendel
- **dentata** L. 1753
'Royal Crown' > 1980 [67980]
'Silver Form' = Lavandula dentata var. candicans
- var. **candicans** Batt. 1888 · ♄ e Z9 ⓚ; N-Afr., Madeira, Cape Verde
- var. **dentata** · D:Französischer Lavendel, Zahn-Lavendel; E:French Lavender · ♄ e D Z9 ⓚ VI-VII; Eur.: sp., Balear.; NW-Afr., nat. in P, I, Sic. [18056]
- × **intermedia** Loisel. 1828 (*L. angustifolia* × *L. latifolia*) · D:Englischer Lavendel; E:Lavandin · ♄ e Z5; sp., F, I [60988]
'Alba' 1829
'Dutch' Barr 1909 [42030]
'Edelweiß' c. 1980 [71777]
'Grosso' M.P. Grosso 1972 [55225]
'Hidcote Giant' L. Johnston < 1957 [60991]
'Seal' D.G. Hewer < 1935 [60993]
- **lanata** Boiss. 1838 · D:Wolliger Lavendel; E:Woolly Lavender · ♄ e D Z8 ⓚ VI-IX; Eur.: S-Sp.; mts. [60995]
- **latifolia** Medik. 1784 · D:Großer Lavendel, Speick-Lavendel; E:Spike Lavender, Spikenard · ♄ e

△ D Z7 ∧ VI-VII ⚥ Ⓝ; Eur.: Ib, Fr, Ap, Croatia [64986]
- **multifida** L. 1753 · ♄ ♄ e Z7 ⓚ; Eur.: Ib, I, Sic; NW-Afr., Egypt [60996]
- *officinalis* Chaix = Lavandula angustifolia subsp. angustifolia
- **pedunculata** (Mill.) Cav. 1801 · ♄ e D Z8 ⓚ VII-IX; Eur.: P, sp. [61010]
  'Papillon' Hillier Nurs. 1991 [44546]
- **pinnata** Lundmark 1780 · ♄ e D Z9 ⓚ VIII-IX; Canar., Madeira [60998]
- *spica* L. = Lavandula angustifolia subsp. angustifolia
- **stoechas** L. 1753 [60999]
  'Helmsdale' Adair c. 1990 [17505]
  'Marshwood' Adair c. 1990 [61003]
  'Snowman' c. 1988
  'Willow Vale' J. Coke, M. Christopher 1994 [61006]
  - subsp. *pedunculata* (Mill.) Samp. ex Rozeira 1949 = Lavandula pedunculata
  - subsp. **stoechas** · D:Schopf-Lavendel; E:Italian Lavender · ♄ e D Z8 ⓚ VII-X ⚥ ; Eur.: Ib, Fr, Ap, Ba; TR, NW-Afr. [61011]
  - var. *leucantha* Ging. 1826 = Lavandula stoechas subsp. stoechas
- *vera* DC. = Lavandula angustifolia subsp. angustifolia
- **viridis** L'Hér. 1789 · ♄ e Z9 ⓚ; Eur.: S-P, SW-Sp., Madeira [61013]

Lavatera L. 1753 -f- *Malvaceae* · (S. 618)
D:Malve, Strauchpappel; E:Tree Mallow; F:Lavatère
- **arborea** L. 1753 · D:Baum-Malve; E:Malva, Tree Mallow · ⊙ Z8 ⓚ VII-IX; Eur.: Ib, F, BrI, Ap, Ba, Azor., Canar.; TR, Alger., Tun [61015]
- *bicolor* Rouy = Lavatera maritima
- **cachemeriana** Cambess. 1841 · ♃ ; Him.: Pakist., W-Ind. [61017]
- **maritima** Gouan 1773 · D:Strand-Strauchpappel · ♄ e Z8 ⓚ; Eur.: Ib, F, Ap; NW-Afr. [68197]
  'Bicolor' = Lavatera maritima
- **olbia** L. 1753 · D:Strauch-Malve; E:Bush Mallow · ♄ ⓚ VII-X; Eur.: Ib, Fr, Ap; NW-Afr., Libya [64989]
  'Rosea' [64994]
- **punctata** All. 1789 · ⊙; Eur.: Ib, Ap, Fr, Ba; N-Iran, Cauc., Syr., C-As.
- **thuringiaca** L. 1753 · D:Thüringer Strauchpappel; E:Tree Lavatera;

F:Lavatère arbustive · ♃ VII-IX; Eur.: C-Eur., EC-Eur., Ba, Ap, E-Eur.; TR, Cauc., Iran, W-Sib., E-Sib., C-As., Him., nat. in Sc [64995]
  'Barnsley' [64990]
  'Bredon Springs' [70206]
  'Burgundy Wine' [64992]
  'Candy Floss' [68163]
  'Ice Cool' [15656]
  'Lilac Lady' [68376]
  'Pink Frills' [70209]
  'Rosea'
- **trimestris** L. 1753 · D:Becher-Malve, Garten-Strauchpappel; E:Rose Mallow; F:Lavatère d'un trimestre · ⊙ VII-X; Eur.: Ib, Fr, Ap, ? W-Ba; TR, Syr., Palaest., NW-Afr., nat. in E-Eur. [16755]
  'Loveliness'
  'Mont Blanc'
  'Silver Cup'

Lawrencia Hook. 1840 -f- *Malvaceae* · (S. 618)
- **helmsii** (F. Muell. et Tate) Lander 1984 · ♄ e ⋈ ⓚ; Austr.
- **spicata** Hook. 1840 · ♃ ⓚ; Austr., Tasman.

Lawsonia L. 1753 -f- *Lythraceae* · (S. 609)
D:Hennastrauch; E:Henna; F:Henné
- **inermis** L. 1753 · D:Henna-strauch; E:Henna · ♄ s Z9 ⓚ ⚥ Ⓝ; Arab., Iran, Afgh., Ind., Sri Lanka, nat. in trop. Am.

× **Laycockara** hort. -f- *Orchidaceae* (*Arachnis* × *Phalaenopsis* × *Vandopsis*)

Layia Hook. et Arn. 1833 -f- *Asteraceae* · (S. 254)
- **chrysanthemoides** (DC.) A. Gray 1868 · ⊙ VII-VIII; Calif.
- **glandulosa** (Hook.) Fisch. et C.A. Mey. 1833 · ⊙ VII-VIII; Can.: B.C.; USA: NW, Calif., Idaho, SW; Mex.
- **platyglossa** (Fisch. et C.A. Mey.) A. Gray 1849 · E:Tidy Tips · ⊙ VII-VIII; Calif.

Lecythis Loefl. 1758 -f- *Lecythidaceae* · (S. 601)
D:Krukenbaum, Paradiesnuss, Topffruchtbaum; E:Monkey Nut; F:Marmite de singe
- **pisonis** Cambess. 1858 · ♄ d Z9 ⓚ Ⓝ; Guyan., Bras.
- *urnigera* Mart. ex O. Berg = Lecythis pisonis

- **zabucayo** Aubl. 1775 · D:Paradiesnuss; E:Monkey Nut, Paradise Nut · ♄ d Z9 ⓚ Ⓝ; trop. Am., Guyan., Bras.

Ledebouria Roth 1821 -f- *Hyacinthaceae* · (S. 1010)
- **cooperi** (Hook. f.) Jessop 1970 · ♃ Z9 ⓚ; S-Afr.
- **socialis** (Baker) Jessop 1970 · E:Silver Squill · ♃ Z9 ⓚ ⓚ IV-V; S-Afr.

Ledenbergia Klotzsch ex Moq. 1849 -f- *Phytolaccaceae*
- **macrantha** Standl. 1923; El Salv., Nicar.

Ledum L. 1753 -n- *Ericaceae* · (S. 469)
D:Porst; E:Labrador Tea; F:Romarin sauvage, Thé du Labrador
- **glandulosum** Nutt. 1842 · D:Drüsiger Porst · ♄ e Z6; Can.: B.C., Alta.; USA: NW, Calif., Rocky Mts. [14514]
- **groenlandicum** Oeder 1771 · D:Grönländischer Porst, Labrador-Porst; E:Labrador Tea; F:Lédum du Labrador · ♄ e Z1 V-VI ⚥ ⚘ ; Greenl., Alaska, Can., USA: NE, NCE, Rocky Mts., NW, nat. in BrI, D [28210]
  'Compactum' [31992]
- **macrophyllum** Tolm. 1953 · D:Großblättriger Porst · ♄ e; Amur, Korea, Sachal., Jap. (Hokkaido)
- **palustre** L. 1753 · D:Sumpf-Porst; E:Wild Rosemary; F:Lédum des marais · ♄ e Z1 V-VII ⚥ ⚘ ▽; Eur.: Sc, C-Eur., EC-Eur., E-Eur.; W-Sib., E-Sib., Amur, Sachal., Kamchat., Manch., nat. in BrI [30330]
  fo. decumbens 1986 (Aiton) Y.L. Chou et S.L. Tung [21394]
  - subsp. *groenlandicum* (Oeder) Hultén 1948 = Ledum groenlandicum
  - var. *decumbens* Aiton 1986 = Ledum palustre fo. decumbens

Leea D. Royen ex L. 1767 -f- *Leeaceae* · (S. 601)
- **amabilis** hort. Veitch ex Mast. 1882 · ♄ e Z10 ⓚ; W-Kalimantan
- *coccinea* Planch. = Leea rubra
- **indica** (Burm. f.) Merr. 1919 · ♄ ♄ ⓚ; Java +
- **rubra** Blume ex Spreng. 1824 · E:West Indian Holly · ♄ e Z10 ⓚ;

Java
- **sambucina** (L.) Willd. 1798 · ♄ ♄ e Z10 ⓦ; Him., Ind., Sri Lanka, Indochina, China, Malay. Arch., Phil., Austr.

Leersia Sw. 1788 -f- *Poaceae* · (S. 1117)
D:Reisquecke; E:Cut Grass; F:Faux-riz, Léersia, Riz sauvage
- **oryzoides** (L.) Sw. 1788 · D:Europäische Reisquecke; E:Rice Cut Grass; F:Léerzia faux-riz · ⁂ ⇝ ≈ VIII-X; Eur.*, As, , Can., USA*, W-Ind., S-Am. [67223]

Legousia Durande 1782 -f- *Campanulaceae* · (S. 385)
D:Frauenspiegel, Venusspiegel; E:Venus' Looking Glass; F:Miroir-de-Vénus
- **hybrida** (L.) Delarbre 1800 · D:Kleiner Frauenspiegel; E:Venus' Looking Glass · ☉ VI-VII; Eur.* exc. Sc, EC-Eur.; TR, Cyprus, Palaest., Cauc., Iran, Maroc., Tun.
- **pentagonia** (L.) Druce 1908 · ☉ VI-IX; Eur.: Ba; TR, Syr., Palaest., Cauc., Iraq, W-Iran, nat. in sp., F
- **speculum-veneris** (L.) Chaix 1785 · D:Echter Frauenspiegel; E:Venus' Looking Glass · ☉ VI-IX; Eur.* exc. BrI, Sc; TR, Levante, N-Iraq, Cauc., Egypt

Leibnitzia Cass. 1822 -f- *Asteraceae* · (S. 254)
- **anandria** (L.) Turcz. 1831 · ⁂ Z3; Jap., Sachal., E-Sib., Manch., China, Taiwan
- **nepalensis** (Kuntze) Kitam. 1938 · ⁂ Z8 ⓚ; Him.

Leiophyllum (Pers.) R. Hedw. 1806 -n- *Ericaceae* · (S. 470)
D:Sandmyrte; E:Sand Myrtle; F:Myrtille des sables
- **buxifolium** (Bergius) Elliott
  - var. **hugeri** (Small) C.K. Schneid. 1911 · ♄ e Z5; USA: NE, SE [21397]
- **buxifolium** (P.J. Bergius) Elliott · D:Sandmyrte; E:Sand Myrtle · ♄ e ⇝ ◠ Z6 V-VI; USA: NE

Leitneria Chapm. 1860 -f- *Leitneriaceae* · (S. 601)
- **floridana** Chapm. 1860 · ♄ ♄ d ⓚ; USA: Mo. Ark.. Ga., Fla., Tex

Lemaireocereus Britton et Rose = Pachycereus

- *beneckei* (C. Ehrenb.) Britton et Rose = Stenocereus beneckei
- *chende* (Rol.-Goss.) Britton et Rose = Heliabravoa chende
- *chichipe* (Rol.-Goss.) Britton et Rose = Polaskia chichipe
- *dumortieri* (Scheidw.) Britton et Rose = Isolatocereus dumortieri
- *eruca* (Brandegee) Britton et Rose = Machaerocereus eruca
- *marginatus* (DC.) A. Berger = Pachycereus marginatus
- *pruinosus* (Otto) Britton et Rose = Stenocereus pruinosus
- *queretaroensis* (F.A.C. Weber) Saff. = Stenocereus queretaroensis
- *stellatus* (Pfeiff.) Britton et Rose = Stenocereus stellatus
- *thurberi* (Engelm.) Britton et Rose = Stenocereus thurberi
- *weberi* (J.M. Coult.) Britton et Rose = Pachycereus weberi

Lembotropis Griseb. = Cytisus
- *emeriflorus* (Rchb.) Skalická = Cytisus emeriflorus
- *nigricans* (L.) Griseb. = Cytisus nigricans

Lemmaphyllum C. Presl 1849 -n- *Polypodiaceae* ·
D:Schuppenblatt; F:Fougère
- **carnosum** (Wall.) C. Presl 1849 Z10

Lemna L. 1753 -f- *Lemnaceae* · (S. 1029)
D:Entengrütze, Wasserlinse; E:Duckweed; F:Lenticule, Lentille d'eau
- **aequinoctialis** Welw. 1859 · D:Schiefe Wasserlinse · ⁂ ≈ Z10; Am., Afr., As
- **gibba** L. 1753 · D:Bucklige Wasserlinse; E:Fat Duckweed, Inflated Duckweed; F:Lentille d'eau bossue · ⁂ ≈ Z4 IV-VI; Eur.*, Cauc., TR, Iran, C-As., Him., N-Afr., Eth., USA, Mex., C-Am., W.Ind., S-Am. (Anden)
- **minor** L. 1753 · D:Kleine Wasserlinse; E:Common Duckweed, Duckweed · ⁂ ≈ Z4 V-VI; Eur.*, Cauc., Him., W-Sib., E-Sib., Amur, Sachal., Kamchat., C-As., Mong., China, Korea, Jap., Java, N-Afr., Eth., E-Afr., S-Afr., Can., USA*, Mex., S-Am. (Anden) [61025]
- *minuscula* = Lemna minuta
- **minuta** Humb., Bonpl. et Kunth 1816 · D:Winzige Wasserlinse · ⁂ ≈ V-IX; N-Am.

- **trisulca** L. 1753 · D:Dreifurchige Wasserlinse; E:Ivy Duckweed, Star Duckweed; F:Lentille d'eau à trois lobes · ⁂ ≈ VI; Eur.*, As., N-Afr., Alaska, Can.; USA*, Mex., Mauritius, S-Austr. [67224]
- **turionifera** Landolt 1975 · D:Rote Wasserlinse · ⁂ ≈ VI-VII; TR, Sib., C-As., Ind., E-As., N-Am.

Lemurophoenix J. Dransf. 1991 -f- *Arecaceae* · (S. 952)
- **halleuxii** J. Dransf. 1991 · ♄ e Z10 ⓦ; NE-Madag.

Lenophyllum Rose 1904 -n- *Crassulaceae* · (S. 433)
D:Trogblatt
- **guttatum** (Rose) Rose 1904 · D:Geflecktes Trogblatt · ⁂ ⚲ ⇝ Z9 ⓚ; Mex.
- *pusillum* Rose = Lenophyllum texanum
- **texanum** (J.G. Sm.) Rose 1904 · ⁂ ⚲ ⇝ Z9 ⓚ; Mex.

Lens Mill. 1754 -f- *Fabaceae* · (S. 514)
D:Linse; E:Lentil; F:Lentille
- **culinaris** Medik. 1787 · D:Gemüse-Linse; E:Lentil · ☉ Z8 VI-VIII ⓝ; orig. ?; cult. Eur., As., nat. in Eur.* exc. BrI, Sc
- **ervoides** (Brign.) Grande 1918 · ☉ Z8; Eur.: Ib, Ap, Ba, Krim; TR, Levante, Cauc., Maroc., Alger.

Leonotis (Pers.) R. Br. 1810 -f- *Lamiaceae* · (S. 584)
D:Löwenohr; E:Lion's Ear; F:Oreille-de-lion
- **africana** (P. Beauv.) Briq. 1896 · ⁂ ⓦ; trop. Afr.
- **leonurus** (L.) R. Br. 1811 · D:Großblättriges Löwenohr; E:Lion's Ear · ♄ d Z9 ⓚ IX-XI; S-Afr. [58099]
  'Alba'
- **nepetifolia** (L.) R. Br. 1811 · D:Schmalblättriges Löwenohr · ☉ ⁂ Z8 ⓚ; S-Afr.; nat. in USA: Fla., SE, Tex..
- **ocymifolia** (Burm. f.) Iwarsson 1985

Leontice L. 1753 -f- *Berberidaceae* · (S. 286)
D:Trapp; F:Léontice
- *chrysogonum* L. = Bongardia chrysogonum
- **eversmanni** Bunge 1847 · ⁂ ⓚ; C-As., Armen., Iran
- **leontopetalum** L. 1753 · ⁂ Z6 IV;

Eur.: Ba; TR, Levante, Iraq, Iran, Pakist., C-As., N-Afr.
- *thalictroides* L. = Caulophyllum thalictroides

Leontodon L. 1753 -n- *Asteraceae* · (S. 254)
D:Falscher Löwenzahn, Milchkraut; E:Hawkbit; F:Dent-de-lion
- **autumnalis** L. · D:Gewöhnlicher Herbst-Löwenzahn · ⚰ VII-IX; Eur.*, W-Sib., NW-Afr., Greenl.
- **crispus** Vill. 1779 · D:Krauser Löwenzahn · ⚰ VI-VII; Eur.*: Ib, Fr, Ap, Ba, E-Eur.; TR, Cauc.
- **croceus** Haenke · D:Safran-Löwenzahn · ⚰ VII-VIII; Eur.: I, A, Ba, RO, W-Russ.; E-Alp., Carp., BG
- **helveticus** Mérat 1831 · D:Schweizer Löwenzahn · ⚰ VII-IX; Eur.: F, C-Eur., I, Slove., Bosn.; Alp., Vosges, Schwarzwald
- **hispidus** L. · D:Gewöhnlicher Rauer Löwenzahn; E:Rough Hawkbit · ⚰ Z6 VI-X; Eur.*, TR, Cauc., N-Iran, N-Afr., nat. in N-Am.
- **incanus** (L.) Schrank 1786 · D:Grauer Löwenzahn · ⚰ V-VI; Eur.: F, I, C-Eur., EC-Eur., Slove., Croatia, Bosn., ? RO; mts.
- **montaniformis** Widder 1950 · D:Nordostalpen-Löwenzahn · ⚰ VII-VIII; Eur.: A, ; NE-Alp.
- **montanus**
  - subsp. **montanus** · D:Gewöhnlicher Berg-Löwenzahn · ⚰ VII-VIII; Eur.* exc. BrI, Sc; mts.
- **rigens** (Aiton) Paiva et Ormonde 1985 · ⚰; Azor.
- **saxatilis** Lam. 1779 · D:Hundslattich, Nickender Löwenzahn · ☉ ⚰ VII-VIII; Eur.* exc. Sc; NW-Afr., nat. in Sc
- *taraxacum* L. = Taraxacum $sect. Ruderalia
- **tenuiflorus** (Gaudin) Rchb. 1832 · D:Schmalblättriger Löwenzahn · ⚰ IV-V; Eur.: I, CH

Leontopodium (Pers.) R. Br. ex Cass. 1819 -n- *Asteraceae* · (S. 255)
D:Edelweiß; E:Edelweiss; F:Edelweiss
- *alpinum* Cass. = Leontopodium nivale subsp. alpinum
  - subsp. *nivale* (Ten.) Tutin 1973 = Leontopodium nivale subsp. nivale
  - var. *sibiricum* (Cass.) O. Fedtsch. = Leontopodium leontopodioides
  - var. *stracheyi* Hook. f. = Leontopodium stracheyi
- **calocephalum** Diels 1909 · ⚰ △ Z5 VI-VII; SW-China, Tibet
- **hayachinense** (Takeda) H. Hara et Kitam. 1935 · ⚰ Z6; Jap. Honshu; mts.
- **himalayanum** DC. 1937 · ⚰ △ Z5 VI-VII; Him., China: Yunnan, Tibet [69424]
- **japonicum** Miq. 1866 · ⚰ Z5 VI-VII; China, Jap.
- *kamtschaticum* Kom. = Leontopodium kurilense
- **kurilense** Takeda 1911 · ⚰ Z4; E-Sib., Amur, Sachal. [73196]
- **leontopodioides** (Willd.) Beauverd 1909 · ⚰ △ Z5 VI-VII; Kashmir, Him., SW-China
- **linearifolium** Benth. et Hook. f. 1892
- **nivale** (Ten.) A. Huet ex Hand.-Mazz. 1927 · D:Alpen-Edelweiß 'Mignon' [65002]
  'Stella Bavariae' Schleipfer [64999]
  - subsp. **alpinum** (Cass.) Greuter 2003 · D:Gewöhnliches Alpen-Edelweiß · ⚰ △ Z5 VI-VII ▽; I: Apenn. [61327]
  - subsp. **nivale** · D:Weißes Alpen-Edelweiß; E:Edelweiss; F:Edelweiss des Alpes · ⚰ △ Z5 VII-IX ▽; Eur.* exc. Sc, BrI; mts. Pyr., Alp., Carp., W-Ba
- *ochroleucum* Beauverd = Leontopodium leontopodioides
- **palibinianum** Beauverd 1914 · ⚰ Z5 VI-VII; Sib., Mong. [65000]
- *sibiricum* DC. = Leontopodium palibinianum
- **souliei** Beauverd 1909 · F:Edelweiss · ⚰ △ Z5 VI-VII; Yunnan, Sichuan [65001]
- **stracheyi** (Hook. f.) C.B. Clarke 1894 · ⚰ Z5 VI-VII; SW-China [61329]
- **wilsonii** Beauverd 1912 · ⚰ Z6; Tibet

Leonurus L. 1753 -m- *Lamiaceae* · (S. 584)
D:Herzgespann, Löwenschwanz; E:Motherwort; F:Agripaume, Léonure
- **cardiaca** L. · D:Gewöhnliches Echtes Herzgespann; E:Motherwort · ⚰ Z3 VI-IX ☙ ; Eur.* exc. BrI; TR, nat. in BrI, N-Am. [65003]
- **lanatus** (L.) Pers. 1806 · D:Wolliges Herzgespann; E:Woolly Motherwort · ⚰ VII-VIII ☙ ; E-Sib., Mong.
- **marrubiastrum** L. 1753 · D:Filziges Herzgespann, Katzenschwanz · ☉ VII-VIII; Eur.: Ap,

C-Eur., EC-Eur., Ba, E-Eur.; Cauc., W-Sib., C-As., nat. in F, N-Am.
- **sibiricus** L. 1753 · ☉ ⊙; China, Korea, Jap., Taiwan [61331]
- *villosus* d'Urv. = Leonurus cardiaca

Leopoldia Parl. = Muscari
- *comosa* (L.) Parl. = Muscari comosum

Leopoldinia Mart. 1824 -f- *Arecaceae* · (S. 952)
- **piassaba** Wallace 1855 · E:Para Piassava · ♄ e ⓦ ⓝ; Venez., Bras.

Lepidium L. 1753 -n- *Brassicaceae* · (S. 327)
D:Kresse; E:Peppergrass; F:Cresson alénois, Passerage
- **bonariense** L. 1753 · ☉ ⊙; S-Am., nat. in B, NL, D, H, sp.
- **campestre** (L.) R. Br. 1812 · D:Feld-Kresse; E:Field Cress · ☉ V-VI; Eur.*, TR, Cauc., nat. in N-Am.
- **densiflorum** Schrad. 1832 · D:Dichtblütige Kresse; E:Prairie Peppergrass · ☉ V-VII; N-Am., nat. in Sc, Fr, C-Eur., EC-Eur., Ap
- **graminifolium** L. 1759 · D:Grasblättrige Kresse · ⚰ VI-VIII; Eur.* exc. BrI, Sc; TR, Levante, Maroc., Alger., nat. in BrI
- **heterophyllum** Benth. 1826 · D:Verschiedenblättrige Kresse · ⚰ V-VI; Eur.: Sc, BrI, Fr, Ib, EC-Eur., nat. in D
- **latifolium** L. 1753 · D:Breitblättrige Kresse; E:Perennial Peppergrass · ⚰ V-VII; Eur.*, TR, Levante, Cauc., Iran, W-Sib., C-As., Him., Tibet, Maroc., Egypt
- **meyenii** Walp. 1843 · ⚰ ⓝ; Peru, Bol.
- *neglectum* Thell. = Lepidium densiflorum
- **perfoliatum** L. 1753 · D:Durchwachsene Kresse · ☉ V-VI; Eur.: A, EC-Eur., Ba, E-Eur.; TR, Levante, Cauc., Iran, W-Sib., C-As., Him., nat. in DK, Fr, Ib
- **ruderale** L. 1753 · D:Schutt-Kresse; E:Peppergrass · ☉ V-X; Eur.*, TR, Palaest., Iraq, Cauc., W-Sib., E-Sib., C-As.
- **sativum** L. 1753 · D:Garten-Kresse; E:Garden Cress, Pepperwort · ☉ ⊙ V-VII ⓝ; Egypt, Sudan, Eth., Arabia, TR, Palaest., Syr., Iran, Iraq, Pakist., W-Him., nat. in cosmop. [69702]
- **virginicum** L. 1753 · D:Virginische Kresse; E:Virginia

Pepperweed · ⊙ V-VIII ⚥ ; N-Am., nat. in Eur.* exc. Br

Lepidocoryphantha Backeb. = Coryphantha
- *macromeris* (Engelm.) Backeb. = Coryphantha macromeris

Lepidorrhachis (H. Wendl. et Drude) O.F. Cook 1927 -f- *Arecaceae* · (S. 952)
- **mooreana** (F. Muell.) O.F. Cook 1927 · ♄ e ⓦ ⓚ; Lord Howe Is.

Lepidozamia Regel 1857 -f- *Zamiaceae* · (S. 103)
- **peroffskyana** Regel 1857 · ♄ e Z10 ⓦ ⚘ ▽ ✳; Austr.: Queensl., N.S.Wales

Lepironia Rich. 1805 -f- *Cyperaceae* · (S. 997)
- **articulata** (Retz.) Domin 1915 · ⁴ ⓦ ⓝ; Sri Lanka, Malaya, Queensl., Madag., Fiji
- *mucronata* Rich. ex Pers. = Lepironia articulata

Lepisanthes Blume 1825 -f- *Sapindaceae* · (S. 801)
- **rubiginosa** (Roxb.) Leenh. 1969 · E:Woodland Rambutan · ♄ ♄ Z9 ⓦ ⓝ; Him., Ind., China, Myanmar, Malay. Arch., N-Austr.
- **tetraphylla** Radlk. 1878 · ⓦ; trop. As.

Lepismium Pfeiff. 1835 -n- *Cactaceae* · (S. 357)
- *cavernosum* Lindb. = Lepismium cruciforme
- *chrysocarpum* (Loefgr.) Backeb. = Rhipsalis puniceodiscus var. chrysocarpa
- *commune* Pfeiff. = Lepismium cruciforme
- **cruciforme** (Vell.) Miq. · ♄ ⚥ ⚘ ⚘ Z9 ⓦ ▽ ✳; Bras., Parag., Arg.
- *dissimile* G. Lindb. = Rhipsalis dissimilis
- *floccosum* (Salm-Dyck) Backeb. = Rhipsalis floccosa
- *gibberulum* (F.A.C. Weber) Backeb. = Rhipsalis floccosa
- *grandiflorum* (Haw.) Backeb. = Rhipsalis hadrosoma
- **houlletianum** (Lem.) Barthlott · ♄ ⚥ ⚘ ⚘ Z9 ⓦ ▽ ✳; E-Bras.
- *ianthothele* (Monv.) Barthlott = Pfeiffera ianthothele
- *marnierianum* Backeb. = Rhipsalis dissimilis
- *megalanthum* (Loefgr.) Backeb. =

Rhipsalis neves-armondii
- *paradoxum* Salm-Dyck ex Pfeiff. = Rhipsalis paradoxa
- *pulvinigerum* (G. Lindb.) Backeb. = Rhipsalis pulvinigera
- *puniceodiscus* (G. Lindb.) Backeb. = Rhipsalis puniceodiscus var. puniceodiscus
  - var. *chrysocarpum* (Loefgr.) Borg 1959 = Rhipsalis puniceodiscus var. chrysocarpa
- *trigonum* (Pfeiff.) Backeb. = Rhipsalis trigona
- **warmingianum** (K. Schum.) Barthlott 1987 · ⁴ ⚘ ⚘ Z10 ⓦ; E-Bras.

Leptarrhena R. Br. 1824 -f- *Saxifragaceae* · (S. 815)
- **pyrolifolia** (D. Don) R. Br. 1830 · E:Pearleaf · ⁴ △ Z5 VI-VII; Kamchat., Aleuten, Alaska, W-Can., USA: Wash. [61332]

Leptinella Cass. 1822 -f- *Asteraceae* · (S. 255) D:Fiederpolster; F:Cotule
- **atrata** (Hook. f.) D.G. Lloyd et C.J. Webb · ⁴ ⤳ △ Z8 ⓚ VII-VIII; NZ
- **dioica** Hook. f. 1852 · D:Salz-Fiederpolster; F:Cotule dioïque · ⁴ ⤳ △ Z5 VII-VIII; NZ [63286]
- **pectinata** (Hook. f.) D.G. Lloyd et C.J. Webb 1987
  'Platt's Black' [60179]
- **potentillina** F. Muell. 1864 · ⁴ ⤳ Z8; NZ [69425]
- **pyrethrifolia** (Hook. f.) D.G. Lloyd et C.J. Webb 1987 · ⁴ Z8 ⓚ; NZ
- **rotundata** (Cheesman) D.G. Lloyd et C.J. Webb 1987
- **serrulata** (D.G. Lloyd) D.G. Lloyd et C.J. Webb 1987
- **squalida** Hook. f. 1852 · D:Echtes Fiederpolster; E:New Zealand Brass Buttons · ⁴ ⤳ △ Z8 △ VI-VII; NZ [63290]

Leptocallisia (Benth.) Pichon = Callisia
- *monandra* (Sw.) W. Ludw. et Rohweder = Callisia monandra
- *multiflora* (M. Martens et Galeotti) Pichon = Callisia multiflora
- *umbellulata* (Lam.) Pichon = Callisia monandra

Leptocladodia Buxb. = Mammillaria
- *elongata* (DC.) Buxb. = Mammillaria elongata var.

elongata
- *leona* (Poselg.) Buxb. = Mammillaria pottsii
- *microhelia* (Werderm.) Buxb. = Mammillaria microhelia var. microhelia
- *sphacelata* (Mart.) Buxb. = Mammillaria sphacelata
- *viperina* (J.A. Purpus) Buxb. = Mammillaria viperina

Leptodermis Wall. 1824 -f- *Rubiaceae* · (S. 774)
- **lanceolata** Wall. 1824 · ♄ d Z9 ⓚ VI-X; NW-Him.
- **oblonga** Bunge 1833 · ♄ d Z7 △ VII-X; N-China [30060]
- **tomentella** H.J.P. Winkl. 1922 · ♄; China (Yunnan)

× **Leptolaelia** hort. 1902 -f- *Orchidaceae* · (Laelia × Leptotes)

Leptopteris C. Presl 1845 -f- *Osmundaceae* · (S. 74)
- **hymenophylloides** (A. Rich.) C. Presl 1845 · ⁴ Z10 ⓚ; NZ
- **superba** (Colenso) C. Presl 1848 · D:Prinz-of-Wales-Farn; E:Prince-of-Wales Feathers · ⁴ Z10 ⓚ; NZ

Leptopyrum Rchb. 1828 -n- *Ranunculaceae* · (S. 732)
- **fumarioides** (L.) Rchb. 1828 · ⊙; W-Sib., E-Sib., Amur, Mong, Tibet, China

Leptosiphon Benth. = Linanthus
- *grandiflorus* Benth. = Linanthus grandiflorus
- *luteus* Benth. = Linanthus androsaceus subsp. luteus

Leptospermum J.R. Forst. et G. Forst. 1775 -n- *Myrtaceae* · (S. 661) D:Südseemyrte, Teebaum; E:Tea Tree; F:Leptospermum
- *ambiguum* Sm. = Kunzea ambigua
- **arachnoideum** Sm. 1797 · ♄ Z9 ⓚ VII-VIII; Austr.: N.S.Wales
- *cunninghamii* S. Schauer = Leptospermum myrtifolium
- **glaucescens** Schauer 1841 · ♄ ♄ e Z8 ⓚ; Austr. (Tasman.) [21449]
- **grandiflorum** Lodd. 1821 · ♄ Z9 ⓚ VIII; Tasman.
- *humifusum* A. Cunn. ex S. Schauer = Leptospermum rupestre
- **laevigatum** (Sol. ex Gaertn.) F. Muell. 1858 · D:Australischer Teebaum; E:Australian Tea Tree ·

♄ e Z9 ⓚ ⓝ; Austr.: Queensl., N.S.Wales, Victoria, Tasman. [21453]
- **lanigerum** (Aiton) Sm. 1797 · ♄ e Z8 ⓚ VII-VIII; Austr.: N.S.Wales, Victoria, S-Austr., Tasman. [21454]
  'Cunninghamii' = Leptospermum lanigerum 'Silver Sheen'
  'Silver Sheen'
- **myrtifolium** Sieber ex DC. 1828 · ♄ e Z8 ⓚ; Austr.: N.S.Wales, Victoria, Tasman.
- **nitidum** Hook. f. 1857 · ♄ e Z8 ⓚ; Austr. (Tasman.)
- **petersonii** F.M. Bailey 1905 · ♄ ♄ e Z9 ⓚ; Austr.: Queensl., N.S.Wales [21456]
- **polygalifolium** Salisb. 1796 · ♄ e Z9 ⓚ VII-VIII; Austr.: Queensl., N.S.Wales, Victoria, Tasman. [21458]
- *pubescens* Lam. = Leptospermum lanigerum
- *rodwayanum* Summerh. et H.F. Comber = Leptospermum grandiflorum
- *roseum* hort. ex Otto et Dietr. = Leptospermum polygalifolium
- **rotundifolium** (Maiden et Betche) Domin 1928 · ♄ e Z9 ⓚ; Austr.: N.S.Wales
- **rupestre** Hook. f. 1798 · ♄ e Z9 ⓚ; Tasman. [21459]
- **scoparium** J.R. Forst. et G. Forst. 1775 · D:Neuseelandmyrte; E:Broom Tea Tree, Manuka · ♄ ♄ e ⋉ Z8 ⓚ V-VI; Austr.: Victoria; NZ [21461]
  'Crimson Glory' [21466]
  'Keatleyi' [21471]
  'Martini' [21473]
  'Nanum Kea'
  'Nanum Kiwi'
  'Nichollsii' [21475]
  'Red Damask' [21476]
  'Snow Flurry'
  'Winter Cheer' [21481]
- **sericeum** Labill. 1806 · ♄ e Z9 ⓚ; Austr.: W-Austr., Tasman.
- **squarrosum** Gaertn. 1788 · ♄ e Z9 ⓚ; Austr.: N.S.Wales, ? Queensl.
- **trinervium** (Sm.) Joy Thomps. 1989 · ♄ e Z9 ⓚ V; Austr.: Queensl., N.S.Wales

Leptotes Lindl. 1833 -f-
Orchidaceae · (S. 1070)
- **bicolor** Lindl. 1833 · ♃ Z10 ⓦ I-III ▽ ✳; E-Bras.
- **unicolor** Barb. Rodr. 1877 · ♃ Z10 ⓦ II ▽ ✳; S-Bras.

Lepyrodiclis Fenzl 1840 -f-
Caryophyllaceae · (S. 402)
D:Blasenmiere
- **holosteoides** (C.A. Mey.) Fisch. et C.A. Mey. 1841 · D:Spurrenähnliche Blasenmiere · ⊙ V-VI; TR, Cauc., Iran, C-As., Him., W-China

Leschenaultia R. Br. 1810 -f-
Goodeniaceae · (S. 557)
D:Leschenaultie; E:Leschenaultia; F:Leschenaultia
- **biloba** Lindl. 1839 · D:Blaue Leschenaultie; E:Blue Leschenaultia · ♄ e Z9 ⓚ VII-VIII; W-Austr.
- **formosa** R. Br. 1810 · D:Rote Leschenaultie; E:Red Leschenaultia · ♄ Z9 ⓚ VII-VIII; W-Austr.

Lespedeza Michx. 1803 -f-
Fabaceae · (S. 514)
D:Buschklee; E:Bush Clover; F:Lespédéza
- **bicolor** Turcz. 1840 · D:Zweifarbiger Buschklee; E:Bicolored Lespedeza · ♄ Z6 VIII-IX ⓝ; Jap., Korea, Manch., N-China, Amur [47610]
  'Yakushima' [21483]
- **buergeri** Miq. 1867 · ♄ d Z6; Jap., China [21485]
- **cuneata** (Dum.-Cours.) G. Don 1832 · D:Chinesischer Buschklee; E:Chinese Bush Clover · ♄ d VIII-IX ⓝ; Afgh, Ind., China, Korea, Jap., Taiwan, Phil., Austr., nat. in S-USA, E-USA [21486]
- **davurica** Schindl. 1926 · ♃
- *formosa* Koehne = Lespedeza thunbergii
- **japonica** L.H. Bailey 1916 · ♄ d IX; Jap., Korea, Manch.
  'Albiflora'
- *macrocarpa* Bunge = Campylotropis macrocarpa
- **maximowiczii** C.K. Schneid. 1907 · ♄ d Z5 VII-VIII; Jap., Korea [21488]
- *sericea* (Thunb.) Miq. non Benth. = Lespedeza cuneata
- *sieboldii* Miq. = Lespedeza thunbergii
- *stipulacea* Maxim. = Kummerowia stipulacea
- *striata* (Thunb. ex Murray) Hook. et Arn. = Kummerowia striata
- **thunbergii** (DC.) Nakai 1927 · D:Thunbergs Buschklee; F:Lespedeza de Thunberg · ♄ d Z7 ⋀ IX-X; Jap., N-China [18830]

'Summer Beauty' [42544]

Leucadendron R. Br. 1810 -n-
Proteaceae · (S. 719)
D:Silberbaum; E:Silver Tree; F:Arbre d'argent
- **aemulum** R. Br. 1810 · ♄ e ⋉ Z9 ⓚ; S-Afr.
- **argenteum** (L.) R. Br. 1810 · D:Echter Silberbaum; E:Silver Tree · ♄ e Z9 ⓚ; Kap
- **coniferum** (L.) Meisn. 1856 · ♄ e ⋉ Z9 ⓚ; Kap
- **corymbosum** P.J. Bergius 1766 · ♄ e Z9 ⓚ; Kap
- **grandiflorum** (Salisb.) R. Br. 1810 · D:Großblütiger Silberbaum · ♄ e ⋉ Z9 ⓚ; Kap
- **levisianum** (L.) P.J. Bergius 1766 · ♄ e Z9 ⓚ; Kap
- **muirii** E. Phillips 1915 · ♄ e ⋉ Z9 ⓚ; Kap
- **nervosum** E. Phillips et Hutch. 1912 · ♄ e ⋉ Z9 ⓚ; Kap
- **platyspermum** R. Br. 1810 · ♄ e ⋉ Z9 ⓚ; Kap
- **plumosum** R. Br. 1810 · ♄ e Z9 ⓚ; S-Afr.
- **pubescens** R. Br. 1810 · ♄ e ⋉ Z9 ⓚ; Kap
- **sabulosum** T.M. Salter 1943 · ♄ e ⋉ Z9 ⓚ; Kap
- **salignum** P.J. Bergius 1766 · ♄ e ⋉ Z9 ⓚ; Kap
- **tortum** R. Br. 1810 · ♄ e Z9 ⓚ; S-Afr.

Leucaena Benth. 1842 -f-
Mimosaceae · (S. 645)
D:Weißfaden; F:Tamarinier sauvage
- *glauca* auct. = Leucaena leucocephala
- **leucocephala** (Lam.) de Wit 1961 · D:Pferdetamarinde, Weißfaden; E:White Leadtree, Wild Tamarind · ♄ ♄ e Z9 ⓦ ⓝ; Fla., W.Ind., S-Am., nat. in Tex., Calif., Hawaii [21494]

Leucanthemella Tzvelev 1961 -f-
Asteraceae · (S. 255)
D:Herbstmargerite; E:Autumn Oxeye; F:Marguerite d'automne
- **serotina** (L.) Tzvelev 1961 · D:Herbstmargerite; E:Hungarian Daisy, Moon Daisy; F:Chrysanthème tardif · ♃ Z7 X; Eur.: EC-Eur., Ba, E-Eur., nat. in CH [63175]
  'Herbststern' [63176]

Leucanthemopsis (Giroux)

Heywood 1975 -f- *Asteraceae* · (S. 255)
D:Alpenmargerite; E:Alpine Chrysanthemum; F:Marguerite des Alpes
- **alpina** (L.) Heywood 1975 · D:Alpenmargerite, Zwergmargerite; E:Alpine Moon Daisy · ⚄ △ Z6 VII-VIII; Eur.: sp., F, Ap, C-Eur., EC-Eur., Bosn., E-Eur.; mts. [63064]

Leucanthemum Mill. 1754 -n- *Asteraceae* · (S. 255)
D:Margerite; E:Oxeye Daisy; F:Marguerite
- **adustum** (W.D.J. Koch) Gremli 1898 · D:Berg-Margerite · ⚄ VII-VIII; Eur.: Sc, Fr, S-I, C-Eur., EC-Eur., Slove., RO
- **atratum** (Jacq.) DC. 1838
  - subsp. **atratum** · D:Schwarzrandige Margerite; F:Leucanthème noirâtre · ⚄; Eur.: NE-Alp.
  - subsp. **halleri** (Suter) Heywood 1976 · D:Hallers Margerite; F:Leucanthème de Haller · ⚄ VII-VIII; Eur.: Alp.
- *corymbosum* (L.) Gren. et Godr. = Tanacetum corymbosum subsp. corymbosum
- **gaudinii** Dalla Torre 1882 · D:Hügel-Margerite · ⚄ VI-VIII; Eur.: A, CH +
- *gayanum* Maire = Rhodanthemum gayanum
- **graminifolium** (L.) Lam. 1779 · ⚄ Z7; F [72167]
- **halleri** (Suter) Polatschek 1966
- **heterophyllum** (Willd.) DC. 1838 · D:Verschiedenblättrige Margerite · ⚄ VII-VIII; Eur.: S-Alp., C-Apenn.
- **ircutianum** DC. 1837 · D:Fettwiesen-Margerite · ⊙ ⚄ V-X; Eur.: most; N-As, nat. in N-Am.
- **lithopolitanicum** (E. Mey.) Polatschek 1966 · ⚄ VII-IX; Sloven.
- **maximum** (Ramond) DC. 1838 · D:Pyrenäen-Margerite; E:Daisy Chrysanthemum · ⚄ ⋈ Z6 VI-VII; Eur.: Pyr. [65007]
- *maximum* hort. = Leucanthemum × superbum
- *paludosum* (Poir.) Bonnet et Barratte = Hymenostemma paludosum
- *parthenium* (L.) Gren. et Godr. = Tanacetum parthenium
- × **superbum** (Bergmans ex J.W. Ingram) D.H. Kent 1990 (*L. maximum* × *L. lacustre*) · D:Gar-ten-Margerite; E:Shasta Daisy; F:Marguerite d'été · ⚄ Z5; cult. [63151]
  - 'Aglaia' [61338]
  - 'Alaska' [68768]
  - 'Beethoven' Benary 1852 [63153]
  - 'Christine Hagemann' Hagemann 1955 [63154]
  - 'Dwarf Snow Lady' [63155]
  - 'Esther Read' [61347]
  - 'Gruppenstolz' Nonne & Höppker 1928 [63158]
  - 'Harry Pötschke' Pötschke [63159]
  - 'Nordlicht' [63161]
  - 'Polaris' [63162]
  - 'Rheinblick' [63148]
  - 'Schwabengruß' Schenz, Frischmuth 1954 [63163]
  - 'Silberprinzesschen' [63164]
  - 'Snow Lady' [61365]
  - 'Sonnenschein' [63165]
  - 'Stern von Antwerpen' [61348]
  - 'Wirral Supreme' Murray 1948 [63169]
- **vulgare** Lam. 1779 · D:Magerwiesen-Margerite; E:Moon Daisy, Ox-Eye Daisy; F:Grande marguerite · ⚄ Z3 V-X ⚇ ⓃⒶ; Eur.*, TR, Cauc., W-Sib., E-Sib., Amur, Sachal., Kamchat., nat. in N-Am [61372]
  - 'Maikönigin' [65034]
  - 'Maistern' Bergel 1953 [65035]

Leuchtenbergia Hook. 1850 -f- *Cactaceae* · (S. 358)
- **principis** Hook. 1850 · ⚇ ⓐ ▽ ✱; N-Mex.

Leucocoryne Lindl. 1830 -f- *Alliaceae* · (S. 902)
- **ixioides** (Hook.) Lindl. 1830 · E:Glory of the Sun · ⚄ ⋈ Z9 ⓐ III-IV; Chile
- **purpurea** Gay 1854 · ⚄ Z9 ⓐ; Chile

Leucogenes Beauverd 1910 -m- *Asteraceae* · (S. 256)
D:Neuseelandedelweiß; E:New Zealand Edelweiss; F:Leucogenes
- **grandiceps** (Hook. f.) Beauverd 1910 · ⚄ Z8 ⓐ; NZ (S-Is.), mts. [72173]
- **leontopodium** (Hook. f.) Beauverd 1910 · ⚄ e Z8 ⓐ; NZ [61375]

Leucojum L. 1753 -n- *Amaryllidaceae* · (S. 911)
D:Knotenblume; E:Snowflake; F:Nivéole
- **aestivum** L. · D:Sommer-Knotenblume; E:Loddon Lily, Summer Snowflake; F:Nivéole d'été · ⚄ Z4 V-VI ⚘ ▽; Eur.* exc. Sc; TR, Cauc., Iran, nat. in DK [65037]
- **autumnale** L. 1753 · D:Herbst-Knotenblume; E:Autumn Snowflake, Snowflake · ⚄ Z8 ⓐ IX-X ⚘ ▽; Eur.: Ib, Sard., Sic.? Crete [61377]
  - var. **oporanthum** (Jord. et Fourr.) Maire 1934 · ⚄ Z5 ▽
  - var. **pulchellum** (Jord. et Fourr.) Maire 1934 · ⚄ Z5 ▽
- **nicaeense** Ardoino 1867 · ⚄ Z7 ⓐ ▽; Eur.: SE-F, Monaco [61378]
- **roseum** F. Martin bis 1804 · ⚄ Z7 ⓐ ▽; Eur.: Corse, Sard. [61379]
- **tingitanum** Baker 1878 · ⚄ Z8 ⓐ ▽; Maroc.
- **trichophyllum** Schousb. 1800 · ⚄ Z7 ⓐ ▽; Eur.: S-Sp., P; Maroc.
- **valentinum** Pau 1914 · ⚄ Z7 ⓐ ▽; Eur.: E-Sp., NW-GR
- **vernum** L. 1753
  - subsp. *carpathicum* (Sims) E. Murray 1983 = Leucojum vernum var. carpathicum
  - var. **carpathicum** Sims 1818 · ⚄ Z5 ▽; Eur.: RO, Ukraine
  - var. **vagneri** Stapf 1886 · ⚄ ▽
  - var. **vernum** · D:Frühlings-Knotenblume, Märzenbecher; E:Spring Snowflake; F:Nivéole de printemps · ⚄ Z5 II-IV ⚘ ▽; Eur.: I, C-Eur., EC-Eur., Slove., Croatia, Serb. [65038]

Leucophyllum Humb. et Bonpl. 1809 -n- *Scrophulariaceae* · (S. 829)
- **frutescens** (Berland.) I.M. Johnst. 1924 · ♄ e Z9 ⓐ IV-VII; Tex.
- *texanum* Benth. = Leucophyllum frutescens

Leucophyta R. Br. 1818 -f- *Asteraceae* ·
D:Silberblatt; E:Cushion Bush
- **brownii** Cass. 1823 [16690]

Leucopogon R. Br. 1810 -m- *Epacridaceae* · (S. 462)
- **dielsianus** E. Pritz. 1904
- **fraseri** A. Cunn. 1839 · ♄ e Z9 ⓐ VII-VIII; Austr.: N.S.Wales, Tasman.; NZ
- **virgatus** (Labill.) R. Br. 1810 · ♄ e Z9 ⓐ VII-VIII; Austr.: S-Austr., Tasman.

× **Leucoraoulia** hort. -f- *Asteraceae* · (S. 256)
- **loganii** (Buchanan) Cockayne et Allan 1934 (*Leucogenes grandiceps*

× *Raoulia goyeni*) · ⚥ ; cult.

Leucospermum R. Br. 1810 -n- *Proteaceae* · (S. 720)
D:Gärtnerprotee, Nadelkissen;
E:Pincushion
- **cordifolium** (Salisb. ex Knight) Fourc. 1932 · D:Herzblättriges Nadelkissen; E:Nodding Pincushion, Pincushion · ♄ e ⋉ Z9 ⓚ; Kap
- **grandiflorum** (Salisb.) R. Br. 1810 · D:Großblütiges Nadelkissen · ♄ e Z9 ⓚ V-VII; Kap
- *nutans* R. Br. = Leucospermum cordifolium

Leucothoe D. Don 1834 -f- *Ericaceae* · (S. 470)
D:Traubenheide; F:Andromède, Leucothoë
- **axillaris** (Lam.) D. Don 1834 · D:Achsenblütige Traubenheide; E:Dog Hobble · ♄ e Z6 V-VI; USA: Va., SE, Fla. [40053]
  'Scarletta' [29423]
- **catesbaei** (Walter) A. Gray 1856 · ♄ e Z6 IV-V; USA: SE
- *catesbaei* hort. = Leucothoe fontanesiana
- **davisiae** Torr. ex A. Gray 1868 [21495]
- *editorum* Fernald et B.G. Schub. = Leucothoe fontanesiana
- **fontanesiana** (Steud.) Sleumer 1959 · D:Gebogene Traubenheide; E:Drooping Laurel, Fetter Bush, Switch Ivy; F:Leucothoë · ♄ Z6 IV-VI; USA: NE, SE [31993]
  'Lovita' [35310]
  'Rainbow' 1949 [47250]
  'Rollissonii' [21501]
- **grayana** Maxim. 1873 · D:Japanische Taubenheide · [21496]
  - var. **grayana** 2005 · ♄ e Z6 V-VI; Jap.
  - var. **oblongifolia** (Miq.) Ohwi · ♄ d; Jap.; mts.
- **keiskei** Miq. 1863 · D:Zwerg-Traubenheide · ♄ e Z5 VII; Jap. [21497]
  'Royal Ruby' [12664]
- **populifolia** (Lam.) Dippel 1889
- **racemosa** (L.) A. Gray 1856 · D:Sommergrüne Traubenheide; E:Fetter Bush, Swamp Sweetbells · ♄ d Z6 V-VI; USA: NE, SE, Fla.
- **recurva** (Buckland) A. Gray 1856 · ♄ d Z7 ∧ IV-VI; USA: Va., SE
- *walteri* (Willd.) N.C. Melvin = Leucothoe fontanesiana

Leuzea DC. 1805 -f- *Asteraceae* · (S. 256)
D:Zapfenkopf; F:Leuzée
- *carthamoides* (L.) DC. = Stemmacantha carthamoides
- *centauroides* (L.) Holub = Stemmacantha centauroides
- **conifera** (L.) DC. 1805 · ⚥ Z8 ⓚ; Eur.: Ib, Ap, F; Marok., Alger., Tun. [61380]
- *rhapontica* (L.) Holub = Stemmacantha rhapontica

Levisticum Hill 1756 -n- *Apiaceae* · (S. 177)
D:Liebstöckel, Maggikraut; E:Lovage; F:Ache de montagne, Céleri vivace
- **officinale** W.D.J. Koch 1824 · D:Liebstöckel, Maggikraut; E:Lovage · ⚥ Z4 VII-VIII ⚲ ⓝ; Iran, nat. in Eur.* exc. BrI, USA [65040]

Lewisia Pursh 1814 -f- *Portulacaceae* · (S. 709)
D:Bitterwurzel, Lewisie; E:Bitterroot; F:Lewisia
- **brachycalyx** Engelm. ex A. Gray 1868 · ⚥ Z7 ⓐ ∧ V; USA: Calif., Rocky Mts, SW [61382]
- **cantelovii** J.T. Howell 1942 · ⚥ e Z7 ⓐ; NE-Calif.; mts.
  - var. **cantelovii** [61383]
  - var. **serrata** (Heckard et Stebbins) Hogan et Hershk. 2001 · ⚥; Calif.
- **columbiana** (Howell ex A. Gray) B.L. Rob. 1897
  - subsp. **rupicola** (English) Ferris 1944 = Lewisia columbiana var. rupicola
  - subsp. **wallowensis** (C.L. Hitchc.) J.E. Hohn ex B. Mathew 1989 = Lewisia columbiana var. wallowensis
  - var. **columbiana** · D:Columbia-Bitterwurz; E:Columbia Lewisia · ⚥ Z7 ⓐ ∧ VI-VIII; Can.: W; USA: NW, Calif., Rocky Mts. [61385]
  - var. **rupicola** (English) C.L. Hitchc. 1964 · ⚥ Z5; USA: NW; mts.
  - var. **wallowensis** C.L. Hitchc. 1964 · ⚥ Z5; USA: Oreg, Idaho [61387]
- **cotyledon** (S. Watson) B.L. Rob. 1897 [65041]
  'Alba' [61390]
  Sunset Grp. [65042]
  - var. **cotyledon** · D:Gewöhnliche Bitterwurz; E:Cliff Maids,

Imperial Lewisia · ⚥ Z7 ⓐ ∧; USA: Oreg.
  - var. **heckneri** (C.V. Morton) Munz 1957 · ⚥ △ Z7 ⓐ ∧ VI; Calif. [61388]
  - var. **howellii** (S. Watson) Jeps. 1914 · ⚥ △ Z7 ⓐ ∧ VI-VIII; USA: Oreg. [61389]
- *heckneri* (C.V. Morton) Gabrielson = Lewisia cotyledon var. heckneri
- **leeana** (Porter) B.L. Rob. 1897 · ⚥ △ Z7 ⓐ ∧ VI-VIII; USA: Oreg., Calif. [61393]
- **longipetala** (Piper) S. Clay 1937 · ⚥ e; Calif.
- **nevadensis** (A. Gray) B.L. Rob. 1897 · D:Nevada-Bitterwurz; E:Nevada Bitter Root · ⚥ △ Z6 ⓐ VI-VII; USA: NW, Calif., Rocky Mts. [65043]
- **oppositifolia** (S. Watson) B.L. Rob. 1897 · ⚥ △ Z7 ⓐ ∧ VI-VIII; USA: Oreg., Calif.
- **pygmaea** (A. Gray) B.L. Rob. 1897 · ⚥ Z3; Alaska, Can.: W; USA: NW, Calif., Rocky Mts.
  - subsp. *longipetala* (Piper) Ferris 1944 = Lewisia longipetala
  - var. *nevadensis* (A. Gray) Fosberg 1942 = Lewisia nevadensis
- **rediviva** Pursh 1814 · D:Auferstehende Bitterwurz; E:Bitter Root · ⚥ △ Z7 ⓐ ∧ VI-VIII; Can.: W; USA: NC, SW, Rocky Mts., NW, Calif. [61398]
  - subsp. **minor** · ⚥; USA: Calif., Nev., Utah
- *serrata* Heckard et Stebbins = Lewisia cantelovii var. serrata
- **sierrae** Ferris 1944 · ⚥; Calif.; mts.
- **triphylla** (S. Watson) B.L. Rob. 1897 · ⚥ Z5; Can.: B.C.; USA: NW, Calif., Rocky Mts. [61397]
- **tweedyi** (A. Gray) B.L. Rob. 1897 · ⚥ △ Z7 ⓐ ∧ VI-VII; USA: NW, Rocky Mts. [68166]
  'Alba'
  'Elliot's Variety'
  'Rosea' [61396]
- **in vielen Sorten:**
  'George Henley' [61391]
  Little Plum [68660]
  'Pinkie' [67797]
  'Regenbogen' [68595]

Leycesteria Wall. 1824 -f- *Caprifoliaceae* · (S. 395)
D:Leycesterie; F:Herbe-aux-faisans, Leycesteria
- **crocothyrsos** Airy Shaw 1932 · ♄ d Z9 ⓚ IV; Ind: Assam [33272]
- **formosa** Wall. 1824 · D:Schöne

Leycesterie; E:Himalayan Honeysuckle, Pheasant Berry; F:Arbre à faisan · ♄ d Z7 ⌂ ∧ VIII-IX; Him., SW-China [34022]

Leymus Hochst. 1848 -m- *Poaceae* · (S. 1118)
D:Strandroggen; E:Lyme Grass; F:Elyme
- **arenarius** (L.) Hochst. 1848 · D:Gewöhnlicher Strandroggen; E:Lyme Grass; F:Seigle de mer · ⚃ Z6 VI-VIII ⓝ; Eur.: sp., Fr, BrI, , D, Sc, Russ..; N-As., Alaska, Can., USA: NE, SW, NW; Greenl., nat. in N-Am., Chile [67592]
- **racemosus** (Lam.) Tzvelev 1960 · ⚃ VII-VIII; Eur.: E-Sp., BG; N-TR, Cauc., C-As. [67593]
- **secalinus** (Georgi) Tzvelev 1968 · D:Wilder Roggen; E:Wild Rye · ⚃ Z5 VII-VIII; Alaska, Can., USA* exc. SC

× **Liaopsis** hort. -f- *Orchidaceae* · (*Laelia* × *Laeliopsis*)

Liatris Gaertn. ex Schreb. 1791 -f- *Asteraceae* · (S. 256)
D:Prachtscharte; E:Button Snake Root, Gay Feather; F:Liatride
- **aspera** Michx. 1803 · D:Raue Prachtscharte · ⚃ Z5; Can.: Ont.; USA: NE, NEC, NC, SC , SE [61404]
- **cylindracea** Michx. 1803 · D:Walzen-Prachtscharte · ⚃ Z4; Can.: Ont.; USA: NE, NEC [65044]
- **elegans** (Walter) Michx. 1803 · D:Sand-Prachtscharte · ⚃ Z7 VIII-IX; USA: Va., SE, Fla.
- **graminifolia** (Walter) Willd. 1803 · D:Grasblättrige Prachtscharte · ⚃ VIII-X; USA: NE, SE, Fla. [65045]
- **ligulistylis** (A. Nelson) K. Schum. 1903 · D:Dunkle Prachtscharte · [61406]
- **punctata** Hook. 1833 · D:Herbst-Prachtscharte; E:Snakeroot · ⚃ Z3 VIII-X; Can.: W, Man.; USA NC, SC, SW, Rocky Mts, Ark. [61408]
- **pycnostachya** Michx. 1803 · D:Prärie-Prachtscharte; E:Prairie Blazing Star · ⚃ Z3 VII-IX; USA: NCE, NC, Ky., SC, SE [65046]
- **scariosa** (L.) Willd. 1803 · D:Kansas-Prachtscharte; E:Blazing Star · ⚃ Z3 VIII-IX; USA: NE, SE [65047]
'Alba' [61410]
'Magnifica' [65048]
'September Glory' [65050]

- **spicata** (L.) Willd. 1803 · D:Ährige Prachtscharte; E:Button Snakeroot, Gayfeather; F:Plume du Kansas · ⚃ Z3 VII-IX ⚥ ; Can.: Ont.; USA: NE, NCE, SE, Fla. [65051]
'Alba' [65054]
'Floristan Violett' Benary [65055]
'Floristan Weiß' Benary [65056]
'Kobold' [65057]

Libanotis Haller ex Zinn = *Seseli*
- *transcaucasica* Schischk. = *Seseli libanotis*

Libertia Spreng. 1824 -f- *Iridaceae* · (S. 1023)
D:Andeniris, Schwertelglocke; E:Chilean Iris; F:Libertia
- **caerulescens** Kunth 1846 · ⚃ Z8 ⌂ V; Chile
- **formosa** Graham 1833 · D:Andeniris; E:Snowy Mermaid · ⚃ Z8 ⌂ V-VI; Chile [61415]
- **grandiflora** (R. Br.) Sw. 1830 · D:Neuseelandiris; E:New Zealand Satin Flower · ⚃ Z8 ⌂ VII-VIII; NZ
- **ixioides** (G. Forst.) Spreng. 1824 · ⚃ Z8 ⌂ IV-V; NZ
- **peregrinans** Cockayne et Allan 1927 · ⚃ Z8 ⌂; NZ [61416]
'Gold Leaf'
- **pulchella** (R. Br.) Spreng. 1824 · ⚃ Z8 ⌂ III-IV; Austr.: N.S.Wales, Victoria
- **sessiliflora** (Poepp.) Skottsb. 1953

Libidibia Schltr. = *Caesalpinia*
- *coriaria* (Jacq.) Schltr. = *Caesalpinia coriaria*

Libocedrus Endl. 1847 -f- *Cupressaceae* ·
D:Flusszeder; F:Libocèdre
- **bidwillii** Hook. f. 1871 · D:Pahautea-Flusszeder; E:Pahautea · ♄ Z8; NZ
- *decurrens* Torr. = *Calocedrus decurrens*
- *formosana* Florin = *Calocedrus formosana*
- *macrolepis* (Kurz) Benth. et Hook. f. = *Calocedrus macrolepis*
  - var. *formosana* (Florin) Kudô 1931 = *Calocedrus formosana*
- **plumosa** (D. Don) Sarg. 1896 · D:Kawaka-Flusszeder, Schuppen-Flusszeder; E:Kawaka · ♄ Z8; NZ

Libonia K. Koch = *Justicia*
- *floribunda* K. Koch = *Justicia rizzinii*

- × *penrhosiensis* Carrière = *Justicia* × *penrhosiensis*

Licania Aubl. 1775 -f- *Chrysobalanaceae* · (S. 417)
- **arborea** Seem. 1853 · ♄ ⌂ ⓝ; Mex., C-Am., Col., Ecuad., Peru
- *crassifolia* Benth. = *Licania incana*
- **incana** Aubl. 1775 · ♄ ♄ ⓝ; Col., Venez., Bras.
- **rigida** Benth. 1840 · ♄ ⌂ ⓝ; Bras., French Guiana, Peru

Licuala Thunb. 1780 -f- *Arecaceae* · (S. 953)
D:Palaspalme, Strahlenpalme; E:Palas; F:Palmier-éventail
- *elegans* Blume = *Licuala pumila*
- **grandis** H. Wendl. 1880 · ♄ e Z10 ⓝ; Vanuatu
- **lauterbachii** Dammer et K. Schum. 1900 · ♄ e Z10 ⓝ; N.Guinea, Solomon Is.
- **orbicularis** Becc. 1889
- **peltata** Roxb. ex Buch.-Ham. 1826 · ♄ e Z10 ⓝ; Ind., Myanmar
- **pumila** Blume 1830 · ♄ e Z10 ⓝ; Sumat., Java
- **ramsayi** (F. Muell.) Domin 1915 · ♄ e Z10 ⓝ; Austr. (Queensl.)
- **spinosa** Thunb. 1782 · ♄ e Z10 ⓝ; Malay. Arch., Andam., Nicobar.

Ligularia Cass. 1816 -f- *Asteraceae* · (S. 256)
D:Goldkolben, Ligularie; E:Leopard Plant; F:Ligulaire
- **amplexicaulis** DC. 1838 · ⚃ ; Him. (Kashmir - Bhutan)
- **calthifolia** Maxim. 1871 · ⚃ ; Amur
- *clivorum* (Maxim.) Maxim. = *Ligularia dentata*
- **dentata** (A. Gray) H. Hara 1939 · D:Stern-Ligularie · ⚃ ⋈ Z4 VII-IX; China, Jap., nat. in BrI [65059]
'Desdemona' Hesse 1940 [65060]
'Moorblut' [65061]
'Othello' Arends c. 1915 [65063]
- *fischeri* (Ledeb.) Turcz. = *Ligularia sibirica* var. *speciosa*
- × **hessei** (Hesse) Bergmans (*L. dentata* × *L. wilsoniana*) · D:Riesen-Ligularie · ⚃ ⋈ Z5 VII; cult. [61423]
- **hodgsonii** Hook. f. 1863 · ⚃ Z5 VII-IX; Jap., Sachal. [61425]
- **japonica** Less. ex DC. 1832 · D:Japanische Ligularie · ⚃ Z5 VIII-IX; China, Korea, Jap., Taiwan [65069]
- *kaempferi* Siebold et Zucc. = *Farfugium japonicum*

- **macrophylla** (Ledeb.) DC. 1838 · D:Großblättrige Ligularie · ♃ Z4 VII-VIII; Cauc., Altai [61427]
- × **palmatiloba** hort. Hesse (*L. dentata* × *L. japonica*) · D:Palmblatt-Ligularie · ♃ ⋈ Z5 VI-VII; cult. [61428]
- **przewalskii** (Maxim.) Diels 1901 · ♃ Z4 VIII-IX; China: Kansu [65071]
- **sachalinensis** Nakai 1944 · D:Sachalin-Ligularie · ♃ ; Sachal. [61429]
- **sibirica** (L.) Cass. 1823 · D:Sibirische Ligularie · [60573]
  - var. **sibirica** · ♃ Z3 VII-VIII ▽; Eur.: F, A, H, EC-Eur., BG, E-Eur.; Cauc., W-Sib., E-Sib., Amur, Mong., Him., Jap., China
  - var. **speciosa** (Schrad. ex Link) DC. · ♃ ∼ Z3 VII-VIII ▽; E-Sib., China, Manch., Korea, Jap., Sachal.
- *speciosa* (Schrad. ex Link) Fisch. et C.A. Mey. = Ligularia sibirica var. speciosa
- **stenocephala** (Maxim.) Matsum. et Koidz. 1910 · ♃ Z5 VI-VIII; Jap., N-China, Taiwan [65074]
  'Globosa' [69787]
- *tussilaginea* (Burm. f.) Makino = Farfugium japonicum
- **veitchiana** (Hemsl.) Greenm. 1917 · D:Veitchs Ligularie · ♃ ∼ Z5 IX-X; W-China [65077]
- **wilsoniana** (Hemsl.) Greenm. 1917 · D:Wilsons Ligularie · ♃ ∼ Z5 IX-X; C-China [65078]
- **in vielen Sorten:**
  'Gregynog Gold' [61424]
  'The Rocket' [65072]
  'Weihenstephan' 1972 [65075]
  'Zepter' Partsch 1975 [65068]

Ligusticum L. 1753 -n- *Apiaceae* · (S. 178)
D:Mutterwurz; E:Lovage; F:Ligustique
- **lucidum** Mill. 1768 · D:Glänzende Mutterwurz · ♃ Z6 VII-VIII; Eur.: sp., Balear., F, I, CH, Ba; mts.
- **mutellina** (L.) Crantz 1767 · D:Alpen-Mutterwurz; E:Alpine Lovage · ♃ △ Z6 VI-VIII; Eur.: Fr, C-Eur., EC-Eur., E-Eur., Ap, Ba; mts. [61434]
- **mutellinoides** Vill. 1779 · D:Zwerg-Mutterwurz; E:Small Alpine Lovage · ♃ Z3 VII-VIII; Eur.: F, I, C-Eur., EC-Eur., Croatia, N-Russ.; Alp., Sudeten, Carp., N-Russ.
- *pyrenaeum* Gouan = Ligusticum lucidum
- **scoticum** L. 1753 · D:Schottische Mutterwurz; E:Scots Lovage · ♃ Z4 ⚥ ; Eur.: BrI, Sc, Balt.; , Greenl., E-USA; coasts

Ligustrina Rupr. = Syringa
- *amurensis* Rupr. = Syringa reticulata subsp. amurensis
- var. *japonica* (Maxim.) Franch. et Sav. = Syringa reticulata subsp. reticulata
- *pekinensis* (Rupr.) hort. = Syringa reticulata subsp. pekinensis

Ligustrum L. 1753 -n- *Oleaceae* · (S. 675)
D:Liguster, Rainweide; E:Privet; F:Troène
- **amurense** Carrière 1861 · D:Amur-Liguster; E:Amur Privet · ♄ s Z5 VI-VII; N-China, nat. in USA: SE [21506]
- *ciliatum* Siebold ex Blume = Ligustrum ibota
- **compactum** Hook. f. et Thomson ex Brandis · ♄ ♄ s Z8 ⓚ ∧ VI-VII; Him., SW-China [21507]
- **delavayanum** Har. 1900 · D:Delavays Liguster · ♄ e Z7 ∧; Myanmar, Yunnan [15879]
- **henryi** Hemsl. 1889 · D:Henrys Liguster · ♄ e Z7; C-China, SW-China
- × **ibolium** Coe ex Rehder 1922 (*L. obtusifolium* × *L. ovalifolium*) · ♄ s Z4 VI-VII; cult. [28060]
- **ibota** Siebold et Zucc. 1830 · D:Bewimperter Liguster · ♄ d Z5 VI; Jap. [21511]
- **indicum** (Lour.) Merr. · ♄ e Z8 ⓚ; Him., Indochina
- *ionandrum* Diels = Ligustrum delavayanum
- **japonicum** Thunb. 1780 · D:Japanischer Liguster; E:Japanese Privet · ♄ e Z8 ⓚ ∧ VI-VIII; Jap., Korea [58103]
  'Rotundifolium' 1860 [21513]
  'Texanum' [21515]
- **lucidum** W.T. Aiton 1810 · D:Glänzender Liguster; E:Chinese Privet, White Wax Tree · ♄ ♄ e Z7 VIII-IX ⚥ ⓝ; China, Korea [20542]
  'Excelsum Superbum' [25737]
  'Tricolor' c. 1900 [16878]
- **massalongianum** Vis. 1855 · ♄ e Z8 ⓚ; Him.
- *medium* Franch. et Sav. = Ligustrum ovalifolium
- *medium* hort. = Ligustrum tschonoskii var. tschonoskii
- *nepalense* Wall. = Ligustrum indicum
- **obtusifolium** Siebold et Zucc. 1846 · D:Stumpfblättriger Liguster · [21521]
  - var. **obtusifolium** · ♄ d Z6; Jap.
  - var. **regelianum** (Koehne) Rehder 1899 · ♄ d ⊛ Z6 VI; Jap. [18850]
- **ovalifolium** Hassk. 1844 · D:Wintergrüner Liguster; E:California Privet; F:Troène de Californie · ♄ e D Z7 V-VII; Jap., nat. in S-USA [18860]
  'Argenteum' 1914 [33274]
  'Aureum' 1860 [18870]
- *prattii* Koehne = Ligustrum delavayanum
- *purpusii* Hoefker = Ligustrum quihoui
- **quihoui** Carrière 1869 · D:Quihois Liguster · ♄ d Z7 ∧ IX; China [21533]
- *regelianum* Koehne = Ligustrum obtusifolium var. regelianum
- **robustum** (Roxb.) Blume 1851 · ♄ ♄ e; China, Myanmar, Malay. Arch.
- **sinense** Lour. 1790 · D:Chinesischer Liguster · [21534]
  'Variegatum' [21516]
  - var. **sinense** Lour. · ♄ d Z7; C-China
  - var. **stauntonii** (A. DC.) Rehder 1900 · ♄ d Z7; C-China [21537]
- *stauntonii* A. DC. = Ligustrum sinense var. stauntonii
- **strongylophyllum** Hemsl. 1889 · ♄ e Z9 ⓚ VII; C-China
- **tschonoskii** Decne. 1879 [21539]
  - var. **macrocarpum** (Koehne) Rehder 1947 · ♄ d Z6; Jap. [21541]
  - var. **tschonoskii** · ♄ d ⊛ Z6 VI; Jap.
- × **vicaryi** Rehder 1947 (*L. ovalifolium* × *L. vulgare*) · ♄ d Z5; cult. [34100]
- **vulgare** L. 1753 · D:Gewöhnlicher Liguster; E:Common Privet; F:Troène commun · ♄ d ⊛ D Z5 VI-VII ⚥ ⚲ ⓝ; Eur.*, TR, Cauc., N-Iran, Maroc. [18890]
  'Atrovirens' 1888 [18900]
  'Golden Drops' 1991 [21548]
  'Lodense' 1924 [18920]
- *yunnanense* L. Henry = Ligustrum compactum

Lilaeopsis Greene 1891 -f- *Apiaceae* · (S. 178)
- **attenuata** (Hook. et Arn.) Fernald

et Pérez-Mor. 1937 · ⚄ ⤳ ⚘
🏠; USA: Va., SE, Fla., nat. in Ib

Lilium L. 1753 -n- *Liliaceae* · (S. 1032)
D:Lilie; E:Lily; F:Lis
- **amabile** Palib. 1901 · ⚄ Z5 VII ▽; Korea [61436]
- **amoenum** E.H. Wilson ex Sealy 1949
- **auratum** Lindl. · D:Goldband-Lilie; E:Golden Rayed Lily · ⚄ D Z6 ▭ VII-VIII ▽; Jap.
- **bolanderi** S. Watson 1885 · D:Fingerhut-Lilie; E:Thimble Lily · ⚄ Z7 ▭ ⋀ VII-VIII ▽; USA: S-Oreg., N-Calif.
- **brownii** F.E. Br. ex Miellez 1841 · D:Browns Lilie; E:Brown's Lily · ⚄ Z7 ▭ ⋀ VI-VII ▽; Myanmar, SE-China
- **bulbiferum** L. 1753 · D:Feuer-Lilie · [65080]
  - var. **bulbiferum** · D:Wiesen-Feuer-Lilie; E:Fire Lily, Orange Lily; F:Lis à bulbilles · ⚄ Z7 VI-VII ▽; Eur.* exc. BrI, Sc, nat. in Sc
  - var. **croceum** (Chaix) Pers. 1805 · D:Acker-Feuer-Lilie · ⚄ Z7 VI-VII ▽; Eur.: F, Cors., Ap.
- **callosum** Siebold et Zucc. 1839 · ⚄ Z6 VII-VIII ▽; China: Hupeh, Manch.; Jap., Taiwan
- **canadense** L. 1753 · D:Kanadische Wiesen-Lilie; E:Canada Lily, Meadow Lily · ⚄ Z5 VII ▽; Can.: E; USA; NE, NCE, SE [61441]
- **candidum** L. 1753 · D:Madonnen-Lilie, Weiße Lilie; E:Madonna Lily, White Lily · ⚄ ⋈ D Z6 VI-VII ⚑ ▽; Eur.: Maced., GR; Cauc., nat. in F, Ap [65081]
- **carniolicum** Bernh. ex W.D.J. Koch · D:Krainer Lilie · ⚄ Z7 VI ▽; Eur.: I, A, Ba, RO; SE-Alp., Balkan, RO
- *carolinianum* Michx. = Lilium michauxii
- *cathayanum* Wilson = Cardiocrinum cathayanum
- **cernuum** Kom. 1902 · ⚄ D Z3 VI-VII ▽; Manch., Amur, Korea [61442]
- **chalcedonicum** L. 1753 · D:Rote Türkenbund-Lilie; E:Red Martagon of Constantinople, Scarlet Martagon Lily · ⚄ Z5 VII-VIII ▽; GR
- **columbianum** Leichtlin ex Duch. 1871 · D:Columbia-Lilie; E:Columbia Lily · ⚄ Z7 ▭ VII-VIII ▽; Can.: B.C.; USA: NW, Idaho,

Nev., Calif.
- **concolor** Salisb. 1806
  - var. **concolor** · D:Morgenstern-Lilie; E:Morning Star Lily · ⚄ Z4 VI-VII ▽; China: Hunan, Hupeh, Yunnan
  - var. **pulchellum** (Fisch.) Baker 1874 · ⚄ Z4; E-Sib., Amur, Manch., N-Korea
- *cordatum* (Thunb.) Koidz. = Cardiocrinum cordatum
- *croceum* Chaix = Lilium bulbiferum var. croceum
- *dahuricum* Reuthe = Lilium pensylvanicum
- *dauricum* Ker-Gawl. = Lilium pensylvanicum
- **davidii** Duch. ex Elwes 1877 [61443]
  - var. **davidii** · D:Sichuan-Lilie; E:Père David's Lily · ⚄ Z5 ▽; W-China
  - var. **willmottiae** (E.H. Wilson) Raffill 1938 · ⚄ Z5 VII-VIII ▽; China: Sichuan, Schansi, Hupeh [65082]
- *davuricum* E.H. Wilson = Lilium pensylvanicum
- **duchartrei** Franch. 1887 · ⚄ D Z7 ⋀ VI-VII ▽; China: Yunnan, Kansu, Sichuan
- *elegans* Thunb. = Lilium maculatum
- *farreri* Turrill = Lilium duchartrei
- **formosanum** Wallace 1891 [61444]
  'Pricei'
  - var. **formosanum** · D:Formosa-Lilie; E:Formosa Lily · ⚄ ⋈ D Z5 VII-VIII ▽; Taiwan (Mt. Morrison) [61446]
  - var. *pricei* Stoker 1935 = Lilium formosanum var. formosanum
- *giganteum* Wall. = Cardiocrinum giganteum var. giganteum
  - var. *yunnanense* Leichtlin ex Elwes 1916 = Cardiocrinum giganteum var. yunnanense
- **grayi** S. Watson 1879 · ⚄ Z7 VI-VII ▽; USA: Va., N.C., Tenn.
- **hansonii** Leichtlin ex D.D.T. Moore 1871 · D:Gold-Türkenbund-Lilie · ⚄ Z5 VI ▽; Jap., Korea, Amur [65083]
- *harrisianum* Beane et Vollmer = Lilium pardalinum subsp. pardalinum
- *heldreichii* Freyn = Lilium chalcedonicum
- **henryi** Baker 1888 · ⚄ Z5 VIII-IX ▽; China: Hubei, Jiangxi, Gouzhou [65084]
- × **hollandicum** Bergmans 1939

(*L. bulbiferum* × *L. maculatum* var. *maculatum*) · ⚄ Z5; cult. [61451]
- **humboldtii** Roezl et Leichtlin ex Duch. 1871 · D:Humboldt-Lilie; E:Humboldt Lily · ⚄ Z8 ▭ VII-VIII ▽; C-Calif.
- **japonicum** Thunb. ex Houtt. 1780 · D:Bambus-Lilie; E:Bamboo Lily, Japanese Lily · ⚄ D Z5 VII-VIII ▽; Jap.
- **kesselringianum** Miscz. 1914 · ⚄ D Z7 VII-VIII ▽; NE-TR, Cauc.
- *krameri* Hook. f. = Lilium japonicum
- **lancifolium** Thunb. 1794 · D:Tiger-Lilie; E:Devil Lily, Tiger Lily · ⚄ Z4 VIII-IX ⓝ ▽; Jap. [65098]
  'Flaviflorum'
  'Flore Pleno'
  'Fortunei'
  'Splendens' [65100]
  - var. *flaviflorum* Makino 1932 = Lilium lancifolium
  - var. *fortunei* (Standish) V.A. Matthews 1985 = Lilium lancifolium
  - var. *splendens* (Van Houtte) V.A. Matthews 1985 = Lilium lancifolium
- **lankongense** Franch. 1892 · ⚄ D Z5 VIII ▽; NW-Yunnan
- **ledebourii** (Baker) Boiss. 1882 · ⚄ D Z5 V-VI ▽; Cauc. (Aserb.)
- **leichtlinii** Hook. f. 1867
  - var. **leichtlinii** · ⚄ Z5 ▽; Jap., Korea, Manch.
  - var. **maximowiczii** (Regel) Baker 1871 · ⚄ Z5 ▽; Jap., Korea
- **leucanthum** (Baker) Baker 1901
  - var. **centifolium** (Stapf ex Elwes) Woodcock et Coutts 1935 · ⚄ Z7 ▭ VII-VIII ▽; China: Kansu
  - var. *chloraster* E.H. Wilson 1925 = Lilium leucanthum var. leucanthum
  - var. **leucanthum** · ⚄ Z7 ▽; W-China
- **longiflorum** Thunb. 1794 · D:Oster-Lilie; E:Easter Lily · ⚄ ⋈ D Z6 VIII-IX ▽; Jap., Ryukyu-Is., Taiwan [61455]
  - var. *formosanum* Baker 1880 = Lilium formosanum var. formosanum
- **lophophorum** (Bureau et Franch.) Franch.
- **mackliniae** Sealy 1949 · ⚄ Z8 ▭ VI-VII ▽; NE-Ind. (Manipur)
- *macrophyllum* (D. Don) Voss = Notholirion macrophyllum

- **maculatum** Thunb. · ♃ Z4 ▽; Jap.
- *makinoi* Koidz. = Lilium japonicum
- × **marhan** Baker (*L. hansonii* × *L. martagon* var. *album*) · ♃ Z5; cult.
- **martagon** L. 1753 · D:Türkenbund-Lilie · [65102]
  'Album'
  Cattaniae Grp.
  - var. *albiflorum* Vuk. 1877 = Lilium martagon var. martagon
  - var. *album* Weston 1772 = Lilium martagon var. martagon
  - var. *cattaniae* Vis. 1865 = Lilium martagon var. martagon
  - var. *dalmaticum* Elwes 1877 = Lilium martagon var. martagon
  - var. **martagon** · D:Gewöhnliche Türkenbund-Lilie; E:Martagon, Martagon Lily, Turk's Cap; F:Lis martagon · ♃ Z4 VI-VII ▽; Eur.* exc. BrI, Sc; Cauc., W-Sib., E-Sib., N-Mong., nat. in BrI, Sc
- *maximowiczii* Regel = Lilium leichtlinii var. maximowiczii
- **medeoloides** A. Gray 1859 · ♃ Z5 VII ▽; China, Korea, Jap., Sachal., Kamchat.
- **michauxii** Poir. 1814 · D:Carolina-Lilie; E:Carolina Lily · ♃ D Z7 ⌑ ∧ VIII ▽; USA: NE, SE, Fla.
- *mirabile* Franch. = Cardiocrinum giganteum var. yunnanense
- **monadelphum** M. Bieb. 1808
  - var. **armenum** (Miscz. ex Grossh.) P.H. Davis et D.M. Hend. 1984 Z5 ▽; NE-TR, Armen.
  - var. **monadelphum** · D:Verwachsene Kaukasus-Lilie · ♃ Z5 VII ▽; NE-TR, N-Cauc.
  - var. **szovitsianum** (Fisch. et Avé-Lall.) Elwes 1878
- *myriophyllum* Franch. = Lilium sulphureum
- **nanum** Klotzsch 1862
  fo. *flavidum* (Rendle) H. Hara = Lilium nanum var. flavidum
  - var. **flavidum** (Rendle) Sealy 1952 · ♃ Z5; W-Him., SW-China
  - var. **nanum**
- **nepalense** D. Don 1820 · ♃ D Z8 ⌂ VII-VIII ▽; Nepal, Bhutan; Him. [61457]
- **occidentale** Purdy 1897 · D:Heureka-Lilie; E:Eureka Lily, Western Lily · ♃ Z8 ⌑ VII ▽; USA: S-Oreg., N-Calif.
- *oxypetalum* (D. Don) Baker = Nomocharis oxypetala
- **papilliferum** Franch. 1892 · ♃ Z7 ⌑ ∧ ▽; NW-Yunnan
- **pardalinum** Kellogg 1859 [61459]
  'Giganteum'
  - subsp. **pardalinum** · D:Panter-Lilie; E:Leopard Lily, Panther Lily · ♃ Z8 VII ▽; S-Oreg. [61461]
  - subsp. **pitkinense** (Beane et Vollmer) M.W. Skinner 2002 · ♃ Z5; Calif.
  - subsp. **wigginisii** (Beane et Vollmer) M.W. Skinner 2002 · ♃ Z4; USA: S-Oreg., N-Calif.
  - var. *giganteum* Stearn et Woodcock 1950 = Lilium pardalinum subsp. pardalinum
- **parryi** S. Watson 1878 · ♃ D Z8 ⌑ VII ▽; Calif., Ariz.
- **parvum** Kellogg 1862 · D:Sierra-Lilie; E:Sierran Lily · ♃ Z8 VII ▽; Calif.; mts.
- **pensylvanicum** Ker-Gawl. 1805 · ♃ Z5 VI ▽; Altai, Mong., Amur, Manch., N-Korea, Jap., Sachal.
- **philadelphicum** L. 1762 · D:Schalen-Lilie; E:Wild Lily, Wood Lily · ♃ Z7 ∧ VI-VIII ▽; Can., USA: NE, N.C., NCE, NC, Rocky Mts., SW [61462]
- **philippinense** Baker 1873 · ♃ D Z9 ⌂ VIII ▽; Phil.: Luzon
  - var. *formosanum* E.H. Wilson ex A. Grove 1921 = Lilium formosanum var. formosanum
- *pitkinense* Beane et Vollmer = Lilium pardalinum subsp. pitkinense
- **pomponium** L. 1753 · D:Stinkende Lilie; E:Red Lily · ♃ △ Z7 VI-VII ▽; Eur.: F, I , ? sp.; Alp. Maritimes
- *pseudotigrinum* Carrière = Lilium leichtlinii var. maximowiczii
- **pumilum** Delile 1812 · D:Lackrote Lilie; E:Coral Lily · ♃ Z5 VII ▽; E-Sib., Mong., N-China, Manch., N-Korea [65104]
- **pyrenaicum** Gouan 1773 · D:Pyrenäen-Lilie; E:Pyrenean Lily · ♃ D Z7 V-VI ▽; Eur.: N-Sp., S-F, nat. in BrI
  - subsp. *carniolicum* (Bernh. ex W.D.J. Koch) V.A. Matthews 1984 = Lilium carniolicum
- **regale** E.H. Wilson 1913 · D:Königs-Lilie; E:Regal Lily · ♃ ≍ D Z5 VII ▽; China: Sichuan [65105]
- **rubellum** Baker 1898 · ♃ D Z7 V-VI ▽; Jap.
- **rubescens** S. Watson 1879 · D:Siskiyou-Lilie; E:Chaparral Lily, Redwood Lily · ♃ D Z7 ⌑ ∧ VI-VII ▽; USA: S-Oreg., N-Calif.
- **sargentiae** E.H. Wilson 1912 · ♃ D Z6 VII ▽; Sichuan
- **sempervivoideum** H. Lév. 1915 · ♃; China (Yunnan)
- **speciosum** Thunb. 1794 · D:Prächtige Lilie · ♃ ≍ D Z8 IX ▽; China: Anhwei, Kiangsi; Jap., Taiwan [65106]
  'Album'
  'Rubrum' [65107]
- **sulphureum** Baker ex Hook. f. 1892 · ♃ ⌶ D Z7 ⌑ ∧ IX ▽; N-Myanmar, Yunnan
- **superbum** L. 1762 · D:Prächtige Türkenbund-Lilie; E:American Turkscap Lily, Turk's Cap · ♃ Z6 VII-VIII ▽; USA: NE, NCE, SE [61478]
- *szovitsianum* Fisch. et Avé-Lall. = Lilium monadelphum var. szovitsianum
- **taliense** Franch. 1892 · ♃ D Z5 VII ▽; NE-Yunnan
- *tenuifolium* Fisch. ex Hook. f. = Lilium pumilum
- × **testaceum** Lindl. 1842 (*L. candidum* × *L. chalcedonicum*) · D:Isabellen-Lilie; E:Nankeen Lily · ♃ Z6 VII-VIII; cult.
- *thunbergianum* Schult. et Schult. f. = Lilium maculatum
- *tigrinum* Ker-Gawl. = Lilium lancifolium
- × *umbellatum* hort. = Lilium × hollandicum
- **wallichianum** Schult. et Schult. f. 1830 · ♃ Z8 ⌂ X-XI ▽; Him., S-Ind.
- **wardii** Stapf et Stern 1932 · ♃ D Z7 VIII-IX ▽; SE-Tibet
- **washingtonianum** Kellogg 1859 · D:Washington-Lilie; E:Cascade Lily, Washington Lily · ♃ Z7 ⌑ ∧ VI-VII ▽; USA: NW, Calif.
- *wigginsii* Beane et Vollmer = Lilium pardalinum subsp. wigginisii
- *willmottiae* E.H. Wilson = Lilium davidii var. willmottiae
- **in vielen Sorten:**
  Div. 1   Asiatische Hybriden
  Gezüchtet aus *L. amabile*, *L. bulbiferum*, *L. davidii*, *L.* × *hollandicum*, *L. lancifolium*, *L. leichtlinii*, *L. maculatum*, *L. pumilum*. Problemlose Pflanzen, die mit fast jedem Standort zurecht kommen. Die Gruppe wird unterteilt in:
  (1a) Sorten mit aufrechten Blüten
  (1b) Sorten mit seitlich zeigenden Blüten

(1c) Sorten mit hängenden Blüten
Div. 2   Martagon-Hybriden
Gezüchtet aus *L. martagon* und *L. hansonii* und anderen Türkenbund-Lilien. Die Blüten haben in der Regel mehr oder weniger zurückgeschlagene Blütenblätter, also türkenbundförmiges Aussehen. Kräftige und leicht kalkhaltige Böden werden bevorzugt.

Div. 3   Candidum-Hybriden
Gezüchtet aus *L. candidum*, *L. chalcedonicum* und anderen verwandten europäischen Spezies. Die Pflanzen lieben kalkhaltigen Boden und warmen Standort.

Div. 4   Amerikanische Hybriden
Gezüchtet aus *L. canadense*, *L. michauxii*, *L. philadelphicum*, *L. superbum* und anderen amerikanischen Spezies. Nicht alle Sorten gedeihen in Mitteleuropa gut, sie brauchen halbschattige feuchte Plätze mit saurem Boden.

Div. 5   Longiflorum-Hybriden
Gezüchtet aus *L. formosanum*, *L. longiflorum*, *L. neilgherrense* und *L. wallichianum*. Eine Gruppe, die erst durch neuartige Zuchtmethoden (Embryokultur) einen Aufschwung erfahren hat und überwiegend in der Schnittpflanzenkultur eingesetzt wird, da sie sich gut treiben lässt.

Div. 6   Trompetenlilien
Gezüchtet aus asiatischen Spezies, wobei häufig ein Elternteil *L. henryi* ist, jedoch ohne die unter (7) genannten Arten. Die Sorten sind problemlos in der Gartenkultur, sie werden unterteilt in:
(6a) Sorten mit trompetenförmigen Blüten
(6b) Sorten mit becherförmigen Blüten
(6c) Sorten mit flachen Blüten
(6d) Sorten mit zurückgeschlagenen Blütenblättern

Div. 7   Orienthybriden
Gezüchtet aus *L. auratum*, *L. japonicum*, *L. rubellum*, *L. speciosum* gehören diese Sorten in Mitteleuropa meist ins Kalthaus, denn sie benötigen mildes Klima und hohe Luftfeuchtigkeit. Sie werden unterteilt in:
(7a) Sorten mit trompetenförmigen Blüten
(7b) Sorten mit becherförmigen Blüten
(7c) Sorten mit flachen Blüten
(7d) Sorten mit zurückgeschlagenen Blütenblättern

Div. 8   Sonstige Hybriden
Alle sonstigen Hybriden, die in keine der vorhergehenden Divisionen passen: Zu diesen Sorten gehören unter anderem russische Sorten mit Kreuzungen aus den im Kaukasus beheimateten Arten.

Div. 9   Spezies
Alle Wildarten mit ihren Varietäten und Formen. Normalerweise werden diese nicht klassifiziert.

LA   Longiflorum-Asaticum-Hybriden
Nur in Verbindung mit Div. 8: Kreuzungen zwischen der nicht winterharten *L. longiflorum* und asitaischen Hybriden ergeben besonders robuste und reichblühende Lilien.

LO   Longiflorum-Orientale-Hybriden
Nur in Verbindung mit Div. 8: Kreuzungen zwischen der nicht winterharten *L. longiflorum* und den Orient-Hybriden sind attrakive Neuheiten, jedoch nicht so robust wie LA-Hybriden.

Quelle: The International Lily Register (2007)

'Acapulco' (Div. 7) Vletter & den Haan 1991
African Queen Grp. (Div. 6) de Graaff c. 1958
'Apollo' (Div. 1)
'Avignon' (Div. 1) Vletter & den Haan 1984 [65085]
Bellingham Grp. (Div. 6) Griffiths 1933
'Black Beauty' (Div. 7) Woodriff c. 1957
'Bright Star' (Div. 6) de Graaff 1959 [65086]
'Casa Blanca' (Div. 7) Vletter & den Haan 1984
Citronella Grp. (Div. 1) de Graaff 1958 [61437]
'Connecticut King' (Div. 1) D.M. Stone, F.H. Payne c. 1967 [65089]
'Côte d'Azur' (Div. 1) Vletter & den Haan 1984
'Destiny' (Div. 1) de Graaff 1954 [65090]
'Enchantment' (Div. 1) de Graaff c. 1947 [60098]
'Feuerzauber' (Div. 1) Laan Bros. c. 1970 [65092]
'Fire King' (Div. 1) Stooke c. 1933 [65093]
'Golden Splendor' (Div. 6) de Graaff 1957 [69429]
'Harmony' (Div. 1) de Graaff 1950 [69430]
'Journey's End' (Div. 7) Yeates c. 1957
'King Pete' (Div. 1) H. Peters 1975 [61464]
'Menton' (Div. 1) Vletter & den Haan 1993
'Mont Blanc' (Div. 1) Vletter & den Haan c. 1978 [61467]
'Monte Rosa' (Div. 1) Vletter & den Haan 1984
'Montreux'
'Mrs R.O. Backhouse' (Div. 2) R.O. Backhouse 1921
'Olivia' (Div. 1) Woodriff 1975
'Orange Pixie' (Div. 1) McRae 1973 [71323]
'Orange Triumph' (Div. 1) Rijnveld et Sons 1939 [61453]
Pink Perfection Grp. (Div. 6) de Graaff c. 1950 [65094]
'Pink Tiger' (Div. 1) Woodriff < 1960
'Pirate' (Div. 1) de Graaff 1971 [65095]
'Red Carpet' (Div. 1) A.J. Porter 1969
'Red Night' (Div. 1) Hort. D
'Star Gazer' (Div. 7) J. Kirsch 1975 [61477]
'Sterling Star' (Div. 1) Oregon Bulb Farms 1973 [65097]
'Sunray' (Div. 1) Blackthorne Gardens 1985
'Sweet Surrender' (Div. 1) Lily Comp. 2004
'Toscana' (Div. 1) Vletter & den Haan 1989
'Yellow Blaze' (Div. 1) D.M. Stone, F.H. Payne c. 1965

× **Limara** hort. 1960 -f-
Orchidaceae ·
(*Arachnis* × *Renanthera* × *Vandopsis*)

Limnanthes R. Br. 1833 -f-
Limnanthaceae · (S. 602)
D:Sumpfblume; E:Meadow Foam; F:Limnanthes

– **douglasii** R. Br. · D:Spiegeleierpflanze, Sumpfblume; E:Meadow Foam, Poached Egg Plant · ⊙ Z8 VI-VIII; USA: Oreg., Calif.

Limnobium Rich. 1814 -n-
Hydrocharitaceae · (S. 1014)
D:Amerikanischer Froschlöffel; F:Grenouillette d'Amérique

– **spongia** (Bosc) Steud. 1841 ·
D:Amerikanischer Froschlöffel ·
♃ ≈ Z5; USA: NE, NCE, SC, SE, Fla.

– **stoloniferum** (G. Mey.) Griseb. ·
♃ ≈ ⌂; Mex., C-Am., W.Ind., trop. S-Am.

Limnocharis Humb. et Bonpl. 1808
-f- *Limnocharitaceae* · (S. 1034)
D:Sumpflieb
- **flava** (L.) Buchenau 1871 ·
  D:Sumpflieb; E:Sawah Lettuce ·
  ⚁ ~ ≈ Z10 ⓦ VII-VIII; Mex.,
  C-Am., W.Ind., trop. S-Am.
- *humboldtii* Rich. = Hydrocleys nymphoides

Limnophila R. Br. 1810 -f-
Scrophulariaceae · (S. 830)
D:Sumpffreund; F:Limnophile
- *gratioloides* R. Br. = Limnophila indica
- **heterophylla** (Roxb.) Benth.
  1835 · ⚁ ≈ Z9 ⓦ; Pakist., Ind.,
  Sri Lanka, Malay. Arch., S-China,
  Taiwan, Jap.
- **indica** (L.) Druce 1914 · ⚁ ≈
  Z9 ⓦ; Afr., subtrop. As, trop. As.,
  Austr.
- **sessiliflora** Blume 1826 · ⚁ ≈
  Z9 ⓦ; Pakist., Ind., Sri Lanka,
  China, Korea, Jap., Malay. Arch.,
  Micron.

Limodorum Boehm. 1760 -n-
Orchidaceae · (S. 1070)
D:Dingel; F:Limodore
- **abortivum** (L.) Sw. 1799 · D:Violetter Dingel · ⚁ V-VII ▽ ✱; Eur.:
  Ib, Fr, Ap, C-Eur., EC-Eur., Ba,
  Krim; TR, Cyprus, Syr., Cauc., Iran
- *tuberosum* L. = Calopogon tuberosus

Limonia L. 1762 -f- *Rutaceae* ·
(S. 791)
D:Elefantenapfel; E:Elephant's
Apple, Wood Apple; F:Pomme
d'éléphant
- **acidissima** L. 1962 · D:Elefantenapfel; E:Elephant's Apple, Wood
  Apple · ♄ d Z10 ⓦ ✿ ⓝ; Ind., Sri
  Lanka
- *arborea* Roxb. = Glycosmis arborea
- *pentaphylla* Retz. = Glycosmis arborea
- *trifolia* Burm. f. = Triphasia trifolia

Limoniastrum Fabr. 1759 -n-
Plumbaginaceae · (S. 698)
D:Strauchstrandflieder;
F:Limoniastrum
- **monopetalum** (L.) Boiss. 1848 ·
  ♄ e Z8 ⓦ VII-IX; Eur.: Ib, F, Ap,
  Crete; N-Afr., Sinai

Limonium Mill. 1754 -n-
Plumbaginaceae · (S. 698)
D:Meerlavendel, Strandflieder,
Widerstoß; E:Sea Lavender;
F:Lavande de mer, Statice
- **arborescens** (Brouss.) Kuntze
  1891 · ♄ e Z9 ⓦ VII-VIII ▽;
  Canar.: Las Palmas, Teneriffa
- **bellidifolium** (Gouan) Dumort. ·
  ⚁ △ Z8 ⓦ ∧ VIII-X ▽; Eur.:
  Ib, Fr, Ap, Ba, E-Eur.; TR, C-As.,
  Alger. [61480]
- **binervosum** (G.E. Sm.) C.E.
  Salmon · ⚁ ∧ VIII-IX ▽; Eur.: BrI,
  F, Ib [61489]
- **bonduellei** (T. Lestib.) Kuntze
  1891 · ⊙ ⚁ ≈ VIII-X ▽; NW-Afr.,
  Libya, nat. in I
- **bourgeaui** (Webb) Kuntze 1891 ·
  ♄ e Z7 VII-VIII ▽; Canar.
- *caspium* (Willd.) Gams =
  Limonium bellidifolium
- *elatum* (Fisch. ex Spreng.) Kuntze
  = Goniolimon elatum
- **ferulaceum** (L.) Chaz. 1790 · ⚁
  Z7 ∧ VII-VIII ▽; Eur.: Ib, Fr, Sic.,
  Croatia [61482]
- **gmelinii** (Willd.) Kuntze 1891 ·
  D:Steppenschleier · ⚁ Z4 VII-
  VIII ▽; Eur.: EC-Eur., Ba, E-Eur.;
  W-Sib., E-Sib., C-As., Mong., Him.
  [65108]
- **gougetianum** (Girard) Kuntze
  1891 · ⚁ △ Z9 ⓦ ∧ VII-VIII ▽;
  Alger., Balear. [60081]
- **humile** Mill. 1768 · ⚁ ▽; Eur.:
  BrI, Sc, F, D
- **latifolium** (Sm.) Kuntze 1891 ·
  D:Breitblättriger Steppenschleier;
  F:Statice vivace · ⚁ Z5 V-VII ▽;
  Eur.: RO, BG, SE-Russ. [65110]
  'Blauer Diamant' [61485]
  'Twice Blue'
  'Violetta' [65112]
- **macrophyllum** (Brouss.) Kuntze
  1891 · ♄ e Z9 ⓦ VII-VIII ▽;
  Canar.: Teneriffa
- **minutum** (L.) Fourr. 1869 · ⚁
  ⤳ △ Z8 ⓦ ∧ VII-VIII ▽; SE-F
  [61487]
- **perezii** (Stapf) F.T. Hubb. 1916 · ♄
  e Z9 ⓦ VIII-X ▽; Canar. [61488]
- **platyphyllum** Lincz. 1964
- **puberulum** (Webb) Kuntze 1891 ·
  ♄ Z9 ⓦ V-VII ▽; Canar.
- **purpuratum** F.T. Hubb. ex L.H.
  Bailey 1916
- **ramosissimum** (Poir.) Maire
  1936 · ⚁ Z8 ∧ VI-IX ▽; Eur.: Ib,
  Fr, Ap, GR; Alger.
- *sinense* (Girard) Kuntze =
  Limonium tetragonum
- **sinuatum** (L.) Mill. 1768 · ⊙ ⊙
  ⚁ ≈ Z9 VII-IX ▽; Eur.: Ib, Fr, Ap,
  Ba; TR, Levante, Cauc. (Batumi),
  N-Afr.
- *speciosum* = Goniolimon incanum
- *tataricum* (L.) Mill. = Goniolimon
  tataricum var. tataricum
- **tetragonum** (Thunb.) Bullock
  1949 · ⊙ ⊙ ⚁ ≈ Z6 ▽; China
  Biedermeier Ser.
  Forever Ser.
  'Iceberg'
  'Pacific'
  Sunburst Ser.
- *transwallianum* (Pugsley) Pugsley
  = Limonium binervosum
- **vulgare** Mill. 1768 · D:Gewöhnlicher Strandflieder; E:Marsh
  Rosemary, Sea Lavender · ⚁ Z6
  VIII-IX ▽; Eur.* exc. EC-Eur.;
  coasts [61490]

Limosella L. 1753 -f-
Scrophulariaceae · (S. 830)
D:Schlammling; E:Mudwort;
F:Limoselle
- **aquatica** L. 1753 · D:Gewöhnlicher Schlammling · ⊙ ⚁ ≈ VI-X;
  Eur.*, TR, Cauc., Iran, W-Sib.,
  E-Sib., Amur, Kamchat., C-As.,
  Him., Mong., Tibet, Manch., Jap.,
  Afr., N-Am., S-Am., Austr.

Linanthus Benth. 1833 -m-
Polemoniaceae · (S. 701)
- **androsaceus** (Benth.) Greene
  1892
  - subsp. **androsaceus** · E:False
    Babystars · ⊙ Z7; USA: Calif.
  - subsp. **luteus** (Benth.) H. Mason
    1948 · ⊙ Z7 VII-VIII; S-Calif.
  - subsp. **micranthus** (Steud. ex
    Benth.) H. Mason 1948 · ⊙ Z7
    VII-VIII; S-Calif.
- **dianthiflorus** (Benth.) Greene
  1892 · ⊙ Z7 IV-VI; S-Calif., Baja
  Calif.
- **grandiflorus** (Benth.) Greene
  1892 · E:Desert Trumpets,
  Mountain Phlox · ⊙ Z7 V-IX; Calif.
- **liniflorus** (Benth.) Greene 1892 ·
  ⊙ Z7 VII-VIII; Calif.
- **nuttallii** (A. Gray) Greene ex
  Milliken 1904 · ⚁; USA: NW, Calif.
  Rocky Mts.; Mex. [72174]

Linaria Mill. 1754 -f-
Scrophulariaceae · (S. 830)
D:Leinkraut; E:Toadflax;
F:Linaire
- *aequitriloba* (Viv.) Spreng. =
  Cymbalaria aequitriloba
- **aeruginea** (Gouan) Cav. 1803 · ⊙
  ⚁ Z6; Eur.: Ib
  - subsp. **aeruginea** · ⊙ ⚁ V-VII;
    Ib. [61491]
  - subsp. **nevadensis** (Boiss.)
    Malag. 1971 · ⚁; Eur.: sp.

(Sierra Nevada)
- **alpina** (L.) Mill. 1768 · D:Alpen-Leinkraut, Stein-Leinkraut; E:Alpine Toadflax; F:Linaire des Alpes · ⊙ ♃ ⤳ △ Z4 VI-VIII; Eur.: Ib, Fr, Ap, C-Eur., Slova., Ba, RO; mts. [65115]
- **amethystea** (Lam.) Hoffmanns. et Link 1813 · ⊙ V-VIII; P, sp., N-Afr.
- **angustissima** (Loisel.) Borbás 1900 · D:Italienisches Leinkraut · ♃ Z6 VI-VIII; Eur.* exc. Sc, BrI; mts.
- **anticaria** Boiss. et Reut. 1852 · ♃; Eur.: S-Sp. [61492]
- **arvensis** (L.) Desf. 1798 · D:Acker-Leinkraut · ⊙ VII-IX; Eur.: Ib, Fr, Ap, C-Eur., EC-Eur., Ba, ? RO; Maroc., Alger.
- **bipartita** (Vent.) Willd. 1822 · D:Zweiteiliges Leinkraut; E:Cloven Lip Toadflax · ⊙ VI-VII; Eur.: Ib; NW-Afr.
- **chalepensis** (L.) Mill. 1768 · D:Aleppisches Leinkraut · ⊙; Eur.: Balear., Fr, Ap, Ba; TR, SW-As., Egypt
- *cymbalaria* (L.) Mill. = Cymbalaria muralis
- **genistifolia** (L.) Mill. 1768 · D:Ginster-Leinkraut · [61494]
  - subsp. **dalmatica** (L.) Maire et Petitm. 1908 · D:Dalmatiner Leinkraut; E:Dalmatian Toadflax · ♃ Z5 VII-VIII; Eur.: I, Ba, nat. in C-Eur
  - subsp. **genistifolia** · D:Gewöhnliches Ginster-Leinkraut · ♃ Z5 VI-X; Eur.: I, A, EC-Eur., Ba, E-Eur.; TR, Cauc., W-Sib., C-As., nat. in D
- *hepaticifolia* (Poir.) Steud. = Cymbalaria hepaticifolia
- *incarnata* (Vent.) Spreng. = Linaria bipartita
- **maroccana** Hook. f. 1872 · D:Marokko-Leinkraut; E:Baby Snapdragon · ⊙ VI-VII; Maroc.
- *nevadensis* (Boiss.) Boiss. et Reut. = Linaria aeruginea subsp. nevadensis
- *origanifolia* (L.) Cav. = Chaenorhinum origanifolium subsp. origanifolium
- *pallida* Ten. = Cymbalaria pallida
- *pilosa* (Jacq.) DC. = Cymbalaria pilosa
- **purpurea** (L.) Mill. 1768 · D:Purpur-Leinkraut; E:Purple Toadflax; F:Linaire pourpre · ♃ Z7 △ VII-X; I, Sic., nat. in BrI [65116]
  'Alba' [73322]
  'Canon Went' [65117]

'Reverend C.E. Bowring'
'Winifrid's Delight'
- **repens** (L.) Mill. 1768 · D:Gestreiftes Leinkraut; E:Striped Toadflax · ♃ Z6 VII-VIII; Eur.: sp., Fr, I, D, nat. in BrI, Sc, Balt., EC-Eur.
- *reticulata* (Sm.) Desf. = Linaria aeruginea subsp. aeruginea
- **simplex** (Willd.) DC. 1805 · D:Einfaches Leinkraut · ⊙ VI-VIII; Eur.: Ib, Fr, Ap, Ba, Krim; TR, Cyprus, Syr., Cauc., Iran, NW-Afr., Canar., nat. in CH
- **spartea** (L.) Willd. 1790 · D:Ruten-Leinkraut · ⊙ Z7; Eur.: Ib, Fr
- **supina** (L.) Chaz. 1789 · ⊙ ⊙ ♃; Eur.: Ib, F, I, BrI, Sweden; Maroc. [61498]
- **triornithophora** (L.) Willd. 1809 · ♃ △ Z7 △ VI-IX; Eur.: Ib [65118]
- **triphylla** (L.) Mill. 1768 · ⊙ Z8; Eur.: Ib, Ap, Ba, Fr [61499]
- **tristis** (L.) Mill. 1768 · D:Trübes Leinkraut; E:Dull-coloured Linaria · ⊙ ⊙ ♃ △ Z9 VI-IX; Eur.: S-P, S-Sp.; Maroc., Alger. [61500]
- *villosa* (L.) DC. = Chaenorhinum villosum
- **vulgaris** Mill. 1768 · D:Frauenflachs, Gewöhnliches Leinkraut; E:Butter-and-eggs, Common Toadflax, Yellow Toadflax · ♃ Z4 IX-X ⚥; Eur.*, TR, Cauc., W-Sib., E-Sib., nat. in N-Am., Chile [65119]

Lindelofia Lehm. 1850 -f- *Boraginaceae* · (S. 307)
- **anchusoides** (Lindl.) Lehm. 1850 · ♃ △ Z7 V-VII; Afghn., W-Him. [61501]
- **longiflora** (Benth.) Baill. 1890 · ♃ Z7 △ V-VI; W-Him. [65120]
- **stylosa** (Kar. et Kir.) Brand 1921 · ♃ ⚘; C-As., Tibet, Him.

Lindenbergia Lehm. 1828 -f- *Scrophulariaceae* · (S. 831)
- **grandiflora** (Buch.-Ham.) Benth. 1835 · ♄ Z9 ⚘ XI-II; S-Him.
- **philippinensis** Benth. 1846 · ⚘

Lindera Thunb. 1783 -f- *Lauraceae* · (S. 598)
D:Fieberstrauch; F:Lindera
- **angustifolia** W.C. Cheng 1933
- **benzoin** (L.) Blume 1851 · D:Wohlriechender Fieberstrauch; E:Benjamin Bush, Spicebush · ♄ d Z6 III-V ⚥; Ont.; USA: NE, NCE, Kans., SC, SE, Fla. [16985]

- **obtusiloba** Blume 1851 · D:Stumpflappiger Fieberstrauch · ♄ ♄ d Z6 IV; China, Korea, Jap. [21551]
- **praecox** (Siebold et Zucc.) Blume 1851 · D:Frühzeitiger Fieberstrauch · ♄ d Z7 △ IV; Jap.
- **sericea** (Siebold et Zucc.) Blume 1851 · ♄ d III-IV; Jap.

Lindernia All. 1766 -f- *Scrophulariaceae* · (S. 831)
D:Büchsenkraut; F:Mazus
- **dubia** (L.) Pennell 1935 · D:Großes Büchsenkraut · ⊙ VIII-IX; Can., USA*, Lat.-Am., nat. in Ib, F, I
- **procumbens** (Krock.) Borbás 1881 · D:Liegendes Büchsenkraut · ⊙ VIII-IX ▽; Eur.* exc. BrI, Sc; TR, W-Sib., Amur, China, Jap., Iran, Ind., Malay. Arch., Polyn., nat. in USA

Lindheimera A. Gray et Engelm. 1847 -f- *Asteraceae* · (S. 256)
D:Lindheimerie, Texasstern; E:Star Daisy; F:Etoile du Texas, Lindheimera
- **texana** A. Gray et Engelm. 1847 · D:Lindheimerie, Texasstern; E:Star Daisy, Texas Star · ⊙ VII-IX; Tex., Mex.

Lindmania Mez 1896 -f- *Bromeliaceae*
- **geniculata** L.B. Sm. 1957 · ♃; S. Venez.
- *penduliflora* (C.H. Wright) Stapf = Fosterella penduliflora

Linnaea L. 1753 -f- *Caprifoliaceae* · (S. 395)
D:Moosglöckchen; E:Twin-flower; F:Linnée
- *americana* J. Forbes = Linnaea borealis var. americana
- **borealis** L. 1753 · D:Moosglöckchen · [31834]
  - var. **americana** (J. Forbes) Rehder 1904 · D:Amerikanisches Moosglöckchen · ♄ ♄ ⤳ Z1; Alaska, Can., USA*, Greenl. [26857]
  - var. **borealis** · D:Nördliches Moosglöckchen; E:Twinflower · ♄ ♄ e ⤳ Z1 VI-VIII ▽; Eur.* exc. Ib; N, mts.; Cauc., W-Sib., E-Sib., Amur, Sachal., Kamchat., Mong., Alaska, Greenl.
- *engleriana* Graebn. = Abelia engleriana
- *schumannii* Graebn. = Abelia

schumannii
- *zanderi* Graebn. = Abelia zanderi

Linospadix H. Wendl. 1882 -f- *Arecaceae* · (S. 953)
- **monostachya** (Mart.) H. Wendl. et Drude 1875 · ♄ e Z10 ⌾; Austr. (Queensl., N.S.Wales)

Linum L. 1753 -n- *Linaceae* · (S. 603)
D:Flachs, Lein; E:Flax; F:Lin
- **alpinum** Jacq. 1762 · D:Alpen-Lein; E:Alpine Flax · ⌁ △ Z6 VI-VIII; Eur.: sp., F, I, C-Eur., Ba; mts. [60084]
  - subsp. *julicum* (Hayek) Hegi 1924 = Linum alpinum
- **altaicum** Ledeb. et Juz. 1949
- **arboreum** L. 1753 · D:Strauch-Lein; E:Tree Flax · ♄ e △ Z8 ⌾ V-VI ▽; Eur.: GR, Crete; SW-TR, Rhodos
- **austriacum** L. 1753 · D:Österreichischer Lein · ⌁ Z3 V-VII ▽; Eur.* exc. BrI, Sc; TR, Iraq, Cauc., Iran, Afgh., W-Sib., Maroc., Alger. [61502]
- **bienne** Mill. 1768 · D:Wild-Lein; E:Pale Flax · ⊙ ⌁ Z7 VI-VII ▽; Eur.: Ib, Fr, Ap, Ba, Krim, BrI; TR, Levante, N-Iraq, Iran, NW-Afr., Libya
- **campanulatum** L. 1753 · ♄ Z7 ⌾ ∧ VI-VII ▽; Eur.: sp., F, I
- **capitatum** Kit. ex Schult. 1814 · ⌁ Z7 ∧ VI-VII ▽; Eur.: I, Ba [65121]
- **catharticum** L. · D:Gewöhnlicher Purgier-Lein; E:White Flax · ⊙ VI-VIII ⚥ ▽; Eur.*, TR, Cauc., Iran, Maroc.
- *crepitans* (Boenn.) Dumort. = Linum usitatissimum
- **dolomiticum** Borbás 1897 · D:Dolomiten-Lein · ⌁ Z6; Eur.: H [72175]
- **elegans** Spruner ex Boiss. 1854 · ⌁ △ Z6 V-VI ▽; Eur.: Ba
- **flavum** L. 1753 · D:Gelber Lein; E:Golden Flax, Yellow Flax; F:Lin jaune · ⌁ ♄ d △ Z5 VI-VIII ▽; Eur.: C-Eur., EC-Eur., Ba, Ap, E-Eur.; TR, Cauc. [65122]
  'Compactum' [65123]
- **grandiflorum** Desf. 1798 · D:Roter Lein; E:Red Flax, Scarlet Flax · ⊙ VI-IX ▽; Alger.
  'Album'
  'Bright Eyes'
- **hirsutum** L. 1753 · D:Zotten-Lein · ⌁ Z6 VI-VIII ▽; Eur.: A, EC-Eur., Ba, E-Eur.; TR [65124]

- **hypericifolium** C. Presl 1831 · D:Kaukasus-Lein · ⌁ △ V-VI ▽; Cauc.
- *iberidifolium* Aucher ex Planch. = Linum elegans
- **leonii** F.W. Schultz 1838 · D:Lothringer Lein · ⌁ V-VII ▽; Eur.: F, W-D
- **maritimum** L. 1753 · D:Strand-Lein · ⌁ Z8 VI-X ▽; Sard.
- **monogynum** G. Forst. 1786 · ⌁ Z8 ⌾; NZ [61505]
- *montanum* Schleich. = Linum alpinum
- **narbonense** L. 1753 · D:Südfranzösischer Lein; F:Lin de Narbonne · ⌁ Z7 ∧ VI-VII ▽; Eur.: Ib, Fr, Ap, Slove., Croatia, nat. in CH [65125]
- **ockendonii** Greuter et Burdet 1989 · D:Berg-Lein · ⌁ ▽; Eur.: F, D +
- **perenne** L. 1753 · D:Ausdauernder Lein; E:Blue Flax, Perennial Flax; F:Lin vivace · ⌁ Z7 VI-VIII ▽; Eur.* exc. Sc; TR, W-Sib., E-Sib., Amur, nat. in N-Am. [65127]
  'Album' [65129]
  'Blue Sapphire'
  'Diamant' [65130]
  'Himmelszelt' [65131]
  'Nanum Diamant' [68661]
  'Nanum Sapphire' [60206]
  'White Diamond'
  - subsp. *alpinum* (Jacq.) Ockendon 1925 = Linum alpinum
  - subsp. *lewisii* (Pursh) Hultén 1947 [61507]
- *salsoloides* Lam. = Linum suffruticosum subsp. salsoloides
- **suffruticosum** L. 1753 [61510]
  - subsp. **salsoloides** (Lam.) Rouy 1897 · ⌁ △ Z7 ∧ V-VII ▽; Eur.: sp. [65133]
  - subsp. **suffruticosum** · ⌁ Z8 ▽; Eur.: sp., F, I; NW-Afr.
- **tenuifolium** L. 1753 · D:Schmalblättriger Lein · ⌁ d Z6 VI-VII ▽; Eur.* exc. BrI, Sc; Cauc., N-Iran [61511]
- **usitatissimum** L. 1753 · D:Saat-Lein; E:Common Flax, Flax, Linseed · ⊙ VI-VII ⚥ ⓝ ▽; orig. ?; cult., nat. in Ib, F
  - **Crepitans-Grp.** · D:Kleng-Lein, Spring-Lein · Z4; cult.
  - **Mediterraneum-Grp.** · D:Öl-Lein · Z4; cult.
  - subsp. *angustifolium* (Huds.) Thell. 1912 = Linum bienne
  - **Usitassimum-Grp.** · D:Faser-Lein, Flachs, Schließ-Lein · Z4; cult.
- **viscosum** L. 1762 · D:Klebriger Lein; F:Lin visqueux · ⌁ Z7 ∧ V-VII ▽; Eur.: sp., F, I, C-Eur., Slove., Croatia [60672]

Liparis Rich. 1817 -f- *Orchidaceae* · (S. 1071)
D:Glanzständel; E:Fen Orchid; F:Liparis
- **loeselii** (L.) Rich. 1817 · D:Glanzkraut, Sumpf-Glanzständel; E:Fen Orchid · ⌁ VI-VII ▽ ✻; Eur.* exc. Ib; W-Sib., C-As., N-Am.
- **nervosa** (Thunb.) Lindl. 1830 · D:Geaderter Glanzständel · ⌁ Z10 ⌾ VII-VIII ▽ ✻; trop. Am., trop. Afr., Ind., China, Jap., Phil.
- **reflexa** Lindl. · ⌁ Z10 ⌾ IX-X ▽ ✻; Austr.
- **viridiflora** (Blume) Lindl. 1830 · D:Grünblütiger Glanzständel · ⌁ Z10 ⌾ XII-I ▽ ✻; Him.: Sikkim; S-Ind., Sri Lanka, Java

Lippia L. 1753 -f- *Verbenaceae* · (S. 886)
D:Süßkraut
- **alba** (Mill.) N.E. Br. ex Britton et P. Wilson 1925 · D:Anis-Süßkraut, Anisverbene · ⌾; trop. Am.
- *asperifolia* Poepp. ex Cham. = Lippia alba
- *chamaedrifolia* (Cham.) Steud. = Aloysia chamaedryfolia
- *citriodora* (Lam.) Kunth = Aloysia citriodora
- **dulcis** Trevis. 1827 · D:Aztekisches Süßkraut; E:Mexican Lippia, Yerba Dulce · ⌁ Z10; Mex., C-Am., W.Ind., Col., Venez. [61512]
- **graveolens** Kunth 1818 · D:Duftendes Süßkraut
- **micromera** Schauer · D:Spanischer Thymian; E:Spanish Thyme · ♄ Z10; W.Ind., Venez.
- *repens* Spreng. = Phyla nodiflora var. nodiflora
- **scaberrima** Sond. 1850 · ⌁; S-Afr., Botswana
- *triphylla* (L'Hér.) Kuntze = Aloysia citriodora

Liquidambar L. 1753 -f- *Hamamelidaceae* · (S. 563)
D:Amberbaum; E:Sweet Gum; F:Copalme
- **acalycina** H.T. Chang 1959 · ♄ d; China [16996]
- **formosana** Hance 1966 · D:Formosa-Amberbaum · ♄ d Z7; China [26405]

Monticola Grp.
- var. *monticola* Rehder et E.H. Wilson 1913 = Liquidambar formosana
- **orientalis** Mill. 1768 · D:Orientalischer Amberbaum; E:Oriental Sweet Gum, Storax · ♄ d Z8 ∧ V ⚥ Ⓝ; S-TR, Syr. [15789]
- **styraciflua** L. 1753 · D:Amerikanischer Amberbaum; E:Red Gum, Sweet Gum; F:Copalme d'Amérique · ♄ d Z5 V ⚥ Ⓝ; USA: NE, NCE, SE, Fla., SC; Mex., Guat. [18930]
  'Andrew Hewson' [28379]
  'Anja' [19393]
  'Anneke' [21553]
  'Aurea' [36884]
  'Burgundy' [26676]
  'Golden Treasure' 1974 [20365]
  'Gum Ball' 1965 [15278]
  'Jennifer Carol' [21556]
  'Lane Roberts' [14248]
  'Moonbeam' 1976 [26678]
  'Parasol' [21558]
  'Pendula' [45070]
  'Rotundiloba' c. 1930 [12308]
  'Silver King' [19394]
  'Variegata' 1880 [36881]
  'Worplesdon' c. 1967 [34771]

Liriodendron L. 1753 -n- *Magnoliaceae* · (S. 610)
D:Tulpenbaum; E:Tulip Tree; F:Tulipier
- **chinense** (Hemsl.) Sarg. 1903 · D:Chinesischer Tulpenbaum; F:Tulipier de Chine · ♄ d Z8; China [20789]
- *fastigiatum* Dippel = Liriodendron tulipifera
- *liliiferum* L. = Magnolia liliifera var. liliifera
- *liliiflorum* Steud. = Magnolia obovata
- **tulipifera** L. 1753 · D:Amerikanischer Tulpenbaum; E:Canary Whitewood, Tulip Polar, Tulip Tree; F:Tulipier de Virginie · ♄ d Z6 V-VII Ⓝ; Ont., USA: NE, NCE, SE, Fla. [18940]
  'Ardis' [15273]
  'Aureomarginatum' 1903 [32038]
  'Crispum' [21565]
  'Fastigiatum' [38955]
  'Glen Gold' [20125]
  'Integrifolium' 1864 [21566]
  'Mediopictum' [21567]
- var. *chinense* Hemsl. 1886 = Liriodendron chinense
- var. *sinensis* Diels 1900 = Liriodendron chinense

Liriope Lour. 1790 -f- *Convallariaceae* · (S. 987)
D:Liriope; E:Lily Turf; F:Liriope
- *exiliflora* (L.H. Bailey) H.H. Hume = Liriope muscari
- **graminifolia** (L.) Baker 1875 · D:Rasen-Liriope · ⚃ Z8 ⓚ; Jap., China [65135]
  'Minor' [65136]
- *koreana* Nakai = Liriope spicata
- **muscari** (Decne.) L.H. Bailey 1929 · D:Horstbildende Liriope; F:Liriope · ⚃ Z7; China, Taiwan, Jap. [65134]
  'Big Blue' [65138]
  'Gold Banded' [61518]
  'Ingwersen' [60318]
  'Majestic' [61520]
  'Monroe White' [61521]
  'Variegata' [60322]
- *platyphylla* F.T. Wang et Tang = Liriope muscari
- **spicata** Lour. 1790 · D:Lockerwüchsige Liriope · ⚃ ⓚ; Korea [65139]
  'Alba'
  'Silver Dragon' [60324]

Liriopsis Spach = Michelia
- *fuscata* (Andrews) Spach = Michelia figo var. figo

Liriosma Poepp. et Endl. = Dulacia
- *ovata* Miers = Dulacia inopiflora

Lisianthius P. Browne 1756 -m- *Gentianaceae*
- **nigrescens** Cham. et Schltr. 1831 · E:Flor de Muerto · ♄ Z9 VI-VIII; S-Mex., C-Am.
- *russellianus* Hook. = Eustoma grandiflorum

Lissochilus R. Br. = Eulophia
- *giganteus* Welw. = Eulophia bouliawongo
- *horsfallii* Bateman = Eulophia rosea

Listera R. Br. 1813 -f- *Orchidaceae* · (S. 1071)
D:Zweiblatt; E:Twayblade; F:Listère
- **cordata** (L.) R. Br. 1813 · D:Kleines Zweiblatt; E:Lesser Twayblade · ⚃ Z6 V-VIII ▽ ✻; Eur.*, TR, Cauc., W-Sib., E-Sib., Amur, Sachal., Kamchat., Jap., Alaska, Can., USA*, Greenl.
- **ovata** (L.) R. Br. 1813 · D:Großes Zweiblatt; E:Common Twayblade · ⚃ Z6 V-VII ▽ ✻; Eur.*, TR, Cyprus, Syr., Cauc., Iran, Afgh., Pakist., W-Sib., C-As.

Listrostachys Rchb. 1852 -f- *Orchidaceae*
- *mystacidioides* Kraenzl. = Diaphananthe bidens
- *pellucida* (Lindl.) Rchb. f. = Diaphananthe pellucida
- **pertusa** (Lindl.) Rchb. f. 1852 · ⚃ Z10; W-Afr., Zaire

Litchi Sonn. 1782 -f- *Sapindaceae* · (S. 802)
D:Litschi; E:Litchi; F:Cerisier de Chine, Litchi
- **chinensis** Sonn. 1782 · D:Litschi; E:Litchee, Lychee · ♄ e Z9 ⓚ V Ⓝ; S-China

Lithocarpus Blume 1828 -m- *Fagaceae* · (S. 531)
D:Steinfrüchteiche, Südeiche; E:Tanbark Oak
- **densiflorus** (Hook. et Arn.) Rehder 1917 · ♄ e Z7 ⓐ; USA: Oreg., Calif [21571]
- **edulis** (Makino) Nakai 1920 · ♄ e Z8 ⓚ; Jap. [21569]
- **henryi** (Seemen) Rehder et E.H. Wilson 1916 · ♄ e Z7; C-China [21568]

Lithodora Griseb. 1844 -f- *Boraginaceae* · (S. 308)
D:Steinsame; F:Grémil
- **diffusa** (Lag.) I.M. Johnst. 1924 · F:Grémil étalé · ♄ e △ Z7 ⓐ ∧ V-VII; Eur.: sp. [65140]
  'Alba' [65141]
  'Cambridge Blue' [65142]
  'Heavenly Blue' [65143]
  'Star' [68753]
- **fruticosa** (L.) Griseb. 1844 · ♄ e Z8 ⓚ V-VI; Eur.: sp., F; Maroc., Alger.
- **hispidula** (Sibth. et Sm.) Griseb. 1916 · ♄ e Z8 ⓚ; Crete, TR, Cyprus, Syria, Libya [61530]
- **oleifolia** (Lapeyr.) Griseb. 1844 · ♄ e Z7 ⓐ VI; Eur.: sp. (E-Pyr.) [61529]
- **rosmarinifolia** (Ten.) I.M. Johnst. 1924 · ♄ e Z8 ⓐ I-II; S-I, Sic., Alger.
- **zahnii** (Heldr. ex Halácsy) I.M. Johnst. 1924 · ♄ e Z8 ⓚ; S-GR [69818]

Lithophragma (Nutt.) Torr. et A. Gray 1840 -n- *Saxifragaceae* · (S. 815)
D:Schattenstern; E:Woodland Star

– **parviflora** (Hook.) Nutt. ex Torr. et A. Gray 1840 · ⚂ Z8; Can.: B.C., Alta.; USA: Rocky Mts.

Lithops (N.E. Br.) N.E. Br. 1926 -f- *Aizoaceae* · (S. 146)
D:Lebender Stein; E:Flowering Stones, Living Stones; F:Caillou vivant, Plante-caillou
– *alpina* Dinter = Lithops pseudotruncatella subsp. pseudotruncatella
– **aucampiae** L. Bolus 1932
  – subsp. **aucampiae** · ⚕ Z9 ⓚ; S-Afr. (Cape Prov.)
  – var. *koelemanii* (De Boer) D.T. Cole 1973 = Lithops aucampiae subsp. aucampiae
– *aurantiaca* L. Bolus = Lithops hookeri
– *bella* N.E. Br. = Lithops karasmontana subsp. bella
  – var. *eberlanzii* (Dinter et Schwantes) de Boer et Boom 1961 = Lithops karasmontana subsp. eberlanzii
  – var. *lericheana* (Dinter et Schwantes) de Boer et Boom 1961 = Lithops karasmontana subsp. karasmontana
– *brevis* L. Bolus = Lithops dinteri subsp. dinteri
– **bromfieldii** L. Bolus 1934 · ⚕ Z9 ⓚ; S-Afr. (Cape Prov.)
  – var. *glaudinae* (de Boer) D.T. Cole 1973 = Lithops bromfieldii
  – var. *insularis* (L. Bolus) B. Fearn 1970 = Lithops bromfieldii
  – var. *menellii* (L. Bolus) B. Fearn 1970 = Lithops bromfieldii
– **comptonii** L. Bolus 1930 · ⚂ ⚕ Z9 ⓚ; Kap
– *deboeri* Schwantes = Lithops villetii subsp. deboerii
– *dendritica* Nel = Lithops pseudotruncatella subsp. dendritica
– **dinteri** Schwantes 1927
  – subsp. **dinteri** · ⚂ ⚕ Z9 ⓚ; Namibia
  – var. *brevis* (L. Bolus) B. Fearn 1970 = Lithops dinteri subsp. dinteri
– *diutina* L. Bolus = Lithops marmorata
– **divergens** L. Bolus 1934 · ⚂ ⚕ Z9 ⓚ; Kap, Namibia
  – var. *amethystina* · ⚕ Z9 ⓚ; S-Afr. (NW-Cape)
– **dorotheae** Nel 1939 · ⚂ ⚕ Z9 ⓚ; Kap
– *eberlanzii* (Dinter et Schwantes) N.E. Br. = Lithops karasmontana subsp. eberlanzii
– *elevata* L. Bolus = Lithops optica
– *elisae* de Boer = Lithops marmorata
– *erniana* Tischer et H. Jacobsen = Lithops karasmontana subsp. eberlanzii
– *framesii* L. Bolus = Lithops marmorata
– **francisci** (Dinter et Schwantes) N.E. Br. 1926 · ⚂ ⚕ Z9 ⓚ; Namibia
– *fulleri* N.E. Br. = Lithops julii subsp fulleri
– **fulviceps** (N.E. Br.) N.E. Br. 1922 · ⚕ Z9 ⓚ; Namibia
  – var. *lactinea* D.T. Cole 1973 = Lithops fulviceps
– **gesinae** de Boer 1955 · ⚕ Z9 ⓚ; Namibia
  – var. *annae* (de Boer) de Boer et Boom 1964 = Lithops gesinae
– **geyeri** (Nel) 1943 · ⚂ ⚕ Z9 ⓚ; Kap
– *glaudinae* de Boer = Lithops bromfieldii
– **gracilidelineata** Dinter 1928
  – subsp. **gracilidelineata** · ⚕ Z9 ⓚ; Namibia
  – var. *waldronae* de Boer 1963 = Lithops gracilidelineata subsp. gracilidelineata
– **hallii** de Boer 1957 · ⚕ Z9 ⓚ; S-Afr. (NW-Cape)
  – var. *ochracea* (de Boer) D.T. Cole 1973 = Lithops hallii
– **helmutii** L. Bolus 1933 · ⚕ Z9 ⓚ; S-Afr. (NW-Cape Prov.)
– **herrei** L. Bolus 1932 · ⚂ ⚕ Z9 ⓚ; Kap, Namibia
  – var. *geyeri* (Nel) de Boer et Boom 1961 = Lithops geyeri
– **hookeri** (A. Berger) Schwantes 1928 · ⚕ Z9 ⓚ; S-Afr. (NW-Cape)
  – var. *dabneri* (L. Bolus) D.T. Cole 1988 = Lithops hookeri
  – var. *elephina* (D.T. Cole) D.T. Cole 1988 = Lithops hookeri
  – var. *lutea* (de Boer) D.T. Cole 1988 = Lithops hookeri
  – var. *marginata* (Nel) D.T. Cole 1988 = Lithops hookeri
  – var. *subfenestrata* (de Boer) D.T. Cole 1988 = Lithops hookeri
  – var. *susannae* (D.T. Cole) D.T. Cole 1988 = Lithops hookeri
– **julii** (Dinter et Schwantes) N.E. Br. 1926
  – **subsp fulleri** (N.E. Br.) B. Fearn 1976 · ⚂ ⚕ Z9 ⓚ; Kap
  – subsp. **julii** · ⚂ ⚕ Z9 ⓚ; Namibia
– **karasmontana** (Dinter et Schwantes) N.E. Br. 1926
  – subsp. **bella** (N.E. Br.) D.T. Cole 1988 · ⚂ ⚕ Z9 ⓚ; Namibia
  – subsp. **eberlanzii** (Dinter et Schwantes) D.T. Cole 1988 · ⚂ ⚕ Z9 ⓚ; Namibia
  – subsp. **karasmontana** · ⚂ ⚕ Z9 ⓚ ⓚ; Namibia
  – var. *mickbergensis* (Dinter) de Boer et Boom 1961 = Lithops karasmontana subsp. karasmontana
  – var. *opalina* (Dinter) de Boer et Boom 1961 = Lithops karasmontana subsp. karasmontana
  – var. *summitatum* (Dinter) de Boer et Boom 1961 = Lithops karasmontana subsp. karasmontana
– *lactea* Schick et Tischer = Lithops julii subsp. julii
– **lesliei** (N.E. Br.) N.E. Br. 1922
  – subsp. **lesliei** · ⚕ Z9 ⓚ; S-Afr. (Cape Prov.)
  – var. *hornii* de Boer 1988 = Lithops lesliei subsp. lesliei
  – var. *mariae* D.T. Cole 1970 = Lithops lesliei subsp. lesliei
  – var. *venteri* (Nel) de Boer et Boom 1961 = Lithops lesliei subsp. lesliei
– **localis** (N.E. Br.) Schwantes 1938 · ⚂ ⚕ Z9 ⓚ; Kap
  – var. *peersii* (L. Bolus) de Boer et Boom 1961 = Lithops localis
  – var. *terricolor* (N.E. Br.) de Boer et Boom 1961 = Lithops localis
– **marmorata** (N.E. Br.) N.E. Br. 1922 · ⚂ ⚕ Z9 ⓚ; S-Afr. (Cape Prov.)
  – var. *elisae* (de Boer) D.T. Cole 1973 = Lithops marmorata
– **meyeri** L. Bolus 1932 · ⚂ ⚕ Z9 ⓚ; Kap
– *mickbergensis* Dinter = Lithops karasmontana subsp. karasmontana
– **naureeniae** D.T. Cole 1980 · ⚕ Z9 ⓚ; S-Afr. (NW-Cape)
– *nelii* Schwantes = Lithops ruschiorum
– **olivacea** L. Bolus 1929 · ⚕ Z9 ⓚ; S-Afr. (Cape Prov.)
  – var. *nebrownii* D.T. Cole 1988 = Lithops olivacea
– *opalina* Dinter = Lithops karasmontana subsp. karasmontana
– **optica** (Marloth) N.E. Br. 1922 · ⚂ ⚕ Z9 ⓚ; Namibia
  – var. *rubra* (Tischer) Tischer 1926 = Lithops optica
– **otzeniana** Nel 1937 · ⚕ Z9 ⓚ; S-Afr. (Cape Prov.)
– **pseudotruncatella** (A. Berger)

N.E. Br. 1922
- subsp. **dendritica** (Nel) D.T. Cole 1988 · ⚄ ⚇ Z9 ⓚ; Namibia
- subsp. **groendrayensis** (H. Jacobsen) D.T. Cole 1988 · ⚄ ⚇ Z9 ⓚ; Namibia
- subsp. **pseudotruncatella** · ⚄ ⚇ Z9 ⓚ; Namibia
- var. *alpina* (Dinter) H. Jacobsen 1927 = Lithops pseudotruncatella subsp. pseudotruncatella
- **ruschiorum** (Dinter et Schwantes) N.E. Br. 1926 · ⚄ ⚇ Z9 ⓚ; Namibia
- var. *nelii* (Schwantes) de Boer et Boom 1961 = Lithops ruschiorum
- **salicola** L. Bolus 1936 · ⚇ Z9 ⓚ; S-Afr. (Orange Free State)
- **schwantesii** Dinter 1928
- subsp. **schwantesii** · ⚇ Z9 ⓚ; Namibia
- var. *kunjasensis* (Dinter) de Boer et Boom 1961 = Lithops schwantesii subsp. schwantesii
- var. *marthae* (Loesch et Tischer) D.T. Cole 1973 = Lithops schwantesii subsp. schwantesii
- var. *triebneri* (L. Bolus) de Boer et Boom 1961 = Lithops schwantesii subsp. schwantesii
- **steineckeana** Tischer 1951 · ⚄ ⚇ Z9 ⓚ; Namibia
- *summitatum* Dinter = Lithops karasmontana subsp. karasmontana
- *terricolor* N.E. Br. = Lithops localis
- *translucens* L. Bolus = Lithops herrei
- *triebneri* L. Bolus = Lithops schwantesii subsp. schwantesii
- **turbiniformis** (Haw.) N.E. Br. 1920 · ⚄ ⚇ Z9 ⓚ; Kap
- *umdausensis* L. Bolus = Lithops marmorata
- **vallis-mariae** (Dinter et Schwantes) N.E. Br. 1926 · ⚄ ⚇ Z9 ⓚ; Namibia
- var. *groendraaiensis* (H. Jacobsen) de Boer 1967 = Lithops pseudotruncatella subsp. groendrayensis
- *venteri* Nel = Lithops lesliei subsp. lesliei
- **verruculosa** Nel 1943 · ⚇ Z9 ⓚ; S-Afr. (Cape Prov.)
- var. *glabra* de Boer 1966 = Lithops verruculosa
- var. *inae* (Nel) de Boer et Boom = Lithops verruculosa
- **villetii** L. Bolus 1950 · ⚇ Z9 ⓚ; S-Afr. (Cape Prov.)

- subsp. **deboerii** (Schwantes) D.T. Cole 1988 · ⚄ ⚇ Z9 ⓚ; S-Afr.
- subsp. **kennedyi** (De Boer) D.T. Cole 1988 · ⚇ ⓚ; S-Afr. (Cape Prov.)
- subsp. **villetii**
- **werneri** Schwantes et H. Jacobsen 1951 · ⚇ Z9 ⓚ; Namibia

Lithospermum L. 1753 -n- *Boraginaceae* · (S. 308)
D:Steinsame; E:Gromwell; F:Grémil
- *angustifolium* Michx. = Lithospermum incisum
- **arvense** L. · D:Gewöhnlicher Acker-Steinsame; E:Corn Gromwell · ☉ IV-VII; Eur.*, TR, Levante, Iran, W-Sib., E-Sib., C-As., Him., N-Afr., nat. in E-As., N-Am., S-Am., S-Afr., Austr.
- **canescens** (Michx.) Lehm. 1818 · D:Grauer Steinsame; E:Indian Plant, Puccoon · ⚄ △ Z3 IV-V; Can.: E, Sask.; USA: NE, NCE, NC, SE, SC
- *diffusum* Lag. = Lithodora diffusa
- *fruticosum* L. = Lithodora fruticosa
- **gastonii** Benth. 1846 · ⚄ Z6 ⓐ VI-VII; F; W-Pyr.
- *graminifolium* Viv. = Moltkia suffruticosa
- **incisum** Lehm. 1818 · D:Eingeschnittener Steinsame; E:Gromwell, Puccoon · ⚄ Z3 V-VI; Can., USA: NCE, NC, SC, SW, Rocky Mts.; N-Mex.
- **officinale** L. 1753 · D:Echter Steinsame; E:Gromwell · ⚄ Z6 V-VII ⚘ ⓝ; Eur.*, Cauc., TR, Palaest., Iran, W-Sib., E-Sib., C-As., Mong., China, nat. in N-Am.
- *oleifolium* Lapeyr. = Lithodora oleifolia
- *petraeum* (Tratt.) DC. = Moltkia petraea
- *prostratum* Loisel. non Buckland = Lithodora diffusa
- **purpurocaeruleum** L. 1753 · D:Blauroter Steinsame, Purpurblauer Steinsame; F:Grémil · ⚄ Z6 IV-VI; Eur.* exc. Sc; TR, Syr., Cauc., N-Iran [62885]
- *rosmarinifolium* Ten. = Lithodora rosmarinifolia

Lithraea Miers ex Hook. et Arn. 1826 -f- *Anacardiaceae* · (S. 156)
- **molleoides** (Vell.) Engl. 1876 · ♄ e Z9 ⓚ; S-Bras., Arg, Bol.

Litsea Lam. 1789 -f- *Lauraceae* · (S. 598)
- **calophylla** (Miq.) Mansf. 1959 · ♄ d ⓐ ⓝ; Malay. Pen., Java, Kalimantan
- **japonica** (Thunb.) Juss. 1805 · ♄ e ⓚ IX-I; Jap., Ryukyu-Is., S-Korea
- *sebifera* Blume non Pers. = Litsea calophylla

Littonia Hook. 1853 -f- *Colchicaceae* · (S. 980)
D:Kletterlilie; E:Climbing Lily
- **modesta** Hook. f. 1853 · D:Kletterlilie; E:Climbing Lily · ⚄ ⚶ Z9 ⓐ VI-VII; S-Afr.

Littorella P.J. Bergius 1768 -f- *Plantaginaceae* · (S. 695)
D:Strandling; F:Littorelle
- **uniflora** (L.) Asch. 1864 · D:Europäischer Strandling; E:Shore Weed · ⚄ ∼ ≈ V-IX; Eur.* exc. Ba [68241]

Livistona R. Br. 1810 -f- *Arecaceae* · (S. 953)
D:Livingstonpalme, Livistonie; E:Fan Palm; F:Livistonia
- **australis** (R. Br.) Mart. 1838 · D:Australische Livingstonpalme; E:Australian Fan Palm, Cabbage Palm · ♄ e Z10 ⓐ; Austr.: Queensl., N.S.Wales, Victoria [58104]
- **chinensis** (Jacq.) R. Br. ex Mart. · D:Chinesische Livingstonpalme; E:Chinese Fan Palm · ♄ e Z10 ⓐ; Japan (Shikoku, Kyushu, Ryukyu Is.), Taiwan
- **decipiens** Becc. 1910 · D:Trauer-Livingstonpalme · ♄ e Z10 ⓚ; Austr.: Queensl.
- *hoogendorpii* Teijsm. et Binn. ex Miq. = Livistona saribus
- **jenkinsiana** Griff. 1845 · D:Indische Livingstonpalme · ♄ e Z10 ⓐ; E-Him., Assam, Bangladesh, Myamar, Thail., Malaysia, China
- **mariae** F. Muell. 1874 · D:Zentralaustralische Livingstonpalme · ♄ e Z9 ⓐ; Austr. (N.Terr., Queensl.)
- subsp. **mariae**
- subsp. **rigida** (Becc.) Rodd 1998 · ♄ e ⓐ; Austr. (Queensl., N.Terr.)
- **muelleri** F.M. Bailey 1902 · D:Zwerg-Livingstonpalme · ♄ e Z10 ⓐ; N.Guinea, Austr. (Queensl.)
- *rigida* Becc. = Livistona mariae subsp. rigida

- **rotundifolia** (Lam.) Mart. 1838 · D:Rundblättrige Livingstonpalme · ♄ e Z10 ⌂; N-Kalimantan, Sulawesi, Molucca Is., Phil.
- **saribus** (Lour.) Merr. ex A. Chev. 1919 · D:Taraw-Livingstonpalme · ♄ e Z10 ⌂; Malay. Arch., Phil.

Llavea Lag. 1816 -f- *Adiantaceae* · (S. 60)
- **cordifolia** Lag. 1816 · ♃ Z9 ⌂; Mex.

Lloydia Salisb. ex Rchb. 1830 -f- *Liliaceae* · (S. 1032)
D:Faltenlilie; E:Snowdon Lily; F:Loïdie
- **serotina** (L.) Rchb. 1830 · D:Späte Faltenlilie; E:Snowdon Lily · ♃ Z5 VII-VIII ▽; Eur.* exc. Ib, Sc; Cauc., W-Sib., E-Sib., Amur, Sachal., Kamchat.

Loasa Adans. 1782 -f- *Loasaceae* · (S. 605)
D:Loase; F:Loasa
- **acanthifolia** Lam. 1792 · ⊙ ⊙ ♃ Z10 VII-IX; Chile
- **ambrosiifolia** Juss. = Loasa urens
- **× aurantiaca** hort. = Caiophora lateritia
- **contorta** Lam. = Caiophora contorta
- **hispida** L. = Loasa urens
- **lateritia** (Hook.) Gillies ex Arn. = Caiophora lateritia
- **papaverifolia** Kunth = Loasa triphylla var. papaverifolia
- **tricolor** Ker-Gawl. · ⊙ Z10 VII-VIII; Chile
- **triphylla** Juss. 1804
  - var. **papaverifolia** (Kunth) Urb. et Gilg 1900 · ⊙ Z10; S-Am.
  - var. **triphylla** · ⊙ Z10; n. S-Am.
  - var. **volcanica** (André) Urb. et Gilg 1900 · ⊙ Z10 VII-IX; Col., Ecuad.
- **urens** Jacq. 1784 · E:Desert Stingbush · ⊙ Z10 VII-VIII; Peru
- **volcanica** André = Loasa triphylla var. volcanica
- **wallisii** Maxim. = Loasa triphylla var. volcanica

Lobelia L. 1753 -f- *Campanulaceae* · (S. 386)
D:Lobelie; E:Lobelia; F:Lobélie
- **anatina** Wimm. 1924 · ♃; USA: SW; N-Mex.
- **angulata** G. Forst. = Pratia angulata
- **cardinalis** L. 1753 · D:Kardinals-Lobelie; E:Cardinal Flower, Scarlet Lobelia; F:Lobélie écarlate · ♃ ∼ Z3 VII-IX; Can.: E, Sask.; USA: NE, NCE, SC, SE, Fla., Rocky Mts., Calif.; Mex., C-Am. [65144]
  'Alba' [61531]
- **dortmanna** L. 1753 · D:Wasser-Lobelie; E:Water Lobelia; F:Lobélie de Dortmann · ♃ ≈ Z4 VII-VIII ☼ ▽; Eur.: Fr, BrI, Sc, D, PL, Russ.; N-Afr., TR, Can.: E, B.C.; USA: NE, NCE, NW
- **elongata** Small 1903 · ♃ ∼ ⌂ ∧ VIII-X; USA: NE, SE
- **erinus** L. 1753 · D:Blaue Lobelie, Männertreu; E:Edging Lobelia, Trailing Lobelia; F:Lobélie · ⊙ ⊙ ♃ V-X; Kap [16757]
  'Cambridge Blue'
  'Crystal Palace'
  'Kaiser Wilhelm'
  'Richardii' [16759]
  'Rosamunde'
  'Sapphire'
  'Snowball'
- **fenestralis** Cav. 1801 · ⊙ ⊙ Z9 VII-VIII; USA: Tex., SW; Mex.
- **fulgens** Willd. 1809 · ⊙ ♃ Z8; Tex., Mex.
- **× gerardii** Chabanne et Goujon ex Sauv. 1893 (*L. cardinalis* × *L. siphilitica*) · F:Lobélie · ♃ Z7 ∧ VIII-IX; cult. [61538]
  'Blauzauber' [65146]
  'Vedrariensis' [61540]
- **inflata** L. 1753 · D:Indianer-Tabak; E:Indian Tobacco · ⊙ VII-VIII ⚥ ☼; Can.: E, Sask.; USA: NE, NCE, NC, SE [61541]
- **laxiflora** Kunth 1820
  - var. **angustifolia** DC.
  - var. **laxiflora** · D:Fackel-Lobelie · ♃ ♄ Z9 ⌂ VII-X; C-Am., Col. [61542]
- **longiflora** L. = Isotoma longiflora
- **richardsonii** hort. 1934 · ♃ Z10; orig. ?
- **sessilifolia** Lamb. 1811 · ♃ ∼ Z5 VI-VII; Jap., Korea, Sachal., E-Sib., Manch., Taiwan [67225]
- **siphilitica** L. 1753 · D:Blaue Kardinals-Lobelie; E:Great Lobelia; F:Lobélie géante · ♃ ∼ Z5 VII-IX ⚥; Can.: E; USA: NE, NCE, NC, SE, SC [61543]
  'Alba' [65148]
  'Blaue Auslese' [68779]
- **× speciosa** hort. (*L. cardinalis* × *L. siphilitica* × *L. splendens*) · D:Pracht-Lobelie · ♃ ⋈ Z7 VIII-IX; cult. [74086]
  Fan Ser. [67857]
- **splendens** Humb. et Bonpl. ex Willd. 1809 · ♃ ∼ ⌂ VII-X; USA: Mo., SC, NC, Rocky Mts., Calif.; Mex. [65149]
  'Elmfeuer' [65150]
- **tenuior** R. Br. 1810 · ♃ Z9 ⌂ V-IX; W-Austr.
- **tupa** L. 1753 · D:Teufelstabak; E:Devil's Tobacco · ♃ Z8 ⌂ IX-X ☼; Chile
- **urens** L. 1753 · D:Land-Lobelie; E:Heath Lobelia · ♃; Eur.: Azor., BrI, Ib, Fr; Maroc., Madeira
- **valida** L. Bolus 1934 · ♄ ⌂; Kap
- **× vedrariensis** hort. = Lobelia × gerardii 'Vedrariensis'

Lobivia Britton et Rose 1922 -f- *Cactaceae* · (S. 358)
- **acanthoplegma** (Backeb.) Backeb. 1963
  - var. **acanthoplegma** · Ψ ⌂
  - var. **oligotricha** (Cárdenas) Gertel et R. Wahl 2004 · Ψ ⌂
- **aculeata** Buining = Lobivia pentlandii
- **allegraiana** Backeb. = Lobivia hertrichiana
- **arachnacantha** Buining et F. Ritter = Echinopsis arachnacantha
- **atrovirens** Backeb. = Rebutia eos
- **aurea** (Britton et Rose) Backeb. = Echinopsis aurea var. aurea
- **backebergii** (Werderm.) Backeb. · Ψ Z9 ⌂ ▽ ☀; E-Bol., S-Peru
- **binghamiana** Backeb. = Lobivia hertrichiana
- **boliviensis** Britton et Rose = Lobivia pentlandii
- **breviflora** Backeb. = Lobivia sanguiniflora
- **bruchii** Britton et Rose = Trichocereus bruchii
- **caespitosa** J.A. Purpus = Lobivia maximiliana
- **caineana** Cárdenas 1952 · Ψ Z9 ⌂; Bol.
  - var. **albiflora** Rausch · Ψ ⌂
  - var. **caineana** · Ψ ⌂
- **camataquiensis** Cárdenas = Lobivia lateritia
- **cardenasiana** Rausch = Echinopsis cardenasiana
- **carminantha** Backeb. = Lobivia lateritia
- **charazanensis** Cárdenas = Lobivia maximiliana
- **chorrillosensis** Rausch = Echinopsis hamatacantha
- **chrysantha** (Werderm.) Backeb. 1935 · Ψ Z9 ⌂ ▽ ☀; Arg.: Salta, Jujuy
- **chrysochete** (Werderm.) Wessner 1938 · Ψ ⌂

- **cinnabarina** (Hook.) Britton et Rose · ⚘ Z9 ⓚ ▽ ✱; Bol.
- *cintiensis* Cárdenas = Lobivia laterita
- *claeysiana* Backeb. = Echinopsis ferox
- *corbula* Britton et Rose = Lobivia maximiliana
- *cylindrica* Backeb. = Echinopsis aurea var. aurea
- **densispina** (Werderm.) Backeb. 1935 · ⚘ ⓚ
- *draxleriana* Rausch = Lobivia cinnabarina
- *drijveriana* Backeb. = Lobivia kuehnrichii
- *echinata* Rausch = Lobivia hertrichiana
- *euanthema* Backeb. = Rebutia aureiflora
- **famatinensis** (Speg.) Britton et Rose · ⚘ Z9 ⓚ ▽ ✱; Arg.: La Rioja, San Juan
- *ferox* Britton et Rose = Echinopsis ferox
- *hastifera* Werderm. = Echinopsis ferox
- **hertrichiana** Backeb. 1933 · ⚘ Z9 ⓚ ▽ ✱; SE-Peru
- *higginsiana* Backeb. = Lobivia pentlandii
- *hualfinensis* Rausch = Echinopsis hamatacantha
- *huascha* (F.A.C. Weber) W.T. Marshall = Trichocereus huascha
- *huilcanota* Rauh et Backeb. = Lobivia hertrichiana
- *incaica* Backeb. = Lobivia hertrichiana
- *janseniana* Backeb. = Lobivia chrysantha
- *kieslingii* Rausch = Trichocereus formosus
- *klusacekii* Frič = Lobivia kuehnrichii
- **kuehnrichii** Frič 1931 · ⚘ Z9 ⓚ ▽ ✱; Arg.: Jujuy
- *larae* Cárdenas = Lobivia pentlandii
- **lateritia** (Gürke) Britton et Rose 1922 · ⚘ Z9 ⓚ; Bol.
- *laui* Donald = Lobivia hertrichiana
- *lauramarca* Rauh et Backeb. = Lobivia pentlandii
- *leptacantha* = Lobivia schieliana
- *leucomalla* Wessner = Echinopsis aurea var. leucomalla
- *leucorhodon* Backeb. = Lobivia pentlandii
- *leucoviolacea* Backeb. = Lobivia pentlandii
- *longispina* Britton et Rose = Echinopsis longispina
- **marsoneri** (Werderm.) Backeb. 1935 · ⚘ Z9 ⓚ; N-Arg.
- **maximiliana** (Heyder) Backeb. · ⚘ Z9 ⓚ ▽ ✱; S-Peru, N-Bol.
- *minuta* F. Ritter = Lobivia hertrichiana
- *mistiensis* (Werderm. et Backeb.) Backeb. = Lobivia pampana
- **pampana** Britton et Rose 1922 · ⚘ Z9 ⓚ; Peru
- **pentlandii** (Hook.) Britton et Rose 1922 · ⚘ Z9 ⓚ ▽ ✱; S-Peru, N-Bol.
- *planiceps* Backeb. = Lobivia hertrichiana
- *polaskiana* Backeb. = Lobivia chrysantha
- *prestoana* Cárdenas = Lobivia cinnabarina
- **pugionacantha** (Rose et Boed.) Backeb. 1935 · ⚘ Z9 ⓚ; Bol.
  - var. **pugionacantha** · ⚘ ⓚ
  - var. **rossii** (Boed.) Rausch 1975 · ⚘ ⓚ; Bol. (Potosí)
- *purpureominiata* F. Ritter = Trichocereus huascha
- *rauschii* Zecher = Echinopsis yuquina
- **saltensis** (Speg.) Britton et Rose 1922 · ⚘ Z9 ⓚ; N-Arg.
  - var. **nealeana** (Backeb.) Rausch 1977 · ⚘ ⓚ
  - var. **saltensis** · ⚘ ⓚ
- **sanguiniflora** Backeb. 1935 · ⚘ Z9 ⓚ; N-Arg.
- **schieliana** Backeb. 1956 · ⚘ Z9 ⓚ; Bol. (La Paz)
- *schneideriana* Backeb. = Lobivia pentlandii
- *shaferi* Britton et Rose = Echinopsis aurea var. aurea
- **silvestrii** (Speg.) G.D. Rowley 1967 · ⚘ Z9 ⓚ ▽ ✱; Arg.: Tucuman
- **tegeleriana** Backeb. 1936 · ⚘ Z9 ⓚ; Peru
  - var. **incuiensis** (Rauh et Backeb.) Rausch 1975 · ⚘ ⓚ
  - var. **tegeleriana** · ⚘ ⓚ
- **tiegeliana** Wessner 1939 · ⚘ Z9 ⓚ; Bol. (Tarija), Arg. (Jujuy, Salta)
  - var. **peclardiana** (Krainz) Krainz 1964 · ⚘ ⓚ
  - var. **pusilla** (F. Ritter) Rausch 1975 · ⚘ ⓚ
  - var. **tiegeliana** · ⚘ ⓚ
- *varians* Backeb. = Lobivia pentlandii
- *vilcabambae* F. Ritter = Lobivia hertrichiana
- *walterspielii* Boed. = Lobivia cinnabarina
- *weghaiana* Backeb. = Lobivia pentlandii
- **winteriana** F. Ritter 1970 · ⚘ Z9 ⓚ; Peru

Lobostemon Lehm. 1830 -m- *Boraginaceae* · (S. 308)
D:Schuppenfaden; F:Fausse-vipérine
- **argenteus** (Lehm.) H. Buek 1837 · ♄ ⓚ VI; S-Afr.
- **fruticosus** (L.) H. Buek 1837 · E:Eighty Day Healing Bush · ♄ ⓚ V; S-Afr.
- **glaucophyllus** (Pers.) H. Buek 1837 · ♄ ⓚ V; S-Afr.

Lobularia Desv. 1815 -f- *Brassicaceae* · (S. 327)
D:Duftsteinrich, Silberkraut; E:Sweet Alsion; F:Alysson
- **maritima** (L.) Desv. 1815 · D:Strand-Silberkraut · [16698]
  'Carpet of Snow'
  'Orientalische Nächte'
  'Rosie O'Day'
  'Royal Carpet'
  'Snow Crystals'
  - var. **benthamii** (L.H. Bailey) · F:Alysse odorant benthamii · ⊙ Z7; cult.
  - var. **maritima** · D:Gewöhnliches Strand-Silberkraut; E:Sweet Alison, Sweet Alyssum · ⚃ Z7 VI-X; Eur.: Ib, Fr, Ap, Ba; TR, N-Afr., Arab., nat. in BrI, Sc, A, EC-Eur., RO, Krim

Lochnera Rchb. ex Endl. = Catharanthus
- *rosea* (L.) Rchb. ex Endl. = Catharanthus roseus

Lockhartia Hook. 1827 -f- *Orchidaceae* · (S. 1071)
- **lunifera** (Lindl.) Rchb. f. 1852 · ⚃ Z10 ⓚ VII-VIII ▽ ✱; Bras.
- **oerstedii** Rchb. f. 1852 · ⚃ Z10 ⓚ VI-VIII ▽ ✱; Guat.
- *robusta* Schltr. = Lockhartia oerstedii
- *verrucosa* Rchb. f. = Lockhartia oerstedii

Lodoicea Comm. ex DC. 1800 -f- *Arecaceae* · (S. 954)
D:Seychellennuss; E:Double Coconut, Seychelles Nut; F:Cocotier de Seychelles
- **maldivica** (J.F. Gmel.) Pers. ex H. Wendl. 1878 · D:Seychellennuss; E:Cocodemer, Double Coconut,

Seychelles Nut · ♄ e Z10 ⓦ; Seych.

Logania R. Br. 1810 -f- *Loganiaceae* · (S. 606)
- **albidiflora** (Andrews) Druce 1917 · ♄ Z9 ⓚ IV-V; Austr.: Queensl., N.S.Wales, Victoria

Loiseleuria Desv. 1813 -f- *Ericaceae* · (S. 470) D:Alpenazalee, Alpenheide, Gämsheide; E:Alpine Azalea, Trailing Azalea; F:Loiseleuria
- **procumbens** (L.) Desv. 1813 · D:Alpenazalee, Alpenheide, Gämsheide; E:Alpine Azalea, Mountain Azalea; F:Azalée des Alpes · ♄ e ⌇ △ Z1 VI-VII; Eur.* exc. EC-Eur.; E-Sib., Kamchat., Sachal., Jap., Alaska, Greenl., Can., USA: Maine, N.H., Wash. [31090]

Lolium L. 1753 -n- *Poaceae* · (S. 1118) D:Lolch, Raigras, Raygras, Weidelgras; E:Rye Grass; F:Raygras
- × **boucheanum** Kunth 1834 (*L. multiflorum* × *L. perenne*) · ⚃ ⓝ; cult.
- × *hybridum* Hausskn. = Lolium × boucheanum
- *italicum* A. Braun = Lolium multiflorum
- **multiflorum** Lam. 1779 · D:Italienisches Weidelgras, Vielblütiger Lolch; E:Common Ryegrass, Italian Ryegrass · ⊙ ⊙ ⚃ VI-VIII ⓝ; Eur.: Ib, Fr, Ap, Ba, RO; TR, Palaest., Macaron., N-Afr., nat. in Eur. *, Iraq, Cauc., Iran, Ind., N-Am., S-Am., S-Afr., Tasman., NZ
- **perenne** L. 1753 · D:Deutsches Weidelgras, Englisches Weidelgras, Lolch · ⚃ VI-X ⓝ; Eur*, Cauc, TR, Cyprus, Syr., Lebanon, Palest., Iraq, Iran, N-Afr., Canar., Madeira, nat. in cosmop.
  - var. *multiflorum* (Lam.) Parn. = Lolium multiflorum
- **remotum** Schrank 1789 · D:Lein-Lolch · ⊙ VI-VIII; Eur.: E-Eur, EC-Eur.; Afgh., Ind, Amur, nat. in N-Afr., Canar., Azor., W-Austr.
- **rigidum** Gaudin 1811 · D:Steifer Lolch; E:Stiff Darnel, Wimmera Ryegrass · ⊙ VI-IX; Eur.: Ib, Fr, CH, Ap, Ba, RO, krim; TR, Syr., Lebanon, Israel, Iraq, Cauc., Iran, Afgh., Kashmir, Ind, N-Afr., Madeira, Canar., nat. in S-Afr., N-Am., S-Am., Austr.
- **temulentum** L. 1753 · D:Taumel-Lolch; E:Bearded Ryegrass, Darnel · ⊙ VI-VIII ⚘; Eur.*, Levante, Iraq, Arab., Cauc., Iran, Afgh., Pakist., Sri Lanka, W-Sib., C-As, Ind., Amur, Sachal., N-Afr., nat. in E-As., Jap., Eth., trop. Afr., S-Afr., N-Am., S-Am., Austr., NZ

Lomaria Willd. = Blechnum
- *ciliata* T. Moore = Blechnum moorei
- *gibba* Labill. = Blechnum gibbum

Lomariopsis Fée 1845 -f- *Lomariopsidaceae* · (S. 71) D:Saumfarn; F:Fougère grimpante
- **brackenridgei** Carrière 1873 · ⚃ ⓦ
- **sorbifolia** (L.) J. Sm. emend. Underw. 1845 · ⚃ ⚘ ⓚ; trop. Afr., trop. As.

Lomatia R. Br. 1810 -f- *Proteaceae* · (S. 720)
- **ferruginea** (Cav.) R. Br. 1810 · ♄ e Z8 ⓚ VII; Chile
- **hirsuta** (Lam.) Diels ex J.F. Macbr. 1937 · ♄ e Z8 ⓚ; Bras., Peru
- **myricoides** (C.F. Gaertn.) Domin 1921 · ♄ e Z8 ⓚ VII; Austr.: N.S.Wales, Victoria [21572]
- *obliqua* (Ruiz et Pav.) R. Br. = Lomatia hirsuta
- **silaifolia** (Sm.) R. Br. 1810 · ♄ e Z8 ⓚ; Austr. (Queensl., N.S.Wales)
- **tinctoria** (Labill.) R. Br. 1810 · ♄ e Z8 ⓚ; Austr. (Tasman.)

Lomatogonium A. Braun 1830 -n- *Gentianaceae* · (S. 543) D:Saumnarbe, Tauernblümchen
- **carinthiacum** (Wulfen) Rchb. 1831 · D:Kärntner Tauernblümchen · ⊙ VIII-IX ▽; Eur.: I, C-Eur., RO; Alp., S-Carp.; Cauc., W-Sib., E-Sib., Kamchat., C-As., Him., China: Sinkiang

Lonas Adans. 1763 -f- *Asteraceae* · (S. 257) D:Gelber Leberbalsam; E:Yellow Ageratum; F:Agérate jaune
- **annua** (L.) Vines et Druce 1914 · D:Gelber Leberbalsam; E:African Daisy, Yellow Ageratum · ⊙ VIII-X; Eur.: S-I, Sic.; N-Afr., nat. in F [16761]
- *inodora* (L.) Gaertn. = Lonas annua

Lonchitis L. 1753 -f- *Dennstaedtiaceae* · (S. 65) D:Lanzenfarn; F:Fougère, Ptéris
- **hirsuta** L. 1753 · ⚃ Z10 ⓦ; Mex., C-Am., trop. S-Am.
- **pubescens** Willd. 1824 · ⚃ Z10 ⓦ; trop. Afr.

Lonchocarpus Kunth 1824 -m- *Fabaceae* · (S. 514) D:Timboholz; E:Bitter Wood, Turtle Bone
- **neuroscapha** Benth. 1860 · ⓦ; Urug.
- **nicou** (Aubl.) DC. 1825 · ♄ ⚘ Z10 ⓦ ⚘ ⓝ; ? Peru, ? W-Amazon.
- **urucu** Killip et A.C. Sm. 1930 · ♄ ⚘ Z10 ⓦ ⚘ ⓝ; Amazon.
- *utilis* A.C. Sm. = Lonchocarpus nicou

Lonicera L. 1753 -f- *Caprifoliaceae* · (S. 395) D:Geißblatt, Heckenkirsche; E:Honeysuckle; F:Chèvrefeuille
- **acuminata** Wall. 1824 · D:Spitzblättriges Geißblatt · ! e ⚘ Z5; Him.: Nepal, Sikkim [13715]
- **albertii** Regel 1880 · D:Dornige Heckenkirsche; F:Clématite d'Albert · ♄ d ⚘ D Z6 V ⚘; C-As., Tibet [19060]
- **albiflora** Torr. et A. Gray 1841
- **alpigena** L. 1753 · D:Alpen-Heckenkirsche; E:Alpine Honeysuckle · ♄ d ⚘ Z6 V ⚘; Eur.* exc. Sc, BrI; mts. [31100]
- **alseuosmoides** Graebn. 1901 · ♄ e ⚘ Z6 VI-VII ⚘; W-China [20832]
- **altmannii** Regel et Schmalh. 1878 · ♄ ! d ⚘ Z5 IV-V ⚘; C-As.
- × **americana** (Mill.) K. Koch 1867 (*L. caprifolium* × *L. etrusca*) · D:Italienisches Geißblatt · ♄ d ⚘ D Z7 VI-VIII ⚘; S-F + [20833]
  'Harlequin' 1984 [12183]
  'Sherlite' = Lonicera × americana 'Harlequin'
- × **amoena** Zabel 1889 (*L. korolkowii* var. *korolkowii* × *L. tatarica*) · ♄ d Z5 VI ⚘; cult. [20834]
- **angustifolia** Wall. ex DC. 1830 · D:Schmalblättrige Heckenkirsche · ♄ d Z5 V-VI ⚘; Kashmir, Him., SE-Tibet
- **arizonica** Rehder 1902 · D:Arizona-Heckenkirsche · ♄ d Z6 ⚘; Ariz., N.Mex.
- × **bella** Zabel 1889 (*L. morrowii* × *L. tatarica*) · ♄ d Z4 ⚘; cult. [20838]

'Candida' [55545]
- **biflora** Desf. 1798 · ℔ d Z9 ⌂; Eur.: SE-Sp., nat. in Sic., Maroc., Alger.
- *brachypoda* DC. = Lonicera japonica var. repens
- × **brownii** (Regel) Carrière 1856 (*L. hirsuta* × *L. sempervirens*) · E:Scarlet Trumpet Honeysuckle · ℔ d ⚥ Z6 V-VIII ✼; cult. [20839]
'Dropmore Scarlet' < 1950 [44326]
'Fuchsioides' 1872 [44323]
- **caerulea** L. 1753 · D:Blaue Heckenkirsche · ✼ [18960]
  - var. **caerulea** · D:Gewöhnliche Blaue Heckenkirsche; E:Blue Honeysuckle; F:Camérisier bleu · ℔ d Z3 IV-V ✼; Eur.* exc. BrI; ? TR
  - var. **dependens** (Dippel) Rehder · ℔ d; C-As. [25832]
  - var. **edulis** (Turcz. ex Herder) Hultén 1930
- **canadensis** W. Bartram ex Marshall 1785 · D:Kanadische Heckenkirsche; E:American Fly Honeysuckle, Fly Honeysuckle · ℔ d Z3 V ✼; Can.: E, Sask.; USA: NE, NCE, NC
- **caprifolium** L. 1753 · D:Jelängerjelieber, Wohlriechendes Geißblatt; E:Italian Honeysuckle; F:Clématite des jardins · ℔ d ⚥ D Z5 V-VI ⚥ ✼; Eur.: A, Ap, Ba, EC-Eur., RO; TR, Cauc., nat. in BrI, Sc, C-Eur., Fr, Ib [44325]
'Anna Fletcher' [25834]
'Inga' [20844]
- **caucasica** Pall. 1784 · D:Kaukasische Heckenkirsche · ℔ d Z6 V-VII ✼; Cauc. [15748]
- **chaetocarpa** (Batalin ex Rehder) Rehder 1911 · D:Borstenfrüchtige Heckenkirsche · ℔ d ⊕ Z5 V ✼; W-China [20845]
- *chinensis* P. Watson = Lonicera japonica var. japonica
- **chrysantha** Turcz. 1844 · D:Gelbblütige Heckenkirsche · [41077]
  - var. **chrysantha** · ℔ d Z4 V-VI ✼; Jap., Korea, Sachal., E-Sib.
  - var. **latifolia** Korsh. Z3 ✼; Korea +
- **ciliosa** (Pursh) Poir. ex DC. 1830 · D:Bewimperte Heckenkirsche; E:Orange Honeysuckle · ℔ ʆ d ⚥ Z4 VI ✼; B.C., USA: NW, Rocky Mts., Calif.
- **deflexicalyx** Batalin 1892 · D:Krummkelchige Heckenkirsche · ℔ d Z6 V-VI ✼; Tibet, W-China [20846]
- **demissa** Rehder 1920 · D:Graue Heckenkirsche · ℔ d Z6 V-VI ✼; Jap. [20847]
- **dioica** L. 1767 · D:Blaugrüne Heckenkirsche; E:Glaucous Honeysuckle · ℔ d ↝ Z5 VI-VII ✼; Can.: E; USA: NE, NCE, SE
  - var. *glaucescens* (Rydb.) Butters 1913 = Lonicera glaucescens
- **etrusca** Santi 1795 · D:Toskanisches Geißblatt · ℔ ʆ e ⚥ Z7 ⌂ ⋀ V-VIII ✼; Eur.: Ib, Fr, Ap, Ba, CH; TR, Levante, N-Afr., nat. in Krim [20848]
'Donald Waterer' 1973
'Michael Rosse' [27429]
'Superba' [27428]
- **ferdinandi** Franch. 1884 · D:Ferdinands Heckenkirsche · ℔ d ⊕ Z6 VI ✼; Mong., N-China [20849]
- **flava** Sims 1810 · D:Gelbblühendes Geißblatt; E:Yellow Honeysuckle · ℔ d ⚥ D Z5 VI ✼; USA: SE, SC [20851]
- *flexuosa* Thunb. = Lonicera japonica var. repens
- **fragrantissima** Lindl. et Paxton 1852-53 · D:Wohlriechende Heckenkirsche; E:Fragrant Honeysuckle; F:Clématite d'hiver · ℔ d Z7 ⋀ II-III; E-China [20852]
- *gibbiflora* Maxim. non Dippel = Lonicera chrysantha var. chrysantha
- **giraldii** Rehder 1903 · D:Giralds Geißblatt; F:Clématite de Girald · ℔ e ⚥ Z6 VI-VII; NW-China [20853]
- **glabrata** Wall. 1824 · D:Himalaya-Geißblatt · ʆ e; Him. (Nepal - SW-China), Myanmar [25839]
- *glauca* Hill = Lonicera dioica
- **glaucescens** (Rydb.) Rydb. 1897 · D:Kahles Geißblatt · ℔ d ⚥ Z3 V-VI ✼; Can., USA: NE, N.C., NCE, NC, Okla.
- **gracilipes** Miq. 1868 · D:Feinstielige Heckenkirsche · ℔ d Z6 IV-V ✼; Jap. [25841]
- × **heckrottii** Rehder 1927 (*L. × americana* × *L. sempervirens*) · E:Coral Honeysuckle, Gold Flame Honeysuckle · ℔ d ⚥ D Z6 VI-IX ✼; cult. [44327]
'American Beauty' [12671]
'Goldflame' [29220]
- **henryi** Hemsl. 1888 · D:Henrys Geißblatt; F:Clématite de Henry · ℔ e ⚥ ↝ Z6 VI-VII ✼; W-China [44328]
- **hildebrandiana** Collett et Hemsl. 1890 · D:Riesen-Geißblatt; E:Giant Honeysuckle · ℔ e ⚥ D Z9 ⓦ ⌂ VI-VIII ✼; China, Myanmar, Thail. [20855]
- **hirsuta** Eaton 1818 · D:Rauhaariges Geißblatt; E:Hairy Honeysuckle · ℔ d ⚥ Z3 VI-VII ✼; Can.: E, Sask.; USA: NE, NCE, NC [25844]
- **hispida** (Stephan ex Fisch.) Pall. ex Roem. et Schult. 1819 · D:Steifhaarige Heckenkirsche · ℔ d Z5 V ✼; C-As., Pakist., Him., SW-China
  - var. *chaetocarpa* Batalin ex Rehder 1903 = Lonicera chaetocarpa
- **iberica** M. Bieb. 1808 · D:Persische Heckenkirsche · ℔ d Z6 VI ✼; Cauc., Iran [20856]
- **implexa** Aiton 1789 · D:Macchien-Geißblatt; E:Minorca Honeysuckle · ℔ e ⚥ D Z9 ⌂ VI-VIII ✼; Eur.: Ib, Fr, Ap, Ba; TR, NW-Afr. [20857]
- *insularis* Nakai = Lonicera morrowii
- **involucrata** (Richardson) Banks ex Spreng. 1824 · D:Behüllte Heckenkirsche; E:Black Twinberry
  - var. **involucrata** · ℔ d ⊕ Z4 V-VI ✼; Alaska, Can.; USA: NW, Calif., Rocky Mts., SW, NCE; Mex. [18970]
  - var. *ledebourii* (Eschsch.) Jeps. 1925 = Lonicera ledebourii
  - var. **serotina** Koehne 1903 · ℔ d VII-VIII ✼; Colo. [33278]
- × *italica* Schmidt ex Tausch = Lonicera × americana
- **japonica** Thunb. 1784 [20858]
'Aureoreticulata' < 1862 [44329]
'Dart's World' 1983 [14222]
'Hall's Prolific' 1985 [37634]
'Halliana' 1862 [44365]
  - var. *chinensis* (P. Watson) Baker 1871 = Lonicera japonica var. repens
  - var. **japonica** · D:Japanisches Geißblatt; E:Japanese Honeysuckle; F:Clématite du Japon · ʆ e ⚥ ↝ Z6 VI-IX ⚥ ✼; China, Manch., Korea, Jap., nat. in BrI, F, C-Eur., I, sp.
  - var. **repens** (Siebold) Rehder 1926 · F:Clématite du Japon rampant · ℔ e ⚥ ↝ D Z4 V-VII ✼; China, Jap. [14488]
- **kesselringii** Regel 1891 · ℔ d Z6 V-VII ✼; ? Kamchat.
- **korolkowii** Stapf 1893 [25851]
  - var. **korolkowii** · D:Korolkows Heckenkirsche · ℔ d Z5 VI ✼; C-As., Afgh, Pakist.
  - var. **zabelii** (Rehder) Rehder 1903 · F:Clématite de Korolkow · ℔ d Z5

- **ledebourii** Eschsch. 1826 · D:Kalifornische Heckenkirsche, Ledebours Heckenkirsche · ♄ ⊗ Z5 VI ✿; Calif. [18990]
- *ligustrina* Wall. = Lonicera nitida
  - var. *pileata* (Oliv.) Franch. 1896 = Lonicera pileata
  - var. *yunnanensis* Franch. 1896 = Lonicera nitida
- **maackii** (Rupr.) Maxim. 1864 · D:Maacks Heckenkirsche; E:Bush Honeysuckle; F:Clématite de Maack · ♄ d Z3 ✿; Amur, N-China, Manch., Korea, Jap. [19000]

  'Erubescens'
  fo. *podocarpa* 1903 Franch. ex Rehder · ✿; China [20859]
- **macrantha** (D. Don) Spreng. 1827
- **macranthoides** Hand.-Mazz. 1936
- **maximowiczii** (Rupr.) Maxim. 1857 · D:Maximowiczs Heckenkirsche · ♄ d Z5 V-VI ✿; Korea, Manch. [20861]
- **microphylla** Willd. ex Roem. et Schult. 1819 · D:Kleinblättrige Heckenkirsche · ♄ d Z6 V ✿; C-As. [20862]

  'Blue Haze' 1987 [25857]
- × **minutiflora** Zabel 1889 (*L. morrowii* × *L.* × *xylosteoides*) · ♄ d Z6 VI-VI ✿; cult.
- **morrowii** A. Gray 1857 · D:Morrows Heckenkirsche; E:Morrow's Honeysuckle; F:Clématite de Morrow · ♄ d ⊗ Z4 V-VI ✿; Jap. [19010]
- × **muendeniensis** Rehder 1893 (*L.* × *bella* × *L. ruprechtiana*) · ♄ d Z5 V ✿; cult.
- × **myrtilloides** J.A. Purpus 1907 (*L. angustifolia* × *L. myrtillus*) · D:Heidelbeerblättrige Heckenkirsche · ♄ d D Z6 V-VI ✿; cult.
- **myrtillus** Hook. f. et Thomson 1858 [37697]
  - var. *depressa* (Royle) Rehder · ♄ d Z6 ✿; Him.: Nepal, Sikkim
  - var. *myrtillus* · F:Clématite myrtille · ♄ d D Z6 V-VI ✿; Afgh., Pakist., Him., SW-China
- **nigra** L. 1753 · D:Schwarze Heckenkirsche; F:Camérisier noir · ♄ d Z5 V-VI ✿ Ⓝ; Eur.* exc. BrI, Sc; mts. [19020]
- **nitida** E.H. Wilson 1911 · D:Glänzende Heckenkirsche, Immergrüne Strauch-Heckenkirsche; E:Box Honeysuckle; F:Clématite brillant · ♄ e Z7 V ✿; W-China [15795]

'Baggesen's Gold' 1967 [42643]
'Elegant' [19040]
'Ernest Wilson' [25863]
'Hohenheimer Findling' 1940 [42645]
'Maigrün' 1968 [29750]
'Red Tips' 1993 [15404]
'Silver Beauty' 1991 [14251]
'Twiggy' 1995 [20863]
- **nummulariifolia** Jaub. et Spach 1843 · ♄ d Z6 ✿; S-GR, Crete, C-As.
- **oblongifolia** (Goldie) Hook. 1833 · E:Swamp Fly Honeysuckle · ♄ d Z3 V ✿; Can.: E; USA: NCE, NE
- **obovata** Royle ex Hook. f. et Thomson 1858 · ♄ d Z5 V ✿; Afgh., Kashmir, Him., SE-Tibet
- **orientalis** Lam. 1783 · D:Orientalische Heckenkirsche · ♄ d Z5 ✿; TR [20865]
  - var. *caucasica* (Pall.) Rehder 1903 = Lonicera caucasica
  - var. *longifolia* Dippel 1889 = Lonicera kesselringii
- *parviflora* Lam. = Lonicera dioica
- **periclymenum** L. 1753 · D:Wald-Geißblatt; E:Woodbine; F:Clématite des bois · ♄ d ⅔ D Z5 VI ✿; Eur.* exc. EC-Eur.; Maroc. [44330]

  'Belgica' 1616 [28169]
  'Belgica Select' 1977 [41087]
  'Graham Thomas' c. 1960 [25865]
  'Loly' < 1985 [19395]
  'Serotina' 1789 [44344]
- **pileata** Oliv. 1887 · D:Immergrüne Kriech-Heckenkirsche; E:Privet Honeysuckle; F:Clématite à cupule · ♄ e D Z6 V ✿; C-China, W-China [19030]

  fo. *yunnanensis* (Franch.) Rehder = Lonicera nitida
- **prolifera** (G. Kirchn.) Rehder 1910 · D:Sprossendes Geißblatt; E:Grape Honeysuckle · ♄ d Z5 VI-VII ✿; Can.: E; USA: NE, NCE, NC, SE [31214]
- **prostrata** Rehder 1907 · ♄ d ↝ Z5 VI ✿; W-China
- × **pseudochrysantha** A. Braun ex Rehder 1927 (*L. chrysantha* × *L. xylosteum*) · ♄ d Z3 V-VI ✿; cult.
- *pubescens* Sweet = Lonicera hirsuta
- × **purpusii** Rehder 1923 (*L. fragrantissima* ×) · ♄ s D Z5 II-IV ✿; cult. [31835]
- **pyrenaica** L. 1753 · D:Pyrenäen-Heckenkirsche · ♄ d Z6 V ✿; Eur.: sp., F; Maroc.: mts.
- **quinquelocularis** Hardw. 1799 · D:Durchsichtige Heckenkirsche · ♄ d ⊗ Z6 VI ✿; Afgh., Pakist.,

Him., SW-China [20871]
- **ramosissima** Franch. et Sav. ex Maxim. 1878 · ♄ d; Jap. (Honshu); mts.
- **reticulata** Champ. ex Benth. 1852 · ♄ d Z10 ⓚ; SE-China
- **rupicola** Hook. f. et Thomson 1858 · D:Felsen-Heckenkirsche
  - subsp. *syringantha* (Maxim.) Y.C. Tang = Lonicera syringantha
  - var. *rupicola* · ♄ d Z7 ∧ V-VI ✿; Him.
  - var. *syringantha* (Maxim.) Hook. f. et Thomson = Lonicera syringantha
- **ruprechtiana** Regel 1869 · D:Ruprechts Heckenkirsche · ♄ d ⊗ Z4 V ✿; Manch., China [20872]
- **schmitziana** Roezl ex Dippel 1889
- **sempervirens** L. 1753 · D:Trompeten-Geißblatt; E:Everblooming Honeysuckle, Trumpet Honeysuckle · ♄ e ⅔ Z7 ∧ V-VIII ✿; USA: NE, NCE, NC, SC, SE, Fla. [20873]

  'John Clayton' [27439]
  fo. *sulphurea* [27438]
  'Superba' [25873]
- **setifera** Franch. 1896 · ♄ d Z8 ⓚ; Him., SW-China (Yunnan, Sichuan, Tibet)
- **similis** Hemsl. 1888 · ✿ [20874]
  - var. *delavayi* (Franch.) Rehder 1911 · ♄ e ⅔ Z9 ⓚ VIII ✿; W-China [20875]
  - var. *similis* · ♄ e Z9 ⓚ ✿; SW-China
- **spinosa** Jacquem. ex Walp. 1843 · ♄ d Z5 ✿; Afgh., Him., Tibet [20876]
  - var. *albertii* (Regel) Rehder 1895 = Lonicera albertii
- **splendida** Boiss. 1838 · D:Glänzendes Geißblatt · ♄ e ⅔ Z9 ⓚ VI-VIII ✿; S-Sp. [20877]
- **standishii** Jacques 1868 · D:Stinkende Heckenkirsche; E:Winter Honeysuckle · ♄ e D Z6 II-IV ✿; China [20878]

  fo. *lancifolia* 1903 Rehder · ♄ e Z6 III-IV ✿; China: Sichuan
- **syringantha** Maxim. 1878 · ♄ d; China (Gansu, Ningxia, Qinghai, Sichuan, Yunnan, Tibet) [19070]
  - var. *syringantha* · D:Fliederblütige Heckenkirsche; F:Clématite à fleurs de lilas · ♄ d Z5 ✿; China, Tibet
  - var. *wolfii* Rehder 1903 · ♄ d D Z4 V-VI ✿; NW-China [20879]
- **tangutica** Maxim. 1878 · D:Tangutische Heckenkirsche · ♄ d ⊗ Z6 V-VI ✿; W-China

- **tatarica** L. 1753 · D:Tataren-Heckenkirsche; E:Tartarian Honeysuckle; F:Clématite de Tartarie · ♄ d Z3 V-VI ✿ ⓝ; Eur.: Russ.; W-Sib., C-As., nat. in Ib, Fr, C-Eur.EC-Eur. [19080]
  'Alba' < 1801 [20882]
  'Arnold's Red' 1945 [19100]
  'Hack's Red' [19110]
  'Rosea' [19120]
  'Zabelii' [19130]
- **tatsienensis** Franch. 1896 · ♄ d Z6; China (Tibet, Sichuan) [25883]
- × **tellmanniana** P. Magyar ex Späth 1931 (*L. sempervirens × L. tragophylla*) · ♄ d ⚥ Z7 ∧ VI ✿; cult. [44331]
  'Joan Sayers' [27441]
- **thibetica** Bureau et Franch. 1891 · D:Tibetische Heckenkirsche · ♄ d Z4 VI-VII ✿; W-China [20886]
- **tomentella** Hook. f. et Thomson 1858 · D:Flaum-Heckenkirsche · ♄ d Z5 VI ✿; Ind.: Sikkim
- **tragophylla** Hemsl. 1888 · D:Bocksblatt-Heckenkirsche; E:Yellow Honeysuckle · ♄ d ⚥ Z6 VI ✿; W-China [25885]
- **trichosantha** Bureau et Franch. 1891 · D:Behaartblütige Heckenkirsche · ♄ d Z6 VII ✿; W-China, Tibet
- **vesicaria** Kom. 1901 · D:Blasige Heckenkirsche · ♄ d Z5; Korea [25887]
- **vidalii** Franch. et Sav. 1878
- **webbiana** Wall. ex DC. 1830 · D:Webbs Heckenkirsche · ♄ d Z8 ∧ IV-V ✿; Afgh., Him. [27498]
- × **xylosteoides** Tausch 1838 (*L. tatarica × L. xylosteum*) · ♄ d Z6 V ✿; cult.
  'Clavey's Dwarf' [18250]
- **xylosteum** L. 1753 · D:Rote Heckenkirsche; E:Fly Honeysuckle; F:Camérisier à balais, Clématite des haies · ♄ d Z3 V-VI ✿ ⓝ; Eur.*, N-TR, W-Sib. [19140]
- **yunnanensis** Franch. 1896 · D:Yunnan-Heckenkirsche · ♄ e ⚥ Z8 ✿; SW-China
- *yunnanensis* hort. = Lonicera nitida

Lopezia Cav. 1791 -f- *Onagraceae* · (S. 678)
- *minuta* Lag. = Lopezia racemosa
- **racemosa** Cav. 1791 · ʘ ʘ ♃ Z10 IV-XI; Mex., C-Am.

Lophira Banks ex C.F. Gaertn. 1805 -f- *Ochnaceae* · (S. 670)

D:Afrikanische Eiche; E:African Oak
- **alata** Banks ex C.F. Gaertn. 1805 · ♄ ⓦ; W-Afr., Zaire
- **lanceolata** Tiegh. ex Keay 1954 · D:Afrikanische Eiche; E:African Oak · ♄ ⓦ ⓝ; W-Afr.

Lophocereus (A. Berger) Britton et Rose 1909 -m- *Cactaceae* · (S. 358)
- **schottii** (Engelm.) Britton et Rose 1909 · E:Cinita, Senita Cereus · ♄ Ψ Z9 🅚 ▽ ✶; Ariz., NW-Mex.

Lophomyrtus Burret 1941 -f- *Myrtaceae* · (S. 661)
D:Schopfmyrte; F:Myrte
- **bullata** (Sol. ex A. Cunn.) Burret 1941 · D:Blasige Schopfmyrte; E:Rama Rama · ♄ e Z9 🅚; NZ
- **obcordata** (Raoul) Burret 1941 · ♄ e Z9 🅚; NZ [21573]
- × **ralphii** (Hook. f.) Burret 1941 (*L. bullata × L. obcordata*) · ♄ ♄ e Z9 🅚; NZ [21575]
  'Gloriosa'
  'Kathryn' [21576]
  'Tricolor'
  'Versicolor'

Lophophora J.M. Coult. 1894 -f- *Cactaceae* · (S. 358)
D:Mescalkaktus, Pejote, Pellote, Peyotl; E:Mescal, Peyote; F:Peyote, Peyoti
- **diffusa** (Croizat) Bravo 1967 · Ψ Z9 🅚; Mex. (Querétaro)
- *fricii* Haberm. = Lophophora williamsii var. williamsii
- **williamsii** (Lem. ex Salm-Dyck) J.M. Coult. 1894
  - var. **lutea** (Rouhier) Soulaire 1948 · Ψ Z9 🅚 ▽ ✶; Mex.
  - var. **williamsii** · D:Peyotl, Schnapskopf; E:Dumpling Cactus, Mescal · Ψ Z9 🅚 ⚥ ✿ ▽ ✶; USA: Tex., N.Mex.; Mex.

Lophospermum D. Don 1826 -n- *Scrophulariaceae* · (S. 831)
- *atrosanguineum* Zucc. = Rhodochiton atrosanguineus
- **erubescens** D. Don 1830 · D:Klettergloxinie; E:Creeping Gloxinia · ♄ ⚥ Z9 🅚 VII-IX; Mex. [11049]
- **purpusii** (Brandegee) Rothm. 1943 · ♃ Z9 🅚 VII-VIII; SW-Mex.
- **scandens** D. Don 1827 · ♄ ⚥ Z9 🅚 VII-IX; Mex.
  'Mystic Rose'
  'Snowwhite'

Lophostemon Schott 1830 -m-

Myrtaceae · (S. 662)
- **confertus** (R. Br.) Peter G. Wilson et J.T. Waterh. 1982 · ♄ e Z10 🅚; Austr. (Queensl., N.S.Wales) [21578]

Loranthus Jacq. 1762 -m- *Loranthaceae* · (S. 607)
D:Riemenblume
- **europaeus** Jacq. 1762 · D:Eichenmistel, Riemenblume; E:Mistletoe · ♄ d IV-VI; Eur.: C-Eur., EC-Eur., Ba, E-Eur., Ap: TR, Syr.

Loropetalum R. Br. ex Rchb. 1818 -n- *Hamamelidaceae* · (S. 563)
D:Riemenblüte; F:Loropetalum
- **chinense** (R. Br.) Oliv. 1862 · ♄ ♄ e Z8 🅚 XII-IV; Ind. (Assam, Khasi mts.) S-China, Jap. [21579]
  'Blush'
  'Burgundy'
  'Purpureum'
  'Roseum'

Lotononis (DC.) Eckl. et Zeyh. 1836 -f- *Fabaceae* · (S. 515)
- **bainesii** Baker 1871 · ♃ ⓝ; S-Afr. (N-Transvaal), Zimbabwe, nat. in Austr.: Queensl.

Lotus L. 1753 -m- *Fabaceae* · (S. 515)
D:Hornklee; E:Brid's Foot Trefoil; F:Lotier
- **alpinus** (DC.) Ramond 1826 · D:Alpen-Hornklee · ♃ Z4 VI-VIII; Eur.: sp., F, I, C-Eur., Ba; Pyr., Apenn., Balkan, TR, Levante
- **berthelotii** Lowe ex Masf. 1881 · F:Lotier de Berthelot · ♃ ⚥ ⤳ 🅚 III-IV; Canar.: Teneriffa [11531]
- **borbasii** Ujhelyi 1960 · D:Slowakischer Hornklee · ♃ V-VII; Eur.: A, EC-Eur., Ba
- **corniculatus** L. 1753
  'Plenus' [65153]
  - subsp. **corniculatus** · D:Gewöhnlicher Hornklee; E:Bird's Foot Trefoil; F:Lotier corniculé · ♃ ⤳ △ Z5 VI-IX ⚥ ⓝ; Eur.*, TR, Cauc., Iran, C-As., Ind., NW-Afr. [65152]
- **edulis** L. 1753 · ʘ ⓝ; Eur.: Ib, Fr, Ap, Ba; TR, Levante, N-Afr.
- **hirsutus** L. 1753 · ♃ ♄
- **jacobaeus** L. 1753 · ♃ Z9 🅚 IV-V; Cap Verde
- **maculatus** Breitf. 1973 · ♄ 🅚 III-IV; Canar. [11532]
- *maritimus* = Tetragonolobus maritimus
- *mascaensis* hort. non Buchard =

Lotus sessilifolius
- **ornithopodioides** L. 1753 · D:Vogelfußartiger Hornklee · ⊙; Eur.: Ib, Fr, Ap, Ba, S-Russ.; TR, Levante, Cauc., N-Afr.
- *peliorhynchus* Hook. f. = Lotus berthelotii
- **sessilifolius** L. 1813 · ⌇ Z9 ⓚ; Canar.
- *siliquosus* L. = Tetragonolobus maritimus
- **tenuis** Waldst. et Kit. ex Willd. 1809 · D:Salz-Hornklee, Schmalblättriger Hornklee; E:Narrow-leaf Trefoil · ⌇ Z4 VI-VIII; Eur.*, TR, Levante, Cauc., C-As., N-Afr.
- **uliginosus** Schkuhr 1796 · D:Sumpf-Hornklee; E:Greater Bird's Foot Trefoil · ⌇ ∼ Z6 VI-VII Ⓝ; Eur.*, Cauc. [65154]

Lourea Neck. ex J. St.-Hil. = Christia
- *vespertilionis* (L. f.) Desv. = Christia vespertilionis

Lourya Baill. = Peliosanthes
- *campanulata* Baill. = Peliosanthes teta

× **Lowara** hort. 1912 -f- Orchidaceae ·
(*Brassavola* × *Laelia* × *Sophronitis*)

Loxanthocereus Backeb. = Borzicactus
- *acanthurus* (Vaupel) Backeb. = Borzicactus acanthurus
- *aureispinus* (F. Ritter) Buxb. = Hildewintera aureispina

Luculia Sweet 1826 -f- *Rubiaceae* · (S. 775)
- **grandifolia** Ghose 1952 · ℏ e Z9 ⓚ; Bhutan
- **gratissima** (Wall.) Sw. 1826 · ℏ ℏ s D Z10 ⓦ XII-II; Him. [21588]
- **pinceana** Hook. 1845 · ℏ s Z9 ⓦ VII-VIII; Ind.: Khasia Hills

Lucuma Molina = Pouteria
- *caimito* (Ruiz et Pav.) Roem. et Schult. = Pouteria caimito
- *campechiana* Kunth = Pouteria campechiana
- *obovata* Kunth = Pouteria lucuma

Ludisia A. Rich. 1825 -f- Orchidaceae · (S. 1071) D:Blutständel; F:Ludisia
- **discolor** (Ker-Gawl.) A. Rich. 1825 · D:Blutständel
  - var. **dawsoniana** (S.H. Low ex Rchb. f.) Schltr. · ⌇ Z9 ⓦ IX-XII

▽ ✳; Malay. Pen.
  - var. **discolor** · ⌇ Z9 ⓦ IX-XII ▽ ✳; S-China, Vietn., Malay. Pen.
  - var. **rubrivenia** (Rchb. f.) Schltr. · ⌇ Z9 ⓦ IX-XII ▽ ✳; Malay. Pen.

Ludovia Brongn. 1861 -f- *Cyclanthaceae* · (S. 992)
- **lancifolia** Brongn. 1861 · ℏ ∫ e ≶ ⓦ; trop. S-Am.

Ludwigia L. 1753 -f- *Onagraceae* · (S. 679) D:Heusenkraut; F:Jussie, Ludwigia, Œnothère aquatique
- **alternifolia** L. 1753 · D:Klapper-Heusenkraut; E:Seedbox · ⌇ ∼ ≈ Z7 ⓦ ⓚ; Can.: Ont.; USA: NE, NCE, NC, SC, SE, Fla.; Mex., n S-Am., nat. in A (Kärnten) [61553]
- **arcuata** Walter 1788 · ⌇ ∼ ≈ ⓦ; USA: S.C., Ga., Fla.
- **clavellina** M. Gómez et Molinet 1889
  - var. **clavellina** · ⌇ ≈ ⓦ; USA: SE, Fla., nat. in USA: NE
  - var. **grandiflora** (Michx.) M. Gómez 1894 · ⌇ ≈ ⓦ VII-VIII; USA: SE, Fla.
- *grandiflora* (Michx.) Greuter et Burdet = Ludwigia clavellina var. grandiflora
- **helminthorrhiza** (Mart.) H. Hara 1953 · ⌇ ≈ Z9 ⓦ; S-Mex. C-Am., S-Am.
- *macrocarpa* Michx. = Ludwigia alternifolia
- **natans** (L.) Elliott 1821 · D:Schwimm-Heusenkraut · ⌇ ∼ ≈ Z9 ⓦ VII-VIII; USA: NE, NCE, NC, SE, SC, NW, Calif.; Mex., W.Ind.
- **palustris** (L.) Elliott 1817 · D:Sumpf-Heusenkraut; E:Marsh Primrose Willow, Water Purslane · ⌇ ∼ ≈ Z3 VII-VIII; Eur.* exc. Sc; TR, Syr., Palaest., Cauc., Iran, NW-Afr., S-Afr., Can., USA: NE, NCE, SE, SC, SW, Rocky Mts., NW, Calif.; Mex., W.Ind., nat. in NZ
- **peploides** (Kunth) P.H. Raven 1963
- **peruviana** (L.) H. Hara 1953 · D:Peruanisches Heusenkraut; E:Peruvian Primrose Bush · ℏ ≈ Z9 ⓦ VII-VIII; USA: Fla.; C-Am., S-Am.
- **pulvinaris** Gilg 1903 · ⌇ ∼ ≈ ⓦ; C-Afr., S-Afr.
- *repens* Sw. = Ludwigia palustris
- **suffruticosa** (L.) M. Gómez

1894 · ℏ ≈ ⓦ VII-VIII; Trop.
- *uruguayensis* (Cambess.) H. Hara = Ludwigia clavellina var. grandiflora

Lueddemannia Rchb. f. 1854 -f- Orchidaceae · (S. 1072)
- **pescatorei** (Lindl.) Linden et Rchb. f. 1854 · ⌇ Z10 ⓦ VII ▽ ✳; Col.

Luetkea Bong. 1833 -f- *Rosaceae* · (S. 754)
- **pectinata** (Pursh) Kuntze 1891 · ℏ e VII-IX; Alaska, W-Can., Calif. Rocky M.

Luffa Mill. 1754 -f- *Cucurbitaceae* · (S. 443) D:Schwammgurke; E:Loofah, Rag Gourd; F:Eponge végétale
- **acutangula** (L.) Roxb. 1832 · D:Gerippte Schwammgurke; E:Angled Loofah, Dishcloth Gourd, Strainer Vine · ⊙ ≶ ⚥ Z9 ⓦ Ⓝ; trop. As.
- **aegyptiaca** Mill. 1768 · D:Schwammgurke; E:Loofah, Vegetable Sponge · ⊙ ≶ ⚥ Z9 ⓦ ≶ Ⓝ; Afr., trop. As.
- *cylindrica* (L.) M. Roem. = Luffa aegyptiaca
- **operculata** (L.) Cogn. 1878 · ⊙ ≶ ⚥ Z9 ⓦ Ⓝ; Mex., C-Am., trop. S-Am.

× **Luisanda** hort. 1952 -f- Orchidaceae ·
(*Luisia* × *Vanda*)

Luisia Gaudich. 1829 -f- Orchidaceae · (S. 1072)
- **amesiana** Rolfe 1893 · ⌇ Z9 ⓦ VI-VII ▽ ✳; Myanmar
- **teres** (Thunb.) Blume 1849 · ⌇ ⓦ; Thail., Myanmar, China, Phil.
- *teretifolia* Gaudich. = Luisia tristis
- **tristis** (G. Forst.) Hook. f. 1890 · ⌇ Z8 ⓦ VI-IX ▽ ✳; SE-As., Malay. Arch., N.Caled.

Luma A. Gray 1854 -f- *Myrtaceae* · (S. 662)
- **apiculata** (DC.) Burret 1941 · E:Orange Bark Myrtle, Temu · ℏ e Z9 ⓚ Ⓝ; Arg., Chile [21589]
  'Glanleam Gold' [21590]
- **chequen** (Molina) A. Gray 1854 · ℏ ℏ e Z9 ⓚ; Chile [21591]

Lunaria L. 1753 -f- *Brassicaceae* · (S. 328) D:Silberblatt; E:Honesty;

F:Lunaire, Monaie du Pape
- **annua** L. 1753 · D:Einjähriges Silberblatt; E:Annual Honesty; F:Monnaie du pape · ⊙ ⊙ ⚥ ⋉ Z8 IV-VI; Eur.: I, Ba, Ro, nat. in BrI, Sc, Fr, C-Eur., EC-Eur. [68169]
  'Alba' [61555]
  'Alba Variegata'
  'Variegata' [61556]
- *biennis* Moench = Lunaria annua
- **rediviva** L. 1753 · D:Ausdauerndes Silberblatt, Mondviole; E:Perennial Honesty · ⟃ ⚥ D Z6 V-VII ⚘ ▽; Eur.* exc. BrI [65155]

Lupinus L. 1753 -m- *Fabaceae* · (S. 515)
D:Lupine, Wolfsbohne; E:Lupin; F:Lupin
- **albifrons** Benth. ex Lindl. 1833
- **albus** L. 1753 · D:Weiße Lupine; E:White Lupin · ⊙ VI-VIII ⚘ Ⓝ; Eur.: Ba; TR, nat. in Fr, C-Eur., Ap, Ib, EC-Eur., Alg.
- **angustifolius** L. 1753 · D:Schmalblättrige Lupine; E:Blue Lupine · ⊙ VI-IX ⚘ ⓃEur.: Ib, Fr, Ap, Ba; TR, Levante, N-Afr., nat. in C-Eur., EC-Eur., E-Eur.
- **arboreus** Sims 1803 · D:Baum-Lupine; E:Tree Lupin · ♄ e Z8 ⓚ VII-VIII; Calif., nat. in Wash., Br [11533]
  'Golden Spire'
  'Mauve Queen'
  'Snow Queen'
- **chamissonis** Eschsch. 1826
- **densiflorus** Benth. 1835
  - var. **aureus** (Kellogg) Munz 1958 · ⊙ VI-IX; Calif.
  - var. **densiflorus** · D:Quirl-Lupine; E:White Whorl Lupin · ⊙; Calif.
  - var. *menziesii* (J. Agardh) C.P. Sm. 1918 = Lupinus densiflorus var. aureus
- **hartwegii** Lindl. 1839 · ⊙ VII-X; Mex.
- **lepidus** Douglas ex Lindl. 1828 · ⟃ Z3; Can.: B.C.; USA: NW, Calif., Rocky Mts. [61558]
- **littoralis** Douglas ex Lindl. 1828 · ⟃ Z7; Can.: B.C.; USA: NW, Calif..; coasts
- **luteus** L. 1753 · D:Gelbe Lupine; E:Yellow Lupin · ⊙ Z6 VI-IX ⚘ ⓃEur.: Ib; NW-Afr., nat. in Fr, Ap, C-Eur., EC-Eur., Ba, EC-Eur.
- *menziesii* J. Agardh = Lupinus densiflorus var. aureus
- **micranthus** Guss. 1828 · ⊙ Z8 VI-IX ⓃEur.: Ib, Fr, Ap, Ba; TR, Levante, NW-Afr., Libya

- **mutabilis** Sweet 1825
  - var. **cruckshanksii** (Hook.) Sweet 1825 · ⊙ Z9 VII-X ⓃPeru; And.
  - var. **mutabilis** · D:Anden-Lupine; E:Andean Lupine · ⊙ Z9 VII-X ⓃCult. S-Am.
- **nanus** Douglas ex Benth. 1835 · D:Zwerg-Lupine; E:Ocean Blue Lupin · ⊙ VI-VII; Calif.
  'Pixie Delight'
- **nootkatensis** Donn ex Sims 1810 · ⟃ Z4; nw N-Am., NE-As. [60475]
- **perennis** L. 1753 · D:Ausdauernde Lupine; E:Blue Bean, Sundial Lupine · ⟃ Z4 V-VIII ⓃOnt., USA: NE, NCE, SE, Fla., nat. in C-Eur. [61559]
- **pilosus** Murray 1774 · ⊙ VI-VII ⓃEur.: GR; TR, Syr., Palaest., Egypt
- **polyphyllus** Lindl. 1827 · D:Vielblättrige Lupine; E:Garden Lupin · ⟃ Z3 VI-VIII ⚘ ⓃCan.: W; USA: NW, Rocky Mts., Calif., nat. in ne N-Am., Eur. [61558]
- **pubescens** Benth. 1845 · ⊙; Mex., Guat.
- **sericeus** Pursh 1860 · ⟃; USA: Oreg., Idaho, Mont., Wyo., S.Dak.
- **subcarnosus** Hook. 1836 · ⊙; SW-USA
- *termis* Forssk. = Lupinus albus
- **variicolor** Steud. 1841
- *varius* L. 1753 = Lupinus angustifolius
- *varius* L. 1763 = Lupinus pilosus
- **versicolor** Sweet 1829-31
- **in vielen Sorten:**
  'Edelknabe' [65166]
  'Fräulein' [65167]
  Gallery Ser. [68320]
  'Kastellan' [65169]
  'Kronleuchter' [65170]
  'Mein Schloss' [65171]
  'Russel-Hybriden' [69657]
  'Schlossfrau' [65172]

Luronium Raf. 1840 -n- *Alismataceae* · (S. 899)
D:Froschkraut, Schwimmlöffel; E:Floating Water Plantain; F:Grenouillette
- **natans** (L.) Raf. 1840 · D:Froschkraut, Schwimmlöffel; E:Floating Water Plantain; F:Fluteau · ⟃ ≈ Z7 V-VI ▽; Eur.* [67226]

Luzula DC. 1805 -f- *Juncaceae* · (S. 1028)
D:Hainsimse, Marbel; E:Wood-Rush; F:Luzule
- *albida* (Hoffm.) DC. = Luzula luzuloides

- **alpina** Hoppe 1839 · D:Alpen-Hainsimse · ⟃ VI-VII; Eur.: D, A +
- **alpinopilosa** (Chaix) Breistr. · D:Gewöhnliche Braune Hainsimse · ⟃ VI-VIII; Eur.* exc. BrI, Sc, mts.
- **campestris** (L.) DC. 1805 · D:Feld-Hainsimse, Hasenbrot; E:Field Wood Rush · ⟃ Z6 III-IV; Eur.*, TR, Cauc.
- **congesta** (Thuill.) Lej. 1811 · D:Kopfige Hainsimse · ⟃; Eur.: Sc, BrI, Fr, D +
- **desvauxii** Kunth 1841 · D:Pyrenäen-Hainsimse, Westliche Braune Hainsimse · ⟃ VI-VII; Eur.: sp., F, D: mts.
- **divulgata** Kirschner 1980 · D:Schlanke Hainsimse · ⟃ IV-V; Eur.: A, D +
- **forsteri** (Sm.) DC. 1806 · D:Forsters Hainsimse · ⟃ IV-V; Eur.* exc. Sc; TR, Cauc., Syr., Iran, Alger.
- **glabrata** (Hoppe) Desv. 1808 · D:Kahle Hainsimse · ⟃ VI-VII; Eur.: I, D, A; E-Alp.
- **lactea** (Link) E. Mey. 1823 · ⟃; Eur.: Ib., Azor. [61560]
- **lutea** (All.) DC. 1805 · D:Gelbe Hainsimse · ⟃ Z6 VI-VII; Eur.: sp., F, I, D, A; Pyr., Alp., Apenn.
- **luzulina** (Vill.) Dalla Torre et Sarnth. 1906 · D:Gelbliche Hainsimse · ⟃ Z6 VI-VII; Eur.* exc. BrI, Sc; mts.
- **luzuloides** (Lam.) Dandy et Wilmott · D:Gewöhnliche Weißliche Hainsimse; E:Oak Forest Wood Rush; F:Luzule blanchâtre · ⟃ Z6 VI; Eur.: Fr, Ap, C-Eur., EC-Eur., Ba, E-Eur., ? sp., nat. in BrI, Sc [67594]
- *maxima* (Reichard) DC. = Luzula sylvatica subsp. sylvatica
- **multiflora** (Ehrh.) Lej. 1811 · D:Vielblütige Hainsimse; E:Many-flowered Wood Rush · ⟃ Z6 IV-V; Eur., As, N-Am., Austr. [61561]
- *nemorosa* (Pollich) E. Mey. = Luzula luzuloides
- **nivea** (L.) DC. 1805 · D:Schneeweiße Hainsimse; E:Snowy Wood Rush; F:Luzule blanc de neige · ⟃ Z6 VI-VIII; Eur.: sp., F, C-Eur., I, Slove. [67595]
- **pallescens** Sw. 1814 · D:Bleiche Hainsimse · ⟃ IV-V; Eur.: CZ, D, BrI+
- *pallidula* Kirschner = Luzula pallescens
- **pilosa** (L.) Willd. 1809 · D:Behaarte Hainsimse; E:Hairy Wood Rush; F:Luzule poilue ·

♃ Z6 IV-V; Eur.*, Cauc., W-Sib., E-Sib. [67598]
'Grünfink' [67599]
– **purpureosplendens** Seub. 1844 · ♃ Z8 ⓚ; Azor.
– **spicata** (L.) DC. 1805 · D:Ähren-Hainsimse · ♃ VI-VIII; Eur.* exc. Ib; TR, Cauc., W-Sib., E-Sib., Amur, C-As, Him., N-Am.
– **sudetica** (Willd.) Schult. 1814 · D:Sudeten-Hainsimse · ♃ VI-VIII; Eur.* exc. BrI; TR
– **sylvatica** (Huds.) Gaudin 1811 · D:Wald-Hainsimse
'Aurea' [61563]
'Hohe Tatra' [67603]
'Marginata' [67604]
'Schattenkind' [61562]
'Tauernpass' [67605]
'Wäldler' [61565]
– subsp. **sylvatica** · D:Gewöhnliche Wald-Hainsimse; E:Great Wood Rush; F:Luzule des bois · ♃ Z6 V-VI; Eur.*, TR, Cauc. [67601]
– **ulophylla** (Buchenau) Cockayne et Laing 1911 · ♃ Z8 ⓚ; NZ (S-Is.) [67607]

Luzuriaga Ruiz et Pav. 1802 -f- *Philesiaceae*
– **erecta** Kunth 1850 · ♄ Z9 ⓚ; Chile
– **radicans** Ruiz et Pav. 1802 · ⌇ e Z9 ⓚ; Chile, Peru

Lycaste Lindl. 1843 -f- *Orchidaceae* · (S. 1072)
– **aromatica** (Graham ex Hook.) Lindl. 1843 · ♃ D Z10 ⓦ IV-V ▽ ✻; Mex., Guat., Hond., Belize
– **brevispatha** (Klotzsch) Klotzsch ex Rchb. f. 1863 · ♃ Z10 ⓦ XII ▽ ✻; Nicar., Costa Rica, Panama
– **candida** Lindl. 1851
– *costata* (Lindl.) Lindl. = Ida ciliata
– **cruenta** (Lindl.) Lindl. 1843 · ♃ Z10 ⓦ III-V ▽ ✻; Mex., C-Am.
– **deppei** (Lodd.) Lindl. 1843 · ♃ Z10 ⓦ X-IV ▽ ✻; Mex., Guat.
– **longipetala** (Ruiz et Pav.) Garay 1962 · ♃ Z10 ⓦ VI-VIII ▽ ✻; Col., Ecuad., Peru, Venez.
– **macrophylla** (Poepp. et Endl.) Lindl. 1842 · ♃ Z10 ⓦ XI-I ▽ ✻; C-Am., trop. S-Am.
– **skinneri** (Bateman ex Lindl.) Lindl. 1843 · ♃ Z10 ⓚ XI-III ▽ ✻; Mex., Guat., Hond.
– **tricolor** (Klotzsch) Rchb. f. 1863 · ♃ Z10 ⓦ ▽ ✻; Guat., Costa Rica, Panama
– *virginalis* (Scheidw.) Linden = Lycaste skinneri
– **in vielen Sorten**

× **Lycastenaria** hort. 1933 -m- *Orchidaceae* · (*Bifrenaria* × *Lycaste*)

Lychnis L. = Silene
– × *arkwrightii* hort. = Silene × arkwrightii
– *chalcedonica* L. = Silene chalcedonica
– *coronaria* (L.) Desr. = Silene coronaria
– *coronata* Thunb. = Silene banksia 'Grandiflora'
– *dioica* L. = Silene dioica
– *flos-cuculi* L. = Silene flos-cuculi
– *flos-jovis* (L.) Desr. = Silene flos-jovis
– *grandiflora* Jacq. = Silene banksia 'Grandiflora'
– × *haageana* Lemoine = Silene banksia 'Haageana'
– *sartorii* Boiss. = Silene atropurpurea
– *vespertina* Sibth. = Silene latifolia subsp. alba

Lycianthes (Dunal) Hassl. 1917 -f- *Solanaceae* · (S. 848)
– **rantonnetii** (Carrière) Bitter 1920 · ♄ ♧ Z10 ⓚ VII-X; Arg., Parag. [58141]
'Royal Robe'
'Variegata'

Lycium L. 1753 -n- *Solanaceae* · (S. 849)
D:Bocksdorn, Teufelszwirn; E:Teaplant; F:Lyciet
– **barbarum** L. 1753 · D:Gewöhnlicher Bocksdorn; E:Box Thorn, Matrimony Vine; F:Lyciet commun · ♄ d Z5-6 VI-IX ⚕ ☠; C-China, nat. in Eur.*, TR, Cauc., C-As., N-Afr. [19150]
– **chinense** Mill. 1768 [33280]
– var. **chinense** · D:Chinesischer Bocksdorn; E:Chinese Wolfberry, Duke of Argyle's Tea Tree; F:Lyciet de Chine · ♄ d Z5-6 VI-IX ⚕ ☠; China
– var. **ovatum** (Veill.) C.K. Schneid. 1911 · ♃ d ♧ Z6 VI-X ☠; N-China, nat. in Eur.
– **europaeum** L. 1753 · D:Europäischer Bocksdorn; E:European Wolfberry · ♄ d ⇝ Z9 ⓚ ☠; Eur.: Ib, Fr, Ap, Ba; TR, N-Afr.
– *halimifolium* Mill. = Lycium barbarum
– **pallidum** Miers 1854 · D:Blasser Bocksdorn; E:Desert Thorn, Pale Desert Thorn, Wolf Berry · ♄ d ♧ Z7 ∧ V-VIII ☠; USA: Calif., Utah, Colo., Ariz., N.Mex., Tex..; Mex.
– *rhombifolium* Dippel = Lycium chinense var. ovatum
– **ruthenicum** Murray 1780 · ♄ d Z7 VII-VIII ☠; S-Russ., TR, Cauc., Iraq, Iran, Pakist., C-As., Tibet, Mong. [21593]
– **turcomannicum** Turcz. ex Miers 1854 · ♄ d Z5 VI-VIII ☠; TR, Syr., Cauc., C-As., Pakist.
– *vulgare* Dunal = Lycium barbarum

Lycopersicon Mill. 1754 -n- *Solanaceae* · (S. 849)
D:Tomate; E:Tomato; F:Tomate
– **cheesmanii** L. Riley 1925 Z9 Ⓝ; Galapagos
– **esculentum** Mill. 1768 · D:Tomate · [60397]
– var. **cerasiforme** Alef. 1866 · D:Cocktail-Tomate, Kirsch-Tomate; E:Cherry Tomato · ⊙ ♃ ♧ Z9 ⓚ Ⓝ; Peru
– var. **esculentum** · D:Kultur-Tomate; E:Tomato · ⊙ ♃ ♄ Z9 VII-X; Ecuad., Peru
– var. **pimpinellifolium** (Jusl.) Mill. · D:Johannisbeer-Tomate; E:Currant Tomato · ⊙ ♃ ♧ Z9 ⓚ Ⓝ; Ecuad., Galapagos, Peru
– var. **pyriforme** (Dunal) Alef. 1866 · D:Birnenförmige Tomate; E:Pear-shaped Tomato · ⊙ ♃ Z9; cult.
– *lycopersicum* (L.) H. Karst. = Lycopersicon esculentum var. esculentum
– *pimpinellifolium* (L.) Mill. = Lycopersicon esculentum var. pimpinellifolium

Lycopodiella Holub 1964 -f- *Lycopodiaceae* · (S. 56)
D:Sumpfbärlapp; E:Marsh Clubmoss
– **inundata** (L.) Holub 1964 · D:Gewöhnlicher Sumpfbärlapp · ♃ VIII-X ▽; Eur.*, Cauc., N-Am.

Lycopodium L. 1753 -n- *Lycopodiaceae* · (S. 56)
D:Bärlapp; E:Clubmoss; F:Lycopode
– *alpinum* L. = Diphasiastrum alpinum
– **annotinum** L. 1753 · D:Sprossender Bärlapp; E:Stiff Clubmoss, Stiff Ground Pine · ♃ ⇝ Z2 VIII-IX ☠ ▽; Eur.*, Cauc., W-Sib., E-Sib., Amur, Sachal., Kamchat., Alaska, Can., USA: NE, NCE, NC,

Rocky Mts., NW
- **clavatum** L. 1753 · D:Keulen-Bärlapp; E:Club Moss, Running Pine · ⚂ ⟿ Z2 VII-VIII ⚥ ✹ ▽; Eur.*, TR, Cauc., W-Sib., E-Sib., Amur, Sachal., Kamchat., China, Korea, Jap. Taiwan, Ind., Malaysia, Polyn., Afr., Alaska, Can., USA: NE, NCE, SE, Rocky Mts., NW; Mex. W-Ind., C-Am., S-Am., Greenl., Afr.
- *complanatum* L. = Diphasiastrum complanatum
- **dubium** Zoëga 1772 · D:Stechender Berg-Bärlapp · ⚂ VI-IX ▽; Eur.: CH +
- *hippuris* Desv. ex Poir. = Lycopodium squarrosum
- *selago* L. = Huperzia selago
- **squarrosum** G. Forst. 1786 · ⚂ Z10 ⓖ ▽; Ind., Sri Lanka, Java

Lycopsis L. = Anchusa
- *arvensis* = Anchusa arvensis
- *echioides* L. = Arnebia pulchra

Lycopus L. 1753 -m- *Lamiaceae* · (S. 584)
D:Wolfstrapp; E:Gypsywort; F:Lycope
- **europaeus**
  - subsp. **europaeus** · D:Gewöhnlicher Ufer-Wolfstrapp; E:Gipsywort; F:Chanvre d'eau, Lycope d'Europe · ⚂ ⟿ Z5 VII-IX ⚥ ; Eur.*, TR, Syr., Iran, C-As., NW-Afr. [67227]
- **exaltatus** Ehrh. 1782 · D:Hoher Wolfstrapp · ⚂ VII-IX; Eur.: Ap, C-Eur., EC-Eur., Ba, EC-Eur.; Cauc., W-Sib., E-Sib., C-As.
- **virginicus** L. 1753 · D:Virginischer Wolfstrapp; E:Bugleweed, Gipsyweed · ⚂ ⟿ Z5 VII-IX ⚥ ; USA: NE, NCE, NC, SC, SE

Lycoris Herb. 1821 -f- *Amaryllidaceae* · (S. 912)
D:Spinnenlilie; E:Spider Lily
- *africana* (Lam.) M. Roem. = Lycoris aurea
- **aurea** (L'Hér.) Herb. 1821 · E:Golden Lily, Golden Spider Lily · ⚂ Z7 V-VIII; China, Jap., Ryukyu-Is., Taiwan
- **incarnata** Comes ex Spreng. 1906 · ⚂ Z7 ▭ ∧ VII-VIII; C-China.
- **radiata** (L'Hér.) Herb. 1821 · D:Rosarote Spinnenlilie; E:Red Spider Lily · ⚂ Z8 ⓖ ⓚ VIII-IX; Jap., Ryukyu-Is.
- **sanguinea** Maxim. 1885 ·

D:Schwarzrote Spinnenlilie; E:Spider Lily · ⚂ Z8 ⓚ VII-VIII; China, Jap.
- **sprengeri** Comes ex Baker 1902 · ⚂ Z7 ▭ ∧ VII-VIII; C-China
- **squamigera** Maxim. 1885 · D:Weiße Spinnenlilie; E:Magic Lily, Resurrection Lily · ⚂ Z7 ▭ ∧ VII-VIII; Jap.

Lygeum L. 1755 -n- *Poaceae* · (S. 1118)
- **spartum** Loefl. ex L. 1755 · ⚂ ⓚ Ⓝ; Eur.: Ib, Ap, Crete; NW-Afr.

Lygodium Sw. 1800 -n- *Schizaeaceae* · (S. 80)
D:Kletterfarn, Schlingfarn; F:Fougère grimpante
- **flexuosum** (L.) Sw. 1800 · D:Großer Kletterfarn; E:Big Lygodium · ⚂ ⚥ Z10 ⓖ; Ind., Sri Lanka, S-China, Phil., Austr.: Queensl.
- **japonicum** (Thunb.) Sw. 1800 · D:Japanischer Kletterfarn; E:Japanese Climbing Fern · ⚂ ⚥ Z10 ⓖ; China, Korea, Jap., Ryukyu-Is., Taiwan
- **palmatum** (Bernh.) Sw. 1806 · D:Handförmiger Kletterfarn · ⚂ ⚥ Z7 ⓚ ∧; USA: NE, Ohio, SE
- *pinnatifidum* Sw. = Lygodium flexuosum
- **scandens** (L.) Sw. 1800 · D:Schlangen-Kletterfarn; E:Snake Fern · ⚂ ⚥ Z10 ⓖ; trop. Afr., trop. As., Austr., Polyn.
- **volubile** Sw. 1801 · ⚂ Z10 ⓖ; C-Am., W.Ind., trop. S-Am.

Lygos Adans. = Retama
- *monosperma* (L.) Heywood = Retama monosperma

Lyonia Nutt. 1818 -f- *Ericaceae* · (S. 471)
D:Lyonie; E:Lyonia; F:Lyonia
- *calyculata* (L.) Rchb. = Chamaedaphne calyculata
- **ferruginea** (Walter) Nutt. 1818 · ♄ e Z9 ⓚ II-III; USA: SE, Fla.
- **ligustrina** (L.) DC. 1839 · D:Rispige Lyonie; E:Maleberry · ♄ d ⟿ Z5 V-VI ✹; USA: NE, NCE, SC, SE, Fla. [21594]
- **lucida** (Lam.) K. Koch 1872 · D:Glänzende Lyonie; E:Fetter Bush · ♄ e Z7 IV-V; USA: Va., SE, Fla. [21595]
- **mariana** (L.) D. Don 1834 · D:Marien-Lyonie; E:Stagger Bush · ♄ d ⟿ Z6 V-VI; USA: NE, SE, Fla., Tex. [36023]

- **ovalifolia** (Wall.) Drude 1889 · ♄ d Z6 V-VI; Pakist., Him., Myanmar, China, Jap., Taiwan [21596]
- *racemosa* (L.) D. Don = Leucothoe racemosa

Lyonothamnus A. Gray 1885 -m- *Rosaceae*
- **floribundus** A. Gray 1885
  - subsp. **aspenifolius** (Greene) P.H. Raven 1963
  - subsp. **floribundus**

Lysichiton Schott 1857 -m- *Araceae* · (S. 927)
D:Scheinkalla; E:Skunk Cabbage; F:Lysichiton
- **americanus** Hultén et H. St. John 1832 · D:Gelbe Scheinkalla; E:Yellow Skunk Cabbage; F:Arum bananier · ⚂ ⟿ Z6 IV-V; Kamchat., Alaska, Can., USA: NW, Calif., Rocky Mts. [67228]
- **camtschatcensis** (L.) Schott 1857 · D:Weiße Scheinkalla; E:Skunk Cabbage; F:Faux-arum blanc · ⚂ ⟿ Z6 V-VI; Jap., Kuril., Sachal., Kamchat., Amur [67229]
- *japonicus* (A. Gray) Schott ex Miq. = Lysichiton camtschatcensis

Lysimachia L. 1753 -f- *Primulaceae* · (S. 714)
D:Felberich, Gilbweiderich; E:Loosestrife; F:Lysimaque
- **atropurpurea** L. 1753 · ⚂ Z6; Eur.: Ba; TR [65193]
- **barystachys** Bunge 1833 · ⚂ Z5 VII-VIII; Jap., Korea, Manch., N-China [65194]
- **ciliata** L. 1753 · D:Bewimperter Felberich; E:Fringed Loosestrife; F:Lysimaque ciliée · ⚂ ⟿ Z4 VII-VIII; Can., USA* exc. Calif., SC [65195]
  'Firecracker' [65196]
  'Purpurea' = Lysimachia ciliata
   'Firecracker'
- **clethroides** Duby 1844 · D:Entenschnabel-Felberich; E:Gooseneck Loosestrife; F:Lysimaque à feuilles de cléthra · ⚂ Z4 VI-VII; China, Jap., Indochina [65197]
  'Lady Jane'
- **congestiflora** Hemsl. 1890 · ⚂ ⚥ ⟿ ⓚ V-IX; China [16762]
  'Outback Sunset' [21598]
- **ephemerum** L. 1753 · F:Lysimaque éphémère · ⚂ Z7 ∧ VI-IX; Eur.: Ib, F [65198]
- **fortunei** Maxim. 1868 · ⚂ ⚹ Z7 VII-VIII; China, Korea, Jap., Taiwan [61589]

- **japonica** Thunb. 1784 · D:Japan-Gilbweiderich · ⌛ Z6; Jap., China, Taiwan, Malay. Arch. [21603]
  'Minutissima' [70219]
- **lichiangensis** Forrest 1908 · ⌛ Z8 ⓚ; China (Yunnan) [21604]
- **mauritiana** Lam. 1792 · ⌛ Z10; Ind., Mauritius, China, Korea, Jap., Taiwan, Marianen, Hawaii, N.Caled.
- **minoricensis** Rodr. 1878 · ⌛ Z8 ⓚ; Eur.: Balear. (Menorca) extinct [21605]
- *monnieri* L. = Bacopa monnieri
- **nemorum** L. 1753 · D:Hain-Gilbweiderich; E:Wood Pimpernel, Yellow Pimpernel; F:Lysimaque des bois · ⌛ ⤳ Z6 V-VII; Eur.* [65199]
- **nummularia** L. 1753 · D:Pfennig-Gilbweiderich, Pfennigkraut; E:Creeping Jenny; F:Lysimaque nummulaire · ⌛ ⤳ Z4 V-VII ⚥; Eur.*, TR, Cauc., nat. in N-Am. [65200]
  'Aurea' [65201]
- **ovata** (A. Heller) H. St. John 1973
- **punctata** L. 1753 · D:Punktierter Gilbweiderich; E:Dotted Loosestrife; F:Lysimaque ponctuée · ⌛ ⤳ Z5 VI-VIII; Eur.: A, Ap, Ba, EC-Eur., E-Eur.; TR, Cauc., nat. in BrI, Sc, Fr, N-Am. [65202]
  'Alexander's Surprise' [68269]
- **thyrsiflora** L. 1753 · D:Straußblütiger Gilbweiderich; E:Tufted Loosestrife; F:Lysimaque à fleurs en thyrse · ⌛ ⤳ Z6 V-VII; Eur.* exc. Ib, Ap; W-Sib., E-Sib., Amur, Sachal., Kamchat., C-As., Mong., China, Alaska, Can., USA: NE, NCE, NC, Rocky Mts., NW, Calif. [67230]
- **vulgaris** L. 1753 · D:Gewöhnlicher Gilbweiderich · [65203]
  - var. **davurica** (Ledeb.) R. Knuth 1905 · ⌛ Z5; Jap., E-As.
  - var. **vulgaris** · D:Gewöhnlicher Gilbweiderich; E:Loosestrife, Yellow Loosestrife; F:Lysimaque commune · ⌛ ⤳ Z5 VI-VIII ⚥; Eur.*, TR, Iraq, Cauc., Iran, W-Sib., E-Sib., C-As., Him., China, Jap., NW-Afr., Can.: E; USA: NE, NCE

Lythrum L. 1753 -n- *Lythraceae* · (S. 610)
D:Weiderich; E:Loosestrife; F:Salicaire
- **alatum** Pursh 1814 · D:Geflügelter Weiderich; E:Winged Loosetrife · ⌛ ⤳ Z3 VI-VIII; Can.; USA: NE, NCE, NC, SE, SC, Rocky Mts. [70772]
- **hyssopifolia** L. 1753 · D:Ysopblättriger Weiderich · ☉ VII-IX; Eur.* exc. Sc; TR, Levante, Cauc., W-Sib., C-As., N-Afr, nat. in Sc, S-Afr., C-Am., Austr., NZ
- **salicaria** L. 1753 · D:Blut-Weiderich; E:Purple Loosestrife, Spiked Loosestrife; F:Salicaire · ⌛ Z3 VII-VIII ⚥; Eur.*, TR, Syr., Palaest., Cauc., Iran, W-Sib., E-Sib., Amur, Sachal., Mong., Tibet, Him., Korea, China, Korea, Jap., NW-Afr., Austr., Tasman., nat. in N-Am. [65204]
  'Blush' [68112]
  'Feuerkerze' [65206]
  'Lady Sackville' [67791]
  'Rakete' [65207]
  'Robert' [65208]
  'Rose Gem' [65209]
  'Stichflamme' [65211]
  'Zigeunerblut' [65212]
- **virgatum** L. 1753 · D:Ruten-Weiderich; E:Loosestrife · ⌛ ⤳ VI-VIII; Eur.: C-Eur., EC-Eur., Ba, Ap, E-Eur., nat. in Fr [65213]
  'Dropmore Purple' [65214]
  'Rose Queen' [65215]
  'Rosy Gem'
  'The Rocket' [61602]

Lytocaryum Toledo 1944 -n- *Arecaceae* · (S. 954)
- **weddellianum** (H. Wendl.) Toledo 1944 · D:Zimmer-Kokospalme; E:Weddel Palm · ♄ e ⓦ; trop. Bras.

Maackia Rupr. 1856 -f- *Fabaceae* · (S. 515)
D:Maackie; F:Maackia
- **amurensis** Rupr. et Maxim. [33282]
  - var. **amurensis** · D:Asiatische Maackie; E:Amur Maackia; F:Maackia de l'Amour · ♄ d Z5 VII-VIII; Amur, China, Manch., Korea, Jap., Taiwan
  - var. **buergeri** (Maxim.) C.K. Schneid. 1907 · ♄ d Z5 VII-VIII; Jap.
- **chinensis** Takeda 1913 · D:Chinesische Maackie · ♄ d Z5 VII-VIII; C-China: Hupeh
- **fauriei** (H. Lév.) Takeda 1913 · D:Koreanische Maackie · ♄ d Z5; C-China, Korea

Macadamia F. Muell. 1858 -f- *Proteaceae* · (S. 720)
D:Macadamianuss, Queenslandnuss; E:Queensland Nut; F:Noyer du Queensland
- **integrifolia** Maiden et Betche 1896 · D:Echte Macadamianuss, Queenslandnuss; E:Macadamia Nut, Queensland Nut · ♄ e Z10 ⓦ ⓝ; Austr.: Queensl.
- **ternifolia** F. Muell. 1857 · D:Dreiblütige Macadamianuss; E:Gympie Nut · ♄ e Z10 ⓚ ⓝ; Austr.: Queensl., N.S.Wales
- **tetraphylla** L.A.S. Johnson 1954 · D:Rauschalige Macadamianuss; E:Queensland Nut, Rough Shell Macadamia · ♄ e Z10 ⓚ ⓝ; Austr.: Queensl., N.S.Wales

Macfadyena A. DC. 1845 -f- *Bignoniaceae* · (S. 295)
D:Krallentrompete
- **unguis-cati** (L.) A.H. Gentry 1973 · D:Krallentrompete; E:Cat's Claw · ♄ e ⚲ Z8 ⓚ; Mex.: Yucatan; Guat., Arg. [11203]

Machaeranthera Nees 1832 -f- *Asteraceae*
- **bigelovii** (A. Gray) Greene 1896

Machaerocereus Britton et Rose 1920 -m- *Cactaceae*
- **eruca** (Brandegee) Britton et Rose 1920 · ♄ ⚹ ⤳ Z9 ⓚ ▽ ✻; Mex.: Baja Calif.
- **gummosus** (Engelm.) Britton et Rose 1920 · ⚹ ⓦ; Mex. (Sonora, Baja Calif.)

Machairophyllum Schwantes 1927 -n- *Aizoaceae* · (S. 146)
D:Säbelblatt
- **acuminatum** L. Bolus 1935 · D:Spitzes Säbelblatt · ⚹ Z9 ⓚ; Kap

Mackaya Harv. 1859 -f- *Acanthaceae* · (S. 132)
- **bella** Harv. 1859 · ♄ e Z9 ⓦ VI-VIII; S-Afr. [11204]

Macleania Hook. 1837 -f- *Ericaceae* · (S. 471)
- **alata** Luteyn 1996 · ♄ ⓦ; Ecuad.
- **angulata** Hook. 1842 · ♄ e Z10 ⓚ VII-VIII; Peru
- **cordifolia** Benth. 1846 · ♄ e Z10 ⓚ III-IV; Ecuad., Peru
- **insignis** M. Martens et Galeotti 1842 · ♄ e Z10 ⓚ VII-VIII; Mex., Guat., Hond.
- *longiflora* Lindl. = Macleania insignis

- **ovata** Klotzsch 1851 · ħ e Z10 Ⓚ; Costa Rica, Panama
- *pulchra* Hook. f. = Macleania insignis
- *punctata* Hook. = Macleania cordifolia

Macleaya R. Br. 1826 -f- *Papaveraceae* · (S. 685)
D:Federmohn; E:Plume Poppy; F:Pavot plumeux
- **cordata** (Willd.) R. Br. 1826 [65216]
  - var. **cordata** · D:Weißer Federmohn; E:Plume Poppy; F:Boconie à feuilles en coeur · ♃ Z6 VII-VIII ☠; Jap., China, Taiwan [65217]
  - var. **thunbergii** (Miq.) Miq. · ♃ Z6 ☠; China, Jap., Taiwan
  - var. *yedoensis* (André) Fedde 1909 = Macleaya cordata var. cordata
- × **kewensis** Turrill 1958 (*M. cordata* × *M. microcarpa*) · ♃ Z5; cult. [73246]
- **microcarpa** (Maxim.) Fedde 1905 · D:Ockerfarbiger Federmohn; E:Plume Poppy; F:Boconie à petits fruits · ♃ Z5 VII-VIII; China: Kansu, Schansi [65218]
  'Coral Plume' = Macleaya microcarpa 'Kelway's Coral Plume'
  'Kelway's Coral Plume' Kelway 1930 [69441]

× **Macludrania** André 1905 -f- *Moraceae* · (S. 652)
D:Macludranie (*Cudrania* × *Maclura*)
- **hybrida** André 1905 (*Cudrania tricuspidata* × *Maclura pomifera*) · D:Macludranie · ŧ d Z7; cult.

Maclura Nutt. 1818 -f- *Moraceae* · (S. 652)
D:Milchorange, Osagedorn; E:Osage Orange; F:Oranger des Osages
- **pomifera** (Raf.) C.K. Schneid. 1906 · D:Osagedorn; E:Osage Orange; F:Oranger des Osages · ħ d ♧ Z7 Ⓝ; USA: Ark., SC, nat. in e N-Am. [33284]
  'Inermis' [19904]
- *tinctoria* (L.) D. Don ex Steud. = Chlorophora tinctoria
- *tricuspidata* Carrière = Cudrania tricuspidata

Macodes (Blume) Lindl. 1840 -f- *Orchidaceae* · (S. 1072)
D:Goldblatt; F:Macodes
- *marmorata* Blume = Dossinia marmorata
- **petola** (Blume) Lindl. 1840 · ♃ Z10 Ⓦ ▽ ✱; Malay. Arch., Phil.

Macrodiervilla Nakai = Weigela
- *middendorffiana* (Trautv. et C.A. Mey.) Nakai = Weigela middendorffiana

Macropidia J.L. Drumm. ex Harv. 1855 -f- *Haemodoraceae*
- **fumosa** J.L. Drumm. ex Harv. 1855 · ♃ Ⓚ V-VI; W-Austr.

Macroplectrum Pfitzer = Angraecum
- *sesquipedale* (Thouars) Pfitzer = Angraecum sesquipedale

Macroptilium (Benth.) Urb. 1928 -n- *Fabaceae* · (S. 516)
- **atropurpureum** (DC.) Urb. 1928 · ♃ Ⓝ; USA: Tex., N.Mex.; Mex., C-Am., Col., Ecuad., Peru, Arg.

Macrotyloma (Wight et Arn.) Verdc. 1970 -f- *Fabaceae* · (S. 516)
D:Erdbohne, Pferdebohne
- **axillare** (E. Mey.) Verdc. 1970 · ♃ ≹ Ⓦ; Arab., trop. Afr., S-Afr., Madag., Sri Lanka
- **geocarpum** (Harms) Maréchal et Baudet 1977 · D:Erdbohne, Kandelbohne; E:Ground Bean · Z10 Ⓦ Ⓝ; W-Afr.
- **uniflorum** (Lam.) Verdc. 1970 · D:Pferdebohne, Pferdekorn; E:Horse Grain · ⊙ Z10 Ⓦ Ⓝ; Him., Ind., Sri Lanka, Myanmar +

Macrozamia Miq. 1842 -f- *Zamiaceae* · (S. 103)
- **communis** L.A.S. Johnson 1959 · D:Burrawang; E:Burrawang · ŧ d Z9 Ⓦ ☠ ▽ ✱; Austr.: N.S.Wales
- *denisonii* C. Moore et F. Muell. = Lepidozamia peroffskyana
- **miquelii** (F. Muell.) A. DC. 1868 · ♃ ħ e Z9 Ⓦ ☠ ▽ ✱; Austr.: Queensl., N.S.Wales
- **moorei** F. Muell. 1881 · ŧ e Z9 Ⓦ ☠ ▽ ✱; Austr.: Queensl., N.S.Wales
- **pauli-guilielmi** W. Hill et F. Muell. 1858 · ♃ ħ e Z9 Ⓦ ☠ ▽ ✱; Austr.: Queensl.
- *peroffskyana* (Regel) Miq. = Lepidozamia peroffskyana
- **riedlei** (Fisch. ex Gaudich.) Gardner 1930 · ħ e Z9 Ⓚ ☠ ▽ ✱; Austr.: W-Austr.
- **spiralis** (Salisb.) Miq. 1842 · e Z9 Ⓦ ☠ ▽ ✱; Austr.: N.S.Wales
- *tridentata* (Willd.) Regel = Macrozamia spiralis

Maddenia Hook. f. et Thomson 1854 -f- *Rosaceae* · (S. 755)
- **hypoleuca** Koehne 1911 · ŧ ħ d Z5; C-China, W-China [27501]

Madhuca Buch.-Ham. ex J.F. Gmel. 1791 -f- *Sapotaceae* · (S. 806)
D:Butterbaum; E:Buttertree; F:Arbre à beurre, Illipe
- *butyracea* (Roxb.) J.F. Macbr. = Diploknema butyracea
- **hainanensis** Chun et F.C. How 1958 · ♃; Jap., China
- **longifolia** (J. König) ex L. J.F. Macbr. 1918 · D:Mowra-Butterbaum; E:Mowra Buttertree · ħ d Ⓦ Ⓝ; Ind., Sri Lanka, Myanmar

Madia Molina 1782 -f- *Asteraceae* · (S. 257)
D:Madie; E:Tarweed; F:Madi
- *capitata* Nutt. = Madia sativa var. congesta
- **elegans** D. Don ex Lindl. 1831 · D:Gewöhnliche Madie; E:Common Tarweed · ⊙ VII-VIII; USA: NW, Calif.; Baja Calif.
- **sativa** Molina 1782 · D:Öl-Madie; E:Chilean Oil Plant, Chilean Tarweed, Tarplant · ⊙ VII-VIII Ⓝ; USA: NW, Calif.; Chile
  - var. **congesta** Torr. et A. Gray 1843 · ⊙; Can. (B.C.); USA: NW, Calif.

Magnolia L. 1753 -f- *Magnoliaceae* · (S. 611)
D:Magnolie; E:Magnolia; F:Magnolia, Magnolier
- **acuminata** (L.) L. 1759 · D:Gurken-Magnolie · [48010]
  - var. **acuminata** · D:Blaue Gurken-Magnolie; E:Cucumber Tree; F:Arbre aux concombres, Magnolia à feuilles acuminées · ħ d Z5 V-VI Ⓝ; Ont., USA: NE, NCE, SE, Okla.
    fo. *aurea* (Ashe) Hardin = Magnolia acuminata var. acuminata
  - var. *alabamensis* Ashe = Magnolia acuminata var. subcordata
  - var. *cordata* (Michx.) Sarg. = Magnolia acuminata var. subcordata
  - var. *decandollei* (Savi) DC. = Magnolia acuminata var. acuminata
  - var. *ludoviciana* Sarg. = Magnolia acuminata var. acuminata

- var. **subcordata** (Spach) Dandy 1964 · D:Gelbe Gurken-Magnolie; E:Yellow Cucumber Tree · ♄ d Z6 V-VI; USA: N.C, Ga., Alab. + [19397]
- *alexandrina* Steud. = Magnolia denudata
- *andamanica* (King) D.C.S. Raju et M.P. Nayar = Magnolia liliifera var. liliifera
- *angustifolia* Millais = Magnolia grandiflora
- *annonifolia* Salisb. = Michelia figo var. figo
- *atropurpurea* Steud. = Magnolia liliiflora
- *aulacosperma* Rehder et E.H. Wilson = Magnolia biondii
- *auriculata* Desr. = Magnolia fraseri
- *australis* (Sarg.) Ashe = Magnolia virginiana
- *axilliflora* T.B. Chao et al. = Magnolia biondii
- *biloba* (Rehder et E.H. Wilson) W.C. Cheng et Y.W. Law = Magnolia officinalis var. biloba
- **biondii** Pamp. 1910 · ♄ d Z8 ⓚ; C-China [27502]
- *borealis* (Sarg.) Kudô = Magnolia kobus
- × **brooklynensis** Kalmb. 1972 (*M. acuminata* × *M. liliiflora*) · ♄ d Z5; cult.
- *burchelliana* Steud. = Magnolia virginiana
- **campbellii** Hook. f. et Thomson 1855 · D:Himalaya-Magnolie · [22848]
  'Charles Raffill' Raffil 1946 (*M. campbellii var. campbellii* × *M. campbellii var. mollicomata*)
  - var. **campbellii** · D:Campbells Himalaya-Magnolie; E:Campbell Magnolia, Pink Tulip Tree · ♄ d Z9 ⓚ; Him.: Nepal; Myanmar, SW-China
  - var. **mollicomata** (W.W. Sm.) Kingdon-Ward 1955 · D:Weichhaarige Himalaya-Magnolie · ♄ d Z9 ⓚ; Myanmar, China (SE-Tibet, W-Yunnan)
- *candollei* (Blume) H. Keng = Magnolia liliifera var. liliifera
- *candollei* Link = Magnolia acuminata var. acuminata
- *champaca* (L.) Baill. ex Pierre = Michelia champaca
- *citriodora* Steud. = Magnolia denudata
- *conspicua* Salisb. = Magnolia denudata
  - var. *emarginata* Desr. 1934 = Magnolia sargentiana

- var. *fargesii* Finet et Gagnep. 1934 = Magnolia biondii
- var. *purpurascens* Maxim. 1929 = Magnolia sprengeri
- var. *purpurascens* Rehder et E.H. Wilson = Magnolia denudata
- var. *rosea* Veitch = Magnolia denudata
- var. *soulangeana* (Soul.-Bod.) Loudon = Magnolia × soulangeana
- *cordata* Michx. = Magnolia acuminata var. subcordata
- *craibiana* Dandy = Magnolia liliifera var. liliifera
- *cyathiformis* Ruiz ex K. Koch = Magnolia denudata
- **cylindrica** E.H. Wilson 1927 · ♄ d Z6 IV-V; China: Anhwei [19399]
- **dawsoniana** Rehder et E.H. Wilson 1913 · D:Dawsons Magnolie · ♄ ♄ d Z9 ⓚ; W-China, Sinkiang [22849]
  'Ruby Rose'
- *decandollei* Savi = Magnolia acuminata var. acuminata
- **delavayi** Franch. 1889 · ♄ e Z9 ⓚ; China (Yunnan, Sichuan)
- **denudata** Desr. 1792 · D:Lilien-Magnolie, Yulan-Magnolie; E:Lily Tree, Yulan; F:Magnolia dénudé · ♄ ♄ d Z6 III-IV; C-China [33286]
  - var. *emarginata* (Finet et Gagnep.) Pamp. 1915 = Magnolia sargentiana
  - var. *fargesii* (Finet et Gagnep.) Pamp. 1915 = Magnolia biondii
  - var. *purpurascens* (Maxim.) Rehder et E.H. Wilson 1913 = Magnolia sprengeri
- *discolor* Vent. = Magnolia liliiflora
- *elliptica* Link = Magnolia grandiflora
- *elliptilimba* Y.W. Law et Z.Y. Gao = Magnolia zenii
- **emarginata** Urb. et Ekman 1931
- *excelsa* Wall. = Michelia doltsopa
- *exoniensis* Millais = Magnolia grandiflora
- *famasiha* Paul Parm. = Magnolia salicifolia
- *fargesii* (Finet et Gagnep.) W.C. Cheng = Magnolia biondii
- *fasciata* Vent. = Michelia figo var. figo
- *ferruginea* W. Watson = Magnolia grandiflora
- *figo* (Lour.) DC. = Michelia figo
- *foetida* (L.) Sarg. = Magnolia grandiflora
- *forbesii* King = Magnolia liliifera var. liliifera
- *fragrans* Salisb. = Magnolia virginiana
- **fraseri** Walter · D:Berg-Magnolie; E:Ear Leaved Magnolia · ♄ d Z6 V-VI; USA: Va., Ky., SE
- *frondosa* Salisb. = Magnolia tripetala
- *funiushanensis* T.B. Chao et al. = Magnolia biondii
- *fuscata* Andrews = Michelia figo var. figo
- *galissoniensis* Millais = Magnolia grandiflora
- *glauca* (L.) L. = Magnolia virginiana
- *glauca* Thunb. = Magnolia obovata
- **globosa** Hook. f. et Thomson 1855 · D:Tsarong-Magnolie · ♄ ♄ d Z9 ⓚ; E-Him. (E-Nepal, NE-Assam, SE-Tibet), Myanmar, W-China
  - var. *sinensis* Rehder et E.H. Wilson 1913 = Magnolia sieboldii subsp. sinensis
- *gloriosa* Millais = Magnolia grandiflora
- *gordoniana* Steud. = Magnolia virginiana
- *gracilis* Salisb. = Magnolia liliiflora
- **grandiflora** L. 1759 · D:Immergrüne Magnolie; E:Bull Bay, Evergreen Magnolia, Southern Magnolia; F:Magnolia à grandes fleurs · ♄ d D Z7 VI-VIII Ⓝ; Jap. [37048]
  'Edith Bogue' 1961 [34394]
  'Exmouth' Colliton 1737
  'Galissonière' Gallisonière 1745 [33288]
  'Goliath' Caledonia Nursery 1910 [32795]
  '*Lanceolata*' = Magnolia grandiflora 'Exmouth'
  'Victoria' Bailey 1930 [31248]
  - var. *elliptica* Aiton 1811 = Magnolia grandiflora
  - var. *ferruginea* Sims 1817 = Magnolia grandiflora
  - var. *lanceolata* Aiton 1737 = Magnolia grandiflora 'Exmouth'
- *halleana* auct. = Magnolia stellata
- *hartwegii* G. Nicholson = Magnolia grandiflora
- *hartwicus* G. Nicholson = Magnolia grandiflora
- *heptapeta* (Buc'hoz) Dandy = Magnolia denudata
  fo. *purpurascens* (Maxim.) Ohba = Magnolia sprengeri
- *honanensis* B.Y. Ding et T.B. Chao = Magnolia biondii
- *honogi* Paul Parm. = Magnolia obovata
- *hypoleuca* Siebold et Zucc. = Magnolia obovata
  '*Purpurea*' = Magnolia liliiflora

- × **kewensis** Pearce (*M. kobus* × *M. salicifolia*) · ♅ d Z6; cult.
  'Wada's Memory' Mulligan 1959 [32250]
- **kobus** DC. 1817 · D:Kobushi-Magnolie; E:Kobus Magnolia; F:Magnolia de Kobé · ♅ d Z5 IV-V; Jap. [19160]
  'Borealis' · d IV-V; Jap., Korea [15843]
  'Esveld Select' Esveld [12357]
  - var. *borealis* Sarg. 1908 = Magnolia kobus
  - var. *loebneri* (Kache) Spongberg 1976 = Magnolia × loebneri
  - var. *stellata* (Siebold et Zucc.) Blackburn 1955 = Magnolia stellata
- *kunstleri* King = Magnolia liliifera var. liliifera
- *lacunosa* Raf. = Magnolia grandiflora
- *lanceolata* Link = Magnolia grandiflora 'Exmouth'
- *latifolia* Aiton ex Dippel = Magnolia virginiana
- **liliifera** (L.) Baill. 1868
  - var. **liliifera**; Sikkim, Assam, Tahiland, Cambodia, Vietnam, Hainan, Sumatra, New Guinea
  - var. *taliensis* (W.W. Sm.) Pamp. = Magnolia wilsonii
- **liliiflora** Desr. 1792 · D:Purpur-Magnolie; E:Purple Magnolia; F:Magnolia pourpre · ♅ d Z6 V ⚥; C-China [15718]
  'Gracilis' [29466]
  'Purpurea' = Magnolia liliiflora
- × **loebneri** Kache 1920 (*M. kobus* × *M. stellata*) · ♅ d Z6 IV; cult. [19170]
  'Ballerina' McDaniel 1969 [42974]
  'Leonard Messel' Messel 1955 [19180]
  'Merrill' Sax 1952 [30370]
  'Snowdrift' Hillier Nurs. 1978 [35312]
- *longifolia* Sweet = Magnolia grandiflora
- **macrophylla** Michx. · D:Groß-blättrige Magnolie; E:Bigleaf Cucumber Tree · ♅ d D Z7 ∧ VI-VIII; USA: Ohio, W.Va., Ky., SE, Fla.
- *major* Millais = Magnolia virginiana
- *maxima* Lodd. ex G. Don = Magnolia grandiflora
- *meleagrioides* DC. = Michelia figo var. figo
- *membranacea* Paul Parm. = Michelia champaca var. champaca
- *michauxiana* DC. = Magnolia macrophylla
- *microphylla* Ser. = Magnolia grandiflora
- *mollicomata* W.W. Sm. = Magnolia campbellii var. mollicomata
- *mutabilis* (Blume) H.J. Chowdhery et P. Daniel = Magnolia liliifera var. liliifera
- *nicholsoniana* Rehder et E.H. Wilson = Magnolia wilsonii
- *obovata* Aiton ex Link = Magnolia grandiflora
  - var. *denudata* (Desr.) DC. 1817 = Magnolia denudata
  - var. *purpurea* (Curtis) Sweet = Magnolia liliiflora
- **obovata** Thunb. 1794 · D:Honoki-Magnolie; · ♅ d Z6 V-VI; Jap., Kurilen [26127]
- *odoratissima* Reinw. ex Blume = Magnolia liliifera var. liliifera
- **officinalis** Rehder et E.H. Wilson 1913 [27504]
  - subsp. *biloba* (Rehder et E.H. Wilson) Y.W. Law 1996 = Magnolia officinalis var. biloba
  - var. *biloba* Rehder et E.H. Wilson 1913 · ♅ d Z8 ⓚ; China [14282]
  - var. **officinalis** · ♅ d Z8 ⓚ ⚥ ; W-China, C-China
  - var. *pubescens* C.Y. Deng 1986 = Magnolia officinalis var. officinalis
- *oyama* Korth. = Magnolia sieboldii subsp. sieboldii
- *pachyphylla* Dandy = Magnolia liliifera var. liliifera
- *parviflora* Blume = Michelia figo var. figo
- *parviflora* Siebold et Zucc. = Magnolia sieboldii subsp. sieboldii
- *parvifolia* DC. = Michelia figo var. figo
- *pensylvanica* DC. = Magnolia acuminata var. acuminata
- *pilosissima* Paul Parm. = Magnolia macrophylla
- *praecocossima* Koidz. = Magnolia kobus
- *praecox* Millais = Magnolia grandiflora
- *pravertiana* Millais = Magnolia grandiflora
- *precia* Corrêa ex Vent. = Magnolia denudata
- × *proctoriana* Rehder (*M. salicifolia* × *M. stellata*) · ♅ d Z5; cult.
- *pseudokobus* S. Abe et Akasawa = Magnolia kobus
- *pumila* Andrews = Magnolia liliifera var. liliifera
- *purpurascens* (Maxim.) Makino = Magnolia sprengeri
- *purpurea* Curtis = Magnolia liliiflora
- var. *denudata* (Desr.) Loudon = Magnolia denudata
- *quinquepeta* (Buc'hoz) Dandy = Magnolia liliiflora
- *rabaniana* (Hook. f. et Thomson) D.C.S. Raju et M.P. Nayar = Magnolia liliifera var. liliifera
- *rotundifolia* Millais = Magnolia grandiflora
- *rumphii* (Blume) Spreng. = Magnolia liliifera var. liliifera
- *rustica* DC. = Magnolia acuminata var. acuminata
- **salicifolia** (Siebold et Zucc.) Maxim. 1872 · D:Weiden-blättrige Magnolie; E:Anise Magnolia, Willow Leaf Magnolia; F:Magnolia à feuilles de saule · ♅ ♅ d D Z6 IV-V; Jap. [19404]
- **sargentiana** Rehder et E.H. Wilson 1913 · ♅ d Z8 ⓚ IV-V; W-China: Yunnan, Sichuan, Sikiang
  'Robusta' · d III-IV; China: W-Sichuan [16692]
  - var. *robusta* Rehder et E.H. Wilson 1913 = Magnolia sargentiana
- *siamensis* (Dandy) H. Keng = Magnolia liliifera var. liliifera
- **sieboldii** K. Koch 1853 [19190]
  - subsp. **sieboldii** D:Siebolds Magnolie; E:Siebold Magnolia; F:Magnolia de Siebold · ♅ ♅ d D Z6 VI-VII; Jap., Korea
  - subsp. **sinensis** (Rehder et E.H. Wilson) Spongberg 1976 · ♅ d D Z7 ∧ VI; Sichuan [27505]
- *simii* Siebold ex Miq. = Magnolia stellata
- *sinensis* (Rehder et E.H. Wilson) Stapf = Magnolia sieboldii subsp. sinensis
- *sinostellata* P.L. Chiu et Z.H. Chen = Magnolia stellata
- *slavinii* B.E. Harkn. = Magnolia salicifolia
- × **soulangeana** Soul.-Bod. 1826 (*M. denudata* × *M. liliiflora*) · D:Tulpen-Magnolie; E:Lenne's Magnolia, Saucer Magnolia; F:Magnolia de Soulange · ♅ d Z6 IV-V; cult. [19200]
  'Alba Superba' [37590]
  'Alexandrina' Treseder 1978 [19210]
  'Brozzonii' 1873 [38886]
  'Burgundy' Clarke Nurs. 1943 [32254]
  'Lennei' [19220]
  'Lennei Alba' [19230]
  'Rustica Rubra' [33292]
  'Sundew' [12895]
- *spectabilis* G. Nicholson = Magnolia denudata

- *splendens* Reinw. ex Blume = Magnolia liliifera var. liliifera
- **sprengeri** Pamp. 1915 · ♄ d Z9 ⌂; C-China [27508]
  'Diva' [14285]
- **stellata** (Siebold et Zucc.) Maxim. 1872 · D:Stern-Magnolie; E:Star Magnolia; F:Magnolia étoilé · ♄ ♄ d D Z6 III-IV; Jap. [19270]
  'Rosea' 1899 [19250]
  'Royal Star' Vermeulen Nurs. 1960 [19280]
  Waterlily Grp. [19290]
- *stricta* G. Nicholson = Magnolia grandiflora
- *superba* G. Nicholson = Magnolia denudata
- *taliensis* W.W. Sm. = Magnolia wilsonii
- *tardiflora* Ser. = Magnolia grandiflora
- *thamnodes* Dandy = Magnolia liliifera var. liliifera
- × **thompsoniana** (Loudon) de Vos 1876 (*M. tripetala* × *M. virginiana*) · ♄ Z5 VI-VII; cult. [45760]
- *thurberi* G. Nicholson = Magnolia kobus
- *tomentosa* Ser. = Magnolia grandiflora
- *tomentosa* Thunb. = Edgeworthia chrysantha
- **tripetala** (L.) L. 1759 · D:Schirm-Magnolie; E:Elkwood, Umbrella Magnolia; F:Magnolia parasol · ♄ d D Z6 VI-VII; USA: NE, NCE, SE, Okla. [33294]
- *triumphans* G. Nicholson = Magnolia denudata
- *tsarongensis* W.W. Sm. et Forrest = Magnolia globosa
- *umbellata* Steud. = Magnolia tripetala
- *umbrella* Desr. = Magnolia tripetala
- × **veitchii** Bean 1921 (*M. campbellii* var. *campbellii* × *M. denudata*) · D:Veitchs Magnolie; E:Veitch Magnolia · ♄ d Z7; cult.
  'Peter Veitch'
- *verecunda* Koidz. = Magnolia sieboldii subsp. sieboldii
- *versicolor* Salisb. = Michelia figo var. figo
- **virginiana** L. 1753 · D:Sumpf-Magnolie; E:Laurel Magnolia, Sweet Bay · ♄ ♄ d D Z6 VI ⚥ ⓝ; USA: NE, SE, Fla., SC [42282]
  - var. *acuminata* L. 1753 = Magnolia acuminata
  - var. *australis* Sarg. 1919 = Magnolia virginiana

- var. *foetida* L. 1753 = Magnolia grandiflora
- var. *tripetala* L. 1753 = Magnolia tripetala
- × *watsonii* Hook. f. = Magnolia × wiesneri
- × **wiesneri** Carrière 1890 (*M. hypoleuca* × *M. sieboldii* subsp. *sieboldii*) · D:Wiesners Magnolie; E:Wiesner's Magnolia · ♄ d D Z7 VI-VIII; cult. [20673]
- **wilsonii** (Finet et Gagnep.) Rehder 1913 · D:Wilsons Magnolie; E:Wilson Magnolia; F:Magnolia de Wilson · ♄ ♄ d Z7 VI; China: Sichuan, Yunnan, Kansu [29922]
- *xerophila* Paul Parm. = Mimusops elengi
- *yulan* Desf. = Magnolia denudata
- **zenii** W.C. Cheng 1933 · ♄ d Z9 ⌂; China (Henan, Jiangsu)
- **in vielen Sorten:**
  'Ann' U.S. National Arboretum 1955 (*M. stellata* × *M. liliiflora* 'Nigra') [19398]
  'Betty' U.S. National Arboretum 1956 (*M. liliiflora* 'Nigra' × *M. stellata* 'Rosea') [13177]
  'Charles Coates' Coates 1946 (*M. tripetala* × *M. sieboldii*) · d Z6 [20671]
  'Elizabeth' E. Sperber 1978 (*M. acuminata* × *M. denudata*) [20264]
  'Galaxy' U.S. National Arboretum 1963 (*M. liliiflora* 'Nigra' × *M. sprengeri* 'Diva') [24708]
  'George Henry Kern' Kern 1948 (*M. stellata* × *M. liliiflora*) [13186]
  'Heaven Scent' Gresham (*M. liliiflora* × *M.* × *veitchii*) [13185]
  'Iolanthe' Jury 1974 (*M.* 'Marc Jury' × *M.* × *soulangeana* 'Lennei') [19402]
  'Jane' U.S. National Arboretum 1956 (*M. stellata* Waterlily Grp. × *M. liliiflora*) [20132]
  'Manchu Fan' Gresham (*M.* × *soulangeana* 'Lennei Alba' × *M.* × *veitchii*) [42894]
  'Peppermint Stick' Gresham 1962 (*M.* × *soulangeana* 'Rustica Rubra' × *M.* × *veitchii*) [42896]
  'Pinkie' U.S. National Arboretum 1956 (*M. stellata* 'Rosea' × *M. liliiflora* 'Reflorescens') [42902]
  'Raspberry Ice' Gresham 1962 [19403]
  'Ricky' U.S. National Arboretum 1955 (*M. stellata* × *M. liliiflora* 'Nigra') [13179]
  'Royal Crown' Gresham 1962 (*M. liliiflora* × *M.* × *veitchii*) [13181]
  'Sayonara' Gresham 1966 (*M. liliiflora* × *M.* × *veitchii*) [19406]
  'Star Wars' Blumhardt c. 1970 [12307]
  'Susan' U.S. National Arboretum 1956 (*M. liliiflora* 'Nigra' × *M. stellata* 'Rosea') [13182]

'Yellow Bird' Brooklyn Bot. Gard. 1967 [15272]

Magydaris W.D.J. Koch ex DC. 1830 -f- *Apiaceae* · (S. 178)
- **pastinacea** (Lam.) Paol. 1830 · ⌾ ⚭ ⌂; Eur.: S-I, Sard., Sic.

Mahernia L. = Hermannia
- *verticillata* L. = Hermannia verticillata

× **Mahoberberis** C.K. Schneid. 1906 -f- *Berberidaceae* · (S. 287) D:Berberitzenmahonie, Hybridmahonie (*Berberis* × *Mahonia*)
- **aquicandidula** Jensen 1950 (*Berberis candidula* × *Mahonia aquifolium*) · ♄ e; cult.
- **aquisargentii** Jensen 1950 (*Berberis sargentiana* × *Mahonia aquifolium*) · ♄ d; cult. [15801]
- **miethkeana** L.W. Melander et Eade 1954 (*Berberis julianae* × *Mahonia aquifolium*) · ♄ e; cult. [17369]
- **neubertii** (Baumann ex Lem.) C.K. Schneid. 1906 (*Berberis vulgaris* × *Mahonia aquifolium*) · ♄ s Z6; cult. [28329]

Mahonia Nutt. 1818 -f- *Berberidaceae* · (S. 287) D:Mahonie; E:Holly Grape, Oregon Grape; F:Mahonia
- **acanthifolia** Wall. ex G. Don 1831 · ♄ e Z8 ⌂ IX-II; Him., SW-China
- **aquifolium** (Pursh) Nutt. 1818 · D:Gewöhnliche Mahonie; E:Oregon Grape; F:Mahonia faux-houx · ♄ e Z5 IV-V ⚥ ⚘; B.C., USA: NW, nat. in F [19300]
  'Apollo' 1973 [47490]
  'Atropurpurea' < 1915 [30380]
  'Green Ripple' < 1988 [22673]
  'Orange Flame' 1965 [35318]
  'Smaragd' [19310]
- **bealei** (Fortune) Carrière 1875 · D:Beales Mahonie; E:Leatherleaf Mahonia; F:Mahonia de Beal · ♄ e D Z7 ∧ II-V; China: Hupeh [19320]
- **confusa** Sprague 1912 · D:Späte Mahonie · ♄ e Z8 ⌂; China (Hubei, Sichuan)
- **eutriphylla** Fedde 1901 · ♄ e Z9 ⌂; Mex.
- *fascicularis* DC. = Mahonia pinnata
- **fortunei** (Lindl.) Fedde 1901 · D:Kleine Mahonie; E:Fortune Mahonia · ♄ e Z7 V; China: Hupeh,

Sichuan
- **fremontii** (Torr.) Fedde 1901 · D:Fremonts Mahonie; E:Holly Grape, Oregon Grape · ♄ e D Z8 ⓚ VI; USA: Calif., Nev., Utah, Colo., SW
- **gracilipes** (Oliv.) Fedde 1901 · ♄ e Z7; China (W-Sichuan: Mt. Omei)
- × **heterophylla** (Zabel) C.K. Schneid. 1905 (*M. aquifolium* × *M. fortunei*) · D:Verschiedenblättrige Mahonie · ♄ e Z7; orig. ?
- **japonica** (Thunb. ex Murray) DC. 1816 · D:Japanische Mahonie; E:Japanese Mahonia; F:Mahonia du Japon · ♄ e D Z7 ∧ II-V; cult.
  'Bealei' = Mahonia bealei
  'Hivernant' [41988]
- **lomariifolia** Takeda 1917 · D:Lomariablättrige Mahonie · ♄ e D Z7 XI-III; Myanmar, W-China [11206]
- × **media** C.D. Brickell 1979 (*M. japonica* × *M. lomariifolia*) · ♄ e Z7 IX-III; cult.
  'Buckland' 1971
  'Charity' c. 1950 [42536]
  'Lionel Fortescue' 1971
  'Underway'
  'Winter Sun' 1970 [33296]
- **napaulensis** DC. 1821 · D:Nepal-Mahonie · ♄ e Z8 ⓚ III-IV; Nepal [27515]
  'Maharajah'
- **nervosa** (Pursh) Nutt. 1818 · D:Nervige Mahonie; E:Longleaf Hollygrape; F:Mahonia · ♄ e Z7 ∧ IV-V; Can.: B.C.; USA: NW, Calif. [42032]
- **pinnata** (Lag.) Fedde 1901 · D:Fiederblättrige Mahonie; E:Cluster Hollygrape · ♄ e Z8 ⓚ ∧ V; USA: Oreg., Calif.; Mex.: Baja Calif.
- **piperiana** Abrams 1934 · D:Kalifornische Mahonie · ♄ e ⓚ III-IV; N-Calif., Oreg. [35705]
- **pumila** (Greene) Fedde 1901 · D:Zwerg-Mahonie · ♄ e Z7; USA: Oreg., Calif.
- **repens** (Lindl.) G. Don 1830 · D:Kriechende Mahonie; E:Creeping Mahonia; F:Mahonia rampant · ♄ e Z6 V; Can.: W; USA: NW, Calif., Rocky Mts., SW, NC [32040]
- **trifolia** Roem. et Schult. 1830 · D:Dreiblättrige Mahonie · ♄ e Z8 ⓚ; Mex.
- **trifoliolata**
  - var. **glauca** I.M. Johnst. 1950 · ♄ e Z7; Mex.
  - var. **trifoliata**

- × **wagneri** (Jouin) Rehder 1919 (*M. aquifolium* × *M. pinnata*) · D:Wagners Mahonie · ♄ e Z7; cult.
  'Hastings Elegant' [27512]
  'Moseri' 1895
  'Pinnacle' < 1930 [31480]
  'Undulata' [38148]

Maianthemum Weber 1780 -n- *Convallariaceae* · (S. 988)
D:Schattenblümchen; E:May Lily; F:Maïanthème
- **bifolium** (L.) F.W. Schmidt 1794 · D:Zweiblättriges Schattenblümchen; E:May Lily; F:Maîanthème à deux feuilles · ♃ Z3 V ✼; Eur.*, W-Sib., E-Sib., Amur, Sachal., Kamchat., Mong., N-Jap. [65220]
  - var. *kamtschaticum* (J.F. Gmel.) Trautv. et C.A. Mey. 1856 = Maianthemum dilatatum
- **canadense** Desf. 1807 · D:Kanadisches Schattenblümchen · ♃ Z1; Can.; USA: NE, NEC, NC, SE
- **dilatatum** (A.W. Wood) A. Nelson et J.F. Macbr. 1916 · D:Kamtschatka-Schattenblümchen
- *japonicum* (A. Gray) LaFrankie = Smilacina japonica
- *racemosum* (L.) Link = Smilacina racemosa
- *stellatum* (L.) Link = Smilacina stellata

Maihuenia (Phil. ex F.A.C. Weber) K. Schum. 1883 -f- *Cactaceae* · (S. 358)
- **patagonica** (Phil.) Britton et Rose 1919 · ♄ ⚘ Z5 ▽ ✼; Arg.: Patag.
- **poeppigii** (Otto ex Pfeiff.) Phil. ex K. Schum. · ♄ ⚘ Z5 ▽ ✼; S-Chile

Majorana Mill. = Origanum
- *hortensis* Moench = Origanum majorana
- *onites* (L.) Benth. = Origanum onites

Malachium Fr. ex Rchb. = Stellaria
- *aquaticum* (L.) Fr. = Stellaria aquatica

Malachra L. 1767 -f- *Malvaceae* · (S. 619)
- **capitata** L. 1767 · ♃ Z10 ⓚ ⓝ; C-Am., S-Am., W-Afr., nat. in Trop.
- **palmata** Moench 1794 · ⊙ ⓚ; W.Ind.

Malacocarpus Salm-Dyck = Parodia
- *erinaceus* (Haw.) Lem. ex C.F.

Först. = Notocactus erinaceus
- *maassii* (Heese) Britton et Rose = Parodia maassii var. maassii
- *vorwerkianus* (Werderm.) Backeb. = Notocactus erinaceus

Malaxis Sol. ex Sw. 1788 -f- *Orchidaceae* · (S. 1073)
D:Einblatt, Weichorchis; F:Malaxis
- **discolor** (Lindl.) Kuntze 1891 · ♃ Z10 ⓚ VII ▽ ✼; Sri Lanka
- **metallica** (Rchb. f.) Kuntze 1891 · ♃ Z10 ⓚ V ▽ ✼; Kalimantan
- **monophyllos** (L.) Sw. 1800 · D:Einblättrige Weichorchis, Kleinblütiges Einblatt · ♃ VI-VII ▽ ✼; Eur.: Ap, C-Eur., EC-Eur., Ba, E-Eur., Sc; W-Sib., E-Sib., Amur, Sachal., Kamchat., Mong., China, Jap., N-Am.

Malcolmia R. Br. 1812 -f- *Brassicaceae* · (S. 328)
D:Meerviole; E:Virgina Stock; F:Julienne de Mahon
- **africana** (L.) R. Br. 1812 · D:Afrikanische Meerviole · ⊙ VI-VII; Eur.: sp., Sic., GR, Crete, Krim, W-Russ; TR, Levante, Cauc., Iran, W-Sib., C-As., China: Sinkiang, NW-Afr., Libya, nat. in F, EC-Eur.
- **graeca** Boiss. et Spruner 1843 · D:Griechische Meerviole
  - subsp. **bicolor** (Boiss. et Heldr.) Stork 1972 · ⊙ Z9 VI-IX; GR, S-AL
  - subsp. **graeca** · ⊙ Z9; Eur.: GR
- **maritima** (L.) R. Br. 1812 · D:Graue Meerviole; E:Virginia Stock · ⊙ Z8 VI-IX; Eur.: S-AL, GR, nat. in Ib, Fr, Ap, Ba

Malephora N.E. Br. 1927 -f- *Aizoaceae* · (S. 146)
- **crocea** (Jacq.) Schwantes 1928 · ⚘ Z9 ⓚ; S-Afr. (Cape Prov.)
- **engleriana** (Dinter et A. Berger) Dinter et Schwantes 1928 · ♄ ⚘ Z9 ⓚ; Namibia

Mallotus Lour. 1790 -m- *Euphorbiaceae* · (S. 484)
- **japonicus** (Thunb.) Müll. Arg. 1865 · ♄ d Z8 ⓚ; Jap., Korea, China, Taiwan
- **philippensis** (Lam.) Müll. Arg. 1865 · ♄ e ⓚ ⚥ ⓝ; Ind., Sri Lanka, Myanmar, China, Malay. Arch., Austr. [27518]

Malope L. 1753 -f- *Malvaceae* · (S. 619)

D:Trichtermalve; E:Annual Mallow; F:Malope
- **trifida** Cav. 1786 · ☉ VII-X; S-P, SW-Sp., Maroc.
'Vulcan'
'White Queen'

Malortiea H. Wendl. = Reinhardtia
- *simplex* H. Wendl. = Reinhardtia simplex

Malpighia L. 1753 -f-
Malpighiaceae · (S. 612)
D:Barbadoskirsche; E:Barbados Cherry; F:Cerisier des Antilles
- **aquifolia** L. 1753 · ♄ Z10 ⓦ; S-Am.
- **coccigera** L. 1753 · ♄ e Z10 ⓦ VI-VIII; W.Ind.
- **glabra** L. 1753 · D:Barbadoskirsche; E:Barbados Cherry · ♄ e Z10 ⓦ III-IX Ⓝ; USA: Tex.; W-Ind., n S-Am.
- **mexicana** Juss. 1843 · ♄ e Z10 ⓦ Ⓝ; Mex.
- *punicifolia* L. = Malpighia glabra
- **urens** L. 1753 · D:Brennende Barbadoskirsche; E:Cow Itch Cherry · ♄ e Z10 ⓦ Ⓝ; W.Ind.

Malus Mill. 1754 -f- *Rosaceae* · (S. 755)
D:Apfel; E:Apple; F:Pommier
- × **adstringens** Zabel 1903 (*M. baccata* × *M. pumila*) · ♄ d Z6; cult.
- **angustifolia** (Aiton) Michx. 1803 · D:Schmalblättriger Apfel; E:Southern Crabapple, Southern Crab · ♄ ♄ d D Z6 IV-V; USA: NE, NCE, SE, Fla.
- × **arnoldiana** (Rehder) Sarg. 1920 (*M. baccata* × *M. floribunda*) · ♄ d Z6 V; cult.
- × **atrosanguinea** (Späth) C.K. Schneid. 1906 (*M. halliana* × *M. sieboldii*) · D:Karmesinroter Holz-Apfel · ♄ ♄ d Z6 V; cult. [19370]
'Gorgeous'
- **baccata** (L.) Borkh. 1803 · D:Beeren-Apfel; E:Siberian Crab, Siberian Crabapple; F:Pommier à petits fruits · [55407]
'Gracilis' 1924 [13283]
'Street Parade' 1982 [13284]
 - var. **baccata** · ♄ d ⊗ Z3 IV-V; N-China, Manch., Korea, Sachal.
 - var. **mandshurica** (Maxim.) C.K. Schneid. 1906 · ♄ ♄ d ⊗ D Z3 IV-V; Amur, China, Korea, Jap., Sachal. [27521]
- *communis* Poir. = Malus sylvestris

- **coronaria** (L.) Mill. 1768 · D:Kronen-Apfel; E:Crabapple, Sweet Crab Apple · ♄ d D Z5 V; Can.: Ont.; USA: NE, NCE, NC, SE [26863]
'Charlottae' [13285]
- *dasyphylla* Borkh. = Malus pumila var. pumila
- **domestica** Borkh. 1803 · D:Kultur-Apfel; E:Apple; F:Pommier commun · ♄ ♄ d Z5 IV-V ⚥ Ⓝ; cult. [37832]
'Alkmene' IAP Müncheberg [13779]
'Ananasrenette' Hort. NL c. 1820 [13782]
'Astrachan Rouge' = Malus domestica 'Roter Astrachan'
'Berlepsch' = Malus domestica 'Goldrenette Freiherr von Berlepsch'
'Biesterfelder Renette' Schloss Biesterfeld 1905 [10980]
'Boskoop' = Malus domestica 'Schöner von Boskoop'
'Bramley's Seedling' Hort. GB 1876 [41500]
'Brettacher' [11020]
'Calville Blanc d'Hiver' = Malus domestica 'Weißer Winterkalvill'
'Calville Rouge d'Hiver' = Malus domestica 'Roter Winterkalvill'
'Champagnerrenette' Hort. F 1799 [11030]
'Cox' Orange Pippin' = Malus domestica 'Cox' Orangenrenette'
'Cox' Orangenrenette' Hort. GB c. 1830 [11040]
'Discovery' Hort. GB < 1964 [11060]
'Elstar' Versuchsanstalt Wageningen 1972 [13329]
'Fiesta' [13341]
'Gala' Kidd 1960 [13872]
'Geheimrat Dr. Oldenburg' Versuchsanstalt Geisenheim 1897 [11340]
'Gloster' Versuchsanstalt Jork 1969 [11100]
'Golden Delicious' Hort. USA 1914 [25946]
'Goldparmäne' = Malus domestica 'Wintergoldparmäne'
'Goldrenette Freiherr von Berlepsch' Versuchsanstalt Grevenbroich [38978]
'Goldrenette von Blenheim' Hort. GB c. 1800 [14375]
'Granny Smith' Hort. AUS 1868 [14383]
'Graue Kanadarenette' = Malus domestica 'Kanadarenette'
'Gravensteiner' Hort. D < 1800 [11130]
'Großer Rheinischer Bohnapfel' Hort. D c. 1800 [38982]
'Hauxapfel' Hort. D c. 1920 [14392]
'Holsteiner Cox' Orangenrenette' Hort. c. 1900 [11150]
'Idared' Hort. USA c. 1930 [14412]
'Ingrid Marie' Hort. DK 1910 [11170]

'James Grieve' Hort. GB c. 1880 [11190]
'Jonagold' Versuchsstation Geneva 1968 [11379]
'Jonathan' Hort. USA 1820 [11675]
'Kanadarenette' [26183]
'Landsberger Renette' Hort. D [11260]
'Laxton's Superb' Hort. GB 1918 [11270]
'Lombarts Kalvill' Hort. NL 1911 [39052]
'Melrose' Hort. USA 1932 [11330]
'Mutsu' Hort. J 1930 [14499]
'Ontario' 1820 [11350]
'Renette von Clochard' [14655]
'Roter Astrachan' [38160]
'Roter Berlepsch' Versuchsanstalt Grevenbroich [10970]
'Roter Boskoop' Hort. D 1923 [11010]
'Roter Gravensteiner' Hort. D [39130]
'Roter Winterkalvill' [30147]
'Schöner von Boskoop' Hort. NL 1856 [11000]
'Spartan' Hort. CDN 1936 [14629]
'Starking' Hort. USA 1921 [16599]
'Weißer Klarapfel' c. 1850 [18972]
'Weißer Winterkalvill' Hort. F [35471]
'Wintergoldparmäne' [19811]
'Wintergrambour' [26181]
'Zuccalmaglio' [14669]
- **florentina** (Zuccagni) C.K. Schneid. 1906 · D:Italienischer Apfel; E:Hawthorn Leaved Crab Apple · ♄ d Z6 V-VI; Eur.: I, Ba
- **floribunda** Siebold ex Van Houtte 1865 · D:Vielblütiger Apfel; E:Japanese Crab · ♄ ♄ d ⊗ Z5 V; cult. Jap. [19410]
- **fusca** (Raf.) C.K. Schneid. 1906 · D:Alaska-Apfel · ♄ ♄ d Z6 V; Alaska, Can.: W; USA: NW, Calif.
- **halliana** Koehne 1890 · D:Halls Apfel; E:Hall's Crabapple · ♄ d Z6 V-VI; cult. China, Jap. [27522]
- × **hartwigii** Koehne 1906 (*M. baccata* × *M. halliana*) · ♄ ♄ d Z4; cult.
- **hupehensis** (Pamp.) Rehder 1933 · D:Tee-Apfel; E:Tea Crabapple; F:Pommier du Hou-Pei · ♄ ♄ d D Z6 IV-V; China, N-Ind. [30261]
- **ioensis** (A.W. Wood) Britton 1897 · D:Prärie-Apfel; E:Prairie Crab, Wild Crabapple · ♄ d D Z3 V-VI; USA: NCE, NC, SC, Ark.
- **kansuensis** (Batalin) C.K. Schneid. 1906 · D:Kansu-Apfel · ♄ ♄ d Z6 V; NW-China
fo. calva 1920 Rehder · ♄ ♄ d; NW-China
- × **magdeburgensis** Hartwig 1908 (*M. pumila* × *M. spectabilis*) · D:Magdeburger Apfel · ♄ ♄ d Z6 V; cult.
- × **micromalus** Makino 1908 (*M. baccata* × *M. spectabilis*) · D:Klei-

ner Apfel; E:Kaido Crab Apple · d Z6 V [27523]
- × **moerlandsii** Door. 1952 (*M. sieboldii* × *M.* × *zumi*) · ♄ ♄ d Z6 V; cult. [24797]
  'Liset' [15805]
  'Nicoline' [19560]
  'Profusion' [15807]
- *niedzwetzkyana* Dieck = Malus pumila 'Niedzwetzkyana'
- **prattii** (Hemsl.) C.K. Schneid. 1906 · F:Pommier de Pratt · ♄ ♄ d Z6 V; W-China, C-China [33307]
- **prunifolia** (Willd.) Borkh. 1803 [19490]
  - var. **prunifolia** · D:Kirsch-Apfel; E:Chinese Apple; F:Pommier à feuilles de prunus · ♄ d Z4 IV Ⓝ; cult. ? NE-As.
  - var. **rinkii** (Koidz.) Rehder 1915 · ♄ d Z4 IV Ⓝ; cult. E-As.
- **pumila** (L.) Mill. 1768 · D:Filz-Apfel, Johannis-Apfel
  'Niedzwetzkyana' Z5 [30265]
  - var. **paradisiaca** (L.) C.K. Schneid. 1906 · D:Paradies-Apfel; E:Paradise Apple · ♄ ♄ d Z3 V Ⓝ; Eur.: Ba; W-As.
    'Aldenham Purple' [12402]
    'Dartmouth' [28680]
    'Elise Rathke' [39032]
  - var. **pumila** · ♄ d Z3; cult.
- × **purpurea** (Barbier) Rehder 1920 (*M. pumila* 'Niedzwetzkyana' × *M.* × *zumi*) · D:Purpur-Apfel · ♄ ♄ d Z6 IV-V; cult. [44568]
  'Eleyi' · d [15803]
  'Lemoinei' [19931]
- *ringo* Siebold ex Carrière = Malus prunifolia var. rinkii
- × **robusta** (Carrière) Rehder 1920 (*M. baccata* × *M. prunifolia*) · D:Sibirischer Holz-Apfel; E:Crabapples, Siberian Crab · ♄ ♄ d Z6 IV-V; cult.
  'Red Sentinel' [31837]
- **sargentii** Rehder 1903 · D:Strauch-Apfel; E:Sargent Crabapple · ♄ ⊗ Z5 V; N-Jap. [13191]
  'Rosea' 1921 [19610]
  'Tina' [13291]
- × **scheideckeri** Späth ex Zabel 1904 (*M. floribunda* × *M. prunifolia*) · ♄ d Z6 V; cult. [19412]
  'Hillieri' [30268]
- *sempervirens* Desf. = Malus angustifolia
- *sieboldii* (Regel) Rehder = Malus toringo
- **sieboldii** (Rehder) Fiala · ♄ d Z5 V; Jap.

'Calocarpa' · d V [19700]
- **sieversii** (Ledeb.) M. Roem. 1847 · ♄ d V Ⓝ; C-As. [24796]
- **spectabilis** (Aiton) Borkh. 1803 · D:Pracht-Apfel; E:Asiatic Apple, Chinese Crab · ♄ ♄ d Z5 IV-V; cult. China
- **sylvestris** (L.) Mill. 1768 · D:Holz-Apfel, Wild-Apfel; E:Apple, Wild Crab; F:Pommier sauvage · ♄ ♄ d Z5 V Ⓝ; Eur.*, TR, Cauc., N-Iran [33677]
  - subsp. *mitis* (Wallr.) Mansf. 1940 = Malus pumila var. pumila
  - var. *domestica* (Borkh.) Mansf. = Malus domestica
  - var. *paradisiaca* (L.) L.H. Bailey 1941 = Malus pumila var. paradisiaca
- *theifera* Rehder = Malus hupehensis
- **toringo** (Siebold) K. Koch 1856 · D:Toringo-Apfel; E:Toringo Crab · ♄ ♄ d Z5; Korea, Jap. [33813]
  - var. *sargentii* (Rehder) Ponomar. 1992 = Malus sargentii
- **toringoides** (Rehder) Hughes 1920 · D:Chinesischer Apfel; E:Cutleaf Crabapple · ♄ ♄ d ⊗ Z6 V; NW-China [31447]
- **transitoria** (Batalin) C.K. Schneid. 1906 · ♄ ♄ d ⊗ Z5 V; NW-China
  - var. *toringoides* Rehder 1915 = Malus toringoides
- **trilobata** (Labill. ex Poir.) C.K. Schneid. 1906 · D:Dreilappiger Apfel · ♄ ♄ d Z5; Eur.: N-GR; Lebanon, Syr., Israel, nat. in BG [39446]
- **tschonoskii** (Rehder) C.K. Schneid. 1906 · D:Wolliger Apfel; E:Pillar Apple; F:Pommier de Sukawa, Pommier-colonne · ♄ d Z6 V; Jap. [33100]
- **yunnanensis** (Franch.) C.K. Schneid. 1906
  - var. **veitchii** Rehder 1923 · ♄ d Z6 V; C-China
  - var. **yunnanensis** · D:Yunnan-Apfel; E:Yunnan Crabapple · ♄ d Z5 V; W-China
- × **zumi** (Matsum.) Rehder 1905 (*M. baccata* var. *mandshurica* × *M. sieboldii*) · ♄ d Z5; Jap.
  'Golden Hornet' [30269]
  'Professor Sprenger' [13294]
- **in vielen Sorten:**
  'Coccinella' [54284]
  'Evereste' [30259]
  'Floribunda'
  'John Downie' [30256]
  'Kaido' = Malus × micromalus

'Makamik' [19450]
'Red Jade' [19580]
'Royal Beauty' [42246]
'Royalty' [30267]
'Rudolph' [37051]
'Striped Beauty' [12615]
'Van Eseltine' [19650]

Malva L. 1753 -f- *Malvaceae* · (S. 620)
  D:Malve; E:Mallow; F:Mauve
- **alcea** L. 1753 · D:Rosen-Malve, Sigmarskraut; E:Cut Leaved Mallow; F:Mauve alcée · ♃ Z4 VI-X ⚥; Eur.* [65221]
  'Fastigiata' [65222]
- *bicolor* = Lavatera maritima
- *capensis* L. = Anisodontea capensis
- *involucrata* Torr. et A. Gray = Callirhoe involucrata
- *mauritiana* L. = Malva sylvestris subsp. mauritiana
- *meluca* Graebn. ex Medw. = Malva verticillata
- **moschata** L. 1753 · D:Moschus-Malve; E:Musk Mallow; F:Mauve musquée · ♃ Z3 VII-IX; Eur.* exc. Sc; W-TR, nat. in Sc, ne N-Am. [65223]
  'Alba' [65224]
  'Rosea' [69442]
- *munroana* Douglas ex Lindl. = Sphaeralcea munroana
- **neglecta** Wallr. 1824 · D:Käsepappel, Weg-Malve; E:Common Mallow · ⊙ ⊙ VI-IX ⚥ ; Eur.*, TR, Levante, Cauc., Iran, C-As., Mong., Tibet, Him., W-China, N-China, Maroc., Alger., nat. in N-Am., Chile, Austr. [65225]
- **nicaeensis** All. 1785 · D:Nizzäische Käsepappel · ⊙ ⊙ Z7; Eur.: Ib, Fr, Ap, Ba, Krim; TR, Levante, Iran, N-Afr.
- *papaver* Cav. = Callirhoe papaver
- *pedata* Torr. et A. Gray = Callirhoe leiocarpa
- **pusilla** Sm. 1795 · D:Kleinblütige Malve · ⊙ VI-IX; Eur.* exc. BrI, Ib; Cauc., NW-Iran, nat. in BrI
- **sylvestris** L. 1753 · D:Wilde Malve · Z [73929]
  'Brave Heart'
  'Marina' [68214]
  'Primley Blue' [65227]
  'Zebrina' [60480]
  - subsp. **mauritiana** (L.) Boiss. ex Cout. 1913 · D:Mauretanische Malve · Z5 [71366]
  - subsp. **sylvestris** · D:Gewöhnliche Wilde Malve; E:Blue Mallow, High Mallow · ⊙ ⊙ ♃ Z5 VII-X ⚥ Ⓝ; Eur.*, TR,

Levante, Cauc., C-As, Him., N-Afr., nat. in N-Am., Austr., NZ, S-Am. [65226]
- **verticillata** L. 1753 · D:Quirl-Malve; E:Curled Mallow · ⊙ Z6 VII-IX ⓝ; Pakist., Him., Ind , China, nat. in Eur.* exc. Sc, Ib

Malvastrum A. Gray 1849 -n- *Malvaceae* · (S. 620)
D:Scheinmalve; E:Malvastrum; F:Fausse-mauve
- **americanum** (L.) Torr. 1859 · D:Dornige Schein-Malve; E:Spiked Malvastrum · ♄; USA: SC, SE; Mex., C-Am., Indian Sub-C., Malay. Arch., Austr.
- **campanulatum** G. Nicholson 1887; Chile
- *capense* (L.) Garcke = Anisodontea capensis
- **lateritium** G. Nicholson 1886
- *munroanum* (Douglas ex Lindl.) A. Gray = Sphaeralcea munroana

Malvaviscus Fabr. 1759 -m- *Malvaceae* · (S. 620)
D:Beerenmalve; E:Sleepy Mallow; F:Malvaviscus
- **arboreus** Cav. 1787
  - var. **arboreus** · D:Gewöhnliche Beerenmalve; E:Wax Mallow · ♄ e Z9 ⓜ XII-II; Mex., C-Am., trop. S-Am. [11205]
  - var. **mexicanus** Schltdl. 1837 · D:Mexikanische Beerenmalve · ♄ e Z9 ⓜ; Mex. , C-Am., Col.
- *mollis* (Aiton) DC. = Malvaviscus arboreus var. arboreus

Mamillopsis E. Morren ex Britton et Rose = Mammillaria
- *senilis* (Salm-Dyck) Britton et Rose = Mammillaria senilis

Mammea L. 1753 -f- *Clusiaceae* · (S. 421)
D:Mammiapfel; E:Mammee Apple; F:Abricot pays
- **americana** L. 1753 · D:Echter Mammiapfel; E:Mammee Apple · ♄ e Z10 ⓜ ⓝ; C-Am., W.Ind., trop. S-Am.

Mammillaria Haw. 1812 -f- *Cactaceae* · (S. 359)
D:Warzenkaktus; F:Mammilaire
- *alamensis* R.T. Craig = Mammillaria sheldonii
- **albata** Repp. 1989 · Ψ Z9 ⓜ; Mex.
- *albiarmata* Boed. = Mammillaria coahuilensis
- **albicans** (Britton et Rose) A. Berger 1929 · Ψ Z10 ⓜ ▽ *; Mex.: Baja Calif.
- **albicoma** Boed. 1929 · Ψ Z10 ⓜ ▽ *; C-Mex.
- *albidula* Backeb. = Mammillaria conspicua
- **albilanata** Backeb. 1939 · Ψ Z10 ⓜ ▽ *; Mex.: Guerrero
- **angelensis** R.T. Craig 1945 · Ψ Z9 ⓜ; Mex. (Baja Calif.)
- **anniana** Glass et R.A. Foster 1981 · Ψ Z9 ⓜ; NE-Mex.
- **apozolensis**
  - var. **saltensis** Repp. · Ψ Z9 ⓜ; Mex.
- *applanata* Engelm. = Mammillaria heyderi var. heyderi
- **arida** Rose ex Quehl 1913 · Ψ Z9 ⓜ; Mex. (Baja Calif.)
- **armillata** K. Brandegee 1900 · Ψ Z9 ⓜ; Mex. (Baja Calif.)
- **ascensionis** Repp. 1979 · Ψ Z9 ⓜ; Mex.
- *atroflorens* Backeb. = Mammillaria mystax
- *aureiceps* Lem. = Mammillaria rhodantha subsp. aureiceps
- **aureilanata** Backeb. 1938 · Ψ Z9 ⓜ ▽ *; Mex. (San Luis Potosí)
  - var. *alba* Backeb. 1949 = Mammillaria aureilanata
- **aureispina** (A.B. Lau) Repp. 1989 · Ψ ⓜ
- *aureoviridis* Heinrich = Mammillaria aurihamata
- **aurihamata** Boed. 1928 · Ψ Z10 ⓜ ▽ *; C-Mex.
- **bachmannii** Boed. ex A. Berger 1935 · Ψ Z10 ⓜ ▽ *; Mex.
- **backebergiana** Buchenau 1966 · Ψ Z9 ⓜ; Mex. (Mexico)
  - var. **backebergiana** · Ψ ⓜ
  - var. **ernestii** (Fittkau) Glass et R.C. Foster 1979 · Ψ Z9 ⓜ; Mex. (Guerrero, Michoacán, Mexico)
- *balsasoides* R.T. Craig = Mammillaria beneckei
- **barbata** Engelm. 1848 · Ψ Z9 ⓜ; Mex. (Chihuahua)
- **baumii** Boed. 1926 · Ψ Z10 ⓜ ▽ *; NE-Mex.
- **baxteriana** (H.E. Gates) Backeb. et F.M. Knuth 1935 · Ψ Z9 ⓜ; Mex. (Baja Calif.)
- **beiselii** Diers 1979 · Ψ Z9 ⓜ; Mex. (Michoacán)
- **bella** Backeb. 1942 · Ψ Z9 ⓜ ∧; Mex. (Guerrero)
- *bellisiana* R.T. Craig = Mammillaria sonorensis
- **beneckei** C. Ehrenb. 1844 · Ψ Z10 ⓜ ▽ *; W-Mex.
- **blossfeldiana** Boed. 1931 · Ψ Z10 ⓜ ▽ *; Mex.: Baja Calif.
- **bocasana** Poselg. 1853 · E:Powder Puff Cactus · Ψ Z9 ⓜ ▽ *; C-Mex.
- **bocensis** R.T. Craig 1945 · Ψ Z10 ⓜ ▽ *; Mex.
- **bombycina** Quehl 1910 · D:Seidiger Warzenkaktus · Ψ Z10 ⓜ ▽ *; C-Mex.
- **boolii** G.E. Linds. 1953 · Ψ Z9 ⓜ; Mex. (Sonora); coast
- **brandegeei** (J.M. Coult.) K. Brandegee · Ψ Z10 ⓜ ▽ *; Mex.: Baja Calif.
- **brauneana** Boed. 1933 · Ψ Z10 ⓜ ▽ *; Mex.: Tamaulipas
- **bravoae** R.T. Craig 1945 · Ψ Z10 ⓜ ▽ *; Mex.
- *bucareliensis* R.T. Craig = Mammillaria magnimamma
- *bullardiana* (H.E. Gates) Boed. = Mammillaria hutchisoniana
- *caerulea* R.T. Craig = Mammillaria chionocephala
- **calacantha** Tiegel 1933 · Ψ Z10 ⓜ ▽ *; Mex.: Guanajuato, Queretaro
- **camptotricha** Dams 1905 · Ψ Z10 ⓜ ▽ *; C-Mex.
- **candida** Scheidw. · Ψ Z10 ⓜ ▽ *; Mex.
- **canelensis** R.T. Craig 1945 · Ψ Z9 ⓜ; NW-Mex.
- **capensis** (H.E. Gates) R.T. Craig 1945 · Ψ Z9 ⓜ; Mex. (Baja Calif.: Cape Region)
- *caput-medusae* Otto = Mammillaria sempervivi
- **carmenae** Castañeda 1953 · Ψ Z9 ⓜ; Mex. (Tamaulipas)
- **carnea** Zucc. ex Pfeiff. 1837 · Ψ Z10 ⓜ ▽ *; S-Mex.
- **carretii** Rebut ex K. Schum. 1898 · Ψ Z10 ⓜ ▽ *; Mex.: Coahuila
- **casoi** Bravo 1954 · Ψ Z9 ⓜ; Mex. (Oaxaca)
- *celsiana* auct. non Lem. = Mammillaria muehlenpfordtii
- **centraliplumosa** Fittkau 1971 · Ψ Z9 ⓜ; Mex. (Mexico)
- *centricirrha* Lem. = Mammillaria magnimamma
- *cephalophora* Quehl = Mammillaria aureilanata
- **cerralboa** (Britton et Rose) Orcutt 1926 · Ψ Z9 ⓜ; Mex. (Baja Calif.)
- **chionocephala** J.A. Purpus 1906 · Ψ Z10 ⓜ ▽ *; NE-Mex.
- **coahuilensis** (Boed.) Moran 1953 · Ψ Z9 ⓜ; Mex. (Coahuila)
- *collina* J.A. Purpus = Mammillaria haageana var. haageana

- *collinsii* (Britton et Rose) Orcutt = Mammillaria voburnensis
- **columbiana** Salm-Dyck 1850 · Ψ Z10 ⓚ ▽ ✻; Mex.
- **compacticaulis** Repp. 1989 · Ψ Z9 ⓚ; Mex. (Michoacán)
- **compressa** DC. 1828 · Ψ Z10 ⓚ ▽ ✻; Mex.
- *confusa* (Britton et Rose) Orcutt = Mammillaria karwinskiana
- *conoidea* DC. = Neolloydia conoidea
- **conspicua** J.A. Purpus 1912 · Ψ Z9 ⓚ; S-Mex.
- *conzattii* (Britton et Rose) Orcutt = Mammillaria karwinskiana
- **cowperae** Shurly 1959 · Ψ Z9 ⓚ; Mex. (Durango, Zacatecas)
- **craigii** G.E. Linds. 1942 · Ψ Z9 ⓚ; NW-Mex.
- **crassimammillis** Repp. 1989 · Ψ Z9 ⓚ; Mex. (Nuevo León)
- **crassior** Repp. 1989 · Ψ Z9 ⓚ; Mex. (Morelos)
- *crinita* DC. = Mammillaria wildii
  - subsp. *wildii* 1997 = Mammillaria wildii
- *crispiseta* R.T. Craig = Mammillaria mystax
- **crucigera** Mart. 1832 · Ψ Z9 ⓚ; S-Mex.
- **cylindrica** Link et Otto 1830 · Ψ ⓚ
- *dasyacantha* Engelm. = Escobaria dasyacantha var. dasyacantha
- *dawsonii* (Houghton) R.T. Craig = Mammillaria baxteriana
- *dealbata* A. Dietr. = Mammillaria haageana var. haageana
- **decipiens** Scheidw. 1838 · Ψ Z9 ⓚ; Mex. (San Luis Potosí)
- **deherdtiana** Farwig 1969 · Ψ Z9 ⓚ; Mex. (Oaxaca)
- *deliusiana* Shurly = Mammillaria bella
- **densispina** (J.M. Coult.) K. Brandegee 1905 · Ψ Z10 ⓚ ▽ ✻; C-Mex.
- *denudata* (Engelm.) A. Berger = Mammillaria lasiacantha subsp. lasiacantha
- **dioica** K. Brandegee 1897 · Ψ Z10 ⓚ ▽ ✻; S-Calif., Baja Calif.
- *disciformis* DC. = Strombocactus disciformis
- **discolor** Haw. 1812 · Ψ Z10 ⓚ ▽ ✻; Mex.: Puebla
- **dixanthocentron** Backeb. ex Mottram 1980 · Ψ ⓚ
- *dumetorum* J.A. Purpus = Mammillaria schiedeana
- **duoformis** R.T. Craig et E.Y. Dawson 1948 · Ψ Z9 ⓚ; Mex. (Puebla)
- **durangicola** Repp. 1989 · Ψ Z9 ⓚ; Mex. (Durango)
- *durispina* Boed. = Mammillaria kewensis
- *duwei* Rogoz. et P.J. Braun = Mammillaria nana
- *echinaria* DC. = Mammillaria elongata var. echinaria
- **eichlamii** Quehl 1908 · Ψ Z10 ⓚ ▽ ✻; Guat., Hond.
- *elegans* hort. = Mammillaria haageana var. haageana
  - var. *haageana* (Pfeiff.) Krainz = Mammillaria haageana var. haageana
- **elongata** DC. 1828
  - var. **echinaria** (DC.) Backeb. 1961 · Ψ ⓚ
  - var. **elongata** · Ψ Z10 ⓚ ▽ ✻; C-Mex.
  - var. **stella-aurata** (Mart. ex Zucc.) K. Schum. 1898 · Ψ ⓚ
- *emskoetteriana* Quehl = Escobaria emskoetteriana
- *erectohamata* Boed. = Mammillaria aurihamata
- **eriacantha** (Link et Otto)Pfeiff. 1837 · Ψ Z10 ⓚ ▽ ✻; Mex.: Veracruz
- *ernestii* Fittkau = Mammillaria backebergiana var. ernestii
- *erythrocalix* Buchenau = Mammillaria duoformis
- **erythrosperma** Boed. 1918 · Ψ Z10 ⓚ ▽ ✻; Mex.: San Luis Potosí
- *esperanzaensis* Boed. = Mammillaria discolor
- *essausieri* hort. = Mammillaria densispina
- *estanzuelensis* H. Möller ex A. Berger = Mammillaria candida
- *euthele* Backeb. = Mammillaria melanocentra
- **evermanniana** (Britton et Rose) Orcutt 1926 · Ψ Z9 ⓚ; Mex. (Baja Calif.)
- *felicis* Schreier ex W. Haage = Mammillaria voburnensis
- **felipensis** Repp. 1989 · Ψ Z9 ⓚ; Mex. (Guanajuato)
- *fischeri* Pfeiff. = Mammillaria karwinskiana
- *fissurata* Engelm. = Ariocarpus fissuratus var. fissuratus
- **fittkaui** Glass et R.A. Foster 1971 · Ψ Z9 ⓚ; Mex. (Jalisco, Guanajuato)
- *flavescens* (DC.) Haw. = Mammillaria nivosa
- **flavicentra** Backeb. ex Mottram 1980 · Ψ ⓚ
- *flavovirens* Salm-Dyck = Mammillaria magnimamma
- **formosa** Galeotti ex Scheidw. 1838 · Ψ Z9 ⓚ ▽ ✻; Mex. (San Luis Potosí, Tamaulipas)
- *fraileana* (Britton et Rose) Boed. 1933 · Ψ Z10 ⓚ ▽ ✻; Mex.: Baja Calif.
- **freudenbergeri** Repp. 1987 · Ψ Z9 ⓚ; Mex. (Coahuila)
- *fuauxiana* Backeb. = Mammillaria albilanata
- *fuscata* Link et Otto = Mammillaria rhodantha subsp. rhodantha
- **gasseriana** Boed. 1927 · Ψ Z9 ⓚ; Mex. (Coahuila, Durango)
- **gasterantha** Repp. 1980 · Ψ Z9 ⓚ; Mex. (Guerrero)
- **geminispina** Haw. · Ψ Z10 ⓚ ▽ ✻; C-Mex.
- **gigantea** Hildm. ex K. Schum. 1898 · Ψ Z9 ⓚ; C-Mex.
- **gilensis** Boed. 1936 · Ψ Z9 ⓚ; Mex. (Aguascalientes)
- *gladiata* Mart. = Mammillaria magnimamma
- *glareosa* Boed. = Mammillaria baxteriana
- **glassii** R.A. Foster 1968 · Ψ Z9 ⓚ; NE-Mex.
  - var. **ascensionis** (Repp.) Glass et R.A. Foster 1979 · Ψ Z9 ⓚ; Mex. (Nuevo León)
  - var. **glassii** · Ψ ⓚ
- *glauca* A. Dietr. ex Linke = Mammillaria magnimamma
- *glochidiata* Mart. = Mammillaria wildii
- **gracilis** Pfeiff. · Ψ Z10 ⓚ ▽ ✻; C-Mex.
- *graessneriana* Boed. = Mammillaria columbiana
- **grahamii** Engelm. 1856 · Ψ Z9 ⓚ; USA: SW, Calif., Tex.; Mex. (Chihuahua, Sonora)
  - var. **grahamii** · Ψ ⓚ
  - var. **oliviae** (Orcutt) L.D. Benson 1969 · Ψ Z9 ⓚ; USA: Ariz.; N-Mex.
- **grusonii** Runge 1889 · Ψ Z9 ⓚ; Mex. (Coahuila)
- **guelzowiana** Werderm. 1928 · Ψ Z10 ⓚ ▽ ✻; N-Mex.: Durango
- **guerreronis** (Bravo) Backeb. 1936 · Ψ ⓚ
- **guillauminiana** Backeb. 1952 · Ψ Z9 ⓚ; Mex.(Durango)
- *gummifera* Engelm. = Mammillaria heyderi var. heyderi
- **haageana** Pfeiff. 1836
  - var. **haageana** · Ψ Z9 ⓚ ▽ ✻; S-Mex.
  - var. **schmollii** (R.T. Craig) D.R.

Hunt 1979 · ⍦ Z10 ⓐ ▽ ✻; C-Mex.
- **haasii** Uhlig 1993 · ⍦ ⓐ
- **hahniana** Werderm. 1929 · ⍦ Z10 ⓐ ▽ ✻; Mex.: Guanajuato
- **halbingeri** Boed. 1933 · ⍦ Z9 ⓐ; Mex. (Oaxaca)
- **halei** K. Brandegee 1889 · ⍦ Z10 ⓐ ▽ ✻; Mex.: Baja Calif.
- **hamata** Lehm. ex Pfeiff. 1832 · ⍦ Z9 ⓐ; Mex. (Puebla)
- *hastifera* Krainz et A. Keller = Mammillaria gigantea
- **heidiae** Krainz 1975 · ⍦ Z9 ⓐ; Mex. (Puebla)
- *hemisphaerica* Engelm. = Mammillaria heyderi var. heyderi
- **hernandezii** Glass et R.A. Foster 1983 · ⍦ Z9 ⓐ; Mex. (Oaxaca)
- **herrerae** Werderm. 1931 · ⍦ Z10 ⓐ ▽ ✻; Mex.: Queretaro, San Luis Potosí
- **hertrichiana** R.T. Craig 1945 · ⍦ Z9 ⓐ; Mex. (Sonora)
- **heyderi** Muehlenpf. 1848
  - var. *applanata* hort. = Mammillaria heyderi var. heyderi
  - var. *bullingtonia* Castetter 1976 = Mammillaria heyderi var. heyderi
  - var. **hemisphaerica** (Engelm.) Engelm. 1856 · ⍦ ⓐ
  - var. **heyderi** · ⍦ Z10 ⓐ ▽ ✻; USA: SW, SC; N-Mex.
  - var. **macdougalii** (Rose) L.D. Benson 1944 · ⍦ Z9 ⓐ; USA: S-Ariz.
  - var. **meiacantha** (Engelm.) L.D. Benson 1975 · ⍦ Z9 ⓐ; USA: N.Mex., Tex.
- *hidalgensis* J.A. Purpus = Mammillaria polythele subsp. polythele
- *hoffmanniana* (Tiegel) Bravo = Mammillaria polythele subsp. polythele
- *horripila* Lem. = Turbinicarpus horripilus
- **hubertmulleri** Repp. 1984 · ⍦ Z9 ⓐ; Mex. (Morelos)
- **huitzilopochtli** D.R. Hunt 1979 · ⍦ Z9 ⓐ; Mex. (Oaxaca, Puebla)
- **humboldtii** C. Ehrenb. 1840 · ⍦ Z9 ⓐ; Mex. (Hidalgo)
- **hutchisoniana** (H.E. Gates) Boed. ex Backeb. et F.M. Knuth 1936 · ⍦ Z9 ⓐ; Mex. (Baja Calif.)
- **ignota** Repp. 1841 · ⍦ ⓐ
- *infernillensis* R.T. Craig = Mammillaria parkinsonii
- *ingens* Backeb. = Mammillaria polythele subsp. polythele

- **insularis** H.E. Gates 1938 · ⍦ Z9 ⓐ; Mex. (Baja Calif.)
- **isotensis** Repp. 1989 · ⍦ Z9 ⓐ; Mex. (Mexico)
- **jaliscana** (Britton et Rose) Boed. 1933 · ⍦ Z9 ⓐ; Mex. (Jalísco)
- **johnstonii** (Britton et Rose) Orcutt 1926 · ⍦ Z9 ⓐ; Mex. (Sonora)
  - var. *guaymensis* R.T. Craig = Mammillaria johnstonii
  - var. *sancarlensis* R.T. Craig = Mammillaria johnstonii
- **karwinskiana** Mart. 1832 · ⍦ Z10 ⓐ ▽ ✻; S-Mex: Puebla, Oaxaca
- **kewensis** Salm-Dyck 1850 · ⍦ Z10 ⓐ ▽ ✻; Mex.: Guanajuato, Hidalgo, Queretaro
- **klissingiana** Boed. 1927 · ⍦ Z10 ⓐ ▽ ✻; Mex.
- *knebeliana* Boed. = Mammillaria pygmaea
- **kraehenbuehlii** (Krainz) Krainz 1971 · ⍦ Z9 ⓐ; Mex. (Oaxaca)
- *kunthii* C. Ehrenb. = Mammillaria haageana var. haageana
- *lanata* (Britton et Rose) Orcutt = Mammillaria supertexta
- *laneusumma* R.T. Craig = Mammillaria canelensis
- **lasiacantha** Engelm. 1856
  - subsp. **lasiacantha** · ⍦ Z10 ⓐ ▽ ✻; USA: Tex., N.Mex.; Mex.
  - var. **denudata** · ⍦ ⓐ
- **laui** D.R. Hunt 1979 · ⍦ ⓐ
  - var. **laui**
  - var. **subducta** (D.R. Hunt) Repp. 1990 · ⍦ Z9 ⓐ; Mex. (Tamaulipas)
- **lenta** K. Brandegee 1904 · ⍦ Z10 ⓐ ▽ ✻; Mex.: Coahuila
- *leona* Poselg. = Mammillaria pottsii
- **leptacantha** (A.B. Lau) Repp. · ⍦ Z9 ⓐ; Mex. (Oaxaca)
- **leucantha** Boed. 1933 · ⍦ Z10 ⓐ ▽ ✻; C-Mex.
- *leucotricha* Scheidw. = Mammillaria mystax
- **lewisiana** G.E. Linds. et H.E. Gates 1955 · ⍦ Z9 ⓐ; Mex. (Baja Calif.)
- **lindsayi** R.T. Craig 1940 · ⍦ Z9 ⓐ; Mex. (Chihuahua, Sinaloa)
- **lloydii** (Britton et Rose) Orcutt 1926 · ⍦ Z10 ⓐ ▽ ✻; Mex.: Zacatecas
- **longiflora** (Britton et Rose) A. Berger 1929 · ⍦ Z10 ⓐ ▽ ✻; Mex.: Durango
- **longimamma** DC. 1828 · ⍦ Z10 ⓐ ▽ ✻; C-Mex.
- *louisae* G.E. Linds. = Mammillaria

hutchisoniana
- *macdougalii* Rose = Mammillaria heyderi var. macdougalii
- *macracantha* DC. = Mammillaria magnimamma
- **magallanii** F. Schmoll 1945 · ⍦ Z9 ⓐ; Mex. (Coahuila)
- **magnifica** Buchenau 1967 · ⍦ Z9 ⓐ; Mex. (Morelos, Puebla)
- **magnimamma** Haw. 1824 · ⍦ Z10 ⓐ ▽ ✻; Mex.: Hidalgo, San Luis Potosí
- **mammillaris** (L.) H. Karst. 1882 · ⍦ $\frac{\cdot}{\cdot}$ Z10 ⓐ ▽ ✻; N-Venez., Curaçao
- **marksiana** Krainz 1948 · ⍦ Z10 ⓐ ▽ ✻; Mex.: Sinaloa
- **mathildae** Kraehenb. et Krainz 1973 · ⍦ Z9 ⓐ; Mex. (Querétaro)
- **matudae** Bravo 1956 · ⍦ Z9 ⓐ; Mex. (Mexico)
- **mazatlanensis** K. Schum. ex Gürke 1905
  - var. **mazatlanensis** · ⍦ Z10 ⓐ ▽ ✻; Mex.: Sonora, Sinaloa, Nayarit
  - var. **occidentalis** (Britton et Rose) Neutel. 1986 · ⍦ Z10 ⓐ ▽ ✻; Mex.: Colima
- *meiacantha* Engelm. = Mammillaria heyderi var. meiacantha
- *meissneri* C. Ehrenb. = Mammillaria haageana var. haageana
- **melaleuca** Karw. ex Salm-Dyck 1850 · ⍦ Z10 ⓐ ▽ ✻; Mex.
- **melanocentra** Poselg. 1855 · ⍦ Z10 ⓐ ▽ ✻; Mex.: Nuevo León
- *melispina* Werderm. = Mammillaria roseoalba
- **mendeliana** (Bravo) Werderm. 1931 · ⍦ Z10 ⓐ ▽ ✻; Mex.: Guanajuato
- **mercadensis** Patoni 1910 · ⍦ Z9 ⓐ; Mex. (Durango)
- **meyranii** Bravo 1956 · ⍦ Z9 ⓐ; Mex. (Mexico)
  - var. **meyranii** · ⍦ ⓐ
  - var. **michoacana** Buchenau 1969 · ⍦ Z9 ⓐ; Mex. (Michoacán)
- **microhelia** Werderm. 1930
  - var. **microhelia** · ⍦ Z10 ⓐ ▽ ✻; Mex.: Queretaro
  - var. **microheliopsis** (Werderm.) Backeb. 1937 · ⍦ △ Z10 ⓐ ▽ ✻; Mex.: Queretaro
- *microheliopsis* Werderm. = Mammillaria microhelia var. microheliopsis
- *micromeris* Engelm. = Epithelantha micromeris var.

micromeris
- *microthele* Muehlenpf. = Mammillaria formosa
- **miegiana** W.H. Earle 1972 · ⚕ Z9 ⓚ; Mex. (Sonora)
- *missouriensis* Sweet = Escobaria missouriensis var. missouriensis
- *mitlensis* Bravo = Mammillaria rekoi var. rekoi
- **moellendorffiana** Shurly 1948 · ⚕ Z9 ⓚ ▽ ✻; Mex. (Hidalgo)
- **moelleriana** Boed. 1923 · ⚕ Z9 ⓚ; Mex. (Durango, Zacatecas)
  - var. *cowperae* = Mammillaria moelleriana
- *monancistracantha* Backeb. = Mammillaria nana
- **morricalii** Cowper 1969 · ⚕ Z9 ⓚ; Mex. (Chihuahua)
- **muehlenpfordtii** C.F. Först. 1847 · ⚕ Z10 ⓚ ▽ ✻; C-Mex.
- *multiceps* Salm-Dyck = Mammillaria prolifera var. prolifera
- **multidigitata** Radley ex G.E. Linds. 1947 · ⚕ Z9 ⓚ; Mex. (Isla San Pedro Nolasco)
- *multiseta* C. Ehrenb. = Mammillaria karwinskiana
- **mundtii** K. Schum. 1903 · ⚕ Z10 ⓚ ▽ ✻; C-Mex. (Toluca); mts.
- **mystax** Mart. 1832 · ⚕ Z10 ⓚ ▽ ✻; C-Mex., S-Mex.
- **nana** Backeb. et Mottram 1963 · ⚕ ⓚ
- *nejapensis* R.T. Craig et E.Y. Dawson = Mammillaria karwinskiana
- **nelsonii** (Britton et Rose) Boed. 1933 · ⚕ Z10 ⓚ ▽ ✻; Mex.: Guerrero, Michoacan
- **neomystax** Backeb. 1952 · ⚕ ⓚ
- *neopotosina* R.T. Craig = Mammillaria muehlenpfordtii
- *neoschwarzeana* Backeb. = Mammillaria bocensis
- **neumanniana** Lem. 1839 · ⚕ Z10 ⓚ ▽ ✻; Mex.
- **nivosa** Link ex Pfeiff. 1837 · ⚕ Z10 ⓚ ▽ ✻; W.Ind.
- *nolascana* Radley = Mammillaria evermanniana
- **nunezii** (Britton et Rose) Orcutt 1926 · ⚕ Z10 ⓚ ▽ ✻; Mex.: Guerreroa
  - var. *solisii* (Britton et Rose) Backeb. 1961 = Mammillaria nunezii
- *obconella* Scheidw. = Mammillaria polythele subsp. obconella
- **obscura** Hildm. 1891 · ⚕ ⓚ
- *occidentalis* (Britton et Rose) Boed. = Mammillaria mazatlanensis var. occidentalis
- *ochoterenae* (Bravo) Werderm. = Mammillaria discolor
- *ocotillensis* R.T. Craig = Mammillaria gigantea
- **orcuttii** Boed. 1930 · ⚕ Z10 ⓚ ▽ ✻; Mex.
- *ortizrubiana* (Bravo) Werderm. = Mammillaria candida
- **oteroi** Glass et R.A. Foster 1975 · ⚕ Z9 ⓚ; Mex. (Oaxaca)
- **pachycylindrica** Backeb. 1959 · ⚕ Z9 ⓚ; Mex. (Durango)
- *papyracantha* Engelm. = Sclerocactus papyracanthus
- **parkinsonii** C. Ehrenb. 1840 · ⚕ Z10 ⓚ ▽ ✻; C-Mex.
- **pectinifera** (Rümpler) F.A.C. Weber 1898 · ⚕ Z10 ⓚ Ⓝ ▽ ✻; C-Mex.
- **pennispinosa** Krainz 1948
  - var. **nazasensis** Glass et R.A. Foster 1975 · ⚕ Z9 ⓚ; Mex. (Durango)
  - var. **pennispinosa** · ⚕ Z10 ⓚ ▽ ✻; Mex.: Coahuila
- **perbella** Hildm. ex K. Schum. 1898 · ⚕ Z10 ⓚ ▽ ✻; Mex.: Hidalgo, Queretaro, Mexico
- **perezdelarosae** Bravo et Scheinvar 1985 · ⚕ Z9 ⓚ; Mex. (Jalisco)
- **petrophila** K. Brandegee 1904 · ⚕ Z9 ⓚ; Mex. (Baja Calif.)
- **petterssonii** Hildm. · ⚕ Z10 ⓚ ▽ ✻; Mex.: Jalisco
- **phitauiana** (E.M. Baxter) Werderm. 1931 · ⚕ ⓚ
- **picta** Meinsh. 1858 · ⚕ Z9 ⓚ; Mex.
- **pilcayensis** Bravo 1957 · ⚕ Z9 ⓚ; Mex. (Guerrero)
- *pilensis* Shurly ex Eggli = Mammillaria petterssonii
- **pilispina** J.A. Purpus 1912 · ⚕ Z9 ⓚ; Mex. (San Luis Potosí)
- **plumosa** F.A.C. Weber 1898 · D:Gefiederter Warzenkaktus; E:Feather Cactus · ⚕ Z10 ⓚ ▽ ✻; Mex.: Coahuila
- **polyedra** Mart. 1829 · ⚕ Z10 ⓚ ▽ ✻; Mex.
- **polythele** Mart. 1832
  - subsp. **obconella** (Scheidw.) D.R. Hunt 1997 · ⚕ Z9 ⓚ; Mex. (Hidalgo)
  - subsp. **polythele** · ⚕ Z10 ⓚ ▽ ✻; Mex.: Hidalgo
- **pondii** Greene 1889 · ⚕ Z9 ⓚ; Mex. (Baja Calif.: Cedros-Is.)
- **poselgeri** Hildm. 1885 · ⚕ Z10 ⓚ ▽ ✻; Mex.: Baja Calif.
- **pottsii** Scheer ex Salm-Dyck 1850 · ⚕ Z10 ⓚ ▽ ✻; SW-Tex., N-Mex.
- **praelii** Muehlenpf. 1846 · ⚕ ⓚ
- **priessnitzii** Repp. 1989 · ⚕ Z9 ⓚ; Mex. (Querétaro)
- **pringlei** (J.M. Coult.) K. Brandegee 1900 · D:Goldkugel-Warzenkaktus; E:Lemon Ball · ⚕ Z9 ⓚ; C-Mex.
- **prolifera** (Mill.) Haw. 1812 · D:Korallen-Warzenkaktus
  - var. **haitiensis** (K. Schum.) Krainz · ⚕ Z9 ⓚ; Hispaniola
  - var. **haitiensis** (K. Schum.) Y. Itô 1952
  - var. **prolifera** · ⚕ Z10 ⓚ ▽ ✻; USA: Texas; NE-Mex., Cuba, Hispaniola
  - var. **texana** (Engelm.) Borg 1937 · ⚕ Z9 ⓚ; USA: Tex.; Mex. (Coahuila, Tamaulípas, Nuevo León, San Luis Potosí)
- **pseudoalamensis** Backeb. 1953 · ⚕ ⓚ
- *pseudocrucigera* R.T. Craig = Mammillaria sempervivi
- **pseudoperbella** Quehl 1909 · ⚕ Z10 ⓚ ▽ ✻; orig. ?
- **puberula** Repp. 1989 · ⚕ Z9 ⓚ; Mex. (San Luis Potosí)
- *pubigera* Repp. = Mammillaria puberula
- **pugionacantha** C.F. Först. 1847 · ⚕ Z10 ⓚ ▽ ✻; Mex.
- **pygmaea** (Britton et Rose) A. Berger 1929 · ⚕ Z9 ⓚ; Mex. (Querétaro)
- *pyrrhocephala* Scheidw. = Mammillaria karwinskiana
- **rekoi** (Britton et Rose) Vaupel 1925
  - var. **aureispina** A.B. Lau 1983 · ⚕ ⓚ
  - var. **leptacantha** A.B. Lau 1983 · ⚕ ⓚ
  - var. **rekoi** · ⚕ Z10 ⓚ ▽ ✻; Mex.: Oaxaca
- *rekoiana* R.T. Craig = Mammillaria rekoi var. rekoi
- **rettigiana** Boed. 1930 · ⚕ Z10 ⓚ ▽ ✻; Mex.
- **rhodantha** Link et Otto 1829
  - subsp. **aureiceps** (Lem.) D.R. Hunt 1997
  - subsp. **rhodantha** · ⚕ Z10 ⓚ ▽ ✻; N-Mex.: mts.
- **rioverdense** Repp. 1989 · ⚕ Z9 ⓚ; Mex. (San Luis Potosí)
- *ritteriana* Boed. = Mammillaria chionocephala
- **roseoalba** Boed. 1929 · ⚕ Z10 ▽ ✻; Mex.: Tamaulipas
- **roseocentra** Boed. et F. Ritter 1933 · ⚕ Z9 ⓚ; Mex. (Coahuila)

- *rubida* F. Schwarz ex Backeb. = Mammillaria bocensis
- **rubrograndis** Repp. et A.B. Lau ex Repp. 1979 · ⚥ Z9 ⓐ; Mex. (Tamaulipas)
- **ruestii** Quehl 1905 · ⚥ Z10 ⓐ ▽ ✱; Guat., Hond.
- *runyonii* (Britton et Rose) Boed. = Mammillaria melanocentra
- **saboae** Glass 1966 · ⚥ Z9 ⓐ; Mex. (Chihuahua, Sonora); mts.
- *saetigera* Boed. et Tiegel = Mammillaria brauneana
- *saffordii* (Britton et Rose) Bravo = Mammillaria carretii
- *saint-pieana* Backeb. = Mammillaria gigantea
- *sanluisensis* Shurly = Mammillaria pilispina
- **sartorii** J.A. Purpus 1911 · ⚥ Z10 ⓐ ▽ ✱; Mex.: Veracruz
- **saxicola** Repp. 1989 · ⚥ Z9 ⓐ; Mex. (Querétaro)
- *scheerii* Muehlenpf. 1847 non 1845 = Coryphantha scheeri
- *scheidweileriana* Otto ex A. Dietr. = Mammillaria erythrosperma
- **schiedeana** C. Ehrenb. 1838 · ⚥ Z10 ⓐ ▽ ✱; Mex.: Hidalgo
- *schieleana* Schick = Mammillaria picta
- *schmollii* (Bravo) Werderm. = Mammillaria discolor
- **schumannii** Hildm. 1891
  - var. **globosa** Wolf 1987 · ⚥ ⓐ
  - var. **schumannii** · ⚥ Z10 ⓐ ▽ ✱; Mex.: Baja Calif.
- *schwartzii* (Boed.) Backeb. = Mammillaria coahuilensis
- **scrippsiana** (Britton et Rose) Orcutt 1926 · ⚥ Z9 ⓐ; Mex. (Jalisco)
- **seideliana** Quehl 1911 · ⚥ Z10 ⓐ ▽ ✱; Mex.: Zacatecas, Queretaro
- **sempervivi** DC. 1828 · ⚥ Z10 ⓐ ▽ ✱; C-Mex.
  - var. *caput-medusae* (Otto) Backeb. 1961 = Mammillaria sempervivi
- **senilis** Salm-Dyck 1848 · ⚥ Z10 ⓐ ▽ ✱; NW-Mex.; mts.
- **setispina** Engelm. ex (J.M. Coult.) K. Brandegee 1897 · ⚥ Z9 ⓐ; Mex. (Baja Calif.)
- **sheldonii** (Britton et Rose) Boed. 1933 · ⚥ Z10 ⓐ ▽ ✱; N-Mex.: Sonora
- *simplex* Haw. = Mammillaria mammillaris
- **sinistrohamata** Boed. 1932 · ⚥ Z9 ⓐ; Mex. (Zacatecas)
- *soehlemannii* W. Haage et Backeb. = Mammillaria columbiana
- *solisii* (Britton et Rose) Boed. = Mammillaria nunezii
- **solisioides** Backeb. 1952 · ⚥ Z9 ⓐ; Mex. (Puebla)
- **sonorensis** R.T. Craig 1940 · ⚥ Z9 ⓐ; Mex. (Sonora)
- **sphacelata** Mart. 1831 · ⚥ Z10 ⓐ ▽ ✱; S-Mex.: Puebla, Oaxaca
- **sphaerica** A. Dietr. 1853 · ⚥ Z10 ⓐ ▽ ✱; SE-Tex., NE-Mex.
- **spinosissima** Lem. 1838 · ⚥ Z10 ⓐ ▽ ✱; C-Mex.
- **standleyi** (Britton et Rose) Orcutt 1942 · ⚥ Z9 ⓐ; Mex. (Sonora)
- **stella-de-tacubaya** Heese 1904 · ⚥ ⓐ
- *subdurispina* Backeb. = Mammillaria kewensis
- *subtilis* Backeb. = Mammillaria pilispina
- **supertexta** Mart. ex Pfeiff. 1837 · ⚥ Z10 ⓐ ▽ ✱; Mex.: Caxaca
- **supraflumen** Repp. 1989 · ⚥ Z9 ⓐ; Mex. (Jalisco)
- **surculosa** Boed. 1931 · ⚥ Z10 ⓐ ▽ ✱; NE-Mex.
- **swinglei** (Britton et Rose) Boed. · ⚥ Z9 ⓐ; Mex. (Sonora)
- **tayloriorum** Glass et R.A. Foster 1975 · ⚥ Z9 ⓐ; Mex. (Sonora)
- *tenampensis* (Britton et Rose) A. Berger = Mammillaria sartorii
- **tepexicensis** · ⚥ Z9 ⓐ; Mex. (Oaxaca)
- *tesopacensis* R.T. Craig = Mammillaria sonorensis
- *tetracantha* Pfeiff. = Mammillaria polythele subsp. polythele
- **tetrancistra** Engelm. 1852 · ⚥ Z10 ⓐ ▽ ✱; USA: Calif., Nev., Utah, Ariz.; N-Mex.
- **theresae** Cutak 1967 · ⚥ Z9 ⓐ; Mex. (Durango); mts.
- **thornberi** Orcutt 1902 · ⚥ Z9 ⓐ; USA: Ariz.; Mex. (Sonora)
- **tiegeliana** Backeb. 1961 · ⚥ Z10 ⓐ ▽ ✱; Mex.
- *tolimensis* R.T. Craig = Mammillaria compressa
- *trichacantha* K. Schum. = Mammillaria bocasana
- *tuberculosa* Engelm. = Escobaria tuberculosa
- *uberiformis* Zucc. = Mammillaria longimamma
- **uncinata** Zucc. ex Pfeiff. 1837 · ⚥ ⓐ
- **unihamata** Boed. 1937 · ⚥ Z9 ⓐ; Mex. (Nuevo León)
- *vagaspina* R.T. Craig = Mammillaria magnimamma
- **vallensis** Repp. 1989
  - var. **brevispina** Repp. 1989 · ⚥ Z9 ⓐ; Mex. (Tamaulipas)
  - var. **vallensis** · ⚥ ⓐ
- **varieaculeata** Buchenau 1966 · ⚥ Z9 ⓐ; Mex. (Puebla)
- *vaupelii* Tiegel = Mammillaria haageana var. haageana
- **verhaertiana** Boed. 1912 · ⚥ ⓐ
- **vetula** Mart. 1832 · ⚥ Z9 ⓐ; Mex. (Hidalgo)
- **viereckii** Boed. 1927 · ⚥ Z10 ⓐ ▽ ✱; Mex.: Tamaulipas
- **viperina** J.A. Purpus 1912 · ⚥ Z9 ⓐ; Mex. (Puebla)
- **virginis** Fittkau et Kladiwa 1971 · ⚥ Z9 ⓐ; Mex. (Guerrero)
- *viridiflora* (Britton et Rose) Boed. = Mammillaria wrightii
- *vivipara* (Nutt.) Haw. = Escobaria vivipara var. vivipara
- **voburnensis** Scheer 1845 · ⚥ Z9 ⓐ ▽ ✱; Mex. (Oaxaca)
  - var. *eichlamii* (Quehl) Repp. 1987 = Mammillaria eichlamii
- *vonwyssiana* Krainz = Mammillaria parkinsonii
- **weingartiana** Boed. 1932 · ⚥ Z9 ⓐ; Mex. (Nuevo León)
- **wiesingeri** Boed. 1933 · ⚥ Z9 ⓐ; Mex. (Hidalgo)
- *wilcoxii* Toumey ex K. Schum. = Mammillaria wrightii var. wilcoxii
- **wildii** A. Dietr. 1836 · ⚥ Z10 ⓐ ▽ ✱; Mex.: Hidalgo
- **winterae** Boed. 1929 · ⚥ Z9 ⓐ; NE-Mex.
- *woburnensis* Scheer = Mammillaria voburnensis
- **woodsii** R.T. Craig 1940 · ⚥ ◠ Z10 ⓐ ▽ ✱; C-Mex.
- **wrightii** Engelm. et Bigelow 1856 · ⚥ Z9 ⓐ; USA: SW; Mex. (Chihuahua, Sonora)
  - var. **wilcoxii** (Toumey ex K. Schum.) W.T. Marshall 1950 · ⚥ Z9 ⓐ; USA: Ariz.
  - var. **wrightii**
- *wuthenauiana* Backeb. = Mammillaria nunezii
- **yaquensis** R.T. Craig 1945 · ⚥ Z9 ⓐ; NW-Mex.
- *yucatanensis* (Britton et Rose) Orcutt = Mammillaria columbiana
- **zahniana** Boed. et F. Ritter 1929 · ⚥ Z10 ⓐ ▽ ✱; Mex.
- **zeilmanniana** Boed. 1931 · D:Muttertags-Warzenkaktus · ⚥ Z10 ⓐ ▽ ✱; Mex.: Guanajuato
- **zephyranthoides** Scheidw. 1841 · ⚥ Z10 ⓐ ▽ ✱; C-Mex.
- **zeyeriana** Haage ex K. Schum. 1898 · ⚥ Z10 ⓐ ▽ ✱; Mex.: Coahuila, Durango
- *zuccariniana* Mart. = Mammillaria

magnimamma

Mammilloydia Buxb. = Mammillaria
- *candida* (Scheidw.) Buxb. = Mammillaria candida

Mandevilla Lindl. 1840 -f- *Apocynaceae* · (S. 193)
D:Falscher Jasmin; E:Jasmine; F:Faux-jasmin, Jasmin du Chili
- × **amabilis** (Backh.) Dress 1974 (*M. splendens* × ?) · ♄ ↯ ⚥ Z10 ⓚ ✿; cult. [58052] 'Alice du Pont' [58106]
- **atroviolacea** (Stadelm.) Woodson 1933 · ♄ ⚥ Z10 ⓦ VII-VIII ✿; Bras.
- **boliviensis** (Hook. f.) Woodson 1933 · ♄ ⚥ Z10 ⓦ IV-X ✿; Bol. [22892]
- **eximia** (Hemsl.) Woodson 1933 · ♄ ⚥ Z10 ⓦ VI-VIII ✿; Bras.
- **laxa** (Ruiz et Pav.) Woodson 1932 · D:Chilejasmin; E:Chilean Jasmine · ♄ ⚥ Z9 ⓦ ⓚ VI-VIII ✿; Bol., Arg. [11208]
- **sanderi** (Hemsl.) Woodson 1960 · D:Brasiljasmin; E:Brazilian Jasmine · ♄ ⚥ Z10 ⓦ VI-VIII ✿; Bras. [11209]
- **splendens** (Hook.) Woodson 1933 · ♄ ⚥ Z10 ⓦ VII-VIII ✿; Bras.
- *suaveolens* Lindl. = Mandevilla laxa

Mandirola Decne. = Eucodonia
- *lanata* Planch. et Linden ex Lem. = Eucodonia verticillata

Mandragora L. 1753 -f- *Solanaceae* · (S. 849)
D:Alraune, Alraunwurzel; E:Mandrake; F:Mandragore
- *acaulis* Gaertn. = Mandragora officinarum
- **autumnalis** Bertol. 1820 · D:Herbst-Alraune; E:Autumn Mandrake · ⌔ ⓚ V ✿; Eur.: Ib, Ap, GR, Crete; TR, NW-Afr.
- **officinarum** L. 1753 · D:Echte Alraune; E:Devil's Apple, European Mandrake · ⌔ ⓚ ↯ ✿ ▽; Eur.: N-I, W-Ba
- *vernalis* Bertol. = Mandragora officinarum

Manettia Mutis ex L. 1771 -f- *Rubiaceae* · (S. 775)
- **cordifolia** Mart. 1824 · ♄ e ⚥ Z10 ⓚ II-VI; Peru, Bol., Arg.
- *glabra* Cham. et Schltdl. =

Manettia cordifolia
- **luteorubra** (Vell.) Benth. 1850 · ⌔ ♄ ↯ e ⚥ Z10 ⓚ IV-IX; Bras., Parag., Urug. [58107]

Manfreda Salisb. = Agave
- *brachystachys* (Cav.) Rose = Agave scabra
- *maculosa* (Hook.) Rose = Agave maculosa
- *variegata* (Jacobi) Rose = Agave variegata
- *virginica* (L.) Salisb. = Agave virginica

Mangifera L. 1753 -f- *Anacardiaceae* · (S. 157)
D:Mango; E:Mango; F:Manguier
- **caesia** Jack ex Wall. 1824 · ♄ e Z10 ⓦ ⓝ; Malay. Arch., Phil.
- **foetida** Lour. 1790 · D:Graue Mango; E:Gray Mango, Limus · ♄ e Z10 ⓦ ⓝ; Malay. Arch.
- **indica** J. König ex L. 1753 · D:Echte Mango; E:Mango · ♄ e Z10 ⓦ ⓝ; NE-Ind., N-Myanmar; cult. Trop.
- × **odorata** Griff. 1854 (*M. foetida* × *M. indica*) · D:Saipan-Mango; E:Kuwini, Saipan Mango · ♄ e ⓦ ⓝ; orig. ?
- *pinnata* L. f. = Spondias pinnata

Manglesia Lindl. = Grevillea
- *glabrata* Lindl. = Grevillea glabrata

Manglietia Blume 1823 -f- *Magnoliaceae*
- *celebica* Miq. = Magnolia liliifera var. liliifera
- *sebassa* King = Magnolia liliifera var. liliifera
- *thamnodes* (Dandy) Gagnep. = Magnolia liliifera var. liliifera

Manihot Mill. 1754 -f- *Euphorbiaceae* · (S. 484)
D:Cassavastrauch, Maniok; E:Cassava, Manioc; F:Maniok
- **carthagenensis** (Jacq.) Müll. Arg. 1866 · ♄ e Z10 ⓦ ⓝ; Mex., C-Am., Col., Venez.
- **dichotoma** Ule 1907 · ♄ Z10 ⓦ ⓝ; Bras.: Bahia
- **dulcis** (J.F. Gmel.) Pax 1910
  - var. **dulcis** · D:Süßer Maniok; E:Sweet Cassava · ♄ Z10 ⓦ ⓝ; S-Am.
  - var. **multifida** (Graham) Pax 1910 · ♄ Z10 ⓦ ⓝ; Bras.: Parana
- **esculenta** Crantz 1766 · D:Echter Maniok; E:Bitter Cassava, Manioc, Tapioca · ♄ e Z10 ⓦ ↯ ⓝ; trop.

Bras.
- **glaziovii** Müll. Arg. 1874 · D:Cera-Kautschukbaum, Cera-Maniok; E:Ceara Rubber · ♄ Z10 ⓦ ⓝ; NE-Bras.
- *utilissima* Pohl = Manihot esculenta

Manilkara Adans. 1763 -f- *Sapotaceae* · (S. 806)
D:Breiapfelbaum, Chiclebaum; F:Sapotier
- **achras** (Mill.) Fosberg · ♄ e Z10 ⓦ ⓝ; C-Am., Mex.
- *balata* Dubard = Manilkara bidentata
- **bidentata** (A. DC.) A. Chev. 1932 · E:Balata, Beef Wood · ♄ e Z10 ⓦ ⓝ; Panama, W.Ind., trop. S-Am.
- **elata** (Allemão ex Miq.) Monach. 1952 · D:Massaranduba · ♄ e Z10 ⓦ ⓝ; Amazon.
- **hexandra** (Roxb.) Dubard 1915 · ♄ ♄ e ⓦ; Ind., Sri Lanka
- **zapota** (L.) P. Royen 1953 · D:Breiapfelbaum; E:Marmalade Plum, Sapodilla · ♄ e Z10 ⓦ ⓝ; S-Mex., C-Am., nat. in Fla.

Manulea L. 1767 -f- *Scrophulariaceae*
- *hispida* Thunb. = Sutera hispida
- **rubra** L. f. 1782 · ⊙ ⌔ Z10 VI-VIII; S-Afr.

Maoutia Wedd. 1854 -f- *Urticaceae* · (S. 878)
- **puya** Wedd. 1854 · ⌔ ⓦ ⓝ; Him., Ind.: Khasia Hills; Myanmar

Mapania Aubl. 1775 -f- *Cyperaceae* · (S. 997)
- **humilis** (Hassk. ex Steud.) Fern.-Vill. = Hypolytrum humile
- **silhetensis** C.B. Clarke 1894 · ⌔
- *sinensis* Uittien = Mapania silhetensis

Maranta L. 1753 -f- *Marantaceae* · (S. 1035)
D:Pfeilwurz; E:Maranta; F:Dictame barbade, Maranta
- *amabilis* Linden = Ctenanthe amabilis
- *argyraea* Körn. = Calathea argyraea
- **arundinacea** L. 1753 · D:Echte Pfeilwurz; E:Arrowroot · ⌔ Z10 ⓦ ↯ ⓝ; trop. S-Am.
- **bachemiana** (E. Morren) Regel 1879
- *bicolor* Ker-Gawl. = Maranta cristata

- **cristata** Nees et Mart. 1823 ·
  D:Kamm-Pfeilwurz · ⚄ Z10 ⓜ;
  Guyan., Bras.
- **depressa** E. Morren 1880 · ⚄ ↝
  Z10 ⓜ; Bras.
- *fasciata* Linden ex K. Koch =
  Calathea fasciata
- *kegeliana* Regel = Calathea
  bachemiana
- *kummeriana* E. Morren =
  Ctenanthe kummeriana
- *leopardina* W. Bull = Calathea
  leopardina
- **leuconeura** E. Morren 1874 ·
  D:Bunte Pfeilwurz, Gebetspflanze;
  E:Prayer Plant · ⚄ Z10 ⓜ VII-VIII;
  Bras.
  'Erythroneura' · D:Fischgräten-Pfeilwurz;
  E:Herringbone Plant
- **lietzei** (E. Morren) C. Nelson
  1998 · ⚄ Z9 ⓜ; Bras.
- *makoyana* (E. Morren) E. Morren
  = Calathea makoyana
- *mediopicta* E. Morren = Calathea
  mediopicta
- **noctiflora** Regel et Körn. 1858 · ⚄
  Z10 ⓜ; ? Bras.
- *oppenheimiana* (E. Morren)
  Petersen = Ctenanthe
  oppenheimiana
- *ornata* Linden = Calathea
  majestica
- *roseopicta* Linden = Calathea
  roseopicta
- *warscewiczii* Matthieu ex Planch. =
  Calathea warscewiczii
- *wiotii* E. Morren = Calathea wiotii
- *zebrina* Sims = Calathea zebrina

Marattia Sw. 1788 -f- *Marattiaceae* ·
(S. 71)
- **alata** Sw. 1788 · ⚄ e Z10 ⓜ;
  W.Ind., trop. S-Am.
- **cicutifolia** Kaulf. 1824 · ⚄ e Z10
  ⓚ; S-Bras.
- **fraxinea** J. Sm. 1790 · ⚄ e Z10 ⓚ;
  trop. Afr, trop. As., Austr., NZ
- *kaulfussii* J. Sm. = Marattia alata
- *laevis* J. Sm. = Marattia alata
- *salicina* J. Sm. = Marattia fraxinea

Marcgravia L. 1753 -f-
Marcgraviaceae · (S. 625)
- **umbellata** L. 1753 · ♄ ⚇ ⓜ;
  W.Ind., trop. S-Am.

Margbensonia A.V. Bobrov et
Melikyan = Podocarpus
- *spinulosa* (Sm.) A.V. Bobrov et
  Melikyan = Podocarpus spinulosus

Marginatocereus (Backeb.) Backeb.
= Stenocereus
- *marginatus* (DC.) Backeb. =
  Pachycereus marginatus

Margyricarpus Ruiz et Pav. 1794
-m- *Rosaceae* · (S. 755)
  D:Perlbeere; E:Pearl Fruit
- **pinnatus** (Lam.) Kuntze 1898 ·
  D:Perlbeere; E:Pearl Berry, Pearl
  Fruit · ♄ e ⊗ Z9 ⓚ IV-VI; S-Am.;
  And.
- *setosus* Ruiz et Pav. =
  Margyricarpus pinnatus

Mariposa Hoover = Calochortus
- *lutea* (Douglas ex Lindl.) Hoover =
  Calochortus luteus

Marlea Roxb. = Alangium
- *begoniifolia* Roxb. = Alangium
  chinense
- *platanifolia* Siebold et Zucc. =
  Alangium platanifolium var.
  platanifolium

Marniera Backeb. = Epiphyllum
- *chrysocardium* (Alexander)
  Backeb. = Epiphyllum
  chrysocardium

Marojejya Humbert 1955 -f-
Arecaceae · (S. 954)
- **darianii** J. Dransf. et N.W. Uhl
  1984 · ♄ e Z10 ⓜ; NE-Madag.

Marrubium L. 1753 -n- *Lamiaceae* ·
(S. 584)
  D:Andorn, Mausohr;
  E:Horehound; F:Marrube
- **astracanicum** Jacq. · ⚄ ↝ △ Z8
  ⓚ ∧ VI-VII; TR
- **cylleneum** Boiss. et Heldr. 1859 ·
  ⚄ Z7; Eur.: S-GR, S-AL
- **globosum** Montbret et Aucher ex
  Benth. 1836 · D:Kugel-Andorn
  - subsp. **libanoticum** (Boiss.) P.H.
    Davis 1951 · D:Libanon-Kugel-
    Andorn · ⚄ ↝ △ Z8 ∧ VI-VII;
    Lebanon
- **incanum** Desr. 1789 · D:Weißfilzi-
  ger Andorn · ⚄ Z7 ∧ VI-VII; Eur.:
  Sard., I, Sic, Ba
- *kotschyi* Boiss. et Hohen. =
  Marrubium astracanicum
- *libanoticum* Boiss. = Marrubium
  globosum subsp. libanoticum
- **peregrinum** L. 1753 · D:Unga-
  rischer Andorn · ⚄ VII-VIII; Eur.:
  A, EC-Eur., Ba, E-Eur.; TR, Cauc.,
  nat. in F, I, D
- **supinum** L. 1753 · D:Spanischer
  Andorn; E:Spanish Horehound · ⚄
  ↝ △ Z7 ∧ V-VII; Eur.: sp.; mts.
  [65228]

- **velutinum** Sibth. et Sm. 1809 ·
  D:Gebirgs-Andorn · ⚄ △ Z8 ∧
  VI-VII; GR
- **vulgare** L. 1753 · D:Gewöhnlicher
  Andorn; E:Common Horehound,
  White Horehound · ⚄ Z3 VI-VIII
  ⚥ ; Eur.*, TR, Levante, Cauc.
  Iran, C-As., N-Afr., nat. in N-Am.
  [65229]

Marsdenia R. Br. 1810 -f-
Asclepiadaceae · (S. 208)
  D:Andenwein; E:Condorvine;
  F:Vigne des Andes
- **cundurango** Rchb. f. 1872 ·
  D:Gewöhnlicher Anden-
  wein; E:Common Condorvine,
  Cundurango · ♄ e ⚥ ⓜ ⚥ ; Col.,
  Ecuad., Peru (And.)
- *erecta* (L.) R. Br. = Cionura erecta
- *reichenbachii* Triana = Marsdenia
  cundurango
- **tinctoria** R. Br. 1809 · D:Färber-
  Andenwein; E:Climbing Indigo ·
  ♄ e ⚥ ⓜ ⓝ; Him., China, Malay.
  Arch.

Marshallia Schreb. 1791 -f-
Asteraceae · (S. 257)
- **caespitosa** Nutt. ex DC. 1836 · ⚄
  △ Z7 ⓚ ∧ V-VI; USA: Mo., SC, SE
- **grandiflora** Beadle et F.E.
  Boynton 1901 · ⚄ Z5; USA: NE,
  Tenn., N.C.

Marshallocereus Backeb. =
Stenocereus
- *thurberi* (Engelm.) Backeb. =
  Stenocereus thurberi

Marsilea L. 1753 -f- *Marsileaceae* ·
(S. 72)
  D:Kleefarn; E:Pepperwort, Water
  Clover; F:Marsilée
- **drummondii** A. Braun 1853 ·
  D:Essbarer Kleefarn; E:Common
  Nardoo · ⚄ ↝ Z9 ⓜ; Austr.:
  North Terr., Queensl., N.S.Wales,
  Victoria, S-Austr., Tasman.,
  W-Austr.
- **hirsuta** R. Br. 1810 · D:Rauhaari-
  ger Kleefarn · ⚄ ↝ Z9 ⓚ; Austr.:
  Queensl., N.S.Wales
- **quadrifolia** L. 1753 · D:Vierblätt-
  riger Kleefarn; E:Pepperwort;
  F:Marsilia à quatre feuilles · ⚄
  ↝ Z5 IX-X ▽; Eur.* exc. BrI, Sc;
  Cauc., C-As., S-As., China, Jap.,
  Can.: W; USA: NE, NCE [67231]

Martynia L. 1753 -f- *Pedaliaceae* ·
(S. 626)
  D:Tigerklaue; E:Devil's Claw,

Unicorn Plant; F:Martynia
- **annua** L. 1753 · D:Tigerklaue;
  E:Unicorn Plant · ⊙ VII-VIII; Mex.,
  C-Am., W.Ind.
- *craniolaria* Gloxin = Craniolaria
  annua
- *proboscidea* Gloxin = Proboscidea
  louisianica
- *violacea* Engelm. = Proboscidea
  fragrans

Mascarena L.H. Bailey = Hyophorbe
- *lagenicaulis* L.H. Bailey =
  Hyophorbe lagenicaulis
- *verschaffeltii* (H. Wendl.) L.H.
  Bailey = Hyophorbe verschaffeltii

Masdevallia Ruiz et Pav. 1794 -f-
Orchidaceae · (S. 1073)
- **abbreviata** Rchb. f. 1878 · ⚄ Z10
  ⓦ; Peru, Ecuad.
- **amabilis** Rchb. f. et Warsz. 1854 ·
  ⚄ Z10 ⓚ XII-II ▽ ✳; Peru
- **angulata** Rchb. f. 1878 · ⚄ Z10
  ⓦ; Col., Ecuad.
- **barlaeana** Rchb. f. 1876 · ⚄ Z10
  ⓦ; Peru
- *bella* Rchb. f. = Dracula bella
- **bicolor** Poepp. et Endl. 1836 · ⚄
  Z10 ⓦ; Venez., Col., Ecuad., Peru,
  Bol.
- **caloptera** Rchb. f. 1874 · ⚄ Z10
  ⓚ ▽ ✳; S-Ecuad., N-Peru
- **caudata** Lindl. 1833 · ⚄ Z10 ⓚ
  XI-III ▽ ✳; Col., Ecuad., Peru,
  Venez.
- *chimaera* Rchb. f. = Dracula
  chimaera
- **civilis** Rchb. f. et Warsz. 1854 · ⚄
  Z10 ⓦ; Venez., Col., Ecuad., Peru
- **coccinea** Linden ex Lindl. 1846 ·
  ⚄ Z10 ⓚ III-VI ▽ ✳; Col., Peru
  'Harryana'
- var. *harryana* (Rchb. f.) H.J.
  Veitch = Masdevallia coccinea
- **colosseus** Luer 1978 · ⚄ Z10 ⓦ;
  Peru
- **coriacea** Lindl. 1845 · ⚄ Z10 ⓚ
  V-VII ▽ ✳; Col.
- **davisii** Rchb. f. 1874 · ⚄ Z10 ⓦ;
  Peru
- *edwallii* Cogn. = Dryadella edwallii
- *erythrochaete* Rchb. f. = Dracula
  erythrochaete
- *harryana* Rchb. f. = Masdevallia
  coccinea
- **horrida** Teusch. et Garay 1960 · ⚄
  Z10 ▽ ✳; Costa Rica
- **ignea** Rchb. f. 1871 · ⚄ Z10 ⓦ;
  Col., Venez.
- **infracta** Lindl. 1833 · ⚄ Z10 ⓚ
  V-VII ▽ ✳; Peru, S-Bras.
- *lilliputana* Cogn. = Dryadella

lilliputana
- *lindenii* André = Masdevallia
  coccinea
- **macrura** Rchb. f. 1874 · ⚄ Z10 ⓚ
  II-III ▽ ✳; Col.
- *militaris* Rchb. f. et Warsz. =
  Masdevallia coccinea
- **pachyura** Rchb. f. 1874 · ⚄ Z10
  ⓦ; Ecuad.
- **pandurilabia** C. Schweinf. 1942 ·
  ⚄ Z10 ⓦ; Peru
- **polysticta** Rchb. f. 1874 · ⚄ Z10
  ⓦ; Ecuad., Peru
- *radiosa* Rchb. f. = Dracula radiosa
- **reichenbachiana** Endrés 1875 · ⚄
  Z10 ⓦ; Costa Rica
- **rolfeana** Kraenzl. 1891 · ⚄ Z10 ⓚ
  IV-VII ▽ ✳; Costa Rica
- **rosea** Lindl. 1845 · ⚄ Z10 ⓚ V-VII
  ▽ ✳; Col., Ecuad.
- **schlimii** Linden ex Lindl. 1846 · ⚄
  Z10 ⓚ IV-V ▽ ✳; Col., Venez.
- **tovarensis** Rchb. f. 1850 · ⚄ Z10
  ⓚ XI-II ▽ ✳; Venez.
- **triangularis** Lindl. 1846 · ⚄ Z10
  ⓦ; Col., Venez.
- **uniflora** Ruiz et Pav. 1798 · ⚄ Z10
  ⓦ; Peru
- **veitchiana** Rchb. f. 1868 · ⚄ Z10
  ⓚ V-VI ▽ ✳; Peru
- **velifera** Rchb. f. 1874 · ⚄ Z10 ⓚ
  XI-I ▽ ✳; Col.
- **in vielen Sorten**

Matricaria L. 1753 -f- Asteraceae ·
(S. 257)
D:Kamille; E:Mayweed;
F:Camomille, Matricaire
- *capensis* hort. ex Vilm. =
  Tanacetum parthenium
- *chamomilla* L. = Matricaria
  recutita
- **discoidea** DC. 1838 · D:Strahlen-
  lose Kamille; E:False Chamomile ·
  ⊙ VI-X; Eur.: NE-As., ? w. N-Am.,
  nat. in Eur.* exc. Ib
- *inodora* L. = Tripleurospermum
  perforatum
- *maritima* L. = Tripleurospermum
  maritimum
  - subsp. *inodora* (K. Koch) Soó
    1941 = Tripleurospermum
    perforatum
- *parthenioides* (Desf.) hort. =
  Tanacetum parthenium
- *parthenium* L. = Tanacetum
  parthenium
- *perforata* Mérat =
  Tripleurospermum perforatum
- **recutita** L. 1753 · D:Echte
  Kamille; E:Chamomile, German
  Chamomile · ⊙ D V-VIII ⚜ ⓝ;
  Eur.*, TR, Palaest, Iraq, Cauc.,

Iran, Afgh., NW-Ind., W-Sib.,
Canar., nat. in N-Am., S-Am.,
Austr., NZ [70061]
- *suaveolens* (Pursh) Rydb. =
  Matricaria discoidea
- *tchihatchewii* (Boiss.) Voss =
  Tripleurospermum oreades var.
  tchihatchewii

Matteuccia Tod. 1866 -f-
Woodsiaceae · (S. 83)
D:Straußenfarn, Straußfarn,
Trichterfarn; E:Ostrich Fern;
F:Fougère plume-d'autruche
- **orientalis** (Hook.) Trevis. 1869 ·
  D:Flachwachsender Straußenfarn;
  F:Fougère plume d'autruche · ⚄ Z4;
  Him., China, Korea, Jap. [67419]
- **pensylvanica** (Willd.) Raymond
  1950 · D:Amerikanischer Strau-
  ßenfarn; F:Fougère plume
  d'autruche · ⚄; Alaska, Can., USA:
  NE, NCE, NC [67420]
- **struthiopteris** (L.) Tod. 1866 ·
  D:Europäischer Straußenfarn;
  E:Ostrich Fern; F:Fougère
  d'Allemagne · ⚄ ⇝ Z2 VII-VIII
  ▽; Eur.* exc. BrI, Sc; TR, Sib.,
  Sachal., Kamchat., China, Manch.,
  Korea, Jap., Alaska, Can., USA:
  NE, NCE, nat. in BrI [67421]
- var. *pensylvanica* (Willd.) C.V.
  Morton 1950 = Matteuccia
  pensylvanica

Matthiola R. Br. 1753 -f-
Brassicaceae · (S. 328)
D:Levkoje; E:Gillyflower, Stock;
F:Giroflée, Violier
- **fruticulosa** (L.) Maire 1932
  - subsp. **fruticulosa** · ⚄ e △ Z7
    ∧ V-VI; Eur.: Ib, Fr, Ap, Ba; TR,
    Cyprus, Lebanon, N-Afr.
  - subsp. **perennis** (Conti) P.W.
    Ball 1962 · ⚄; Eur.: N-Sp. (Picos
    de Europa)
  - subsp. **valesiaca** (Boiss.) P.W.
    Ball 1962 · D:Trübe Levkoje · ⚄ e
    Z6 V-VII; Eur.: F, I, CH; S-Alp.
- **incana** (L.) R. Br. 1812 · D:Gar-
  ten-Levkoje; E:Brompton Stock,
  Stock, Ten Week Stock · ⊙ ⊙ ⚄ ♄
  ⋈ D Z6 IV-X; Eur.: Ib, Fr, Ap, Ba,
  BrI; TR, Cyprus [71731]
  'Alba'
  Cinderella Ser.
  Schnittgold Ser.
- **longipetala** (Vent.) DC. 1821
  [71733]
  - subsp. **bicornis** (Sibth. et Sm.)
    P.W. Ball 1963 · ⊙ D Z6 V-VI;
    Eur.: GR; TR, Levante, Egypt,
    Libya [71734]

  - subsp. **longipetala** · D:Nacht-Levkoje; E:Night Scented Stock · ⊙ Z6; TR, Levante
- *tristis* R. Br. = Matthiola fruticulosa subsp. fruticulosa
- *varia* (Sibth. et Sm.) DC. = Matthiola fruticulosa subsp. fruticulosa

Matucana Britton et Rose 1922 -f- *Cactaceae* · (S. 359)
- **aurantiaca** (Vaupel) Buxb. 1973
  - subsp. **aurantiaca** · ψ Z9 Ⓚ ▽ ✻; N-Peru
  - subsp. **currundayensis** (F. Ritter)Mottram 1997
- **aureiflora** F. Ritter 1965 · ψ Z9 Ⓚ; Peru (Cajamarca)
- *blancii* Backeb. = Matucana haynei subsp. herzogiana
- *breviflora* Rauh et Backeb. = Matucana haynei subsp. hystrix
- *caespitosa* = Matucana paucicostata
- *calliantha* F. Ritter = Matucana krahnii
- *calocephala* Skarupke = Matucana haynei subsp. myriacantha
- **celendinensis** F. Ritter · ψ Z9 Ⓚ; Peru
- **comacephala** F. Ritter 1958
- *crinifera* F. Ritter = Matucana haynei subsp. herzogiana
- *currundayensis* F. Ritter = Matucana aurantiaca subsp. currundayensis
- *elongata* Rauh et Backeb. = Matucana haynei subsp. haynei
- **formosa** F. Ritter · ψ Z9 Ⓚ; Peru
- **haynei** (Otto ex Salm-Dyck) Britton et Rose 1922
  - subsp. **haynei** · ψ Z9 Ⓚ ▽ ✻; N-Peru
  - subsp. **herzogiana** (Backeb.) Mottram 1997
  - subsp. **hystrix** (Rauh et Backeb.) Mottram 1997
  - subsp. **myriacantha** (Vaupel) Mottram 1997 · ψ Z9 Ⓚ ▽ ✻; Peru
  - var. **perplexa** Backeb. · ψ Z9 Ⓚ; C-Peru
- *herzogiana* Backeb. = Matucana haynei subsp. herzogiana
- *huaricensis* = Matucana paucicostata
- *hystrix* Rauh et Backeb. = Matucana haynei subsp. hystrix
  - var. *atrispina* Rauh et Backeb. 1957 = Matucana haynei subsp. hystrix
- *icosagona* (Kunth) Buxb. = Cleistocactus icosagonus
- **intertexta** F. Ritter 1963 · ψ Z9 Ⓚ; Peru (Cajamarca)
- **krahnii** (Donald) Bregman 1986 · ψ Z9 Ⓚ; Peru (Amazonas)
- **madisoniorum** (Hutchison) G.D. Rowley 1973 · ψ Z9 Ⓚ; Peru (Amazonas)
- *multicolor* Rauh et Backeb. = Matucana haynei subsp. hystrix
- *myriacantha* (Vaupel) Buxb. = Matucana haynei subsp. myriacantha
- **paucicostata** F. Ritter 1963 · ψ Z9 Ⓚ; Peru (Ancash)
- **polzii** Diers, Donald et Zecher 1986 · ψ Z9 Ⓚ; Peru
- *purpureoalba* F. Ritter = Matucana haynei subsp. myriacantha
- **ritteri** Buining 1959 · ψ Z9 Ⓚ ▽ ✻; Peru
- *variabilis* Rauh et Backeb. = Matucana haynei subsp. haynei
- **weberbaueri** (Vaupel) Backeb. 1939
  - var. **flammea** (Donald) Bregman et al. 1989 · ψ Ⓚ
  - var. **weberbaueri** · ψ Z9 Ⓚ ▽ ✻; NE-Peru
- *winteri* F. Ritter = Matucana haynei subsp. myriacantha
- *yanganucensis* Rauh et Backeb. = Matucana haynei subsp. herzogiana

Maurandella (A. Gray) Rothm. 1943 -f- *Scrophulariaceae* · (S. 832)
- **antirrhiniflora** (Willd.) Rothm. 1943 · D:Purpurnes Windendes Löwenmaul; E:Violet Twining Snapdragon · ♃ Z9 Ⓚ Ⓐ VI-IX; USA: Tex. Calif.; Mex.
  'Coccinea'
  'Violacea'

Maurandya Ortega 1797 -f- *Scrophulariaceae* · (S. 832) D:Windendes Löwenmaul; E:Twining Snapdragon
- *antirrhiniflora* Humb. et Bonpl. ex Willd. = Maurandella antirrhiniflora
- **barclaiana** Lindl. 1827 · D:Windendes Löwenmaul; E:Snapdragon Vine · ħ ≹ Z9 Ⓚ VII-IX; Mex.
- *erubescens* (D. Don) A. Gray = Lophospermum erubescens
- *lophospermum* L.H. Bailey = Lophospermum scandens
- *purpusii* Brandegee = Lophospermum purpusii
- **scandens** (Cav.) Pers. 1806 · ⊙ ⊙ ♃ ħ ≹ Z9 Ⓚ VI-X; Mex. [20447]
  'Brides White'
  'Red Dragon'
  'Victoria Falls'

Mauritia L. f. 1782 -f- *Arecaceae* · (S. 954)
- **flexuosa** L. f. 1782 · ħ̄ e Ⓦ Ⓝ; S-Am.

Maxillaria Ruiz et Pav. 1794 -f- *Orchidaceae* · (S. 1073)
- **coccinea** (Jacq.) L.O. Williams ex Hodge 1954 · ♃ Z10 Ⓦ VI-VII ▽ ✻; W.Ind.
- **densa** Lindl. 1836 Z10 Ⓦ I-IV ▽ ✻; Mex., Guat.
- **elatior** (Rchb. f.) Rchb. f. 1863 · ♃ Z10 Ⓦ ▽ ✻; Mex., Guat., Hond., Costa Rica
- **fucata** Rchb. f. 1886 · ♃ Z10 Ⓦ V-VI ▽ ✻; Ecuad.
- **grandiflora** (Kunth) Lindl. 1832 · ♃ Z10 Ⓦ V-VI ▽ ✻; trop. S-Am.
- *jugosa* Lindl. = Pabstia jugosa
- **lepidota** Lindl. 1845 · ♃ Z10 Ⓦ V-VII ▽ ✻; Col., Ecuad., Peru, Venez.
- *longipetala* Ruiz et Pav. = Lycaste longipetala
- **luteoalba** Lindl. 1846 · ♃ Z10 Ⓦ II-IV ▽ ✻; Costa Rica, Panama, Col., Ecuad.
- *marginata* Fenzl = Maxillaria punctulata
- **nigrescens** Lindl. 1846 · ♃ Z10 Ⓦ VI-VII ▽ ✻; Col., Venez.
- **ochroleuca** Lodd. 1824 · ♃ Z10 Ⓦ ▽ ✻; Bras.
- **picta** Hook. 1832 · ♃ Z10 Ⓚ I-IV ▽ ✻; E-Bras.
- **porphyrostele** Rchb. f. 1873 · ♃ Z10 Ⓦ II-IV ▽ ✻; Bras.
- **punctulata** Klotzsch 1851 · ♃ Z10 Ⓦ VII-X ▽ ✻; Bras.
- **rufescens** Lindl. 1836 · ♃ Z10 Ⓦ; Venez., Trinidad, Guyan., Bras, Col., Ecuad, Peru, Bol.
- **sanderiana** Rchb. f. ex Sander 1888 · ♃ Z10 Ⓦ VIII-X ▽ ✻; Ecuad., Peru
- **sanguinea** Rolfe 1895 · ♃ Z10 Ⓦ ▽ ✻; Costa Rica, Panama
- **setigera** Lindl. 1845 · ♃ Z10 Ⓦ VI-VIII ▽ ✻; Col.
- **sophronitis** (Rchb. f.) Garay 1958 · ♃ Z10 Ⓦ V-IX ▽ ✻; Venez.
- **striata** Rolfe 1893 · ♃ Z10 Ⓦ VII-IX ▽ ✻; Ecuad., Peru
- **tenuifolia** Lindl. 1837 · ♃ Z10 Ⓦ VII-IX ▽ ✻; Mex., C-Am.
- **variabilis** Bateman ex Lindl. 1837 · ♃ Z10 Ⓦ I-XII ▽ ✻; C-Am.

- **venusta** Linden et Rchb. f. 1854 · ⚃ Z10 ⓜ IX-XI ▽ ✱; Col., Venez.
- **vernicosa** Barb. Rodr. 1877 · ⚃ Z10 ⓜ; S-Bras.

Mayaca Aubl. 1775 -f- *Mayacaceae* · (S. 1037)
- *aubletii* Michx. = Mayaca fluviatilis
- **fluviatilis** Aubl. 1775 · ⚃ ~ ≈ ⓜ VI-VIII; USA: SE, Fla., Tex.; Mex., C-Am., S-Am.
- *madida* (Vell.) Stellfeld = Mayaca sellowiana
- **sellowiana** Kunth 1832
- *vandelii* (Roem.) Schott et Endl. = Mayaca fluviatilis

Maytenus Molina 1782 -f- *Celastraceae* · (S. 409)
- **boaria** Molina 1782 · E:Mayten Tree · ♄ e Z8 ⓚ V; Chile
- **rufa** (Wall.) H. Hara 1965 · ♄ ♄ ⓜ; N-Ind., Bhutan

Mazus Lour. 1790 -m- *Scrophulariaceae* · (S. 832) D:Lippenmäulchen; F:Mazus
- **japonicus** (Thunb.) Kuntze 1891 · D:Japanisches Lippenmäulchen · ⊙ VI-VIII; Ind., China, Korea, Jap., Ryukyu-Is., nat. in N-Am.
- **miquelii** Makino 1902 · ⚃ ⤳ △ V-VI; Jap.
- **pumilio** R. Br. 1810 · D:Sumpf-Lippenmäulchen · ⚃ △ ∧ V-VI; Austr., Tasman., NZ
- **radicans** (Hook. f.) Cheeseman 1906 · D:Rasen-Lippenmäulchen · ⚃ ⤳ △ Z7 ∧ V-VI; NZ
- **reptans** N.E. Br. · ⚃; cult. [16900] 'Albus' [68632]
- *rugosus* Lour. = Mazus japonicus
- *stolonifer* (Maxim.) Makino = Mazus miquelii

Mecodium C. Presl ex Copel. = Hymenophyllum
- *demissum* (G. Forst.) Copel. = Hymenophyllum demissum
- *polyanthon* (Sw.) Copel. = Hymenophyllum polyanthon

Meconopsis R. Vig. 1814 -f- *Papaveraceae* · (S. 686) D:Keulenmohn, Scheinmohn; E:Asiatic Poppy; F:Méconpsis, Pavot bleu
- **aculeata** Royle 1834 · ⊙ △ Z7 VII-VIII; W-Him.
- × **beamishii** Prain (*M. grandis* × *M. integrifolia*) · cult.
- **betonicifolia** Franch. 1889 · D:Tibet-Scheinmohn; E:Blue Poppy, Himalayan Poppy; F:Pavot bleu · ⚃ △ Z7 VI-VIII; China: Tibet, Yunnan; N-Myamar [65231]
  'Alba' [60486]
- **cambrica** (L.) Vig. 1814 · D:Kambrischer Scheinmohn, Pyrenäen-Scheinmohn; E:Welsh Poppy; F:Pavot jaune des Pyrénées · ⚃ Z6 VI-X; Eur.: BrI, F, sp., nat. in DK, Norw. [65232]
  'Aurantiaca'
  'Flore Pleno'
  'Frances Perry' [65234]
  'Rubra' = Meconopsis cambrica 'Frances Perry'
  – var. *aurantiaca* hort. ex H.R. Wehrh. = Meconopsis cambrica
- **chelidoniifolia** Bureau et Franch. 1891 · D:Wald-Scheinmohn · ⚃ Z7 VII-VIII; W-Sichuan
- **delavayi** (Franch.) Franch. ex Prain 1896 · D:Kalk-Scheinmohn · ⚃ Z8 ⓚ; China (Yunnan)
- **dhwojii** G. Taylor ex Hay 1932 · ⊙ Z7 VI-VII; Nepal
- **grandis** Prain 1895 · D:Großer Scheinmohn · ⚃ Z5 VI-VII; Nepal, Sikkim, Tibet [68113]
- **horridula** Hook. f. et Thomson 1855 · D:Stachliger Scheinmohn; E:Prickly Blue Poppy · ⊙ ⚃ Z6 VII-VIII; W-Nepal, Him., SW-China
- **integrifolia** (Maxim.) Franch. 1886 · D:Gelbhaariger Scheinmohn; E:Lampshade Poppy · ⊙ △ Z7 VII-VIII; China: Yunnan, Sichuan, Tibet, Kansu
- **napaulensis** DC. 1824 · D:Nepal-Scheinmohn; E:Satin Poppy · ⊙ Z7 VI; W-Nepal, Him., SW-China [65235]
- **paniculata** (D. Don) Prain 1896 · D:Rispen-Scheinmohn · ⊙ Z7 VI-VII; Him., SE-Tibet
- *prattii* (Prain) Prain = Meconopsis horridula
- **punicea** Maxim. 1889 · D:Roter Scheinmohn; E:Red Poppywort · ⊙ ⚃ Z7 VII-VIII; China: Tibet, Sichuan, Kansu
- **quintuplinervia** Regel 1876 · D:Teppich-Scheinmohn; E:Harebell Poppy · ⚃ △ Z7 VII-VIII; Tibet, W-China
- **regia** G. Taylor 1929 · D:Pracht-Scheinmohn · ⊙ Z7 VII-VIII ✱; Nepal [68997]
- × **sarsonsii** Sarsons 1930 (*M. betonicifolia* × *M. integrifolia*) · D:Sheldons Scheinmohn · ⚃; cult.
- × **sheldonii** G. Taylor 1936 (*M. betonicifolia* × *M. grandis*) · ⚃ Z6; cult. [72448]
  'Branklyn'
  'Crewdson Hybrids'
  'Miss Jebb'
  'Slieve Donard'
  'Springhill'
- **simplicifolia** (D. Don) Walp. 1842 · D:Schotter-Scheinmohn · ⊙ Z7 VII-VIII; Nepal, Tibet
- **sinuata** Prain 1896 · ⊙ Z7 VII-VIII; Nepal, Tibet
- **superba** King ex Prain 1896 · D:Silber-Scheinmohn · ⊙ Z7 VII-VIII; Bhutan, Tibet
- **villosa** (Hook. f.) G. Taylor 1934 · D:Haariger Scheinmohn · ⚃ △ Z7 ∧ VI; E-Nepal, Bhutan [65236]
- **violacea** Kingdon-Ward 1927 · ⊙ VII-VIII; Tibet, N-Myamar
- *wallichii* Wall. = Meconopsis napaulensis

Medemia Württemb. ex H. Wendl. 1881 -f- *Arecaceae*
- **argun** (Mart.) Württemb. ex H. Wendl. 1881
- *nobilis* (Hildebr. et H. Wendl.) Gall. = Bismarckia nobilis

Medeola L. 1753 -f- *Convallariaceae* · D:Schlangenwurzel; E:Cucumer Root; F:Fausse-asperge
- *asparagoides* L. = Asparagus asparagoides
- **virginiana** L. 1753 · D:Indianer-Schlangenwurzel; E:Indian Cucumber Root · ⚃ Z3 VII-VIII; Can: E, USA: NE

Medicago L. 1753 -f- *Fabaceae* · (S. 516) D:Luzerne, Schneckenklee; E:Bur Clover, Medick; F:Luzerne
- **arabica** (L.) Huds. 1762 · D:Arabischer Schneckenklee; E:Spotted Bur Clover · ⊙ IV-VI; Eur.* exc. Sc; N-Afr., S-Afr., SW-As, nat. in CH, Sweden
- **arborea** L. 1753 · D:Baum-Schneckenklee; E:Moon Trefoil · ♄ e Z8 ⓚ; Eur.: Ib, Ap, Ba; TR, nat. in F
- **caerulea** Less. ex Ledeb. 1842 · ⚃ VI-IX; Eur.: Krim, E-Russ.; TR, Cauc., Iran, C-As., Egypt
- **carstiensis** Jacq. 1786 · D:Karst-Schneckenklee · ⚃ V-VI; Eur.: I, A, Ba
- **falcata** L. 1753 · D:Sichel-Luzerne, Sichelklee; E:Sickle Medick, Yellow Medick · ⚃ Z6 VI; Eur.*, TR, Syr., Cauc., W-Sib., E-Sib., C-As., Maroc.

- **lupulina** L. 1753 · D:Hopfen-Schneckenklee, Hopfenklee; E:Black Medick, Shamrock · ⊙ ⊙ ⌇ Z5 IV-X ⓝ; Eur.*, TR, Levante, Cauc., Iran, W-Sib., E-Sib., Amur, C-As., Him., Mong., China, N-Afr., nat. in N-Am., Jap.
- **minima** (L.) L. 1754 · D:Zwerg-Schneckenklee; E:Little Bur Clover · ⊙ V-VI; Eur.*, TR, Levante, Cauc., Iran, Him., N-Afr., Eth.
- **orbicularis** (L.) Bartal. 1776 · D:Kreisfrüchtiger Schnecken-klee, Scheibenklee; E:Button Bur Clover · ⊙; Eur.: Ba, Ib, Ap, Fr; TR, Syr., Iraq, Iran, C-As.
- **polymorpha** L. 1753 · D:Rauer Schneckenklee; E:California Bur Clover · ⊙ V-VII; Eur.: Ib, Fr, Ap, Ba, C-Eur., RO, Krim; TR, Levante, N-Afr., nat. in EC-Eur., Old World
- **prostrata** Jacq. 1770-71 · D:Nie-derliegender Schneckenklee · ⌇ IV-VIII; Eur.: I, Ba, A
- **rigidula** (L.) All. 1785 · D:Stei-fer Schneckenklee; E:Tifton Bur Clover · ⊙; Eur.: Ib, Fr, Ap, Ba, RO, S-Russ., Krim; TR, Levante, Iraq, Cauc., Iran, Afgh., C-As., N-Afr., nat. in EC-Eur.
- **sativa** L. 1753 · D:Luzerne; E:Alfalfa, Lucerne · ⌇ VI-IX ⚥ ⓝ; Eur.*, TR, Cauc., Iran, W-Sib., Amur, C-As., Ind., China, N-Afr., nat. in N-Am.
  - subsp. *caerulea* (Less. ex Ledeb.) Schmalh. 1895 = Medicago caerulea
  - subsp. *falcata* (L.) Arcang. 1882 = Medicago falcata
  - subsp. *varia* (Martyn) Arcang. 1882 = Medicago × varia
- **scutellata** Mill. 1768 · ⊙; Eur.: Ib, Fr, Ap, Ba, S-Russ., Krim; TR, Levante, NW-Afr., nat. in A
- **truncatula** Gaertn. 1791 · ⊙; Eur.: Ib, Fr, Ap, Ba; TR, Levante, Cauc., ? N-Iran, N-Afr.
- × **varia** Martyn 1792 (*M. falcata* × *M. sativa*) · D:Bastard-Luzerne, Sand-Luzerne; E:Bastard Medick, Sand Lucerne · ⌇ VI-VIII; cult.

Medinilla Gaudich. 1830 -f- *Melastomataceae* · (S. 629) D:Medinille; F:Médinilla
- **curtisii** hort. Veitch 1883 · ♄ e Z10 ⓦ; Sumat.
- **javanensis** Blume 1831 · ♄ e Z10 ⓦ XII-III; Java
- **magnifica** Lindl. 1850 · ♄ e Z10 ⓦ II-VIII; Phil.
- **sedifolia** Jum. et Perr. 1913 · ♄ e ⚥ Z10 ⓦ; Madag.
- **sieboldiana** Planch. 1849 · ♄ e Z10 ⓦ II-III; Molucca I.
- **teysmannii** Miq. 1864 · ♄ e Z10 ⓦ III-V; Sulawesi, N.Guinea
- **venosa** (Blume) Blume 1831 · ♄ e Z10 ⓦ I-XII; Malay. Pen.

Mediolobivia Backeb. = Rebutia
- *eos* Rausch = Rebutia eos
- *haefneriana* Cullmann = Rebutia eos
- *nigricans* (Wessner) Krainz = Rebutia eos

Meehania Britton 1893 -f- *Lamiaceae* · (S. 585) D:Asiatische Taubnessel; E:Japanese Dead Nettle; F:Meehania
- **cordata** (Nutt.) Britton 1893 · ⌇ Z4; USA: NE, NEC, Tenn., N.C.
- **urticifolia** (Miq.) Makino 1899 · D:Asiatische Taubnessel; E:Japanese Dead Nettle · ⌇ ↝ Z5 V-VI; Jap., Korea, Manch.

Megaclinium Lindl. = Bulbophyllum
- *falcatum* Lindl. = Bulbophyllum falcatum
- *leucorhachis* Rolfe = Bulbophyllum imbricatum

Meiracyllium Rchb. f. 1854 -n- *Orchidaceae* · (S. 1073)
- **trinasutum** Rchb. f. 1854 · ⌇ Z9 ⓦ ▽ ✳; Mex., Guat.
- *wendlandii* Rchb. f. = Meiracyllium trinasutum
- *wettstenii* Porsch = Isabelia pulchella

Melaleuca L. 1767 -f- *Myrtaceae* · (S. 662) D:Myrtenheide; E:Honey Myrtle, Paperbark; F:Mélaleuca
- **acuminata** F. Muell. 1858 · ♄ e Z9 ⓦ; Austr.: N.S.Wales, Victoria, S-Austr., W-Austr.
- **alternifolia** (Maiden et Betche) Cheel 1924 · ♄ ♄ e Z9 ⓦ; Austr. (Queensl., N.S.Wales)
- **armillaris** (Sol. ex Gaertn.) Sm. 1797 · D:Armring-Myrten-heide; E:Bracelet Honey Myrtle, Drooping Melaleuca · ♄ e Z9 ⓦ VI; Austr.: N.S.Wales, Victoria [11212]
- **citrina** Turcz. · ♄ e Z9 ⓦ; W-Austr.
- **coccinea** A.S. George 1966 · ♄ e Z9 ⓦ; W-Austr.
- **decussata** R. Br. ex W.T. Aiton 1812 · ♄ e Z9 ⓦ VI; Austr.: S-Austr., Victoria
- **diosmifolia** R. Br. 1812 · ♄ e Z9 ⓦ; W-Austr.
- **elliptica** Labill. 1806 · ♄ e Z9 ⓦ; Austr. (W-Austr.)
- **ericifolia** Sm. 1797 · D:Sumpf-Myrtenheide; E:Heath Melaleuca, Swamp Paperbark · ♄ e Z9 ⓦ; Austr.: Queensl., N.S.Wales, Victoria, Tasman.
- *fimbriata* hort. = Melaleuca gibbosa
- *florida* G. Forst. = Metrosideros fulgens
- **fulgens** R. Br. 1812 · ♄ e Z9 ⓦ VI; W-Austr.
- **gibbosa** Labill. 1806 · ♄ e Z9 ⓦ; Austr.: Victoria, S-Austr., Tasman.
- **huegelii** Endl. 1837 · ♄ e Z9 ⓦ; W-Austr.
- **hypericifolia** (Salisb.) Sm. 1797 · D:Johanniskrautblättrige Myr-tenheide; E:Dotted Melaleuca · ♄ e Z9 ⓦ VI-VIII; Austr.: Queensl., N.S.Wales
- **incana** R. Br. 1819 · ♄ e Z9 ⓦ; W-Austr.
- **lanceolata** Otto 1820 · ♄ ♄ e Z9 ⓦ; W-Austr.
- **lateritia** A. Dietr. 1834 · D:Zie-gelrote Myrtenheide; E:Robin Red Breast · ♄ e Z9 ⓦ VI-VIII; W-Austr.
- **leucadendra** (L.) L. 1767 · D:Kajeputbaum; E:Broadleaf Paperbark, Cajeput · ♄ e Z9 ⓦ ⚥ ⓝ; Myanmar, Malay. Arch., Austr.
- **linariifolia** Sm. 1797 · D:Lein-krautblättrige Myrtenheide; E:Paperbark Tea Tree · ♄ ♄ e Z9 ⓦ ⚥; Austr.: Queensl., N.S.Wales
- **micromera** Schauer 1845 · ♄ e Z9 ⓦ; W-Austr.
- **nematophylla** F. Muell. 1862 · ♄ e Z9 ⓦ; W-Austr.
- **nesophila** F. Muell. 1862 · D:Bunte Myrtenheide; E:Pink Melaleuca · ♄ ♄ e Z9 ⓦ; W-Austr.
- **pulchella** R. Br. 1812 · ♄ e Z9 ⓦ; W-Austr.
- *quinquenervia* (Cav.) S.T. Blake = Melaleuca viridiflora var. rubriflora
- **radula** Lindl. 1839 · ♄ e Z9 ⓦ IX-X; W-Austr.
- **spathulata** Schauer 1845 · ♄ e Z9 ⓦ; W-Austr.
- **squamea** Labill. 1806 · ♄ e Z9 ⓦ; Austr.: N.S.Wales, Victoria, Tasman., S-Austr.
- **squarrosa** Sm. 1802 · ♄ e Z9

ⓚ; Austr.: N.S.Wales, Victoria, Tasman., S-Austr. [11213]
- **styphelioides** Sm. 1797 · ♄ e Z9 ⓚ V-VII; Austr.: N.S.Wales
- **thymifolia** Sm. 1797 · ♄ e Z9 ⓚ; Austr.: N.S.Wales, Victoria
- **viridiflora** Sol. ex Gaertn. 1788
  - var. **rubriflora** Brongn. et Griseb. 1864 · ♄ ♄ e Z9 ⓚ; N.Guinea, Austr. (N.S.Wales, Queensl.), N.Caled.
  - var. **viridiflora** · D:Grünblütige Myrtenheide; E:Broad Leaved Tea Tree · ♄ e Z9 ⓚ ⚥ ⓝ; Austr.: W-Austr., N.Terr., Queensl.; N. Caled.
- **wilsonii** F. Muell. 1861 · ♄ e Z9 ⓚ; Austr.: Victoria

Melampodium L. 1753 -n- *Asteraceae* · (S. 258)
- **paludosum** Kunth 1818 · D:Sterntaler · ⚁ ⓚ VI-IX; S-Am. [16764]
- **perfoliatum** (Cav.) Kunth 1818 · ⓦ; Mex.

Melampyrum L. 1753 -n- *Scrophulariaceae* · (S. 832) D:Wachtelweizen; E:Cow Wheat; F:Mélampyre
- **arvense** L. 1753 · D:Acker-Wachtelweizen · ⊙ VI-IX; Eur.*, Cauc., W-Sib.
- **barbatum** Waldst. et Kit. ex Willd. 1800
  - subsp. **barbatum** · D:Bart-Wachtelweizen · ⊙ V-VII; Eur.: A, EC-Eur., Ba, RO
  - subsp. **carstiense** Ronniger 1918 · D:Karst-Wachtelweizen · ⊙ VI-VII; Eur.: I, A, Ba
- **cristatum** L. 1753 · D:Kamm-Wachtelweizen · ⊙ VI-IX; Eur.*, Cauc., W-Sib., E-Sib., C-As.
- **nemorosum** L. 1753 · D:Hain-Wachtelweizen · ⊙ V-IX; Eur.: Ap, C-Eur., EC-Eur., Sc, Ba, E-Eur.
- **polonicum** (Beauverd) Soó 1927 · D:Polnischer Wachtelweizen · ⊙ VI-IX; Eur.: D, PL, E-Eur.
- **pratense** L. · D:Gewöhnlicher Wiesen-Wachtelweizen; E:Common Cow Wheat, Cow Wheat · ⊙ VI-VIII; Eur.*, W-Sib., E-Sib.
- **subalpinum** (Jur.) A. Kern. 1863 · D:Schmalblättriger Wachtelweizen · ⊙ VI-IX; Eur.: A, ? CZ
- **sylvaticum** L. 1753 · D:Wald-Wachtelweizen · ⊙ VI-IX; Eur.*, Cauc., W-Sib.

Melanorrhoea Wall. = Gluta

- *usitata* Wall. = Gluta usitata

Melanoselinum Hoffm. 1814 -n- *Apiaceae* · (S. 179)
- **decipiens** (Schrad. et H.L. Wendl.) Hoffm. 1814 · ⊙ ♄ Z9 ⓚ IV-VI ▽; Azor., Madeira, Canar., Cap Verde

Melanthium L. 1753 -n- *Melanthiaceae* · (S. 1039) D:Büschelgermer; E:Bunchflower
- *hybridum* Walter = Melanthium virginicum
- **latifolium** Desr. 1797 · D:Breitblättriger Büschelgermer; E:Crisped Buchflower · ⚃ Z6 VII-VIII; USA: NE, SE
- **virginicum** L. 1753 · D:Virginia-Büschelgermer; E:Bunchflower · ⚃ Z5 VII-VIII; USA: NE, NCE, SC, SE, Fla.

Melasphaerula Ker-Gawl. 1803 -f- *Iridaceae*
- *graminea* Ker-Gawl. = Melasphaerula ramosa
- **ramosa** (L.) Klatt 1894 · ⚃ Z9 ⓚ; S-Afr., Namibia

Melastoma L. 1753 -n- *Melastomataceae* · (S. 630) D:Schwarzmund; E:Indian Rhododendron; F:Mélastome
- **candidum** D. Don 1823 · ♄ e Z10 ⓦ; Ryukyu-Ins., Taiwan, Phil., SE-Austr.
- **malabathricum** L. 1753 · D:Indischer Schwarzmund; E:Indian Rhododendron · ♄ e Z10 ⓦ VII; Thail., Laos, Vietn., Malay. Pen., N-Austr., Polyn.
- **sanguineum** Sims 1821 · D:Blut-Schwarzmund · ♄ e Z10 ⓦ IX-X; S-China, Malay. Arch.

Melia L. 1753 -f- *Meliaceae* · (S. 636) D:Paternosterbaum, Zederachbaum; E:China Berry, Pagoda Tree; F:Lilas des Indes
- *azadirachta* L. = Azadirachta indica subsp. indica
- **azedarach** L. 1753 · D:Indischer Zederachbaum; E:Bead Tree, China Berry, Pride-of-India · ♄ d Z10 ⓚ VI ⚥ ⚔ ⓝ; Him., Ind., China, nat. in F, Ba, TR, Trop. Am., SE-USA [11214]
- *japonica* G. Don = Melia azedarach

Melianthus L. 1753 -m-

Melianthaceae · (S. 638) D:Honigstrauch; E:Honey Bush; F:Buisson-à-miel, Mélianthe
- **comosus** Vahl 1794 · D:Schopfiger Honigstrauch · ♄ e Z9 ⓚ VII-VIII; S-Afr.
- **major** L. 1753 · D:Echter Honigstrauch; E:Honey Bush · ♄ e Z9 ⓚ V-VII; S-Afr., nat. in Canar., Ind., Bol. [11215]
- **minor** L. · ♄ e Z9 ⓚ V-VII; S-Afr.
- **villosus** Bolus 1896 · D:Zottiger Honigstrauch

Melica L. 1753 -f- *Poaceae* · (S. 1118) D:Perlgras; E:Melick; F:Mélique
- **altissima** L. 1753 · D:Hohes Perlgras; E:Siberian Melick · ⚃ Z5 VI; Eur.: A, EC-Eur., Ba, E-Eur.; TR, Iran, nat. in Cauc., W-Sib., E-Sib., C-As., [67608]
  'Atropurpurea' [67609]
- **bauhinii** All. 1789 · ⚃ ; Eur.: Balear., F, Corse, I, ? W-Ba
- **ciliata** L. · D:Östliches Wimper-Perlgras; E:Eyelash Pearl Grass; F:Mélique ciliée · ⚃ VI; Eur.* exc. BrI; TR, N-Iraq, Cauc., Iran, C-As. [67610]
- **macra** Nees 1829 · ⚃ Z5; Arg.
- **mutica** Walter 1788 · D:Zweiblütiges Perlgras; E:Two Flower Melic Grass · ⚃ V-VI; USA: NE, NCE, SC, SE, Fla.
- *nebrodensis* Parl. = Melica ciliata
- **nutans** L. 1753 · D:Nickendes Perlgras; E:Mountain Melick · ⚃ Z6 V-VI; Eur.*, Cauc., Him., W-Sib., E-Sib., Amur, Sachal., C-As., N-China, Korea, Jap. [67611]
- **picta** K. Koch 1848 · D:Buntes Perlgras · ⚃ V-VI; Eur.: C-Eur., EC-Eur., Ba, E-Eur., FIN; TR, Cauc.
- × **thuringiaca** Rauschert 1963 (M. ciliata subsp. ciliata × M. transsilvanica) · D:Thüringer Wimper-Perlgras · ⚃ ; D +
- **transsilvanica** Schur 1866 · D:Siebenbürger Wimper-Perlgras; F:Mélique de Transsylvanie · ⚃ Z6 VI; Eur.: Fr, C-Eur., EC-Eur., Ba, E-Eur., Ap; Cauc., W-Sib., E-Sib., C-As. [67612]
- **uniflora** Retz. 1779 · D:Einblütiges Perlgras; E:Wood Melick; F:Mélique uniflore · ⚃ Z7 V-VI; Eur.*, TR, Cauc., N-Iran, NW-Afr.

Melicoccus P. Browne 1756 -m- *Sapindaceae* · (S. 802) D:Honigbeere; E:Honey Berry; F:Kénépier

– **bijugatus** Jacq. 1760 · D:Honigbeere; E:Honey Berry, Spanish Lime · ♄ Z10 ⓚ Ⓝ; trop. Am.

Melicope J.R. Forst. et G. Forst. 1775 -f- *Rutaceae* · (S. 791)
– **ternata** J.R. Forst. et G. Forst. 1775 · ♄ e Z8 ⓚ VI; NZ

Melicytus J.R. Forst. et G. Forst. 1775 -m- *Violaceae* · (S. 889)
– **angustifolius** (DC.) Garn.-Jones 1987 · ♄ e Z8 ⓚ; Austr. (SE-Austr., Tasman.), NZ
– **crassifolius** (Hook. f.) Garn.-Jones 1987 · ♄ e Z8 ⓚ; NZ
– **ramiflorus** J.R. Forst. et G. Forst. 1775 · E:Whitey Wood · ♄ e ⚭ Z9 ⓚ; NZ

Melilotus Mill. 1754 -m- *Fabaceae* · (S. 516)
D:Steinklee; E:Melilot, Sweet Clover; F:Mélilot
– **albus** Medik. 1787 · D:Weißer Steinklee; E:White Sweet Clover · ☉ VI-IX Ⓝ; Eur.* exc. BrI, nat. in BrI
– **altissimus** Thuill. 1799 · D:Hoher Steinklee; E:Tall Melilot · ☉ VII-IX Ⓝ; Eur.* exc. BrI; W-Sib. (Altai), nat. in BrI
– **dentatus** (Waldst. et Kit.) Pers. 1807 · D:Gezähnter Steinklee, Salz-Steinklee · ☉ VII-IX; Eur.: Cauc., W-Sib., E-Sib., C-As.
– **indicus** (L.) All. 1785 · D:Kleinblütiger Steinklee; E:Indian Sweet Clover · ☉ VI-VII; Eur.: Ib, Fr, Ap, Ba; TR, Levante, Cauc., Ind, C-As., Canar., N-Afr., nat. in Eur.: BrI, C-Eur., EC-Eur.; N-Am., Trop.
– **officinalis** (L.) Lam. 1779 · D:Echter Steinklee, Gelber Steinklee; E:Sweet Clover, Yellow Melilot · ☉ VI-IX ⚥ Ⓝ; Eur.* exc. BrI, Sc; TR, Cauc., Iran, W-Sib., E-Sib., C-As., Tibet, Him., nat. in N-Am.
– **sulcatus** Desf. 1799 · D:Gefurchter Honigklee; E:Grooved Melilot · ☉ VI-VIII; Eur.: Ib, Fr, Ap, Ba; TR, Levante, N-Afr.

Melinis P. Beauv. 1812 -f- *Poaceae* · (S. 1119)
– **minutiflora** P. Beauv. 1812 · ⚃ ⓦ; Afr., Bras.
– **repens** (Willd.) Zizka 1988 · D:Natal-Gras; E:Natal Grass, Ruby Grass · ☉ ⚃ ⚭ Z8 VII-VIII Ⓝ; trop. Afr., S-Afr., nat. in USA: Fla.., Tex., Ariz.

Meliosma Blume 1823 -f- *Sabiaceae* · (S. 795)
– *cuneifolia* Franch. = Meliosma dilleniifolia subsp. cuneifolia
– **dilleniifolia** (Wight et Arn.) Walp. 1842
– subsp. **cuneifolia** (Franch.) Beusekom 1971 · ♄ ♄ d Z7; W-China [27526]
– subsp. **tenuis** (Maxim.) Beusekom 1971 · ♄ d Z9 ⓚ VII-VIII; Jap. [27524]
– **parviflora** Lecomte 1908 · ♄ ♄ d Z9 ⓚ; China (Sichuan, Hubei, Jiangxi, Zhejiang)
– **pinnata** (Roxb.) Maxim. 1828 · ♄ d Z9 ⓚ; Korea, China [27528]
– *tenuis* Maxim. = Meliosma dilleniifolia subsp. tenuis

Melissa L. 1753 -f- *Lamiaceae* · (S. 585)
D:Melisse; E:Balm; F:Citronnelle, Mélisse
– **officinalis** L. 1753
'Allgold' [72393]
'Aurea' [72399]
– subsp. **altissima** (Sibth. et Sm.) Arcang. 1894 · ⚃ Z4; Eur.: Ib, Ap, Ba; TR
– subsp. **officinalis** · D:Zitronen-Melisse; E:Bee Balm, Lemon Balm · ⚃ D Z4 VI-VIII ⚥ Ⓝ; Eur.: Ib, Fr, Ap, Ba, RO; TR, Levante, Cauc., N-Iraq, N-Iran, Maroc., Tun., nat. in BrI, Sc, C-Eur., EC-Eur. [65238]

Melittis L. 1753 -f- *Lamiaceae* · (S. 585)
D:Immenblatt; E:Bastard Balm; F:Mélitte
– **melissophyllum** L. 1753 · D:Bienensaug, Immenblatt; E:Bastard Balm; F:Mélitte à feuilles de mélisse
'Album' = Melittis melissophyllum subsp. albida
– subsp. **albida** (Guss.) P.W. Ball 1971
– subsp. **melissophyllum** · ⚃ Z6 V-VI ⚥ ▽; Eur.* exc. Sc [65239]

Melliodendron Hand.-Mazz. 1922 -n- *Styracaceae*
– **xylocarpum** Hand.-Mazz. 1922 · ⓦ; SW-China, S-China

Melocactus Link et Otto 1827 -m- *Cactaceae* · (S. 359)
D:Melonenkaktus; E:Turk's Cap Cactus; F:Cactus-melon
– *amoenus* Hoffmanns. = Melocactus intortus
– *azureus* Buining et Brederoo 1971 · ⚘ Z10 ⓦ ▽ ✱; E-Bras.: Bahia
– **bahiensis** (Britton et Rose) Luetzelb. 1923 · ⚘ Z9 ⓦ; E-Bras.
– *barbarensis* Antesberger = Melocactus macracanthos
– **broadwayi** (Britton et Rose) A. Berger 1926 · ⚘ Z9 ⓦ; Tobago, Grenada, St. Vincent
– *caesius* H.L. Wendl. = Melocactus curvispinus subsp. caesius
– *canescens* F. Ritter = Melocactus zehntneri
– *communis* (Aiton) Link et Otto = Melocactus intortus
– **curvispinus** Pfeiff. 1837
– subsp. **caesius** (H.L. Wendl.) N.P. Taylor 1991 · ⚘ Z10 ⓦ ▽ ✱; Trinidad
– subsp. **curvispinus** · ⚘ Z10 ⓦ ▽ ✱; Mex., Guat.
– *delessertianus* Lem. ex Labour. = Melocactus curvispinus subsp. curvispinus
– *depressus* Hook. = Melocactus violaceus
– **ernestii** Vaupel 1920 · ⚘ Z9 ⓦ; E-Bras.
– **glaucescens** Buining et Brederoo 1972 · ⚘ Z10 ⓦ ▽ ✱; E-Bras.: Bahia
– *guaricensis* Croizat = Melocactus neryi
– *guitartii* León = Melocactus curvispinus subsp. curvispinus
– **intortus** (Mill.) Urb. 1919 · ⚘ Z10 ⓦ ▽ ✱; W.Ind.
– *jansenianus* Backeb. = Melocactus peruvianus
– **levitestatus** Buining et Brederoo 1973 · ⚘ Z9 ⓦ; Bras. (Bahia, Minas Gerais)
– *loboguerreroi* Cárdenas = Melocactus curvispinus subsp. curvispinus
– **macracanthos** (Salm-Dyck) Link et Otto 1827 · ⚘ Z9 ⓦ; W.Ind. (Curacao)
– *macrodiscus* Werderm. = Melocactus zehntneri
– **matanzanus** León 1934 · ⚘ Z9 ⓦ; N-Cuba
– *maxonii* (Rose) Gürke = Melocactus curvispinus subsp. curvispinus
– *melocactoides* (Hoffmanns.) DC. = Melocactus violaceus
– **neryi** K. Schum. 1901 · ⚘ Z9 ⓦ; Venez., Surinam, Bras. (Amazonas)
– *oaxacensis* (Britton et Rose)

Backeb. = Melocactus curvispinus subsp. curvispinus
- **oreas** Miq. · ♃ Z10 ⓜ ▽ ✻; E-Bras.
- **peruvianus** Vaupel 1913 · ♃ Z10 ⓜ ▽ ✻; S-Ecuad., Peru
- *rubispinus* F. Ritter = Melocactus levitestatus
- *saxicola* Diers et Esteves = Melocactus zehntneri
- **violaceus** Pfeiff. 1835 · ♃ Z10 ⓜ ▽ ✻; E-Bras.
- *warasii* Esteves et Buenecker = Melocactus levitestatus
- **zehntneri** (Britton et Rose) Luetzelb. 1923 · ♃ Z9 ⓜ; Bras. (Minas Gerais, Bahia, Piaui, Pernambuco)

Melocanna Trin. 1821 -f- *Poaceae* · (S. 1119)
- **baccifera** (Roxb.) Kurz 1875 · ♄ ⓜ Ⓝ; Ind., Myanmar
- **humilis** Roep. ex Trin. 1873 · ♄ ⓜ; Myanmar +

Melothria L. 1753 -f- *Cucurbitaceae* · (S. 444)
D:Haarblume; E:Moccasin Grass
- **heterophylla** (Lour.) Cogn. 1881 · ⓜ; Java +
- *indica* (L.) Lour. = Zehneria indica
- *japonica* (Thunb.) Maxim. ex Cogn. = Zehneria indica
- *maderaspatana* (L.) Cogn. = Mukia maderaspatana
- **pendula** L. 1753 · D:Haarblume; E:Guadeloupe Cucumber, Moccasin Grass · ⚁ ⊗ Z10 ⓜ; USA: NE, NCE, SC, SE, Fla.; Mex.
- *punctata* (Thunb.) Cogn. = Zehneria scabra
- *scabra* (L. f.) Naudin = Zehneria scabra

Mendoncella A.D. Hawkes = Galeottia
- *fimbriata* (Linden et Rchb. f.) Garay = Galeottia fimbriata

Menispermum L. 1753 -n- *Menispermaceae* · (S. 640)
D:Mondsame; E:Moonseed
- **canadense** L. 1753 · D:Amerikanischer Mondsame; E:Moonseed, Yellow Sarsaparilla · ♄ d ⚦ Z5 VI-VII; Can.: E; USA: NE, NCE, NC, SE, Fla., SC [33967]
- **dauricum** DC. 1818 · D:Dahurischer Mondsame · ♄ d ⚦ Z5 VI-VII; Jap., Korea, Manch., N-China, E-Sib. [15232]

Mentha L. 1753 -f- *Lamiaceae* · (S. 586)
D:Minze; E:Mints; F:Menthe
- **aquatica** L. 1753 · D:Wasser-Minze; E:Horsemint, Water Mint; F:Menthe aquatique · ⚁ ∼ D Z6 VII-X ⚥ Ⓝ; Eur.*, TR, Levante, Cauc., Iran, NW-Afr., Libya [67232]
- **arvensis** L. 1753 · D:Acker-Minze · ⚁ [73324]
  - var. **arvensis** · D:Gewöhnliche Acker-Minze; E:Corn Mint, Wild Mint · ⚁ D Z4 VI-X ⚥; Eur.*, TR, Cauc., W-Sib., E-Sib., Amur, Sachal., Kamchat., C-As., Him., China, Alaska, Can., USA*, nat. in Java, Phil., NZ
  - var. *haplocalyx* Briq. 1897 = Mentha canadensis
  - var. **piperascens** Malinv. ex Holmes 1882 · D:Japanische Minze · ⚁ D Z4 VI-VIII ⚥ Ⓝ; W-Sib., E-Sib., Amur, N-China, Korea, Jap. [68966]
- *austriaca* Jacq. = Mentha arvensis
- **canadensis** L. 1753
- × **carinthiaca** Host 1831 (*M. arvensis* × *M. suaveolens*) · D:Kärntner Minze · ⚁; Eur.: D, A, Slove., Croatia, F, I (Alsace) +
- **cervina** L. 1753 · ⚁ Z7; Eur.: Ib, F; Maroc., Alger. [69531]
  'Alba' [70039]
- × *citrata* Ehrh. = Mentha × piperita
- × *cordifolia* Opiz ex Fresen. = Mentha × villosa
- × **dalmatica** Tausch 1828 (*M. arvensis* × *M. longifolia*) · D:Dalmatiner Minze · ⚁; Eur.: D, CZ, H, I, Slove., Croatia +
- × **dumetorum** Schult. 1809 (*M. aquatica* × *M. longifolia*) · D:Gebüsch-Minze · ⚁ VII-IX; D, F, I +
- × *gentilis* L. = Mentha × gracilis
- × **gracilis** Sole 1798 (*M. arvensis* × *M. spicata subsp. spicata*) · D:Edel-Minze; E:Ginger Mint · ⚁ D Z6 Ⓝ; cult. Eur. [65240]
  'Aurea'
  'Citrata' [68963]
  'Variegata' [67757]
- *haplocalyx* (Briq.) Briq. = Mentha canadensis
- **longifolia** (L.) L. 1756 · D:Ross-Minze; E:Biblical Mint, Horse Mint · ⚁ D Z6 VII-IX ⚥ Ⓝ; Eur.* exc. Sc; TR, Levante, Cauc., Iraq, Iran, NW-Afr. [65241]
  Buddleia Mint Grp.
  'Crispa'
- × **maximilianea** F.W. Schultz 1854 (*M. aquatica* × *M. suaveolens*) · ⚁; C-Eur., BrI, I +
- × *muelleriana* Sch. Bip. = Mentha × carinthiaca
- × *niliaca* Juss. ex Jacq. = Mentha × rotundifolia
- × **piperita** L. 1753 (*M. aquatica* × *M. spicata subsp. spicata*) · D:Pfeffer-Minze, Pfefferminze; E:Peppermint; F:Menthe poivrée · ⚁ Z3 VI-VII ⚥; ? BrI; cult., nat. in Eur.* [65242]
  'Basil' · D:Basilikum-Minze
  'Bergamotte' · D:Bergamot-Minze · [71699]
  'Chocolate' · D:Schokoladen-Minze · [68965]
  'Eau de Cologne' · D:Kölnisch-Wasser-Minze · [68962]
  'Lemon' · D:Zitronen-Minze; E:Lemon Mint
  'Limonette' · D:Limonen-Minze
  'Mitcham' · D:Englische Minze · [65243]
  'Mulitmentha' · D:Thüringer MInze · [70002]
  'Orange' · D:Orangen-Minze
  'Variegata' · D:Panaschierte Minze
  - nothovar. **citrata** (Ehrh.) B. Boivin 1967 = Mentha × piperita
- **pulegium** L. 1753 · D:Polei-Minze; E:Pennyroyal · ⚁ D Z7 VII-IX ⚥ ⚘ Ⓝ; Eur.*, TR, Levante, Iran, N-Afr. [65244]
  'Upright'
- **requienii** Benth. 1833 · D:Korsische Minze; E:Corsican Mint · ⚁ ⤳ D Z7 ⓐ ⋀ VI-IX; Eur.: Corse, Sard., Montecristo, nat. in BrI, P [65245]
- × **rotundifolia** (L.) Huds. 1762 (*M. longifolia* × *M. suaveolens*) · D:Apfel-Minze · ⚁ VI-IX; Eur.: BrI, NL, D, Canar.; TR, NW-Afr., Macaron., nat. in W-Sib., C-As., N-Am., C-Am. [65246]
  'Ananas' · D:Ananas-Minze
  'Hillary's Sweet Lemon' [71700]
  'Rheinische Apfelminze'
- × **smithiana** R.A. Graham 1949 (*M. aquatica* × *M. arvensis* × *M. spicata subsp. spicata*) · D:Rote Minze · ⚁ Z6 ⚥; Eur.: Sc, C-Eur., I +, nat. in BrI, Fr, Ap, EC-Eur., RO [68737]
  'Rubra'
- **spicata** L. 1753 · D:Ährige Minze, Grüne Minze · [65249]
  'Crispa' · D:Krause Minze · [65250]
  'Maroccan' · D:Marokkanische Minze · [72113]
  'Nigra' · D:Dunkle Minze · [19224]
  'Spearmint' · D:Kaugummi-Minze · [71112]

- subsp. **condensata** (Briq.) Greuter et Burdet 1985
- subsp. **spicata** · D:Gewöhnliche Grüne Minze; E:Spearmint · ⚄ D Z3 VII-IX ⚘ Ⓝ; orig. ?
- subsp. *tomentosa* (Briq.) Harley 1980 = Mentha spicata subsp. condensata
- **suaveolens** Ehrh. 1792 · D:Rundblättrige Minze; E:Apple Mint, Pineapple Mint · ⚄ Z6 VII-IX Ⓝ; Eur.: Ib, Fr, Ap, Ba, BrI; TR, NW-Afr., nat. in Sc, C-Eur., EC-Eur., E-Eur. [68964]
  'Variegata' [68364]
- × **suavis** Guss. = Mentha × maximilianea
- *sylvestris* L. = Mentha longifolia
- × **verticillata** L. 1759 (*M. aquatica* × *M. arvensis*) · D:Quirl-Minze · ⚄ VII-VIII; Eur.*
- × **villosa** Huds. 1778 (*M. spicata* subsp. spicata × *M. suaveolens*) · D:Hain-Minze · ⚄ Z5; cult., nat. in W-Eur.
- × **villosonervata** Opiz 1823 (*M. longifolia* × *M. spicata* subsp. spicata) · D:Bastard-Grünminze · ⚄; D +, nat. in BrI
- *viridis* (L.) L. = Mentha spicata subsp. spicata

Mentzelia L. 1753 -f- *Loasaceae* · (S. 605)
- *aurea* (Lindl.) Baill. non Nutt. = Mentzelia lindleyi
- **decapetala** (Pursh) Urb. et Gilg 1892 · E:Gumbo Lily · ☉ ⚄ ▭ VIII-X; Can.: W; USA: Roocky Mts., NC, SC, Iowa
- **lindleyi** Torr. et A. Gray 1840 · E:Blazing Star · ☉ VII-VIII; Calif.

Menyanthes L. 1753 -f- *Menyanthaceae* · (S. 640) D:Bitterklee, Fieberklee; E:Bogbean, Marsh Trefoil; F:Trèfle d'eau
- **trifoliata** L. 1753 · D:Bitterklee, Fieberklee; E:Bogbean, Water Trefoil; F:Trèfle d'eau · ⚄ ~ ≈ Z3 V-VI ⚘ ▽; Eur.*, TR, Cauc., W-Sib., E-Sib., Amur, Sachal., Kamchat., C-As., Mong., Manch., Jap., Maroc., Alaska, Can., USA: NE, NCE; Greenl. [67233]

Menziesia Sm. 1791 -f- *Ericaceae* · (S. 471) D:Menziesie; E:Menziesia; F:Menziesia
- **ciliicalyx** (Miq.) Maxim. 1871 · D:Bewimperte Menziesie

- var. **ciliicalyx** · ♄ d Z6 V-VI; Jap.
- var. **multiflora** (Maxim.) Makino 1908 · ♄ d Z6; Jap.
- var. **purpurea** (Maxim.) Makino 1908 · ♄ d Z6 V-VI; Jap.
- **ferruginea** Sm. 1791 · D:Rostige Menziesie; E:False Azalea, Fool's Huckleberry · ♄ d Z6 VI; Alaska, B.C., USA: NW
- **pilosa** (Michx.) Juss. 1802 · D:Borstige Menziesie · ♄ d Z6 V-VI; USA: NE, SE
- **purpurea** Maxim. 1867 · D:Purpur-Menziesie · ♄ d Z6 V-VI; Jap.

Mercurialis L. 1753 -f- *Euphorbiaceae* · (S. 485) D:Bingelkraut; E:Mercury; F:Mercuriale
- **annua** L. 1753 · D:Einjähriges Bingelkraut; E:French Mercury · ☉ IV-X ⚘ ⚥; Eur.*, TR, Levante, Cauc., Canar., Azor., N-Afr.
- **ovata** Sternb. ex Hoppe 1815 · D:Eiblättriges Bingelkraut · ⚄ IV-V ⚥; Eur.: I, C-Eur., EC-Eur., Ba, E-Eur.; TR, Levante, Cauc.
- × **paxii** Graebn. 1917 (*M. ovata* × *M. perennis*) · ⚄ IV-V ⚥; D, I +
- **perennis** L. 1753 · D:Ausdauerndes Bingelkraut, Wald-Bingelkraut; E:Dog's Mercury; F:Mercuriale pérenne · ⚄ IV-V ⚥; Eur.*, Cauc. [65251]

Merendera Ramond 1951 -f- *Colchicaceae* · (S. 980)
- **attica** (Spruner ex Tommas.) Boiss. et Spruner 1844 · ⚄ Z8; Eur.: S-BG, GR; TR
- **kurdica** Bornm. 1899 · ⚄ Z8 Ⓖ; SE-TR, Iran, N-Iraq
- *montana* (L.) Lange = Bulbocodium vernum
- **pyrenaica** (Pourr.) P. Fourn. 1935 · ⚄; Eur.: Ib, F; C-Pyr.
- **sobolifera** C.A. Mey. 1835 · ⚄ Z6; Eur.: Ba, RO; TR, Cauc., C-As, Iran, Afgh., Pakist.
- **trigyna** (Steven ex Adams) Stapf 1885 · ⚄ Z7 Ⓖ; TR, Cauc., NW-Iran

Merremia Dennst. ex Endl. 1838 -f- *Convolvulaceae* · (S. 426)
- **dissecta** (Jacq.) Hallier f. 1894 · E:Alamo Vine · ⚄ ⚘ Z9 Ⓖ VII-X; USA: SE, Fla., Tex.; S-Am.
- **hederacea** (Burm. f.) Hallier f. 1894
- *macrocarpa* (L.) Roberty = Operculina macrocarpa
- **sibirica** (L.) Hallier f. 1893 · ☉ ⚘

Z9 VII-IX; E-Sib., Amur, Mong., Manch., N-China
- **tuberosa** (L.) Rendle 1905 · E:Wooden Rose, Yellow Morning Glory · ⚄ Z9 Ⓖ Ⓝ; W.Ind., Bras., trop. Afr., Ind.
- *turpethum* (L.) Rendle = Operculina turpethum

Mertensia Roth 1797 -f- *Boraginaceae* · (S. 308) D:Blauglöckchen; E:Bluebell, Oysterplant; F:Mertensia
- **ciliata** (James ex Torr.) G. Don 1837 · D:Berg-Blauglöckchen; E:Chiming Bells, Mountain Bluebell · ⚄ Z4 V-VII; Can.: W; USA: NW, Calif., Rocky Mts., SW
- **echioides** Benth. ex C.B. Clarke 1883 · ⚄ △ Z6 V-VI; Tibet, W-Him.
- **elongata** Benth. ex C.B. Clarke 1883 · ⚄ △ Z6 V-VI; Kashmir
- **lanceolata** (Pursh) DC. ex A. DC. 1846 · D:Prärie-Blauglöckchen; E:Prairie Bluebells · ⚄ △ Z4 V-V; Can.: W; USA: Rocky Mts., NC
- **maritima** (L.) Gray 1821 · D:Austernpflanze, Mertensie; E:Oyster Plant · ⚄ Z5; Jap., Korea
- **paniculata** (Aiton) G. Don 1837 · D:Rispiges Blauglöckchen; E:Tall Bluebells; F:Mertensia paniculé · ⚄ Z4 V-VI; Alaska, Can.; USA: Wash., Idaho, Mont., NC, NCE
- **primuloides** C.B. Clarke 1883 · ⚄ ⟿ △ Z5 V-VI; Him.
- **pterocarpa** (Turcz.) Tatew. et Ohwi 1933 · ⚄ △ Z3 V-VIII; Jap
- *pulmonarioides* Roth = Mertensia virginica
- **sibirica** (L.) G. Don 1837 · ⚄ Z3 V-VI; E-Sib.
- *simplicissima* G. Don = Mertensia maritima
- **tibetica** C.B. Clarke 1883 · ⚄ ⟿ Ⓖ V-VI; Tibet
- **virginica** (L.) Pers. ex Link 1829 · D:Virginisches Blauglöckchen; E:Virginia Bluebells, Virginia Cowslip; F:Mertensia de Virginie · ⚄ △ Z3 IV-V; Ont., USA: NE, NCE, Kans., SE [71757]

Merwilla Speta = Scilla
- *natalensis* (Planch.) Speta = Scilla natalensis

Meryta J.R. Forst. et G. Forst. 1775 -f- *Araliaceae* · (S. 200)
- **coriacea** Baill. 1878 · ♄ Ⓖ; N.Caled.
- **denhamii** Seem. 1862 · ♄ e Z10 Ⓖ; N.Caled.

Mesembryanthemum L. 1753 -n-
Aizoaceae · (S. 146)
D:Eiskraut; F:Ficoide
- *acinaciforme* L. = Carpobrotus acinaciformis
- *cordifolium* L. f. = Aptenia cordifolia
- *criniflorum* L. f. = Dorotheanthus bellidiformis
- **crystallinum** L. 1753 · D:Eiskraut; E:Ice Plant · ☉ ⚇ Z9 ⓚ VIII-IX ⚘ ⓝ; Eur.: Ib, F, Ap, Ba; Palaest., Sinai, NW-Afr., Libya, S-Afr., Namibia, nat. in Calif., Austr.
- *echinatum* Lam. = Delosperma echinatum
- *edule* L. = Carpobrotus edulis
- *muirii* L. Bolus = Carpobrotus muirii
- *pomeridianum* L. = Carpanthea pomeridiana
- *pruinosum* Thunb. = Delosperma echinatum
- *velutinum* Dinter = Astridia velutina

Mesospinidium Rchb. f. 1852 -n-
Orchidaceae
- **peruvianum** Garay 1973 Z10; Ecuad., Peru
- *roseum* (Lindl.) Rchb. f. = Cochlioda rosea
- *sanguineum* Rchb. f. = Odontoglossum sanguineum

Mespilus L. 1753 -f- *Rosaceae* · (S. 756)
D:Mispel; E:Medlar; F:Néflier
- *arbutifolia* L. = Aronia arbutifolia var. arbutifolia
  - var. *melanocarpa* Michx. 1803 = Aronia melanocarpa var. melanocarpa
- **germanica** L. 1753 · D:Echte Mispel; E:Medlar; F:Néflier commun · ℏ ℏ d Z5 V-VI ⚥ ⓝ; Eur.: Ap, Ba, Krim; TR, Cauc., N-Iran, C-As., nat. in BrI, Fr, Ap, C-Eur., EC-Eur. [31110]
  'Bredase Reus' [31564]
  'Macrocarpa' [33319]
  'Nottingham' [33323]
  'Westerveld' [31563]
- *prunifolia* Marshall = Aronia × prunifolia
- *prunifolia* Poir. = Crataegus × persimilis

Mestoklema N.E. Br. 1936 -n-
Aizoaceae · (S. 146)
- **arboriforme** (Burch.) N.E. Br. 1936 · ℏ e Z9 ⓚ; Namibia (Great Namaqualand), S-Afr. (Cape Prov.)

Mesua L. 1753 -f- *Clusiaceae* · (S. 421)
- **ferrea** L. 1753 · D:Gaugauholz; E:Gau-gau, Ironwood · ℏ e Z10 ⓦ ⓝ; Ind., Andaman I., Thail., Malay. Arch.

Metapanax J. Wen et Frodin 2001 -m- *Araliaceae* · (S. 200)
- **davidii** (Franch.) J. Wen et Frodin 2001 · ℏ e Z8 ⓚ VII-VIII; W-China, C-China

Metaplexis R. Br. 1809 -f-
Asclepiadaceae · (S. 208)
- **japonica** Makino 1903 · ♃ Z7; Jap., Korea, Manch., China

Metasequoia Hu et W.C. Cheng 1948 -f- *Taxodiaceae* · (S. 99)
D:Urweltmammutbaum; E:Redwood; F:Métaséquoia
- **glyptostroboides** Hu et W.C. Cheng 1948 · D:Urweltmammutbaum; E:Dawn Redwood; F:Métaséquoia · ℏ d Z6 V ⓝ; China: Sichuan, Hupeh [25740]

Metrosideros Banks ex Gaertn. 1788 -f- *Myrtaceae* · (S. 662)
D:Eisenholz; E:Rata, Rata Vine; F:Bois-de-fer
- **angustifolia** (L.) Sm. 1797 · ℏ ℏ e Z9 ⓚ; S-Afr.
- *citrina* Curtis = Callistemon citrinus
- **diffusa** (G. Forst.) Sm. 1797 · D:Kurzes Lianen-Eisenholz; E:Small Rata Vine · ℏ e ⚥ ↝ Z9 ⓚ IV-V; NZ
- **excelsa** Sol. ex Gaertn. 1788 · D:Pohutukawa-Eisenholz; E:New Zealand Christmas Tree, Pohutukawa · ℏ ℏ e Z9 ⓚ II-III; NZ [11216]
  'Goldfinger'
  'Scarlet Pimpernel'
  'Variegata' [21648]
- *florida* (G. Forst.) Sm. = Metrosideros fulgens
- **fulgens** Sol. ex Gaertn. 1788 · D:Lianen-Eisenholz; E:Rata Vine · ℏ e ⚥ Z9 ⓚ VIII; NZ
- *hypericifolia* A. Cunn. = Metrosideros diffusa
- **kermadecensis** W.R.B. Oliv. 1928 · ℏ e Z9 ⓚ VI-VIII; NZ
  'Variegata' [11217]
- *lanceolata* Sm. = Callistemon citrinus
- **perforata** (J.R. Forst. et G. Forst.) A. Rich. 1832 · ℏ e ⚥ Z9 ⓚ IV-V; NZ
- **robusta** A. Cunn. 1839 · D:Nordinsel-Eisenholz; E:North Island Rata, Rata · ℏ e Z9 ⓚ III-IV; NZ [11218]
- *saligna* Sm. = Callistemon salignus
- *scandens* (J.R. Forst. et G. Forst.) Druce = Metrosideros fulgens
- *scandens* Sol. ex Gaertn. = Metrosideros perforata
- *semperflorens* Lodd. = Callistemon citrinus
- *speciosa* Sims = Callistemon glaucus
- *tomentosa* A. Rich. = Metrosideros excelsa
- **umbellata** Cav. 1797 · D:Südinsel-Eisenholz; E:Southern Rata · ℏ ℏ e Z9 ⓚ II-III; NZ

Metroxylon Rottb. 1783 -n-
Arecaceae · (S. 955)
D:Sagopalme; E:Sago Palm; F:Sagoutier
- *rumphii* (Willd.) Mart. = Metroxylon sagu
- **sagu** Rottb. 1783 · D:Sagopalme; E:Sago, Sago Palm · ℏ e Z10 ⓦ ⓝ; Malay.Arch., N.Guinea

Meum Mill. 1754 -n- *Apiaceae* · (S. 179)
D:Bärwurz; E:Spignel; F:Baudremoine, Méum
- **athamanticum** Jacq. 1776 · D:Gewöhnliche Bärwurz; E:Baldmoney, Bearwort, Spignel; F:Fenouil des Alpes · ♃ △ D Z7 V-VIII ⚥; Eur.* exc. Sc, EC-Eur.; mts. [65253]
- *mutellina* (L.) Gaertn. = Ligusticum mutellina

Meyenia Nees 1832 -f-
Acanthaceae
- **erecta** Benth. 1849 · ℏ ⓦ I-XII; W-Afr. [11311]

Meyerophytum Schwantes 1927 -n- *Aizoaceae* · (S. 147)
- **globosum** (L. Bolus) Ihlenf. 2001 · ♃ ⚇ Z9 ⓚ; Kap

Mibora Adans. 1763 -f- *Poaceae* · (S. 1119)
D:Zwerggras; E:Sand Grass; F:Mibora
- **minima** (L.) Desv. 1818 · D:Sand-Zwerggras; E:Sand Bent, Sand Grass · ☉ Z7 III-V; Eur.: BrI, Fr, D, Ib, Ba; Alger., nat. in NL, USA, Austr.

Michauxia L'Hér. 1788 -f- *Campanulaceae* · (S. 386) D:Michauxie, Türkenglocke; F:Michauxia
- **campanuloides** L'Hér. 1788 · ⊙ Z7 ∧ VII-IX; TR
- **laevigata** Vent. 1802 · ⊙ △ Z7 ∧ VII-VIII; N-Iran
- **tchihatchewii** Fisch. et Heldr. 1854 · ⊙ Z7 ∧ VII-VIII; S-TR

Michelia L. 1753 -f- *Magnoliaceae* · (S. 611)
- *acris* Ruiz et Pav. = Drimys winteri
- *amoena* Q.F. Zheng et M.M. Lin = Michelia figo var. figo
- *arfakiana* A. Agostini = Elmerrillia tsiampacca
- *aurantiaca* Wall. = Michelia champaca var. champaca
- *blumei* Steud. = Michelia champaca var. champaca
- *brevipes* Y.K. Li et X.M. Wang = Michelia figo var. figo
- *calcuttensis* Paul Parm. = Michelia doltsopa
- *celebica* Koord. = Elmerrillia tsiampacca
- **champaca** L. 1753 [27531]
  - var. *blumei* Moritzi 1846 = Michelia champaca var. champaca
  - var. **champaca** · D:Champaka; E:Champac · ₺ e Z9 (K) (N); Ind., Java
- *champava* Lour. ex B.A. Gomes = Michelia champaca var. champaca
- *chartacea* B.L. Chen et S.C. Yang = Michelia champaca var. champaca
- *crassipes* Y.W. Law = Michelia figo var. crassipes
- **doltsopa** Buch.-Ham. 1817 · ♄ ₺ e Z9 (K); E-Him., Myanmar, China (Tibet, Yunnan)
- *euonymoides* Burm. f. = Michelia champaca var. champaca
- *excelsa* (Wall.) Blume = Michelia doltsopa
- *fascicata* (Andrews) Vent. = Michelia figo var. figo
- **figo** (Lour.) Spreng. 1825 [11222]
  - var. **crassipes** (Y.W. Law) B.L. Chen et Noot. 1993
  - var. **figo** · E:Banana Shrub · ♄ e D Z8 (K) IV-VI; SE-China
- *forbesii* Baker f. = Elmerrillia tsiampacca
- *fuscata* (Andrews) Blume = Michelia figo var. figo
- *gracilis* Kostel. = Magnolia kobus
- *manipurensis* G. Watt ex Brandis = Michelia doltsopa
- *opipara* Hung T. Chang et B.L. Chen = Michelia doltsopa
- *parviflora* Deless. = Michelia figo var. figo
- *parvifolia* (DC.) B.D. Jacks. = Michelia figo var. figo
- *rheedei* Wight = Michelia champaca var. champaca
- *rufinervis* DC. = Michelia champaca var. champaca
- *sericea* Pers. = Michelia champaca var. champaca
- *skinneriana* Dunn = Michelia figo var. figo
- *suaveolens* Pers. = Michelia champaca var. champaca
- *tsiampacca* L. = Elmerrillia tsiampacca
  - var. *blumei* Moritzi 1846 = Michelia champaca var. champaca
- *wardii* Dandy = Michelia doltsopa
- *yulan* (Desf.) Kostel. = Magnolia denudata

Miconia Ruiz et Pav. 1794 -f- *Melastomataceae* · (S. 630)
- **calvescens** DC. 1828 · ♄ e (W); Mex.
- **hookeriana** Triana 1872 · ♄ e (W); Ecuad., Peru

Micranthemum Michx. 1803 -n- *Scrophulariaceae* · (S. 833)
- *orbiculatum* Michx. = Micranthemum umbrosum
- **umbrosum** (J.F. Gmel.) S.F. Blake 1915 · ♃ ~ ≈ Z9 (W); USA: Tex., SE, Fla. Va.; Mex., C-Am., W-Ind., S-Am.

Micranthocereus Backeb. 1938 -m- *Cactaceae* · (S. 359)
- *lehmannianus* (Werderm.) F. Ritter = Austrocephalocereus lehmannianus
- **polyanthus** (Werderm.) Backeb. 1941 · ♄ Ψ Z9 (K) ▽ ✱; E-Bras.: Bahia
- *purpureus* (Gürke) F. Ritter = Austrocephalocereus purpureus
- **streckeri** Van Heek et Van Criek. 1986 · Ψ Z9 (K); Bras.

Microbiota Kom. 1923 -f- *Cupressaceae* · (S. 90) D:Zwerglebensbaum; F:Thuya nain
- **decussata** Kom. 1923 · D:Zwerglebensbaum · ♄ e ⇝ △ Z3; E-Sib. (Prov. Primorskaja) [45810] 'Jakobsen' Horstmann 1990

Microcachrys Hook. f. 1845 -f- *Podocarpaceae* · (S. 96) D:Maulbeereibe
- **tetragona** (Hook.) Hook. f. 1845 · D:Maulbeereibe · ♄ e Z8 (K); W-Tasman.

Microcitrus Swingle 1915 -f- *Rutaceae* · (S. 791) D:Fingerlimette; E:Finger Lime
- **australasica** (F. Muell.) Swingle 1915 · D:Australische Fingerlimette; E:Australian Finger Lime, Native Finger Lime · ₺ e Z10 (K); Austr.: Queensl., N.S.Wales
- **australis** (Planch.) Swingle 1915 · D:Australische Limette, Runde Fingerlimette; E:Australian Round Lime · ₺ e Z10 (K); NE-Austr.

Microcoelum Burret et Potztal = Lytocaryum
- *martianum* (Glaz. ex Drude) Burret et Potztal = Lytocaryum weddellianum
- *weddellianum* (H. Wendl.) H.E. Moore = Lytocaryum weddellianum

Microcycas (Miq.) A. DC. 1868 -f- *Zamiaceae* · (S. 103) D:Zwergpalmfarn; E:Palma Corcho; F:Petit cycas
- **calocoma** (Miq.) A. DC. 1868 · D:Zwergpalmfarn; E:Palma Corcho · ₺ e Z10 (W) ▽ ✱; W-Cuba

Microglossa DC. 1836 -f- *Asteraceae* · (S. 258) D:Rutenaster; F:Aster blanchâtre
- **afzelii** O. Hoffm. 1898 · ♄ ≷; trop. S-Afr.
- *albescens* (DC.) C.B. Clarke = Aster albescens

Microgramma C. Presl 1836 -f- *Polypodiaceae*
- **vacciniifolia** (Langsd. et Fisch.) Copel. 1947 · ♃ ≷ Z10 (W); trop. Am.

Microlepia C. Presl 1836 -f- *Dennstaedtiaceae* · (S. 66)
- **hirta** (Kaulf.) C. Presl 1836 · ♃ Z10 (W); Ind., SE-As., Polyn.
- **marginata** (Panz.) C. Chr. 1906 · ♃ Z10 (W); Sri Lanka, Indochina, China, Taiwan, Jap.
- **platyphylla** (D. Don) J. Sm. 1842 · ♃ Z10 (W); Ind., Sri Lanka
- **speluncae** (L.) T. Moore 1857 · E:Limp Leaf Fern · ♃ Z10 (W); trop. Afr., S-Afr.

Microloma R. Br. 1810 -n-
Asclepiadaceae
- **sagittatum** (L.) R. Br. 1810 · ⚥ e ↕
  Z9 ⌂; S-Afr. (Cape Prov.)

Micromeria Benth. 1829 -f-
Lamiaceae · (S. 586)
D:Felsenlippe; F:Micromérie
- *corsica* = Acinos corsicus
- **croatica** (Pers.) Schott 1857 ·
  D:Kroatische Felsenlippe · ♄ △ Z7
  VI-VII; Eur.: Croatia, Bosn., YU
- **dalmatica** Benth. 1848 · D:Dalmatinische Felsenlippe · ⚥ Z6;
  Eur.: Ba
- **douglasii** Benth. 1834
  'Indian Mint' [60462]
- **fruticosa** Druce 1914 ·
  D:Strauchige Felsenlippe
- **graeca** (L.) Benth. 1831 · D:Griechische Felsenlippe · ⚥ Z7;
  Eur.: Ib, F, Ap, Ba; NW-Afr., TR, Lebanon, Palest.
- **imbricata** (Forssk.) C. Chr. 1922
- **marginata** (Sm.) Chater 1971 ·
  D:Gerandete Felsenlippe · ♄ e;
  Eur.: F, I ; Alps Maritimes
- **thymifolia** (Scop.) Fritsch 1899 ·
  D:Thymianblättrige Felsenlippe;
  E:Mountain Mint · ⚥ ♄ △ Z6 VII-X; Eur.: N-I, H, Croatia, Bosn., YU, AL [65254]

Micropus L. 1753 -m- *Asteraceae* ·
(S. 258)
D:Falzblume
- **erectus** L. 1753 · D:Falzblume ·
  ⊙ VI-VII; Eur.: Ib, F, Ap, CH, A, EC-Eur., Ba, E-Eur.; TR, Cauc., Iran, NW-Afr.

Micropyrum (Gaudin) Link 1844
-n- *Poaceae* · (S. 1120)
D:Dünnschwingel; F:Fétuque du gravier
- **tenellum** (L.) Link 1843 · D:KiesDünnschwingel, Kies-Dünnschwanz, Trauben-Schwingel · ⊙
  V-VII; Eur.: Ib, Fr, Ap, C-Eur., Ba;
  TR, Maroc., Alger, Madeira

Microseris D. Don 1832 -f-
Asteraceae · (S. 258)
- **laciniata** (Hook.) Sch. Bip. 1866 ·
  ⊙; USA: NW, Calif.

Microsorum Link 1833 -n-
Polypodiaceae · (S. 77)
- **musifolium** (Blume) Copel.
  1929 · ⚥ Z10 ⌂; Malay. Arch., N.Guinea
- **pteropus** (Blume) Copel. 1929 ·
  D:Javafarn; E:Java Fern · ⚥ ≈
  Z10 ⌂; Ind., Sri Lanka, Java
- **punctatum** (L.) Copel. 1929 · ⚥
  Z10 ⌂; Austr., Pacific Is.
- **scandens** (G. Forst.) Tindale
  1960 · ⚥ Z10 ⌂; Austr., NZ

Microstrobos J. Garden et L.A.S. Johnson 1951 -m- *Podocarpaceae* ·
(S. 96)
D:Zwergstrobe; E:Dwarf Pine
- **fitzgeraldii** (F. Muell.) J. Garden et L.A.S. Johnson 1951 · D:Australische Zwergstrobe; E:Blue Mountain Pine · ♄ e Z8 ⌂; Austr.: N.S.Wales
- **niphophilus** J. Garden et L.A.S. Johnson 1951 · D:Tasmanische Zwergstrobe; E:Tasman Dwarf Pine · ♄ e Z8 ⌂; Austr. (Tasman.)

Microstylis (Nutt.) Eaton = Malaxis
- *discolor* Lindl. = Malaxis discolor
- *metallica* Rchb. f. = Malaxis metallica
- *monophyllos* (L.) Lindl. = Malaxis monophyllos

Mikania Willd. 1803 -f- *Asteraceae* ·
(S. 259)
- *apiifolia* DC. = Mikania ternata
- **scandens** (L.) Willd. 1743 ·
  E:Climbing Hempvine, Louse Plaster · ⚥ ↕ ↝ Z4 VII-VIII ⓝ;
  Can.: Ont.; USA: NE, NCE, SE, Fla., SC; trop. Am.
- **ternata** (Vell.) B.L. Rob. 1911 · ⚥
  ↕ ↕ Z10 ⌂; W-Bras.

Mila Britton et Rose 1922 -f-
Cactaceae · (S. 360)
- **caespitosa** Britton et Rose 1922 ·
  ⚥ Z9 ⌂ ▽ ✱; Peru
- *cereoides* Rauh et Backeb. = Mila caespitosa
- *fortalezensis* Rauh et Backeb. = Mila caespitosa
- *nealeana* Backeb. = Mila caespitosa

Milicia Sim 1909 -f- *Moraceae* ·
(S. 652)
- **excelsa** (Welw.) C.C. Berg
  1982 · D:Afrikanisches Teakholz;
  E:African Teak, Iroko · ♄ Z10 ⌂
  ⓝ; trop. Afr.

Milium L. 1753 -n- *Poaceae* ·
(S. 1120)
D:Flattergras; E:Millet; F:Millet
- **effusum** L. 1753 · D:Wald-Flattergras, Waldhirse; E:Bowles' Golden Grass, Wood Millet · ⚥ ↝
  Z6 V-VII; Eur.*, NW-TR, Cyprus, Cauc., N-Iran, Afgh., Ind. (Him.) W-Sib., E-Sib., Amur, Sachal., Kamchat., C-As., Afgh., Pakist., China, Manch., Korea, Jap., Taiwan, Can.: E; USA: NE, NCE, NC, nat. in NZ [67613]
  'Aureum' [67614]
- **vernale** M. Bieb. 1808 · D:Raues Flattergras · ⊙ Z5; Eur.: Ib, Fr, Ap, Ba, RO, W-Russ., Krim; TR, Cyprus, Syr., Iraq, Cauc., Iran, C-As., N-Afr.

Milla Cav. 1793 -f- *Alliaceae* ·
(S. 903)
D:Mexikostern; F:Etoile du Mexique, Milla
- **biflora** Cav. 1973 · D:Zweiblütiger Mexikostern · ⚥ ⋈ ⌂ VII-VIII;
  Mex., Guat.
- *uniflora* Graham = Ipheion uniflorum

Millettia Wight et Arn. 1834 -f-
Fabaceae
- **dura** Dunn 1911
- **japonica** (Siebold et Zucc.) A. Gray 1859 · ∫ d; Jap.

Miltonia Lindl. 1837 -f-
Orchidaceae · (S. 1073)
D:Miltonie; E:Pansy Orchid; F:Miltonia
- *anceps* (Klotzsch) Lindl. = Miltonia flava
- **candida** Lindl. 1838 · ⚥ Z10 ⌂
  VIII-XI ▽ ✱; Bras.
- **clowesii** (Lindl.) Lindl. 1840 · ⚥
  Z10 ⌂ IX-X ▽ ✱; Bras.
- **cuneata** Lindl. 1844 · ⚥ Z10 ⌂
  II-III ▽ ✱; Bras.
- **flava** Lindl. 1848 · ⚥ Z10 ⌂ IV-V
  ▽ ✱; Bras.
- **flavescens** (Lindl.) Lindl. 1841 · ⚥
  Z10 ⌂ VI-X ▽ ✱; Bras.
- **moreliana** A. Rich. 1848 · ⚥ ⌂;
  E-Bras., Venez.
- **phymatochila** (Lindl.) M.W. Chase et N.H. Williams 2001 · ⚥
  Z10 ⌂ IV-VI ▽ ✱; Mex., Guat., Bras.
- **regnellii** Rchb. f. 1850 · ⚥ Z10 ⌂
  VII-IX ▽ ✱; E-Bras.
- *roezlii* (Rchb. f.) G. Nicholson = Miltoniopsis roezlii
- *schroederiana* O'Brien = Miltonioides schroederiana
- **spectabilis** Lindl. 1937 · ⚥ Z10 ⌂
  VIII ▽ ✱; Bras.
  - var. *moreleana* (A. Rich.) Henfr. 1851 = Miltonia moreliana
- *vexillaria* (Rchb. f.) G. Nicholson = Miltoniopsis vexillaria

– *warszewiczii* Rchb. f. = Oncidium fuscatum
– **in vielen Sorten**

× **Miltonidium** hort. 1936 -n- *Orchidaceae* · (*Miltonia* × *Oncidium*)

× **Miltonioda** hort. 1909 -f- *Orchidaceae* · (*Cochlioda* × *Miltonia*)

Miltonioides Brieger et Lückel 1983 -f- *Orchidaceae*
– **carinifera** (Rchb. f.) Senghas et Lückel 1997 · ⚃ Z10 ⓚ III-IV ▽ ✻; Costa Rica
– **reichenheimii** (Linden et Rchb. f.) Brieger et Lückel 1983 · ⚃ Z10 ⓚ ▽ ✻; Mex.
– **schroederiana** (O'Brien) Lückel 1986 · ⚃ Z10 ⓚ I-II ▽ ✻; C-Am.

Miltoniopsis God.-Leb. 1889 -f- *Orchidaceae* · (S. 1074) D:Stiefmütterchenorchidee; E:Pansy Orchid; F:Miltoniopsis
– **phalaenopsis** (Linden et Rchb. f.) Garay et Dunst. 1976 · ⚃ Z10 ⓚ VIII-XI ▽ ✻; Col.
– **roezlii** (Rchb. f.) God.-Leb. 1889 · ⚃ Z10 ⓚ X-XI ▽ ✻; Col.
– **vexillaria** (Rchb. f.) God.-Leb. 1889 · ⚃ Z10 ⓚ V-VI ▽ ✻; Col., Ecuad.
– **warscewiczii** (Rchb. f.) Garay et Dunst. 1976 · ⚃ Z10 ⓚ II ▽ ✻; Costa Rica, Panama

× **Miltonpasia** hort. 1957 -f- *Orchidaceae* · (*Aspasia* × *Miltonia*)

× **Miltonpilia** hort. 1957 -f- *Orchidaceae* · (*Miltonia* × *Trichopilia*)

Mimosa L. 1753 -f- *Mimosaceae* · (S. 645) D:Mimose, Sinnpflanze; E:Sensitive Plant; F:Mimosa, Sensitive
– **diplotricha** C. Wright 1868 · D:Große Sinnpflanze; E:Giant Sensitive Plant · ♄ Z9 ⓚ ⓝ; C-Am., S-Am.
– *glauca* L. 1763 = Leucaena leucocephala
– *invisa* Mart. = Mimosa diplotricha
– *lebbeck* L. = Albizia lebbeck
– *leucocephala* Lam. = Leucaena leucocephala
– **polycarpa** Kunth 1819

– var. **polycarpa** · ♄ ♄ Z9 ⓚ; S-Am.
– var. **spegazzinii** (Pirotta) Burkart 1948 · ♄ Z9 ⓚ; Arg.
– **pudica** L. 1753 · D:Sinnpflanze; E:Humble Plant, Sensitive Plant, Shame Plant, Touch-me-not · ♄ Z9 ⓚ VII-VIII ⓝ; Bras., nat. in Trop.
– **sensitiva** L. 1753 · D:Kletternde Sinnpflanze; E:Sensitive Plant · ♄ e ⚖ Z9 ⓚ; trop. Am.
– *spegazzinii* Pirotta = Mimosa polycarpa var. spegazzinii
– *ulicifolia* Salisb. = Acacia ulicifolia

Mimulus L. 1753 -m- *Scrophulariaceae* · (S. 833) D:Affenblume, Gauklerblume; E:Monkeyflower, Musk; F:Mimulus
– **alatus** Aiton 1789 · ⚃; Can.: Ont..; USA: NE, NEC, SE, Fla., Tex.
– **aurantiacus** Curtis 1796
  – var. **aurantiacus** · D:Buschige Gauklerblume; E:Bush Monkey Flower, Shrubby Musk · ♄ Z8 ⓚ V-VIII; Calif. [67792]
  – var. **puniceus** (Nutt.) D.M. Thomps. 2005
– × **bartonianus** Rivoire (*M. cardinalis* × *M. lewisii*)
– × **burnetii** hort. (*M. cupreus* × *M. luteus*) · ⚃ Z7; cult.
– **cardinalis** Douglas ex Benth. 1835 · D:Scharlachrote Gauklerblume; E:Scarlet Monkey Flower, Scarlet Musk · ♄ Z7 VI-IX; USA: Rocky Mts., SW, Oreg., Calif.; Mex.: Baja Calif. [67234]
– **cupreus** Hort. ex Dombrain 1862 · D:Kupferrote Gauklerblume · ⚃ ⤳ △ ∧ VII-IX; Chile [65255]
  'Red Emperor' [65257]
– *glutinosus* J.C. Wendl. = Mimulus aurantiacus var. aurantiacus
– **guttatus** Fisch. ex DC. 1813 · D:Gefleckte Gauklerblume; E:Common Monkey Flower, Monkey Flower, Musk · ⚃ ⤳ ⌢ Z6 VI-X; Alaska, Can.: W; USA: NCE, NC, SW, Rocky Mts., NW, Calif.; Mex., nat. in Eur., USA: NE [65258]
– × **hybridus** hort. ex Sieber et Voss 1894-96 (*M. guttatus* × *M. luteus*) · ☉ ⚃ Z6; cult. [71397]
  'Andean Nymph'
  'Bonfire' [65259]
  Highland Ser.
  'Major Bees' [65260]
  'Orange Glow' [68115]
  'Whitecroft Scarlet'
– *langsdorffii* Donn ex Greene =

Mimulus guttatus
– **lewisii** Pursh 1814 · D:Klebrige Gauklerblume; E:Great Purple Monkey Flower · ⚃ ⌢ Z7 ∧ VI-VIII; Can.: B.C.; USA: NW, Calif., Rocky Mts.
– **longiflorus** (Nutt.) A.L. Grant ex L.H. Bailey 1923
– **luteus** L. 1763 · D:Gelbe Gauklerblume; E:Monkey Musk, Yellow Monkey Flower; F:Mimule jaune · ⚃ ⌢ Z7 V-VIII; Chile, nat. in Scotland [67235]
  'Tigrinus Grandiflorus' [65261]
  'Variegatus'
– *luteus* auct. non L. = Mimulus guttatus
– **moschatus** Douglas ex Lindl. 1828 · D:Moschus-Gauklerblume; E:Musk, Musk Plant, Muskflower · ⚃ ⤳ ⌢ Z7 ∧ VI-VIII; Can., USA: NW, Calif., Rocky Mts., NE, NCE, NC, nat. in Eur.
– **primuloides** Benth. 1835 · D:Primel-Gauklerblume; E:Yellow Creeping Monkey Flower · ⚃ ⤳ △ Z7 ∧ VI-IX; USA: Wash., Oreg., Calif.
– *puniceus* (Nutt.) Steud. = Mimulus aurantiacus var. puniceus
– **repens** R. Br. 1810 · ⚃ ⤳ ⓚ; Austr., Tasman., NZ
– **ringens** L. 1753 · D:Affenblume; E:Monkey Flower, Square Stemmed Monkey Flower; F:Mimule · ⚃ Z3 VI-VIII; Can.: E; USA: NE, NCE, NC, SE, SC, Colo. [67236]
– × *tigrinus* hort. = Mimulus × hybridus
– **tilingii** Regel 1869 · ⚃ Z7; Can.: B.C.; USA: NW, Calif., Rocky Mts.

Mimusops L. 1753 -f- *Sapotaceae* · (S. 807) D:Affengesicht, Kugelbaum; E:Spanish Cherry; F:Cerise espagnole
– *balata* Crueg. ex Griseb. = Manilkara bidentata
– **elengi** L. 1753 · E:Brazilian Milktree, Spanish Cherry, Tanjong Tree · ♄ e D Z10 ⓚ ⓝ; Ind., Sri Lanka, Myanmar, Malay. Arch., N.Guinea, Salom.
– *hexandra* Roxb. = Manilkara hexandra

Mina Cerv. = Ipomoea
– *lobata* Cerv. = Ipomoea lobata

Minuartia L. 1753 -f- *Caryophyllaceae* · (S. 402)

D:Miere; E:Sandwort; F:Alsine
- **austriaca** (Jacq.) Hayek 1908 · D:Österreichische Miere · ⚳ VI-VIII; Eur.: I, D, A, Slove.; E-Alp.
- **biflora** (L.) Schinz et Thell. 1907 · D:Zweiblütige Miere · ⚳ VII-VIII; Eur.: Sc, N-Russ., C-Eur., I
- **capillacea** (All.) Graebn. 1918 · D:Feinblättrige Miere · ⚳ VII-VIII; Eur.: F, CH, I, Ba; mts.
- **cherlerioides** (Hoppe) Bech. 1956 · D:Polster-Miere · ⚳ Z5 VII-VIII; Eur.: I, C-Eur., Slove.; Alp.
- **circassica** (Albov) Woronow ex Grossh. 1930
- *gerardii* Hayek = Minuartia verna subsp. gerardii
- **glaucina** Dvoráková 1985 · D:Hügel-Miere · ⚳ V-VIII; Eur.: A +
- **graminifolia** (Ard.) Jáv. 1914 · D:Gras-Miere; F:Minuartie à feuilles de graminée · ⚳ ◠ △ VII-VIII; Eur.: Ap, Ba, RO; mts. [65262]
- **hybrida** (Vill.) Schischk. · D:Gewöhnliche Zarte Miere · ⊙ V-VII; Eur.* exc. Sc; TR, Levante, Iraq, N-Afr., nat. in DK
- **juniperina** (L.) Maire et Petitm. 1908 · ⚳ ⤳ △ VI; Eur.: GR; TR, Syr., N-Iraq [65263]
- **langii** (G. Reuss) Holub 1974 · D:Karpaten-Miere · ⚳ VI-VII; Eur.: A +
- **laricifolia** (L.) Schinz et Thell. 1921 · D:Nadelblättrige Miere; F:Minuartie à feuilles de mélèze · ⚳ △ Z5 VII-VIII; Eur.: Ib, Fr, Ap, C-Eur., EC-Eur., RO; mts. [65264]
- **mutabilis** (Lapeyr.) Schinz et Thell. 1938 · D:Geschnäbelte Miere · ⚳ VII-VIII; Eur.: sp., F, Corse, I, CH
- **obtusiloba** (Rydb.) House 1921
- **recurva** (All.) Schinz et Thell. 1907 · D:Krummblättrige Miere · ⚳ ◠ △ Z5 VII-VIII; Eur.* exc. Sc, EC-Eur.; TR
- **rubra** (Scop.) McNeill 1963 · D:Büschel-Miere · ⊙ VII-VIII; Eur.: sp., F, I, C-Eur., EC-Eur., Slove., RO
- **rupestris** (Scop.) Schinz et Thell. 1907 · D:Felsen-Miere · ⚳ VII-VIII; Eur.: F, I, C-Eur., Slove.; Alp.
- **sedoides** (L.) Hiern 1899 · D:Zwerg-Miere · ⚳ Z5 VII-VIII; Eur.: Ib, Fr, BrI, C-Eur., EC-Eur., Ba, RO; Pyr., Alp., Carp., Balkan, Scotland
- **setacea** (Thuill.) Hayek 1911 · D:Borsten-Miere · ⚳ V-VIII; Eur.: Fr, C-Eur., EC-Eur., Ba, E-Eur.

- **stellata** (E.D. Clarke) Maire et Petitm. 1908 · D:Stern-Miere · ⚳ △ VII-VIII; Eur.: AL, GR; mts. [69446]
- **stricta** (Sw.) Hiern 1899 · D:Steife Miere · ⚳ VI-VIII; Eur.: BrI, Sc, N-Russ., CH; W-Sib., E-Sib., Amur, N-Am., Greenl.
- **verna** (L.) Hiern 1899 · D:Frühlings-Miere · [65265]
  - subsp. **verna** · D:Gewöhnliche Frühlings-Miere; E:Spring Sandwort, Vernal Sandwort · ⚳ ◠ △ Z2 V-VIII; Eur.* exc. Sc; Cauc., W-Sib., E-Sib., Amur, Kamchat., C-As., Mong., China, Jap., Maroc., Alger., Greenl.
  - subsp. **gerardii** (Sw.) Hiern 1918 · D:Alpen-Frühlings-Miere · ⚳ Z2 VI-VIII; Eur.: Pyr., Corse, Alp., Apenn., Carp., Ba mts.
- **viscosa** (Schreb.) Schinz et Thell. 1907 · D:Klebrige Miere · ⊙ V-VII; Eur.* exc. BrI, Ib; Cauc.

Mirabilis L. 1753 -f- *Nyctaginaceae* · (S. 667)
D:Wunderblume; E:Umbrellawort; F:Belle-de-nuit
- **jalapa** L. 1753 · D:Wunderblume; E:Four O' Clock Plant, Marvel of Peru; F:Belle de nuit · ⊙ ⚳ Z8 ⌂ VI-X; Peru, nat. in N-Am.
  'Alba'
  'Lutea'
  'Tricolor'
- **longiflora** L. 1755 · ⚳ D Z8 ⌂ VII-VIII; Ariz., Tex., Mex.
- **nyctaginea** (Michx.) MacMill. 1892 · ⊙ ⚳ Z8; USA: NCE, NC, Rocky Mts., SC, SE; Mex., nat. in EC-Eur.
- **viscosa** Cav. 1791 · ⊙ Z8; Mex., Col., Ecuad., Peru

Mirbelia Sm. 1805 -f- *Fabaceae* · (S. 516)
- **dilatata** R. Br. 1811 · ♄ ⌂; W-Austr.
- **rubiifolia** (Andrews) G. Don 1832 · ♄ ⌂; Austr. (Queensl., N.S.Wales)

Miscanthus Andersson 1855 -m- *Poaceae* · (S. 1120)
D:Chinaschilf; E:Silver Grass; F:Roseau de Chine
- **floridulus** (Labill.) Warb. ex K. Schum. et Lauterb. 1901 · D:Pazifikschilf; E:Pacific Island Silver Grass, Silver Grass · ⚳ Z6 VII-VIII; Jap., Taiwan, Polyn. [68199]
  'Aksel Olsen'

- × **giganteus** J.M. Greef et Deuter ex Hodk. et Renvoize 2001 · D:Riesen-Chinaschilf
- *japonicus* Andersson = Miscanthus floridulus
- **oligostachyus** Stapf 1898 · ⚳ VIII-X; Jap.
- **purpurascens** Andersson 1855 · D:Purpur-Chinaschilf · ⚳ IX-X; Amur, China
- **sacchariflorus** (Maxim.) Hack. 1887 · D:Amurschilf, Silberfahnengras; E:Amur Silver Grass · ⚳ Z7 VIII ⓝ; Jap., Korea, Manch., N-China, Amur
  'Robustus' Foerster [67618]
  'Sommerfeder' [67619]
- **sinensis** (Thunb.) Andersson 1855 · D:Silber-Chinaschilf; E:Chinese Silver Grass, Tiger Grass; F:Eulalie · ⚳ Z6 IX-X; China, Korea, Jap., Thail., nat. in E-USA [68617]
  'Cabaret' Watanabe, Bluemel [67622]
  'Cosmopolitan' Bluemel, Aoki [72670]
  'Ferner Osten' Pagels [67625]
  'Flamingo' Pagels [67626]
  'Goldfeder' Simon 1960 [67627]
  'Goliath' Pagels [67628]
  'Gracillimus' [67629]
  'Graziella' Pagels [67630]
  'Große Fontäne' Pagels [67631]
  'Kaskade' Pagels [67633]
  'Kleine Fontäne' Pagels [67634]
  'Malepartus' Pagels [67636]
  'Morning Light' Hort. J, Bluemel [67637]
  'Nippon' Pagels [67638]
  'Pünktchen' Pagels [67639]
  'Rotsilber' Pagels [67640]
  'Silberfeder' Simon 1955 [67641]
  'Silberspinne' Pagels [67643]
  'Sirene' [67645]
  'Strictus' [67646]
  'Undine' Pagels [67647]
  'Variegatus' [67648]
  'Yakushima Dwarf' Simon [67649]
  'Zebrinus' [67650]
- **tinctorius** (Steud.) Hack. · ⚳ Z6 VIII-IX; Jap.
- **transmorrisonensis** Hayata 1911 · D:Taiwan-Chinaschilf · ⚳ Z6 IX-X; Taiwan [67651]

Misopates Raf. 1840 -n- *Scrophulariaceae* · (S. 833)
D:Ackerlöwenmaul, Katzenmaul; E:Weasel's Snout; F:Muflier des champs
- **orontium** (L.) Raf. 1840 · D:Gewöhnliches Ackerlöwenmaul, Katzenmaul; E:Weasel's Snout · ⊙ Z6 VII-X; Eur.: Ib, Fr, BrI, Ap, C-Eur., H, Ba, E-Eur.; TR, SW-As, N-Afr., Macaron., Eth., nat. in Sc

Mitchella L. 1753 -f- *Rubiaceae* · (S. 775)
D:Rebhuhnbeere; E:Partridge Berry; F:Mitchella
- **repens** L. 1753 · D:Amerikanische Rebhuhnbeere; E:Partridgeberry, Squaw Vine, Twinberry · ⚘ ↝ △ Z3 IV-VII ⚥ ; Can.: E; USA: NE, NCE, SE, Fla., SC; Mex. [60717]
- **undulata** Siebold et Zucc. 1846 · D:Japanische Rebhuhnbeere · ⚘ e Z6; Jap., S-Korea

Mitella L. 1753 -f- *Saxifragaceae* · (S. 815)
D:Bischofskappe; E:Bishop's Cap; F:Bonnet d'évêque
- **breweri** A. Gray 1865 · D:Immergrüne Bischofskappe · ⚘ Z5; Can: : B.C., Alb.; USA: NW, Calif., Idaho [65266]
- **caulescens** Nutt. 1840 · D:Rauhaarige Bischofskappe; E:Leafy Stemmed Mitrewort · ⚘ Z5 V; Can.: B.C.; USA: NW, Rocky Mts., Calif. [65267]
- **diphylla** L. 1753 · D:Horstbildende Bischofskappe; E:Mitrewort · ⚘ Z3 IV-V; Can.: E; USA: NE, NCE, SE
- **ovalis** Greene 1887 · D:Ovale Bischofskappe; F:Bonnet d'évêque · ⚘ Z7; B.C., USA: NW, Calif. [65268]
- **pentandra** Hook. 1829 · E:Five Point Mitrewort · ⚘ Z3 IV-V; Alaska, Can.: E; USA: NW, Rocky Mts., Calif., NW

Mitraria Cav. 1801 -f- *Gesneriaceae* · (S. 552)
D:Mützenstrauch; F:Mitraria
- **coccinea** Cav. 1801 · D:Mützenstrauch; E:Mitre Flower · ♄ e ⚥ Z10 ⌂ V-IX; S-Chile
'Clark's Form' [11223]
'Lake Puye'

Mitrophyllum Schwantes 1926 -n- *Aizoaceae* · (S. 147)
- **abbreviatum** L. Bolus 1970 · ⚘ ⚘ Z9 ⌂; Kap
- **dissitum** (N.E. Br.) Schwantes 1926 · ⚘ ⚘ Z9 ⌂; Kap
- *gracile* (Schwantes) de Boer ex H. Jacobsen = Mitrophyllum abbreviatum
- **grande** N.E. Br. 1929 · ⚘ ⚘ Z9 ⌂; Kap
- **mitratum** (Marloth) Schwantes 1926 · ⚘ ⚘ Z9 ⌂; Kap

× **Mizutara** hort. 1966 -f- *Orchidaceae* · (*Cattleya* × *Caularthron* × *Schomburgkia*)

Modiola Moench 1794 -f- *Malvaceae* · (S. 621)
- **caroliniana** (L.) G. Don 1831 · ⊙ ⊙; USA: SE, Fla., Tex.; trop. Am.

Moehringia L. 1753 -f- *Caryophyllaceae* · (S. 402)
D:Moosmiere, Nabelmiere; E:Sandwort; F:Moehringia
- **bavarica** (L.) Gren. 1841 · D:Steirische Nabelmiere · ⚘ VI-VIII; Eur.: I, A, Slove., AL; mts.
- **ciliata** (Scop.) Dalla Torre 1882 · D:Bewimperte Nabelmiere · ⚘ VI-VIII; Eur.: F, I, C-Eur., Ba; Alp., Balkan
- **diversifolia** Dolliner ex W.D.J. Koch 1839 · D:Verschiedenblättrige Nabelmiere · ⊙ V-VII; Eur.: SE-A
- **muscosa** L. 1753 · D:Moos-Nabelmiere; F:Moehringie mousse · ⚘ △ Z5 V-VIII; Eur.* exc. Sc, BrI: mts.
- **trinervia** (L.) Clairv. 1811 · D:Dreinervige Nabelmiere · ⚘ V-VII; Eur.*, TR, Cauc., Iran, W-Sib., E-Sib., C-As., China: Sinkiang; NW-Afr.

Moenchia Ehrh. 1783 -f- *Caryophyllaceae* · (S. 402)
D:Weißmiere; E:Chickweed; F:Moenchia
- **erecta** (L.) G. Gaertn., B. Mey. et Scherb. 1799 · D:Aufrechte Weißmiere · ⊙ IV-V; Eur.: Ib, Fr, BrI, Ap, D, Ba; TR, Levante, NW-Afr., nat. in PL
- **mantica** (L.) Bartl. 1839 · D:Fünfzählige Weißmiere · ⊙ V-VI; Eur.: I, C-Eur., EC-Eur., Ba, RO; TR

× **Moirara** hort. 1963 -f- *Orchidaceae* · (*Phalaenopsis* × *Renanthera* × *Vanda*)

Molinia Schrank 1789 -f- *Poaceae* · (S. 1120)
D:Besenried, Pfeifengras; E:Moor Grass; F:Herbe-aux-pipes, Molinie
- **arundinacea** Schrank 1789 · D:Rohr-Pfeifengras · ⚘ ∿ Z5 VII-IX; Eur.* exc. Ib, BrI, ? Sc; Cauc. [67652]
'Bergfreund' Partsch [67653]
'Fontäne' [67654]
'Karl Foerster' Foerster [67655]
'Strahlenquelle' [67666]
'Transparent' Partsch [67657]
'Windspiel' Partsch [67658]
- **caerulea** (L.) Moench 1794 · D:Benthalm, Blaues Pfeifengras; E:Purple Moor Grass; F:Canche bleue, Molinie bleue · ⚘ ∿ Z5 VII-IX ⓝ; Eur.*, TR, Lebanon, Syr., Israel, Cauc., W-Sib., C-As., Alger., Eth., N-Afr., Kenya (Mt. Kenya), nat. in USA [67660]
'Dauerstrahl' [67661]
'Edith Dudszus' Eskuche [67662]
'Heidebraut' [67664]
'Moorhexe' Hagemann [67665]
'Variegata' [67667]
'Winterfreude'
- subsp. *altissima* (Link) Domin 1935 = Molinia arundinacea
- subsp. *arundinacea* (Schrank) H.K.G. Paul 1938 = Molinia arundinacea
- subsp. *litoralis* (Host) Braun-Blanq. 1932 = Molinia arundinacea

Mollugo L. 1753 -f- *Molluginaceae* · (S. 647)
D:Weichkraut; E:Carpetweed; F:Mollugine, Molinie
- **verticillata** L. 1753 · D:Quirlblättriges Weichkraut; E:Carpetweed · ⊙; trop. Am., nat. in S-Eur.

Molopospermum W.D.J. Koch 1841 -n- *Apiaceae* · (S. 179)
D:Striemensame; F:Molopsperme, Séséli
- **cicutarium** Mairet ex DC. 1836 · ⚘; Eur.: sp., F, I, A, CH
- **peloponnesiacum** (L.) W.D.J. Koch 1841 · D:Striemensame; E:Striped Hemlock · ⚘ VI; Eur.: sp., F, I, D, CH; Pyr., SE-Alp.

Moltkia Lehm. 1817 -f- *Boraginaceae* · (S. 309)
D:Moltkie; F:Moltkia
- **coerulea** (Willd.) Lehm. 1817 · D:Türkische Moltkie · ⚘ △ ⌂ ∧ VI-VII; TR
- **doerfleri** Wettst. 1918 · D:Albanische Moltkie · ⚘ △ VI-VII; NE-AL
- *graminifolia* (Viv.) Nyman = Moltkia suffruticosa
- × **intermedia** (Froebel) J.W. Ingram 1858 (*M. petraea* × *M. suffruticosa*) · D:Hybrid-Moltkie · ♄ △ Z6 V-VIII; cult.
- **petraea** (Tratt.) Griseb. 1845-46 · D:Felsen-Moltkie; F:Moltkia des rochers · ♄ s △ Z7 VI-VII; Eur.: Croatia, Bosn., Montenegro, AL,

GR; mts. [65269]
- **suffruticosa** (L.) Brand 1902 · D:Italienische Moltkie · ♄ △ Z7 ⓐ ∧ VI-VII; I: Alp.

Moluccella L. 1753 -f- *Lamiaceae* · (S. 586)
D:Muschelblume, Trichtermelisse; E:Shell Flower; F:Clochette d'Irlande, Molucelle
- **laevis** L. 1753 · D:Muschelblume; E:Bells-of-Ireland; F:Clochette d'Irlande · ⊙ ⋉ Z7 VII-VIII; TR, Cyprus, Syr., Iraq, Cauc.

Momordica L. 1753 -f- *Cucurbitaceae* · (S. 444)
D:Balsamapfel, Bittergurke; E:Bitter Cucumber; F:Balsamine, Margose
- **balsamina** L. 1753 · D:Echter Balsamapfel; E:Balsam Apple · ⊙ ⚥ ⚘ Z9 ⓐ VI-VIII ⓝ; Afr., W-As., NW-Ind., Malay. Arch., Austr., nat. in trop. Am., Austr.
- **charantia** L. 1753 · D:Amerikanische Bittergurke, Balsambirne; E:Balsam Pear, Bitter Melon · ⊙ ⚥ ⚘ Z9 ⓐ VI-VIII ⚥ ⓝ; Trop., nat. in SE-USA
- **cochinchinensis** (Lour.) Spreng. 1828 · D:Indische Bittergurke; E:Spiny Bitter Cucumber · ♃ ⚥ Z9 ⓐ VI-VIII; Ind., Vietn., Phil., Taiwan
- *cylindrica* L. = Luffa aegyptiaca
- *elaterium* L. = Ecballium elaterium
- **involucrata** E. Mey. ex Sond. 1862 · ♃ ⚥ ⚘ Z9 ⓐ VI-VIII; S-Afr.: Natal
- *lanata* Thunb. = Citrullus lanatus var. lanatus
- *luffa* L. = Luffa aegyptiaca
- *muricata* Willd. = Momordica charantia
- **rostrata** A. Zimm. 1922 · ♃ Ψ ⚥ Z9 ⓐ; S-Eth., Kenya, Tanzania, Uganda

Monadenium Pax 1894 -n- *Euphorbiaceae* · (S. 485)
- **coccineum** Pax 1894 · ♃ Ψ Z9; E-Afr. (Tanz.)
- **guentheri** Pax 1909 · ♃ Ψ; Kenya
- **invenustum** N.E. Br. 1909 · ♃ Ψ Z10; Kenya
- **lugardiae** N.E. Br. 1909 · ♄ Ψ Z10 ⓐ; Namibia, Zimbabwe, S-Afr.: Transvaal
- **rhizophorum** P.R.O. Bally 1959 · ♃ Ψ Z10; Kenya
- **ritchiei** P.R.O. Bally 1959 · ♃ Ψ

Z10; Kenya
- **rubellum** (P.R.O. Bally) S. Carter 1987 · ♃ Ψ Z10; Kenya
- **schubei** (Pax) N.E. Br. 1911 · ♄ Ψ Z10 ⓐ; S-Afr.: Transvaal; Zimbabwe
- **stapelioides** Pax 1909 · ♃ Ψ Z10; Kenya, Tanzania, Uganda
- **stoloniferum** (P.R.O. Bally) S. Carter 1987 · ♃ Ψ Z10; Kenya

Monanthes Haw. 1821 -f- *Crassulaceae* · (S. 433)
D:Felswurz; F:Monanthes
- **anagensis** Praeger 1925 · D:Anaga-Felswurz · ♃ Ψ Z8 ⓐ V-VI; Canar.: Teneriffa
- *atlantica* Ball = Sedum surculosum
- **brachycaulos** (Webb et Berthel.) Lowe 1869 · D:Kurzstängelige Felswurz · ♃ Ψ Z8 ⓐ; Canar., Azor.
- **laxiflora** (DC.) Bolle ex Bornm. 1906 · D:Lockerblütige Felswurz · ♄ Ψ Z8 ⓐ III-IV; Canar.
- **muralis** (Webb ex Bolle) Hook. f. 1872 · D:Mauer-Felswurz · ♃ ♄ ♄ Ψ Z8 ⓐ V-VI; Canar.
- **pallens** (Webb) H. Christ 1888 · D:Bleiche Felswurz · ♃ Ψ Z8 ⓐ V-VI; Canar.
- **polyphylla** Haw. · ♃ Ψ Z8 ⓐ VI; Canar.
- *subcrassicaulis* (Kuntze) Praeger = Monanthes muralis

Monarda L. 1753 -f- *Lamiaceae* · (S. 586)
D:Indiannernessel; E:Beebalm, Wild Bergamot; F:Monarde, Thé d'Oswego
- **austromontana** Epling 1935 · ⊙; USA: SW; N-Mex.
- **citriodora** Cerv. et Lag. 1816 · ⊙ ⊙; USA: NEC, NC, Rocky Mts., SC, SE, Fla.; N-Mex. [65270]
  - var. **austromontana** (Epling) B.L. Turner 1994
  - var. **citriodora**
- **didyma** L. 1753 · D:Scharlach-Indianernessel; E:Bergamot, Oswego Tea · ♃ Z4 VII-IX ⚥; USA: NE, NCE, SE [68507]
  'Alba'
- **fistulosa** L. 1753
  - subsp. *menthifolia* (Graham) L.S. Gill = Monarda fistulosa var. menthifolia
  - var. **fistulosa** · D:Späte Indianernessel; E:Bee Balm · ♃ D Z4 VII-IX ⚥; Can., USA* exc. NW, Calif.; Mex. [65275]
  - var. **menthifolia** (Graham)

Fernald 1944 · D:Minzblättrige Indianernessel · ♃ [69756]
- *menthifolia* Graham = Monarda fistulosa var. menthifolia
- **punctata** L. 1753 · D:Punktierte Indianernessel; E:Bergamot, Spotted Bee Balm · ♃ Z6 VII-IX ⚥; USA: NE, NCE, SC, SE, Fla.; Mex. [65292]
- **russeliana** Nutt. ex Sims 1837 · D:Russels Indianernessel; E:Russel's Monarda · ♃ VII-VIII; USA: Ky., NCE, SE, SC [65293]
- **in vielen Sorten:**
  'Aquarius' [68920]
  'Beauty of Cobham' [65277]
  'Blaustrumpf' [65278]
  'Cambridge Scarlet' [65279]
  'Croftway Pink' [65280]
  'Donnerwolke' [65281]
  'Elsie's Lavender'
  'Kardinal' [65284]
  'Lederstrumpf' [65285]
  'Mahogany' [70006]
  'Mohawk'
  'Panorama' [67858]
  'Präriebrand' [65288]
  'Präriennacht' [65289]
  'Schneewittchen' [65290]
  'Scorpion' [68582]
  'Sioux'
  'Snow Queen'
  'Squaw' [65291]
  'Twins' [68271]

Monardella Benth. 1834 -f- *Lamiaceae* · (S. 587)
- **macrantha** A. Gray 1876 · E:Red Monardella · ♃ △ Z9 ⓐ VIII-IX; S-Calif.
- **odoratissima** Benth. 1834 · E:Coyote Mint · ♃ Z8 ⓐ; Can.: B.C.; USA: NW, Calif., Rocky Mts., SW [65294]

Moneses Salisb. ex Gray 1821 -f- *Pyrolaceae* · (S. 723)
D:Moosauge, Wintergrün; E:Wintergreen; F:Pyrole
- **uniflora** (L.) A. Gray 1848 · D:Einblütiges Wintergrün, Moosauge; E:Woodnymph · ♃ Z2 V-VII; Eur.*, TR, Cauc., W-Sib., E-Sib., Amur, Sachal., Kamchat., C-As., Mong., Him., Alaska, Can., USA: NE, NCE, NC, SW, Rocky Mts, NW, Calif., Greenl.

Moniera P. Browne = Bacopa
- *amplexicaulis* Michx. = Bacopa caroliniana
- *cuneifolia* Michx. = Bacopa monnieri

Monilaria (Schwantes) Schwantes 1929 -f- *Aizoaceae* · (S. 147)
– *chrysoleuca* (Schltr.) Schwantes 1929
– *globosum* (L. Bolus) L. Bolus = Meyerophytum globosum

Monochaetum (DC.) Naudin 1845 -n- *Melastomataceae* · (S. 630)
– **alpestre** Naudin 1845 · ♄ ⓚ II-IV; Mex.
– **bonplandii** (Kunth) Naudin 1845 · ♄ Z9 ⓚ II; Col., Peru, Venez.
– *hirtum* (H. Karst.) Triana = Monochaetum humboldtianum
– **humboldtianum** (Kunth et C.D. Bouché) Walp. 1846 · ♄ ⓚ; Venez.

Monodora Dunal 1817 -f- *Annonaceae* · (S. 161)
D:Kalebassenmuskat; E:Calabash Nutmeg
– **myristica** (Gaertn.) Dunal 1817 · D:Kalebassenmuskat; E:Calabash Nutmeg, Jamaica Nutmeg · ♄ e Z10 ⓦ ⓝ; W-Afr., C-Afr., Angola, Uganda

Monolena Triana 1867 -f- *Melastomataceae* · (S. 631)
– **primuliflora** Hook. f. 1870 · ♃ Z10 ⓦ; Col.

Monolepis Schrad. 1830 -f- *Chenopodiaceae* · (S. 414)
– **nuttalliana** Greene 1891 · ⊙; Alaska, Can.: W; USA: NW, Calif., Rocky Mts., SW, NC, SE; N-Mex.

Monopsis Salisb. 1817 -f- *Campanulaceae* · (S. 386)
D:Sonderkraut; F:Monopsis
– **lutea** (L.) Urb. 1881 · ♃ Z9 ⓚ; S-Afr. (Cape Prov.)
– **unidentata** (W.T. Aiton) E. Wimm. 1953 · ⊙ ⚲ ↝ VI-IX; S-Afr.

Monotropa L. 1753 -f- *Ericaceae* · (S. 724)
D:Fichtenspargel; E:Bird's Nest; F:Monotropa, Sucepin
– **hypophegea** Wallr. 1822 · D:Buchenspargel · ♃ VI-VII; Eur.: D, A, CH, BrI +
– **hypopitys** L. 1753 · D:Fichtenspargel · ♃ VI-VII; Eur.*, Cyprus, Cauc., W-Sib., E-Sib., Amur, Sachal., C-As., Afgh., Him., Manch, S-Korea, Jap., Can., USA, Mex.

Monsonia L. 1767 -f- *Geraniaceae*
– **herrei** (L. Bolus) F. Albers 1996 · ♄ ⚶ ⓚ; S-Afr. (Cape Prov.)
– **peniculina** (Moffett) F. Albers 1996 · ♄ ⚶ ⓚ; Namibia

Monstera Adans. 1763 -f- *Araceae* · (S. 928)
D:Fensterblatt; E:Swiss-Cheese Plant, Windowleaf; F:Cerima, Philodendron
– **acuminata** K. Koch 1855 · D:Spitzes Fensterblatt; E:Shingle Plant · ♄ e ⚲ Z10 ⓦ; C-Am.
– **adansonii** Schott 1830 · D:Gesschlitztes Fensterblatt · ♄ e ⚲ Z10 ⓦ; C-Am., trop. S-Am.
– **deliciosa** Liebm. 1849 · D:Großes Fensterblatt; E:Swiss Cheese Plant · ♄ e ⚲ Z10 ⓦ ⓚ ⚘ ⓝ; Mex.
– **obliqua** (Miq.) Walp. 1845 · D:Löchriges Fensterblatt · ♄ e ⚲ Z10 ⓦ; trop. S-Am.
– *pertusa* (L.) de Vriese = Monstera adansonii

Montanoa Cerv. 1825 -f- *Asteraceae* · (S. 259)
– **bipinnatifida** (Kunth) K. Koch 1864 · ♄ e Z10 ⓚ II-III; Mex.
– **frutescens** Hemsl. · ♄
– **mollissima** Brongn. et Groenland 1857 · ♄ e Z10 ⓚ IX-X; Mex.

Montbretia DC. = Crocosmia
– *crocosmiiflora* Lemoine = Crocosmia × crocosmiiflora
– *pottsii* Baker = Crocosmia pottsii

Montia L. 1753 -f- *Portulacaceae* · (S. 709)
D:Quellkraut; E:Blink, Winter Purslane; F:Montia
– **fontana** L. · D:Glanzsamiges Bach-Quellkraut; F:Montia des fontaines · ⊙ ≈ VI-VIII; Eur.*, TR, Sib., Amur, Kamchat., Jap., NW-Afr., Eth., trop. Afr., N-Am., Austr., NZ
– *sibirica* (L.) J.T. Howell = Claytonia sibirica

Monvillea Britton et Rose 1920 -f- *Cactaceae* · (S. 360)
– **anisitsii** (K. Schum.) A. Berger 1929 · ♄ ⚶ Z9 ⓚ ▽ ✱; Parag.
– **cavendishii** (Monv.) Britton et Rose 1920 · ♄ ⚶ Z9 ⓚ ▽ ✱; S-Bras., N-Arg.
– **diffusa** Britton et Rose 1920 · ♄ ⚶ Z9 ⓚ ▽ ✱; S-Ecuad., N-Peru
– **haageana** Backeb. 1948 · ♄ ⚶ ⚲ Z9 ⓚ ▽ ✱; Parag.
– **lindenzweigiana** (Gürke) Backeb. 1935 · ♄ ⚶ Z9 ⓚ ▽ ✱; Parag.
– **maritima** Britton et Rose 1920 · ♄ ⚶ Z9 ⓚ ▽ ✱; S-Ecuad., N-Peru
– **phatnosperma** (K. Schum.) Britton et Rose 1920 · ♄ ⚶ Z9 ⓚ ▽ ✱; Parag.
– **spegazzinii** (F.A.C. Weber) Britton et Rose 1920 · ♄ ⚶ ⚲ ↝ Z9 ⓚ ▽ ✱; Arg.

Moraea Mill. 1758 -f- *Iridaceae* · (S. 1023)
– **aristata** (D. Delaroche) Asch. et Graebn. 1906 · ♃ Z9 ⓚ VI-VII; Kap
– **bellendenii** (Sweet) N.E. Br. 1929 · ♃ Z9 ⓚ; S-Afr. (Cape Prov.)
– *bicolor* Steud. = Dietes bicolor
– **collina** Thunb. 1787 · ♃ Z9 ⓦ VII-VIII; S-Afr.
– **flaccida** (Sweet) Steud. 1841
– *galaxia* (L. f.) Goldblatt et J.C. Manning = Galaxia ovata
– *glaucopis* (DC.) Drapiez = Moraea aristata
– *herbertii* Lindl. = Cypella herbertii
– **huttonii** (Baker) Oberm. 1970 · ♃ Z9 ⓚ; S-Afr., Lesotho
– *iridioides* L. = Dietes iridioides
– **loubseri** Goldblatt 1977 · ♃ Z9 ⓚ; S-Afr. (W-Cape Prov.)
– *neopavonia* R.C. Foster = Moraea tulbahensis
– **ochroleuca** (Salisb.) Drapiez 1836
– *pavonia* (L. f.) Ker-Gawl. = Moraea tulbahensis
– **polyanthos** L. f. 1782 · ♃ Z9 ⓚ VI-VII; Kap
– **polystachya** (Thunb.) Ker-Gawl. 1804 · ♃ Z9 ⓚ; S-Afr. (Cape Prov., Orange Free State, W-Transvaal) S-Namibia, Botswana
– **ramosissima** (L. f.) Druce 1917 · ♃ Z9 ⓚ; S-Afr. (Cape Prov.)
– *robinsoniana* (F. Muell.) Benth. et F. Muell. = Dietes robinsoniana
– *sisyrinchium* (L.) Ker-Gawl. = Gynandriris sisyrinchium
– *spathacea* (Thunb.) Ker-Gawl. = Moraea spathulata
– **spathulata** (L. f.) Klatt 1894 · ♃ Z8 ⓚ III-IV; S-Afr.: Kap, Natal, Orange Free State
– **tricolor** Andrews 1800 · ♃ Z8 ⓚ; S-Afr. (Cape Prov.)
– **tricuspidata** (L. f.) G.J. Lewis 1948 · ♃ Z9 ⓚ V-VI; Kap
– *tricuspis* (Thunb.) Ker-Gawl. = Moraea tricuspidata

- **tripetala** (L. f.) Ker-Gawl. 1803 · ⚄ Z9 ⌂; S-Afr. (Cape Prov.)
- **tulbahensis** L. Bolus 1932 · ⚄ Z9 ⌂ VI-VII; Kap
- **vegeta** L. 1753 · ⚄ Z9 ⌂; S-Afr. (Cape Prov.)
- **villosa** (Ker-Gawl.) Ker-Gawl. ex Rchb. 1833 · ⚄ Z9 ⌂; S-Afr. (SW-Cape)

Morawetzia Backeb. = Oreocereus
- *doelziana* Backeb. = Oreocereus doelzianus

Moricandia DC. 1821 -f- *Brassicaceae* · (S. 328)
D:Morikandie; F:Moricandia
- **arvensis** (L.) DC. 1821 · D:Acker-Morikandie · ☉ ⚄ Z8 VII-VIII; Eur.: Ib, Ap, GR; NW-Afr.

Morina L. 1753 -f- *Morinaceae* · (S. 653)
D:Kardendistel, Steppendistel; F:Morina
- **bulleyana** Forrest et Diels 1912 · D:Bulleys Kardendistel · ⚄ Z7 ∧ VI-VII; W-China
- **kokanica** Regel 1867 · D:Borstige Kardendistel · ⚄ Z7 ∧ VI-VII; C-As.
- **longifolia** Wall. 1829 · D:Nepal-Kardendistel; E:Whorl Flower · ⚄ Z7 ∧ VI-VIII; Nepal [65296]
- **persica** L. 1753 · D:Persische Kardenistel · ⚄ Z7 ∧ VII-VIII; Eur.: Ba; TR, Lebanon, Syr., Iran, C-As.

Morinda L. 1753 -f- *Rubiaceae* · (S. 776)
D:Indische Maulbeere, Nonibaum; F:Mûrier des Indes
- **citrifolia** L. 1753 · D:Indische Maulbeere, Nonibaum; E:Indian Mulberry, Painkiller · ♄ e Z10 ⌂ ⚘ ⓝ; Him., Ind., Sri Lanka, China, Taiwan, Malay. Arch., Austr., Pacific Is.

Moringa Adans. 1763 -f- *Moringaceae* · (S. 654)
D:Bennussbaum, Meerrettichbaum; E:Horseradish Tree; F:Moringa
- *arabica* (Lam.) Pers. = Moringa peregrina
- **hildebrandtii** Engl. 1902 · ♄ ⚶ d Z10 ⌂; Madag.
- **oleifera** Lam. 1783 · D:Meerrettichbaum; E:Ben Oil, Horseradish Tree · ♄ d Z10 ⌂ ⚘ ⓝ; Him., Ind., nat. in Trop.
- **peregrina** (Forssk.) Fiori 1911 · ♄ ⚶ d Z10 ⌂ ⓝ; Israel, Egypt, Somalia
- *pterygosperma* Gaertn. = Moringa oleifera

Morisia J. Gay 1829 -f- *Brassicaceae* · (S. 329)
- **hypogaea** J. Gay 1839 · ⚄ ⌂; Corse, Sard.
- **monanthos** (Viv.) Asch. 1884 · ⚄ △ Z7 ⌂ ∧ V-VII; Corse, Sard.

Mormodes Lindl. 1838 -f- *Orchidaceae* · (S. 1074)
D:Gespensterorchidee; F:Mormodes
- **aromatica** Lindl. 1841 · ⚄ Z9 ⌂ X ▽ ✳; Mex.
- **buccinator** Lindl. 1840 · ⚄ Z9 ⌂ X-XI ▽ ✳; Mex., Guat., Panama, Col., Venez., Guyana
- **colossus** Rchb. f. 1852 · ⚄ Z9 ⌂ III ▽ ✳; Costa Rica, Panama
- *macrantha* Lindl. et Paxton = Mormodes colossus
- **maculata** (Klotzsch) L.O. Williams 1950 · ⚄ Z9 ⌂ IX-X ▽ ✳; Mex.
- **ocanae** Linden et Rchb. f. 1863 · ⚄ ⌂; Col.
- *pardina* Bateman = Mormodes maculata
- **variabilis** Rchb. f. 1869 · ⚄ Z9 ⌂ ▽ ✳; Ecuad.

Mormolyca Fenzl 1850 -f- *Orchidaceae* · (S. 1074)
- **ringens** (Lindl.) Schltr. 1907 · ⚄ Z10 ⌂ V-X ▽ ✳; Mex., C-Am.

Morus L. 1753 -f- *Moraceae* · (S. 652)
D:Maulbeerbaum; E:Mulberry; F:Mûrier
- **alba** L. 1753 · D:Weißer Maulbeerbaum; E:Silkworm Mulberry, White Mulberry; F:Mûrier blanc · [19730]
'Laciniata'
'Macrophylla' 1836 [12904]
'Pendula' [33324]
 - var. **alba** · ♄ ♄ d Z5 V ⚘ ⓝ; China, nat. in sp., A, Ba, EC-Eur., TR, E-USA [20956]
 - var. **tatarica** (Pall.) Ser. 1855 · ♄ ♄ d Z5 [13298]
- **australis** Poir. 1797 · D:Südlicher Maulbeerbaum · ♄ ♄ d Z6; China, Korea, Jap., Taiwan
- *bombycis* Koidz. = Morus alba var. alba
- **cathayana** Hemsl. 1891 · ♄ ♄ d Z6; C-China, E-China
- *kagayamae* Koidz. = Morus alba var. alba
- **mongolica** (Bureau) C.K. Schneid. 1916 · D:Mongolischer Maulbeerbaum · ♄ ♄ d Z5; China, Manch., Korea
- **nigra** L. 1753 · D:Schwarzer Maulbeerbaum; E:Black Mulberry, Common Mulberry, Mulberry; F:Mûrier noir · ♄ ♄ d Z6 V ⓝ; C-As., nat. in sp., I, Ba, RO, TR, Iran, se. USA [47620]
'King James'
- **rubra** L. 1753 · D:Roter Maulbeerbaum; E:Red Mulberry · ♄ d Z6 V ⓝ; Can.: Ont.; USA: NE, NCE, NC, SC, SE, Fla., Bermudas
'Nana'
'Platanifolia'

Moschosma Rchb. = Tetradenia
- *riparia* Hochst. = Tetradenia riparia

Moussonia Regel 1847 -f- *Gesneriaceae* · (S. 552)
- **elegans** Decne. ex Planch. 1849 · ⚄ ⌂ VII-IX; S-Mex., C-Am.

Mucuna Adans. 1763 -f- *Fabaceae* · (S. 517)
D:Brennhülse, Juckbohne; E:Velvet Bean; F:Poil à gratter
- **bennettii** F. Muell. 1876 · ⚶ e Z10 ⌂; N.Guinea
- **capitata** (Roxb.) Wight et Arn. 1834 · ☉ Z10 ⌂ ⓝ; Ind., Him., Java
- **pruriens** (L.) DC. 1825
 - subsp. *deeringiana* (Bort) Hanelt 1986 = Mucuna pruriens var. utilis
 - var. **pruriens** · D:Samtige Juckbohne; E:Velvetbean · ☉ Z10 ⌂ ⚘ ⚶ ⓝ; ? trop. As.
 - var. **utilis** (Wall. ex Wight) Baker ex Burck 1893 · ☉ Z10 ⌂ ⚶ ⓝ; cult.
- **sempervirens** Hemsl. ex F.B. Forbes et Hemsl. 1887 · ⚶ e Z10 ⌂; China (W-Hubei, Sichuan), Jap (Kyushu)

Muehlenbeckia Meisn. 1841 -f- *Polygonaceae* · (S. 706)
D:Drahtstrauch, Mühlenbeckie; E:Wireplant; F:Muehlenbeckia
- **adpressa** (Labill.) Meisn. 1841 · D:Tasmanischer Drahtstrauch; E:Australian Ivy, Climbing Lignum · ♄ e ⚶ ↝ Z9 ⌂; Austr.: N.S.Wales, Victoria, S-Austr., Tasman., W-Austr.

- **axillaris** (Hook. f.) Walp. 1849 · D:Schwarzfrüchtiger Drahtstrauch; E:Creeping Wire Vine; F:Muehlenbeckia · ♄ e △ Z7 ∧; NZ [65297]
- **complexa** (A. Cunn.) Meisn. 1841
  - var. **complexa** · D:Weißfrüchtiger Drahtstrauch; E:Maidenhair Vine, Mattress Vine, Wire Plant · ♄ ʃ e ⅜ ↝ Z8 ⓚ; NZ [11224]
  - var. **trilobata** (Colenso) Cheesman 1925 · ʃ e ⓚ; NZ
- **gunnii** (Hook. f.) Walp. 1849 · ʃ e Z9 ⓚ; Austr. (Tasman., S-Austr.)
- *platyclada* (F. Muell.) Meisn. = Homalocladium platycladum

Muhlenbergia Schreb. 1789 -f-
Poaceae · (S. 1121)
- **mexicana** (L.) Trin. 1824 · ⌐ VII-IX; Can.; USA: NE, N.C., NCE, NC, Rocky Mts., SW, Calif. [73019]
- **schreberi** J.F. Gmel. 1791 · D:Tropfensame; E:Nimblewill · ⌐ IX-X; USA: NE, NCE, NC, SE, Fla., SC; E-Mex., nat. in S-Russ. [73020]

Mukdenia Koidz. 1890 -f-
Saxifragaceae · (S. 816)
D:Ahornblatt
- **rossii** (Oliv.) Koidz. 1890 · D:Ahornblatt · ⌐ Z7; N-China, Manch., Korea [69781]

Mukia Arn. 1840 -f- *Cucurbitaceae*
- **maderaspatana** (L.) M. Roem. 1846 · ⊙ ⅜ ⚘ Z9 ⓚ; trop. Afr., trop. As., Austr.

Mundulea (DC.) Benth. 1852 -f-
Fabaceae · (S. 517)
- **sericea** (Willd.) A. Chev. 1925 · D:Silberbusch; E:Silver Bush, Supti · ♄ Z10 ⓦ ⚘ ⓝ; trop. Afr., Madag., S-Afr., Ind., Malay. Arch.
- **suberosa** (DC.) Benth. 1852 · ♄ ⓦ; Ind., Sri Lanka, trop. Afr., S-Afr., Madag.

Muntingia L. 1753 -f- *Tiliaceae* · (S. 871)
D:Jamaikakirsche; E:Jamaica Cherry; F:Cerise de la Jamaïque
- **calabura** L. 1753 · D:Jamaikakirsche; E:Jamaica Cherry · ♄ ♄ e Z10 ⓦ ⓝ; Mex., C-Am., trop. S-Am., nat. in Thail., Phil.

Murbeckiella Rothm. 1939 -f-
Brassicaceae · (S. 329)
- **pinnatifida** (Lam.) Rothm. 1939 · D:Fiederrauke · ⌐ VII-VIII; Eur.: sp., F, I, CH; Pyr., W-Alp.

Murraya L. 1771 -f- *Rutaceae* · (S. 792)
D:Orangenraute; E:Orange Jessamine; F:Murraya
- *exotica* L. = Murraya paniculata
- **koenigii** (L.) Spreng. 1825 · D:Curry-Orangenraute; E:Curry Leaf · ♄ ♄ e Z10 ⓦ ⚘ ⓝ; Ind., Sri Lanka, Myanmar, Thail., Laos, Cambodia
- **paniculata** (L.) Jack 1820 · D:Jasmin-Orangenraute; E:Barktree, Orange Jessamine, Satinwood · ♄ ♄ e D Z10 ⓦ ⓝ; N-Ind., Sri Lanka, Sumat., Java, Phil., Austr., Pacific Is.

Musa L. 1753 -f- *Musaceae* · (S. 1041)
D:Banane; E:Banana, Plantain; F:Bananier
- **acuminata** Colla 1820 · D:Banane; E:Banana, Plantain · ⌐ Z10 ⓦ ⓝ; Ind. (Assam), Myanmar, Thail., Vietn., Malay. Arch., Phil., N.Guinea, Austr. [11226]
  'Dwarf Cavendish'
  'Sumatrana'
- *arnoldiana* De Wild. = Ensete ventricosum
- **balbisiana** Colla 1820 · ⌐ Z10 ⓦ ⓝ; Ind., Myanmar, S-China, Phil., N.Guinea, New Britain
- **basjoo** Siebold et Zucc. 1830 · D:Japanische Faser-Banane; E:Japanese Banana · ⌐ Z9 ⓦ ⓝ; Ryukyu-Is. [11225]
- **coccinea** Andrews 1799
- *ensete* J.F. Gmel. = Ensete ventricosum
- *fehi* Bertero ex Vieill. = Musa troglodytarum
- *japonica* H.J. Veitch = Musa basjoo
- *lasiocarpa* Franch. = Musella lasiocarpa
- **mannii** H. Wendl. ex Baker 1893 · ⌐ Z9 ⓦ; Ind: Assam
- **ornata** Roxb. 1824 · ⌐ Z10 ⓦ; E-Him., Ind., Bangladesh
- × **paradisiaca** L. 1753 (*M. acuminata* × *M. balbisiana*) · D:Ess-Banane; E:Edible Banana, Plantain · ⌐ Z9 ⓦ ⓝ; cult. Trop.
- × *rosacea* Jacq. = Musa × paradisiaca
- **sanguinea** Hook. f. 1872 · ⌐ Z9 ⓦ; Ind: Assam
- × *sapientum* L. = Musa × paradisiaca
- *seminifera* Lour. p.p. = Musa balbisiana
- **sumatrana** Becc. ex André 1880 · D:Blut-Banane; E:Blood Banana · ⌐ Z10 ⓦ; Sumat.
- **textilis** Née 1801 · D:Faser-Banane, Manilahanf; E:Abaca, Manila Hemp · ⌐ Z9 ⓚ ⓝ; Phil., N-Kalimantan
- **troglodytarum** L. 1763 · ⌐ Z10 ⓦ ⓝ; N.Caled., Fiji, Tahiti
- *uranoscopos* Seem. = Musa troglodytarum
- **velutina** H. Wendl. et Drude 1875 · D:Kenia-Banane · ⌐ Z9 ⓦ; NE-Ind.
- *ventricosa* Welw. = Ensete ventricosum
- *violacea* Baker = Musa × paradisiaca
- *zebrina* Van Houtte ex Planch. = Musa acuminata

Musanga C. Sm. ex R. Br. 1818 -f-
Cecropiaceae · (S. 407)
D:Schirmbaum; E:Umbrella Tree
- **cecropioides** R. Br. 1819 · ♄ e Z10 ⓦ; W-Afr, C-Afr., Angola, Uganda
- **smithii** R. Br. 1916 · D:Bosenge, Schirmbaum; E:Corkwood, Umbrella Tree · ♄ e ⓦ ⓝ; trop. Afr.

Muscari Mill. 1754 -n-
Hyacinthaceae · (S. 1010)
D:Träubel, Traubenhyazinthe; E:Grape Hyacinth; F:Muscari
- **armeniacum** Leichtlin ex Baker 1878 · D:Armenische Traubenhyazinthe · ⌐ Z4 III-IV ▽; Eur.: Ba; TR, ? NW-Iran [65298]
  'Blue Pearl' [65299]
  'Blue Spike'
  'Cantab'
  'Fantasy Creation'
  'Sky Blue'
- **aucheri** (Boiss.) Baker 1870 · ⌐ Z6 III-IV ▽; N-TR [72150]
- **azureum** Fenzl 1859 · ⌐ Z8 III-IV ▽; TR
  'Album'
- **botryoides** (L.) Mill. 1768 · D:Kleine Traubenhyazinthe; E:Grape Hyacinth; F:Muscari raisin · ⌐ Z3 IV-V ▽; Eur.: Fr, Ap, C-Eur., EC-Eur., Ba, E-Eur. [65300]
  'Album' [69449]
- **comosum** (L.) Mill. 1768 · D:Schopfige Traubenhyazinthe; E:Tassel Hyacinth · ⌐ Z7 V-VI ⚘ ▽; Eur.* exc. BrI, Sc; TR, Syr., Arab., Iran, N-Afr., nat. in BrI, DK

'Monstrosum' = Muscari comosum
  'Plumosum'
'Plumosum' · D:Gefiederte Traubenhyazinthe; E:Plume Hyacinth · ▽
- *heldreichii* Boiss. = Muscari botryoides
- **latifolium** Kirk 1860 · D:Breitblättrige Traubenhyazinthe · ⚘ Z4 V-VI ▽; TR
- **macrocarpum** Sweet 1827 · D:Großfrüchtige Traubenhyazinthe · ⚘ Z7 IV-V ▽; Eur.: GR, Crete; W-TR
- *moschatum* Willd. = Muscari racemosum
- *muscarimi* Medik. = Muscari racemosum
- **neglectum** Guss. ex Ten. 1842 · D:Weinbergs-Traubenhyazinthe; E:Common Grape Hyacinth · ⚘ D Z4 IV ▽; Eur.* exc. BrI, Sc; TR, Cyprus, Syr., Cauc., Iran, C-As., N-Afr., nat. in BrI, USA
- **pallens** (M. Bieb.) Fisch. 1812 · D:Bleiche Traubenhyazinthe · ⚘ ; E-TR, Cauc.
- *paradoxum* = Bellevalia pycnantha
- *pinardii* (Boiss.) Boiss. = Muscari comosum
- *polyanthum* Boiss. = Muscari armeniacum
- **racemosum** (L.) Mill. 1768 · D:Traubige Schopfhyazinthe · ⚘ Z6; SW-TR
- **tenuiflorum** Tausch 1841 · D:Schmalblütige Traubenhyazinthe · ⚘ Z5 V-VI ▽; Eur.: C-Eur., EC-Eur., Ba, E-Eur.; TR, Syr., Iraq, Cauc., Iran
- *tubergenianum* Hoog ex Turrill = Muscari aucheri

Musella (Franch.) C.Y. Wu ex H.W. Li 1978 -f- *Musaceae*
- **lasiocarpa** (Franch.) C.Y. Wu ex H.W. Li 1978 · ⚘ Z8 ⓚ; China (Yunnan, Guizhou)

Mussaenda L. 1753 -f- *Rubiaceae* · (S. 776)
  D:Signalstrauch; E:Red Flag Bush
- **erythrophylla** Schumach. et Thonn. 1827 · D:Signalstrauch; E:Red Flag Bush · ♄ ⚥ Z10 ⓦ VI-VIII; W-Afr.

Musschia Dumort. 1822 -f- *Campanulaceae* · (S. 386)
- **aurea** (L. f.) Dumort. 1822 · ⚘ ⓚ VII-IX ▽; Madeira
- **wollastonii** Lowe 1856 · ♄ ⓚ VI-IX ▽; Madeira

Mutisia L. f. 1782 -f- *Asteraceae* · (S. 259)
- **clematis** L. f. 1782 · ♄ e ⚥ Z9 ⓦ VII-X; Col., Ecuad., Peru
- **coccinea** A. St.-Hil. 1833 · ♄ ⚡ ⚥ Z9 ⓚ; S-Bras., Parag., Urug., NE-Arg. [11227]
- **decurrens** Cav. 1799 · ♄ e ⚥ Z8 ⓚ VII-VIII; Chile
- **ilicifolia** Cav. 1799 · ♄ e ⚥ Z9 ⓚ; Chile
- *inflexa* Cav. = Mutisia subulata
- **linearifolia** Cav. 1799 · ♄ ⟿ Z9 ⓚ; Chile
- **oligodon** Poepp. ex Endl. 1835 · ⚡ e Z8 ⓚ; Chile, S-Arg.
- **sinuata** Cav. 1799 · ♄ ⚥ ⟿ Z9 ⓚ; Chile
- **speciosa** Aiton 1827 · ♄ ⚥ Z9 ⓦ VII-X; Bras.
- **spinosa** Ruiz et Pav. 1798 · ⚡ e Z9 ⓚ; S-Arg., Chile
- **subulata** Ruiz et Pav. 1798 · ♄ ⚥ Z9 ⓚ; Chile

Myagrum L. 1753 -n- *Brassicaceae* · (S. 329)
  D:Hohldotter; E:Muskweed; F:Caméline, Myagrum
- **perfoliatum** L. 1753 · D:Hohldotter; E:Mite Cress, Muskweed · ⊙ V-VII; Eur.: Fr, Ib, C-Eur., EC-Eur., Ap, Ba, E-Eur.; Syr., Cauc., Iran, N-Iraq, nat. in Sc
- *sativum* L. = Camelina sativa var. sativa

Mycelis Cass. 1824 -m- *Asteraceae* · (S. 259)
  D:Mauerlattich; E:Wall Lettuce
- **muralis** (L.) Dumort. 1827 · D:Mauerlattich; E:Wall Lettuce · ⚘ VII-VIII; Eur.*, TR, Cauc.

Myoporum Banks et Sol. ex G. Forst. 1786 -n- *Myoporaceae* · (S. 654)
- **acuminatum** R. Br. 1810 · ⚘ ♄ e Z9 ⓚ IV; Austr.
- **laetum** G. Forst. 1786 · ♄ e Z9 ⓚ IV-VII; NZ
- **parvifolium** R. Br. 1810 · ♄ e Z9 ⓚ VII-VIII; Austr., Tasman.
- **tetrandrum** (Labill.) Domin 1923 · ♄ ♄ e Z9 ⓚ V; Austr.

Myosotidium Hook. 1859 -f- *Boraginaceae* · (S. 309)
  D:Riesenvergissmeinnicht
- **hortensia** (Decne.) Baill. 1890 · D:Riesenvergissmeinnicht · ⚘ Z8 ⓚ; NZ (Chatham Is.)

Myosotis L. 1753 -f- *Boraginaceae* · (S. 309)
  D:Vergissmeinnicht; E:Forget-me-not; F:Myosotis, Ne-m'oubliez-pas
- **alpestris** F.W. Schmidt 1794 · D:Alpen-Vergissmeinnicht; E:Alpine Forget-me-not · ⚘ Z4 VII-VIII; Eur.* exc. Sc; Cauc. [60658]
- *alpestris* hort. = Myosotis sylvatica
- **arvensis** (L.) Hill · D:Gewöhnliches Acker-Vergissmeinnicht; E:Common Forget-me-not · ⊙ ⊙ Z6 IV-VIII; Eur.*, TR, Cauc., W-Sib., E-Sib., C-As., NW-Afr., nat. in N-Am.
- **australis** R. Br. 1810 · ⚘ Z8 ⓚ VI-VIII; Austr., Tasman., NZ
- **azorica** H.C. Watson 1844 · D:Azoren-Vergissmeinnicht; E:Azores Forget-me-not · ⚘ Z9 ⓚ IV-X; Azor.
- *caespititia* (DC.) A. Kern. = Myosotis rehsteineri
- **cespitosa** Schultz 1819 · ⊙ Z6; Eur.*, Sib., Maroc., Alger., Tun., e. N-Am.
  - subsp. *rehsteineri* (Wartm.) Nyman = Myosotis rehsteineri
- **colensoi** (Kirk) J.F. Macbr. 1916 · ⚘ Z8 ⓚ; NZ [69450]
- *decora* Kirk ex Cheesman = Myosotis colensoi
- **decumbens** Host 1827 · D:Niederliegendes Vergissmeinnicht · ⚘ VI-VIII; Eur.*, Maroc., Alger.
- **discolor** Pers. 1797 · D:Buntes Vergissmeinnicht · ⊙ ⊙ IV-VI; Eur.* exc. Ib; TR, Cyprus, NW-Afr.
- **explanata** Cheeseman 1906 · ⚘ Z8 ⓚ III-V; NZ
- **laxa** Lehm. 1818 · D:Rasen-Vergissmeinnicht · ⊙ Z6 V-VII; Eur.*, TR, Palaest., As., NW-Afr., N-Am.
- **nemorosa** Besser 1821 · D:Hain-Vergissmeinnicht, Scharfkantiges Sumpf-Vergissmeinnicht · ⊙ ⚘ VI-VII; Eur.*
- *oblongata* Link = Myosotis sylvatica
- *palustris* (L.) Hill = Myosotis scorpioides
  - subsp. *caespititia* (DC.) E. Baumann 1911 = Myosotis rehsteineri
- *praecox* = Myosotis scorpioides subsp. praecox
- **pulvinaris** Hook. f. 1864 · ⚘ Z8 ⓚ; NZ (S-Is.)
- **ramosissima** Rochel ex Schult. 1814 · D:Hügel-Vergissmeinnicht · ⊙ IV-VI; Eur.*, TR, Levante, Cauc., NW-Iran, NW-Afr.

- **rehsteineri** Wartm. 1884 · D:Bodensee-Vergißmeinnicht · ⚃ ∾ Z6 IV-V ▽; Eur.: S-D, N-I, CH, A [67240]
- **scorpioides** L. · D:Sumpf-Vergissmeinnicht; E:Forget-me-not; F:Myosotis des marais · ⚃ V-VIII; Eur.* exc. Ib; TR, Cauc., W-Sib., E-Sib., Mong., nat. in N-Am. [67237]
  'Alba' [68322]
  'Ice Pearl'
  'Mermaid'
  'Perle von Ronneberg' [67238]
  'Pinkie' [68440]
  'Thüringen' [67239]
  - subsp. **praecox** (Hülph.) Dickoré 1997 · D:Großblütiges Vergissmeinnicht, Großblütiges Sumpf-Vergissmeinnicht · ⚃ Z5 VI-VII; D; coast
  - subsp. **scorpioides** · D:Gewöhnliches Sumpf-Vergissmeinnicht, Lockerblütiges Vergissmeinnicht; E:Water Forget-me-not; F:Myosotis des marais · ⚃ Z5 V-IX; Eur.* +
- **sparsiflora** J.C. Mikan ex Pohl 1806 · D:Zerstreutblütiges Vergissmeinnicht · ⊙ IV-VI; Eur.: C-Eur., EC-Eur., Ba, E-Eur.; TR, Cauc., Iran, C-As.
- **stenophylla** Knaf 1939 · D:Schmalblatt-Vergissmeinnicht · ⚃ V-VIII; Eur.: A, EC-Eur., E-Eur.; Cauc., W-Sib., E-Sib., Amur, Kamchat., C-As.
- **stricta** Link ex Roem. et Schult. 1819 · D:Sand-Vergissmeinnicht · ⊙ Z6 III-VI; Eur.*, TR, Levante, Cauc., N-Iran, Him., W-Sib., E-Sib., C-As., N-Afr., nat. in N-Am.
- **sylvatica** Ehrh. ex Hoffm. 1791 · D:Wald-Vergissmeinnicht; E:Wood Forget-me-not; F:Myosotis des bois, Ne m'oubliez-pas · ⊙ ⚃ Z5 V-VII; Eur.* exc. Ib; TR, Cauc., Iran [16766]
  'Carmine King'
  'Indigo Compact'
  'Rosylva'

Myosoton Moench = *Stellaria*
- *aquaticum* (L.) Moench = *Stellaria aquatica*

Myosurus L. 1753 -m- *Ranunculaceae* · (S. 732)
D:Mäuseschwänzchen; E:Mousetail; F:Myosure, Queue-de-souris
- **minimus** L. 1753 · D:Kleines Mäuseschwänzchen; E:Mousetail, Tiny Mousetail · ⊙ IV-VI; Eur.*, Cyprus, Syr., Cauc., W-Sib., C-As., Maroc., Alger., Libya, Alaska, Can., USA*, Austr.

Myrcia DC. ex Guill. 1827 -f- *Myrtaceae* · (S. 663)
- **splendens** (Sw.) DC. 1828 · ♄ ♄ e ⓦ; Mex., C-Am., W.Ind., S-Am.

Myrciaria O. Berg 1856 -f- *Myrtaceae* · (S. 663)
- **cauliflora** (DC.) O. Berg 1857 · D:Jaboticababaum; E:Jaboticaba · ♄ e Z10 ⓚ ⓝ; S-Bras.
- **myriophylla** (Casar.) O. Berg 1857 · ♄ Z10 ⓦ; Bras.

Myrica L. 1753 -f- *Myricaceae* · (S. 655)
D:Gagelstrauch; E:Bog Myrtle; F:Arbre-à-cire, Cirier
- *aspleniifolia* L. = *Comptonia peregrina* var. *aspleniifolia*
- **californica** Cham. et Schltdl. 1831 · D:Kalifornischer Gagelstrauch · ♄ e Z7; USA: NW, Calif.
- *carolinensis* hort. = *Myrica pensylvanica*
- *caroliniensis* Mill. = *Myrica cerifera*
- **cerifera** L. 1753 · D:Wachsmyrte; E:Wax Myrtle, Waxberry; F:Cirier · ♄ ♄ e ∾ Z8 ⓚ IV-V ⚥; USA: NE, SE, Fla., Tex.
- **gale** L. 1753 · D:Moor-Gagelstrauch; E:Bog Myrtle, Sweet Gale; F:Galé odorant, Piment royal
  - var. **gale** · ♄ d ∾ D Z3 IV ⚥; Eur.* exc. Ba, Ap [31120]
  - var. **tomentosa** C. DC. 1864
- **pensylvanica** Lam. 1788 · D:Amerikanischer Gagelstrauch; E:Bayberry, Northern Bayberry · ♄ d Z3 IV-V; Can.: E; USA: NE, Ohio, N.C., nat. in NL, S-GB [33330]
- **rubra** (Lour.) Siebold et Zucc. 1846 · D:Japanischer Gagelstrauch; E:Red Myrica · ♄ ♄ e Z10 ⓚ ⓝ; Jap., Taiwan, China
- **tomentosa** (Aubl.) DC. · ♄ ♄ ⓦ; Panama, trop. S-Am.

Myricaria Desv. 1825 -f- *Tamaricaceae* · (S. 862)
D:Rispelstrauch; E:Myrtle; F:Faux-tamaris, Miricaire
- **germanica** (L.) Desv. 1825 · D:Deutsche Tamariske, Rispelstrauch; E:False Tamarisk; F:Myricaire d'Allemagne · ♄ d Z6 VI-VIII; Eur.* exc. BrI; TR, Cauc., Iran, Afgh., Pakist. [14006]

Myriocarpa Benth. 1844 -f- *Urticaceae* · (S. 878)
D:Tausendfrucht; F:Myriocarpe
- **densiflora** Benth. 1844 · D:Dichtblütige Tausendfrucht · ♄ e ⓦ; S-Am.
- **stipitata** Benth. 1844 · ♄ Z10 ⓦ; Bras.

Myriophyllum L. 1753 -n- *Haloragaceae* · (S. 560)
D:Tausendblatt; E:Water Milfoil; F:Myriophylle
- **alterniflorum** DC. 1815 · D:Wechselblütiges Tausendblatt · ⚃ ≈ Z6 VI-VIII; Eur.* exc. Ba; NW-Afr., Alaska, Can., USA: NE; Greenl.
- **aquaticum** (Vell.) Verdc. 1973 · D:Brasilianisches Tausendblatt; E:Diamond Milfoil, Parrots Feather; F:Millefeuille d'eau, Myriophylle du Brésil · ⚃ ≈ Z10 ⓚ; S-Am., nat. in Ib, F [67241]
- *brasiliense* Cambess. = *Myriophyllum aquaticum*
- **elatinoides** Gaudich. 1825 · D:Tännelähnliches Tausendblatt · ⚃ ≈ Z10 ⓚ; Mex., S-Am., Falkland, Chatham Is., Austr., Tasman., NZ
- **heterophyllum** Michx. 1803 · D:Verschiedenblättriges Tausendblatt; E:Broadleaf Water Milfoil · ⚃ ≈ Z6 VI-IX; Can.: E; USA: NE, NCE, NC, SC, SE, Fla., nat. in BrI, A
- **hippuroides** Nutt. ex Torr. et A. Gray 1840 · D:Tannenwedel-Tausendblatt; E:Western Water Milfoil · ⚃ ≈ Z7; Can.: W; USA: NW, Calif.; Mex. [68290]
- **pinnatum** (Walter) Britton, Sterns et Poggenb. 1888 · D:Rotstängeliges Tausendblatt · ⚃ ≈ Z6; USA: NE, NCE, SC, SE, Fla.; W.Ind.
- *proserpinacoides* Gillies ex Hook. et Arn. = *Myriophyllum aquaticum*
- *scabratum* Cham. et Schltdl. = *Myriophyllum hippuroides*
- *scabratum* Michx. = *Myriophyllum pinnatum*
- **spicatum** L. 1753 · D:Ähriges Tausendblatt; E:Millefolium, Spiked Water Milfoil; F:Myriophylle en épis · ⚃ ≈ Z6 VII-VIII; Eur.*, cosmop. exc. S-Am., Austr. [67242]
- **verticillatum** L. 1753 · D:Quirliges Tausendblatt; E:Water Milfoil, Whorled Water Milfoil; F:Myriophylle verticillé · ⚃ ≈ Z3 VI-VIII; Eur.*, Cauc., Syr., W-Sib.,

E-Sib., Kamchat., C-As., Mong., China, Jap., Maroc., Alger., N-Am., S-Am. [67243]

Myristica Gronov. 1755 -f- *Myristicaceae* · (S. 655)
D:Muskatnuss; E:Nutmeg; F:Muscadier
- **argentea** Warb. 1891 · D:Silberne Muskatnuss; E:Silver Nutmeg · ♄ e Z10 ⓦ Ⓝ; N.Guinea
- **fragrans** Houtt. 1774 · D:Duftende Muskatnuss; E:Nutmeg · ♄ e Z10 ⓦ ⚥ Ⓝ; Molucca I.
- **malabarica** Lam. 1791 · ♄ e Z10 ⓦ Ⓝ; Ind.
- *officinalis* L. f. = Myristica fragrans

Myrmecodia Jack 1823 -f- *Rubiaceae* · (S. 776)
D:Ameisenknolle; F:Plante aux fourmis
- *antoinii* Becc. = Myrmecodia platytyrea subsp. antoinii
- *echinata* F. Muell. = Myrmecodia tuberosa
- *inermis* DC. = Myrmecodia tuberosa
- **platytyrea** Becc. 1884
  - subsp. **antoinii** (Becc.) Huxley et Jebb 1993 · ♄ e ⓦ; Austr.: Torres-Street
  - subsp. **platytyrea** · ♄ e ⓦ; N.Guinea
- **tuberosa** Jack 1823 · ♄ e ⓦ; Malay. Pen.

Myroxylon L. f. 1782 -n- *Fabaceae* · (S. 517)
D:Balsambaum; E:Balsam; F:Balsamier
- **balsamum** (L.) Harms 1908
  - var. **balsamum** · D:Tolu-Balsambaum; E:Tolu Tree, Tolubalsam · ♄ e Z8 ⓦ ⚥ Ⓝ; Guat., Col., Ecuad., Venez., Bras.
  - var. **pereirae** (Royle) Harms · ♄ e Z8 ⓦ ⚥ Ⓝ; S-Mex., C-Am.
- *pereirae* (Royle) Klotzsch = Myroxylon balsamum var. pereirae
- *toluiferum* A. Rich. = Myroxylon balsamum var. balsamum

Myrrhis Mill. 1754 -f- *Apiaceae* · (S. 180)
D:Süßdolde; E:Sweet Cicely; F:Cerfeuil vivace
- **odorata** (L.) Scop. 1771 · D:Süßdolde; E:Garden Myrrh, Sweet Cicely · ⚃ Z5 VI ⚥ Ⓝ; Eur.: Ib, Fr, Ap, Ba, C-Eur.; Cauc. [65301]

Myrrhoides Heist. ex Fabr. = Physocaulis
- *nodosa* (L.) Cannon = Physocaulis nodosus

Myrsine L. 1753 -f- *Myrsinaceae* · (S. 656)
D:Myrsine; F:Myrsine
- **africana** L. 1753
  - var. **africana** · E:African Boxwood, Cape Myrtle · ♄ e Z9 ⓚ; Azor., E-Afr.(mts.), S-Afr., Him., China
  - var. **microphylla** Drège · ♄ e Z9 ⓚ III-V; Azor., S-Afr., Afgh., Him.
  - var. **retusa** Aiton · ♄ e Z9 ⓚ III-V; Azor.

Myrsiphyllum Willd. = Asparagus
- *asparagoides* (L.) Willd. = Asparagus asparagoides

Myrteola O. Berg 1856 -f- *Myrtaceae*
- **nummularia** (Poir.) O. Berg 1856

Myrtillocactus Console 1897 -m- *Cactaceae* · (S. 360)
D:Heidelbeerkaktus; F:Cactus à myrtilles
- **cochal** (Orcutt) Britton et Rose 1909 · ♄ ⚷ Z9 ⓦ ▽ ✽; Mex.: Baja Calif.
- **geometrizans** (Mart.) Console 1897 · ♄ ⚷ Z9 ⓦ ▽ ✽; Mex., Baja Calif.
- **schenckii** (J.A. Purpus) Britton et Rose 1909 · ♄ ⚷ Z9 ⓦ ▽ ✽; Mex.

Myrtus L. 1753 -f- *Myrtaceae* · (S. 663)
D:Myrte; F:Vrai myrte
- *apiculata* DC. = Luma apiculata
- *bullata* Sol. ex A. Cunn. = Lophomyrtus bullata
- *chequen* (Molina) Spreng. = Luma chequen
- **communis** L. 1753 [58110]
  'Flore Pleno'
  'Variegata' [19814]
  - subsp. **communis** · D:BrautMyrte, Gewöhnliche Myrte; E:Common Myrtle, Myrtle · ♄ e D Z8 ⓚ VI-X ⚥ ; Eur.: Ib, Fr, Ap, Ba; TR, Levante, Iran, C-As., Pakistan, NW-Afr., Libya
  - subsp. **tarentina** (L.) Nyman 1878 · ♄ e Z8 ⓚ; Eur.: sp., F, Ap, Crete [19813]
- *cumini* L. = Syzygium cumini
- *lechlerana* = Amomyrtus luma
- *luma* Molina = Luma apiculata

- *obcordata* (Raoul) Hook. f. = Lophomyrtus obcordata
- *ugni* Molina = Ugni molinae

Nabalus Cass. 1825 -m- *Asteraceae* · (S. 259)
- **albus** (L.) Hook. 1833 · E:Rattlesnake Root, White Lettuce · ⚃ Z5 VII-IX; Can.: E, Sask.; USA: NE, NCE, NC, SE
- **serpentarius** (Pursh) Hook. 1833 · E:Cankerweed, Gall-of-the-Earth, Lion's Foot · ⚃ Z5 VIII-IX; USA: NE, Ohio, SE, Fla.

Naegelia Rabenh. = Smithiantha
- *multiflora* (M. Martens et Galeotti) Hook. = Smithiantha multiflora
- *zebrina* (Paxton) Regel = Smithiantha zebrina

Nageia Gaertn. 1788 -f- *Podocarpaceae* · (S. 96)
D:Nagibaum; E:Nagi
- *acutifolia* (Kirk) Kuntze = Podocarpus acutifolius
- *ensifolia* (R. Br. ex Carrière) Kuntze = Podocarpus spinulosus
- *hallii* (Kirk) Kuntze = Podocarpus cunninghamii
- *kirkiana* Kuntze = Podocarpus acutifolius
- *lamberti* (Klotzsch ex Endl.) F. Muell. = Podocarpus lambertii
- **nagi** (Thunb.) Kuntze 1891 · D:Echter Nagibaum; E:Nagi · ♄ e Z8 ⓚ Ⓝ; S-Jap., Ryukyu-Is., Taiwan [22337]
- *spicata* (R. Br.) F. Muell. = Prumnopitys taxifolia
- *spinulosa* (Sm.) F. Muell. = Podocarpus spinulosus

Nageliella L.O. Williams 1940 -f- *Orchidaceae* · (S. 1074)
- **purpurea** (Lindl.) L.O. Williams 1940 · ⚃ Z10 ⓦ VI-VIII ▽ ✽; Mex., Guat.

Najas L. 1753 -f- *Najadaceae* · (S. 1042)
D:Nixkraut; E:Naiad, Water Nymph; F:Naïade
- **flexilis** (Willd.) Rostk. et W.L.E. Schmidt 1824 · D:Biegsames Nixkraut · ⊙ ≈ Z5 VI-VIII ▽; Eur.: BrI, Sc, C-Eur., EC-Eur., E-Eur.; W-Sib., N-Am
- **graminea** Delile 1814 · D:Grasartiges Nixkraut · ⊙ ⊙ ⚃ ≈ Z8 ⓦ ⓚ; C-Afr., NE-Afr., S-As., Austr., N.Caled., nat. in I, BG, RO

- **guadalupensis** (Spreng.) Morong 1839 · D:Guadalupe-Nixkraut · ⚃ ≈ Z9 ⓦ; C-Am, S-Am.
- **indica** (Willd.) Cham. 1829 · D:Indisches Nixkraut · ⚃ ≈ Z10 ⓦ; trop. As.
- **malesiana** W.J. de Wilde 1961 · ⚃ ≈ Z10 ⓦ; SE-As.
- **marina**
  - subsp. **marina** · D:Meer-Nixkraut; E:Marine Najad, Spiny Najad · ⊙ ≈ VI-VIII; Eur.*, Cauc., W-Sib., E-Sib., Amur, C-As., S-As., E-As., N-Afr., N-Am., S-Am., Austr.
- *microdon* A. Braun = Najas guadalupensis
- **minor** All. 1773 · D:Kleines Nixkraut · ⊙ ≈ Z6 VI-VIII; Eur.* exc. Sc, BrI; TR, Cauc., Iran, W-Sib., Amur, C-As., E-As., S-As., N-Afr., Afr.

× **Nakamotoara** hort. 1964 -f- Orchidaceae ·
(*Ascocentrum* × *Neofinetia* × *Vanda*)

Nananthus N.E. Br. 1925 -m- Aizoaceae · (S. 147)
- *orpenii* N.E. Br. = Prepodesma orpenii
- *schooneesii* (L. Bolus) L. Bolus = Aloinopsis schooneesii
- **vittatus** (N.E. Br.) Schwantes 1928 · ⚃ ⚇ Z9 ⓦ; S-Afr.

Nandina Thunb. 1781 -f- Berberidaceae · (S. 287) D:Himmelsbambus, Nandine; E:Heavenly Bamboo; F:Bambou sacré
- **domestica** Thunb. ex Murray 1781 · D:Himmelsbambus, Nandine; E:Heavenly Bamboo, Sacred Bamboo; F:Bambou sacré · ♄ e Z8 ⓚ VI-VII ✿; Jap., C-China [33332]
  - 'Firepower' [36178]
  - 'Richmond' [21344]

Nannorrhops H. Wendl. 1879 -f- Arecaceae · (S. 955) D:Mazaripalme; E:Marari Palm
- **ritchiana** (Griff.) Aitch. 1882 · D:Mazaripalme; E:Marari Palm · ♄ e ⌒ ⓚ; Iran, Afgh., Pakistan

Nanodes Lindl. 1832 -n- Orchidaceae
- *medusae* Rchb. f. = Epidendrum medusae
- *porpax* (Rchb. f.) Brieger = Epidendrum neoporpax

Napaea L. 1753 -f- Malvaceae · (S. 621)
- **dioica** L. 1753 · D:Zweihäusige Malve; E:Glade Mallow · ⚃ Z4; USA: NCE [60801]

Narcissus L. 1753 -m- Amaryllidaceae · (S. 912) D:Jonquille, Narzisse, Osterglocke, Tazette; E:Daffodil; F:Narcisse
- *albicans* Spreng. = Narcissus cantabricus subsp. monphyllus
- **assoanus** Dufr. ex Schult. et Schult. f. · D:Binsen-Narzisse; E:Rush-Leaved Jonquil · ⚃ △ Z7 ∧ III-IV ✿ ▽; Eur.: S-F, sp., ? Corse, nat. in TR
- **asturiensis** (Jord.) Pugsley 1933 · D:Zwerg-Narzisse; E:Dwarf Daffodil · ⚃ △ Z7 ∧ III-IV ▽; N-P, N-Sp.
- **bicolor** L. 1762 · D:Zweifarbige Narzisse · ⚃
- **broussonetii** Lag. 1816 · ⚃ Z8 ⓚ; Maroc.
- **bulbocodium** L. 1753 · D:Reifrock-Narzisse; E:Bulbocodium, Hoop Petticoat Daffodil
  - subsp. **bulbocodium** var. **bulbocodium** · ⚃ Z7 ∧ IV-V ▽; SW-F, Ib., Maroc., Alger.
  - subsp. *bulbocodium* var. *citrinus* Baker 1880 = Narcissus gigas
  - subsp. *bulbocodium* var. *conspicuus* (Haw.) Burb. = Narcissus bulbocodium subsp. bulbocodium var. bulbocodium
  - subsp. *bulbocodium* var. *foliosus* Maire 1929 = Narcissus cantabricus subsp. cantabricus var. foliosus
  - subsp. *bulbocodium* var. *nivalis* (Graells) Baker 1888 = Narcissus bulbocodium subsp. bulbocodium var. bulbocodium
  - subsp. *bulbocodium* var. *tenuifolius* (Salisb.) Baker = Narcissus bulbocodium subsp. bulbocodium var. bulbocodium
  - subsp. **obesus** (Salisb.) Maire 1931 · ⚃; Eur.: P, SW-Sp.
- *canaliculatus* Guss. = Narcissus tazetta subsp. tazetta
- **cantabricus** DC. 1815 · D:Kantabrische Reifrock-Narzisse · ⚃ Z8 ⓚ ▽; Eur.: S-Sp.; Maroc., Alger.
  - subsp. **cantabricus** var. **cantabricus**
  - subsp. **cantabricus** var. **foliosus** (Maire) A. Fern. 1957 · ⚃ ⓚ ▽; Maroc.
  - subsp. **monphyllus** (Durieu) A. Fern. 1957 · ⚃ Z8 ⓚ ▽; Eur.: S-Sp.; Maroc., Alg.
  - subsp. **tananicus** (Maire) A. Fern. 1968 · ⚃ ⓚ ▽; Maroc.
- × **compressus** Haw. 1800 (*N. tazetta*) · ⚃ Z8 ∧; SW-F, NE-Sp., nat. in Ba, I
- *cordubensis* Fern. Casas = Narcissus fernandesii
- **cuatrecasasii** Fern. Casas, M. Laínz et Ruíz Rejón 1973 · ⚃ Z8 ⓚ ▽; Eur.: sp.; mts.
- **cyclamineus** DC. 1815 · D:Alpenveilchen-Narzisse; E:Donkey's Ears · ⚃ △ Z8 ∧ III-IV ▽; NW-Sp.
- **elegans** (Haw.) Spach 1846 · D:Zierliche Tazette · ⚃ D Z8 ⓚ ∧ IX-X ▽; Eur.: Balear., I, Sic.; NW-Afr.
- *exsertus* Haw. = Narcissus poeticus subsp. poeticus
- **fernandesii** Pedro 1947 · D:Fernandes' Jonquille · ⚃ Z8 ⓚ ▽; Eur.: P, SW-Sp.
- **gaditanus** Boiss. et Reut. 1859 · D:Cadiz-Jonquille · ⚃ Z8 ⓚ; Eur.: S-P, S-Sp.
- **gigas** (Haw.) Steud. 1841 · D:Zitronengelbe Reifrock-Narzisse · ⚃ Z7; sp.
- × *gracilis* Sabine = Narcissus × tenuior
- × *grenieri* K. Richt. = Narcissus × medioluteus
- **hispanicus** Gouan · ⚃ Z4 IV-V ▽; Eur.: sp., P, S-F
- × **incomparabilis** Mill. 1768 (*N. poeticus* × *N. pseudoN.*) · D:Unvergleichliche Narzisse; E:Nonesuch Daffodil · ⚃ Z4 III-IV; F, nat. in S-Eur., W-Eur.
- *intermedius* Loisel. = Narcissus × compressus
- *italicus* Ker-Gawl. = Narcissus tazetta subsp. italicus
- × **johnstonii** (Baker) Pugsley 1933 (*N. pseudoN.* × *N. triandrus* subsp. *pallidulus*) · ⚃ IV; P
- **jonquilla** L. 1753 · D:Echte Jonquille; E:Wild Jonquil · ⚃ △ D Z7 ∧ IV ⓝ ▽; Eur.: Ib, nat. in F, I, Croatia, Montenegro
  - var. *henriquesii* Samp. 1939 = Narcissus fernandesii
- *juncifolius* Req. ex Lag. = Narcissus assoanus
- × **medioluteus** Mill. 1768 (*N. poeticus* × *N. tazetta*) · D:Zweiblütige Narzisse; E:Primrose Peerless · ⚃ D Z7 IV-V; F, nat. in

S-Eur.
- *minimus* hort. = Narcissus asturiensis
- **minor** L. 1762 · D:Kleine Narzisse · ⚃ Z4 ▽; Eur.: F, N-Sp.; Pyr.
  - var. *conspicuus* Haw. = Narcissus minor
- *moschatus* L. = Narcissus pseudonarcissus subsp. moschatus
- *nanus* (Haw.) Spach = Narcissus minor
- *obesus* Salisb. = Narcissus bulbocodium subsp. obesus
- *obvallaris* Salisb. = Narcissus bicolor
- × **odorus** L. 1756 (*N. pseudoN.*) · D:Duft-Narzisse; E:Campernelle Jonquil · ⚃ D Z6 IV-V; cult.
- *pachybolbus* Durand = Narcissus papyraceus subsp. pachybolbus
- **papyraceus** Ker-Gawl. 1806 · D:Weihnachts-Narzisse; E:Paper-White Narcissus
  - subsp. **pachybolbus** (Durand) D.A. Webb 1978 · ⚃ Z9 ⓐ; Maroc., Alger.
  - subsp. **papyraceus** · ⚃ D Z8 ⓐ I-III ▽; Eur.: Ib, Fr, Ap, Ba
- × *poetaz* hort. ex L.H. Bailey = Narcissus × medioluteus
- **poeticus** L. 1753 · D:Dichter-Narzisse · [65303]
  'Physaloides' · ⚃ ▽; cult.
  - subsp. **poeticus** · D:Gewöhnliche Dichter-Narzisse, Weiße Narzisse; E:Pheasant Eye Narcissus, Poet's Narcissus · ⚃ ⚭ Z4 IV-V ✿ Ⓝ ▽; Eur.: Ib, Fr, Ap, C-Eur., Ba, E-Eur., nat. in BrI [65305]
  - subsp. **verbanensis** (Herb.) P.D. Sell 1996 · D:Langensee-Narzisse · ⚃ Z4 IV-V ▽; CH, N-I
  - var. *recurvus* (Haw.) A. Fern. 1951 = Narcissus poeticus subsp. poeticus
  - subsp. **radiiflorus** (Salisb.) Baker 1888 · D:Westalpen-Narzisse · ⚃ ⚭ Z4 IV-V ✿ ▽; SC-Eur., W-Ba
- **pseudonarcissus** L. 1753 · D:Osterglocke
  - subsp. **major** (Curtis) Baker 1888 = Narcissus hispanicus
  - subsp. **moschatus** (L.) Baker · ⚃; Eur.: sp., F (Pyr., Cordillera Cantábrica)
  - subsp. **pseudonarcissus** · D:Gelbe Narzisse, Gewöhnliche Osterglocke; E:Lent Lily, Tenby Daffodil, Wild Daffodil · ⚃ ⚭ Z4 III-IV ✿ ▽; Eur.: BrI, Fr, Ib, CH, D, nat. in A, I, Ba, RO
  - var. *johnstonii* Baker 1886 = Narcissus × johnstonii
  - var. *porrigens* (Jord.) Pugsley 1944 = Narcissus pseudonarcissus subsp. pseudonarcissus
- *pumilus* Salisb. = Narcissus minor
- *radiiflorus* Salisb. = Narcissus poeticus subsp. radiiflorus
  - var. *stellaris* (Haw.) A. Fern. 1968 = Narcissus poeticus subsp. radiiflorus
- *requienii* M. Roem. = Narcissus assoanus
- **romieuxii** Braun-Blanq. et Maire 1922 · D:Marokkanische Reifrock-Narzisse · ⚃ Z7 ⓐ; Maroc., Alger.
  - subsp. **albidus** (Emb. et Maire) A. Fern. 1959 · ⚃ Z7 ⓐ; Maroc. (Rif), Alger.
  - subsp. **romieuxii**
    - var. *mesatlanticus* Maire
    - var. *zaianicus* (Maire, Weiller et Wilczek) A. Fern. 1959 = Narcissus romieuxii subsp. albidus
- **rupicola** Dufour 1830 · D:Stängellose Jonquille
  - subsp. **rupicola** · ⚃ Z8 ⓐ ▽; C-Sp., N-P
  - subsp. **watieri** (Maire) Maire et Weiller 1959 · ⚃ Z8 ⓐ VI ▽; Maroc.
- **scaberulus** Henriq. 1888 · D:Raue Jonquille · ⚃ Z8 ⓐ ▽; N-P (Mondego-Tal)
- **serotinus** L. 1753 · D:Herbst-Narzisse · ⚃ Z8 ⓐ ▽; Eur.: Ib, Ap, Ba; TR, Cyprus, Palaest., NW-Afr.
- *stellaris* Haw. = Narcissus poeticus subsp. radiiflorus
- *tananicus* Maire = Narcissus cantabricus subsp. tananicus
- **tazetta** L. 1753 · D:Echte Tazette; E:Bunch-Flowered Narcissus
  - subsp. **italicus** (Ker-Gawl.) Baker 1888 · ⚃ ▽; Eur.: F, Ap, Ba
  - subsp. *lacticolor* (Baker) Baker 1888 = Narcissus tazetta subsp. italicus
  - subsp. *papyraceus* (Ker-Gawl.) G. Nicholson 1888 = Narcissus papyraceus subsp. papyraceus
  - subsp. **tazetta** · ⚃ ⚭ D Z7 III-V ▽; Eur.: Ib, Fr, Ap, Ba
- × *tazettopoeticus* Gren. et Godr. = Narcissus × medioluteus
- × **tenuior** Curtis 1797 (*N. poeticus*) · ⚃ Z7; cult.
- **triandrus** L. 1762 · D:Engelstränen-Narzisse; E:Angel's Tears
  - subsp. **pallidulus** (Graells) D.A. Webb 1978 · D:Bleiche Engelstränen-Narzisse · ⚃; Ib.
  - subsp. **triandrus**
    - var. **triandrus** · ⚃ Z4 IV-V ▽; Eur.: Ib, F
    - var. *albus* (Haw.) Baker = Narcissus triandrus subsp. triandrus var. triandrus
- *verbanensis* (Herb.) Herb. = Narcissus poeticus subsp. verbanensis
- *watieri* Maire = Narcissus rupicola subsp. watieri
- **willkommii** (Samp.) A. Fern. 1966 · D:Willkomms Jonquille · ⚃ Z8 ⓐ ▽; Eur.: S-P, SW-Sp.
- in vielen Sorten:
  1. Trompeten-Narzissen
     Die Nebenkrone ist mindestens so lang oder länger als die Krone. Auf einem Stiel sitzt jeweils eine Blüte. Frühe bis mittlere Blütezeit.
  2. Großkronige Narzissen
     Die Länge der Nebenkrone beträgt mindestens ein Drittel der Krone. Auf einem Stiel sitzt jeweils eine Blüte. Mittlere bis späte Blütezeit.
  3. Kleinkronige Narzissen
     Die Nebenkrone kleiner als ein Drittel der Krone. Auf einem Stiel sitzt jeweils eine Blüte. Mittlere bis späte Blütezeit.
  4. Gefüllt blühende Narzissen
     Alle Narzissen mit gefüllten Blüten, auch Jonquillen und Tazetten. Auf einem Stiel sitzen eine oder mehrere Blüten. Mittlere bis späte Blütezeit.
  5. Engelstränen-Narzissen
     Stammen von *N. triandrus* ab. Eine oder mehrere glockenförmige Blüten hängen nickend am Stiel, die Krone ist nach hinten zurückgebogen. Späte Blütezeit, stark duftend.
  6. Alpenveilchen-Narzissen
     Stammen von *N. cyclamineus* ab. Auf einem Stiel sitzt eine Blüte mit stark nach hinten umgebogener Krone. Sehr frühe bis mittlere Blütezeit.
  7. Jonquillen
     Ein Elternteil ist N. jonquilla oder eine andere Art der Sektion Jonquilla. Auf einem Stiel sitzen zwischen zwei und sechs Blüten mit flacher Krone. Späte Blütezeit, stark duftend.

8   Tazetten
    Ein Elternteil ist *N. tazetta, N. papyraceus* oder eine andere Art der Sektion Tazettae, der mögliche Kreuzungspartner *N. poeticus* ergibt Poetaz-Hybriden. Diese sind winterhart und blühen spät im Gegensatz zu den reinen Tazetten, die oft nur zum Treiben verwendet werden. Büschelförmiger Blütenstand mit 2–16 Blüten. Starker Duft.
9   Dichternarzissen
    Stammen von *N. poeticus* oder *N. radiiflorus* ab. Auf einem Stiel sitzt nur eine Blüte mit kleiner, schmalrandiger Nebenkrone. Sehr späte Blütezeit.
10 Reifrocknarzissen
    Stammen von *N. bulbocodium, N. romieuxii* oder einer anderen Art der Sektion Bulbocodium ab. Ähneln im Aussehen sehr den Elternpflanzen.
11 Split-Corona-Narzissen
    Narzissen mit geschlitzten Nebenkronen, wobei zwischen (a) Halskrause oder Collar und (b) Schmetterling oder Papillon unterschieden wird. Ein Stiel trägt eine Blüte. Sehr frühe bis mittelfrühe Blütezeit.
12 Sonstige Hybriden
    Alle Züchtungen, die in keine der vorherigen Gruppen passen.
13 Species
    Alle Wildarten mit ihren Formen und Varietäten. Normalerweise werden diese nicht klassifiziert.
Quelle: The Royal Horticultural Society, The International Daffodil Register and Classified List 1998

'Acropolis' (4) J.L. Richardson 1955
'Actaea' (9) Lubbe < 1927 [65304]
'Ambergate' (2) Milne < 1950
'April Tears' (5) A. Gray < 1939 [65306]
'Arctic Gold' (1) J.L. Richardson < 1951
'Avalanche' (8) Dorrien Smith < 1906
'Baby Moon' (7) Gerritsen & Son 1958
'Barrett Browning' (3) Lefeber < 1945
'Bell Song' (7) G.E. Mitsch 1971
'Beryl' (6) P.D. Williams < 1907
'Birma' (3) Lefeber 1938
'Bobbysoxer' (7) A. Gray < 1949
'Bravoure' (1) van der Wereld 1974
'Broadway Star' (11) Lefeber 1975
'Cantabile' (9) G.L. Wilson < 1932
'Carbineer' (2) A.M. Wilson < 1927
'Carlton' (2) P.D. Williams < 1927
'Cassata' (11) Gerritsen & Son 1963
'Chanterelle' (11) Gerritsen & Son 1962
'Cheerfulness' (4) van der Schoot < 1923
'Daydream' (2) G.E. Mitsch 1960
'Dolly Mollinger' (11) Lefeber 1958
'Dove Wings' (6) C.F. Coleman < 1949
'Dutch Master' (1) Hort. NL < 1938
'Empress of Ireland' (1) G.L. Wilson < 1952
'Eystettensis' (4) < 1601
'Falconet' (8) G.E. Mitsch 1979
'February Gold' (6) de Graaff < 1923
'February Silver' (6) de Graaff < 1949
'Flower Record' (2) Lefeber < 1943
'Fortune' (2) W.T. Ware < 1917
'Foundling' (6) Carncairn Daffodils 1969
'Geranium' (8) van der Schoot < 1930
'Golden Ducat' (4) Speelman et Sons < 1947
'Golden Harvest' (1) Warnaar et Co. < 1920
'Grand Soleil d'Or' (8) Hort. NL < 1770
'Hawera' (5) W.M. Thomson < 1928
'Ice Follies' (2) Konijnenburg & Mark < 1953
'Ice Wings' (5) C.F. Coleman 1958
'Jack Snipe' (6) M.P. Williams < 1951
'Jenny' (6) C.F. Coleman < 1943
'Jetfire' (6) G.E. Mitsch 1966
'Jumblie' (12) A. Gray < 1952
'King Alfred' (1) J. Kendall < 1899 [65302]
'Liberty Bells' (5) Rijnveld et Sons < 1950
'Little Gem' (1) Gerritsen & Son 1938
'Little Witch' (6) R.O. Backhouse < 1921
'Magnet' (1) van Leeuwen & Son < 1931
'Mary Bohannon' (2) M.P. Williams 1957
'Midget' (1) Mooyman 1984
'Minnow' (8) A. Gray 1962
'Mount Hood' (1) van Deursen < 1938
'Mrs R.O. Backhouse' (2) R.O. Backhouse < 1921
'Orangery' (11) Gerritsen & Son 1957
'Paperwhite' = Narcissus papyraceus subsp. papyraceus
'Passionale' (2) G.L. Wilson 1956
'Peeping Tom' (6) P.D. Williams < 1948
'Petit Four' (4) Rijnveld et Sons 1961
'Petrel' (5) G.E. Mitsch 1970
'Pipit' (7) G.E. Mitsch 1963
'Professor Einstein' (2) Lefeber < 1946
'Quail' (7) G.E. Mitsch 1974
'Queen Annes Double' = Narcissus 'Eystettensis'
'Quince' (12) A. Gray < 1953
'Rip van Winkle' (4) Hort. EI < 1884
'Rippling Waters'
'Romance' (2) J.L. Richardson 1959
'Saint Patrick's Day' (2) Konijnenburg & Mark 1964
'Salome' (2) J.L. Richardson 1958
'Scarlet Gem' (8) P.D. Williams < 1910
'Silver Chimes' (5) E. & J.C. Martin < 1914
'Sir Winston Churchill' (4) H.A. Holmes 1966
'Spellbinder' (1) G.L. Wilson < 1944
'Sweetness' (7) R.V. Favell < 1939 [65307]
'Tahiti' (4) J.L. Richardson 1596
'Tête-à-Tête' (12) A. Gray < 1949
'Thalia' (5) van Waveren & Sons < 1916
'Topolino' (1) Gerritsen & Son 1965
'Totus Albus Grandiflorus' = Narcissus papyraceus subsp. papyraceus
'Tresamble' (5) P.D. Williams < 1930
'Trevithian' (7) P.D. Williams < 1927
'Tripartite' (11) R.L. Brook 1980
'Tuesday's Child' (5) D. Blanchard 1964
'Unique' (4) J.L. Richardson 1961
'W.P. Milner' (1) W. Backhouse < 1869
'Waterperry' (7) R.V. Favell < 1953
'White Marvel' (4) Zandbergen-Terwegen < 1950
'Yellow Cheerfulness' (4) Eggink Bros. 1937

Nardostachys DC. 1830 -f- *Valerianaceae* · (S. 881)
D:Nardenähre, Speichenähre; F:Nardostachyde de l'Inde
– **grandiflora** DC. 1830 · D:Nardenähre, Speichenähre; E:Nard, Spikenard · ♃ △ ⚥ ⓝ ▽ ✻; Him., SW-China
– *jatamansi* (D. Don) DC. = Nardostachys grandiflora

Nardus L. 1753 -f- *Poaceae* · (S. 1121)
D:Borstgras; E:Mat Grass; F:Nard
– **stricta** L. 1753 · D:Borstgras; E:Mat Grass, Moor Mat Grass · ♃ △ V-VIII; Eur.*, TR, Cauc., Maroc., nat. in E-Sib., N-Am., Greenl., Tasman., NZ [67668]

Narthecium Huds. 1762 -n- *Melanthiaceae* · (S. 1039)
D:Ährenlilie, Beinbrech; E:Bog Asphodel; F:Narthécie
– **ossifragum** (L.) Huds. 1762 · D:Beinbrech, Moor-Ährenlilie; E:Bog Asphodel · ♃ ⌒ Z6 VII-VIII ⚘ ▽; Eur.: BrI, Sc, D, Fr, Ib

Nashia Millsp. 1906 -f- *Verbenaceae*
– **inaguensis** Millsp. 1906

Nassella (Trin.) E. Desv. 1854 -f- *Poaceae* ·
D:Fiedergras
– **tenuissima** (Trin.) Barkworth 1836 · D:Mexikanisches Fiedergras · ♃ Z7; USA (Tex., N.Mex), Mex., Arg. [69066]
– **trichotoma** Hack. ex Arechav. 1896

Nasturtium R. Br. 1812 -n- *Brassicaceae* · (S. 329) D:Brunnenkresse; E:Watercress; F:Cresson de fontaine
- **microphyllum** (Boenn.) Rchb. 1832 · D:Kleinblättrige Brunnenkresse · ⊙ ♃ ≈ Z6 V-X Ⓝ; Eur.* exc. Ib, E-Eur.; Maroc.
- **officinale** R. Br. 1812 · D:Echte Brunnenkresse; E:Common Watercress; F:Cresson de fontaine · ≈ V-X ⚕ Ⓝ; Eur.*, TR, Cauc., cosmop., nat. in N-Am., Eth. [67244]
  - var. *microphyllum* (Boenn. ex Rchb.) Boenn. 1824 = Nasturtium microphyllum
- × **sterile** (Airy Shaw) Oefelein 1958 (*N. microphyllum* × *N. officinale*) · D:Bastard-Brunnenkresse · ♃ Z6; cult.

Naumburgia Moench = Lysimachia
- *thyrsiflora* (L.) Rchb. = Lysimachia thyrsiflora

Nauplius (Cass.) Cass. 1822 -m- *Asteraceae* · (S. 260)
- **sericeus** (L. f.) Cass. 1844 · ♄ Z9 ⓚ; Canar. Is.

Nautilocalyx Linden ex Hanst. 1853 -m- *Gesneriaceae* · (S. 552)
- **bullatus** (Lem.) Sprague 1912 · ♃ Z10 ⓦ; Amazon., Peru
- **forgetii** (Sprague) Sprague 1912 · ♃ Z10 ⓦ; Peru
- **lynchii** (Hook. f.) Sprague 1912 · ♃ Z9 ⓦ; ? Peru, ? Ecuad.
- **pallidus** (Sprague) Sprague 1912 · ♃ Z10 ⓦ; Peru
- **picturatus** L.E. Skog 1974 · ♃ Z10 ⓦ; Peru
- **pictus** (Hook.) Sprague 1912 · ♃ Z10 ⓦ; Amazon., Guyan.

Navarretia Ruiz et Pav. 1794 -f- *Polemoniaceae* · (S. 701)
- **mellita** Greene 1887 · ⊙ Z7; Calif.
- **squarrosa** (Eschsch.) Hook. et Arn. 1839 · ⊙ Z7; B.C., USA: NW, Calif.

Neanthe O.F. Cook = Chamaedorea
- *bella* O.F. Cook = Chamaedorea elegans

Nectaroscordum Lindl. 1836 -n- *Alliaceae* · (S. 903) D:Honiglauch; E:Honey Garlic; F:Ail
- *bulgaricum* Janka = Nectaroscordum siculum subsp. bulgaricum
- **siculum** (Ucria) Lindl. 1836 · D:Gewöhnlicher Honiglauch · [60802]
  - subsp. **bulgaricum** (Janka) Stearn 1949 · D:Bulgarischer Honiglauch · ♃ Z6; Eur.: Ba, EC-Eur., E-RO, NW-TR, Krim [60803]
  - subsp. **siculum** · D:Sizilianscher Honiglauch; E:Sicilian Honey Garlic · ♃ ⋈ Z6 V; Eur.: F, Ap
- **tripetale** (Trautv.) Traub 1963 · D:Kleiner Honiglauch · ♃; Cauc., TR, Iran, Iraq

Negundo Boehm. ex Ludw. = Acer
- *aceroides* Moench = Acer negundo subsp. negundo
- *californicum* Torr. et A. Gray = Acer negundo subsp. californicum
- *fraxinifolium* (Raf.) de Vos = Acer negundo subsp. negundo

Neillia D. Don 1825 -f- *Rosaceae* · (S. 756) D:Traubenspiere; E:Neillia; F:Neillia
- **affinis** Hemsl. 1892 · D:Rote Traubenspiere · ♄ d Z6 V-VI; W-China [19740]
- *longiracemosa* Hemsl. = Neillia thibetica
- **sinensis** Oliv. 1886 · D:Blasse Traubenspiere · ♄ d Z6 V-VI; C-China, W-China [21345]
- **thibetica** Franch. 1891 · D:Tibetische Traubenspiere · ♄ d Z7 V-VI; Him., W-China [14287]
- **thyrsiflora** D. Don 1825 · D:Himalaya-Traubenspiere · ♄ d Z7 VIII; Him.

Nelumbium Juss. = Nelumbo
- *luteum* Willd. = Nelumbo lutea
- *speciosum* Willd. = Nelumbo nucifera

Nelumbo Adans. 1763 -f- *Nelumbonaceae* · (S. 666) D:Lotosblume; E:Lotus; F:Lotus, Lotus des Indes
- **lutea** (Willd.) Pers. 1799 · D:Amerikanische Lotosblume; E:American Lotus, Water Chinquapin · ♃ ≈ Z7 ⓦ ⓚ VII-VIII; Can.: Ont.; USA: NE, NCE, SE, Fla., SC; Mex., C-Am, W.Ind., Col.
- **nucifera** Gaertn. 1788 · D:Indische Lotosblume; E:Lotus, Sacred Indian Lotus · ♃ ≈ Z8 ⓚ IV-VIII ⚕ Ⓝ; Eur.: E-Russ.; Cauc., Amur, Him., China, Malay. Arch., Austr., nat. in I, RO, Jap. [60804]
- *pentapetala* (Walter) Fernald = Nelumbo lutea
- *speciosa* Willd. = Nelumbo nucifera
- **in vielen Sorten:**

'Alba Grandiflora' [60805]
'Flavescens' Latour-Marliac
'Kermesina' < 1905
'Momo Botan' [69452]
'Pekinense Rubra' < 1905 [60812]
'Rosea Plena' < 1905 [69454]

Nematanthus Schrad. 1829 -m- *Gesneriaceae* · (S. 553) D:Kussmäulchen; E:Pouch Flower
- **crassifolius** (Schott) Wiehler 1981 · ♄ e Z10 ⓦ XII-II; Bras.
- **gregarius** D.L. Denham 1974 · D:Goldfischpflanze; E:Clog Plant, Goldfish Plant · ħ ♄ e ⤳ Z10 ⓦ VII-VIII; Mex., Guat., Costa Rica, Panama
- **hirtellus** (Schott) Wiehler 1971 · ♃ ħ ♄ e Z10 ⓦ; Bras.
- *longipes* DC. = Nematanthus crassifolius
- *perianthomegus* (Vell.) H.E. Moore = Nematanthus hirtellus
- *radicans* (Klotzsch et Hanst.) H.E. Moore = Nematanthus gregarius
- *radicans* C. Presl = Nematanthus strigillosus
- **strigillosus** (Mart.) H.E. Moore 1973 · ħ e Z10 ⓦ III-V; Bras.
- **in vielen Sorten:**

'Black Magic'
'Freckles'
'Tropicana'

Nemesia Vent. 1803 -f- *Scrophulariaceae* · (S. 834) D:Nemesie; F:Némésia
- **caerulea** Hiern 1904
- **denticulata** (Benth.) Fourc. 1941 [68366]
- **floribunda** Lehm. 1836 · ⊙ Z9 VII-VIII; S-Afr.
- **fruticans** (Thunb.) Benth. 1836 [16767]

'Blue Bird'
'Innocence'
'Joan Wilder'
'Woodcote'

- **lilacina** N.E. Br. 1909 · ⊙ Z9 VII-VIII; SW-Kap
- **strumosa** Benth. 1836 · ⊙ Z9 VI-IX; S-Afr. [16769]

'Blue Gem'
'Carnival'
'Fire King'
'Sundrops'

- **versicolor** E. Mey. ex Benth. 1836 · ⊙ Z9 VII-VIII; S-Afr.
  'Pastel Shades'

Nemopanthus Raf. 1819 -m-
Aquifoliaceae · (S. 197)
D:Berghülse; E:Mountain Holly; F:Faux-houx, Némopanthe
- **mucronatus** (L.) Trel. 1889 · D:Berghülse; E:Catberry · ♄ d ∼ Z5 V-VI; Can.: E; USA: NE, NCE

Nemophila Nutt. 1822 -f-
Hydrophyllaceae · (S. 571)
D:Hainblume; E:Nemophila; F:Némophile
- **maculata** Benth. ex Lindl. 1848 · D:Gefleckte Hainblume; E:Five Spot, Five Spot Nemophila · ⊙ VI-VII; Calif.: Sierra Nevada
- **menziesii** Hook. et Arn. 1833
  'Baby Blue Eyes'
  'Pennie Black'
  'Snowstorm'
  - var. **atomaria** (Fisch. et C.A. Mey.) Voss 1894 · ⊙; Calif., Oreg.
  - var. **discoidalis** (Lam.) Voss 1894 · ⊙; cult.
  - var. **menziesii** · D:Blaue Hainblume; E:Baby Blue Eyes, California Bluebell · ⊙ VI-VIII; Oreg., Calif.

Neoalsomitra Hutch. 1942 -f-
Cucurbitaceae · (S. 445)
- **integrifoliola** (Cogn.) Hutch. 1942 · ⚊
- **sarcophylla** (Wall.) Hutch. 1942 · ♄ ⚌ Z10 ⓦ; Myanmar, Thail., Timor

Neobesseya Britton et Rose = Escobaria
- *missouriensis* (Sweet) Britton et Rose = Escobaria missouriensis var. missouriensis
- *wissmannii* (Hildm.) Britton et Rose = Escobaria missouriensis var. missouriensis
- *zilziana* (Boed.) Boed. = Escobaria zilziana

Neobuxbaumia Backeb. 1938 -f-
Cactaceae · (S. 360)
- **euphorbioides** (Haw.) Buxb. 1954 · ♄ ♃ Z9 ⓐ ▽ ✳; Mex.
- **polylopha** (DC.) Backeb. 1938 · ♄ ♃ Z9 ⓐ ▽ ✳; C-Mex.

Neocardenasia Backeb. = Neoraimondia
- *herzogiana* Backeb. = Neoraimondia herzogiana

Neochilenia Backeb. ex Dölz = Neoporteria
- *aerocarpa* (F. Ritter) Backeb. = Neoporteria odieri
- *chilensis* (Hildm. ex K. Schum.) Backeb. = Neoporteria chilensis
- *napina* (Phil.) Backeb. = Neoporteria napina
- *odieri* (Lem.) Backeb. = Neoporteria odieri
- *taltalensis* (Hutchison) Backeb. = Neoporteria taltalensis

Neodypsis Baill. = Dypsis
- *decaryi* Jum. = Dypsis decaryi

Neofinetia Hu 1925 -f-
Orchidaceae · (S. 1074)
- **falcata** (Thunb.) Hu 1925 · ♃ Z9 ⓐ VI-VII ▽ ✳; Jap., Korea, Ryukyu-Is.

Neoglaziovia Mez 1894 -f-
Bromeliaceae · (S. 974)
- **concolor** C.H. Wright 1910 · ♃ Z10 ⓦ ⓝ; Bras.: Bahia
- **variegata** (Arruda) Mez 1894 · ♃ Z10 ⓦ ⓝ; Bras.

Neogomesia Castañeda = Ariocarpus
- *agavoides* A. Cast. = Ariocarpus agavoides

Neogyna Rchb. f. 1852 -f-
Orchidaceae · (S. 1074)
- **gardneriana** (Lindl.) Rchb. f. 1852 · ♃ ⓦ XII ▽ ✳; Nepal, Yunnan

Neohenricia L. Bolus 1938 -f-
Aizoaceae · (S. 147)
- **sibbettii** (L. Bolus) L. Bolus 1938 · ♃ ♃ Z9 ⓐ; S-Afr.: Orange Free State

Neolauchea Kraenzl. = Isabelia
- *pulchella* Kraenzl. = Isabelia pulchella

Neolitsea (Benth.) Merr. 1906 -f-
Lauraceae · (S. 598)
- *glauca* hort. = Neolitsea sericea
- **sericea** (Blume) Koidz. 1926 · ♄ e Z9 ⓐ VII-VIII; China, Korea, Jap., Taiwan [11228]

Neolloydia Britton et Rose 1922 -f-
Cactaceae · (S. 360)
- *ceratites* (Quehl) Britton et Rose = Neolloydia conoidea
- **conoidea** (DC.) Britton et Rose · ♃ Z9 ⓐ ▽ ✳; Tex., E-Mex.
- *gielsdorfiana* (Werderm.) F.M. Knuth = Turbinicarpus gielsdorfianus
- *grandiflora* (Pfeiff.) F.M. Knuth = Neolloydia conoidea
- *horripila* (Lem.) Britton et Rose = Turbinicarpus horripilus
- *lophophoroides* (Werderm.) E.F. Anderson = Turbinicarpus lophophoroides
- *mandragora* (A. Berger) E.F. Anderson = Turbinicarpus mandragora
- *odorata* (Boed.) Backeb. = Cumarinia odorata
- *pseudomacrochele* (Backeb.) E.F. Anderson = Turbinicarpus pseudomacrochele var. pseudomacrochele
- *pseudopectinata* (Backeb.) E.F. Anderson = Turbinicarpus pseudopectinatus
- *saueri* (Boed.) F.M. Knuth = Turbinicarpus saueri
- *schmiedickeana* (Boed.) E.F. Anderson = Turbinicarpus schmiedickeanus var. schmiedickeanus
- **smithii** (Muehlenpf.) Kladiwa et Fittkau 1971 · ♃ Z9 ⓐ ▽ ✳; Mex.: Coahuila, Nuevo Leon, San Luis Potosí
- *valdeziana* (L. Möller) E.F. Anderson = Turbinicarpus valdezianus
- *viereckii* (Werderm.) F.M. Knuth = Turbinicarpus viereckii

Neomarica Sprague 1928 -f-
Iridaceae · (S. 1024)
- **caerulea** (Ker-Gawl.) Sprague 1928 · ♃ Z10 ⓦ IV-VII; Bras.
- **gracilis** (Herb. ex Hook.) Sprague 1928 · ♃ Z10 ⓦ IV-VII; Bras.
- **northiana** (Schneev.) Sprague 1928 · ♃ Z10 ⓦ IV-VII; Bras.

Neomortonia Wiehler 1975 -f-
Gesneriaceae · (S. 553)
- *nummularia* (Hanst.) Wiehler = Nematanthus gregarius
- **rosea** Wiehler 1975 · ♃ Z10 ⓦ; Costa Rica, Panama, Col.

Neonotonia J.A. Lackey 1977 -f-
Fabaceae
- **wightii** (Arn.) J.A. Lackey 1977 · ♃ ⓝ; Afr., trop. As., nat. in Austr.

Neopanax Allan = Pseudopanax
- *arboreus* (Murray) Allan = Pseudopanax arboreus

Neopaxia O. Nilsson 1966 -f-

Portulacaceae · (S. 710)
- **australasica** (Hook. f.) O. Nilsson 1967 · ⚃ ⌂; Austr. (Victoria, N.S.Wales, S-Austr.) NZ

Neoporteria Britton et Rose 1922 -f- *Cactaceae* · (S. 361)
- *andicola* hort. = Neoporteria curvispina
- **aricensis** (F. Ritter) Donald et G.D. Rowley 1966 · ψ Z9 ⌂ ▽ ✻; ChilE: Arica
- *armata* (F. Ritter) Krainz = Neoporteria tuberisulcata
- *atrispinosa* (Backeb.) Backeb. = Neoporteria villosa
- **bulbocalyx** (Werderm.) Donald et G.D. Rowley 1966 · ψ Z9 ⌂ ▽ ✻; Arg.: La Rioja, Catamarca
- *castanea* F. Ritter = Neoporteria subgibbosa
- **chilensis** (Hildm. ex K. Schum.) Britton et Rose 1922 · ψ Z9 ⌂ ▽ ✻; Chile
- **clavata** (Söhrens) Werderm. 1939 · ψ Z9 ⌂; Chile
- **curvispina** (Bertero) Donald et G.D. Rowley 1966 · ψ Z9 ⌂ ▽ ✻; Chile (Santiago)
  - var. *lissocarpa* (F. Ritter) Donald et G.D. Rowley 1966 = Neoporteria curvispina
- *fusca* (Muehlenpf.) Britton et Rose = Neoporteria taltalensis
- *horrida* (Gay) D.R. Hunt = Neoporteria tuberisulcata
- **intermedia** (F. Ritter) G.D. Rowley 1966 · ψ ⌂
- **islayensis** (C.F. Först.) Donald et G.D. Rowley · ψ Z9 ⌂ ▽ ✻; S-Peru, N-Chile
- **jussieui** (Monv.) Britton et Rose 1922
- *laniceps* F. Ritter = Neoporteria villosa
- *mammillarioides* (Hook.) Backeb. = Neoporteria curvispina
- *microsperma* F. Ritter = Neoporteria clavata
- *mitis* nom. inval. = Neoporteria napina
- **napina** (Phil.) Backeb. 1935 · ψ Z9 ⌂ ▽ ✻; ChilE: Huasco
- **nidus** (Söhrens) Britton et Rose · ψ Z9 ⌂ ▽ ✻; Chile
- *nigricans* (Werderm. et Backeb.) Backeb. = Neoporteria tuberisulcata
- *nigrihorrida* (Link) Britton et Rose = Neoporteria clavata
- **odieri** (Lem.) Backeb. 1935 · ψ Z9 ⌂ ▽ ✻; Chile
- **paucicostata** (F. Ritter) Donald et G.D. Rowley 1966 · ψ Z9 ⌂; Chile
- *polyraphis* (Pfeiff.) Backeb. = Neoporteria villosa
- *rupicola* (F. Ritter) Donald et G.D. Rowley = Neoporteria taltalensis
- *scoparia* (F. Ritter) Donald et G.D. Rowley = Neoporteria taltalensis
- **simulans** (F. Ritter) Donald et G.D. Rowley 1966 · ψ ⌂
- **strausiana** (K. Schum.) Donald et G.D. Rowley 1966 · ψ Z9 ⌂; W-Arg.
- **subgibbosa** (Haw.) Britton et Rose 1922 · ψ Z9 ⌂ ▽ ✻; Chile
- **taltalensis** Hutchison 1955 · ψ Z9 ⌂ ▽ ✻; Chile
- **tuberisulcata** (Jacobi) Donald ex G.D. Rowley 1966 · ψ Z9 ⌂ ▽ ✻; Chile (Santiago)
- **villosa** (Monv.) A. Berger 1929 · ψ Z9 ⌂ ▽ ✻; ChilE: Huasco
- *woutersiana* (Backeb.) Donald et G.D. Rowley = Neoporteria taltalensis

Neoraimondia Britton et Rose 1920 -f- *Cactaceae* · (S. 361)
- **arequipensis** (Meyen) Backeb. 1937 · ♄ ψ Z9 ⌂ ▽ ✻; N-Peru
- **herzogiana** (Backeb.) Buxb. 1967 · ♄ ψ Z9 ⌂ ▽ ✻; Bol.
- *macrostibas* (K. Schum.) Backeb. = Neoraimondia arequipensis
- *roseiflora* (Werderm. et Backeb.) Backeb. = Neoraimondia arequipensis

Neoregelia L.B. Sm. 1934 -f- *Bromeliaceae* · (S. 975)
- **ampullacea** (E. Morren) L.B. Sm. 1934 · ⚃ Z10 ⌂; Bras. (Rio de Janeiro)
- **binotii** (E. Morren) L.B. Sm. 1936 · ⚃ Z10 ⌂; S-Bras.
- **carolinae** (Beer) L.B. Sm. 1939 · E:Blushing Bromeliad · ⚃ Z10 ⌂; Bras.
  'Meyendorffii'
- **chlorosticta** (Baker) L.B. Sm. 1964 · ⚃ Z10 ⌂; Bras.
- **concentrica** (Vell.) L.B. Sm. 1934 · ⚃ Z10 ⌂; Bras.
- **farinosa** (Ule) L.B. Sm. 1939 · ⚃ Z10 ⌂; Bras.
- **fosteriana** L.B. Sm. 1950 · ⚃ Z10 ⌂; Bras.
- *morreniana* (Antoine) L.B. Sm. = Neoregelia pineliana
- **pineliana** (Lem.) L.B. Sm. 1936 · ⚃ Z10 ⌂; Bras.
- **princeps** (Baker) L.B. Sm. 1936 · ⚃ Z10 ⌂; Bras.
- **sarmentosa** (Regel) L.B. Sm. 1934 · ⚃ Z10 ⌂; Bras.
- **spectabilis** (T. Moore) L.B. Sm. 1934 · E:Fingernail Plant, Painted Fingernail · ⚃ Z10 ⌂; Bras.
- **tristis** (Beer) L.B. Sm. · ⚃ Z10 ⌂; Bras.
- **zonata** L.B. Sm. 1950 · ⚃ Z10 ⌂; Bras.

× **Neostylis** hort. 1965 -f- *Orchidaceae* ·
  (*Neofinetia* × *Rhynchostylis*)

Neotinea Rchb. f. 1850 -f- *Orchidaceae* ·
D:Keuschorchis, Waldwurz
- **tridentata** (Scop.) R.M. Bateman, Pridgeon et M.W. Chase 1997 · D:Dreizähnige Keuschorchis
  - subsp. **commutata** (Scop.) R.M. Bateman, Pridgeon et M.W. Chase 1997
  - subsp. **tridentata** · E:Toothed Orchid · ⚃ Z6 V-VI ▽ ✻; Eur.: Ib, Fr, C-Eur., Ap, EC-Eur., Ba, RO, Krim; TR, Iraq, Cauc., Iran, Maroc.
- **ustulata** (L.) R.M. Bateman, Pridgeon et M.W. Chase 1997 · D:Brand-Keuschorchis; E:Burnt Tip Orchid · ⚃ Z5 V-VII ▽ ✻; Eur.*, Cauc., W-Sib.

Neottia Guett. 1750 -f- *Orchidaceae* · (S. 1075)
D:Nestwurz; E:Bird's Nest Orchid; F:Néottie
- **nidus-avis** (L.) Rich. 1817 · D:Vogel-Nestwurz; E:Bird's Nest Orchid · ⚃ V-VI ▽ ✻; Eur.*, TR, Cauc., Iran, W-Sib.

Neowerdermannia Frič 1930 -f- *Cactaceae* · (S. 361)
- **vorwerkii** Frič 1930 · ψ Z9 ⌂; N-Arg. Bol., Peru, N-Chile

Nepenthes L. 1753 -f- *Nepenthaceae* · (S. 666)
D:Kannenstrauch; E:Pitcher Plant; F:Nepenthes, Tasse-de-singe
- **alata** Blanco 1837 · ♃ e Z10 ⌂; Malay. Pen., Sumatra, Kalimantan, Phil.
- **albomarginata** T. Lobb ex Lindl. 1849 · ♄ e Z10 ⌂ ▽ ✻; Malay. Arch.
- **ampullaria** Jack 1835 · ♄ e ⚉ Z10 ⌂ ▽ ✻; Malay. Arch., N.Guinea
- **bicalcarata** Hook. f. 1873 · ♄ e ⚉ Z10 ⌂ ▽ ✻; Kalimantan
- **bongso** Korth. 1839

- **burkei** Mast. 1889 · ♄ e Z10 ⓦ ▽ ✱; Phil.
- *carunculata* Danser = Nepenthes bongso
- **clipeata** Danser 1928
- × **coccinea** F.N. Williams ex Mast. 1882 (*N. mirabilis* × *N.* × *dormanniana*) · ♄ e Z10 ⓦ; cult.
- *curtisii* Mast. = Nepenthes maxima
- **distillatoria** L. 1753 · ♄ e ⌇ Z10 ⓦ ▽ ✱; Sri Lanka
- **edwardsiana** H. Low ex Hook. f. 1859
- **ephippiata** Danser 1928
- **fusca** Danser 1928 · ǃ e Z10 ⓦ; Kalimantan
- **gracilis** Korth. 1839 · ♄ e ⌇ Z10 ⓦ ▽ ✱; Malay. Pen., Sumat., Kalimantan
- **gymnamphora** Nees 1824
- × **hookeriana** Lindl. 1848 (*N. ampullaria* × *N. rafflesiana*) · ♄ e ⌇ Z10 ⓦ ▽ ✱; Kalimantan
- **inermis** Danser 1928
- **khasiana** Hook. f. 1873 · ♄ e ⌇ Z10 ⓦ ▽ ✱; Ind.: Khasia Hills
- **lowii** Hook. f. 1859 · ǃ e Z10 ⓦ; Kalimantan
- **madagascariensis** Poir. 1797 · ♄ e Z10 ⓦ ▽ ✱; Madag.
- **maxima** Reinw. ex Nees 1824 · ♄ e ⌇ Z10 ⓦ ▽ ✱; N.Guinea, Kalimantan, Sulawesi
- **merilliana** Macfarl. 1911 · ǃ e Z10 ⓦ; Phil.
- **mirabilis** (Lour.) Druce 1916 · E:Monkey Cup · ♄ e ⌇ Z10 ⓦ ▽ ✱; S-China, Indochina, Malay. Arch., N.Guinea, Austr.: Queensl.
- **northiana** Hook. f. 1881 · ♄ e ⌇ Z10 ⓦ ▽ ✱; Kalimantan
- **pervillei** Blume 1852
- **rafflesiana** Jack 1835 · ♄ e ⌇ Z10 ⓦ ▽ ✱; Malay. Pen., Sumat., Kalimantan
- **rajah** Hook. f. 1859 · ♄ e Z10 ⓦ ▽ ✱; Kalimantan
- **reinwardtiana** Miq. 1851 · ǃ e Z10 ⓦ; Kalimantan, Sumatra
- **sanguinea** Lindl. 1849 · ♄ e ⌇ Z10 ⓦ ▽ ✱; Malay. Pen.
- **tentaculata** Hook. f. 1873 · ǃ e Z10 ⓦ; Kalimantan
- **thorelii** Lecomte 1909
- **tobaica** Danser 1928
- **tomoriana** Danser 1928
- **truncata** Macfarl. 1911 · ♄ e Z10 ⓦ; Phil. (Mindanao)
- **veitchii** Hook. f. 1852 · ♄ e ⇝ Z10 ⓦ ▽ ✱; Kalimantan
- **ventricosa** Blanco 1837 · ♄ e Z10 ⓦ ▽ ✱; Phil.
- **vieillardii** Hook. f. 1873 · ♄ ǃ e Z10 ⓦ; W-N.Guinea, New Caledonia

Nepeta L. 1753 -f- *Lamiaceae* · (S. 587)
D:Katzenminze; E:Cat Mint; F:Menthe-des-chats
- **bodeana** Bunge 1873 · ♃; C-As., N-Iran [60833]
- **camphorata** Boiss. et Heldr. 1846 · ♃ Z8 ⓚ; Eur.: S-GR (Taygetos) [60816]
- **cataria** L. 1753 · D:Gewöhnliche Katzenminze; E:Catmint, Catnip · ♃ D Z3 VII-IX ⚕; Eur.* exc. Sc, C-Eur.; TR, Syr., Cauc., W-Sib., Amur, C-As., Him., nat. in N-Am., Jap., S-Afr. [65308]
  'Citriodora' [65309]
- *citriodora* Dumort. = Nepeta cataria
- **clarkei** Hook. f. 1885 · D:Clarkes Katzenminze · ♃; Him. (Pakist., Kashmir) [60818]
- **cyanea** Stev. 1812 · D:Kaukasische Katzenminze · ♃; Cauc. [60825]
- × **faassenii** Bergmans ex Stearn 1950 (*N. nepetella* × *N. racemosa*) · D:Blaue Katzenminze, Blauminze; E:Catmint; F:Chataire, Herbe aux chats · ♃ Z3 V-IX; cult. [65310]
  'Alba' [67957]
  'Souvenir d'André Chaudron' [68775]
  'Superba' [65314]
- **govaniana** Benth. 1834 · D:Gelbe Katzenminze · ♃ Z5; W-Him. [69455]
- **grandiflora** M. Bieb. 1808 · D:Großblütige Katzenminze · ♃ Z3 VII-VIII; Cauc., nat. in E-Eur., EC-Eur.; Queb., N.Y. [60821]
  'Bramdean' [68783]
  'Dawn to Dusk' [65311]
  'Pool Bank' [60823]
- *hederacea* (L.) Trevis. = Glechoma hederacea
- **hemsleyana** Oliv. ex Prain 1890 · ♃ △ Z7 VII-IX; SE-Tibet
- *kubanica* Pojark. = Nepeta cyanea
- **latifolia** DC. 1805 · D:Breitblättrige Katzenminze · ♃; Eur.: Ib, F; Pyr. [60826]
- *macrantha* Fisch. ex Benth. = Nepeta sibirica
- *mussinii* hort. = Nepeta × faassenii
- *mussinii* Spreng. ex Henckel = Nepeta racemosa
- **nepetella** L. 1759 · D:Iberische Katzenminze · ♃ Z6; Eur.: sp., F, I [60828]
- **nervosa** Royle ex Benth. 1833 · D:Geaderte Katzenminze; F:Menthe aux chats · ♃ △ Z5 VII-IX; Kashmir [65316]
- **nuda** L. 1753 · D:Pannonische Katzenminze · [60830]
  - subsp. **albiflora** (Boiss.) Gams 1927 · D:Weißblütige Katzenminze · ♃ Z6; GR, Maced., TR, N-Iraq, Lebanon, Cauc., Iran
  - subsp. **nuda** · D:Kahle Katzenminze · ♃ Z6 VII-VIII; Eur.* exc. BrI, Sc; Cauc., W-Sib., E-Sib., C-As.; Mong., China: Sichuan
- *pannonica* L. = Nepeta nuda subsp. nuda
- **parnassica** Heldr. et Sart. 1859 · D:Griechische Katzenminze · ♃; Eur.: GR, AL
- **phyllochlamys** P.H. Davis 1951 · D:Türkische Katzenminze · ♃ Z8 ⓚ; TR
- **prattii** H. Lév. 1911 · D:Pratts Katzenminze · ♃ Z6; W-China [60832]
- **racemosa** Lam. 1785 · D:Traubige Katzenminze · ♃ Z4 VI-VIII; Cauc., W-Iran [65317]
  'Grandiflora'
  'Grog' [68272]
  'Little Titch' [69889]
  'Porzellan' Oudolf 1997 [60829]
  'Six Hills Giant' [65312]
  'Snowflake' [65313]
  'Walker's Low' [65315]
- **sibirica** L. 1753 · D:Sibirische Katzenminze · ♃ Z3 VII-VIII; S-Sib., Mong., China: Kansu [65318]
- *sintenisii* Bornm. = Nepeta bodeana
- **stewartiana** Diels 1912 · D:Yunnan-Katzenminze · ♃ Z6; China, Tibet [72188]
- **subsessilis** Maxim. 1875 · D:Japanische Katzenminze · ♃; Jap. [65319]
- *transcaucasica* Grossh. = Nepeta racemosa
- **troodii** Holmboe 1914 · D:Troods Katzenminze · ♃; Cyprus
- **tuberosa** L. 1753 · D:Knollen-Katzenminze · ♃ Z8 ⓐ; Eur.: Ib., Sic.; Maroc., Alger.

Nephelium L. 1767 -n- *Sapindaceae* · (S. 802)
D:Rambutan; E:Rambutan; F:Longanier, Néphélium, Ramboutan
- **lappaceum** L. 1767 · D:Rambutan; E:Rambutan · ♄ e Z10 ⓦ Ⓝ; Ind., S-Vietn., Malay. Arch., Phil.
- *litchi* Cambess. = Litchi chinensis
- **mutabile** Blume 1847 ·

D:Pulasan; E:Pulasan · ♄ Z10 ⓖ
ⓝ; Malay. Arch., Phil.

Nephrolepis Schott 1834 -f-
Nephrolepidaceae · (S. 72)
D:Schwertfarn; E:Ladder Fern,
Swort Fern; F:Néphrolépis
- **acuminata** (Houtt.) Kuhn 1869 ·
  ♃ Z10 ⓖ; Malay. Arch.
- *acuta* (Schkuhr) C. Presl =
  Nephrolepis biserrata
- **biserrata** (Sw.) Schott 1834 ·
  D:Großer Schwertfarn; E:Giant
  Sword Fern · ♃ Z10 ⓖ; Trop.
- **cordifolia** (L.) C. Presl 1836 ·
  D:Schlanker Schwertfarn; E:Erect
  Sword Fern, Narrow Sword Fern,
  Southern Sword Fern · ♃ Z10 ⓖ;
  Trop., Jap., NZ
- *davallioides* (Sw.) Kuntze =
  Nephrolepis acuminata
- **exaltata** (L.) Schott 1834 · D:Auf-
  rechter Schwertfarn; E:Boston
  Fern, Boston Sword Fern · ♃ Z10
  ⓖ; Trop.
- **pectinata** (Willd.) Schott 1834 ·
  ♃ Z10 ⓖ; S-Mex., W-Ind., C-Am.,
  trop. S-Am.
- *tuberosa* Hook. = Nephrolepis
  cordifolia

Nephthytis Schott 1857 -f-
Araceae · (S. 928)
- **afzelii** Schott 1857 · ♃ Z10 ⓖ;
  W-Afr.: Sierra Leone, Liberia
- *gravenreuthii* (Engl.) Engl. =
  Nephthytis poissoni
- *picturata* N.E. Br. =
  Rhektophyllum mirabile
- **poissoni** (Engl.) N.E. Br. 1901 ·
  ⓖ; W-Afr.

Neptunia Lour. 1790 -f-
Mimosaceae · (S. 646)
- **oleracea** Lour. 1790 · ♃ ～ Z9 ⓖ
  ⓝ; Trop.
- **plena** (L.) Benth. 1842 · ♄ ≈
  Z10 ⓖ VI-VIII; Lat.Am., trop. As.

Nerine Herb. 1820 -f-
Amaryllidaceae · (S. 912)
D:Nerine; E:Nerine; F:Nérine
- *aurea* (L'Hér.) Bury = Lycoris
  aurea
- **bowdenii** W. Watson 1904 · ♃ Z8
  ⓖ IX; S-Afr.
  'Alba'
  'Mark Fenwick'
  'Pink Triumph'
- *curvifolia* (Jacq.) Herb. = Nerine
  sarniensis var. curvifolia
- **filifolia** Baker 1881 · ♃ Z8 ⓖ;
  S-Afr. (Cape Prov.)

- *flexuosa* (Jacq.) Herb. = Nerine
  undulata
- **humilis** (Jacq.) Herb. 1820 · ♃ Z9
  ⓖ VIII-IX; Kap
- **masonorum** L. Bolus 1930 · ♃ Z8
  ⓖ; S-Afr. (Cape Prov.)
- **pudica** Hook. f. 1871 · ♃ Z9 ⓖ
  IX-X; S-Afr.
- **sarniensis** (L.) Herb. 1820
  [11229]
  - var. **corusca** (Herb.) Baker
    1888 · ♃ Z9 ⓖ IX-X; S-Afr.
    (Table Mountain)
  - var. **curvifolia** (Jacq.) Traub
    1967 · ♃ Z9 ⓖ IX-X; S-Afr.
    (Cape Prov.)
  - var. **sarniensis** · D:Guernsey-
    lilie, Rote Nerine; E:Guernsey
    Lily · ♃ Z9 ⓖ; Kap
  - var. **venusta** (Ker-Gawl.) Baker
    1888 · ♃ Z9 ⓖ IX-X; S-Afr.
    (Cape Prov.)
- **undulata** (L.) Herb. 1820 · ♃ Z9
  ⓖ IX-X; Kap
- *venusta* (Ker-Gawl.) Herb. =
  Nerine sarniensis var. venusta

Nerium L. 1753 -n- *Apocynaceae* ·
(S. 193)
D:Oleander; E:Oleander, Rose
Bay; F:Laurier rose
- *divaricatum* L. = Tabernaemontana
  divaricata
- *obesum* Forssk. = Adenium
  obesum
- **oleander** L. 1753 · D:Oleander;
  E:Oleander, Rosebay; F:Laurier
  rose · ♄ e Z9 ⓖ VI-IX ⚥ ✽; Eur.:
  Ib, Fr, Ap, Ba; TR, Levante, Iran,
  NW-Afr., Libya, nat. in Krim, Cauc.
  [21347]
  'Album Plenum'
  'Angiolo Pucci' Baldacci 1952 [31545]
  'Apfelblüte' [11239]
  'Emile Sahut' Sahut 1873 [11237]
  'Géant des Batailles' Sahut 1869
  'Italia' Baldacci > 1950
  'Luteum Plenum'
  'Mont Blanc' Baldacci 1952
  'Papa Gambetta' Rey 1973 [31547]
  'Provence' Rey 1973
  'Soeur Agnès' Sahut 1873 [11238]
  'Tito Poggi' Baldacci 1952
  'Variegatum' [58116]

Nertera Banks et Sol. ex Gaertn.
1788 -f- *Rubiaceae* · (S. 776)
D:Korallenmoos; E:Beadplant;
F:Plante-perle
- **granadensis** (Mutis ex L. f.)
  Druce 1917 · D:Korallenmoos;
  E:Bead Plant, Coral Moss · ♃ ～
  ⚭ Z9 ⓖ V-VI; C-Am., S-Am.,

Austr.: N.S.Wales, Victoria,
Tasman.; NZ
- **sinensis** Hemsl. ex Forbes et
  Hemsl. 1888

Neslia Desv. 1815 -f- *Brassicaceae* ·
(S. 330)
D:Finkensame; F:Neslie
- **paniculata**
  - subsp. **paniculata** · D:Gewöhn-
    licher Finkensame; E:Ball
    Mustard · ⊙ V-VII; Eur, N-Afr.,
    Cauc., Tien-Shan, nat. in Can.

Nestronia Raf. *Santalaceae*
- **umbellata** Kuntze
- **umbellula** Raf. · ♄ Z8 ⓖ; USA:
  SE, Va.

Neviusia A. Gray 1858 -f- *Rosaceae* ·
(S. 756)
D:Schneelocke; E:Snow Wreath
- **alabamensis** A. Gray 1858 ·
  D:Schneelocke; E:Snow Wreath ·
  ♄ d Z6 VI-VII; USA: Ala. [20368]

Nicandra Adans. 1763 -f-
Solanaceae · (S. 850)
D:Giftbeere; E:Apple of Peru;
F:Faux-coqueret
- **physalodes** (L.) G. Gaertn. 1791 ·
  D:Giftbeere; E:Apple-of-Peru ·
  ⊙ Z8 VII-IX ✽ ⓝ; Peru, nat. in
  C-Eur., SE-Eur.

Nicodemia Ten. = Buddleja
- *diversifolia* Ten. = Buddleja indica

Nicolaia Horan. = Etlingera
- *elatior* (Jack) Horan. = Etlingera
  elatior

Nicotiana L. 1753 -f- *Solanaceae* ·
(S. 850)
D:Tabak; E:Tobacco; F:Tabac
- *affinis* T. Moore = Nicotiana
  alata
- **alata** Link et Otto 1840 · D:Flügel-
  Tabak; E:Flowering Tobacco,
  Tobacco Plant · ⊙ ⊙ ♃ D Z7
  VII-IX; SE-Bras., Urug., Parag.,
  Arg., nat. in E-Eur.
  'Grandiflora'
  'Red Devil'
  'White Bedder'
- **glauca** Graham 1826 · D:Blaugrü-
  ner Tabak; E:Tree Tobacco · ⊙ ⊙
  ♃ ♄ ♃ e D Z8 ⓖ VII-X ✽; Arg.,
  Parag., Bol., nat. in S-Eur., USA:
  SE, Fla.
- **glutinosa** L. 1753
- **langsdorffii** Weinm. 1819 · ⊙ Z9
  VII-VIII; Bras., Chile

- **latissima** Mill. 1768 · D:Maryland-Tabak · ⊙; cult. USA
- **longiflora** Cav. 1802 · ⊙ ⚃ D Z8 VIII; Arg., Chile
- **rustica** L. 1753 · D:Bauern-Tabak; E:Indian Tobacco, Wild Tobacco · ⊙ ⊙ ⚃ Z8 VI-IX ✿ ⓝ; ? N-Am., nat. in Eur., USA: E
- × **sanderae** hort. Sander ex W. Watson 1904 (*N. alata* × *N. forgetiana*) · D:Niederer Zier-Tabak, Sander-Tabak; F:Tabac d'ornement · ⊙ Z7 VII-IX; cult. [16772]
  'Apple Blossom'
  'Fragrant Cloud'
  'Lime Green'
  'Tinkerbells'
- **suaveolens** Lehm. 1818 · ⊙ ⊙ D Z8 VII-VIII; SE-Austr.
- **sylvestris** Speg. et Comes 1898 · D:Berg-Tabak; E:Flowering Tobacco; F:Tabac sylvestre · ⊙ ⚃ D Z8 VII-IX; Arg. [16771]
- **tabacum** L. 1753 · D:Virginischer Tabak; E:Common Tobacco, Tobacco · ⊙ ⊙ ⚃ Z8 VI-IX ✤ ✿ ⓝ; ? S-Am., cult.
- **tomentosa** Ruiz et Pav. 1799 · ⊙ ♄ Z9 VII-VIII; Bras., Peru
- **wigandioides** K. Koch et Fintelm. 1858 · ♄ Z9 ⌂ VII-VIII; Col.

Nidularium Lem. 1891 -n- *Bromeliaceae* · (S. 975)
D:Nestbromelie, Trichterbromelie; E:Bird's-Nest Bromeliad; F:Nidularium
- *acanthocrater* E. Morren = Neoregelia concentrica
- **amazonicum** (Baker) Linden et E. Morren 1890 · ⚃ Z10; Bras.
- *ampullaceum* E. Morren = Neoregelia ampullacea
- *billbergioides* (Schult. f.) L.B. Sm. = Canistropsis billbergioides
- *binotii* E. Morren = Neoregelia binotii
- *burchellii* (Baker) Mez = Canistropsis burchellii
- *chlorostictum* (Baker) E. Morren = Neoregelia chlorosticta
- *citrinum* (Burch. ex Baker) Mez = Canistropsis billbergioides
- *farinosum* Ule = Neoregelia farinosa
- **fulgens** Lem. 1854 · E:Blushing Bromeliad · ⚃ Z10 ⌂; E-Bras.
- **innocentii** Lem. 1855 · ⚃ Z10 ⌂; E-Bras.
  - var. *lineatum* (Mez) L.B. Sm. 1955 = Nidularium innocentii
  - var. *paxianum* (Mez) L.B. Sm.

1950 = Nidularium innocentii
  - var. *striatum* Wittm. 1888 = Nidularium innocentii
  - var. *wittmackianum* (Harms) L.B. Sm. 1952 = Nidularium longiflorum
- *lindenii* Regel = Canistrum fragrans
- **lineatum** Mez 1913
- **longiflorum** Ule 1896 · ⚃ Z10; E-Bras.
- *meyendorffii* (Regel) Regel = Neoregelia carolinae
- *morrenianum* (Antoine) Baker = Neoregelia pineliana
- *paxianum* Mez = Nidularium innocentii
- *princeps* (Baker) E. Morren = Neoregelia princeps
- **procerum** Lindm. 1891 · ⚃ Z10 ⌂; E-Bras.
- **purpureum** Beer 1856 · ⚃ Z10 ⌂; E-Bras.
- *regelioides* Ule = Nidularium rutilans
- **rutilans** E. Morren 1885 · ⚃ Z10 ⌂; Bras.
- *sarmentosum* Regel = Neoregelia sarmentosa
- **scheremetiewii** Regel 1857 · ⚃ Z10 ⌂; E-Bras.
- *seidelii* L.B. Sm. et Reitz = Canistropsis seidelii
- *striatum* W. Bull = Nidularium innocentii
- *triste* (Beer) Regel = Neoregelia tristis
- **utriculosum** Ule 1898 · ⚃ Z10 ⌂; E-Bras.
- *wittmackianum* Harms = Nidularium longiflorum

Nierembergia Ruiz et Pav. 1794 -f- *Solanaceae* · (S. 850)
D:Nierembergie, Weißbecher, Becherblüte; E:Cupflower; F:Nierembergia
- *calycina* hort. ex Vilm. = Nierembergia gracilis
- **gracilis** Hook. 1831 · ⚃ Z7 VII-VIII; Arg.
- **hippomanica** Miers 1846 [71386]
  'Fairy Bells'
  'Purple Robe' [60836]
  - var. **hippomanica** · E:Cup Flower · ⚃ Z8 ⌂; Arg. [60834]
  - var. **violacea** Millán 1941 · F:Nirembergia · ⚃ Z8 ⌂ VI-IX; Arg.
- **repens** Ruiz et Pav. 1799 · D:Weißbecher, Weiße Becherblüte; E:White Cup · ⚃ ↝ Z7 VII-IX; Urug., Arg., Chile [65320]

- *rivularis* Miers = Nierembergia repens
- **scoparia** Sendtn. 1846 · ♄ Z8 ⌂ VII-IX; Arg., Urug. [60837]

Nigella L. 1753 -f- *Ranunculaceae* · (S. 733)
D:Braut in Haaren, Gretel im Busch, Jungfer im Grünen, Schwarzkümmel; E:Fennel Flower, Love-in-a-Mist; F:Nigelle
- **arvensis** L. 1753 · D:Acker-Schwarzkümmel; E:Wild Fennel · ⊙ VII-IX; Eur.: Fr, Ap, C-Eur., EC-Eur., Ba, E-Eur.; TR, Iraq, Levante, Cauc., C-As., N-Afr.
- *bucharica* Schipcz. = Komaroffia bucharica
- **ciliaris** DC. 1817 · ⊙; Syr.
- **damascena** L. 1753 · ⊙ ⚘ VI-IX ✤; Eur.: Ib, Fr, Ap, Ba, Krim; TR, Cyprus, Cauc., Iran, NW-Afr., Libya, nat. in C-Eur.
  'Blue Midget'
  'Cambridge Blue'
  'Miss Jekyll'
  'Mulberry Rose'
  Persian Jewels Grp.
- **hispanica** L. 1753 · ⊙ VII-VIII; Eur.: Ib, F
- **nigellastrum** (L.) Willk. 1880 · ⊙; Eur.: Fr, sp., GR, Crete, Krim; Cauc., N-Iraq, Cyprus
- **orientalis** L. 1753 · ⊙; BG, Cauc., Krim, TR, Iran, C-As.
- **sativa** L. 1753 · ⊙ VI-VIII ✤ ⓝ; ? SW-As., nat. in Eur.: Fr, Ap, Ba, EC-Eur.; Cauc., Iran, C-As. N-Afr., Eth.

Nigritella Rich. 1818 -f- *Orchidaceae* · (S. 1075)
D:Kohlröschen; E:Vanilla Orchid; F:Nigritelle
- **archiducis-joannis** Teppner et E. Klein · D:Erzherzog-Johann-Kohlröschen · ⚃ VII-VIII ▽ ✱; Eur.: A (Steiermark)
- **nigra** (L.) Rchb. f. 1851 · D:Schwarzes Kohlröschen; E:Black Vanilla Orchid · ⚃ △ V-VI ▽ ✱; Eur.: Ib, F, I, C-Eur., Sc, Ba, RO
- **rhellicani** Teppner et E. Klein 1990 · ⚃ VI-VIII ▽ ✱; C-Eur., S-Eur.
- **rubra** (Wettst.) K. Richt. 1890 · D:Rotes Kohlröschen · ⚃ VI-VIII ▽ ✱; Alp., mts. RO
- **stiriaca** (Rech.) Teppner et E. Klein · D:Steirisches Kohlröschen · ⚃ VI-VIII ▽ ✱; Eur.: A
- **widderi** Teppner et E. Klein 1985 ·

D:Widders Kohlröschen · ⚂ VII ▽ ✱; Eur.: A, D, I; Alp., Apenn.

Niphidium J. Sm. 1875 -n- *Polypodiaceae* · (S. 77)
- **crassifolium** (L.) Lellinger 1972 · ⚂ Z10 ⓜ; C-Am., trop. S-Am.

Niphobolus Kaulf. = Pyrrosia
- *adnascens* (Sw.) Kaulf. = Pyrrosia lanceolata
- *lingua* (Thunb.) J. Sm. = Pyrrosia lingua
- *tricuspis* J. Sm. = Pyrrosia hastata

Nipponanthemum (Kitam.) Kitam. 1878 -n- *Asteraceae* · (S. 260) D:Nipponchrysantheme; E:Nippon Daisy
- **nipponicum** (Franch. ex Maxim.) Kitam. 1878 · D:Nipponchrysantheme; E:Nippon Daisy · ♄ Z8 ⓜ; Jap.; coasts [60838]

Nitraria L. 1759 -f- *Zygophyllaceae* · (S. 893)
- **schoberi** L. 1759 · ♄ Z6; S-Russ., Cauc., W-Sib., C-As, Iran, Mong., China: Sinkiang

Nivenia Vent. 1808 -f- *Iridaceae* · (S. 1024)
- **corymbosa** (Ker-Gawl.) Baker 1877 · ♄ Z9 ⓜ II-IV; Kap

Noccaea Moench = Thlaspi
- *alpina* (L.) Rchb. = Pritzelago alpina subsp. alpina
- *auerswaldii* (Willk.) Willk. et Lange = Pritzelago alpina subsp. auerswaldii

Nolana L. f. 1762 -f- *Nolanaceae* · (S. 666) D:Glockenwinde; F:Nolana
- *atriplicifolia* D. Don = Nolana paradoxa subsp. atriplicifolia
- **coelestis** (Lindl.) Miers 1852 · ♄ Z8 ⓜ VI-X; Chile
- *grandiflora* Lehm. ex G. Don = Nolana paradoxa subsp. atriplicifolia
- **humifusa** (Gouan) I.M. Johnst. 1936 · ☉ ⚜ ⟿ VII-VIII; Peru
- *lanceolata* (Miers) Miers ex Dunal = Nolana paradoxa subsp. atriplicifolia
- **napiformis** Phil. 1895 · ☉ ⚜ ⟿ VII-VIII; Peru, Chile [16774]
- **paradoxa** Lindl. 1825
  - subsp. **atriplicifolia** (D. Don) Mesa 1981 · ☉ VI-IX; Chile
  - subsp. **paradoxa** · ☉ ⟿ VII-

VIII; Chile
- *prostrata* L. f. = Nolana humifusa
- × **tenella** Lindl. 1830 (*N. humifusa* × *N. paradoxa*) · ☉; cult.

Nolina Michx. 1803 -f- *Dracaenaceae* · (S. 1002)
- *gracilis* (Lem.) Cif. et Giacom. = Beaucarnea gracilis
- *hookeri* (Lem.) G.D. Rowley = Calibanus hookeri
- **longifolia** (Karw. ex Schult. et Schult. f.) Hemsl. 1884 · D:Mexikanischer Grasbaum; E:Mexican Grasstree · ♄ ⚘ e Z10 ⓜ; S-Mex.
- **microcarpa** S. Watson 1879
- *recurvata* (Lem.) Hemsl. = Beaucarnea recurvata
- *stricta* (Lem.) Cif. et Giacom. = Beaucarnea stricta
- **texana** S. Watson 1879 · ♄ e ⓜ; USA: Tex.; N-Mex.
- *tuberculata* (Roezl) hort. = Beaucarnea recurvata

Noltea Rchb. 1828 -f- *Rhamnaceae* · (S. 738)
- **africana** (L.) Rchb. 1828 · E:Soap Bush · ♄ e Z9 ⓜ V; S-Afr.

Nomocharis Franch. 1889 -f- *Liliaceae* · (S. 1032) D:Prachtlilie; F:Nomocharis
- **aperta** (Franch.) W.W. Sm. et W.E. Evans 1924 · ⚂ Z7 VI-VII; China: Tibet, Yunnan; N-Myanmar
- **farreri** (W.E. Evans) Cox 1925 · ⚂ Z7 VI-VII; NE-Myanmar
- *mairei* H. Lév. = Nomocharis pardanthina
- **meleagrina** Franch. 1898 · ⚂ Z7; China (Yunnan, SE-Tibet)
- **oxypetala** (D. Don) E.H. Wilson 1925 · ⚂ Z4; Him. (Ind.: Himachal Pradesh - W-Nepal) [61458]
- **pardanthina** Franch. 1889 · ⚂ Z7 VI-VII; NW-Yunnan, Sichuan
  - var. *farreri* W.E. Evans 1925 = Nomocharis farreri
- **saluenensis** Balf. f. 1918 · ⚂ Z7; N-Myanmar, China (Sichuan, Yunnan, SE-Tibet)

Nonea Medik. 1789 -f- *Boraginaceae* · (S. 309) D:Mönchskraut; F:Nonnée
- **erecta** Bernh. · D:Braunes Mönchskraut · ⚂ V-VIII; Eur.: C-Eur., EC-Eur., Ba, E-Eur.; Cauc., W-Sib., E-Sib., C-As., nat. in F, FIN
- **lutea** (Desr.) DC. 1846 · D:Gelbes Mönchskraut · ☉ IV-VI; Russ., Cauc, N-Iran, nat. in H, W-Ba, RO

- *pulla* DC. = Nonea erecta
- **rosea** (M. Bieb.) Link 1821 · D:Rosenrotes Mönchskraut · ⚂ VI-IX; TR, N-Iraq, Cauc., N-Iran

Nopalea Salm-Dyck = Opuntia
- *cochenillifera* (L.) Salm-Dyck = Opuntia cochenillifera

Nopalxochia Britton et Rose 1923 -f- *Cactaceae* · (S. 361)
- **phyllanthoides** (DC.) Britton et Rose 1923 · ♄ Z10 ⓜ ▽ ✱; Mex.

Normanbokea Kladiwa et Buxb. = Turbinicarpus
- *pseudopectinata* (Backeb.) Kladiwa et Buxb. = Turbinicarpus pseudopectinatus
- *valdeziana* (L. Möller) Kladiwa et Buxb. = Turbinicarpus valdezianus

Normanbya F. Muell. ex Becc. 1885 -m- *Arecaceae* · (S. 955) D:Schwarzholzpalme; E:Black Palm
- *australasicus* (H. Wendl. et Drude) Baill. = Arenga australasica
- **normanbyi** (F. Muell.) L.H. Bailey 1930 · ♄ e ⓜ; Austr. (Queensl.)

Nothofagus Blume 1851 -f- *Fagaceae* · (S. 532) D:Scheinbuche, Südbuche; E:Southern Beech; F:Hêtre austral
- **alpina** (Poepp. et Endl.) Oerst. 1872 · ♄ d Z7 Ⓝ; Arg., Chile [21355]
- **antarctica** (G. Forst.) Oerst. 1872 · D:Scheinbuche, Südbuche; E:Antarctic Beech; F:Hêtre austral, Hêtre de Magellan · ♄ d Z7 V; Chile [19760]
- **cunninghamii** (Hook. f.) Oerst. 1873 · D:Tasmanische Scheinbuche; E:Myrtle Beech · ♄ e Z9 ⓜ; Austr.: Tasman., Victoria [21351]
- **dombeyi** (Mirb.) Oerst. 1872 · E:Coigue · ♄ e Z8 ⓜ Ⓝ; Chile [21352]
- **menziesii** (Hook. f.) Oerst. 1873 · D:Silberne Scheinbuche; E:Silver Beech · ♄ e Z9 ⓜ; NZ [21354]
- *nervosa* (Phil.) Krasser = Nothofagus alpina
- **obliqua** (Blume) Oerst. 1872 · D:Pellin-Scheinbuche; E:Roble Beech; F:Roble · ♄ d Z7 Ⓝ; Chile, S-Arg. [34295]
- *procera* Oerst. = Nothofagus alpina

Notholaena R. Br. 1810 -f- *Adiantaceae* · (S. 60)

- **marantae** (L.) R. Br. 1810 ·
D:Pelzfarn · ⚁ Z7 ⌂ ∧ V-VII;
Eur.: Ib, F, Ap, CH, A, EC-Eur., Ba,
RO, Krim, Canar., Madeira; TR,
Cauc., Him., Eth.

Notholirion Wall. ex Boiss. 1882
-n- *Liliaceae* · (S. 1033)
- **bulbuliferum** (Lingelsh. ex H.
Limpr.) Stearn 1951 · ⚁; Nepal,
Sikkim, Bhutan, Ind.. (Assam),
W-China
- **campanulatum** Cotton et Stearn
1934 · ⚁ Z7 ∧ V-VI; E-Him.,
W-China
- **macrophyllum** (D. Don) Boiss.
1882 · ⚁ Z7 ∧ III-V; Nepal,
Bhutan, Sikkim, W-China
- **thomsonianum** (Royle) Stapf
1934 · ⚁ Z7 ∧ V-VI; Afgh.,
W-Him.

Nothopanax Miq. = *Polyscias*
- *arboreus* (Murray) Seem. =
Pseudopanax arboreus
- *davidii* (Franch.) Harms ex Diels =
Metapanax davidii
- *fruticosus* (L.) Miq. = Polyscias
fruticosa
- *guilfoylei* (W. Bull) Merr. =
Polyscias guilfoylei

Nothoscordum Kunth 1843 -n-
Alliaceae · (S. 903)
D:Bastardlauch; E:False Garlic,
Honeybells; F:Ail
- **bivalve** (L.) Britton 1896 · ⚁ Z5;
USA: NE, NEC, NC, SE, Fla.
- *fragrans* (Vent.) Kunth =
Nothoscordum gracile
- **gracile** (Aiton) Stearn 1986 · ⚁ D
Z7 V-VI; Mex. [60841]
- *inodorum* (Aiton) G. Nicholson =
Allium neapolitanum
- *striatum* (Jacq.) Kunth =
Nothoscordum bivalve

Notocactus (K. Schum.) Frič 1929
-m- *Cactaceae* · (S. 361)
- *acutus* F. Ritter = Notocactus
ottonis
- *agnetae* Vliet = Notocactus
concinnus
- **allosiphon** Marchesi 1972 · Ψ Z9
⌂; Urug.
- *ampliocostatus* (F. Ritter)
S. Theun. = Notocactus
schumannianus
- *apricus* (Arechav.) A. Berger =
Notocactus concinnus
- *arachnites* F. Ritter = Notocactus
crassigibbus
- *arechavaletae* (Speg.) Herter =
Notocactus ottonis
- *bommeljei* Vliet = Notocactus
concinnus
- **buenekeri** (Buining) Buxb.
1966 · Ψ Z9 ⌂ ▽ ✻; Bras.: Santa
Catarina, Rio Grande do Sul
- **buiningii** Buxb. 1968 · Ψ Z9 ⌂
▽ ✻; Bras.: Rio Grande do Sul;
N-Urug.
- **caespitosus** (Speg.) Backeb.
1935 · Ψ Z9 ⌂ ▽ ✻; Bras.: Rio
Grande do Sul; Urug.
- *campestrensis* F. Ritter =
Notocactus ottonis
- **claviceps** (F. Ritter) Krainz 1967 ·
Ψ Z9 ⌂; Bras. (Rio Grande do Sul)
- **concinnus** (Monv.) A. Berger
1929 · Ψ Z9 ⌂ ▽ ✻; Bras.: Rio
Grande do Sul; Urug.
- **crassigibbus** F. Ritter 1970 · Ψ Z9
⌂; Bras. (Rio Grande do Sul)
- **erinaceus** (Haw.) Krainz 1966 · Ψ
Z9 ⌂ ▽ ✻; Bras.: Rio Grande do
Sul; Urug., NE-Arg.
- *eugeniae* Vliet = Notocactus
veenianus
- *floricomus* (Arechav.) A. Berger =
Notocactus mammulosus
- *glaucinus* F. Ritter = Notocactus
ottonis
- *globularis* F. Ritter = Notocactus
ottonis
- **graessneri** (K. Schum.) A. Berger
1929 · Ψ Z9 ⌂ ▽ ✻; Bras.: Rio
Grande do Sul
- *grossei* (K. Schum.) Frič =
Notocactus schumannianus
- **haselbergii** (Haage) A. Berger
1929 · E:Scarlet Ball Cactus · Ψ Z9
⌂ ▽ ✻; Bras.: Rio Grande do Sul
- **herteri** (Werderm.) Buining et
Kreuz. 1950 · Ψ Z9 ⌂ ▽ ✻; Bras.:
Rio Grande do Sul; Urug.
- **horstii** F. Ritter 1966 · Ψ Z9 ⌂;
Bras. (Rio Grande do Sul)
- *ibicuiensis* (Osten) Herter =
Notocactus ottonis
- *incomptus* N. Gerloff = Notocactus
ottonis
- *laetevirens* F. Ritter = Notocactus
ottonis
- **leninghausii** (K. Schum.) A.
Berger 1929 · Ψ Z9 ⌂ ▽ ✻; Bras.:
Rio Grande do Sul
- *leucocarpus* (Arechav.) G. Schäf. =
Notocactus erinaceus
- **magnificus** (F. Ritter) Krainz
1966 · Ψ Z9 ⌂; Bras. (Rio Grande
do Sul)
- **mammulosus** (Lem.) A. Berger
1929 · Ψ Z9 ⌂ ▽ ✻; Bras.: Rio
Grande do Sul; Urug., NE-Arg.
- *megapotamicus* Osten ex Herter =
Notocactus ottonis
- **mueller-melchersii** Frič ex
Backeb. 1935 · Ψ Z9 ⌂; Urug.
- *mueller-moelleri* Z. Fleisch. et
Schütz = Notocactus mammulosus
- *muricatus* (Pfeiff.) A. Berger =
Notocactus concinnus
- *neobuenekeri* F. Ritter =
Notocactus succineus
- **ottonis** (Lehm.) A. Berger 1929 ·
Ψ Z9 ⌂ ▽ ✻; NE-Arg., S-Parag.
- *oxycostatus* Buining et Brederoo =
Notocactus ottonis
- *paulus* H. Schlosser et Brederoo =
Notocactus veenianus
- *purpureus* (F. Ritter) N.P. Taylor =
Notocactus horstii
- **roseiflorus** H. Schlosser et
Brederoo 1980 · Ψ Z9 ⌂; Urug.
- *roseoluteus* Vliet = Notocactus
mammulosus
- **rutilans** Däniker et Krainz 1948 ·
Ψ Z9 ⌂ ▽ ✻; N-Urug.
- **schlosseri** Vliet 1974 · Ψ Z9 ⌂;
Urug.
- **schumannianus** (Nicolai bis)
A. Berger 1929 · Ψ Z9 ⌂ ▽ ✻;
NE-Arg., S-Parag.
- **scopa** (Spreng.) A. Berger 1929 ·
Ψ Z9 ⌂ ▽ ✻; Bras.: Rio Grande
do Sul; Urug.
- *securituberculatus* F. Ritter =
Notocactus ottonis
- *sessiliflorus* (Pfeiff.) Krainz =
Notocactus erinaceus
- *submammulosus* (Lem.) Backeb. =
Notocactus mammulosus
- **succineus** F. Ritter 1990 · Ψ Z9 ⌂;
Bras. (Rio Grande do Sul)
- *tabularis* (Cels ex K. Schum.) A.
Berger = Notocactus concinnus
- *uebelmannianus* Buining =
Notocactus crassigibbus
- *vanvlietii* Rausch = Notocactus
concinnus
- **veenianus** Vliet 1974 · Ψ Z9 ⌂;
Urug.
- **warasii** (F. Ritter) T. Hewitt et
Donald 1975 · Ψ Z9 ⌂; Bras. (Rio
Grande do Sul)
- **werdermannianus** Herter 1942 ·
Ψ Z9 ⌂; Urug.
- *winkleri* Vliet = Notocactus
veenianus

Notospartium Hook. f. 1857 -n-
Fabaceae · (S. 518)
D:Südginster; E:Southern Broom;
F:Genêt austral
- **carmichaeliae** Hook. f. 1857 · ♄
Z8 ⌂ VII; NZ [21362]
- **glabrescens** Petrie 1921 · ♄ Z8
⌂; NZ [21363]

Nuphar Sm. 1809 -f-
Nymphaeaceae · (S. 668)
D:Mummel, Teichrose; E:Yellow Pond Lily; F:Jaunet d'eau, Nénuphar jaune
- **advena** (Aiton) W.T. Aiton 1811 · D:Amerikanische Teichrose; E:American Spatter Dock, Cow Lily, Yellow Water Lily; F:Nénuphar d'Amérique · ⚃ ≈ Z3 V-VIII; USA: NE, NCE, NC, SC, SE, Fla.; Mex., W.Ind. [67246]
- *intermedia* Ledeb. = Nuphar × spenneriana
- **japonica** DC. 1821 · D:Japanische Teichrose; F:Nénuphar du Japon · ⚃ ≈ Z6 VII-VIII; Jap.
- **lutea** (L.) Sibth. et Sm. 1809 · D:Gelbe Teichrose, Mummel; E:Brandy Bottle, Yellow Pond Lily, Yellow Water Lily; F:Nénuphar commun · ⚃ ≈ Z4 VI-VIII ⚘ ▽; Eur.*, TR, Cauc., W-Sib., E-Sib., C-As. [67247]
- **polysepala** Engelm. 1866 · ⚃ ≈ Z4; Alaska, Can.: W; USA: NW, Calif., Rocky Mts., SW
- **pumila** (Timm) DC. 1821 · D:Kleine Teichrose; F:Nénuphar nain · ⚃ ≈ Z4 VII-VIII ▽; Eur.* exc. Ap; W-Sib., E-Sib., Amur, Sachal., Kamchat., Mong., China, Jap. [67248]
- × **spenneriana** Gaudin 1828 (*N. lutea* × *N. pumila*) · D:Bastard-Teichrose · ⚃; C-Eur., Sc, Russ.; W-Sib.

Nuttallia Torr. et A. Gray = Oemleria
- *cerasiformis* Torr. et A. Gray ex Hook. et Arn. = Oemleria cerasiformis

Nyctanthes L. 1753 -f- *Verbenaceae* · (S. 886)
D:Trauerbaum; E:Tree of Sadness
- **arbor-tristis** L. 1753 · D:Trauerbaum; E:Tree of Sadness · ♄ d D Z10 ⓚ VII ⓝ; C-Ind.

Nycteranthus Neck. ex Rothm. = Aridaria
- *noctiflorus* (L.) Rothm. = Aridaria noctiflora

Nycterinia D. Don = Zaluzianskya
- *capensis* Benth. = Zaluzianskya capensis

Nyctocereus (A. Berger) Britton et Rose 1909 -m- *Cactaceae* · (S. 362)
- **serpentinus** (Lag. et Rodr.) Britton et Rose 1909 · ⚴ Z9 ⓚ ▽ ✱; Mex.

Nymania Lindb. 1868 -f- *Meliaceae*
- **capensis** (Thunb.) Lindb. 1868

Nymphaea L. 1753 -f-
Nymphaeaceae · (S. 669)
D:Seerose; E:Water Lily; F:Nénuphar
- **alba** L. · D:Weiße Seerose; E:White Water Lily; F:Nymphéa blanc · ⚃ ≈ Z5 VI-VIII ⚘ ⚘ ▽; Eur.*, TR, Cauc.
- **amazonum** Mart. et Zucc. 1832 · ⚃ ≈ D Z10 ⓚ V-VIII; Mex., C-Am., trop. S-Am.
- **caerulea** Savigny 1798 · D:Blaue Ägyptische Seerose, Blauer Ägyptischer Lotus; E:Blue Egyptian Lotus · ⚃ ≈ Z10 ⓚ ⓚ V-VIII; Palaest., Egypt, trop. Afr.
- **candida** C. Presl 1822 · D:Glänzende Seerose; F:Nymphéa luisant · ⚃ ≈ Z4 VI-VIII ▽; Eur.: Sc, Fr, C-Eur., EC-Eur., E-Eur.; Cauc., W-Sib., E-Sib., C-As. [67252]
- **capensis** Thunb. 1800 · D:Blaue Seerose; E:Blue Water Lily, Cape Blue Water Lily · ⚃ ≈ Z10 ⓚ V-VIII; E-Afr., S-Afr., Madag.
- *citrina* Peter = Nymphaea stuhlmannii
- **colorata** Peter 1928 · ⚃ ≈ Z10 ⓚ V-VIII; Tanzania
- × **daubenyana** W.T. Baxter ex Daubeny 1864 (*N. caerulea* × *N. micrantha*) · ⚃ ≈ Z10 ⓚ III-X; cult.
- **elegans** Hook. 1852 · ⚃ ≈ D Z9 ⓚ V-VIII; Tex., N.Mex., Mex., Guat.
- *flavovirens* Lehm. = Nymphaea gracilis
- **gigantea** Hook. 1852 · D:Große Seerose; E:White Pond Lily · ⚃ ≈ D Z10 ⓚ VII-IX; N.Guinea, Austr.
- **gracilis** Zucc. 1832 · ⚃ ≈ Z10 ⓚ VI-VIII; Mex.
- × **helvola** Lat.-Marl. 1879 (*N. mexicana* × *N. tetragona*) · ⚃ Z6; cult. [60883]
- **lotus** L. 1753 · D:Weiße Ägyptische Seerose, Weißer Ägyptischer Lotus; E:Egyptian Lotus, White Egyptian Lotus · ⚃ ≈ D Z10 ⓚ VI-IX ⚘; Egypt, trop. Afr., Ind., Malay. Arch., Phil.,
  - var. *dentata* (Schumach. et Thonn.) G. Nicholson = Nymphaea lotus
  - var. *thermalis* (DC.) Tuzson 1907 = Nymphaea lotus
- **mexicana** Zucc. 1832 · ⚃ ≈ D Z9 ⓚ VI-VIII; Tex., Fla., Mex.
- **micrantha** Guill. et Perr. 1831 · ⚃ ≈ D Z10 ⓚ III-X; W-Afr.
- **nouchalii** Burm. f. 1768 · D:Stern-Seerose; E:Blue Lotus · ⚃ ≈ Z10 ⓚ VI-VIII; Ind., SE-As., Malay. Pen., Afr.
- **odorata** Aiton 1789 [69459]
  'Minor Rosea' [67300]
  'Rosea Prolifera'
  'Sulphurea' [67302]
  'Sulphurea Grandiflora' [60893]
  'Turicensis' [60898]
  - subsp. **odorata** · D:Wohlriechende Seerose; E:Fragrant Water Lily; F:Nymphéa odorant · ⚃ ≈ D Z3 VI-VIII ⚘; Can.: E; USA: NE, NCE, SE, Fla., SC ; Mex., C-Am., W.Ind., nat. in W-Eur. [67303]
  - subsp. **tuberosa** (Paine) Wiersema et Hellq. 1994 · F:Nymphéa tubéreux · ⚃ ≈ Z3 VI-VIII; Can.: E; USA: NE, NCE, NC, Ark. [60897]
  - var. *rosea* Pursh 1814 = Nymphaea odorata subsp. odorata
- **pubescens** Willd. 1799 · ⚃ ≈ Z10 ⓚ VI-VIII; Ind., nat. in H
- *rubra* Roxb. ex Andrews = Nymphaea pubescens
- *stellata* Willd. = Nymphaea nouchalii
- **stuhlmannii** (Engl.) Schweinf. et Gilg 1903 · ⚃ ≈ D Z10 ⓚ V-VIII; E-Afr. (Malongwe)
- **tetragona** Georgi 1775 · D:Zwerg-Seerose; E:Pygmy Water Lily · ⚃ ≈ D Z2 VI-VIII; Eur.: FIN, N-Russ; N-As, China, Jap. Him., Alaska, Can., USA: NE, NCE, Rocky Mts., Wash. [67306]
  'Alba' = Nymphaea tetragona
  'Helvola' = Nymphaea × helvola
- *thermalis* DC. = Nymphaea lotus
- *tuberosa* Paine = Nymphaea odorata subsp. tuberosa
  'Richardsonii' 1900 [67308]
- **in vielen Sorten:**
  H winterhart
     Ursprünglich gezüchtet aus fünf Arten der gemäßigten Zone: *N. alba*, *N. candida*, *N. tetragona*, *N. odorata* und *N. tuberosa*. Sie ziehen im Winter ein und erleiden in der Regel keine Frostschäden, es sei denn, bei neueren Hybriden wurden Arten der Warmgebiete eingekreuzt.
  T tropisch

Die Mehrzahl der Seerosen sind tropischer Herkunft, zu ihnen gehören N. caerulea, N. colorata und N. stellata, die eine blaue Blütenfarbe besitzen, die bei den harten Sorten nicht vorkommt. Die Überwinterung erfolgt bei einer Wassertemperatur von 15°C.

D tagblühend
Ergänzende Angabe bei den tropischen Seerosen: die Blüten öffnen sich tagsüber.

N nachtblühend
Ergänzende Angabe bei den tropischen Seerosen: die Blüten öffnen sich nachts

Quelle: PHILIP, C., LORD, T. (2006)
'Albatros' (H) Latour-Marliac 1910 [68500]
'Amabilis' (H) Latour-Marliac 1921 [60845]
'Anna Epple' (H) Epple 1790 [67257]
'Attraction' (H) Latour-Marliac 1910 [67258]
'Aurora' (H) Latour-Marliac 1895 [67259]
'Berthold' (H) Berthold Nurs. 1992 [67260]
'Candidissima' (H) 1901 [68498]
'Caroliniana Perfecta' (H) Latour-Marliac 1893 [67262]
'Charles de Meurville' (H) Latour-Marliac c. 1931 [67261]
'Chrysantha' (H) Latour-Marliac 1905 [67263]
'Colonel A.J. Welch' (H) Latour-Marliac 1929 [67266]
'Colossea' (H) Latour-Marliac < 1900 [67264]
'Conqueror' (H) Latour-Marliac 1910 [68499]
'Darwin' (H) Latour-Marliac 1909 [67265]
'Ellisiana' (H) Latour-Marliac 1896 [67267]
'Escarboucle' (H) Latour-Marliac 1909 [67268]
'Fabiola' (H) Latour-Marliac 1908 [67269]
'Fire Crest' (H) c. 1930 [60854]
'Formosa' (H) Latour-Marliac < 1900 [67270]
'Fritz Junge' (H) Junge 1975 [67271]
'Froebelii' (H) Fröbel 1898 [67272]
'Gladstoneana' (H) Richardson 1897 [60855]
'Gloire du Temple-sur-Lot' (H) Latour-Marliac 1913 [70229]
'Gloriosa' (H) Latour-Marliac 1896 [67273]
'Gonnère' (H) Latour-Marliac 1914 [68503]
'Graziella' (H) Latour-Marliac 1904 [60857]
'Hermine' (H) Latour-Marliac 1910 [67276]
'Hever White' (H) Astor 1937 [70139]
'Indiana' (H) Latour-Marliac 1912 [69458]
'James Brydon' (H) Dreer 1899 [67277]
'Laydekeri Fulgens' (H) Latour-Marliac < 1893 [67278]
'Laydekeri Lilacea' (H) Latour-Marliac < 1893 [67279]
'Laydekeri Purpurata' (H) Latour-Marliac 1894 [67280]
'Madame Maurice Laydeker' (H) Latour-Marliac 1936 [67281]
'Madame Wilfron Gonnère' (H) Latour-Marliac 1924 [67282]
'Marliacea Albida' (H) Latour-Marliac c. 1880 [67283]
'Marliacea Carnea' (H) Latour-Marliac c. 1880 [67284]
'Marliacea Chromatella' (H) Latour-Marliac c. 1880 [67285]
'Marliacea Rosea' (H) Latour-Marliac 1887 [67286]
'Masaniello' (H) Latour-Marliac 1908 [67287]
'Maurice Laydeker' (H) Latour-Marliac 1927 [60869]
'Méteor' (H) Latour-Marliac 1909 [67288]
'Moorei' (H) Adelaide Bot. Gard. 1885 [67289]
'Newton' (H) Latour-Marliac 1910 [67290]
'Paul Hariot' (H) Latour-Marliac 1905 [69460]
'Perry's Pink' (H) Slocum 1984
'Pink Sensation' (H) Slocum 1947 [60877]
'Princess Elizabeth' (H) Perry 1935 [60879]
'Pygmaea Alba' (H) Latour-Marliac < 1905 [60880]
'Pygmaea Helvola' = Nymphaea × helvola
'Pygmaea Rubra' (H) Perry 1938 [60884]
'Red Spider' (H) Strawn 1993 [60886]
'René Gérard' (H) Latour-Marliac 1914 [67292]
'Rose Arey' (H) Fowler 1913 [69461]
'Rosennymphe' (H) Junge 1911 [60889]
'Sioux' (H) Latour-Marliac 1908 [67293]
'Sirius' (H) Latour-Marliac 1913 [60891]
'Sunrise' (H) Perry 1938 [60895]
'Texas Dawn' (H) Landon 1990 [67296]
'Virginalis' (H) Latour-Marliac 1908 [60899]
'Walter Pagels' (H) Strawn 1993 [67297]
'William Falconer' < 1907 [67298]

Nymphoides Ség. 1754 -f- Menyanthaceae · (S. 641)
D:Seekanne; E:Floating Heart, Fringed Water Lily; F:Petit nénuphar
- **aquatica** (Walter) Kuntze 1891 · D:Wasserbanane; E:Banana Plant, Fairy Water Lily · ⚃ ≈ Z7 ⓦ ⓚ; USA: NE, SE, Fla., SC
- **humboldtiana** (Kunth) Kuntze 1851 · D:Humboldts Seekanne · ⚃ ≈ Z10 ⓦ VII-IX; trop. Am.
- **indica** (L.) Kuntze 1891 · D:Indische Seekanne; E:Water Snowflake · ⚃ ≈ Z10 ⓦ VII-IX; SW-China, Jap., SE-As., Austr., Fiji
- **peltata** (S.G. Gmel.) Kuntze 1891 · D:Gewöhnliche Seekanne; E:Water Fringe, Yellow Floating Heart; F:Faux nénuphar, Limnanthème · ⚃ ≈ Z6 V-IX ▽; Eur.* exc. Sc; Cauc., Iran, W-Sib., E-Sib., Amur, C-As., Him., Mong., China, Jap., nat. in Sc [67309]

Nypa Steck 1757 -f- Arecaceae · (S. 955)
D:Nipapalme; E:Mangrove Palm; F:Nipa
- **fruticans** Wurmb 1779 · ♄ e ⌒ Z10 ⓦ ⓝ; Sri Lanka, Myanmar, Malay. Arch., Phil., trop. Austr.

Nyssa L. 1753 -f- Nyssaceae · (S. 670)
D:Tupelobaum; E:Tupelo; F:Tupélo
- **aquatica** L. 1753 · D:Wasser-Tupelobaum; E:Cotton Gum, Water Tupelo · ♄ d ⌒ Z8 ⓚ V ⓝ; USA: Va., Ky., SE, Fla., SC [19907]
- **ogeche** W. Bartram ex Marshall 1785 · ♄ d Z9 ⓚ; USA: Ga., Fla.
- **sinensis** Oliv. 1964 · D:Chinesischer Tupelobaum · ♄ d Z7 ⓚ; C-China [19908]
- **sylvatica** Marshall 1785 · D:Wald-Tupelobaum; E:Black Gum, Black Tupelo, Sour Gum; F:Tupélo · ♄ d ⌒ Z3 VI ⓝ; Ont., USA: NE, NCE, SC, SE, Fla.; Mex. [33334]
  'Autumn Cascades' [18261]
  'Biflora' · D:Sumpf-Tupelobaum · [19909]
  'Red Red Wine' [11343]
  'Wisley Bonfire' [19911]

Obregonia Frič 1925 -f- Cactaceae · (S. 362)
- **denegrii** Frič 1925 · ↯ Z9 ⓚ ▽ ✱; Mex.: Tamaulipas

Ochagavia Phil. 1856 -f- Bromeliaceae · (S. 975)
- **carnea** (Beer) L.B. Sm. et Looser 1934 · ⚃ Z10 ⓚ; Chile
- **litoralis** (Phil.) Zizka, Trumpler et Zöllner 2002 · ⚃ Z8 ⓚ; Chile

Ochna L. 1753 -f- Ochnaceae · (S. 671)
D:Nagelbeere; E:Bird's Eye Bush; F:Ochna
- **kirkii** Oliv. 1868 · ♄ e Z10 ⓦ; Kenya, Tanzania, N-Mozamb.
- **serrulata** (Hochst.) Walp. 1846 · E:Bird's Eye Bush, Mickey Mouse Plant · ♄ e ⊗ Z9 ⓦ ⓚ II-IV; trop. Afr. [11241]

Ochroma Sw. 1788 -n- Bombacaceae · (S. 302)
D:Balsabaum; E:Balsa, Down-Tree; F:Balsa, Patte-de-lièvre

- *lagopus* Sw. = Ochroma pyramidale
- **pyramidale** (Cav. ex Lam.) Urb. 1920 · D:Balsabaum; E:Balsa Tree · ♄ e Z10 ⓦ ⓝ; Mex., C-Am., W.Ind., trop. S-Am.

Ocimum L. 1753 -n- *Lamiaceae* · (S. 587)
D:Basilikum; E:Basil; F:Basilic
- × **africanum** Lour. 1790 (*O. americanum* × *O. basilicum*) [69831]
- **americanum** L. 1755 · D:Zitronen-Basilikum; E:American Basil · ⊙ Z10 ⓚ VII ⓝ; trop. Afr., trop. As.
- **basilicum** L. 1753 · D:Basilienkraut, Basilikum; E:Basil · ⊙ ⚣ D Z10 VI-VIII ⚥ ⓝ; orig.?; cult. Trop., Subtrop. [67102]
  'Cinnamon' [60407]
  'Dark Opal' [72822]
  'Genovese' [72824]
  'Green Ruffles' [72826]
  'Horapha' [70064]
  'Napolitano'
  'Osmin Purple'
  'Purple Ruffles' [72832]
  'Siam Queen' [72835]
  'Thai' = Ocimum basilicum 'Horapha'
  - var. **minimum** (L.) Alef. 1866 = Ocimum minimum
  - var. **purpurascens** Benth. 1830 = Ocimum basilicum
- *canum* Sims = Ocimum americanum
- × *citriodorum* Vis. = Ocimum × africanum
- *crispum* Thunb. = Perilla frutescens var. nankinensis
- **gratissimum** L. 1753
- **kilimandscharicum** Gürke 1895 · D:Kampfer-Basilikum
- **minimum** L. 1753
- *sanctum* L. = Ocimum tenuiflorum
- **tenuiflorum** L. 1753 · D:Kleines Basilikum · ♄ Z10 ⓚ ⚥ ⓝ; W-As., Arab., Ind., Sri Lanka, Malay. Arch., Austr., Pacific Is. [60463]

Ocotea Aubl. 1775 -f- *Lauraceae* · (S. 599)
- **bullata** E. Mey. 1864 · E:Black Stinkwood · ♄ e ⓚ ⓝ; S-Afr.
- **puchury-major** Mart. 1830 · ♄ e ⓦ ⓝ; Bras.
- **rodiaei** (R.H. Schomb.) Mez 1889 · ♄ e ⓦ ⓝ; Guyan.
- **usambarensis** Engl. 1894 · ♄ ⓦ ⓝ; Kenya, Tanzania

Octomeria R. Br. 1813 -f- *Orchidaceae* · (S. 1075)
- **crassifolia** Lindl. 1836 · ⚣ Z10 ⓦ ▽ ✳; Bras.
- **gracilis** Lodd. ex Lindl. 1838 · ⚣ Z10 ⓦ ▽ ✳; Bras.
- **graminifolia** (L.) R. Br. 1813 · ⚣ Z10 ⓦ IV ▽ ✳; W.Ind., trop. S-Am.
- **grandiflora** Lindl. 1842 · ⚣ Z10 ⓦ X ▽ ✳; Trinidad, Surinam, Bras., Parag., Bol.
- **juncifolia** Barb. Rodr. 1881 · ⚣ Z10 ⓦ X ▽ ✳; Bras.

× **Odontioda** hort. 1904 -f- *Orchidaceae* · (*Cochlioda* × *Odontoglossum*)

Odontites Ludw. 1757 -m- *Scrophulariaceae* · (S. 834)
D:Zahntrost; E:Bartsia; F:Odontitès
- **litoralis** (M. Bieb.) Link 1845 · D:Salz-Zahntrost · ⊙ V-VI; Eur.: Sc, N-D, PL, Balt.
- **luteus** (L.) Clairv. 1811 · D:Gelber Zahntrost · ⊙ VII-X; Eur.* exc. BrI, Sc; TR, Cauc., C-As., NW-Afr.
- *ruber* Gilib. = Odontites vernus
- **vernus** (Bellardi) Dumort. 1827 · D:Acker-Zahntrost, Frühlings-Zahntrost · ⊙ Z6 V-IX; Eur.*
- **viscosus** (L.) Clairv. 1811 · D:Klebriger Zahntrost · ⊙; Eur.: Ib, F, I, CH, NW-Afr.
- **vulgaris** Moench 1794 · D:Herbst-Zahntrost, Roter Zahntrost · ⊙ VII-IX; Eur.*, TR, Iran, N-As.

× **Odontobrassia** hort. 1935 -f- *Orchidaceae* · (*Brassia* × *Odontoglossum*)

× **Odontocidium** hort. 1911 -n- *Orchidaceae* · (*Odontoglossum* × *Oncidium*)
- **in vielen Sorten**

Odontoglossum Kunth 1816 -n- *Orchidaceae* · (S. 1075)
- × **adrianum** L. Linden 1879 (*O. nobile* × *O. luteopurpureum*) · ⚣ Z10 ⓚ X-IV ▽ ✳; Col.
- **astranthum** Linden et Rchb. f. 1867 · ⚣ Z10 ⓚ ▽ ✳; Ecuad.
- *aureum* (Lindl.) Garay = Cyrtochilum aureum
- *bictoniense* (Bateman) Lindl. = Rhynchostele bictoniensis
- **blandum** Rchb. f. 1870 · ⚣ Z10 ⓚ ▽ ✳; Col.
- *cariniferum* Rchb. f. = Miltonioides carinifera
- *cervantesii* Lex. = Rhynchostele cervantesii
- **cirrhosum** Lindl. 1833 · ⚣ Z10 ⓚ IV-V ▽ ✳; Ecuad., Peru
- **constrictum** Lindl. 1843 · ⚣ Z10 ⓚ X-XII ▽ ✳; Ecuad., Col., Venez.
- *convallarioides* (Schltr.) Ames et Correll = Cuitlauzina convallarioides
- *cordatum* Lindl. = Rhynchostele cordata
- **crispum** Lindl. 1845 · E:Lace Orchid · ⚣ Z10 ⓚ II-IV ▽ ✳; Col.
- **cristatum** Lindl. 1845 · ⚣ Z10 ⓚ IV-V ▽ ✳; Col., Ecuad.
- **cruentum** Rchb. f. 1873 · ⚣ Z10 ⓚ ▽ ✳; Col., Ecuad.
- *edwardii* Rchb. f. = Cyrtochilum edwardii
- **hallii** Lindl. 1837 · ⚣ Z10 ⓚ III-IV ▽ ✳; Col., Ecuad., Peru
- **harryanum** Rchb. f. 1886 · ⚣ Z10 ⓚ VII-VIII ▽ ✳; Col., Ecuad., Peru
- × *hunnelwellianum* Rolfe = Odontoglossum × adrianum
- **lindleyanum** Rchb. f. et Warsz. 1854 · ⚣ Z10 ⓚ V-VII ▽ ✳; Col.
- *loxense* F. Lehm. et Kraenzl. = Odontoglossum astranthum
- **luteopurpureum** Lindl. 1846 · ⚣ Z10 ⓚ III-VI ▽ ✳; Col.
- *maculatum* Lex. = Rhynchostele maculata
- *majale* Rchb. f. = Rhynchostele majalis
- **nevadense** Rchb. f. 1870 · ⚣ Z10 ⓚ ▽ ✳; Col.
- **nobile** Rchb. f. 1850 · ⚣ Z10 ⓚ III-V ▽ ✳; Col.
- **odoratum** Lindl. 1846 · ⚣ Z10 ⓚ III-V ▽ ✳; Col., Venez.
- *pescatorei* Linden ex Lindl. = Odontoglossum nobile
- *phalaenopsis* Linden et Rchb. f. = Miltoniopsis phalaenopsis
- *platycheilum* Weathers = Rhynchostele majalis
- *pulchellum* Bateman ex Lindl. = Cuitlauzina pulchella
- *reichenheimii* Linden et Rchb. f. = Miltonioides reichenheimii
- *roezlii* Rchb. f. = Miltoniopsis roezlii
- *roseum* Lindl. = Cochlioda rosea
- *rossii* Lindl. = Rhynchostele rossii
- *sanderianum* Rchb. f. = Odontoglossum constrictum
- **sanguineum** (Rchb. f.) Dalström 2001 · ⚣ Z10 ⓚ X-XI ▽ ✳; Peru, Ecuad.
- **spectatissimum** Lindl. 1852 · ⚣ Z10 ⓚ III-V ▽ ✳; Col.
- *stellatum* Lindl. = Rhynchostele stellata

- *triumphans* Rchb. f. = Odontoglossum spectatissimum
- *uroskinneri* Lindl. = Rhynchostele uroskinneri
- *vexillarium* Rchb. f. = Miltoniopsis vexillaria
- *warscewiczii* Rchb. f. = Miltoniopsis warscewiczii
- in vielen Sorten

Odontonema Nees 1842 -n- *Acanthaceae* · (S. 132)
- **schomburgkianum** (Nees) Kuntze 1891 · ♄ e Z10 ⓦ XII-I; Col.
- **strictum** (Nees) Kuntze 1891 · ♄ e Z10 ⓦ; C-Am.

× **Odontonia** Rolfe 1905 -f- *Orchidaceae* · (*Miltonia* × *Odontoglossum*)
- in vielen Sorten

Odontospermum Neck. ex Sch. Bip. = Asteriscus
- *maritimum* (L.) Sch. Bip. = Asteriscus maritimus
- *sericeum* (L. f.) Sch. Bip. = Nauplius sericeus

Oeceoclades Lindl. 1832 -f- *Orchidaceae* · (S. 1076)
- **maculata** (Lindl.) Lindl. 1833 · ⚁ Z10 ⓦ VIII-X ▽ ✻; Fla., W.Ind., trop. S-Am., trop. Afr.

Oehmea Buxb. = Mammillaria
- *nelsonii* (Britton et Rose) Buxb. = Mammillaria nelsonii

Oemleria Rchb. 1841 -f- *Rosaceae* · (S. 757) D:Oregonpflaume; E:Oregon Plum, Osoberry; F:Prunier de l'Orégon
- **cerasiformis** (Torr. et A. Gray ex Hook. et Arn.) J.W. Landon 1975 · D:Oregonpflaume; E:Indian Plum, Osoberry · ♄ Z6 V; B.C., USA: NW, Calif. [20369]

Oenanthe L. 1753 -f- *Apiaceae* · (S. 180) D:Wasserfenchel; E:Water Dropwort; F:Œnanthe
- **aquatica** (L.) Poir. 1798 · D:Großer Wasserfenchel, Pferdesaat; E:Fine Leaved Water Dropwort; F:Oenanthe aquatique · ⊙ ⌇ VI-VIII ⚥ ⚘ ⓝ; Eur.*, Cauc., W-Sib., E-Sib., C-As., nat. in N-Am. [67310]
  'Variegata' [68117]
- **conioides** Lange 1859 · D:Schierlings-Wasserfenchel, Tide-Wasserfenchel · ⊙ ⌇ VI-VII ▽; Eur.: D (untere Elbe), B
- **fistulosa** L. 1753 · D:Röhriger Wasserfenchel · ⚁ ⌇ VI-VIII; Eur.*; NW-Afr., Lebanon, Palaest., Cauc. (Azerbeidschan), N-Iran, [60425]
- **fluviatilis** (Bab.) Coleman 1844 · D:Flutender Wasserfenchel · ⊙ ⊙ ⌇ VI-VII; Eur.: BrI, Fr, D, DK
- **javanica** (Blume) DC. 1830 · D:Java-Wasserfenchel; E:Javan Water Dropwort · ⊙ ⌇ Z10 ⓚ ⓝ; Ind., Indochina, China, Korea, Jap., Malay. Arch., Phil., Austr.
- **lachenalii** C.C. Gmel. 1805 · D:Wiesen-Wasserfenchel · ⚁ ⌇ VII-IX; Eur.* exc. EC-Eur.; Cauc., Alger.
- **peucedanifolia** Pollich 1776 · D:Haarstrang-Wasserfenchel · ⚁ ⌇ VI-VII; Eur.: Ib, Fr, C-Eur., Ba, RO, EC-Eur.; Maroc., Alger.
- **phellandrium** Lam. = Oenanthe aquatica
- **pimpinelloides** L. · D:Bibernell-Wasserfenchel; E:Corky Fruit Water Dropwort · ⚁ ⌇ Z8; Eur.: BrI, Ib, Fr, Ap, Ba, Krim; TR, Syr., Cauc.
- **silaifolia** M. Bieb. 1819 · D:Silaublättriger Wasserfenchel; E:Narrow Leaf Water Dropwort · ⚁ ⌇ V-VII; Eur.* exc. Sc, Ib; TR, Cauc., N-Iran, NW-Afr.
- **stolonifera** (Roxb.) DC. 1830 · ⚁; Ind., China, Java

Oenocarpus Mart. 1823 -m- *Arecaceae* · (S. 956)
- **bataua** Mart. 1823 · ♄ e ⓦ ⓝ; n S-Am.

Oenothera L. 1753 -f- *Onagraceae* · (S. 679) D:Nachtkerze; E:Evening Primrose; F:Onagre, Œnothère
- **acaulis** Cav. 1797 · ⊙ ⚁ △ D Z5 VI-X; Chile [61809]
  'Aurea'
- × **arendsii** Silva Tar. et C.K. Schneid. (*O. rosea* × *O. speciosa*) · ⚁ △ ⋀ VI-IX; cult.
- **berlandieri** (Spach) Walp. = Oenothera speciosa
- **biennis** L. 1753 · D:Gewöhnliche Nachtkerze; E:Common Evening Primrose, Evening Primrose · ⊙ Z4 VI-IX ⚥ ⓝ; Can., USA*, Mex., nat. in Eur., TR, NZ [65321]
- × **braunii** Döll 1862 (*O. biennis* × *O. oakesiana*) · D:Brauns Nachtkerze; E:Braun's Evening Primrose · ⊙; C, CH +
- **caespitosa** Nutt. 1833 · D:Stängellose Nachtkerze; E:Large White Evening Primrose · ⊙ ⚁ △ Z4 VI-VIII; USA: NW, Rocky Mts., Calif., NC [65322]
- *cheiranthifolia* Hornem. ex Spreng. = Camissonia cheiranthifolia
- **deltoides** Torr. et Frém. 1845
  - subsp. **deltoides**
  - subsp. **howellii** (Munz) W.M. Klein 1962 · ⊙ ⊙; Calif.
  - var. *howellii* Munz 1949 = Oenothera deltoides subsp. howellii
- **drummondii** Hook. 1834 · D:Küsten-Nachtkerze; E:Beach Evening Primrose · ⊙ ⊙ Z6 VII-VIII; Tex., NE-Mex.
- **elata** Kunth
  - subsp. **elata**
  - subsp. **hookeri** (Torr. et A. Gray) W. Dietr. et W.L. Wagner 1987
- × **fallax** Renner 1917 (*O. biennis* × *O. grandiflora*) · D:Täuschende Nachtkerze · ⊙; D, GB +
- **fruticosa** L. 1753 [70008]
  'Fyrverkeri' [65329]
  'Hohes Licht' Baltin 1961 [65332]
  'Sonnenwende' Marx [65334]
  'Youngii'
  - subsp. **fruticosa** · D:Rotstängelige Nachtkerze; E:Sundrops; F:Onagre tétragone · ⚁ ♄ d Z4 VI-VIII; USA: NE, NCE, Okla., SE, Fla.
  - subsp. **glauca** (Michx.) Straley 1978 · ⚁ Z4 VI-VIII; USA: S-Appalachen [65328]
- *glabra* Mill. = Oenothera biennis
- *glauca* Michx. = Oenothera fruticosa subsp. glauca
- **glazioviana** Micheli 1875 · D:Rotkelchige Nachtkerze; E:Large-leaved Evening Primrose · ⊙ Z3 VI-IX; orig. ?, nat. in W-Eur, C-Eur., N-Am. [61817]
- **grandiflora** L'Hér. 1789 · D:Großblütige Nachtkerze · ⊙; cult.
- *hookeri* Torr. et A. Gray = Oenothera elata subsp. hookeri
- **kunthiana** (Spach) Munz 1932 · ⚁ Z8 ⓐ; USA: Tex.; Mex., C-Am. [61818]
- *linearis* Michx. = Oenothera fruticosa subsp. fruticosa
- **macrocarpa** Nutt. 1813 · D:Missouri-Nachtkerze; E:Missouri Evening Primrose, Prairie Evening Primrose; F:Onagre du Missouri · ⚁ ⌇ △ Z5 VI-IX; USA: SC, Mo.,

Kans., Nebr. [69463]
- **minima** Pursh 1814 [69464]
- *missouriensis* Sims = Oenothera macrocarpa
- **oakesiana** (A. Gray) J.W. Robbins ex S. Watson et J.M. Coult. 1890 · D:Oakes Nachtkerze · ⊙ ; N-Am., nat. in D +
- *odorata* hort. non Jacq. = Oenothera stricta
- **odorata** Jacq. 1795 · D:Duftende Nachtkerze; F:Onagre odorant · ⚃; S-Am, Calif.
- **pallida** Douglas ex Lindl. 1828 · ⚃ Z4; USA: NW, Nev., Utah, SW [61824]
- **parviflora** L. 1759 · D:Kleinblütige Nachtkerze · ⊙ VI-VIII; N-Am., nat. in Fr, I, D, EC-Eur., Norw. [61974]
- **perennis** L. 1758 · D:Stauden-Nachtkerze; E:Sundrops · ⊙ ⚃ Z5 V-VIII; Can.: E; USA; NE, NCE, SE [65326]
- *pumila* L. = Oenothera perennis
- **rosea** L'Hér. ex Aiton 1789 · D:Rosafarbene Nachtkerze; E:Pink Evening Primrose · ⊙ ⚃ Z6 ⌂ VI-VII; USA: Tex.; S-Am., nat. in S-Eur.
- **speciosa** Nutt. 1821 · D:Weiße Nachtkerze; E:White Evening Primrose · ⊙ ⚃ Z5 VI-IX; USA: Mo., Kans., Tex.; Mex. [65327]
  'Pink Petticoats'
  'Rosea' [61826]
  'Siskiyou' [67859]
  - var. *childsii* (L.H. Bailey) Munz 1938 = Oenothera speciosa 'Rosea'
- **stricta** Ledeb. ex Link 1821 · ⚃; Calif., nat. in Ib, Fr, Ap, C-Eur., Krim [61823]
- **suaveolens** Pers. 1805 · D:Duftende Nachtkerze
- *syrticola* Greene 1914
- *taraxacifolia* Sweet = Oenothera acaulis
- *tetragona* Roth = Oenothera fruticosa subsp. glauca
  - var. *fraseri* (Pursh) Munz 1937 = Oenothera fruticosa subsp. glauca
- **villosa** Thunb. 1794 · D:Graublättrige Nachtkerze · ⊙; N-Am., nat. in D
- **in vielen Sorten:**
  'African Sun' [67817]
  'Erica Robin' [69635]
  'Longest Day' [61819]
  'Sulphurea'
  'Sunset Boulevard' [73945]
  'Yellow River' [65335]

Oftia Adans. 1763 -f-
Scrophulariaceae · (S. 834)
- **africana** (L.) Bocq. 1861-62 · ♄ e ⌂ IV-IX; S-Afr.

Oldenburgia Less. 1830 -f-
Asteraceae · (S. 260)
- **arbuscula** DC. 1838 · ♄ e Z9 ⌂; S-Afr.

Olea L. 1753 -f- *Oleaceae* · (S. 675)
D:Ölbaum, Olive; E:Olive; F:Olivier
- *africana* Mill. = Olea europaea subsp. africana
- *aquifolium* Siebold et Zucc. = Osmanthus heterophyllus
- *chrysophylla* Lam. = Olea europaea subsp. africana
- **europaea** L. 1753 [58117]
  'Cailletier' [11242]
  'Cipressino'
  'Grossane'
  'Lucques'
  'Picholine du Gard'
  'Pyramidalis' = Olea europaea 'Cipressino'
  - subsp. **africana** (Mill.) P.S. Green 1979 · D:Afrikanischer Ölbaum; E:Wild Olive · ♄ e Z8 ⌂; trop. Afr., S-Afr., SW-China [21766]
  - subsp. **europaea** · D:Ölbaum, Olivenbaum; E:Olive · ♄ ♄ Z8 ⌂ V ✝ ⓝ; cult.
  - subsp. **sylvestris** (Mill.) Rouy 1908 · D:Oleaster, Wilder Ölbaum · ♄ e Z8 ⌂ VII-VIII; Eur.: Ib, Fr, Ap, Ba, Krim; TR, Palaest., NW-Afr., Libya, nat. in CH
  - var. *oleaster* (Hoffmanns. et Link) DC. = Olea europaea subsp. sylvestris
- *oleaster* Hoffmanns. et Link = Olea europaea subsp. sylvestris
- *sativa* Hoffmanns. et Link = Olea europaea subsp. europaea
- *yunnanensis* Franch. = Osmanthus yunnanensis

Oleandra Cav. 1913 -f-
Oleandraceae · (S. 73)
- **articulata** (Sw.) C. Presl 1836 · ⚃ ⤳ Z10 ⌂; S-Mex., C-Am., Col, Venez.
- *wallichii* (Hook.) C. Presl = Oleandra articulata

Olearia Moench 1802 -f-
Asteraceae · (S. 260)
D:Gänseblümchenstrauch; E:Daisy Bush; F:Oléaria
- **albida** (Hook. f.) Hook. f. 1864

- var. **albida** · ♄ ♄ e Z8 ⌂; NZ [21767]
- var. **angulata** · ♄ ♄ e ⌂; NZ (N-Is.)
- **angustifolia** Hook. f. 1853 · ♄ e Z8 ⌂ VII-VIII; NZ
- **arborescens** (J.R. Forst. et G. Forst.) Cockayne et Laing 1911 · ♄ e Z8 ⌂; NZ
- **argophylla** (Labill.) F. Muell. 1867 · D:Silberblättriger Gänseblümchenstrauch; E:Muskwood · ♄ e Z8 ⌂ VII-VIII; Austr.: Queensl., N.S.Wales, Victoria, S-Austr., Tasman., W-Austr.
- **avicenniifolia** (Raoul) Hook. f. 1864 · ♄ ♄ e Z8 ⌂; NZ [21768]
- **capillaris** Buchanan 1871 · ♄ e Z9 ⌂; NZ
- **erubescens** (DC.) Dippel 1889 · ♄ e Z8 ⌂ V-VI; Austr.: N.S.Wales, S-Austr., Tasman., Victoria
- *forsteri* (Hook. f.) Hook. f. = Olearia paniculata
- **frostii** (F. Muell.) J.H. Willis 1956 · ♄ e Z8 ⌂; Austr. (Victoria); mts.
- *gunniana* (DC.) Hook. = Olearia phlogopappa var. phlogopappa
- × **haastii** Hook. f. 1864 (*O. avicenniifolia* × *O. moschata*) · D:Gänseblümchenstrauch, Maßliebchenstrauch; E:Daisy Bush · ♄ e Z8 ⌂ VII-VIII; cult. [11243]
- **ilicifolia** Hook. f. 1864 · ♄ ♄ e Z8 ⌂; NZ
- *insignis* Hook. f. = Pachystegia insignis
- **lirata** (Sims) Hutch. 1917
- **macrodonta** Baker 1884 · D:Neuseeländischer Gänseblümchenstrauch; E:New Zealand Holly · ♄ e Z8 ⌂ VII-VIII; NZ [21769]
- × **mollis** (Kirk) Cockayne 1911 (*O. ilicifolia* × *O. lacunosa*) · ♄ e Z8 ⌂; NZ [21770]
  'Zennorensis' [21771]
- **moschata** Hook. f. 1864 · ♄ e D Z8 ⌂ VII-VIII; NZ
- **nummulariifolia** (Hook. f.) Hook. f. 1864 · ♄ e Z8 ⌂; NZ [21772]
- **odorata** Petrie 1891 · ♄ e Z8 ⌂ VII-VIII; NZ [21773]
- **paniculata** (J.R. Forst. et G. Forst.) Druce 1917 · ♄ e Z8 ⌂; NZ
- **phlogopappa** (Labill.) DC. 1836
  'Comber's Blue'
  'Comber's Pink'
  - var. **phlogopappa** · D:Tasmanischer Gänseblümchenstrauch; E:Tasmanian Daisy Bush · ♄ e Z8 ⌂ VI; Tasman. [21776]
  - var. **subrepanda** (DC.) J.H. Willis 1956 · ♄ e Z8 ⌂; Austr.

– **ramulosa** (Labill.) Benth. 1867 · ♄ e Z8 Ⓚ I-III; Austr., Tasman.
– × **scilloniensis** Dorr. Sm. (*O. lirata* × *O. phlogopappa*) · ♄ e Z8 Ⓚ; cult. [21778]
'Master Michael' [21779]
– **semidentata** Decne. ex Hook. f. 1852 · ♄ e Z8 Ⓚ; NZ, Chatham Is.
– **solandri** (Hook. f.) Hook. f. 1864 · ♄ e Z8 Ⓚ VIII-X; NZ [21781]
– **speciosa** Hutch. 1907 · ♄ e Z8 Ⓚ IV-V; Austr.
– *stellulata* (Labill.) DC. = Olearia phlogopappa var. phlogopappa
– **traversii** F. Muell. ex Buchanan 1875 · ♄ ♄ e Z8 Ⓚ; NZ [21782]
– **virgata** (Hook. f.) Hook. f. 1864
  – var. **lineata** Kirk 1899 · ♄ e Z7 Ⓚ; NZ (S-Is.) [21785]
  – var. **virgata** · ♄ e Z8 Ⓚ; NZ [21783]
– **in vielen Sorten:**
'Henry Travers' (*O. chathamica* × *O. semidentata*) · e VII-VIII
'Waikariensis' [21775]

Olfersia Raddi 1819 -f- *Dryopteridaceae* · (S. 68)
– **cervina** (L.) Kuntze 1824 · ♃ ≹ Z10 Ⓦ; Mex., C-Am., W.Ind., trop. S-Am.
– *corcovadensis* Raddi = Olfersia cervina

Oligoneuron · (S. 260)

Oligostachyum Z.P. Wang et G.H. Ye 1982 -n- *Poaceae*
– **lubricum** (T.H. Wen) Keng f. 1986 · ♄ e; China

Oliveranthus Rose = Echeveria
– *elegans* Rose = Echeveria harmsii

Olmedia Ruiz et Pav. = Pseudolmedia
– *laevis* Ruiz et Pav. = Pseudolmedia laevis

Olsynium Raf. 1836 -n- *Iridaceae* · (S. 1024)
D:Purpuraugengras; E:Grass Widow
– **douglasii** (A. Dietr.) E.P. Bicknell 1900 · D:Purpuraugengras; E:Grass Widow, Spring Bell · ♃ Z9 Ⓚ V-VI; B.C., USA: NW, N-Calif.
'Album'
– **filifolium** (Gaudich.) Goldblatt 1990 · ♃ Z9 Ⓚ; Falkland

Omalotheca Cass. = Gnaphalium
– *hoppeana* (W.D.J. Koch) Sch. Bip. et F.W. Schultz = Gnaphalium hoppeanum
– *norvegica* (Gunnerus) Sch. Bip. et F.W. Schultz = Gnaphalium norvegicum
– *supina* (L.) DC. = Gnaphalium supinum
– *sylvatica* (L.) Sch. Bip. et F.W. Schultz = Gnaphalium sylvaticum

Omphalodes Mill. 1754 -f- *Boraginaceae* · (S. 310)
D:Gedenkemein, Nabelnüsschen; E:Navelseed, Navelwort; F:Nombril de Vénus, Petite bourrache
– **cappadocica** (Willd.) DC. 1846 · D:Kaukasus-Gedenkemein; E:Navelwort; F:Nombril de Vénus · ♃ △ Z7 ∧ IV-V; TR, W-Cauc. [65336]
'Anthea Bloom' Bloom [61828]
'Cherry Ingram' [69757]
'Lilac Mist' [69891]
'Starry Eyes' [69258]
– **linifolia** (L.) Moench 1794 · D:Venus-Nabelnüsschen; E:Venus' Navelwort · ⊙ VI-IX; Eur.: Ib, F; W-Cauc., nat. in E-Eur. [61830]
– **luciliae** Boiss. 1844 · ♃ △ Z7 V-VI; GR, TR [61831]
– **nitida** Hoffmanns. et Link 1811 · ♃ △ Z7 ∧ V-VI; N-P, NW-Sp.
– **scorpioides** (Haenke) Schrank 1812 · D:Wald-Nabelnüsschen · ⊙ ⊙ IV-V; Eur.: C-Eur., EC-Eur., E-Eur.; Cauc.
– **verna** Moench 1794 · D:Frühlings-Nabelnüsschen, Gedenkemein; E:Blue Eyed Mary; F:Petite bourrache · ♃ Z6 IV-V; Eur.: I, A, Slove., Croatia, Montenegro, GR, RO, nat. in BrI, Fr, EC-Eur., E-Eur. [65337]
'Alba' [65338]
'Grandiflora'

× **Oncidenia** hort. 1966 -f- *Orchidaceae* · (*Macradenia* × *Oncidium*)

× **Oncidesa** hort. 1964 -f- *Orchidaceae* · (*Gomozia* × *Oncidium*)

× **Oncidioda** hort. 1910 -f- *Orchidaceae* · (*Cochlioda* × *Oncidium*)

Oncidium Sw. 1800 -n- *Orchidaceae* · (S. 1076)
– **altissimum** (Jacq.) Sw. 1800 · ♃ Z10 Ⓦ IV-VII ▽ ✻; Lesser Antilles (Martinique, St. Vincent)
– *ampliatum* Lindl. = Chelyorchis ampliata
– **ansiferum** Rchb. f. 1852 · ♃ Z10 Ⓦ Ⓚ XI-I ▽ ✻; Guat., Costa Rica, Panama
– *aureum* Lindl. = Cyrtochilum aureum
– **auricula** (Vell.) Pabst 1957 · ♃ Z10 Ⓦ V ▽ ✻; Bras.
– **barbatum** Lindl. 1821 · ♃ Z10 Ⓦ; Bras., Bol.
– *bicallosum* Lindl. = Trichocentrum bicallosum
– **bifolium** Sims 1812 · ♃ Z10 Ⓦ; Bras., Urug., Parag., N-Arg., Bol.
– **brachyandrum** Lindl. 1838 · ♃ Z10 Ⓦ V-VII ▽ ✻; Mex., Guat.
– **bracteatum** Rchb. f. et Warsz. 1852 · ♃ Z10 Ⓚ ▽ ✻; Costa Rica, Panama
– *carthagenense* (Jacq.) Sw. = Trichocentrum carthagenense
– *cavendishianum* Bateman = Trichocentrum cavendishianum
– *cebolleta* (Jacq.) Sw. = Trichocentrum cebolleta
– **cheirophorum** Rchb. f. 1852 · E:Colombia Buttercup · ♃ Z10 Ⓚ X-XII ▽ ✻; Col., Panama
– **concolor** Hook. 1839 · ♃ Z10 Ⓦ IV-V ▽ ✻; Bras.: Rio de Janeiro, Minas Gerais
– **cornigerum** Lindl. 1832 · ♃ Z10 Ⓦ VIII-IX ▽ ✻; Bras.
– **crispum** Lodd. ex Lindl. 1833 · ♃ Z10 Ⓦ IX-XII ▽ ✻; Bras.
– **croesus** Rchb. f. 1857 · ♃ Z10 Ⓦ; Bras.
– **dasystyle** Rchb. f. 1873 · ♃ Z10 Ⓦ V-VII ▽ ✻; Bras.
– **divaricatum** Lindl. 1827 · ♃ Z10 Ⓦ IX-X ▽ ✻; S-Bras.
– **edwallii** · ♃ Z10 Ⓦ; Bras., NE-Arg.
– *enderianum* auct. = Oncidium praetextum
– **excavatum** Lindl. 1838 · ♃ Z10 Ⓦ IX-X ▽ ✻; Ecuad., Peru
– **fimbriatum** Lindl. 1833 · ♃ Z10 Ⓦ; Bras., Parag.
– **flexuosum** Lodd. 1820 · E:Dancing Doll Orchid · ♃ Z10 Ⓦ IX-XII ▽ ✻; Bras., Parag., Arg.
– **forbesii** Hook. 1839 · ♃ Z10 Ⓦ IX-XI ▽ ✻; Bras.
– **fuscatum** Rchb. f. 1863 · ♃ Z10 Ⓦ III-IV ▽ ✻; Costa Rica, Col., Peru
– **gardneri** Lindl. 1843 · ♃ Z10 Ⓦ VI-VII ▽ ✻; Bras.
– **graminifolium** Lindl. 1841

– *harrisonianum* Lindl. = Oncidium auricula
– **hastilabium** (Lindl.) Beer 1854 · ⚃ Z10 ⓚ IV-VII ▽ ✳; Col.
– **heteranthum** Poepp. et Endl. 1836 · ⚃ Z10 ⓦ IV-VII ▽ ✳; Costa Rica, Panama, Col. Venez., Ecuad., Peru, Bol.
– **hians** Lindl. 1838 · ⚃ Z10 ⓦ IX-X ▽ ✳; Bras.
– **incurvum** Barker ex Lindl. 1840 · ⚃ Z10 ⓦ IX-XI ▽ ✳; Mex.
– *jonesianum* Rchb. f. = Trichocentrum jonesianum
– **kramerianum** Rchb. f. 1855 · ⚃ Z10 ⓦ I-XII ▽ ✳; Costa Rica, Panama, Ecuad., Peru
– *lanceanum* Lindl. = Trichocentrum lanceanum
– **leucochilum** Bateman ex Lindl. 1837 · ⚃ Z10 ⓦ I-V ▽ ✳; Mex., Guat., Hond.
– *liebmannii* Rchb. f. ex Kraenzl. = Oncidium suave
– **lietzei** Regel 1880 · ⚃ Z10 ⓦ; Bras.
– *limminghii* C. Morren ex Lindl. = Psychopsiella limminghei
– **longipes** Lindl. 1850 · ⚃ Z10 ⓦ III-V ▽ ✳; Bras. (Serra dos Orgaos)
– *luridum* Lindl. = Trichocentrum luridum
– *macranthum* Lindl. = Cyrtochilum macranthum
– **maculatum** (Lindl.) Lindl. 1841 · ⚃ Z10 ⓦ V-VII ▽ ✳; Mex., Guat., Hond.
– **maizifolium** Lindl. 1846 · ⚃ Z10 ⓦ IX-X ▽ ✳; Venez.
– **marshallianum** Rchb. f. 1866 · ⚃ Z10 ⓦ V-VI ▽ ✳; Bras.
– *microchilum* Bateman ex Lindl. = Trichocentrum microchilum
– **micropogon** Rchb. f. 1854 · ⚃ Z10 ⓦ; Bras.
– *nanum* Lindl. = Trichocentrum nanum
– *nubigenum* Lindl. = Caucaea nubigena
– *oblongatum* Lindl. = Oncidium pelicanum
– *onustum* Lindl. = Zelenkoa onusta
– **ornithorhynchum** Kunth 1816 · ⚃ Z10 ⓚ X-XI ▽ ✳; Mex., Guat., El Salv., Costa Rica
– **papilio** Lindl. 1825 · E:Butterfly Orchid · ⚃ Z10 ⓦ I-XII ▽ ✳; Col., Ecuad., Peru, Venez., Trinidad
– **pelicanum** Lindl. 1840 · ⚃ Z10 ⓚ VII-VIII ▽ ✳; Mex., Guat.
– *phalaenopsis* Linden et Rchb. f. = Caucaea phalaenopsis
– *phymatochilum* Lindl. = Miltonia phymatochila
– **praetextum** Rchb. f. 1873 · ⚃ Z10 ⓦ VII ▽ ✳; S-Bras.
– **pubes** Lindl. 1826 · ⚃ Z10 ⓦ VI-VIII ▽ ✳; Bras.: Rio de Janeiro, Minas Gerais, Parana
– *pulvinatum* Lindl. = Oncidium divaricatum
– *pumilum* Lindl. = Trichocentrum pumilum
– **raniferum** Lindl. 1837 · ⚃ Z10 ⓦ; E-Bras.
– **reflexum** Lindl. 1837 · ⚃ Z10 ⓦ IX-X ▽ ✳; Mex., Guat.
– *robustissimum* Rchb. f. = Oncidium divaricatum
– **sanderae** Rolfe 1910 · ⚃ Z10 ⓚ VII-VIII ▽ ✳; Peru
– **sarcodes** Lindl. 1849 · ⚃ Z10 ⓦ IV-V ▽ ✳; Bras.
– *scandens* Moir = Oncidium variegatum subsp. scandens
– **schillerianum** Rchb. f. 1854 · ⚃ Z10 ⓦ VIII-X ▽ ✳; Bras.
– *serratum* Lindl. = Cyrtochilum serratum
– **sphacelatum** Lindl. 1841 · ⚃ Z10 ⓦ IV-VI ▽ ✳; Mex., C-Am.
– *sphegiferum* Lindl. = Oncidium divaricatum
– *splendidum* A. Rich. ex Duch. = Trichocentrum splendidum
– *sprucei* Lindl. = Trichocentrum cebolleta
– **stenotis** Rchb. f. 1876 · ⚃ Z10 ⓦ XII-II ▽ ✳; C-Am., Col., Ecuad.
– **stramineum** Bateman ex Lindl. 1838
– **suave** Lindl. 1843 · ⚃ Z10 ⓦ ▽ ✳; Mex.
– *superbiens* Rchb. f. = Cyrtochilum halteratum
– **tigrinum** Lex. 1825 · ⚃ Z10 ⓦ X-XII ▽ ✳; Mex.
– *unguiculatum* Klotzsch = Oncidium concolor
– **unguiculatum** Lindl. 1846 Z10 ⓦ X-XII ▽ ✳; Mex.
– **varicosum** Lindl. 1837
  – var. **rogersii** Rchb. f. 1865 · ⌇ Z10 ⓦ X-I ▽ ✳; Bras.
  – var. **varicosum** · E:Dancing Lady · ⚃ Z10 ⓦ ▽ ✳; Bras.
– **variegatum** (Sw.) Sw. 1800 · ⚃ Z10 ⓦ; USA: Fla., W.Ind.
  – subsp. **scandens** (Moir) Withner 1980 · ⚃ Z10 ⓦ; Hispaniola
  – subsp. **variegatum**
– *volvox* Rchb. f. = Oncidium maizifolium
– **warmingii** Rchb. f. 1881 · ⚃ Z10 ⓦ; Bras., Venez.
– **wentworthianum** Bateman ex Lindl. 1840 · ⚃ Z10 ⓦ VI-VIII ▽ ✳; Mex., Guat.
– *zonatum* Cogn. = Oncidium heteranthum
– **in vielen Sorten**

× **Oncidpilia** hort. 1966 -f- *Orchidaceae* · (*Oncidium* × *Trichopilia*)

Ongokea Pierre 1857 -f- *Olacaceae* · (S. 671)
– **gore** (Hua) Pierre 1857 · ♄ ⓦ ⓝ; W-Afr., C-Afr., Angola

× **Onoara** hort. -f- *Orchidaceae* · (*Ascocentrum* × *Renanthera* × *Vanda* × *Vandopsis*)

Onobrychis Mill. 1754 -f- *Fabaceae* · (S. 518)
D:Esparsette; E:Sainforn; F:Esparcette, Sainfoin
– **arenaria** (Kit.) DC. 1825 · D:Sand-Esparsette · ⚃ Z6 VI-VII; Eur.: Fr, Ap, C-Eur., EC-Eur., Ba, E-Eur.; TR
– **crista-galli** (L.) Lam. 1778 · ⊙ Z7; S-Eur., N-Afr., TR, Cyprus, Syr., Iran
– **montana** DC. 1805 · D:Berg-Esparsette · ⚃ Z5 VII-VIII; Eur.: Fr, Ap, C-Eur., EC-Eur., Ba, RO; TR, Levante
– **viciifolia** Scop. 1772 · D:Futter-Esparsette; E:Sainfoin · ⚃ Z6 V-VII ⓝ; ? C-Eur., nat. in Eur.* [61832]

Onoclea L. 1753 -f- *Woodsiaceae* · (S. 84)
D:Perlfarn; E:Sensitive Fern; F:Onocléa sensitive
– *orientalis* (Hook.) Hook. = Matteuccia orientalis
– **sensibilis** L. 1753 · D:Perlfarn; E:Sensitive Fern; F:Fougère sensitive · ⚃ ⌇ Z7; Can.: E; USA: NE, NCE, SE, Fla., SC ; E-Sib., Sachal., Jap., Korea, Manch., nat. in BrI [67422]
'Rotstiel' [67423]
– *struthiopteris* (L.) Hoffm. = Matteuccia struthiopteris

Ononis L. 1753 -f- *Fabaceae* · (S. 518)
D:Hauhechel; E:Restharrow; F:Arrête-bœuf, Bugrane
– **arvensis** L. 1759 · D:Bocks-Hauhechel · ⚃ Z6 VI-VII; Eur.: Ap,

C-Eur., EC-Eur., Sc, Ba, E-Eur.; Cauc., W-Sib.
- **cristata** Mill. 1768 · D:Kamm-Hauhechel · ♃ ⟿ △ Z7 ∧ VI-IX; Eur.: sp., F, I; Maroc., Alger. [61833]
- **fruticosa** L. 1753 · D:Strauchige Hauhechel; E:Shrubby Restharrow · ♄ △ Z7 ∧ VI-VIII; SE-F, sp., Alger. [65339]
- **natrix** L. 1753 · D:Gelbe Hauhechel; E:Goat Root, Large Yellow Restharrow · ♃ △ Z7 V-VIII; Eur.: Ib, Fr, Ap, Ba, C-Eur.; TR, Syr., Palaest., N-Afr. [65340]
- **pusilla** L. 1759 · D:Zwerg-Hauhechel · ♃ VI; Eur.* exc. BrI, Sc; TR, Levante, Cauc., W-Iran, NW-Afr.
- **repens** L. · D:Dünen-Hauhechel; E:Restharrow · ♃ ♄ d ⟿ Z6 VI-VII; Eur.*, TR, Maroc.
- **rotundifolia** L. 1763 · D:Rundblättrige Hauhechel; E:Round Leafed Restharrow · ♃ ♄ △ Z7 ∧ V-IX; Eur.: sp., F, I, CH, A [65342]
- **spinosa** L. · D:Gewöhnliche Dornige Hauhechel; E:Restharrow, Spiny Restharrow · ♃ ♄ d ⟿ Z6 VI-IX ⚕; Eur.*, TR, Levante, N-Iraq, Iran, C-As., Pakist., NW-Afr., Libya

Onopordum L. 1753 -n- *Asteraceae* · (S. 261)
D:Eselsdistel; E:CottonThistle; F:Chardon-des-ânes, Pet-d'âne
- **acanthium** L. 1753 · D:Gewöhnliche Eselsdistel; E:Giant Thistle, Scotch Thistle; F:Chardon aux ânes · ⊙ Z6 VII-IX ⚕; Eur.*, TR, Levante, Arab., N-Iran, C-As., N-Afr., nat. in N-Am. [68162]
- **acaulon** L. 1763 · D:Stängellose Eselsdistel; E:Horse Thistle · ⊙ Z8 ∧ VII-VIII; Eur.: sp., F; mts.; NW-Afr.
- *arabicum* hort. = Onopordum nervosum
- **bracteatum** Boiss. et Heldr. 1849 · ⊙ Z6 VII-VIII; Eur.: GR, Crete, BG; TR, Cyprus
- **illyricum** L. 1753 · D:Illyrische Eselsdistel; E:Illyrian Thistle · ⊙ Z7 VII-VIII; Eur.: Ib, Fr, Ap, Ba; TR, Cyprus
- **nervosum** Boiss. 1841 · D:Geaderte Eselsdistel · ⊙ Z8; Eur.: P, C-Sp.
- **tauricum** Willd. 1687 · D:Taurische Eselsdistel · ⊙ VII-VIII; Eur.: Ba, RO, Krim; TR, Cyprus, nat. in I, F [65344]
- *virens* DC. = Onopordum tauricum
- *viscosum* Hornem. ex Spreng. = Onopordum tauricum

Onoseris Willd. 1803 -f- *Asteraceae* · (S. 261)
- **onoseroides** (Kunth) B.L. Rob. 1903 · ♄ Z10 Ⓦ I-V; S-Mex., Guat., Hond., Panama, Col., N-Venez.

Onosma L. 1762 -f- *Boraginaceae* · (S. 310)
D:Goldtropfen, Lotwurz; F:Onosma
- **alborosea** Fisch. et C.A. Mey. 1839 · ♃ △ Z7 ∧ V-VI ▽; TR [61834]
- **arenaria** Waldst. et Kit. 1812 · D:Sand-Lotwurz · ♃ Z6 V-VI ▽; Eur.: C-Eur., EC-Eur., Ba
- **bourgaei** Boiss. 1875 · ♃ △ Z7 ∧ V-VI ▽; Cauc. (Armen.)
- **echioides** L. 1762 · E:Yellowdrop · ♃ △ Z7 ∧ V-VI ▽; Eur.: I, Sic., Croatia, Bosn.Serb., AL [72193]
- **helvetica** (A. DC.) Boiss. 1849 · D:Schweizer Lotwurz · ⊙ Z6 V-VI ▽; Eur.: A, ?H [61835]
- **nana** DC. 1846 · D:Zwerg-Lotzwurz · ♃ Z8 Ⓚ; TR
- **pseudoarenaria** Schur 1859 · D:Zweifelhafte Lotwurz · ♃ V-VII ▽; Eur.: F, I, CH, W-Ba, RO
- **sericea** Willd. 1798 · ♃ △ Z7 ∧ V-VI ▽; TR, Iran
- **sieheana** Hayek 1914 · ♃ △ Z8 ∧ V-VI ▽; C-TR
- **stellulata** Waldst. et Kit. 1804 · ♃ △ Z6 V-VI ▽; Eur.: W-Ba [65345]
- **taurica** Pall. ex Willd. 1799 · D:Goldtropfen, Türkische Lotwurz · ♃ Z6 V-VI ▽; Eur.: Ba, Krim., RO, TR, Cauc., Syr. [65346]
- **visianii** Clementi 1852 · D:Dalmatiner Lotwurz · ⊙ V-VI ▽; Eur.: A, EC-Eur., Ba, RO, Krim; Cauc., ? C-As.

Onychium Kaulf. 1820 -n- *Adiantaceae* · (S. 60)
D:Klauenfarn; E:Claw Fern; F:Fougère
- **japonicum** (Thunb.) Kunze 1848 · D:Japanischer Klauenfarn; E:Carrot Fern · ♃ Z10 Ⓚ; Ind., China, Taiwan, S-Korea, Jap., Malay. Pen., nat. in Azor.

Oophytum N.E. Br. 1925 -n- *Aizoaceae* · (S. 147)
- **oviforme** (N.E. Br.) N.E. Br. 1926 · ♃ ♆ Z9 Ⓚ; Kap

Operculicarya H. Perrier 1944 -f- *Anacardiaceae*
- **decaryi** H. Perrier 1944

Operculina Silva Manso 1836 -f- *Convolvulaceae* · (S. 426)
- *dissecta* (Jacq.) House = Merremia dissecta
- **macrocarpa** (L.) Urb. 1902 · ♃ Ⓦ Ⓝ; W.Ind., Bras.
- *tuberosa* (L.) Meisn. = Merremia tuberosa
- **turpethum** (L.) Silva Manso 1836 · E:Indian Jalap · ♄ Ⓦ ⚕ ☠; E-Afr., trop. As., Austr., Polyn.

Ophioglossum L. 1753 -n- *Ophioglossaceae* · (S. 73)
D:Natternfarn, Natternzunge; E:Adder's-Tongue; F:Langue de serpent, Ophioglosse
- **pendulum** L. 1763 · D:Hängende Natternzunge; E:Ribbon Fern · ♃ ⌇ Z10 Ⓦ; Madag., Seych., Ind., Sri Lanka, Indochina, Malay. Pen., Phil., Taiwan, Jap., Austr., Polyn.
- **vulgatum** L. 1753 · D:Gewöhnliche Natternzunge; E:Adder's Tongue · ♃ VI-VII; Eur.*, Cauc., W-Sib., Kamchat., N-Afr.

Ophiopogon Ker-Gawl. 1807 -m- *Convallariaceae* · (S. 988)
D:Schlangenbart; E:Lilyturf; F:Barbe de serpent, Herbe aux turquoises
- **bodinieri** H. Lév. 1905 · ♃; China
- **chingii** F.T. Wang et Tang 1937 · ♃; China (Jiangxi) [61836]
- **intermedius** D. Don 1825
  'Hardwick Hall'
  'Stephen Taffler'
- **jaburan** (Siebold) Lodd. 1832 · D:Weißer Schlangenbart; E:White Lily Turf · ♃ Z7 VII-VIII; Jap., Ryukyu-Is., [61837]
- **japonicus** (Thunb.) Ker-Gawl. 1807 · D:Japanischer Schlangenbart; E:Mondo Grass · ♃ Z8 Ⓚ ∧ VII-VIII ⚕; Jap., Korea, S-China, Phil. [13902]
  'Compactus'
  'Minor' [65348]
  'Silver Mist' [69057]
- *muscari* Decne. = Liriope muscari
- **planiscapus** Nakai 1920 · D:Schwarzer Schlangenbart; E:Black Mondo · ♃ ⚘ Z8 Ⓚ Ⓐ V-VI; Jap. [61849]
  'Niger' = Ophiopogon planiscapus 'Nigrescens'

'Nigrescens' [61848]
- *spicatus* (Lour.) Ker-Gawl. = Liriope spicata

Ophrys L. 1753 -f- *Orchidaceae* · (S. 1076)
D:Ragwurz; E:Orchid; F:Ophrys, Orchidée
- **apifera** Huds. · D:Gewöhnliche Bienen-Ragwurz; E:Bee Orchid · ⌛ Z7 V-VII ▽ ✻; Eur.* exc. Sc; TR, Lebanon., Palaest., Cauc., N-Iran, NW-Afr.
- *arachnites* (Scop.) Reichard = Ophrys holoserica
- **araneola** Rchb. 1831
  - subsp. **araneola** 1831 · D:Kleine Spinnen-Ragwurz · ⌛ Z7 IV-VI ▽ ✻; Eur.: sp., F, I, CH, D, Ba
  - subsp. **tommasinii** (Vis.) Kreutz 2004
- *aranifera* Huds. = Ophrys sphegodes
- **ciliata** Biv. · ⌛ Z8 ⓚ V ▽ ✻; Eur.: Ib, F, Ap, Ba; TR, Lebanon, Palaest., Libya
- *fuciflora* Crantz = Ophrys holoserica
- **fusca** Link 1799 · ⌛ Z7 IV-V ▽ ✻; Eur.: Ib, Fr, Ap, Ba, RO; TR, Cyprus, N-Afr.
- **holoserica** (Burm. f.) Greuter 1967 · D:Hummel-Ragwurz; E:Late Spider Orchid · ⌛ Z6 V-VI ▽ ✻; Eur.* exc. Sc; TR, Syr.
- **insectifera** L. 1753 · D:Fliegen-Ragwurz; E:Fly Orchid · ⌛ Z6 V-VI ▽ ✻; Eur.*
- *muscifera* (Huds.) Salisb. = Ophrys insectifera
- **speculum** Link 1799
- **sphegodes** Mill. 1768 · D:Gewöhnliche Spinnen-Ragwurz; E:Early Spider Orchid · ⌛ Z7 IV-VI ▽ ✻; Eur.* exc. Sc; TR, Palaest., Cauc., Maroc., Alger.
- **tenthredinifera** Willd. 1805
- *tommasinii* Vis. = Ophrys araneola subsp. tommasinii

Ophthalmophyllum Dinter et Schwantes 1927 -n- *Aizoaceae* · (S. 147)
- *australe* L. Bolus = Ophthalmophyllum caroli
- **caroli** (Lavis) Tischer 1935 · ⎍ Z9 ⓚ; S-Afr. (Cape Prov.)
- *dinteri* Schwantes = Ophthalmophyllum friedrichiae
- **friedrichiae** (Dinter) Dinter et Schwantes 1927 · ⎍ Z9 ⓚ; Namibia
- *haramoepense* L. Bolus =

Ophthalmophyllum lydiae
- *herrei* Lavis = Ophthalmophyllum longum
- **longum** (N.E. Br.) Tischer 1953 · ⌛ ⎍ Z9 ⓚ; Kap
- **lydiae** H. Jacobsen 1948 · ⎍ Z9 ⓚ; S-Afr. (Cape Prov.)
- **maughanii** (N.E. Br.) Tischer 1935 · ⌛ ⓚ; Namibia
- **praesectum** (N.E. Br.) Schwantes 1934 · ⌛ ⎍ Z9 ⓚ; S-Afr. (Cape Prov.)
- *schuldtii* Schwantes ex H. Jacobsen = Ophthalmophyllum maughanii
- *triebneri* Schwantes ex H. Jacobsen = Ophthalmophyllum friedrichiae
- **verrucosum** Lavis 1935 · ⎍ Z9 ⓚ; S-Afr. (Cape Prov.)

Opithandra B.L. Burtt 1956 -f- *Gesneriaceae* · (S. 553)
- **primuloides** (Miq.) B.L. Burtt 1956 · ⌛ Z10 ⓚ V-VI; Jap. [61851]

Oplismenus P. Beauv. 1807 -m- *Poaceae* · (S. 1121)
D:Stachelspelze; E:Basket Gras; F:Herbe-à-panier, Oplismène
- *crus-galli* (L.) Kunth = Echinochloa crus-galli
- *crus-pavonis* Kunth = Echinochloa crus-pavonis
- **hirtellus** (L.) P. Beauv. 1812 · D:Ampel-Stachelspelze; E:Basket Grass · ⌛ ξ ⤳ Z10 ⓚ; Mex., C-Am., W.Ind., S-Am., Afr., Polyn.
- *imbecillis* Roem. et Schult. = Oplismenus hirtellus
- **undulatifolius** (Ard.) Roem. et Schult. 18212 · D:Grannenhirse, Stachelspelze · ⌛ Z10 ⓚ ⓚ VII-IX; Eur.: I, Ba; TR, Cauc., N-Iran, N-Ind., China, Korea, Jap., Java, nat. in sp., CH

Oplopanax (Torr. et A. Gray) Miq. 1863 -m- *Araliaceae* · (S. 200)
D:Igelkraftwurz; E:Devil's Club; F:Oplopanax
- **horridus** (Sm.) Miq. 1863 · D:Igelkraftwurz; E:Devil's Club, Devil's Walking Stick · ♄ d ⤳ Z6 VII-VIII; Alaska, Can.: W; USA: NW, Rocky Mts., Calif., Mich.; Jap. [17186]

Opopanax W.D.J. Koch 1824 -m- *Apiaceae* · (S. 180)
D:Heilwurz; E:Hercules All Heal; F:Opopanax

- **chironium** (L.) W.D.J. Koch 1824 · D:Heilwurz; E:Hercules All Heal · ⌛ ⓚ VI-VII Ⓝ; Eur.: Ib, Fr, Ap, Ba, RO

× **Opsisanda** hort. 1949 -f- *Orchidaceae* · (*Vanda* × *Vandopsis*)

× **Opsisanthe** hort. 1963 -f- *Orchidaceae* · (*Euanthe* × *Vandopsis*)

Opuntia Neck. ex M. Gómez 1754 -f- *Cactaceae* · (S. 362)
D:Feigenkaktus, Opuntie; E:Prickly Pear, Tuna; F:Figuier de Barbarie, Nopal, Oponce, Raquette
- **acanthocarpa** Engelm. et Bigelow 1856 · ♄ ⎍ Z9 ⓚ ▽ ✻; USA: Calif., Nev., Ariz.; Mex.
- **alexandri** Britton et Rose 1923 · ♄ ⎍ Z9 ⓚ ▽ ✻; Arg.
- **andicola** Pfeiff. 1837 · ♄ ⎍ Z9 ⓚ ▽ ✻; Arg.
- **aoracantha** Lem. 1838 · ⎍ Z9 ⓚ ▽ ✻; W-Arg.
- **armata** Backeb. 1953 · ⎍ ⓚ
- **articulata** (Pfeiff.) D.R. Hunt 1987 · ⎍ Z9 ⓚ; W-Arg.
- **aurantiaca** Gillies ex Lindl. 1833 · ♄ ⎍ ⤳ Z9 ⓚ ▽ ✻; Urug., Arg., nat. in E-Austr.
- **azurea** Rose 1909 · ♄ ⎍ Z9 ⓚ ▽ ✻; Mex.
- **backebergii** G.D. Rowley 1958 · ⎍ ⓚ
- **basilaris** Engelm. et Bigelow 1856 · ♄ ⎍ Z9 ⓚ ▽ ✻; USA: Rocky Mts, Calif., SW; Mex.: Sonora
- **beckeriana** K. Schum. 1898 · ♄ ⎍ Z9 ⓚ ▽ ✻; orig. ?
- **bergeriana** F.A.C. Weber ex A. Berger 1904 · ♄ ♄ ⎍ Z9 ⓚ ▽ ✻; orig. ?
- **bigelovii** Engelm. 1857 · ♄ ⎍ Z9 ⓚ ▽ ✻; USA: Calif., Rocky Mts, SW; Baja Calif.
- **bradtiana** (J.M. Coult.) K. Brandegee 1897 · ♄ ⎍ Z9 ⓚ ▽ ✻; Mex.: Coahuila
- **brasiliensis** (Willd.) Haw. 1819 · ♄ ⎍ Z9 ⓚ ▽ ✻; S-Am.
- **bruchii** Speg. 1926 · ♄ ⎍ Z9 ⓚ ▽ ✻; Arg.
- **brunnescens** Britton et Rose 1919 · ♄ ⎍ Z9 ⓚ ▽ ✻; N-Arg.
- **bulbispina** Engelm. 1856 · ⎍ Z9 ⓚ; N-Mex.
- *camanchica* Engelm. = Opuntia phaeacantha var. camanchica

- **cholla** F.A.C. Weber 1895 · ♄ ⚈ Z9 ⌂ ▽ ✱; Mex.: Baja Calif.
- **clavarioides** Pfeiff. 1837 · ♄ ⚈ Z9 ⌂ ▽ ✱; Arg.
- **clavata** Engelm. 1848 · ⚈ Z9 ⌂; USA: SW
- **cochenillifera** (L.) Mill. 1732 · D:Cochenille-Feigenkaktus; E:Cochineal Cactus · ♄ ⚈ Z9 ⌂ ℕ ▽ ✱; orig. ?
- **compressa** (Salisb.) J.F. Macbr. · F:Figuier de Barbarie · ♄ ⚈ ↝ Z8 ⌂ VI ▽ ✱; Can.: Ont.; USA: NE, NCE, NC, Rocky Mts., SE, SC, nat. in sp., F, Sard., I, Ba, Cyprus [67895]
- **corrugata** Salm-Dyck 1834 · ♄ ⚈ ↝ Z9 ⌂ ▽ ✱; NW-Arg.
- **cylindrica** (Lam.) DC. 1828 · E:Cane Cactus · ♄ ⚈ Z9 ⌂ ▽ ✱; Peru, S-Ecuad.
- **cymochila** Engelm. et Bigelow 1856 · ⚈ Z9 ⌂; USA: SW, Tex., Kans.
- **darwinii** Hensl. 1837 · ⚈ ⌂; Patag.
- *decumana* (Willd.) Haw. = Opuntia maxima
- **decumbens** Salm-Dyck 1834 · ♄ ⚈ Z9 ⌂ ▽ ✱; Mex., Guat.
- **diadema** Lem. 1838 · ♄ ⚈ Z9 ⌂ ▽ ✱; W-Arg.
- *dillenii* (Ker-Gawl.) Haw. = Opuntia stricta
- **durangensis** Britton et Rose 1908 · ♄ ⚈ Z9 ⌂ ▽ ✱; Mex.
- **elata** Link et Otto 1830 · ♄ ♄ ⚈ Z9 ⌂ ▽ ✱; Bras., Parag.
- **engelmannii** Salm-Dyck 1850 · ♄ ⚈ Z9 ⌂; USA: SE, SC, SW
- **erinacea** Engelm. et Bigelow 1856 [61852]
  - var. **erinacea** · ♄ ⚈ ↝ Z9 ⌂ ▽ ✱; USA: Colo. [65358]
  - var. **ursina** (F.A.C. Weber) Parish 1936 · ⚈ ⌂; USA: S-Calif., S-Nev., N-Ariz.
  - var. **utahensis** (Engelm.) L.D. Benson 1969 · ♄ ⚈ ↝ Z9 ⌂ ▽ ✱; USA: NC, Rocky Mts., Calif., SW [61854]
- *exaltata* A. Berger = Opuntia subulata
- *extensa* Salm-Dyck = Opuntia aurantiaca
- **ficus-indica** (L.) Mill. 1768 · D:Feigenkaktus; E:Barbary Fig, Indian Fig · ♄ ⚈ Z9 ⌂ ⚥ ℕ ▽ ✱; Mex.
- **floccosa** Salm-Dyck 1845 · ♄ ⚈ Z9 ⌂ ▽ ✱; C-Peru, Bol.
- **fragilis** (Nutt.) Haw. · ♄ ⚈ ↝ Z8 ⌂ ▽ ✱; Can.: W, Man.; USA: NCE, NC, SC, SW, Rocky Mts., NW, Calif.
- **fulgida** Engelm. 1857 · ♄ ⚈ Z9 ⌂ ▽ ✱; Ariz., Mex.
- **glomerata** Haw. 1830 · ♄ ⚈ Z9 ⌂ ▽ ✱; N-Arg.
- *guerrana* Griffiths = Opuntia robusta
- *halophila* Speg. = Opuntia alexandri
- *herrfeldtii* Kupper = Opuntia rufida
- **hickenii** Britton et Rose 1919 · ♄ ⚈ Z9 ⌂ ▽ ✱; S-Arg.
- *hossei* (Krainz et Gräser) G.D. Rowley = Opuntia paediophila
- **howeyi** J.A. Purpus 1925 · ⚈ ⌂; orig. ?
- *humifusa* (Raf.) Raf. = Opuntia compressa
- *hypogaea* Werderm. = Opuntia glomerata
- **hyptiacantha** F.A.C. Weber 1898 · ♄ ⚈ Z9 ⌂ ▽ ✱; Mex.
- *hystricina* Engelm. et Bigelow = Opuntia erinacea var. erinacea
- **imbricata** (Haw.) DC. 1828 · ♄ ⚈ Z9 ⌂ ▽ ✱; USA: Colo., N.Mex.; Mex. [71002]
- **inamoena** K. Schum. 1890 · ⚈ Z9 ⌂; Bras.
- *inermis* DC. = Opuntia stricta
- **invicta** Brandegee 1889 · ♄ ⚈ Z9 ⌂ ▽ ✱; Mex.: Baja Calif.
- *juniperina* Britton et Rose = Opuntia sphaerocarpa
- **kleiniae** DC. 1828 · ♄ ⚈ Z9 ⌂ ▽ ✱; USA: Tex., SW; Mex.
- **kuehnrichiana** Werderm. et Backeb. 1932 · ⚈ Z9 ⌂ ▽ ✱; C-Peru
- *labouretiana* Console = Opuntia maxima
- **lagopus** K. Schum. 1903 · ⚈ Z9 ⌂ ▽ ✱; Peru, Bol.
- **leptocaulis** DC. 1828 · E:Prickly Pear · ♄ ⚈ Z9 ⌂ ▽ ✱; USA: Tex., SW; N-Mex.
- **leucotricha** DC. 1828 · ♄ ⚈ Z9 ⌂ ▽ ✱; C-Mex.
- **lindheimeri** Engelm. 1850 · ⚈ Z9 ⌂; USA: La., N.Mex.; N-Mex., ...Tex.
- *linguiformis* Griffiths = Opuntia lindheimeri
- **longispina** Haw. 1830
  - var. *corrugata* (Salm-Dyck) Backeb. 1953 = Opuntia corrugata
  - var. **intermedia** Backeb. 1953 · ⚈ ⌂
  - var. **longispina** · ⚈ Z9 ⌂ ▽ ✱; Chile
- **macracantha** Griseb. 1866 · ♄ ⚈ Z9 ⌂ ▽ ✱; Cuba

- *macrocalyx* Griffiths = Opuntia microdasys var. microdasys
- **macrocentra** Engelm. 1857 · ♄ ⚈ Z9 ⌂ ▽ ✱; USA: Tex., SW; N-Mex.
- **macrorhiza** Engelm. 1850 · ⚈ Z9 ⌂; USA: SW, SC, Utah, Colo, Ark., Kans., Mo.; Mex. (Chihuahua) [61853]
- *mammillata* Schott ex Engelm. = Opuntia fulgida
- **marenae** S.H. Parsons 1936 · ♄ ⚈ Z9 ⌂ ▽ ✱; N-Mex.: Sonora
- **marnieriana** Backeb. · ♄ ⚈ Z9 ⌂ ▽ ✱; Mex.
- **maxima** Mill. 1768 · ♄ ⚈ Z9 ⌂ ▽ ✱; orig. ?, nat. in S-Eur., N-Afr.
- *megacantha* Salm-Dyck = Opuntia ficus-indica
- **microdasys** (Lehm.) Pfeiff. 1837 · ⚈ ⌂
  'Albispina'
  - var. **albispina** Fobe bis = Opuntia microdasys
  - var. **microdasys** · ♄ ⚈ Z8 ⌂ ▽ ✱; Mex.
  - var. *rufida* (Engelm.) K. Schum. 1898 = Opuntia rufida
- *microdisca* F.A.C. Weber = Opuntia corrugata
- **mieckleyi** K. Schum. 1903 · ♄ ⚈ Z9 ⌂ ▽ ✱; Parag.
- **miquelii** Monv. 1839 · ♄ ⚈ Z9 ⌂ ▽ ✱; Chile
- *missouriensis* DC. = Opuntia polyacantha
- **moelleri** A. Berger 1932 · ⚈ Z9 ⌂; Mex. (Coahuila)
- **monacantha** Haw. 1819 · D:Gewöhnliche Opuntie; E:Drooping Prickly Pear · ♄ ⚈ Z9 ⌂ VI; Bras., Arg.
- **moniliformis** (L.) Haw. 1841 · ♄ ⚈ Z9 ⌂ ▽ ✱; Haiti
- *occidentalis* Engelm. et Bigelow = Opuntia ficus-indica
- **ovata** Pfeiff. 1837 · ♄ ⚈ ⌂
- **pachypus** K. Schum. 1904 · ♄ ⚈ Z9 ⌂ ▽ ✱; Peru
- **paediophila** A. Cast. 1950 · ⚈ Z9 ⌂ ▽ ✱; W-Arg.
- **pailana** Weing. 1929 · ♄ ⚈ Z9 ⌂ ▽ ✱; Mex.
- **paraguayensis** K. Schum. 1899 · ⚈ Z9 ⌂; Parag., N-Arg.
- **pentlandii** Salm-Dyck 1845 · ♄ ⚈ Z9 ⌂ ▽ ✱; Bol.
- **pestifer** Britton et Rose 1919 · ♄ ⚈ Z9 ⌂ ▽ ✱; Ecuad., Peru
- **phaeacantha** Engelm. 1849 [65353]
  - var. **camanchica** (Engelm.) L.D. Benson 1969 · F:Figuier

de Barbarie à fruits violets · ♄ ⚲
⤳ Z9 ⌂ ▽ ✳; USA: Colo., SW,
Tex.
- var. **major** Engelm. 1856 · ⚲ ⌂
- var. **phaeacantha** · F:Figuier de
Barbarie à fruits violets · ♄ ⚲ Z9
⌂ ▽ ✳; USA: Tex., SW; N-Mex.
- **pilifera** F.A.C. Weber 1898 · ⚲ Z9
⌂; S-Mex.
- **platyacantha** Pfeiff. 1837 · ♄ ⚲ Z9
⌂ ▽ ✳; Arg.
- **polyacantha** Haw. · F:Figuier de
Barbarie · ♄ ⚲ ⤳ Z3 ▽ ✳; Can.:
Alta.; USA: NC, Rocky Mts., NW,
SC, SW
- **pycnantha** Engelm. 1896 · ♄ ⚲ Z9
⌂ ▽ ✳; Mex.: Baja Calif.
- **pygmaea** (Wiegand et Backeb.)
G.D. Rowley 1958 · ⚲ Z9 ⌂; USA
(Calif., Nev., Utah)
- *quipa* = Opuntia inamoena
- *rafinesquei* Engelm. = Opuntia
compressa
- *rauppiana* K. Schum. = Opuntia
sphaerica
- *rhodantha* K. Schum. = Opuntia
erinacea var. utahensis
- **robusta** H.L. Wendl. et Pfeiff.
1837 · ♄ ⚲ Z9 ⌂ ▽ ✳; C-Mex.
- **rubescens** Salm-Dyck 1828 · ♄
Z9 ⌂ ▽ ✳; W.Ind.
- **rufida** Engelm. 1857 · ♄ ⚲ Z9 ⌂
▽ ✳; Tex., N-Mex.
- *rutila* Nutt. ex Torr. et A. Gray =
Opuntia polyacantha
- **salmiana** Parm. ex Pfeiff. 1837
- var. **salmiana** · ♄ ⚲ Z9 ⌂ ▽ ✳;
Bol, E-Arg., Bras., Parag.
- var. *spegazzinii* (F.A.C. Weber)
G.D. Rowley 1958 = Opuntia
spegazzinii
- **scheeri** F.A.C. Weber 1898 · ♄ ⚲
Z9 ⌂ ▽ ✳; Mex.: Queretaro
- **spegazzinii** F.A.C. Weber 1898 · ♄
⚲ Z9 ⌂ ▽ ✳; N-Arg.
- **sphaerica** C.F. Först. 1861 · ♄ ⚲
Z9 ⌂ ▽ ✳; Arg.
- **sphaerocarpa** Engelm. et Bigelow
1856 · F:Figuier de Barbarie · ⚲ Z9
⌂; USA (N.Mex.) [65357]
- **spinosior** (Engelm.) Toumey
1916 · ♄ ♄ ⚲ Z9 ⌂; USA: SW;
N-Mex.
- **spinosissima** (Martyn) Mill.
1768 · E:Semaphore Prickly Pear ·
♄ ⚲ Z9 ⌂ ▽ ✳; Jamaica
- **stricta** (Haw.) Haw. 1812 · ♄ ⚲
Z9 ⌂ ▽ ✳; USA: SE; Bermudas,
W.Ind., N-Venez., nat. in USA: SC
- **strobiliformis** A. Berger 1929 · ♄
⚲ Z9 ⌂ ▽ ✳; W-Arg.
- **subulata** (Muehlenpf.) Engelm.
1883 · ♄ ⚲ Z9 ⌂ ▽ ✳; S-Peru

- **tomentosa** Salm-Dyck 1822 · ♄ ⚲
Z9 ⌂ ▽ ✳; Mex.
- **tunicata** (Lehm.) Link et Otto
1837 · E:Thistle Cholla · ♄ ⚲ Z9 ⌂
▽ ✳; Tex., Mex., nat. in Ecuad.,
Chile
- **utahensis** J.A. Purpus 1909 · ⚲ ⌂
- **verschaffeltii** Cels ex F.A.C.
Weber 1896 · ♄ ⚲ Z9 ⌂ ▽ ✳; Bol.,
N-Arg.
- **vestita** Salm-Dyck 1845 · ♄ ⚲ Z9
⌂ ▽ ✳; Bol.
- *violacea* Engelm. = Opuntia
macrocentra
- var. *macrocentra* (Engelm.)
L.D. Benson 1969 = Opuntia
macrocentra
- **viridiflora** Britton et Rose 1919 · ⚲
Z9 ⌂; USA (N.Mex.)
- *vulgaris* auct. non Mill. = Opuntia
compressa
- *vulgaris* Mill. = Opuntia
monacantha
- *xanthostemma* K. Schum. =
Opuntia erinacea var. erinacea

Orbea Haw. 1812 -f-
Asclepiadaceae · (S. 208)
- **cooperi** (N.E. Br.) L.C. Leach
1975 · ♃ ⚲ Z9 ⌂; SE-Kap
- **decaisneana** (Lem.) Bruyns
2001 · ♃ Z10 ⌂; Maroc., Alger.,
Maur., Seneg., Sudan
- **lugardii** (N.E. Br.) Bruyns 2001 ·
♃ ⚲ Z9 ⌂; Botswana, Namibia,
Kap
- **lutea** (N.E. Br.) Bruyns 1978
- subsp. **lutea** · ⚲ Z9 ⌂; S-Afr.
(Cape)
- subsp. **vaga** (N.E. Br.) Bruyns
1978 · ♃ ⚲ Z9 ⌂; Angola,
Namibia, Kap
- **maculata** (N.E. Br.) L.C. Leach · ♃
⚲ Z9 ⌂; Botswana (N-Kalahari)
- **melanantha** (Schltr.) Bruyns
1978 · ♃ ⚲ Z9 ⌂; Zimbabwe,
S-Afr.: Transvaal
- **tapscottii** (I. Verd.) L.C. Leach
1975 · ♃ ⚲ Z9 ⌂; Botswana,
S-Afr.: Kap, Transvaal
- **variegata** (L.) Haw. 1812 ·
E:Carrion Flower, Toad Plant · ♃ ⚲
Z9 ⌂; S-Afr. (Cape Prov.)
- **verrucosa** (Masson) L.C. Leach
1975 · ♃ ⚲ Z9 ⌂; S-Afr.

Orbeanthus L.C. Leach 1978 -m-
Asclepiadaceae · (S. 209)
- **hardyi** (R.A. Dyer) L.C. Leach
1978 · ♃ ⚲ Z9 ⌂; S-Afr. (Transvaal)

Orbeopsis L.C. Leach = Orbea
- *lutea* (N.E. Br.) L.C. Leach = Orbea

lutea
- *melanantha* (Schltr.) L.C. Leach =
Orbea melanantha

Orbignya Mart. ex Endl. = Attalea
- *cohune* (Mart.) Dahlgren ex
Standl. = Attalea cohune
- *martiana* Barb. Rodr. = Attalea
speciosa
- *phalerata* Mart. = Attalea speciosa
- *spectabilis* (Mart.) Burret = Attalea
spectabilis

Orchidantha N.E. Br. 1886 -f-
Lowiaceae · (S. 1034)
- **longiflora** (Scort.) Ridl. 1899 · ♃
⌂; Malay. Pen.
- **maxillarioides** (Ridl.) K. Schum.
1900 · ♃ Z10 ⌂; Malay. Pen.
(Pulan Tawor)

Orchis L. 1753 -f- *Orchidaceae* ·
(S. 1076)
D:Knabenkraut; E:Orchid;
F:Orchidée, Orchis
- **anthropophora** (L.) All. 1814 ·
D:Fratzenorchis, Ohnsporn, Pup-
penorchis; E:Man Orchid · ♃ Z5
V-VI ▽ ✳; Eur.: Ib, Fr, Ap, Ba, BrI
- *coriophora* L. = Anacamptis
coriophora
- *elata* Poir. = Dactylorhiza elata
- *elegans* Heuff. = Anacamptis
palustris subsp. elegans
- *fuchsii* Druce = Dactylorhiza
fuchsii
- *fuciflora* Crantz = Ophrys
holoserica
- *globosa* Brot. = Neotinea tridentata
subsp. commutata
- var. *major* Schur 1866 =
Traunsteinera globosa
- *globosa* L. = Traunsteinera globosa
- *holoserica* Burm. f. = Ophrys
holoserica
- *incarnata* L. = Dactylorhiza
incarnata subsp. incarnata
- *latifolia* L. = Dactylorhiza
incarnata subsp. incarnata
- *laxiflora* Lam. = Anacamptis
laxiflora
- *maculata* L. = Dactylorhiza
maculata subsp. maculata
- *majalis* Rchb. = Dactylorhiza
majalis
- **mascula** (L.) L. · D:Stattliches
Knabenkraut; E:Early Purple
Orchid · ♃ Z5 V-VI ⚥ ▽ ✳; Eur.*,
TR, Lebanon, Cauc., N-Iran,
NW-Afr.
- **militaris** L. 1753 · D:Helm-
Knabenkraut; E:Military Orchid,
Soldier Orchid · ♃ Z5 V-VI ⓝ ▽ ✳;

Eur.*, Cauc., Iran, W-Sib., E-Sib., Mong. [61855]
- **pallens** L. 1771 · D:Blasses Knabenkraut · ♃ Z5 IV-V ▽ ✱; Eur.: Ib, Fr, C-Eur., Ap, EC-Eur., Ba, E-Eur., RO, Krim; TR, Cauc.
- *palustris* Jacq. = Anacamptis palustris
  - var. *elegans* (Heuff.) Beck 1903 = Anacamptis palustris subsp. elegans
- **provincialis** Balb. 1806 · D:Provenzialisches Knabenkraut; E:Provence Orchid · ♃ Z8 ⌂ IV-V ▽ ✱; Eur.: Ib, Fr, CH, Ap, Ba, Krim; TR, Cauc.
- **purpurea** Huds. 1762 · D:Purpur-Knabenkraut; E:Lady Orchid · ♃ Z5 V-VI ▽ ✱; Eur.*, TR, Cauc.
- *sambucina* L. = Dactylorhiza sambucina
- **simia** Lam. 1779 · D:Affen-Knabenkraut; E:Monkey Orchid · ♃ Z7 V-VI ▽ ✱; Eur.: Ib, Fr, BrI, C-Eur., Ap, H, Ba, RO, Krim; TR, Iraq, Cauc., Iran, C-As., NW-Afr.
- **spitzelii** W.D.J. Koch 1837 · D:Spitzels Knabenkraut · ♃ Z5 V-VII ▽ ✱; Eur.: sp., F, I, A, Ba, Sweden; TR, Cauc.
- *strictifolia* Opiz = Dactylorhiza incarnata subsp. incarnata
- *tridentata* Scop. = Neotinea tridentata
- *ustulata* L. = Neotinea ustulata

Oreocereus (A. Berger) Riccob. 1909 -m- *Cactaceae* · (S. 362).
- **celsianus** (Cels ex Salm-Dyck) Riccob. 1909
  - var. **celsianus** · ⚂ Z9 ⌂ ▽ ✱; NW-Arg., Bol.
  - var. *hendriksenianus* (Backeb.) Krainz 1967 = Oreocereus hendriksenianus
  - var. *trollii* (Kupper) Krainz = Oreocereus trollii
- **doelzianus** (Backeb.) Borg 1937 · ⚂ Z9 ⌂ ▽ ✱; C-Mex.
- *fossulatus* (Labour.) Backeb. = Oreocereus pseudofossulatus
- *hempelianus* (Gürke) D.R. Hunt = Arequipa hempeliana
- **hendriksenianus** Backeb. 1933 · ⚂ Z9 ⌂ ▽ ✱; S-Peru, N-Chile
- *leucotrichus* (Phil.) Wagenkn. = Arequipa leucotricha
- *maximus* Backeb. = Oreocereus celsianus var. celsianus
- *neocelsianus* Backeb. = Oreocereus celsianus var. celsianus
- **pseudofossulatus** D.R. Hunt 1991 · ♄⚂ Z9 ⌂ ▽ ✱; Bol.
- *rettigii* (Quehl) Buxb. = Arequipa hempeliana
- **trollii** (Kupper) Backeb. 1936 · ⚂ Z9 ⌂ ▽ ✱; S-Bol., N-Arg.

Oreochloa Link 1827 -f- *Poaceae* · (S. 1122)
D:Kopfgras; F:Oréochloa
- **disticha** (Wulfen) Link 1827 · D:Zweizeiliges Kopfgras · ♃ VII-VIII; Eur.: Fr, Ap, C-Eur., EC-Eur., RO, W-Russ.; Alp., Carp.

Oreodoxa Willd. = Roystonea
- *oleracea* (Jacq.) Mart. = Roystonea oleracea
- *regia* Humb., Bonpl. et Kunth = Roystonea regia

Oreopanax Decne. et Planch. 1854 -m- *Araliaceae* · (S. 200)
D:Bergaralie; F:Oréopanax
- **andreanus** Marchal 1880 · ♄ e Z9 ⌂; Ecuad.
- **capitatus** (Jacq.) Decne. et Planch. 1854 · E:Caballero de Palo · ♄ ♄ e Z9 ⌂; C-Am., S-Am.
- **nymphaeifolius** (Hibberd) Decne. et Planch. 1896 · ♄ ♄ e Z9 ⌂ I-III; Guat.
- *reticulatus* (Linden ex B.S. Williams) L.H. Bailey = Meryta denhamii

Oreopteris Holub 1969 -f- *Thelypteridaceae* · (S. 81)
D:Bergfarn; E:Lemon-scented Fern; F:Fougère des montagnes
- **limbosperma** (All.) Holub 1969 · D:Gewöhnlicher Bergfarn; E:Lemon Scented Fern, Mountain Buckler Fern · ♃ VII-VIII; Eur.*, TR, Palaest., Cauc., E-Sib., Jap., Maroc., Alger., w N-Am.

Origanum L. 1753 -n- *Lamiaceae* · (S. 587)
D:Dost, Majoran; E:Majoram, Oregano; F:Marjolaine, Origan
- **acutidens** (Hand.-Mazz.) Ietsw. 1980 · ♄ e Z9 ⌂; TR [61857]
- **amanum** Post 1895 · ♃ △ Z8 ⌂ ∧ VII-VIII; TR: Amanus [61858]
- × **applii** (Domin) Boros 1939 (*O. majorana* × *O. vulgare*) · ♃; cult. [60391]
- **calcaratum** Juss. 1789 · ♄ e Z8 ⌂; Eur.: GR, Crete
  'Dingle Fairy'
- *creticum* L. = Origanum vulgare
- **dictamnus** L. 1753 · D:Diptam-Dost, Kretischer Diptam; E:Cretan Dittany · ♄ Z7 ⌂ ⊟ VII-VIII ⚜ ▽;
Crete
- *heracleoticum* hort. = Origanum × applii
- *heracleoticum* L. = Origanum vulgare subsp. viridulum
- × **hybridum** Mill. 1768 (*O. dictamnus* × *O. sipyleum*) · ♃ △ Z8 ⌂ VII; W-As.
- **laevigatum** Boiss. 1854 · F:Marjolaine vivace · ♃ △ Z8 ∧ VIII-IX; Cyprus, TR: Amanus [65359]
  'Herrenhausen' [65360]
  'Hopleys' [65361]
- **majorana** L. 1753 · D:Majoran; E:Marjoram, Sweet Marjoram · ☉ ☉ ♃ Z7 VI-VII ⚜ ⓝ; N-Afr., Cyprus, Arab., SW-As., Ind., nat. in sp., Corse, I, CH, Ba [69832]
- × **majoricum** Cambess. 1827 (*O. majorana* × *O. vulgare*) Z7; Eur.: Ib [73178]
- **microphyllum** (Benth.) Vogel 1841 · ♄ e Z8 ⌂; Crete
- **minutiflorum** O. Schwarz et P.H. Davis 1949 · ♄ e Z8 ⌂; SW-TR
- **onites** L. 1753 · D:Französischer Majoran; E:Pot Marjoram · ♄ Z8 ⌂ ⚜ ⓝ; Eur.: Sic., Ba, ? sp. [65366]
- *pulchellum* Boiss. = Origanum × hybridum
- **rotundifolium** Boiss. 1859 · ♃ Z8 ⌂ ∧ VII-VIII; Cauc. (Armen.) [61860]
- **scabrum** Boiss. et Heldr. 1848 [72194]
  - subsp. **pulchrum** (Boiss. et Heldr.) P.H. Davis 1949 · ♃ △ Z8 ⌂ ∧ VII-VIII; S-GR
  - subsp. **scabrum** · ♃ △ Z8 ⌂ ∧ VII-VIII; S-GR
- × **suendermannii** · ♃; cult.
- **syriacum** L. 1753 · ♄ e Z8 ⌂; TR, Cyprus, Syr., Lebanon, Palaest., Sinai
- *tournefortii* = Origanum calcaratum
- *tytthanthum* Gontsch. = Origanum vulgare subsp. gracile
- **vulgare** L. 1753 · D:Gewöhnlicher Dost · ♃ [65367]
  'Album' [65368]
  'Aureum' [65369]
  'Compactum' [65370]
  'Country Cream' [68010]
  'Gold Tip' [61863]
  'Heiderose' [61864]
  'Polyphant' [68803]
  'Thumble's Variety' [65373]
  - subsp. **gracile** (K. Koch) Ietsw. 1980 · ♃ Z5; TR, N-Iraq, Iran, Afgh., Pakist.

- subsp. **hirtum** (Link) Ietsw. ·
  D:Borstiger Gewöhnlicher
  Dorst · ♄ Z8 ⚥ ; Eur.: Ap, Ba; TR
  [60176]
- subsp. *viride* (Boiss.) Hayek
  = Origanum vulgare subsp.
  viridulum
- subsp. **viridulum** (Martrin-
  Donos) Nyman 1881
- subsp. **vulgare** · D:Oregano,
  Wilder Majoran; E:Oregano,
  Wild Marjoram; F:Marjolaine,
  Origan · ⚃ Z5 VII-IX ⚥ Ⓝ; Eur.*,
  TR, Cyprus, Iraq, Iran, W-Sib.,
  E-Sib., C-As., Afgh., Pakist.,
  Him., Mong. NW-Afr., nat. in
  N-Am., China
- in vielen Sorten:
'Barbara Tingey'
'Erntedank' [65371]
'Kent Beauty' [69468]
'Norton Gold'
'Rosenkuppel' [65235]

Orixa Thunb. 1783 -f- *Rutaceae* ·
(S. 792)
- **japonica** Thunb. 1784 · ♄ d Z6 V;
  China, S-Korea, Jap. [33335]

Orlaya Hoffm. 1814 -f- *Apiaceae* ·
(S. 180)
D:Breitsame; F:Orlaya
- **daucoides** (L.) Greuter 1967 · ☉;
  Eur.: Ib, F, Ap, Ba, Krim; TR, Syr.,
  Iraq, Cauc., N-Iran, Maroc., Alger.
- **grandiflora** (L.) Hoffm. 1814 ·
  D:Strahlen-Breitsame · ☉ VI-VIII;
  Eur.* exc. BrI, Sc; TR, Palaest.,
  Cauc., C-As., Alger. [72318]

Ormenis Cass. = Chamaemelum
- *nobilis* (L.) J. Gay ex Coss. et
  Germ. = Chamaemelum nobile

Ornithidium R. Br. = Maxillaria
- *coccineum* (Jacq.) R. Br. =
  Maxillaria coccinea
- *densum* (Lindl.) Rchb. f. =
  Maxillaria densa
- *sophronitis* Rchb. f. = Maxillaria
  sophronitis

Ornithocephalus Hook. 1824 -m-
Orchidaceae · (S. 1077)
- *grandiflorus* Lindl. = Zygostates
  grandiflora
- **iridifolius** Rchb. f. 1863 · ⚃ Z10
  ⓦ ▽ ✱; Mex.

Ornithogalum L. 1753 -n-
Hyacinthaceae · (S. 1010)
D:Stern von Bethlehem, Milch-
stern, Vogelmilch; E:Star of

Bethlehem; F:Etoile de Bethléem,
Ornithogale
- *angustifolium* Boreau =
  Ornithogalum umbellatum
- **arabicum** L. 1753 · ⚃ ✕ Z9 ⓚ;
  Eur.: Ib, Ap, Ba; NW-Afr., nat. in F
- *balansae* Boiss. = Ornithogalum
  oligophyllum
- **boucheanum** (Kunth) Asch.
  1866 · D:Bouchés Milchstern · ⚃
  IV-V; Eur.: I, C-Eur., EC-Eur., Ba,
  E-Eur. +
- *canadense* L. = Albuca canadensis
- *caudatum* Aiton = Ornithogalum
  longibracteatum
- **chionophilum** Holmboe 1914 · ⚃;
  Cyprus
- **conicum** Jacq. 1791 ·
  E:Chincherinchee · ⚃ Z9 ⓚ
  VI-VII; Kap
- *corymbosum* Ruiz et Pav. =
  Ornithogalum arabicum
- **dubium** Houtt. 1780 · ⚃ Z9 ⓚ;
  S-Afr. (Cape Prov.)
- **fimbriatum** Willd. 1801 · ⚃; Eur.:
  BG, GR, RO, S-Russ., Krim; TR
- **gussonei** Guss. 1827 · ⚃; Eur.: Ib,
  Fr, Ap, Ba; Cauc,
- *kochii* Parl. = Ornithogalum
  orthophyllum subsp. kochii
- *lacteum* Jacq. = Ornithogalum
  conicum
- *lacteum* Vill. = Ornithogalum
  narbonense
- **lanceolatum** Labill. 1812 · ⚃; TR,
  Syr., Lebanon
- *latifolium* L. = Ornithogalum
  arabicum
- **longibracteatum** Jacq. 1777 ·
  E:Sea Onion · ⚃ Z9 ⓚ; S-Afr.
- **maculatum** Jacq. 1789
- *magnificum* Poelln. =
  Ornithogalum maculatum
- **magnum** Krasch. et Schischk.
  1935 · ⚃; Cauc.
- **montanum** Cirillo 1811 · ⚃ Z6;
  Eur.: I, Sic., Ba; TR, Syr., Palaest.
- *nanum* = Ornithogalum
  sigmoideum
- **narbonense** L. 1756 · E:Bath
  Asparagus, Star of Bethlehem ·
  ⚃ Z7 V-VII; Eur.: Ib, Fr, Ap, Ba, ?
  RO; TR, N-Iraq, Cauc., NW-Iran,
  NW-Afr.
- **nutans** L. 1753 · D:Nickender
  Milchstern · ⚃ Z6 IV-V; Eur.: GR,
  BG; TR, nat. in BrI, Sc, Fr, C-Eur.,
  EC-Eur., Ib, Ap
- **oligophyllum** E.D. Clarke 1816 ·
  ⚃ Z6; Eur.: GR; TR, Georg.
- **orthophyllum** Ten. 1830
  - subsp. **kochii** (Parl.) Maire et
    Weiller 1857 · D:Kochs Milch-

stern · ⚃ IV-V; Eur.: Ib, Ap,
C-Eur., EC-Eur., Ba, E-Eur., ? F;
TR, Cauc
- subsp. **orthophyllum**
- **ponticum** Zahar. 1965 · ⚃; Cauc.
- **pyramidale** L. 1753 · D:Pyrami-
  den-Milchstern · ⚃ Z6 VI-VII; Eur.:
  I, D, A, EC-Eur., Slove., Croatia,
  Bosn.Serb., RO, nat. in NL
  - subsp. *narbonense* (L.) Asch. et
    Graebn. 1905 = Ornithogalum
    narbonense
- **pyrenaicum** L. 1753 · D:Pyre-
  näen-Milchstern · ⚃ Z6 VI-VII;
  Eur.* exc. BrI, Sc; TR, Cauc.,
  Maroc.
- **reverchonii** Lange 1891
- **saundersiae** Baker 1894 ·
  D:Saunders Milchstern; E:Giant
  Chincherinchee · ⚃ ✕ Z9 ⓚ I-V;
  S-Afr.
- *sibthorpii* = Ornithogalum
  sigmoideum
- **sigmoideum** Freyn et Sint. 1896 ·
  ⚃; Eur.: Ba, RO; TR, Cauc., N-Iran
- **sintenisii** Freyn 1902 · ⚃; N-Iran,
  Cauc.
- **sphaerocarpum** A. Kern. 1878
- *tenuifolium* Guss. = Ornithogalum
  gussonei
- **thyrsoides** Jacq. 1777 ·
  E:Chincherinchee · ⚃ ✕ Z9 ⓚ
  VI-VIII; Kap
- **umbellatum** L. · D:Stern von
  Bethlehem, Breitblättriger Dolden-
  Milchstern; E:Star of Bethlehem;
  F:Dame de onze heures · ⚃
  Z5 IV-V ⚥; Eur.* exc. Sc; TR,
  Levante, nat. in Sc [65374]

Ornithopus L. 1753 -m- *Fabaceae* ·
(S. 519)
D:Vogelfuß; E:Bird's Foot; F:Pied-
d'oiseau
- **perpusillus** L. 1753 · D:Kleiner
  Vogelfuß, Mäusewicke · ☉ V-VI;
  Eur.* exc. Ib, Ba; Alger.
- **sativus** Brot. 1804 · D:Großer
  Vogelfuß, Serradella; E:Cultivated
  Bird's Foot · ☉ VI-VII Ⓝ; Eur.: Ib,
  F; Maroc., Alger., nat. in C-Eur.,
  EC-Eur., E-Eur.

Orobanche L. 1753 -f-
Orobanchaceae · (S. 679)
D:Sommerwurz; E:Broomrape;
F:Orobanche
- **alba** Stephan ex Willd. 1800 ·
  D:Thymian-Sommerwurz; E:Thyme
  Broomrape · ⚃ Z6 VI-IX; Eur.*, TR,
  Syr., Iran, Him., Maroc., Alger.
- **alsatica** Kirschl. 1836 · D:Elsässer
  Sommerwurz

- subsp. **alsatica** · D:Gewöhnliche Elsässer Sommerwurz; E:Alsatian Broomrape · ♃ Z6 VI-VII; Eur.: Fr, I, C-Eur., EC-Eur., Slove., Bosn., E-Eur.; Maroc.
- subsp. **libanotidis** (Rupr.) Pusch 1996 · D:Bartlings Sommerwurz · ♃ Z6 VI-VII; Eur.: D, A, CZ, Slove.
- **amethystea** Thuill. 1799 · D:Amethyst-Sommerwurz; E:Amethyst Broomrape · ♃ Z6 VI; Eur.: Ib, Fr, Ap, Ba, BrI, C-Eur.; NW-Afr.
- **artemisiae-campestris** Vaucher ex Gaudin 1829 · D:Beifuß-Sommerwurz, Panzer-Sommerwurz; E:Oxtongue Broomrape · ♃ Z6 VI-VII; Eur.*, Maroc.
- *caerulea* Vill. = Orobanche purpurea
- **caesia** Rchb. 1890 · D:Blaugraue Sommerwurz, Weißwollige Sommerwurz; E:Blue-gray Broomrape · ♃ Z6 VI-VII; Eur.: A, EC-Eur., E-Eur.; TR, Cauc., Iran, Afgh., Sib., W-Him.
- **caryophyllacea** Sm. 1798 · D:Labkraut-Sommerwurz, Nelken-Sommerwurz; E:Bedstraw Broomrape · ♃ Z6 VI-VII; Eur.* exc. Sc; TR, SW-As., Pakist., Maroc., Alger.
- **coerulescens** Stephan 1800 · D:Bläuliche Sommerwurz; E:Bluish Broomrape · ♃ Z6 VI-VII; Eur.: C-Eur., EC-Eur., E-Eur.
- **crenata** Forssk. 1775 · D:Prächtige Sommerwurz; E:Carnation-scented Broomrape · ⊙ Z6 VI-VII; Eur.: Ib, Fr, Ap, Ba, Krim; TR, Levante, N-Iran, N-Afr.
- **elatior** Sutton 1798 · D:Große Sommerwurz; E:Tall Broomrape · ♃ Z6 VI-VII; Eur.*, TR, SW-As., C-As., E-As.
- *epithymum* DC. = Orobanche alba
- **flava** Mart. ex F.W. Schultz 1829 · D:Hellgelbe Sommerwurz; E:Butterbur Broomrape · ♃ Z6 VI-VII; Eur.: Fr, Ap, C-Eur., EC-Eur., E-Eur.; Maroc.; mts.
- **gracilis** Sm. 1798 · D:Blutrote Sommerwurz; E:Slender Broomrape · ♃ Z6 V-VII; Eur.* exc. BrI, Sc; TR, Cauc., Maroc., Alger.
- **hederae** Vaucher ex Duby 1828 · D:Efeu-Sommerwurz; E:Ivy Broomrape · ♃ Z6 V-VIII; Eur.* exc. Sc, EC-Eur.; Krim; TR, Cauc., N-Iran, Maroc., Alger.
- **laserpitii-sileris** Reut. ex Jord. 1847 · D:Laserkraut-Sommerwurz; E:Laserpitium Broomrape · ♃ Z6 VII; Eur.: F, CH, A, Ba; Alp., Balkan
- **lucorum** F.W. Schultz 1830 · D:Berberitzen-Sommerwurz; E:Barberry Broomrape · ♃ Z6 VI-VIII; Eur.: C-Eur., I, ? RO; E-Alp.
- **lutea** Baumg. 1816 · D:Gelbe Sommerwurz; E:Yellow Broomrape · ♃ Z6 V-VI; Eur.* exc. Sc; TR, Cauc., Iran, C-As., China: Sinkiang
- **minor** Sm. 1797 · D:Kleewürger, Kleine Sommerwurz; E:Lesser Broomrape · ♃ Z6 VI-VII; Eur.* exc. Sc; TR, Levante, N-Afr., nat. in Sc
- **picridis** F.W. Schultz 1830 · D:Bitterkraut-Sommerwurz; E:Picris Broomrape · ♃ Z6 VI-VII; Eur.: Ib, Fr, BrI, C-Eur., DK, EC-Eur., Ba; TR, Palaest., Iraq, Cauc., W-As., Maroc., Alger.
- **purpurea** Jacq. · D:Gewöhnliche Violette Sommerwurz; E:Purple Broomrape · ♃ Z6 VI-VII; Eur.*, TR, Syr., Cauc., N-Iran, Afgh, Ind., Maroc., Alger., Canar.
- **ramosa** L. 1753 · D:Ästige Sommerwurz; E:Hemp Broomrape · ⊙ ♃ Z6 VII-VIII; Eur.* exc. BrI, Sc; TR, Levante, Cauc., Iran, Ind., N-Afr., Eth., nat. in BrI, N-Am.
- **rapum-genistae** Thuill. 1799 · D:Ginster-Sommerwurz; E:Greater Broomrape · ♃ Z6 V-VI; Eur.: Ib, Fr, Ap, BrI, C-Eur.; Maroc., Alger.
- **reticulata** Wallr. · D:Netzige Distel-Sommerwurz; E:Thistle Broomrape · ♃ Z6 VI-VII; Eur.*, Maroc., Alger.
- **salviae** F.W. Schultz 1830 · D:Salbei-Sommerwurz; E:Sage Broomrape · ♃ Z6 VII-VIII; Eur.: Fr, C-Eur., Ap, Slove., Croatia, RO
- *speciosa* DC. = Orobanche crenata
- **teucrii** Holandre 1829 · D:Gamander-Sommerwurz; E:Germander Broomrape · ♃ Z6 VI-VII; Eur.* exc. BrI, Sc; Alger.
- **variegata** Wallr. 1825 · D:Bunte Sommerwurz; E:Variegated Broomrape · ⊙ Z6; Eur.: Fr, Ap, sp.; NW-Afr.

Orobus L. = Lathyrus
- *luteus* L. = Lathyrus gmelinii
- *niger* L. = Lathyrus niger
- *vernus* L. = Lathyrus vernus

Orontium L. 1753 -n- *Araceae* · (S. 928)
D:Goldkeule; E:Golden Club; F:Orontium
- **aquaticum** L. 1753 · D:Goldkeule; E:Golden Club; F:Cryptocoryne américaine · ♃ ≈ Z7 V-VI; USA: NE, SE, Fla. [67311]

Orostachys Fisch. ex A. Berger 1809 -f- *Crassulaceae* · (S. 433)
D:Sternwurz; F:Umbilic
- *aggregata* (Makino) H. Hara = Orostachys malacophylla subsp. malacophylla var. aggregata
- **boehmeri** (Makino) H. Hara 1935 · ⊙ ♆ Z7; Jap. [61875]
- *furusei* Ohwi = Orostachys boehmeri
- *iwarenge* (Makino) H. Hara = Orostachys malacophylla subsp. malacophylla var. iwarenge
- **malacophylla** (Pall.) Fisch. ex Sweet 1809
  - subsp. **malacophylla** 1828 · ♃ ♆ △ Z6 VI-VII; E-Sib., Amur, Sachal., Mong., China, Jap.
    - var. **aggregata** (Makino) H. Ohba 1992 · ⊙ ♆ Z7; Jap.: Hokkaido; coast [61873]
    - var. **iwarenge** (Makino) H. Ohba 1992 · ⊙ ♆ Z6; ? China [61876]
- **spinosa** (L.) C.A. Mey. ex A. Berger 1930 · ♃ ♆ △ Z4 VI-VII; Russ. (S-Ural), W-Sib., E-Sib., Amur, China: Sinkiang, C-As., Mong., Tibet [65375]

Oroxylum Vent. 1808 -n- *Bignoniaceae* · (S. 296)
D:Damoklesbaum; E:Midnight Horror, Tree of Damokles
- **indicum** (L.) Kurz 1877 · D:Damoklesbaum; E:Midnight Horror, Tree of Damocles · ♄ e ∞ Z10 ⓦ ⓝ; Ind., Sri Lanka, China, Indochina, Malay. Arch.

Oroya Britton et Rose 1922 -f- *Cactaceae* · (S. 363)
- *gibbosa* F. Ritter = Oroya peruviana
- **peruviana** (K. Schum.) Britton et Rose 1922 · ♆ Z9 ⓖ ▽ ✻; C-Peru

Orphium E. Mey. 1838 -n- *Gentianaceae* · (S. 543)
- **frutescens** (L.) E. Mey. 1838 · ♄ Z9 ⓖ VII-VIII; Kap

Ortegocactus Alexander 1961 -m- *Cactaceae* · (S. 363)

- **macdougallii** Alexander 1961 · ♆ Z9 Ⓚ; Mex. (Oaxaca)

Orthilia Raf. 1840 -f- *Pyrolaceae* · (S. 724)
D:Birngrün; E:Wintergreen; F:Pyrole
- **secunda** (L.) House 1921 · D:Birngrün, Nickendes Wintergrün · ♃ e Z5 VI-VII; Eur.*, TR, Cauc., N-Iran, W-Sib., E-Sib., Amur, Sachal., Kamchat.

Orthophytum Beer 1854 -n- *Bromeliaceae* · (S. 975)
- **foliosum** L.B. Sm. 1941 · ♃ Z9 Ⓦ; Bras.
- **glabrum** (Mez) Mez 1896 · ♃ Ⓦ; Bras. (Minas Gerais)
- **navioides** (L.B. Sm.) L.B. Sm. 1955 · ♃ Z9 Ⓦ; E-Bras.
- **rubrum** L.B. Sm. 1955 · ♃ Z9 Ⓦ; E-Bras.
- **saxicola** (Ule) L.B. Sm. 1955 · ♃ Z9 Ⓦ; E-Bras.

Orthosiphon Benth. 1830 -m- *Lamiaceae* · (S. 588)
- **aristatus** (Blume) Miq. 1858 · ♃ Z10 Ⓦ VII-VIII ⚕; Ind., Indochina, China, Malay. Arch., N.Guinea, N-Austr.
- *stamineus* Benth. = Orthosiphon aristatus

Orthostemon O. Berg = Acca
- *sellowianus* O. Berg = Acca sellowiana

Orthrosanthus Sweet 1827 -m- *Iridaceae* · (S. 1025)
D:Morgenblüte; E:Mornig Flag
- **chimboracensis** (Kunth) Baker 1876 · D:Mexikanische Morgenblüte · ♃ Z9 Ⓚ VI; Mex., C-Am., Col., Ecuad., Peru; And.
- **laxus** (Endl.) Benth.
- **multiflorus** Sweet 1827 · D:Australische Morgenblüte; E:Morning Flag · ♃ Z9 Ⓚ VI-VII; Austr.: Victoria, S-Austr., W-Austr.
- **polystachyus** Benth. 1873 · ♃ e Z8 Ⓚ; Austr. (W-Austr.)

Orychophragmus Bunge 1833 -m- *Brassicaceae* · (S. 330)
- **violaceus** (L.) O.E. Schulz 1916 · ⊙ ⊙ Z7 VII-VIII; China

Oryza L. 1753 -f- *Poaceae* · (S. 1122)
D:Reis; E:Rice; F:Riz
- *clandestina* (Weber ex F.H. Wigg.) A. Braun = Leersia oryzoides
- **glaberrima** Steud. 1855 · D:Afrikanischer Reis; E:African Rice · ⊙ 〰 Z10 Ⓦ Ⓝ; W-Afr., W-Sudan
- **longistaminata** A. Chev. et Roehr. 1914 · D:Roter Reis; E:Red Rice · ⊙ 〰 Z10 Ⓦ Ⓝ; trop. Afr., S-Afr.
- *oryzoides* (L.) Brand et W.D.J. Koch = Leersia oryzoides
- **perennis** Moench emend. Sampath 1797 · D:Stauden-Reis · ⊙ ♃ 〰 Z10 Ⓦ Ⓝ; Trop.
- **rufipogon** Griff. 1851 · D:Salz-Reis; E:Red Rice · ♃ 〰 Z10 Ⓦ Ⓝ; SE-As, Austr., Am.
- **sativa** L. 1753 · D:Reis; E:Rice · ⊙ 〰 Z10 Ⓦ ⚕ Ⓝ; SE-As., trop. Afr., N-Austr.

Oryzopsis Michx. 1803 -f- *Poaceae* · D:Grannenhirse; E:Rice Grass, Smilo Grass; F:Oryzopsis, Riz barbu
- *miliacea* (L.) Asch. et Schweinf. = Piptatherum miliaceum

Osbeckia L. 1753 -f- *Melastomataceae* · (S. 631)
- **stellata** Wall. 1822 · ♄ Z9 Ⓦ VII-VIII; Ind., China

Oscularia Schwantes 1927 -f- *Aizoaceae* · (S. 147)
- **caulescens** Mill. 1927
- **deltoides** (L.) Schwantes 1927 · ♄ ♆ Z9 Ⓚ VII-IX; Kap
- *muricata* (Haw.) Schwantes ex H. Jacobsen = Oscularia deltoides
- **pedunculata** N.E. Br. 1949

Osmanthus Lour. 1790 -m- *Oleaceae* · (S. 675)
D:Duftblüte; E:Devil Wood, Sweet Olive; F:Osmanthus
- **americanus** (L.) A. Gray 1878 · D:Amerikanische Duftblüte; E:Devilwood · ♄ ♄ e Z9 Ⓚ IV; SE-USA [27533]
- *aquifolium* (Siebold et Zucc.) Benth. et Hook. f. = Osmanthus heterophyllus
- **armatus** Diels 1900 · ♄ e D Z7 VII; W-China [38963]
- × **burkwoodii** (Burkwood et Skipwith) P.S. Green 1972 (*O. decorus* × *O. delavayi*) · D:Burkwoods Duftblüte · ♄ e D Z7 IV-V; cult. [33336]
- **decorus** (Boiss. et Balansa) Kasapligil 1970 · D:Stattliche Duftblüte; F:Osmanthe · ♄ e Z6 V; NE-TR, Cauc. [33356]
'Angustifolius' [21788]
- **delavayi** Franch. 1886 · D:Delavays Duftblüte; E:Delavay Osmanthus · ♄ e Z8 Ⓚ IV; W-China [11244]
'Latifolius' [21789]
- *forrestii* Rehder = Osmanthus yunnanensis
- × **fortunei** Carrière 1864 (*O. fragrans* × *O. heterophyllus*) · ♄ e D Z7; cult. [21791]
- **fragrans** (Thunb.) Lour. 1790 · D:Süße Duftblüte; E:Fragrant Olive, Sweet Olive, Sweet Osmanthus · ♄ ♄ e D Z9 Ⓚ VI-VIII Ⓝ; Jap., SW-China, E-Him. [33102]
- **heterophyllus** (G. Don) P.S. Green 1958 · D:Stachelblättrige Duftblüte; E:Hollyleaf Osmanthus; F:Osmanthe à feuilles de houx · ♄ ♄ e D Z7 IX-X; Jap., Taiwan [28240]
'Aureomarginatus' [27536]
'Goshiki' [12423]
'Gulftide' c. 1960 [21792]
'Purpureus' < 1896 [21797]
'Tricolor' = Osmanthus heterophyllus 'Goshiki'
'Variegatus' 1861 [42086]
- *ilicifolius* (Hassk.) hort. ex Dippel = Osmanthus heterophyllus
- **omeiensis** Fang ex H.T. Chang 1982
- **rigidus** Nakai 1918 · D:Steife Duftblüte · ♄ e; Jap. (Kyushu) [21801]
- **serrulatus** Rehder 1916 · D:Gesägtblättrige Duftblüte · ♄ e D Z8 Ⓚ III-IV; Him., W-China [21802]
- **suavis** King ex C.B. Clarke 1882 · ♄ ♄ e Z8 Ⓚ; Him., Yunnan [21803]
- **yunnanensis** (Franch.) P.S. Green 1958 · D:Yunnan-Duftblüte · ♄ e D Z7; W-China [21804]

× *Osmarea* Burkwood et Skipwith = Osmanthus
- *burkwoodii* Burkwood et Skipwith = Osmanthus × burkwoodii

Osmaronia Greene = Oemleria
- *cerasiformis* (Torr. et A. Gray) Greene = Oemleria cerasiformis

× **Osmentara** hort. 1966 -f- *Orchidaceae* · (*Broughtonia* × *Cattleya* × *Laeliopsis*)

Osmunda L. 1753 -f- *Osmundaceae* · (S. 74)

D:Königsfarn, Rispenfarn; E:Royal Fern; F:Fougère royale, Osmonde
- **cinnamomea** L. 1753 · D:Zimtfarn; E:Cinnamon Fern; F:Fougère cannelle, Osmonde cinnamon · ⚁ Z3; Can.: E; USA: NE, NCE, SC, SE, Fla.; Mex., C-Am., W-Ind., trop. S-Am., E-As. [67424]
- **claytoniana** L. 1753 · D:Dunkler Münzrollenfarn, Kronenfarn, Teufelsfarn; E:Interrupted Fern; F:Osmonde de Clayton · ⚁ Z3; Can.: E; USA: NE, NCE, SE; Amur, Korea, Manch., SW-China, Taiwan [69469]
- *imbricata* Kunze = Osmunda cinnamomea
- *interrupta* Michx. = Osmunda claytoniana
- **regalis** L. 1753 · D:Gewöhnlicher Rispenfarn, Königsfarn; E:Royal Fern; F:Osmonde royale · ⚁ ⌇ Z2 VI-VII ⚇ ▽; Eur.* exc. E-Eur.; Can.: E; USA: NE, NCE, SC, Fla. [61878]
  'Cristata' [69470]
  'Gracilis' [67426]
  'Purpurascens' [67427]
  'Undulata'
- var. *gracilis* (Link) Hook. = Osmunda regalis

Osteomeles Lindl. 1821 -f- *Rosaceae* · (S. 757)
D:Steinapfel; F:Pomme de pierre
- **schweriniae** C.K. Schneid. 1906 · D:Schwerins Steinapfel
  - var. **microphylla** Rehder et E.H. Wilson 1917 · ♄ e Z8 ⚇ III-IV; W-China [21808]
  - var. **schweriniae** · D:Yunnan-Steinapfel; E:Hawaii Hawthorn · ♄ e Z8 ⚇; Yunnan
- **subrotunda** K. Koch 1864 · D:Kleiner Steinapfel · ♄ e Z8 ⚇ III-IV; SE-China [21809]

Osteospermum L. 1753 -n- *Asteraceae* · (S. 261)
D:Kapmargerite, Paternosterstrauch; F:Marguerite du Cap
- **barberiae** (Harv.) Norl. 1943 · D:Bornholmer Margerite · ⚁ ♄ e Z9 ⚇; S-Afr.
- **clandestinum** (Less.) Norl. 1943 · ☉
- **ecklonis** (DC.) Norl. 1943 · E:African Daisy, Vanstaden's River Daisy · ☉ ♄ ♄ e Z9 ⚇ VII-IX; S-Afr. [16731]
- **fruticosum** (L.) Norl. 1943
- **jucundum** (E. Phillips) Norl.

1943 · ⚁ Z9 ⚇; S-Afr.
  'Compactum'
- *jucundum* hort. = Osteospermum barberiae
- **in vielen Sorten:**
  'Buttermilk'
  'Cannington Roy'
  'Lady Leitrim'
  'Pink Whirls'
  'Silver Sparkler'
  'Whirligig'

Ostrowskia Regel 1884 -f- *Campanulaceae* · (S. 387)
D:Riesenglocke; E:Giant Bellflower; F:Campanule géante
- **magnifica** Regel 1884 · D:Riesenglocke; E:Giant Bellflower · ⚁ △ Z7 ⚇ VII-VIII; C-As.

Ostrya Scop. 1760 -f- *Betulaceae* · (S. 289)
D:Hopfenbuche; E:Hop Hornbeam; F:Ostryer
- **carpinifolia** Scop. 1772 · D:Gewöhnliche Hopfenbuche; E:European Hop Hornbeam; F:Charme houblon, Ostryer commun · ♄ d Z6 IV-V ⓝ; Eur.: Fr, Ap, CH, A, H, Ba; TR, Syr., Cauc. [33338]
- **japonica** Sarg. 1893 · D:Japanische Hopfenbuche; E:Japanese Hop Hornbeam · ♄ d Z6; China, Korea, Jap. [11351]
- **knowltonii** Coville 1894 · D:Amerikanische Hopfenbuche · ♄ d Z5; Ariz., N.Mex., Utah, Tex.
- **virginiana** (Mill.) K. Koch 1873 · D:Virginische Hopfenbuche; E:American Hop Hornbeam · ♄ d Z5; Can.: E; USA: NE, NCE, SC, SE, Fla.; Mex. Guat. [33341]

Ostryopsis Decne. 1873 -f- *Betulaceae* · (S. 290)
D:Scheinhopfenbuche; F:Fauxostryer
- **davidiana** (Baill.) Decne. 1873 · D:Hohe Scheinhopfenbuche · ♄ d Z4; China: Kansu, Schensi, Hopei

Otacanthus Lindl. 1862 -m- *Scrophulariaceae* · (S. 834)
- **caeruleus** Lindl. 1862 · ⚁ Z10 ⓦ IV-VIII; Bras.

Otanthus Hoffmanns. et Link 1809 -m- *Asteraceae* · (S. 261)
D:Filzblume, Ohrblume; E:Cotton Weed; F:Diotis
- **maritimus** (L.) Hoffmanns. et Link 1809 · D:Filzblume, Ohr-

blume; E:Cotton Weed · ⚁ ⌇ Z8 ⚇ VIII-IX; Eur.: Ib, Fr, Ap, Ba, BrI, Canar.; TR, Maroc.; coasts

Otatea (McClure et E.W. Sm.) C.E. Calderón et Soderstr. 1980 -f- *Poaceae* · (S. 1122)
D:Trauerbambus; E:Weeping Bamboo; F:Bambou
- **acuminata** (Munro) Calderón et Soderstr. 1980 · D:Mexikanischer Trauerbambus; E:Mexican Weeping Bamboo · ♄ e Z10 ⚇; Mex. [15236]
  - subsp. *aztecorum* (McClure et E.W. Sm.) R. Guzmán et al. 1984 = Otatea acuminata

Othonna L. 1753 -f- *Asteraceae* · (S. 262)
- **arbuscula** (Thunb.) Sch. Bip. 1844
- **cacalioides** L. f. 1782 · ⚘ Z8 ⚇; S-Afr. (Cape Prov.)
- **capensis** L.H. Bailey 1901 · ⚁ ⚘ ⌇ Z9 ⚇; Kap [61880]
- **carnosa** Less. 1832 · ⚁ ⚘ Z9 ⚇ VII-VIII; Kap
- *cheirifolia* L. = Hertia cheirifolia
- *crassifolia* Harv. = Othonna capensis
- **euphorbioides** Hutch. 1917 · ♄ ⚘ Z9 ⚇; Kap
- **herrei** Pillans 1934 · ♄ ⚘ d Z8 ⚇; S-Afr. (Cape Prov.)
- **intermedia** Compton 1949 · ⚁ ⚘ Z8 ⚇; S-Afr. (Cape Prov.)
- **lobata** Schltr. 1900
- **protecta** Dinter 1923
- **retrorsa** DC. 1838 · ⚁ ⚘ Z9 ⚇ I-X; Kap [61882]

Othonnopsis Jaub. et Spach = Othonna
- *cheirifolia* (L.) Benth. et Hook. = Hertia cheirifolia

Otoglossum (Schltr.) Garay et Dunst. 1976 -n- *Orchidaceae* · (S. 1077)
- **brevifolium** (Lindl.) Garay et Dunst. 1976 · ⚁ Z10 ⚇ I-XII ▽ ✱; Col., Ecuad., Peru

Ottelia Pers. 1805 -f- *Hydrocharitaceae* · (S. 1014)
- **alismoides** (L.) Pers. 1805 · ⚁ ≈ Z9 ⓦ; Egypt, Ind., Sri Lanka, China, Jap., Salom., N-Austr.
- *japonica* Miq. = Ottelia alismoides
- **ulvifolia** Walp. 1852 · ⚁ ≈ Z9 ⓦ; W-Afr., Zambia, Zimbabwe

Ourisia Comm. ex Juss. 1838 -f-
Scrophulariaceae · (S. 834)
- **caespitosa** Hook. f. 1853 · ♃ Z7
  ⓚ; NZ
  - var. **caespitosa**
  - var. **gracilis** Hook. f. 1867 · ♃
    Z7 ⓚ; NZ (S-Is.)
- **coccinea** (Cav.) Pers. 1806 · ♃ Z7
  V-IX; Chile, Arg. [61883]
- *elegans* Phil. = Ourisia coccinea
- **macrophylla** Hook. 1843 ·
  E:Mountain Foxglove · ♃ Z7 VII;
  NZ [61884]

Oxalis L. 1753 -f- *Oxalidaceae* ·
(S. 681)
D:Sauerklee; E:Shamrock, Sorrel;
F:Faux-trèfle, Oxalide, Surelle
- **acetosella** L. 1753 · D:Wald-Sauerklee; E:Common Wood Sorrel,
  Wood Sorrel; F:Oxalide petite
  oseille, Pain de coucou · ♃ Z3 IV-V
  ⚥ ⚲; Eur.*, TR, Cauc., W-Sib.,
  E-Sib., Amur, Sachal., Kamchat.,
  Mong., Him., China, Jap., Alaska,
  Can., USA: NE, NCE, SE [65377]
- **adenophylla** Gillies 1833 ·
  D:Anden-Sauerklee; E:Sauer
  Klee · ♃ △ Z7 ⋀ IV; Chile, W-Arg.
  [65379]
- **alpina** Rose ex Kunth 1919 · ♃;
  Mex.
- **articulata** Savigny 1797
  - subsp. **articulata** · D:Raupen-
    Sauerklee; E:Pink Oxalis · ♃ Z8
    ⓚ; Parag.
  - subsp. **rubra** (A. St.-Hil.)
    Lourteig 1982 · ♃ Z8 ⓚ IX-XI;
    Bras., Arg., Parag.
- *bowieana* Lodd. = Oxalis bowiei
- **bowiei** Lindl. 1833 · ♃ Z8 ⓚ; Kap
- **brasiliensis** Lodd. ex Westc. et
  Knowles 1833 · ♃ Z9 ⓚ V; Bras.
  [71228]
- *cernua* Thunb. = Oxalis pes-caprae
- **compressa** L. f. 1782 · ♃ Z8 ⓚ;
  S-Afr.
- **corniculata** L. 1753 · D:Hornfrüchtiger Sauerklee; E:Yellow
  Sorrel · ☉ Z5 VI-X; Eur.* exc.
  BrI, Sc; TR, Levante, Cauc., Iran,
  C-As., Him., China, Jap., Amur,
  Sachal., N-Afr., nat. in cosmop.
  exc. Sib.
- **corymbosa** DC. 1824 · D:Brasilianischer Sauerklee; E:Sheep
  Sorrel · ♃ Z9 ⓚ; Bras., Arg.
- **decaphylla** Kunth 1821 · D:Zehnblättriger Sauerklee · ♃; S-Am.,
  nat. in D
- **depressa** Eckl. et Zeyh. 1834-35 ·
  ♃ Z7; S-Afr. (Cape Prov.) [60100]
- **dillenii** Jacq. 1794 · D:Dillenius'

Sauerklee · ♃ VII-X; Can., USA *,
Mex., nat. in Eur.
- **drummondii** A. Gray 1853 · ♃ Z9
  ⓚ; Mex. [61891]
- **enneaphylla** Cav. 1799 · D:Schuppen-Sauerklee; E:Scurvy Grass ·
  ♃ △ D Z6 IV; Patag., Falkland
  [61892]
  'Minutifolia'
  'Rosea'
- *esculenta* Otto ex A. Dietr. = Oxalis
  tetraphylla
- *europaea* Jord. = Oxalis stricta
- **flava** L. 1753 · ♃ Z9 ⓚ; S-Afr.
  (Cape Prov.)
- *floribunda* Lehm. = Oxalis
  articulata subsp. articulata
- *fontana* Bunge = Oxalis stricta
- **glabra** Thunb. 1781 · ♃ Z8 ⓚ;
  S-Afr. (Cape Prov.)
- **hedysaroides** Kunth 1821 ·
  D:Venezuela-Sauerklee; E:Fire
  Fern · ♄ e Z9 ⓦ I-XII; Col., Venez.
- **herrerae** R. Knuth 1930 · ♃ Z9
  ⓚ; Peru, Chile [71230]
- **hirta** L. 1753 · D:Kap-Sauerklee;
  E:Sorrel · ♃ Z9 ⓚ X-III; Kap
  [71231]
  'Gothenburg'
- *inops* Eckl. et Zeyh. = Oxalis
  depressa
- **laciniata** Cav. 1799 · ♃ Z8 ⓚ;
  Arg. (Patag.)
- **lasiandra** Zucc. 1841 · ♃ Z9 ⓚ
  VIII-X; Mex. [61894]
- **latifolia** Kunth 1823 · ♃ Z9 ⓚ;
  Mex., C-Am., W.Ind., trop. S-Am.
  [61895]
- **lobata** Sims 1823 · ♃ Z8 ⓚ; Chile
  [61896]
- **magellanica** G. Forst. 1789 · ♃ Z6
  IV-V; Austr., NZ, s S-Am. [61897]
- *martiana* Zucc. = Oxalis
  corymbosa
- **megalorrhiza** Jacq. 1794 · ♄ Z10
  ⓚ I-XII; Galapagos, Peru, Bol.,
  Chile [71233]
- **obtusa** Jacq. 1794 · ♃ Z7; S-Afr.
  [71235]
- **oregana** Nutt. ex Torr. et A. Gray
  1838 · ♃ Z7; USA: NW, Calif.
  [61900]
- **ortgiesii** Regel 1875 · ♄ Z8 ⓦ;
  Peru: And.
- **palmifrons** Salter 1936
- **patagonica** Speg. 1897 · ♃ Z8 ⓚ;
  Arg. (Patag.)
- **pes-caprae** L. 1753 · D:Nickender
  Sauerklee; E:Bermuda Buttercup ·
  ♃ Z9 ⓚ; S-Afr., nat. in BrI, Ib, Fr,
  Ap, Ba, TR, Cauc., Levante, N-Afr.,
  Ind., C-Am.
- **purpurata** Jacq. 1798 · ♃ Z9 ⓚ;

S-Afr. (Cape Prov.)
  - var. *bowiei* (Lindl.) Sond. =
    Oxalis bowiei
- **purpurea** L. 1753 · D:Herbst-Sauerklee; E:Sorrel · ♃ Z8 ⓚ X-XII;
  Kap, nat. in SW-Eur.
  'Ken Aslet' [71234]
- **regnellii** Miq. 1849 · ♃ Z8 ⓚ;
  Peru. Bol., Parag., Bras., Arg.
- **rosea** Jacq. 1794 · ☉ ⓚ VI-VIII;
  Chile
- *rubra* A. St.-Hil. = Oxalis articulata
  subsp. rubra
- **rusciformis** J.C. Mikan 1823 · ♄
  Z10 ⓦ; Bras.
- *speciosa* Jacq. = Oxalis purpurea
- **stricta** L. 1753 · D:Aufrechter
  Sauerklee; E:Yellow Sheep Sorrel ·
  ♃ IX-X; Can.: E; USA: NE, NCE,
  NC, Rocky Mts., SW, SC, SE, Fla.,
  NW, nat. in Eur., E-As.
- *succulenta* Barnéoud = Oxalis
  herrerae
- **tetraphylla** Cav. 1794 · D:Glücksklee; E:Good Luck Leaf, Lucky
  Clover · ♃ Z8 ⓚ VII-VIII ⚲; Mex.,
  nat. in F, A, W-Ba [61902]
  'Iron Cross' [61903]
- **triangularis** A. St.-Hil. 1825
  - subsp. **papilionacea**
    (Hoffmanns. ex Zucc.) Lourteig
    1983 · ♃; Bras.
  - subsp. **triangularis** · ♃ Z8 ⓚ;
    Bras. [61904]
- **tuberosa** Molina 1782 · D:Peruanischer Sauerklee; E:Oca · ♃ Z7
  ⓝ; cult. Col., Ecuad., Peru, Bol.,
  Chile, And.
- **valdiviensis** Barnéoud 1846 · ☉
  Z9 VII-VIII; Chile [71239]
- *variabilis* Jacq. = Oxalis purpurea
- **versicolor** L. 1753 · ♃ Z9 ⓚ II-III;
  Kap [71240]
- **vespertilionis** Zucc. 1834 · ♃ Z9
  ⓚ; Mex.
- **vulcanicola** Donn. Sm. 1897 ·
  D:Buschiger Sauerklee · [61905]

Oxandra A. Rich. 1842 -f-
Annonaceae · (S. 161)
- **lanceolata** (Sw.) Baill. 1868 ·
  E:Lancewood · ♄ Z9 ⓦ ⓝ; S-Afr.
- **laurifolia** (Sw.) A. Rich. 1845 · ♄
  e ⓦ; W-Ind.

Oxyanthus DC. 1807 -m-
Rubiaceae · (S. 777)
- **formosus** Hook. f. 1848 · ♄ e D
  Z10 ⓦ; trop. Afr.

Oxycoccus Hill = Vaccinium
- *microcarpus* = Vaccinium
  microcarpum

– *palustris* = Vaccinium oxycoccos

Oxydendrum DC. 1839 -n-
Ericaceae · (S. 472)
D:Sauerbaum; E:Sorrel Tree,
Sourwood; F:Oxydendron
– **arboreum** (L.) DC. 1839 · D:Sauerbaum; E:Sourwood · ħ d Z6
VII-VIII ⓝ; USA: NE, NCE, SE, Fla.
[54255]
'Chameleon'

Oxylobium Andrews 1807 -n-
Fabaceae · (S. 519)
D:Spitzhülse
– **linariifolium** (G. Don) Domin
1923 · ħ e Z9 ⓚ VII-VIII; W-Austr.
– **lineare** (Benth.) Benth. 1864 · ħ
ⓚ; W-Austr.

Oxypetalum R. Br. 1809 -n-
Asclepiadaceae · (S. 209)
– **caeruleum** (D. Don) Decne. =
Tweedia caerulea

Oxyria Hill 1765 -f- *Polygonaceae* ·
(S. 706)
D:Säuerling; E:Mountain Sorrel;
F:Oxyria
– **digyna** (L.) Hill 1768 · D:Säuerling; E:Mountain Sorrel · ⚃ △
Z2 VI-IX; Eur.*, TR, Syr., Cauc.,
N-Iran, W-Sib., E-Sib., Amur,
Kamchat., C-As. [61906]

Oxytenanthera Munro 1868 -f-
Poaceae · (S. 1122)
– **abyssinica** (A. Rich.) Munro
1868 · ħ ⓚ ⓝ; trop. Afr., Eth.
– **parvifolia** Brandis ex Gamble
1896 · ħ ⓚ; Myanmar

Oxytropis DC. 1802 -f- *Fabaceae* ·
(S. 519)
D:Fahnenwicke, Spitzkiel;
E:Crazy Weed, Point Vetch;
F:Astragale, Oxytropis
– **campestris** (L.) DC. 1802 ·
D:Alpen-Spitzkiel; E:Yellow
Oxytropis · ⚃ △ Z3 VII-VIII; Eur.*,
Cauc., W-Sib., E-Sib., Sachal.,
Alaska, Can., USA: NE, NCE, NC,
Rocky Mts. [61908]
– × **carinthiaca** Fisch.-Oost. 1854
(*O. campestris* × *O. jacquinii*) ·
D:Kärntner Spitzkiel · ⚃ ; A
(Kärnten) +
– **foetida** (Vill.) DC. 1802 · D:Drüsiger Spitzkiel, Klebriger Spitzkiel · ⚃ Z6 VII-VIII; Eur.: F, I, CH;
W-Alp.
– **halleri** Bunge ex W.D.J. Koch
1836 · D:Hallers Spitzkiel;

E:Purple Oxytropis, Rocky
Mountain Locoweed · ⚃ △ Z6
IV-VIII; Eur.* exc. Sc; Pyr., Alp,
Carp., AL, Scotland [61909]
– **helvetica** Scheele 1843 ·
D:Schweizer Spitzkiel · ⚃ VII-VIII;
Eur.: F, I, CH
– **jacquinii** Bunge 1847 · D:Berg-Spitzkiel · ⚃ △ Z5 VII-VIII; Eur.: F,
I, CH, D, A; Alp., Jura
– **lapponica** (Wahlenb.) J. Gay
1827 · D:Lappländer Spitzkiel · ⚃
Z3 VII-VIII; Eur.: Fr, Ap, C-Eur.,
Sc, Ba; N, Pyr., Alp., AL; Cauc.,
W-Sib. (Altai), C-As., Tibet
[61911]
– **neglecta** Ten. 1831 · D:Pyrenäen-Spitzkiel · ⚃ VII-VIII; Eur.: sp., F, I,
C-Eur., RO; mts.
– **pilosa** (L.) DC. 1802 · D:Zottiger
Spitzkiel · ⚃ Z6 VI-VII ▽; Eur.: Fr,
Ap, C-Eur., EC-Eur., Ba, E-Eur.,
TR, Cauc., W-Sib., E-Sib., Mong.
[61912]
– **pyrenaica** Godr. et Gren. 1849 ·
⚃ ; Eur.: S, SC, Pyren., mts
– *sericea* (Lam.) Simonk. =
Oxytropis halleri
– **triflora** Hoppe 1827 · D:Dreiblütiger Spitzkiel · ⚃ VI-VIII; Eur.: A;
E-Alp.

Ozothamnus R. Br. 1817 -m-
Asteraceae · (S. 262)
– **coralloides** Hook. f. 1855 · ħ Z8
ⓚ; NZ [61915]
– **depressus** Hook. f. 1854 · ħ e Z8
ⓚ; NZ (N-Is.)
– **hookeri** Sond. 1853 · ħ Z9 ⓚ;
Austr.: N.S.Wales, Victoria,
Tasman.; mts. [61916]
– **ledifolius** (DC.) Hook. f. 1857 · ħ
e Z8 ⓚ; Austr. (Tasman.) [61917]
– **rosmarinifolius** (Labill.) DC.
1838 · ħ ⋈ Z8 ⓚ VI; Austr.:
N.S.Wales, Victoria, Tasman.
[67951]
'Silver Jubilee' [61922]
– **scutellifolius** Hook. f. 1857 · ħ Z9
ⓚ; Tasman.
– **selaginoides** Sond. et F. Muell.
1852 · ħ ⚃ e Z9 ⓚ; Tasman.
[61918]
– **selago** Hook. f. 1855 · ħ Z8 ⓚ;
NZ [61919]
– **thyrsoideus** DC. 1838 · ħ e Z9
ⓚ; Austr. (N.S.Wales, Victoria,
Tasman.) [61921]

Pabstia Garay 1973 -f- *Orchidaceae* ·
(S. 1077)
– **jugosa** (Lindl.) Garay 1973 · ⚃
Z10 ⓚ V-VII ▽ ✱; Bras.

Pachira Aubl. 1775 -f-
Bombacaceae · (S. 302)
D:Rasierpinselbaum; E:Shaving-Brush Tree; F:Châtaignier de la
Guyane
– **aquatica** Aubl. 1775 · D:Sumpf-Rasierpinselbaum; E:Guiana
Chestnut, Provision Tree · ħ e Z10
ⓚ VI; S-Mex., C-Am., trop. S-Am.
– *fastuosa* (Moç. et Sessé ex
DC.) Decne. = Pseudobombax
ellipticum
– **insignis** (Sw.) Savigny 1798 ·
D:Brasilianischer Rasierpinselbaum; E:Wild Chestnut · ħ e Z10
ⓚ VII-VIII ⓝ; SW-Col., NW-Peru,
Bras., Guyana
– *macrocarpa* Cham. et Schltdl. =
Pachira aquatica

Pachycereus (A. Berger) Britton et
Rose 1909 -m- *Cactaceae* · (S. 363)
– **marginatus** (DC.) Britton et Rose
1909 · D:Orgelpfeifenkaktus;
E:Organ Pipe Cactus · ħ ⚧ Z9 ⓚ;
Mex.
– **pecten-aboriginum** (Engelm.)
Britton et Rose 1909 · ħ ⚧ Z9 ⓚ
▽ ✱; W-Mex.
– **pringlei** (S. Watson) Britton
et Rose 1909 · ħ ⚧ Z9 ⓚ ▽ ✱;
N-Mex., Baja Calif.
– *queretaroensis* (F.A.C. Weber)
Britton et Rose = Stenocereus
queretaroensis
– *schottii* (Engelm.) D.R. Hunt =
Lophocereus schottii
– **weberi** (J.M. Coult.) Backeb.
1960 · ħ ⚧ Z9 ⓚ ▽ ✱; S-Mex.

Pachycormus Coville ex Standl.
1911 -f- *Anacardiaceae* · (S. 157)
– **discolor** (Benth.) Coville 1911 · ħ
Z10 ⓚ; Mex.: Baja Calif.

Pachylophus Spach = Oenothera
– *caespitosus* (Nutt.) Spach =
Oenothera caespitosa

Pachyphragma (DC.) Rchb. 1841
-f- *Brassicaceae* · (S. 330)
D:Scheinschaumkraut
– **macrophylla** (Hoffm.) N. Busch
1908 · D:Großblättriges Scheinschaumkraut · ⚃ Z7 V-VI; Cauc.,
C-As.

Pachyphytum Link, Klotzsch
et Otto 1841 -n- *Crassulaceae* ·
(S. 434)
D:Dickstamm; F:Pachyphytum
– *amethystinum* Rose =
Graptopetalum amethystinum

- **bracteosum** Link, Klotzsch et Otto 1841 · ⚁ Ψ Z9 ⓚ IV-VI; Mex.
- **brevifolium** Rose 1905 · ⚁ Ψ Z9 ⓚ; Mex.
- **compactum** Rose 1911 · ⚁ Ψ Z9 ⓚ VI; Mex.
- **hookeri** (Salm-Dyck) A. Berger 1930 · ⚁ ♄ Ψ e Z9 ⓚ IV-V; Mex.
- **longifolium** Rose 1905 · ♄ Ψ e Z9 ⓚ VII-VIII; Mex.
- **oviferum** J.A. Purpus 1919 · D:Mondstein; E:Moonstones, Sugared Almond Plum · ⚁ Ψ Z9 ⓚ V-VI; Mex.
- **uniflorum** Rose = Pachyphytum hookeri

Pachypodium Lindl. 1830 -n- *Apocynaceae* · (S. 193)
D:Madagaskarpalme; F:Pachypodium, Palmier de Madagascar
- **baronii** Costantin et Bois 1907 · ♄ Ψ d Z9 ⓚ ▽; C-Madag.
  - var. **windsorii** (Poiss.) Pichon 1949 = Pachypodium windsori
- **bispinosum** (L. f.) A. DC. 1844 · ♄ Ψ d Z9 ⓚ; S-Afr. (E-Cape Prov.)
- **brevicaule** Baker 1887 · ♄ Ψ d Z9 ⓦ ▽ ✻; Madag.
- **densiflorum** Baker 1887 · ♄ Ψ d Z9 ⓦ ▽ ✻; S-Madag.
- **geayi** Costantin et Bois 1907 · ♄ Ψ d Z9 ⓚ ▽ ✻; SW-Madag.
- **horombense** Poiss. 1924 · ♄ Ψ Z9 ⓦ ▽ ✻; Madag.
- **lamerei** Drake 1899 · D:Dickfuß, Madagaskarpalme; E:Madagascar Palm · ♄ Ψ d Z9 ⓦ ⚘ ▽ ✻; S-Madag.
- **namaquanum** (Wyley ex Harv.) Welw. 1869 · ♄ Ψ d Z9 ⓦ ▽ ✻; Kap, Namibia
- **rosulatum** Baker 1882
  - var. **gracilius** H. Perrier 1934 · Ψ ⓦ; Madag.
  - var. **rosulatum** · ♄ Ψ d Z9 ⓦ ▽ ✻; Madag.
- **saundersii** N.E. Br. 1892 · ♄ Ψ d Z9 ⓦ ▽ ✻; Mozamb., Zimbabwe, S-Afr.
- **succulentum** (Thunb.) A. DC. 1830 · ♄ Ψ d Z9 ⓦ VI-VIII ▽ ✻; Kap
- **windsori** Poiss. 1947 Z9 ⓚ ▽ ✻; N-Madag.

Pachyrhizus Rich. ex DC. 1825 -m- *Fabaceae* · (S. 519)
D:Yamsbohne; E:Yam Bean; F:Pois-patate
- **ahipa** (Wedd.) Parodi 1935 · ⚁ ⚥ Z10 ⓦ Ⓝ; orig. ?, cult. Bol, Arg.
- *angulatus* Rich. ex DC. = Pachyrhizus erosus
- **erosus** (L.) Urb. 1905 · D:Yamsbohne; E:Yam Beam · ⚁ ⚥ ⤳ Z10 ⓦ Ⓝ; Mex., C-Am., nat. in S-Fla., Trop. OW
- **tuberosus** (Lam.) Spreng. 1827 · D:Knollenbohne; E:Potato Bean · ⚁ ⚥ Z10 ⓦ VII Ⓝ; Amazon. , Ecuad., Peru, Bol.

Pachysandra Michx. 1803 -f- *Buxaceae* · (S. 338)
D:Dickmännchen, Ysander; F:Euphorbe du Japon
- **axillaris** Franch. 1889 · ♄ e Z6 IV; China [35240]
- **procumbens** Michx. 1803 · D:Amerikanischer Ysander; E:Allegheny Spurge, Mountain Spurge · ⚁ ⤳ Z6 III-IV; USA: Ky., SE, Fla. [65381]
- **terminalis** Siebold et Zucc. 1843 · D:Japanischer Ysander; E:Japanese Spurge · ♄ ⤳ Z5 IV ⚘; China, Jap. [52138]
  'Compacta' [35710]
  'Green Carpet' [45770]

Pachystachys Nees 1847 -f- *Acanthaceae* · (S. 132)
D:Dickähre; F:Pachystachys
- **coccinea** (Aubl.) Nees 1847 · D:Rote Dickähre; E:Cardinal's Guard · ♄ e Z10 ⓦ; W.Ind., trop. S-Am.
- **lutea** Nees 1847 · D:Gelbe Dickähre, Gelber Zimmerhopfen; E:Golden Candle, Lollipop Plant · ⚁ Z10 ⓦ ⌑ III-X; Peru

Pachystegia Cheeseman 1925 -f- · (S. 262)
D:Baumaster
- **insignis** (Hook. f.) Cheeseman 1925 · D:Baumaster · ♄ e Z8 ⓚ VI-VII; NZ

× **Pachyveria** Haage et E. Schmidt 1926 -f- *Crassulaceae* · (S. 434)
D:Bastardecheverie (Echeveria × Pachyphytum)
- **clavata** E. Walther 1934 (*Echeveria affinis × Pachyphytum bracteosum*) · Ψ ⓚ; cult.
- **scheideckeri** (De Smet) E. Walther 1934 (*Echeveria secunda × Pachyphytum bracteosum*) · ⚁ Ψ ⓚ; cult.

Packera Á. Löve et D. Löve 1975 -f- *Asteraceae* · (S. 262)
- **aurea** (L.) Á. Löve et D. Löve 1975 · E:Golden Groundsel, Golden Ragwort, Squaw Weed · ⚁ Z3 V-VII ⚥; Can.: E; USA: NE, NCE, SE, Fla. [72451]

Paederia L. 1767 -f- *Rubiaceae* · (S. 777)
- **foetida** (Lour.) Merr. 1767 · E:Skunkvine · ∫ d ⚥ Z6 VII-VIII; Jap., China, Korea [42203]
- *scandens* (Lour.) Merr. = Paederia foetida

Paederota L. 1758 -f- *Scrophulariaceae* · (S. 835)
D:Mänderle; F:Véronique
- **bonarota** (L.) L. 1762 · D:Blaues Mänderle · ⚁ △ Z7 ∧ VII-VIII; Eur.: I, A, Slove; E-Alp.
- × **churchilli** Huter 1907 (*P. bonarota × P. lutea*) · ⚁ Z6; N-I +
- **lutea** Scop. 1782 · D:Gelbes Mänderle; E:Yellow Veronica · ⚁ △ Z6 VI-VIII; Eur.: I, A, Slove.; E-Alp.

Paeonia L. 1753 -f- *Paeoniaceae* · (S. 681)
D:Päonie, Pfingstrose; E:Peony; F:Pivoine
- *albiflora* Pall. = Paeonia lactiflora
- **anomala** L. 1771
  - var. **anomala** · F:Pivoine de Chine · ⚁ Z5; Russ., W-Sib., E-Sib., C-As., Mong., China: Sinkiang
  - var. **intermedia** (C.A. Mey. ex Ledeb.) B. Fedtsch. et O. Fedtsch. 1904 · ⚁ Z5 VI-VII; Eur.: Russ; C-As.
- *arietina* G. Anderson = Paeonia mascula subsp. arietina
- *banatica* Rochel = Paeonia officinalis subsp. banatica
- **broteroi** Boiss. et Reut. 1842 · ⚁ Z7 V; P, sp.
- **cambessedesii** (Willk.) Willk. 1880 · D:Balearen-Pfingstrose · ⚁ Z8 ⓚ V-VI ▽; Balear.
- **caucasica** (Schipcz.) Schipcz. 1937 · ⚁; Cauc.
- *chinensis* hort. ex Vilm. = Paeonia lactiflora
- **clusii** Stern et Stearn · ⚁ Z7; Crete
- *corallina* Retz. = Paeonia mascula subsp. mascula
- **coriacea** Boiss. · ⚁ Z7 V-VI; S-Sp., Maroc.
- *cretica* Tausch = Paeonia clusii
- *daurica* Andrews = Paeonia mascula subsp. triternata
- *decora* G. Anderson = Paeonia peregrina subsp. peregrina
- **delavayi** Franch. 1887 · D:Dela-

vays Strauch-Pfingstrose; E:Tree Peony · ♄ d Z5 VI; China: Yunnan, Sinkiang [19414]
- var. *angustiloba* Rehder et E.H. Wilson 1913 = Paeonia potaninii var. potaninii
- var. *lutea* (Franch.) Finet et Gagnep. 1904 = Paeonia lutea
- *edulis* Salisb. = Paeonia lactiflora
- **emodi** Wall. ex Royle 1834
- *fragrans* (Sabine) Redouté = Paeonia lactiflora
- *humilis* Retz. = Paeonia officinalis subsp. humilis
- *intermedia* C.A. Mey. ex Ledeb. = Paeonia anomala var. intermedia
- *kavachensis* Azn. = Paeonia mascula subsp. mascula
- *laciniata* Siev. = Paeonia anomala var. anomala
- **lactiflora** Pall. 1776 · D:Chinesische Pfingstrose; E:Common Garden Peony, White Peony · ♃ Z6 VI-VII ⚥ ; E-Sib., China, Tibet, Manch., Korea [65419]
  'Adolphe Rousseau' Dessert, Méchin 1890 [65426]
  'Albert Crousse' Crousse 1893 [65427]
  'Alexander Fleming' Blonk 1950 [70232]
  'Alice Harding' Lemoine 1922 [68118]
  'Baroness Schroeder' Kelway 1889 [65433]
  'Bowl of Beauty' Hoogendorn 1949 [65436]
  'Bunker Hill' Hollis 1906 [65439]
  'Couronne d'Or' Calot 1873 [65446]
  'Dr Alexander Fleming' = Paeonia lactiflora 'Alexander Fleming'
  'Duchesse de Nemours' Guérin 1840 [65449]
  'Edulis Superba' Lemon 1824 [65451]
  'Félix Crousse' Crousse 1881
  'Festiva Maxima' Miellez 1851 [65455]
  'Gay Paree' Auten 1933
  'Inspecteur Lavergne' Doriat 1924 [65472]
  'Jan van Leeuwen' van Leeuwen & Son 1928 [65474]
  'Karl Rosenfield' Rosenfield 1908 [65478]
  'Lady Alexandra Duff' Kelway 1902 [65485]
  'Laura Dessert' Dessert 1913 [65486]
  'Louis van Houtte' Calot 1867 [68325]
  'Madame Calot' Miellez 1856 [60720]
  'Madame Emile Débatène' Dessert, Doriat 1927 [65504]
  'Marie Lemoine' Calot 1869 [65496]
  'Monsieur Jules Elie' Crousse 1888 [65511]
  'Nymphe' Dessert 1913 [65518]
  'Primevère' Lemoine 1907 [65529]
  'Raspberry Sundae' 1968 [65530]
  'Reine Hortense' Calot 1857 [65534]
  'Sarah Bernhardt' Lemoine 1906 [65537]
  'Shirley Temple' Smirnow < 1948 [65539]
  'White Wings' Hoogendorn 1949 [65555]
- *lobata* Desf. = Paeonia peregrina subsp. peregrina
- **ludlowii** (Stern et G. Taylor) D.Y. Hong 1997 · ♄ d; China (SE-Tibet) [60185]
- **lutea** Franch. 1887 · D:Gelbe Pfingstrose; E:Yellow Peony · ♄ d Z7 ∧ V-VI; China, Tibet [60184]
- var. *ludlowii* Stern et G. Taylor = Paeonia ludlowii
- **mairei** H. Lév. 1914 · ♃ Z6; China (Yunnan)
- **mascula** (L.) Mill. 1768 [65559]
- subsp. **arietina** (G. Anderson) Cullen et Heywood 1964 · ♃ Z7 V-VI; Eur.: N-I, N-Ba; TR [65560]
- subsp. **mascula** · D:Korallen-Pfingstrose; E:Coral Peony · ♃ Z7 V; Eur.: Ib, Fr, Ap, Ba, RO, Krim; TR, Levante, N-Iraq, Cauc., N-Iran, Maroc., Alger., nat. in BrI, A [65418]
- subsp. **triternata** (Boiss.) Stearn et P.H. Davis 1984 · ♃ Z6 V-VI; Eur.: ? Slove., Krim; TR [71763]
- *microcarpa* Salm-Dyck = Paeonia officinalis subsp. villosa
- **mlokosewitschii** Lomakin 1897 · D:Gelbe Kaukasus-Pfingstrose · ♃ Z6 IV-V; C-Cauc. [65562]
- **mollis** G. Anderson 1818 [65568]
- **obovata** Maxim. 1859
- var. *alba* Saunders 1934
- var. *obovata* · ♃ Z7; Amur, China, Manch., Korea, Jap., Sachal.
- var. *willmottiae* (Stapf) Stern 1943 · ♃ Z7 VI; China
- **officinalis** L. 1753 [65564]
  'Alba Plena' [65565]
  'Anemoniflora' [69925]
  'China Rose' (H) Ruys Moerheim Nurs. 1946 [65393]
  'James Crawford Weguelin' < 1900
  'Rosea Plena' [65570]
  'Rubra Plena' [65571]
- subsp. **banatica** (Rochel) Soó 1945 · ♃ Z7; Eur.: H, RO, Maced. [71764]
- subsp. **humilis** (Retz.) Cullen et Heywood 1964 · D:Kleine Bauern-Pfingstrose · ♃ Z7 V-VI; Eur.: sp., P, F
- subsp. **officinalis** · D:Bauern-Pfingstrose, Gewöhnliche Pfingstrose; E:Common Peony, Cottage Peony; F:Pivoine officinale · ♃ Z7 V-VI ⚥ ⚘ ⓝ; Eur.: Ib, Fr, CH, H, Ba, RO; TR, Cauc., nat. in D
- subsp. **villosa** (Huth) Cullen et Heywood 1964 · D:Filzige Bauern-Pfingstrose · ♃ Z7; S-F, I
- **ostii** T. Hong et J.X. Zhang 1992
- *paradoxa* G. Anderson = Paeonia officinalis subsp. humilis
- **peregrina** Mill. 1768 [65572]
  'Fire King' Prichard 1899 [65573]
  'Sunshine' [65574]
- subsp. **peregrina** · D:Klebrige Pfingstrose; E:Scarlet Peony; F:Pivoine voyageuse · ♃ Z7 V-VI; Eur.: Ba, E-Eur., I; TR
- var. *humilis* (Retz.) Huth 1891 = Paeonia officinalis subsp. officinalis
- **potaninii** Kom. 1921 [73254]
- var. **potaninii** · ♄ d Z7; W-China
- var. **trollioides** (Stapf ex Stearn) Stearn 1943 · ♄ d Z7 VII-VIII; Tibet
- **rockii** (S.G. Haw et Lauener) T. Hong et J.J. Li 1992 [60550]
- subsp. **linyanshanii** T. Hong et Osti 2005 [72559]
- subsp. **rockii** · D:Gefleckte Strauch-Pfingstrose · ♄ Z7; China
- *sinensis* (Sims) hort. = Paeonia lactiflora
- × **smouthii** Van Houtte 1843 (*P. lactiflora* × *P. tenuifolia*) · ♃ d; cult.
- × **suffruticosa** Andrews 1804 (*P. ostii* × *P. rockii* × *P. spontanea*) · D:Strauch-Pfingstrose; E:Tree Peony; F:Pivoine en arbre · ♄ d V-VI; cult. in NW-China, Tibet, Bhutan [19780]
- subsp. *rockii* S.G. Haw et Lauener 1990 = Paeonia × yananensis
- **tenuifolia** L. 1759 · D:Netzblatt-Pfingstrose; F:Pivoine à feuilles menues · ♃ Z8 ∧ V-VI; Eur.: Ba, RO, S-Russ. [65582]
  'Plena' [65583]
  'Rosea' [73084]
- *triternata* Boiss. = Paeonia mascula subsp. triternata
- *trollioides* Stapf ex Stearn = Paeonia potaninii var. trollioides
- **veitchii** Lynch 1909 [60580]
- var. **veitchii** · D:Veitchs Pfingstrose; E:Veitch's Peony · ♃ Z7; China
- var. **woodwardii** (Stapf et Cox) Stern 1943 · ♃ △ Z7 VI-VII; China: Kansu [65584]
- *willmottiae* Stapf = Paeonia obovata var. obovata
- **wittmanniana** Hartwiss ex Lindl.

1846 [65585]
- var. **nudicarpa** Schipcz. 1921 · ⚃ Z7 V; W-Cauc.
- var. **wittmanniana** · D:Kaukasus-Pfingstrose · ⚃ Z7 V; NW-Cauc.
- *woodwardii* Stapf et Cox = Paeonia veitchii var. woodwardii
- × **yananensis** T. Hong et M.R. Li 1992 (*P. spontanea* × *P. rockii*) · ♄ d; cult. in China
- **in vielen Sorten:**
  H Hybrid-Päonien Staudenpäonien, von denen mindestens ein Elternteil nicht *P. lactiflora* ist. Die Pflanzen ziehen im Winter ein und sind winterhart.
  I Intersektionelle Gruppe Intersektionelle Kreuzungen zwischen Stauden- und Strauchpäonien, zuerst gezüchtet vom Japaner Itoh, weshalb man auch von der Itoh-Gruppe spricht. Die Stängel verholzen nur schwach, meist ziehen die Pflanzen ein.
  L Lutea-Gruppe Ein Elternteil dieser Gruppe ist *P. lutea* und hat von dieser die oft nickenden Blüten vererbt bekommen. Kreuzungspartner sind *P. delavayi* und *P. potaninii*. Die Stängel verholzen.
  S Suffruticosa-Gruppe Kreuzungen zwischen *P. ostii*, *P. rockii* und *P. spontanea*. Die Stängel verholzen und ziehen im Winter nicht ein. Staudenpäonien, die einer Spezies zugerechnet werden können, findet man unter dieser, also unter *P. lactiflora*, *P. officinalis* oder *P. peregrina*. Staudenpäonien mit unterschiedlichen Elternteilen gehören zu den Hybrid-Päonien.
  Quelle: Carsten Burkhard's Web Projekt Paeonia (www.paeon.de) – vereinfacht
'Age of Gold' (L) Saunders 1948 [65385]
'America' (H) Rudolph 1976 [65387]
'Baronne d'Alès' (S) Gombault < 1886 [35107]
'Burma Ruby' (H) Glasscock 1951 [65390]
'Claire de Lune' (H) Wild 1954 [65394]
'Coral Fay' (H) Fay 1973
'Cythera' (H) Saunders 1953 [65397]
'Early Scout' (H) Auten 1952 [65398]
'Godaishu' (S) Hort. J [35110]
'High Noon' (L) Saunders 1952 [31162]
'Louise Mouchelet' (S) Mouchelet [19800]
'Ludovica' (H) Saunders 1941 [65406]
'Mai Fleuri' (H) Lemoine 1905
'Paula Fay' (H) O.W. Fay 1968 [65408]
'Red Charm' (H) Glasscock 1944 [65410]
'Renkaku' (S) Hort. J
'Requiem' (H) Saunders 1941
'Rock's Variety' = Paeonia rockii subsp. rockii
'Souvenir du Professeur Maxime Cornu' (L) Louis Henry 1907 [65581]
'White Innocence' (H) Saunders 1947 [65416]

Paepalanthus Kunth 1841 -m- *Eriocaulaceae* · (S. 1003)
- **elongatus** (Bong.) Körn. 1863 · ⚃ ⋈ Z9 🕭; Bras.
- **klotzschianus** Körn. 1863

Paesia A. St.-Hil. 1833 -f- *Dennstaedtiaceae*
- **scaberula** (A. Rich.) Kuhn 1882 · ⚃ Z7; NZ
- **viscosa** A. St.-Hil. 1833 · 🕲; Lat.-Am.

Palafoxia Lag. 1816 -f- *Asteraceae* · (S. 262)
- **hookeriana** Torr. et A. Gray 1842 · ⊙ VII-X; USA: NC, SC
- **texana** DC. 1836 · ⊙ VII-X; Tex.

Palaquium Blanco 1837 -n- *Sapotaceae* · (S. 807) D:Guttaperchabaum; E:Gutta Percha; F:Arbre à gutta, Gommier
- **gutta** (Hook. f.) Baill. 1885 · D:Guttaperchabaum; E:Gutta Percha · ♄ e Z10 🕲 🕲; Malay. Pen., Sumatra, Kalimantan
- *treubii* Burck = Palaquium gutta

Palaua Cav. 1785 -f- *Malvaceae* · (S. 621)
- **dissecta** Benth. 1862 · ⊙ 🕭 VI-VIII; Peru, Chile
- **flexuosa** Mast. 1886 · ⊙ 🕲; Peru

Palisota Rchb. ex Endl. 1828 -f- *Commelinaceae* · (S. 984)
- **albertii** Gentil 1910 · ⚃ ⊛ Z10 🕲; trop. Afr.
- **barteri** Hook. f. 1862 · ⚃ ⊛ Z10 🕲; trop. Afr.
- **bracteosa** C.B. Clarke 1881 · ⚃ ⊛ Z9 🕲; trop. Afr.
- *elizabethae* Gentil = Palisota pynaertii
- **hirsuta** (Thunb.) K. Schum. 1897 · ⚃ Z9 🕲; W-Afr.
- **pynaertii** De Wild. 1903 · ⚃ Z10 🕲; trop. Afr.
'Elizabethae'

Paliurus Mill. 1754 -m- *Rhamnaceae* · (S. 738) D:Christdorn, Stechdorn; E:Christ's Thorn; F:Epine du Christ
- **orientalis** Hemsl. 1894 · ♄ d Z9 🕭; W-China
- **ramosissimus** (Lour.) Poir. 1816 · ♄ d Z7; China, Korea, Jap., Taiwan
- **spina-christi** Mill. 1768 · D:Gewöhnlicher Christdorn; E:Crown of Thorns, Jerusalem Thorn · ♄ d Z8 🕭 ∧ VII; Eur.: Ib, Fr, Ap, Ba; TR, Syr., N-Iraq, Cauc., Iran, C-As., Alger. [25892]

Palumbina Rchb. f. = Cuitlauzina
- *candida* (Lindl.) Rchb. f. = Cuitlauzina candida

Panax L. 1753 -m- *Araliaceae* · (S. 201) D:Ginseng, Kraftwurz; E:Ginseng; F:Ginseng
- *fruticosus* L. = Polyscias fruticosa
- **ginseng** C.A. Mey. 1842 · D:Koreanischer Ginseng; E:Ginseng · ⚃ Z7 ∧ VI-VIII ☈ Ⓝ ⚹; China, Amur, N-Korea [72123]
- **japonicus** (T. Nees) C.A. Mey. 1843 · D:Japanischer Ginseng; E:Japanese Ginseng · ⚃ ∧ VI-VIII Ⓝ; Jap., China, Vietn., Thail.
- **pseudoschinseng** Wall. 1829 · ⚃ ∧ VI-VIII ☈ Ⓝ; N-Ind., Nepal, Myanmar, SW-China, N-Vietn.
- **quinquefolius** L. 1753 · D:Kanadischer Ginseng; E:American Ginseng · ⚃ Z7 ∧ VII-VIII ☈ Ⓝ ▽ ⚹; Can.: E; USA: NE, NCE, Okla., SE, Fla.
- *schinseng* T. Nees = Panax ginseng
- **trifolius** L. 1753 · D:Dreiblättriger Ginseng · ⚃ Z3 V-VI; Can.: E; USA: NE, NCE, NC, SE

Pancratium Dill. ex L. 1753 -n- *Amaryllidaceae* · (S. 913) D:Pankrazlilie; E:Sea Daffodil; F:Lis-pancrais, Pancrais
- *calathinum* Ker-Gawl. = Hymenocallis narcissiflora
- *caribaeum* L. = Hymenocallis caribaea
- **illyricum** L. 1753 · D:Illyrische Pankrazlilie · ⚃ D Z8 🕭 ∧ V-VII; Eur.: Corse, Sard., I (Capraia)
- **maritimum** L. 1753 · D:Dünen-Pankrazlilie; E:Sea Daffodil · ⚃ D Z8 🕭 VII-IX ⚹; Eur.: Ib, Fr, Ap,

Ba; TR, Cauc., N-Afr.
- *narcissiflorum* Jacq. = Hymenocallis narcissiflora
- *speciosum* L. f. ex Salisb. = Hymenocallis speciosa
- *undulatum* Kunth = Hymenocallis tubiflora

Pandanus Parkinson 1773 -m- *Pandanaceae* · (S. 1089)
D:Schraubenbaum; E:Screw Pine; F:Arbre au parasol, Pandanus
- **amaryllifolius** Roxb. 1832 · ♄ e Z10 ⓜ ⓝ; cult. Java, Molucca Is.
- *baptistii* Warb. = Pandanus tectorius
- **brosimos** Merr. et L.M. Perry 1940 · e Z10 ⓜ ⓝ; N.Guinea
- **candelabrum** P. Beauv. 1805 · ♄ e Z10 ⓜ; W-Afr.
- **caricosus** Spreng. 1826 · ♄ e Z10 ⓜ; Java
- **conglomeratus** Balf. f. 1877 · ♄ e Z10 ⓜ; E-Afr. (islands)
- **dubius** Spreng. 1826 · ♄ e Z10 ⓜ; Molucca I., N.Guinea, Pacific Is,
- **furcatus** Roxb. 1832 · ♄ e Z10 ⓜ; Ind., Myanmar
- *horridus* Reinw. ex Blume = Pandanus furcatus
- **houlletii** Carrière 1868 · ♄ e Z10 ⓜ; Malay. Pen.: Singapore
- **labyrinthicus** Kurz ex Miq. 1865 · ♄ e Z10 ⓜ; Sumat.
- *latifolius* Hassk. = Pandanus amaryllifolius
- **nitidus** Kurz ex Miq. 1865
- *odoratissimus* L. f. = Pandanus odorifer
- **odorifer** (Forssk.) Kuntze 1891; trop. u. subtrop. As.
- *odorus* Ridl. = Pandanus amaryllifolius
- *pacificus* Veitch ex Mast. = Pandanus dubius
- **pygmaeus** Thouars 1808 · ♄ e Z10 ⓜ; Madag.
- *reflexus* (de Vriese) K. Koch = Pandanus conglomeratus
- *sanderi* Sander = Pandanus tectorius
- *spurius* Miq. = Pandanus utilis
- *stenophyllus* (Miq.) Kurz = Pandanus nitidus
- **tectorius** Parkinson ex Du Roi 1774 · ♄ e Z10 ⓜ ⚥ ⓝ; Ind., Sri Lanka, Myanmar, Austr., Polyn., Mascarene Is.; coasts
- **utilis** Bory 1804 · ♄ e Z10 ⓜ ⓝ; Madag.
- **vandermeeschii** Balf. f. 1877 · ♄ e Z10 ⓜ; Mauritius
- *variegatus* Miq. = Pandanus tectorius

- *veitchii* Mast. = Pandanus tectorius

Pandorea (Endl.) Spach 1840 -f- *Bignoniaceae* · (S. 296)
D:Pandoree; E:Bower Plant; F:Bignone faux-jasmin
- **doratoxylon** (J.M. Black) J.M. Black 1937
- **jasminoides** (Lindl.) K. Schum. 1894 · D:Rosa Pandoree; E:Bower Plant, Bower Vine · ♄ e ⚥ D Z9 ⓚ VII-IX; Austr. [58118]
  'Alba' [25893]
  'Charisma'
  'Lady Di' [25901]
  'Rosea Superba'
  'Variegata'
- **pandorana** (Andrews) Steenis 1928 · D:Holzige Pandoree; E:Spear Wood, Wonga Wonga Vine · ♄ e ⚥ Z9 ⓚ; Austr. [11245]

Pangium Reinw. 1828 -n- *Flacourtiaceae* · (S. 534)
- **edule** Reinw. 1828 · E:Pangium · ♄ Z10 ⓜ ✿ ⓝ; Malay.Arch.

Panicum L. 1753 -n- *Poaceae* · (S. 1122)
D:Hirse, Rispenhirse; E:Crab Grass, Panic Grass; F:Panic
- **antidotale** Retz. 1786 · ♃ ⓝ; Ind., Arab., nat. in Austr.
- **bulbosum** Kunth 1816 · ♃; USA: SW, Tex.; Mex.
- **capillare** L. 1753 · D:Haarästige Rispenhirse; E:Old Witch Grass, Witch Grass · ⊙ ✕ Z5 VII-IX; Can., USA *, Bermuda, nat. in CH, H
- **clandestinum** L. 1753 · D:Hirschzungen-Rispenhirse · ♃ VII-VIII; Can.: E; USA: NE, NCE, Kans. SC, SE, Fla. [67669]
- *colonum* L. = Echinochloa colona
- **coloratum** L. 1767 · D:Buntes Guineagras, Marikarigras · ♃ ⓚ ⓝ; S-Afr.
- *crus-galli* L. = Echinochloa crus-galli
- *crus-pavonis* (Kunth) Nees = Echinochloa crus-pavonis
- **dichotomiflorum** Michx. 1803 · D:Gabelästige Rispenhirse · ⊙ VII-IX; Arg., nat. in F, I, A, D
- *glaucum* L. = Pennisetum glaucum
- **hillmanii** Chase 1934 · D:Hillmans Hirse · ⊙ VII-VIII; USA, nat. in A
- *hirtellum* L. = Oplismenus hirtellus
- **laevifolium** Hack. 1895 · D:Südafrikanische Hirse · ⊙ VII-IX; S-Afr., nat. in C-Eur.
- *lineare* Krock. = Digitaria

ischaemum
- **maximum** Jacq. 1781 · D:Guineagras; E:Guinea Grass · ⊙ ⊙ ♃ ⓝ; Eur.: Sic.; trop. Afr., S-Afr., Madag., Mascarene Is., nat. in Fla., trop. Am.
- **miliaceum** L. 1753 · D:Echte Hirse, Gewöhnliche Rispenhirse; E:Common Millet, Millet · ⊙ Z5 VI-VIII ⓝ; SE-As.; cult.
- *miliare* auct. non Lam. = Panicum sumatrense
- *palmifolium* J. König = Setaria palmifolia
- *plicatum* Willd. non Lam. = Setaria palmifolia
- *sanguinale* L. = Digitaria sanguinalis var. sanguinalis
- *sulcatum* Bertol. non Aubl. = Setaria poiretiana
- **sumatrense** Roth ex Roem. et Schult. 1817 · D:Kutki-Hirse; E:Little Millet · ⊙ ⓝ; cult., Ind., Sri Lanka
- **virgatum** L. 1753 · D:Rutenhirse; E:Switch Grass · ♃ ✕ Z5 VII-IX; Can.: E, Sask.; USA* exc. NW, Calif.; Mex., C-Am., W-Ind., Bermuda [67670]
  'Hänse Herms' Herms [67672]
  'Heavy Metal' Bluemel [67673]
  'Rehbraun' [67674]
  'Rotstrahlbusch' Foerster [67676]
  'Rubrum'
  'Squaw' Bluemel [72671]
  'Strictum' [67677]
  'Warrior' Bluemel [67678]

Papaver L. 1753 -n- *Papaveraceae* · (S. 686)
D:Mohn; E:Poppy; F:Pavot
- **alboroseum** Hultén 1928 · ♃ △ IV-VI; Alaska, Kamchat. [65586]
- **alpinum** L. 1753 · D:Alpen-Mohn
  - subsp. **alpinum** · D:Bursers Alpen-Mohn; E:Alpine Poppy; F:Pavot de Burser, Pavot des Alpes · ♃ △ Z5 VI-VII ▽; Eur.: A [60104]
  - subsp. **ernesti-mayeri** Markgr. 1958 Z5 ▽; Slove., I (Venetia); mts.
  - subsp. **kerneri** (Hayek) Fedde 1909 · D:Illyrischer Alpen-Mohn · ♃ △ Z5 VI-VII; Eur.: I, A, Slove., Bosn., Montenegro; mts.
  - subsp. **rhaeticum** (Leresche) Nyman 1889 · D:Gelber Alpen-Mohn · ♃ △ Z5 VII; Eur.: F, I, A, Slove., Bosn., Montenegro; mts. [65637]
  - subsp. **sendtneri** (A. Kern. ex Hayek) Schinz et R. Keller 1909 ·

D:Weißer Alpen-Mohn · ⚁ △ Z5 VII; Eur.: CH, D, A; Alp.
- **apulum** Ten. · D:Apulischer Mohn · ⊙ Z8 V-VI; Eur.: Ap, Ba
- **argemone** L. · D:Sand-Mohn; E:Pale Poppy · ⊙ Z8 V-VII; Eur.*; N-Afr., SW-As
- **atlanticum** (Ball) Coss. 1883 · D:Marokkanischer Mohn; F:Pavot de l'Atlantique · ⚁ Z6 VI-VIII; Maroc., nat. in GB [65589]
  'Flore Pleno'
- **aurantiacum** Loisel. 1809 · D:Gold-Mohn · ⚁ VII-VIII; Eur.: F, I, C-Eur., Ba, ? sp.
- **bracteatum** Lindl. 1821 · D:Blut-Mohn · ⚁ Z5; TR, Cauc., Iran
- *burseri* Crantz = Papaver alpinum subsp. alpinum
- **commutatum** Fisch. et C.A. Mey. 1837 · ⊙ Z8 ⓚ; TR, Cauc., N-Iran
  'Ladybird'
- **croceum** Ledeb. 1830 · D:Altai-Mohn · ⚁ Z2 VII-VIII; W-Sib., E-Sib., C-As., Mong., Him., NE-China
- **dubium** L. 1753 · D:Saat-Mohn
  - subsp. **confine** (Jord.) Hörandl 1994 · D:Verkannter Saat-Mohn · ⊙ Z7 IV-V ✿; D, F+
  - subsp. **dubium** · D:Gewöhnlicher Saat-Mohn; E:Long-head Poppy · ⊙ Z8 V-VII ✿; Eur.*, SW-As.
  - subsp. **lecoqii** (Lamotte) Syme 1863 · D:Gelbmilchender Saat-Mohn, Lecoques Mohn · ⊙ Z7 V-VII ✿; Eur., TR, NW-Afr.
- **glaucum** Boiss. et Hausskn. 1867 · E:Tulip Poppy · ⊙ Z8 VI-VIII; TR, Syr., N-Iraq, W-Iran
- *heldreichii* = Papaver spicatum
- **hybridum** L. 1753 · D:Bastard-Mohn, Krummborstiger Mohn, Ziegelroter Mohn · ⊙ V-VII; Eur.: Ib, Ap, F, Ba; W-As., nat. in BrI
- *kerneri* Hayek = Papaver alpinum subsp. kerneri
- **kluanense** D. Löve 1956 · D:Schwefel-Mohn
- **lateritium** K. Koch 1854 · ⚁ △ Z7 VI-IX; Cauc. (Armen.), nat. in GB [65591]
- **miyabeanum** Tatew. 1935 · D:Kurilen-Mohn · ⚁ △ Z2 V; Kuril. Is. [67818]
  'Pacino' Benary
- **monanthum** Trautv. 1866 · ⚁ △ Z7 VI-VIII; Cauc.
- **nudicaule** L. 1753 · D:Island-Mohn; E:Iceland Poppy, Icelandic Poppy; F:Pavot d'Islande · ⚁ △ Z2 VI-IX; E-Sib., Mong. [65593]

'Croceum'
'Gartenzwerg' Benary [65594]
'Matador' [60659]
'San Remo' [69477]
'Wind Song'
Wonderland Grp. Sakata
- subsp. *xanthopetalum* Fedde 1905 = Papaver miyabeanum
- var. *croceum* (Ledeb.) Kitag. 1979 = Papaver nudicaule
- **occidentale** (Markgr.) H.E. Hess et Landolt 1970 · D:Westlicher Alpen-Mohn · ⚁ VII; Eur.: F, CH
- **orientale** L. 1753 · D:Türkischer Mohn; E:Oriental Poppy; F:Pavot d'Orient · ⚁ ⋈ Z3 V-VI; TR, Cauc., N-Iran [70234]
'Aglaja' Gräfin von Zeppelin
'Aladin' [65605]
'Allegro' [67861]
'Beauty of Livermere' [65607]
'Black and White' [68750]
'Brillant' [65608]
'Catharina' [65610]
'Curlilocks' [70943]
'Fatima' [65612]
'Feuerriese' [65614]
'Garden Glory' [65615]
'Goliath' [72206]
'Harvest Moon' [65617]
'Helen Elisabeth' [67860]
'Karine' [65618]
'Kleine Tänzerin' [65619]
'Lighthouse' [65621]
'Marcus Perry' [69478]
'Mrs Perry'
'Patty's Plum'
'Perry's White' [65622]
'Picotée' [69479]
'Pinnacle' [68124]
'Pizzicato' [65623]
'Prinzessin Victoria Louise' [65624]
'Rembrandt' [68125]
'Sindbad' [65628]
'Sturmfackel' [65630]
'Türkenlouis' [65632]
- **paucifoliatum** (Trautv.) Fedde 1909 · D:Wenigblättriger Mohn · ⚁; TR, Cauc.
- **pavoninum** Fisch. et C.A. Mey. 1843 · D:Pfauen-Mohn; E:Peacock Poppy · ⊙ Z8 VI-VII; Iran, C-As., China: Sinkiang
- **pilosum** Sibth. et Sm. 1809 · D:Bithynischer Mohn; F:Pavot poilu · ⚁ △ Z6 VI-VII; NW-TR [65635]
- *pyrenaicum* A. Kern. = Papaver alpinum
  - subsp. *rhaeticum* (Leresche) Fedde 1905 = Papaver alpinum subsp. rhaeticum
  - subsp. *sendtneri* (A. Kern. ex

Hayek) Fedde 1909 = Papaver alpinum subsp. sendtneri
- **radicatum** Rottb. 1770 · D:Arktischer Mohn; E:Arctic Poppy · ⚁ △ Z3 V-VI; Eur.: Sc, N-Russ.; E-Sib., Alaska, Can.: W, USA: Rocky Mts.; Greenl. [65636]
- *rhaeticum* Leresche = Papaver alpinum subsp. rhaeticum
- **rhoeas** L. 1753 · D:Klatsch-Mohn; E:Corn Poppy, Field Poppy, Flanders Poppy · ⊙ Z5 V-VII ⚥ ✿; Eur.*, TR, Cauc., Iran, Canar., N-Afr. [65638]
'Angels' Choir'
'Mother of Pearl'
'Parelmoer'
- **rupifragum** Boiss. et Reut. 1852 · D:Spanischer Mohn; E:Spanish Poppy · ⚁ Z7 VI-VIII; S-Sp. [72213]
'Flore Pleno'
- *sendtneri* A. Kern. ex Hayek = Papaver alpinum subsp. sendtneri
- *setigerum* DC. = Papaver somniferum subsp. setigerum
- **somniferum** L. 1753 · D:Schlaf-Mohn
'Black Peony'
'Hen and Chickens'
'Paeoniflorum'
'White Cloud' [65587]
- subsp. **setigerum** (DC.) Corb. 1894 · ⊙ Z7 ✿; Eur.: Ib, F, Ap, GR; Cyprus, NW-Afr., Libya
- subsp. **somniferum** · D:Gewöhnlicher Schlaf-Mohn; E:Opium Poppy · ⊙ Z7 VI-VIII ⚥ ✿ ⓝ; cult., nat. in Eur., As.
- var. *glaucum* (Boiss. et Hausskn.) Kuntze = Papaver glaucum
- **spicatum** Boiss. et Balansa 1856 · ⚁; TR [71354]
- *strigosum* (Boenn.) Schur = Papaver rhoeas
- **triniifolium** Boiss. 1867 · ⊙ Z8; E-TR

Paphinia Lindl. 1843 -f-
Orchidaceae · (S. 1077)
- **cristata** (Lindl.) Lindl. 1843 · ⚁ Z10 ⓦ VIII-IX ▽ ✳; Col., Venez., Trinidad, Guyan.
- **grandiflora** Barb. Rodr. 1877 · ⚁ Z10 ⓦ IX-XI ▽ ✳; Bras.
- *grandis* Rchb. f. ex R. Warner = Paphinia grandiflora

Paphiopedilum Pfitzer 1886 -n-
Orchidaceae · (S. 1077)
D:Venusschuh; E:Slipper Orchid, Venus' Slipper; F:Sabot de Vénus

- **acmodontum** Schoser ex M.W. Wood 1976 · ⚄ Z10 ⓜ III-IV ▽ ✱; Phil.
- **appletonianum** (Gower) Rolfe 1896 · ⚄ Z10 ⓜ III-V ▽ ✱; Cambodia, Laos, Thail.
- **argus** (Rchb. f.) Stein 1892 · ⚄ Z10 ⓜ IV-V ▽ ✱; Phil.: Luzon
- **armeniacum** S.C. Chen et F.Y. Liu 1982 · ⚄ Z10 ⓜ ▽ ✱; Yunnan
- **barbatum** (Lindl.) Pfitzer 1888 · ⚄ Z10 ⓜ IV-V ▽ ✱; Malay. Pen.
- **bellatulum** (Rchb. f.) Stein 1892 · ⚄ Z10 ⓜ III-IV ▽ ✱; W-Myanmar, Thail.
- **bullenianum** (Rchb. f.) Pfitzer 1894 · ⚄ Z10 ⓜ VI-VIII ▽ ✱; Malay. Pen., Sumat., Kalimantan
- **callosum** (Rchb. f.) Stein 1892 · ⚄ Z10 ⓜ II-III ▽ ✱; Cambodia, Laos, Thail.
- **chamberlainianum**
  - var. **latifolium** · ⚄ ⓜ; Sumatra
- **charlesworthii** (Rolfe) Pfitzer 1894 · ⚄ Z10 ⓜ IX-X ▽ ✱; E-Myanmar
- **ciliolare** (Rchb. f.) Stein 1892 · ⚄ Z10 ⓜ IV-VI ▽ ✱; Phil.
- **concolor** (Lindl. ex Bateman) Pfitzer 1888 · ⚄ Z10 ⓜ XII-III ▽ ✱; China: Yunnan; Indochina
- **dayanum** (Lindl.) Stein 1892 · ⚄ Z10 ⓜ V-VI ▽ ✱; Kalimantan (Sabah)
- **delenatii** Guill. 1924 · ⚄ Z10 ⓜ ▽ ✱; Vietn.
- **druryi** (Bedd.) Stein 1892 · ⚄ Z10 ⓜ V-VI ▽ ✱; S-Ind.
- **exul** (Ridl.) Rolfe 1896 · ⚄ Z10 ⓜ V-VI ▽ ✱; Thail.
- **fairrieanum** (Lindl.) Stein 1892 · ⚄ Z10 ⓜ IX-X ▽ ✱; Bhutan, Sikkim, NE-Ind.
- **glanduliferum** (Blume) Stein 1892 · ⚄ Z10 ⓜ ▽ ✱; N.Guinea
- **glaucophyllum** J.J. Sm. 1900
  - var. **glaucophyllum** · ⚄ Z10 ⓜ I-XII ▽ ✱; Java
  - var. **moquetteanum** J.J. Sm. 1906 · ⚄ Z10 ⓜ; Java
- **godefroyae** (God.-Leb.) Stein 1892 · ⚄ Z10 ⓜ IV-VI ▽ ✱; Thail.
- **gratrixianum** (Mast.) Rolfe 1905 · ⚄ Z10 ⓜ ▽ ✱; Laos
- **haynaldianum** (Rchb. f.) Stein 1892 · ⚄ Z10 ⓜ I-III ▽ ✱; Phil. (Luzon, Negros)
- **hirsutissimum** (Lindl. ex Hook.) Stein 1892 · ⚄ Z10 ⓜ III-V ▽ ✱; NE-Ind.
- **insigne** (Wall. ex Lindl.) Pfitzer 1888 · ⚄ Z10 ⓜ XI-III ▽ ✱; NE-Ind.
- **javanicum** (Reinw. ex Lindl.) Pfitzer 1888 · ⚄ Z10 ⓜ ▽ ✱; Java, Bali, Flores
- **lawrenceanum** (Rchb. f.) Pfitzer 1888 · ⚄ Z10 ⓜ IV-V ▽ ✱; Kalimantan (Sarawak)
- **lowii** (Lindl.) Stein 1892 · ⚄ Z10 ⓜ III-VII ▽ ✱; Malay. Pen., Sumat., Kalimantan, Java, Sulawesi
- **mastersianum** (Rchb. f.) Stein 1892 · ⚄ Z10 ⓜ IV-VII ▽ ✱; Molucca I.
- *moquetteanum* (J.J. Sm.) Fowlie = Paphiopedilum glaucophyllum var. moquetteanum
- **niveum** (Rchb. f.) Stein 1892 · ⚄ Z10 ⓜ IV-VII ▽ ✱; S-Thail., Malay. Pen.
- **papuanum** (Ridl. ex Rendle) L.O. Williams 1946 · ⚄ Z10 ⓜ ▽ ✱; N.Guinea; mts.
- **parishii** (Rchb. f.) Stein 1892 · ⚄ Z10 ⓜ IV-VII ▽ ✱; SW-China, Myanmar, Thail.
- **philippinense** (Rchb. f.) Pfitzer 1892
  - var. **philippinense** · ⚄ Z10 ⓜ V-VI ▽ ✱; Phil.
  - var. **roebelenii** (Veitch) P.J. Cribb 1987
- *praestans* (Rchb. f.) Pfitzer = Paphiopedilum glanduliferum
- **primulinum** M.W. Wood et P. Taylor 1973 · ⚄ Z10 ⓜ ▽ ✱; N-Sumat.
- **purpuratum** (Lindl.) Stein 1892 · ⚄ Z10 ⓜ VI-IX ▽ ✱; China (Hongkong)
- **roebelenii** (H.J. Veitch) Pfitzer 1894 · ⚄ Z10 ⓜ; Phil. (Luzon)
- **rothschildianum** (Rchb. f.) Stein 1892 · ⚄ Z10 ⓜ VII-IX ▽ ✱; Kalimantan
- **sanderianum** (Rchb. f.) Stein 1892 · ⚄ Z10 ⓜ VII-IX ▽ ✱; Kalimantan (Sarawak)
- **spicerianum** (Rchb. f. ex Mast. et T. Moore) Pfitzer 1888 · ⚄ Z10 ⓜ XI-I ▽ ✱; NE-Ind., NW-Myanmar
- **stonei** (Hook.) Stein 1892 · ⚄ Z10 ⓜ V-VII ▽ ✱; Kalimantan (Sarawak)
- **sukhakulii** Schoser et Senghas 1965 · ⚄ Z10 ⓜ IX-V ▽ ✱; NE-Thail.
- **superbiens** (Rchb.) Stein 1892 · ⚄ Z10 ⓜ V-VII ▽ ✱; Sumat.
- **tonsum** (Rchb. f.) Stein 1892 · ⚄ Z10 ⓜ III-VII ▽ ✱; Sumat.
- **venustum** (Wall. ex Sims) Pfitzer 1888 · ⚄ Z10 ⓜ IX-I ▽ ✱; E-Nepal, Bhutan, NE-Ind.
- **victoria-regina** (Sander) M.W. Wood 1976 · ⚄ Z10 ⓜ I-IX ▽ ✱; Sumat.
- **villosum** (Lindl.) Stein 1892 · ⚄ Z10 ⓜ XII-IV ▽ ✱; NE-Ind., Myanmar, Thail.
- **violascens** Schltr. 1911 · ⚄ Z10 ⓜ IX-X ▽ ✱; N.Guinea
- **wardii** Summerh. 1932 · ⚄ Z10 ⓜ ▽ ✱; N-Myanmar, Thail.
- *wolterianum* (Kraenzl.) Pfitzer = Paphiopedilum appletonianum
- **in vielen Sorten**

Papilionanthe Schltr. 1915 -n- *Orchidaceae*
- **hookeriana** (Rchb. f.) Schltr. 1915 · E:Bone Plant · ⚄ Z9 ⓜ VIII-IX ▽ ✱; Malay. Pen., Sumat., Kalimantan
- **teres** (Roxb.) Schltr. 1815 · ⚄ Z9 ⓜ VI-VIII ▽ ✱; Myanmar, Thail., Laos
- **vandarum** (Rchb. f.) Garay 1974 · ⚄ Z9 ⓜ II-VI ▽ ✱; Him.

Paradisea Mazzuc. 1811 -f- *Asphodelaceae* · (S. 916)
D:Paradieslilie; E:Paradise Lily; F:Lis de St-Bruno
- *bulbulifera* Lingelsh. ex H. Limpr. = Notholirion bulbuliferum
- **liliastrum** (L.) Bertol. 1840 · D:Echte Paradislilie; E:St Bruno's Lily; F:Lis de Saint-Bruno · ⚄ D Z7 VI; Eur.: sp., F, CH, I, A, Slove.; Pyr., Alp., Jura, Apenn. [65640]
  'Major' [65641]
- **lusitanica** (Cout.) Samp. 1912 · D:Iberische Paradislilie · ⚄ Z7; N-P, W-Sp. [65642]

Parageum Nakai et H. Hara = Geum
- *montanum* (L.) H. Hara = Geum montanum
- *reptans* (L.) M. Král = Geum reptans

Parahebe W.R.B. Oliv. 1944 -f- *Scrophulariaceae* · (S. 835)
- × **bidwillii** (Hook.) W.R.B. Oliv. 1944 (*P. decora* × *P. lyallii*) · ♄ e ⤳ Z8 ⓚ ∧ VI-VII; NZ
- **canescens** W.R.B. Oliv. 1944 · ♄ Z8 ⓚ; NZ [25909]
- **catarractae** (G. Forst.) W.R.B. Oliv. 1944 · ♄ e Z8 ⓚ; NZ [25913]
  'Alba'
  'Delight' [25914]
  'Miss Willmott'
  - subsp. *diffusa* (Hook. f.) Garn.-Jones 1980 = Parahebe catarractae

- **decora** Ashwin 1961 · ♄ Z8 ⓚ; NZ
- **linifolia** (Hook. f.) W.R.B. Oliv. 1944 · ♄ e Z8 ⓚ; NZ (S-Is.)
- **lyallii** (Hook. f.) W.R.B. Oliv. 1944 · ♄ e Z8 ⓚ ∧ V-VI; NZ [25915]
  'Baby Blue'
  'Julie-Anne'
- **perfoliata** (R. Br.) B.G. Briggs et Ehrend. 1968 · ⌁ Z8 ⓚ; Austr. (N.S.Wales, Victoria) [25916]

Parajubaea Burret 1930 -f-
Arecaceae · (S. 956)
- **cocoides** Burret 1930 · ♄ e Z10 ⓦ; Col., Ecuad.

Paraphalaenopsis A.D. Hawkes 1963 -f- *Orchidaceae*
- **denevei** (Sm.) A.D. Hawkes 1963 Z10 ⓦ; Kalimantan

Parapholis C.E. Hubb. 1946 -f-
Poaceae · (S. 1123)
D:Dünnschwanz; E:Hard Grass
- **incurva** (L.) C.E. Hubb. 1946 · ⊙; USA: NE, SE
- **strigosa** (Dumort.) C.E. Hubb. 1946 · D:Gekrümmter Dünnschwanz; ⊙ VI-VII; Eur.: Sc, BrI, Fr, D, Ib, Ap, Ba; coasts

Paraquilegia J.R. Drumm. et Hutch. 1920 -f- *Ranunculaceae*
- **anemonoides** (Willd.) Ulbr. 1922

Paraserianthes I.C. Nielsen 1983 -f- *Mimosaceae* ·
D:Schirmakazie; E:Plume Albizia
- **falcataria** (L.) I.C. Nielsen 1983
  - subsp. **falcataria** · ♄ Z9 ⓦ ⓝ; Malay. Arch.
- **lophantha**
  - subsp. **lophantha** · D:Schirmakazie; E:Plume Albizia · ♄ ♄ d Z9 ⓚ III-IV; Austr. [11028]

Parathelypteris (H. Itô) Ching 1963 -f- *Thelypteridaceae*
- **noveboracensis** (L.) Ching 1963 · E:New York Fern · ⌁ ~ Z6; Can.: E; USA: NE, NCE, SE [67460]

× **Pardancanda** L.W. Lenz 1972 -f-
Iridaceae · (S. 1025)
(*Belamcanda* × *Pardanthopsis*)
- **norrisii** L.W. Lenz 1972 · ⌁ ⓚ; cult. [65643]

Pardanthopsis (Hance) L.W. Lenz = Iris
- **dichotoma** (Pall.) L.W. Lenz = Iris dichotoma

Pardanthus Ker-Gawl. = Belamcanda
- *chinensis* (L.) Ker-Gawl. = Belamcanda chinensis

Parentucellia Viv. 1824 -f-
Scrophulariaceae · (S. 835)
D:Bartsie, Parentucellie; F:Parentucelle
- **viscosa** (L.) Caruel 1885 · D:Gelbe Bartsie; E:Yellow Bartsia · ⊙ V-VIII; Eur.: Ib, Fr, Br, Ap, Ba; TR, Cyprus, Cauc., Iran, Azor., Canar., NW-Afr., Egypt, nat. in DK, N-Am., Austr.

Parietaria L. 1753 -f- *Urticaceae* · (S. 879)
D:Glaskraut; E:Pelliotoeries of the Wall; F:Pariétaire
- *diffusa* Mert. et W.D.J. Koch = Parietaria judaica
- **judaica** L. 1756 · D:Mauer-Glaskraut; E:Pellitories of the Wall · ⌁ VI-X ⚥; Eur.* exc. EC-Eur., Sc; TR, Cauc., Iran, C-As., China: Sinkiang; N-Afr.
- **officinalis** L. 1753 · D:Aufrechtes Glaskraut · ⌁ VI-X ⚥ ⓝ; Eur.: Fr, Ap, C-Eur., EC-Eur., Ba, E-Eur.; Canar., Madeira, Azor.; TR, Cauc., W-Iran, N-Afr., nat. in Sc
- **pensylvanica** Muhl. ex Willd. 1806 · D:Pennsylvanisches Glaskraut; E:Pensylvania Pellitory · ⊙ V-XI; N-Am., nat. in D

Parinari Aubl. 1775 -f-
Chrysobalanaceae · (S. 417)
- **campestris** Aubl. 1775 · ♄ e Z10 ⓦ ⓝ; W.Ind., Guyan., Bras.
- **corymbosa** (Blume) Miq. 1855 · ♄ e Z10 ⓦ ⓝ; Java
- **excelsa** G. Don 1824 · D:Guineapflaume; E:Guinea Plum · ♄ e Z10 ⓦ ⓝ; W-Afr.: Guinea
- **laurina** A. Gray 1854 · ♄ e Z10 ⓦ ⓝ; Fiji
- **macrophylla** Sabine 1824 · D:Ingwerpflaume; E:Gingerbread Plum · ♄ e Z10 ⓦ ⓝ; Seneg., W-Afr.: Sierra Leone, Ghana, Nigeria
- **scabra** Hassk. 1844 · ♄ e Z10 ⓦ ⓝ; Java

Paris L. 1753 -f- *Trilliaceae* · (S. 1142)
D:Einbeere; E:Herb Paris; F:Parisette
- **fargesii** Franch. 1898 · ⌁; China, Vietn.
- **incompleta** M. Bieb. 1808 · ⌁ Z7;

NE-TR, Cauc. [73217]
- **polyphylla** Sm. 1813 · ⌁; Him., Indochina, , China, Taiwan
- **quadrifolia** L. 1753 · D:Vierblättrige Einbeere; E:Herb Paris · ⌁ Z6 V-VI ⚥ ⚥; Eur.*, Cauc., W-Sib., E-Sib., Mong. [73216]

Parkia R. Br. 1826 -f- *Mimosaceae* · (S. 646)
- **biglandulosa** Wight et Arn. 1834
- **biglobosa** (Jacq.) Benth. 1830 · D:Sudan-Kaffee; E:African Locust Bean · ♄ Z10 ⓦ ⓝ; W-Afr., W-Sudan, nat. in W.Ind.
- **speciosa** Hassk. 1842 · ♄ Z10 ⓦ ⓝ; Malay. Arch.

Parkinsonia L. 1753 -f-
Caesalpiniaceae · (S. 377)
D:Jerusalemdorn, Parkinsonie; E:Jerusalem Thorn; F:Epine de Jérusalem
- **aculeata** L. 1753 · D:Jerusalemdorn; E:Jerusalem Thorn · ♄ ♄ e Z9 ⓦ ⓝ; USA: Tex., SW; Mex., W.Ind., S-Am., nat. in Calif., Fla., W.Ind. [25921]

Parmentiera DC. 1838 -f-
Bignoniaceae · (S. 296)
D:Kerzenbaum; E:Candle Tree; F:Parmentiera
- **aculeata** (Kunth) Seem. 1854 · D:Stachliger Kerzenbaum · ♄ e Z10 ⓦ ⓝ; Mex., Guat., Hond., El Salv., Costa Rica
- **cereifera** Seem. 1854 · D:Echter Kerzenbaum · ♄ e Z10 ⓦ ⓝ; C-Am., nat. in W.Ind., Trop.

Parnassia L. 1753 -f- *Parnassiaceae* · (S. 688)
D:Herzblatt, Studentenröschen; E:Grass of Parnassus; F:Parnassie
- **nubicola** Wall. ex Royle 1835 · D:Afghanisches Sumpfblatt · ⌁ Z4; Him. Afgh., Him., SE-Tibet
- **palustris** L. 1753 · D:Sumpf-Herzblatt; E:Grass of Parnassus; F:Parnassie des marais · ⌁ ~ Z4 VII-IX ⚥ ▽; Eur.*, TR, Iraq, Cauc., N-Iran, Pakist., W-Sib., E-Sib., Amur, Sachal., Kamchat., C-As., Mong., Tibet, China, Korea, Jap., Maroc., Alger., Tun., Alaska, [65645]

Parochetus Buch.-Ham. ex D. Don 1825 -m- *Fabaceae* · (S. 520)
D:Blauklee; E:Blue Oxalis; F:Fleur des dieux

- **communis** Buch.-Ham. 1825 · D:Blauklee; E:Blue Oxalis · 4 ⤳ △ Z9 ⓚ IX-II; E-Afr., trop. As.

Parodia Speg. 1923 -f- *Cactaceae* · (S. 363)
- *aglaisma* F.H. Brandt = Parodia maassii var. maassii
- **alacriportana** Backeb. et Voll 1949 · Ψ Z9 ⓚ ▽ ✲; Bras.: Rio Grande do Sul
- *allosiphon* (Marchesi) N.P. Taylor = Notocactus allosiphon
- *andreae* F.H. Brandt = Parodia maassii var. maassii
- *aureicentra* Backeb. = Parodia microsperma
- *aureispina* Backeb. = Parodia mutabilis
- **ayopayana** Cárdenas · Ψ Z9 ⓚ ▽ ✲; Bol.: Cochabamba
- *brevihamata* W. Haage = Parodia alacriportana
- *buenekeri* Buining = Notocactus buenekeri
- *buiningii* (Buxb.) N.P. Taylor = Notocactus buiningii
- *caespitosa* (Speg.) N.P. Taylor = Notocactus caespitosus
- *camargensis* F. Ritter = Parodia maassii var. maassii
- *cardenasii* F. Ritter = Parodia formosa
- *catamarcensis* Backeb. = Parodia microsperma
- *chaetocarpa* F. Ritter = Parodia formosa
- *challamarcana* F.H. Brandt = Parodia procera
- **chrysacanthion** (K. Schum.) Backeb. 1935 · Ψ Z9 ⓚ ▽ ✲; Arg.: Jujuy
- *claviceps* (F. Ritter) F.H. Brandt = Notocactus claviceps
- **comarapana** Cárdenas 1951 · Ψ Z9 ⓚ; C-Bol.
- *comosa* Buining et F. Ritter = Parodia miguillensis
- *concinna* (Monv.) N.P. Taylor = Notocactus concinnus
- *crassigibba* (F. Ritter) N.P. Taylor = Notocactus crassigibbus
- *culpinensis* F.H. Brandt = Parodia maassii var. subterranea
- *echinus* F. Ritter = Parodia miguillensis
- *erinacea* (Haw.) N.P. Taylor = Notocactus erinaceus
- **erythrantha** (Speg.) Backeb. 1935 · Ψ Z9 ⓚ ▽ ✲; Arg.: Salta
- *escayachensis* (Vaupel) Backeb. = Parodia maassii var. maassii
- **faustiana** Backeb. 1935 · Ψ Z9 ⓚ

▽ ✲; Arg.: Salta
- **formosa** F. Ritter 1964 · Ψ Z9 ⓚ; Bol. (Tarija)
- *fulvispina* F. Ritter = Parodia maassii var. maassii
- **gibbulosa** F. Ritter 1980 · Ψ Z9 ⓚ; Bol. (Chuquisaca)
- **glischrocarpa** F. Ritter 1980 · Ψ Z9 ⓚ; Arg.
- **gracilis** F. Ritter 1964 · Ψ Z9 ⓚ; S-Bol.
- *graessneri* (K. Schum.) F.H. Brandt = Notocactus graessneri
- **gutekunstiana** Backeb. 1959 · Ψ Z9 ⓚ; Arg.
- *haselbergii* (Haage) F.H. Brandt = Notocactus haselbergii
- **hausteiniana** Rausch 1970 · Ψ Z9 ⓚ; Bol.
- *herteri* (Werderm.) N.P. Taylor = Notocactus herteri
- **herzogiana** · Ψ ⓚ; Arg.
- *horstii* (F. Ritter) N.P. Taylor = Notocactus horstii
- *hummeliana* A.B. Lau et Weskamp = Parodia gutekunstiana
- *idiosa* F.H. Brandt = Parodia maassii var. maassii
- *jujuyana* Frič et Subík = Parodia stuemeri
- × **koehresiana** F.H. Brandt 1972 · Ψ ⓚ
- **laui** F.H. Brandt 1973 · Ψ Z9 ⓚ; Bol.
- *leninghausii* (K. Schum.) F.H. Brandt = Notocactus leninghausii
- *liliputana* (Werderm.) N.P. Taylor = Blossfeldia liliputana
- **maassii** (Heese) A. Berger 1929 · Ψ ⓚ; Bol.
  - var. **maassii** · Ψ Z9 ⓚ ▽ ✲; S-Bol., Arg.: Jujuy
  - var. **subterranea** (F. Ritter) Krainz 1967 · Ψ Z9 ⓚ; Bol. (Cinti)
- *magnifica* (F. Ritter) F.H. Brandt = Notocactus magnificus
- **mairanana** Cárdenas 1957 · Ψ Z9 ⓚ; Bol. (Santa Cruz)
- *malyana* Rausch = Parodia microsperma
- *mammulosa* (Lem.) N.P. Taylor = Notocactus mammulosus
- **microsperma** (F.A.C. Weber) Speg. · Ψ Z9 ⓚ ▽ ✲; Arg.: Salta
- **miguillensis** Cárdenas 1961 · Ψ Z9 ⓚ; Bol. (La Paz)
- *minuscula* Rausch = Parodia microsperma
- *mueller-melchersii* (Frič ex Backeb.) N.P. Taylor = Notocactus mueller-melchersii
- *muhrii* F.H. Brandt = Parodia microsperma

- **mutabilis** Backeb. 1934 · Ψ Z9 ⓚ ▽ ✲; Arg.: Salta
- **nivosa** Frič ex Backeb. 1934 · Ψ Z9 ⓚ ▽ ✲; Arg.: Salta
- *obtusa* F. Ritter = Parodia maassii var. maassii
- *ottonis* (Lehm.) N.P. Taylor = Notocactus ottonis
- *otuyensis* F. Ritter = Parodia tuberculata
- **penicillata** Fechser et Steeg 1960 · Ψ Z9 ⓚ; Arg. (Salta)
- *prestoensis* F.H. Brandt = Parodia maassii var. maassii
- **procera** F. Ritter 1964 · Ψ Z9 ⓚ; Bol. (Chuquisaca)
- *pseudostuemeri* Backeb. = Parodia stuemeri
- **punae** Cárdenas 1970 · Ψ Z9 ⓚ; Bol.
- *quechua* F.H. Brandt = Parodia maassii var. maassii
- **riojense** F. Ritter et Weskamp 1987 · Ψ ⓚ
- *ritteri* Buining = Parodia maassii var. maassii
- *roseoalba* F. Ritter = Parodia maassii var. maassii
- *rubellihamata* Backeb. = Parodia microsperma
- *rubristaminea* F. Ritter = Parodia microsperma
- *rutilans* (Däniker et Krainz) N.P. Taylor = Notocactus rutilans
- *sanguiniflora* Frič ex Backeb. = Parodia microsperma
- *schumanniana* (Nicolai bis) F.H. Brandt = Notocactus schumannianus
- **schwebsiana** (Werderm.) Backeb. 1935 · Ψ Z9 ⓚ ▽ ✲; Bol.: Cochabamba
- *scopa* (Spreng.) N.P. Taylor = Notocactus scopa
- *setifera* Backeb. = Parodia microsperma
- *setosa* Backeb. = Parodia stuemeri
- **stuemeri** (Werderm.) Backeb. 1934 · Ψ Z9 ⓚ ▽ ✲; Arg.: Jujuy
- *subterranea* F. Ritter = Parodia maassii var. subterranea
- **subtilihamata** F. Ritter 1980 · Ψ Z9 ⓚ; Bol.
- *succinea* (F. Ritter) N.P. Taylor = Notocactus succineus
- *sucrensis* F.H. Brandt = Parodia tuberculata
- *suprema* F. Ritter = Parodia maassii
- *talaensis* F.H. Brandt = Parodia microsperma
- *tarabucina* Cárdenas = Parodia maassii var. maassii

- **tuberculata** Cárdenas 1951 · ⚲ Z9 ⓚ; Bol. (Potosí, Chuquisaca)
- **uebelmanniana** F. Ritter 1980 · ⚲ Z9 ⓚ; Arg.
- *uhligiana* Backeb. = Parodia microsperma
- *varicolor* F. Ritter = Parodia microsperma
- *warasii* (F. Ritter) F.H. Brandt = Notocactus warasii
- *weberiana* F.H. Brandt = Parodia microsperma
- *werdermanniana* (Herter) N.P. Taylor = Notocactus werdermannianus
- **yamparaezi** Cárdenas 1964 · ⚲ Z9 ⓚ; Bol.
- *zecheri* R. Vásquez = Parodia punae

Paronychia Mill. 1754 -f-
Illecebraceae · (S. 573)
D:Mauermiere, Nagelkraut; E:Whitlow-Wort; F:Paronyque
- **argentea** Lam. 1805 · D:Silbernes Nagelkraut; E:Silver Nailroot · ⚃ ⤳ △ Z7 ⋏ IV-VI; Eur.: Ib, Fr, Ap, Ba; TR, Levante, SW-As., N-Afr.
- **capitata** (L.) Lam. 1805 · ⚃ ⤳ △ Z5 IV-VI; Eur.: Ib, Fr, Ap, GR; Palaest., N-Afr. [69282]
- **chionaea** Boiss. 1843 · ⚃ ; TR
- **kapela** (Hacq.) A. Kern. 1869 · D:Nagelkraut · [65646]
  - subsp. **kapela** · D:Gewöhnliches Nagelkraut; F:Paronyque · ⚃ ⤳ △ Z7 ⋏ V-VI; Eur.: Ib, Fr, Ap, Ba, RO; NW-Afr., Libya
  - subsp. **serpyllifolia** (Chaix) Graebn. 1919 · D:Thymianblättriges Nagelkraut; F:Paronyque à feuilles de serpolet · ⚃ ⤳ △ Z7 ⋏ V-VI; Eur.: sp., F, I; Pyr., SW-Alp.; Maroc., Alger. [65647]
- *serpyllifolia* (Chaix) DC. = Paronychia kapela subsp. serpyllifolia

Parrotia C.A. Mey. 1931 -f-
Hamamelidaceae · (S. 563)
D:Parrotie; E:Irontree, Ironwood; F:Parrotia
- **persica** (DC.) C.A. Mey. 1831 · D:Parrotie; E:Ironwood, Parrotia; F:Parrotie de Perse · ♄ ♄ d Z5 III-IV; N-Iran [19850]
  'Pendula' [25923]
  'Vanessa' 1975 [34587]

Parrotiopsis (Nied.) C.K. Schneid. 1904 -f- *Hamamelidaceae* · (S. 564)
D:Scheinparrotie; F:Fausseparrotia

- **jacquemontiana** (Decne.) Rehder 1920 · D:Scheinparrotie; F:Parrotia de Jacquemont · ♄ ♄ d Z7 V; Him. [33350]

Parthenium L. 1753 -n- *Asteraceae* · (S. 262)
D:Guayule, Prärieampfer; F:Guayule
- **argentatum** A. Gray 1859 · D:Guayule · ♄ Z8 ⓚ Ⓝ; Tex., N-Mex.
- **integrifolium** L. 1753 · D:Prärieampfer; E:American Feverfew, Prairie Dock, Wild Quinine · ⚃ Z3 VII-IX; USA: NE, NCE, SE, SC [72453]

Parthenocissus Planch. 1887 -f-
Vitaceae · (S. 891)
D:Jungfernrebe, Wilder Wein; E:Virginia Creeper; F:Vigne vierge
- **henryana** (Hemsl.) Graebn. ex Diels et Gilg 1900 · D:Chinesische Jungfernrebe; E:Virginia Creeper · ♄ d ⚳ Z7; C-China [27442]
- **heptaphylla** (Buckland) Britton et Small 1903 · ⚳ d Z9 ⓚ; Tex.
- **himalayana** (Royle) Planch. · ⚳ d ⚳ Z9 ⓚ; Him.
  'Rubrifolia'
- **inserta** (A. Kern.) Fritsch 1922 · D:Fünfblättrige Jungfernrebe; E:Virginia Creeper; F:Vigne vierge commune · ♄ ⚳ d ⚳ Z3 VII-IX; Can.: E; USA: NE, NCE, NC, Rocky Mts., SW
- **quinquefolia** (L.) Planch. 1887 [44332]
  'Murorum' · d ⚳ VII-VIII [36071]
  - var. **engelmannii** Rehder 1900 · ♄ ⚳ d ⚳ Z5 VII-VIII; E-USA [44333]
  - var. **hirsuta** (Pursh) Planch. 1887 · ♄ ⚳ d ⚳ Z5 VII-VIII; E-USA, Mex.
  - var. **quinquefolia** · D:Gewöhnliche Jungfernrebe, Wilder Wein; E:Woodbine; F:Vigne vierge vraie · ♄ ⚳ d ⚳ Z5 VII-VIII; Can.: E; USA: NE, NCE, SC, SE, Fla.
  - var. **saint-paulii** (Koehne et Graebn.) Rehder 1905 · ♄ ⚳ d ⚳ Z5 VII-VIII; USA: NCE, SC
  - var. *vitacea* (Knerr) L.H. Bailey 1923 = Parthenocissus inserta
- *thomsonii* (M.A. Lawson) Planch. = Cayratia thomsonii
- **tricuspidata** (Siebold et Zucc.) Planch. 1887 · D:Dreilappige Jungfernrebe; E:Boston Ivy, Japanese Creeper, Japanese Ivy; F:Vigne vierge de Veitch · ♄ ⚳ d

⚳ Z6 VII-VIII; Jap., Korea, China [25924]
  'Beverley Brook' < 1950 [35136]
  'Green Spring' < 1900 [12425]
  'Lowii' 1907 [25685]
  'Minutifolia' < 1938 [14492]
  'Robusta' [12427]
  'Thompsonii' = Cayratia thomsonii
  'Veitchii' 1891 [44335]
  'Veitchii Robusta' c. 1903 [12428]
- **veitchii** (Carrière) Graebn. = Parthenocissus tricuspidata
- *vitacea* (Knerr) Hitchc. = Parthenocissus inserta

Pasania Oerst. = Lithocarpus
- *edulis* Makino = Lithocarpus edulis

Paspalum L. 1759 -n- *Poaceae* · (S. 1123)
D:Pfannengras; E:Finger Grass; F:Digitaire, Paspalum
- **ceresia** (Kuntze) Chase 1925 · ⚃ Z8 ⓦ VII-VIII; trop. S-Am.
- *commersonii* Lam. = Paspalum scrobiculatum
- **conjugatum** P.J. Bergius 1772 · ⚃ Z8 ⓦ Ⓝ; trop. Am., Afr.
- **dilatatum** Poir. 1804 · D:Dallisgras; E:Dallis Grass · ⚃ Z8 Ⓝ; C-Am., S-Am., nat. in S-Eur.
- **distichum** L. 1759 · D:Knotengras; E:Jointed Crown Grass · ⚃ Z8 Ⓝ; USA: Va., SE, SC, Fla., SW, Rocky Mts., NW, Calif.; Mex. C-Am., W.Ind., S-Am., coasts trop. Old World, N-Afr., nat. in S-Eur.
- *exile* Kippist = Digitaria exilis
- **notatum** Flüggé 1810 · D:Bahiagras; E:Bahia Grass · ⚃ Z8 ⓚ Ⓝ; Mex., W.Ind., S-Am.
- *paspaloides* (Michx.) Scribn. = Paspalum distichum
- **scrobiculatum** L. 1767 · D:Kodo-Hirse; E:Indian Crown Grass, Kodo Millet · ⚃ Z8 ⓦ Ⓝ; trop. Afr., trop. As., S-China, Jap., Austr.

Passerina L. 1753 -f-
Thymelaeaceae · (S. 868)
D:Spatzenzunge, Sperlingskopf; F:Langue-de-moineau, Passerine
- **ericoides** L. 1767 · ♄ e Z9 ⓚ VII-VIII; S-Afr.
- **filiformis** L. 1753 · ♄ e Z9 ⓚ VII-VIII; S-Afr.

Passiflora L. 1793 -f- *Passifloraceae* · (S. 689)
D:Eierfrucht, Grenadille, Passionsblume, Passionsfrucht; E:Grandilla, Passion Flower; F:Fruit de la Passion, Passiflore

- **actinia** Hook. 1843 · ⚥ e Z10; SE-Bras.
- **adenopoda** DC. 1828 · ⚥ e Z10; Mex., C-Am., Col., Venez., E-Peru [25929]
- **alata** Curtis 1788 · ♄ ⚥ Z10 ⓦ IV-VIII Ⓝ; Bras., Peru [11247]
  'Ruby Glow' = Passiflora phoenicea
- × *alatocaerulea* hort. = Passiflora × belotii
- *alba* Link et Otto = Passiflora subpeltata
- × **albonigra** hort. (*P. alata* × *P. kermesina*) · ♄ ⚥ ; cult.
- × **allardii** Lynch 1907 (*P. caerulea* 'Constance Eliott' × *P. quadrangularis*) · D:Cambridge-Passionsblume · ♄ ⚥ Z9 ⓚ; cult.
- **amethystina** J.C. Mikan 1825 · ♄ ⚥ Z10 ⓦ IX-IV; E-Bras., Parag., Bol.
- **ampullacea** (Mast.) Harms 1893
- **antioquiensis** H. Karst. 1859 · D:Rote-Bananen-Passionsblume; E:Red Banana Passion Flower · ♄ ⚥ Z9 ⓚ; Col. [11248]
- **apetala** Killip 1922
- × *atropurpurea* hort. = Passiflora × violacea 'Atropurpurea'
- **aurantia** G. Forst. 1786 · ⚥ e Z10 ⓦ; Austr. (Queensl., N.S.Wales), N.Guinea, Pacific Is. [11249]
- **auriculata** Kunth 1817
- *banksii* Benth. = Passiflora aurantia
- **bauhinifolia** Kunth 1817
- × **belotii** Pépin 1849 (*P. alata* × *P. caerulea*) · ♄ ⚥ Z9 ⓚ; cult. [58120]
- **biflora** Lam. 1789 · D:Zweiblütige Passionsblume; E:Two-flowered Passion Flower · ⚥ Z10 ⓦ; Mex, C-Am., Bahamas, Venez., Col., Ecuad. [25930]
- **boenderi** J.M. MacDougal 2003
- *brasiliana* Desf. = Passiflora alata
- *bryonioides* hort. = Passiflora morifolia
- **caerulea** L. 1753 · D:Blaue Passionsblume; E:Blue Passion Flower; F:Passiflore · ♄ ⚥ Z7 ⓚ VI-IX ✱; S-Bras., Parag., Arg., nat. in Trop. [47007]
  'Constance Eliott' [11253]
- × *caeruleoracemosa* hort. = Passiflora × violacea
- **capsularis** L. 1753 · ♄ ⚥ D Z10 ⓦ VI-VII; C-Am., W.Ind., trop. S-Am. [25935]
- **cincinnata** Mast. 1868
- **cinnabarina** Lindl. 1855 · ♄ ⚥ Z10 ⓚ III-VIII; Austr.
- **citrina** J.M. MacDougal 1989

[11255]
- **coccinea** Aubl. 1775 · D:Rote Granadilla; E:Red Granadilla · ♄ ⚥ Z10 ⓦ; S-Venez., Guyana, Bras., Peru, Bol.
- **colinvauxii** Killip 1927
- × **colvillii** Sweet 1825 (*P. caerulea* × *P. incarnata*) · ⚃ Z7; cult. [25937]
- **conzattiana** Killip 1927
- **coriacea** Juss. 1805 · D:Fledermaus-Passionsblume; E:Bat-leafed Passion Flower · ♄ ⚥ Z10 ⓦ; Mex., C-Am., trop. S-Am.
- **costaricensis** Killip 1922
- **cuneata** Willd. 1809
- **cuprea** L. 1753
- *cyanea* Mast. = Passiflora stipulata
- × **decaisneana** Planch. 1853 (*P. alata* × *P. quadrangularis*) · ♄ ⚥ Z10 ⓦ V-VI; cult.
- **discophora** Jørgensen et Lawesson 1987
- **edulis** Sims 1818 · D:Eierfrucht, Maracuja, Purpurgrenadille; E:Granadilla, Passion Fruit · ⚃ ♄ e ⚥ Z10 ⓦ VI-VIII Ⓝ; Bras., nat. in n S-Am., W.Ind. [58119]
  fo. flavicarpa 1946 O. Deg. · ⚥ e ⚥ Z10
- × **exoniensis** Mast. 1872 (*P. antioquiensis* × *P. mollissima*) · ⚥ ⚥ Z10 ⓚ; cult. [25941]
- **foetida** L. 1753 · D:Stinkende Grenadille; E:Stinking Granadilla, Wild Water Lemon · ⚃ ⚥ Z10 ⓚ VII-IX Ⓝ; Puerto Rico, Jamaica, Lesser Antilles, S-Am., nat. in trop. Afr., trop. As.
- **gibertii** N.E. Br. 1896
- **gracilis** Jacq. ex Link 1822 · D:Einjährige Passionsblume; E:Annual Passion Flower · ☉ ⚥ ⚘ Z10 ⓦ VII-VIII; Venez., nat. in trop. Am., subtrop. Am. [70628]
- **gracillima** Killip 1924
- **guatemalensis** S. Watson 1887
- **hahnii** (E. Fourn.) Mast. 1872
- **helleri** Peyr. 1859
- **herbertiana** Ker-Gawl. 1823 · ⚥ ⚥ Z10 ⓚ; Austr. [70629]
- **holosericea** L. 1753 · ♄ ⚥ D Z10 ⓦ; C-Am.
- **incarnata** L. 1753 · D:Winterharte Passionsblume; E:May Apple, May Pop, Wild Passion Flower · ⚃ ⚥ Z8 ⓚ ∧ V-VII ⚘ ✱; USA: NE, NCE, SC, SE, Fla.; Bermudas [11257]
- **jamesonii** (Mast.) L.H. Bailey 1916 · ⚥ e Z9 ⓦ; Ecuad.; And.
- **jorullensis** Kunth 1818 · ⚥ e Z10; Mex.
- **kalbreyeri** Mast. 1883
- **karwinskii** Mast. 1872

- **kermesina** Link et Otto 1826 · ♄ ⚥ Z10 ⓦ V-IX; Bras.
- × **kewensis** S. Watson ex Goldring 1888 (*P. caerulea* × *P. kermesina*) · ⚥ e; cult.
- **laurifolia** L. 1753 · D:Gelbe Grenadille; E:Jamaica Honeysuckle, Water Lemon · ♄ ⚥ Z10 ⓦ VI-VII Ⓝ; Venez., Bras., E-Peru, Arg.
- **ligularis** Juss. 1805 · D:Süße Grenadille; E:Sweet Granadilla · ♄ e ⚥ Z10 ⓚ IX-X Ⓝ; Guat., Ecuad., Peru, Venez. [11259]
- **lindeniana** Triana et Planch. 1873
- **lutea** L. 1753 · D:Gelbe Passionsblume; E:Yellow Passion Flower · ♄ ⚥ Z8 ⓚ VI-VIII; USA: NE, NCE, NC, SC, SE, Fla. [25952]
- **maliformis** L. 1753 · D:Apfel-Grenadille; E:Sweet Calabash, Sweet Cup · ♄ ⚥ Z10 ⓦ VII-XI Ⓝ; W.Ind., Col., Ecuad., Venez. [25953]
- *maliformis* Vell. = Passiflora alata
- **manicata** (Juss.) Pers. 1807 · ♄ Z9 ⓚ; Venez., Col., Ecuad., Peru, Bol. [25955]
- *mauritiana* Thouars = Passiflora alata
- **membranacea** Benth. 1841 · ♄ ⚥ Z10 ⓚ Ⓝ; Guat.
- **menispermifolia** Kunth 1817
- **mixta** L. f. 1781
- *mollissima* (Kunth) L.H. Bailey = Passiflora tripartita var. mollissima
- **morifolia** Mast. 1872 · ♄ ⚥ Z10 ⓦ; Col., Bras., Parag. [25971]
- **murucuja** L. 1753
- **naviculata** Griseb. 1874
- **oerstedii** Mast. 1872 · ⚥ e Z10 ⓦ; Mex., C-Am., Col., Venez.
- **organensis** Gardner 1845 · ♄ ⚥ Z10 ⓦ VII-VIII; Bras.
- **perfoliata** L. 1753 · ⚥ e Z10 ⓦ; Jamaica
- **phoenicea** Lindl. 1833 · ⚥ e Z10 ⓦ; Bras.
- **pinnatistipula** Cav. 1799 · ♄ Z10 ⓚ Ⓝ; Col., Ecuad.
- **platyloba** Killip 1922
- *psilantha* (Sodiro) Killip = Passiflora tripartita var. tripartita
- **punctata** L. 1753 · ⚥ e Z10 ⓦ; Ecuad., N-Peru
- **quadrangularis** L. 1759 · D:Königs-Grenadille, Riesen-Grenadille; E:Granadilla, Grenadine · ♄ ⚥ Z10 ⓦ V-VII ⚘ Ⓝ; C-Am., W.Ind. [58121]
- **quinquangularis** Calderón ex Killip 1939
- **racemosa** Brot. 1818 · D:Rote Passionsblume; E:Red Passion

Flower · ♃ ⚥ Z10 ⓦ V-IX; Bras. [25964]
- *raddiana* DC. = Passiflora kermesina
- **reticulata** Mast. et André 1883
- **rovirosae** Killip 1922
- **rubra** L. 1753 · ʃ e Z10 ⓦ; W.Ind., E-Bras. Venez., Col., Peru, Bol. [25966]
- **sanguinolenta** Mast. 1868 · ♃ ʃ ⚥ Z9 ⓚ; Ecuad.; mts. [11264]
- *sarcosepala* Barb. Rodr. = Passiflora alata
- **seemannii** Griseb. 1858
- **serratifolia** L. 1753 [11265]
- **serratodigitata** L. 1753
- **serrulata** Jacq. 1767
- **sexflora** Juss. 1805
- *sicyoides* hort. = Passiflora morifolia
- **standleyi** Killip 1924
- **stipulata** Aubl. 1775 · ʃ e Z10 ⓦ; French Guiana
- **suberosa** L. 1753 · ♃ ⚥ Z10 ⓦ VI-VIII; trop. S-Am.
- **subpeltata** Ortega 1798 · D:Weiße Passionsblume; E:White Passion Flower · ♃ ʃ ⚥ Z10 ⓦ; Mex., C-Am., Col., Venez. [70630]
- **tetrandra** Banks et Sol. ex DC. 1828 · ʃ; NZ
- **tricuspis** Mast. 1872
- **trifasciata** Lem. 1868 · ♃ ⚥ D Z10 ⓦ VII-VIII; Peru
- **tripartita** (Juss.) Poir. 1811
  - var. **mollissima** (Kunth) Holm-Niels. 1988 · D:Bananen-Passionsblume, Curuba; E:Banana Passion Flower · ♃ ⚥ Z9 ⓦ ⓝ; Venez., Col., Peru, Bol. [11263]
  - var. **tripartita** · ♃ ʃ ⚥ Z9; S-Am.
- **trisecta** Mast. 1872
- **tuberosa** Jacq. 1804 · ʃ e Z10 ⓦ; St. Thomas, Trinidad, n. S-Am.
- **tulae** Urb. 1899
- **umbilicata** (Griseb.) Harms 1893 · ʃ e Z10; C-Bol., N-Arg.
- *van-volxemii* Triana et Planch. = Passiflora antioquiensis
- **vespertilio** L. 1753
- × **violacea** Loisel. 1824 (*P. caerulea* × *P. racemosa*) · ♃ ⚥ Z10 ⓦ VIII-IX; cult. [25968]
  'Atropurpurea' · ⚥
  'Eynsford Gem'
  'Victoria'
- *violacea* Vell. = Passiflora amethystina
- **vitifolia** Kunth 1817 · ʃ e Z10 ⓦ; C-Am., Venez., Col., Ecuad., N-Peru [11267]
- *warmingii* Mast. = Passiflora morifolia
- **yucatanensis** Killip 1930

- **zamorana** Killip 1960
- **in vielen Sorten:**
  'Amethyst' [11246]
  'Elizabeth'
  'Incense' [11258]
  'Kaiserin Eugenie' = Passiflora × belotii
  'Purple Haze'
  'Sunburst' [11266]

Pastinaca L. 1753 -f- *Apiaceae* · (S. 181)
D:Pastinak; E:Parsnip; F:Panais
- **sativa** L. · D:Echter Pastinak, Hammelsmöhre; E:Parsnip · ⊙ VII-VIII ⚥ ⓝ; Eur.* exc. Sc; TR, Syr., Lebanon, Cauc., Iran, W-Sib., E-Sib, nat. in N-Am., S-Am., Austr., NZ [65648]

Patrinia Juss. 1819 -f- *Valerianaceae* · (S. 882)
D:Goldbaldrian; F:Valériane dorée
- **gibbosa** Maxim. 1868 · ⚃ V-VI; Jap. [65649]
- **intermedia** (Hornem.) Roem. et Schult. 1818 · ⚃ ; China
- *palmata* Maxim. = Patrinia triloba var. palmata
- **scabiosifolia** Fisch. 1821 · ⚃ V-VI; China, E-Sib., Manch., Korea, Jap., Sachal., Taiwan, [70009]
- **sibirica** (L.) Juss. 1807 · ⚃ ; E-Sib., Sachal., Jap. (Hokkaido)
- **triloba** Miq. 1870 [65650]
  - var. **palmata** (Maxim.) H. Hara · ⚃ ; Jap.
  - var. **triloba** · D:Gold-Baldrian; F:Valériane jaune · ⚃ V-VI; Jap.
- **villosa** (Thunb.) Juss. 1807 · ⚃ ; Jap., Korea, Manch., China

Paullinia L. 1753 -f- *Sapindaceae* · (S. 802)
- **australis** A. St.-Hil. 1924 · ⓦ; Urug.
- **cupana** Kunth 1821 · D:Guarana; E:Guarana Shrub · ♃ e ⚥ Z10 ⓦ ⚥ ⓝ; trop. S-Am.
- **thalictrifolia** Juss. 1804 · ♃ e ⚥ Z10 ⓦ; Bras.

Paulownia Siebold et Zucc. 1835 -f- *Scrophulariaceae* · (S. 297)
D:Blauglockenbaum, Paulownie; E:Foxglove Tree; F:Paulownia
- **elongata** Hu 1959 · ♃ d ⓚ; China: Hupeh, Honan, Schantung, Hopei
- **fargesii** Franch. 1896 · D:Yunnan-Blauglockenbaum · ♃ d Z7; W-China [25974]
- **fortunei** (Seem.) Hemsl. 1899 ·

D:Fortunes Blauglockenbaum · ♃ d Z7; China, Taiwan, Jap. [25979]
- *imperialis* Siebold et Zucc. = Paulownia tomentosa
- **kawakamii** T. Itô 1912 · D:Taiwan-Blauglockenbaum · ♃ d Z7; S-China, Taiwan
- **tomentosa** (Thunb. ex Murray) Steud. 1841 · D:Chinesischer Blauglockenbaum, Kaiser-Paulownie; E:Foxglove Tree; F:Paulownia impérial · ♃ d Z7 IV-V ⓝ; China, nat. in E-USA, CH, I [19860]
  'Lilacina' c. 1908 · d [25981]

Paurotis O.F. Cook = Acoelorrhaphe
- *wrightii* (Griseb. et H. Wendl.) Britton = Acoelorrhaphe wrightii

Pausinystalia Pierre ex Beille 1906 -f- *Rubiaceae* · (S. 777)
D:Yohimbe; E:Yohimbe; F:Yohimbeh
- **johimbe** (K. Schum.) Pierre ex Beille 1906 · D:Yohimbe; E:Yohimbe · ♃ Z10 ⓦ ⚥ ⚔ ⓝ; W-Afr.
- **macroceras** (K. Schum.) Pierre ex Beille 1906 · ♃ ⓦ; Nigeria, Cameroun, Gabun, Zaire

Pavetta L. 1753 -f- *Rubiaceae* · (S. 777)
- **arenosa** Lour. 1790 · ♃ ⓦ; SE-China
- **capensis** (Houtt.) Bremek. 1934 · ♃ Z10 ⓦ VI-VIII; S-Afr.
- **indica** L. 1753 · E:Jarum Jarum · ♃ e D Z10 ⓦ; Ind.

Pavonia Cav. 1787 -f- *Malvaceae* · (S. 622)
- × **gledhillii** Cheek 1989 (*P. multiflora* × *P. mayokana*) · ♃ e Z10 ⓦ;
- **hastata** Cav. 1787 · ♃ ♃ e Z10 ⓦ; trop. S-Am., nat. Ga, Fla. [25992]
- **multiflora** Juss. 1827 · ♃ Z10 ⓦ IX-V; Bras. [25991]
- **praemorsa** (L. f.) Cav. 1787 · ♃ e Z10; S-Afr. [26011]
- **spinifex** (L.) Cav. 1787 · ♃ d Z10 ⓦ; SE-USA, Bermuda, W.Ind., Mex., trop. S-Am. [26012]

Paxistima Raf. 1838 -f- *Celastraceae* · (S. 409)
D:Dicknarbe; F:Paxistima
- **canbyi** A. Gray 1873 · D:Zwerg-Dicknarbe · ♃ e △ Z5 IV-V; USA: Va., W.Va., Ohio, Ky. [32009]
- **myrsinites** (Pursh) Raf. 1838 · D:Gewöhnliche Dicknarbe;

E:Oregon Boxwood · ℏ e △ Z6 IV; Can: B.C.; USA: NW, Calif.; Mex.

Payena A. DC. 1844 -f- *Sapotaceae*
- **leerii** (Teijsm. et Binn.) Kurz 1871 · ℏ Z10 ⊛ ⓝ; Myanmar, W-Malaysia

Payera · (S. 807)

Pecteilis Raf. 1837 -f- *Orchidaceae* · (S. 1077)
- **gigantea** (Sm.) Raf. 1837 Z10; Him. - Myanmar
- *radiata* (Thunb.) Raf. = Habenaria radiata

Pectinaria Haw. 1819 -f- *Asclepiadaceae* · (S. 209)
- **articulata** (Haw.) Haw. 1819 · ♃ ⚥ Z9 ⓚ; Kap
  - subsp. **asperiflora** (N.E. Br.) Bruyns 1981 · ♃ ⚥ Z9 ⓚ; Kap
- *asperifolia* N.E. Br. = Pectinaria articulata subsp. asperiflora
- *saxatilis* N.E. Br. = Stapeliopsis saxatilis

Pedicularis L. 1753 -f- *Scrophulariaceae* · (S. 836) D:Läusekraut; E:Lousewort, Wood Betony; F:Pédiculaire
- **ascendens** Schleich. ex Gaudin 1815 · D:Aufsteigendes Läusekraut · ♃ VII-VIII ▽; Eur.: F, I, CH; W-Alp.
- **aspleniifolia** Flörke ex Willd. 1793 · D:Farnblättriges Läusekraut · ♃ VII-VIII ▽; Eur.: I, Ch, A; E-Alp.
- **elongata** A. Kern. 1870
  - subsp. **elongata** · D:Langähriges Läusekraut · ♃ VII-VIII ▽; Eur.: I, A, Slove.; SE-Alp.
  - subsp. **julica** (E. Mayer) Hartl 1969 · D:Julisches Läusekraut · ♃ VII-VIII ▽; Eur.: I, A, Slove.; SE-Alp.
- **foliosa** L. 1767 · D:Durchblättertes Läusekraut · ♃ VI-VIII ▽; Eur.: sp., F, I, CE-Eur.; mts.
- **gyroflexa** Vill. 1786 · D:Bogenblütiges Läusekraut · ♃ VI-VII ▽; Eur.: F, I, CH; Pyr., Alp.
- **hacquetii** Graf 1834 · D:Karst-Läusekraut · ♃ VII-VIII ▽; Eur.: I, A, EC-Eur., Slove., RO, W-Russ.; SE-Alp., Apenn., Carp.
- **kerneri** Dalla Torre 1873 · D:Kerners Läusekraut · ♃ VII-VIII ▽; Eur.: sp., F, I, Ch, A; Pyr., Alp.
- **oederi** Vahl 1806 · D:Buntes Läusekraut · ♃ VI-VIII ▽; Eur.*

exc. BrI, Ib; W-Sib., E-Sib., Amur, Kamchat., C-As., China: Sinkiang; Kashmir, Him., Tibet, Mong., N-Am.
- **palustris** L. · D:Gewöhnliches Sumpf-Läusekraut · ⊙ V-VIII ▽; Eur.* exc. Ib; TR
- **portenschlagii** Saut. ex Rchb. 1827 · D:Zweiblütiges Läusekraut · ♃ VI-VIII ▽; Eur.: A; NE-Alp.
- **recutita** L. 1753 · D:Gestutztes Läusekraut · ♃ VII-VIII ▽; Eur.: F, I, C-Eur., Slove.; Alp.
- **rosea** Wulfen 1781 · D:Rosarotes Läusekraut · ♃ VII-VIII ▽; Eur.: F, I, A, Slove., Croatia; Pyr., Alp., Croatia
- **rostratocapitata** Crantz 1769 · D:Geschnäbeltes Läusekraut, Kopfiges Läusekraut · ♃ VI-VIII ▽; Eur.: I, C-Eur., Slove., Croatia; E-Alp., Croatia
- **rostratospicata** Crantz 1769 · D:Ähren-Läusekraut, Fleischrotes Läusekraut · ♃ VII-VIII ▽; Eur.: F, I, C-Eur., Slove.; Pyr., Alp.
- **sceptrum-carolinum** L. 1753 · D:Karlszepter, Moorkönig · ♃ VI-VIII ▽; Eur.: Sc, D, EC-Eur., E-Eur.; W-Sib., E-Sib., Mong., Manch., Jap.
- **sylvatica** L. 1753 · D:Wald-Läusekraut · ⊙ V-VII ▽; Eur.* exc. Ib
- **tuberosa** L. 1753 · D:Knolliges Läusekraut · ♃ VI-VIII ▽; Eur.: sp., F, I, CH, A; Pyr., Alp., Alpi Apuane, Apenn.
- **verticillata** L. 1753 · D:Quirlblättriges Läusekraut · ♃ VI-VIII ▽; Eur.* exc. BrI, Sc; N-Russ., mts.; W-Sib., E-Sib., Amur, Kamchat., Mong., Korea, Jap., Alaska, NW-Am.

Pedilanthus Neck. ex Poit. 1790 -m- *Euphorbiaceae* · (S. 485) D:Schuhblüte; E:Slipper Spurge; F:Pédilanthe
- **bracteatus** (Jacq.) Boiss. 1862 · D:Grüne Schuhblüte; E:Slipper Spurge · ℏ ⚥ Z9 ⓚ ⚘ ⓝ; Mex.
- *carinatus* Spreng. = Pedilanthus tithymaloides
- *pavonis* (Klotzsch et Garcke) Boiss. = Pedilanthus bracteatus
- **tithymaloides** (L.) Poit. · D:Rote Schuhblüte; E:Devil's Backbone, Jew Bush, Redbird Flower · ℏ ⚥ Z10 ⊛ ⚘; S-Mex., C-Am., Col.

Pediocactus Britton et Rose 1913 -m- *Cactaceae* · (S. 363)

- **knowltonii** L.D. Benson 1960 · ⚥ Z9 ⓚ; USA: Colo., N.Mex.
- *papyracanthus* (Engelm.) L.D. Benson = Sclerocactus papyracanthus
- **peeblesianus** (Croizat) L.D. Benson 1962 · ⚥ Z5 ⓚ ▽ ✲; USA: Ariz.
- **simpsonii** (Engelm.) Britton et Rose · E:Plains Cactus · ⚥ Z5 ▽ ✲; USA: NW, Rocky Mts., SW

Peganum L. 1753 -n- *Zygophyllaceae* · (S. 894) D:Steppenraute; E:Harmal, Harmel; F:Harmal, Péganion
- **harmala** L. 1753 · D:Steppenraute; E:Harmel, Wild Rue · ♃ Z8 ⓚ VII-VIII ⚥ ⚘ ⓝ; Eur.: Ib, Ap, Ba, EC-Eur.; TR, Cauc., Iran, C-As., Mong., Tibet, N-Afr.

Pelargonium L'Hér. ex Aiton 1789 -n- *Geraniaceae* · (S. 545) D:Geranie der Gärtner, Pelargonie; E:Geranium; F:Géranium des balcons
- **abrotanifolium** (L. f.) Jacq. 1800 · ℏ ⚥ Z10 ⓚ; S-Afr.
- *acerifolium* hort. = Pelargonium vitifolium
- **acetosum** (L.) L'Hér. 1789 · ℏ e Z9 ⓚ; S-Afr.
- **acraeum** R.A. Dyer 1940
- **alchemilloides** (L.) L'Hér. 1789 · ♃ Z10 ⓚ; Sudan, Eth., Kenya, Tanzania, Uganda, Mozamb., S-Afr.
- **alternans** J.C. Wendl. 1788 · ⚥ Z8 ⓚ; S-Afr. (Cape)
- **appendiculatum** (L. f.) Willd. 1800 · ♃ Z8 ⓚ; S-Afr. (Cape Prov.)
- × **ardens** (Andr.) Lodd. 1818 (*P. fulgidum* × *P. lobatum*)
- **aridum** R.A. Dyer 1932
- **asarifolium** (Sweet) G. Don 1831 · ♃ Z8 ⓚ; S-Afr. (Cape Prov.)
- × **asperifolium** (Andr.) Sweet 1823 (*P.* × *beaufortianum* × *P. grandiflorum*)
- × **asperum** Willd. 1800 (*P. querceolatum* × *P. radula*)
- **auritum** (L.) Willd. 1800 · ♃ Z8 ⓚ; S-Afr. (Cape Prov.)
- **australe** Willd. 1800 · ♃ Z10 ⓚ; Austr. (SE-Austr., Tasman.)
- **barklyi** Scott-Elliot 1891 · ♃ ⚥ Z8 ⓚ; S-Afr.
- **betulinum** (L.) L'Hér. 1789 · ℏ Z9 ⓚ VII-VIII; Kap
- **candicans** Spreng. 1826 · ♃ Z8

ⓚ; S-Afr. (Cape)
- **capitatum** (L.) L'Hér. 1789 · D:Rosenduft-Pelargonie; E:Rose Scented Geranium · ♄ e D Z9 ⓚ VII-VIII ✿ Ⓝ; S-Afr.
- **carnosum** (L.) L'Hér. ex Aiton 1789 · ♄ Z9 ⓚ V; Kap, Namibia
- **caylae** Humbert 1936
- **citronellum** J.J.A. van der Walt 1983 · ♄ Z8 ⓚ; S-Afr. (Cape)
- × **citrosmum** (Andr.) Voigt 1828 (*P. crispum* × ?) · ♄ D Z9 ⓚ VII-VIII; cult.
- **cordifolium** (Cav.) Curtis 1792 · ♄ Z9 ⓚ V; Kap
- **cotyledonis** (L.) L'Hér. 1789 · ⚶ Z10 ⓚ; St. Helena
- **crassicaule** L'Hér. 1792 · ♄ Z9 ⓚ VII; SW-Afr.
- **crispum** (P.J. Bergius) L'Hér. 1792 · D:Zitronenduft-Pelargonie; E:Lemon Scented Geranium · ♄ e Z9 ⓚ; S-Afr.
- *crispum* hort. = Pelargonium × citrosmum
- **crithmifolium** Sm. 1793 · ♄ Z9 ⓚ; Kap, Namibia
- **cucullatum** (L.) L'Hér. 1789 · ♄ e Z9 ⓚ VIII-IX; Kap
- **denticulatum** Jacq. 1797 · ♄ ⚶ Z10 ⓚ; S-Afr. (Cape) [36274] 'Filicifolium'
- **dichondrifolium** DC. 1824 · ♄ ⚶ Z10 ⓚ; S-Afr. (E-Cape)
- **echinatum** (Thunb.) Curtis 1795 · ♄ Z9 ⓚ; S-Afr.
- **elongatum** (Cav.) Salisb. 1796 · ♄ Z10 ⓚ; S-Afr. (Cape Prov.)
- **endlicherianum** Fenzl 1842 · ⚘ △ Z7 ⓚ ∧ VII; S-TR, N-Syr., Cauc. (Armen.)
- **exhibens** Vorster 1986
- **exstipulatum** (Cav.) L'Hér. 1792 · ♄ ♄ D Z9 ⓚ VI-IX; S-Afr.
- *ferulaceum* (Burm. f.) Willd. = Pelargonium carnosum
- *fragile* = Pelargonium trifidum
- × **fragrans** (Poir.) Willd. 1809 (*P. exstipulatum* × *P. odoratissimum*) · D:Duft-Pelargonie; E:Scented Geranium · ♄ e D Z9 ⓚ VII-VIII Ⓝ; S-Afr.
- **fruticosum** (Cav.) Willd. 1824 · ♄ Z9 ⓚ; S-Afr. (Cape)
- **fulgidum** (L.) L'Hér. 1789 · ♄ Z9 ⓚ VIII-IX; Kap
- **gibbosum** (L.) L'Hér. 1789 · ♄ Z9 ⓚ VI; Kap
- **glutinosum** (Jacq.) L'Hér. 1792 · ♄ Z10 ⓚ; S-Afr. (Cape Prov.)
- **grandiflorum** (Andrews) Willd. 1800 · ♄ e Z9 ⓚ IV-VI; Kap, Namibia [36278]

- **graveolens** L'Hér. 1792 · D:Rosen-Pelargonie; E:Rose Geranium · ♄ D Z9 ⓚ VI-VIII ✿ Ⓝ; cult. [31496]
'Lady Plymouth' [36280]
'Rober's Lemon Rose'
- **grenvilleae** Marais 1994
- **grossularioides** (L.) L'Hér. 1789
- **hirtum** (Burm. f.) Jacq. 1794 · ⚘ Z10 ⓚ; S-Afr. (Cape)
- **hispidum** (L. f.) Willd. 1800 · ♄ Z10 ⓚ; S-Afr. (Cape)
- **incrassatum** (Andrews) Sims 1804 · ⚘ Z10 ⓚ; S-Afr. (W-Cape)
- **inquinans** (L.) L'Hér. 1789 · ♄ e Z9 ⓚ V-X; S-Afr.
- **ionidiflorum** (Eckl. ex Zeyh.) Steud. 1841
- × **kewense** R.A. Dyer 1934 (*P. scandens* × *P. zonale*) · ⚘ ♄ Z9 ⓚ; cult.
- **klinghardtense** Knuth 1922
- **laevigatum** (L. f.) Willd. 1800 · ♄ Z8 ⓚ; S-Afr.
- **lanceolatum** (Cav.) Steud. 1821 · ♄ ⚶ Z8 ⓚ; S-Afr. (Cape Prov.)
- **lobatum** (Burm. f.) L'Hér. 1789 · ⚘ Z10 ⓚ; S-Afr. (Cape)
- **longifolium** (Burm. f.) Jacq. 1794 · ⚘ Z8 ⓚ; S-Afr. (Cape Prov.)
- **luridum** (Andrews) Sweet 1825
- **luteolum** N.E. Br. 1913 · ⚘ Z8 ⓚ; S-Afr. (Cape Prov.)
- **myrrhifolium** (L.) L'Hér. 1789
  - var. **coriandrifolium** (L.) Harv. 1860 · ♄ Z10 ⓚ; S-Afr. (Western Cape)
  - var. **myrrhifolium**
- **oblongatum** E. Mey. 1844
- **odoratissimum** (L.) L'Hér. 1789 · D:Apfelduft-Pelargonie; E:Apple Scented Geranium · ♄ e D Z9 ⓚ VII-VIII Ⓝ; S-Afr.
- **otaviense** Knuth 1912 · ♄ Z8 ⓚ; Namibia
- **ovale** (Burm. f.) L'Hér. 1792 · ⚘ Z8 ⓚ; S-Afr. (Cape Prov.)
- **panduraeforme** Eckl. et Zeyh. 1835 · ♄ Z10 ⓚ; S-Afr.
- **papilionaceum** (L.) L'Hér. 1789 · ♄ Z10 ⓚ; S-Afr. (Cape)
- **peltatum** (L.) L'Hér. 1789 · D:Efeublättrige Pelargonie; E:Ivy-leaved Geranium; F:Géranium lierre · ♄ e ⚜ ↝ Z9 ⓚ IV-X; S-Afr.
- **pinnatum** (L.) L'Hér. 1789 · ⚘ Z10 ⓚ; S-Afr. (Cape Prov.)
- **polycephalum** E. Mey. 1843 · ♄ Z9 ⓚ; S-Afr.
- **pseudoglutinosum** Knuth 1938 · ♄ Z8 ⓚ; S-Afr. (Cape Prov.)
- **pulverulentum** Coville ex Sweet 1824 · ⚘ Z8 ⓚ; S-Afr.

- **punctatum** (Andr.) Willd. 1800 · ⚘ Z8 ⓚ; S-Afr. (Cape Prov.)
- **quercifolium** (L. f.) L'Hér. 1789 · D:Eichblatt-Pelargonie; E:Oak Leaved Geranium · ♄ e D Z9 ⓚ VII-VIII; Kap [36286]
- **quinquelobatum** Hochst. 1847 · ⚘ Z10 ⓚ; E-Afr.
- **radens** H.E. Moore 1955 · D:Balsamduft-Pelargonie; E:Balsam Scented Geranium · ♄ e D Z9 ⓚ VI-VIII ✿ Ⓝ; Kap
- *radula* (Cav.) L'Hér. = Pelargonium radens
- **rapaceum** (L.) L'Hér. 1794 · ⚘ Z8 ⓚ; S-Afr.
- *reliquifolium* N.E. Br. = Pelargonium dichondrifolium
- **reniforme** (Andrews) Curtis 1800 · ♄ ⚶ Z10 ⓚ III-VIII ✿; S-Afr. (E-Cape)
- **ribifolium** Jacq. 1794 · ♄ Z8 ⓚ; S-Afr. (Cape Prov.)
- × **salmoneum** R.A. Dyer 1932 (*P. acetosum* × ?)
- **saxifragoides** N.E. Br. 1890
- **scabroide** Knuth 1922 · ♄ ⓚ; S-Afr. (Cape Prov.)
- **scabrum** (L.) L'Hér. 1792 · ⚘ Z10 ⓚ; S-Afr.
- **scandens** Ehrh. 1792
- **schizopetalum** Sweet 1826 · ⚘ Z8 ⓚ; S-Afr. (Cape Prov.)
- **sidoides** DC. 1824 · ⚘ Z8 ⓚ III-VIII ✿ ; S-Afr.
- **stenopetalum** Ehrh. 1792
- **suburbanum** (Eckl. et Zeyh.) Clifford ex D.A. Boucher 1986 · ♄ Z9 ⓚ; S-Afr. (Cape Prov.)
- *synnotii* G. Don = Pelargonium myrrhifolium var. myrrhifolium
- **tabulare** (Burm. f.) L'Hér. 1792 · ⚘ Z8 ⓚ; S-Afr. (Cape Prov.)
- **ternatum** (L. f.) Jacq. 1794 · ♄ Z8 ⓚ; S-Afr. (Cape Prov.)
- **ternifolium** Vorster 1981 · ⚘ Z8 ⓚ; S-Afr. (Cape Prov.)
- **tetragonum** (L. f.) L'Hér. 1792 · ♄ e Z9 ⓚ VI; S-Afr.
- **tomentosum** Jacq. 1794 · D:Pfefferminz-Pelargonie; E:Peppermint Scented Geranium · ⚘ ♄ e D Z9 ⓚ ✿ ; Kap [36292]
- **tongaense** Vorster 1983
- **transvaalense** Knuth 1912
- **trifidum** Jacq. 1797 · ♄ Z8 ⓚ; S-Afr.
- **trifoliolatum** (Eckl. et Zeyh.) E.M. Marais 1993 · ⚘ Z8 ⓚ; S-Afr. (Cape Prov.)
- **triste** (L.) L'Hér. 1789 · ⚘ ⚶ Z9 ⓚ VII-VIII; Kap
- *viscosum* = Pelargonium

glutinosum
- **vitifolium** (L.) L'Hér. 1789 · ⌇ ♄ Z9 ⌂; S-Afr.
- **worcesterae** Knuth 1907
- **zonale** (L.) L'Hér. 1789 · D:Zonal-Pelargonie; F:Pélargonium Zonale · ♄ ♄ e Z9 ⌂ V-X; Kap
- **in vielen Sorten:**
  A Angel-Gruppe
    Gezüchtet aus *P. crispum* × ? (evtl. *P. fruticosum*). Sehr alte Sorten mit rundlichen, gekräuselten dekorativen Laubblättern und stiefmütterchenähnlichen Blüten, die jetzt züchterisch wieder sehr in Mode kommen.
  C Fancy-leaved-Gruppe (Coloured Foliage)
    Die Blüten sind von zweitrangiger Bedeutung, interessant ist vor allem das bunte Laub in den Farben gold, rot, weiß und Zwischentönen. Die Bezeichnung wird jedoch meist in Zusammenhang mit einer anderen Gruppe verwendet.
  Dec Dekorative Gruppe (Decorative)
    Die Sorten werden zwar oft unter der Angel-Gruppe oder der Regale-Gruppe aufgeführt, unterscheidet sich von den modernen Hybriden jedoch durch die kleineren Blüten und Blätter.
  Dw Zwerg-Gruppe (Dwarf)
    Wohlproportionierte Sorten, die sehr klein sind und eine Höhe bis zu 20 cm erreichen.
  DwI Zwerg-Petatum Gruppe (Dwarf Ivy-leafed)
    Eigentlich zur Peltatum-Gruppe gehörend sind die Sorten von sehr kleinem Wuchs wie bei der Zwerg-Gruppe.
  Fr Fruteorum-Gruppe
    Die Sorten ähneln den Zonale-Hybriden, aber wegen des hohen Elternanteils von *P. fruteorum* sind die Blütenblätter sehr schmal.
  I Peltatum-Gruppe (Ivy-leaved)
    Die Peltaten heißen auch Efeu-Pelargonien oder Hänge-Pelargonien. Die Triebe sind hängend oder niederliegend, die Laubblätter lang gestielt, teilweise schildförmig, rundlich, fünfkantig oder fünflappig.
  Min Miniatur-Gruppe (Minature)
    In der Regel sind dies Zonale-Hybriden, die noch kleiner sind als die Zwergsorten, besonders von der Blütengröße her.
  MinI Miniatur-Peltatum-Gruppe (Miniature Ivy-leafed)
    Wie die vorherige Gruppe, jedoch von der Züchtung her Peltatum-Pelargonien
  R Grandiflorum-Gruppe (Regal)
    Die Edel-Pelargonien werden auch „Englische" oder „Französische" Pelargonien genannt und stammen von *P. cucullatum* ab. Die Triebe verholzen rasch und die Blätter zeigen nie eine „Zone".
  Sc Duftpelargonien (Scented)
    Von *P. asperum* (Waldmeister), *P. crispum* (Zitrone), *P. graveolens* (Rose), *P. quercifolium* (Balsam), *P. tomentosum* (Minze) und anderen Spezies abstammende Sorten mit starkem Duft.
  St Sternblütig (Stellar)
    Die sternförmigen Blüten sind ginko- oder ahornförmig gezackt oder gezähnt.
  T Tulpenblütig (Tulip)
    Die Blüten öffnen sich nie und bleiben becherartig wie eine Tulpe.
  U Unique Gruppe
    Gezüchet aus *P. fulgidum* × ?, bereits im frühen 19. Jahrhundert im Handel. Die einfachen Blüten besitzen deutlich gezeichnete Blütenblätter, die Stängel werden hoch, haben wenig Halt und kippen bei Regenwetter.
  Z Zonale-Gruppe
    Gezüchtet aus *P. zonale*, *P. iniquinans* und anderen Arten Südafrikas. Es sind Halbsträucher, die runden bis nierenförmigen Blätter besitzen meist eine dunkle Zone.
    Zu diesen Gruppen können (in Kombination) noch folgende Angaben zu den Blütenformen gemacht werden:
  Ca kaktusblütig (Cactus)
    Die Kronblätter sind schmal und stehen stachlig in einem engen Blütenschopf.
  D gefüllt (double)
    Eine Besonderheit der gefüllten Blüten sind die „Rosenknospen-Pelargonien", deren dichtgefüllte Blüten sich selten voll öffnen.
    Quelle: PHILIP, C., LORD, T. (2006)
    'Attar of Roses' (Sc) [36262]
    'Aztec' (Z)
    'Beromünster' (Dec)
    'Bird Dancer' (Dw-St)
    'Bolero' (U) [36263]
    'Catford Belle' (A)
    'Chocolate Peppermint' (Sc)
    'Clorinda' (U-Sc) [36268]
    'Crystal Palace Gem' (Z)
    'Frank Headley' (Z)
    'L'Elégante' (I)
    'Lemon Fancy' (Sc)
    'Lilian Pottinger' (Sc)
    'Lord Bute' (R)
    'Paton's Unique' (U-Sc)
    'Prince of Orange' (Sc)
    'Sancho Panza' (Dec)
    'Voodoo' (U)

Pelecyphora C. Ehrenb. 1843 -f- *Cactaceae* · (S. 364)
  D:Asselkaktus, Beilkaktus; F:Cactus mille-pattes
- **aselliformis** C. Ehrenb. 1843 · ⌇ Z9 ⌂ ▽ ✻; Mex.: San Luis Potosí
- *pseudopectinata* Backeb. = Turbinicarpus pseudopectinatus
- *strobiliformis* (Werderm.) Frič et Schelle = Encephalocarpus strobiliformis
- *valdeziana* L. Möller = Turbinicarpus valdezianus

Peliosanthes Andrews 1808 -f- *Convallariaceae* · (S. 988)
- **teta** Andrews · ⌇ Z9 ⌂; S-Vietn.

Pellaea Link 1841 -f- *Adiantaceae* · (S. 61)
  D:Klippenfarn; E:Cliff Brake; F:Pelléa
- **atropurpurea** (L.) Link 1841 · D:Purpur-Klippenfarn; E:Purple Cliff Brake · ⌇ Z7 ⌂; Can.: Ont.; USA: NE, NCE, NC, SE, Fla.
- *cordata* (Cav.) J. Sm. = Pellaea sagittata var. cordata
- **falcata** (R. Br.) Fée 1850-52 · D:Sichelförmiger Klippenfarn; E:Sickle Fern · ⌇ Z10 ⌂; Ind., SE-As., E-Austr., Tasman., NZ
- *flexuosa* (Kaulf.) Link = Pellaea ovata
- *gracilis* Hook. = Cryptogramma stelleri

- *hastata* (L.) Link = Pellaea viridis
- **ovata** (Desv.) Weath. 1936 · ⚁ Z10 ⓚ; USA: Tex., N.Mex.; Mex., C-Am., Haiti, S-Am.
- **rotundifolia** (G. Forst.) Hook. 1858 · ⚁ Z10 ⓚ; NZ, Norfolk Is.
- **sagittata** (Cav.) Link 1841
  - var. **cordata** (Cav.) A.F. Tryon 1957 · ⚁ Z10 ⓚ; Tex., Mex.
  - var. **sagittata** · ⚁ Z10 ⓚ; C-Am., S-Am.
- *stelleri* (S.G. Gmel.) Baker = Cryptogramma stelleri
- **viridis** (Forssk.) Prantl 1882 · D:Grüner Klippenfarn; E:Green Cliff Brake · ⚁ Z10 ⓚ; S-Afr., Madag., Mascarene Is., nat. in Azor., Sri Lanka

Pellionia Gaudich. 1826 -f- *Urticaceae* · (S. 879) D:Melonenbegonie, Pellionie; F:Pellionia
- *daveauana* (Carrière) N.E. Br. = Pellionia repens
- **pulchra** N.E. Br. 1882 · D:Regenbogen-Melonenbegonie; E:Rainbow Vine · ⚁ ⤳ Z10 ⓦ; S-Vietn.
- **repens** (Lour.) Merr. 1928 · D:Melonenbegonie; E:Anteater Scales, Hill Dragon, Trailing Watermelon Begonia · ⚁ ⤳ Z10 ⓦ; Myanmar, Malay. Pen., S-Vietn.
  'Argentea' = Pellionia repens 'Viridis'
  'Repens' · D:Purpur-Melonenbegonie
  'Viridis' · D:Silber-Melonenbegonie
  - var. *viridis* (N.E. Br.) A. Chev. = Pellionia repens
- **scabra** Benth. 1861 · ♄; Jap., China

Peltandra Raf. 1819 -f- *Araceae* · (S. 928) D:Pfeilaron; E:Arrow Arum; F:Peltandre
- **sagittifolia** (Michx.) Morong 1894 · D:Weißer Pfeilaron; E:White Arrow Arum · ⚁ ≈ Z7; USA: NE, SE, Fla.
- *undulata* Raf. = Peltandra virginica
- **virginica** (L.) Schott 1832 · D:Grüner Pfeilaron; E:Arrow Arum, Green Arrow Arum · ⚁ ≈ Z5; Can.: E; USA: NE, SE, Fla. [67312]

Peltaria Jacq. 1762 -f- *Brassicaceae* · (S. 330) D:Scheibenschötchen; F:Peltaire
- **alliacea** Jacq. 1762 · D:Schei-

benschötchen · ⚁ Z6 V-VII; Eur.: A, H, ? Slove., Croatia, Bosn., Montenegro, RO

Peltastes Woodson 1932 -m- *Apocynaceae* · (S. 194)
- **peltatus** (Vell.) Woodson 1932 · ♄ e ⚇ ⓦ; Bras.

Peltiphyllum Engl. = Darmera
- *peltatum* (Torr. ex Benth.) Engl. = Darmera peltata

Peltoboykinia (Engl.) H. Hara 1937 -f- *Saxifragaceae* · (S. 816)
- **tellimoides** (Maxim.) H. Hara 1937 · ⚁ Z7 VI-VII; C-Jap. [65652]
- **watanabei** (Yatabe) H. Hara 1937 · ⚁ Z7; Jap. (Shikoku, Kyushu); mts.

Peltogyne Vogel 1837 -f- *Caesalpiniaceae* · (S. 378)
- **paniculata** Benth. 1840 · ♄ Z10 ⓦ ⓝ; Guyan., Bras.

Peltophorum (Vogel) Benth. 1840 -n- *Caesalpiniaceae* · (S. 378) D:Flammenbaum; E:Flamboyant
- **africanum** Sond. · D:Futter-Flammenblaum; E:African Wattle · ♄ e Z9 ⓚ; S-Afr.
- *ferrugineum* (Decne.) Benth. = Peltophorum pterocarpum
- **pterocarpum** (DC.) Baker ex K. Heyne 1927 · D:Gelber Flammenbaum; E:Yellow Flamboyant · ♄ e Z9 ⓦ; trop. As.

Peniocereus (A. Berger) Britton et Rose 1909 -m- *Cactaceae* · (S. 364) D:Spulenkaktus; F:Cierge
- **greggii** (Engelm.) Britton et Rose 1909 · E:Night Blooming Cereus, Sweetpotato Cactus · ⚘ Z9 ⓚ ▽ ✻; N-Mex.
- **johnstonii** Britton et Rose 1922 · ♄ ⚘ Z9 ⓦ; Mex. (Baja Calif.)
- *serpentinus* (Lag. et Rodr.) N.P. Taylor = Nyctocereus serpentinus
- **striatus** (K. Brandegee) Buxb. 1975 · ⚘ Z9 ⓚ ▽ ✻; S-Ariz., NW-Mex.
- **viperinus** (F.A.C. Weber) Kreuz. 1975 · ⚘ Z9 ⓚ ▽ ✻; S-Mex.

Pennisetum Rich. 1805 -n- *Poaceae* · (S. 1123) D:Federborstengras, Lampenputzergras; E:Fountain Grass; F:Herbe-aux-écouvillons
- **alopecuroides** (L.) Spreng. 1824 ·

D:Japanisches Federborstengras; E:Chinese Fountain Grass; F:Pennisétum · ⚁ Z7 VIII-IX; Korea, Jap., Phil. [67679]
'Hameln' Junge [67683]
'Herbstzauber' [67684]
'Japonicum' [67685]
'Little Bunny' Weisskott [67686]
'Weserbergland' Junge [67687]
- *americanum* (L.) Leeke = Pennisetum glaucum
- **clandestinum** Hochst. ex Chiov. 1903 · D:Kikuyugras; E:Kikuyu Grass · ⚁ ⓝ; E-Afr., nat. in Col.
- *compressum* R. Br. = Pennisetum alopecuroides
- **glaucum** (L.) R. Br. 1810 · D:Negerhirse, Perlhirse; E:Pearl Millet · ⊙ Z9 ⓝ; Trop.
  'Purple Majesty' [72091]
- **incomptum** Nees ex Steud. 1854 · D:Sibirisches Lampenputzergras · ⚁ VII-IX; Him. [69054]
- *japonicum* Trin. = Pennisetum alopecuroides
- **latifolium** Spreng. 1825 · ⚁ Z9 ⓚ VIII-X; Peru, Bras., Urug., Arg.
- **macrostachyum** (Brongn.) Trin. 1835 · ⚁; Ind.
- **macrourum** Trin. 1828 · D:Afrikanisches Federborstengras; E:African Feathergrass · ⚁ ⋈ Z7 ⚠ VIII-IX; S-Afr.
- **orientale** Rich. 1805 · ⚁ Z7 VIII-X; Egypt, TR, Lebanon, Syr., Palaest., Arab., Cauc. [67689]
- **purpureum** Schumach. 1827 · D:Elefantengras; E:Elephant Grass · ⚁ ⓦ ⓝ; trop. Afr., nat. in Trop.
- *rueppellii* Steud. = Pennisetum setaceum
- **setaceum** (Forssk.) Chiov. 1923 · D:Afrikanisches Lampenputzergras, Einjähriges Lampenputzergras; E:Fountain Grass · ⊙ ⊙ ⚁ Z9 ⓚ VIII-X; Eur.: Sic., N-Afr., SW-As., Arab.
  'Rubrum' [60135]
- *spicatum* (L.) Roem. et Schult. = Pennisetum glaucum
- *typhoides* (Burm. f.) Stapf et C.E. Hubb. = Pennisetum glaucum
- *typhoideum* Rich. ex Pers. = Pennisetum glaucum
- **villosum** R. Br. ex Fresen. 1837 · D:Weißes Lampenputzergras; E:Feathertop · ⊙ ⊙ ⚁ Z8 VIII-IX; NE-Afr., Arab., nat. in Balear. [73468]

Penstemon Schmidel 1762 -m- *Scrophulariaceae* · (S. 836)

D:Bartfaden; E:Penstemon; F:Galane, Penstemon
- **acuminatus** Douglas ex Lindl. 1829 · D:Spitzblättriger Bartfaden; E:Sharp Leaved Penstemon · ⚘ Z5 VII-VIII; USA: Oreg., Idaho, Nev.
- **alpinus** Torr. 1824 · ⚘ △ Z4 VII-VIII; USA: Rocky Mts., SW [65653]
- **ambiguus** Torr. 1828 · ⚘ Z3; USA: Calif., Rocky Mts., SW; Mex. [65654]
- **angustifolius** Nutt. ex Pursh 1814 · ⚘ Z3; USA: NC, Rocky Mts, N.Mex.
- **aridus** Rydb. · ⚘ Z3; USA: Mont., Wyo., Idaho
- *arizonicus* A. Heller = Penstemon whippleanus
- **attenuatus** Douglas ex Lindl. 1829-30 · E:Taper Leaved Penstemon · ⚘ Z4 V; USA: Wash., Oreg., Idaho
- **auriberbis** Pennell 1920 · ⚘ Z4; USA: Colo.
- **azureus** Benth. 1849 · D:Blauer Bartfaden; E:Sky Blue Penstemon · ⚘ ♭ Z8 ⌂ ∧ VII-VIII; Calif.
- **barbatus** (Cav.) Roth 1906 [65655]
  - subsp. **barbatus** · D:Roter Bartfaden; E:Beard Tongue; F:Penstemon · ⚘ Z3; USA: Utah, Colo., SW; N-Mex.
  - subsp. **coccineus** [65657]
  - subsp. **torreyi** (Benth.) D.D. Keck · ⚘ Z3 VII-IX; USA: Colo., SW
- **barrettiae** A. Gray 1886 · ♭ Z7 ⌂ ∧ V; USA: Oreg.
- **bridgesii** A. Gray 1868 · D:Scharlachroter Bartfaden; E:Scarlet Penstemon · ♭ Z7 ∧ VII-IX; USA: SW, Colo., Calif.
- **caespitosus** Nutt. ex A. Gray 1862 · ⚘ ⤳ △ Z3 VI-VII; USA: Colo., Utah
- **campanulatus** (Cav.) Willd. 1800 · F:Penstemon campanulé · ⚘ ♭ d Z8 ∧ VII-IX; Mex., Guat. [65660]
- **cardwellii** Howell 1901 · ⚘ Z8 ∧; USA: Wash., Oreg.
- **clutei** A. Nelson 1927 · ⚘ Z7; USA: Ariz.
- **cobaea** Nutt. · D:Cobaea-Bartfaden; E:Cobaea Penstemon · ⚘ Z4 VII-IX; USA: NC, SC, Ark. [72223]
- **confertus** Douglas 1829-30 · D:Gelber Bartfaden; E:Yellow Penstemon · ⚘ △ Z3 VI-VII; USA:

Oreg., Calif., Rocky Mts. [69484]
'Pygmaeus'
- *cordifolius* Benth. = Keckiella cordifolia
- **cyananthus** Hook. 1849 · ⚘ Z4 ⌂ VI-IX; USA: Idaho, Wyo., Utah
- **davidsonii** Greene 1892
  - var. **davidsonii** · D:Davidsons Bartfaden; E:Davidson's Penstemon · ⚘ ⤳ △ Z6 VI-VIII; USA: Wash., Oreg., Calif.
  - var. **menziesii** (D.D. Keck) Cronquist 1959
  - var. **praeteritus** Cronquist 1964
- *diffusus* Douglas ex Lindl. = Penstemon serrulatus
- **digitalis** Nutt. 1835 · D:Fingerhut-Bartfaden; E:Foxglove Penstemon · ⚘ Z3 VII-VIII; Can.: E; USA: NE, NCE, NC, SC, SE [65661]
'Alba'
'Husker's Red' [65662]
- **discolor** D.D. Keck 1937
- **eatonii** A. Gray 1872 · ⚘ Z4; USA: Calif., Nev., Utah, Ariz.
- **eriantherus** Pursh 1813-14 · D:Kamm-Bartfaden; E:Crested Tongue · ⚘ Z3 VI; Alaska, Can.: W; USA: Wash., Rocky Mts, NC
- **euglaucus** English 1928 · ⚘ Z5; USA: Wash., Oreg.
- **fruticosus** (Pursh) Greene 1892 · ⚘ Z4; Can.: B.C., Alta.; USA: NW, -Mont, Wyo., Idaho [61976]
- **gentianoides** (Kunth) Poir. 1825 · D:Enzian-Bartfaden; E:Beard Tongue · ⚘ Z9 ⌂; S-Mex., Guat.
- *gentianoides* Lindl. = Penstemon hartwegii
- **glaber** Pursh 1814 · D:Glatter Bartfaden; E:Smooth Penstemon · ⚘ Z3 V-VI; USA: NC, Rocky Mts. [69487]
  - var. *alpinus* (Torr.) A. Gray 1862 = Penstemon alpinus
  - var. *cyananthus* (Hook.) A. Gray 1862 = Penstemon cyananthus
- *glaucus* Graham = Penstemon gracilis
- **gormanii** Greene 1902 · ⚘ Z3; Alaska, Can.: Yukon, Makenzie distr., B.C.
- **gracilis** Nutt. 1818 · D:Zierlicher Bartfaden; E:Slender Penstemon · ⚘ △ Z3 VI-VII; Can.; USA: NCE, NC, Rocky Mts, SW [65664]
- **grandiflorus** Nutt. 1813 · ⚘ Z3; USA: NEC, NC, SC, Wyo., Colo. [72224]
- **hallii** A. Gray 1862 · ⚘ △ Z3 VII-VIII; USA: Colo.
- **hartwegii** Benth. 1840 · ⚘ ♭ Z8

⌂ ∧ VI-VIII; Mex.
- **heterophyllus** Lindl. · D:Verschiedenblättriger Bartfaden; E:Foothill Penstemon · ⚘ ♭ d Z8 ⌂ VI-VIII; Calif.
'Heavenly Blue'
'True Blue'
'Züriblau' [65665]
- **hirsutus** (L.) Willd. 1800 · D:Haariger Bartfaden; E:Hairy Penstemon; F:Penstemon hirsute · ⚘ Z3 VI-VIII; Can.: E; USA: NE, NCE, Tenn. [65666]
'Pygmaeus' [65667]
- **humilis** Nutt. ex A. Gray 1862 · ⚘ Z4 VI; USA: Calif., Rocky Mts. [65668]
- **isophyllus** B.L. Rob. 1904 · ⚘ Z9 ⌂; Mex.
- **jamesii** Benth. 1864 · ⚘ Z4; USA: SW, Colo.Tex.
- **laetus** A. Gray 1859
  - var. **laetus**
  - var. **roezlii** (Regel) Jeps. 1925 · ♭ △ Z5 VI-VIII; USA: Oreg., Calif., Nev.
- **laevigatus** (L.) Aiton 1789 · ⚘ Z4 VI-VIII; USA: NE, SE, Fla.
  - var. *digitalis* (Nutt.) A. Gray 1878 = Penstemon digitalis
- **linarioides** A. Gray 1858 · D:Heideblättriger Bartfaden; E:Toadflax Penstemon · ⚘ △ Z4 VI-VII; USA: Colo.
- **lyallii** (A. Gray) A. Gray · ♭ Z4 V-VI; USA: Mont., Idaho
- **menziesii** Hook. 1838 · ♭ ⤳ △ Z7 ∧ VI-VII; Can.: W; USA: Wash. [65677]
  - var. *davidsonii* (Greene) Piper = Penstemon davidsonii var. davidsonii
- *micranthus* Nutt. = Penstemon procerus var. procerus
- *micranthus* Torr. = Penstemon strictus
- **multiflorus** Chapm. ex Benth. 1846
- **newberryi** A. Gray 1858 · D:Immergrüner Bartfaden; E:Mountain Pride · ♭ e △ Z8 ∧ VI-VII; Calif.
- **ovatus** Douglas 1829 · D:Breitblättriger Bartfaden; E:Broad Leaved Penstemon · ⚘ Z3 VII; B.C., USA: NW
- **palmeri** A. Gray 1868 · ⚘ Z5; USA: Calif., Nev., Utah, Ariz.
- **pinifolius** Greene 1881 · F:Penstemon à feuilles de pin · ⚘ △ Z8 ∧ VII-VIII; USA: Ariz., N.Mex.; Mex. [65678]
'Mersea Yellow' [65679]

'Wisley Flame'
- **procerus** Douglas ex Graham 1829
  - subsp. **tolmiei** · ⌆ Z3
    - var. **procerus** · D:Matten-Bartfaden; E:Short Flowered Penstemon · ⌆ Z3 VI; Alaska, Can.: W; USA: NW, Calif., Rocky Mts., NC [65680]
    - var. **tolmiei** (Hook.) Cronquist 1959
- *pubescens* Sol. = Penstemon hirsutus
- **pulchellus** Lindl. 1828 · F:Penstemon campanulé
- **purpusii** Brandegee 1899 · ⌆ ⌂; Calif.
- **richardsonii** Douglas ex Lindl. 1828 · D:Schönblättriger Bartfaden; E:Cut Leaved Penstemon · ⌆ Z7 △ VII; B.C., USA: NW [72227]
- *roezlii* Regel = Penstemon laetus var. roezlii
- **rupicola** (Piper) Howell 1901 · D:Felsen-Bartfaden; E:Rock Penstemon · ♄ ⤳ △ Z7 △ VI-VII; USA: Wash., Oreg.
  'Diamond Lake'
- **scouleri** Lindl. 1829 · D:Scoulers Bartfaden; E:Scouler's Penstemon · ♄ △ Z5 VI-VII; Can.: B.C.; USA: Wash., Idaho
  'Albus'
- **secundiflorus** Benth. 1846 · ⌆ Z3 VI-VIII; USA: Colo., Wyo.
- **serrulatus** Menzies ex Sm. 1813 · D:Eingeschnittener Bartfaden; E:Blue Penstemon, Cascade Penstemon · ⌆ Z5 VI-VII; B.C., USA: NW, Calif.
- **smallii** A. Heller 1894 · D:Smalls Bartfaden · ⌆ Z6; USA: N.C., Tenn., Ga. [60466]
- **speciosus** Douglas ex Lindl. 1829 · ⌆ Z3; USA: NW, Calif., Idaho, Nev., Utah
- **strictus** Benth. 1846 · D:Rocky-Mountain-Bartfaden; E:Rocky Mountain Penstemon · ⌆ Z3; USA: Rocky Mts., SW [65682]
- **teucrioides** Greene 1901 · D:Zwerg-Bartfaden · ♄ Z4 VI; USA: Colo.
- *torreyi* Benth. = Penstemon barbatus subsp. torreyi
- **utahensis** Eastw. 1899 · D:Utah-Bartfaden · ⌆ Z4; USA: Calif., Nev., Utah, Ariz. [65683]
- **venustus** Douglas ex Lindl. 1830 · D:Anmutiger Bartfaden; E:Blue Mountain Penstemon · ♄ Z5 VI-IX; USA: NW, Idaho
- **virens** Pennell ex Rydb. 1917 · ⌆

Z4; Can.: Alta.; USA: Rocky Mts.
- **virgatus** A. Gray 1859 · ⌆ Z8 ⌂; USA: SW; ; N-Mex.
- **watsonii** A. Gray 1878 · ⌆ Z3; USA: Rocky Mts., Ariz..; mts.
- **whippleanus** A. Gray 1862 · D:Purpur-Bartfaden; E:Purple Penstemon · ⌆ △ Z4 VII-VIII; Ariz. [65684]
- **wislizeni** (A. Gray) Straw 1959
- **wrightii** Hook. · ♄ Z8 △ VI-VIII; USA: Tex., SW
- **in vielen Sorten:**
  'Alice Hindley' [69483]
  'Andenken an Friedrich Hahn' [65671]
  'Apple Blossom' [67959]
  'Blackbird'
  'Blue Spring' [60131]
  'Catherine de la Mare' [73671]
  'Charles Rudd' [68973]
  'Chester Scarlet'
  'Countess of Dalkeith'
  'Evelyn' [69485]
  'Hewell's Pink Bedder'
  'Hidcote Pink' [68198]
  'King George V'
  'Midnight' [65672]
  'Mother of Pearl'
  'Osprey' [65673]
  'Papal Purple'
  'Pennington Gem'
  'Pink Endurance'
  'Port Wine'
  'Rich Ruby' [67961]
  'Schoenholzeri' [65674]
  'Southgate Gem' [65675]
  'Thorn' [65676]
  'White Bedder' [68974]

Pentace Hassk. 1858 -f- *Tiliaceae* · (S. 871)
- **burmanica** Kurz 1871 · ♄ e Z10 ⊛ ⓝ; Myanmar

Pentacme A. DC. = Shorea
- *contorta* (S. Vidal) Merr. et Rolfe = Shorea contorta

Pentactina Nakai 1917 -f- *Rosaceae* · (S. 757)
- **rupicola** Nakai 1917 · ♄ d Z5 VI; Korea

Pentaglottis Tausch 1829 -f- *Boraginaceae* · (S. 310) D:Spanische Ochsenzunge; E:Green Alkanet; F:Buglosse d'Espagne
- *cespitosa* (Lam.) Tausch = Anchusa cespitosa
- **sempervirens** (L.) Tausch ex L.H. Bailey 1949 · D:Spanische Ochsenzunge; E:Alkanet, Green

Alkanet · ⌆ Z7 V-VI; SW-F, P, sp., nat. in I, Br

Pentapterygium Klotzsch = Agapetes
- *rugosum* Hook. = Agapetes rugosa
- *serpens* (Wight) Klotzsch = Agapetes serpens

Pentas Benth. 1844 -f- *Rubiaceae* · (S. 778)
- **lanceolata** (Forssk.) Deflers 1889 · D:Stern von Ägypten; E:Egyptian Star Cluster, Star Cluster · ♄ Z10 ⊛ IX-I; trop. Afr., Arab. [58122]

Penthorum L. 1753 -n- *Penthoraceae* · (S. 690) E:Ditch Stonecrop
- **sedoides** L. 1753 · E:Ditch Stonecrop · ⌆ ⌂; E-Can., USA: NE, NEC, SC, SE, Fla.

Peperomia Ruiz et Pav. 1794 -f- *Piperaceae* · (S. 692) D:Peperomie, Zwergpfeffer; E:Radiator Plant; F:Pépéromia
- *angulata* Kunth = Peperomia quadrangularis
- **argyreia** (Miq.) E. Morren 1867 · D:Silberblatt-Peperomie; E:Water Melon Pepper · ⌆ Z10 ⊛; trop. S-Am.
- **arifolia** Miq. 1843 · ⌆ Z10 ⊛; orig. ?
  - var. *argyrea* (Miq.) Hook. f. 1867 = Peperomia argyreia
- **asperula** Hutchison et Rauh 1975 · ⌆ ⚧; Peru
- *bicolor* Sodiro = Peperomia velutina
- **blanda** (Jacq.) Kunth · ♄ Z10 ⊛; Fla., C-Am., W.Ind., trop. S-Am.
- **caperata** Yunck. 1957 · D:Gerunzelte Peperomie, Smaragd-Peperomie; E:Emerald Ripple Pepper, Little Fantasy Pepper · ⌆ Z10 ⊛; ? Bras.
- **clusiifolia** (Jacq.) Hook. 1829 · ⌆ Z10 ⊛; W.Ind.
- **columbiana** Miq. 1845 · ⌆ Z10 ⊛; Col.
- **dolabriformis** Kunth · ⌆ Z10 ⊛; Peru
- *eburnea* hort. = Peperomia maculosa
- **eburnea** Sodiro 1901 · ⌆ ⚧ Z10 ⊛; Ecuad.
- **fraseri** C. DC. 1866 · D:Reseden-Peperomie; E:Flowering Pepper, Mignonette Peperomia · ⌆ Z10 ⊛ VI-VIII; Ecuad.

- **galioides** Kunth 1815 · ⚄ Z10 ⓦ;
  C-Am., W.Ind., S-Am.
- **gardneriana** Miq. 1843 · ⚄ Z10
  ⓦ; Bras.
- **glabella** (Sw.) A. Dietr. 1831 ·
  D:Zypressen-Peperomie;
  E:Cypress Peperomia, Wax Privet ·
  ⚄ Z10 ⓦ; C-Am., W.Ind., S-Am.
- **griseoargentea** Yunck. 1958 ·
  D:Efeublättrige Peperomie; E:Ivy
  Leaf Peperomia · ⚄ Z10 ⓦ; orig. ?
- *hederifolia* hort. = Peperomia
  griseoargentea
- **incana** (Haw.) A. Dietr. 1831 · ⚄
  Z10 ⓦ; SE-Bras.
- **maculosa** (L.) Hook. 1825 · ⚄
  Z10 ⓦ; trop. S-Am.
- **marmorata** Hook. 1866 · ⚄ Z10
  ⓦ; S-Bras.
- **metallica** Linden et Rodigas
  1892 · ⚄ Z10 ⓦ; Peru
- **nivalis** Miq. 1843 · ⚄ Z10 ⓚ;
  Peru
- *nummularifolia* (Sw.) Kunth
  = Peperomia rotundifolia var.
  rotundifolia
- **obtusifolia** (L.) A. Dietr. 1831 ·
  D:Fleischige Peperomie; E:Baby
  Rubber Plant · ⚄ Z10 ⓦ; Mex.,
  C-Am., trop. S-Am.
  - var. *clusiifolia* (Jacq.) C. DC.
    1869 = Peperomia clusiifolia
- **orba** G.S. Bunting 1966 · ⚄ Z10
  ⓦ; orig. ?
- **ornata** Yunck. 1954 · ⚄ Z10 ⓦ;
  Venez., N-Bras.
- **pereskiifolia** (Jacq.) Kunth 1815 ·
  ⚄ Z10 ⓦ; C-Am., trop. S-Am.
- **polybotrya** Kunth 1815 · ⚄ Z10
  ⓦ; Col., Peru
- *prostrata* B.S. Williams =
  Peperomia rotundifolia var.
  pilosior
- *pulchella* A. Dietr. = Peperomia
  verticillata
- **puteolata** Trel. 1936 · ⚄ Z10 ⓦ;
  Col.
- **quadrangularis** (J.V. Thomps.)
  A. Dietr. 1831 · ⚄ ↝ Z10 ⓦ;
  Panama, W.Ind., trop. S-Am.
- *resediflora* Lindl. et André =
  Peperomia fraseri
- **rotundifolia** (L.) Humb., Bonpl.
  et Kunth 1900
  - var. **pilosior** (Miq.) C. DC. 1902
    Z10 ⓦ; SE-Bras.
  - var. **rotundifolia** · ⚄ ↝ Z10
    ⓦ; C-Am., S-Am.
- **rubella** (Haw.) Hook. 1823 · ⚄
  Z10 ⓦ; Jamaica
- *sandersii* C. DC. = Peperomia
  argyreia
- **scandens** Ruiz et Pav. 1798 · ⚄ ⚘

↝ Z10 ⓦ; trop. S-Am.
- *serpens* hort. = Peperomia
  scandens
- **trichocarpa** Miq. 1843 · ⚄ Z10
  ⓦ; Bras.
- **urocarpa** Fisch. et C.A. Mey.
  1838 · ⚄ Z10 ⓦ; trop. S-Am.
- **velutina** Linden et André 1872 · ⚄
  Z10 ⓦ; Ecuad.
- *verschaffeltii* Lem. = Peperomia
  marmorata
- **verticillata** (L.) A. Dietr. 1831 · ⚄
  Z10 ⓦ; Jamaica, Cuba

Peplis L. 1753 -f- *Lythraceae* ·
(S. 610)
D:Sumpfquendel; F:Péplis
- **portula** L. 1753 · D:Gewöhnlicher
  Sumpfquendel · ⊙ VII-IX; Eur.*,
  TR, ? Cauc., W-Sib., NW-Afr.,
  N-Am.

Peraphyllum Nutt. 1840 -n-
Rosaceae · (S. 757)
D:Sandbirne; F:Poire des sables
- **ramosissimum** Nutt. 1840 ·
  D:Sandbirne · ♄ d △ Z5 IV-V;
  USA: Oreg., Calif., Rocky Mts.

Pereskia Mill. 1754 -f- *Cactaceae* ·
(S. 364)
D:Pereskie, Rosenkaktus;
F:Cactus à feuilles
- **aculeata** Mill. 1768 · D:Barba-
  dosstachelbeere; E:Barbados
  Gooseberry · ♄ ⚘ D Z9 ⓚ Ⓝ ▽ ✱;
  USA: Fla.; W.Ind., trop. S-Am.
- **bleo** (Kunth) DC. 1828 · ♄ Z9 ⓚ
  ▽ ✱; Col., Panama
- **grandifolia** Haw. · ♄ ♄ Z9 ⓚ
  VIII-IX ▽ ✱; Bras.
- **nemorosa** Rojas Acosta 1897 · ♄
  ♄ Z9 ⓚ V-X ▽ ✱; Parag., Urug.,
  Arg.
- *pereskia* (L.) H. Karst. = Pereskia
  aculeata
- **sacharosa** Griseb. 1879 · ♄ ♄ Z9
  ⓚ VIII-X ▽ ✱; Bol., Parag., Arg.

Pereskiopsis Britton et Rose 1907
-f- *Cactaceae* · (S. 364)
- **diguetii** (F.A.C. Weber) Britton et
  Rose 1907 · ♄ ⚘ Z9 ⓚ ▽ ✱; Mex.
- **porteri** (Brandegee ex F.A.C.
  Weber) Britton et Rose 1907 · ♄ ⚘
  Z9 ⓦ; Mex (Sinaloa, Sonora, Baja
  Calif., Nayarit)
- **rotundifolia** (DC.) Britton et Rose
  1907 · ♄ ⚘ Z9 ⓚ ▽ ✱; Mex.
- **spathulata** (Otto ex Pfeiff.)
  Britton et Rose 1907 · ♄ ⚘ Z9 ⓚ
  ▽ ✱; Mex.
- *velutina* Rose = Pereskiopsis

diguetii

Perezia Lag. 1811 -f- *Asteraceae* ·
(S. 263)
- **multiflora** (Humb. et Bonpl.)
  Less. 1830
  - subsp. **multiflora** · ⊙ Z9 VII-
    VIII; Bras.
  - subsp. **sonchifolia** (Baker)
    Vuilleum. 1970 · ⊙ Z9 VII-VIII;
    Urug.
- **recurvata** Less. 1830
- *sonchifolia* Baker = Perezia
  multiflora subsp. sonchifolia
- **viscosa** Less. 1832 · ⊙ Z9 VI-VII;
  Chile

Pericallis D. Don 1834 -f-
Asteraceae · (S. 263)
D:Aschenblume, Zinerarie;
E:Cineraria, Florist's Cineraria;
F:Cinéraire
- **cruenta** (Masson ex L'Hér.) B.
  Nord. 1836-50 · D:Blutrote Zine-
  rarie; E:Cineraria · ⚄ Z9 ⓚ III-IV;
  Canar.
- × **hybrida** B. Nord. 1978 (*P.
  cruenta* × *P. lanata*) · D:Garten-
  Zinerarie; E:Florist's Cineraria · ⚄
  Z9 ⓚ ✱; cult.
  'Erfurter Palette'
  'Gmünder Zwerg'
  'Mother's Day'
  'Starlet'
- **lanata** (L'Hér.) B. Nord. 1978 ·
  D:Wollige Zinerarie · ⚄ Z9 ⓚ;
  Canar. Is. (Tenerifa)

Perilepta Bremek. = Strobilanthes
- *dyeriana* (Mast.) Bremek. =
  Strobilanthes dyerianus

Perilla L. -f- *Lamiaceae* · (S. 588)
E:Perilla
- **frutescens** (L.) Britton 1764
  - var. *crispa* (Thunb.) Decne.
    ex L.H. Bailey 1923 = Perilla
    frutescens var. nankinensis
  - var. **frutescens** · E:Beefsteak
    Plant · ⊙ D Z8 IX-X ⚘ Ⓝ; Him.,
    Myanmar, China, Jap.
  - var. **nankinensis** (Lour.) Britton
    1894 · ⊙ Z8; China
- *ocymoides* L. = Perilla frutescens
  var. frutescens

Periploca L. 1753 -f-
Asclepiadaceae · (S. 209)
D:Baumschlinge; E:Silk Vine;
F:Bourreau des arbres
- **graeca** L. 1753 · D:Orientali-
  sche Baumschlinge; E:Silk Vine;
  F:Bourreau des arbres · ♄ d ⚘

Z6 VII-VIII ⚥; Eur.: I, Ba, RO; TR, Syr., Palaest., Cauc., N-Iraq, N-Iran, nat. in sp., F [42202]
- **sepium** Bunge 1835 · D:Chinesische Baumschlinge; E:Chinese Silk Vine · ♄ d ⚥ Z6 VI-VII ⚥; N-China [26021]

Peristeria Hook. 1831 -f- *Orchidaceae* · (S. 1077)
D:Taubenorchis; E:Dove Orchid; F:Peristeria
- *barkeri* Bateman = Acineta barkeri
- **cerina** Lindl. 1837 · ♃ Z10 ⓦ VI-VII ▽ ✻; C-Am.
- **elata** Hook. 1831 · D:Taubenorchis; E:Holy Ghost Flower · ♃ Z10 ⓦ VII-VIII ▽ ✻; Costa Rica, Panama, Col., Venez.
- *maculata* Loudon = Peristeria pendula
- **pendula** Hook. 1836 · ♃ Z10 ⓦ I-III ▽ ✻; Venez., Guyana, Surinam, Peru

Peristrophe Nees 1832 -f- *Acanthaceae* · (S. 133)
D:Gürtelklaue; F:Péristrophe
- *angustifolia* Nees = Peristrophe hyssopifolia
- **hyssopifolia** (Burm. f.) Bremek. 1948 · ♄ e Z10 ⓦ; Java
- **japonica** (Thunb.) Bremek. 1943
- *salicifolia* (Blume) Hassk. = Peristrophe hyssopifolia
- **speciosa** (Roxb. ex Wall.) Nees 1832 · ♄ e Z10 ⓦ XII-III; Ind.: Bengalen

Pernettya Gaudich. = Gaultheria
- *furens* (Hook. et Arn.) Klotzsch = Gaultheria insana
- *mucronata* (L. f.) Gaudich. ex Spreng. = Gaultheria mucronata var. mucronata
- *prostrata* (Cav.) Sleumer = Gaultheria myrsinoides var. myrsinoides
  - var. *pentlandii* (DC.) Sleumer 1935 = Gaultheria myrsinoides var. pentlandii
- *pumila* (L. f.) Hook. = Gaultheria pumila
- *tasmanica* Hook. f. = Gaultheria tasmanica

Perovskia Kar. 1841 -f- *Lamiaceae* · (S. 588)
D:Perowskie; E:Perowskie; F:Pérovskia
- **abrotanoides** Kar. 1841 · D:Fiederschnittige Perowskie; F:Pérovskia · ♄ d △ Z6 VIII-IX;
Afgh., Him., C-As. [19910]
- **atriplicifolia** Benth. 1848 · D:Silber-Perowskie; E:Russian Sage; F:Pérovskia à feuilles d'arroche · ♄ d △ Z7 VIII-IX; Afgh., Him., Tibet [19415]
- **scrophulariifolia** Bunge 1852 · D:Runzelige Perowskie · ♄ d △ Z6 VIII-IX; C-As. [26059]
- **in vielen Sorten:**
  'Blue Haze' [26053]
  'Blue Spire' [33865]
  'Superba' [10840]

Persea Mill. 1754 -f- *Lauraceae* · (S. 599)
D:Avocado, Isabellenholz; E:Avocado; F:Avocatier
- **americana** Mill. 1768 · D:Avocado; E:Avocado · ♄ e Z10 ⓦ ⓡ ⚥ ⓝ; Mex., C-Am., trop. S-Am., nat. in Fla.
- *gratissima* C.F. Gaertn. = Persea americana
- **indica** (L.) Spreng. 1825 · ♄ e Z9 ⓦ; Canar., Azor.
- *leiogyna* S.F. Blake = Persea americana
- **lingue** (Ruiz et Pav.) Nees 1836 · ♄ e Z10 ⓝ; S-Am., Chile, nat. in C-Afr.
- **schiedeana** Nees 1836 · D:Wilde Avocado; E:Wild Avocado · ♄ e Z10 ⓦ ⓝ; Mex., C-Am.

Persica Mill. = Prunus
- *vulgaris* Mill. = Prunus persica var. persica

Persicaria (L.) Mill. 1754 -f- *Polygonaceae* · (S. 706)
D:Knöterich; E:Smartweed; F:Persicaire, Renouée
- *affinis* (D. Don) Ronse Decr. = Bistorta affinis
- *alata* (Buch.-Ham. ex D. Don) H. Gross = Persicaria nepalensis
- *alpina* (L.) H. Gross = Aconogonon alpinum
- **amphibia** (L.) Delarbre 1800 · D:Wasser-Knöterich; E:Water Smartweed; F:Renouée amphibie · ♃ ≈ Z5 VI-IX; Eur.*, TR, Syr., Cauc., Iran, Him., W-Sib., E-Sib., Amur, Sachal., Kamchat., C-As., Mong., China, Jap., Maroc., Alger., Alaska, Can., S-Afr. [69490]
- *amplexicaulis* (D. Don) Ronse Decr. = Bistorta amplexicaulis
- *bistorta* (L.) Samp. = Bistorta officinalis subsp. officinalis
- *campanulata* (Hook. f.)
Ronse Decr. = Aconogonon campanulatum
  - var. *lichiangense* (W.W. Sm.) Ronse Decr. 1988 = Aconogonon lichiangense
- **capitata** (Buch.-Ham. ex D. Don) H. Gross 1913 · ♃ ↝ Z8 ⓦ V-VIII; Pakist., Him., SW-China [71188]
- **dubia** (Stein) Fourr. 1869 · D:Milder Knöterich · ⊙ VII-X; Eur.* exc. Sc; TR
- **filiformis** (Thunb.) Nakai 1922 · ♃ Z5 VII-VIII; Jap. [65944]
  'Painter's Palette' [60276]
- **hydropiper** (L.) Delarbre 1800 · D:Wasserpfeffer-Knöterich; E:Red Knees · ⊙ ⁓ VII-IX ⚥; Eur.*, TR, Syr., Cauc., Iran, Him., W-Sib., E-Sib., Amur, C-As., China, Korea, Jap., Sri Lanka, Indochina, Malay. Arch., Maroc., Alger., nat. in Alaska, Can., USA*
- **lapathifolia** (L.) Delarbre 1800 · D:Ampfer-Knöterich
  - subsp. **lapathifolia** · D:Gewöhnlicher Ampfer-Knöterich, Ufer-Knöterich; E:Pale Persicaria · ⊙ VII-X; Eur.*, TR, Levante, Cauc., W-Sib., E-Sib., Amur, Sachal., Him., NW-Afr., Egypt, N-Am., nat. in Jap.
  - subsp. **brittingeri** (Opiz) Soják 1974 · D:Donau-Knöterich, Fluss-Knöterich · VII-X; Eur.: CH, D (obere Donau, Rhein)
- **macrophylla** D. Don 1974
- *maculata* (Raf.) Fourr. = Persicaria maculosa
- **maculosa** Gray 1821 · D:Floh-Knöterich; E:Lady's Thumb · ⊙ VII-X; Eur.*, TR, Cauc., W-Sib., E-Sib., Amur, C-As., Him., China, Jap.
- **milletii** (H. Lév.) Trehane
- **minor** (Huds.) Opiz 1852 · D:Kleiner Knöterich · ⊙ VII-X; Eur.*, TR, Cauc., W-Sib., E-Sib., Amur, C-As., Him., E-As., Java
- *mitis* (Schrank) Assenov = Persicaria dubia
- **mollis** (D. Don) H. Gross 1913
- **nepalensis** (Meisn.) H. Gross 1913 · ♃; Him.
- **odorata** (Lour.) Soják 1974 · ⊙ D ⓝ; Indochina
- **orientalis** (L.) Spach 1841 · D:Östlicher Knöterich; E:Kiss-me-over-the-Garden-Gate, Smartweed, Willow Grass · ⊙ VII-X; Iran, Ind., China, SE-As., nat. in I, D, Ba, EC-Eur.
- **pensylvanica** (L.) M. Gómez

1896 · D:Pennsylvanischer Knöterich; E:Pennsylvania Smartweed · ⊙; Alaska, Can.: E; USA* exc. NW, nat. in BrI
- **polymorpha** (Ledeb.) Trehane
- *polystachya* (Wall. ex Meisn.) H. Gross = Aconogonon polystachyum
- **runcinata** (Buch.-Ham. ex D. Don) H. Gross 1913 · ⚃; Him.
- *sericea* (Pall.) H. Gross = Aconogonon sericeum
- **tenuicaulis** (Bisset et Moore) Cubey 2006
- **tinctoria** (Aiton) Spach 1841 · D:Färber-Knöterich · ⚃ ⓝ; China
- *vacciniifolia* (Wall. ex Meisn.) Ronse Decr. = Bistorta vacciniifolia
- **virginiana** (L.) Gaertn. 1790 · ⚃ Z5; USA: NE, NEC, NC, SC, SE, Fla.
  'Variegata' [69496]
- *vivipara* (L.) Ronse Decr. = Bistorta vivipara
- *wallichii* Greuter et Burdet = Aconogonon polystachyum
- *weyrichii* (F. Schmidt ex Maxim.) Ronse Decr. = Aconogonon polystachyum

Pertya Sch. Bip. 1862 -f- *Asteraceae* · (S. 263)
- **cordifolia** Mattf. 1931 · ♄
- **sinensis** Oliv. 1892 · ♄ Z5; C-China

Peruvocereus Akers = Haageocereus
- *albispinus* Akers = Haageocereus albispinus

Pescatoria Rchb. f. 1852 -f- *Orchidaceae* · (S. 1078)
- **cerina** (Lindl. et Paxton) Rchb. f. 1852 · ⚃ Z10 ⓚ VI-VII ▽ ✱; Costa Rica, Panama
- **dayana** Rchb. f. · ⚃ Z10 ⓚ VI-IX ▽ ✱; Col.
- **klabochorum** Rchb. f. 1879 · ⚃ ⓚ; Ecuad.
- **lamellosa** Rchb. f. 1875 · ⚃ Z10 ⓚ VII-VIII ▽ ✱; Col.

× **Pescoranthes** hort. 1961 -f- *Orchidaceae* ·
(*Cochleanthes* × *Pescatoria*)

Petalostemon Michx. = Dalea

Petamenes Salisb. ex J.W. Loudon = Gladiolus
- *bicolor* (Gasp.) E. Phillips = Chasmanthe bicolor

Petasites Mill. 1754 -m- *Asteraceae* · (S. 264)
D:Pestwurz; E:Butterbur; F:Pétasites
- **albus** (L.) Gaertn. 1791 · D:Weiße Pestwurz; E:White Butterbur; F:Pétasite blanc · ⚃ △ ⌒ Z5 IV; Eur.* exc. BrI, Ib; TR, Cauc., nat. in BrI [65685]
- **fragrans** (Vill.) C. Presl 1826 · D:Vanillen-Pestwurz; E:Sweet Coltsfoot, Winter Heliotrope; F:Héliotrope d'hiver · ⚃ △ ⌒ D Z7 ⋀ XII-III; Eur.: Sard., I, Sic.; Alger., Tun., Libya, nat. in Ib, Fr, BrI, CH, DK
- **hybridus** (L.) G. Gaertn., B. Mey. et Scherb. 1801 · D:Gewöhnliche Pestwurz; E:Butterbur, Umbrella Plant · ⚃ ⌒ Z4 IV ⚥; Eur.* exc. Sc; TR, Cauc., N-Iran, nat. in Sc, N-Am. [65686]
- **japonicus** (Siebold et Zucc.) Maxim. 1866 · D:Japanische Pestwurz · [67313]
  'Variegatus'
  - var. **giganteus** (F. Schmidt) G. Nicholson · D:Große Japanische Pestwurz; F:Pétasite du Japon · ⚃ Z5; Jap., Sachal. [67314]
  - var. **japonicus** · D:Gewöhnliche Japanische Pestwurz; E:Butterbur · ⚃ ⌒ D Z5 III-IV; China, Korea, Jap., Sachal., Ryukyu-Is.
- *officinalis* Moench = Petasites hybridus
- **palmatus** (Aiton) A. Gray · ⚃; Can.; USA: NE, NEC, NW, Calif.
- **paradoxus** (Retz.) Baumg. 1816 · D:Alpen-Pestwurz · ⚃ △ ⌒ Z5 IV-V; Eur.: sp., F, I, C-Eur., Bosn., Serbia, RO; mts.
- **spurius** (Retz.) Rchb. 1831 · D:Filzige Pestwurz · ⚃ Z5 IV; Eur.: Sc, D, PL, E-Eur.; W-Sib., ? C-As.
- *tomentosus* DC. = Petasites spurius

Petrea L. 1753 -f- *Verbenaceae* · (S. 886)
D:Purpurkranz; E:Purple Wreath; F:Petrea
- **volubilis** L. 1753 · D:Purpurkranz; E:Purple Wreath · ♄ e ⚌ Z10 ⓚ III-IV; C-Am., W.Ind. [27538]

Petrocallis R. Br. 1812 -f- *Brassicaceae* · (S. 331)
D:Steinschmückel; F:Drave des Pyrénées, Pétrocallis
- **pyrenaica** (L.) R. Br. 1812 · D:Steinschmückel; E:Rock Beauty · ⚃ ◯ △ Z4 VI ▽;

Eur.: sp., F, I, C-Eur., Slova., Slove., Croatia, ? RO; Pyr., Alp., Carp. [65687]

Petrocoptis A. Braun ex Endl. 1842 -f- *Caryophyllaceae* · (S. 403)
D:Pyrenäennelke; F:Lychnis des Pyrénées, Pétrocoptis
- **glaucifolia** (Lag.) Boiss. 1854 · ⚃ △ Z7 VI-VIII; N-Sp.; mts.
- *lagascae* (Willk.) Willk. = Petrocoptis glaucifolia
- **pyrenaica** (Bergeret) A. Braun 1843 · ⚃ △ Z7 VI-VII; sp., F; Pyr., mts. N-Sp.

Petrocosmea Oliv. 1716 -f- *Gesneriaceae* · (S. 553)
- **grandiflora** Hemsl. 1895 · ⚃
- **kerrii** Craib 1918 · ⚃ Z10 ⓚ; Thail.
- **nervosa** Craib 1920 · ⚃ Z9 ⓚ; Yunnan
- **parryorum** C.E.C. Fisch. 1926 · ⚃ Z10 ⓚ; N-Ind.: Assam

Petromarula Vent. ex R. Hedw. 1806 *Campanulaceae* · (S. 387)
- **pinnata** (L.) A. DC. 1830 · ⚃ Z8 ⓚ; Crete

Petrophile R. Br. ex Knight 1809 -f- *Proteaceae* · (S. 720)
- **ericifolia** R. Br. 1830 · ♄ e Z9 ⓚ; Austr. (W-Austr.)

Petrophytum (Nutt. ex Torr. et A. Gray) Rydb. 1900 -n- *Rosaceae* · (S. 758)
D:Rasenspiere; E:Rock Spiraea; F:Spirée
- **caespitosum** (Nutt. ex Torr. et A. Gray) Rydb. 1900 · ♄ e ⤳ △ Z3 VII-VIII; USA: NC, Rocky Mts., Calif., SW
- **cinerascens** (Piper) Rydb. 1908 · ♄ e ⤳ △ Z5 IX; USA: NW, Rocky Mts.

Petrorhagia (Ser.) Link 1831 -f- *Caryophyllaceae* · (S. 403)
D:Felsennelke; F:Tunique
- **prolifera** (L.) P.W. Ball et Heywood 1964 · D:Nelkenköpfchen, Sprossende Felsennelke; E:Proliferous Pink · ⊙ Z6 VI-X; Eur.*, TR, Cauc., NW-Afr.
- **saxifraga** (L.) Link 1831 · D:Steinbrech-Felsennelke; E:Coat Flower, Tunic Flower; F:Oeillet des rochers, Tunique · ⚃ △ Z6 VI-IX; Eur.* exc. BrI, Sc; TR, Cauc., N-Iran, Altai, nat. in BrI, Sc

[65688]
'Alba Plena' [65689]
'Rosette' [65690]

Petroselinum Hill 1756 -n-
Apiaceae · (S. 181)
D:Petersilie; E:Parsley; F:Persil
- **crispum** (Mill.) Nyman ex A.W.
Hill 1925 · D:Petersilie; E:Parsley ·
☉ VI-VII ⚥ ; ? SE-Eur., ? NW-Afr.;
cult., nat. in Eur.* [65691]
'Gigante d'Italia' [68814]
'Mooskrause'
'Smaragd' [65692]
- var. **crispum** · D:Blatt-Petersilie,
Krause Petersilie; E:Double
Curled Parsley · [60175]
- var. **neapolitanum** Danert
1959 · D:Italienische Petersilie;
E:Italian Parsley
- var. *radicosum* (Alef.) Danert
1959 = Petroselinum crispum
var. tuberosum
- var. **tuberosum** (Bernh.) Mart.
Crov. · D:Knollen-Petersilie,
Petersilienwurzel; E:Hamburg
Parsley, Turnip-rooted Parsley ·
[69694]

Petteria C. Presl 1845 -f- *Fabaceae* ·
(S. 520)
D:Petterie; F:Petteria
- **ramentacea** (Sieber) C. Presl
1845 · D:Petterie; E:Dalmatian
Laburnum · ♄ d Z6 VI; Eur.:
Croatia, Bosn., YU, AL [11361]

Petunia Juss. 1803 -f- *Solanaceae* ·
(S. 851)
D:Petunie; E:Petunia; F:Pétunia
- × **atkinsiana** D. Don 1898 (*P.
axillaris* × *P. integrifolia*) · D:Garten-Petunie; E:Petunia · ⚃ Z7
VI-IX; cult.
- **axillaris** (Lam.) Britton, Sterns et
Poggenb. 1888 · D:Weiße Petunie;
E:Large White Petunia · ☉ ⚃ ♄
D Z7 VI-IX; S-Bras., Urug., Arg.
- **integrifolia** (Hook.) Schinz et
Thell. 1915 · D:Violette Petunie;
E:Violet-flowered Petunia · ☉ ⚃ ♄
Z7 VI-IX; Bras., Urug., Arg. [16782]
- *nyctaginiflora* Juss. = Petunia
axillaris
- *violacea* Lindl. = Petunia integrifolia
- **in vielen Sorten:**
Cascade Ser.
Double Wave Ser.
Falcon Ser.
Fanfare Ser.
Floribunda Ser.
Fortunia Ser.
Grandiflora Ser.

Joy Multiflora Ser.
Surfina Ser. [16781]

Peucedanum L. 1753 -n- *Apiaceae* ·
(S. 181)
D:Haarstrang, Hirschwurz;
E:Hog's Fennel; F:Impératoire,
Peucédan
- **alsaticum** L. 1762 · D:Elsässer
Haarstrang · ⚃ VII-IX; Eur.: Fr,
C-Eur., EC-Eur., Ba, E-Eur.
- *altissimum* (Mill.) Thell. =
Peucedanum verticillare
- **austriacum** (Jacq.) Koch
- var. **rablense** (Wulfen) W.D.J.
Koch · D:Raibler Haarstrang · ⚃
Z6 VII-VIII; Eur.: I, CH, A, Slove.;
SE-Alp.
- **austriacum** (Jacq.) W.D.J. Koch ·
D:Österreichischer Haarstrang ·
⚃ Z6 VII-VIII; Eur.: Fr, Ap, C-Eur.,
Ba, E-Eur.
- **carvifolia** Vill. 1779 · D:Kümmel-
Haarstrang · ⚃ VI-VIII; Eur.* exc.
BrI, Sc; ? TR, Cauc.
- **cervaria** (L.) Lapeyr. 1813 ·
D:Hirschwurz · ⚃ Z6 VII-IX; Eur.*
exc. BrI, Sc; Cauc., W-Sib., Alger.
- **officinale** L. 1753 · D:Arznei-
Haarstrang, Echter Haarstrang · ⚃
VII-IX ⚥ ; Eur.* exc. Sc
- **oreoselinum** (L.) Moench 1794 ·
D:Berg-Haarstrang · ⚃ VII-VIII;
Eur.* exc. BrI; ? Cauc.
- **ostruthium** (L.) W.D.J.
Koch 1824 · D:Meisterwurz;
E:Hogfennel, Masterwort · ⚃
Z5 VII-VIII ⓝ; Eur.: Fr, C-Eur.,
EC-Eur., Ib, Ap, Ba, ?RO, ? Krim,
nat. in BrI, N-Am. [65693]
- **palustre** (L.) Moench 1794 ·
D:Sumpf-Haarstrang; E:Milk
Parsley · ⚃ VII-VIII; Eur.* exc. Ib;
W-Sib.
- **venetum** (Spreng.) W.D.J. Koch
1835 · D:Venezianischer Haarstrang · ⚃ VII-VIII; Eur.: sp., F, I,
CH, Slove., Croatia, E-Pyr., S-Alp.,
Apenn., Croatia
- **verticillare** (L.) Sprengel 1827 ·
D:Riesen-Haarstrang · ☉ ⚃ Z7 VII-
VIII ⚑; Eur.: CH, I, A, H, Slove.,
Croatia [65694]
- *wallichianum* DC. = Selinum
wallichianum

Peumus Molina 1782 -f-
Monimiaceae · (S. 648)
D:Boldo; E:Boldo; F:Boldo
- **boldus** Molina 1782 · D:Boldo;
E:Boldo · ♄ e Z9 ⓚ ⚥ ⚑; Chile

Pfeiffera Salm-Dyck 1845 -f-
Cactaceae · (S. 365)
- **ianthothele** (Monv.) F.A.C. Weber
1898 · ♄ ⚘ Z9 ⓚ; Bol., Arg.

Phacelia Juss. 1789 -f-
Hydrophyllaceae · (S. 571)
D:Büschelschön, Phazelie;
E:Bluebell, Scorpion Weed;
F:Phacélie
- **bolanderi** A. Gray 1875 · ⚃ ; USA:
NW, Idaho
- **campanularia** A. Gray 1878 ·
D:Glockenblumen-Büschelschön;
E:California Bluebell, Desert
Bluebells · ☉ Z9 VII-IX; Can.: W;
USA: Calif., Colo.
- **congesta** Hook. 1835 · D:Rain-
farn-Büschelschön; E:Blue Curls ·
☉ VII-X ⓝ; USA: Calif., Ariz.,
N.Mex., Tex.; Baja Calif.
- **divaricata** (Benth.) A. Gray 1875 ·
☉ VII-VIII; Calif.
- **grandiflora** (Benth.) A. Gray
1875 · ☉; S-Calif.
- **linearis** (Pursh) Holz. 1895 ·
D:Schmalblättriges Büschelschön;
E:Scorpion Weed · ☉ ☉ ⚃ VII-IX;
W-Can., USA: NW, Rocky Mts.,
Calif.
- *menziesii* Torr. = Phacelia linearis
- **minor** (Harv.) Thell. ex F. Zimm.
1914 / D:Kleines Büschelschön;
E:California Bluebell, Whitlavia ·
☉ VII-VIII; S-Calif.
- **parryi** Torr. 1859 · ☉ VI-IX; Calif.,
Mex.
- *tanacetifolia* A. DC. = Phacelia
congesta
- **tanacetifolia** Benth. 1835 · ☉;
USA: Calif., Ariz.; Mex., nat. in
Eur.* exc. Ap., BrI
- **viscida** (Benth. ex Lindl.) Torr.
1859 · D:Klebriges Büschelschön ·
☉ VI-VIII; Calif.
- *whitlavia* A. Gray = Phacelia minor

Phaedranassa Herb. 1845 -f-
Amaryllidaceae · (S. 913)
D:Andenkönigin; E:Queen Lily;
F:Reine des Andes
- **carmiolii** Baker 1868 · ⚃ Z8 ⓚ;
Costa Rica
- **lehmannii** Regel 1883 · ⚃ Z8 ⓦ;
Col.
- **schizantha** Baker 1880 · ⚃ Z8 ⓚ;
Ecuad., Peru

Phaedranthus Miers = Distictis
- *buccinatorius* (DC.) Miers =
Distictis buccinatoria

Phaenocoma D. Don 1826 -f-
Asteraceae · (S. 264)

- **prolifera** (L.) D. Don 1826 · ♄ ⚲ Z9 ⓦ; Kap

Phaenosperma Munro ex Benth. 1881 -f- *Poaceae*
- **globosa** Munro ex Benth. 1881

× **Phaiocalanthe** hort. 1887 -f- *Orchidaceae* ·
(*Calanthe* × *Phaius*)

× **Phaiocymbidium** hort. 1902 -n- *Orchidaceae* ·
(*Cymbidium* × *Phaius*)

Phaius Lour. 1790 -m- *Orchidaceae* · (S. 1078)
- **flavus** (Blume) Lindl. 1831 · ⚄ ⚲ Z10 ⓦ IV-V ▽ ✳; Ind., Malay. Arch.
- *grandifolius* Lour. = Phaius tankervilleae
- **humblotii** Rchb. f. 1880 · ⚄ ⚲ Z10 ⓦ VI-VII ▽ ✳; Madag.
- *maculatus* Lindl. = Phaius flavus
- **tankervilleae** (Banks ex L'Hér.) Blume 1856 · ⚄ ⚲ Z10 ⓦ II-VI ▽ ✳; Him., N-Ind., Sri Lanka, Myanmar, China, Malay. Arch., Austr.

Phalaenopsis Blume 1825 -f- *Orchidaceae* · (S. 1078) D:Malayenblume, Schmetterlingsorchidee; E:Moth Orchid; F:Orchidée-papillon
- **amabilis** (L.) Blume 1825 · ⚄ Z10 ⓦ X-II ▽ ✳; Malay. Arch., N.Guinea, Austr.: Queensl.
- **amboinensis** J.J. Sm. 1911 · ⚄ Z10 ⓦ XII-I ▽ ✳; Molucca I.: Ambon
- **aphrodite** Rchb. f. 1862 · ⚄ Z10 ⓦ XII-IV ▽ ✳; Phil., Taiwan
- *buyssoniana* Rchb. f. = Doritis pulcherrima
- **celebensis** H.R. Sweet 1980 · ⚄ Z10 ⓦ; Sulawesi
- **cornu-cervi** (Breda) Blume et Rchb. f. 1860 · ⚄ Z10 ⓦ V-IX ▽ ✳; Myanmar, Thail., Nicobar. Is., Malay. Pen., Sumat., Kalimantan
- *denevei* J.J. Sm. = Paraphalaenopsis denevei
- **equestris** (Schauer) Rchb. f. 1850 · ⚄ Z10 ⓦ VIII-IX ▽ ✳; Phil., Taiwan
- *esmeralda* Rchb. f. = Doritis pulcherrima
- **fasciata** Rchb. f. 1882 · ⚄ Z10 ⓦ; Phil.
- **fimbriata** J.J. Sm. 1921 · ⚄ Z10 ⓦ; Java, Sumatra, Kalimantan

- **gersenii** · ⚄ Z10 ⓦ; Sumatra, Kalimantan
- **gigantea** J.J. Sm. 1909 · ⚄ Z10 ⓦ; Kalimantan
- *grandiflora* Lindl. = Phalaenopsis amabilis
- **lindenii** Loher 1895 · ⚄ Z10 ⓦ; Phil.
- **lueddemanniana** Rchb. f. 1865
  - var. **lueddemanniana** · ⚄ Z10 ⓦ V-VI ▽ ✳; Phil.
  - var. **ochracea** Rchb. f. 1865 · ⚄ Z10 ⓦ; Phil.
  - var. *pulchra* = Phalaenopsis pulchra
- **mannii** Rchb. f. 1871 · ⚄ Z10 ⓦ V-VIII ▽ ✳; Ind.: Sikkim, Assam; Vietn.
- **mariae** Burb. ex R. Warner et B.S. Williams 1883 · ⚄ Z10 ⓦ VI-VIII ▽ ✳; Kalimantan, Phil.
- **micholitzii** Rolfe 1890 · ⚄ Z10 ⓦ; Phil.
- **pallens** · ⚄ Z10 ⓦ; Phil.
- **parishii** Rchb. f. 1865 · ⚄ Z10 ⓦ V-VI ▽ ✳; Myanmar
- **philippinensis** Golamco ex Fowlie et C.Z. Tang 1987 · ⚄ Z10 ⓦ; Phil.
- *pulcherrima* (Lindl.) J.J. Sm. = Doritis pulcherrima
- **pulchra** (Rchb. f.) H.R. Sweet 1968 · ⚄ Z10 ⓦ; Phil.
- *rimestadiana* (Linden) Rolfe = Phalaenopsis amabilis
- *rosea* Lindl. = Phalaenopsis equestris
- **sanderiana** Rchb. f. 1882 · ⚄ Z10 ⓦ; Phil.
- **schilleriana** Rchb. f. 1860 · ⚄ Z10 ⓦ I-III ▽ ✳; Phil.
- **stuartiana** Rchb. f. 1881 · ⚄ Z10 ⓦ I-III ▽ ✳; Phil.
- **sumatrana** Korth. et Rchb. f. 1860 · ⚄ Z10 ⓦ V-VI ▽ ✳; Thail., Malay. Pen., Sumat., Java, Kalimantan
- **venosa** Shim et Fowlie 1983 · ⚄ Z10 ⓦ; Sulawesi
- **violacea** Witte 1861 · ⚄ Z10 ⓦ V-VII ▽ ✳; Malay. Pen., Sumat., Kalimantan
- **in vielen Sorten**

× **Phalaerianda** hort. 1951 -f- *Orchidaceae* ·
(*Aerides* × *Phalaenopsis* × *Vanda*)

× **Phalandopsis** hort. 1960 -f- *Orchidaceae* ·
(*Phalaenopsis* × *Vandopsis*)

× **Phalanetia** hort. -f- *Orchidaceae* ·
(*Neofinetia* × *Phalaenopsis*)

Phalaris L. 1753 -f- *Poaceae* · (S. 1123) D:Glanzgras; E:Canary Grass; F:Alpiste, Baldingère
- **aquatica** L. 1755; Eur.: Ib, F, Ap, Ba; TR, SW-As., Ind. Australasia
- **arundinacea** L. 1753 · D:Rohr-Glanzgras; E:Reed Canary Grass, Ribbon Grass; F:Baldingère, Phalaris-roseau · ⚄ ⚲ Z4 VI-VII ⓝ; Eur.*, TR, Syr., Lebanon, Cauc., Iran, Him., N-Ind., Sri Lanka, W-Sib., E-Sib., Amur, Sachal., Kamchat., C-As., N-China, Korea, Jap., Taiwan, Java, Alger., Kenya (Mt. Kenya), Alaska, Can., USA*, Mex., nat. in S-Am., S-Afr., Austr., NZ [67315]
  'Mervyn Feesey' [67690]
  'Picta' · D:Buntes Rohr-Glanzgras; E:Gardener's Garters · ⚄ Z4; cult. [72573]
  'Tricolor' = Phalaris arundinacea 'Picta'
  'Variegata' = Phalaris arundinacea 'Picta'
- **brachystachys** Link 1806 · D:Gedrungenblütiges Glanzgras · ☉; Eur.: Ib, Fr, Ap, Ba; Cauc.
- **canariensis** L. 1753 · D:Kanariengras; E:Birdseed Grass, Canary Grass · ☉ ⚲ Z6 VI-VIII ⓝ; Eur.: Ib, Fr, Ap, Ba, E-Eur., Canar. Is., Azor.; Tun., TR, nat. in Eur.* exc. BrI, Sc; Cauc.
- **coerulescens** Desf. 1798 · D:Ausdauerndes Glanzgras; E:Sunol Grass · ⚄; Eur.: Ib, Fr, Ap, Ba; TR
- **minor** Retz. 1783 · D:Kleines Glanzgras; E:Little Seed Canary Grass · ☉ Z6; Eur.: Ib, Fr, Ap, Ba, TR, Cauc., Iran, C-As., Him., Ind., N-Afr., Kap, nat. in Krim
- **paradoxa** L. 1763 · D:Sonderbares Glanzgras; E:Hood Canary Grass · ☉; Eur.: Ib, Fr, Ap, Ba; TR, Cauc., SW-As., N-Afr.

Phanerophlebia C. Presl = Polystichum
- *caryotidea* (Wall.) Copel. = Polystichum falcatum var. caryotideum
- *falcata* (L. f.) Copel. = Polystichum falcatum var. falcatum
- *fortunei* (J. Sm.) Copel. = Polystichum falcatum var. fortunei

Pharbitis Choisy = Ipomoea
- *acuminata* (Vahl) Choisy = Ipomoea indica
- *hederacea* (Jacq.) Choisy = Ipomoea hederacea
- *hispida* (Zucc.) Choisy = Ipomoea purpurea

- *learii* (Paxton) Lindl. = Ipomoea indica
- *nil* (L.) Choisy = Ipomoea nil
- *purpurea* (Roth) Voigt = Ipomoea purpurea
- *rubrocaerulea* (Hook.) Planch. = Ipomoea tricolor

Pharus P. Browne 1756 -m- *Poaceae* · (S. 1124)
- *glaber* Kunth = Pharus lappulaceus
- **lappulaceus** Aubl. 1775 · ⓦ; Mex., W.Ind., trop. S-Am.
- **latifolius** L. 1759 · ⁊ Z9 ⓦ; W.Ind.

Phaseolus L. 1753 -m- *Fabaceae* · (S. 520)
D:Bohne; E:Bean; F:Haricot
- *aconitifolius* Jacq. = Vigna aconitifolia
- **acutifolius** A. Gray 1852
  - var. **acutifolius** · D:Tepary-Bohne; E:Wild Bean · ☉ ⚥ Z10 ⓦ Ⓝ; USA: Ariz., N.Mex., Tex.; Mex.
  - var. **latifolius** G.F. Freeman 1912 · ☉ ⚥ Z10 ⓦ Ⓝ; N-Mex., Ariz., nat. in Afr.
- *angularis* (Willd.) W. Wight = Vigna angularis
- *aureus* Roxb. = Vigna radiata
- **coccineus** L. 1753 · D:Feuer-Bohne; E:Runner Bean, Scarlet Runner · ☉ ⚥ Z10 VI-IX; ? Mex., ? C-Am.
- **lathyroides** L. 1763 · ☉ ⚥ Ⓝ; trop. Am., Austr.: Queensl.; cult. E-Afr.
- *limensis* Macfad. = Phaseolus lunatus
- **lunatus** L. 1837 · D:Butter-Bohne, Lima-Bohne; E:Butter Bean, Lima Bean · ☉ ⚥ Z10 ✿ Ⓝ; S-Am.
- *max* L. = Glycine max
- *multiflorus* Lam. = Phaseolus coccineus
- *mungo* L. = Vigna mungo
- *retusus* Benth. = Phaseolus ritensis
- **ritensis** M.E. Jones 1908 · ⁊ Ⓝ; USA: Ariz., N.Mex., Tex.
- **vulgaris** L. 1753
  - var. **nanus** (L.) G. Martens 1859 · D:Busch-Bohne; E:Dwarf Bean · ☉ Z10 Ⓝ; cult.
  - var. **vulgaris** · D:Garten-Bohne, Stangen-Bohne; E:Bean, Flageolet, French Bean, Green Bean, Haricot, Kidney Bean · ☉ ⚥ Z10 VI-IX ⚥; cult.

Phedimus Raf. = Sedum
- *aizoon* (L.) 't Hart = Sedum aizoon
- *obtusifolius* (C.A. Mey.) 't Hart = Sedum obtusifolium
- *takesimensis* (Nakai) 't Hart = Sedum takesimense

Phegopteris Fée 1852 -f- *Thelypteridaceae* · (S. 81)
D:Buchenfarn; E:Beach Fern; F:Fougère du hêtre
- **connectilis** (Michx.) D. Watt 1867 · D:Gewöhnlicher Buchenfarn; E:Long Beech Fern; F:Fougère des hêtres · ⁊ Z5 VII-VIII; Eur.*, TR, Cauc., W-Sib., E-Sib., Amur, Sachal., Kamchat., Manch., Korea, Jap., Alaska, Can., USA: NE, NCE, SE; Greenl. [67462]
- **decursive-pinnata** (H.C. Hall) Fée 1850 · D:Tausendfüßlerfarn · ⁊ Z6; Ind., Indochina, China, Taiwan, Jap. [67458]
- *dryopteris* (L.) Fée = Gymnocarpium dryopteris
- **hexagonoptera** (Michx.) Fée 1850 · D:Breiter Buchenfarn; E:Broad Beech Fern; F:Fougère des hêtres américaine · ⁊ Z5; Can.: E; USA: NE, NCE, Kans., SC, SE, Fla.
- *polypodioides* Fée = Phegopteris connectilis
- *robertiana* (Hoffm.) Asch. = Gymnocarpium robertianum
- *vulgaris* Mett. = Phegopteris connectilis

Phellandrium L. = Oenanthe
- *aquaticum* L. = Oenanthe aquatica

Phellodendron Rupr. 1857 -n- *Rutaceae* · (S. 792)
D:Korkbaum; E:Corktree; F:Arbre à liège
- **amurense** Rupr. 1857 · D:Amur-Korkbaum; E:Amur Cork Tree; F:Phellodendron de l'Amour · ♄ d Z5 VI ⚥ Ⓝ; Amur, N-China, Manch., Korea, Jap. [19920]
  - var. *sachalinense* F. Schmidt 1868 = Phellodendron sachalinense
- **chinense** C.K. Schneid. 1907 · D:Chinesischer Korkbaum; E:Chinese Cork Tree · ♄ d Z5 VI; C-China [26443]
- **japonicum** Maxim. 1871 · D:Japanischer Korkbaum; E:Japanese Cork Tree; F:Phellodendron du Japon · ♄ d Z5 VI; Jap. [40006]
- **lavallei** Dode 1909 · D:Rostiger Korkbaum; E:Lavalle Cork Tree · ♄ d Z6 VI; Jap. [26441]
- **sachalinense** (F. Schmidt) Sarg. 1905 · D:Sachalin-Korkbaum; E:Sakhalin Cork Tree · ♄ d Z4 VI; China, Korea, N-Jap., Sachal. [26442]

Phellosperma Britton et Rose = Mammillaria
- *guelzowiana* (Werderm.) Buxb. = Mammillaria guelzowiana
- *longiflora* (Britton et Rose) Buxb. = Mammillaria longiflora
- *pennispinosa* (Krainz) Buxb. = Mammillaria pennispinosa var. pennispinosa
- *tetrancistra* (Engelm.) Britton et Rose = Mammillaria tetrancistra

Phelypaea L. = Orobanche
- *caerulea* (Vill.) C.A. Mey. = Orobanche purpurea
- *ramosa* (L.) C.A. Mey. = Orobanche ramosa

Pherosphaera W. Archer bis = Microstrobos
- *hookeriana* W. Archer bis = Microstrobos niphophilus
- *niphophila* (J. Garden et L.A.S. Johnson) Florin = Microstrobos niphophilus

Philadelphus L. 1753 -m- *Hydrangeaceae* · (S. 569)
D:Pfeifenstrauch, Sommerjasmin; E:Mock Orange; F:Seringat
- **argyrocalyx** Wooton 1898 · ♄ d D Z7 VI-VIII; USA: N.Mex.
- **brachybotrys** (Koehne) Koehne 1911 · ♄ Z7 VI-VII; ? China [26486]
- **californicus** Benth. 1849 · D:Kalifornischer Pfeifenstrauch · ♄ d D Z7 VI-VII; Calif.
- **caucasicus** Koehne 1896 · D:Kaukasischer Pfeifenstrauch; E:Caucasian Mock Orange · ♄ d Z6 V-VI; Cauc.
- **coronarius** L. 1753 · D:Falscher Jasmin, Gewöhnlicher Pfeifenstrauch; E:Sweet Mock Orange; F:Seringat des jardins · ♄ d Z5 V-VI; Eur.: A (Steiermark), I, nat. in F, RO [19950]
  'Aureus' [40015]
  'Salicifolius'
  'Variegatus' 1770 [26491]
- **delavayi** L. Henry 1902 · D:Delavays Pfeifenstrauch · ♄ d Z6 VI; Yunnan [26492]
- × **falconeri** Sarg. 1894 · D:Stern-Pfeifenstrauch · ♄ d Z5; orig. ? [13299]

- **floridus** Beadle 1902 · ♄ d Z7 VI; USA: Ga. [26494]
- *gloriosus* Beadle = Philadelphus inodorus var. grandiflorus
- *grandiflorus* Willd. = Philadelphus inodorus var. grandiflorus
- **henryi** Koehne 1911 · D:Henrys Pfeifenstrauch
- **hirsutus** Nutt. 1818 · D:Grauhaariger Pfeifenstrauch · ♄ d Z7 VI; USA: Ky., SE [26495]
- **incanus** Koehne 1896 · D:Später Pfeifenstrauch · ♄ d D Z5 VII; China: Hupeh, Schansi
- **inodorus** L. 1753
  - var. **grandiflorus** (Willd.) A. Gray 1856 · ♄ d Z7 VI; USA: Va., SE, Fla. [12432]
  - var. **inodorus** · D:Duftloser Pfeifenstrauch; E:Scentless Mock Orange · ♄ d Z7; USA: Va., SE, Fla.
  - var. **laxus** (Schrad. ex DC.) S.Y. Hu 1955 · ♄ d Z7 VI; USA: Ga.
  - var. **strigosus** Beadle 1902 · ♄ d Z7 VI; USA: S.C.
- **insignis** Carrière 1870 · ♄ d D Z7 VI-VII; USA: Oreg., Calif.
- **intectus** Beadle 1902 · ♄ d Z7 VI; USA: SE [26496]
- **kansuensis** (Rehder) S.Y. Hu 1955 · ♄ d Z7 VII; NW-China
- *laxus* Schrad. ex DC. = Philadelphus inodorus var. laxus
- × **lemoinei** Lemoine 1888 (*P. coronarius* × *P. microphyllus*) · D:Lemoines Pfeifenstrauch · ♄ d Z5; cult.
- **lewisii** Pursh 1813
  'Waterton' [20040]
  - var. **gordonianus** (Lindl.) Jeps. 1925 · ♄ d Z5 VI-VII; Can.: B.C.; USA: NW, Idaho, Calif.
  - var. **lewisii** · D:Oregon-Pfeifenstrauch; E:Wild Mock Orange · ♄ d Z5; Can.: W; USA: NW, Calif., Rocky Mts.
- **madrensis** Hemsl. 1908 · ♄ d; Mex.
- × **maximus** Rehder 1913 (*P. pubescens* × *P. tomentosus*) · ♄ d; cult.
- **mexicanus** Schltdl. 1839 · D:Mexikanischer Pfeifenstrauch · ♄ ! e Z9 ⌂; Mex., Guat. [26497]
- **microphyllus** A. Gray 1849 · D:Kleinblättriger Pfeifenstrauch · ♄ d Z6 VI; USA: Colo., SW [26498]
- **pekinensis** Rupr. 1857 · D:Peking-Pfeifenstrauch · ♄ d D Z5 VI; N-China, Korea [26502]
  - var. *brachybotrys* (Koehne)

  Koehne 1904 = Philadelphus brachybotrys
  - var. *kansuensis* Rehder 1928 = Philadelphus kansuensis
  - × **polyanthus** Rehder 1927 (*P. insignis* × *P.* × *lemoinei*) · ♄ d Z6; cult.
- **pubescens** Loisel. 1820 [20050]
  - var. *intectus* (Beadle) A.H. Moore 1915 = Philadelphus intectus
  - var. **pubescens** · D:Weichhaariger Pfeifenstrauch · ♄ d Z5; USA: NE, NCE, SE [13303]
  - var. **verrucosus** (Schrad. ex DC.) S.Y. Hu 1955 · ♄ d Z5 VI; USA: NCE, SE
- **purpurascens** (Koehne) Rehder 1915 · ♄ d D Z6 VI; W-China [26504]
- × **purpureomaculatus** Lemoine 1888 (*P. coulteri* × *P.* × *lemoinei*) · ♄ d Z6; cult.
- *salicifolius* hort. = Philadelphus coronarius 'Salicifolius'
- **salicifolius** K. Koch 1869 · ♄ d D Z5 VI; orig. ?
- **satsumanus** Siebold ex Miq. 1867 · ♄ d Z6 VI; Jap.
- **satsumi** (Siebold) S.Y. Hu 1852 · ♄ d D Z6 VI; Jap. [26505]
- **schrenkii** Rupr. 1857 · D:Schrenks Pfeifenstrauch · ♄ d D Z5 V-VI; Manch., Korea [26506]
- **sericanthus** Koehne 1896 · ♄ d Z6 VI; W-China, C-China
- *strigosus* (Beadle) Rydb. = Philadelphus inodorus var. inodorus
- **subcanus** Koehne 1904 [26507]
  - var. **magdalenae** (Koehne) S.Y. Hu · ♄ d D Z6 VI; W-China
  - var. **subcanus** · ♄ d Z6; W-China
- **tenuifolius** Rupr. et Maxim. 1856 · D:Mandschurischer Pfeifenstrauch · ♄ d Z5 VI; Manch., Korea, E-Sib. [26508]
- **tomentosus** Wall. ex G. Don 1832 · D:Filziger Pfeifenstrauch · ♄ d D Z6 VI; Him.
- *verrucosus* Schrad. ex DC. = Philadelphus pubescens var. pubescens
- × **virginalis** Rehder 1927 · ♄ d Z5; cult. [15815]
- **in vielen Sorten:**
  B Burfordensis-Gruppe
     Blüten (rahm-) weiß, einfach. Pflanzen mittelgroß (1-4 m). Blätter (mittel-) groß, an sterilen Trieben überwiegend länger als 5 cm. (Im Wesentlichen eine

Zusammenfassung der alten Hybridgruppen *P.* × *cymosus* und *P.* × *polyantha*).
  L Lemoinei-Gruppe
     Blüten (rahm-) weiß, Pflanzen niedrig bis mittelhoch (0,2-2 m). Blätter klein, an fertilen Trieben stets, an sterilen meist kürzer als 5 cm.
  PM Purpureo-Maculata-Gruppe
     Blüten (rahm-) weiß mit purpurroter Mitte. Pflanzen niedrig bis mittelhoch (0,3-2 m). Blätter klein bis mittelgroß, an sterilen Trieben.
  V Virginalis-Gruppe
     Blüten (rahm-) weiß, überwiegend halb gefüllt bis gefüllt. Pflanzen mittelhoch bis hoch (1-4 m). Blätter (mittel-) groß, an sterilen Trieben länger als 5 cm.

'Albâtre' (B) 1912 [20080]
'Beauclerk' (PM) [19990]
'Belle Etoile' (PM) [20060]
'Erectus' (L) 1890 [20010]
'Frosty Morn' (L) 1953 [42648]
'Girandole' (V) 1915 [20090]
'Manteau d'Hermine' (L) 1899 [20030]
'Minnesota Snowflake' (V) 1935 [26248]
'Mont Blanc' (B) 1896
'Schneesturm' (V) 1949 [20110]
'Silberregen' (L) 1949 [55354]
'Snowflake' = Philadelphus 'Minnesota Snowflake'
'Virginal' (V)
'White Rock' [12676]

Philesia Comm. ex Juss. 1789 -f- Philesiaceae · (S. 1090) D:Kussblume; F:Philésia
- **magellanica** J.F. Gmel. 1792 · ♄ e Z9 ⌂; Chile, S-Arg.

Philippicereus Backeb. = Eulychnia
- *castaneus* (Phil.) Backeb. = Eulychnia castanea

Phillyrea L. 1753 -f- Oleaceae · (S. 675) D:Steinliguster, Steinlinde; E:Mock Privet; F:Filaria
- **angustifolia** L. 1753 · D:Schmalblättrige Steinlinde · ♄ e Z8 ⌂ V-VI; Eur.: Ib, Fr, Ap, Ba; NW-Afr., nat. in Krim [26509]
- *decora* Boiss. et Balansa = Osmanthus decorus
- **latifolia** L. 1753 · D:Breitblättrige Steinlinde · ♄ ♄ e Z8 ⌂ V; Eur.: Ib, Fr, Ap, Ba; TR, Levante, NW-Afr., Libya [11271]

- *media* L. = Phillyrea latifolia
- *vilmoriniana* Boiss. et Balansa = Osmanthus decorus

Philodendron Schott 1829 -n- Araceae · (S. 929)
D:Philodendron; E:Philodendron; F:Philodendron
- **adamantinum** Mart. ex Schott 1856 · ♄ e Z10 ⓦ; Parag.
- *andreanum* Devansaye = Philodendron melanochrysum
- **angustisectum** Engl. 1899 · ʃ e ⇡ Z10 ⓦ; W-Col.
- *asperatum* (K. Koch) K. Koch = Philodendron ornatum
- *augustinum* K. Koch = Philodendron radiatum
- **bipennifolium** Schott 1855 · D:Geigenblatt-Philodendron; E:Fiddleleaf Philodendron · ʃ e ⇡ Z10 ⓦ; S-Bras.
- **bipinnatifidum** Schott ex Endl. 1837 · D:Baum-Philodendron · ♄ e Z10 ⓦ; SE-Bras.
- *cannifolium* Mart. ex Kunth = Philodendron martianum
- *cordatum* hort. = Philodendron hederaceum var. hederaceum
- **cordatum** Kunth 1841 · D:Herzblättriger Philodendron; E:Heart Philodendron · ʃ e ⇡ Z10 ⓦ; SE-Bras.
- × **corsinianum** Senoner 1888 (*P. verrucosum* × ?) · ʃ e ⇡ Z10 ⓦ; cult.
- **crassinervium** Lindl. 1837 · ʃ e ⇡ Z10 ⓦ; Guyan.
- *daguense* Linden = Philodendron verrucosum
- **devansayeanum** L. Linden 1895 · ⚃ ʃ e ⇡ ⤳ Z10 ⓦ; Ecuad., Peru; And.
- **domesticum** G.S. Bunting 1966 · D:Spatenblatt-Philodendron; E:Spade Leaf Philodendron · ♄ e ⇡ Z10 ⓦ; ? Bras.
- *duisbergii* Epple ex G.S. Bunting = Philodendron pedatum
- *eichleri* Engl. = Philodendron undulatum
- **elegans** K. Krause 1913
- *elongatum* Engl. = Philodendron hastatum
- **erubescens** K. Koch et Augustin 1854 · D:Rotblättriger Philodendron; E:Blushing Philodendron, Redleaf Philodendron · ʃ e ⇡ Z10 ⓦ; Col.
- **eximium** Schott 1853 · e ⇡ Z10 ⓦ; Bras.
- **fendleri** K. Krause 1913 · ♄ e ⇡ Z10 ⓦ; Col., Venez., Trinidad
- **giganteum** Schott 1856 · ʃ e ⇡ Z10 ⓦ; W.Ind.
- **glaziovii** Hook. f. 1885 · e ⇡ Z10 ⓦ; Bras.
- **gloriosum** André 1876 · ⚃ e ⤳ Z10 ⓦ; Col.
- **grandifolium** (Jacq.) Schott 1829 · ʃ e ⇡ Z10 ⓦ; Guyan.
- *hastatum* hort. = Philodendron domesticum
- **hastatum** K. Koch et Sello 1854 · e ⇡ Z10 ⓦ; Bras.
- **hederaceum** (Jacq.) Schott 1829 Z10
  - var. **hederaceum** · D:Kletternder Philodendron; E:Heart-leaf Philodendron · ʃ e Z10; Mex., trop. Am.
  - var. **oxycardium** (Schott) Croat 2002 · ⇡ Z10 ⓦ; E-Mex.
- **houlletianum** Engl. 1899 · ʃ e ⇡ Z10 ⓦ; Guyan.
- *ilsemannii* hort. Saunders = Philodendron ornatum
- **imbe** Schott ex Endl. 1837 · ʃ e ⇡ Z10 ⓦ; S-Bras.
- *imperiale* Schott = Philodendron ornatum
- **lacerum** (Jacq.) Schott 1829 · ʃ e ⇡ Z10 ⓦ; Cuba, Haiti, Jamaica
- **laciniatum** (Vell.) Engl. = Philodendron pedatum
- *laciniosum* Schott = Philodendron pedatum
- **latifolium** K. Koch 1854 · e Z10 ⓦ; Venez.
- *latilobum* Schott = Philodendron panduriforme
- **longilaminatum** Schott 1862 · e ⇡ Z10 ⓦ; S-Bras.
- **martianum** Engl. 1899 · ⚃ e ⤳ Z10 ⓦ; SE-Bras.
- **melanochrysum** Linden et André 1873 · D:Schwarzgoldener Philodendron; E:Black Gold Philodendron · ʃ e ⇡ Z10 ⓦ ⓝ; Col.
- **melinonii** Brongn. ex Regel 1874 · ⚃ e Z10 ⓦ; trop. S-Am.
- **ornatum** Schott 1853 · ʃ e ⇡ Z10 ⓦ; trop. S-Am.
- *oxycardium* Schott = Philodendron hederaceum var. oxycardium
- **panduriforme** (Kunth) Kunth 1841 · ʃ e ⇡ Z10 ⓦ; Peru
- *panduriforme* hort. = Philodendron bipennifolium
- **pedatum** (Hook.) Kunth 1841 · ʃ e ⇡ Z10 ⓦ; Venez., Guyan., N-Bras
- *pertusum* (L.) Kunth et C.D. Bouché = Monstera adansonii
- **pinnatifidum** (Jacq.) Schott 1829 · ⚃ e Z10 ⓦ; Venez., Trinidad
- **radiatum** Schott 1853 · ʃ e ⇡ Z10 ⓦ; SE-Mex., Guat.
- **rugosum** Bogner et G.S. Bunting 1983 · ʃ e ⇡ Z10 ⓦ; Ecuad.
- **sagittifolium** Liebm. 1849 · ʃ e ⇡ Z10 ⓦ; S-Mex.
- *sanguineum* Regel = Philodendron sagittifolium
- *scandens* K. Koch et Sello = Philodendron hederaceum
- *selloum* K. Koch = Philodendron bipinnatifidum
- *sellowianum* K. Koch = Philodendron latifolium
- **simsii** (Hook.) Sweet ex Kunth 1841 · ⚃ e Z10 ⓦ; Venez.
- *sodiroi* hort. ex Bellair et St.-Lég. = Philodendron ornatum
- **squamiferum** Poepp. 1845 · ʃ e ⇡ Z10 ⓦ; Guyan., Bras.
- **tripartitum** (Jacq.) Schott 1829 · ʃ e ⇡ Z10 ⓦ; C-Am., trop. S-Am.
- *triumphans* hort. = Philodendron verrucosum
- *tuxtlanum* G.S. Bunting = Philodendron sagittifolium
- **undulatum** Engl. 1879 · ♄ e Z10 ⓦ; Bras.
- **verrucosum** L. Mathieu ex Schott 1856 · ʃ e ⇡ Z10 ⓦ; Costa Rica, Panama, Col., Ecuad.
- **wendlandii** Schott 1860 · ⚃ e Z10 ⓦ; C-Am.

Philydrum Banks ex Gaertn. 1788 -n- *Philydraceae* · (S. 1091)
- **lanuginosum** Banks ex Gaertn. 1788 · ⚃ ≈ Z10 ⓦ; Ind., Myanmar, China, Taiwan, Jap., Thail., Malay. Pen., Austr.

Phlebodium (R. Br.) J. Sm. 1841 -n- *Polypodiaceae* · (S. 77)
D:Hasenfußfarn; E:Golden Polypody
- **aureum** (L.) J. Sm. 1841 · D:Goldener Hasenfußfarn; E:Golden Polypody, Hare's Foot Fern · ⚃ ⤳ Z10 ⓦ; trop. S-Am., nat. in Sri Lanka

Phleum L. 1753 -n- *Poaceae* · (S. 1124)
D:Lieschgras; E:Cat's Tail, Timothy; F:Fléole
- **alpinum** L. 1753 · D:Alpen-Lieschgras; E:Alpine Cat's Tail, Alpine Timothy · ⚃ VII-VIII; Eur.*, TR, Cauc., W-Sib., E-Sib., Kamchat., C-As., Afgh., E-As., nat. in N-Am., Mex., s S-Am.
- **arenarium** L. 1753 · D:Sand-

Lieschgras · ☉ V-VI; Eur.: Sc, BrI, Fr, D, Ib, Ap, ? Krim; Syr., NW-Afr., Libya; coasts
- **bertolonii** DC. 1813 · D:Knolliges Lieschgras; E:Small Timothy · ⚁ VI-VII; Eur.*, TR, N-Iran, W-Sib., E-Sib., C-As., NW-Afr., nat. in USA
- *commutatum* Gaudich. = Phleum alpinum
- **hirsutum** Honck. 1782 · D:Matten-Lieschgras, Raues Lieschgras · ⚁ VII-VIII; Eur.: Fr, Ap, C-Eur., EC-Eur., Ba, RO, W-Russ.; mts.
- **paniculatum** Huds. 1762 · D:Rispiges Lieschgras · ☉ V-VII; Eur.: Ib, Fr, C-Eur., Ap, H, Ba, RO, ? Krim; TR, Cauc., Iran, Afgh., C-As.
- **phleoides** (L.) H. Karst. 1881 · D:Steppen-Lieschgras; E:Boehmer's Cat's Tail · ⚁ VI-VII; Eur.*, TR, Iraq, Cauc., Iran, W-Sib., E-Sib., C-As., Mong., China: Sinkiang; NW-Afr.
- **pratense** L. 1753 · D:Wiesen-Lieschgras; E:Cat's Tail, Timothy · ⚁ VI-VII Ⓝ; Eur.*, TR, Cauc., C-As., E-Sib., Amur, Sachal., N-Afr., nat. in N-Am., Austr.
- *rhaeticum* (Humphries) Rauschert 1979 · D:Graubündener Lieschgras · ⚁ VII-VIII; Eur.* exc. BrI, Sc; mts.
- **subulatum** (Savi) Asch. et Graebn. 1899 · D:Pfriemliches Lieschgras · ☉; Eur.: Ib, Fr, Ap, Ba, PL, RO, Krim; TR, Syr., Iraq, Arab., Pakist., Egypt

Phlomis L. 1753 -f- *Lamiaceae* · (S. 589)
D:Brandkraut; E:Sage; F:Phlomis
- **atropurpurea** Dunn 1913 · ⚁; China (Yunnan)
- **betonicoides** Diels 1912 · ⚁ Z7; China (Sichuan, Yunnan, Tibet)
- **bourgaei** Boiss. 1879 · ♄ e Z7; TR
- **bovei** Noë 1855
  - subsp. **maroccana** Maire 1928 · ⚁ Z9 ⓚ; Maroc., Alger.
- **bracteosa** Royle 1833 · ♄ Z8 ⓚ; Him.
- **cashmeriana** Royle ex Benth. 1833 · ⚁ Z7 VI-VII; Afgh., Kashmir, W-Him. [65695]
- **chrysophylla** Boiss. 1853 · ♄ Z9 ⓚ; Lebanon
- **crinita** Cav. 1795 · ♄ e Z8 ⓚ; Eur.: sp.; NW-Afr.
- **fruticosa** L. 1753 · D:Strauchiges Brandkraut; E:Jerusalem Sage · ♄ ♄ e Z8 ⓜ VI-VII; Eur.: Ap, Ba; TR, Cyprus, nat. in BrI, Fr, Krim [65696]

'Edward Bowles'
- **grandiflora** H.S. Thomps. 1905 · D:Großblütiges Brandkraut · ♄ e Z8 ⓚ; GR (Samos); W-TR
- **herba-venti** L. 1753
  - subsp. **herba-venti** 1753 · ⚁ Z7 VII-VIII; Eur.: Ib, Fr, Ap, Ba, E-Eur.; Iran
  - subsp. **pungens** (Willd.) Maire ex DeFillips 1971 · ⚁ Z7; Krim, Cauc.
- **italica** L. 1759 · D:Balearen-Brandkraut · ♄ e Z8 ⓚ; Balear.
- *laciniata* L. = Eremostachys laciniata
- **lanata** Willd. 1814 · ♄ e Z8 ⓚ; Crete
- **longifolia** 1859 · ♄ e Z9 ⓚ; S-TR, Cyprus, Syr., Lebanon
  - var. **bailanica** 1958 · ♄ e Z9 ⓚ; TR
  - var. **longifolia**
- **lychnitis** L. 1753 · ♄ e Z8 ⓚ; Eur.: P, sp., F
- **lycia** D. Don 1841 · ♄ e Z9 ⓚ; SW-TR
- **monocephala** P.H. Davis 1949 · ♄ e; TR
- **purpurea** L. 1753 · ♄ e Z8 ⓚ; Eur.: P, sp.; Maroc.
  'Alba'
  - subsp. **almeriensis** (Pau) Losa et Rivas Goday ex Rivas Mart. 1976 · ♄ e Z8 ⓚ; Eur.: sp. (Almería, Granada)
  - subsp. **caballeroi** (Pau) Rivas Mart. 1976 · ♄ e ⓚ; Eur.: sp.; Alger., Maroc.
  - subsp. **purpurea**
- **russeliana** (Sims) Benth. 1834 · F:Sauge de Jérusalem · ⚁ ♄ Z7 VI-VII; TR [65697]
- **samia** L. 1753 · ⚁ Z7; Eur.: GR, Maced.; TR
- *taurica* Hartwiss ex Bunge = Phlomis herba-venti subsp. pungens
- **tuberosa** L. 1753 · D:Knollen-Brandkraut; F:Sauge de Jérusalem · ⚁ Z6 VI-VII; Eur.: C-Eur., EC-Eur., Ba, E-Eur.; TR, Cauc., N-Iran, W-Sib., E-Sib., Amur, Mong. [65698]
  'Amazone' [65699]
- **urodonta** Popov 1940 · ⚁; C-As.; Tien-shan
- *viscosa* hort. = Phlomis russeliana
- **viscosa** Poir. 1804 · ♄ Z8 ⓚ; TR, Syr., Armen.

Phlox L. 1753 -f- *Polemoniaceae* · (S. 701)
D:Flammenblume, Phlox;

E:Phlox; F:Phlox
- **adsurgens** Torr. 1870 · D:Immergrüner Phlox; E:Woodland Phlox · ⚁ ⤳ △ Z6 V-VI; USA: Oreg., Calif.
  'Alba' [69515]
  'Wagon Wheel' [65700]
- **albomarginata** M.E. Jones 1894 · D:Weißrand-Phlox · ⚁; USA: Idaho, Mont.; mts.
- **amoena** Sims 1810 · D:Kelch-Phlox · ⚁ Z8; USA: Ky., SE, Fla.
  'Variegata' [71351]
- **amplifolia** Britton 1901 · D:Großblättriger Phlox · ⚁; USA: NEC, SE
- × **arendsii** hort. 1910 (*P. divaricata* × *P. paniculata*) · D:Arends' Phlox · ⚁ Z3; cult. [73981]
  'Anja' Arends 1966 [65701]
  'Hilda' Arends 1913 [65702]
  'Lisbeth' Arends 1913
  'Susanne' Arends [65703]
- **austromontana** Coville 1893 · D:Gekielter Phlox, Wüsten-Phlox
- *austromontana* hort. = Phlox covillei
- **bifida** Beck 1826 · D:Sand-Phlox; E:Sand Phlox · ⚁ ⤳ △ Z6 IV-V; USA: NCE, Ky., Okla.
  'Colvins White'
  'Starbrite' [65704]
- **borealis** Wherry 1955 · D:Alaska-Phlox · ⚁ ⤳ △ Z2 IV-V; Alaska [65705]
  'Daniel' [65716]
- **caespitosa** Nutt. 1834 · D:Kissen-Phlox · ⚁ Z5; USA: Oreg., N-Calif., Rocky Mts., , N.Mex.
- **camla**
  'Nana' = Phlox covillei
- *canadensis* Sweet = Phlox divaricata subsp. divaricata
- **carolina** L. 1762 · D:Carolina-Phlox, Dickblatt-Phlox; E:Thick Leaf Phlox · ⚁ Z5 VI-VII; USA: NE, Ind., SE [65706]
  'Magnificence'
- **covillei** E. Nelson 1899 · D:Borsten-Phlox · ⚁; USA: Calif., Nev. [65707]
- **diffusa** Benth. 1849 · D:Ausgebreiteter Phlox, Sierra-Phlox
- **divaricata** L. 1753 [65708]
  'Blue Dreams' [72455]
  'Chattahoochee' [65710]
  'Clouds of Perfume' [67999]
  'Dirigo Ice'
  'May Breeze' [69498]
  - subsp. **divaricata** · D:Blauer Phlox; E:Blue Phlox, Louisiana Phlox, Wild Sweet William · ⚁ △ Z4 V-VI; Can.: E; USA: NE, NCE,

SE
- subsp. **laphamii** (A.W. Wood) Wherry 1956 · D:Wald-Phlox · ♃ △ Z4 V-VI; USA: NE, NCE, NC, SC, SE, Fla. [65709]
- var. *canadensis* hort. ex Wherry 1956 = Phlox divaricata subsp. divaricata
- **douglasii** Hook. 1838 · D:Polster-Phlox; E:Alpine Phlox, Douglas Phlox; F:Phlox de Douglas · ♃ ⤳ △ Z5 V-VI; USA: Wash., Mont., Calif. [70246]
  'Boothman'
  'Crackerjack' [65715]
  'Georg Arends' Arends 1927 [65717]
  'Iceberg' [65718]
  'Lilac Cloud' [65720]
  'Red Admiral' [65723]
  'Rose Cushion' [65724]
  'Rose Queen' [65725]
  'Waterloo' [65728]
  'White Admiral' [65729]
- **drummondii** Hook. 1835 · D:Sommer-Phlox; E:Annual Phlox · ☉ Z6 VIII-IX; Can.: E; USA: NE, NCE, SC, SE, Fla. [16783]
  'Blue Beauty'
  'Brilliant'
  'Coral Reef'
  'Twinkles'
  'White Beauty'
- **glaberrima** L. 1753
  'Bill Baker' [68578]
  - subsp. **glaberrima** · D:Kahler Phlox · ♃ ∿ Z4 VI-VIII; USA: NE, NCE, SE, Fla., SC
  - subsp. **triflora** (Michx.) Wherry 1956 · D:Weicher Phlox · ♃ Z4; USA: NE, Ind., SE
- **hoodii** Richardson 1823 · D:Teppich-Phlox · ♃ ; Can.: W, Man.; USA: Rocky Mts. , NC Alaska ?
- **kelseyi** Britten 1892 · D:Marsch-Phlox · [69501]
  'Rosette' [70247]
- **maculata** L. 1753 · D:Wiesen-Phlox; E:Sweet William Phlox; F:Phlox maculé · ♃ Z5 VI-VII; Can.: E; USA: NE, NCE, Tenn. [70248]
  'Alpha' Arends 1912 [65733]
  'Delta' [65734]
  'Mrs Lingard' < 1933 [68579]
  'Natascha' [67862]
  'Omega' Bloom [65737]
  'Rosalinde' Arends 1918 [65738]
  'Schneelawine' Arends 1918 [65739]
- **nivalis** Lodd. ex Sweet 1823 · D:Kiefern-Phlox, Schnee-Phlox; E:Trailing Phlox · ♃ ∿ △ Z6 III-V; USA: Va., SE, Fla, SC [65855]
  'Camla'

'Nivea'
- **ovata** L. · ♃ Z5 VII-VIII; USA: NE, NCE, SE
- **paniculata** L. 1753 · D:Stauden-Phlox; E:Garden Phlox, Phlox, Summer Phlox · ♃ Z4 VII-VIII; USA: NE, NCE, SE [65740]
  'Aida' Pfitzer 1933 [65747]
  'Amethyst' [65750]
  'Balmoral' [68127]
  'Blue Boy' [65752]
  'Border Gem' [65753]
  'Brigadier' [65755]
  'Bright Eyes' [65756]
  'Dorffreude' Foerster 1933 [65759]
  'Düsterlohe' Foerster 1964 [65760]
  'Elizabeth Arden'
  'Europa' [65761]
  'Flamingo' zur Linden 1971 [65765]
  'Frau A. von Mauthner' Ruys Moerheim Nurs. 1927 [65770]
  'Fujiyama' [65769]
  'Graf Zeppelin' Pfitzer [65773]
  'Juliglut' Foerster 1934 [65775]
  'Kirchenfürst' Foerster 1956 [65778]
  'Kirmesländler' Foerster 1938 [65779]
  'Landhochzeit' Foerster 1949 [65780]
  'Lavendelwolke' Foerster 1939 [69894]
  'Lilac Time' S. Jeune [65782]
  'Mia Ruys' Ruys Moerheim Nurs. 1922 [65785]
  'Norah Leigh' [69846]
  'Orange' Schöllhammer 1950 [65793]
  'Orange Perfection' S. Jeune [65792]
  'Pax' Schöllhammer 1946 [65797]
  'Redivivus' Foerster [65799]
  'Rijnstroom' [67863]
  'Sommerfreude' Schöllhammer [65810]
  '*Spitfire*' = Phlox paniculata 'Frau A. von Mauthner'
  'Starfire' Ruys Moerheim Nurs. [65814]
  'Sternhimmel' Schöllhammer 1942 [65815]
  'Tenor' [65816]
  'Violetta Gloriosa' Foerster 1956 [65817]
  'Württembergia' Lemoine < 1913 [65774]
- **pilosa** L. 1753 · D:Prärie-Phlox; E:Downy Phlox · ♃ Z5 IV-V; Ont., USA: NE, NCE, Kans., SC, SE, Fla.
- × **procumbens** Lehm. 1828 (*P. stolonifera* × *P. subulata*) · D:Niederliegender Phlox · ♃ △ Z4 IV-V; USA: Ky., SE, Fla. [65821]
  'Rosea' [70850]
  'Variegata' [68129]
- **stellaria** A. Gray = Phlox bifida
- **stolonifera** Sims 1802 · D:Kriechender Phlox, Wander-Phlox; E:Creeping Phlox; F:Phlox à stolons · ♃ ∿ △ Z4 IV-V; USA: NE, Ohio, SE [65822]
  'Ariane' [65823]
  'Blue Ridge' [65824]

'Home Fire' [69516]
- **subulata** L. · D:Polster-Phlox · [60113]
  'Alexander's Surprise' [65831]
  'Amazing Grace' [69956]
  'Atropurpurea' [65833]
  'Calvilles White' [68000]
  'Daisy Hill' [67941]
  'Emerald Cushion Blue' [65837]
  'G.F. Wilson' [65838]
  'Maischnee' [65841]
  'Moerheimii' [65842]
  'Oakington Blue Eyes' Bloom [65843]
  'Ronsdorfer Schöne' Arends 1931 [65845]
  'Scarlet Flame' [65849]
  'Tamaongalei' [65836]
  'Temiskaming' [65852]
  'White Delight' [65853]
  - subsp. **brittonii** (Small) Wherry · D:Kleiner Polster-Phlox · ♃ ∿ △ Z3 V-VI; USA: Va., N.C. [69759]
  - subsp. **subulata** · D:Gewöhnlicher Polster-Phlox, Moos-Phlox; E:Moss Phlox, Moss Pink; F:Phlox mousse · ♃ ∿ △ Z3 IV-V; USA: NE, N.C., Tenn.
  - var. *nivalis* (Lodd. ex Sweet) Brand = Phlox nivalis
- *suffruticosa* Vent. = Phlox carolina

Phoebe Nees 1836 -f- *Lauraceae* · (S. 599)
- **chinensis** Chun 1921
- **formosana** (Hayata) Hayata 1915 · ♄ e Z10 ⓖ; China, Taiwan

Phoenicaulis Nutt. 1838 -m- *Brassicaceae* · (S. 331)
D:Purpurstängel; E:Daggerpod
- **cheiranthoides** Nutt. 1838 · D:Purpurstängel; E:Daggerpod · ♃ △ Z5 IV-VI; USA: NW, Idaho, Nev., N-Calif.

Phoenicophorium H. Wendl. 1865 -n- *Arecaceae* · (S. 956)
- **borsigianum** (K. Koch) Stuntz 1914 · ♄ e Z9 ⓖ; Seych.
- *sechellarum* H. Wendl. = Phoenicophorium borsigianum

Phoenix L. 1753 -f- *Arecaceae* · (S. 956)
D:Dattelpalme, Phönixpalme; E:Date Palm; F:Dattier, Palmier dattier
- **acaulis** Buch.-Ham. 1820 · ♄ e Z9 ⓖ; Myanmar, Ind.: Assam
- **canariensis** Chabaud 1882 · D:Kanarische Dattelpalme; E:Canary Island Date Palm · ♄ e Z9 ⓖ; Canar. [58123]

- **dactylifera** L. 1753 · D:Dattelpalme; E:Date, Date Palm · ♄ e Z9 ⓚ Ⓝ; cult.
- *humilis* Royle = Phoenix loureirii
- *leonensis* Lodd. = Phoenix reclinata
- **loureirii** Kunth 1841 · ♄ e Z9 ⓚ; S-China, Ind.: Assam
- **paludosa** Roxb. 1832 · ♄ ♄ e Z10 ⓦ; Ind., Assam, Bangladesh, Indochina, Malay. Pen., Sumatra
- **pusilla** Gaertn. 1788 · ♄ e Z9 ⓚ; S-Ind., Sri Lanka
- **reclinata** Jacq. 1801 · D:Senegal-Dattelpalme; E:Senegal Date Palm · ♄ e Z9 ⓚ; trop. Afr., S-Afr., Madag.
- **roebelenii** O'Brien 1889 · D:Zwerg-Dattelpalme; E:Miniature Date Palm, Pigmy Date Palm · ♄ e Z10 ⓦ; Laos [19417]
- **rupicola** T. Anderson 1871 · D:Klippen-Dattelpalme; E:Cliff Date Palm, Cliff Date · ♄ e Z9 ⓚ; Him.
- *spinosa* Schumach. = Phoenix reclinata
- **sylvestris** (L.) Roxb. 1814 · D:Silber-Dattelpalme; E:Silver Date Palm · ♄ e Z9 ⓚ Ⓝ; Ind.
- **theophrasti** Greuter 1796 · ♄ e ⓚ ▽; Crete

Pholidota Lindl. 1825 -f- *Orchidaceae* · (S. 1078)
- **articulata** Lindl. 1830 · ♃ Z9 ⓦ V-IX ▽ ✳; Him., Indochina, Malay. Arch.
- **chinensis** Lindl. 1847 · ♃ Z9 ⓦ; Myanmar, Thail., Vietn., China
- **pallida** Lindl. 1835 · ♃ Z9 ⓦ IV-VII ▽ ✳; Him., Ind., Sri Lanka, Indochina, Malay. Arch.
- **ventricosa** (Blume) Rchb. f. 1857 · ♃ Z9 ⓦ III-V ▽ ✳; Malay. Arch.

Pholistoma Lilja 1839 -f- *Hydrophyllaceae* · D:Schuppenmund; E:Fiesta Flower; F:Némophile
- **auritum** (Lindl.) Lilja 1839 · D:Blauer Schuppenmund; E:Blue Fiesta Flower · ☉ VI-VII; Calif.

Pholiurus Trin. 1820 -m- *Poaceae* · (S. 1124)
D:Schuppenschwanz
- *incurvus* (L.) Schinz et Thell. = Parapholis incurva
- **pannonicus** (Host) Trin. 1820 · D:Schuppenschwanz, Ungarischer Schuppenschwanz · ☉ VI-VII; Eur.: EC-Eur., Ba, E-Eur., ? sp.; Cauc., W-Sib., C-As.

Phoradendron Nutt. 1848 -n- *Viscaceae* · (S. 890)
- **flavescens** (Pursh) Nutt. 1848 · ♄ Z6; USA: NE, NEC, SE, Fla., Tex.; N-Mex.

Phormium J.R. Forst. et G. Forst. 1775 -n- *Phormiaceae* · (S. 1091)
D:Neuseelandflachs; E:New Zealand Flax; F:Lin de Nouvelle-Zélande
- *aloides* L. f. = Lachenalia aloides var. aloides
- **colensoi** Hook. f. 1848 · D:Kleiner Neuseelandflachs; E:Mountain Flax · ♃ e Z8 ⓚ; NZ
 'Flamingo'
- *cookianum* Le Jol. = Phormium colensoi
- **tenax** J.R. Forst. et G. Forst. 1775 · D:Neuseelandflachs; E:New Zealand Flax · ♃ e Z8 ⓚ Ⓝ; NZ [58124]
 'Atropurpurea'
 'Nanum Purpureum' [26511]
 Purpureum Grp. [14224]
 'Variegatum' [58127]
- **in vielen Sorten:**
 'Bronze Baby' [58125]
 'Jester'
 'Sundowner' [26512]
 'Tom Thumb'
 'Tricolor'

Photinia Lindl. 1821 -f- *Rosaceae* · (S. 758)
D:Glanzmispel; E:Christmas Berry; F:Photinia
- *arbutifolia* (Aiton) Lindl. = Heteromeles arbutifolia
- **beauverdiana** C.K. Schneid. 1906 [26513]
 - var. **beauverdiana** · ♄ ♄ d Z6 V; W-China, C-China
 - var. **notabilis** (C.K. Schneid.) Rehder et E.H. Wilson 1912 · ♄ d Z6; China [26514]
- **davidiana** (Decne.) Cardot 1919
 - var. **davidiana** · D:Lorbeer-Glanzmispel; F:Stranvaesia · ♄ ♄ e Z7; W-China [13235]
 - var. **salicifolia** (Hutch.) Cardot 1919 · D:Weiden-Glanzmispel · ♄ e ⚭ Z7 △ VI; W-China
 - var. **undulata** (Decne.) Cardot 1919 · D:Gewellte Glanzmispel · ♄ e ⚭ Z7 △ VI; W-China, C-China [37630]
- × **fraseri** Dress 1961 (*P. glabra* × *P. serratifolia*) · D:Frasers Glanzmispel, Rotlaubige Glanzmispel; E:Fraser's Photinia · ♄ e Z8 ⓚ; cult. [15828]
 'Birmingham'
 'Red Robin' < 1977 [38892]
- **glabra** (Thunb.) Maxim. 1873 · D:Japanische Glanzmispel; E:Chinese Photinia, Christmasberry · ♄ e Z7 △ V-VI; Jap. [26524]
- **lasiogyna** (Franch.) Franch. 1906 · ♄ ♄ e; China (Yunnan)
- **nussia** (D. Don) Kalkman 1973 · ♄ e Z9 ⓚ; Him., NE-Ind. [22306]
- **parvifolia** (E. Pritz.) C.K. Schneid. 1918 · ♄ d Z6 V-VI; China: Hubei [27195]
- **serratifolia** (Desf.) Kalkman 1973 · D:Kahle Glanzmispel; E:Japanese Photinia · ♄ e Z8 ⓚ △ V-VI Ⓝ; China [14315]
- *serrulata* Lindl. = Photinia serratifolia
- **villosa** (Thunb.) DC. 1825 [20120]
 - var. **laevis** (Thunb.) Dippel 1893 · ♄ d Z6 V-VI; Japan, Korea, ? China
 - var. **villosa** · D:Warzen-Glanzmispel; E:Photinia · ♄ d Z6 VI; China, Korea, Jap.

Phragmipedium Rolfe 1896 -n- *Orchidaceae* · (S. 1079)
- **boissierianum** (Rchb. f.) Rolfe 1896 · ♃ Z10 ⓦ VIII-X ▽ ✳; Peru, Bol.
- **caricinum** (Lindl. et Paxton) Rolfe 1896 · ♃ Z10 ⓦ IV-VII ▽ ✳; Peru, Bol.
- **caudatum** (Lindl.) Rolfe 1896 · ♃ Z10 ⓦ II-V ▽ ✳; Panama, trop. S-Am.
- **lindleyanum** (M.R. Schomb. ex Lindl.) Rolfe 1896 · ♃ Z10 ⓦ XI ▽ ✳; Venez., Guyan.
- **longifolium** (Rchb. f. et Warsz.) Rolfe 1896
 - var. **longifolium** · ♃ Z10 ⓦ ▽ ✳; Costa Rica, Panama, Col., Ecuad.
 - var. **roezlii** (Rchb. f. ex Regel) Pfitzer 1903 · ♃ Z10 ⓦ I-XII ▽ ✳; Col.
- **schlimii** (Lindl. et Rchb. f.) Rolfe 1896 · ♃ Z10 ⓚ I-XII ▽ ✳; Col.
- **in vielen Sorten**

Phragmites Adans. 1763 -m- *Poaceae* · (S. 1125)
D:Rohr, Schilf; E:Reed; F:Roseau
- **australis** (Cav.) Trin. ex Steud.

1841 · D:Gewöhnliches Schilf
'*Striatopictus*' = Phragmites australis
'Variegatus'
'Variegatus'
- subsp. **australis** · D:Gewöhnliches Schilf, Schilfrohr; E:Common Reed, Reed, Reed Grass; F:Roseau · ⚃ ≈ Z5 VII-IX ⚥ Ⓝ; Eur.*, cosmop. [67317]
- subsp. **humilis** (De Not.) Soják 1982
- subsp. **pseudodonax** (Rabenh.) Rauschert 1992 · ⚃; Eur.: D (Niederlausitz, Emsland), CZ
- *communis* Trin. = Phragmites australis subsp. australis
- **karka** (Retz.) Trin. ex Steud. 1841 'Variegata' [67320]

Phryma L. 1753 -f- *Phrymaceae* · (S. 691)
- **leptostachya** L. 1763
 - var. **asiatica** H. Hara 1948 · ⚃; Him., E-Sib., China, Korea, Jap.
 - var. **leptostachya** · ⚃; Can.: E; USA: NE, NEC, NC, SC, SE, Fla.

Phrynella Pax et K. Hoffm. 1934 -f- *Caryophyllaceae*
- **ortegioides** (Fisch. et C.A. Mey.) Pax et K. Hoffm. 1934 · ⚃ △ VIII-IX; TR

Phrynium Willd. 1797 -n- *Marantaceae*
- *confertum* (Benth.) K. Schum. = Ataenidia conferta
- *cylindricum* Roscoe et K. Koch = Calathea cylindrica
- *lubbersianum* (E. Morren) hort. Jacob-Makoy = Ctenanthe lubbersiana
- *setosum* Roscoe = Ctenanthe setosa
- **villosulum** Miq. 1861 · ⚃ Z10; Malay. Pen.

Phuopsis (Griseb.) Hook. f. 1873 -f- *Rubiaceae* · (S. 778) D:Baldriangesicht; E:Caucasian Crosswort; F:Crucianelle
- **stylosa** (Trin.) B.D. Jacks. 1894 · D:Baldriangesicht; E:Caucasian Crosswort; F:Crucianelle rose, Lilas de terre · ⚃ △ Z7 VI-VIII; Cauc., Iran [65856]
'Purpurea' [65857]
'Purpurglut' [68130]

Phygelius E. Mey. ex Benth. 1836 -m- *Scrophulariaceae* · (S. 836) D:Kapfuchsie; E:Cape Figwort;
F:Fuchsia du Cap
- **aequalis** Harv. ex Hiern 1904 · ♄ e Z8 ⓚ ∧ VII-IX; S-Afr. [70689]
'Moonraker' [68026]
'Yellow Trumpet' [67965]
- **capensis** E. Mey. ex Benth. 1836 · D:Kapfuchsie; E:Cape Figwort, Cape Fuchsia · ♄ e Z8 ⓚ ∧ VII-X; S-Afr. [70690]
'Coccineus'
- × **rectus** Coombes (*P. aequalis* × *P. capensis*) · ♄ e Z8 ⓚ; cult. [70691]
'African Queen' [60325]
'Devil's Tears' [70692]
'Salmon Leap' [70695]
'Winchester Fanfare' [70696]

Phyla Lour. 1790 -f- *Verbenaceae* · (S. 887) D:Teppichverbene; E:Frogfruit
- *canescens* (Kunth) Greene = Phyla nodiflora var. canescens
- **nodiflora** (L.) Greene 1899
 - var. **canescens** (Kunth) Moldenke 1934 · ⚃ ⤳ Z10 ⓚ VII-VIII
 - var. **nodiflora** · D:Teppichverbene; E:Turtle Grass · ⚃ Z10 ⓚ; Eur.: Ib, Ap, Ba, Canar.; TR, Cauc., Iran, C-As., Him., N-Afr., trop. Am.
 - var. **rosea** (D. Don) Moldenke 1941 · ⚃ ⤳ Z10 ⓚ VII-VIII

Phylica L. 1753 -f- *Rhamnaceae* · (S. 739) D:Kapmyrte; E:Cape Myrtle; F:Myrte du Cap
- **ericoides** L. 1753 · ♄ e Z9 ⓚ XI-III; Kap
- *myrtifolia* Poir. = Phylica paniculata
- **paniculata** Willd. 1798 · ♄ e Z9 ⓚ; S-Afr.: Kap, Natal, Transvaal; Zimbabwe
- **plumosa** L. 1753 · ♄ e Z10 ⓚ; Kap

Phyllagathis Blume 1831 -f- *Melastomataceae* · (S. 631)
- **cavaleriei** (H. Lév.) Guillaumin 1913
- **rotundifolia** (Jack) Blume 1831 · ♄ e Z10 ⓦ; Sumat.

Phyllanthus L. 1753 -m- *Euphorbiaceae* · (S. 485) D:Blattblüte; E:Foliage Flower; F:Cerisier de Tahiti
- **acidus** (L.) Skeels 1909 · D:Stachelbeerbaum; E:Indian Gooseberry · ♄ e Z10 ⓦ Ⓝ; Madag., Ind., Malay. Arch., nat. in Fla., W.Ind.
- **amarus** Schumach. et Thonn. 1827 · D:Bittere Blattblüte; E:Carry-me Seed · ♄ e Z10 ⓦ; W-Afr., nat. in Trop.
- **angustifolius** (Sw.) Sw. 1800 · ♄ e Z10 ⓦ; Jamaica, nat. in S-Fla.
- **arbuscula** (Sw.) J.F. Gmel. 1791 · ♄ e Z10 ⓦ; Jamaica
- *distichus* (L.) Müll. Arg. = Phyllanthus acidus
- **emblica** L. 1753 · D:Amblabaum; E:Emblic, Emblic Myrobalan · ♄ e Z10 ⓦ ⓚ ⚥ Ⓝ; Ind., China, Malay. Arch., Mascarene Is.
- **grandifolius** L. 1753 · ♄ e Z10 ⓦ; S-Am.
- **mimosoides** Sw. 1788 · ♄ e Z10 ⓦ; W.Ind.
- *nivosus* W.G. Sm. = Breynia disticha
- **pulcher** (Baill.) Müll. Arg. 1863 · D:Schöne Blattblüte; E:Dragon-of-the-World · ♄ e Z10 ⓦ; Thail., Malay. Pen., Sumat., Java
- *speciosus* Jacq. = Phyllanthus arbuscula

× **Phylliopsis** Cullen et Lancaster 1977 -f- *Ericaceae* · (S. 472) (*Kalmiopsis* × *Phyllodoce*)
- **hillieri** Cullen et Lancaster 1977 (*Kalmiopsis leachiana* × *Phyllodoce breweri*) · ♄ e; cult.
'Coppelia'
'Pinocchio'

Phyllitis Hill = Asplenium
- *scolopendrium* (L.) Newman = Asplenium scolopendrium

Phyllobolus N.E. Br. 1925 -m- *Aizoaceae*
- **canaliculatus** (Haw.) Bittrich 1987 · ⚃ ⚶ Z9 ⓚ; S-Afr.
- **melanospermus** (Dinter et Schwantes) Gerbaulet 1997 · ♄ ⚶ Z9 ⓚ; Namibia
- **oculatus** (N.E. Br.) Gerbaulet 1997 · ⚃ ⚶ Z9 ⓚ VII-VIII; Kap
- **resurgens** (Kensit) Schwantes 1928 · ⚃ ⚶ Z9 ⓚ; Kap
- **trichotomus** (Thunb.) Gerbaulet 1997 · ♄ ⚶; S-Afr. (N-Cape, W-Cape)

Phyllocactus Link = Epiphyllum
- *anguliger* Lem. = Epiphyllum anguliger
- *biformis* (Lindl.) Hook. = Disocactus biformis
- *chiapensis* J.A. Purpus = Chiapasia nelsonii

– *crenatus* (Lindl.) Lem. = Epiphyllum crenatum
– *darrahii* K. Schum. = Epiphyllum anguliger
– *eichlamii* Weing. = Disocactus eichlamii
– *grandis* Lem. = Epiphyllum oxypetalum
– *hookeri* (Link et Otto) Salm-Dyck = Epiphyllum hookeri
– *oxypetalus* (DC.) Link = Epiphyllum oxypetalum
– *phyllanthoides* (DC.) Link = Nopalxochia phyllanthoides
– *pittieri* F.A.C. Weber = Epiphyllum pittieri
– *stenopetalus* C.F. Först. = Epiphyllum stenopetalum
– *thomasianus* K. Schum. = Epiphyllum thomasianum

Phyllocladus Rich. ex Mirb. 1825 -m- *Phyllocladaceae* · (S. 92)
D:Blatteibe; E:Celery Pine
– **aspleniifolius** (Labill.) Hook. f. 1845 · D:Tasmanische Blatteibe; E:Celery Top Pine · ♄ e Z9 ⓚ; Tasman.
– **trichomanoides** D. Don 1832 · D:Frauenhaar-Blatteibe
  – var. **alpinus** (Hook. f.) Parl. 1868 · D:Gebirgs-Blatteibe; E:Alpine Celery Pine · ♄ ♄ Z8 ⓚ; NZ [27245]
  – var. **trichomanoides** 1832 · D:Gewöhnliche Frauenhaar-Blatteibe; E:Celery Pine, Tanekaha · ♄ e Z9 ⓚ; NZ, Tasman.

Phyllodoce Salisb. 1806 -f- *Ericaceae* · (S. 472)
D:Blauheide, Moosheide; E:Blue Heath; F:Phyllodoce
– **aleutica** (Spreng.) A. Heller 1900 · D:Arktische Moosheide; E:Mountain Heath · ♄ e ⇝ Z2 IV-V; Alaska, Kamchat., Sachal., Jap. [26526]
– **breweri** (A. Gray) A. Heller 1900 · D:Purpur-Moosheide; E:Purple Heather, Red Mountain Heath; F:Phyllodoce de Brewer · ♄ e Z3 V-VI; USA: Calif. [31995]
– **caerulea** (L.) Bab. 1843 · D:Bläuliche Moosheide; E:Blue Mountain Heath · ♄ e Z2 VI-VII; Eur.: BrI, Sc, F, N-Russ.; E-Sib., Amur, Sachal., Mong., Korea, Jap., Alaska, Can., USA: NE; Greenl. [31996]
– **empetriformis** (Sm.) D. Don 1834 · D:Krähenbeerblättrige Moosheide; E:Pink Mountain Heath · ♄ e Z3 V-VII; B.C., USA: NW, Rocky Mts., Calif. [31997]
– **glanduliflora** (Hook.) Coville 1914
– × **intermedia** (Hook.) Rydb. 1900 (*P. empetriformis* × *P. glanduliflora*) · ♄ e Z3; cult. [26528]
– **nipponica** Makino 1905 · ♄ e Z3 V-VII; Jap. [26533]

Phyllorachis Trimen 1879 -f- *Poaceae*
– **sagittata** Trimen 1879 · ⚃ Z10 ⓦ X-II; Angola, Zambia, Malawi, Tanzania

Phyllorhachis · (S. 1125)

Phyllostachys Siebold et Zucc. 1843 -f- *Poaceae* · (S. 1125)
– **acuta** C.D. Chu et C.S. Chao 1980
– **angusta** McClure 1945 · ♄ e Z8 [42770]
– **arcana** McClure 1945 [12975]
– **aurea** Carrière ex Rivière et C. Rivière 1878 · D:Goldrohrbambus; E:Fishpole Bamboo, Golden Bamboo · ♄ e Z8 ⋀ ⓝ; S-China [33949]
  'Flavescens-inversa' [14232]
  'Holochrysa' = Phyllostachys aurea 'Kansai'
  'Kansai' [14123]
  'Koi' [14125]
– **aureosulcata** McClure 1945 · E:Yellow Groove Bamboo · ♄ e Z6; NE-China [14057]
  fo. aureocaulis 1983 Z.P. Wang et N.X. Ma [27178]
  fo. pekinensis 1981 J.L. Lu [12953]
  fo. spectabilis 1975 C.D. Chu et C.S. Chao [14083]
– **aurita** J.L. Lu 1981 [35185]
– **bambusoides** Siebold et Zucc. 1843 · E:Giant Timber Bamboo, Japanese Timber Bamboo · ♄ e Z8 ⓚ ⓝ; C-China, S-China [14128]
  'Allgold' [14173]
  'Castilloni' [14129]
  'Castilloni-inversa' [14130]
  'Tanakae' [14133]
  'Violascens' [14131]
  – var. *aurea* (Carrière ex Rivière et C. Rivière) Makino 1897 = Phyllostachys aurea
– **bissetii** McClure 1956 · ♄ e Z5; orig. ? [14041]
– **congesta** Rendle = Phyllostachys heteroclada
– **decora** McClure 1956 · ♄ e; orig. ? [14091]
– **dulcis** McClure 1945 · ♄ e Z8 ⓚ; China, nat. in Jap. [69901]
– **edulis** (Carrière) J. Houz. 1906 · ♄ e Z7 ⓝ; ?, nat. in SE-China, Taiwan [14135]
  'Bicolor' [12976]
  'Heterocycla' [26535]
  'Kikko-Chiku' = Phyllostachys edulis 'Heterocycla'
– *fastuosa* (Lat.-Marl. ex Mitford) G. Nicholson = Semiarundinaria fastuosa
– **flexuosa** (Carrière) Rivière et C. Rivière 1878 · E:Zigzag Bamboo · ♄ e Z7 ⋀; China [34049]
– **glauca** McClure 1956 · ♄ e [14136]
– **heteroclada** Oliv. 1894 · ♄ ♄ e; China [15194]
– *heterocycla* (Carrière) Matsum. = Phyllostachys edulis
– **humilis** Muroi 1961 [14042]
– **iridescens** C.Y. Yao et S.Y. Chen 1980 [14164]
– **lithophila** Hayata 1916
– **lofushanensis** Z.P. Wang, C.H. Hu et G.H. Ye 1981
– **makinoi** Hayata 1915
– **mannii** Gamble 1896
– *marmorea* (Mitford) Asch. et Graebn. = Chimonobambusa marmorea
– **meyeri** McClure 1945 · ♄ e Z8 ⓚ; C-China [26536]
– *mitis* Rivière et C. Rivière = Phyllostachys sulphurea
– **nidularia** Munro 1876 · ♄ e Z8 ⓚ ⓝ; China [14165]
– **nigra** (Lodd. ex Lindl.) Munro 1868 · D:Schwarzrohrbambus; E:Black Bamboo · ♄ e Z8 ⋀ ⚥; China [39599]
  'Boryana' [14087]
  fo. punctata 1903 Schelle [14168]
  fo. henonis 1961 (Mitford) Muroi · ♄ e Z8 ⋀; China [14167]
– **nuda** McClure 1945 · ♄ e Z8 ⓚ; China [55417]
– **parvifolia** C.D. Chu et H.Y. Zou 1980
– **praecox** C.D. Chu et C.S. Chao 1980 [14171]
– **prominens** W.Y. Hsiung 1980
– **propinqua** McClure 1945 · ♄ e Z8; China [14172]
– *pubescens* Mazel ex Houz. = Phyllostachys edulis
– *quilioi* (Carrière) Rivière et C. Rivière = Phyllostachys bambusoides
– *reticulata* (Rupr.) K. Koch = Phyllostachys bambusoides
– **rubicunda** T.H. Wen 1978
– **rubromarginata** McClure 1940

[13894]
- **rutila** T.H. Wen 1982
- **stimulosa** H.R. Zhao et A.T. Liu 1980 [13944]
- **sulphurea** (Carrière) Rivière et C. Rivière 1878 · ♄ e Z7; China [26537]
  'Robert Young' [26538]
  fo. viridis 1993 (R.A. Young) Ohrnb. · ♄ e Z8; China [13955]
- **virella** T.H. Wen 1982
- **viridiglaucescens** (Carrière) Rivière et C. Rivière 1878 · ♄ e Z6 ⓝ; C-China, S-China [14088]
- *viridis* (R.A. Young) McClure = Phyllostachys sulphurea fo. viridis
- **vivax** McClure 1945 · ♄ e Z8 ⓚ; E-China [13895]
  fo. aureocaulis 1985 N.X. Ma
  'Huangwenzhu'

× **Phyllothamnus** C.K. Schneid. 1911 -m- *Ericaceae* · (S. 472)
D:Bastardblauheide (*Phyllodoce* × *Rhodothamnus*)
- **erectus** (Lindl. et Paxton) C.K. Schneid. 1911 (*Phyllodoce empetriformis* × *Rhodothamnus chamaecistus*) · ♄ e Z6 VII-VIII; cult.

Phymatodes C. Presl = Microsorum
- *punctatum* (L.) C. Presl = Microsorum punctatum
- *scandens* (G. Forst.) C. Presl = Microsorum scandens

Phymosia Desv. 1825 -f- *Malvaceae*
- *acerifolia* (Nutt. ex Torr. et A. Gray) Rydb. = Sphaeralcea rivularis
- **umbellata** (Cav.) Kearney 1949 · ♄ Z10 ⓚ X; S-Mex.

Phyodina Raf. = Callisia
- *navicularis* (Ortgies) Rohweder = Callisia navicularis

Physalis L. 1753 -f- *Solanaceae* · (S. 851)
D:Blasenkirsche, Erdkirsche, Judenkirsche, Lampionblume; E:Japanese Lanterns; F:Amour en cage, Lanterne chinoise
- **alkekengi** L. 1753 · D:Blasenkirsche · [69522]
  - var. **alkekengi** · D:Wilde Blasenkirsche; E:Strawberry Tomato, Winter Cherry · ⚃ ⚥ ⚲ Z6 V-VIII ⚥ ⚲; Eur.* exc. BrI, Sc; TR, Cauc., Iran, C-As., China, Jap., nat. in BrI, N-Am.
  - var. **franchetii** (Mast.) Makino 1908 · D:Lampionpflanze, Laternen-Judenkirsche; E:Chinese Lantern Plant; F:Amour en cage · ⚃ ⚥ ⚲ Z6 VI-VII ⚲; Jap., Korea, N-China [65859]
  'Gigantea' [67820]
  'Zwerg' [67840]
- *bunyardii* hort. = Physalis alkekengi var. alkekengi
- *edulis* Sims = Physalis peruviana
- *franchetii* Mast. = Physalis alkekengi var. franchetii
  - var. *bunyardii* (hort.) Makino = Physalis alkekengi var. alkekengi
- **ixocarpa** Brot. ex Hornem. 1819 · D:Mexikanische Hülsentomate, Tomatillo; E:Jamberry, Mexican Husk Tomato, Tomatillo · ⊙ ⚥ Z8 ⓝ; USA: Tex., N.Mex.; Mex., ? W.Ind., nat. in N-Am.
- **peruviana** L. 1763 · D:Andenkirsche, Kapstachelbeere, Peruanische Judenkirsche; E:Cape Gooseberry · ⊙ ⚃ ⚥ Z8 ⓝ; ? Peru, nat. in Eur. [31731]
- **philadelphica** Lam. 1786 · D:Mexikanische Blasenkirsche; E:Tomatillo · ⊙ Z7 ⓝ; USA: N.Mex., S-Tex.; Mex., Guat., nat. in e N-Am.
- **pruinosa** L. 1753 · ⊙ ⚥ Z5 ⓝ; USA: NE, NCE, Kans., SE, Fla.
- **pubescens** L. 1753 · D:Flaumige Blasenkirsche; E:Groundcherry · ⊙ Z7 ⓝ; Can., USA* exc. NW; Mex., trop. Am., nat. in S-Russ.

Physocarpus (Cambess.) Maxim. 1838 -m- *Rosaceae* · (S. 758)
D:Blasenspiere; E:Ninebark; F:Physocarpe
- **amurensis** (Maxim.) Maxim. 1879 · D:Amur-Blasenspiere; F:Physocarpe de l'Amour · ♄ d Z5 VI-VII; Korea, Manch. [33358]
- **capitatus** (Pursh) Kuntze 1891 · D:Pazifische Blasenspiere; E:Pacific Ninebark · ♄ d Z6 VI; USA: Oreg., Calif., Utah [26542]
- *intermedius* (Rydb.) C.K. Schneid. = Physocarpus opulifolius var. intermedius
- **malvaceus** (Greene) Kuntze 1891 · D:Oregon-Blasenspiere; E:Mallow Leaf Ninebark · ♄ d Z6 VI; B.C., USA: Oreg., Rocky Mts. [26543]
- **monogynus** (Torr.) Coult. 1891 · D:Colorado-Blasenspiere; F:Physocarpe monogyne · ♄ d △ Z6 V-VI; USA: NC, Rocky Mts., SW, SC
- **opulifolius** (L.) Maxim. 1879 · D:Virginische Blasenspiere · [20140]
  'Dart's Gold' [47270]
  'Diabolo' < 1993 [14267]
  'Luteus' < 1864 [20150]
  'Nanus' < 1884 [28370]
  - var. **intermedius** (Rydb.) B.L. Rob. 1908 Z5; Can.: Ont.; USA: NE, NCE, NC, SC, Ark., Colo.
  - var. **opulifolius** · D:Schneeball-Blasenspiere; E:Atlantic Ninebark · ♄ d Z4 V-VII; Can.: E; USA: NE, NCE, NC, Colo., SE
  - var. **tomentellus** (Ser.) Boom 1966 · ♄ d Z2

Physocaulis (DC.) Tausch 1834 -m- *Apiaceae* · (S. 182)
D:Knotendolde
- **nodosus** (L.) W.D.J. Koch 1834 · D:Europäische Knotendolde · ⊙; Eur.: Ib, F, Ap, Ba, RO, Krim; NW-Afr.

Physochlaina G. Don 1837 -f- *Solanaceae* · (S. 851)
- **macrophylla** Bonati 1914 · ⚃
- **orientalis** (M. Bieb.) G. Don 1837 · ⚃ Z8 △; NE-TR, Cauc., NW-Iran

Physoplexis (Endl.) Schur 1853 -f- *Campanulaceae* · (S. 387)
D:Schopfteufelskralle; F:Griffe du diable
- **comosa** (L.) Schur 1853 · D:Schopfteufelskralle; E:Devil's Claw · ⚃ △ VII-VIII ▽; Eur.: I, A, Slove., ? Croatia; S-Alp. [65860]

Physosiphon Lindl. 1835 -m- *Orchidaceae*
- *loddigesii* Lindl. = Physosiphon tubatus
- **tubatus** (Lodd.) Rchb. f. 1861 · ⚃ Z9 ⓚ III-V ▽ ✲; Mex., Guat.

Physostegia Benth. 1829 -f- *Lamiaceae* · (S. 589)
D:Gelenkblume; E:False Dragon Head, Obedient Plant; F:Cataleptique
- **angustifolia** Fernald 1943 · ⚃; USA: NEC, SE, Tex.
- **virginiana** (L.) Benth. 1829 · D:Gelenkblume; E:Obedient Plant · ⚃ ⚲ Z4 VII-IX; Can.: E; USA: NE, NCE, N.C., Tenn. [65861]
  'Alba' [65865]
  'Bouquet Rose' [65867]
  'Crown of Snow'

'Red Beauty' [65868]
'Rosea' [65869]
'Summer Snow' [65871]
'Variegata' [68275]
'Vivid' [65873]

Physostigma Balf. 1861 -n-
Fabaceae · (S. 520)
D:Gottesurteilsbohne; E:Calabar Bean
- **venenosum** Balf. 1861 · D:Calabarbohne, Gottesurteilsbohne; E:Calabar, Calabar Bean · ♃ ⚥ Z10 ⓦ ❦ ⚔ Ⓝ; W-Afr.

Phytelephas Ruiz et Pav. 1798 -f-
Arecaceae · (S. 957)
D:Elfenbeinpalme, Steinnusspalme; F:Palmier ivoire
- **macrocarpa** Ruiz et Pav. 1798 · D:Elfenbeinpalme, Steinnusspalme; E:Ivory Nut Palm · ♄ e Z10 ⓦ Ⓝ; Panama, Col., Ecuad., Peru
- **seemannii** O.F. Cook 1912 · ♄ ⓦ; Panama, Col.

Phyteuma L. 1753 -n-
Campanulaceae · (S. 388)
D:Teufelskralle; E:Rampion; F:Griffe du diable
- **betonicifolium** Vill. 1787 · D:Ziestblättrige Teufelskralle · ♃ △ VI-IX; Eur.: F, I, C-Eur.; Alp., N-I
- *canescens* Waldst. et Kit. = Asyneuma canescens
- **charmelii** Vill. 1787 · D:Apenninen-Teufelskralle; E:Pyrenean Rampion · ♃ △ VI-VIII; Eur.: sp., F, I; mts.
- *comosum* L. = Physoplexis comosa
- **globulariifolium** Sternb. et Hoppe 1818 · D:Kugelblumenblättrige Teufelskralle · ♃ VII-VIII; Eur.: sp., F, I, CH, A; Pyr., Alp.
- *halleri* All. = Phyteuma ovatum
- **hedraianthifolium** Rich. Schulz 1904 · D:Rätische Rapunzel · ♃ VII-VIII; Eur.: CH, I; E-Alp.
- **hemisphaericum** L. 1753 · D:Halbkugelige Teufelskralle · ♃ VII-VIII; Eur.: sp., F, I, C-Eur.; mts.
- **humile** Schleich. ex Murith 1810 · D:Niedrige Rapunzel · ♃ VII-VIII; Eur.: I, CH, ? F; W-Alp.
- **michelii** All. 1785 · F:Raiponce à feuilles de bétoine · ♃; F, I; S-Alp.
  - subsp. *betonicifolium* (Vill.) Arcang. 1882 = Phyteuma betonicifolium
- **nanum** Schur 1852 · D:Zungenblättrige Teufelskralle · ♃ VII-IX; Eur.: A, Ba, RO; mts.
- **nigrum** F.W. Schmidt 1793 ·

D:Schwarze Teufelskralle; E:Black Rampion · ♃ V-VII; Eur.: F, B, D, A, CZ
- **orbiculare** L. 1753 · D:Kugel-Teufelskralle · [65874]
  - subsp. **orbiculare** · D:Gewöhnliche Kugel-Teufelskralle · ♃ △ VI-IX; Eur.* exc. Sc
  - subsp. **tenerum** (Rich. Schulz) Korneck 1782 · D:Zarte Teufelskralle · ♃; SW-Eur.
- **ovatum** Honck. 1782 · D:Eirunde Teufelskralle · ♃ △ V-VII; Eur.: F, I, C-Eur., Slove.
- **scheuchzeri** All. 1785 · D:Scheuchzers Teufelskralle; E:Horned Rampion; F:Raiponce de scheuchzer · ♃ △ V-VIII; Eur.: F, I, CH, Slove., Croatia; S-Alp., Apenn. [65875]
- **scorzonerifolium** Vill. 1787 · D:Schwarzwurzelblättrige Rapunzel · ♃ VI-VII; Eur.: F, I, CH; Alp., Apenn.
- **sieberi** Spreng. 1813 · D:Siebers Teufelskralle · ♃ △ V-VII; Eur.: I, A, Slove.; SE-Alp.
- **spicatum** L. 1753 · D:Ährige Teufelskralle 'Nigrum'
  - subsp. **spicatum** · D:Ährige Teufelskralle; E:Spiked Rampion; F:Raiponce en épis · ♃ V-VII; Eur.* [65876]
- **zahlbruckneri** Vest 1821 · D:Steirische Teufelskralle · ♃ VII-VIII; Eur.: A, Slove., Croatia; E-Alp., Croatia

Phytolacca L. 1753 -f-
Phytolaccaceae · (S. 691)
D:Kermesbeere; E:Pokeweed; F:Bel ombrage, Phytolaque, Raisin d'Amérique
- **acinosa** Roxb. 1832 · D:Indische Kermesbeere; E:Indian Poke · ♃ ⚭ Z7 VI-X ⚥ Ⓝ; China, Jap., nat. in Ind., Eur. [69523]
- **americana** L. 1753 · D:Amerikanische Kermesbeere; E:American Pokeweed; F:Phytolaque américain · ♃ ⚭ Z4 VI-VIII ⚥ ⚔ Ⓝ; Can.: E; USA: NE, SE, SC; Mex., nat. in S-Eur., N-Afr. [65877]
- **chilensis** (Miers ex Moq.) H. Walter 1909 · ♃ Ⓝ; Chile
- *decandra* L. = Phytolacca americana
- **dioica** L. 1762 · D:Bella Sombra, Zweihäusige Kermesbeere; E:Elephant Tree, Ombu · ♄ e Z9 ⓚ Ⓝ; Bras., Urug., Parag., Arg.,

Peru, nat. in S-Eur.
- **esculenta** Van Houtte 1948 · D:Asiatische Kermesbeere, Essbare Kermesbeere; E:Pokeweed · ♃ ⚭ Z6 VII-X Ⓝ; China, Korea, Jap.
- **polyandra** Batalin 1893 · D:Chinesische Kermesbeere · ♃ ⚭ Z6 VII-VIII; Yunnan

Piaranthus R. Br. 1810 -m-
Asclepiadaceae · (S. 209)
- **comptus** N.E. Br. 1890 · ♃ ⚘ Z9 ⓚ; Kap
- **decorus** (Masson) N.E. Br. 1878 · ♃ ⚘ Z9 ⓚ; S-Afr., Namibia
- *foetidus* N.E. Br. = Piaranthus geminatus var. foetidus
- **framesii** Pillans 1928
- **geminatus** (Masson) N.E. Br. 1878
  - var. **foetidus** (N.E. Br.) Meve 1994 · ♃ ⚘ Z9 ⓚ; Kap
  - var. **geminatus** · ♃ ⚘ Z9 ⓚ; orig. ?
- *globosus* A.C. White et B. Sloane = Piaranthus geminatus var. geminatus
- **parvulus** N.E. Br. 1908 · ♃ ⚘ Z9 ⓚ; Kap
- *pillansii* N.E. Br. = Piaranthus geminatus var. geminatus
- **punctatus** (Masson) Schult. 1820 · ♃ ⚘ Z9 ⓚ; S-Afr. (Cape Prov.)

Picea A. Dietr. 1824 -f- *Pinaceae* · (S. 94)
D:Fichte; E:Spruce; F:Epicéa
- **abies** (L.) H. Karst. 1881 · D:Gewöhnliche Fichte, Rot-Fichte; E:Christmas Tree, Common Spruce, Norway Spruce · [25790]
  'Acrocona' Fries 1890 [25800]
  'Aurea' Carrière 1855 [32654]
  Compacta Grp. [25830]
  'Cupressina' Thomas 1908 [32658]
  'Echiniformis' Beissn. 1891 [25860]
  'Frohburg' Haller 1973 [55713]
  'Gregoryana' Jeffries 1856 [32662]
  'Inversa' R. Smith 1862 [25890]
  'Little Gem' Grootendorst 1965 [25900]
  'Maxwellii' Beissn. 1860 [25910]
  'Nidiformis' Beissn. 1907 · D:Nest-Fichte · [25940]
  'Ohlendorffii' Späth 1904 [25950]
  'Pumila Glauca' Veitch 1881 [25990]
  'Pumila Nigra' Beissn. 1891 [15749]
  'Wills Zwerg' H. Will 1972 [26050]
  - subsp. *obovata* (Ledeb.) Hultén = Picea obovata
  var. *abies* fo. *chlorocarpa* (Purk.) Th. Fr. = Picea abies var. abies

fo. *erythrocarpa* (Purk.) Rehder = Picea abies var. abies
- var. **abies** · D:Europäische Rot-Fichte; F:Epicéa commun, Sapin de Norvège · ♄ e Z2 IV-VI ⚥ Ⓝ; Eur.* exc. BrI, Ib, nat. in BrI, N-Sp. (Pyr.)
- *ajanensis* Fisch. ex Carrière = Picea jezoensis subsp. jezoensis var. jezoensis
- *alba* Link = Picea glauca var. glauca
- *albertiana* S. Br. = Picea glauca var. albertiana
- **alcoquiana** (Veitch ex Lindl.) Carrière 1867 · D:Alcock-Fichte; E:Alcock Spruce · [10906]
  - var. **acicularis** (Maxim. ex Beissn.) Fitschen 1930 · D:Behaarte Alcock-Fichte · [43206]
  - var. *alcoquiana* · D:Zweifarbige Alcock-Fichte; F:Epicéa d'Alcock · ♄ e Z5 Ⓝ; C-Jap.
- **asperata** Mast. 1906 · D:Raue Fichte; E:Chinese Spruce, Dragon Spruce · [32644]
  - var. *asperata* · D:Gewöhnliche Raue Fichte; F:Epicéa de Chine · ♄ e Z5 Ⓝ; China: Hupeh, Yunnan, Sichuan
  - var. *heterolepis* (Rehder et E.H. Wilson) Rehder 1940 = Picea asperata var. notabilis
  - var. **notabilis** Rehder et E.H. Wilson 1914 · D:Langnadlige Raue Fichte · ♄ e Z6; W-China
- **aurantiaca** Mast. 1906 · D:Orangefarbene Fichte · ♄ e Z5; W-China
- *balfouriana* Rehder et E.H. Wilson = Picea likiangensis var. rubescens
- **brachytyla** (Franch.) E. Pritz. 1900 · D:Silber-Fichte; E:Northern Sargent Spruce, Sargent Spruce · [32648]
  - var. *brachytyla* · D:Gewöhnliche Silber-Fichte; F:Epicéa de Sargent · ♄ e Z6 Ⓝ; NE-Ind., W-China
  - var. **complanata** (Mast.) W.C. Cheng ex Rehder 1940 · D:Großfrüchtige Silber-Fichte · ♄ e Z6; China: W-Yunnan, W-Sichuan
- **breweriana** S. Watson 1885 · D:Siskiyou-Fichte; E:Brewer's Weeping Spruce; F:Epicéa de Brewer · ♄ e Z6; USA: S-Oreg., N-Calif. [25770]
- *canadensis* (Mill.) Britton, Sterns et Poggenb. = Picea glauca var. glauca
- **engelmannii** Parry ex Engelm. 1863 · D:Engelmanns Fichte;
E:Engelmann's Spruce · [25780]
'Glauca' Beissn. 1887 [32650]
- subsp. **engelmannii** · D:Gewöhnliche Engelmann-Fichte; F:Epicéa d'Engelmann · ♄ e Z4 Ⓝ; Can.; W; USA: NW, Rocky Mts., SW, Calif.
- *excelsa* (Lam.) Link = Picea abies var. abies
- × **fennica** (Regel) Kom. 1863 (*P. abies* × *P. obovata*) · D:Finnische Fichte · ♄ e Z3; Eur.: Sc, N-Russ.
- *gemmata* Rehder et E.H. Wilson = Picea retroflexa
- **glauca** (Moench) Voss 1907 · D:Kanadische Fichte, Schimmel-Fichte; E:White Spruce · [26060]
'Alberta Globe' Grootendorst 1968 [26090]
'Albertiana Conica' Bailey 1933 · D:Zuckerhut-Fichte · [26070]
'Conica' = Picea glauca 'Albertiana Conica'
'Echiniformis' Carrière 1855 [26080]
'Laurin' R. Arnold 1970 [30830]
- var. **albertiana** (S. Br.) Sarg. 1919 · D:Alberta-Schimmel-Fichte; E:Alberta Spruce, Alberta White Spruce · ♄ e Z4; NW-Can.: Rocky Mts., Alberta; USA: Mont.
- var. *glauca* · D:Gewöhnliche Schimmel-Fichte; F:Epicéa blanc · ♄ e Z4 Ⓝ; Alaska, Can., USA: NE, NCE, Mont., Wyo., S.Dak.
- **glehnii** (F. Schmidt) Mast. 1880 · D:Sachalin-Fichte; E:Sakhalin Spruce · ♄ e Z4; Jap., Sachal. [32682]
- *hondoensis* Mayr = Picea jezoensis subsp. hondoensis
- × **hurstii** De Hurst 1938 (*P. engelmannii* × *P. pungens*) · D:Hursts Fichte · ♄ e; cult. [32690]
- **jezoensis** (Siebold et Zucc.) Carrière 1855 · D:Yedo-Fichte; E:Yezo Spruce · [32698]
  - subsp. **hondoensis** (Mayr) P.A. Schmidt 1988 · D:Hondo-Fichte; E:Hondo Spruce · ♄ e Z5; C-Jap. [26100]
  - subsp. *jezoensis* · D:Gewöhnliche Yedo-Fichte
    - var. *jezoensis* · D:Ajan-Fichte; F:Epicéa du Japon · ♄ e Z5 Ⓝ; Jap., Manch., Sachal.
    - var. *microsperma* (Lindl.) W.C. Cheng et L.K. Fu 1978 = Picea jezoensis subsp. jezoensis var. jezoensis
- **koyamae** Shiras. 1913 · D:Koyamai-Fichte; E:Koyama Spruce · ♄ e Z6; Jap., Korea
- **likiangensis** (Franch.) E. Pritz. 1900 · D:Likiang-Fichte; E:Likiang Spruce, Purple Spruce
  - var. *likiangensis* · D:Gewöhnliche Likiang-Fichte · ♄ e Z6; Bhutan, W-China
  - var. *balfouriana* (Rehder et E.H. Wilson) H.G.K. Hillier 1932 = Picea likiangensis var. rubescens
  - var. *purpurea* (Mast.) Dallim. et A.B. Jacks. 1923 = Picea purpurea
  - var. **rubescens** Rehder et E.H. Wilson 1914 · D:Rötliche Likiang-Fichte · ♄ e Z6; China: Sichuan [16204]
- **mariana** (Mill.) Britton, Sterns et Poggenb. 1888 · D:Schwarz-Fichte; E:Black Spruce; F:Sapinette noire · ♄ e Z3 Ⓝ; Alaska, Can., USA: NE, NCE [26110]
'Nana' Beissn. 1894 [26130]
- × **mariorika** Boom 1959 (*P. mariana* × *P. omorika*) · D:Hybrid-Schwarz-Fichte · ♄ e; cult. [32714]
'Machala' Machala Nurs. 1971 [31915]
- **maximowiczii** Regel ex Mast. · D:Maximowiczs Fichte · ♄ e Z5; Jap.
- *nigra* (Aiton) Link = Picea mariana
- **obovata** Ledeb. 1833 · D:Altai-Fichte, Sibirische Fichte; E:Siberian Spruce · ♄ Z1 Ⓝ; Eur.: Sc, Russ.; W-Sib., E-Sib., Amur, Mong., Manch., Korea [55667]
- **omorika** (Pančić) Purk. 1877 · D:Omorika-Fichte, Serbische Fichte; E:Serbian Spruce; F:Sapin de Serbie · ♄ e Z5 V Ⓝ; Eur.: Bosn., YU, nat. in BrI, Sc [26140]
'Nana' Goudkade Nurs. 1939 [26150]
'Pendula' Schwerin 1920 [26160]
'Pimoko' Wüstemeyer 1984 [32211]
- **orientalis** (L.) Link 1838 · D:Kaukasus-Fichte, Sapindus-Fichte; E:Caucasian Spruce, Oriental Spruce; F:Sapin du Caucase · ♄ e Z5 Ⓝ; Cauc., TR [26170]
'Gracilis' A. Kort 1903 [26190]
'Nutans' Niemetz 1905 [26200]
- *polita* (Siebold et Zucc.) Carrière = Picea torano
- **pungens** Engelm. 1879 · D:Blau-Fichte, Stech-Fichte; E:Blue Spruce, Colorado Spruce; F:Epicéa du Colorado · ♄ e Z4 IV-VI; USA: Rocky Mts., SW [26210]
'Erich Frahm' Timm et Co. 1950 [26250]
Glauca Grp. [29235]
'Glauca Globosa' Hillier Nurs. 1964 [26260]

'Glauca Pendula' Koster et Sons 1891 [32722]
'Hoopsii' Grootendorst 1958 [26270]
'Koster' Koster et Sons 1885 [26280]
'Moerheimii' Ruys Moerheim Nurs. 1912 [32720]
- **purpurea** Mast. 1906 · D:Purpur-Fichte; E:Purple-coned Spruce · ♄ e Z6; W-China [26340]
- **retroflexa** Mast. 1906 · D:China-Fichte · ♄ e Z6; W-Sichuan [27423]
- **rubens** Sarg. 1899 · D:Amerikanische Rot-Fichte; E:American Red Spruce, Red Spruce · ♄ e Z3 ⓝ; Can.: E; USA: NE, Tenn., N.C. [55715]
- *rubra* (Du Roi) Link = Picea rubens
- *sargentiana* Rehder et E.H. Wilson = Picea brachytyla var. brachytyla
- **schrenkiana** Fisch. et C.A. Mey. · D:Schrenks Fichte; F:Epicéa de Schrenk · ♄ e Z6 ⓝ; C-As.
- *shirasawa* Hayashi = Picea alcoquiana var. acicularis
- **sitchensis** (Bong.) Carrière 1855 · D:Sitka-Fichte; E:Sitka Spruce; F:Epicéa de Sitka · ♄ e Z5 V ⓝ; Alaska, Can.: B.C., USA: NW, Calif. [26350]
- **smithiana** (Wall.) Boiss. 1884 · D:Himalaya-Fichte; E:Himalayan Spruce, Morinda Spruce; F:Epicéa de l'Himalaya · ♄ e Z7 ⓝ; Him.: Afgh., Kashmir, NW-Ind., Nepal [44610]
- **torano** (Siebold ex K. Koch) Koehne 1893 · D:Tigerschwanz-Fichte; E:Japanese Spruce, Tiger Tail Spruce; F:Epicéa queue de tigre · ♄ e Z6; Jap. [31917]
- *vulgaris* Link = Picea abies var. abies
- **wilsonii** Mast. 1903 · D:Wilsons Fichte; E:Wilson's Spruce; F:Epicéa de Wilson · ♄ e Z6; W-China, C-China [32728]

Picramnia Sw. 1788 -f- *Simaroubaceae* · (S. 842)
- **antidesma** Sw. 1788 · E:Cascara · ♄ Z10 ⓦ; Mex., Hond., W.Ind.

Picrasma Blume 1825 -f- *Simaroubaceae* · (S. 842)
D:Bitterholz; E:Quassia; F:Arbre amer
- *ailanthoides* (Bunge) Planch. = Picrasma quassioides
- **excelsa** (Sw.) Planch. 1846 · D:Jamaika-Bitterholz; E:Bitter Ash, Bitterwood, Quassia · ♄ d Z10

ⓚ ♄ ⓝ; W.Ind. [26546]
- **quassioides** (D. Don) Benn. 1844 · D:Bitterholz; E:Nigaki · ♄ d Z6 V-VI; Ind., N-China, Korea, Jap., Taiwan [27196]

Picris L. 1753 -f- *Asteraceae* · (S. 264)
D:Bitterkraut; E:Oxtongue
- *echioides* L. = Helminthotheca echioides
- **hieracioides** L. 1753 · D:Gewöhnliches Bitterkraut
  - subsp. *crepioides* (Saut.) Nyman 1879 = Picris hieracioides subsp. villarsii
  - subsp. **hieracioides** · D:Gewöhnliches Bitterkraut; E:Hawkweed Oxtongue · ☉ ♃ Z6 VIII-X; Eur.*, TR, W-Sib., E-Sib., Amur, Sachal., Kamchat., C-As., Him., China, Korea, Jap., nat. in N-Am., S-Am., Austr.
  - subsp. **villarsii** (Jord.) Nyman 1879 · D:Stängelumfassendes Bitterkraut · ☉ ♃ Z6 X-VII; W-Eur., C-Eur.

Picrorhiza Royle ex Benth. 1835 -f- *Scrophulariaceae* · (S. 836)
- **kurroa** Royle ex Benth. 1835 · ♃ VIII ♀ ▽ ✱; W-Him.
- **scrophulariiflora** Pennell 1943 · ♃ ⓦ; Myanmar, China

Pieris D. Don 1834 -f- *Ericaceae* · (S. 473)
D:Lavendelheide; E:Pieris; F:Andromède, Piéris
- **floribunda** (Pursh ex Sims) Benth. et Hook. f. 1876 · D:Vielblütige Lavendelheide; E:Fetterbush, Mountain Pieris · ♄ e Z5 IV-V; USA: Va., W.Va., SE [20160]
- **formosa** (Wall.) D. Don 1834 [26548]
  - var. **formosa** · D:Formosa-Lavendelheide; E:Formosa Pieris · ♄ e ⓚ IV-V; E-Him., N-Myanmar, China: Yunnan
  - var. **forrestii** (R.L. Harrow) Airy Shaw 1934 · D:Chinesische Lavendelheide; E:Chinese Pieris · ⓚ; SW-China, Myanmar
- *forrestii* R.L. Harrow = Pieris formosa var. forrestii
- **japonica** (Thunb. ex Murray) D. Don ex G. Don 1834 · D:Japanische Lavendelheide; E:Japanese Pieris, Lily-of-the-Valley Bush; F:Piéride du Japon · ♄ e Z6 III-V ✿; Jap. [20170]

'Blush' 1967 [44894]
'Christmas Cheer' 1967 [44896]
'Cupido' 1982 [35674]
'Debutante' [32042]
'Flamingo' 1953 [47280]
'Little Heath' c. 1976 [21162]
'Mountain Fire' 1967 [47290]
'Purity' < 1967 [47500]
'Red Mill' < 1980 [29760]
'Sarabande' 1980 [32255]
'Splendens' 1974 [45470]
'Valley Rose' 1961 [30100]
'Valley Valentine' 1972 [37558]
'Variegata' < 1850 [20180]
- *lucida* (Lam.) Rehder = Lyonia lucida
- *mariana* (L.) Benth. et Hook. f. = Lyonia mariana
- **nana** (Maxim.) Makino 1894 · ♄ e △ III-V; Jap., Sachal., Kamchat.
- **taiwanensis** Hayata 1911 · ♄ e ⋀ III-IV; Taiwan [31839]
- **in vielen Sorten:**
'Flaming Silver' 1985 [36026]
'Forest Flame' 1952 [45790]

Pilea Lindl. 1821 -f- *Urticaceae* · (S. 879)
D:Kanonenblume, Kanonierblume; E:Artillery Plant; F:Piléa, Plante au feu d'artifice
- **cadierei** Gagnep. et Guillaumin 1939 · D:Vietnamesische Kanonierblume · ♃ e Z10 ⓦ ⓚ; N-Vietn.
- *callitrichoides* (Humb., Bonpl. et Kunth) Kunth = Pilea microphylla
- **crassifolia** (Willd.) Blume 1855 · ♃ e Z10 ⓦ III-V; Jamaica
- *globosa* Wedd. = Pilea serpyllacea
- **grandifolia** (L.) Blume 1855 · ♄ e Z10 ⓦ; Jamaica
- *grandis* Wedd. = Pilea grandifolia
- **involucrata** (Sims) Urb. 1907 · D:Eingehüllte Kanonierblume; E:Friendship Plant, Pan American Plant · ♃ e Z10 ⓦ; W.Ind., C-Am., S-Am.
- **microphylla** (L.) Liebm. 1851 · D:Artilleriepflanze, Kleinblättrige Kanonierblume; E:Artillery Plant, Gunpowder Plant · ♃ e Z10 ⓦ ⓚ; Mex., C-Am., trop. S-Am., nat. in GR, TR
- *muscosa* Lindl. = Pilea microphylla
- **nummularifolia** (Sw.) Wedd. 1852 · D:Münzenblättrige Kanonierblume · ♃ e ⤳ Z10 ⓦ; Panama, W.Ind., trop. S-Am
- **peperomioides** Diels 1912 · ♃ e Z10 ⓦ ⓚ; W-Yunnan
- *pubescens* hort. non Liebm. = Pilea involucrata

- **repens** (Sw.) Wedd. 1854 · D:Dunkelblättrige Kanonierblume; E:Black-leaf Panamica · ⚁ e Z10 ⓦ; W.Ind.
- **serpyllacea** (Kunth) Liebm. · ♄ e Z10 ⓚ; Peru
- *spruceana* Wedd. = Pilea involucrata

Pileostegia Hook. f. et Thomson 1859 -f- *Hydrangeaceae* · (S. 569)
- **tomentella** Hand.-Mazz. 1922
- **viburnoides** Hook. f. et Thomson 1857 · ♄ e ⚡ Z8 ⓚ ∧ IX; N-Ind.: Khasia Hills; S-China, Taiwan [34400]

Pilocarpus Vahl 1796 -m- *Rutaceae* · (S. 793) D:Jaborandistrauch; E:Jaborandi; F:Jaborandi, Pilocarpe
- **jaborandi** Holmes 1893 · D:Gewöhnlicher Jaborandistrauch; E:Jaborandi · ♄ e Z10 ⓦ ⚡ ⚘; trop. S-Am.
- **microphyllus** Stapf 1894 · D:Brasilianischer Jaborandistrauch; E:Maranhao Jaborandi · ♄ e Z10 ⓦ ⚡ ⚘; NE-Bras.
- **pennatifolius** Lem. 1852-53 · ♄ e Z10 ⓦ ⚡ ⚘; Parag., S-Bras.
- **racemosus** Vahl 1796 · D:Westindischer Jaborandistrauch; E:Guadalupe Jaborandi · ♄ ♄ e Z10 ⓦ ⚡ ⚘; W.Ind.
- **spicatus** A. St.-Hil. 1823 · ♄ e Z10 ⓦ ⚘; Bras.

Pilocereus K. Schum. = Pilosocereus
- *celsianus* Salm-Dyck = Oreocereus celsianus var. celsianus
- *erythrocephalus* K. Schum. = Denmoza rhodacantha
- *fossulatus* Labour. = Oreocereus pseudofossulatus
- *glaucescens* Labour. = Pilosocereus glaucescens
- *lanatus* (Humb., Bonpl. et Kunth) F.A.C. Weber = Espostoa lanata
- *leucostele* (Gürke) Werderm. = Stephanocereus leucostele
- *macrostibas* K. Schum. = Neoraimondia arequipensis
- *palmeri* (Rose) F.M. Knuth = Pilosocereus leucocephalus
- *pentaedrophorus* Labour. = Pilosocereus pentaedrophorus
- *schottii* (Engelm.) Lem. = Lophocereus schottii
- *senilis* (Haw.) Lem. = Cephalocereus senilis

Pilosella Hill = Hieracium

- *aurantiaca* (L.) F.W. Schultz et Sch. Bip. = Hieracium aurantiacum
- *caespitosa* (Dumort.) P.D. Sell et C. West = Hieracium caespitosum
- *floribunda* (Wimm. et Grab.) Arv.-Touv. = Hieracium × floribundum
- *officinarum* F.W. Schultz et Sch. Bip. = Hieracium pilosella
- *piloselloides* (Vill.) Soják = Hieracium piloselloides

Pilosocereus Byles et G.D. Rowley 1957 -m- *Cactaceae* · (S. 365) D:Haarsäulenkaktus; F:Cierge pileux
- **azureus** F. Ritter 1979 · ⚘ Z9 ⓚ; Bras.
- *bradei* (Backeb. et Voll) Byles et G.D. Rowley = Cipocereus bradei
- **chrysostele** (Vaupel) Byles et G.D. Rowley 1957 · ⚘ Z9 ⓚ; NE-Bras.
- **glaucescens** (Labour.) Byles et G.D. Rowley 1957 · ♄ ⚘ Z9 ⓚ ▽ ✻; E-Bras.
- **glaucochrous** (Werderm.) Byles et G.D. Rowley 1957 · ♄ ♄ ⚘ Z9 ⓦ; Bras. (Bahia)
- **leucocephalus** (Poselg.) Byles et G.D. Rowley 1957 · ♄ ⚘ Z9 ⓚ ▽ ✻; E-Mex.
- **magnificus** (Buining et Brederoo) F. Ritter 1979 · ⚘ Z9 ⓚ; Bras. (Minas Gerais)
- *maxonii* (Rose) Byles et G.D. Rowley = Pilosocereus leucocephalus
- **pachycladus** F. Ritter 1979 · ⚘ Z9 ⓚ; Bras.
- *palmeri* (Rose) Byles et G.D. Rowley = Pilosocereus leucocephalus
- **pentaedrophorus** (Labour.) Byles et G.D. Rowley 1957 · ♄ ⚘ Z9 ⓚ ▽ ✻; E-Bras.: Bahia
- **werdermannianus** (Buining et Brederoo) F. Ritter 1979 · ♄ ⚘ Z9 ⓚ ▽ ✻; E-Bras.: Minas Gerais

Pilularia L. 1753 -f- *Marsileaceae* · (S. 72) D:Pillenfarn; E:Pillwort; F:Pilulaire
- **globulifera** L. 1753 · D:Gewöhnlicher Pillenfarn · ⚁ ≈ Z7 VII-IX; Eur.* [67321]
- **minuta** Durieu ex A. Braun 1863 · ⚁ ≈ Z8 ⓦ; Eur.: P, Balear., F, Corse, Sard., Sic.

Pimelea Banks et Sol. 1788 -f- *Thymelaeaceae* · (S. 869)

D:Glanzstrauch; E:Rice Flower; F:Pimelea
- **ferruginea** Labill. 1804 · ♄ e Z9 ⓚ IV-V; W-Austr. [26591]
- **linifolia** Sm. 1793 · D:Leinblättriger Glanzstrauch; E:Slender Riceflower · ♄ e Z9 ⓚ V; Austr., Tasman. [26592]
- **prostrata** (J.R. Forst. et G. Forst.) Willd. 17797 · ♄ e Z9 ⓚ; NZ [26593]

Pimenta Lindl. 1821 -f- *Myrtaceae* · (S. 663) D:Nelkenpfeffer, Pimentbaum; E:Allspice; F:Poivre de la Jamaïque, Quatre-épices
- *acris* (Sw.) Kostel. = Pimenta racemosa
- **dioica** (L.) Merr. 1947 · D:Nelkenpfeffer, Pimentbaum; E:Allspice, Jamaica Pepper · ♄ e Z10 ⓦ ⚡ ⓝ; Mex., C-Am., W.Ind.
- *officinalis* Lindl. = Pimenta dioica
- **racemosa** (Mill.) J.W. Moore 1933 · D:Bayarumbaum; E:Bayrum Tree · ♄ e Z10 ⓚ ⚡ ⓝ; W.Ind., Venez., Guyan.

Pimpinella L. 1753 -f- *Apiaceae* · (S. 182) D:Anis, Bibernelle, Pimpinelle; E:Burnet Saxifrage; F:Anis vert, Boucage, Pimpinelle
- **alpina** Vest ex Schult. 1820 · D:Alpen-Bibernelle; E:Alpine Anise · ⚁ VII-X; Eur.: A, CH, N-I, Slov, ? Croat, Bosn., ? Serb., ? Maz., RO
- **anisum** L. 1753 · D:Anis; E:Anise, Aniseed, Common Anise · ⊙ VII-VIII ⚡ ⓝ; ? W-As., nat. in Eur. [69699]
- **major** (L.) Huds. 1762 · D:Große Bibernelle
  'Rosea'
  - subsp. **major** · D:Große Bibernelle; E:Greater Burnet Saxifrage · ⚁ Z5 VI-X ⚡ ⓝ; Eur.*, Cauc.
- **nigra** Mill. 1768 · D:Schwarze Bibernelle · ⚁ VII-IX; Eur.: C-Eur., EC-Eur., S-Sc, Russ, Ba, N-I +
- **peregrina** L. 1753 · D:Fremde Bibernelle · ⊙ Z6 V-VII; Eur.: Ib, Fr, Ap, Ba, RO, Krim; TR, Syr., Cauc., C-As., Egypt
- **saxifraga** L. 1753 · D:Kleine Bibernelle; E:Burnet Saxifrage, Lesser Burnet Saxifrage · ⚁ Z4 VII-X ⚡ ⓝ; Eur.*, TR, Cauc., W-Iran, Him., W-Sib., E-Sib., C-As., nat. in N-Am., NZ [65878]

Pinanga Blume 1839 -f- *Arecaceae* · (S. 957)
D:Pinangpalme; E:Bunga, Pinang; F:Palmier
- **coronata** (Blume ex Mart.) Blume 1839 · ♄ e Z10 ⓦ; Sumat., Java
- **decora** Linden et Rodigas 1886 · ♄ e Z10 ⓦ; Kalimantan
- *kuhlii* Blume = Pinanga coronata
- **sinii** Burret 1930 · ♄ ♄ ⓦ; China (Guangxi, Guangdong)

Pinellia Ten. 1839 -f- *Araceae* · (S. 929)
D:Pinellie; E:Pinellia; F:Pinellia
- **cordata** N.E. Br. 1903 · ⚃ Z6; China
- **pedatisecta** Schott 1857 · ⚃ Z6; N-China, W-China
- **ternata** (Thunb.) Breitenb. 1879 · D:Dreizählige Pinellie; E:Pinellia · ⚃ Z6 IV-VI ⚥; China, Korea, Jap.

Pinguicula L. 1753 -f- *Lentibulariaceae* · (S. 602)
D:Fettkraut; E:Butterwort; F:Grassette
- **acuminata** Benth. 1839 · ⚃ Z10 ⓦ; Mex.
- **agnata** Casper 1963 · ⚃ Z10 ⓦ; Mex.
- **alpina** L. 1753 · D:Alpen-Fettkraut; E:Alpine Butterwort · ⚃ △ ∼ Z3 V-VI ▽; Eur.*, E-Sib., Him., W-China; mts.
- **balcanica** Casper 1962 · ⚃; Eur.: Ba
- **caerulea** Walter 1788 · ⚃ Z8 ⓚ; USA: N.C., S.C., Ga., Fla.
- *caudata* Schltdl. = Pinguicula moranensis
- **cyclosecta** Casper 1963 · ⚃ ∼ Z10 ⓚ; Mex.
- **ehlersiae** Speta et F. Fuchs 1982 · ⚃ Z10; Mex.
- **emarginata** Zamudio et Rzed. 1986 · ⚃; Mex.
- **esseriana** B. Kirchn. 1981 · ⚃; Mex.
- **gigantea** · ⚃; Mex.
- **gracilis** Zamudio 1992 · ⚃; Mex.
- **grandiflora** Lam. 1789 · D:Großblütiges Fettkraut; E:Butterwort, Greater Butterwort · ⚃ △ ∼ Z7 VI; Eur.: sp.(Cordillera Cantábrica), F, CH, IRL, nat. in BrI
- **gypsicola** Brandegee 1911 · ⚃ ∼ Z10 ⓚ ⬜ VI-VIII; Mex.
- **hemiepiphytica** · ⚃; Mex.
- **heterophylla** Benth. 1839 · ⚃; Mex.
- **hirtiflora** Ten. 1836 · ⚃ Z6 ⓚ; Eur.: I, Ba

- **leptoceras** Rchb. 1823 · D:Dünnsporniges Fettkraut · ⚃ ∼ ⓚ VI-VIII; Eur.: F, I, CH, A; Alp., Apenn., Alpi Apuani
- **longifolia** Ramond ex DC. 1805 · ⚃ Z6; Eur.: sp., F, I; Alp., Pyr., Apenn.)
- **lusitanica** L. 1753 · ⚃ ∼ Z7; Eur.: BrI, F, Ib; Maroc., Alger.
- **lutea** Walter 1788 · ⚃ Z8 ⓚ; USA: SE, Fla.
- **macrophylla** Kunth 1817 · ⚃; Mex.
- **moranensis** Kunth 1817 · ⚃ ∼ Z10 ⓦ ⓚ ⬜ VI-IX; Mex.
- **primuliflora** C.E. Wood et R.K. Godfrey 1957
- **rectifolia** Speta et F. Fuchs 1991 · ⚃; Mex.
- **rotundiflora** Studnicka 1985 · ⚃; Mex.
- **vallisneriifolia** Webb 1853 · ⚃; Eur.: sp.; mts.
- **villosa** L. 1753 · D:Haariges Fettkraut; E:Hairy Butterwort · ⚃ ∼ ; Eur.: Sc, N-Russ.
- **vulgaris** L. 1753 · D:Gewöhnliches Fettkraut; E:Bog Violet, Butterwort, Common Butterwort · ⚃ ∼ Z3 V-VI ⚥ ▽; Eur.*, W-Sib., Manch., Maroc., Greenl., Can., USA: NE, NCE, NC, NW
- **zecheri** Speta et F. Fuchs 1982 · ⚃ Z10; Mex.

Pinus L. 1753 -f- *Pinaceae* · (S. 94)
D:Föhre, Kiefer, Spirke; E:Pine; F:Pin
- *abies* L. = Picea abies var. abies
- **albicaulis** Engelm. 1863 · D:Weißstämmige Zirbel-Kiefer; E:Whitebark Pine · ♄ e Z6; Can.: B.C., Alta.; USA: NW, Calif., Rocky Mts. [27712]
- **aristata** Engelm. 1862 · D:Grannen-Kiefer; E:Bristlecone Pine; F:Pin aristé · ♄ ♄ e Z6 ⓝ; USA: Colo., SW [26360]
- **armandii** Franch. · D:Gewöhnliche Chinesische Weiß-Kiefer; F:Pin d'Armand · ♄ e Z6 ⓝ; W-China, C-China, Korea, Taiwan [32730]
- **attenuata** Lemmon 1892 · D:Höcker-Kiefer; E:Knobcone Pine · ♄ e Z7; USA: S-Oreg., Calif.; mts [27715]
- *australis* F. Michx. = Pinus palustris
- *austriaca* Höss = Pinus nigra subsp. nigra
- **ayacahuite** C. Ehrenb. ex Schltdl. 1838 · D:Mexikanische Wey-

mouths-Kiefer; E:Mexican White Pine
 - var. **ayacahuite** · D:Gewöhnliche Mexikanische Weymouth-Kiefer · ♄ e ⚭ Z8 ⓚ ⓝ; Mex., Guat.
 - var. *brachyptera* Shaw 1909 = Pinus strobiformis
 - var. *novogaliciana* Carvajal 1992 = Pinus strobiformis
- **balfouriana** A. Murray bis · D:Nördliche Fuchsschwanz-Kiefer · ♄ e Z7; Calif.; mts
- **banksiana** Lamb. 1803 · D:Banks' Kiefer, Strauch-Kiefer; E:Jack Pine, Northern Scrub Pine; F:Pin de Banks · ♄ ♄ e Z3 V ⓝ; Can., USA: NE, NCE [32732]
- *bonapartea* Roezl ex Gordon = Pinus strobiformis
- **brutia** Ten. 1811 · D:Kalabrische Kiefer, Türkische Kiefer; E:Calabrian Pine, Turkish Pine · [27718]
 - var. **brutia** · D:Gewöhnliche Kalabrische Kiefer · ♄ e Z8 ⓚ; GR, Krim, TR, Cyprus, Lebanon [27719]
 - var. **eldarica** (Medw.) Silba 1985 · D:Eilar-Kiefer; E:Eilar Pine · ♄ e; Cauc. [27739]
- **bungeana** Zucc. ex Endl. 1847 · D:Bunges Kiefer, Tempel-Kiefer; E:Lacebark Pine · ♄ e Z6; NW-China [13868]
- *californica* Hartw. = Pinus attenuata
- **canariensis** C. Sm. 1828 · D:Kanarische Kiefer; E:Canary Island Pine · ♄ e Z9 ⓚ ⓝ; Canar.
- **caribaea** Morelet · D:Gewöhnliche Karibische Kiefer, Nicaragua-Kiefer; E:Nicaraguan Pine · ♄ e Z10 ⓦ ⓝ; SE-USA, C-Am., Bahamas
- **cembra** L. 1753 · D:Arve, Zirbel-Kiefer; E:Arolla Pine, Swiss Stone Pine; F:Arolle, Pin cembro · ♄ e Z4 VI-VII ⓝ; Eur.: C-Eur., EC-Eur., I, E-Eur., nat. in Sc [26380]
  'Compacta Glauca' Frets et Sons 1965 [47560]
  'Inverleith' Kenwith Nurs. 1985
 - var. *sibirica* (Du Tour) G. Don 1830 = Pinus sibirica
- **cembroides**
 - subsp. *edulis* (Engelm.) E. Murray 1982 = Pinus edulis
 - var. *edulis* (Engelm.) Voss 1908 = Pinus edulis
 - var. *monophylla* (Torr. et Frém.) Voss 1908 = Pinus monophylla
- **cembroides** Zucc. 1832 ·

D:Mexikanische Nuss-Kiefer; E:Mexican Nut Pine, Mexican Stone Pine, Pinyon Pine · ♄ e Z8 ⓚ ⓝ; SW-USA, Baja Calif., Mex. [19599]
- *clusiana* Clemente = Pinus nigra subsp. salzmannii
- **contorta** Douglas ex Loudon 1838 · D:Dreh-Kiefer, Küsten-Kiefer; E:Lodgepole Pine, Shore Pine · [26440]
  'Spaan's Dwarf' Welch 1979
  - subsp. *murrayana* (Balf.) Critchf. 1957 = Pinus contorta var. murrayana
  - var. **contorta** · D:Gewöhnliche Dreh-Kiefer; F:Pin tordu · ♄ e Z5 IV-VI ⓝ; Alaska, Can.: BC; USA: NW, Calif., Nev.
  - var. **latifolia** Engelm. ex S. Watson 1871 · D:Rocky-Mountain-Dreh-Kiefer; E:Rocky Mountain Lodgepole Pine · ♄ e Z5; Alaska, Can.: W; USA: NW, Rocky Mts., S.Dak. [34775]
  - var. **murrayana** (Balf.) Engelm. 1880 · D:Sierra-Dreh-Kiefer; E:Sierra Lodgepole Pine · ♄ e Z8 ⓚ; Calif., Mex. (Baja Calif.) [27820]
- **coulteri** D. Don 1836 · D:Coulters Kiefer; E:Big Cone Pine, Coulter Pine; F:Pin à gros cônes · ♄ e Z7 △; Calif., Baja Calif. [32734]
- **densiflora** Siebold et Zucc. 1842 · D:Japanische Rot-Kiefer; E:Japanese Red Pine; F:Pin rouge du Japon · ♄ e Z6 ⓝ; Jap., Korea [32736]
  'Aurea' Mayr 1890 [27723]
  'Jane Kluis' Kluis Nurs. 1988 [16321]
  'Oculus-draconis' (v) Mayr 1890 [19602]
  'Pendula' Mayr 1890 [37648]
  'Umbraculifera' Mayr 1890 [26460]
- **devoniana** Lindl. 1839 · D:Michoaca-Kiefer; E:Michoacan Pine · ♄ e Z9 ⓚ; Mex., Guat. [27754]
- *divaricata* (Aiton) Dum.-Cours. = Pinus banksiana
- **echinata** Mill. 1768 · D:Fichten-Kiefer, Kurznadlige Kiefer; E:Short-leaf Pine · ♄ e Z6; USA: NE, NEC, SE, Fla., SC
- **edulis** Engelm. 1848 · D:Rocky-Mountain-Kiefer · ♄ e Z5; USA: Calif., Rocky Mts., SW; N-Mex. [27725]
- *eldarica* Medw. = Pinus brutia var. eldarica
- **elliottii** Engelm. 1880 · D:Schlitz-Kiefer; E:Slash Pine · ♄ e Z8 ⓚ; USA: Va, SE, Fla. [27727]
- *excelsa* Wall. ex D. Don = Pinus wallichiana
- *filifolia* Lindl. = Pinus devoniana
- **flexilis** E. James 1823 · D:Biegsame Kiefer, Nevada-Zirbel-Kiefer; E:Limber Pine
  'Firmament' Jeddeloh 1982 [26530]
  'Pendula' Vermeulen Nurs. 1941 [33942]
  - var. **flexilis** · D:Gewöhnliche Nevada-Zirbel-Kiefer; F:Pin des Rocheuses · ♄ e Z6 ⓝ; Can.: B.C., Alta.; USA: NW, Rocky Mts., SW, NC [27687]
  - **gerardiana** Wall. ex D. Don 1832 · D:Chilgoza-Kiefer, Gerards Kiefer; E:Chilgoza Pine · ♄ e Z7 ⓝ; Afgh., Pakist., Kashmir
- *grenvilleae* Gordon = Pinus devoniana
- *griffithii* McClell. = Pinus wallichiana
- × **hakkodensis** Makino 1931 (*P. parviflora* var. *parviflora* × *P. pumila*) · D:Honshu-Kiefer · ♄ e Z4; Jap. [27737]
- **halepensis** Mill. 1768 · D:Aleppo-Kiefer, See-Kiefer; E:Aleppo Pine · ♄ e Z8 ⓚ ⚘ ⓝ; Eur.: Ib, Fr, Ap, Ba, Krim; TR, Syr., Palaest., NW-Afr., Libya [27871]
  - var. **brutia** (Ten.) A. Henry 1910 = Pinus brutia var. brutia
  - var. **eldarica** (Medw.) Fitschen 1930 = Pinus brutia var. eldarica
- **heldreichii** H. Christ 1863 · D:Panzer-Kiefer, Schlangenhaut-Kiefer; E:Bosnian Pine, Palebark Pine; F:Pin blanc de Bosnie · ♄ e Z6 ⓝ; Eur.: Ba, S-I; mts. [27757]
  'Compact Gem' Hillier Nurs. 1964 [34499]
  'Satellit' Konijn Nurs. 1971 [34507]
  'Schmidtii' Hort. D [10912]
  - var. **leucodermis** (Antoine) Markgr. et Fitschen 1930 = Pinus heldreichii
- *inops* Aiton = Pinus virginiana
- *inops* Bong. = Pinus contorta var. contorta
- **jeffreyi** Balf. 1853 · D:Jeffreys Kiefer; E:Jeffrey's Pine; F:Pin de Jeffrey · ♄ e Z6 ⓝ; USA: S-Oreg., Calif.; Mex.: Baja Calif. [26510]
- **koraiensis** Siebold et Zucc. 1842 · D:Korea-Kiefer; E:Korean Pine; F:Pin de Corée · ♄ e Z5 ⓝ; Amur, Manch., Korea, Jap. [26520]
- **lambertiana** Douglas 1827 · D:Zucker-Kiefer; E:Sugar Pine · ♄ e Z7 ⓝ; USA: Oreg., Nev., Calif.; Baja Calif. [27749]
- *laricio* Poir. = Pinus nigra subsp. laricio
- **longaeva** D.K. Bailey 1971 · D:Langlebige Kiefer; E:Ancient Pine · ♄ e Z6; USA: Calif., Utah, Nev. [35929]
- *longifolia* Roxb. ex Lamb. = Pinus roxburghii
- *macrophylla* Lindl. = Pinus devoniana
- *magnifica* Roezl = Pinus devoniana
- *maritima* Lam. = Pinus pinaster
- **massoniana** Lamb. 1803 · D:Masson-Kiefer · ♄ e Z7; C-China, SE-China, Taiwan, N-Vietn. [27753]
- **merkusii** Jungh. et de Vriese 1845 · D:Merkus' Kiefer, Sumatra-Kiefer; E:Merkus Pine, Sumatran Pine · ♄ e Z10 ⓚ ⓝ; Myanmar, Sumatra, Phil.
- *michoacaensis* Roezl = Pinus devoniana
- *michoacana* Martínez = Pinus devoniana
  - var. *cornuta* Martínez 1944 = Pinus devoniana
  - var. *quevedoi* Martínez 1944 = Pinus devoniana
- *mitis* Michx. = Pinus echinata
- **monophylla** Torr. et Frém. 1845 · D:Einnadlige Weymouths-Kiefer; E:One Leaf Pinon, Single Leaf Pinyon · ♄ e Z7 ⓝ; USA: Rocky Mts., Calif., Ariz.; Mex.: Baja Calif. [27758]
  - var. *edulis* M.E. Jones 1891 = Pinus edulis
- **montana**
  - subsp. *mughus* (Scop.) Willk. 1872 = Pinus mugo subsp. mugo
  - subsp. *pumilio* (Haenke) Willk. 1872 = Pinus mugo subsp. mugo
  - var. *rostrata* (Antoine) Asch. et Graebn. 1897 = Pinus mugo subsp. uncinata
  - var. *rotundata* (Link) Asch. et Graebn. 1897 = Pinus mugo subsp. rotundata
- *montana* Mill. = Pinus mugo subsp. mugo
- **montezumae** Lamb. 1832 · D:Montezuma-Kiefer; E:Montezuma Pine, Rough Barked Mexican Pine · [27761]
  - var. *macrophylla* (Lindl.) Parl. 1868 = Pinus devoniana
  - var. **montezumae** · D:Gewöhnliche Montezuma-Kiefer · ♄ e Z9 ⓚ; B.C., USA: NW, Calif; Mex.
- **monticola** Douglas ex D. Don 1832 · D:Westliche Weymouths-Kiefer; E:Californian Mountain Pine, Silver Pine, Western White Pine · ♄ e Z6 ⓝ; Can.: W; USA: NW, Rocky Mts., Calif. [26590]

'Ammerland' Jeddeloh 1929 [45110]
'Skyline' van Gelderen 1982 [31922]
- *mughus* Scop. = Pinus mugo subsp. mugo
- **mugo** Turra 1765 · D:Berg-Kiefer, Krummholz-Kiefer, Latsche, Leg-Föhre; E:Mountain Pine · [26540]
'Columnaris' Hort. GB 1984 [27771]
'Gnom' Hort. USA 1937 [26560]
'Hesse' Hesse 1940 [32738]
'Humpy' Draijer 1979 [32017]
'Kobold' Hooftman 1965 [41150]
'Laurin' Sass 1928 [32018]
'Mops' Hooftman 1951 [26570]
'Ophir' K.J. Kraan 1975 [31925]
Pumilio Grp. [26580]
'Winter Gold' Welch 1979 [32019]
'Zundert' 1987 [10917]
 - subsp. **mugo** · D:Gewöhnliche Berg-Kiefer, Gewöhnliche Leg-Föhre; F:Pin mugho · ♄ e Z4 V-VII; Eur.: Fr, Ap, C-Eur., EC-Eur., Ba, E-Eur. [17184]
 - subsp. *pumilio* (Haenke) Franco 1963 = Pinus mugo subsp. mugo
 - subsp. **rotundata** (Link) Janch. et H. Neumayer 1942 · D:Moor-Kiefer, Moor-Spirke · ♄ ♄ e Z4; Eur.: D, A, PL, Slova. [27907]
 - subsp. **uncinata** (Ramond ex DC.) Domin 1935 · D:Berg-Spirke, Haken-Kiefer; E:Mountain Pine · ♄ e Z4 VI-VII; Eur.: sp., F, I, C-Eur.; mts. C-Sp., Pyr., Alp. [15991]
 - var. *mughus* (Scop.) Zenari 1921 = Pinus mugo subsp. mugo
 - var. *pumilio* (Haenke) Zenari 1921 = Pinus mugo subsp. mugo
 - var. *rostrata* (Antoine) Hoopes 1941 = Pinus mugo subsp. uncinata
- *muricata* Bol. = Pinus contorta var. murrayana
- **muricata** D. Don 1836 · D:Bischofs-Kiefer; E:Bishop Pine
- *murrayana* Balf. = Pinus contorta var. murrayana
- *nec-plus-ultra* Roezl = Pinus devoniana
- **nigra**
'Calabrica' Hort. D [12081]
'Fastigiata' Hort. D [13023]
'Hornibrookiana' Slavin 1932 [32064]
 - subsp. **nigra** · D:Gewöhnliche Schwarz-Kiefer; E:Austrian Pine, Black Pine, Corsican Pine; F:Pin noir · ♄ e Z5 V-VI ⚥ ℕ; Eur.: A, I, Ba, nat. in BrI, Sc, EC-Eur. [12078]
 - subsp. **pallasiana** (Lamb.) Holmboe 1914 · D:Taurische Schwarz-Kiefer; E:Crimean Pine · ♄ e Z5; Eur.: Ba, Krim; TR, Cyprus, Cauc. [20537]
 - subsp. **salzmannii** (Dunal) Franco 1943 · D:Pyrenäen-Schwarz-Kiefer; E:Pyrenees Pine · ♄ e Z5; SW-F, sp., NW-Maroc.
 - var. *austriaca* (Höss) Badoux 1847 = Pinus nigra subsp. nigra
 - var. *caramanica* (Loudon) Rehder 1927 = Pinus nigra subsp. pallasiana
 - var. *cebennensis* (Godr.) Rehder 1922 = Pinus nigra subsp. salzmannii
 - var. *poiretiana* (Loudon) C.K. Schneid. 1913 = Pinus nigra subsp. laricio
 - subsp. **laricio** (Poir.) Maire 1928 · D:Korsische Schwarz-Kiefer; E:Corsican Pine; F:Pin laricio · ♄ e Z5; Eur.: Corse, I (Calabria), Sic. [12083]
 - var. *calabrica* (Loudon) C.K. Schneid. 1913 = Pinus nigra subsp. laricio
 - var. *corsicana* (Loudon) Hyl. 1953 = Pinus nigra subsp. laricio
 - var. *maritima* (Aiton) Melville 1959 = Pinus nigra subsp. laricio
- **nigra** J.F. Arnold 1785 · D:Schwarz-Kiefer; E:Black Pine · [17626]
'Pyramidata' Meyer 1955 · D:Säulen-Schwarz-Kiefer · e [10957]
- *nigricans* Host = Pinus nigra subsp. nigra
- *ocampii* Roezl = Pinus devoniana
- *omorika* Pančić = Picea omorika
- *pallasiana* Lamb. = Pinus nigra subsp. pallasiana
- **palustris** Mill. 1768 · D:Sumpf-Kiefer; E:Longleaf Pine, Southern Pine · ♄ e Z8 ⓓ ⚥ ℕ; USA: Va., SE, Tex. [27859]
- **parviflora** Siebold et Zucc. 1842 · D:Mädchen-Kiefer; E:Japanese White Pine
'Adcock's Dwarf' Hillier Nurs. 1966 [36144]
'Brevifolia' Mayr 1890 [32746]
Glauca Grp. [26630]
'Negishi' van de Laar 1975 [32209]
'Saphir' Draijer 1982 [32224]
'Tempelhof' Konijn Nurs. 1965 [47710]
 - var. *parviflora* · D:Südliche Mädchen-Kiefer; E:South Japanese White Pine · ♄ e Z6; Jap. [26620]
- **patula** Schiede ex Schltdl. 1831 · D:Jelote-Kiefer; E:Mexican Weeping Pine · ♄ e Z8 ⓓ; Mex. [27867]
- *pawlikowskiana* Roezl ex Carrière = Pinus devoniana
- **peuce** Griseb. 1846 · D:Mazedonische Kiefer, Rumelische Strobe; E:Macedonian Pine; F:Pin de Macédoine, Pin des Balkans · ♄ e Z5 ℕ; Eur.: Ba; mts. [26640]
- *picea* L. = Abies alba
- **pinaster** Aiton · D:Gewöhnliche Strand-Kiefer · ♄ e Z8 ⓓ ⚥ ℕ; Eur.: Ib, Fr, Ap; NW-Afr, nat. in BrI, Ba [19608]
- **pinea** L. 1790 · D:Pinie, Schirm-Kiefer; E:Stone Pine, Umbrella Pine · ♄ e Z8 ⓓ ℕ; Eur.: Ib, Fr, Ap, Ba; TR, Levante [32750]
- **ponderosa** Douglas ex C. Lawson 1836 · D:Gelb-Kiefer; E:Ponderosa Pine, Western Yellow Pine · [26650]
 - var. **ponderosa** · D:Großzapfige Gelb-Kiefer; F:Pin jaune du Nouveau Monde · ♄ e Z5 ℕ; Can.: B.C.; USA: NW, Calif., Nev.
 - var. **scopulorum** Engelm. 1880 · D:Kleinzapfige Gelb-Kiefer; E:Rocky Mountian Pine · ♄ e Z5; Can.: B.C.; USA: Rocky Mts., NC, SC; Mex. [10964]
- **pumila** (Pall.) Regel 1859 · D:Ostasiatische Zwerg-Kiefer, Zwerg-Zirbel-Kiefer; E:Dwarf Siberian Pine, Japanese Stone Pine · ♄ e △ Z4 ℕ; Jap., Kamchat., NE-Sib. [26660]
'Glauca' Hooftman 1943 [26670]
'Globe' Konijn Nurs. 1949 [32221]
'Nana' Hort. NL 1979 [27878]
'Säntis' Draijer 1981 [56127]
- *pumilio* Haenke = Pinus mugo subsp. mugo
- **pungens** Lamb. 1805 · D:Hickory-Kiefer, Stech-Kiefer; E:Hickory Pine, Prickly Pine, Table Mountain Pine · ♄ e Z6; USA: NE, SE [27882]
- **radiata** D. Don · D:Gewöhnliche Monterey-Kiefer · ♄ e Z8 ⓓ ℕ; Calif., Baja Calif., nat. in NZ, Austr.
- **resinosa** Aiton 1789 · D:Amerikanische Rot-Kiefer, Harzige Kiefer; E:American Red Pine, Red Pine · ♄ e Z5 ℕ; Can.: E; USA: NE, NCE, NCE [32754]
- **rigida** Mill. 1768 · D:Pech-Kiefer; E:Northern Pitch Pine · ♄ e Z6 ℕ; Can.: E; USA: NE, Ohio, SE [36148]
- *rotunda* Link = Pinus mugo subsp. rotundata
- **roxburghii** Sarg. 1897 · D:Chir-

Kiefer, Emodi-Kiefer; E:Chir Pine, Indian Longleaf Pine · ♄ e Z9 ⌂ ⓝ; Him.: Afgh., Kashmir, NW-Ind., Nepal, Bhutan
- *royleana* Jamieson ex Lindl. = Pinus echinata
- **sabineana** Douglas ex D. Don 1832 · D:Nuss-Kiefer, Weiß-Kiefer; E:Digger Pine · ♄ e ⋈ Z7 ∧ ⓝ; Calif. [45140]
- *salzmannii* Dunal = Pinus nigra subsp. salzmannii
- × **schwerinii** Fitschen 1930 (*P. strobus* × *P. wallichiana*) · D:Schwerins Kiefer · ♄ e Z5; cult. [26680]
- **sibirica** Du Tour 1803 · D:Sibirische Zirbel-Kiefer; E:Siberian Pine · ♄ e Z1 ⓝ; E-Russ., Sib. [26430]
- *squarrosa* Walter = Pinus echinata
- **strobiformis** Engelm. 1848 · D:Südwestliche Weiß-Kiefer · ♄ e Z8 ⌂; Mex. [27692]
  - var. *carvajalii* Silba 1990 = Pinus strobiformis
  - var. *potosiensis* Silba 1990 = Pinus strobiformis
- **strobus** L. 1753 · D:Strobe, Weymouths-Kiefer; E:Eastern White Pine, Weymouth Pine · [26720]
  'Alba' Loudon 1838 [32758]
  'Blue Shag' S. Waxman 1978 [20637]
  'Fastigiata' Beissn. 1884 [15206]
  'Krügers Liliput' Krüger 1968
  'Macopin' Gotelli 1979 [31928]
  'Minima' Welch 1923 [39128]
  'Pendula' Nelson 1866 [31929]
  'Radiata' Hornibrook 1923 [26730]
  - var. **strobus** · D:Gewöhnliche Weymouths-Kiefer, Strobe; E:White Pine; F:Pin Weymouth · ♄ e Z5 IV-V ⓝ; Can.: E; USA; NE, NCE, SE
- **sylvestris** L. 1753 · D:Föhre, Wald-Kiefer; E:Scots Pine · [26690]
  Aurea Grp. [34720]
  'Beuvronensis' Beissn. 1891 [32225]
  Fastigiata Grp. [26700]
  Glauca Grp. [45150]
  'Saxatilis' Carrière 1867 [42272]
  Typ Norwegen [10973]
  'Watereri' Beissn. 1891 [26710]
  - var. **mongolica** Litv. 1905 · D:Mongolische Wald-Kiefer; E:Mongolian Scots Pine · Z2
  - var. **sylvestris** · D:Gewöhnliche Wald-Kiefer; F:Pin sylvestre · ♄ e Z1 V-VI ⚥ ⓝ; Eur.*, TR, Cauc., W-Sib., E-Sib., Amur, Mong., Manch., nat. in N-Am. [22299]
- **tabuliformis** Carrière ·

D:Gewöhnliche Chinesische Rot-Kiefer · ♄ e Z5 ⓝ; W-China, N-China, Korea [32760]
- **taeda** L. 1753 · D:Weihrauch-Kiefer; E:Loblolly Pine · ♄ e Z7 ⓝ; USA: NE, SE, Fla., SC [27898]
  - var. *echinata* (Mill.) Castigl. 1790 = Pinus echinata
  - var. *rigida* (Mill.) Aiton 1789 = Pinus echinata
  - var. *variabilis* Aiton 1789 = Pinus echinata
- *thunbergiana* Franco = Pinus thunbergii
- **thunbergii** Parl. 1868 · D:Japanische Schwarz-Kiefer, Thunbergs Kiefer; E:Black Pine, Japanese Black Pine · ♄ e Z6 ⓝ; Jap. [26740]
  'Banshosho' W.N. Valavanis 1975 [11474]
  'Sayonara' van de Laar 1976 [27901]
- *tuberculata* Gordon = Pinus attenuata
- *turbinata* Bosc ex Loudon = Pinus virginiana
- *uncinata* Ramond ex DC. = Pinus mugo subsp. uncinata
  - subsp. *rotundata* (Link) Janch. et H. Neumayer 1942 = Pinus mugo subsp. rotundata
- *variabilis* (Aiton) Lamb. = Pinus echinata
- *verschaffeltii* Roezl ex Carrière = Pinus devoniana
- **virginiana** Mill. 1768 · D:Busch-Kiefer, Jersey-Kiefer; E:Scrub Pine, Virginia Pine · ♄ e Z6; USA: NE, NEC, SE [32762]
  - var. *echinata* (Mill.) Du Roi 1771 = Pinus echinata
- **wallichiana** A.B. Jacks. · D:Gewöhnliche Tränen-Kiefer; F:Pin pleureur de l'Himalaya · ♄ e Z7 ⓝ; Afgh., Him.
- *wincesteriana* Gordon = Pinus devoniana
- **yunnanensis** Franch. 1899 · D:Yunnan-Kiefer; E:Yunnan Pine · ♄ e Z8 ⌂; China (SW-Sichuan, W-Yunnan)
- *zitacuarensis* Roezl = Pinus devoniana
  - var. *nitida* Roezl ex Carrière 1867 = Pinus devoniana

Piper L. -n- *Piperaceae* · (S. 693) D:Pfeffer; E:Pepper; F:Poivrier
- **aduncum** L. 1753 · D:Gebogener Pfeffer; E:Big Pepper · ♄ ♄ e Z10 ⓦ; Mex., C-Am., W.Ind., trop. S-Am.
- **angustifolium** Ruiz et Pav. 1798 · ♄ Z10 ⓦ ⚥ ⓝ; Mex., C-Am.,

Westind., S-Am.
- **auritum** Humb., Bonpl. et Kunth 1815 · ♄ ♄ e Z10 ⓦ; Mex., C-Am., Col.
- **betle** L. 1753 · D:Betel-Pfeffer, Kau-Pfeffer; E:Betel, Betel Pepper · ♄ e ⚥ Z10 ⓦ ⚥ ⓝ; Ind., Malay. Arch.
- *bicolor* Yunck. = Piper magnificum
- *celtidifolium* Desf. = Piper unguiculatum
- **clusii** (Miq.) C. DC. 1869 · ⚥ Z10 ⓦ ⓝ; W-Afr.
- **crocatum** Ruiz et Pav. 1798 · ♄ e ⚥ Z10 ⓦ; Peru
- **cubeba** L. f. 1782 · D:Kubeben-Pfeffer; E:Tailed Pepper · ♄ e ⚥ Z10 ⓦ ⚥ ⚔ ⓝ; w Malay. Arch.
- **guineense** Schumach. et Thonn. 1827 · D:Aschanti-Pfeffer; E:Ashanti Pepper · ♄ e ⚥ Z10 ⓦ ⓝ; trop. Afr.
- **longum** L. 1753 · D:Langer Pfeffer; E:Indian Long Pepper, Long Pepper · ♄ e ⚥ Z10 ⓦ ⚥ ⓝ; E-Him.
- **magnificum** Trel. 1929 · ♄ e Z10 ⓦ; Peru
- **methysticum** G. Forst. 1786 · D:Kava Kava; E:Kava Kava, Kava Pepper · ♄ e Z10 ⓦ ⚥ ⚔ ⓝ; Fiji, Pacific Is.
- **nigrum** L. 1753 · D:Echter Pfeffer, Schwarzer Pfeffer, Weißer Pfeffer; E:Brown's Pepper, Pepper Plant · ♄ e ⚥ Z10 ⓦ ⚥ ⓝ; ? Ind. (Malabar Coast) [11272]
- **ornatum** N.E. Br. 1884 · ♄ e ⚥ Z10 ⓦ; Sulawesi
- **porphyrophyllum** (Lindl.) N.E. Br. 1884 · D:Malayischer Pfeffer; E:Malay Pepper · ♄ e ⚥ Z10 ⓦ; Malay. Pen., Kalimantan
- **retrofractum** Vahl 1804 · D:Java-Pfeffer; E:Java Longpepper · ♄ e Z10 ⓦ; Malay.Arch.
- **saigonense** C. DC. 1910 · ⚥ ⚥ Z10 ⓦ ⓝ; Vietn.
- **sylvaticum** Roxb. 1820 · ♄ e ⚥ ↝ Z10 ⓦ; E-Him.
- **unguiculatum** Ruiz et Pav. 1798 · ♄ e Z10 ⓦ; Peru

Piptanthocereus (A. Berger) Riccob. = Cereus
- *azureus* (Pfeiff.) Riccob. = Cereus aethiops
- *chalybaeus* (Otto) Riccob. = Cereus aethiops
- *jamacaru* (DC.) Riccob. = Cereus jamacaru
- *peruvianus* (L.) Riccob. = Cereus repandus

– *validus* (Haw.) Riccob. = Cereus validus

Piptanthus Sweet 1828 -m- *Fabaceae* · (S. 520)
D:Nepalgoldregen; E:Evergreen Laburnum
– **nepalensis** (Hook.) Sweet 1828 · D:Nepalgoldregen; E:Evergreen Laburnum, Nepal Laburnum · ♄ e Z8 ⌾ V; Nepal, Sikkim, Bhutan [27216]

Piptatherum P. Beauv. 1812 -n- · (S. 1125)
D:Grannenreis
– **miliaceum** (L.) Coss. 1851 · D:Gewöhnlicher Grannenreis, Südliche Grannenhirse; E:Rice Millet, Smilo Grass · ⚘ Z8 V-X ⓝ; Eur.: Ib, Fr, Ap, Ba; TR, Syr., N-Iraq, Sinai
– **virescens** (L.) Boiss. 1884 · D:Grünlicher Grannenreis, Welligblättriger Grannenreis · ⚘ Z8 V-VII; Eur.: F, I, A, EC-Eur., Ba, E-Eur.; TR, Cauc., N-Iran

Piqueria Cav. 1794 -f- *Asteraceae* · (S. 264)
– **trinervia** (Jacq.) Cav. 1794 · ⚘ ⚭ Z10 ⌾ VII-II; Mex., Haiti

Piscidia L. 1759 -f- *Fabaceae* · (S. 521)
E:Dogwood
– **piscipula** (L.) Sarg. 1891 · E:Fish Fuddle, Jamaica Dogwood · ♄ d Z10 ⓝ ⚥ ⚘ ⓝ; S-Fla., W.Ind., S-Mex.

Pisonia L. 1753 -f- *Nyctaginaceae* · (S. 668)
– *alba* Span. = Pisonia grandis
– *brunoniana* Endl. = Pisonia umbellifera
– **grandis** R. Br. 1810 · E:Brown Cabbage Tree, Lettuce Tree · ♄ Z10 ⓝ ⓝ; E-Afr., Sri Lanka, Malay. Arch., N.Guinea, E-Austr., Polyn.
– **umbellifera** (J.R. Forst. et G. Forst.) Seem. 1862 · E:Bird Catcher Tree, Para Para · ♄ ♄ e Z10 ⓝ; Austr.: Queensl., N.S.Wales, Lord Howe Is., Norfolk; NZ, Mauritius

Pistacia L. 1753 -f- *Anacardiaceae* · (S. 157)
D:Pistazie; E:Pistachio; F:Pistachier
– **atlantica** Desf. 1799
– **chinensis** Bunge 1833 · D:Chinesische Pistazie; E:Chinese Pistachio · ♄ d Z8 ⌾; China, Taiwan., Phil.
– **lentiscus** L. 1753 · D:Mastixbaum; E:Lentisk, Mastic · ♄ ♄ e D Z9 ⌾ ⚥ ; Eur.: Ib, Fr, Ap, Ba; TR, Levante, Canar., N-Afr. [58128]
– **terebinthus** L. 1753 · D:Terpentin-Pistazie; E:Terebinth, Turpentine · ♄ ♄ d D Z8 ⌾ ⚥ ⓝ; Eur.: Ib, Fr, Ap, Ba; TR, Levante, NW-Afr., Libya [11273]
– **vera** L. 1753 · D:Echte Pistazie; E:Pistachio · ♄ ♄ e D Z9 ⓝ ⓝ; Iran, C-As. [11274]

Pistia L. 1753 -f- *Araceae* · (S. 929)
D:Wassersalat; E:Shell Flower, Water Lettuce; F:Laitue d'eau
– **stratiotes** L. 1753 · D:Wassersalat; E:Water Lettuce · ⚘ ≈ Z10 ⓝ VII-X; Subtrop., Trop. [67322]

Pistorinia DC. 1828 -f- *Crassulaceae* · (S. 434)
– **breviflora** Boiss. 1838
  – subsp. **breviflora** · ⊙ ⚥ ⌾; S-Sp.
  – subsp. **salzmannii** (Boiss.) H. Jacobsen 1958 · ⊙ ⚥ ⌾ VII-VIII; Maroc., Alger.
– **hispanica** (L.) DC. 1828
  – var. **hispanica** · ⊙ ⚥ ⌾; Eur.: Ib
  – var. **maculata** Maire 1932 · ⊙ ⚥ ⌾ VII-VIII; Maroc.
– *salzmannii* Boiss. = Pistorinia breviflora subsp. salzmannii

Pisum L. -n- *Fabaceae* · (S. 521)
D:Erbse; E:Pea; F:Pois
– *arvense* L. = Pisum sativum subsp. sativum Arvense-Grp.
– **sativum** L. 1753
  – subsp. **abyssinicum** (A. Braun) Govorov 1937 · ⊙ ⚥ VI-IX ⓝ; Yemen, Eth.
  – subsp. **asiaticum** Govorov · ⊙ ⚥ VI-IX ⓝ; N-Afr., SW-As., C-As., Ind., Tibet
  – subsp. **elatius** (Steven ex M. Bieb.) Asch. et P. Graebn. 1910 · ⊙ ⚥ VI-IX ⓝ; Eur.: Ib, Ap, Ba, H, S-Russ.; TR, Levante, Iraq, Cauc., Iran, Ind., Tibet, N-Afr.
  – subsp. **sativum** · D:Erbse; E:Garden Pea, Pea · ⊙ ⚥ V-VII ⓝ; Eur.: Ib, Ap, Ba, Ro, Krim, W-Russ.; TR, Levante, N-Afr. Arvense-Grp. · D:Futter-Erbsen, Peluschken; E:Field Pea · ; cult. Macrocarpon-Grp. · D:Zucker-Erbsen; E:Sugar Pea · ; cult. Medullare-Grp. · D:Mark-Erbsen · ; cult. Sativum-Grp. · D:Pal-Erbsen, Schal-Erbsen · ; cult.
  – *convar. axiphium* Alef. 1866 = Pisum sativum subsp. sativum Macrocarpon-Grp.
  – *convar. medullare* Alef. 1866 = Pisum sativum subsp. sativum Medullare-Grp.
  – *convar. sativum* = Pisum sativum subsp. sativum Sativum-Grp.
  – *convar. speciosum* (Dierb.) Alef. 1866 = Pisum sativum subsp. sativum Arvense-Grp.
  – subsp. **syriacum** A. Berger · ⊙ ⚥ VI-IX ⓝ; Cyprus, Lebanon, Syr., Israel, Jord., N-Iraq, NW-Iran
  – subsp. **transcaucasicum** Govorov · ⊙ ⚥ VI-IX ⓝ; Eur.: SE-Russ., Cauc.

Pitcairnia L'Hér. 1789 -f- *Bromeliaceae* · (S. 976)
– **altensteinii** (Link, Klotzsch et Otto) Lem. 1846 · ⚘ Z9 ⓝ IV-V; Guat.
– **andreana** Linden 1873 · ⚘ Z9 ⓝ VI-VII; Col.
– **angustifolia** Sol. ex Aiton 1789 · ⚘ Z9 ⓝ IX; Puerto Rico
– **aphelandriflora** Lem. 1869 · ⚘ Z9 ⓝ VI-VII; Panama, Ecuad.
– **atrorubens** (Beer) Baker 1881 · ⚘ Z9 ⓝ VII-VIII; Mex., Costa Rica, Panama
– **corallina** Linden et André 1873 · ⚘ Z9 ⓝ III-V; Col., Peru
– **echinata** Hook. 1853 · ⚘ Z9 ⓝ VI-VII; Col.
– *exscapa* Hook. = Pitcairnia heterophylla
– **feliciana** (A. Chev.) Harms et Mildbr. 1938 · ⚘ ⓝ; Afr. (Guinea)
– **flammea** Lindl. 1827
  – var. **flammea** · ⚘ Z9 ⓝ; Bras.
  – var. **roezlii** (E. Morren) L.B. Sm. 1943 · ⚘ Z9 ⓝ X-XI; S-Am.; And.
– **heterophylla** (Lindl.) Beer 1856 · ⚘ Z9 ⓝ II-III; S-Mex., C-Am., trop. S-Am.
– **integrifolia** Ker-Gawl. 1812 · ⚘ Z9 ⓝ VIII; Venez.
– **maidifolia** (C. Morren) Decne. ex Planch. 1854 · ⚘ Z9 ⓝ IV-V; Hond., Costa Rica, Col., Venez., Guyan., Surinam
– **paniculata** (Ruiz et Pav.) Ruiz et Pav. 1802 · ⚘ Z9 ⓝ XI-I; Peru, Bol.
– **punicea** Scheidw. 1842 · ⚘ Z9 ⓝ IV-V; Mex., Guat.
– **recurvata** (Scheidw.) K. Koch 1957 · ⚘ Z9 ⓝ III-V; Col.

- *roezlii* E. Morren = Pitcairnia flammea var. roezlii
- **spicata** (Lam.) Mez 1935 · ♃ Z9 ⓦ III-VIII; W.Ind.
- **tabuliformis** Linden 1862 · ♃ Z9 ⓦ; S-Mex.
- **undulata** Scheidw. 1842 · ♃ Z9 ⓦ VII-VIII; Bras.
- *venusta* (Phil.) Baker = Puya venusta
- *violacea* Brongn. = Puya coerulea var. violacea
- **xanthocalyx** Mart. 1848 · ♃ Z9 ⓦ VI-VIII; Mex.

Pithecellobium Mart. 1837 -n- *Mimosaceae* · (S. 646) D:Affenohrring; F:Ebène du Mexique, Ebène du Texas
- **bigeminum** (L.) Mart. 1837 · ♄ Z10 ⓦ ⓝ; E-Him., Sri Lanka, Malay. Arch., Phil.
- **dulce** (Roxb.) Benth. 1844 · D:Camambilarinde, Mexikanischer Affenohrring; E:Manila Tamarind · ♄ e Z10 ⓦ ⓝ; Mex., C-Am., trop. S-Am.
- **flexicaule** (Benth.) J.M. Coult. 1891
- **jiringa** (Jack) Prain ex King 1919 · D:Malayischer Affenohrring; E:Jering Tamarind · ♄ Z10 ⓦ ⓝ; S-Myanmar, Malay. Arch.
- *saman* (Jacq.) Benth. = Albizia saman

Pithecoctenium Mart. ex Meisn. 1840 -n- *Bignoniaceae* · (S. 297) D:Affenkamm; F:Liane à râpe, Peigne de singe
- **crucigerum** (L.) A.H. Gentry 1975 · ♄ e ⚥ ⋈ Z10 ⓦ; Mex., Cuba, Jamaica, trop. S-Am.
- *echinatum* (Jacq.) K. Schum. = Pithecoctenium crucigerum
- *laxiflorum* DC. = Distictis laxiflora

Pittosporum Banks ex Sol. 1788 -n- *Pittosporaceae* · (S. 694) D:Klebsame; E:Pittosporum; F:Pittosporum
- **bicolor** Hook. f. 1834 · ♄ ♄ e Z9 ⓚ; Austr.: N.S.Wales, Victoria, Tasman.
- **buchananii** Hook. f. 1867 · ♄ ♄ e Z8 ⓚ; NZ (N-Is.)
- **colensoi** Hook. f. 1852 · ♄ e Z9 ⓚ IV; NZ
- **coriaceum** Aiton 1789 · ♄ e D Z9 ⓚ V-VI ▽; Madeira, Canar.: Teneriffa
- **crassifolium** Banks et Sol. ex A. Cunn. 1839 · D:Karo-Klebsame; E:Karo, Stiff Leaf Cheesewood · ♄ ♄ e Z9 ⓚ VI-VIII; NZ [26594]
'Variegatum' [58132]
- **dallii** Cheeseman 1906 · ♄ e D Z9 ⓚ VI-VII; NZ
- **daphniphylloides** Hayata 1911 · ♄ ♄ e Z8 ⓚ; Taiwan
- **eugenioides** A. Cunn. 1840 · D:Zitronen-Klebsame; E:Lemonwood, Tarata · ♄ ♄ e D Z9 ⓚ VII-VIII; NZ [26595]
'Variegatum' [26597]
- **floribundum** Wight et Arn. 1834 · E:Golden Fragrance · ♄ e D Z9 ⓚ; S-Him.
- **glabratum** Lindl. 1846 · ♄ e D Z9 ⓚ V; S-China
- **heterophyllum** Franch. 1887 · ♄ e Z9 ⓚ V-VI; W-China [58129]
- **phillyraeoides** DC. 1824 · D:Weiden-Klebsame; E:Desert Willow, Willow Pittosporum · ♄ e Z9 ⓚ; Austr.
- **ralphii** Kirk 1871 · ♄ e Z9 ⓚ; NZ [26598]
'Green Globe' [26599]
- **resiniferum** Hemsl. 1854 · ♄ e Z9 ⓚ ⓝ; Phil.
- **revolutum** W.T. Aiton 1811 · ♄ e D Z9 ⓚ II-IV; Austr.: Queensl., N.S.Wales, Victoria
- **rhombifolium** A. Cunn. ex Hook. 1844 · D:Queensland-Klebsame; E:Queensland Pittosporum · ♄ e Z9 ⓚ XI; Austr.: Queensl., N.S.Wales [26603]
- **tenuifolium** Sol. ex Gaertn. 1788 · D:Schmalblättriger Klebsame; E:Kohuhu, Tawiwhi · ♄ ♄ e D Z9 ⓚ IV-V; NZ [19422]
'Abbotsbury Gold' [26604]
'Irene Paterson' [26609]
'Purpureum' [26611]
'Silver Queen' [26612]
'Tom Thumb' [26615]
'Variegatum' [26616]
'Warnham Gold' [26617]
- subsp. *colensoi* (Hook. f.) Kirk = Pittosporum colensoi
- **tobira** (Thunb. ex Murray) W.T. Aiton 1811 · D:Chinesischer Klebsame, Pechsame; E:Australian Laurel, Mock Orange, Tobira · ♄ e D Z9 ⓚ III-V; China, S-Korea, Jap. [58130]
'Nanum' [58131]
'Variegatum'
- **truncatum** E. Pritz. ex Diels 1900
- **undulatum** Vent. 1802 · D:Orangen-Klebsame; E:Australian Cheesewood, Victoria Box · ♄ ♄ e D Z9 ⓚ V-VII ⓝ; Austr.: Queensl., N.S.Wales, Victoria [26622]
- **viridiflorum** Sims 1814 · D:Kap-Klebsame; E:Cape Pittosporum · ♄ ♄ e D Z9 ⓚ V; S-Afr.
- **in vielen Sorten:**
'Garnettii'

Pityrogramma Link 1833 -f- *Adiantaceae* · (S. 61) D:Goldfarn, Silberfarn; E:Gold Farn, Silver Fern; F:Fougère argentée, Fougère dorée
- **argentea** (Willd.) Domin 1928 · ♃ Z10 ⓦ; trop. Afr., S-Afr.
- **calomelanos** (L.) Link 1833 · D:Silberfarn; E:Silver Fern · ♃ Z10 ⓦ; W.Ind., S-Am., nat. in Trop.
- **chrysophylla** (Sw.) Link 1929 · ♃ Z10 ⓦ; Puerto Rico, Lesser Antilles, nat. in Azor.
- **dealbata** (C. Presl) R.M. Tryon 1962 · ♃ Z10 ⓦ; Mex., C-Am.
- *ebenea* (L.) Proctor = Pityrogramma tartarea
- **pulchella** (T. Moore) Domin 1928 · ♃ Z10 ⓦ; Venez.
- *schaffneri* (Fée) Weath. = Pityrogramma dealbata
- **schizophylla** (Baker ex Jenman) Maxon 1922 · ♃ Z10 ⓦ; Jamaica
- **sulphurea** (Sw.) Maxon 1913 · D:Goldfarn; E:Jamaica Gold Fern · ♃ Z10 ⓦ; W.Ind., nat. in Sri Lanka
- **tartarea** (Cav.) Maxon 1913 · ♃ Z10 ⓦ; Mex., C-Am., W.Ind., trop. S-Am.

Plagianthus J.R. Forst. et G. Forst. 1776 -m- *Malvaceae* · (S. 622) D:Streifenrinde; E:Ribbon Wood; F:Plagianthe
- **divaricatus** J.R. Forst. et G. Forst. 1776 · ♄ e Z8 ⓚ VI; NZ

Plagiorhegma Maxim. = Jeffersonia
- *dubium* Maxim. = Jeffersonia dubia

Plagiospermum Oliv. = Prinsepia
- *sinense* Oliv. = Prinsepia sinensis

Planera J.F. Gmel. 1791 -f- *Ulmaceae* · (S. 875)
- **aquatica** J.F. Gmel. 1791 · ♄ ♄ d Z6; USA: SE, Fla., Tex., Ill., Ky.

Plantago L. 1753 -f- *Plantaginaceae* · (S. 695) D:Wegerich; E:Plantain; F:Plantain
- **alpina** L. 1753 · D:Alpen-Wegerich · ♃ Z3 V-VII; Eur.: sp., F, I, C-Eur.; mts., nat. in W-Russ.

- **altissima** L. 1762 · D:Hoher Wegerich · ⌁ V-VII; Eur.: A, I, EC-Eur., Ba, E-Eur.; Tun., Alger., nat. in F, CH, D
- **argentea** Chaix 1786 · D:Silberhaariger Wegerich · ⌁ Z6 VII-VIII; Eur.: Ib, Fr, Ap, Ba, H, RO; N-TR; mts.
- **atrata** Hoppe 1799 · D:Berg-Wegerich · ⌁ V-VIII; Eur.: Ib, Fr, C-Eur., EC-Eur., Ba, RO, W-Russ.; TR, SW-As.; mts.
- **bellardii** All. 1785 · D:Haariger Wegerich · ⊙; Eur.: Ib, Fr, Ap, Ba; TR, Levante, Iraq, Iran, NW-Afr., Egypt
- **coronopus** L. 1753 · D:Krähenfuß-Wegerich; E:Cut Leaved Plantain · ⊙ ⌁ Z6 VI-IX; Eur.*, TR + Afgh., N-Afr., Levante
- **holosteum** Scop. 1771 · D:Kiel-Wegerich · ⌁ V-VII; Eur.: sp., F, I, Ba +; TR, Levante
- *indica* L. = Psyllium arenarium
- **lagopus** L. 1753 · D:Zottiger Wegerich · ⊙ ⌁; Eur.: Ib, Fr, Ap, Ba; TR, Levante, Cauc., Iran, N-Afr.
- **lanceolata** L. · D:Spitz-Wegerich; E:English Plantain, Ribwort · ⌁ Z6 V-IX ⚥; Eur.*, TR, Levante, Iran, Him., C-As., W-Sib., N-Afr., nat. in N-Am. [65880]
- **major** L. 1753 · D:Breit-Wegerich · [65881]
  'Rosularis'
  'Rubrifolia' [68133]
  - subsp. **intermedia** (Gilib.) Lange 1859 · D:Kleiner Wegerich, Vielsamiger Breit-Wegerich · ⌁ Z5 VI-X; Eur., TR, Levante, Maroc., Alger., Egypt
  - subsp. **major** · D:Gewöhnlicher Breit-Wegerich, Großer Wegerich; E:Common Plantain, Plantain · ⌁ Z5 X ⚥; Eur.*, TR, N-Afr., nat. in cosmop.
  - subsp. **winteri** (Wirtg. ex Geisenh.) W. Ludw. 1956 · D:Salz-Wegerich, Salzwiesen-Breit-Wegerich · ⌁ Z5 VI-VIII; C-Eur., NE-Eur.; saline habitats
- **maritima** L. 1753 · D:Strand-Wegerich
  - subsp. **maritima** · D:Gewöhnlicher Strand-Wegerich · ⌁ VII-X; Eur.*, Cyprus, Palaest., Cauc. (Armen.), Iran, C-As, N-Am., S-Am; coasts, saline habitats
  - subsp. **serpentina** (All.) Arcang. 1882 · D:Schlangen-Wegerich · ⌁ V-VIII; S-Eur.
- **media** L. 1753 · D:Mittlerer Wegerich; E:Hoary Plantain · ⌁ Z6 V-VI; Eur.*, TR, Cauc., N-Iraq, Iran, C-As., W-Sib., E-Sib., Amur, China, nat. in Can., NZ [65882]
- **nivalis** Boiss. 1841 · ⌁ △ Z7 ⓦ ∧ VII-VIII; sp.: Sierra Nevada [72467]
- **ovata** Forssk. 1775 · D:Indischer Flohsame; E:Blond Psyllium · ⌁ ⚥ ⓝ; sp., C-As., Ind., nat. in China
- *psyllium* L. 1753 = Psyllium arenarium
- *psyllium* L. 1759 = Psyllium sempervirens
- *psyllium* L. 1762 = Psyllium afrum
- **raoulii** Decne. 1852 · ⌁; NZ
- *sempervirens* Crantz = Psyllium sempervirens
- *serpentina* All. = Plantago maritima subsp. serpentina
- **subulata** L. 1753
  - subsp. **insularis** (Gren. et Godr.) Nyman 1881 · ⌁ ⌒ △ Z6 V; Corse, Sard., Sic.
  - subsp. **subulata** · ⌁ Z6; Eur.: Ib, Fr, Ap, Ba, A, RO; Maroc., Alger.
- *suffruticosa* Lam. = Psyllium sempervirens
- **tenuiflora** Waldst. et Kit. 1799-1802 · D:Dünnähren-Wegerich · ⊙ IV-VI; Eur.: A, EC-Eur., E-Eur., Sweden (Öland)
- *uniflora* L. = Littorella uniflora

Platanthera Rich. 1817 -f- *Orchidaceae* · (S. 1079)
D:Waldhyazinthe; E:Butterfly Orchid; F:Platanthère
- **bifolia** (L.) Rich. · D:Gewöhnliche Weiße Waldhyazinthe; E:Lesser Butterfly Orchid · ⌁ Z6 V-VI ▽ ✶; Eur.*, TR, Cauc., N-Iran, W-Sib., E-Sib., Him.
- **chlorantha** (Custer) Rchb. 1828 · D:Grünliche Waldhyazinthe; E:Butterfly Orchid · ⌁ Z7 V-VI ▽ ✶; Eur.*, TR, Cauc., N-Iran, N-As., N-China, NW-Afr.

Platanus L. 1753 -f- *Platanaceae* · (S. 696)
D:Platane; E:Plane; F:Platane
- × *acerifolia* (Aiton) Willd. = Platanus × hispanica
- × **hispanica** Münchh. 1770 (P. *occidentalis* × P. *orientalis*) · D:Bastard-Platane, Gewöhnliche Platane; E:London Plane, Plane; F:Platane à feuilles d'érable · ℏ d Z6 V; orig. ? [13201]
  'Bloodgood' < 1900 [32453]
  'Pyramidalis' < 1896 [32463]
  'Suttneri' < 1896 [32465]
  'Tremonia' 1951 [12907]
- × *hybrida* Brot. = Platanus × hispanica
- **occidentalis** L. 1753 · D:Nordamerikanische Platane; E:American Plane, Button Tree, Sycamore; F:Platane d'Occident · ℏ d Z6 V ⓝ; Ont., USA: NE, NCE, NC, SC, SE, Fla. [33342]
- **orientalis** L. 1753 · D:Morgenländische Platane; E:Chenar, Oriental Plane; F:Platane d'Orient · ℏ d Z6 V ⓝ; Eur.: S-I, Sic., Ba; TR, Syr. [15832]
  'Digitata' [33362]
  'Mirkovec' [19424]

Platonia Mart. 1832 -f- *Clusiaceae* · (S. 421)
- **esculenta** (Arruda) Rickett et Stafleu 1959 · ℏ Z10 ⓦ ⓝ; trop. Bras.

Platycarya Siebold et Zucc. 1843 -f- *Juglandaceae* · (S. 575)
D:Zapfennuss; F:Platycaryer
- **strobilacea** Siebold et Zucc. 1843 · D:Zapfennuss · ℏ ℏ d Z6; China, Korea, Jap., Taiwan [20379]

Platycerium Desv. 1827 -n- *Polypodiaceae* · (S. 78)
D:Geweihfarn; E:Elkhorn Fern, Staghorn Fern; F:Corne d'élan
- **alcicorne** (P. Willemet) Tardieu = Platycerium vassei
- *alcicorne* (Sw.) Desv. = Platycerium stemaria
- *alcicorne* hort. = Platycerium bifurcatum var. bifurcatum
- **andinum** Baker 1891 · ⌁ Z10 ⓦ; Peru, Bol.
- **angolense** Welw. ex Baker 1868 · ⌁ Z10 ⓦ; trop. Afr.
- *biforme* (Sw.) Blume = Platycerium coronarium
- **bifurcatum** (Cav.) C. Chr. 1906
  - var. **bifurcatum** · D:Gewöhnlicher Geweihfarn; E:Elkhorn Fern, Staghorn Fern · ⌁ Z10 ⓦ; N.Guinea, Austr.: Queensl.
  - var. *hillii* (T. Moore) Domin 1915 = Platycerium hillii
  - var. **lanciferum** Domin 1915 Z10 ⓦ; Austr.: Queensl.
  - var. *normale* Domin 1915 = Platycerium bifurcatum var. bifurcatum
  - var. **subrhomboideum** Domin 1915 Z10 ⓦ; Austr.: Queensl.
- **coronarium** (J. König ex O.F. Müll.) Desv. 1827 · ⌁ Z10 ⓦ;

Indochina, Malay. Pen., Phil.
- *elephantotis* Schweinf. = Platycerium angolense
- **ellisii** Baker 1876 · ⚄ Z10 ⓦ; C-Madag.
- **grande** (J. Sm. ex Fée) C. Presl 1851 · D:Großer Geweihfarn; E:Staghorn Fern · ⚄ Z10 ⓦ; Phil.: Luzon (Mt. Christobal)
- *grande* auct. = Platycerium superbum
- **hillii** T. Moore 1878 · ⚄ Z10 ⓦ; Austr.: Queensl.
- **madagascariense** Baker 1876 · ⚄ Z10 ⓦ; Madag.
- **stemaria** (P. Beauv.) Desv. 1827 · D:Triangel-Geweihfarn; E:Triangular Staghorn Fern · ⚄ Z10 ⓦ; trop. Afr.
- *sumbawense* H. Christ = Platycerium willinckii
- **superbum** de Jonch. et Hennipman 1970 · D:Prächtiger Geweihfarn; E:Staghorn Fern · ⚄ Z10 ⓦ; Java, Kalimantan, Austr.: Queensl., N.S.Wales
- **vassei** Poiss. 1910 · ⚄ Z10 ⓚ; Mozamb., Madag., Komor., Seych., Mauritius
- **veitchii** (Underw.) C. Chr. 1857 · ⚄ Z10 ⓦ; Austr.: Queensl.
- **wallichii** Hook. 1858 · ⚄ Z10 ⓦ; Malay. Pen.
- **wandae** Racib. 1902 · ⚄ Z10 ⓦ; N.Guinea
- *wilhelminae-reginae* Alderw. = Platycerium wandae
- **willinckii** T. Moore 1875 · ⚄ Z10 ⓦ; Java, Sulawesi, Timor, ? Austr.

Platycladus Spach 1841 -m- *Cupressaceae* · (S. 91)
D:Morgenländischer Lebensbaum; E:Chinese Arborvitae, Oriental Thuja; F:Thuya d'Orient
- **orientalis** (L.) Franco 1949 · D:Morgenländischer Lebensbaum; E:Chinese Arborvitae, Oriental Thuja; F:Thuya d'Orient, Thuya de Chine · ♄ ♄ e Z6 IV-V ⚥ ⚤ ⓝ; China, Korea [22301]

  Aurea Grp. [34508]
  'Aurea Nana' Sénéclauze 1868 [28245]
  'Elegantissima' Rollison 1858 [34514]
  'Golden Minaret' Hort. GB 1985 [34525]
  'Golden Pygmy' L. Lulssen 1986 [34527]
  'Magnifica' Krüssmann 1979 [34545]
  'Meldensis' Quetier 1852 [34547]
  'Nana Aurea'
  'Pyramidalis Aurea' Kordes Jungpfl. 1972 [47550]
  'Semperaurea' Lemoine 1871 [34555]
- *stricta* Spach = Platycladus

orientalis

Platycodon A. DC. 1830 -m- *Campanulaceae* · (S. 388)
D:Ballonblume; E:Balloon Flower, Chinese Bellflower; F:Fleur ballon
- **grandiflorus** (Jacq.) A. DC. 1830 · D:Großblütige Ballonblume; E:Balloon Flower; F:Platycodon à grandes fleurs · ⚄ Z4 VII-VIII ⚥ ; Jap., N-Korea, Manch., Amur [65883]
  'Apoyama' [65887]
  Astra Ser.
  Florist Ser.
  Fuji Ser.
  Hakone Ser.
  'Mariesii' [65895]
  'Perlmutterschale' [65897]
  'Zwerg' [65898]

Platystele Schltr. 1910 -f- *Orchidaceae*
- **repens** (Ames) Garay 1974 · ⚄ Z10 ⓦ ▽ ✱; Guat.

Platystemon Benth. 1834 -m- *Papaveraceae* · (S. 686)
D:Breitfaden; E:Cream Cup
- **californicus** Benth. 1834 · D:Kalifornischer Breitfaden; E:California Creamcups, Creamcups · ☉ Z8 VII-VIII; Calif.

Platystigma Benth. = Hesperomecon
- *lineare* Benth. = Hesperomecon lineare

Plecostachys Hilliard et B.L. Burtt 1981 -f- *Asteraceae* · (S. 265)
- **serpyllifolia** (A. Berger) Hilliard et B.L. Burtt 1981

Plectranthus L'Hér. 1788 -m- *Lamiaceae* · (S. 589)
D:Buntnessel, Harfenstrauch, Mottenkönig; F:Germaine
- **amboinicus** (Lour.) Spreng. 1825 · D:Jamaika-Thymian; E:Indian Mint · ⚄ e Z10 ⓦ ⚥ ⓝ; Ind., Indochina, Malay. Arch.
  'Variegatus'
- **argentatus** S.T. Blake 1971 · ♄ e Z8 ⓚ; Austr. (Queensl.)
- *australis* R. Br. = Plectranthus parviflorus
- **autranii** (Briq.) Erhardt, Götz et Seybold · ⚄ Z10 ⓚ XII-I; E-Afr.
- **barbatus** Andrews 1810 · ⚄ Z10 ⓦ ⚥ ⓝ; Ind., E-Afr.
- **ciliatus** E. Mey. 1838
- *coleoides* hort. non Benth. =

Plectranthus forsteri
- **edulis** (Vatke) Agnew 1974 · D:Gala-Kartoffel · Z10 ⓝ; Eth.
- **esculentus** N.E. Br. 1894 · D:Dozo-Kartoffel; E:Kaffir Potato · ⚄ Z10 ⓚ ⓝ; W-Afr., C-Afr., S-Afr.
- **forsteri** Benth. 1832 · E:Swedish Ivy · ⚄ e Z10 ⓚ; SE-Ind. [16784]
- **fruticosus** L'Hér. 1788 · D:Mottenkönig · ♄ e Z10 ⓚ II-V; S-Afr.
- **madagascariensis** (Lam.) Benth. 1832 · E:Madagascar Spur · ⚄ Z10 ⓦ; Madag., Mozamb., S-Afr.
- **oertendahlii** Th. Fr. 1924 · E:Candle Plant · ⚄ e ⚥ ⇝ Z10 ⓦ IX-X; S-Afr.
- **parviflorus** (Poir.) Henckel 1806 · E:Little Spurflower · ⚄ e Z10 ⓦ ⓚ; Austr.: North Terr., Queensl., N.S.Wales, Victoria, S-Austr.
- **prostratus** Gürke 1894 · ⚄ e ⚥ ⇝ Z10 ⓦ ⓚ; Tanzania: Kilimandscharo
- **purpuratus** Harv. 1860 · ⚄ ⚥ ⇝ Z10 ⓦ ⓚ; S-Afr.: Natal
- **rotundifolius** (Poir.) Spreng. 1825 · D:Hauskartoffel; E:Hausa Potato · ⚄ Z10 ⓚ ⓝ; cult.
- **saccatus** Benth. 1838 · ♄ e Z8 ⓚ; S-Afr.
- **scutellarioides** (L.) R. Br. 1810 · D:Buntnessel; E:Coleus · ☉ ⚄ ⚥ Z10 ⓚ XI-I; Phil.: Luzon, N-Kalimantan [16714]
  'Chamaeleon'
  'Crimson Ruffles'
  'Kiwi Fern'
  'Palisandra'
  'Roseblush'
  'Warpaint'
- **thyrsoideus** (Baker) B. Mathew 1976 · ♄ e Z10 ⓚ XII-II; trop. Afr.

Pleioblastus Nakai 1925 -m- *Poaceae* · (S. 1125)
- **argenteostriatus** (Regel) Nakai 1933 · ♄ e Z7; cult. in Jap.
  fo. pumilus 1961 (Mitford) Muroi · ⚄ ♄ ∧; Jap. [14183]
- **auricomus** (Mitford) D.C. McClint. · ♄ e Z7 ∧; cult. in Jap. [70699]
  fo. chrysophyllus Makino Z7; cult. Jap.
- **chino** (Franch. et Sav.) Makino 1926 · ⚄ e Z6; Jap. [30803]
  fo. angustifolius (Mitford) Muroi et H. Okamura = Pleioblastus chino fo. elegantissimus
  fo. elegantissimus 1961 (Makino ex Tsubo) Muroi et H. Okamura [14176]
  'Variegatus'
  var. viridis fo. humilis (Mitford) S. Suzuki = Pleioblastus humilis

fo. *pumilus* (Mitford) S. Suzuki = Pleioblastus argenteostriatus fo. pumilus
- *distichus* (Mitford) Nakai = Pleioblastus pygmaeus
- *fortunei* (Van Houtte) Nakai = Pleioblastus variegatus
  'Viridis' = Pleioblastus humilis
- **gramineus** (Bean) Nakai 1925 · ♃ e Z7 ⋏; Jap.
- **hindsii** (Munro) Nakai 1925 · ♃ e ⋏; China (Hongkong) [13945]
- **humilis** (Mitford) Nakai 1935 · ♃ e Z7 ⋏; Jap. [19784]
  - var. *pumilus* (Mitford) D.C. McClint. 1983 = Pleioblastus argenteostriatus fo. pumilus
- **linearis** (Hack.) Nakai 1925 [14181]
- *pumilus* (Mitford) Nakai = Pleioblastus argenteostriatus fo. pumilus
- **purpurascens** Nakai · ♃
- **pygmaeus** (Miq.) Nakai 1933 · F:Bambou Pleioblastus nain · ♃ e ⤳ Z7; Jap. [14185]
  'Distichus' · e Z7 [14177]
- **simonii** (Carrière) Nakai 1925 · E:Simon Bamboo · ♃ e Z6 ⓝ; Jap. [14189]
  'Variegatus'
- **variegatus** (Siebold ex Miq.) Makino 1926 · E:Whitestripe Bamboo · ♄ e Z7; Jap. [67694]
  'Fortunei' [14179]
- **viridistriatus** (Regel) Makino 1926 · ♄ e Z7; Jap. [67695]

Pleione D. Don 1825 -f- Orchidaceae · (S. 1079)
D:Tibetorchidee; E:Indian Crocus; F:Orchidée du Tibet, Pléione
- **aurita** P.J. Cribb et Pfennig 1988 · ♃ Z8 ⓚ; China (Yunnan)
- **bulbocodioides** (Franch.) Rolfe 1903 · ♃ △ Z8 ⓐ ⋏ V ▽ ✲; China, Taiwan, Tibet [73098]
- × **confusa** P.J. Cribb et C.Z. Tang 1983 (*P. albiflora* × *P. forrestii*) · ♃ Z8 ⓚ; China (Yunnan)
- **formosana** Hayata 1911 · ♃ Z8 ⓚ IV-VI ▽ ✲; Yunnan [65899]
  'Alba'
  Pricei-Grp. [69814]
- **forrestii** Schltr. 1912 · ♃ Z8 ⓚ; China (Yunnan), N-Myanmar
- **hookeriana** (Lindl.) J. Moore 1885 · ♃ Z8 ⓚ V-VI ▽ ✲; Nepal, Ind.: Sikkim, Assam; Laos, Thailand
- **humilis** (Sm.) D. Don 1825 · ♃ Z8 ⓚ VIII-V ▽ ✲; Nepal, Sikkim, Myanmar

- × **lagenaria** Lindl. et Paxton 1851 (*P. maculata* × *P. praecox*) · ♃ Z8 ⓚ VI-VII ▽ ✲; Bhutan, Ind.: Sikkim, Assam; Myamar, Thail.
- **limprichtii** Schltr. 1922 · ♃ Z8 ⓚ; China (Sichuan) [65900]
- **maculata** (Lindl.) Lindl. et Paxton 1851 · ♃ Z8 ⓚ VII-VIII ▽ ✲; Bhutan, Ind.: Sikkim, Assam; Myamar, Thail.
- **pleionoides** (Kraenzl.) Braem et H. Mohr 1989 · ♃ Z8 ⓚ; C-China
- *pogonioides* (Rolfe) Rolfe = Pleione bulbocodioides
- **praecox** (Sm.) D. Don 1891 · ♃ Z8 ⓚ VI-XII ▽ ✲; N-Ind.: Sikkim, Assam; Nepal, Myanmar, China
- *reichenbachiana* (T. Moore et Veitch) Kuntze = Pleione praecox
- **scopulorum** · ♃ Z8 ⓚ; E-Him., W-China, Myanmar
- *speciosa* Ames et Schltr. = Pleione pleionoides
- *wallichiana* (Lindl.) Lindl. = Pleione praecox
- **yunnanensis** (Rolfe) Rolfe 1903
- **in vielen Sorten**

Pleiospilos N.E. Br. 1925 -m- Aizoaceae · (S. 148)
E:Living Granite, Living Rock
- **bolusii** (Hook. f.) N.E. Br. 1926 · E:Living Rock, Mimicry Plant · ♃ ⚢ Z9 ⓚ X-XI; Kap
- **compactus** (Aiton) Schwantes 1927
  - subsp. **canus** (Haw.) H. Hartmann et Liede 1986 · ⚢ Z9 ⓚ; S-Afr. (Cape Prov.)
  - subsp. **minor** (L. Bolus) H. Hartmann et Liede 1986 · ⚢ Z9 ⓚ; S-Afr. (Cape Prov.): Little Karroo)
- *dekanahii* = Pleiospilos compactus subsp. canus
- *dimidiatus* = Pleiospilos compactus subsp. minor
- *hilmarii* L. Bolus = Tanquana hilmarii
- *magnipunctatus* (Haw.) Schwantes = Pleiospilos compactus subsp. canus
- **nelii** Schwantes 1930 · ♃ ⚢ Z9 ⓚ X-XI; Kap
- *prismaticus* (Marloth) Schwantes = Tanquana prismatica
- *rouxii* L. Bolus = Pleiospilos compactus subsp. canus
- **simulans** (Marloth) N.E. Br. 1926 · ♃ ⚢ D Z9 ⓚ X-XI; Kap
- *willowmorensis* = Pleiospilos compactus subsp. canus

Pleopeltis Humb. et Bonpl. ex Willd. 1810 -f- Polypodiaceae
- *crassifolia* (L.) T. Moore = Niphidium crassifolium
- **macrocarpa** (Bory ex Willd.) Kaulf. 1820 · ♃ Z10; trop. Lat.-Am.
- *musifolia* (Blume) T. Moore = Microsorum musifolium
- *phyllitidis* (L.) Alston = Campyloneurum phyllitidis

Pleuropteropyrum H. Gross = Aconogonon
- *undulatum* (Murray) Á. Löve et D. Löve = Aconogonon alpinum

Pleurospermum Hoffm. 1814 -n- Apiaceae · (S. 182)
D:Rippensame; F:Pleurosperme
- **austriacum** (L.) Hoffm. 1814 · D:Österreichischer Rippensame · ♃ Z7 VI-VII; Eur.* exc. BrI
- **brunonis** (DC.) C.B. Clarke 1879

Pleurothallis R. Br. 1813 -f- Orchidaceae · (S. 1080)
- *gelida* Lindl. = Stelis gelida
- *ghiesbreghtiana* A. Rich. et Galeotti = Stelis quadrifida
- **glossopogon** Rchb. f. 1855 · ♃ ⓚ; Col., Venez.
- *granids* Rolfe = Stelis alta
- *grobyi* Bateman ex Lindl. = Specklinia grobyi
- *immersa* Linden et Rchb. f. = Stelis immersa
- *insignis* Rolfe = Pleurothallis glossopogon
- **maculata** N.E. Br. 1888 · ♃ Z10 ⓚ VI-VII ▽ ✲; Bras.
- *pectinata* Lindl. = Acianthera pectinata
- *quadrifida* (Lex.) Lindl. = Stelis quadrifida
- *racemiflora* Lindl. ex Lodd. = Stelis quadrifida
- *repens* Ames = Platystele repens
- **revoluta** (Ruiz et Pav.) Garay 1962 · ♃ Z10 ⓚ I-III ▽ ✲; S-Am.
- *saurocephala* Lodd. = Acianthera saurocephala
- *tribuloides* (Sw.) Lindl. = Specklinia tribuloides
- *violacea* A. Rich. et Galeotti = Acianthera violacea

Plukenetia L. 1753 -f- Euphorbiaceae · (S. 486)
- *conophora* Müll. Arg. = Tetracarpidium conophorum
- **serrata** (Vell.) L.J. Gillespie 1993 · ♄ ⓚ; Bras.

- **volubilis** L. 1753 · ♃ ⚥ Z10 ⓦ Ⓝ; W.Ind., trop. S-Am.
- *warmingii* (Müll. Arg.) Pax = Plukenetia serrata

Plumbagella Spach 1841 -f-
Plumbaginaceae · (S. 698)
D:Zwergbleiwurz; F:Petit plombago
- **micrantha** (Ledeb.) Spach 1841 · D:Zwergbleiwurz · ☉; C-As.

Plumbago L. 1753 -f-
Plumbaginaceae · (S. 698)
D:Bleiwurz; E:Leadwort; F:Dentelaire, Plombago
- **auriculata** Lam. 1786 · D:Kap-Bleiwurz; E:Cape Leadwort · ♃ e Z9 ⓖ VI-IX; S-Afr. [11275] 'Alba'
- *capensis* Thunb. = Plumbago auriculata
- **europaea** L. 1753 · ♃ Z8 ⓖ IX; Eur.: Ib, Fr, Ap, Ba, RO; TR, Syr., Palaest., Cauc. Iran, C-As., NW-Afr., nat. in CZ
- **indica** L. 1754 · ♃ e ⚥ Z10 ⓦ VI-XI; Ind., SE-As. [11276]
- *larpentiae* Lindl. = Ceratostigma plumbaginoides
- *rosea* L. = Plumbago indica
- **scandens** L. 1762 · ♃ e ⚥ Z10 ⓖ; Ariz., Flor., W.Ind., Mex., C-Am., S-Am.
- **zeylanica** L. 1753 · ♃ ⚥ Z10 ⓦ I-III ⚥; Ind., SE-As.

Plumeria Tourn. ex L. 1753 -f-
Apocynaceae · (S. 194)
D:Frangipani; E:Frangipani, Temple Tree; F:Frangipanier
- *acutifolia* Poir. = Plumeria rubra fo. acutifolia
- **alba** L. 1753 · D:Westindische Frangipani; E:West Indian Jasmine · ♃ d D Z10 ⓦ VI-IX; Lesser Antilles, Puerto Rico [22839]
- *lutea* Ruiz et Pav. = Plumeria rubra fo. lutea
- **rubra** L. 1753 · D:Rote Frangipani; E:Frangipani, Temple Tree · ♃ d D Z10 ⓦ VI-IX; C-Am. [22841]
  fo. acutifolia 1938 (Poir.) Woodson · D:Weiße Frangipani · ⓦ; cult.
  fo. lutea 1938 (Ruiz et Pav.) Woodson · D:Gelbe Frangipani · ⓦ; cult.
  fo. tricolor 1938 (Ruiz et Pav.) Woodson · D:Bunte Frangipani · ⓦ; cult.
- *tricolor* Ruiz et Pav. = Plumeria rubra fo. tricolor
- **in vielen Sorten**

Pneumonanthe Gled. = Gentiana
- *vulgaris* F.W. Schmidt = Gentiana pneumonanthe

Poa L. 1753 -f- *Poaceae* · (S. 1125)
D:Rispengras; E:Meadow Grass; F:Pâturin
- **abbreviata** R. Br. 1823
- *abyssinica* Jacq. = Eragrostis tef
- **alpina** L. 1753 · D:Alpen-Rispengras; E:Alpine Blue Grass, Alpine Meadow Grass · ♃ △ VI-VII; Eur.*, TR, Cauc., NW-Iran, W-Sib., E-Sib., C-As., Afgh., Pakist., Ind., Tibet, China, Korea, Alger., Maroc., Alaska, Can., USA: NCE, NC, Rocky Mts., NW; Greenl. [67696]
  - var. *vivipara* L. 1753 = Poa alpina
- *amabilis* hort. non L. = Eragrostis unioloides
- **angustifolia** L. 1753 · D:Schmalblättriges Wiesen-Rispengras · ♃ V-VI; Eur.*, Cauc., W-Sib., E-Sib., Amur, Sachal., Kamchat., SW-As., N-Ind., NW-Afr.
- **annua** L. 1753 · D:Einjähriges Rispengras; E:Annual Blue Grass · ☉ ♃ I-XII; Eur.*, TR, Levante, Iraq, Arab., Cauc., Iran, W-Sib., E-Sib., C-As., Afgh., Pakist, N-Ind., Tibet, Mong., China, Korea, Jap., N-Afr., nat. in Greenl., N-Am., C-Am., S-Am., Phil., Austr., NZ
- *aquatica* (L.) Wahlenb. = Glyceria maxima
- **badensis** Haenke ex Willd. 1797 · D:Badener Rispengras · ♃ ⤳ △ V-VII; Eur.: F, C-Eur., EC-Eur., Ba, RO, ? N-I; Cauc.
- **bulbosa** L. 1753 · D:Knolliges Rispengras; E:Bulbous Blue Grass · ♃ V Ⓝ; Eur.*, TR, Levante, Cauc., Iran, Afgh., Pakist., W-Sib., C-As., NW-Afr., Libya, S-Afr., nat. in N-Am.
  - var. *vivipara* (Koeler) Willd. 1802 = Poa bulbosa
- **cenisia** All. 1789 · D:Mont-Cenis-Rispengras · ♃ VI-VIII; Eur.: Ib, Fr, C-Eur., Ap, Ba, RO; TR
- **chaixii** Vill. 1786 · D:Wald-Rispengras · ♃ Z5 VI-VII; Eur.* exc. BrI, Sc; NE-TR, ? Cauc., nat. in BrI, Sc [67697]
- **colensoi** Hook. f. · ♃ Z7; NZ
- **compressa** L. 1753 · D:Flaches Rispengras; E:Flat Stem Blue Grass · ♃ ⤳ VI-VII; Eur.*, TR, Lebanon, Cauc., W-Sib., C-As., Him., Amur, Sachal., Korea, Jap., Alaska, Can., USA*, nat. in N-Am.
- **concinna** Gaudin 1811 · D:Nied-

liches Rispengras · ♃ IV-V; Eur.: F, Ap, CH
- **glauca** Vahl 1790 · D:Blaugrünes Rispengras; E:Blue Grass; F:Pâturin glauque · ♃ △ Z5 VI-VII; Eur.* exc. Ib; Cauc., N-Iran, Afgh., Pakist., Him., W-Sib., E-Sib., Amur, Sachal., Kamchat., Mong., China, Korea, Jap., Maroc., Alger., nat. in N-Am., Arg., Chile, S-Afr.
- **humilis** Ehrh. ex Hoffm. 1800 · D:Bläuliches Wiesen-Rispengras, Salzwiesen-Rispengras · ♃ VI-VII; Eur.: Sc, BrI, Fr, C-Eur., EC-Eur., nat. in N-Am., Kamchat.
- **hybrida** Gaudin 1808 · D:Gebirgs-Rispengras, Großes Rispengras · ♃ VI-VII; Eur.: C-Eur., Ba, RO, W-Russ.; Alp., Jura, Carp., Balkan; Cauc.
- **infirma** Kunth 1816 · D:Frühlings-Rispengras · ☉ IV-VI; Eur.: Ib, Fr, BrI, Ap, Ba; TR, Syr., Cauc., Iran, Ind., NW-Afr., Libya, nat. in S-Am.
- **jurassica** Chrtek et V. Jirásek 1963 · ♃; CH
- **labillardierei** Steud. 1854 · ♃; Austr. (Queensl., N.S.Wales, Victoria, Tasman., S-Austr.) [68889]
- **laxa** Haenke 1791 · D:Schlaffes Rispengras · ♃ VII-VIII; Eur.: Fr, Ap, C-Eur., EC-Eur., Ba, RO; mts.
- **minor** Gaudin 1808 · D:Kleines Rispengras · ♃ VII-VIII; Eur.: sp., F, I, C-Eur., Slove., Bosn., Montenegro, RO; mts.
- **molinerii** Balb. 1801 · D:Trocken-Rispengras · ♃ VII; Eur.: Ib, F, I, C-Eur., Slova., Ba, RO; mts.
- **nemoralis** L. 1753 · D:Hain-Rispengras; E:Forest Blue Grass, Wood Meadow Grass; F:Pâturin des bois · ♃ Z5 VI-VII Ⓝ; Eur.*, TR, Cauc., N-Iran, W-Sib., E-Sib., Amur, Sachal., Kamchat., C-As., China, NW-Afr., Greenl., nat. in N-Am.
- **palustris** L. 1759 · D:Sumpf-Rispengras; E:Marsh Meadow Grass · ♃ VI-VII Ⓝ; Eur.* exc. Ib; Cauc., C-As., Iran, Pakist., Him., W-Sib., E-Sib., Amur, Sachal., Kamchat., Mong., Manch., Korea, Jap., Taiwan, Alaska, Can., USA* exc. SC; Greenl., Arg.
- *pilosa* L. = Eragrostis pilosa
- **pratensis** L. 1753 · D:Wiesen-Rispengras; E:Kentucky Blue Grass, Meadow Grass · ♃ Z3 V-VII Ⓝ; Eur.*, TR, Iraq, Levante, Arab., Cauc., Iran, Afgh., Pakist., Him., W-Sib., E-Sib., Amur, Sachal.,

Kamchat., C.-As., Mong., China, Korea, Jap., Maroc., Alger., nat. in Greenl., N.-Am., S.-Am., S.-Afr., Austr., NZ
- **pumila** Host 1827 · D:Niedriges Rispengras · ⚄ VI-VIII; Eur.: N-I, Ba, RO; E-Alp, Balkan
- **remota** Forselles 1807 · D:Lockerblütiges Rispengras · ⚄ VI-VII; Eur.: C-Eur., EC-Eur., Sc, E-Eur.; Cauc., W-Sib., C-As.
- **stiriaca** Fritsch et Hayek ex Dörfl. 1922 · D:Steirisches Rispengras · ⚄ VI-VIII; Eur.: A, EC-Eur., Slove., Montenegro, RO
- *sudetica* Haenke = Poa chaixii
- **supina** Schrad. 1806 · D:LägerRispengras · ⚄ IV-VI; Eur.* exc. BrI, Ba; mts; Cauc.
- **trivialis** L. 1753 · D:Gewöhnliches Rispengras
  - subsp. **sylvicola** (Guss.) H. Lindb. 1906 · D:Waldbewohnendes Rispengras · ⚄ VI-VII; Eur.: Ib, Fr, Ap, Ba, BrI, C-Eur.; TR, Cauc., C-As., Maroc., Alger., nat. in N-Am., S-Am., Austr.
  - subsp. **trivialis** · D:Gewöhnliches Rispengras; E:Rough Meadow Grass · ⚄ VI-VII Ⓝ; Eur.*, TR, Levante, Iraq, Cauc., Iran, Afgh., Pakist., Him., W-Sib., E-Sib., C-As., nat. in China, Korea, Jap., N-Am., S-Am., S-Afr., Tasman., NZ
- **violacea** Bellardi 1792 · D:Violettes Rispengras · ⚄ VII-VIII; Eur.* exc. Sc, BrI; TR; mts.

Podachaenium Benth. ex Oerst. 1852 -n- *Asteraceae* · (S. 265)
- **eminens** (Lag.) Sch. Bip. 1861 · E:Tacote · ♄ D Z10 ⓚ I-III; C-Am.

Podalyria Willd. 1799 -f- *Fabaceae* · (S. 521)
D:Wickenstrauch; E:Sweetpea Bush
- **argentea** Salisb. 1805-06 · ♄ e Z9 ⓚ VII-VIII; S-Afr.
- **calyptrata** (Retz.) Willd. 1799 · D:Großblütiger Wickenstrauch; E:Water Blossom Pea · ♄ e Z9 ⓚ III-V; S-Afr. [11277]
- **sericea** (Andrews) R. Br. 1811 · D:Silberner Wickenstrauch; E:Silver Sweetpea Bush · ♄ e Z9 ⓚ I-III; S-Afr.

Podanthum Boiss. = Asyneuma
- *canescens* (Waldst. et Kit.) Boiss. = Asyneuma canescens

Podocarpus L'Hér. ex Pers. 1807 -m- *Podocarpaceae* · (S. 97)
D:Steineibe; E:Podocarp; F:Podocarpus
- **acutifolius** Kirk 1883 · D:Spitzblättrige Steineibe; E:Acuteleaved Totara · ♄ ♄ e Z9 ⓚ; NZ (S-Is.)
- **alpinus** R. Br. ex Hook. f. 1845 · D:Tasmanische Alpen-Steineibe; E:Tasmanian Podocarp · [27381]
- *andinus* Poepp. ex Endl. = Prumnopitys andina
- *bidwilli* Hooibr. ex Endl. = Podocarpus spinulosus
- *celebicus* Hemsl. = Taxus sumatrana
- *chilinus* Rich. = Podocarpus salignus
- **chinensis** Wall. ex Parl. 1839 · D:Chinesische Steineibe
- **cunninghamii** Colenso 1884 · D:Cunninghams Steineibe · ♄ e Z8 ⓚ; NZ
- *dacrydioides* A. Rich. = Dacrycarpus dacrydioides
- **elongatus** (Aiton) L'Hér. ex Pers. 1807 · D:Kap-Steineibe; E:African Yellow Wood, Cape Yellowwood, Fern Pine · ♄ e Z10 ⓚ; W-Afr.
- *ensifolius* R. Br. ex Carrière = Podocarpus spinulosus
- *falcatus* (Thunb.) Endl. = Afrocarpus falcatus
- *ferrugineus* G. Benn. ex D. Don = Prumnopitys ferruginea
- **glaucus** Foxw. 1907 · D:Blaue Steineibe · ♄ e ⓚ; Phil.
- *gracilior* Pilg. = Afrocarpus gracilior
- *hallii* Kirk = Podocarpus cunninghamii
- **henkelii** Stapf ex Dallim. 1923 · D:Falsches Gelbholz; E:Falcate Yellowwood, Henkel's Yellowwodd
- **lambertii** Klotzsch ex Endl. 1847 · D:Argentinische Steineibe · ♄ e Z10 ⓚ; NE-Arg., SE-Bras.
- **latifolius** (Thunb.) R. Br. ex Mirb. 1825 · D:Breitblättrige Steineibe; E:True Yellowwood, Upright Yellowwood · ♄ e Z10 ⓚ; S-Afr. [27385]
- **lawrencei** Hook. f. 1845 · D:Alpen-Steineibe; E:Mountain Plum Pine · ♄ e Z7; Austr.: Victoria, Tasman. [30499]
  'Blue Gem' (f) van Klaveren 1982 [27382]
- *lawrencei* auct. non Hook. f. = Phyllocladus trichomanoides var. alpinus
- **macrophyllus** (Thunb.) Sweet · D:Gewöhnliche Tempel-Stein-

eibe · ♄ e Z7; S-China, S-Jap., Ryukyu-Is. [19425]
- *nageia* R. Br. ex Mirb. = Nageia nagi
- *nagi* (Thunb.) Pilg. = Nageia nagi
- **neriifolius** D. Don 1824 · D:Oleanderblättrige Steineibe; E:Chilean Podocarp, Oleander Podocarp · ♄ e Z10 ⓚ ✱; Him., Kalimantan [27386]
- **nivalis** Hook. 1843 · D:Neuseeländische Alpen-Steineibe, Schnee-Steineibe; E:Alpine Totara · ♄ e Z7 ⓐ ⋀; NZ [17282]
- **nubigenus** Lindl. 1851 · D:Chilenische Steineibe; E:Chilean Podocarp, Cloud Podocarp · ♄ e Z7; Chile, Patag.
- *pungens* Caley ex D. Don = Podocarpus spinulosus
- **salignus** D. Don 1824 · D:Weidenähnliche Steineibe; E:Willow Podocarp · ♄ e Z8 ⓚ; Chile [22335]
- *spicatus* R. Br. ex Mirb. = Prumnopitys taxifolia
- **spinulosus** (Sm.) R. Br. ex Mirb. 1825 · D:Stachlige Steineibe; E:Spiny Leaf Podocarp · ♄ e Z10 ⓚ; Austr. (Queensl., N.S.Wales)
- **totara** G. Benn. ex D. Don 1828 · D:Totara-Steineibe; E:Totara · ♄ e Z9 ⓚ; NZ
  'Aureus' Harrison 1975
- var. *hallii* (Kirk) Pilg. 1903 = Podocarpus cunninghamii

Podolepis Labill. 1806 -f- *Asteraceae* · (S. 265)
- **canescens** A. Cunn. ex DC. 1838 · ☉ Z9 ⓚ VII-IX; Austr.
- **gracilis** (Lehm.) Graham 1828 · ☉ Z9 ⓚ VII-IX; Austr.

Podophyllum L. 1753 -n- *Berberidaceae* · (S. 287)
D:Maiapfel; E:May Apple; F:Pomme de mai
- **difforme** Hemsl. 1906 · ⚄ Z7; W-China
- *diphyllum* L. = Jeffersonia diphylla
- **hexandrum** Royle 1834 · D:Himalaya-Maiapfel; E:Himalayan Mayapple; F:Pomme de mai · ⚄ Z6 V ❀ ▽ ✱; Him. [65901]
- **peltatum** L. 1753 · D:Entenfuß, Gewöhnlicher Maiapfel; E:Common May Apple, May Apple, Wild Lemon; F:Podophylle pelté · ⚄ Z4 V ⚥ ❀; Can.: E; USA: NE, NCE, SC, SE, Fla. [65903]
- **pleianthum** Hance 1883 · D:Chinesische Maiapfel; E:Chinese Mayapple · ⚄ Z7 ⋀ V ❀; China,

Taiwan
- **versipelle** Hance 1883

Podospermum DC. = *Scorzonera*
- *laciniatum* (L.) DC. = *Scorzonera laciniata*

Podranea Sprague 1904 -f- *Bignoniaceae* · (S. 297)
D:Trompetenwein; E:Trumpet Vine; F:Liane-orchidée
- **brycei** (N.E. Br.) Sprague 1906 · D:Purpur-Trompetenwein; E:Queen of Sheba, Zimbawe Climber · ♄ ʃ e ⚦ Z9 ⓚ; Zimbabwe
- **ricasoliana** (Tanfani) Sprague 1904 · D:Rosa Trompetenwein; E:Pink Trumpet Vine · ♄ e ⚦ Z9 ⓚ VII-X; S-Afr. [11278]

Poellnitzia Uitewaal 1940 -f- *Aloaceae* · (S. 905)
- **rubriflora** (L. Bolus) Uitewaal 1940 · ⚃ ⚥ Z9 ⓚ; S-Kap

Pogonatherum P. Beauv. 1812 -n- *Poaceae* · (S. 1126)
- **crinitum** (Thunb.) Kunth 1833 · ⚃; Jap., Taiwan, China, Ind., Malaysia, Afgh.
- **paniceum** (P. Beauv.) Hack. 1906 · ⚃ Z10 ⓜ ⎕; S-China, Malay. Pen., NE-Austr.

Pogonia Juss. 1789 -f- *Orchidaceae*
- **ophioglossoides** (L.) Ker-Gawl. 1816 · ⚃ Z3; Can.: W; USA: NE, NEC, SE, Fla., Tex..; Mex.

Pogostemon Desf. 1815 -m- *Lamiaceae* · (S. 590)
D:Patschuli; E:Patchouly; F:Patchouli
- **cablin** (Blanco) Benth. 1848 · D:Patschuli; E:Patchouly · ⚃ ♄ D Z10 ⓜ VII-IX ⚥ ⓝ; Phil., Sri Lanka, Thail., Vietn., Malay Arch., N. Guinea, Fiji
- **heyneanus** Benth. 1830 · D:Javanischer Patschuli · ♄ e Z10; Ind., Sri Lanka, Myanmar, Malay. Arch., Phil.
- *patchouly* Pellet. = Pogostemon cablin

Poinciana L. = *Caesalpinia*
- *coriaria* Jacq. = *Caesalpinia coriaria*
- *gilliesii* Wall. ex Hook. = *Caesalpinia gilliesii*
- *pulcherrima* L. = *Caesalpinia pulcherrima*

- *regia* Bojer ex Hook. = *Delonix regia*

Poinsettia Graham = *Euphorbia*
- *pulcherrima* (Willd. ex Klotzsch) Graham = *Euphorbia pulcherrima*

Polanisia Raf. 1818 -f- *Capparaceae* · (S. 392)
- **trachysperma** Torr. et A. Gray 1840 · ⊙; W-Can.; USA: NEC, SC, Ark.

Polaskia Backeb. 1949 -f- *Cactaceae* · (S. 365)
- **chichipe** (Rol.-Goss.) Backeb. 1949 · ♄ ⚥ Z8 ⓚ ▽ ✶; Mex.

Polemonium L. 1753 -n- *Polemoniaceae* · (S. 702)
D:Himmelsleiter, Jakobsleiter, Sperrkraut; E:Jacob's Ladder; F:Bâton de Jacob, Valériane grecque
- **boreale** Adams 1817
- **brandegei** (A. Gray) Greene 1887 · ⚃ Z3; USA: Colo., Utah
- **caeruleum** L. 1753 · D:Blaue Himmelsleiter · [65904]
  'Album' [65905]
  'Brise d'Anjou' [69524]
  'Hopleys'
  'Variegatum' [67762]
  - subsp. **caeruleum** · D:Gewöhnliche Blaue Himmelsleiter, Jakobsleiter; E:Jacob's Ladder; F:Valériane grecque · ⚃ Z2 VI-VII ▽; Eur.* exc. Ib; TR, W-Sib., E-Sib.
  - subsp. **himalayanum** (Baker) H. Hara 1977 · ⚃ Z2 VI-VIII; Him.
- **carneum** A. Gray 1878 · ⚃ Z6 ⓚ V-VI; USA: Oreg., Calif. [65908]
- *confertum* A. Gray = *Polemonium viscosum*
- **delicatum** Rydb. 1901
- *flavum* = *Polemonium foliosissimum* var. *flavum*
- **foliosissimum** A. Gray 1878
  - var. **flavum** (Greene) Davidson · ⚃ Z3; USA: SW
  - var. **foliosissimum** · D:Hohe Himmelsleiter; E:Towering Jacob's Ladder · ⚃ Z7 ⋀ VII-VIII; USA: Rocky Mts., SW [65909]
- × **jacobae** Bergmans 1924
- **pauciflorum** S. Watson 1888 · ⊙ ⚃ Z7 ⋀ VII-VIII; USA: Tex., SW; Mex. [65910]
- **pulcherrimum** Hook. 1830 · ⚃ Z4; N-Am.: Aleuten, Alaska, Can: : Yucon, B.C.; USA: NW, Calif., Colo. [65911]

- **reptans** L. 1759 · D:Horstbildende Himmelsleiter; E:Greek Valerian · ⚃ Z4 IV-V ⚥ ; USA: NE, NCE, SE, SC [70391]
  'Blue Pearl' [65913]
  'Königssee' [65915]
  'Virginia White'
- × **richardsonii** hort. 1827 (*P. caeruleum* × *P. reptans*) · ⚃ Z6 IV-VII; cult. [65917]
- **scopulinum** · ⚃; USA: Colo., Utah, Ariz.
- **viscosum** Nutt. 1848 · D:Klebrige Himmelsleiter; E:Sticky Jacob's Ladder · ⚃ △ Z7 ⋀ VII-VIII; Can.: B.C.; USA: Rocky Mts., SW [65919]
- **yezoense** (Miyabe et Kudô) Kitam. 1941 · ⚃ Z5; Jap. (Hokkaido)
- **in vielen Sorten:**
  'Apricot Delight'
  'Firmament' [65914]
  Glebe Cottage Ser.
  'Lambrook Mauve'
  'Northern Lights'
  'Pink Beauty' [65916]
  'Sapphire'
  'Sonia's Bluebell'

Polianthes L. 1753 -f- *Agavaceae* · (S. 897)
D:Nachthyazinthe; E:Tuberose; F:Tubéreuse
- **geminiflora** (La Llave et Lex.) Rose 1903 · D:Nickende Nachthyazinthe; E:Twin Flower · ⚃ e Z9 ⓚ VII-VIII; Mex.
- **tuberosa** L. 1753 · D:Nachthyazinthe, Tuberose; E:Tuberose · ⚃ d ⋈ D Z9 ⓚ VII-X ⓝ; ? N-Mex.
  'The Pearl'

Poliomintha A. Gray 1870 -f- *Lamiaceae*
- **conjunctrix** Epling et Wiggins 1940 · ♄ ⓚ; Mex. (Baja Calif.)
- **longiflora** A. Gray 1870 · D:Mexikanischer Origano · ♄ e; Mex.

Poliothyrsis Oliv. 1855 -f- *Flacourtiaceae* · (S. 535)
- **sinensis** Oliv. 1855 · ♄ d Z7 VII; C-China

Polyandrococos Barb. Rodr. 1901 -f- *Arecaceae* · (S. 957)
- **caudescens** (Mart.) Barb. Rodr. 1901 · ♄ e Z10 ⓜ; Bras.

Polybotrya Humb. et Bonpl. ex Willd. 1810 -f- *Dryopteridaceae* · (S. 68)

- *cervina* (L.) Kaulf. = Olfersia cervina
- **osmundacea** Humb. et Bonpl. ex Willd. 1810 · ⚂ ⚥ Z10 ⌂; Mex., W.Ind., trop. S-Am.
- **serratifolia** (Fée) Klotzsch 1847 · ⚂ ⚥ Z10 ⌂; Mex., C-Am., trop. S-Am.
- **speciosa** Schott 1834 · ⚂

Polycarpon L. 1759 -n- *Caryophyllaceae* · (S. 403)
D:Nagelkraut; F:Polycarpon
- **tetraphyllum** (L.) L. 1759 · D:Vierblättriges Nagelkraut · ⚂ ⊙ VII-IX; Eur.: Ib, BrI, Ap, C-Eur., Ba; TR, Levante, Arab., Cauc., N-Iran, N-Afr., nat. in CZ, S-Am., Austr., E-As.

Polycnemum L. 1753 -n- *Chenopodiaceae* · (S. 414)
D:Knorpelkraut; F:Polycnème
- **arvense** L. 1753 · D:Acker-Knorpelkraut · ⊙ VII-X; Eur.* exc. BrI, Sc; TR, Cauc., W-Sib., E-Sib., C-As.
- **heuffelii** Láng 1828 · D:Heuffels Knorpelkraut · ⊙ VII-IX; Eur.: A, EC-Eur., Ba, E-Eur.
- **majus** A. Braun 1841 · D:Großes Knorpelkraut · ⊙ VII-IX; Eur.* exc. BrI, Sc; TR, Cauc., C-As.
- **verrucosum** Láng 1824 · D:Warziges Knorpelkraut · ⊙ VII-X; Eur.: C-Eur., EC-Eur., W-Ba, E-Eur.; TR

Polycycnis Rchb. f. 1855 -f- *Orchidaceae* · (S. 1080)
D:Schlankschwänchen; F:Orchidée
- **barbata** (Lindl.) Rchb. f. 1855 · ⚂ Z10 ⌂ V-VII ▽ ✽; Costa Rica, Panama, Col., Venez., Bras.

Polygala L. 1753 -f- *Polygalaceae* · (S. 702)
D:Kreuzblümchen; E:Milkwort; F:Polygala
- **alpestris** Rchb. 1823 · D:Voralpen-Kreuzblümchen · ⚂ Z6 VI-VII; Eur.: Ib, Fr, Ap, C-Eur., Ba
- **alpina** (Poir.) Steud. 1821 · D:Alpen-Kreuzblümchen, Westalpen-Kreuzblümchen · ⚂ VII-VIII; Eur.: sp., F, I, CH; Pyr., W-Alp.
- **amara** L. · D:Langflügeliges Bitteres Kreuzblümchen; E:Milkwort; ⚂ ∿ Z6 V-VI ⚥ ; Eur.: C-Eur., EC-Eur., Ba, E-Eur.
- **amarella** Crantz · D:Gewöhnliches Sumpf-Kreuzblümchen · ⚂ Z6 IV-VI; Eur.* exc. Ib

- **burmanni** DC. 1824
- **butyracea** Heckel 1889 · ♄ Z10 ⌂ ⓦ; W-Afr.
- **calcarea** F.W. Schultz 1837 · D:Kalk-Kreuzblümchen; E:Chalk Milkwort · ⚂ Z7 ⌂ IV-VI; Eur.: BrI, Fr, Ib, C-Eur.
  'Lillet'
- **chamaebuxus** L. 1753 [67934]
  - var. **chamaebuxus** · D:Buchsblättriges Kreuzblümchen, Zwergbuchs; E:Shrubby Milkwort · ♄ e △ Z5 IV-IX; Eur.: Fr, C-Eur., EC-Eur., Ap, Slove., Croatia, RO
  - var. **grandiflora** Gaudin 1829 · ♄ e Z6 IV-V; CH: Tessin, Graubünden [68385]
- **comosa** Schkuhr 1796 · D:Schopfiges Kreuzblümchen · ⚂ V-VII; Eur.* exc. BrI; Cauc.
- × **dalmaisiana** L.H. Bailey (*P. myrtifolia* var. *grandiflora* × *P. oppositifolia* var. *cordata*) E:Sweet Pea Shrub · ♄ ⌂ III-VIII; cult.
- **major** Jacq. 1778 · D:Großes Kreuzblümchen · ⚂ VI-VII; Eur.: Ap, A, EC-Eur., Ba, E-Eur.; TR, Cauc., N-Iran
- **myrtifolia** L. 1753 [58135]
  - var. **grandiflora** (Lodd.) Hook. · ♄ e Z9 ⌂ III-VII; Kap [22904]
  - var. **myrtifolia** · ♄ e Z9 ⌂; S-Afr.
- **nicaeensis** Risso ex W.D.J. Koch 1844 · D:Nizza-Kreuzblume, Pannonisches Kreuzblümchen · ⚂ V-VII; Eur.: Fr, Ap, C-Eur., H, Ba, E-Eur.; Alger., Tun.
- **oppositifolia** L. 1771
  - var. **cordata** Harv. · ♄ Z9 ⌂ III-VII; S-Afr. (Cape Prov.)
  - var. **latifolia** Ker-Gawl. · ♄ Z9 ⌂ III-VII; S-Afr. (Cape Prov.)
  - var. **oppositifolia** · ♄ e Z9 ⌂; Kap
- **senega** L. 1753 · E:Senga Root, Snakeroot · ⚂ Z2 V-VII ⚥ ; Can., USA: NE, NCE, NC, SE
- **serpyllifolia** Host 1797 · D:Thymianblättriges Kreuzblümchen · ⚂ V-IX; Eur.* exc. EC-Eur.; Greenl.
- **vayredae** Costa 1877 · ♄ e △ Z7 ⌂ ∧ IV-VIII; Eur.: sp.; E-Pyr.
- **virgata** Thunb. 1794
  - var. **speciosa** (Sims) Harv. · ♄ e Z9 ⌂ III-VII; Kap
  - var. **virgata** · E:Purple Broom · ♄ e Z8 ⌂; S-Afr.
- **vulgaris** L. 1753 · D:Gewöhnliches Kreuzblümchen
  - subsp. **oxyptera** (Rchb.) Schübl. et G. Martens 1834 · D:Spitzflü-

geliges Kreuzblümchen · ⚂ Z6 V-VIII; A (Kärnten), D +
  - subsp. **vulgaris** · D:Gewöhnliches Kreuzblümchen; E:Gand Flower, Milkwort · ⚂ Z6 V-VIII ⚥ ; Eur.*, TR, Sib.

Polygaloides Haller = Polygala
- *chamaebuxus* (L.) O. Schwarz = Polygala chamaebuxus var. chamaebuxus

Polygonatum Mill. 1754 -n- *Convallariaceae* · (S. 988)
D:Salomonssiegel, Weißwurz; E:Solomon's Seal; F:Sceau de Salomon
- **biflorum** (Walter) Elliott 1817 · D:Zweiblütige Weißwurz; E:Giant Solomon's Seal · ⚂ Z3 V; Can.: E; USA: NE, NCE, Okla [65921]
- **canaliculatum** (Muhl.) Pursh = Polygonatum biflorum
- **cirrhifolium** (Wall.) Royle 1839 · ⚂ Z6; Him. (Ind.: Himachal Pradesh - SW-China)
- *commutatum* (Schult. et Schult. f.) A. Dietr. = Polygonatum biflorum
- **curvistylum** Hua 1892 · ⚂ ; China (Yunnan, Sichuan)
- **falcatum** A. Gray 1859 · ⚂ Z6 V; Jap., Korea [65922]
- **geminiflorum** Decne. 1844 · ⚂ ; Him.
- *giganteum* A. Dietr. = Polygonatum biflorum
- **glaberrimum** K. Koch 1849
- **graminifolium** Hook. 1851 · ⚂ ; Nepal, SW-China
- **hirtum** (Bosc ex Poir.) Pursh 1813 · D:Auen-Weißwurz · ⚂ Z5 V-VI ✤; Eur.: I, A, EC-Eur., Ba, Russ; NW-TR, Cauc. [65923]
- **hookeri** Baker 1875 · ⚂ △ Z6 V; Sikkim, China: Yunnan, Tibet
- **humile** Maxim. 1859 · ⚂ Z5; Jap., Sachal., Korea, Manch., Sib. [69526]
- × **hybridum** Brügger 1886 (*P. multiflorum* × *P. odoratum*) · D:Garten-Salomonsiegel; E:Garden Salomon's Seal · ⚂ Z6; N-Eur., W-Eur.
  'Striatum'
  'Weihenstephan' [65925]
- *latifolium* Desf. = Polygonatum hirtum
- **multiflorum** (L.) All. 1785 · D:Vielblütige Weißwurz; E:Solomon's Seal; F:Sceau de Salomon · ⚂ Z4 V-VI ⚥ ✤; Eur.*, TR, Cauc., Him., Jap. [65926]
- **odoratum** (Mill.) Druce 1906 ·

D:Salomonssiegel · [65927]
- var. **odoratum** · D:Echtes Salomonssiegel, Wohlriechende Weißwurz; E:Lesser Solomon's Seal · ⚃ D Z4 V-VI ⚥ ✼; Eur.*, Cauc., W-Sib., E-Sib., Amur, Mong., China, Korea, Maroc.
- var. **thunbergii** (C. Morren et Decne.) H. Hara 1943 · ⚃ Z4 IV-V; Jap. [65929]
- *officinale* All. = Polygonatum odoratum var. odoratum
- *pluriflorum* = Polygonatum graminifolium
- **roseum** (Ledeb.) Kunth 1850 · ⚃ Z3 V-VI; W-Sib., C-As., China: Sinkiang
- **sibiricum** F. Delaroche 1811
- **stenanthum** Nakai 1913 · ⚃ Z7 V-VII; Jap., Korea [65930]
- **stewartianum** Diels 1912
- *thunbergii* C. Morren et Decne. = Polygonatum odoratum var. thunbergii
- **verticillatum** (L.) All. 1785 · D:Quirlblättrige Weißwurz; E:Whorled Salomon's Seal · ⚃ Z5 V-VI ✼; Eur.*, TR, Cauc., N-Iran, Him. [65931]
'Rubrum'

Polygonum L. 1753 -n-
Polygonaceae · (S. 707)
D:Vogelknöterich; E:Knotgrass; F:Renouée
- *affine* D. Don = Bistorta affinis
- *alatum* Buch.-Ham. ex D. Don = Persicaria nepalensis
- *alpinum* All. = Aconogonon alpinum
- *amphibium* L. = Persicaria amphibia
- *amplexicaule* D. Don = Bistorta amplexicaulis
- **arenarium** Waldst. et Kit. 1801 · D:Sand-Vogelknöterich · ⊙ VII-IX; Eur.: Fr, Ap, EC-Eur., Ba, E-Eur.; TR, Levante, Cauc., ? Maroc.
- **arenastrum** Boreau 1857 · D:Gewöhnlicher Vogelknöterich
  - subsp. **arenastrum** · D:Gewöhnlicher Vogelknöterich · ⊙ VII-X; Eur.: most; TR, Levante, ? NW-Afr.
  - subsp. **calcatum** (Lindm.) Wissk. 1998 · D:Niedriger Gewöhnlicher Vogelknöterich · ⊙ VII-IX; Eur.: most; TR
- *aubertii* L. Henry = Fallopia baldschuanica
- **aviculare** L. 1753 · D:Acker-Vogelknöterich
  - subsp. **aviculare** · D:Aufrechter Vogelknöterich, Breitblättriger Acker-Vogelknöterich, Verschiedenblättriger Vogelknöterich; E:Knotweed · ⊙ V-XI ⚥ ; Eur.*, Cauc., W-Sib., E-Sib. C-As.
  - subsp. **rectum** Chrtek 1956 · D:Schmalblättriger Acker-Vogelknöterich
  - subsp. **rurivagum** (Jord. ex Boreau) Berher 1887 · D:Unbeständiger Acker-Vogelknöterich, Unbeständiger Vogelknöterich · V-IX; Eur.* exc. E-Eur.; NW-Afr.
- *baldschuanicum* Regel = Fallopia baldschuanica
- **bellardii** All. 1785 · D:Ungarischer Vogelknöterich · ⊙ VI-X; Eur.* exc. BrI, Sc; TR, Levante, SW-As., W-Sib., N-Afr.
- *bistorta* L. = Bistorta officinalis subsp. officinalis
- *brittingeri* Opiz = Persicaria lapathifolia subsp. brittingeri
- *calcatum* Lindm. = Polygonum arenastrum subsp. calcatum
- *campanulatum* Hook. f. = Aconogonon campanulatum
- *capitatum* Buch.-Ham. ex D. Don = Persicaria capitata
- *carneum* K. Koch = Bistorta officinalis subsp. carnea
- *coccineum* Muhl. = Persicaria amphibia
- *compactum* Hook. f. = Fallopia japonica var. compacta
- *complexum* A. Cunn. = Muehlenbeckia complexa var. complexa
- *convolvulus* L. = Fallopia convolvulus
- *cuspidatum* Siebold et Zucc. = Fallopia japonica var. japonica
- *dshawachischwilii* Kharkev. = Aconogonon alpinum
- *dubium* = Persicaria dubia
- *dumetorum* L. = Fallopia dumetorum
- **equisetiforme** Sibth. et Sm. 1809 · ♄ ⚥ IX-X; Eur.: Ib, Sic, Ba; TR, Levante, N-Afr.
- *fagopyrum* L. = Fagopyrum esculentum
- *filiforme* Thunb. = Persicaria filiformis
- **graminifolia** Wierzb. ex Heuff. 1856 · ⊙; Eur.: EC-Eur., Serb., RO
- *heterophyllum* Sol. ex Meisn. = Polygonum aviculare subsp. aviculare
- *hydropiper* L. = Persicaria hydropiper
- *japonicum* Meisn. = Fallopia japonica var. japonica
- var. *compactum* (Hook. f.) J.P. Bailey = Fallopia japonica var. compacta
- *lapathifolium* = Persicaria lapathifolia subsp. lapathifolia
- *lichiangense* W.W. Sm. = Aconogonon lichiangense
- *macrophyllum* D. Don = Bistorta macrophylla
- *multiflorum* Thunb. = Fallopia multiflora
- *odoratum* Lour. = Persicaria odorata
- *orientale* L. = Persicaria orientalis
- **oxyspermum** C.A. Mey. et Bunge ex Ledeb. · D:Hellbrauner Strand-Vogelknöterich · ⊙ VII-IX; Eur.*, E-Can. Nova Scotia)
- *paleaceum* Wall. = Bistorta officinalis subsp. carnea
- **patulum** M. Bieb. 1808 · ⊙; Eur.: H, RO, Russ.; Cauc., Iran, C-As., China: Sinkiang
- *persicaria* L. = Persicaria maculosa
- *polymorphum* Ledeb. = Aconogonon alpinum
- *polystachyum* Wall. ex Meisn. = Aconogonon polystachyum
- *reynoutria* Makino = Fallopia japonica var. japonica
- *rurivagum* Jord. ex Boreau = Polygonum aviculare subsp. rurivagum
- *sachalinense* F. Schmidt = Fallopia sachalinensis
- **scoparium** Req. ex Loisel. 1827 · ⚃ ♄ Z7; Corse, Sard.
- *sericeum* Pall. = Aconogonon sericeum
- *sieboldii* Reinw. ex de Vries = Fallopia japonica var. japonica
- *sphaerostachyum* Meisn. = Bistorta macrophylla
- *tataricum* L. = Fagopyrum tataricum
- *tenuicaule* Bisset et S. Moore = Bistorta tenuicaule
- *tinctorium* Aiton = Persicaria tinctoria
- *vacciniifolium* Wall. ex Meisn. = Bistorta vacciniifolia
- *virginianum* L. = Persicaria virginiana
  - var. *filiforme* (Thunb.) Merr. 1909 = Persicaria filiformis
- *viviparum* L. = Bistorta vivipara
- *weyrichii* F. Schmidt ex Maxim. = Aconogonon weyrichii
- *zuccarinii* Small = Fallopia japonica var. japonica

Polylepis Ruiz et Pav. 1794 -f-
Rosaceae · (S. 758)

- **australis** Bitter 1911 · ♄ s Z8 ⓚ; Arg.
- **tomentella** Wedd. 1861 · ⓜ; S-Am.

Polymnia L. 1753 -f- *Asteraceae* · (S. 265)
- **sonchifolia** Poepp. et Endl. 1845 · ⚃ Z9 ⓚ ⓝ; Col. (And. Bogota)
- **uvedalia** (L.) L. 1763 · ⚃ ; USA: NE, NEC, SE, Fla., SC

Polypodium L. 1753 -n- *Polypodiaceae* · (S. 78)
D:Tüpfelfarn; E:Polypody; F:Polypode
- **angustifolium** Sw. 1788 · ⚃ Z10 ⓜ; USA: Fla.; Mex., W.Ind, trop. S-Am.
- *aureum* L. = Phlebodium aureum
- *bifrons* Hook. = Solanopteris bifrons
- **cambricum** L. 1753 · D:Südlicher Tüpfelfarn; E:Whelsh Polypody · ⚃ Z6 V-VI; Eur.: Ib, Fr, BrI, CH, Ap, Ba, Krim; TR, Levante, NW-Afr.
- *coronans* Wall. ex Mett. = Aglaomorpha coronans
- *crassifolium* L. = Niphidium crassifolium
- **decurrens** Raddi 1819 · ⚃ Z10 ⓜ; W.Ind., Peru, Bras.
- *filix-femina* L. = Athyrium filix-femina
- *heracleum* Kuntze = Aglaomorpha heraclea
- **interjectum** Shivas 1961 · D:Gesägter Tüpfelfarn; E:Western Polypody · ⚃ Z5 IX-X; Eur.*, TR, Iran [67436]
  'Cornubiense' [67437]
  'Pulcherrimum' [67438]
- *irioides* Poir. = Microsorum punctatum
- *juglandifolium* D. Don = Arthromeris wallichiana
- *leiorhizum* Wall. ex Mett. = Polypodium lucidum
- **longifolium** Mett. 1857 · ⚃ Z10 ⓜ; Malay. Pen., Phil.
- **lucidum** Roxb. 1844 · ⚃ Z10 ⓜ; Ind.
- **lycopodioides** L. 1753 · ⚃ Z10 ⓜ; trop. Am.
- × **mantoniae** Rothm. et U. Schneid. 1962 (*P. interjectum* × *P. vulgare*) · D:Mantons Tüpfelfarn; E:Manton's Polypody · ⚃ ; Eur.: BrI, C-Eur., I, Slova., H +
- *meyenianum* (Schott) Hook. = Aglaomorpha meyeniana
- *musifolium* Blume = Microsorum musifolium
- *phegopteris* L. = Phegopteris connectilis
- *phyllitidis* L. = Campyloneurum phyllitidis
- **polypodioides** (L.) D. Watt 1867 · D:Auferstehungsfarn; E:Resurrection Fern · ⚃ ⤳ Z7 ⓚ; USA: NE, NCE, SC, SE, Fla.; Mex., C-Am., S-Am., S-Afr.
- *pteropus* Blume = Microsorum pteropus
- *punctatum* (L.) Sw. = Microsorum punctatum
- *reinwardtii* Kuntze = Goniophlebium subauriculatum
- *rigidum* Hoffm. non Aubl. = Dryopteris villarii
- *scandens* G. Forst. = Microsorum scandens
- *subauriculatum* Blume = Goniophlebium subauriculatum
- *vacciniifolium* Langsd. et Fisch. = Microgramma vacciniifolia
- **vulgare** L. 1753 · D:Engelsüß, Gewöhnlicher Tüpfelfarn; E:Common Polypody; F:Polypode vulgaire · ⚃ ⤳ Z3 VIII-IX ⚥ ; Eur.*, TR, Cyprus, Cauc., W-Sib., C-As., E-As., Maroc., N-Am. [67439]
  'Bifidocristatum'
  'Bifidomultifidum'
  'Cornubiense'
  - subsp. *prionodes* (Asch.) Rothm. 1929 = Polypodium interjectum
- *wallichianum* Spreng. = Arthromeris wallichiana

Polypogon Desf. 1798 -m- *Poaceae* · (S. 1126)
D:Bürstengras; E:Beard Grass; F:Polypogon
- **monspeliensis** (L.) Desf. 1798 · D:Bürstengras; E:Annual Beard Grass, Annual Rabbit's Foot Grass · ⊙ ⚔ Z8 IV-VII; Eur.: Ib, F, Ap, Ba, RO, S-Russ., BrI; TR, Iraq, Cauc., Iran, C-As., Afgh., Pakist., Him., Ind., Sri Lanka, Tibet, Mong., China, Korea, Jap., Taiwan , Canar., nat. in Cz, W-Russ., N-Am., S-Afr., Austr., NZ
- **viridis** (Gouan) Breistr. 1966 · ⚃ Z7; Eur.: Ib, Fr, CH, Ap, Ba, Krim; TR, Iran, Afgh., Pakist., Canar., Madeira, nat. in N-Am., S-Am., Afr., Austr.

Polyscias J.R. Forst. et G. Forst. 1775 -f- *Araliaceae* · (S. 201)
D:Fiederaralie; E:Fern-leaf Aralia; F:Polyscias
- *balfouriana* (Sander ex André) L.H. Bailey = Polyscias scutellaria 'Balfourii'
- **cumingiana** (C. Presl) Fern.-Vill. 1880 · ♄ e Z10 ⓜ; Malay. Arch.
- **filicifolia** (C. Moore ex E. Fourn.) L.H. Bailey 1916 · D:Farnblättrige Fiederaralie; E:Fern-leaf Aralia · ♄ Z10 ⓜ; Malay. Arch., Pacific Is.
- **fruticosa** (L.) Harms 1894 · D:Rötliche Fiederaralie; E:Ming Aralie, Tea Tree · ♄ e Z10 ⓜ ⓝ; Malay. Arch., Polyn.
- **guilfoylei** (W. Bull) L.H. Bailey 1912 · D:Polynesische Fiederaralie; E:Wild Coffee · ♄ e Z10 ⓜ ⓝ; Malay. Arch., Pacific Is.
- *pinnata* J.R. Forst. et G. Forst. = Polyscias scutellaria
- *rumphiana* Harms = Polyscias cumingiana
- **sambucifolia** (Sieber ex DC.) Harms 1894 · ♄ e Z9 ⓚ; Austr. (Queensl., N.S.Wales, Victoria, Tasman.)
- **scutellaria** (Burm. f.) Fosberg 1948 · D:Glänzende Fiederaralie; E:Dinner Plate Aralia · ♄ ♄ e Z10 ⓜ; N.Caled.
  'Balfourii' · D:Balfours Fiederaralie; E:Balfour Aralis · ⓜ

Polystachya Hook. 1824 -f- *Orchidaceae* · (S. 1080)
- **affinis** Lindl. 1830 · ⚃ Z10 ⓜ VII-VIII ▽ ✽; W-Afr., C-Afr., Angola, Uganda
- **concreta** (Jacq.) Garay et H.R. Sweet 1974 · ⚃ ⓜ; Fla., Mex., C-Am., Bras., trop. As.
- *flavescens* (Blume) J.J. Sm. = Polystachya concreta

Polystichum Roth 1799 -n- *Dryopteridaceae* · (S. 69)
D:Schildfarn; E:Holly Fern, Shield Fern; F:Polystic
- **acrostichoides** (Michx.) Schott 1834 · D:Dolch-Farn, Weihnachts-Farn; E:Christmas Fern, Dagger Fern; F:Fougère de Noël · ⚃ ⚔ Z4 ▽; Can.: E; USA: NE, NCE, Mo., SC, SE, Fla; Mex. [67440]
- **aculeatum** (L.) Roth 1799 · D:Dorniger Schildfarn, Gelappter Schildfarn; E:Hard Shield Fern, Prickly Shield Fern; F:Aspidie lobée, Polystic à aiguillons · ⚃ Z5 VIII-IX ▽; Eur.*, TR, Syr., Cauc., N-Iran, N-As., China, Jap., Maroc., Alger. [67441]
  'Dahlem'
- *adiantiforme* (G. Forst.) J. Sm. =

Rumohra adiantiformis
- **andersonii** Hopkins 1913 ·
  D:Andersons Schildfarn;
  E:Anderson's Shield Fern · ⚃ Z4
  ▽; Alaska, Can.: B.C.; USA: NW,
  Idaho, Mont.
- **auriculatum** (L.) C. Presl 1836 ·
  ⚃ Z9 ⓚ ▽; Ind., Sri Lanka
- **braunii** (Spenn.) Fée 1852 ·
  D:Brauns Schildfarn, Zarter
  Schildfarn; E:Braun's Holly Fern,
  Shield Fern; F:Aspidie de Braun ·
  ⚃ Z5 VII-VIII ▽; Eur.* exc. BrI;
  Cauc., Amur, Alaska, Can.: E;
  USA: NE, NCE; Hawai [67442]
- **falcatum** (L. f.) Diels 1899
  - var. **caryotideum** (Wall.) Baker ·
    D:Kleiner Mondsichelfarn;
    E:Dwarf Net Vein Holly Fern ·
    ⚃ Z9 ⓚ ▽; Ind., China, Jap.,
    Hawaii
  - var. **falcatum** · D:Mondsichelfarn; E:Japanese Holly Fern ·
    ⚃ Z9 ⓚ ▽; Ind., China, Korea,
    Jap., Ryukyu-Is., Taiwan, Malay.
    Arch., Polyn., S-Afr., nat. in GB,
    Azor. [67390]
  - var. **fortunei** (J. Sm.) Baker ·
    D:Ilexblättriger Mondsichelfarn ·
    ⚃ Z8 ⓚ ⓚ ▽; China, Korea,
    Jap. [67391]
- *laserpitiifolium* J. Sm. =
  Arachniodes standishii
- **lepidocaulon** (Hook.) J. Sm.
  1866 · ⚃ Z8 ⓚ ▽; China, Korea,
  Jap., Taiwan
- *lobatum* (Huds.) Bastard =
  Polystichum aculeatum
- **lonchitis** (L.) Roth 1799 · D:Lanzen-Schildfarn; E:Northern Holly
  Fern · ⚃ Z4 VII-IX ▽; Eur.*, TR,
  Cauc., W-Sib., E-Sib., Sachal.,
  Kamchat., Jap., C-As., Alaska,
  Can., USA: NE, NCE, NC, SW,
  Rocky Mts., NW, Calif.; Greenl.;
  mts. [67443]
- **macrophyllum** (Makino) Tagawa
  1933 · ⚃ ⓚ ∧ ▽; Him., China,
  Jap., Taiwan
- **makinoi** (Tagawa) Tagawa 1936 ·
  ⚃ Z8 ⓚ; Jap.
- **mohrioides** (Bory) C. Presl 1836 ·
  ⚃ Z5 ▽; Can.: B.C.; USA: NW,
  Calif.
- **munitum** (Kaulf.) C. Presl 1836 ·
  D:Schwertfarn; E:Sword Fern · ⚃
  ⋈ Z4 ▽; Can.: B.C., Yukon; USA:
  NW, Calif., Idaho, Mont., S.Dak.;
  Mex.: Guadelupe Isl., nat. in Eur.
  [67444]
- **neolobatum** Nakai · ⚃ Z8 ⓚ;
  Ind., China, Jap., Taiwan
- *nipponicum* Rosenst. =

Arachniodes nipponica
- *oreopteris* (Ehrh.) Bernh. =
  Oreopteris limbosperma
- **polyblepharum** (Roem.) C. Presl
  1849 · D:Japanischer Schildfarn;
  E:Japanese Lace Fern; F:Aspidie
  du Japon · ⚃ Z5 ▽; Jap., S-Korea
  [67445]
- **rigens** Tagawa 1937 · F:Aspidie ·
  ⚃ Z7 ▽; Jap. [67447]
- **setiferum** (Forssk.) T. Moore ex
  Woyn. 1913 · D:Borstiger Schildfarn, Weicher Schildfarn; E:Alaska
  Fern, Hedge Fern, Soft Shield
  Fern; F:Polysticà cils raides · ⚃
  Z7 VIII-IX ▽; Eur.* exc. Sc; TR,
  Cauc., Iran, Him., Maroc., Afr.
  [67448]
  'Congestum' [69527]
  Dahlem Grp. [67449]
  'Divisilobum Herrenhausen'
  'Plumosum Densum' [67452]
  Proliferum Grp. [67453]
  'Wollaston' [67454]
- × **setigerum** (C. Presl) C. Presl
  1836 (*P. braunii* × *P. munitum*) · ⚃
  Z3; Alaska, B.C., Aleutian Is.
- *standishii* (T. Moore) C. Chr. =
  Arachniodes standishii
- *thelypteris* (L.) Roth = Thelypteris
  palustris
- **tripteron** (Kunze) C. Presl 1851 ·
  ⚃ Z6 ▽; E-Sib., China, Jap.
- **tsus-simense** (Hook.) J. Sm.
  1875 · ⚃ Z7 ∧ ▽; China, Korea,
  Jap., Taiwan [67455]

Polyxena Kunth = Lachenalia
- *ensifolia* (Thunb.) Schönland =
  Lachenalia ensifolia
- *pygmaea* (Jacq.) Kunth =
  Lachenalia ensifolia

Pomaderris Labill. 1804 -f-
Rhamnaceae · (S. 739)
- **apetala** Labill. 1805 · ♄ ♄ e Z9 ⓚ
  VI; Austr.: Victoria, Tasman.; NZ
- **obcordata** Fenzl 1837 · ♄ ⓚ;
  Austr. (W-Austr., S-Austr.)

Pometia J.R. Forst. et G. Forst.
1775 -f- *Sapindaceae* · (S. 803)
- **pinnata** J.R. Forst. et G. Forst.
  1775 · ♄ ⓦ ⓝ; Malay. Arch.,
  N.Guinea, Pazific Is.

Poncirus Raf. 1838 -f- *Rutaceae* ·
(S. 793)
- **trifoliata** (L.) Raf. 1838 · D:Bitterorange; E:Bitter Orange, Trifoliate
  Orange; F:Orange amère, Poncir ·

♄ ♄ d ⊛ Z7 ∧ IV-V; Him.,
C-China, nat. in Jap. [33364]

Pontederia L. 1753 -f-
Pontederiaceae · (S. 1137)
D:Hechtkraut; E:Pickerel Weed;
F:Herbe-à-brochet
- *azurea* Sw. = Eichhornia azurea
- **cordata** L. 1753 · D:Herzförmiges Hechtkraut; E:Pickerel Weed,
  Pickerelweed; F:Pontédérie · ⚃
  ≈ Z7 VI-X; Can.: E; USA: NE,
  NCE, SE, Fla. [67326]
  'Alba' [67325]
  'White Pike'
  - var. **lancifolia** (Muhl.) Torr.
    1824
- *crassipes* Mart. = Eichhornia
  crassipes
- *lanceolata* Nutt. = Pontederia
  cordata

Populus L. 1753 -f- *Salicaceae* ·
(S. 796)
D:Espe, Pappel; E:Aspen, Poplar;
F:Peuplier
- **alba** L. 1753 · D:Silber-Pappel;
  E:White Poplar; F:Peuplier blanc ·
  ♄ d Z4 III-IV ⚥ ⓝ; Eur.* exc. BrI,
  Sc; TR, Palaest., Cauc., W-Sib.,
  C-As., Him., N-Afr., nat. in BrI,
  DK, N-Am. [48020]
  'Bolleana' = Populus alba 'Pyramidalis'
  'Nivea' 1789 [20210]
  'Pyramidalis' < 1841 · d [20220]
  'Raket' [33367]
  - var. **pyramidalis** Bunge 1854 =
    Populus alba
- **angustifolia** James ex Torr.
  1823 · D:Schmalblättrige Pappel;
  E:Narrowleaf Cottonwood, Willow
  Leaved Poplar · ♄ d Z3; Can.: W,
  Man.; USA: Rocky Mts., Calif.,
  SW, SC, NC; N-Mex.
- **balsamifera** L. 1753 [20230]
  - var. **balsamifera** · D:Balsam-Pappel; E:Balsam Poplar,
    Tacamahaca; F:Peuplier
    baumier · ♄ d D Z3 IV ⚥ ⓝ;
    Alaska, Can., USA: NE, NCE, NC,
    Rocky Mts., NW
  - var. *fernaldiana* Rouleau 1948
    = Populus balsamifera var.
    subcordata
  - var. **subcordata** Hyl. · ♄ d Z2;
    Can.: E; USA: NE, NCE
- × **berolinensis** (K. Koch) Dippel
  1865 (*P. laurifolia* × *P. nigra*
  'Italica') · D:Berliner Pappel;
  E:Berlin Poplar; F:Peuplier de
  Berlin · ♄ d Z4 ⓝ; cult. [20240]
- × **canadensis** Moench 1785 (*P.
  deltoides* × *P. nigra*) · D:Bastard-

Schwarz-Pappel, Kanada-Pappel; E:Canadian Poplar; F:Peuplier grisard, Peuplier hybride euraméricain · ♄ d Z4 IV Ⓝ; cult. [48030]
'Aurea' c. 1867
'Robusta' 1895 [20260]
'Serotina' c. 1700 [26657]
- × **canescens** (Aiton) Sm. 1804 (*P. alba* × *P. tremula*) · D:Grau-Pappel; E:Grey Poplar; F:Peuplier grisard · ♄ d Z5 III-IV Ⓝ; Eur.* exc. Sc, Ib; TR, Cauc., nat. in Sc, Ib, USA [20270]
- **cathayana** Rehder 1931 · ♄ d Z4; NW-China, Manch., Korea
- **deltoides** W. Bartram ex Marshall 1785 · D:Karolina-Pappel, Virginische Pappel; E:Eastern Cottonwood, Necklace Poplar · ♄ d Z6 IV Ⓝ; Can.: E; USA: NE, NCE, NC, SC, SE, Fla., nat. in Eur. [26693]
- subsp. *monilifera* (Aiton) Eckenw. 1977 = Populus sargentii
- var. *occidentalis* Rydb. 1900 = Populus sargentii
- × *euroamericana* (Dode) Guinier = Populus × canadensis
- *fastigiata* Desf. = Populus nigra 'Italica'
- × **generosa** A. Henry 1914 (*P. deltoides* × *P. trichocarpa*) · ♄ d Z6 Ⓝ; cult.
- × *gileadensis* Rouleau = Populus × jackii
- **grandidentata** Michx. 1803 · D:Großzähnige Pappel; E:Big Tooth Aspen · ♄ d Z4 Ⓝ; Can.: E; USA: NE, NCE, NC, Tenn., N.C.
- *italica* (Münchh.) Moench = Populus nigra subsp. nigra
- × **jackii** Sarg. 1913 (*P. balsamifera* × *P. deltoides*) · ♄ d Z2; Can.: Ont.; USA: NE, NEC
'Gileadensis' · D:Ontario-Pappel; E:Balm of Gilead · d IV ⚥ Ⓝ, nat. in Eur. [26666]
- **koreana** Rehder 1922 · D:Koreanische Balsam-Pappel · ♄ d Z6; Korea [26698]
- **lasiocarpa** Oliv. 1890
- var. *lasiocarpa* · D:Großblatt-Pappel; E:Chinese Necklace Poplar; F:Peuplier à fruits velus · ♄ d Z5 Ⓝ; W-China, C-China [20330]
- var. **tibetica** C.K. Schneid.
- **laurifolia** Ledeb. 1833 · D:Lorbeerblättrige Pappel; E:Laurel Poplar · ♄ d Z5 Ⓝ; W-Sib., E-Sib., C-As., China: Sikiang; Mong.,

NW-Ind., Jap. [26699]
- **maximowiczii** A. Henry 1913 · D:Maximowiczs Pappel; E:Japanese Poplar · ♄ d Z4 Ⓝ; Amur, Manch., Korea, Jap., Sachal., Kamchat.
- **nigra** L. 1753 [31140]
'Italica' < 1750 · D:Italienische Pappel, Pyramiden-Pappel; E:Italian Poplar, Lombardy Poplar · d Z5 [20360]
'Pyramidalis' = Populus nigra 'Italica'
- subsp. **betulifolia** (Pursh) W. Wettst. 1957 · D:Birkenblättrige Schwarz-Pappel · ♄ d Z5; Eur.: BrI, F
- subsp. **nigra** · D:Echte Schwarz-Pappel; E:Black Poplar; F:Peuplier noir · ♄ d Z5 IV ⚥ Ⓝ; Eur.* exc. Sc; TR, Cauc., W-Sib., E-Sib., C-As.: Him., NW-Afr., nat. in DK
- var. *italica* Münchh. 1772 = Populus nigra subsp. nigra
- var. *pyramidalis* (Rozier) Spach 1841 = Populus nigra subsp. nigra
- *pyramidalis* Rozier = Populus nigra subsp. nigra
- × **robusta** C.K. Schneid. 1904 · ♄ d
- **sargentii** Dode 1905 · D:Sargents Pappel; E:Great Plains Cottonwood, Sargent Cottonwood · ♄ d Z2 ⚥ Ⓝ; Can.: W, Man.; USA: Rocky Mts., SW, SC, NC
- **simonii** Carrière 1867 · D:Simons Pappel; E:Cottonwood; F:Peuplier de Simon · ♄ d Z4 IV Ⓝ; N-China [20370]
- **suaveolens** Fisch. ex Loudon 1838 · D:Sibirische Balsam-Pappel; E:Poplar · ♄ d Z3 Ⓝ; E-Sib., Amur, Kamchat., N-China, Korea, N-Jap.
- **szechuanica** C.K. Schneid. 1916 · D:Chinesische Balsam-Pappel; E:Chinese Poplar · ♄ d Z6 Ⓝ; Sichuan [27217]
- *tacamahaca* Mill. = Populus balsamifera var. balsamifera
- **tremula** L. 1753 · D:Espe, Zitter-Pappel; E:Aspen; F:Peuplier tremble · ♄ ♄ d Z1 III-IV Ⓝ; Eur.*, TR, Lebanon, Cauc., W-Sib., E-Sib., Amur, Sachal., Kamchat., C-As., Mong., Korea, N-China, Alger. [20390]
'Erecta' 1847 · D:Säulen-Zitter-Pappel · [20400]
'Pendula' c. 1787 [20420]
- **tremuloides** Michx. 1803 · D:Amerikanische Espe;

E:American Aspen, Aspen, Quaking Aspen; F:Peuplier faux-tremble · ♄ d Z1 ⚥ Ⓝ; Alaska, Can., USA: NE, NCE, NC, Rocky Mts., SW, Calif., NW; N-Mex., Baja Calif. [26712]
- **trichocarpa** Torr. et A. Gray ex Hook. 1852 · D:Haarfrüchtige Balsam-Pappel; E:Black Cottonwood, Western Balsam Poplar; F:Peuplier baumier · ♄ d Z5 IV Ⓝ; Alaska, Can.: W; USA: NW, Rocky Mts., Calif; Mex.: Baja Calif. [20430]
'Fritzi Pauley' [38895]
- **tristis** Fisch. 1841 · D:Dunkelblättrige Pappel · ♄ d Z1 Ⓝ; C-As.
- **violascens** Dode 1921 · ♄ d Z6; China [26718]
- **wilsonii** C.K. Schneid. 1916 · D:Wilsons Großblatt-Pappel; E:Wilson's Poplar · ♄ d Z6 Ⓝ; China: Hupeh, Sichuan [33379]
- **yunnanensis** Dode 1905 · D:Yunnan-Pappel · ♄ d Z5; SW-China: Yunnan [26721]

Porana Burm. f. 1768 -f- *Convolvulaceae* · (S. 427)
- **paniculata** Roxb. 1819 · D:Schnee im Dschungel; E:Bridal Bouquet, Snow Creeper · ♄ ⚥ Z10 ⌂ VIII; Ind., Malay. Pen.
- **racemosa** Roxb. 1824 · ☉ Z10 ⌂ VII-XI; Ind., Myanmar

Porlieria Ruiz et Pav. 1794 -f- *Zygophyllaceae* · (S. 894)
D:Seifenbusch; E:Soap Bush
- **hygrometra** Ruiz et Pav. 1798 · D:Seifenbusch; E:Soap Bush · ♄ Z10 ⌂ IV; Peru
- **microphylla** (Baill.) Descole, O'Donell et Lourteig 1940 · ♄; Arg., Bol.

Porophyllum Adans. 1750 -n- *Asteraceae*
- **ruderale** (Jacq.) Cass. 1826
- **tagetoides** DC. 1836

Porphyrocoma Scheidw. ex Hook. = Justicia
- *lanceolata* Scheidw. = Justicia ovata var. lanceolata

Porroglossum Schltr. 1920 -n- *Orchidaceae* · (S. 1080)
- **echidnum** (Rchb. f.) Garay 1953 · ♃ Z9 ⌂ V-VIII ▽ ✽; Col., Ecuad.

Portea Brongn. ex K. Koch 1856 -f- *Bromeliaceae* · (S. 976)

- **kermesina** Brongn. ex K. Koch 1856 · ⚃ Z10 ⓜ; Bras.
- **petropolitana** (Wawra) Mez 1892 · ⚃ Z10 ⓜ; Bras.

Portulaca L. 1753 -f- *Portulacaceae* · (S. 710)
D:Portulak; E:Purslane, Rose Moss; F:Pourpier
- **grandiflora** Hook. 1829 · D:Portulakröschen; E:Common Portulaca, Moss Rose, Sum Plant; F:Pourpier à grandes fleurs · ⊙ ⚇ VI-VIII; Bras., Urug., Arg., nat. in C-Eur., SE-Eur. [16785]
  Cloudbeater Ser.
  Everbloom Ser.
  Sundial Ser.
- **oleracea** L. 1753 · D:Portulak · [72125]
  - subsp. **oleracea** · D:Europäischer Portulak; E:Purslane · ⊙ ⚇ VI-IX; Eur.*, TR, Levante, Cauc., Iran, C-As., Mong., Subtrop., Trop., nat. in Eur.* exc. Sk
  - subsp. **sativa** (Haw.) Čelak. 1875 · ⊙ ⚇ ⚟ ; cult.
- **umbraticola** Kunth 1823 · ⊙ ⚇ VI-VIII; Col.

Portulacaria Jacq. 1786 -f- *Portulacaceae* · (S. 710)
D:Speckbaum, Strauchportulak; E:Elephant Bush; F:Pourpier en arbre
- **afra** Jacq. 1786 · D:Speckbaum, Strauchportulak; E:Elephant Bush, Elephant's Food · ♄ ⚇ e Z9 ⓜ; S-Afr.
  'Variegata'
- *namaquensis* Sond. = Ceraria namaquensis
- *pygmaea* Pillans = Ceraria pygmaea

Posidonia K.D. Koenig 1805 -f- *Posidoniaceae* · (S. 1137)
- **oceanica** (L.) Delile 1813 · ⚃ ≈ ⓝ; Eur.: Ib, F, Ap, Ba; N-Afr., Levante; coasts

Potamogeton L. 1753 -m- *Potamogetonaceae* · (S. 1138)
D:Laichkraut; E:Pondweed; F:Potamot
- **acutifolius** Link 1818 · D:Spitzblättriges Laichkraut; E:Sharp Leaved Pondweed · ⚃ ≈ VI-VIII; Eur.* exc. Ib
- **alpinus** Balb. 1804 · D:Alpen-Laichkraut · ⚃ ≈ VI-VIII; Eur.*, Cauc., W-Sib., E-Sib., C-As.
- × **angustifolius** J. Presl 1821 (*P. gramineus* × *P. lucens*) · D:Schmalblättriges Laichkraut · ⚃ ≈ VI-VII; D+
- **berchtoldii** Fieber 1838 · D:Berchtolds Laichkraut; F:Potamot de Berchtold · ⚃ ≈ VI-IX; Eur.* exc. Ib; TR, N-As., N-Am., ? NW-Afr.
- **coloratus** Hornem. 1813 · D:Gefärbtes Laichkraut · ⚃ ≈ VI-VIII; Eur.*
- **compressus** L. 1753 · D:Flachstängeliges Laichkraut · ⚃ ≈ VII-VIII; Eur.* exc. Ap; Sib., Amur, Kamchat.
- **crispus** L. 1753 · D:Krauses Laichkraut; E:Curled Pondweed, Water Caltrop; F:Potamot crépu · ⚃ ≈ V-VIII; Eur.*, TR, Cauc., W-Sib., E-Sib., Amur, C-As., Him., Manch., Korea, Jap., Taiwan, Egypt, Afr., Austr., nat. in N-Am., NZ [67327]
- *densus* L. = Groenlandia densa
- **filiformis** Pers. 1805 · D:Faden-Laichkraut · ⚃ ≈ VI-VII; Eur.*, TR, Cauc., NW-Iran, Afgh., Pakist., E-Sib., Amur, Kamchat.
- × **fluitans** Roth 1788 (*P. lucens* × *P. natans*) · D:Flutendes Laichkraut · ⚃ ≈ ; D, BrI+
- **friesii** Rupr. 1845 · D:Stachelspitziges Laichkraut · ⚃ ≈ VI-VIII; Eur.* exc. Ib; W-Sib., E-Sib., Kamchat., Manch., N-Am., nat. in Arg.
- **gramineus** L. 1753 · D:Grasartiges Laichkraut; E:Grass-leaf Pondweed · ⚃ ≈ VI-VII; Eur.*, TR, Cauc., NW-Iran, Pakist., Sib., N-Am.
- **helveticus** (G. Fisch.) W. Koch 1924 · D:Schweizer Laichkraut · ⚃ ≈ VIII-XI; Eur.: D, CH, H, A
- **lucens** L. 1753 · D:Glänzendes Laichkraut; E:Shining Pondweed; F:Potamot luisant · ⚃ ≈ VI-VIII; Eur.*, W-Afr. [67328]
- **natans** L. 1753 · D:Schwimmendes Laichkraut; E:Broad-leaved Pondweed, Floating Pondweed; F:Potamot nageant · ⚃ ≈ VI-VIII; Eur.*, TR, Syr., Cauc., W-Sib., E-Sib., Amur, Sachal., Kamchat., C-As., Afgh., Pakist., Manch., Korea, Jap., N-Afr., cosmop. [67329]
- × **nitens** Weber 1787 (*P. gramineus* × *P. perfoliatus*) · D:Schimmerndes Laichkraut · ⚃ ≈ VI-VIII; D, BrI, F+
- **nodosus** Poir. 1816 · D:Knoten-Laichkraut; E:American Pondweed, Loddon Pondweed · ⚃ ≈ VI-VIII; Eur.* exc. Sc; TR, Cauc., W-Sib., C-As., SE-As., N-Am., C-Am., Afr.
- **obtusifolius** Mert. et W.D.J. Koch 1823 · D:Stumpfblättriges Laichkraut · ⚃ ≈ VI-VIII; Eur.* exc. Ib; Cauc., Iran, W-Sib., E-Sib., C-As., Mong., N-Am.
- *panormitanus* = Potamogeton pusillus
- **pectinatus** L. · D:Kamm-Laichkraut; E:Fennel Pondweed, Sago Pondweed; F:Potamot pectiné · ⚃ ≈ VI-VIII; Eur.*, E-USA, S-Am., Afr.
- **perfoliatus** L. 1753 · D:Durchwachsenes Laichkraut; E:Perfoliate Pondweed · ⚃ ≈ VI-VIII; Eur.*, TR, Cauc., W-Sib., E-Sib., Amur, Sachal., Kamchat., C-As., [70145]
- **polygonifolius** Pourr. 1788 · D:Knöterich-Laichkraut · ⚃ ≈ VI-VIII; Eur.* exc. E-Eur.
- **praelongus** Wulfen 1805 · D:Langblättriges Laichkraut · ⚃ ≈ VI-VII; Eur.* exc. Ib; TR, Cauc., W-Sib., E-Sib., Amur, Kamchat., N-Am.
- **pusillus** Biv. 1753 · D:Zwerg-Laichkraut; E:Small Pondweed · ⚃ ≈ VI-IX; Eur.*; cosmop. exc. Austr.
- **rutilus** Wolfg. 1827 · D:Rötliches Laichkraut · ⚃ ≈ VII-VIII; Eur.: BrI, Sc, F, D, EC-Eur.
- × **salicifolius** Wolfg. 1827 (*P. lucens* × *P. perfoliatus*) · D:Weidenblättriges Laichkraut · ⚃ ≈ ; BrI, D+
- × **sparganiifolius** Laest. ex Fr. 1832 (*P. gramineus* × *P. natans*) · D:Rippennerviges Laichkraut · ⚃ ≈ ; BrI, D+
- × **spathulatus** Schrad. ex W.D.J. Koch et Ziz 1814 (*P. alpinus* × *P. polygonifolius*) · D:Spateliges Laichkraut · ⚃ ≈ ; D
- **trichoides** Cham. et Schltdl. 1827 · D:Haarblättriges Laichkraut · ⚃ ≈ VI-VII; Eur.*, TR, Cauc., W-Sib., E-Sib., C-As., Afr.
- × *zizii* = Potamogeton × angustifolius

Potentilla L. 1753 -f- *Rosaceae* · (S. 759)
D:Fingerkraut; E:Cinquefoil, Five Finger; F:Potentille
- **alba** L. 1753 · D:Weißes Fingerkraut; E:White Cinquefoil; F:Potentille blanche · ⚃ ⤳ Z5 IV-VI; Eur.: F, Ap, C-Eur., EC-Eur.,

Ba, E-Eur. [65953]
- **alchemilloides** Lapeyr. 1782 · ⁴ ⤳ △ Z6 V-VI; sp., F; Pyr.
- **alpicola** De la Soie 1875 · D:Alpen-Fingerkraut · ⁴ V-VII; Eur.: I, CH
- **anglica** Laichard. 1790 · D:Niederliegendes Fingerkraut · ⁴ Z5 VII-IX; Eur.*
- **anserina** L. 1753 · D:Gänse-Fingerkraut; E:Goose Grass, Silverweed, Wild Tansy · ⁴ ⤳ Z5 V-VIII ⚥; Eur.*, Cauc., W-Sib., E-Sib., Amur, Sachal., Kamchat., C-As., Him., Alaska, Can., USA* exc. SE, Fla., SC, Austr., NZ [65954]
- **anserinoides** Raoul 1844 · ⁴; NZ
- **argentea** L. 753 · D:Silber-Fingerkraut; E:Hoary Cinquefoil, Silver Leaf Cinquefoil · ⁴ △ Z4 VI-VII; Eur.*, TR, Cauc., N-Iran, W-Sib., E-Sib., C-As., nat. in N-Am. [70705]
  - var. **calabra** (Ten.) Fiori et Paol. = Potentilla calabra
- *argyrophylla* Wall. ex Lehm. = Potentilla atrosanguinea var. argyrophylla
- **atrosanguinea** Lodd. ex D. Don 1823 [65956]
  'Gibson's Scarlet' [65958]
  - var. **argyrophylla** (Wall. ex Lehm.) Grierson et D.G. Long 1979 · D:Silber-Fingerkraut · ⁴ △ Z5 VI-VII; W-Him. [60419]
  - var. **atrosanguinea** · D:Blutrotes Fingerkraut; F:Potentille sanguine · ⁴ Z5 VI-IX; Nepal
- **aurea** L. 1756 · D:Gold-Fingerkraut · [65962]
  'Aurantiaca' [65966]
  'Goldklumpen' [65963]
  - subsp. **aurea** · D:Gewöhnliches Gold-Fingerkraut; F:Potentille dorée · ⁴ △ Z5 VI-IX; Eur.* exc. BrI, Sc; mts.
  - subsp. **chrysocraspeda** (Lehm.) Nyman 1878 · ⁴ ⤳ △ Z5 VI-VII; Eur.: Ba, Carp.; NW-TR [65965]
- **brauneana** Hoppe ex Nestl. 1804 · D:Zwerg-Fingerkraut · ⁴ Z6 VII-VIII; Eur.: sp., F, I, C-Eur., Slove.; Pyr., Alp., Jura
- **calabra** Ten. 1811 · ⁴; Eur.: I, Sic., W-Ba; mts. [65955]
- **caulescens** L. 1756 · D:Stängel-Fingerkraut · ⁴ △ Z5 VII-VIII; Eur.: Ib, F, Ap, C-Eur., Ba; mts.; Maroc., Alger.
- *chrysocraspeda* Lehm. = Potentilla aurea subsp. chrysocraspeda
- *cinerea* Chaix = Potentilla incana
- **clusiana** Jacq. 1774 · D:Ostalpen-Fingerkraut · ⁴ △ Z6 VI-VIII; Eur.: I, C-Eur., W-Ba; mts.
- **collina** Wibel 1799 · D:Gewöhnliches Hügel-Fingerkraut · ⁴ IV-VIII; Eur.* exc. BrI, Ib
- **crantzii** (Crantz) Beck ex Fritsch 1897 · D:Zottiges Fingerkraut; E:Alpine Cinquefoil · ⁴ △ Z5 V-VII; Eur.*, TR, Cauc., N-Iran, W-Sib., Can.: E; Greenl. [65968]
- **cuneata** Wall. ex Lehm. 1831 · ⁴ ⤳ △ Z5 VII-VIII; Him. [70703]
- *davurica* Nestl. = Potentilla fruticosa var. davurica
- **erecta** (L.) Raeusch. 1797 · D:Aufrechtes Fingerkraut, Blutwurz, Tormentill; E:Bloodroot, Shepherd's Knot · ⁴ Z5 V-VIII ⚥; Eur.*, TR, Cauc., W-Sib. [65971]
- **eriocarpa** Wall. ex Lehm. 1831 · ⁴ Z7; Him. (Pakist. - SW-China)
- **frigida** Vill. 1788 · D:Gletscher-Fingerkraut · ⁴ VII-VIII; Eur.: sp., F, I, C-Eur.; Pyr., Alp.
- **fruticosa** L. 1753 [20440]
  'Abbotswood' c. 1960 [20450]
  'Arbuscula' = Potentilla fruticosa 'Elizabeth'
  'Daydawn' 1971 [12443]
  'Elizabeth' 1950 [12909]
  'Floppy Disk' [16156]
  'Golddigger' [15937]
  'Goldfinger' 1970 [20500]
  'Goldstar' 1976 [47300]
  'Goldteppich' [20510]
  'Hachmann's Gigant' 1967 [20520]
  'Jackman's Variety' c. 1940 [20530]
  'Katherine Dykes' c. 1925 [29445]
  'Kobold' 1968 [29720]
  'Maanelys' 1921 [20570]
  'Manchu' 1924 [55695]
  'Marian Red Robin' 1992 [54396]
  'Mount Everest' [23436]
  'Pink Queen' [42142]
  'Pretty Polly' [37706]
  'Primrose Beauty' < 1955 [20580]
  'Princess' < 1965 [15836]
  'Red Ace' 1973 [45080]
  'Snowflake' 1956 [30250]
  'Sommerflor' [30260]
  'Tangerine' 1955 [20600]
  'Tilford Cream' < 1978 [37707]
  - var. **arbuscula** (D. Don) Maxim. · ♄ d Z2; Him.
  - var. **davurica** (Nestl.) Ser. · ♄ d Z2 V-VIII; Sib., N-China
  - var. **fruticosa** · D:Gewöhnlicher Fingerstrauch, Strauch-Fingerkraut; E:Golden Hardhack, Shrubby Cinquefoil; F:Potentille arbustive · ♄ d Z2 VI-VIII; Eur.: sp., F, I, Ba, BrI, Sweden, Russ.; Cauc., Him., N-As., Jap., Alaska, Can., USA: NE, NCE, NC, Rocky Mts., SW, NW, Calif.; Greenl.
  - var. **mandshurica** (Maxim.) E.L. Wolf · F:Potentille arbustive de Mandchourie · ♄ d Z2; Jap., Manch., N-China
  - var. **rigida** (Wall. ex Lehm.) E.L. Wolf · ♄ d Z2; Him., N-China
  - var. **unifoliolata** Ludlow · ♄ d Z2; Him. (Bhutan)
  - *glabrata* Willd. ex Schltdl. = Potentilla fruticosa var. davurica
- **gracilis** Douglas ex Hook. 1830 · ⁴ Z4; Alaska, Can.: B.C.; USA: NW, Calif.
- **grammopetala** Moretti 1826 · D:Schmalkronblättriges Fingerkraut · ⁴ VII; Eur.: I, CH; Alp. [70707]
- **grandiflora** L. 1753 · D:Großblütiges Fingerkraut · ⁴ Z6 VII-VIII; Eur.: Ib, Fr, Ap, C-Eur.; Pyr., Alp. [70708]
- **heptaphylla** L. 1755 · D:Rötliches Fingerkraut · ⁴ Z6 IV-VI; Eur.* exc. BrI, Ib; TR
- × **hopwoodiana** Sweet c. 1833 (P. nepalensis × P. recta) · ⁴ Z5; cult. [72469]
- **incana** G. Gaertn., B. Mey. et Scherb. 1800 · D:Aschgraues Fingerkraut, Sand-Fingerkraut; E:Grey Cinquefoil · ⁴ ⤳ △ IV-V; D + [65967]
- **inclinata** Vill. 1788 · D:Graues Fingerkraut · ⁴ V-VIII; Eur.* exc. BrI, Sc; TR, Cauc., Iran, N-As., C-As.
- *insignis* Royle = Potentilla atrosanguinea var. atrosanguinea
- **intermedia** L. 1767 · D:Mittleres Fingerkraut · ☉ ⁴ VI-IX; Eur.: Russ., nat. in BrI, Sc, Fr, Ap, C-Eur., EC-Eur.
- **leucopolitana** P.J. Müll. 1858 · D:Elsässer Fingerkraut, Weißenburger Hügel-Fingerkraut · ⁴ IV-VIII; Eur.: F, C-Eur., DK, EC-Eur., E-Eur.
- **megalantha** Takeda 1911 · F:Potentille à grandes fleurs · ⁴ △ Z5 VI-VIII; Jap. [65974]
- **micrantha** Ramond ex DC. 1805 · D:Kleinblütiges Fingerkraut · ⁴ Z6 III-V; Eur.* exc. BrI, Ib; TR, Syr., Cauc., Iran, NW-Afr.
- × **mixta** Nolte ex W.D.J. Koch 1843 (P. anglica × P. reptans) · D:Bastard-Fingerkraut · ⁴ VI-IX; BrI +
- **montana** Brot. 1804 · ⁴ Z6; Eur.:

N-Ib, F
- **multifida** L. 1753 · D:Schlitzblättriges Fingerkraut · ⚁ Z3 VII-VIII; Eur.: Sc, Russ., F, I, CH; N, Ural, Alp., Pyr.; Cauc., Iran, Afgh., Him., Tibet, Mong., W-Sib., E-Sib., Amur, China, N-Am. [70709]
- **neglecta** Baumg. 1816 · D:Übersehenes Fingerkraut · ⚁ VI-VII; Eur.: most +
- **nepalensis** Hook. 1824 · E:Nepal Cinquefoil · ⚁ Z5 VII-IX; W-Him. [65975]
  'Miss Willmott' [65976]
  'Roxana' [65977]
- *neumanniana* Rchb. = Potentilla tabernaemontani
- **nevadensis** Boiss. 1838 · ⚁ △ Z7 V-VI; S-Sp.: Sierra Nevada [70712]
- **nitida** L. 1756 · D:Dolomiten-Fingerkraut; F:Potentille brillante, Potentille des Dolomites · ⚁ △ Z5 VI-VIII; Eur.: F, I, A, Slove.; Alp., Apenn. [65980]
  'Alba' [70713]
  'Rubra' [65981]
- **nivea** L. 1753 · D:Schnee-Fingerkraut · ⚁ Z2 VII-VIII; Eur.: Sc, Russ., F, I, C-Eur.; N, Alp., Apenn.; Cauc., W-Sib., E-Sib.,
- **norvegica** L. 1753 · D:Norwegisches Fingerkraut; E:Rough Cinquefoil · ⊙ ⊙ Z3 VI-X; Eur.: Ap, C-Eur., EC-Eur., Sc; W-Sib., E-Sib., Amur, Kamchat., Mong., Jap., N-Am., nat. in BrI, Fr, Ba [70716]
- **palustris** (L.) Scop. 1771 · D:Sumpf-Fingerkraut, Sumpfblutauge; E:Marsh Cinquefoil; F:Potentille des marais · ⚁ ⟿ Z3 VI-VII; Eur.*, Cauc., W-Sib., E-Sib., Amur, Sachal., Kamchat., Mong., China, Alaska, Can.; USA: NE, NCE, NC, Rocky Mts., Calif.; Greenl. [67330]
- **patula** Waldst. et Kit. 1805 · D:Ausgebreitetes Fingerkraut · ⚁ IV-V; Eur.: C-Eur., EC-Eur., Ba, RO, E-Eur.; W-Sib.
- **praecox** F.W. Schultz 1859 · D:Frühes Hügel-Fingerkraut · ⚁ IV-V; Eur.: D, CH
- **pusilla** Host 1831 · D:Flaum-Fingerkraut, Seidenhaariges Frühlings-Fingerkraut · ⚁ III-V; Eur.: Fr, Ap, C-Eur., EC-Eur., RO
- **pyrenaica** Ramond ex DC. 1805 · ⚁ △ VII-VIII; Eur.: sp., F; Pyr, NE-Sp. [65982]
- **recta** L. 1753 · D:Hohes Fingerkraut; E:Sulphur Cinquefoil · ⚁ Z4 VI-VII; Eur.* exc. BrI, Sc; TR, Syr.,

Cauc. Iran, W-Sib., C-As., NW-Afr., nat. in N-Am., S-Am. [65983]
'Warrenii' [65984]
- **reptans** L. 1753 · D:Kriechendes Fingerkraut; E:Creeping Cinquefoil · ⚁ Z5 VI-VIII ⚥ ; Eur.*, TR, Syr., Cauc., Iran, W-Sib., C-As., Afgh., Kashmir, N-Afr. [70718]
- **rhenana** Zimmeter 1884 · D:Rheinisches Hügel-Fingerkraut · ⚁ IV-VIII; Eur.: D
- **rupestris** L. 1753 · D:Felsen-Fingerkraut; E:Prairie Tea, Rock Cinquefoil, Siberian Tea · ⚁ Z5 V-VII; Eur.*, TR, Maroc. [65985]
- **salesoviana** Stephan 1808 · D:Asiatischer Fingerstrauch · ♄ △ Z4 VI-VIII; W-Sib., C-As., Mong., Tibet, Him.
- **silesiaca** R. Uechtr. 1867 · ⚁ IV-VIII; Eur.: PL
- **sordida** Aspegren 1823 · D:Schmutziges Hügel-Fingerkraut · ⚁ ; Eur.: F, D, EC-Eur., BG
- **speciosa** Willd. 1800 · ⚁ △ Z6 VI-VII; Eur.: Ba; TR, Syr., N-Iraq [70721]
- **sterilis** (L.) Garcke 1856 · D:Erdbeer-Fingerkraut · ⚁ III-V; Eur.* exc. EC-Eur. [70722]
- **supina** L. 1753 · D:Niedriges Fingerkraut · ⊙ ⚁ VI-X; Eur.: Fr, Ap, C-Eur., EC-Eur., Ba, E-Eur.; N-Afr.
- *sylvestris* Neck. = Potentilla erecta
- **tabernaemontani** Asch. 1832 · D:Frühlings-Fingerkraut; E:Spring Cinquefoil; F:Potentille printanière · ⚁ ⟿ Z5 IV-V; Eur.* [65978]
  'Goldrausch' [67878]
  'Nana' [65979]
- *ternata* K. Koch = Potentilla aurea subsp. chrysocraspeda
- **thurberi** A. Gray 1854
- **thuringiaca** Bernh. ex Link 1822 · D:Thüringer Fingerkraut · ⚁ V-VII; Eur.: Fr, I, C-Eur., EC-Eur., RO; TR, Cauc., nat. in Sc
- **thyrsiflora** Zimmeter 1882 · D:Reichblütiges Hügel-Fingerkraut · ⚁ IV-VIII; Eur.: I, D, EC-Eur., E-Eur.
- × **tonguei** hort. ex Baxt. (*P. anglica* × *P. nepalensis*) · ⚁ ⟿ △ Z5 VII-VIII; cult. [65986]
- *tormentilla* Neck. = Potentilla erecta
- × *tormentilla-formosa* Tonque ex Loudon = Potentilla × tonguei
- **tridentata** Aiton 1789 · ♄ VI-VII; Can., USA: NE, NCE, SE; Greenl. [67737]

'Nuuk' [26028]
- *verna* auct. non L. = Potentilla tabernaemontani
- **villosa** Pall. ex Pursh 1813 · D:Filziges Fingerkraut; E:Northern Cinquefoil · ⚁ △ V-IX; E-Sib., Alaska, Can.: W; USA: NW, Rocky Mts. [70723]
- **wiemannii** Günther et Schummel 1813 · D:Wiemann-Fingerkraut · ⚁ ; Eur.: F, I, C-Eur., EC-Eur., Sc, Ba, Russ.

Pothos L. 1753 -m- *Araceae* · (S. 930)
- *argyraeus* Engl. = Scindapsus pictus
- *aureus* Linden et André = Epipremnum aureum
- **beccarianus** Engl. 1879 · ♄ e ⚥ Z10 ⓦ; Kalimantan
- *celatocaulis* N.E. Br. = Rhaphidophora korthalsii
- *decipiens* Schott = Pothos scandens
- *loureiroi* Hook. et Arn. = Pothos repens
- *microphyllus* Schott = Pothos repens
- **repens** (Lour.) Druce 1917 · ♄ e ⚥ Z10 ⓦ; S-China
- **scandens** L. 1753 · ♄ e ⚥ Z10 ⓦ; Ind., Malay. Pen.
- *terminalis* Haenke = Pothos repens

× **Potinara** hort. 1922 -f- *Orchidaceae* · (*Brassavola* × *Cattleya* × *Laelia* × *Sophronitis*)

Pouteria Aubl. 1775 -f- *Sapotaceae* · (S. 807)
D:Eierfrucht; E:Egg Fruit; F:Abiu, Canistelle lucume, Sapotillier
- **caimito** (Ruiz et Pav.) Radlk. 1882 · D:Caimito-Eierfrucht; E:Egg Fruit · ♄ e Z10 ⓦ ⓝ; Ecuad., Peru, Bras.: Amazon.; Guyan.
- **campechiana** (Kunth) Baehni 1942 · D:Canistel-Eierfrucht; E:Canistel · ♄ e Z10 ⓦ ⓝ; Mex., C-Am., Cuba, trop. S-Am., nat. in Fla.
- **lucuma** (Ruiz et Pav.) Kuntze 1898 · ♄ e Z10 ⓚ ⓝ; Peru, Chile
- **sapota** (Jacq.) H.E. Moore et Stearn 1967 · D:Marmeladen-Eierfrucht; E:Maramalde Tree, Sapote · ♄ e Z10 ⓦ ⓝ; Mex., C-Am.

Praecereus Buxb. = Monvillea
- *maritimus* (Britton et Rose) Buxb.

= Monvillea maritima

Pratia Gaudich. 1825 -f- *Campanulaceae* · (S. 388) D:Teppichlobelie; E:Lawn Lobelia; F:Pratia
- **angulata** (G. Forst.) Hook. f. 1844 · ⚃ ⤳ △ ⚘ Z7 ⚐ ⋀ VI-VIII; NZ [72237]
  'Treadwellii'
- **macrodon** Hook. f. 1867 · ⚃ ⤳ Z8 ⚐ VII-VIII; NZ
- **nummularia** (Lam.) A. Braun et Asch. 1861 · ⚃ ⤳ Z9 ⚐ VII-VIII; Him., Ind., S-China, C-China, Myanmar, Thail., Vietn., Taiwan, Phil.
- **pedunculata** (R. Br.) F. Muell. ex Benth. 1868 · ⚃ ⤳ Z7 ⋀; Austr.
  'County Park'
- **repens** Gaudich. 1825 · ⚃ ⤳ Z8 ⚐ VII-X; Falkland
- *treedwenii* hort. = Pratia angulata

Premna L. 1771 -f- *Verbenaceae* · (S. 887)
- **japonica** Miq. 1863 · ♄ ♄; Jap., Ryukyu-Is., Taiwan

Prenanthes L. 1753 -f- *Asteraceae* · (S. 265) D:Hasenlattich; F:Prénanthe
- *alba* L. = Nabalus albus
- **purpurea** L. 1753 · D:Gewöhnlicher Hasenlattich; E:Purple Lettuce · ⚃ Z5 VII-VIII; Eur.* exc. BrI, Sc; TR, Cauc., nat. in DK
- *serpentaria* Pursh = Nabalus serpentarius

Prenia N.E. Br. 1925 -f- *Aizoaceae* · (S. 148)
- **pallens** (Aiton) N.E. Br. 1928 · ♄ ⚶ ⤳ Z9 ⚐; Kap
- *relaxata* (Willd.) N.E. Br. = Prenia pallens

Prepodesma N.E. Br. 1930 -f- *Aizoaceae*
- **orpenii** (N.E. Br.) N.E. Br. 1931 · ⚃ ⚶ Z9 ⚐; Kap

Preslia Opiz = Mentha
- *cervina* Fresen. = Mentha cervina

Prestonia R. Br. 1809 -f- *Apocynaceae* · (S. 194)
- **quinquangularis** (Jacq.) Spreng. 1824 · ♃ e ⚶ Z10 ⚐; Costa Rica, Panama, W.Ind., trop. S-Am.
- *venosa* (Lindl.) G. Nicholson = Prestonia quinquangularis

Primula L. 1753 -f- *Primulaceae* · (S. 714) D:Aurikel, Primel, Schlüsselblume; E:Cowslip, Primrose; F:Primevère
- **acaulis**
  - var. *iberica* Hoffm. = Primula vulgaris subsp. sibthorpii
  - var. *rubra* (Sibth. et Sm.) Lüdi 1927 = Primula vulgaris subsp. sibthorpii
- **algida** Adams 1805 · ⚃ △ Z5 V ▽; Cauc., N-Iran, W-Sib., C-As., Mong.
- **allionii** Loisel. 1809 · ⚃ Z7 ⚐ III-IV ▽; Eur.: F, I; Alp. Maritimes
  'Alba' [66005]
  'Anna Griffith'
  'Beatrice Wooster'
  'Ethel Barker'
  'Jenny'
  'Marion'
  'Mary Berry'
  'Snowflake'
  'Wharfedale Ling'
- **alpicola** Stapf 1932
  - var. **alpicola** · D:Mondschein-Primel; E:Moonlight Primrose · ⚃ ⤳ Z6 V-VI ▽; SE-Tibet (Tsangpo) [65988]
  - var. **violacea** (Stapf) W.W. Sm. et H.R. Fletcher 1937 · ⚃ Z6; Tibet
- **amoena** M. Bieb. 1808 · ⚃ △ Z5 IV ▽; NE-TR, Cauc.
- **anisodora** Balf. f. et Forrest 1916 · ⚃ Z6 VI-VII ▽; Yunnan, Sichuan
- **aurantiaca** W.W. Sm. et Forrest 1923 · F:Primevère à fleurs oranges · ⚃ ⤳ Z6 VII ▽; Yunnan [65989]
- **aureata** H.R. Fletcher 1941 · ⚃; Nepal
- **auricula**
  - subsp. **auricula** · D:Gewöhnliche Alpen-Aurikel; E:Auricula, Dusty Miller, Garden Auricula; F:Auricule · ⚃ △ Z3 IV-VI ▽; Eur.: F, C-Eur., EC-Eur., Ap, Ba, E-Eur.; Alp., Apenn., Carp. [65990]
  - subsp. *bauhinii* (Beck) Lüdi 1927 = Primula auricula subsp. auricula
- **auriculata** Lam. 1819 · ⚃ △ Z5 IV-V ▽; TR, Cauc.
- **beesiana** Forrest 1911 · D:Etagen-Primel; F:Primevère à étages · ⚃ ⤳ VI-VII ▽; Yunnan, Sichuan [65991]
- **bellidifolia** King ex Hook. f. 1882
- × **berninae** A. Kern. 1875 (*P. hirsuta* × *P. latifolia*) · ⚃ ▽; Ch + cult.
- × *bileckii* Sünd. = Primula × forsteri 'Bileckii'
- **bracteosa** Craig 1917 · ⚃ Z6; E-Him.
- × **bullesiana** Janson. (*P. beesiana* × *P. bulleyana*) · ⚃; cult. [65992]
- **bulleyana** Forrest 1908 · D:Bulleys Etagen-Primel; F:Primevère de Bulley · ☉ ⚃ Z6 VI-VII ▽; NW-Yunnan, S-Sichuan [65993]
- **burmanica** Balf. f. et Kingdon-Ward 1920 · ⚃ ⤳ Z6 VI-VII ▽; N-Myanmar, Yunnan [65994]
- *cachemeriana* Munro = Primula denticulata 'Cashmeriana'
- **capitata** Hook. 1850
  - subsp. **capitata** · ⚃ Z5 ▽; Bhutan, S-Tibet
  - subsp. **crispata** (Balf. f. et Forrest) W.W. Sm. et Forrest 1928 Z5 ▽; Bhutan, S-Tibet
  - subsp. **mooreana** (Balf. f. et Forrest) W.W. Sm. et Forrest 1928 · ⚃ Z5 VII-VIII ▽; E-Him. [65995]
  - subsp. **sphaerocephala** (Balf. f. et Forrest) W.W. Sm. et Forrest 1928 · ⚃ Z5 VII-VIII ▽; W-China
- **carniolica** Jacq. 1778 · ⚃ △ Z6 IV-V ▽; Eur.: Slove.
- **cernua** Franch. 1885 · ⚃; China (Yunnan, W-Sichuan)
- **chionantha** Balf. f. et Forrest 1915 · ⚃ ⤳ Z6 V-VI ▽; NW-Yunnan [65996]
- **chungensis** Balf. f. et Kingdon-Ward 1920 · F:Primevère du Yunnan · ⚃ ⤳ Z6 V-VI ▽; Bhutan, Ind.: Assam; China: Yunnan, Sichuan
- × **chunglenta** Mulligan (*P. chungensis* × *P. pulverulenta*) · ⚃; cult. [73989]
- **clarkei** G. Watt 1882 · ⚃ △ ⤳ Z7 IV ▽; Kashmir [65997]
- **clusiana** Tausch 1821 · D:Clusius' Schlüsselblume; F:Primevère de Clusius · ⚃ △ Z6 IV-V ▽; Eur.: D, A; NE-Alp. [65998]
- **cockburniana** Hemsl. 1892 · ☉ ⤳ Z5 V-VI ▽; SW-Sichuan
- *commutata* Schott = Primula villosa var. commutata
- **concholoba** Stapf ex Sealy 1932 · ⚃ Z5; Him., N-Myanmar, SW-China
- *cordifolia* Rupr. = Primula elatior subsp. cordifolia
- **cortusoides** L. 1753 · ⚃ △ Z3 IV-V ▽; W-Sib. [65999]
- **daonensis** Leyb. 1854 · D:Inntaler

Schlüsselblume, Rätische Schlüsselblume, Val Daone-Primel · ⚃ △ Z5 IV-VI ▽; Eur.: I, CH, A; E-Alp.
- **darialica** Rupr. 1863 · ⚃ ▽; Cauc.
- **deflexa** Duthie 1906 · ⚃; China
- **denticulata** Sm. 1806 · D:Kugel-Primel; E:Drumstick Primula; F:Primevère sphérique · ⚃ △ Z5 III-IV ▽; Afgh., Him., W-China [66000]
  'Alba' [66001]
  'Cashmeriana' · ▽
  'Rubin' [66002]
  'Rubra' [66072]
  - var. *cachemeriana* (Munro) Hook. = Primula denticulata
- × **deschmannii** Gusmus 1931 (*P. minima* × *P. wulfenia*)
- **elatior** (L.) Hill 1768 · D:Hohe Schlüsselblume · [66003]
  'Grandiflora' [66015]
  - subsp. **cordifolia** (Rupr.) W.W. Sm. et Forrest Z5 ▽; Cauc.
  - subsp. **elatior** · D:Gewöhnliche Hohe Schlüsselblume; E:Oxlip, Paigles; F:Primevère élevée · ⚃ Z5 III-V ⚥ ▽; Eur.*
  - subsp. **intricata** (Gren. et Godr.) Widmer 1891 · D:Pyrenäische Schlüsselblume · ⚃ Z5 IV-V ▽; S-Eur., SC-Eur.
  - subsp. **leucophylla** (Pax) Hesl.-Harr. ex W.W. Sm. et H.R. Fletcher 1946 · ⚃ Z5 ▽; Eur.: E-Carp.
  - subsp. **pallasii** (Lehm.) W.W. Sm. et Forrest 1928 · ⚃ Z5 ▽; Cauc., Iran, Ural, Altai
  - subsp. **pseudoelatior** (Kusn.) W.W. Sm. et Forrest Z5 ▽; NE-TR, Cauc.
  - var. *amoena* (M. Bieb.) Duby = Primula amoena
  - var. *carpatica* (Griseb. et Schenk) Nikolic 1972 = Primula elatior subsp. elatior
- **ellisiae** Pollard et Cockerell 1902 · ⚃ ▽; USA: SW
- × **facchinii** Schott 1852 (*P. minima* × *P. spectabilis*) · ⚃ Z6 ▽; A, N-I
- **farinosa** L. 1753 · D:Mehl-Primel; E:Bird's Eye Primrose; F:Primevère farineuse · ⚃ △ ∼ ⚹ Z4 V ▽; Eur.*, W-Sib., E-Sib., Amur, Kamchat., N-Mong. [66018]
  'Johanna'
  'Peter Klein'
- **flaccida** N.P. Balakr. 1970 · ⚃ △ Z5 IV-V ▽; SW-Sichuan, Yunnan
- × **floerkeana** Schrad. 1811 (*P. glutinosa* × *P. minima*) · ⚃ Z5;

Eur.: A, I (Alto Adige)
- **floribunda** Wall. 1826 · ⚃ Z7 II-III ▽; Him.: Afgh., Kashmir, NW-Ind., Nepal
- **florindae** Kingdon-Ward 1926 · D:Tibet-Primel; E:Himalayan Cowslip; F:Primevère estivale du Tibet · ⚃ ∼ Z6 VII-IX ▽; SE-Tibet (Tsangpo) [66019]
- **forbesii** Franch. 1886 · ☉ ⌾ ⎕ I-V ▽; N-Myanmar, Yunnan
- **forrestii** Balf. f. 1908 · ⚃ Z6; SW-China
- × **forsteri** Stein 1879 (*P. hirsuta* × *P. minima*) · ⚃ Z5 ▽; A [66021]
  'Bileckii'
- **frondosa** Janka 1873 · ⚃ △ ∼ Z5 V ▽; BG [66022]
- **gemmifera** Batalin 1891 · ⚃ △ IV-V ▽; China: Sichuan, E-Tibet, Kansu
- **geraniifolia** Hook. f. 1882 · ⚃ Z5 ▽; E-Him., Yunnan
- **glaucescens** Moretti 1822
  - subsp. **calycina** (Duby) Pax · ⚃ △ Z6 III-IV ▽; I: Alp. [66023]
  - subsp. **glaucescens** · ⚃ Z6 ▽; Eur.: I; S-Alp.
- **glomerata** Pax 1905 · ⚃ Z6; Nepal, E-Him., SW-China, SE-Tibet
- **glutinosa** Wulfen 1778 · D:Klebrige Primel · ⚃ △ Z4 V-VI ▽; Eur.: I, CH, A, Bosn.; mts.
- *glycocosma* Petitm. = Primula wilsonii
- **gracilipes** Craib 1917 · ⚃ Z5; Him. (C-Nepal - SE-Tibet)
  'Minor' = Primula petiolaris
- **grandis** Trautv. 1866 · ⚃ ∼ V-VI ▽; Cauc.
- **halleri** J.F. Gmel. 1775 · D:Hallers Primel; F:Primevère de Haller · ⚃ △ Z5 V-VI ▽; Eur.: Fr, C-Eur., EC-Eur., E-Eur.; Alp., Carp., Balkan [66024]
- × **heerii** Brügger 1880 (*P. hirsuta* × *P. integrifolia*) · ⚃ Z5 ▽; Alp. (CH, Vorarlberg), Pyr.
- × **helenae** Arends = Primula × pruhoniciana
- *helodoxa* Balf. f. = Primula prolifera
- **heucherifolia** Franch. 1886 · ⚃ Z6 ▽; Tibet, China [66025]
- **hirsuta** Vill. 1773 · D:Behaarte Schlüsselblume · ⚃ △ Z5 IV ▽; Eur.: sp., F, I, CH, A; Pyr., Alp. [66026]
- × **hortensis** Wettst. (*P. auricula* subsp. *auricula* × ?) · D:Garten-Schlüsselblume · ⚃; cult.
- *inflata* Lehm. = Primula veris

subsp. veris
- **integrifolia** Scop. 1771 · D:Ganzblättrige Primel · ⚃ △ Z5 IV-VI ▽; Eur.: F, I, CH, A; E-Pyr., Alp. [66028]
- × **intermedia** Port. 1812-18 (*P. clusiana* × *P. minima*) · ⚃ Z5 ▽; A
- *intricata* Gren. et Godr. = Primula elatior subsp. intricata
- **involucrata** Wall. 1846
  - subsp. **involucrata** · ⚃ △ ∼ IV ▽; W-Him., Bhutan, Sikkim, SE-Tibet, Sichuan
  - subsp. **yargongensis** (Petitm.) W.W. Sm. et Forrest 1928 · ⚃; E-Him., W-China
- **ioessa** W.W. Sm. 1937 · ⚃ Z6 ▽; SE-Tibet
- **japonica** A. Gray 1858-59 · D:Japanische Etagen-Primel; F:Primevère du Japon · ⚃ Z5 V-VI ▽; Jap., Taiwan [66029]
  'Alba' [66030]
  'Carminea' [66031]
  'Fuji'
  'Miller's Crimson' [66032]
  'Postford White' [66033]
- **juliae** Kusn. 1900 · D:Teppich-Primel; E:Purple Primrose; F:Primevère tapissante du Caucase · ⚃ △ Z5 IV ▽; Cauc. (Georgia) [66035]
- × **juliana** Rosenheim et May = Primula × pruhoniciana
- × **juribella** Sünd. 1889 (*P. minima* × *P. tyrolensis*) · ⚃; Eur.: I; Dolomites
- × **kewensis** W. Watson 1900 (*P. floribunda* × *P. verticillata*) · ⚃ Z9 ⌾ ⎕ II-IV; cult.
- **kisoana** Miq. 1867 · ⚃ Z6; Jap
- **kitaibeliana** Schott 1852 · ⚃ △ Z7 IV-V ▽; Eur.: Croatia, Bosn.
- **latifolia** Lapeyr. 1813 · D:Breitblättrige Primel · ⚃ △ Z5 VI ▽; Eur.: sp., F, I, CH; E-Pyr., Alp.
- **laurentiana** Fernald 1928 · ⚃ ∼ Z3 IV-V ▽; Can.: E; USA: Maine
- *leucophylla* Pax = Primula elatior subsp. leucophylla
- *lichiangensis* (Forrest) Forrest = Primula polyneura
- × **loiseleurii** Sünd. 1925 (*P. allionii* × *P. auricula* subsp. *auricula*) · ⚃; cult.
- *longiflora* All. = Primula halleri
- **luteola** Rupr. 1863 · D:Gelbe Kaukasus-Primel · ⚃ △ ∼ Z5 IV-V ▽; E-Cauc. [66046]
- *macrocalyx* Bunge = Primula veris subsp. macrocalyx
- **macrophylla** D. Don 1825 · ⚃ Z5 ▽; Afgh., Him., SE-Tibet

- **malacoides** Franch. 1886 · D:Braut-Primel, Flieder-Primel; E:Baby Primrose, Fairy Primrose · ☉ ♃ Z8 ⌂ ⌻ I-III ▽; Yunnan
- **marginata** Curtis 1792 · D:Meeralpen-Primel; F:Primevère marginée · ♃ △ Z7 III-IV ▽; Eur.: F, I; SW-Alp. [66047]
    'Alba'
    'Caerulea' [66070]
    'Drake's Variety'
    'Kesselring's Variety'
    'Linda Pope'
    'Prichard's Variety'
- **megaseifolia** Boiss. 1875 · ♃ Z7 III-IV ▽; TR (Pontus), Cauc.
- **melanops** W.W. Sm. 1923 · ♃ Z4 ▽; China
- **minima** L. 1753 · D:Zwerg-Schlüsselblume · ♃ △ Z5 VI-VII ▽; Eur.: C-Eur., Ap, Ba, EC-Eur., E-Eur.; mts. [66048]
    'Alba' [66049]
- **mollis** Nutt. ex Hook. 1854 · ♃ △ Z7 VI-VII ▽; Him., Bhutan, N-Ind.: Assam; Myanmar, China: Yunnan
- × **muretiana** Moritzi 1839 (*P. integrifolia* × *P. latifolia*) · ♃ Z5 ▽; CH
- **muscarioides** Hemsl. 1907 · ♃ △ ⤳ Z5 VI ▽; China: Sichuan, SE-Tibet, Yunnan
- *nutans* Delavay ex Franch. = Primula flaccida
- **obconica** Hance 1880 · D:Becher-Primel; E:German Primrose · ☉ ♃ Z8 ⌂ ⌻ I-XII ✱ ▽; China: Sichuan, Yunnan, Hupeh, Kwantung, Kweitschou
- *oenensis* E. Thomas ex Gremli = Primula daonensis
- *officinalis* (L.) Hill = Primula veris subsp. veris
- **palinuri** Petagna 1787 · ♃ D Z8 ⌂ ⌂ III-IV ▽; SW-I (Cap Palinuri)
- *pallasii* Lehm. = Primula elatior subsp. pallasii
    - subsp. *intricata* Gren. et Godr. = Primula elatior subsp. intricata
- **palmata** Hand.-Mazz. 1925 · ♃; China (Sichuan)
- *pannonica* A. Kern. = Primula veris subsp. veris
- **parryi** A. Gray 1862 · ♃ Z6 ▽; W-USA
- **pedemontana** E. Thomas ex Gaudin 1818 · ♃ Z6 IV ▽; Eur.: sp., F, I; Cordillera Catábrica, SW-Alp.
- **petiolaris** Wall. 1824 · ♃; Him. (Ind.: Uttar Pradesh - Sikkim)

- **poissonii** Franch. 1886 · ♃ ⤳ Z6 VI-VII ▽; W-Sichuan, W-Yunnan [69544]
- × *polyantha* Mill. = Primula × pruhoniciana
- **polyneura** Franch. 1895 · F:Primevère à nervures nombreuses · ♃ Z5 V-VI ▽; China: Sichuan, Yunnan, SE-Tibet, Kansu [66050]
- **praenitens** Ker-Gawl. · D:Chinesische Primel; E:Chinese Primrose · ♃ ⤳ ⌂ ⌻ XII-IV ▽; orig. ?
- **prolifera** Wall. 1820 · E:Glory of the Marsh · ♃ ⤳ VI-VII ▽; Him. [69542]
- × **pruhoniciana** Zeeman (*P. elatior* × *P. juliae* × *P. vulgaris*) · ♃; cult. [73991]
- *pseudoelatior* Kusn. = Primula elatior subsp. pseudoelatior
- × **pubescens** Jacq. 1778 (*P. auricula* subsp. *auricula* × *P. hirsuta*) · D:Bastard-Aurikel, Garten-Aurikel · ♃ △ Z5 V-VI; cult. [60125]
    'Boothman's Variety'
    'Freedom'
    'Joan Gibbs'
    'Mrs J.H. Wilson'
    'Rufus'
    'The General'
- **pulverulenta** Duthie 1905 · D:Sichuan-Primel; F:Primevère poudreuse · ♃ Z6 V-VI ▽; W-Sichuan [66055]
- **reidii** Duthie 1885
    - var. **reidii** · ♃ Z6 ▽; Him.
    - var. **williamsii** Ludlow 1955 · ♃ Z6; Nepal
- **rosea** Royle 1836 · D:Rosen-Primel; F:Primevère rose · ♃ △ ⤳ Z6 III-IV ▽; NW-Him.: Afgh., Kashmir [67331]
    'Gigas' [67332]
    'Grandiflora'
- *rubra* J.F. Gmel. = Primula hirsuta
- **rusbyi** Greene 1881 · ♃ Z7; USA: SW; Mex., Guat.
- **saxatilis** Kom. 1901 · ♃ Z4 IV-V ▽; Manch., N-Korea [66056]
    - var. *pubescens* Pax et K. Hoffm. = Primula polyneura
- **scandinavica** Bruun 1938 · ♃ ▽; Eur: : Norw., W-Sweden
- **scotica** Hook. 1821 · ♃ △ ⤳ Z4 IV-V ▽; Eur.: BrI (Scotland)
- **secundiflora** Franch. 1885 · ♃ ≈ Z6 V-VI ▽; NW-Yunnan, SW-Sichuan [66057]
- **serratifolia** Franch. 1885 · ♃; China (Yunnan, SE-Tibet), N-Myanmar

- *sibthorpii* Hoffmanns. = Primula vulgaris subsp. sibthorpii
- **sieboldii** E. Morren 1873 · D:Siebolds Primel; E:Japanese Primrose; F:Primevère de Siebold · ♃ Z5 V-VI ▽; N-Mong., Amur, Manch., Korea, Jap. [66058]
    'Alba' [71767]
    'Galaxy'
    'Lilac Sunbonnet'
    'Snowflake'
- **sikkimensis** Hook. 1851 [66059]
    - var. **pudibunda** (Balf. f. et R.E. Cooper) W.W. Sm. et H.R. Fletche 1937 · ♃ △ Z6 VI-VII ▽; Nepal, Bhutan, Sikkim, Sichuan, Tibet
    - var. **sikkimensis** · ♃ ⤳ Z6 VI-VII ▽; Him.: Nepal, Bhutan; China: Yunnan, Tibet, Sichuan
- *sinensis* Sabine ex Lindl. = Primula praenitens
- **sinolisteri** Balf. f. 1913 · ♃ ⌂ III-V ▽; Yunnan
- **sinoplantaginea** Balf. f. et Forrest 1913 · ♃ △ VI-VII ▽; China: Yunnan, Sichuan, Tibet
- **sinopurpurea** Balf. f. 1913 · ♃ △ Z5 VI ▽; China [66060]
- *smithiana* Craib = Primula prolifera
- **sonchifolia** Franch. 1835 · ♃ Z6; Him., NE-Myanmar, SW-China
- **spectabilis** Tratt. 1837 · F:Primevère spectaculaire · ♃ △ Z6 IV-V ▽; I: Alp. [66061]
- **suffrutescens** A. Gray 1868 · ♃ Z8; Calif.; mts.
- *tsarongensis* Balf. f. et Forrest = Primula muscarioides
- **tyrolensis** Schott 1851 · ♃ △ Z5 IV ▽; Eur.: I (Dolomites)
- *uralensis* Fisch. = Primula veris subsp. macrocalyx
- × **variabilis** Goupil 1825 (*P. veris* × *P. vulgaris*) · F:Primevère élevée des jardins · ♃; cult.
- *veitchii* Duthie = Primula polyneura
- × **venusta** Host 1827 (*P. auricula* subsp. *auricula* × *P. carniolica*) · ♃ Z6 ▽; Slov. [71768]
- **veris** L. 1753 · D:Echte Schlüsselblume, Wiesen-Schlüsselblume · [66062]
    - subsp. **canescens** (Opiz) Hayek ex Lüdi 1927 = Primula veris subsp. veris
    - subsp. **columnae** (Ten.) Lüdi 1927 · D:Trockenrasen-Schlüsselblume · ♃ ⋈ Z5 IV-V ▽; S-Eur., NE-TR; mts. [66063]

- subsp. **macrocalyx** (Bunge) Lüdi 1927 · D:Hohe Wiesen-Schlüsselblume · ⚘ ⚯ Z5 V ▽; Eur.: SE-Russ., Krim; Cauc., N-Iran, W-Sib., E-Sib.
- subsp. **veris** · D:Gewöhnliche Wiesen-Schlüsselblume; E:Cowslip; F:Primevère officinale · ⚘ Z5 IV-V ⚥ ⚭ ▽; Eur.: N-Sp., S-F, C-Eur.
- **verticillata** Forssk. 1775 · ⚘ ⌂ ⌐ II-IV ▽; Yemen
- **vialii** Delavay ex Franch. 1891 · D:Orchideen-Primel; F:Primevère du Père Vial, Primevère-orchidée · ⚘ Z7 △ VI-VII ▽; NW-Yunnan, SW-Sichuan [66064]
- **villosa** Wulfen 1778 [66065]
  - var. **commutata** (Schott) Lüdi · ⚘ ▽; A (Steiermark)
  - var. **villosa** · D:Zottige Primel · ⚘ △ Z5 IV-V ▽; Eur.: F, I, A, Slove.; Alp.
- *viscosa* All. = Primula latifolia
- *viscosa* Vill. = Primula hirsuta
- *vittata* Bureau et Franch. = Primula secundiflora
- × **vochinensis** Gusmus 1893 (*P. minima* × *P. wulfeniana*) · ⚘ Z6 ▽; I: E-Dolomites
- **vulgaris** Huds. 1762 · D:Stängellose Schlüsselblume · [66066]
  'Alba'
  'Alba Plena'
  'Coerulea'
  'Lilacina Plena' [73994]
  'Lutea' [66071]
  'Rubra'
- subsp. **heterochroma** (Stapf) W.W. Sm. et Forrest 1928 · ⚘ Z6 IV ▽; N-Iran
- subsp. **sibthorpii** (Hoffmanns.) W.W. Sm. et Forrest · D:Karnevals-Primel · ⚘ Z6 IV ▽; Eur.: Ba, Krim; TR, Cauc., nat. in C-Eur. [66067]
- subsp. **vulgaris** Huds. · D:Gewöhnliche Stängellose Schlüsselblume, Kissen-Primel; E:Primrose; F:Primevère acaule · ⚘ Z6 II-V ⚥ ▽; Eur.*, Cauc. [60114]
- var. *rubra* (Sibth. et Sm.) Lüdi = Primula vulgaris subsp. sibthorpii
- **waltonii** G. Watt ex Balf. f. 1915 · ⚘ Z6 VI-VII ▽; Bhutan, SE-Tibet [71916]
- **warshenewskiana** B. Fedtsch. c. 1902 · ⚘ △ IV-V ▽; C-As., Him. [66073]
- **watsonii** Dunn 1911 · ⚘; China (Sichuan)

- × *wettsteinii* Wiemann = Primula × intermedia
- **whitei** W.W. Sm. 1911
  'Sherriff's Variety'
- **wilsonii** Dunn 1902 · ⚘ ⌇ VI-VII ▽; W-Sichuan, W-Yunnan [71917]
- **wulfeniana** Schott 1852 · D:Wulfens Primel · ⚘ △ Z5 IV-V ▽; Eur.: I, A, Slove., RO; SE-Alp., S-Carp.
- **yargongensis** Petitm. · ⚘ △ ⌇ IV-V ▽; China: Sichuan, Yunnan, SE-Tibet
- **yuparensis** Takeda 1913 · ⚘ Z6; Jap. (Hokkaido); mts.
- **in vielen Sorten:**
  Ag Sektion Auganthus
  Al Sektion Aleuritia
  Am Sektion Amethystinae
  Ar Sektion Armerina
  Au Sektion Auricula, wird untergliedert in:
  A Alpine Aurikel
  Vor allem Varietäten und Auslesen von Arten der Sektion Auricula, weniger Züchtungen. Sie werden überwiegend im Steingarten verwendet.
  B Beet-Aurikel
  Hybriden der Sektion Auricula, die sowohl im Steingarten als auch in Rabatten verwendet werden, also überwiegend im Freiland.
  D Gefüllte Aurikel
  S Show-Aurikel
  Hybriden der Sektion Auricula, die in England auf Shows gezeigt werden. Da die Blüten fehlerlos sein sollen, werden die Pflanzen meist im Alpinenhaus gezogen, zudem sind nicht alle winterhart.
  St Gestreifte Aurikel
  Bu Sektion Bullatae
  Ca Sektion Capitatae
  Cf Sektion Cordifoliae
  Ch Sektion Chartaceae
  Co Sektion Cortusoides
  Cr Sektion Carolinella
  Cu Sektion Cuneifolia
  Cy Sektion Crystallophlomis
  Da Sektion Davidii
  De Sektion Denticulatae
  Dr Sektion Dryadifoliae
  F Sektion Fedtschenkoanae
  G Sektion Glabrae
  Ma Sektion Malvaceae
  Mi Sektion Minutissimae
  Mo Sektion Monocarpicae
  Mu Sektion Muscarioides
  Ob Sektion Obconicolesteri
  Or Sektion Oreophlomis

Pa Sektion Parryi
Pe Sektion Petiolares
Pf Sektion Proliferae
Pi Sektion Pinnatae
Pr Sektion Primula, wird untergliedert in:
Poly Polyanthus-Hybride
Werden im deutschsprachigen Raum auch *Primula*-Elatior-Hybriden genannt und sind Kulturformen von *P. elatior*. Durch Einkreuzen anderer Arten stehen alle Farbabstufungen zur Verfügung.
Prim Primerose-Hybride
Im deutschsprachigen Raum ohne Weiteres den *Polyanthus*-Hybriden zuzurechnen, deren Verbesserung sie sind. Sie werden gezüchtet aus *P. elatior*, *P. vulgaris*, *P. veris* und neuerdings auch *P. juliae*.
Pu Sektion Pulchellae
Py Sektion Pycnoloba
R Sektion Reinii
Si Sektion Sikkimenses
So Sektion Soldanelloides
Sp Sektion Sphondylia
Sr Sektion Sredinskya
Su Sektion Suffrutescens
Y Sektion Yunnanenses
Quelle: RICHARDS, J. (2002)
'Adrian' (Au/A)
'Alan Robb' (Pr/Prim)
'Andrea Julie' (Au/A)
'Astolat' (Au/S)
Bergfrühling Ser. (Pr/Prim) [72240]
'Blue Sapphire' (Pr/Prim)
'Bookham Firefly' (Au/A)
'Bullesiana-Hybriden' (Pf)
'Camelot' (Au/S)
'Chorister' (Au/S) [69536]
'Corporal Baxter' (Pr/Prim)
'Dawn Ansell' (Pr/Prim) [71152]
'Diane' (Au/A) [68337]
'Freckles' (Pr/Prim) [71912]
'Frühlingsbote' (Pr/Prim) [66037]
'Garryarde Guinevere' (Pr/Prim)
Gold Laced Grp. (Pr/Poly) [70917]
'Groenekan's Glory' (Pr/Prim)
'Gruß an Königslutter' (Pr/Prim) [66039]
'Hose in Hose' (Pr/Prim)
'Inshriach Hybrids' (Ca)
'Ken Dearman' (Pr/Prim)
'Lady Greer' (Pr/Poly)
'Lovebird' (Au/S)
'Marie Crousse' (Pr/Prim) [69538]
'Miss Indigo' (Pr/Prim) [71913]
'Old Yellow Dusty Miller' (Au/B)
'Ostergruß' (Pr/Prim) [66043]
'Perle von Bottrop' (Pr/Prim) [68700]
'Remus' (Au/S)

'Rowena' (Au/A)
'Schneekissen' (Pr/Prim) [69549]
'Sirius' (Au/A) [69539]
'Sue Jervis' (Pr/Prim)
'Sunshine Susie' (Pr/Prim) [71915]
'Susannah' (Au/d)
'Trouble' (Au/d)
'Vierländer Gold' (Pr/Poly) [66017]
'Wanda' (Pr/Prim) [60117]
'Winifrid' (Au/A) [69540]
   Double-Auricula-Grp. (Au/d) 'Matthew Yates' (Au/d) [69537]
   Primrose-Grp. (Pr/Prim) 'Gartenmeister Bartens' (Pr/Prim) [66040]

Prinsepia Royle 1834 -f- *Rosaceae* · (S. 759)
D:Dornkirsche
- **sinensis** (Oliv.) Oliv. ex Bean 1909 · D:Mandschurische Dornkirsche · ♄ d Z5 IV; N-China [16987]
- **uniflora** Batalin 1892 · D:Chinesische Dornkirsche · ♄ d Z6 IV; N-China [20795]

Prionium E. Mey. 1832 -n- *Juncaceae* · (S. 1029)
D:Palmenschilf; F:Jonc palmier
- **serratum** (L. f.) Drège 1843 · ♄ e ~ Z10 ⓦ; S-Afr.

Pritchardia Seem. et H. Wendl. 1862 -f- *Arecaceae* · (S. 957)
D:Loulupalme; E:Loulu Palm; F:Palmier, Pritchardia
- *filifera* Linden ex André = Washingtonia filifera
- *gaudichaudii* (Mart.) H. Wendl. = Pritchardia martii
- **hillebrandii** Becc. 1890 · ♄ e Z10 ⓦ; Hawaii
- **martii** (Gaudich.) H. Wendl. 1862 · ♄ e Z10 ⓦ Ⓝ; Hawaii
- **pacifica** Seem. et H. Wendl. 1862 · ♄ e Z10 ⓦ Ⓝ; Fiji, Samoa

Pritzelago Kuntze 1891 -f- *Brassicaceae* · (S. 331)
D:Gämskresse; E:Chamois Cress; F:Cresson des chamois
- **alpina** (L.) Kuntze 1891 · D:Alpen-Gämskresse, Gämskresse
  - subsp. **alpina** · D:Alpen-Gämskresse; E:Chamois Cress, Chamois Grass · ⚃ Z5 V-VIII; Eur.: sp., F, I, C-Eur., Ba; mts. [61962]
  - subsp. **auerswaldii** (Willk.) Greuter et Burdet 1895 · D:Kantabrische Gämskresse · ⚃ △ Z5 V-VI; Eur.: N-Sp. (Cordillera Cantábrica) [61963]
  - subsp. **brevicaulis** (Hoppe)

Greuter et Burdet 1895 · D:Kurzstängelige Gämskresse · ⚃ △ Z5 VII-VIII; Eur.: F, I, A, CH, Ba; mts.

Proboscidea Schmidel 1763 -f- *Pedaliaceae* · (S. 626)
D:Gämshorn; E:Devil's Claw, Unicorn Plant; F:Cornaret, Martynia à trompe
- **fragrans** (Lindl.) Decne. 1863 · D:Duftendes Gämshorn; E:Sweet Unicornplant · ☉ ⚘ D Z10 VIII; Mex.
- *jussieui* Medik. = Proboscidea louisianica
- **louisianica** (Mill.) Thell. 1912 · D:Louisiana-Gämshorn; E:Ram's Horn · ☉ ⚘ Z10 VII-VIII Ⓝ; USA: NE, NCE, SE, SC, N.Mex.; N-Mex.
- *lutea* (Lindl.) Stapf = Ibicella lutea

Promenaea Lindl. 1843 -f- *Orchidaceae* · (S. 1080)
- **lentiginosa** (Lindl.) Lindl. 1843 · ⚃ Z10 ⓦ VII-VIII ▽ ✱; Bras.
- **rollisonii** (Lindl.) Lindl. 1843 · ⚃ Z10 ⓦ VII-VIII ▽ ✱; Bras.
- **stapelioides** (Link et Otto) Lindl. 1843 · ⚃ Z10 ⓦ VII-IX ▽ ✱; Bras.
- **xanthina** (Lindl.) Lindl. 1843 · ⚃ Z10 ⓦ VII-VIII ▽ ✱; Bras.

Prosartes D. Don 1839 -f- *Convallariaceae* · D:Elfenglöckchen
- **hookeri** Torr. 1857 · D:Westliches Elfenglöckchen; E:Fairy Bells · ⚃ Z8; Can.: B.C., Alta.; USA: Oreg., Mont., Idaho
  - var. *oblongifolia* S. Watson 1880 = Prosartes hookeri
  - var. *oregana* (S. Watson) Kartesz 1999 = Prosartes hookeri
  - var. *parvifolia* (S. Watson) Kartesz 1999 = Prosartes hookeri
  - var. *trachyandra* (Torr.) Kartesz 1999 = Prosartes hookeri
- **lanuguinosa**
  - var. *trachyandra* (Torr.) Baker = Prosartes hookeri
- *oregana* S. Watson = Prosartes hookeri
- *parvifolia* S. Watson = Prosartes hookeri
- **smithii** (Hook.) Utech, Shinwari et Kawano 1994 · D:Großblütiges Elfenglöckchen; E:Fairy Lantern · ⚃ Z6; B.C., USA: NW, Calif.
- *trachyandra* Torr. = Prosartes hookeri

Proserpinaca L. 1753 -f-

Haloragaceae · (S. 561)
- **palustris** L. 1753 · ⚃ ~ ⓦ; Can.: E; USA: NE, NCE, SC, SE, Fla.; W.Ind.

Prosopis L. 1767 -f- *Mimosaceae* · (S. 646)
D:Mesquitebaum, Schraubenbohne, Süßhülsenbaum; E:Mesquite; F:Prosopis
- **alba** Griseb. 1874 · D:Argentinische Schraubenbohne; E:Argentine Mesquite · ♄ s Z10 ⓚ Ⓝ; Bol., Arg. [26723]
- **chilensis** (Molina) Stuntz 1914 · D:Chilenische Schraubenbohne; E:Chilean Mesquite · ♄ s Z10 ⓚ Ⓝ; W.Ind., Peru, Bol., Chile, Arg. [26724]
- **cineraria** (L.) Druce 1914 · ♄ d Z10 ⓚ Ⓝ; Iran, Afgh., W-Ind., N-Afr. [26725]
- **juliflora** (Sw.) DC. 1825 · D:Mesquitebaum; E:Mesquite · ♄ ♄ e Z10 ⓚ Ⓝ; USA: Kans., SC, SW, Calif.; Mex., W.Ind., Col., Venez. [26726]
- *spicigera* L. = Prosopis cineraria
- **tamarugo** F. Phil. 1891 · ♄ d Z10 ⓚ; Chile [26727]

Prostanthera Labill. 1806 -f- *Lamiaceae* · (S. 590)
D:Australminze; E:Australian Mint Bush; F:Menthe d'Australie, Prostanthère
- **aspalathoides** Benth. 1834 · ♄ e Z8 ⓚ; Austr. (N.S.Wales, Victoria, S-Austr.)
- **cuneata** Benth. 1848 · ♄ e Z9 ⓚ; Austr.: N.S.Wales, Victoria, Tasman. [42655]
  'Alpine Gold'
- **lasianthos** Labill. 1806 · ♄ ♄ e Z8 ⓚ; Austr. (Queensl., N.S.Wales, Victoria, Tasman.) [22836]
- **melissifolia** F. Muell. 1858 · ♄ e Z9 ⓚ; Austr. (Victoria)
- **nivea** A. Cunn. ex Benth. 1834 · ♄ e D Z9 ⓚ V; Austr.: Queensl., N.S.Wales, Victoria, Tasman.
- **ovalifolia** R. Br. 1810 · ♄ e D Z9 ⓚ I-III; Austr.: Queensl., N.S.Wales [26728]
- **rotundifolia** R. Br. 1810 · D:Australischer Minzestrauch; E:Mint Bush · ♄ e D Z9 ⓚ II-III ⚥; Austr.: N.S.Wales, Victoria, S-Austr., Tasman. [22837]
  'Rosea'
- **sieberi** Benth. 1834 · ♄ e D Z9 ⓚ III-IV; Austr.: N.S.Wales
- **violacea** R. Br. 1810 · ♄ e D Z9 ⓚ

IV; Austr.: N.S.Wales

Prosthechea Knowles et Westc. 1838 -f- *Orchidaceae*
- **baculus** (Rchb. f.) W.E. Higgins 1998 · ⚃ Z10 ⌂ VII-IX ▽ ✲; Mex., C-Am., trop. S-Am.
- **boothiana** (Lindl.) W.E. Higgins 1998 · E:Dollar Orchid · ⚃ Z10 ⌂ ▽ ✲; Cuba
- **brassavolae** (Rchb. f.) W.E. Higgins 1998 · ⚃ Z10 ⌂ VII-IX ▽ ✲; Mex., C-Am.
- **cochleata** (L.) W.E. Higgins 1998 · E:Clamshell Orchid · ⚃ Z10 ⌂ XI-II ▽ ✲; Fla., W.Ind., C-Am., Col., Venez., Guyan.
- **fragrans** (Sw.) W.E. Higgins 1998 · ⚃ Z10 ⌂ II-V ▽ ✲; Mex., C-Am., W.Ind., trop. S-Am.
- **glumacea** (Lindl.) W.E. Higgins 1998 · ⚃ Z10 ⌂ IX ▽ ✲; Ecuad., E-Bras.
- **michuacana** (La Llave et Lex.) W.E. Higgins 1998 · ⚃ Z10 ⌂ VII-VIII ▽ ✲; Mex., Guat.
- **prismatocarpa** (Rchb. f.) W.E. Higgins 1998 · ⚃ Z10 ⌂ VII-VIII ▽ ✲; Costa Rica
- **pygmaea** (Hook.) W.E. Higgins 1998 · ⚃ ⌂ ▽ ✲; trop. Am.
- **radiata** (Lindl.) W.E. Higgins 1998 · ⚃ Z10 ⌂ V-VII ▽ ✲; Mex., C-Am.
- **varicosa** (Bateman ex Lindl.) W.E. Higgins 1998 · ⚃ Z10 ⌂ VII-VIII ▽ ✲; C-Am.
- **vespa** (Vell.) W.E. Higgins 1998 · ⚃ Z10 ⌂ IV-V ▽ ✲; C-Am., trop. S-Am.
- **vitellina** (Lindl.) W.E. Higgins 1998 · ⚃ Z10 ⌂ X-XII ▽ ✲; Mex., Guat.

Protea L. 1771 -f- *Proteaceae* · (S. 721)
D:Protee, Schimmerbaum, Silberbaum; E:Protea; F:Protée
- **barbigera** Meisn. 1846 · D:Wollige Protee; E:Woolly Protea · ♄ e ⋉ Z9 ⌂; S-Afr.
- **compacta** R. Br. 1810 · ♄ e Z9 ⌂; S-Afr. (Cape Prov.)
- **cynaroides** (L.) L. 1771 · D:Königs-Protee; E:Giant Protea, King Protea · ♄ e Z9 ⌂; Kap
- **eximia** (Knight) Fourc. 1932 · ♄ e Z9 ⌂; S-Afr.
- **grandiceps** Tratt. 1819 · D:Pfirsich-Protee; E:Peach Protea · ♄ e ⋉ Z9 ⌂; Kap
- *latifolia* R. Br. = Protea eximia
- **magnifica** Link 1821 · ♄ ♄ e Z9 ⌂; S-Afr. (Cape Prov.)
- **nana** (P.J. Bergius) Thunb. 1781 · ♄ e Z9 ⌂; Kap
- **neriifolia** R. Br. 1810 · D:Oleander-Protee; E:Oleander Leaf Protea · ♄ e ⋉ Z9 ⌂; S-Afr.
- **obtusifolia** H. Buek ex Meisn. 1921 · ♄ ♄ e Z9 ⌂; S-Afr. (Cape Prov.)
- **repens** (L.) L. 1771 · D:Honig-Silberbaum, Zucker-Protee; E:Sugar Protea · ♄ e Z9 ⌂; Kap
- **scolymocephala** (L.) Reichard 1779 · ♄ e Z9 ⌂; S-Afr. (Cape Prov.)
- **speciosa** (L.) L. 1771 · ♄ ♄ e Z9 ⌂; Kap

Prumnopitys Phil. 1861 -f- *Podocarpaceae* · D:Kirscheibe
- **andina** (Poepp. ex Endl.) de Laub. 1978 · D:Chilenische Kirscheibe; E:Chilean Yew, Plum Fruited Yew · ♄ e Z8 ⌂; S-Chile, Arg. (And.)
- **ferruginea** (G. Benn. ex D. Don) de Laub. 1978 · D:Rotbraune Kirscheibe; E:Miro · ♄ e Z9 ⌂; NZ
- **taxifolia** (Banks et Sol. ex D. Don) de Laub. 1978 · D:Neuseeländische Kirscheibe · ♄ e Z9 ⌂; NZ

Prunella L. 1753 -f- *Lamiaceae* · (S. 590)
D:Braunelle; E:Selfheal; F:Brunelle
- **grandiflora** (L.) Scholler 1775 · D:Großblütige Braunelle · [66074]
  - G Grandiflora Grp.
    Sorten der heimischen *P. grandiflora* subsp. *grandiflora* mit vorwiegend ungeteilten, ganzrandigen Blättern. Meist generativ vermehrte Farbauslesen.
  - W Webbiana Grp.
    Sorten mit stark gefiederten Blättern, oft Auslesen der *P. grandiflora* subsp. *pyrenaica* oder Hybriden der beiden Unterarten. Sie werden vegetativ vermehrt. Hierzu gehören auch die als früher eigenständig angesehenen Sorten von *P. × webbiana*.
  - 'Alba' (G) [66076]
  - 'Carminea' (G) [66077]
  - 'Loveliness' (W) [66078]
  - 'Rosea' (G) [66080]
  - 'Rotkäppchen' (G) Klose
  - 'Rubra' (G) [68664]
  - 'White Loveliness' (W) [69550]
- subsp. **grandiflora** · D:Gewöhnliche Großblütige Brunelle; F:Prunelle à grandes fleurs · ⚃ Z5 VI-VIII; Eur.* exc. BrI; ? TR, Cauc.
- subsp. **pyrenaica** (Gren. et Godr.) A. Bolòs et O. Bolòs 1950 · D:Pyrenäen-Brunelle · ⚃ Z5 VI-VIII; Eur.: P, sp., F
- *hastifolia* Brot. = Prunella grandiflora subsp. pyrenaica
- **hyssopifolia** L. 1753 · ⚃ Z6; Eur.: sp., F, Corse, I
- **laciniata** (L.) L. 1763 · D:Weiße Braunelle · ⚃ Z6 VI-VIII; Eur.* exc. BrI, Sc; TR, Levante, Cauc., Iran, NW-Afr. [66075]
- × **pinnatifida** Pers. 1806 (*P. laciniata* × *P. vulgaris*) · ⚃ VI-VIII; cult.
- **vulgaris** L. 1753 · D:Gewöhnliche Braunelle; E:Self Heal; F:Prunelle commune · ⚃ Z3 VI-IX ⚥ ; Eur.*, TR, Cyprus, Syr., Cauc., Iran, W-Sib., E-Sib., Amur, Sachal., Kamchat., C-As., Him., Ind. (Nilgiris), NW-Afr., Alaska, Can., USA* [66082]
- × *webbiana* hort. ex N. Taylor = Prunella grandiflora

Prunus L. 1753 -f- *Rosaceae* · (S. 759)
D:Aprikose, Kirsche, Lorbeer-Kirsche, Mandel, Pfirsich, Pflaume, Schlehe, Traubenkirsche, Weichsel, Zwetsche, Zwetschge; E:Almond, Apricot, Cherry, Peach, Plum
- *acida* Dumort. = Prunus cerasus subsp. acida
- **americana** Marshall 1785 · D:Amerikanische Pflaume; E:American Plum, American Red Plum, Goose Plum · ♄ ♄ d Z4 III-IV Ⓝ; Can.: E; USA: NE, NCE, NC, Rocky Mts., SW, SC, SE, Fla.; Mex.
- × **amygdalopersica** (Weston) Rehder 1922 (*P. dulcis* × *P. persica*) · D:Mandel-Pfirsich; F:Prunus · ♄ ♄ d Z6 III-IV; cult. [28335]
- **angustifolia** Marshall 1785 · D:Chickasa-Pflaume; E:Chickasaw Plum · ♄ ♄ d Z6 IV Ⓝ; USA: NE, NCE, NC, SC, SE, Fla.
- **argentea** (Lam.) Rehder 1922 · ♄ d Z7; TR
- **armeniaca** L. 1753 · D:Aprikose, Marille; E:Apricot ♄ d Z7 III-IV ⚥ Ⓝ; N-China, nat. in Eur. [10928]
  - 'Aprikose von Nancy' Hort. F 1756 [26135]

'Bergeron' Hort. F 1920 [14707]
'Große Frühe Aprikose' = Prunus armeniaca 'Wahre Große Frühe'
'Luizet' Hort. F 1850 [26132]
'Mombacher Frühe' [31593]
'Polonais' [56024]
'Royal' [26136]
'Ungarische Beste' Hort. F 1868 [12070]
'Wahre Große Frühe' Hort. D 1790 [19821]
- *austera* (L.) Ehrh. = Prunus cerasus subsp. cerasus var. austera
- **avium** (L.) L. 1755 · D:Süß-Kirsche, Vogel-Kirsche; E:Gean, Mazzard, Wild Cherry; F:Cerisier des oiseaux, Merisier · ♄ d Z5 IV-V ⚥ Ⓝ; Eur.*, TR, Cauc., Iran, nat. in N-Am. [20495]
'Annabella' 1853 [14734]
'Büttners Rote Knorpelkirsche' 1800 [11630]
'Burlat' [12728]
'Dönissens Gelbe Knorpelkirsche' [11640]
'Frühe Rote Meckenheimer' 1907 [14771]
'Große Prinzessin' [32607]
'Große Schwarze Knorpelkirsche' Hort. F 1540 [11660]
'Hedelfinger Riesen' Hort. D 1850 [11670]
'Kassins Frühe' c. 1860 [11690]
'Kordia' Hort. CZ 1963 [14795]
'Napoleon' = Prunus avium 'Große Prinzessin'
'Plena' [30271]
'Regina' 1981 [14832]
'Schneiders Späte Knorpelkirsche' c. 1860 [11700]
'Stella' Hort. GB 1940 [14847]
'Sunburst' Hort. CDN 1980 [14849]
'Van' Hort. CDN 1944 [14857]
- **besseyi** L.H. Bailey 1894 · ♄ d Z3 V; Ca.: Man.; USA: Rocky Mts., NCE [26355]
- × **blireana** André 1905 (*P. mume* 'Rosea Plena' × *P. cerasifera* var. *pissardii*) · F:Prunier double · ♄ ♄ d Z5; cult. [20630]
- **brigantina** Vill. 1786 · D:Briançon-Aprikose; E:Briançon Apricot · ♄ ♄ d Z7 V Ⓝ; SE-F
- **campanulata** Maxim. 1883 · D:Glocken-Kirsche; E:Bell Flowered Cherry, Formosan Cherry, Taiwan Cherry · ♄ d Z7 III-IV; Ryukyu-Is., Taiwan
- **canescens** Bois 1907 · D:Graublättrige Kirsche; E:Greyleaf Cherry · ♄ d Z6 IV-V; W-China, C-China
- *capuli* Spreng. = Prunus salicifolia
- **caroliniana** (Mill.) Aiton 1789 · ♄ e Z7; USA: SE, Tex., Fla. [36595]
- **cerasifera** Ehrh. 1784 [20640]
'Hessei' c. 1906 [34678]

'Nigra' 1916 [20650]
'Pissardii' 1880
'Trailblazer' [12452]
- subsp. **cerasifera** · D:Kirschpflaume; E:Cherry Plum, Myrobalan Plum; F:Myrobolan, Prunier-cerise · ♄ ♄ d Z4 III-IV Ⓝ; Eur.: Ba, Krim; TR, Cauc., Iran, C-As., nat. in Eur.* exc. Ib
- subsp. **divaricata** (Ledeb.) C.K. Schneid. 1906 · ♄ ♄ d Z4; Eur.: Ba; TR, Cauc., C-As. Iran
- var. *pissardii* (Carrière) L.H. Bailey 1922 = Prunus cerasifera 'Pissardii'
- **cerasus** L. 1753 · D:Sauer-Kirsche, Weichsel; E:Sour Cherry · Z3 [31150]
- subsp. **acida** (Dumort.) Asch. et Graebn. 1906 · D:Schattenmorelle, Strauch-Weichsel; E:Bush Sour Cherry · ♄ d Z3 IV-V; C-Eur.
- subsp. **cerasus** · D:Amarelle, Baum-Weichsel; E:Tree Sour Cherry; F:Cerisier aigre · ♄ d Z5 IV-V ⚥ Ⓝ; cult. Eur., As., N-Am., nat. in Eur., N-Am.
  - var. **austera** L. 1753 · D:Morelle, Süß-Weichsel; E:Morello Cherry · ♄ d Z5; cult.
  - var. *frutescens* Neilr. 1846 = Prunus cerasus subsp. acida
  - var. **marasca** (Host) Vis. 1852 · D:Maraschino-Kirsche; E:Maraschino Cherry · Z5; cult.
'Beutelsbacher Rexelle' [11837]
'Heimanns Rubin' 1920 [35539]
'Köröser Weichsel' Hort. H 1925 [11730]
'Ludwigs Frühe' [11740]
'Morellenfeuer' 1956 [13431]
'Schattenmorelle' Hort. F 1598 [11750]
'Schwäbische Weinweichsel' [14887]
- × **cistena** (Hansen) Koehne 1918 (*P. pumila* × *P. cerasifera* var. *pissardii*) · D:Rote Sand-Kirsche; E:Dwarf Red Leaf Plum · ♄ d Z4 V; cult. [20680]
- *claudiana* (Pers.) Poit. et Turpin = Prunus domestica subsp. italica
- **cocomilia** Ten. 1811 · ♄ ♄ d Z6 IV; S-Ba, S-I, Sic..; mts.
- *communis* (L.) Arcang. = Prunus dulcis var. dulcis
- **concinna** Koehne 1912 · ♄ ♄ d Z6 IV; China: Hupeh
- *conradinae* Koehne = Prunus hirtipes
- **cornuta** (Royle) Steud. 1841 · D:Himalaya-Traubenkirsche; E:Himalayan Bird Cherry · ♄ d Z5 V; Him.
- **cyclamina** Koehne 1912 · ♄ ♄ d

Z6 V; C-China. [19427]
- × **dasycarpa** Ehrh. 1791 (*P. armeniaca* × *P. cerasifera*) · ♄ d Z7 ∧ III; cult.
- **davidiana** (Carrière) Franch. 1883 · D:Davids Pfirsich; E:Chinese Peach, Père David's Peach · ♄ ♄ d Z4 III; N-China
- **dielsiana** C.K. Schneid. 1905 · ♄ ♄ d Z6 IV; C-China
- *divaricata* Ledeb. = Prunus cerasifera subsp. divaricata
- **domestica** L. 1753 · D:Pflaume · [31319]
'Anna Späth' [14890]
'Bühler Frühe' 1890 [11780]
'Ersinger Fühe' [39322]
'Fellenberg' [30304]
'Golden Japan' [31507]
'Hanita' Versuchsanstalt Hohenheim 1980 [13438]
'Hauszwetschge' [11840]
'Italiener' [14915]
'Königin Victoria' Hort. GB 1840 [28658]
'Ontario' Hort. USA 1874 [11890]
'Opal' Hort. S 1926 [14926]
'President' Hort. GB c. 1900 [14931]
'Ruth Gerstetter' [11820]
'Stanley' [14935]
'The Czar' Hort. GB 1874 [11790]
'Victoria' = Prunus domestica 'Königin Victoria'
'Zimmers Frühzwetschge' [11930]
- subsp. **domestica** · D:Gewöhnliche Pflaume, Zwetsche, Zwetschge; E:Plum · ♄ d Z5 IV ⚥ Ⓝ; TR, Cauc.; cult. Eur., W-As., N-Afr.
- subsp. **insititia** (L.) C.K. Schneid. 1894 · D:Hafer-Pflaume, Kriechen-Pflaume; E:Bullace Plum · ♄ d Z5 IV-V; cult. Eur., W-As., Ind., N-Afr., N-Am. [31170]
- subsp. **italica** (Borkh.) Gams ex Hegi 1923 · D:Reineclaude, Reneklode · ♄ d Z5; cult. C-Eur., S-Eur., As. [44945]
'Althanns Reneclaude' c. 1850 [12267]
'Große Grüne Reneclaude' 1670 [26201]
'Oullins Reneclaude' Hort. F c. 1860 [19069]
'Reine Claude Violette'
- subsp. **oeconomica** (Borkh.) C.K. Schneid. 1906 = Prunus domestica subsp. domestica
- subsp. **syriaca** (Borkh.) Janch. ex Mansf. 1959 · D:Mirabelle · ♄ d Z5; cult. C-Eur., S-Eur., N-Afr. [11879]
'Mirabelle de Metz' [16642]
'Mirabelle de Nancy' [19826]

- **dulcis** (Mill.) D.A. Webb 1967 · D:Mandel, Mandelbaum
  'Dürkheimer Krachmandel' [14693]
  'Ferraduel' [33382]
  'Marcona'
  'Robijn' [13976]
  'Texas' [14701]
  - var. **amara** (DC.) Buchheim 1972 · D:Bitter-Mandel; E:Bitter Almond · ℏ d Z7 III-IV ❊ ; cult.
  - var. **dulcis** · D:Süße Mandel; E:Almond; F:Amandier · ℏ ℏ d Z7 III-IV ❊ Ⓝ; TR, Cauc., Iran, C-As., Afgh. [15842]
  - var. **fragilis** (Borkh.) Buchheim 1972 · D:Knack-Mandel · ℏ d Z7; cult.
- × **eminens** Beck 1753 (*P. cerasus* × *P. glandulosa*) · D:Mittlere Weichsel · ℏ d Z4 IV-V; cult.
  'Umbraculifera' [18281]
- **fenzliana** Fritsch 1892 · D:Kaukasische Mandel · ℏ d Z7 ∧ III; Cauc. [38891]
- × **fontanesiana** (Spach) C.K. Schneid. 1906 (*P. avium* × *P. mahaleb*) · ℏ d; cult.
- **fremontii** S. Watson 1880 · ℏ ℏ d Z7; S-Calif.
- × **fruticans** Weihe 1826 (*P. spinosa* × *P. domestica subsp. insititia*) · D:Hafer-Schlehe, Weihe · ℏ d IV Ⓝ; cult. D, A, CZ
- **fruticosa** Pall. 1784 · D:Steppen-Kirsche, Zwerg-Kirsche; E:Ground Cherry; F:Prunier nain · ℏ d Z6 IV-V; Eur.: Ap, C-Eur., EC-Eur., Ba, E-Eur.; Cauc., W-Sib., C-As. [29690]
  'Globosa' [33388]
  'Nana' [42398]
- **glandulosa** Thunb. ex Murray 1784 · D:Drüsen-Kirsche; E:Chinese Bush Berry, Dwarf Flowering Almond; F:Amandier à fleurs du Japon · ℏ d Z5 V; China [27136]
  'Alba Plena' 1852 [12453]
  'Sinensis' 1774 [12911]
- × **gondouinii** (Poit. et Turpin) Rehder 1946 (*P. avium* × *P. cerasus*) · ℏ d Z4; cult.
- **grayana** Maxim. 1883 · ℏ d Z5 VI; Jap.
- × **hillieri** hort. (*P. incisa* × *P. sargentii*) · D:Hilliers Kirsche; E:Hillier's Cherry · ℏ d Z6 IV-V; cult.
- **hirtipes** Hemsl. 1887 · D:Borstenstängelige Kirsche · ℏ d Z7 ∧ III; C-China.
- **hortulana** L.H. Bailey 1892 · D:Amerikanische Sauer-Kirsche; E:Hortulan Plum · ℏ d Z6 IV-V Ⓝ; USA: NCE, Okla., SE
- **ilicifolia** (Nutt. ex Hook. et Arn.) Walp. 1843 · ℏ ℏ e Z9 ⓚ; Calif., Baja Calif.
- **incana** (Pall.) Batsch 1801 · D:Graue Kirsch-Mandel; E:Willow Cherry · ℏ d Z6 IV; TR
- **incisa** Thunb. ex Murray 1784 · D:Fuji-Kirsche, März-Kirsche; E:Fuji Cherry · ℏ d Z6 III-IV; Jap. [38968]
  'February Pink' < 1971 [20970]
  'Kojou-no-mai' < 1985 [23659]
  'Umineko' [29879]
- **insititia** L. = Prunus domestica subsp. insititia
- **italica** Borkh. = Prunus domestica subsp. italica
- **jamasakura** Sieber ex Koidz. 1911 · D:Japanische Berg-Kirsche · ℏ d Z5; Korea, ? Jap.
- **japonica** Thunb. ex Murray 1784 · D:Japanische Kirsch-Mandel; E:Chinese Plum Tree, Oriental Bush Cherry · ℏ d Z4 V ❊ ; China, Korea
- × **juddii** E.F. Anderson 1935 (*P. sargentii* × *P.* × *yedoensis*) · ℏ d Z6; cult. [19432]
- **laurocerasus** L. 1753 · D:Kirschlorbeer, Lorbeer-Kirsche; E:Cherry Laurel, Laurel; F:Laurier-amande, Laurier-cerise · ℏ e Z7 IV-V ❊ ⚔ Ⓝ; Eur.: Ba; TR, Cauc., Iran, nat. in P, Fr, Cors., BrI [16068]
  'Castlewellan' 1986 [20646]
  'Caucasica' 1852 [28700]
  'Cherry Brandy' 1979 [30400]
  'Green Mantle' 1965 [43070]
  'Herbergii' 1930 [20720]
  'Latifolia' 1869 [33780]
  Magnoliifolia = Prunus laurocerasus 'Latifolia'
  'Mischeana' 1898 [30440]
  'Mount Vernon' 1967 [32011]
  'Otto Luyken' 1940 [20730]
  'Reynvaanii' < 1913 [33042]
  'Rotundifolia' 1865 [28230]
  'Schipkaensis Macrophylla' 1940 [20740]
  'Van Nes' 1935 [29820]
  'Zabeliana' 1898 [20750]
- **lusitanica** L. 1753 · D:Portugiesische Lorbeerkirsche; E:Portugal Laurel, Portuguese Laurel; F:Laurier du Portugal · ℏ ℏ e Z8 ⓚ ∧ VI ⚔; Ib, SW-F, Canar., Azor. [47740]
  'Angustifolia' 1860 [33400]
  'Myrtifolia' 1892 [14236]
  'Variegata' 1865 [29468]
- **maackii** Rupr. 1857 · D:Amur-Traubenkirsche; E:Amur Cherry, Manchurian Cherry; F:Cerisier de Mandchourie · ℏ d Z4 IV; Korea, Manch. [33404]
  'Amber Beauty' [33913]
- **mahaleb** L. 1753 · D:Felsen-Kirsche, Stein-Weichsel; E:Mahaleb Cherry, St Lucie Cherry; F:Cerisier de Sainte Lucie · ℏ ℏ d Z5 IV-V Ⓝ; Eur.* exc. BrI, Sc; TR, Iraq, Syr., Lebanon, Cauc., N-Iran, Afgh., C-As., Maroc., nat. in N-Am. [22252]
- **mandshurica** (Maxim.) Koehne 1893 · D:Mandschurische Aprikose · ℏ d Z6 V; China, Korea, Mong., Amur
- **marasca** (Host) Rchb. = Prunus cerasus subsp. cerasus var. marasca
- **maritima** Marshall 1785 · D:Strand-Pflaume; E:Beach Plum · ℏ d Z3 IV; USA: NE
- **mume** Siebold et Zucc. 1836 · D:Japanische Aprikose; E:Japanese Apricot; F:Abricotier du Japon · ℏ d Z6 III-IV ❊ ; China [37592]
  'Alboplena'
  'Beni-chidori' < 1961 [37056]
  'Pendula' [43129]
- **munsoniana** W. Wight et Hedrick 1911 · D:Gänse-Pflaume; E:Wild Goose Plum · ℏ d Z6 IV-V Ⓝ; USA: NCE, Kans., SC, SE
- *myrobalana* (L.) Loisel. = Prunus cerasifera subsp. cerasifera
- *nana* (L.) Stokes = Prunus tenella
- *nana* Du Roi = Prunus virginiana
- **nigra** Aiton 1789 · D:Bitter-Kirsche; E:Canada Plum, Canadian Plum · ℏ ℏ d Z4 V-IV Ⓝ; Can.: E; USA: NE, NCE, SE
- **nipponica** Matsum. 1901 · D:Japanische Alpen-Kirsche
  'Brilliant' 1977 [35121]
  'Ruby' 1958 [37708]
  - var. **kurilensis** (Miyabe) E.H. Wilson 1916 · D:Kurilen-Kirsche; F:Petit cerisier des Kouriles · ℏ d Z5 IV; Sachal., Jap.: Hokkaido [39270]
  - var. **nipponica** · D:Nippon-Kirsche; E:Japanese Alpine Cherry; F:Cerisier alpin du Japon · ℏ ℏ d Z6 V; Jap.
- **padus** L. 1753 · D:Traubenkirsche · [22274]
  'Albertii' < 1902 [13278]
  'Colorata' 1953 [32642]
  'Watereri' 1914 [33791]
  - subsp. **padus** · D:Gewöhnliche Traubenkirsche; E:European Bird Cherry; F:Merisier à

grappes · ♃ ♃ d Z3 IV-V Ⓝ; Eur.*; TR, Cauc., W-Sib., E-Sib., Amur, Sachal., Kamchat., C-As., Korea, Jap., Maroc.
- subsp. **petraea** (Tausch) Domin 1935 · D:Gebirgs-Traubenkirsche · ♃ d Z3; Sc, C-Eur. mts.
- **pensylvanica** L. f. 1782 · D:Feuer-Kirsche; E:Bird Cherry, Red Cherry · ♃ ♃ d Z4 IV-V; Can., USA: NE, N.C., NCE, NC, Rocky Mts.
- **persica** (L.) Batsch 1801 [10924]
  'Amsden' Hort. USA [11940]
  'Badener Weingarten' [19831]
  'Dixired' Hort. USA 1939 [30291]
  'Kernechter vom Vorgebirge' = Prunus persica 'Roter Ellerstädter'
  'Klara Mayer' [20780]
  'Mayflower' Hort. USA 1920 [12000]
  'Nectared 5' [17212]
  'Peregrine' [16171]
  'Redhaven' Hort. USA 1930 [12010]
  'Roter Ellerstädter' Hort. D 1870 [11970]
  'Wassenberger' [19029]
  - var. **nectarina** (W.T. Aiton) Maxim. 1883 = Prunus persica var. nucipersica
  - var. **nucipersica** (L.) C.K. Schneid. 1905 · D:Nektarine; E:Nectarine · ♃ ♃ Z6 Ⓝ; cult.
    'Crimson Gold' [30289]
    'Fantasia' [30292]
    'Indépendance' [14964]
    'Lord Napier' [19829]
    'Morton' [11826]
    'Nectarose' [17433]
    'Silver Lode' [34221]
  - var. **persica** · D:Pfirsich; E:Peach; F:Pêcher commun · ♃ ♃ d Z6 IV ☥ Ⓝ; N-China, C-China
- **pilosiuscula** (C.K. Schneid.) Koehne 1912 · ♃ ♃ d Z5 IV; W-China, C-China
- **prostrata** Labill. 1791 · D:Niedrige Kirsch-Mandel; E:Mountain Cherry, Rock Cherry · ♃ d △ Z6 IV; Eur.: Ib, Corse, Sard., Ba; TR, Syr., Lebanon, NW-Afr.
- **pseudocerasus** Lindl. 1826 · D:Falsche Weichsel; E:False Cherry · ♃ d Z6 III Ⓝ; China: Hupeh [33406]
- **pumila** L. 1767 · D:Sand-Kirsche; E:Sand Cherry · [33408]
  - var. **besseyi** (L.H. Bailey) Gleason · ♃ d Z2; Can.: Man.; USA: Rocky Mts., NEC, SC
  - var. **depressa** (Pursh) Bean 1914 · D:Kriechende Sand-Kirsche · ♃ d Z2; E-Can.; USA: NE [33867]
  - var. **pumila** · D:Strauchige Sand-Kirsche · ♃ d △ Z5 V; Can.:

E; USA: NE, NCE
- **rufa** Hook. f. 1878 · D:Himalaya-Kirsche · ♃ d Z8 ⓛ; Him.
- *sachalinensis* Miyoshi = Prunus sargentii
- **salicifolia** Kunth 1824 · ♃ s Z8 ⓛ; Mex., C-Am., Col., Peru + ; mts.
- **salicina** Lindl. 1828 · D:Chinesische Pflaume; E:Japanese Plum · ♃ d Z6 IV Ⓝ; N-China, SE-China [24798]
- **sargentii** Rehder 1908 · D:Berg-Kirsche, Sachalin-Kirsche; E:Sargent's Cherry; F:Cerisier de Sargent · ♃ d Z6 V; Jap., Korea, Sachal.
  fo. pubescens Tatew. Z4 IV-V
- × **schmittii** Rehder 1939 (*P. avium* × *P. canescens*) · D:Schmitts Kirsche · ♃ d Z5; cult. [33107]
- **sericea** (Batalin) Koehne 1911 · ♃ d Z6; China: Sichuan
- **serotina** Ehrh. 1788 · D:Späte Traubenkirsche; E:American Bird Cherry, Black Cherry, Rum Cherry; F:Cerisier tardif · ♃ d Z4 V-VI ☥ ⚘ Ⓝ; Can.: E; USA: NE, NCE, NC, SW, SC, SE, Fla.; Mex., Guat., nat. in Eur. [20800]
- **serrula** Franch. 1890 · D:Mahagoni-Kirsche, Tibetische Kirsche; E:Birch Bark Cherry; F:Cerisier du Tibet · ♃ ♃ d Z6 IV-V; W-China [20810]
- **serrulata** Lindl. 1830 · D:Grannen-Kirsche, Japanische Blüten-Kirsche; E:Oriental Cherry; F:Cerisier des collines · ♃ ♃ d Z6 IV-V Ⓝ; China, Korea, Jap. [21115]
  'Amanogawa' [30272]
  'Fugenzo' [37059]
  'Hokusai' [45090]
  'Kanzan' [30273]
  'Kiku-shidare-zakura' [26667]
  'Shirofugen' [30274]
  'Taihaku' [20900]
  'Ukon' [33410]
  - var. **hupehensis** Ingram 1944
  - var. *sachalinensis* (F. Schmidt) E.H. Wilson 1916 = Prunus sargentii
  - var. *spontanea* (Maxim.) E.H. Wilson 1916 = Prunus jamasakura
- **sibirica** L. 1753 · D:Sibirische Aprikose; E:Siberian Apricot · ♃ ♃ d Z5 IV; E-Sib., Manch., N-China, Korea, Amur, Mong.
- × **sieboldii** (B. Verl.) Wittm. 1902 (*P. apetala* × *P. speciosa*) · D:Siebolds Kirsche · ♃ d Z6 IV; orig. ?, nat. in Jap. [33412]

- **simonii** Carrière 1872 · D:Simons Pflaume; E:Apricot Plum · ♃ d Z6 IV-V Ⓝ; N-China [20116]
- × **skinneri** Rehder 1939 (*P. japonica* × *P. tenella*) · ♃ d Z6; cult.
- **speciosa** (Koidz.) Ingram 1825 · D:Oshima-Kirsche; E:Oshima Cherry · ♃ d Z6 IV; Jap.
- **spinosa** L. 1753 · D:Gewöhnliche Schlehe, Schwarzdorn; E:Blackthorn, Sloe; F:Epine noire, Prunellier · ♃ d Z5 IV-V ☥ Ⓝ; Eur.*, TR, Cauc., Iran, W-Sib., Alger., nat. in N-Am. [21983]
  'Purpurea' 1903 [33414]
- **subhirtella** Miq. 1865 · D:Frühjahrs-Kirsche, Higan-Kirsche; E:Autumn Cherry, Winter Flowering Cherry; F:Cerisier d'hiver · ♃ d Z6 IV-V; Jap. [20930]
  'Autumnalis' 1901 [20950]
  'Autumnalis Rosea' < 1960 [32301]
  'Fukubana' 1927 [20980]
  'Pandora' [21000]
  'Pendula' [21010]
- *syriaca* Borkh. = Prunus domestica subsp. syriaca
- **tenella** Batsch 1801 · D:Russische Zwerg-Mandel; E:Dwarf Russian Almond, Russian Almond; F:Amandier nain · ♃ d Z5 III-V; Eur.: C-Eur., EC-Eur., Ba, E-Eur.; Cauc., W-Sib., C-As., nat. in F [21030]
  'Fire Hill' 1951 [35123]
- **tomentosa** Thunb. ex Murray 1784 · D:Japanische Mandel-Kirsche; E:Downy Cherry, Nanking Cherry · ♃ d Z4 IV-V Ⓝ; Tibet, W-China, N-China, Korea [21040]
- **triloba** Lindl. 1857 · D:Mandelbäumchen; E:Flowering Almond; F:Amandier de Chine · [21050]
  'Multiplex'
  'Rosenmund' < 1990 [35125]
  - var. **simplex** (Bunge) Rehder · D:Einfachblühendes Mandelbäumchen · ♃ d Z5; China
  - var. **triloba** · D:Gefülltblühendes Mandelbäumchen · ♃ d Z5 III-IV; China
- **ussuriensis** Kovalev et Kostina 1935 · ♃; Amur, Manch.
- × **verecunda** (Koidz.) Keng f. 1912 · ♃ d Z8 ⓛ; Jap., Korea
  'Autumn Glory'
- **virens** (Wooton et Standl.) Shreve ex Sarg. 1915 · ♃ ♃ e; S-USA.; Mex.
- **virginiana** L. 1753 · D:Virginische Trauben-Kirsche; E:Virginian Bird Cherry, Western Choke Cherry · ♃ ♃ d Z4 V Ⓝ; Can., USA: NE, N.C.,

NCE, NC, SC, Rocky Mts., Calif., SW [33418]
– × **yedoensis** Matsum. 1901 (*P. speciosa* × *P. subhirtella*) · D:Tokio-Kirsche, Yoshino-Kirsche; E:Tokyo Cherry; F:Cerisier Yoshino · ♄ d Z6 IV; Jap. [21070]
'Ivensii' < 1929 [36537]
'Shidare-yoshino' 1916 [14003]
– **in vielen Sorten:**
'Accolade' 1952 (*P. sargentii* × *P. subhirtella*) [30275]
'Fukubana'
'Kursar' < 1952 (*P. campanulata* × *P. nipponica* var. *kurilensis*) [20850]
'Okame' 1947 (*P. incisa* × *P. campanulata*) [34043]
'Pink Perfection' 1935 [20870]
'Shirotae' < 1905 [11798]
'Spire' < 1928 (*P.* × *hillieri* × ?) [31460]
'Umineko' 1928 (*P. incisa* × *P. speciosa*)

Psammophora Dinter et Schwantes 1926 -f- *Aizoaceae* · (S. 148)
– **modesta** (Dinter et A. Berger) Dinter et Schwantes 1926 · ⚃ ⚇ Z10 ⓜ; Namibia

Pseudananas Hassl. ex Harms 1930 -m- *Bromeliaceae* · (S. 976)
D:Scheinananas; F:Faux-ananas
– **sagenarius** (Arruda) Camargo 1939 · ⚃ Z10 ⓜ; Bras., Parag.

Pseuderanthemum Radlk. 1884 -n- *Acanthaceae* · (S. 133)
– **alatum** (Nees) Radlk. 1884 · ♄ e Z10 ⓜ VII-VIII; Mex.
– **albiflorum** (Hook.) Radlk. 1884 · ♄ e Z10 ⓜ VI-VIII; Bras.
– **atropurpureum** (W. Bull) L.H. Bailey 1923 · ♄ e Z10 ⓜ; Polyn.
– **malaccense** (C.B. Clarke) Lindau 1895 · ♄ ⓜ; Java +
– **reticulatum** (Hook. f.) Radlk. 1884 · ♄ e Z10 ⓜ; Polyn.
– **seticalyx** (C.B. Clarke) Stapf = Ruspolia seticalyx
– **sinuatum** (Vahl) Radlk. 1884 · ♄ e Z10 ⓜ VI-VIII; N.Caled.
– **tuberculatum** (Hook. f.) Radlk. 1884 · ♄ Z10 ⓜ ⓚ VIII-IX; Polyn.

Pseudobombax Dugand 1943 -n- *Bombacaceae* · (S. 302)
– **ellipticum** (Kunth) Dugand 1943 · ♄ ⚇ e Z10 ⓜ; Mex., Guat.
– **palmeri** (S. Watson) Dugand · ♄ d; Mex.

Pseudocinchona A. Chev. = Corynanthe
– *africana* A. Chev. ex Perrot =

Corynanthe pachyceras

Pseudocydonia (C.K. Schneid.) C.K. Schneid. 1906 -f- *Rosaceae* · (S. 760)
D:Holzquitte; E:Chinese Quince
– **sinensis** (Dum.-Cours.) C.K. Schneid. 1906 · D:Holzquitte; E:Chinese Quince · ♄ s Z6 V ⓝ; China [19448]

Pseudoespostoa Backeb. = Espostoa
– *melanostele* (Vaupel) Backeb. = Espostoa melanostele

Pseudofumaria Medik. 1805 -f- *Fumariaceae* · (S. 539)
D:Lerchensporn, Scheinlerchensporn; F:Faux-fumeterre
– **alba** (Mill.) Lidén 1986 · D:Blassgelber Scheinlerchensporn
– subsp. **acaulis** (Wulfen) Lidén 1986 · D:Dalmatiner Blassgelber Scheinlerchensporn · ⚃ Z5 VI-X; Eur.: Ba, nat. in Fr, D
– subsp. **alba** · D:Gewöhnlicher Blassgelber Scheinlerchensporn · ⚃ △ Z5 VI-IX; Eur.: I, Slove., Croatia, Bosn., YU, Maced., AL, ? GR, nat. in Fr, D [63282]
– **lutea** (L.) Borkh. 1797 · D:Gelber Scheinlerchensporn; E:Yellow Fumitory; F:Corydale jaune · ⚃ △ Z6 V-X; Eur.: N-I, CH, nat. in BrI, Sc, Fr, C-Eur., EC-Eur., E-Eur. [63280]

Pseudognaphalium Kirp. 1950 -n- *Asteraceae* · (S. 265)
D:Scheinruhrkraut; F:Faux-gnaphale
– **luteoalbum** (L.) Hilliard et B.L. Burtt 1981 · D:Gelbliches Scheinruhrkraut · ⊙ VII-X; Eur.*, TR, Cauc., Iran, C-As., S-As., N.Guinea, Afr., Austr., NZ, Pacific Is., nat. in N-Am., S-Am.
– **obtusifolium** (L.) Hilliard et B.L. Burtt 1981 · D:Stumpfblättriges Scheinruhrkraut; E:Everlasting · ⊙ VII-IX; Can.: E; USA: NE, NCE, SE, SC, Fla.

Pseudogynoxys (Greenm.) Cabrera 1950 -f- *Asteraceae*
– **chenopodioides** (Kunth) Cabrera 1950 · ☽ e Z8 ⓚ; Mex. [11291]

Pseudolarix Gordon 1858 -f- *Pinaceae* · (S. 94)
D:Goldlärche; E:Golden Larch; F:Faux-mélèze
– **amabilis** (J. Nelson) Rehder 1919 · D:Goldlärche; E:Golden Larch; F:Mélèze de la Chine · ♄ d Z6; E-China [26750]
– *kaempferi* (Lamb.) Gordon = Pseudolarix amabilis

Pseudolmedia Trécul 1847 -f- *Moraceae* · (S. 653)
– **laevis** (Ruiz et Pav.) J.F. Macbr. 1931 · ♄ e Z9 ⓚ; Parag., Peru

Pseudolobivia (Backeb.) Backeb. = Echinopsis
– *ancistrophora* (Speg.) Backeb. = Echinopsis ancistrophora
– *aurea* (Britton et Rose) Backeb. = Echinopsis aurea var. aurea
– *ferox* (Britton et Rose) Backeb. = Echinopsis ferox
– *fiebrigii* (Gürke) Backeb. = Echinopsis obrepanda var. fiebrigii
– *kermesina* Krainz = Echinopsis mamillosa var. kermesina
– *kratochviliana* (Backeb.) Backeb. = Echinopsis kratochviliana
– *leucorhodantha* (Backeb.) Backeb. = Echinopsis ancistrophora
– *longispina* (Britton et Rose) Backeb. = Echinopsis longispina
– *obrepanda* (Salm-Dyck) Backeb. = Echinopsis obrepanda var. obrepanda
– var. *fiebrigii* (Gürke) Backeb. 1959 = Echinopsis obrepanda var. fiebrigii

Pseudolysimachion (W.D.J. Koch) Opiz 1852 -n- *Scrophulariaceae* · (S. 837)
D:Blauweiderich; F:Fausse-lysimaque
– **longifolium** (L.) Opiz 1852 · D:Langblättriger Blauweiderich
'Alba'
'Blaubart'
'Blaubündel' [66959]
'Blauriesin' [66960]
'Schneeriesin' [66961]
– subsp. **longifolium** · D:Gewöhnlicher Langblättriger Blauweiderich; E:Garden Speedwell; F:Véronique à longues feuilles · ⚃ ⌢ Z4 VI-IX; Eur.* exc. BrI, Ib; TR, Cauc., W-Sib., E-Sib., Amur, Sachal., C-As. [74049]
– **orchideum** (Crantz) Wraber 1969 · D:Knabenkrautartiger Ehrenpreis · ⚃ VII-X; SE-Eur., N-I
– **spicatum** (L.) Opiz 1852 · D:Ähriger Blauweiderich
'Barcarolle' [69620]
'Blaufuchs' [66977]

'Blautteppich' [69016]
'Erika' [66978]
'Heidekind' [66981]
'Icicle' [66982]
'Pink Damask' [67997]
'Romiley Purple' [66983]
'Rosenrot' [66985]
'Rotfuchs' [69017]
'Silberteppich' [66991]
'Spitzentraum' [66989]
- subsp. **incanum** (L.) Opiz · D:Graulaubiger Ähriger Blauweiderich · ♃ △ Z3 VI-VII ▽; Eur.: EC-Eur., E-Eur.; W-Sib., E-Sib., C-As. [66990]
- subsp. **spicatum** · D:Gewöhnlicher Ähriger Blauweiderich; E:Spiked Speedwell; F:Véronique en épis · ♃ Z3 VI-VIII; Eur.* + [66973]
- **spurium** (L.) Rauschert 1852 · D:Rispiger Blauweiderich · ♃ Z3 VI; Eur.: EC-Eur., Ba, E-Eur.; Cauc., W-Sib., C-As.
- **subsessile** (Miq.) Holub 1967 · ♃ Z6 VII-VIII; Jap.
'Blaue Pyramide'
'Sunny Border Blue'

Pseudomammillaria Buxb. = Mammillaria
- *camptotricha* (Dams) Buxb. = Mammillaria camptotricha

Pseudopanax K. Koch 1859 -m- *Araliaceae* · (S. 201)
D:Scheinginseng; F:Fauxgingseng
- **arboreus** (Murray) K. Koch 1859 · D:Fünffingriger Scheinginseng; E:Five Fingers · ♄ e Z10 ⓚ VII-VIII; NZ
- **crassifolius** (Sol. ex A. Cunn.) K. Koch 1859 · D:Dickblättriger Scheinginseng; E:Lancewood · ♄ e Z9 ⓚ; NZ
- *davidii* (Franch.) Philipson = Metapanax davidii
- **discolor** (Kirk) Harms 1894 · ♄ e Z10 ⓚ; NZ
- **ferox** (Kirk) Kirk 1889 · ♄ ♄ e Z9 ⓚ; NZ
- **lessonii** (DC.) K. Koch 1859 · ♄ ♄ e Z9 ⓚ; NZ
'Gold Splash'

Pseudophegopteris Ching 1963 -f- *Thelypteridaceae*
- **pyrrhorhachis** (Kunze) Ching 1963

Pseudopilocereus Buxb. = Pilosocereus

- *glaucescens* (Labour.) Buxb. = Pilosocereus glaucescens
- *pentaedrophorus* (Labour.) Buxb. = Pilosocereus pentaedrophorus
- *werdermannianus* Buining et Brederoo = Pilosocereus werdermannianus

Pseudorchis Ség. 1754 -f- *Orchidaceae* · (S. 1080)
D:Weißzüngel; F:Faux-orchis
- **albida** (L.) Á. Löve et D. Löve 1969 · D:Gewöhnliches Weißzüngel, Weißzunge · ♃ V-VIII ▽ ✻; Eur.*

Pseudorhipsalis Britton et Rose 1923 -f- *Cactaceae* · (S. 365)
- **alata** (Sw.) Britton et Rose 1923 · Ψ ⓚ; Jamaica
- **himantoclada** (Rol.-Goss.) Britton et Rose 1923 · ♄ Ψ Z9 ⓚ ▽ ✻; Costa Rica
- **ramulosa** (Salm-Dyck) Barthlott 1991 · ♄ Ψ Z9 ⓚ ▽ ✻; W-Ind., trop. Am.

Pseudosasa Makino ex Nakai 1925 -f- *Poaceae* · (S. 1126)
- **amabilis** (McClure) Keng f. 1957 · ♄ e ⓚ ⓝ; cult. Vietn., S-China
- **cantorii** (Munro) Keng f. 1957 · ♄ e
- **japonica** (Siebold et Zucc. ex Steud.) Makino ex Nakai 1925 · D:Maketebambus; E:Arrow Bamboo · ♄ e Z7; Jap., S-Korea [53241]
'Akebono-suji'
'Tsutsumiana' [14046]
- **viridula** S.L. Chen et G.Y. Sheng 1991

Pseudostellaria Pax 1934 -f- *Caryophyllaceae* · (S. 403)
D:Knollenmiere; F:Faussestellaire
- **europaea** Schaeftl. 1957 · D:Knollenmiere · ♃ IV-V; Eur.: N-I, A, Slove.
- **japonica** (Korsh.) Pax 1934 · ♃; Amur, Jap., Manch.

Pseudotaxus W.C. Cheng 1947 *Taxaceae* ·
D:Scheineibe; E:White Berry Yew
- **chienii** (W.C. Cheng) W.C. Cheng 1947 · D:Scheineibe; E:White Berry Yew
- *liana* Silba = Pseudotaxus chienii

Pseudotsuga Carrière 1867 -f- *Pinaceae* · (S. 95)
D:Douglasfichte, Douglasie
- **douglasii** (Sabine ex D. Don) Carrière = Pseudotsuga menziesii var. menziesii
- *glauca* (Beissn.) Mayr = Pseudotsuga menziesii var. glauca
- **menziesii** (Mirb.) Franco 1950 · D:Douglasie; E:Douglas Fir · [31430]
'Blue Wonder' Lombarts 1957 [32764]
'Fastigiata' Knight ex Gordon 1858 [19612]
'Fletcheri' Lock King Nurs. 1923 [32772]
'Glauca' = Pseudotsuga menziesii var. glauca
'Glauca Pendula' Simon-Louis Bros. 1891 [32776]
Pendula Grp. [32347]
'Viridis' C.K. Schneid. 1913 [12085]
- var. **glauca** (Beissn.) Franco 1950 · D:Blaue Douglasie; E:Blue Douglas Fir · Z7; Can.: B.C., Alta.; USA: NW, Rocky Mts., SW, Tex.; Mex. [26760]
- var. **menziesii** · D:Gewöhnliche Douglasie, Grüne Douglasie · ♄ e Z5 IV-V; Can.: B.C.; USA: NW, Calif., Nev.
- *taxifolia* (Lamb.) Britton et Sudw. = Pseudotsuga menziesii var. menziesii

Pseudowintera Dandy 1933 -f- *Winteraceae*
- **colorata** (Raoul) Dandy 1933 · ♄ e Z8 ⓚ; NZ

Psidium L. 1753 -n- *Myrtaceae* · (S. 664)
D:Guajave; E:Guava; F:Goyavier
- *araca* Raddi = Psidium guineense
- *cattleianum* Salisb. = Psidium littorale var. longipes
- **friedrichsthalianum** (O. Berg) Nied. 1893 · ♄ e Z10 ⓦ ⓝ; Guat., Costa Rica
- **guajava** L. 1753 · D:Guave; E:Guava · ♄ ♄ e Z10 ⓦ IV-V ⚥ ⓝ; Mex., C-Am., trop. S-Am., nat. in Trop., Subtrop. [11281]
- **guineense** Sw. 1788 · ♄ ♄ e Z10 ⓦ ⓝ; C-Am., W.Ind., trop. S-Am.
- **littorale** Raddi 1823
  - var. **littorale** · D:Erdbeer-Guave; E:Strawberry Guava · ♄ e Z10 ⓦ ⓝ; Bras., nat. in Fla., Calif., S-Am., Ind., China, Afr.
  - var. **longipes** (O. Berg) Fosberg 1941 · D:Purpurne Erdbeer-Guave; E:Purple Strawberry Guava · ♄ e Z10 ⓦ; S-Fla., Bahamas [11279]

– *longipes* (O. Berg) McVaugh =
  Psidium littorale var. longipes
– *pomiferum* L. = Psidium guajava
– *pyriferum* L. = Psidium guajava
– **sartorianum** (O. Berg) Nied.
  1893 · ♄ ♄ e Z10 ⓦ ⓝ; Mex.

Psilanthus Hook. f. 1873 -m-
Rubiaceae · (S. 778)
– **bengalensis** (Roem. et Schult.)
  J.-F. Leroy 1981 · ♄ Z10 ⓦ;
  Bengalen, Myanmar, Thail.,
  Sumat. Java

Psilocaulon N.E. Br. 1925 -n-
Aizoaceae · (S. 148)
– **coriarium** (Burch. ex N.E. Br.)
  N.E. Br. 1928 · ♄ ⚊ Z9 ⓚ; Kap
– *mentiens* (A. Berger) N.E. Br. =
  Psilocaulon coriarium

Psilostemon DC. = Trachystemon
– *orientalis* (L.) DC. = Trachystemon
  orientalis

Psilotum Sw. 1802 -n- *Psilotaceae* ·
(S. 55)
D:Gabelblatt; E:Fork Fern, Whisk
Fern
– **nudum** (L.) P. Beauv. 1805 ·
  D:Bronze-Gabelblatt; E:Skeleton
  Fork Fern, Whisk Fern · ⚊ e Z10 ⓦ;
  Trop., USA: SE, Fla.; S-Sp., Austr.

Psilurus Trin. 1820 -m- *Poaceae* ·
(S. 1126)
D:Borstenschwanzgras
– **incurvus** (Gouan) Schinz et Thell.
  1913 · D:Borstenschwanzgras ·
  ⊙; Eur.: Ib, Fr, Ap, Ba, Ro, Krim;
  TR, Syr., Iraq, Cauc., Afgh., C-As.,
  Pakist.

Psophocarpus DC. 1825 -m-
Fabaceae · (S. 522)
D:Flügelbohne
– **palustris** Desv. 1826 · D:Sumpf-
  Flügelbohne · ⚊ Z9 ⓦ ⓝ; Sudan,
  W-Sudan
– **tetragonolobus** (L.) DC. 1825 ·
  D:Gewöhnliche Flügelbohne, Goa-
  Bohne; E:Winged Bean · ⚊ ⚖ Z9
  ⓚ ⓝ; S-As.

Psoralea L. 1753 -f- *Fabaceae* ·
(S. 522)
D:Drüsenklee, Harzklee; E:Scurf
Pea; F:Psoralée, Psoralier
– *bituminosa* L. = Bituminaria
  bituminosa
– **obtusifolia** DC.; S-Afr., Namibia,
  Angola
– **pinnata** L. 1753 · D:Blauer Harz-

klee; E:Blue Pea · ♄ Z9 ⓚ VI-VIII;
S-Afr.

Psychine Desf. 1798 -f-
Brassicaceae · (S. 331)
– **stylosa** Desf. 1798 · ⊙; NW-Afr.

Psychopsiella Lückel et Braem
1982 -f- *Orchidaceae*
– **limminghei** (C. Morren ex Lindl.)
  Lückel et Braem 1982 · ⚊ ⓦ;
  Venez., Bras. (Rio de Janeiro)

Psychotria L. 1759 -f- *Rubiaceae* ·
(S. 778)
D:Brechwurzel; E:Wild Coffee;
F:Céphélis, Ipéca
– *acuminata* Benth. = Psychotria
  cuspidata
– **capensis** (Eckl.) Vatke 1875 ·
  D:Kap-Brechwurzel
– **cuspidata** Bredem. ex Schult.
  1819 · D:Kolumbianische Brech-
  wurzel; E:Wild Coffee · ⚊ Z10 ⓦ
  ⚘ ✱; C-Am., N-Col.
– **ipecacuanha** (Brot.) Standl.
  1916 · D:Brasilianische Brechwur-
  zel; E:Ipecac, Wild Coffee · ⚊ Z10
  ⓦ ⚘ ✱; Bras., Bol.

Psygmorchis Dodson et Dressler =
Erycina
– *pusilla* (L.) Dodson et Dressler =
  Erycina pusilla

Psylliostachys (Jaub. et Spach)
Nevski 1937 -f- *Plumbaginaceae* ·
(S. 699)
E:Statice
– **suworowii** (Regel) Roshkova
  1952 · ⊙ ⚘ VII-IX; C-As., Afgh.

Psyllium Mill. 1754 -n-
Plantaginaceae · (S. 695)
D:Flohsame; F:Herbe-aux-puces
– **afrum** (L.) Mirb. 1800 · D:Schar-
  zer Flohsame; E:African Plantain ·
  ⊙ V-VII ⚘; Eur.: Ib, Fr, Ap, Ba; TR,
  Syr., Palaest., Iran, Pakist., N-Afr.
– **arenarium** (Waldst. et Kit.) Mirb.
  1805 · D:Sand-Flohsame; E:Sand
  Plantain · ⊙ VI-IX ⚘; Eur.* exc.
  BrI, Sc; TR, Cyprus, Palaest.,
  W-Sib., C-As., Egypt, Libya,
  Maroc., nat. in N-Am.
– **sempervirens** (Crantz) Soják
  1972 · D:Halbstrauchiger Floh-
  same; E:Evergreen Plantain · ♄ ♄ e
  △ VI-VII; Eur.: Ib, F, I, TR, nat. in
  CH, A

Ptelea L. 1753 -f- *Rutaceae* ·
(S. 793)

D:Kleeulme, Lederstrauch; E:Hop
Tree, Shrubby Trefoil; F:Orme de
Samarie
– **baldwinii** Torr. et A. Gray 1838 ·
  ♄ d ⚭ D Z6 VI; Calif. [26737]
– **polyadenia** Greene 1906 · ♄ d Z6;
  USA: Ariz., N.Mex., Okla., Tex.
  [26738]
– **trifoliata** L. 1753 [21080]
  'Aurea' [33420]
  – var. **mollis** Torr. et A. Gray 1840
    Z5; S-USA, Tex.
  – var. **trifoliata** · D:Dreiblättri-
    ger Lederstrauch; E:Hop Tree,
    Stinking Ash · ♄ d ⚭ D Z5 VI
    ⚘; Can.: E; USA: NE, NCE, NC,
    SW, SC, SE, Fla.; Mex.

Pteretis Raf. = Matteuccia
– *pensylvanica* (Willd.) Fernald =
  Matteuccia pensylvanica
– *struthiopteris* (L.) Nieuwl. =
  Matteuccia struthiopteris

Pteridium Gled. ex Scop. 1760 -n-
Dennstaedtiaceae · (S. 66)
D:Adlerfarn; E:Bracken, Brake;
F:Fougère aigle
– **aquilinum** (L.) Kuhn 1879 ·
  D:Gewöhnlicher Adlerfarn;
  E:Bracken · ⚊ Z4 VII-IX ✱; Eur.*,
  cosmop. [67456]

Pteridophyllum Siebold et Zucc.
1843 -n- *Papaveraceae* · (S. 687)
– **racemosum** Siebold et Zucc.
  1843 · ⚊ Z7 ⓚ; Jap. (Honshu)

Pteris L. 1753 -f- *Pteridaceae* ·
(S. 79)
D:Saumfarn; E:Ribbon Fern;
F:Ptéris
– *arguta* Aiton = Pteris incompleta
– **argyraea** T. Moore 1859 · ⚊ Z10
  ⓚ; Ind., Sri Lanka
– **biaurita** L. 1753 · ⚊ Z10 ⓚ;
  Subtrop., Trop.
– *crenata* Sw. = Pteris ensiformis
– **cretica** L. 1753 · D:Kretischer
  Saumfarn; E:Cretan Brake · ⚊
  Z10 ⓚ VI-VIII; Eur.: Fr, Ap, CH,
  S-GR; TR, Cauc., Iran, Alger., trop.
  As, E-Afr., N-Am., Hawaii, nat. in
  BrI, sp., H
– **dentata** Forssk. 1775 · ⚊ Z10 ⓚ;
  trop. Afr., S-Afr.
– **ensiformis** Burm. f. 1768 ·
  D:Schwertblättriger Saumfarn;
  E:Slender Brake, Sword Brake · ⚊
  Z10 ⓚ; trop. As., Austr., Polyn.
– *flabellata* Thunb. = Pteris dentata
– **incompleta** Cav. 1801 · ⚊ Z10 ⓚ;
  Eur.: Ib.; Maroc., nat. in P

- *laciniata* Willd. = Lonchitis hirsuta
- **multifida** Poir. 1804 · D:Spinnen-Saumfarn; E:Spider Fern · ⚃ Z10 ⓚ; Jap., China, Indochina, nat. in Sri Lanka
- *palustris* Poir. = Pteris incompleta
- **quadriaurita** Retz. 1791 · ⚃ Z10 ⓚ; S-Ind., Sri Lanka
  'Tricolor'
  - var. *argyrea* (T. Moore) hort. = Pteris argyraea
  - var. *biaurita* (L.) hort. = Pteris biaurita
  - var. *tricolor* (Linden) hort. = Pteris quadriaurita
- **semipinnata** L. 1753 · ⚃ Z10 ⓚ; trop. As., China, Taiwan, Jap.
- *serrulata* Forssk. = Pteris incompleta
- *serrulata* L. f. = Pteris multifida
- **tremula** R. Br. 1810 · D:Australischer Saumfarn; E:Australian Brake, Trembling Brake · ⚃ Z10 ⓚ; Austr., NZ
- *tricolor* Linden = Pteris quadriaurita
- **umbrosa** R. Br. 1810 · ⚃ Z10 ⓚ; Austr.
- **vittata** L. 1753 · D:Leitern-Saumfarn; E:Ladder Brake · ⚃ Z10 ⓚ; Trop., Subtrop. Old World, sp.

Pterocactus K. Schum. 1897 -m- *Cactaceae* · (S. 365)
D:Flügelkaktus; F:Cactus ailé
- **kuntzei** K. Schum. 1897 · ♄ ⚘ ⟿ Z8 ⓚ ▽ ✻; W-Arg., Patag.
- *tuberosus* (Pfeiff.) Britton et Rose = Pterocactus kuntzei

Pterocarpus Jacq. 1763 -m- *Fabaceae* · (S. 522)
D:Flügelfrucht; E:Rosewood; F:Bois de santal, Ptérocarpe
- **angolensis** DC. 1825 · D:Ostafrikanischer Padouk, Ostafrikanische Flügelfrucht; E:Bloodwood, Muninga · ♄ d Z10 ⓜ ⓝ; C-Afr., E-Afr., S-Afr.
- **erinaceus** Poir. 1796 · D:Afrikanische Flügelfrucht, Gambia-Kino; E:African Kino, African Rosewood · ♄ Z10 ⓜ ⓝ; W-Sudan, W-Afr., C-Afr.
- **indicus** Willd. 1802 · D:Burma-Flügelfrucht; E:Burmese Rosewood, Padouk · ♄ e Z10 ⓜ ⓝ; trop. As.
- **marsupium** Roxb. 1799 · D:Indische Flügelfrucht; E:Bastard Teak, Indian Kino · ♄ d Z10 ⓜ ⚶ ⓝ; Ind., Sri Lanka
- **santalinus** L. f. 1781 · D:Rote Flügelfrucht; E:Sandalwood Paduak · ♄ Z10 ⓜ ⚶ ⓝ ▽ ✻; S-Ind.
- **soyauxii** Taub. 1895 · D:Afrikanisches Padouk; E:African Padouk · ♄ Z10 ⓜ ⓝ; W-Afr.

Pterocarya Kunth 1824 -f- *Juglandaceae* · (S. 575)
D:Flügelnuss; E:Wingnut; F:Ptérocaryer
- *caucasica* C.A. Mey. = Pterocarya fraxinifolia
- **fraxinifolia** (Lam.) Spach 1834 · D:Kaukasische Flügelnuss; E:Caucasian Wingnut; F:Ptérocaryer du Caucase · ♄ d Z5 VI; Cauc., N-Iran [21090]
- × **rehderiana** C.K. Schneid. 1904 (*P. fraxinifolia* × *P. stenoptera*) · D:Rehders Flügelnuss · ♄ d Z6; cult. [26741]
- **rhoifolia** Siebold et Zucc. 1845 · D:Japanische Flügelnuss; E:Japanese Wingnut · ♄ d Z6 VI; Jap. [26742]
- **stenoptera** C. DC. 1862 · D:Chinesische Flügelnuss; E:Chinese Wingnut · ♄ d Z7 VI; China [19449]

Pteroceltis Maxim. 1873 -f- *Ulmaceae* · (S. 875)
D:Flügelzürgel; F:Micocoulier ailé
- **tatarinowii** Maxim. · D:Flügelzürgel; F:Micocoulier ailé · ♄ d Z5; N-China, C-China [26743]

Pterocephalus Adans. 1763 -m- *Dipsacaceae* · (S. 453)
D:Flügelkopf; F:Scabieuse du Parnasse
- **depressus** Coss. 1873 [72541]
- *papposus* (L.) J.M. Coult. = Pterocephalus plumosus
- *parnassi* Spreng. = Pterocephalus perennis
- **perennis** Coult. 1830 · ⚃ ⟿ △ Z7 ⋀ VII-VIII; GR [66084]
  - subsp. *parnassi* (Spreng.) Vierh. 1919 = Pterocephalus perennis
- **pinardii** Boiss. 1844 · ⚃; TR [72542]
- **plumosus** J.M. Coult. 1823 · ⊙ ⓚ; Eur.: I, Ba, Krim; TR, Levante, Cauc., Iran

Pteroceras Hasselt ex Hassk. 1842 -n- *Orchidaceae* · (S. 1081)
- **appendiculatum** (Blume) Holttum · ⚃; Java+
- **pallidum** (Blume) Holttum 1960 · ⚃ Z10 ⓜ I-XII ▽ ✻; Phil.

Pterodiscus Hook. 1844 -m- *Pedaliaceae*
- **ngamicus** N.E. Br. ex Stapf 1906 · ⚃ ⚘; trop. Afr., trop. S-Afr., S-Afr.
- **speciosus** Hook. 1844 · ⚘ Z9 ⓚ; S-Afr., Botswana

Pteronia L. 1763 -f- *Asteraceae* · (S. 265)
- **fasciculata** L. f. 1782 · ♄ ⚶ Z9 ⓚ; Kap

Pteropogon DC. 1837 -n- *Asteraceae*
- **humboldtianum** (Gaudich.) F. Muell. 1852 · ⊙ ⓚ; S-Austr.

Pterospermum Schreb. 1791 -n- *Sterculiaceae*
- **acerifolium** (L.) Willd. 1800 · ♄ Z10 ⓜ; Ind., Indochina, Malay. Arch.

Pterostylis R. Br. 1810 -f- *Orchidaceae* · (S. 1081)
D:Grünkappe; E:Greenhood; F:Orchidée
- **banksii** R. Br. ex A. Cunn. 1832 · ⚃ Z9 ⓚ VI-II ▽ ✻; NZ
- **curta** R. Br. 1810 · ⚃ Z9 ⓚ VI-XI ▽ ✻; Austr.
- **truncata** Fitzg. 1878 · ⚃ Z8 ⓚ; Austr. (N.S. Wales, Victoria)

Pterostyrax Siebold et Zucc. 1835 -f- *Styracaceae* · (S. 861)
D:Flügelstorax; E:Epaulette Tree; F:Styrax ailé
- **corymbosa** Siebold et Zucc. 1835 · D:Doldiger Flügelstorax; E:Epaulette Tree · ♄ ♄ d Z7 VI; China, Jap. [33422]
- **hispida** Siebold et Zucc. 1846 · D:Borstiger Flügelstorax; E:Fragrant Epaulette Tree · ♄ ♄ d Z6 VI; Jap. [21100]

Pterygota Schott et Endl. 1832 -f- *Sterculiaceae* · (S. 858)
- **alata** (Roxb.) R. Br. 1844 · ♄ d ⚶ Z10 ⓜ; trop. As.

Ptilostemon Cass. 1816 -m- *Asteraceae* · (S. 266)
D:Elfenbeindistel; E:Ivory Thistle; F:Chardon ivoire
- **afer** (Jacq.) Greuter 1967 · D:Elfenbeindistel; E:Ivory Thistle · ⊙ ⚃ Z5 VII-VIII; Eur.: Ba, RO; mts.; TR [66085]
- **casabonae** (L.) Greuter · ⊙ ⊙ ⚃ Z5 VII-VIII; Eur.: F, Corse, Sard., I, nat. in P

– *diacanthus* hort. = Ptilostemon afer

Ptilotrichum C.A. Mey. = Alyssum
– *spinosum* (L.) Boiss. = Alyssum spinosum

Ptilotus R. Br. 1810 -m- Amaranthaceae · (S. 154) D:Haarschöpfchen
– **exaltatus** Nees 1845 · ⊙ ⚃ Z9 ⓚ; Austr. (excl. Tasman.)
– **manglesii** (Lindl.) F. Muell. 1868 · ⚃ Z9 ⓚ IV-VIII; W-Austr.

Ptychopetalum Benth. 1843 -n- Olacaceae · (S. 671) D:Potenzholz; E:Potency Wood
– **olacoides** Benth. 1843 · ♄ e Z10 ⓦ ⚥; Bras., Guyan.
– **uncinatum** Anselmino 1932 · ♄ Z10 ⓦ; Amazon.

Ptychosperma Labill. 1809 -n- Arecaceae · (S. 958) D:Faltensamenpalme; F:Ptychosperme
– *alexandrae* F. Muell. = Archontophoenix alexandrae
– *cunninghamianum* H. Wendl. = Archontophoenix cunninghamiana
– **elegans** (R. Br.) Blume 1843 · D:Alexanderpalme; E:Alexander Palm, Solitaire Palm · ♄ e Z9 ⓚ; Austr.: Queensl.
– **macarthurii** (H. Wendl. ex H.J. Veitch) H. Wendl. ex Hook. f. 1884 · ♄ e Z10 ⓚ; N.Guinea

Ptychotis W.D.J. Koch 1824 -f- Apiaceae · (S. 182) D:Faltenohr
– *ajowan* DC. = Trachyspermum ammi
– *coptica* (L.) DC. = Trachyspermum ammi
– **saxifraga** (L.) Loret et Barrandon 1876 · D:Bibernell-Faltenohr · ⊙; Eur.: Ib, Fr, Ap

Puccinellia Parl. 1848 -f- Poaceae · (S. 1127) D:Salzschwaden; E:Alkali Grass, Saltmarsh Grass
– **capillaris** (Lilj.) Jansen 1951 · D:Haar-Salzschwaden · ⚃ VI-VII; Eur.: BrI, Sc, NL, D, Balt., Russ.; coasts
– **distans** (Jacq.) Parl. 1850 · D:Gewöhnlicher Salzschwaden; E:European Alkali Grass · ⚃ VIII-X; Eur.*, W-Sib.
– **fasciculata** (Torr.) E.P. Bicknell

1908 · D:Büscheliger Salzschwaden · ⊙ ⚃; Eur.: Ib, Fr, N-I, Slova., Croatia; coasts
– **limosa** (Schur) Holmb. 1920 · D:Sumpf-Salzschwaden · ⚃ VI; SE-Eur., C-Eur.
– **maritima** (Huds.) Parl. 1848 · D:Andel, Strand-Salzschwaden · ⚃ VI-IX; Eur.: Sc, N-Russ., Balt., BrI, Fr, D, Ib, ? Ap; coasts, nat. in N-Am., NZ
– **nuttalliana** (Schult.) Hitchc. 1912 · D:Nuttalls Salzschwaden; E:Nuttal's Alkali Grass · ⚃ ⓝ; w. N-Am.
– **rupestris** (With.) Fernald et Weath. 1916 · D:Dichtblütiger Salzschwaden · ⊙ ⊙ V-VI; Eur.: BrI, Norw., Fr, sp.; coasts

Pueraria DC. 1825 -f- Fabaceae · (S. 523) D:Kudzubohne; E:Kudzu; F:Kudzu, Puéraria
– **lobata** (Willd.) Ohwi 1947 · D:Kudzubohne; E:Japanese Arrowroot, Kudzu · ♄ ! d ⚥ D Z7 ∧ ⚥ ⓝ; China, Korea, Jap., nat. in USA: SE
– **phaseoloides** (Roxb.) Benth. 1867 · D:Puero, Tropischer Kudzu; E:Tropical Kudzu · ⚃ ⓦ ⓝ; N-Ind., Myanmar, China, Malay. Arch., nat. in Trop.

Pulicaria Gaertn. 1791 -f- Asteraceae · (S. 266) D:Flohkraut; E:Fleabane; F:Pulicaire
– **dysenterica** (L.) Bernh. 1800 · D:Großes Flohkraut, Ruhr-Flohkraut · ⚃ Z5 VII-IX ⚥; Eur.*, N-Afr.
– **vulgaris** Gaertn. 1791 · D:Kleines Flohkraut · ⊙ Z5 VII-VIII; Eur.*, TR, Cauc., Iran, NW-Ind., W-Sib., C-As., Mong., Amur, China: Sinkiang; N-Afr.

Pulmonaria L. 1753 -f- Boraginaceae · (S. 310) D:Lungenkraut; E:Lungwort; F:Pulmonaire
– **angustifolia** L. 1753 · D:Schmalblättriges Lungenkraut; E:Blue Lungwort; F:Pulmonaire à feuilles étroites · ⚃ Z5 III-IV ▽; Eur.* exc. BrI, Ib; [66088]
– **australis** (Murr) W. Sauer 1975 · D:Südalpen-Lungenkraut · ⚃ IV-VI; Eur.: S-Alp. [72372]
– *azurea* Besser = Pulmonaria angustifolia

– **carnica** W. Sauer 1973 · D:Kärntner-Lungenkraut · ⚃ IV-V; Eur.: A, Slove.
– **collina** W. Sauer 1974 · D:Hügel-Lungenkraut · ⚃ III-V; Eur.: D, CH +
– **dacica** Simonk. 1887
  'Azurea' [66089]
  'Blaues Meer' [66090]
  'Blue Ensign' [71692]
  'Mawson's Variety' = Pulmonaria dacica
  'Blaues Meer'
  'Munstead Blue' [66092]
– **helvetica** Bolliger 1982 · D:Schweizerisches Lungenkraut · ⚃ III-V; Eur.: CH +
– **kerneri** Wettst. 1888 · D:Kerners Lungenkraut · ⚃ V-VII; Eur.: A; NE-Alp.
– **longifolia** (Bastard) Boreau 1857 · D:Langblättriges Lungenkraut
  'Bertram Anderson'
  'Blauer Hügel' [66095]
  'Dordogne'
  'E.B. Anderson' = Pulmonaria longifolia
  'Bertram Anderson'
  'Roy Davidson' [68767]
  – subsp. **cevennensis** Bolliger 1982 · D:Cevennen-Lungenkraut · ⚃ Z6; Eur.: sp., F
  – subsp. **longifolia** · D:Gewöhnliches Langblättriges Lungenkraut · ⚃ Z6; Eur.: Fr, Ib, England [66094]
– **mollis** Wulfen ex Hornem. 1813 · D:Weiches Lungenkraut · [66097]
  'Samobor' [72377]
  – subsp. **mollis** · D:Weiches Lungenkraut · ⚃ IV-V ▽; Eur.: Fr, C-Eur., EC-Eur., Ba, E-Eur. [72376]
– **mollissima** A. Kern. 1878 · ⚃; Eur.: EC-Eur., E-Eur.
– **montana** Lej. 1811 · D:Berg-Lungenkraut, Knolliges-Lungenkraut · ⚃ Z6 III-V; Eur.: Fr, CH, D [72378]
  – subsp. *mollis* (Wulfen ex Hornem.) Gams = Pulmonaria mollis subsp. mollis
– **obscura** Dumort. 1865 · D:Dunkles Lungenkraut, Ungeflecktes Lungenkraut · ⚃ III-V; Eur.: Fr, C-Eur., EC-Eur., Sc, Ba, E-Eur., nat. in BrI
– **officinalis** L. 1753 · D:Echtes Lungenkraut, Kleingeflecktes Lungenkraut; E:Lungwort, Soldiers-and-Sailors, Spotted Dog; F:Pulmonaire officinale · ⚃ Z6 III-V ⚥; Eur.* exc. BrI, Ib [66098]
  'Blue Mist' [72381]
  Cambridge Blue Grp. [66105]

'Sissinghurst White' [66111]
'White Wings' [71928]
- *picta* Rouy = Pulmonaria saccharata
- **rubra** Schott 1851 · D:Ziegelrotes Lungenkraut; F:Pulmonaire rouge · ⚃ Z6 IV-V; Eur.: Ba, RO, Russ.; mts. [66099]
  'Bowles' Red'
  'David Ward' [69552]
  'Mrs Kittle'
  'Redstart' [66101]
  'Salmon Glow' [66102]
- **saccharata** Mill. 1768 · D:Großgeflecktes Lungenkraut; E:Bethlehem Sage, Jerusalem Sage; F:Pulmonaire saupoudrée · ⚃ Z5 IV-V; Eur.: SE-F, I, nat. in B [66103]
  'Alba' [69553]
  Argentea Grp.
  'Dora Bielefeld' [69554]
  'Frühlingshimmel' [66106]
  'Leopard'
  'Mrs Moon' [66108]
  'Pink Dawn' [66109]
  'Reginald Kaye' [66110]
- **stiriaca** A. Kern. 1878 · D:Steirisches Lungenkraut · ⚃ Z5 IV-V; Eur.: A, Slove.; E-Alp.
- *virginica* L. = Mertensia virginica
- **in vielen Sorten:**
  'Blue Crown'
  'Coral Springs' [72388]
  'Excalibur' [68338]
  'Lewis Palmer' [70734]
  'Majeste' [71694]
  'Mournful Purple'
  'Opal' [71927]
  'Smoky Blue' [68175]

Pulsatilla Mill. 1754 -f- *Ranunculaceae* · (S. 733)
D:Küchenschelle, Kuhschelle; E:Pasqueflower; F:Pulsatille
- **albana** (Steven) Bercht. et J. Presl 1820 · ⚃ △ Z5 IV ▽; TR, Cauc., Iran
- **alpina** (L.) Delarbre 1800 · D:Alpen-Küchenschelle · [66115]
  - subsp. **alba** Domin 1935 · D:Brocken-Küchenschelle, Brockenanemone, Kleine Alpen-Küchenschelle; E:White Pasque Flower · ⚃ Z5 V-VIII ▽; Eur.: sp., F, C-Eur., EC-Eur., Ba, RO, W-Russ.; mts [66113]
  - subsp. **alpina** · D:Große Alpen-Küchenschelle · ⚃ △ Z5 V-VIII ▽; Eur.: Ib, Fr, Ap, Ba, C-Eur.; mts.; Cauc.
  - subsp. **apiifolia** (Scop.) Nyman 1878 · D:Schwefel-Anemone, Schwefelgelbe Alpen-Küchenschelle · ⚃ Z5 ▽; Eur.: sp., F, I, A, Ba ; C-Alp., S-Alp. [66116]
  - subsp. *sulphurea* auct. = Pulsatilla alpina subsp. apiifolia
- **ambigua** (Turcz.) Juz. 1841 · ⚃; W-Sib., C-As., Mong., China
- *apiifolia* Scop. = Pulsatilla alpina subsp. apiifolia
- **bungeana** C.A. Mey. 1830 · ⚃ Z5; W-Sib., Mong.
- **campanella** Fisch. ex Regel 1861 · ⚃; W-Sib., C-As., N-Mong.
- **cernua** (Thunb.) Bercht. et C. Presl 1823 · ⚃ Z5; China (Manch.), Korea, Jap.
- **georgica** Rupr. 1869 · ⚃; Cauc.
- *grandis* Wender. = Pulsatilla vulgaris subsp. grandis
- **halleri** (All.) Willd. 1809
  - subsp. **grandis** (Wender.) Meikle · ⚃ Z5 ▽; C-Eur., Ukraine
  - subsp. **halleri** · D:Hallers Küchenschelle; F:Pulsatille de Haller · ⚃ △ Z5 V-VII ▽; Eur.: Fr, Ap, C-Eur., Alp.
  - subsp. **rhodopaea** K. Krause 1958 · ⚃ Z5 ▽; Maced., BG
  - subsp. **slavica** (G. Reuss) Zämelis · ⚃ △ Z5 III-IV ▽; W-Cauc. [66117]
  - subsp. **styriaca** (Pritz.) Zämelis · D:Steirische Küchenschelle · ⚃ Z5 III-IV ▽; A (Steiermark)
  - subsp. **taurica** (Juz.) K. Krause 1958 · ⚃ Z5 ▽; Krim [72471]
- **koreana** (Y. Yabe ex Nakai) T. Mori 1922 · D:Korea-Küchenschelle · ⚃; Jap., Korea, Chin., Amur
- **montana** (Hoppe) Rchb. 1832 · D:Berg-Küchenschelle · ⚃ △ Z6 III-V ▽; Eur.: Fr, I, CH, Ba, RO [66118]
- **occidentalis** (S. Watson) Freyn 1890 · ⚃ Z4; Alaska, Can.: B.C., Alta.; USA: NW, Calif., Idaho, Mont.
- **patens** (L.) Mill. · D:Gewöhnliche Finger-Küchenschelle; E:Eastern Pasque Flower · ⚃ △ Z4 IV ▽; Eur.: D, Sc, EC-Eur., E-Eur.; W-Sib.
- **pratensis** (L.) Mill. 1768 · D:Wiesen-Küchenschelle · [66121]
  - subsp. **nigricans** (Störck) Zämelis 1924 · D:Dunkle Wiesen-Küchenschelle · ⚃ Z5 ✻ ▽; Eur.: C-Eur., EC-Eur., Ba, E-Eur. [71929]
  - subsp. **pratensis** · D:Gewöhnliche Wiesen-Küchenschelle · ⚃ △ Z5 IV-V ✻ ▽; Eur.: EC-Eur., Ba, Sc, E-Eur.
- *slavica* G. Reuss = Pulsatilla halleri subsp. slavica
- **turczaninovii** Krylov et Serg. 1930 · ⚃ Z6; W-Sib., E-Sib., Amur, Manch., E-Mong., ? N-Tibet
- **vernalis** (L.) Mill. 1768 · D:Frühlings-Küchenschelle, Kuhschelle · ⚃ △ Z4 IV ▽; Eur.* exc. BrI, EC-Eur. [66122]
- **vulgaris** Mill. 1768 · D:Gewöhnliche Küchenschelle · [66123]
  'Eva Constance'
  'Papageno' [66129]
  'Röde Klokke' [66131]
  'Weißer Schwan' [66133]
  - subsp. **grandis** (Wender.) Zämelis 1926 · D:Große Küchenschelle · ⚃ Z5 IV-V ✻ ▽; C-Eur., Ba, Ukraine [66127]
  - subsp. **vulgaris** · D:Gewöhnliche Küchenschelle; E:Pasque Flower · ⚃ △ Z5 IV ❀ ✻ ▽; Eur.* exc. BrI, Ap

Pultenaea Sm. 1793 -f- *Fabaceae* · (S. 523)
- **flexilis** Sm. 1805 · ♄ e Z9 ⌂ V; Austr.: N.S.Wales
- **gunnii** Benth. 1838 · ♄ e Z9 ⌂ V; Austr.: Victoria, Tasman.
- **rosea** F. Muell. 1861 · ♄ e Z9 ⌂ IV; Austr.: Victoria

Punica L. 1753 -f- *Punicaceae* · (S. 723)
D:Granatapfel; E:Pomegranate; F:Grenadier
- **granatum** L. 1753 · D:Granatapfel; E:Pomegranate · ♄ ♄ d Z8 ⌂ VI-VIII ❀ ⓝ; TR, SW-As., C-As., nat. in Eur.: Ib, F, Ap, CH, BA, RO [41502]
  'Flore Pleno' [11282]
  'Legrellei' [11283]
  'Nana' [44904]

Pupalia Juss. 1803 -f- *Amaranthaceae* · (S. 154)
- **atropurpurea** Moq. 1849 · ⚃ Z10 ⌂; trop. Afr., trop. As., nat. in S-Sp.
- **lappacea** (L.) A. Juss. 1803 · ⌂; Afr. - trop. As.

Purshia DC. ex Poir. 1816 -f- *Rosaceae* · (S. 760)
D:Antilopenstrauch; E:Antelope Bush
- **tridentata** (Pursh) DC. 1818 · D:Antilopenstrauch; E:Antelope Brush, Bitterbrush · ♄ d Z7 V; USA: Oreg., Calif., Rocky Mts., SW

[26744]

Puschkinia Adams 1805 -f-
Hyacinthaceae · (S. 1011)
D:Kegelblume, Puschkinie;
E:Puschkinia; F:Puschkinia, Scille
- *libanotica* Zucc. = Puschkinia
scilloides var. libanotica
- **scilloides** Adams
  - var. **libanotica** (Zucc.) Boiss.
  1884 · D:Libanon-Puschkinie · ⚃
  Z5 II-III; Lebanon
  'Alba'
  - var. **scilloides** · D:Kegelblume,
  Puschkinie; E:Striped Squill · ⚃
  Z5 II-III; Cauc., TR

Putoria Pers. 1805 -f- *Rubiaceae* ·
(S. 779)
D:Putorie; F:Putoria
- **calabrica** (L. f.) DC. 1830 · ♄ e
Z8 ⓚ; Eur.: Ba, Ib, S-I, Sic.; TR,
Cyprus, Levante, N-Afr., Canar.

Puya Molina 1782 -f- *Bromeliaceae* ·
(S. 977)
- **alpestris** (Poepp.) Gay 1854 · ♄
Z8 ⓚ; C-Chile
- **chilensis** Molina 1782 · ♄ Z9 ⓚ;
C-Chile
- *coarctata* (Ruiz et Pav.) Fisch. =
Puya chilensis
- **coerulea** Lindl. 1840
  - var. **coerulea** · ⚃ Z8 ⓚ; Chile
  - var. **violacea** (Brongn.) L.B. Sm.
  et Looser 1970 · ⚃ Z8 ⓚ; Chile
- *conquimbensis* Mez = Puya venusta
- **gigas** André 1881 · ♄ Z9 ⓚ; Col.
- **mirabilis** (Mez) L.B. Sm. 1968 ·
⚃; Arg., Bol.
- **raimondii** Harms 1928 · ♄ e Z8
ⓚ; Peru, Bol., N-Chile
- **spathacea** (Griseb.) Mez 1896 · ⚃
Z8 ⓚ; C-Arg.
- **venusta** Phil. 1895 · ⚃ Z8 ⓚ;
Chile
- *violacea* (Brongn.) Mez = Puya
coerulea var. violacea

Pycnanthemum Michx. 1803 -n-
Lamiaceae
- **flexuosum** (Walter) Britton, Stern
et Poggenb. 1888 · ⚃ Z5; USA:
Va., SE, Fla. [60585]
- **montanum** Michx. 1803 · ⚃;
USA: W.Va. , Va., Ky., SE
- **muticum** (Michx.) Pers. 1806 · ⚃
Z5; USA: NE, NEC, SE, Fla., NC
- *pilosum* Nutt. = Pycnanthemum
verticillatum var. pilosum
- *tenuifolium* Schrad. =
Pycnanthemum flexuosum
- **verticillatum** (Michx.) Pers. 1806

- var. **pilosum** (Nutt.) Cooperr.
1984 · ⚃ Z4; Can.: Ont.; USA:
NE, NEC, NC, SC, SW, Rocky
Mts., ...NW
- **virginianum** (L.) T. Durand et
B.D. Jacks. Ex B.L. Rob. Et Fernald
1908 · ⚃ Z5; USA: NE, NEC, NC,
SE, Okla. [70774]

Pycnanthus Warb. 1895 -f-
Myristicaceae · (S. 655)
- **angolensis** (Welw.) Warb. 1895 ·
♄ Z10 ⓦ ⓝ; Angola

Pycnostachys Hook. 1827 -f-
Lamiaceae · (S. 590)
- **dawei** N.E. Br. 1907 · ⚃ Z9 ⓚ
XII-II; Uganda
- **urticifolia** Hook. 1870 · ⚃ ⚭ Z9
ⓚ VIII; trop. Afr., S-Afr.

Pycreus P. Beauv. 1816 -m-
Cyperaceae
- **flavescens** (L.) P. Beauv. ex Rchb.
1753 · D:Gelbliches Zypergras · ⊙
⌇ VII-X; Eur.* exc. BrI, Sc; Tr,
Cauc., C-As, SW-As., Afr., N-Am.,
nat. in Austr.

Pygmaeocereus H. Johnson et
Backeb. 1957 *Cactaceae* · (S. 366)
- **bylesianus** Andreae et Backeb.
1957 · ⚇ Z9 ⓚ; Peru

Pyracantha M. Roem. 1847 -f-
Rosaceae · (S. 760)
D:Feuerdorn; E:Firethorn;
F:Buisson ardent
- **angustifolia** (Franch.) C.K.
Schneid. 1906 · D:Schmalblättri-
ger Feuerdorn; E:Narrow-leaved
Firethorn · ♄ e ⚭ Z7 VI-VII;
SW-China [26745]
- **atalantioides** (Hance) Stapf
1926 · D:China-Feuerdorn · ♄ e Z7
V-VI; China [26746]
- **coccinea** M. Roem. 1847 · D:Mit-
telmeer-Feuerdorn; E:Burning
Bush, Firethorn; F:Buisson
ardant · ♄ e ⚭ Z6 V; Eur.: Ib, Fr,
Ap, AL, Krim; TR, Cauc., N-Iran
[26747]
'Bad Zwischenahn' 1960 [21120]
'Kasan' c. 1929 [21140]
'Praecox' [21180]
'Red Column' 1985 [30670]
'Red Cushion' [12467]
'Soleil d'Or' [28450]
- **crenatoserrata** (Hance) Rehder
1931 · ♄ ⚭ Z7 ∧ V-VII; W-China,
C-China [26751]
- **crenulata** (D. Don) M. Roem.
1847 · D:Nepal-Feuerdorn;

E:Nepal Firethorn, Nepalese
White Thorn · ♄ ♄ e Z7; Him.,
NW-China [26749]
- *fortuneana* (Maxim.) H.L. Li =
Pyracantha crenatoserrata
- **rogersiana** (A.B. Jacks.) Bean
1928 · D:Gelbfrüchtiger Feuer-
dorn · ♄ e ⚭ Z8 ⓚ VI; SW-China
[26748]
'Flava' [26755]
- *yunnanensis* Chitt. = Pyracantha
crenatoserrata
- **in vielen Sorten:**
'Alexander' [47310]
'Dart's Red' 1986 [44547]
'Golden Charmer' 1960 [21130]
'Harlequin' [34891]
'Mohave' 1963 [27960]
'Navaho' 1966 [21160]
'Orange Charmer' 1962 [21170]
'Saphyr Orange' [12469]
'Saphyr Red' [12471]
'Saphyr Yellow' [12468]
'Teton' 1963 [21200]

× **Pyracomeles** Rehder ex
Guillaumin 1937 -f- *Rosaceae* ·
(S. 760)
D:Bastardfeuerdorn (Osteomeles ×
Pyracantha)
- **vilmorinii** Rehder ex Guillaumin
1937 (Osteomeles subrotunda
× Pyracantha crenatoserrata) ·
D:Bastardfeuerdorn · ♄ s Z8 ⓚ V;
cult.

Pyrethrum Zinn = Tanacetum
- *balsamita* (L.) Willd. = Tanacetum
balsamita subsp. balsamita
- *carneum* M. Bieb. = Tanacetum
coccineum
- *cinerariifolium* Trevir. =
Tanacetum cinerariifolium
- *corymbosum* (L.) Scop. =
Tanacetum corymbosum subsp.
corymbosum
- *densum* Labill. = Tanacetum
densum subsp. densum
- *gayanum* Coss. et Durieu =
Rhodanthemum gayanum
- *macrophyllum* (Waldst. et Kit.)
Willd. = Tanacetum macrophyllum
- *parthenium* (L.) Sm. = Tanacetum
parthenium
- *roseum* M. Bieb. = Tanacetum
coccineum

Pyrola L. 1753 -f- *Pyrolaceae* ·
(S. 724)
D:Wintergrün; E:Shinleaf,
Wintergreen; F:Pyrole
- **chlorantha** Sw. 1810 · D:Grün-
liches Wintergrün; E:Green

Flowered Wintergreen · ⚃ Z5 VI-VII; Eur.*, TR, Cauc., W-Sib., E-Sib., Kamchat., N-Am.
- **media** Sw. 1804 · D:Mittleres Wintergrün · ⚃ Z5 VI-VIII; Eur.* exc. Ib; Cauc., W-Sib., E-Sib.
- **minor** L. 1753 · D:Kleines Wintergrün; E:Common Wintergreen · ⚃ Z5 VI-VIII; Eur.*, TR, Cauc., W-Sib., E-Sib., Amur, Sachal., Kamchat., C-As., Alaska, Can., USA: NE, NCE, NC, Rocky Mts., NW, Calif.; Greenl.
- **rotundifolia** L. · D:Rundblättriges Wintergrün; E:Round Leaved Wintergreen · ⚃ Z4 VI-VIII; Eur.*, Cauc., TR, N-Iran, W-Sib., E-Sib., C-As., Alaska, Can., USA* exc. SE, Fla., SC; Greenl.
- *secunda* = Orthilia secunda
- *uniflora* L. = Moneses uniflora
- *urceolata* Poir. = Galax urceolata

Pyrolirion Herb. 1821 -n- *Amaryllidaceae* · (S. 913) D:Flammenlilie; E:Flame Lily
- **arvense** (F. Dietr.) Erhardt, Götz et Seybold · D:Flammenlilie; E:Flame Lily · ⚃ Z9 ⓚ XII-I; Peru
- *aureum* Herb. = Pyrolirion arvense

Pyrostegia C. Presl 1844 -f- *Bignoniaceae* · (S. 298) D:Feuerranke; F:Liane de feu
- **venusta** (Ker-Gawl.) Miers 1863 · D:Feuer auf dem Dach, Feuerranke; E:Orange Trumpet Vine · ♄ e ⚐ Z10 ⓦ X-I; Bras., Parag. [11535]

Pyrrheima Hassk. = Siderasis
- *loddigesii* Hassk. = Siderasis fuscata

Pyrrhocactus Backeb. et F.M. Knuth = Neoporteria
- *aricensis* F. Ritter = Neoporteria aricensis
- *bulbocalyx* (Werderm.) Backeb. = Neoporteria bulbocalyx
- *curvispinus* (Bertero) Backeb. et F.M. Knuth = Neoporteria curvispina
- *dubius* Backeb. = Neoporteria strausiana
- *nigricans* (Linke) F. Ritter = Neoporteria tuberisulcata

Pyrrocoma Hook. 1833 -f- *Asteraceae* · (S. 266)
- **crocea** (A. Gray) Greene 1894 · ⚃ △ Z7 ∧ VII-X; USA: Rocky Mts., SW

Pyrrosia Mirb. 1802 -f- *Polypodiaceae* · (S. 78) D:Schneefarn; E:Felt Fern; F:Fougère
- **confluens** (R. Br.) Ching 1935 · D:Himalaya-Schneefarn; E:Robber Fern · ⚃ Z10 ⓦ; Him.
- **hastata** (Thunb.) Ching 1935 · ⚃ Z10 ⓦ; Jap., Korea, Manch.
- **heterophylla** (L.) M.G. Price · D:Ungleichblättriger Schneefarn; E:Dragon Scales · ⚃ Z10 ⓦ; Ind., SE-As., N.Guinea
- **lanceolata** (L.) Farw. 1931 · ⚃ ⚐ Z10 ⓦ; trop. Afr., trop. As.
- **lingua** (Thunb.) Farw. 1931 · D:Japanischer Schneefarn; E:Japanese Felt Fern · ⚃ Z10 ⓦ; China, Indochina, Taiwan, Jap.
- **niphoboloides** (Luerss.) M.G. Price 1974 · ⚃ Z10 ⓦ; Madag.

Pyrularia Michx. 1803 -f- *Santalaceae* · (S. 796) D:Büffelnuss; E:Buffalo Nut
- **pubera** Michx. 1803 · D:Büffelnuss; E:Buffalo Nut · ♄ d Z4 ✿ ⓝ; USA: NE, SE

Pyrus L. 1753 -f- *Rosaceae* · (S. 761) D:Birne; E:Pear; F:Poirier
- *americana* (Marshall) DC. = Sorbus americana
- *angustifolia* Aiton = Malus angustifolia
- *arbutifolia* (L.) L. f. = Aronia arbutifolia var. arbutifolia
- *aucuparia* (L.) Gaertn. = Sorbus aucuparia subsp. aucuparia
- **austriaca** A. Kern. 1896 · D:Österreichischer Birnbaum · ♄ d Z6 V; Eur.: CH, A, Slova., H, ? RO
- *baccata* L. = Malus baccata var. baccata
- var. *mandshurica* Maxim. 1874 = Malus baccata var. mandshurica
- **betulifolia** Bunge 1835 · E:Birchleaf Pear · ♄ d Z5 V; N-China [13959]
- **bourgaeana** Decne. 1871 · ♄ d; W-Sp., P, Maroc.
- **bretschneideri** Rehder 1915 · ♄ d Z5 IV-V; N-China
- **calleryana** Decne. 1871-72 · D:Chinesische Birne
 'Chanticleer' 1959 [29640]
 'Redspire' 1975 [14395]
 - var. **calleryana** · ♄ d Z6; C-China, S-China
 - var. **dimorphophylla** (Makino) Koidz. 1913 · ♄ d Z6 V; Jap.
 - var. **fauriei** (C.K. Schneid.) Rehder 1920 · ♄ d Z6 V; Korea
- × **canescens** Spach 1834 (*P. nivalis* × *P. salicifolia*) · D:Graublättrige Birne · ♄ d Z6; cult. [37062]
- **caucasica** Fed. 1952 · D:Kaukasische Birne; F:Poirier du Caucase · [37065]
- *chamaemespilus* (L.) Ehrh. = Sorbus chamaemespilus
- **communis** L. 1753 · D:Garten-Birnbaum, Kultur-Birne; E:Common Pear, Pear; F:Poirier commun · ♄ d Z5 IV-V ⓝ; cult. [33712]
 'Abbé Fétel' Hort. F 1869 [13447]
 'Alexander Lucas' Hort. F 1870 [11520]
 'Beech Hill' [29650]
 'Boscs Flaschenbirne' Hort. F 1793 [11390]
 'Bunte Julibirne' Hort. F 1867 [11400]
 'Conference' Hort. GB 1894 [11440]
 'Gellerts Butterbirne' Hort. F 1838 [13453]
 'Gräfin von Paris' [11470]
 'Gute Luise von Avranches' Hort. F 1788 [16618]
 'Jeanne d'Arc' Hort. F 1890 [15011]
 'Köstliche von Charneu' Hort. B [11410]
 'Margarete Marillat' Hort. F 1870 [11747]
 'Oberösterreichische Weinbirne' Hort. A [15024]
 'Pastorenbirne' Hort. F 1760 [15027]
 'Pierre Corneille' Hort. F 1890 [15028]
 'Rote Williams Christbirne' [11590]
 'Schweizer Wasserbirne' = Pyrus communis 'Wasserbirne'
 'Stuttgarter Geißhirtle' Hort. D [15032]
 'Triumph von Vienne' Hort. F 1874 [11570]
 'Vereins-Dechantsbirne' Hort. F 1840 [15035]
 'Wasserbirne' Hort. CH [15031]
 'Williams Christbirne' Hort. GB 1770 [16654]
- subsp. *salviifolia* (DC.) Gams 1922 = Pyrus salviifolia
- var. *pyraster* L. 1753 = Pyrus pyraster
- *coronaria* L. = Malus coronaria
- var. *ioensis* A.W. Wood 1861 = Malus ioensis
- *decora* (Sarg.) Hyl. = Sorbus decora
- *domestica* Medik. = Pyrus communis
- **elaeagrifolia** Pall. 1789
 - var. **elaeagrifolia** · D:Ölweiden-Birne · ♄ d Z5; TR
 - var. **kotschyana** (Decne.) Boiss. · ♄ d Z5 IV-V; TR
- *floribunda* Lindl. = Aronia × prunifolia
- *hupehensis* Pamp. = Malus

hupehensis
- *ioensis* (A.W. Wood) L.H. Bailey = Malus ioensis
- *japonica* Thunb. = Chaenomeles japonica var. japonica
- *kansuensis* Batalin = Malus kansuensis
- *malus* L. = Malus sylvestris
  - var. *paradisiaca* L. 1753 = Malus pumila var. paradisiaca
  - var. *sylvestris* L. 1753 = Malus sylvestris
- *maulei* (T. Moore) Mast. = Chaenomeles japonica var. japonica
- *melanocarpa* (Michx.) Willd. = Aronia melanocarpa var. melanocarpa
- *niedzwetzkyana* (Dieck) Hemsl. = Malus pumila 'Niedzwetzkyana'
- **nivalis** Jacq. 1831 · D:Schnee-Birne; E:Snow Pear · ♄ d Z6 V Ⓝ; Eur.: Fr, Ap, C-Eur., EC-Eur., Ba, RO [31452]
- **pashia** Buch.-Ham. ex D. Don 1825 · ♄ d Z5; Afgh., Him., W-China, Myanmar
- **phaeocarpa** Rehder 1915 · ♄ d Z5 V; N-China
- *prattii* Hemsl. = Malus prattii
- *prunifolia* Willd. = Malus prunifolia var. prunifolia
- **pyraster** (L.) Burgsd. 1787 · D:Wild-Birne, Wilder Birnbaum; E:Wild Pear; F:Poirier sauvage · ♄ d Z6 IV-V; Eur.* exc. BrI, Sc; TR, Cauc., Iran [43343]
- **pyrifolia** (Burm. f.) Nakai 1926 [24799]
  - var. **culta** (Makino) Nakai 1926 · D:Nashi-Birne; E:Nashi Pear · ♄ d Z6 IV Ⓝ; cult.
    'Chojuro' [34935]
    'Kosui' [31264]
    'Shinseiki' [31265]
  - var. **pyrifolia** · D:China-Birne; E:Sand Pear · ♄ d Z6; W-China, C-China
- **regelii** Rehder 1939 · F:Poirier de Regel · ♄ d Z6 V-VI; C-As. [33933]
- **salicifolia** Pall. 1776 · D:Weiden-Birne; E:Willow Leafed Pear; F:Poirier à feuilles de saule · ♄ d Z4 IV-V; TR, Cauc., Iran [21230]
  'Pendula' [33424]
- **salviifolia** DC. 1825 (*P. communis* × *P. nivalis*) · D:Salbeiblatt-Birnbaum · ♄ ♄ d Z5 V; Eur.: Fr, C-Eur., EC-Eur., Ba, E-Eur.
- *sargentii* (Rehder) Bean = Malus toringo
- *serotina* Rehder = Pyrus pyrifolia var. pyrifolia

- *sieboldii* Regel = Malus toringo
- *sinensis* (Thouin) Spreng. = Pyrus pyrifolia var. culta
- *spectabilis* Aiton = Malus spectabilis
- **spinosa** Forssk. 1775 · D:Pfirsichblättrige Birne; E:Almond Leaved Pear · ♄ ♄ d Z6 V ✿; Eur.: Ib, Fr, Ap, Ba; TR
- *sylvestris* Gray = Malus sylvestris
- *toringoides* (Rehder) Osborn = Malus toringoides
- *transitoria* Batalin = Malus transitoria
- *trilobata* (Labill.) DC. = Malus trilobata
- *tschonoskii* Maxim. = Malus tschonoskii
- **ussuriensis** Maxim. 1856
  - var. **hondoensis** (Kikuchi et Nakai) Rehder 1920 · ♄ d Z6 IV; C-Jap.
  - var. **ovoidea** (Rehder) Rehder 1920 · ♄ d Z6 IV; Korea, N-China
  - var. **ussuriensis** · D:Ussuri-Birne; E:Ussurian Pear · ♄ d Z6; Amur, Manch., Korea

Qiongzhuea Hsueh et T.P. Yi = Chimonobambusa
- *tumidinoda* Hsueh et T.P. Yi = Chimonobambusa tumidissinoda
- *tumidissinoda* (Ohrnb.) J.R. Xue et T.P. Yi = Chimonobambusa tumidissinoda

Quamoclit Mill. = Ipomoea
- *coccinea* (L.) Moench = Ipomoea coccinea
- *hederifolia* (L.) G. Don = Ipomoea hederifolia
- *lobata* (Cerv.) House = Ipomoea lobata
- × *multifida* Raf. = Ipomoea × multifida
- *pennata* Bojer = Ipomoea quamoclit
- × *sloteri* House = Ipomoea × multifida
- *vulgaris* Choisy = Ipomoea quamoclit

Quaqua N.E. Br. 1879 -f- *Asclepiadaceae* · (S. 209)
- **mammillaris** (L.) Bruyns 1983 · ↯ ⇓ Z9 Ⓚ; Kap

Quassia L. 1762 -f- *Simaroubaceae* · (S. 842)
D:Bitterholz, Quassiabaum; E:Bitterwood; F:Quassier, Quassier amer
- **amara** L. 1762 · D:Bitterholz;

E:Bitterwood, Jamaica Bark · ♄ ♄ e Z10 Ⓦ ⚥ Ⓝ; Mex., W.Ind., Guyan., N-Bras.

Quercus L. 1753 -f- *Fagaceae* · (S. 532)
D:Eiche; E:Oak; F:Chêne
- **acuta** Thunb. 1784 · ♄ ♄ e Z8 Ⓚ; Jap., N-Korea, China [25713]
- **acutissima** Carruth. · D:Seidenraupen-Eiche; E:Sawtooth Oak; F:Chêne à dents de scie · ♄ d Z7 Ⓝ; Him., China, Korea, Jap.
- *aegilops* L. = Quercus ithaburensis subsp. macrolepis
- **agrifolia** Née 1801 · ♄ e Z8 Ⓚ; Calif., Mex. (Baja Calif.) [25714]
- **alba** L. 1753 · D:Weiß-Eiche; E:White Oak; F:Chêne blanc · ♄ d Z5 Ⓝ; Can.: E; USA: NE, NCE, SC, SE, Fla. [33426]
- **aliena** Blume 1851 [12345]
  - var. **acutiserrata** Maxim. 1886 · ♄ d Z5; Jap., Korea, C-China [44769]
  - var. **aliena** · ♄ d Z5 Ⓝ; Jap., Korea, China
- **alnifolia** Poech 1842 · D:Erlenblättrige Eiche; E:Golden Oak · ♄ ♄ e Z8 Ⓚ ⚠; Cyprus [25721]
- *aquatica* (Lam.) Walter = Quercus nigra
- **arkansana** Sarg. 1911 · D:Arkansas-Eiche; E:Arkansas Oak · ♄ d Z7; USA: Ark. [12347]
- *banisteri* Michx. = Quercus ilicifolia
- **bicolor** Willd. 1801 · D:Zweifarbige Eiche; E:Swamp White Oak; F:Chêne à gros glands · ♄ d Z4 Ⓝ; Can.: E; USA: NE, NCE, NC, SC, SE [33430]
- *borealis* F. Michx. = Quercus rubra
  - var. *maxima* (Marshall) Sarg. 1916 = Quercus rubra
- *bungeana* F.B. Forbes = Quercus variabilis
- × **bushii** Sarg. 1918 (*Q. marilandica* × *Q. velutina*) · ♄ d Z5; USA: Okla. + [33432]
- × *calvescens* Vuk. = Quercus × streimii
- **canariensis** Willd. 1809 · D:Algerische Eiche · ♄ d Z7; Eur.: Ib; Maroc., Alger., Tun. [44758]
- **castaneifolia** C.A. Mey. 1831 · D:Kastanienblättrige Eiche; F:Chêne à feuilles de châtaignier · ♄ d Z7 Ⓝ; Cauc., Iran [33431]
  'Green Spire' [44732]
- **cerris** L. 1753 · D:Zerr-Eiche; E:Turkey Oak; F:Chêne chevelu · ♄ d Z6 IV Ⓝ; C-Eur., S-Eur.,

Liban., nat. in C-Span. [21250]
'Argenteovariegata' 1864 [26643]
'Marmorata' [33462]
'Wodan'
- var. *austriaca* (Willd.) Loudon 1838 = Quercus cerris
- *chinensis* Bunge = Quercus variabilis
- **chrysolepis** Liebm. 1854 · D:Schlegel-Eiche · ℏ ℏ e Z7; USA: Oreg., Calif., Nev.SW; NW-Mex. [25722]
- **coccifera** L. 1753 · D:Kermes-Eiche; E:Kermes Oak; F:Chêne à cochenilles · ℏ ℏ e Z8 Ⓝ; Eur.: Ib, Fr, Ap, Ba; TR, Levante, NW-Afr., Libya [33436]
- **coccinea** Münchh. 1770 · D:Scharlach-Eiche; E:Scarlet Oak; F:Chêne écarlate · ℏ d Z5 Ⓝ; Can.: E; USA: NE, NCE, SE, Okla. [21260]
'Splendens' c. 1900 [37710]
- *conferta* Kit. = Quercus frainetto
- *daimio* hort. ex K. Koch = Quercus dentata subsp. dentata
- **dalechampii** Ten. 1830 · D:Gelbliche Eiche · ℏ d Z7 IV-V; Eur.: I, A, EC-Eur., Ba, RO, ? Sic.
- **dentata** Thunb. 1784 Z6 [44756]
'Carl Ferris Miller' [55338]
  - subsp. **dentata** · D:Kaiser-Eiche; E:Daimio Oak, Japanese Emperor Oak; F:Chêne Daimyo · ℏ d Z5 Ⓝ; Jap., Korea, N-China, W-China
- **douglasii** Hook. et Arn. 1840 · D:Blau-Eiche · ℏ d Z7; Calif. [25742]
- **ellipsoidalis** E.J. Hill 1899 · D:Nördliche Nadel-Eiche · [44733]
'Hemelrijk' [25753]
- **engelmannii** Greene 1889 · D:Engelmanns Eiche · ℏ e Z8 Ⓚ; S-Calif., Mex. (Baja Calif.)
- × **exacta** Trel. 1917 (*Q. imbricaria* × *Q. palustris*) · ℏ; USA
- **fabrei** Hance 1869 · ℏ d Z5; China, Korea
- **faginea** Lam. · D:Portugiesische Eiche; E:Portuguese Oak · ℏ ℏ s Z7; sp., P
- **falcata** Michx. 1801 · D:Sichelblättrige Eiche, Sumpf-Rot-Eiche; E:Southern Red Oak · ℏ d Z6; USA: NE, SE, Fla., SC [25745]
  - var. *pagodifolia* Elliott 1824 = Quercus pagoda
- *farnetto* Ten. = Quercus frainetto
- *fastigiata* Lam. = Quercus robur subsp. robur
- × **fernaldii** Trel. 1924 (*Q. ilicifolia*

× *Q. rubra*) Z5; USA (Mass.) +
- *ferruginea* F. Michx. = Quercus marilandica
- **frainetto** Ten. 1813 · D:Ungarische Eiche; E:Hungarian Oak; F:Chêne de Hongrie · ℏ d Z6; Eur.: I, EC-Eur., Ba, RO; TR, Levante [21270]
'Trump' 1980 [12938]
- **gambelii** Nutt. 1847 [25747]
- **garryana** Douglas ex Hook. · D:Oregon-Eiche; E:Oregon White Oak · ℏ d Z8 Ⓚ; B.C., USA: Wash., Oreg., Calif.
- **georgiana** M.A. Curtis 1849 · D:Georgia-Eiche · ℏ ℏ e Z6; USA: Ga., Ala., S.C. [25748]
- *glandulifera* Blume = Quercus serrata
- **glauca** Thunb. 1784 · D:Japanische Blau-Eiche · ℏ e Z8 Ⓚ; Him., China, Indochina, Korea, Jap., Taiwan [25749]
- **hartwissiana** Steven 1857 · D:Armenische Eiche · ℏ d Z5; Eur.: BG; TR, Cauc. [17717]
- × **hastingsii** Sarg. 1918 · D:Hastings Eiche
- **hemisphaerica** W. Bartram ex Willd. 1805 · ℏ d; USA: SE, Fla., Tex., Va.
- × **heterophylla** F. Michx. 1811 (*Q. phellos* × *Q. rubra*) · D:Verschiedenblättrige Eiche · ℏ d Z6; E-USA [33438]
- × **hickelii** A. Camus 1935 (*Q. pontica* × *Q. robur*) · D:Hickels Eiche · ℏ d; cult. in F [44743]
- × **hispanica** Lam. 1785 (*Q. cerris* × *Q. suber*) · D:Spanische Eiche; E:Spanish Oak; F:Chêne de Lucombe · ℏ s Z7; Eur.: Ib, S-F, I, Ba [44740]
'Diversifolia' [12349]
'Pseudoturneri' · s [21350]
'Turneri' · D:Wintergrüne Eiche; E:Turner's Oak · s
'Wageningen' [16166]
- **ilex** L. 1753 · D:Stein-Eiche; E:Evergreen Oak, Holm Oak; F:Chêne vert, Yeuse · ℏ ℏ e Z8 Ⓚ IV-V Ⓝ; Eur.: Ib, Fr, Ap, Ba; TR, NW-Afr., nat. in Krim, CH, Br [33440]
  - var. *rotundifolia* (Lam.) Trab. 1905 = Quercus rotundifolia
- **ilicifolia** Wangenh. 1787 · D:Busch-Eiche; E:Bear Oak, Scrub Oak · ℏ ℏ d Z6; USA: NE, N.C. [48050]
- **imbricaria** Michx. 1801 · D:Schindel-Eiche; E:Shingle Oak; F:Chêne à feuilles de laurier ·

ℏ d Z5; USA: NE, NCE, NC, SE [33442]
- **incana** W. Bartram 1791 · ℏ ℏ d Z7; USA: Va., SE, Fla., SC [25751]
- **infectoria** Olivier · D:Aleppo-Eiche; E:Aleppo Oak · ℏ s Z8 Ⓚ ℏ ; Eur.: GR; TR, Cyprus, Palaest., Cauc., N-Iraq, Iran
- **ithaburensis** Decne. 1835 [25752]
  - subsp. **ithaburensis** · D:Syrische Eiche · ℏ s Z8 Ⓚ; TR, Syr., Palaest.
  - subsp. **macrolepis** (Kotschy) Hedge et Yalt. 1981 · D:Valonea-Eiche; E:Dyer's Oak, Vallonia Oak · ℏ s Z7 Ⓝ; Eur.: SE-I, Ba, GR; TR [29887]
- **kelloggii** Newb. 1857 · D:Kalifornische Schwarz-Eiche · ℏ d Z8 Ⓚ; USA: Oreg., Calif. [25754]
- × **kewensis** Osborn 1931 (*Q. cerris* × *Q. wislizeni*) · D:Kew-Eiche · ℏ e Z7; cult. [12351]
- **laevis** Walter 1788 · ℏ d Z8 Ⓚ; USA: Va., SE, Fla. [25755]
- *lanuginosa* Lam. = Quercus pubescens subsp. pubescens
- **laurifolia** Michx. 1801 · D:Lorbeerblättrige Eiche; E:Laurel Oak · ℏ d Z7 ∧; USA: NE, SE, SC, Fla. [25756]
- × **leana** Nutt. 1842 (*Q. imeretina* × *Q. velutina*) · ℏ d Z6; USA [12352]
- **liaotungensis** · ℏ d Z4; China, Manch., Mong., Korea [12353]
- × **libanerris** Boom 1959 (*Q. cerris* × *Q. libani*) · D:Libanon-Hybrid-Eiche · ℏ d Z6; cult.
'Trompenburg' [44738]
- **libani** Olivier 1801 · D:Libanon-Eiche; E:Lebanon Oak; F:Chêne du Liban · ℏ ℏ d Z6; TR, Syr. [30680]
- **lobata** Née 1801 · D:Kalifornische Weiß-Eiche; E:California White Oak · ℏ d Z7; Calif. [25757]
- × **ludoviciana** Sarg. 1913 (*Q. pagoda* × *Q. phellos*) · ℏ d; USA: La [44737]
- **lusitanica** Lam. 1785 · ℏ d Z8 Ⓚ; SW-Sp., S-P, Maroc.
- *lusitanica* Webb = Quercus faginea
- **lyrata** Walter 1788 · D:Leierblättrige Eiche; E:Overcup Oak, Water White Oak · ℏ d Z5 Ⓝ; USA: NE, NCE, SC, SE, Fla. [12354]
- **macranthera** Fisch. et C.A. Mey. ex Hohen. · D:Persische Eiche; E:Caucasian Oak; F:Chêne du Caucase · ℏ d Z6; SE-Cauc., N-Iran
- **macrocarpa** Michx. 1801 · [12363]

- var. **macrocarpa** · D:Großfrüchtige Eiche; E:Burr Oak, Mossy Cup Oak · ♄ d Z4 Ⓝ; Can.: E, Sask.; USA: NE, SE, SC, NCE, NC
- var. *oliviformis* (F. Michx.) A. Gray 1856 = Quercus macrocarpa
- *macrolepis* Kotschy = Quercus ithaburensis subsp. macrolepis
- **marilandica** (L.) Münchh. 1770 · D:Schwarz-Eiche; E:Blackjack Oak, Scrub Oak; F:Chêne du Maryland · ♄ d Z7; USA: NE, NCE, NC, SC, SE, Fla. [33448]
- **michauxii** Nutt. 1818 · D:Korb-Eiche; E:Swamp Chestnut Oak · ♄ d Z7; N-Am. [25758]
- **mongolica** Fisch. ex Ledeb. 1850 [44748]
  - subsp. **mongolica** · D:Mongolische Eiche; E:Mongolian Oak · ♄ d Z5 Ⓝ; E-Sib., N-China, Korea, N-Jap.
  - subsp. **crispula** (Blume) Menitsky 1973 · ♄ d Z5; Jap., Sachal. [12365]
- **montana** Willd. 1805 · D:Kastanien-Eiche; E:Basket Oak, Chestnut Oak · ♄ d Z6 Ⓝ; Ont., USA: NE, NCE, SE [36153]
- **muehlenbergii** Engelm. 1877 · D:Gelb-Eiche; E:Yellow Chestnut Oak · ♄ d Z6; USA: NE, NEC, NC, SC, N.Mex. [25759]
- *myrsinifolia* Blume = Quercus glauca
- *nana* (Marshall) Sarg. non Willd. = Quercus ilicifolia
- **nigra** L. 1753 · D:Wasser-Eiche; E:Water Oak · ♄ d Z6; USA: NE, NCE, SC, SE, Fla. [42144]
- *nigra* Wangenh. non L. = Quercus ilicifolia
- *nuttallii* E.J. Palmer = Quercus texana
- *obovata* Bunge = Quercus dentata subsp. dentata
- *obtusiloba* Michx. = Quercus stellata
- **pagoda** Raf. 1838
- **palustris** Münchh. 1770 · D:Sumpf-Eiche; E:Pin Oak; F:Chêne des marais · ♄ d ⌒ Z5 V Ⓝ; Can.: E; USA: NE, NCE, Kans., SE [21290]
- *pedunculata* Hoffm. = Quercus robur subsp. robur
- **petraea** (Matt.) Liebl. 1784 · D:Trauben-Eiche · [21320]
  'Columna' 1935 [33474]
  'Insecata' < 1893 [25731]
  'Purpurea' [37712]
  - subsp. **iberica** (Steven ex M. Bieb.) Krassiln. 1968 · D:Reichfrüchtige Trauben-Eiche · ♄ d Z5; Eur.: A, EC-Eur., Ba, RO; TR, Cauc., N-Iran
  - subsp. **petraea** · D:Gewöhnliche Trauben-Eiche; E:Durmast Oak, Sessile Oak; F:Chêne rouvre, Chêne sessile · ♄ d Z5 V ⚥ Ⓝ; Eur.*, TR, Syr., Cauc., N-Iran
- **phellos** L. 1753 · D:Weiden-Eiche; E:Willow Oak; F:Chêne à feuilles de saule · ♄ ♄ d ⌒ Z6; USA: NE, NCE, SE, Fla., SC [44739]
- **phillyreoides** A. Gray 1859 · ♄ e Z7; C-China, E-China, Jap. [25773]
- *platanoides* (Castigl.) Sudw. = Quercus bicolor
- **pontica** K. Koch 1849 · D:Pontische Eiche; E:Armenian Oak, Pontine Oak; F:Chêne d'Arménie · ♄ d Z6; Cauc. [21330]
- **prinoides** Willd. 1801 · D:Chinquapin-Eiche; E:Chinquapin Oak, Dwarf Chinquapin Oak · ♄ d Z5; USA: NE, NCE, SE, SC [25781]
- *prinus* L. = Quercus montana
- × *pseudosuber* Santi = Quercus × hispanica
- × *pseudoturneri* C.K. Schneid. = Quercus × hispanica
- **pubescens** Willd. 1796 · D:Flaum-Eiche · [48070]
  - subsp. *anatolica* O. Schwarz 1935 = Quercus pubescens subsp. crispata
  - subsp. **crispata** (Steven) Greuter et Burdet 1982 · ♄ ♄ d; Eur.: Ba, Krim; TR
  - subsp. *lanuginosa* (Lam.) O. Schwarz 1934 = Quercus pubescens subsp. pubescens
  - subsp. **pubescens** · D:Adriatische Flaum-Eiche; E:Downy Oak; F:Chêne pubescent · ♄ d Z6 IV-V ⚥ Ⓝ; Eur.* exc. BrI, Sc; TR, Cauc.
- *pumila* Walter = Quercus ilicifolia
- **pyrenaica** Willd. 1805 · D:Pyrenäen-Eiche; E:Pyrenean Oak · ♄ d Z6 Ⓝ; Eur.: Ib, F, I; Maroc. [12367]
- **robur** L. 1753 · D:Stiel-Eiche · [21300]
  'Atropurpurea' < 1864 [31841]
  'Concordia' 1843 [33450]
  Fastigiata Grp. [21310]
  'Fastigiata Koster' [32072]
  'Pectinata' [33465]
  'Pendula' [33468]
  'Salicifolia' [12369]
  - subsp. **pedunculiflora** (K. Koch) Menitsky 1967 · ♄ d Z3; Eur.: Ba, Krim; TR, Cauc., NW-Iran
  - subsp. **robur** · D:Gewöhnliche Stiel-Eiche; E:English Oak, Oak, Pedunculate Oak; F:Chêne commun, Chêne pédonculé · ♄ d Z5 V ⚥ Ⓝ; Eur.*, TR, Cauc.
- × *rosacea* Bechst. 1812 (*Q. petraea* × *Q. robur subsp. robur*) · D:Gewöhnliche Bastard-Eiche · ♄ d [26656]
- **rotundifolia** Lam. 1785 · D:Rundblättrige Eiche · ♄ e Z7; Ib.F, NW-Afr.
- **rubra** L. 1753 · D:Rot-Eiche; E:American Red Oak; F:Chêne rouge d'Amérique · ♄ d Z5 V Ⓝ; Can.: E; USA: NE, NCE, NC, Okla., SE [21340]
  'Aurea' [33480]
- **rugosa** Née 1801 · ♄ ♄ e Z8 ⚘; USA: SW, Tex; Mex., Guat., Hond.
- × *saulii* C.K. Schneid. 1904 (*Q. alba* × *Q. prinus*) · D:Sauls Eiche · ♄ d [25821]
- × *schochiana* Dieck 1892 (*Q. palustris* × *Q. phellos*) · ♄ d Z6; E-USA [33489]
- *serrata* Carruth. = Quercus variabilis
- *serrata* Siebold et Zucc. = Quercus acutissima
- **serrata** Thunb. 1784 · D:Gesägte Eiche; E:Konara Oak · ♄ d; Jap., Korea, China [12474]
- *sessiliflora* Salisb. = Quercus petraea subsp. petraea
- *sessilis* Schur = Quercus petraea subsp. petraea
- **shumardii** Buckley · ♄ d Z5; Can.: Ont.; USA: NE, NCE, Kans., SC, SE, Fla.
- **stellata** Wangenh. 1787 · D:Pfahl-Eiche; E:Post Oak · ♄ d Z5 Ⓝ; USA: NE, NCE, Kans., SC, SE, Fla. [17712]
- × *streimii* Heuff. 1850 (*Q. petraea* × *Q. pubescens subsp. pubescens*) · D:Flaumblättrige Bastard-Eiche · ♄ d
- **suber** L. 1753 · D:Kork-Eiche; E:Cork Oak; F:Chêne-liège · ♄ e Z8 ⚘; Eur.: Ib, Fr, Ap; NW-Afr. [38972]
- **texana** Buckley 1861 · D:Texas-Eiche · ♄ d Z6; USA: SE, Tex., Ill., Ky., Mo. [44736]
- *tinctoria* W. Bartram ex Michx. = Quercus velutina
- *toza* Bastard = Quercus pyrenaica
- **trojana** Webb · D:Mazedonische Eiche; E:Macedonian Oak · ♄ ♄ s Z7; Eur.: SE-I, Ba; W-TR
- × *turneri* Willd. = Quercus ×

hispanica
- *uliginosa* Wangenh. = Quercus nigra
- **variabilis** Blume 1851 · D:Orientalische Kork-Eiche; E:Oriental Corkoak · ♄ d Z4 ⓝ; Jap., Korea, N-China, Taiwan [25826]
- **velutina** Lam. 1785 · D:Färber-Eiche; E:Black Oak; F:Chêne des teinturiers, Quercitron · ♄ d Z5; Can.: E; USA: NE, NCE, NC, SC, SE, Fla. [25827]
  'Albertsii' [12373]
- **virginiana** Mill. 1768 · ♄ e Z8 ⓚ; USA: Va., SE, Fla., Tex [25828]
- **wislizenii** A. DC. 1864 · ♄ e Z8 ⓚ; Calif., Mex. (Baja Calif.) [25829]

Quesnelia Gaudich. 1842 -f- *Bromeliaceae* · (S. 977)
- **arvensis** (Vell.) Mez 1892 · ♃ Z9 ⓦ; Bras.
- **humilis** Mez 1892 · ♃ Z9 ⓦ; Bras.
- **liboniana** (De Jonghe) Mez 1922 · ♃ Z9 ⓦ; Bras.
- **marmorata** (Lem.) Read 1965 · ♃ Z9 ⓦ; Bras.
- **quesneliana** (Brongn.) L.B. Sm. 1952 · ♃ Z9 ⓦ; Bras.
- *roseomarginata* Carrière = Quesnelia quesneliana
- *tillandsioides* Mez = Quesnelia liboniana

Quillaja Molina 1782 -f- *Rosaceae* · (S. 761)
  D:Seifenspiere; E:Soap Bark Tree; F:Quillay
- **saponaria** Molina 1782 · D:Seifenspiere; E:Soap Bark Tree, Soap Bark · ♄ e Z10 ⓚ ⚥ ⓝ; Peru, Bol., Chile

Quisqualis L. 1762 -f- *Combretaceae* · (S. 423)
  D:Fadenröhre, Sonderling; F:Quisqualier
- **indica** L. 1762 · D:Indischer Sonderling; E:Rangoon Creeper · ♄ d ⚥ Z10 ⓦ VII-VIII; W-Afr., C-Afr., E-Afr., S-Afr., Ind., SE-As.

Rabiea N.E. Br. 1930 -f- *Aizoaceae* · (S. 148)
- **albinota** (Haw.) N.E. Br. 1931 · ♃ ⚘ Z9 ⓚ; Kap

Racosperma Mart. = Acacia
- *mearnsii* (De Wild.) Pedley = Acacia mearnsii
- *melanoxylon* (R. Br.) Pedley = Acacia melanoxylon

- *pulchellum* (R. Br.) Pedley = Acacia pulchella

Radermachera Zoll. et Moritzi 1854 -f- *Bignoniaceae* · (S. 298)
- **sinica** (Hance) Hemsl. 1905 · ♄ e Z10 ⓦ; SE-China

Radiola Hill 1756 -f- *Linaceae* · (S. 603)
  D:Zwergflachs; F:Radiole faux-lin
- **linoides** Roth 1788 · D:Zwergflachs · ⊙ VII-VIII; Eur.*, Lebanon, N-As., NW-Afr., Madeira, trop. Afr. mts..

Raimannia Rose = Oenothera
- *drummondii* (Hook.) Rose ex Sprague et L. Riley = Oenothera drummondii

Ramonda Rich. 1805 -f- *Gesneriaceae* · (S. 553)
  D:Felsenteller, Ramondie; E:Pyrenean Violet; F:Ramonde
- *heldreichii* (Boiss.) Benth. et Hook. = Jancaea heldreichii
- **myconi** (L.) Rchb. 1832 · D:Felsenteller, Ramondie · ♃ △ Z6 V-VI; Eur.: NE-Sp., F (Pyr.) [66134]
  'Alba'
  'Rosea'
- **nathaliae** Pančić et Petrovic 1884 · ♃ △ Z6 V; Eur.: Serb., Maced., GR [66135]
- *pyrenaica* Pers. = Ramonda myconi
- × **regis-ferdinandi** Kellerer (*R. myconi* × *R. serbica*) · ♃ △ Z6 V; cult.
- **serbica** Pančić 1874 · D:Serbischer Felsenteller · ♃ △ Z6 V-VI ▽; Eur.: Serb., Maced., AL, NW-GR, BG [71016]
  - var. *nathaliae* (Pančić et Petrovic) hort. = Ramonda nathaliae

Ranalisma Stapf 1900 -f- *Alismataceae*
- **humile** (Rich. ex Kunth) Hutch. 1936 · ♃ ∼ ≈ Z9 ⓦ; W-Afr., C-Afr., Sudan, Tanzania, Zambia

Randia L. 1753 -f- *Rubiaceae*
- **formosa** (Jacq.) K. Schum. 1889 · ♄ ♄ Z10; trop. Lat.-Am.
- *maculata* DC. = Rothmannia longiflora

Ranunculus L. 1753 -m- *Ranunculaceae* · (S. 733)
  D:Hahnenfuß, Ranunkel, Scharbockskraut, Wasserhahnenfuß; E:Buttercup, Crowfoot; F:Renoncule
- *acer* auct. = Ranunculus acris subsp. acris
- **aconitifolius** L. 1753 · D:Eisenhutblättriger Hahnenfuß; E:Batchelor's Buttons; F:Renoncule à feuilles d'aconit · ♃ Z5 V-VII; Eur.: Ib, Fr, Ap, Ba, C-Eur., EC-Eur. [66136]
  'Flore Pleno' [71039]
- **acris** L. 1753 · D:Scharfer Hahnenfuß · Z5 [66138]
  'Multiplex' [66139]
  'Sulphureus' [71018]
  - subsp. **acris** · D:Gewöhnlicher Scharfer Hahnenfuß; E:Buttercup, Meadow Buttercup; F:Bouton d'or, Renoncule âcre, Renoncule éleve · ♃ V-IX ⚥ ✿; Eur.*, Cauc., W-Sib., ? C-As., nat. in N-Am.
- *africanus* hort. = Ranunculus asiaticus
- **alpestris** L. 1753 · D:Alpen-Hahnenfuß; E:Alpine Buttercup · ♃ △ Z5 VI-VII; Eur.: Ib, Fr, Ap, C-Eur., EC-Eur., Ba, RO; mts.
- **amplexicaulis** L. 1753 · D:Weißer Hahnenfuß; E:White Buttercup · ♃ △ Z6 V-VI; Eur.: sp., F; mts. [71019]
- **aquatilis** L. 1753 · D:Gewöhnlicher Wasserhahnenfuß; E:Water Buttercup, Water Crowfoot; F:Renoncule aquatique · ♃ ≈ Z5 IV-VIII; Eur.*, Cauc., NW-Afr., nat. in NZ [67333]
- **arvensis** L. 1753 · D:Acker-Hahnenfuß; E:Corn Buttercup · ⊙ V-VII ✿; Eur.*, TR, Levante, Cauc., Iran, C-As., Him., NW-Afr., Libya
- **asiaticus** L. 1753 · D:Ranunkel; E:Turban Ranunculus · ♃ ⋈ Z9 ⓚ V-VI; TR, Cyprus, Syr., Iran, Iraq, N-Afr.
- **auricomus** L. 1753 · D:Gold-Hahnenfuß · ♃ IV-V ✿; Eur.*, Cauc., W-Sib.
- *baudotii* Godr. = Ranunculus peltatus subsp. baudotii
- **bilobus** Bertol. 1858 · ♃ Z7; Eur.: I (SE-Alps)
- **brevifolius** Ten. 1811-15 · ♃ Z7 V-VII; Eur.: C-I, Ba; TR
- **breynianus** Crantz 1763 · D:Gebirgs-Hahnenfuß · ♃ Z6 V-VII; Eur.: Fr, Ap, C-Eur., EC-Eur., Ba, E-Eur.; TR; mts.
- **bulbosus** L. 1753 · D:Knolliger Hahnenfuß; E:Bulbous Buttercup,

Buttercup; F:Renoncule bulbeuse · ⁴ Z6 V-VIII ✼; Eur.*, TR, Cyprus, Syr., Iraq, Cauc., Iran, Egypt, Alger., Maroc., nat. in N-Am. [66140]
'F.M. Burton'
'Plenus'
- **calandrinioides** Oliv. 1828 · ⁴ Z7; Maroc.
- **carinthiacus** Hoppe 1828 · D:Kärntner Hahnenfuß · ⁴ IV-VII; Eur.: sp., F, I, C-Eur., Ba; mts.
- **cassubicus** L. 1753 · D:Kaschubischer Hahnenfuß, Wenden-Gold-Hahnenfuß · ⁴ IV-VII; Eur.: C-Eur., Ap, EC-Eur., Ba, Sc, E-Eur.; W-Sib. (Altai)
- **circinatus** Sibth. 1794 · D:Spreizender Wasserhahnenfuß · ⁴ ≈ V-IX; Eur.* exc. Ib; C-As., Sib.., Alger. [67334]
- **cortusifolius** Willd. 1809 · ⁴ Z9 ⌂; Azor., Canar., Madeira
- **crenatus** Waldst. et Kit. 1799 · D:Kerb-Hahnenfuß · ⁴ Z5 VI-VII; Eur.: I, Ba, RO, W-Russ.; E-Alp., Apenn., Carp., Balkan [71024]
- **ficaria** L. 1753 · D:Scharbockskraut · [66142]
  - subsp. **chrysocephalus** P.D. Sell 1991 · ⁴; Eur.: GR, Crete [71037]
  - subsp. **ficaria** · D:Gewöhnliches Scharbockskraut; E:Lesser Celandine, Pilewort; F:Ficaire · ⁴ Z5 III-V ⚥ ✼; Eur.*, Cauc., W-Sib., C-As. [71042]
  'Albus' [71025]
  'Brazen Hussy' [71028]
  'Collarette' [66144]
  'Cupreus' [71026]
  'Double Bronze'
  'Flore Pleno'
  'Green Petals'
  'Picton's Double'
  'Randall's White' [71036]
  'Salmon's White' [68820]
  'Yaffle'
- **flabellaris** Raf. 1818 · D:Gelber Wasser-Hahnenfuß; E:Yellow Water Crowfoot · ⁴ ≈ Z4 VI-VII; Can.; USA: NE, NCE, NC, SC, SE, Rocky Mts., NW, Calif.
- **flammula** L. 1753 · D:Brennender Hahnenfuß; E:Lesser Spearwort; F:Petite douve, Renoncule flamette · ⁴ ∼ Z5 V-X ✼; Eur.*, W-Sib. (Altai) [67335]
- **fluitans** Lam. 1779 · D:Flutender Wasser-Hahnenfuß · ⁴ ≈ VI-VIII; Eur.* exc. Ib
- **glacialis** L. 1753 · D:Gletscher-Hahnenfuß · ⁴ Z4 VII-VIII; Eur.: Sc, Fr, Ib, Ap, EC-Eur., C-Eur.; Alp., Pyren., Sierra Nevada, Arkt. Eur., Island, Greenl. [66146]
- **gouanii** Willd. 1800 · ⁴ Z6; Eur.: sp., F; Pyr., Cordillera Cantábrica [71043]
- **gramineus** L. 1753 · D:Grasblättriger Hahnenfuß; F:Renoncule à feuilles de graminée · ⁴ △ Z7 IV-VI; Eur.: Ib, Fr, Ap, CH; NW-Afr. [66147]
- **hederaceus** L. 1753 · D:Efeublättriger Wasserhahnenfuß · ⁴ ≈ VI-IX; Eur.: BrI, Sc, Balt., Ib, Fr, D; Can.: E
- *hortensis* Pers. = Ranunculus asiaticus
- **hybridus** Biria 1811 · D:Bastard-Hahnenfuß, Nierenblättriger Hahnenfuß · ⁴ VI-VIII; Eur.: I, D, A, Slove., Montenegro; ? RO; E-Alp.
- **illyricus** L. 1753 · D:Illyrischer Hahnenfuß · ⁴ Z6 V-VI; Eur.: Ap, C-Eur., EC-Eur., Ba, Sc (Öland); TR, Cauc. [71044]
- **insignis** Hook. f. 1852 · ⁴ Z8 ⌂; NZ; mts.
- **kochii** Jasiewicz 1956 · D:Kochs Gold-Hahnenfuß · ⁴ Z6; TR, Cauc., N-Iraq, Iran, C-As.
- **kuepferi** Greuter et Burdet 1987 · D:Küpfers Hahnenfuß · ⁴ VI-VII; Eur.: F, Corse, I, CH, A; Alp., Corse
- **lanuginosus** L. 1753 · D:Wolliger Hahnenfuß · ⁴ Z5 V-VI; Eur.: C-Eur., Ap, EC-Eur., Ba, Sc, E-Eur.
- **lateriflorus** DC. 1817 · D:Seitenblütiger Hahnenfuß · ⊙; Eur.: Ib, Fr, Ap, EC-Eur., Ba, E-Eur.; TR, Levante, Cauc., C-As., W-Sib., Maroc., Alger.
- **lingua** L. 1753 · D:Zungen-Hahnenfuß; E:Greater Spearwort; F:Grande douve · ⁴ ∼ Z4 VI-VIII ✼; Eur.*, TR, Cauc., W-Sib., E-Sib., C-As. [67336]
  'Grandiflorus' [69555]
- **lyallii** Hook. f. 1864 · ⁴ Z7 ⌂; NZ; mts.
- **millefoliatus** Vahl 1791 · ⁴ △ V-VI; Eur.: Fr, Ap, EC-Eur., Ba, RO; TR, Syr., NW-Afr., Libya
- **monspeliacus** L. 1753 · D:Montpellier-Hahnenfuß · ⁴ Z8 △ IV-V; Eur.: Ib, Fr, Ap, nat. in Sweden
- **montanus** Willd. 1800 · D:Berg-Hahnenfuß · ⁴ △ Z6 IV-IX; Eur.: F, I, C-Eur., Slove., Croatia, Bosn., YU, Maced.; mts. [71045]
- **nemorosus** DC. 1817 · D:Gewöhnlicher Hain-Hahnenfuß, Wald-Hahnenfuß · ⁴ Z5 V-VII; Eur.* exc. BrI
- **ololeucos** J. Lloyd 1844 · D:Reinweißer Wasserhahnenfuß · ⁴ ≈ III-VI; Eur.: Ib, Fr, D
- **omiophyllus** Ten. 1830 · D:Lenormands Wasser-Hahnenfuß · ⁴ ≈ ; Eur.: BrI, Fr, Ap, Ib
- **parnassifolius** L. 1753 · D:Herzblatt-Hahnenfuß · ⁴ Z5 VII; Eur.: sp., F, I, C-Eur.; N-Sp., Pyr., Alp. [71048]
- **peltatus** Schrank 1789 · D:Schild-Wasserhahnenfuß
  - subsp. **baudotii** (Godr.) C.D.K. Cook 1984 · D:Brackwasser-Hahnenfuß, Salz-Wasserhahnenfuß · ⁴ ≈ V-IX; Eur.: coasts, F (Alsace), A (Burgenland); TR, Maroc.
  - subsp. **peltatus** · D:Gewöhnlicher Schild-Wasserhahnenfuß · ⁴ ≈ V-IX; Eur.*, TR, Levante, N-Afr.
- **penicillatus** (Dumort.) Bab. 1874 · D:Pinsel-Wasserhahnenfuß · ⁴ ≈ V-IX; Eur.*, Maroc.
- **platanifolius** L. 1767 · D:Platanenblättriger Hahnenfuß · ⁴ Z5 V-VI; Eur.* exc. BrI [71049]
- **polyanthemoides** Boreau 1857 · D:Falscher Vielblütiger Hahnenfuß, Schmalblättriger Hain-Hahnenfuß · ⁴ VI-VIII; Eur.: F, I, C-Eur., Sc, EC-Eur., Ba
- **polyanthemophyllus** W. Koch et H.E. Hess 1955 · D:Schlitzblättriger Hain-Hahnenfuß · ⁴ V-VII; Eur.: F, I, CH, D
- **polyanthemos** L. 1753 · D:Vielblütiger Hain-Hahnenfuß · ⁴ V-VII; Eur.* exc. BrI, Ib; W-Sib., E-Sib., C-As.
- **psilostachys** Griseb. 1843 · ⁴ △ Z7 ∧ V; Eur.: H, Ba [71050]
- **pygmaeus** Wahlenb. 1812 · D:Zwerg-Hahnenfuß · ⁴ Z6 VII-VIII; Eur.: Sc, N-Russ., C-Eur., EC-Eur., I; N, E-Alp., W-Carp.; W-Sib., E-Sib., Kamchat.
- **pyrenaeus** L. 1771 · D:Pyrenäen-Hahnenfuß; E:Pyrenean Buttercup · ⁴ △ Z6 V-VII; Eur.: sp., F; mts. [71051]
  - subsp. **plantagineus** (All.) Rouy et Foucaud = Ranunculus kuepferi
- *pyrenaicus* hort. = Ranunculus pyrenaeus
- **repens** L. 1753 · D:Kriechender Hahnenfuß; E:Creeping Buttercup · ⁴ ⤳ Z3 V-VIII ✼; Eur.*, TR, Cauc., Iran, W-Sib., E-Sib., Amur, Sachal., Kamchat.,

Manch., Korea, Jap., Maroc., Alger. [71052]
  'Pleniflorus' [71054]
  – var. **pleniflorus** Fernald · ⏀ Z3
- **reptans** L. 1753 · D:Ufer-Hahnenfuß · ⏀ VI-VIII; Eur.* exc. BrI, Ib, ? EC-Eur.; W-Sib., E-Sib., Amur, Kamchat., Mong., N-Am.
- **rionii** Lagger 1848 · D:Rions Wasserhahnenfuß · ⊙ ≈ VI-VIII; Eur.: Fr, C-Eur., EC-Eur., Ba, E-Eur.; TR, Levante, Cauc., Iran, W-Sib., C-As., Him., W-China, w N-Am., S-Afr.
- **sardous** Crantz 1763 · D:Sardischer Hahnenfuß · ⊙ ⁓ ✿; Eur.*; ? TR
- **sceleratus** L. 1753 · D:Giftiger Hahnenfuß; E:Blister Buttercup · ⏀ ⁓ VI-X ✿ ⓝ; Eur.*, TR, Levante, Cauc., Iran, W-Sib., E-Sib., Amur, Sachal., Kamchat., C-As., Him., Mong., China, N-Am., S-Am., Egypt., Austr.
- **seguieri** Vill. 1779 · D:Séguiers Hahnenfuß · ⏀ Z5 V-VII; Eur.: sp., F, I, C-Eur., Slove., Montenegro; Cordillera Cantábrica, Alp., Apenn., Montenegro [71055]
- **serpens** Schrank 1789 · D:Wurzelnder Hain-Hahnenfuß · ⊙ V-VII; Eur.* exc. BrI
- **strigulosus** Schur 1866 · ⏀; Eur.: EC-Eur., Ba, E-Eur.
- **thora** L. 1753 · D:Schildblättriger Hahnenfuß · ⏀ △ Z5 V-VII ✿; Eur.* exc. BrI, Sc; mts. [71056]
- **traunfellneri** Hoppe 1826 · D:Traunfellners Hahnenfuß · ⏀ Z6 V-VIII; Eur.: A, Slove.; SE-Alp.
- **trichophyllus** Chaix · D:Gewöhnlicher Haarblättriger Wasserhahnenfuß · ⏀ ≈ V-IX; Eur.*, TR, Levante, N-As., N-Afr., SW-Austr., Tasman., NZ
- **tripartitus** DC. 1807 · D:Dreiteiliger Wasser-Hahnenfuß · ⏀ ≈ III-V; Eur.: Ib, Fr, BrI, D, GR; Maroc.
- **villarsii** DC. 1805 · D:Greniers Hahnenfuß, Villars Hahnenfuß · ⏀ Z6 V-VIII; Eur.: F, I, C-Eur.; Alp.

Ranzania T. Itô 1888 -f- *Berberidaceae* · (S. 288)
- **japonica** (T. Itô) T. Itô 1888 · ⏀ Z7 V-VI; Jap. [66148]

Raoulia Hook. f. ex Raoul 1846 -f- *Asteraceae* · (S. 266)
  D:Schafsteppich; F:Mouton végétal
- **australis** Hook. f. 1846 · D:Schafsteppich · ⏀ Z7; NZ [66149]
  Lutescens Grp. [71135]
- *australis* auct. = Raoulia hookeri
- **catipes** (DC.) Hook. f. 1857 · ⏀ ⓚ; NZ
- **glabra** Hook. f. 1846 · ⏀ ⤳ △ Z7 ⓚ ⋀; NZ [66150]
- **haastii** Hook. f. 1853 · ⏀ Z7 ⓚ; NZ (S-Is.); mts. [71136]
- **hookeri** Allan 1961 · ⏀ ⤳ △ Z7 ⋀ VII-IX; NZ [66151]
- **monroi** Hook. f. 1864 · ⏀ e Z8 ⓚ; NZ (S-Is.)
- **subsericea** Hook. f. 1846 · ⏀ ⤳ △ Z7 ⓚ ⋀; NZ [71138]
- **tenuicaulis** Hook. f. 1846 · ⏀ ⤳ △ Z7 ⓚ ⋀; NZ [71139]

Raphanus L. 1753 -m- *Brassicaceae* · (S. 331)
  D:Hederich, Radieschen, Rettich; E:Radish; F:Radis, Ravenelle
- **caudatus** L. 1767 · ⊙ Z8 ⓝ; Ind., E-As.
- *landra* Moretti ex DC. = Raphanus raphanistrum subsp. landra
- **raphanistrum**
  – subsp. **landra** (Moretti ex DC.) Bonnier et Layens 1894 · D:Kurzfrüchtiger Hederich · ⊙; Eur.: Ib, F, Ap, Ba; NW-Afr.
  – subsp. **raphanistrum** · D:Acker-Hederich; E:Sea Radish, Wild Radish · ⊙ VI-X; Eur.*, TR, Levante, Cauc., C-As., N-Afr., nat. in Sib., E-As., N-Am.
- **sativus** L. 1753 · D:Rettich; E:Radish · ⊙ V-IX; orig. ?
  – var. **gayanus** (Fisch. et C.A. Mey.) Webb 1838 · D:Verwilderter Rettich · ⊙ Z6 V ⓝ; cult.
  – var. **longipinnatus** L.H. Bailey 1920 · D:China-Rettich; E:Summer Radish · ⊙ Z6 V ⓝ; cult.
  – var. **mougri** Helm 1957 · D:Schlangen-Rettich · ⊙ Z6 V ⓝ
  – var. **niger** (Mill.) J. Kern. 1789 · D:Garten-Rettich, Radi; E:Oriental Radish · ⊙ Z6 V ⓝ; cult.
  – var. **oleiformis** Pers. 1807 · D:Öl-Rettich; E:Oil Radish · ⊙ Z6 V ⓝ; cult.
  – var. *radicula* Pers. 1807 = Raphanus sativus var. sativus
  – var. **sativus** · D:Radieschen; E:Small Radish · ⊙ Z6 ⓝ; cult.

Raphia P. Beauv. 1806 -f- *Arecaceae* · (S. 958)
  D:Bastpalme, Raffiapalme, Weinpalme; E:Raffia; F:Raphia
- **farinifera** (Gaertn.) Hyl. 1952 · D:Bastpalme; E:Raffia Palm · ♄ e Z10 ⓦ ⓝ; E-Afr., Madag.
- **hookeri** G. Mann et H. Wendl. 1864 · D:Raffiapalme; E:Wine Palm · ♄ e Z10 ⓦ ⓝ; W-Afr.
- *pedunculata* P. Beauv. = Raphia farinifera
- *ruffia* (Jacq.) Mart. = Raphia farinifera
- **vinifera** P. Beauv. 1806 · D:Weinpalme; E:Bamboo Palm · ♄ e Z10 ⓦ ⓝ; W-Afr.

Raphionacme Harv. 1842 -f- *Asclepiadaceae*
- **burkei** N.E. Br. 1907 · ⏀ ⇂ Z10 ⓚ; S-Afr. (Transvaal), Namibia, Botswana
- **zeyheri** Harv. 1842 · ⏀ ⇂ Z9 ⓚ; S-Afr. (Cape Prov.)

Rapistrum Crantz 1769 -n- *Brassicaceae* · (S. 332)
  D:Rapsdotter; F:Rapistre
- **perenne** (L.) All. 1785 · D:Ausdauernder Rapsdotter · ⏀ VI-VIII; Eur.: Ap, C-Eur., EC-Eur., Ba, E-Eur., nat. in BrI, Fr
- **rugosum** (L.) All. · D:Gewöhnlicher Runzliger Rapsdotter; E:Common Giant Mustard · ⊙ VI-X; Eur.: Ib, Fr, Ap, Ba, Krim; TR, Cauc., Iran, C-As., N-Afr., nat. in BrI, C-Eur., EC-Eur., E-Eur.

Ratibida Raf. 1818 -f- *Asteraceae* · (S. 266)
  D:Präriesonnenhut; E:Mexican Hat, Prairie Cone Flower
- **columnifera** (Nutt.) Wooton et Standl. 1915 · D:Länglicher Präriesonnenhut; E:Longhead Coneflower · ⏀ Z3; Can., USA: NW, Rocky Mts., NEC, SC; N-Mex. [71141]
- **pinnata** (Vent.) Barnhart 1897 · D:Nickender Präriesonnenhut; E:Grey-head Coneflower · ⏀ Z3; Can.: Ont., USA: NE, NCE, NC, Okla., SE [60582]

Rauvolfia L. 1753 -f- *Apocynaceae* · (S. 194)
  D:Teufelspfeffer; E:Devil Pepper; F:Rauvolfia, Serpentaire de l'Inde
- *canescens* L. = Rauvolfia tetraphylla
- **serpentina** (L.) Benth. ex Kurz 1877 · D:Java-Teufelspfeffer; E:Java Devil Pepper · ♄ e Z10 ⓦ ♄ ✿ ⓝ ▽ ✱; Ind., Sri Lanka, Thail., Sumat., Java

- **tetraphylla** L. 1753 · D:Vierblättriger Teufelspfeffer; E:Four Leaf Devilpepper · ♄ e Z10 ⓦ; trop. Am., subtrop. Am.
- **vomitoria** Afzel. 1817 · D:Brech-Teufelspfeffer; E:Swizzlestick · ♄ e Z10 ⓦ ※; W-Afr., C-Afr., E-Afr., Sudan, Egypt

Ravenala Adans. 1777 -f-
Strelitziaceae · (S. 1140)
D:Baum der Reisenden;
E:Traveller's Tree; F:Arbre du voyageur
- **madagascariensis** J.F. Gmel. 1782 · D:Baum der Reisenden; E:Traveller's Tree · ♄ e Z10 ⓦ; Madag.

Ravenea C.D. Bouché 1878 -f-
Arecaceae · (S. 958)
- **rivularis** Jum. et H. Perrier 1913 · ♄ e Z10 ⓦ; Madag.

Reaumuria L. 1759 -f-
Tamaricaceae · (S. 862)
- **alternifolia** Britten 1916 · ♄ ⓚ; Cauc., C-As., Iran
- **hypericoides** Willd. 1799 · ♄ d △ ⓚ ∧ V-VI; Syr., Iran

Rebutia K. Schum. 1895 -f-
Cactaceae · (S. 366)
- **albiareolata** F. Ritter 1977 · ψ ⓚ
- **albiflora** F. Ritter et Buining 1963 · ψ Z9 ⓚ; Bol. (Tarija)
- **albipilosa** F. Ritter 1963 · ψ Z9 ⓚ; Bol. (Tarija)
- **albopectinata** Rausch 1972 · ψ Z9 ⓚ; Bol.
- **almeyeri** Heinr. · ψ ⓚ
- *archibuiningiana* F. Ritter = Rebutia spinosissima
- *arenacea* Cárdenas = Sulcorebutia arenacea
- *auranitida* (Wessner) Buining et Donald = Rebutia einsteinii
- **aureiflora** Backeb. 1932 · ψ Z9 ⓚ ▽ ※; NW-Arg.
- **aureispina** nom. nud. · ψ Z9 ⓚ; NW-Arg.
- *brachyantha* (Wessner) Buining et Donald = Rebutia steinmannii
- **brunescens** Rausch 1972 · ψ Z9 ⓚ; Bol.
- *brunneoradicata* F. Ritter = Rebutia steinmannii
- *buiningiana* Rausch = Rebutia pseudodeminuta
- *caineana* Cárdenas = Sulcorebutia breviflora
- *cajasensis* F. Ritter = Rebutia fiebrigii var. fiebrigii
- *calliantha* Bewer. = Rebutia wessneriana var. wessneriana
- *canigueralii* Cárdenas = Sulcorebutia canigueralii
- *caracarensis* Cárdenas = Sulcorebutia canigueralii
- *carminea* Buining = Rebutia minuscula var. minuscula
- *chrysacantha* Backeb. = Rebutia senilis
- *cincinnata* Rausch = Rebutia steinmannii var. steinmannii
- *colorea* F. Ritter = Rebutia pygmaea var. pygmaea
- *costata* Werderm. = Rebutia steinmannii
- *cylindrica* (Donald et A.B. Lau) Donald = Sulcorebutia cylindrica
- **decrecens** Knize · ψ ⓚ
- **deminuta** (F.A.C. Weber) A. Berger 1929 · ψ Z9 ⓚ ▽ ※; NW-Arg.
  fo. *pseudominuscula* (Speg.) Buining et Donald = Rebutia pseudodeminuta
- **diersiana** Rausch · ψ Z9 ⓚ ▽ ※; Bol. (Cuquisaca)
- *digitiformis* Backeb. = Rebutia pygmaea var. pygmaea
- **donaldiana** A.B. Lau et G.D. Rowley 1974 · ψ Z9 ⓚ; Bol.
- **einsteinii** Frič 1931 · ψ Z9 ⓚ ▽ ※; NW-Arg. (Volcan Chani)
  - var. *conoidea* (Wessner) Buining et Donald 1963 = Rebutia einsteinii
  - var. *rubroviridis* (Frič ex Backeb.) Buining et Donald 1963 = Rebutia einsteinii
- **eos** Rausch 1972 · ψ Z9 ⓚ; Arg.
- *espinosae* Knize = Rebutia narvaecensis
- **fabrisii** Rausch 1977 · ψ Z9 ⓚ; N-Arg.
- *famatinensis* (Speg.) Speg. = Lobivia famatinensis
- *fidaiana* (Backeb.) D.R. Hunt = Weingartia fidaiana
- **fiebrigii** (Gürke) Britton et Rose 1916
  - var. *densiseta* (Cullmann) Oeser 1976 · ψ ⓚ
  - var. *fiebrigii* · ψ Z9 ⓚ ▽ ※; Bol., NW-Arg.
- **flavistyla** F. Ritter 1978 · ψ Z9 ⓚ; Bol. (Tarija)
- **fulviseta** Rausch 1970 · ψ Z9 ⓚ; Bol.
- *fusca* F. Ritter = Rebutia spegazziniana
- **gibbulosa** Knize · ψ ⓚ
- *glomeriseta* Cárdenas = Sulcorebutia glomeriseta
- *graciliflora* Backeb. = Rebutia

xanthocarpa
- *haagei* Frič et Schelle = Rebutia pygmaea
- **heliosa** Rausch 1970 · ψ Z9 ⓚ; Bol. (Tarija)
  - var. **cajasensis** Donald 1980 · ψ ⓚ
  - var. **condorensis** Donald 1980 · ψ Z9 ⓚ; Bol.
  - var. **heliosa** · ψ ⓚ
- **hoffmannii** Diers et Rausch 1977 · ψ Z9 ⓚ; Arg.
- *hyalacantha* (Backeb.) Backeb. = Rebutia wessneriana var. wessneriana
- **ithyacantha** (Cárdenas) Diers · ψ ⓚ
- **jujuyana** Rausch 1973 · ψ Z9 ⓚ; Arg.
- **kieslingii** Rausch 1977 · ψ Z9 ⓚ; Arg.
- **krainziana** Kesselr. 1948 · ψ Z9 ⓚ ▽ ※; ? Bol.
  - var. *hyalacantha* (Backeb.) Buchheim 1972 = Rebutia wessneriana var. wessneriana
- **kupperiana** Boed. 1932 · ψ Z9 ⓚ ▽ ※; Bol.: Tarija
  - var. *spiniflora* F. Ritter 1977 = Rebutia kupperiana
- **lateritia** Knize · ψ ⓚ
- *margarethae* Rausch = Rebutia padcayensis
- **marsoneri** Werderm. · ψ Z9 ⓚ ▽ ※; Arg.: Jujuy
- *melachlora* F. Ritter = Rebutia tarvitaensis
- *mentosa* (F. Ritter) D.R. Hunt = Sulcorebutia mentosa
- **minuscula** K. Schum. 1895
  - var. **minuscula** · ψ Z9 ⓚ ▽ ※; Arg.: Salta, Tucuman
  - var. **violaciflora** (Backeb.) Buining et Donald 1963 · ψ ⓚ
- **muscula** F. Ritter et Thiele 1963 · ψ Z9 ⓚ
- **narvaecensis** (Cárdenas) Donald 1973 · ψ Z9 ⓚ; Bol. (Tarija)
- *neocumingii* (Backeb.) D.R. Hunt = Weingartia neocumingii
- *neumanniana* (Backeb.) D.R. Hunt = Weingartia neumanniana
- *nidulans* Frič et Kreuz. = Rebutia aureiflora
- **nitida** F. Ritter 1978 · ψ Z9 ⓚ; Bol.
- **padcayensis** Rausch 1970 · ψ Z9 ⓚ; Bol.
- **perplexa** Donald 1980 · ψ Z9 ⓚ; Bol.
- *potosina* F. Ritter = Rebutia steinmannii var. steinmannii
- **pseudodeminuta** Backeb. · ψ Z9

ⓚ ▽ ✳; Bol., NW-Arg.
- **pulchella** Rausch 1972 · ψ Z9 ⓚ; Bol.
- **pulvinosa** F. Ritter et Buining 1963 · ψ Z9 ⓚ; Bol. (Tarija)
- **pygmaea** (R.E. Fr.) Britton et Rose 1922 · ψ Z9 ⓚ; Arg.
  - var. *longispina* Backeb. = Rebutia pygmaea var. pygmaea
  - var. **pygmaea** · ψ Z9 ⓚ ▽ ✳; NW-Arg.
  - *raulii* Rausch = Rebutia ritteri
  - *rauschii* (G. Frank) D.R. Hunt = Sulcorebutia rauschii
- **residua** Knize · ψ ⓚ
- **ritteri** (Wessner) Buining et Donald 1963 · ψ Z9 ⓚ; Bol.
  - *robustispina* F. Ritter = Rebutia pseudodeminuta
- **sanguinea** F. Ritter 1977 · ψ Z9 ⓚ; Bol.
  - *schmiedcheniana* (U. Köhler) W.T. Marshall = Rebutia einsteinii
- **senilis** Backeb. 1932 · ψ Z9 ⓚ ▽ ✳; Arg. (Salta)
- **spegazziniana** Backeb. 1933 · ψ Z9 ⓚ ▽ ✳; NW-Arg.
- **spinosissima** Backeb. 1935 · ψ Z9 ⓚ; Arg. (Salta)
  - *steinbachii* Werderm. = Sulcorebutia steinbachii
- **steinmannii** (Solms) Britton et Rose 1922
  - var. **cincinnata** (Rausch) F. Ritter 1980 · ψ ⓚ
  - var. *rauschii* (G. Frank) F. Ritter = Sulcorebutia rauschii
  - var. **steinmannii** · ψ Z9 ⓚ ▽ ✳; Bol.: Chuquisaca
- **tamboensis** F. Ritter 1977 · ψ Z9 ⓚ; Bol.
  - *tarijensis* Rausch = Rebutia spegazziniana
- **tarvitaensis** F. Ritter 1977 · ψ Z9 ⓚ; Bol.
- **turbinata** Knize · ψ ⓚ
- **vallegrandensis** Cárdenas 1970 · ψ Z9 ⓚ; Bol.
  - *violaciflora* Backeb. = Rebutia minuscula var. violaciflora
- **vulpina** F. Ritter 1977 · ψ Z9 ⓚ; Bol.
- **wessneriana** Bewer. 1948
  - var. **beryllioides** (Buining et Donald) Buining et Donald 1972 · ψ ⓚ
  - var. **wessneriana** · ψ Z9 ⓚ ▽ ✳; N-Bol.
- **winteriana** nom. nud. · ψ ⓚ
- **xanthocarpa** Backeb. 1932 · ψ Z9 ⓚ ▽ ✳; Arg.: Salta

× **Recchara** hort. 1950 -f-
Orchidaceae ·
(*Brassavola* × *Cattleya* × *Laelia* × *Schomburgkia*)

Rechsteineria Regel = Sinningia
- *cardinalis* (Lehm.) Kuntze = Sinningia cardinalis
- *verticillata* (Vell.) L.B. Sm. = Sinningia verticillata
- *warszewiczii* (C.D. Bouché et Hanst.) Kuntze = Sinningia incarnata

Rectanthera O. Deg. = Callisia
- *fragrans* (Lindl.) O. Deg. = Callisia fragrans

Regelia Schauer 1843 -f- Myrtaceae · (S. 664)
- **ciliata** Schauer 1843 · ƫ e Z9 ⓚ VII-VIII; W-Austr.

Regnellidium Lindm. 1904 -n- Marsileaceae · (S. 72)
- **diphyllum** Lindm. 1904 · ⚄ ∼ Z10 ⓦ ⓚ; S-Bras., N-Arg.

Rehderodendron Hu 1932 -n- Styracaceae
- **macrocarpum** Hu 1932 · ƫ d Z8 ⓚ; China (Sichuan)

Rehmannia Libosch. ex Fisch. et C.A. Mey. 1835 -f- Scrophulariaceae · (S. 837) D:Chinafingerhut, Rehmannie; E:Chinese Foxglove; F:Digitale de Chine, Rehmannia
- **angulata** (D. Don) Hemsl. 1890 · ⚄ Z9 ⓚ V-VII; China
- **elata** N.E. Br. 1910 · D:Hoher Chinafingerhut · ⚄ Z9 ⓚ V-VI; China [68433]
- **glutinosa** (Gaertn.) Libosch. ex Fisch. et C.A. Mey. 1835 · D:Klebriger Chinafingerhut; E:Chinese Foxglove · ⚄ Z9 ⓚ V-VI ⚥; China
- **henryi** N.E. Br. 1909 · ⚄ Z9 ⓚ VI-VIII; China

Reicheocactus Backeb. = Neoporteria
- *floribundus* Backeb. = Neoporteria aricensis

Reineckea Kunth 1844 -f- Convallariaceae · (S. 989) D:Reineckie; E:Reineckea; F:Reinéckéa
- **carnea** (Andrews) Kunth 1844 · ⚄ ⤳ Z7; China, Jap. [66153]

Reinhardtia Liebm. 1846 -f- Arecaceae · (S. 959)
D:Fensterpalme; E:Window Palm; F:Palmier
- **gracilis** (H. Wendl.) Burret · D:Fensterpalme; E:Window Palm · ƫ e Z10 ⓦ; Mex., Guat., Hond.
- **simplex** (H. Wendl.) Burret 1932 · ƫ e Z10 ⓦ; Mex., C-Am., Col.

Reinwardtia Dumort. 1822 -f- Linaceae · (S. 603) D:Gelber Flachs; E:Yellow Flax
- **indica** Dumort. 1822 · D:Gelber Flachs; E:Yellow Flax · ƫ e Z9 ⓚ XI-III; N-Ind., mts.
- *tetragyna* Planch. = Reinwardtia indica
- *trigyna* (Roxb.) Planch. = Reinwardtia indica

Relhania L'Hér. 1789 -f- Asteraceae · (S. 267)
- **quinquenervis** Thunb. · ƫ e D Z9 ⓚ VI-VIII; Kap

Remijia DC. 1829 -f- Rubiaceae · (S. 779)
- **ferruginea** (A. St.-Hil.) DC. 1830 · ƫ Z10 ⓦ; S-Bras.

Remusatia Schott 1832 -f- Araceae · (S. 930)
- **vivipara** (Roxb.) Schott 1832 · ⚄ Z10 ⓦ; Ind. mts.; Java

× **Renades** hort. 1955 -f- Orchidaceae ·
(*Aerides* × *Renanthera*)

× **Renancentrum** hort. 1962 -n- Orchidaceae · (*Ascocentrum* × *Renanthera*)

× **Renanetia** hort. 1962 -f- Orchidaceae · (*Neofinetia* × *Renanthera*)

× **Renanopsis** hort. 1949 -f- Orchidaceae · (*Renanthera* × *Vandopsis*)

× **Renanstylis** hort. 1960 -f- Orchidaceae · (*Renanthera* × *Rhynchostylis*)

× **Renantanda** hort. 1935 -f- Orchidaceae ·
(*Renanthera* × *Vanda*)

Renanthera Lour. 1790 -f- Orchidaceae · (S. 1081)
- **coccinea** Lour. 1790 · ƫ Z10 ⓦ III-X ▽ ✳; S-Vietn.

- **imschootiana** Rolfe 1891 · ♄ Z10 ⓖ V-VII ▽ ✻; Ind. (Assam), Indochina
- *lowii* (Lindl.) Rchb. f. = Dimorphorchis lowii
- **pulchella** Rolfe 1914 · ♄ Z10 ⓖ VII ▽ ✻; Ind: Assam
- **storiei** Rchb. f. 1880 · ♄ Z10 ⓖ VI-VII ▽ ✻; Phil.

× **Renanthoglossum** hort. 1963 -n- Orchidaceae ·
  (Ascoglossum × Renanthera)

× **Renanthopsis** hort. 1931 -f- Orchidaceae · (Phalaenopsis × Renanthera)

Reseda L. 1753 -f- Resedaceae · (S. 735)
  D:Resede, Wau; E:Mignonette; F:Réséda
- **alba** L. 1753 · D:Weiße Resede; E:White Mignonette · ☉ ⚁ Z7 VI-IX; Eur.: Ib, Fr, Ap, Ba; W-TR, Levante, Arab., N-Afr., nat. in BrI, D, CZ, RO
- **glauca** L. 1753 · ⚁ ; Eur.: F, sp.; Pyr., Cordillera Cantábrica
- **lutea** L. 1753 · D:Gelbe Resede, Gelber Wau; E:Cutleaf Mignonette · ⚁ V-IX ⚥ ; Eur.* exc. BrI, Sc; TR, Levante, Cauc., Iran, W-Sib., C-As., N-Afr., nat. in BrI, Sc, N-Am.
- **luteola** L. 1753 · D:Färber-Resede, Färber-Wau; E:Wild Mignonette, Woad · ☉ Z6 VI-VIII ⚥ Ⓝ; Eur.: Ib, Fr, Ap, EC-Eur., Ba, RO, Krim, DK; TR, Levante, Cauc., Iran, C-As, Afgh., N-Afr., nat. in C-Eur., BrI [71145]
- **odorata** L. 1756 · D:Garten-Resede; E:Common Mignonette · ☉ ☉ ⚁ D VII-IX ⚥ Ⓝ; ? Libya, nat. in Eur.: sp., Balear., F, I, A, CZ, RO, Russ. [71146]
  'Machet' [71147]
- **phyteuma** L. 1753 · D:Rapunzel-Resede · ⚁ VI-IX; Eur.: Ib, Ap, Fr, EC-Eur., Ba, E-Eur., CH; TR, N-Afr., nat. in D, A

Restrepia Kunth 1816 -f- Orchidaceae
- **antennifera** Kunth 1816 · ⚁ Z10 ⓖ II-III ▽ ✻; Ecuad., Col., Venez.
- **elegans** H. Karst. 1847 · ⚁ Z10 ⓖ I-III ▽ ✻; Venez.
- **guttulata** Lindl. 1836 · ⚁ Z10 ⓖ I-II ▽ ✻; Ecuad., Col., Venez.

Retama Raf. 1838 -f- Fabaceae · (S. 523)
  D:Retamastrauch; E:Retam; F:Rétama
- **monosperma** (L.) Boiss. 1840 · D:Weißer Retamastrauch; E:White Broom · ♄ d Z9 ⓖ II-III Ⓝ; Eur.: Ib; Maroc., Alger., Egypt [29156]

Retinispora Siebold et Zucc. = Chamaecyparis
- *obtusa* Siebold et Zucc. = Chamaecyparis obtusa var. obtusa
- *pisifera* Siebold et Zucc. = Chamaecyparis pisifera

Reutealis Airy Shaw 1966 -f- Euphorbiaceae ·
  D:Banucalagnuss; E:Javillo
- **trisperma** (Blanco) Airy Shaw 1966 · D:Banucalagnuss; E:Javillo, Soft Lumbang · ♄ Z10 ⓖ ⚘ Ⓝ; Phil.

Reynoutria Houtt. = Fallopia
- *aubertii* (L. Henry) Moldenke = Fallopia baldschuanica
- *baldschuanica* (Regel) Moldenke = Fallopia baldschuanica
- *japonica* Houtt. = Fallopia japonica var. japonica
- *sachalinensis* (F. Schmidt) Nakai = Fallopia sachalinensis

Rhabdothamnus A. Cunn. 1838 -m- Gesneriaceae · (S. 554)
- **solandri** A. Cunn. 1838 · ♄ e Z8 ⓖ IX-X; NZ

Rhagadiolus Scop. 1754 -m- Asteraceae · (S. 267)
  D:Sichelsalat, Sternlattich; F:Rhagadiole
- **stellatus** (L.) Gaertn. 1791 · D:Sternfrüchtiger Sichelsalat, Sternlattich · ☉; Eur.: Ib, Fr, Ap, Ba, Krim; TR, Iraq, Iran, N-Afr., Canar., Madeira

Rhagodia R. Br. 1810 -f- Chenopodiaceae · (S. 415)
- **nutans** R. Br. 1810 · ⚁ ⓖ; Austr.

Rhamnella Miq. 1867 -f- Rhamnaceae · (S. 739)
- **franguloides** (Maxim.) Weberb. 1895 · ♄ d Z6 V-VI; Jap., S-Korea, E-China [29155]

Rhamnus L. 1753 -f- Rhamnaceae · (S. 740)
  D:Kreuzdorn; E:Buckthorn; F:Alaterne, Nerprun

- **alaternus** L. 1753 · D:Immergrüner Kreuzdorn; E:Italian Buckthorn · ♄ e Z8 ⓖ III-IV ⚘; Eur.: Ib, Fr, Ap, Ba, Krim; TR, Levante, NW-Afr., Libya [29157]
  'Argenteovariegata' [19458]
- **alnifolia** L'Hér. 1789 · D:Erlenblättriger Kreuzdorn · ♄ d ⟿ △ Z3 V-VI ⚘; Can.; USA: NE, NCE, Rocky Mts., NW, Calif.
- **alpina** L. · D:Alpen-Kreuzdorn · ♄ d Z5 V-VI ⚘; Eur.: sp., F, Ap; Alp.; Maroc., Alger.
  - subsp. *fallax* (Boiss.) Maire et Petitm. 1908 = Rhamnus fallax
- *carniolica* A. Kern. = Rhamnus alpina
- **cathartica** L. 1753 · D:Echter Kreuzdorn, Purgier-Kreuzdorn; E:Common Buckthorn, European Buckthorn; F:Nerprun purgatif · ♄ d Z4 V-VI ⚥ ⚘ Ⓝ; Eur.*, TR, Cauc., Iran, W-Sib., C-As., Maroc., Alger., nat. in e N-Am. [21984]
- **costata** Maxim. 1866 · ♄ d Z6 V ⚘; Jap.; mts.
- **crenata** Siebold et Zucc. 1843 · ♄ d Z4 VI ⚘; Jap., Korea, N-China
- **davurica** Pall. 1776 · D:Dahurischer Kreuzdorn · ♄ d Z4 V ⚘; E-Sib., Amur, Mong., Manch., Korea
- *erythroxyloides* Hoffmanns. = Rhamnus pallasii
- **fallax** Boiss. 1856 · D:Krainer Kreuzdorn · ♄ Z5 V-VI ⚘; Eur.: I, A, Ba; TR, Syr.
- *frangula* L. = Frangula alnus
- **globosa** Bunge 1833 · ♄ d ⚘ Ⓝ; W-China, N-China
- **imeretina** J.R. Booth ex G. Kirchn. 1864 · D:Kaukasischer Kreuzdorn · ♄ d Z6 V ⚘; TR, Cauc. [29163]
- *infectoria* L. = Rhamnus saxatilis
- **japonica** Maxim. 1866 · D:Japanischer Kreuzdorn · ♄ d Z5 V ⚘; Jap. [29164]
- **koraiensis** C.K. Schneid. 1908 · D:Korea-Kreuzdorn · ♄ ⚘; Korea
- **lycioides** L. 1962
- **pallasii** Fisch. et C.A. Mey. 1838 · ♄ Z6 ⚘; NE-TR, Cauc., NW-Iran, C-As.
- **pumila** Turra 1765 · D:Zwerg-Kreuzdorn; F:Nerprun nain · ♄ d ⟿ △ Z6 VI-VII ⚘; Eur.: Ib, Fr, Ap, Ba, C-Eur.; mts. [29165]
- *purshiana* DC. = Frangula purshiana
- **rhodopea** Velen. 1891 · ♄ ⓖ ⚘; Eur.: BG, GR, Eur.TR
- *rupestris* Scop. = Frangula

rupestris
- **saxatilis** Jacq. 1762 · D:Felsen-Kreuzdorn; E:Stony Buckthorn; F:Nerprun des rochers · ♄ d ⟿ △ Z6 IV-V ☠; Eur.: Ib, Fr, C-Eur., Ap, EC-Eur., Ba, RO
- **utilis** Decne. 1857 · D:Chinesischer Kreuzdorn; E:Chinese Buckthorn · ♄ d Z6 IV-V ☠ Ⓝ; W-China [29167]

Rhaphidophora Hassk. 1842 -f- *Araceae* · (S. 930)
- *aurea* (Linden et André) Birdsey = Epipremnum aureum
- *celatocaulis* (N.E. Br.) Alderw. = Rhaphidophora korthalsii
- **decursiva** (Wall.) Schott 1857 · ♄ e ≹ Z10 Ⓦ; Him., Ind., Indochina
- **honkongensis** Schott 1860 · ≀ Ⓦ; Indochina, S-China
- **korthalsii** Schott 1863 · ♄ e ≹ Z10 Ⓦ; Kalimantan

Rhaphiolepis Lindl. 1820 -f- *Rosaceae* · (S. 761) D:Traubenapfel; E:Hawthorn; F:Raphiolépis
- × **delacourii** André 1900 (*R. indica* × *R. umbellata*) · ♄ e Z8 Ⓚ III-V; cult. [29168]
  'Coates' Crimson'
  'Enchantress' [15863]
- **indica** (L.) Lindl. 1820 · D:Chinesischer Traubenapfel; E:India Hawthorn · ♄ e Z8 Ⓚ II-VIII; S-China [15861]
  'Springtime' [19457]
- *japonica* Siebold et Zucc. = Rhaphiolepis umbellata var. umbellata
- *ovata* Briot = Rhaphiolepis umbellata
- **umbellata** (Thunb.) Makino 1902 [19912]
  'Ovata' [58137]
  - var. **umbellata** · D:Japanischer Traubenapfel · ♄ e D Z8 Ⓚ V-VI; Jap., Korea, Ryukyu-Is.,

Rhaphithamnus Miers 1870 -m- *Verbenaceae* · (S. 887)
- **spinosus** (Juss.) Moldenke 1937 · ♄ e Z9 Ⓚ III-IV; Arg., Chile

Rhapidophyllum H. Wendl. et Drude 1876 -n- *Arecaceae* · (S. 959) D:Nadelpalme; E:Needle Palm; F:Palmier-aiguille
- **hystrix** (Fraser ex Thouin) H. Wendl. et Drude 1876 · D:Nadelpalme; E:Needle Palm · ♄ e Z8 Ⓚ; USA: SE, Fla.

Rhapis L. f. ex Aiton 1789 -f- *Arecaceae* · (S. 959) D:Rutenpalme, Steckenpalme; E:Lady Palm; F:Palmier des dames
- **excelsa** (Thunb.) A. Henry ex Rehder 1930 · D:Hohe Steckenpalme; E:Bamboo Palm, Ground Rattan Cane, Lady Palm · ♄ e Z9 Ⓚ; ? S-China [16232]
- *flabelliformis* L'Hér. ex Aiton = Rhapis excelsa
- **humilis** Blume 1839 · D:Niedere Steckenpalme; E:Rattan Palm, Reed Rhapis, Slender Lady Palm · ♄ e Z9 Ⓚ; S-China

Rhaponticum Ludw. = Stemmacantha
- *scariosum* Lam. = Stemmacantha rhapontica

Rhazya Decne. 1835 -f- *Apocynaceae* · (S. 195)
- *orientalis* (Decne.) A. DC. = Amsonia orientalis

Rheedia L. = Garcinia
- *acuminata* (Ruiz et Pav.) Planch. et Triana = Garcinia madruno
- *madruno* (Humb., Bonpl. et Kunth) Planch. et Triana = Garcinia madruno

Rhektophyllum N.E. Br. 1882 -n- *Araceae* · (S. 931)
- **mirabile** (N.E. Br.) Bogner 1882 · ≀ e ≹ Z10 Ⓦ; W-Afr., C-Afr.

Rheum L. 1753 -n- *Polygonaceae* · (S. 707) D:Rhabarber; E:Rhubarb; F:Rhubarbe
- **acuminatum** Hook. f. et Thomson 1855 · ♃ Z6 V-VI; Sikkim
- **alexandrae** Batalin 1894 · ♃ Z5 VI-VII; Tibet, W-China [66157]
- **australe** D. Don 1825 · D:Himalaya-Rhabarber; E:Himalaya Rhubarb · ♃ Z6 VI-VII; C-As., Him. [71431]
- × *cultorum* Thorsrud et Reisaeter = Rheum rhabarbarum
- *emodi* Wall. = Rheum australe
- *hybridum* hort. = Rheum rhabarbarum
- **kialense** Franch. 1895 · ♃ △ V-VI; China
- **nobile** Hook. f. et Thomson 1855 · ♃ Z7 VI-VII; Ind.: Sikkim
- **officinale** Baill. 1871 · D:Gebräuchlicher Rhabarber, Südchinesischer Rhabarber; E:Chinese Rhubarb · ♃ Z7 V-VII ⚕; Myanmar, SE-Tibet, SW-China [20422]
- **palmatum** L. 1759 [66159]
  'Atrosanguineum'
  - var. **palmatum** · D:Handlappiger Rhabarber; E:Chinese Rhubarb · ♃ Z6 V-VI ⚕; E-Tibet, W-China
  - var. **tanguticum** Maxim. ex Regel 1874 · D:Kron-Rhabarber, Tangutischer Rhabarber; E:Turkey Rhubarb; F:Rhubarbe de Chine · Z6 ⚕; NW-China [60129]
- **rhabarbarum** L. 1753 · D:Krauser Rhabarber, Österreichischer Rhabarber; E:Garden Rhubarb, Rhubarb · ♃ Z3 V-VI Ⓝ ▽; BG (Rhodope) [71432]
  'Ace of Hearts' [30393]
  'Elmsfeuer' [13331]
  'Holsteiner Blut' [70811]
  'Timperley Early'
- **rhaponticum** L. 1753 · D:Bulgarischer Rhabarber, Rhapontik · ♃ V-VI Ⓝ
- **ribes** L. 1753 · D:Syrischer Rhabarber; E:Syrian Rhubarb · ♃ Z6 V-VI; Iran, Lebanon
- **tataricum** L. f. 1781 · ♃; C-As.
- *undulatum* L. = Rheum rhabarbarum

Rhexia L. 1753 -f- *Melastomataceae* · (S. 631) D:Bruchheil; E:Deer Grass, Meadow Beauty
- **virginica** L. 1753 · D:Virginischer Bruchheil; E:Handsome Harry, Meadow Beauty · ♃ ⏜ Z7 ∧ VII-VIII; Can.: E; USA: NE, NCR, Okla., SE, Fla.

Rhigozum Burch. 1822 -n- *Bignoniaceae* · (S. 298)
- **obovatum** Burch. 1822 · ♄ ♄ d Z9 Ⓚ; S-Afr., Madag., Zimbabwe, Namibia
- **trichotomum** Burch. 1822 · ♄ Ⓚ; S-Afr., Botswana

Rhinanthus L. 1753 -m- *Scrophulariaceae* · (S. 837) D:Klappertopf; E:Yellow Rattle; F:Cocriste, Rhinanthe
- **alectorolophus** (Scop.) Pollich 1777 · D:Zottiger Klappertopf
  - subsp. **alectorolophus** · D:Gewöhnlicher Zottiger Klappertopf · ⊙ ⋊ Z6 V-IX; Eur.: Fr, I,

C-Eur., EC-Eur., Slove., E-Eur.
- subsp. **aschersonianus** (M. Schulze) Hartl 1974 · D:Drüsiger Klappertopf · ⊙ Z6 V-VIII; Eur.: D (Jena)
- subsp. **facchinii** (Chabert) Soó · D:Südtiroler Klappertopf · ⊙ Z6; Alp.
- subsp. **freynii** (Sterneck) Hartl · D:Freyns Klappertopf · ⊙ Z6; Eur.: N-I, Slove.
- **alpinus** Baumg. 1816 · D:Alpen-Klappertopf · ⊙ Z6 VI-VIII; Eur.: A, EC-Eur., BG, RO, W-Russ.; mts.
- **angustifolius** C.C. Gmel. 1806 · D:Großer Klappertopf
  - subsp. **angustifolius** · D:Gewöhnlicher Großer Klappertopf · ⊙ Z6; Eur.* exc. Ib
  - subsp. **halophilus** (U. Schneid.) Hartl 1974 · D:Salzwiesen-Klappertopf · Z6 V-IX; Eur.: D (Mecklenburg)
- **antiquus** (Sterneck) Schinz et Thell. · D:Altertümlicher Klappertopf, Bergamasker Klappertopf · ⊙ Z6 VIII; Eur.: I, CH; S-Alp.
- **borbasii** (Dörfl.) Soó 1939 · D:Puszta-Klappertopf · ⊙ Z6 V-IX; Eur.: A, EC-Eur., Ba, E-Eur.
- **carinthiacus** Widder 1957 · D:Kärntner Klappertopf · ⊙ Z6 V-VIII; Eur.: A (Kärnten)
- **glacialis** Personnat 1863 · D:Grannen-Klappertopf · ⊙ Z6 VI-IX; Eur.: Alp.
- *halophilus* U. Schneid. = Rhinanthus angustifolius subsp. halophilus
- **minor** L. 1756 · D:Kleiner Klappertopf; E:Hay Rattle, Yellow Rattle · ⊙ Z6 V-IX; Eur.*, Cauc., W-Sib.
- *pulcher* Schummel ex Opiz = Rhinanthus alpinus
- *rumelicus* Velen. = Rhinanthus alectorolophus subsp. aschersonianus
- *serotinus* (Schönh.) Schinz et Thell. = Rhinanthus angustifolius subsp. angustifolius

Rhinephyllum N.E. Br. 1927 -n-
Aizoaceae · (S. 148)
D:Feilenblatt; F:Rhinephyllum
- **broomii** L. Bolus 1936 · ⚄ Ψ Z9 ⓚ; Kap

Rhipsalidopsis Britton et Rose 1923 -f- *Cactaceae* · (S. 366)
D:Osterkaktus
- **gaertneri** (Regel) Moran 1953 · D:Osterkaktus; E:Easter Cactus ·

ℏ Ψ Z9 ⓦ ▽ ✳; E-Bras.: Minas Gerais
- × **graeseri** (Werderm.) Moran 1953 (R. gaertneri × R. rosea) · ℏ Ψ Z9 ⓦ; cult.
- **rosea** (Lagerh.) Britton et Rose 1923 · ℏ Ψ Z9 ⓦ ▽ ✳; Bras.: Parana

Rhipsalis Gaertn. 1788 -f-
Cactaceae · (S. 366)
D:Binsenkaktus, Korallenkaktus, Rutenkaktus; F:cactus-gui, Cactus-jonc
- **baccifera** (J.S. Muell.) Stearn 1939
  - subsp. **baccifera** · ℏ Ψ ⚊ Z9 ⓦ ▽ ✳; Trop.
  - subsp. **horrida** (Baker) Barthlott 1987 · Ψ Z10 ⓦ; Madag.
- *capilliformis* F.A.C. Weber = Rhipsalis teres fo. capilliformis
- *cassutha* Gaertn. = Rhipsalis baccifera subsp. baccifera
- **cereoides** (Backeb. et Voll) A. Cast. 1890 · Ψ Z10 ⓦ; E-Bras., Arg. (Entre Rios)
- **cereuscula** Haw. 1830 · ℏ Ψ Z9 ⓦ ▽ ✳; Bras., Parag., Urug., Arg.
- *chrysocarpa* Loefgr. = Rhipsalis puniceodiscus var. chrysocarpa
- **clavata** F.A.C. Weber 1892 · ℏ Ψ Z9 ⓦ ▽ ✳; Bras.
- *conferta* Salm-Dyck = Rhipsalis teres
- *coralloides* Rauh = Rhipsalis baccifera subsp. horrida
- *coriacea* Pol. = Pseudorhipsalis ramulosa
- *cribrata* (Lem.) Rümpler = Rhipsalis teres
- **crispata** (Haw.) Pfeiff. 1837 · ℏ Ψ Z9 ⓦ ▽ ✳; E-Bras.
- *crispimarginata* Loefgr. = Rhipsalis crispata
- *cruciformis* (Vell.) A. Cast. = Lepismium cruciforme
- **dissimilis** (G. Lindb.) K. Schum. 1890 · ℏ Ψ Z9 ⓦ ▽ ✳; E-Bras.
- **elliptica** G. Lindb. ex K. Schum. 1890 · ℏ Ψ ⓦ
- *fasciculata* (Willd.) Haw. = Rhipsalis baccifera
- **floccosa** Salm-Dyck 1837 · ℏ Ψ ⚊ Z9 ⓦ ▽ ✳; Bras., Bol.
- *funalis* (Spreng.) Salm-Dyck = Rhipsalis grandiflora
- *gaertneri* (Regel) Moran = Rhipsalidopsis gaertneri
- *gibberula* F.A.C. Weber = Rhipsalis floccosa
- × *graeseri* (Werderm.) Moran = Rhipsalidopsis × graeseri

- **grandiflora** Haw. 1819 · ℏ Ψ Z9 ⓦ ▽ ✳; Bras.: Rio de Janeiro
- **hadrosoma** G. Lindb. 1896 · ℏ Ψ Z9 ⓦ ▽ ✳; Bras.
- *himantoclada* Rol.-Goss. = Pseudorhipsalis himantoclada
- *horrida* Baker = Rhipsalis baccifera subsp. horrida
- *houlletiana* Lem. = Lepismium houlletianum
- *ianthothele* (Monv.) K. Brandegee = Pfeiffera ianthothele
- *lindbergiana* K. Schum. = Rhipsalis baccifera subsp. baccifera
- *megalantha* Loefgr. = Rhipsalis neves-armondii
- *mesembryanthemoides* Steud. = Rhipsalis mesembryanthoides
- **mesembryanthoides** Haw. 1821 · ℏ Ψ Z9 ⓦ ▽ ✳; Bras.
- **micrantha** (Kunth) DC. 1828 · Ψ Z10 ⓦ; Ecuad., N-Peru
- **neves-armondii** K. Schum. 1890 · Ψ Z10 ⓦ ▽ ✳; Bras.
- **pachyptera** Pfeiff. 1837 · ℏ Ψ Z9 ⓦ ▽ ✳; SE-Bras.
- **paradoxa** (Salm-Dyck ex Pfeiff.) Salm-Dyck 1844 · ℏ Ψ Z9 ⓦ ▽ ✳; Bras.
- *penduliflora* N.E. Br. = Rhipsalis teres
- **pentaptera** A. Dietr. 1836 · ℏ Ψ ⓦ
- *pilocarpa* Loefgr. = Erythrorhipsalis pilocarpa
- *pittieri* Britton et Rose = Rhipsalis floccosa
- *prismatica* Rümpler = Rhipsalis teres
- **pulvinigera** G. Lindb. 1889 · ℏ Ψ Z9 ⓦ ▽ ✳; Bras., NE-Parag.
- **puniceodiscus** G. Lindb. 1893
  - var. **chrysocarpa** (Loefgr.) Borg 1937 · ℏ Ψ ⚊ Z9 ⓦ ▽ ✳; Bras.
  - var. **puniceodiscus** · ℏ Ψ Z9 ⓦ ▽ ✳; Bras.
- *purpusii* Weing. = Pseudorhipsalis ramulosa
- *rauhiorum* Barthlott = Rhipsalis micrantha
- **rhombea** (Salm-Dyck) Pfeiff. 1837 · ℏ Ψ ⚊ Z9 ⓦ ▽ ✳; Bras.
- *rosea* Lagerh. = Rhipsalidopsis rosea
- *roseana* A. Berger = Rhipsalis micrantha
- *saglionis* (Lem.) Otto ex Walp. = Rhipsalis cereuscula
- *salicornioides* Haw. = Hatiora salicornioides
- *shaferi* A. Berger = Rhipsalis baccifera subsp. baccifera
- *squamulosa* (Salm-Dyck) K. Schum. = Lepismium cruciforme

- **teres** (Vell.) Steud. 1841 · ♄ Ψ ⚥ Z9 ⓜ ▽ ✲; Bras.
  fo. **capilliformis** 1995 (F.A.C. Weber) Barthlott et N.P. Taylor · ♄ Ψ ⚥ Z9 ⓜ ▽ ✲; E-Bras.
- *tonduzii* F.A.C. Weber = Rhipsalis micrantha
- **trigona** Pfeiff. 1837 · ♄ Ψ Z9 ⓜ ▽ ✲; Bras.
- *virgata* F.A.C. Weber = Rhipsalis teres
- *warmingiana* K. Schum. = Lepismium warmingianum

Rhizophora L. 1753 -f- *Rhizophoraceae* · (S. 741)
D:Manglebaum, Mangrovebaum; F:Palétuvier
- **conjugata** L. 1753 · ♄ e ∼ Z10 ⓜ Ⓝ; trop. As., trop. Afr.; mangrove
- **mangle** L. 1753 · D:Manglebaum, Mangrovebaum; E:Red Mangrove · ♄ e ∼ Z10 ⓜ Ⓝ; S-Fla., trop. Am., W-Afr., C-Afr., Angola, Polyn.; mangrove
- **mucronata** Lam. 1804 · ♄ e ∼ Z10 ⓜ Ⓝ; E-Afr., Ind., Sri Lanka, SE-As., Austr.: N.Terr., Queensl.; Jap.; mangrove

Rhodanthe Lindl. 1834 -n- *Asteraceae* · (S. 267)
D:Immortelle; E:Paper Daisy; F:Immortelle, Rhodanthe
- **chlorocephala**
  - subsp. **rosea** · ☉ Z8 ⓚ; Austr. (W-Austr.)
- **humboldtianum** (Gaudich.) Paul G. Wilson 1992 · ☉ VII-VIII; W-Austr.
- **manglesii** Lindl. 1834 · D:Rosen-Immortelle; E:Paper Daisy · ☉ ⚲ VII-VIII; W-Austr.

Rhodanthemum (Vogt) B.H. Wilcox, K. Bremer et Humphries 1993 -n- *Asteraceae* · (S. 267)
- **catananche** (Ball) B.H. Wilcox, K. Bremer et Humphries 1993 · ⚳ Z8 ⓚ; Maroc.
- **gayanum** (Coss. et Durieu) B.H. Wilcox et al. · ♄ Z8 ⓚ VII-VIII; Maroc., Alger. [61362]
- **hosmariense** (Ball) B.H. Wilcox, K. Bremer et Humphries 1993 [72168]

Rhodiola L. 1753 -f- *Crassulaceae* · (S. 434)
D:Rosenwurz; E:Roseroot; F:Rhodiole
- *crassipes* (Wall. ex Hook. f. et Thomson) = Rhodiola wallichiana
- **heterodonta** (Hook. f. et Thomson) Boriss. 1939 · ⚳ Ψ △ Z5; Afgh., W-Him., Tibet
- **hobsonii** (Prain ex Raym.-Hamet) S.H. Fu 1965 · ⚳ Ψ △ Z5 VII-VIII; Tibet
- **integrifolia** Raf. 1832 · ⚳ Ψ Z2; Arct., Sib., Alaska, Can. W; USA: NW, Calif., Rocky Mts., SW
- **kirilowii** (Regel) Regel ex Maxim. 1859 · ⚳ Ψ △ Z5 VI; Him., Mong., NW-China
- **pachyclados** (Aitch. ex Hemsl.) H. Ohba 1976 · ⚳ Ψ; Afgh. [66501]
- *primuloides* (Franch.) S.H. Fu = Rhodiola pachyclados
- **rhodantha** (A. Gray) H. Jacobsen 1973 · ⚳ Ψ △ Z4 VI-VII; USA: Rocky Mts., SW [71935]
- **rosea** L. 1753 · D:Rosenwurz; E:Roseroot · ⚳ Ψ △ Z1 VI-VII; Eur.*, W-Sib., E-Sib., Amur, Sachal., Kamchat., Mong., Him., China (Schansi), Can. (Labrador), Greenl. [71440]
- **semenovii** (Regel et Herder) Boriss. 1939 · ⚳ Ψ △ Z6 VI-IX; C-As.
- **wallichiana** (Hook. f.) S.H. Fu 1939 · ⚳ Ψ VI; Him., W-China, Tibet [71443]
- **yunnanensis** (Franch.) S.H. Fu 1965 · ⚳ Ψ △ Z6 VI-IX; China: Sichuan, Yunnan, Hupeh, Schansi

Rhodocactus (A. Berger) F.M. Knuth = Pereskia
- *bleo* (Kunth) F.M. Knuth = Pereskia bleo
- *grandifolius* (Haw.) F.M. Knuth = Pereskia grandifolia
- *sacharosus* (Griseb.) Backeb. = Pereskia sacharosa

Rhodochiton Zucc. ex Otto et A. Dietr. 1832 -m- *Scrophulariaceae* · (S. 838)
D:Purpurglockenwein, Rosenkelch; E:Bell Vine
- **atrosanguineus** (Zucc.) Rothm. 1943 · D:Windender Purpurglockenwein; E:Purple Bell Vine · ♄ ⚥ Z9 ⓚ; Mex. [30421]
- *volubilis* Zucc. = Rhodochiton atrosanguineus

Rhododendron L. 1753 -n- *Ericaceae* · (S. 473)
D:Alpenrose, Azalee, Rhododendron; E:Azalea, Rhododendron; F:Azalée, Rhododendron

- **aberconwayi** Cowan 1948 · ♄ e Z7 V-VI; W-China, Yunnan
- *achroanthum* Balf. f. et W.W. Sm. = Rhododendron rupicola var. rupicola
- *acraium* Balf. f. et W.W. Sm. = Rhododendron primuliflorum
- **adenogynum** Diels 1912 · ♄ e Z7 ∧ IV; Yunnan [15739]
- **adenopodum** Franch. 1895 · ♄ e Z6; China (Hubei, Sichuan)
- **adenosum** Davidian 1978
- *adoxum* Balf. f. et Forrest = Rhododendron vernicosum
- *aechmophyllum* Balf. f. et Forrest = Rhododendron yunnanense
- *aemolorum* Balf. f. = Rhododendron mallotum
- **aganniphum** Balf. f. et Kingdon-Ward 1917 · F:Rhododendron aganniphum · ♄; W-China, SE-Tibet [18547]
  - var. **aganniphum** · ♄ Z7 ∧ V; China: Xizang, Yunnan, Sichuan
    Glaucopeplum Grp. · ; cult.
    Schizopeplum Grp. · ; cult.
  - var. **flavorufum** (Balf. f. et Forrest) D.F. Chamb. 1978 · ⚳ Z7 IV-V; SE-Tibet, China: SE-Xizang
- **agastum** Balf. f. et W.W. Sm. 1917
- *agglutinatum* Balf. f. et Forrest = Rhododendron phaeochrysum var. agglutinatum
- *aiolopeplum* Balf. f. et Forrest = Rhododendron phaeochrysum var. levistratum
- *aiolosalpinx* Balf. f. et Farrer = Rhododendron stewartianum
- **alabamense** Rehder et E.H. Wilson 1921 · D:Alabama-Azalee; E:Alabama Azalea · ♄ d ⤳ Z7 V; USA: Ala.
- **albrechtii** Maxim. 1871 · D:Albrechts Azalee; E:Albrecht's Azalea; F:Rhododendron d'Albrecht · ♄ d Z6 IV-V; Jap. [40716]
- *algarvense* Page = Rhododendron ponticum
- *alpicola* Rehder et E.H. Wilson = Rhododendron nivale subsp. boreale
- **alutaceum** Balf. f. et W.W. Sm. 1917 · ♄ e Z7; China (SE-Tibet, NW-Yunnan, Sichuan)
  - var. **alutaceum**
  - var. **iodes** (Balf. f. et Forrest) D.F. Chamb. 1982
  - var. **russotinctum** (Balf. f. et Forrest) D.F. Chamb. 1978
- *amamiense* Ohwi = Rhododendron latoucheae
- *amaurophyllum* Balf. f. et Forrest =

Rhododendron saluenense subsp. saluenense
- **ambiguum** Hemsl. 1911 · ♄ e Z6 IV-V; Sichuan [31844]
  'Keillor'
  'Wongii'
- *amoenum* (Lindl.) Planch. = Rhododendron × obtusum 'Amoenum'
- **annae** Franch. 1898
- *annamense* Rehder = Rhododendron simsii
- **anthopogon** D. Don 1821 · ♄ e Z7; Pakist., Him., S-Tibet
- **anthosphaerum** Diels 1912 · ♄ ♄ e Z8 ⌂; China (Yunnan, SE-Tibet), NE-Myanmar
- **anwheiense** E.H. Wilson 1925 · ♄ ♄ e; China (Jiangxi, Anhui, Zhejiang)
- **araiophyllum** Balf. f. et W.W. Sm. 1917 · ♄ ♄ e Z7; China (W-Yunnan), NE-Myanmar
- *araliiforme* Balf. f. et Forrest = Rhododendron vernicosum
- **arborescens** (Pursh) Torr. 1824 · D:Baumartige Azalee; E:Smooth Azalea, Sweet Azalea; F:Rhododendron arborescent · ♄ ♄ d D Z6 VI; USA: NE, SE [14318]
- **arboreum** Sm. 1805 [40719]
  - subsp. **arboreum** · D:Baum-Alpenrose; E:Tree Rhododendron · ♄ ♄ e Z8 ⌂ III-IV ✿; Pakist., Him., SE-Tibet, Sri Lanka
  - subsp. **cinnamomeum** (Lindl.) Tagg 1930 · ♄ e Z7; Him.
    var. cinnamomeum Campbelliae Grp. · ♄ e Z7 ⌂; Him.
  - subsp. **delavayi** (Franch.) D.F. Chamb. 1979 · ♄ e; E-Him., Myanmar, Thail., SW-China
  - subsp. **zeylanicum** (Booth) Tagg 1930 · ♄ e Z7; Sri Lanka
- **argipeplum** Balf. f. et D.F. Cooper 1916
- **argyrophyllum** Franch. 1886 [32672]
  - subsp. **argyrophyllum** · ♄ e Z6 IV-V; Tibet, W-Sichuan
  - subsp. **hypoglaucum** (Hemsl.) D.F. Chamb. 1979 · ♄ ♄ e Z6 ⌂; China (Sichuan, Hubei)
  - subsp. **nankingense** (Cowan) D.F. Chamb. 1979 · ♄ e Z7 ⌂; China (Guizhou)
- *arizelum* Balf. f. et Forrest = Rhododendron rex subsp. arizelum
- *artosquamatum* Balf. f. et Forrest = Rhododendron oreotrephes
- *ashleyi* Coker = Rhododendron

maximum
- *astrocalyx* Balf. f. et Forrest = Rhododendron wardii
- **atlanticum** (Ashe) Rehder et E.H. Wilson 1921 · D:Atlantische Azalee; E:Dwarf Azalea · ♄ d D Z6 V; USA: NE, SE, Tex. [15354]
- *atroviride* Dunn = Rhododendron concinnum
- **augustinii** Hemsl. 1889 [24188]
  'Electra'
  'Russautinii' [31869]
  - subsp. **augustinii** · D:Augustines Rhododendron; E:Blue Rhododendron · ♄ e Z6 IV-V; Yunnan, Sichuan, Hupeh
  - subsp. **chasmanthum** (Diels) Cullen 1978 · ♄ ♄ e; China (Yunnan, Sichuan, Tibet)
  - subsp. **hardyi** (Davidian) Cullen 1978 · ♄ ♄ d; China (NW-Yunnan)
- **aureum** Georgi · ♄ Z2 IV ✿; W-Sib., E-Sib., Amur, Sachal., Kamchat., Mong., China, Korea, Jap. [31864]
- **auriculatum** Hemsl. 1899 · ♄ e Z8 ⌂ VII-VIII; China: Hupeh [31865]
- *bachii* H. Lév. = Rhododendron ovatum
- *baeticum* Boiss. et Reut. = Rhododendron ponticum
- **baileyi** Balf. f. 1919 · ♄ e Z7; Him., China (S-Tibet)
- *bakeri* Lemmon = Rhododendron cumberlandense
- **balfourianum** Diels 1912 · ♄ e Z6; China (Yunnan, SW-Sichuan)
  - var. *aganniphoides* Tagg et Forrest = Rhododendron balfourianum
- *balsaminiflorum* Carrière = Rhododendron indicum
- **barbatum** Wall. 1849 · ♄ ♄ e Z8 ⌂ IV; Nepal, Sikkim
- *basfordii* Davidian = Rhododendron lindleyi
- **basilicum** Balf. f. et W.W. Sm. 1916 · ♄ ♄ e Z8; China (W-Yunnan), NE-Myanmar
- *batangense* Balf. f. = Rhododendron nivale subsp. boreale
- **beanianum** Cowan 1938 · ♄ e Z8; NE-Ind., NE-Myanmar
- **beesianum** Diels 1912 · ♄ ♄ e Z8; N-Myanmar, China (SE-Tibet, NW-Yunnan, SW-Sichuan)
- *benthamianum* Hemsl. = Rhododendron concinnum Benthamianum Grp.
- *bhotanicum* C.B. Clarke = Rhododendron lindleyi

- *bicolor* P.C. Tam = Rhododendron simsii
- *blepharocalyx* Franch. = Rhododendron intricatum
- *bodinieri* Franch. = Rhododendron yunnanense
- **brachyanthum** Franch. 1886
  - subsp. **brachyanthum** · ♄ e Z6 VI; Yunnan
  - subsp. **hypolepidotum** (Franch.) Cullen 1978 · ♄ e Z6; NE-Myanmar, China (NW-Yunnan, SE-Tibet)
- **brachycarpum** D. Don ex G. Don 1834 [40725]
  - subsp. **brachycarpum** · ♄ e Z5 VI; Jap., Korea
  - subsp. **fauriei** (Franch.) D.F. Chamb. 1979 Z6; Korea
- *brettii* Hemsl. et E.H. Wilson = Rhododendron longesquamatum
- *brevistylum* Franch. = Rhododendron heliolepis var. brevistylum
- *brevitubum* Balf. f. et R.E. Cooper = Rhododendron maddenii subsp. maddenii
- **bureavii** Franch. 1887 · ♄ e Z6; China (Yunnan) [24196]
  'Hazel' [33556]
  'Hydon Velvet' [44920]
  'Teddy Bear' [10424]
- **bureavioides** Balf. f. 1920 [17344]
- **burmanicum** Hutch. 1914 · ♄ e Z9 ⌂ V; SW-Myanmar
- *caeruleoglaucum* Balf. f. et Forrest = Rhododendron campylogynum
- **caesium** Hutch. 1933
- **calendulaceum** (Michx.) Torr. 1824 · D:Gelbe Alpenrose; E:Cumberland Azalea, Flame Azalea, Yellow Azalea; F:Rhododendron jaune · ♄ d Z6 V-VI; USA: NE, Ohio, SE [10919]
- *californicum* Hook. f. = Rhododendron macrophyllum
- **callimorphum** Balf. f. et W.W. Sm. · ♄ e Z7 ∧ VI; NE-Myanmar, Yunnan
- *calophyllum* Nutt. = Rhododendron maddenii subsp. maddenii
- **calophytum** Franch. · ♄ e Z7 ∧ IV; Tibet, W-Sichuan
- **calostrotum** Balf. f. et Kingdon-Ward 1920 [31860]
  - subsp. **calostrotum** · ♄ e △ Z7 ∧ IV; Ind., NE-Myanmar
  - subsp. **keleticum** (Balf. f. et Forrest) Cullen 1978 · ♄ e △ Z7 ∧ IV; SE-Tibet [40805]
    Radicans Grp. · ; NE-Myanmar, W-China

[40855]
- subsp. **riparioides** Cullen 1978 · ♅ e Z7; China (NW-Yunnan)
- subsp. **riparium** (Kingdon-Ward) Cullen 1978 · ♅ e Z6; Ind. (Arunachal Pradesh), China (Yunnan, Tibet), NE-Myanmar
- *caloxanthum* = Rhododendron campylocarpum subsp. caloxanthum
- **camelliiflorum** Hook. f. 1851 · ♅ e Z9 ⓚ; Him. (E-Nepal - SE-Tibet)
- **campanulatum** D. Don 1821 [32674]
  'Album'
  'Knap Hill'
  - subsp. **aeruginosum** (Hook. f.) D.F. Chamb. 1979 · ♅ e Z7; Him. [35216]
  - subsp. **campanulatum** · D:Glockenblütiger Rhododendron · ♅ e Z7 IV-V; Kashmir, Him., SE-Tibet
- **campylocarpum** Hook. f. 1851 [32676]
  - subsp. **caloxanthum** (Balf. f. et Farrer) D.F. Chamb. 1978 · ♅ e; China (Tibet, W-Yunnan), NE-Myanmar
  - subsp. **campylocarpum** · ♅ ♅ e Z6 △ IV-V ✻; Him., China (Tibet)
- **campylogynum** Franch. 1884 · ♅ e Z7 V-VI; Myanmar, SE-Tibet, W-Yunnan
  'Bodnant Red'
  Myrtilloides Grp. · e [22625]
  'Patricia' [43118]
  - **Charopoeum** Grp. · ♅ e Z7; cult.
  - **Cremastum** Grp. · ♅ e; cult.
  - var. **charopoeum** (Balf. f. et Forrest) Davidian = Rhododendron campylogynum Charopoeum Grp.
- **camtschaticum** Pall. · D:Kamtschatka-Azalee; E:Kamchatka Rhododendron; F:Rhododendron du Kamtchatka · ♅ d Z5 V; Kamchat., Sachal., Jap., Alaska
- **canadense** (L.) Torr. 1839 · D:Kanadische Azalee; E:Rhodora; F:Rhododendron du Canada · ♅ d Z5 IV-V; Can.: E; USA: NE [40737]
  'Albiflorum' [44777]
  'Fraseri' [18619]
- *cantabile* Hutch. = Rhododendron russatum
- **capitatum** Maxim. 1877 · ♅ e Z8 ⓚ V; China: Kansu
- *cardoeoides* Balf. f. et Forrest = Rhododendron oreotrephes

- *carolinianum* Rehder = Rhododendron minus var. minus Carolinianum Grp.
- **catawbiense** Michx. 1803 · D:Catawba-Rhododendron; E:Catawba Rhododendron, Catawba Rosebay, Mountain Rose Bay · ♅ ♅ e Z5 V-VI ✻; USA: Va., W.Va., SE
  'Album' [40527]
  'Boursault' [40528]
  'Grandiflorum' [40530]
- **caucasicum** Pall. 1784 · D:Kaukasus-Rhododendron; F:Rhododendron du Caucase · ♅ e Z5 V; Cauc. [31863]
  'Pictum' [15902]
- **cephalanthum** Franch. · ♅ e △ Z8 ⓚ ∧ V; Yunnan, Sichuan
- *cerasiflorum* Kingdon-Ward = Rhododendron campylogynum
- **cerasinum** Tagg 1931 · ♅ e Z7; Ind. (Assam), China (SE-Tibet), NE-Myanmar
- **chamaethomsonii** (Tagg et Forrest) Cowan et Davidian 1951 · ♅ e Z7; China (Tibet, Yunnan)
  - var. **chamaethauma** (Tagg) Cowan et Davidian 1951
  - var. **chamaethomsonii**
- *chamaetortum* Balf. f. et Kingdon-Ward = Rhododendron cephalanthum
- *chameunum* = Rhododendron saluenense subsp. chameunum
- *chapaense* Dop = Rhododendron maddenii subsp. crassum
- **charitopes** Balf. f. et Farrer 1922
  - subsp. **charitopes** · ♅ e ⓚ; N-Myanmar
  - subsp. **tsangpoense** (Kingdon-Ward) Cullen 1978 · ♅ e; Tibet, Myanmar, Ind. (Assam)
- *charitostreptum* Balf. f. et Kingdon-Ward = Rhododendron brachyanthum subsp. hypolepidotum
- *charopoeum* Balf. f. et Forrest = Rhododendron campylogynum Charopoeum Grp.
- *chartophyllum* Franch. = Rhododendron yunnanense
- *chasmanthoides* Balf. f. et Forrest = Rhododendron augustinii subsp. chasmanthum
- *chawchiense* Balf. f. et Farrer = Rhododendron anthosphaerum
- *chengianum* W.P. Fang = Rhododendron hemsleyanum
- *chengshienianum* W.P. Fang = Rhododendron ambiguum
- *chrysanthum* Pall. = Rhododendron aureum

- *chryseum* Balf. f. et Kingdon-Ward = Rhododendron rupicola var. chryseum
- **chrysodoron** Tagg ex Hutch. 1934
- **ciliatum** Hook. f. 1849 · ♅ e Z8 ⓚ IV; Nepal, Bhutan, China
- **ciliicalyx** Franch. 1886 · ♅ e D Z7 III-IV; Yunnan
- *cinereum* Balf. f. et Forrest = Rhododendron cuneatum
- **cinnabarinum** Hook. f. 1849
  - subsp. **cinnabarinum** · ♅ e Z7 ∧ V-VI; Sikkim
    Blandfordiiflorum Grp.
    Roylei Grp.
  - subsp. *tamaense* = Rhododendron tamaense
  - subsp. **xanthocodon** (Hutch.) Cullen 1978 · ♅ e Z7; Buthan, Ind. (Arunachal Pradesh), S-Tibet [24189]
    Concatenans Grp. · ♅ e Z8; China (SE-Tibet) [26043]
    Purpurellum Grp. · ♅ e Z7; Buthan, Ind. (Arunachal Pradesh), S-Tibet
  - var. *blandfordiiflorum* Hook. f. 1849 = Rhododendron cinnabarinum subsp. cinnabarinum
  - var. *purpurellum* Cowan = Rhododendron cinnabarinum subsp. xanthocodon Purpurellum Grp.
- **citriniflorum** Balf. f. et Forrest 1919 · ♅ e Z8; China (SE-Tibet, NW-Yunnan)
  - var. **citriniflorum**
  - var. **horaeum** (Balf. f. et Forrest) D.F. Chamb. 1979
- **clementinae** Forrest 1915 · ♅ e Z6 V; NW-Yunnan, SW-Sichuan [40749]
- *clivicolum* Balf. f. et W.W. Sm. = Rhododendron primuliflorum
- *colletum* Balf. f. et Forrest = Rhododendron beesianum
- **columbianum** (Piper) Harmaja 1990
- *compactum* Hutch. = Rhododendron polycladum
- **complexum** Balf. f. et W.W. Sm. · ♅ e Z7; China (N-Yunnan) [15134]
- *concatenans* Hutch. = Rhododendron cinnabarinum subsp. xanthocodon Concatenans Grp.
- **concinnum** Hemsl. 1910 · D:Reizender Rhododendron · ♅ d Z7 ∧ IV-V; Sichuan [33500]
  Benthamianum Grp.
  Pseudoyanthinum Grp. · ♅ e IV-V; SW-China [40751]

- *coombense* Hemsl. = Rhododendron concinnum
- *cooperi* Balf. f. = Rhododendron camelliiflorum
- *coreanum* Rehder = Rhododendron yedoense var. poukhanense
- **coriaceum** Franch. 1898 · ♄ ♄ e Z9 ⌂; China (NW-Yunnan, SE-Tibet)
- **coryanum** Tagg et Forrest 1926
- *coryi* Shinners = Rhododendron viscosum
- *coryphaeum* Balf. f. et Forrest = Rhododendron praestans
- *cosmetum* Balf. f. et Forrest = Rhododendron saluenense subsp. saluenense
- *crassum* Franch. = Rhododendron maddenii subsp. crassum
- *cremnophilum* Balf. f. et W.W. Sm. = Rhododendron primuliflorum
- **crinigerum** Franch.
- *crispiflorum* Planch. = Rhododendron indicum
- *croceum* Balf. f. et W.W. Sm. = Rhododendron wardii
- *cruentum* H. Lév. = Rhododendron bureavii
- **cumberlandense** E.L. Braun 1941 · ♄ d Z6; USA: W.Va., Ky., SE [40752]
- **cuneatum** W.W. Sm. 1914 · ♄ e △ Z5 IV; Yunnan, Sichuan
- *cuprescens* Nitz. = Rhododendron phaeochrysum var. phaeochrysum
- *cuthbertii* Small = Rhododendron minus
- **cyanocarpum** W.W. Sm. 1914 · ♄ ♄ e Z6; China (NW-Yunnan) [32684]
- *cyclium* Balf. f. et Forrest = Rhododendron callimorphum
- **dalhousiae** Hook. f. 1849
  - var. *dalhousiae* · ♄ e D Z9 ⌂ V-VI; Ind., Nepal, Bhutan, China, Myanmar
  - var. **rhabdotum** (Balf. f. et R.E. Cooper) Cullen 1978 · ♄ e Z9 VI; Bhutan
- *damascenum* Balf. f. et Forrest = Rhododendron campylogynum
- **dasypetalum** Balf. f. et Forrest 1919
- **dauricum** L. 1753 · ♄ d; W-Sib. (Altai, Sajan), N-Mong. [40755]
  'Arctic Pearl' [34696]
  'Ostara' [11788]
  - var. *dauricum* · D:Dahurische Azalee; E:Chinese Alprose; F:Rhododendron nain de Sibérie · ♄ d Z5 II-III; E-Sib., Amur, Mong., Manch.
  - var. **sempervirens** Sims 1817 · ♄ d Z5; W-Sib., Mong. [31866]
- **davidsonianum** Rehder et E.H. Wilson 1913 · ♄ e Z7 ∧ IV-V; Yunnan, Sichuan
- **decorum** Franch. 1886 [32686]
  - subsp. **decorum** · ♄ e D Z7 ∧ IV-VI; Yunnan, Sichuan
  - subsp. **diaprepes** (Balf. f. et W.W. Sm.) T.L. Ming 1984 · ♄ e Z7 V; NE-Myanmar, Yunnan
- *decumbens* D. Don ex G. Don = Rhododendron indicum
- **degronianum** Carrière 1869 [40757]
  'Anuschka' (R-e) Hachmann 1968 [40933]
  'Bad Zwischenahn' (R-e) Bruns 1960 [40690]
  'Bambi' (R-e) Waterer Nurs. 1957 [36070]
  'Caroline Allbrook' (R-e) A.F. George 1960 [37536]
  'Dopey' (R-e) Waterer Nurs. 1970 [43944]
  'Fantastica' (R-e) Hachmann 1983 [40845]
  Flava Grp. (R-e) [40846]
  'Grumpy' (R-e) Waterer Nurs. 1970 [32260]
  'Kalinka' (R-e) Hachmann 1983 [40937]
  'Percy Wiseman' (R-e) Waterer Nurs. 1969 [14555]
  'Polaris' (R-e) Hachmann 1978 [40860]
  'Silberwolke' (R-e) Hachmann 1978 [40861]
  'Sneezy' (R-e) Waterer Nurs. 1970 [40948]
  'Titian Beauty' (R-e) Waterer Nurs. 1970 [32632]
  - subsp. **degronianum** · D:Japanischer Rhododendron; E:Metternich's Rhododendron; F:Rhododendron de Metternich · ♄ e Z5 IV ✼; Jap.
  - subsp. **heptamerum** (H. Hara) D.F. Chamb. et F. Doleshy 1987 · ♄ e; Jap. [32712]
  - var. *pentamerum* (Maxim.) Hutch. 1911 = Rhododendron degronianum subsp. degronianum
  - subsp. **yakushimanum** (Nakai) H. Hara 1986 · D:Yakushima-Rhododendron; E:Yak; F:Rhododendron de Yakushima · ♄ e Z6 VI; Jap.
- *delavayi* Franch. = Rhododendron arboreum subsp. delavayi
- *deleiense* Hutch. et Kingdon-Ward = Rhododendron tephropeplum
- *dendritrichum* Balf. f. et Forrest = Rhododendron uvarifolium
- *depile* Balf. f. et Forrest = Rhododendron oreotrephes
- *desquamatum* Balf. f. et Forrest = Rhododendron rubiginosum Desquamatum Grp.
- × **detonsum** Balf. f. et Forrest 1919 (*R. adenogynum* × *R. vernicosum*) · ♄ e; China (Yunnan)
- *diaprepes* Balf. f. et W.W. Sm. = Rhododendron decorum subsp. diaprepes
- **dichroanthum** Diels 1912
  - subsp. **apodectum** (Balf. f. et W.W. Sm.) Cowan 1940 · ♄ e; China (W-Yunnan), NE-Myanmar [18625]
  - subsp. **dichroanthum** · ♄ e Z7 ∧ V-VI; Yunnan
  - subsp. **scyphocalyx** (Balf. f. et Forrest) Cowan 1940 · ♄ e Z8; China (W-Yunnan), NE-Myanmar [35218]
- *dichropeplum* Balf. f. et Forrest = Rhododendron phaeochrysum var. levistratum
- *didymum* Balf. f. et Forrest = Rhododendron sanguineum subsp. didymum
- *dilatatum* Miq. = Rhododendron reticulatum
- *discolor* Franch. = Rhododendron fortunei subsp. discolor
- *dryophyllum* Balf. f. et Forrest = Rhododendron phaeochrysum var. phaeochrysum
- *dryophyllum* hort. = Rhododendron phaeochrysum var. levistratum
- **dumicola** Tagg et Forrest 1930
- *dumulosum* Balf. f. et Forrest = Rhododendron phaeochrysum var. agglutinatum
- **eclecteum** Balf. f. et Forrest 1920 · ♄ e Z8; China (NW-Yunnan, SE-Tibet), NE-Myanmar
- **edgarianum** Rehder et E.H. Wilson 1913 · ♄ e Z6; China (W-Sichuan, Yunnan, SE-Tibet)
- **edgeworthii** Hook. f. 1849 · ♄ e D Z9 ⌂ IV-V; Ind., Bhutan, China, Myanmar
- **elegantulum** Tagg et Forrest 1927
- **elliottii** G. Watt 1906
- *emaculatum* Balf. f. et Forrest = Rhododendron beesianum
- *eriogynum* Balf. f. et W.W. Sm. = Rhododendron facetum
- **eudoxum** Balf. f. et Forrest 1919 · ♄ e Z7; China (NW-Yunnan, SE-Tibet)
- **exasperatum** Tagg 1931
- **faberi** Hemsl. 1889 · ♄ ♄ e; China
  - subsp. *prattii* (Franch.) D.F. Chamb. 1978 = Rhododendron prattii
- **facetum** Balf. f. et Kingdon-

Ward 1917 · ♄ ♄ e Z8 ⓚ; China (Yunnan), NE-Myanmar
- **falconeri** Hook. f. 1849
  - subsp. **eximium** (Nutt.) D.F. Chamb. 1979 · ♄ e Z9 ⓚ; Him.
  - subsp. **falconeri** · ♄ e Z9 ⓚ IV-V; Him.: Nepal, Bhutan
- *fargesii* Franch. = Rhododendron oreodoxa var. fargesii
- **fastigiatum** Franch. 1886 · D:Aufstrebender Rhododendron; E:Azalea · ♄ e △ Z6 IV-V; Yunnan
  'Blue Steel' [15135]
  'Indigo'
  'Intrifast' [15136]
- *fauriei* Franch. = Rhododendron brachycarpum subsp. fauriei
- **ferrugineum** L. 1753 · D:Rostblättrige Alpenrose; E:Alp Rose, Rusty Leaved Alprose; F:Rhododendron ferrugineux, Rose des Alpes · ♄ e Z5 V-VI ⚥ ✼; Eur.: sp., F, I, C-Eur., Slove., Croat.; Pyr., Alp., Jura [40765]
  'Album' [31849]
- *fictolacteum* Balf. f. = Rhododendron rex subsp. fictolacteum
- **flammeum** (Michx.) Sarg. 1917 · ♄ d; USA: S.C., Ga.
- **flavidum** Franch. 1895 · ♄ e Z6; China (NW-Sichuan)
- *flavorufum* Balf. f. et Forrest = Rhododendron agannipum var. flavorufum
- *flavum* G. Don = Rhododendron luteum
- **flinckii** Davidian 1975
- **floccigerum** Franch. 1898 · ♄ e Z6; China (SE-Tibet, NW-Yunnan)
- **floribundum** Franch. 1886 · ♄ e Z8 △ IV; China: E-Yunnan, S-Sichuan
- **formosum** Wall. 1895
- **forrestii** Balf. f. ex Diels 1912
  'Abendrot' (R-e) Hobbie c. 1965 [40813]
  'Bad Eilsen' (R-e) Hobbie 1969 [40672]
  'Baden-Baden' (R-e) Hobbie 1956 [40673]
  'Bengal' (R-e) Hobbie 1960 [40674]
  'Carmen' (R-e) Rothschild 1935 [40676]
  'Elisabeth Hobbie' (R-e) Hobbie 1937 [40678]
  'Juwel' (R-e) Hobbie 1960 [40684]
  Repens Grp. · ♄ e Z6; cult. [15243]
  'Scarlet Wonder' Le Feber Nurs. 1960 [40688]
  Tumescens Grp.
  - subsp. **forrestii** · D:Forrests Rhododendron; E:Forrest's Rhododendron · ♄ e ⤳ △ Z8 △ IV; NW-Yunnan, SE-Tibet
  - var. *repens* (Balf. f. et Forrest) Cowan et Davidian 1951 =

Rhododendron forrestii
- **fortunei** Lindl. 1859
  - subsp. **discolor** (Franch.) D.F. Chamb. 1982 · D:Verschiedenfarbiger Rhododendron · ♄ ♄ e Z7 △ VI-VII; China: Hupeh, Sichuan [40760]
    Houlstonii Grp. · ♄ e V-VI; China: Sichuan, Hupeh [32702]
  - subsp. **fortunei** · D:Fortunes Rhododendron; E:Fortune's Rhododendron · ♄ e D Z7 △ V-VII; China: Tschekiang
- *foveolatum* Rehder et E.H. Wilson = Rhododendron coriaceum
- *fragrans* Franch. = Rhododendron trichostomum
- *franchetianum* H. Lév. = Rhododendron decorum subsp. decorum
- **fraseri** W. Watson 1920 · ♄ d IV; cult.
- *fuchsiiflorum* H. Lév. = Rhododendron spinuliferum
- **fulgens** Hook. f. 1849 · ♄ e Z7 △ III; Him: Nepal, Bhutan [32694]
- **fulvum** Balf. f. et W.W. Sm. · ♄ e Z7 △ III-V; Sichuan, W-Yunnan
- **galactinum** Balf. f. 1926 · ♄ ♄ e Z6; China (S-Sichuan) [32696]
- *giganteum* Forrest ex Tagg = Rhododendron protistum var. giganteum
- *giraudiasii* H. Lév. = Rhododendron decorum subsp. decorum
- *glaucoaureum* Balf. f. et Forrest = Rhododendron campylogynum
- *glaucopeplum* Balf. f. et Forrest = Rhododendron agannipum var. agannipum Glaucopeplum Grp.
- **glaucophyllum** Rehder 1945
  - var. **glaucophyllum** · ♄ e △ Z8 ⓚ △ V; Ind., Nepal, Bhutan, China
  - var. *luteiflorum* Davidian = Rhododendron luteiflorum
  - var. **tubiforme** Cowan et Davidian 1948 · ♄ e Z8; Buthan, Ind. (Arunachal Pradesh), S-Tibet
- *glaucum* Hook. f. non Sweet = Rhododendron glaucophyllum var. glaucophyllum
- **glischrum** Balf. f. et W.W. Sm. 1916 · ♄ ♄ e Z7; China (S-Tibet, NW-Yunnan), NE-Myanmar
  - subsp. **rude** (Tagg et Forrest) D.F. Chamb. 1978
- *gloeblastum* Balf. f. et Forrest = Rhododendron wardii
- *glomerulatum* Hutch. = Rhododendron yungningense

- *gnaphalocarpum* Hayata = Rhododendron mariesii
- **grande** Wight 1847 · ♄ ♄ e Z8 ⓚ II-III; Bhutan, Sikkim
- **griersonianum** Balf. f. et Forrest 1924 · ♄ e Z8 ⓚ V-VI; W-Yunnan
- **griffithianum** Wight 1850 · ♄ e D Z8 ⓚ V; Him.: Sikkim, Bhutan
- *grothausii* Davidian = Rhododendron lindleyi
- *gymnomiscum* Balf. f. et Kingdon-Ward = Rhododendron primuliflorum
- **habrotrichum** Balf. f. et W.W. Sm. 1916 · ♄ e Z8; China (W-Yunnan), NE-Myanmar
- *haemaleum* Balf. f. et Forrest = Rhododendron sanguineum subsp. sanguineum var. haemaleum
- **haematodes** Franch. 1886 [36074]
  - subsp. **chaetomallum** 1979 · ♄ e Z7; NE-Myanmar, China (SE-Tibet, NW-Yunnan)
  - subsp. **haematodes** · D:Blutroter Rhododendron · ♄ e Z7 V; Yunnan
- *hallaisanense* H. Lév. = Rhododendron yedoense var. poukhanense
- **hanceanum** Hemsl. 1889 · ♄ e Z8 ⓚ; SW-China: Sichuan
  'Nanum'
  'Princess Anne' [37596]
  'Shamrock' [35232]
- *harrovianum* Hemsl. = Rhododendron polylepis
- *hedythamnum* Balf. f. et Forrest = Rhododendron callimorphum
  - var. *eglandulosum* Hand.-Mazz. = Rhododendron cyanocarpum
- *heftii* Davidian = Rhododendron wallichii
- **heliolepis** Franch. 1887
  - var. **brevistylum** (Franch.) Cullen 1978 · ♄ e Z8; China (Yunnan, Sichuan, SE-Tibet)
  - var. **heliolepis** · ♄ e Z8 △ V-VI; Myanmar, Yunnan
- *helvolum* Balf. f. et Forrest = Rhododendron phaeochrysum var. levistratum
- **hemitrichotum** Balf. f. et Forrest 1918 · ♄ e △ Z8 ⓚ △ IV; N-Yunnan, SW-Sichuan
- **hemsleyanum** E.H. Wilson 1910 · ♄ ♄ e Z8; China (W-Sichuan: Mt. Omei)
- *herpesticum* Balf. f. et Forrest = Rhododendron dichroanthum subsp. scyphocalyx
- *hexamerum* Hand.-Mazz. =

Rhododendron vernicosum
- **hippophaeoides** Balf. f. et W.W. Sm. · D:Grauer Rhododendron · ♄ e △ Z6 IV; Yunnan
- *hirsuticostatum* Hand.-Mazz. = Rhododendron augustinii subsp. chasmanthum
- **hirsutum** L. 1753 · D:Bewimperte Alpenrose; E:Hairy Alpen Rose; F:Rhododendron pubescent, Rhododendron cilié · ♄ e △ Z5 VI; Eur.: F, I, C-Eur., Slove., Croatia, Bosn.; Alp., mts. [40788]
  'Flore Pleno'
- **hirtipes** Tagg 1930 · ♄ ♄ e Z6; China (SE-Tibet)
- *hispidum* (Pursh) Torr. = Rhododendron viscosum
- **hodgsonii** Hook. f. 1851 · ♄ e Z9 ⓚ IV; Him.: Nepal, Bhutan
- **hookeri** Nutt. 1853 · ♄ ♄ e Z8; Ind. (Sikkim, Bengal, Arunachal Pradesh), Bhutan, S-Tibet
- *hormophorum* Balf. f. et Forrest = Rhododendron yunnanense
- *houlstonii* Hemsl. et E.H. Wilson = Rhododendron fortunei subsp. discolor Houlstonii Grp.
- **hunnewellianum** Rehder et E.H. Wilson 1913 · ♄ e Z9 ⓚ III-IV; W-Sichuan
- *hutchinsonianum* W.P. Fang = Rhododendron concinnum
- **hyperythrum** Hayata 1913 · ♄ e Z8; Taiwan [31878]
- *hypolepidotum* (Franch.) Balf. f. et Forrest = Rhododendron brachyanthum subsp. hypolepidotum
- **hypoleucum** (Kom.) Harmaja 1990
- *hypotrichotum* Balf. f. et Forrest = Rhododendron oreotrephes
- *imberbe* Hutch. = Rhododendron barbatum
- **impeditum** Balf. f. et W.W. Sm. 1916 · D:Veilchenblauer Rhododendron; F:Rhododendron en coussinet · ♄ e Z7 IV; China (SW-Sichuan) [40921]
  'Azurika' (R-l) Hachmann 1963 [47012]
  'Blue Diamond' (R-l) Crosfield 1935 [31959]
  'Blue Tit' (R-l) J.C. Williams 1933 [40796]
  'Gristede' (R-l) Bruns 1961 [40798]
  'Hachamnns Violetta' (R-l) Hachmann 1966 [47006]
  'Moerheim' (R-l) Ruys Moerheim Nurs. 1965 [40799]
  'Ramapo' (R-l) Nearing 1940 [40763]
- **indicum** (L.) Sweet 1833 · E:Japanese Azalee · ♄ e Z8 ⓚ ⋀ VI; Jap.

'Macranthum'
- var. *japonicum* Makino 1908 = Rhododendron kiusianum var. kiusianum
- **insigne** Hemsl. et E.H. Wilson 1910 · D:Ausgezeichneter Rhododendron · ♄ e Z6 V-VI; SW-Sichuan [40801]
- × **intermedium** Tausch 1839 (*R. ferrugineum* × *R. hirsutum*) · ♄ e; cult. [19853]
- *intortum* Balf. f. et Forrest = Rhododendron phaeochrysum var. levistratum
- **intricatum** Franch. 1895 · ♄ e Z7 ⋀ IV; W-Sichuan [32704]
- **irroratum** Franch. 1877
  - subsp. **irroratum** · ♄ ♄ e Z8 ⓚ III-IV; Yunnan
  - subsp. *ningyuenense* (Hand.-Mazz.) T.L. Ming = Rhododendron irroratum subsp. irroratum
  - subsp. **pogonostylum** (Balf. f. et W.W. Sm.) D.F. Chamb. 1978
- *jangtzowense* Balf. f. et Forrest = Rhododendron dichroanthum subsp. apodectum
- *japonicum* (Blume) C.K. Schneid. = Rhododendron degronianum subsp. heptamerum
- *jenkinsii* Nutt. = Rhododendron maddenii subsp. maddenii
- **johnstoneanum** Hutch. 1919 · ♄ e Z7; Ind. (Manipur, Assam)
- **kaempferi** Planch. 1854 · D:Kaempfers Azalee; E:Kaempfer's Azalea · ♄ d Z6 IV-V; Jap.
  - var. *japonicum* Rehder 1907 = Rhododendron kiusianum var. kiusianum
- **keiskei** Miq. 1866 · D:Keisukes Rhododendron; E:Keisuke's Rhododendron · ♄ e Z6 IV-V ⚘; Jap. [42208]
  'Ginny Gee' (R-l) W.E. Berg 1979 [43044]
  'Patty Bee' (R-l) W.E. Berg 1970 [36514]
  'Wee Bee' (R-l) W.E. Berg 1972 [15362]
- *keleticum* Balf. f. et Forrest = Rhododendron calostrotum subsp. keleticum
- **kendrickii** Nutt. 1853
- **keysii** Nutt. 1855 · ♄ e Z7 ⋀ V; C-Jap.
- **kiusianum** Makino 1914 [31458]
  'Albiflorum' [43114]
  - var. **kiusianum** · D:Kyushu-Azalee · ♄ e Z6 IV-V; Jap.
- *komiyamae* Makino = Rhododendron tosaense
- *kwangfuense* Chun et W.P. Fang = Rhododendron fortunei subsp.

discolor
- **kyawii** Lace et W.W. Sm. 1914 · ♄ ♄ e Z9 ⓦ ⓚ V; NE-Myanmar
- **lacteum** Franch. 1886 · ♄ ♄ e Z7; China (W-Yunnan)
  - var. *macrophyllum* Franch. 1886 = Rhododendron rex subsp. fictolacteum
- × **laetevirens** Rehder 1917 (*R. carolinianum* × *R. ferrugineum*) · ♄ e ⓚ V-VI; cult.
- *lamprophyllum* Hayata = Rhododendron ovatum
- **lanatum** Hook. f. 1849 · ♄ e Z7 ⓚ; Him. (Sikkim, Bhutan, Assam) S-Tibet
- *lancifolium* Hook. f. = Rhododendron barbatum
- *lancifolium* Moench = Rhododendron ponticum
- **lanigerum** Tagg 1930 · ♄ ♄ e Z7; China (S-Tibet), NE-Ind.
- **lapponicum** (L.) Wahlenb. 1812 · D:Alaska-Rhododendron; E:Lapland Rhododendron · ♄ e △ Z2 IV; Eur.: Sc, N-Russ.; E-Sib., Jap., Alaska, Can., USA: NE, NCE; Greenl. [32706]
- *laticostum* J.W. Ingram = Rhododendron keiskei
- **latoucheae** Franch. 1899 · ♄ e Z9 ⓚ; China (Hubei, Guizhou, Hunan, Guangdon, Fujian, Jiangxi, Zheijang)
  - var. *ionanthum* G.Z. Li = Rhododendron latoucheae
- **laudandum** Cowan 1937
  - var. **temoense** Cowan et Davidian 1947
- *leclerei* H. Lév. = Rhododendron rubiginosum
- *ledebourii* Pojark. = Rhododendron dauricum
- *ledifolium* (Hook.) G. Don = Rhododendron mucronatum
- *ledoides* Balf. f. et W.W. Sm. = Rhododendron trichostomum Ledoides Grp.
- *lepidanthum* Balf. f. et W.W. Sm. = Rhododendron primuliflorum
- **lepidostylum** Balf. f. et Forrest 1920 · ♄ e Z6 IV-V; W-Yunnan
- **lepidotum** G. Don 1834 · ♄ e Z6 V-VI; Him., Myanmar, Sichuan, Yunnan, Tibet
- **leptothrium** Balf. f. et Forrest 1919
- **leucaspis** Tagg 1929 · ♄ e Z7 ⋀ II-III; Tibet
- *leucolasium* Diels = Rhododendron hunnewellianum
- **lindleyi** T. Moore 1864 · ♄ e Z9; Myanmar, Sikkim, S-Tibet

- *linearifolium* Siebold et Zucc. = Rhododendron stenopetalum 'Linearifolium'
- *liratum* Balf. f. et Forrest = Rhododendron dichroanthum subsp. apodectum
- *litangense* Balf. f. ex Hutch. = Rhododendron impeditum
- **lochae** F. Muell. 1887 · ♄ e Z9; Austr. (N-Queensl.)
- × **loderi** hort. (*R. griffithianum* × *R. fortunei*) · ♄; cult.
  'King George' (R-e) O. Schulz 1892
  'Loder's White' (R-e) J.H. Mangles < 1884
  'Venus' (R-e)
- **longesquamatum** C.K. Schneid. 1909 · ♄ e Z6; China (Sichuan)
- *longifolium* Nutt. = Rhododendron grande
- *lophogynum* Balf. f. et Forrest = Rhododendron trichocladum
- *lophophorum* Balf. f. et Forrest = Rhododendron phaeochrysum var. agglutinatum
- *lucidum* Franch. = Rhododendron vernicosum
- *lucidum* Nutt. = Rhododendron camelliiflorum
- **ludlowii** Cowan 1937
  'Chikor' [32196]
  'Curlew' [36066]
- **luteiflorum** (Davidian) Cullen 1978 · ♄ e; NE-Myanmar
- **lutescens** Franch. 1886 · ♄ e Z7 ∧ III-IV; Sichuan
- *luteum* (L.) C.K. Schneid. = Rhododendron calendulaceum
- **luteum** Sweet 1830 · D:Pontische Azalee; E:Common Yellow Azalea; F:Rhododendron jaune · ♄ d D Z5 V ✿; Eur.: ? A, Slove., PL, Russ.; TR, Cauc., nat. in BrI
  'Balzac' (A-d,K) Rothschild 1958 [40256]
  'Berryrose' (A-d,K) Rothschild < 1934 [40258]
  'Cecile' (A-d,K) Rothschild 1947 [40260]
  'Coccineum Speciosum' (A-d,G) Sénéclauze < 1836 [40360]
  'Daviesii' (A-d,G) Davies c. 1846 [40362]
  'Gibraltar' (A-d) Rothschild 1947 [40265]
  'Glowing Embers' (A-dK) Waterer Nurs. 1958 [40266]
  'Golden Eagle' (A-d,K) Waterer Nurs. 1949 [40269]
  'Golden Sunset' (A-d,K) Waterer Nurs. < 1948 [40272]
  'Homebush' (A-d,K) Waterer Nurs. 1925 [40274]
  'Hotspur Red' (A-d,K) Rothschild 1958 [40905]
  'Klondyke' (A-d,K) Rothschild 1947 [40278]
  'Narcissiflorum' (A-d,G) J. Rinz < 1855

  [40373]
  'Persil' (A-d,K) Slocock < 1926 [40281]
  'Pink Delight' (A-d,K) Rothschild 1951 [40282]
  'Royal Command' (A-d,K) Exbury Gard. 1958 [40285]
  'Satan' (A-d,K) Slocock < 1926 [40287]
  'Unique' (A-d,G) Verschaffelt 1853 [40378]
- **lysolepis** Hutch. 1931
- **macabeanum** G. Watt ex Balf. f. 1920 · ♄ ♄ e Z8 ⌂; Ind. (Manipur, Assam) [36541]
- *macrogemmum* Nakai = Rhododendron kaempferi
- **macrophyllum** G. Don 1834 · ♄ e Z7; Can.: B.C; USA: NW, Calif.
- **macrosepalum**
  - var. *linearifolium* (Siebold et Zucc.) Makino = Rhododendron stenopetalum 'Linearifolium'
- **maculiferum** Franch. 1895 · ♄ ♄ e Z9; China (Anhui, Gansu, Guangxi, Guizhou, Hubei, Jiangxi, Shaanxi, Sichuan)
  - subsp. *anwheiense* (E.H. Wilson) D.F. Chamb. = Rhododendron anwheiense
- **maddenii** Hook. f. 1849
  - subsp. **crassum** (Franch.) Cullen 1978 · ♄ e Z9 ⌂; Ind. (Manipur), China (Yunnan, SE-Tibet), Myanmar, Vietn.
  - subsp. **maddenii** · D:Vietnamesischer Rhododendron; E:Maddenii · ♄ e D Z9 ⌂ VI; Ind., Bhutan, China, Myanmar, Vietn.
  - subsp. *manipurense* = Rhododendron maddenii subsp. crassum
- **magnificum** Kingdon-Ward 1935 · ♄ e Z9 ⌂; China (W-Yunnan), NE-Myanmar
- *mairei* H. Lév. = Rhododendron lacteum
- **makinoi** Tagg 1927 · ♄ e Z8 ∧; Jap. [40814]
  'Diamant' [32618]
  'Rosa Perle' [32186]
- **mallotum** Balf. f. et Kingdon-Ward 1917 · ♄ ♄ e Z7; China (W-Yunnan), NE-Myanmar
- *mandarinorum* Diels = Rhododendron fortunei subsp. discolor
- *manipuriense* Balf. f. et G. Watt = Rhododendron maddenii subsp. crassum
- *mannophorum* Balf. f. et Forrest = Rhododendron sanguineum subsp. sanguineum var. didymoides

- **mariesii** Hemsl. et E.H. Wilson 1907 · ♄ e Z8 ∧ V; C-China, SE-China [32710]
- **martinianum** Balf. f. et Forrest · ♄ e Z7; China (NW-Yunnan, SE-Tibet), NE-Myanmar
- **maximum** L. 1753 · D:Riesen-Rhododendron; E:Great Laurel, Rosebay · ♄ ♄ d Z5 VI-VII ⓝ; Can.: E; USA: NE, SE [37613]
- **meddianum** Forrest 1920 · ♄ e Z7; China (W-Yunnan), NE-Myanmar
  - var. **atrokermesinum** Tagg 1930
  - var. **meddianum**
- *megaphyllum* Balf. f. et Forrest = Rhododendron basilicum
- **megeratum** Balf. f. et Forrest 1920 · ♄ e Z9 ⌂; Ind. (Arunachal Pradesh), China (Yunnan, S-Tibet), NE-Myanmar
- **mekongense** Franch. 1898 · ♄ e Z9 ⌂; Nepal, NE-Myanmar, China (Yunnan, Tibet)
  - var. *longipilosum* Cullen 1978 = Rhododendron trichocladum
- *metrium* Forrest = Rhododendron selense
- *metternichii* Siebold et Zucc. = Rhododendron degronianum subsp. heptamerum
  - var. *angustifolium* (Makino) Bean 1914 = Rhododendron makinoi
  - var. *pentamerum* Maxim. 1870 = Rhododendron degronianum subsp. degronianum
  - var. *yakushimanum* (Nakai) Ohwi = Rhododendron degronianum subsp. yakushimanum
- **micranthum** Turcz. 1848 · D:Kleinblütiger Rhododendron · ♄ e Z5 VI; N-China, N-Korea
- **microgynum** Balf. f. et Forrest 1919 · ♄ Z8 ⌂; W-China, SE-Tibet
  Gymnocarpum Grp. · ♄ ⌂ V; SE-Tibet
- *microterum* Balf. f. = Rhododendron beesianum
- **minus** Michx. 1792 [40821]
  - var. **minus** · D:Kleiner Rhododendron; E:Carolina Rhododendron; F:Petit rhododendron, Rhododendron de Caroline · ♄ e Z6 VI-VII; USA: SE
    - **Carolinianum** Grp. · ♄ e Z4; cult. [40739]
- *missionarium* H. Lév. = Rhododendron ciliicalyx
- *miyazawae* Nakai et H. Hara = Rhododendron tosaense
- *modestum* Hook. f. =

Rhododendron ciliatum
- **molle** (Blume) G. Don 1834 [26071]
  'Adriaan Koster' (A-d) Koster et Sons 1901 [40504]
  'Bismarck' (A-d) Ottolander 1896 [40517]
  'Directeur Moerlands' (A-d) Vuyk et Son < 1954 [41648]
  'Hortulanus H. Witte' (A-d) Koster et Sons 1892 [40330]
  'Koster's Brilliant Red' (A-d) Koster et Sons 1918 [40335]
  'Lemonora' [40337]
  'Winston Churchill' (A-d) Felix et Dijkhuis 1949 [40348]
  - subsp. **japonicum** (A. Gray) Kron 1993 · D:Japanische Azalee; E:Renge Tutuzi · ♄ d Z5 V ✿; Jap. [26077]
  - subsp. **molle** · D:Chinesische Azalee; E:Chinese Azalea · ♄ d Z5 V-VI ✿; C-China, E-China [26074]
- **mollicomum** Balf. f. et W.W. Sm. 1921 · ♄ e Z8; China (N-Yunnan, SW-Sichuan)
- *mollyanum* Cowan et Davidian = Rhododendron montroseanum
- *monbeigii* Rehder et E.H. Wilson = Rhododendron uvarifolium
- **montroseanum** Davidian 1979 · ♄ e Z8 ⌂; China (S-Tibet), NE-Myanmar
- **morii** Hayata 1913 · ♄ ♄ e Z7; Taiwan
- × **mortieri** Sweet 1830 (*R. calendulaceum* × *R. periclymenoides*) · ♄; cult.
- *motsouense* H. Lév. = Rhododendron racemosum
- **moupinense** Franch. 1886 · ♄ e Z8 ⌂ I-II; E-Tibet, Sichuan
- **mucronatum** (Blume) G. Don · D:Porstblättriger Rhododendron; F:Rhododendron · ♄ d D Z6 V; Jap.
- **mucronulatum** Turcz. 1837 [40823]
  - var. *ciliatum* Nakai 1919 = Rhododendron mucronulatum var. mucronulatum
  - var. **mucronulatum** · D:Stachelspitzige Azalee · ♄ e Z5 II-III; China, Amur, E-Sib., Mong., Korea, Jap.
- **myrtifolium** Schott et Kotschy 1851 · F:Rhododendron à feuilles de myrte · ♄ e △ Z5 V; Eur.: BG, RO, W-Russ. [36520]
- **nakaharai** Hayata 1908 · ♄ e Z6; N-Taiwan
- *nakotaisanense* Hayata = Rhododendron morii

- *nanum* H. Lév. = Rhododendron fastigiatum
- *neglectum* Ashe = Rhododendron atlanticum
- **neriiflorum** Franch. · ♄ e Z7 ∧ IV-V; Yunnan
- *nikoense* Nakai = Rhododendron pentaphyllum
- × **nikomontanum** (Komatsu) Nakai 1917 (*R. aureum* × *R. brachycarpum*) · ♄ e; Jap.
- *ningyuenense* Hand.-Mazz. = Rhododendron irroratum subsp. irroratum
- *niphargum* Balf. f. et Kingdon-Ward = Rhododendron uvarifolium
- *niphobolum* Balf. f. et Farrer = Rhododendron stewartianum
- **nipponicum** Matsum. 1899 · ♄ d Z7 V; Jap.
- **nitidulum** Rehder et E.H. Wilson 1913
  - var. *omeiense* Philipson et M.N. Philipson 1975 [35231]
- *nitidum* (Pursh) Torr. = Rhododendron viscosum
- **nivale** Hook. f. 1849
  - subsp. **boreale** Philipson et M.N. Philipson 1975 · ♄ e Z5; China (NW-Yunnan, W-Sichuan) [44932]
- **niveum** Hook. f. 1851 · ♄ e Z7; Ind. (Sikkim), Bhutan
- **noriakianum** T. Suzuki 1935
- *nudiflorum* (L.) Torr. = Rhododendron periclymenoides
- **nudipes** Nakai 1926 · ♄ d; Jap.; mts.
- **nuttallii** T.J. Booth 1853 · ♄ e D Z10 ⌂ IV-V; Ind., China
- *nwaiense* Balf. f. et Kingdon-Ward = Rhododendron cephalanthum
- *oblongum* Griff. = Rhododendron griffithianum
- × **obtusum** (Lindl.) Planch. 1853-54 (*R. kaempferi* × *R. kiusianum var. kiusianum*) · D:Stumpfblättrige Azalee · ♄ d Z6 IV-V; Jap.
  'Addy Wery' (A-ev) den Ouden 1940 [40475]
  'Amoenum' (A-ev) J. Lindley 1852 [40495]
  'Arabesk' (A-ev) Vuyk van Nes < 1970 [31968]
  'Blue Danube' (A-ev) van Hecke < 1965 [11326]
  Diamant Grp. (A-ev)
  'Esmeralda' (A-ev) Koppeschaar < 1970 [40480]
  'Favorite' (A-ev) Morrison 1947 [40423]
  Geisha Grp. (A-ev)
  'Hachmanns Rosalind' (A-ev) Hachmann

1961 [40461]
Hatsu-giri Grp. (A-ev) [40484]
'Hinomayo' (A-ev) Hort. J < 1930 [40487]
'Johanna' (A-ev) Vuyk van Nes 1966 [33821]
'John Cairns' (A-ev) Endtz < 1940 [40433]
'Kermesinum' (A-ev) 1958 [17521]
'Madame Albert van Hecke' (A-ev) van Hecke 1960 [31971]
'Mother's Day' (A-ev) van Hecke 1932 [13936]
'Orange Beauty' (A-ev) van Nes c. 1920 [40453]
'Palestrina' (A-s) Vuyk van Nes < 1926 [40455]
'Stewartsonian' (A-ev) J.B. Gable 1952 [40922]
'Wombat' (A-ev) P.A. Cox 1970 [21159]
- var. *japonicum* Kitam. 1972 = Rhododendron kiusianum var. kiusianum
- var. *kaempferi* (Planch.) E.H. Wilson 1921 = Rhododendron kaempferi
- **occidentale** (Torr. et A. Gray) A. Gray 1876 · D:Westliche Azalee; E:Western Azalea · ♄ d Z6 VI; USA: Oreg., Calif.
- *odoriferum* Hutch. = Rhododendron maddenii subsp. crassum
- **oldhamii** Maxim. 1870 · ♄ e Z8 ⌂; Taiwan
- *oporinum* Balf. f. et Kingdon-Ward = Rhododendron heliolepis var. heliolepis
- **orbiculare** Decne. · D:Rundblättriger Rhododendron; F:Rhododendron à feuilles rondes · ♄ e Z6 IV; W-Sichuan
- *oreinum* Balf. f. = Rhododendron nivale subsp. boreale
- **oreodoxa** Franch. 1886 [36522]
  - var. **fargesii** (Franch.) D.F. Chamb. 1892 · ♄ e Z6 IV; China: Hupeh, Sichuan [31867]
  - var. **oreodoxa** · D:Bergruhm-Rhododendron · ♄ e Z6 III-IV; W-Sichuan
- **oreotrephes** W.W. Sm. 1914 · ♄ e Z6 V; Yunnan, SE-Tibet [35291]
- *oresbium* Balf. f. et Kingdon-Ward = Rhododendron nivale subsp. boreale
- *oresterum* Balf. f. et Forrest = Rhododendron wardii
- **orthocladum** Balf. f. et Forrest 1919
  - var. *microleucum* (Hutch.) Philipson et M.N. Philipson 1975
  - var. **orthocladum** · ♄ e △ Z6 IV; N-Yunnan, Sichuan
- *osmerum* Balf. f. et Forrest =

Rhododendron russatum
- *oulotrichum* Balf. f. et Forrest = Rhododendron trichocladum
- *ovatosepalum* Yamam. = Rhododendron oldhamii
- **ovatum** (Lindl.) Maxim. 1870 · ℏ e Z7; C-China, S-China, Taiwan [40834]
- **pachysanthum** Hayata 1913 · ℏ e Z7; Taiwan
- **pachytrichum** Franch. 1886 · ℏ ℏ e Z7; China (NE-Yunnan, Sichuan)
- *palustre* Turcz. = Rhododendron lapponicum
- × **paradoxum** E.H. Wilson 1908 (*R. pachytrichum* × *R. wiltonii*)
- **parmulatum** Cowan 1936
- *parviflorum* F. Schmidt = Rhododendron lapponicum
- **pemakoense** Kingdon-Ward 1930 · ℏ e △ Z6 III-IV; Ind., Tibet (Pemako-Mts.) [40836]
- **pendulum** Hook. f. 1849 · ℏ e Z8 ⓚ; Him. (E-Nepal - SE-Tibet)
- **pentaphyllum** Maxim. 1887 · D:Nikko-Azalee; E:Fiveleaf Azalea · ℏ d Z7 IV-V; Jap.
- *peramabile* Hutch. = Rhododendron intricatum
- **peregrinum** Tagg 1931 · ℏ ℏ e Z7 IV-V; SW-Sichuan
- **periclymenoides** (Michx.) Shinners 1962 · D:Nacktblütige Azalee; E:Pink Azalea, Pinxterbloom · ℏ d Z3 V; USA: NE, Ohio, SE
- *persicinum* Hand.-Mazz. = Rhododendron anthosphaerum
- *perulatum* Balf. f. et Forrest = Rhododendron microgynum
- *phaeochlorum* Balf. f. et Forrest = Rhododendron oreotrephes
- **phaeochrysum** Balf. f. et W.W. Sm. 1917
  - var. **agglutinatum** (Balf. f. et Forrest) D.F. Chamb. 1978 · ℏ e; China (Sichuan, Yunnan)
  - var. **levistratum** (Balf. f. et Forrest) D.F. Chamb. 1978 · ℏ e Z8 ⓚ; W-China
  - var. **phaeochrysum** · ℏ e Z8 ⓚ; W-China
- *pholidotum* Balf. f. et W.W. Sm. = Rhododendron heliolepis var. brevistylum
- **piercei** Davidian 1976
- **pingianum** W.P. Fang 1939
- *plebeium* Balf. f. et W.W. Sm. = Rhododendron heliolepis var. heliolepis
- **pocophorum** Balf. f. ex Tagg 1927 · ℏ e Z7; Ind. (Arunachal Pradesh), China (Tibet, Yunnan)

- var. **hemidartum** (Tagg) D.F. Chamb. 1978
- var. **pocophorum**
- **polycladum** Franch. 1886 · ℏ e Z8 ⓚ; W-China
  Scintillans Grp. · ℏ △ Z8 ⓚ IV-V; Yunnan (Likiang) [32858]
- **polylepis** Franch. 1886 · ℏ e Z8 ⓚ IV; W-Sichuan
- **ponticum** L. 1762 · D:Pontische Alpenrose, Pontischer Rhododendron; E:Ponticum, Purple Rhododendron · ℏ e Z6 V-VI; Eur.: Ib, BG; TR, Cauc., nat. in Fr, BrI [40839]
  'Cheiranthifolium'
  'Graziella' [44815]
  'Roseum' [11763]
  'Variegatum' [40842]
- *porrosquameum* Balf. f. et Forrest = Rhododendron heliolepis var. brevistylum
- *poukhanense* H. Lév. = Rhododendron yedoense var. poukhanense
- × **praecox** Carrière 1878 (*R. ciliatum* × *R. dauricum* var. *dauricum*) · D:Vorfrühlings-Rhododendron; F:Rhododendron précoce · ℏ d Z6 III-IV; cult.
- **praestans** Balf. f. et W.W. Sm. 1916 · ℏ e Z7; China (SE-Tibet, NW-Yunnan)
- **praevernum** Hutch. 1920 · ℏ e Z7; China (Hubei, SE-Sichuan)
- *prasinocalyx* Balf. f. et Forrest = Rhododendron wardii
- **prattii** Franch. 1895 · ℏ e; China (Sichuan)
- **preptum** Balf. f. et Forrest 1919
- **primuliflorum** Bureau et Franch. 1891 · ℏ e Z6; China (Tibet, Yunnan)
- *primulinum* Hemsl. = Rhododendron flavidum
- **principis** Bureau et Franch. 1891 · ℏ ℏ e; China (E-Tibet)
- **prinophyllum** (Small) Millais 1917 · E:Early Azalea · ℏ d D V; Can.: E; USA: NE, NCE, Okla., SE
  'Golden Lights' [34576]
  'White Lights' [14316]
- *pritzelianum* Diels = Rhododendron micranthum
- *procerum* Salisb. = Rhododendron maximum
- *prophanthum* Balf. f. et Forrest = Rhododendron kyawii
- *propinquum* Tagg = Rhododendron rupicola var. rupicola
- **protistum** Balf. f. et Forrest 1920 · ℏ e Z9 ⓚ; China (W-Yunnan),

NE-Myanmar
  - var. **giganteum** (Forrest ex Tagg) D.F. Chamb. 1979
  - var. **protistum**
- **pruniflorum** (Small) Millais 1917 · ℏ e Z7; Ind. (Arunachal Pradesh), NE-Myanmar [36076]
- **przewalskii** Maxim. · ℏ e Z6 VI; China: NW-China, Tibet, Sichuan
- **pseudochrysanthum** Hayata 1908 · ℏ e Z8 ⓚ; Taiwan
- *pseudociliicalyx* Hutch. = Rhododendron ciliicalyx
- *pseudoyanthinum* Balf. f. ex Hutch. = Rhododendron concinnum Pseudoyanthinum Grp.
- *pubigerum* Balf. f. et Forrest = Rhododendron oreotrephes
- × **pulchrum** Sweet 1831 (*R. indicum* × *R. mucronatum*)
  'Maxwellii' [40446]
- **pumilum** Hook. f. 1849 · ℏ e Z6; Him. E-Nepal, Ind. (Sikkim, Arunachal Pradesh), Bhutan, Tibet, NE-Myanmar [23039]
- **purdomii** Rehder et E.H. Wilson 1913 · ℏ e; China (Shaanxi)
- *purpureum* (Pursh) G. Don = Rhododendron maximum
- **quinquefolium** Bisset et S. Moore 1877 · D:Fünfblättrige Azalee; E:Cork Azalea · ℏ d Z6 IV-V; Jap. [32266]
- **racemosum** Franch. 1886 · D:Traubiger Rhododendron · ℏ e △ Z5 IV; Yunnan [32854]
- *radicans* Balf. f. et Forrest = Rhododendron calostrotum subsp. keleticum Radicans Grp.
- **ramsdenianum** Cowan 1936
- *rasile* Balf. f. et W.W. Sm. = Rhododendron decorum subsp. diaprepes
- **recurvioides** Tagg et Kingdon-Ward 1916 · ℏ e Z9 ⓚ V; N-Myanmar
- *recurvum* Balf. f. et Forrest = Rhododendron roxieanum var. oreonastes
- *regale* Balf. f. et Kingdon-Ward = Rhododendron basilicum
- *reginaldii* Balf. f. = Rhododendron oreodoxa var. oreodoxa
- *repens* Balf. f. et Forrest = Rhododendron forrestii
- **reticulatum** D. Don ex G. Don 1834 · D:Netzaderige Azalee · ℏ d Z6 IV-V; Jap. [40857]
- **rex** H. Lév. 1914 [42186]
  - subsp. **arizelum** (Balf. f. et Forrest) D.F. Chamb. 1979 · ℏ ℏ e Z7; China (W-Yunnan),

NE-Myanmar
- subsp. **fictolacteum** (Balf. f.) D.F. Chamb. 1979 · ♄ ♄ Z8 ⓚ IV-V; Yunnan, Sichuan
- subsp. **rex** · ♄ e Z7; W-China, NE-Myanmar
- *rhabdotum* Balf. f. et R.E. Cooper = Rhododendron dalhousiae var. rhabdotum
- *rhantum* Balf. f. et W.W. Sm. = Rhododendron vernicosum
- *rhodora* S.G. Gmel. = Rhododendron canadense
- *rhombicum* Miq. = Rhododendron reticulatum
- **rigidum** Franch. 1886
- **ririei** Hemsl. et E.H. Wilson 1910 · ♄ e Z8; China (Sichuan: Mt. Omei)
- **roseum** (Loisel.) Rehder et E.H. Wilson 1921
- *rosthornii* Diels = Rhododendron micranthum
- **rothschildii** Davidian 1972
- **roxieanum** Forrest 1915 · ♄ e Z7; China (Yunnan, Sichuan, Tibet) [42274]
  - var. **oreonastes** (Balf. f. et Forrest) Davidian 1992 · ♄ e [15363]
  - var. *parvum* Davidian = Rhododendron roxieanum var. oreonastes
  - var. **roxieanum**
- **rubiginosum** Franch. 1887 · ♄ e Z7 △ IV-V; Yunnan [32856] Desquamatum Grp. · ; cult. [32688]
- *rubriflorum* Kingdon-Ward = Rhododendron campylogynum
- **rubropilosum** Hayata 1911
- *rubropunctatum* Hayata = Rhododendron hyperythrum
- **rufum** Batalin 1891 · ♄ e Z7; China (N-Sichuan, Gansu)
- **rupicola** W.W. Sm. 1914
  - var. **chryseum** (Balf. F. et Kingdon-Ward) Philipson et M.N. Philipson 1975 · D:Goldener Rhododendron · ♄ e Z7 V; SW-China: SW-Sichuan, NW-Yunnan; N-Myanmar [36888]
  - var. **muliense** (Balf. f. et Forrest) Philipson et M.N. Philipson 1975 · ♄ e Z5; China (SW-Sichuan)
  - var. **rupicola** · ♄ e △ Z7 IV-V; Yunnan
- **russatum** Balf. f. et Forrest 1919 · D:Rötlicher Rhododendron · ♄ e △ Z6 IV-V; NW-Yunnan [40864]
'Azurwolke' (R-l) Hachmann 1961 [47000]

'Gletschernacht' (R-l) Hachmann 1964 [46520]
- *sakawanum* Makino = Rhododendron reticulatum
- **saluenense** Franch. 1898 [40865]
  - subsp. **chameunum** (Balf. f. et Forrest) Cullen 1978 · ♄ e Z6; China (NW-Yunnan, SE-Tibet, SW-Sichuan), NE-Myanmar
  - subsp. **saluenense** · ♄ e Z7 △ IV-V; NW-Yunnan
- **sanguineum** Franch. 1898
  - subsp. *consanguineum* Cowan = Rhododendron sanguineum subsp. sanguineum var. didymoides
  - subsp. **didymum** (Balf. f. et Forrest) Cowan 1940 · ♄ e Z8; China (SE-Tibet)
  - subsp. *mesaeum* (Balf. f.) Cowan 1940 = Rhododendron sanguineum subsp. sanguineum var. haemaleum
  - subsp. **sanguineum** · ♄ e Z8 ⓚ △ V; W-China
    - var. **didymoides** Balf. f. et Forrest 1931 · ♄ e Z8; Tibet
    - var. **haemaleum** (Balf. f. et Forrest) D.F. Chamb. 1979 Z8 ⓚ; Yunnan, SE-Tibet
- **sargentianum** Rehder et E.H. Wilson 1913 · ♄ e Z8 ⓚ △ V; Sichuan
- **scabrifolium** Franch. 1886
  - var. **scabridolium**
  - var. **spiciferum** (Franch.) Cullen 1978 · ♄ e Z8; China (Yunnan)
- **schlippenbachii** Maxim. 1871 · D:Schlippenbachs Azalee; E:Schlippenbach's Azalea; F:Rhododendron de Schlippenbach · ♄ d Z5 IV-V; Jap., Korea, NE-Manch. [40867]
- *sciaphilum* Balf. f. et Kingdon-Ward = Rhododendron edgeworthii
- **scintillans** Balf. f. et W.W. Sm. = Rhododendron polycladum Scintillans Grp.
- *sclerocladum* Balf. f. et Forrest = Rhododendron cuneatum
- **scopulorum** Franch. 1930
- *scyphocalyx* = Rhododendron dichroanthum subsp. scyphocalyx
- **searsiae** Rehder et E.H. Wilson 1913 · ♄ e Z7 △ IV-V; W-Sichuan
- **selense** Franch. 1898 · ♄ ♄ e Z7; China (Sichuan, Yunnan, Tibet)
  - subsp. **dasycladum** (Balf. f. et W.W. Sm.) D.F. Chamb. 1978 · ♄ ♄ e Z8; China (W-Yunnan, SW-Sichuan)

- subsp. **jucundum** (Balf. f. et W.W. Sm.) D.F. Chamb. 1978
- subsp. **selense**
- *semanteum* Balf. f. = Rhododendron impeditum
- **semibarbatum** Maxim. · ♄ d Z6; Jap.; mts.
- **semnoides** Tagg et Forrest 1926
- *sericocalyx* Balf. f. et Forrest = Rhododendron saluenense subsp. saluenense
- **serotinum** Hutch. 1920
- **serpyllifolium** (A. Gray) Miq. 1865 · ♄ d Z6; Jap.; mts.
- **setosum** D. Don 1821 · ♄ e Z6; Him. (Nepal - Ind.: W-Bengal), S-Tibet
- *sheltonii* Hemsl. et E.H. Wilson = Rhododendron vernicosum
- **sherriffii** Cowan 1937 · ♄ ♄ e Z8; China (S-Tibet)
- *shojoense* Hayata = Rhododendron mariesii
- *sichotense* Pojark. = Rhododendron dauricum
- **sidereum** Balf. f. 1920
- *siderophylloides* Hutch. = Rhododendron oreotrephes
- *sieboldii* Miq. = Rhododendron kaempferi
- *sigillatum* Balf. f. et Forrest = Rhododendron phaeochrysum var. levistratum
- *silvaticum* Tagg = Rhododendron lanigerum
- **simsii** Planch. 1854 · D:Indica-Azalee; E:Indian Azalea · ♄ e Z7 V ✿; China, Taiwan
- *sinense* (Lodd.) Sweet = Rhododendron molle subsp. molle
- **sinogrande** Balf. f. et W.W. Sm. 1916 · ♄ ♄ e Z8 ⓚ IV; NE-Myanmar, Yunnan, SE-Tibet [37614]
- *sinolepidotum* Balf. f. = Rhododendron lepidotum
- *sinonuttallii* Balf. f. et Forrest = Rhododendron nuttallii
- **smirnowii** Trautv. 1885 · D:Smirnows Rhododendron; E:Smirnow's Rhododendron; F:Rhododendron de Smirnow · ♄ e Z5 V-VI; NE-TR, Cauc. [40872]
- *sonomense* Greene = Rhododendron occidentale
- *sordidum* Hutch. = Rhododendron pruniflorum
- **souliei** Franch. 1895 [40874]
- *speciosum* (Willd.) Sweet = Rhododendron calendulaceum
- **sperabile** Balf. f. et Farrer 1922
  - var. **sperabile** · ♄ e Z8 ⓚ V; NE-Myanmar

- var. **weihsiense** Tagg et Forrest 1927
- *sphaeranthum* Balf. f. et W.W. Sm. = Rhododendron trichostomum
- **sphaeroblastum** Balf. f. et Forrest 1920
- **spilotum** Balf. f. et Farrer 1922
- **spinuliferum** Franch. 1895 · ♄ e Z8; China (S-Yunnan)
- *spodopeplum* Balf. f. et Farrer = Rhododendron tephropeplum
- *spooneri* Hemsl. et E.H. Wilson = Rhododendron decorum subsp. decorum
- *squarrosum* Balf. f. = Rhododendron rubiginosum
- **stenopetalum** (R. Hogg) Mabb. 1990 · ♄ ∧ IV-V; Jap.
  'Linearifolium'
- *stenophyllum* Makino = Rhododendron makinoi
- *stenoplastum* Balf. f. et Forrest = Rhododendron rubiginosum
- **stewartianum** Diels 1912 · ♄ e Z7 ⚥; Ind. (Assam), China (SE-Tibet, NW-Yunnan), NE-Myanmar
- *strictum* H. Lév. = Rhododendron yunnanense
- **strigillosum** Franch. 1886 · ♄ e Z8 ⚥ II-III; Sichuan [32860]
- **succothii** Davidian 1966 · ♄ e; Bhutan, NE-Ind.
- *surugaense* Kurata = Rhododendron tosaense
- **sutchuenense** Franch. 1895 · D:Sichuan-Rhododendron; F:Rhododendron du Sichuan · ♄ e Z6 III-IV; China: Hupeh, Sichuan [40876]
- *syncollum* Balf. f. et Forrest = Rhododendron phaeochrysum var. agglutinatum
- **taliense** Franch. 1886 · ♄ e Z6 V; W-Yunnan [40878]
- **tamaense** Davidian 1792 · ♄ e Z7; NE-Myanmar
- *tapeinum* Balf. f. et Forrest = Rhododendron megeratum
- **tapetiforme** Balf. f. et Kingdon-Ward 1916 · ♄ e △ Z5 IV-V; Myanmar, China: Xizang, Yunnan
- *taquettii* H. Lév. = Rhododendron mucronulatum var. mucronulatum
- **tashiroi** Maxim. 1887 · ♄ e; Jap. (Kyushu), Taiwan
- **temenium** Balf. f. et Forrest 1919
- **tephropeplum** Balf. f. et Farrer 1922 · ♄ e Z8; Ind. (Arunachal Pradesh), China (Yunnan, Tibet), NE-Myanmar
- **thayerianum** Rehder et E.H. Wilson 1913 · ♄ e Z7; China (W-Sichuan)

- *theiophyllum* Balf. f. et Forrest = Rhododendron phaeochrysum var. levistratum
- **thomsonii** Hook. f. 1851
  - subsp. **thomsonii** · ♄ e Z7 ∧ IV; Sikkim, Bhutan, Tibet
  - var. *cyanocarum* Franch. = Rhododendron cyanocarpum
- **thymifolium** Maxim. 1877
- *thyodocum* Balf. f. et R.E. Cooper = Rhododendron baileyi
- *torquatum* Balf. f. et Farrer = Rhododendron dichroanthum subsp. scyphocalyx
- **tosaense** Makino 1892 · ♄ d Z7; S-Jap.
- **traillianum** Forrest et W.W. Sm. 1914
  - var. **dictyotum** (Balf. f. et Tagg) D.F. Chamb. 1978 · ♄ ♄ e; China (W-Yunnan, SW-Sichuan)
  - var. **trailianum** · ♄ e Z7 IV-V; NW-Yunnan, SW-Sichuan [40882]
- **trichanthum** Rehder 1945 · ♄ ♄ e Z7; China (NW-Sichuan)
- *trichocalyx* J.W. Ingram = Rhododendron keiskei
- **trichocladum** Franch. 1886 · ♄ d Z6; W-China: Yunnan; NE-Myanmar, E-Nepal
- *trichopodum* Balf. f. et Forrest = Rhododendron oreotrephes
- **trichostomum** Franch. 1895 · ♄ e Z7; China (Yunnan, Sichuan) [32692]
- **Ledoides Grp.** · ♄ d ⚥; SW-China: Yunnan, Sichuan
- **triflorum** Hook. f. 1849 [31870]
  - var. **bauhiniiflorum** (Watt ex Hutch.) Cullen 1978 · ♄ e Z6; Ind. (Manipur)
  - var. **triflorum** · ♄ e Z7 ∧ IV-V; Ind., Nepal, Bhutan, Tibet, NE-Myanmar
- *tsangpoense* Kingdon-Ward = Rhododendron charitopes subsp. tsangpoense
  - var. *curvistylum* Kingdon-Ward ex Cowan et Davidian 1948 = Rhododendron charitopes subsp. tsangpoense
  - var. *pruniflorum* Cowan et Davidian = Rhododendron pruniflorum
- **tsariense** Cowan 1937 · ♄ e Z7; SE-Tibet, Bhutan, NE-Ind.
- *tsarongense* Balf. f. et Forrest = Rhododendron primuliflorum
- **tschonoskii** Maxim. 1870 · ♄ d Z6 V; Jap., S-Korea
- *umbelliferum* H. Lév. = Rhododendron mariesii

- **ungernii** Trautv. 1886 · D:Ungerns Rhododendron; E:Ungern's Rhododendron · ♄ e Z5 VI ⚥; NE-TR, Cauc.
- **uniflorum** Kingdon-Ward · ♄ e Z7; SE-Tibet, NE-Myanmar
- **uvarifolium** Diels · ♄ ♄ e Z7; China (NW-Yunnan, SE-Tibet, SW-Sichuan)
- **valentinianum** Forrest ex Hutch. 1919 · ♄ e Z8; China (Yunnan), NE-Myanmar
- **vaseyi** A. Gray 1880 · D:Vaseys Azalee; E:Pink Shell Azalea; F:Rhododendron de Vasey · ♄ d Z5 IV-V; USA: N.C. [40886]
- **venator** Tagg 1934 · ♄ e Z8; China (SE-Tibet)
- **vernicosum** Franch. 1898 · ♄ ♄ e Z7 ∧ V; W-Sichuan, W-Yunnan [40888]
- *viburnifolium* W.P. Fang = Rhododendron simsii
- *vicarium* Balf. f. = Rhododendron nivale subsp. boreale
- *vicinum* Balf. f. et Forrest = Rhododendron phaeochrysum var. levistratum
- *villosum* Hemsl. et E.H. Wilson = Rhododendron trichanthum
- *violaceum* Rehder et E.H. Wilson = Rhododendron nivale subsp. boreale
- **viscosum** (L.) Torr. 1824 · D:Sumpf-Rhododendron; E:Swamp Azalea · ♄ d D Z5 IV; USA: NE, Ohio, SE [40889]
  'Jolie Madame' (A-d) Boskoop < 1971 [31871]
  'Soir de Paris' (A-d) Felix et Dijkhuis 1938 [45050]
- **wallichii** Hook. f. 1849 · ♄ e Z7 ∧ IV; Sikkim [32866]
- **wardii** W.W. Sm. · D:Wards Rhododendron; E:Ward's Rhododendron; F:Rhododendron wardii · ♄ e Z7 ∧ V; SE-Tibet, Sichuan, W-Yunnan
- **wasonii** Hemsl. et E.H. Wilson 1910 · ♄ e Z7; China (C-Sichuan) [15743]
- **watsonii** Hemsl. et E.H. Wilson 1910 · ♄ ♄ e Z9 ⚥; China (Sichuan, Gansu)
- **websterianum** Rehder et E.H. Wilson 1913 · ♄ e; China (NW-Sichuan)
- *weldianum* Rehder et E.H. Wilson = Rhododendron rufum
- **wightii** Hook. f. 1851 · D:Wights Rhododendron; E:Wight's Rhododendron · ♄ e Z7 IV-V; Him.: Nepal, Sikkim, Buthan;

N-Ind., SE-Tibet, W-China: Sinkiang [24197]
- **williamsianum** Rehder et E.H. Wilson 1915 · D:Williams Rhododendron; E:William's Rhododendron · ℏ e Z6 IV; Sichuan [40893]
  'August Lamken' (R-e) Hobbie 1971 [45620]
  'Gartendirektor Glocker' (R-e) Hobbie 1945 [40693]
  'Gartendirektor Rieger' (R-e) Hobbie 1948 [40804]
  'Humming Bird' (R-e) J.C. Williams 1933 [40697]
  'Lissabon' (R-e) von Martin 1964 [40698]
  'Oudijk's Sensation' (R-e) Hobbie 1943 [40702]
  'Willbrit' (R-e) Hobbie 1960 [40709]
- *wilsonae* Hemsl. et E.H. Wilson = Rhododendron latoucheae
- **wiltonii** Hemsl. et E.H. Wilson 1910 · ℏ e Z6; China (W-Sichuan)
- *xanthinum* Balf. f. et W.W. Sm. = Rhododendron trichocladum
- *xanthocodon* Hutch. = Rhododendron cinnabarinum subsp. xanthocodon
- *yakushimanum* Nakai = Rhododendron degronianum subsp. yakushimanum
  - subsp. *makinoi* D.F. Chamb. 1979 = Rhododendron makinoi
- *yaragongense* Balf. f. = Rhododendron nivale subsp. boreale
- **yedoense** Maxim. ex Regel 1886
  - var. **yedoense** · ℏ d Z6; Korea
  - var. **poukhanense** (H. Lév.) Nakai 1920 · ℏ d Z6 V; C-Korea, Jap. [33504]
- **yungningense** Balf. f. 1930 · ℏ e Z8 ⌂; China (NW-Yunnan, SW-Sichuan)
- **yunnanense** Franch. 1886 · D:Yunnan-Rhododendron; F:Rhododendron du Yunnan · ℏ e Z7 ∧ V; NE-Myanmar, China: Sichuan, Yunnan, Tibet [40901]
- **zaleucum** Balf. f. et W.W. Sm. 1917 · ℏ e Z9 ⌂; N-Myanmar, China (W-Yunnan)
- *zeylanicum* = Rhododendron arboreum subsp. zeylanicum
- **in vielen Sorten:**
  A Azalee
    Ursprünglich alle laubabwerfenden Rhododendron mit zumeist fünf Staubgefäßen (es gibt auch Ausnahmen). Später wurden jedoch auch immergrüne und halbimmergrüne Arten entdeckt, die zusätzlich als solche gekennzeichnet werden können. Oft zarte, pastellfarbige Farbtöne, Blütezeit ab Anfang Mai.
  A-d Laubabwerfende Azalee
    Durch den Verlust der Blätter im Winter oft härter als immergrüne Arten und Sorten der Rhododendron-Gruppe.
  A-ev Immergrüne Azalee
    Empfindlicher als laubabwerfende Azaleen, benötigt Winterschutz.
  A-s Halbimmergüne Azalee
    Verliert nur einen Teil ihrer Blätter, empfindlicher als laubabwerfende Azaleen, benötigt Winterschutz.
  AZ Azaleodendron
    Hybriden zwischen immer- und sommergrünen Arten und Sorten. Sie haben wintergrüne Blätter, die meist schon bei schwachen Frösten erhebliche Schäden erleiden können. Sie benötigen deshalb geschützte Standorte und Winterschutz.
  G Genter-Azalee
    Die Sorten dieser Gruppe haben ihren Namen, zu denen auch die Pontica-Azaleen (= *Rhododendron luteum*, Syn. *Azalea pontica*) zählen, von ihrem Ursprungsort, der Stadt Gent in Belgien. Ab 1820 hat P. Mortier dort Kreuzungen zwischen dem kaukasischen R. luteum und amerikanischen Arten wie *R. calendulaceum, R. nudiflorum, R. viscosum* und dem chinesischen *R. molle* durchgeführt. Sie zeichnen sich durch eine große Winterhärte, Wüchsigkeit und Blühwilligkeit aus, sind jedoch schwer zu vermehren.
  K Knaphill-Azalee
    Der Name bezieht sich auf die Knap Hill Nursery in England. Dort begann A. Waterer um 1850 mit seinen Kreuzungen von *R. molle subsp. molle, R. occidentale, R. arborescens, R. viscosum, R. calendulaceum* und Hybriden zwischen *R. occidentale* × *R. molle*. Die Sorten dieser Gruppe zeichnen sich durch einen gesunden, kräftigen, aufrechten Wuchs und große Winterhärte aus.
  M Mollis-Azalee
    Die Bezeichnung bezieht sich auf die Art *R. molle subsp. japonicum* (Syn. *R. japonicum, Azalea mollis*). Am Zustandekommen dieser Hybriden ist außerdem die chinesische Unterart *R. molle subsp. molle* beteiligt. Die Züchtung von Mollis-Azaleen setzte 1870 in Holland und Belgien ein. Sie wachsen etwas schwächer als Genter-Azaleen und benötigen einen besseren Boden und höhere Düngergaben als Knap-Hill-Azaleen.
  O Occidentalis-Azalee
    Die Gruppe erhielt ihren Namen nach der im westlichen Nordamerika heimischen Art *R. occidentale*, die mit Mollis-Azaleen gekreuzt wurde. Daraus entstanden winterharte, starkwüchsige, großblumige Sorten.
  R Rhododendron
    Alle immergrünen Arten und Sorten mit zehn (und mehr) Staubgefäßen. Während die Gärtner zwischen groß- und kleinblumigen Rhododendron bzw. zwischen verschiedenen Hybridengruppen unterscheiden, zählt für den Botaniker das Vorhandensein von Schuppen, die an fast allen Pflanzenteilen sitzen können, als Merkmal für die Unterscheidung von lepidoten und elepidoten Rhododendron. Diese Einteilung wird in „The International Rhododendron Register und Checklist" getroffen, der wir folgen. Blütezeit ab April.
  R-e Elepitode Rhododendron
    Rhododendron ohne Schuppen. Hierzu gehören die Arten, deren Erbmaterial in die heutigen großblumigen Hybriden geflossen ist, z.B. *R. degronianum subsp. yakushimanum, R. wardii, R. ponticum, R. catawbiense, R. forrestii* und viele mehr.
  R-e/l Kreuzung Elepidote × Lepidote
  R-l Lepitode Rhododendron

Rhododendron, die mit Schuppen besetzt sind, d.h. mehrzelligen epidermalen Trichomen, die sehr unterschiedlich aussehen können. Schuppen sitzen an fast allen Pflanzenteilen, insbesondere aber auf der Blattunterseite. Zu den Lepidoten Rhododendron gehören viele der schwachwüchsigen Arten und Sorten, die wir aus den Steingärten kennen (*R. impeditum, R. fastigiatum, R. lapponicum, R. russatum* u.a.) sowie unsere heimischen Arten (*R. hirsutum* und *R. ferrugineum*).

Ru Rustica-Azalee
Sie sind nahe verwandt mit den Genter-Azaleen und unterscheiden sich von diesen vor allem durch die gefüllten Blüten. Die Sorten dieser Gruppe zeichnen sich vor allem durch ihren niedrigen, gedrungenen Wuchs aus, was sie für kleine Gärten wertvoll macht.

V Vireya-Rhododenron
Auch gelegentlich nicht ganz zutreffend als tropische Rhododendron bezeichnet. Sie sind nicht winterhart und können nicht im Freiland kultiviert werden.

Vs Viscosa-Azalee
Die Sorten dieser Gruppe entstanden ab 1938 in Holland als Kreuzungen zwischen R. viscosum und Mollis-Azaleen. Sie haben stark duftende Blüten, die sich erst im Juni entfalten. Gute Winterhärte.

Quelle: The International Rhododendron Register and Checklist (2004)

'Albert Schweitzer' van Nes < 1960 [23358]
'America' (R-e) Koster et Sons 1902 [40511]
'Arthur Bedford' (R-e) Lowinsky < 1935
'Azurro' (R-e) Hachmann 1976 [40915]
'Bernstein' (R-e) Hachmann 1965 [40513]
'Blinklicht' (R-e) Hachmann 1960 [40903]
'Blue Peter' (R-e) Waterer Nurs. 1930 [40519]
'Blue Silver' (R-l) Hobbie 1977 [40789]
'Bow Bells' (R-e) Rothschild 1934
'Brigitte' (R-e) Hachmann 1965 [40790]
'Britannia' (R-e) van Nes 1921 [40522]
'Catharine van Tol' (R-e) van Tol < 1929 [40531]
'Cheer' (R-e) Shammarello 1955 [41420]
'Christmas Cheer' (A-ev) Haerens et Wille 1908
'Cosmopolitan' (R-e) Hagen < 1957 [32364]
'Cowslip' (R-e) Lord Aberconway 1930
'Cynthia' (R-e) Standish Nurs. 1856 [40539]
'Dr H.C. Dresselhuys' (R-e) den Ouden 1920 [40550]
'Dr V.H. Rutgers' (R-e) den Ouden < 1924 [40552]
'Elizabeth' (A-ev) Morrison 1948
'Elsie Straver' (R-e) Straver < 1966 [32372]
'Erato' (R-e) Hachmann 1988 [35273]
'Everestianum' (R-e) Waterer Nurs. < 1850 [31946]
'Furnivall's Daughter' (R-e) Waterer Nurs. 1958 [40774]
'Germania' (R-e) Hobbie c. 1956 [31949]
'Goldbukett' (R-e) Hachmann 1966 [40892]
'Goldkrone' (R-e) Hachmann 1981 [40894]
'Gomer Waterer' (R-e) Waterer Nurs. < 1900 [40576]
'Graf Lennart' (R-e) Hachmann 1969 [40895]
'Hotei' (R-e) Sifferman 1953 [37606]
'Irene Koster' (A-d) Koster et Sons < 1925 [40354]
'Jacksonii' (R-e) Herbert c. 1835 [40590]
'Kate Waterer' (R-e) Waterer Nurs. c. 1865 [40594]
'Kluis Sensation' (R-e) Kluis Nurs. < 1946 [40596]
'Lavendula' (R-l) Hobbie 1952 [18639]
'*Ledifolium*' = Rhododendron mucronatum
'Lee's Dark Purple' (R-e) Lee < 1851 [40600]
'Lord Roberts' (R-e) Mason < 1900 [40606]
'Madame Masson' (R-e) Bertin Nurs. 1849 [40612]
'Marlis' (A-d) Pratt 1964
'Mrs T.H. Lowinsky' (R-e) Waterer Nurs. < 1917 [32352]
'Nova Zembla' (R-e) Koster et Sons 1902 [40626]
'Old Port' (R-e) Waterer Nurs. < 1865 [40628]
'P.J. Mezitt' (R-l) Mezitt < 1967 [32195]
'Pink Pearl' (R-e) Waterer Nurs. < 1892 [40633]
'Praecox' (R-l) Davies c. 1855 [40843]
'Purple Splendour' (R-e) Waterer Nurs. < 1900 [40643]
'Robert Seleger' (R-l) Hobbie c. 1960 [31961]
'Roseum Elegans' (R-e) Waterer Nurs. < 1851 [40560]
'Rubinetta' (A-ev) Hachmann 1961 [45650]
'Sappho' (R-e) Waterer Nurs. < 1867 [31957]
'Scintillation' (R-e) Dexter < 1940 [40868]
'Silver Sixpence' (R-e) Waterer Nurs. 1958 [16157]
'Susan' (R-e) J.C. Williams < 1933 [40657]
'Virginia Richards' (R-e) W.E. Whitney 1975 [35198]
'Viscy' (R-e) Hobbie c. 1950 [31848]
'Vulcan' (R-e) Waterer Nurs. 1938 [37448]
'Winsome' (R-e) Lord Aberconway 1930 [24185]

Rhodohypoxis Nel 1914 -f-
Hypoxidaceae · (S. 1016)
– **baurii** (Baker) Nel 1914
  – var. **baurii** · ⌬ △ Z8 ⓐ ∧ VII-VIII; S-Afr.; mts. [66163]
  – var. **confecta** Hilliard et B.L. Burtt 1978 · ⌬ Z8 ⓐ; S-Afr., Lesotho, Swaziland
  – var. **platypetala** (Baker) Nel 1914 · ⌬ ⓐ; S-Afr. (Cape Prov., Natal)
– **deflexa** Hilliard et B.L. Burtt 1975 · ⌬ Z8 ⓐ; S-Afr. (Cape Prov.), Lesotho
– **milloides** (Baker) Hilliard et B.L. Burtt 1975
– *platypetala* = Rhodohypoxis baurii var. platypetala
– **thodiana** (Nel) Hilliard et B.L. Burtt 1975 · ⌬ Z8 ⓐ; S-Afr. (Natal), Lesotho
– **in vielen Sorten:**
'Alba' [71444]
'Douglas'
'Garnett' [69556]
'Harlequin'
'Helen'
'Picta' [71449]
'Tetra Red'

Rhodomyrtus (DC.) Rchb. 1841 -f-
Myrtaceae · (S. 664)
D:Rosenmyrte; E:Rose Myrtle; F:Myrte
– **tomentosa** (Aiton) Hassk. 1842 · D:Rosenmyrte; E:Ceylon Hill Cherry, Rose Myrtle · ℏ e ⊗ Z10 ⓦ VI; trop. As.

Rhodophiala C. Presl 1845 -f-
Amaryllidaceae · (S. 913)
– **advena** (Ker-Gawl.) Traub 1953
– **bifida** (Herb.) Traub 1953 · ⌬ Z9 ⓐ; Arg., Urug., S-Bras.
– **pratensis** (Poepp.) Traub 1952 · ⌬ Z9 ⓦ III-V; Chile

Rhodospatha Poepp. 1845 -f-
Araceae · (S. 931)
– **heliconiifolia** Schott 1858 · ℏ ⚲ Z10 ⓦ; trop. S-Am.
– **latifolia** Poepp. 1845 · ʃ ⓦ; trop. Am.

Rhodothamnus Rchb. 1827 -m-
Ericaceae · (S. 473)
D:Zwergalpenrose;

F:Rhodothamnus
- *camtschaticus* (Pall.) Lindl. = Rhododendron camtschaticum
- **chamaecistus** (L.) Rchb. 1827 · D:Ostalpine Zwergalpenrose · ♄ ♄ e △ Z5 VI; Eur.: I, D, A, Slove.; E-Alp. [30423]
- **sessiliflorus** P.H. Davis 1962 · ♄ e; NE-TR

Rhodotypos Siebold et Zucc. 1835 -m- *Rosaceae* · (S. 762) D:Jabukistrauch, Kaimastrauch, Scheinkerrie; F:Faux-kerria
- *kerrioides* Siebold et Zucc. = Rhodotypos scandens
- **scandens** (Thunb.) Makino 1913 · D:Jabukistrauch, Kaimastrauch, Scheinkerrie; F:Rhodotype à quatre pétales · ♄ d Z6 V-VI; China, Korea, Jap. [30424]

Rhoeo Hance = Tradescantia
- *discolor* (L'Hér.) Hance = Tradescantia spathacea
- *spathacea* (Sw.) Stearn = Tradescantia spathacea

Rhoicissus Planch. 1887 -f- *Vitaceae* · (S. 892) D:Kapwein
- **capensis** (Burm. f.) Planch. 1887 · D:Kapwein, Königswein; E:Evergreen Grape, Monkey Rope · ♄ e ⚥ Z9 ⓚ; S-Afr.: Natal
- **digitata** (L. f.) Gilg et M. Brandt 1911 · ♄ e ⚥ Z9 ⓚ; trop. Afr., S-Afr.
- *rhomboidea* hort. = Cissus rhombifolia
- **usambarensis** Gilg 1895 · ⚘ ⓦ; Tanz.

Rhombophyllum (Schwantes) Schwantes 1927 -n- *Aizoaceae* · (S. 148)
- **nelii** Schwantes 1928 · E:Elk's Horns · ⚘ Ψ Z9 ⓚ; Kap
- **rhomboideum** (Salm-Dyck) Schwantes 1927 · ⚘ Ψ Z9 ⓚ; Kap

Rhopaloblaste Scheff. 1876 -f- *Arecaceae* · (S. 959)
- **ceramica** (Miq.) Burret 1928 · ♄ e ⓦ; Molucca I.
- *hexandra* Scheff. = Rhopaloblaste ceramica

Rhopalostylis H. Wendl. et Drude 1875 -f- *Arecaceae* · (S. 959) D:Nikaupalme; E:Nikau Palm; F:Aréquier
- **baueri** (Hook. f. ex Lem.) H. Wendl. et Drude · D:Norfolk-palme · ♄ e Z9 ⓚ; Norfolk Is.
- **sapida** (Sol. ex G. Forst.) H. Wendl. et Drude 1878 · D:Nikaupalme; E:Feather Duster Palm · ♄ e Z9 ⓚ; NZ [16236]

Rhus L. 1753 -f- *Anacardiaceae* · (S. 158) D:Essigbaum, Sumach; E:Sumac, Sumach; F:Sumac
- **aromatica** Aiton 1789 · D:Duftender Sumach, Gewürz-Sumach; E:Fragrant Sumach, Lemon Sumach, Skunkbush · ♄ d D Z4 III-IV ⚥ ; Can.: E; USA: NE, NCE, NC, SC, SE, Fla. [19462]
- *canadensis* Marshall non Mill. = Rhus aromatica
- **chinensis** Mill. 1768 · D:Gallen-Sumach; E:Chinese Nut Gall Tree · ♄ ♄ d Z7 VIII-IX; China, Taiwan, Manch., Korea, Jap., Malay. Arch. [30425]
- **copallina** L. 1753 · D:Korall-Sumach; E:Dwarf Sumach, Shining Sumach, Winged Sumach · ♄ ♄ d Z5 VII-VIII; USA: NE, NCE, SE, SC, Fla. [19465]
- **coriaria** L. 1753 · D:Gerber-Sumach; E:Tanner's Sumach · ♄ d Z9 ⓚ ⚘ ⓝ; Eur.: Ib, Fr, Ap, Ba, Krim, Azor., Canar., Madeira; TR, Cyprus, Syr., Sinai, Cauc., Iran, C-As., Alger. [30426]
- *cotinoides* Nutt. = Cotinus obovatus
- *cotinus* L. = Cotinus coggygria
- **glabra** L. 1753 · D:Scharlach-Sumach; E:Scarlet Sumach, Smooth Sumach, Upland Sumach; F:Vinaigrier · ♄ d Z6 VII-VIII ⚥ ⓝ; Can., USA*, Mex. [21390]
'Dissecta'
'Laciniata' [36090]
- *hirta* (L.) Sudw. = Rhus typhina
- × *hybrida* Rehder = Rhus × pulvinata
- **integrifolia** (Nutt.) Benth. et Hook. f. ex S. Watson 1878
- *javanica* Thunb. non L. = Rhus chinensis
- **lancea** L. f. 1782 · ♄ ♄ e Z9 ⓚ; S-Afr., Zimbabwe
- **leptodictya** Diels 1907
- **microphylla** Engelm. ex A. Gray 1852 [30427]
- *osbeckii* Decne. = Rhus chinensis
- **potaninii** Maxim. 1889 · ♄ d Z5 V-VI; C-China, W-China [30432]
- × **pulvinata** Greene 1908 (R. glabra × R. typhina) · ♄ d VII-VIII; Can.: E; USA: NE, NCE, N.C. [30434]
- **radicans** L. 1753 · D:Kletternder Gift-Sumach; E:Poison Ivy · ♄ d ⚥ ↝ Z4 VI-VII ⚘; Can.; USA* exc. NW, Calif. ; Mex., Guat., W.Ind. [30441]
- *semialata* Murray = Rhus chinensis
- **succedanea** L. 1771 · D:Scharlach-Sumach; E:Wax Tree · ♄ ♄ d Z8 ⓚ ⓝ; Ind., Malay. Pen., China, Jap., Taiwan [30443]
- **sylvestris** Siebold et Zucc. 1846 · D:Wald-Sumach; E:Wood Sumach · ♄ d Z6 VI; China, Korea, Jap., Taiwan
- **toxicodendron** L. 1753 [30438]
  - var. **eximia** (Greene) McNair 1925 · ♄ d Z7 VI-VII; USA: Rocky Mts., SC [30442]
  - var. **toxicodendron** · D:Behaarter Gift-Sumach; E:Poison Ivy, Poison Oak · ♄ d Z6 V-VI ⚥ ⚘; USA: NE, NCE, SC, SE, Fla.
- **trichocarpa** Miq. 1866 · ♄ d Z5 VII; Jap., China, Korea [30444]
- **trilobata** Nutt. ex Torr. et A. Gray 1838 · D:Stink-Sumach; E:Skunkbush, Squawberry · ♄ d Z6 III-IV ⓝ; Can.: Alta., Sask.; USA: NCE, NC, NW, Calif., Rocky Mts., SC; Mex. [19466]
- **typhina** L. 1756 · D:Essigbaum, Kolben-Sumach; E:Stag's Horn Sumach; F:Sumac amarante, Sumac de Virginie · ♄ ♄ d Z6 VI-VII ⚘ ⓝ; Can.: E, USA: NE, NCE, Tenn., N.C., nat. in Eur.: F, I, CH, CZ, Ba, RO [21410]
- **verniciflua** Stokes 1812 · D:Lack-Sumach; E:Varnish Tree · ♄ ♄ d Z6 IV ⚘ ⓝ; Jap., C-China [27249]
- **vernix** L. 1753 · D:Kahler Gift-Sumach; E:Poison Elder, Poison Sumach · ♄ ♄ d Z6 VI-VII ⚘; Can.: E; USA: NE, NCE, SC, SE, Fla.

Rhynchelythrum Nees

Rhynchelytrum Nees = Melinis

× **Rhynchocentrum** hort. 1963 -n- *Orchidaceae* ·
(*Ascocentrum* × *Rhynchostylis*)

Rhynchoglossum Blume 1826 -n- *Gesneriaceae* · (S. 554)
- **notonianum** (Wall.) B.L. Burtt 1962 · ⚘ Z10 ⓦ III-IX; E-Ind., Sri Lanka

Rhyncholaelia Schltr. 1918 -f- *Orchidaceae*
- **digbyana** (Lindl.) Schltr. 1918 · ⚘ Z10 ⓦ VI-VIII ▽ ✻; Mex., Belize

- **glauca** (Lindl.) Schltr. 1918 · ⚃ Z10 ⓦ II-III ▽ ✱; Mex., Guat., Hond.

× **Rhynchonopsis** hort. 1965 -f-
Orchidaceae ·
(*Rhynchostylis* × *Phalaenopsis*)

Rhynchosia Lour. 1790 -f-
Fabaceae · (S. 524)
- **latifolia** Nutt. ex Torr. et A. Gray 1838 · ⚃ ⚖ ⓚ; USA: Miss., La., Tex.
- **phaseoloides** (Sw.) DC. 1825 · ♄ ⚇ Z10 ⓦ ✄; Mex., trop. Am.

Rhynchospermum Lindl. =
Trachelospermum
- *jasminoides* Lindl. =
Trachelospermum jasminoides

Rhynchospora Vahl 1805 -f-
Cyperaceae · (S. 997)
D:Schnabelried; E:Beak Sedge; F:Rhynchospore
- **alba** (L.) Vahl 1805 · D:Weißes Schnabelried · ⚃ ∼ VII-VIII; Eur.*, TR, Cauc., W-Sib., E-Sib., Kamchat., E-As., N-Am.
- **fusca** (L.) W.T. Aiton 1810 · D:Braunes Schnabelried · ⚃ ∼ VI-VII; Eur.* exc. Ib

Rhynchostele Rchb. f. 1852 -f-
Orchidaceae
- **bictoniensis** (Bateman) Soto Arenas et Salazar 1993 · ⚃ Z10 ⓚ IX-X ▽ ✱; Mex., C-Am.
- **cervantesii** (Lex.) Soto Arenas et Salazar 1993 · ⚃ Z10 ⓚ XI-III ▽ ✱; Mex., Guat.
- **cordata** (Lindl.) Soto Arenas et Salazar 1993 · ⚃ Z10 ⓚ VII-VIII ▽ ✱; Mex., Guat., Hond., El Salv., Costa Rica, Venez.
- **maculata** (Lex.) Soto Arenas et Salazar 1993 · ⚃ Z10 ⓚ III-IV ▽ ✱; Mex., Guat.
- **majalis** (Rchb. f.) Soto Arenas et Salazar 1993 · ⚃ Z10 ⓚ ▽ ✱; Guat.
- **rossii** (Lindl.) Soto Arenas et Salazar 1993 · ⚃ Z10 ⓚ II-IV ▽ ✱; Mex., Guat., Nicar.
- **stellata** (Lindl.) Soto Arenas et Salazar 1993 · ⚃ Z10 ⓚ ▽ ✱; Mex.
- **uroskinneri** (Lindl.) Soto Arenas et Salazar 1993 · ⚃ Z10 ⓚ VII-IX ▽ ✱; Guat., Hond.

Rhynchostylis Blume 1825 -f-
Orchidaceae · (S. 1081)

D:Fuchsschwanzorchidee; E:Foxtail Orchid; F:Rhynchostylis
- **coelestis** (Rchb. f.) Rchb. f. ex Veitch 1891 · ♄ Z10 ⓦ VII-VIII ▽ ✱; Thail.
- **gigantea** (Lindl.) Ridl. 1896 · ♄ Z10 ⓦ XI ▽ ✱; China, Indochina, Malay. Pen., Kalimantan, Phil.
- **retusa** (L.) Blume 1825 · ♄ Z10 ⓦ VI-VII ▽ ✱; Him., Ind., Sri Lanka, Indochina, Malay. Arch., Phil.
- *violacea* (Lindl.) Rchb. =
Rhynchostylis retusa

× **Rhynchovanda** hort. -f-
Orchidaceae ·
(*Rhynchostylis* × *Vanda*)

× **Rhyndoropsis** hort. 1966 -f-
Orchidaceae ·
(*Doritis* × *Phalaenopsis* × *Rhynchostylis*)

Rhytidophyllum Mart. 1829 -n-
Gesneriaceae · (S. 554)
- **tomentosum** (L.) Mart. 1829 · ♄ Z10 ⓦ VII-IX; Jamaica

Ribes L. 1753 -n- Grossulariaceae · (S. 559)
D:Johannisbeere, Stachelbeere; E:Currant, Gooseberry; F:Cassis, Groseillier
- **alpestre** Wall. ex Decne. 1844
  - var. **alpestre** · ♄ d Z6; Him., W-China
  - var. **giganteum** Jancz. 1910 · ♄ d Z6 IV-V ⓝ; W-China
- **alpinum** L. 1753 · D:Alpen-Johannisbeere; E:Alpine Currant, Mountain Currant; F:Groseillier des Alpes · ♄ d Z3 IV-V; Eur.*, Cauc. [21430]
  'Aureum'
  'Schmidt' [21440]
- **americanum** Mill. 1768 · D:Kanadische Johannisbeere; E:American Blackcurrant, Black Currant; F:Groseillier d'Amérique · ♄ d Z5 IV-V; Can.; USA: NE, NCE, NC, Rocky Mts., SW [30606]
- **aureum** Pursh 1814 · D:Gold-Johannisbeere; E:Buffalo Currant, Golden Currant · ♄ d Z3 IV-V ⓝ; Can.: W; USA: NW, Calif., Rocky Mts., NC, SW
- *biebersteinii* Berland. = Ribes petraeum var. biebersteinii
- **bracteosum** Douglas ex Hook. 1832 · ♄ d Z7; Alaska, Can.: W; USA. NW, N-Calif. [30608]
- **cereum** Douglas 1830 · D:Wüsten-Johannisbeere; E:Squaw

Currant, Wax Currant · ♄ d △ Z5 IV-V; B.C., USA: NW, Rocky Mts., NC, Calif., SW
- × **culverwellii** Macfarl. 1900 (*R. nigrum* × *R. uva-crispa*) · D:Jostabeere; E:Jostaberry · ♄ d Z6 ⓝ; cult. [30616]
  'Jogranda' [13506]
  'Josta'
  'Jostine' [13507]
- **cynosbati** L. 1753 · D:Hunds-Stachelbeere; E:Dogberry, Dogbramble · ♄ d Z3; Can.: E; USA: NE, NCE, SE, Okl.
- **diacanthum** Pall. 1776 · ♄ d Z3; E-Sib., Mong., Manch., N-Korea
- **divaricatum** Douglas 1830 · D:Oregon-Stachelbeere; E:Coastal Black Gooseberry, Common Gooseberry · ♄ d Z6 IV-V; B.C., USA: NW, Calif. [27690]
- **fasciculatum** Siebold et Zucc. 1843 [30621]
  - var. **chinense** Maxim. 1874 · ♄ d Z5; N-China, Korea, Jap. [30622]
  - var. **fasciculatum** · D:Dolden-Johannisbeere; E:Gooseberry · ♄ d Z5 IV-V; Jap., Korea, N-China
- *floridum* L'Hér. = Ribes americanum
- *fragrans* Lodd. non Pall. = Ribes odoratum
- × **fuscescens** (Jancz.) Jancz. 1909 (*R. bracteosum* × *R. nigrum*) · ♄ d Z6; cult.
- **gayanum** (Spach) Steud. 1841 · ♄ d Z8 ⓚ V; Chile [30624]
- **glaciale** Wall. 1824 · ♄ d Z5 IV-V; Afgh., Him., China: Yunnan, Hubei, Xizang, Tibet [30626]
- **glandulosum** Grauer ex Weber 1784 · D:Stinktier-Johannisbeere; E:Skunk Currant, Wild Currant · ♄ d ⤳ △ Z4 IV; Alaska, Can., USA: NE, N.C., NCE [30628]
- × **gordonianum** Beaton 1846 (*R. odoratum* × *R. sanguineum*) · D:Gordons Johannisbeere; E:Gordon's Currant · ♄ d Z6 IV-V; cult. [30638]
- *grossularia* L. = Ribes uva-crispa var. reclinatum
- **hirtellum** Michx. 1803 · D:Amerikanische Stachelbeere; E:Hairy Stem Gooseberry, Wedgeleaf Gooseberry · ♄ d Z4 IV-V ⓝ; Can.: E; USA: NE, NCE, NC [30641]
- × **holosericum** Otto et A. Dietr. 1842 (*R. petraeum* × *R. rubrum* var. *rubrum*) · ♄ d Z4; cult. [30642]
- **irriguum** Douglas 1830 · ♄ d

Z4 V-VI; Can.: B.C.; USA: Oreg., N-Idaho, W-Mont.
- **lacustre** (Pers.) Poir. 1812 · D:Sumpf-Stachelbeere; E:Bristly Black Gooseberry, Swamp Gooseberry · ♄ d ⁓ Z4 V; Alaska, Can., USA: NE, Tenn., NCE, Rocky Mts., NW, Calif. [30646]
- **laurifolium** Jancz. 1910 · ♄ d Z9 ⓚ II-III; N-China [30648]
- **leptanthum** A. Gray 1849 · D:Colorado-Stachelbeere; E:Trumpet Gooseberry · ♄ d Z6 IV-V; USA: Utah, Colo., N.Mex.
- **lobbii** A. Gray 1876 · D:Klebrige Stachelbeere; E:Gummy Gooseberry, Sticky Gooseberry · ♄ d Z7 ∧ IV-V; Can.: B.C.; USA: NW, Calif.
- **maximowiczii** Batalin 1891 [30654]
  - var. **floribundum** Jesson 1915 · ♄ d Z6; W-China
  - var. **maximowiczii** · ♄ d Z6 V; Jap., Korea, Manch.
- **multiflorum** Kit. ex Roem. et Schult. 1819 · D:Troddel-Johannisbeere · ♄ d Z6 IV-V; Eur.: Sard., I, Croatia, YU, GR, BG
- × **nidigrolaria** Rud. Bauer et A. Bauer 1989 (*R. divaricatum × R. nigrum × R. uva-crispa var. sativum*) · D:Bastard-Johannisbeere, Jochelbeere · ♄ d Ⓝ; cult.
- **nigrum** L. 1753 · D:Schwarze Johannisbeere; E:Blackcurrant; F:Cassis, Cassissier · ♄ d D Z5 IV-V ⚥ Ⓝ; Eur.* exc. Ib; Cauc., W-Sib., E-Sib., C-As., Mong. [31200]
  'Baldwin'
  'Ben Lomond' [13636]
  'Ben More' [13637]
  'Ben Sarek' [13638]
  'Black Down' [54320]
  'Géant de Boskoop'
  'Noir de Bourgogne' [30681]
  'Ometa' [22875]
  'Rosenthals Langtraubige' [12330]
  'Silvergieters Schwarze' [12360]
  'Titania' [13458]
  'Wellington XXX' [12390]
- **niveum** Lindl. 1834 · D:Schnee-Stachelbeere; E:Snake River Gooseberry · ♄ d Z6 IV-V; USA: NW, Idaho, Nev. [30691]
- **odoratum** H.L. Wendl. 1825 · D:Wohlriechende Johannisbeere; E:Buffalo Currant, Golden Currant; F:Groseillier doré · ♄ d Z5 IV-V Ⓝ; USA: NCE, NC, SC, Ark. [30692]
  'Fuma' [12322]
- **oxyacanthoides** L. 1753 ·

D:Manitoba-Stachelbeere; E:Northern Gooseberry · ♄ d ⁓ Z4 IV-V; Can., USA: NCE, N.Dak., Mont.
- **petraeum** Wulfen 1781 · D:Felsen-Johannisbeere · [30702]
  - var. **biebersteinii** (Berland.) C.K. Schneid. · D:Kaukasische Felsen-Johannisbeere · ♄ d Z6; Cauc.
  - var. **petraeum** · D:Gewöhnliche Felsen-Johannisbeere; E:Stone Gooseberry; F:Groseillier des rochers · ♄ d Z6 IV-VI Ⓝ; Eur.* exc. BrI, Sc; mts.; Cauc., W-As, Sib., Amur, NW-Afr.
- **pinetorum** Greene 1881 · D:Arizona-Stachelbeere · ♄ d Z6; Ariz., N.Mex.
- *reclinatum* L. = Ribes uva-crispa var. reclinatum
- **roezlii** Regel 1879
  - var. **cruentum** (Greene) Rehder 1916 · ♄ d Z7; USA: S-Oreg., Calif.
  - var. **roezlii** · ♄ d Z7 V; Calif.
- **rubrum** L. 1753 · D:Rote Johannisbeere · [31220]
  - var. **domesticum** Wallr. 1822 · D:Rote Garten-Johannisbeere, Weiße Garten-Johannisbeere; E:Red Currant, White Currant · Z4 ⚥; cult.
    'Blanca' [13694]
    'Gloire des Sablons'
    'Heinmanns Rote Spätlese' [13671]
    'Heros' [12230]
    'Jonkheer van Tets' [12260]
    'Junifer' [13674]
    'London Market'
    'Red Lake' [12300]
    'Rondom' [12310]
    'Rosetta' [13681]
    'Rovada' [13685]
    'Stanza' [13686]
    'Weiße Versailler' [20308]
  - var. **rubrum** · D:Wilde Rote Johannisbeere; E:Currant; F:Groseillier rouge · ♄ d Z4 IV-V Ⓝ; Eur.: BrI, Fr, D, I, nat. in Eur. [30706]
- **sanguineum** Pursh 1814 · D:Blut-Johannisbeere; E:Flowering Currant; F:Groseillier sanguin · ♄ d Z5 IV-V; B.C., USA: NW, N-Calif. [55539]
  'Atrorubens' [21480]
  'King Edward VII' [21490]
  'Pulborough Scarlet' [21500]
  'Splendens' [55358]
  'Tydeman's White'
  'White Icicle'
- *sativum* (Rchb.) Syme = Ribes

rubrum var. domesticum
- **speciosum** Pursh 1814 · ♄ e Z7; Calif. [36620]
- **spicatum** E. Robson 1796 · D:Ährige Johannisbeere; E:Downy Currant · ♄ d Z4 IV-V Ⓝ; Eur.: BrI, Sc, C-Eur., EC-Eur., E-Eur.; Sib. Manch.
- *sylvestre* (Lam.) Hayek = Ribes rubrum var. rubrum
- **uva-crispa** L. 1753 · D:Stachelbeere; E:Gooseberry · [31230]
  - subsp. *pubescens* (W.D.J. Koch) O. Schwarz 1949 = Ribes uva-crispa var. uva-crispa
  - var. **reclinatum** (L.) Berland. 1828 · ♄ d Z5 IV-V Ⓝ; cult.
  - var. **sativum** DC. 1805 · D:Kultur-Stachelbeere · ♄ d Z5 IV-V Ⓝ; cult.
    'Achilles' [13733]
    'Captivator' [13737]
    'Careless'
    'Gelbe Triumph' [12430]
    'Grüne Kugel' [12440]
    'Hinnonmäki' gelb' [13745]
    'Hinnonmäki' rot' [13746]
    'Invicta' [13462]
    'Lady Delamere' [12460]
    'Maiherzog' [12490]
    'Rokula' [22873]
    'Rolanda' [13466]
    'Rote Triumph' [12510]
    'Weiße Triumph' [12530]
    'Winham's Industry'
  - var. **uva-crispa** · D:Gewöhnliche Stachelbeere; F:Groseillier à maquereau · ♄ d Z5 IV-V Ⓝ; Eur.* exc. Sc; Cauc., Sib., Manch., Him., NW-Afr., nat. in Sc
- **viburnifolium** A. Gray 1882 · ♄ e Z9 ⓚ; Calif., Mex. (Baja Calif.)
- *vulgare* Lam. = Ribes rubrum var. rubrum

Richardia L. 1753 -f- *Rubiaceae* · (S. 779)
- **scabra** L. 1753 · ⊙; trop. Am. nat. in USA: Fla.; SE, Tex.

Richea R. Br. 1810 -f- *Epacridaceae*
- **dracophylla** R. Br. 1810 · ♄ e Z8 ⓚ; Austr. (Tasman.)

Ricinodendron Müll. Arg. 1864 -n- *Euphorbiaceae* · (S. 486)
- **heudelotii** (Baill.) Pierre ex Pax 1898 · D:Afrikanisches Mahagoni; E:African Nut-Tree · ♄ d Z10 ⓚ Ⓝ; trop. Afr.

Ricinus L. 1753 -m- *Euphorbiaceae* · (S. 486)
D:Palma Christi, Rizinus, Wunderbaum; E:Castor Oil Plant; F:Ricin
- **communis** L. 1753 · D:Palma Christi, Rizinus, Wunderbaum; E:Castor Oil Plant; F:Ricin · ⊙ ♄ ♄ ♄ e Z9 ⌂ ⌂ VIII-X ⚥ ✷ Ⓝ; ? trop. Afr., nat. in Trop., Subtrop. [16787]
'Gibsonii'

Ricotia L. 1763 -f- *Brassicaceae* · (S. 332)
- **lunaria** (L.) DC. 1821 · ⊙; Syr., Lebanon

× **Ridleyara** hort. 1957 -f- *Orchidaceae* ·
(*Arachis* × *Trichoglottis* × *Vanda*)

Ridolfia Moris 1842 -f- *Apiaceae* · (S. 183)
D:Falscher Fenchel, Ridolfie; E:False Fennel; F:Ridolfia
- **segetum** Moris 1842 · D:Falscher Fenchel, Ridolfie; E:False Fennel · ⊙; Eur.: Ib, Fr, Ap, Croat.; TR, Syr., Canar., N-Afr.

Rindera Pall. 1771 -f- *Boraginaceae* · (S. 311)
- **caespitosa** (DC.) Gürke 1894 · ♃ △ ⌂ ∧ V-VIII; TR
- **graeca** (A. DC.) Boiss. et Heldr. 1848 · ♃ ⌂; GR
- **umbellata** (Waldst. et Kit.) Bunge 1851 · ♃ △ ∧ V-VII; Eur.: Serb., BG, RO, W-Russ.

Ritterocereus Backeb. = *Stenocereus*
- *pruinosus* (Otto) Backeb. = *Stenocereus pruinosus*
- *queretaroensis* (F.A.C. Weber) Backeb. = *Stenocereus queretaroensis*

Rivina L. 1753 -f- *Phytolaccaceae* · (S. 692)
D:Blutbeere, Rivinie; E:Blood Berry; F:Rivinia
- **humilis** L. 1753 · D:Blutbeere, Rivinie; E:Blood Berry, Rouge Plant · ♃ ♄ Z9 ⌂; USA: SE, Fla., Tex.; Mex., W.Ind., trop. S-Am.

Robinia L. 1753 -f- *Fabaceae* · (S. 524)
D:Robinie, Scheinakazie; E:False Acacia; F:Faux-acacia, Robinier
- × **ambigua** Poir. 1816 (*R. pseudoacacia* × *R. viscosa*) ·
D:Rosafarbene Robinie; E:Pink Locust · ♄ d Z6; cult.
- **boyntonii** Ashe 1898 · ♄ d Z5; USA: SE [33572]
- **fertilis** Ashe 1923 · D:Fruchtbare Robinie · ♄ d Z5; USA
- **hispida** L. 1767 · D:Borstige Robinie; E:Bristly Locust, Rose Acacia; F:Acacia rose · ♄ d Z6 VI-IX; USA: Va., Ky., SE [21510]
'Macrophylla' [21520]
'Rosea' = *Robinia boyntonii*
- × **holdtii** Beissn. 1902 (*R. luxurians* × *R. pseudoacacia*) · ♄ d Z6; cult.
- **kelseyi** H.P. Kelsey ex Hutch. 1908 · D:Kelseys Robinie · ♄ d Z6 V-VI; USA: N.C. [21540]
- **luxurians** (Dieck) C.K. Schneid. 1922 · D:Üppige Robinie · ♄ ♄ d Z6 VI Ⓝ; USA: Rocky Mts., SW, SC; Mex.
- × **margaretta** Ashe 1922 (*R. hispida* × *R. pseudoacacia*) · ♄ ♄ d Z5; USA: SE [33576]
'Casque Rouge' [46540]
- **neomexicana** A. Gray 1854 · D:Neu-Mexiko-Robinie; E:New Mexican Locust; F:Robinier · ♄ d Z6 VI-VII; USA: N.Mex. [21550]
- var. *luxurians* Dieck 1892 = *Robinia luxurians*
- *neomexicana* auct. non A. Gray = *Robinia luxurians*
- **pseudoacacia** L. 1753 · D:Gewöhnliche Scheinakazie, Robinie; E:Acacia, Black Locust, Robinie; F:Faux acacia · ♄ d Z6 V-VI ✷ Ⓝ; USA: NE, NCE, SE, Okla., nat. in Eur. [21560]
'Bessoniana' [21570]
'Frisia' [21580]
'Microphylla'
'Mimosifolia' [14356]
'Monophylla' [21600]
'Pyramidalis' [45100]
'Semperflorens' [21610]
'Tortuosa' [21620]
'Twisty Baby' [12495]
'Umbraculifera' [21630]
- var. *angustifolia* Koehne 1907 = *Robinia pseudoacacia*
- × **slavinii** Rehder 1922 (*R. kelseyi* × *R. pseudoacacia*) · ♄ d Z6; cult.
- **viscosa** Vent. 1800 · D:Klebrige Robinie; E:Clammy Locust · ♄ ♄ d Z6 VI-VIII; USA: NE, SE [28280]

Rochea DC. = *Crassula*
- *coccinea* (L.) DC. = *Crassula coccinea*
- *falcata* DC. = *Crassula perfoliata* var. *minor*
- *perfoliata* (L.) DC. = *Crassula perfoliata* var. *perfoliata*
- *versicolor* (Burch. ex Ker-Gawl.) Link = *Crassula coccinea*

Rodgersia A. Gray 1858 -f- *Saxifragaceae* · (S. 816)
D:Bronzeblatt, Rodgersie, Schaublatt; F:Rodgersia
- **aesculifolia** Batalin 1893 · D:Kastanien-Schaublatt; F:Rodgersia à feuilles de marronnier · ♃ Z5 VI-VII; C-China [66165]
- **henrici** (Franch.) Franch. 1897 · D:Prinz-Henri-Schaublatt · ♃ Z6; China, N-Myanmar, SE-Tibet [69557]
- **pinnata** Franch. 1888 · D:Gefiedertes Schaublatt · ♃ Z6 VII; Yunnan [66167]
'Alba'
'Elegans' [69783]
'Superba' [60063]
- **podophylla** A. Gray 1858 · D:Gezähntes Schaublatt · ♃ Z5 VII-VIII; Jap., Korea [66170]
'Pagode' Pagels 1972 [66171]
'Rotlaub' Pagels 1976 [66172]
- **purdomii** hort. · D:Purdoms Schaublatt · ♃ VI-VII; China [66174]
'Kupferschein'
- **sambucifolia** Hemsl. 1906 · D:Hollunderblättriges Schaublatt; F:Rodgersia à feuilles de sureau · ♃ Z6 VII-VIII; Yunnan [66175]
- *tabularis* (Hemsl.) Kom. = *Astilboides tabularis*
- **in vielen Sorten:**
'Die Anmutige' Pagels
'Die Schöne' Pagels
'Die Stolze' Pagels
'Irish Bronze' Bloom [69784]

× **Rodrassia** hort. -f- *Orchidaceae* ·
(*Brassia* × *Rodriguezia*)

× **Rodrettia** hort. 1958 -f- *Orchidaceae* ·
(*Comparettia* × *Rodriguezia*)

× **Rodricidium** hort. 1957 -n- *Orchidaceae* ·
(*Oncidium* × *Rodriguezia*)

× **Rodridenia** hort. -f- *Orchidaceae* ·
(*Macradenia* × *Rodriguezia*)

Rodriguezia Ruiz et Pav. 1794 -f- *Orchidaceae* · (S. 1082)
- **decora** (Lem.) Rchb. f. 1852 · ♃ Z10 ⌂ IX-X ▽ ✻; Bras.
- **lanceolata** Ruiz et Pav. 1798 · ♃ Z10 ⌂ V-VI ▽ ✻; Panama, trop.

S-Am.
- *secunda* Kunth = Rodriguezia lanceolata
- **venusta** Rchb. f. 1852 · ♃ Z10 Ⓦ X ▽ ✻; Bras.

× **Rodritonia** hort. -f- *Orchidaceae* · (*Miltonia* × *Rodriguezia*)

Roegneria K. Koch = Elymus
- *canina* (L.) Nevski = Elymus caninus
- *pauciflora* (Schwein.) Hyl. = Elymus trachycaulus

Roemeria Medik. 1792 -f- *Papaveraceae* · (S. 687)
- **hybrida** (L.) DC. 1821 · ☉ VII-VIII ☠; Eur.: Ib, Fr, Ap, Ba; TR, Levante, Iran, N-Afr.
- **refracta** DC. 1821 · ☉ VII-VIII; TR, Cauc., Iran, C-As., China: Sinkiang

Rohdea Roth 1821 -f- *Convallariaceae* · (S. 989)
- **japonica** (Thunb.) Roth 1821 · E:Lily-of-China · ♃ Z8 Ⓚ; SW-China
  'Talbot Manor'
  'Variegata'

× **Rolfeara** hort. 1919 -f- *Orchidaceae* · (*Cattleya* × *Rhyncholaelia* × *Sophronitis*)

Romanzoffia Cham. 1820 -f- *Hydrophyllaceae* · (S. 572) D:Romanzoffie; E:Romanzoffia; F:Romanzoffia
- **sitchensis** Bong. 1833 · D:Sitka-Romanzoffie; E:Sitka Mistmaiden · ♃ Z8 Ⓐ ∧ V-VI; Alaska, Can.: W; USA: NW, Calif.
- **unalaschcensis** Cham. 1820 · D:Aleuten-Romanzoffie; E:Mistmaiden · ♃ Ⓐ ∧ V-VI; E-Aleuten

Romneya Harv. 1845 -f- *Papaveraceae* · (S. 687) D:Strauchmohn; E:California Tree Poppy; F:Pavot de Californie
- **coulteri** Harv. 1845 · D:Kalifornischer Strauchmohn; E:California Tree Poppy, Matilija Poppy · [71740]
  'White Cloud'
  - var. **coulteri** · ♃ Z8 Ⓚ VII-IX; SW-Calif., NW-Mex.
  - var. **trichocalyx** (Eastw.) Jeps. 1922 · ♃ Z8 Ⓚ; Calif.
- × *hybrida* hort. = Romneya coulteri 'White Cloud'
- *trichocalyx* Eastw. = Romneya coulteri var. trichocalyx

Romulea Maratti 1772 -f- *Iridaceae* · (S. 1025) D:Sandkrokus, Scheinkrokus; E:Sand Crocus; F:Faux-crocus, Romulée
- *bulbocodioides* Eckl. = Romulea tabularis
- **bulbocodium** (L.) Sebast. et Mauri 1818
  - var. **bulbocodium** · ♃ Z8 Ⓚ III-IV; Eur.: Ib, Fr, Ap, Ba; Levante, N-Afr.
  - var. *clusiana* (Lange) Batt. 1895 = Romulea bulbocodium var. bulbocodium
- **linaresii** Parl. 1839 · ♃ Z8 Ⓚ; Sic., GR, W-TR
- **nivalis** (Boiss. et Kotschy) Klatt 1882 · ♃ Z9 Ⓚ; Lebanon (Mt. Hermon)
- **ramiflora** Ten. 1827
- **tabularis** Eckl. ex Bég. 1907
- **tempskyana** Freyn 1897 · ♃ Z8 Ⓚ; TR, Cyprus, Palaest.

Rondeletia L. 1753 -f- *Rubiaceae* · (S. 780)
- **amoena** (Planch.) Hemsl. 1879 · ♄ e Z10 Ⓚ III-V; C-Am.
- **cordata** Benth. 1841 · ♄ e Z10 Ⓚ VI-VII; Guat.
- **odorata** Jacq. 1760 · ♄ e D Z10 Ⓦ XI-III; Panama, Cuba
- *speciosa* Lodd. = Rondeletia odorata

Ronnbergia E. Morren et André 1874 -f- *Bromeliaceae* · (S. 977)
- **columbiana** E. Morren 1885 · ♃ Z10 Ⓦ; Col.
- **morreniana** Linden et André 1874 · ♃ Z10 Ⓦ; Col.

Roridula L. 1764 -f- *Roridulaceae* · (S. 741) D:Fliegenbusch, Wanzenpflanze; F:Roridule
- **dentata** L. 1753 · D:Gezähnte Wanzenpflanze · ♄ e Z9 Ⓚ; Kap
- **gorgonias** Planch. 1848 · D:Haarige Wanzenpflanze · ♄ e Z9 Ⓚ; Kap

Rorippa Scop. 1760 -f- *Brassicaceae* · (S. 332) D:Sumpfkresse; E:Water Cress; F:Faux-cresson, Roripe
- **amphibia** (L.) Besser 1821 · D:Wasser-Sumpfkresse; E:Great Yellowcress · ♃ Z6 V-VIII; Eur.*, Cauc., W-Sib., E-Sib., C-As.
- **anceps** (Wahlenb.) Rchb. 1837 · D:Niederliegende Sumpfkresse · ♃ V-IX; Eur.*, TR, Cauc., E-Sib.
- × **armoracioides** (Tausch) Fuss 1866 (*R. austriaca* × *R. sylvestris*) · ♃; Eur.* exc. BrI, Sc +
- × **astylis** (Rchb.) Rchb. (*R. palustris* × *R. sylvestris*) · ♃; A +
- **austriaca** (Crantz) Besser 1821 · D:Österreichische Sumpfkresse · ♃ VI-VIII; Eur.: C-Eur., EC-Eur., Ba, E-Eur.; TR, Cauc., C-As., nat. in BrI, Sc, F, I
- **islandica** (Oeder) Borbás 1900 · D:Ufer-Sumpfkresse · ☉; Eur.* exc. EC-Eur.; cosmop.
- **lippizensis** (Wulfen) Rchb. 1837 · D:Karst-Sumpfkresse · ♃; Eur.: Ba, I
- *microphylla* (Boenn.) Hyl. = Nasturtium microphyllum
- **palustris** (L.) Besser 1821 · D:Gewöhnliche Sumpfkresse · ♃ VI-IX; Eur.*, TR, Cauc., W-Sib., E-Sib., Amur, Sachal., Kamchat., C-As., Him., Mong., E-As., N-Am., S-Am., Egypt, Austr.
- **pyrenaica** (L.) Rchb. 1838 · D:Pyrenäen-Sumpfkresse · ♃ V-VIII; Eur.: Fr, Ap, C-Eur., EC-Eur., Ba, E-Eur.
- **sylvestris** (L.) Besser 1821 · D:Wilde Sumpfkresse · ♃ V-IX; Eur.*, TR, Cauc., N-As., N-Afr.

Rosa L. 1753 -f- *Rosaceae* · (S. 762) D:Hagebutte, Rose; E:Rose; F:Eglantier, Rosier
- *abietina* Gren. ex H. Christ = Rosa acicularis var. acicularis
- **acicularis** Lindl. 1820
  - var. **acicularis** · D:Nadel-Rose; E:Needle Rose, Prickly Rose · ♄ d D Z2 VI; Can., USA: NE, NCE, NC, Rocky Mts. [10667]
  - var. **bourgeauana** (Crép.) Crép. 1876 Z2; Alaska, Can., USA: NE, NEC, NC, Rocky Mts.
  - var. **nipponensis** (Crép.) Koehne 1893 · ♄ d Z2; Jap.; mts.
- **agrestis** Savi 1798 · D:Feld-Rose; E:Field Briar · ♄ d Z6 VI; Eur.*, NW-TR, NW-Afr. [10668]
- × **alba** L. 1753 (*R. arvensis* × *R. gallica* × ?) · D:Weiße Rose; E:White Rose, White Rose of York · ♄ ♣ D Z5 VI Ⓝ; cult.
- *alpina* L. = Rosa pendulina var. pendulina

- *andegavensis* Bastard = Rosa canina
- *anemoniflora* Fortune ex Lindl. = Rosa × beanii
- **arkansana** Porter 1874 · D:Prärie-Rose; E:Prairie Rose · ♄ d Z4 VI-VII; Can., USA: NE, NCE, NC, SC, N.Mex. [31332]
- **arvensis** Huds. 1762 · D:Kriechende Rose; E:Field Rose, Musk Rose; F:Rosier des champs · ♄ d ⚥ ↝ D Z5 VI-VII; Eur.* exc. Sc; TR [10915]
  'Splendens' [34650]
- *balearica* Desf. = Rosa sempervirens
- **banksiae** W.T. Aiton 1811 · D:Banks' Rose; E:Banksian Rose
  'Alba Plena'
  'Lutea' [16215]
  - var. **banksiae** 1877 · ♄ e ⚥ D Z8 ⓚ IV-VII; W-China, C-China [15075]
  - var. **normalis** Regel 1877 · ♄ e Z7; C-China, W-China
- × **beanii** Heath 1989 (*R. banksiae var. banksiae* × ? × *R. moschata*) · ♄ d Z7; cult. E-China
- **beggeriana** Schrenk 1841 · ♄ d Z7 VI; Afgh., N-Iran, C-As., China: Sinkiang
- **bella** Rehder et E.H. Wilson 1915 · ♄ d D Z6 VI; N-China
- *bengalensis* Pers. = Rosa chinensis
- *berberifolia* Pall. = Rosa persica
- *biebersteinii* Lindl. = Rosa horrida
- × **bifera** (Poir.) Pers. = Rosa × damascena 'Semperflorens'
- **blanda** Aiton 1789 · D:Labrador-Rose; E:Smooth Rose · ♄ d Z4 V-VI; Can.: E; USA: NE, NCE, NC. [21640]
- *boissieri* Crép. = Rosa britzensis
- × **borboniana** N.H.F. Desp. 1828 (*R. chinensis* × *R.* × *damascena*) · D:Bourbon-Rose; E:Bourbon Rose · ♄ d ⋀ VI-IX; cult.
- **bracteata** J.C. Wendl. 1798 · E:Macartney Rose · ♄ e Z7 VII-VIII; S-China, Taiwan, nat. in USA: SE [20044]
- **britzensis** Koehne 1910 · ♄ d V-VI; TR, Iraq, Cauc., Iran
- × **bruantii** Rehder 1927 (*R.* × *odorata* × *R. rugosa*) · ♄ d; cult.
- **brunonii** Lindl. 1820 · D:Himalaya-Moschus-Rose; E:Himalayan Musk Rose · ♄ d ⚥ D Z8 ⓚ VI-VII; Afgh., Pakist., Kashmir, Nepal, Sichuan
- **caesia** Sm. 1812
  - subsp. **caesia** · D:Lederblättrige Rose · ♄ d Z5 VI; Eur.*, TR [27137]
  - subsp. **glauca** (Nyman) G.G. Graham et A.L. Primavesi 1990
- *calendarum* Borkh. = Rosa × damascena
- **californica** Cham. et Schltdl. 1827 · D:Kalifornische Rose; E:California Rose · ♄ d D Z5 V-VIII; Oreg., Calif., Baja Calif.
- **canina** L. 1753 · D:Hunds-Rose; E:Common Briar, Dog Rose; F:Eglantier commun, Rosier des chiens · ♄ d ⊗ Z4 VI-VIII ⚥ ⓝ; Eur.*, TR, Syr., Cauc., Iran, C-As., Canar., Madeira, NW-Afr. [21650]
  'Kiese' Kiese 1910 [10661]
- *carelica* Fr. = Rosa acicularis var. acicularis
- **carolina** L. 1753 · D:Carolina-Rose; E:Carolina Rose; F:Rosier · ♄ d Z5 VII-VIII; Can.: E; USA: NE, NCE, NC, SC, SE, Fla. [21780]
- *carolinensis* Marshall = Rosa virginiana
- **caryophyllacea** Besser 1822 · D:Nelken-Rose · ♄ d VI; Eur.: I, A, EC-Eur., Ba, E-Eur.; ? Cauc.
- **caudata** Baker 1914 · ♄ d Z6 VI; W-China
- × **centifolia** L. 1753 (*R. canina* × *R. gallica* × *R. moschata*) · D:Hundertblättrige Rose; E:Cabbage Rose, Provence Rose; F:Rosier cent-feuilles · ♄ d D Z5 VI-VII ⚥; ? Cauc.
  'Bullata' [27275]
  'Cristata' [31464]
  'Muscosa' · ♄ d [27747]
  'Variegata'
- **cerasocarpa** Rolfe 1915 · ♄ d Z5; W-China, C-China
- × **chavinii** Rapin ex Reut. 1861 (*R. canina* × *R. montana*) · D:Chavins Rose; E:Chavin's Rose · ♄ d VI-VII; Eur.: CH, F, I; Alp.
- **chinensis** Jacq. 1768 · D:China-Rose; E:China Rose · ♄ d Z6 ⓚ VI-X; China
  'Minima'
  'Viridiflora' · D:Grüne Rose; E:Green Rose · [55625]
  - var. **minima** (Sims) Voss 1894 = Rosa chinensis 'Minima'
- **cinnamomea** L. 1753 = Rosa pendulina var. pendulina
  - var. **plena** L. 1759 = Rosa majalis
- **cinnamomea** L. 1759 = Rosa majalis
- *coriifolia* Fr. = Rosa caesia subsp. caesia
- **corymbifera** Borkh. 1790 · D:Déséglise-Rose, Hecken-Rose; E:Rose · ♄ d ⊗ Z6 VI; Eur.*, TR, Cauc., C-As., Afgh., N-Afr. [37889]
- **corymbulosa** Rolfe 1914 · ♄ d Z6; W-China: Hubei, Shensi
- × **damascena** Mill. 1768 (*R. gallica* × *R. moschata*) · D:Portland-Rose; E:Damask Rose · ♄ d D Z4 VI-IX ⚥ ⓝ; cult.
  'Bifera' = Rosa × damascena 'Semperflorens'
  'Semperflorens' · d ⓝ
- **davidii** Crép. 1874 · ♄ d ⊗ Z7 ⋀ VI-VII; W-China
- **dumalis** Bechst. 1810 · D:Graugrüne Rose, Vogesen-Rose · ♄ d Z4 VI-VII; Eur. exc. BrI, TR [15876]
- *dumetorum* Thuill. = Rosa corymbifera
- × **dupontii** Déségl. 1861 (*R. gallica* × *R. moschata*) · ♄ d Z6 VI; cult.
- **ecae** Aitch. 1880 · ♄ d Z7 ⋀ V-VI; Afgh., NW-Pakist., C-As., N-China
- *eglanteria* L. = Rosa rubiginosa
- **elegantula** Rolfe 1916 · ♄ d Z6
  'Persetosa'
  - var. **persetosa** Stapf = Rosa elegantula
- **elliptica** Tausch 1819 · D:Keilblättrige Rose · ♄ d VI-VII; Eur.* exc. Sc [43382]
- *farrerii* = Rosa elegantula
- **fedtschenkoana** Regel 1878 · ♄ d; C-As., NW-China
- *ferruginea* auct. non Vill. = Rosa glauca
- **filipes** Rehder et E.H. Wilson 1915 · ⌠ d ⚥ Z5; China
  'Kiftsgate' 1938 [19714]
- **foetida** Herrm. 1762 · D:Gelbe Rose; E:Austrian Briar · ♄ d D Z5 VI; Iran, Afgh., NW-Him. [20690]
  'Bicolor' < 1950 [38130]
  'Persiana' 1837 [10730]
- **foliolosa** Nutt. ex Torr. et A. Gray · D:Weiße Prärie-Rose; E:White Prairie Rose · ♄ d Z6 VII-VIII; USA: Ark., SC
- **forrestiana** Boulenger 1936 · ♄ d Z8; China (Yunnan)
- × **francofurtana** Münchh. 1770 (*R. gallica* × *R. majalis* × ?) · D:Frankfurter Rose · ♄ d Z6; cult. [23513]
- *fraxinifolia* C.C. Gmel. non Borkh. = Rosa blanda
- **gallica** L. 1753 · D:Essig-Rose, Gallische Rose; E:French Rose; F:Rosier de France, Rosier de Provins · ♄ d D Z5 VI ⚥ ⓝ; Eur.* exc. BrI, Sc, Ib; TR, N-Iraq, Cauc., nat. in Ib, USA [31240]
  'Officinalis' [38132]
  'Versicolor' [34227]

'Violacea'
- var. *damascena* (Mill.) Voss 1894 = Rosa × damascena
- *gentiliana* H. Lév. et Vaniot = Rosa multiflora var. cathayensis
- **gigantea** Collett ex Crép. 1888 · D:Großblütige Rose · ⚥ e Z9 ⓘ; NE-Ind., N-Myanmar, China (Yunnan)
- **glauca** Pourr. 1788 · D:Bereifte Rose, Rotblättrige Rose; E:Rubrifolia; F:Rosier glauque · ♄ d Z3 VI-VII; Eur.* exc. BrI, Sc, nat. in Sc [21710]
- **gymnocarpa** Nutt. ex Torr. et A. Gray 1840 · D:Holz-Rose; E:Wood Rose · ♄ d △ Z7 ∧ VI-VII; B.C., USA: NW, Calif., Rocky Mts.
- × **hardii** Paxton 1843 (R. clinophylla × R. persica) · ♄ d Z8 ⓘ; cult.
- × **harisonii** Rivers (R. foetida × R. pimpinellifolia) · D:Harisons Rose; E:Harison's Yellow Rose · ♄ d Z4 V; cult.
  'Harison's Yellow'
- **helenae** Rehder et E.H. Wilson 1915 · D:Helenes Rose · ♄ d ⚥ D Z7 ∧ VI-VII; C-China
- **hemisphaerica** Herrm. 1762 · D:Schwefelgelbe Rose; E:Sulphur Rose · ♄ d Z6 VI-VII; cult.
  'Flore Pleno'
- **hemsleyana** G. Täckh. 1922 · ♄ d Z6 VI; C-China
- × **highdownensis** H.G.K. Hillier 1928 (R. moyesii × R. sweginzowii) · ♄ d Z6; cult. [26377]
- **hirtula** (Regel) Nakai 1920 · ♄ d Z6; Jap.
- *holodonta* Stapf = Rosa moyesii 'Rosea'
- **horrida** Fisch. 1812 · D:Schreckliche Rose
- *hugonis* Hemsl. = Rosa xanthina fo. hugonis
- *humilis* Marshall = Rosa carolina
- *indica* Lour. non L. = Rosa chinensis
  - var. *fragrans* Thory 1817 = Rosa × odorata
  - var. *odorata* Andrews 1810 = Rosa × odorata
- **inodora** Fr. 1814 · D:Geruchlose Rose · ♄ d VI-VII; Eur.: Sc, BrI, D, A + [10690]
- **jundzillii** Besser 1816 · D:Raublättrige Rose · ♄ d Z5 VI; Eur.: Fr, Ap, C-Eur., EC-Eur., Ba, E-Eur.; Cauc. [37890]
- × **kamtschatica** Vent. 1802 (R. davurica × R. rugosa × ?) · D:Kam-

tschatka-Rose · ♄ Z4; E-Sib., Kamcaht.
- **laevigata** Michx. 1803 · D:Cherokee-Rose; E:Cherokee Rose · ♄ e D Z7 V-VI ⚥; China: Hupeh, Fukien: Taiwan, nat. in USA: SE
- *lawrenceana* Sweet = Rosa chinensis 'Minima'
- **laxa** Retz. 1803 · ♄ d Z6 VII; Sib., NW-China
- **longicuspis** Bertol. 1861 · ♄ e Z9 ⓘ; W-China, Nepal, NE-Ind. [15925]
- **luciae** Franch., Rochebr. et Crép. 1871 · ♄ ⚥ e Z7; E-China, Korea, Jap.
- *lucida* Ehrh. = Rosa virginiana
- *lutea* Mill. = Rosa foetida
- *macounii* Greene = Rosa woodsii
- × **macrantha** hort. non N.H.F. Desp. (R. canina × R. gallica × ?) · ♄ d Z6; cult.
- **macrophylla** Lindl. 1820 · E:Big Hip Rose · ♄ d ⚥ Z7 VI; Afgh., Pakist., Him., SW-China
- **majalis** Herrm. 1762 · D:Mai-Rose, Zimt-Rose; E:Cinnamon Rose, May Rose; F:Rosier cannelle, Rosier de mai · ♄ d D Z4 V-VI; Eur.: Ap, Fr, C-Eur., EC-Eur., Sc, E-Eur.; ? Cauc., W-Sib., E-Sib. [31250]
- × **mariae-graebneriae** Asch. et Graebn. 1902 (R. palustris × R. virginiana) · ♄ d Z5; cult. [41056]
- **melina** Greene 1899
- **micrantha** Borrer ex Sm. 1812 · D:Kleinblütige Rose · ♄ Z5 V-VI; Eur.* exc. Sc; TR, Lebanon, Cauc., NW-Afr. [26399]
- *microphylla* Roxb. ex Lindl. = Rosa roxburghii fo. normalis
- × **micrugosa** Henkel 1910 (R. roxburghii × R. rugosa) · ♄ d Z5; cult.
- **mollis** Sm. 1812 · D:Weichblättrige Rose, Weiche Rose · ♄ d Z5 VI-VII; Eur.* exc. Ap; TR, W-As. [43383]
- **montana** Chaix 1786 · D:Berg-Rose · ♄ d VI-VII; S-Eur., SC-Eur., N-Afr. mts.
- **moschata** Herrm. 1762 · D:Moschus-Rose; E:Musk Rose · ♄ e ⚥ D Z7 IV-VII ℕ; Eth., Him., nat. in S-Eur., s USA
- **moyesii** Hemsl. et E.H. Wilson 1906 · D:Mandarin-Rose · ♄ ⚥ Z6 VI; Sichuan [21660]
  'Fargesii' [34011]
  'Rosea' = R.
- **mulliganii** Boulenger 1937
- **multibracteata** Hemsl. et E.H.

Wilson 1906 · D:Kragen-Rose · ♄ d ⚥ Z7 VII; Sichuan [13951]
- **multiflora** Thunb. ex Murray 1784 · D:Vielblütige Rose; E:Multiflora Rose; F:Rosier multiflore · ♄ d ⚥ ⚥ Z5 VI-VII; Jap., Korea [21680]
  fo. *cathayensis* (Rehder et Wilson) Kitam. = Rosa multiflora var. cathayensis
  'Grevillei' [55618]
  'Inermis' [10893]
  - var. **adenochaeta** (Koidz.) Ohwi ex H. Ohba 2001 · ♄ d ⓘ; Jap. (Kyushu)
  - var. **cathayensis** Rehder et E.H. Wilson 1915 · ♄ d Z5; China (Hubei, Gansu, Sichuan, Yunnan)
- *muscosa* Mill. = Rosa × centifolia 'Muscosa'
- **nitida** Willd. 1809 · D:Glanzblättrige Rose; E:Shining Rose · ♄ d ⚥ Z4 VI-VII; Can.: E; USA: NE [21690]
- *nitidula* Besser = Rosa canina
- **nutkana** C. Presl 1851 · D:Nutka-Rose; E:Nootka Rose · ♄ d ⚥ Z4 VI-VII; Alaska, Can.: W; USA: NW, Calif, Rocky Mts.
- *obtusifolia* auct. non Desv. = Rosa tomentella
- × **odorata** (Andrews) Sweet 1826 (R. chinensis × R. gigantea) · D:Tee-Rose; E:Tea Rose · ♄ e ⤳ Z7 ⓘ VI-IX; China
  'Mutabilis' [19733]
  'Pallida'
- *omeiensis* Rolfe = Rosa sericea subsp. omeiensis
- **orientalis** A.E. Dupont ex DC. 1825 · ♄; Ba, W-As.
- **oxyodon** Boiss. 1873 · ♄ ⚥ Z6 V-VI; E-Cauc.
- **palustris** Marshall 1785 · D:Sumpf-Rose; E:Swamp Rose · ♄ d Z4 VII-VIII; Can.: E; USA: NE, NCE, SE, Fla.
- × **paulii** Rehder 1927 (R. arvensis × R. rugosa) · ♄ d ⚥ Z4; cult.
- **pendulina** L. 1753 · D:Alpen-Rose · [28130]
  - var. *oxyodon* (Boiss.) Rehder 1939 = Rosa oxyodon
  - var. **pendulina** · D:Gewöhnliche Alpen-Rose, Hängefrucht-Rose; E:Alpine Rose; F:Rosier des Alpes · ♄ d ⚥ Z6 VI-VII ⚥; Eur.* exc. BrI, Sc
  - var. **pyrenaica** (Gouan) R. Keller 1902 · D:Pyrenäen-Rose · ♄ d Z5; Pyr.
- *pensylvanica* Michx. = Rosa palustris

- **persetosa** Rolfe 1913
- **persica** Michx. ex J.F. Gmel. 1791 · D:Persische Rose · ♄ d Z8 ⓚ VI-VIII; Iran, C-As., Afgh., W-Sib.
- *pimpinellifolia* L. = Rosa spinosissima
- **pisocarpa** A. Gray 1872 · D:Erbsenfrüchtige Rose; E:Cluster Rose, Pea Rose · ♄ d ⊛ D Z6 VI-VIII; B.C., USA: NW, Idaho, Calif.
- × **polliniana** Spreng. 1815 (*R. arvensis* × *R. gallica*) · ♄ d Z7; C-Eur., I+
- *polyantha* Siebold et Zucc. = Rosa multiflora
- **prattii** Hemsl. 1892 · D:Pratts Rose · ♄ d Z6 VI-VII; W-China
- **primula** Boulenger 1936 · ♄ d Z5 V; C-As., N-China
- × **pruhoniciana** Kriechb. ex C.K. Schneid. 1926 (*R. moyesii* × *R. willmottiae*) · ♄ d Z6; cult.
- **pseudoscabriuscula** (R. Keller) Henker et G. Schulze 1993 · D:Falsche Filz-Rose, Kratz-Rose · ♄ d VI-VII; Eur.*, TR, Cauc. [12948]
- × **pteragonis** W. Krause ex Kordes 1938 (*R. hugonis* × *R. omeiensis*) · ♄ d; cult.
- **pulverulenta** M. Bieb. 1808 · ♄ d Z6; SE-Eur., I, W-As., TR, Lebanon, Cauc., Iran, Afgh. [10679]
- *regeliana* Linden et André = Rosa rugosa
- *repens* Scop. = Rosa arvensis
- **rhaetica** Gremli 1881 · D:Rätische Rose · ♄ d VI-VII; Eur.: A, CH, I; Alp.
- × **richardii** Rehder 1922 (*R. gallica* × *R. phoenicia*) · ♄ d Z7 VI; Eth.
- **roxburghii** Tratt. 1823 · D:Igel-Rose; E:Chestnut Rose, Chinquapin Rose · ♄ d ⊛ Z6 VI; China, Jap. [17203]
  fo. normalis 1915 Rehder et E.H. Wilson · ♄ d Z6 V-VI; W-China, Jap.
- **rubiginosa** L. 1771 · D:Wein-Rose; E:Eglantine, Sweet Briar; F:Rosier rouillé · ♄ d ⊛ Z5 VI ⚥ ⓝ; Eur.*, TR, Cauc., NW-Ind., nat. in N-Am. [21700]
- *rubrifolia* Vill. = Rosa glauca
- **rubus** H. Lév. et Vaniot 1908 · ♄ ⚥ d ⚥ Z8 ⓚ; W-China, C-China
- × **ruga** Lindl. 1830 (*R. arvensis* × *R. chinensis*)
- **rugosa** Thunb. 1784 · D:Kartoffel-Rose; E:Japanese Rose; F:Rosier du Japon · ♄ d ⊛ D Z5 V-IX ⚥ ⓝ; E-Sib., Sachal., Kamchat.,

N-China, Korea, Jap., nat. in Eur.: BrI, Sc, Fr, C-Eur., EC-Eur., E-Eur. [21720]
  'Alba' (C3) [21730]
  'Fimbriata' (C3) 1891
  'Paulii' (C3)
  'Robusta' (C3) 1979 [10689]
  'Rubra' (C3) [31331]
  'Scabrosa' (C3)
- × **rugotida** Darthuis (*R. nitida* × *R. rugosa*) · F:Eglantier odorant · ♄ V-IX; cult. [46330]
- *sancta* Rich. non Andrews = Rosa × richardii
- **saturata** Baker 1914 · ♄; C-China
- *scabriuscula* auct. non Sm. = Rosa pseudoscabriuscula
- × **scharnkeana** Graebn. 1902 (*R. californica* × *R. nitida*) · ♄; cult.
- **sempervirens** L. 1753 · D:Immergrüne Rose; E:Evergreen Rose · ʃ e ⚥ Z8 ⓚ VI-VII; Eur.: Ib, F, Ap, Ba; TR, Syr., NW-Afr.
- *sepium* Thuill. non Lam. = Rosa agrestis
- **serafinii** Viv. 1824 · ♄ d △ ⊛ Z7 VI; Eur.: Ap, Ba, ? RO; NW-Afr.
- **sericea** Lindl. 1820
  - subsp. **omeiensis** (Rolfe) A.V. Roberts 1977 · ♄ Z6; China
    fo. pteracantha 1890 Franch. · F:Rosier barbelé · ♄ d ⊛ Z6 V-VI; W-Sichuan [10725]
  - subsp. **sericea** · D:Seiden-Rose; E:Mount Omei Rose · ♄ d Z6 V; W-Him.
- **setigera** Michx. 1803 · D:Prärie-Rose; E:Prairie Rose · ♄ d ⚥ Z5 VII-VIII; Ont., USA: NE, NCE, NC, SC, SE, Fla.
- **setipoda** Hemsl. et E.H. Wilson 1906 · D:Borsten-Rose · ♄ d Z6 VII; C-China [21750]
- **sherardii** Davies 1813 · D:Samt-Rose · ♄ d Z5 VI-VII; Eur.* exc. Ap [27492]
- **sicula** Tratt. 1824 · D:Sizilianische Rose · ♄ d △ ⊛ D Z8 ⋏ VI; Eur.: Ib, Fr, Ap, Ba; W-TR, Syr., NW-Afr.
- *simplicifolia* Salisb. = Rosa persica
- *soongarica* Bunge = Rosa laxa
- **soulieana** Crép. 1895 · ♄ d ⚥ D Z7 ⋏ VI-VII; W-China
- **spinosissima** L. 1753 · D:Bibernell-Rose; E:Burnet Rose, Scotch Briar, Scotch Rose; F:Rosier à feuilles de pimprenelle, Rosier d'Ecosse · ♄ Z3 V-VI; Eur.* exc. Ib; TR, Cauc., W-Sib., C-As., China, Korea, nat. in N-Am. [12921]
  'Double White' [19679]
  'Double Yellow'
  'Grandiflora' · V-VI

  'Repens'
  'William III'
- **stellata** Wooton 1898 · D:Sternförmige Rose
  - var. **mirifica** (Greene) Cockerell 1914 · ♄ d Z6; USA: Tex., SW
  - var. **stellata** · ♄ d △ ⊛ Z7 VI-VII; USA: N.Mex., Tex.
- **stylosa** Desv. 1809 · D:Griffel-Rose, Verwachsengrifflige Rose · ♄ d Z6 VI; Eur.: Ib, Fr, I, C-Eur., BrI+; Alger. [10729]
- **subcanina** (H. Christ) Dalla Torre et Sarnth. 1891 · D:Falsche Hunds-Rose · ♄ d; Eur.* exc. Ib, W-As.
- **subcollina** (H. Christ) R. Keller 1891 · D:Falsche Hecken-Rose · ♄ d; Eur.*, W-As. [10734]
- × **sublaevis** Boullu 1876
- *sulphurea* Aiton = Rosa hemisphaerica 'Flore Pleno'
- **sweginzowii** Koehne 1910 · D:Sweginzows Rose · ♄ d ⊛ Z6 VI; NW-China
- *thea* Savi = Rosa × odorata
- **tomentella** Léman 1818 · D:Stumpfblättrige Rose · ♄ V-VI; Eur.: BrI, C-Eur., S-Eur.; Alger. [15894]
- **tomentosa** Sm. 1800 · D:Filz-Rose; E:Downy Rose · ♄ d Z5 VI-VII; Eur.*, TR, Cauc., Lebanon, nat. in Prince Edward Isl. [26428]
- **turcica** Rouy 1896 · D:Türkische Rose · ♄; Eur.: Ba, RO, S-Russ.; Cauc., TR
- **tuschetica** Boiss. 1873 · ♄ d D V-VI; Cauc.
- **villosa** L. 1753 · D:Apfel-Rose; E:Apple Rose, Soft Leaved Rose · ♄ d ⊛ Z5 VI-VII ⓝ; Eur.: Ap, Fr, C-Eur., EC-Eur., Ba, E-Eur.; TR, Cauc., Iran, C-As., nat. in Sc [31280]
- **virginiana** Mill. 1768 · D:Virginische Rose; E:Virginia Rose · ♄ d ⊛ Z4 VI-VII; Can.: E; USA; NE, NCE, SE [15883]
- *vosagiaca* Desp. = Rosa dumalis
- × **waitziana** Tratt. 1825 (*R. canina* × *R. gallica*) · ♄ d; Eur.
- **wardii** Mulligan 1940 · ♄ d Z7; China (SE-Tibet)
- **watsoniana** Crép. 1888 · D:Watsons Rose · ♄ d ⚥ Z5 VI; cult. in Jap.
- **webbiana** Royle · ♄ d Z6; C-As., Afgh., Pakist., Him., China: Xizang
- **wichuraiana** Crép. 1886 · D:Wichuras Rose; E:Memorial Rose · ♄ d ⚥ ↝ Z6 VI-VIII; Jap., Korea, E-China, Taiwan [28900]

'Variegata'
- **willmottiae** Hemsl. 1907 · D:Willmotts Rose · ♄ d D Z7 VI-VII; W-China [10755]
- **woodsii** Lindl. 1820 · ♄ d
  - var. **fendleri** (Crép.) Rydb. 1895 · D:Fendlers Rose; E:Fendler Rose · ♄ d Z4 VI-VII; Can.; USA: NCE, NC, Rocky Mts., SW, NW, Calif.; Mex.
  - var. **woodsii** · D:Woods Rose; E:Western Wild Rose · ♄ d Z5; Alaska, Can., USA: NCE, NE, NC, SC, Rocky Mts., NW, Calif.; N-Mex.
- **xanthina** Lindl. 1820 · D:Goldgelbe Rose · ♄ d Z6 V-VI; N-China, Korea
  fo. hugonis 1977 (Hemsl.) A.V. Roberts · D:Vater Hugos Rose; E:Father Hugo's Rose; F:Rosier jaune de Chine · ♄ d Z6 V-VI; C-China. [10699]
- **in vielen Sorten:**
  A Alte Europäische Rosen
  A1 Alba-Rosen
      Stark wachsende Strauchrosen (bis 2,50 m); zu dieser Gruppe gehören einige der schönsten Alten Rosen; einmalblühende; Blütenfarbe meist weiß bis zartrosa; halbgefüllt, mit graugrünen Blättern; sehr alte Gruppe, vermutlich bereits den Römern bekannt, spätestens aber im Mittelalter entstanden; Abstammung unsicher, vermutlich eine natürliche Kreuzung von *R. gallica* und entweder *R. × damascena* oder *R. canina*.
  A2 Damascena-Rosen
      Aus Kleinasien stammende, sehr alte Gruppe von Strauchrosen mit stark gefüllten Blüten und charakteristischem Duft; Blütenfarbe meist rosa, gelegentlich weiß; Laub typisch: graugrün und runzelig; ähnelt *R. gallica*, aber zu unterscheiden durch starke Hakenstacheln und borstige Hagebutten. Einteilung in 2 Untergruppen:
      (1.) Sommer-Damaszener, aus *R. gallica* × *R. phoenicia*; einmalblühend im Sommer. Dieser Untergruppe gehören die meisten Damascena-Rosen an.
      (2.) Herbst-Damaszener, *R. × damascena* var. *bifera*, vermutlich *R. gallica* × *R. moschata*; schon vor 2000 Jahren in Griechenland kultiviert; sommerblühend mit leichter Nachblüte im Herbst.
  A3 Gallica-Rosen
      Von *R. gallica* abstammende, einmalblühende Strauchrosen. Gehören zu den ältesten der Alten Rosen. Blüten meist gefüllt und duftend. Blütenfarbe rosa bis purpurrot, keine reinweiße Sorte. Kompakte Sträucher, die gut für den Garten geeignet sind.
  A4 Moos-Rosen
      Aus den Zentifolien durch Mutation hervorgegangene Strauchrosen, einmalblühend. Charakteristisch sind die auffälligen Drüsenhaare („moosigen") an Blütenstielen und Kelchblättern; Blüten stark gefüllt; Blütenfarbe meist rosa bis rot, aber auch reinweiß.
  A5 Zentifolien
      Wuchs strauchförmig, bis 1,50 m hoch, einmalblühend; Blüten sehr stark gefüllt, duftend; Blütenfarbe weiß über rosa bis dunkelrot; in Holland Ende des 18. Jh. entstanden als komplexe Kreuzung aus *R. gallica* und *R. damascena*.
  B Alte Rosen mit Einfluss der China-Rosen
  B1 Bourbon-Rosen
      Bis 1,50 m hohe aufrecht wachsende, weniger winterharte Strauchrosen, öfterblühend; Blütenfarbe vorwiegend rosa, aber auch reinweiß, rot und mehrfarbig; entstanden auf der Insel Bourbon durch Einkreuzung von *R. chinensis* in Damascena-Rosen.
  B2 China-Rosen
      Gruppe remontierender, alter Rosen, die von der ostasiatischen *R. chinensis* abstammen. Durch Kreuzung und Rückkreuzung mit Sorten der alten europäischen Rosen entstanden remontierende Hybriden.
  B3 Portland-Rose
      Gruppe alter, remontierender Rosen mit kleinen gefüllten Blüten; Blütenfarbe rosa bis rot, auch reinweiß. Abstammung höchst ungewiss, angeblich aus Italien. Die erste Portland-Rose, 'The Portland', kam 1782 in England auf und bald darauf nach Frankreich. Benannt nach der zweiten Herzogin von Portland. Peter Beales führt das Remontieren auf die Herbst-Damascena-Rose, *R. × damascena* var. *bifera*, zurück.
  B4 Remontant-Hybriden
      Aus Bourbon-Rosen durch komplexe Kreuzungen mit öfterblühenden Sorten von Portland-Rosen entstandene, remontierende Strauchrosen; Blütenfarbe mit meist rosa, aber auch rot oder sogar reinweiß. Sowohl duftend als auch nicht duftend. Blüten größer und Winterhärte besser als bei Bourbon-Rosen. Bedeutend vor allem als Rosen für Ausstellungen, weniger als Sträucher für den Garten.
  B5 Teerosen
      Remontierende, Alte Rosen, viele von kletterndem Wuchs mit mittelgroßen, oft hängenden Blüten; Blütenform ballförmig oder spitz; Blütenfarbe von Weiß über Rosa bis Rot und sogar Gelb. Winterhärte gering, deshalb am besten im Gewächshaus kultiviert. Wenn man sie in warmem Klima im Freien pflanzt, werden sie viel größer. Entstanden als Kreuzung aus Noisette-Rosen und der asiatischen Kletterrose *R. gigantea*.
  C Moderne Rosen
  C1 Bodendecker-Rosen (Kleinstrauch-Rosen)
      Moderne, meist öfterblühende Rosen; Wuchs niederliegend oder niedrig (bis ca. 50 cm); wenig krankheitsanfällig, winterhart; für die flächige Pflanzung. Komplexe Hybriden, zum größten Teil von *R. wichuraiana* abstammend.
  C2 Englische Rosen
      Moderne Rosen mit der typischen, stark gefüllten Form, dem Duft Alter Rosen,

der breiteren Farbpalette und dem Öfterblühen Moderner Rosen. Entstanden in den 1960er-Jahren durch David Austin in England durch Kreuzung Moderner Rosen mit Alten Rosen.

C3 Floribunda-Rose
Öfterblühende Moderne Rosen mit Blüten in Dolden, die aus einer dominierenden, großen Mittelblüte und etwas kleineren untergeordneten Seitenblüten bestehen; entstanden aus Kreuzungen von Polyantha-Rosen und Teehybriden. Besonders geeignet für die Anpflanzung in der Fläche („Beetrosen"). Durch Kreuzung mit Teehybriden entstanden Sorten mit edelrosenähnlichen Blüten, die im angelsächsischen Sprachraum „Grandiflora" genannt werden. Kompakt wachsende Sorten heißen im angelsächsischen Sprachraum „Patio-Rosen".

C4 Kletterrosen
Entstanden aus Kreuzungen stark wachsender amerikanischer (z.B. *R. setigera*) oder asiatischer (z.B. *R. filipes* oder *R. brunonii*) Wildrosen mit remontierenden Rosensorten anderer Klassen, oder als starkwüchsige Mutationen von Teehybriden oder Floribunda-Rosen (dann oft mit dem Namenszusatz „Climbing"). Dazu gehören auch die stachellosen Boursault-Rosen und die remontierenden Noisette-Rosen.

C5 Miniatur-Rosen
Sehr niedrige Rosen (bis 50 cm), meist schwach wachsend, größtenteils öfterblühend; in allen Farben. Es gibt auch kletternde Miniatur-Rosen (bis 1,50 m).

C6 Moschata-Hybriden
Stark wachsende, öfterblühende, nur mäßig winterharte Strauchrosen mit rispigen Blütenständen, bestehend aus kleinen, meist weißen oder rosafarbenen, oft pomponartigen Blüten. Entstanden Anfang des 20. Jh. durch Joseph Pemberton (Abstammung von *R. multiflora* und der Noisette-Rose 'Rêve d'Or', und damit von *R. moschata*).

C7 Polyantha-Rose
Moderne, öfterblühende, niedrige bis mittelhohe Rosen mit vielen, etwa gleichgroßen Blüten in Dolden, entstanden aus Kreuzungen von Teehybriden mit *R. multiflora*; die Vorläufer der Floribunda-Rosen.

C8 Rambler-Rose
Meist einmal, aber sehr reichblühende, sehr stark wachsende Kletterrosen mit weichen, überhängenden Trieben und kleinen, meist weißen oder rosafarbenen Blüten in großen Rispen, geeignet, um über niedrige Gebäude, in Bäume oder über Hecken zu klettern zu lassen.

C9 Rugosa-Hybriden
Von *R. rugosa* abstammende moderne Strauch- oder Bodendeckerrosen mit charakteristischer Bestachelung und runzeligen, graugrünen Blättern; öfterblühend; sehr winterhart.

C10 Strauchrosen
Sammelbegriff für Sorten aller übrigen Gruppen von Rosen mit strauchigem Wuchs von ca. 1–3 m, inklusive der Pimpinellifolia- und Rubiginosa-Hybriden und der öfterblühenden Strauchrosen.

C11 Tee-Hybriden
Bedeutendste Gruppe Moderner, großblumiger, öfterblühender Rosen. Kennzeichen im Unterschied zu allen anderen Klassen ist die einzelne große, klassisch geformte (spitz-elegante) Blüte (hochgebaut, „mit hoher Mitte") pro Stiel in allen erdenklichen Farben. Oft auch als „Edelrosen" bezeichnet.

C12 Schnittrosen
Eigentlich keine besondere Klasse von Rosen, die meisten gehören zur Gruppe der Teehybriden. Das Besondere an dieser Gruppe ist, dass die Sorten speziell für die Produktion von Rosen für die Vase durch Erwerbsgärtner gezüchtet wurden. Die Produktion erfolgt unter Glas („Treibrosen"), seltener im Freiland („Freiland-Schnittrosen"). Charakteristika sind besonders gerade und lange Stiele (wichtig für den Transport) und besonders gute Haltbarkeit der Blüten (während des Transports, im Blumengeschäft und letztlich in der Vase). Dabei ging leider oft der Duft verloren, weil duftende Blüten weniger lang halten; erst in jüngster Zeit gelang David Austin die Züchtung duftender Schnittrosen. Der Vertrieb erfolgt in der Regel nur über Blumenfachgeschäfte.

D Wildrosen/Arten

Quelle: SCHULTHEIS, H., URBAN, H. u. K. (2006)

'Aachener Dom' (C11) Meilland 1982 [47022]
'Abraham Darby' (C10) Austin 1985 [15725]
'Admired Miranda' (C10) Austin 1982 [23758]
'Agnes' (C9) Saunders 1922
'Aimée Vibert' (C9) Vibert 1828
'Alain' (C3) Meilland 1949 [10245]
'Albéric Barbier' (C8) Barbier 1900 [55156]
'Albertine' (C8) Barbier 1921 [20046]
'Alchymist' (C4) Kordes 1956 [17079]
'Alexander' (C11) Harkness 1972 [41005]
'Allgold' (C3) Le Grice 1956 [10249]
'Aloha' (C11) Kordes 1999 [22929]
'Ambassador' Meilland 1977 [45850]
'Amber Queen' [41674]
'American Pillar' (C8) van Fleet 1902 [10565]
'Amsterdam' (C3) Verschuren 1973 [10862]
'Angela' (C10) Kordes 1984 [41806]
'Anna Ford' (C5) Harkness 1980 [41675]
'Anthony Meilland' (C3) Meilland 1990 [41584]
'Apricot Nectar' (C3) Börner 1965 [25728]
'Arthur Bell' (C3) McGredy 1965 [10258]
'Auguste Renoir' (C11) Meilland 1993 [23409]
'Austrian Yellow' = Rosa foetida
'Ave Maria' (C11) Kordes 1981 [10833]
'Baby Masquerade' (C5) Tantau 1955 [10759]
'Ballerina' (C6) Bentall 1937 [22807]
'Bantry Bay' (C4) McGredy 1967 [10566]
'Baron Girod de l'Ain' (B4) Reverchon 1897 [17226]
'Bassino' (C1) Kordes 1988 [37491]
'Beauté' (C11) Mallerin 1853 [10021]
'Bella Rosa' (C3) Kordes 1982 [47047]
'Belle de Crécy' (A3) Hardy 1829 [17202]
'Belle Isis' (A3) Parmentier 1845 [19809]
'Bernstein Rose' (C3) Tantau 1987 [13003]

'Bingo Meillandécor' (C1) Meilland 1991 [44664]
'Blanc Double de Coubert' (C9) Cochet 1892 [19662]
'Blanche Moreau' (A4) Moreau-Robert 1880 [38127]
'Blessings' (C11) Gregory 1967 [41009]
'Blossomtime' (C4) O'Neal 1951 [10657]
'Blush Noisette' (C4) Noisette < 1817 [55589]
'Bobbie James' (C3) Sunningdale 1961
'Bonica' (C1) Meilland 1982 [47013]
Bonica 82' = Rosa 'Bonica'
'Bourbon Queen' (B1) Mauget 1834 [55486]
'Bright Smile' (C3) Dickson's Nurs. 1980 [47029]
'Brother Cadfael' (C2) Austin 1990 [20919]
'Buff Beauty' (C6) Pemberton < 1939 [15072]
'Burgund 81' (C11) Kordes 1981 [46470]
'Canary Bird' (C10) c. 1908 [19663]
'Cardinal de Richelieu' (A3) Laffay c. 1840 [19657]
'Cardinal Hume' (C10) Harkness 1984 [17046]
'Carina' (C11) Meilland 1963 [10037]
'Casino' McGredy 1963 [10569]
'Cécile Brunner' (C7) Pernet-Ducher 1881 · D:Malteser Rose; E:Sweetheart Rose
'Cécile Brunner' Climbing (C4) Hosp 1894 [19668]
'Céleste' (A1) < 1759 [55558]
'Celsiana' (A2) < 1750 [55559]
'Centenaire de Lourdes' (C10) Delbart-Chabert 1958 [10662]
'Charles Austin' (C2) Austin 1973 [15729]
'Charles de Gaulle' (C11) Meilland 1975 [45880]
'Charles de Mills' (A3) Roseraie de L'Hay 1790 [27268]
'Charlotte' (C2) Austin 1993 [15327]
'Chicago Peace' (C11) Johnston 1962 [10043]
'Chinatown' (C3) Poulsen 1963 [10665]
'Chorus' (C3) Meilland 1975 [29510]
'Christoph Kolumbus' (C11) Meilland 1992 [15845]
'Clair Matin' (C4) Meilland 1960 [10666]
'Claire Rose' (C2) Austin 1986 [20926]
'Cocktail' (C10) Meilland 1957 [45900]
'Colette' (C10) Meilland 1993 [23413]
'Commandant Beaurepaire' (B1) Moreau-Robert 1874 [27255]
Common Moss' = Rosa × centifolia 'Muscosa'
'Complicata' (A3) [38131]
'Comte de Chambord' Moreau-Robert 1863 [16087]
'Conrad Ferdinand Meyer' (C9) Müller 1899 [10669]
'Constance Spry' (C2) Austin 1961 [16074]
'Coral Dawn' (C4) Börner 1952 [10595]
'Cornelia' (C6) Pemberton 1925 [19673]
'Crimson Glory' (C11) Kordes 1935 [10052]

'Dame de Coeur' (C11) Lens 1958 [37089]
'Danse du Feu' Mallerin 1953 [22788]
'Dirigent' (C10) Tantau 1956 [10671]
'Doris Tysterman' (C10) Tysterman 1975 [10054]
'Dorothy Perkins' (C8) 1901 [10601]
'Dortmund' (C4) Kordes 1955 [10602]
'Dr Eckener' (C9) Bergerer 1930 [10674]
'Duc de Guiche' (A3) Prévost 1835 [55569]
'Duchesse de Montebello' (A3) Laffay 1829 [55575]
'Duftwolke' (C11) Tantau 1963 [10057]
'Emily Gray' (C4) A. Williams 1918
'Ena Harkness' (C11) Harkness 1946 [10063]
'Ena Harkness' Climbing (C4) Murrell 1946
'English Garden' Austin 1986 [14407]
'Escapade' (C3) Harkness 1967 [41014]
'Etoile de Hollande' (C11) Verschuren 1919 [10066]
'Etoile de Hollande' Climbing (C4) Leenders 1931
'Europeana' (C3) de Ruitter 1963 [10309]
'Excelsa' (C8) Walsh 1909 [10605]
'F.J. Grootendorst' (C9) de Goye 1918 [10678]
'Fairyland' (C7) Harkness 1979 [41732]
'Fantasia' (C3) Kordes 1977
'Felicia' (C6) Pemberton 1928 [19692]
'Ferdinand Pichard' (B4) Tanne 1924 [16083]
'Feuerwerk' (C10) Tantau 1962 [10677]
'Fiona' (C3) Kordes 1976 [46650]
'Flamingo' (C9) Howard 1956 [10072]
'Flammentanz' (C4) Kordes 1955 [10606]
'Fleurette' (C10) Interplant 1977 [30430]
'Francine Austin' (C2) Austin 1988 [15326]
'Francis E. Lester' (C8) Lester 1946
'Frau Karl Druschki' (B4) Lambert 1901 [10074]
'Fresco' (C3) de Ruiter 1968 [19695]
'Friesia' (C3) Kordes 1973 [41015]
'Fritz Nobis' (C10) Kordes 1940 [10681]
'Fru Dagmar Hastrup' (C9) Hastrup 1914 [10670]
'Frühlingsgold' (C10) Kordes 1937 [10684]
'Frühlingsmorgen' (C10) Kordes 1941 [10685]
'Frühlingszauber' (C10) Kordes 1942 [10686]
'Gelbe Dagmar Hastrup' (C9) Moore 1987 [37884]
'Geranium' (C3) Börner 1947 [43052]
'Ghislaine de Féligonde' (C4) Turbat 1916 [37898]
'Glamis Castle' (C2) Austin 1992 [19702]
'Gloire de Dijon' (C4) Jacotot 1853 [38124]
Gloria Dei' = Rosa 'Madame Antoine Meilland'
'Golden Celebrations' (C2) Austin 1992 [15322]
'Golden Wings' (C10) Shepherd 1956 [38044]

'Goldfinch' (C8) G. Paul 1907 [31468]
'Graham Thomas' (C11) Lindquist 1963 [36869]
'Grandpa Dickson' (C11) Dickson's Nurs. 1966 [10092]
'Great Maiden's Blush' (A1) < 1500 [55579]
'Gruß an Bayern' (C3) Kordes 1971 [10356]
'Gruß an Heidelberg' (C4) Kordes 1959 [10616]
'Guinée' (C4) Mallerin 1938 [10618]
'Händel' (C4) McGredy 1965 [10691]
'Hansa' (C9) van Tol, Schaum 1905 [10694]
'Happy Child' (C2) Austin 1993 [15307]
'Heidefeuer' (C1) Noack 1995 [55230]
'Henri Martin' (A4) Laffay 1863 [20175]
'Heritage' (C2) Austin 1984 [15734]
'Hermosa' (B2) Marcheseau 1840 [20061]
'Herzog von Windsor' (C11) Tantau 1969 [10102]
Holy Rose' = Rosa × richardii
'Immensee' (C1) Kordes 1982 [47017]
'Ingrid Bergman' (C11) Poulsen 1986 [22341]
'Jacques Cartier' (B3) Moreau-Robert 1868 [16075]
'Josephine Bruce' (C11) Bees Nurs. 1949 [10114]
'Just Joey' (C11) Cants 1972
'Kalinka' (C3) Meilland 1970 [10383]
'Karl Herbst' (C11) Kordes 1950 [10119]
'Kathleen' (C3) Kordes 1989 [19711]
'Kathleen Harrop' (C4) Dickson's Nurs. 1919 [19712]
'Kazanlik' (A2) [29420]
'Kew Rambler' (C8) Kew Gard. 1912 [15066]
'King's Ransom' (C11) Morey 1961 [10120]
'Königin der Rosen' (C11) Kordes 1964 [10123]
'Königin von Dänemark' (A1) Booth 1816 [30028]
'Kronenbourg' (C11) McGredy 1965 [25994]
'L.D. Braithwaite' (C2) Austin 1988 [15735]
'La France' (C11) Guillot 1867 [27254]
'La Reine Victoria' (B1) Schwartz 1872 [26696]
'La Sévillana' (C3) Meilland 1978 [46160]
'La Ville de Bruxelles' (A2) Vibert 1849 [55593]
'Lady Rose' (C11) Kordes 1979 [46680]
'Lavaglut' (C3) Kordes 1979 [41097]
'Lavender Lassie' (C6) Kordes 1959
'Leda' (A2) Hort. GB < 1827 [27545]
'Leonardo da Vinci' (C11) Meilland 1993 [23418]
'Leverkusen' (C10) Kordes 1954 [10624]
'Lilli Marleen' (C3) Kordes 1959 [10401]
'Lord Penzance' (C10) Penzance c. 1890 [16189]
'Louis de Funès' (C11) Meilland 1987 [26265]
'Louise Odier' (B1) Margottin 18851 [47001]

'Lovely Fairy' (C7) Vurens-Spek 1992 [26157]
'Madame Antoine Meilland' Meilland 1945 [10081]
'Madame Dieudonné' (C11) Meilland 1949
'Madame Ernest Calvat' (B1) Schwartz 1888
'Madame Isaac Pereire' (B1) Garcon 1891 [19729]
'Madame Legras de Saint Germain' (A1) < 1848 [19731]
'Madame Pierre Oger' (B1) Verdier 1878 [17222]
'Madame Plantier' (A1) Plantier 1835 [38129]
'Magic Meidiland' (C10) Meilland 1994 [15848]
Magic Meillandécor' = Rosa 'Magic Meidiland'
'Maiden's Blush' (A1) < 1500 [10710]
'Maigold' (C10) Kordes 1953 [19888]
'Mainaufeuer' (C1) Kordes 1990 [34906]
'Mainzer Fastnacht' Tantau 1964 [26313]
'Manou Meilland' (C11) Meilland 1979 [45980]
'Maréchal Niel' (C4) Pradel 1864 [10625]
'Margaret Merril' (C3) Harkness 1977 [41690]
'Marguerite Hilling' (C10) Hilling 1959 [10715]
'Marlena' (C3) Kordes 1964 [10412]
'Mary Rose' (C2) Austin 1983 [15728]
'Max Graf' (C1) Bowditch 1919 [29390]
'Meteor' (C3) Kordes 1959 [10419]
'Michèle Meilland' (C11) Meilland 1945
'Moje Hammarberg' (C9) Hammarberg 1931 [10717]
'Mountbatten' (A4) Portemer 1855 [41692]
'Mozart' (C6) Lambert 1937 [41023]
'Mrs Anthony Waterer' (C9) Waterer Nurs. 1898
'Mrs John Laing' (B4) Bennett 1887 [16088]
'Mrs Oakley Fisher' [12186]
'Muttertag' (C7) Grootendorst 1949 [10430]
'Nevada' (C10) Dot 1927 [41798]
'New Dawn' (C8) Somerset 1930 [10628]
'Nozomi' (C1) Onodera 1968 · D:Heideröslein · [41113]
'Nuits d'Young' (A4) Laffay 1845 [19736]
'Nymphenburg' (C6) Kordes 1954 [10724]
Octavia Hill (C3) Harkness 1993 [10148]
'Old Blush' (B2) Parson's Nurs. < 1789 [55597]
'Old Pink Moss' = Rosa × centifolia 'Muscosa'
'Omar Khayyam' (A2)
'Orange Meillandina' (C5) Meilland 1980 [46890]
'Orange Sensation' (C3) de Ruiter 1961 [10448]
'Orange Triumph' (C7) Kordes 1937 [10449]
'Othello' (C2) Austin 1986 [15727]
'Palmengarten Frankfurt' (C1) Kordes 1988 [37151]
'Papa Meilland' (C11) Meilland 1963

[10170]
'Paprika' (C3) Tantau 1958 [10453]
'Parkdirektor Riggers' (C4) Kordes 1957 [10632]
'Pascali' (C11) Lens 1963 [10173]
'Paul's Scarlet Climber' (C4) W. Paul 1916 [10633]
'Peer Gynt' (C11) Kordes 1968 [10175]
'Penelope' (C6) Pemberton 1924 [19741]
'Perdita' (C2) Austin 1983 [23768]
'Perle d'Or' (B2) Dubreuil 1884
'Piccadilly' (C11) McGredy 1960 [10179]
'Pierre de Ronsard' (C4) Meilland 1987
'Pink Cloud' (C4) J&P 1952 [10844]
'Pink Grootendorst' (C9) Grootendorst 1923 [10731]
'Pink Perpétué' (C4) Gregory 1965 [27264]
'Pink Robusta' (C10) Kordes 1986 [41810]
'Pink Symphonie' (C5) Meilland 1987 [41842]
'Piroschka' (C11) Tantau 1792 [10873]
'Play Rose' (C3) Meilland 1990 [37897]
'Polarstern' (C11) Tantau 1982 [10184]
'Princesse de Monaco' (C11) Meilland 1982 [20072]
'Pristine' (C11) Warriner 1978 [10187]
'Prominent' (C3) Kordes 1971 [10468]
'Prosperity' (C6) Pemberton 1919 [16076]
'Rambling Rector' (C8) [25734]
'Regensberg' (C3) McGredy 1979 [10473]
'Reine des Violettes' (B4) Millet-Malet 1860
'Rokoko' (C10) Tantau 1987 [41856]
'Romanze' (C10) Tantau 1984 [41037]
'Rosarium Uetersen' (C4) Kordes 1977 [10588]
'Rose de Rescht' (B3) [13009]
'Rose Gaujard' (C11) Gaujard 1957 [13006]
'Roseraie de l'Hay' (C9) Cochet 1901 [38136]
'Rosy Cushion' (C1) Interplant 1979 [17093]
'Rote Max Graf' (C1) Kordes 1980 [47023]
'Roter Stern' (C11) Meilland 1958 [19746]
'Rouge Meilland' (C11) Meilland 1983 [10201]
'Rush' (C10) Lens 1989 [38846]
'Rustica' (C3) Meilland 1981 [10203]
'Ruth Leuwerik' (C3) de Ruiter 1960 [10490]
'Salet' (A4) Lacharme 1854 [46660]
'Sally Holmes' (C10) Holmes Nurs. 1976
'Sanders' White Rambler' (C8) Sanders 1912
'Santana' (C4) Tantau 1984 [41814]
'Sarabande' (C3) Meilland 1957 [10496]
'Sarah van Fleet' (C9) van Fleet 1926
'Scarlet Meidiland' (C1) Meilland 1987 [41804]
'Schneewittchen' (C3) Kordes 1958 [10502]
'Schneewittchen' Climbing (C4) Kordes 1970 [18109]
'Schwanensee' (C4) McGredy 1968 [10641]
'Seagull' (C8) Pritchard 1907
'Sharifa Asma' (C2) Austin 1989 [15314]
'Silver Jubilee' (C11) Cocker 1978 [10208]

'Sir Edward Elgar' (C2) Austin 1992 [15321]
'Smarty' (C10) Interplant 1979 [10737]
'Snow Ballet' (C10) Clayworth 1978 [10738]
'Snow Carpet' (C1) McGredy 1980 [41721]
'Sombreuil' (C4) Robert 1850
'Sommerwind' (C1) Kordes 1958 [41797]
'Souvenir de la Malmaison' (B1) Beluze 1843 [16079]
'Souvenir de St. Anne's' (B1) Hilling 1950
'Souvenir du Docteur Jamain' (B4) Lacharme 1865
'St. Cecilia' (C2) Austin 1987 [17584]
'Stanwell Perpetual' (C10) Lee 1836 [54339]
'Starina' (C5) Meilland 1965 [10783]
'Sunblest' (C11) Tantau 1970 [10130]
'Super Dorothy' (C4) Hetzel 1986 [37887]
'Super Excelsa' [37888]
'Super Star' (C11) Tantau 1960 [10218]
'Sutter's Gold' (C11) Armstrong Nurs. 1950 [10221]
'Swany' (C1) Meilland 1978 [46340]
'Sweet Dream' (C3) Fryer 1988
'Sweet Juliet' (C2) Austin 1989 [27266]
'Sylvia' (C11) Kordes 1978 [10220]
'Sympathie' (C4) Kordes 1964 [10644]
'Tchin-Tchin' (C11) Meilland 1978 [46270]
'The Fairy' (C7) Bentall 1932 [20511]
'The Garland' (C8) Wells Nurs. 1835
'The McCartney Rose' (C11) Meilland 1995 [44662]
'Thérèse Bugnet' (C9) Bugnet 1950
'Tip Top' (C3) Tantau 1963 [10541]
'Träumerei' (C3) Kordes 1974 [40997]
'Tricolore de Flandre' (A3) Van Houtte 1846 [27276]
'Trigintipetala' = Rosa 'Kazanlik'
'Trumpeter' (C3) McGredy 1977 [41699]
'Tuscany Superb' (A3) < 1848
'Variegata di Bologna' (B1) Bonfiglioli 1909 [16082]
'Vatertag' (C7) Tantau 1959 [10549]
'Venusta Pendula' (C8) Kordes 1928 [55159]
'Virgo' (C11) Mallerin 1947 [10235]
'Wedding Day' (C8) Stern 1950 [19771]
'Weiße Immensee' (C1) Kordes 1982 [47027]
'Weiße Max Graf' (C11) Kordes 1983 [47051]
'Westerland' (C10) Kordes 1969 [10752]
'Whisky' (C11) Tantau 1967 [10239]
'Whisky Mac' = Rosa 'Whisky'
'White Pet' (C7) Henderson 1879
'Wilhelm' (C6) Kordes 1934 [10754]
'William Shakespeare' (C2) Austin 1987 [23767]
'Winchester Cathedral' [16094]
'Windrush' (C10) Austin 1985 [19775]
'Yellow Fairy' (C1) Poulsen 1990 [22736]
'Yesterday' (C11) Harkness 1994 [41124]
'York and Lancaster' (A2) < 1551 [17206]

Roscoea Sm. 1805 -f-
Zingiberaceae · (S. 1149)
D:Ingwerorchidee, Scheinorchis;
F:Fausse-orchidée
- **alpina** Royle 1839 · ⁴ △ Z7 ∧
VI-VIII; Ind., Nepal, Bhutan,
Sikkim, Tibet [66177]
- **auriculata** K. Schum. 1904 · ⁴
Z6; Him., Tibet [69558]
- **beesiana** · ⁴ Z6; cult. [66178]
- **cautleoides** Gagnep. 1901 · ⁴
△ Z7 ∧ VI-VIII; NW-Yunnan,
Sichuan [66179]
'Grandiflora'
'Jeffrey Thomas'
'Kew Beauty'
- **humeana** Balf. f. et W.W. Sm.
1916 · ⁴ △ Z7 ∧ V-VI; Sichuan,
W-Yunnan [66180]
- *procera* Wall. = Roscoea purpurea
- **purpurea** Sm. 1805 · ⁴ △ Z7
∧ VIII-IX; Him., Assam, Pakist.
[66182]
 - var. *procera* (Wall.) Baker 1890 =
Roscoea purpurea
- **scillifolia** (Gagnep.) Cowley
1982 · ⁴ Z8; China (Yunnan)
- *yunnanensis* Loes. = Roscoea
cautleoides
- **in vielen Sorten:**
'Beesiana'

Roseocactus A. Berger = Ariocarpus
- *fissuratus* (Engelm.) A. Berger
= Ariocarpus fissuratus var.
fissuratus
- *kotschoubeyanus* (Lem.) A. Berger
= Ariocarpus kotschoubeyanus var.
kotschoubeyanus
- *lloydii* (Rose) A. Berger =
Ariocarpus fissuratus var. lloydii

Rosmarinus L. 1753 -m-
Lamiaceae · (S. 591)
D:Rosmarin; E:Rosemary;
F:Romarin
- **eriocalix** Jord. et Fourr. 1866 ·
D:Wollkelch-Rosamrin
- × **lavandulaceus** Noë 1852 (*R. eriocalix* × *R. officinalis*)
- **officinalis** L. 1753 · D:Rosmarin;
E:Rosemary; F:Romarin · ℏ e D
Z8 ⊙ V-VI ⚥ ⓝ; Eur.: Ib, Fr, Ap,
Ba; TR, Alger., Tun., nat. in CH,
Krim [58138]
'Albiflorus' [69559]
'Aureus'
'Benenden Blue'
'Corsican Blue' [67730]
'Fota Blue'
'Majorca Pink' [66184]
'McConnell's Blue'
'Miss Jessop's Upright'

Prostratus Grp. [69560]
'Roseus'
'Severn Sea'
'Tuscan Blue' [73466]

Rossioglossum (Schltr.) Garay et
G.C. Kenn. 1976 -n- *Orchidaceae* ·
(S. 1082)
- **grande** (Lindl.) Garay et G.C.
Kenn. 1976 · D:Tigerorchidee;
E:Clown Orchid, Tiger Orchid · ⁴
Z10 ⊙ IX-III ▽ ✽; Mex., Guat.
- **insleayi** (Barker ex Lindl.) Garay
et G.C. Kenn. 1976 · ⁴ Z10 ⊙
X-XII ▽ ✽; Mex.
- **schlieperianum** (Rchb. f.) Garay
et G.C. Kenn. 1976 · ⁴ Z10 ⊙
IX-III ▽ ✽; Costa Rica, Panama
- **williamsianum** (Rchb. f.) Garay
et G.C. Kenn. 1976 · ⁴ Z10 ⊙
VII-IX ▽ ✽; Guat., Hond., Costa
Rica

Rostraria Trin. 1820 -f- *Poaceae* ·
(S. 1127)
D:Büschelgras; E:Mediterranean
Hair Grass
- **cristata** (L.) Tzvelev 1971 ·
D:Echtes Büschelgras;
E:Mediterranean Hair Grass · ⊙
Z6 IV-VI; Eur.: Ib, Fr, Ap, Ba, Krim;
TR, Levante, Iraq, Arab., Cauc.,
Iran, Afgh., Pakist., Ind., N-Afr.,
nat. in USA, W.Ind., S-Afr., Jap.,
Austr.

Rosularia (DC.) Stapf 1923 -f-
Crassulaceae · (S. 434)
D:Dickröschen; F:Rosulaire
- **adenotrichum** (Wall. ex Edgew.)
C.-A. Jansson 1970 · ⁴ ⚥ △ V-VI;
Him.
- **aizoon** (Fenzl) A. Berger 1842 · ⁴
⚥ △ Z7 ∧ VII; TR [66185]
- *alba* (Edgew.) Stapf = Sedum
sedoides
- **chrysantha** (Boiss. et Heldr. ex
Boiss.) Takht. 1849 · ⁴ ⚥ △ Z7
VI-VIII; TR
- *libanotica* (L.) Sam. = Rosularia
serrata
- *libanotica* (Labill.) Muirhead =
Rosularia sempervivum subsp.
libanotica
- *pallida* (Schott et Kotschy) Stapf =
Rosularia aizoon
- **platyphylla** (Schrank) A. Berger
1930 · ⁴ ⚥ Z7; China
- **rechingeri** C.-A. Jansson 1966 · ⁴
⚥ Z7; TR, Iraq
- *sedoides* (Decne.) H. Ohba =
Sedum sedoides
- **sempervivum** (M. Bieb.) A.

Berger 1930
- subsp. **amanensis** Eggli 1987 ·
⁴ ⚥ Z7; E-Med.
- subsp. **glaucophylla** Eggli
1987 · ⁴ ⚥ Z7; S-TR; Taurus
- subsp. **libanotica** (Labill.) Eggli
1988 · ⁴ ⚥ Z7; TR, Lebanon,
Syr., Palaest.
- subsp. **sempervivum** 1828 · ⁴ ⚥
△ Z7 ∧ VI; TR, Cauc., Iran
- **serrata** (L.) A. Berger 1930 · ⁴ ⚥
Z8 ⊙; Crete, Aegaeis, SW-TR
- *spathulata* hort. = Rosularia
sempervivum subsp. glaucophylla
- *turkestanica* hort. = Rosularia
rechingeri

Rothmannia Thunb. 1776 -f-
Rubiaceae · (S. 780)
- **capensis** Thunb. 1776 · E:Scented
Cups · ℏ e Z10 ⊙ VII; S-Afr.
- **globosa** (Hochst.) Keay 1958 · ℏ
e D Z10 ⊙ VI; S-Afr.: Natal
- **longiflora** Salisb. 1807 · ℏ e Z10
⊙ VI-VII; W-Afr.: Sierra Leone

Roupala Aubl. 1775 -f- *Proteaceae* ·
(S. 721)
- **brasiliensis** Klotzsch 1841 · ℏ e
Z10 ⊙; Bras.
- *corcovadensis* hort. ex Meisn. =
Roupala macrophylla
- **macrophylla** Pohl 1827 · ℏ e Z10
⊙; Bras.
- *pohlii* Meisn. = Roupala
brasiliensis

Roystonea O.F. Cook 1900 -f-
Arecaceae · (S. 960)
D:Königspalme; E:Royal Palm;
F:Palmier royal
- *elata* (W. Bartram) F. Harper =
Roystonea regia
- **oleracea** (Jacq.) O.F. Cook
1901 · D:Barbados-Königspalme;
E:South American Royal Palm ·
ℏ e Z10 ⊙; Barbados, Trinidad,
Venez., E-Col.
- **regia** (Kunth) O.F. Cook 1900 ·
D:Kubanische Königspalme;
E:Cuban Royal Palm · ℏ e Z10 ⊙;
Cuba

Rubia L. 1753 -f- *Rubiaceae* ·
(S. 780)
D:Krapp, Röte; E:Madder;
F:Garance
- **cordifolia** L. 1767 · D:Ostasiatischer Krapp; E:Indian Madder ·
⁴ Z7 ⚥ ⓝ; NW-Him., Mong.,
China: Sinkiang; Ind., Sri Lanka,
Indochina, Malay. Pen., Java, Jap.,
trop. Afr.

- **peregrina** L. 1753 · D:Kletten-Krapp; E:Wild Madder · ⚃ Z8 ⓦ ⓝ; Eur.: Ib, Fr, Ap, Ba, BrI; TR, Palaest., Canar., Madeira, NW-Afr.
- **tinctorum** L. 1753 · D:Echte Färberröte, Färber-Krapp; E:Madder · ⚃ Z7 VI-VIII ⚥ ⓝ; Eur.: Ap, Ba; TR, Iran, C-As., NW-Him., nat. in Ib, Fr, C-Eur., EC-Eur.

Rubus L. 1753 -m- *Rosaceae* · (S. 762)
D:Brombeere, Himbeere, Steinbeere; E:Bramble, Raspberry; F:Framboisier, Mûrier sauvage, Ronce
- **sect. Rubus** · D:Echte Brombeere · ♄ d Z5 V-VII ⚥ ⓝ; Eur.
  'Betty Ashburner' [37627]
  'Black Satin' Hort. USA 1974 [13612]
  'Emerald Carpet' [33682]
  'Green Wave' [30460]
  'Loch Ness' [13617]
  'Theodor Reimers' Burbank 1890 [12620]
  'Thornfree' Hort. USA 1959 [39382]
  'Thornfree Evergreen' Hort. USA 1926 [13626]
  'Wilsons Frühe' Hort. USA 1854 [12630]
- **adenophorus** Rolfe 1910 · ♄ d Z6 VII; C-China: W-Hupeh. [26756]
- **allegheniensis** Porter 1896 · D:Alleghani-Brombeere; E:Allegheny Blackberry · ♄ d ⚭ Z3 ⓝ; Can.: E; USA: NE, NCE, Tenn., N.C. [26757]
- **almus** L.H. Bailey 1943 · ♄ d ⚥ ⚭ Z8 ⓚ ⓝ; Tex.
- **amabilis** Focke 1905 · ♄ d Z6 VI-VII; W-China: W-Sichuan
- **arcticus** L. 1753 · D:Arktische Himbeere; E:Arctic Bramble · ⚃ △ Z1 VI-IX; Eur.: Sc, E-Eur.; W-Sib., E-Sib., Amur, Sachal., Kamchat., Alaska, Can.: W; USA: Rocky Mts. [70726]
- **armeniacus** Focke 1874 · D:Armenische Brombeere, Garten-Brombeere · ♄ d ⓝ; Cauc., nat. in A, D
- **australis** G. Forst. 1786 · ♄ e ⚥ Z9 ⓚ; NZ
- **bellobatus** L.H. Bailey 1945 · ♄ d ⚭ Z6 ⓝ; Can.: E; USA: NE
- **biflorus** Buch.-Ham. ex Sm. 1819 [26758]
  - var. **biflorus** · D:Gold-Himbeere · ♄ d ⚥ D Z8 ∧ V; Him.
  - var. **quinqueflorus** Focke 1911 · ♄ d ⚥ Z8 ∧; W-China
- **bifrons** Vest ex Tratt. 1821 · D:Zweifarbige Brombeere · ♄ d ⚭ Z6 ⓝ; Eur.: BrI, Fr, Ap, C-Eur., EC-Eur.
- **buergeri** Miq. 1918

- **caesius** L. 1753 · D:Acker-Brombeere, Kratzbeere; E:European Dewberry; F:Ronce bleuâtre · ♄ d Z4 VI-VIII ⓝ; Eur.*, TR, Cauc., W-Sib., Altai [31300]
- *calycinoides* Hayata ex Koidz. = Rubus pentalobus
- **chamaemorus** L. 1753 · D:Moltebeere; E:Cloudberry · ⚃ d △ Z2 V-VI ⓝ ▽; Eur.: Sc, BrI, EC-Eur., E-Eur.; W-Sib., E-Sib., Amur, Sachal., Kamchat., Korea, Alaska, Can., USA: NE; Greenl.
- **chroosepalus** Focke 1952 · ♄ s Z6 VIII; C-China: Hupeh
- **cockburnianus** Hemsl. 1892 · D:Tangutische Himbeere · ♄ d Z6 VI; N-China, C-China [17192]
  'Goldenvale'
- **corchorifolius** L. f. 1781 · ♄ d Z6 IV; C-China, Jap., S-Korea
- **coreanus** Miq. 1867 · D:Korea-Himbeere; E:Korean Blackberry · ♄ d Z6 V-VI ⚥; China, Korea, Jap. [26759]
- **corylifolius** (Sm.) F. Aresch. 1800 · D:Haselblatt-Brombeere · ♄; Eur.
- **crataegifolius** Bunge 1833 · ♄ d V-VI; Jap., Korea, N-China, Mong. [26761]
- **cuneifolius** Pursh 1814 · D:Keilblättrige Brombeere; E:Sand Blackberry · ♄ d ⚭ Z6 ⓝ; USA: NE, SE, Fla.
- **deliciosus** Torr. 1827 · D:Colorado-Himbeere; E:Rocky Mountain Raspberry · ♄ d Z5 V; USA: Colo. [26763]
- **flagellaris** Willd. 1809 · D:Amerikanische Acker-Brombeere; E:American Dewberry, Dewberry · ♄ e ⇝ ⚭ Z3 V-VI ⓝ; Can.: E; USA; NE, NCE, SE
- **flagelliflorus** Focke 1901 · ♄ e ⚥ Z7; C-China, W-China [26764]
- **flosculosus** Focke 1851 · ♄ d Z6 VI; China [26765]
- *fockeanus* hort. non Kurz = Rubus pentalobus
- **frondosus** (Torr.) Bigelow 1824 · E:Blackberry, Yankee Blackberry · ♄ d ⚭ Z5 ⓝ; Can.: Ont.; USA: NE, NCE [26784]
- *fruticosus agg.* = Rubus $sect. Rubus
- *giraldianus* Focke = Rubus cockburnianus
- **glaucus** Benth. 1845 · D:Anden-Himbeere; E:Andes Berry · ♄ d ⚭ Z8 ⓚ ⓝ; Costa Rica, Panama, Col., Ecuad.
- **henryi** Hemsl. et Kuntze 1887

[44338]
  - var. **bambusarum** (Focke) Rehder 1921 · ♄ d ⚥ Z7 VI; C-China [37635]
  - var. **henryi** · D:Kletter-Himbeere; F:Ronce de Henry · ♄ d ⚥ Z7; W-China, C-China
- **ichangensis** Hemsl. et Kuntze 1887 · ♄ ∫ d Z6; C-China, W-China
- **idaeus** L. 1753 · D:Himbeere; E:Raspberry; F:Framboisier · ♄ d Z3 V-VIII ⚥ ⓝ; Eur.*, TR, Cauc., W-Sib., E-Sib., Amur, Sachal., Kamchat., C-As., Mong., Manch., Korea, Jap., Alaska, Can., USA* exc. SC [28140]
  'Autumn Bliss'
  'Chester Thornless' [14626]
  'Fallgold' [13586]
  'Glen Clova' Hort. GB 1964 [12560]
  'Glen Moy' Hort. GB 1980 [12550]
  'Héritage'
  'Himbo Star' Hort. CH 1975 [13476]
  'Malling Exploit' Hort. GB 1937 [12570]
  'Malling Promise' Hort. GB 1937 [12580]
  'Meeker' Hort. USA 1967 [26846]
  'Schönemann' Hort. D 1950 [12600]
  'Zeva Herbsternte' Hort. CH 1960 [43222]
  'Zeva II' Hort. CH 1960 [13606]
  'Zeva III' = Rubus idaeus 'Zeva Herbsternte'
  - subsp. *strigosus* (Michx.) Focke 1911 = Rubus strigosus
- **illecebrosus** Focke 1899 · D:Japanische Himbeere; E:Strawberry Raspberry · ♄ d ⚭ Z5 VII-X ⓝ; Jap. [19469]
- *incisus* Thunb. = Rubus microphyllus
- *inermis* Pourr. = Rubus ulmifolius
- **irenaeus** Focke 1900
- **laciniatus** Willd. 1806 · D:Geschlitztblättrige Brombeere; E:Cut Leaved Bramble · ♄ d ⚥ ⚭ Z6 V-VII ⓝ; orig. ?, nat. in Eur., N-Am. [26796]
- **lasiostylus** Focke 1891 · D:Haar-Himbeere · ♄ d ⚭ Z6 VI; C-China [26797]
- **leucodermis** Douglas ex Torr. et A. Gray 1840 · D:Oregon-Himbeere; E:Whiteback Raspberry · ♄ d Z6 V-VI; B.C., USA: NW, Rocky Mts., Calif. [29100]
- **lineatus** Reinw. ex Blume 1826
- **linkianus** Ser. 1825 · ⚃; orig. ?
- **loganobaccus** L.H. Bailey 1923 · D:Loganbeere; E:Loganberry · ♄ d ⚥ ⚭ Z8 ⓝ; cult. USA
- **macropetalus** Douglas ex Hook. 1832 · E:Blackberry · ♄ d ⚭ Z7 ⓝ; B.C., USA: NW, N-Calif.
- *macrostemon* Focke = Rubus procerus

- **microphyllus** L. f. 1781 · ℏ d Z9 ⓚ VI-VII; China, Jap. [26798]
- *moluccanus* hort. non L. = Rubus reflexus
- **nepalensis** (Hook. f.) Kuntze 1879 · ⌬ e Z9; Him. (N-Ind., Nepal) [19472]
- × **nobilis** Regel 1857 (*R. idaeus* × *R. odoratus*) · ℏ d VI-VII; cult. [26799]
- *nutans* Wall. ex Edgew. = Rubus nepalensis
- *nutkanus* Moç. et Ser. = Rubus parviflorus
- **occidentalis** L. 1753 · D:Schwarze Himbeere; E:Black Cap, Black Raspberry · ℏ d ⊛ Z3 V-VI Ⓝ; Can.: E; USA: NE, NCE, NC, Rocky Mts., SE
- **odoratus** L. 1753 · D:Zimt-Himbeere; E:Flowering Raspberry; F:Framboisier du Canada, Ronce odorante · ℏ d Z4 V-VIII; Can.: E; USA: NE, NCE, SE [21800]
- **parviflorus** Nutt. 1818 · D:Nutka-Himbeere; E:Thimbleberry · ℏ d Z4 VI-VIII; Alaska, Can.; USA: NW, Calif., Rocky Mts., SW, NCE [26801]
- **peltatus** Maxim. 1871
- **pentalobus** Hayata 1908 · D:Kriech-Himbeere; F:Ronce · ℏ e ⤳ △ Z7 ∧ V-VII; Taiwan [26802]
- **phoenicolasius** Maxim. 1872 · D:Japanische Weinbeere, Rotborstige Himbeere; E:Wineberry · ℏ d Z6 VI-VII Ⓝ; China, Korea, Jap. [21810]
- **plicatus** Weihe et Nees 1822 · D:Falten-Brombeere · ℏ
- *polytrichus* Franch. = Rubus tricolor
- **procerus** P.J. Müll. ex Boulay 1864 · D:Himalaya-Brombeere; E:Himalaya Blackberry · ℏ d ⊛ Z6 Ⓝ; Eur. [34402]
- × **pseudoidaeus** (Weihe) Lej. 1825 (*R. caesius* × *R. idaeus*) · D:Bastard-Himbeere · ℏ d; Eur.+
- **reflexus** Ker-Gawl. 1820 · ℏ e ⌘ Z9 ⓦ; China
- **roribaccus** (L.H. Bailey) Rydb. 1901 · ℏ d ⌘ ⊛ Z6; Can.: E; USA: NE
- **rosa** L.H. Bailey 1944 · ℏ d ⊛ Z7 Ⓝ; Can.: E; USA: NE, NCE
- **rosifolius** Sm. 1791 · ℏ ∫ e Z9 ⓚ; Him., Malay. Arch., Jap.
- **saxatilis** L. 1753 · D:Felsen-Himbeere, Steinbeere · ⌬ d Z4 V-VII; Eur.*, Cauc., W-Sib., E-Sib., Amur, Jap, China, Him., Greenl.

- **spectabilis** Pursh 1814 · D:Pracht-Himbeere; E:Salmonberry · ℏ d Z5; Alaska, Can.: W; USA: NW, Calif., Idaho, nat. in BrI, Fr, D [26803]
  'Flore Plena'
  'Olympic Double' [19473]
- **squarrosus** Fritsch 1886 · ℏ e ⌘ Z9 ⓚ; NZ
- *stellatus* Sm. = Rubus arcticus
- **strigosus** Michx. 1803 · D:Amerikanische Himbeere; E:Wild Red Raspberry · ℏ d ⊛ Z3 Ⓝ; Can.; USA: NE, NC, NCE, Rocky Mts.
- **thibetanus** Franch. 1885 · D:Tibet-Himbeere · ℏ d Z6 VI; W-China [15898]
- **tricolor** Focke 1910 · D:Dreifarbige Himbeere; F:Ronce · ℏ d Z6 VII-VIII; W-China [47790]
- × **tridel** Ingram (*R. deliciosus* × *R. trilobus*)
  'Benenden' [29150]
- **trifidus** Thunb. 1784 · ℏ e Z6 IV-V; Japan: Honshu
- **trivialis** Michx. 1803 · E:Dewberry, Southern Dewberry · ℏ d ⌘ ⊛ Z6 Ⓝ; USA: NE, NCE, SC, SE, Fla.
- **ulmifolius** Schott 1818 · D:Mittelmeer-Brombeere, Sand-Brombeere; E:Elm-leaf Blackberry · ℏ ⊛ Z7 VI-VII Ⓝ; Eur.*, NW-Afr., Macaron. [26805]
- **ursinus** Cham. et Schltdl. 1827 · D:Kalifornische Brombeere; E:California Dewberry, Pacific Dewberry · ℏ ℏ e ⊛ Z7 Ⓝ; USA: Oreg., Calif.; Baja Calif.
  - var. *loganobaccus* (L.H. Bailey) L.H. Bailey 1941 = Rubus loganobaccus
- **velox** L.H. Bailey 1923 · ℏ d ⊛ Z8 ∧ Ⓝ; cult.
- *vitifolius* Cham. et Schltdl. = Rubus ursinus
- **xanthocarpus** Bureau et Franch. 1891 · ⌬ Z6; China (Sichuan, Yunnan)

Rudbeckia L. 1753 -f- *Asteraceae* · (S. 267) D:Sonnenhut; E:Coneflower; F:Rudbeckia
- *amplexicaulis* Vahl = Dracopsis amplexicaulis
- *angustifolia* (L.) L. = Helianthus angustifolius
- **californica** A. Gray 1868 · ⌬ Z6; Calif.; mts.
- **fulgida** Aiton 1789 [72628]
  - var. **deamii** (S.F. Blake) Perdue 1958 · ⌬ Z4 VIII-IX; USA: Ind.

[66188]
- var. **fulgida** · D:Gewöhnlicher Sonnenhut; E:Coneflower · ⌬ Z4 VIII-X; USA: NE, NCE, SE, Fla.
- var. **palustris** (Eggert ex F.E. Boynton et Beadle) Perdue 1958 Z4; USA: Tenn., Mo., Ky., Ind.
- var. **speciosa** (Wender.) Perdue 1958 · ⌬ ⌘ Z4 VIII-X; USA: NE, NCE, SE [66189]
- var. **sullivantii** (F.E. Boynton et Beadle) Cronquist 1945 · ⌬ VIII-X; USA: NCE, SE
  'Goldsturm' [66190]
- **hirta** L. 1753 · D:Rauer Sonnenhut
  'Becky' [68977]
  'Irish Eyes'
  'Sonora' [68978]
  'Toto' [68981]
  - var. **hirta** · E:Black-Eyed Susan · ⊙ ⊙ Z4 VII-IX; USA: NE, NCE, SE, nat. in C-Eur.
  - var. **pulcherrima** Farw. 1904 · ⊙ Z4 VIII-IX; USA: NCE, SE, SC, nat. in S-Can., USA , Mex.
- **laciniata** L. 1753 · D:Schlitzblättriger Sonnenhut · [66191]
  'Goldball' [66192]
  'Goldquelle' [66194]
  - var. **humilis** A. Gray 1884 · ⌬ Z3 VII-IX; USA: Va., Ky., SE
  - var. **laciniata** · E:Cutleaf Coneflower · ⌬ Z3 VII-VIII; Can.: E; USA* exc. Calif., nat. in C-Eur.
- *laevigata* Pursh = Rudbeckia laciniata var. humilis
- **maxima** Nutt. 1840 · D:Riesen-Sonnenhut · ⌬ Z7 VII-IX; USA: Tex., Okla., Ark., La. [66195]
- *newmanii* F.E. Boynton et Beadle = Rudbeckia fulgida var. speciosa
- **nitida** Nutt. 1834 · D:Glänzender Sonnenhut; E:Shiny Coneflower · ⌬ Z3 VII-IX; USA: SE, Fla., Tex. [69684]
  'Herbstsonne' [66196]
  'Juligold' [66197]
- **occidentalis** Nutt. 1840 · D:Westlicher Sonnenhut · ⌬ Z7; W-USA [69562]
  'Green Wizard' [70046]
- *palustris* Eggert ex F.E. Boynton et Beadle = Rudbeckia fulgida var. palustris
- *purpurea* L. = Echinacea purpurea
- *serotina* Nutt. = Rudbeckia hirta var. pulcherrima
- *speciosa* Wender. = Rudbeckia fulgida var. speciosa
- var. *sullivantii* (F.E. Boynton ex Beadle) B.L. Rob. 1908 =

Rudbeckia fulgida var. sullivantii
- **subtomentosa** Pursh 1814 ·
  D:Schwachfilziger Sonnenhut ·
  ⚃ Z5 VII-IX; USA: NCE, SC, SE
  [66198]
- *sullivantii* F.E. Boynton et Beadle =
  Rudbeckia fulgida var. sullivantii
- **triloba** L. 1753 · D:Dreiblättrige
  Sonnenhut · ☉ ☉ Z5 VII-IX; USA:
  NE, NCE, SE, Okla. [66199]

Rudolfiella Hoehne 1944 -f-
Orchidaceae · (S. 1082)
- **aurantiaca** (Lindl.) Hoehne
  1949 · ⚃ Z10 ⓦ IX-X ▽ ✻; Venez.,
  Guyana, Trinidad

Ruellia L. 1753 -f- *Acanthaceae* ·
(S. 133)
D:Rudel, Ruellie; F:Ruellia
- **ciliosa** Pursh 1814 · ⚃ Z7 ⓚ;
  USA: NE, SE, Fla., SC, Kans.
- **devosiana** Jacob-Makoy 1877 · ♄
  e Z10 ⓦ IX-XII; Bras.
- **graecizans** Backer 1938 · ♄ e Z10
  ⓦ V-X; S-Am.
- **humilis** Nutt. 1835 · ⚃ Z5 VIII-IX;
  USA: NE, NCE, NC, SC, SE, Fla.
  [31493]
- *longifolia* (Pohl) Griseb. ex Lindau
  = Ruellia graecizans
- **macrantha** Mart. ex Nees 1847 ·
  E:Christmas Pride · ♄ Z10 ⓦ XII-
  V; Bras. [27541]
- *maculata* Wall. = Strobilanthes
  maculatus
- **makoyana** Closon 1895 ·
  E:Trailing Velvet Plant · ♄ e Z10 ⓦ
  IX-XII; Bras.
- **portellae** Hook. f. 1913 · ♄ e ⓦ;
  Bras.
- *repanda* L. = Hemigraphis repanda
- **strepens** L. 1753 · ⚃ Z5 ⓐ
  VIII-IX; USA: NE, NCE, NC, SC, SE
- **tuberosa** L. 1753

Rumex L. 1753 -m- *Polygonaceae* ·
(S. 707)
D:Ampfer, Sauerampfer; E:Dock;
F:Oseille, Oseille sauvage
- **acetosa** L. 1753 · D:Großer
  Sauerampfer; E:Garden Sorrel,
  Sorrel, Sour Dock · ⚃ Z3 V-VII
  ⚥ ; Eur.*, Cauc., W-Sib., E-Sib.,
  Amur, Sachal., C-As., Mong.,
  Him., China, Jap., Maroc., N-Am.,
  Greenl. [67215]
- **acetosella** L. 1753 · D:Kleiner
  Sauerampfer
  - subsp. **acetosella**
    - var. **acetosella** · D:Gewöhn-
      licher Kleiner Sauerampfer;
      E:Sheep Sorrel · ⚃ ⤳ V-VII
  ⚥ ; Eur.*, Cauc., W-Sib., E-Sib.,
  Amur, Sachal., Kamchat., nat.
  in N-Am.
  - var. **tenuifolius** (Wallr.) 1822 ·
    D:Schmalblättriger Kleiner
    Sauerampfer · ⚃ V-VII; Eur.:
    most; TR, Cauc., W-Sib.,
    E-Sib., Greenl.
  - subsp. **pyrenaicus** (Pourr. ex
    Lapeyr.) Akeroyd 1991 · D:Hüll-
    früchtiger Ampfer, Verwachsen-
    blättriger Kleiner Sauerampfer ·
    ⚃ V-VII; W-Eur., Maroc., Alger.
- **alpinus** L. 1753 · D:Alpen-Amp-
  fer, Mönchsrhabarber; E:Monk's
  Rhubarb, Mountain Rhubarb · ⚃
  Z5 VI-VIII ⚥ ; Eur.* exc. BrI, Sc;
  TR, Cauc., W-Iran; mts., nat. in
  Engl.
- *angiocarpus* Murb. = Rumex
  acetosella subsp. pyrenaicus
- **aquaticus** L. 1753 · D:Wasser-
  Ampfer · ⚃ ～ VII-VIII; Eur.* exc.
  Ib; Cauc., W-Sib., E-Sib., Amur,
  Kamchat., C-As., Mong., China,
  Jap.
- **arifolius** All. 1773 · D:Berg-Sau-
  erampfer, Gebirgs-Sauerampfer ·
  ⚃ VI-VIII; Eur.* exc. BrI; N, mts.;
  Cauc., W-Sib., Sachal., Kamchat.
- **confertus** Willd. 1809 ·
  D:Gedrungener Ampfer · ⚃ VII-
  VIII; Eur.: I, EC-Eur., E-Eur.;
  Cauc., W-Sib., E-Sib., Amur, C-As.,
  nat. in BrI, FIN
- **conglomeratus** Murray 1770 ·
  D:Knäuelblütiger Ampfer · ⚃ VII-
  VIII; Eur.*, TR, Levante, Cauc.,
  C-As., NW-Afr., Libya
- **crispus** L. 1753 · D:Krauser
  Ampfer; E:Curly Dock · ⚃ VI-VIII
  ⚥ ⚔ ; Eur.*, TR, Cauc., Amur,
  Kamchat., C-As., Mong., China,
  nat. in cosmop.
- **cristatus** DC. 1813 · D:Griechi-
  scher Ampfer · ⚃ VII-VIII; Eur.: Ap,
  H, Ba, RO; TR, Cyprus, nat. in Ib,
  Br
- **flexuosus** Sol. ex G. Forst. 1786 ·
  ⚃ Z7 △ VI-VII; NZ
- × **heterophyllus** Schultz 1819 (R.
  aquaticus × R. hydrolapathum) ·
  D:Verschiedenblättriger Ampfer ·
  ⚃; Eur.: D, A, PL, CZ +
- **hydrolapathum** Huds. 1778 ·
  D:Fluss-Ampfer; E:Great Water
  Dock; F:Patience aquatique · ⚃ Z6
  VII-VIII; Eur.*, TR, Cauc. [67337]
- **hymenosepalus** Torr. 1859 ·
  D:Canaigrewurzel, Gerb-Ampfer;
  E:Canaigre, Red Dock, Sand
  Dock · ⚃ Z6 VII-VIII ⓝ; USA: NC,
  SC, SW, Rocky Mts., Calif.
- **kerneri** Borbás 1884 · D:Kerners
  Ampfer · ⚃ VII-VIII; Eur.: H, RO,
  BG, GR
- **longifolius** DC. 1815 · D:Gemüse-
  Ampfer · ⚃ VII-VIII; Eur.: Sc, BrI,
  Fr, D, Ib, EC-Eur.; Cauc., W-Sib.,
  E-Sib., N-Am.
- **maritimus** L. 1753 · D:Ufer-Amp-
  fer · ☉ ☉ ～ VII-IX; Eur.* exc.
  Ib; W-Sib., E-Sib., Amur, Sachal.,
  C-As., Ind., Mong., Manch., Jap.,
  Alger., Am.
- **nivalis** Hegetschw. 1838 ·
  D:Schnee-Sauerampfer · ⚃ VII-IX;
  Eur.: C-Eur., Slove., Montenegro,
  AL
- **obtusifolius** L. · D:Gewöhnlicher
  Stumpfblättriger Ampfer; E:Bitter
  Dock · ⚃ VII-VIII ⚥ ; Eur.*, TR,
  Lebanon, Syr., Palaest., Cauc.,
  N-Iran, Canar., Alger., nat. in
  N-Am., S-Am., S-Afr., Austr.
- **palustris** Sm. 1800 · D:Sumpf-
  Ampfer · ☉ ～ VII-IX; Eur.* exc.
  Ib; TR, Levante, Maroc., Alger.
- **patientia** L. 1753 · D:Engli-
  scher Spinat, Garten-Ampfer;
  E:Patience, Patience Dock,
  Spinach Dock · ⚃ VII-VIII ⚥ ⓝ;
  Eur.: Ap, EC-Eur., Ba., E-Eur.; TR,
  Syr., Cauc., Iran, W-Sib., Amur,
  Sachal., nat. in BrI, C-Eur., USA
- **pseudoalpinus** Höfft 1826 ·
  D:Alpen-Ampfer
- **pseudonatronatus** Borbás 1899 ·
  D:Finnischer Ampfer · ⚃ VII-VIII;
  Eur.: A, H, E-Eur., Sc; W-Sib.,
  E-Sib., C-As.
- **pulcher** L. 1753 · D:Schöner Amp-
  fer; E:Fiddle Dock · ⚃ V-VII; Eur.*
  exc. Sc; TR, Arab., Levante, Cauc.,
  Iran, N-Afr.
- **rugosus** Campd. 1819 · D:Garten-
  Sauerampfer; E:Garden Sorrel ·
  V-VIII ⓝ; cult. [66200]
- **salicifolius** Weinm. 1821 ·
  D:Weidenblatt-Ampfer
  - var. **salicifolius** · D:Gewöhnli-
    cher Weidenblatt-Ampfer · ⚃ ;
    N-Am.
  - var. **triangulivalvis** (Danser)
    J.C. Hickman 1984 · D:Drei-
    eckiger Weidenblatt-Ampfer · ⚃
    VI-IX; N-Am., nat. in BrI, Sc, D,
    EC-Eur.
- **sanguineus** L. 1753 · D:Blut-Amp-
  fer, Hain-Ampfer · ⚃ Z6 VI-VIII;
  Eur.*, Cauc., N-Iran, NW-Afr.
  [68276]
- **scutatus** L. 1753 · D:Römischer
  Ampfer, Schild-Sauerampfer;
  E:French Sorrel · ⚃ Z6 V-VIII ⚥
  ⓝ; Eur.* exc. BrI, Sc; TR, Cauc.,

Iran, nat. in BrI, Sc
'Silver Shield'
- **stenophyllus** Ledeb. 1830 ·
D:Schmalblättriger Ampfer · ⚃
VII-VIII; Eur.: C-Eur., EC-Eur., Ba,
E-Eur.; Cauc., W-Sib., E-Sib., C-As.
- *tenuifolius* (Wallr.) A. Löve
= Rumex acetosella subsp.
acetosella var. tenuifolius
- **thyrsiflorus** Fingerh. 1829 ·
D:Rispen-Sauerampfer, Strauß-
blütiger Sauerampfer · ⚃ VII-VIII;
Eur.* exc. BrI; W-Sib., E-Sib.,
Amur, C-As.
- *triangulivalvis* (Danser) Rech.
f. = Rumex salicifolius var.
triangulivalvis
- **vesicarius** L. 1753 · D:Indischer
Sauerampfer; E:Bladder Dock · ⊙
ⓝ; Eur.: GR; W-As., Ind., Malay.
Pen., N-Afr.

Rumohra Raddi 1819 -f-
Dryopteridaceae · (S. 69)
- **adiantiformis** (G. Forst.) Ching
1934 · D:Lederfarn; E:Leatherleaf
Fern · ⚃ Z9 ⓚ; C-Am., S-Am.,
S-Afr., Austr., NZ, Polyn.
- **aristata** (G. Forst.) Ching 1931 · ⚃

Rupicapnos Pomel 1860 -f-
Fumariaceae · (S. 539)
- **africana** (Lam.) Pomel 1874 · ⊙ ⚃
Z8 ⓚ V-VI; Eur.: SW-Sp.; Maroc.,
Alger.

Ruppia L. 1753 -f- *Ruppiaceae* ·
(S. 1138)
D:Salde; E:Tasselweed; F:Ruppia
- **cirrhosa** (Petagna) Grande 1918 ·
D:Schraubige Salde · ⚃ ≈ VI-X;
Eur.*, cosmop. coasts
- **maritima** L. 1753 · D:Strand-
Salde · ⚃ ≈ VI-X; Eur.*, cosmop.

Ruprechtia C.A. Mey. 1845 -f-
Polygonaceae · (S. 708)
- **coriacea** (H. Karst.) S.F. Blake
1919 · ♄ ♄ e Z10 ⓦ; Venez.

Ruschia Schwantes 1926 -f-
Aizoaceae · (S. 148)
D:Straucheiskraut; E:Shrubby
Dewplant; F:Ficoïde arbustive
- **odontocalyx** (Schltr. et Diels)
Schwantes 1926 · ♄ ψ Z10 ⓚ;
Kap, Namibia
- **perfoliata** (Mill.) Schwantes
1926 · ♄ ψ Z10 ⓚ; Kap
- **semidentata** (Salm-Dyck)
Schwantes 1926 · ♄ ψ e Z10 ⓚ;
Kap
- **spinosa** (L.) M. Dehn 1993 · ♄ ψ

ⓚ; Kap, Namibia
- **tumidula** (Haw.) Schwantes
1927 · ♄ ψ Z10 ⓚ; Kap, Namibia
- **umbellata** (L.) Schwantes 1927 ·
♄ ψ Z10 ⓚ; Kap
- **uncinata** (L.) Schwantes 1926 · ♄
ψ Z10 ⓚ; Kap, Namibia
- **vulvaria** (Dinter) Schwantes
1926 · ♄ ψ Z10 ⓚ; Namibia

Ruscus L. 1753 -m- *Ruscaceae* ·
(S. 1139)
D:Mäusedorn; E:Butcher's Broom;
F:Epine de rat, Fragon, Petit houx
- **aculeatus** L. 1753 · D:Stachliger
Mäusedorn; E:Butcher's Broom ·
♄ e Z8 ⓚ III-IV ⚥ ♀; Eur.: Ib, Fr,
Ap, Ba, Krim, H, CH, BrI, Azor.;
TR, Cyprus, Syr., NW-Afr. [11537]
- *androgynus* L. = Semele
androgyna
- **hypoglossum** L. 1753 · D:Hadern-
blatt; E:Spineless Butcher's
Broom · ♄ e Z8 ⓚ IV-V; Eur.:
NW-I, A, EC-Eur., BA, RO, Krim;
TR [11538]
- **hypophyllum** L. 1753 · ♄ e
Z8 ⓚ V-VI; Eur.: S-Sp., F (Iles
d`Hyeres?), Sic; NW-Afr.
- **ponticus** Woronow 1916 · ♄ e ⓚ;
Krim, Cauc., TR
- *racemosus* L. = Danae racemosa

Ruspolia Lindau 1895 -f-
Acanthaceae · (S. 134)
- **seticalyx** (C.B. Clarke) Milne-
Redh. 1936 · ♄ e Z10 ⓦ; E-Afr.

Russelia Jacq. 1760 -f-
Scrophulariaceae · (S. 838)
D:Russelie; F:Plante-corail,
Russélia
- **equisetiformis** Schltdl. et Cham.
1831 · D:Springbrunnenpflanze;
E:Coral Plant, Firecracker,
Fountain Plant · ♄ e ⚥ Z9 ⓚ V-X;
Mex., Col., Peru [11539]
- *juncea* Zucc. = Russelia
equisetiformis
- **sarmentosa** Jacq. 1760 · ♄ e Z9
ⓚ V-X; Mex., Cuba

Ruta L. 1753 -f- *Rutaceae* · (S. 794)
D:Raute; E:Rue; F:Rue
- **chalepensis** L. 1767 · ⚃ Z8 ⓚ;
Eur.: Ib, F, Ap, Ba, Azor.; Arab.,
Somalia
- **corsica** DC. 1824 · ♄ e Z8 ⓚ;
Eur.: Corse, Sard.
- **graveolens** L. 1753 · D:Wein-
Raute; E:Rue · ⚃ ♄ ♄ e D Z5 VI-VII
⚥ ♀ ⓝ; Eur.: Ib, Fr, Ap, Ba,
Krim, nat. in C-Eur., EC-Eur., RO

[66201]
'Jackman's Blue' [68177]
'Variegata'
- **montana** (L.) L. 1756 · ♄ e Z7
ⓚ; Eur.: Ib, F, I, GR; NW-Afr., TR,
Cauc., N-Iran
- *patavina* L. = Haplophyllum
patavinum

Ruttya Harv. 1842 -f- *Acanthaceae* ·
(S. 134)
- **fruticosa** Lindau 1894 · ♄ e Z10
ⓦ; trop. e Afr. [27542]
- **speciosa** (Hochst.) Engl. 1892

Ryania Vahl 1797 -f-
Flacourtiaceae · (S. 535)
- **pyrifera** (Rich.) Uittien et
Sleumer 1935 · ♄ e Z10 ⓦ ⓝ;
W.Ind.

Rydbergia Greene = Hymenoxys
- *grandiflora* (Torr. et A. Gray ex
A. Gray) Greene = Hymenoxys
grandiflora

Sabadilla Brandt et Ratzeb. =
Schoenocaulon
- *officinarum* (Cham. et
Schltdl.) Brandt et Ratzeb. =
Schoenocaulon officinale

Sabal Adans. 1763 -f- *Arecaceae* ·
(S. 960)
D:Palmettopalme, Sabalpalme;
E:Palmetto; F:Palmette, Sabal
- *adansonii* Guers. = Sabal minor
- **bermudana** L.H. Bailey 1934 · ♄ e
Z10 ⓦ; Bermuda Is.
- *blackburniana* Glazebr. ex Schult.
et Schult. f. = Sabal palmetto
- **causiara** (O.F. Cook) Becc. 1908 ·
♄ e Z9 ⓦ; Puerto Rico, Hispaniola
- **domingensis** Becc. 1908
- **etonia** Swingle ex Nash 1896 · ♄ e
Z9; USA: Fla.
- **mauritiiformis** (H. Karst.) Griseb.
et H. Wendl. 1864 · D:Trinidad-
Palmettopalme; E:Trinidad Palm ·
♄ e Z10 ⓦ; Mex., C-Am., Col,
Venez., Trinidad
- **mexicana** Mart. 1838 · ♄ e Z9;
Tex., Mex., C-Am.
- **minor** (Jacq.) Pers. 1805 ·
D:Zwerg-Palmettopalme; E:Dwarf
Palmetto · ♄ e Z9 ⓚ; USA: SE,
Fla., Tex.
- **palmetto** (Walter) Lodd. ex
Schult. et Schult. f. 1830 ·
D:Gewöhnliche Palmettopalme;
E:Cabbage Palmetto, Palmetto · ♄
e Z8 ⓦ; USA: SE, Fla.; Bahamas
[16229]

- **rosei** · ℏ e; Mex.
- *umbraculifera* (Jacq.) Mart. = Sabal palmetto
- **uresana** Trel. 1900 · ℏ e Z8 ⓚ; NW-Mex.
- **yapa** C. Wright ex Becc. 1907 · ℏ e Z10 ⓦ; W-Cuba, Mex. (Yucatan), Belize

Sabatia Adans. 1763 -f- *Gentianaceae* · (S. 543)
- **angularis** (L.) Pursh 1814 · E:Rose Pink · ☉ Z6 VII-IX; Can.: Ont.; USA: NE, NCE, SE, Fla., Okla.
- **campestris** Nutt. 1835 · E:Texas Star · ☉ Z6 VII-IX; USA: NCE, SC, Ark.
- **chloroides** Pursh 1814 · ☉ Z6 VII-IX; USA: NE, N.C.

Sabina Mill. = Juniperus
- *flaccida* (Schltdl.) Antoine = Juniperus flaccida
- *pachyphlaea* (Torr.) Antoine = Juniperus deppeana var. pachyphlaea
- *plochyderma* Antoine = Juniperus deppeana var. pachyphlaea
- *sabinoides* Small = Juniperus ashei

Saccharum L. 1753 -n- *Poaceae* · (S. 1127)
D:Ravennagras, Zuckerrohr; E:Plume Grass; F:Canne à sucre
- **arundinaceum** Retz. 1786 · ⚃ Z9 ⓦ ⓝ; NE-Ind., Sri Lanka, SE-As.
- **barberi** Jeswiet 1925 · D:Indisches Zuckerrohr; E:Indian Cane · ⚃ Z9 ⓦ ⓝ; cult. N-Ind.
- **contortum** (Baldwin ex Elliott) Nutt. 1818
- **officinarum** L. 1753 · D:Zuckerrohr; E:Sugar Cane · ⚃ Z9 ⓦ ⓝ; cult., trop. SE-As., Polyn. [11284]
  - subsp. *barberi* (Jeswiet) Burkill = Saccharum barberi
  - subsp. *sinense* (Roxb.) Burkill = Saccharum sinense
- *paniceum* P. Beauv. = Pogonatherum paniceum
- **ravennae** (L.) Murray 1774 · D:Italienisches Zuckerrohr; E:Ravenna Grass · ⚃ Z8 ⓚ ∧ IX-X; Eur.: Ib, Fr, Ap, Ba; TR, SW-As., Afgh., C-As., N-Ind., Alger., Somalia, nat. in RO, SE-USA [73438]
- **robustum** Brandis et Jeswiet ex Grassl 1946 · ⚃ Z9 ⓝ; N.Guinea
- *saccharoideum* P. Beauv. = Pogonatherum paniceum
- **sinense** Roxb. 1818 · ⚃ Z9 ⓦ ⓝ;

cult., nat. in N-Ind., S-China, Jap.
- **spontaneum** L. 1771 · ⚃ Z9 ⓦ; Egypt, SW-As., C-As., Ind., S-China, Malay. Arch., Phil., N-Guinea, E-Austr.

Saccolabium Blume 1825 -n- *Orchidaceae*
- *ampullaceum* Lindl. = Ascocentrum ampullaceum
- *bellinum* Rchb. f. = Gastrochilus bellinus
- *carinatum* Griff. = Acampe carinata
- *coeleste* Rchb. f. = Rhynchostylis coelestis
- *giganteum* Lindl. = Rhynchostylis gigantea
- *violaceum* (Lindl.) Rchb. f. = Rhynchostylis retusa

Sageretia Brongn. 1827 -f- *Rhamnaceae* · (S. 740)
- **thea** (Osbeck) M.C. Johnst. 1968 · ℏ d D Z9 ⓦ ⓚ; Ind., C-China, E-China, Jap., Ryukyu-Is., Taiwan [25271]
- *theezans* (L.) Brongn. = Sageretia thea

Sagina L. 1753 -f- *Caryophyllaceae* · (S. 404)
D:Knebel, Mastkraut; E:Pearlwort; F:Sagine
- **apetala** Ard. 1764 · D:Kronblattloses Mastkraut
  - subsp. *apetala* · D:Bewimpertes Mastkraut · ⊙ IV-VII; Eur.*, TR, Levante, Cauc., Canar., NW-Afr., Libya, N-Am.
  - subsp. *erecta* F. Herm. 1912 · D:Kronloses Mastkraut · ⊙ V-IX; Eur.: Ib, F, I , C-Eur.
- **boydii** F.B. White 1887 · ⚃ Z5; ? Scotland · [68728]
- **glabra** (Willd.) Fenzl 1833 · D:Kahles Mastkraut · ⚃ VII-VIII; Eur.: F, I, CH; Alp., Apenn., ? Pyr.
- **maritima** G. Don 1810 · D:Strand-Mastkraut · ⊙ V-VIII; Eur.*, TR, Levante, NW-Afr., Libya
- *micropetala* Rauschert = Sagina apetala subsp. erecta
- **nivalis** (Lindblad) Fr. 1842 · ⚃; Eur.: BrI, Sc, N-Russ.; Sib.
- **nodosa** (L.) Fenzl 1833 · D:Knotiges Mastkraut · ⚃ VI-VIII; Eur.* exc. Ba, Ap; W-Sib., E-Sib., N-Am., Greenl.
- **normaniana** Lagerh. 1898 · D:Normans Mastkraut · ⚃ VI-VIII; Eur.: BrI, Sc, A; mts.
- **procumbens** L. · D:Gewöhnliches

Niederliegendes Salzkraut · ⚃ Z4 V-IX; Eur.*, TR, Cauc., W-Sib., Him., Tibet, NW-Afr., N-Am.
- **saginoides** (L.) H. Karst. 1882 · D:Alpen-Mastkraut · ⚃ VI-VIII; Eur.*, TR, Cauc., W-Sib., E-Sib., Kamchat., C-As., Him., China: Sinkiang; NW-Afr., N-Am., Mex.; mts.
- **subulata** (Sm.) C. Presl 1826 · D:Pfriemen-Mastkraut, Sternmoos; F:Sagine à feuilles aiguës · Z4; Eur.* exc. E-Eur. [66202]
'Aurea' [66203]

Sagittaria L. 1753 -f- *Alismataceae* · (S. 899)
D:Pfeilkraut; E:Arrowhead; F:Flèche d'eau, Sagittaire
- *alpina* Willd. = Sagittaria sagittifolia subsp. sagittifolia
- **chilensis** Cham. et Schltdl. 1827 · ⚃ ∼ ≈ ⓚ; Chile
- *chinensis* Pursh = Sagittaria latifolia
- **engelmanniana** J.G. Sm. 1895 · D:Engelmanns Pfeilkraut · ⚃ ∼ Z6; USA: NE, SE
- *filiformis* J.G. Sm. = Sagittaria subulata
- *gracilis* Pursh = Sagittaria latifolia
- **graminea** Michx. 1803 · D:Grasblättriges Pfeilkraut; E:Grass Leaf Arrowhead; F:Sagittaire à feuilles de graminée · ⚃ ∼ ≈ Z6 ⓝ; Ind., China, Korea, Jap., nat. in Panama, Java, Austr. [67338]
  - var. *platyphylla* Engelm. 1867 = Sagittaria platyphylla
  - var. *teres* (S. Watson) Bogin 1955 = Sagittaria teres
- *hastata* Pursh = Sagittaria latifolia
- *japonica* hort. ex Vilm. = Sagittaria sagittifolia subsp. leucopetala
- **lancifolia** L. 1759 · D:Lanzettblättriges Pfeilkraut; E:Lance Laef Arrowhead · ⚃ ∼ Z9 ⓦ VII-IX; USA: NE, SE, Fla., SC; Mex., C-Am., W.Ind., n S-Am
- **latifolia** Willd. 1805 · D:Veränderliches Pfeilkraut; E:Arrowhead, Duck Potato, Wapato; F:Sagittaire à larges feuilles · ⚃ ∼ Z7 ∧ VIII-IX; Can., USA*; Mex., C-Am., nw S-Am., nat. in Eur. [67339]
'Plena' [67340]
- **leucopetala** (Miq.) Bergmans = Sagittaria sagittifolia subsp. leucopetala
- **longiloba** Engelm. ex Torr. 1894 · ⚃ ≈ Z8 ⓚ; USA: Calif., Rocky Mts., SW, SC, NC; Mex., Nicar.
- *longirostra* (Michx.) J.G. Sm. =

Sagittaria latifolia
- *lorata* (Chapm.) Small = Sagittaria subulata
- **macrophylla** Zucc. 1832 · ⚃ ∼ ≈ Z9 🄺; Mex.
- **montevidensis** Cham. et Schltdl. 1827 · D:Montevideo-Pfeilkraut; E:Giant Arrowhead · ⚃ ∼ Z10 🄦 VI-VIII; Bras., Urug., Arg.
  - subsp. *chilensis* (Cham. et Schltdl.) Bogin 1955 = Sagittaria chilensis
- *natans* Pall. = Sagittaria sagittifolia subsp. sagittifolia
- *obtusa* Muhl. ex Willd. = Sagittaria latifolia
- **platyphylla** (Engelm.) J.G. Sm. 1894 · D:Breitblättriges Pfeilkraut · ⚃ ∼ ≈ Z7; USA: Mo., Kans., SC, SE; C-Am.
- **sagittifolia** L. 1753
  'Flore Pleno' [69564]
  - subsp. **leucopetala** (Miq.) Hartog ex Steenis 1957 · ⚃ ∼ Z8 🄺 VI-VII 🄝; trop. As., Arab., S-China
  - subsp. **sagittifolia** · D:Gewöhnliches Pfeilkraut; E:Arrowhead, Common Arrowhead; F:Sagittaire nageante, Sagittaire à feuilles en flèche · ⚃ ♄ ∼ ≈ Z7 VI-VIII; Eur.*; Sib. [67341]
- *simplex* Pursh = Sagittaria latifolia
- *sinensis* Sims = Sagittaria graminea
- **subulata** (L.) Buchenau 1871 · D:Flutendes Pfeilkraut · ⚃ ≈ Z7; USA: NE, SE, Fla.; Col., Venez, S-Bras., nat. in H, RO
- **teres** S. Watson 1881 · D:Zartes Pfeilkraut; E:Slender Arrowhead · ⚃ ≈ Z7; USA: NE

Saguerus Steck = Arenga
- *australasicus* H. Wendl. et Drude = Arenga australasica

Saintpaulia H. Wendl. 1893 -f-
Gesneriaceae · (S. 555)
D:Usambaraveilchen; E:African Violet; F:Violette d'Usambara
- **confusa** B.L. Burtt 1956 · ⚃ Z10 🄦; Tanzania
- **goetzeana** Engl. 1900 · ⚃ Z10 🄦 🄺; Tanzania (Uluguru)
- **grotei** Engl. · ⚃ Z10 🄦; Tanzania
- **ionantha** H. Wendl. 1893 · ⚃ Z10 🄦 I-XII; Tanzania
- *kewensis* C.B. Clarke = Saintpaulia ionantha
- *kewensis* hort. = Saintpaulia confusa
- **magungensis** E.P. Roberts 1950 ·

⚃ Z10 🄦; Tanzania
- **tongwensis** B.L. Burtt 1947 · ⚃ Z10 🄦; NE-Tanzania
- **in vielen Sorten**

Salacca Reinw. 1828 -f- *Arecaceae* · (S. 961)
D:Salakpalme; E:Salak Palm; F:Salacca
- **zalacca** (Gaertn.) Voss 1895 · D:Salakpalme; E:Salak Palm · ♄ e Z10 🄦 🄝; Malay. Arch.

Salicornia L. 1753 -f-
Chenopodiaceae · (S. 415)
D:Glasschmalz, Queller; E:Glasswort; F:Salicorne
- *dolichostachya* Moss = Salicornia procumbens
- **europaea** L. 1753 · D:Kurzähren-Queller
  - subsp. **brachystachya** (G. Mey.) Dahmen et Wissk. 1998 · D:Ästiger Queller, Gewöhnlicher Kurzähren-Queller · ☉ ∼ VIII; Eur.: BrI, Fr, D, Sc, +; coasts
  - subsp. **europaea** · D:Europäischer Queller, Zierlicher Kurzähren-Queller; E:Salicorn · ☉ ∼ VIII-X; Eur.*; coasts; TR, Levante, Iran, C-As., W-Sib., E-Sib., Amur, Sachal., China, Jap., N-Afr.
- *fragilis* P.W. Ball et Tutin = Salicornia procumbens
- **procumbens** Sm. 1813 · D:Aufrechter Queller, Sandwatt-Queller · ☉ ∼ VIII-X; Eur.: D +; coasts
- *ramosissima* J. Woods = Salicornia europaea subsp. brachystachya
- **stricta** Dumort. 1868 · D:Schlickwatt-Queller · ☉ ∼ ; Eur.: BrI, Fr, D, Sc +; coasts

Salix L. 1753 -f- *Salicaceae* · (S. 796)
D:Weide; E:Sallow, Willow; F:Saule
- **acutifolia** Willd. 1806 · D:Spitzblättrige Weide; E:Caspian Willow, Sharp Leaf Willow · ♄ d Z5 III 🄝; Eur.: FIN, Russ.; Cauc., W-Sib., E-Sib
- **aegyptiaca** L. 1755 · D:Persische Weide; E:Musk Willow · ♄ ♄ d Z6 III-V 🄝; Eur.: NE-GR; TR, Israel, C-As. [25273]
- **alba** L. 1753 · D:Silber-Weide · [21820]
  'Belders' 1967 [33566]
  'Britzensis' · D:Mennige-Weide
  'Chermesina' [28440]
  'Liempde' 1968 [21840]

'Vitellina' = Salix alba var. vitellina
- var. **alba** · D:Gewöhnliche Silber-Weide; E:White Willow; F:Saule blanc · ♄ d Z4 IV-V ⚥ ; Eur.* exc. Sc; TR, Cauc., Iran, W-Sib., C-As., W-Him., NW-Afr., nat. in Sc
- var. *argentea* Wimm. 1866 = Salix alba var. sericea
- var. **sericea** Gaudin 1830 · ♄ d Z4; cult. [12508]
- var. **vitellina** (L.) Stokes 1812 · D:Bunte Weide, Dotter-Weide; E:Golden Willow · ♄ d Z4; cult. [25284]
  - -*pendula* Rehder = Salix × chrysocoma
- × **alopecuroides** Tausch 1823 (*S. fragilis* × *S. triandra*) · D:Fuchsschwanz-Weide · ♄ d; NL, D, S-Sweden
- **alpina** Scop. 1772 · D:Alpen-Weide, Myrten-Weide · ♄ d Z5 VI-VII; Eur.: I, C-Eur., EC-Eur., Slove., RO, W-Russ.; E-Alp., Carp. [42626]
- × **ambigua** Ehrh. 1791 (*S. aurita* × *S. repens*) · D:Bastard-Ohr-Weide · ♄ d Z7; Eur. + cult.
- *amygdalina* L. = Salix triandra subsp. triandra
- **amygdaloides** Andersson 1858 · D:Pfirsich-Weide; E:Peach Leaf Willow · ♄ ♄ d Z5 IV-V; Can., USA* exc. Fla., Calif.; N-Mex.
- **apennina** A.K. Skvortsov 1965 · D:Apenninen-Weide · ♄ d IV-VII; Eur.: I, Sic., Apenn., Sic.
- **apoda** Trautv. 1865 · ♄ d △ Z6 IV; Cauc., N-Iran [36093]
- **appendiculata** Vill. 1789 · D:Großblättrige Weide; F:Saule à grandes feuilles · ♄ d Z5 V; mts. C-Eur., EC-Eur., Ba, Fr, I
- **arbuscula** L. 1753 · ♄ d Z4; Eur.: I, Ba, Sc, N-Russ.; Cauc., W-Sib., E-Sib., C-As. [35023]
- *arbutifolia* Pall. = Chosenia arbutifolia
- *atrocinerea* = Salix cinerea subsp. oleifolia
- **aurita** L. 1753 · D:Ohr-Weide; E:Eared Willow; F:Saule à oreillettes · ♄ d ∼ Z5 IV-V 🄝; Eur.*, Cauc. [21900]
- **ausserdorferi** Huter ex A. Kern. 1886 [25288]
- **babylonica** L. 1753 · D:Trauer-Weide; E:Babylon Weeping Willow; F:Saule pleureur · ♄ d Z5 IV-V 🄝; C-China, ? Cauc., ? Iran [33584]
  'Crispa' [42222]

- **bakko** Kimura 1928 · ♄ d; Jap.; mts. [25294]
- × **balfourii** E.F. Linton 1913 (*S. caprea* × *S. lanata*) · ♄ d Z4; cult. Engl. [25295]
- **bockii** Seemen 1900 · D:Chinesische Myrten-Weide · ♄ d Z7 ∧ VIII-IX; W-China [37626]
- × **boydii** E.F. Linton (*S. lapponum* × *S. reticulata*) · D:Zwerg-Weide; E:Dwarf Willow; F:Saule nain de Boyd · ♄ d Z5 V; Scotland [32126]
- *bracteosa* Turcz. = Chosenia arbutifolia
- **breviserrata** Flod. 1940 · D:Matten-Weide · ♄ d Z5 VI-VII; Eur.: sp., F, I, C-Eur.; N-Sp., Alp., I
- **caesia** Vill. 1789 · D:Blaugrüne Weide; E:Blue Willow · ♄ d △ ⌒ Z5 V-VI; Eur.: I, F, CH, A; W-Sib., E-Sib., C-As., Mong. [25299]
- **calodendron** Wimm. 1866 · ♄ ♄ d Z6; Eur.: BrI, Sc, D
- **candida** Flügge ex Willd. 1806 · D:Salbei-Weide; E:Hoary Willow, Sage Willow, Silvery Willow; F:Saule drapé · ♄ d ⌒ Z5 IV; Alaska, Can., USA: NE, NCE, Rocky Mts. [54280]
- **caprea** L. 1753 · D:Sal-Weide; E:Goat Willow, Pussy Willow, Sallow; F:Saule Marsault · ♄ ♄ d Z3 III-IV ⓝ; Eur.*, TR, Cauc., N-Iran, W-Sib., E-Sib., Amur, Sachal., Kamchat., China, Korea, Jap. [21940]
  'Kilmarnock' [42552]
  'Mas' [21950]
  'Pendula' (*f*) = Salix caprea 'Weeping Sally'
  'Pendula' (*m*) = Salix caprea 'Kilmarnock'
  'Silberglanz' [21970]
  'Weeping Sally' [25303]
- **caspica** Pall. 1788 · ♄ ♄ d Z6; SE-Russ., C-As., ? W-As.
- **chlorophana** Andersson 1868
- × **chrysocoma** Dode 1909 (*S. alba* var. *vitellina* × *S. babylonica*) · D:Goldene Trauer-Weide; E:Golden Weeping Willow · ♄ Z4 IV [21860]
  'Resistenta' [21870]
- **cinerea** L. 1753 · D:Grau-Weide · [21980]
  'Tricolor' c. 1772 [30439]
  - subsp. **cinerea** · D:Gewöhnliche Grau-Weide; E:Grey Willow; F:Saule cendré · ♄ d Z4 III-IV ⓝ; Eur.*, TR, Cauc., W-Sib., C-As.
  - subsp. **oleifolia** (Sm.) Macreight 1837 · D:Rostrote Weide · ♄ d Z4; Eur.: Ib, BrI, Fr, Corse, Sard.
- **commutata** Bebb 1888 · ♄ d Z4; Alaska, Can.: W; USA: NW, Calif., Mont. Wyom., Idaho, Utah; mts. [25307]
- **cordata** Michx. 1803 · D:Pelzige Weide; E:Furry Willow · ♄ Z2 V; Can.: E; USA: NE, NCE [25308]
- × **cottetii** A. Kern. 1864 (*S. myrsinifolia* × *S. retusa*) · ♄ d △ ⌒ Z5; Eur.: CH, A(E-Tirol) [25309]
- **daphnoides** Vill. 1779 · D:Reif-Weide · [21990]
  'Praecox' [22010]
  - subsp. *acutifolia* (Willd.) O.C. Dahl = Salix acutifolia
  - var. **daphnoides** · D:Gewöhnliche Rispen-Flockenblume; E:Violet Willow; F:Saule fauxdaphné · ♄ d Z4 III-IV ⓝ; Eur.* exc. BrI
  - var. **pomeranica** (Willd.) W.D.J. Koch 1837 · ♄ d Z4 III-IV; Eur.: D, PL, Balt. + ; coast [22000]
- × **dasyclados** Wimm. 1849 (*S. caprea* × *S. cinerea* × *S. viminalis* × ?) · D:Bandstock-Weide, Filzast-Weide · ♄ d Z6 III-IV ⓝ; cult. [25312]
- × **dichroa** Döll 1858 (*S. aurita* × *S. purpurea*) · ♄ d; cult.
- **discolor** Muhl. 1803 · D:Verschiedenfarbige Weide; E:Pussy Willow · ♄ ♄ d Z2 IV; Can., USA: NE, NCE, NC, Rocky Mts. [25314]
- **elaeagnos** Scop. 1772 · D:Lavendel-Weide; E:Bitter Willow; F:Saule drapé · ♄ d Z5 IV-V; Eur.* exc. BrI, Sc; N-TR, NW-Afr. [22070]
- *elegantissima* K. Koch = Salix × pendulina 'Elegantissima'
- × **erdingeri** A. Kern. 1861 (*S. caprea* × *S. daphnoides*) · ♄ d Z5 VI; Eur.: C-Eur. [25316]
- **eriocephala** Michx. 1803 · D:Herzblättrige Weide; E:Heartleaf Willow · ♄ ♄ d Z6 IV-V; Can., USA*, nat. in C-Eur.
- × **erythroflexuosa** Ragonese = Salix × sepulcralis 'Erythroflexuosa'
- *eucalyptoides* F.N. Meijer = Chosenia arbutifolia
- **exigua** Nutt. 1842 · D:Kojoten-Weide; E:Coyote Willow · ♄ ♄ d Z2 IV-V; Alaska, Can.: E, Sask.; USA: SE, SC, NC [25327]
- **fargesii** Burkill 1899 · D:Farges Weide; E:Farges' Willow · ♄ d Z6 IV-V; W-China: W-Hubei, E-Sichuan [25317]
- × **finnmarchica** Willd. 1811 (*S. myrtilloides* × *S. xerophila*) · ♄ d [36096]
- **foetida** Schleich. ex DC. 1805 · D:Stink-Weide · ♄ d Z6 VI-VII; Eur.: I, CH, D, A, ? F; Alp., ? Pyr. [25319]
- *formosa* Willd. = Chosenia arbutifolia
- **fragilis** L. 1753 · D:Bruch-Weide, Knack-Weide; E:Crack Willow; F:Saule cassant · ♄ ♄ d Z4 III-V ⚥ ⓝ; Eur.* exc. BrI, Sc; TR, Cauc., Iran, W-Sib., nat. in BrI, Sc [22040]
  'Bullata' [38114]
- × **friesiana** Andersson 1866 (*S. repens* × *S. viminalis*) · ♄ d Z5; Eur. + cult. [38914]
- **furcata** Andersson 1868
- **glabra** Scop. 1772 · D:Kahle Weide · ♄ d Z4 V; Eur.: I, C-Eur., Slove., Croatia, Bosn.; E-Alp., mts. [25322]
- **glauca** L. 1753 · D:Arktische Grau-Weide; E:Arctic Grey Willow · ♄ ♄ d Z3 VI-VII; Eur.: SC, Russ., N-As.
- **glaucosericea** Flod. 1943 · D:Seiden-Weide · ♄ d Z3 VI-VII; Eur.: F, I, CH, A; Alp. [25323]
- **gracilistyla** Miq. 1867 · D:Ostasiatische Weide; E:Japanese Pussy Willow · ♄ d Z6 III-IV; China, Manch., Korea, Jap. [33806]
  - var. **melanostachys** (Makino) C.K. Schneid. 1916 = Salix melanostachys
- × **grahamii** Borrer ex Baker 1867 (*S. aurita* × *S. herbacea* × *S. repens*) · ♄ d Z4; Scotland, IRL [22050]
- **hastata** L. 1753 · D:Spieß-Weide; E:Halberd Willow; F:Saule de l'Engadine, Saule hasté · ♄ d Z5 V-VI; Eur.* exc. BrI; TR, Cauc., W-Sib., E-Sib., Amur, Sachal., Kamchat., C-As., Mong., Him. [31310]
  'Wehrhahnii' c. 1930 [22240]
- **hegetschweileri** Heer 1840 · D:Hochtal-Weide · ♄ d Z6 V-VII; Eur.: F, I, CH, A; Alp.
- × *helix* L. = Salix × rubra
- **helvetica** Vill. 1789 · D:Schweizer Weide; E:Swiss Sallow; F:Saule de Suisse · ♄ d △ Z4 VI-VII; Eur.: I, F, CH, A, Slova., PL; Alp., W-Carp. [22060]
- **herbacea** L. 1753 · D:Kraut-Weide; E:Dwarf Willow; F:Saule herbacé · ♄ ♄ d △ Z4 VI; Eur.*; N, mts.; Alaska, Can., USA: NE; Greenl. [40043]
- × **holosericea** Willd. 1806 (*S. cinerea* × *S. viminalis*) · D:Seidenblatt-Weide · ♄ d; Eur. + cult.

- **hookeriana** Barratt 1838 · ℏ ℏ d Z6; Vancouver I., Wash., Oreg., Calif. [25324]
- **humilis** Marshall 1785 · D:Prärie-Weide; E:Prairie Willow · ℏ d Z4 V-VI; Can.: E; USA: NE, NCE, NC, SC, SE, Fla. [25325]
- **hylematica** C.K. Schneid. 1917 [22644]
- *incana* Michx. = Salix candida
- *incana* Schrank = Salix elaeagnos
- **integra** Thunb. 1784 · ℏ d Z6 IV; Jap., Korea [25326]
- *interior* Rowlee = Salix exigua
- **irrorata** Andersson 1858 · D:Amerikanische Reif-Weide; E:Blue Stem Willow · ℏ d Z5 IV; USA: Rocky Mts, SW, SC [55527]
- **koriyanagi** Kimura 1831 · ℏ d Z6; Korea, cult. in Jap. [25331]
- **laggeri** Wimm. 1854 · D:Weißfilzige Weide · ℏ d Z6 VI; Eur.: F, I, CH, A; Alp.
- **lanata** L. 1753 · D:Woll-Weide; E:Woolly Willow; F:Saule laineux · ℏ d △ Z4 V; Eur.: BrI, Sc, N-Russ.; W-Sib., E-Sib., Alaska [22080]
- **lapponum** L. 1753 · D:Lappland-Weide; E:Downy Willow, Lapland Willow · ℏ d Z4 V-VI; Eur.* exc. BrI; W-Sib., E-Sib. [25332]
- **lasiandra** Benth. 1857 · D:Zottige Weide; E:Pacific Red Willow, Pacific Willow · ℏ d Z5 V; Alaska, Can.: W; USA: NW, Calif., SW
- **lindleyana** Wall. ex Andersson 1851 · ℏ d Z5; Him. (Pakist. - SW-China) [25333]
- *livida* Wahlenb. = Salix starkeana
- *longifolia* Muhl. = Salix exigua
- **lucida** Muhl. 1803 · D:Glanz-Weide; E:Shining Willow Bush · ℏ ℏ d Z3 V; Can.: E, Sask; USA: NE, NCE, NC [23676]
- *macrolepis* Turcz. = Chosenia arbutifolia
- **magnifica** Hemsl. 1906 · D:Pracht-Weide; E:Magnolia Leafed Willow · ℏ d Z7 V; W-China [33610]
- **matsudana** Koidz. 1915 · D:Peking-Weide; E:Peking Willow · ℏ d Z5 IV-V Ⓝ; Korea, Manch., N-China
  'Tortuosa' 1924 · D:Korkenzieher-Weide · [22110]
- *medemii* Boiss. = Salix aegyptiaca
- **medwedewii** Dode 1909 · ℏ ℏ d; TR, Cauc. [38851]
- **melanostachys** Makino 1904 · ℏ d Z6; Jap. [31874]
- × **meyeriana** Rostk. ex Willd. 1811 (*S. fragilis* × *S. pentandra*) · D:Zerbrechliche Lorbeer-Weide · ℏ ℏ d Z5; Eur.
- **mielichhoferi** Saut. 1956 · D:Tauern-Weide · ℏ d Z6 V-VII; Eur.: I, A; E-Alp. [25335]
- × **mollissima** Hoffm. ex Elwert 1786 (*S. triandra* × *S. viminalis*) · D:Busch-Weide · ℏ ℏ d Z6 IV Ⓝ; C-Eur. + cult. [25336]
- × **moorei** H.C. Watson ex B. White 1890
- **moupinensis** Franch. 1888 · ℏ ℏ d Z6; W-China: Sichuan [19475]
- × **multinervis** Döll 1859 (*S. aurita* × *S. cinerea*) · D:Vielnervige Weide · ℏ d Z6; Eur. + cult. [10558]
- **myrsinifolia** Salisb. 1796 · D:Schwarzwerdende Weide; E:Dark Leaved Willow; F:Saule à feuilles de myrte · ℏ d ⤳ Z4 IV-V; Eur.* exc. Ib; W-Sib., E-Sib. [12511]
- **myrsinites** L. 1753 · D:Heidelbeerblättrige Weide; E:Whortle Willow · ℏ d △ Z5 V; Eur.: BrI, Sc, N-Russ; W-Sib., E-Sib., Amur, Kamchat., Mong. [15908]
- **myrtilloides** L. 1753 · D:Heidelbeer-Weide · ℏ d ⤳ △ Z4 IV-VI; Eur.: Sc, C-Eur., EC-Eur., E-Eur.; W-Sib., E-Sib., Amur, Jap. [25337]
- **nakamurana** Koidz. 1913
  - var. **yezoalpina** (Koidz.) Kimura · ℏ d; Jap. [37721]
- **nigra** Marshall 1785 · D:Schwarze Weide; E:Black Willow · ℏ ℏ d Z4 IV-V ⚥ ; Can.: E; USA: NE, NCE, NC, SC, SE, Fla.; NE-Mex. [25339]
- *nigricans* Sm. = Salix myrsinifolia
- **nivalis** Hook. 1839 · ℏ d; Can.: W; USA: NW, Calif., Rocky Mts., N.Mex..; mts.
- × **onychiophylla** Andersson 1867
- **pantosericea** Goerz 1934
- × **pendulina** Wender. 1831 (*S. babylonica* × *S. fragilis*) · D:Wisconsin-Trauer-Weide; E:Wisconsin Weeping Willow · ℏ Z4; cult. [25342]
  'Blanda' 1830 · ℏ d IV-V
  'Elegantissima' · ℏ d IV-V [22030]
- **pentandra** L. 1753 · D:Lorbeer-Weide; E:Bay Willow, Laurel Willow; F:Saule à cinq étamines, Saule laurier · ℏ ℏ d ⤳ Z4 V-VI ⚥ ; Eur.*, TR, Cauc., W-Sib., E-Sib., Amur, Kamchat., Mong., W-China [22130]
- **petiolaris** Sm. 1802 · D:Stiel-Weide; E:Meadow Willow · ℏ ℏ d Z2 IV Ⓝ; Can., USA: NE, NCE, NC, Rocky Mts.
- **petrophila** Rydb. 1899
- **phylicifolia** L. 1753 · D:Teeblättrige Weide; E:Tea Leaf Willow · ℏ d Z5 V Ⓝ; Eur.: BrI, Sc, Russ, ? BG; Cauc., W-Sib., E-Sib. [12621]
  - subsp. *bicolor* (Ehrh. ex Willd.) O. Bolòs et Vigo 1974 = Salix phylicifolia
- **piperi** Bebb 1895 · ℏ d; NW-USA [25344]
- × *pontederiana* Willd. = Salix × sordida
- **purpurea** L. 1753 · D:Purpur-Weide · [22140]
  'Nancy Saunders'
  'Pendula' [47870]
  - subsp. **lambertiana** (Sm.) A. Neumann ex Rech. f. 1963 · D:Flachland-Purpur-Weide · ℏ d Z5 III-IV; Eur.+
  - subsp. **purpurea** · D:Gewöhnliche Purpur-Weide; E:Purple Osier, Purple Willow; F:Osier rouge, Saule pourpre · ℏ ℏ d Z5 III-IV ⚥ Ⓝ; Eur.* exc. Sc; TR, Palaest., Cauc., N-Iran, W-Sib., C-As., China, Jap., NW-Afr., nat. in Sc
- **pyrifolia** Andersson 1867 · D:Balsam-Weide; E:Balsam Willow · ℏ ℏ d Z4 IV; Can.; USA: NE, NCE
- **rehderiana** C.K. Schneid. ex Sarg. 1916 · D:Rehders Weide; E:Rehder's Willow · ℏ ℏ d Z6 IV Ⓝ; China: Sichuan, Kansu
- × **reichardtii** A. Kern. 1860 (*S. caprea* × *S. cinerea*) · D:Reichhardts Weide; E:Reichhardt's Willow · d; D, A+
- **repens** L. 1753 · D:Kriech-Weide · [27700]
  'Bergen' [33560]
  'Boyd's Pendulous' [25348]
  'Iona' [14193]
  'Voorthuizen' [33869]
  - subsp. **dunensis** Rouy 1910 · D:Dünen-Weide, Sand-Kriech-Weide; E:Sand Willow; F:Saule rampant argenté · ℏ ℏ d Z5 IV-V; Eur.: BrI, Sc, Fr, D, Balt. [15905]
  - subsp. **repens** · D:Gewöhnliche Kriech-Weide; E:Creeping Willow; F:Saule rampant · ℏ d Z5 IV-VI Ⓝ; Eur.*, W-As., C-As., Sib.
  - subsp. *rosmarinifolia* (L.) Hartm. = Salix rosmarinifolia
  - var. *argentea* (Sm.) Cariot ex St.-Lag. 1889 = Salix repens subsp. dunensis

- var. *nitida* Wender. 1846 = Salix repens subsp. dunensis
- **reticulata** L. 1753 · D:Netz-Weide; E:Net Leaved Willow; F:Saule à feuilles réticulées · ♄ ♄ d △ Z4 VII; Eur.*; N, mts.; W-Sib., E-Sib., Amur, Kamchat., Mong., Alaska, Can. [37629]
- **retusa** L. 1759 · D:Stumpfblättrige Weide · ♄ ♄ d ⤳ △ Z4 VII-VIII; Eur.* exc. BrI, Sc; mts. [25347]
- × **retusoides** J. Kern. 1862 [36105]
- *rigida* Muhl. = Salix eriocephala
- **rosmarinifolia** L. 1753 · D:Rosmarinblättrige Weide; F:Saule rampant à feuilles de romarin · ⊙ ⚘ ♄ ♄ Z5 IV-V; Eur.* exc. BrI, Ib; W-Sib., E-Sib., C-As. [22170]
- × **rubens** Schrank 1789 (*S. alba* × *S. fragilis*) · D:Fahl-Weide, Hohe Weide; E:Hybrid Crack Willow · ♄ d Z4 III-V; Eur.: C-Eur. + [17365] 'Basfordiana' c. 1863 [25353] 'Godesberg' [22180]
- × **rubra** Huds. 1762 (*S. purpurea* × *S. viminalis*) · D:Blend-Weide; E:Green-leaf Willow · ♄ ♄ d Z5; Eur.
- *sachalinensis* F. Schmidt = Salix udensis
- **schraderiana** Willd. 1803 · D:Zweifarbige Weide · ♄ d Z5 VI-VII; Eur.: IB, F, D, EC-Eur., RO, W-Russ.; mts. [22190]
- × **sepulcralis** Simonk. 1890 (*S. babylonica* × *S.* × *chrysocoma*) · D:Trauer-Weide; E:Weeping Willow · ♄ d Z5; cult. Eur. 'Erythroflexuosa' [13221]
- *nothovar. chrysocoma* (Dode) Meikle 1985 = Salix × chrysocoma
- × **sericans** Tausch ex A. Kern. 1860 (*S. caprea* × *S. viminalis*) · ♄ ♄ d Z5 III-IV; cult.
- **sericea** Marshall 1785 · D:Seidige Weide; E:Silky Willow · ♄ d; Can.: E; USA: NE, NCE, NC, SE
- **serpyllifolia** Scop. 1772 · D:Quendelblättrige Weide; E:Thyme-leaved Willow · ♄ ♄ d ⤳ △ Z2 VII; Eur.: F, I, C-Eur., Slove., Bosn.; Alp. [31472]
- **silesiaca** Willd. 1806 · D:Schlesische Weide; E:Silesian Willow · ♄ d Z6; Carp., Ba
- × **simulatrix** F.B. White 1890 (*S. arbuscula* × *S. herbacea*) · ♄ d ⤳ Z5; BrI: Scotland [22210]
- × **smithiana** Willd. 1809 (*S. cinerea* × *S. viminalis*) · D:Kübler-Weide · ♄ d Z5 IV-V; Eur.: CH, D, A

+ [22220]
- × **sordida** A. Kern. 1860 (*S. cinerea* × *S. purpurea*) · ♄ d Z5; Eur. + cult.
- *speciosa* Nutt. = Salix lasiandra
- *splendida* Nakai = Chosenia arbutifolia
- **starkeana** Willd. 1806 · D:Bleiche Weide · ♄ d Z5 IV-V; Eur.: Sc, D, EC-Eur., RO, Russ. [25361]
- × **stipularis** Sm. 1803 (*S. cinerea* × *S. viminalis* × ?) · ♄ d Z6; cult.
- **subopposita** Miq. 1867 · D:Japanische Weide · ♄ d Z6 IV-V; Jap., Korea [37008]
- **tarraconensis** Pau 1915 · ♄ d; Eur.: NE-Sp. [25362]
- × **tetrapla** Walk. ex K. Koch 1872 [21645]
- **triandra** L. 1753 · D:Mandel-Weide · [27710] 'Semperflorens' [34784]
- subsp. **discolor** (W.D.J. Koch) Arcang. · ♄ ♄ d Z5; S-Eur., E-Eur, Alp.
- subsp. **triandra** · D:Gewöhnliche Mandel-Weide; E:Almond Leaved Willow; F:Saule à trois étamines, Saule amandier · ♄ ♄ d Z4 IV-V ⓝ; Eur.*, TR, Iraq, Cauc., Iran, W-Sib., E-Sib., Amur, C-As., Afgh., Mong., China, Manch., Jap.
- × **tsugaluensis** Koidz. 1930 (*S. integra* × *S. vulpina*) [25364] 'Ginme'
- **udensis** Trautv. et C.A. Mey. 1856 · D:Amur-Weide; E:Sakhalin Willow · ♄ d Z5; E-Sib., Amur, Sachal., Kamchat., Jap. 'Sekka' [30069]
- **uva-ursi** Pursh 1814 · D:Bärentrauben-Weide; E:Bearberry Willow · ♄ d ⤳ △ Z1; Alaska, Can., USA: NE; Greenl. [25365]
- **viminalis** L. 1753 · D:Hanf-Weide, Korb-Weide; E:Common Osier, Osier; F:Osier des vanniers, Osier vert · ♄ ♄ d Z4 III-IV ⓝ; Eur.: Fr, C-Eur., EC-Eur., Ba, E-Eur.; Cauc., Iran, Him., W-Sib., E-Sib., Mong., China (Sinkiang), Jap., nat. in BrI, Sc, Ib, Ap [22230]
- *vitellina* L. = Salix alba var. vitellina
- **waldsteiniana** Willd. 1806 · D:Bäumchen-Weide; E:♄ VI-VII; Eur.: I, A, D, CH, Ba; Alp., Balkan [31882]
- *wehrhahnii* Bonstedt = Salix hastata 'Wehrhahnii'
- × **wimmeriana** Gren. 1855 (*S. caprea* × *S. purpurea*) · ♄ ♄ d;

C-Eur. + [25366]
- **yezoalpina** Koidz. 1916 · ♄ d Z5; Jap. (Hokkaido); mts. [11449]

Salmalia Schott et Endl. = Bombax
- *malabarica* (DC.) Schott et Endl. = Bombax ceiba

Salpichroa Miers 1845 -f- *Solanaceae* · (S. 852)
- **origanifolia** (Lam.) Baill. 1888 · D:Maiglöckchenwein; E:Lily-of-the-Valley Vine · ♄ d ⚥ ⚘ D Z8 ⓚ; S-Bras., Urug., Arg., nat. in S-Eur., NW-Afr.

Salpiglossis Ruiz et Pav. 1794 -f- *Solanaceae* · (S. 852)
- D:Trompetenzunge; F:Salpiglossis
- **sinuata** Ruiz et Pav. 1846 · D:Trompetenzunge; E:Painted Tongue, Salpiglossis · ⊙ Z8 VI-VIII; Chile

Salpinga Mart. ex DC. 1828 -f- *Melastomataceae* · (S. 632)
- **margaritacea** (Naudin) Triana 1871-72 · ⚘ ⓦ; Bras.

Salsola L. 1753 -f- *Chenopodiaceae* · (S. 415)
- D:Salzkraut, Sodakraut; F:Soude
- **kali** L. · D:Gewöhnliches Kali-Salzkraut; E:Russian Thistle · ⊙ VII-IX ⚡; Eur.*, TR, Levante, As., N-Afr.
- **soda** L. 1753 · D:Soda-Salzkraut, Sodakraut · ⊙; Eur.: Ib, Fr, Ap, Ba, H, E-Eur.; TR, Levante, Cauc., W-Sib., C-As., NW-Afr.
- **vermiculata** L. 1753 · ♄ e ⓚ; Eur.: Ib, Sard., Sic.; Maroc., Alger.

Salvia L. 1753 -f- *Lamiaceae* · (S. 591)
- D:Salbei; E:Sage; F:Sauge
- **aethiopis** L. 1753 · D:Mohren-Salbei, Ungarischer Salbei; E:African Sage · ⊙ ⚘ Z7 VI-VII ⓝ; Eur.* exc. BrI, Sc; TR, Cauc., Iran, nat. in N-Am.
- **africana-caerulea** L. 1753 · ♄ e Z9 ⓚ; S-Afr. (Cape Prov.)
- **africana-lutea** L. 1753 · ♄ Z9 ⓚ; S-Afr. (Kap)
- **algeriensis** Desf. 1798 · ⊙ Z8 ⓚ; NW-Afr.
- *amplexicaulis* Benth. = Salvia virgata
- **apiana** Jeps. 1908 · D:Indianischer Räucher-Salbei · ♄ e Z8 ⓚ; S-Calif., Mex. (Baja Calif.)
- **argentea** L. 1962 · D:Silberblatt-Salbei; E:Silver Sage; F:Sauge

argentée · ⊙ ⚃ Z5 VII-VIII; Eur.: Ib, Ap, Ba; TR, NW-Afr. [66205]
- **arizonica** A. Gray 1878 · ⚃ Z7; USA: Tex., Ariz.
- **atrocyanea** Epling 1935 · ⚃ ⌂; Bol.
- **aucheri** Benth. 1836 · ⚃; TR
- *aurea* L. = Salvia africana-lutea
- **austriaca** Jacq. 1774 · D:Österreichischer Salbei; E:Austrian Sage · ⚃ Z6 V-IX; Eur.: A, EC-Eur., Ba, E-Eur.
- **azurea** Michx. ex Lam. 1804
  - subsp. *pitcheri* (Torr. ex Benth.) Epling 1894 = Salvia azurea var. grandiflora
  - var. **azurea** · D:Blauer Salbei; E:Blue Sage · ⚃ Z4; USA: NCE, NC, SC, SE
  - var. **grandiflora** Benth. 1848 · F:sauge azurée · ⚃ Z4 VIII-X; USA: NE, NCE, NC, SC, Ark. [66206]
- *bacheriana* = Salvia buchananii
- **barrelieri** Etl. 1777 · ⊙ ⚃ ⋀ V-VIII; Eur.: sp.; NW-Afr. [72512]
- *baumgartenii* = Salvia transsylvanica
- *bertolonii* Vis. = Salvia pratensis subsp. bertolonii
- *bicolor* Desf. = Salvia barrelieri
- *blancoana* Webb et Heldr. = Salvia lavandulifolia subsp. blancoana
- **blepharophylla** Brandegee ex Epling 1939 · ⚃ Z9 ⌂; Mex.
- **brachyantha** (Bordz.) Pobed. 1954 · ⚃; TR, Armen., NW-Iran
- **broussonetii** Benth. 1833 · ♄ ⌂; Canar.
- **buchananii** Hedge 1963 · ⚃ Z9 ⌂; Mex.
- **bulleyana** Diels 1912 · ⚃ Z6; China
- **cacaliifolia** Benth. 1848 · ⚃ Z9 ⌂; Mex., Guat.
- **caespitosa** Montbret et Aucher ex Benth. 1836 · ⚃ Z7; TR
- **campanulata** Wall. ex Benth. 1830 · ⚃ Z7; Him. (Ind.: Uttar Pradesh - SW-China)
- **canariensis** L. 1753 · ♄ e Z9 ⌂; Canar.
- **candelabrum** Boiss. 1838 · ⚃ Z7 VII-VIII; S-Sp.
- **candidissima** Vahl 1804 · ⚃ Z6; Eur.: AL, GR; TR, N-Iraq
- *cardinalis* Kunth = Salvia fulgens
- **carduacea** Benth. 1833 · D:Distel-Salbei; E:Thistle Sage · ⊙ Z8 ⌂ VII-IX; Calif.
- **castanea** Diels 1912 · ⚃ Z7; Him., China
- **chamaedryoides** Cav. 1793 · ♄ e Z8 ⌂; Mex.
- **chamelaeagnea** P.J. Bergius 1767 · ♄ e Z9 ⌂; S-Afr.
- **cinnabarina** M. Martens et Galeotti 1844 · ♄ e; S-Mex., C-Am.
- **clevelandii** (A. Gray) Greene 1892 · ♄ e Z8 ⌂; S-Calif., Mex. (Baja Calif.)
- **coahuilensis** Fernald 1900 · ♄ e; Mex.
- **coccinea** Buc'hoz ex Etl. 1777 · D:Blut-Salbei; E:Blood Sage; F:Sauge écarlate · ⊙ ⚃ ♄ ⌂ VI-X; USA: SE, SC, Fla.; Mex., W.Ind., trop. Am. [72629]
  'Coral Nymph'
  'Lady in Red' [67867]
  'Rosea'
- **coerulea** Benth. 1833 · ⊙ ⚃ ♄ Z9 ⌂; SE-Bras., Urug., Parag., Arg.
  'Black and Blue'
  'Blue Enigma'
  'Purple Majesty'
- **columbariae** Benth. 1833 · ⚃ Z7; SW-USA
- **concolor** Lamb. ex Benth. 1833 · ♄ ⌂ IX-XII; Mex., C-Am.
- **confertiflora** Pohl 1833 · ⚃ Z9 ⌂; Bras.
- **corrugata** Vahl 1804
- *cyanea* Benth. = Salvia concolor
- **cyanescens** Boiss. et Balansa 1859 · ⚃ Z7; TR
- **darcyi** J. Compton 1994 · ⚃ Z8 ⌂; Mex.
- **discolor** Kunth 1818 · D:Peruanischer Salbei · ⚃ Z9 ⌂; Peru
- **disermas** L. 1762
- **divinorum** Epling et Játiva 1962 · D:Azteken-Salbei; E:Herb of the Virgin · ⚃ ⚥ ⌂; ? Mex.: Oaxaca
- **dolomitica** Codd 1957
- **dominica** L. 1753 · ♄ e Z9 ⌂; Syr., Lebanon, Palaestina
- **dorisiana** Standl. 1950 · D:Frucht-Salbai · ♄ e Z10; Hond.
- **elegans** Vahl 1804 · D:Honigmelonen-Salbei · ♄ D Z8 ⌂ VII-VIII; Mex., Guat. [70055]
  'Scarlet Pineapple' · D:Ananas-Salbei; E:Pineapple-scented Sage · [69696]
- **farinacea** Benth. 1833 · D:Mehliger Salbei; E:Blue Sage, Mealy Sage; F:Sauge farineuse · ⊙ ⚃ ♄ d Z9 ⌂ V-X; USA: N.Mex., Tex. [16788]
  'Alba'
  'Porcelain'
  'Strata'
  'Victoria'
- **flava** Forrest ex Diels 1912 · ⚃ VII; China
- **forsskaolei** L. 1767 · ⚃ Z7; Eur.: BG, GR; TR
- **fruticosa** Mill. 1768 · ♄ Z9 ⌂ V ⚥; Eur.: I, Sic.Ba; TR, Levante, Libya
- **fulgens** Cav. 1791 · D:Kardinals-Salbei; E:Cardinal Sage, Mexican Red Sage · ♄ Z9 ⌂ VIII-X; Mex.
- **gesneriiflora** Lindl. et Paxton 1851 · ♄ e Z9 ⌂; Mex.
  'Purpurea'
- **glutinosa** L. 1753 · D:Klebriger Salbei; E:Jupiter's Distaff, Sticky Sage; F:Sauge glutineuse · ⚃ Z5 VII-X; Eur.* exc. Sc; TR, Cauc., N-Iran [66207]
- *grahamii* Benth. = Salvia microphylla var. microphylla
- *grandiflora* Etl. = Salvia tomentosa
- *grandiflora* Sessé et Moq. = Salvia fulgens
- **greggii** A. Gray 1870 · D:Herbst-Salbei; E:Autumn Sage · ♄ ♄ Z8 ⌂ IX-X; Tex., Mex.
  'Alba'
  'Peach' [68945]
  'Raspberry Royal' [68946]
  'Sungold'
- *guaranitica* A. St.-Hil. ex Benth. = Salvia coerulea
- *haematodes* L. = Salvia pratensis subsp. haematodes
- **haenkei** Benth. 1833
- **heerii** Regel 1855 · ♄ Z10 ⌂ I-XII; Peru [11285]
- **hians** Royle ex Benth. 1833 · ⚃ Z6 VII-VIII; Kashmir [66209]
- **hierosolymitana** Boiss. 1853 · ⚃ Z8 ⌂; Syr., Lebanon, Israel
- *horminum* L. = Salvia viridis
- × **ianthina** Otto et A. Dietr. 1847 (*S. mexiae × S. splendens*) · ⚃ Z10 ⌂; cult. in Mex.
- **interrupta** Schousb. 1800 · ♄ e Z9 ⌂; Maroc.
- **involucrata** Cav. 1793 · ♄ ♄ Z9 ⌂ VII-IX; Mex., C-Am. [71942]
  'Bethellii'
  'Hadspen'
- **iodantha** Fernald 1900 · ⚃ ⌂; Mex.
- × **jamensis** J. Compton 1994 (*S. greggii × S. microphylla*) · ♄ e Z8 ⌂; cult.
  'La Luna'
  'Los Lirios'
  'Pat Vlasto'
- **japonica** Thunb. 1783 · ⚃ Z8 ⌂; Jap., Korea, China, Taiwan
- **judaica** Boiss. 1853 · ⚃ Z9 ⌂; Palaest.
- **jurisicii** Košanin 1926 · D:Serbischer Salbei · ⚃ △ Z6 VI-IX; Maced. [66210]

- *lanata* Stokes = Salvia aethiopis
- **lavandulifolia** Vahl 1804
  - subsp. **blancoana** (Webb et Heldr.) Rosua et Blanca 1850 · ♄ Z8 ⌂; S-Sp., Maroc.
  - subsp. **lavandulifolia** · D:Spanischer Salbei; E:Spanish Sage; F:Sauge à feuilles de lavande · ♃ ♄ e D Z7 VI-VIII ⚥ ; Eur.: sp., S-F [66211]
  - var. *gallica* · ♃ ♄ e; Eur.: F, CH
- **lemmonii** A. Gray 1885
- **leucantha** Cav. 1791 · D:Strauchiger Salbei; E:Mexican Bush Sage · ♄ d ⋈ Z10 ⌂ VII-VIII; Mex.
- **leucophylla** Greene 1892 · ♄ e Z8 ⌂; S-Calif.
- *libanotica* Boiss. et Gaill. = Salvia fruticosa
- **lyrata** L. 1753 · ♃ Z5; USA: NE, NEC, SE, Fla., Tex.
- **madrensis** Seem. 1856 · ♃; Mex.
- **mellifera** Greene 1892 · D:Kalifornischer Salbei · ♄ e Z8 ⌂; Calif., Mex. (Baja Calif.)
- *menthifolia* Ten. = Salvia chamaedryoides
- **mexicana** L. 1753 · ♃ Z9 ⌂; Mex.
- **microphylla** Kunth 1818
  'Cerro Potosi'
  'Grahamii'
  'Pink Blush'
  - var. **microphylla** · ♄ e Z9 ⌂ VII-IX; Mex.
  - var. **neurepia** (Fernald) Epling 1939 · ♄ Z9 ⌂; Mex.
  - var. **wislizenii** A. Gray 1886 · ♄ Z9 ⌂; Mex.
- **miniata** Fernald 1900 · ♄ e; S-Mex.
- **misella** Kunth 1818
- **moorcroftiana** Wall. ex Benth. 1830 · ♃ Z7; Him. (Pakistan - SW-China)
- **multicaulis** Vahl 1804 · ♄ Z8 ⌂; TR, Palaest., Syr., Sinai, N-Iraq, Iran [66212]
- **munzii** Epling 1935 · ♄ e Z8 ⌂; S-Calif., Mex. (Baja Calif.)
- **nemorosa** L. 1762 · D:Steppen-Salbei · [60490]
  'Adrian' [66214]
  'Amethyst' [66215]
  'Blauhügel' Pagels [66216]
  'Blaukönigin' Benary [66217]
  'Forncett Dawn'
  'Mainacht' Foerster 1956 [66219]
  'Negrito' Pagels [66220]
  'Ostfriesland' Pagels 1954 [66224]
  '*Plumosa*' = Salvia nemorosa 'Pusztaflamme'
  'Pusztaflamme' [68178]
  'Rügen" = Salvia nemorosa 'Ostfriesland'
  'Schneehügel' [66225]
  'Tänzerin' [66226]
  'Viola Klose' [70016]
  'Wesuwe' [66228]
  - subsp. **nemorosa** · D:Gewöhnlicher Steppen-Salbei; E:Wild Sage, Woodland Sage · ♃ Z5 VI-VII; Eur.: C-Eur., EC-Eur., Ba, Ap, E-Eur.; TR, Cauc., Iran, Afgh., nat. in BrI, Sc
  - subsp. **pseudosylvestris** (Stapf) Bornm. 1907 · D:Hoher Steppen-Salbei · ♃ Z5; BG., Russ.
  - subsp. **tesquicola** (Klokov et Pobed.) Soó 1965 = Salvia nemorosa subsp. pseudosylvestris
- *neurepia* Fernald = Salvia microphylla var. neurepia
- **nilotica** Juss. ex Jacq. 1777
- **nipponica** Miq. 1865 · ♃; Jap.; mts.
- **nubicola** Wall. ex Sweet 1826 · ♃ Z7; C-As., Him.
- **nutans** L. 1753 · ♃ Z5 VI-VIII; Eur.: H, Maced., BG, E-Eur.
- **officinalis** L. 1753 · D:Echter Salbei; E:Common Sage; F:Sauge officinale · ♄ e D Z7 ∧ V-VII ⚥ ℕ; Eur.: Slove., Croatia, Bosn., YU, Maced., AL, ? GR, nat. in Sp, F, Ap, CH, RO [74006]
  'Albiflora' [69565]
  'Aurea' [66231]
  'Berggarten' [66232]
  'Grete Stölzle' [68179]
  'Icterina' [68581]
  'Purpurascens' [66233]
  'Rosea'
  'Tricolor' [66234]
- **oppositiflora** Ruiz et Pav. 1798 · ♄ Z10 ⌂; Peru
- **patens** Cav. 1799 · D:Mexikanischer Salbei; E:Blue Sage · ♃ Z8 ⌂ ∧ VI-IX; Mex. [16791]
  'Cambridge Blue'
  'Guanajuato'
  'Oxford Blue'
  'White Trophy' [74009]
- *peleponnesiaca* Boiss. et Heldr. = Salvia verticillata
- **pisidica** Boiss. et Heldr. ex Benth. 1848 · ♃; TR
- *pitcheri* Torr. ex Benth. = Salvia azurea var. azurea
- **polystachya** Cav. 1791
- **pratensis** L. 1753 · D:Wiesen-Salbei; E:Meadow Clary; F:Sauge des prés · ♃ V-VIII; Eur.* exc. Sc; Cauc., nat. in Sc [66236]
  'Lapis Lazuli'
  'Mittsommer' [66239]
  - subsp. **bertolonii** (Vis.) Soó
  1974 · ♃
  - subsp. **haematodes** (L.) Briq. 1894 · F:Sauge des prés · ♃ Z3 VI-VIII; Eur.: I [66238]
- **przewalskii** Maxim. 1881 · ♃ Z7 VI; China
- **purpurea** Cav. 1793 · ♃ ♄ Z9 ⌂; Mex., C-Am. [60066]
- **recognita** Fisch. et C.A. Mey. 1854 · ♃ Z6 VII-VIII; TR
- *regeliana* Trautv. = Salvia verticillata
- **regla** Cav. 1799 · ♄ e Z9 ⌂; USA: Tex.; Mex.
- **repens** Burch. ex Benth. 1833 · D:Afrikanischer Räucher-Salbei · ♃ Z8 ⌂; S-Afr.
- **reptans** Jacq. 1798 · ♃ Z9 ⌂; Mex.
- **ringens** Sibth. et Sm. 1806 · ♃ Z7 ∧ VI-VII; Eur.: Ba, RO; Cauc. [66240]
- *riparia* Kunth = Salvia misella
- **roborowskii** Maxim. 1881 · ⊙ ⊙; Him., China
- **roemeriana** Scheele 1849 · ⊙ ♃ Z8 ⌂; USA: Tex.; Mex.
- *rutilans* Carrière = Salvia elegans
- **scabiosifolia** Lam. 1792 · ♃ △ Z6 VII-VIII; NE-BG, Krim
- **scabra** Thunb. 1800 · ♃ Z8 ⌂; S-Afr.
- **sclarea** L. 1753 · D:Muskateller-Salbei; E:Clary; F:Toute-bonne · ♃ D Z5 VI-VII ⚥ ℕ; C-As., nat. in A, CH [66241]
  'Alba'
  'Turkestanica' [70017]
  - var. *turkestanica* Mottet = Salvia sclarea
- **semiatrata** Zucc. 1830 · ♄ e ⌂; S-Mex.
- **sessei** Benth. 1833 · ♄ ♄ e Z9 ⌂; Mex.
- **sinaloensis** Fernald 1900 · ♃ Z9 ⌂; Mex. [60132]
- **somalensis** Vatke 1881
- **spathacea** Greene 1892 · ♃ Z8 ⌂; Calif.
- **splendens** Sellow ex Roem. et Schult. 1817 · D:Pracht-Salbei; E:Scarlet Sage; F:Sauge écarlate · ♃ ♄ Z10 ⌂ V-IX; Bras. [16792]
- **staminea** Pobed. 1836 · ♃; TR, Cauc., N-Iran
- **stenophylla** Burch. ex Benth. 1833 · ♃ Z10 ⌂; S-Afr., Botswana, Namibia
- × *superba* (Silva Tar. et C.K. Schneid.) Stapf = Salvia nemorosa
- **sylvesris** L. 1753 [60091]
- *sylvestris* hort. = Salvia nemorosa
- **taraxacifolia** Coss. et Balansa,

1873 · ⚁ Z9 ⓚ; Maroc.
- **tiliifolia** Vahl 1794 · ⊙ Z10; Mex., C-Am., Col., Ecuad.
- **tomentosa** Mill. 1768 · ⚁ ∧ VI-VII; Eur.: Ba, Krim; TR, Syr.
- *transcaucasica* = Salvia staminea
- **transsylvanica** (Schur ex Griseb. et Schenk) Schur 1853 · ⚁; Eur.: RO [66242]
- *triloba* L. f. = Salvia fruticosa
- **uliginosa** Benth. 1833 · ⚁ Z7 ∧ VII-IX; S-Bras., Urug., Arg. [69264]
- **urica** Epling 1939
- **verbascifolia** M. Bieb. 1819 · ⊙ ⚁ Z6 VII-VIII; TR, Cauc.
- **verbenaca** L. 1753 · D:Eisenkraut-Salbei; E:Vervain, Wild Clary · ⚁ Z6; Eur.: Ib, Fr, BrI, Ap, Ba, Krim; TR, Levante, Cauc., N-Afr.
- **verticillata** L. 1753 · D:Quirlblütiger Salbei · ⚁ Z6 VI-IX; Cauc., nat. in BrI, Sc, N-Am. [60633]
  'Alba' [68180]
  'Purple Rain' [66243]
- **virgata** Jacq. 1770 · ⚁ Z7; Eur.: I, Ba, Krim; TR, Cyprus, Cauc., N-Iraq, Iran, Afgh., C-As. [66204]
- **viridis** L. 1753 · D:Schopf-Salbei; E:Annual Clary, Bluebeard; F:Sauge verte · ⊙ ⚁ Z8 ⓚ VI-VIII ⚔; Eur.: Ib,Ap, Ba, Krim; TR, Levante, Cauc., N-Iraq, Iran, NW-Afr., nat. in A [16789]
  'Blauer Vogel'
  'Pink Gem'
  'White Swan'
- **viscosa** Sessé et Moq. 1781 · ⚁; TR, Lebanon, Palaest.

Salvinia Ség. 1754 -f- *Salviniaceae* · (S. 80)
D:Schwimmfarn; E:Floating Fern; F:Fougère flottante, Salvinie
- **auriculata** Aubl. 1775 · D:Westindischer Schwimmfarn; E:Butterfly Fern · ⚁ ≈ Z10 ⓦ; USA: Fla., Mex., Bermuda, W.Ind., S-Am.
- **minima** Baker 1886 · ⚁ ≈ Z10 ⓦ; Mex., C-Am., S-Am.
- **natans** (L.) All. 1785 · D:Gewöhnlicher Schwimmfarn; E:Floating Fern; F:Salvinia nageante · ⊙ ≈ ⓚ VIII-X ▽; Eur.: Ib, D, Ap, EC-Eur., Ba, E-Eur.; TR, Cauc., W-Sib., C-As., Him., Indochina., Amur, China, Korea, Jap., Alger. [67342]
- *rotundifolia* Willd. = Salvinia auriculata

Samanea (DC.) Merr. = Albizia
- *saman* (Jacq.) Merr. = Albizia saman

Sambucus L. 1753 -f- *Caprifoliaceae* · (S. 396)
D:Attich, Holunder; E:Elder; F:Sureau
- **caerulea** Raf. 1838 · D:Blauer Holunder; E:Blue Elder, Blue Elderberry · ♄ d ⊛ D Z5 VI-VII Ⓝ; Can.: B.C., USA: NW, Rocky Mts., Calif., SW, Tex.; N-Mex., Baja Calif.
- **callicarpa** Greene 1892 · D:Pazifischer Hollunder; E:Pacific Coast Red Elderberry · ♄ ♄ d ⊛ Z6 VI-VII; Alaska, Can.; USA: NW, Calif., SW, Rocky Mts. [31268]
- **canadensis** L. 1753 · D:Kanadischer Holunder; E:American Elder; F:Sureau du Canada · ♄ d ⊛ D Z5 VI-VII Ⓝ; Can.: E; USA: NE, NCE, SC, SE, Fla.; Mex., W.Ind. [25367]
  'Aurea' [22250]
  'Maxima' [22260]
- **ebulus** L. 1753 · D:Attich, Zwerg-Holunder; E:Danewort, Dwarf Elder · ⚁ D Z5 VI-VIII ⚡ ⚔; Eur.* exc. BrI, Sc; TR, Syr. Lebanon, N-Iran, W-Iran, nat. in BrI Sc [66244]
- *glauca* Nutt. ex Torr. et A. Gray = Sambucus caerulea
- **kamtschatica** E.L. Wolf 1923 · ♄ d Z2; Kamchat., E-Sib.
- **melanocarpa** A. Gray 1883 · D:Schwarzfrüchtiger Holunder; E:Black Elderberry · ♄ d ⊛ Z6 VII-VIII; Can.: B.C.; USA: NW, Idaho, Calif., SW
- **nigra** L. 1753 · D:Schwarzer Holunder; E:Common Elder, Elderberry; F:Sureau commun, Sureau noir · ♄ d ⊛ D Z5 VI-VII ⚡ Ⓝ; Eur.*, TR, N-Iraq, W-Iran [22270]
  'Albovariegata' = Sambucus nigra
    'Marginata'
  'Aurea' 1883 [22280]
  'Aureomarginata' [33616]
  'Guincho Purple' 1954 [13226]
  'Haschberg' [33755]
  'Laciniata' 1650 [22300]
  'Madonna' 1987 [14825]
  'Marginata' 1846 [25382]
  'Pulverulenta' [30043]
  'Pygmy' [19478]
  'Riese aus Vossloch' [33618]
- **pubens** Michx. 1805 · D:Stinkender Hollunder; E:Red Berried Elder, Red Elder · ♄ d ⊛ Z5 VI-VII; Alaska, Can., USA* exc. SW [25386]

- **racemosa** L. 1753 · ♄ d [25392]
  'Plumosa Aurea' c. 1894 [28710]
  'Sutherland Gold' 1971 [40013]
  'Tenuifolia' 1893 [19479]
  - subsp. **racemosa** · D:Roter Holunder, Trauben-Holunder; E:Red Berried Elder, Red Elderberry; F:Sureau à grappes, Sureau rouge · ♄ d ⊛ Z4 IV-V ⚔ Ⓝ; Eur.* exc. BrI, Sc, nat. in BrI, Sc
  - var. *callicarpa* (Greene) Jeps. 1901 = Sambucus callicarpa
- **sachalinensis** Pojark. 1958
- **sieboldiana** Blume ex Miq. 1909 · D:Japanischer Trauben-Holunder · ♄ ♄ d Z6 IV-V; Jap., Korea, ? China [25391]
- *tigranii* Troitsky = Sambucus racemosa

Samolus L. 1753 -m- *Primulaceae* · (S. 715)
D:Bunge; E:Brookweed; F:Samole
- *floribundus* Kunth = Samolus parviflorus
- **parviflorus** Raf. 1818 · ⚁ ⌢ ≈ Z6 ⓚ; Alaska, Can.: E, B.C.; USA: NE, NCE, SE, Fla., Calif.; Mex., trop. Am.
- **valerandi** L. 1753 · D:Salz-Bunge · ⚁ Z6 VI-X; Eur.*, TR, Cauc., Iran, C-As., Him., China, N-Afr., cosmop.

Sampacca Kuntze = Michelia
- *euonymoides* Kuntze = Michelia champaca var. champaca
- *excelsa* (Wall.) Kuntze = Michelia doltsopa
- *parviflora* (Deless.) Kuntze = Michelia figo var. figo
- *suaveolens* (Pers.) Kuntze = Michelia champaca var. champaca
- *velutina* Kuntze = Michelia champaca var. champaca

Samuela Trel. 1902 -f- *Agavaceae*
- **carnerosana** Trel. 1902 · ♄ e Z9 ⓦ Ⓝ; SW-Tex., Mex.
- **faxoniana** Trel. 1902 · ♄ e Z9 ⓚ; SW-Tex., N-Mex.

Sanchezia Ruiz et Pav. 1794 -f- *Acanthaceae* · (S. 134)
D:Sanchezie; F:Sanchezia
- **nobilis** Hook. f. 1866 · ♄ e Z10 ⓦ; Ecuad.
- **parvibracteata** Sprague et Hutch. 1908 · ♄ e Z10 ⓦ; trop. Am.

× **Sanderara** hort. 1937 -f- *Orchidaceae* ·

(*Brassaia* × *Cochlioda* × *Odontoglossum*)

Sandersonia Hook. 1853 -f-
Colchicaceae · (S. 981)
D:Laternenlilie; E:Chinese
Lantern Lily; F:Cloche de Noël,
Lanterne chinoise
– **aurantiaca** Hook. 1853 · D:Laternenlilie; E:Chinese Lantern Lily, Chinese Lanterns · ⚄ Z9 ⓦ VII; S-Afr. [73632]

Sandoricum Cav. 1789 -n-
Meliaceae · (S. 637)
– *indicum* Cav. = Sandoricum koetjape
– **koetjape** (Burm. f.) Merr. 1912 · ♄ e ⊗ Z10 ⓦ ⓝ; Malay. Arch.

Sanguinaria L. 1753 -f-
Papaveraceae · (S. 688)
D:Blutwurzel; E:Bloodroot, Red
Pucoon; F:Sanguinaire
– **canadensis** L. 1753 · D:Blutwurzel; E:Bloodroot; F:Sanguisorbe du Canada · ⚄ Z3 IV-V ⚥ ⚔; Can.: E; USA: NE, NCE, SC, SE, Fla. [66245]

Sanguisorba L. 1753 -f- *Rosaceae* · (S. 763)
D:Wiesenknopf; E:Burnet; F:Sanguisorbe
– **albiflora** (Makino) Makino 1913 · ⚄; Jap.
– **armena** Boiss. 1856 · ⚄; NE-TR, Cauc
– **canadensis** L. 1753 · D:Kanadischer Wiesenknopf · ⚄ Z4 VII-X; Can.: E; USA: NE, NCE, SE [70672]
– **dodecandra** Moretti 1833 · ⚄ Z7; N-I (Prov. Sondrio)
– **hakusanensis** Makino 1907 · ⚄ Z7; Jap., Korea; mts.
– *maior* Gilib. = Sanguisorba officinalis
– *menziesii* Rydb. = Sanguisorba microcephala
– **microcephala** C. Presl · ⚄; Alaska, Can.: B.C.; USA: NW, N-Calif. [72476]
– **minor** Scop. 1771 · D:Kleiner Wiesenknopf · [67111]
  – subsp. **minor** · D:Gewöhnlicher Kleiner Wiesenknopf; E:Salad Burnet, Small Burnet; F:Pimprenelle sanguisorbe · ⚄ Z5 V-VIII ⚥ ⓝ; Eur.*, TR, Cauc., N-Iran, W-Him., W-Sib. (Altai), C-As., NW-Afr., Libya
  – subsp. *muricata* (Spach) Briq.

1913 = Sanguisorba minor subsp. polygama
  – subsp. **polygama** (Waldst. et Kit.) Holub 1978 · D:Höckerfrüchtiger Wiesenknopf · ⚄ Z5 VI-VII ⓝ; Eur.*, TR, Cauc., C-As., W-As., N-Afr.
– *muricata* (Spach) Gremli = Sanguisorba minor subsp. polygama
– **obtusa** Maxim. 1874 · F:Sanguisorbe du Japon · ⚄ ⚔ Z5 VII-IX; Jap. [66248]
  'Alba'
– **officinalis** L. 1753 · D:Großer Wiesenknopf; E:Great Burnet · ⚄ Z4 VI-VIII ⚥ ⓝ; Eur.*, W-Sib., E-Sib., C-As. [66249]
  'Tanna' [71572]
– *polygama* (Waldst. et Kit.) Beck = Sanguisorba minor subsp. minor
– *spinosa* (L.) Bertol. = Sarcopoterium spinosum
– **stipulata** Raf. 1833 · ⚄; Jap.
– **tenuifolia** Fisch. ex Link 1821 · F:Sanguisorbe à feuilles fines · ⚄ Z4 VIII; E-Sib., Kamchat., Sachal., Manch., Korea, Jap. [66250]
  'Alba' [66251]
  'Pink Elephant' [72907]
  'Purpurea'

Sanicula L. 1753 -f- *Apiaceae* · (S. 183)
D:Sanikel; E:Sanicle; F:Sanicle
– **europaea** L. 1753 · D:Wald-Sanikel; E:Butterwort, Sanicle · ⚄ Z6 V-VII ⚥ ⓝ; Eur.*, TR, Cauc., N-Iran, W-Sib., Ind., Malay. Arch., N-Afr., Afr. (mts.), S-Afr. [66252]

Sansevieria Thunb. 1794 -f-
Dracaenaceae · (S. 1002)
D:Bogenhanf; E:Bowstring Hemp, Snake Plant; F:Langue de Belle-mère, Sansévière
– **arborescens** Cornu ex Gérôme et Labroy 1903 · ⚄ Z10 ⓦ; E-Afr.
– **cylindrica** Bojer 1837 · ⚄ Z10 ⓦ ⓝ; Angola
– **dooneri** N.E. Br. = Sansevieria parva
– **ehrenbergii** Schweinf. ex Baker 1875 · ⚄ Z10 ⓦ; E-Afr.
– **gracilis** N.E. Br. 1911 · ⚄ Z10 ⓦ; E-Afr.
– *grandis* Hook. f. = Sansevieria hyacinthoides
– *guineensis* (L.) Willd. = Sansevieria hyacinthoides
– *guineensis* Baker = Sansevieria metallica
– *guineensis* Gérôme et Labroy

= Sansevieria trifasciata var. trifasciata
– *hahnii* hort. = Sansevieria trifasciata 'Hahnii'
– **hyacinthoides** (L.) Druce 1913 · ⚄ ⚘ Z10 ⓦ ⓝ; S-Afr.
– **kirkii** Baker 1887 · ⚄ ⚘ Z10 ⓦ; E-Afr.
– *laurentii* De Wild. = Sansevieria trifasciata var. laurentii
– **liberica** Gérôme et Labroy 1903 · ⚄ ⚘ Z10 ⓦ; Liberia
– **longiflora** Sims 1826 · ⚄ ⚘ Z10 ⓦ ⓝ; W-Afr., C-Afr., Angola
– **metallica** Gérôme et Labroy 1903 · ⚄ ⚘ Z10 ⓦ; trop. Afr.
– **parva** N.E. Br. 1915 · ⚄ ⚘ Z10 ⓦ; E-Afr.
– **roxburghiana** Schult. et Schult. f. 1829 · ⚄ ⚘ Z10 ⓦ ⓝ; E-Ind., Myanmar
– *spicata* (Cav.) Haw. = Sansevieria hyacinthoides
– *thyrsiflora* (Petagna) Thunb. = Sansevieria hyacinthoides
– **trifasciata** Prain 1903
  'Hahnii'
  – var. **laurentii** (De Wild.) N.E. Br. 1915
  – var. **trifasciata** · D:Schwiegermutterzunge; E:Mother-in-law's Tongue · ⚄ ⚘ Z10 ⓦ ⚔ ⓝ; W-Afr.
– **zeylanica** (L.) Willd. 1799 · D:Teufelszunge; E:Devil's Tongue · ⚄ ⚘ Z10 ⓦ; Sri Lanka

Santalum L. 1753 -n- *Santalaceae* · (S. 797)
D:Sandelholz; E:Sandalwood; F:Santal blanc
– **album** L. 1753 · D:Weißes Sandelholz; E:Sandalwood, White Sandalwood · ♄ e D Z10 ⓦ ⚥ ⚔ ⓝ; ? Malay Arch.; cult. trop. As.

Santolina L. 1753 -f- *Asteraceae* · (S. 267)
D:Heiligenkraut; E:Lavender Cotton; F:Santoline
– **chamaecyparissus** L. 1753 · D:Graues Heiligenkraut; E:Lavander Cotton; F:Santoline petit cyprès · ♄ △ D Z7 ∧ VII-VIII ⚥; Eur.: Ib, Fr, Ap, Ba; Maroc., Alger., Tun. [66253]
  'Edward Bowles' [68809]
  'Lambrook Silver'
  'Small Ness'
  'Sulphurea'
  – subsp. *tomentosa* (Pers.) Arcang. 1882 = Santolina pinnata subsp. neapolitana

- **elegans** Boiss. ex DC. 1838 · ♄ e △ Z7 ∧ ▽; S-Sp.: Sierra Nevada
- *ericoides* hort. = Santolina pinnata subsp. pinnata
- *ericoides* Poir. = Santolina chamaecyparissus
- *incana* Lam. = Santolina chamaecyparissus
- × **lindavica** Sünd. (*S. chamaecyparissus* × *S. pinnata* subsp. *neapolitana*) · ♄ Z7; cult.
- *neapolitana* Jord. et Fourr. = Santolina pinnata subsp. neapolitana
- **pinnata** Viv. 1802 [72478]
  - subsp. **neapolitana** (Jord. et Fourr.) Guinea ex C. Jeffrey 1980 · ♄ e △ D Z7 ⓚ ∧ VII-VIII; S-I [72360]
  - subsp. **pinnata** · D:Gefiedertes Heiligenkraut · ♄ e Z7 VI-VII; I
- **rosmarinifolia** L. 1753
  'Primrose Gem'
  - subsp. **canescens** (Lag.) Nyman 1879 · ♄ e ⓚ; Eur.: P, SE-Sp., F
  - subsp. **rosmarinifolia** · D:Grünes Heiligenkraut; E:Green Santolina · ♄ e D Z8 ⓚ ∧ VII-VIII; Eur.: Ib, S-F; Maroc. [66255]
- *tomentosa* Pers. = Santolina pinnata subsp. neapolitana
- *virens* Mill. = Santolina rosmarinifolia subsp. rosmarinifolia
- *viridis* Willd. = Santolina rosmarinifolia subsp. rosmarinifolia

Sanvitalia Lam. 1792 -f- *Asteraceae* · (S. 268)
D:Husarenknopf; E:Creeping Zinnia; F:Bouton de hussard
- **procumbens** Lam. 1792 · D:Husarenknopf; E:Creeping Zinnia · ⊙ VII-X; Mex., Guat. [16793]
  'Aztekengold'
  'Little Sun'
  'Mandarin Orange'

Sapindus L. 1753 -m- *Sapindaceae* · (S. 803)
D:Seifenbaum; E:Soapberry; F:Arbre à savon, Savon indien
- *drummondii* Hook. et Arn. = Sapindus saponaria var. drummondii
- **mukorossi** Gaertn. 1788 · ♄ e Z9 ⓚ ⚥ Ⓝ; Him., Myanmar, China, Jap. [25393]
- **pubescens** Zoll. et Moritzi 1846
- **rarak** DC. 1824 · ♄ e Z10 ⓚ ⚥ Ⓝ; Indochina, Malay. Arch.

- **saponaria** L. 1753
  - subsp. **saponaria** · ♄ e Z10 ⓚ ⚥ Ⓝ; USA: SE, Fla.; Mex., W.Ind., S-Am.
  - var. **drummondii** (Hook. et Arn.) L.D. Benson 1943 · ♄ d Z8 ⓚ; USA: SE, , Kans., Tex., Ariz.; N-Mex.
- **trifoliatus** L. 1753 · ♄ e Z10 ⓚ Ⓝ; Ind., Sri Lanka

Sapium P. Browne 1756 -n- *Euphorbiaceae* · (S. 487)
D:Talgbaum; E:Tallow Tree; F:Arbre à suif
- **japonicum** (Siebold et Zucc.) Pax et K. Hoffm. 1912 · ♄ d Z9 ⓚ; China, Korea, Jap.
- **sebiferum** (L.) Roxb. 1832 · D:Chinesischer Talgbaum; E:Chinese Tallow Tree · ♄ e Z9 ⓚ ⚥ Ⓝ; C-China, S-China, Hainan, Taiwan, N-Vietn., nat. in SE-USA [25394]

Saponaria L. 1753 -f- *Caryophyllaceae* · (S. 404)
D:Seifenkraut; E:Soapwort; F:Saponaire
- **bellidifolia** Sm. 1791 · ♃ △ Z7 V-VI; Eur.: Ib, Fr, Ap, Ba, RO
- × **boissieri** hort. (*S. caespitosa* × *S. ocymoides*) · ♃; cult.
- **caespitosa** DC. 1808 · ♃ △ Z7 V-VI; Eur.: sp., F; Pyr. [68651]
- **calabrica** Guss. 1826 · D:Kalabrisches Seifenkraut; E:Calabrian Soapwort · ⊙ VI-IX; Eur.: I, Ba
- **chlorifolia** Kunze 1846 · ⊙; TR
- **cypria** Boiss. 1888 · ♃ ⓚ ∧ VIII-IX; Cyprus
- *graeca* Boiss. = Saponaria calabrica
- **haussknechtii** Simmler 1910 · ♃ △ VIII-IX; GR
- × **lempergii** hort. (*S. cypria* × *S. haussknechtii*) · ♃ △ VIII-IX; cult.
  'Max Frei' [66258]
- **lutea** L. 1762 · D:Gelbes Seifenkraut; E:Yellow Soapwort · ♃ △ Z6 VII-VIII; Eur.: F, I, CH; Alp. [66259]
- **ocymoides** L. 1753 · D:Kleines Seifenkraut, Rotes Seifenkraut; E:Rock Soapwort, Tumbling Ted; F:Saponaire faux-basilic · ♃ ⤳ △ Z4 VII-X; Eur.: Ib, Fr, Ap, Ba, C-Eur., nat. in CZ [66260]
  'Alba'
  'Snowtip' [66261]
  'Splendens'
- **officinalis** L. 1753 · D:Ech-

tes Seifenkraut; E:Soapwort; F:Saponaire officinale · ♃ Z4 VI-IX ⚥ Ⓝ; Eur.* exc. Sc, BrI; TR, Cauc., W-Sib., nat. in Sc, BrI, Jap., N-Am. [66262]
  'Alba Plena' [69569]
  'Dazzler'
  'Rosea Plena' [69570]
  'Rubra Plena'
  'Variegata' = Saponaria officinalis 'Dazzler'
- × **olivana** Wocke (*S. caespitosa* × *S. pumilio*) · F:Saponaire rose hybride · ♃ △ VI-VII; cult. [66265]
  'Bressingham' [66266]
  'Rosenteppich' Kummert [66256]
- *ortegioides* (Fisch. et C.A. Mey.) Boiss. et Balansa = Phrynella ortegioides
- *pumila* Janch. ex Hayek = Saponaria pumilio
- **pumilio** (L.) Fenzl ex A. Braun 1843 · D:Zwerg-Seifenkraut; E:Dwarf Soapwort · ♃ △ VIII; Eur.: I, A, RO; E-Alp., S-Carp. [66267]
- **sicula** Raf. 1814 · ♃ Z7; Eur.: Sic., Sard.; Alger.
  - subsp. *intermedia* (Simmler) Chater 1964 = Saponaria haussknechtii
- × **wiemannii** Fritsch 1897 (*S. caespitosa* × *S. lutea*) · ♃ △ V-VI; cult.

Saposhnikovia Schischk. 1951 -f- *Apiaceae* · (S. 183)
- **divaricata** (Turcz.) Schischk. 1951 · ♃; E-Sib., Mong., Amur, Manch., China, Korea

× **Sappanara** hort. -f- *Orchidaceae* · (*Arachnis* × *Phalaenopsis* × *Renanthera*)

Saraca L. 1767 -f- *Caesalpiniaceae*
- **indica** L. 1767

Sarcanthus Lindl. = Cleisostoma
- *filiformis* Lindl. = Cleisostoma filiforme
- *racemifer* (Lindl.) Rchb. f. = Cleisostoma racemiferum

Sarcocapnos DC. 1821 -f- *Fumariaceae* · (S. 539)
- **enneaphylla** (L.) DC. 1821 · ♃ △ Z8 ⓚ VI; Eur.: sp., F (Pyr.); Maroc

Sarcocaulon (DC.) Sweet 1826 -n- *Geraniaceae* · (S. 545)
D:Buschmannskerze, Dickstängel; F:Sarcaucolon

- *burmannii* (DC.) Sweet = Sarcocaulon crassicaule
- **crassicaule** S.E.A. Rehm 1935 · ♄ ⚥ Z9 ⓐ; Namibia
- **flavescens** S.E.A. Rehm 1935 · ♄ ⚥ Z9 ⓐ; Namibia, NW-Kap
- *herrei* L. Bolus = Monsonia herrei
- **inerme** S.E.A. Rehm 1935 · ♄ ⚥ Z9 ⓐ; Namibia
- **multifidum** E. Mey. ex R. Knuth 1912 · ♄ ⚥ Z9 ⓐ; Namibia, NW-Kap
- **patersonii** (DC.) G. Don 1889 · ♄ ⚥ Z9 ⓐ; Namibia, NW-Kap
- *peniculinum* Moffett = Monsonia peniculina
- *rigidum* Schinz = Sarcocaulon patersonii
- **vanderietiae** L. Bolus 1932 · ♄ ⚥ Z9 ⓐ; E-Kap

Sarcochilus R. Br. 1810 -m- *Orchidaceae* · (S. 1082)
- **calceolus** Lindl. · ⚘ ; Thail., Vietn., Malay. Pen., Sumatra, Kalimantan
- **falcatus** R. Br. 1810 · ⚘ Z10 ⓐ IV-V ▽ ✳; Austr.: Queensl., N.S.Wales
- **hartmannii** F. Muell. 1874 · ⚘ Z10 ⓐ III-IV ▽ ✳; W-Austr.
- *luniferus* (Rchb. f.) Benth. ex Hook. f. = Chiloschista lunifera
- *pallidus* (Blume) Rchb. f. = Pteroceras pallidum
- *unguiculatus* Lindl. = Pteroceras pallidum

Sarcococca Lindl. 1826 -f- *Buxaceae* · (S. 338)
D:Fleischbeere, Schleimbeere; E:Sweet Box; F:Buis de Noël, Sarcococca
- **confusa** Sealy 1949 · ♄ e D Z6 XII-III; orig. ? [19480]
- **hookeriana** Baill. 1859 [15064]
  - var. **digyna** Franch. 1889 · ♄ e Z7 ⓐ; China (Sichuan, NW-Yunnan) [25396]
  - var. **hookeriana** · D:Himalaya-Schleimbeere; E:Sweet Box · ♄ e D Z7 IX-XI; Afgh., W-Him.
  - var. **humilis** Rehder et E.H. Wilson 1914 · D:Niedere Himalaya-Schleimbeere; F:Sarcococca · ♄ D Z7 I-III; N-China [32012]
- *humilis* (Rehder et E.H. Wilson) Stapf ex Sealy = Sarcococca hookeriana var. humilis
- *orientalis* C.Y. Wu = Sarcococca hookeriana var. digyna

- **ruscifolia** Stapf 1910
  - var. **chinensis** (Franch.) Rehder et E.H. Wilson 1914 · ♄ e ⓐ; C-China, W-China
  - var. **ruscifolia** · D:Mäusedornblättrige Fleischbeere; E:Fragrant Sweet Box · ♄ e D Z7 XII-III; W-China, C-China [11287]
- **saligna** (D. Don) Müll. Arg. 1869 · ♄ e Z9 ⓐ XII-III ✻; Him. [25397]

Sarcopoterium Spach 1846 -n- *Rosaceae* · (S. 763)
- **spinosum** (L.) Spach 1846 · ♄ d Z8 ⓐ V-VIII; Eur.: Ap, Ba; TR, Lebanon, Syria, Palaest.

× **Sarcorhiza** hort. 1966 -f- *Orchidaceae* · (Rhinerrhiza × Sarcochilus)

Sarcostemma R. Br. 1810 -n- *Asclepiadaceae* · (S. 209)
- *aphylla* (Thunb.) R. Br. = Sarcostemma viminale
- **australe** R. Br. 1810 · ♄ ⚥ Z10 ⓐ; Austr. (excl. Victoria, Tasman)
- **viminale** (L.) R. Br. 1810 · E:Causticbush, Sacred Soma · ♄ ⚥ ⚘ Z10 ⓐ; trop. Afr., S-Afr.

× **Sarcothera** hort. 1954 -f- *Orchidaceae* · (Renanthera × Sarcochilus)

Sarmienta Ruiz et Pav. 1794 -f- *Gesneriaceae* · (S. 555)
- **repens** Ruiz et Pav. 1794
- **scandens** (Brandis) Pers. 1805 · ♄ ⚘ ↝ Z9 ⓐ II-III; Chile

Sarothamnus Wimm. = Cytisus
- *scoparius* (L.) Wimm. ex W.D.J. Koch = Cytisus scoparius subsp. scoparius

Sarracenia L. 1753 -f- *Sarraceniaceae* · (S. 810)
D:Fensterfalle, Krugpflanze, Sarrazenie, Schlauchpflanze; E:Pitcher Plant; F:Sarracénnie
- *alabamensis* Case et R.B. Case = Sarracenia rubra subsp. alabamensis
  - subsp. *wherryi* Case et R.B. Case 1976 = Sarracenia rubra subsp. wherryi
- **alata** (A.W. Wood) A.W. Wood 1863 · D:Bleiche Schlauchpflanze; E:Pale Pitcher Plant · ⚘ ↝ D Z8 ⓐ ⬜ ▽ ✳; USA: SE, Tex.

- × *atkinsoniana* hort. = Sarracenia × catesbaei
- × **catesbaei** Elliott 1824 (*S. flava* × *S. purpurea* subsp. *purpurea*) · ⚘ Z5 ⓐ; USA: SE
- × *dormeri* Hort. R. Veitch = Sarracenia × catesbaei
- *drummondii* H.B. Croom = Sarracenia leucophylla
- × *ebliana* hort. = Sarracenia × catesbaei
- × **excellens** G. Nicholson 1885 (*S. leucophylla* × *S. minor* var. *minor*)
- **flava** L. · D:Gewöhnliche Gelbe Schlauchpflanze · ⚘ ↝ Z8 ⓐ ⬜ ▽ ✳; USA: NE, SE, Fla.
- × *illustrata* Hort. Savage Garden = Sarracenia × catesbaei
- *jonesii* Wherry = Sarracenia rubra subsp. jonesii
- **leucophylla** Raf. 1817 · D:Weiße Schlauchpflanze; E:White Trumpet · ⚘ ↝ Z8 ⓐ ⬜ ▽ ✳; USA: SE, Fla.
- × *melanorhoda* Hort. Veitch ex Mast. = Sarracenia × catesbaei
- **minor** Walter · D:Gewöhnliche Fensterfalle · ⚘ ↝ Z8 ⓐ ⬜ ▽ ✳; USA: SE, Fla.
- **oreophila** (Kearney) Wherry 1933 · D:Grüne Schlauchpflanze; E:Green Pitcher Plant · ⚘ ↝ Z8 ⓐ ⬜ ▽ ✳; USA: SE
- × *patersonii* Hort. Savage Garden = Sarracenia × catesbaei
- **psittacina** Michx. 1803 · D:Papageien-Schlauchpflanze; E:Parrot Pitcher Plant · ⚘ ↝ Z8 ⓐ ⬜ ▽ ✳; USA: SE, Fla.
- **purpurea**
  - subsp. **purpurea** · D:Schlanke Braunrote Schlauchpflanze · ⚘ ↝ Z7 ⬜ ∧ VII ▽ ✳; Can.: E, Sask.; USA: NE, SE, Fla. [67343]
  - subsp. **venosa** (Raf.) Wherry 1933 · D:Bauchige Braunrote Schlauchpflanze · ⚘ Z6; USA: NE, SE
  - var. **venosa**
- **rubra** Walter 1788 · D:Kupferrote Schlauchpflanze; E:Sweet Pitcher Plant
  - subsp. **alabamensis** (Case et R.B. Case) D.E. Schnell 1978 · D:Alabama-Schlauchpflanze · ⚘ Z8 ⓐ; USA: Ala.
  - subsp. **gulfensis** D.E. Schnell 1979 · D:Golfküsten-Schlauchpflanze · ⚘ Z8 ⓐ; USA: Fla.
  - subsp. **jonesii** (Wherry) Wherry 1972 · D:Carolina-Schlauchpflanze · ⚘ ⓐ; USA: N.D., S.C.
  - subsp. **rubra** · D:Gewöhnliche

Kupferrote Schlauchpflanze · ⁊
~ Z8 ⓚ ▭ ▽ ✻; USA: SE,
Fla.
- subsp. **wherryi** (Case et R.B.
  Case) D.E. Schnell 1978 ·
  D:Olivgrüne Schlauchpflanze
- var. *jonesii* (Wherry) R.D. Sutter
  1982 = Sarracenia rubra subsp.
  jonesii
- *sledgei* Macfarl. = Sarracenia alata
- *stevensii* Hort. ex Mast. =
  Sarracenia × catesbaei
- *variolaris* Michx. = Sarracenia
  minor
- *venosa* Raf. = Sarracenia purpurea
  subsp. venosa
- × *williamsii* Hort. Bull ex Mast. =
  Sarracenia × catesbaei

Sasa Makino et Shibata 1901 -f-
Poaceae · (S. 1128)
D:Zwergbambus; F:Bambou nain
- *albomarginata* (Franch. et Sav.)
  Makino et Shibata = Sasa veitchii
- **borealis** (Hack.) Makino et
  Shibata 1901 · ♄ e Z7; Jap., Korea
- *disticha* (Mitford) E.G. Camus =
  Pleioblastus pygmaeus 'Distichus'
- *humilis* (Mitford) E.G. Camus =
  Pleioblastus humilis
- *japonica* (Siebold et Zucc. ex
  Steud.) Makino = Pseudosasa
  japonica
- **kagamiana** Makino et Uchida
  1928
  - subsp. **kagamiana** · ♄ e; Jap.
  - subsp. **yoshinoi** (Koidz.) S.
    Suzuki 1977 · ♄ e; Jap.
- **kurilensis** (Rupr.) Makino
  et Shibata 1901 · D:Kurilen-
  Zwergbambus · ♄ e Z7; Jap.,
  Korea [14166]
  'Shimofuri'
- **nipponica** (Makino) Makino et
  Shibata 1901 · ♄ e Z7; Jap.
- **oshidensis** Makino et Uchida
  1929 · ♄ e; Jap.
- **palmata** (Burb.) E.G. Camus
  1913 · D:Breitblättriger
  Zwergbambus; E:Palmate
  Bamboo · ♄ e Z7 ⟨; Jap., Sachal.
  [39827]
  fo. nebulosa 1965 (Makino) S. Suzuki
  [14089]
- *pumila* (Mitford) E.G. Camus =
  Pleioblastus argenteostriatus fo.
  pumilus
- *pygmaea* (Miq.) Rehder =
  Pleioblastus pygmaeus
- **quelpaertensis** Nakai 1933 · ♄ e;
  S-Korea (Quelpart Is.)
- *ramosa* (Makino) Makino et
  Shibata = Sasaella ramosa

- **senanensis** (Franch. et Sav.)
  Rehder 1919 · ♄ e; Jap.; mts.
  [25398]
- *tessellata* (Munro) Makino et
  Shibata = Indocalamus tessellatus
- **tsuboiana** Makino 1912 · ♄ e Z6;
  Jap. [39570]
- **vagans** Koidz. 1939 · ♄ e; Jap.
- *variegata* (Siebold ex Miq.) E.G.
  Camus = Pleioblastus variegatus
- **veitchii** (Carrière) Rehder 1919 ·
  ♄ e Z8 ⟨; Jap. [39581]
  fo. minor 1919 (Makino) Rehder

Sasaella Makino 1929 -f- Poaceae ·
(S. 1128)
- **atropurpurea** Makino et Nakai ex
  Nakai 1932
- **bitchuensis** (Makino) Makino ex
  Koidz. 1941
- *glabra* (Nakai) Nakai ex Koidz. =
  Sasaella masamuneana
- **masamuneana** (Makino) Hatus.
  et Muroi 1961 · ♄ e Z6; Jap.
  'Albostriata' [14190]
  'Aureostriata'
- **ramosa** (Makino) Makino 1929 ·
  ♄ e Z7; Jap. [67698]

Sasamorpha Nakai = Sasa
- *borealis* (Hack.) Nakai = Sasa
  borealis

Sassafras Nees 1833 -n- Lauraceae ·
(S. 600)
D:Fenchelholzbaum, Sassafras;
E:Sassafras; F:Sassafras
- **albidum** (Nutt.) Nees 1836
  [33620]
  - var. **albidum** · D:Sassafras,
    Seidiger Fenchelholzbaum;
    E:Sassafras, Silky Sassafras;
    F:Sassafras · ♄ d Z6 IV-V ⚥ ⓝ;
    USA: NE, NCE, Ark.
  - var. **molle** (Raf.) Fernald 1936 ·
    ♄ d Z6 IV-V ⚥ ⓝ; USA: NE,
    NCE, Kans., SC, SE, Fla.
- **tzumu** (Hemsl.) Hemsl. 1907 · ♄
  d; C-China

Satureja L. 1753 -f- Lamiaceae ·
(S. 591)
D:Bohnenkraut, Pfefferkraut;
E:Savory; F:Sarriette
- *acinos* (L.) Scheele = Acinos
  alpinus
- *alpina* (L.) Scheele = Acinos
  alpinus
- **alternipilosa** (K. Koch) K. Koch
  1849 · ⁊; Cauc. [60281]
- × **amoena** Sünd. 1906
- *biflora* (Buch.-Ham. ex D. Don)
  Briq. = Micromeria imbricata

- *calamintha* (L.) Scheele =
  Calamintha nepeta subsp. nepeta
- *capitata* L. = Thymbra capitata
- *croatica* (Pers.) Briq. = Micromeria
  croatica
- *douglasii* (Benth.) Briq. =
  Micromeria douglasii
- *graeca* L. = Micromeria graeca
- *grandiflora* (L.) Scheele =
  Calamintha grandiflora
- **hortensis** L. 1753 · D:Sommer-
  Bohnenkraut; E:Savory, Summer
  Savory · ⊙ D Z8 VII-X ⚥ ⓝ; Eur.:
  Ib, Fr, Ba; TR [70043]
- *illyrica* Host = Satureja subspicata
- **montana** L. 1753
  'Coerulea'
  'Purpurea'
  - subsp. *illyrica* (Host) Nyman
    1881 = Satureja subspicata
  - subsp. **montana** · D:Winter-
    Bohnenkraut; E:Winter Savory;
    F:Sarriette vivace · ♄ s △ Z6
    VIII-X ⚥ ⓝ; Eur.: Ib, Fr, Ap, Ba,
    RO, Krim; TR, Syr. [66268]
- *pygmaea* Sieber ex Vis. = Satureja
  subspicata
- **rumelica** Velen. 1891 · ⁊ △ Z6
  VIII-IX; Eur.: S-BG
- *rupestris* Wulfen = Micromeria
  thymifolia
- **spicigera** (K. Koch) Boiss. 1879 ·
  ⁊ Z7 IX ⚥ ⓝ; TR, Cauc., Iran
  [66271]
- **subspicata** Bartl. ex Vis. 1826 ·
  F:Sarriette vivace · ♄ s △ Z6 IX
  ⓝ; Eur.: I, Slove., Croatia, AL
  [66269]
- **thymbra** L. 1753 · ♄ e Z7; Eur.:
  Sard., GR, Crete; Libya, TR,
  Cyprus, Lebanon, Palaest.
- *thymifolia* Scop. = Micromeria
  thymifolia
- *vulgaris* (L.) Fritsch = Clinopodium
  vulgare subsp. vulgare

Saurauia Willd. 1801 -f-
Actinidiaceae · (S. 136)
- **gigantea** DC. 1944 · ♄ e Z10 ⓦ;
  Nepal, Java
- **tomentosa** (Kunth) Spreng.
  1827 · ♄ e Z10 ⓦ; S-Am.

Sauromatum Guinea et Gómez
Mor. 1832 -n- Araceae · (S. 931)
D:Eidechsenwurz; E:Vodoo Lily;
F:Sauromatum
- *guttatum* (Wall.) Schott =
  Sauromatum venosum
- **venosum** (Dryand. ex Aiton)
  Kunth 1841 · D:Eidechsenwurz;
  E:Voodoo Lily · ⁊ Z8 ⓚ ⚥;
  Sudan, trop. Afr., Him., S-Ind.

Sauropus Blume 1826 -m-
Euphorbiaceae · (S. 487)
- **androgynus** (L.) Merr. 1903 ·
  E:Star Gooseberry · ♄ e Z10 ⓦ ⓝ;
  Ind., Sri Lanka, China, SE-As.

Saururus L. 1753 -m- *Saururaceae* ·
(S. 811)
D:Molchschwanz; E:Lizard's Tail;
F:Queue-de-lézard
- **cernuus** L. 1753 · D:Amerikanischer Molchschwanz; E:American Swamp Lily, Lizard's Tail; F:Queue de lézard · ⚃ ∼ Z7 ⋀ VI-VII; Can.: E; USA: NE, NCE, Kans., SC, SE, Fla., nat. in N-I [67344]
- *cernuus* Thunb. = Saururus chinensis
- **chinensis** (Lour.) Baill. 1871 · D:Chinesischer Molchschwanz; E:Swamp Lily; F:Queue de renard · ⚃ ∼ Z7 ⋀ VI-VII; N-China, Korea, Jap., Phil. [67345]
- *loureirii* Decne. = Saururus chinensis
- *lucidus* Donn = Saururus cernuus

Saussurea DC. 1810 -f- *Asteraceae* · (S. 268)
D:Alpenscharte; E:Alpine Saw Wort; F:Saussurée
- **alpina** (L.) DC. 1810 · D:Gewöhnliche Alpenscharte · ⚃ Z2 VII-VIII; Eur.*; N, mts.; W-Sib., E-Sib., C-As., ? Him.
- **costus** (Falc.) Lipsch. 1964 · ⚃ VII-VIII ⚧ ⓝ ▽ ☼; Kashmir
- **depressa** Gren. 1849 · D:Niedere Alpenscharte · ⚃ VII-IX; Eur.: CH, F, I; Alp.
- **discolor** (Willd.) DC. 1810 · D:Zweifarbige Alpenscharte · ⚃ Z4 VII-VIII; Eur.: F, I, C-Eur., Slova., Ba, RO, W-Russ.; Alp., Apenn., Carp.
- *lappa* (Decne.) C.B. Clarke = Saussurea costus
- **pygmaea** (Jacq.) Spreng. 1826 · D:Zwerg-Alpenscharte · ⚃ Z3 VII-VIII; Eur.: D, I, A, Slove., EC-Eur.; E-Alp., W-Carp.

Saxegothaea Lindl. 1851 -f- *Podocarpaceae* · (S. 97)
D:Patagonische Eibe; E:Prince Albert's Yew; F:If de Patagonie, If du Prince Albert
- **conspicua** Lindl. 1851 · D:Patagonische Eibe; E:Prince Albert's Yew; F:If de Patagonie, If du Prince Albert · ♄ ♄ e Z8 ⓦ; Chile, W-Patag.

Saxifraga L. 1753 -f- *Saxifragaceae* · (S. 816)
D:Steinbrech; E:Saxifrage; F:Saxifrage
- **adscendens** L. 1753 · D:Aufsteigender Steinbrech · ⊙ VII-VIII ▽; Eur.* exc. BrI; TR, Cauc., N-Am.
- **aizoides** L. 1753 · D:Fetthennen-Steinbrech; E:Evergreen Saxifrage, Yellow Mountain Saxifrage · ⚃ ∼ △ ∼ Z5 VI-IX ▽; Eur.*; N, mts.; W-Sib., Alaska, Can., USA: NE, NCE; Greenl.
- **andersonii** Engl. 1912 · ⚃; Him. (Nepal - SE-Tibet)
- × **andrewsii** Harv. 1848 (*S. hirsuta* × *S. paniculata*) · F:Saxifrage d'Andrew · ⚃ Z3; orig. ? [66275]
- **androsacea** L. 1753 · D:Mannsschild-Steinbrech · ⚃ VI-VIII ▽; Eur.* exc. BrI, Sc; mts.; W-Sib., E-Sib. [66276]
- × **anglica** Horný, Soják et Webr 1974 (*S. aspera* × *S. lilacina* × *S. media*) · ⚃ Z6; cult.
  'Cranbourne' (7) [66277]
- **aphylla** Sternb. 1810 · D:Blattloser Steinbrech · ⚃ VII-IX ▽; Eur.: I, CH, D, A; Alp.
- × **apiculata** Engl. 1894 (*S. marginata* × *S. sancta*) · F:Saxifrage Kabschia · ⚃ Z6; cult. [66281]
  'Alba' [66282]
  'Gregor Mendel' (7) [66283]
- **aquatica** Lapeyr. 1801 · ⚃ Z6 V-VI ▽; Eur.: sp., F; Pyr.
- × **arco-valleyi** Sünd. 1921 (*S. lilacina* × *S. marginata*) · ⚃ Z6; cult.
- × **arendsii** Engl. et Irmsch. 1916 (*S. exarata* × *S. granulata* × *S. hypnoides* var. *hypnoides* × *S. rosacea*) · ⚃ Z6; cult.
  'Luschtinetz' (15) [66298]
  'Rosea' [66384]
  'Triumph' (15) [66309]
- **aretioides** Lapeyr. 1801 · ⚃ ◠ △ Z6 IV ▽; Eur.: sp., F; Cordillera Cantábrica, Pyr.
- **aspera** L. 1753 · D:Rauer Steinbrech; E:Rough Saxifrage, Stiffhaired Saxifrage · ⚃ ∼ ◠ Z6 VII-VIII ▽; Eur.: sp., F, I, CH, A; E-Pyr., Alp., Apenn., Alpi Apuane
- *baldensis* (Farrer) hort. = Saxifraga paniculata
- × **bertolonii** Sünd. 1906 (*S. sempervivum* × *S. stribrnyi*) · ⚃ Z6; cult.
- × **biasolettii** Sünd. 1915 (*S. federici-augusti* × *S. sempervivum*) ·

⚃ Z6; cult. [66310]
- **biflora** All. 1773 · D:Zweiblütiger Steinbrech · ⚃ Z6 VII-VIII ▽; Eur.: A, F, D, CH, I; GR; Alp.
- **bilekii** Sünd. 1915 · ⚃; cult.
- × **borisii** Kellerer ex Sünd. 1906 (*S. ferdinandi-coburgii* × *S. marginata*) · ⚃ Z6; cult.
  'Vincent van Gogh' (7) [66313]
- *boryi* Boiss. et Heldr. = Saxifraga marginata
- × **boydii** Dewar 1890 (*S. aspera* × *S. burseriana*) · ⚃ Z6; cult.
  'Sulphurea' (7) [66317]
- **bronchialis** L. 1753 · D:Matten-Steinbrech; E:Matted Saxifrage · ⚃ ◠ △ VI-VII ▽; Ural, N-As., Alaska, Can.: W; USA: NW, Rocky Mts., SW
- **brunonis** Wall. ex Ser. 1830 · ⚃ ∼ △ Z7 ⌂ ⋀ VI-VII ▽; Him.
- **bryoides** L. 1753 · D:Moos-Steinbrech; E:Mossy Saxifrage · ⚃ ∼ △ Z6 VII-VIII ▽; Eur.* exc. BrI, Sc; mts.
- **bulbifera** L. 1753 · D:Zwiebel-Steinbrech · ⚃ V ▽; Eur.: Ap, C-Eur., EC-Eur., Ba, E-Eur.
- × **burnatii** Sünd. 1906 (*S. cochlearis* × *S. paniculata*) · ⚃ Z5; cult. [66318]
- **burseriana** L. 1753 · D:Bursers Steinbrech; F:Saxifrage de Burser · ⚃ ◠ △ Z6 IV-VI ▽; Eur.: I, D, A, Slove.; E-Alp. [66319]
- **caesia** L. 1753 · D:Blaugrüner Steinbrech; E:Blue Saxifrage · ⚃ ◠ △ Z5 VI-VII ▽; Eur.: sp., Fr, I, C-Eur., EC-Eur., Slove., Bosn., Montenegro; Pyr., Alp., Apenn., Carp., Crna Gora [66323]
- **callosa** Sm. 1791 [66324]
  - subsp. **callosa** · D:Kalk-Steinbrech; E:Limestone Saxifrage · ⚃ ◠ △ Z7 VI ▽; Eur.: sp., F, Sard., I, Sic.
  - var. **australis** (Moric.) D.A. Webb 1987 · ⚃ Z7 ▽; Eur.: I, Sic., Sard.
  - var. **lantoscana** · F:Saxifrage calleux · ⚃ ▽; F (SW-Alp.) [66328]
  - subsp. **catalaunica** (Boiss. et Reut.) D.A. Webb 1963 · F:Saxifrage calleux · ⚃ ◠ △ Z7 VI ▽; SE-F, NE-Sp. [66327]
- **canaliculata** Boiss. et Reut. ex Engl. 1872 · ⚃ △ Z7 VI ▽; N-Sp. [66329]
- *cartilaginea* Willd. = Saxifraga paniculata subsp. paniculata
- *catalaunica* Boiss. et Reut. = Saxifraga callosa subsp. callosa

- **caucasica** Sommier et Levier 1894 · ♃ Z5 ▽; Cauc.
  - var. *desoulavyi* (Oett.) Engl. et Irmsch. = Saxifraga desoulavyi
- **cebennensis** Rouy et E.G. Camus 1901 · ♃ ⌂ △ Z7 V ▽; Eur.: F (Cevennes) [66330]
- **cernua** L. 1753 · D:Nickender Steinbrech · ♃ VII ▽; Eur.: Sc, BrI, Ap, C-Eur., EC-Eur.; N, Alp., Carp.; W-Sib., E-Sib., Kamchat., C-As.
- **cespitosa** L. 1753 · D:Polster-Steinbrech; E:Tufted Saxifrage · ♃ ⌂ △ V ▽; Eur.: BrI, Sc, N-Russ.; W-Sib., E-Sib., Alaska, Can., USA: NW, Rocky Mts, SW; Greenl. [69574]
- **cherlerioides** D. Don 1822 · ♃; E-Sib., Amur, Sachal., Kamchat.
- × **churchillii** Huter 1872 (*S. hostii* × *S. paniculata*) · ♃; cult. [66333]
- × **clarkei** Sünd. 1915 (*S. media* × *S. vandellii*) · ♃; cult.
- **cochlearis** Rchb. 1832 · F:Saxifrage à feuilles spatulées · ♃ ⌂ △ Z6 V-VI ▽; Eur.: F, I; Alpes Maritimes, Liguria [66334]
  'Major' [69575]
  'Minor' [66335]
- **conifera** Coss. et Durieu 1864 · ♃ ⌂ Z6 ▽; N-Sp., Alger.
- **cortusifolia** Siebold et Zucc. 1843 · D:Oktober-Steinbrech · ♃ Z7 ▽; Jap. [71954]
  - var. *fortunei* (Hook. f.) Maxim. 1872 = Saxifraga fortunei
- **corymbosa** Boiss. 1843 · ♃ ⌂ △ Z6 IV ▽; Eur.: N-GR, BG; TR
- **cotyledon** L. 1753 · D:Strauß-Steinbrech; E:Great Alpine Rockfoil, Pyramidal Saxifrage; F:Saxifrage cotylédon · ♃ △ Z6 V-VI ▽; Eur.: ? sp., I, C-Eur., Sc; Pyr., S-Alp., Sc [66340]
  'Pyramidalis' (8) [66342]
  - var. **montavonensis**
- *crispa* hort. = Saxifraga cortusifolia
- **crustata** Vest 1804 · D:Krusten-Steinbrech; F:Saxifrage incrusté · ♃ ⌂ △ Z6 VI ▽; Eur.: I, A, Slove., Bosn., YU; E-Alp., mts. [66344]
- **cuneata** Willd. 1799 · ♃ ⌂ △ Z6 VI ▽; Eur.: sp., F; W-Pyr., N-Sp.
- **cuneifolia** L. 1759 · D:Keilblättriger Steinbrech; E:Shieldleafed Saxifrage; F:Saxifrage à feuilles en coin · ♃ △ Z6 V-VIII ▽; Eur.: sp., F, I, CH, A, Slove., Croatia, RO; mts. [66345]
  'Ingwersen' [66346]
- **cuscutiformis** Lodd. 1818 · ♃ ⤳ Z5 ⓐ ▽; China

- **cymbalaria** L. 1753 · D:Zymbelkraut-Steinbrech · ☉ ☉ △ Z6 V-VIII ▽; Eur.: RO; TR, Syr., Cauc., Iran
- *decipiens* Ehrh. = Saxifraga rosacea subsp. rosacea
- **desoulavyi** Oett. 1909
- **diapensioides** Bellardi 1792 · D:Diapensienartiger Steinbrech · ♃ ⌂ △ Z6 IV-VI ▽; Eur.: F, I, CH; SW-Alp.
- **diversifolia** Wall. 1828 · ♃ △ Z7 ∧ VI-VIII ▽; Him.
- × **edithae** Sünd. 1915 (*S. marginata* × *S. stribrnyi*) · ♃ Z6; cult.
- × **elisabethae** Sünd. 1906 (*S. burseriana* × *S. sancta*) · ♃ Z6; cult. [60214]
  'Boston Spa' (7) [66349]
- **erioblasta** Boiss. et Reut. 1856 · ♃ ⌂ △ ∧ VI ▽; Eur.: S-Sp.
- × **eudoxiana** Kellerer et Sünd. 1906 (*S. ferdinandi-coburgii* × *S. sancta*) · ♃ Z3; cult. [66353]
- **exarata** Vill. 1779 · D:Gefurchter Steinbrech; E:Furrowed Saxifrage · ♃ Z6 V-VIII ▽; Eur.: Ib, Fr, Ap, C-Eur., EC-Eur., Ba, RO; TR, Cauc., N-Iran
  - subsp. *moschata* (Wulfen) Cav. 1913 = Saxifraga moschata
- × **farreri** nom. inval. 1908 (*S. callosa* × *S. cochlearis*) · ♃; cult. [66355]
- **federici-augusti** Biasol. 1841
  - subsp. **federici-augusti** · ♃ Z7 ▽; Eur.: Montenegro, AL, GR
  - subsp. **grisebachii** (Degen et Dörfl.) D.A. Webb 1987 · ♃ ⌂ △ Z7 IV ▽; Eur.: Montenegro, Maced., N-GR
- **ferdinandi-coburgii** Kellerer et Sünd. 1901 · ♃ Z6 ▽; Eur.: N-GR, BG; mts.
  'Rhodopea'
- × **fleischeri** Sünd. 1915 (*S. federici-augusti* × *S. luteoviridis*) · ♃; cult.
- **fortunei** Hook. f. 1863 · F:Saxifrage d'automne, Saxifrage de Fortune · ♃ Z7 IX-X; China, Amur, Manch., Korea, Jap., Sachal. [66337]
  'Rubrifolia' [66339]
- × **fritschiana** L. Keller 1899 (*S. crustata* × *S. paniculata*) · ♃
- × **gaudinii** Brügger 1968 (*S. cotyledon* × *S. paniculata*) · ♃; Eur.: W-Alp., Pyr., Norw.
- **georgei** Anthony 1933 · ♃; Nepal, Bhutan, China (Sichuan, NW-Yunnan, SE-Tibet)

- **geranioides** L. 1759 · ♃ △ Z7 VI ▽; Eur.: sp., F; E-Pyr., NE-Sp.
- × **geuderi** Heinrich et Sünd. 1915 (*S. ferdinandi-coburgii* × *S.* × *boydii*) · ♃; cult.
- **geum** L. 1762
- × **geum** L. 1753 (*S. hirsuta* × *S. umbrosa*) · ♃ Z3 VI-VII; Eur.: sp., F; Pyr., nat. in Eur.: B, C-Eur., I, BrI
- **globulifera** Desf. 1798 · ♃ ⌂ △ Z7 ⓐ VI ▽; Eur.: S-Sp.; NW-Afr.
  - var. *erioblasta* (Boiss. et Reut.) Engl. et Irmsch. = Saxifraga erioblasta
- × **gloriana** hort. ex Horný, Soják et Webr 1974 (*S. lilacina* × *S. scardica*) · ♃; cult.
- *granatensis* Boiss. et Reut. = Saxifraga globulifera
- **granulata** L. 1753 · D:Knöllchen-Steinbrech; E:Fair Maids Of France, Meadow Saxifrage · ♃ V-VI ▽; Eur.*, Maroc. [70418]
- × **grata** Engl. et Irmsch. 1919 (*S. aspera* × *S. ferdinandi-coburgii*) · ♃; cult.
- *grisebachii* Degen et Dörfl. = Saxifraga federici-augusti subsp. grisebachii
- × **hardingii** Horný, Soják et Webr 1974 (*S. aspera* × *S. burseriana* × *S. media*) · ♃; cult.
- × **heinrichii** Sünd. 1915 (*S. aspera* × *S. stribrnyi*) · ♃; cult.
- **hieraciifolia** Waldst. et Kit. ex Willd. 1799 · D:Habichtskraut-Steinbrech · ♃ VII-VIII ▽; Eur.: Sc, F, A, EC-Eur., E-Eur.; W-Sib., E-Sib., Mong.
- **hirculus** L. 1753 · D:Moor-Steinbrech · ♃ VII-IX ▽; Eur.* exc. Ba, Ib, ? Ap; TR, Cauc., W-Sib., Amur, Kamchat., C-As., As., Afgh., Pakist., Him., N-Am.
- **hirsuta** L. 1759 · D:Nieren-Steinbrech, Schatten-Steinbrech; E:Kidney Saxifrage; F:Saxifrage benoîte · ♃ Z6 VII ▽; Eur.: sp., F, IRL, nat. in GB [66361]
- × **hoerhammeri** Sünd. ex Engl. et Irmsch. 1919 (*S. federici-augusti* subsp. *grisebachii* × *S. marginata*) · ♃; cult.
- × **hofmannii** Sünd. 1915 (*S. burseriana* × *S. sempervivum*) · ♃; cult.
- × **hornibrookii** Horný, Soják et Webr 1974 (*S. lilacina* × *S. stribrnyi*) · ♃ Z6; cult.
- **hostii** Tausch 1828 [66363]
  - subsp. **hostii** · D:Host-Steinbrech · ♃ ⌂ Z6 V-VII ▽; Eur.:

I, A, Slove., Croatia, ? H; E-Alp. [66364]
- subsp. **rhaetica** (A. Kern.) Braun-Blanq. 1922 · ⚃ ⌓ △ Z6 V-VI ▽; I: Alp. [60667]
- var. *altissima* (A. Kern.) Engl. 1919 = Saxifraga hostii subsp. hostii
- **hypnoides** L. 1753
  - var. **egemmulosa** Engl. et Irmsch. 1919 · F:Saxifrage faux-hypne · [66366]
  - var. **hypnoides** · D:Astmoos-Steinbrech; E:Dovedale Moss, Mossy Rockfoil · ⚃ △ Z6 V-VI ▽; Eur.: Iceland, Norw., BrI, N-F [66365]
- **iranica** Bornm. 1906 · ⚃ Z6 ▽; Cauc., Iran
- **irrigua** M. Bieb. 1808 · ⚃ ⌓ △ Z6 V-VI ▽; Krim
- × **irvingii** hort. ex A.S. Thompson 1915 (*S. burseriana* × *S. lilacina*) · ⚃ Z6; cult.
'Jenkinsiae'
- **juniperifolia** Adams 1872 · F:Saxifrage à feuilles de genévrier · ⚃ ⌓ △ Z6 IV-V ▽; BG, Cauc. [66371]
- *juniperina* M. Bieb. = Saxifraga juniperifolia
- × **kellereri** Sünd. 1908 (*S. burseriana* × *S. stribrnyi*) · ⚃ Z6; cult.
'Kewensis'
- × *kewensis* W. Irving = Saxifraga × kellereri
- × **kochii** Hornung 1835 (*S. biflora* × *S. oppositifolia*) · D:Großblütiger Steinbrech, Kochs Steinbrech · ⚃ Z6 VII-VIII ▽; D +
- *kolenatiana* Regel = Saxifraga paniculata subsp. paniculata
- **kotschyi** Boiss. 1856 · ⚃ ♄ △ IV ▽; TR
- **laevis** M. Bieb. 1808 · ⚃ ⌓ △ IV-V ▽; Cauc.
- *lantoscana* = Saxifraga callosa subsp. callosa var. lantoscana
- *latina* (Terracino) Hayek = Saxifraga oppositifolia subsp. oppositifolia var. latina
- **lilacina** Duthie 1904 · ⚃ ⌓ △ Z5 IV ▽; W-Him.
- *lingulata* Bellardi = Saxifraga callosa subsp. callosa
- **longifolia** Lapeyr. 1801 · D:Pyrenäen-Steinbrech; E:Pyrenean Saxifrage · ⚃ △ Z6 VI ▽; Eur.: sp., F; Pyr., E-Sp. [66376]
- × **luteopurpurea** Lapeyr. 1801 (*S. aspera* × *S. media*) · ⚃ ▽; C-Pyr.
- *luteoviridis* Schott et Kotschy =

Saxifraga corymbosa
- *macedonica* Degen = Saxifraga juniperifolia
- × **macnabiana** R. Linds. 1885 (*S. callosa* × *S. cotyledon*) · ⚃ Z6; cult.
- *macropetala* A. Kern. = Saxifraga biflora
- **manschuriensis** Kom. 1904 · ⚃ Z7 ∧ VI ▽; Korea, Manch.
- **marginata** Sternb. 1822 · ⚃ ▽; Eur.: I, Ba, RO; mts. [66377]
'Purpurea' [66332]
  - var. **coriophylla** (Griseb.) Engl. 1872 · ⚃ ⌓ △ Z7 V ▽; Eur.: Ba
  - var. *eumarginata* Engl. et Irmsch. = Saxifraga marginata
  - var. **rocheliana** (Sternb.) Engl. et Irmsch. 1919 · ⚃ ⌓ △ Z7 V ▽; Eur.: Ba, RO [66380]
- × **mariae-theresiae** Sünd. 1915 (*S. burseriana* × *S. federici-augusti* subsp. *grisebachii*) · ⚃; cult.
- **media** Gouan 1773 · ⚃ Z6 ▽; Eur.: sp., F; E-Pyr.
- × **megaseiflora** hort. ex A.S. Thompson 1931 (*S. aspera* × *S. burseriana* × *S. lilacina* × *S. stribrnyi*) · ⚃ Z6; cult.
- **moschata** Wulfen 1781 · D:Moschus-Steinbrech; E:Musky Saxifrage · ⚃ ⌓ △ VI ▽; Eur.: Ib, Fr, Ap, C-Eur., E-Eur., Ba; mts.; TR, Cauc., W-Sib. (Altai) [66382]
'Cloth of Gold' (15) [69577]
- *murithiana* Tissière = Saxifraga oppositifolia
- *muscoides* All. = Saxifraga moschata
- **mutata** L. 1762 · D:Kies-Steinbrech · ⊙ ⚃ △ Z6 VI-VII ▽; Eur.: F, I, CH, A, Slova., RO; Alp., Carp.
- **oppositifolia** L. 1753 · D:Gegenblättriger Steinbrech · [67823]
  - subsp. **blepharophylla** (A. Kern. et Hayek) Engl. et Irmsch. 1919 · D:Wimper-Steinbrech · ⚃ Z2 IV-VII ▽; E-Alp.
  - subsp. **oppositifolia** · D:Gegenblättriger Steinbrech; E:Purple Saxifrage · ⚃ ⤳ △ Z2 V-VI ▽; Eur.*, W-Sib., E-Sib., Kamchat., C-As., Mong., Him., China, Alaska, Can., USA: NE, NC, NW, Rocky Mts.; Greenl.
    - var. **latina** Terracino 1892 · ⚃ Z2 ▽; I (Apenn.) [66386]
  - subsp. **rudolphiana** (Hornsch.) Engl. et Irmsch. 1919 · D:Rudolphs Steinbrech · ⚃ Z2 IV-VII ▽; Eur.: I, A, RO; E-Alp., E-Carp.
- *oranensis* Munby = Saxifraga globulifera
- **paniculata** Mill. 1768 [66388]

'Baldensis'
'Rosea' [66393]
- subsp. **carinthiaca** (Willd. ex Sternb.) D.A. Webb 1963 [66398]
- subsp. **cartilaginea** (Willd.) D.A. Webb · ⚃ ⌓ △ Z2 V-VI ▽; TR, Cauc., Iran [71769]
- subsp. *kolenatiana* auct. = Saxifraga paniculata subsp. cartilaginea
- subsp. **paniculata** · D:Rispen-Steinbrech, Trauben-Steinbrech; E:Livelong Saxifrage; F:Saxifrage paniculé · ⚃ Z2 VI-VII ▽; Eur.* exc. BrI, Sc; TR, Cauc., N-Iran, Can., USA: NE, NCE; Greenl.
- var. *baldensis* Farrer = Saxifraga paniculata
- **paradoxa** Sternb. 1810 · D:Glimmer-Steinbrech · ⚃ VI-VIII; Eur.: A (Kärnten, Steiermark), Slove. [70299]
- × **paulinae** Sünd. 1906 (*S. burseriana* × *S. ferdinandi-coburgii*) · ⚃ Z6; cult.
- × **pectinata** = Saxifraga × fritschiana
- **pedemontana** All. 1785
  - subsp. **cervicornis** (Viv.) Engl. 1890 · ⚃ △ Z6 VI ▽; Corse, Sard.
  - subsp. **pedemontana** · ⚃ △ Z6 VI ▽; Eur.: F, Ap, Ba, E-Eur.; mts.
- *peltata* Torr. ex Benth. = Darmera peltata
- **pensylvanica** L. 1753 · D:Pennsylvanischer Steinbrech; E:Branch Lettuce, Swamp Saxifrage · ⚃ V-VI ▽; USA: NE, NCE [66400]
- × **petraschii** Sünd. ex W. Irving 1908 (*S. burseriana* × *S. tombeanensis*) · ⚃ Z6; cult.
- **poluniniana** H. Sm. 1958 · ⚃ Z7 ⌂; Nepal
- **porophylla** Bertol. 1814 · ⚃ ⌓ △ Z6 IV-V ▽; Eur.: I
  - var. *montenegrina* (Halácsy et Bald.) Engl. et Irmsch. 1919 = Saxifraga federici-augusti subsp. grisebachii
- × **pragensis** Horný, Soják et Webr 1974 (*S. ferdinandi-coburgii* × *S. marginata* × *S. stribrnyi*) · ⚃; cult.
- × **primulaize** hort. (*S. aizoides* × *S. umbrosa*) · ⚃; cult. [69580]
- × **prossenii** (Sünd.) Ingw. 1930 (*S. sancta* × *S. stribrnyi*) · ⚃ Z6; cult.
- *pseudosancta* Janka = Saxifraga sancta

- **pubescens** Pourr. 1788
  - subsp. **iratiana** (F.W. Schultz) Engl. et Irmsch. 1916 · ⁴ Z6 ▽; Eur.: C-Pyren.
  - subsp. **pubescens** · ⁴ Z6 ▽; Eur.: F, sp.; Pyren.
- *purpurea* All. = Saxifraga retusa
- **retusa** Gouan 1773
  - subsp. **augustana** (Vacc.) E. Fourn. 1936 · ⁴ Z6 ▽; Eur.: F, I; SW-Alp.
  - subsp. **retusa** · D:Gestutzter Steinbrech · ⁴ Z6 V-VI ▽; Eur.: F, I, C-Eur., EC-Eur., RO, BG; Pyr., Alp., Carp., BG
- **rosacea** Moench 1794 · D:Rasen-Steinbrech
  - subsp. **rosacea** · D:Gewöhnlicher Rasen-Steinbrech · ⁴ Z6 V-VII ▽; Eur.: Fr, BrI, Sc, C-Eur., EC-Eur.
  - subsp. **sponhemica** (C.C. Gmel.) D.A. Webb 1963 · D:Rheinischer Steinbrech · ⁴ Z6 ▽; Eur.: Fr, D, EC-Eur.
- × **rosinae** Sünd. ex Horný, Soják et Webr 1974 (*S. diapensioides* × *S. marginata*) · ⁴; cult.
- **rotundifolia** L. 1753 [66402]
  - subsp. **rotundifolia** var. **heucherifolia** (Griseb. et Schenk) Engl. 1872 · ⁴ Z6 VI-VII ▽; Eur.: S-Ba, RO; mts.
  - subsp. **rotundifolia** var. **rotundifolia** · D:Rundblättriger Steinbrech; E:Round Leafed Saxifrage; F:Saxifrage à feuilles rondes · ⁴ Z6 VI-IX ▽; Eur.: Ib, Fr, Ap, Ba, C-Eur., Slova., RO; TR, Cauc., nat. in BrI
- × **salmonica** Jenkins 1900 (*S. burseriana* × *S. marginata*) · ⁴ Z6; cult.
  'Jenkinsii'
- **sancta** Griseb. 1843 · ⁴ ○ △ Z7 IV-V ▽; GR, TR [66404]
- *sarmentosa* L. f. = Saxifraga stolonifera
- **scardica** Griseb. 1843 · ⁴ ○ △ Z7 V ▽; Eur.: Maced., AL, GR; mts.
- **scleropoda** Sommier et Levier 1894 · ⁴; Cauc.
- **sedoides** L. 1753
  - subsp. **hohenwartii** (Vest et Sternb.) O. Schwarz 1949 · D:Hohenwart-Steinbrech · ⁴ VI-IX ▽; Eur.: I, A, Slove.; E-Alp.
  - subsp. **sedoides** · D:Mauerpfeffer-Steinbrech · ⁴ VI-IX ▽; Eur.: I, A, Slove., E-Alp., Apenn., N-Ba
- **seguieri** Spreng. 1807 · D:Séguiers Steinbrech · ⁴ VII-VIII ▽; Eur.: F, I, CH, A; Alp.

- × **semmleri** Sünd. ex Horný, Soják et Webr 1974 (*S. ferdinandi-coburgii* × *S. pseudolaevis* × *S. sancta*) · ⁴; cult.
- **sempervivum** K. Koch 1846 · ⁴ ○ △ Z7 IV-V ▽; Eur.: Ba; NW-TR [66406]
  fo. alpina 1919 (A. Terracc.) Engl. et Irmsch.
  fo. stenophylla 1872 Boiss.
- **spathularis** Brot. 1805 · ⁴ ▽; Eur.: N-P, NW-Sp., IRL
- *sponhemica* C.C. Gmel. = Saxifraga rosacea subsp. sponhemica
- **spruneri** Boiss. 1843 · ⁴ △ Z8 ⓐ ▭ V ▽; Eur.: ? AL, GR, BG; mts.
- **squarrosa** Sieber 1821 · D:Sparriger Steinbrech · ⁴ Z6 VII-VIII ▽; Eur.: I, A, Slove.; SE-Alp.
- **stellaris** L. · D:Gewöhnlicher Stern-Steinbrech; E:Starry Saxifrage · ⁴ Z6 V-VIII ▽; Eur.* exc. EC-Eur.; W-Sib., Greenl.
- **stolitzkae** Duthie ex Engl. et Irmsch. 1919 · ⁴ Z7; Him. (Ind., Nepal, Bhutan)
- **stolonifera** Meerb. 1775 · D:Judenbart; E:Mother-of-Thousands, Strawberry Geranium · ⁴ Z8 ⓐ ⓤ V-VIII ▽; China, Jap. [66407]
  'Cuscutiformis' = Saxifraga cuscutiformis
- × **stormonthii** Sünd. ex Horný, Soják et Webr 1974 (*S. desoulavyi* × *S. sancta*) · ⁴; cult.
- **stribrnyi** (Velen.) Podp. 1902 · ⁴ ○ △ Z6 V ▽; BG, N-GR [66408]
- × **stuartii** Sünd. 1915 (*S. aspera* × *S. media* × *S. stribrnyi*) · ⁴; cult.
- **taygetea** Boiss. et Heldr. 1849 · ⁴ Z7 ▽; Eur.: W-GR, AL, Maced., Montenegro; mts.
- **tenella** Wulfen 1790 · D:Zarter Steinbrech · ⁴ ⟿ △ Z6 VI-VII ▽; Eur.: I, A, Slove.; SE-Alp.
- **tombeanensis** Boiss. ex Engl. 1869 · ⁴ ○ △ Z6 ▭ V ▽; I: Alp.
- **tricuspidata** Rottb. 1770 · ⁴ Z3; Alaska, Can., Greenl.
- **tridactylites** L. 1753 · D:Dreifinger-Steinbrech · ⊙ Z5 IV-VI ▽; Eur.*, TR, Iraq, Syr., Cauc., Iran, C-As., N-Afr.
- **trifurcata** Schrad. 1809 · ⁴ △ Z6 V-VI ▽; N-Sp. [66411]
- **umbrosa** L. 1762 · D:Porzellanblümchen, Schattenliebender Steinbrech; E:London Pride; F:Désespoir du peintre, Saxifrage des ombrages · ⁴ Z7 VI-VII ▽; Eur.: sp., F; Pyr., nat. in BrI, DK
  'Clarence Elliott' (11) [68546]
  'Primuloides' · ⁴; cult.

'Variegata'
- × **urbium** D.A. Webb 1963 (*S. hirsuta* × *S. umbrosa*) · F:Saxifrage panaché · ⁴ Z7 V-VI; cult. [74011]
  'Aureopunctata' (11)
  'Elliott's Variety' [69581]
  'Variegata' [69582]
- × **urumoffii** Sünd. ex Horný, Soják et Webr 1974 (*S. ferdinandi-coburgii* × *S. luteoviridis*) · ⁴; cult.
- **valdensis** DC. 1815 · ⁴ ○ △ Z6 VI ▽; Eur.: F, I; SW-Alp. [66416]
- **vandellii** Sternb. 1810 · ⁴ ○ △ Z6 ▭ V ▽; I: Alp.
- **veitchiana** Balf. f. 1916 · ⁴ ⟿ △ V-VI ▽; China: Hupeh
- **virginiensis** Michx. 1803 · ⁴; Can.: W; USA: NE, NEC, SE, Okla.
- × **wendelacina** Horný et Webr 1977 (*S. lilacina* × *S. wendelboi*) · ⁴; cult.
- **wendelboi** Schönb.-Tem. 1967 · ⁴ ▽; Iran
- × **zimmeteri** A. Kern. 1870 (*S. cuneifolia* × *S. paniculata*) · ⁴; A + cult. [66417]
- **in vielen Sorten:**

  1 Sektion Ciliatae
  2 Sektion Cymbalaria
  3 Sektion Merkianae
  4 Sektion Micxanthes
  5 Sektion Irregulares
  6 Sektion Heterisia
  7 Sektion Porphyrion
  8 Sektion Ligulatae
  9 Sektion Xanthizoon
  10 Sektion Trachyphyllum
  11 Sektion Gymnoptera
  12 Sektion Cottylea
  13 Sektion Odontophyllae
  14 Sektion Mesogyne
  15 Sektion Saxifraga

  Quelle: GORNALL, R.J. (1987)
  'Albertii' (8) [66325]
  'Alfons Mucha' (7)
  'Balcana' (8) [66390]
  'Blütenteppich' (15) [66291]
  'Carmen' (7) [66350]
  'Faldonside' (7) [66315]
  'Findling' (15) [68901]
  'Gaiety' (15) [73677]
  'Gloria' (7) [66321]
  'Gold Dust' (7)
  'Grace Farwell' (7) [66279]
  'Harder Zwerg' [66295]
  'Hi-Ace' (15)
  'Hirsuta' = Saxifraga × geum
  'Ingeborg' (15) [66296]
  'Johann Kellerer' (7) [66372]
  'Leuchtkäfer' [66297]
  'Lutea' (8) [66409]
  'Mother of Pearl' (7) [66369]
  'Multipunctata' (8) [66392]

'Obristii' (7) [66403]
'Peach Blossom' (7)
'Peter Pan' (15) [66300]
'Pixie' (15) [66299]
'Purpurteppich' (15) [69572]
'Rosenzwerg' (15) [66304]
'Schneetepppich' (15) [66305]
'Schwefelblüte' (15) [66308]
'Southside Seedling' (8) [66343]
'Splendens' (7) [69578]
'Tumbling Waters' (8)
'Whitehill' (8) [66396]
'Winterfeuer' [66326]

Scabiosa L. 1753 -f- *Dipsacaceae* · (S. 454)
D:Grindkraut, Skabiose; E:Pincushion Flower, Scabious; F:Scabieuse
- **africana** L. 1762 · ♄ e Z8 ⌂; S-Afr. (Cape Prov.)
- *alpina* L. = Cephalaria alpina
- *arvensis* L. = Knautia arvensis
- **atropurpurea** L. 1753 · D:Samt-Skabiose; E:Mournful Widow, Sweet Scabious · ☉ ⊙ ⋉ D VIII-X; Eur.: Ib, Fr, Ap, Ba; TR, NW-Afr., Libya, nat. in BrI
  'Ace of Spades'
  'Salmon Queen'
- **brachiata** Sibth. et Sm. · ☉; Med.
- **canescens** Waldst. et Kit. 1801 · D:Graue Skabiose · ⁜ VII-XI; Eur.: Fr, C-Eur., EC-Eur., Croatia, Bosn., Sc, ? RO
- **caucasica** M. Bieb. 1808 · D:Große Skabiose; F:Scabieuse du Caucase · ⁜ ⋉ Z4 VII-IX; Cauc. [66418]
  'Alba' [66421]
  'Blauer Atlas' [66423]
  'Blausiegel' [66424]
  'Butterfly Blue' [66435]
  'Clive Greaves' [66426]
  'Fama' [66427]
  'Kompliment' [66428]
  'Miss Willmott' [66429]
  'Nachtfalter' [66430]
  'Perfecta Alba' [66432]
  Perfecta Grp.
  'Stäfa' [66433]
- **cinerea** Lapeyr. ex Lam. 1792 · ⁜; Eur.: sp., F, Ba; Pyr., E-Alp.
  - subsp. **cinerea** · ⁜; Eur.: sp (Pyr.), Ba (mts.)
  - subsp. **hladnikiana** (Host) Jasiewicz 1795 · D:Hladnicks Grindkraut, Krainer Skabiose · ⁜; Eur.: Alp., Slove., Croatia, Bosn.
- **columbaria** L. 1753 · D:Tauben-Skabiose · [66434]
  'Nana' [71955]
  - var. **columbaria** · D:Gewöhnliche Tauben-Skabiose; E:Small Scabious, Yellow Scabious · ⁜ Z6 VII; Eur.*, TR, Syr., ? Arab., Cauc., N-Iran, C-As., Maroc., Alger., Eth., C-Afr., S-Afr.
  - var. **ochroleuca** (L.) Coult. · ☉ ⁜
- **crenata** Cirillo 1788 · ⁜; Eur.: I, Sic., Montenegro, AL, GR; Maroc., Alger.
- **farinosa** Coss. 1893 · ⁜; Tun.
- **graminifolia** L. 1755 · D:Grasblättrige Skabiose; F:Scabieuse à feuilles de graminée · ⁜ △ Z7 VI-VIII; Eur.: sp., F, I, CH, Ba; Maroc. [66437]
- **japonica** Miq. 1867 · D:Japanische Skabiose
  - var. **alpina** Takeda · F:Scabieuse du Japon · ☉ △ Z7 VII-IX; Jap. [66438]
  - var. **japonica** · E:Pincushion Flower · ☉ Z7 VII-IX; Jap.
- *longifolia* Waldst. et Kit. = Knautia longifolia
- **lucida** Vill. 1779 · D:Glänzende Skabiose; E:Shining Scabious; F:Scabieuse brillante · ⁜ △ Z5 VII-IX; Eur.: Fr, Ap, C-Eur., EC-Eur., Ba.; mts. [66439]
- **ochroleuca** L. 1753 · D:Gelbe Skabiose; F:Scabieuse jaune · ☉ ⁜ Z6 VII-IX; Eur.: Ap, C-Eur., EC-Eur., Ba, E-Eur.; TR, Cauc., W-Sib., E-Sib., C-As., nat. in F [66440]
- **olgae** Albov 1894 · ⁜; Cauc. (Transcauc.)
- **portae** A. Kern. ex Huter 1905 · ⁜; Eur.: I, Ba
- **prolifera** L. 1759 · ☉ VI-VII; Syr.
- **reuteriana** Boiss. 1843 · ☉ VII-VIII; TR
- *rumelica* hort. = Knautia macedonica
- **silenifolia** Waldst. et Kit. 1804 · ⁜ △ Z6 VII-IX; Eur.: I, Slove., Croatia, Bosn., Montenegro, AL; Apenn., mts.
- **stellata** L. 1753 · ☉ VI-VIII; Eur.: Ib, F, Sard., I; NW-Afr., Libya
  'Drum Stick'
- **triandra** L. 1753 · D:Südliche Skabiose · ⁜ VI-VIII; Eur.: Ib, Fr, Ap, Ba, C-Eur., EC-Eur.
- **vestina** Facchini ex W.D.J. Koch 1854 · ⁜ △ Z7 VI-VIII; Eur.: I; S-Alp., N-Apenn. [66441]

Scadoxus Raf. 1838 -m- *Amaryllidaceae* · (S. 913)
D:Blutblume; E:Blood Flower;
F:Ail rouge, Hémanthe
- **cinnabarinus** (Decne.) Friis et Nordal 1976 · ⁜ Z10 ⌂ IV-V; W-Afr., C-Afr., Angola, Uganda
- **multiflorus** (Martyn) Raf. 1838 · D:Frühe Blutblume
  - subsp. **katherinae** (Baker) Friis et Nordal 1976 · D:Reichblühende Frühe Blutblume · ⁜ Z10 ⌂ IV-V; S-Afr.
  - subsp. **multiflorus** · D:Gewöhnliche Frühe Blutblume; E:Blood Flower, Ox Tongue Lily · ⁜ Z10 ⌂ IV-V; trop. Afr., S-Afr., Yemen
- **puniceus** (L.) Friis et Nordal 1976 · D:Gefleckte Frühe Blutblume; E:Royal Paintbrush · ⁜ Z10 ⌂ III-IV; E-Afr., S-Afr.

Scaevola L. 1771 -f- *Goodeniaceae* · (S. 558)
D:Fächerblume, Spaltglocke; F:Scaevola
- **aemula** R. Br. 1810 · D:Blauviolette Fächerblume; E:Fairy Fanflower
  'Blue Fan'
  'Blue Wonder'
- **calendulacea** (Andrews) Druce 1916 · ⁜ ♄ ⌂; Austr.
- **humilis** R. Br. 1810 · ♄ Z10 ⌂; Austr.
- **saligna** G. Forst. 1786 · ⁜ ♄ Z10 ⌂; N.Caled. [16795]
- *sericea* G. Forst. = Scaevola taccada
- *suaveolens* R. Br. = Scaevola calendulacea
- **taccada** (Gaertn.) Roxb. 1814 · ♄ ⌂; Ind, Sri Lanka, Myanmar, Malay. Pen., Java, Austr.

Scandix L. 1753 -n- *Apiaceae* · (S. 183)
D:Nadelkerbel, Venuskamm; F:Scandix
- **pecten-veneris** L. 1753 · D:Gewöhnlicher Venuskamm, Nadelkerbel; E:Shepherd's Needle · ☉ V-VII; Eur.*, TR, Cauc., Iran, Pakist., C-As., Him., N-Afr., Canar., Madeira, nat. in N-Am., S-Afr., Chile, NZ

Scaphoglottis · (S. 1082)

Scaphosepalum Pfitzer 1888 -n- *Orchidaceae* · (S. 1082)
- **gibberosum** (Rchb. f.) Rolfe 1890 · ⁜ Z10 ⌂; Col.
- *ochthodes* (Rchb. f.) Pfitzer = Scaphosepalum verrucosum
- **verrucosum** (Rchb. f.) Pfitzer

1888 · ♃ Z10 ⓦ I-XII ▽ ✻; Col.

Scaphyglottis Poepp. et Endl. 1836
-f- *Orchidaceae*
- **behrii** Rchb. f. 1884 · ♃ Z10 ⓦ
  III-V ▽ ✻; Guat.
- **crurigera** (Bateman ex Lindl.)
  Ames et Correll 1942 · ♃ Z10 ⓦ
  IV-V ▽ ✻; Guat., Costa Rica
- **graminifolia** (Ruiz et Pav.) Poepp.
  et Endl. 1836 · ♃ Z10 ⓦ; Venez.,
  Guyan., Bras., Peru
- **lindeniana** (A. Rich. et Galeotti)
  L.O. Williams 1941 · ♃ Z10 ⓦ I-V
  ▽ ✻; Mex.
- **micrantha** (Lindl.) Ames et
  Correll 1942 · ♃ Z10 ⓦ IV-V ▽ ✻;
  Guat., Costa Rica
- *violacea* (Lindl.) Lindl. =
  Scaphyglottis graminifolia

Sceletium N.E. Br. 1925 -n-
Aizoaceae · (S. 149)
- *namaquense* L. Bolus = Sceletium
  trotuosum
- **trotuosum** (L.) N.E. Br. 1926 · ⚲
  Z9 ⓚ IX-X; Kap

Schaueria Nees 1838 -f-
Acanthaceae · (S. 134)
- *calycotricha* (Link et Otto) Nees =
  Schaueria flavicoma
- **flavicoma** (Lindl.) N.E. Br. 1883 ·
  ♄ e Z10 ⓦ VII-VIII; Bras.

Scheelea H. Karst. = *Attalea*
- *martiana* Burret = Attalea
  phalerata

Schefflera J.R. Forst. et G. Forst.
1775 -f- *Araliaceae* · (S. 202)
D:Lackblatt, Schefflera, Strahlen-
aralie; E:Ivy Tree, Umbrella Tree;
F:Schefflera
- **actinophylla** (Endl.) Harms
  1894 · D:Queensland-Strahlen-
  aralie; E:Queensland Umbrella
  Tree, Umbrella Tree · ♄ e Z10 ⓦ;
  N.Guinea, Austr.: North Terr.,
  Queensl.
- **arboricola** (Hayata) Merr. 1929 ·
  D:Kleine Strahlenaralie; E:Parasol
  Plant · ♄ e Z10 ⓦ; Taiwan
- *cunninghamii* Miq. = Schefflera
  digitata
- **digitata** J.R. Forst. et G. Forst.
  1775 · ♄ e Z10 ⓚ; NZ
- **elegantissima** (Veitch ex Mast.)
  Lowry et Frodin 1989 · D:Neuka-
  ledonische Strahlenaralie; E:False
  Aralia · ♄ e Z10 ⓦ; N. Caled.
- **heptaphylla** (L.) Frodin 1991 ·
  ♄ ♄ Z9 ⓦ; Jap., Ryukyu-Is.,

S-China, Taiwan, Vietn.
- **kerchoveana** (Veitch ex P.W.
  Richards) Frodin et Lowry 1989 ·
  ♄ e Z10 ⓦ; Vanuatu
- *octophylla* (Lour.) Harms =
  Schefflera heptaphylla
- **pueckleri** (K. Koch) Frodin 1989 ·
  ♄ ♄ e Z10 ⓚ; Ind., SW-China,
  Myanmar, N-Thail., Laos, N-Vietn.
- **veitchii** (Carrière) Frodin et
  Lowry 1989 · ♄ e Z10 ⓦ; N.Caled.
- **venulosa** (Wight et Arn.) Harms
  1894 · ♄ e Z10 ⓦ; Ind.
- **versteegii** Harms 1910 · ♄ ⓦ;
  N.Guinea

Scheuchzeria L. 1753 -f-
Scheuchzeriaceae · (S. 1139)
D:Blasenbinse, Blumenbinse;
E:Rannoch Rush; F:Scheuchzérie
- **palustris** L. 1753 · D:Blasen-
  binse, Blumenbinse · ♃ ∼ V-VI
  ▽; Eur.* exc. Ib; Cauc., W-Sib.,
  E-Sib., Amur, Sachal., Kamchat.,
  N-China, Jap., N-Am.

Schima Reinw. ex Blume 1823 -f-
Theaceae
- *argentea* E. Pritz. = Schima
  wallichii
- **wallichii** Choisy 1855 · ♄; China
  (Sichuan, Yunnan)

Schinopsis Engl. 1876 -f-
Anacardiaceae · (S. 158)
- **balansae** Engl. 1885 · ♄ Z10 ⓦ
  ⓝ; Arg., Parag.
- *lorentzii* (Griseb.) Engl. =
  Schinopsis quebracho-colorado
- **quebracho-colorado** (Schltdl.)
  F.A. Barkley et T. Mey. 1950 · ♄
  Z10 ⓦ ⓝ; Bras., Parag., Urug.,
  Arg.

Schinus L. 1753 -m- *Anacardiaceae* ·
(S. 158)
D:Pfefferbaum; E:Peppertree;
F:Faux-poivrier
- **longifolius** (Lindl.) Speg. 1910 ·
  D:Peruanischer Pfefferbaum;
  E:Peru Peppertree · ♄ Z9 ⓚ;
  S-Bras., Parag., Urug., Arg.
- **molle** L. 1753 [11288]
  - var. **areira** L. 1825 · ♄ e Z9 ⓚ;
    S-Bras., Parag., Bol.
  - var. **molle** · D:Gewöhnlicher
    Pfefferbaum; E:Pepper Tree · ♄ ♄
    e Z9 ⓚ V ⓝ; Mex., C-Am., trop.
    S-Am., nat. in sp., N-Afr.
- **polygamus** (Cav.) Cabrera 1937 ·
  ♄ e Z10 ⓚ V; w S-Am.
- **terebinthifolius** Raddi 1820 ·
  D:Brasilianischer Pfefferbaum;

E:Brazilian Peppertree · ♄ e Z9 ⓚ
IV ⚥ ⓝ; Bras., nat. in Ib [11289]

Schisandra Michx. 1803 -f-
Schisandraceae · (S. 818)
D:Beerentraube, Spaltkölbchen;
F:Schisandra
- **chinensis** (Turcz.) Baill. 1868 ·
  D:Chinesisches Spaltkölbchen;
  E:Chinese Magnolia Vine · ♄ d
  ⚲ ⚭ D Z6 V-VI ⚥; Amur. China,
  Korea, Jap., Sachal. [12398]
- **grandiflora** Hook. f. et Thomson
  1872 · D:Großblütiges Spalt-
  kölbchen · ⚲ d Z9 ⓚ; Him. (Ind.:
  Himachal Pradesh - SW-China),
  Myanmar [25399]
  - var. **grandiflora** · D:Großblüti-
    ges Spaltkölbchen · ♄ d ⚥ Z7;
    Him.
  - var. **rubriflora** (Rehder et E.H.
    Wilson) C.K. Schneid. 1917 ·
    D:Rotblühendes Spaltkölb-
    chen · ♄ ⚲ d ⚥ Z7 IV-V; W-China:
    Sichuan, Sikang; Ind.: Assam
    [25401]
- **repanda** (Siebold et Zucc.) A.C.
  Sm. 1886 · ♄ ⚲ d ⚥; Jap. mts.,
  S-Korea
- *rubriflora* Rehder et E.H. Wilson
  = Schisandra grandiflora var.
  rubriflora
- **sphenanthera** Rehder et E.H.
  Wilson 1928 · ⚲ d ⚥ Z7 IV-V ⚥;
  C-China, W-China

Schismatoglottis Zoll. et Moritzi
1854 -f- *Araceae* · (S. 932)
E:Drop Tongue
- **acuminatissima** Schott 1864 · ♃
  Z10 ⓦ; Sumat., Java, Kalimantan
- **asperata** Engl. 1879 · ♃ Z10 ⓦ;
  Kalimantan
- **calyptrata** (Roxb.) Zoll. et Moritzi
  1854 · ♃ Z10 ⓦ; N.Guinea
- *concinna* Schott = Schismatoglottis
  acuminatissima
- *lavallei* Linden = Schismatoglottis
  acuminatissima
- **motleyana** (Schott) Engl. 1912 ·
  ♃ Z9 ⓦ; Kalimantan
- *neuguineensis* (Linden ex André)
  N.E. Br. = Schismatoglottis
  calyptrata
- *picta* Schott = Schismatoglottis
  calyptrata
- *pulchra* N.E. Br. = Schismatoglottis
  motleyana
- **rupestris** Zoll. et Moritzi ex Zoll.
  1854 · ♃ ⓦ; Malay. Arch.

Schivereckia Andrz. ex DC. 1821 -f-
Brassicaceae · (S. 332)

D:Zwerggänsekresse; F:Cresson des oies, Drave
- *bornmuelleri* Prantl = Schivereckia doerfleri
- **doerfleri** (Wettst.) Bornm. 1921 · ⚃ △ IV-V; Eur.: Maced., AL, BG; TR [66442]
- **podolica** (Besser) Andrz. 1821 · ⚃ △ IV; Eur.: RO, Russ [66443]

Schizachyrium Nees 1829 -n- *Poaceae* · (S. 1128)
D:Präriegras; E:Blue Stem
- **scoparium** (Michx.) Nash 1903 · D:Kleines Präriegras; E:Blue Stem, Prairie Grass · ⚃ Z5; Can., USA* exc. Calif, NW [67700]

Schizanthus Ruiz et Pav. 1794 -m- *Solanaceae* · (S. 852)
D:Orchidee des armen Mannes, Schlitzblume, Spaltblume; E:Butterfly Flower; F:Schizanthe
- **hookeri** Gillies ex Graham 1830 · ☉ Z10 ⓚ; Chile
- **pinnatus** Ruiz et Pav. 1794 · ☉ Z10 VII-IX; Chile
- **retusus** Hook. 1831 · ☉ Z10 VII-IX; Chile
- × **wisetonensis** H. Low 1900 (*S. grahamii* × *S. pinnatus*) · ☉ Z10; cult.

Schizobasopsis J.F. Macbr. = Bowiea
- *volubilis* (Harv. et Hook. f.) J.F. Macbr. = Bowiea volubilis

Schizocapsa Hance = Tacca
- *plantaginea* Hance = Tacca plantaginea

Schizocodon Siebold et Zucc. = Shortia
- *soldanelloides* Siebold et Zucc. = Shortia soldanelloides

Schizolobium Vogel 1837 -f- *Caesalpiniaceae*
- **parahyba** (Vell.) S.F. Blake 1919 · ♄ d ⓚ; Mex., S-Am.

Schizopetalon Sims 1823 -n- *Brassicaceae* · (S. 333)
- **walkeri** Sims 1823 · ☉ Z8 VI-VIII; Chile

Schizophragma Siebold et Zucc. 1835 -n- *Hydrangeaceae* · (S. 569)
D:Spalthortensie; F:Hortensia grimpant
- **hydrangeoides** Siebold et Zucc. 1835 · D:Spalthortensie; E:Climbing Hydrangea;

F:Schizophragma · ♄ ⚲ d ⚵ Z6 VII; Jap. [31890]
'Moonlight' [16988]
'Roseum' [16989]
- **integrifolium** (Franch.) Oliv.
- var. *molle* Rehder 1911 = Schizophragma molle
- **integrifolium** Oliv. 1934 · ⚲ d Z7; C-China, W-China [36114]
- **molle** (Rehder) Chun 1954 · ♄ d ⚵ Z7; W-China

Schizostylis Backh. et Harv. 1864 -f- *Iridaceae* · (S. 1025)
D:Kaffernlilie, Spaltgriffel; E:Kaffir Lily; F:Lis des Cafres
- **coccinea** Backh. et Harv. 1864 · D:Kaffernlilie, Spaltgriffel; E:Kaffir Lily · ⚃ Z6 X-XII; S-Afr. [67346]
'Alba'
'Fenland Daybreak'
'Major' [70036]
'Mrs Hegarty'
'Professor Barnard'
'Sunrise'
'Zeal Salmon'

Schleichera Willd. 1805 -f- *Sapindaceae* · (S. 803)
D:Macassaölbaum; E:Gum Lac, Lac Tree; F:Bois de Macassar
- **oleosa** Merr. 1917 · ♄ d Z10 ⓚ ⓝ; Ind., Malay. Arch.

Schlumbergera Lem. 1858 -f- *Cactaceae* · (S. 367)
D:Gliederkaktus, Weihnachtskaktus; F:Cactus de Noël
- × **buckleyi** (T. Moore) Tjaden 1966 (*S. russelliana* × *S. truncata*) · ♄ ⚶ Z9 ⓜ; cult.
- *gaertneri* (Regel) Britton et Rose = Rhipsalidopsis gaertneri
- **opuntioides** (Loefgr. et Dusén) D.R. Hunt 1969 · ♄ ⚶ ⚵ Z9 ⓜ XII-III ▽ ✻; Bras.: Rio de Janeiro
- **orssichiana** Barthlott et McMillan 1978 · ♄ ⚶ Z9 ⓜ VIII-III ▽ ✻; SE-Bras. (Serra do Mar)
- **russelliana** (Hook.) Britton et Rose 1913 · ♄ ⚶ ⚵ Z9 ⓜ ▽ ✻; SE-Bras. (Serra dos Orgaes)
- **truncata** (Haw.) Moran 1953 · ♄ ⚶ Z9 ⓜ XII-I ▽ ✻; Bras.: Rio de Janeiro

Schoenia Steetz 1845 -f- *Asteraceae*
- **cassiniana** (Gaudich.) Steetz 1845 · ☉ ⚹ VII-VIII; Austr.

Schoenocaulon A. Gray 1837 -n-

Melanthiaceae · (S. 1039)
- **officinale** (Cham. et Schltdl.) A. Gray ex Benth. 1840 · D:Sabadillgermer; E:Sabadilla · ⚃ Z9 ⓚ ⚶ ✻; Mex., Guat., W.Ind., Venez.

Schoenoplectus (Rchb.) Palla 1888 -m- *Cyperaceae* · (S. 998)
D:Seebinse, Teichsimse; E:Club Rush; F:Jonc des tonneliers
- × **carinatus** (Sm.) Palla 1888 (*S. lacustris* × *S. triqueter*) · D:Gekielte Teichsimse · ⚃ ∼ VII-VIII; W-Eur., C-Eur., I
- × **kalmussii** (Asch., Abrom. et Graebn.) Palla = Schoenoplectus × carinatus
- × **kuekenthalianus** (Junge) D.H. Kent 1990 (*S. tabernaemontani* × *S. triqueter*) · D:Gekielte Salz-Teichsimse · ⚃ ∼ ; D +
- **lacustris** (L.) Palla 1888 · D:Gewöhnliche Teichsimse, Seebinse; E:Bulrush · ⚃ ∼ ≈ Z4 V-VII; Eur.*, cosmop. [70136]
'Albescens' [67348]
  - subsp. *tabernaemontani* (C.C. Gmel.) Á. Löve et D. Löve 1975 = Schoenoplectus tabernaemontani
- **litoralis** (Schrad.) Palla 1888 · D:Strand-Teichsimse · ⚃ ∼ VI-VII; Eur.: Ib, Ap, Ba, RO, ? A; TR, Cauc., C-As., Ind., SE-As., S-Afr.,
- **mucronatus** (L.) Palla 1888 · D:Stachelspitzige Teichsimse; E:Bog Bulrush; F:Scirpe mucroné · ⚃ ∼ VIII-X; Eur.* exc. BrI, Sc; TR, Cauc., Iran, Him., Amur, C-As., S-As., SE-As., Jap., China, Egypt, Cameroun, Austr., Polyn.
- **pungens** (Vahl) Palla 1888 · D:Amerikanische Teichsimse, Kleine Dreikant-Teichsimse · ⚃ ∼ VII-VIII; Eur.: Ib, Fr, Ap, C-Eur., EC-Eur.; Alaska, Can., USA*, C-Am., S-Am., Tasm., NZ, nat. in BrI
- **supinus** (L.) Palla 1888 · D:Niedrige Teichsimse · ☉ ∼ VII-IX; Eur.* exc. BrI, Sc; TR, Cauc., W-Sib., E-Sib., C-As, Him., Ind., Sri Lanka, Malay. Arch., Afr., N-Am., Austr.
- **tabernaemontani** (C.C. Gmel.) Palla 1888 · D:Salz-Teichsimse; E:Zebra Rush; F:Jonc des tonneliers, Scirpe des lacs · ⚃ ∼ ≈ Z4 VI-VII; Eur.*, Cauc., W-Sib., E-Sib., N-Am. [70137]
- **triqueter** (L.) Palla 1888 · D:Drei-

kantige Teichsimse; F:Scirpe triquètre · ⚃ ∼ VI-VII; Eur.* exc. Sc; TR, Cauc., C-As., Amur, Egypt., N-Am.

Schoenorchis Blume 1825 -f- *Orchidaceae* · (S. 1083) D:Binsenorchidee; F:Orchidée-jonc
- **hainanensis** Schltr. 1913 · ⚃ ⓦ; China (Hainan)
- **juncifolia** Blume 1825 · ⚃ ⚡ Z10 ⓦ V-VI ▽ ✳; Sumat., Java

Schoenus L. 1753 -m- *Cyperaceae* · (S. 998) D:Kopfried; E:Bog Rush; F:Choin
- **ferrugineus** L. 1753 · D:Rostrotes Kopfried · ⚃ ∼ V-VI; Eur.* exc. BrI, Ib
- × *intermedius* Brügger = Schoenus × scheuchzeri
- **nigricans** L. 1753 · D:Schwarzes Kopfried · ⚃ ∼ VI-VII; Eur.*, Cauc., Iran, Afgh., C-As., N-Afr., Somalia, S-Afr., N-Am.
- **pauciflorus** (Hook. f.) Hook. f. 1864 · ⚃ ; NZ (N-Is.)
- × **scheuchzeri** Brügger 1880 (*S. ferrugineus* × *S. nigricans*) · D:Bastard-Kopfried · ⚃ ∼ ; Eur.: CH, D, A, CZ

× **Schombobrassavola** hort. 1957 -f- *Orchidaceae* · (*Rhyncholaelia* × *Schomburgkia*)

× **Schombocattleya** hort. 1905 -f- *Orchidaceae* · (*Schomburgkia* × *Cattleya*)

× **Schombodiacrium** hort. -n- *Orchidaceae* · (*Caularthron* × *Schomburgkia*)

× **Schomboepidendrum** hort. 1957 -n- *Orchidaceae* · (*Schomburgkia* × *Epidendrum*)

× **Schombolaelia** hort. 1913 -f- *Orchidaceae* · (*Laelia* × *Schomburgkia*)

× **Schombotonia** hort. 1957 -f- *Orchidaceae* · (*Broughtonia* × *Schomburgkia*)

Schomburgkia Lindl. 1838 -f- *Orchidaceae* · (S. 1083)
- **gloriosa** Rchb. f. 1860 · ⚃ Z10 ⓦ X-XII ▽ ✳; Col., Ecuad., Peru, Bol., Venez., Bras.
- **superbiens** (Lindl.) Rolfe 1917 · ⚃ Z10 ⓦ IV-V ▽ ✳; Mex., Hond.
- **undulata** Lindl. 1844 · ⚃ Z10 ⓦ V-VII ▽ ✳; Venez.

Schotia Jacq. 1786 -f- *Caesalpiniaceae* · (S. 378) D:Bauernbohne; E:Boerboon; F:Fuchsia en arbre
- **afra** (L.) Bodin 1800 · ♄ ♄ Z9 ⓚ IX-X; S-Afr.
- **brachypetala** Sond. 1850 · D:Borstige Bauernbohne; E:Tree Fuchsia · ♄ Z9 ⓚ VIII; S-Afr.
- **latifolia** Jacq. 1800-09 · ♄ ♄ Z9 ⓚ; e S-Afr.
- *speciosa* Jacq. = Schotia afra

Schrebera Roxb. -f- *Oleaceae* · (S. 676)
- **arborea** A. Chev. · ♄ e ⋈ Z10 ⓦ; W-Afr.: Guinea
- **swietenioides** Roxb. · ♄ d ⓦ; Ind., Myanmar

Schubertia Mart. 1824 -f- *Asclepiadaceae* · (S. 210)
- **grandiflora** Mart. et Zucc. 1824 · ♄ ⚡ D Z10 ⓦ VII-VIII; Bras.

Schwantesia Dinter 1927 -f- *Aizoaceae* · (S. 149)
- **triebneri** L. Bolus 1937 · ⚃ ⚘ Z9 ⓚ; Kap

Schwantesia L. Bolus = Mitrophyllum
- *dissita* (N.E. Br.) L. Bolus = Mitrophyllum dissitum

Sciadocalyx Regel = Kohleria
- *digitaliflora* Linden et André = Kohleria digitaliflora

Sciadopitys Siebold et Zucc. 1842 -f- *Sciadopityaceae* · (S. 97) D:Schirmtanne; E:Umbrella Pine; F:Pin parasol japonais
- **verticillata** (Thunb.) Siebold et Zucc. 1842 · D:Japanische Schirmtanne; E:Umbrella Pine; F:Pin parasol · ♄ e Z6; Jap. [26790] 'Picola' Dierks 1986 [26212]

Scilla L. 1753 -f- *Hyacinthaceae* · (S. 1011) D:Blaustern, Scilla; E:Squill; F:Scille
- *adlamii* Baker = Ledebouria cooperi
- **amoena** L. 1753 · D:Schöner Blaustern; E:Star Hyacinth · ⚃ Z7 IV-V ▽; orig. ?, nat. in F, Ba, RO
- **autumnalis** L. 1753 · D:Herbst-Blaustern; E:Autumn Squill · ⚃ Z7 ∧ IX-X ▽; Eur.* exc. C-Eur., Sc; TR, N-Iraq, Syr., Cauc., N-Iran, NW-Afr.
- **bifolia** L. 1753 · D:Zweiblättriger Blaustern; E:Alpine Squill · ⚃ Z6 III ⚘ ▽; Eur.* exc. BrI, Sc; TR, Syr., Cauc. [66444]
- **bithynica** Boiss. 1846 · ⚃ IV ▽; E-BG, NW-TR
- *campanulata* Aiton = Hyacinthoides hispanica subsp. hispanica
- **cilicica** Siehe 1908 · ⚃ ; TR, W-Syr., Cyprus
- *drunensis* (Speta) Speta = Scilla bifolia
- **furseorum** Meikle 1967 · ⚃ IV ▽; NE-Afgh.
- *greilhuberi* Speta = Fessia greilhuberi
- *hispanica* Mill. = Hyacinthoides hispanica subsp. hispanica
- **hohenackeri** Fisch. et C.A. Mey. 1846 · ⚃ Z6 III ▽; Cauc. (Azerb.), S-Iran
- **hyacinthoides** L. 1767 · ⚃ ∧ IV-V ▽; Eur.: Ib, Fr, Ap, Ba; TR, Syr., N-Iraq, nat. in Alger.
- *italica* L. = Hyacinthoides italica
- **liliohyacinthus** L. 1753 · ⚃ Z6; Eur.: N-Sp., W-F
- **litardierei** Breistr. 1954 · ⚃ Z6 V-VI ▽; Eur.: Croatia, Bosn., Montenegro, Serb.
- *maritima* L. = Urginea maritima
- **mischtschenkoana** Grossh. 1927 · ⚃ Z6 III-IV ▽; Cauc. [66445]
- *nana* (Schult. et Schult. f.) Speta = Chionodoxa nana
- **natalensis** Planch. 1855 · ⚃ Z9 ⓚ; S-Afr., Lesotho
- *non-scripta* (L.) Hoffmanns. et Link = Hyacinthoides non-scripta
- *nutans* Sm. = Hyacinthoides non-scripta
- *paucifolia* Baker = Ledebouria socialis
- **persica** Hausskn. 1896 · ⚃ Z8 ⓚ; W-Iran, N-Irak
- **peruviana** L. 1753 · D:Stern der Peru; E:Peruvian Scilla · ⚃ Z8 ⓚ V-VI ▽; Eur.: Ib, Ap; NW-Afr.
- *pratensis* Waldst. et Kit. = Scilla litardierei
- **puschkinioides** Regel 1875 · ⚃ Z6 III-IV ▽; C-As.
- **ramburei** Boiss. 1838 · ⚃ ; Eur.: P, S-Sp.; Maroc. (Tanger)
- *reverchonii* Degen et Hervier = Hyacinthoides reverchonii
- **rosenii** K. Koch 1849 · ⚃ Z6; Cauc., TR

- **scilloides** (Lindl.) Druce 1916 · ⌘ Z5 VIII-IX ▽; China, Amur, Manch, Korea, Jap., Taiwan
- **siberica** Haw. · D:Sibirischer Blaustern; E:Siberian Squill; F:Scille de Sibérie · ⌘ Z5 III-IV ▽; Eur.: Russ.; TR, N-Iraq, Cauc., ? Iran, nat. in NL, A, EC-Eur., Ba, RO [66446]
- *sicula* Tineo = Scilla peruviana
- *socialis* Baker = Ledebouria socialis
- **spetana** Kereszty 1987 · D:Speta-Blaustern · ⌘ III-IV ▽; Eur.: A, H
- *tubergeniana* Stearn = Scilla mischtschenkoana
- **verna** Huds. 1778 · ⌘ Z7; Eur.: Ib, Br, Norw., Faroer Is.
- *vindobonensis* Speta = Scilla bifolia
- *violacea* Hutch. = Ledebouria socialis

Scindapsus Schott 1832 -m-
Araceae · (S. 932)
- *aureus* (Linden et André) Engl. = Epipremnum aureum
- **pictus** Hassk. 1842 · ↕ e ⚥ Z10 ⓦ ✿; Malay. Pen.
  'Argyraeus'

Scirpidiella Rauschert = Isolepis
- *fluitans* = Isolepis fluitans

Scirpodendron Zipp. ex Kurz 1869 -n- *Cyperaceae* · (S. 998)
- **ghaeri** (Gaertn.) Merr. 1914 · ⌘ Z10 ⓦ Ⓝ; Sri Lanka, Indochina, Malay. Pen., Austr. (Queensl.), Samoa

Scirpoides Ség. 1754 -m-
Cyperaceae · (S. 999)
D:Glanzbinse, Kopfsimse, Kugelbinse; E:Round-headed Club Rush; F:Faux-scirpe
- **holoschoenus** (L.) Soják · D:Immergrüne Kugelbinse; E:Round-headed Clubrush · ⌘ ~ Z7 VI-VIII; Eur.* exc. Sc; Arab., Palaest., Cauc, Iran, Afgh., W-Sib., C-As., NW-Ind., N-Afr., Canar.

Scirpus L. 1753 -m- *Cyperaceae* · (S. 999)
D:Simse; E:Wood Club Rush; F:Jonc des tonneliers, Scirpe
- *acicularis* L. = Eleocharis acicularis
- *cernuus* Vahl = Isolepis cernua
- **cyperinus** (L.) Kunth 1837 · D:Zypergras-Simse; E:Wool Grass · ⌘ ~ Z7 VI-VII; N-Am., Mex.
- **georgianus** R.M. Harper 1900 ·

D:Dunkelgrüne Simse, Schwarzgrüne Simse · ⌘ ~ V-VII; N-Am.
- *globulosus* Retz. = Fimbristylis globulosa
- *holoschoenus* L. = Scirpoides holoschoenus
- *lacustris* L. = Schoenoplectus lacustris
  - subsp. *tabernaemontani* (C.C. Gmel.) Syme 1870 = Schoenoplectus tabernaemontani
- *maritimus* L. = Bolboschoenus maritimus
- *mucronatus* L. = Schoenoplectus mucronatus
- *palustris* L. = Eleocharis palustris subsp. palustris
- *parvulus* Roem. et Schult. = Eleocharis parvula
- *prolifer* Rottb. = Isolepis prolifera
- **radicans** Schkuhr 1793 · D:Wurzelnde Simse · ⌘ ~ VI-VII; Eur.: Fr, C-Eur., EC-Eur., Slove., Serb., BG, E-Eur., Sc; W-Sib., E-Sib., Amur, Sachal., Korea, Jap.
- **sylvaticus** L. 1753 · D:Wald-Simse; E:Wood Club Rush; F:Scirpe des bois · ⌘ ~ Z6 V-VII; Eur.*, Cauc., TR, W-Sib., E-Sib., Amur, Sachal., C-As., Mong., China, Jap. [67699]
- *tabernaemontani* C.C. Gmel. = Schoenoplectus tabernaemontani
- *triqueter* L. = Schoenoplectus triqueter

Scleranthus L. 1753 -m-
Illecebraceae · (S. 573)
D:Knäuel; E:Knawel; F:Gnavelle, Scléranthe
- **annuus** L. 1753 · D:Einjähriger Knäuel; E:Annual Knowel · ⊙ IV-X; Eur.*, TR, Cauc., Maroc., Alger., nat. in N-Am.
- **biflorus** (J.R. Forst. et G. Forst.) Hook. f. 1853 · ⌘ Z7 ⓚ; NZ (S-Is.)
- *brockiei* P.A. Will. = Scleranthus biflorus
- **perennis** L. 1753 · D:Ausdauernder Knäuel · ⌘ V-IX; Eur.*, TR, Cauc., Maroc.
- **polycarpos** L. 1756 · D:Triften-Knäuel · ⊙ IV-VII; Eur.: most; TR, Cauc., Maroc., Alger.
- **uniflorus** P.A. Will. 1956 · ⌘ ⓚ; NZ [71969]
- **verticillatus** Tausch 1829 · D:Hügel-Knäuel, Quirl-Knäuel · ⊙ IV-V; Eur.: Ib, Fr, Ap, C-Eur., Ba; TR

Sclerocactus Britton et Rose 1922 -m- *Cactaceae* · (S. 367)
- *erectocentrus* (J.M. Coult.) N.P. Taylor = Echinomastus erectocentrus
- **glaucus** (K. Schum.) L.D. Benson 1966 · ⚘ Z9 ⓚ ▽ ✳; USA: Utah, Colo.
- *intertextus* (Engelm.) N.P. Taylor = Echinomastus intertextus
  - var. *dasyacanthus* (Engelm.) N.P. Taylor 1987 = Echinomastus intertextus
- *johnsonii* (Engelm.) N.P. Taylor = Echinomastus johnsonii
- *mariposensis* (Hester) N.P. Taylor = Echinomastus mariposensis
- **papyracanthus** (Engelm.) N.P. Taylor 1987 · ⚘ Z9 ⓚ ▽ ✳; USA: Ariz., N.Mex.
- **polyancistrus** (Engelm. et Bigelow) Britton et Rose 1922 · ⚘ Z9 ⓚ ▽ ✳; USA: SW-Nev., S-Calif.
- **scheerii** (Salm-Dyck) N.P. Taylor 1987 · ⚘ Z9 ⓚ ▽ ✳; S-Tex., Mex.: Nuevo León, Tamaulipas
- **uncinatus** (Galeotti) N.P. Taylor 1987
  - var. **crassihamatus** (F.A.C. Weber) N.P. Taylor 1987 · ⚘ Z9 ⓚ ▽ ✳; USA: N.Mex., Tex.
  - var. **uncinatus** · E:Cat Claw Cactus · ⚘ Z9 ⓚ ▽ ✳; Tex., N-Mex.
- *unguispinus* (Engelm.) N.P. Taylor = Echinomastus unguispinus

Sclerochloa P. Beauv. 1812 -f-
Poaceae · (S. 1128)
D:Hartgras; F:Sclérochloa
- **dura** (L.) P. Beauv. 1812 · D:Hartgras · ⊙ IV-VII; Eur.* exc. BrI, Sc; TR, Levante, Iraq, Cauc., Iran, Afgh., Pakist., Him., C-As., NW-Afr.

Scoliopus Torr. 1857 -m-
Trilliaceae ·
D:Stinktopf
- **bigelovii** Torr. 1857 · D:Kalifornischer Stinktopf; E:Foetid Adder's Tongue · ⌘ Z7; USA: Oreg., Calif.

Scolochloa Link 1827 -f- *Poaceae* · (S. 1128)
D:Schwingelschilf; F:Herbe des marais
- **festucacea** (Willd.) Link 1827 · D:Schwingelschilf · ⌘ VI-VII; Eur.: Sc, D, PL, Russ.; Cauc., W-Sib., E-Sib., Mong.

Scolopendrium Adans. = Asplenium
- *officinale* DC. = Asplenium scolopendrium
- *officinarum* Sw. = Asplenium scolopendrium
- *vulgare* Sm. = Asplenium scolopendrium

Scolymus L. 1753 -m- *Asteraceae* · (S. 268)
D:Golddistel; E:Golden Thistle; F:Scolyme
- **hispanicus** L. 1753 · D:Goldwurzel, Spanische Golddistel; E:Golden Thistle, Spanish Oyster Plant · ⊙ ⚃ Z7 VIII Ⓝ; Eur.: Ib, Fr, Ap, Ba, E-Eur.; TR, Canar., N-Afr.

Scopolia Jacq. 1764 -f- *Solanaceae* · (S. 853)
D:Tollkraut; F:Scopolia
- **anomala** (Link et Otto) Airy Shaw 1937 · ⚃; Nepal, Sikkim
- **carniolica** Jacq. 1764 · D:Krainer Tollkraut; E:Russian Belladonna, Scopolia · ⚃ Z5 ⓚ III-IV ⚥ ⚘; Eur.: Ap, A, EC-Eur., Slove., Croatia, EC-Eur., nat. in DK, D
  - subsp. *hladnikiana* (Freyer ex W.D.J. Koch) Nyman = Scopolia carniolica
- *lurida* Dunal = Scopolia anomala
- **stramonifolia** Link et Otto · ⚃; Kashmir, Him., SW-China

Scorpiurus L. 1753 -m- *Fabaceae* · (S. 524)
D:Skorpionswicke; E:Caterpillar Plant; F:Chenille, Scorpiure
- **muricatus** L. 1753 · D:Skorpionswicke · ⊙; Eur.: Ib, Fr, Ap, Ba, Krim; TR, Levante, Iraq, Iran, N-Afr., E-Afr.
- **sulcatus** L. 1753 · ⊙

Scorzonera L. 1753 -f- *Asteraceae* · (S. 269)
D:Schwarzwurzel, Stielsamen; E:Viper's Grass; F:Scorsonère
- **aristata** Ramond ex DC. 1805 · D:Grannen-Schwarzwurzel · ⚃ Z6 VI-VIII; Eur.: sp., F, I, A, Slove.; Pyr., S-Alp., Apenn.
- **austriaca** Willd. 1803 · D:Österreichische Schwarzwurzel · ⚃ IV-V ▽; Eur.: Fr, Ap, C-Eur., Ap, Ba, E-Eur.; ? Sib., E-China [66448]
- **cana** (C.A. Mey.) O. Hoffm. 1893 · D:Ausdauerndes Stielsamenkraut · ⚃ V-VIII; Eur.: A, Ap, EC-Eur., Ba, E-Eur.; TR, Syr., Iraq, Cauc., Iran
- **hispanica** L. 1753 · D:Garten-Schwarzwurzel, Gemüse-Schwarzwurzel; E:Black Salsify, Viper's Grass · ⚃ Z6 VI-VIII Ⓝ ▽; Eur.* exc. BrI, Sc; Cauc., W-Sib.
- **humilis** L. 1753 · D:Niedrige Schwarzwurzel · ⚃ V-VI ▽; Eur.*
- **laciniata** L. 1753 · D:Schlitzblättrige Schwarzwurzel, Stielsamen · ⊙ Z6 V-VII; Eur.* exc. BrI, Sc; TR, Iran, C-As., NW-Afr.
- **parviflora** Jacq. 1776 · D:Kleinblütige Schwarzwurzel · ⊙ V-VII; Eur.: Ib., Fr, C-Eur., EC-Eur., Ba, E-Eur.; TR, Iran, Sib.
- **purpurea** L. 1753 · D:Violette-Schwarzwurzel
  - subsp. **purpurea** · D:GewöhnlicheViolette Schwarzwurzel; E:Purple Viper's Grass · ⚃ Z6 V-VIII ▽; Eur.: F, I, C-Eur., EC-Eur., Ba, E-Eur.; W-Sib., C-As.
  - subsp. **rosea** (Waldst. et Kit.) Nyman 1879 · D:Rosenrote Schwarzwurzel · ⚃ Z6 VI-VIII ▽; Eur.: A, Slove., Ba, I, RO; mts.
- *rosea* Waldst. et Kit. = Scorzonera purpurea subsp. rosea
- **tau-saghyz** Lipsch. et G.G. Bosse 1931 · Ⓝ; Kara-tau-Plateau

Scrophularia L. 1753 -f- *Scrophulariaceae* · (S. 838)
D:Braunwurz; E:Figwort; F:Scrofulaire
- **auriculata** L. 1753 · D:Wasser-Braunwurz; E:Water Betony, Water Figwort · ⚃ Z5 VI-VIII; Eur.: Ib, Fr, BrI, Ap, C-Eur, Azor.; NW-Afr.
- **canina** L. 1753 · D:Hunds-Braunwurz
  - subsp. **canina** · D:Gewöhnliche Hunds-Braunwurz; E:Alpine Figwort · ⚃ △ Z7 VI-VIII; Eur.: Ib, Fr, Ap, C-Eur., Ba, Krim; Cauc., N-Afr.
  - subsp. **hoppei** (W.D.J. Koch) P. Fourn. 1826 · D:Jurassische Braunwurz · Z7; Eur.: Jura, S-Alp., Apenn.
- **grandiflora** DC. 1813 · ⚃; Eur.: Ib
- *hoppei* W.D.J. Koch = Scrophularia canina subsp. hoppei
- *juratensis* Schleich. ex Wydler = Scrophularia canina subsp. hoppei
- **nodosa** L. 1753 · D:Knotige Braunwurz; E:Figwort · ⚃ VI-VIII ⚥; Eur.*, TR, Cauc., W-Sib., E-Sib., E-Him., nat. in N-Am. [66449]
- **scopolii** Hoppe ex Pers. 1806 · D:Drüsige Braunwurz · ⚃ VI-IX; Eur.: Ap, A, EC-Eur., Ba, E-Eur.; TR, Iraq, Syr., Cauc., Iran, Him.
- **umbrosa** Dumort. · D:Geflügelte Braunwurz · ⚃ VI-IX; Eur.* exc. Ib; TR, N-As.
- **vernalis** L. 1753 · D:Frühlings-Braunwurz · ⊙ ⚃ V-VII; Eur.* exc. BrI, Sc, ? Ib; Cauc.

Scutellaria L. 1753 -f- *Lamiaceae* · (S. 591)
D:Helmkraut; E:Helmet Flower, Skullcap; F:Scutellaire
- **albida** L. 1771 · ⚃; Eur.: I, Ba, Krim; TR, C-As.
- **alpina** L. 1753 · D:Alpen-Helmkraut; E:Alpine Skullcap · ⚃ △ Z5 VI-VIII; Eur.: Ib, Fr, Ap, Ba, C-Eur., E-Eur.; mts.; W-Sib. [66451]
  'Alba'
  'Greencourt'
  - subsp. *supina* (L.) I. Richardson 1972 = Scutellaria supina
- **altissima** L. 1753 · D:Hohes Helmkraut · ⚃ Z5 VI-VII; Eur.: Ap, EC-Eur., Ba, E-Eur.; TR, Cauc., nat. in Fr, BrI [66452]
- **aurata** Lem. 1863 · ⚃ Z9 ⓚ; Bras., Peru
- **baicalensis** Georgi 1775 · D:Chinesisches Helmkraut; E:Chinese Skullcap; F:Scutellaire du lac Baïkal · ⚃ △ Z5 VII-VIII ⚥; E-Sib., Mong., N-China [66453]
- **columnae** All. 1785 · ⚃ Z6; Eur.: Ap, H, Ba; Alger., Tunes., Libya, TR
- **costaricana** H. Wendl. · ⚃ ♄ Z9 ⓚ V-VII; Costa Rica
- **diffusa** Benth. 1848 · ⚃; TR, Syr.
- **galericulata** L. 1753 · D:Sumpf-Helmkraut; F:Scutellaire casquée · ⚃ ∿ Z5 VI-IX; Eur.*, TR, Palaest., N-As., N-Am. [67351]
- **hastifolia** L. 1753 · D:Spießblättriges Helmkraut · ⚃ ∿ Z5 VI-VIII; Eur.* exc. BrI, Ib; TR, Cauc., W-Sib., nat. in BrI
- **incana** Spreng. 1807 · D:Blaues Herbst-Helmkraut; E:Skullcap; F:Scutellaire blanchâtre · ⚃ Z5 VIII-IX; USA: NE, NCE, NC, SE [66454]
- **indica** L. 1753
  - var. **indica** · ⚃ Z7; Jap., Korea, China
  - var. *japonica* = Scutellaria indica var. parvifolia
  - var. **parvifolia** (Makino) Makino 1912 · ⚃; Jap.
- **lateriflora** L. 1753
- *macrantha* Fisch. = Scutellaria baicalensis
- **minor** Huds. 1762 · D:Kleines

Helmkraut · ⚃ ∼ VII-IX; Eur.: Ib, Fr, BrI, I, D, Sweden, nat. in A
- *mociniana* hort. non Benth. = Scutellaria costaricana
- **novae-zelandiae** Hook. f. 1855 · ⚃ ♄; NZ (S-Is.)
- **orientalis** L. 1753 [66455]
  - subsp. **orientalis** · F:Scutellaire jaune · ⚃ Z7; Eur.: Ib, Ba, RO, Krim; Cauc.
  - subsp. **pinnatifida** J.R. Edm. 1980 · ⚃ △ Z7 VII-IX; Eur.: Ba; TR [66456]
- **pontica** K. Koch 1849 · ⚃; TR, Georgia [60540]
- **prostrata** Jacquem. ex Benth. 1835 · ⚃; Him. (Pakist. - C-Nepal)
- **scordiifolia** Fisch. ex Schrank 1822 · ⚃ △ Z5 VI-VIII; Sib. [66457]
- **supina** L. 1753 · ⚃ ♄ △ Z5 V-VII; Eur.: E-Eur.; W-Sib.
- **ventenatii** Hook. 1846 · ⚃ Z9 ⓦ VII-VIII; Col.
- **violacea** B. Heyne ex Benth. 1830 · ⚃ Z9 ⓦ VI-IX; S-Ind., Sri Lanka

Scuticaria Lindl. 1843 -f- Orchidaceae · (S. 1083)
D:Peitschenorchidee; F:Scuticaire
- **hadwenii** (Lindl.) Hook. 1852 · ⚃ ⚥ Z10 ⓦ V-VI ▽ ✱; Guyana, Bras.
- **steelii** (Hook.) Lindl. 1843 · ⚃ ⚥ Z10 ⓦ V-X ▽ ✱; Venez., Guyana, Bras.
- **strictifolia** Hoehne 1947 · ⚃ Z10 ⓦ ▽ ✱; Bras.

Scyphanthus Sweet 1828 -m- Loasaceae · (S. 606)
D:Becherblume
- **elegans** Sweet 1828 · ⚃ ⚥ Z9 ⓚ VII-VIII; Chile

Scyphularia Fée 1850 -f- Davalliaceae · (S. 64)
D:Raupenfarn; E:Caterpillar Fern; F:Fougère-chenille
- **pentaphylla** (Blume) Fée 1852 · ⚃ ∼ Z10 ⓦ; Java, N.Guinea, Polyn.

Seaforthia R. Br. = Ptychosperma
- *elegans* R. Br. = Ptychosperma elegans

Secale L. 1753 -n- Poaceae · (S. 1129)
D:Roggen; E:Rye; F:Seigle
- **cereale** L. 1753 · D:Roggen; E:Rye · ⊙ ⊙ V-VI Ⓝ; cult.
- **montanum** Guss. 1825 · ⚃; Eur.:

Ib, Ap, Ba, RO +; TR, Cauc., Syr., N-Iraq, Iran, W-Pakist., N-Afr.

Sechium P. Browne 1756 -n- Cucurbitaceae · (S. 445)
D:Chayote, Stachelgurke; E:Chaco, Chayote; F:Chayotte
- **edule** (Jacq.) Sw. 1800 · D:Chayote, Stachelgurke; E:Chayote, Christophine · ⚃ ⚥ ⚭ Z10 ⓦ Ⓝ; C-Am., cult.

Securigera DC. 1805 -f- Fabaceae · (S. 524)
D:Beilwicke, Kronwicke; E:Crown Vetch; F:Sécurigéra
- **securidaca** (L.) Degen et Dörfl. 1897 · D:Beilwicke · ⊙; Eur.: Ap, Fr, Ba, Krim; Cauc., Syr., Iran
- **varia** (L.) Lassen 1989 · D:Bunte Kronwicke; E:Trailing Crown Vetch · ⚃ VI-VIII ⚥ ✱; Eur.* exc. BrI, Sc; TR, Cauc., Iran, W-Sib., C-As., nat. in BrI, Sc [63270]
  'Crown Etch'

Securinega Comm. ex Juss. 1789 -f- Euphorbiaceae · (S. 487)
D:Beilholz
- **suffruticosa** (Pall.) Rehder 1932 · D:Beilholz · ♄ d Z6 VII-VIII Ⓝ; Mong., N-China [25402]

× **Sedadia** Moran 1975 -f- Crassulaceae · (S. 435)
(Sedum × Villadia)
- **amecamecanum** (Praeger) Moran 1975 (Sedum dendroideum × Villadia batesii) · ♄ ⚥ e ⓚ V; Mex.

Sedirea Garay et H.R. Sweet 1974 -f- Orchidaceae · (S. 1083)
- **japonica** (Linden et Rchb. f.) Garay et H.R. Sweet 1974 · ⚃ Z10 ⓦ VI-VII ▽ ✱; Korea, Jap., Ryukyu-Is.

Sedum L. 1753 -n- Crassulaceae · (S. 435)
D:Fetthenne, Mauerpfeffer; E:Stonecrop; F:Orpin, Poivre de muraille
- **acre** L. 1753 · D:Scharfer Mauerpfeffer; E:Stonecrop, Wall Pepper; F:Orpin âcre, Poivre des murailles · ⚃ ∼ △ Z5 VI-VII ⚥ ✱; Eur.*, TR, Cauc., Sib., N-Afr., nat. in N-Am. [66459]
  'Aureum' [66460]
  'Elegans'
  'Minus' [66461]
- *adenotrichum* Wall. ex Edgew. =

Rosularia adenotrichum
- **adolphi** Raym.-Hamet 1912 · E:Golden Sedum · ⚃ ⚥ e Z8 ⓚ III-IV; Mex.
- **aizoon** L. 1753 · D:Deckblatt-Fetthenne · ⚃ ⚥ Z7 VII-VIII; W-Sib., E-Sib., Amur, Sachal., Kamchat., Mong., Jap. [66462]
  'Aurantiacum' [66463]
  'Euphorbioides'
  - subsp. *kamtschaticum* (Fisch. et C.A. Mey.) Fröd. = Sedum kamtschaticum var. kamtschaticum
- **alamosanum** S. Watson 1880 · ⚃ ⚥ Z8 ⓚ II-IV; NW-Mex.
- *alboroseum* Baker = Sedum erythrostictum
- **album** L. 1753 · D:Weiße Fetthenne · [66464]
  'Chloroticum' [66469]
  'Coral Carpet' [66466]
  'Laconicum' [66467]
  'Murale' [66468]
  - subsp. *gypsicolum* = Sedum gypsicola
  - var. **album** · D:Gewöhnliche Weiße Fetthenne; E:White Stonecrop · ⚃ ⚥ ∼ △ Z6 VI-IX; Eur.*, Cauc., TR, Lebanon, Iran, NW-Afr., Libya
  - var. **micranthum** (Bastard) DC. 1828 · D:Kleinblütige Weiße Fetthenne · ⚃ ⚥ ∼ △ Z6 VI-IX; Eur.: sp., F, I, CH; Maroc. [66465]
- **allantoides** Rose 1909 · ♄ ⚥ e Z8 ⓚ VI-VII; Mex.
- **alpestre** Vill. 1779 · D:Alpen-Fetthenne · ♄ ⚥ ∼ △ Z6 VI-VIII; Eur.* exc. BrI, Sc; TR
- *altissimum* Poir. = Sedum sediforme
- *altum* Clarke = Sedum sediforme
- *amecamecanum* Praeger = × Sedadia amecamecanum
- **amplexicaule** DC. 1808 · ⚃ ⚥ △ Z7; Eur.: Ib, Fr, Ap, Ba; TR, Lebanon, NW-Afr.
- **anacampseros** L. 1753 · D:Rundblättrige Fetthenne; F:Orpin courbé · ⚃ ⚥ ∼ △ Z6 VII-VIII; Eur.: sp., F, I, CH; Pyr., SW-Alp., Apenn., nat. in Norw. [66470]
- **anglicum** Huds. 1778 · D:Englische Fetthenne; E:English Stonecrop · ⚃ ⚥ ∼ △ Z6 VI-VII; Eur.: Ib, F, BrI, Sc
- **annuum** L. 1753 · D:Einjährige Fetthenne · ⊙ ⚥ Z6 VI-VIII; Eur.*, TR, Cauc., Iran, Greenl.
- *anopetalum* DC. = Sedum ochroleucum

- *athoum* DC. = Sedum album var. album
- **atratum** L. · D:Gewöhnliche SchwärzlicheFetthenne · ⊙ ⚲ Z7 VI-VIII; Eur.* exc. BrI, Sc
- **bellum** Rose ex Praeger 1921 · ♭ ⚲ Z8 🏠 III-V; Mex.
- *bithynicum* Boiss. = Sedum pallidum
- **brevifolium** DC. 1808 · ♃ ⚲ Z9 🏠; Eur.: Ib, F, Cors, Sard.; Maroc. [60197]
- **burrito** Moran 1977
- **caeruleum** L. 1771 · ⊙ ⚲ Z8 VII-IX; Corse, Sard., Sic., Alger.
- **caucasicum** (Grossh.) Boriss. 1939 · ♃ ⚲; TR, Cauc., Iran
- **cauticola** Praeger 1917 · F:Orpin · ♃ ⚲ ↝ VI-VII; Jap. [66471]
  'Bertram Anderson' [70295]
  'Lidakense' · ⚲ [66472]
  'Robustum' [66473]
- **cepaea** L. 1753 · D:Rispen-Fetthenne · ⊙ ⚲ Z7 VI-VII; Eur.: Ap, Fr, Ba, E-Eur.; TR; Syr., Alger., Tun., Libya, nat. in NL, D
- **compactum** Rose 1911 · ♃ ⚲ ↝ Z9 🏠 VI-VII; Mex.
- **compressum** Rose 1909 · ♃ ⚲ Z9 🏠 I-V; Mex.
- *corsicum* Duby ex DC. = Sedum dasyphyllum var. glanduliferum
- **craigii** R.T. Clausen 1943 · ♭ ⚲ e Z8 🏠; Mex.
- *crassipes* Wall. ex Hook. f. et Thomson = Rhodiola wallichiana
- **crassularia** Raym.-Hamet 1929 · ⚲ Z8 🏠; Eth., Kenya, Tanzania
- **cupressoides** Hemsl. 1878 · ♃ ⚲ Z9 🏠 VII-VIII; Mex.
- **cyaneum** Rudolph 1811 · ♃ △ VII-VIII; E-Sib., Amur, Sachal., Kamchat. [66475]
  'Rosenteppich' [68145]
- **dasyphyllum** L. 1753 [66477]
  - var. **dasyphyllum** · D:Dickblättrige Fetthenne; E:Thick Leaved Stonecrop; F:Orpin à feuilles glanduleuses · ♃ ⚲ ↝ △ Z7 VI-VIII; Eur.: Fr, Ib, Ap, Ba, C-Eur., RO; TR, NW-Afr., nat. in BrI, DK
  - var. **glanduliferum** (Guss.) Moris 1840 · ♃ ↝ △ Z8 🏠 ∧ VI-VIII; Eur.: sp.
  - var. **suendermannii** Praeger 1919 = Sedum dasyphyllum var. glanduliferum
- **dendroideum** Moç. et Sessé ex DC. 1828 · D:Strauchige Fetthenne; E:Woody Stonecrop · ♭ ⚲ ↝ Z8 🏠 V-VI; Mex., Guat.
  - subsp. **praealtum** (A. DC.) R.T. Clausen 1959 · ♭ ⚲ e Z7; Mex.
- **diffusum** S. Watson 1890 · ♃ ↝ Z9 🏠; Mex. (San Luis Potosí)
  'Potosinum'
- **divergens** S. Watson 1882 · D:Kriechende Fetthenne; E:Spreading Stonecrop · ♃ ⚲ ↝ Z6; B.C., USA: NW
- *douglasii* Hook. = Sedum stenopetalum
- **ebracteatum** Moç. et Sessé ex DC. 1828 · ♃ ⚲ Z8 🏠 X; Mex.
- *edule* Nutt. = Dudleya edulis
- **erythrostictum** Miq. 1866 · ♃ ⚲ VI; cult. E-As.
  'Mediovariegatum' [73445]
- **ewersii** Ledeb. 1829
  - var. **ewersii** · F:Orpin de l'Himalaya · ♃ ⚲ △ VII-VIII; W-Sib., C-As., Afgh., Mong., Him., China: Sinkiang [66478]
  - var. **homophyllum** (Ledeb.) Praeger 1921 · ⚲; cult.
- **floriferum** Praeger 1918 · ♃ ⚲ ↝ △ Z7 VII; NE-China [66479]
  'Weihenstephaner Gold' [66481]
- **forsterianum** Sm. 1807 [66482]
  - subsp. **elegans** (Lej.) E.F. Warb. · ♃ △ Z7 VI-VIII; W-Eur.; Maroc. [66483]
  - subsp. **forsterianum** · D:Zierliche Fetthenne; F:Orpin de Forster · ♃ ⚲ Z7 VI-VIII; Eur.: Ib, Fr, BrI, D; Maroc.
- *glaucum* Waldst. et Kit. = Sedum hispanicum
- **gracile** C.A. Mey. 1831 · D:Schneepolster-Fetthenne; F:Orpin blanc · ♃ ⚲ △ Z7 VI-VII; Cauc., N-Iran
- **greggii** Hemsl. 1878 · ♃ ⚲ Z8 🏠 II-V; Mex.
- **griseum** Praeger 1917 · ♭ ⚲ e Z8 🏠 I-II; Mex.
- **gypsicola** Boiss. et Reut. 1842 · ♃ Z8 🏠; Eur.: sp., Sic.; Maroc., Alger.
- **hemsleyanum** Rose 1903 · ♃ ⚲ Z8 🏠; Mex.
- *henryi* Diels = Rhodiola yunnanensis
- *heterodontum* Hook. f. et Thomson = Rhodiola heterodonta
- *hidakanum* Tatew. et Kawano = Sedum pluricaule
- **hirsutum** All. 1785 · D:Filzige Fetthenne; E:Hairy Stonecrop · ♃; Eur.: Ib, F, I, Maroc.
- **hispanicum** L. 1755 · D:Spanische Fetthenne · ⊙ ⊙ ⚲ △ Z8 VI-VII; Eur.: Ap, C-Eur., E-Eur., H, Ba; TR, Lebanon, Palaest., Cauc., N-Iran, nat. in Sweden [66485]
  - var. **minus** Praeger 1921 · ♃ ⚲ ↝ △ Z8
- *hobsonii* Prain ex Raym.-Hamet = Rhodiola hobsonii
- **hultenii** Fröd. 1936 · ♭ ⚲ Z9 🏠; Mex.
- **humifusum** Rose 1911 · ♃ ⚲ ↝ Z9 🏠 IV-VI; Mex.
- **hybridum** L. 1753 · D:Sibirische Fetthenne · ♃ ⚲ ↝ Z7 V-VIII; Russ. (Ural), W-Sib., E-Sib., C-As., Mong [66487]
  'Immergrünchen' [66488]
- **kamtschaticum** Fisch. et C.A. Mey. 1841
  - var. **ellacombianum** (Praeger) R.T. Clausen 1946 · ♃ ⚲ Z7 VII-VIII; Jap. [66492]
  - var. **kamtschaticum** · F:Orpin du Kamtchatka · ♃ ⚲ Z7 VII-VIII; Kuril Is. [66490]
    'Variegatum' [66491]
  - var. **middendorffianum** (Maxim.) R.T. Clausen 1946 · ♃ ⚲ Z7 VII-VIII; E-Sib., Manch. [66493]
    'Diffusum' [66480]
- *kirilowii* Regel = Rhodiola kirilowii
- *krajinae* Domin = Sedum acre
- *kurilense* Vorosch. = Sedum kamtschaticum var. kamtschaticum
- **laconicum** Boiss. et Heldr. 1846
- **lanceolatum** Torr. 1828 [68438]
- *laxiflorum* DC. = Monanthes laxiflora
- *libanoticum* L. = Rosularia sempervivum subsp. sempervivum
- *lidakense* hort. = Sedum cauticola 'Lidakense'
- **liebmannianum** Hemsl. 1878 · ♃ ⚲ Z8 🏠 VI-VIII; Mex.
- **lineare** Thunb. 1784 · ♃ ⚲ ↝ △ Z7 🏠 ∧ V-VI; Jap., Ryukyu-Is.
  'Variegatum'
- × **luteoviride** R.T. Clausen 1946 (*S. greggii* × *S. praealtum* subsp. *parvifolium*)
- **lydium** Boiss. 1843 · ♃ ⚲ ↝ △ Z7 VI-VII; W-TR [66494]
  'Schottland' [66495]
- *maximowiczii* Regel = Sedum aizoon
- *maximum* (L.) Hoffm. = Sedum telephium subsp. maximum
- **mexicanum** Britton 1899 · ♃ ⚲ Z8 🏠 IV-VI; Mex., nat. in NW-Sp.
- *micranthum* Bastard = Sedum album var. micranthum
- *middendorffianum* Maxim. = Sedum kamtschaticum var. middendorffianum
- *mite* Gilib. = Sedum sexangulare

- **monregalense** Balb. 1804 · ⚄ ⚇ △ Z8 ∧ VII-VIII; Eur.: Corse, Sard., I; mts.
- **montanum** Perr. et Songeon 1864
  - subsp. **montanum** · D:Berg-Mauerpfeffer · ⚇ VII-IX; Eur.: Ba, Ib, Ap, H, A, CH; Pyr., Apenn., Alp.
  - subsp. **orientale** 't Hart 1978 · D:Harts Felsen-Mauerpfeffer, Östlicher Felsen-Mauerpfeffer · ♄ ⚇ VI-VIII; Eur.: A, ? D +
- **moranense** Kunth 1823 · ⚄ ⚇ e Z9 ⓚ VII; Mex.
- **morganianum** E. Walther 1938 · D:Schlangen-Fetthenne; E:Beaver Tail, Donkey's Tail · ⚄ ⚇ ⚑ ⤳ Z9 ⓚ; cult. Mex.
- **multiceps** Coss. et Durieu 1862 · ⚄ ⚇ Z8 ⓚ VII; Alger.
- **nevii** A. Gray 1858 · F:Orpin de l'Alabama · ⚄ ⚇ ⤳ △ Z7 VI; USA: Va, W-Va., SE [66484]
- *nicaeense* All. = Sedum sediforme
- **nussbaumerianum** Bitter 1924 · ♄ ⚇ e Z9 ⓚ; Mex.
- *nutans* Rose = Cremnophila nutans
- **oaxacanum** Rose 1911 · ⚄ ⚇ ⤳ Z9 ⓚ; Mex.
- **obcordatum** R.T. Clausen 1941 · ♄ ⚇ Z9 ⓚ; Mex.
- **obtusatum** A. Gray 1868 · ⚇ Z8 ⓚ; Calif.; mts.
- **obtusifolium** C.A. Mey. 1831
- **ochroleucum** Chaix 1786 · D:Blassgelbe Fetthenne · ⚇ △ Z7 VI-VII; Eur.: F, I, CH, H, Ba, RO, nat. in N-Am., nat. in Maine [66498]
  'Centaurus' [66499]
  - subsp. *montanum* (Songeon et H. Perrier) D.A. Webb 1961 = Sedum montanum subsp. montanum
- **oreganum** Nutt. 1840 · D:Oregon-Fetthenne; E:Oregon Sedum, Oregon Stonecrop · ⚇ ⌒ △ Z6 VII-VIII; Alaska, Can.: W; USA: NW, Calif. [66500]
  - var. *metallicum* hort. Schleipfer = Sedum oreganum
- **oregonense** (S. Watson) M. Peck 1941 · ⚄ ⚇ Z6; USA: Oreg., N-Calif.
- **oxypetalum** Kunth 1823 · ⚄ ⚇ e Z8 ⓚ VI-VII; Mex.
- *pachyclados* Aitch. et Hemsl. = Rhodiola pachyclados
- **pachyphyllum** Rose 1911 · D:Schnapsnase · ♄ ⚇ e Z8 ⓚ IV; Mex.
  'Rubrum'

- **pallidum** Bréb.
  - var. **bithynicum** (Boiss.) D.F. Chamb. 1972 · ⚄ Z8; TR
- **pallidum** M. Bieb. 1808 · ⚄ ∧; Eur.: Ba, Krim; TR, Levante + [66486]
- **palmeri** S. Watson 1882 · ⚄ ⚇ e ⓚ I-VI; Mex.
- **pilosum** M. Bieb. 1808 · ☉ ⚇ △ Z7 ∧ V-VI; TR, Cauc., Iran
- **pluricaule** Kudô 1923 · ⚇ △ Z7 VII-VIII; Amur, Sachal., Jap. 'Sachalin' [66476]
- **populifolium** Pall. 1776 · F:Orpin à feuilles de peuplier · ⚄ ♄ ⚇ e △ Z2 VI-VII; Sib. [66502]
- *potosinum* Rose = Sedum diffusum
- *praealtum* A. DC. = Sedum dendroideum subsp. praealtum
- *praegerianum* W.W. Sm. = Rhodiola hobsonii
- **pruinatum** Link ex Brot. 1805 · ⚄ ⚇ ⤳ △ Z8 ∧ VII; Eur.: P
- **pulchellum** Michx. 1803 · E:Widow's Cross · ☉ ⚄ ⚇ △ Z7 VII-VIII; USA: NE, NCE, NC, SE, SC [69638]
- *purdyi* Jeps. = Sedum spathulifolium subsp. purdyi
- *purpureum* (L.) Link = Sedum telephium subsp. telephium
- *reflexum* L. = Sedum rupestre
- **retusum** Hemsl. 1880 · ♄ ⚇ Z8 ⓚ VI-IX; Mex.
- *rhodiola* DC. = Rhodiola rosea
- **rhodocarpum** Rose 1911 · ⚄ ⚇ Z7; Calif.: Sierra Nevada
- *roseum* (L.) Scop. = Rhodiola rosea
- **rubens** L. 1753 · D:Rötliche Fetthenne · ☉ ⚇ Z8 V-VI; Eur.: Ib, Fr, Ap, C-Eur., Ba, RO, Krim, Canar.; TR, Levante, N-Iran, NW-Afr., Libya
- **rubrotinctum** R.T. Clausen 1948 · D:Ampel-Fetthenne; E:Christmas Cheer, Pork-and-Beans · ♄ ⚇ e Z9 ⓚ; Mex.
  'Aurora'
- **rupestre** L. 1753 · D:Felsen-Fetthenne, Tripmadam; E:Rock Stonecrop; F:Orpin à inflorescence réfléchie · ⚄ ⚇ ⌒ △ Z7 VI-VIII Ⓝ; Eur.* exc. BrI, nat. in BrI [66503]
  'Cristatum' [66504]
  'Elegans' [66505]
  'Glaucum'
  - subsp. *reflexum* (L.) Hegi et Em. Schmid 1922 = Sedum rupestre
- *ruprechtii* (Jalas) Omelczuk = Sedum telephium subsp. ruprechtii

- **sarmentosum** Bunge 1835 · D:Ausläufer-Fetthenne · ⚄ ⚇ △ Z7 ∧ VII; Jap., Korea, Manch., N-China [66507]
- *sartorianum* Boiss. = Sedum urvillei
  - subsp. *stribrnyi* (Velen.) D.A. Webb 1963 = Sedum urvillei
- **sediforme** (Jacq.) Pau 1909 · ⚇ △ Z8 ⓚ V-VII; Eur.: Ib, Fr, Ap, Ba; TR, Cyprus, Lebanon [71778]
- **sedoides** (Decne.) Pau ex Vidal y Lopez 1921 · D:Himalaya-Mauerpfeffer · ⚄ ⚇ Z7 ∧ III-IV; Kashmir [69561]
- **selskianum** Regel et Maack 1861 · ⚄ ⚇ Z6 ⌑ VII-VIII; Amur., Manch. [69588]
- *semenowii* (Regel et Herder) Mast. = Rhodiola semenovii
- **sempervivoides** Fisch. ex M. Bieb. 1819 · ☉ ⚇ △ Z7 ∧ VI-VIII; TR, Cauc., Iran
- *sempervivum* Ledeb. = Sedum sempervivoides
- **sexangulare** L. 1753 · D:Milder Mauerpfeffer; F:Orpin de Boulogne · ⚄ ⚇ ⤳ Z7 VI-VII; Eur.* exc. Ib, BrI [66508]
  'Weiße Tatra' [66509]
- **sieboldii** Sweet ex Hook. 1863 · ⚄ ⚇ △ ⓚ ∧ IX-X; Jap. [66510]
  'Mediovariegatum' [66511]
- **spathulifolium** Hook. 1834
  'Cape Blanco' [66513]
  'Purpureum' [66514]
  - subsp. **purdyi** (Jeps.) R.T. Clausen 1975 · ⚄ ⚇; USA: S-Oreg., N-Calif.
  - subsp. **spathulifolium** · D:Colorado-Fetthenne; E:Broad Leaved Stonecrop; F:Orpin spatulé · ⚄ ⚇ ⤳ Z7 VI; B.C., USA: NW, Calif. [66512]
- **spectabile** Boreau 1866 · D:Schöne Fetthenne; E:Ice Plant; F:Orpin remarquable · ⚄ ⚇ VIII-IX; Korea, Manch. [66515]
  'Brilliant' [66516]
  'Carmen' [66517]
  'Meteor' [66518]
  'Rosenteller' [66520]
  'Septemberglut' [66521]
  'Stardust'
- **spurium** M. Bieb. 1808 · D:Kaukasus-Fetthenne; E:Two Row Stonecrop; F:Orpin bâtard · ⚄ ⚇ ⤳ △ Z7 VII-VIII; Cauc., TR, N-Iran, nat. in Eur.* exc. Ba [66523]
  'Album Superbum' [66526]
  'Coccineum' [66527]
  'Fuldaglut' [66528]

'Purpurteppich' [66529]
'Schorbuser Blut' [66531]
Tricolor' = Sedum spurium 'Variegatum'
'Variegatum' [66534]
- **stahlii** Solms 1900 · ⚃ ⚇ ⤳ Z9 🝙 VIII-IX; Mex.
- **stefco** Stef. 1946 · ⚃ ⚇
- **stellatum** L. 1753 · ⊙ ⚇ Z8; Eur.: Ib, Ap, Fr, Ba; Alger.
- **stenopetalum** Pursh 1814 · E:Wormleaf Stonecrop · ⚇ △ Z7 ⋀ VI-VII; USA: NW, N-Calif. [66535] 'Douglasii'
- **stevenianum** Rouy et E.G. Camus 1901 · ⚃ ⚇ ⤳ △ Z7 VII-VIII; Cauc.
- **stoloniferum** S.G. Gmel. 1774 · ⚃ ⚇ ⤳ △ Z7 VI-VII; TR, Cauc. N-Iran [71980]
- *stribrnyi* Velen. = Sedum urvillei
- **surculosum** Coss. 1873 · ⚃ ⚇ Z8 🝙 V-VI; Atlas
- **takesimense** Nakai 1919
- **tatarinowii** Maxim. 1883 · ⚃ ⚇ △ VII-IX; Mong., N-China [73619]
- **telephium** L. 1753 · D:Purpur-Fetthenne · [66536]
  'Atropurpureum' [66537]
  'Matrona' [68208]
  'Munstead Dark Red' [69957]
  - subsp. **fabaria** (W.D.J. Koch) Kirschl. 1851 · D:Berg-Fetthenne · ⚃ ⚇ VII-VIII; W-Eur., C-Eur.
    - var. **borderi** (Rouy et E.G. Camus) hort. 1901
  - subsp. **maximum** (L.) Ohba 1977 · D:Große Fetthenne · ⚃ ⚇ VII-VIII; Eur., TR, Cauc., Sib. [66538]
  - subsp. **ruprechtii** Jalas 1954
  - subsp. **telephium** · D:Purpur-Fetthenne · ⚃ ⚇ VII-IX ⚐ ; Eur.*, TR, nat. in N-Am. [66539]
- **ternatum** Michx. 1803 · ⚃ ⚇ △ Z6 VI; USA: NE, NCE, SE [69959]
- × *thartii* L.P. Hébert = Sedum montanum subsp. orientale
- **treleasei** Rose 1911 · ⚄ ⚇ e Z8 🝙 IV; Mex.
- *ukrainae* hort. = Sedum acre
- **urvillei** DC. 1828 · D:Ungarischer Mauerpfeffer · ⚃ ⚇ △ Z7 ⋀ V-VII; Eur.: A, EC-Eur., Ba, RO, Krim; TR, Levante [71984]
- **villosum** L. 1753 · D:Behaarte Fetthenne, Sumpf-Fetthenne · ⊙ ⚇ ⌒ Z5 VI-VII; Eur.*, Greenl.
- *vulgare* (Haw.) Link = Sedum telephium subsp. fabaria
- *weinbergii* (Rose) A. Berger = Graptopetalum paraguayense
- *yunnanense* Franch. = Rhodiola yunnanensis
- **in vielen Sorten:**
  'Frosty Morn' [70297]
  'Herbstfreude' [66540]
  'Mohrchen' [70261]
  'Ruby Glow'
  'Vera Jameson' [66474]

Seemannia Regel = Gloxinia
- *latifolia* Fritsch = Gloxinia sylvatica
- *sylvatica* (Kunth) Hanst. = Gloxinia sylvatica

Selaginella P. Beauv. 1805 -f- Selaginellaceae · (S. 56) D:Moosfarn, Mooskraut; E:Lesser Clubmoss; F:Sélaginelle
- *africana* A. Braun = Selaginella vogelii
- *albonitens* Spring = Selaginella tenella
- *amoena* W. Bull = Selaginella pulcherrima
- **apoda** (L.) Spring 1840 · D:Wiesen-Moosfarn; E:Meadow Spike Moss · ⚃ ⤳ Z3; Can.: E; USA: NE, NCE, SC, SE, Fla., nat. in D (Berlin)
- *apus* (L.) Spring = Selaginella apoda
- *azorica* Baker = Selaginella kraussiana
- **biformis** A. Braun ex Kuhn 1889 · ⚃ ⤳ Z9 🝙; Ind., E-As., Malay. Arch., Phil.
- **braunii** Baker 1867 · ⚃ Z8 🝙; W-China
- *caesia* (hort.) hort. ex Kunze = Selaginella uncinata
  - var. *arborea* (hort. ex Courtin) hort. = Selaginella willdenowii
- *canaliculata* hort. = Selaginella delicatula
- *caulescens* (Wall. ex Hook. et Grev.) Spring = Selaginella involvens
- **concinna** (Sw.) Spring 1849 · ⚃ Z9 🝙; Mascarene Is.
- *cuspidata* (Link) Link = Selaginella pallescens
- **delicatissima** Linden ex A. Braun 1858 · ⚃ 🝙; Col.
- **delicatula** (Desv. ex Poir.) Alston 1932 · ⚃ Z9 🝙; E-Him, S-China
- **denticulata** (L.) Spring 1838 · D:Gezähnter Moosfarn; E:Spike Moss · ⚃ ⤳ △ Z9 🝙; Eur.: Ib, Fr, Ap, Ba; TR, Cyprus, Syr., NW-Afr.; Libya
- *denticulata* hort. = Selaginella kraussiana
- **douglasii** (Hook. et Grev.) Spring 1843 · D:Rocky-Mountain-Moosfarn; E:Douglas Selaginella · ⚃ ⤳ △ Z6; B.C., USA: NW, Rocky Mts., Calif.
- *emmeliana* Van Geert = Selaginella pallescens
- **erythropus** (Mart.) Spring 1840 · ⚃ Z10 🝙; W.Ind., S-Am.
  - var. *major* Spring 1849 = Selaginella umbrosa
- **flabellata** (L.) Spring 1849 · ⚃ Z10 🝙; W.Ind.
- **galeottii** Spring 1843 · ⚃ Z10 🝙; Mex.
- **grandis** T. Moore 1882 · ⚃ Z10 🝙; Kalimantan
- **griffithii** Spring ex Veitch 1861 · ⚃ Z10 🝙; trop. As.
- **haematodes** (Kunze) Spring 1840 · ⚃ Z10 🝙; Panama, Col., Ecuad., Venez., Bol.
- **helvetica** (L.) Spring 1838 · D:Schweizer Moosfarn; F:Sélaginelle de Suisse · ⚃ ⤳ △ Z5 VI-VII; Eur.: Fr, Ap, C-Eur., EC-Eur., Ba, E-Eur.; TR, Cauc., Amur, Korea, N-China [69896]
- **inaequalifolia** (Hook. et Grev.) Spring 1843 · ⚃ 🝙; Ind., Java +
  - var. *perelegans* (T. Moore) Baker 1885 = Selaginella plana
- **involvens** (Sw.) Spring 1843 · ⚃ Z9 🝙; Ind., Sri Lanka, China, Jap., Malay. Pen., Java
- *japonica* T. Moore ex W.R. McNab = Selaginella involvens
- **kraussiana** (Kunze) A. Braun 1860 · D:Feingliedriger Moosfarn; E:Krauss' Spike Moss · ⚃ ⤳ Z9 🝙 🝙; trop. Afr., S-Afr., nat. in S-Eur., W-Eur., Azor.
- **lepidophylla** (Hook. et Grev.) Spring 1840 · D:Auferstehender Moosfarn; E:Resurrection Plant, Rose-of-Jericho · ⚃ Z9 🝙; USA: Tex., SW; Mex., C-Am.
- **martensii** Spring 1849 · ⚃ Z9 🝙; Mex.
- **pallescens** (C. Presl) Spring 1840 · D:Bleicher Moosfarn; E:Arborvitae Fern · ⚃ Z10 🝙; Mex., C-Am., Col., Venez.
- **pilifera** A. Braun 1857 · ⚃ Z9 🝙; Tex., Mex.
- **plana** (Desv.) Hieron. · ⚃ Z9 🝙; E-Him.
- *plumosa* (L.) C. Presl = Selaginella biformis
- **pulcherrima** Liebm. et E. Fourn. 1847 · ⚃ Z9 🝙; Mex.
- **rotundifolia** Spring 1843 · ⚃ Z10 🝙 🝙; W.Ind.
- *rubella* T. Moore = Selaginella

concinna
- **rupestris** (L.) Spring 1838 · D:Felsen-Moosfarn; E:Ledge Spike Moss · ⚃ ⤳ △ Z5; Can.: E; USA: NE, NCE, SE
- **selaginoides** (L.) P. Beauv. 1804 · D:Dorniger Moosfarn; E:Lesser Club Moss, Northern Spike Moss · ⚃ ⤳ △ VII-VIII; Eur.*, Cauc., W-Sib., E-Sib., Kamchat., Jap., Greenl., Alaska, Can., USA: NE, NCE, Rocky Mts.
- **serpens** (Desv. ex Poir.) Spring 1843 · ⚃ ⤳ Z10 ⌂; W.Ind.
- **sibirica** (Milde) Hieron. 1900 · ⚃ ⤳ △ Z4; E-Sib., Alaska, Sachal., N-Korea, Jap.
- *spinulosa* A. Braun ex Döll = Selaginella selaginoides
- **stenophylla** A. Braun 1858 · ⚃ Z9 ⌂; Mex.
- **tenella** (P. Beauv.) Spring 1843 · ⚃ ⤳ Z10 ⌂; W.Ind.
- **umbrosa** Lem. ex Hieron. 1901 · ⚃ Z10 ⌂; Mex.: Yucatan; C-Am., Col., Bras.
- **uncinata** (Desv. ex Poir.) Spring 1843 · ⚃ ⤳ Z10 ⌂; S-China
- **underwoodii** Hieron. 1901 · ⚃ △ Z4; USA: Rocky Mts., SW, SC; Mex.
- **victoriae** T. Moore 1878 · ⚃ Z10 ⌂; Kalimantan, Fiji
- **viticulosa** Klotzsch 1844 · ⚃ Z10 ⌂; Costa Rica, Panama, Col., Venez.
- **vogelii** Spring 1850 · ⚃ Z10 ⌂; W-Afr.
- **wallichii** (Hook. et Grev.) Spring 1840 · D:Wüchsiger Moosfarn; E:Vigorous Fern · ⚃ Z10 ⌂; Ind.
- **willdenowii** (Desv. ex Poir.) Baker 1867 · D:Pfauen-Moosfarn; E:Peacock Fern · ⚃ Z10 ⌂; Him., S-China, Malay. Arch. [67457]

Selenicereus (A. Berger) Britton et Rose 1909 -m- *Cactaceae* · (S. 367) D:Königin der Nacht, Schlangenkaktus; F:Cierge de la Lune
- **boeckmannii** (Otto) Britton et Rose 1909 · ♄ ψ ⚡ Z9 ⌂ ▽ ✳; E-Mex., Cuba, Haiti
- **brevispinus** Britton et Rose 1920 · ♄ ψ ⚡ Z9 ⌂ ▽ ✳; Cuba
- *chrysocardium* (Alexander) Kimnach = Epiphyllum chrysocardium
- **coniflorus** (Weing.) Britton et Rose · ♄ ψ ⚡ Z9 ⌂ ▽ ✳; Mex. (Vera Cruz)
- **grandiflorus** (L.) Britton et Rose ·

D:Königin der Nacht; E:Night Blooming Cereus, Queen-of-the-Night · ♄ ψ ⚡ Z9 ⌂ ⚡ ⚘ ▽ ✳; E-Mex., ? Hond., Cuba, Hispaniola, Jamaica
- **hamatus** (Scheidw.) Britton et Rose 1909 · ♄ ψ ⚡ Z9 ⌂ VII ▽ ✳; Mex.
- **hondurensis** (K. Schum.) Britton et Rose 1909 · ♄ ψ ⚡ Z9 ⌂ ▽ ✳; Guat., Hond.
- **inermis** (Otto) Britton et Rose 1920 · ♄ ψ ⚡ Z9 ⌂ ▽ ✳; Col., Venez.
- *kunthianus* (Otto ex Salm-Dyck) Britton et Rose = Selenicereus grandiflorus
- **macdonaldiae** (Hook.) Britton et Rose 1909
  - var. **grusonianus** (Weing.) Backeb. · ♄ ψ ⚡ D Z9 ⌂ VII ▽ ✳; orig. ?
  - var. **macdonaldiae** 1959 · ♄ ψ ⚡ Z9 ⌂ ▽ ✳; ? Hond.
- **nelsonii** (Weing.) Britton et Rose 1923 · ♄ ψ ⚡ Z9 ⌂ ▽ ✳; S-Mex.
- *pringlei* Rose = Selenicereus coniflorus
- **pteranthus** (Link et Otto) Britton et Rose 1909 · ♄ ψ ⚡ Z9 ⌂ VII-VIII ▽ ✳; E-Mex.
- **spinulosus** (DC.) Britton et Rose 1909 · ♄ ψ ⚡ Z9 ⌂ ▽ ✳; SE-Tex., E-Mex.
- *testudo* (Karw.) Buxb. = Deamia testudo
- **urbanianus** (Gürke et Weing.) Britton et Rose 1913 · ♄ ψ ⚡ Z9 ⌂ ▽ ✳; Cuba, Haiti
- **vagans** (K. Brandegee) Britton et Rose 1913 · ♄ ψ ⚡ Z9 ⌂ ▽ ✳; W-Mex.
- **vaupelii** (Weing.) A. Berger 1929 · ♄ ψ ⚡ Z9 ⌂ ▽ ✳; Haiti
- **wittii** (Schum.) G.D.Rowley · ψ Z9 ⌂; Bras., Venez., Col., Ecuad., Peru

Selinum L. 1762 -n- *Apiaceae* · (S. 184) D:Silge; E:Milk Parsley; F:Sélin
- **carvifolium** (L.) L. 1762 · D:Kümmel-Silge · ⚃ VII-VIII; Eur.*, W-Sib., nat. in N-Am.
- **tenuifolium** Wall. ex C.B. Clarke 1879 · ⚃; Him. (Kashmir - Bhutan)
- *virosum* (L.) E.H.L. Krause = Cicuta virosa
- **wallichianum** (DC.) Y.J. Nasir 1972

Selliera Cav. 1799 -f- *Goodeniaceae* ·

(S. 558)
- **radicans** Cav. 1799 · ⚃ ⤳ ⤳ ⌂ VII-IX; Chile, Austr., Tasman., NZ

Semecarpus L. f. 1782 -f- *Anacardiaceae* · (S. 159) D:Tintenbaum
- **anacardium** L. f. 1782 · D:Ostindischer Tintenbaum; E:Marking Nut · ♄ e Z10 ⌂ ⚘ ⓝ; Ind., mts.

Semele Kunth 1842 -f- *Ruscaceae* · (S. 1139) D:Klettermäusedorn; E:Climbing Butcher's Broom; F:Epine des rats grimpante
- **androgyna** (L.) Kunth 1850 · D:Klettermäusedorn; E:Climbing Butcher's Broom · ♄ e ⚡ Z9 ⌂; Canar.

Semiaquilegia Makino 1902 -f- *Ranunculaceae* · (S. 734) D:Scheinakelei; F:Fausse-ancolie
- *adoxoides* (DC.) Makino = Aquilegia adoxoides
- **ecalcarata** (Maxim.) Sprague et Hutch. 1924 · D:Spornlose Scheinakelei · ⚃ △ Z6 VI-VII; W-China [66541]
  'Flore Pleno'

Semiarundinaria Makino ex Nakai 1925 -f- *Poaceae* · (S. 1129) D:Narihirabambus; E:Narihira Bamboo; F:Bambou
- **fastuosa** (Lat.-Marl. ex Mitford) Makino ex Nakai 1925 · D:Narihirabambus; E:Narihira Bamboo; F:Bambou Semiarundinaria · ♄ e Z7 ∧; Jap. [39583]
  fo. viridis 1979 (Makino) Murata
  - var. *yashadake* Makino 1928 = Semiarundinaria yashadake
- **kagamiana** Makino 1928 · ♄ e; cult. in Jap. [39584]
- *lubrica* T.H. Wen = Oligostachyum lubricum
- **makinoi** Hisauti et Muroi 1977
- **okuboi** Makino 1933 · ♄ e; Jap.
- **yamadorii** Muroi 1963 · ♄ e Z8 ⌂; Jap.
- **yashadake** (Makino) Makino 1928 · ♄ e Z8; Jap.
  fo. kimmei 1989 Muroi et Kashiwagi [55427]

Sempervivella Stapf = Sedum
- *alba* (Edgew.) Stapf = Sedum sedoides
- *sedoides* (Decne.) Stapf = Sedum sedoides

Sempervivum L. 1753 -n-
Crassulaceae · (S. 435)
D:Dachwurz, Hauswurz; E:House Leek; F:Joubarbe
- *aizoon* (Bolle) H. Christ = Greenovia aizoon
- × *albidum* Schnittsp. et C.B. Lehm. = Sempervivum × comollii
- *album* Edgew. = Sedum sedoides
- *allionii* (Jord. et Fourr.) Nyman = Jovibarba globifera subsp. allionii
- **altum** Turrill 1936 · ⌁ ⚥ △ Z6 VI ▽; Cauc.
- × *angustifolium* A. Kern. = Sempervivum × fauconnettii
- *annuum* C. Sm. ex Link = Aichryson laxum
- *anomalum* hort. = Sempervivum montanum subsp. montanum
- **arachnoideum** L. 1753 · D:Spinn-weben-Hauswurz · [71695]
  - subsp. **arachnoideum** · D:Gewöhnliche Spinnweben-Hauswurz; E:Cobweb House Leek; F:Joubarbe aranéeuse · ⚥ Z5 VII-IX ▽; Eur.: sp., F, Corse, I, C-Eur.; mts. [66549]
    'Webbianum' = Sempervivum arachnoideum subsp. tomentosum
  - var. *glabrescens* Willk. 1882 = Sempervivum arachnoideum subsp. arachnoideum
  - subsp. *doellianum* (C.B. Lehm.) Schinz et Keller 1879 = Sempervivum arachnoideum subsp. arachnoideum
  - subsp. **tomentosum** (C.B. Lehm. et Schnittsp.) Schinz et Thell. 1923 · D:Filzige Spinn-weben-Hauswurz; F:Joubarbe aranéeuse ssp. tomentosum · ⌁ ⚥ △ Z5 VII-VIII ▽; Eur.: D, F, I, CH; mts. [66551]
- *arboreum* L. = Aeonium arboreum var. arboreum
- *arenarium* W.D.J. Koch = Jovibarba globifera subsp. arenaria
- **armenum** Boiss. et A. Huet 1856 · ⌁ ⚥ △ Z7 VII ▽; N-TR
- **atlanticum** (Ball) Ball 1878 · ⌁ ⚥ Z7 ⌂ VI ▽; Maroc.; Atlas
- **atroviolaceum** · ⚥
- *aureum* C. Sm. ex Hornem. = Greenovia aurea
- *balcanicum* Stoj. = Sempervivum marmoreum subsp. marmoreum
- *ballsii* Wale = Sempervivum marmoreum subsp. ballsii
- *balsamiferum* (Webb et Berthel.) Webb ex H. Christ = Aeonium balsamiferum
- × **barbulatum** Schott 1853 (S. arachnoideum × S. montanum) · D:Bärtige Hauswurz · ⌁ ⚥ ▽; Alp., N-Sp. [66559]
- *borisii* Degen et Urum. = Sempervivum ciliosum
- **borissovae** Wale 1942 · ⌁ ⚥ Z6; Cauc.
- *caespitosum* C. Sm. ex Otto = Aeonium simsii
- × *calcaratum* Baker = Sempervivum × comollii
- **calcareum** Jord. 1849 · F:Joubarbe du calcaire · ⌁ ⚥ △ Z5 VI-VIII ▽; Eur.: F, I; SW-Alp. [66560]
  'Mrs Giuseppi' [66562]
- *canariense* L. = Aeonium canariense
- **cantabricum** J.A. Huber 1934
  - subsp. **cantabricum** · ⌁ ⚥ Z7 ⌂ ▽; N-Sp.
  - subsp. **urbionense** M.C. Sm. 1981
- **caucasicum** Rupr. ex Boiss. 1872 · ⌁ ⚥ Z6 ▽; Cauc. [71525]
- **charadzeae** Gurgen. 1969 · ⚥; Cauc (E-Georgia)
- × **christii** F.O. Wolf 1889 (S. grandiflorum × S. montanum) · ⌁ ⚥; Eur.: CH, N-I
- *ciliatum* Willd. = Aeonium ciliatum
- **ciliosum** Craib 1914 · F:Joubarbe ciliée · ⌁ ⚥ △ Z6 VI-VII ▽; Eur.: Maced., BG, GR [71988]
  'Borisii' [66563]
  - subsp. **octopodes** (Turrill) Zonn. 1988 · ⌁ ⚥ Z6 ▽; SW-Maced. [66609]
- × **comollii** Rota 1853 (S. tectorum × S. wulfenii) · ⚥
- *cuneatum* (Webb et Berthel.) Webb ex H. Christ = Aeonium cuneatum
- **davisii** Muirhead 1969
- *decorum* H. Christ = Aeonium decorum
- *degenianum* Domokos = Sempervivum marmoreum subsp. reginae-amaliae
- *dichotomum* DC. = Aichryson laxum
- *dodrantale* Willd. = Greenovia dodrantalis
- *doellianum* C.B. Lehm. = Sempervivum arachnoideum subsp. arachnoideum
- **dolomiticum** Facchini 1855 · ⌁ ⚥ △ Z5 VI-VII ▽; Eur.: I; SE-Alp.
- × *domesticum* (Praeger) A. Berger = Aichryson × aizoides
- **dzhavachischvilii** Gurgen. 1969 · ⌁ ⚥; Cauc. (Dagestan)
- *erythraeum* Velen. = Sempervivum marmoreum subsp. erythraeum
- × **fauconnettii** Reut. 1832 (S. arachnoideum × S. tectorum) · ⚥ ▽; Eur. [66568]
- × **fimbriatum** Schnittsp. et C.B. Lehm. 1855 (S. arachnoideum × S. wulfenii) [66564]
- × *flavipilum* Hausm. ex Saut. = Sempervivum × fauconnettii
- × **funckii** A. Braun ex W.D.J. Koch 1832 (S. arachnoideum × S. montanum × S. tectorum) · D:Funcks Hauswurz · ⌁ ⚥; cult. [66565]
- × **giuseppii** Wale 1941 (S. arachnoideum × S. cantabricum) · ⌁ ⚥ Z7; Eur.: N-Sp. (Cordillera Cantabrica)
- *glutinosum* Aiton = Aeonium glutinosum
- *goochiae* (Webb et Berthel.) Webb ex H. Christ = Aeonium goochiae
- **grandiflorum** Haw. 1821 · D:Gaudins Hauswurz; F:Joubarbe à grandes fleurs · ⌁ ⚥ Z6 VI-VIII ▽; CH, I ; W-Alp. (Susa -Simplon) [66566]
- *haworthii* hort. ex Webb et Berthel. = Aeonium haworthii
- × **hayekii** G.D. Rowley 1958 (S. grandiflorum × S. tectorum) · ⌁ ⚥
- *heuffelii* Schott = Jovibarba heuffelii var. heuffelii
- *hierrense* Murray = Aeonium hierrense
- *hirtum* L. = Jovibarba globifera subsp. hirta
- *holochrysum* (Webb et Berthel.) Webb ex H. Christ = Aeonium holochrysum
- × *huteri* Hausm. ex Seboth et Graf = Sempervivum × rupicolum
- **ingwersenii** Wale 1942 · ⌁ ⚥ Z6; Cauc.
- **iranicum** Bornm. et Gauba 1940 · ⌁ ⚥; N-Iran
- *italicum* Ricci = Sempervivum tectorum var. arvernense
- *juratense* Jord. et Fourr. = Sempervivum tectorum var. tectorum
- *kindingeri* Adamović = Sempervivum leucanthum
- **kosaninii** Praeger 1930 · ⌁ ⚥ △ Z6 VII ▽; Eur.: Maced. [66600]
- *laggeri* Schott ex Hallier = Sempervivum arachnoideum subsp. tomentosum
- **leucanthum** Pančić 1883 · ⌁ ⚥ △ Z6 VII ▽; Eur.: BG; mts.
- *lindleyi* (Webb et Berthel.) Webb ex H. Christ = Aeonium lindleyi

- *macedonicum* Praeger = Sempervivum marmoreum subsp. reginae-amaliae
- *manriqueorum* H. Christ = Aeonium arboreum var. arboreum
- **marmoreum** Griseb. 1843 · ⚤ ⚥; Eur.: Ba
  'Brunneifolium'
  'Rubicundum' [66603]
  'Rubicundum Ornatum' [66602]
  - subsp. **ballsii** (Wale) Zonn. 1999
  - subsp. **erythraeum** (Velen.) Zonn. 1998 · ⚤ ⚥ △ Z6 VII-VIII ▽; BG
  - subsp. **marmoreum** · ♄ ⚥ △ Z5 VII ▽; Eur.: H, Slova., Ba, RO, W-Russ. [66601]
  - subsp. **reginae-amaliae** (Heldr. et Sartori ex Boiss.) Zonn. 1999 · ⚤ ⚥ ▽; Eur.: S-AL, GR; mts.
  - var. **dinaricum** · ⚥ ▽; Eur.: BG, Maced.
- **minutum** (Kunze ex Willk.) Nyman ex Pau 1909 · ⚥ Z7 ▽; sp.: Sierra Nevada
- *monanthes* Aiton = Monanthes polyphylla
  - var. *subcrassicaule* Kuntze 1891 = Monanthes muralis
- **montanum** L. 1753 [66607]
  - subsp. **burnatii** (Wettst. ex Burnat) Hayek 1922 · ⚤ ⚥ △ Z5 VI-VIII ▽; Eur.: SW-Alp.
  - subsp. **montanum** · D:Berg-Hauswurz; F:Joubarbe des montagnes · ⚤ ⚥ △ Z5 VII-VIII ▽; Eur.: sp., F, Ap, C-Eur., EC-Eur., RO, W-Russ.; mts., nat. in Norw.
  - subsp. **stiriacum** (Wettst. ex Hayek) Hayek 1922 · ⚤ ⚥ △ Z5 VI-VIII ▽; Eur.: E-A [66608]
  - var. **braunii** · ⚥ ▽
- *murale* Bureau = Sempervivum tectorum var. tectorum
- *nevadense* Wale = Sempervivum minutum
  - var. *hirtella* Wale 1941 = Sempervivum minutum
- *octopodes* Turrill = Sempervivum ciliosum subsp. octopodes
- **ossetiense** Wale 1942 · ⚤ ⚥ Z5; Cauc. (Georg.)
- *patens* Griseb. et Schenk = Jovibarba heuffelii var. heuffelii
- *percarneum* Murray = Aeonium percarneum
- × *piliferum* Jord. = Sempervivum × fauconnettii
- **pittonii** Schott, Nyman et Kotschy 1854 · D:Serpentin-Hauswurz · ⚤ ⚥ Z6 VII-VIII ▽; A (Steiermark)
- **pumilum** M. Bieb. 1808 · ⚤ ⚥ △ Z6 VII ▽; Cauc.
- *reginae-amaliae* Heldr. et Guicc. ex Halácsy = Sempervivum marmoreum subsp. reginae-amaliae
- × *roseum* Huter et Sander = Sempervivum × fimbriatum
  'Fimbriatum' = Sempervivum × fimbriatum
- *rubicundum* Schur = Sempervivum marmoreum
- × **rupicolum** A. Kern. 1870 (*S. montanum* ×) [66610]
- *schlehanii* Schott = Sempervivum marmoreum subsp. marmoreum
- × *schnittspahnii* Lagger = Sempervivum × fauconnettii
- × *schottii* Schnittsp. et C.B. Lehm. = Sempervivum stenopetalum
- *sedifolium* (Webb) H. Christ = Aeonium sedifolium
- *sedoides* Decne. = Sedum sedoides
- *simsii* Sweet = Aeonium simsii
- *soboliferum* Sims = Jovibarba globifera subsp. globifera
- **sosnowskyi** Ter-Chatsch. 1947 · ⚤ ⚥ Z6; Cauc. (Georg.)
- *spathulatum* Hornem. = Aeonium spathulatum
- **stenopetalum** Schnittsp. et C.B. Lehm. 1855
- *strepsicladum* (Webb et Berthel.) Webb ex H. Christ = Aeonium spathulatum
- *tabuliforme* Haw. = Aeonium tabuliforme
- **tectorum** L. 1753 · D:Dach-Hauswurz, Dachwurz
  'Atropurpureum'
  'Atroviolaceum' [66612]
  'Metallicum Giganteum' [66613]
  'Mettenianum'
  'Monstrosum' [66614]
  'Triste' [66619]
  'Violaceum' [66615]
  - subsp. *alpinum* (Griseb. et Schenk) Wettst. 1922 = Sempervivum tectorum var. tectorum
  - subsp. *calcareum* (Jord.) Cariot ex St.-Lag. 1854 = Sempervivum calcareum
  - subsp. *tectorum* var. *glaucum* (Ten.) Praeger 1932 = Sempervivum tectorum var. tectorum
  - var. **arvernense** (Lecoq et Lamotte) Zonn. 1999 · ⚥; Eur.: S-F, C-I (Apenn.)
  - var. *atlanticum* (Ball) Hook. = Sempervivum atlanticum
  - var. **tectorum** · D:Gewöhnliche Hauswurz, Gewöhnliche Dachwurz; E:Common House Leek, Houseleek; F:Joubarbe des toits · ⚤ ⚥ △ Z4 VII-IX ✶ ▽; Eur.: Ib, F, C-Eur.; mts. [66611]
- × *thomeyeri* Correvon = Sempervivum × fauconnettii
- **thompsonianum** Wale 1940 · ⚤ ⚥ Z6; Eur.: Ba
- *tomentosum* C.B. Lehm. et Schnittsp. = Sempervivum arachnoideum subsp. tomentosum
- *tortuosum* (Aiton) Praeger = Aichryson tortuosum
- **transcaucasicum** Muirhead 1965 · ⚤ ⚥ △ Z6 VI ▽; TR, Cauc. [66620]
- *undulatum* (Webb et Berthel.) Webb ex H. Christ = Aeonium undulatum
- *urbicum* C. Sm. ex Hornem. = Aeonium urbicum
- *vicentei* Pau = Sempervivum cantabricum subsp. cantabricum
  - subsp. *cantabricum* (J.A. Huber) Fern. Casas 1982 = Sempervivum cantabricum subsp. cantabricum
- × *widderi* C.B. Lehm. et Schnittsp. = Sempervivum × comollii
- **wulfenii** Hoppe ex Mert. et W.D.J. Koch 1831 · D:Wulfens Hauswurz · ⚤ ⚥ △ Z5 VII-VIII ▽; Eur.: I, CH, A, Slove.; E-Alp. [66621]
- *youngianum* (Webb et Berthel.) Webb ex H. Christ = Aeonium undulatum
- **zelebori** Schott 1857 · ⚤ ⚥ △ Z6 VI-VII ▽; BG, RO [66622]
- **in vielen Sorten:**
  'Alpha' Arends 1929 [66552]
  'Apache' Haberer 1977
  'Arendsii' Arends
  'Bedivere' Skrocki 1973
  'Bernstein' Bot. Garten Tübingen 1972 [66569]
  'Beta' Arends 1929 [66553]
  'Blood Tip' MacPherson 1962
  'Bronco' Haberer 1977 [66571]
  'Commander Hay' L.A. Earl 1958 [66616]
  'Corsair' D.T. Ford 1984
  'Dark Beauty' T.E. Lewis 1977 [60744]
  'Donarrose' Kayser & Seibert 1965
  'Feldmaier' Kayser & Seibert 1965 [70266]
  'Gamma' Arends 1929 [66555]
  'Georgette' D.T. Ford 1972
  'Granat' Kayser & Seibert 1965 [66573]
  'Grigg's Surprise' 1900 [66561]
  'Grünspecht' Gräfin von Zeppelin 1978 [66574]
  'Hey-Hey' N. Moore 1950 [66575]
  'Jewel Case' Skrocki 1976 [66576]
  'Jubilee' A. Hansen 1969
  'Kramers Spinnrad' v.d. Steen 1979
  'Lavender and Old Lace' H.E. Payne 1973

'Lipari' Haberer 1977 [69768]
'Mahagoni' [66577]
'Melanie' Haberer 1978 [66578]
'Mercury' Skrocki 1972 [66579]
'Mondstein' Kayser & Seibert 1980 [66580]
'Mount Hood' Haberer 1977 [66581]
'Nico' Haberer 1977 [66582]
'Nocturno' Kayser & Seibert 1965 [66604]
'Noir' N. Moore 1950 [66617]
'Oddity' MacPherson 1978
'Ohio Burgundy' [66583]
'Othello' Sponnier 1959 [66585]
'Pekinese' H.E. Payne 1975
'Pilatus' Eschmann 1967 [66605]
'Pruhonice' Hort. CZ 1982
'Pseudoornatum' [66587]
'Purpurriese' Kayser & Seibert 1965
'Rauhreif' Arends 1975 [66556]
'Reinhard' Haberer 1979 [66588]
'Rheinkiesel' Goos & Koenemann 1937 [66557]
'Rotkopf' Köhlein 1962 [70866]
'Rubin' Goos & Koenemann 1937 [68630]
'Seerosenstern' Kayser & Seibert 1971 [66618]
'Shirley's Joy' N. Moore 1954
'Silberkarneol' Foerster [66591]
'Silver Thaw' M. Colvin 1974
'Sir William Lawrence' [68832]
'Smaragd' Goos & Koenemann 1937 [66593]
'Spinnell' Kayser & Seibert 1969
'Sunset' Bot. Garten Tübingen 1978
'Topaz' Goos & Koenemann 1937 [66594]
'Turmalin' Kayser & Seibert 1966 [66597]
'Vulcano' Haberer 1977 [66598]

Senecio L. 1753 -m- *Asteraceae* · (S. 269)
D:Greiskraut, Kreuzkraut; E:Ragwort; F:Cinéraire, Séneçon
- **abrotanifolius** L. 1753 · D:Eberrauten-Greiskraut · [66623]
  - subsp. **abrotanifolius** · D:Gewöhnliches Eberrauten-Greiskraut · ⚁ △ Z6 VII-IX; Eur.: I, C-Eur., EC-Eur., Ba, RO, W-Russ.; Alp., Carp., Balkan
  - subsp. **carpathicus** (Herbich) Nyman 1879 · ⚁ △ Z6 VI-VII; Eur.: Carp., Balkan
  - subsp. *tiroliensis* (A. Kern. ex Dalla Torre) Gams = Senecio abrotanifolius subsp. abrotanifolius
- **acaulis** (L. f.) Sch. Bip. 1845 · ⚁ Ψ Z9 ⌂ III-IV; Kap
- *adenocalyx* Dinter = Senecio radicans
- **adonidifolius** Loisel. 1807 · F:Séneçon à feuilles d'adonis · ⚁ △ Z7 VI; Eur.: sp., F [66624]
- **aloides** DC. 1838 · ♄ Z9 ⌂;

Namibia
- **alpinus** (L.) Scop. 1773 · D:Alpen-Greiskraut · ⚁ ⌇ VII; Eur.: F, I, C-Eur., Slove.; Alp., Apenn.
- *amaniensis* (Engl.) H. Jacobsen = Kleinia amaniensis
- *anteuphorbium* (L.) Sch. Bip. = Kleinia anteuphorbia
- **aquaticus** Hill 1761 · D:Wasser-Greiskraut; F:Séneçon aquatique · ☉ VII-VIII; Eur.*
- **archeri** (Compton) H. Jacobsen 1951 · ♄ Ψ Z9 ⌂; Kap
- **articulatus** (L. f.) Sch. Bip. 1845 · D:Hohles Greiskraut; E:Candle Plant, Sausage Crassula · ♄ Ψ Z9 ⌂; Kap
- *aurantiacus* (Hoppe ex Willd.) Less. = Tephroseris integrifolia subsp. aurantiaca
- *aureus* L. = Packera aurea
- **barbertonicus** Klatt 1896 · ♄ Ψ Z9 ⌂; Zimbabwe, Mozamb., S-Afr.
- *bicolor* (Willd.) Tod. = Senecio cineraria
- *bidwillii* = Brachyglottis bidwillii
- *buchananii* J.B. Armstr. = Brachyglottis buchananii
- **cacaliaster** Lam. 1779 · D:Pestwurz-Greiskraut · ⚁ VII-VIII; Eur.: F, I, A, Ba, Ro, ? sp.
- *candicans* Wall. = Senecio cineraria
- *capitatus* (Wahlenb.) Steud. = Tephroseris integrifolia subsp. capitata
- *chenopodioides* Kunth = Pseudogynoxys chenopodioides
- *chrysanthemoides* DC. = Euryops chrysanthemoides
- **cineraria** DC. 1838 · D:Silber-Greiskraut; E:Dusty Miller, Silver Groundsel; F:Séneçon bicolore · ♄ e Z8; Ind., nat. in BrI, Krim [20428]
  'Cirrus'
  'Silver Dust' [31494]
  'White Diamond'
  - var. *candidissima* hort. = Senecio viravira
- **citriformis** G.D. Rowley 1956 · ⚁ Ψ ⌇ Z9 ⌂; Kap
- *compactus* Kirk = Brachyglottis compacta
- *confusus* (DC.) Britten = Pseudogynoxys chenopodioides
- *cordatus* W.D.J. Koch = Senecio alpinus
- **crassissimus** Humbert 1923 · ♄ Ψ e Z9; Madag.
- *cruentus* (Masson ex L'Hér.) DC. = Pericallis cruenta
- *cruentus* hort. = Pericallis ×

hybrida
- *cylindricus* (A. Berger) H. Jacobsen = Senecio talinoides subsp. cylindricus
- **doria** L. 1759 · D:Hohes Greiskraut; F:Séneçon doria · ⚁ Z6 VII-VIII; Eur.: Ib, Fr, Ap, Ba, A, EC-Eur., E-Eur.; TR, W-Sib., Maroc., nat. in BrI [66625]
- **doronicum** (L.) L. 1759 · D:Gämswurz-Greiskraut · ⚁ △ Z5 VII; Eur.: Ib, Fr, C-Eur., Ba, RO; mts.
- **elegans** L. 1753 · E:Red Purple Ragwort · ☉ ☉ Z9 VII-X; S-Afr.
- **erraticus** Bertol. · D:Gewöhnliches Spreizendes Greiskraut · ☉ ⚁ VII-X; Eur.: ? Ib, Fr, BrI, I, C-Eur., EC-Eur., Ba; TR, Syr., N-Afr.
- **erucifolius** L. · D:Gewöhnliches Raukenblättriges Greiskraut · ⚁ VII-IX; Eur.*, TR, Cauc., C-As. [66626]
- **ficoides** (L.) Sch. Bip. 1845 · ♄ ♄ Ψ e ⌇ Z9 ⌂; Kap
- *fluviatilis* Wallr. = Senecio sarracenicus
- *fuchsii* C.C. Gmel. = Senecio ovatus
- *fulgens* (Hook. f.) G. Nicholson = Kleinia fulgens
- *galpinii* (Hook. f.) H. Jacobsen = Kleinia galpinii
- **germanicus** Wallr. · D:Deutsches Greiskraut, Flaumiges Hain-Greiskraut · ⚁ VII-IX; Eur.: C-Eur., E-Eur., N-I
- **glastifolius** L. f. 1782 · ⚁ Z9 ⌂; S-Afr.
- *gracilis* hort. = Senecio citriformis
- **grandifolius** Less. 1830 · ♄ ♄ ♄ e Z9 ⌂ I-III; Mex. [11292]
- *greyi* Hook. f. = Brachyglottis greyi
- **halleri** Dandy 1970 · D:Hallers Greiskraut · ⚁ △ Z6 VII-VIII; Eur.: F, Ch, I; Alp.
- **haworthii** (Sweet) Sch. Bip. 1845 · ♄ Ψ Z9 ⌂; Kap
- *hectoris* Buchanan = Brachyglottis hectoris
- *helenitis* (L.) Schinz et Thell. = Tephroseris helenitis
- **hercynicus** Herborg 1987 · D:Gewöhnliches Hain-Greiskraut · ⚁; Eur.: Fr, N-I, C-Eur., EC-Eur., Ba
- **heritieri** DC. 1838 · ⚁ Z8 ⌂ II-III; Canar.: Teneriffa
- **herreanus** Dinter 1932 · ⚁ Ψ ⌇ Z9 ⌂; Namibia
- *hookerianus* (Hook. f.) H. Jacobsen = Kleinia fulgens
- × *hybridus* (Willd.) Regel = Pericallis × hybrida

- **inaequidens** DC. 1837 ·
  D:Schmalblättriges Greiskraut · ⚁
  VII-XI; S-Afr., nat. in BrI, F, I, D
- **incanus** L. 1753 · D:Graues
  Greiskraut
  - subsp. **carniolicus** (Willd.)
    Braun-Blanq. 1913 · D:Krainer
    Greiskraut · ⚁ Z5 VII-IX ▽; Eur.:
    CH, A, D, Slove.; Alp., Carp.
  - subsp. **incanus** · D:Weißgraues
    Greiskraut · ⚁ Z5 VII-IX; Eur.: F,
    I, CH, EC-Eur., Slove., W-Russ.;
    W-Alp., Apenn.
- *integrifolius* (L.) Clairv. =
  Tephroseris integrifolia subsp.
  integrifolia
  - subsp. *aurantiacus* (Hoppe ex
    Willd.) Briq. et Cavill. 1916 =
    Tephroseris integrifolia subsp.
    aurantiaca
  - subsp. *capitatus* (Wahlenb.)
    Cufod. 1933 = Tephroseris
    integrifolia subsp. capitata
- **jacobaea** L. · D:Gewöhnliches
  Jakobs-Greiskraut; E:Jacobea,
  Staggerwort · ⊙ ⚁ Z5 VII-X ⚥ ⚘;
  Eur.*, TR, Cauc., W-Sib., E-Sib.,
  C-As., Maroc.
- *jacobsenii* G.D. Rowley = Kleinia
  petraea
- **kirkii** Hook. f. ex Kirk 1899 · ⚁ Z9
  ⌂ VII-VIII; N-NZ
- *kleinia* (L.) Less. = Kleinia
  neriifolia
- **kleiniiformis** Suess. 1937 · ♄ ψ Z9
  ⌂; S-Afr.
- **klinghardtianus** Dinter 1932 · ⚁
  ψ Z9 ⌂; Kap, Namibia
- *laxifolius* Buchanan =
  Brachyglottis laxifolia
- *ledebourii* Sch. Bip. = Ligularia
  macrophylla
- *leucostachys* Baker = Senecio
  viravira
- *longiflorus* (DC.) Sch. Bip. =
  Kleinia longiflora
- **macroglossus** DC. 1838 · D:Kap-
  Greiskraut, Kapefeu; E:Natal Ivy,
  Wax Vine · ⚁ ψ ⚥ Z10 ⌂ XII-II;
  S-Afr.
  'Variegatus'
- **mandraliscae** (Tineo) H.
  Jacobsen 1951 · ♄ ψ Z9 ⌂; ? Kap
- *maritimus* Koidz. = Senecio
  cineraria
- **medley-woodii** Hutch. 1923 · ♄ ψ
  Z9 ⌂; S-Afr.: Natal
- *mikanioides* Otto ex Walp. =
  Delairea odorata
- *monroi* Hook. f. = Brachyglottis
  monroi
- **nemorensis** L. 1753 · E:Wood
  Ragwort · ⚁ Z6 VII-IX; Eur.* exc.
  BrI, Sc; TR, Cauc., Sib. [66628]
  - subsp. *fuchsii* (C.C. Gmel.)
    Čelak. 1871 = Senecio ovatus
- **nyikensis** Baker 1897
- **ovatus** (G. Gaertn., B. Mey. et
  Scherb.) Willd. · D:Gewöhnliches
  Fuchs' Greiskraut; E:Woundwort;
  F:Séneçon de Fuchs · ⚁ VII-IX;
  Eur.* exc. BrI; Cauc., Sib. [66629]
- **oxyriifolius** DC. 1838 · ⚁ ψ Z10;
  trop. Afr., S-Afr.
- *palmatifidus* (Siebold et Zucc.)
  Wittr. et Juel = Ligularia japonica
- **paludosus** L. 1753 · D:Sumpf-
  Greiskraut · ⚁ ⁓ Z6 VII-VIII;
  Eur.*, TR, W-Sib. [66630]
- **pendulus** (Forssk.) Sch. Bip.
  1845 · ⚁ ψ ⤳ Z9 ⌂; Yemen,
  Eth., Somalia
- **petasitis** (Sims) DC. 1838 ·
  E:Velvet Groundsel · ⚁ Z9 ⌂ I-III;
  S-Mex.
- **polyodon** DC. 1838 · ⚁ Z8 ⌂;
  S-Afr. [74030]
- *przewalskii* Maxim. = Ligularia
  przewalskii
- *pteroneurus* (DC.) Sch. Bip. =
  Kleinia anteuphorbia
- **pulcher** Hook. et Arn. 1841 · ⚁ Z8
  ⌂ VII-X; Arg., Urug.
- **radicans** (L. f.) Sch. Bip. 1845 · ⚁
  ψ ⤳ Z9 ⌂; Kap, Namibia
- *reinoldii* Endl. = Brachyglottis
  rotundifolia
- **rowleyanus** H. Jacobsen 1968 · ⚁
  ψ e Z9 ⌂; S-Afr. (Eastern Cape)
- *sagittatus* (Vahl) Hieron. = Emilia
  sonchifolia
- **sarracenicus** L. 1753 · D:Fluss-
  Greiskraut · ⚁ VIII-IX; Eur.: Fr,
  C-Eur., EC-Eur., Ba, E-Eur.; ? TR,
  Sib., nat. in DK, BrI
- **scandens** Buch.-Ham. 1825 ·
  E:Climbing Groundsel · ♄ ⚥ Z9
  ⌂; Ind., China, Jap., Taiwan, Phil.
- **scaposus** DC. 1938
  - var. **caulescens** Harv. · ♄ ψ Z9
    ⌂; Kap
  - var. **scaposus** · ⚁ ψ Z8 ⌂; S-Afr.
- *sempervivus* (Forssk.) Sch. Bip. =
  Kleinia semperviva
- **serpens** G.D. Rowley 1955 · ⊙ ⊙
  ⚁ Z9 ⌂ VIII-IX; ? Kap
- *sibiricus* (L.) C.B. Clarke =
  Ligularia sibirica var. sibirica
- **siegfriedii** Brügger 1880
- **smithii** DC. 1838 · ⚁ Z7; Chile,
  Arg., Falkland Is.
- *spiculosus* (Sheph.) G.D. Rowley
  = Senecio talinoides subsp.
  cylindricus
- **squalidus** L. 1753 · D:Felsen-
  Greiskraut · ⊙ V-VIII; Eur.: C-Eur.,
  EC-Eur., Slove., Ba, RO, nat. in
  BrI, DK, F
- *stapeliiformis* E. Phillips = Kleinia
  stapeliiformis
- *stenocephalus* Maxim. = Ligularia
  stenocephala
- **subalpinus** W.D.J. Koch 1834 ·
  D:Berg-Greiskraut · ⚁ Z6 VII-IX;
  Eur.: D, A, EC-Eur., RO, Russ.,
  ? GR; E-Alp., Bayerischer Wald,
  Carp., Balkan,
- *succulentus* Sch. Bip. = Senecio
  serpens
- **sylvaticus** L. 1753 · D:Wald-Greis-
  kraut · ⊙ Z6 VI-VIII; Eur.*, W-As.,
  E-As., nat. in N-Am. [66631]
- **talinoides** (DC.) Sch. Bip. 1845
  - subsp. **cylindricus** (A. Berger)
    G.D. Rowley 1990 · ⊙ ⚁ ♄ ψ e
    ⤳ Z9 ⌂; Namibia
- *tanguticus* Maxim. = Sinacalia
  tangutica
- *tiroliensis* A. Kern. ex Dalla Torre
  = Senecio abrotanifolius subsp.
  abrotanifolius
- **tropaeolifolius** MacOwan ex F.
  Muell. 1867 · ♄ ψ Z9 ⌂; S-Afr.
- **umbrosus** Waldst. et Kit. 1806-
  12 · D:Schatten-Greiskraut · ⚁
  VII-IX; Eur.: A, CZ, Ba, S-Russ.; TR
- *uniflorus* (All.) All. = Senecio
  halleri
- *veitchianus* Hemsl. = Ligularia
  veitchiana
- **vernalis** Waldst. et Kit. 1800 ·
  D:Frühlings-Greiskraut · ⊙ V-XI;
  Eur.: A, EC-Eur., Ba, E-Eur.; TR,
  SW-As., C-As., nat. in Fr, D, CH, Sc
- **viravira** Hieron. 1882 · D:Pelziges
  Geiskraut · ⚁ ♄ e Z8 ⌂; Arg.
- **viscosus** L. 1753 · D:Klebriges
  Greiskraut; E:Sticky Groundsel · ⊙
  VI-X; Eur.* exc. Sc; TR, Cauc., nat.
  in Sc
- **vulgaris** L. 1753 · D:Gewöhn-
  liches Greiskraut; E:Common
  Groundsel, Groundsel · ⊙ Z6 II-XI
  ⚥; Eur.*, TR, Levante, Cauc., Iran,
  W-Sib., E-Sib., Amur, Sachal.,
  Kamchat., China, Jap., Taiwan,
  Eth., Kap., Austr., NZ, nat. in
  N-Am., S-Am.
- *wilsonianus* Hemsl. = Ligularia
  wilsoniana

Senegalia Raf. = Acacia
- *senegal* (L.) Britton = Acacia
  senegal

Senna Mill. 1768 -f-
Caesalpiniaceae · (S. 378)
D:Senna; E:Senna; F:Séné
- **alata** (L.) Roxb. 1832 · ♄ e Z8

ⓦ; trop. Am, nat. in Afr., SE-As., Austr.
- **alexandrina** Mill. 1768 · D:Alexandrinische Senna; E:Alexandrian Senna, Senna · ♄ ♄ Z10 ⓖ ⚥ ; trop. Afr., Alger., Egypt, Palaest., Ind.
- **artemisioides** (Gaudich. ex DC.) Randell 1989 · D:Dichte Senna; E:Silver Cassia · ♄ e Z10 ⓖ; Austr.: Queensl., N.S.Wales, Victoria, S-Austr.
- **auriculata** (L.) Roxb. 1832 · D:Avarom-Senna; E:Matara Tea · ♄ e Z10 ⓖ ⓝ; Ind., nat. in E-Afr., S-Afr.
- **australis** (Vell.) Irwin et Barneby 1982
- **corymbosa** (Lam.) H.S. Irwin et Barneby 1982
  - var. **corymbosa** · ♄ d Z8 ⓖ; Arg., Urug., S-Bras. [20189]
  - var. **plurijuga** Benth. 1871 · ♄ d Z8 ⓖ VII-X; S-Bras., Urug., Arg.
- **didymobotrya** (Fresen.) H.S. Irwin et Barneby 1982 · D:Geflügelte Senna; E:Candle Bush, Golden Wonder · ♄ s Z10 ⓖ; trop. Afr., nat. in Trop. [11098]
- × **floribunda** (Cav.) H.S. Irwin et Barneby 1982 (*S. multiglandulosa* × *S. septemtrionalis*) · ♄ d Z10 ⓖ; Austr.: Queensl., N.S.Wales, S-Austr., nat. in Mex., Trop.
- **hebecarpa** (Fernald) H.S. Irwin et Barneby 1982 · D:Wilde Senna; E:Wild Senna · ⚳ Z7 ∧ VII-IX; USA: NE, NCE, Tenn., N.C. [11102]
- **italica** Mill. 1768 · ♄ d Z10 ⓖ ⓝ; trop. Afr., Alger., Libya, Egypt, Palaest., NW-Ind.
- **marilandica** (L.) Link 1831 · ⚳ Z7 ∧ ⚥ ; USA: NE, NCE, NC, SE, SC, Fla.
- **multiglandulosa** (Jacq.) H.S. Irwin et Barneby 1982 · ♄ Z8 ⓖ; Mex., C-Am., trop. S-Am.
- **occidentalis** (L.) Link 1831 · D:Kaffee-Senna; E:Coffee Senna · ⊙ Z9 ⓖ IX-X ⓝ; Mex., W.Ind., S-Am., nat. in USA, trop. Afr., trop. As.
- **septemtrionalis** (Viv.) H.S. Irwin et Barneby 1982 · D:Glatte Senna; E:Smooth Senna · ♄ Z9 ⓖ VII-VIII; Mex., trop. Am. [11103]
- **siamea** (Lam.) H.S. Irwin et Barneby 1982 · D:Siamesische Senna; E:Siamese Senna · ♄ Z10 ⓖ ⓝ; Ind., Sri Lanka, Thail., Malay. Arch., nat. in trop. Am.
- **spectabilis** (DC.) H.S. Irwin et Barneby 1982 · ♄ d Z10 ⓖ; C-Am., trop. S-Am.
- **tora** (L.) Roxb. 1832 · D:Chinesische Senna; E:Sickle Senna · ⊙ ⓖ VII-IX ⓝ; USA: NE, NCE, NC, SC, SE, Fla; trop. Am.

Sequoia Endl. 1847 -f- *Taxodiaceae* · (S. 99)
D:Küstenmammutbaum, Küstensequoie; E:Coastal Redwood; F:Séquoia
- *gigantea* (Lindl.) Decne. = Sequoiadendron giganteum
- *glyptostroboides* (Hu et W.C. Cheng) Weide = Metasequoia glyptostroboides
- **sempervirens** (D. Don) Endl. 1847 · D:Küstenmammutbaum, Küstensequoie; E:California Redwood, Coast Redwood, Redwood · ♄ e Z8 ⓖ ∧ ⓝ; USA: S-Oreg., Calif. [32784]
  'Adpressa' Carrière 1867 [26674]
  'Prostrata' R.S. Gilmour 1949
- *wellingtonia* Seem. = Sequoiadendron giganteum

Sequoiadendron J. Buchholz 1939 -n- *Taxodiaceae* · (S. 100)
D:Bergmammutbaum, Wellingtonie; E:Wellingtonia; F:Wellingtonia
- **giganteum** (Lindl.) J. Buchholz 1939 · D:Bergmammutbaum, Wellingtonie; E:Giant Sequoia, Wellingtonia; F:Séquoia géant · ♄ e Z6 ⓝ; USA: Calif. [26800]
  'Barabits' Requiem' Barabits [23274]
  'Glaucum' Otto 1860 [31932]
  'Pendulum' Lalande 1871 [32782]
  'Variegatum' (v) Carrière 1867

Serapias L. 1753 -f- *Orchidaceae* · (S. 1084)
D:Zungenständel; E:Tongue Orchid; F:Sérapias
- **cordigera** L. 1763 · ⚳ Z8 ⓖ ⌐ ∇ ✻; Eur.: Ib, Fr, Ap, Ba; NW-TR, N-Afr.
- **lingua** L. 1753 · D:Echter Zungenständel · ⚳ Z7 V ∇ ✻; Eur.: Ib, Fr, Ap, Ba; N-Afr.
- **vomeracea** (Burm. f.) Briq. 1910 · D:Pflugschar-Zungenständel, Stendelwurz · ⚳ Z7 V-VI ∇ ✻; Eur.: Ib, Fr, CH, Ap, Ba; TR, Cyprus, Cauc., Syr., Palaest.

Serenoa Hook. f. 1883 -f- *Arecaceae* · (S. 961)
D:Strauchpalmettopalme;
E:Shrub Palmetto
- **repens** (W. Bartram) Small 1926 · D:Sägezahnpalme, Strauchpalmettopalme; E:Saw Palmetto, Shrub Palmetto · ♄ e ↝ Z8 ⓖ ⚥ ; USA: SE, Fla. [16234]

Sericographis Nees = *Justicia*
- *pauciflora* Nees = *Justicia rizzinii*

Seriphidium (Besser ex W. Hook.) Poljak. 1961 -n- *Asteraceae*
- **canum** (Pursh) W.A. Weber 1984
- **maritimum** (L.) Soják 1961 · D:Meer-Wermut, Strand-Beifuß; E:Sea Wormwood · ⚳ ♄ Z7 IX-X ⓝ; Eur.: BrI, Sc, Fr, D, Balt.; coasts [69829]

Serissa Comm. ex Juss. 1789 -f- *Rubiaceae*
- **foetida** (L. f.) Poir. ex Lam. 1793 · ♄ Z10 ⓖ ⚥ ; Jap., China, SE-As.
  'Variegata'
- *japonica* Thunb. = *Serissa foetida*

Serjania Mill. 1754 -f- *Sapindaceae* · (S. 803)
- **curassavica** Radlk. 1875 · ♄ ⚥ Z10 ⓖ ⓝ; Ind.
- **cuspidata** Cambess. 1828 · ♄ e ⚥ Z10 ⓖ; Bras.
- **glutinosa** Radlk. 1875 · ∫ ⓖ; Bras.

Serratula L. 1753 -f- *Asteraceae* · (S. 269)
D:Scharte; E:Saw Wort; F:Serratule
- *depressa* Steven = *Jurinella moschus*
- **lycopifolia** (Vill.) A. Kern. 1872 · D:Ungarn-Scharte · ⚳ VI-VII; Eur.: F, A, EC-Eur., Slove., Croatia, Bosn., E-Eur.
- **nudicaulis** (L.) DC. 1806 · D:Nacktstänglige Scharte · ⚳ Z6 VI-VII; Eur.: sp., F, I, CH; Maroc.; mts.
- **radiata** (Waldst. et Kit.) M. Bieb. 1819 · ⚳ ; Eur.: EC-Eur., Ba, E-Eur.; Cauc.
- **seoanei** Willk. 1889 · F:Serratule des teinturiers · ⚳ △ Z7 ∧ IX-X; Eur.: Ib, S-F [74031]
- *shawii* hort. = *Serratula seoanei*
- **tinctoria** L. 1753 · D:Färber-Scharte · [66632]
  - subsp. **macrocephala** (Bertol.) Wilczek et Schinz 1908 · D:Großköpfige Scharte, Großköpfige Färber-Scharte · ⚳ Z6 VII-IX; Eur.: N-Sp., F, I, CH, A, Slove.; mts.

– subsp. *seoanei* (Willk.) M. Laínz 1979 = Serratula seoanei
– subsp. **tinctoria** · D:Gewöhnliche Färber-Scharte; E:Alpine Saw Wort, Saw Wort · ⌅ Z6 VII-VIII; Eur.*, Alger., ? TR
– **wolffii** Andrae 1855 · ⌅ VIII; Eur.: RO, Russ.

Sesamoides Ortega 1773 -f- *Resedaceae* · (S. 736)
– **canescens** (L.) Kuntze 1891 · ⌅ ⓚ; Eur.: Ib, F, Ap; NW-Afr.
– **clusii** (Spreng.) Greuter et Burdet 1989 · ⌅ ⓚ; Eur.: sp., F, Ap

Sesamothamnus Welw. 1869 -m- *Pedaliaceae*
– **benguellensis** Welw. 1869 · ♄ ⚘ ⓝ; S-Angola, N-Namibia
– **lugardii** N.E. Br. 1906 · ⚘ Z10; Namibia, S-Zimbabwe

Sesamum L. 1753 -n- *Pedaliaceae* · (S. 690)
D:Sesam; E:Sesame; F:Sésame
– **alatum** Thonn. 1827 · ⊙ Z10 ⓝ ⓝ; W-Sudan, Eth., E-Afr., trop. S-Afr.
– **indicum** L. 1753 · D:Sesam; E:Sesame · ⊙ Z10 ⓝ ⚥ ⓝ; ? Eth., ? Ind.

Sesbania Scop. 1777 -f- *Fabaceae* · (S. 525)
D:Sesbanie
– **aculeata** (Pers.) Pers. 1807 · D:Stachlige Sesbanie; E:Prickly Sesban · ⌅ Z10 ⓝ ⓝ; Ind., Sri Lanka, China, trop. Afr.
– **cannabina** (Retz.) Pers. 1807 · ♄ Z10 ⓝ ⓝ; trop. Afr., trop. As., Austr.
– *cochinchinensis* (Lour.) DC. = Sesbania cannabina
– **formosa** (F. Muell.) N.T. Burb. 1965
– **grandiflora** (L.) Pers. 1807 · D:Großblütige Sesbanie; E:Wisteria Tree · ♄ e Z9 ⓝ VII-VIII ⓝ; Ind., Sri Lanka, Mauritius, SE-As., N-Austr.
– *punicea* (Cav.) Benth. = Sesbania tripetii
– **sesban** (L.) Merr. 1912 · D:Ägyptische Sesbanie; E:Egyptian Sesban · ♄ ♄ d Z10 ⓝ VII-VIII ⓝ; trop. Afr., S-Afr.
– **speciosa** Taub. ex Engl. 1894 · ⓝ; ? Ind., cult. Ind.
– **tripetii** (Poit.) hort. ex F.T. Hubb. 1917 · D:Scharlachrote Sesbanie; E:Scarlet Wisteria Tree · ♄ d Z9 ⓚ

V-X; Bras., N-Arg. [11295]

Seseli L. 1753 -n- *Apiaceae* · (S. 184)
D:Bergfenchel, Sesel; E:Moon Carrot; F:Séséli
– **annuum** L. 1753 · D:Steppen-Bergfenchel, Steppenfenchel · ⊙ VII-IX; Eur.* exc. BrI, Sc
– **caespitosum** Sibth. et Sm. 1806 · ⌅ △ VII-VIII; NW-TR
– **elatum** L. 1762
  – subsp. **austriacum** (Beck) P.W. Ball 1968 · D:Österreichischer Bergfenchel · ⌅ VIII-IX; Eur.: A, ? N-I, Slove.
  – subsp. **osseum** (Crantz) P.W. Ball 1968 · D:Meergrüner Bergfenchel · ⊙ ⌅ VII-VIII; Eur.: Ib, Fr, A, EC-Eur., Ba, RO
– **gracile** Waldst. et Kit. 1965 · ⌅; Eur.: Croat., Serb., RO
– **gummiferum** Pall. ex Sm. 1807 · ⊙ ⌅ Z6; Eur.: GR, Crete, Krim; TR [74033]
– **hippomarathrum** Jacq. 1762 · D:Pferde-Bergfenchel · ⌅ VII-IX; Eur.: C-Eur., EC-Eur., Serb., E-Eur.; W-Sib.
– **libanotis** (L.) W.D.J. Koch 1824 · D:Heilwurz · ⊙ Z4 VII-VIII; Eur.*, W-Sib., E-Sib., Mong.
– **montanum** L. 1753 · D:Echter Bergfenchel · ⌅ Z5 VII-IX; Eur.: sp., F, I, CH, Ba; Cauc., Maroc.
– **pallasii** Besser 1816 · D:Bunter Bergfenchel · ⊙ ⌅ Z6 VII-VIII; Eur.: I, A, EC-Eur., Ba, RO, Krim, Russ; TR
– *varium* Trevir. = Seseli pallasii

Sesleria Scop. 1760 -f- *Poaceae* · (S. 1129)
D:Blaugras, Kopfgras; E:Moor Grass; F:Seslérià
– **albicans** Kit. ex Schult. 1814 · D:Kalk-Blaugras; E:Blue Moor Grass; F:Seslérie blanchâtre · ⌅ △ Z4 III-V; Eur.: sp., Fr, BrI, I, C-Eur., EC-Eur., Slove., ? W-Russ. [67701]
– **argentea** (Savi) Savi 1808 · D:Silber-Blaugras · ⌅ △ VI-VII; Eur.: sp., F, I [67702]
– **autumnalis** (Scop.) F.W. Schultz 1855 · D:Herbst-Blaugras; E:Autumn Moor Grass · ⌅ Z6 IX-X; Eur.: I, Slove., Croatia, Bosn., Montenegro, AL [67703]
– **caerulea** (L.) Ard. 1764 · D:Moor-Blaugras · ⌅ △ Z4 V; Eur.: Sc, EC-Eur., N-I, A, Ba, E-Eur. [67704]

– subsp. *varia* (Jacq.) Hayek = Sesleria albicans
– **heufleriana** Schur 1856 · D:Grünes Kopfgras; E:Balkan Blue Grass, Green Moor Grass · ⌅ Z5 IV-V; Eur.: Slova., H, RO, W-Russ. [67705]
– **insularis** Sommier 1905 · ⌅; Eur.: Balear., Corse, Sard., I, Ba
– **nitida** Ten. 1815 · ⌅ IV-V; Eur.: I, Sic.; mts. [67706]
– **ovata** (Hoppe) A. Kern. 1881 · D:Eiförmiges Blaugras, Zwerg-Blaugras · ⌅ VII-VIII; Eur.: F, I, D, A, Slove.; Alp.
– **rigida** Heuff. ex Rchb. 1831-32 · ⌅; Eur.: Ba, RO; mts.
– **sadleriana** Janka 1882 · D:Pannonisches Blaugras · ⌅ III-V; Eur.: A, H, PL, Slove. [67707]
– *varia* (Jacq.) Wettst. = Sesleria albicans

Sesuvium L. 1759 -n- *Aizoaceae* · (S. 149)
– **maritimum** (Walter) Britton, Sterns et Poggenb. 1888 · ⊙ ⓚ; USA: NE, SE, Fla.; Bahamas, Cuba
– **portulacastrum** (L.) L. 1759 · E:Shoreline Sea Purslane · ⌅ ⚘ ↝ Z9 ⓚ VII-VIII ⓝ; Subtrop., Trop.; coasts

Setaria P. Beauv. 1812 -f- *Poaceae* · (S. 1130)
D:Borstenhirse, Kolbenhirse; E:Bristle Grass; F:Millet à grappes, Sétaire
– **faberi** F. Herm. 1910 · D:Fabers Borstenhirse · ⊙ VII-IX; China, nat. in Eur.: CH, D, CZ; N-Am.
– *glauca* (L.) P. Beauv. = Pennisetum glaucum
– *glauca* auct. = Setaria pumila
– *gussonei* Kerguélen = Setaria verticillata var. ambigua
– **italica** (L.) P. Beauv. 1812
  – subsp. **italica** · D:Kolbenhirse; E:Foxtail Bristle Grass, Italian Millet · ⊙ Z6 VI-X ⓝ; cult.
  – subsp. **moharia** (Alef.) H. Scholz 2006 · ⊙ Z6 ⓝ; cult.
– *lutescens* (Stuntz) F.T. Hubb. = Setaria pumila
– **macrostachya** Kunth 1916 · ⌅ VII-VIII; USA: Colo., SW, Tex.; Mex.
– **palmifolia** (J. König) Stapf 1914 · D:Palmblättrige Borstenhirse; E:Palm Grass · ⌅ Z9 ⓝ; trop. As.
– **poiretiana** (Schult.) Kunth 1829 · ⌅ Z10 ⓝ; Mex., C-Am., W.Ind., trop. S-Am.
– **pumila** (Poir.) Schult. 1817 ·

D:Fuchsrote Borstenhirse;
E:Yellow Foxtail · ⊙ ⋊ ⌂ VII-X
Ⓝ; Eur.* exc. BrI, Sc; TR, Levante,
Cauc., Iran, Afgh., Pakist., Ind.,
Indochina, China, Jap., Canar.,
Maroc., Libya, Egypt, nat. in
N-Am., S-Am., S-Afr., Austr.
- **sphacelata** (K. Schum.) Stapf
et C.E. Hubb. 1930 · ⌁ Ⓝ; S-Afr.
trop. S-Afr., nat. in Afr., Austr.
- *sulcata* Raddi = Setaria poiretiana
- **verticillata** (L.) P. Beauv. 1812 ·
D:Quirlige Borstenhirse
 - var. **ambigua** (Guss.) Parl.
1845 · D:Kurzborstige Borstenhirse, Unbeständige Borstenhirse · ⊙ Z6 VI-IX; Eur.: ,
S-Russ.; TR, Syr., Israel, Iraq,
Arab., Cauc., Iran, N-Afr.
 - var. **verticillata** · D:Quirlige
Borstenhirse; E:Bristly Foxtail ·
⊙ Z6 VI-IX; Eur.: Ib, Ap, Fr, Ba,
E-Eur.; TR, Cauc., C-As., Him.,
E-As., N-Am., Subtrop., nat. in
C-Eur., E-Eur.
- **viridis** (L.) P. Beauv. · D:Gewöhnliche Grüne Borstenhirse; E:Green
Bristle Grass · ⊙ IX-X; Eur.*, TR,
Iraq, Cyprus, Lebanon, Arab.,
Cauc., Iran, C-As., Afgh., Ind.,
W-Sib., E-Sib., Amur, China, Jap.,
Indochina, N-Afr., nat. in N-Am.,
S-Am., Phil., Austr.

Setcreasea K. Schum. = Tradescantia
- *purpurea* Boom = Tradescantia pallida

Seticereus Backeb. = Borzicactus
- *icosagonus* (Kunth) Backeb. =
Cleistocactus icosagonus
- *roezelii* (Haage) Backeb. =
Borzicactus roezlii

Setiechinopsis (Backeb.) de Haas
1940 -f- Cactaceae · (S. 367)
- **mirabilis** (Speg.) Backeb. 1940 · ⚹
Z9 ⌂; Arg.

Severinia Ten. 1840 -f- Rutaceae ·
(S. 794)
- **buxifolia** (Poir.) Ten. 1840 · ♄ ♄ e
Z10 ⌂; S-China, Vietn.

Shepherdia Nutt. 1818 -f-
Elaeagnaceae · (S. 459)
D:Büffelbeere; E:Buffalo Berry;
F:Baie de Bison
- **argentea** (Pursh) Nutt. 1818 ·
D:Silber-Büffelbeere; E:Silver
Buffalo Berry · ♄ ♄ d Z5 III-IV Ⓝ;
Can.: W, Man.; USA: NW, Calif.,
Rocky Mts., SW, NC, NCE [11832]

- **canadensis** (L.) Nutt. 1818 ·
D:Kanadische Büffelbeere;
E:Buffalo Berry, Soapberry · ♄ d
Z5 IV-V; Alaska, Can.; USA: NE,
NCE, NC, SW, Rocky Mts.

Sherardia L. 1753 -f- Rubiaceae ·
(S. 781)
D:Ackerröte; E:Field Madder;
F:Shérardia
- **arvensis** L. 1753 · D:Ackerröte;
E:Field Madder · ⊙ VI-X; Eur.*,
TR, N-Iraq, Levante, Cauc.,
NW-Afr., Libya

Shibataea Makino ex Nakai 1912 -f-
Poaceae · (S. 1130)
- **chiangshanensis** T.H. Wen 1983 ·
♄ e; China
- **chinensis** Nakai 1933 · ♄ e
- **kumasasa** (Zoll. ex Steud.)
Makino ex Nakai 1914 · ♄ e Z7;
Jap. [53247]

× **Shipmanara** hort. 1963 -f-
Orchidaceae ·
(Broughtonia × Caularthron ×
Schomburgkia)

Shorea Roxb. ex C.F. Gaertn. 1805
-f- Dipterocarpaceae · (S. 456)
- **contorta** S. Vidal 1883 · ♄ Z10 ⌂
Ⓝ; Phil.
- **laevis** Ridl. 1922 · D:Balau
- **robusta** C.F. Gaertn. 1805 · D:Salharzbaum; E:Sal Tree · ♄ Z10 ⌂
Ⓝ; Ind.

Shortia Torr. et A. Gray 1842 -f-
Diapensiaceae · (S. 451)
D:Winterblatt; F:Shortia
- **galacifolia** Torr. et A. Gray 1842 ·
D:Echtes Winterblatt; E:Oconee
Bells · ⌁ Z5 V-VI ▽ ✱; USA: N.C.
- **soldanelloides** (Siebold et Zucc.)
Makino 1907 · D:Gefranstes Winterblatt; E:Fringe Bell, Fringed
Galax · ⌁ Z7 ⌂ III-IV; Jap.; mts.
- **uniflora** (Maxim.) Maxim. 1871 ·
D:Einblütiges Winterblatt · ⌁ Z6
IV-V; Jap.

Sibbaldia L. 1753 -f- Rosaceae ·
(S. 763)
D:Gelbling; F:Sibbaldia
- *cuneata* Hornem. ex Kuntze =
Sibbaldia parviflora
- **parviflora** Willd. 1799 · ⌁; Afgh.,
Him., SW-China, C-As.
- **procumbens** L. 1753 · D:Alpen-
Gelbling; E:Creeping Glow Wort ·
⌁ ⇝ △ Z1 VI; Eur.*, W-Sib.,
E-Sib., Amur, Sachal., Kamchat.,

C-As., Jap., Alaska, Can., USA:
NE, SW, Rocky Mts., NW, Calif.;
Greenl.

Sibbaldiopsis Rydb. = Potentilla
- *tridentata* (Aiton) Rydb. =
Potentilla tridentata

Sibiraea Maxim. 1879 -f- Rosaceae ·
(S. 764)
D:Blauspiere; F:Sibérienne
- **altaiensis** (Laxm.) C.K. Schneid.
1905
 - var. **altaiensis** · ♄ d Z5 V-VI;
W-Sib. (Altai) [20382]
 - var. **croatica** (Degen) Beck · ♄ d
Z5; Croatia: Velebit
- *laevigata* (L.) Maxim. = Sibiraea
altaiensis var. altaiensis
- **tomentosa** Diels 1912 · ♄ d Z6;
SW-China

Sibthorpia L. 1753 -f-
Scrophulariaceae · (S. 838)
D:Sibthorpie; E:Moneywort;
F:Sibthorpia
- **europaea** L. 1753 · D:Cornwall-Sibthorpie; E:Cornish
Moneywort · ⌁ ⇝ Z8 ⌂ V-VIII;
Eur.: BrI, Fr, Ib, GR, Crete, Azor.;
Afr. mts.

Sicana Naudin 1862 -f-
Cucurbitaceae · (S. 445)
D:Moschusgurke; E:Musc
Cucumber; F:Mélocoton
- **odorifera** (Vell.) Naudin 1862 ·
D:Moschusgurke, Zombiegurke;
E:Cassabanana, Musk Cucumber ·
⌁ ⚲ Z10 ⌂ VI-VII Ⓝ; cult.

Sicyos L. 1753 -m- Cucurbitaceae ·
(S. 446)
D:Haargurke; E:Bur Cucumber;
F:Concombre chevelu
- **angulatus** L. 1753 · D:Haargurke;
E:Bur Cucumber · ⊙ ⚲ VI-VII;
Can.: E; USA: NE, NCE, SC, SE,
Fla.

Sida L. 1753 -f- Malvaceae · (S. 622)
D:Virginiamalve; E:Virginia
Mallow; F:Mauve de Virginie
- *abutilon* L. = Abutilon theophrasti
- **hermaphrodita** (L.) Rusby 1894 ·
⌁ Z6; USA
- **rhombifolia** L. 1753 · D:Kubajute;
E:Cuban Jute · ⊙ ⌁ e Z10 ⌂ Ⓝ;
Subtrop., Trop.

Sidalcea A. Gray 1849 -f-
Malvaceae · (S. 623)
D:Doppelmalve, Präriemalve,

Schmuckmalve; E:False Mallow, Prairie Mallow; F:Mauve de la Prairie
- **candida** A. Gray 1849 · D:Weiße Schmuckmalve; E:White Prairie Mallow · ⚁ Z7 △ VII-VIII; USA: Rocky Mts., N.Mex. [66634]
- **cusickii** Piper 1916 · ⚁; USA: Oreg.
- **malviflora** (DC.) A. Gray ex Benth. 1849 · D:Kalifornische Schmuckmalve; E:Checker Mallow · ⚁ Z7 △ VI-VIII; Calif. [60308]
- **neomexicana** A. Gray 1849 · D:Rocky-Mountain-Schmuckmalve; E:Rocky Mountain Checker Mallow · ⚁ Z7 △ VII-IX; USA: NW, Rocky Mts., Calif., SW; Mex.
- **oregana** (Nutt. ex Torr. et A. Gray) A. Gray 1849 · D:Oregon-Schmuckmalve · ⚁ Z7 △ VII-IX; USA: NW, Calif., Nev. [66640]
  - var. *cusickii* (Piper) Roush 1931 = Sidalcea cusickii
- **in vielen Sorten:**
'Bianca' [66635]
'Brilliant' [66641]
'Elsie Heugh' [66636]
'Mr Lindbergh' [66637]
'Partygirl' [68146]
'Rosanna' [66638]
'Rosy Gem' [66639]
'Stark's Hybrid' [66642]
'William Smith'

Siderasis Raf. 1836 -f- *Commelinaceae* · (S. 984)
- **fuscata** (Lodd.) H.E. Moore 1956 · ⚁ Z9 🏠; Bras.

Sideritis L. 1753 -f- *Lamiaceae* · (S. 592)
D:Gliedkraut; F:Crapaudine
- **glacialis** Boiss. 1838 · ⚁ △ VI-VII; S-Sp., N-Afr.
- **hyssopifolia** L. 1753 · D:Ysopblättriges Gliedkraut · ⚁ △ Z7 VII; Eur.: Ib, F, I, CH, nat. in D
- **macrostachys** Poir. 1811 · ♄ e Z9 🏠; Canar.
- **montana** L. 1753 · D:Berg-Gliedkraut · ☉ VII-VIII; Eur.: Ib, Fr, Ap, Ba, A, EC-Eur., E-Eur.; TR, Cauc., Iran, C-As., N-Afr., nat. in D
- **romana** L. 1753 · D:Römisches Gliedkraut · ☉; Eur.: Ib, Fr, Ap, Ba; TR, NW-Afr., Libya
- **scardica** Griseb. 1844 · D:Balkan-Gliedkraut · ⚁ △ VI-VII; Eur.: Maced., AL, GR, BG
- **syriaca** L. 1753 · D:Syrisches Gliedkraut · ⚁ Z8 🏠; Eur.: Ba, Ap, Krim; TR

Sideroxylon L. *Sapotaceae* · (S. 808)
- **lanuginosum** Michx. 1803 · ♄ d Z6; USA: NE, NCE, SE, SC, Kans., Fla.; Mex.

Sieglingia Bernh. = Danthonia
- *decumbens* (L.) Bernh. = Danthonia decumbens

Sieversia Willd. = Geum
- *montana* (L.) R. Br. = Geum montanum
- *reptans* (L.) R. Br. = Geum reptans
- *triflora* (Pursh) R. Br. = Geum triflorum var. triflorum

Sigesbeckia L. 1753 -f- *Asteraceae* · (S. 269)
D:Siegesbeckie; E:St Paul's Wort; F:Sigesbeckia
- *orientalis* L. = Sigesbeckia serrata
- **serrata** DC. 1836 · D:Herzblättrige Siegesbeckie · ☉ VIII-IX; S-Chile, nat. in BrI, D

Sigmatostalix Rchb. f. 1852 -f- *Orchidaceae* · (S. 1084)
- *costaricensis* Rolfe = Sigmatostalix picta
- **picta** Rchb. f. 1864 · ⚁ 🏠; Mex. (Chiapas), C-Am., Col., Ecuad.

Silaum Mill. 1754 -n- *Apiaceae* · (S. 184)
D:Wiesensilge; E:Pepper Saxifrage; F:Cumin des prés, Silaüs
- **silaus** (L.) Schinz et Thell. 1915 · D:Wiesensilge · ⚁ VI-IX; Eur.*, W-Sib.

Silene L. 1753 -f- *Caryophyllaceae* · (S. 404)
D:Leimkraut, Lichtnelke, Pechnelke, Strahlensame; E:Campion, Catchfly; F:Attrape-mouche, Compagnon, Silène
- **acaulis** (L.) Jacq. 1762 [66643]
'Alba' [61567]
'Flore Pleno'
'Floribunda' [66644]
'Mount Snowdon'
  - subsp. **acaulis** · D:Stängelloses Leimkraut; E:Cushion Pink, Moss Campion; F:Silène acaule · ⚁ Z2 VI-IX; Eur.*, W-Sib., E-Sib., Kamchat., Alaska, Can., USA: NE, NCE, NC, Rocky Mts., SW, NW, Calif., Greenl.
  - subsp. **exscapa** (All.) Killias 1888 · D:Kiesel-Polsternelke, Stielloses Leimkraut; F:Silène acaule · ⚁ △ △ Z2 VI-VIII; Eur.: Pyr., W-Alp.
- *alba* (Mill.) E.H.L. Krause = Silene latifolia subsp. alba
- **alpestris** Jacq. 1773 · D:Alpen-Leimkraut, Großer Strahlensame; F:Silène des Alpes · ⚁ △ Z5 VI-VIII; Eur.: I, A, Slove., Croat.; mts. [66645]
'Flore Pleno' [66646]
- **altaica** Pers. 1805 · ⚁ VI-VII; Russ. (S-Ural), W-Sib., E-Sib., C-As., China
- **argaea** Fisch. et C.A. Mey. 1854 · ⚁; TR
- × **arkwrightii** hort. (S. banksia × S. chalcedonica) · ⚁ Z6; cult. [61569]
'Oranger Zwerg' [65175]
'Vesuvius' [65176]
- **armeria** L. 1753 · D:Morgenröschen, Nelken-Leimkraut; E:Sweet William Catchfly · ☉ VI-VIII; Eur.: Fr, Ap, CH, PL, E-Eur., Ba; TR, nat. in Ib [71992]
- **asterias** Griseb. 1843 · ⚁ △ VI; Eur.: ? Bosn., YU, Maced., AL, BG, N-GR
- **atropurpurea** (Griseb.) Greuter et Burdet 1982 · ⚁ △ VI-VII; Serb., Maced., AL, BG, N-GR, RO
- **banksia** (Meerb.) Mabb. · ⚁ Z6 VI-VIII; China
  C Coronata-Gruppe
     Kreuzungen und Auslesen von S. coronata. Große Blüten mit wenig gelappten, praemorse bis gezähnten Petalen
  H Haageana-Gruppe
     Kreuzungen zwischen einer Pflanze der Senno-Gruppe und der Sorte 'Sieboldii' aus der Coronata-Gruppe, im Wuchs schwächer als die Coronata-Gruppe.
  S Senno-Gruppe
     Die hierher gehörenden Sorten ähneln am ehesten der Wildform mit dem stark verzweigten Blütenstand und den kleinen roten Blüten.
'Grandiflora' (C) [72177]
'Haageana' (H) (S. banksia × S. fulgens)
'Sieboldii' (C)
- **bupleuroides** L. 1753 · D:Langblütiges Leimkraut · ⚁; Eur.: EC-Eur., Ba, E-Eur.; TR, Cauc., N-Iran, C-As.
- **californica** Durand 1855 · D:Kalifornisches Leimkraut · ⚁ Z7 🏠;

USA: SW-Oreg., Calif.
- **chalcedonica** (L.) E.H.L. Krause · D:Brennende Liebe; E:Maltese Cross · ♃ Z4 VI-VII; Eur.: Russ [65177]
  'Alba' [60473]
  'Carnea' [61570]
  'Flore Pleno'
  'Morgenrot' [70000]
  'Rauhreif' [68111]
  'Rosea' [65178]
- **chlorantha** (Willd.) Ehrh. 1792 · D:Grünliches Leimkraut · ♃ VI-VIII; Eur.: D, PL, Ba, E-Eur.; Cauc., W-Sib., E-Sib., C-As.
- **ciliata** Pourr. 1788 · ♃; Eur.: Ib, F, I, Ba; mts.
- **coeli-rosa** (L.) Godr. 1847 · D:Himmelsröschen; E:Rose-of-Heaven · ⊙ VI-VIII; Eur.: Ib, Ap; NW-Afr., nat. in H
- **compacta** Fisch. ex Hornem. 1813 · ⊙; Eur.: Ba, EC-Eur.; TR, N-Iraq, Cauc., N-Iran [60198]
- **conica** L. 1753 · D:Kegelfrüchtiges Leimkraut · ⊙ VI-VII; Eur.* exc. Sc; TR, Iraq, Arab., Cauc., N-Iran, C-As., Sib., NW-Afr., nat. in Sc
- **conoidea** L. 1753 · D:Großkegelfrüchtiges Leimkraut · ⊙ VI-VII; Eur.: sp., F, I; TR, Levante, Cauc., Iran, C-As., Him., China: Sinkiang; N-Afr., N-Am.
- **coronaria** (L.) Clairv. 1811 · D:Kronen-Lichtnelke, Vexiernelke; E:Crown Pink; F:Coquelourde · ⊙ ♃ Z4 VI-VIII; Eur.* exc. BrI, Sc; TR, Cauc., N-Iran, C-As., Him. [65179]
  Alba Grp.
  Atrosanguinea Grp. [61578]
  Oculata Grp. [61577]
  'Salmonea'
- **cretica** L. 1753 · D:Kreta-Leimkraut · ⊙ VI-VII; Eur.: Ba; TR, Cyprus, Palaest., nat. in Ib
- **dichotoma** Ehrh. 1792 · D:Gabel-Leimkraut; E:Forked Catchfly · ⊙ VI-VIII; Eur.: I, H, Ba, E-Eur.; Cauc., W-Sib., nat. in Sc, Fr, C-Eur., N-Am.
- **dinarica** Spreng. 1825 · ♃; Eur.: RO; S-Carp. Mts.
- **dioica** (L.) Clairv. 1811 · D:Rote Lichtnelke; E:Red Campion · ⊙ ♃ ∼ Z6 IV-VII; Eur.*, Cauc., W-Sib., C-As., Maroc. [66648]
  'Clifford Moor'
  'Plena' [61572]
- **elisabethae** Jan 1832 · ♃ △ Z7 ∧ VI; Eur.: I; S-Alp.
- *exscapa* All. = Silene acaulis subsp. exscapa
- **fimbriata** Sims 1806 · ♃ Z6; Cauc.
- **flos-cuculi** (L.) Clairv. 1811 · D:Kuckucks-Lichtnelke; E:Ragged Robin · ♃ Z6 V-VIII; Eur.*, Cauc., W-Sib., E-Sib., nat. in ne N-Am. [65181]
  'Nana' [65182]
- **flos-jovis** (L.) Greuter et Burdet 1982 · D:Jupiter-Lichtnelke; E:Flower-of-Jove; F:Lychnis fleur-de-Jupiter · ♃ Z5 VI-VII; Eur.: I, CH, D; Alp., nat. in A, EC-Eur. [65183]
  'Hort's Variety' [61581]
  'Nana'
  'Peggy'
- **friwaldskyana** Hampe 1837 · ♃; Eur.: Ba
- **fulgens** (Fisch. ex Sims) E.H.L. Krause 1901 · ♃ ∧ VI-VIII; Jap., N-Korea, Manch., Amur
- **gallica** L. 1753 · D:Französisches Leimkraut; E:French Catchfly · ⊙ ⊙ VI-VIII; Eur.* exc. Sc; TR, Levante, Cauc., Iran, N-Afr., nat. in cosmop. [71736]
- × *haageana* (Lemoine) hort. = Silene banksia 'Haageana'
- **hookeri** Nutt. ex Torr. et A. Gray 1838 · D:Hookers Leimkraut; E:Hooker's Silene · ♃ △ Z7 V-VI; USA: SW-Oreg., NW-Calif.
- *inflata* Sm. = Silene vulgaris subsp. vulgaris
- **insubrica** Gaudin 1828 · D:Insubrisches Leimkraut · ♃ VI-VII; Eur.: CH, I; Alp.
- **italica** (L.) Pers. 1805 · D:Italienisches Leimkraut · ♃ V; Eur.* exc. BrI, Sc; TR, Levante, Cauc., N-Iran, C-As., N-Afr., nat. in BrI
- **keiskei** (Miq.) Ohwi 1865
  - var. **keiskei** · ♃ Z6; Jap.; mts.
  - var. **minor** (Takeda) Ohwi et H. Ohashi 1974
- **latifolia** Poir. 1789 · D:Weiße Lichtnelke
  - subsp. **alba** (Mill.) Greuter et Burdet 1982 · D:Gewöhnliche Weiße Lichtnelke · ⊙ ♃ Z6 VI-IX; Eur.*, TR, Syr., Maroc., Alger., nat. in N-Am. [66649]
  - subsp. **latifolia** · D:Südliche Weiße Lichtnelke; E:White Campion · ⊙ ♃ Z6; S-Eur., TR, NW-Afr.
- **linicola** C.C. Gmel. 1826 · D:Flachs-Leimkraut · ⊙ VI-IX; Eur.: F, nat. in I, W-Ba
- **miqueliana** (Rohrb. ex Franch. et Sav.) H. Ohashi et H. Nakai 1996 · ♃ Z6 VII-X; Jap. [61582]
- *multifida* (Adams) Rohrb. = Silene fimbriata
- **multiflora** (Waldst. et Kit.) Pers. 1805 · D:Vielblütiges Leimkraut · ♃ VI-VII; Eur.: A, EC-Eur., E-Eur.; W-Sib., C-As.
- **nemoralis** (Waldst. et Kit.) Nyman 1809 · D:Hain-Leimkraut · ⊙ V-VII; Eur.: F, D, A, H, CZ, Slova., Slove.
- **noctiflora** L. 1753 · D:Acker-Lichtnelke; E:Night-flowering Catchfly · ⊙ VI-IX; Eur.* exc. Ib, Sc; TR, SW-As., N-Am., nat. in Ib [71737]
- **nutans** L. 1753 · D:Nickendes Leimkraut · ♃ Z6 V-VIII; Eur.*, Cauc., N-As., N-Afr. [68446]
- *orientalis* Mill. = Silene compacta
- **otites** (L.) Wibel 1799 · D:Ohrlöffel-Leimkraut · ♃ V-VIII; Eur.*, Cauc., N-Iran, Sib.
- **pendula** L. 1753 · D:Nickendes Leimkraut; E:Nodding Catchfly · ⊙ VI-VIII; Eur.: I; ? TR, Cauc., nat. in sp.
  'Peach Blossom'
  'Snowball'
- **petersonii** Maguire 1941 · ♃; USA: S-Utah
- **polypetala** (Walter) Fernald et B.G. Schub. 1948 · E:Eastern Fringed Catchfly · ♃ V-VI; USA: Ga., Fla
- *pratensis* (Rafn) Godr. et Gren. = Silene latifolia subsp. alba
- **pudibunda** Hoffmanns. ex Rchb. 1832 · D:Rosafarbenes Kleines Leimkraut · ♃ VII-IX; Eur.: A
- **pusilla** Waldst. et Kit. 1807 · D:Kleiner Strahlensame, Vierzähniges Leimkraut · ♃ △ VI-VIII; Eur.* exc. BrI, Sc; mts. [66650]
- *quadridentata* hort. = Silene alpestris
- *quadrifida* auct. non (L.) Rchb. = Silene pusilla
- **regia** Sims 1815 · ♃; USA: NEC, SE, Okla. [71995]
- **rupestris** L. 1753 · D:Felsen-Leimkraut · ♃ VII-VIII; Eur.* exc. BrI; mts.
- **saxifraga** L. 1753 · D:Karst-Leimkraut, Steinbrech-Leimkraut · ♃ △ V-VI; Eur.: Ib, Fr, Ap, Ba, C-Eur., RO [66651]
- **scepusiensis** Waldst. et Kit. ex Steud. 1821
- **schafta** S.G. Gmel. ex Hohen. 1838 · ♃ △ VIII-IX; Cauc. [66652]
  'Shell Pink'
  'Splendens' [66653]
- **sendtneri** Boiss. 1867 · ♃; Eur.: Ba

- **sieboldii** (Van Houtte) H. Ohashi et H. Nakai 1996 [72180]
- **suecica** (Lodd.) Greuter et Burdet 1982 · D:Alpen-Pechnelke; E:Alpine Campion · ⌛ △ VII-VIII; Eur.* exc. Ba, EC-Eur.; Can.: W; Greenl. [65174]
  'Rosea' [61568]
- **suksdorfii** B.L. Rob. 1891
- **tatarica** (L.) Pers. 1805 · D:Tataren-Leimkraut · ⌛ VII-IX; Eur.: D, PL, Sc, E-Eur.; Cauc.
- **uniflora** Roth 1794 · D:Klippen-Leimkraut; E:Catchfly, Sea Campion; F:Silène enflé · ⌛ Z3 VI-VIII; Eur., N-Afr.; coasts [69595]
  'Druett's Variegated' [70327]
  'Flore Pleno'
  'Rosea'
  'Weißkehlchen' [69596]
- **vallesia** L. · D:Waliser Leimkraut · ⌛ △ Z6 VI-VIII; Eur.: F, I, CH, Croatia, Bosn., Montenegro, Al [71996]
- **veselskyi** (Janka) H. Neumayer 1942 · D:Wolliges Leimkraut · ⌛ V-VII; Eur.: I, A, Slove.; SE-Alp.
- **virginica** L. 1753 · E:Fire Pink · ⌛ △ Z7 ∧ VII-VIII; Can.: Ont.; USA: NE, NCE, Okla., SE
- **viridiflora** L. 1762 · D:Grünblütiges Leimkraut · ⌛ VII; Eur.: Ib, Fr, Ap, Ba, EC-Eur., E-Eur.; TR
- **viscaria** (L.) Jess. 1793 · D:Gewöhnliche Pechnelke; E:Sticky Catchfly · ⌛ Z4 V-VII; Eur.* exc. Ib; Cauc., W-Sib., nat. in N-Am. [65185]
  'Alba' [65187]
  'Feuer' [65188]
  'Plena' [65190]
  'Splendens' [60086]
- **viscosa** (L.) Čelak. 1805 · D:Klebrige Lichtnelke, Klebriges Leimkraut · ⌛ V-VII; Eur.: Sc, C-Eur., EC-Eur., Bosn.; Cauc., Iran, W-Sib., E-Sib., C-As., Mong.
- **vulgaris** (Moench) Garcke 1869 · D:Taubenkropf-Leimkraut
  - subsp. *maritima* (With.) Á. Löve et D. Löve 1961 = Silene uniflora
  - subsp. *vulgaris* · D:Gewöhnliches Taubenkropf-Leimkraut; E:Bladder Campion · ⌛ V-IX; Eur.*, Cauc., TR, Levante, Iran, W-Sib., E-Sib., Amur, Sachal., Kamchat., C-As., Him., N-Afr.; nat. in N-Am.
- **waldsteinii** Griseb. 1843 · ⌛ ⇝ △ V-VI; Eur.: Ba; mts
- × **walkeri** hort. (*S. coronaria* × *S. flos-jovis*) · ⌛ Z6; cult. [61584]

- **wilfordii** (Regel ex Maxim.) H. Ohashi et H. Nakai 1996 · ⌛ Z6; E-Russ., Amur, Manch. Korea, Jap. [61585]
- **yunnanensis** (Baker f.) Franch. 1886 [72182]
- **zawadzkii** Herbich 1835 · ⌛ △ Z5 VI-VIII; Eur.: RO, W-Russ.; E-Carp. [66658]

Silphium L. 1753 -n- *Asteraceae* · (S. 270)
D:Becherpflanze, Kompasspflanze; E:Prairie Dock, Rosin-Weed; F:Plante-compas
- **integrifolium** Michx. 1803 · D:Ungeschlitzte Becherpflanze; E:Rosin Weed · ⌛ Z5 VIII-IX; USA: NCE, Kans., SE [66659]
- **laciniatum** L. 1753 · D:Kompasspflanze; E:Compass Plant, Pilot Weed, Polar Plant · ⌛ Z4 VII-VIII; USA: NCE, NC, SC, SE [66660]
- **perfoliatum** L. 1759 · D:Verwachsenblättrige Becherpflanze; E:Cup Plant, Indian Cup Plant, Indian Gum · ⌛ Z4 VII-IX; Ont., USA: NE, NCE, NC, Okla., SE [66661]
- **terebinthinaceum** Jacq. 1770 · D:Harzige Becherpflanze; E:Prairie Dock · ⌛ Z4 VII-IX; Can.: Ont.; USA: NE, NCE, SE [70775]
- **trifoliatum** L. 1753 · D:Dreiblättrige Becherpflanze · ⌛ Z5 VII-IX; USA: NE, NCE, SE

Silybum Adans. 1753 -n- *Asteraceae* · (S. 270)
D:Mariendistel; E:Milk Thistle; F:Chardon-Marie, Lait de Notre-Dame
- **eburneum** Coss. et Durieu 1855 · ⊙ Z7 VI-IX; Eur.: sp.; NW-Afr.
- **marianum** (L.) Gaertn. 1753 · D:Gewöhnliche Mariendistel; E:Milk Thistle, Our Lady's Thistle · ⊙ ⊙ Z7 VII-IX ✤ ; Eur.: Ib, Fr, Ap, Ba; TR, Iraq, Cauc., Iran, Afgh., N-Afr., Canar., Madeira, nat. in Eur.: BrI, CH, EC-Eur., E-Eur.; N-Am., S-Am., Austr. [73446]

Simmondsia Nutt. 1844 -f- *Simmondsiaceae* · (S. 843)
D:Jojobastrauch; E:Goat Nut, Jojoba; F:Jojoba
- **chinensis** (Link) C.K. Schneid. 1907 · D:Jojobastrauch; E:Bucknut, Goat Nut · ♄ Z10 ⊛ ✤ ⓝ; USA: Calif., SW; N-Mex.

Sinacalia H. Rob. et Brettell 1973 -f- *Asteraceae* · (S. 270)

D:Chinagreiskraut; E:Chinese Ragwort; F:Séneçon de Sibérie
- **tangutica** (Maxim.) B. Nord. 1978 · D:Chinagreiskraut, Tungusisches Greiskraut · ⌛ ⇝ Z5 X; N-China [65076]

Sinapis L. 1753 -f- *Brassicaceae* · (S. 333)
D:Senf; E:Mustard; F:Moutarde
- **alba** L. 1753 · D:Weißer Senf; E:Mustard, White Mustard · ⊙ Z6 VI-VII ✤ ; Eur.*, TR, Cyprus, Syr., Iraq, Cauc., Iran, W-Sib., E-Sib., C-As., N-Afr.
- **arvensis** L. 1753 · D:Acker-Senf; E:Charlock, Field Mustard · ⊙ VI-X; Eur.*, TR, Syr., Iraq, Cauc., Iran, W-Sib., E-Sib., C-As., N-Afr.

Sinarundinaria Nakai 1935 -f- *Poaceae* · (S. 1130)
- **murieliae** (Gamble) Nakai = Fargesia murieliae
- **nitida** (Mitford) Nakai = Fargesia nitida

Sinningia Nees 1825 -f- *Gesneriaceae* · (S. 555)
D:Gartengloxinie; E:Florist's Gloxinia; F:Gloxinia sauvage, Sinningia
- **barbata** (Nees et Mart.) G. Nicholson 1887 · ⌛ Z10 ⊛ I-XII; Bras.
- **canescens** (Mart.) Wiehler 1975 · ⌛ Z10 ⊛ IV-VIII; Bras.: Parana
- **cardinalis** (Lehm.) H.E. Moore 1973 · E:Cardinal Flower, Helmet Flower · ⌛ Z10 ⊛ III-VIII; Bras.
- **concinna** (Hook. f.) G. Nicholson 1887 · ⌛ Z10 ⊛ I-XII; Bras.
- **eumorpha** H.E. Moore 1954 · ⌛ Z10 ⊛ VI-VII; S-Bras.
- **gesneriifolia** (Hanst.) Clayberg 1968 · ⌛ Z10 ⊛ VII-VIII; Bras.
- **hirsuta** (Lindl.) G. Nicholson 1887 · ⌛ Z10 ⊛ VI-VII; Bras.
- **incarnata** (Aubl.) Denham 1974 · ⌛ Z10 ⊛; Mex.
- **macropoda** (Sprague) H.E. Moore 1973 · ⌛ Z10 ⊛ III-IV; S-Bras.
- **pusilla** (Mart.) Baill. 1888 · ⌛ Z10 ⊛ IV-VIII; Bras.
- **regina** Sprague = Sinningia speciosa
- **richii** Clayberg 1968 · ⌛ Z10 ⊛ IX-X; Bras.
- **speciosa** (Lodd.) Hiern 1877 · D:Falsche Gloxinie, Gartengloxinie; E:Florist's Gloxinia · ⌛ Z10 ⊛ VI-VIII; Bras.

- **tubiflora** (Hook.) Fritsch 1894 · ⌛ Z10 ⓦ; Arg.: Buenos Aires
- **verticillata** (Vell.) H.E. Moore 1973 · ⌛ Z10 ⓦ; Bras.
- *warszewiczii* (C.D. Bouché et Hanst.) H.E. Moore = Sinningia incarnata
- **in vielen Sorten**

Sinobambusa Makino ex Nakai 1925 *Poaceae*
- **rubroligula** McClure 1940
- **tootsik** (Siebold ex Makino) Makino 1918 · ♄ e Z9; China

Sinocalycanthus (W.C. Cheng et S.Y. Chang) W.C. Cheng et S.Y. Chan 1964 -m- *Calycanthaceae* · (S. 380)
- **chinensis** (W.C. Cheng et S.Y. Chang) W.C. Cheng et S.Y. Chan 1964 · ♄ d Z5; E-China [12312]

Sinocrassula A. Berger 1930 -f- *Crassulaceae* · (S. 435) D:Chinadickblatt; F:Crassula de Chine, Sinocrassula
- **indica** (Decne.) A. Berger 1930 · D:Indisches Chinadickblatt · ⌛ ⚘ Z9 ⓚ IX-X; Ind.
- **yunnanensis** (Franch.) A. Berger 1930 · D:Yunnan-Chinadickblatt · ⌛ ⚘ Z9 ⓚ IX-X; Yunnan

Sinofranchetia (Diels) Hemsl. 1907 -f- *Lardizabalaceae* · (S. 595)
- **chinensis** (Franch.) Hemsl. 1907 · ♄ d ⚥ ⚘ Z7 V; W-China, C-China [30053]

Sinojackia Hu 1928 -f- *Styracaceae*
- **rehderiana** Hu 1930 · ♄ d Z7; E-China
- **xylocarpa** Hu 1928 · ♄ s Z7; China (Jiangsu) [35579]

Sinomenium Diels 1910 -n- *Menispermaceae* · (S. 640)
- **acutum** (Thunb.) Rehder et E.H. Wilson 1913 · ♄ ⚣ d ⚥ Z7; Jap., C-China [42255]

Sinowilsonia Hemsl. 1906 -f- *Hamamelidaceae* · (S. 564)
- **henryi** Hemsl. 1906 · ♄ d Z6 V; W-China, C-China [35819]

Siphocampylus Pohl 1831 -m- *Campanulaceae* · (S. 388)
- **manettiiflorus** Hook. 1848 · ♄ e Z10 ⓦ IV-X; Cuba
- **revolutus** Graham 1841

Sison L. 1753 -n- *Apiaceae* · (S. 185) D:Gewürzdolde; E:Stone Parsley; F:Sison
- **amomum** L. 1753 · D:Gewürzdolde; E:Stone Parsley · ☉ VII-VIII; Eur.: BrI, D, Ib, Ap, Ba, RO; TR, Cauc.

Sisymbrium L. 1753 -n- *Brassicaceae* · (S. 333) D:Rauke, Raukensenf, Wegrauke; E:Rocket; F:Sisymbre, Tortelle, Vélar
- *alliaria* (L.) Scop. = Alliaria petiolata
- **altissimum** L. 1753 · D:Hohe Rauke, Ungarische Rauke; E:Tall Rocket · ☉ V-VII; Eur.: EC-Eur., Ba, E-Eur.; TR, Lebanon, Syr., Cauc., Iran, W-Sib., C-As., H, nat. in Eur.: BrI, Sc, Fr, C-Eur., Ib, Ap; N-Am.
- **austriacum** Jacq. 1775 · D:Österreichische Rauke · ☉ ⌛ V-VI; Eur.: Ib, Fr, I, C-Eur., EC-Eur., nat. in W-Russ.
- **irio** L. 1753 · D:Glanz-Rauke; E:London Rocket · ☉ V-VIII; Eur.: Ib, Fr, Ap, Ba C-Eur., RO; TR, Levante, Cauc., Iran, C-As., N-Afr., nat. in BrI, EC-Eur.
- **loeselii** L. 1755 · D:Loesels Rauke · ☉ VI-VIII; Eur.: Ap, C-Eur., EC-Eur., Ba, E-Eur.; TR, Iraq, Cauc., Iran, Afgh., W-Sib., C-As., Him., Mong., Amur, nat. in BrI, Sc, Fr, Ib
- **luteum** (Maxim.) O.E. Schulz 1919 · ⌛; Manch., Korea, Jap.
- **officinale** (L.) Scop. 1772 · D:Wegrauke; E:Hedge Mustard, Tumble Mustard · ☉ ☉ V-X ⚥ ⚘; Eur.*, TR, Levante, Iraq, Cauc., Iran, W-Sib., E-Sib., Amur, NW-Afr., Libya, nat. in N-Am., Austr.
- **orientale** L. 1756 · D:Orientalische Rauke · ☉ VI-VII; Eur.: Ib, Fr, Ap, Ba, H, RO; TR, Levante, Cauc., Iran, nat. in Eur.: BrI, Sc, C-Eur.; Austr.
- **strictissimum** L. 1753 · D:Steife Rauke · ⌛ VI-VII; Eur.: Fr, Ap, C-Eur., EC-Eur., Ba, E-Eur., nat. in BrI, I, Ib
- **supinum** L. 1753 · D:Niedrige Rauke · ☉ VII-VIII ▽; Eur.: sp., Fr, CH, Sweden, Russ.
- **volgense** M. Bieb. ex E. Fourn. 1865 · D:Wolga-Rauke · ⌛ V-VIII; Eur.: SE-Russ., nat. in BrI, D, EC-Eur.

Sisyrinchium L. 1753 -n- *Iridaceae* ·

(S. 1026) D:Grasschwertel; E:Blue-eyed Grass; F:Bermudienne
- *anceps* Cav. = Sisyrinchium angustifolium
- **angustifolium** Mill. 1768 · D:Grasschwertel; E:Blue Eyed Grass; F:Herbe veuve, Tonique printanier · ⌛ △ Z3 V-VI; Alaska, Can., USA* exc. SE, Fla. [66662]
'Album' [66663]
- **arenarium** Poepp. 1833 · ⌛ Z8 ⓚ; Chile, Arg.
- **atlanticum** E.P. Bicknell 1896 · ⌛ Z6; Can.: N.S.; USA: NE, NEC, SE, Fla.
- *bellum* hort. = Sisyrinchium idahoense var. idahoense
- **bellum** S. Watson 1877 · ⌛ Z8 ⓚ; Calif.
- **bermudiana** L. · D:Schmalblättriges Grasschwertel; E:Strict Blue Eyed Grass · ⌛ △ Z8 ⓚ ∧ V-VII; Can.; USA: NE, NCE, NC, Rocky Mts.
- *boreale* (E.P. Bicknell) J.K. Henry = Sisyrinchium californicum
- *brachypus* (E.P. Bicknell) J.K. Henry = Sisyrinchium californicum
- **californicum** W.T. Aiton 1812 · D:Kalifornisches Grasschwertel; E:Golden Eyed Grass; F:Sisyrinchum de Californie · ⌛ Z8 ⓚ ∧ VI-VIII; USA: Oreg., Calif. [66665]
'Brachypus'
- **commutatum** Klatt 1860 · ⌛; Bras., Arg.
- **convolutum** Nocca 1800 · ⌛ Z9 ⓦ; C-Am.
- **depauperatum** Phil. 1858 · ⌛; Chile
- *douglasii* A. Dietr. = Olsynium douglasii
- *filifolium* Gaudich. = Olsynium filifolium
- *gramineum* Lam. = Sisyrinchium angustifolium
- **graminifolium** Lindl. 1827 · ⌛ Z8 ⓚ IV-V; Chile
- *grandiflorum* Douglas ex Lindl. = Olsynium douglasii
- **idahoense** E.P. Bicknell 1899 · D:Idaho-Grasschwertel; E:Idaho Blue Eyed Grass
'Californian Skies'
- var. **idahoense** · ⌛ Z3 ⓚ V-VI; Can.: B.C.; w N-Am. [66664]
- var. **macounii** (E.P. Bicknell) D.M. Hend. 1976 · ⌛ Z3 ⓚ ∧ V-VI
- **littorale** Greene 1899 · ⌛ Z2;

Alaska, Can: B.C..; USA: Wash. [66666]
- *macounii* E.P. Bicknell = Sisyrinchium idahoense var. macounii
- **macrocarpon** E.P. Bicknell 1901
- *majale* Link et Klotzsch = Sisyrinchium graminifolium
- **micranthum** Cav. 1788 · ⚃ Z8 ⓚ VI; C-Am., S-Am.
- **mucronatum** Michx. 1803 · ⚃ △ Z7 ⓚ V-VI; USA: NE, NCE, N.C.
- **patagonicum** Phil. ex Baker 1877 · ⚃ ; S-Chile, S-Arg.
- **striatum** Sm. 1792 · D:Gestreiftes Grasschwertel; F:Sisyrinchium · ⚃ Z8 ⓚ VI-VII; Arg., Chile [66667]
  'Aunt May' [68147]
  'Variegatum' = Sisyrinchium striatum
  'Aunt May'
- **in vielen Sorten:**
  'Biscutella'
  'E.K. Balls'
  'Mrs Spivey'
  'Quaint and Queer'

Sium L. 1753 -n- *Apiaceae* · (S. 185)
D:Merk; E:Water Parsnip; F:Berle, Chervis
- *erectum* Huds. = Berula erecta
- **latifolium** L. 1753 · D:Großer Merk; E:Water Parsnip · ⚃ ≈ Z6 VII-VIII ⚔; Eur.*, Cauc., N-Iraq, W-Sib., C-As., nat. in Austr.
- **sisarum** L. 1753 · D:Süßwurzel, Zucker-Merk; E:Skirret · ⚃ Z6 VII-VIII Ⓝ; Eur.: H, BG, E-Eur.; TR, Syr., Cauc., N-Iraq, Iran, C-As., W-Sib., E-Sib., nat. in C-Eur., I [66668]
- **suave** Walter 1788

Sixalix Raf. = Scabiosa
- *farinosa* (Coss.) Greuter et Burdet = Scabiosa farinosa

Skiatophytum L. Bolus 1927 -n- *Aizoaceae* · (S. 149)
- **tripolium** (L.) L. Bolus 1927 · ☉ ☉ ⚑ Z9 ⓚ; Kap

Skimmia Thunb. 1783 -f- *Rutaceae* · (S. 794)
D:Skimmie; E:Skimmia; F:Skimmia
- **anquetiliana** N.P. Taylor et Airy Shaw 1979 · ♄ e Z7; Afgh., Pakist., NW-Ind., W-Nepal
- × **confusa** N.P. Taylor 1987 (S. anquetiliana × S. japonica) · ♄ e Z7; cult.
- × *foremanii* H. Knight = Skimmia japonica 'Veitchii'

- *fragrans* Carrière = Skimmia japonica subsp. japonica
- **japonica** Thunb. 1783 [22350]
  Bowles' Dwarf Grp. (f,m)
  'Bronze Knight' (m) [14299]
  'Emerald King' (m) [17141]
  'Foremannii' = Skimmia japonica 'Veitchii'
  'Fragrans' (m)
  'Kew Green' [28004]
  'Kew White' (f) < 1980 [42180]
  'Nymans' (f) 1943 [25406]
  'Rubella' (m) Hort. CN 1985 [22360]
  'Veitchii' (f) < 1874 · e [33624]
- subsp. **japonica** · D:Japanische Skimmie; E:Japanese Skimmia; F:Skimmia du Japon · ♄ e ⚭ D Z7 V; Jap., Ryukyu-Is., Taiwan
- subsp. **reevesiana** (Fortune) N.P. Taylor et Airy Shaw 1987 · D:Reeves Skimmie; E:Reeves's Skimmia · ♄ e ⚭ Z7 V-VI; China, Taiwan, Phil.: Luzon [15745]
- **laureola** (DC.) Siebold et Zucc. 1845 · ♄ ♄ e Z7 V-VI; Nepal, Him. Myanmar, China [25414]
- *oblata* T. Moore = Skimmia japonica subsp. japonica
- *reevesiana* Fortune = Skimmia japonica subsp. reevesiana

Smilacina Desf. 1807 -f- *Convallariaceae* · (S. 989)
D:Duftsiegel; E:False Salomon's Seal; F:Petit smilax
- *amplexicaulis* Nutt. = Smilacina racemosa
- **japonica** A. Gray 1857 · ⚃ Z6; Jap., Korea, Amur, China
- **racemosa** (L.) Desf. 1807 · D:Duftsiegel; E:False Spikenard, Solomon's Plume · ⚃ Z4 V-VI; Alaska, Can., USA* exc. Fla. [66669]
- *sessilifolia* Nutt. ex Baker = Smilacina stellata
- **stellata** (L.) Desf. 1807 · D:Sternförmiges Duftsiegel; E:Starflower · ⚃ Z3 V; Alaska, Can., USA* exc. Fla. [66670]
- *tubifera* Batalin = Smilacina stellata

Smilax L. 1753 -f- *Smilacaceae* · (S. 1140)
D:Stechwinde; F:Liseron épineux, Salsepareille, Smilax
- **argyraea** L. Linden et Rodigas 1892 · ♄ e ⚑ Z9 ⓜ; Peru, Bol.
- **aristolochiifolia** Mill. 1768 · D:Veracruz-Stechwinde · ⚑ ⚑ Ⓝ; S-Mex.
- **aspera** L. 1753 · D:Raue Stechwinde; E:Rough Bindweed · ♄ e

⚑ ⤳ Z8 ⓚ VIII-IX; Eur.: Ib, Fr, Ap, Ba, Canar.; TR, Eth., Him., Sri Lanka, N-Afr. [11296]
- **china** L. 1753 · E:Chinaroot · ♄ d Z6 ⓚ V ⚑ ; China, Korea, Jap.
- **discotis** Warb. 1900 · ⚑ d Z7; China
- **excelsa** L. 1753 · D:Hohe Stechwinde · ⚑ d ⚑ Z6; Eur.: BG, GR, Russ.Azor.; Cauc., TR, Iran
- **glauca** Walter 1788 · E:Saw Brier · ♄ s Z4 ⓚ; USA: NE, NCE, SC, SE, Fla.
- *hispida* Muhl. ex Torr. = Smilax tamnoides
- *mauritanica* Poir. = Smilax aspera
- *medica* Schltdl. et Cham. = Smilax aristolochiifolia
- **regelii** Killip et C.V. Morton 1936 · D:Honduras-Stechwinde; E:Honduras Sarsaparilla · ⚑ ⚑ Z9 ⓜ ⚑ Ⓝ; C-Am.
- **rotundifolia** L. 1753 · D:Rundblättrige Stechwinde; E:Green Briar, Horse Briar · ♄ e ⚑ ⤳ Z4 VI; Can.: E; USA: NE, NCE, SC, SE, Fla.
- *saluberrima* Gilg = Smilax regelii
- **tamnoides** L. 1753 · D:Steifborstige Stechwinde · ⚑ d ⚑ Z5 VI; USA
- *utilis* Hemsl. = Smilax regelii

Smithiantha Kuntze 1891 -f- *Gesneriaceae* · (S. 555)
D:Tempelglocke; E:Temple Bells; F:Cloche du temple
- *amabilis* (Regel) Kuntze = Smithiantha multiflora
- **cinnabarina** (Linden) Kuntze 1891 · ⚃ Z10 ⓜ IV-VI; S-Mex.
- **multiflora** (M. Martens et Galeotti) Fritsch 1894 · ⚃ Z10 ⓜ VII-VIII; S-Mex.
- **zebrina** (Paxton) Kuntze 1891 · ⚃ Z10 ⓜ VIII-X; S-Mex.
- **in vielen Sorten**

Smyrnium L. 1753 -n- *Apiaceae* · (S. 185)
D:Gelbdolde; E:Alexanders; F:Maceron
- **olusatrum** L. 1753 · D:Schwarze Gelbdolde, Schwarzer Liebstöckel; E:Alexanders · ☉ Z9 ⓚ V-VI Ⓝ; Eur.: Ib, Fr, Ap, Ba; TR, Alger., Canar., nat. in BrI
- **perfoliatum** L. 1753 · D:Stängelumfassende Gelbdolde · ☉ Z7 VI-VII; Eur.: Ib, Fr, Ap, EC-Eur., Ba, RO, Krim; TR, Syr., ? Cauc., nat. in BrI, DK, C-Eur.

Sobralia Ruiz et Pav. 1794 -f-

Orchidaceae · (S. 1084)
- **decora** Bateman 1841 · ⚃ △ Z10 ⓦ VI-VIII ▽ ✽; Guyan., Bras., Peru
- **leucoxantha** Rchb. f. 1866 · ⚃ Z10 ⓦ VI-VIII ▽ ✽; Costa Rica, Panama
- **macrantha** Lindl. 1838 · ⚃ Z10 ⓦ V-VI ▽ ✽; Mex., C-Am.
- *sessilis* Lindl. = Sobralia decora
- **xantholeuca** B.S. Williams 1885 · ⚃ Z10 ⓦ VI-VIII ▽ ✽; C-Am.

Soehrensia Backeb. = Trichocereus
- *bruchii* (Britton et Rose) Backeb. = Trichocereus bruchii
- *formosa* (Pfeiff.) Backeb. = Trichocereus formosus
- *grandis* (Britton et Rose) Backeb. = Trichocereus bruchii
- *korethroides* (Werderm.) Backeb. = Trichocereus bruchii

Soja Moench = Glycine
- *hispida* Moench = Glycine max
- *max* (L.) Piper = Glycine max

Solandra Sw. 1787 -f- *Solanaceae* · (S. 853)
D:Goldkelch; E:Chalice Vine; F:Solandra
- **grandiflora** Sw. 1787 · D:Großblütiger Goldkelch · ♄ e ⚵ D Z10 ⓦ VII-VIII; Jamaica, Mex.
- **guttata** D. Don ex Lindl. 1832 · D:Getüpfelter Goldkelch · ♄ e ⚵ D Z10 ⓦ VII-VIII; Mex.
- **longiflora** Tussac 1818 · D:Länglicher Goldkelch · ♄ e ⚵ D Z10 ⓦ IX-X; Jamaica
- **maxima** (Sessé et Moç.) P.S. Green 1967 · D:Üppiger Goldkelch; E:Chalice Vine · ♄ ʃ e ⚵ D Z10 ⓦ VII-VIII; Mex. [11297]

Solanopteris Copel. 1951 -f- *Polypodiaceae* · (S. 79)
- **bifrons** (Hook.) Copel. 1951 · ⚃ ⚵ Z10 ⓦ; Col., Ecuad., Peru

Solanum L. 1753 -n- *Solanaceae* · (S. 853)
D:Aubergine, Eierfrucht, Kartoffel, Nachtschatten; E:Eggplant, Nightshade, Potato; F:Aubergine, Morelle, Pomme de terre
- **aculeatissimum** Jacq. 1781 · E:Dutch Eggplant · ♄ Z10 ⓚ VII-VIII; Trop.
- **aethiopicum** L. 1756 · ♄ Z10 ⓦ ⓝ; W-Afr., C-Afr., trop. As.
- **ajanhuiri** Juz. et Bukasov 1930 · ⚃ Z10 ⓝ; cult. N-Bol.

- *alatum* Moench = Solanum villosum subsp. alatum
- **atropurpureum** Schrank 1824 · ♄ Z10 ⓚ VII-VIII; Col., Bras., Parag., Urug., NE-Arg.
- **aviculare** G. Forst. 1786 · D:Queensland-Känguruapfel; E:Kangaroo Apple · ♄ e Z9 ⓚ VIII-IX; Austr.: Queensl., N.S.Wales, Victoria, S-Austr., Tasman.; NZ
- **berthaultii** Hawkes 1944 · ⚃ Z9 ⓚ ⓝ; Bol.
- **bonariense** L. 1753 · ♄ e; S-Bras., Urug., NE-Arg.
- **capsicastrum** Link ex Schauer 1833 · D:Falsche Jerusalemkirsche; E:False Jerusalem Cherry · ♄ ⚶ Z10 ⓚ VI-VII; S-Bras., Urug.
- **citrullifolium** A. Braun 1849 · D:Melonenblättriger Nachtschatten; E:Melon-leaf Nightshade · ⊙ Z4 VI-IX; USA: N.Mex., Tex.; Mex.
- *cornutum* hort. = Solanum rostratum
- **crispum** Ruiz et Pav. 1799 · D:Chile-Kartoffel; E:Chilean Potato Tree · ♄ ⚵ D Z8 ⓚ VI-IX; Chile [17422]
'Album'
'Glasnevin'
- **dasyphyllum** K. Schum. et Thonn. 1827 · D:Rauer Nachtschatten; E:Nightshade · ⚃ Z10 ⓚ ⓝ; trop. Afr., S-Afr.
- *diflorum* Vell. = Solanum capsicastrum
- **dulcamara** L. 1753 · D:Bittersüßer Nachtschatten; E:Bittersweet Nightshade, Deadly Nightshade; F:Douce-amère, Morelle · ♄ d ⚵ ~ Z6 VI-IX ⚶ ⚔ ⓝ; Eur.*, TR, Cauc., N-Iran, W-Sib., E-Sib., C-As., Afgh., Pakist., Him., NW-Afr., nat. in N-Am. [67352]
'Variegatum' [42254]
- *duplosinuatum* Klotzsch = Solanum dasyphyllum
- **erianthum** D. Don 1825 · E:Big Eggplant, China Flower Leaf · ♄ ♄ Z10 ⓚ VII-VIII; Ind., SE-As., N-Austr., trop. Am., cult. Trop., Subtrop., nat. in Subtrop., Trop.
- **giganteum** Jacq. 1790 · E:African Holly · ♄ d Z9 ⓚ VII-VIII; Ind., Sri Lanka, S-Afr.
- **gilo** Raddi 1820 · ♄ ⓝ; W-Afr., nat. in Bras.
- *goniocalyx* Juz. et Bukasov = Solanum tuberosum
- **hispidum** Pers. 1805 · ♄ Z10 ⓚ VII-IX; Mex., C-Am., Peru
- **incanum** L. 1753 · E:Bitter Apple ·

♄ ⓚ ⓝ; W-Sudan, W-Afr., E-Afr., Ind.
- **integrifolium** Poir. 1797 · E:Chinese Scarlet Eggplant · ⊙ ⚶ Z10 ⓚ VII-VIII; E-Afr.
- **jasminoides** Paxton 1841 · D:Jasmin-Nachtschatten; E:Potato Vine · ♄ s ⚵ Z9 ⓚ II-XI; Bras. [58140]
'Albiflorum'
'Album Variegatum'
- **laciniatum** Aiton 1789 · D:Großer Känguruapfel; E:Kangaroo Apple · ♄ Z9 ⓚ VIII-IX; Austr.: N.S.Wales, Victoria, Tasman.; NZ
- *luteum* Mill. = Solanum villosum subsp. villosum
- *lycopersicum* L. = Lycopersicon esculentum var. esculentum
- *macranthum* Dunal = Solanum wrightii
- **macrocarpon** L. 1771 · ⚃ Z10 ⓚ ⓝ; Madag., Mauritius, E-Afr.
- **mammosum** L. 1753 · D:Euter-Nachtschatten; E:Love Apple, Nipplefruit · ⚃ Z10 ⓚ; Col., Ecuad.
- **marginatum** L. f. 1781 · D:Weißrandiger Nachtschatten; E:Purple African Nightshade · ♄ Z10 ⓚ VII-VIII; Eth.
- **mauritianum** Scop. 1788 · ♄ ♄ Z10 ⓚ VII-VIII; C-Am., S-Am., nat. in Subtrop., Trop.
- **melanocerasum** All. 1773 · ⊙ Z10; orig. ?, nat. in B, BrI, D, Sweden
- **melongena** L. 1753 · D:Aubergine, Eierfrucht; E:Aubergine, Eggplant · ⊙ ⚃ Z10 ⓚ VI-VII ⚶ ⓝ; trop. Afr., Egypt, Arab., NW-Ind. [71248]
- **muricatum** L'Hér. ex Aiton 1789 · D:Melonenbirne, Pepino; E:Melon Pear, Pepino · ⚃ ♄ ⚶ Z9 ⓚ ⓝ; cult.
- **nigrum** L. · D:Gewöhnlicher Schwarzer Nachtschatten; E:Black Nightshade, Common Nightshade · ⊙ VI-X ⚶ ⚔; Eur.*; cosmop.
- *nitidibaccatum* Bitter = Solanum physalifolium var. nitidibaccatum
- **pensile** Sendtn. 1846 · ♄ ⚵ Z10 ⓚ V-X; Amazon., Guyan.
- **phureja** Juz. et Bukasov 1929 · ⚃ Z9 ⓚ ⓝ; cult., nat. in Col. Ecuad., Peru, N-Bol., Venez.
- **physalifolium** Rusby 1896 · D:Argentinischer Nachtschatten
  - var. **nitidibaccatum** (Bitter) Edmonds 1986 · D:Glanzfrüchtiger Argentinischer Nachtschatten · VI-X ⚔; Arg., nat. in D, A

– var. **physalifolium** · D:Gewöhnlicher Argentinischer Nachtschatten · ⊙ ⚥; Arg.
– **pseudocapsicum** L. 1753 · D:Jerusalemkirsche; E:Jerusalem Cherry, Madeira Winter cherry · ♄ e ⚭ Z9 ⌂ ⊡ ⚥; Madeira
– **pyracanthum** Jacq. 1804 · ♄ d Z10 ⌂ VII-IX; trop. Afr., Madag.
– **quitoense** Lam. 1794 · D:Naranjilla, Quito-Nachtschatten; E:Quito Orange · ♄ Z9 ⌂ ⓦ; Col., Ecuad., And., cult. C-Am.
– *racemigerum* (Lange) Zodda = Lycopersicon esculentum var. pimpinellifolium
– *rantonnetii* Carrière = Lycianthes rantonnetii
– **robustum** H. Wendl. 1844 · ⚃ Z10 ⌂ VIII-IX; Bras.
– **rostratum** Dunal 1813 · D:Stachel-Nachtschatten; E:Buffalo Bur, Horned Nightshade · ⊙ VI-IX; Can., USA* exc. NE; Mex., nat. in e. N-Am.
– **sarrachoides** Sendtn. 1846 · D:Saracho-Nachtschatten; E:Hairy Nightshade · ⊙ VI-IX; Bras., nat. in BrI, F, D
– **seaforthianum** Andrews 1808 · D:Brasilianischer Nachtschatten; E:Brazilian Nightshade, Potato Creeper · ♄ e ⚭ Z10 ⌂ ⌂ II-XI; C-Am., W.Ind. [58142]
– **sessiliflorum** Dunal 1814 · ⚃ ⌂ ⓦ; Amazon., Venez., Col., Ecuad., Peru
– **sisymbriifolium** Lam. 1794 · D:Klebriger Nachtschatten; E:Sticky Nightshade, Viscid Nightshade · ⊙ ⌂ VII-VIII ⚥; S-Am., nat. in USA: SC, SW, Calif.
– **sodomeum** L. 1753 · ♄ Z9 ⌂ ⚥; S-Afr., nat. in Eur.: Ib, Ap, Ba +; coasts
– **stenotomum** Juz. et Bukasov 1929 · ⚃ ⌂ ⓦ; cult., nat. in S-Peru, Bol.
– **sublobatum** Willd. ex Roem. et Schult. 1819 · D:Zierlicher Nachtschatten · ⚃ VI-IX; se S-Am., nat. in sp., F, CH
– *topiro* Dunal = Solanum sessiliflorum
– **torvum** Sw. 1788 · D:Teufels-Nachtschatten; E:Devil's Fig, Pea Eggplant · ♄ ⓦ; Trop.
– **triflorum** Nutt. 1818 · D:Dreiblütiger Nachtschatten · ⊙; Can.: W; USA: NW, Rocky Mts., SW, NC, nat. in BrI, B
– **tuberosum** L. 1753 · D:Kartoffel; E:Potato · ⚃ ⌂ VII-X ⚘ ⓦ; cult., nat. in S-Am.
– **valdiviense** Dunal 1852 · ♄ d D Z10 ⌂ VII-VIII; Chile
– *verbascifolium* L. = Solanum erianthum
– **viarum** Dunal 1852 · ⓦ; S-Am.
– **villosum** Mill. 1768 · D:Gelbfrüchtiger Nachtschatten
  – subsp. **alatum** (Moench) Edmonds 1977 · D:Rotfrüchtiger Nachtschatten · VI-X ⚥; Eur.: CH, D, A, EC-Eur.; TR
  – subsp. **villosum** · D:Gelbfrüchtiger Nachtschatten · ⊙ VI-X ⚥; Eur.* exc. Sc; TR, Cauc., SW-As., Pakist., C-As., nat. in Sc
– *warscewiczii* Weick ex Lambertye = Solanum hispidum
– **wendlandii** Hook. f. 1887 · D:Costa-Rica-Nachtschatten; E:Costa Rican Nightshade · ♄ d ⚭ Z10 ⌂ VI-VIII; Costa Rica [11334]
– **wrightii** Benth. 1861 · D:Kartoffelbaum; E:Potato Tree · ♄ ♄ e Z10 ⓦ; Bras.

Soldanella L. 1753 -f- *Primulaceae* · (S. 715)
D:Alpenglöckchen, Troddelblume; E:Snowbell; F:Soldanelle
– *alpicola* F.K. Mey. = Soldanella pusilla subsp. alpicola
– **alpina**
  – subsp. **alpina** · D:Gewöhnliche Alpen-Troddelblume; E:Alpine Snowbell; F:Soldanelle des Alpes · ⚃ △ Z5 IV-V ▽; Eur.: sp., F, C-Eur., I, Slove., Croatia, Bosn., YU, AL [66671]
  – **carpatica** Vierh. 1904 · D:Karpaten-Troddelblume · ⚃ △ Z5 IV-V ▽; W-Carp.
– *dimoniei* Vierh. = Soldanella pindicola
– **hungarica** Simonk. 1887 · D:Ungarische Troddelblume · ⚃ △ Z6 V ▽; Eur.: I, A, EC-Eur., Ba, E-Eur. [66672]
– **minima** Hoppe 1806 · D:Kleinste Troddelblume
  – subsp. **austriaca** (Vierh.) Lüdi 1904 · D:Österreichische Troddelblume · ⚃ Z5 V-VII ▽; Eur.: A; Alp.
  – subsp. **minima** · D:Kleinste Troddelblume · ⚃ △ Z6 V ▽; Eur.: I, D, A, Slove.; E-Alp., Apenn.
– **montana** Willd. 1809 · D:Berg-Troddelblume; E:Mountain Tassel; F:Soldanelle des montagnes · ⚃ △ Z6 V ▽; Eur.: C-Eur., EC-Eur., I, BG, E-Eur., nat. in FIN [66674]
– **pindicola** Hausskn. 1886 · D:Griechische Troddelblume · ⚃ △ Z6 IV-V ▽; NW-GR
– **pusilla** Baumg. 1816 · D:Zwerg-Troddelblume
  – subsp. **alpicola** (F.K. Mey.) Chrtek 1986 · D:Italienische Alpen-Troddelblume; E:Dwarf Snowbell · ⚃ Z5 ▽; Eur.: C-Eur., I, Slove., Croatia, Maced., BG, RO [69597]
– *sinuata* Siebold ex Zucc. = Shortia soldanelloides
– **villosa** Darracq 1927 · D:Pyrenäen-Troddelblume · ⚃ △ Z6 IV-V ▽; Eur.: sp., F; W-Pyr. [66675]

Soleirolia Gaudich. 1826 -f- *Urticaceae* · (S. 880)
D:Bubiköpfchen, Helxine; E:Baby's Tears, Mind your own Business; F:Helxine
– **soleirolii** (Req.) Dandy 1965 · D:Bubiköpfchen, Helxine; E:Angel's Tears, Baby's Tears, Irish Moss, Mind your own Business · ⚃ ↝ Z9 ⓦ ⌂; Eur.: Balear., Corse, Sard., I (islands), nat. in P, BrI, Fr
'Aurea'
'Variegata'

Solenanthus Ledeb. 1829 -m- *Boraginaceae* · (S. 311)
D:Riesenborretsch; F:Bourrache géante
– **apenninus** (L.) Fisch. et C.A. Mey. 1838 · D:Apenninen-Riesenborretsch · ⊙ Z7 V-VII; Eur.: I, Sic., ? AL, ? GR
– **circinatus** Ledeb. 1829 · ⚃ Z7; E-TR, Cauc., N-Iraq, Iran, Afgh., W-Sib., NW-China

Solenomelus Miers 1841 -m- *Iridaceae* · (S. 1026)
– **pedunculatus** (Gillies ex Hook.) Hochr. 1910 · ⚃ Z9 ⌂ VI; Chile
– **segethii** (Phil.) Kuntze 1898 · ⚃ Z9 ⌂ VI; Chile
– *sisyrinchium* (Griseb.) Pax = Solenomelus segethii

Solenopsis C. Presl 1836 -f- *Campanulaceae* · (S. 389)
– **laurentia** (L.) C. Presl 1836 · ⚃ ⌂ IV-VI; Eur.: Ib, Fr, Ap, Ba; TR, Syr., NW-Afr., nat. in GR, Crete
– **minuta** (L.) C. Presl 1836 · ⚃ △ ⌂ IV-VI; Eur.: Balear., Ap., Crete; Levante

Solenostemon Thonn. = Plectranthus
– *blumei* (Benth.) M. Gómez =

Plectranthus scutellarioides
- *rotundifolius* (Poir.) J.K. Morton = Plectranthus rotundifolius
- *scutellarioides* (L.) Codd = Plectranthus scutellarioides
- *shirensis* (Gürke) Codd = Plectranthus autranii

Solidago L. 1753 -f- *Asteraceae* · (S. 271)
D:Goldrute; E:Goldenrod; F:Verge-d'or
- **arguta** Aiton 1789 · D:Spitzige Goldrute · ♃ VII-IX; Can.: Ont.; USA: NE, NCE, SE
- **caesia** L. 1753 · D:Blaustänglige Goldrute, Goldbandrute; E:Wreath Goldenrod; F:Verge d'or bleuâtre · ♃ Z4 VIII-IX; Can.: E; USA: NE, NCE, SC, SE, Fla. [66676]
- **canadensis** L. 1753 · D:Kanadische Goldrute · [66677]
  - var. **canadensis** · D:Gewöhnliche Kandische Goldrute; E:Canada Goldenrod · ♃ Z3 VIII-X; Can.: E, Sask.; USA: NE, NCE, NC, Rocky Mts., SW, nat. in Eur.* exc. Ap, Ba
  - var. **scabra** (Muhl. ex Willd.) Torr. et A. Gray 1842 · D:Raue Kanadische Goldrute · ♃ Z3; Can.: E, USA: NE, NEC, NC, SC, SE, Fla.
- **cutleri** Fernald 1908 · D:Cutlers Goldrute · ♃ △ Z4 VII-IX; USA: NE [66678]
- **drummondii** Torr. et A. Gray 1842 · D:Drummonds Goldrute · ♃ Z6 VIII-IX; USA: Ill., Mo., Ark., La.
- **flexicaulis** L. 1753 · D:Bogige Goldrute, Breitblättrige Goldrute; E:Broad Leaved Goldenrod · ♃ Z4 VII-IX; Can.: E; USA: NE, NCE, NC, SC, SE
  'Variegata' [68332]
- **gigantea** Aiton 1789 · D:Riesen-Goldrute, Späte Goldrute · ♃ Z6 VIII-IX; Can., USA* exc. Calif., nat. in Eur.*
- **glomerata** Michx. 1803 · D:Büschelblüteige Goldrute · ♃ Z6; USA: N.C., Tenn. [66680]
- **graminifolia** (L.) Salisb. 1796 · D:Grasblättrige Goldrute; E:Fragrant Goldenrod · ♃ ∼ Z3 VII-IX; Can., USA: NE, NC, N.C., NCE, SC, SW, nat. in C-Eur.
- *latifolia* A. Gray = Solidago flexicaulis
- **missouriensis** Nutt. 1834 · D:Missouri-Goldrute; E:Missouri

Goldenrod · ♃ Z7 VII-IX; Can.: B.C.; USA: NW, Rocky Mts., Calif., Ariz., nat. in N.J.
- **multiradiata** Aiton 1789 · D:Rocky-Mountain-Goldrute; E:Northern Groundsel, Rocky Mountain Goldenrod · ♃ △ Z2 VII-VIII; Alaska, Can., USA: NW, Calif., Rocky Mts., SW
- **nemoralis** Aiton 1789 · D:Graue Goldrute; E:Gray Goldenrod · ♃ Z3 VIII-IX; Can., USA: NE, NCE, NC, SC, SE
- **odora** Aiton 1789 · D:Anis-Goldrute; E:Sweet Goldenrod · ♃ D Z3 VII; USA: NE, NCE, SC, SE, Fla.
- **ohioensis** Riddell 1835 · D:Ohio-Goldrute · ♃; Can.: Ont.; USA: NE, NEC
- **riddellii** Frank 1835 · D:Riddells Goldrute · ♃ ∼ Z4 VIII-IX; Can.: Ont.; USA: NE, NCE, [71998]
- **rigida** L. 1753 · D:Steife Goldrute; E:Stiff Goldenrod · ♃ Z4 VIII-IX; Can.: USA: NE, NCE, NC, SC, SE, SW, Rocky Mts. [66696]
- **rugosa** Mill. 1768 · D:Raue Goldrute; E:Rough Goldenrod · ♃ Z3 VIII-IX; Can.: E; USA: NE, NCE, SC, SE, Fla. [66697]
  'Fireworks' [68755]
- **sempervirens** L. 1753 · D:Langlebige Goldrute · ♃ Z4; NE-Am., nat. in Azor. [66698]
  'Goldene Wellen' [69770]
- **shortii** Torr. et A. Gray 1842 · D:Königs-Goldrute · ♃ Z6 VII-VIII; USA: Ky.
- **speciosa** Nutt. 1818 · D:Prächtige Goldrute · [66699]
- **sphacelata** Raf. 1820 · D:Gefleckte Goldrute
  'Golden Fleece' [66700]
- **virgaurea** L. 1753 · D:Gewöhnliche Goldrute · [66701]
  'Minuta'
  'Minutissima' · △ IX-X [66702]
  'Praecox'
  - subsp. *alpestris* (Willd.) Hayek 1917 = Solidago virgaurea subsp. minuta
  - subsp. **minuta** (L.) Arcang. 1882 · D:Alpen-Goldrute · ♃ △ Z5 VII-IX; Eur.: N, mts. [60307]
  - subsp. **virgaurea** · D:Gewöhnliche Goldrute; E:European Goldenrod · ♃ Z5 VII-IX ⚥; Eur.*, TR, Cauc., W-Sib., E-Sib., Amur, Sachal., Kamchat., C-As, Him., China, Korea, Jap., NW-Afr.
  - var. *alpina* Bigelow 1824 = Solidago cutleri

- var. *minutissima* Makino = Solidago virgaurea
- **in vielen Sorten:**
  'Citronella' [69598]
  'Golden Gate' [66682]
  'Golden Shower' [66683]
  'Goldenmosa' [66684]
  'Goldkind' [66685]
  'Goldwedel' [66686]
  'Goldzwerg' [68504]
  'Laurin' [66687]
  'Ledsham' [66688]
  'Leraft' [66689]
  'Septembergold' [66691]
  'Strahlenkrone' [66693]

× **Solidaster** H.R. Wehrh. 1932 -m- *Asteraceae* · (S. 271)
D:Goldrutenaster (*Aster × Solidago*)
- **luteus** M.L. Green ex Dress 1976 (*Aster ptarmicoides × Solidago sp.*) · D:Goldrutenaster · ♃ ⋈ Z6 VII-IX; cult. [66704]
  'Lemore'

Solisia Britton et Rose = Mammillaria
- *pectinata* (Stein) Britton et Rose = Mammillaria pectinifera

Sollya Lindl. 1831 -f- *Pittosporaceae* · (S. 694)
- **heterophylla** Lindl. 1831 · E:Bluebell Creeper · ♄ e ⚜ Z9 ⓚ VII; W-Austr. [11298]
  'Alba'
  'Pink Charmer'

Sonchus L. 1753 -m- *Asteraceae* · (S. 271)
D:Gänsedistel, Saudistel; E:Milk Thistle, Sow Thistle; F:Laiteron
- *alpinus* L. = Cicerbita alpina
- **arboreus** DC. 1838 · ♄ Z9 ⓚ IV-V; Canar.
- **arvensis** L. · D:Gewöhnliche Acker-Gänsedistel; E:Sow Thistle · ♃ VII-VIII; Eur.*, TR, Cauc., W-Sib., E-Sib., Amur, Sachal., C-As., Mong., China, Korea, nat. in N-Am., Afr., Austr.
- **asper** (L.) Hill 1769 · D:Raue Gänsedistel; E:Prickly Sow Thistle · ☉ VI-X; Eur.*, TR, Cauc., Iran, W-Sib., E-Sib., Amur, Sachal., C-As., Him., China, Korea, Jap., nat. in N-Am.
- *macrophyllus* Willd. = Cicerbita macrophylla
- **oleraceus** L. 1753 · D:Kohl-Gänsedistel; E:Milk Thistle, Sow Thistle · ☉ VI-X; Eur.*, TR, Cauc.,

N-As., Arab., N-Afr., Canar., nat. in cosmop.
- **palustris** L. 1753 · D:Sumpf-Gänsedistel; E:Marsh Sow Thistle · ⚃ ∼ VII-IX; Eur.* exc. Ib; TR, Cauc.
- *plumieri* L. = Cicerbita plumieri

Sondera Lehm. = Drosera
- *gigantea* (Lindl.) Chrtek et Slavíková = Drosera gigantea
- *macrantha* Lehm. = Drosera heterophylla
- *preissii* Lehm. = Drosera heterophylla

Sonerila Roxb. 1820 -f- *Melastomataceae* · (S. 632)
- **margaritacea** Lindl. 1854 · ♄ Z10 ⓦ X-XI; Java
- **speciosa** Zenker 1836 · ⓦ; Ind.

Sonneratia L. f. 1782 -f- *Sonneratiaceae* · (S. 855) D:Sonneratie; F:Sonnératia
- **caseolaris** (L.) Engl. 1897 · ♄ ∼ ⓦ Ⓝ; Malay. Pen., Kalimantan; mangrove

Sophora L. 1753 -f- *Fabaceae* · (S. 525) D:Schnurbaum; F:Sophora
- **davidii** (Franch.) Skeels 1913 · D:Wickenblättriger Schnurbaum · ♄ d Z6 VI; W-China [19481]
- **flavescens** Aiton 1789 · ⚃ d Z6 ⚥ ; China, Sib., Korea, Jap. [25416]
- *japonica* L. = Styphnolobium japonicum
- **macrocarpa** Sm. 1819 · D:Großfrüchtiger Schnurbaum · ♄ ♄ e Z9 ⓚ; Chile
- **microphylla** Aiton 1789 · D:Kleinblättriger Schnurbaum 'Dragon's Gold' [25419]
  - var. **microphylla** · ♄ ♄ e Z8 ⓚ II-III; NZ [11301]
- **mollis** (Royle) Graham ex Baker 1878 · D:Weicher Schnurbaum · ♄ d Z8 ⓚ; Him.
- **prostrata** Buchanan 1884 · D:Niederliegender Schnurbaum · ♄ e Z8 ⓚ; NZ [25424]
  'Little Baby' [15253]
- **secundiflora** (Ortega) Lag. ex DC. 1813 · D:Texas-Schnurbaum; E:Mescal Bean · ♄ e Z8 ⓚ; Tex., N.Mex.; N-Mex. [11299]
- **tetraptera** J.S. Muell. 1780 · D:Neuseeländischer Schnurbaum, Vierflügeliger Schnurbaum; E:Kowhai · ♄ ♄ e Z8 ⓚ IV; NZ, Lord Howe Is. [11335]
  - var. *microphylla* (Aiton) Hook. f. 1864 = Sophora microphylla var. microphylla
- *viciifolia* Hance = Sophora davidii

× **Sophrocattleya** hort. 1887 -f- *Orchidaceae* · (Cattleya × Sophronitis)

× **Sophrolaelia** hort. 1894 -f- *Orchidaceae* · (Laelia × Sophronitis)

× **Sophrolaeliocattleya** hort. 1897 -f- *Orchidaceae* · (Cattleya × Laelia × Sophronitis)

Sophronitella Schltr. = Isabelia
- *violacea* (Lindl.) Schltr. = Isabelia violacea

Sophronitis Lindl. 1828 -f- *Orchidaceae* · (S. 1084)
- **acuensis** Fowlie 1975 · ⚃ Z10 ⓦ; Bras. (Rio de Janeiro)
- **bahiensis** (Schltr.) Van den Berg et M.W. Chase 2000 · ⚃ Z10 ⓦ; Bras. (Bahia)
- **bradei** (Pabst) Van den Berg et M.W. Chase 2000 · ⚃ Z10 ⓦ; Bras. (Minas Gerais)
- **brevipedunculata** (Cogn.) Fowlie 1972 · ⚃ Z10 ⓦ; Bras. (Minas Gerais)
- **briegeri** (Blumensch. ex Pabst) Van den Berg et M.W. Chase 2000 · ⚃ Z10 ⓦ; Bras. (Minas Gerais)
- **cernua** Lindl. 1828 · ⚃ Z10 ⓦ XI-I ▽ ✻; Bras.
- **cinnabarina** (Bateman ex Lindl.) Van den Berg et M.W. Chase 2000 · ⚃ Z10 ⓦ II-V ▽ ✻; Bras.
- **coccinea** (Lindl.) Rchb. f. 1862 · ⚃ Z10 ⓦ XI-II ▽ ✻; Bras.
- **crispa** (Lindl.) Van den Berg et M.W. Chase 2000 · ⚃ Z10 ⓦ VII-VIII ▽ ✻; Bras.: Rio de Janeiro, Minas Gerais
- **crispata** (Thunb.) Van den Berg et M.W. Chase 2000 · ⚃ Z10 ⓦ ▽ ✻; Bras.
- **dayana** (Rchb. f.) Van den Berg et M.W. Chase 2000
- **fidelensis** (Pabst) Van den Berg et M.W. Chase 2000 · ⚃ Z10 ⓦ; Bras. (Rio de Janeiro)
- *grandiflora* Lindl. = Sophronitis coccinea
- **grandis** (Lindl. et Paxton) Van den Berg et M.W. Chase 2000 · ⚃ Z10 ⓦ ▽ ✻; Bras.
- **harpophylla** (Rchb. f.) Van den Berg et M.W. Chase 2000 · ⚃ Z10 ⓦ II-III ▽ ✻; Bras.: Espirito Santo, Minas Gerais
- **itambana** (Pabst) Van den Berg et M.W. Chase 2000 · ⚃ Z10 ⓦ; Bras. (Minas Gerais)
- **jongheana** (Rchb. f.) Van den Berg et M.W. Chase 2000 · ⚃ Z10 ⓦ II-IV ▽ ✻; Bras.: Minas Gerais
- **kettieana** (Pabst) Van den Berg et M.W. Chase · ⚃ Z10 ⓦ; Bras. (Minas Gerais)
- **lobata** (Lindl.) Van den Berg et M.W. Chase 2000 · ⚃ Z10 ⓦ IV-V ▽ ✻; Bras.: Rio de Janeiro, Sao Paulo
- **longipes** (Rchb. f.) Van den Berg et M.W. Chase 2000 · ⚃ Z10 ⓦ VII ▽ ✻; SE-Bras.
- **lundii** (Rchb. f. et Warm.) Van den Berg et M.W. Chase 2000 · ⚃ Z10 ⓦ ▽ ✻; Bras.
- **mantiqueirae** (Fowlie) Fowlie 1972 · ⚃ Z10 ⓦ; S-Bras.
- **milleri** (Blumensch. ex Pabst) Van den Berg et M.W. Chase 2000 · ⚃ Z10 ⓦ V-VI ▽ ✻; Bras.: Minas Gerais
- **perrinii** (Lindl.) Van den Berg et M.W. Chase 2000 · ⚃ Z10 ⓦ IX-X ▽ ✻; Bras.
- **pfisteri** (Pabst et Senghas) Van den Berg et M.W. Chase 2000 · ⚃ Z10 ⓦ; Bras. (Bahia)
- **pumila** (Hook.) Van den Berg et M.W. Chase 2000 · ⚃ Z10 ⓦ IX-X ▽ ✻; Bras.
- **purpurata** (Lindl. et Paxton) Van den Berg et M.W. Chase 2000 · ⚃ Z10 ⓦ V-VI ▽ ✻; Bras.
- **pygmaea** · ⚃ Z10 ⓦ; Bras. (Minas Gerais)
- **reginae** (Pabst) Van den Berg et M.W. Chase 2000 · ⚃ Z10 ⓦ; Bras. (Minas Gerais)
- *rosea* hort. ex Gostling = Sophronitis wittigiana
- **sincorana** (Schltr.) Van den Berg et M.W. Chase 2000 · ⚃ Z10 ⓦ; Bras. (Bahia)
- **tenebrosa** (Rolfe) Van den Berg et M.W. Chase 2000 · ⚃ Z10 ⓦ V-VI ▽ ✻; Bras.: Bahia, Espirito Santo
- **tereticaulis** (Hoehne) Van den Berg et M.W. Chase 2000 · ⚃ Z10 ⓦ; Bras. (Minas Gerais)
- *violacea* Lindl. = Isabelia violacea
- **wittigiana** Barb. Rodr. 1878 · ⚃ Z10 ⓦ; Bras. (Espiritu Santo)

Sorbaria (Ser. ex DC.) A. Braun 1860 -f- *Rosaceae* · (S. 764)

D:Fiederspiere; E:False Spiraea; F:Sorbaria
- **arborea** C.K. Schneid. 1904 · D:Chinesische Fiederspiere · ♄ d Z6 VII; C-China [27251]
- **assurgens** M. Vilm. et Bois 1904 · D:Afghanische Fiederspiere · ♄ d Z6 VII-VIII; Afgh., Pakist., Kashmir
- **grandiflora** (Sweet) Maxim. 1879 · D:Großblütige Fiederspiere · ♄ d △ Z5 VII; E-Sib. [25426]
- **kirilowii** (Regel) Maxim. 1879 · D:Baum-Fiederspiere · ♄ d Z6 VII; C-China. [25428]
- **sorbifolia** (L.) A. Braun 1860 · D:Sibirische Fiederspiere; E:False Spiraea · [22400]
  - var. **sorbifolia** · ♄ d Z3 VI-VII; W-Sib., E-Sib., Amur, Sachal., Kamchat., Mong., Manch., Korea, Jap., nat. in USA: NE
  - var. **stellipala** Maxim. 1879 · ♄ d Z2; Jap., Korea [22410]
- **tomentosa** (Lindl.) Rehder 1938 [25429]
  - var. **angustifolia** (Wenz.) Rahn 1989 · D:Afghanische Fiederspiere, Kaschmir-Fiederspiere; E:Kashmir False Spiraea · ♄ d Z6 VII-VIII; Afgh., Pakist., Kashmir [22380]
  - var. **tomentosa** · D:Himalaya-Fiederspiere; E:Himalaya False Spiraea · ♄ d Z8 ∧ VI-VIII; C-As., Afgh., Pakist., Him.

× **Sorbaronia** C.K. Schneid. 1906 -f- Rosaceae · (S. 764)
D:Straucheberesche (Aronia × Sorbus)
- **alpina** (Willd.) C.K. Schneid. 1906 (Aronia arbutifolia × Sorbus aria) · ♄ d Z5 V; cult. [29999]
- **dippelii** (Zabel) C.K. Schneid. 1906 (Aronia melanocarpa × Sorbus aria) · ♄ ♄ d Z5; cult.
- **fallax** (C.K. Schneid.) C.K. Schneid. 1906 (Aronia melanocarpa × Sorbus aucuparia) · ♄ ♄ d Z5; cult.
- **hybrida** (Moench) C.K. Schneid. 1906 (Aronia arbutifolia × Sorbus aucuparia) · ♄ ♄ d Z5; cult.
- **sorbifolia** (Poir.) C.K. Schneid. 1906 (Aronia melanocarpa × Sorbus americana) · ♄ ♄ d Z5; cult.

× **Sorbocotoneaster** Pojark. 1953 -f- Rosaceae · (S. 764)
D:Mispeleberesche (Cotoneaster × Sorbus)
- **pozdnjakovii** Pojark. 1953 (Cotoneaster laxiflorus × Sorbus aria) · ♄ d Z3; cult.

× **Sorbopyrus** C.K. Schneid. 1906 -f- Rosaceae · (S. 765)
D:Hagebuttenbirne (Sorbus × Pyrus)
- **auricularis** (Knoop) C.K. Schneid. 1906 (Pyrus communis × Sorbus aria) · D:Hagebuttenbirne; E:Bollwyller Pear · ♄ d Z5 IV-V; cult.

Sorbus L. 1753 -f- Rosaceae · (S. 765)
D:Eberesche, Elsbeere, Mehlbeere, Speierling, Vogelbeere; E:Mountain Ash, Whitebeam; F:Alisier, Alouchier, Cormier, Sorbier
- **alnifolia** (Siebold et Zucc.) K. Koch 1864 [25431]
  - var. **alnifolia** · D:Erlenblättrige Mehlbeere; E:Korean Mountain Ash; F:Alisier à feuilles d'aulne · ♄ d ⊗ Z6 V-VI; China, Amur, Manch., Korea, Jap.
  - var. **submollis** Rehder · ♄ d Z6; Jap., Korea, Mandsch., China, Amur [25432]
- × **ambigua** Michalet 1864 (S. aria × S. chamaemespilus) · D:Filzige Zwerg-Mehlbeere · d; Eur.: F, I, CH, D, A, Ba, RO [31210]
- **americana** Marshall 1785 · D:Amerikanische Eberesche; E:American Mountain Ash; F:Sorbier d'Amérique · ♄ ♄ d ⌢ ⊗ Z2 V-VI; Can.: E; USA; NE, NCE, SE [22420]
- **amurensis** Koehne 1912 · D:Amur-Eberesche · ♄ d Z7; Amur, Korea, Manch.
- **anglica** Hedl. 1914 · ♄ d Z7; Eur.: BrI
- **arbutifolia** (L.) Heynh. = Aronia arbutifolia var. arbutifolia
- **aria** (L.) Crantz 1763 · D:Gewöhnliche Mehlbeere; E:Whitebeam; F:Alisier blanc, Alouchier · ♄ ♄ d Z5 V ⓝ; Eur.* exc. Sc; NW-Afr. [22430]
  - 'Lutescens' [22440]
  - 'Magnifica' 1916 [22450]
  - 'Majestica' [22460]
- × **arnoldiana** Rehder 1920 (S. aucuparia × S. discolor) · D:Arnolds Eberesche · ♄ d Z6; cult. [29160]
  - 'Golden Wonder' [41310]
  - 'Kirsten Pink' [22520]
  - 'Schouten' c. 1950 [33788]

'White Wax' [38919]
- **arranensis** Hedl. 1901 · ♄ d Z6; W-Scotland: Arran [25435]
- **aucuparia** L. 1753 · D:Vogelbeere · [22470]
  'Beissneri' 1899 [38910]
  'Fastigiata' 1838 [22480]
  'Pendula' c. 1853 [22580]
  'Rossica Major' 1903 [33632]
  'Sheerwater Seedling' < 1978 [33112]
  - subsp. **aucuparia** · D:Gewöhnliche Eberesche, Gewöhnliche Vogelbeere; E:Mountain Ash, Rowan; F:Sorbier des oiseleurs · ♄ ♄ d ⊗ Z3 V-VI ⚥ ⓝ; Eur.*, TR, Cauc., W-Sib.
  - subsp. **moravica** (Zengerl.) Á. Löve · D:Süße Eberesche; F:Sorbier des oiseleurs · ♄ d ⊗ Z3 V ⓝ; Eur.: CZ; cult. [22550]
  - var. **edulis** Dieck 1887 = Sorbus aucuparia subsp. moravica
- **austriaca** (Beck) Hedl. 1901 · D:Österreichische Mehlbeere · ♄ ♄ d Z6 V-VI; Eur.: A, EC-Eur., Ba, RO, W-Russ.; E-Alp., Carp., Balkan [37866]
- **bakonyensis** Jáv. 1927 · D:Ungarische Mehlbeere · ♄ d; Eur.: H
- **bristoliensis** Wilmott 1934 · D:Englische Mehlbeere · ♄ d Z7; Eur.: GB [25454]
- **caloneura** (Stapf) Rehder 1915 · ♄ ♄ d Z6; C-China
- × **carpatica** Borbás (S. aria × S. austriaca) · D:Karpaten-Mehlbeere · d; Eur.: A, Slova., Ba, RO
- **cashmiriana** Hedl. 1901 · D:Himalaya-Eberesche; E:Kashmir Rowan; F:Sorbier du Cachemire · ♄ d ⊗ Z6 V; Afgh., Kashmir [22590]
  'Chinese Lace' [26362]
- **chamaemespilus** (L.) Crantz 1763 · D:Zwerg-Mehlbeere; E:False Medlar; F:Alisier nain · ♄ d Z5 VI-VII; Eur.* exc. BrI, Sc [31209]
- **commixta** Hedl. 1901 · D:Japanische Eberesche; E:Chinese Scarlet Rowan; F:Sorbier du Japon · ♄ d Z6 VI; Jap., Sachal. [34556]
  'Serotina' Hort. J 1900 · ♄ d Z7 [22710]
- **danubialis** (Jáv.) Kárpáti 1960 · D:Donau-Mehlbeere · ♄ d V; Eur.: C-Eur., EC-Eur., RO, W-Russ., ? Ba
- **decora** (Sarg.) C.K. Schneid. 1906 · D:Labrador-Eberesche · ♄ ♄ d ⊗ Z3 V; Can.: E; USA: NE, NCE; Greenl. [22600]
- **devoniensis** E.F. Warb. 1957 · D:Devon-Mehlbeere · ♄ d Z7; Eur.: BrI

- **discolor** (Maxim.) Maxim. 1891 · D:Verschiedenfarbige Eberesche; E:Snowberry Mountain Ash · ♄ d ⊗ Z6 V; N-China [33781]
- **domestica** L. 1753 · D:Speierling; E:Service Tree; F:Cormier · ♄ d Z6 V-VI ⚥ Ⓝ; Eur.* exc. BrI, Sc; TR, Cauc., Maroc., Alger. [28290]
  fo. pomifera (Hayne) Rehder Z6; cult.
  fo. pyriformis (Hayne) Rehder Z6; cult.
- **dubia** Hedl. 1901 · d; orig. ?
- **epidendron** Hand.-Mazz. 1924 · ♄ ♄ d Z6 V; W-China
- **erubescens** A. Kern. ex Dippel = Sorbus × ambigua
- **esserteauana** Koehne 1913 · D:Esserteaus Eberesche · ♄ ♄ d ⊗ Z6 V; W-China [19486]
- **folgneri** (C.K. Schneid.) Rehder 1915 · D:Chinesische Mehlbeere; E:Folgner's Whitebeam · ♄ ♄ d ⊗ Z6 V; C-China [25457]
- **forrestii** McAllister et Gillham 1980 · D:Forrests Mehlbeere · [14622]
- **fruticosa** Steud. 1821 [31211]
- **gracilis** (Siebold et Zucc.) K. Koch 1853 · D:Zierliche Mehlbeere · ♄ d Z6 V; Jap. [31212]
- **graeca** (Spach) Lodd. ex S. Schauer 1848 · D:Griechische Mehlbeere · ♄ ♄ d Z6 V; Eur.: Ap, C-Eur., EC-Eur., Ba, RO, Krim; TR, Cauc. [37729]
- **hemsleyi** Rehder 1915 [25461]
- × **hostii** (J. Jacq. ex Host) Hedl. 1901 (S. austriaca × S. chamaemespilus) · ♄ d ⊗ Z6 V; Eur.: A, Slova; Alp., N-Carp. [25462]
- **hupehensis** C.K. Schneid. 1906 [22640]
  'November Pink' 1963 · D:Hupeh-Eberesche; E:Hupeh Mountain Ash · [16939]
  'Pink Pagoda'
  - var. **hupehensis** · D:Weißfrüchtige Hupeh-Eberesche · ♄ d ⊗ Z6 V; W-China, C-China
  - var. **obtusata** C.K. Schneid. 1917 · D:Rosafrüchtige Hupeh-Eberesche · ♄ d Z6; China: Hupeh
- × **hybrida** L. 1762 (S. aucuparia × S. intermedia) · D:Bastard-Mehlbeere; E:Hybrid Mountain Ash; F:Alisier de Finlande · ♄ d ⊗ Z5 V-VI; Eur.: Sc [25464]
  'Gibbsii' < 1924 [33876]
- **insignis** (Hook. f.) Hedl. 1901 · ♄ d Z8; Him. (Sikkim, E-Nepal, Assam) [25465]
- **intermedia** (Ehrh.) Pers. 1807 · D:Schwedische Mehlbeere;

  E:Swedish Whitebeam; F:Alisier de Suède · ♄ ♄ d Z5 V Ⓝ; Eur.: Sc, D, PL, Balt. [22660]
  'Joseph Rock' [33115]
- **japonica** (Decne.) Hedl. 1901 · ♄ d Z6 V; Jap., Korea
- **javorkae** (Soó) Kárpáti 1944 · d; EC-Eur.
- **koehneana** C.K. Schneid. 1906 · D:Weißfrüchtige Eberesche · ♄ d ⊗ Z5 V; C-China [22670]
- **lancifolia** Hedl. 1912 · ♄ d Z5; Eur.: N-Norw.
- **latifolia** (Lam.) Pers. 1806 · D:Breitblättrige Mehlbeere; E:Service Tree of Fontainebleau; F:Alisier de Fontainebleau · ♄ d Z5 V-VI; Eur.: P, sp., F, D, nat. in Sweden [22680]
  'Atrovirens' [38997]
  'Henk Vink' [38999]
- **matsumurana** (Makino) Koehne 1901 · D:Japanische Berg-Eberesche · ♄ d Z6; Jap.; mts. [25466]
- **megalocarpa** Rehder 1915 · ♄ d ⊗ Z6 V; N-China
- × **meinichii** (Lindeb.) Hedl. 1901 (S. aria × S. aucuparia) · ♄ d Z5; S-Norw.
- *melanocarpa* (Michx.) Heynh. = Aronia melanocarpa var. melanocarpa
- **meliosmifolia** Rehder 1915 · ♄ d Z6; W-China [27261]
- **minima** (H. Lév.) Hedl. 1901 · ♄ d Z6 V-VI; Engl., Wales [25467]
- **mougeotii** Soy.-Will. 1858 · D:Vogesen-Mehlbeere; E:Pyrenean Whitebeam; F:Alisier de Mougeot · ♄ ♄ d Z5 V; Eur.: sp., F, CH, I; Pyr., Alp., Jura, Vosges [25468]
- *nepalensis* hort. = Sorbus vestita
- × **pannonica** Kárpáti 1960 (S. aria × S. graeca) · D:Pannonische Mehlbeere · ♄ ♄ d; Eur.: D, A, EC-Eur., ? RO
- **pluripinnata** (C.K. Schneid.) Koehne 1913 · ♄ ♄ d Z6 V; W-China [25469]
- **pohuashanensis** (Hance) Hedl. 1901 · D:Pohuasha-Eberesche · ♄ d Z5 V; N-China
- *pohuashanensis* hort. = Sorbus 'Kewensis'
- **poteriifolia** Hand.-Mazz. 1925 · ♄ d Z7; China (NW-Yunnan), N-Myanmar [25471]
- **prattii** Koehne 1913 [37727]
  fo. subarachnoidea 1940 (Koehne) Rehder Z6; China: W-Sichuan
  - var. **prattii** · D:Pratts Eberesche; F:Alisier de Pratt · ♄ d ⊗ Z6 V;

  W-China
- **pseudothuringiaca** Düll 1961 · D:Hersbrucker Mehlbeere · ♄ d; Eur.: D
- **randaiensis** (Hayata) Koidz. 1913 · ♄ d Z7; Taiwan
- **redliana** Kárpáti 1960 · ♄ d; Eur.: H
- **reducta** Diels 1912 · D:Zwerg-Eberesche; E:Creeping Mountain Ash, Pygmy Rowan · ♄ d △ Z6; Myanmar, W-China [31881]
- **rufoferruginea** (C.K. Schneid.) C.K. Schneid. 1912 · ♄ d Z6 VI; Jap.
- **rupicola** (Syme) Hedl. 1948 · ♄ d Z6; BrI, S-Sc, Estland
- **sambucifolia** (Cham. et Schltdl.) M. Roem. 1847 · D:Hollunderblättrige Eberesche · ♄ d ⊗ VI; Jap., Sachal., Kamchat. [31213]
- **sargentiana** Koehne 1913 · D:Sargents Eberesche; F:Saule de Sargent · ♄ d ⊗ Z6 V; W-China [42184]
- **scalaris** Koehne 1913 · D:Leitern-Eberesche; F:Saule scalariforme · ♄ ♄ d ⊗ Z5 V-VI; W-China [22700]
- × **schinzii** Düll 1961 (S. chamaemespilus × S. mougeotii) · D:Schinzs Mehlbeere · ♄ d; Eur.: CH, D, A
- **setschwanensis** (C.K. Schneid.) Koehne 1913 · D:Szechuan-Eberesche · [25474]
- **simonkaiana** Kárpáti 1950 · ♄ d; H
- **subcuneata** Wilmott 1934 · ♄ d; Eur.: GB
- × **thuringiaca** (Ilse) Fritsch 1896 (S. aria × S. aucuparia) · D:Thüringer Mehlbeere; E:Bastard Service Tree, Checker Tree · ♄ d Z5 V; Eur.: F, CH, D, A, CZ [48100]
  'Fastigiata' < 1907 [29580]
  'Leonard Springer' 1938 [12518]
- **tianschanica** Rupr. · ♄ d ⊗ Z6 VI; C-As., China: Sinkiang
- *toringo* Siebold = Malus toringo
- **torminalis** (L.) Crantz 1763 · D:Elsbeere; E:Wild Service Tree; F:Alisier torminal · ♄ d ⊗ Z6 V Ⓝ; Eur.*, TR, Cyprus, Lebanon, Syr., Cauc., N-Iran, Maroc., Alger. [22720]
- *trilobata* (Poir.) Heynh. = Malus trilobata
- **umbellata** (Desf.) Fritsch 1896 · D:Schirm-Mehlbeere · ♄ ♄ d Z6; Eur.: Ba, RO, Krim; Cyprus, TR, Syr., Lebanon, Palaest., Cauc.,

Iran
- var. *cretica* C.K. Schneid. 1906 = Sorbus graeca
- **ursina** (Wenz.) Hedl. 1901 [25479]
- × **vagensis** Wilmott 1934 (*S. aria* × *S. torminalis*) · ♄ d; GB
- **vestita** (G. Don) Lodd. 1849 · ♄ d V; Him., N-Myanmar
- **vilmorinii** C.K. Schneid. 1906 · D:Rosafrüchtige Eberesche, Vilmorins Eberesche; E:Vilmorin Mountain Ash; F:Saule de Vilmorin · ♄ ♄ d ⌾ Z6 VI; W-China [22730]
- **wardii** Merr. 1941 · D:Wards Eberesche · ♄ d Z8 ⌾; N-Myanmar
- **zahlbruckneri** C.K. Schneid. 1906 · ♄ d ⌾ Z6 V; China
- **in vielen Sorten:**
'Dirkenii' [25446]
'Embley'
'Kewensis' < 1947 (*S. aucuparia* × *S. pohuashanensis*) · d
'Pearly King'
'Red Tip' [22540]

Sorghastrum Nash 1901 -n- Poaceae · (S. 1130)
D:Indianergras; E:Indian Grass; F:Faux-sorgho
- *avenaceum* (Michx.) Nash = Sorghastrum nutans
- **nutans** (L.) Nash 1912 · D:Gelbes Indianergras; E:Yellow Indian Grass · ⌑ Z5; Can.: E; USA: NE, NCE, NC, Rocky Mts., SW, SC, SE, Fla.; Mex. [67708]
'Indian Steel' [67709]

Sorghum Moench 1794 -n- Poaceae · (S. 1130)
D:Mohrenhirse, Sorghumhirse; E:Millet; F:Gros millet, Sorgho
- **almum** Parodi 1943 · D:Kolumbusgras; E:Columbus Grass · ⌑ Ⓝ; Arg., nat. in Austr.
- **bicolor** (L.) Moench 1794
  - var. **arduinii** (Körn.) Snowden 1935 · ⊙ Z8 Ⓝ; cult.
  - var. **bicolor** · D:Gewöhnliche Mohrenhirse; E:Great Millet, Kafir Corn, Sorghum · ⊙ Z8 VII-IX; ? Afr., ? S-As.
- **caffrorum** (Retz.) P. Beauv. 1812 · D:Kaffern-Mohrenhirse · ⊙ Ⓝ; cult.
- **caudatum** (Hack.) Stapf 1917 · Ⓝ; Afr.
- **cernuum** (Ard.) Host 1809 · D:Nickende Mohrenhirse · ⊙ Ⓝ; cult.
- **dochna** (Forssk.) Snowden 1935 ·

D:Zuckerhirse · ⊙ Ⓝ; cult.
- **durra** (Forssk.) Stapf 1917 · ⊙ Ⓝ; cult.
- **guineense** Stapf 1917 · Ⓝ; W-Afr., Sudan
- **halepense** (L.) Pers. 1805 · D:Aleppohirse, Wilde Mohrenhirse; E:Aleppo Grass, Johnson Grass, Means Grass · ⌑ Z7 VI-VII Ⓝ; TR, Cauc., Levante, W-As., Ind., C-As., Malay. Arch., N-Afr., Austr., N-Am., Mex., W.Ind., S-Am., nat. in Eur.: sp., F, CH, Ap, EC-Eur., Ba, RO; cosmop.
- **nervosum** Besser ex Schult. 1827 · ⊙ Ⓝ; orig. ?; cult E-As.
- **nigricans** (Ruiz et Pav.) Snowden 1935 · ⊙ Ⓝ; cult.
- **nigrum** Roem. et Schult. 1817
- *vulgare* Pers. = Sorghum bicolor var. bicolor
  - var. *angolense* Rendle = Sorghum nigricans
  - var. *caffrorum* (Retz.) F.T. Hubb. et Rehder 1932 = Sorghum caffrorum
  - var. *durra* (Forssk.) F.T. Hubb. et Rehder 1932 = Sorghum durra
  - var. *saccharatum* (Moench) Boerl. 1890 = Sorghum dochna

Sparaxis Ker-Gawl. 1804 -f- Iridaceae · (S. 1026)
D:Fransenschwertel; E:Harlequinflower; F:Fleur arlequin, Sparaxis
- **bulbifera** (L.) Ker-Gawl. 1804 · ⌑ ⋈ Z9 ⌾ V; SW-Kap
- **elegans** (Sweet) Goldblatt 1969 · ⌑ Z9 ⌾; S-Afr. (Cape Prov.)
- **grandiflora** (F. Delaroche) Ker-Gawl. 1804 · D:Großblütiges Fransenschwertel; E:Harlequin Flower · ⌑ ⋈ Z9 ⌾ IV-V; SW-Kap
- **tricolor** (Schneev.) Ker-Gawl. 1804 · D:Dreifarbiges Fransenschwertel; E:Harlequin Flower · ⌑ ⋈ Z9 ⌾ VI-VII; SW-Kap [68410]

Sparganium L. 1753 -n- Sparganiaceae · (S. 1140)
D:Igelkolben; E:Burr Reed; F:Rubanier, Sparganier
- **angustifolium** Michx. 1803 · D:Schmalblättriger Igelkolben · ⌑ ≈ VI-VIII; Eur.*, Sib., Kamchat., N-Am.
- **emersum** Rehmann 1872 · D:Einfacher Igelkolben; E:Simple Stem Bur Reed; F:Rubanier simple · ⌑ ≈ Z5 VI-VII; Eur.*, TR, As., Malay. Arch., N-Am. [67353]
- **erectum** L. · D:Gewöhnlicher

Ästiger Igelkolben; E:Bur Reed; F:Ruban d'eau · ⌑ ≈ Z6 VI-VIII; Eur.*, TR, Cauc., W-Iran, Sib., N-Afr.
- *minimum* Wallr. = Sparganium natans
- **natans** L. 1753 · D:Zwerg-Igelkolben · ⌑ ≈ Z2 VII-VIII; Eur.*, TR, N-As., N-Am. [67355]
- *ramosum* Huds. = Sparganium erectum
- *simplex* Huds. = Sparganium emersum

Sparrmannia L. f. 1782 -f- Tiliaceae · (S. 872)
D:Zimmerlinde; E:African Hemp; F:Tilleul d'appartement
- **africana** L. f. 1782 · D:Echte Zimmerlinde · ♄ e Z10 ⌾ I-III; S-Afr. [16799]
- **ricinicarpa** (Eckl. et Zeyh.) Kuntze 1898 · D:Rhizinusfrüchtige Zimmerlinde · ♄ e Z10 ⌾ VI-VIII; S-Afr.

Spartina Schreb. 1789 -f- Poaceae · (S. 1131)
D:Schlickgras; E:Cord Grass, Marsh Grass; F:Spartina
- **anglica** C.E. Hubb. 1978 · D:Englisches Schlickgras · ⌑ ≈ VII-VIII; Eur.: BrI, nat. in Fr, D, DK
- *aureomarginata* hort. = Spartina pectinata
- **maritima** (Curtis) Fernald 1916 · D:Niederes Schlickgras · ⌑ ≈ ; Eur.: Fr, BrI, Ib, Slove.; N-Afr., S-Afr., N-Am.; coasts
- *michauxiana* Hitchc. = Spartina pectinata
- **pectinata** Bosc ex Link 1820 · D:Kamm-Schlickgras; E:Prairie Cord Grass · ⌑ ≈ Z5 IX-X; Can., USA* exc. Calif. [67926]
'Aureomarginata' [67711]
'Variegata' = Spartina pectinata 'Aureomarginata'
- × **townsendii** H. Groves et J. Groves 1880 (*S. anglica* × *S. maritima*) · D:Townsends Schlickgras; E:Townsend's Cord Grass · ⌑ ≈ VII-X; Eur.: BrI, Fr; coasts

Spartium L. 1753 -n- Fabaceae · (S. 525)
D:Binsenginster, Pfriemenginster; E:Spanish Broom; F:Genêt d'Espagne, Sparte
- **junceum** L. 1753 · D:Binsenginster, Pfriemenginster; E:Spanish Broom · ♄ d Z8 ⌾ ∧ V-IX ✿; Eur.: Ib, Fr, Ap, Ba; TR, Syr.,

Palaest., Cauc., NW-Afr., Libya, nat. in Krim [46550]

Spartocytisus Webb et Berthel. = Cytisus
- *filipes* Webb et Berthel. = Cytisus filipes

Spathicarpa Hook. 1831 -f-
Araceae · (S. 932)
- **hastiifolia** Hook. 1831 · ⚄ Z10 ⓖ I-XII; S-Bras., Parag., Arg.
- *sagittifolia* Schott = Spathicarpa hastiifolia

Spathiphyllum Schott 1832 -n-
Araceae · (S. 932)
D:Blattfahne, Scheidenblatt; E:Peace Lily; F:Spathyphyllum
- **blandum** Schott 1857 · ⚄ Z10 ⓖ; W.Ind., Surinam
- **cannifolium** (Dryand. ex Sims) Schott 1853 · D:Canna-Blattfahne; E:Spatheflower · ⚄ Z10 ⓖ; Col., Venez., Guyan.
- **cochlearispathum** (Liebm.) Engl. 1879 · ⚄ Z10 ⓖ; S-Mex., Guat.
- **commutatum** Schott 1857 · ⚄ Z10 ⓖ; Malay. Arch., Phil.
- **floribundum** (Linden et André) N.E. Br. 1878 · D:Reichblühende Blattfahne; E:Snow Flower · ⚄ Z10 ⓖ ✻; Col.
- **ortgiesii** Regel 1870 · ⚄ Z10 ⓖ; Mex.
- **patinii** (R. Hogg) N.E. Br. 1878 · ⚄ Z10 ⓖ; Col.
- **phryniifolium** Schott 1857 · ⚄ Z10 ⓖ; Costa Rica, Panama
- **wallisii** Regel 1877 · D:Zwerg-Blattfahne; E:Peace Lily · ⚄ Z10 ⓖ; Col., Venez.

Spathodea P. Beauv. 1805 -f-
Bignoniaceae · (S. 299)
D:Afrikanischer Tulpenbaum; E:African Tulip; F:Tulipier africain
- **campanulata** P. Beauv. 1805 · D:Afrikanischer Tulpenbaum; E:African Tulip · ♄ e Z10 ⓖ; trop. Afr.
- *nilotica* Seem. = Spathodea campanulata

Spathoglottis Blume 1825 -f-
Orchidaceae · (S. 1085)
- **aurea** Lindl. 1850 · ⚄ Z10 ⓖ V ∇ ✻; Malay. Pen.
- *fortunei* Lindl. = Spathoglottis pubescens
- **kimballiana** Hook. f. 1895 · ⚄ Z10 ⓖ IV-V ∇ ✻; Kalimantan
- **plicata** Blume 1825 · E:Philippine Ground Orchid · ⚄ Z10 ⓖ IV-V ∇ ✻; Ind., SE-As., Malay. Arch., Phil., N.Guinea
- **pubescens** Lindl. 1831 · ⚄ Z10 ⓖ I ∇ ✻; China (Hongkong)
- *vieillardii* Rchb. f. = Spathoglottis plicata

Specklinia Lindl. 1830 -f-
Orchidaceae
- **grobyi** (Bateman ex Lindl.) F. Barros 1984 · ⚄ Z10 ⓖ VII ∇ ✻; Mex., W.Ind., C-Am., S-Am.
- **tribuloides** (Sw.) Pridgeon et M.W. Chase 2001 · ⚄ Z10 ⓖ ∇ ✻; Mex., C-Am., Cuba, Jamaica

Specularia Heist. ex A. DC. = Legousia
- *pentagonia* (L.) A. DC. = Legousia pentagonia
- *speculum-veneris* (L.) A. DC. = Legousia speculum-veneris

Speirantha Baker 1875 -f-
Convallariaceae · (S. 990)
- *convallarioides* Baker = Speirantha gardenii
- **gardenii** (Hook.) Baill. 1894 · ⚄ Z8 ∧ V-VI; E-China [66705]

Spenceria Trimen 1879 -f-
Rosaceae · (S. 765)
- **ramalana** Trimen 1879 · ⚄ Z6 VII-VIII; W-China

Spergula L. 1753 -f-
Caryophyllaceae · (S. 405)
D:Spark, Spergel; E:Spurrey; F:Spergule
- **arvensis** L. 1753 · D:Acker-Spark, Acker-Spergel
  - subsp. **arvensis** · D:Gewöhnlicher Acker-Spark; E:Corn Spurrey · ⊙ VI-X; Eur.*; cosmop. exc. trop. Afr.
  - subsp. **sativa** Čelak. 1875 · D:Saat-Acker-Spark · ⊙ VI-X ⓝ; cult.
- **morisonii** Boreau 1847 · D:Frühlings-Spergel, Frühlings-Spark · ⊙ IV-VI; Eur.: Ib, Fr, C-Eur., Sc, EC-Eur., E-Eur.; Alger.
- **pentandra** L. 1753 · D:Fünfmänniger Spergel, Fünfmännige Spark · ⊙ IV-V; Eur.: Ib, Fr, Ap, Ba, C-Eur., EC-Eur., RO; TR, SW-As., N-Afr.

Spergularia (Pers.) J. Presl et C. Presl 1819 -f- *Caryophyllaceae* · (S. 405)
D:Schuppenmiere; E:Sand Spurrey, Sea Spurrey; F:Spergulaire
- **echinosperma** (Čelak.) Asch. et Graebn. 1893 · D:Igelsamige Schuppenmiere · ⚄ VI-X; Eur.: D, A, CZ, PL, Slove.
- **media** (L.) C. Presl 1826 · D:Flügel-Schuppenmiere, Flügelsamige Schuppenmiere · ⚄ VII-IX; Eur.*, TR, Levante, N-Afr.
- **rubra** (L.) J. Presl et C. Presl 1819 · D:Rote Schuppenmiere · ⊙ ⊙ ⚄ V-IX; Eur.*, Cauc., W-Sib., E-Sib., Amur, Sachal., Kamchat., C-As.
- **salina** J. Presl et C. Presl 1819 · D:Salz-Schuppenmiere; · ⊙ V-IX; Eur.*, Levante, Cauc., W-Sib., E-Sib. Amur, Sachal., C-As., Mong., China: Sinkiang; E-As., N-Afr., N-Am., S-Am., NZ
- **segetalis** (L.) G. Don 1831 · D:Saat-Schuppenmiere, Saatmiere · ⊙ VI-VII; Eur.: Ib, F, C-Eur., PL; Maroc.

Sphaeralcea A. St.-Hil. 1825 -f-
Malvaceae · (S. 623)
D:Kugelmalve; E:False Mallow, Globe Mallow; F:Sphéralcée
- *acerifolia* Nutt. ex Torr. et A. Gray = Sphaeralcea rivularis
- **ambigua** A. Gray 1887 · ♄ e; USA: Calif., Nev., Utah, Ariz.; Mex.
- **bonariensis** (Cav.) Griseb. 1874 · ♄ Z9 ⓖ VII-IX; S-Am.
- *cisplatina* A. St.-Hil. = Sphaeralcea bonariensis
- **coccinea** (Pursh) Rydb. 1913
- **fendleri** A. Gray 1852 · D:Fendlers Kugelmalve; E:Fendler Globe Mallow · ♄ e Z4; USA: Colo., SW, Tex..; N-Mex.
- **incana** Torr. et A. Gray 1849
- *miniata* (Cav.) Spach = Sphaeralcea fendleri
- **munroana** (Douglas ex Lindl.) Spach 1887 · D:Monroes Kugelmalve; E:Orange Globe Mallow · ⚄ ⓖ VI-IX; B.C., USA: NW, N-Calif.
'Shell Pink'
- **rivularis** (Hook.) Torr. ex A. Gray 1849 · D:Bach-Kugelmalve; E:Mountain Hollyhock · ⚄ ⓖ VI-IX; Can.: B.C.; USA: Rocky Mts., N.Mex. [72142]
- *umbellata* (Cav.) G. Don = Phymosia umbellata

Sphaerocionium C. Presl 1843 -n-
Hymenophyllaceae
- **hirsutum** (L.) C. Presl =

Hymenophyllum hirsutum

Sphaerogyne Naudin = Tococa
- *cinnamomea* Linden = Tococa neocinnamomea

Sphaeromeria Nutt. 1841 -f- *Asteraceae*
- **capitata** Nutt. 1841

Sphaeropteris Bernh. = Cyathea
- *cooperi* (F. Muell.) R.M. Tryon = Cyathea cooperi
- *insignis* (D.C. Eaton) R.M. Tryon = Cyathea insignis
- *medullaris* (G. Forst.) Bernh. = Cyathea medullaris

Sphalmanthus N.E. Br. = Phyllobolus
- *dinteri* (L. Bolus) L. Bolus = Phyllobolus melanospermus
- *oculatus* (N.E. Br.) N.E. Br. = Phyllobolus oculatus
- *resurgens* (Kensit) L. Bolus = Phyllobolus resurgens
- *salmoneus* (Haw.) N.E. Br. = Phyllobolus canaliculatus

Sphenostylis E. Mey. 1835 -f- *Fabaceae* · (S. 526)
D:Knollenbohne; E:Yam Pea
- **stenocarpa** (Hochst.) Harms 1899 · D:Afrikanische Knollenbohne; E:African Yam Bean · ♃ ⚥ ⓝ; Afr.

Spigelia L. 1753 -f- *Loganiaceae* · (S. 606)
D:Amerikanische Nelkenwurz, Spigelie; E:Pink Root, Worm Grass; F:Spigélia
- **anthelmia** L. 1753 · D:Westindische Nelkenwurz; E:Pink Rouge of Demarara, West Indian Spigelia · ⊙ Z10 ⚘ ⚥; USA: Fla., Mex., C-Am., trop. S-Am.
- **marilandica** (L.) L. 1767 · D:Indianer-Nelkenwurz; E:Indian Pink, Maryland Pink, Worm Grass · ♃ Z8 ⚘ VII-IX ⚥; USA: NE, NCE, SC, SE, Fla.
- **splendens** H. Wendl. ex Hook. 1861 · ♃ Z10 ⚘ VII-VIII; Guat., Costa Rica

Spilanthes Jacq. 1760 -f- *Asteraceae*
- *oleracea* L. = Acmella oleracea

Spinacia L. 1753 -f- *Chenopodiaceae* · (S. 416)
D:Spinat; E:Spinach; F:Epinard
- **oleracea** L. 1753 · D:Spinat; E:Spinach · ⊙ Z5 VI ⓝ; cult.

- **turkestanica** Iljin 1934 · ⊙ ⓝ; C-As., Iran

Spiraea L. 1753 -f- *Rosaceae* · (S. 765)
D:Spierstrauch; E:Bridewort; F:Spirée
- *aitchisonii* Hemsl. = Sorbaria tomentosa var. angustifolia
- **alba** Du Roi 1772 · D:Weißer Spierstrauch; E:Meadow Sweet · ♄ d Z5 VI-VIII; Can.: E, Sask.; USA: NE, N.C., NCE, N.Dak. [25481]
- **alpina** Pall. 1784 · D:Sibirischer Spierstrauch · ♄ d V-VI; W-Sib., E-Sib., Mong.
- **amoena** Spae 1846 · D:Aufrechter Spierstrauch · ♄ d Z7 V-VI; NW-Him.
- **arcuata** Hook. f. 1878 · D:Himalaya-Spierstrauch · ♄ d Z7 ∧ V; Him. [25482]
- × **arguta** Zabel 1884 (*S. thunbergii* × *S. 'Snowwhite'*) · D:Braut-Spierstrauch; E:Garland Wreath · ♄ d Z5 IV-V; cult. [22760]
- *aruncus* L. = Aruncus dioicus var. dioicus
- **bella** Sims 1823 · D:Schöner Spierstrauch · ♄ d Z7 VI; Him. [20141]
- **betulifolia** Pall. 1784 [34064]
  'Thor' [44938]
  - var. **aemiliana** (C.K. Schneid.) Koidz. · ♄ d Z4; Jap. [34757]
  - var. **betulifolia** · D:Birkenblättriger Spierstrauch; E:White Spiraea · ♄ d △ Z4 VI; Jap., Sachal., E-Sib.
  - var. **corymbosa** (Raf.) Voss 1894 · ♄ d Z5; E-USA
  - var. **lucida** (Douglas ex Greene) C.L. Hitchc. 1961 · ♄ d Z5; B.C., USA: Wash., Oreg., Wyom., Mont.
- × **billardii** Hérincq 1855 (*S. douglasii* × *S. salicifolia*) · D:Billards Spierstrauch.; E:Billard's Spiraea · ♄ d Z5 VI-VII; cult. [20678]
  'Macrothyrsa' [54136]
  'Triumphans' [22840]
- × **blanda** Zabel 1884 (*S. cantoniensis* × *S. chinensis*) · ♄ d Z6 V-VI; cult.
- × **brachybotrys** Lange 1893 (*S. douglasii* × *S. canescens*) · ♄ d Z4 VI-VII; cult.
- *bumalda* Burv. = Spiraea japonica
- *caespitosa* Nutt. ex Torr. et A. Gray = Petrophytum caespitosum
- **calcicola** W.W. Sm. 1913 · D:Kalkbewohnender Spierstrauch · ♄ d

Z5 VI; Yunnan [42046]
- *callosa* Thunb. = Spiraea japonica var. japonica
- **cana** Waldst. et Kit. 1807 · D:Graufilziger Spierstrauch · ♄ d Z6 V; Eur.: NE-I, Croatia, Bosn., YU
- **canescens** D. Don 1825 · D:Grauer Spierstrauch · ♄ d Z7 VI; Him. [25484]
- **cantoniensis** Lour. 1790 · D:Kanton-Spierstrauch; E:Reeves' Meadowsweet · ♄ d Z7 V-VI; China, nat. in Ibiza [55359]
  'Lanceata' [19489]
- **chamaedryfolia** L. 1753
  - var. **chamaedryfolia** · D:Gamander-Spierstrauch · ♄ d Z5 V-VI; Eur.: Ap, C-Eur., EC-Eur., Ba, E-Eur.; W-Sib, E-Sib., C-As., Mong., nat. in F [13232]
  - var. **ulmifolia** (Scop.) Maxim. 1879 · D:Ulmenblättriger Spierstrauch · ♄ d Z5; SE-Eur., N-As, Jap.
- **chinensis** Maxim. 1879 · D:Chinesischer Spierstrauch · ♄ d Z6; NE-China
- *cinerascens* Piper = Petrophytum cinerascens
- × **cinerea** Zabel 1884 (*S. cana* × *S. hypericifolia*) · D:Aschgrauer Spierstrauch · ♄ d Z5 V; cult. [22770]
- × **concinna** Zabel 1884 (*S. albiflora* × *S. amoena*) · ♄ d; cult.
- *corymbosa* Raf. = Spiraea betulifolia var. corymbosa
- *crataegifolia* Link = Spiraea betulifolia var. corymbosa
- **crenata** L. 1753 · D:Kerb-Spierstrauch · ♄ d Z6 V; Eur.: EC-Eur., Ba, E-Eur.; Cauc., W-Sib., C-As., nat. in Ib, Fr, C-Eur.
- **decumbens** W.D.J. Koch 1831 [30530]
  - subsp. **decumbens** · D:Kärntner Spierstrauch, Niederliegender Spierstrauch; F:Spirée prostrée · ♄ d △ Z6 V-VI; Eur.: A (Kärnten), N-I, Slove.; SE-Alp.
  - subsp. **pumilionum** (Zabel) · ♄ d △ Z5 VII-VIII
  - subsp. **tomentosa** (Poech) Dostál 1968 · ♄ d △ Z5 V; NE-I
- **densiflora** Nutt. ex Torr. et A. Gray 1840 · ♄ d Z5; Can.: B.C.; USA: NW, Calif. [36359]
- *digitata* Willd. = Filipendula palmata
- *discolor* Pursh = Holodiscus discolor

- **douglasii** Hook. 1833 · D:Oregon-Spierstrauch · [27750]
  - var. **douglasii** · D:Douglas-Spierstrauch; E:Douglas Spiraea; F:Spirée de Douglas · ♄ d Z4 VI-VIII; USA: Oreg., Calif.
  - var. **menziesii** (Hook.) C. Presl 1851 · D:Menzies Spierstrauch · ♄ d Z4 VI-VIII; USA: NW, Idaho [39462]
  - var. *roseata* (Rydb.) Hitchc. 1961 = Spiraea douglasii var. douglasii
- *dumosa* Nutt. ex Hook. = Holodiscus dumosus
- *expansa* Wall. ex K. Koch = Spiraea amoena
- *fastigiata* C.K. Schneid. = Spiraea amoena
- *filipendula* L. = Filipendula vulgaris
- *flexuosa* Fisch. = Spiraea chamaedryfolia var. chamaedryfolia
- × **fontenaysii** Lebas 1866 (*S. latifolia* × *S. canescens*) · ♄ d Z5 VI-VII; cult. [25486]
- × **foxii** (Voss) Zabel 1893 (*S. corymbosa* × *S. japonica*) · ♄ d Z5 VII; cult.
- **fritschiana** C.K. Schneid. 1905 · ♄ d Z4; Korea [15185]
- **gemmata** Zabel 1893 · D:Kahler Spierstrauch · ♄ d Z5 V; NW-China [25488]
- × **gieseleriana** Zabel 1884 (*S. cana* × *S. chamaedryfolia*) · ♄ d Z6; cult.
- *hacquetii* Fenzl et K. Koch = Spiraea decumbens subsp. tomentosa
- **henryi** Hemsl. 1887 · D:Henrys Spierstrauch; E:Henry's Spiraea · ♄ d Z6 VI; W-China, C-China [25489]
- **hypericifolia** L. 1753 [25491]
  - subsp. **hypericifolia** · D:Hartheu-Spierstrauch · ♄ d Z5 V-VII; Eur.: Ib, Fr, Ba, E-Eur.; TR, Cauc., W-Sib., E-Sib., C-As., Mong., Him., nat. in Ap, EC-Eur.
  - subsp. **obovata** (Waldst. et Kit. ex Willd.) H. Huber 1964 · ♄ d Z5; SW-Eur., S-F, ? SE-Eur.
- × **inflexa** hort. ex K. Koch 1853 (*S. cana* × *S. crenata*) · ♄ d; cult.
- **japonica** L. f. 1871 · D:Japanischer Spierstrauch; E:Japanese Meadowsweet; F:Spirée du Japon · [34378]
  'Albiflora' 1864 · d VII-VIII [22740]
  'Anthony Waterer' 1875 [12531]
  'Bullata' < 1881 · d △ VII [22800]
  'Bumalda' < 1890 · d [13231]
  'Crispa' 1923 [12532]
  'Fire Light' < 1990 [30431]
  'Froebelii' 1892 [12534]
  'Gold Mound' < 1984
  'Golden Princess' 1985 [37731]
  'Goldflame' 1960 [12535]
  'Goldmound' [32078]
  'Little Princess' 1964 [22830]
  'Nana' < 1960 [32077]
  'Shirobana' < 1963 [47340]
  - var. **acuminata** Franch. 1886 · ♄ d Z5; C-China, W-China
  - var. **fortunei** (Planch.) Rehder 1902 Z5; E-China, C-China
  - var. **glabra** (Regel) Koidz. 1909 · ♄ d Z5 VII-X; Him., China, Korea, Jap.
  - var. **japonica** · ♄ d Z4 VII-VIII; China, Jap.
- *kamtschatica* Pall. = Filipendula camtschatica
- *lancifolia* Hoffmanns. = Spiraea decumbens subsp. tomentosa
- **latifolia** (Aiton) Borkh. 1803 · D:Breitblättriger Spierstrauch · ♄ d Z3 VI-VIII; Can.: E; USA: NE, NCE, N.C. [25508]
- *lobata* Gronov. ex Jacq. = Filipendula rubra
- **longigemmis** Maxim. 1879 · ♄ d Z5 VII; NW-China
- × **macrothyrsa** Dippel 1893 (*S. douglasii* × *S. latifolia*) · ♄ d Z4; cult.
- × **margaritae** Zabel 1893 (*S. japonica* × *S. syringiflora*) · ♄ d Z5 VI-VIII; cult. [17628]
- **media** Schmidt 1792 · D:Karpaten-Spierstrauch · ♄ d Z4 IV-V; Eur.: C-Eur., EC-Eur., Ba, E-Eur.; W-Sib., E-Sib., Amur, Kamchat., Amur, C-As., Mong., Manch., N-Korea, Jap. [25509]
- *menziesii* Hook. = Spiraea douglasii var. menziesii
- × **multiflora** Zabel 1884 (*S. crenata* × *S. hypericifolia*) · ♄ d Z4 V; cult.
- **myrtilloides** Rehder 1913 · ♄ d; W-China
- **nipponica** Maxim. 1886 · D:Breitwüchsiger Japanischer Spierstrauch · [22850]
  'Halward's Silver' 1971 [37732]
  'Snowmound' c. 1955 [22860]
  - var. **nipponica** · ♄ d Z5 VI; Jap.
  - var. **tosaensis** (Yatabe) Makino · ♄ d Z4; Jap. (Shikoku)
  - var. *tosaensis* hort. = Spiraea nipponica 'Snowmound'
- × **notha** Zabel 1893 (*S. betulifolia* × *S. latifolia*) · ♄ d; cult.
- *opulifolia* L. = Physocarpus opulifolius var. opulifolius
- × **oxyodon** Zabel 1884 (*S. chamaedryfolia* × *S. media*) · ♄ d; cult.
- × **pachystachys** Zabel 1893 (*S. betulifolia* × *S. japonica*) · ♄ d; cult.
- *palmata* Murray = Filipendula rubra
- *palmata* Pall. = Filipendula palmata
- *palmata* Thunb. = Filipendula purpurea
- × **pikoviensis** Besser 1822 (*S. crenata* × *S. media*) · ♄ d Z6 V; S-Russ.
- × *pruinosa* hort. = Spiraea × brachybotrys
- **prunifolia** Siebold et Zucc. 1836 · D:Pflaumenblättriger Spierstrauch; E:Bridal Wreath; F:Spirée · ♄ d Z6 V; Korea, C-China, Taiwan [22870]
  fo. simpliciflora 1908 Nakai · ♄ d Z6 IV-V; C-China, Taiwan, Korea
- × *pseudosalicifolia* Silverside = Spiraea × billardii
- **pubescens** Turcz. 1832 · ♄ d Z6 V; N-China
- *pumilionum* Zabel = Spiraea decumbens subsp. pumilionum
- *reevesiana* Lindl. = Spiraea cantoniensis
- × **revirescens** Zabel 1893 (*S. amoena* × *S. japonica*) · ♄ d Z5 VI-VII; cult.
- **salicifolia** L. 1753 · D:Weidenblättriger Spierstrauch; E:Bridewort; F:Spirée à feuilles de saule · ♄ d Z4 VI-VII; Eur.: C-Eur., EC-Eur., Ba, E-Eur.; W-Sib., E-Sib., Amur, Sachal., Kamchat., Mong., N-Korea, Jap., nat. in BrI, Sc, Fr, Ap [25516]
- × **sanssouciana** K. Koch 1857 (*S. douglasii* × *S. japonica*) · ♄ d Z6 VI-VIII; cult. [25519]
- **sargentiana** Rehder 1917 · D:Sargents Spierstrauch; E:Sargent's Spiraea · ♄ d Z6 VI; W-China [25518]
- × **schinabeckii** Zabel 1884 (*S. chamaedryfolia* × *S. trilobata*) · ♄ d Z6; cult.
- × **semperflorens** Zabel 1893 (*S. japonica* × *S. salicifolia*) · ♄ d Z4 VII-IX; cult. [25521]
  'Syringaeflora' < 1885 · d [20266]
- *sorbifolia* L. = Sorbaria sorbifolia var. sorbifolia
- *stipulata* Muhl. = Gillenia stipulata
- *syringiflora* hort. ex K. Koch = Spiraea × semperflorens

- **thunbergii** Siebold ex Blume 1826 · ♄ d Z5 IV-V; China [22880]
  'Mount Fuji'
- **tomentosa** L. 1753 · D:Filziger Spierstrauch; E:Hardhack, Steeplebush · ♄ d ⁓ Z3 VII-IX; Can.: E; USA; NE, NCE, SE [25522]
- **trichocarpa** Nakai 1909 · D:Koreanischer Spierstrauch · ♄ d Z5 V-VI; Korea [40010]
- *trifoliata* L. = Gillenia trifoliata
- **trilobata** L. 1771 · D:Dreilappiger Spierstrauch · ♄ d Z5 V-VI; W-Sib., C-As., N-China, Korea [22890]
- *ulmaria* L. = Filipendula ulmaria
- *ulmifolia* Scop. = Spiraea chamaedryfolia var. ulmifolia
- × **vanhouttei** (Briot) Zabel 1884 (*S. cantoniensis* × *S. trilobata*) · D:Belgischer Spierstrauch · ♄ d Z5 V-VI; cult. [22900]
  'Pink Ice' [30437]
- **veitchii** Hemsl. 1903 · D:Veitchs Spierstrauch; E:Veitch's Spiraea · ♄ d Z6 VII; W-China, C-China [33642]

Spiraeanthus (Fisch. et C.A. Mey.) Maxim. 1879 -m- *Rosaceae* · (S. 766)
- **schrenkianus** (Fisch. et C.A. Mey.) Maxim. 1879 · ♄ Z10; C-As.

Spiranthes Rich. 1817 -f- *Orchidaceae* · (S. 1085) D:Drehwurz, Wendelähre; E:Lady's Tresses; F:Spiranthe
- **aestivalis** (Poir.) Rich. 1817 · D:Sommer-Drehwurz, Sommer-Wendelähre; E:Summer Lady's Tresses · ⚃ ⁓ VII ▽ ✱; Eur.: Ib, Fr, Ap, Ba, C-Eur., EC-Eur.; Alger.
- *autumnalis* Rich. = Spiranthes spiralis
- **cernua** (L.) Rich. 1817 · ⚃ Z3; Can.: W; USA: NE, NEC, S.Dak., SE, Fla., Tex.
- **sinensis** (Pers.) Ames 1908 · D:Chinesische Drehwurz · ⚃ Z9 ⓦ ▽ ✱; Sib., Sachal., China, Manch., Korea, Jap., Taiwan, Ind., Malay. Arch., Austr., NZ
- **spiralis** (L.) Chevall. 1827 · D:Herbst-Drehwurz, Herbst-Wendelähre; E:Autumn Lady's Tresses · ⚃ ⁓ D Z6 X ▽ ✱; Eur.*, TR, Cyprus, Syr., Cauc., N-Iran, Alger.

Spirodela Schleid. 1839 -f- *Lemnaceae* · (S. 1030) D:Teichlinse; E:Greater Duckweed; F:Spirodèle
- **polyrhiza** (L.) Schleid. 1839 · D:Vielwurzelige Teichlinse; E:Duckweed, Great Duckweed · ⚃ ≈ Z5 V-VI; Eur.*, cosmop.

Spironema Lindl. = Callisia
- *fragrans* Lindl. = Callisia fragrans
- *warscewiczianum* (Kunth et C.D. Bouché) G. Brückn. = Callisia warszewicziana

Spodiopogon Trin. 1820 -m- *Poaceae* · (S. 1131) D:Graubartgras; F:Spodiopogon
- **sibiricus** Trin. 1820 · D:Sibirisches Graubartgras · ⚃ Z7 VIII-IX; E-Sib., Amur, Mong., China, Manch., Korea, Jap. [67712]

Spondias L. 1753 -f- *Anacarcdiaceae* · (S. 159) D:Balsampflaume, Mombinpflaume; E:Hog Plum; F:Monbin, Pomme d'or, Prune d'Espagne
- *cytherea* Sonn. = Spondias dulcis
- **dulcis** Parkinson 1786 · D:Goldene Balsampflaume; E:Ambarella, Polynesian Plum · ♄ s Z10 ⓦ ⓝ; Madag., Fiji, Samoa
- **mombin** L. 1753 · D:Gelbe Mombinpflaume; E:Hog Plum · ♄ Z10 ⓦ ⓝ; Mex., trop. Am., nat. in W-Afr.
- **pinnata** (J. König ex L. f.) Kurz 1875 · D:Gelbe Balsampflaume; E:Yellow Plum · ♄ Z10 ⓦ ⓝ; Ind., SE-As., Phil.
- **purpurea** L. 1762 · D:Rote Mombinpflaume; E:Red Mombin, Spanish Plum · ♄ s Z10 ⓦ ⓝ; ? C-Am., ? W.Ind., cult. trop. Am.

Sporobolus R. Br. 1810 -m- *Poaceae* · (S. 1131) D:Fallsamengras, Vilfagras; E:Dropseed; F:Sporobole
- **cryptandrus** (Torr.) A. Gray 1848 · D:Versteckblütiges Fallsamengras; E:Sand Dropseed · ⚃ Z5; N-Am., N-Mex.
- **heterolepis** Lapham 1853 · ⚃ Z3; Can., USA: NE, NEC; SE, , Tex., Wyo. [67713]
- **indicus** (L.) R. Br. 1810 · ⚃ Z9; Trop., Subtrop., China, nat. in S-Eur.

Sprekelia Heist. 1755 -f- *Amaryllidaceae* · (S. 914) D:Jakobslilie; E:Jacobean Lily; F:Lis de St-Jacques
- **formosissima** (L.) Herb. 1821 · D:Jakobslilie; E:Jacobean Lily · ⚃ Z9 ⓖ IV-V ✷; Mex., Guat.

Stachycarpus (Endl.) Tiegh. = Prumnopitys
- *spicatus* (R. Br.) Tiegh. = Prumnopitys taxifolia

Stachyphrynium K. Schum. 1902 -n- *Marantaceae* · (S. 1036)
- **jagorianum** (K. Koch) K. Schum. 1902 · ⚃ Z10 ⓦ; Malay. Pen.
- **latifolium** (Blume) K. Schum. 1902 · ⚃ ⓦ; Thail., Malay. Arch.

Stachys L. 1753 -f- *Lamiaceae* · (S. 592) D:Ziest; E:Betony, Hedge Nettle, Woundwort; F:Bétoine, Crosne, Epiaire
- **affinis** Bunge 1833 · D:Knollen-Ziest; E:Chinese Artichoke · ⚃ Z5 VII-VIII ⓝ; N-China, C-China
- **alopecuros** (L.) Benth. 1834 · D:Fuchsschwanz-Ziest · ⚃ Z5; Eur.: Fr, Ib, Ap, C-Eur., Ba
- **alpina** L. 1753 · D:Alpen-Ziest · ⚃ Z5 VII-IX; Eur.* exc. Sc; TR, Cauc., N-Iran
- × **ambigua** Sm. 1809 (*S. palustris* × *S. sylvatica*) · D:Bastard-Ziest · ⚃; D +
- **annua** (L.) L. 1763 · D:Einjähriger Ziest · ☉ Z5 VI-X; Eur.* exc. BrI, Sc; Cauc., W-Sib.
- **arvensis** (L.) L. 1763 · D:Acker-Ziest · ☉ VII-X; Eur.* exc. EC-Eur.; TR, Lebanon, Palaest., NW-Afr., Afr., S-Afr., Am.
- **byzantina** K. Koch 1849 · D:Woll-Ziest; E:Lamb's Ears, Lamb's Lugs, Lamb's Tails; F:Epiaire laineuse · ⚃ ▮ Z5 VII-IX; TR, Krim, Cauc., N-Iran, nat. in Ont. [66706]
  'Big Ears' [67796]
  'Cotton Ball' [69600]
  'Primrose Heron'
  'Silver Carpet' [66710]
  'Superba' [66713]
- **candida** Bory et Chaub. 1832 · D:Schnee-Ziest · ⚃; Eur.: S-GR (Taygetos)
- **citrina** Boiss. et Heldr. ex Benth. 1848 · D:Zitronen-Ziest · ⚃ △ Z5 VI-VIII; TR
- **coccinea** Ortega 1797 · D:Scharlach-Ziest · ⚃ Z8 ⓖ VII-VIII; USA: SW, Tex.
- **corsica** Pers. 1806 · D:Korsischer Ziest · ☉ ☉ ⚃ ⤳ Z8 ⓖ VIII-IX; Corse, Sard.
- **cretica** L. 1753 · D:Kretischer Ziest · ⚃ Z5 ⓖ; Eur.: F, I, Sic.,

Ba, Krim; TR, Cyprus, Lebanon, Palaest.
- **discolor** Benth. 1834 · D:Kaukasus-Ziest · ⌇ △ Z5 VII-VIII; Cauc., Iran [60583]
  'Alba' [69898]
  'Rosea'
- **germanica** L. 1753 · D:Deutscher Ziest · ⌇ Z5 VI-VIII; Eur.* exc. Sc; TR, Cauc., Maroc. [66711]
- *grandiflora* (Steph. ex Willd.) Benth. = Stachys macrantha
- **iva** Griseb. 1844 · D:Mazedonischer Ziest · ⌇ ; Eur.: Maced., N-GR
- *labiosa* Bertol. = Stachys recta subsp. grandiflora
- *lanata* Jacq. non Crantz = Stachys byzantina
- **lavandulifolia** Vahl 1790 · D:Lavendelblättriger Ziest; F:Epiaire à feuilles de lavande · ⌇ △ Z5 VII-VIII; TR [66714]
- **macrantha** (K. Koch) Stearn 1951 · D:Großblütiger Ziest · ⌇ Z5 VII-VIII; TR, Cauc., Iran [66712]
  'Robusta' [69256]
  'Rosea'
  'Superba'
- *monieri* (Gouan) P.W. Ball = Stachys officinalis
- *nivea* (Steven) Benth. = Stachys discolor
- **officinalis** (L.) Franch. 1885 · D:Echter Ziest, Heil-Ziest; E:Betony, Bishop's Wort, Wood Betony · ⌇ Z5 VII-VIII; Eur.*, TR, Cauc., N-Iran, C-As., NW-Afr. [66717]
  'Alba' [66718]
  'Hummelo' [68148]
  'Rosea Superba'
- *olympica* Briq. ex Poir. = Stachys byzantina
- **palustris** L. 1753 · D:Sumpf-Ziest; E:Hedge Nerttle, Marsh Betony; F:Epiaire des marais · ⌇ VI-IX ❦ ; Eur.* , N-As., N-Am. [67356]
- **recta** L. 1767 · D:Aufrechter Ziest · [73447]
  - subsp. **grandiflora** (Caruel) Arcang. 1882 · D:Großlippiger Aufrechter Ziest · ⌇ VI-X; Eur.: Alp., Apenn., W-Ba
  - subsp. **recta** · D:Gewöhnlicher Aufrechter Ziest · ⌇ VI-X; Eur.* exc. BrI, Sc; TR, Cauc.
  - subsp. **subcrenata** Vis. 1893 · D:Karst-Ziest · ⌇ VI-IX; SE-Eur., TR
- *sieboldii* Miq. = Stachys affinis
- *spicata* hort. = Stachys macrantha
- **sylvatica** L. 1753 · D:Wald-Ziest ·

⌇ VI-IX; Eur.*, N-Am. [66720]
- **thirkey** K. Koch 1849 · ⌇ ; Eur.: S-I, Ba; TR
- *tubifera* Naudin = Stachys affinis
- **willemsei** Kit Tan et Hedge 1989

Stachytarpheta Vahl 1804 -f- *Verbenaceae* · (S. 887)
D:Schneckenkraut; E:False Vervain, Snakeweed
- **mutabilis** (Jacq.) Vahl 1804 · D:Rosa Schneckenkraut; E:Pink Snakeweed · ♄ Z10 ⌂ II-XI; N-Am , n S-Am.

Stachyurus Siebold et Zucc. 1835 -m- *Stachyuraceae* · (S. 855)
D:Perlschweif, Schweifähre; F:Stachyurus
- **chinensis** Franch. 1898 · D:Chinesischer Perlschweif · ♄ d Z7 IV; C-China [55529]
  'Celina' [14279]
  'Magpie'
- **himalaicus** Hook. f. et Thomson ex Benth. 1860 · D:Himalaya-Perlschweif · [29482]
- **praecox** Siebold et Zucc. · D:Japanischer Perlschweif · ♄ d Z7 III-IV; Jap., Ryukyu-Is. [13916]
  'Matsuzaki' [14436]
  'Rubriflorus'

Staehelina L. 1753 -f- *Asteraceae* · (S. 271)
D:Strauchscharte; F:Stéhéline
- **dubia** L. 1753 · ⌂; Eur.: Ib, I; Alger.
- **uniflosculosa** Sibth. et Sm. 1813 · D:Einköpfige Strauchscharte · ♄ ⌂; AL, GR, Maced.

Stangeria T. Moore 1853 -f- *Stangeriaceae* · (S. 102)
- **eriopus** (Kunze) Nash 1909 · ⌇ Z9 ⌂ ▽ ✻; S-Afr.: Natal (Pondoland)

Stanhopea Frost ex Hook. 1829 -f- *Orchidaceae* · (S. 1085)
- *bucephalus* Lindl. = Stanhopea oculata
- **ecornuta** Lem. 1846 · ⌇ Z10 ⌂ VII-IX ▽ ✻; Guat., Hond., Nicar., Costa Rica
- **grandiflora** (Lodd.) Lindl. 1832 · ♄ Z10 ⌂ VIII-IX ▽ ✻; Venez., Trinidad, Guyana, Bras.
- **graveolens** Lindl. 1840 · ⌇ Z10 ⌂ VII-VIII ▽ ✻; Mex., Guat., Hond.
- **hernandezii** (Kunth) Schltr. 1918 · ⌇ Z10 ⌂ VII-XI ▽ ✻; Mex., Guat.

- **insignis** Frost ex Hook. 1829 · ⌇ Z10 ⌂ VIII-X ▽ ✻; Bras., ? Peru
- **jenischiana** Kramer ex Rchb. f. 1852 · ⌇ Z10 ⌂ ▽ ✻; Col., Ecuad.
- **oculata** (Lodd.) Lindl. 1832 · ⌇ Z10 ⌂ VII-X ▽ ✻; Mex., Guat., Hond., Belize
- **saccata** Bateman 1840 · ⌇ Z10 ⌂ VII-VIII ▽ ✻; Guat.
- **tigrina** Bateman 1838 · ⌇ Z10 ⌂ VIII-XI ▽ ✻; Mex., C-Am., trop. S-Am.
- **wardii** Lodd. ex Lindl. 1838 · ⌇ Z10 ⌂ VII-IX ▽ ✻; C-Am., trop. S-Am.

Stapelia L. 1753 -f- *Asclepiadaceae* · (S. 210)
D:Aasblume; E:Carrion Flower, Starfish Flower; F:Etoile, Stapélia
- **asterias** Masson 1797 · ⌇ ⚭ Z9 ⌂; Kap
- *barbata* Masson = Huernia barbata
- *campanulata* Masson = Huernia campanulata
- **concinna** Masson 1797 · ⌇ ⚭ Z9 ⌂; Kap
- *cooperi* N.E. Br. = Orbea cooperi
- *desmetiana* N.E. Br. = Stapelia grandiflora
- *dinteri* A. Berger = Tridentea jucunda var. dinteri
- *europaea* Guss. = Caralluma europaea
- **flavopurpurea** Marloth 1907
  - var. **flavopurpurea** · ⌇ ⚭ Z9 ⌂; W-Kap
  - var. **fleckii** (A. Berger et Schltr.) A.C. White et B. Sloane 1937 · ⌇ ⚭ Z9 ⌂; Namibia
- *fleckii* A. Berger et Schltr. = Stapelia flavopurpurea var. fleckii
- **gettliffei** Pott 1913 · ⌇ ⚭ Z9 ⌂; S-Afr., Botsuana, Zimbabwe, Mozamb.
- **gigantea** N.E. Br. 1877 · D:Riesenblütige Aasblume; E:Giant Stapelia, Giant Toad Flower · ⌇ ⚭ Z9 ⌂; Zimbabwe, Zambia, S-Afr.: Transvaal, Natal
- **grandiflora** Masson 1797 · ⌇ ⚭ Z9 ⌂; S-Afr.: SE-Kap, Transvaal
- **hirsuta** L. 1753 · ⌇ ⚭ Z9 ⌂; SE-Kap
- *hystrix* Hook. f. = Huernia hystrix
- **kwebensis** N.E. Br. 1904 · ⌇ ⚭ Z9 ⌂; S-Afr. (Transvaal), Botswana, Namibia, Zimbabwe, Mozamb.
- **leendertziae** N.E. Br. 1910 · ⌇ ⚭ Z10 ⌂; S-Afr. (Transvaal), Swaziland
- *lepida* Jacq. = Orbea variegata
- *macrocarpa* A. Rich. = Huernia

macrocarpa
- *mammillaris* L. = Quaqua mammillaris
- *melanantha* Schltr. = Orbea melanantha
- **mutabilis** Jacq. · ⚥ ⚲ Z9 ⓚ; orig. ?
- **pillansii** N.E. Br. 1904 · ⚥ ⚲ Z9 ⓚ; Kap
- *radiata* Sims = Duvalia caespitosa
- *replicata* Jacq. = Duvalia caespitosa
- *revoluta* (Masson) Haw. = Tromotriche revoluta
- **schinzii** A. Berger et Schltr. 1909 · ⚥ ⚲ Z9 ⓚ; Botswana, Namibia, Angola
- *senilis* N.E. Br. = Stapelia grandiflora
- *tapscottii* I. Verd. = Orbea tapscottii
- *variegata* L. = Orbea variegata
- *verrucosa* Masson = Orbea verrucosa

Stapelianthus Choux ex A.C. White et B. Sloane 1933 -m- *Asclepiadaceae* · (S. 210)
- **pilosus** Lavranos et D.S. Hardy 1961 · ⚥ ⚲ Z10 ⓦ; Madag.

Stapeliopsis Pillans 1928 -f- *Asclepiadaceae*
- **saxatilis** (N.E. Br.) Bruyns 1981 · ⚥ ⚲ Z9 ⓚ; Kap

Staphylea L. 1753 -f- *Staphyleaceae* · (S. 855)
D:Pimpernuss; E:Bladdernut; F:Faux-pistachier, Staphilier
- **bolanderi** A. Gray 1874 · D:Kalifornische Pimpernuss; E:Sierran Bladdernut · ♄ d Z7 ∧ IV-V; Calif. [25526]
- **bumalda** DC. 1825 · D:Japanische Pimpernuss · ♄ d Z5 VI; China, Manch., Korea, Jap. [25527]
- **colchica** Steven 1848 · D:Kolchische Pimpernuss · ♄ d Z6 V; Cauc. [22920]
- × **elegans** Zabel 1888 (*S. colchica* × *S. pinnata*) · ♄ d Z6 V; cult. [25528]
- **emodi** Wall. 1831 · ♄ ♄ d Z9 ⓚ; Him.
- **holocarpa** Hemsl. 1895 · D:Chinesische Pimpernuss; E:Chinese Bladdernut · ♄ d Z6 IV-V; C-China [19459]
  'Rosea' [29923]
- **pinnata** L. 1753 · D:Gewöhnliche Pimpernuss; E:Bladdernut, European Bladdernut · ♄ d Z5 V-VI; Eur.: F, I, C-Eur., EC-Eur., Ba, E-Eur.; TR, Cauc., nat. in BrI [22930]
- **trifolia** L. 1753 · D:Amerikanische Pimpernuss; E:American Bladdernut, Bladdernut · ♄ d Z5 V; Can.: E; USA: NE, NCE, SE, Okla. [25531]

Statice L. = Limonium
- *bellidifolia* (Gouan) DC. = Limonium bellidifolium
- *globulariifolia* Desf. = Limonium ramosissimum
- *limonium* L. = Limonium vulgare
- *perezii* Stapf = Limonium perezii
- *plantaginea* All. = Armeria arenaria
- *sinuata* L. = Limonium sinuatum

Stauntonia DC. 1817 -f- *Lardizabalaceae* · (S. 595)
- **hexaphylla** (Thunb.) Decne. 1839 · E:Stauntonia · ♄ ʃ e ⚵ Z9 ⓚ IV; Jap., Ryukyu-Is., S-Korea [30054]
- *latifolia* (Wall.) Wall. = Holboellia latifolia

Stauropsis Rchb. f. = Vandopsis
- *gigantea* (Lindl.) Benth. ex Pfitzer = Vandopsis gigantea
- *violacea* (Witte) Rchb. f. = Phalaenopsis violacea

Steirodiscus Less. 1832 -m- *Asteraceae* · (S. 271)
- **tagetes** (L.) Schltr. 1899 · ☉ Z9 VI-VII; S-Afr.

Steironema Raf. = Lysimachia
- *ciliatum* (L.) Baudo = Lysimachia ciliata

Stelechocarpus Hook. f. et Thomson 1855 -m- *Annonaceae* · (S. 162)
- **burahol** (Blume) Hook. f. et Thomson 1855 · ♄ ⓦ ⓝ; Malay. Arch., cult Java

Stelis Sw. 1799 -f- *Orchidaceae*
- **alta** Pridgeon et M.W. Chase 2002 · ⚥ Z10 ⓦ VIII-IX ▽ ✱; Costa Rica
- **gelida** (Lindl.) Pridgeon et M.W. Chase 2001 · ⚥ Z10 ⓦ ▽ ✱; Fla., Mex., C-Am., W-Ind., S-Am.
- **immersa** (Linden et Rchb. f.) Pridgeon et M.W. Chase 2001 · ⚥ Z10 ⓦ I-II ▽ ✱; Mex., C-Am., Col., Venez.
- **quadrifida** (Lex.) Solano et Soto Arenas 2003 · ⚥ Z10 ⓦ ▽ ✱; Mex., C-Am., Jamaica, Col., Venez.

Stellaria L. 1753 -f- *Caryophyllaceae* · (S. 405)
D:Sternmiere; E:Chickweed, Stitchwort; F:Langue-d'oiseau, Stellaire
- **alsine** Grimm 1767 · D:Quell-Sternmiere · ⚥ ⁓ V-VII; Eur.*, Cauc., Sib., China, Korea, Jap., Taiwan, N-Afr., N-Am.
- **aquatica** (L.) Scop. 1771 · D:Wasserdarm; E:Chickweed · ⚥ ⚵ ⤳ ⁓ VI-IX; Eur.*, TR, Cauc., W-As., Ind., N-As., Korea, Jap., Taiwan, N-Afr.
- **crassifolia** Ehrh. 1784 · D:Dickblättrige Sternmiere · ⚥ ⁓ VII-VIII; Eur.: Sc, D, PL, Russ.; Cauc., W-Sib., E-Sib. Kamchat., C-As., Jap., N-Am.
- *glauca* = Stellaria palustris
- **graminea** L. 1753 · D:Gras-Sternmiere; E:Common Stitchwort · ⚥ V-VII; Eur.*, TR, Cauc., W-Sib., E-Sib., C-As., Mong., Tibet, China: Sinkiang
- **holostea** L. 1753 · D:Große Sternmiere; E:Stitchwort · ⚥ Z5 IV-VI; Eur.*, TR, Cauc., N-Iran, W-Sib., NW-Afr. [66721]
- **longifolia** Muhl. ex Willd. 1809 · D:Langblättrige Sternmiere · ⚥ VI-VIII; Eur.: Ap, C-Eur., EC-Eur., Sc, E-Eur.; Cauc., W-Sib., E-Sib. Amur, Sachal., Kamch., C-As., Jap., N-Am.
- **media** (L.) Vill. 1789 · D:Vogel-Sternmiere, Vogelmiere; E:Common Chickweed · ☉ Z5 I-XI ⚵; Eur.*, TR, Levante, N-Afr., N-As., Greenl., nat. in Can., USA*, cosmop.
- *montana* Rose = Stellaria nemorum subsp. montana
- **neglecta** Weihe 1825 · D:Auwald-Sternmiere, Großblütige Vogelmiere · ⚥ IV-VII; Eur.*, TR, Lebanon, Palaest., Cauc., C-As., China, Jap.., NW-Afr.
- **nemorum** L. 1753 · D:Hain-Sternmiere
  - subsp. **montana** (M.D. Pierrat) Berher 1887 · D:Berg-Hainsternmiere, Berg-Sternmiere · ⚥ VI-VIII; Eur.
  - subsp. **nemorum** · D:Gewöhnliche Hain-Sternmiere · ⚥ V-IX; Eur.*, TR, Cauc.
- **pallida** (Dumort.) Crép. 1866 · D:Bleiche Sternmiere, Bleiche

Vogelmiere · ☉ III-V; Eur.*, TR, Levante, Cauc., C-As., N-Afr.
- **palustris** Ehrh. ex Hoffm. 1791 · D:Sumpf-Sternmiere · ⚃ ⌢ V-VII; Eur.* exc. Ib; TR, Cauc., W-Sib., E-Sib. C-As., Him., Mong., China: Sinkiang; Jap.

Stellera L. 1753 -f- *Thymelaeaceae* · (S. 869)
- *alberti* Regel = Wikstroemia alberti
- **chamaejasme** L. 1753 · ⚃ ♄ Z5; E-Sib., Mong., China, Jap.

Stemmacantha Cass. 1817 -f- *Asteraceae* · (S. 272)
D:Bergscharte
- **carthamoides** (L.) Dittrich 1984 · D:Saflor-Bergscharte · ⚃ ; Eur.: NE-Sp., SW-F
- **centauroides** (L.) Dittrich 1984 · D:Kornblumen-Bergscharte · ⚃ ; Eur.: SW-F, NE-Sp.(Pyr.)
- **rhapontica** (L.) Dittrich 1984 · D:Gewöhnliche Bergscharte · ⚃ Z6 VII-VIII; Eur.: F, I, CH, A; Alp. [65039]

Stenandrium Nees 1836 -n- *Acanthaceae* · (S. 135)
- *igneum* (Linden) André = Xantheranthemum igneum
- **lindenii** N.E. Br. 1891 · ⚃ ⤳ Z10 ⓜ; Ecuad., Peru, Bol.

Stenocactus (K. Schum.) A.W. Hill 1929 -m- *Cactaceae*
- *albatus* (A. Dietr.) F.M. Knuth = Stenocactus vaupelianus
- *bustamantei* Bravo = Stenocactus ochoterenanus
- **coptonogonus** (Lem.) A. Berger 1929 · ψ Z9 ⓜ ▽ ✻; C-Mex.
- **crispatus** (DC.) A. Berger 1929 · ψ Z9 ⓜ ▽ ✻; Mex.
- *gladiatus* (Link et Otto) A. Berger et F.M. Knuth = Echinofossulocactus gladiatus
- *lamellosus* (A. Dietr.) Britton et Rose = Stenocactus crispatus
- *lloydii* (Britton et Rose) A. Berger = Stenocactus multicostatus
- **multicostatus** (Hildm. ex K. Schum.) A. Berger 1929 · ψ Z9 ⓜ Ⓝ ▽ ✻; NE-Mex.
- **ochoterenanus** Tiegel 1933 · ψ Z9 ⓜ; Mex.
- **phyllacanthus** (Mart. ex A. Dietr. et Otto) A. Berger 1929 · ψ Z9 ⓜ ▽ ✻; C-Mex.
- **vaupelianus** (Werderm.) Backeb. 1936 · ψ Z9 ⓜ ▽ ✻; Mex.: Hidalgo

- *violaciflorus* (Quehl) A. Berger = Stenocactus crispatus

Stenocarpus R. Br. 1810 -m- *Proteaceae* · (S. 721)
D:Feuerradbaum; E:Wheeltree; F:Sténocarpe
- **salignus** R. Br. 1810 · D:Weidenähnlicher Feuerradbaum · ♄ e Z10 ⓜ; Austr.: Queensl., N.S.Wales
- **sinuatus** (A. Cunn.) Endl. 1848 · D:Gewöhnlicher Feuerradbaum; E:Firewheel Tree · ♄ e Z10 ⓜ VII-VIII; N.Guinea, Austr.: Queensl., N.S.Wales

Stenocereus (A. Berger) Riccob. 1909 -m- *Cactaceae* · (S. 368)
- **beneckei** (C. Ehrenb.) Buxb. 1961 · ♄ ψ Z9 ⓜ ▽ ✻; W-Mex.
- *dumortieri* (Scheidw.) Buxb. = Isolatocereus dumortieri
- *eburneus* = Stenocereus griseus
- *eruca* (Brandegee) A.C. Gibson et K.E. Horak = Machaerocereus eruca
- **griseus** (Haw.) Buxb. 1961 · ψ Z9 ⓜ; N-Venez.
- *marginatus* (DC.) Buxb. = Pachycereus marginatus
- **pruinosus** (Otto ex Pfeiff.) Buxb. 1961 · ♄ ♄ ψ Z9 ⓜ ▽ ✻; S-Mex.
- **queretaroensis** (F.A.C. Weber ex Mathsson) Buxb. 1961 · ♄ ψ Z9 ⓜ ▽ ✻; C-Mex.
- **stellatus** (Pfeiff.) Riccob. 1909 · ♄ ψ Z9 ⓜ ▽ ✻; S-Mex.
- **thurberi** (Engelm.) Buxb. 1961 · E:Organ Pipe Cactus · ♄ ψ Z9 ⓜ ▽ ✻; USA: S-Calif., SW; Baja Calif.; N-Mex.
- *weberi* (J.M. Coult.) Buxb. = Pachycereus weberi

Stenochlaena J. Sm. 1841 -f- *Blechnaceae* · (S. 63)
- **palustris** (Burm. f.) Bedd. 1876 · ⚃ ⚂ Z10 ⓜ; trop. As., Austr., Polyn.
- *sorbifolia* (L.) J. Sm. = Lomariopsis sorbifolia
- **tenuifolia** (Desv.) T. Moore 1856 · ⚃ ⚂ Z9 ⓜ; trop. Afr., Madag.

Stenoglottis Lindl. 1837 -f- *Orchidaceae* · (S. 1085)
- **fimbriata** Lindl. 1836 · ⚃ Z9 ⓜ IX-X ▽ ✻; S-Afr.
- **longifolia** Hook. f. 1891 · ⚃ Z9 ⓜ IX-XI ▽ ✻; S-Afr.: Natal (Zululand)

Stenolobium D. Don = Tecoma

- *stans* (L.) Seem. = Tecoma stans

Stenorrhynchos Rich. ex Spreng. 1826 -m- *Orchidaceae* · (S. 1085)
- **speciosum** (Jacq.) Rich. 1817 · ⚃ Z10 ⓜ II-IV ▽ ✻; W.Ind., C-Am., trop. S-Am.

Stenospermation Schott 1858 -n- *Araceae* · (S. 933)
- **popayanense** Schott 1859 · ♄ e Z10 ⓜ; Col., Ecuad.

Stenotaphrum Trin. 1820 -n- *Poaceae* · (S. 1131)
D:Hohlspelze; E:Buffalo Grass; F:Herbe de St-Augustin
- **secundatum** (Walter) Kuntze 1891 · D:St.-Augustin-Gras; E:Buffalo Grass, Shore Grass, St Augustine Grass · ⚃ ⤳ Z9 ⓜ ⓜ ⓝ Ⓝ; trop. Am. , W-Afr., Pacific Is.; coasts

Stenotus Nutt. 1840 -m- *Asteraceae* · (S. 272)
- **acaulis** Nutt. 1840 · ⚃ Z3; Can.: Sask.; USA: NW, Calif., Rocky Mts.; mts.

Stephanandra Siebold et Zucc. 1843 -f- *Rosaceae* · (S. 766)
D:Kranzspiere; F:Stephanandra
- **chinensis** Hance 1882 · ♄ d Z7; China
- **incisa** (Thunb.) Zabel 1885 · D:Kleine Kranzspiere · ♄ d Z5 VI; Jap., Korea [22940]
'Crispa' [22950]
- **tanakae** (Franch. et Sav.) Franch. et Sav. 1878 · D:Große Kranzspiere · ♄ d Z6 VI-VII; Jap. [22960]

Stephanocereus A. Berger 1926 -m- *Cactaceae* · (S. 368)
- **leucostele** (Gürke) A. Berger 1926 · ♄ ψ Z9 ⓜ ▽ ✻; Bras.

Stephanophysum Pohl = Ruellia
- *longifolium* Pohl = Ruellia graecizans

Stephanotis Thouars 1806 -f- *Asclepiadaceae* · (S. 210)
D:Kranzschlinge; E:Waxflower; F:Jasmin de Madagascar
- **floribunda** (R. Br.) Brongn. 1837 · D:Madagaskar-Kranzschlinge; E:Madagaskar Jasmine, Wax Flower · ♄ e ⚂ D Z10 ⓜ VI-IX; Madag.
- **japonica** Makino 1892 · ʃ e ⓜ;

Jap.

Sterculia L. 1753 -f- *Sterculiaceae* · (S. 858)
D:Sterkulie, Stinkbaum; F:Pois puant, Sterculier
- *acerifolia* A. Cunn. = Brachychiton acerifolius
- *alata* Roxb. = Pterygota alata
- **apetala** (Jacq.) H. Karst. 1862 · D:Panama-Stinkbaum; E:Panama Tree · ♄ d Z10 ⍟ ⓝ; Mex., C-Am., W.Ind., S-Am.
- *diversifolia* G. Don = Brachychiton populneus
- **foetida** L. 1753 · D:Gewöhnlicher Stinkbaum; E:Java Olive · ♄ e ⋈ Z10 ⍟; trop. Afr., trop. As.
- *platanifolia* L. f. = Firmiana simplex
- *quinqueloba* K. Schum. = Cola quinqueloba
- *rupestris* (Michx. ex Lindl.) Benth. = Brachychiton rupestris
- **tragacantha** Lindl. 1830 · ♄ Z10 ⍟ ⓝ; trop. Afr.
- **urens** Roxb. 1795 · ♄ d Z10 ⍟ ⓝ; Ind., Pakist.

Stereospermum Cham. 1833 -n- *Bignoniaceae*
- **kunthianum** Cham. 1833 · E:Pink Jacaranda · ♄ Z10 IV-VII; Trop. Afr.
- *sinicum* Hance = Radermachera sinica

Sternbergia Waldst. et Kit. 1804 -f- *Amaryllidaceae* · (S. 914)
D:Goldkrokus, Sternbergie; E:Autumn Daffodil, Winter Daffodil; F:Amaryllis doré
- *aetnensis* (Raf.) Guss. = Sternbergia colchiciflora
- *alexandrae* Sosn. = Sternbergia colchiciflora
- **candida** B. Mathew et T. Baytop 1979 · D:Weißer Goldkrokus · ⚃ Z7 ⍟; SW-TR
- *citrina* Ker-Gawl. ex Schult. f. = Sternbergia colchiciflora
- **clusiana** (Ker-Gawl.) Spreng. 1895 · D:Großblütiger Goldkrokus · ⚃ Z6; TR, W-Syr., Lebanon, Palaest., Iran, Iraq
- **colchiciflora** Waldst. et Kit. 1837 · D:Zeitlosenblütiger Goldkrokus · ⚃ Z5 ⍟; Eur.: Ib, I, Ba, H, RO, S-Russ., Krim; TR, Cauc., Israel, Iran
  - var. *aetnensis* (Raf.) Rouy 1884 = Sternbergia colchiciflora
  - var. *alexandrae* (Sosn.) Artjush.

1970 = Sternbergia colchiciflora
  - var. *dalmatica* Herb. 1837 = Sternbergia colchiciflora
- *dalmatica* (Herb.) Herb. = Sternbergia colchiciflora
- *exscapa* Guss. = Sternbergia colchiciflora
- **fischeriana** (Herb.) M. Roem. 1847 · D:Fischers Goldkrokus · ⚃ Z6 ⍟; S-TR, Syr., Cauc. Iran, Iraq, C-As.
  - subsp. *hissarica* (Kapinos) Artjush. 1970 = Sternbergia fischeriana
- *grandiflora* Boiss. ex Baker = Sternbergia clusiana
- **greuteriana** Kamari et R. Artelari 1990 · ⚃ Z8 ⍟; Crete, Karpathos
- *latifolia* Boiss. et Hausskn. = Sternbergia clusiana
- **lutea** (L.) Ker-Gawl. ex Spreng. 1825 · D:Gelber Goldkrokus; E:Autumn Yellow Crocus, Winter Daffodil · ⚃ △ Z7 ⋀ IX-X ⚘ ▽ ✻; Eur.: Ib, Ap, Ba; TR, Iraq, Cauc., Iran, C-As, nat. in F
  - subsp. *sicula* (Tineo ex Guss.) D.A. Webb 1978 = Sternbergia sicula
  - var. *angustifolia* hort. = Sternbergia sicula
  - var. *graeca* Rchb. 1847 = Sternbergia sicula
  - var. *sicula* (Tineo ex Guss.) Tornab. 1892 = Sternbergia sicula
- *macrantha* J. Gay ex Baker = Sternbergia clusiana
- **sicula** Tineo ex Guss. 1845 · D:Sizilianischer Goldkrokus · ⚃ Z7; Eur.: S-I, Sic., S-GR, Aegean Is.; W-TR
- *sparffiordiana* Dinsm. = Sternbergia clusiana
- *stipitata* Boiss. et Hausskn. = Sternbergia clusiana
- *vernalis* (Mill.) R. Gorer et J.H. Harvey = Sternbergia fischeriana

Stetsonia Britton et Rose 1920 -f- *Cactaceae* · (S. 368)
- **coryne** (Salm-Dyck) Britton et Rose 1920 · E:Toothpick Cactus · ♄ Ψ Z9 ⍟ ▽ ✻; NW-Arg., S-Bol.

Steudnera K. Koch 1862 -f- *Araceae* · (S. 933)
- **colocasiifolia** K. Koch 1862 · ⚃ Z10 ⍟; Myanmar
- **discolor** W. Bull 1875 · ⚃ Z10 ⍟; Myanmar
- **henryana** Engl. 1920 · ⚃ ⍟; Indochina, China

Stevensonia Duncan ex Balf. f. = Phoenicophorium
- *borsigiana* (K. Koch) L.H. Bailey = Phoenicophorium borsigianum
- *grandifolia* Duncan ex Balf. f. = Phoenicophorium borsigianum

Stevia Cav. 1797 -f- *Asteraceae* · (S. 272)
D:Stevie; F:Stévie
- **rebaudiana** (Bertoni) Hemsl. 1906 · D:Paraguay-Stevie; E:Sweet Leaf Of Paraguay · ☉ Z9 ⍟ ⓝ; NE-Parag.
- **serrata** Cav. 1797 · D:Gesägtblättrige Stevie · ⚃ Z9 ⍟; USA: Tex., SW; C-Am., trop. S.-Am.

Stewartia L. 1753 -f- *Theaceae* · (S. 864)
D:Scheinkamelie; E:False Camellia; F:Faux-camélia, Stuartia
- *koreana* Nakai ex Rehder = Stewartia pseudocamellia var. koreana
- **malacodendron** (L.) 1753 · ♄ d Z7; USA: SE, Fla., Va.
- **monadelpha** Siebold et Zucc. 1841 · D:Hohe Scheinkamelie; E:Tall Stewartia · ♄ d Z7 VII-VIII; Jap.
- **ovata** (Cav.) Weath. 1939
  - var. **grandiflora** (Bean) Weath. 1939 · ♄ ♄ d Z5 VI-VII; USA: Ga.
  - var. **ovata** · D:Amerikanische Scheinkamelie; E:Mountain Camellia · ♄ d Z5 VII; USA: Va., Ky., SE
- *pentagyna* L'Hér. = Stewartia ovata var. ovata
- **pseudocamellia** Maxim. · ♄ d; Jap.; mts. [31883]
  - var. **koreana** (Nakai ex Rehder) Sealy · D:Koreanische Scheinkamelie; E:Korean Stewartia · ♄ ♄ d Z6 VII-VIII; Korea [19496]
  - var. **pseudocamellia** · D:Japanische Scheinkamelie; E:Japanese Stewartia · ♄ d Z6; Jap.
- **pteropetiolata** W.C. Cheng · D:Chinesische Scheinkamelie; E:Chinese Stewartia · ♄ ♄ d D Z7 VII; C-China [32693]
- **rostrata** Spongberg 1974 · ♄ ♄ d Z7 ⍟; China (Zhejiang, Jiangxi, Hunan) [12359]
- **serrata** Maxim. 1867 · ♄ d Z7 VI; Jap. [11376]
- *sinensis* Rehder et E.H. Wilson = Stewartia pteropetiolata

Sticherus C. Presl 1836 -m-
Gleicheniaceae ·
D:Fächerfarn; E:Fan Fern;
F:Fougère, Gleichenia
- **flabellatus** (R. Br.) H. St. John 1942 · ⚄ Z10 ⓚ; Austr., Tasman., NZ, N.Caled.

Stictocardia Hallier f. 1894 -f-
Convolvulaceae · (S. 427)
- **beraviensis** (Vatke) Hallier f. 1894 · E:Mile-a-Minute Climber · ♄ ≷ ≷ Z9 ⓦ; W-Afr., E-Afr., Zambia, Madag.

Stillingia L. 1767 -f- *Euphorbiaceae* · (S. 488)
- **sylvatica** L. 1767 · E:Queen's Root, Yaw Root · ⚄ Z8 ⓚ V-VI ⚥ ⚘ ⓝ; USA: Va., SE, Fla., Tex.

Stipa L. 1753 -f- *Poaceae* · (S. 1132)
D:Espartogras, Federgras, Pfriemengras, Raugras; E:Feather Grass, Needle Grass, Spear Grass; F:Esparsette, Stipa
- **arundinacea** (Hook. f.) Benth. 1881
  'Golden Hue'
- **avenacea** L. 1753 · ⚄ V-VI ▽; USA: NE, NCE, SC, SE, Fla.
- **barbata** Desf. 1798 · D:Reiher-Federgras; F:Stipa barbu · ⚄ Z8 ∧ VII-VIII ▽; sp., S-I, Sic. [68018]
  'Federspiel'
  'Pony Tails' [70277]
- **borysthenica** Klokov ex Prokudin · D:Gewöhnliches Sand-Federgras · ⚄ V-VI ▽; Eur.: C-Eur., EC-Eur., Ba, E-Eur.; C-As., E-Sib., C-As.
- **brandisii** Mez 1921
- **bromoides** (L.) Dörfl. 1897 · D:Kurzgranniges Pfriemengras · ⚄ ▽; Eur.: Ib, Fr, Ap, H, Ba, RO, Krim; TR, Iraq, Syr., Lebanon, Palaest., Cauc., Iran, C-As., Maroc., Alger.
- **calamagrostis** (L.) Wahlenb. 1813 · D:Alpen-Raugras, Silber-Ährengras; F:Calamagrostide argentée · ⚄ Z7 ∧ VI-IX; Eur.: sp., F, I, C-Eur., Ba, RO [73085]
  'Allgäu' [67466]
  'Lemperg' [73087]
- **capillata** L. 1762 · D:Haar-Federgras, Haar-Pfriemengras; F:Stipa chevelu · ⚄ VII ▽; Eur.* exc. BrI, Sc; TR, Cauc., N-Iran, W-Sib., E-Sib., C-As., Mong. [67714]
- **dasyphylla** (Czern. ex Lindem.) Trautv. 1884 · D:Weichhaariges Federgras · ⚄ V-VI ▽; Eur.: D,

EC-Eur., E-Eur.; W-Sib.
- *effusa* (Maxim.) Nakai ex Honda = Stipa pekinensis
- **elegantissima** Labill. 1804 · ⚄ Z8 ⓚ VI-VII ▽; Austr.
- **eriocaulis** Borbás · D:Gewöhnliches Zierliches Federgras · ⚄ V-VI ▽; Eur.: Ib, F, Ap, C-Eur., EC-Eur., Ba, E-Eur.; Alger.
- **extremiorientalis** H. Hara 1939 · ⚄
- **gigantea** Link 1799 · D:Riesen-Federgras; E:Giant Feather Grass · ⚄ Z8 ∧ VI-VII ▽; Eur.: Ib [67716]
  'Goldfontäne'
- **grandis** P.A. Smirn. 1929 · ⚄ VI-VII ▽; Mong. [67717]
- **lessingiana** Trin. et Rupr. 1843 · ⚄ ▽; Eur.: BG, RO, Russ.; Cauc., C-As., N-Iran
- **offneri** Breistr. 1950
- **pekinensis** Hance 1877 · D:Chinesisches Federgras · ⚄ VII-VIII ▽; E-Sib., N-China, Jap., Sachal. [67718]
- **pennata** L. 1753 · D:Echtes Federgras, Mädchenhaargras; E:Feather Grass; F:Stipa penné · ⚄ ♄ V-VI ▽; Eur.: Fr, C-Eur., EC-Eur., Ba, Sc, E-Eur.; TR, N-Iraq, Cauc., ? Iran, W-Sib., E-Sib., C-As. [67719]
  - subsp. *eriocaulis* (Borbás) Martinovsky et Skalicky 1969 = Stipa eriocaulis
- **pulcherrima** K. Koch 1848 · D:Gelbscheidiges Federgras · [67720]
  'Windfeder'
  - subsp. **bavarica** (Martinovský et H. Scholz) Conert 1992 · D:Bayerisches Gelbscheidiges Federgras · ⚄ V-VII ▽; Eur.: D (Neuburg a.D.)
  - subsp. **pulcherrima** · D:Gewöhnliches Gelbscheidiges Federgras, Großes Federgras; E:Golden Feather Grass; F:Plumet · ⚄ ∧ V-VII ▽; Eur.: Ib, Fr, C-Eur., EC-Eur., Ba, E-Eur., Ap; TR, Cauc., N-Iran, W-Sib., C-As., Maroc., Alger.
- **robusta** Hack. 1842
- *sabulosa* Sljuss. = Stipa borysthenica
- **splendens** Trin. 1821 · D:Glänzendes Raugras · ⚄ Z7 ▽; W-Sib., E-Sib., C-As., Iran, Him., Tibet., Mong., China, Jap., S-As, nat. in Eur. [67722]
- *stenophylla* (Czern. ex Lindem.) Trautv. = Stipa tirsa
- **styriaca** Martinovský 1970 · D:Steirisches Federgras · ⚄ V-VI

▽; Eur.: A (Steiermark, Kärnten); mts.
- **tenacissima** L. 1755 · D:Espartogras; E:Esparto Grass · ⚄ Z8 ∧ VII-VIII ▽; China: Hupeh, Sichuan [67723]
- **tenuifolia** Steud. 1854 [67724]
- *tenuissima* Trin. = Nassella tenuissima
- **tirsa** Steven 1857 · D:Rossschweif-Federgras · ⚄ V-VI ▽; Eur.* exc. BrI, Sc; NE-TR, Cauc., C-As., W-Sib.
- **turcestanica** Hack. 1906 · D:Turkestanisches Federgras · ⚄; C-As.
- **ucrainica** P.A. Smirn. 1926 · D:Ukraine-Federgras · ⚄ ▽; Eur.: E-Eur. [67725]
- **viridula** Trin. 1836 · ⚄ ▽; Can.; USA* exc. Calif., Fla.

Stirlingia Endl. 1837 -f- *Proteaceae* · (S. 722)
- **latifolia** (R. Br.) Steud. 1841 · ♄ e ⚘ Z10 ⓚ; Austr.

Stizolobium P. Browne = Mucuna
- *deeringianum* Bort = Mucuna pruriens var. utilis
- *pruriens* (L.) Medik. = Mucuna pruriens var. pruriens

Stoebe L. 1737 -f- *Asteraceae* · (S. 272)
- **cinerea** Thunb. 1800 · ♄ ⚘ Z9 ⓚ; Kap
- **fusca** Thunb. 1800 · ♄ ⓚ; S-Afr. (N-Cape, W-Cape)

Stokesia L'Hér. 1788 -f- *Asteraceae* · (S. 272)
D:Kornblumenaster, Stokesie; E:Stike's Aster; F:Aster-centaurée, Stokésia
- **laevis** (Hill) Greene 1893 · D:Kornblumenaster, Stokesie; E:Stoke's Aster, Stokesia · ⚄ ∧ VIII-IX; USA: SE, Fla. [72908]
  'Alba'
  'Blue Star'
  'Mary Gregory' [69808]
  'Träumerei' [66723]

Stomatium Schwantes 1926 -n-
Aizoaceae · (S. 149)
- **alboroseum** L. Bolus 1931 · ⚄ ⚘ Z10 ⓚ; S-Afr. (Cape Prov.: Bushmanland)
- *niveum* L. Bolus = Stomatium alboroseum
- **suaveolens** (Schwantes) Schwantes 1926 · ⚄ ⚘ D Z10 ⓚ; Kap

Stranvaesia Lindl. = Photinia
- *davidiana* Decne. = Photinia davidiana var. davidiana
- *undulata* Decne. = Photinia davidiana var. undulata

Stratiotes L. 1753 -m-
Hydrocharitaceae · (S. 1014)
D:Krebsschere, Wasseraloe; E:Water Soldier; F:Aloès d'eau, Macle
- **aloides** L. 1753 · D:Krebsschere, Wasseraloe; E:Water Aloe, Water Soldier; F:Aloès d'eau · ⚃ ≈ Z5 V-VIII ▽; Eur.*, Cauc., W-Sib. [70812]

Strelitzia Aiton 1789 -f-
Strelitziaceae · (S. 1141)
D:Paradiesvogelblume, Strelitzie; E:Bird of Paradise; F:Oiseau de paradis
- **alba** (L. f.) Skeels 1912 · ♄ e Z9 ⓦ I-III; Kap
- *augusta* Thunb. = Strelitzia alba
- **caudata** R.A. Dyer 1946 · ♄ e Z9 ⓦ; S-Afr.: Transvaal
- **juncea** Ker-Gawl. (Link) 1821 · ♄ e Z9 ⓦ II-VIII; Kap
- **nicolai** Regel et K. Koch 1858 · D:Natal-Strelitzie; E:Giant Bird-of-Paradise, Wild Banana · ♄ e Z9 ⓦ I-VI; S-Afr.: Natal [11304]
- *ovata* W.T. Aiton = Strelitzia reginae
- **parvifolia** W.T. Aiton
  - var. **juncea** Ker-Gawl. 1821 = Strelitzia juncea
- **reginae** Banks ex Aiton 1789 · D:Königs-Strelitzie, Paradiesvogelblume; E:Bird-of-Paradise, Crane Flower · ⚃ ≈ Z9 ⓦ II-VIII; Kap [58143]
  - subsp. *juncea* (Ker-Gawl.) Sm. 1821 = Strelitzia juncea

Streptocalyx Beer = Aechmea
- *longifolius* (Rudge) Baker = Aechmea longifolia
- *poeppigii* Beer = Aechmea vallerandii
- *vallerandii* (Carrière) E. Morren = Aechmea vallerandii

Streptocarpus Lindl. 1828 -m-
Gesneriaceae · (S. 556)
D:Drehfrucht; E:Cape Primerose; F:Primevère du Cap
- **caulescens** Vatke 1882 · ⚃ Z10 ⓦ VI-VIII; trop. Afr.
- **cyaneus** S. Moore 1905 · ⚃ Z10 ⓦ VI-VIII; S-Afr.: Transvaal, Swasiland
- **dunnii** Mast. ex Hook. f. 1886 · ⚃ Z10 ⓦ VII-VIII; S-Afr.: Transvaal
- **galpinii** Hook. f. 1897 · ⚃ Z10 ⓦ IX-X; S-Afr.: Transvaal
- **grandis** N.E. Br. ex C.B. Clarke 1905 · ⚃ Z10 ⓦ VII-VIII; S-Afr.: Natal (Zululand)
- **haygarthii** N.E. Br. ex C.B. Clarke 1905 · ⚃ Z10 ⓦ; S-Afr.: Natal
- **holstii** Engl. 1893 · ⚃ Z10 ⓦ VI-VIII; E-Afr.
- **kirkii** Hook. f. 1884 · ♄ Z10 ⓦ VII-X; E-Afr.
- **parviflorus** E. Mey. 1882 · ⚃ Z10 ⓦ VI-VIII; S-Afr.
- **polyanthus** Hook. 1855 · ⚃ Z10 ⓦ; S-Afr.: Natal
- **rexii** (Bowie ex Hook.) Lindl. 1828 · ⚃ Z10 ⓦ V-VIII; Kap
- **saundersii** Hook. 1861 · ⚃ Z10 ⓦ IX; S-Afr.: Natal
- **saxorum** Engl. 1894 · E:False African Violet · ⚃ Z10 ⓦ VI-X; Tanzania
- **wendlandii** Sprenger ex Hort. Dammann 1890 · ⚃ Z10 ⓦ VIII-XI; S-Afr.: Natal
- **in vielen Sorten**

Streptopus Michx. 1803 -m-
Convallariaceae · (S. 990)
D:Knotenfuß; E:Twisted Stalk; F:Streptope
- **amplexifolius**
  - var. **amplexifolius** · D:Gewöhnlicher Stängelumfassender Knotenfuß · ⚃ ⚙ Z5 VI-VIII; Eur.* exc. BrI, Sc; Amur, Sachal., Kamchat., Jap., W-China, Alaska, Can., USA* exc. SC; Greenl.
- **lanceolatus** (Aiton) Reveal 1933 · D:Rosa Knotenfuß; E:Rose Mandarin, Rosy Twisted Stalk · ⚃ Z3 VI-VII; Can.: E; USA; NE, NCE, SE

Streptosolen Miers 1850 -m-
Solanaceae · (S. 854)
D:Drehkrone; E:Firebush; F:Streptosolen
- **jamesonii** (Benth.) Miers 1850 · D:Drehkrone; E:Fire Bush, Marmalade Bush · ♄ e Z9 ⓦ IV-VI; Col., Ecuad. [16801]

Strobilanthes Blume 1826 -m-
Acanthaceae · (S. 135)
D:Zapfenblume; F:Strobilanthe
- **anisophyllus** (Wall. ex Lodd.) T. Anderson 1867 · ♄ e Z10 ⓦ; Ind. (Assam)
- **atropurpureus** Nees 1832

[68830]
- **attenuatus** (Nees) Jacquem. ex Nees 1847
  - subsp. **attenuatus**
  - subsp. **nepalensis** J.R.I. Wood 1994 · ⚃ ⓦ; Nepal
- **cusia** (Nees) Imlay 1939 · ♄ Z10 ⓦ Ⓝ; Ind.: Assam, Bengalen; N-Myanmar, S-China
- **dyerianus** Mast. 1893 · E:Persian Shield · ♄ Z10 ⓦ; Myanmar
- **isophyllus** (Nees) T. Anderson 1867 · ♄ e Z10 ⓦ; ? Ind. (Assam)
- **japonicus** (Thunb.) Miq. 1865 · ♄ ⓦ; Ind., Indochina, China, Taiwan
- **maculatus** (Wall.) Nees 1847 · ♄ Z10 ⓦ; Ind: Assam
- **urticifolius** Kuntze 1891
- **violaceus** Bedd. 1868

Stromanthe Sond. 1849 -f-
Marantaceae · (S. 1036)
D:Blumenmaranthe; F:Stromanthe
- *amabilis* E. Morren = Ctenanthe amabilis
- **papillosa** Petersen 1890 · ⚃ ⓦ; S-Bras.
- **porteana** Griseb. 1858 · ⚃ Z10 ⓦ; Bras.
- *sanguinea* Sond. = Stromanthe thalia
- **thalia** (Vell.) J.M.A. Braga 1995 · ⚃ Z10 ⓦ; Bras.

Strombocactus Britton et Rose 1922 -m- *Cactaceae* · (S. 368)
D:Kreiselkaktus
- *denegrii* (Frič) G.D. Rowley = Obregonia denegrii
- **disciformis** (DC.) Britton et Rose 1922 · ⚃ Z9 ⓦ ▽ ✱; Mex.: Hidalgo
- *lophophoroides* (Werderm.) F.M. Knuth = Turbinicarpus lophophoroides
- *pseudomacrochele* Backeb. = Turbinicarpus pseudomacrochele var. pseudomacrochele
- *schmiedickeanus* (Boed.) A. Berger = Turbinicarpus schmiedickeanus var. schmiedickeanus

Strongylodon Vogel 1836 -m-
Fabaceae · (S. 526)
D:Jadewein; E:Jade Vine
- **macrobotrys** A. Gray 1854 · D:Jadewein; E:Jade Vine · ♄ e Z10 ⓦ; Phil.

Strophanthus DC. 1802 -m-
Apocynaceae · (S. 195)
- **caudatus** (L.) Kurz 1877 · ♄ e

Z10 ⓦ ⚲; Thail., Malay. Arch., Phil.
- *dichotomus* DC. = Strophanthus caudatus
- **gratus** (Wall. et Hook. ex Benth.) Baill. 1888 · ♄ e ⚥ ⚭ Z10 ⓦ ⚥ ⚲; W-Afr., C-Afr.
- **hispidus** DC. 1802 · ♄ ♄ ⚥ Z10 ⓦ ⚥ ⚲ ⓝ; W-Afr., Zaire, Angola, Uganda, Tanz.
- **kombe** Oliv. 1871 · ♄ e ⚥ Z10 ⓦ ⚥ ⚲; C-Afr., N-Angola, SE-Afr.
- **sarmentosus** DC. 1802 · ♄ e ⚥ Z10 ⓦ ⚲; W-Afr.
- **speciosus** (Ward et Harv.) Reber 1887 · ♄ ♄ e Z10 ⓚ; S-Afr., Zimbabwe, Swaziland

Strophocactus Britton & Rose = Selenicereus
- *wittii* Britton et Rose = Selenicereus wittii

Struthiopteris Willd. = Matteuccia
- *filicastrum* All. = Matteuccia struthiopteris
- *germanica* Willd. = Matteuccia struthiopteris
- *orientalis* Hook. = Matteuccia orientalis
- *pensylvanica* Willd. = Matteuccia pensylvanica

Strychnos L. 1753 -f- Loganiaceae · (S. 607)
D:Brechnuss; E:Strychnine Tree; F:Strychnos, Vomiquier
- **ignatii** P.J. Bergius 1778 · D:Ignatius-Brechnuss; E:Ignatius Bean, Poison Nut · ♄ ⚥ Z10 ⓦ ⚲; Malay. Arch., SE-Phil.
- **nux-vomica** L. 1753 · D:Gewöhnliche Brechnuss; E:Nux Vomica, Strychnine · ♄ e Z10 ⓦ ⚥ ⚲ ⓝ; Ind., Sri Lanka, Malay. Arch., N-Austr.
- **spinosa** Lam. 1794 · ♄ Z10 ⓦ ⚲ ⓝ; trop. Afr., S-Afr., Madag., Seych.
- **toxifera** R.H. Schomb. ex Benth. 1841 · D:Gift-Brechnuss; E:Strychnine · ♄ ⚥ Z10 ⓦ ⚲; Col., Ecuad., Peru, Venez., Guyan., Amazon.,

Stuartia L'Hér. = Stewartia
- *pentagyna* L'Hér. = Stewartia ovata var. ovata
- *pseudocamellia* Maxim. = Stewartia pseudocamellia

Stultitia E. Phillips = Orbea
- *cooperi* (N.E. Br.) E. Phillips =

Orbea cooperi
- *tapscottii* (I. Verd.) E. Phillips = Orbea tapscottii

Stylidium Sw. ex Willd. 1805 -n- Stylidiaceae · (S. 860)
D:Säulenblume
- **adnatum** R. Br. 1810 · ⚃ Z9 ⓚ VI-VII; Austr.
- **graminifolium** Sw. ex Willd. 1805 · E:Trigger Plant · ⚃ Z9 ⓚ V-VI; Austr.
- *majus* (Sw.) Druce = Stylidium graminifolium

Stylomecon G. Taylor 1930 -n- Papaveraceae ·
D:Windmohn; E:Wind Poppy
- **heterophyllum** (Benth.) G. Taylor 1930 · D:Windmohn; E:Wind Poppy · ☉ Z8 ⓚ; Calif., Mex. (Baja Calif.)

Stylophorum Nutt. 1818 -n- Papaveraceae · (S. 688)
D:Schöllkrautmohn; E:Celandine Poppy; F:Célandine
- **diphyllum** (Michx.) Nutt. 1818 · D:Amerikanischer Schöllkrautmohn; E:Celandine Poppy, Wood Poppy; F:Célandine · ⚃ Z7 VI-VII; USA: NE, NCE, Tenn. [66724]
- *japonicum* (Thunb.) Miq. = Hylomecon japonica
- **lasiocarpum** (Olivier) Fedde 1909 · D:Chinesischer Schöllkrautmohn · ⚃ Z5; C-China, E-China

Stylophyllum Britton et Rose = Dudleya
- *densiflorum* Rose = Dudleya densiflora
- *edule* (Nutt.) Britton et Rose = Dudleya edulis

Stylosanthes Sw. 1788 -f- Fabaceae · (S. 526)
- **biflora** (L.) Britton, Sterns et Poggenb. 1888 · ⚃; USA: NE, NEC, SE, Tex.
- **guianensis** (Aubl.) Sw. 1789 · ☉ ⓦ ⓝ; trop. Am., nat. in Austr.
- **humilis** Kunth 1823 · ⓚ ⓝ; S-Afr., nat. in N-Austr.

Styphnolobium Schott 1830 -n- Fabaceae ·
D:Pagodenbaum
- **japonicum** (L.) Schott 1830 · D:Japanischer Pagodenbaum; E:Japanese Pagoda Tree; F:Sophora du Japon · ♄ d Z6 VIII

⚥ ⚲; China, Korea [22370]
'Pendula' [33626]
'Regent' [33110]

Styrax L. 1753 -n- Styracaceae · (S. 861)
D:Storaxbaum; E:Snowbell, Storax; F:Alibouﬁer, Styrax
- **americanum** Lam. 1783 · ♄ d Z8 ⓚ; USA: Va., Mo., SE, Fla. [19915]
- **benzoides** Craib 1912 · ♄ e Z10 ⓦ ⚥; Indochina
- **benzoin** Dryand. 1787 · D:Benzoinbaum; E:Benzoin · ♄ e Z10 ⓦ ⚥ ⓝ; Malay. Pen., Sumat., W-Java
- **dasyanthum** Perkins 1902 · ♄ ♄ d Z9 ⓚ; C-China
  - var. **cinerascens** Rehder · ♄ ♄ d Z9 ⓚ; China (Hubei)
  - var. **dasyanthum**
- **hemsleyanum** Diels 1900 · ♄ d Z7; W-China, C-China [20383]
- **japonicum** Siebold et Zucc. 1836 · D:Japanischer Storaxbaum; E:Japanese Snowbell · ♄ ♄ d Z6 VI-VII; China, Korea, Jap., Taiwan, Phil. [22980]
'Pink Chimes' [16991]
- **obassia** Siebold et Zucc. 1839 · D:Obassia-Storaxbaum; E:Fragrant Snowbell · ♄ ♄ d Z6 V-VI; China, Manch., Korea, Jap. [33496]
- **officinalis** L. 1753 · D:Gewöhnlicher Storaxbaum; E:Snowdrop Bush, Storax · ♄ d Z9 ⓚ V ⓝ; Eur.: I, Ba; TR, Cyprus, Syr., Calif., nat. in F [25533]
- *serrulata* = Styrax dasyanthum var. cinerascens
- **shiraiana** Makino 1898 · ♄ ♄ Z6; Jap.; mts.
- **tonkinensis** (Pierre) Craib ex Hartwich 1913 · ♄ d Z9 ⓚ ⚥ ⓝ; E-Thail., Laos, Vietnam
- **wilsonii** Rehder 1912 · ♄ d Z7 V-VI; W-China

Suaeda Forssk. ex Scop. 1776 -f- Chenopodiaceae · (S. 416)
D:Salzmelde, Sode; E:Sea Blite; F:Soude, Suéda
- **maritima** (L.) Dumort. 1827
  - subsp. **maritima** · D:Strand-Sode; E:Annual Sea Blite · ☉ VII-IX; Eur.*, TR, Levante, NW-Afr., Egypt
  - subsp. **pannonica** (Beck) Soó ex P.W. Ball 1964 · D:Pannonische Salzmelde · VIII-IX; Eur.: A, H, Ba, RO
- **vera** Forssk. ex J.F. Gmel. 1776 ·

D:Horn-Salzmelde; E:Shrubby Sea Blite · ♄ e Ⓚ Ⓐ ∧ VII; Eur.: Ib, Fr, Ap, Ba, BrI; Cyprus, Syr., N-Afr.

Submatucana Backeb. = Matucana
- *aurantiaca* (Vaupel) Backeb. = Matucana aurantiaca subsp. aurantiaca
- *myriacantha* (Vaupel) Backeb. = Matucana haynei subsp. myriacantha
- *ritteri* (Buining) Backeb. = Matucana ritteri

Subularia L. 1753 -f- *Brassicaceae* · (S. 333) D:Pfriemenkresse; E:Awlwort; F:Subulaire
- **aquatica** L. 1753 · D:Pfriemenkresse · ⊙ ⊙ ≈ Z5 VI-VII; Eur.: Sc, BrI, Fr, Ib, D, Ba, EC-Eur.

Succisa Haller 1768 -f- *Dipsacaceae* · (S. 454) D:Teufelsabbiss; E:Devil's Bit Scabious; F:Mors du diable
- **pratensis** Moench 1794 · D:Gewöhnlicher Teufelsabbiss; E:Devil's Bit Scabious · ♃ Z5 VII-IX ⚕; Eur.*, TR, Cauc., W-Sib., NW-Afr., Madeira, nat. in N-Am. [66725]

Succisella Beck 1993 -f- *Dipsacaceae* · (S. 454) D:Moorabbiss; F:Succiselle
- **inflexa** Kluk 1893 · D:Östlicher Moorabbiss · ♃ VI-IX; Eur.: A, EC-Eur., Ba, E-Eur., nat. in F, D

Succowia Medik. 1792 -f- *Brassicaceae* · (S. 333) D:Suckowie; F:Succowia
- **balearica** (L.) Medik. 1792 · D:Suckowie · ⊙; Eur.: Ib, Ap; Maroc., Alger., Tun.

Sulcorebutia Backeb. 1951 -f- *Cactaceae* · (S. 369)
- **alba** Rausch 1971 · ψ Z9 Ⓚ; Bol.
- **arenacea** (Cárdenas) F. Ritter 1961 · ψ Z9 Ⓚ; Bol.: Cochabamba
- **breviflora** Backeb. 1966 · ψ Z9 Ⓚ; Bol. (Cochabamba)
- **candiae** (Cárdenas) Buining et Donald 1963 · ψ Z9 Ⓚ; Bol. (Cochabamba)
- **canigueralii** (Cárdenas) Buining et Donald 1965 · ψ Z9 Ⓚ; Bol. (Chuquisaca)
- **crispata** Rausch 1970 · ψ Z9 Ⓚ; Bol.
- **cylindrica** Donald et A.B. Lau 1974 · ψ Z9 Ⓚ; Bol.: Cochabamba
- *flavissima* Rausch = Sulcorebutia mentosa
- **frankiana** Rausch 1970 · ψ Z9 Ⓚ; Bol.
- **glomeriseta** (Cárdenas) F. Ritter 1961 · ψ Z9 Ⓚ; Bol.: Cochabamba
- *haseltonii* (Cárdenas) Donald = Sulcorebutia breviflora
- *hoffmanniana* (Backeb.) Backeb. = Sulcorebutia kruegeri var. hoffmanniana
- **kruegeri** (Cárdenas) F. Ritter 1961 · ψ Z9 Ⓚ; Bol. (Cochabamba)
  - var. **hoffmanniana** (Backeb.) Donald 1966 · ψ Z9 Ⓚ; Bol. (Cochabamba)
  - var. **kruegeri** · ψ Ⓚ
- **langeri** K. Augustin et Hentzschel 1999 · ψ Ⓚ
- **menesesii** (Cárdenas) Buining et Donald 1963 · ψ Z9 Ⓚ; Bol.
- **mentosa** F. Ritter 1964 · ψ Z9 Ⓚ; Bol. (Cochabamba)
- **mizquensis** Rausch 1970 · ψ Z9 Ⓚ; Bol.
- **pulchra** (Cárdenas) Donald 1971 · ψ Z9 Ⓚ; Bol. (Chuquisaca)
- **purpurea** (Donald et A.B. Lau) Brederoo et Donald 1981 · ψ Ⓚ
- **rauschii** G. Frank 1969 · ψ Z9 Ⓚ; Bol.: Chuquisaca
- **steinbachii** (Werderm.) Backeb. · ψ Z9 Ⓚ; Bol.: Cochabamba
- *tarabucoensis* Rausch = Sulcorebutia canigueralii
- **taratensis** (Cárdenas) Buining et Donald 1965 · ψ Z9 Ⓚ; Bol. (Cochabamba)
- **tarijensis** F. Ritter 1978 · ψ Z9 Ⓚ; Bol.
- *vanbaelii* nom. nud. = Sulcorebutia kruegeri var. hoffmanniana
- **vasqueziana** Rausch 1970 · ψ Z9 Ⓚ; Bol.
- **verticillacantha** F. Ritter 1962 · ψ Z9 Ⓚ; Bol.

Sutera Roth 1821 -f- *Scrophulariaceae* · (S. 839) D:Schneeflockenblume
- **cordata** (Thunb.) Kuntze 1891 · D:Herzblatt-Schneeflockenblume · ♃ Z8 Ⓚ; S-Afr. (Cape Prov.)
  'Knysna Hills'
  'Snowflake'
- **grandiflora** (Galpin) Hiern 1904 · D:Großblütige Schneeflockenblume · ♄ Z9 Ⓚ VII-IX; S-Afr.
- **hispida** (Thunb.) Druce 1917 · D:Borstige Schneeflockenblume · ♄ Z9 Ⓚ VI-IX; S-Afr.
- **polyantha** (Benth.) Kuntze 1891 · D:Reichblütige Schneeflockenblume · ♄ Z9 Ⓚ VI-IX; S-Afr.

Sutherlandia R. Br. ex W.T. Aiton 1812 -f- *Fabaceae* · (S. 526) D:Ballonerbse, Sutherlandie; E:Balloon Pea; F:Sutherlandia
- **frutescens** (L.) R. Br. 1812 · D:Korallenrote Ballonerbse, Krebsstrauch; E:Cancer Bush, Duck Plant · ♄ e Z9 Ⓚ VII-IX Ⓝ; Kap [11543]
- **microphylla** Burch. ex DC. 1825

Swainsona Salisb. 1806 -f- *Fabaceae* · (S. 527) D:Augenwicke, Swainsonie; E:Darling Pea; F:Swainsonia
- **galegifolia** (Andrews) R. Br. 1812 · ♄ Z9 Ⓚ VII-IX; Austr.: Queensl., N.S.Wales
  'Albiflora'

Swertia L. 1753 -f- *Gentianaceae* · (S. 544) D:Sumpfstern, Tarant; E:Felwort; F:Swertia
- **chirata** Buch.-Ham. ex Wall. 1831 · ⊙ Z7 IX-X ⚕; Him.
- **kingii** Hook. f. 1883 · ♃ Z7; Him.
- **perennis** L. · D:Gewöhnlicher Blauer Sumpfstern; E:Felwort, Marsh Felwort · ♃ ~ Z5 VI-IX ▽; Eur.* exc. BrI, Sc
- **petiolata** D. Don 1837 · ♃ Z7; Afghan., Him., SE-Tibet

Swietenia Jacq. 1760 -f- *Meliaceae* · (S. 637) D:Mahagonibaum; E:Mahogany; F:Mahogany d'Amérique
- *chloroxylon* Roxb. = Chloroxylon swietenia
- **macrophylla** King 1886 · D:Mexikanischer Mahagonibaum; E:Mahogany · ♄ e Z10 Ⓦ Ⓝ ✻; Mex., C-Am., Col., Peru, Venez., Bras.
- **mahagoni** (L.) Jacq. 1760 · D:Echter Mahagonibaum, Westindischer Mahagonibaum; E:West Indian Mahogany · ♄ e Z10 Ⓦ Ⓝ ▽ ✻; S-Fla., W.Ind., Mex., Hond., Col., Ecuad., Peru

Syagrus Mart. 1891 -m- *Arecaceae* · (S. 961)
- **coronata** (Mart.) Becc. 1916 · D:Uricuripalme; E:Licuri Palm · ♄ e Z10 Ⓦ Ⓝ; trop. S-Am.
- **romanzoffiana** (Cham.)

Glassman 1968 · D:Romanzoffianische Kokospalme; E:Queen Palm · ♄ e Z10 ⓦ; Bras. [11044]
- *weddelliana* (H. Wendl.) Becc. = Lytocaryum weddellianum

× **Sycoparrotia** P.K. Endress et Anliker 1968 -f- Hamamelidaceae · (S. 564)
(Parrotia × Sycopsis)
- **semidecidua** P.K. Endress et Anliker 1968 (Parrotia persica × Sycopsis sinensis) · ♄ s Z7; cult. [19916]

Sycopsis Oliv. 1860 -f- Hamamelidaceae · (S. 564)
- **sinensis** Oliv. 1890 · ♄ e Z8 ⓚ II-III; W-China, C-China [16992]

Sympagis (Nees) Bremek. = Strobilanthes
- *maculata* (Wall.) Bremek. = Strobilanthes maculatus

Symphoricarpos Duhamel 1755 -m- Caprifoliaceae · (S. 396)
D:Knallerbsenstrauch, Korallenbeere, Wolfsbeere; E:Snowberry; F:Symphorine
- **albus** (L.) S.F. Blake 1914 · D:Gewöhnliche Schneebeere · [25534]
  - var. **albus** · D:Gewöhnliche Schneebeere, Knallerbsenstrauch; E:Snowberry, Waxberry · ♄ d ⚥ Z3 VII-VIII ✱; Alaska, Can., USA: NE, NCE, NC, SE, NW, Calif., Rocky Mts. [23040]
  - var. **laevigatus** (Fernald) S.F. Blake 1914 · D:Dickichtbildende Schneebeere; F:Symphorine blanche · ♄ d ⚥ Z3 VII-VIII ✱; Alaska, Can.: W; USA: NW, Calif., Rocky Mts.
- × **chenaultii** Rehder 1921 (S. microphyllus × S. orbiculatus) · D:Bastard-Korallenbeere; E:Chenault Coralberry · ♄ d ⚥ Z4 VI-VII ✱; cult. [22990]
- × **doorenbosii** Krüssm. 1962 (S. albus var. laevigatus × S. × chenaultii) · D:Garten-Schneebeere · ♄ d Z4 ✱; cult.
  'Amethyst' 1993 [28813]
  'Magic Berry' c. 1940 [23030]
  'Mother of Pearl' 1950 [23010]
  'White Hedge' 1940 [15909]
- **hesperius** G.N. Jones 1940 · ♄ d ⚥ Z6 VI-VII ✱; B.C., USA: NW [25543]
- **microphyllus** Kunth 1818 ·

D:Mexikanische Schneebeere · ♄ d Z8 ⓚ VIII-IX ✱; Mex.
- **occidentalis** Hook. 1833 · D:Westamerikanische Schneebeere, Wolfsbeere; E:Wolfberry · ♄ d Z4 VI-VII ✱; Can.; USA: NCE, NC, Rocky Mts., SW, NW [25544]
- **orbiculatus** Moench 1794 · D:Korallenbeere; E:Coralberry, Indian Currant; F:Symphorine à baies-de-corail · ♄ d ⚥ Z5 VII-VIII ✱; USA: NE, NCE, NC, Colo., SC, SE, Fla.; Mex. [23020]
  'Foliis Variegatis' [31476]
- *racemosus* Michx. = Symphoricarpos albus var. albus
- *rivularis* Suksd. = Symphoricarpos albus var. laevigatus
- **sinensis** Rehder 1911 · D:Chinesische Schneebeere · ♄ d Z6 ✱; C-China, SW-China
- *vulgaris* Michx. = Symphoricarpos orbiculatus

Symphyandra A. DC. 1830 -f- Campanulaceae · (S. 389)
D:Steinglocke; E:Ring Bellflower; F:Campanule des pierres
- **armena** (Steven) A. DC. 1830 · ♃ Z7; E-TR, Cauc., N-Iran
- **asiatica** Nakai 1909 · ♃ Z8; Korea
- **hofmannii** Pant. 1881 · ⊙ △ Z7 VII-IX; Eur.: Bosn.
- **ossetica** (M. Bieb.) A. DC. 1830 · ♃; Cauc.
- **pendula** (M. Bieb.) A. DC. 1830 · ♃ △ Z6 VI-VII; Cauc. [66727]
- **wanneri** (Rochel) Heuff. 1854 · ♃ △ Z7 V-VI; Eur.: Serb., BG, RO: mts. [69601]
- **zanzegura** Lipsky 1894 · ♃; Cauc. (Armen.)

Symphyglossum Schltr. 1919 -n- Orchidaceae · (S. 1086)
- **strictum** (Cogn.) Schltr. 1919

Symphytum L. 1753 -n- Boraginaceae · (S. 311)
D:Beinwell; E:Comfrey; F:Consoude
- **asperum** Lepech. 1805 · D:Rauer Beinwell; E:Rough Comfrey · ♃ Z5 VI-VIII ⓝ; Cauc., nat. in BrI, Sc, Fr, C-Eur., Russ. [66728]
- **azureum** H. Hall 1849 · D:Himmelblauer Beinwell · ♃ [66729]
- **bulbosum** K.F. Schimp. 1825 · D:Knotiger-Beinwell · ♃ Z5 IV-V; Eur.: Fr, CH, Ap, Ba; TR, nat. in D
- **caucasicum** M. Bieb. 1808 · D:Kaukasus-Beinwell, Kaukasus-Wallwurz; E:Blue Comfrey;

F:Consoude du Caucase · ♃ Z5 VI-VIII; Cauc. [66730]
  'Eminence'
- **grandiflorum** A. DC. 1846 · D:Großblumiger Beinwell, Kleiner Kaukasus-Beinwell; E:Dwarf Comfrey; F:Consoude à grandes fleurs · ♃ Z5 V-VII; Cauc. [66731]
  'Blaue Glocken' [66733]
  'Goldsmith' [66734]
  'Wisley Blue' [66738]
- *ibericum* Steven = Symphytum grandiflorum
- **officinale** L. 1753 · D:Gewöhnlicher Beinwell · [66739]
  - subsp. **bohemicum** (F.W. Schmidt) Čelak. 1891 · D:Weißgelber Beinwell · ♃ Z5; D +
  - subsp. **officinale** · D:Arznei-Beinwell; E:Comfrey, Common Comfrey; F:Consoude officinale · ♃ Z5 V-VII ⚥ ⓝ; Eur.* exc. Sc; Cauc., W-Sib., C-As., nat. in Sc
  - subsp. **uliginosum** (A. Kern.) Nyman 1865 · D:Sumpf-Beinwell · ♃ Z5 V-VII; D, EC-Eur. +
- **orientale** L. 1753 · D:Weißer Beinwell; E:White Comfrey · ♃ Z5 VI-VII; Eur.: W-Russ.; TR, nat. in BrI, F, I
- **rubrum** · ♃; cult. [66741]
- *tanaicense* = Symphytum officinale subsp. uliginosum
- *tauricum* auct. non Willd. = Symphytum orientale
- **tuberosum** L. · D:Gewöhnlicher Knolliger Beinwell; E:Tuberous Comfrey · ♃ Z5 IV-VI; Eur.* exc. Sc; TR
- × **uplandicum** Nyman 1854 (S. asperum × S. officinale) · D:Futter-Beinwell, Komfrey; E:Russian Comfrey; F:Consoude panachée · ♃ Z5 VI-VIII ⚥ ⓝ; Cauc., nat. in BrI, Sc, Fr, C-Eur. [66740]
  'Variegatum'

Symplocarpus Salisb. ex Nutt. 1818 -m- Araceae · (S. 933)
D:Stinkkohl; E:Skunk Cabbage; F:Chou puant, Symplocarpe
- **foetidus** (L.) Nutt. 1818 · D:Stinkkohl; E:Polecat Weed, Skunk Cabbage · ♃ ~ Z7 III-IV ⚥; Can.: E; USA: NE, NCE, SE; Amur, Jap.

Symplocos Jacq. 1760 -f- Symplocaceae · (S. 861)
D:Rechenblume, Saphirbeere; F:Symplocos
- **paniculata** (Thunb.) Miq. 1867 · D:Saphirbeere; E:Asiatic Sweetleaf, Sapphine Berry · ♄

d ⚥ Z5 V-VI; Him., China, Jap. [23060]

Synadenium Boiss. 1862 -n- *Euphorbiaceae* · (S. 488)
D:Milchbusch; F:Euphorbe arborescente
- **cupulare** (Boiss.) L.C. Wheeler ex A.C. White et al. 1941
- **grantii** Hook. f. 1867 · D:Afrikanischer Milchbusch; E:African Milkbush · ♄ ⚥ Z9 ⓦ; Uganda, Tanzania, Mozamb.

Syndesmon Hoffmanns. = Anemonella
- *thalictroides* (L.) Hoffmanns. = Anemonella thalictroides

Synechanthus H. Wendl. 1858 -m- *Arecaceae* · (S. 961)
- **fibrosus** (H. Wendl.) H. Wendl. 1858 · ♄ e Z10 ⓦ; C-Am.

Syngonanthus Ruhland 1900 -m- *Eriocaulaceae* · (S. 1003)
- **anthemidiflorus** Ruhland 1903 · ⓦ; Bras.
- **elegans** (Bong.) Ruhland 1903 · ⚃ ⋈ Z9 ⓚ; Bras.
- **niveus** (Kunth) Ruhland 1903 · ⚃ ⋈ Z9 ⓚ; Bras.

Syngonium Schott 1829 -n- *Araceae* · (S. 933)
D:Fußblatt, Purpurtüte; F:Syngonium
- **auritum** (L.) Schott 1829 · D:Westindische Purpurtüte; E:Five Fingers · ♄ e ⚵ Z10 ⓦ; Hond.
- **podophyllum** Schott 1851 · D:Veränderliche Purpurtüte; E:Arrowhead · ♄ e ⚵ Z10 ⓦ; Mex., Guat., El Salv., Costa Rica
- **standleyanum** G.S. Bunting 1966 · ♄ e ⚵ Z10 ⓦ; Hond., Costa Rica
- *triphyllum* hort. = Syngonium standleyanum
- **wendlandii** Schott 1858 · ♄ e ⚵ Z9 ⓦ; Costa Rica

Synnema Benth. = Hygrophila
- *triflorum* (Roxb.) Kuntze = Hygrophila triflora

Synsepalum (A. DC.) Daniell 1852 -n- *Sapotaceae* · (S. 808)
D:Wunderbeere; E:Miracle Fruit
- **dulcificum** (Schumach. et Thonn.) Daniell 1952 · D:Wunderbeere; E:Miracle Fruit · ♄ ♄ d Z10

ⓦ ⓝ; trop. W-Afr.

Synthyris Benth. 1846 -f- *Scrophulariaceae* · (S. 839)
D:Frühlingsschelle; F:Synthyris
- **stellata** Pennell 1933 · D:Frühlingsschelle; E:Snow Queen · ⚃ Z7 IV; USA: Wash., Oreg. [66742]

Syringa L. 1753 -f- *Oleaceae* · (S. 676)
D:Flieder; E:Lilac; F:Lilas
- **afghanica** C.K. Schneid. 1911 · D:Afghanischer Flieder; E:Afghan Lilac, Cutleaf Lilac; F:Lilas · ♄ d V; Afgh., Him., Tibet [33498]
- *amurensis* Rupr. = Syringa reticulata subsp. amurensis
  - var. *japonica* (Maxim.) Franch. et Sav. = Syringa reticulata subsp. reticulata
- × **chinensis** Willd. (*S. protolaciniata* × *S. vulgaris*) · D:Chinesischer Flieder, Königs-Flieder; E:Chinese Lilac; F:Lilas de Rouen · ♄ d D Z5 V; cult. [23070]
  'Saugeana' [23100]
- *dielsiana* C.K. Schneid. = Syringa pubescens subsp. microphylla
- × **diversifolia** Rehder 1935 (*S. oblata* × *S. pinnatifolia*) · D:Verschiedenblättriger Flieder; E:Varileaf Lilac · ♄ d Z5; cult.
- **emodi** Wall. ex Royle 1837 · D:Himalaya-Flieder; E:Himalayan Lilac · ♄ d D Z5 V-VI; Him.: Afgh., Kashmir, NW-Ind., Nepal [25547]
- × **henryi** C.K. Schneid. 1910 (*S. josikaea* × *S. villosa*) · D:Henrys Flieder · ♄ d Z4 V-VI; cult. [25548]
- × **hyacinthiflora** (Lemoine) Rehder 1927 (*S. oblata* × *S. vulgaris*) · D:Frühlings-Flieder; E:American Lilac · ♄ d Z4; cult. [25549]
  'Esther Stanley' [23310]
- *japonica* (Maxim.) Decne. = Syringa reticulata subsp. reticulata
- × **josiflexa** I. Preston et J.S. Pringle 1978 (*S. josikaea* × *S. reflexa*) · D:Hybrid-Boden-Flieder · ♄ d Z5; cult.
- **josikaea** J. Jacq. ex Rchb. 1831 · D:Ungarischer Flieder; E:Hungarian Lilac; F:Lilas de Hongrie · ♄ d Z5 V-VI; Eur.: RO, W-Russ.; mts., nat. in D [23140]
- **komarowii** C.K. Schneid. 1910 · D:Komarovs Flieder
  - subsp. **komarowii** · D:Komarows Flieder · ♄ d Z6 VI; N-China

[19502]
  - subsp. **reflexa** (C.K. Schneid.) P.S. Green et M.C. Chang 1995 · D:Bogen-Flieder; E:Pendulous Lilac · ♄ d Z4 VI; C-China [12342]
- × **laciniata** Mill. (*S. protolaciniata* × ?) · D:Gelapptblättriger Flieder; E:Cutleaf Lilac · ♄ d Z5 V; China: NW-China, Kansu [23563]
- **meyeri** C.K. Schneid. 1912 · D:Meyers Flieder; E:Meyer Lilac; F:Lilas de Meyer
  'Palibin' · D:Chinesischer Zwerg-Flieder; E:Dwarf Littleleaf Lilac · [31885]
  - var. **meyeri** · ♄ d Z5 V-VI; N-China
- **oblata** Lindl. 1858 · D:Rundblättriger Flieder; E:Broadleaf Lilac, Early Lilac · [25551]
  - subsp. **oblata** · D:Gewöhnlicher Rundblättriger Flieder; E:Purple Early Lilac · ♄ d D Z5 IV-V; N-China
  - var. *giraldii* (Lemoine) Rehder = Syringa oblata subsp. oblata
- *palibiniana* hort. = Syringa meyeri
- *palibiniana* Nakai = Syringa pubescens subsp. patula
- × **persica** L. 1753 (*S. protolaciniata* × ?) · D:Persischer Flieder; E:Persian Lilac; F:Lilas de Perse · ♄ d D Z6 V; cult. [42660]
  'Alba' [25552]
  'Laciniata' = Syringa × laciniata
- **pinnatifolia** Hemsl. 1906 · D:Fiederblättriger Flieder; E:Pinnate Lilac · ♄ d Z5 V; SW-China [33604]
- × **prestoniae** McKelvey 1927 (*S. reflexa* × *S. villosa*) · D:Amerikanischer Flieder, Kanadischer Flieder; E:Canadian Hybrid Lilac · ♄ d Z5; cult.
- **protolaciniata** P.S. Green et M.C. Chang 1989 · D:Buxblättriger Flieder · ♄ d Z7; W-China [29498]
- **pubescens** Turcz. 1840 · D:Wolliger Flieder; E:Hairy Lilac · [29501]
  - subsp. **julianae** (C.K. Schneid.) M.C. Chang et X.L. Chen 1990 · D:Julianes Wolliger Flieder · ♄ d Z5 V-VI; W-China [33600]
  - subsp. **microphylla** (Diels) M.C. Chang et X.L. Chen 1990 · D:Kleinblättriger Wolliger Flieder; E:Daphne Lilac · ♄ d △ Z6 VI; N-China [33602]
  - var. **potaninii** (C.K. Schneid.) P.S. Green et M.C. Chang 1995 · ♄ d D Z6 VI; W-China [25553]

- subsp. **patula** (Palib.) M.C. Chang et X.L. Chen 1990 · D:Ausladender Wolliger Flieder, Koreanischer Flieder; E:Korean Lilac · ♄ d D Z5 V-VI; Korea, N-China [15912]
- subsp. **pubescens** · D:Gewöhnlicher Wolliger Flieder · ♄ d D Z6 IV-V; N-China
- **reticulata** (Blume) H. Hara 1941 · D:Japanischer Flieder · [28150]
- subsp. **amurensis** (Rupr.) P.S. Green et M.C. Chang 1995 · D:Amur-Flieder; E:Amur Lilac, Manchurian Lilac · ♄ ♄ d Z4 VI-VII; Manch.
- subsp. **pekinensis** (Rupr.) P.S. Green et M.C. Chang 1857 · D:Peking-Flieder; E:Peking Lilac · ♄ d D Z5 VI; N-China [34780]
- subsp. **reticulata** · D:Gewöhnlicher Japanischer Flieder · ♄ ♄ d Z4 VI-VII; Jap. [15173]
- var. *mandschurica* (Maxim.) H. Hara 1941 = Syringa reticulata subsp. amurensis
- × *rothomagensis* hort. = Syringa × chinensis
- × **swegiflexa** Hesse ex J.S. Pringle 1978 (*S. reflexa* × *S. sweginzowii*) · D:Perlen-Flieder; E:Pink Pearl Lilac · ♄ d Z5 VI; cult. [23200]
- **sweginzowii** Koehne et Lingelsh. 1910 · D:Sweginzows Flieder; F:Lilas de Sweginzow · ♄ d Z5 VI; NW-China [23220]
- *tigerstedtii* Harry Sm. = Syringa sweginzowii
- **tomentella** Bureau et Franch. 1891 · D:Filziger Flieder, Juni-Flieder; E:Felty Lilac · ♄ d D Z6 VI; W-China
- *velutina* hort. = Syringa meyeri
- *velutina* Kom. = Syringa pubescens subsp. patula
- **villosa** Vahl · D:Zottiger Flieder; E:Hairy Lilac · ♄ d Z4 V-VI; N-China [29503]
- **vulgaris** L. 1753 · D:Garten-Flieder, Gewöhnlicher Flieder; E:Common Lilac, French Lilac; F:Lilas commun · ♄ ♄ d D Z4 IV-V ⚥ ⓝ; Eur.: Ba, RO, nat. in BrI, Fr, C-Eur., EC-Eur., Ap, Krim, TR, Iran, Cauc. [23240]
  'Andenken an Ludwig Späth' Späth 1883 [23270]
  'Belle de Nancy' Lemoine 1891 [33700]
  'Charles Joly' Lemoine 1896 [23280]
  'General John Pershing' Dunbar 1917 [17991]
  'Katherine Havemeyer' Lemoine 1922

  [23330]
  'Madame Antoine Buchner' Lemoine 1909 [23400]
  'Madame Lemoine' Lemoine 1890 [16880]
  'Michel Buchner' Lemoine 1885 [23390]
  'Mrs Edward Harding' Lemoine 1922 [23430]
  'Primrose' Maarse 1949 [23450]
  'Ruhm von Horstenstein' Wilke 1928 [23460]
  'Sensation' Maarse 1938 [34599]
- *wilsonii* C.K. Schneid. = Syringa tomentella
- **wolfii** C.K. Schneid. 1910 · D:Wolfs Flieder · ♄ d D Z5 VI; Korea, Manch. [25587]
- **yunnanensis** Franch. 1891 · D:Yunnan-Flieder; E:Yunnan Lilac · ♄ d D Z6 VI; Yunnan [25588]
- **in vielen Sorten:**
  'Bellicent' (V) I. Preston 1942 [23130]
  'Elinor' (V) I. Preston 1928 [23160]
  'James McFarlane' (V) A.F. Yaeger 1959 [12543]
  'Josée' Morel 1974 [13241]
  'Nocturne' (V) Morden Res. Centre > 1942 [28160]

Syzygium Gaertn. 1788 -n- *Myrtaceae* · (S. 664)
D:Jambos, Jambuse, Kirschmyrte, Rosenapfel; E:Jambos; F:Giroflier, Jambosier, Jamerosier
- **aqueum** (Burm. f.) Alston 1919 · D:Wasser-Jambuse · ♄ e Z10 ⓜ ⓝ; Bangladesh, Myanmar, Sri Lanka, Sumat., Molucca I.
- **aromaticum** (L.) Merr. et L.M. Perry 1929 · D:Gewürznelkenbaum; E:Clove, Clove Tree · ♄ e Z10 ⓜ ⚥ ⓝ; Molucca I.
- **cumini** (L.) Skeels 1912 · D:Wachs-Jambuse; E:Jambolan · ♄ e Z10 ⓜ ⚥ ⓝ; Ind., Sri Lanka, S-China, Malay. Arch., E-Austr.
- *jambolana* (Lam.) DC. = Syzygium cumini
- **jambos** (L.) Alston 1931 · D:Rosen-Jambuse, Rosenapfel; E:Malabar Plum, Rose Apple · ♄ e Z10 ⓜ ⓝ; SE-As. [11544]
- **malaccense** (L.) Merr. et L.M. Perry 1938 · D:Malayen-Jambuse, Malayenapfel; E:Malay Apple · ♄ e Z10 ⓜ ⓝ; orig. ?, nat. in Malay. Arch.
- **oleosum** (F. Muell.) B. Hyland 1983 · ♄ e Z10 ⓜ; Austr.: Queensl., N.S.Wales [11545]
- **paniculatum** Banks ex Gaertn. 1788 · D:Australische Kirschmyrte; E:Brush Cherry · ♄ ♄ e

Z10 ⓜ III-V; Austr.: Queensl., N.S.Wales [58063]
- **samarangense** (Blume) Merr. et L.M. Perry 1938 · ♄ e Z10 ⓜ ⓝ; Ind., Malay. Arch., Phil.
- **wilsonii** (F. Muell.) B. Hyland 1983 · ǀ e; Austr. (Queensl.)

Tabebuia M. Gómez ex DC. 1838 -f- *Bignoniaceae* · (S. 299)
- *donell-smithii* Rose = Cybistax donnell-smithii
- **serratifolia** (Vahl) G. Nicholson 1887 · ♄ ♄ d Z10 ⓜ; W.Ind., Trinidad, trop. S-Am.

Tabernaemontana L. 1753 -f- *Apocynaceae* · (S. 195)
- *amsonia* L. = Amsonia tabernaemontana var. tabernaemontana
- *coronaria* (Jacq.) Willd. = Tabernaemontana divaricata
- **divaricata** (L.) R. Br. ex Roem. et Schult. 1819 · E:Adam's Apple, Crape Jasmine · ♄ ♄ e D Z10 ⓜ VII ⓝ; orig. ?; cult. Trop.

Tacca J.R. Forst. et G. Forst. 1775 -f- *Taccaceae* · (S. 1141)
D:Tacca, Teufelsblüte; E:Bat Flower; F:Tacca
- *aspera* Roxb. = Tacca integrifolia
- **chantrieri** André 1901 · D:Thailändische Teufelsblüte; E:Bat Flower, Cat's Whiskers, Devil Flower · ♃ Z10 ⓜ; NE-Ind., SE-As.
- *cristata* Jack = Tacca integrifolia
- **integrifolia** Ker-Gawl. 1812 · D:Borneo-Teufelsblüte; E:Bat Plant · ♃ Z10 ⓜ; NE-Ind., Thail., Malay. Pen., Sumat., Java, Kalimantan
- **leontopetaloides** (L.) Kuntze 1891 · D:Ostindische Teufelsblüte; E:Indian Arrowroot · ♃ Z10 ⓜ ⓝ; Malay. Pen., trop., Austr., Pacific Is.
- *pinnatifida* J.R. Forst. et G. Forst. = Tacca leontopetaloides
- **plantaginea** (Hance) Drenth 1972 · ♃ Z10 ⓜ; S-China, N-Vietn., Laos, Thail.

Tacitus Moran = Graptopetalum
- *bellus* Moran et J. Meyrán = Graptopetalum bellum

Taeniatherum Nevski 1933 -n- *Poaceae* · (S. 1132)
- **caput-medusae** (L.) Nevski 1933 · ☉; Eur.: Fr, Ib, Ap, EC-Eur., Ba; TR, Syr., Cyprus, Cauc, Iran, Iraq,

Afgh., Pakist., C-As.

Tagetes L. 1753 -f- *Asteraceae* · (S. 273)
D:Sammetblume, Studentenblume, Tagetes; E:Marigold; F:Oeillet d'Inde, Rose d'Inde, Tagète
- **erecta** L. 1753 · D:Hohe Studentenblume; E:African Marigold · ⊙ Z9 VII-IX; Mex.
Disco Ser.
Excel Ser.
Inca Ser.
Perfection Ser.
- **lucida** Cav. 1794 · D:Glänzende Studentenblume; E:Sweet Marigold · ⊙ ⚃ Z9 VIII-IX ❦ ; Mex., Guat. [27188]
- **minuta** L. 1753 · D:Mexikanische Studentenblume; E:Dwarf Marigold, Wild Marigold · ⊙ Z9 X ℕ; C-Am., S-Am., nat. in Trop., S-Eur.
- *papposa* Vent. = Dyssodia papposa
- **patula** L. 1753 · D:Gewöhnliche Studentenblume; E:French Marigold · ⊙ Z9 VII-X ❦ ; Mex., Guat.
Boy O'Boy Ser.
Disco Ser.
'Goldfinch'
'Honeycomb'
- **tenuifolia** Cav. 1793 · D:Feinblatt-Studentenblume, Schmalblatt-Studentenblume; E:Signet Marigold; F:Tagète tachée · ⊙ Z9 VII-X ❦ ; Mex. [16804]
'Lemon Gem'
'Orange Gem'
'Paprika'

Taiwania Hayata 1906 -f- *Taxodiaceae* · (S. 100)
D:Taiwanie
- **cryptomerioides**
  - var. **cryptomerioides** · D:Gewöhnliche Taiwanie · ♄ e Z9 ⓚ ℕ; Yunnan, Taiwan
  - var. **flousiana** (Gaussen) Silba 1984 · D:Chinesische Taiwanie · ♄ e Z8 ⓚ; China (Yunnan)
- *flousiana* Gaussen = Taiwania cryptomerioides var. flousiana

Takasagoya Y. Kimura = Hypericum

Talbotia Balf. 1868 -f- *Velloziaceae* · (S. 1143)
- **elegans** Balf. 1868 · ♄ Z9 ⓚ VI-VIII; S-Afr.: Natal

Talinum Adans. 1763 -n- *Portulacaceae* · (S. 710)
E:Fameflower
- **caffrum** (Thunb.) Eckl. et Zeyh. 1836 · ⊙ ⚃ ⚘ Z10; Eth., S-Sudan, E-Afr., Zimbabwe, Mozamb., Namibia, S-Afr.
- **calycinum** Engelm. 1848 · ⚃ ⚘ ⓚ; USA: NCE, NC, SC, Ark. [61603]
- **napiforme** DC. 1828
- **okanoganense** English 1934 · ⚃ ⚘ △ Z10 ⓚ VI-VII; Can.: B.C., USA: Wash. [61604]
- **paniculatum** (Jacq.) Gaertn. 1791 · E:Fameflower, Jewels-of-Opar · ♄ ⚘ e Z10 ⓚ VI-VIII; Mex., Lesser Antilles
- **teretifolium** Pursh 1813 · ⚃ ⚘ Z10 ⓚ; USA: NE, SE
- **triangulare** (Jacq.) Willd. 1799 · D:Blatt-Ginseng, Ceylonspinat; E:Ceylon Spinach · ⚃ ⚘ Z10 ⓚ ℕ; C-Am , W.Ind., S-Am., nat. in trop. Afr.

Tamarindus L. 1753 -f- *Caesalpiniaceae* · (S. 379)
D:Tamarinde; E:Tamarind; F:Tamarinier
- **indica** L. 1753 · D:Tamarinde; E:Indian Date, Tamarind · ♄ e Z10 ⓚ VI-VII ❦ ℕ; trop. Afr., nat. in trop. Am.

Tamarix L. 1753 -f- *Tamaricaceae* · (S. 862)
D:Tamariske; E:Salt Cedar, Tamarisk; F:Tamaris
- *aestivalis* hort. = Tamarix ramosissima
- **africana** Poir. 1789 · D:Spanische Tamariske · ♄ ♄ d Z6 VIII-IX; Eur.: Ib, Ap, F; Canar. Is., NW-Afr., nat. in BrI [26115]
- **articulata** Vahl 1791 · D:Arabische Tamariske · ♄ d ⓚ ℕ; Sahara, Arab., Iran
- **chinensis** Lour. 1790 · D:Chinesische Tamariske; E:Chinese Tamarisk · ♄ ♄ d Z7 VI-VIII ℕ; C-As., China, nat. in Oreg. , Calif. [21609]
- **gallica** L. 1753 · D:Französische Tamariske; E:French Tamarisk, Tamarisk · ♄ d Z6 VI-VIII ❦ ℕ; Eur.: Ib, Fr, Ap, Canar., Madeira; N-Afr., nat. in E-USA, Calif. [21611]
- *germanica* L. = Myricaria germanica
- *hispanica* Boiss. = Tamarix africana
- *japonica* Dippel = Tamarix chinensis
- *odessana* Steven ex Bunge = Tamarix ramosissima
- **parviflora** DC. 1828 · D:Kleinblütige Tamariske; E:Small Flower Tamarisk; F:Tamaris à floraison printanière · ♄ ♄ d Z6 V; Eur.: Ba; TR, N-Afr., nat. in sp., Corse, I [23480]
- *pentandra* Pall. = Tamarix ramosissima
- *plumosa* Carrière = Tamarix chinensis
- **ramosissima** Ledeb. 1829 · D:Kaspische Tamariske; E:Salt Cedar; F:Tamaris à floraison estivale · ♄ ♄ d Z5 VI-VIII; SE-Russ., Afgh., Iraq, Iran, Pakist., Mong., China, Korea [23470]
'Pink Cascade' [29830]
'Rubra' [47510]
- **tetrandra** Pall. ex M. Bieb. 1808 · D:Viermännige Tamariske; E:Erica Tamarisk; F:Tamaris à quatre étamines · ♄ ♄ d Z6 IV-V; Eur.: Ba, Krim; N-TR, Syr., Cyprus, Cauc. [23510]

Tamus L. 1753 -m- *Dioscoreaceae* · (S. 1000)
D:Schmerwurz; E:Black Bryony; F:Herbe aux femmes battues, Tamier
- **communis** L. 1753 · D:Gewöhnliche Schmerwurz; E:Black Bryony, Bryony · ⚃ ⚘ ⓚ ∧ V ❦ ☠; Eur.: Ib, Fr, Ap, Ba, Krim, RO, H, BrI, C-Eur.; TR, Cyprus, Syr., Iraq, Cauc., N-Iran, NW-Afr., Canar.

Tanacetum L. 1753 -n- *Asteraceae* · (S. 273)
D:Balsamkraut, Insektenblume, Margerite, Mutterkraut, Pyrethrum, Rainfarn, Wucherblume; E:Tansy; F:Menthe coq, Pyrèthre, Tanaisie
- **achilleifolium** (M. Bieb.) Sch. Bip. 1838 · D:Schafgarbenblättriges Balsamkraut · ⚃ D Z7 VI-VII; Eur.: SE-Russ., ? RO, ? BG
- *alpinum* (L.) Sch. Bip. = Leucanthemopsis alpina
- **argenteum** Willd. 1789 · D:Silber-Balsamkraut · ⚃ △ Z7 ∧ VII; TR [61608]
- **balsamita** L. 1753 [61609]
  - subsp. **balsamita** · D:Echtes Balsamkraut, Frauenminze, Marienblatt; E:Alecost, Costmary · ⚃ D Z6 VII-VIII ❦ ℕ; TR, Cauc., N-Iran, C-As., nat. in sp., F, I, EC-Eur., Russ.
  - subsp. **balsamitoides** (Sch.

Bip.) Grierson 1975 · ⚃ Z6; TR, Cauc., N-Iran. nat.in Eur.
- **cinerariifolium** (Trevir.) Sch. Bip. 1844 · D:Dalmatiner Insektenblume, Pyrethrum; E:Dalmatian Pyrethrum, Pyrethrum; F:Pyrèthre · ⚃ Z7 V-VII ⚥ Ⓝ; Eur.: Croatia, Bosn., Montenegro, AL, nat. in sp., I, A, H, Russ. [66743]
- *clusii* (Fisch. ex Rchb.) A. Kern. = Tanacetum corymbosum subsp. subcorymbosum
- **coccineum** (Willd.) Grierson 1974 · D:Bunte Margerite, Bunte Wucherblume; E:Painted Daisy, Pyrethrum; F:Tanaisie rose · ⚃ ⚹ Z5 V-VI Ⓝ; Cauc., Iran [66747]
  'Alfred' Kelway 1892 [66749]
  'Duro' [66751]
  'Eileen May Robinson' Robinson Nurs. 1922 [63077]
  'James Kelway' Kelway [66754]
  'Regent' [66757]
  'Robinsons Rote' [63084]
- **corymbosum** (L.) Sch. Bip. 1844 [66762]
  - subsp. **corymbosum** · D:Straußblütige Wucherblume; F:Chrysanthème en corymbe · ⚃ VI-VII; Eur.* exc. BrI, Sc; TR, Cauc., nat. in Sc
  - subsp. **subcorymbosum** (Schur) Pawl. · ⚃ ; Eur.: E-Alp., S-Alp., Carp., Balkan
- **densum** (Labill.) Sch. Bip. 1844
  - subsp. **amani** Heywood 1952
  - subsp. **densum** · E:Prince-of-Wales Feathers · ♄ △ Z7 VII-VIII; TR, Lebanon [61610]
- **haradjanii** (Rech. f.) Grierson 1975 · D:Silbergefieder; F:Tanaisie · ⚃ △ Z8 ∧ VII-VIII; TR [66763]
- **macrophyllum** (Waldst. et Kit.) Sch. Bip. 1844 · D:Großblättrige Wucherblume · ⚃ Z6 VI-VIII; Eur.: Ba, RO; TR, Cauc., nat. in D, DK, EC-Eur., W-Russ. [66764]
- **millefolium** (L.) Tzvelev 1961 · D:Kalk-Balsamkraut · ⚃ VI-VII; Eur.: BG, E-Eur.; TR, Cauc.
- **niveum** Sch. Bip. 1844 · D:Schnee-Balsamkraut · ⚃ [61611]
  'Jackpot' [61616]
- **partheniifolium** (Willd.) Sch. Bip. 1844 · D:Grauhaarige Wucherblume · ⚃ Z8 ⓚ VII-VIII; Eur.: TR, Cauc., N-Iran, Krim
- **parthenium** (L.) Sch. Bip. 1844 · D:Mutterkraut; E:Feverfew; F:Grande camomille · ☉ ⚃ ⚹ Z6 VI-IX ⚥ ; Eur.: Ba; TR, nat. in Eur.*; cosmop. [66765]

'Aureum' [61617]
'Rowallane' [69604]
'White Bonnet'
- **ptarmiciflorum** (Webb et Berthel.) Sch. Bip. 1844 · D:Silber-Wucherblume; E:Silver Lace · ♄ Z9 ⓚ ▽; Canar.
- *serotinum* (L.) Sch. Bip. = Leucanthemella serotina
- **vulgare** L. 1753 · D:Rainfarn; E:Tansy; F:Barbotine, Tanaisie vulgaire · ⚃ Z4 VII-IX ⚥ ⚹ Ⓝ; Eur.*, TR, Cauc., W-Sib., E-Sib., Amur, Sachal., Kamchat., C-As., Mong., Manch., nat. in N-Am., S-Am., Austr., NZ [66766]
  fo. crispum DC. · ⚃ Z4; cult. [61638]
  'Isla Gold'

Tanakaea Franch. et Sav. 1875 -f- *Saxifragaceae* · (S. 817)
D:Japanische Schaumblüte;
E:Japanese Foam Flower;
F:Tanakéa
- **omeiensis** Nakai 1938 · ⚃ ⓚ; China
- **radicans** Franch. et Sav. 1875 · D:Japanische Schaumblüte; E:Japanese Foam Flower · ⚃ ⤳ Z8 ∧ VI-VII; Jap.

Tanquana H.E.K. Hartmann et Liede 1986 -f- *Aizoaceae* · (S. 149)
- **hilmarii** (L. Bolus) H. Hartmann et Liede 1986 · ♃ Z9 ⓚ; S-Afr. (Cape Prov.)
- **prismatica** (Schwantes) H.E.K. Hartmann et Liede 1986 · ⚃ ♃ Z9 ⓚ IX-XI; Kap

Tapeinochilos Miq. 1869 -m- *Costaceae* · (S. 991)
- **ananassae** (Hassk.) K. Schum. 1899 · ⚃ Z10 ⓚ VII-VIII; Molucca I.: Ceram

Taraxacum Weber ex F.H. Wigg. 1780 -n- *Asteraceae* · (S. 273)
D:Kuhblume, Löwenzahn, Pfaffenröhrlein, Pusteblume;
E:Blowballs, Dandelion; F:Dent de lion, Pissenlit
- **sect. Alpestria** Soest 1966 · D:Gebirgs-Löwenzähne · ⚃ V-VII; Eur.: Sudeten, Carp., Balkan
- **sect. Alpina** G.E. Haglund 1950 · D:Alpen-Löwenzähne · ⚃ VI-IX; Eur.: Ib, Fr, C-Eur., EC-Eur., Ba, RO; mts.
- **sect. Celtica** A.J. Richards 1985 · D:Moor-Löwenzähne · ⚃ V-VII; Eur.: Sc, BrI, sp.
- **sect. Cucullata** Soest 1959 ·

D:Strohblütige Löwenzähne · ⚃ VI-VIII; Eur.: F, Ch, A
- **sect. Erythrosperma** (H. Lindb.) Dahlst. 1921 · D:Schwielen-Löwenzähne · ⚃ IV-VI; Eur.*, TR, Syr., Cauc., C-As., NW-Afr., nat. in N-Am., S-Am.
- **sect. Fontana** Soest 1959 · D:Quell-Löwenzähne · ⚃ VI-VIII; Eur.: Ch, A
- **sect. Obliqua** Dahlst. 1921 · D:Dünen-Löwenzähne · ⚃ ; Eur.: Sc, BrI, NL, D
- **sect. Palustria** Dahlst. 1928 · D:Sumpf-Löwenzähne · ⚃ IV-VI; Eur.: BrI, Fr
- **sect. Ruderalia** Kirschner, H. Ollg. et Stepánek 1987 · D:Wiesen-Löwenzähne; E:Dandelion · ⚃ IV-VII ⚥ Ⓝ; Eur.*, W-Sib., E-Sib., nat. in cosmop.
- **albidum** Dahlst. 1907 · ⚃ Z5; Jap.
- *alpestre* agg. = Taraxacum $sect. Alpestria
- *alpinum* agg. = Taraxacum $sect. Alpina
- **aquilonare** Hand.-Mazz. 1912 · D:Nördliches Pfaffenröhrlein · ⚃ VII-VIII; Eur.: F, N-I, A, H +
- **bessarabicum** (Hornem.) Hand.-Mazz. 1907 · D:Kleinköpfiger Löwenzahn · ⚃ VIII-X; Eur.: F, A, EC-Eur., BG, E-Eur.; TR, Syr., Iran, Afgh., Libya
- **ceratophorum** (Ledeb.) DC. 1838 · D:Gehörntes Pfaffenröhrlein · ⚃ VI-VIII; Eur.: F, CH, A, Sc, N-Russ.
- **concucullatum** A.J. Richards 1972 · ⚃ VI-VIII; Eur.: F, Ch, A
- *cucullatum* agg. = Taraxacum $sect. Cucullata
- **dissectum** (Ledeb.) Ledeb. 1846 · D:Schlitzblättriges Pfaffenröhrlein · ⚃ VII-VIII; Eur.: sp., F, CH, I; Cauc., Iran, C-As, Sib., Tibet, Him., China
- **faeroense** (Dahlst.) Dahlst. 1925 · ⚃ ; Eur.: BrI, Sc
- *fontanum* agg. = Taraxacum $sect. Fontana
- **handelii** Murr 1904 · D:Arktischer Löwenzahn · ⚃ VII-VIII; Eur.: CH, A
- **hybernum** Steven 1856 · ⚃ Ⓝ; Eur.: I, Ba, Krim; TR, Syr. N-As
- **kok-saghyz** L.E. Rodin 1933 · ⚃ Ⓝ; C-As.(Kasach.)
- *laevigatum* agg. = Taraxacum $sect. Erythrosperma
- **mazzettii** Soest · ⚃ VI-VIII; Eur.: A +
- **megalorhizum** (Forssk.) Hand.-

Mazz. · ⚁ ⓝ; Eur.: Ib, Fr, Ap, Ba, W-Russ. +
- **melzerianum** Soest 1966 · ⚁ VI-VIII; Eur.: A +
- **nordstedtii** Dahlst. 1911 · D:Norsteds Löwenzahn · ⚁ V-VII; Eur.: BrI, Sc, Fr, Ib, D, EC-Eur.
- *officinale* agg. = Taraxacum $sect. Ruderalia
- **pacheri** Sch. Bip. 1848 · D:Pachers Pfaffenröhrlein · ⚁ VII-VIII; Eur.: I, CH, A; E-Alp.
- *palustre* agg. = Taraxacum $sect. Palustria
- **pamiricum** Schischk. 1964 · ⚁ ; C-As.
- **reichenbachii** Huter ex Dahlst. 1908 · ⚁ VII-VIII; Eur.: A
- **schroeterianum** Hand.-Mazz. 1905 · D:Schröters Pfaffenröhrlein · ⚁ VII-VIII; Eur.: sp., F, I, CH
- **serotinum** (Waldst. et Kit.) Poir. 1816 · ⚁ VIII-X; Eur.: sp., F, A, EC-Eur., Ba, E-Eur.; TR, Syr., Lebanon, Cauc., Iran, W-Sib.
- *spectabile* agg. = Taraxacum $sect. Celtica
- **tiroliense** Dahlst. 1907 · D:Tiroler Löwenzahn · ⚁ VI-VIII; Eur.: CH, A, D +

Tarchonanthus L. 1753 -m- *Asteraceae* · (S. 273)
D:Totenstrauch; E:Hottentot Tobacco; F:Tarchonanthus
- **camphoratus** L. 1753 · D:Totenstrauch; E:Hottentot Tobacco · ♄ ♄ e D Z10 ⓚ; Eth., trop. Afr., S-Afr.

Tasmannia R. Br. ex DC. 1817 -f- *Winteraceae*
- *aromatica* R. Br. ex DC. = Tasmannia lanceolata
- **lanceolata** (Poir.) A.C. Sm. 1969 · D:Pfefferbaum; E:Mountain Pepper · ♄ e Z8 ⓚ ⚥; Austr.: N.S.Wales, Victoria, Tasman. [20385]

Tavaresia Welw. ex N.E. Br. 1903 -f- *Asclepiadaceae* · (S. 210)
- **barklyi** (Dyer) N.E. Br. 1902 · ⚁ ⚘ Z10 ⓚ VII-VIII; Botswana, Namibia, S-Afr.: Kap, Transvaal
- *grandiflora* (K. Schum.) N.E. Br. = Tavaresia barklyi

Taxodium Rich. 1810 -n- *Taxodiaceae* · (S. 100)
D:Sumpfzypresse; E:Swamp Cypress; F:Cyprès chauve
- *ascendens* Brongn. = Taxodium distichum var. imbricatum

- **distichum** (L.) Rich. 1810 · D:Sumpfzypresse
  'Nutans' Carrière 1867 · d ∼ V ⓝ [21613]
  'Pendens' Carrière 1855 · D:Trauer-Sumpfzypresse; E:Weeping Swamp Cypress · [36154]
- var. *distichum* · D:Zweizeilige Sumpfzypresse; E:Bald Cypress, Swamp Cypress; F:Cyprès chauve · ♄ d ∼ Z6 V ⓝ; USA: NE, NCE, SC, SE, Fla. [26810]
- var. *imbricatum* (Nutt.) H.B. Croom 1837 · D:Aufsteigende Sumpfzypresse; E:Pond Cypress · Z6 [21615]
- var. *mexicanum* (Carrière) Gordon 1855 = Taxodium mucronatum
- var. *mucronatum* (Ten.) A. Henry 1906 = Taxodium mucronatum
- var. *nutans* (Aiton) Sweet 1927 = Taxodium distichum var. imbricatum
- *mexicanum* Carrière = Taxodium mucronatum
- **mucronatum** Ten. 1853 · D:Mexikanische Sumpfzypresse · ♄ d Z9 ⓚ; Mex.

Taxus L. 1753 -f- *Taxaceae* · (S. 97)
D:Eibe; E:Yew; F:If
- **baccata** L. 1753 · D:Europäische Eibe, Gewöhnliche Eibe; E:Common Yew, English Yew; F:If commun · ♄ ♄ e Z6 III-IV ⚥ ⚘ ▽; Eur.*, Cauc., N-Afr. [26820]
A Adpressa-Gruppe
   Nadeln relativ kurz (< als 15 mm) und breit (l/b < 5); meist den Trieben stark angedrückt; Pflanzen nach 15 Jahren höher und breiter als 1 m.
F Fastigiata-Gruppe
   Wuchs säulenförmig (l/b > 2,5); Zweige steif aufrecht; Nadeln linealisch, meist länger als 15 mm; Pflanzen nach 15 Jahren höher als 1 m.
H Hedge-Gruppe
   Wuchs (breit) aufrecht (l/b 1-2,5), meist dicht verzweigt; Nadeln lanzettlich, oft länger als 15 mm; Pflanzen nach 15 Jahren höher als 1 m.
N Nana-Gruppe
   Wuchs zwergig, sehr langsam wachsend, nach 15 Jahren meist nicht höher oder breiter als 1 m; Nadeln klein, oft nicht länger als 15 mm.

R Repens-Gruppe
   Wuchs niederliegend oder Äste weit abstehend (l/b ≤ 0,5) oder Zweige überhängend, wenn Mitteltrieb aufgebunden, mehr oder weniger dicht verzweigt; meist nicht höher als 1 bis 1,5 m; Nadeln linealisch, oft länger als 15 mm; Pflanzen nach 15 Jahren breiter als 1 m.
T Tree-Gruppe
   Wuchs baumförmig (mit deutlicher Spitzentriebbildung), meist kräftig, Verzweigung mehr oder weniger offen, Zweige nicht überhängend; Nadeln lanzettlich, oft länger als 15 mm; Pflanzen nach 15 Jahren höher und breiter als 1,5 m.
W Washington-Gruppe
   Wuchs abstehend oder breit aufrecht (l/b = 0,5 bis 1), meist ziemlich stark, mit mehreren Hauptästen, Verzweigung mehr oder weniger offen; Nadeln linealisch, oft länger als 15 mm; Pflanzen nach 15 Jahren breiter und höher als 1,5 m.
f female/weiblich
m male/männlich
v variegated/panaschiert
Quelle: Bärtels, A. in Gartenpraxis 10/2006 (Eiben: Sortengruppen erleichtern die Auswahl):

'Adpressa' (A) Dickson's Nurs. 1850 [26830]
'Adpressa Aurea' (m,v,A) Handsworth Nurs. 1885 [26840]
'Amersfoort' (m,A) Meyer 1961 [15994]
Aurea Grp. · D:Gold-Eibe · [32792]
'Dovastoniana' (f,T) J. Dovaston 1777 · D:Mähnen-Eibe; E:West Felton Yew · [26860]
'Dovastonii Aurea' (f,v,T) Sénéclauze 1868 [26870]
'Elegantissima' (f,v,H) Handsworth Nurs. 1852 [26880]
'Fastigiata' (f,F) Lee et Kennedy 1780 · D:Irische Eibe; E:Irish Yew · [26910]
'Fastigiata Aureomarginata' (m,v,F) Handsworth Nurs. 1881 [26920]
'Fastigiata Robusta' (f,F) Zulauf 1950 [26930]
'Hessei' Hesse 1932 [26940]
'Nissens Präsident' (W) J. Nissen 1957 [26990]

'Overeynderi' (m,H) Overeynder 1923 [27020]
'Repandens' (f,R) Parson's Nurs. 1887 [27030]
'Repens Aurea' (v,R) [47880]
'Schwarzgrün' (H) Kordes Jungpfl. 1979 [31718]
'Semperaurea' (m,v,H) Dallimore et Jackson 1908 [27040]
'Standishii' (f,v,F) Dallimore et Jackson 1908 [39518]
'Summergold' (f,v,R) van Ravensberg 1968 [45270]
'Washingtonii' (f,v,W) R. Smith 1864 [27070]
- **brevifolia** Nutt. 1849 · D:Pazifische Eibe; E:Pacific Yew, Western Yew · ♄ e Z6 ⚥ ⚲ Ⓝ; Alaska, Can: B.C., Alta; USA: NW, Calif., Idaho, Mont.
- **canadensis** Marshall 1785 · D:Kanadische Eibe; E:Canadian Yew · ♄ e Z4 ⚲; Can.: E; USA: NE, NCE [32806]
  'Compacta' = Taxus × hunnewelliana
- *celebica* (Warb.) H.L. Li = Taxus sumatrana
- **chinensis** (Pilg.) Rehder 1919 · D:Chinesische Eibe; E:Chinese Yew · [27326]
  - var. **chinensis** · D:Gewöhnliche Chinesische Eibe · ♄ ♄ e Z6 ⚲; China
  - var. **mairei** (Lemée ex H. Lév.) W.C. Cheng et L.K. Fu 1976 · D:Yunnan-Eibe; E:Maire Yew · Z6 ⚲; S-China, Phil., Malay. Arch [27329]
- **cuspidata** Siebold et Zucc. 1846 · D:Japanische Eibe; E:Japanese Yew
  'Nana' Rehder 1916 [27090]
  - var. **cuspidata** 1938 · D:Gewöhnliche Japanische Eibe; F:If du Japon · ♄ ♄ e Z5 ⚲; Jap., Korea, Manch. [27080]
- × **hunnewelliana** Rehder 1925 (*T. canadensis* × *T. cuspidata*) · D:Hunnewells Eibe · ♄ e Z4; cult. [19618]
- × **media** Rehder 1923 (*T. baccata* × *T. cuspidata var. cuspidata*) · D:Hybrid-Eibe; E:Hybrid Yew, Wellesley Yew · ♄ e Z5 ⚲; cult. [49198]
'Brownii' (H) Kumlien 1939 [27140]
'Densiformis' (m,W) Hoogendorn 1951 [46390]
'Hicksii' (f,H) Hicks et Son 1893 [27120]
'Hillii' (m,H) Hill Nurs. [27130]
'Hunnewellii' = Taxus × hunnewelliana
'Straight Hedge' (H) 1979 [28490]
'Thayerae' (W) Hort. USA 1917 [27100]

- *spinulosa* Sm. = Podocarpus spinulosus
- **sumatrana** (Miq.) de Laub. 1978 · D:Sumatra-Eibe; E:Sumatran Yew · ♄ ♄ e ⚲; China [27332]

Tecoma Juss. 1789 -f- *Bignoniaceae* · (S. 299)
D:Trompetenstrauch; E:Trumpet Bush; F:Bignone
- *capensis* (Thunb.) Lindl. = Tecomaria capensis subsp. capensis
- **castaneifolia** (D. Don) Melch. 1941 · D:Kastanienblättriger Trompetenstrauch · ♄ s Z10 ⚑ I-XII; Ecuad.
- **garrocha** Hieron. 1881 · ♄ ♄ d Z10 ⚑; NW-Arg., S-Bol.
- *grandiflora* (Thunb.) Loisel. = Campsis grandiflora
- *jasminoides* Lindl. = Pandorea jasminoides
- **leucoxylon** (L.) Mart. 1845 · D:Grünes Ebenholz · ♄ Z10 ⚑ Ⓝ; W.Ind., S-Am.
- *radicans* (L.) Juss. = Campsis radicans
- × **smithii** Watson 1893 (*T. arequipensis* × *T. stans*)
- **stans** (L.) Juss. ex Kunth 1819 · D:Gelber Trompetenstrauch; E:Yellow Bells, Yellow Trumpet Flower · ♄ ♄ e Z10 ⚑ VI-VIII; USA: SC, SE, Fla.; Mex., S-Am. [11305]

Tecomanthe Baill. 1888 -f- *Bignoniaceae* · (S. 300)
- **dendrophila** (Blume) Schum. 1900 · ⚥ e Z10 ⚑; Molucc. Is., N.Guinea, Solomon Is.
- **speciosa** W.R.B. Oliv. 1948

Tecomaria (Endl.) Spach 1840 -f- *Bignoniaceae* ·
D:Kapgeißblatt; E:Cape Honeysuckle; F:Chèvrefeuille du Cap
- **capensis** (Thunb.) Spach 1840
  'Coccinea'
  - subsp. **capensis** · D:Kapgeißblatt; E:Cape Honeysuckle · ♄ e Z9 ⚑ VIII-X; S-Afr. [13723]

Tecophilaea Bertero ex Colla 1836 -f- *Tecophilaeaceae* · (S. 1142)
D:Chilekrokus; E:Chilean Crocus; F:Crocus du Chili
- **cyanocrocus** Leyb. 1862 · D:Echter Chilecrocus; E:Chilean Crocus · ⚃ Z9 ⚑ ▭ III; Chile
  'Leichtlinii'

'Violacea'
- **violiflora** Bertero ex Colla 1836 · D:Veilchenblauer Chilecrocus · ⚃; Chile, Peru

Tectaria Cav. 1799 -f- *Dryopteridaceae* · (S. 69)
- **cicutaria** (L.) Copel. 1907 · ⚃ Z10 ⚑; Trop.
- **decurrens** (C. Presl) Copel. 1907 · ⚃ Z10 ⚑; Polyn.
- **incisa** Cav. 1802 · ⚃ Z10 ⚑; Mex., W.Ind., C-Am., trop. S-Am.
- *martinicensis* (Spreng.) Copel. = Tectaria incisa
- **trifoliata** (L.) Cav. 1801 · ⚃ Z10 ⚑; Mex., C-Am., W.Ind., trop. S-Am.

Tectona L. f. 1781 -f- *Verbenaceae* · (S. 888)
D:Teakholz; E:Teak; F:Teck
- **grandis** L. f. 1782 · D:Teakholz; E:Teak · ♄ d Z10 ⚑ Ⓝ; Ind., Myanmar, Thail., Laos

Teesdalia R. Br. 1812 -f- *Brassicaceae* · (S. 334)
D:Bauernsenf, Rahle; E:Shepherd's Cress; F:Tesdalia
- **nudicaulis** (L.) R. Br. 1812 · D:Kahler Bauernsenf · ☉ IV-V; Eur.*, Maroc.

Telekia Baumg. 1816 -f- *Asteraceae* · (S. 274)
D:Telekie; E:Oxeye; F:Œil-de-bœuf
- **speciosa** (Schreb.) Baumg. 1816 · D:Große Telekie; E:Large Yellow Oxeye · ⚃ Z6 VI-VIII; Eur.: EC-Eur., Ba, E-Eur.; TR, Cauc., nat. in BrI, Fr, C-Eur. [66767]
- **speciosissima** (L.) Less. 1836 · D:Kleine Telekie · ⚃ △ Z6 VI-VII; Eur.: N-I (Alpi Orobie)

Telephium L. 1753 -n- *Molluginaceae* · (S. 648)
D:Telephie, Zierspark; F:Grand orpin
- **imperati** L. 1753 · D:Telephie, Zierspark · ⚃ Z8 VI-VII; Eur.: Ba, Fr, Ap, Ib, CH

Telesonix Raf. = Boykinia
- *jamesii* (Torr.) Raf. = Boykinia jamesii

Telfairia Hook. 1827 -f- *Cucurbitaceae* · (S. 446)
D:Oysternuss, Talerkürbis; F:Kouémé

– **occidentalis** Hook. f. 1871 · D:Oysternuss; E:Oyster Nuts · ♄ e ⚘ Z9 ⓦ Ⓝ; W-Afr.
– **pedata** (Sm. ex Sims) Hook. 1827 · D:Talerkürbis; E:Zanzibar Oil · ♄ ⚘ Z9 ⓦ Ⓝ; E-Afr., Madag., Mascarene Is.

Teline Medik. = Genista
– *monspessulana* (L.) K. Koch = Genista monspessulana

Tellima R. Br. 1823 -f- *Saxifragaceae* · (S. 817) D:Falsche Alraunenwurzel; E:Fringecup; F:Tellima
– **grandiflora** (Pursh) Douglas ex Lindl. 1828 · D:Falsche Alraunenwurzel; E:Fringecups · ♃ Z6 V-VI; Alaska, Can.: W; USA: NW, Calif. [66768]
Odorata Grp.
'Purpurea'
'Purpurteppich' [66769]
Rubra Grp. [66770]
– *odorata* Howell = Tellima grandiflora

Telopea R. Br. 1810 -f- *Proteaceae* · (S. 722) D:Waratahprotee; E:Waratah; F:Télopéa
– **oreades** F. Muell. 1861 · ♄ ♄ e Z9 ⓚ; Austr. (N.S.Wales, Victoria)
– **speciosissima** (Sm.) R. Br. 1810 · ♄ e Z9 ⓚ; Austr. (N.S.Wales)
– **truncata** (Labill.) R. Br. 1810 · ♄ ♄ e Z9 ⓚ; Tasman. [21619]

Teloxys Moq. = Chenopodium
– *aristata* (L.) Moq. = Chenopodium aristatum

Templetonia R. Br. ex W.T. Aiton 1812 -f- *Fabaceae* · (S. 527) D:Wüstenginster; F:Genêt du désert, Templetonia
– **retusa** (Vent.) R. Br. 1812 · D:Flammender Wüstenginster; E:Bullock Bush, Coral Bush · ♄ e Z10 ⓚ III-VI; Austr.: S-Austr., W-Austr. [21622]

Tephroseris (Rchb.) Rchb. 1841 -f- *Asteraceae* · (S. 274) D:Greiskraut; E:Fleawort; F:Cinéraire
– **crispa** (Jacq.) Rchb. 1866 · D:Bach-Greiskraut, Krauses Greiskraut · ♃ V-VI; Eur.: I, D, A, EC-Eur., E-Eur.; mts.
– **helenitis** (L.) B. Nord. · D:Gewöhnliches Spatelblättriges Greiskraut · ♃ V-VI; Eur.: sp., Fr, CH, D, A
– **integrifolia** (L.) Holub 1973 · D:Steppen-Greiskraut
– subsp. **aurantiaca** Hoppe ex Willd. 1978 · D:Orangerotes Greiskraut · ♃ △ Z6 VI-VIII; Eur.* exc. Ib; ? N-As.
– subsp. **capitata** (Wahlenb.) B. Nord. 1978 · D:Kopf-Greiskraut · ♃ △ Z6 VI-VII; Eur.: F, I, CH, A, RO; Alp., Carp.; Cauc., Sib., Kamchat., China, Alaska
– subsp. **integrifolia** · D:Gewöhnliches Steppen-Greiskraut; E:Field Fleawort · ♃ Z6 V-VI; Eur.* exc. Ib; N-Russ.; N-As., Jap., Taiwan
– subsp. **serpentini** (Gáyer) B. Nord. 1978 · ♃ Z6 V-VI; Eur.: A (Burgenland)
– **longifolia** (Jacq.) Griseb. et Schenk 1852 · D:Obir-Aschenkraut, Obir-Greiskraut, Voralpen-Kreuzkraut · ♃ V-VII; Eur.: D, A, Slove., Croatia; E-Alp., Croatia mts.
– **palustris** (L.) Fourr. 1868 · D:Moor-Greiskraut · ⊙ Z4 VI-VII; Eur.: BrI, Sc, Fr, D, EC-Eur., Russ; Sib.
– **pseudocrispa** (Fiori) Holub 1974 · ♃ VI-VIII; Eur.: D, A, PL, CZ, Slove., RO
– **tenuifolia** (Gaudin) Holub 1973 · D:Läger-Greiskraut, Schweizer Greiskraut · ♃ V-VII; Eur.: I, A, CH; Alp., Apenn.

Tephrosia Pers. 1806 -f- *Fabaceae* · (S. 527) D:Aschenwicke, Giftbaum; E:Hoary Pea; F:Téphrosie
– **candida** (Roxb.) A. DC. 1825 · ♄ ⓦ Ⓝ; Ind., Him., Myanmar, Malay. Arch.
– **purpurea** (L.) Pers. 1806 · D:Surinam-Giftbaum; E:Wild Indigo · ♃ Z10 ⓦ ☠ Ⓝ; Him., Sri Lanka, Thail, Java
– **sinapou** (Buc'hoz) A. Chev. 1925 · ⓦ ☠ Ⓝ; Mex., C-Am., trop. S-Am.
– **virginiana** (L.) Pers. 1807 · D:Virginischer Giftbaum; E:Catgut, Goat's Rue · ♃ Z4 VI-VII ☠; Can.: Ont.; USA: NE, NCE, NC, SC, SE, Fla.
– **vogelii** Hook. f. 1849 · D:Fisch-Giftbaum; E:Fish Poison Bean · ♃ ⓦ ☠ Ⓝ; W-Afr.; Guinea, Sierra Leone; trop. S-Afr.: Mozamb.

Terebinthus Mill. = Pistacia
– *lentiscus* (L.) Moench = Pistacia lentiscus

Terminalia L. 1767 -f- *Combretaceae* · (S. 423) D:Almend, Almond, Myrobalane; E:Myrobalan; F:Amandier des Indes, Badanier
– **bellirica** (Gaertn.) Roxb. 1805 · D:Belerische Myrobalane; E:Belleric Myrobalan · ♄ d Z10 ⓦ ⚕ Ⓝ; Ind., Sri Lanka, Myanmar, Thail., Malay. Pen.
– **catappa** L. 1767 · D:Indische Myrobalane, Indischer Mandelbaum; E:Indian Almond, Olive Bark Tree · ♄ d Z10 ⓦ Ⓝ; E-Afr., Madag., Pakist., Ind., Java, N.Guinea, nat. in S-Fla.
– **chebula** (Gaertn.) Retz. 1789 · D:Chebulische Myrobalane; E:Indian Myrobalan, Ink Nut · ♄ d Z10 ⓦ ⚕ Ⓝ; Ind., Sri Lanka, Myanmar
– **superba** Engl. et Diels 1899 · D:Weiße Myrobalane; E:White Afara · ♄ Z10 ⓦ Ⓝ; W-Afr.

Ternstroemia Mutis ex L. f. 1782 -f- *Theaceae* · (S. 865) D:Ternströmie
– **gymnanthera** (Wight et Arn.) Sprague 1923 · ♄ ♄ e Z9 ⓚ; Jap. [21624]
– *japonica* Thunb. = Ternstroemia gymnanthera

Testudinaria Salisb. = Dioscorea
– *sylvatica* Kunth = Dioscorea sylvatica

Tetracarpidium Pax 1899 -n- *Euphorbiaceae* · (S. 488)
– **conophorum** (Müll. Arg.) Hutch. et Dalziel 1928 · ♄ Z10 ⓦ Ⓝ; W-Afr., C-Afr.

Tetracentron Oliv. 1891 -n- *Tetracentraceae* · (S. 873) D:Vierspornbaum; E:Spur Leaf; F:Tétracentron
– **sinense** Oliv. 1891 · D:Vierspornbaum; E:Spur Leaf · ♄ d Z7 ∧ VI ✻; Nepal, NE-Ind., Myanmar, SW-China [16993]

Tetraclinis Mast. 1892 -f- *Cupressaceae* · (S. 91) D:Gliederzypresse, Sandarakbaum; E:Arar Tree; F:Thuya articulé, Thuya d'Algérie
– **articulata** (Vahl) Mast. 1892 ·

D:Gliederzypresse, Sandarakbaum; E:Arar Tree; F:Thuya articulé, Thuya d'Algérie · ♄ e Z10 🏠K ⚕ Ⓝ; Eur.: sp. (Cartagena), Malta; NW-Afr., Libya [21625]

Tetradenia Benth. 1830 -f- *Lamiaceae* · (S. 592)
- **riparia** (Hochst.) Codd 1983 · ♃ Z10 🏠K XII-II; S-Afr.

Tetradium Lour. 1790 -n- *Rutaceae* · (S. 794)
D:Stinkesche; F:Frêne puant
- **daniellii** (Benn.) T.G. Hartley 1981 · D:Samthaarige Stinkesche · ♄ d ☘ Z7 VII; Korea, N-China [21627]
  Hupehense Grp. · ♄ d ☘ VII-VIII; China: Hupeh [32033]

Tetragonia L. 1753 -f- *Aizoaceae* · (S. 150)
D:Neuseelandspinat; E:New Zaeland Spinach; F:Epinard de Nouvelle-Zélande, Tétragone
- **echinata** Aiton 1789 · ⊙ Ψ; S-Afr.
- **tetragonioides** (Pall.) Kuntze 1891 · D:Neuseeländer Spinat; E:New Zealand Spinach · ⊙ Ψ ⟿ VII-IX Ⓝ; Austr., NZ, nat. in Ib, I

Tetragonolobus Scop. 1772 -m- *Fabaceae* · (S. 527)
D:Schotenklee, Spargelerbse; E:Dragon's Teeth; F:Lotier, Tétragonolobe
- *edulis* Link = Tetragonolobus purpureus
- **maritimus** (L.) Roth 1788 · D:Gelbe Spargelerbse; E:Dragon's Teeth · ♃ Z6 V-IX; Eur.: W, C u. S-Eur., Ukraine, N-Afr.
- **purpureus** Moench 1794 · D:Echte Spargelerbse, Kaffee-Erbse; E:Asparagus Pea · ⊙ VII-VIII Ⓝ; Eur.: Ib, F, Ap, Ba, E-Eur.; W-TR, Levante, Cauc., NW-Afr., Libya, nat. in Cz
- *siliquosus* Roth = Tetragonolobus maritimus

× **Tetraliopsis** hort. 1965 -f- *Orchidaceae* · (*Laeliopsis* × *Tetramicra*)

Tetranema Benth. 1843 -n- *Scrophulariaceae* · (S. 839)
- **roseum** (M. Martens et Galeotti) Standl. et Steyerm. 1947 · ♃ Z9 🏠W II-X; Mex., C-Am.

Tetraneuris Greene = Hymenoxys
- *acaulis* (Pursh) Greene = Hymenoxys acaulis
- *grandiflora* (Torr. et A. Gray ex A. Gray) K.L. Parker = Hymenoxys grandiflora
- *linearifolia* (Hook.) Greene = Hymenoxys linearifolia
- *scaposa* (DC.) Greene = Hymenoxys scaposa

Tetrapanax (K. Koch) K. Koch 1859 -m- *Araliaceae* · (S. 202)
D:Reispapierbaum; E:Rice-Paper Plant; F:Tétrapanax
- **papyrifer** (Hook.) K. Koch 1859 · D:Reispapierbaum; E:Rice-Paper Plant · ♄ e Z8 🏠W Ⓝ; S-China, Taiwan

Tetrastigma (Miq.) Planch. 1887 -n- *Vitaceae* · (S. 892)
E:Javan Grape
- **planicaule** (Hook. f.) Gagnep. 1910 · ⌇; Him. (Sikkim)
- **voinierianum** (Baltet) Pierre ex Gagnep. 1910 · ♄ e ⌇ Z10 🏠W; N-Vietn. (Tongking) [11307]

× **Tetratonia** hort. 1965 -f- *Orchidaceae* · (*Tetramicra* × *Broughtonia*)

Teucrium L. 1753 -n- *Lamiaceae* · (S. 592)
D:Gamander; E:Germander; F:Germandrée
- **arduini** L. 1767 · ♄; Ba
- **aroanium** Orph. ex Boiss. 1859 · ♄ ♄ e Z8 🏠K; GR [66771]
- **aureum** Schreb. 1774 · D:Goldrand-Gamander · ♄ e ⟿ △ Z7 ∧ VII-VIII; Eur.: sp., F, Sic.; NW-Afr. [61645]
- **bicolor** Sm. 1817 · ♄ d Z9 🏠K; Peru, Chile, Arg.
- **botrys** L. 1753 · D:Trauben-Gamander · ⊙ VII-IX; Eur.* exc. Sc
- **chamaedrys** L. 1753 · D:Edel-Gamander
  'Nanum' [66773]
  'Variegatum'
  - subsp. **chamaedrys** · D:Breitblättriger Edel-Gamander; E:Wall Germander · ♄ e △ Z6 VII-VIII ⚕ Ⓝ; Eur.* exc. BrI, Sc; TR, Cauc.
- *chamaepitys* L. = Ajuga chamaepitys
- *cinereum* Boiss. = Teucrium rotundifolium
- **compactum** Clemente ex Lag. 1816 · ♄ 🏠K; sp., Tun., Alger. [61642]
- **flavum** L. 1753 · ♄ e Z8 🏠K; Eur.: Ba, Ib, Ap, Fr; NW-Afr., TR
- **fruticans** L. 1753 · D:Baum-Gamander; E:Bush Germander · ♄ e Z8 🏠K VII-VIII; Eur.: Ib, Fr, Ap, Croatia [21628]
  'Azureum' [21629]
  'Compactum'
- **hircanicum** L. 1759 · D:Kaukasus-Gamander; E:Caucasian Germander · ♃ Z6; NE-TR, N-Iran, Cauc. [66774]
- × **lucidrys** Boom 1957 (*T. chamaedrys* × *T. lucidum*) · D:Bastard-Gamander · ♄ ♄ e VII-VIII; cult. [66775]
- **lucidum** L. 1759 · ♃ e Z6; F, I; SW-Alp.
- **marum** L. 1753 · D:Amberkraut, Katzen-Gamander; E:Cat Thyme · ♄ e D Z9 🏠K ⚕; Eur.: Balear., F, Corse, Sard., I, Croatia
- **massiliense** L. 1763 · D:Duftender Gamander; E:Sweet Scented Germander; F:Germandrée de Marseille · ♄ e ⁞ Z6 VI-VIII; Eur.: sp., F, Corse, Sard., Crete
- **montanum** L. 1753 · D:Berg-Gamander; E:Alpine Pennyroyal, Mountain Germander · ♄ e ⟿ △ Z6 VII-VIII ⚕; Eur.* exc. BrI, Sc [66776]
- **musimonum** Humbert ex Maire 1924 · ♃ ⟿ △ ∧ VI-IX; Maroc.; Atlas
- **orientale** L. 1753 · ♃ Z7 ∧ VII-VIII; TR, Lebanon, Cauc., Iran
- **polium** L. 1753 [61644]
  - subsp. *aureum* (Schreb.) Arcang. 1882 = Teucrium aureum
  - subsp. **polium** · D:Goldener Gamander; E:Golden Germander · ♄ e Z7; Eur.: sp., S-F; NW-Afr.
- **pyrenaicum** L. 1753 · D:Pyrenäen-Gamander; E:Pyrenean Germander; F:Germandrée des Pyrénées · ♃ ⟿ Z6 VII-VIII; SW-F, N-Sp. [66777]
- **rotundifolium** Schreb. 1774 · ♃; sp.; mts. [61646]
- **scordium** L. 1753 · D:Lauch-Gamander · ♃ ～ VII-VIII ⚕; Eur.*, W-Sib., C-As. [61647]
- **scorodonia** L. 1753 · D:Salbei-Gamander; E:Wood Germander, Wood Sage; F:Germandrée scorodoine · ♃ ♄ Z6 VII-IX ⚕; Eur.* exc. EC-Eur., Sc, nat. in Sc [66778]
  'Crispum' [66779]
  'Crispum Marginatum' [61648]
- **subspinosum** Pourr. ex Willd.

1809 · ♄ e Z9 ⌂; Balear. [21632]

Thalia L. 1753 -f- *Marantaceae* · (S. 1036)
- **dealbata** Fraser 1794 · ⚃ ≈ Z9 ⌂ VII-VIII; USA: Mo, SE, SC., Fla. [69605]
- **geniculata** L. 1753 · ⚃ ≈ Z9 ⌂ VII-VIII; USA: SE, Fla.; W.Ind., S-Am., nat. in trop. Afr.

Thalictrum L. 1753 -n- *Ranunculaceae* · (S. 734)
D:Wiesenraute; E:Meadow Rue; F:Pigamon
- **alpinum** L. 1753 · D:Alpen-Wiesenraute; E:Alpine Meadow Rue · ⚃ △ Z5 VI-VIII; Eur.* exc. Ib, EC-Eur.; N, mts.; Cauc., W-Sib., E-Sib., Sachal., Kamchat., C-As., Him., Mong., China, Alaska, Can., USA: NC, SW, Rocky Mts., Calif.; Greenl. [61649]
- *anemonoides* Michx. = Anemonella thalictroides
- **aquilegiifolium** L. 1753 · D:Akeleiblättrige Wiesenraute; E:Columbine Meadow Rue; F:Pigamon à feuilles d'ancolie · ⚃ Z6 V-VII; Eur.* exc. BrI; NW-TR [66781]
  'Album' [66782]
  'Purpureum' [66783]
  'Thundercloud' [61666]
- **chelidonii** DC. 1824 · ⚃ Z7; Him. (Kashmir - SE-Tibet), Myanmar [61650]
- **coreanum** H. Lév. 1902 · ⚃ △ V; E-China, N-China [61651]
- **dasycarpum** Fisch. et Avé-Lall. 1842 · D:Raufrüchtige Wiesenraute · ⚃ ; Can.; USA: NEC, SE, Tex., Ariz. [61652]
- **delavayi** Franch. 1886 · ⚃ Z7 VII-VIII; W-China [66784]
  'Album' [66785]
  'Hewitt's Double'
- **diffusiflorum** C. Marquand et Airy Shaw 1929 · ⚃ Z7; China (SE-Tibet) [61653]
- **dipterocarpum** Franch. 1886 · D:Chinesische Wiesenraute; E:Chinese Meadow Rue · ⚃ VII-VIII; W-China [70021]
- *dipterocarpum* hort. = Thalictrum delavayi
- **flavum** L. 1753 [61655]
  - subsp. **flavum** · D:Gelbe Wiesenraute; E:Yellow Meadow Rue · ⚃ Z6 VI-VII; Eur.*, Cauc., W-Sib., E-Sib., Amur, C-As. [66787]
  - subsp. **glaucum** (Desf.) Batt. 1888 · F:Pigamon jaune · ⚃ Z6 VII-VIII; Eur.: Ib; Maroc., Alger. [66788]
- **foetidum** L. 1753 · D:Stinkende Wiesenraute; E:Meadow Rue · ⚃ Z6 VI-VIII; Eur.* exc. BrI, Sc; TR, Cauc., Iran, W-Sib., E-Sib., Amur, C-As., ? Afgh., Mong., Tibet [66789]
- *glaucum* Desf. = Thalictrum flavum subsp. glaucum
- **ichangense** Lecoy. ex Oliv. 1888 · ⚃ Z7; E-China, N-China
- **isopyroides** C.A. Mey. 1830 · ⚃ ; TR, Syr., N-Iraq, Cauc. (Armen.), Iran, Afgh., Altai [61657]
- **kiusianum** Nakai 1928 · ⚃ △ VI-VIII; Jap. [66790]
- **lucidum** L. 1753 · D:Glänzende Wiesenraute · ⚃ Z7 VI-VIII; Eur.: C-Eur., EC-Eur., I, Ba, E-Eur.; TR, nat. in FIN, Krim [66791]
- **minus** L. 1753 · D:Kleine Wiesenraute · [66792]
  'Adianthifolium' [66793]
  - subsp. **minus** · D:Gewöhnliche Kleine Wiesenraute; E:Lesser Meadow Rue · ⚃ ⋈ Z6 V-VI; Eur.*, TR, Cauc., Iran, W-Sib., E-Sib., Amur, Sachal., Kamchat., C-As., Pakist., Mong., China, Korea
- **morisonii** C.C. Gmel. 1826 · D:Hohe Wiesenraute · ⚃ VII-VIII; Eur.: sp., F, Corse, I, CH
- **orientale** Boiss. 1841 · ⚃ Z7 V-VI; S-GR, S-TR, N-Syr. [61658]
- **polygamum** Muhl. 1793 · D:Zwittrige Wiesenraute · ⚃ ; E-Can., USA: NE, NEC, SE [61662]
- **punctatum** H. Lév. 1913 · ⚃ ; China (Yunnan)
- **rochebruneanum** Franch. et Sav. 1878 · ⚃ Z7; Jap. [66794]
- **simplex** L. 1767 · D:Einfache Wiesenraute · [61664]
  - subsp. **gallicum** (Rouy et Foucaud) Tutin · ⚃ Z7; F
  - subsp. **simplex** · D:Gewöhnliche Einfache Wiesenraute · ⚃ Z7 VI-VII; Eur.* exc. BrI, Ib; TR, Cauc., Iran, W-Sib., E-Sib., Amur, Kamchat.
- *speciosissimum* L. = Thalictrum flavum subsp. glaucum
- **tuberosum** L. 1753 · ⚃ △ Z8 ⋀ VI-VII; Eur.: sp., F

Thamnocalamus Munro 1868 -m- *Poaceae* · (S. 1132)
- **aristatus** (Gamble) E.G. Camus 1913 · ♄ ♄ e Z6; NE-Him.
- *spathaceus* (Franch.) Soderstr. = Fargesia murieliae

- **spathiflorus** (Trin.) Munro
- **tessellatus** (Nees) Soderstr. et R.P. Ellis 1982 · ♄ e Z7; S-Afr.

Thapsia L. 1753 -f- *Apiaceae* · (S. 185)
D:Purgierdolde; F:Thapsia
- **garganica** L. 1753 · ⚃ ⌂ VII-VIII ✼; Eur.: Ib, Ap, Ba; TR , NW-Afr., Libya

Thaumatococcus Benth. 1883 -m- *Marantaceae* · (S. 1037)
- **danielii** Benth. 1883 · ⚃ ⌂ ⓝ; W-Afr., C-Afr.

Thea L. = Camellia
- *bohea* L. = Camellia sinensis var. sinensis
- *sinensis* L. = Camellia sinensis var. sinensis
- *viridis* L. = Camellia sinensis var. sinensis

Thelesperma Less. 1831 -n- *Asteraceae* · (S. 274)
D:Warzensame; E:Greenthreads; F:Thélésperme
- **burridgeanum** (Regel, Körn. et Rach) S.F. Blake 1928 · ⊙ VII-IX; Tex.
- **trifidum** (Poir.) Britton 1890 · ⊙ ⊙ VI-IX; USA: NC, SC, Colo., N.Mex., Mo.

Theligonum L. 1753 -n- *Theligonaceae* · (S. 865)
D:Hundskohl; F:Crambe des chiens, F:Théligone
- **cynocrambe** L. 1753 · ⊙ ⌂; Eur.: Ib, Ap, Fr, Ba, Krim

Thelocactus (K. Schum.) Britton et Rose 1922 -m- *Cactaceae* · (S. 369)
- **bicolor** (Galeotti ex Pfeiff.) Britton et Rose 1922
  - var. **bicolor** · E:Texas Pride · Ψ Z9 ⌂ ▽ ✻; Tex., N-Mex.
  - var. **bolaensis** (Runge) N.P. Taylor 1979 = Thelocactus bicolor var. bicolor
  - var. **flavidispinus** Backeb. 1941 · Ψ Z9 ⌂; Tex.
  - var. **pottsii** (Salm-Dyck) Backeb. 1961 · Ψ Z9 ⌂
  - var. **schottii** (Engelm.) Krainz 1961 · Ψ ⌂
- *buekii* (E. Klein) Britton et Rose = Thelocactus tulensis
- **conothelos** (Regel et E. Klein) F.M. Knuth 1936
  - var. **argenteus** Glass et R.A. Foster 1972 · Ψ ⌂

- var. **aurantiacus** Glass et R.A. Foster 1972 · ♃ Z9 ⓚ; Mex. (Nuevo León)
- var. **conothelos** · ♃ Z9 ⓚ ▽ ✻; NE-Mex.
- *ehrenbergii* (Pfeiff.) F.M. Knuth = Thelocactus leucacanthus var. leucacanthus
- *flavidispinus* (Backeb.) Backeb. = Thelocactus bicolor var. flavidispinus
- *fossulatus* (Scheidw.) Britton et Rose = Thelocactus hexaedrophorus var. hexaedrophorus
- *gielsdorfianus* (Werderm.) Bravo = Turbinicarpus gielsdorfianus
- **heterochromus** (F.A.C. Weber) Oosten 1940 · ♃ Z9 ⓚ ▽ ✻; Mex.: Chihuahua, Durango
- **hexaedrophorus** (Lem.) Britton et Rose 1922
  - var. **fossulatus** (Scheidw.) Backeb. 1961 · ♃ ⓚ
  - var. **hexaedrophorus** · ♃ Z9 ⓚ ▽ ✻; N-Mex.
- *horripilus* (Lem.) Kladiwa et Fittkau = Turbinicarpus horripilus
- **lausseri** Ríha et Busek 1986 · ♃ Z9 ⓚ; Mex. (Coahuila)
- **leucacanthus** (Zucc. ex Pfeiff.) Britton et Rose 1923
  - var. **leucacanthus** · ♃ Z9 ⓚ ▽ ✻; E-Mex.
  - var. *schmollii* Werderm. 1939 = Thelocactus leucacanthus var. leucacanthus
- *lloydii* Britton et Rose = Thelocactus hexaedrophorus var. hexaedrophorus
- *lophophoroides* Werderm. = Turbinicarpus lophophoroides
- *lophothele* (Salm-Dyck) Britton et Rose = Thelocactus rinconensis
- **macdowellii** (Rebut ex Quehl) Glass 1969 · ♃ ⓚ
- *matudae* Sánchez-Mej. et A.B. Lau = Thelocactus tulensis
- *nidulans* (Quehl) Britton et Rose = Thelocactus rinconensis
- *phymatothelos* (Poselg.) Britton et Rose = Thelocactus rinconensis
- *pottsii* (Salm-Dyck) Britton et Rose = Thelocactus bicolor var. pottsii
- *pottsii* hort. = Thelocactus heterochromus
- *pseudopectinatus* (Backeb.) E.F. Anderson et Boke = Turbinicarpus pseudopectinatus
- **rinconensis** (Poselg.) Britton et Rose 1975 · ♃ Z9 ⓚ ▽ ✻; NE-Mex.
- *saueri* (Boed.) A. Berger = Turbinicarpus saueri
- *saussieri* (F.A.C. Weber) A. Berger = Thelocactus conothelos var. conothelos
- **setispinus** (Engelm.) E.F. Anderson 1987 · E:Strawberry Cactus · ♃ Z9 ⓚ ▽ ✻; S-Tex., Mex.: Tamaulipas
  - var. **setaceus** · ♃ ⓚ
- **tulensis** (Poselg.) Britton et Rose 1923 · ♃ Z9 ⓚ ▽ ✻; NE-Mex.
- *valdezianus* (L. Möller) Bravo = Turbinicarpus valdezianus
- *viereckii* (Werderm.) Bravo = Turbinicarpus viereckii

Thelypteris Schmidel 1763 -f- *Thelypteridaceae* · (S. 81)
D:Sumpffarn; E:Marsh Fern; F:Fougère des marais
- *decursivepinnata* (H.C. Hall) Ching = Phegopteris decursivepinnata
- *dentata* (Forssk.) E.P. St John = Christella dentata
- *hexagonoptera* (Michx.) Weath. = Phegopteris hexagonoptera
- **limbosperma** (All.) H.P. Fuchs 1959 · D:Bergfarn · ♃; Eur.*, TR, NE-As, Jap., Kamchat., Alaska, Can.: W [67459]
- *noveboracensis* (L.) Nieuwl. = Parathelypteris noveboracensis
- *oreopteris* (Ehrh.) Sloss. = Oreopteris limbosperma
- **palustris** Schott 1834 · D:Gewöhnlicher Sumpffarn; E:Eastern Marsh Fern, Marsh Fern; F:Agrostic, Thélypteris des marais · ♃ ⌢ Z4 VII-IX; Eur.*, TR, Palaest., Cauc., W-Sib., E-Sib., Amur, Sachal., Kamchat., C-As., Maroc., Alger., N-Am., W-Afr., S-Afr., NZ [67461]
- *phegopteris* (L.) Sloss. = Phegopteris connectilis
- *thelypteroides* (F. Michx.) Holub = Thelypteris palustris

Themeda Forssk. 1775 -f- *Poaceae* · (S. 1132)
D:Rotschopfgras; F:Herbe aux kangourous
- **triandra** Forssk. 1775 [61668]
  - subsp. **japonica** (Willd.) T. Koyama 1987 · ♃ Z10; Jap., Korea, Manch., China, Ind. [61669]

Theobroma L. 1753 -n- *Sterculiaceae* · (S. 859)
D:Kakaobaum; E:Cacao; F:Cacaoyer, Théobrome
- **bicolor** Humb. et Bonpl. 1808 · ♄ Z10 ⓦ ⓝ; Mex., C-Am., Col., Bras.
- **cacao** L. 1753
  - subsp. **cacao** · D:Echter Kakaobaum; E:Cacao, Chocolate Nut Tree · ♄ ♄ e Z10 ⓦ ⚥ ⓝ; C-Am., trop. S-Am.
  - subsp. **sphaerocarpum** (A. Chev.) Cuatrec. 1964 · ♄ e Z10 ⓦ ⓝ; trop. S-Am.

Theophrasta L. 1753 -f- *Theophrastaceae* · (S. 866)
- *imperialis* Linden ex K. Koch et Fintelm. = Chrysophyllum imperiale
- **jussieui** Lindl. 1821 · ♄ e Z10 ⓦ; Hispaniola
- *longifolia* Jacq. = Clavija longifolia

Thermopsis R. Br. 1811 -f- *Fabaceae* · (S. 528)
D:Fuchsbohne; E:False Lupin; F:Faux-lupin
- **barbata** Benth. 1835 · ♃ Z7 VI; Him.
- *caroliniana* M.A. Curtis = Thermopsis villosa
- **fabacea** (Pall.) DC. 1825 · D:Fuchsbohne · ♃ Z5 VI-VII; Sib. [61671]
- **lanceolata** R. Br. 1811 · ♃ Z3 VI-VIII; SE-Russ., C-As. [61672]
- *lupinoides* (L.) Link = Thermopsis lanceolata
- **mollis** (Michx.) M.A. Curtis ex Gray 1846 · ♃ Z6; USA: Va., SE
- **rhombifolia** (Pursh) Richardson 1823
  - var. **montana** (Nutt.) Isely 1978
  - var. **rhombifolia** · D:Rocky-Mountain-Fuchsbohne; E:Buffalo Pea · ♃ Z4 V; USA: NW, Calif., Rocky Mts. [66796]
- **villosa** (Walter) Fernald et B.G. Schub. 1948 · D:Carolina-Fuchsbohne; E:Carolina Lupin · ♃ Z7 VI-VII; USA: SE [61670]

Thesium L. 1753 -n- *Santalaceae* · (S. 797)
D:Bergflachs, Leinblatt; F:Thésion, Thésium
- **alpinum** L. 1753 · D:Alpen-Leinblatt · ♃ VI-VII; Eur.* exc. BrI; Cauc.
- **arvense** Horv. 1774 · D:Ästiges Leinblatt · ♃ VI-VIII; Eur.: Ap, C-Eur., EC-Eur., Ba, E-Eur.; TR, Cauc., Iran, W-Sib., C-As.
- **bavarum** Schrank 1786 · D:Bay-

erisches Leinblatt · ⌛ VI-IX; Eur.: Fr, Ap, C-Eur., EC-Eur., Ba, RO
- **dollineri** Murb. 1891 · D:Niedriges Leinblatt · ⌛ IV-IX; Eur.: A, EC-Eur., Ba, E-Eur.
- **ebracteatum** Hayne 1800 · D:Schopf-Leinblatt, Vorblattloses Leinblatt · ⌛ V-VI ▽; Eur.: C-Eur., DK, EC-Eur., E-Eur.; W-Sib.
- **humifusum** DC. 1815 · D:Niederliegendes Leinblatt · ⌛; Eur.: sp., Fr, BrI, ? Corse
- **linophyllon** L. 1753 · D:Mittleres Leinblatt · ⌛ VI-VII; Eur.: Fr, Ap, C-Eur., EC-Eur., Ba, E-Eur.
- **pyrenaicum** Pourr. · D:Gewöhnliches Wiesen-Leinblatt · ⌛ VI-VII; Eur.: Ib, Fr, Ap, C-Eur., EC-Eur., Ba
- **rostratum** Mert. et W.D.J. Koch 1826 · D:Schnabelfrüchtiges Leinblatt · ⌛ V-VII; Eur.: I, C-Eur., EC-Eur., Slove.

Thespesia Sol. ex Corrêa 1807 -f- *Malvaceae* · (S. 623)
D:Tropeneibisch; E:Portia Tree; F:Thespésia
- **populnea** (L.) Sol. ex Corrêa 1807 · D:Küsten-Tropeneibisch; E:Portia Tree · ♄ e Z10 ⓦ Ⓝ; Afr., trop. As., nat. in W.Ind., Fla.

Thevetia L. 1825 -f- *Apocynaceae* · (S. 195)
D:Schellenbaum, Thevetie; E:Luckynut; F:Bois-lait, Thévétia
- **peruviana** (Pers.) K. Schum. 1895 · D:Gelber Schellenbaum; E:Yellow Oleander · ♄ ♄ e Z10 ⓦ VI-VIII ⚕; USA: Fla.; Mex., C-Am., W.Ind., S-Am. [11336]
- **thevetioides** (Kunth) K. Schum. 1895 · ♄ ♄ e; Mex.

Thibaudia Ruiz et Pav. 1802 -f- *Ericaceae* · (S. 474)
- **floribunda** Kunth 1818 · ♄ e Z9 ⓚ; Col.
- **secundiflora** Poepp. et Endl. 1835 · ♄ ⓦ; Lat.-Am.

Thladiantha Bunge 1833 -f- *Cucurbitaceae* · (S. 446)
D:Quetschblume, Quetschgurke; F:Thladianthe
- **dubia** Bunge 1833 · D:Quetschblume, Quetschgurke; E:Red Hailstone · ⌛ ⚥ Z7 ⓚ V-VII; Amur, N-China

Thlaspi L. 1753 -n- *Brassicaceae* · (S. 334)
D:Hellerkraut, Täschelkraut; E:Penny Cress; F:Tabaret, Thlaspi
- **alliaceum** L. 1753 · D:Lauch-Hellerkraut · ⊙ IV-VI; Eur.* exc. BrI, Sc; TR, nat. in BrI
- *alpestre* L. = Thlaspi caerulescens
  - subsp. **sylvium** (Gaudin) Kerguélen 1987 · D:Penninisches Hellerkraut · ⌛ Z6 VI-VIII; Eur.: F, I, CH; Alp.
- *alpinum* Crantz = Thlaspi caerulescens
- **arvense** L. 1753 · D:Acker-Hellerkraut; E:Pennycress · ⊙ IV-V; Eur.*, Cauc., TR, Syr., Palaest., Iran, W-Sib., E-Sib., Amur, Sachal., Kamchat., C-As., Him., Mong., China, Alger., Canar., Eth., nat. in N-Am.
- **bellidifolium** Griseb. 1845 · ⌛ Z6; Eur.: Maced., AL, BG, ? GR; mts. [61674]
- **brachypetalum** Jord. 1846 · D:Voralpen-Hellerkraut · ⊙ V-VII; Eur.: sp., F, I, D; Pyr., SW-Alp., Apenn., nat. in Sweden
- **bulbosum** Spruner 1843 · ⌛ Z8; GR, Aegean Is. [61675]
- **caerulescens** J. Presl et C. Presl 1819 · D:Gebirgs-Hellerkraut · ⊙ ⊙ IV-VI; Eur.* exc. Sc, E-Eur., nat. in Sc [61673]
- **calaminare** (Lej.) Lej. et Courtois 1831 · D:Galmei-Hellerkraut · ⌛ V-VI; Eur.: B, D
- **cepaeifolium** (Wulfen) W.D.J. Koch 1833 · D:Julisches Hellerkraut
  - subsp. **cepaeifolium** · D:Gewöhnliches Julisches Hellerkraut · ⌛ Z6; Eur.: I, Slove.; SE-Alp.
  - subsp. **rotundifolium** (L.) Greuter et Burdet 1985 · D:Rundblättriges Hellerkraut; E:Round Leaved Pennycress · ⌛ △ Z6 VI; Eur.: F, I, C-Eur., Slove.; mts. [61677]
- **goesingense** Halácsy 1880 · D:Gösing-Hellerkraut · ⌛ Z6 V-VI; Eur.: A, H, Ba
- **kerneri** Huter 1874 · D:Kerners Hellerkraut · ⌛ Z6; Eur.: Slove., A (Kärnten), N-I
- **montanum** L. 1753 · D:Berg-Hellerkraut · ⌛ △ Z5 IV-V; Eur.: F, C-Eur., CZ, Slove., Croatia, Bosn., Montenegro, Maced. [61676]
- **perfoliatum** L. 1753 · D:Stängelumfassendes Hellerkraut; E:Perfoliate Pennycress · ⊙ III-VI; Eur.*, TR, Levante, Cauc., Iran, W-Sib., C-As., NW-Afr., Libya
- **praecox** Wulfen · D:Frühes Hellerkraut · ⌛ Z6 III-VI; Eur.: F, Ap, A, Ba; TR, Cauc.
- *rotundifolium* (L.) Gaudin = Thlaspi cepaeifolium subsp. rotundifolium
- **salisii** Brügger 1860 · D:Tiroler Hellerkraut · ⊙; Eur.: I, CH, A; Alp.
- **stylosum** (Ten.) Mutel · ⌛ ⤳ △ Z6 IV-V; Eur.: I; Apenn. [61678]
- **virens** Jord. 1846 · D:Grünes Täschelkraut · ⊙ IV-VI; Eur.: F, I, CH, BrI; SW-Alp., BrI

Thomasia J. Gay 1821 -f- *Sterculiaceae* · (S. 859)
- **purpurea** J. Gay 1821 · ♄ e Z9 ⓚ VI-VII; W-Austr.
- **quercifolia** J. Gay 1821 · ♄ e Z9 ⓚ VI; W-Austr.
- **solanacea** J. Gay 1821 · ♄ e Z9 ⓚ V-VII; W-Austr.

Thrinax Sw. 1788 -f- *Arecaceae* · (S. 961)
D:Schilfpalme; E:Key Palm, Thatch Plam; F:Pamier nain royal, Thrinax
- **excelsa** Lodd. ex Mart. 1853 · D:Erhabene Schilfpalme · ♄ e Z10 ⓦ; Jamaica
- *floridana* Sarg. = Thrinax radiata
- *microcarpa* Sarg. = Thrinax morrisii
- **morrisii** H. Wendl. 1891 · D:Westindische Schilfpalme; E:Key Thatch Palm · ♄ e Z10 ⓦ; Fla., W.Ind. [16231]
- **parviflora** Sw. · ♄ e Z10 ⓦ; S-Fla., W.Ind., Belize, Mex.: Yucatan
- **radiata** Lodd. ex Schult. et Schult. f. 1830 · D:Florida-Schilfpalme; E:Florida Thatch Palm · ♄ e Z10 ⓦ; Fla., W.Ind., Mex., C-Am.

Thrixanthocereus Backeb. = Espostoa
- *blossfeldiorum* (Werderm.) Backeb. = Espostoa blossfeldiorum

Thryallis Mart. 1829 -f- *Malpighiaceae* · (S. 613)
- **glauca** (Poir.) Kuntze 1891 · ♄ e ⓦ; C-Am.
- **latifolia** Mart. 1829 · ⓦ; Bras.

Thuja L. 1753 -f- *Cupressaceae* · (S. 91)
D:Lebensbaum, Thuja; E:Red Cedar; F:Arbre-de-vie, Biota, Thuya
- *articulata* Vahl = Tetraclinis articulata

- *gigantea* Nutt. = Thuja plicata
- **koraiensis** Nakai 1919 · D:Koreanischer Lebensbaum; E:Korean Thuja · ♄ ♄ e Z5 ✶; Korea [32808]
- *macrolepis* (Kurz) Voss = Calocedrus macrolepis
- **occidentalis** L. 1753 · D:Abendländischer Lebensbaum; E:Arborvitae, Red Cedar; F:Arbre de paradis, Thuya occidental · ♄ ♄ e Z5 III-V ↯ ✶ ⓝ; Can.: E; USA: NE, NCE, Tenn., N.C. [27180]
  - Aurea Grp. [26958]
  - 'Aurescens' Browicz et Bugala 1932 [28182]
  - 'Brabant' Rombouts 1984 [27190]
  - 'Cloth of Gold' Späth 1891 [15998]
  - 'Danica' Danslanex Nurs. 1973 [27210]
  - 'Elegantissima' Den Ouden/Boom 1949 [10989]
  - 'Europe Gold' Darthuizer 1977 [47720]
  - 'Filiformis' Beissn. 1901 [28196]
  - 'Globosa' Gordon 1875 [32818]
  - 'Golden Globe' Grootendorst 1965 [27270]
  - 'Holmstrup' A.M. Jensen 1951 [27300]
  - 'Little Champion' McConnell Nurs. 1956 [28264]
  - 'Little Gem' Späth 1891 [27320]
  - 'Ohlendorffii' Ohlendorff 1887 [15393]
  - 'Pyramidalis Compacta' Beissn. 1904 [39402]
  - 'Recurva Nana' Carrière 1867 [27340]
  - 'Rheingold' Vollert 1904 [27250]
  - 'Smaragd' Poulsen 1950 [28231]
  - 'Spiralis' Bobbink et Atkins 1923 [27380]
  - 'Sunkist' Boer Nurs. 1968 [27390]
  - 'Tiny Tim' Little Tree Farm 1986 [30510]
  - 'Yellow Ribbon' Ruizendal et Son 1983 [35692]
- *orientalis* L. = Platycladus orientalis
- **plicata** Donn ex D. Don 1824 · D:Riesen-Lebensbaum; E:Western Red Cedar; F:Thuya géant de Californie · ♄ ♄ e Z5 IV ✶ ⓝ; Alaska, Can.: B.C., Alta.; USA: NW, Calif., Idaho, Mont. [27420]
  - 'Atrovirens' Sudworth 1897 [45310]
  - 'Aurescens' Krüssmann 1960 [27170]
  - 'Dura' Timm et Co. 1948 [27440]
  - 'Excelsa' Timm et Co. 1947 [27450]
  - 'Gelderland' Horstmann 1992 [42062]
  - 'Rogersii' W.H. Rogers 1928 [32830]
  - 'Zebrina' (v) Dallimore et Jackson 1923 [38943]
- **standishii** (Gordon) Carrière 1867 · D:Japanischer Lebensbaum; E:Japanese Thuja · ♄ e Z6 ✶; Jap. [27470]
- **sutchuenensis** Franch. 1899 · D:Sichuan-Lebensbaum;

E:Szechuan Thuja · ♄ ♄ e Z6 ✶; China: NE-Sichuan

Thujopsis Siebold et Zucc. ex Endl. 1842 -f- *Cupressaceae* · (S. 92) D:Hibalebensbaum; E:Hiba; F:Thuya jiba
- **dolabrata** (L. f.) Siebold et Zucc.
  - var. **hondai** Makino 1901 · D:Nördlicher Hibalebensbaum; E:Northern Japanese Thujopsis · ♄ e Z5; N-Jap. [32230]
- **dolabrata** (Thunb. ex L. f.) Siebold et Zucc. 1844 · D:Hibalebensbaum; E:Hiba, Japanese Thujopsis · [27480]
  - 'Aurea' (v) Nelson 1866 [21633]
  - 'Nana' Siebold 1844 [27490]
  - 'Variegata' (v) Siebold 1861 [32832]
  - var. **dolabrata** · D:Südlicher Hibalebensbaum; E:Southern Japanese Thujopsis · ♄ e Z6 ⓝ; Jap.

Thunbergia Retz. 1776 -f- *Acanthaceae* · (S. 135) D:Schwarzäugige Susanne, Thunbergie; E:Thunbergia; F:Suzanne aux yeux noirs, Thunbergie
- **affinis** S. Moore 1880 · ♄ ⚥ Z10 ⓦ IX-X; E-Afr.
- **alata** Bojer ex Sims 1825 · D:Schwarzäugige Susanne; E:Black-Eyed Susan; F:Suzanne aux yeux noirs · ⊙ ⊙ ♃ ⚥ Z10 V-X; trop. Afr. [16806]
- **battiscombei** Turrill 1915 · ♃ ⚥ Z10 ⓦ VI-VIII; trop. Afr. [11308]
- **coccinea** (Nees) Wall. 1826 · ♄ d ⚥ Z10 ⓦ I-IV; Ind., Myanmar [11309]
- *erecta* (Benth.) T. Anderson = Meyenia erecta
- **fragrans** Roxb. 1795 · ♃ ⚥ D Z10 ⓦ VI-VIII; Ind.
- **grandiflora** (Roxb. ex Rottler) Roxb. 1814 · D:Bengalische Thunbergie; E:Bengal Trumpet, Blue Trumpet Vine · ♄ e ⚥ Z10 ⓦ VIII-X; Ind.: Bengalen [58146]
  - 'Alba'
- **gregorii** S. Moore 1894 · D:Orangefarbene Thunbergie; E:Orange Clock Vine · ♃ ⚥ Z10 ⓦ VI-VIII; E-Afr., S-Afr.
- **laurifolia** Lindl. 1856 · D:Malayische Thunbergie; E:Babbler's Vine · ♄ e ⚥ Z10 ⓦ IV-X; Malay. Pen.
- **mysorensis** (Wight) T. Anderson ex Bedd. 1865 · D:Indische Thunbergie; ♄ e ⚥ Z10 ⓦ III-VIII; Ind.: Nilgiri

- **natalensis** Hook. 1858 · D:Natal-Thunbergie · ♄ Z10 ⓦ VI-VIII; S-Afr.: Natal
- **vogeliana** Benth. 1849 · ♄ Z10 ⓦ VII-VIII; C-Afr.: Fernando Póo

Thunia Rchb. f. 1852 -f- *Orchidaceae* · (S. 1086)
- **alba** (Lindl.) Rchb. f. 1852
  - var. **alba** · ♃ Z10 ⓦ ⓚ VI-VII ∇ ✶; Myanmar, Thail., S-China
  - var. **bracteata** (Roxb.) N. Pearce et P.J. Cribb 2001 · ♃ Z10 ⓦ ⓚ VI-VIII ∇ ✶; Indochina
- **bensoniae** Hook. f. 1868 · ♃ Z10 ⓦ ⓚ VI-VII ∇ ✶; Myanmar
- *bracteata* (Roxb.) Schltr. = Thunia alba var. bracteata
- *marshalliana* Rchb. f. = Thunia alba var. alba

Thymbra L. 1753 -f- *Lamiaceae*
- **capitata** (L.) Cav. 1803 · D:Spanischer Oregano; E:Spanish Oregano · ♄ e Z7 ⓚ; Eur.: Ib, Ap, Ba; TR

Thymelaea Mill. 1754 -f- *Thymelaeaceae* · (S. 869) D:Purgierstrauch, Spatzenzunge; F:Passerine thymélée, Thymélée
- **hirsuta** (L.) Endl. 1847 · ♄ e Z8 ⓚ; Eur.: Ib, F, Ap, Ba; S-TR, Levante, N-Afr.
- **passerina** (L.) Coss. et Germ. 1859 · D:Kleine Spatzenzunge · ⊙ Z7 VII-VIII; Eur.* exc. BrI, Sc; TR, SW-As., C-As.

Thymophylla Lag. 1816 -f- *Asteraceae*
- **tenuiloba** (DC.) Small 1903 · D:Gelbes Gänseblümchen; E:Dahlberg Daisy, Golden Fleece · ⊙ ⋈ Z9 VII-IX; USA: SC; Mex. [16734]

Thymus L. 1753 -m- *Lamiaceae* · (S. 593) D:Quendel, Thymian; E:Thyme; F:Serpolet, Thym
- *alpigenus* (A. Kern. ex Heinr. Braun) Ronniger = Thymus praecox subsp. polytrichus
- *austriacus* Bernh. ex Rchb. = Thymus odoratissimus
- *azoricus* = Thymus cilicicus
- **caespititius** Brot. 1804 · D:Azoren-Thymian · ♄ Z8 ⓚ; P, NW-Sp., Azor. [68521]
  - 'Aureus'
- **camphoratus** Hoffmanns. et Link 1809 · ♄ e Z7 ⓚ ∇; Eur.: S-P

[61696]
- *capitatus* Hoffmanns. et Link = Thymbra capitata
- **carnosus** Boiss. 1841 · ♄ e Z7 ⓚ ▽; Eur.: S-P
- **cherlerioides** Vis. 1842 · ♄ e Z6; Eur.: C-Ba, Krim; mts. [61697]
- *ciliatus* (Desf.) Benth. = Thymus munbyanus subsp. ciliatus
- **cilicicus** Boiss. et Balansa 1859 · ♄ e Z7 ⓚ; TR
- × **citriodorus** (Pers.) Schreb. 1811 (*T. pulegioides* × *T. vulgaris*) · D:Zitronen-Thymian; E:Lemon Thyme; F:Thym à odeur de citron · ⌇ △ D Z7 ∧ VI-VII ⚥ ; cult. [66798]
  'Archer's Gold' [68150]
  'Aureus' [66799]
  'Fragrantissimus' · ⌇ [70022]
  'Golden Dwarf' [66801]
  'Golden King' [67827]
  'Silver Queen' [67826]
  'Variegatus' [66803]
- **comosus** Heuff. ex Griseb. et Schenk 1852 · ♄ Z5; RO [61700]
- **doerfleri** Ronniger 1924 · ⌇ ◠ △ Z5 V-VI; NE-AL [61701]
  'Bressingham Pink'
- *fragrantissimus* hort. = Thymus × citriodorus 'Fragrantissimus'
- **glabrescens** Willd. = Thymus odoratissimus
  - subsp. *urumovii* (Velen.) Jalas 1971 = Thymus roegneri
  - **herba-barona** 1807 · ♄ e Z8 ⓚ; Eur.: Corse, Sard. [60410]
- *hirsutus* M. Bieb. = Thymus roegneri
  - var. *doerfleri* (Ronniger) Ronniger = Thymus doerfleri
- *humifusus* Bernh. ex Link = Thymus praecox subsp. praecox
- **hyemalis** Lange 1863 · ♄ e Z5 ⓚ; Eur.: S-Sp.; Maroc., Alger. [61703]
- *lanuginosus* hort. = Thymus praecox subsp. britannicus
- **leucotrichus** Halácsy 1902 · ♄ e Z5 ⓚ; Eur.: Gr, Crete; TR, Lebanon [61704]
  - subsp. **neiceffii** (Degen et Urum.) Jalas 1974 · ♄ e; Eur.: BG, GR [61702]
- **longicaulis** C. Presl 1826 · D:Langstängeliger Thymian · ♄ ♄ e IV-VIII; Eur.: F, Ap, Ba, RO, ? A, ? CH, ? H; TR, nat. in D
- *marginatus* Sm. = Micromeria marginata
- **mastichina** L. 1763 · ♄ e Z7 ⓚ; Eur.: Ib [61705]
- **membranaceus** Boiss. 1838 · ♄ Z7; SE-Sp.

- *micans* Sol. ex Lowe = Thymus caespititius
- *montanus* Waldst. et Kit. = Thymus pulegioides subsp. montanus
- **munbyanus** Boiss. et Reut. 1852
  - subsp. **ciliatus** (Desf.) Greuter et Burdet 1985 · ♄ Z9 ⓚ; NW-Afr. [61698]
- *neiceffii* Degen et Urum. = Thymus leucotrichus subsp. neiceffii
- **odoratissimus** M. Bieb. 1768 · D:Kahlblatt-Thymian, Österreichischer Thymian · Z6; Eur.: I, A, H, CZ, N-Ba, Russ.; C-As.
- **oenipontanus** Heinr. Braun 1891 · D:Tiroler Thymian · ⌇ V-VIII; Eur.: F, I, CH, A; S-Alp., E-Alp.
- **pallasianus** Heinr. Braun 1892 · ♄ Z7 VI-VIII; S-Russ.
- **pannonicus** All. 1773 · D:Steppen-Thymian · ♄ e Z5 VI-VIII; Eur.: A, EC-Eur., Ba, E-Eur., nat. in D
- *polytrichus* A. Kern. ex Borbás = Thymus praecox subsp. polytrichus
- **praecox** Opiz 1824 · D:Frühblühender Thymian · [67829]
  'Albus'
  'Hall's Variety' [70094]
  'Porlock' [61713]
  'Purpurteppich' [66809]
  'Pygmaeus' [73551]
  - subsp. **britannicus** (Ronniger) Holub 1973 · D:Filziger Niedergestreckter Thymian; E:Woolly Creeping Thyme · ⌇ e ⤳ △ Z7 ∧ V-VI; W-Eur. [71169]
  - subsp. **polytrichus** (A. Kern. ex Borbás) Jalas 1970 · D:Alpen-Thymian · ⌇ e Z5 VII-IX; Eur.: mts. S-Eur., C-Eur.
  - subsp. **praecox** · D:Gewöhnlicher Fühblühender Thymian, Niedergestreckter Thymian; E:Alba Thyme, Hairy Thyme; F:Thym précoce · ♄ e Z5 V-VII; Eur.*, TR, Cauc., N-Iran
    - var. *pseudolanuginosus* Ronniger et Jalas = Thymus praecox subsp. britannicus
- *pseudolanuginosus* Ronniger = Thymus praecox subsp. britannicus
- **pulegioides** L. 1753 · D:Arznei-Thymian, Feld-Thymian · [66811]
  'Bertram Anderson' [71168]
  - subsp. *carnilicus* (Borbás ex Déségl.) P. Schmidt 1972 = Thymus pulegioides subsp. pannonicus
  - subsp. **montanus** (Benth.) Ronniger 1930 · D:Istrischer

Thymian, Kahler Arznei-Thymian · ⌇ e Z5; Eur.: Ba
  - subsp. **pannonicus** (All.) Kerguélen 1993 · D:Krainer Thymian, Piemonteser Thymian · ⌇ e Z5 VI-VII; Eur.: sp., F, I, CH, D, A, Slove.
  - subsp. **pulegioides** · D:Gewöhnlicher Arznei-Thymian; E:Lemon Thyme · ⌇ ♄ e Z5 V-X ⚥ Ⓝ; Eur.*
- **richardii** Pers. 1806 [61726]
  - subsp. **nitidus** (Guss.) Jalas 1971 · ♄ e Z8 ⓚ; Eur.: Sic (Is. Marettimo)
- **roegneri** K. Koch 1849 · ⌇ △ Z6 V-VI; Eur.: GR, BG, Krim; TR
- *rotundifolius* Schur = Thymus serpyllum
- **satureioides** Coss. 1873 · ♄ ⓚ Ⓝ; Maroc.
- **serpyllum** L. 1753 · D:Sand-Thymian · [67830]
  'Albus' [66815]
  'Coccineus' [66817]
  'Elfin' [66818]
  'Goldstream' [68005]
  'Minor' [68799]
  'Pink Chintz' [68280]
  'Purple Beauty' [66820]
  'Russetings'
  'Snowdrift' [61720]
  - subsp. **serpyllum** · D:Gewöhnlicher Sand-Thymian; E:Wild Thyme; F:Thym serpolet · ⌇ ♄ e ⤳ △ Z5 VI-IX ⚥ ; Eur.: BrI, Sc, Fr, C-Eur., EC-Eur., E-Eur., nat. in e N-Am. [66812]
- **sibthorpii** Benth. 1834 · ⌇ ; Eur.: Ba ; TR +
- **thracicus** Velen. 1892 · D:Langzahn-Thymian · ♄ Z8 ⓚ; Eur.: Ba, I; TR [68334]
- **villosus** L. 1753 · ♄ e Z7 ⓚ ∧ VII-IX ▽; S-P, SW-Sp.
- **vulgaris** L. 1753 · D:Echter Thymian, Quendel; E:Common Thyme; F:Thym commun · ♄ e D Z6-7 VI-IX ⚥ Ⓝ; Eur.: sp., Balear., Fr, I; Maroc., nat. in CH [66821]
  'Albus'
  'Aureus'
  'Compactus' [66822]
  'Erectus'
  'Variegatus'
- **zygis** L. 1753 · ♄ Z8 ⓚ ∧ ⚥ ; P, sp., Maroc.
- **in vielen Sorten:**
  'Bressingham Seedling' [66807]
  'Doone Valley' [71007]
  'Hartington Silver'
  'Highland Cream' [66819]
  'Peter Davis' [61727]

Thyrsacanthus Nees = Odontonema
- *rutilans* Planch. = Odontonema schomburgkianum
- *schomburgkianus* Nees = Odontonema schomburgkianum

Thysanolaena Nees 1835 -f- *Poaceae* · (S. 1133)
D:Tigergras; E:Tiger Grass; F:Herbe du tigre
- **maxima** (Roxb.) Kuntze 1891 · ⚃ Z9 ⓦ Ⓝ; Ind., SE-As.

Thysanotus R. Br. 1810 -m- *Anthericaceae* · (S. 917)
D:Fransenlilie; E:Fringe Flower, Fringe Lily; F:Thysanothe
- **multiflorus** R. Br. 1810 · D:Vielblütige Fransenlilie; E:Fringe Lily · ⚃ Z10 ⓚ VIII; W-Austr.

Tiarella L. 1753 -f- *Saxifragaceae* · (S. 817)
D:Bischofskappe, Schaumblüte; E:False Mitrewort, Foam Flower; F:Bonnet-d'Evêque, Tiarelle
- **cordifolia** L. 1753 · D:Herzblättrige Schaumblüte, Wald-Schaumblüte; E:Foamflower; F:Tiarella à feuilles cordées · ⚃ ⤳ Z3 V-VI; Can.: E; USA: NE, NCE, N.C., Tenn. [66823]
- **polyphylla** D. Don 1825 · ⚃ Z7; China, Taiwan, Japan, Him.
  'Filigran' [66825]
  'Moorgrün' [66824]
- **trifoliata** L. 1753 · D:Dreiblättrige Schaumblüte; E:Three Leaf Foamflower · ⚃ Z5 V; B.C., USA: NW [61744]
- **unifoliata** Hook. 1832 · ⚃ Z3 V; Alaska, Can.: W; USA: NW, Calif.
- **wherryi** Lakela 1937 · ⚃ D Z6 V-VI; USA: NE, SE [66826]
  'Bronze Beauty'
  'Oakleaf' [61741]
- **in vielen Sorten:**
  'Dunvegan' [61734]
  'Mint Chocolate' Oliver
  'Ninja' [68281]
  'Rosalie'
  'Tiger Stripes' [60230]

Tibouchina Aubl. 1775 -f- *Melastomataceae* · (S. 632)
D:Tibouchine; E:Glory Bush; F:Fleur des princesses, Tibouchina
- *alba* hort. non Cogn. = Melastoma candidum
- **grandifolia** Cogn. 1885 · ℏ e Z10 ⓦ; Bras.
- **heteromalla** Cogn. 1885 · ℏ e Z10 ⓦ; Bras.
- **holosericea** (Sw.) Baill. 1877 · ℏ e Z10 ⓚ VII; Bras.
- **paratropica** Cogn. 1891
- *semidecandra* hort. non (Schrank et Mart. ex DC.) Cogn. = Tibouchina urvilleana
- **urvilleana** (DC.) Cogn. 1885 · D:Glänzende Tibouche; E:Glory Bush, Purple Glory Tree · ℏ e Z10 ⓚ V-VIII; Bras. [11312]

Tieghemella Pierre 1890 -f- *Sapotaceae* · (S. 808)
D:Macoré; E:Cherry Mahogany; F:Macoré, Makoré
- **heckelii** (A. Chev.) Pierre ex Dubard 1915 · D:Afrikanischer Birnbaum, Makoré; E:Cherry Mahogany · ℏ ⓦ Ⓝ; trop. W-Afr.

Tigridia Juss. 1789 -f- *Iridaceae* · (S. 1026)
D:Pfauenblume, Tigerblume; E:Peacock Flower, Tiger Flower; F:Lis de tigre
- **pavonia** (L. f.) DC. 1802 · D:Pfauenblume, Tigerblume; E:Mexican Shell Flower, Tiger Flower · ⚃ Z9 ⓚ VII-IX; Mex. [70614]
  'Alba'
  'Lilacea'

Tilia L. 1753 -f- *Tiliaceae* · (S. 872)
D:Linde; E:Lime, Linden; F:Tilleul
- *alba* Aiton = Tilia tomentosa
- *alba* K. Koch = Tilia tomentosa
  'Petiolaris'
- **americana** L. 1753 · D:Amerikanische Linde; E:American Basswood, American Lime; F:Tilleul d'Amérique · ℏ d Z5 VII Ⓝ; Can.: E; USA: NE, NCE, SC, SE [48110]
  'Nova' [23520]
  'Redmond' c. 1926 [37869]
- **amurensis** Rupr. 1869 · D:Amur-Linde · ℏ d Z4; Korea [21695]
- *argentea* DC. = Tilia tomentosa
- *carlsruhensis* Simonk. = Tilia × flaccida
- **chinensis** Maxim. 1889 · D:Chinesische Linde · ℏ d Z5; W-China, C-China [29507]
- **chingiana** Hu et W.C. Cheng 1935 [29508]
- **cordata** Mill. 1768 · D:Winter-Linde; E:Little Leaf Linden; F:Tilleul à petites feuilles, Tilleul des bois · ℏ d Z4 VI-VII 💲 Ⓝ; Eur.*, Cauc., N-Iran, W-Sib. [23530]
  'Böhlje' < 1961 [13246]
  'Erecta' = Tilia cordata 'Böhlje'
  'Greenspire' 1961 [45800]
  'Lico' 1977 [39007]
  'Rancho' 1961 [34054]
  'Roelvo' 1988 [43048]
  'Winter Orange' 1988 [14812]
- **dasystyla** Steven 1832 · D:Kaukasische Linde; E:Caucasian Lime · ℏ d Z6 VI; Cauc., N-Iran [29509]
- × **euchlora** K. Koch 1866 (*T. cordata* × *T. dasystyla*) · D:Krim-Linde; E:Crimean Lime; F:Tilleul de Crimée · ℏ d D Z5 VII; Krim [23540]
- × *europaea* auct. non L. = Tilia × vulgaris
- × **flaccida** Host ex Bayer 1862 (*T. americana* × *T. platyphyllos*) · ℏ d Z6 VI-VII; cult. [21708]
- × **flavescens** A. Braun ex Döll 1843 (*T. americana* × *T. cordata*) · ℏ d Z3 VII; cult. [21709]
  'Glenleven' 1963 [28190]
- *glabra* Vent. = Tilia americana
- *grandifolia* Ehrh. ex W.D.J. Koch = Tilia platyphyllos subsp. platyphyllos
- **henryana** Szyszyl. 1891 · D:Henrys Linde · [29511]
  - var. **henryana** · ℏ d Z6; C-China [16998]
  - var. **subglabra** V. Engl. 1905 · ℏ d Z7; C-China
- **heterophylla** Vent. 1800 · D:Verschiedenblättrige Linde; E:White Basswood · ℏ d Z6 VII Ⓝ; USA: NE, SE, Fla. [21711]
- **insularis** Nakai 1917 · D:Koreanische Linde · ℏ d Z7; Korea (Chaju Do) [21713]
- × *intermedia* DC. = Tilia × vulgaris
- **intonsa** Rehder et E.H. Wilson 1915 · ℏ d Z7; China (W-Sichuan)
- **japonica** (Miq.) Simonk. 1888 · D:Japanische Linde · ℏ d Z5 VII; Jap.; mts.
- **kiusiana** Makino et Shiras. [21714]
- *koreana* Nakai = Tilia amurensis
- **mandshurica** Rupr. et Maxim. 1856 · D:Mandschurische Linde; E:Manchurian Linden · ℏ d Z5 VII Ⓝ; Amur, NE-China, Manch, Korea [36610]
- **maximowicziana** Shiras. 1900 · ℏ d Z5 VII; Jap.
- **miqueliana** Maxim. 1880 · D:Miquels Linde; E:Lime, Linden · ℏ d Z6 VI; E-China [21715]
- × **moltkei** Späth 1909 (*T. americana* × *T. tomentosa* 'Petiolaris') · D:Moltkes Linde · ℏ d VII; cult.
- **mongolica** Maxim. 1880 · D:Mon-

golische Linde; E:Mongolian Linden · ♄ d Z5 VII; Mong., N-China [21716]
- *monticola* Sarg. = Tilia heterophylla
- *neglecta* Spach = Tilia americana
- *nigra* Borkh. = Tilia americana
- **oliveri** Szyszyl. 1890 · D:Olivers Linde; E:Oliver's Lime · ♄ d Z6 VI; C-China [21717]
- *parvifolia* Ehrh. = Tilia cordata
- **paucicostata** Maxim. 1889 · ♄ d; China (Gansu, Hubei, Yunnan)
- *petiolaris* DC. = Tilia tomentosa
- **platyphyllos** Scop. 1771 · D:Sommer-Linde · [23580]
  'Aurea' 1838 [33980]
  'Laciniata' 1935 [33710]
  'Pannonia' c. 1985 [14814]
  'Pendula' [39011]
  'Rubra' c. 1755 [33124]
  - subsp. **platyphyllos** · D:Gewöhnliche Sommer-Linde; E:Large Leaved Lime; F:Tilleul à grandes feuilles, Tilleul de Hollande · ♄ d D Z4 VI ⚥ ⓝ; Eur.* exc. BrI; Cauc., nat. in BrI
- *rubra* Steven non DC. = Tilia dasystyla
- *spaethii* C.K. Schneid. = Tilia × flavescens
- **taquetii** C.K. Schneid. 1909
- **tomentosa** Moench 1785 · D:Silber-Linde; E:Silver Lime; F:Tilleul argenté, Tilleul de Hongrie · ♄ d D Z5 VII ⓝ; Eur.: Ba, EC-Eur.; TR, Syr. [23590]
  'Brabant' 1930 [46990]
  'Petiolaris' < 1840 · D:Hänge-Silber-Linde · [27770]
- **tuan** Szyszyl. 1890 · D:Rundblättrige Linde · ♄ d D Z6 VII; C-China [21733]
- *ulmifolia* Scop. = Tilia cordata
- × **vulgaris** Hayne 1813 (*T. cordata* × *T. platyphyllos*) · D:Holländische Linde; E:Common Lime, European Linden; F:Tilleul commun · ♄ d D Z4 VI-VII; Eur.* exc. BrI, nat. in BrI [12561]
  'Pallida' [23570]
  'Wratislaviensis' 1898 [21707]
  'Zwarte Linde' [42970]

Tillandsia L. 1753 -f- *Bromeliaceae* · (S. 977)
D:Greisenbart, Luftnelke, Tillandsie; E:Air Plant; F:Mousse espagnole, Tillandsia
- **achyrostachys** E. Morren ex Baker 1889 · ♃ Z10 ⓦ; Mex.
- **aeranthos** (Loisel.) L.B. Sm. 1943 · ♃ Z9 ⓦ; Bras., Parag., Urug., Arg.
- **albertiana** Verv. 1969 · ♃ Z9 ⓦ; Arg.
- *aloifolia* Hook. = Tillandsia flexuosa
- **anceps** Lodd. 1823 · ♃ Z10 ⓦ; trop. S-Am.
- **andicola** Gillies ex Baker 1878 · ♃ Z9 ⓦ; Arg.
- **andreana** E. Morren ex André 1888 · ♃ Z10 ⓦ; Col.
- **araujei** Mez 1894 · ♃ Z10 ⓦ; E-Bras.
- **arequitae** (André) André ex Mez 1896 · ♃ Z10 ⓦ; Urug.
- **argentea** Griseb. 1866 · ♃ Z10 ⓦ; Mex., Guat., Cuba, Jamaica
- **argentina** C.H. Wright 1907 · ♃ Z10 ⓦ; Arg.
- **arhiza** Mez 1896 · ♃ Z10 ⓦ; Parag.
- **atroviridipetala** Matuda 1957 · ♃ Z9 ⓦ; Mex.
- *augustae-regiae* Mez = Tillandsia biflora
- **aurea** Mez 1906 · ♃ Z10 ⓦ; C-Peru
- *aureobrunnea* = Tillandsia humilis
- **baileyi** Rose ex Small 1903 · ♃ Z9 ⓦ; USA: SC; N-Mex.
- **balbisiana** Schult. et Schult. f. 1830 · E:Northern Needleleaf · ♃ Z9 ⓦ; USA: Fla.; Mex., C-Am., W.Ind., Venez.
- **balsasensis** Rauh 1976 · ♃ Z10 ⓦ; N-Peru
- **bandensis** Baker 1888 · ♃ Z10 ⓦ; Bol., Arg., Parag., Urug.
- **bergeri** Mez 1916 · ♃ Z9 ⓦ; Arg.
- **biflora** Ruiz et Pav. 1802 · ♃ Z10 ⓦ; Costa Rica, Venez., Col., Ecuad., Peru, Bol.
- **bourgaei** Baker 1887 · ♃ Z10 ⓦ; S-Mex., C-Am.
- **brachycaulos** Schltdl. 1845 · ♃ Z9 ⓦ; S-Mex., C-Am.
- **bryoides** Griseb. ex Baker 1879 · ♃ Z9 ⓦ; Peru, Bol., Arg.
- **bulbosa** Hook. 1825 · ♃ Z10 ⓦ; S-Mex., C-Am., W.Ind., Col., Bras.
- **butzii** Mez 1935 · ♃ Z10 ⓦ; Mex., C-Am.
- **cacticola** L.B. Sm. 1954 · ♃ Z9 ⓦ; N-Peru
- **caerulea** Kunth 1816 · ♃ Z10 ⓦ; Ecuad., Peru
- *caldasina* Baker = Tillandsia geminiflora
- **caliginosa** W. Till 1984 · ♃ Z10 ⓦ; Bol., Urug., Arg.
- *calocephala* Wittm. = Tillandsia nana
- *candelifera* Rohweder = Tillandsia imperialis
- **capillaris** Ruiz et Pav. 1802 · ♃ Z9 ⓦ; Mex., C-Am., Col., Ecuad., Peru, Bol., Chile, Arg.
- **capitata** Griseb. · ♃ ⓦ; Mex., Guat., Hond., Cuba
- **caput-medusae** E. Morren 1880 · ♃ Z10 ⓦ; Mex., Guat., Hond., El Salv., Costa Rica
- **cardenasii** L.B. Sm. 1935 · ♃ Z10 ⓦ; Bol.
- *caricifolia* E. Morren ex Mez = Tillandsia festucoides
- **carminea** W. Till 1981 · ♃ Z10 ⓦ; Bras. (Rio de Janeiro)
- **caulescens** Brongn. ex Baker 1889 · ♃ Z9 ⓦ; Peru, Bol.
- **cauligera** Mez 1896 · ♃ Z10 ⓦ; Peru
- **chaetophylla** Mez 1896 · ♃ Z10 ⓦ; Mex. (Veracruz, Puebla, Oaxaca)
- **chiapensis** C.S. Gardner 1978 · ♃ Z10 ⓦ; Mex. (Chiapas)
- *circinnata* Mez = Tillandsia paucifolia
- **circinnatoides** Matuda 1973 · ♃ Z10 ⓦ; Mex., Costa Rica
- *coarctata* Gillies ex Baker = Tillandsia bryoides
- *coccinea* Platzm. ex E. Morren = Tillandsia geminiflora
- *columnaris* E. Morren ex Baker = Tillandsia guatemalensis
- **complanata** Benth. 1846 · ♃ Z10 ⓒ; C-Am., W.Ind., trop. S-Am.
- **compressa** Bertero ex Schult. et Schult. f. 1830 · ♃ Z10 ⓦ
- **concolor** L.B. Sm. 1960 · ♃ Z10 ⓦ; Mex.
- *confusa* Hassl. = Tillandsia duratii var. confusa
- *cordobensis* Hieron. = Tillandsia capillaris
- **crocata** (E. Morren) N.E. Br. 1882 · ♃ Z9 ⓦ; Bras., Arg.
  - var. *tristis* Rauh 1983 = Tillandsia caliginosa
- *cubensis* Gand. = Tillandsia balbisiana
- *cyanea* (A. Dietr.) E. Morren non Linden ex K. Koch = Tillandsia guatemalensis
- **cyanea** Linden ex K. Koch 1867 · ♃ Z9 ⓦ; Ecuad.
- *decomposita* Baker = Tillandsia duratii var. saxatilis
- *dependens* Hieron. ex Mez = Tillandsia capillaris
- **deppeana** Steud. 1841 · ♃ Z10 ⓦ; Mex.
- **diaguitensis** A. Cast. 1929 · ♃ Z9 ⓦ; Parag., N-Arg.

- *dianthoidea* Rossi = Tillandsia aerantha
- **didisticha** (E. Morren) Baker 1888 · ♃ Z9 ⓦ; Bol., Parag., Bras., Arg.
- **disticha** Kunth 1816 · ♃ Z9 ⓦ; Col., Ecuad., Peru
- **dura** Baker 1889 · ♃ Z10 ⓦ; Bras.
- **duratii** Vis. 1841
  - var. **confusa** (Hassl.) L.B. Sm. 1968 Z9 ⓦ; Parag.
  - var. **duratii** Z9 ⓦ; Bol., Arg., Urug.
  - var. **saxatilis** (Hassl.) L.B. Sm. 1968 Z9 ⓦ; Arg.
- **dyeriana** André 1888 · ♃ Z10 ⓦ; Ecuad.
- **edithae** Rauh 1974 · ♃ Z10 ⓦ; Bol. (La Paz)
- *ehlersiana* Rauh = Tillandsia seleriana
- *erubescens* H. Wendl. non Schltdl. = Tillandsia ionantha var. ionantha
- **espinosae** L.B. Sm. 1951 · ♃ Z10 ⓦ; S-Ecuad., N-Peru
- **exserta** Fernald 1895 · ♃ Z10 ⓦ; Mex. (Sonora, Sinaloa)
- **fasciculata** Sw. 1788 · E:Giant Airplant · ♃ Z10 ⓦ; Mex., C-Am., Col., Ecuad., Peru
- **festucoides** Brongn. ex Mez 1896 · ♃ Z10 ⓦ; S-Mex., C-Am.
- **filifolia** Cham. et Schltdl. 1831 · ♃ Z10 ⓦ; S-Mex., Guat., Hond., Costa Rica
- **flabellata** Baker 1887 · ♃ Z10 ⓦ; Mex., Guat., El Salv.
- **flexuosa** Sw. 1788 · E:Twisted Airplant · ♃ Z9 ⓦ; Fla., W.Ind., Panama, Col., Venez., Guyan.
- **floribunda** Kunth 1816 · ♃ Z9 ⓦ; Ecuad., Peru
- **friesii** Mez 1906 · ♃ Z10 ⓦ; Arg. (Salta)
- **funckiana** Baker 1889 · ♃ Z10 ⓦ; Venez.
- **funebris** A. Cast. 1933 · ♃ Z9 ⓦ; Bol., Parag., Arg.
- **gardneri** Lindl. 1842 · ♃ Z10 ⓦ; Col., Venez., Trinidad, Bras.
- **geminiflora** Brongn. · ♃ Z9 ⓦ; Bras., Parag., Urug., Arg.
- **gilliesii** Baker 1878 · ♃ Z10 ⓦ; Peru, Bol., Arg., Chile
- *glaucophylla* (Hook.) Baker = Tillandsia fasciculata
- **globosa** Wawra 1880 · ♃ Z10 ⓦ; E-Bras., Venez.
- **grandis** Schltdl. 1845 · ♃ Z10 ⓦ; C-Am., S-Am.
- **grazielae** R. Braga et Sucre 1975 · ♃ Z10 ⓦ; Bras. (Rio de Janeiro)

- *grisebachiana* Baker = Tillandsia biflora
- **guatemalensis** L.B. Sm. 1949 · ♃ Z10 ⓦ; Mex. (Chiapas, Oaxaca), C-Am.
- **gymnobotrya** Baker 1887 · ♃ Z10 ⓦ; S-Mex., Costa Rica
- **harrisii** Ehlers 1987 · ♃ Z10 ⓦ; Guat.
- *havanensis* Jacq. ex Beer = Tillandsia fasciculata
- *hieronymi* Mez = Tillandsia capillaris
- **hildae** Rauh 1973 · ♃ Z9 ⓦ; N-Peru
- **hondurensis** Rauh 1981 · ♃ Z10 ⓦ; Hond.
- **humilis** C. Presl 1827 · ♃ Z10 ⓦ; Ecuad., Peru
- **ignesiae** Mez 1903 · ♃ Z10 ⓦ; S-Mex.
- **imperialis** E. Morren ex Roezl 1883 · ♃ Z9 ⓚ; Mex.
- *incana* Gillies ex Baker = Tillandsia capillaris
- **incarnata** Kunth 1816 · ♃ Z10 ⓦ; Col., Ecuad., Venez.
- **ionantha** Planch. 1855
  'Haselnuß' = Tillandsia ionantha var. stricta
  'Zebrina'
  - var. **ionantha** · ♃ Z10 ⓦ; Mex.
  - var. **scaposa** L.B. Sm. 1941 = Tillandsia kolbii
  - var. **stricta** Koide 1993 · ♃ ⓦ; Mex. (Oaxaca)
  - var. **zebrina** B.T. Foster 1982 = Tillandsia ionantha var. ionantha
- **ixioides** Griseb. 1879 · ♃ Z10 ⓦ; Arg., Urug., Parag., Bol.
- *jaliscomonticola* Matuda = Tillandsia compressa
- **jucunda** A. Cast. 1929 · ♃ Z10 ⓦ; Arg., Bol.
- **juncea** (Ruiz et Pav.) Poir. 1817 · ♃ Z9 ⓦ; USA: Fla.; Mex., C-Am., W.Ind., trop. S-Am.
- **juncifolia** (Ruiz et Pav.) Poir. · ♃ ⓦ; Mex., C-Am., W.Ind., Venez., Col., Ecuad., Peru, Bol.
- *juncifolia* Regel = Tillandsia juncea
- **kalmbacheri** Matuda 1974 · ♃ Z10 ⓦ; Mex.
- **kammii** Rauh 1977 · ♃ Z10 ⓦ; Hond.
- **karwinskyana** Schult. f. 1830 · ♃ Z10 ⓦ; Mex.
- **kautskyi** E. Pereira 1974 · ♃ Z10 ⓦ; Bras. (Espirito Santo)
- **kolbii** W. Till et Schatzl 1981 · ♃ Z10 ⓦ; Mex. (Oaxaca, Chiapas), Guat.

- **lampropoda** L.B. Sm. 1938 · ♃ Z10 ⓦ; S-Mex., C-Am.
- *langlassei* Poiss. et Menet = Tillandsia caput-medusae
- *lanuginosa* Gillies ex Baker = Tillandsia capillaris
- **latifolia** Meyen 1835 · ♃ Z10 ⓦ; Peru, Ecuad.
  - var. **divaricata** (Benth.) Mez 1896 · ♃ Z10 ⓦ; Peru, Ecuad.
  - var. **latifolia**
- **leonamiana** E. Pereira 1974 · ♃ Z10 ⓦ; Bras. (Minas Gerais)
- **lepidosepala** L.B. Sm. 1935 · ♃ Z10 ⓦ; C-Mex.
- *lindeniana* Regel = Tillandsia lindenii
- **lindenii** Regel 1869 · E:Blue Flowered Torch · ♃ Z10 ⓦ; S-Ecuad., N-Peru
  - var. *regeliana* E. Morren 1870 = Tillandsia lindenii
  - var. *vera* Dombrain = Tillandsia cyanea
- **linearis** Vell. 1829 · ♃ Z10 ⓦ; Bras.
- **loliacea** Mart. ex Schult. et Schult. f. 1830 · ♃ Z9 ⓦ; Peru. Bol., Parag., Bras., Arg.
- **lorentziana** Griseb. 1874 · ♃ Z9 ⓦ; Bol., Parag., Bras., Arg.
- **lucida** E. Morren ex Baker 1889 · ♃ Z10 ⓦ; Mex., Guat., Hond., Nicar.
- **macdougallii** L.B. Sm. 1949 · ♃ Z10 ⓦ; Mex.
- **magnusiana** Wittm. 1889 · ♃ Z10 ⓦ; Mex., Guat., Hond., El Salv.
- **makoyana** Baker 1889 · ♃ Z10 ⓚ; Mex., Guat., Hond., Costa Rica
- **mallemontii** Glaz. ex Mez 1894 · ♃ Z10 ⓦ; Bras.
- *mandonii* E. Morren = Tillandsia crocata
- **marconae** W. Till et Vitek 1985 · ♃ Z10 ⓦ; Peru
- **matudae** L.B. Sm. 1949 · ♃ Z10 ⓦ; Mex. (Chiapas, Oaxaca), Guat.
- **mauryana** L.B. Sm. 1937 · ♃ Z10 ⓦ; Mex. (Hidalgo, Puebla, Jalisco)
- *meridionalis* Baker = Tillandsia recurvifolia
- **mitlaensis** W. Weber et Ehlers 1983 · ♃ Z10 ⓦ; Mex. (Oaxaca)
- **mollis** · ♃ Z10 ⓦ; Bol.
- **montana** Reitz 1962 · ♃ Z10 ⓦ; Bras. (Santa Catarina)
- *morreniana* Regel = Tillandsia cyanea
- **muhrii** · ♃ Z10 ⓦ; Arg. (Jujuy, Salta)
- **multicaulis** Steud. 1841 · ♃ Z10

(🌱); C-Mex., Costa Rica, Panama
- **myosura** Griseb. ex Baker 1878 · ♃ Z9 (🌱); Bol., Arg.
- **nana** Baker 1889 · ♃ Z10 (🌱); Peru
- **narthecioides** C. Presl 1827 · ♃ D Z10 (🌱); Ecuad.
- *neglecta* E. Pereira = Tillandsia tenuifolia
- **oaxacana** L.B. Sm. 1949 · ♃ Z10 (🌱); S-Mex.
- **orogenes** Standl. et L.O. Williams 1953 · ♃ Z10 (🌱); Mex. (Chiapas), Guat., Hond., Nicar.
- **paleacea** C. Presl 1827 · ♃ Z9 (🌱); Col., Peru, Bol., Chile
- *pauciflora* Sessé et Moç. = Tillandsia recurvata
- **paucifolia** Baker 1878 · ♃ Z10 (🌱); Fla., Mex., C-Am., W.Ind., Venez., Col.
- *pedicellata* (Mez) A. Cast. = Tillandsia bryoides
- **peiranoi** A. Cast. 1938 · ♃ Z10 (🌱); Arg. (Salta)
- *permutata* A. Cast. = Tillandsia capillaris
- *pilosa* L.B. Sm. = Tillandsia bandensis
- **plagiotropica** Rohweder 1953 · ♃ Z10 (🌱); Guat., El Salv.
- **plumosa** Baker 1888 · ♃ Z10 (🌱); Mex., C-Am.
- **pohliana** Mez 1894 · ♃ Z9 (🌱); Peru, Bras., Parag., Arg.
- **polystachya** (L.) L. 1762 · ♃ Z10 (🌱); Mex., C-Am., trop. S-Am.
- *polytrichioides* E. Morren = Tillandsia tricholepis
- **ponderosa** L.B. Sm. 1945 · ♃ Z10 (🌱); Mex. (Oaxaca, Chiapas), Guat., Hond.
- *propinqua* Gay = Tillandsia capillaris
- **pruinosa** Sw. 1797 · E:Fuzzy Wuzzy Airplant · ♃ Z10 (🌱); Mex., C-Am., W.Ind., Bras. Ecuad.
- **pseudobailey** C.S. Gardner 1984 · ♃ Z10 (🌱); S-Mex., Guat., Hond., El Salv., Nicar.
- **pseudomicans** Rauh 1974 · ♃ Z10 (🌱); Peru (Amurípac)
- **pueblensis** L.B. Sm. 1934 · ♃ Z10 (🌱); Mex.
- *pulchella* Hook. = Tillandsia tenuifolia
- **punctulata** Schltdl. et Cham. 1831 · ♃ Z10 (🌱); C-Am., Surinam
- *pungens* Mez = Tillandsia fasciculata
- *pusilla* Gillies ex Baker = Tillandsia capillaris
- *quadrangularis* Mart. et Galeotti = Tillandsia juncea

- *quadriflora* Baker = Tillandsia bandensis
- **rauhii** L.B. Sm. 1958 · ♃ Z9 (🌱); N-Peru
- **rectangula** Baker 1878 · ♃ Z9 (🌱); Arg.
- **recurvata** (L.) L. 1762 · ♃ Z8 (🌱); USA: SC, SW; S-Am.
- **recurvifolia** Hook. 1861 · ♃ Z9 (🌱); Bras., Parag., Arg.
- *regnellii* Mez = Tillandsia gardneri
- **reichenbachii** 1889 · ♃ Z10 (🌱); Arg., S-Bol., Parag.
- **remota** Wittm. 1881 · ♃ Z10 (🌱); Guat., El Salv.
- *rubentifolia* Poiss. et Menet = Tillandsia ionantha var. ionantha
- **schatzlii** Rauh 1979 · ♃ Z10 (🌱); Mex.
- **schiedeana** Steud. 1841 · ♃ Z10 (🌱); Mex., W.Ind., Venez., Col.
  - var. **glabrior** · ♃ Z10 (🌱); Mex. (Oaxaca)
- *scopus* Hook. f. = Tillandsia ionantha var. ionantha
- **seideliana** E. Pereira 1979 · ♃ Z10 (🌱); Bras. (Santa Catarina)
- **seleriana** Mez 1902 · ♃ Z10 (🌱); Mex., Guat.
- **setacea** Sw. 1797 · E:Southern Needleleaf · ♃ Z9 (🌱); USA: SE, Fla., SC; Mex., C-Am., Venez., Bras.
- **sphaerocephala** Baker 1888 · ♃ Z10 (🌱); N-Arg., Bol.
- *stolpii* Phil. = Tillandsia capillaris
- **straminea** Kunth 1816 · ♃ Z10 (🌱); Ecuad., Peru
- **streptocarpa** Baker 1887 · ♃ Z10 (🌱); Parag., Bras., Bol., S-Peru, Arg.
- **streptophylla** Scheidw. ex E. Morren 1836 · ♃ Z10 (🌱); Mex., Guat., Hond., Jamaica
- **stricta** Sol. ex Ker-Gawl. 1813 · ♃ Z9 (🌱); Venez., Trinidad, Guyan., Bras., Parag., Arg.
- *subulata* E. Morren ex Baker = Tillandsia chaetophylla
- **subulifera** Mez 1919 · ♃ Z10 (🌱); Panama, Trinidad, Ecuad.
- **sucrei** E. Pereira 1971 · ♃ Z10 (🌱); Bras. (Rio de Janeiro)
- **tectorum** E. Morren 1877 · ♃ Z9 (🌱); Peru
- *tenuifolia* Jacq. non L. = Tillandsia flexuosa
- **tenuifolia** L. 1753 · ♃ Z10 (🌱); W.Ind., trop. S-Am.
- *tephrophylla* Harms = Tillandsia capitata
- **tricholepis** Baker 1878 · ♃ Z9 (🌱); Bol., Parag., Bras., Arg.

- **tricolor** Schltdl. et Cham. 1831 · ♃ Z9 (🌱); Mex., Guat., Nicar., Costa Rica
- **umbellata** André 1951 · ♃ Z10 (🌱); S-Ecuad.
- *unca* Baker = Tillandsia argentina
- *urbaniana* Wittm. = Tillandsia balbisiana
- **usneoides** (L.) L. 1762 · D:Greisenbart; E:Spanish Moss · ♃ ⚥ Z8 (🌱); USA: Va., SE, Fla., SC; Mex. C-Am., W.Ind., S-Am.
- **utriculata** L. 1753 · E:Spreading Airplant · ♃ Z8 (🌱); USA: Fla., Ga.; Mex., C-Am., W.Ind., Venez.
- *uyucensis* Gilmartin = Tillandsia guatemalensis
- **valenzuelana** A. Rich. 1850 · ♃ Z9 (🌱); Fla., S-Mex., C-Am., Venez., Col. , Bol.
- *variegata* Schltdl. = Tillandsia butzii
- **vernicosa** Baker 1887 · ♃ Z9 (🌱); Bol., Parag., Arg.
- **vicentina** Standl. 1923 · ♃ Z10 (🌱); S-Mex., C-Am.
- **violacea** Baker 1887 · ♃ Z9 (🌱); Mex.
- *virescens* Ruiz et Pav. = Tillandsia capillaris
- **viridiflora** (Beer) Baker 1888 · ♃ Z10 (🌱); C-Am.
- **wagneriana** L.B. Sm. 1963 · ♃ Z10 (🌱); Peru: Amazon.
- *williamsii* Rusby = Tillandsia capillaris
- **xerographica** Rohweder 1953 · ♃ Z10 (🌱) ▽ ✳; Mex., Guat., El Salv.
- **xiphioides** Ker-Gawl. 1816 · ♃ Z9 (🌱); Bol., Parag., Arg.
  - var. **tafiensis** · ♃ (🌱); Arg. (Salta, Tucumán)
- **zecheri** · ♃ Z10 (🌱); NW-Arg.

Tinantia Scheidw. 1839 -f-
Commelinaceae · (S. 984)
E:False Dayflower, Widow's Tears
- **erecta** (Jacq.) Schltdl. 1852 · ☉ Z9 VI-VIII; C-Am., S-Am.
- *fugax* Scheidw. = Tinantia erecta

Tipuana (Benth.) Benth. 1860 -f-
Fabaceae · (S. 528)
D:Tipubaum; E:Tipu Tree; F:Bois de rose, Tipu
- **tipu** (Benth.) Kuntze 1898 · D:Tipubaum; E:Tiputree · ♄ s Z10 (🌱); Bras., Arg., Bol. [21735]

Tischleria Schwantes = Carruanthus
- *peersii* Schwantes = Carruanthus ringens

Titanopsis Schwantes 1926 -f-
Aizoaceae · (S. 150)
D:Kalkblatt; F:Plante-caillou,
Titanopsis
- **calcarea** (Marloth) Schwantes
1926 · D:Echtes Kalkblatt · ⚘ Z9
🏠; S-Afr. (Cape Prov.)
- *fulleri* Tischer = Titanopsis
calcarea
- **hugo-schlechteri** (Tischer) Dinter
et Schwantes 1927 · D:Purpur-
Kalkblatt · ⚘ Z9 🏠; Namibia
(Great Namaqualand)
- **schwantesii** (Schwantes)
Schwantes 1926 · D:Perlen-Kalk-
blatt · ♃ ⚘ Z9 🏠; Namibia

Titanotrichum Soler. 1909 -n-
Gesneriaceae
- **oldhamii** (Hemsl.) Soler. 1909 · ♃
Z9 🏠 V-VIII; S-China, Taiwan

Tithonia Desf. ex Juss. 1797 -f-
Asteraceae · (S. 275)
D:Tithonie; E:Mexican Sunflower;
F:Soleil mexicain
- **diversifolia** (Hemsl.) A. Gray
1849 · D:Riesen-Tithonie · ⊙ ♃ Z9
VIII-X; S-Mex., Guat.
- **rotundifolia** (Mill.) S.F. Blake
1917 · D:Mexikanische Sonnen-
blume, Mexikanische Tithonie;
E:Mexican Sunflower · ⊙ Z9
VIII-X; Mex. [16808]
'Torch'
- *speciosa* (Hook.) Hook. et Griseb.
= Tithonia rotundifolia
- *tagetiflora* Desf. = Tithonia
rotundifolia

Tococa Aubl. 1775 -f-
Melastomataceae · (S. 633)
- **neocinnamomea** Buchheim et
Potztal 1960 · ♄ e Z10 🏠; Costa
Rica

Todea Willd. ex Bernh. 1801 -f-
Osmundaceae · (S. 74)
D:Elefantenfarn; E:Crepe Fern;
F:Fougère arborescente, Todéa
- **barbata** (L.) T. Moore 1857 ·
♄ e Z10 🏠; Austr.: Queensl.,
N.S.Wales, Victoria, S-Austr.,
Tasman.; NZ, S-Afr.
- *hymenophylloides* A. Rich. =
Leptopteris hymenophylloides
- *superba* Colenso = Leptopteris
superba

Tofieldia Huds. 1778 -f-
Melanthiaceae · (S. 1040)
D:Simsenlilie; E:False Asphodel;
F:Tofieldia

- *borealis* (Wahlenb.) Wahlenb. =
Tofieldia pusilla
- **calyculata** (L.) Wahlenb. 1812 ·
D:Gewöhnliche Simsenlilie;
E:Alpine Asphodel, German
Asphodel · ♃ △ ∽ Z6 VI-VIII;
Eur.* exc. BrI [66827]
- *palustris* Huds. = Tofieldia
calyculata
- **pusilla** (Michx.) Pers. 1805 ·
D:Kleine Simsenlilie; E:Scotch
False Asphodel, Scottish
Asphodel · ♃ △ ∽ Z6 VII-VIII;
Eur.: BrI, Sc, Fr, C-Eur., Croat.,
EC-Eur., E-Eur.; Sib, Alaska, Can.,
USA: NCE, NC

Tolmiea Torr. et A. Gray 1840 -f-
Saxifragaceae · (S. 818)
D:Lebendblatt, Tolmie; E:Pick-a-
back Plant; F:Tolmiée
- **menziesii** (Pursh) Torr. et
A. Gray 1840 · D:Henne mit
Küken, Lebendblatt; E:Mother-
of-Thousands, Piggy Back Plant;
F:La poule et les poussins · ♃ Z7;
Alaska, Can.: W; USA: NW, Calif.
[66828]
fo. gemmifera 1930 Engl.
'Maculata' = Tolmiea menziesii 'Taff's Gold'
'Taff's Gold' [61746]
'Variegata' = Tolmiea menziesii 'Taff's
Gold'

Tolpis Adans. 1763 -f- *Asteraceae* ·
(S. 275)
D:Bartpippau, Christusauge, Gras-
nelkenhabichtskraut; F:Oeil du
Christ, Trépane
- **barbata** (L.) Gaertn. 1791 ·
D:Bartpippau · ⊙ VI-IX; Eur.: Ib,
Fr, Ap, Ba, ? RO; TR, Syr., N-Afr.
- **staticifolia** (All.) Sch. Bip. 1861 ·
D:Gewöhnliches Grasnelkenha-
bichtskraut · ♃ Z6 VI-IX; Eur.: F, I,
C-Eur., CZ, Slove., AL; Alp., Jura,
AL

Toluifera L. = Myroxylon
- *balsamum* L. = Myroxylon
balsamum var. balsamum
- *pereirae* (Royle) Baill. = Myroxylon
balsamum var. pereirae

Tommasinia Bertol. = Peucedanum
- *altissima* (Mill.) Thell. =
Peucedanum verticillare

Tonestus A. Nelson 1904 -m-
Asteraceae · (S. 275)
- **lyallii** (A. Gray) A. Nelson 1904 ·
♃ Z7; Can.: B.C., Alta.; USA: NW,
Rocky Mts.

Toona (Endl.) M. Roem. 1846 -f-
Meliaceae · (S. 637)
D:Surenbaum; E:Toon; F:Cèdre
bâtard, Cèdrella
- **ciliata** M. Roem. 1846 · D:Aust-
ralischer Surenbaum; E:Cedrela,
Toon · ♄ s D 🏠 ℕ; Him.,
Myanmar, Thail. [21737]
- **sinensis** (A. Juss.) M. Roem.
1846 · D:Chinesischer Suren-
baum; E:Red Toon · ♄ d Z6 ℕ;
China, Korea, Jap. [21736]
'Flamingo' [16994]

Tordylium L. 1753 -n- *Apiaceae* ·
(S. 186)
D:Zirmet; E:Hartwort; F:Tordyle
- **apulum** L. 1753 · D:Apulische
Zirmet · ⊙; Eur.: Ib, Fr, Ba; TR,
NW-Afr.
- **maximum** L. 1753 · D:Große
Zirmet · ⊙ ⊙ VI-VIII; Eur.* exc. Sc;
TR, Cauc., N-Iran

Torenia L. 1753 -f-
Scrophulariaceae · (S. 839)
D:Schnappmäulchen, Torenie;
F:Torénia
- **asiatica** L. 1753 · ♃ Z9 🏠 VI-IX;
S-Ind.
- **atropurpurea** Ridl. 1908 · ♃ Z9
🏠 VII-IX; Malay. Pen.
- **flava** Buch.-Ham. ex Benth. 1835 ·
⊙ Z9 🏠 VI-VIII; S-Vietn.
- **fournieri** Linden ex E. Fourn.
1876 · E:Bluewings, Wishbone
Flower · ⊙ Z9 🏠 VII-IX; S-Vietn.
[16809]

Torilis Adans. 1763 -f- *Apiaceae* ·
(S. 186)
D:Borstendolde, Klettenkerbel;
E:Hedge Parsley; F:Petit toryle,
Torilis
- **arvensis** (Huds.) Link 1821 ·
D:Acker-Klettenkerbel · ⊙ VII-VIII;
Eur.* exc. Sc; TR, Syr., Lebanon,
Cauc., Iran, Afgh., C-As., E-As.,
N-Afr., Macaron., trop. Afr., nat. in
N-Am., Austr.
- **japonica** (Houtt.) DC. 1830 ·
D:Gewöhnlicher Klettenkerbel;
E:Hedge Parsley · ⊙ ⊙ VI-VIII;
Eur.*, Cauc., Him., Amur, China,
Korea, Jap., Taiwan, Vietn.
- **leptophylla** (L.) Rchb. f. 1866 ·
D:Feinblättriger Klettenkerbel · ⊙
VI-VII; Eur.*: Ib, Fr, Ap, Ba, Krim;
TR, Iraq, Palaest., Cauc., Iran,
C-As., Him., Canar., nat. in C-Eur.,
EC-Eur., Russ.
- **nodosa** (L.) Gaertn. 1788 ·
D:Knotiger Klettenkerbel · ⊙ IV-V;

Eur.: BrI, Ib, Fr, Ap, Ba, RO, Krim; TR, Cauc., Iran, C.-As., N-Afr., Canar., Madeira, nat. in C-Eur., EC-Eur., USA

Torreya Arn. 1838 -f- *Taxaceae* · (S. 98)
D:Nusseibe, Stinkeibe; E:Nutmeg Yew; F:If puant, Muscadier de Californie
- **californica** Torr. 1852 · D:Kalifornische Nusseibe; E:California Nutmeg Yew · ♄ ♄ e Z8 ⓚ ∧; Calif. [32834]
- **grandis** Fortune ex Lindl. · D:Gewöhnliche Große Nusseibe · ♄ e Z8 ⓚ Ⓝ; E-China [32836]
- **nucifera** (L.) Siebold et Zucc. 1846 · D:Japanische Nusseibe; E:Japanese Nutmeg Yew · ♄ e Z7; Jap. [32838]
'Variegata' Hort.
- **taxifolia** Arn. 1838 · D:Florida-Nusseibe; E:Florida Nutmeg, Stinking Cedar Leaved Torreya · ♄ e Z9 ⓚ; USA: Ga., Fla [21739]

Toumeya Britton et Rose = Sclerocactus
- *lophophoroides* (Werderm.) Bravo et W.T. Marshall = Turbinicarpus lophophoroides
- *papyracantha* (Engelm.) Britton et Rose = Sclerocactus papyracanthus
- *pseudomacrochele* (Backeb.) Bravo et W.T. Marshall = Turbinicarpus pseudomacrochele var. pseudomacrochele
- *schmiedickeana* (Boed.) Bravo et W.T. Marshall = Turbinicarpus schmiedickeanus var. schmiedickeanus

Townsendia Hook. 1833 -f- *Asteraceae* · (S. 275)
D:Townsendie; E:Townsend Daisy; F:Townsedia
- **exscapa** (Richardson) Porter 1894 · D:Niedere Townsendie; E:Stemless Townsend Daisy · ⚃ △ Z7 ∧ V-VI; Can.: W; USA: Rocky Mts., SW; Mex. [61747]
- **florifera** (Hook.) A. Gray 1881 · ☉ △ Z7 ∧ V-VI; USA: NW, Nev., Utah
- **formosa** Greene 1906 · ⚃; USA: SW
- **grandiflora** Nutt. 1840 · D:Großblütige Townsendie; E:Large-flowered Townsend Daisy · ☉ △ Z7 ∧ V; USA: NC, SW, Rocky Mts. [61748]

- **hookeri** Beaman 1957 · D:Hookers Townsendie; E:Hooker's Townsend Daisy · ⚃ △ Z7 ∧ V-VI; Can.: W; USA: Rocky Mts.
- **incana** Nutt. 1840 · ⚃; USA: Wyo., Nev., Utah, SW; N-Mex.
- **montana** M.E. Jones 1893 · ⚃ Z6; USA: Oreg., Idaho, Mont., Wyo., Utah
- **parryi** D.C. Eaton 1874 · D:Parrys Townsendie; E:Parry's Townsend Daisy · ☉ ⚃ △ Z7 ∧ V; Can.: Alta.; USA: Rocky Mts. [61749]
- **rothrockii** A. Gray ex Rothr. 1879 · ⚃ △ Z7 ⓚ ∧ V-VI; USA: W-Colo.
- *sericea* Hook. = Townsendia exscapa
- **spathulata** Nutt. 1841 · ⚃; USA: Wyo.; mts.
- *wilcoxiana* A.W. Wood = Townsendia exscapa

Toxicodendron Mill. = Rhus
- *quercifolium* (Michx.) Greene = Rhus toxicodendron var. toxicodendron
- *radicans* (L.) Kuntze = Rhus radicans
- *succedaneum* (L.) Kuntze = Rhus succedanea
- *vernicifluum* (Stokes) F.A. Barkley = Rhus vernicifllua
- *vernix* (L.) Kuntze = Rhus vernix

Tozzia L. 1753 -f- *Scrophulariaceae* · (S. 840)
D:Alpenrachen; F:Tozzia
- **alpina** L. 1753 · D:Alpenrachen · ☉ VI-VIII; Eur.* exc. BrI, Sc; mts.

Trachelium L. 1753 -n- *Campanulaceae* · (S. 389)
D:Halskraut; E:Throatwort; F:Trachélium
- **asperuloides** Boiss. et Orph. 1856 · ⚃ △ Z8 ⓚ ∧ VII; S-GR
- **caeruleum** L. 1753 · D:Blaues Halskraut; E:Blue Throatwort · ⚃ Z9 ⓚ VII-IX ✼; Eur.: Ib, I, Sic., Maroc., Alger., nat. in F [68203]
- **jacquinii** (Sieber) Boiss. 1875 [61750]
- subsp. **jacquinii** · ⚃ Z8 ⓚ; Eur.: GR
- subsp. **rumelianum** (Hampe) Tutin 1976 · ⚃ △ Z8 ⓚ VII-VIII; Eur.: BG, GR [61751]
- *rumelianum* Hampe = Trachelium jacquinii subsp. rumelianum

Trachelospermum Lem. 1851 -n- *Apocynaceae* · (S. 196)

D:Sternjasmin; F:Jasmin étoilé
- **asiaticum** (Siebold et Zucc.) Nakai 1922 · D:Japanischer Sternjasmin; E:Asian Jasmine · ♄ e ⚹ Z8 ⓚ; Jap., Korea [11313]
'Aureum'
'Tricolor' [17424]
- **jasminoides** (Lindl.) Lem. 1851 · D:Chinesischer Sternjasmin; E:Star Jasmine · ♄ e ⚹ D Z8 ⓚ; China, Korea, Jap. [58136]
'Variegatum'
'Wilsonii'
- *majus* Nakai = Trachelospermum asiaticum

Trachomitum Woodson = Apocynum
- *venetum* (L.) Woodson = Apocynum venetum

Trachycarpus H. Wendl. 1861 -m- *Arecaceae* · (S. 962)
D:Hanfpalme; E:Chinese Windmill Palm, Fan Palm; F:Palmier-chanvre
- *excelsus* hort. = Trachycarpus fortunei
- **fortunei** (Hook.) H. Wendl. 1861 · D:Chinesische Hanfpalme; E:Chusan Palm · ♄ e Z8 ⓚ Ⓝ; Myanmar, China, S-Jap. [58144]
- **martianus** (Wall. ex Mart.) H. Wendl. 1861 · ♄ e Z9 ⓚ; Him., Ind.(Assam), N-Myanmar, China
- **nanus** Becc. 1910 · ♄ e ⓚ; China (Yunnan)
- **oreophilus** Gibbons et Spanner 1997 · ♄ e ⓦ; Thail.
- **takil** Becc. 1905 · ♄ e Z8 ⓚ; W-Him.
- **wagnerianus** Becc. 1921 · ♄ e Z9 ⓚ [16237]

Trachylobium Hayne = Hymenaea
- *verrucosum* (Gaertn.) Oliv. = Hymenaea verrucosa

Trachymene Rudge 1810 -f- *Apiaceae* · (S. 186)
D:Blaudolde, Raudolde; E:Lace Flower; F:Trachymène
- **coerulea** Graham 1828 · D:Blaudolde, Blaue Raudolde; E:Blue Lace Flower; F:Trachymène bleu · ☉ Z9 ⓚ VII-IX; W-Austr.

Trachyspermum Link 1821 -n- *Apiaceae* ·
D:Indischer Kümmel
- **ammi** (L.) Sprague 1929 · D:Indischer Kümmel; E:Kummel · ⚃ ⓚ ⚹ Ⓝ; cult.
- *copticum* (L.) Link =

Trachyspermum ammi
- **roxburghianum** (DC.) Craib 1931 · ⚃ ⓜ ⓝ; orig. ?; cult. Ind.
- **scaberulum** (Franch.) H. Wolff 1933

Trachystemon D. Don 1832 -m- *Boraginaceae* · (S. 311)
D:Rauling; E:Abraham, Isaac and Jacob; F:Bourrache du Caucase
- **orientalis** (L.) G. Don 1837 · D:Rauhling; E:Abraham, Isaac and Jacob · ⚃ Z6 IV-V; Eur.: BG; TR, Cauc. [61756]

Tradescantia L. 1753 -f- *Commelinaceae* · (S. 985)
D:Dreimasterblume, Tradeskantie; E:Spiderwort; F:Ephémère
- *albiflora* Kunth = Tradescantia fluminensis
- × **andersoniana** W. Ludw. et Rohweder 1954 (*T. ohiensis* × *T. subaspera* × *T. virginiana*) · D:Garten-Dreimasterblume; E:White Spiderwort; F:Ephémère de Virginie · ⚃; cult.
  'Alba Major'
  'Bilberry Ice' [68810]
  'Blue Stone' [66834]
  'Caerulea Plena' [71770]
  'Charlotte' [66836]
  'Innocence' [66839]
  'J.C. Weguelin' [66838]
  'Karminglut' [66841]
  'Leonora' [66842]
  'Osprey' [66843]
  'Purple Dome'
  'Rubra' [66846]
  'Zwanenburg Blue' [66847]
- **bracteata** Small ex Britton 1898 · ⚃; USA: NEC, NC, Okla., Mont.
- **brevicaulis** Raf. = Tradescantia virginiana
- **cerinthoides** Kunth 1843 · ⚃ Z8 ⓜ; Arg.
- **crassula** Link et Otto 1828 · ⚃ Z9 ⓜ; Urug.
- *diuretica* Mart. = Tripogandra diuretica
- **fluminensis** Vell. 1829 · D:Rio-Dreimasterblume; E:Wandering Sailor · ⚃ ↝ Z9 ⓜ ⓜ; SE-Bras., Arg., nat. in Ib, Corse
- *fuscata* Lodd. = Siderasis fuscata
- *geniculata* Jacq. = Gibasis geniculata
- **longipes** E.S. Anderson et Woodson 1935 · ⚃; USA: Mo., Ark. [66848]
- *myrtifolia* hort. = Tradescantia fluminensis
- *navicularis* Ortgies = Callisia navicularis
- **occidentalis** (Britton) Smyth 1899 · ⚃; USA: NEC, NC, SW, SC, Rocky Mts.
- **ohiensis** Raf. 1814 · ⚃ Z7 IV-VI; USA: NE, NCE, NC, SC, SE, Fla. [72021]
- **pallida** (Rose) D.R. Hunt 1975 · D:Mexikanische Dreimasterblume; E:Purple Heart · ⚃ Z8 ⓜ; Mex.
- *pexata* H.E. Moore = Tradescantia sillamontana
- *reflexa* Raf. = Tradescantia ohiensis
- *reginae* L. Linden et Rodigas = Dichorisandra reginae
- **sillamontana** Matuda 1955 · D:Haarige Dreimasterblume; E:White Velvet · ⚃ Z9 ⓜ; NE-Mex.
- **spathacea** Sw. 1788 · D:Purpurblättrige Dreimasterblume; E:Boat Lily, Moses-in-the-Boat · ⚃ Z9 ⓜ; S-Mex., Guat., Belize
- **subaspera** Ker-Gawl. 1813 · ⚃ Z7 VI-VII; USA: NE, NCE, SE, Fla.
- **virginiana** L. 1753 · D:Virginische Dreimasterblume; E:Spiderwort, Virginia Spiderwort · ⚃ Z7 IV-V; USA: NE, NCE, SE [69015]
- *virginica* L. = Tradescantia virginiana
- *warscewicziana* Kunth et C.D. Bouché = Callisia warszewicziana
- **zanonia** (L.) Sw. · ⚃ Z9 ⓜ; Mex., C-Am., W.Ind., trop. S-Am.
- **zebrina** Heynh. 1847
  'Purpusii' · ↝
  - var. **flocculosa** (G. Brückn.) D.R. Hunt 1986 · ⚃ ↝ Z9 ⓜ; ? Mex.
  - var. **zebrina** · D:Silber-Dreimasterblume; E:Wandering Jew · ⚃ ⚄ ↝ Z9 ⓜ; Mex.

Tragopogon L. 1753 -m- *Asteraceae* · (S. 276)
D:Bocksbart; E:Goat's Beard; F:Salsifis
- *australis* Jord. = Tragopogon porrifolius subsp. australis
- **crocifolius** L. 1759 · D:Safranblättriger Bocksbart · ⊙ Z5 V-VII; Eur.: Ib, Fr, Ap, Ba; Maroc., Alger., nat. in Sweden
- **dubius** Scop. 1772 · D:Großer Bocksbart; E:Yellow Salsify · ⊙ Z5 V-VII; Eur.: Ib, Fr, C-Eur., EC-Eur., Ba, E-Eur.; TR, Cauc.
- **porrifolius** L. 1753 · D:Haferwurzel, Weißwurzel · [61757]
  - subsp. **australis** (Jord.) Nyman 1879 · ⊙ Z5 VI-VII; Eur.: Ib, Fr, Ap, Ba, RO; Canar., Alger., nat. in BrI, Sc, C-Eur., EC-Eur.
  - subsp. **porrifolius** · E:Salsify, Vegetable Oyster · ⊙ Z5 VI-VII ⓝ; Eur.: Ib, Fr, Ap, Ba, RO; TR, N-Afr., nat. in Eur.: C-Eur., BrI, EC-Eur., Sc; N-Am.
  - subsp. *sativus* (Gaterau) Braun-Blanq. 1919 = Tragopogon porrifolius subsp. porrifolius
- **pratensis** L. 1753 · D:Wiesen-Bocksbart · [61758]
  - subsp. **minor** (Mill.) Wahlenb. 1826 · D:Kleinblütiger Bocksbart, Kleiner Wiesen-Bocksbart · ⊙ Z3 V-VII; Eur.: CH, D, PL, W-Eur.
  - subsp. **orientalis** (L.) Čelak. 1871 · D:Östlicher Wiesen-Bocksbart, Orientalischer Bocksbart · ⊙ Z3 V-VII; C-Eur., E-Eur. [61759]
  - subsp. **pratensis** · D:Gewöhnlicher Wiesen-Bocksbart; E:Goat's Beard, Jack-Go-To-Bed-At-Noon · ⊙ ⚃ Z3 V-VII ⚡ ⚔; Eur.*, TR, Cauc., C-As., nat. in N-Am. [61760]
- *sinuatus* Avé-Lall. = Tragopogon porrifolius subsp. australis

Tragus Haller 1768 -m- *Poaceae* · (S. 1133)
D:Klettengras; E:Bur Grass; F:Bardanette
- **racemosus** (L.) All. 1785 · D:Traubiges Klettengras; E:Spike Burr Grass · ⊙ VI-VII; Eur* exc. BrI, Sc; TR, Cauc., C-As., Trop. Subtrop. Old World, nat. in Am.

Trapa L. 1753 -f- *Trapaceae* · (S. 873)
D:Wassernuss; E:Water Chestnut; F:Châtaigne d'eau
- **natans** L. 1753 [67358]
  - var. **bispinosa** (Roxb.) Makino 1907 · D:Singhara Wassernuss; E:Singhara Nut · ⊙ ≈ Z7 ⓝ ▽; China, Korea, Jap.
  - var. **natans** · D:Gewöhnliche Wassernuss; E:Jesuits Nut, Water Chestnut; F:Châtaigne d'eau · ⊙ ≈ Z5 VII-VIII ▽; Eur.* exc. BrI, Sc; TR, C-As., N-Afr., C-Afr.

Traunsteinera Rchb. 1842 -n- *Orchidaceae* · (S. 1086)
D:Kugelknabenkraut, Kugelorchis; F:Orchis globuleux
- **globosa** (L.) Rchb. 1842 · D:Europäische Kugelorchis · ⚃ VI-VII ▽

✶; Eur.* exc. BrI, Sc; TR, Cauc.

Trautvetteria Fisch. et C.A. Mey. 1835 -f- *Ranunculaceae* · (S. 734)
- **caroliniensis** (Walter) Vail 1890 · ⚁ Z5; USA: NE, NCE, SE

Treculia Decne. ex Trécul 1847 -f- *Moraceae* · (S. 653)
D:Afrikanischer Brotfruchtbaum, Okwabaum; E:Breadfruit; F:Tréculia
- **africana** Decne. ex Trécul 1847 · D:Afrikanischer Brotfruchtbaum, Okwabaum; E:African Breadfruit · ♄ e ⓦ ⓝ; trop. W-Afr.

Trema Lour. 1790 -f- *Ulmaceae* · (S. 876)
- **orientalis** (L.) Blume 1856 · E:Indian Charcoal Tree · ♄ e Z9 ⓚ; Ind., S-China, Taiwan, Jap., Malay. Arch., Austr.

Tremastelma Raf. = Scabiosa
- *palaestinum* (L.) Janch. = Scabiosa brachiata

Tretorhiza Adans. = Gentiana
- *cruciata* (L.) Opiz = Gentiana cruciata subsp. cruciata

Trevesia Vis. 1840 -f- *Araliaceae* · (S. 202)
- **burckii** Boerl. 1887 · ♄ e Z10 ⓚ; Sumat., Kalimantan
- **palmata** (Roxb. ex Lindl.) Vis. 1842 · D:Schneeflockenbaum; E:Snowflake Tree · ♄ e Z10 ⓚ; Ind.
- *sanderi* hort. = Trevesia burckii

× **Trevorara** hort. 1963 -f- *Orchidaceae* ·
(*Arachnis* × *Phalaenopsis* × *Vanda*)

Tribulus L. 1753 -m- *Zygophyllaceae* · (S. 894)
D:Burzeldorn; F:Tribule
- **terrestris** L. 1753 · D:Burzeldorn; E:Cat's Head · ☉ ☉ V-X; Eur.: Ba, Ib, Ap, Fr, EC-Eur., E-Eur.; TR, Cauc., W-Sib., E-Sib., C-As., Ind., Mong., Tibet, China: Sinkiang, ; Jap., N-Afr., Canar., nat. in Am., Afr., Trop.

Trichantha Hook. 1844 -f- *Gesneriaceae* · (S. 556)
- **illepida** (H.E. Moore) C.V. Morton 1963 · ♄ Z10 ⓚ; Panama
- **minor** Hook. 1844 · ⚁ ⚂ Z10 ⓦ XII-I; Ecuad.

- *teuscheri* C.V. Morton = Trichantha minor

Trichinium R. Br. = Ptilotus
- *manglesii* (Lindl.) F. Muell. = Ptilotus manglesii

Trichocaulon N.E. Br. 1878 -n- *Asclepiadaceae* · (S. 211)
- *cactiforme* (Hook.) N.E. Br. = Trichocaulon clavatum
- **clavatum** (Willd.) H. Huber 1961 · ⚁ ⚇ Z9 ⓚ; Botswana, Namibia
- *meloforme* Marloth = Trichocaulon clavatum
- **pedicellatum** Schinz 1888 · ⚁ ⚇ Z9 ⓚ; Namibia
- **simile** N.E. Br. 1909 · ⚁ ⚇ Z9 ⓚ; Kap

Trichocentrum Poepp. et Endl. 1836 -n- *Orchidaceae* · (S. 1086)
- **albococcineum** Linden 1865 · ⚁ Z10 ⓦ VII-IX ▽ ✶; Bras.
- *albopurpureum* Rchb. f. ex Barb. Rodr. = Trichocentrum albococcineum
- **bicallosum** (Lindl.) M.W. Chase et N.H. Williams 2001 · ⚁ Z10 ⓦ VIII-X ▽ ✶; Mex., Guat., El Salv.
- **carthagenense** (Jacq.) M.W. Chase et N.H. Williams 2001 · ⚁ Z10 ⓦ V-VI ▽ ✶; USA: Fla.; Mex., C-Am., W.Ind., Col., Venez.
- **cavendishianum** (Bateman) M.W. Chase et N.H. Williams 2001 · ⚁ Z10 ⓦ IV-V ▽ ✶; Mex., Guat., Hond.
- **cebolleta** (Jacq.) M.W. Chase et N.H. Williams 2001 · ⚁ Z10 ⓦ XI-V ▽ ✶; Mex., W-Ind., trop. S-Am.
- **jonesianum** (Rchb. f.) M.W. Chase et N.H. Williams 2001 · ⚁ Z10 ⓦ VIII-X ▽ ✶; Bras., Parag.
- **lanceanum** (Lindl.) M.W. Chase et N.H. Williams 2001 · ⚁ Z10 ⓦ VI-VIII ▽ ✶; Venez., Trinidad, Guyana, Bras.
- **luridum** (Lindl.) M.W. Chase et N.H. Williams 2001 · ⚁ Z10 ⓦ V-VIII ▽ ✶; USA: Fla.; Mex., C-Am., W.Ind., n S-Am
- **microchilum** (Bateman ex Lindl.) M.W. Chase et N.H. Williams 2001 · ⚁ Z10 ⓦ VI-VII ▽ ✶; Guat.
- **nanum** (Lindl.) M.W. Chase et N.H. Williams 2001 · ⚁ Z10 ⓦ IV-V ▽ ✶; Venez., Guyana, Bras., Peru
- **orthoplectron** Rchb. f. 1883 · ⚁ Z10 ⓦ X ▽ ✶; Bras.

- **pumilum** (Lindl.) M.W. Chase et N.H. Williams 2001 · ⚁ Z10 ⓚ IV-V ▽ ✶; S-Bras.
- **splendidum** (A. Rich. ex Duch.) M.W. Chase et N.H. Williams 2001 · ⚁ Z10 ⓦ X-XII ▽ ✶; Mex.
- **stramineum** (Bateman ex Lindl.) M.W. Chase et N.H. Williams 2001 · ⚁ Z10 ⓦ IV-VI ▽ ✶; Mex.
- **tigrinum** Linden et Rchb. f. 1869 · ⚁ Z10; Ecuad., N-Peru

Trichocereus (A. Berger) Riccob. 1909 -m- *Cactaceae* · (S. 369)
- **bridgesii** (Salm-Dyck) Britton et Rose 1920 · ⚇ Z9 ⓚ; N-Arg.
- **bruchii** (Britton et Rose) F. Ritter 1980 · ⚇ Z9 ⓚ ▽ ✶; Arg.: Tucuman
- **camarguensis** (Gillies) Britton et Rose 1953 · ⚇ ⓚ
- **candicans** (Gillies ex Salm-Dyck) Britton et Rose · ⚇ Z9 ⓚ; W-Arg.
- **chiloensis** (Colla) Britton et Rose 1920 · ⚇ Z9 ⓚ; Chile
- *courantii* K. Schum. = Trichocereus candicans
- **deserticolus** (Werderm.) Looser 1929 · ⚇ Z9 ⓚ; Chile (Taltal)
- **escayachensis** Cárdenas 1963 · ⚇ Z9 ⓚ; Bol.
- **formosus** (Pfeiff.) F. Ritter 1980 · ⚇ Z9 ⓚ; Arg.: Mendoza
- *fulvianus* F. Ritter = Trichocereus deserticolus
- **grandiflorus** (Britton et Rose) Backeb. 1966 · ⚇ Z9 ⓚ; Bol.
- **huascha** (F.A.C. Weber) Britton et Rose 1920 · ⚇ Z9 ⓚ ▽ ✶; Arg.: Catamarca, La Rioja
- **macrogonus** (Salm-Dyck) Riccob. 1909 · ⚇ Z9 ⓚ ▽ ✶; orig. ?
- **narvaecensis** Cárdenas 1853 · ⚇ Z9 ⓚ; Bol.
- **pachanoi** Britton et Rose 1920 · ⚇ D Z9 ⓚ ▽ ✶; Ecuad.
- **pasacana** (F.A.C. Weber) Britton et Rose 1920 · ⚇ Z9 ⓚ ▽ ✶; N-Arg.
- **purpureopilosus** Weing. 1934 · ⚇ Z9 ⓚ ▽ ✶; Bol.
- *rubinghianus* Backeb. = Trichocereus thelegonoides
- *santiaguensis* (Speg.) Backeb. = Trichocereus spachianus
- **schickendantzii** (F.A.C. Weber) Britton et Rose 1920 · ⚇ Z9 ⓚ ▽ ✶; Arg.: Tucuman
- **smrzianus** (Backeb.) Backeb. 1966 · ⚇ Z9 ⓚ; N-Arg.
- **spachianus** (Lem.) Riccob. 1909 · E:Golden Column, White Torch Cactus · ⚇ Z9 ⓚ ▽ ✶; Arg.

- **strigosus** (Salm-Dyck) Britton et Rose 1920 · ⇃ Z9 ⌂ ▽ ✽; W-Arg.
- **tacaquiriensis** (Vaupel) Cárdenas 1959 · ⇃ Z9 ⌂; W-Arg., Bol.
- **tarijensis** (Vaupel) Werderm. 1940 · ⇃ Z9 ⌂ ▽ ✽; S-Bol., Arg.: Jujuy
- **terscheckii** (J. Parm. ex Pfeiff.) Britton et Rose 1920 · ⇃ Z9 ⌂ ▽ ✽; N-Arg.
- **thelegonoides** (Speg.) Britton et Rose 1920 · ⇃ Z9 ⌂; Arg.
- **thelegonus** (K. Schum.) Britton et Rose · ⇃ Z9 ⌂ ▽ ✽; Arg.: Tucuman
- *validus* (Monv. ex Salm-Dyck) Backeb. = Echinopsis valida
- **werdermannianus** Backeb. 1935 · ⇃ Z9 ⌂; S-Bol.

× **Trichocidium** hort. 1955 -n- Orchidaceae ·
(*Oncidium* × *Trichocentrum*)

Trichocladus Pers. 1807 -m- Hamamelidaceae · (S. 565)
- **crinitus** (Thunb.) Pers. 1807 · ♄ e Z9 ⌂ VII-IX; S-Afr.
- **grandiflorus** Oliv. 1885 · ♄ ♄ e ⌂; S-Afr. (Natal, E-Cape)

Trichodiadema Schwantes 1926 -n- Aizoaceae · (S. 150)
- **barbatum** (L.) Schwantes 1926 · ⇃ Z9 ⌂; S-Afr. (Cape Prov.: Little Karroo)
- **bulbosum** (Haw.) Schwantes 1926 · ♄ ⇃ e Z9 ⌂; S-Afr. (Cape)
- **densum** (Haw.) Schwantes 1926 · ♄ ⇃ Z9 ⌂ I-III; Kap
- *stellatum* (Mill.) Schwantes = Trichodiadema barbatum

Tricholaena Schrad. ex Schult. et Schult. f. 1824 -f- Poaceae
- *repens* (Willd.) Hitchc. = Melinis repens
- *rosea* Nees = Melinis repens
- **teneriffae** (L. f.) Link 1829 · ⌗ Z9 ⌂; Eur.: S-I, Sic.; SW-As., N-Afr., Macaron.

Trichomanes L. 1753 -n- Hymenophyllaceae · (S. 70)
D:Dünnfarn, Haarfarn; E:Killearney-Fern; F:Trichomanès
- *radicans* Sw. = Trichomanes speciosum
- **reniforme** G. Forst. 1786 · ⌗ ⤳ Z10 ⌂; NZ
- **scandens** L. · ⌗ ⤳ Z10 ⌂; Mex., W.Ind.
- **speciosum** Willd. 1810 · D:Prächtiger Dünnfarn; E:Killarney Fern · ⌗ Z9 ⌂; Eur.: sp., F, I, BrI, Azor.; Trop., nat. in P

Trichophorum Pers. 1805 -n- Cyperaceae · (S. 999)
D:Haarbinse, Haarsimse, Rasenbinse; E:Deergrass; F:Scirpe gazonnant
- **alpinum** (L.) Pers. 1805 · D:Alpen-Haarsimse, Alpen-Rasenbinse · ⌗ ⤳ IV-V; Eur.* exc. Br; W-Sib., E-Sib., Amur, N-Am.
- **cespitosum** (L.) Hartm. 1849
  - subsp. **cespitosum** · D:Gewöhnliche Rasenbinse, Rasen-Haarsimse; E:Deer Grass, Tufted Bulrush · ⌗ ⤳ V-VIII; Eur.*, TR, W-Sib., E-Sib., Sachal., Kamchat., Jap., N.Guinea, NW-Afr., N-Am., Jamaica, Greenl.
  - subsp. **germanicum** (Palla) Hegi 1908 · D:Deutsche Rasenbinse · ⌗ ⤳ ; Eur.: BrI, Sc, Fr, D, PL
- *germanicum* = Trichophorum cespitosum subsp. germanicum
- **pumilum** (Vahl) Schinz et Thell. 1921 · D:Zwerg-Haarried, Zwerg-Rasenbinse · ⌗ ⤳ VII; Eur.: F, I, CH, EC-Eur., Norw., E-Russ.; mts. ; TR, W-Sib., E-Sib., Iran, C-As., Mong., China, : Sinkiang; N-Am.

Trichopilia Lindl. 1836 -f- Orchidaceae · (S. 1087)
D:Haarhütchen; F:Trichopilia
- *crispa* Lindl. = Trichopilia marginata
- **fragrans** (Lindl.) Rchb. f. 1858 · ⌗ D Z10 ⌂ XII-I ▽ ✽; W.Ind., Venez., Col., Ecuad., Peru, Bol.
- **galeottiana** A. Rich. 1845 · ⌗ Z10 ⌂ VI-VII ▽ ✽; Mex.
- **laxa** (Lindl.) Rchb. f. 1858 · ⌗ Z10 ⌂ IX-XI ▽ ✽; Col., Peru, Venez.
- **marginata** Henfr. · ⌗ Z10 ⌂ IV-V ▽ ✽; C-Am., Col.
- *sanguinolenta* (Lindl.) Rchb. f. = Helcia sanguinolenta
- **suavis** Lindl. et Paxton 1850 · ⌗ Z10 ⌂ III-IV ▽ ✽; Costa Rica, Panama, Col.
- **tortilis** Lindl. 1836 · ⌗ Z10 ⌂ XII-II ▽ ✽; Mex., Guat., Hond., El Salv.

Trichosanthes L. 1753 -f- Cucurbitaceae · (S. 447)
D:Haarblume, Schlangenhaargurke; E:Snake Gourd; F:Serpent végétal
- **cucumerina** L. 1753 · D:Schlangenhaargurke
  - var. **anguina** (L.) Haines 1922 · D:Weiße Schlangenhaargurke · ⊙ ⚥ ♂ Z10 ⌂ VI-VIII ⓝ; Ind.
  - var. **cucumerina** · D:Gewöhnliche Schlangenhaargurke; E:Long Tomato, Viper Gourd · ⊙ ⚥ ♂ Z10 ⌂ ⓝ; Ind., Sri Lanka, Malay. Arch., N-Austr.
- *japonica* (Miq.) Regel = Trichosanthes kirilowii var. japonica
- **kirilowii** Maxim. 1859
  - var. **japonica** (Miq.) Kitam. · D:Japanische Schlangenhaargurke · ⌗ ⚥ Z9 ⌂ VII-VIII; Jap., Korea, Ryukyu-Is.,
  - var. **kirilowii** · D:Chinesische Schlangenhaargurke; E:Chinese Cucumber · ⌗ ⚥ ♂ Z9 ⌂ VII-VIII ⚥ ; Mong.
- **ovigera** Blume 1826 · D:Eiertragende Schlangenhaargurke; E:Snake Gourd · ⌗ ⚥ ♂ Z10 ⌂ VI-VIII; China, Jap., Taiwan
- **tricuspidata** Lour. 1790 · D:Indische Schlangenhaargurke · ⌗ ⚥ ♂ Z10 ⌂ VII-VIII ⓝ; SW-As., Ind.

Trichostigma A. Rich. 1845 -n- Phytolaccaceae · (S. 692)
- **octandrum** (L.) H. Walter 1909 · ⌂; Fla., Mex., W.Ind., C-Am., S-Am.
- **peruvianum** (Moq.) H. Walter 1909 · ♄ e Z10 ⌂ IV-X; Ecuad., Peru

× **Trichovanda** hort. 1949 -f- Orchidaceae ·
(*Trichoglottis* × *Vanda*)

Tricuspidaria Ruiz et Pav. = Crinodendron
- *dependens* Ruiz et Pav. = Crinodendron patagua
- *lanceolata* Miq. = Crinodendron hookerianum

Tricyrtis Wall. 1826 -f- Convallariaceae · (S. 990)
D:Höckerblume, Krötenlilie; E:Toad Lily; F:Lis des crapauds
- **affinis** Makino 1903 · D:Gebirgs-Krötenlilie · ⌗ Z6; Jap. [61761]
- *bakeri* Koidz. = Tricyrtis latifolia
- **flava** Maxim. 1867 · D:Gelbe Krötenlilie · ⌗ Z6; Jap.; mts.
  - subsp. **ohsumiensis** (Masam.) Kitam. 1964 = Tricyrtis ohsumiensis
- **formosana** Baker 1879 · D:Gewöhnliche Formosa-Kröten-

lilie; E:Formosa Toad Lily · ⌦ Z7 VIII-IX; Taiwan [66849]
- **hirta** (Thunb.) Hook. 1863
  'Albescens' [66851]
  'Miyazaki' [66852]
  'Shimona' [61769]
  'Variegata' [61772]
  - var. **hirta** · D:Borstige Krötenlilie; E:Japanese Toad Lily · ⌦ Z5 VIII-X; Jap. [66850]
- **kyusyuensis** Masam. = Tricyrtis flava
- **latifolia** Maxim. 1867 · D:Breitblättrige Krötenlilie · ⌦ Z5 VI-VII; China, Jap. [66854]
- **macrantha** Maxim. 1888 · D:Großblütige Krötenlilie · ⌦ Z6; Jap. (Shikoku)
  - subsp. *macranthopsis* (Masam.) Kitam. 1964 = Tricyrtis macranthopsis
- **macranthopsis** Masam. 1935 · D:Honshu-Krötenlilie · ⌦; Jap. (Honshu); mts.
- **macropoda** Miq. 1868 · D:Großrhizomige Krötenlilie · ⌦ Z5 VII-VIII; China, Jap. [66855]
- **maculata** (D. Don) J.F. Macbr. 1918 · D:Weichhaarige Krötenlilie · ⌦ Z5; W-China, E-Him., E-Nepal [66856]
- **ohsumiensis** Masam. 1930 · D:Oshumi-Krötenlilie · ⌦ Z7; Jap. (Kyushu)
- *pilosa* Wall. = Tricyrtis maculata
- **puberula** Nakai et Kitag. 1934 · D:Flaumhaarige Krötenlilie · ⌦ Z5; Jap., China
- *yatabeana* Masam. = Tricyrtis flava

Tridax L. 1753 -f- *Asteraceae* · (S. 276)
D:Dreibiss, Mexikolattich; F:Laitue du Mexique, Tridax
- **coronopifolia** (Kunth) Hemsl. 1881 · ⊙ Z9 VII-VIII; Mex.
- **trilobata** (Cav.) Hemsl. 1881 · ⊙ Z9 VIII-X; Mex.

Tridentea Haw. 1812 -f- *Asclepiadaceae* · (S. 211)
- **jucunda** (N.E. Br.) L.C. Leach 1978
  - var. **dinteri** (A. Berger) L.C. Leach 1980 · ⌦ ⇃ Z9 ⌂; Namibia
  - var. **jucunda** · ⌦ ⇃ Z9 ⌂; S-Afr.

Trientalis L. 1753 -f- *Primulaceae* · (S. 715)
D:Siebenstern; E:Chickweed; F:Trientale
- **europaea** L. 1753 · D:Europäischer Siebenstern; E:Chickweed

Wintergreen; F:Trientalis d'Europe · ⌦ Z4 V-VII; Eur.* exc. Ib, Ba; W-Sib., E-Sib., Amur, Sachal., Kamchat., Mong., Manch., Jap., Alaska, Can.: W

Trifolium L. 1753 -n- *Fabaceae* · (S. 528)
D:Klee; E:Clover; F:Trèfle
- **alexandrinum** L. 1755 · D:Alexandriner-Klee; E:Berseem Glover, Egyptian Glover · ⊙ VI-IX Ⓝ; orig. ?; cult. SE-Eur., W-As., N-Afr.
- **alpestre** L. 1763 · D:Hügel-Klee; E:Purple Globe Clover · ⌦ VI-VIII; Eur.: Fr, Ap, C-Eur., EC-Eur., Ba, E-Eur., DK, ? Ib; TR, Cauc.
- **alpinum** L. 1753 · D:Alpen-Klee; E:Alpine Clover · ⌦ △ Z3 VI-VIII; Eur.: sp., F, I, CH, A; mts. [61774]
- **angustifolium** L. 1753 · D:Fuchsschwanz-Klee, Schmalblättriger Klee · ⊙; Eur.: Ib, Fr, Ap, Ba, EC-Eur., RO, Krim; TR, Levante, Iraq, Cauc., N-Iran, N-Afr.
- **arvense** L. 1753 · D:Hasen-Klee; E:Field Clover, Rabbit Foot Clover · ⊙ ⊙ VI-VIII ⚤; Eur.*, TR, Levante, N-Iraq, Cauc., Iran, W-Sib., C-As., NW-Afr., Libya
- **aureum** Pollich 1777 · D:Gold-Klee; E:Large Hop Clover · ⊙ Z3 VI-VII; Eur.* exc. BrI; TR, Levante, Cauc., N-Iran, nat. in BrI
- **badium** Schreb. 1804 · D:Braun-Klee · ⌦ Z4 VII-VIII; Eur.: Fr, Ap, C-Eur., EC-Eur., Ba, RO; mts.
- **campestre** Schreb. 1804 · D:Feld-Klee; E:Hop Clover · ⊙ VI-IX; Eur.*, TR, Levante, Iraq, Cauc., Iran, C-As., N-Afr.
- **cherleri** L. 1753 · D:Cherlers Klee · ⊙; Eur.: Ib, Fr, Ap, Ba; TR, Levante, Iraq, Iran, N-Afr.
- **diffusum** Ehrh. 1792 · ⊙; Eur.: Ib, Fr, Ap, Ba, EC-Eur., E-Eur.; TR, Cauc.
- **dubium** Sibth. 1794 · D:Kleiner Klee; E:Small Hop Clover · ⊙ V-IX; Eur.*, TR, Cyprus, Cauc., Maroc., Tun.
- **fragiferum** L. 1753 · D:Erdbeer-Klee; E:Strawberry Clove · ⌦ ⟿ VI-IX Ⓝ; Eur.*, Cauc., W-Sib., C-As., Him.; cult. USA, Austr.
- **glomeratum** L. 1753 · D:Knäuel-Klee; E:Cluster Clover · ⊙; Eur.: Ib, Fr, Ap, Ba, BrI; TR, Levant., Cauc., N-Iran, NW-Afr.
- **hirtum** All. 1789 · ⊙; Eur.: Ib, Fr, Ap, Ba, Krim, ? RO; Levant., Iraq, Cauc., Maroc., Alger.
- **hybridum** L. · D:Gewöhnlicher

Schweden-Klee; E:Hybrid Clover · ⊙ ⌦ V-IX Ⓝ; Eur.* exc. BrI, Sc; Cauc.; TR, Maroc., nat. in Sc, BrI, Can., USA, C-As.
- **incarnatum** L. 1753 · D:Inkarnat-Klee; E:Crimson Clover, Italian Clover · ⊙ ⊙ VI-VII Ⓝ; Eur.*, TR
- **lappaceum** L. 1753 · D:Kletten-Klee; E:Lappa Clover · ⊙; Eur.: Ib, Fr, Ap, Ba, Krim; TR, Levante, Iraq, Cauc., N-Iran, C-As., Canar., NW-Afr., Libya, nat. in EC-Eur.
- **lupinaster** L. 1753 · ⌦ △ VI-VII; Eur.: EC-Eur., E-Eur.; W-Sib., E-Sib., Amur, Sachal., C-As., Mong., Manch., NE-China
- **medium** L. 1759 · D:Mittlerer Klee, Zickzack-Klee; E:Zigzag Clover · ⌦ VI-VIII; Eur.*, TR, Cauc., NW-Iran, W-Sib., E-Sib.
- **michelianum** Savi 1798 · D:Michels Klee; E:Big Flower Clover · ⊙; Eur.: Ib, Fr, Ap, Ba, Ro; TR, Alger., Maroc.
- **micranthum** Viv. 1824 · D:Kleinster Klee · ⊙ V-VII; Eur.: Sc, BrI, Fr, Ib, D, H, Ba; TR, Levante, Cauc., N-Iran, Canar., NW-Afr., Libya
- **montanum** L. 1753 · D:Berg-Klee · ⌦ V-VII; Eur.: Ba, Fr, EC-Eur., Sc, Ib, Ap, E-Eur., C-Eur., TR, Cauc.
- **nigrescens** Viv. 1808 · D:Schwärzlicher Klee; E:Ball Clover · ⊙; Eur.: Ib, Fr, Ap, Ba; TR, Levante, N-Afr.
- **noricum** Wulfen 1805 · D:Norischer Klee · ⌦ VI-VIII; Eur.: I, A, Ba; E-Alp., Apenn., Balkan
- **ochroleucon** Huds. 1762 · D:Blassgelber Klee · ⌦ VI-VII; Eur.* exc. Sc; TR, Iran, Maroc., Alger. [68028]
- **ornithopodioides** L. 1753 · D:Vogelfuß-Klee · ⊙ VI-VII; Eur.: Ib, Fr, Ap, BrI, D, H, RO, Croatia; Maroc., Alger.
- **pallescens** Schreb. 1804 · D:Bleicher Klee · ⌦ Z5 VII-VIII; Eur.: sp., F, I, C-Eur., Ba, RO; mts.
- **pannonicum** Jacq. 1767 · D:Ungarischer Klee · ⌦ Z5 VI-VII Ⓝ; Eur.: Fr, Ap, EC-Eur., Ba
- **patens** Schreb. 1804 · D:Spreiz-Klee · ⊙ VI-VII; Eur.: Ib, Fr, Ap, C-Eur., EC-Eur., Ba, RO; TR, Levant., Egypt
- **pratense** L. 1753 · D:Wiesen-Klee · [61775]
  'Susan Smith' [69610]
  - subsp. **pratense** · D:Gewöhnlicher Wiesen-Klee, Rot-Klee;

E:Red Clover · ⚃ Z6 VI-VII ⚥ ⓝ;
Eur.*, TR, Iran, Cauc., W-Sib.,
E-Sib., C-As, Him., NW-Afr.,
Alaska, Can., USA*, Greenl.
- **repens** L. 1753 · D:Weiß-Klee;
E:Ladino Clover, White Clover · ⚃
⤳ Z4 V-X ⓝ; Eur.*, TR, Levante,
Iran, W-Sib., E-Sib., Amur,
Sachal., Kamchat., C-As., Mong.,
Him., China, NW-Afr., Egypt, nat.
in N-Am., S-Afr., Jap. [68187]
'Green Ice' [61776]
'Purpurascens'
'Purpurascens Quadrifolium'
'Quinquefolium' [61777]
'Wheatfen'
- **resupinatum** L. 1753
  - subsp. **majus** Boiss. 1873 ·
  D:Duftender Persischer Klee · ⊙
  VI-IX ⓝ; cult. Ba, W-As.
  - subsp. **resupinatum** · D:Persischer Klee; E:Persian Clover,
  Reversed Clover · ⊙ IV-VI ⓝ;
  Eur.: Ib, Fr, Ap, Ba, E-Eur.; TR,
  Levante, N-Iraq, Iran, NW-Afr.,
  nat. in BrI, C-Eur., EC-Eur.
- **retusum** L. 1753 · D:Kleinblütiger
Klee · ⊙ V-VI; Eur.: Ib, Fr, C-Eur.,
EC-Eur., Ba, E-Eur.; TR, Cauc.,
Alger., Maroc.
- **rubens** L. 1753 · D:Purpur-Klee;
E:Red Trefoil · ⚃ VI-VII; Eur.* exc.
BrI, Sc [60163]
- **saxatile** All. 1785 · D:Felsen-Klee ·
⊙ VII-VIII ▽; Eur.: F, I, CH, A, Alp.
- **scabrum** L. 1753 · D:Rauer Klee ·
⊙ V-VII; Eur.: Ib, Fr, BrI, Ap,
C-Eur., Ba, RO, Krim; TR, Levant.,
Iraq, Cauc., Iran, N-Afr.
- **spadiceum** L. 1755 · D:Moor-Klee · ⚃ VII-VIII; Eur.* exc. BrI;
TR, Cauc., Iran, W-Sib.
- **squamosum** L. 1759 · ⊙; Eur.:
Ib, Fr, Ap, Ba, BrI; TR, Lebanon,
N-Iran, NW-Afr.
- **stellatum** L. 1753 · D:Stern-Klee · ⊙; Eur.: Ib, Fr, Ap, Ba; TR,
Levante, Iraq, Cauc., W-Iran,
N-Afr.
- **striatum** L. 1753 · D:Gestreifter
Klee; E:Knotted Clover, Striate
Clover · ⊙ ⊙ VI-VII; Eur.*, TR,
Cyprus, Iraq, Cauc., Iran, NW-Afr.
- **strictum** L. 1755 · D:Steifer Klee ·
⊙; Eur.: Ib, Fr, Ap, EC-Eur., Ba,
RO; TR, Cauc., NW-Afr., Libya,
nat. in D
- **subterraneum** L. · D:Erd-Klee;
E:Burrowing Clover, Subterranean
Clover · ⊙ ⓝ; Eur.* exc. BrI,
Sc; TR, Levante, Cauc., N-Iran,
NW-Afr., Libya
- **thalii** Vill. 1779 · D:Rasiger

Klee · ⚃ Z5 VII-VIII; Eur.: sp., F,
I, C-Eur.; mts. N-Sp., Pyr., Alp.,
Apenn.

Triglochin L. 1753 -n-
Juncaginaceae · (S. 1029)
D:Dreizack; E:Arrowgrass;
F:Troscart
- **maritimum** L. 1753 · D:Strand-Dreizack; E:Sea Arrowgrass · ⚃
⤳ Z5 VI-VIII ⚘; Eur.*, cosmop.;
saline habitats
- **palustre** L. 1753 · D:Sumpf-Dreizack; E:Marsh Arrowgrass · ⚃ ⤳
Z5 VI-VIII ⚘; Eur.*, cosmop.

Trigonella L. 1753 -f- *Fabaceae* ·
(S. 529)
D:Bockshornklee; E:Fenugreek,
Greek Clover; F:Trigonelle
- **caerulea** (L.) Ser. 1825 · ⊙ VI-VII
ⓝ; orig. ?; cult.
  - subsp. *procumbens* (Besser)
  Vassilcz. 1987 = Trigonella
  procumbens
- **corniculata** (L.) L. 1759 · D:Traubiger Bockshorn-Klee · ⊙; Eur.: Ib,
Fr, Ap, Ba; TR
- **foenum-graecum** L. 1753 ·
D:Griechischer Bockshorn-Klee;
E:Fenugreek, Halva · ⊙ VI-VII ⚥
ⓝ; TR, Syr., N-Iraq, Arab., Iran,
Eth., nat. in Eur.* exc. BrI, Sc
- *melilotus-caerulea* Asch. et
Graebn. = Trigonella caerulea
- **monspeliaca** L. 1753 · D:Französischer Bockshorn-Klee · ⊙ III-V;
Eur.* exc. BrI, Sc; TR, Levante,
Iraq, Cauc., Iran, C-As., N-Afr.
- **procumbens** (Besser) Rchb.
1832 · ⊙ VI-VII; Eur.: C-Eur.,
EC-Eur., Ba, E-Eur.; TR, Cauc.

Trigonidium Lindl. 1837 -n-
Orchidaceae · (S. 1087)
- **egertonianum** Bateman ex Lindl.
1838 · ⚃ Z10 ⓦ; Mex., C-Am.,
Venez., Guyana, Col., Ecuad.
- **obtusum** Lindl. 1837 · ⚃ ⓦ;
Venez., Guyan., Bras.
- *ringens* Lindl. = Mormolyca
ringens
- **seemannii** Rchb. f. 1854 · ⚃ Z10
ⓦ ▽ ✽; Panama

Trillium L. 1753 -n- *Trilliaceae* ·
(S. 1142)
D:Dreiblatt, Dreizipfellilie;
E:Trinity Flower, Wake Robin,
Wood Lily; F:Trillium
- **albidum** J.D. Freeman 1975 ·
D:Prächtige Dreizipfellilie · ⚃ Z6;
USA: Oreg., Calif.

- **camschatcense** Ker-Gawl. 1814 ·
D:Kamtschatka-Dereizipfellilie · ⚃
Z5; Amur, Manch., Korea, Sachal.,
Kamch., Jap. (Hokkaido)
- **catesbaei** Elliott 1817 · D:Rosa
Dreizipfellilie; E:Rose Trillium · ⚃
Z8 ∧ IV; USA: SE [74042]
- **cernuum** L. 1753 · D:Nickende
Dreizipfellilie; E:Nodding
Trillium · ⚃ Z6; Can.: E; Sask.;
USA: NE, NCE, SE [66857]
- **chloropetalum** (Torr.) Howell
1902
  - var. **chloropetalum** · D:Grünblütige Dreizipfellilie; E:Giant
  Trillium, Giant Wakerobin · ⚃
  Z6 V; USA: Wash., Oreg., Calif.
  [61778]
  - var. **giganteum** (Hook. et Arn.)
  Munz 1958 · D:Riesige Dreizipfellilie · ⚃ Z6; Calif.
- **cuneatum** Raf. 1840 · D:Frühe
Dreizipfellilie; E:Sweet Betsy,
Whip-poor-will Flower · ⚃ Z6;
USA: SE, Fla.
- **erectum** L. 1753 · D:Braunrote
Dreizipfellilie; E:Purple Trillium,
Stinking Benjamin · ⚃ Z4 IV-V ⚥
⚘; Can.: E; USA: NE, NCE, SE
[66859]
- **flexipes** Raf. 1840 · D:Kalk-Dreizipfellilie; E:Bent Trillium · ⚃ Z4;
Can.: Ont.; USA: NE, NEC, SE
- *giganteum* (Hook. et Arn.) A.
Heller = Trillium chloropetalum
var. chloropetalum
- **grandiflorum** (Michx.) Salisb.
1805 · D:Große Dreizipfellilie;
E:Great White Trillium, Large-flowered Trillium · ⚃ Z5 V-VI;
Can.: E; USA; NE, NCE, SE
[66860]
- *hibbersonii* Wiley = Trillium
ovatum var. hibbersonii
- *kamtschaticum* Pall. ex Pursh =
Trillium camschatcense
- *kamtschatikum* Ledeb. = Trillium
camschatcense
- **kurabayashii** J.D. Freeman 1975 ·
D:Fluss-Dreizipfellilie · ⚃; USA:
Oreg., Calif.
- **luteum** (Muhl.) Harb. 1901 ·
D:Gelbe Dreizipfellilie; E:Yellow
Trillium · ⚃ Z7; USA: Ky., Tenn.,
S.C., Ga. [69611]
- **nivale** Riddell 1835 · D:Kleine
Dreizipfellilie, Schnee-Dreizipfellilie; E:Dwarf Trillium, Snow
Trillium · ⚃ Z5 IV-V; USA: NE,
NCE [66861]
- **ovatum** Pursh 1814 · D:Westliche
Dreizipfellilie; E:Western White
Trillium · ⚃ Z5; Can.: B.C., Alta.;

USA: NW, Calif., Rocky Mts. [61781]
- var. **hibbersonii** T.M.C. Taylor et Szczaw. 1975 · D:Zwergige Dreizipfellilie · ♃ Z5
- var. **ovatum**
- **parviflorum** V.G. Soukup 1980 · D:Kleinblütige Dreizipfellilie · ♃; USA: NW
- **pusillum** Michx. 1803 · D:Zarte Dreizipfellilie; E:Least Trillium · ♃ Z6; USA: SE, SC
  - var. **pusillum**
- **pusilum**
  - var. **virginianum** Fernald 1943 · D:Virginische Dreizipfellilie · ♃; USA: Va., W.Va., Md.
- **recurvatum** L.C. Beck 1826 · D:Prärie-Dreizpfellilie; E:Prairie Trillium · ♃ Z5; USA: SE, NEC, SC [60164]
- **rivale** S. Watson 1885 · D:Bach-Dreizipfellilie · ♃ Z5; USA: Oreg., Calif.
- **rugelii** Rendle 1901 · D:Südliche Dreizipfelllilie; E:Southern Nodding Trillium · ♃; USA: SE
- **sessile** L. 1753 · D:Braune Dreizipfellilie; E:Toadshade, White Trillium · ♃ Z4 V; USA: NE, NCE, SE [66863]
  - var. *californicum* S. Watson 1879 = Trillium chloropetalum var. giganteum
- **smallii** Maxim. 1884 · D:Smalls Dreizipfellilie · ♃ Z5; Jap., Sachal.
- = *stylosum* Nutt. = Trillium catesbaei
- **sulcatum** T.S. Patrick 1984 · D:Rote Dreizipfellilie; E:Southern Red Trillium · ♃ Z5; USA: Ky., Va., W.Va., SE
- **tschonoskii** Maxim. 1884 · D:Himalaya-Dreizipfellilie · ♃ Z5; Jap., Sachal., Korea, SW-China, Thail., Myanm., E-Him. [61782]
- **undulatum** Willd. 1801 · D:Gewellte Dreizipfellilie; E:Painted Trillium · ♃ Z4 IV-V; Can.: E; USA: NE, NCE [66865]
- **vaseyi** Harb. 1902 · D:Hängende Dreizipfellilie; E:Sweet Beth · ♃ Z6; USA: SE
- **viride** L.C. Beck 1826 · D:Grüne Dreizipfellilie · ♃ Z4; USA: Ill., Mo. [61783]

Trinia Hoffm. 1814 -f- *Apiaceae* · (S. 187)
D:Faserschirm; E:Honewort; F:Trinia
- **glauca** (L.) Dumort. 1827 · D:Blaugrüner Faserschirm · ♃ IV-V; Eur.: Ib, Fr, BrI, Ap, C-Eur.,

EC-Eur., Ba, E-Eur.; TR, N-Iran
- **ramosissima** (Fisch. ex Trevir.) W.D.J. Koch 1824 · D:Großer Faserschirm · ☉ ♃ V-VI; Eur.: A, Ba, E-Eur.

Triodanis Raf. 1838 -f- *Campanulaceae* · (S. 390)
- **perfoliata** (L.) Nieuwl. 1914 · ☉; Can.: B.C.; USA*, C-Am., Hispaniola, Jamaica, S-Am.

Triolena Naudin 1851 -f- *Melastomataceae* · (S. 633)
- **hirsuta** (Benth.) Triana 1872 · ♃ Z10 ⓦ; trop. Am.
- **pustulata** Triana 1872 · ♃ Z10 ⓦ; Ecuad.
- **scorpioides** Naudin 1851 · ♃ Z10 ⓦ; Mex.

Triosteum L. 1753 -n- *Caprifoliaceae* · (S. 396)
D:Fieberwurz; E:Feverwort, Horse Gentian; F:Trioste
- **aurantiacum** E.P. Bicknell 1901 · ♃ Z4; Can.: W; USA: NE, NCE, SE, Kans. [61784]
- **perfoliatum** L. 1753 · D:Durchwachsene Fieberwurz; E:Feverwort, Tinker's Weed, Wild Coffee · ♃ Z6 V-VII; USA: NE, NCE, NC, SE [61786]
- **pinnatifidum** Maxim. 1881 · ♃ Z4 V-VI; NW-China [61787]
- **rosthornii** Diels et Graebn. 1901 · ♃ Z4 VI-VII; China

Tripetaleia Siebold et Zucc. 1843 -f- *Ericaceae* · (S. 474)
- **bracteata** Maxim. 1867 · ♄ d Z6 VII-VIII; Jap.; mts. [35523]
- **paniculata** Siebold et Zucc. 1843 · ♄ d Z6; Jap. [35524]

Triphasia Lour. 1790 -f- *Rutaceae* · (S. 795)
- **trifolia** (Burm. f.) P. Wilson 1909 · E:Lime Berry · ♄ e D Z10 ⓚ ⓝ; trop. As.

Tripleurospermum Sch. Bip. 1844 -n- *Asteraceae* · (S. 276)
D:Kamille; E:Scentless False Chamomile; F:Matricaire
- **caucasicum** (Willd.) Hayek 1924 · F:Matricaire du Caucase · ♃ ⟿ △ V-VII; AL, BG, TR, Cauc. [65230]
- **inodorum** (L.) Sch. Bip. = Tripleurospermum perforatum
- **maritimum** (L.) W.D.J. Koch 1845 · D:Küsten-Kamille; E:False Mayweed, Sea Mayweed · ☉ ♃;

Eur.: Ib, Fr, BrI, C-Eur., Sc, PL, EC-Eur.; coasts
- **oreades** (Boiss.) Rech. f. 1943
  - var. **oreades** · ♃ ⟿ △ IV-VII; TR, Syr.
  - var. **tchihatchewii** (Boiss.) E. Hossain 1975 · ♃ ⟿ △ V-VII; TR
- **perforatum** (Mérat) M. Laínz 1983 · ☉ ♃ VI-X; Eur.*, TR, Cauc., W-Sib., E-Sib., Amur, Sachal., Kamchat., Manch., nat. in N-Am.
- *tchihatchewii* (Boiss.) Bornm. = Tripleurospermum oreades var. tchihatchewii
- **tenuifolium** (Kit.) Freyn ex Freyn et E. Brandis 1888 · D:Feinblättrige Kamille · ☉ ♃ VII-X; Eur.: A, H, Ba, RO; TR

Triplochiton K. Schum. 1900 -m- *Sterculiaceae* · (S. 859)
- **scleroxylon** K. Schum. 1900 · ♄ d Z10 ⓦ ⓝ; W-Afr., C-Afr.

Tripogandra Raf. 1837 -f- *Commelinaceae* · (S. 985)
- **disgrega** (Kunth) Woodson 1942 · ☉ ⓦ; Mex., El Salvador, Guat., Hond.
- **diuretica** (Mart.) Handlos 1975 · ♃ Z9 ⓦ; trop. S-Am.
- *warscewicziana* (Kunth et C.D. Bouché) Woodson = Callisia warszewicziana

Tripsacum L. 1759 -n- *Poaceae* · (S. 1133)
D:Gamagras, Guatemalagras
- **andersonii** J.R. Gray 1976 · ♃ ⓦ ⓝ; ? Venez., ? Col.
- **dactyloides** (L.) L. 1759 · D:Gamagras · ♃ ⓝ; USA: NE, NCE, NC, SC, SE, Fla.; Mex., W.Ind., trop. S-Am.
- **laxum** Nash 1909 · D:Guatemalagras; E:Guatamalan Grass · ♃ ⓝ; Mex.: Veracruz, Oaxaca, nat. in W.Ind., trop. Am.

Tripteris Less. 1831 -f- *Asteraceae* · (S. 276)
- **hyoseroides** DC. 1837 · ☉; S-Afr. (Cape)

Tripterygium Hook. f. 1862 -n- *Celastraceae* · (S. 409)
D:Dreiflügelfrucht
- **regelii** Sprague et Takeda 1912 · D:Japanische Dreiflügelfrucht · ♄ d ⚥ Z6; Manch., Korea, Jap. [42165]
- **wilfordii** Hook. f. 1862 · ♄ d ⚥ Z9

🕮 X-XI ⚥ ⓝ; S-China, Taiwan
[21741]

Triptilion Ruiz et Pav. 1794 -n-
Asteraceae · (S. 277)
- **spinosum** Ruiz et Pav. 1794 · ♃
Z9 🕮; Chile

Trisetaria Forssk. 1775 -f- *Poaceae* ·
(S. 1133)
D:Grannenhafer; F:Avoine barbue
- **cavanillesii** (Trin.) Maire 1942 ·
D:Cavanilles Grannenhafer · ⊙
IV-V; Eur.: sp., CH, I; TR, Iraq,
Cauc., Iran, Afgh., Pakist., C-As.,
N-Afr., nat. in E-Russ.
- **panicea** (Lam.) Paunero 1950 ·
⊙; Eur.: Ib, Fr, Ap; N-Afr.,
Macaron.

Trisetum Pers. 1805 -n- *Poaceae* ·
(S. 1134)
D:Goldhafer; E:Yellow Oat Gras;
F:Avoine jaunâtre, Trisète
- **alpestre** (Host) P. Beauv. 1812 ·
D:Alpen-Goldhafer · ♃ VI-VII;
Eur.: C-Eur., EC-Eur., Slove., ?
Bosn., Montenegro, RO, W-Russ.;
Alp., Carp.
- **argenteum** (Willd.) Roem. et
Schult. 1817 · D:Silber-Goldhafer ·
♃ VI-VII; Eur.: I, ? CH, A, Slove.;
E-Alp.
- **distichophyllum** (Vill.) P. Beauv.
1812 · D:Zweizeiliger Goldhafer ·
♃ ⤳ △ VII-VIII; Eur.: sp., F, I,
C-Eur., Ba; Cauc.; mts.
- **flavescens** (L.) P. Beauv. ·
D:Gewöhnlicher Wiesen-Goldha-
fer; E:Yellow Oat Grass · ♃ V-VI
ⓝ; Eur.*, TR, Cauc., N-Iran, C-As.,
N-Ind., NW-Afr., nat. in N-Am., NZ
- **spicatum** (L.) K. Richt. · ♃ VII-
VIII; Eur.: Sc, N-Russ., sp., F,
I, C-Eur.; N. Pyr., Alp.; Cauc.,
W-Sib., E-Sib., Amur, Sachal.
Kamchat., C-As., Mong., Tibet,
China, Korea, Jap., N-Am., S-Am.

Tristania R. Br. 1812 -n- *Myrtaceae* ·
(S. 665)
- *conferta* R. Br. = Lophostemon
confertus
- *laurina* (Sm.) R. Br. = Tristaniopsis
laurina
- **neriifolia** (Sims) R. Br. 1812 ·
D:Wasser-Gummibaum; E:Water
Gum · ♄ ♄ Z9 🕮; Austr.: N.S.
Wales

Tristaniopsis Brongn. et Gris 1863
-f- *Myrtaceae*
- **laurina** (Sm.) Peter G. Wilson

et J.T. Waterh. 1982 · ♄ e Z10
🕮; Austr. (Queensl., N.S.Wales,
Viictoria)

Tristellateia Thouars 1806 -f-
Malpighiaceae
- **australasiae** A. Rich. 1834

Triteleia Douglas ex Lindl. 1830 -f-
Alliaceae · (S. 903)
D:Triteleie; F:Triteleia
- **bridgesii** (S. Watson) Greene
1886 · D:Bridges Triteleie;
E:Bridge's Brodiaea · ♃ Z7 🕮 ∧
VI; USA: Oreg., Calif.
- *californica* = Brodiaea californica
- **hyacintha** (Lindl.) Greene 1886 ·
E:Wild Hyacinth · ♃ Z4 ∧ VI-VII;
Can.: B.C.; USA: NW, Calif.,
Idaho, Nev.
- **ixioides** (W.T. Aiton) Greene
1886 · D:Gelbe Triteleie · ♃ Z7 🕮
∧ VI; USA: Oreg., Calif.
- *lactea* (Lindl.) S. Watson =
Triteleia hyacintha
- **laxa** Benth. 1835 · D:Blaue Tri-
teleie; E:Grass Nut, Triplet Lily ·
♃ Z7 🕮 ∧ VI; USA: Oreg., Calif.
[61788]
- **peduncularis** Lindl. 1835 ·
D:Langstielige Triteleie; E:Long
Rayed Triteleia · ♃ Z7 🕮 ∧ VI-VII;
N-Calif.
- ×**tubergenii** L.W. Lenz 1970 (*T.
laxa* × *T. peduncularis*) · ♃ 🕮 ∧
VII; cult.
- *uniflora* Lindl. = Ipheion
uniflorum

Trithrinax Mart. 1837 -f-
Arecaceae · (S. 962)
- *acanthacoma* Drude = Trithrinax
brasiliensis
- *biflabellata* Barb. Rodr. =
Trithrinax schizophylla
- **brasiliensis** Mart. 1837 · ♄ e Z10
🕮; S-Bras. [11547]
- **campestris** (Burmeist.) Drude et
Griseb. 1879 · ♄ e 🕮; Arg., Urug.
- **schizophylla** Drude 1882 · ♄ ♄ e
Z10 🕮; Bras., Parag., Arg., Bol.

× **Triticosecale** Wittm. ex A. Camus
1927 -n- *Poaceae* ·
D:Triticale; E:Triticale, Wheat-
rye Hybrid; F:Triticale (*Secale* ×
Triticum)

Triticum L. 1753 -n- *Poaceae* ·
(S. 1134)
D:Weizen; E:Wheat; F:Blé
- **aestivum** L. 1753 · D:Saat-Wei-
zen; E:Wheat · ⊙ VI-VII ⚥ ⓝ; cult.

- **baeoticum** Boiss. 1854 · ⊙; Eur.:
Ba, ? Krim +
- *caninum* L. = Elymus caninus
- **carthlicum** Nevski 1934 · ⊙ ⓝ;
cult.
- *cereale* Schrank = Triticum
aestivum
- **compactum** Host 1809 ·
D:Buckel-Weizen, Zwerg-Weizen;
E:Club Wheat · ⊙ VII; cult. S-Eur.,
SC-Eur.
- *cristatum* (L.) Schreb. = Agropyron
cristatum subsp. cristatum
- **dicoccoides** (Körn. ex Asch. et
Graebn.) Aarons. 1910 · D:Wilder
Emmer; E:Wild Emmer · ⊙; TR,
Cauc., Syr., Palaest., Iran
- **dicoccon** Schrank 1789 ·
D:Emmer, Zweikorn-Weizen;
E:Emmer · ⊙ VI-VII ⓝ; cult.
- *dicoccum* Schübl. = Triticum
dicoccon
- **durum** Desf. 1798 · D:Hart-Wei-
zen; E:Durum Wheat · ⊙ VI-VII ⓝ;
cult.
- **georgicum** Dekapr. · ⊙ VI-VII ⓝ;
cult.
- *hybernum* L. = Triticum aestivum
- *junceum* L. = Elymus farctus subsp.
farctus
- **macha** Dekapr. et Menabde 1932 ·
⊙ ⓝ; cult.
- **monococcum** L. 1753 · D:Ein-
korn-Weizen; E:Einkorn Wheat ·
⊙ VI-VII ⓝ; cult.
- *ovatum* (L.) Raspail = Aegilops
geniculata
- *pauciflorum* Schwein. = Elymus
trachycaulus
- **polonicum** L. 1762 · D:Polnischer
Weizen; E:Polish Wheat · ⊙ VI-VII
ⓝ; cult.
- *repens* L. = Elymus repens
- *sativum* Lam. = Triticum aestivum
- **spelta** L. 1753 · D:Dinkel, Spelz;
E:Spelt · ⊙ VI ⓝ; cult.
- **sphaerococcum** Percival 1921 · ⊙
ⓝ; cult.
- **timopheevii** (Zhuk.) Zhuk. 1928 ·
⊙; Cauc.
- *trachycaulum* Schwein. = Elymus
trachycaulus
- *triunciale* (L.) Raspail = Aegilops
triuncialis
- **turanicum** Jakubz. 1947 · ⊙ ⓝ;
cult.
- **turgidum** L. 1753 · D:Englischer
Weizen; E:Branched Wheat · ⊙
VI-VII ⓝ; cult.
- *vagans* (Jord. et Fourr.) Greuter =
Aegilops geniculata
- *ventricosum* (Tausch) Ces. =
Aegilops ventricosa

- *vulgare* Vill. = Triticum aestivum

× **Tritisecale** Lebedev = × Triticosecale

Tritonia Ker-Gawl. 1802 -f- *Iridaceae* · (S. 1027)
D:Tritonie; E:Tritonia; F:Tritonia
- *aurea* (Pappe ex Hook.) Planch. = Crocosmia aurea
- **crocata** (L.) Ker-Gawl. 1802 · D:Safranfarbige Tritonie; E:Flame Freesia, Tritonia · ♃ Z9 ⓚ V-VI; Kap
  'Pink Sensation'
  'Princess Beatrix'
  'Tea Rose'
- **disticha** (Klatt) Baker 1892
  - subsp. **rubrolucens** (R.C. Foster) de Vos 1983 · ♃ Z8 ⓚ; S-Afr., Swaziland
  - var. **disticha**
- *pottsii* (Baker) Baker = Crocosmia pottsii
- *rosea* Klatt = Tritonia disticha subsp. rubrolucens
- *rubrolucens* R.C. Foster = Tritonia disticha subsp. rubrolucens
- **squalida** (Aiton) Ker-Gawl. 1802 · ♃ Z9 ⓚ; S-Afr. (Cape Prov.)

Tritoniopsis L. Bolus 1929 -f- *Iridaceae*
- **caffra** (Ker-Gawl. ex Baker) Goldblatt 1990 · ♃ Z9 ⓚ; S-Afr.: Kap, Natal

Triumfetta L. 1753 -f- *Tiliaceae* · (S. 872)
- **rhomboidea** Jacq. 1760 · ♄ ⓦ Ⓝ; W-Sudan, W-Afr., Trop.
- **tomentosa** Bojer 1842 · ⓦ; Ind., Sri Lanka, Madag., E-Afr.

Trochiscanthes W.D.J. Koch 1824 -f- *Apiaceae* · (S. 187)
D:Radblüte; F:Trochiscanthe
- **nodiflorus** (All.) W.D.J. Koch 1824 · D:Radblüte · ♃ VI-VIII; Eur.: F, N-I, CH; mts.

Trochocarpa R. Br. 1810 -f- *Epacridaceae* · (S. 462)
D:Radfrucht; F:Trochocarpe
- **laurina** (Rudge) R. Br. 1810 · ♄ ♄ e Z9 ⓚ VI; Austr.: Queensl., N.S.Wales
- **thymifolia** (R. Br.) Spreng. 1824 · ♄ ⓚ; Austr. (Tasman.)

Trochodendron Siebold et Zucc. 1835 -m- *Trochodendraceae* · (S. 873)

D:Radbaum; F:Trochodendron
- **aralioides** Siebold et Zucc. 1839 · D:Radbaum · ♄ e Z7 V-VI; Jap., Ryukyu-Is., Taiwan [36108]

Trochomeria Hook. f. 1867 -f- *Cucurbitaceae*
- **macrocarpa** Harv. 1871

Trollius L. 1753 -m- *Ranunculaceae* · (S. 735)
D:Trollblume; E:Globeflower; F:Boule d'or, Trolle
- **acaulis** Lindl. 1842 · ♃ Z6; Him. (Pakist. - W-Nepal) [61790]
- **asiaticus** L. 1753 · ♃ Z4 V-VI; Eur.: NE-Russ.; W-Sib., C-As. [66866]
- **chinensis** Bunge 1833 · D:Chinesische Trollblume; E:Chinese Globeflower; F:Trolle de Chine · ♃ Z5 VI-VIII; NE-China [66867]
  'Golden Queen' [66868]
- **europaeus** L. 1753 · D:Europäische Trollblume; E:European Globeflower, Globe Flower; F:Trolle d'Europe · ♃ Z5 V-VI ✂ ▽; Eur.*, W-Sib. [66869]
  'Superbus' [66870]
- **hondoensis** Nakai 1928 · ♃; Jap. (Honshu) [61807]
- **laxus** Salisb. 1807 · D:Amerikanische Trollblume; E:American Globeflower · ♄ △ ~ Z4 IV-V; USA: NE, Ohio [72024]
- *ledebourii* hort. non Rchb. = Trollius chinensis
- **ledebourii** Rchb. 1825 · ♃ Z6; E-Sib., N-Mong., N-Korea
- **pumilus** D. Don 1825 · D:Zwerg-Trollblume; F:Trolle de l'Himalaya · ♃ △ Z5 VI-VII; Him. [66893]
  'Albidus'
- **ranunculinus** (Sm.) Stearn 1942 · ♃ Z6 V-VI; TR, Cauc., Iran [61808]
- **stenopetalus** (Regel) T.V. Egorova et Sipliv. 1970 · D:Schmalblütige Trollblume · ♃ Z7; NE-Myanmar, SW-China [68154]
- **yunnanensis** (Franch.) Ulbr. 1922 · D:Yunnan-Trollblume; E:Yunnan Globeflower · ♃ Z5 VI-VII; Yunnan [66894]
- **in vielen Sorten:**
  'Alabaster' Arends [66873]
  'Canary Bird' [66874]
  'Earliest of All' van Veen c. 1910 [66875]
  'Feuertroll' Goos & Koenemann 1910 [66877]
  'Frühlingsbote' [66879]
  'Goldquelle' [66880]
  'Helios' Goos & Koenemann 1907 [66881]

  'Lemon Queen' H.V.D. Schoot 1918 [66883]
  'Orange Globe' Hort. GB < 1900 [66888]
  'Orange Princess' [66889]
  'Prichard's Giant' Prichard [66890]

Tromotriche Haw. 1812 -f- *Asclepiadaceae* · (S. 211)
- **revoluta** (Masson) Haw. 1812 · ♃ ψ Z9 ⓚ; Kap

Tropaeolum L. 1753 -n- *Tropaeolaceae* · (S. 874)
D:Kapuzinerkresse; E:Nasturtium; F:Capucine
- **azureum** Miers 1826 · ♃ ⚥ Z9 ⓚ IX-X; Chile
- **brachyceras** Hook. et Arn. 1830 · ♃ ⚥ Z9 ⓚ VI; Chile
- *canariense* hort. ex Lindl. et T. Moore = Tropaeolum peregrinum
- **ciliatum** Ruiz et Pav. 1802 · ♃ ⚥ Z8 ⓚ; Peru
- *jarrattii* Youel ex Paxton 1838
- **leptophyllum** G. Don 1831 · ♃ ⚥ Z8 ⓚ VII-VIII Ⓝ; Bol., Chile
- **majus** L. 1753 · D:Echte Kapuzinerkresse · ⊙ ♃ VII-X ↟ Ⓝ; Col., Ecuad., Peru [16811]
  Alaska Ser.
  'Crimson Beauty'
  'Empress of India'
  'Hermine Grashoff'
  'Red Wonder' [28351]
- **minus** L. 1753 · D:Kleine Kapuzinerkresse · ⊙ ♃ VII-X; Peru
- **peltophorum** Benth. 1843 · ⊙ ⊙ ♃ ♄ Z9 ⓚ I-XII; Col., Ecuad. [1785]
- **pentaphyllum** Lam. 1753 · D:Fünfblättrige Kauzinerkresse · ♃ ⚥ Z8 ⓚ VII-XI; C-Bras., Urug., Parag., Arg., E-Bol.
- **peregrinum** L. 1753 · D:Kanarien-Kapuzinerkresse; E:Canary Creeper · ⊙ ⚥ Z9 VII-X; Peru, ? Ecuad. [16812]
- **polyphyllum** Cav. 1797 · D:Chile-Kapuzinerkresse · ♃ Z8 ⓚ VI-X; Arg., Chile [21744]
- **speciosum** Poepp. et Endl. 1835 · D:Flammende Kapuzinerkresse; E:Flame Flower, Scotch Creeper · ♃ ⚥ Z8 ⓚ VIII-X; Chile [11548]
- **tricolor** Sw. 1828 · D:Dreifarbige Kapuzinerkresse · ♃ ⚥ Z8 ⓚ III-V; Bol., Chile [21745]
- **tuberosum** Ruiz et Pav. 1802 · D:Knollenkresse, Peruanische Kapuzinerkresse; E:Tropaeolum · ♃ ⚥ Z8 ⓚ VIII-IX Ⓝ; Peru, Bol. [21746]
  'Ken Aslet' [21747]
- *yarratii* Youel ex Paxton = Tropaeolum tricolor

Tsuga Carrière 1855 -f- *Pinaceae* · (S. 95)
D:Hemlocktanne, Schierlingstanne; E:Hemlock, Hemlock Spruce; F:Pruche
- **canadensis** (L.) Carrière 1855 · D:Kanadische Hemlocktanne; E:Eastern Hemlock; F:Sapin ciguë, Sapin du Canada · ♄ e Z5 IV-V ⚥ ; Can.: E; USA; NE, NCE, SE [27510]
  'Albospica' (v) Jaeger 1884 [32840]
  'Aurea' (v) Nelson 1855 [31936]
  'Bennett' J.W. Swartley 1965 [25876]
  'Cole's Prostrate' Gotelli 1929 [22656]
  'Hussii' J.F. Huss 1900 [22658]
  'Jeddeloh' Jeddeloh 1965 [27540]
  'Minuta' Teuscher 1935 [10994]
  'Nana' Carrière 1855 [27520]
  'Pendula' W.J. Bean 1914 [30210]
  'Verkade's Recurved' Verkade Nurs. 1968 [32365]
- **caroliniana** Engelm. 1881 · D:Carolina-Hemlocktanne; E:Carolina Hemlock · ♄ e Z6; USA: Va., SE [36165]
- **chinensis** (Franch.) E. Pritz. · D:Gewöhnliche Chinesische Hemlocktanne · ♄ e Z6; W-China
- **diversifolia** (Maxim.) Mast. 1881 · D:Nordjapanische Hemlocktanne, Verschiedenblättrige Hemlocktanne; E:Northern Japanese Hemlock; F:Tsuga du Japon · ♄ e Z6; Jap. [27550]
- **heterophylla** (Raf.) Sarg. 1899 · D:Westamerikanische Hemlocktanne, Westliche Hemlocktanne; E:Western Hemlock · ♄ e Z6 ⓝ; Alaska, Can.: B.C., Alta.; USA: NW, Calif., Idaho, Mont. [27560]
- **mertensiana** (Bong.) Carrière 1867 · D:Berg-Hemlocktanne; E:Mountain Hemlock
  - subsp. **mertensiana** var. **mertensiana** · D:Gewöhnliche Berg-Hemlocktanne; F:Tsuga des montagnes · ♄ e Z6; Alaska, Can.: B.C.; USA: NW, Calif., Rocky Mts. (Idaho, Mont., Nev.) [12332]
  - *pattoniana* (Balf.) Sénécl. = Tsuga mertensiana subsp. mertensiana var. mertensiana
- **sieboldii** Carrière 1855 · D:Araragi-Hemlocktanne, Südjapanische Hemlocktanne; E:Southern Japanese Hemlock · ♄ e Z6; Jap. [27580]
  - var. *nana* (Endl.) Carrière = Tsuga diversifolia

Tuberaria (Dunal) Spach 1836 -f- *Cistaceae* · (S. 419)
D:Sandröschen; E:Spotted Rock Rose; F:Tubéraire
- **guttata** (L.) Fourr. 1868 · D:Geflecktes Sandröschen · ☉ Z8 VI-IX; Eur.: Ib, Fr, BrI, D, Ap, Ba; TR, Levante, NW-Afr., Libya
- *lignosa* (Sweet) Samp. 1922 · ♃ Z8 ⓚ; Eur.: Ib, F, Ap; NW-Afr.

Tulbaghia L. 1771 -f- *Alliaceae* · (S. 904)
D:Kaplilie, Tulbaghie; E:Society Garlic, Wild Garlic; F:Tulbaghia
- **alliacea** L. f. 1782 · ♃ Z8 ⓚ; S-Afr.
- **capensis** L. 1771 · ♃ Z8 ⓚ VI-VII; Kap
- **coddii** Vosa et R.B. Burb. 1975 · ♃ Z8 ⓚ; S-Afr. (Transvaal)
- **cominsii** Vosa 1979 · ♃ Z8 ⓚ; S-Afr. (Cape Prov.)
- *fragrans* I. Verd. = Tulbaghia simmleri
- **natalensis** Baker 1891 · ♃ Z8 ⓚ; S-Afr. (E-Cape Prov., Natal)
- **simmleri** Beauverd 1909 · ♃ Z8 ⓚ; S-Afr. (Transvaal)
- **violacea** Harv. 1837 · D:Knoblauchs-Kaplilie; E:Society Garlic · ♃ Z8 ⓚ VII-VIII; S-Afr. [69615]
  'Pallida'
  'Silver Lace'
  'Variegata'

Tulipa L. 1753 -f- *Liliaceae* · (S. 1033)
D:Tulpe; E:Tulip; F:Tulipe
- *acuminata* Vahl ex Hornem. = Tulipa gesneriana
- **agenensis** DC. 1804 · ♃ Z6 IV-V ▽; NW-Iran, nat. in S-F u. I
- **albertii** Regel 1877 · ♃ Z6 ▽; C-As.
- **altaica** Pall. ex Spreng. 1825
- **armena** Boiss. 1859 · ♃ Z5 IV-V ▽; cult. in TR
- **aucheriana** · ♃ Z5; Syr., Iran
- **aximensis** · ♃; F (Savoyen), I
- *batalinii* Regel = Tulipa linifolia
- **biebersteiniana** Schult. et Schult. f. 1829 · ♃
- **biflora** Pall. 1776 · ♃ △ Z5 V-VI ▽; Eur.: W-Ba, E-Russ., Krim; TR, Palaest., Arab., Cauc., Iran, W-Sib., C-As., Egypt
- **bifloriformis** Vved. 1971 · ♃; C-As.
- **carinata** Vved. 1971
- *celsiana* DC. = Tulipa sylvestris subsp. australis
- *chrysantha* Boiss. = Tulipa stellata
- **clusiana** DC. 1803 · D:Damen-Tulpe; E:Lady Tulip · ♃ ▽; Iran, NW-Pakist., N-Ind., nat. in S-Eur., TR
  - var. *chrysantha* (A.D. Hall) Sealy 1948 = Tulipa stellata
  - var. *stellata* (Hook.) Regel 1985 = Tulipa stellata
- **cretica** Boiss. et Heldr. 1854 · ♃ Z7; Crete
- **dasystemon** (Regel) Regel 1880 · ♃ Z5 IV ▽; C-As., China: Sinkiang
- *didieri* Jord. = Tulipa gesneriana
- *edulis* (Miq.) Baker = Amana edulis
- **ferganica** Vved. 1935 · ♃ Z5; C-As.
- **fosteriana** W. Irving 1906 · ♃ Z5 IV ▽; C-As.
- *galatica* Freyn = Tulipa armena
- **gesneriana** L. 1753 · D:Gesners Tulpe; E:Gesner's Tulip · ♃ ⚥ Z7 IV-V ⚥ ⚥ ▽; Eur.: SE-F, nat. in sp., F, I, CH, ? GR
- **greigii** Regel 1873 · ♃ Z5 IV-V ▽; C-As.
- *grengiolensis* Thommen = Tulipa gesneriana
- *hageri* Heldr. = Tulipa orphanidea
- **hoogiana** B. Fedtsch. 1910 · ♃ Z7 ▭ ∧ IV-V ▽; C-As.
- **humilis** Herb. 1844 · ♃ Z7 V ▽; Cauc., Iran, N-Iraq [66902]
  'Albocaerulea'
  'Lilliput'
  'Odalisque'
  'Persian Pearl' [66911]
  'Pulchella' · ▽
  'Violacea' · ▽
- **ingens** Hoog 1902 · ♃ Z6 IV ▽; C-As.
- **kaufmanniana** Regel 1877 · D:Kaufmanns Tulpe; E:Waterlily Tulip · ♃ △ Z5 III ▽; C-As.
- **kolpakowskiana** Regel 1877 · ♃ Z6 IV ▽; C-As., Afgh. [66904]
- **kurdica** Wendelbo 1974 · ♃ Z7; NE-Iraq
- **lanata** Regel 1884 · ♃ Z7 IV ▽; C-As., Afgh., NE-Iran
- **linifolia** Regel 1884 · ♃ △ Z5 V ▽; C-As., N-Iran
  'Batalinii' · ▽
  'Bright Gem'
  'Bronze Charm'
  'Red Jewel' [72153]
  'Yellow Jewel' [66905]
- *marjolettii* E.P. Perrier et Songeon = Tulipa praecox
- *mauritiana* Jord. = Tulipa gesneriana
- **maximowiczii** Regel 1889 · ♃ Z5; Afgh., C-As.
- **montana** Lindl. 1828 · ♃ Z6 V ▽;

C-As., N-Iran
- **neustruevae** Pobed. 1949 · ♃;
  C-As. (Fergana)
- *oculus-solis* St.-Amans = Tulipa agenensis
- **orphanidea** Boiss. ex Heldr. 1862 · ♃ Z5 IV ▽; Eur.: GR, TR, SE-Ba, Crete [66906]
  'Flava'
  'Whittallii' · ▽
- **ostrowskiana** Regel 1884
- *planifolia* Jord. = Tulipa gesneriana
- *platystigma* Jord. = Tulipa gesneriana
- *polychroma* Stapf = Tulipa biflora
- **praecox** Ten. 1811 · ♃ Z5 III-IV ▽; orig. ?, nat. in S-Eur., W-TR
- **praestans** Hoog 1903 · ♃ Z5 IV ▽; C-As.
  'Fusilier' [66907]
  'Unicum'
  'Van Tubergen's Variety'
- **pulchella** (Fenzl ex Regel) Baker = Tulipa humilis
  - var. *humilis* hort. = Tulipa humilis
- *rhodopea* = Tulipa urumoffii
- *saracenica* E.P. Perrier = Tulipa gesneriana
- **saxatilis** Sieber ex Spreng. 1825 · D:Kretische Tulpe; E:Candia Tulip · ♃ Z6 IV ▽; Crete, W-TR
- *schrenkii* Regel = Tulipa suaveolens
- **sogdiana** Bunge 1852 · ♃; C-As.
- **sosnowskyi** Achv. et Mirzoeva 1950 · ♃; Cauc. (Armen.)
- **sprengeri** Baker 1894 · ♃ Z5 V-VI ▽; TR
- **stellata** Hook. 1827 · IV ▽; N-Iran, Afgh, C-As., NW-Ind.
- **suaveolens** Roth 1794 · ♃ Z7 ▽; SE-Russ.
- **subpraestans** · ♃ Z6; C-As.
- **sylvestris** L. 1753 · D:Wilde Tulpe · [66908]
  - subsp. **australis** (Link) Pamp. 1914 · D:Südalpine Tulpe · ♃ Z5 V ▽; Eur.: Ib, F, I, Ba; NW-Afr.
  - subsp. **sylvestris** · D:Weinberg-Tulpe; E:Wild Tulip · ♃ D Z5 IV-V ▽; Eur.: Ib, Fr, Ap, C-Eur., Ba, E-Eur., CH; TR, Cauc., nat. in BrI, Sc, EC-Eur., N-Afr., Sib., Middle East
- **tarda** Stapf 1933 · ♃ △ Z5 IV ▽; C-As. [66909]
- **tetraphylla** Regel 1875 · ♃ Z6; C-As.
- **tschimganica** Botschantz. 1961 · ♃ Z6; C-As.
- **tubergeniana** Hoog 1904 · ♃ Z5 IV ▽; C-As.
- **turkestanica** (Regel) Regel 1875 · ♃ △ Z5 III-IV ▽; C-As. [66910]
- **undulatifolia** Boiss. 1844 · ♃ Z5 IV-V ▽; Eur.: S-Ba; W-TR, Iran, C-As.
- **urumiensis** Stapf 1932 · ♃ △ Z5 IV ▽; NW-Iran
- **urumoffii** Hayek 1911 · ♃ Z6; Eur.: : S-BU
- *violacea* Boiss. et Buhse = Tulipa humilis
  - var. *pallida* Bornm. = Tulipa humilis
- *vvedenskyi* Botschantz. = Tulipa albertii
- *whittallii* (Dykes) A.D. Hall = Tulipa orphanidea
- **wilsoniana** Hoog 1902
- **in vielen Sorten:**
  1 Einfach blühende, frühe Tulpen
    Blüte einfach, Stiel meist kurz, früh blühend.
  2 Gefüllt blühende, frühe Tulpen
    Blüte gefüllt, Stiel meist kurz, früh blühend.
  3 Triumph-Tulpen
    Blüte einfach, Stiel mittellang, mittelfrüh blühend. Ursprünglich das Ergebnis von Kreuzungen zwischen Sorten der einfachen frühen Gruppe und der einfachen späten Gruppe.
  4 Darwin-Hybriden
    Blüte einfach, Stiel lang, mittelfrüh blühend. Ursprünglich das Ergebnis von Kreuzungen zwischen Sorten der Darwin-Hybriden mit T. fosteriana und von Kreuzungen zwischen anderen Sorten mit Wildtulpen.
  5 Einfach blühende, späte Tulpen
    Blüte einfach, Stiel meist lang, spät blühend. Die alten Darwin- und Cottage-Sorten sind hier aufgenommen.
  6 Lilienblütige Tulpen
    Blüte einfach, mittelfrüh oder spät blühend. Blüten mit spitzen, nach außen gebogenen Blütenblättern. Niedrige, mittellange oder lange Stiele.
  7 Gefranste Tulpen
    Blüte einfach, mittelfrüh oder spät blühend. Blütenblätter mit kristallähnlichen Fransen. Niedrige, mittellange oder lange Stiele.
  8 Viridiflora-Tulpen
    Blüte einfach, spät blühend. Blüte mit teilweise grünlichen Blütenblättern. Niedrige, mittellange oder lange Stiele.
  9 Rembrandt-Tulpen
    Sogenannte „gebrochene" Blüten, braun, bronze, purpurn, rosa oder rot gestreift oder geflammt auf rotem, weißem oder gelbem Hintergrund. Die Schattierungen werden durch Viren verursacht, weshalb die Sorten nicht mehr im Handel zu bekommen, sondern nur noch in historischen Sammlungen zu finden sind.
  10 Papageien-Tulpen
    Stark eingeschnittene, gedrehte Blütenblätter, meist spät blühend. Blüte einfach, niedrige, mittellange oder lange Stiele.
  11 Gefüllt blühende, späte Tulpen
    Blüte gefüllt, Stiel meist lang, spät blühend.
  12 Kaufmanniana-Tulpen
    T. kaufmanniana mit ihren Sorten, Varietäten, Unterarten und Auslesen. Sehr früh blühend, manchmal mit gestreiften Blättern. Höhe bis 20 cm, die Blüte öffnet sich ganz, der Blütenboden ist vielfarbig. Außen manchmal scharf karminrot gezeichnet.
  13 Fosteriana-Tulpen
    T. fosteriana mit ihren Sorten, Varietäten, Unterarten und Auslesen. Früh blühend, breite grüne oder graugrüne Blätter, manchmal gestreift oder gefleckt. Mittellange bis lange Stiele, Blüte groß, Blütenboden variabel.
  14 Greigii-Tulpen
    T. greigii mit ihren Sorten, Varietäten, Unterarten und Auslesen. Später blühend als T. kaufmanniana. Manchmal gestreifte oder gefleckte, oft wellige Blätter, meist auf dem Boden liegend. Blütenform variabel.
  15 Sonstige Tulpen
    Eigentlich keine Sortengruppe sondern eine Sammlung von Arten, Unterarten, Varietäten und Sorten, die zu keiner der

vorher genannten Gruppen gehören.
Quelle: CLASSIFIED LIST AND INTERNATIONAL REGISTER OF TULIP NAMES (1996)

'Aladdin' (6) de Mol, A.H. Nieuwenhuis 1942
'Angélique' (5) Lefeber 1959
'Apeldoorn' (4) Lefeber 1951
'Apricot Beauty' (1) van der Vlugt v. Kimmenade 1953
'Bellona' (3) de Graaff 1944
'Black Parrot' (10) Keur & Sons 1937
'Blue Parrot' (10) < 1935
'Cape Cod' (14) Hybrida 1955
'Carlton' (2) Alkemade Cz. 1950
'Carnaval de Nice' (11) Tubergen 1953
'China Pink' (6) de Mol, A.H. Nieuwenhuis 1944 [66898]
'Christmas Marvel' (1) Schoorl 1954
'Electra' (5) Krelage < 1906
'Fantasy' (10) 1910
'Flair' (1) van den Berg 1978
'Generaal de Wet' (1) 1904
'Georgette' (5) Hybrida 1952
'Golden Apeldoorn' (4) Gorter Gzn., Overdevest Gz. < 1960
'Golden Emperor' (13) Hybrida 1957 [66895]
'Golden Melody' (3) Hermans 1961
'Grönland' (8) van den Berg 1955
'Heart's Delight' (12) Tubergen 1952
'Juan' (13) Tubergen 1961
'Madame Lefeber' (13) Tubergen < 1931
'Marilyn' (6) Verbruggen 1976
'Mount Tacoma' (11) Polman Mooy < 1924
'Mr van der Hoef' (2) < 1911
'New Design' (3) J. Tol 1974
'Orange Bouquet' (3) Konijnenburg & Mark 1964
'Orange Emperor' (13) van Egmond & Sons 1962
'Orange Favourite' (10) K.C. Vooren 1930
'Peerless Pink' (3) Carlee 1930
'Pink Impression' (4) van der Wereld 1979
'Pinocchio' (14) Bito 1980
'Princeps' (13) Jan Roes
'Purissima' (13) Tubergen 1943 [66896]
'Queen of Night' (5) Grullemans & Sons < 1944
'Red Riding Hood' (14) Hybrida 1953
'Schoonoord' (2) < 1909
'Shirley' (3) J. Tol 1968
'Showwinner'
'Spring Green' (8) Liefting 1969
'Stresa' (12) Tubergen 1942
'Sweetheart' (13) J.C. Nieuwenhuis 1976
'Toronto' (3) Uittenbogaard & Sons 1963
'West Point' (6) de Mol, A.H. Nieuwenhuis 1943
'White Parrot' (10) Valkering & Sons 1943
'White Triumphator' (6) Tubergen 1942
'Yokohama' (3) van den Berg 1961

Tulipastrum Spach = Magnolia
– *acuminatum* (L.) Small = Magnolia acuminata

Tulipifera Mill. = Liriodendron
– *liriodendrum* Mill. = Liriodendron tulipifera

Tunica Ludw. = Petrorhagia
– *prolifera* (L.) Scop. = Petrorhagia prolifera
– *saxifraga* (L.) Scop. = Petrorhagia saxifraga

Tupidanthus Hook. f. et Thomson = Schefflera
– *calyptratus* Hook. f. et Thomson = Schefflera pueckleri

Turbinicarpus (Backeb.) Buxb. et Backeb. 1937 -m- *Cactaceae* · (S. 369)
– *dickisoniae* = Turbinicarpus schmiedickeanus var. dickisoniae
– *flaviflorus* G. Frank et A.B. Lau = Turbinicarpus schmiedickeanus var. flaviflorus
– *gautii* (L.D. Benson) Zimmerman = Echinomastus gautii
– **gielsdorfianus** (Werderm.) V. John et Ríha 1983 · ⇃ Z9 ⊞ ▽ ✶; Mex.: Tamaulipas
– *gracilis* Glass et Foster = Turbinicarpus schmiedickeanus var. gracilis
– **horripilus** (Lem. ex C.F. Först.) V. John et Ríha 1983 · ⇃ Z9 ⊞ ▽ ✶; Mex.: Hidalgo
– *klinkerianus* Backeb. et H. Jacobsen = Turbinicarpus schmiedickeanus var. klinkerianus
– *krainzianus* (G. Frank) Backeb. = Turbinicarpus pseudomacrochele var. krainzianus
– **lophophoroides** (Werderm.) Buxb. et Backeb. 1937 · ⇃ Z9 ⊞ ▽ ✶; Mex.: San Suis Potosí
– *macrochele* (Werderm.) Buxb. et Backeb. = Turbinicarpus schmiedickeanus var. macrochele
– **mandragora** (A. Berger) Zimmerman 1991 · ⇃ Z9 ⊞ ▽ ✶; Mex.: Coahuila, Nuevo Leon
– *polaskii* Backeb. = Turbinicarpus schmiedickeanus var. schwarzii
– **pseudomacrochele** (Backeb.) Buxb. et Backeb. 1937
– var. **krainzianus** (Frank) Glass et R.A. Foster 1977 · ⇃ Z9 ⊞; Mex.
– var. **pseudomacrochele** · ⇃ Z9 ⊞ ▽ ✶; Mex.: Queretaro
– **pseudopectinatus** (Backeb.)

Glass et R.A. Foster 1977 · ⇃ Z9 ⊞ ▽ ✶; Mex.: Tamaulipas, Nuevo Leon
– **roseiflorus** Backeb. 1963 · ⇃ Z9 ⊞; Mex.
– **saueri** (Boed.) V. John et Ríha 1983 · ⇃ Z9 ⊞ ▽ ✶; Mex.: Tamaulipas
– **schmiedickeanus** (Boed.) Buxb. ex Backeb. 1937
– var. **dickisoniae** Glass et R.C. Foster · ⇃ Z9 ⊞; Mex. (Nuevo León)
– var. **flaviflorus** (G. Frank et A.B. Lau) Halda 1998 · ⇃ ⊞; Mex.
– var. **gracilis** (Glass et R.A. Foster) Glass et R.A. Foster 1977 · ⇃ Z9 ⊞; Mex. (Nuevo León)
– var. **klinkerianus** (Backeb. et H. Jacobsen) Glass et R.A. Foster 1977 · ⇃ Z9 ⊞; Mex. (San Luis Potosí)
– var. **macrochele** (Werderm.) Glass et R.A. Foster 1977 · ⇃ Z9 ⊞; Mex. (San Luis Potosí)
– var. **schmiedickeanus** · ⇃ Z9 ⊞ ▽ ✶; Mex.: Nuevo León, San Luis Potosi, Tamaulipas
– var. **schwarzii** (Shurly) Glass et R.A. Foster 1977 · ⇃ Z9 ⊞; Mex. (San Luis Potosí)
– *schwarzii* (Shurly) Backeb. = Turbinicarpus schmiedickeanus var. schwarzii
– **swobodae** Diers 1987 · ⇃ Z9 ⊞; Mex.
– **valdezianus** (L. Möller) Glass et R.A. Foster 1977 · ⇃ Z9 ⊞ ▽ ✶; Mex.: Coahuila, Nuevo Leon
– **viereckii** (Werderm.) V. John et Ríha 1983 · ⇃ Z9 ⊞ ▽ ✶; Mex.: Nuevo León, Tamaulipas

Turgenia Hoffm. 1814 -f- *Apiaceae* · (S. 187)
D:Haftdolde, Turgenie;
F:Turgénia
– **latifolia** (L.) Hoffm. 1814 · D:Breitblättrige Haftdolde, Turgenie · ☉ VI-VIII; Eur.* exc.Sc, BrI; TR, Cauc., C-As., Pakist., Kashmir, NW-Afr., nat. in N-Am.

Turnera L. 1753 -f- *Turneraceae* · (S. 874)
D:Damiana; F:Turnéra
– *aphrodisiaca* Ward = Turnera diffusa var. aphrodisiaca
– **diffusa** Willd. ex Schult. 1820
– var. **aphrodisiaca** (Ward) Urb. 1883 · ♄ Z10 ⊞ ☝ ; Bras.
– var. **diffusa** · D:Schmalblättrige

Damiana; E:Mexican Holly · ♄ Z10 ⓦ; Bras.
- **ulmifolia** L. 1753 · D:Großblättrige Damiana; E:Sage Rose, West Indian Holly · ♄ Z9 ⓦ; Mex., C-Am., W.Ind., S-Am.

Turraea L. 1771 -f- *Meliaceae*
- **obtusifolia** Hochst. 1844
- **vogelii** Hook. f. ex Benth. 1849 · ⚥ ⓦ; W-Afr., Zaire, Sudan, Uganda, Angola

Turritis L. = Arabis
- *glabra* L. = Arabis glabra

Tussilago L. 1753 -f- *Asteraceae* · (S. 277)
D:Huflattich; E:Coltsfoot; F:Pas d'âne, Tussilage
- **farfara** L. 1753 · D:Huflattich; E:Coltsfoot · ⚃ Z5 III-IV ⚥; Eur.*, TR, Levante, Cauc., Iran, W-Sib., E-Sib., C-As., Him., China, Maroc., Alger., nat. in N-Am. [66912]
- *japonica* L. = Farfugium japonicum

Tweedia Hook. et Arn. 1834 -f- *Asclepiadaceae*
- **caerulea** D. Don ex Sweet 1837 · ♄ e ⚥ Z10 ⓚ VI-IX; S-Bras., Urug.

Tylecodon Toelken 1978 -m- *Crassulaceae* · (S. 436)
- **buchholzianus** (Schuldt P. Stephan) Toelken 1978 · ⚘ Z8 ⓚ; S-Afr. (NW-Cape Prov.), Namibia
- **cacalioides** (L. f.) Toelken 1978 · ♄ ⚘ Z9 ⓚ; Kap
- **paniculatus** (L. f.) Toelken 1978 · ♄ ⚘ d Z8 ⓚ; S-Afr., Namibia
- **pygmaeus** (W.F. Barker) Toelken 1978 · ⚘ Z8 ⓚ; S-Afr. (Western Cape)
- **reticulatus** (L. f.) Toelken 1978 · ♄ ⚘ Z9 ⓚ; Kap, Namibia
- **ventricosus** (Burm. f.) Toelken 1978 · ⚘ ⓚ
- **wallichii** (Harv.) Toelken 1978

Typha L. 1753 -f- *Typhaceae* · (S. 1143)
D:Rohrkolben; E:Bulrush, Reedmace; F:Massette
- **angustifolia** L. 1753 · D:Schmalblättriger Rohrkolben; E:Lesser Bulrush; F:Massette à feuilles étroites · ⚃ ~ Z3 VII-VIII; Eur.*, TR, Cauc., Iran, C-As., Mong., Can., USA* exc. SW, Austr. [67359]
- **domingensis** Pers. 1807
- **latifolia** L. 1753 · D:Breitblättriger Rohrkolben; E:Bulrush, Cat Tail; F:Massette à feuilles larges · ⚃ ~ Z3 VII-VIII ⚥ ⓝ; Eur.*, Cauc., Iran, W-Sib., E-Sib., C-As., Mong., N-China, N-Am. [67360]
'Variegata' [67361]
- subsp. *shuttleworthii* (W.D.J. Koch et Sond.) Stoj. et Stef. 1948 = Typha shuttleworthii
- **laxmannii** Lepech. 1801 · D:Laxmanns Rohrkolben; E:Laxmann's Bulrush; F:Massette de Laxmann · ⚃ ~ Z4 VII-VIII; Eur.: E-Eur., Ba, TR, Cauc., W-Sib., E-Sib., Amur, C-As., Mong., N-China, nat. in F, I, D, EC-Eur. [67362]
- **lugdunensis** P. Chabert 1850 · D:Französischer Rohrkolben · ⚃ ~ ; Eur.: F, CH, D
- **minima** Funck ex Hoppe 1794 · D:Zwerg-Rohrkolben; E:Lesser Bulrush; F:Massette petite · ⚃ ~ Z6 V-IX ⓝ; Eur.: F, I, C-Eur., EC-Eur., Serb., RO; TR, Cauc., Iran, Afgh., Pakist., C-As., Mong., Jap. [67363]
- **shuttleworthii** W.D.J. Koch et Sond. 1844 · D:Shuttleworths Rohrkolben; E:Shuttleworth's Bulrush; F:Massette de Shuttleworth · ⚃ ~ Z5 VI-VIII; Eur.: F, N-I, C-Eur., EC-Eur., Ba, RO; TR [67364]

Typhoides Moench = Phalaris
- *arundinacea* (L.) Moench = Phalaris arundinacea

Typhonium Schott 1829 -n- *Araceae* · (S. 934)
- **giganteum** Engl. 1883
  - var. **giganteum** · ⚃ Z10 ⓦ; China
  - var. **giraldii** (Engl.) Baroni 1879 · ⚃ Z10 ⓦ; China (Peking)

Typhonodorum Schott 1857 -n- *Araceae* · (S. 934)
- **lindleyanum** Schott 1857 · ⚃ e Z10 ⓦ; trop. Afr., Madag., Mauritius

Uebelmannia Buining 1967 -f- *Cactaceae* · (S. 369)
- **pectinifera** Buining 1967 · ⚘ Z9 ⓚ ▽ ✱; Bras.: Minas Gerais

Ugni Turcz. 1848 -f- *Myrtaceae* · (S. 665)
- **molinae** Turcz. 1848 · D:Chilenische Guave; E:Strawberry Myrtle · ♄ e Z9 ⓚ ⓝ; Bol., Chile [11549]

Ulex L. 1753 -m- *Fabaceae* · (S. 529)
D:Stechginster; E:Furze, Gorse; F:Ajonc
- **europaeus** L. 1753 · D:Gewöhnlicher Stechginster; E:Furze, Gorse, Whin · ♄ e Z7 ∧ V-VII ✿ ⓝ; Eur.: BrI, Fr, Ib, , Ap, C-Eur., nat. in Sc, EC-Eur., USA [23600]
'Flore Pleno' [15915]
- **gallii** Planch. 1849 · D:Französischer Stechginster · ♄ Z8 ⓚ ✿; sp., F
- *jussiaei* (D.A. Webb) D.A. Webb = Ulex parviflorus
- **minor** Roth 1797 · D:Kleiner Stechginster · ♄ Z7 ✿; Ib, F
- **parviflorus** Pourr. 1788 · D:Kleinblütiger Stechginster · ♄ d Z8 ⓚ ✿; Ib, F, Maroc., Alger.

Ullucus Caldas 1809 -m- *Basellaceae* · (S. 282)
D:Ulluco; E:Ulluco; F:Baselle, Ulluque
- **tuberosus** Lozano 1809 · D:Ulluco; E:Ulluco · ⚃ ⚥ ↝ Z9 ⓚ ⓝ; Col., Peru, Bol.

Ulmaria Hill = Filipendula
- *filipendula* (L.) Hill = Filipendula vulgaris

Ulmus L. 1753 -f- *Ulmaceae* · (S. 876)
D:Rüster, Ulme; E:Elm; F:Orme
- **alata** Michx. 1803 · D:Kleinblättrige Ulme · ♄ d Z4; USA: NCE, Va., SE, Fla., Kans. [32695]
- *alba* Raf. = Ulmus americana
- **americana** L. 1753 · D:Amerikanische Ulme, Weiß-Ulme; E:American Elm, Water Elm, White Elm · ♄ d Z4 ⚥; Can.: E, Sask.; USA* exc. SW, Calif., NW
- **bergmanniana** C.K. Schneid. 1912 · D:Bergmanns Ulme · ♄ d Z6; C-China
- *foliacea* Gilib. = Ulmus minor
- *fulva* Michx. = Ulmus rubra
- **glabra** Huds. 1762 · D:Berg-Ulme, Weißrüster; E:Scotch Elm, Wych Elm; F:Orme blanc, Orme de montagne · ♄ d Z5 III-V ⓝ; Eur.*, TR, Syr., Cauc., N-Iran [23630]
'Camperdownii' 1850 · D:Lauben-Ulme · [33871]
'Exoniensis' c. 1926 · D:Exeter-Ulme · [29600]
'Horizontalis' · D:Hänge-Ulme · [23640]
- *glabra* Mill. = Ulmus minor
- × **hollandica** Mill. 1768 (*U. glabra* × *U. minor*) · D:Bastard-

Ulme; E:Dutch Elm; F:Orme de Hollande · ħ d Z5 III-IV; S-F, CH, I
'Commelin' c. 1950 [23650]
'Dampieri Aurea' < 1893 · D:Gold-Ulme · [23620]
'Groeneveld' 1963 [29340]
'Jacqueline Hillier' [30590]
- **japonica** (Rehder) Sarg. 1907 · D:Japanische Ulme · ħ d Z5; Jap., NE-As
- **laciniata** (Trautv.) Mayr 1906 · D:Geschlitztblättrige Ulme · ħ d Z5 III-IV Ⓝ; Jap., Korea, N-China, Kamchat., E-Sib.
- **laevis** Pall. 1784 · D:Flatter-Ulme; E:Russian Elm; F:Orme diffus, Orme lisse · ħ d Z5 III-IV; Eur.* exc. BrI, Ib; Cauc. [31360]
- **minor** Mill. 1768 · D:Feld-Ulme; E:European Field Elm; F:Orme champêtre, Ormeau · ħ ħ d Z5 III-IV ⚕ Ⓝ; Eur.*, TR, Cyprus, Syr., Libya, [12565]
'Umbraculifera' 1879 [23392]
'Wredei' = Ulmus × hollandica 'Dampieri Aurea'
- *montana* With. = Ulmus glabra
- **parvifolia** Jacq. 1798 · D:Japanische Ulme, Kleinblättrige Japan-Ulme; E:Chinese Elm · ħ d Z6 VIII-IX Ⓝ; Jap., Korea, China, Taiwan [27252]
'Geisha' 1985 [34680]
'Yatsubusa' [15268]
- **procera** Salisb. 1796 · D:Englische Ulme, Haar-Ulme; E:English Elm · ħ d Z6 II-IV ⚕; Eur.: BrI, Ib, Fr, H, Ba
- **pumila** L. 1753 [33735]
  - var. **arborea** Litv. 1908 · D:Turkestanische Ulme · ħ d Z3 III; E-As [33738]
  - var. **pumila** L. · D:Sibirische Ulme; E:Siberian Elm · ħ d Z4; E-Sib., Amur, C-As., Mong., N-China
- **rubra** Muhl. 1793 · D:Rot-Ulme; E:Red Elm, Slippery Elm · ħ d Z4 III-IV ⚕ Ⓝ; Can.: E; USA: NE, NCE, NC, SC, SE, Fla.
- *scabra* Mill. = Ulmus glabra
- **thomasii** Sarg. 1902 · D:Felsen-Ulme; E:Cork Elm, Rock Elm · ħ d Z2 IV Ⓝ; Can.: E; USA: NE, NCE, NC, Ark., Tenn.
- *turkestanica* Regel = Ulmus pumila var. arborea
- **in vielen Sorten:**
'Dodoens' 1973 [46770]
'Lobel' 1973 [46780]
'Plantijn' 1973 [46790]
'Sapporo Autumn Gold' 1973 (*U. pumila × U. japonica*) [33747]

Umbellularia (Nees) Nutt. 1842 -f- *Lauraceae* · (S. 600)
D:Berglorbeer; E:California Laurel, California Bay; F:Laurier
- **californica** (Hook. et Arn.) Nutt. 1842 · D:Berglorbeer; E:California Laurel, California Bay, Headache Tree, Pepperwood · ħ e Z8 Ⓚ I-VI ⚕ Ⓝ; USA: Oreg., Calif. [36621]

Umbilicus DC. 1801 -m- *Crassulaceae* · (S. 436)
D:Nabelkraut, Venusnabel; E:Navelwort; F:Gobelets, Nombril de Vénus
- *aizoon* Fenzl = Rosularia aizoon
- *chrysanthus* Boiss. et Heldr. = Rosularia chrysantha
- **erectus** DC. 1805 · D:Aufrechter Venusnabel · ♃ Ψ Z8 Ⓚ; Eur.: S-I, Ba; TR, Lebanon, Syr.
- **horizontalis** (Guss.) DC. 1828 · D:Waagrechter Venusnabel · ♃ Ψ Z8 Ⓚ; Eur.: Ib, Ap, Ba; TR, Cyprus, Syr., W-Iran, N-Afr.
  - var. **intermedius** (Boiss.) Chamb. 1972 · ♃ Ψ Z8 Ⓚ; TR, Syr., Palaest., W-Iran, Egypt
- *intermedius* Boiss. = Umbilicus horizontalis var. intermedius
- *libanoticus* (Labill.) DC. = Rosularia sempervivum subsp. sempervivum
- *malacophyllus* (Pall.) DC. = Orostachys malacophylla subsp. malacophylla
- *pendulinus* (DC.) DC. = Umbilicus rupestris
- *pestalozzae* Boiss. = Rosularia sempervivum subsp. sempervivum
- **rupestris** (Salisb.) Dandy 1948 · D:Echter Venusnabel; E:Navelwort, Pennywort · ♃ Ψ Z8 Ⓚ; Eur.: Ib, Fr, Ap, Ba, BrI; TR, Cyprus, Syr., Madeira, NW-Afr., Libya
- *sempervivum* (M. Bieb.) DC. = Rosularia sempervivum subsp. sempervivum

Uncaria Schreb. 1789 -f- *Rubiaceae* · (S. 781)
- **gambir** (Hunter) Roxb. 1814 · D:Gambir; E:Gambier, Pale Catechu · ħ ≀ Z10 Ⓦ Ⓝ; Malay. Arch.

Uncarina (Baill.) Stapf 1895 -f- *Pedaliaceae*
- **decaryi** Humbert 1962
- **grandidieri** (Baill.) Stapf 1895 · ħ ħ d; Madag.
- **stellulifera** Humbert 1962

Uncinia Pers. 1807 -f- *Cyperaceae*
- **egmontiana** Hamlin 1959 · ♃ Z8 Ⓚ; NZ [72095]
- **rubra** Boott 1853 · ♃ Z8 Ⓚ; NZ (N-Is.) [60488]
- **uncinata** (L. f.) Kük. 1909 · ♃ Z8 Ⓚ; NZ
'Rubra' [60513]

Ungnadia Endl. 1834 -f- *Sapindaceae* · (S. 804)
- **speciosa** Endl. 1834 · D:Mexikanische Kastanie; E:Mexican Buckeye, Spanish Buckeye · ħ ħ d Z9 Ⓚ VI ☠; USA: Tex., N.Mex; N-Mex.

Uniola L. 1753 -f- *Poaceae* · (S. 1134)
E:Spangle Grass, Spike Grass
- *latifolia* Michx. = Chasmanthium latifolium
- **paniculata** L. 1753 · E:North American Sea Oats · ♃ Z7 Ⓝ; USA: Va., SE, SC, Fla.; Mex., C-Am., W.Ind., S-Am.

Uragoga Baill. = Psychotria
- *ipecacuanha* (Brot.) Baill. = Psychotria ipecacuanha

Urbinia Rose = Echeveria
- *agavoides* (Lem.) Rose = Echeveria agavoides
- *purpusii* Rose = Echeveria purpusorum

Urceolina Rchb. 1828 -f- *Amaryllidaceae* · (S. 915)
- **urceolata** (Ruiz et Pav.) Asch. et Graebn. 1906 · ♃ Z9 Ⓚ; Peru

Urena L. 1753 -f- *Malvaceae* · (S. 624)
- **lobata** L. 1753 · D:Kongojute; E:Caesarweed · ⊙ ħ Z10 Ⓦ VII-VIII Ⓝ; Trop.

Urera Gaudich. 1826 -f- *Urticaceae* · (S. 880)
- **baccifera** (L.) Gaudich. ex Wedd. 1826 · E:Cow Itch · ħ ♧ Z10 Ⓦ; C-Am., W.Ind., trop. S-Am.
- **hypselodendron** (Hochst. ex A. Rich.) Wedd. 1852 · ≀ Ⓦ; Eth., E-Afr.

Urginea Steinh. 1834 -f- *Hyacinthaceae* · (S. 1011)
D:Meerzwiebel; E:Sea Onion; F:Scille maritime
- *anthericoides* (Poir.) Steinh. = Urginea maritima

- **maritima** (L.) Baker 1873 · D:Meerzwiebel; E:Sea Squill · ⚁ Z9 ⓚ VII-VIII ⚇ ⚘ ⓝ; Eur.: Ib, Fr, Ap, Ba; Canar., TR, S-Iran, N-Afr.
- *scilla* Steinh. = Urginea maritima

Urospermum Scop. 1777 -n- *Asteraceae* · (S. 277) D:Schwefelkörbchen, Schwefelsame; F:Urosperme
- **dalechampii** (L.) Scop. ex F.W. Schmidt 1795 · D:Weichhaariger Schwefelsame · ⚁ Z6 VII-IX; Eur.: Ib, F, Ap, Croat.
- **picroides** (L.) F.W. Schmidt 1795 · D:Bitterkrautartiger Schwefelsame · ⊙ Z6; Eur.: Ib, Fr, Ap, Ba; TR, Syr., Cauc., Iran, N-Afr.

Urostachys (E. Pritz.) Herter = Huperzia
- *selago* (L.) Herter ex Nessel = Huperzia selago

Ursinia Gaertn. 1791 -f- *Asteraceae* · (S. 277) D:Bärenkamille; F:Camomille des ours
- **anethoides** (DC.) N.E. Br. 1887 · ⊙ Z9 ⓚ VI-VIII; S-Afr. [16818]
- **anthemoides** (L.) Poir. 1808
  - subsp. **anthemoides** · ⊙ Z9 VII-IX; S-Afr.
  - subsp. **versicolor** (DC.) Prassler 1967 · ⊙ Z9 VI-VIII; S-Afr.
- *pulchra* N.E. Br. = Ursinia anthemoides subsp. anthemoides
- **speciosa** DC. 1836 · ⊙ Z9 VII-IX; S-Afr.
- *versicolor* (DC.) N.E. Br. = Ursinia anthemoides subsp. versicolor

Urtica L. 1753 -f- *Urticaceae* · (S. 880) D:Brennnessel; E:Nettle; F:Ortie
- **cannabina** L. 1753 · ⚁ ⓝ; Eur.: S-Russ.; C-As., N-As.
- **dioica** L. 1753 · D:Große Brennnessel
  - subsp. **dioica** L. · D:Gewöhnliche Große Brennnessel; E:Nettle, Stinging Nettle · ⚁ VII-X ⚇ ⓝ; Eur.*, TR, Levante, Cauc., N-Iran, W-Sib., E-Sib., NW-Afr., Libya, Alaska, Can., USA: NE, NCE, NC, SC, SE, Fla., nat. in Polyn., N-Am., S-Am.
  - subsp. **galeopsifolia** (Wierzb. ex Opiz) Chrtek 1981 · D:Hohlzahn-Brennnessel · ⚁; Eur.: BrI, EC-Eur., Ba, E-Eur., ? C-Eur., ? Sweden
- **kioviensis** Rogow. 1843 · D:Röhricht-Brennnessel, Sumpf-Brennnessel · ⚁ VII-VIII; Eur.: Russ. (Dnjeper region)
- **pilulifera** L. 1753 · D:Pillen-Brennnessel; E:Roman Nettle · ⊙ VI-X; Eur.: Ib, Fr, Ap, Ba, W-Russ., Krim; TR, SW-As., W-Sib., E-Sib., Amur, C-As., Mong., Him., E-As., N-Afr.
- **urens** L. 1753 · D:Kleine Brennnessel; E:Dog Nettle · ⊙ VI-IX ⚇ ⓝ; Eur.*, TR, Cauc., W-Sib., E-Sib., Amur, N-Afr., Alaska, Can., USA: NE, NCE, SC; Greenl., nat. in N-Am.

Utricularia L. 1753 -f- *Lentibulariaceae* · (S. 602) D:Wasserschlauch; E:Bladderwort; F:Utriculaire
- **alpina** Jacq. 1763 · ⚁ Z10 ⓦ V-VI; W.Ind., S-Am.
- **australis** R. Br. 1810 · D:Südlicher Wasserschlauch, Verkannter Wasserschlauch · ⚁ ≈ Z7 VI-VIII; Eur.*, TR, N-As., Ind., SE-As., C-Afr., S-Afr., Austr.
- **bisquamata** Schrank 1824
- **bremii** Heer ex Koell. 1830 · D:Bremis Wasserschlauch · ⚁ ≈ VII-IX ▽; Eur.: F, B, BrI, DK, C-Eur., EC-Eur., N-I, RO
- **caerulea** L. 1753 · ⚁ ⤳ ～ Z9 ⓦ; Ind.
- **calycifida** Benj. 1847 · ⚁ ⓦ; n S-Am.
- **dichotoma** Labill. 1804 · ⚁ Z10 ⓦ; Tasman.
- **endresii** Rchb. f. 1874 · ⚁ Z10 ⓦ; Costa Rica
- **gibba** L. 1753
  - subsp. **exoleta** (R. Br.) P. Taylor 1961 · ⚁ ≈ Z4 XII-III; Eur.: Ib; Palaest., N-Afr.
  - subsp. **gibba** · D:Zwerg-Wasserschlauch; E:Humped Bladderwort · ⊙ ⚁ ≈ Z4; Eur.: Ib; N-Afr., Palaest., S-As., Austr.
- *globulariifolia* Mart. ex Benj. = Utricularia tricolor
- *heterophylla* = Utricularia praelonga
- **humboldtii** R.H. Schomb. 1841
- *ianthina* Hook. f. = Utricularia reniformis
- **intermedia** Hayne 1800 · D:Mittlerer Wasserschlauch · ⚁ ≈ Z2 VII-VIII; Eur.* exc. Ib; W-Sib., E-Sib., Kamchat., Manch., Korea, Jap. N-Am., Greenl.
- *janthina* Hook. f. = Utricularia reniformis
- **lateriflora** R. Br. 1810 · ⚁ Z10 ⓦ; Austr., Tasman.
- **livida** E. Mey. 1837
- **longifolia** Gardner 1842 · ⚁ Z10 ⓦ VI-VIII; Bras.
- **menziesii** R. Br. 1810 · ⚁ Z10; Austr. (W-Austr.)
- **minor** L. 1753 · D:Kleiner Wasserschlauch; E:Lesser Bladderwort; F:Petite utriculaire · ⚁ ≈ Z2 VI-IX; Eur.*, Cauc., W-Sib., E-Sib., Amur, Sachal., Kamchat., C-As., W-Him., Manch., Jap., Alaska, Can., Greenl., USA: NE, NCE, NC, Rocky Mts., NW, Calif.
- **monanthos** Hook. f. 1860 · ⚁ Z9 ⓚ; NZ, Austr. (N.S.Wales, Victoria, Tasman.)
- *montana* Jacq. = Utricularia alpina
- *neglecta* Lehm. = Utricularia australis
- **nelumbifolia** Gardner 1852 · ⚁ ≈ Z10 ⓦ; Bras.
- **ochroleuca** R.W. Hartm. 1857 · D:Blassgelber Wasserschlauch · ⚁ ≈ VII-VIII ▽; Eur.: BrI, Sc, F, D, A, EC-Eur., W-Russ.; Afgh., Can.: E.; USA: NW, Colo., Ill.; Greenl.
- *peltata* Spruce ex Oliv. = Utricularia pubescens
- **praelonga** A. St.-Hil. et Girard 1838 · ⚁ ⓦ; S-Am.
- **prehensilis** E. Mey. 1837 · ⊙ Z10 ⓦ VI-VIII; trop. Afr.
- **pubescens** Sm. 1819 · ⚁ Z10 ⓦ; C-Am., S-Am., trop. Afr., Ind.
- **reniformis** A. St.-Hil. 1830 · ⚁ Z10 ⓦ VII-IX; Bras.
- **sandersonii** Oliv. 1865 · ⚁ Z9 ⓚ; S-Afr. (Cape Prov., Natal)
- **stygia** G. Thor 1988 · D:Dunkelgelber Wasserschlauch · ⚁ ≈ ; Eur.: D, A, CH, F +
- **subulata** L. 1753
- **tricolor** A. St.-Hil. 1833 · ⚁ Z10 ⓦ; S-Am.
- *uliginoides* Wight = Utricularia caerulea
- **volubilis** R. Br. 1810 · ⚁ ≈ Z10 ⓦ; W-Austr.
- **vulgaris** L. 1753 · D:Gewöhnlicher Wasserschlauch; E:Common Bladderwort, Greater Bladderwort; F:Utriculaire commune · ⚁ ≈ Z5 VI-VIII ⚇; Eur.*, TR, Syr. [67365]

Uvularia L. 1753 -f- *Convallariaceae* · (S. 990) D:Goldglocke, Goldsiegel, Trauerglocke; E:Bellwort, Merry-Bells, Wild Oats; F:Uvulaire
- *flava* Sm. = Uvularia perfoliata

- **grandiflora** Sm. 1804 · D:Hänge-Goldglocke; E:Bellwort; F:Uvulaire à grandes fleurs · ⚃ Z3 IV-VI; Can.: E; USA: NE, NCE, NC, SE [66913]
  'Pallida' [60758]
- **perfoliata** L. 1753 · D:Kleine Goldglocke; E:Straw Bell · ⚃ Z4 V; Can.: E; USA: NE, NCE, NC, SE, Fla.
- **sessilifolia** L. 1753 · D:Aufrechte Goldglocke; E:Sessile Bellwort · ⚃ Z4 V-VI; Can.: E; USA: NE, NCE, NC, SE

Vaccaria Wolf 1776 -f- *Caryophyllaceae* · (S. 406)
D:Kuhkraut; E:Cowherb; F:Herbe-aux-vaches, Vaccaire
- **hispanica** (Mill.) Rauschert 1965 · D:Kuhkraut; E:Cow Cockle, Cowherb · ⊙ ⚘ VI-VIII; Eur.* exc. Sc; TR, Levante, Cauc., Iran, W-Sib., Amur, C-As., Mong., Him., China, N-Afr., nat. in N-Am., Austr. [72032]
- *pyramidata* Medik. = Vaccaria hispanica

Vaccinium L. 1753 -n- *Ericaceae* · (S. 474)
D:Blaubeere, Heidelbeere, Moorbeere, Moosbeere, Preiselbeere, Rauschbeere; E:Bilberry, Blueberry, Cranberry; F:Airelle, Canneberge, Myrtillier
- **angustifolium** Aiton 1789 · E:Blueberry, Lowbush Blueberry · ♄ d ⚭ Z2 IV-V ⓝ; Can.: E, Sask.; USA: NE, NCE [16508]
  'Top Hat' [33750]
- **arctostaphylos** L. 1753 · ♄ d Z6 V-VI; Cauc., ? TR [29512]
- **ashei** J.M. Reade 1931 · ♄ e Z8 ⓚ ⓝ; USA: SE
- **atrococcum** (A. Gray) A. Heller 1894 · ♄ d ⚭ Z4 V ⓝ; Can.: Ont.; USA: NE, NCE, SE, Fla.
- **australe** Small 1903 · ♄ d Z6 ⓝ; USA: NE, SE, Fla.
- **bracteatum** Thunb. 1784 · ♄ ♄ e ⚭ D Z7 VII-VIII; China, S-Korea, Jap., Ryukyu-Is., [29513]
- **cespitosum** Michx. 1803 · D:Zwerg-Heidelbeere; E:Dwarf Blueberry · ♄ d ⚭ Z2 V-VIII; Alaska, Can., USA: NE, NCE, Rocky Mts., NW, Calif.
- **corymbosum** L. 1753 · D:Amerikanische Heidelbeere; E:Blueberry, High Bush Blueberry; F:Myrtille en corymbe · ♄ d ⚬ Z5 V ⓝ; Can.: E; USA: NE,

NCE, SE, Fla. [38928]
  'Berkeley' [12640]
  'Bluecrop' [12660]
  'Coville' [43977]
  'Dixi' [12680]
  'Goldtraube' [28850]
  'Jersey' [28840]
  'Patriot' [42706]
- **cylindraceum** Sm. 1817 · ♄ s Z10 ⓚ; Azor.
- **delavayi** Franch. 1895 · ♄ e Z7; China (Yunnan)
- **dendrocharis** Hand.-Mazz. 1925
- **erythrinum** Hook. 1852 · ♄ Z10; Java
- **floribundum** Kunth 1818 · ♄ e Z8 ⓚ; Ecuad.; And. [42662]
- *gaultherioides* Bigelow = Vaccinium uliginosum subsp. pubescens
- **glaucoalbum** Hook. f. ex C.B. Clarke 1882 · ♄ e Z9 ⓚ; E-Him., S-Tibet
- **hirsutum** Buckley 1843 · D:Behaarte Heidelbeere; E:Hairy Huckleberry · ♄ d ⚭ Z6 V-VI; USA: SE
- × **intermedium** Ruthe 1834 (V. myrtillus × V. vitis-idaea var. vitis-idaea) · D:Bastard-Heidelbeere · ♄ e Z6; Eur.: D, PL, BrI
- **japonicum** Miq. 1863 · ♄ d Z6; Jap., S-Korea
- **lucidum** (Blume) Miq. 1863 · ♄ ♄ e Z9 ⓚ V-VI; Sumat., Java, Sulawesi
- **macrocarpon** Aiton 1789 · D:Großfrüchtige Moosbeere; E:Cranberry; F:Airelle à gros fruits · ♄ e ⚬ ⚭ Z2 VI-VIII ⓝ; Can.: E; USA: NE, NCE, SE [46580]
  'Crowley' [29515]
  'Early Black' [29514]
  'Hamilton'
  'Pilgrim' [14118]
- **microcarpum** (Turcz. ex Rupr.) Schmalh. 1871 · D:Kleinfrüchtige Moosbeere · ♄ e Z1; Eur.* exc. Fr, Ib +
- **moupinense** Franch. 1888 · ♄ e Z9 ⓚ; China (W-Sichuan)
- **myrsinites** Lam. 1783 · ♄ e Z7; USA: SE, Fla.
- **myrtilloides** Michx. 1803 · D:Kanadische Heidelbeere; E:Canada Blueberry · ♄ d ⚭ Z2 VII-VIII; Can., USA: NE, NCE, Mont. [29517]
- **myrtillus** L. 1753 · D:Blaubeere, Heidelbeere; E:Bilberry, Blueberry, Whinberry, Whortleberry · ♄ ♄ d ⚭ Z1 IV-VI

♄ ⓝ; Eur.*, TR, Cauc., W-Sib., E-Sib., Mong., nat. in N-Am. [31370]
- **nummularium** Hook. f. et Thomson ex C.B. Clarke 1882 · ♄ e Z7 IV-V; Bhutan, Sikkim [29518]
- **ovatum** Pursh 1814 · ♄ d Z7; Can.: B.C.; USA: NW, Calif. [29521]
- **oxycoccos** L. 1753 · D:Gewöhnliche Moosbeere; E:Wild Cranberry · ♄ e ⚬ ∼ ⚭ Z1 VI-VII; Eur.* exc. Ib.; N-As., Alaska, Can., USA: NE, NCE, NW, Rocky Mts.; Greenl. [32000]
- **padifolium** Sm. 1817 · ♄ e ⚭ Z9 ⓚ VI; Madeira
- **retusum** Hook. f. ex C.B. Clarke 1882 [29523]
- *rollisonii* Hook. = Vaccinium lucidum
- **serratum** Wight 1847 [29524]
- **stamineum** L. 1753 · E:Deerberry, Squaw Huckleberry · ♄ d Z5 IV-VI; Can.: Ont.; USA: NE, NCE, Kans., SE, Fla.
- **uliginosum** L. 1753 · D:Moorbeere, Rauschbeere, Trunkelbeere · [31380]
- subsp. **pubescens** (Wormsk.) S.B. Young 1970 · D:Gaultheriaähnliche Rauschbeere · ♄ ♄ d Z2 V-VII ⚘
- subsp. **uliginosum** · D:Gewöhnliche Rauschbeere; E:Bog Bilberry, Bog Whortleberry · ♄ ♄ d ⚭ Z1 V-VI ⚘; Eur.*, TR, Cauc., W-Sib., E-Sib., Amur, Sachal., Kamchat., Mong., Manch., Korea, Jap., Alaska, Can., USA: NE, Rocky Mts., NW, Calif.; Greenl.
- **varingiifolium** (Blume) Miq. 1863 · ♄ e Z10 ⓚ X; Sumat., Java, Bali
- **virgatum** Aiton 1789 · ♄ d Z6; USA: SE, Fla., Tex.
- **vitis-idaea** L. 1753
  'Aalshorst' [29525]
  'Erntedank' [42004]
  'Koralle' [47350]
  'Red Pearl' [39488]
- var. **minus** Lodd., G. Lodd. et W. Lodd. 1825
- var. **vitis-idaea** 1753 · D:Kronsbeere, Preiselbeere; E:Cowberry, Foxberry; F:Airelle rouge · ♄ ♄ e ⚭ Z1 V-VI ♄ ⓝ; Eur.* exc. Ib; Cauc., E-TR, W-Sib., E-Sib., Amur, Sachal., Kamchat., Mong., Manch., Korea, Jap., Alaska, Can., USA: NE, NCE, NW, Calif.; Greenl. [28750]

Valantia L. 1753 -f- *Rubiaceae* · (S. 781)
D:Vaillantie; F:Vaillantie
- **hispida** L. 1759 · ⊙; Eur.: Ib, Ap, Ba, F; TR, Canar., Iraq, Iran
- **muralis** L. 1753 · ⊙; S-Eur., W-As., N-Afr.

Valeriana L. 1753 -f- *Valerianaceae* · (S. 882)
D:Baldrian; E:Valerian; F:Valériane
- **alliariifolia** Vahl 1805 · ⚘ VI-VII; E-GR, TR, Cauc. [66915]
- **arizonica** A. Gray 1883 · ⚘ △ ⌂ ∧ VII-VIII; USA: Colo., Utah, Ariz.; N-Mex.
- **celtica** L. 1753 · D:Keltischer Baldrian; E:Celtic Valerian · ⚘ △ D VII-VIII ⚥ ℕ; Eur.: F, CH, I, A; Alp.
- **dioica** L. 1753 · D:Kleiner Baldrian; E:Marsh Valerian · ⚘ ∼ V-VI; Eur.*, W-TR, Him., Alaska, Can., USA: NW [66916]
- **elongata** Jacq. 1762 · D:Ostalpen-Baldrian · ⚘ VI-VIII; Eur.: I, A, Slove.; E-Alp.
- **globulariifolia** Ramond ex DC. 1805 · ⚘ △ V-VI; Eur.: sp., F; Cordillera Cantábrica, Pyr.
- **montana** L. 1753 · D:Berg-Baldrian; E:Mountain Valerian · ⚘ △ IV-VI; Eur.* exc. BrI, Sc
- **officinalis** L. 1753 · D:Echter Arznei-Baldrian; E:Common Valerian; F:Valériane officinale · ⚘ V-IX ⚥; Eur.*, TR, Cauc., W-Sib., E-Sib., Amur, Sachal., C-As., Mong, China [66917]
  - subsp. **sambucifolia** (J.C. Mikan ex Pohl) Čelak. 1871
- **phu** L. 1753 · ⚘ VII-VIII; ? TR 'Aurea'
- **pratensis** Dierb. 1825 · D:Wiesen-Arznei-Baldrian · ⚘ V-VI; Eur.: D (Oberrhein)
- **procurrens** Wallr. 1840 · D:Ausläufer-Baldrian, Kriechender Arznei-Baldrian · ⚘ VI-VIII; W-Eur., WC-Eur.
- **pyrenaica** L. 1753 · D:Pyrenäen-Baldrian; E:Pyrenean Valerian · ⚘ ∼ VI-VIII; Eur.: sp., E; Cordillera Cantábrica, Pyr.
- **saliunca** All. 1785 · D:Weidenblättriger Baldrian · ⚘ VII-VIII; Eur.: F, I, CH, A; Alp., Apenn.
- **sambucifolia** J.C. Mikan ex Pohl 1809 · D:Holunderblättriger Arznei-Baldrian · ⚘ V-VI; N-Eur., C-Eur.
- **saxatilis** L. 1753 · D:Felsen-Baldrian · ⚘ △ VI-VIII; Eur.: I, C-Eur., Ba; Alp., Apenn., Balkan
- **simplicifolia** (Rchb.) Kabath 1864 · D:Ganzblättriger Baldrian · ⚘; Eur.: A, Slova., CZ, PL, Russ, RO, nat. in C-Eur.
- × **suendermannii** Melch. 1935 (*V. montana* × *V. supina*) · ⚘ △ D V-VI; cult. [69616]
- **supina** Ard. 1764 · D:Zwerg-Baldrian; F:Valériane naine · ⚘ △ VII-VIII; Eur.: I, C-Eur., Slove.; Alp. [66918]
- **tripteris** L. · D:Gewöhnlicher Dreiblättriger Baldrian · ⚘ △ IV-VI; Eur.* exc. BrI, Sc
- **versifolia** Brügger 1886 · D:Verschiedenblättriger Arznei-Baldrian · ⚘ V-VI; Eur.: Alp.
- **wallrothii** Kreyer 1930 · D:Hügel-Baldrian, Schmalblättriger Arznei-Baldrian · ⚘ V-VI; C-Eur.

Valerianella Mill. 1754 -f- *Valerianaceae* · (S. 882)
D:Ackersalat, Feldsalat, Rapünzchen, Rapunzel; E:Cornsalad; F:Mâche, Salade de blé, Valérianelle
- **carinata** Loisel. 1810 · D:Gekielter Feldsalat · ⊙ IV-V; Eur.* exc. Sc; TR, Syr., Iraq, Cauc., Iran, N-Afr.
- **coronata** (L.) DC. 1805 · D:Krönchen-Feldsalat · ⊙ V-VI; Eur.: Ib, Fr, Ap, EC-Eur., Ba, E-Eur.; TR, SW-As., N-Afr.
- **dentata** (L.) Pollich 1776 · D:Gezähnter Feldsalat · ⊙ VI-VIII; Eur.*, TR, Iraq, Cauc., Iran, C-As., N-Afr., Macaron.
- **eriocarpa** Desv. 1809 · D:Wollfrüchtiger Feldsalat; E:Italian Cornsalad · ⊙ IV-V; Eur.: Ib, Fr, BrI, Ap, Ba, Krim, ? RO; Tr, N-Afr., Canar.
- **locusta** (L.) Laterr. 1821 · E:Cornsalad · ⊙ IV-V ℕ; Eur.*, TR, Cauc., Macaron., N-Afr. [73162]
- **rimosa** Bastard 1814 · D:Gefurchter Feldsalat · ⊙ IV-V; Eur.*, TR, Cauc.

Vallea Mutis ex L. f. 1782 -f- *Elaeocarpaceae*
- **stipularis** L. f. 1782

Vallisneria L. 1753 -f- *Hydrocharitaceae* · (S. 1015)
D:Sumpfschraube, Vallisnerie, Wasserschraube; E:Eel Grass, Vallis; F:Vallisnérie
- **americana** Michx. 1803 · D:Amerikanische Wasserschraube; E:American Eel Grass · ⚘ ≈ Z9 ℕ; SE-As., Phil., N.Guinea, E-Austr., Tasman.
- **spiralis** L. 1753 · D:Gewöhnliche Wasserschraube; E:Eel Grass, Tape Grass · ⚘ ≈ Z8 ℕ VI-IX; Eur.: Ib, Fr, Ap, Ba, E-Eur., CH; Cauc., C-As., W-As., Alger., trop. Afr., S-Am., Austr.

Vallota Salisb. ex Herb. = Cyrtanthus
- *purpurea* (Aiton) Herb. = Cyrtanthus elatus
- *speciosa* (L. f.) T. Durand et Schinz = Cyrtanthus elatus

× **Vancampe** hort. 1957 -f- *Orchidaceae* · (*Acampe* × *Vanda*)

Vancouveria C. Morren et Decne. 1834 -f- *Berberidaceae* · (S. 288)
D:Rüsselsternchen, Vancouverie; F:Vancouvéria
- **chrysantha** Greene 1885 · ⚘ Z7 ⌂ ∧ V; USA: Oreg.
- **hexandra** (Hook.) C. Morren et Decne. 1834 · D:Rüsselsternchen; E:American Barrenwort, Inside Out Flower · ⚘ Z7 ∧ VI; USA: NW, Calif. [66919]
- **planipetala** Calloni 1887 · E:Redwood Ivy · ⚘ Z7 ⌂ ∧ V; USA: Oreg., Calif.

Vanda Jones ex R. Br. 1820 -f- *Orchidaceae* · (S. 1087)
- **alpina** Lindl. 1853 · ⚘ Z9 ℕ V-VI ▽ ✻; Him., N-Ind.: Khasia Hills
- *batemanii* Lindl. = Vandopsis lissochiloides
- **bensonii** Bateman 1866 · ⚘ Z9 ℕ VIII-X ▽ ✻; Myanmar, Thail.
- *cathcartii* Lindl. = Esmeralda cathcartii
- **coerulea** Griff. ex Lindl. 1847 · ⚘ Z9 ℕ IX-XI ▽ ✻; Ind.: Assam; Myanmar, Thail.
- **coerulescens** Griff. 1851 · ⚘ Z9 ℕ III-V ▽ ✻; Myanmar, Thail.
- **concolor** Blume 1849 · ⚘ Z9 ℕ I-IV ▽ ✻; Sumat., Java
- **cristata** (Wall.) Lindl. 1833 · ⚘ Z9 ℕ XII-II ▽ ✻; Him: NW-Ind.
- **denisoniana** Benson et Rchb. f. 1869 · ⚘ Z9 ℕ IV-V ▽ ✻; Myanmar (Arakan)
- *densiflora* Lindl. = Rhynchostylis gigantea
- *gigantea* Lindl. = Vandopsis gigantea
- *hookeriana* Rchb. f. =

Papilionanthe hookeriana
- **insignis** Blume 1849 · ⚁ Z9 ⓦ X ▽ ✳; Molucca I., Timor
- **lamellata** Lindl. 1838 · ⚁ Z9 ⓦ XI-XII ▽ ✳; Phil., N-Kalimantan
- *lowii* Lindl. = Dimorphorchis lowii
- *multiflora* Lindl. = Acampe rigida
- **pumila** Hook. f. 1896 · ⚁ Z9 ⓦ VI-VII ▽ ✳; Bhutan, Sikkim, Thail.
- *sanderiana* (Rchb. f.) Rchb. f. = Euanthe sanderiana
- *storiei* Storie ex Rchb. f. = Renanthera storiei
- *suavis* = Vanda tricolor var. suavis
- *teres* (Roxb.) Lindl. = Papilionanthe teres
- **tesselata** (Roxb.) Hook. ex G. Don 1830 · ⚁ Z9 ⓦ XI ▽ ✳; Ind., Sri Lanka, Myanmar
- **tricolor** Lindl. 1847
  - var. **suavis** (Rchb. f.) Lindl. · ⚁ Z9 ⓦ; Laos, Java, Bali
  - var. **tricolor** · ⚁ Z9 ⓦ XI-V ▽ ✳; Laos, Java
- **in vielen Sorten**

× **Vandachnis** hort. 1949 -f- Orchidaceae · (Arachnis × Vandopsis)

× **Vandaenopsis** hort. 1935 -f- Orchidaceae · (Phalaenopsis × Vanda)

× **Vandofinetia** hort. 1960 -f- Orchidaceae · (Neofinetia × Vanda)

× **Vandopsides** hort. 1958 -f- Orchidaceae · (Aerides × Vandopsis)

Vandopsis Pfitzer 1889 -f- Orchidaceae · (S. 1087)
- **gigantea** (Lindl.) Pfitzer 1889 · ⚁ Z10 ⓦ II-IV ▽ ✳; Myanmar, Thail.
- **lissochiloides** (Gaudich.) Pfitzer 1889 · ⚁ Z10 ⓦ VII-X ▽ ✳; Phil., Thail.
- *lowii* (Lindl.) Schltr. = Dimorphorchis lowii

× **Vandoritis** hort. 1965 -f- Orchidaceae · (Doritis × Vanda)

Vangueria Comm. ex Juss. 1789 -f- Rubiaceae · (S. 781)
- **madagascariensis** J.F. Gmel. 1791 · ♄ Z9 ⓦ ⓝ; Afr., Madag., Mascarene Is.

Vanheerdea L. Bolus ex H.E.K. Hartmann 1992 -f- Aizoaceae · (S. 150)
- *angusta* (L. Bolus) L. Bolus = Vanheerdea roodiae
- **roodiae** (N.E. Br.) L. Bolus ex H.E.K. Hartmann 1992 · ⚁ ♃ Z9 ⓚ; S-Afr. (N-Cape)

Vanilla Plum. ex Mill. 175 -f- Orchidaceae · (S. 1088)
D:Vanille; E:Vanilla; F:Vanillier
- **aphylla** Blume 1825 · ⚁ ⚃ Z10 ⓦ VII-VIII ▽ ✳; Myanmar, Malay. Pen., Java
- **planifolia** Jacks. ex Andrews 1808 · D:Echte Vanille; E:Bourbon Vanilla · ⚁ ⚃ Z10 ⓦ VII-VIII ⚇ ⓝ ▽ ✳; C-Am., W.Ind., S-Am.
- **pompona** Schiede 1829 · ⚁ ⚃ Z10 ⓦ VI-VII ⓝ ▽ ✳; SE-Mex., C-Am., trop. S-Am.
- *tahitiensis* J.W. Moore = Vanilla planifolia

Vanzijlia L. Bolus 1927 -f- Aizoaceae · (S. 150)
- **annulata** (A. Berger) L. Bolus 1927 · ♄ ♃ Z9 ⓚ; Kap

× **Vascostylis** hort. -f- Orchidaceae · (Ascocentrum × Rhynchostylis × Vanda)

Vateria L. 1753 -f- Dipterocarpaceae · (S. 456)
- **copallifera** (Retz.) Alston 1931 · ♄ Z10 ⓦ ⓝ; Sri Lanka
- **indica** L. 1753 · ♄ e Z10 ⓦ ⓝ; Ind.

Vatricania Backeb. = Espostoa
- *guentheri* (Kupper) Backeb. = Espostoa guentheri

Vauanthes Haw. = Crassula
- *dichotoma* (L.) Kuntze = Crassula dichotoma

Veitchia H. Wendl. 1868 -f- Arecaceae · (S. 962)
D:Manilapalme; E:Christmas Palm; F:Palmier de manille
- **arecina** Becc. 1921 · ♄ e Z10 ⓦ; Vanuatu
- *merrillii* (Becc.) H.E. Moore = Adonidia merrillii
- *montgomeryana* H.E. Moore = Veitchia arecina
- **winin** H.E. Moore 1957 · ♄ e Z10 ⓦ; Vanuatu

Velezia L. 1753 -f- Caryophyllaceae · (S. 406)
- **rigida** L. 1753 · ⊙; Eur.: Ib, F, Ap, Ba, Krim; TR, Levant NW-Afr.

Vella DC. 1753 -f- Brassicaceae · (S. 334)
- **pseudocytisus** L. 1753 · ♄ e Z8 ⓚ V-VI; Eur.: sp.; Maroc., Alger.
- **spinosa** Boiss. 1838 · ♄ s Z7 VI; S-Sp.

Vellozia Vand. 1788 -f- Velloziaceae · (S. 1144)
- **aloifolia** Mart. 1824 · ♄ ⋈ Z10 ⓦ; Bras.
- **brevifolia** Seub. 1847 · ♄
- *elegans* (Balf.) Talbot ex Hook. f. = Talbotia elegans

Veltheimia Gled. 1771 -f- Hyacinthaceae · (S. 1012)
D:Veltheimie; E:Veltheimia; F:Veltheimia
- **bracteata** Baker 1870 · ⚁ Z9 ⓚ I-III; S-Afr.
- **capensis** (L.) DC. 1807 · ⚁ Z9 ⓚ; SW-Kap
- *deasii* Coutts = Veltheimia capensis
- *edulis* (Vahl) Vahl = Veltheimia capensis
- *glauca* (Aiton) Jacq. = Veltheimia capensis
- *roodeae* E. Phillips = Veltheimia capensis
- *viridifolia* Jacq. = Veltheimia bracteata

Venidium Less. = Arctotis
- *decurrens* Less. = Arctotheca calendula
- *fastuosum* (Jacq.) Stapf = Arctotis fastuosa

Ventenata Koeler 1802 -f- Poaceae · (S. 1134)
D:Grannenhafer, Schmielenhafer; F:Fausse-avoine
- **dubia** (Leers) Coss. 1855 · D:Zweifelhafter Schmielenhafer · ⊙ Z8 VI; Eur.* exc. BrI, Sc; TR, Cauc., Alger.

Veratrum L. 1753 -n- Melanthiaceae · (S. 1040)
D:Germer; F:Vérâtre
- **album** L. 1753 · D:Weißer Germer; E:White Veratrum · ⚁ Z5 VI-VIII ⚇ ✂; Eur.* exc. BrI; TR, Cauc., W-Sib., E-Sib., Amur, C-As., Jap.
- **californicum** Durand 1855 · D:Kalifornischer Germer; E:California Veratrum · ⚁ Z5

VII-VIII ⚥; USA: NW, Calif., Rocky Mts., SW; Mex.: Baja Calif. [66920]
- **nigrum** L. 1753 · D:Schwarzer Germer; E:Black Veratrum; F:Vérâtre noir · ♃ D Z6 VII-VIII ⚥; Eur.: Fr, Ap, C-Eur., EC-Eur., Ba, E-Eur.; W-Sib., E-Sib., Amur, C-As. [66921]
- **viride** Aiton 1789 · D:Grüner Germer; E:Green Veratrum · ♃ Z3 VII ⚲ ⚥ Ⓝ; Can.: E; USA; NE, NCE, SE [73191]

Verbascum L. 1753 -n-
Scrophulariaceae · (S. 840)
D:Königskerze, Wollkraut; E:Mullein; F:Molène
- **acaule** (Bory et Chaub.) Kuntze 1891 · ♃ ⌂ ∧ VI-VII; S-GR
- **alpinum** Turra 1844 · D:Wollige Königskerze · ♃ V-VII; Eur.: I, A, Ba, E-Eur.
- **arcturus** L. 1753 · D:Kretische Königskerze; E:Cretan Mullein · ♃ ⌂ ▭ V-VII; Crete
- **austriacum** Schott ex Roem. et Schult. 1819 · D:Österreichische Königskerze · ♃ ; EC-Eur., Ba, RO
- **blattaria** L. 1753 · D:Schaben-Königskerze; E:Moth Mullein, White Moth Mullein · ⊙ VI-VIII; Eur.: Ib, Fr, Ap, Ba, C-Eur., EC-Eur.; TR, Cauc., Iran, Afgh., C-As., W-Sib., NW-Afr., nat. in N-Am. [70023]
'Album' [72630]
'Pink Form'
- **bombyciferum** Boiss. 1844 · D:Seidenhaar-Königskerze; F:Molène soyeuse · ⊙ Z6 VII-VIII; W-TR [66922]
'Polarsommer' [66923]
- **bugulifolium** Lam. 1797 · ♃ ⌂ ∧ V-VII; N-GR
- **chaixii** Vill. 1779 · D:Chaix-Königskerze; E:Nettle-leaved Mullein; F:Molène de Chaix · ♃ Z5 VII-VIII; Eur.* exc. BrI, Sc [66924]
'Album' [66925]
'Cotswold Queen' [72631]
'Pink Domino' [72633]
'Royal Highland' [72634]
'White Domino' [72635]
- **creticum** (L. f.) Cav. 1803 · ⊙ ⌂ ▭ VI-VII; Eur.: Ib, Ap, ? F; Alger., Tun.
- **densiflorum** Bertol. 1810 · D:Großblütige Königskerze; E:Large-flowered Mullein · ⊙ Z5 VII-VIII ⚥ ; Eur.* exc. BrI; Maroc. [68228]
- **dumulosum** P.H. Davis et Hub.-Mor. 1952 · ♄ e △ Z8 ⌂ V-VI; TR [66926]
- **lagurus** Fisch. et C.A. Mey. 1839 · ⊙ VII-VIII; Eur.: BG; NW-TR
- *lagurus* hort. = Verbascum bombyciferum
- **leianthum** Benth. 1846 · ⊙ Z8 ⌂ VII-VIII; TR
- **longifolium** Ten. 1811 [66932]
  - var. **longifolium** · F:Molène de Pannonie · ⊙ ♃ Z7 VI-VIII; Eur.: I, Ba
  - var. **pannosum** (Vis. et Pančić) Murb. Z7
- **lychnitis** L. 1753 · D:Mehlige Königskerze; E:White Mullein · ⊙ Z6 VI-VIII; Eur.*, W-Sib., Maroc.
- **nigrum** L. 1753 · D:Schwarze Königskerze; E:Dark Mullein; F:Bouillon noir, Molène noire · ⊙ ♃ Z5 VI-IX; Eur.*, ? Cauc., W-Sib., E-Sib. [66933]
'Album' [66934]
- **olympicum** Boiss. 1844 · D:Kandelaber-Königskerze; E:Olympic Mullein; F:Molène d'Olympe · ⊙ Z6 VI-VIII; NW-TR (Ulu Dagh) [66935]
- *pannosum* Vis. et Pančić = Verbascum longifolium var. pannosum
- **pestalozzae** Boiss. 1853 · ♄ e Z8 ⌂ V-VI; W-TR
- **phlomoides** L. 1753 · D:Windblumen-Königskerze; E:Orange Mullein · ⊙ VII-IX ⚥ ; Eur.* exc. BrI, Sc; TR, Cauc., nat. in BrI [72636]
- **phoeniceum** L. 1753 · D:Purpur-Königskerze; E:Purple Mullein; F:Molène rouge-pourpre · ⊙ ♃ Z6 V-VI; Eur.: Ap, C-Eur., EC-Eur., Ba, E-Eur.; TR, Cauc., Iran, W-Sib., C-As., nat. in NL [66936]
'Album' [72637]
'Flush of White' [72048]
'Violetta' [70030]
- **pulverulentum** Vill. 1779 · D:Flockige Königskerze · ⊙ Z6 VII-VIII; Eur.: Ib, Fr, BrI, Ap, C-Eur., H, Ba, RO
- **roripifolium** (Halácsy) I.K. Ferguson 1971 · ⊙ ; Eur.: S-BG, NE-GR [72490]
- **sinuatum** L. 1753 · D:Gebuchtete Königskerze · ⊙ Z8 ⌂ ; Eur.: Ib, Fr, Ap, Ba, W-Russ., Krim; TR, Cauc., Iran, C-As., N-Afr., Canar., Madeira
- **speciosum** Schrad. 1809 · D:Pracht-Königskerze · Z6 VI-VII; Eur.: A, EC-Eur., Ba, E-Eur.; Cauc. [73457]
- **spinosum** L. 1756 · ♄ Z8 ⌂ ; Crete
- *thapsiforme* Schrad. = Verbascum densiflorum
- **thapsus** L. 1753 · D:Kleinblütige Königskerze · [66937]
  - subsp. **crassifolium** (Lam.) Murb. 1933 · D:Dickblättrige Königskerze · ⊙ Z3 VI-IX; Eur.: mts.
  - subsp. **thapsus** · D:Gewöhnliche Kleinblüte Königskerze; E:Aaron's Rod, White Mullein · ⊙ Z3 VII-IX ⚥ ; Eur.*, TR, Cauc., N-Iran, W-Sib., C-As., Him., W-China, nat. in Jap., Hawaii, N-Am.
- **wiedemannianum** Fisch. et C.A. Mey. 1838 · ⊙ Z7 VI-VIII; TR
- **in vielen Sorten:**
'Helen Johnson' [70870]
'Jackie' [68206]
'Letitia' [66929]
'Silberkandelaber' [66931]
'Spica' [68957]

Verbena L. 1753 -f- *Verbenaceae* · (S. 888)
D:Eisenkraut, Verbene; E:Vervain; F:Verveine
- **bipinnatifida** Nutt. 1821 · ♃ Z3; USA: NC, NCE, SE, SW, Colo.
- **bonariensis** L. 1753 · ⊙ ♃ Z8 VII-X; S-Bras., Arg., nat. in Calif., S-USA, W.Ind., Austr. [66938]
- **canadensis** (L.) Britton 1894 · D:Rosen-Verbene; E:Rose Verbena · ⊙ ♃ Z4 VII-X; USA: NE, NCE, Kans., Colo., SC, SE, Fla.; Mex. [16813]
- **corymbosa** Ruiz et Pav. 1798 · ♃ Z9 ⌂ ; Peru, Bras., Urug., Chile
- **elegans** Kunth 1818
  - var. **asperata** L.M. Perry 1933 · ⊙ ♃ VII-X; Tex., Mex.
  - var. **elegans** · ⊙ ♃ ; USA: Tex.; Mex.
- **hastata** L. 1753 · D:Lanzen-Verbene; E:American Vervain, Wild Hyssop · ♃ Z3 VII-IX; Can., USA* [66939]
'Alba' [70776]
'Rosea'
- **incisa** Hook. 1838 · ⊙ ♃ Z10 VII-X; S-Bras., Parag., N-Arg.
- **macdougalii** A. Heller 1899 · ♃ Z8; USA: Rocky Mts., N.Mex., Tex.
- **officinalis** L. 1753 · D:Echtes Eisenkraut; E:Simpler's Joy, Turkey Grass, Verbena · ♃ Z4 VII-VIII ⚥ ; Eur.*, TR, Cauc., Iran, C-As., Him., N-Afr., Sudan, Eth., nat. in cosmop. exc. Sib.

- *patagonica* auct. = Verbena bonariensis
- **peruviana** (L.) Britton 1893 · ⚃ ♄ s Z9 ⓚ VII-IX; Peru, Bol., Bras., Arg.
- **phlogiflora** Cham. 1832 · ⊙ ⚃ ♄ Z10 VII-IX; Bras., Parag., Urug., Arg.
- **rigida** Spreng. 1827 · D:Steife Verbene; E:Veined Verbena; F:Verveine rugueuse · ⊙ ⚃ Z8 VI-X; S-Bras., Arg., nat. in USA: SE [16816]
  'Lilacina'
  'Polaris'
- **stricta** Vent. 1800 [72054]
- **tenera** Spreng. 1825 · D:Zarte Verbene; E:Blue Verbena · ⊙ ⚃ ♄ ♄ e ⤳ Z9 VI-IX; S-Bras., Arg.
- **tenuisecta** Briq. 1904 · D:Moos-Verbene; E:Moss Verbena · ⚃ ⚡ Z9 ⓚ VII-IX; s S-Am.
- **teucrioides** Gillies et Hook. 1830 · ⊙ ⚃ ♄ Z9 VII-IX; Peru, Chile, Bras., Parag., Urug., Arg.
- **urticifolia** L. 1753 · ⚃ Z5; E-Can., USA: NE, NEC, NC, SC, SE, Fla.
- *venosa* Gillies et Hook. = Verbena rigida
- **in vielen Sorten:**
  'Aphrodite'
  'Blue Knight'
  'Boughton House'
  'Candy Carousel'
  Cleopatra Grp.
  'Edith Eddleman'
  'Homestead Purple' [60733]
  'La France'
  'Peaches and Cream' [19052]
  'Pink Parfait'
  'Salomé'
  'Silver Anne'
  'Sissinghurst'

Verbesina L. 1753 -f- *Asteraceae* · (S. 277)
D:Kronbart, Verbesine; E:Crown Beard; F:Verbésine
- **alternifolia** (L.) Britton ex Kearney 1893 · D:Gelber Kronbart; E:Wingstem, Yellow Ironweed · ⚃ Z5 VIII-IX; Ont., USA: NE, NCE, Okla., SE, Fla. [66940]
- **encelioides** (Cav.) Benth. et Hook. f. ex A. Gray 1876 · D:Goldener Kronbart; E:Golden Crownbeard · ⊙ Z10 X; USA: NC, SC, Rocky Mts, SW; Mex.
- **helianthoides** Michx. 1803 · ⚃ Z5 VI-VII; USA: NCE, NC, SE, SC
- **latifolia** Sessé et Moç. 1890
- **purpusii** Brandegee 1908 · ⚃ Z9

ⓚ VIII-IX; Mex.

Vernicia Lour. 1790 -f- *Euphorbiaceae* ·
D:Tungölbaum; E:Tungoil Tree
- **cordata** (Thunb.) Airy Shaw 1966 · D:Japanischer Tungölbaum; E:Japanese Tungoil Tree · ♄ e Z9 ⓚ ✿ Ⓝ; China, Jap.
- **fordii** (Hemsl.) Airy Shaw 1966 · D:Gewöhnlicher Tungölbaum; E:Tungoil Tree · ♄ e Z10 ⓦ ✿ Ⓝ; C-As., W-China, C-China
- **montana** Lour. 1790 · D:Chinesischer Tungölbaum; E:Chinese Tungoil Tree · ♄ e Z9 ⓚ ✿ Ⓝ; SE-China, N-Myanmar

Vernonia Schreb. 1791 -f- *Asteraceae* · (S. 278)
D:Scheinaster, Vernonie; E:Ironweed; F:Vernonie
- **amygdalina** Delile 1826 · ♄ ⓦ Ⓝ; trop. Afr.
- **anthelmintica** (L.) Willd. 1803 · D:Wurm-Scheinaster; E:Kinka Oil · ⚃ ⓚ Ⓝ; Ind.
- **arkansana** DC. 1838 · D:Arkansas-Scheinaster · ⚃ ⤳ Z5 VIII-X; USA: Mo., Kans., Okla., Ark. [66941]
  'Mammuth'
- *crinita* Raf. = Vernonia arkansana
- **fasciculata** Michx. 1803 · D:Büschel-Scheinaster · ⊙ ⚃ Z3; Can.: Man.; USA: NEC, NC, SC [70778]
- **gigantea** (Walter) Trel. 1891 · D:Hohe Scheinaster · ⚃ ⤳ Z4 VIII-IX; USA: NE, NCE, SE [70779]
- **noveboracensis** (L.) Michx. 1803 · D:New-York-Scheinaster; E:Ironweed, New York Ironweed · ⚃ Z5 VIII-IX; USA: NE, NCE, SE [66942]
  'Albiflora'

Veronica L. 1753 -f- *Scrophulariaceae* · (S. 840)
D:Ehrenpreis; E:Bird's Eye, Speedwell; F:Véronique
- **acinifolia** L. 1962 · D:Drüsiger Ehrenpreis, Kölme-Ehrenpreis, Steinquendel-Ehrenpreis · ⊙ IV-VI; Eur.: Ib, Fr, Ap, C-Eur., EC-Eur., Ba, RO, Krim; Cauc., Iran, Him..
- **agrestis** L. 1753 · D:Acker-Ehrenpreis; E:Field Speedwell · ⊙ IV-X; Eur.*, TR, Palaest., NW-Afr., Macaron., nat. in USA
- **allionii** Vill. 1779 · ⚃ ⤳ △ Z4 VII-VIII; Eur.: F, I; SW-Alp.

- **alpina** L. · D:Gewöhnlicher Alpen-Ehrenpreis · ⚃ VII-VIII; Eur.*; N, mts.; W-Sib., E-Sib., Manch., Korea
- *amethystina* Willd. = Pseudolysimachion spurium
- **anagallis-aquatica** L. 1753 · D:Blauer Wasser-Ehrenpreis, Gauchheil-Ehrenpreis, Ufer-Ehrenpreis; E:Water-Speedwell; F:Mouron d'eau, Véronique mouron · ⚃ ⤳ V-X; Eur.*, TR, Cauc., Iran, W-Sib., E-Sib., C-As., Him., Mong., China, Jap., N-Afr., Eth., Macaron., N-Am., S-Am., NZ
- **anagalloides** Guss. 1826 · D:Schlamm-Ehrenpreis · ⊙ ⤳ VI-X; Eur.* exc. BrI, Sc; TR, Cauc., Iran, Afgh., W-Sib., Amur, C-As., Him., N-Afr.
- **aphylla** L. 1753 · D:Blattloser Ehrenpreis, Nacktstieliger Ehrenpreis · ⚃ Z5 VI-VIII; Eur.* exc. BrI, Sc; mts.
- **argute-serrata** Regel et Schmalh. 1878 · D:Spitzzähniger Ehrenpreis · ⊙ IV-VI; Cauc., Kashmir, Him., China: Sinkiang
- **armena** Boiss. et A. Huet 1856 · D:Armenischer Ehrenpreis · ⚃ △ Z4 VI-VII; TR, Cauc. [66943]
  'Rosea' [66944]
- **arvensis** L. 1753 · D:Feld-Ehrenpreis; E:Wall Speedwell · ⊙ Z5 IX-X; Eur.*, TR, Cauc., C-As., Him., NW-Afr., nat. in N-Am., S-Am., Jap., Hawaii, Kap, Austr., NZ
- **austriaca** L. 1759 · D:Österreichischer Ehrenpreis
  'Ionian Skies'
  'True Blue'
  - subsp. **austriaca** · D:Gewöhnlicher Österreichischer Ehrenpreis; E:Large Speedwell · ⚃ Z6 V-VII; Eur.* exc. BrI, Sc; Cauc.
  - subsp. **jacquinii** (Baumg.) Eb. Fisch. 1998 · D:Jacquins Ehrenpreis; E:Jacquin's Speedwell · ⚃ Z6 V-VII; Eur.: PL, Russ., H, Slove., Croatia, Serb.; TR, Cauc., Iran
  - subsp. *teucrium* (L.) D.A. Webb 1972 = Veronica teucrium
- **beccabunga** L. 1753 · D:Bachbungen-Ehrenpreis; E:Brooklime, Water Pimpernel; F:Salade de chouette, Véronique beccabonga · ⚃ ⤳ Z5 V-VIII ⚡; Eur.*, TR, Cauc., Iran, W-Sib., C-As., Him., NW-Afr., Eth. [67366]
- **bellidioides** L. 1753 · D:Gänseblümchen-Ehrenpreis · ⚃ Z6 VII-

VIII; Eur.* exc. BrI, Sc; mts.
- **bombycina** Boiss. et Kotschy 1856
  - subsp. **bolkardaghensis** M.A. Fisch. 1977 · ⚄ ⌂; TR
  - subsp. **bombycina** · ⚄ ⤳ △ Z8 ⌂ VI-VIII; S-TR, Lebanon, Syr.
- *bonarota* L. = Paederota bonarota
- **caespitosa** Boiss. 1844 · ⚄ ⌒ △ ⌂ ∧ V-VI; TR, Lebanon, Syr.
- **catenata** Pennell 1921 · D:Roter Wasser-Ehrenpreis · ⚄ ⌒ VI-X; Eur.*, Cauc., W-Sib., E-Sib., C-As., Alger., N-Am.
- **caucasica** M. Bieb. 1808 · D:Kaukasischer Ehrenpreis · ⚄ Z6; Cauc. [66952]
- **chamaedrys** L. 1753 · D:Gamander-Ehrenpreis
  'Miffy Brute'
  - subsp. **chamaedrys** · D:Gewöhnlicher Gamander-Ehrenpreis; E:Bird's Eye, Speedwell · ⚄ ⤳ Z3 V-VIII; Eur.*, TR, Cauc., W-Sib., E-Sib., C-As., nat. in N-Am.
  - subsp. **vindobonensis** M.A. Fisch. 1970 · D:Drüsiger Gamander-Ehrenpreis · ⚄ Z3 IV-V; Eur.: C-Eur., EC-Eur., Ba, RO, E-Eur.; Cauc.
- **cinerea** Boiss. et Balansa 1856 · ⚄ ⤳ △ Z5 VI-VII; TR [66953]
- **crinita** Kit. ex Schult. 1814
- **dillenii** Crantz 1769 · D:Dillenius' Ehrenpreis · ⊙ IV-V; Eur.* exc. BrI, Sc; TR, Cauc., Iran, W-Sib., C-As.,
- *exaltata* Maund = Pseudolysimachion longifolium subsp. longifolium
- **filiformis** Sm. 1791 · D:Faden-Ehrenpreis; E:Round Leaved Speedwell; F:Véronique filiforme · ⚄ ⤳ Z3 III-VI; Cauc., N-TR, N-Iran, nat. in BrI, Sc, Fr, C-Eur., EC-Eur., Krim [66954]
- **fruticans** Jacq. 1762 · D:Felsen-Ehrenpreis; E:Rock Speedwell; F:Véronique buissonnante · ⚄ ♄ △ Z5 VI-VII; Eur.*; N, mts.; Greenl. [66955]
  'Alba'
- **fruticulosa** L. 1762 · D:Halbstrauch-Ehrenpreis · ⚄ ♄ △ Z3 VI-VII; Eur.: sp., F, I, C-Eur., Slove., Croatia; mts. [66956]
- **gentianoides** Vahl 1790 · D:Enzian-Ehrenpreis; F:Véronique fausse-gentiane · ⚄ Z4 V-VI; TR, Cauc., NW-Iran [66957]
  'Alba'
  'Nana' [69622]
  'Pallida' [67841]
  'Robusta'

'Tissington White'
'Variegata' [68155]
- *hectorii* Hook. f. = Hebe hectorii
- **hederifolia** L. 1753 · D:Efeu-Ehrenpreis
  - subsp. **hederifolia** · D:Gewöhnlicher Efeu-Ehrenpreis; E:Ivy-leaved Speedwell · ⊙ III-V; Eur.*, TR, Syr., Palaest., Cauc., N-Iran, Him., C-As., NW-Afr., nat. in USA, Jap.
  - subsp. **lucorum** (Klett et Richt.) Hartl 1968 · D:Hain-Efeu-Ehrenpreis · III-V; Eur.: BrI, Sc, C-Eur., EC-Eur., Ba
  - subsp. **triloba** (Opiz) Čelak. 1870 · D:Dreilappiger Efeu-Ehrenpreis · III-V; Eur., Cauc., Iran, C-As., Him., China, Jap., N-Afr.
- *hendersonii* hort. = Pseudolysimachion subsessile
- *incana* L. = Pseudolysimachion spicatum subsp. incanum
- **kellereri** Degen et Urum. 1911 · ⚄ Z7; Maced.
- **kemulariae** A.I. Kuth. 1952 · ⚄ ; Cauc. (Georg.) [73055]
- **kotschyana** Benth. 1846 · ⚄ Z7; TR
- *latifolia* L. = Veronica teucrium
- **liwanensis** K. Koch 1849 · ⚄ Z6; NE-TR, Cauc. [74048]
- *longifolia* L. = Pseudolysimachion longifolium subsp. longifolium
  - var. *subsessilis* Miq. 1865 = Pseudolysimachion subsessile
- *lutea* (Scop.) Wettst. = Paederota lutea
- **montana** L. 1755 · D:Berg-Ehrenpreis · ⚄ V-VI; Eur.*, Cauc., TR, NW-Afr.
  'Corinne Tremaine' [60291]
- **nipponica** Makino 1925 · ⚄ ; Jap. (Honshu); mts.
  - var. **nipponica**
  - var. **shinanoalpina** H. Hara · ⚄ ; Jap. (Honshu); mts.
- **officinalis** L. 1753 · D:Echter Ehrenpreis, Wald-Ehrenpreis; E:Common Speedwell · ⚄ Z3 VI-IX ⚥ ; Eur.*, TR, Cauc., NW-Iran, Azor. [66962]
- **oltensis** Woronow ex Elenevsky 1914 · ⚄ Z6; TR [73621]
- **opaca** Fr. 1819 · D:Glanzlóser Ehrenpreis · ⊙ III-X; Eur.* exc. BrI, Ib
- **orientalis** Mill. 1768 · ⚄ ⌒ △ Z7 VI-VIII; Eur.: Krim, ? RO; TR, Syr., Lebanon, N-Iraq, Cauc., N-Iran [69619]
- *paniculata* L. = Pseudolysimachion

spurium
- **pectinata** L. 1767 · ⚄ ⤳ △ Z7 ∧ V-VI; Eur.: BG; TR
  'Rosea'
- **peduncularis** M. Bieb. 1798 · ⚄ ⤳ △ Z7 ∧ V-VI; Eur.: Krim, E-Russ.; TR, Cauc.
  'Georgia Blue' [72912]
- **peregrina** L. 1753 · D:Fremder Ehrenpreis; E:American Speedwell · ⊙ V-VI; E-Sib., Amur, Jap., China, nat. in Eur.* exc. Ba, Sc
- *perfoliata* R. Br. = Parahebe perfoliata
- **persica** Poir. 1808 · D:Persischer Ehrenpreis; E:Persian Speedwell · ⊙ ⊙ I-XII; TR, Cauc., nat. in Eur.*, N-Afr., C-As., Jap., Am., NZ
- **petraea** Steven 1812 · ⚄ △ Z6 V-VI; Cauc.
  'Madame Mercier' [69618]
- **poliifolia** Benth. 1846 · ⚄ ⌒ △ VI-VIII; TR, Iraq, Syr., Cauc. (Armen.)
- **polita** Fr. 1819 · D:Glänzender Ehrenpreis · ⊙ III-X; Eur.*, TR, Cauc., Iran, C-As., Him., Mong., Tibet, Jap., N-Afr., nat. in cosmop.
- **ponae** Gouan 1773 · ⚄ ; Eur.: sp., F; Pyr.
- **praecox** All. 1789 · D:Früher Ehrenpreis · ⊙ III-V; Eur.* exc. BrI, TR, Cauc., NW-Afr., nat. in BrI
- **prostrata** L. 1762 · D:Liegender Ehrenpreis · [70024]
  'Alba' [66965]
  'Blauspiegel'
  'Blue Sheen' [66966]
  'Mrs Holt' [66968]
  'Rosea' [66970]
  'Spode Blue' [66971]
  'Trehane'
  - subsp. **prostrata** · D:Gewöhnlicher Liegender Ehrenpreis; E:Rockery Speedwell; F:Véronique prostrée · ⚄ ⤳ △ Z5 IV-VI; Eur.* exc. BrI, Sc; Cauc., W-Sib.
- **repens** Clarion ex DC. 1805 · E:Corsican Speedwell · ⚄ ⤳ △ Z7 ∧ V-VI; Eur.: sp., Corse; mts. [66972]
- *rupestris* hort. = Veronica prostrata subsp. prostrata
- **saturejoides** Vis. 1847 · ⚄ ⌒ △ Z7 ⌂ ∧ V-VI; Eur.: Croatia, Bosn., Montenegro, Maced., AL, BG
- *saxatilis* Scop. = Veronica fruticans
- **scardica** Griseb. 1844 · D:Balkan-Ehrenpreis · ⚄ VI-X; Eur.: A, EC-Eur., Ba, E-Eur.; TR

- **schmidtiana** Regel 1864 · ⌠ △ Z5 VI-VIII; Jap., Sachal. [72063]
- **scutellata** L. · D:Gewöhnlicher Schild-Ehrenpreis · ⌠ ∿ Z6 VI-IX; Eur.*, Cauc., W-Sib., E-Sib., Sachal., Kamchat., C-As., Jap.
- **serpyllifolia** L. · D:Thymian-Ehrenpreis; E:Thyme-leaf Speedwell · ⌠ Z3 V-IX; Eur.*, TR, Cauc., Iran, W-Sib., Amur, C-As., Him., China, Jap., N-Afr., Macaron., N-Am.
- *spicata* L. = Pseudolysimachion spicatum subsp. spicatum
  - subsp. *incana* (L.) Walters 1792 = Pseudolysimachion spicatum subsp. incanum
- *spuria* L. = Pseudolysimachion spurium
- *stelleri* Pall. ex Link = Veronica wormskjoldii
- *sublobata* M. Fisch. = Veronica hederifolia subsp. lucorum
- **subsessilis** (Miq.) Carrière 1916 · ⌠ Z6; Jap. (Honshu) [66994]
- **surculosa** Boiss. et Balansa 1856 · ⌠ ∿ △ Z6 V-VII; TR [66997]
- **tauricola** Bornm. 1941 · ⌠ ; TR
- **telephiifolia** Vahl 1804 · ⌠ Z6; Cauc.
- **teucrium** L. 1762 · D:Großer Ehrenpreis; E:Heavenly Blue Speedwell · ⌠ Z6 V-VII; Eur.* exc. BrI, Sc; Cauc., W-Sib. [66945]
  'Crater Lake Blue' [66946]
  'Kapitän' [66947]
  'Knallblau' [66948]
  'Königsblau' [66949]
  'Shirley Blue' [66950]
- **thessalica** Benth. 1846
- *triloba* Opiz = Veronica hederifolia subsp. triloba
- **triphyllos** L. 1753 · D:Dreiteiliger Ehrenpreis · ⊙ III-V; Eur.*, TR
- **turrilliana** Stoj. et Stef. 1923 · ⌠ △ Z6 V-VI; Eur.: BG, TR (Strandsha-mts.)
- **urticifolia** Jacq. 1773 · D:Nessel-blättriger Ehrenpreis · ⌠ VI-VIII; Eur.* exc. BrI, Sc
- **verna** L. 1753 · D:Frühlings-Ehrenpreis; E:Spring Speedwell · ⊙ IV-V; Eur.*, TR, Cauc., W-Sib., C-As.
- *vindobonensis* (M. Fisch.) M. Fisch. = Veronica chamaedrys subsp. vindobonensis
- *virginica* L. = Veronicastrum virginicum
  - var. *sibiricum* = Veronicastrum virginicum var. sibiricum
- **wormskjoldii** Roem. et Schult. 1817 · D:Amerikanischer Ehren-

preis; E:American Speedwell · ⌠ Z4; Alaska, USA: NE, NCE, NC, SW, Rocky Mts., NW, Calif.; Greenl.

Veronicastrum Heist. ex Fabr. 1759 -n- *Scrophulariaceae* · (S. 840) D:Arzneiehrenpreis; E:Blackroot; F:Véronique de Virginie
- *sibiricum* = Veronicastrum virginicum var. sibiricum
- **virginicum** (L.) Farw. 1917 · D:Virginischer Arzneiehrenpreis; E:Black Root, Culver's Root, Physic Root; F:Véronique de Virginie · ⌠ Z3 VII-IX; Can.: E; USA: NE, NCE, SC, SE, Fla. [74058]
  'Album' [73411]
  'Diane' [67000]
  'Fascination' [73612]
  'Lavendelturm' [72491]
  'Pink Glow' [68336]
  'Roseum' [73414]
  - var. **sibiricum** (L.) B. Boivin 1972 · ⌠ ; E-Sib., Amur

Verschaffeltia H. Wendl. 1865 -f- *Arecaceae* · (S. 963)
- **splendida** H. Wendl. 1865 · ℏ e Z10 ⓜ; Seych.

Verticordia DC. 1828 -f- *Myrtaceae* · (S. 665)
- **grandis** J.L. Drumm. ex Meisn. 1853 · ℏ e Z10 ⓜ; W-Austr.
- **nitens** Schauer 1838 · ℏ e ⋈ Z10 ⓜ; W-Austr.

Vestia Willd. 1809 -f- *Solanaceae* · (S. 854)
- **foetida** (Ruiz et Pav.) Hoffmanns. 1824 · ℏ e d Z9 ⓜ IV-VI; Chile
- *lycioides* Willd. = Vestia foetida

Vetiveria Bory 1822 -f- *Poaceae* · (S. 1135)
D:Vetivergras; E:Vetiver; F:Vétiver
- **zizanioides** (L.) Nash 1903 · D:Vetivergras; E:Cus Cus, Vetiver · ⌠ Z9 ⓜ ⚥ ⓝ; Ind., Sri Lanka, Myanmar

Viburnum L. 1753 -n- *Caprifoliaceae* · (S. 396) D:Schneeball; E:Arrow Wood, Wayfaring Tree; F:Boule de neige, Viorne
- **acerifolium** L. 1753 · D:Ahorn-blättriger Schneeball; E:Dockmackie · ℏ d Z5 V-VI ❋; Can.: E; USA; NE, NCE, SE

[35651]
- *americanum* auct. non Mill. = Viburnum trilobum
- **atrocyaneum** C.B. Clarke 1880 · ℏ e Z9 ⓜ; Him.
- **betulifolium** Batalin 1894 · D:Bir-kenblättriger Schneeball · ℏ d ⊛ Z5 VI-VII ❋; W-China, C-China [14466]
- **bitchiuense** Makino 1902 · ℏ d D Z6 V; Jap., Korea
- × **bodnantense** Aberc. 1950 (*V. farreri* × *V. grandiflorum*) · D:Bodnant-Schneeball; E:Winter Viburnum · ℏ d D Z7 XI-III ❋; cult. [28940]
  'Charles Lamont' [32127]
  'Dawn' [47800]
  'Deben' [32128]
- **bracteatum** Rehder 1903 · ℏ d Z5; USA: Ga. [35653]
- **buddleifolium** C.H. Wright 1903 · D:Buddlejablättriger Schneeball · ℏ d Z6 V-VI ❋; C-China [31479]
- **burejaeticum** Regel et Herder 1862 · D:Mongolischer Schneeball · ℏ d Z5 V ❋; Manch., N-China. [35657]
- × **burkwoodii** Burkwood et Skipwith 1929 (*V. carlesii* × *V. utile*) · D:Burkwoods Schneeball; E:Dawn Viburnum; F:Viorne de Burkwood · ℏ d D Z6 III-IV ❋; cult. [23660]
  'Anne Russell' [19520]
  'Chesapeake'
  'Mohawk' [20684]
  'Park Farm Hybrid' [26669]
- × **carlcephalum** Burkwood ex A.V. Pike 1946 (*V. carlesii* × *V. macrocephalum*) · E:Fragrant Snowball; F:Viorne · ℏ d D IV-V ❋; cult. [23680]
- **carlesii** Hemsl. 1888 · D:Kore-anischer Schneeball; E:Sweet Viburnum; F:Viorne de Carles · ℏ d D Z5 IV-V ❋; Korea [23690]
  'Aurora' [30500]
  'Diana' [34967]
  'Juddii'
- **cassinoides** L. 1782 · D:Birnblätt-riger Schneeball; E:Withe Rod · ℏ d Z5 VI-VII ❋; Can.: E; USA: NCE, NE, SE [29535]
- **chingii** P.S. Hsu 1966
- **cinnamomifolium** Rehder 1907 · D:Zimtblättriger Schneeball · ℏ e Z8 ⓜ VI; W-China [26967]
- **congestum** Rehder 1908
- **corylifolium** Hook. f. et Thomson 1858 · D:Haselblättriger Schneeball · ℏ d Z6 VI; E-Him., W-China, C-China

- **cotinifolium** D. Don 1825 · D:Cotinusblättriger Schneeball · ♄ d Z6 V-VI ⓝ; Him.
- **cylindricum** Buch.-Ham. ex D. Don 1825 · ♄ e Z6 VI-IX; Him., W-China
- **dasyanthum** Rehder · ♄ d Z6 VI; C-China
- **davidii** Franch. 1885 · D:Davids Schneeball; E:Evergreen Viburnum; F:Viorne de David · ♄ e Z7 ⋀ VI ✼; W-China [23700]
- **dentatum** L. 1753 [19522]
  - var. **dentatum** · D:Gezähnter Schneeball; E:Arrowwood, Southern Arrow Wood · ♄ d Z4 VI-VII ✼; USA: NE, NCE, SC, SE, Fla.
  - var. **pubescens** Aiton 1789 Z2 ✼; E-USA
- **dilatatum** Thunb. 1784 · D:Breitdoldiger Schneeball; E:Linden Viburnum · ♄ d ⊛ Z6 V-VI ✼; Jap. [29539]
- **erubescens** Wall. 1831 [20798]
  - var. **erubescens** · ♄ ♄ d D Z6 VI; Nepal, W-China
  - var. **gracilipes** Rehder 1911 · ♄ d Z6; C-China [29541]
- **farreri** Stearn 1966 · D:Duftender Schneeball; E:Fragrant Viburnum; F:Viorne odorante · ♄ d D Z6 XI-IV ✼; N-China [23710]
  'Candidissimum' c. 1914 [12325]
  'Nanum' 1937 [42234]
- **foetens** Decne. 1835-44
- **foetidum** Wall. 1830 · ♄ e Z9 ⓚ; Him., Myanmar, W-China
- *fragrans* Bunge = Viburnum farreri
- **furcatum** Blume ex Hook. f. et Thomson 1858 · D:Gabelförmiger Schneeball · [29544]
- × **globosum** Coombs (*V. davidii* × *V. lobophyllum*) · ♄ e Z7; cult.
- **grandiflorum** Wall. ex DC. 1830 · D:Großblütiger Schneeball · ♄ d Z7 I-III; Him. [29545]
- **harryanum** Rehder 1913 · ♄ e Z9 ⓚ; W-China
- **henryi** Hemsl. 1888 · D:Henrys Schneeball; E:Henry's Viburnum · ♄ e Z8 ⋀ VIII ✼; C-China [16243]
- *hessei* Koehne = Viburnum wrightii var. hessei
- × **hillieri** Stearn 1856 (*V. erubescens* × *V. henryi*) · D:Hilliers Schneeball · ♄ e Z6; cult.
  'Winton' [17378]
- **hupehense** Rehder 1908 · D:Hupeh-Schneeball · ♄ d Z6 V-VI ✼; C-China
- **ichangense** (Hemsl.) Rehder 1908 · D:Ichang-Schneeball · ♄ d Z6 VI; W-China, C-China
- × **jackii** Rehder 1920 (*V. lentago* × *V. prunifolium*) · D:Jacks Schneeball · ♄ d Z5 V; cult.
- **japonicum** (Thunb.) Spreng. 1824 · D:Immergrüner Japanischer Schneeball; E:Japanese Viburnum · ♄ e D Z7 VI; Jap., Ryukyu-Is., Taiwan [29548]
- × **juddii** Rehder 1935 (*V. bitchiuense* × *V. carlesii*) · D:Judds Schneeball · ♄ d D Z6 IV-V ✼; cult. [23720]
- **lantana** L. 1753 · D:Wolliger Schneeball; E:Wayfaring Tree; F:Mansienne, Viorne lantane · ♄ d Z4 IV-VI ✼ ⓝ; Eur.* exc. Sc; TR, Iran, Maroc., Alger., nat. in Sc [23730]
  'Mohican' [15167]
- **lantanoides** Michx. 1803 · D:Erlenblättriger Schneeball · ♄ Z3 V-VI; Can.: E; USA: NE, SE [29527]
- **lentago** L. 1753 · D:Kanadischer Schneeball; E:Sheepberry · ♄ ♄ d Z5 V-VI ✼; Can.: E, Sask.; USA: NE, NCE, NC, SE, Rocky Mts. [33756]
- **lobophyllum** Graebn. 1901 · D:Gelapptblättriger Schneeball · ♄ d ⊛ Z6 VI-VII ✼; W-China, C-China [33760]
- *lucidum* Mill. = Viburnum tinus
- **macrocephalum** Fortune 1847 · D:Chinesischer Schneeball; E:Chinese Snowball · ♄ d Z7 V; China [16942]
- *macrophyllum* Thunb. = Viburnum japonicum
- *maculatum* Pant. = Viburnum lantana
- **molle** Michx. 1803 · ♄ d Z6 VI; USA: NE, NCE, Ark.
- **mongolicum** (Pall.) Rehder 1908 · ♄ d Z5 V; E-Sib., N-China
- *nervosum* Hook. f. et Thomson = Viburnum grandiflorum
- **nudum** L. 1753 · D:Gelber Schneeball; E:Smooth Withe Rod · ♄ d ⌒ Z6 VI-VII; USA: NE, SE, Fla., SC [15917]
- **odoratissimum** Ker-Gawl. 1820
  - var. **awabuki** (K. Koch) K. Koch ex Rümpler 1902 · ♄ e ⓚ; Korea, Jap., Ryukyu Is., Taiwan
  - var. **odoratissimum** · D:Starkduftender Schneeball; E:Sweet Viburnum · ♄ e D Z9 ⓚ V; Him. [20647]
- **opulus** L. 1753 · D:Gewöhnlicher Schneeball; E:European Cranberrybush, Guelder Rose; F:Viorne obier · ♄ d Z4 V-VI ⚥ ✼ ⓝ; Eur.*, TR, Cauc., W-Sib., E-Sib., C-As. [23740]
  'Aureum' < 1912
  'Compactum' c. 1935 [23750]
  'Nanum' c. 1841 [47360]
  'Notcutt's Variety' < 1930 [19523]
  'Park Harvest' < 1988 [19524]
  'Roseum' 1594 [23760]
  - var. *americanum* Aiton 1789 = Viburnum trilobum
- **orientale** Pall. 1789 · D:Orientalischer Schneeball · ♄ d Z6 VI; TR, W-Cauc. [29552]
- *oxycoccos* Pursh = Viburnum trilobum
- **phlebotrichum** Siebold et Zucc. 1846 · ♄ d Z6 V-VI; Jap.
- **plicatum** Thunb. 1794 · D:Japanischer Schneeball; E:Lace Cup Viburnum; F:Viorne de Chine · ♄ d Z5 ✼; China, Jap., Taiwan [23850]
  'Cascade' c. 1970 [33762]
  'Dart's Red Robin' c. 1985 [20144]
  'Grandiflorum' < 1900
  'Lanarth' < 1930 [32129]
  'Mariesii' 1902 [23840]
  'Pink Beauty' < 1970 [33758]
  'Rotundifolium' [28730]
  'Rowallane' < 1942 [29555]
  'Shasta' [19525]
  'St. Keverne' < 1950 [47750]
  'Summer Snowflake' [15131]
  fo. tomentosum 1945 (Thunb.) Rehder · F:Viorne de Chine · ♄ d; Jap., China [23820]
  'Watanabe' [32013]
- × **pragense** Vikulova 1939 (*V.* × *rhytidocarpum* × *V. utile*) · D:Prager Schneeball · ♄ e Z6 V; cult.
- **propinquum** Hemsl. 1888 · ♄ e Z7; C-China, W-China, Taiwan, Phil. [29558]
- **prunifolium** L. 1753 · D:Kirschblättriger Schneeball; E:Black Haw · ♄ ♄ d Z4 V-VI ⚥ ✼ ⓝ; USA: NE, NCE, Kans., SC, SE, Fla. [29561]
- **rafinesquianum** Schult. 1820
  - var. **affine** (Bush) House 1935 · ♄ d Z2 V-VI; Can.: Ont.; USA: NE, NCE, Ark.
  - var. **rafinesquianum** · D:Rafinesques Schneeball · ♄ d Z2; USA: NE, NCE
- **recognitum** Fernald 1941 [29563]
- × **rhytidocarpum** Lemoine 1936 (*V. buddleifolium* × *V. rhytidophyllum*) · ♄ s Z6 V-VI; cult.
- × **rhytidophylloides** J.V.

Suringar 1927 (*V. lantana* × *V.* × *rhytidocarpum*) · ♄ Z5 V-VI; cult.
'Alleghany' [13953]
'Holland' [29418]
- **rhytidophyllum** Hemsl. 1888 · D:Runzelblättriger Schneeball; E:Leatherleaf Viburnum; F:Viorne à feuilles ridées · ♄ e Z6 V-VI ✶; W-China, C-China [23800]
'Willowwood' [11875]
- **rufidulum** Raf. 1838 · D:Rostiger Schneeball; E:Southern Black Haw · ♄ ♄ d Z5 V-VI; USA: NE, NCE, Kans., SC, SE, Fla.
- *sandankwa* Hassk. = Viburnum suspensum
- **sargentii** Koehne 1899 · D:Sargents Schneeball; E:Cramp Bark · ♄ d ⊛ Z4 V-VI; China, Manch., Korea, Jap., Sachal.
'Onondaga' 1959 [22666]
'Susquehanna' 1959 [19526]
- **setigerum** Hance 1882 · D:Borstiger Schneeball; E:Tea Viburnum · ♄ Z5 V-VI; W-China, C-China [19527]
- **sieboldii** Miq. 1866 · D:Stinkender Schneeball · ♄ d ⊛ Z4 V-VI; Jap.
- **suspensum** Lindl. 1853 · E:Sandankwa Viburnum · ♄ e D Z9 ⌂ III-V; Jap., Ryukyu-Is., Taiwan [29565]
- **tinus** L. 1753 · D:Immergrüner Schneeball, Lorbeer-Schneeball; E:Laurustinus · ♄ e D Z7 ⌂ V-VIII ✶; cult., nat. in BrI [58149]
'Eve Price' 1960 [34210]
'Gwenllian' 1992 [25699]
'Lucidum'
'Macrophyllum' [15298]
'Purpureum' [20807]
'Variegatum'
- *tomentosum* Thunb. non Lam. = Viburnum plicatum fo. tomentosum
- **trilobum** Marshall 1785 · D:Amerikanischer Schneeball; E:American Cranberrybush · ♄ d ⁓ ⊛ Z4 V-VI ✶ ℕ; Can., USA: NE, NCE, NC, Rocky Mts., Wash. [35655]
- **utile** Hemsl. 1888 · D:Nützlicher Schneeball · ♄ d Z7 V ✶; C-China [26965]
- **wrightii** Miq. 1866 · D:Sachalin-Schneeball · [19529]
  - var. **hessei** (Koehne) Rehder 1917 · ♄ d ⊛ Z5 V-VI; Jap. [33764]
  - var. **wrightii** · ♄ d ⊛ Z5 V-VI; Jap., Korea, Sachal.

Vicia L. 1753 -f- *Fabaceae* · (S. 529) D:Bohne, Wicke; E:Bean, Vetch; F:Fève, Vesce
- **angustifolia** L. · D:Gewöhnliche Schmalblättrige Wicke · ⊙; Eur.*, TR, Levante, N-Afr., nat. in N-Am.
- **articulata** Hornem. · D:Einblütige Wicke; E:One-flower Vetch · ⊙ VI-VIII ℕ; Eur.: Ib, Ap, Ba; TR, Egypt, nat. in Fr, C-Eur., EC-Eur., RO
- **benghalensis** L. · D:Purpur-Wicke; E:Reddish Tufted Vetch · ⊙ ℕ; Eur.: Ib, Fr, Ap, GR; NW-Afr.
- **bithynica** (L.) L. · D:Bithynische Wicke · ⊙; Eur.: Ib, Fr, BrI, Ap, Ba, Krim; TR, Levante, Cauc., NW-Afr.
- **cassubica** L. 1753 · D:Kassuben-Wicke · ⌁ VI-VII; Eur.* exc. BrI, Sc; TR, Lebanon, Cauc., N-Iran
- **cordata** Wulfen ex Hoppe 1812 · D:Herzblättrige Wicke · ⊙ V-VII; S-Eur., TR, Levante, Egypt, Libya, Alger., Maroc.
- **cracca** L. 1753 · D:Vogel-Wicke; E:Tufted Vetch · ⌁ Z5 VI-VII; Eur.*, TR, Cauc., W-Sib., E-Sib., Amur, C-As., nat. in N-Am.
- **dalmatica** A. Kern. 1883 · D:Dalmatiner Vogel-Wicke · ⌁; Eur.: I, H, Ba, RO, Krim; TR, Levante, ? Iraq, Cauc., Iran
- **dumetorum** L. 1753 · D:Hecken-Wicke · ⌁ VI-VIII; Eur.* exc. Ib, BrI
- **ervilia** (L.) Willd. 1802 · D:Linsen-Wicke, Stein-Linse; E:Bitter Vetch · ⊙ V-VI ℕ; Eur.: Ib, Fr, Ap, Ba; TR, Cyprus, Syr., Cauc., Iran, Maroc., Alger., nat. in C-Eur., EC-Eur.
- **faba** L. 1753
  - var. **equina** Pers. 1807 · D:Pferdebohne; E:Field Bean, Horse Bean · ⊙ ℕ; cilt.
  - var. **faba** · D:Puff-Bohne, Saubohne; E:Broad Bean · ⊙ V-VII ℕ; cult.
  - var. **minuta** (hort. ex Alef.) Mansf. 1959 · D:Acker-Bohne; E:Tickbean · ⊙ ℕ; cult.
- **grandiflora** Scop. 1772 · D:Großblütige Wicke · ⊙ V-VI; Eur.: Ap, A, EC-Eur., Ba, E-Eur.; TR, Cauc., Iran, Afgh., nat. in D
- **hirsuta** (L.) Gray 1821 · D:Rauhaarige Wicke, Zitter-Wicke; E:Hairy Tare · ⊙ VI-VII ℕ; Eur.*, TR, Cyprus, Syr., Iran, Cauc., W-Sib., E-Sib., Amur, C-As., Him., China, Jap., NW-Afr., Egypt, Eth., nat. in N-Am.
- **hybrida** L. 1753 · D:Bastard-Wicke · ⊙ V; Eur.: Ib, Fr, Ap, Ba, RO, Krim; TR, Levante, Iraq, Cauc., Iran, C-As.
- **incana** Gouan 1764 · D:Graue Wicke · ⌁ VI-VII; Eur.: Ib, Fr, Ap, Ba, EC-Eur., C-Eur.; TR
- **johannis** Tamamsch. 1954 · D:Maus-Wicke · ⊙ V-VI; Eur.: Ib, Fr, Ap, Ba, H, RO, Krim; TR, Levante, Cauc., C-As., N-Afr., nat. in C-Eur., EC-Eur.
- **lathyroides** L. 1753 · D:Platterbsen-Wicke; E:Spring Vetch · ⊙ IV-VI; Eur.*, Levante, Cauc., ? N-Iran, Maroc., Alger.
- **lutea** L. 1753 · D:Gelbe Wicke; E:Yellow Vetch · ⊙ VI-VII; Eur.: Ib, Fr, EC-Eur., Ap, Ba, E-Eur.; TR, Cauc., N-Afr., N-Iran, nat. in D
- **melanops** Sm. 1813 · D:Grünblütige Wicke · ⊙; Eur.: F, Ap, Ba; TR, nat. in EC-Eur.
- *monanthos* (L.) Desf. = Vicia articulata
- *narbonensis* L. = Vicia johannis
- **onobrychioides** L. 1753 · D:Esparsetten-Wicke · ⌁ Z7 V-VII; Eur.: Fr, Ap, CH, Ba; NW-Afr.
- **oreophila** Chrtková 1962 · ⌁; Eur.: EC-Eur. +
- **oroboides** Wulfen 1791 · D:Walderbsen-Wicke · ⌁ Z5 V-VII; Eur.: I, A, H, Slove., Croatia, Bosn.
- **orobus** DC. 1815 · D:Heide-Wicke · ⌁ Z6 VII-VIII; Eur.: Sc, BrI, Fr, C-Eur., Ib
- **pannonica** Crantz · D:Gewöhnliche Ungarische Wicke; E:Hungarian Vetch · ⊙ V-VI ℕ; Eur.* exc. BrI, Sc; TR, Cyprus, Cauc., Iran
- **parviflora** Cav. 1801 · D:Zierliche Wicke · ⊙ VI-VII; Eur.: Ib, Fr, BrI, CH, Ap, Ba, RO, Krim; TR, Levante, N-Afr.
- **peregrina** L. 1753 · D:Fremde Wicke; E:Broad-pod Vetch · ⊙ IV-VI; Eur.: Ib, Fr, Ap, Ba, E-Eur.; TR, Levante, Cauc., Iran, C-As., Him., Maroc., Libya, Egypt, nat. in Ch, H
- **pisiformis** L. 1753 · D:Erbsen-Wicke; E:Pale-flower Vetch · ⌁ VI-VIII; Eur.* exc. Ib, BrI; Cauc.
- **pliniana** (Trab.) Muratova · ⊙ ℕ; Maroc., Alger.
- **pyrenaica** Pourr. 1788 · D:Pyrenäen-Wicke · ⌁ △ Z7 ∧ V-VI; Eur.: sp., F; mts.
- **sativa** L. 1753 · D:Futter-Wicke, Saat-Wicke; E:Common Vetch · ⊙ V-VII; orig. ?, cult.
  - subsp. *angustifolia* (L.) Asch. et Graebn. 1908 = Vicia

angustifolia
- subsp. *nigra* (L.) Ehrh. 1780 = Vicia angustifolia
- **sepium** L. 1753 · D:Zaun-Wicke; E:Bush Vetch · ♃ Z6 V-VIII; Eur.*, Cauc., W-Sib., E-Sib., C-As., Mong., Kashmir, nat. in Can.: E, USA: NE
- **serratifolia** Jacq. 1778 · D:Gezähnte Wicke · ⊙ V-VI; S-Eur. , TR, Levante, Cauc., N-Afr.
- **sylvatica** L. 1753 · D:Wald-Wicke · ♃ VI-VIII; Eur.*
- **tenuifolia** Roth 1788 · D:Feinblättrige Vogel-Wicke · ♃ Z6 VI-VIII; Eur.* exc. BrI; TR, Levante, Iraq, Cauc., Iran, W-Sib., E-Sib., C-As., nat. in BrI
- *tenuissima* Schinz et Thell. = Vicia parviflora
- **tetrasperma** (L.) Schreb. 1771 · D:Viersamige Wicke; E:Lentil Vetch, Smooth Tare · ⊙ VI-VII; Eur.*, TR, Palaest., Cauc., W-Sib., E-Sib., C-As., N-Afr.
- **unijuga** A. Braun 1853 · D:Zweiblättrige Wicke; E:Two-leaf Vetch · ♃ Z7 V-VI; Sib.
- **villosa** Roth 1793 · D:Zottige Wicke
  - subsp. **varia** (Host) Corb. 1893 · D:Bunte Wicke; E:Woolypod Vetch · VI-VIII; S-Eur.; TR, Levante, N-Afr.
  - subsp. **villosa** · D:Kahle Wicke, Zottel-Wicke; E:Fodder Vetch · ⊙ VI-VII ⓝ; Eur.* exc. BrI, Sc; TR, Levante, Iraq, Cauc., Iran, C-As., N-Afr., nat. in BrI, Sc, N-Am.

Victoria Lindl. 1837 -f- *Nymphaeaceae* · (S. 669)
D:Riesenseerose, Victoria; E:Giant Water Lily; F:Victoria
- **amazonica** (Poepp.) Sowerby 1850 · D:Amazonas-Riesenseerose; E:Giant Waterlily · ♃ ≈ Z10 ⓖ VII-X; Amazon., Guyan.
- **cruziana** Orb. 1840 · D:Santa-Cruz-Riesenseelilie; E:Santa Cruz Water Lily · ♃ ≈ Z10 ⓖ VII-X; Bras: Parana; Parag., N-Arg.
- *regia* Lindl. = Victoria amazonica
- *trickeri* H. Henkel = Victoria cruziana

Vigna Savi 1824 -f- *Fabaceae* · (S. 529)
D:Kuhbohne, Spargelbohne; E:Mug Bean; F:Dolique, Fleurescargot
- **aconitifolia** (Jacq.) Maréchal 1969 · D:Mattenbohne; E:Mat Bean, Moth Bean · ⊙ ⤳ Z10 ⓝ; Arab., Ind.
- **angularis** (Willd.) Ohwi et H. Ohashi 1969 · D:Adzukibohne; E:Adzuki Bean · ⊙ Z10 ⓝ; ? E-As.
- **caracalla** (L.) Verdc. 1970 · D:Schneckenbohne; E:Snail Flower, Snail Vine · ♃ ⚥ D Z10 ⓖ VII-IX ⓝ; W.Ind., S-Am.
- *catjang* (Burm. f.) Walp. = Vigna unguiculata subsp. cylindrica
- *cylindrica* (L.) Skeels = Vigna unguiculata subsp. cylindrica
- **hosei** (Craib) Backer 1927 · ⓖ ⓝ; Kalimantan (Sarawak), nat. in SE-As., Austr.: Queensl.
- **mungo** (L.) Hepper 1956 · D:Urdbohne; E:Black Gram · ⊙ ⤳ ⓝ; Ind. (Maharashtra); cult. Ind.
- **radiata** (L.) R. Wilczek 1954
  - var. **radiata** · D:Jerusalembohne, Mungbohne; E:Mungbean · ⊙ ⓝ; Jap. [71261]
  - var. **sublobata** (Roxb.) Verdc. 1970 · ⊙; E-Afr., Madag., Ind., Sri Lanka, SE-As., Malay. Arch., Austr.: Queensl.
- *sesquipedalis* (L.) Fruwirth = Vigna unguiculata subsp. sesquipedalis
- *sinensis* (L.) Savi ex Hassk. = Vigna unguiculata subsp. unguiculata
- **subterranea** (L.) Verdc. 1980 · D:Bambaraerdnuss; E:Groundbean · ⊙ ⓖ ⓝ; Cameroun, N-Nigeria
- **trilobata** (L.) Verdc. 1968 · ⊙ ♃ ⓝ; Afgh., Him., Ind., Sri Lanka, Myanmar, Malay. Arch., Eth.
- **umbellata** (Thunb.) Ohwi et H. Ohashi 1969 · D:Reisbohne; E:Rice Bean · ⊙ ⓝ; Ind., China, SE-As.
- **unguiculata** (L.) Walp. 1842
  - subsp. **cylindrica** (L.) Verdc. 1970 · D:Katjangbohne; E:Catjang Bean · ⊙ ⚥ ⤳ Z10 ⓝ; ? trop. Afr., ? Ind.
  - subsp. **sesquipedalis** (L.) Verdc. 1970 · D:Spargelbohne; E:Yardlong Bean · ⊙ ⚥ ⤳ Z10 ⓝ; cult.
  - subsp. **unguiculata** · D:Augenbohne; E:Asparagus Bean, Cow Pea · ⊙ ⚥ ⤳ Z10; trop. Afr.
- **vexillata** (L.) Rich. 1846 · ♃ ⓖ ⓝ; trop. As., Afr., Austr.

Viguiera Kunth 1818 -f- *Asteraceae* · (S. 278)
- **laciniata** A. Gray 1858 · ♄ Z10 ⓖ; Baja Calif., W-Calif.
- **multiflora** (Nutt.) S.F. Blake 1916 · ♃ Z10; USA: Calif., Utah, Colo., SW

Villadia Rose 1903 -f- *Crassulaceae* · (S. 436)
- **batesii** (Hemsl.) Baehni et J.F. Macbr. 1937 · ♃ ⚥ Z8; Mex.
- **guatemalensis** Rose 1909 · ♃ ⚥ Z8 ⓖ; Guat.
- **imbricata** Rose 1903 · ♃ ⚥ Z8 ⓖ; Mex.

Villarsia Vent. 1791 -f- *Menyanthaceae* · (S. 641)
D:Villarsie; F:Villarsia
- **exaltata** (Sims) F. Muell. 1868 · ♃ ⌒ Z10 ⓖ VII; Austr., Tasman.
- *nymphoides* Vent. = Nymphoides peltata
- **ovata** (L. f.) Vent. 1803 · ♃ ⌒ Z10 ⓖ VI; Kap
- **parnassiifolia** R. Br. 1810 · ♃ ⌒ Z10 ⓖ VIII; Austr. (W-Austr.)
- *reniformis* R. Br. = Villarsia exaltata

Vinca L. 1753 -f- *Apocynaceae* · (S. 196)
D:Immergrün; E:Periwinkle; F:Pervenche
- *acutiflora* Bertol. = Vinca difformis
- **difformis** Pourr. 1788 · ♄ e Z9 ⓖ ✽; Eur.: Ib, Fr, I, Azor.; N-Afr.
- **herbacea** Waldst. et Kit. 1799 · D:Krautiges Immergrün; E:Periwinkle · ♃ ⤳ Z5 V-VI ✽; Eur.: A, EC-Eur., Ba, E-Eur.; TR, Syr., Palaest., N-Iraq, Cauc., Iran
- **major** L. 1753 · D:Großes Immergrün
  'Alba' [67004]
  'Maculata'
  'Oxyloba'
  'Reticulata' [67005]
  'Variegata' [53588]
  - subsp. **hirsuta** (Boiss.) Stearn 1932 · D:Rauhaariges Großes Immergrün · ♄ e Z7; N-TR, W-Cauc.
  - subsp. **major** · D:Gewöhnliches Großes Immergrün; E:Greater Periwinkle; F:Grande pervenche · ♄ e Z7 ⓖ ∧ IV-V ⚥ ✽; Eur.: sp., F, I, Sic., Croatia; TR, Cyprus, Syr., Cauc., nat. in BrI, C-Eur., EC-Eur. [52978]
- **minor** L. 1753 · D:Kleines Immergrün; E:Smaller Periwinkle; F:Petite pervenche · ♃ ♄ e ⤳ Z6 IV-V ⚥ ✽; Eur.* exc. BrI, Sc; W-TR, Levante, Cauc. Iran, nat. in BrI, Sc [52980]
  'Alba' [52981]

'Argenteovariegata' 1770 [13253]
'Atropurpurea' [36109]
'Aureovariegata' [68156]
'Azurea Flore Plena'
'Bowles' Variety' = Vinca minor 'La Grave'
'Gertrude Jekyll' [67016]
'Grüner Teppich' [52983]
'La Grave' [52982]
'Multiplex' [67019]
'Sabinka'
'Silver Service'
- *rosea* L. = Catharanthus roseus

Vincetoxicum Wolf 1776 -n-
Asclepiadaceae · (S. 211)
D:Schwalbenwurz;
E:Swallowwort; F:Dompte-venin
- **hirundinaria** Medik. 1790 ·
D:Weiße Schwalbenwurz;
E:White Swallowwort · ⚄ V-VII
⚥ ⚔; Eur.* exc. BrI; TR, Cauc.,
Maroc., Alger. [67020]
- **nigrum** (L.) Moench 1802 ·
D:Schwarze Schwalbenwurz;
E:Black Swallowroot · ⚄ ⚥ Z7 ⚔;
Eur.: Ib, F, I, nat. in NL
- *officinale* Moench = Vincetoxicum hirundinaria
- **rossicum** (Kleopow) Barbar.
1850 · ⚄ ⚥ ⚔; Eur.: Russ.

Viola L. 1753 -f- *Violaceae* · (S. 889)
D:Stiefmütterchen, Veilchen;
E:Pansy, Violet; F:Pensée, Violette
- **adunca** Sm. 1817 · D:Sporn-Veilchen; E:Hook Spur Violet,
Western Blue Violet · ⚄; Alaska,
USA* exc. SE, Fla, SC; Greenl.
- *aetolica* (Boiss. et Heldr.) = Viola tricolor
- **alba** Besser · D:Gewöhnliches
Weißes Veilchen; E:Parma Violet ·
⚄ Z6 III-V; Eur.* exc. BrI; TR,
Cauc., ? Iran, NW-Afr.
- **alpina** Jacq. 1762 · D:Alpen-Stiefmütterchen · ⚄ △ Z7 VI-VII; Eur.:
A, Slova., RO; NE-Alp., Carp.
- **altaica** Ker-Gawl. 1815 · D:Altai-Veilchen · ⚄ V-VII; Altai, Sib.
- **ambigua** Waldst. et Kit. 1804 ·
D:Pontisches Veilchen, Steppen-Veilchen · ⚄ IV-V; Eur.: A, EC-Eur.,
Ba, E-Eur., D, TR, Cauc.
- **arborescens** L. 1753 · ♄ Z9 ⓚ;
Eur.: Ib, F, Sard.; NW-Afr.
- **arvensis** Murray · D:Gewöhnliches Acker-Stiefmütterchen;
E:European Field Pansy · ☉ V-X;
Eur.*, TR, Cauc., W-Sib., E-Sib.,
nat. in N-Am.
- × **bavarica** Schrank 1789 (*V.
reichenbachiana* × *V. riviniana*) ·
D:Bastard-Wald-Veilchen · ⚄; Eur.

+
- **bertolonii** Pio 1813 · ⚄ △ Z7 ⚠
V-VI; Eur.: F, I, Sic.
- **biflora** L. 1753 · D:Zweiblütiges
Veilchen; E:Yellow Wood Violet ·
⚄ △ ⌇ V-VII; Eur.* exc. BrI; N,
mts; Cauc., Him., W-Sib., E-Sib.,
Amur, Sachal., Kamchat., C-As.,
Mong., China, Jap., Alaska, Can.:
W; USA: Rocky Mts., NW [67021]
- **calaminaria** (Ging.) Lej. 1825 ·
D:Gelbes Galmei-Stiefmütterchen · ⚄ VI-VIII ▽; Eur.: NL, B, D
- **calcarata** L. 1753 [67022]
 - subsp. **calcarata** · D:Langsporniges Stiefmütterchen; E:Spurred
Violet · ⚄ △ Z5 VI-VII ▽; Eur.: F,
I, C-Eur., Ba
 - subsp. **zoysii** (Wulfen) Merxm.
1967 · D:Karawanken-Stiefmütterchen · ⚄ Z5 V-VI ▽; Eur.:
Slove., Bosn., Montenegro, AL,
Maced.
- **canadensis** L. 1753 · D:Kanada-Veilchen · [67023]
 - var. **canadensis**
 - var. **rugulosa** (Greene) C.L.
Hitchc. 1961 · ⚄; Can., USA*
exc. NE, SC, Calif., Fla
- **canina** L. 1753 · D:Hunds-Veilchen · [69623]
 - subsp. **canina** · D:Gewöhnliches
Hunds-Veilchen; E:Dog Violet ·
⚄ Z6 V-VI; Eur.*, TR, Cauc.,
C-As., W-Sib., Canar., Greenl.
 - subsp. **montana** (L.) Hartm.
1841 · D:Berg-Veilchen · ⚄ Z6
V-VI; Eur.: CH, D, Sc, A +; Sib.
 - subsp. **schultzii** (Billot ex
F.W. Schultz) Kirschl. 1850 ·
D:Schultzes Hunds-Veilchen · ⚄
Z6 V-VI; Eur.: C-Eur, N-I, S-RO
- **cenisia** L. 1763 · D:Mont-Cenis-Stiefmütterchen · ⚄ Z6 VII; Eur.:
F, I, CH; Alp.
- **collina** Besser 1816 · D:Hügel-Veilchen · ⚄ IV-V; Eur.* exc. BrI;
Cauc., W-Sib., E-Sib., Amur,
Sachal., C-As., Manch.
- **cornuta** L. 1763 · D:Gehörntes
Veilchen, Horn-Veilchen, Pyrenäen-Stiefmütterchen; E:Horned
Pansy; F:Violette cornue · ⚄
△ Z7 VI-VIII; Eur.: sp., F; Pyr.,
Cordillera Cantábrica, nat. in BrI,
C-Eur., I, RO [67024]
 Alba Grp. (B4)
 'Altona' (B4) [67029]
 'Amethyst' (B4) [67030]
 'Baby Franjo' (B4) [67032]
 'Blaue Schönheit' (B4) [67034]
 'Blue Perfection' (B4) [67036]
 'Boughton Blue' (B4)

 'Gelber Prinz' (B4) [67038]
 'Hansa' (B4) [67040]
 'Lilacina' (B4) [69627]
 'Lutea Splendens' (B4) [67044]
 'Rubin' (B4) [67048]
 'Tony Venison' (B4)
 'White Perfection' (B4) [60730]
 'White Superior' (B4)
 'Yellow Prince' (B4) [69899]
- **corsica** Nyman 1854 · ⚄ Z9 ⓚ;
Eur.: Corse, Sard., Elba
- **cucullata** Aiton 1789 · D:Amerikanisches Veilchen; E:Marsh Blue
Violet · ⚄ ⌇ V-VI; Can.: E; USA:
NE, NCE, NC, Tenn., Ark.
- *curtisii* E. Forst. = Viola tricolor
- *cyanea* Čelak. = Viola suavis
- **declinata** Waldst. et Kit. 1807 · ⚄
Z5; Eur.: Slova., CZ, RO, Rs(W),
?BG; Carp.
- **dissecta** Ledeb. 1829
 - var. **chaerophylloides** (Regel)
Makino 1912 · ⚄ D IV; Jap.
 'Eizanensis'
 - var. **dissecta** · E:Dissected
Viola · ⚄; W-Sib., E-Sib., Amur,
C-As., Mong., China: Sinkiang,
Manch.; Korea, Jap.
- *eizanensis* (Makino)
Makino = Viola dissecta var.
chaerophylloides
- **elatior** Fr. 1828 · D:Hohes Veilchen · ⚄ Z5 V-VII; Eur.* exc. BrI,
Ib; Cauc., W-Sib., C-As.
- **elegantula** Schott 1857 · ⚄ △
Z6 VII-VIII; Eur.: Croatia, Bosn.,
Montenegro, AL; mts.
- **epipsila** Ledeb. 1820 · D:Torf-Veilchen · ⚄ ⌇ Z5 V-VI; Eur.: Sc,
D, EC-Eur., E-Eur.; W-Sib.
- **eugeniae** Parl. 1875 · ⚄; I; Apenn.
- × **floraiensis** Correvon 1910
(*V. cornuta* × *V. tricolor* subsp.
tricolor) · ⚄ △ VI-VIII; cult.
- **gracilis** Sibth. et Sm. 1806 · ⚄
V-VIII; Eur.: Ba; mts. [67054]
- **guestphalica** Nauenb. 1986 ·
D:Violettes Galmei-Stiefmütterchen, Westfälisches Galmei-Stiefmütterchen · ⚄ V-X ▽; Eur.: D
- **hederacea** Labill. 1805 · D:Australisches Veilchen; E:Australian
Violet · ⚄ ⚥ ⌇ ⓜ ⓚ IV-XI;
Austr.: Queensl., N.S.Wales,
Victoria, S-Austr., Tasman.
- **hirta** L. 1753 · D:Rauhaariges
Veilchen; E:Hairy Violet · ⚄ IV-V;
Eur.*, Cauc., W-Sib., E-Sib., C-As.
- **howellii** A. Gray 1887 · ⚄; Can.:
B.C.; USA: NW, Calif.
- **hymettia** Boiss. et Heldr. 1854 ·
☉; Eur.: P, Fr, Ap, Ba
- **japonica** Langsd. ex Ging. 1824 ·

♃; Jap., Ryukyu Is., S-Korea
- **jooi** Janka 1857 · ♃ △ D Z5 IV-V; C-RO [72074]
- **keiskei** Miq. 1866 · ♃ ; Jap., Korea
- **kitaibeliana** Schult. 1819 · D:Kleines Stiefmütterchen · ☉ IV-VII; Eur.* exc. Sc; TR, Cyprus, Syr., Cauc.
- **labradorica** Schrank 1818 · D:Labrador-Veilchen; E:Labrador Violet · ♃ Z4 IV-V; Alaska, Can.; USA: NE, NCE, NC, Rocky Mts., Calif., NW; Greenl. [67056]
- **lactea** Sm. 1798 · D:Milch-Veilchen · ♃ Z7; Eur.: BrI, F, Ib
- **lanceolata** L. 1753 · ♃ ; Can.: E; USA: NE, NCE, SE, Fla., SC
- **lutea** Huds. 1762 · D:Gelbes Stiefmütterchen; E:Mountain Pansy · ♃ Z2 IV-VIII; Eur.: Ib, Fr, BrI, C-Eur., EC-Eur.; mts.
- **macloskeyi** F.E. Lloyd 1895
  - var. **pallens** (Banks ex DC.) C.L. Hitchc. 1961
- **mandshurica** W. Becker 1917 · ♃ Z8; China, Korea, Jap.
- **mirabilis** L. 1753 · D:Wunder-Veilchen; E:Wonder Violet · ♃ Z5 IV-V; Eur.* exc. BrI, Sc; Cauc., W-Sib., E-Sib., Amur, C-As., Mong., Manch., Jap. [67057]
- *montana* L. = Viola canina subsp. montana
- *obliqua* Hill = Viola cucullata
- **odorata** L. 1753 · D:März-Veilchen, Wohlriechendes Veilchen; E:Sweet Violet, Violet · ♃ ≍ D Z6 IV-IV ☥ ℕ; Eur.*, TR, Cyprus, Syr., N-Iraq, Cauc., N-Iran, NW-Afr., Canar. [67059]
  'Alba' (A1) [74065]
  'Coeur d'Alsac'
  'Irish Elegance' = Viola odorata 'Sulphurea'
  'Königin Charlotte' (A1) [67061]
  'Red Charm' (A1) [67062]
  'Rubra' (A1) [67064]
  'Sulphurea' (A1) [67065]
  'Triumph' (A1) [67066]
- **palmata** L. 1753 · ♃ Z4 IV-V; Ont., USA: NE, NCE, SE, Fla. [67067]
- **palustris** L. 1753 · D:Sumpf-Veilchen; E:Marsh Violet · ♃ ⤳ V-VI; Eur.*, As., N-Am. [67068]
- *papilionacea* Pursh = Viola sororia
- **pedata** L. 1753 · ♃ Z6; USA: NE, NEC, SC, SE, Fla. [72075]
- **pedatifida** G. Don 1831 [60166]
- **persicifolia** Schreb. 1771 · D:Gräben-Veilchen · ♃ ⤳ Z5 VI-VII; Eur.*, W-Sib., E-Sib.
- **pinnata** L. 1753 · D:Fiederblättriges Veilchen; E:Pinnate Violet · ♃ △ D Z5 VI; Eur.: F, I, CH, A,

Slove.; Alp.
- *pontica* W. Becker = Viola suavis
- **pumila** Chaix 1785 · D:Niedriges Veilchen · ♃ Z5 V-VI; Eur.* exc. BrI, Ib; W-Sib., E-Sib., C-As., China: Sinkiang [72076]
- **pyrenaica** Ramond ex DC. 1805 · D:Pyrenäen-Veilchen · ♃ IV-V; Eur.: sp., Fr, I, C-Eur., Ba; Pyr., Alp., Jura, Apenn., Balkan; Cauc., Maroc.
- **reichenbachiana** Jord. ex Boreau 1857 · D:Wald-Veilchen; E:Early Dog Violet, Woodland Violet · ♃ Z6 III-VI; Eur.*, TR, Cauc., Kashmir, Maroc. [67069]
- *rhodopeia* W. Becker = Viola stojanowii
- **riviniana** Rchb. 1823 · D:Hain-Veilchen; E:Wood Violet · ♃ Z5 IV-VI; Eur.*, Alger., Madeira [72077]
  Purpurea Grp.
- *rugulosa* Greene = Viola canadensis var. rugulosa
- **rupestris** F.W. Schmidt 1791 · D:Sand-Veilchen; E:Teesdale Violet · ♃ ⤳ △ V; Eur.*, Cauc., NE-TR, W-Sib., E-Sib., Amur, Sachal., C-As.
- × **scabra** DC. 1820 (V. hirta × V. odorata) · D:Raues Veilchen · ♃
- **schultzii** Billot ex F.W. Schultz = Viola canina subsp. schultzii
- **selkirkii** Pursh ex Goldie 1822 · ♃ ; Can., USA: NE, NEC
- *sepincola* Jord. = Viola suavis
- **septentrionalis** Greene 1898 · ♃ Z4; Can.: W; USA: NE, NEC
- *silvatica* Fr. ex Hartm. = Viola reichenbachiana
- **sororia** Willd. 1806 · D:Pfingst-Veilchen; E:Confederate Violet, Woolly Blue Violet · ♃ Z4 IV-V; Can.: E; USA: NE, NCE, NC, Okla., SE [67070]
  'Albiflora' (A1c) [67071]
  'Freckles' (A1c) [67072]
  'Immaculata' (A1c) [70027]
  'Priceana' (A1c) [67074]
  'Rubra' (A1c) [67073]
- **stojanowii** W. Becker 1924 · ♃ △ Z6 V-VII; NE-GR, S-BG
- **suavis** M. Bieb. 1819 · D:Blaues Veilchen, Kornblumen-Veilchen; E:Downy Blue Violet · ♃ ≍ Z5 III; Eur.* exc. BrI, Sc; Cauc., C-As.
- *sylvestris* Lam. = Viola reichenbachiana
- **thomasiana** Perr. et Songeon 1860 · D:Schweizer Veilchen · ♃ IV-VI; Eur.: F, I, CH, A; Alp.
- **tricolor** L. · D:Gewöhnli-

ches Wildes Stiefmütterchen; E:Heartsease, Wild Pansy · ♃ Z8 ⌂ IV-VIII ☥ ; Eur.: SW-Ba; mts.
- **triloba** Schwein. 1822
- **uliginosa** Besser 1809 · D:Moor-Veilchen · ♃ ⤳ D Z4 III-V; Eur.: Sc, D, PL, E-Eur., Slove.
- *variegata* Vuk. = Viola tricolor
- **verecunda** A. Gray 1858
  - var. **yakusimana** (Nakai) Ohwi 1953 · ♃ ⌂; Jap. (Kyusku: Yakushima)
- × **wittrockiana** Gams ex Kappert 1932 (V. altaica × V. lutea × V. tricolor subsp. tricolor) · D:Garten-Stiefmütterchen; E:Garden Pansy, Pansy · ☉ IV-X; cult.
  Fama Ser. (B1)
  'Moonlight' (B1)
  'Padparadja' (B1)
  Schweizer Riesen Ser. (B1)
- *yakusimana* = Viola verecunda var. yakusimana
- **yesoensis** Maxim. 1877
- *zoysii* Wulfen = Viola calcarata subsp. zoysii
- **in vielen Sorten:**
  A   Sektion Violets (Veilchen)
  A1   Einfach blühende Veilchen
       Es gibt vier Typen von einfach blühenden Veilchen:
  A1a   Historische Veilchen
       Die Sorten dieser Sektion sind Züchtungen aus „Quatre Saisons Veilchen" und „Russischen Veilchen", sie werden auch als „Sweet Violets" bezeichnet.
  A1b   Governor Herrick Typ
       Kreuzungen von V. cucullata mit anderen einfach blühenden Sorten. Sie duften nicht und sind sehr widerstandsfähig gegen Krankheiten und Schädlinge.
  A1c   Sorten von V. sororia
       Einfach blühende Veilchen, die aus Kreuzungen mit V. sororia hervor gegangen sind.
  A1d   Sonstige einfach blühende Veilchen
       Meist neuere Hybriden innerhalb der Gruppe der einfach blühenden Veilchen.
  A2   Halbgefüllt blühende Veilchen
       Hervorgegangen aus den einfachen Veilchen mit großen runden Petalen und einer zusätzlichen Rosette in der Mitte, die die gleiche oder eine andere Farbe haben kann.
  A3   Gefüllt blühende Veilchen

Wie die vorherige Gruppe, jedoch gleichmäßig, voll gefüllte Blüten.

A4 Parma-Veilchen
Meist gefüllte, manchmal jedoch auch einfache Blüten, die stark durften. Wuchs kompakt mit kleineren, spitzigeren Blättern. Nicht winterhart.

B Sektion Melanium (Stiefmütterchen)

B1 Stiefmütterchen
Hervorgegangen aus *V. tricolor*. Es gibt vier Typen von Stiefmütterchen:

B1a Historische Stiefmütterchen
Meist vor 1841 entstanden sind bei diesen Sorten die Nektarrinnen als deutliche Striche erkennbar.

B1b Stiefmütterchen – Liebhabersorten
Hierzu zählen die gängigen Sorten, die im Hausgarten oder auf Gräbern gepflanzt werden. Die Blütengröße beträgt mehr als 63 mm, die Farbstriche sind zu einen kräftigen Fleck geworden.

B1c Stiefmütterchen – Showsorten
Die Blütengröße beträgt zwischen 38 und 50 mm. Ansonsten ähneln sie den Liebhabersorten, doch ist der Schlundfleck kleiner, dafür sind die Blüten oft zweifarbig oder gerandet.

B1d Stiefmütterchen – Beetsorten
Diese Sorten haben keinen Schlundfleck sondern besitzen ein gelbes oder orangefarbenes Auge. Als Beetsorten werden sie bezeichnet, weil sie Gartenansichten von gleichmäßiger Farbe ergeben.

B2 Veilchen-Hybriden
Einkreuzungen von anderen Arten der Sektion Melanium, vom Typ her aber stiefmütterchenartig.

B2a Veilchen-Hybriden – Beetsorten
Meist nur in historischen Kolletktionen zu finden. Wenn sie im Handel angeboten werden, dann weniger als Samen als vielmehr als blühfähige, einjährige Pflanzen.

B2b Veilchen-Hybriden – Showsorten
Sie ähneln der Gruppe B1d, sind jedoch oft noch farbenprächtiger und besitzen auffällige Farbmuster wie Streifen, Ton-in-Ton oder Bänder, jedoch nie einen Fleck oder Striche wie B1a oder B1b.

B3 Violetta-Hybriden
Dies ist eine Miniaturform der Stiefmütterchen, die zurückgeht auf die Züchtungen von Dr. Charles Stuart im späten 19. Jahrhundert, als er *V. cornuta* einkreuzte. Die 25 bis 37 mm großen Blüten sind oval, oft etwas gewellt und besitzen zahlreiche Farbmuster, jedoch keine Strahlen oder Flecken. Sie duften, allerdings anders als Blüten der Sektion Violets.

B4 Hornveilchen-Hybriden
Kreuzungen von *V. cornuta* mit anderen Arten der Section Malanium, wobei ein Großteil der Sorten auf den Züchter R.G. Cawthorne zurück geht. Vom buschigen Wuchs her ähneln sie den Wildarten, besitzen jedoch größere und farbenprächtigere Blüten.

Quelle: The American Violet Society – Registry of the cultivated forms of the Genus Viola (www.americanvioletsociety.org/registry)

'Ardross Gem' (B2a)
'Baby Lucia' (B2b) [67033]
'Boullion' (B2b) [67037]
'Bowles' Black' (B2a)
'Chantreyland' (B2)
'Columbine' (B2a) [69624]
'Grey Owl' (B2)
'Irish Molly' (B2a) [68924]
'Jackanapes' (B2a) [69625]
'Letitia' (B2) [69626]
'Maggie Mott' (B2a)
'Martin' (B2a) [69628]
'Milkmaid' (B2a) [60165]
'Molly Sanderson' (B2a) [67045]
'Rebecca' (B3) [69630]
'Vita' (B2)

Virgilia Poir. 1808 -f- *Fabaceae* · (S. 530)
- **divaricata** Adamson 1934 · ♄ ♄ e Z10; S-Afr. (Cape Prov.)
- *lutea* F. Michx. = Cladrastis lutea
- **oroboides** (P.J. Bergius) T.M. Salter 1939 · ♄ ♄ Z9 ⓚ VII; S-Afr.

Virola Aubl. 1775 -f- *Myristicaceae* · (S. 655)
- **surinamensis** Warb. 1897 · D:Baboen; E:Ukahuba Nut · ♄ ⓚ ⓝ; ne S-Am., Guyana, Venez.

Viscaria (DC.) Röhl. = Silene
- *alpina* (L.) G. Don = Silene suecica
- *atropurpurea* Griseb. = Silene atropurpurea
- *oculata* Lindl. = Silene coeli-rosa
- *sartorii* Boiss. = Silene atropurpurea
- *viscosa* (Scop.) Asch. = Silene viscaria
- *vulgaris* Bernh. = Silene viscaria

Viscum L. 1753 -n- *Viscaceae* · (S. 890)
D:Mistel; E:Mistletoe; F:Gui
- **album** L. 1753 · D:Mistel
  - subsp. **abietis** (Wiesb.) Janch. 1942 · D:Tannen-Mistel · ♄ e Z5 III-V ⚕ ⓝ; Eur.: sp., Corse, Fr, C-Eur., EC-Eur., Ba, E-Eur.; TR, Cauc.
  - subsp. **album** · D:Laubholz-Mistel; E:Mistletoe · ♄ e ⊗ Z5 II-IV ⚥ ⚕; Eur.*, TR, Cauc., N-Iran, Him., Amur, China, Korea, Jap., Myanmar, Vietn., Alger.
  - subsp. **austriacum** (Wiesb.) Vollm. 1914 · D:Kiefern-Mistel · ♄ e Z5 III-V ⚕; Eur.: sp., F, Ap, C-Eur., EC-Eur., Ba, EC-Eur.; TR, Maroc.

Visnea L. f. 1782 -f- *Theaceae* · (S. 865)
D:Mocanbaum; F:Visnéa
- **mocanera** L. f. 1782 · D:Echter Mocanbaum · ♄ ♄ e D Z8 ⓚ III; Canar., Madeira

Vitaliana Sesl. 1758 -f- *Primulaceae* · (S. 716)
D:Goldprimel; F:Androsace, Grégoria
- **primuliflora** Bertol. 1835 [67075]
  - subsp. **cinerea** (Sünd.) I.K. Ferguson 1969 · ♃ △ Z5 IV-V; Eur.: sp., F, I; mts.
  - subsp. **praetutiana** (Buser ex Sünd.) I.K. Ferguson · ♃ △ Z5 IV-V; Eur.: I; mts. [67077]
  - subsp. **primuliflora** · D:Goldprimel · ♃ Z5 VI-VII; Eur.: I; mts.

Vitellaria C.F. Gaertn. 1807 -f- *Sapotaceae* · (S. 809)

D:Schibutterbaum; E:Shea Butter Tree; F:Vitellaire
- **paradoxa** C.F. Gaertn. 1807 · D:Schibutterbaum; E:Shea Butter Tree · ♄ Z10 ⓦ ⓝ; trop. Afr.

Vitex L. 1753 -f- *Verbenaceae* · (S. 888)
D:Keuschbaum, Mönchspfeffer; E:Chastetree; F:Gattilier, Poivre sauvage
- **agnus-castus** L. 1753 · D:Mönchspfeffer; E:Chaste Tree · ♄ ♄ d Z7 ⌂ ∧ IX-X ✤ ; Eur.: Ib, Fr, Ap, Ba, Krim; TR, Cauc., Iran, C-As., NW-Afr. [14472]
  'Albus'
  'Latifolia' [13954]
- *cienkowskii* Kotschy ex Peyr. = Vitex doniana
- *cuneata* Schumach. et Thonn. = Vitex doniana
- **doniana** Sweet 1827 · ♄ d Z10 ⓦ ⓝ; trop. Afr.
- **negundo** L. 1753 [19531]
  - var. *cannabifolia* (Siebold et Zucc.) Hand.-Mazz. 1934 = Vitex negundo var. heterophylla
  - var. **heterophylla** (Franch.) Rehder 1947 · ♄ d Z8 ⌂ VII-VIII; Mong., N-China, C-China
  - var. *incisa* (Lam.) C.B. Clarke 1885 = Vitex negundo var. heterophylla
  - var. **negundo** · D:Chinesischer Mönchspfeffer; E:Chinese Chaste Tree · ♄ ♄ d Z8 ⌂ VII-VIII ✤ ; E-Afr., Madag., Ind., Sri Lanka, Afgh., China, SE-As., Phil.
- **trifolia** L. 1753 · D:Dreiblatt-Keuschbaum

Vitis L. 1753 -f- *Vitaceae* · (S. 892)
D:Rebe, Weinrebe, Weintraube; E:Grape Vine; F:Vigne
- **aestivalis** Michx. 1803 · D:Sommer-Rebe; E:Summer Grape · ♄ d ⚥ ⚭ Z6 VI ⓝ; USA: NE, NCE, SC, SE
- **amurensis** Rupr. 1857 · D:Amur-Rebe; E:Amur Grape · ♄ d ⚥ Z5 VI ⓝ; Amur, N-China, Manch., Korea, Jap. [42215]
- **berlandieri** Planch. 1880 · E:Winter Grape · ♄ d ⚥ ⚭ Z7 VI ⓝ; USA: N.Mex., Tex.
- **californica** Benth. 1844 · D:Kalifornische Rebe
- **cinerea** Engelm. 1883 · D:Flaumige Rebe; E:Downy Grape · ⚥ d ⚥ Z5 VI; N-Am.
- **coignetiae** Pulliat ex Planch.

1883 · D:Rostrote Rebe; E:Crimson Glory Vine · ♄ ⚥ d ⚥ Z6 V-VII; Jap., Korea, Sachal. [44339]
- **davidii** (Carrière) Foëx 1886 · D:Davids Rebe · ♄ d ⚥ Z7 VI-VII; China
- *dissecta* Carrière = Ampelopsis aconitifolia
- *elegans* K. Koch = Ampelopsis brevipedunculata var. maximowiczii 'Elegans'
- **flexuosa** Thunb. 1794 · E:Creeping Grape · ♄ d ⚥ Z6 VI; China, Korea, Jap.
- *gongylodes* Burch. ex Baker = Cissus gongylodes
- *heterophylla* Thunb. = Ampelopsis brevipedunculata var. maximowiczii
- *japonica* Thunb. = Cayratia japonica
- *labrusca* auct. non L. = Vitis coignetiae
- **labrusca** L. 1753 · D:Fuchs-Rebe · ♄ d ⚥ ⚭ Z5 VI ⓝ; USA: NE, SE
- *orientalis* (Lam.) Boiss. = Ampelopsis orientalis
- **palmata** Vahl 1794 · D:Katzen-Rebe · ♄ d ⚥ Z5 VII-VIII; USA: NCE, SC, SE
- *pterophora* Baker = Cissus gongylodes
- *quinquefolia* (L.) Lam. = Parthenocissus quinquefolia var. quinquefolia
- **riparia** Michx. 1803 · D:Ufer-Rebe; E:Riverbank Grape · ♄ ⚥ d ⚥ D Z4 VI ⓝ; Can.: E; USA: NE, NCE, NC, Rocky Mts., SW, SC, SE [55328]
- **romanetii** Rom. Caill. 1881 · ⚥ d ⚥ Z6; China
- **rotundifolia** Michx. 1803 · D:Muscadiner-Rebe; E:Muscadine Grape · ♄ d ⚥ ⚭ Z5 VI ⓝ; USA: NE, NCE, SE, Fla., SC; Mex.
- **rupestris** Scheele 1848 · D:Sand-Rebe; E:Bush Grape, Sand Grape · ♄ ⚥ d ⚥ Z6 VI ⓝ; USA: NE, NCE, SC, SE
- *sylvestris* C.C. Gmel. = Vitis vinifera subsp. sylvestris
- **thunbergii** Siebold et Zucc. 1843 · D:Thunbergs Weinrebe · ♄ ⚥ d ⚥ Z6 VI-VII; Jap., China, Korea, Taiwan
- *veitchii* Lynch = Parthenocissus tricuspidata
- **vinifera** L. 1753 · D:Weinrebe · [31410]
  'Bianca' [26129]
  'Blauer Burgunder' [13250]

'Blauer Trollinger' [29104]
'Boskoop Glory' [26097]
'Dornfelder' [40037]
'Fragola'
'Gewürztraminer'
'Grüner Veltliner'
'Huxelrebe' [28400]
'Italia'
'Müller-Thurgau' [28420]
'Muscat Hamburg' [30939]
'Perle de Czaba' [13280]
'Purpurea' [15257]
'Weißer Gutedel' [13290]
- subsp. **caucasica** Vavilov · ♄ d ⚥ Z7 VI-VII; C-As.
- subsp. **sylvestris** (C.C. Gmel.) Hegi 1925 · D:Wilde Weinrebe · ♄ d ⚥ Z7 VI-VII ▽; Eur.: Ap, Ba, EC-Eur., E-Eur.; TR, Cauc., N-Iran, C-As. [31400]
- subsp. **vinifera** · D:Kultur-Weinrebe, Weintraube; E:Common Grape Vine, Grape, Vine · ⚥ d ⚥ Z7 VI-VII ✤ ; cult., nat. in Eur.
- *voinieriana* Baltet = Tetrastigma voinierianum
- **vulpina** L. 1753 · D:Winter-Rebe; E:Frost Grape · ♄ ⚥ d ⚥ ⚭ Z6 VI-VII ⓝ; USA: NE, NCE, Kans., SC, SE, Fla.

Vittadinia A. Rich. 1832 -f- *Asteraceae* · (S. 278)
- **australis** A. Rich. 1832 · ♄ Z9 ⌂ VII-IX; Austr., Tasman., NZ
- **triloba** (Gaudich.) DC. 1836
- *triloba* hort. non DC. = Erigeron karvinskianus

Vittaria Sm. 1793 -f- *Vittariaceae* · (S. 82)
D:Bandfarn; F:Fougère rubannée
- **lineata** (L.) J. Sm. 1793 · D:Appalachen-Bandfarn; E:Appalachian Shoestring Fern · ♃ Z10 ⓦ; USA: Ga., Fla.; Mex., W.Ind., C-Am., S-Am.

Voandzeia Thouars = Vigna
- *subterranea* (L.) Thouars ex DC. = Vigna subterranea

Volkameria L. = Clerodendrum
- *fragrans* Vent. = Clerodendrum philippinum

Vriesea Lindl. 1843 -f- *Bromeliaceae* · (S. 978)
- **atra** Mez 1894 · ♃ Z10 ⓦ; Bras.
- **barilletii** E. Morren 1883 · ♃ Z10 ⓦ; Bras.
- **bituminosa** Wawra 1862 · ♃ Z10 ⓦ; Bras.

- *blokii* (Hemsl.) Mez = Vriesea regina
- **carinata** Wawra 1862 · ♃ Z10 ⓦ; SE-Bras.
- **cereicola** (Mez) L.B. Sm. 1958 · ♃ Z10 ⓦ; N-Peru
- **chrysostachys** E. Morren 1881 · ♃ Z10 ⓦ; Col., Peru, Trinidad
- *conferta* Gaudich. = Vriesea ensiformis
- **corcovadensis** (Britten) Mez 1894 · ♃ Z10 ⓦ; Bras.
- **ensiformis** (Vell.) Beer 1856 · ♃ Z10 ⓦ; Bras.
- **erythrodactylon** (E. Morren) E. Morren ex Mez 1896 · ♃ Z10 ⓦ; Bras.
- *espinosae* (L.B. Sm.) Gilmartin = Tillandsia espinosae
- **fenestralis** Linden et André 1875 · ♃ Z10 ⓦ; Bras.
- **flammea** L.B. Sm. 1941 · ♃ Z10 ⓦ; Bras.
- **fosteriana** L.B. Sm. 1943 · ♃ Z10 ⓦ; Bras.
- **friburgensis** Mez 1894 · ♃ Z10 ⓦ; Bras., Arg.
- **gigantea** Gaudich. 1843 · ♃ Z10 ⓦ; Bras.
- **guttata** Linden et André 1875 · ♃ Z10 ⓦ; Bras.
- **heliconioides** (Kunth) Hook. ex Walp. 1852 · ♃ Z10 ⓦ; C-Am., trop. S-Am.
- **hieroglyphica** (Carrière) E. Morren 1884 · E:King of Bromeliads · ♃ Z10 ⓦ; Bras.
- **imperialis** E. Morren ex Baker 1888 · ♃ Z10 ⓦ; Bras.
- **incurvata** Gaudich. 1843 · ♃ Z10 ⓦ; Bras.
  - var. *inflata* (Wawra) Mez 1894 = Vriesea inflata
- **inflata** (Wawra) Wawra 1883 · ♃ Z10 ⓦ; Bras.
- **jonghei** (K. Koch) E. Morren 1878 · ♃ Z10 ⓦ; Bras.
- *longibracteata* (Baker) Mez = Vriesea splendens
- **malzinei** E. Morren 1874 · ♃ Z10 ⓦ; Mex.
- *musaica* (Linden et André) Cogn. et Marchal = Guzmania musaica
- **olmosana** L.B. Sm. 1966 · ♃ Z10 ⓦ IV; N-Peru
- **pardalina** Mez 1894 · ♃ Z10 ⓦ; Bras.
- **platynema** Gaudich. 1843 · ♃ Z10 ⓦ; Bras.
- **platzmannii** E. Morren 1875 · ♃ Z10 ⓦ; Bras.
- **psittacina** (Hook.) Lindl. 1843 · ♃ Z10 ⓦ; Bras., Parag.
- **racinae** L.B. Sm. 1941 · ♃ Z10 ⓦ; Bras.
- **regina** (Vell.) Beer 1856 · ♃ Z10 ⓦ; Bras.
- **rodigasiana** E. Morren 1882 · ♃ Z10 ⓦ; Bras.
- *rostrum-aquilae* Mez = Vriesea incurvata
- **saundersii** (Carrière) E. Morren 1875 · ♃ Z10 ⓦ; Bras.
- **scalaris** E. Morren 1879 · ♃ Z10 ⓦ; Bras.
- **sceptrum** Mez 1896 · ♃ Z10 ⓦ; Bras.
- **simplex** (Vell.) Beer 1856 · ♃ Z10 ⓦ; Col., Bras., Trinidad
- **splendens** (Brongn.) Lem. 1851 · D:Flammendes Schwert; E:Flaming Sword · ♃ Z10 ⓦ; Venez., Surinam
  - var. *longibracteata* (Baker) L.B. Sm. 1955 = Vriesea splendens
  - *tesselata* (Linden et André) E. Morren = Vriesea gigantea
- **zamorensis** (L.B. Sm.) L.B. Sm. 1970 · ♃ Z10 ⓦ; Ecuad.

Vulpia C.C. Gmel. 1805 -f- *Poaceae* · (S. 1135)
D:Federschwingel, Fuchsschwingel; E:Fescue; F:Queue-de-renard, Vulpin
- **bromoides** (L.) Gray 1821 · D:Trespen-Federschwingel · ☉ VI-VIII; Eur.*, TR, Syr., Cauc. N-Afr., Macaron., nat. in Afr., N-As., S-Am., Austr., NZ
- **ciliata** Dumort. 1824 · D:Behaarter Federschwingel · ☉ IV-VI; Eur.: Ib, Fr, BrI, Ap, Ba, RO, Krim; TR, Syr., Lebanon, Israel, Cauc., Iran, Afgh., Pakist., Him., C-As., N-Afr.
- **ligustica** (All.) Link 1827 · ☉; Eur.: Fr, Ap, Ba; TR, NW-Afr.
- **myuros** (L.) C.C. Gmel. 1805 · D:Mäuseschwanz-Federschwingel; E:Rat's Tail Fescue · ☉ VI-X; Eur.*, TR, Levante, Palaest., Iraq, Cauc., Iran, Afgh., Pakist., C-As., Him., N-Afr.
- **unilateralis** (L.) Stace 1978 · D:Strand-Dünnschwanz, Strand-Federschwingel · ☉ V-VI; Eur.: Fr, BrI, Ap, CH, Ba, Krim; TR, Syr., Lebanon, Palaest., Arab., Iraq, Cauc., Afgh., Pakist., Him., NW-Afr.

× **Vuylstekeara** hort. 1911 -f- *Orchidaceae* ·
  (*Cochlioda* × *Miltonia* × *Odontoglossum*)
- in vielen Sorten

Wachendorfia Burm. 1757 -f- *Haemodoraceae* · (S. 1004)
- *hirsuta* Thunb. = Wachendorfia paniculata
- **paniculata** Burm. 1757 · ♃ Z9 ⓚ IV; S-Afr.
- **thyrsiflora** Burm. 1757 · ♃ Z9 ⓚ V; S-Afr.

Wahlenbergia Schrad. ex Roth 1821 -f- *Campanulaceae* · (S. 390)
D:Moorglöckchen; E:Rock Bell; F:Campanille
- **albomarginata** Hook. f. 1852 [67078]
- **capensis** (L.) A. DC. 1830 · D:Kap-Moorglöckchen; E:Cape Bluebell · ☉ Z9 VII-VIII; S-Afr.
- **congesta** (Cheeseman) N.E. Br. 1913 · ♃ Z9 ⓚ; NZ (S-Is.)
- *elongata* (Willd.) Schrad. ex Roth = Wahlenbergia capensis
- **gloriosa** Lothian 1947 · ♃ Z8 ⓚ; Austr. (N.S.Wales, Victoria); mts.
- *grandiflora* (Jacq.) Schrad. = Platycodon grandiflorus
- **hederacea** (L.) Rchb. 1827 · D:Efeu-Moorglöckchen; E:Ivy-leaved Bellflower · ♃ ∼ Z7 VI ▽; Eur.: BrI, D, Fr, Ib
- **saxicola** (R. Br.) A. DC. 1830 · ♃ Z8 ⓚ; Austr. (Tasman.)
- *tasmanica* = Wahlenbergia saxicola

Waitzia J.C. Wendl. 1808 -f- *Asteraceae* · (S. 279)
- **aurea** Steetz 1845 · ☉ ⓚ VII-VIII; Austr.
- **corymbosa** J.C. Wendl. 1808 · ☉ ⓚ VII-VIII; W-Austr.
- *grandiflora* J.V. Thomps. = Waitzia aurea
- **grandiflora** Naudin 1865 · ☉ ⓚ VII-VIII; Austr.
- *odontolepis* Turcz. = Waitzia suaveolens
- **suaveolens** (Benth.) Druce 1917 · ☉ ⓚ VII-VIII; Austr.

Waldsteinia Willd. 1799 -f- *Rosaceae* · (S. 766)
D:Golderdbeere, Waldsteinie; F:Fraisier doré
- **fragarioides** (Michx.) Tratt. 1823 · D:Golderdbeere; E:Barren Strawberry · ♃ Z3 V-VI; Can.: E; USA: NE, NCE, SE
- **geoides** Willd. 1799 · ♃ Z5 IV-V; Eur.: EC-Eur., Ba, E-Eur., nat. in D [67079]
- **ternata** (Stephan) Fritsch 1889 · D:Dreiblättrige Waldsteinie · ♃

⤳ Z3 IV-V; Eur.: C-Eur., EC-Eur., Ba, E-Eur.; E-Sib., Amur, Sachal., N-Jap., nat. in FIN [67080]
'Lichtermeer' [69632]
- subsp. *trifolia* (Rochel ex W.D.J. Koch) Teppner 1974 = Waldsteinia ternata
- *trifolia* Rochel ex W.D.J. Koch = Waldsteinia ternata

Wallichia Roxb. 1820 -f- *Arecaceae* · (S. 963)
- **caryotoides** Roxb. 1820 · ♄ e Z9 ⓦ; Ind., Myanmar
- **chinensis** Burret 1937 · ♄ ♄ ⓦ; S-China
- **densiflora** Mart. 1845 · ♄ e Z9 ⓦ; Ind., Assam
- **disticha** T. Anderson 1871 · ♄ e Z9 ⓦ; Him., Ind., Myanmar
- *tremula* (Blanco) Mart. = Arenga tremula

× **Warneara** hort. 1964 -f- *Orchidaceae* · (*Comparettia* × *Oncidium* × *Rodriguezia*)

Warrea Lindl. 1843 -f- *Orchidaceae* · (S. 1088)
- **warreana** (Lodd. ex Lindl.) C. Schweinf. 1955 · ♃ Z10 ⓦ VII-VIII ▽ ✻; Col., Venez.

Warscewiczella Rchb. f. = Cochleanthes
- *amazonica* Rchb. f. et Warsz. = Cochleanthes amazonica
- *discolor* (Lindl.) Schult. et Garay = Cochleanthes discolor
- *flabelliformis* (Sw.) Schult. et Garay = Cochleanthes flabelliformis
- *wailesiana* (Lindl.) E. Morren = Cochleanthes wailesiana

Wasabia Matsum. 1899 -f- *Brassicaceae* · (S. 334)
D:Japanischer Meerrettich; E:Wasabi; F:Raifort vert, Wasabi
- **japonica** (Miq.) Matsum. 1912 · D:Japanischer Meerrettich; E:Japanese Horseradish · ♃ Z8 ⓚ ⚥ ⓝ; Jap., E-Sib.

Washingtonia H. Wendl. 1879 -f- *Arecaceae* · (S. 963)
D:Priesterpalme, Washingtonpalme; E:Washingtonia; F:Palmier éventail, Washingtonia
- **filifera** (Linden ex André) H. Wendl. 1879 · D:Kalifornische Washingtonpalme;

E:California Fan Palm, California Washingtonia, Cotton Palm · ♄ e Z9 ⓚ; USA: S-Calif., Ariz.; Baja Calif. [19532]
- var. *robusta* (H. Wendl.) Parish 1907 = Washingtonia robusta
- **robusta** H. Wendl. 1883 · D:Mexikanische Washingtonpalme; E:Mexican Fan Palm, Mexican Washingtonia · ♄ e Z9 ⓚ; Mex. [68217]
- *sonorae* S. Watson = Washingtonia robusta

Watsonia Mill. 1758 -f- *Iridaceae* · (S. 1027)
D:Watsonie; E:Bugle Iris; F:Watsonia
- **aletroides** (Burm. f.) Ker-Gawl. 1801 · ♃ Z9 ⓚ; S-Afr. (Cape)
- **angusta** Ker-Gawl. 1804 · ♃ ⓚ; S-Afr. (Cape Prov., Natal)
- *beatricis* J.W. Mathews et L. Bolus = Watsonia pillansii
- **borbonica** (Pourr.) Goldblatt 1987
  - subsp. **ardernei** (Sander) Goldblatt 1989 · ♃ Z9 ⓚ; S-Afr. (Cape Prov.)
  - subsp. **borbonica** · ♃ Z9 ⓚ; S-Afr. (Cape Prov.)
- *bulbillifera* J.W. Mathews et L. Bolus = Watsonia meriana
- **densiflora** Baker 1876 · ♃ Z9 ⓚ VI-VII; S-Afr: Natal, Orange Free State, Transvaal
- *fulgens* (Andrews) Pers. = Watsonia angusta
- **humilis** Mill. 1768 · ♃ Z9 ⓚ VI; Kap
- **marginata** (L. f.) Ker-Gawl. 1802 · ♃ Z9 ⓚ; S-Afr. (W-Cape)
- **meriana** (L.) Mill. 1768 · ♃ Z9 ⓚ V-VI; Kap
- **pillansii** L. Bolus 1921 · ♃ Z7 ⓚ; S-Afr. (Cape Prov., Natal)
- *pyramidata* (Andrews) Stapf = Watsonia borbonica subsp. borbonica
- *rosea* Ker-Gawl. = Watsonia borbonica subsp. borbonica
- **tabularis** J.W. Mathews et L. Bolus 1922 · ♃ Z9 ⓚ; S-Afr. (Cape Prov.)
- **vanderspuyiae** L. Bolus 1926 · ♃ ⓚ; S-Afr. (Cape Prov.)

Wattakaka Hassk. = Dregea
- *sinensis* (Hemsl.) Stapf = Dregea sinensis

Weberbauerocereus Backeb. 1942 -m- *Cactaceae*

- **churinensis** F. Ritter 1962 · ⚶ Z9 ⓚ; Peru
- **fascicularis** (Meyen) Backeb. 1942 · ♄ ⚶ Z9 ⓚ ▽ ✻; S-Peru, N-Chile
- *horridispinus* Rauh et Backeb. = Weberbauerocereus weberbaueri
- **johnsonii** F. Ritter 1962 · ⚶ Z9 ⓚ; Peru
- **weberbaueri** (Vaupel) Backeb. 1956 · ♄ ⚶ Z9 ⓚ ▽ ✻; Peru
- **winterianus** F. Ritter 1962 · ⚶ Z9 ⓚ; Peru

Weberocereus Britton et Rose 1909 -m- *Cactaceae* · (S. 369)
- **tonduzii** (F.A.C. Weber) G.D. Rowley 1982 · ♄ ⚶ ⚇ ⤳ Z9 ⓦ ▽ ✻; Costa Rica

Wedelia Jacq. 1760 -f- *Asteraceae* · (S. 279)
- **robusta** (Makino) Kitam. 1939 · ♃ ⓚ; Jap.
- **trilobata** (L.) Hitchc. 1893 · E:Goldcup · ♃ ⚇ ⤳ Z10 ⓚ VII-IX; USA: S-Fla.; W.Ind., trop. Am.

Weigela Thunb. 1780 -f- *Caprifoliaceae* · (S. 397)
D:Weigelie; E:Weigela; F:Weigelia
- **coraeensis** Thunb. 1794 · D:Koreanische Weigelie · ♄ d Z6 V-VII; Jap. [27519]
'Rosea' [15753]
- **decora** (Nakai) Nakai 1936 · D:Nikko-Weigelie · ♄ d Z6; Jap. [29573]
- **floribunda** (Siebold et Zucc.) K. Koch 1855 · D:Reichblütige Weigelie · ♄ d Z6 V-VI; Jap.
- **florida** (Bunge) A. DC. 1839 · D:Liebliche Weigelie · ♄ d Z5 V-VI; Korea, Manch., N-China [23950]
'Foliis Purpureis' = Weigela florida 'Purpurea'
'Nana Purpurea' [34666]
'Nana Variegata' [23960]
'Purpurea' [23970]
'Variegata' [30220]
'Victoria' [44379]
- *grandiflora* (Siebold et Zucc.) Fortune = Weigela coraeensis
- **hortensis** (Siebold et Zucc.) C.A. Mey. 1855 · D:Garten-Weigelie · ♄ d Z7 V-VI; Jap.
- **japonica** Thunb. 1780 · D:Japanische Weigelie · ♄ d Z6 V-VI; China, Jap.
- **maximowiczii** (S. Moore) Rehder 1939 · ♄ d Z6 V-VI; Jap. [29575]

– **middendorffiana** (Trautv. et C.A. Mey.) K. Koch 1853 · D:Gelbblütige Weigelie · ♄ d Z5 V-VI; Amur, Sachal. Kurilen, Jap. [23980]
– **praecox** (Lemoine) L.H. Bailey 1929 · D:Frühblühende Weigelie · ♄ d Z5 V; Korea, Manch.
– *rosea* Lindl. = Weigela florida
– **in vielen Sorten:**
'Abel Carrière' 1876 [33766]
'Bristol Ruby' 1941 [23890]
'Bristol Snowflake' [32118]
'Candida' 1879 [23900]
'Carnaval' > 1970 [38875]
'Eva Rathke' 1892 [23910]
'Eva Suprême' 1958 [23920]
'Evita' < 1981 [32116]
'Kosteriana Variegata' 1871 [42034]
'Looymansii Aurea' 1872 [42036]
'Lucifer' > 1970 [15919]
'Newport Red' 1946 [23990]
'Olympiade' [34263]
'Red Prince' 1986 [23277]
'Snowflake' = Weigela 'Bristol Snowflake'
'Styriaca' 1908 [24000]

Weingaertneria Bernh. = Corynephorus
– *canescens* (L.) Bernh. = Corynephorus canescens

Weingartia Werderm. 1937 -f-
Cactaceae · (S. 370)
– *buiningiana* F. Ritter = Weingartia neocumingii
– *corroana* Cárdenas = Weingartia neocumingii
– **cumingii** (Hopffer) Backeb. 1939 · ⵁ ⓚ
– *erinacea* F. Ritter = Weingartia neocumingii
– **fidaiana** (Backeb.) Werderm. 1937 · ⵁ Z9 ⓚ; Bol.
– *knitzei* F.H. Brandt = Weingartia neocumingii
– **longigibba** F. Ritter 1961 · ⵁ Z9 ⓚ; Bol.
– *multispina* F. Ritter = Weingartia neocumingii
– **neocumingii** Backeb. 1950 · ⵁ Z9 ⓚ ▽ ✳; Bol.
– **neumanniana** (Backeb.) Werderm. 1937 · ⵁ Z9 ⓚ; Arg.: Jujuy
– *oligacantha* F.H. Brandt = Sulcorebutia tarijensis
– *pilcomayensis* Cárdenas = Weingartia neocumingii
– *pulquinensis* Cárdenas = Weingartia neocumingii
– *trollii* Oeser = Weingartia neocumingii

Weinmannia L. 1759 -f-
Cunoniaceae
– **trichosperma** Cav. 1801

Weldenia Schult. f. 1829 -f-
Commelinaceae · (S. 985)
D:Weldenie
– **candida** Schult. f. 1829 · D:Weldenie · ♃ Z9 ⓚ IV-V; Mex., Guat.

Welfia H. Wendl. 1869 -f-
Arecaceae · (S. 964)
– *georgii* H. Wendl. = Welfia regia
– *microcarpa* Burret = Welfia regia
– **regia** H. Wendl. 1869 · ♄ e Z10 ⓦ; C-Am., Col., Ecuad.

Wellingtonia Lindl. = Sequoiadendron
– *gigantea* Lindl. = Sequoiadendron giganteum

Welwitschia Hook. f. 1862 -f-
Welwitschiaceae · (S. 104)
D:Welwitschie; F:Welwitschia
– **mirabilis**
 – subsp. **mirabilis** · D:Angola-Welwitschie · ♄ e Z9 ⓦ ▽ ✳; Angola
 – subsp. **namibiana** Leuenb. 2001 · D:Namibia-Welwitschie · ♄ e Z9 ▽ ✳; Namibia

Wercklea Pittier et Standl. 1916 -f-
Malvaceae · (S. 624)
– **insignis** Pittier et Standl. 1916 · ♄ e Z10 ⓚ; Costa Rica

Westringia Sm. 1797 -f- *Lamiaceae* · (S. 593)
– **fruticosa** (Willd.) Druce 1917 · D:Australischer Rosmarin; E:Australian Rosemary · ♄ e Z10 ⓚ IV-VII; Austr.: Queensl., N.S.Wales [11551]
– **rigida** R. Br. 1810 · ♄ Z10 ⓚ; Austr.(N.S.Wales, Victoria, Tasman., S-Austr., W-Austr.)
– *rosmariniformis* Sm. = Westringia fruticosa

Whitesloanea Chiov. 1937 -f-
Asclepiadaceae · (S. 211)
– **crassa** (N.E. Br.) Chiov. 1937 · ♃ ⵁ Z10 ⓚ; Somalia

Whitfieldia Hook. 1845 -f-
Acanthaceae · (S. 135)
– **elongata** C.B. Clarke 1899 · ♃ e Z10 ⓦ VI-VIII; W-Afr.
– **lateritia** Hook. 1845 · ♄ e Z10 ⓦ I-V; Afr.: Sierra Leone

Whitlavia Harv. = Phacelia

– *grandiflora* Harv. = Phacelia minor

Widdringtonia Endl. 1842 -f-
Cupressaceae · (S. 92)
D:Afrikazypresse; E:African Cypress; F:Cyprès africain
– **cedarbergensis** J. Marshall 1966 · D:Clanwilliams Afrikazypresse; E:Clanwilliam Cedar · ♄ e Z9 ⓚ ⓝ; S-Afr.
– *cupressoides* (L.) Endl. = Widdringtonia nodiflora
– *dracomontana* Stapf = Widdringtonia nodiflora
– *juniperoides* (L.) Endl. = Widdringtonia cedarbergensis
– **nodiflora** (L.) Powrie 1972 · D:Milanji-Afrikazypresse; E:Milanji Cedar · ♄ e Z9 ⓚ ⓝ; E-Afr., Zambia, Zimbabwe, S-Afr. (N-Transvaal)
– **schwarzii** (Marloth) Mast. 1905 · D:Schwarz' Afrikazypresse; E:Willowmore Cedar · ♄ e Z10 ⓚ; S-Afr.
– **whytei** Rendle 1894 · D:Whytes Afrikazypresse; E:White's Cedar

Wigandia Kunth 1818 -f-
Hydrophyllaceae · (S. 572)
D:Wigandie; F:Wigandia
– **caracasana** Kunth 1818 · ♄ Z10 ⓚ; S-Mex., C-Am., Col., Venez., nat. in SW-Eur. [11552]

Wigginsia D.M. Porter = Notocactus
– *arechavaletai* (Mackie) D.M. Porter = Notocactus erinaceus
– *corynodes* (Otto ex Pfeiff.) D.M. Porter = Notocactus erinaceus
– *erinacea* (Haw.) D.M. Porter = Notocactus erinaceus
– *fricii* (Arechav.) D.M. Porter = Notocactus erinaceus
– *leucocarpa* (Arechav.) D.M. Porter = Notocactus erinaceus
– *sellowii* (Link et Otto) D.M. Porter = Notocactus erinaceus
– *sessiliflora* (Mackie) D.M. Porter = Notocactus erinaceus
– *tephracantha* (Link et Otto) D.M. Porter = Notocactus erinaceus
– *vorwerkiana* (Backeb.) D.M. Porter = Notocactus erinaceus

Wikstroemia Endl. 1833 -f-
Thymelaeaceae · (S. 870)
– **alberti** Regel 1932 · ♄ VI; C-As.; mts.

Wilcoxia Britton et Rose 1909 -f-
Cactaceae · (S. 370)

- **albiflora** Backeb. 1952 · ♄ ⚥ Z9 ⓚ; Mex. (Sonora, Sinaloa)
- **poselgeri** (Lem.) Britton et Rose 1909 · E:Dahlia Cactus, Pencil Cactus · ♄ ⚥ Z9 ⓚ; S-Tex., NE-Mex.
- **schmollii** (Weing.) Backeb. 1935 · E:Lamb's Tail Cactus · ♄ ⚥ Z9 ⓚ; Mex. (Querétaro, Hidalgo)
- *striata* (K. Brandegee) Britton et Rose = Peniocereus striatus
- *viperina* (F.A.C. Weber) Britton et Rose = Peniocereus viperinus

Willemetia Neck. 1777 -f- *Asteraceae* · (S. 279)
  D:Kronenlattich; F:Willemétie
- **stipitata** (Jacq.) Dalla Torre 1882 · D:Gestielter Kronenlattich · ⌃ VI-VIII; Eur.: F, I, C-Eur., Ba

Willughbeia Roxb. 1820 -f- *Apocynaceae* · (S. 196)
- **coriacea** Wall. 1832 · ♄ ⚦ Z10 ⓦ ⓝ; Malay. Pen.
- *firma* Blume = Willughbeia coriacea

× **Wilsonara** hort. 1916 -f- *Orchidaceae* · (*Cochlioda* × *Odontoglossum* × *Oncidium*)
- **in vielen Sorten**

Winteria F. Ritter = Hildewintera
- *aureispina* F. Ritter = Hildewintera aureispina

Wissadula Medik. 1787 -f- *Malvaceae* · (S. 624)
- **periplocifolia** (L.) Thwaites 1858 · ♄ Z10 ⓦ ⓝ; Trop.

Wisteria Nutt. 1818 -f- *Fabaceae* · (S. 530)
  D:Blauregen, Glyzine, Wisterie; E:Wisteria; F:Glycine
- *brachybotrys* Siebold et Zucc. = Wisteria floribunda
  - var. *alba* W.T. Mill. 1902 = Wisteria venusta
- *chinensis* DC. = Wisteria sinensis
- **floribunda** (Willd.) DC. 1825 · D:Japanischer Blauregen; E:Japanese Wisteria · ♄ d ⚦ Z6 V-VI ✤; Jap. [37636]
  'Alba' = Wisteria floribunda 'Shiro-noda'
  'Caroline' [29172]
  'Honbeni' < 1903 [32850]
  'Kuchi-beni' [37734]
  'Lawrence' 1970 [19184]
  'Longissima Alba' = Wisteria floribunda 'Shiro-noda'
  'Macrobotrys' [26977]
  'Multijuga' = Wisteria floribunda 'Macrobotrys'
  'Pink Ice' = Wisteria floribunda 'Honbeni'
  'Rosea' = Wisteria floribunda 'Honbeni'
  'Shiro-noda' [14192]
  'Snow Showers' [44346]
  'Violacea Plena' 1870 [44343]
- × **formosa** Rehder 1922 (*W. floribunda* × *W. sinensis*) · D:Duft-Blauregen · ♄ d ⚦ Z5 ✤; cult. [15924]
  'Issai' [36115]
  'Kokuryû'
- **frutescens** (L.) Poir. 1823 · D:Amerikanischer Blauregen · ♄ d ⚦ Z5 VII-IX ✤; USA: NE, SE, Fla., SC [35954]
- **macrostachya** (Torr. et A. Gray) Nutt. 1838 · D:Kentucky-Blauregen; E:Kentucky Wisteria · ♄ d ⚦ Z6 VI-VII ✤; USA: NCE, SC, SE
- *multijuga* Van Houtte = Wisteria floribunda
- **sinensis** (Sims) Sweet 1826 · D:Chinesischer Blauregen; E:Chinese Wisteria · ♄ d ⚦ Z6 IV-V ✤; China, nat. in USA: NE [44341]
  'Alba' 1849 [44342]
  'Black Dragon' [20893]
  'Plena'
  'Prolific' 1816 [36116]
- *speciosa* Nutt. = Wisteria frutescens
- **venusta** Rehder et E.H. Wilson 1916 · D:Seidiger Blauregen; E:Silky Wisteria · ♄ d ⚦ Z6 VI-VII ✤; China [15411]

Withania Pauquy 1824 -f- *Solanaceae* · (S. 854)
- **somnifera** (L.) Dunal 1852 · ♄ e ⓚ ⚦ ✤; Eur.: Ib, I; Canar., Ind., Afr.

× **Withnerara** hort. 1967 -f- *Orchidaceae* · (*Aspasia* × *Miltonia* × *Odontoglossum* × *Oncidium*)

Witsenia Thunb. 1782 -f- *Iridaceae*
- *corymbosa* Ker-Gawl. = Nivenia corymbosa
- **maura** Thunb. 1782 · ♄ Z9 ⓚ; S-Afr.

Wittia K. Schum. = Wittiocactus
- *amazonica* K. Schum. = Wittiocactus amazonicus
- *costaricensis* Britton et Rose = Pseudorhipsalis himantoclada
- *panamensis* Britton et Rose =
Wittiocactus amazonicus

Wittiocactus Rauschert 1982 -m- *Cactaceae* · (S. 370)
- **amazonicus** (K. Schum.) Rauschert 1982 · ⚥ Z10 ⓦ ▽ ✻; Costa Rica, Panama, Col., Ecuad., Peru, Venez., Bras.
- *panamensis* (Britton et Rose) Rauschert = Wittiocactus amazonicus

Wittmackia Mez = Aechmea
- *lingulata* (L.) Mez = Aechmea lingulata

Wittrockia Lindm. 1891 -f- *Bromeliaceae* · (S. 978)
- *amazonica* (Baker) L.B. Sm. = Nidularium amazonicum
- **gigantea** (Baker) Leme 1997; SE-Bras.

Wittsteinia F. Muell. 1861 -f- *Alseuosmiaceae*
- **vacciniacea** F. Muell. 1861

Wodyetia A.K. Irvine 1983 -f- *Arecaceae* · (S. 964)
- **bifurcata** A.K. Irvine 1983 · ♄ e ⓦ; Austr. (Queensl.)

Wolffia Horkel ex Schleid. 1844 -f- *Lemnaceae* · (S. 1030)
  D:Zwergwasserlinse; E:Watermeal; F:Petite lentille, Wolffia
- **arrhiza** (L.) Horkel ex Wimm. 1857 · D:Wurzellose Zwergwasserlinse · ⌃ ≈ Z7; Eur.* exc. Sc; Cauc., Ind., Afr., Austr.

Wollemia W.G. Jones, K.D. Hill et J.M. Allen 1995 -f- *Araucariaceae* · (S. 87)
  D:Wollemikiefer; E:Wollemi Pine
- **nobilis** W.G. Jones, K.D. Hill et J.M. Allen 1995 · D:Wollemikiefer; E:Wollemi Pine · [32725]

Woodsia R. Br. 1810 -f- *Woodsiaceae* · (S. 84)
  D:Wimperfarn; E:Woodsia; F:Fougère ciliée, Woodsia
- **alpina** (Bolton) Gray 1821 · D:Alpen-Wimperfarn; E:Northern Cliff Fern, Northern Woodsia · ⌃ △ Z5 VII-VIII ▽; Eur.*; N, mts.; TR, Cauc., Him., W-Sib., E-Sib., Kamchat., N-Am., Greenl.
- *hyperborea* (Lilj.) R. Br. = Woodsia alpina
- **ilvensis** (L.) R. Br. 1815 · D:Rost-

roter Wimperfarn, Südlicher Wimperfarn; E:Rusty Cliff Fern, Rusty Woodsia · ⚂ △ Z1 VII-VIII ▽; Eur.* exc. Ib; W-Sib., E-Sib., Amur, Sachal., Kamchat., C-As.
- subsp. **arvonica** (With.) Milde 1865 = Woodsia alpina
- **obtusa** (Spreng.) Torr. 1840 · D:Stumpfblättriger Wimperfarn; E:Blunt Lobe Cliff Fern, Common Woodsia · ⚂ △ Z4 ▽; Can.: E; USA: NE, NCE, NC, SC, SE [67463]
- **polystichoides** Eaton 1858 · ⚂ △ Z4 ▽; Amur, China, Manch., Korea, Jap., Sachal., Taiwan [67464]
- **pulchella** Bertol. 1858 · D:Zierlicher Wimperfarn · ⚂ △ Z5 VII-VIII ▽; Pyr., E-Alp., C-Alp.

Woodwardia Sm. 1793 -f- *Blechnaceae* · (S. 63)
D:Grübchenfarn, Kettenfarn; E:Chain Fern; F:Woodwardia
- **areolata** (L.) T. Moore 1857 · D:Netz-Kettenfarn; E:Netted Chain Fern · ⚂ ∼ Z7 ∧; Can.: E; USA: NE, NCE, SC, SE, Fla.
- **fimbriata** Sm. 1818 · ⚂ Z8 ⌂; Can.: B.C.; USA - NW, Calif., Nev., Ariz. ; Mex. (Baja Calif.) [74067]
- **radicans** (L.) Sm. 1793 · D:Europäischer Kettenfarn; E:European Chain Fern · ⚂ Z8 ⌂ ▽; Eur.: Ib,Ap, Crete, Canar., Madeira; Alger.
- **virginica** (L.) Sm. 1793 · D:Virginischer Kettenfarn; E:Virginia Chain Fern · ⚂ ∼ Z7 ∧; Can.: E; USA: NE, NCE, SC, SE, Fla.; Bermuda

Worsleya (Traub) Traub 1944 -f- *Amaryllidaceae* · (S. 915)
D:Blaue Amaryllis; E:Blue Amaryllis; F:Amaryllis bleu
- **rayneri** (Hook.) Traub et Moldenke 1949 · D:Blaue Amaryllis; E:Blue Amaryllis · ⚂ Z10 ⓦ VII-IX; Bras. (Serra dos Orgaos)

Wulfenia Jacq. 1781 -f- *Scrophulariaceae* · (S. 841)
D:Kuhtritt, Wulfenie; F:Wulfénia
- **amherstiana** Benth. 1835 · D:Himalaya-Kuhtritt · ⚂ △ Z5 VI-VII; Afgh., Him.
- **baldaccii** Degen 1897 · D:Albanischer Kuhtritt · ⚂ △ Z7 V-VI; N-AL
- **carinthiaca** Jacq. 1781 · D:Kärntner Kuhtritt · ⚂ △ Z5 VII; Eur.: I, A, Montenegro, ? AL; SE-Alp.,

Montenegro [67081]
- **orientalis** Boiss. 1844 · D:Türkischer Kuhtritt · ⚂ △ ⌂ ∧ V-VI; TR
- × **suendermannii** hort. (*W. baldaccii* × *W. carinthiaca*) · D:Sündermanns Kuhtritt · ⚂ △ V-VI; cult.

Wurmbea Thunb. 1781 -f- *Colchicaceae* · (S. 981)
- **capensis** Thunb. 1781 · ⚂ Z10 ⌂ V-VI; S-Afr.

Wyethia Nutt. 1834 -f- *Asteraceae* · (S. 279)
- **angustifolia** (DC.) Nutt. 1840 · E:California Compassplant · ⚂ Z7 ∧ VII-VIII; USA: Wash., Oreg., Calif.
- **helenioides** (DC.) Nutt. 1840 · E:Mule's Ear Daisy · ⚂ Z7 ∧ VII-VIII; C-Calif.
- **helianthoides** Nutt. 1834 · ⚂; USA: NW, Mont., Nev., Idaho
- **mollis** A. Gray 1865 · E:Woolly Mule's Ears · ⚂ Z8 ⌂ ∧ VII-VIII; USA: Calif., Nev.
- **ovata** Torr. et A. Gray ex Torr. 1867 · ⚂ △ Z8 ⌂ ∧ V-VI; Calif.

Xantheranthemum Lindau 1893 -n- *Acanthaceae* · (S. 135)
- **igneum** (Linden) Lindau 1893 · ⚂ ⤳ Z9 ⌂; Peru

Xanthisma DC. 1836 -n- *Asteraceae* · (S. 280)
- **texanum** DC. 1836 · ⊙ Z7; USA: Texas

Xanthium L. 1753 -n- *Asteraceae* · (S. 280)
D:Spitzklette; E:Cocklebur; F:Lampourde
- **albinum** (Widder) H. Scholz 1960 · D:Ufer-Spitzklette
  - subsp. **albinum** · D:Elbe-Spitzklette · ⊙ VIII-X; Eur.: Fr, C-Eur., EC-Eur., Sc, E-Eur.
  - subsp. **riparium** (Čelak.) Widder et Wagenitz 1968 · D:Östliche Ufer-Spitzklette · ⊙ ⓝ; Eur.: D, PL, Balt.
- **brasilicum** Vell. 1827 · ⊙; W-As.
- **italicum** Moretti 1822 · D:Italienische Spitzklette · ⊙ VII-X; Eur.: sp., F, I, Slove.; TR
- **orientale** L. 1763 · D:Großfrüchtige Spitzklette · ⊙ VIII-IX; Eur.: sp., F, N-I., CH, D, A, Slov.
- **riparium** Lasch = Xanthium albinum subsp. riparium
- **rupicola** Holub = Xanthium

albinum subsp. riparium
- **saccharatum** Wallr. 1844 · D:Zucker-Spitzklette · ⊙ VIII-X; N-Am., nat. in A, D
- **spinosum** L. 1753 · D:Dornige Spitzklette; E:Clotweed, Cocklebur · ⊙ VIII-IX; S-Am., nat. in Eur.* exc. Sc, BrI; cosmop. exc. trop. As.
- **strumarium** L. 1753 · D:Gewöhnliche Spitzklette; E:California Burr · ⊙ VII-X ✝; Eur.* exc. BrI, Sc; TR, Cauc., Iran, W-Sib., C-As., N-Am., nat. in cosmop.

Xanthoceras Bunge 1833 -n- *Sapindaceae* · (S. 804)
D:Gelbhorn; F:Epine jaune
- **sorbifolium** Bunge 1833 · D:Gelbhorn · ♄ ♄ d Z6 V-VI; N-China [17234]

Xanthocyparis Farjon et Hiepko 2002 -f- *Cupressaceae* · D:Goldzypresse
- **nootkatensis** (D. Don) Farjon 2002 · D:Nutka-Goldzypresse; E:Alaska Cedar, Nootka Cypress; F:Cyprès de Nootka, Cyprès pleureur de l'Alaska · ♄ ♄ e Z5 III-VI ✿ ⓝ; Alaska, Can.: B.C.; USA: NW, Calif. [24710]
  'Aureovariegata' Young's Nurs. 1875 [32428]
  'Compacta' K. Koch 1873 [43186]
  'Glauca' Müller 1858 [24720]
  'Lutea' Webster 1896 [32024]
  'Pendula' Nicholson 1884

Xanthophthalmum Sch. Bip. = Glebionis
- *coronarium* (L.) Trehane ex Cullen = Glebionis coronaria var. coronaria
- *segetum* (L.) Sch. Bip. = Glebionis segetum

Xanthorhiza Marshall 1785 -f- *Ranunculaceae* · (S. 735)
D:Gelbwurz; F:Xanthorhiza
- *apiifolia* L'Hér. = Xanthorhiza simplicissima
- **simplicissima** Marshall 1785 · D:Gelbwurz; E:Yellowroot · ♄ d Z4 IV-V; USA: NE, SE, Fla. [35586]

Xanthorrhoea Sm. 1798 -f- *Xanthorrhoeaceae* · (S. 1144)
D:Grasbaum; F:Black boy
- **australis** R. Br. 1810 · D:Südlicher Grasbaum; E:Austral Grass Tree, Botany Bay Gum · ⚂ e Z10

Ⓚ; Austr.: N.S. Wales, S-Austr., Tasman., Victoria
- **hastilis** R. Br. 1810 · D:Spießförmiger Grasbaum · ♃ e Z10 Ⓚ Ⓝ; Austr.: N.S.Wales, Victoria
- **quadrangulata** F. Muell. 1864 · D:Vierkantiger Grasbaum · ♃ e Z10 Ⓚ; S-Austr.

Xanthosoma Schott 1832 -n- *Araceae* · (S. 934)
D:Goldnarbe; E:Malanga, Tannia, Yautia; F:Tanier taro
- *atrovirens* K. Koch et C.D. Bouché = Xanthosoma sagittifolium
- **belophyllum** Kunth 1841 · D:Pfeilblättrige Goldnarbe · ♃ Z10 Ⓦ Ⓝ; Venez., nat. in W.Ind., n S-Am.
- **brasiliense** (Desf.) Engl. 1920 · D:Brasilianische Goldnarbe · ♃ Z10 Ⓦ Ⓝ; W.Ind., trop. S-Am.
- **caracu** K. Koch et C.D. Bouché 1854 · ♃ Z10 Ⓦ Ⓝ; trop. Am., nat. in Afr.
- *jacquinii* Schott = Xanthosoma undipes
- *lindenii* (André) T. Moore = Caladium lindenii
- *mafaffa* Schott = Xanthosoma sagittifolium
- **maximiliani** Schott 1862 · ♃ Z10 Ⓦ; Bras.
- *nigrum* (Vell.) Mansf. = Xanthosoma sagittifolium
- **robustum** Schott 1853 · D:Capote-Goldnarbe; E:Capote · ♃ Z10 Ⓦ; Mex., C-Am.
- **sagittifolium** (L.) Schott 1832 · D:Tania-Goldnarbe; E:Malanga · ♃ Z10 Ⓦ Ⓝ; orig. ?; cult. trop. Am., trop. Afr.
- **undipes** (K. Koch et C.D. Bouché) K. Koch 1856 · D:Mexikanische Goldnarbe · ♃ Z10 Ⓦ Ⓝ; Mex., C-Am., trop. S-Am., cult. W.Ind.
- *violaceum* Schott = Xanthosoma sagittifolium

Xeranthemum L. 1753 -n- *Asteraceae* · (S. 280)
D:Papierblume; F:Immortelle annuelle, Xéranthème
- **annuum** L. 1753 · D:Einjährige Papierblume; E:Common Immortelle · ⊙ ⋈ VI-IX; Eur.: A, EC-Eur., Ba, E-Eur.; TR, Syr., Lebanon, Cauc., NW-Iran, nat. in sp., I
- **inapertum** (L.) Mill. 1902 · D:Felsenheide-Papierblume · ⊙ VI-VIII; Eur.: Ib, Fr, Ap, Ba, CH; TR, Cyprus, Lebanon, Cauc., NW-Afr.
- *sesamoides* L. = Edmondia sesamoides

Xerochrysum Tzvelev 1991 -n- *Asteraceae* · (S. 280)
D:Strohblume
- **bracteatum** (Vent.) Tzvelev 1991 · D:Garten-Strohblume; E:Paper Daisy, Straw Daisy · ⊙ ⋈ Z8 Ⓚ VII-IX; S-Austr., nat. in sp. [16744]
  Bright Bikini Ser.
  'Bunter Bikini' = Xerochrysum bracteatum Bright Bikini Ser.
  Mohave Ser.
  Monstrosum Ser.
- *viscosum* (DC.) R.J. Bayer = Xerochrysum bracteatum

Xerophyllum Michx. 1803 -n- *Melanthiaceae* · (S. 1040)
D:Bärengras, Truthahnbart; E:Bear Grass, Elk Grass; F:Xérophylle
- **asphodeloides** (L.) Nutt. 1825 · D:Truthahnbart; E:Turkey Beard · ♃ Z7 ∧ V-VII; USA: NE, SE
- **tenax** (Pursh) Nutt. 1818 · D:Bärengras; E:Elkgrass, Western Turkeybeard · ♃ ⋈ Z7 ∧ VI-VII; B.C., USA: NW, Rocky Mts., Calif.

Xerosicyos Humbert 1939 -m- *Cucurbitaceae* · (S. 447)
- **danguyi** Humbert 1939 · ♄ ψ Z10 Ⓚ; Madag.
- **perrieri** Humbert 1939 · ♃ ψ ≹ Z10 Ⓚ; Madag.

Ximenia L. 1753 -f- *Olacaceae* · (S. 672)
D:Falsches Sandelholz
- **americana** L. 1753 · D:Falsches Sandelholz; E:Hog Plum, Tallow Wood · ♄ Z8 Ⓚ Ⓝ; USA: Fla.; Mex., W.Ind., C-Am., S-Am., Trop. Old World

Xiphidium Aubl. 1775 -n- *Haemodoraceae* · (S. 1004)
- **coeruleum** Aubl. 1775 · ♃ Z10 Ⓦ V-VI; Mex., C-Am., W.Ind., S-Am.

Xylia Benth. 1842 -f- *Mimosaceae* · (S. 647)
- **africana** Harms 1907 · ♄ Ⓦ; E-Afr.
- **xylocarpa** (Roxb.) Taub. 1891 · ♄ d Z10 Ⓦ Ⓝ; Ind., Myanmar, S-Vietn., Malay. Pen., Phil.

Xylobium Lindl. 1825 -n- *Orchidaceae* · (S. 1088)
- **hyacinthinum** (Rchb. f.) Schltr. 1907 · ♃ Z10 Ⓦ VII-VIII ▽ ✱; Venez.
- **pallidiflorum** (Hook.) G. Nicholson 1887 · ♃ Z10 Ⓦ; W.Ind., Col., Ecuad., Peru, Bol., Venez., Surinam
- **variegatum** (Ruiz et Pav.) Garay et Dunst. 1961 · ♃ Z10 Ⓦ VIII-IX ▽ ✱; C-Am., trop. S-Am.

Xylomelum Sm. 1798 -n- *Proteaceae* · (S. 722)
D:Holzbirne; E:Woody Pear; F:Xylomèle
- **angustifolium** Kippist et Meisn. 1856 · ♄ ♄ Z10 Ⓚ; W-Austr.
- **pyriforme** (Gaertn.) R. Br. 1811 · D:Gewöhnliche Holzbirne; E:Woody Pear · ♄ ⋈ Z10 Ⓚ; Austr.: Queensl., N.S.Wales

Xylopia L. 1759 -f- *Annonaceae* · (S. 162)
D:Mohrenpfeffer; F:Malaguette, Maniguette
- **aethiopica** (Dunal) A. Rich. 1845 · D:Mohrenpfeffer; E:Guinea Pepper · ♄ e Z10 Ⓦ Ⓝ; W-Afr., C-Afr.
- **aromatica** Baill. 1868 · D:Guineapfeffer, Malaguetapfeffer · e Z10 Ⓝ; Afr., nat. in S-Am., Antill.
- **quintasii** Pierre ex Engl. et Diels 1901 · E:Negro Pepper · ♄ e Z10 Ⓦ Ⓝ; W-Afr.
- *striata* Engl. = Xylopia quintasii

Xylopleurum Spach = Oenothera
- *speciosum* (Nutt.) Raim. = Oenothera speciosa

Xylosma G. Forst. 1786 -f- *Flacourtiaceae* · (S. 535)
- **japonicum** (Walp.) A. Gray 1858 · ♄ e; China, Taiwan, Jap.

Xyris L. 1753 -f- *Xyridaceae* · (S. 1144)
D:Degenbinse; E:Yellow-eyed Grass; F:Jonc-sabre
- **capensis** Thunb. · ♃ Z10 Ⓦ; trop. Afr., S-Afr.
- **indica** L. 1753 · D:Gelbaugengras, Indische Degenbinse; E:Yellow-eyed Grass · ♃ Z10 Ⓦ; Ind.
- **operculata** Labill. 1805 · D:Australische Degenbinse · ♃ Z10 Ⓦ; Austr.

Xysmalobium R. Br. 1809 -n- *Asclepiadaceae* · (S. 211)
- **lapathifolium** Decne. 1844 · ♃ Ⓚ; S-Afr. (Cape)

- **undulatum** (L.) R. Br. 1809 · ⁴ Z9 ⓚ ⚥ ⚥; S-Afr.

× **Yamadara** hort. -f- Orchidaceae · (*Cattleya* × *Epidendrum* × *Laelia* × *Rhyncholaelia*)

× **Yapara** hort. -f- Orchidaceae · (*Phalaenopsis* × *Rhynchostylis* × *Vanda*)

Yucca L. 1753 -f- Agavaceae · (S. 897)
D:Palmlilie; E:Spanish Dagger; F:Yucca
- **aloifolia** L. 1753 · D:Graue Palmlilie; E:Dagger Plant, Spanish Bayonet · Ψ Z8 ⓚ VIII-IX; USA: SE, Fla.; E-Mex., W.Ind. [11314]
- *angustifolia* Pursh = Yucca glauca
- **angustissima** Engelm. ex Trel. 1902
  - var. **angustissima** · Ψ Z8 ⓚ; USA: Ariz., N.Mex., Utah, Nev.
  - var. **kanabensis** (McKelvey) Reveal 1977 · Ψ
- *arborescens* (Torr.) Trel. = Yucca brevifolia
- *arizonica* McKelvey = Yucca × schottii
- *australis* (Engelm.) Trel. = Yucca filifera
- **baccata** Torr. 1859 · D:Blaue Palmlilie; E:Banana Yucca, Blue Yucca · Ψ Z9 ⓚ; USA: Rocky Mts., SW [71741]
- **brevifolia** Engelm. 1871 · D:Josua-Palmlilie; E:Joshua Tree · Ψ Z8 ⓚ; USA: Calif., Rocky Mts, SW
- *bulbifera* hort. = Furcraea parmentieri
- **decipiens** Trel. 1907 · Ψ; Mex.
- **desmetiana** Baker 1870 · Ψ Z9 ⓚ; Mex.
- **elata** Engelm. 1882 · D:Seifen-Palmlilie; E:Palmella, Soap Tree · Ψ Z9 ⓚ; USA: Ariz., N.Mex., Tex.; Mex.
- **elephantipes** Regel 1859 · D:Riesen-Palmlilie; E:Elephant Yucca · Ψ Z10 ⓚ VIII-IX; Mex., Guat.
- **filamentosa** L. 1753 · D:Fädige Palmlilie; E:Adam's Needle, Spoonleaf Yucca · ⁴ Z5 VIII-IX; USA: NE, SE, Fla. [46710]
  'Bright Edge' [58150]
  'Elegantissima' [67084]
  'Rosenglocke' Foerster [67091]
  'Schellenbaum' Foerster [67092]
- **filifera** Chabaud 1876 · Ψ Z8 ⓚ VII-IX; Mex.
- **flaccida** Haw. 1819 · D:Schlaffe Palmlilie · Ψ Z5 VIII-IX; USA: SE [71742]
  'Golden Sword' [67095]
  'Ivory'
- *flexilis* Carrière = Yucca recurvifolia
- *funifera* Lem. = Hesperaloe funifera
- **glauca** Nutt. ex Fraser 1813 · D:Blaugrüne Palmlilie; E:Bear Grass, Blue Yucca, Spanish Bayonet · ℏ e Z7 ∧ VIII-IX; USA: NCE, NC, Rocky Mts, SW, SC, SE; Mex. [58151]
- **gloriosa** L. 1753 · D:Kerzen-Palmlilie; E:Roman Candle, Soft Tip Yucca · Ψ Z7 VII-IX; USA: SE, Fla. [58552]
- *graminifolia* Zucc. = Dasylirion graminifolium
- *guatemalensis* Baker = Yucca elephantipes
- **harrimaniae** Trel. 1902 · ℏ e Z7 ⓚ; USA: SW, Utah, Colo., Nev. [71743]
- *kanabensis* McKelvey = Yucca angustissima var. kanabensis
- × **karlsruhensis** Graebn. 1903 (*Y. filamentosa* × *Y. glauca*) · Ψ Z5; cult.
- *longifolia* Karw. ex Schult. et Schult. f. = Nolina longifolia
- **louisianensis** Trel. 1902 · Ψ Z7; S-USA: La.
- *macrocarpa* (Torr.) Coville = Yucca torreyi
- *macrocarpa* Engelm. = Yucca madrensis
- **madrensis** Gentry 1972 · Ψ Z9 ⓚ; USA: SW; N-Mex.
- *parviflora* Torr. = Hesperaloe parviflora
- *puberula* Haw. = Yucca flaccida
- *radiosa* (Engelm.) Trel. = Yucca elata
- *recurva* Haw. = Yucca recurvifolia
- **recurvifolia** Salisb. 1806 · Ψ Z8 ⓚ; USA: SE [74068]
- **rostrata** Engelm. ex Trel. 1902 · Ψ Z8 ⓚ; Tex., N-Mex.
- *schottii* Engelm. = Yucca madrensis
- × **schottii** Engelm. pro sp. 1873 · Ψ Z9 ⓚ; Ariz., Mex: Sonora
- *serratifolia* Karw. ex Schult. et Schult. f. = Dasylirion serratifolium
- **torreyi** Shafer 1908 · D:Torrey-Palmlilie; E:Torrey Yucca · Ψ Z9 ⓚ; USA: Tex., N.Mex.; N-Mex.
- **treculeana** Carrière 1858 · D:Bajonett-Palmlilie; E:Spanish Bayonet, Yucca · Ψ Z9 ⓚ; Tex., NE-Mex.
- **valida** Brandegee 1889 · Ψ Z9 ⓚ; Mex.
- *whipplei* Torr. = Hesperoyucca whipplei

Yulania Spach = Magnolia
- **japonica**
  - var. *globosa* (Hook. f. et Thomson) Paul Parm. 1895 = Magnolia globosa

Yushania Keng f. 1957 -f- Poaceae · D:Fontänenbambus; E:Fountain Bamboo; F:Bambou
- **alpina** (K. Schum.) W.C. Lin 1974 · ℏ Z9 Ⓝ; Kenya, Tanzania, Uganda, Ruanda, Sudan, Eth.
- **anceps** (Mitford) W.C. Lin 1974 · D:Himalaya-Fontänenbambus; E:Himalayan Bamboo · ℏ Z9 ⓚ; Him.
- **chungii** (Keng) Z.P. Wang et G.H. Ye 1981
- *jaunsarensis* (Gamble) T.P. Yi = Yushania anceps
- **maculata** T.P. Yi 1986
- **maling** (Gamble) R.B. Majumdar 1989 · ℏ e Z9 ⓚ; NE-Him.

Zaluzianskya F.W. Schmidt 1793 -f- Scrophulariaceae · (S. 841)
D:Sternbalsam; F:Zaluzianskya
- **capensis** (Benth.) Walp. 1844 · ⊙ ⊙ ⁴ ℏ D Z9 ⓚ VII-IX; S-Afr.
- **ovata** (Benth.) Walp. 1844
- *selaginoides* Walp. = Zaluzianskya villosa
- **villosa** F.W. Schmidt 1793 · ⊙ D Z9 VII-IX; S-Afr.

Zamia L. 1763 -f- Zamiaceae · (S. 103)
- *angustifolia* Jacq. = Zamia pumila subsp. pumila
- *debilis* Aiton = Zamia pumila subsp. pumila
- **fairchildiana** L.D. Gómez 1982 · ⁴ e Z10 ⓦ ▽ ✳; Costa Rica
- **fischeri** Miq. 1848 · ⁴ e Z10 ⓦ ▽ ✳; Mex.
- *floridana* A. DC. = Zamia pumila subsp. pumila
- **furfuracea** L. f. 1789 · ⁴ e Z9 ▽ ✳; Mex.
- **lindenii** Regel ex André 1875 · ⁴ e Z10 ⓦ ▽ ✳; Ecuad.
- **loddigesii** Miq. 1843 · ⁴ e Z10 ⓦ ▽ ✳; Mex. [16241]
- *media* Jacq. = Zamia pumila subsp. pumila

- **muricata** Willd. 1806 · ♃ e Z10 ⓦ
  ▽ ✻; Mex., Col., Venez.
- **obliqua** A. Braun 1875 · ♃ e Z10
  ⓦ ▽ ✻; Col.
- **pseudoparasitica** J. Yates 1854 ·
  ♃ e Z10 ⓦ ▽ ✻; Col., Ecuad.,
  Peru
- **pumila** L. 1763
  - subsp. **pumila** · ♃ e Z9 ⓦ ▽ ✻;
    Fla., W.Ind.
  - subsp. **pygmaea** (Sims) Eckenw.
    1981 · E:Coontie · Z9 ⓦ ▽ ✻;
    W-Cuba
- *pygmaea* Sims = Zamia pumila
  subsp. pygmaea
- *roezlii* Regel = Zamia
  pseudoparasitica
- **skinneri** Warsz. 1851 · ♃ e Z10 ⓦ
  ▽ ✻; C-Am.
- **wallisii** A. Braun 1875 · ♃ e Z10
  ⓦ ▽ ✻; Col.

Zamioculcas Schott 1856 -f-
Araceae · (S. 935)
- **zamiifolia** (Lodd.) Engl. 1905 · ♃
  Ѱ Z10 ⓦ; E-Afr.

Zannichellia L. 1753 -f-
Zannichelliaceae · (S. 1145)
D:Teichfaden; E:Horned
Pondweed; F:Zannichellia
- **palustris** L. · D:Sumpf-Teichfa-
  den; E:Horned Pondweed · ♃ ≈
  Z2 V-IX; Eur.*, Cauc., cosmop.
  exc. Austr.

Zantedeschia Spreng. 1826 -f-
Araceae · (S. 935)
D:Kalla, Zimmerkalla; E:Altar
Lily, Arum Lily; F:Calla
- **aethiopica** (L.) Spreng. 1826 ·
  D:Kalla; E:Arum Lily, Calla Lily,
  Pig Lily · ♃ ⋉ Z8 ⓚ I-VI ⚥;
  S-Afr.: Kap, Natal [11315]
  'Best Gold'
  'Black Magic'
  'Cameo'
  'Crowborough' [74069]
  'Green Goddess'
- **albomaculata** (Hook.) Baill.
  1880 · D:Gefleckte Kalla;
  E:Spotted Arum · ♃ Z9 ⓚ; S-Afr.:
  Kap, Natal
- **elliottiana** (W. Watson) Engl.
  1915 · D:Goldene Kalla; E:Golden
  Calla · ♃ ⋉ Z9 ⓚ VI-VIII; orig. ?
- **jucunda** Letty 1961 · ♃ ⋉ Z9 ⓚ;
  S-Afr.: Transvaal
- **rehmannii** Engl. 1883 · D:Rosa-
  farbene Kalla; E:Pink Arum, Pink
  Calla · ♃ Z9 ⓚ VIII; S-Afr.: Natal
  'Carminea'

Zanthoxylum L. 1753 -n- *Rutaceae* ·
(S. 795)
D:Stachelesche; E:Prickly Ash;
F:Clavalier
- *alatum* Roxb. = Zanthoxylum
  armatum
  - var. *planispinum* (Siebold et
    Zucc.) Rehder et E.H. Wilson
    1914 = Zanthoxylum armatum
- **americanum** Mill. 1768 ·
  E:Northern Prickly-Ash,
  Toothache Tree · ♄ d Z3 IV ⓝ;
  Can.: E; USA: NE, NCE, NC, SC,
  SE, Fla. [11398]
- **armatum** DC. 1824 · E:Winged
  Prickly-Ash · ♄ d Z6; Pakist., Him.,
  Ind., Malay. Arch., Phil. [18022]
- *bungei* Planch. = Zanthoxylum
  simulans
- **coreanum** Nakai 1930
- *fraxineum* Willd. = Zanthoxylum
  americanum
- **piperitum** DC. 1824 · D:Japani-
  scher Pfeffer; E:Japanese Pepper ·
  ♄ ♄ d Z6 ⚥ ⓝ; China, Manch.,
  Korea, Jap. [31275]
- *planispinum* Siebold et Zucc. =
  Zanthoxylum armatum
- **schinifolium** Siebold et Zucc.
  1846 · ♄ d Z5; Jap., Korea,
  E-China, Mandsch [29577]
- **simulans** Hance 1866 · D:Täu-
  schende Stachelesche · ♄ d Z6 V-VI
  ⚥ ⓝ; N-China, C-China [15941]

Zauschneria C. Presl = Epilobium
- *californica* C. Presl = Epilobium
  canum subsp. angustifolium
  - subsp. *angustifolia* D.D. Keck
    1940 = Epilobium canum subsp.
    angustifolium
  - subsp. *latifolia* (Hook.) Keck
    1940 = Epilobium canum subsp.
    latifolium
- *cana* Greene = Epilobium canum
  subsp. canum
- *latifolia* (Hook.) Greene =
  Epilobium canum subsp.
  latifolium
  - var. *arizonica* (Davidson) Hilend
    1929 = Epilobium canum subsp.
    latifolium

Zea L. 1753 -f- *Poaceae* · (S. 1135)
D:Mais; E:Maize; F:Maïs
- **mays** L. 1753 · D:Mais; E:Corn,
  Maize · ☉ Z7 VII-X ⚥ ; ? Mex., ?
  C-Am.
  - **Amylaca-Grp.** · D:Stärke-Mais ·
    ☉ VI-VII ⓝ; cult.
  - **Ceratina-Grp.** · D:Wachs-Mais ·
    ☉ VII ⓝ; cult.
  - **Dentiformis-Grp.** · D:Zahn-

  Mais · ☉ VI-VII ⓝ; cult.
  - **Microsperma-Grp.** · D:Perl-
    Mais, Popcorn; E:Popcorn · ☉
    VI-VII ⓝ; cult.
  - **Saccharata-Grp.** · D:Zucker-
    Mais; E:Sweet Corn · ☉ VI-VII
    ⓝ; cult.
  - subsp. *mexicana* (Schrad.) Iltis
    1972 = Zea mexicana
  - **Vulgaris-Grp.** · D:Hart-Mais · ☉
    VI-VII ⓝ; cult.
- **mexicana** (Schrad.) Reeves et
  Mangelsd. 1942 · ☉ Z7 ⓝ; Mex.

Zebrina Schnizl. = Tradescantia
- *flocculosa* G. Brückn. =
  Tradescantia zebrina var.
  flocculosa
- *pendula* Schnizl. = Tradescantia
  zebrina var. zebrina
- *purpusii* G. Brückn. = Tradescantia
  zebrina

Zehneria Endl. 1833 -f-
Cucurbitaceae · (S. 447)
- **indica** (L.) Keraudren 1975 · ♃ ⚤
  ⚲ Z10 ⓚ; Jap.
- **scabra** (L. f.) Sond. 1862 · ☉ ☉ ♃
  ⚤ ⚲ D Z10 ⓚ V-VIII; Mex.
- *suavis* (Schrad.) Endl. ex Walp. =
  Zehneria scabra

Zelenkoa M.W. Chase et N.H.
Williams 2001
- **onusta** (Lindl.) M.W. Chase et
  N.H. Williams 2001 · ♃ Z10 ⓦ
  IV-V ▽ ✻; Panama

Zelkova Spach 1841 -f- *Ulmaceae* ·
(S. 876)
D:Zelkove, Zelkowe; E:Zelkova;
F:Faux-orme de Sibérie, Zelkova
- **carpinifolia** (Pall.) K. Koch
  1892 · D:Kaukasische Zelkove;
  E:Caucasian Elm · ♄ d Z5 V ⓝ;
  Cauc. [14478]
  'Verschaffeltii' · d [33774]
- *crenata* Spach = Zelkova
  carpinifolia
- *keaki* (Siebold) Maxim. = Zelkova
  serrata
- **schneideriana** Hand.-Mazz. · ♄ d
  Z7; China (Hunan, Yunnan)
- **serrata** (Thunb. ex Murray)
  Makino 1903 · D:Japanische
  Zelkove; E:Japanese Zelkova,
  Sawleaf Zelkova · ♄ d Z6 V ⓝ;
  China, Korea, Jap. [24030]
  'Goblin' [19539]
  'Variegata' [19542]
  'Village Green' 1964 [19544]
- **sinica** C.K. Schneid. 1916 ·
  D:Chinesische Zelkove · ♄ d Z6;

C-China, E-China [29578]
- *ulmoides* C.K. Schneid. = Zelkova carpinifolia
- × *verschaffeltii* (Dippel) G. Nicholson = Zelkova carpinifolia

Zenobia D. Don 1834 -f- *Ericaceae* · (S. 475)
D:Zenobie; F:Zénobia
- **pulverulenta** (W. Bartram ex Willd.) Pollard 1895 [28740]
  fo. nitida 1940 (Michx.) Fernald [34012]
  - var. **pulverulenta** · D:Gewöhnliche Zenobie; E:Honeycup · ♄ s Z6 V-VI; USA: Va., N.C., S.C.
  - var. *viridis* (Veill.) Boom = Zenobia pulverulenta fo. nitida

Zephyranthes Herb. 1821 -f- *Amaryllidaceae* · (S. 915)
D:Windblume, Zephirblume; E:Rain Flower, Zephyr Flower; F:Lis zéphir
- **atamasco** (L.) Herb. 1821 · ⚁ Z8 ⓚ III-IV; USA: NE, SE, Fla.
- *aurea* (Herb.) Baker = Pyrolirion arvense
- *brasiliensis* (Traub) Traub = Zephyranthes drummondii
- **candida** (Lindl.) Herb. 1826 · D:Weiße Windblume; E:Flower-of-the-Western-Wind · ⚁ Z9 ⓚ VII-X; Urug., Arg. [68242]
- **citrina** Baker 1882 · ⚁ Z10 ⓚ; Mex., Panama, Cuba, Haiti
- **drummondii** D. Don 1836 · ⚁ Z8 ⓚ; Bras.
- *grandiflora* Lindl. = Zephyranthes minuta
- **minuta** (Kunth) D. Dietr. 1840 · D:Großblütige Windblume · ⚁ Z9 ⓚ IV-VII; Mex., Guat., Cuba, Jamaica
- *robusta* (Herb. ex Sweet) Baker = Habranthus robustus
- **rosea** (Spreng.) Lindl. 1824 · D:Rosafarbene Windblume; E:Fairy Lily · ⚁ Z10 ⓚ X; Guat., W.Ind.
- *tubiflora* (L'Hér.) Schinz = Pyrolirion arvense
- *verecunda* Herb. = Zephyranthes minuta

Zigadenus Michx. 1803 -m- *Melanthiaceae* · (S. 1041)
D:Jochlilie; E:Death Camas; F:Zigadénus
- **elegans** Pursh 1813 [67099]
  - subsp. **elegans** · D:Weiße Jochlilie; E:Death Camas · ⚁ ∼ Z3 VI-VIII; Alaska, Can.: W, Man.; USA* exc. Calif.
  - subsp. **glaucus** (Nutt.) Hultén 1973 · ⚁ ∼ Z3; Can.: E; USA: NE, NCE, N.C.
- **fremontii** (Torr.) Torr. ex S. Watson 1871 · D:Fremonts Jochlilie; E:Fremont's Deathcamas, Star Lily · ⚁ ∼ Z8 ∧ VI-VIII; USA: Oreg., Calif.; Mex.: Baja Calif.
- *glaucus* Nutt. = Zigadenus elegans subsp. glaucus
- **nuttallii** A. Gray 1871 · D:Nuttals Jochlilie; E:Merryhearts, Poison Sego · ⚁ Z6 V-VI; USA: Kans., Mo., SC, SE [67100]

Zingiber Boehm. 1754 -n- *Zingiberaceae* · (S. 1149)
D:Ingwer; E:Ginger; F:Gingembre
- *cassumunar* Roxb. = Zingiber montanum
- **mioga** (Thunb.) Roscoe 1807 · D:Japan-Ingwer; E:Mioga Ginger · ⚁ Z10 ⓚ ⓝ; Jap.
- **montanum** (J. König) Link ex A. Dietr. 1831 · D:Bengal-Ingwer, Blockzitwer; E:Bengal Ginger, Cassumunar Ginger · ⚁ Z10 ⓚ ⓝ; ? Ind.; cult. trop. As.
- **officinale** Roscoe 1807 · D:Gewöhnlicher Ingwer; E:Ginger · ⚁ Z10 ⓚ ⚥ ⓝ; ? Pacific. Is. [69703]
- *purpureum* Roscoe = Zingiber montanum
- **spectabile** Griff. 1851 · D:Nickender Ingwer; E:Nodding Gingerwort · ⚁ Z10 ⓚ ⓝ; Malay. Arch.
- **zerumbet** (L.) Roscoe ex Sm. 1807 · D:Wilder Ingwer; E:Wild Ginger · ⚁ Z10 ⓚ VIII-IX ⓝ; cult.

Zinnia L. 1759 -f- *Asteraceae* · (S. 280)
D:Zinnie; F:Zinnia
- **angustifolia** Kunth 1820 · D:Schmalblättrige Zinnie · ⊙ VII-X; USA: Ariz.
- **elegans** Jacq. 1792 · D:Garten-Zinnie, Pracht-Zinnie; E:Youth-and-Old-Age · ⊙ VII-IX; Mex. [16824]
  'Dahlienblütige Riesen'
  'Envy'
  'Lilliput'
- *gracillima* hort. = Zinnia elegans
- **haageana** Regel 1861 · ⊙ VII-IX; Mex. [16823]
- *linearis* Benth. = Zinnia angustifolia
- *mexicana* hort. ex Vilm. = Zinnia haageana
- **peruviana** (L.) L. 1759 · ⊙ VII-IX;
USA: Ariz.; Mex., W.Ind., S-Am.

Zizania L. 1753 -f- *Poaceae* · (S. 1136)
D:Wasserreis, Wildreis; E:Water Oats, Wild Rice; F:Riz sauvage
- **aquatica** L. 1753 · D:Kanadischer Wildreis; E:Annual Wild Rice, Canadian Wild Rice · ⊙ ≈ Z6 ⓝ; Can.: E; USA: NE, NEC, SE, Fla., nat. in E-Eur. [70088]
- *caduciflora* (Turcz.) Hand.-Mazz. = Zizania latifolia
- **latifolia** (Griseb.) Turcz. 1856 · D:Gewöhnlicher Wildreis, Wasserbambus, Wasserreis; E:Water Rice, Wild Rice · ⚁ ≈ Z7 ⓝ; Eur.: E-Russ.; Sib., China, Jap., Taiwan, Myanmar, NE-Ind. [71426]
- *palustris* L. = Zizania aquatica

Zizia W.D.J. Koch 1824 -f- *Apiaceae* · (S. 187)
D:Alexander
- **aurea** (L.) W.D.J. Koch 1824 · D:Goldener Alexander · ⚁ Z3; Can.: E, Sask.; USA: NE, NEC, SC, SE, Fla.

Ziziphora L. 1753 -f- *Lamiaceae* · (S. 593)
- **capitata** L. 1753 · ⊙; Eur.: Ba, E-Eur., ? sp.; Cauc., Cyprus, Syr., N-Iraq, Iran, TR, nat. in I

Ziziphus Mill. 1754 -f- *Rhamnaceae* · (S. 740)
D:Brustbeere, Judendorn, Jujube; E:Jujube; F:Jujubier, Lotus des Anciens
- **jujuba** Mill. 1768 · D:Brustbeere, Chinesische Dattel; E:Jujube · ♄ ♄ d Z8 ⓚ IV-V ⚥ ⓝ; Cauc., Iran, C-As., Tibet, Him., Ind., Mong., China, Korea, Jap., nat. in Eur.: sp., F, Ap, Ba, RO; TR [58154]
- **lotus** (L.) Lam. 1789 · ♄ d ⓚ ⓝ; Eur.: sp., Sic., GR; S-TR, Levante, N-Afr.
- **mauritiana** Lam. 1789 · D:Filziger Judendorn; E:Indian Jujube · ♄ ♄ s Z10 ⓚ IV-V ⓝ; trop. Afr., Alger., SW-As., Afgh., Ind., China, Malay. Pen., Austr.
- *vulgaris* Lam. = Ziziphus jujuba

Zombia L.H. Bailey 1939 -n- *Arecaceae* · (S. 964)
- **antillarum** (Desc.) L.H. Bailey 1939 · ♄ e Z9 ⓚ; Hispaniola

Zostera L. 1753 -f- *Zosteraceae* · (S. 1149)
D:Seegras; E:Eelgrass; F:Zostère
- **marina** L. 1753 · D:Gewöhnliches Seegras, Schmalblättriges Seegras; E:Eel Grass, Grass Wrack · ♃ ≈ VI-IX Ⓝ; Eur.*, TR, Cauc., Amur, Sachal., Kamchat., Manch., Korea, Jap., Maroc., Can.: E, B.C.; USA: NE, SE, NW, Calif.; coasts
- **noltii** Hornem. 1832 · D:Zwerg-Seegras; E:Dwarf Eel Grass, Dwarf Grass Wrack · ♃ ≈ VI-VIII Ⓝ; Eur.*, TR, C-As., N-Iran, N-Afr., Canar., W-Afr.; coasts

Zosterella Small = *Heteranthera*
- **dubia** (Jacq.) Small = *Heteranthera dubia*

× **Zygobatemannia** hort. 1899 -f- *Orchidaceae* ·
(*Batemannia* × *Zygopetalum*)

Zygocactus K. Schum. = *Schlumbergera*
- **truncatus** (Haw.) K. Schum. = *Schlumbergera truncata*

× **Zygocaste** hort. 1946 -f- *Orchidaceae* ·
(*Zygopetalum* × *Lycaste*)

× **Zygocolax** hort. 1887 -m- *Orchidaceae* ·
(*Colax* × *Zygopetalum*)

Zygopetalum Hook. 1827 -n- *Orchidaceae* · (S. 1088)
- **brachypetalum** Lindl. 1844 · ♃ Z10 ⓐ XI-XII ▽ ✻; Bras.
- *coeleste* Rchb. f. = *Bollea coelestis*
- **crinitum** Lodd. 1831 · ♃ D Z10 ⓐ X-II ▽ ✻; Bras.
- *intermedium* Lodd. ex Lindl. = *Zygopetalum maculatum*
- *jugosum* (Lindl.) Schltr. = *Pabstia jugosa*
- *lalindei* (Linden) Rchb. f. = *Bollea lalindei*
- *lamellosum* (Rchb. f.) Rchb. f. = *Pescatoria lamellosa*
- *mackayi* Hook. = *Zygopetalum maculatum*
- **maculatum** (Kunth) Garay 1970 · ♃ D Z10 ⓐ X-II ▽ ✻; Peru, Bol., S-Bras.
- **maxillare** Lodd. 1832 · ♃ Z10 ⓐ VI-VII ▽ ✻; Bras. (Serra dos Orgaos)

Zygophyllum L. 1753 -n- *Zygophyllaceae*
- **fabago** L. 1753 · ♃ Z10 ⓐ; Eur.: RO, S-Russ, Krim; W-As., C-As., N-Afr.; nat. in S-Eur.

× **Zygorhyncha** hort. -f- *Orchidaceae* ·
(*Chondrorhyncha* × *Zygopetalum*)

Zygosicyos Humbert 1945 -m- *Cucurbitaceae*
- **tripartitus** Humbert 1945 · ♃ ⚥ ♀ Z10 ⓐ; Madag.

Zygostates Lindl. 1837 -f- *Orchidaceae* · (S. 1089)
- **grandiflora** (Lindl.) Mansf. 1938 · ♃ Z10 ⓐ VII-VIII ▽ ✻; Bras.
- **lunata** Lindl. 1837 · ♃ Z10 ⓐ; S-Bras.

× **Zygostylis** hort. 1966 -f- *Orchidaceae* ·
(*Otostylis* × *Zygopetalum*)

Neukombinationen

Von W. Erhardt, E. Götz und S. Seybold

1. Aechmea vallerandi (Carrière) Erhardt, Götz et Seybold comb. nov.
   Basionym: Lamprococcus vallerandi Carrière, Revue horticole (Paris) p. 129, 1877.
2. Campanula latifolia L. var. macrantha (Fisch. ex Hornem.) Erhardt, Götz et Seybold comb. nov.
   Basionym: Campanula macrantha Fisch. ex Hornem., Hortus Hafniensis, Supplementum 23, 1819.
3. Cyanotis beddomei (Hook. f.) Erhardt, Götz et Seybold comb. nov.
   Basionym: Erythrotis beddomei Hook. f., Bot. Mag. 101, t. 6150, 1875.
4. Plectranthus autranii (Briq.) Erhardt, Götz et Seybold comb. nov.
   Basionym: Coleus autranii („autrani") Briq., Bull. Herb. Boissier, 2: 129, 1894.
5. Pyrolirion arvense (F. Dietr.) Erhardt, Götz et Seybold comb. nov.
   Basionym: Amaryllis arvensis F. Dietr., Nachträge zum vollständigen Lexicon der Gärtnerei und Botanik, 1: 204, 1815.

VIII Deutsche Pflanzennamen

Als Quellen für die deutschen Pflanzennamen wurden neben zahlreichen Monographien und älteren Werken vor allem folgende neuere Werke verwendet: BOERNER, F. (1989), CHEERS, G. (ed.) (1998), WIERSEMA, J. H. & LEÓN, B. (1999), WISSKIRCHEN, R. & HAEUPLER, H. (1998) sowie weitere deutschsprachige Florenwerke.

Wir haben uns bemüht, das binome Prinzip auch bei den deutschen Vulgärnamen anzuwenden, also den Gattungsnamen bei der Art beizubehalten. Wenn demnach die Gattung *Festuca* im Deutschen als „Schwingel" bezeichnet wird, heißt demnach *Festuca ovina* „Schaf-Schwingel", wobei der Bindestrich den Wortstamm verdeutlicht. Im alltäglichen Gebrauch wäre die Schreibweise „Schafschwingel" jedoch möglich.

Die Anwendung des Prinzips, den Wortstamm stets allein zu stellen, führt mitunter zu zwei Bindestrichen im Wort, wenn es sich um Artengruppen handelt. Neben dem oben genannten „Schaf-Schwingel" gibt es nämlich unter anderem den „Dünen-Schaf-Schwingel". Eine Zusammenziehung von „Dünen-Schafschwingel" ist möglich, unsinnig wäre es, von einem „Dünenschaf-Schwingel" zu sprechen. Da wir das nachfolgende Register nach den Wortstämmen (Gattungsnamen) sortieren, bleiben diese stets vom Artnamen abgegrenzt.

Aasblume = Huernia, Stapelia
Abelie = Abelia
Abendblüte = Hesperantha
Abendmohn = Hesperomecon
Absinth = Artemisia
Acajubaum = Anacardium
Ackerfrauenmantel = Aphanes
Ackerkohl = Conringia
Ackerlöwenmaul = Misopates
Ackerröte = Sherardia
Ackersalat = Valerianella
Adelie = Forestiera
Adlerfarn = Pteridium
Adonisröschen = Adonis
Ährenhafer = Gaudinia
Ährenheide = Bruckenthalia
Ährenlilie = Narthecium
Affenblume = Mimulus
Affenbrotbaum = Adansonia
Affengesicht = Mimusops
Affenkamm = Pithecoctenium
Affenohrring = Pithecellobium
Affenseife = Enterolobium
Affodill = Asphodelus
Afrikanische Eiche = Lophira
Afrikanische Teufelskralle = Harpagophytum
Afrikanischer Baldrian = Fedia
Afrikanischer Brotfruchtbaum = Treculia
Afrikanischer Tulpenbaum = Spathodea
Afrikazypresse = Widdringtonia
Afrogelbholz = Afrocarpus
Agave = Agave
Ahorn = Acer
Ahornblatt = Mukdenia
Akanthus = Acanthus
Akazie = Acacia
Akebie = Akebia
Akee = Blighia
Akelei = Aquilegia

Akipflaume = Blighia
Alangie = Alangium
Alant = Dittrichia, Inula
Alerce = Fitzroya
Alexander = Zizia
Alexandrinischer Lorbeer = Danae
Algenfarn = Azolla
Alkannawurzel = Alkanna
Allamande = Allamanda
Almend = Terminalia
Almond = Terminalia
Aloe = Aloe
Alpenazalee = Loiseleuria
Alpenbalsam = Erinus
Alpendost = Adenostyles
Alpenglöckchen = Soldanella
Alpenheide = Loiseleuria
Alpenhelm = Bartsia
Alpenlattich = Homogyne
Alpenmargerite = Leucanthemopsis
Alpenrachen = Tozzia
Alpenrose = Rhododendron
Alpenscharte = Saussurea
Alpenveilchen = Cyclamen
Alpinie = Alpinia
Alraune = Mandragora
Alraunwurzel = Mandragora
Amaryllis der Gärtner = Hippeastrum
Amazonaslilie = Eucharis
Amberbaum = Liquidambar
Amberkörbchen = Amberboa
Ambrosie = Ambrosia
Ameisenbaum = Cecropia
Ameisenknolle = Myrmecodia
Amerikanische Nelkenwurz = Spigelia
Amerikanischer Balsambaum = Bursera
Amerikanischer Froschlöffel = Limnobium
Amethystblume = Amethystea

Ammoniakpflanze = Dorema
Ampfer = Rumex
Amsonie = Amsonia
Anabaum = Faidherbia
Ananas = Ananas
Anattostrauch = Bixa
Andeniris = Libertia
Andenkönigin = Phaedranassa
Andenpolster = Azorella
Andenrose = Bejaria
Andenstrauch = Escallonia
Andenwein = Marsdenia
Andorn = Marrubium
Andrachne = Andrachne
Anemone = Anemone
Angelikabaum = Aralia
Angosturabaum = Galipea
Anis = Pimpinella
Ankerpflanze = Colletia
Anone = Annona
Antilopenstrauch = Purshia
Apachenpflaume = Fallugia
Apfel = Malus
Apfelbeere = Aronia
Apfelsine = Citrus
Appalachengras = Cymophyllus
Aprikose = Prunus
Aralie = Aralia
Araukarie = Araucaria
Arbuse = Citrullus
Ardisie = Ardisia
Aremonie = Aremonia
Arganbaum = Argania
Arnika = Arnica
Aronstab = Arum
Artischocke = Cynara
Arzneiehrenpreis = Veronicastrum
Aschenblume = Pericallis
Aschenwicke = Tephrosia
Asiatische Taubnessel = Meehania
Asphaltklee = Bituminaria
Asselkaktus = Pelecyphora

Astblume = Cladanthus
Aster = Aster
Astilbe = Astilbe
Atlasblume = Clarkia
Attich = Sambucus
Aubergine = Solanum
Augentrost = Euphrasia
Augenwicke = Swainsona
Augenwurz = Athamanta
Aukube = Aucuba
Aurikel = Primula
Australheide = Epacris
Australische Fuchsie = Correa
Australische Kastanie = Castanospermum
Australminze = Prostanthera
Avocado = Persea
Azalee = Rhododendron
Azarabaum = Azara
Babassupalme = Orbignya
Backenklee = Dorycnium
Bärengras = Xerophyllum
Bärenkamille = Ursinia
Bärenklau = Acanthus, Heracleum
Bärenohr = Arctotis
Bärentraube = Arctostaphylos
Bärlapp = Lycopodium
Bärwurz = Meum
Baldrian = Valeriana
Baldriangesicht = Phuopsis
Ballonblume = Platycodon
Ballonerbse = Sutherlandia
Ballonrebe = Cardiospermum
Ballonwein = Cardiospermum
Balsabaum = Ochroma
Balsamapfel = Clusia, Momordica
Balsambaum = Myroxylon
Balsamine = Impatiens
Balsamkraut = Tanacetum
Balsampflaume = Spondias
Balsamstrauch = Amyris, Cedronella
Bambus = Bambusa
Banane = Musa
Bandbusch = Homalocladium
Bandfarn = Vittaria
Banksie = Banksia
Banucalagnuss = Reutealis
Baobab = Adansonia
Barbadoskirsche = Malpighia
Barbarakraut = Barbarea
Barbenkraut = Barbarea
Barlerie = Barleria
Bartblume = Caryopteris
Bartelpalme = Acanthophoenix
Bartfaden = Penstemon
Bartgras = Bothriochloa
Bartisie = Bartsia
Bartpippau = Tolpis
Bartsie = Parentucellia
Baselle = Basella
Basilikum = Ocimum
Bastardblauheide = × Phyllothamnus

Bastardecheverie = × Pachyveria
Bastardfeuerdorn = × Pyracomeles
Bastardindigo = Amorpha
Bastardlauch = Nothoscordum
Bastardschaumblüte = × Heucherella
Bastardstrandhafer = × Calammophila
Bastardzypresse = × Cuprocyparis
Bastpalme = Raphia
Bauernbohne = Schotia
Bauernsenf = Teesdalia
Bauhinie = Bauhinia
Baum der Reisenden = Ravenala
Baumanemone = Carpenteria
Baumaralie = Kalopanax
Baumaster = Pachystegia
Baumkraftwurz = Kalopanax
Baummohn = Bocconia, Dendromecon
Baumschlinge = Periploca
Baumstachelbeere = Averrhoa
Baumtomate = Cyphomandra
Baumwollbaum = Bombax
Baumwolle = Gossypium
Baumwürger = Celastrus
Becherblüte = Nierembergia
Becherblume = Scyphanthus
Becherfarn = Cyathea
Becherglocke = Edraianthus
Becherkätzchen = Garrya
Becherpflanze = Silphium
Becherschwertel = Cypella
Beerenmalve = Malvaviscus
Beerentraube = Schisandra
Begonie = Begonia
Beifuß = Artemisia
Beilholz = Securinega
Beilkaktus = Pelecyphora
Beilwicke = Securigera
Beinbrech = Narthecium
Beinwell = Symphytum
Belbaum = Aegle
Belladonna = Atropa
Belladonnenlilie = Amaryllis
Benediktenkraut = Cnicus
Bennussbaum = Moringa
Bensonie = Bensoniella
Bentinckpalme = Bentinckia
Berberitze = Berberis
Berberitzenmahonie = × Mahoberberis
Berchemie = Berchemia
Bergaralie = Oreopanax
Bergenie = Bergenia
Bergfarn = Oreopteris
Bergfenchel = Seseli
Bergflachs = Thesium
Berghülse = Nemopanthus
Bergknöterich = Aconogonon
Berglinse = Astragalus
Berglorbeer = Kalmia, Umbellularia
Bergmahagoni = Cercocarpus

Bergmammutbaum = Sequoiadendron
Bergminze = Calamintha
Bergpalme = Chamaedorea
Bergscharte = Stemmacantha
Berle = Berula
Bermudagras = Cynodon
Bertolonie = Bertolonia
Bertram = Anacyclus
Berufkraut = Conyza, Erigeron
Besenginster = Cytisus
Besenheide = Calluna
Besenkraut = Bassia
Besenrauke = Descurainia
Besenried = Molinia
Bete = Beta
Betelpalme = Areca
Bettlerkraut = Desmodium
Beutelfarn = Dicksonia
Bibernelle = Pimpinella
Bilsenkraut = Hyoscyamus
Bingelkraut = Mercurialis
Binse = Juncus
Binsenginster = Spartium
Binsenkaktus = Rhipsalis
Binsenlilie = Aphyllanthes
Binsenorchidee = Schoenorchis
Birke = Betula
Birkwurz = Ferulago
Birne = Pyrus
Birngrün = Orthilia
Bisamdistel = Jurinea
Bisameibisch = Abelmoschus
Bisampflanze = Amberboa
Bischofskappe = Mitella, Tiarella
Bischofsmütze = Astrophytum
Bismarckpalme = Bismarckia
Bitterblatt = Exacum
Bitterdistel = Cnicus
Bittererbse = Daviesia
Bittergurke = Momordica
Bitterholz = Picrasma, Quassia
Bitterklee = Menyanthes
Bitterkraut = Picris
Bitterling = Blackstonia
Bitterorange = Poncirus
Bitterwurzel = Lewisia
Blasenbaum = Koelreuteria
Blasenbinse = Scheuchzeria
Blasenfarn = Cystopteris
Blasenkirsche = Physalis
Blasenmiere = Lepyrodiclis
Blasenschötchen = Alyssoides
Blasenspiere = Physocarpus
Blasenstrauch = Colutea
Blattblüte = Phyllanthus
Blatteibe = Phyllocladus
Blattfahne = Spathiphyllum
Blattkaktus = Epiphyllum
Blaubeere = Vaccinium
Blaudolde = Trachymene
Blaue Amaryllis = Worsleya
Blauer Hibiscus = Alyogyne

Blaues Gänseblümchen = Brachyscome
Blauglockenbaum = Paulownia
Blauglöckchen = Mertensia
Blaugras = Sesleria
Blaugummibaum = Eucalyptus
Blauhalm = Andropogon
Blauheide = Phyllodoce
Blaukissen = Aubrieta
Blauklee = Parochetus
Blauregen = Wisteria
Blauröhre = Cyananthus
Blauschote = Decaisnea
Blauspiere = Sibiraea
Blaustängel = Dichanthium
Blaustern = Scilla
Blauweiderich = Pseudolysimachion
Bleibusch = Amorpha
Bleiholz = Dirca
Bleiwurz = Plumbago
Blütenfarn = Anemia
Blumenbinse = Butomus, Scheuchzeria
Blumenmaranthe = Stromanthe
Blumenrohr = Canna
Blumenspiere = Exochorda
Blutbeere = Rivina
Blutblume = Haemanthus, Scadoxus
Blutholzbaum = Haematoxylum
Blutständel = Ludisia
Blutwurzel = Sanguinaria
Bocksbart = Tragopogon
Bocksdorn = Lycium
Bockshornklee = Trigonella
Bocksknöterich = Atraphaxis
Bodenlorbeer = Epigaea
Bogenhanf = Sansevieria
Bohne = Phaseolus, Vicia
Bohnenkraut = Satureja
Boldo = Peumus
Boltonie = Boltonia
Bootfarn = Angiopteris
Borassuspalme = Borassus
Borretsch = Borago
Borstendolde = Torilis
Borstenhirse = Setaria
Borstenschwanzgras = Psilurus
Borstgras = Nardus
Bougainvillee = Bougainvillea
Bouvardie = Bouvardia
Brachsenkraut = Isoetes
Brandkraut = Phlomis
Brandschopf = Celosia
Braunelle = Prunella
Braunwurz = Scrophularia
Braut in Haaren = Nigella
Brautkranz = Francoa
Brechnuss = Strychnos
Brechwurzel = Psychotria
Breiapfelbaum = Manilkara
Breitfaden = Platystemon
Breitsame = Orlaya
Breitschötchen = Braya

Brenndolde = Cnidium
Brennhülse = Mucuna
Brennnessel = Urtica
Brennpflanze = Laportea
Brennwinde = Caiophora
Brillenschötchen = Biscutella
Brodiee = Brodiaea
Brombeere = Rubus
Bronvauxmispel = + Crataegomespilus
Bronzeblatt = Galax, Rodgersia
Brotfruchtbaum = Artocarpus
Brotpalmfarn = Encephalartos
Browallie = Browallia
Bruchheil = Rhexia
Bruchkraut = Herniaria
Brunfelsie = Brunfelsia
Brunnenkresse = Nasturtium
Brunsvigie = Brunsvigia
Brustbeere = Ziziphus
Brutblatt = Bryophyllum
Bubiköpfchen = Soleirolia
Buche = Fagus
Buchenfarn = Phegopteris
Buchsbaum = Buxus
Buchtenfarn = Hypolepis
Buchweizen = Fagopyrum
Buckelbeere = Gaylussacia
Büchsenkraut = Lindernia
Büffelbeere = Shepherdia
Büffelgras = Buchloe
Büffelnuss = Pyrularia
Bürstengras = Polypogon
Büschelbohne = Cyamopsis
Büschelgermer = Melanthium
Büschelglocke = Edraianthus
Büschelgras = Rostraria
Büschelschön = Phacelia
Buffonie = Bufonia
Bunge = Samolus
Bunte Wucherblume = Ismelia
Buntnessel = Plectranthus, Solenostemon
Burzeldorn = Tribulus
Buschgeißblatt = Diervilla
Buschklee = Kummerowia, Lespedeza
Buschmannskerze = Sarcocaulon
Butterbaum = Madhuca
Caesalpinie = Caesalpinia
Callisie = Callisia
Camassie = Camassia
Camholz = Baphia
Campecheholz = Haematoxylum
Cantue = Cantua
Carludovike = Carludovica
Carpentierpalme = Carpentaria
Cashewnuss = Anacardium
Cassavastrauch = Manihot
Catharanthe = Catharanthus
Chayote = Sechium
Chiclebaum = Manilkara
Chicorée = Cichorium

Chileglöckchen = Lapageria
Chilekrokus = Tecophilaea
Chilenuss = Gevuina
Chilezeder = Austrocedrus
Chili = Capsicum
Chinadickblatt = Sinocrassula
Chinafingerhut = Rehmannia
Chinagras = Boehmeria
Chinagreiskraut = Sinacalia
Chinaorchidee = Bletilla
Chinarindenbaum = Cinchona
Chinaschilf = Miscanthus
Chinesenhut = Holmskioldia
Chininbaum = Cinchona
Chironie = Chironia
Christdorn = Paliurus
Christophskraut = Actaea
Christrose = Helleborus
Christusauge = Tolpis
Chrysantheme = Chrysanthemum
Citrange = × Citroncirus
Clarkie = Clarkia
Clematis = Clematis
Clintonie = Clintonia
Clivie = Clivia
Colletie = Colletia
Collinsie = Collinsia
Colvillee = Colvillea
Commeline = Commelina
Copihue = Lapageria
Correa = Correa
Dachwurz = Sempervivum
Dahlie = Dahlia
Dalbergie = Dalbergia
Dalechampie = Dalechampia
Damiana = Turnera
Dammarabaum = Agathis
Damoklesbaum = Oroxylum
Dattelpalme = Phoenix
Dattelpflaume = Diospyros
Degenbinse = Xyris
Deutzie = Deutzia
Dickähre = Pachystachys
Dickblatt = Crassula
Dickmännchen = Pachysandra
Dicknarbe = Paxistima
Dickröschen = Rosularia
Dickstängel = Sarcocaulon
Dickstamm = Pachyphytum
Dieffenbachie = Dieffenbachia
Dill = Anethum
Dingel = Limodorum
Diptam = Dictamnus
Distel = Carduus
Dodonaee = Dodonaea
Doldenrebe = Ampelopsis
Donarsbart = Jovibarba
Doppelährengras = Beckmannia
Doppelblüte = Disanthus
Doppelfrucht = Amphicarpaea
Doppelhörnchen = Diascia
Doppelkappe = Adlumia
Doppelmalve = Sidalcea

Doppelpalmfarn = Dioon
Doppelsame = Diplotaxis
Doppelschild = Dipelta
Dorngras = Crypsis
Dornkirsche = Prinsepia
Dornlattich = Launaea
Dornmelde = Bassia
Dornulme = Hemiptelea
Dorstenie = Dorstenia
Dost = Origanum
Dotterblume = Caltha
Douglasfichte = Pseudotsuga
Douglasie = Pseudotsuga
Drachenapfel = Dracontomelon
Drachenbaum = Dracaena
Drachenblatt = Dracophyllum
Drachenblutpalme = Daemonorops
Drachenkopf = Dracocephalum
Drachenmäulchen = Horminum
Drachenmaul = Helicodiceros
Drachenwurz = Dracunculus
Draculaorchidee = Dracula
Drahtstrauch = Muehlenbeckia
Drehfrucht = Streptocarpus
Drehkelch = Streptocalyx
Drehkrone = Streptosolen
Drehwurz = Spiranthes
Dreibiss = Tridax
Dreiblatt = Trillium
Dreiblattspiere = Gillenia
Dreiflügelfrucht = Tripterygium
Dreimasterblume = Tradescantia
Dreizack = Triglochin
Dreizahn = Danthonia
Dreizipfellilie = Trillium
Drüsenbaum = Adenanthera
Drüsenginster = Adenocarpus
Drüsenklee = Psoralea
Drüsenköpfchen = Cephalotus
Dudleya = Dudleya
Dünnfarn = Trichomanes
Dünnschwanz = Parapholis
Dünnschwingel = Micropyrum
Duftblüte = Osmanthus
Duftnessel = Agastache
Duftraute = Agathosma
Duftsiegel = Smilacina
Duftsteinrich = Lobularia
Dumpalme = Hyphaene
Durianbaum = Durio
Ebenholz = Diospyros
Eberesche = Sorbus
Eberraute = Artemisia
Eberwurz = Carlina
Echeverie = Echeveria
Edeldistel = Eryngium
Edelweiß = Leontopodium
Efeu = Hedera
Efeuaralie = × Fatshedera
Efeuranke = Hemigraphis
Efeutute = Epipremnum
Ehrenpreis = Veronica
Eibe = Taxus

Eibisch = Althaea
Eiche = Quercus
Eichenfarn = Gymnocarpium
Eidechsenschwanz = Anemopsis
Eidechsenwurz = Sauromatum
Eierfrucht = Passiflora, Pouteria, Solanum
Einbeere = Paris
Einblatt = Malaxis
Einhornpflanze = Ibicella
Eisenholz = Metrosideros
Eisenhut = Aconitum
Eisenkraut = Verbena
Eiskraut = Mesembryanthemum
Elefantenapfel = Limonia
Elefantenfarn = Todea
Elefantenholz = Bolusanthus
Elfenbeindistel = Ptilostemon
Elfenbeinpalme = Phytelephas
Elfenblume = Epimedium
Elfenglöckchen = Prosartes
Elsbeere = Sorbus
Emilie = Emilia
Endivie = Cichorium
Engelsauge = Houstonia
Engelstrompete = Brugmansia
Engelwurz = Angelica
Entengrütze = Lemna
Enzian = Gentiana
Episcie = Episcia
Erbse = Pisum
Erbsenstrauch = Caragana
Erdbeerbaum = Arbutus
Erdbeere = Fragaria
Erdbirne = Apios
Erdbohne = Macrotyloma
Erdefeu = Glechoma
Erdkastanie = Conopodium
Erdkirsche = Physalis
Erdknolle = Bunium
Erdnuss = Arachis
Erdrauch = Fumaria
Erdstern = Cryptanthus
Erika = Erica
Erle = Alnus
Erlenblatt = Alniphyllum
Escallonie = Escallonia
Esche = Fraxinus
Eselsdistel = Onopordum
Esparsette = Onobrychis
Espartogras = Stipa
Espe = Populus
Essigbaum = Rhus
Eucryphie = Eucryphia
Eukalyptus = Eucalyptus
Eutaxie = Eutaxia
Evergladespalme = Acoelorrhaphe
Fabiane = Fabiana
Fackelbrennkraut = Caiophora
Fackelholz = Amyris
Fackelingwer = Etlingera
Fackellilie = Kniphofia
Fadenenzian = Cicendia

Fadenkraut = Filago
Fadenröhre = Quisqualis
Fächerblume = Scaevola
Fächerfarn = Sticherus
Fächertanne = Ginkgo
Färberdistel = Carduncellus
Färberholz = Chlorophora
Färberhülse = Baptisia
Färberkamille = Anthemis
Färberwaid = Isatis
Fahnenwicke = Oxytropis
Fallsamengras = Sporobolus
Falsche Alraunenwurzel = Tellima
Falsche Goldnessel = Galeobdolon
Falsche Paradiesvogelblume = Heliconia
Falscher Fenchel = Ridolfia
Falscher Jasmin = Mandevilla
Falscher Löwenzahn = Leontodon
Falsches Sandelholz = Ximenia
Faltenlilie = Lloydia
Faltenohr = Ptychotis
Faltensamenpalme = Ptychosperma
Falzblume = Micropus
Farnmyrte = Comptonia
Farnrauke = Hugueninia
Faselbohne = Lablab
Faserschirm = Trinia
Fatsie = Fatsia
Faulbaum = Frangula
Federblume = Acroptilon
Federborstengras = Pennisetum
Federbuschstrauch = Fothergilla
Federgras = Stipa
Federkopf = Tremastelma
Federmohn = Macleaya
Federschwingel = Vulpia
Feenglöckchen = Disporum
Feige = Ficus
Feigenkaktus = Opuntia
Feijoa = Acca
Feilenblatt = Rhinephyllum
Feinstrahl = Erigeron
Felberich = Lysimachia
Feldsalat = Valerianella
Felsenbirne = Amelanchier
Felsenblümchen = Draba
Felsenlilie = Arthropodium
Felsenlippe = Micromeria
Felsenlöwenmaul = Asarina
Felsennelke = Petrorhagia
Felsenrose = Graptopetalum
Felsenrosmarin = Conradina
Felsenteller = Ramonda
Felskresse = Hornungia
Felswurz = Monanthes
Fenchel = Foeniculum
Fenchelholzbaum = Sassafras
Fensterblatt = Fenestraria, Monstera
Fensterfalle = Sarracenia
Fensterpalme = Reinhardtia
Ferkelkraut = Hypochaeris
Fettblatt = Bacopa

Fetthenne = Sedum
Fettkraut = Pinguicula
Feuerblüte = Cyrtanthus
Feuerbusch = Hamelia
Feuerdorn = Pyracantha
Feuerkolben = Arisaema
Feuerpalme = Archontophoenix
Feuerradbaum = Stenocarpus
Feuerranke = Pyrostegia
Fichte = Picea
Fichtenspargel = Monotropa
Fieberklee = Menyanthes
Fieberrindenbaum = Cinchona
Fieberstrauch = Lindera
Fieberwurz = Triosteum
Fiederaralie = Polyscias
Fiedergras = Nassella
Fiederpolster = Leptinella
Fiederspiere = Chamaebatia, Sorbaria
Filzblume = Otanthus
Filzkraut = Filago
Fingeraralie = Eleutherococcus
Fingerhirse = Digitaria, Eleusine
Fingerhut = Digitalis
Fingerkraut = Potentilla
Fingerlimette = Microcitrus
Fingerwurz = Dactylorhiza
Finkensame = Neslia
Fischgras = Beckmannia
Fischkraut = Groenlandia
Fischschwanzpalme = Caryota
Fittonie = Fittonia
Flachbärlapp = Diphasiastrum
Flachs = Linum
Flachslilie = Dianella
Flacourtie = Flacourtia
Flamboyant = Delonix
Flamingoblume = Anthurium
Flammenbaum = Peltophorum
Flammenblume = Phlox
Flammenbusch = Embothrium
Flammenerbse = Chorizema
Flammenlilie = Pyrolirion
Flanellstrauch = Fremontodendron
Flaschenbaum = Brachychiton
Flaschenbürste = Beaufortia
Flaschenbürstengras = Hystrix
Flaschenkürbis = Lagenaria
Flattergras = Milium
Flaumhafer = Helictotrichon
Fleischbeere = Sarcococca
Fleißiges Lieschen = Impatiens
Flieder = Syringa
Fliegenblume = Caralluma
Fliegenbusch = Roridula
Flockenblume = Centaurea
Flohkraut = Pulicaria
Flohsame = Psyllium
Florettseidenbaum = Chorisia
Flügelblatt = Filicium
Flügelbohne = Psophocarpus
Flügelfrucht = Pterocarpus

Flügelginster = Chamaespartium
Flügelkaktus = Pterocactus
Flügelknöterich = Fallopia
Flügelkopf = Pterocephalus
Flügelnuss = Pterocarya
Flügelstorax = Pterostyrax
Flügelzürgel = Pteroceltis
Flussrose = Bauera
Flusszeder = Calocedrus, Libocedrus
Föhre = Pinus
Fontänenbambus = Yushania
Fontanesie = Fontanesia
Forsythie = Forsythia
Fortunearie = Fortunearia
Frangipani = Plumeria
Frankenie = Frankenia
Franklinie = Franklinia
Fransenbinse = Fimbristylis
Fransenenzian = Gentianella
Fransenhauswurz = Jovibarba
Fransenlilie = Thysanotus
Fransenschwertel = Sparaxis
Franzosenkraut = Galinsoga
Frauenfarn = Athyrium
Frauenhaarfarn = Adiantum
Frauenmantel = Alchemilla
Frauenschuh = Cypripedium
Frauenspiegel = Legousia
Freesie = Freesia
Freilandgloxinie = Incarvillea
Frithie = Frithia
Froschbiss = Hydrocharis
Froschkraut = Luronium
Froschlöffel = Alisma
Frühlingsblume = Eranthemum
Frühlingsschelle = Synthyris
Frühlingsstern = Ipheion
Fuchsbohne = Thermopsis
Fuchsie = Fuchsia
Fuchsschwanz = Amaranthus
Fuchsschwanzgras = Alopecurus
Fuchsschwanzorchidee = Rhynchostylis
Fuchsschwingel = Vulpia
Funkelstern = Chamaelirium
Funkie = Hosta
Fußblatt = Syngonium
Futtererdnuss = Amphicarpaea
Futterpalme = Hyophorbe
Gabelblatt = Psilotum
Gabelfarn = Gleichenia
Gämsheide = Loiseleuria
Gämshorn = Proboscidea
Gämskresse = Pritzelago
Gämswurz = Doronicum
Gänseblümchen = Bellis
Gänseblümchenstrauch = Olearia
Gänsedistel = Sonchus
Gänsefuß = Chenopodium
Gänsekresse = Arabis
Gärtnerprotee = Leucospermum
Gagelstrauch = Myrica
Galtonie = Galtonia

Gamagras = Tripsacum
Gamander = Teucrium
Gambagras = Andropogon
Ganiterbaum = Elaeocarpus
Garbe = Achillea
Gardenie = Gardenia
Gartengloxinie = Sinningia
Gasterie = Gasteria
Gauchheil = Anagallis
Gauklerblume = Mimulus
Gazanie = Gazania
Gedenkemein = Omphalodes
Geißbart = Aruncus
Geißblatt = Lonicera
Geißfuß = Aegopodium
Geißklee = Chamaecytisus, Cytisus
Geißkleegoldregen = + Laburnocytisus
Geißraute = Galega
Gelbdolde = Smyrnium
Gelbe Klette = Amsinckia
Gelber Flachs = Reinwardtia
Gelber Leberbalsam = Lonas
Gelbholz = Cladrastis
Gelbhorn = Xanthoceras
Gelbling = Sibbaldia
Gelbstern = Gagea
Gelbwurz = Xanthorhiza
Geleepalme = Butia
Gelenkblume = Physostegia
Genipap = Genipa
Georgine = Dahlia
Geranie der Gärtner = Pelargonium
Gerbera = Gerbera
Gerberstrauch = Coriaria
Germer = Veratrum
Gerste = Hordeum
Gesnerie = Gesneria
Gespensterorchidee = Mormodes
Geweihbaum = Gymnocladus
Geweihfarn = Platycerium
Gewürzdolde = Sison
Gewürzlilie = Kaempferia
Gewürzrinde = Cassia
Gewürzstrauch = Calycanthus
Giersch = Aegopodium
Giftbaum = Tephrosia
Giftbeere = Nicandra
Gilbgras = Chloris
Gilbweiderich = Lysimachia
Gilie = Gilia
Gillenie = Gillenia
Ginkgo = Ginkgo
Ginseng = Panax
Ginster = Genista
Gipskraut = Gypsophila
Gladiole = Gladiolus
Glanzbaum = Aglaia
Glanzbinse = Scirpoides
Glanzgras = Phalaris
Glanzheide = Daboecia
Glanzkölbchen = Aphelandra
Glanzmispel = Photinia

Glanzständel = Liparis
Glanzstrauch = Pimelea
Glaskraut = Parietaria
Glasschmalz = Salicornia
Glatthafer = Arrhenatherum
Gleditschie = Gleditsia
Gleichsaum = Kohleria
Gliederkaktus = Schlumbergera
Gliederschote = Chorispora
Gliederzypresse = Tetraclinis
Gliedkraut = Sideritis
Glockenblume = Campanula
Glockenrebe = Cobaea
Glockenwinde = Codonopsis, Nolana
Gloxinie = Gloxinia
Glyzine = Wisteria
Gnadenkraut = Gratiola
Godetie = Clarkia
Götterbaum = Ailanthus
Götterblume = Dodecatheon
Götterduft = Diosma
Götzenholz = Kigelia
Gold-und-Silber-Chrysantheme = Ajania
Goldaster = Chrysopsis
Goldbaldrian = Patrinia
Goldbart = Chrysopogon
Goldblatt = Macodes
Golddistel = Scolymus
Golderdbeere = Waldsteinia
Goldfarn = Coniogramme, Pityrogramma
Goldfruchtpalme = Chrysalidocarpus
Goldglocke = Uvularia
Goldglöckchen = Forsythia
Goldhaar = Chrysocoma
Goldhafer = Trisetum
Goldkelch = Solandra
Goldkeule = Orontium
Goldkörbchen = Chrysogonum
Goldkolben = Ligularia
Goldkrokus = Sternbergia
Goldlack = Erysimum
Goldlärche = Pseudolarix
Goldmargerite = Euryops
Goldmohn = Eschscholzia
Goldmund = Coptis
Goldnarbe = Xanthosoma
Goldnessel = Lamium
Goldpflaume = Chrysobalanus
Goldprimel = Vitaliana
Goldregen = Laburnum
Goldrute = Solidago
Goldrutenaster = × Solidaster
Goldschuppenkastanie = Chrysolepis
Goldschwanzgras = Lamarckia
Goldsiegel = Uvularia
Goldspitzengras = Lamarckia
Goldstern = Bloomeria
Goldtanne = Keteleeria

Goldtropfen = Onosma
Goldzypresse = Xanthocyparis
Goodenie = Goodenia
Gottesurteilsbaum = Erythrophleum
Gottesurteilsbohne = Physostigma
Gottvergess = Ballota
Granatapfel = Punica
Grannenhafer = Trisetaria, Ventenata
Grannenhirse = Oryzopsis
Grannenlilie = Aristea
Grannenreis = Piptatherum
Grapefruit = Citrus
Grasbaum = Xanthorrhoea
Graslilie = Anthericum
Grasnelke = Armeria
Grasnelkenhabichtskraut = Tolpis
Grasschwertel = Sisyrinchium
Graubartgras = Spodiopogon
Graukresse = Berteroa
Grausenf = Hirschfeldia
Greisenbart = Tillandsia
Greiskraut = Senecio, Tephroseris
Grenadille = Passiflora
Gretel im Busch = Nigella
Grevillee = Grevillea
Grewie = Grewia
Grindelie = Grindelia
Grindkraut = Scabiosa
Griseline = Griselinia
Grönlandmargerite = Arctanthemum
Grübchenfarn = Woodwardia
Grüner Heinrich = Chlorophytum
Grünholz = Chloroxylon
Grünkappe = Pterostylis
Grünlilie = Chlorophytum
Grundnessel = Hydrilla
Guajave = Psidium
Guatemalagras = Tripsacum
Guayule = Parthenium
Günsel = Ajuga
Gürtelklaue = Peristrophe
Gujakbaum = Guaiacum
Gummibaum = Ficus
Gummikraut = Grindelia
Gummimyrte = Angophora
Gundelrebe = Glechoma
Gundermann = Glechoma
Gurania = Gurania
Gurke = Cucumis
Gurkenbaum = Averrhoa
Gurkenkraut = Borago
Gurkenstrauch = Decaisnea
Guttaperchabaum = Palaquium
Guzmanie = Guzmania
Haarbinse = Trichophorum
Haarblume = Melothria, Trichosanthes
Haarfarn = Trichomanes
Haargerste = Elymus
Haargurke = Sicyos
Haarhütchen = Trichopilia

Haarnixe = Cabomba
Haarsäulenkaktus = Pilosocereus
Haarschöpfchen = Ptilotus
Haarschotengras = Bouteloua
Haarsimse = Trichophorum
Haarstrang = Peucedanum
Haberlee = Haberlea
Habichtskraut = Hieracium
Händelwurz = Gymnadenia
Härtling = Hypoxis
Hafer = Avena
Haferschmiele = Aira
Haftdolde = Caucalis, Turgenia
Hagebutte = Rosa
Hagebuttenbirne = × Sorbopyrus
Hahnenfuß = Ranunculus
Hahnenkamm = Celosia
Hahnenkopf = Hedysarum
Hainblume = Nemophila
Hainbuche = Carpinus
Hainsimse = Luzula
Hakea = Hakea
Hakenlilie = Crinum
Hakenpalme = Desmoncus
Halskraut = Trachelium
Hammerstrauch = Cestrum
Hanf = Cannabis
Hanfpalme = Trachycarpus
Hardenbergie = Hardenbergia
Harfenstrauch = Plectranthus
Hartgras = Sclerochloa
Hartheu = Hypericum
Hartriegel = Cornus
Harzeibe = Dacrydium
Harzklee = Psoralea
Harzspiere = Chamaebatiaria
Hasel = Corylus
Haselnuss = Corylus
Haselwurz = Asarum
Hasenfußfarn = Phlebodium
Hasenglöckchen = Hyacinthoides
Hasenkümmel = Lagoecia
Hasenlattich = Prenanthes
Hasenohr = Bupleurum
Hasenpfotenfarn = Davallia
Hasenschwanzgras = Lagurus
Hauhechel = Ononis
Hauswurz = Sempervivum
Hautfarn = Hymenophyllum
Hautsamenbaum = Hymenosporum
Haworthie = Haworthia
Hechtkraut = Pontederia
Heckenkirsche = Lonicera
Hederich = Raphanus
Heide = Erica
Heidekraut = Calluna
Heidelbeere = Vaccinium
Heidelbeerkaktus = Myrtillocactus
Heideröschen = Daphne
Heilglöckchen = Cortusa
Heiligenkraut = Santolina
Heilwurz = Opopanax
Heliconie = Heliconia

Heliotrop = Heliotropium
Hellerkraut = Thlaspi
Helmbohne = Dolichos
Helmgras = Ammophila
Helmkraut = Scutellaria
Helwingie = Helwingia
Helxine = Soleirolia
Hemlocktanne = Tsuga
Hennastrauch = Lawsonia
Herbstmargerite = Leucanthemella
Herkulesstaude = Heracleum
Hermannie = Hermannia
Heroldstrompete = Beaumontia
Herrscherpalme = Archontophoenix
Herzblatt = Parnassia
Herzblattschale = Jeffersonia
Herzblume = Dicentra
Herzgespann = Leonurus
Herzkelch = Eucharis
Herzlöffel = Caldesia
Herznussbaum = Anacardium
Herzsame = Cardiospermum
Hesperidenpalme = Brahea
Heteranthere = Heteranthera
Heuschreckenbaum = Hymenaea
Heusenkraut = Ludwigia
Hexenkraut = Circaea
Hibalebensbaum = Thujopsis
Hibbertie = Hibbertia
Hickorynuss = Carya
Himbeere = Rubus
Himmelsbambus = Nandina
Himmelsblüte = Duranta
Himmelsherold = Eritrichium
Himmelsleiter = Polemonium
Hiobsträne = Coix
Hirschsprung = Corrigiola
Hirschwurz = Peucedanum
Hirse = Panicum
Hirtentäschel = Capsella
Höckerblume = Tricyrtis
Hoherie = Hoheria
Hohldotter = Myagrum
Hohlsame = Bifora
Hohlspelze = Stenotaphrum
Hohlzahn = Galeopsis
Hohlzunge = Coeloglossum
Holunder = Sambucus
Holzbirne = Xylomelum
Holzquitte = Pseudocydonia
Honigbaum = Greyia
Honigbeere = Melicoccus
Honigglöckchen = Hermannia
Honiggras = Holcus
Honiglauch = Nectaroscordum
Honigorchis = Herminium
Honigpalme = Jubaea
Honigstrauch = Melianthus
Hopfen = Humulus
Hopfenbuche = Ostrya
Hornblatt = Ceratophyllum
Hornfarn = Ceratopteris
Hornklee = Lotus

Hornköpfchen = Ceratocephala
Hornkraut = Cerastium
Hornmelde = Krascheninnikovia
Hornmohn = Glaucium
Hornnarbe = Ceratostigma
Hortensie = Hydrangea
Hortensienbaum = Dombeya
Hottentottenfeige = Carpobrotus
Houttuynie = Houttuynia
Howeapalme = Howea
Hühnerhirse = Echinochloa
Hüllenklaue = Hypoestes
Hufeisenklee = Hippocrepis
Huflattich = Tussilago
Hummerschere = Heliconia
Hundsgift = Apocynum
Hundskamille = Anthemis
Hundskohl = Theligonum
Hundspetersilie = Aethusa
Hundsrauke = Erucastrum
Hundswürger = Cynanchum
Hundswurz = Anacamptis
Hundszahn = Erythronium
Hundszahngras = Cynodon
Hundszunge = Cynoglossum
Hungerblümchen = Erophila
Hurrikanpalme = Dictyosperma
Husarenknopf = Sanvitalia
Hyazinthe = Hyacinthus
Hybridmahonie = × Mahoberberis
Icacopflaume = Chrysobalanus
Igelginster = Erinacea
Igelgurke = Echinocystis
Igelkolben = Sparganium
Igelkopf = Echinacea
Igelkraftwurz = Oplopanax
Igelpolster = Acantholimon
Igelsäulenkaktus = Echinocereus
Igelsame = Lappula
Igelschlauch = Baldellia
Immenblatt = Melittis
Immergold = Aichryson
Immergrün = Vinca
Immortelle = Rhodanthe
Indianergras = Sorghastrum
Indianernessel = Monarda
Indianerpinsel = Castilleja
Indianerwiege = Caulophyllum
Indigolupine = Baptisia
Indigostrauch = Indigofera
Indische Maulbeere = Morinda
Indische Sommerwurz = Aeginetia
Indischer Kümmel =
  Trachyspermum
Indischer Spinat = Basella
Ingabohne = Inga
Ingwer = Zingiber
Ingwerlilie = Alpinia
Ingwerorchidee = Roscoea
Inkalilie = Alstroemeria
Insektenblume = Tanacetum
Iresine = Iresine
Iris = Iris

Isabellenholz = Persea
Ixlilie = Ixiolirion
Jaborandistrauch = Pilocarpus
Jabukistrauch = Rhodotypos
Jacarandabaum = Jacaranda
Jackbohne = Canavalia
Jadewein = Strongylodon
Jägerblume = Callianthemum
Jakobskraut = Brachyglottis
Jakobsleiter = Polemonium
Jakobslilie = Sprekelia
Jamaikakirsche = Muntingia
Jambos = Syzygium
Jambuse = Syzygium
Jamesie = Jamesia
Japangras = Hakonechloa
Japanische Schaumblüte =
  Tanakaea
Japanischer Meerrettich = Wasabia
Jasmin = Jasminum
Jasminwurzel = Gelsemium
Jerichorose = Anastatica
Jerusalemdorn = Parkinsonia
Jochlilie = Zigadenus
Johannisbeere = Ribes
Johannisbrotbaum = Ceratonia
Johanniskraut = Hypericum
Jojobastrauch = Simmondsia
Jonquille = Narcissus
Juckbohne = Mucuna
Judasbaum = Cercis
Judendorn = Ziziphus
Judenkirsche = Physalis
Jujube = Ziziphus
Jungfer im Grünen = Nigella
Jungfernkranz = Francoa
Jungfernrebe = Parthenocissus
Junggesellenknopf = Craspedia
Junkerlilie = Asphodeline
Jupitertränen = Coix
Justizie = Justicia
Jute = Corchorus
Kadsura = Kadsura
Kälberkropf = Chaerophyllum
Kängurubaum = Casuarina
Kängurublume = Anigozanthos
Kängurupfote = Anigozanthos
Kätzcheneibe = Amentotaxus
Kaffeestrauch = Coffea
Kaffernlilie = Schizostylis
Kafirpflaume = Harpephyllum
Kahngras = Hyparrhenia
Kahnorchis = Cymbidium
Kaimastrauch = Rhodotypos
Kaiserkrone = Fritillaria
Kaiserwinde = Ipomoea
Kakaobaum = Theobroma
Kaladie = Caladium
Kalanchoe = Kalanchoe
Kalandrine = Calandrinia
Kalebasse = Lagenaria
Kalebassenbaum = Crescentia
Kalebassenmuskat = Monodora

Kalkblatt = Titanopsis
Kalla = Zantedeschia
Kalmus = Acorus
Kameldorn = Alhagi
Kamelie = Camellia
Kamille = Matricaria,
   Tripleurospermum
Kammgras = Cynosurus
Kammaranthe = Ctenanthe
Kammminze = Elsholtzia
Kammquecke = Agropyron
Kampferbaum = Cinnamomum
Kampferkraut = Camphorosma
Kanarenglockenblume = Canarina
Kanaribaum = Canarium
Kanarinuss = Canarium
Kaneelbaum = Canella
Kaninchenstrauch = Chrysothamnus
Kannenstrauch = Nepenthes
Kanonenblume = Pilea
Kanonenkugelbaum = Couroupita
Kanonierblume = Pilea
Kapaster = Felicia
Kapernstrauch = Capparis
Kapfuchsie = Phygelius
Kapgeißblatt = Tecomaria
Kaphyazinthe = Lachenalia
Kapkastanie = Calodendrum
Kapkörbchen = Dimorphotheca
Kaplilie = Tulbaghia
Kaplöwenzahn = Arctotheca
Kapmargerite = Osteospermum
Kapmyrte = Phylica
Kapokbaum = Ceiba
Kappenmohn = Eschscholzia
Kappenständel = Calypso
Kapuzinerkresse = Tropaeolum
Kapwein = Rhoicissus
Karakabaum = Corynocarpus
Kardamom = Amomum, Elettaria
Karde = Dipsacus
Kardendistel = Morina
Kardy = Cynara
Karnaubapalme = Copernicia
Kartoffel = Solanum
Kassie = Cassia
Kastanie = Castanea
Kasuarine = Casuarina
Kathstrauch = Catha
Katsurabaum = Cerciphyllum
Katzenmaul = Misopates
Katzenminze = Nepeta
Katzenpfötchen = Antennaria
Katzenschwanz = Acalypha
Kaukasusvergissmeinnicht =
   Brunnera
Kaurifichte = Agathis
Kautschukbaum = Castilla
Kegelblume = Puschkinia
Kelchgras = Danthonia
Kellerhals = Daphne
Kennedie = Kennedia
Kentiapalme = Howea

Kerbel = Anthriscus
Kerbelrübe = Chaerophyllum
Kermesbeere = Phytolacca
Kerrie = Kerria
Kerzenbaum = Parmentiera
Kerzenstrauch = Fouquieria
Kettenfarn = Woodwardia
Keulenbaum = Casuarina
Keulenlilie = Cordyline
Keulenmohn = Meconopsis
Keuschbaum = Vitex
Keuschorchis = Neotinea
Kichererbse = Cicer
Kiefer = Pinus
Kielkrone = Calotropis
Kirsche = Prunus
Kirscheibe = Prumnopitys
Kirschmyrte = Eugenia, Syzygium
Kirschorange = Citropsis
Kitaibelie = Kitaibelia
Kiwipflanze = Actinidia
Klaffmund = Chaenorhinum
Klapperhülse = Crotalaria
Klappertopf = Rhinanthus
Klauenfarn = Onychium
Klebgras = Cenchrus
Klebkraut = Galium
Klebsame = Pittosporum
Klebschwertel = Ixia
Klee = Trifolium
Kleefarn = Marsilea
Kleeulme = Ptelea
Kleinie = Kleinia
Kleopatranadel = Eremurus
Klette = Arctium
Klettengras = Tragus
Klettenkerbel = Torilis
Klettenkraut = Lappula
Kletterdahlie = Hidalgoa
Kletterfarn = Lygodium
Kletterlilie = Littonia
Klettermäusedorn = Semele
Kletterschraubenpalme =
   Freycinetia
Klettertrompete = Distictis
Klimmdahlie = Hidalgoa
Klimme = Cissus
Klimmtraube = Artabotrys
Klippenfarn = Pellaea
Klumpstamm = Beaucarnea
Knabenkraut = Dactylorhiza, Orchis
Knäuel = Scleranthus
Knäuelgras = Dactylis
Knallerbsenstrauch =
   Symphoricarpos
Knautie = Knautia
Knebel = Sagina
Knoblauch = Allium
Knoblauchsrauke = Alliaria
Knöterich = Persicaria
Knollenbohne = Sphenostylis
Knollenkümmel = Bunium,
   Conopodium

Knollenmiere = Pseudostellaria
Knopfbusch = Cephalanthus
Knopfkaktus = Epithelantha
Knopfkraut = Galinsoga
Knorpelkraut = Illecebrum,
   Polycnemum
Knorpellattich = Chondrilla
Knorpelmöhre = Ammi
Knotenblume = Leucojum
Knotendolde = Physocaulis
Knotenfuß = Streptopus
Knotenschötchen = Braya
Kobralilie = Darlingtonia
Kobraschlauchpflanze =
   Darlingtonia
Köcherblümchen = Cuphea
Königin der Nacht = Selenicereus
Königsblume = Daphne
Königsfarn = Osmunda
Königskerze = Verbascum
Königspalme = Roystonea
Kohl = Brassica
Kohlbaum = Andira
Kohlerie = Kohleria
Kohlröschen = Nigritella
Kokardenblume = Gaillardia
Kokastrauch = Erythroxylum
Kokkelstrauch = Cocculus
Kokosnuss = Cocos
Kokospalme = Cocos
Kolabaum = Cola
Kolanuss = Cola
Kolbenbaum = Cordyline
Kolbenfaden = Aglaonema
Kolbenhirse = Setaria
Kolbenlilie = Cordyline
Kolibritrompete = Epilobium
Kolkwitzie = Kolkwitzia
Koloquinte = Citrullus
Kolumnee = Columnea
Kompasspflanze = Silphium
Kopaivabalsam = Copaifera
Kopaivabaum = Copaifera
Kopfeibe = Cephalotaxus
Kopfgras = Oreochloa, Sesleria
Kopfried = Schoenus
Kopfsimse = Scirpoides
Korallenbaum = Erythrina
Korallenbeere = Symphoricarpos
Korallenkaktus = Rhipsalis
Korallenmoos = Nertera
Korallenraute = Boronia
Korallenstrauch = Berberidopsis
Korallentröpfchen = Bessera
Korallenwein = Antigonon
Korallenwurz = Corallhoriza
Korbmaranthe = Calathea
Kordie = Cordia
Koriander = Coriandrum
Korkbaum = Phellodendron
Kornblume = Centaurea
Kornblumenaster = Stokesia
Kornelkirsche = Cornus

Kornrade = Agrostemma
Kosmee = Cosmos
Kosobaum = Hagenia
Kostwurz = Costus
Krähenbeere = Empetrum
Krähenfuß = Coronopus
Kräuselmyrte = Lagerstroemia
Kraftwurz = Panax
Kragenblume = Carpesium
Krallentrompete = Macfadyena
Kranzblume = Hedychium
Kranzschlinge = Stephanotis
Kranzspiere = Stephanandra
Krapp = Rubia
Kratzdistel = Cirsium
Krebsschere = Stratiotes
Kreisblume = Anacyclus
Kreiselkaktus = Strombocactus
Kreisfahne = Chorizema
Kresse = Lepidium
Kreuzblatt = Crucianella
Kreuzblümchen = Polygala
Kreuzdorn = Rhamnus
Kreuzkraut = Senecio
Kreuzkümmel = Cuminum
Kreuzlabkraut = Cruciata
Kreuzrebe = Bignonia
Kreuzstrauch = Baccharis
Krötenlilie = Tricyrtis
Krokus = Crocus
Kronbart = Verbesina
Kronenlattich = Willemetia
Kronwicke = Coronilla, Securigera
Kroton = Croton
Krugfarn = Davallia
Krugpflanze = Sarracenia
Krukenbaum = Lecythis
Krummfuß = Cyrtopodium
Kuchenbaum = Cercidiphyllum
Kudzubohne = Pueraria
Küchenschelle = Pulsatilla
Kümmel = Carum
Kürbis = Cucurbita
Küstenmammutbaum = Sequoia
Küstensequoie = Sequoia
Kugelamaranth = Gomphrena
Kugelbaum = Mimusops
Kugelbinse = Scirpoides
Kugelblume = Globularia
Kugeldistel = Echinops
Kugelfaden = Kadsura
Kugelknabenkraut = Traunsteinera
Kugelmalve = Sphaeralcea
Kugelorchis = Traunsteinera
Kugelschötchen = Kernera
Kuhbaum = Brosimum
Kuhblume = Taraxacum
Kuhbohne = Vigna
Kuhkraut = Vaccaria
Kuhschelle = Pulsatilla
Kuhtritt = Wulfenia
Kumquat = Fortunella
Kunigundenkraut = Eupatorium

Kurzfähnchen = Brachysema
Kurzstiel = Adromischus
Kussblume = Philesia
Kussmäulchen = Nematanthus
Labkraut = Galium
Lachenalie = Lachenalia
Lackbaum = Butea
Lackblatt = Schefflera
Lackmuskraut = Chrozophora
Lacksenf = Coincya
Laelie = Laelia
Lämmersalat = Arnoseris
Lärche = Larix
Läuseholz = Carapa
Läusekraut = Pedicularis
Lagerströmie = Lagerstroemia
Laichkraut = Potamogeton
Lakritze = Glycyrrhiza
Lamarkie = Lamarckia
Lampenputzergras = Pennisetum
Lampenputzerstrauch = Callistemon
Lampionblume = Physalis
Langfaden = Combretum
Lansibaum = Lansium
Lanzenfarn = Lonchitis
Lanzenrosette = Aechmea
Lapagerie = Lapageria
Lapeirousie = Lapeirousia
Lappenblume = Hypecoum
Laserkraut = Laserpitium
Lasthenie = Lasthenia
Latanie = Latania
Laternenbaum = Crinodendron
Laternenlilie = Sandersonia
Lattich = Lactuca
Lauch = Allium
Lauchkraut = Alliaria
Laugenblume = Cotula
Lavendel = Lavandula
Lavendelheide = Pieris
Lebendblatt = Tolmiea
Lebender Stein = Lithops
Lebensbaum = Thuja
Leberbalsam = Ageratum
Leberblümchen = Hepatica
Leberwurstbaum = Kigelia
Lederblatt = Chamaedaphne
Lederholz = Dirca
Lederhülsenbaum = Gleditsia
Lederstrauch = Ptelea
Leimkraut = Silene
Leimsaat = Collomia
Lein = Linum
Leinblatt = Thesium
Leindotter = Camelina
Leinkraut = Linaria
Leopardenblume = Belamcanda
Lerchensporn = Ceratocapnos, Corydalis, Pseudofumaria
Leschenaultie = Leschenaultia
Leuchterblume = Ceropegia
Levkoje = Matthiola
Lewisie = Lewisia

Leycesterie = Leycesteria
Lichtblume = Bulbocodium
Lichtnelke = Silene
Lichtnussbaum = Aleurites
Liebesblume = Agapanthus
Liebesgras = Eragrostis
Liebesperlenstrauch = Callicarpa
Liebesröschen = Anacampseros
Liebstöckel = Levisticum
Lieschgras = Phleum
Ligularie = Ligularia
Liguster = Ligustrum
Lilie = Lilium
Lilienschweif = Eremurus
Lilientrichter = Blandfordia
Limequat = × Citrofortunella
Limette = Citrus
Linde = Tilia
Lindheimerie = Lindheimera
Linse = Lens
Lippenfarn = Cheilanthes
Lippenmäulchen = Mazus
Liriope = Liriope
Litschi = Litchi
Livingstonpalme = Livistona
Livistonie = Livistona
Loase = Loasa
Lobelie = Lobelia
Lochschlund = Anarrhinum
Löffelbaum = Cunonia
Löffelkraut = Cochlearia
Löwenmaul = Antirrhinum
Löwenohr = Leonotis
Löwenschwanz = Leonurus
Löwenzahn = Taraxacum
Lolch = Lolium
Longanbaum = Dimocarpus
Lorbeer-Kirsche = Prunus
Lorbeerbaum = Laurus
Lorbeerrose = Kalmia
Losbaum = Clerodendrum
Losstrauch = Clerodendrum
Lotosblume = Nelumbo
Lotuspflaume = Diospyros
Lotwurz = Onosma
Loulupalme = Pritchardia
Luftnelke = Tillandsia
Lungenkraut = Pulmonaria
Lupine = Lupinus
Luzerne = Medicago
Lyonie = Lyonia
Maackie = Maackia
Macadamianuss = Macadamia
Macassaölbaum = Schleichera
Macludranie = × Macludrania
Macoré = Tieghemella
Madagaskarpalme = Pachypodium
Madagaskarpflaume = Flacourtia
Madie = Madia
Mädchenauge = Coreopsis
Mädchenhaarbaum = Ginkgo
Mädesüß = Filipendula
Mähnenpalme = Jubaea

Mänderle = Paederota
Mäusedorn = Ruscus
Mäuseschwänzchen = Myosurus
Mäuseschwanz = Arisarum
Maggikraut = Levisticum
Magnolie = Magnolia
Mahagonibaum = Khaya, Swietenia
Mahonie = Mahonia
Maiapfel = Podophyllum
Maiglöckchen = Convallaria
Mais = Zea
Majoran = Origanum
Makolabaum = Afzelia
Malaguetapfeffer = Aframomum
Malayenblume = Phalaenopsis
Malve = Lavatera, Malva
Mammiapfel = Mammea
Mammutblatt = Gunnera
Mandarine = Citrus
Mandel = Prunus
Mangabeiragummi = Hancornia
Manglebaum = Rhizophora
Mango = Mangifera
Mangostane = Garcinia
Mangrovebaum = Rhizophora
Mangrovefarn = Acrostichum
Manilapalme = Adonidia, Veitchia
Maniok = Manihot
Mannsschild = Androsace
Mannstreu = Eryngium
Marbel = Luzula
Margerite = Leucanthemum, Tanacetum
Mariendistel = Silybum
Mariengras = Hierochloe
Maskenblume = Alonsoa
Maskenorchidee = Coryanthes
Maßliebchen = Bellis
Mastkraut = Sagina
Mauerlattich = Mycelis
Mauermiere = Paronychia
Mauerpfeffer = Sedum
Maulbeerbaum = Morus
Maulbeereibe = Microcachrys
Mausohr = Marrubium
Mazaripalme = Nannorrhops
Medinille = Medinilla
Meerbohne = Entada
Meerfenchel = Crithmum
Meerkohl = Crambe
Meerlavendel = Limonium
Meerrettich = Armoracia
Meerrettichbaum = Moringa
Meersenf = Cakile
Meerträubel = Ephedra
Meertraubenbaum = Coccoloba
Meerviole = Malcolmia
Meerzwiebel = Urginea
Mehlbeere = Sorbus
Meier = Asperula
Meister = Asperula
Melde = Atriplex
Melisse = Melissa

Melone = Cucumis
Melonenbaum = Carica
Melonenbegonie = Elatostema, Pellionia
Melonenkaktus = Melocactus
Menziesie = Menziesia
Merk = Berula, Sium
Mescalkaktus = Lophophora
Mesquitebaum = Prosopis
Mexikanischer Knöterich = Antigonon
Mexikolattich = Tridax
Mexikomohn = Hunnemannia
Mexikostern = Milla
Michauxie = Michauxia
Miere = Minuartia
Milchbaum = Brosimum
Milchbusch = Synadenium
Milchfleckdistel = Galactites
Milchkraut = Glaux, Leontodon
Milchlattich = Cicerbita
Milchorange = Maclura
Milchstern = Ornithogalum
Miltonie = Miltonia
Milzkraut = Chrysosplenium
Mimose = Mimosa
Mimose der Gärtner = Acacia
Minze = Mentha
Mispel = Mespilus
Mispeleberesche = × Sorbocotoneaster
Mistel = Viscum
Mittagsblume = Delosperma, Dorotheanthus, Lampranthus
Mocanbaum = Visnea
Möhre = Daucus
Mönchskraut = Nonea
Mönchspfeffer = Vitex
Mohn = Papaver
Mohnmalve = Callirhoe
Mohrenhirse = Sorghum
Mohrenpfeffer = Xylopia
Molchschwanz = Saururus
Moltkie = Moltkia
Mombinpflaume = Spondias
Mondraute = Botrychium
Mondsame = Menispermum
Monsterfuß = Calibanus
Montbretie = Crocosmia
Moorabbiss = Succisella
Moorbeere = Vaccinium
Moorbinse = Isolepis
Moorglöckchen = Wahlenbergia
Moosauge = Moneses
Moosbeere = Vaccinium
Moosfarn = Selaginella
Moosglöckchen = Linnaea
Moosheide = Bryanthus, Phyllodoce
Mooskraut = Selaginella
Moosmiere = Moehringia
Morgenblüte = Orthrosanthus
Morgenländischer Lebensbaum = Platycladus

Morikandie = Moricandia
Mormonentulpe = Calochortus
Moschusgurke = Sicana
Moschuskraut = Adoxa
Moskitogras = Bouteloua
Mottenkönig = Plectranthus
Mühlenbeckie = Muehlenbeckia
Münzgold = Hibbertia
Mützenstrauch = Mitraria
Mummel = Nuphar
Muschelblümchen = Isopyrum
Muschelblume = Moluccella
Muskatnuss = Myristica
Mutterkraut = Tanacetum
Mutterwurz = Ligusticum
Myrobalane = Terminalia
Myrrhe = Commiphora
Myrsine = Myrsine
Myrte = Myrtus
Myrtenheide = Melaleuca
Myrtenkraut = Andrachne
Nabelkraut = Umbilicus
Nabelmiere = Moehringia
Nabelnüsschen = Omphalodes
Nachthyazinthe = Polianthes
Nachtkerze = Oenothera
Nachtschatten = Solanum
Nachtviole = Hesperis
Nacktfarn = Anogramma
Nacktried = Kobresia
Nadelkerbel = Scandix
Nadelkissen = Hakea, Leucospermum
Nadelpalme = Rhapidophyllum
Nadelröschen = Fumana
Nagelbeere = Ochna
Nagelkraut = Paronychia, Polycarpon
Nagibaum = Nageia
Nandine = Nandina
Naraspflanze = Acanthosicyos
Nardenähre = Nardostachys
Narihirabambus = Semiarundinaria
Narzisse = Narcissus
Natalgras = Rhynchelytrum
Natternfarn = Ophioglossum
Natternkopf = Echium
Natternzunge = Ophioglossum
Nebelblume = Conoclinium
Nelke = Dianthus
Nelkenpfeffer = Calycanthus, Pimenta
Nelkenwurz = Geum
Nelkenwurzodermennig = Aremonia
Nelkenzimt = Dicypellium
Nemesie = Nemesia
Nepalgoldregen = Piptanthus
Nerine = Nerine
Nesselblatt = Acalypha
Nestbromelie = Nidularium
Nestwurz = Neottia
Netzblatt = Goodyera
Neuseeländische Eibe =

Lagarostrobos
Neuseelandedelweiß = Leucogenes
Neuseelandeibisch = Hoheria
Neuseelandflachs = Phormium
Neuseelandspinat = Tetragonia
Nierembergie = Nierembergia
Nieswurz = Helleborus
Nigersaat = Guizotia
Nikaupalme = Rhopalostylis
Nimbaum = Azadirachta
Nipapalme = Nypa
Nipponchrysantheme = Nipponanthemum
Nissegras = Gastridium
Nixkraut = Najas
Njabi = Baillonella
Nonibaum = Morinda
Norfolkeibisch = Lagunaria
Nusseibe = Torreya
Nussmaul = Anguloa
Ochsenauge = Buphthalmum
Ochsenfluch = Boophone
Ochsenzunge = Anchusa
Ocotillostrauch = Fouquieria
Odermennig = Agrimonia
Ölbaum = Olea
Ölfrucht = Elaeocarpus
Ölpalme = Elaeis
Ölweide = Elaeagnus
Östlicher Hornmohn = Dicranostigma
Ohnsporn = Aceras
Ohrblume = Otanthus
Ohrkraut = Hedyotis
Okiebohne = Dipogon
Okwabaum = Treculia
Oleander = Nerium
Olive = Olea
Opuntie = Opuntia
Orange = Citrus
Orangenbeere = Citriobatus
Orangenblume = Choisya
Orangenkirsche = Idesia
Orangenraute = Murraya
Orangenwurzel = Hydrastis
Orant = Chaenorhinum
Orchidee des armen Mannes = Schizanthus
Oregonpflaume = Oemleria
Orleanstrauch = Bixa
Osagedorn = Maclura
Osterglocke = Narcissus
Osterkaktus = Rhipsalidopsis
Osterluzei = Aristolochia
Oysternuss = Telfairia
Päonie = Paeonia
Pagodenbaum = Styphnolobium
Palasabaum = Butia
Palaspalme = Licuala
Palisadengras = Brachiaria
Palisander = Jacaranda
Palma Christi = Ricinus
Palmenschilf = Prionium
Palmettopalme = Sabal
Palmlilie = Yucca
Pampasgras = Cortaderia
Panamapalme = Carludovica
Pandoree = Pandorea
Pankrazlilie = Pancratium
Pantherblume = Belamcanda
Pantoffelblume = Calceolaria
Papageienblatt = Alternanthera
Papau = Asimina
Papaya = Carica
Papierblümchen = Acroclinium
Papierblume = Xeranthemum
Papierknöpfchen = Ammobium
Papiermaulbeerbaum = Broussonetia
Pappel = Populus
Paprika = Capsicum
Paradieslilie = Paradisea
Paradiesnuss = Lecythis
Paradiesvogelblume = Strelitzia
Parakautschukbaum = Hevea
Parakresse = Acmella
Paranuss = Bertholletia
Parentucellie = Parentucellia
Parkinsonie = Parkinsonia
Parrotie = Parrotia
Passionsblume = Passiflora
Passionsfrucht = Passiflora
Pastinak = Pastinaca
Patagonische Eibe = Saxegothaea
Patagonische Zypresse = Fitzroya
Paternosterbaum = Melia
Paternostererbse = Abrus
Paternosterstrauch = Osteospermum
Patschuli = Pogostemon
Paukenschlegel = Isopogon
Paulownie = Paulownia
Pavianblume = Babiana
Pechnelke = Silene
Peitschenkaktus = Aporocactus
Peitschenorchidee = Scuticaria
Pejote = Lophophora
Pelargonie = Pelargonium
Pellionie = Pellionia
Pellote = Lophophora
Pelzfarn = Cheilanthes
Pemouzypresse = Fokienia
Peperomie = Peperomia
Pereskie = Pereskia
Perlbeere = Margyricarpus
Perlfarn = Onoclea
Perlgras = Melica
Perlkörbchen = Anaphalis
Perlschweif = Stachyurus
Perowskie = Perovskia
Perückenstrauch = Cotinus
Pestwurz = Petasites
Petersilie = Petroselinum
Petterie = Petteria
Petunie = Petunia
Peyotl = Lophophora
Pfaffenhütchen = Euonymus
Pfaffenröhrlein = Taraxacum
Pfahlrohr = Arundo
Pfannengras = Paspalum
Pfauenblume = Tigridia
Pfeffer = Piper
Pfefferbaum = Schinus
Pfefferkraut = Satureja
Pfeifengras = Molinia
Pfeifenstrauch = Philadelphus
Pfeifenwinde = Aristolochia
Pfeilaron = Peltandra
Pfeilblatt = Alocasia
Pfeilkraut = Sagittaria
Pfeilkresse = Cardaria
Pfeilwurz = Maranta
Pferdebohne = Macrotyloma
Pferdemelisse = Collinsonia
Pfingstrose = Paeonia
Pfirsich = Prunus
Pfirsichpalme = Bactris
Pflaume = Prunus
Pfriemenginster = Spartium
Pfriemengras = Stipa
Pfriemenkresse = Subularia
Phazelie = Phacelia
Philodendron = Philodendron
Phlox = Phlox
Phönixpalme = Phoenix
Pillenfarn = Pilularia
Pimentbaum = Pimenta
Pimpernuss = Staphylea
Pimpinelle = Pimpinella
Pinangpalme = Pinanga
Pindrowpalme = Attalea
Pinellie = Pinellia
Pippau = Crepis
Pissavepalme = Attalea
Pistazie = Pistacia
Platane = Platanus
Plattährengras = Chasmanthium
Platterbse = Lathyrus
Pockholz = Guaiacum
Porst = Ledum
Portulak = Portulaca
Porzellanblume = Hoya
Porzellansternchen = Houstonia
Potenzholz = Ptychopetalum
Prachtglocke = Enkianthus
Prachtkerze = Gaura
Prachtlilie = Nomocharis
Prachtscharte = Liatris
Prachtspiere = Astilbe
Prärieampfer = Parthenium
Prärieenzian = Eustoma
Präriegras = Schizachyrium
Prärielilie = Camassia
Präriemalve = Sidalcea
Präriesonnenhut = Ratibida
Preiselbeere = Vaccinium
Priesterpalme = Washingtonia
Primel = Primula
Prophetenblume = Arnebia
Protee = Protea

Prunkblüte = Chlidanthus
Prunkblume = Clianthus
Prunkwinde = Ipomoea
Puderquastenstrauch = Calliandra
Purgierdolde = Thapsia
Purgiernuss = Jatropha
Purgierstrauch = Thymelaea
Purpuraugengras = Olsynium
Purpurbohne = Kennedia
Purpurerbse = Hardenbergia
Purpurglockenwein = Rhodochiton
Purpurglöckchen = Heuchera
Purpurkranz = Petrea
Purpurschopf = Justicia
Purpurstängel = Phoenicaulis
Purpurtaupflanze = Disphyma
Purpurtüte = Syngonium
Purpurwinde = Ipomoea
Puschkinie = Puschkinia
Pusteblume = Taraxacum
Putorie = Putoria
Pyrenäennelke = Petrocoptis
Pyrethrum = Tanacetum
Quassiabaum = Quassia
Quebrachobaum = Aspidosperma
Quecke = Elymus
Queenslandnuss = Macadamia
Queenslandpalmfarn = Bowenia
Quellbinse = Blysmus
Queller = Salicornia
Quellgras = Catabrosa
Quellkraut = Montia
Quellried = Blysmus
Quendel = Thymus
Quetschblume = Thladiantha
Quetschgurke = Thladiantha
Quitte = Cydonia
Rachenblatt = Faucaria
Rachenblüte = Lagotis
Rachenlilie = Chasmanthe
Rachenrebe = Columnea
Radbaum = Trochodendron
Radblüte = Trochiscanthes
Rade = Agrostemma
Radfrucht = Trochocarpa
Radieschen = Raphanus
Radmelde = Bassia
Radspiere = Exochorda
Raffiapalme = Raphia
Ragwurz = Ophrys
Rahle = Teesdalia
Raigras = Lolium
Rainfarn = Tanacetum
Rainkohl = Lapsana
Rainweide = Ligustrum
Rambutan = Nephelium
Ramie = Boehmeria
Ramondie = Ramonda
Ramtillkraut = Guizotia
Ranunkel = Ranunculus
Ranunkelstrauch = Kerria
Rapsdotter = Rapistrum
Rapünzchen = Valerianella

Rapunzel = Valerianella
Rasenbinse = Trichophorum
Rasenspiere = Petrophytum
Rasierpinselbaum = Pachira
Raspelfarn = Doodia
Rasselblume = Catananche
Ratanhia = Krameria
Rauchzypresse = Calocedrus
Raudolde = Trachymene
Raugras = Stipa
Rauke = Eruca, Sisymbrium
Raukensenf = Sisymbrium
Rauling = Trachystemon
Raupenähre = Beckmannia
Raupenfarn = Scyphularia
Rauschbeere = Vaccinium
Rauschopf = Dasylirion
Raute = Ruta
Rautenanemone = Anemonella
Ravennagras = Saccharum
Raygras = Lolium
Rebe = Vitis
Rebhuhnbeere = Gaultheria, Mitchella
Rechenblume = Symplocos
Regenbogenpflanze = Byblis
Rehmannie = Rehmannia
Reiherschnabel = Erodium
Reineckie = Reineckea
Reis = Oryza
Reispapierbaum = Tetrapanax
Reisquecke = Leersia
Reitgras = Calamagrostis
Resede = Reseda
Resedenwein = Anredera
Retamastrauch = Retama
Rettich = Raphanus
Reusenfalle = Genlisea
Rhabarber = Rheum
Rhododendron = Rhododendron
Ridolfie = Ridolfia
Riemenblatt = Clivia
Riemenblüte = Loropetalum
Riemenblume = Loranthus
Riemenfarn = Campyloneurum
Riemenlippe = Habenaria
Riementillandsie = Catopsis
Riemenzunge = Himantoglossum
Riesenbambus = Gigantochloa
Riesenborretsch = Solenanthus
Riesenfenchel = Ferula
Riesenglocke = Ostrowskia
Riesenhülse = Entada
Riesenkaktus = Carnegiea
Riesenlilie = Cardiocrinum
Riesenseerose = Victoria
Riesenvergissmeinnicht = Myosotidium
Ringblume = Anacyclus
Ringelblume = Calendula
Rippenfarn = Blechnum
Rippensame = Pleurospermum
Rispelstrauch = Myricaria

Rispenfarn = Osmunda
Rispengras = Poa
Rispenhirse = Panicum
Rittersporn = Consolida, Delphinium
Ritterstern = Hippeastrum
Rivinie = Rivina
Rizinus = Ricinus
Robinie = Robinia
Rodgersie = Rodgersia
Römische Kamille = Chamaemelum
Röte = Rubia
Roggen = Secale
Rohr = Phragmites
Rohrkolben = Typha
Rollfarn = Cryptogramma
Romanzoffie = Romanzoffia
Rose = Rosa
Rose von Jericho = Anastatica
Rosenapfel = Dillenia, Syzygium
Roseneibisch = Hibiscus
Rosenholz = Dalbergia
Rosenkaktus = Pereskia
Rosenkelch = Rhodochiton
Rosenmyrte = Rhodomyrtus
Rosenwurz = Rhodiola
Rosinenbaum = Hovenia
Rosmarin = Rosmarinus
Rosmarinheide = Andromeda
Rosmarinweide = Itea
Rosskastanie = Aesculus
Rosskümmel = Laser
Rotangpalme = Calamus
Rotbusch = Aspalathus
Rotholz = Erythroxylum
Rotkelch = Erythrochiton
Rotschopfgras = Themeda
Ruchgras = Anthoxanthum
Rudel = Ruellia
Rübe = Beta
Rühr mich nicht an = Impatiens
Ruellie = Ruellia
Rüssellilie = Curculigo
Rüsselsternchen = Vancouveria
Rüster = Ulmus
Ruhmesblume = Clianthus
Ruhmeskrone = Gloriosa
Ruhrkraut = Gnaphalium
Ruprechtsfarn = Gymnocarpium
Russelie = Russelia
Rutenaster = Microglossa
Rutenblume = Carmichaelia
Rutenkaktus = Rhipsalis
Rutenpalme = Rhapis
Sabalpalme = Sabal
Säbelblatt = Machairophyllum
Säckelblume = Ceanothus
Säuerling = Oxyria
Säulenblume = Stylidium
Saflor = Carthamus
Safranwurz = Curcuma
Sagopalme = Metroxylon
Sagopalmfarn = Cycas

Saguaro = Carnegiea
Sakakistrauch = Cleyera
Salakpalme = Salacca
Salat = Lactuca
Salbei = Salvia
Salde = Ruppia
Salomonssiegel = Polygonatum
Salonefeu = Delairea
Salzbaum = Haloxylon
Salzkraut = Salsola
Salzkresse = Hymenolobus
Salzmelde = Suaeda
Salzmiere = Honckenya
Salzschwaden = Puccinellia
Salzstrauch = Halimodendron
Salztäschel = Hymenolobus
Sammetblume = Tagetes
Sammetmalve = Abutilon
Samtgras = Lagurus
Samtpappel = Abutilon
Samtpflanze = Gynura
Sanchezie = Sanchezia
Sandarakbaum = Tetraclinis
Sandbirne = Peraphyllum
Sandbüchsenbaum = Hura
Sanddorn = Hippophae
Sandelholz = Santalum
Sandglöckchen = Jasione
Sandimmortelle = Ammobium
Sandkraut = Arenaria
Sandkrokus = Romulea
Sandmyrte = Leiophyllum
Sandrapunzel = Jasione
Sandröschen = Tuberaria
Sandverbene = Abronia
Sanikel = Sanicula
Saphirbeere = Symplocos
Sarrazenie = Sarracenia
Sassafras = Sassafras
Saudistel = Sonchus
Sauerampfer = Rumex
Sauerbaum = Oxydendrum
Sauerdorn = Berberis
Sauerklee = Oxalis
Saumfarn = Lomariopsis, Pteris
Saumnarbe = Lomatogonium
Saxaul = Haloxylon
Schachblume = Fritillaria
Schachtelhalm = Equisetum
Schafgarbe = Achillea
Schafsteppich = Raoulia
Schaftdolde = Hacquetia
Schamblume = Clitoria
Schampflanze = Aeschynomene
Scharbockskraut = Ranunculus
Scharfkraut = Asperugo
Scharlachranke = Coccinia
Scharte = Serratula
Schattenblümchen = Maianthemum
Schattenröhre = Episcia
Schattenstern = Lithophragma
Schatullenfarn = Cibotium
Schaublatt = Rodgersia

Schaumblüte = Tiarella
Schaumkraut = Cardamine
Schaumkresse = Cardaminopsis
Schaumspiere = Holodiscus
Schefflera = Schefflera
Scheibenblume = Cyclanthus
Scheibenschötchen = Peltaria
Scheidenblatt = Spathiphyllum
Scheidenblütgras = Coleanthus
Scheinakazie = Robinia
Scheinakelei = Semiaquilegia
Scheinananas = Pseudananas
Scheinanemone = Anemonopsis
Scheinaster = Vernonia
Scheinbeere = Gaultheria
Scheinbuche = Nothofagus
Scheineibe = Pseudotaxus
Scheineller = Clethra
Scheinerdbeere = Duchesnea
Scheinfiederspiere = Chamaebatiaria
Scheingänseblümchen = Bellium
Scheingeißklee = Cytisophyllum
Scheinginseng = Pseudopanax
Scheingreiskraut = Erechtites
Scheinhanf = Datisca
Scheinhasel = Corylopsis
Scheinheide = Adenostoma
Scheinhopfenbuche = Ostryopsis
Scheinhortensie = Deinanthe
Scheinhyazinthe = Brimeura
Scheinindigo = Amorpha
Scheinkalla = Lysichiton
Scheinkamelie = Stewartia
Scheinkamille = Boltonia
Scheinkastanie = Castanopsis
Scheinkerrie = Rhodotypos
Scheinkrokus = Romulea
Scheinlerchensporn = Pseudofumaria
Scheinlobelie = Downingia
Scheinlorbeer = Daphniphyllum
Scheinmalve = Malvastrum
Scheinmohn = Meconopsis
Scheinmyrte = Anamirta
Scheinorchis = Roscoea
Scheinparrotie = Parrotiopsis
Scheinquitte = Chaenomeles
Scheinrebe = Ampelopsis
Scheinruhrkraut = Pseudognaphalium
Scheinschaumkraut = Pachyphragma
Scheinsonnenhut = Echinacea
Scheinulme = Eucryphia
Scheinveilchen = Ionopsidium
Scheinwasserpest = Lagarosiphon
Scheinzaunrübe = Diplocyclos
Scheinzypresse = Chamaecyparis
Schellenbaum = Thevetia
Schellenblume = Adenophora
Schibutterbaum = Vitellaria
Schiefblatt = Begonia

Schiefteller = Achimenes
Schierling = Conium
Schierlingstanne = Tsuga
Schildblatt = Darmera
Schildblume = Chelone
Schildfarn = Polystichum
Schildkraut = Clypeola
Schildkresse = Fibigia
Schildnarbe = Aspidistra
Schilf = Phragmites
Schilforchidee = Arundina
Schilfpalme = Thrinax
Schillergras = Koeleria
Schimmerbaum = Protea
Schirlingssilge = Conioselinum
Schirmakazie = Paraserianthes
Schirmbambus = Fargesia
Schirmbaum = Musanga
Schirmblatt = Diphylleia
Schirmpalme = Hedyscepe
Schirmtanne = Sciadopitys
Schlagkraut = Iva
Schlammling = Limosella
Schlangenäuglein = Asperugo
Schlangenbart = Ophiopogon
Schlangenhaargurke = Trichosanthes
Schlangenkaktus = Aporocactus, Selenicereus
Schlangenkopf = Chelone
Schlangenlilie = Dracaena
Schlangenstapelie = Echidnopsis
Schlangenwurz = Calla
Schlangenwurzel = Medeola
Schlankschwänchen = Polycycnis
Schlauchpflanze = Sarracenia
Schlehe = Prunus
Schleierkraut = Gypsophila
Schleifenblume = Iberis
Schleimbeere = Sarcococca
Schleimkraut = Brasenia
Schlickgras = Spartina
Schlingfarn = Lygodium
Schlitzblume = Schizanthus
Schlüsselblume = Primula
Schlupfsame = Crupina
Schmalwand = Arabidopsis
Schmerwurz = Tamus
Schmetterlingserbse = Centrosema
Schmetterlingsingwer = Hedychium
Schmetterlingsorchidee = Phalaenopsis
Schmetterlingsstrauch = Buddleja
Schmiele = Deschampsia
Schmielenhafer = Aira, Ventenata
Schmuckblume = Callianthemum
Schmuckkörbchen = Cosmos
Schmucklilie = Agapanthus
Schmuckmalve = Sidalcea
Schmuckzypresse = Callitris
Schnabelried = Rhynchospora
Schnabelschötchen = Euclidium
Schnabelsenf = Coincya

Schnappmäulchen = Torenia
Schneckenbaumwolle = Froelichia
Schneckenklee = Medicago
Schneckenkraut = Stachytarpheta
Schneeball = Viburnum
Schneebeere = Chiococca
Schneeehrenpreis = Chionohebe
Schneefarn = Pyrrosia
Schneeflockenblume = Sutera
Schneeflockenstrauch = Chionanthus
Schneeforsythie = Abeliophyllum
Schneeglanz = Chionodoxa
Schneeglöckchen = Galanthus
Schneeglöckchenbaum = Halesia
Schneegras = Chionochloa
Schneelocke = Neviusia
Schneemohn = Eomecon
Schneestolz = Chionodoxa
Schneide = Cladium
Schnurbaum = Sophora
Schöllkraut = Chelidonium
Schöllkrautmohn = Stylophorum
Schönaster = Kalimeris
Schönfaden = Callistemon
Schönfrucht = Callicarpa
Schöngesicht = Coreopsis
Schöngift = Acokanthera
Schönhäutchen = Hymenocallis
Schönhülse = Calophaca
Schönmalve = Abutilon
Schönmund = Clytostoma
Schönnessel = Eucnide
Schönorchis = Calanthe
Schönpolster = Callisia
Schönranke = Eccremocarpus
Schönulme = Euptelea
Schöterich = Erysimum
Schokoladenblume = Berlandiera
Schopflilie = Eucomis
Schopfmyrte = Lophomyrtus
Schopfpalme = Acrocomia, Corypha
Schopfteufelskralle = Physoplexis
Schotenklee = Tetragonolobus
Schraubenbaum = Pandanus
Schraubenbohne = Prosopis
Schüsselfarn = Dennstaedtia
Schuhblüte = Pedilanthus
Schuppenblatt = Lemmaphyllum
Schuppenfaden = Lobostemon
Schuppenfarn = Cheilanthes
Schuppenfichte = Athrotaxis
Schuppenheide = Cassiope
Schuppenkopf = Cephalaria
Schuppenmiere = Spergularia
Schuppenmund = Pholistoma
Schuppenried = Kobresia
Schuppenschwanz = Pholiurus
Schuppensimse = Isolepis
Schuppenwurz = Lathraea
Schusserbaum = Gymnocladus
Schusterkaktus = Epiphyllum
Schusterpalme = Aspidistra

Schwaden = Glyceria
Schwalbenwurz = Vincetoxicum
Schwammgurke = Luffa
Schwanenorchis = Cycnoches
Schwanzblume = Anthurium
Schwarzäugige Susanne = Thunbergia
Schwarzholzpalme = Normanbya
Schwarzkümmel = Nigella
Schwarzmund = Melastoma
Schwarznessel = Ballota
Schwarzwurzel = Scorzonera
Schwefelkörbchen = Urospermum
Schwefelsame = Urospermum
Schweifähre = Stachyurus
Schweifblume = Anthurium
Schwertbohne = Canavalia
Schwertelglocke = Libertia
Schwertfarn = Nephrolepis
Schwertlilie = Iris
Schwertpflanze = Echinodorus
Schwimmfarn = Salvinia
Schwimmlöffel = Luronium
Schwingel = Festuca
Schwingellolch = × Festulolium
Schwingelschilf = Scolochloa
Scilla = Scilla
Seebeere = Haloragis
Seebinse = Schoenoplectus
Seefeige = Erepsia
Seegras = Zostera
Seeheide = Frankenia
Seeigelkaktus = Echinopsis
Seekanne = Nymphoides
Seerose = Nymphaea
Seetraube = Coccoloba
Segge = Carex
Seide = Cuscuta
Seidelbast = Daphne
Seidenakazie = Albizia
Seidenpflanze = Asclepias
Seidenwollbaum = Bombax
Seidenwurmdorn = Cudrania
Seifenbaum = Sapindus
Seifenbusch = Porlieria
Seifenkraut = Saponaria
Seifenspiere = Quillaja
Seifenstrauch = Clidemia
Seilginster = Chordospartium
Sellerie = Apium
Senf = Sinapis
Senna = Cassia, Senna
Sesam = Sesamum
Sesbanie = Sesbania
Sesel = Seseli
Seychellennuss = Lodoicea
Sibthorpie = Sibthorpia
Sichelblattorchidee = Arpophyllum
Sichelmöhre = Falcaria
Sichelsalat = Rhagadiolus
Sicheltanne = Cryptomeria
Siebenstern = Trientalis
Siegesbeckie = Sigesbeckia

Siegwurz = Gladiolus
Signalgras = Brachiaria
Signalstrauch = Mussaenda
Silberbaum = Leucadendron, Protea
Silberblatt = Leucophyta, Lunaria
Silberdistel = Carlina
Silbereiche = Grevillea
Silberfarn = Coniogramme, Pityrogramma
Silberginster = Argyrocytisus
Silbergras = Corynephorus
Silberhaut = Argyroderma
Silberimmortelle = Anaphalis
Silberkerze = Cimicifuga
Silberkerzenkaktus = Cleistocactus
Silberkraut = Lobularia
Silberne Strohblume = Cephalipterum
Silbernetzblatt = Fittonia
Silberpalme = Coccothrinax
Silberscharte = Jurinea
Silberwinde = Argyreia
Silge = Selinum
Simse = Scirpus
Simsenlilie = Tofieldia
Sinau = Aphanes
Sinnblume = Aeschynanthus
Sinnklee = Biophytum
Sinnpflanze = Mimosa
Skabiose = Scabiosa
Skimmie = Skimmia
Skorpionswicke = Scorpiurus
Sockenblume = Epimedium
Sodakraut = Salsola
Sode = Suaeda
Sojabohne = Glycine
Sommeraster = Callistephus
Sommerflieder = Buddleja
Sommerhyazinthe = Galtonia
Sommerjasmin = Philadelphus
Sommerwurz = Orobanche
Sommerzypresse = Bassia
Sonderkraut = Monopsis
Sonderling = Quisqualis
Sonnenauge = Heliopsis
Sonnenblume = Helianthus
Sonnenbraut = Helenium
Sonnenflügel = Helipterum
Sonnenfreund = Heliophila
Sonnenhut = Dracopsis, Rudbeckia
Sonnenkrug = Heliamphora
Sonnenröschen = Helianthemum
Sonnenschirmbaum = Firmiana
Sonnenwende = Heliotropium
Sonneratie = Sonneratia
Sorghumhirse = Sorghum
Sorvagummi = Couma
Souarinuss = Caryocar
Spaltblume = Schizanthus
Spaltglocke = Scaevola
Spaltgriffel = Schizostylis
Spalthortensie = Schizophragma
Spaltkölbchen = Schisandra

Spaltlilie = Anigozanthos
Spanische Ochsenzunge = Pentaglottis
Spanischer Oregano = Coridothymus
Spanisches Rohr = Calamus
Spargel = Asparagus
Spargelbohne = Vigna
Spargelerbse = Tetragonolobus
Spark = Spergula
Spatzenzunge = Passerina, Thymelaea
Speckbaum = Portulacaria
Speerblume = Doryanthes
Speerfarn = Doryopteris
Speergras = Aciphylla
Speichenähre = Nardostachys
Speierling = Sorbus
Spergel = Spergula
Sperlingskopf = Passerina
Sperrkraut = Polemonium
Sperrstrauch = Eurya
Spierstrauch = Spiraea
Spießtanne = Cunninghamia
Spigelie = Spigelia
Spinat = Spinacia
Spindelstrauch = Euonymus
Spinnenlilie = Lycoris
Spinnenorchidee = Arachnis
Spinnenpflanze = Cleome
Spirke = Pinus
Spitzenblume = Ardisia
Spitzhülse = Oxylobium
Spitzkiel = Oxytropis
Spitzklette = Xanthium
Spornblume = Centranthus
Spreublume = Achyranthes
Springkraut = Impatiens
Spritzgurke = Ecballium
Spulenkaktus = Peniocereus
Spurre = Holosteum
Stachelähre = Acanthostachys
Stachelbart = Centropogon
Stachelbeere = Ribes
Stachelesche = Zanthoxylum
Stachelgras = Cenchrus
Stachelgurke = Sechium
Stachelmohn = Argemone
Stachelnüsschen = Acaena
Stachelpalme = Aiphanes
Stachelseerose = Euryale
Stachelspelze = Oplismenus
Stachelträubchen = Coris
Ständelwurz = Epipactis
Stechapfel = Datura
Stechdorn = Paliurus
Stechginster = Ulex
Stechpalme = Ilex
Stechtanne = Keteleeria
Stechwinde = Smilax
Stechwurzelpalme = Cryosophila
Steckenkraut = Ferula
Steckenpalme = Rhapis
Steifgras = Catapodium
Steifhalm = Cleistogenes
Steinapfel = Osteomeles
Steinbeere = Rubus
Steinbrech = Saxifraga
Steineibe = Podocarpus
Steinfruchteiche = Lithocarpus
Steinglocke = Symphyandra
Steinklee = Melilotus
Steinkraut = Alyssum
Steinkresse = Aurinia
Steinliguster = Phillyrea
Steinlinde = Phillyrea
Steinnusspalme = Phytelephas
Steinquendel = Acinos
Steinsame = Lithodora, Lithospermum
Steinschmückel = Petrocallis
Steintäschel = Aethionema
Stendelwurz = Epipactis
Steppendistel = Morina
Steppenkerze = Eremurus
Steppenraute = Peganum
Sterkulie = Sterculia
Stern von Bethlehem = Ornithogalum
Sternanis = Illicium
Sternapfel = Chrysophyllum
Sternauge = Asteriscus
Sternbalsam = Zaluzianskya
Sternbergie = Sternbergia
Sterndolde = Astrantia
Sterngras = Hypoxis
Sternhortensie = Decumaria
Sternhyazinthe = Chionodoxa
Sternjasmin = Trachelospermum
Sternkaktus = Astrophytum
Sternlattich = Rhagadiolus
Sternmiere = Stellaria
Sternnusspalme = Astrocaryum
Sternwurz = Orostachys
Sternwurzel = Aletris
Stevie = Stevia
Stiefmütterchen = Viola
Stiefmütterchenorchidee = Miltoniopsis
Stielsamen = Scorzonera
Stiftblume = Albuca
Stinkbaum = Sterculia
Stinkeibe = Torreya
Stinkesche = Tetradium
Stinkkohl = Symplocarpus
Stinksalat = Aposeris
Stinkstrauch = Anagyris
Stinktopf = Scoliopus
Stockmalve = Althaea
Stockrose = Alcea
Stokesie = Stokesia
Storaxbaum = Styrax
Storchschnabel = Geranium
Stragel = Astragalus
Strahlenaralie = Schefflera
Strahlenfarn = Actiniopteris
Strahlengriffel = Actinidia
Strahlenpalme = Licuala
Strahlensame = Silene
Strandflieder = Limonium
Strandhafer = Ammophila
Strandling = Littorella
Strandroggen = Leymus
Strandsimse = Bolboschoenus
Straucheberesche = × Sorbaronia
Strauchehrenpreis = Hebe
Straucheiskraut = Ruschia
Straucherbse = Eutaxia
Strauchkronwicke = Emerus
Strauchmargerite = Argyranthemum
Strauchmohn = Romneya
Strauchnessel = Laportea
Strauchpalmettopalme = Serenoa
Strauchpappel = Lavatera
Strauchportulak = Portulacaria
Strauchscharte = Staehelina
Strauchstrandflieder = Limoniastrum
Strauchveronika = Hebe
Straußenfarn = Matteuccia
Straußfarn = Matteuccia
Straußgras = Agrostis
Streichkraut = Datisca
Streifenfarn = Asplenium
Streifenrinde = Plagianthus
Strelitzie = Strelitzia
Striemensame = Molopospermum
Strohblume = Helichrysum, Xerochrysum
Studentenblume = Tagetes
Studentenröschen = Parnassia
Suckowie = Succowia
Südbuche = Nothofagus
Südeiche = Lithocarpus
Südginster = Notospartium
Südseegold = Hibbertia
Südseemyrte = Leptospermum
Süßdolde = Myrrhis
Süßholz = Glycyrrhiza
Süßhülsenbaum = Prosopis
Süßklee = Hedysarum
Süßkraut = Lippia
Sumach = Rhus
Sumpfbärlapp = Lycopodiella
Sumpfbinse = Eleocharis
Sumpfblume = Limnanthes
Sumpffarn = Thelypteris
Sumpffreund = Limnophila
Sumpfkalla = Calla
Sumpfkresse = Rorippa
Sumpfkrug = Heliamphora
Sumpflieb = Limnocharis
Sumpfnelke = Helonias
Sumpfpfennigkraut = Centella
Sumpfquendel = Peplis
Sumpfschraube = Vallisneria
Sumpfstern = Swertia
Sumpfwurz = Epipactis
Sumpfzypresse = Taxodium

Surenbaum = Toona
Sutherlandie = Sutherlandia
Swainsonie = Swainsona
Tabak = Nicotiana
Tacca = Tacca
Tännel = Elatine
Tännelkraut = Kickxia
Täschelkraut = Thlaspi
Tafelblatt = Astilboides
Tagblume = Commelina
Tagetes = Tagetes
Taglilie = Hemerocallis
Tahitikastanie = Inocarpus
Taiwanie = Taiwania
Talerkürbis = Telfairia
Talgbaum = Sapium
Talipotpalme = Corypha
Tamarinde = Tamarindus
Tamariske = Tamarix
Tanne = Abies
Tannenwedel = Hippuris
Tarant = Swertia
Taschenblume = Bursaria
Taschenfarn = Dicksonia
Taschentuchbaum = Davidia
Tasmanische Iris = Diplarrhena
Tasmanische Zypresse = Diselma
Taubenbaum = Davidia
Taubenerbsenbaum = Cajanus
Taubenkropf = Cucubalus
Taubenorchis = Peristeria
Taubnessel = Lamium
Tauchsimse = Isolepis
Tauernblümchen = Lomatogonium
Tausendblatt = Myriophyllum
Tausendfrucht = Myriocarpa
Tausendgüldenkraut = Centaurium
Tazette = Narcissus
Teakholz = Tectona
Teddybärpflanze = Cyanotis
Teebaum = Leptospermum
Teerkraut = Grindelia
Teestrauch = Camellia
Teffgras = Eragrostis
Teichfaden = Zannichellia
Teichlinse = Spirodela
Teichrose = Nuphar
Teichsimse = Schoenoplectus
Telekie = Telekia
Telephie = Telephium
Tellerkraut = Claytonia
Tempelbaum = Crateva
Tempelglocke = Smithiantha
Teppichlobelie = Pratia
Teppichverbene = Phyla
Ternströmie = Ternstroemia
Teufelsabbiss = Succisa
Teufelsauge = Adonis
Teufelsblüte = Tacca
Teufelsdorn = Emex
Teufelsklaue = Huperzia

Teufelskralle = Phyteuma
Teufelspfeffer = Rauvolfia
Teufelszwirn = Lycium
Texasstern = Lindheimera
Thevetie = Thevetia
Thuja = Thuja
Thunbergie = Thunbergia
Thymian = Thymus
Tibetorchidee = Pleione
Tibouchine = Tibouchina
Tigerblume = Tigridia
Tigergras = Thysanolaena
Tigerklaue = Martynia
Tigerschlund = Faucaria
Tillandsie = Tillandsia
Timboholz = Lonchocarpus
Tintenbaum = Semecarpus
Tipubaum = Tipuana
Titanenwurz = Amorphophallus
Tithonie = Tithonia
Tohabaum = Amherstia
Tollkirsche = Atropa
Tollkraut = Scopolia
Tolmie = Tolmiea
Tomate = Lycopersicon
Tongapflanze = Epipremnum
Tonkabohne = Dipteryx
Topffruchtbaum = Lecythis
Torenie = Torenia
Torfgränke = Chamaedaphne
Totenstrauch = Tarchonanthus
Townsendie = Townsendia
Tradeskantie = Tradescantia
Tränendes Herz = Dicentra
Tränengras = Coix
Träubel = Muscari
Tragant = Astragalus
Trapp = Leontice
Traubenapfel = Rhaphiolepis
Traubendorn = Danae
Traubenhafer = Danthonia
Traubenheide = Leucothoe
Traubenhyazinthe = Muscari
Traubenkirsche = Prunus
Traubenkraut = Ambrosia
Traubenrapunzel = Asyneuma
Traubenspiere = Neillia
Trauerbambus = Otatea
Trauerbaum = Nyctanthes
Trauerblume = Diapensia
Trauerglocke = Uvularia
Trespe = Bromus
Trichterbromelie = Nidularium
Trichterfarn = Matteuccia
Trichtermalve = Malope
Trichtermelisse = Moluccella
Trichterschwertel = Dierama
Triteleie = Triteleia
Triticale = × Triticosecale
Tritome = Kniphofia
Tritonie = Tritonia
Troddelblume = Soldanella
Trogblatt = Lenophyllum

Trollblume = Trollius
Trommelschlägel = Craspedia
Trompetenbaum = Catalpa
Trompetenblume = Campsis
Trompetenstrauch = Tecoma
Trompetenwein = Bignonia, Podranea
Trompetenwinde = Campsis
Trompetenzunge = Salpiglossis
Tropeneibisch = Thespesia
Trugkölbchen = Heteranthera
Truthahnbart = Xerophyllum
Tubawurzel = Derris
Tüpfelfarn = Polypodium
Türkenglocke = Michauxia
Tulbaghie = Tulbaghia
Tulpe = Tulipa
Tulpenbaum = Liriodendron
Tulpenmohn = Hunnemannia
Tulpenorchidee = Anguloa
Tungölbaum = Vernicia
Tupelobaum = Nyssa
Turgenie = Turgenia
Ulluco = Ullucus
Ulme = Ulmus
Upasbaum = Antiaris
Urnenpflanze = Dischidia
Urundayholz = Astronium
Urweltmammutbaum = Metasequoia
Usambaraveilchen = Saintpaulia
Vaillantie = Valantia
Vallisnerie = Vallisneria
Vancouverie = Vancouveria
Vanille = Vanilla
Vanilleapfel = Annona
Vanilleblatt = Achlys
Vegetabilisches Lamm = Cibotium
Veilchen = Viola
Veilchenbusch = Browallia
Veilchenständel = Ionopsis
Veilchenstrauch = Iochroma
Veltheimie = Veltheimia
Venusfliegenfalle = Dionaea
Venuskamm = Scandix
Venusnabel = Umbilicus
Venusschuh = Paphiopedilum
Venusspiegel = Legousia
Verbene = Verbena
Verbesine = Verbesina
Vergissmeinnicht = Myosotis
Vernonie = Vernonia
Versteckblume = Cryptanthus
Vetivergras = Vetiveria
Victoria = Victoria
Vierspornbaum = Tetracentron
Vilfagras = Sporobolus
Villarsie = Villarsia
Virginiamalve = Sida
Vogelbeere = Sorbus
Vogelfuß = Ornithopus
Vogelknöterich = Polygonum
Vogelkopf = Craniolaria

Vogelmilch = Ornithogalum
Wacholder = Juniperus
Wachsbaum = Carissa
Wachsblume = Cerinthe, Hoya
Wachsglocke = Kirengeshoma
Wachskürbis = Benincasa
Wachspalme = Ceroxylon
Wachtelweizen = Melampyrum
Waid = Isatis
Walch = Aegilops
Walddickblatt = Chiastophyllum
Waldgerste = Hordelymus
Waldhyazinthe = Platanthera
Waldkaktus = Hylocereus
Waldmohn = Hylomecon
Waldrebe = Clematis
Waldsteinie = Waldsteinia
Waldvögelein = Cephalanthera
Waldwurz = Neotinea
Walnuss = Juglans
Walzenblatt = Cylindrophyllum
Wandelklee = Desmodium
Wandelröschen = Lantana
Wanzenblume = Coreopsis
Wanzenkraut = Cimicifuga
Wanzenpflanze = Roridula
Wanzensame = Corispermum
Waratahprotee = Telopea
Warzeneibe = Dacrycarpus
Warzenkaktus = Mammillaria
Warzensame = Thelesperma
Washingtonpalme = Washingtonia
Wasserähre = Aponogeton
Wasseraloe = Stratiotes
Wasserbläuling = Hydrolea
Wasserblatt = Hydrophyllum
Wasserbusch = Bossiaea
Wasserdost = Eupatorium
Wasserfalle = Aldrovanda
Wasserfarn = Bolbitis
Wasserfeder = Hottonia
Wasserfenchel = Oenanthe
Wasserfichte = Glyptostrobus
Wasserfreund = Hygrophila
Wassergirlande = Lagarosiphon
Wasserhahnenfuß = Ranunculus
Wasserhorn = Hydrocera
Wasserhyazinthe = Eichhornia
Wasserlinse = Lemna
Wassermelone = Citrullus
Wassermohn = Hydrocleys
Wassernabel = Hydrocotyle
Wassernuss = Trapa
Wasserpest = Egeria, Elodea
Wasserquirl = Hydrilla
Wasserreis = Zizania
Wassersalat = Pistia
Wasserschierling = Cicuta
Wasserschild = Brasenia
Wasserschlauch = Utricularia
Wasserschraube = Vallisneria
Wasserstern = Callitriche
Wassertrompete = Cryptocoryne

Wasserysop = Bacopa
Watsonie = Watsonia
Wau = Reseda
Wegerich = Plantago
Wegrauke = Sisymbrium
Wegwarte = Cichorium
Weichkraut = Mollugo
Weichorchis = Malaxis
Weichsel = Prunus
Weichwurz = Hammarbya
Weide = Salix
Weidelgras = Lolium
Weidelilie = Chortolirion
Weidenmyrte = Agonis
Weidenröschen = Epilobium
Weiderich = Lythrum
Weigelie = Weigela
Weihnachtsbeere = Chironia
Weihnachtsglöckchen = Blandfordia
Weihnachtskaktus = Schlumbergera
Weihrauchbaum = Boswellia
Weihrauchzeder = Calocedrus
Weinbeere = Aristotelia
Weinpalme = Raphia
Weinrebe = Vitis
Weintraube = Vitis
Weißbecher = Nierembergia
Weißdorn = Crataegus
Weißdornmispel = × Crataemespilus
Weiße Sapote = Casimiroa
Weißfaden = Leucaena
Weißgummibaum = Bursera
Weißmiere = Moenchia
Weißnessel = Cnidoscolus
Weißwurz = Polygonatum
Weißzüngel = Pseudorchis
Weizen = Triticum
Weldenie = Weldenia
Wellingtonie = Sequoiadendron
Welwitschie = Welwitschia
Wendelähre = Spiranthes
Wendich = Calepina
Wermut = Artemisia
Wetterdistel = Carlina
Wicke = Vicia
Wickenstrauch = Podalyria
Widerbart = Epipogium
Widerstoß = Limonium
Wiesenhafer = Helictotrichon
Wiesenknöterich = Bistorta
Wiesenknopf = Sanguisorba
Wiesenraute = Thalictrum
Wiesensilge = Silaum
Wigandie = Wigandia
Wilder Wein = Parthenocissus
Wildreis = Zizania
Wimpernfarn = Woodsia
Windblume = Zephyranthes
Winde = Convolvulus
Windendes Löwenmaul = Maurandya
Windhalm = Apera
Windmohn = Stylomecon

Windröschen = Anemone
Winteraster = Chrysanthemum
Winterbeere = Heteromeles, Ilex
Winterblatt = Shortia
Winterblüte = Chimonanthus
Wintergrün = Moneses, Pyrola
Winterlieb = Chimaphila
Winterling = Eranthis
Winterrinde = Cinnamodendron, Drimys
Wirbeldost = Clinopodium
Wisterie = Wisteria
Witwenblume = Knautia
Wohlverleih = Arnica
Wolfsauge = Anchusa
Wolfsbeere = Symphoricarpos
Wolfsbohne = Lupinus
Wolfshut = Aconitum
Wolfsmilch = Chamaesyce, Euphorbia
Wolfsschwertel = Hermodactylus
Wolfstrapp = Lycopus
Wollampfer = Eriogonum
Wollbaum = Chorisia
Wollblatt = Eriophyllum
Wollemikiefer = Wollemia
Wollfadenraute = Eriostemon
Wollfruchtkaktus = Ariocarpus
Wollgras = Eriophorum
Wollknöterich = Eriogonum
Wollkopf = Eriocephalus
Wollkraut = Verbascum
Wollmispel = Eriobotrya
Wollstängel = Eriocaulon
Wombatbeere = Eustrephus
Wucherblume = Glebionis, Tanacetum, Xanthophthalmum
Wüstenginster = Templetonia
Wüstenlimette = Eremocitrus
Wüstenmargerite = Baileya
Wüstenrose = Adenium
Wüstenweide = Chilopsis
Wulfenie = Wulfenia
Wunderbaum = Ricinus
Wunderbeere = Synsepalum
Wunderblume = Mirabilis
Wunderstrauch = Codiaeum
Wundklee = Anthyllis
Wurmlattich = Helmintotheca
Yamsbohne = Pachyrhizus
Yamswurzel = Dioscorea
Ylang-Ylangbaum = Cananga
Yohimbe = Pausinystalia
Ysander = Pachysandra
Ysop = Hyssopus
Zachunbaum = Balanites
Zackenschötchen = Bunias
Zahnbaum = Balanites
Zahnlilie = Erythronium
Zahntrost = Odontites
Zahnwurz = Cardamine
Zapfenblume = Strobilanthes
Zapfenkopf = Leuzea

Zapfennuss = Platycarya
Zartschötchen = Hymenolobus
Zauberglöckchen = Calibrachoa
Zaubernuss = Hamamelis
Zaunlilie = Anthericum
Zaunrübe = Bryonia
Zaunwinde = Calystegia
Zeder = Cedrus
Zederachbaum = Melia
Zedrele = Cedrela
Zehrwurz = Colocasia
Zeiland = Cneorum
Zeitlose = Colchicum
Zelkove = Zelkova
Zelkowe = Zelkova
Zenobie = Zenobia
Zephirblume = Zephyranthes
Zickzackpflanze = Decaryia
Zierbanane = Ensete
Zierquitte = Chaenomeles
Zierspark = Telephium
Ziest = Stachys
Zimbelkraut = Cymbalaria
Zimmeraralie = Fatsia
Zimmerhafer = Billbergia
Zimmerhopfen = Justicia
Zimmerimmergrün = Catharanthus
Zimmerkalla = Zantedeschia
Zimmerlinde = Sparrmannia
Zimmerrebe = Cissus

Zimmertanne = Araucaria
Zimtapfel = Annona
Zimtbaum = Cinnamomum
Zimterle = Clethra
Zimtlorbeer = Cinnamomum
Zimtrindenbaum = Canella
Zindelkraut = Cicendia
Zinerarie = Cineraria, Pericallis
Zinnie = Zinnia
Zirmet = Tordylium
Zistrose = Cistus
Zitrone = Citrus
Zitronellagras = Cymbopogon
Zitronengras = Cymbopogon
Zitronenstrauch = Aloysia
Zittergras = Briza
Zuckerpalme = Arenga
Zuckerrohr = Saccharum
Zügelständel = Habenaria
Zürgelbaum = Celtis
Zulukartoffel = Bowiea
Zungenblatt = Glottiphyllum
Zungenfarn = Elaphoglossum
Zungenständel = Serapias
Zweiblatt = Listera
Zweiflügelfruchtbaum = Dipterocarpus
Zweizahn = Bidens
Zwenke = Brachypodium
Zwergalpenrose = Rhodothamnus

Zwergbambus = Sasa
Zwergbleiwurz = Plumbagella
Zwergflachs = Radiola
Zwerggänsekresse = Schivereckia
Zwergginster = Chamaecytisus
Zwerggras = Mibora
Zwerglebensbaum = Microbiota
Zwerglöwenmaul = Chaenorhinum
Zwerglorbeer = Kalmiopsis
Zwergmaßliebchen = Bellium
Zwergmispel = Cotoneaster
Zwergölbaum = Cneorum
Zwergorange = Fortunella
Zwergorchis = Chamorchis
Zwergpalme = Chamaerops
Zwergpalmfarn = Microcycas
Zwergpfeffer = Peperomia
Zwergsonnenblume = Helianthella
Zwergständel = Chamorchis
Zwergstrobe = Microstrobos
Zwergwasserlinse = Wolffia
Zwetsche = Prunus
Zwetschge = Prunus
Zwiebel = Allium
Zwiebelblatt = Bulbophyllum
Zwillingsblatt = Jeffersonia
Zylinderputzer = Callistemon
Zypergras = Cyperus
Zypresse = Cupressus
Zypressenkiefer = Callitris

IX Englische Pflanzennamen / Vernacular plant names

In addition to numerous monographs, the following works in particular have been used as sources for English plant names: BRICKELL, C. (ed.) (1996), GRIFFITHS, M. (1994), STACE, C. (1999), WIERSEMA, J. H. & LEÓN, B. (1999), and other English-language floras.

In the above-named sources, the respective written form of the English vernacular names is as follows: with an initial upper-case letter and without a hyphen between the word components; exclusively in upper case; with initial upper-case letter and with a hyphen between the word components; and with lower-case letters and hyphen between the word components of the generic name. Hence, how English vernacular names are applied is ultimately the user's preference.

Abelia = Abelia
Abraham = Trachystemon
Acalbir = Datisca
Adam's Laburnum =
   + Laburnocytisus
Adder's-Tongue = Ophioglossum
African Cherry Orange = Citropsis
African Cypress = Widdringtonia
African Daisy = Arctotis
African Hairbell = Dierama
African Hemp = Sparrmannia
African Lily = Agapanthus
African Oak = Lophira
African Tulip = Spathodea
African Valerian = Fedia
African Violet = Saintpaulia
Agrimony = Agrimonia
Air Plant = Tillandsia
Akee = Blighia
Alder = Alnus
Alder Buckthorn = Frangula
Alexanders = Smyrnium
Alexandrian Laurel = Danae
Alison = Alyssum
Alkali Grass = Puccinellia
Alkanet = Alkanna, Anchusa
Allamanda = Allamanda
Allspice = Pimenta
Almond = Prunus
Aloe = Aloe
Alpine Azalea = Loiseleuria
Alpine Chrysanthemum =
   Leucanthemopsis
Alpine Clubmoss = Diphasiastrum
Alpine Forget-me-not = Eritrichium
Alpine Saw Wort = Saussurea
Altar Lily = Zantedeschia
Amaranth = Amaranthus
Amazon Lily = Eucharis
Anacyclus = Anacyclus
Anchor Plant = Colletia
Andelmin = Andira
Anemone = Anemone
Angel Wings = Caladium
Angel's Trumpet = Brugmansia
Angelica Tree = Aralia

Angelim = Andira
Angostura = Galipea
Anise Tree = Illicium
Annatto = Bixa
Annual Mallow = Malope
Antelope Bush = Purshia
Apache Plume = Fallugia
Apple = Malus
Apple Berry = Billardiera
Apple of Peru = Nicandra
Apricot = Prunus
Arar Tree = Tetraclinis
Archangel = Angelica
Arctic Chrysanthemum =
   Arctanthemum
Argantree = Argania
Argus Pheasant Tree =
   Dracontomelon
Arrow Arum = Peltandra
Arrow Wood = Viburnum
Arrowgrass = Triglochin
Arrowhead = Sagittaria
Artillery Plant = Pilea
Arum Lily = Zantedeschia
Asarabacca = Asarum
Ashe = Fraxinus
Asiatic Poppy = Meconopsis
Asparagus = Asparagus
Aspen = Populus
Asphodel = Asphodelus
Aster = Aster
Athamanta = Athamanta
Aubrietia = Aubrieta
Australia Chestnut =
   Castanospermum
Australian Heath = Epacris
Australian Mint Bush = Prostanthera
Australian Pea = Dipogon
Australian Pine = Casuarina
Australian Pitcher Plant =
   Cephalotus
Autumn Crocus = Colchicum
Autumn Daffodil = Sternbergia
Autumn Oxeye = Leucanthemella
Avens = Geum
Avocado = Persea

Awlwort = Subularia
Azalea = Rhododendron
Babassu Palm = Orbignya
Baboon Flower = Babiana
Baby's Breath = Gypsophila
Baby's Tears = Soleirolia
Bael Tree = Aegle
Balloon Flower = Platycodon
Balloon Pea = Sutherlandia
Balloon Vine = Cardiospermum
Balm = Melissa
Balsa = Ochroma
Balsam = Impatiens, Myroxylon
Balsam Apple = Clusia
Bamboo = Bambusa
Bamboo Fern = Coniogramme
Bamboo Grass = Chasmanthium
Banana = Musa
Baneberry = Actaea
Banksia = Banksia
Bar-Room Plant = Aspidistra
Barbados Cherry = Malpighia
Barbara's Herb = Barbarea
Barbel Palm = Acanthophoenix
Barberry = Berberis
Barleria = Barleria
Barley = Hordeum
Bartsia = Bartsia, Odontites
Basil = Ocimum
Basket Gras = Oplismenus
Basket Plant = Aeschynanthus,
   Episcia
Bastard Agrimony = Aremonia
Bastard Balm = Melittis
Bat Flower = Tacca
Bay = Laurus
Beach Fern = Phegopteris
Beach Grass = Ammophila
Beadplant = Nertera
Beak Sedge = Rhynchospora
Bean = Phaseolus, Vicia
Bean Tree = Laburnum
Bear Grass = Dasylirion,
   Xerophyllum
Bear's Breeches = Acanthus
Bearberry = Arctostaphylos

Beard Grass = Andropogon, Bothriochloa, Polygopon
Beauty Bush = Kolkwitzia
Bedstraw = Galium
Beebalm = Monarda
Beech = Fagus
Beefwood = Casuarina
Beet = Beta
Beggarweed = Desmodium
Begonia = Begonia
Bell Vine = Rhodochiton
Belladonna Lily = Amaryllis
Bellflower = Campanula
Bellwort = Uvularia
Bent Grass = Agrostis
Bentinck's Palm = Bentinckia
Bermuda Grass = Cynodon
Berry Catchfly = Cucubalus
Betony = Stachys
Bilberry = Vaccinium
Billbergia = Billbergia
Billy Buttons = Craspedia
Bindweed = Calystegia
Birch = Betula
Bird of Paradise = Strelitzia
Bird's Eye = Veronica
Bird's Eye Bush = Ochna
Bird's Foot = Ornithopus
Bird's Nest = Monotropa
Bird's Nest Orchid = Neottia
Bird's-Nest Bromeliad = Nidularium
Birthwort = Aristolochia
Bishop's Cap = Mitella
Bishop's Head = Epimedium
Bishop's Mitre = Epimedium
Bissaba Palm = Attalea
Bitter Cress = Cardamine
Bitter Cucumber = Momordica
Bitter Orange = Poncirus
Bitter Peas = Daviesia
Bitter Wood = Lonchocarpus
Bitterroot = Lewisia
Bittersweet = Celastrus
Bitterwood = Quassia
Black Bryony = Tamus
Black Palm = Normanbya
Blackroot = Veronicastrum
Bladder Fern = Cystopteris
Bladder Senna = Colutea
Bladdernut = Staphylea
Bladderwort = Utricularia
Blanketflower = Gaillardia
Blazing Star = Chamaelirium
Bleeding Heart = Dicentra
Blessed Thistle = Cnicus
Blink = Montia
Blood Berry = Rivina
Blood Flower = Scadoxus
Blood Lily = Haemanthus
Bloodroot = Sanguinaria
Bloodwood Tree = Haematoxylum
Blowballs = Taraxacum
Blue Amaryllis = Worsleya

Blue Corn Lily = Aristea
Blue Cupidone = Catananche
Blue Daisy = Felicia
Blue Heath = Phyllodoce
Blue Margeruite = Felicia
Blue Oxalis = Parochetus
Blue Sowthistle = Cicerbita
Blue Star = Amsonia
Blue Stem = Andropogon, Dichanthium, Schizachyrium
Blue-eyed Grass = Sisyrinchium
Bluebeard = Caryopteris
Bluebell = Hyacinthoides, Mertensia, Phacelia
Blueberry = Vaccinium
Bluets = Hedyotis, Houstonia
Blush Wort = Aeschynanthus
Boerboon = Schotia
Bog Arum = Calla
Bog Asphodel = Narthecium
Bog Myrtle = Myrica
Bog Orchid = Hammarbya
Bog Rosemary = Andromeda
Bog Rush = Schoenus
Bogbean = Menyanthes
Boldo = Peumus
Bonnet Bellflower = Codonopsis
Borage = Borago
Boronia = Boronia
Botlebrush = Beaufortia
Bottle Gourd = Lagenaria
Bottle Palm = Hyophorbe
Bottle Tree = Brachychiton
Bottle-Brush Bush = Callistemon
Bottle-Brush Grass = Hystrix
Bottlebrush = Greyia
Bottlebrush Orchid = Arpophyllum
Bougainvillea = Bougainvillea
Bouvardia = Bouvardia
Bower Plant = Pandorea
Bowstring Hemp = Sansevieria
Box = Buxus
Bracken = Pteridium
Brake = Pteridium
Bramble = Rubus
Brazil Nut = Bertholletia
Breadfruit = Artocarpus, Treculia
Brid's Foot Trefoil = Lotus
Bridal Wreath = Francoa
Bridewort = Spiraea
Bristle Grass = Setaria
Broadleaf = Griselinia
Brome = Bromus
Bromelia = Bromelia
Bronvaux Medlar =
+ Crataegomespilus
Brookweed = Samolus
Broom = Cytisus
Broomrape = Orobanche
Brunsvigia = Brunsvigia
Bryony = Bryonia
Buck's Beard = Aruncus
Buckthorn = Rhamnus

Buckwheat = Fagopyrum
Buffalo Berry = Shepherdia
Buffalo Gras = Buchloe
Buffalo Grass = Stenotaphrum
Buffalo Nut = Pyrularia
Bugbane = Cimicifuga
Bugle = Ajuga
Bugle Iris = Watsonia
Bugloss = Echium
Bugseed = Corispermum
Bullwort = Ammi
Bulrush = Typha
Bunchflower = Melanthium
Bunga = Pinanga
Bur Clover = Medicago
Bur Cucumber = Sicyos
Bur Forget-me-not = Lappula
Bur Grass = Tragus
Bur Marigold = Bidens
Burdock = Arctium
Burnet = Sanguisorba
Burnet Saxifrage = Pimpinella
Burnweed = Erechtites
Burr Reed = Sparganium
Bush Clover = Kummerowia, Lespedeza
Bush Honeysuckle = Diervilla
Bush Nettle = Laportea
Bush Pea = Eutaxia
Bush Violet = Browallia
Busy Lizzie = Impatiens
Butcher's Broom = Ruscus
Butterbur = Petasites
Buttercup = Ranunculus
Butterfly Bush = Buddleja
Butterfly Flower = Schizanthus
Butterfly Orchid = Platanthera
Butterfly Pea = Centrosema, Clitoria
Butternut = Caryocar
Buttertree = Madhuca
Butterwort = Pinguicula
Button Cactus = Epithelantha
Button Snake Root = Liatris
Buttonbush = Cephalanthus
Buttonweed = Cotula
Byfield Fern = Bowenia
Cabbage = Brassica
Cabbage Tree = Cordyline, Cussonia
Cacao = Theobroma
Calabar Bean = Physostigma
Calabash Nutmeg = Monodora
Calabash Tree = Crescentia
Calamint = Acinos, Calamintha, Clinopodium
Calandrina = Calandrinia
California Bay = Umbellularia
California Laurel = Umbellularia
California Lilac = Ceanothus
California Tree Poppy = Romneya
Californian Lobelia = Downingia
Californian Poppy = Eschscholzia
Calypso = Calypso
Camass = Camassia

Camel Thorn = Alhagi
Camellia = Camellia
Camphor Tree = Cinnamomum
Campion = Silene
Camwood = Baphia
Canary Grass = Phalaris
Canary Island Bellflower = Canarina
Candle Tree = Parmentiera
Candlenut Tree = Aleurites
Candytuft = Iberis
Cane Reed = Arundinaria
Canna Lily = Canna
Cape Chestnut = Calodendrum
Cape Cowslip = Lachenalia
Cape Figwort = Phygelius
Cape Honeysuckle = Tecomaria
Cape Lily = Crinum
Cape Myrtle = Phylica
Cape Primerose = Streptocarpus
Cape Stock = Heliophila
Caper = Capparis
Caranda Palm = Copernicia
Caraway = Carum
Cardamom = Amomum, Elettaria
Carline Thistle = Carlina
Carnation = Dianthus
Carpetweed = Mollugo
Carrion Flower = Stapelia
Carrot = Daucus
Cashew = Anacardium
Cassava = Manihot
Castor Oil Plant = Ricinus
Cat Mint = Nepeta
Cat's Ears = Antennaria, Hypochaeris
Cat's Tail = Acalypha, Phleum
Catalpa = Catalpa
Catchfly = Silene
Caterpillar Fern = Scyphularia
Caterpillar Plant = Scorpiurus
Catjang Pea = Cajanus
Catkin Yew = Amentotaxus
Caucasian Crosswort = Phuopsis
Cedar = Cedrus
Celandine Poppy = Stylophorum
Celery Pine = Phyllocladus
Centaury = Centaurium
Century Plant = Agave
Chaco = Sechium
Chain Fern = Woodwardia
Chalice Vine = Solandra
Chamois Cress = Pritzelago
Chamomile = Anthemis, Chamaemelum
Chastetree = Vitex
Chayote = Sechium
Cherry = Prunus
Cherry Mahogany = Tieghemella
Chervil = Anthriscus, Chaerophyllum
Chestnut = Castanea
Chick Pea = Cicer

Chickweed = Moenchia, Stellaria, Trientalis
Chicory = Cichorium
Chigaya = Imperata
Chile Bells = Lapageria
Chilean Cedar = Austrocedrus
Chilean Crocus = Tecophilaea
Chilean Iris = Libertia
Chilean Nut = Gevuina
China Aster = Callistephus
China Berry = Melia
China Fir = Cunninghamia
Chinese Arborvitae = Platycladus
Chinese Bellflower = Platycodon
Chinese Foxglove = Rehmannia
Chinese Ground Orchid = Bletilla
Chinese Hat Plant = Holmskioldia
Chinese Lantern Lily = Sandersonia
Chinese Olive = Canarium
Chinese Quince = Pseudocydonia
Chinese Ragwort = Sinacalia
Chinese Swamp Cypress = Glyptostrobus
Chinese Windmill Palm = Trachycarpus
Chinquapin = Castanopsis
Chocolate Vine = Akebia
Chokeberry = Aronia
Christ's Thorn = Paliurus
Christmas Bells = Blandfordia
Christmas Berry = Chironia, Heteromeles, Photinia
Christmas Palm = Veitchia
Cineraria = Cineraria, Pericallis
Cinnamon = Cinnamomum
Cinquefoil = Potentilla
Citrange = × Citroncirus
Claw Fern = Onychium
Clematis = Clematis
Cliff Brake = Pellaea
Cliffbush = Jamesia
Climbing Butcher's Broom = Semele
Climbing Dahlia = Hidalgoa
Climbing Hydrangea = Decumaria
Climbing Lily = Gloriosa, Littonia
Climbing Onion = Bowiea
Clover = Trifolium
Club Rush = Isolepis, Schoenoplectus
Clubmoss = Lycopodium
Cluster Bean = Cyamopsis
Cluster Lily = Brodiaea
Coastal Redwood = Sequoia
Cobaiba = Copaifera
Cobra Lily = Arisaema, Chasmanthe, Darlingtonia
Coca = Erythroxylum
Cock's Foot = Dactylis
Cocklebur = Agrimonia, Xanthium
Cockscomb = Celosia
Cockspur = Echinochloa
Coco Plum = Chrysobalanus
Coconut = Cocos

Coffee = Coffea
Cola = Cola
Coleus = Solenostemon
Colic Root = Aletris
Collomia = Collomia
Colt's Foot = Homogyne
Coltsfoot = Tussilago
Columbine = Aquilegia
Colville's Glory = Colvillea
Comfrey = Symphytum
Condorvine = Marsdenia
Cone Flower = Echinacea
Coneflower = Rudbeckia
Copal = Hymenaea
Copperleaf = Acalypha, Alternanthera
Coral Bell = Heuchera
Coral Drops = Bessera
Coral Necklace = Illecebrum
Coral Pea = Hardenbergia, Kennedia
Coral Plant = Berberidopsis
Coral Tree = Erythrina
Coral Vine = Antigonon
Coral Wood = Adenanthera
Coralroot Orchid = Corallorhiza
Cord Grass = Spartina
Coriander = Coriandrum
Corktree = Phellodendron
Corn Lily = Ixia
Corncockle = Agrostemma
Cornel = Cornus
Cornsalad = Valerianella
Corydalis = Corydalis
Cotoneaster = Cotoneaster
Cotton = Gossypium
Cotton Grass = Eriophorum
Cotton Weed = Otanthus
CottonThistle = Onopordum
Cottonweed = Froelichia
Couch = Elymus
Cow Tree = Brosimum
Cow Wheat = Melampyrum
Cowbane = Cicuta
Cowherb = Vaccaria
Cowslip = Primula
Crab Grass = Panicum
Crabwood = Carapa
Cradle Orchid = Anguloa
Cranberry = Vaccinium
Crane's Bill = Geranium
Crape Myrtle = Lagerstroemia
Crazy Weed = Oxytropis
Cream Cup = Platystemon
Creeping Lady's Tresses = Goodyera
Creeping Snapdragon = Asarina
Creeping Zinnia = Sanvitalia
Crepe Fern = Todea
Crocus = Crocus
Crossflower = Chorispora
Crosswort = Crucianella
Croton = Codiaeum, Croton
Crowberry = Corema, Empetrum
Crowfoot = Ranunculus

Crown Beard = Verbesina
Crown Daisy = Glebionis, Xanthophthalmum
Crown Vetch = Securigera
Cucumber = Cucumis
Cucumber Tree = Averrhoa
Cucumer Root = Medeola
Cudweed = Filago, Gnaphalium
Cumin = Cuminum
Cup and Saucer Vine = Cobaea
Cupflower = Nierembergia
Curly Water Thyme = Lagarosiphon
Currant = Ribes
Cushion Bush = Leucophyta
Custard Apple = Annona
Cut Grass = Leersia
Cycad = Cycas, Encephalartos
Cypress = Cupressus
Cypress-Pine = Callitris
Dacryberry = Dacrycarpus
Daffodil = Narcissus
Daggerpod = Phoenicaulis
Dahlia = Dahlia
Daisy = Bellis
Daisy Bush = Olearia
Dame's Violet = Hesperis
Dandelion = Taraxacum
Daphne = Daphne
Darling Pea = Swainsona
Date Palm = Phoenix
Day Lily = Hemerocallis
Dayflower = Commelina
Dead Nettles = Lamium
Deadly Nightshade = Atropa
Death Camas = Zigadenus
Deer Grass = Rhexia
Deergrass = Trichophorum
Desert Candle = Eremurus
Desert Lime = Eremocitrus
Desert Marigold = Baileya
Desert Rose = Adenium
Desert Willow = Chilopsis
Deutsia = Deutzia
Devil Pepper = Rauvolfia
Devil Wood = Osmanthus
Devil's Bit Scabious = Succisa
Devil's Claw = Ibicella, Martynia, Proboscidea
Devil's Club = Oplopanax
Devil's Ivy = Epipremnum
Devil's Thorn = Emex
Devil's Tongue = Amorphophallus
Dewplant = Lampranthus
Dill = Anethum
Ditch Stonecrop = Penthorum
Dittany = Dictamnus
Djave = Baillonella
Dock = Rumex
Dodder = Cuscuta
Dog Fennel = Anthemis
Dog Grass = Agropyron
Dog's Tail = Cynosurus
Dog's Tooth Violet = Erythronium

Dogbane = Apocynum
Dogwood = Cornus, Piscidia
Double Coconut = Lodoicea
Doum Plam = Hyphaene
Dove Orchid = Peristeria
Dove Tree = Davidia
Down-Tree = Ochroma
Dragon Arum = Dracunculus
Dragon Flower = Huernia
Dragon Tree = Dracaena
Dragon's Blood Palm = Daemonorops
Dragon's Head = Dracocephalum
Dragon's Mouth = Helicodiceros, Horminum
Dragon's Teeth = Tetragonolobus
Drop Tongue = Schismatoglottis
Dropseed = Sporobolus
Dropwort = Filipendula
Drum Sticks = Isopogon
Duckweed = Lemna
Dumb Cane = Dieffenbachia
Dwarf Pine = Microstrobos
Dwarf Snapdragon = Chaenorhinum
Earth Star = Cryptanthus
Eastern Horned Poppies = Dicranostigma
Ebony = Diospyros
Echeveria = Echeveria
Edelweiss = Leontopodium
Eel Grass = Vallisneria
Eelgrass = Zostera
Egg Fruit = Pouteria
Eggplant = Solanum
Elder = Sambucus
Elephant Bush = Portulacaria
Elephant Ears = Bergenia
Elephant's Apple = Dillenia, Limonia
Elephant's Ear = Caladium, Enterolobium
Elephant's-Ear Plant = Alocasia
Elephantwood = Bolusanthus
Elk Grass = Xerophyllum
Elkhorn Fern = Platycerium
Elm = Ulmus
Elsholtzia = Elsholtzia
Enchanter's Nightshade = Circaea
Epaulette Tree = Pterostyrax
Esthwaite Waterweed = Hydrilla
Evening Primrose = Oenothera
Everglades Palm = Acoelorrhaphe
Evergreen Laburnum = Piptanthus
Everlasting Flower = Helichrysum
Eyebright = Euphrasia
Fairy Bells = Disporum
Fairy Foxglove = Erinus
Fairy Lily = Chlidanthus
False Acacia = Robinia
False Anemone = Anemonopsis
False Asphodel = Tofieldia
False Brome = Brachypodium
False Buck's Beard = Astilbe
False Camellia = Stewartia

False Chamomile = Boltonia
False Cypress = Chamaecyparis
False Dayflower = Tinantia
False Dragon Head = Physostegia
False Fennel = Ridolfia
False Garlic = Nothoscordum
False Indigo = Baptisia
False Indogo = Amorpha
False Lupin = Thermopsis
False Mallow = Sidalcea, Sphaeralcea
False Mitrewort = Tiarella
False Myrtle = Anamirta
False Nettle = Boehmeria
False Oat Grass = Arrhenatherum
False Olive = Elaeodendron
False Rosemary = Conradina
False Rue Anemone = Isopyrum
False Salomon's Seal = Smilacina
False Sedge = Kobresia
False Spiraea = Sorbaria
False Vervain = Stachytarpheta
Fameflower = Talinum
Fan Fern = Sticherus
Fan Palm = Livistona, Trachycarpus
Farewell to Spring = Clarkia
Fatsi = Fatsia
Feather Grass = Stipa
Felt Fern = Pyrrosia
Felwort = Gentianella, Swertia
Fen Orchid = Liparis
Fennel = Foeniculum
Fennel Flower = Nigella
Fenugreek = Trigonella
Fern Grass = Catapodium
Fern Palm = Dioon
Fern-leaf Aralia = Polyscias
Fescue = Festuca, Vulpia
Feverwort = Triosteum
Fiddleneck = Amsinckia
Field Bindweed = Convolvulus
Field Madder = Sherardia
Field Scabious = Knautia
Fiesta Flower = Pholistoma
Fig = Ficus
Figwort = Scrophularia
Filmy Fern = Hymenophyllum
Finger Grass = Chloris, Digitaria, Paspalum
Finger Lime = Microcitrus
Fir = Abies
Fir Clubmoss = Huperzia
Fire Bush = Embothrium, Hamelia
Fire Lily = Cyrtanthus
Firebush = Streptosolen
Firethorn = Pyracantha
Fishtail Palm = Caryota
Fishwort = Houttuynia
Five Finger = Potentilla
Flag = Iris
Flamboyant = Peltophorum
Flame Lily = Pyrolirion
Flame Nettle = Solenostemon

Flame Pea = Chorizema
Flame Tree = Delonix
Flamingo Flower = Anthurium
Flannel Bush = Fremontodendron
Flat Sedge = Blysmus
Flax = Linum
Flax Lily = Dianella
Fleabane = Conyza, Dittrichia, Erigeron, Inula, Pulicaria
Fleawort = Tephroseris
Flixweed = Descurainia
Floating Fern = Ceratopteris, Salvinia
Floating Heart = Nymphoides
Floating Water Plantain = Luronium
Florist's Chrysanthemum = Chrysanthemum
Florist's Cineraria = Pericallis
Florist's Gloxinia = Sinningia
Floss Silktree = Chorisia
Flossflower = Ageratum
Flowering Fern = Anemia
Flowering Maple = Abutilon
Flowering Quince = Chaenomeles
Flowering Rush = Butomus
Flowering Stones = Lithops
Fluellen = Kickxia
Foam Flower = Tiarella
Foliage Flower = Phyllanthus
Foll's Parsley = Aethusa
Fontanesia = Fontanesia
Forest Poppy = Hylomecon
Forget-me-not = Myosotis
Fork Fern = Psilotum
Forsythia = Forsythia
Fountain Bamboo = Fargesia, Yushania
Fountain Grass = Pennisetum
Fox Nuts = Euryale
Foxglove = Digitalis
Foxglove Tree = Paulownia
Foxtail Grass = Alopecurus
Foxtail Lily = Eremurus
Foxtail Orchid = Rhynchostylis
Fragrant Orchid = Gymnadenia
Frangipani = Plumeria
Franklin Tree = Franklinia
Freesia = Freesia
French Oat Grass = Gaudinia
Fringe Flower = Thysanotus
Fringe Lily = Thysanotus
Fringe Tree = Chionanthus
Fringecup = Tellima
Fringed Water Lily = Nymphoides
Fritillary = Fritillaria
Frog Orchid = Coeloglossum
Frog's Lettuce = Groenlandia
Frogbit = Hydrocharis
Frogfruit = Phyla
Fuchsia = Fuchsia
Fumitory = Fumaria
Furze = Ulex
Fustic = Chlorophora

Galingale = Cyperus
Gallant Soldier = Galinsoga
Gardenia = Gardenia
Garland Lily = Hedychium
Garlic = Allium
Garlic Mustard = Alliaria
Gay Feather = Liatris
Genipap = Genipa
Gentian = Gentiana
Geranium = Pelargonium
German Ivy = Delairea
Germander = Teucrium
Gesneria = Gesneria
Ghost Orchid = Epipogium
Giant Bellflower = Ostrowskia
Giant Fennel = Ferula
Giant Lily = Cardiocrinum
Giant Mallow = Hibiscus
Giant Reed = Arundo
Giant Rhubarb = Gunnera
Giant Scabious = Cephalaria
Giant Water Lily = Victoria
Giboshi = Hosta
Gillyflower = Matthiola
Gily Flower = Gilia
Ginger = Zingiber
Ginger Lily = Alpinia, Hedychium
Ginkgo = Ginkgo
Ginseng = Panax
Gladiolus = Gladiolus
Glasswort = Salicornia
Globe Amaranth = Gomphrena
Globe Artichoke = Cynara
Globe Daisy = Globularia
Globe Mallow = Sphaeralcea
Globe Thistle = Echinops
Globe Tulip = Calochortus
Globeflower = Trollius
Glory Bush = Tibouchina
Glory Flower = Eccremocarpus
Glory Lily = Gloriosa
Glory of the Snow = Chionodoxa
Glory Pea = Clianthus
Gloxinia = Gloxinia
Goat Grass = Aegilops
Goat Nut = Simmondsia
Goat's Beard = Aruncus, Tragopogon
Goat's Rue = Galega
Godetia = Clarkia
Gold Farn = Pityrogramma
Gold of Pleasure = Camelina
Gold Threat = Coptis
Gold-and-Silver Chrysanthemum = Ajania
Golden Aster = Chrysopsis
Golden Chinkapin = Chrysolepis
Golden Club = Orontium
Golden Dog's Tail = Lamarckia
Golden Knee = Chrysogonum
Golden Larch = Pseudolarix
Golden Polypody = Phlebodium
Golden Rain = Laburnum

Golden Rain Tree = Koelreuteria
Golden Saxifrage = Chrysosplenium
Golden Seal = Hydrastis
Golden Thistle = Scolymus
Goldenrod = Solidago
Goldenstars = Bloomeria
Goldilock = Chrysocoma
Gooseberry = Ribes
Goosefoot = Chenopodium
Gorse = Ulex
Goutweed = Aegopodium
Governor's Plum = Flacourtia
Grama Grass = Bouteloua
Grandilla = Passiflora
Granny's Bonnet = Aquilegia
Grape Hyacinth = Muscari
Grape Ivy = Cissus
Grape Vine = Vitis
Grapefruit = Citrus
Grapple Plant = Harpagophytum
Grass of Parnassus = Parnassia
Grass Widow = Olsynium
Grassy Bells = Edraianthus
Great Fen Sedge = Cladium
Great Forget-me-not = Brunnera
Great Pignut = Bunium
Greater Celadine = Chelidonium
Greater Duckweed = Spirodela
Greek Clover = Trigonella
Green Alkanet = Pentaglottis
Greenhood = Pterostylis
Greenthreads = Thelesperma
Greenweed = Genista
Grey Hair Grass = Corynephorus
Gromwell = Lithospermum
Ground Elder = Aegopodium
Ground Ivy = Glechoma
Gru Gru Palm = Acrocomia
Guava = Psidium
Guinea Gold Vine = Hibbertia
Gum = Eucalyptus
Gum Ammoniac = Dorema
Gum Lac = Schleichera
Gum Myrtle = Angophora
Gumplant = Grindelia
Gutta Percha = Palaquium
Gutta Percha Tree = Eucommia
Gypsywort = Lycopus
Hair Grass = Aira, Deschampsia, Koeleria
Hairy Rocket = Erucastrum
Hakone Grass = Hakonechloa
Hard Fern = Blechnum
Hard Grass = Parapholis
Hare's Ear = Bupleurum
Hare's Ear Mustard = Conringia
Hare's Foot Fern = Davallia
Hare's Tail = Lagurus
Harlequinflower = Sparaxis
Harmal = Peganum
Harmel = Peganum
Hartwort = Tordylium
Haw Medlar = × Crataemespilus

Hawk's Beard = Crepis
Hawkbit = Leontodon
Hawkweed = Hieracium
Hawthorn = Crataegus, Rhaphiolepis
Hazel = Corylus
Heath = Erica
Heath Grass = Danthonia
Heather = Calluna
Heavenly Bamboo = Nandina
Hedge Hyssop = Gratiola
Hedge Nettle = Stachys
Hedge Parsley = Torilis
Hedge Veronica = Hebe
Hedgehog Broom = Erinacea
Hedgehog Cactus = Echinocereus
Helen's Flower = Helenium
Heliotrope = Heliotropium
Hellebore = Helleborus
Helleborine = Cephalanthera, Epipactis
Helmet Flower = Scutellaria
Helmet Orchid = Coryanthes
Hemlock = Conium, Tsuga
Hemlock Spruce = Tsuga
Hemp = Cannabis
Hemp Agrimony = Eupatorium
Hemp Nettle = Galeopsis
Henbane = Hyoscyamus
Henna = Lawsonia
Herald's Trumpet = Beaumontia
Herb Paris = Paris
Hercules All Heal = Opopanax
Heron's Bill = Erodium
Hesper Palm = Brahea
Hiba = Thujopsis
Hickory = Carya
Hoary Alison = Berteroa
Hoary Mustard = Hirschfeldia
Hoary Pea = Tephrosia
Hog Paenut = Amphicarpaea
Hog Plum = Spondias
Hog's Fennel = Peucedanum
Hogweed = Heracleum
Holly = Ilex
Holly Fern = Polystichum
Holly Grape = Mahonia
Hollyhook = Alcea
Holy Grass = Hierochloe
Honesty = Lunaria
Honewort = Cryptotaenia, Trinia
Honey Berry = Melicoccus
Honey Bush = Melianthus
Honey Garlic = Nectaroscordum
Honey Locust = Gleditsia
Honey Myrtle = Melaleuca
Honey Palm = Jubaea
Honeybells = Hermannia, Nothoscordum
Honeysuckle = Lonicera
Honeywort = Cerinthe
Hop = Humulus
Hop Hornbeam = Ostrya

Hop Tree = Ptelea
Horehound = Ballota, Marrubium
Hornbeam = Carpinus
Horned Pondweed = Zannichellia
Horned Poppy = Glaucium
Hornwort = Ceratophyllum
Horse Balm = Collinsonia
Horse Chestnut = Aesculus
Horse Gentian = Triosteum
Horse Radish = Armoracia
Horseradish Tree = Moringa
Horseshoe Vetch = Hippocrepis
Horsetail = Equisetum
Hot Water Plant = Achimenes
Hottentot Tobacco = Tarchonanthus
Hottentot-Fig = Carpobrotus
Hound's Tongue = Cynoglossum
House Leek = Sempervivum
Houseleek = Jovibarba
Huckleberry = Gaylussacia
Huon Pine = Lagarostrobos
Hyacinth = Hyacinthus
Hyacinth Bean = Lablab
Hydrangea = Hydrangea
Hyssop = Hyssopus
Ice-Cream Bean = Inga
Iceplant = Dorotheanthus
Indian Crocus = Pleione
Indian Grass = Sorghastrum
Indian Mallow = Abutilon
Indian Paintbrush = Castilleja
Indian Rhododendron = Melastoma
Indian Rhubarb = Darmera
Indian Strawberry = Duchesnea
Indigo = Indigofera
Ironbark = Eucalyptus
Irontree = Parrotia
Ironweed = Vernonia
Ironwood = Eusideroxylon, Parrotia
Isaac and Jacob = Trachystemon
Ivory Thistle = Ptilostemon
Ivy = Hedera
Ivy Tree = Schefflera
Jaborandi = Pilocarpus
Jacaranda = Jacaranda
Jack Bean = Canavalia
Jacob's Ladder = Polemonium
Jacob's Rod = Asphodeline
Jacobean Lily = Sprekelia
Jade Vine = Strongylodon
Jamaica Cherry = Muntingia
Jambos = Syzygium
Japanese Cedar = Cryptomeria
Japanese Dead Nettle = Meehania
Japanese Foam Flower = Tanakaea
Japanese Lanterns = Physalis
Jasmine = Jasminum, Mandevilla
Javan Grape = Tetrastigma
Javillo = Reutealis
Jelly Palm = Butia
Jersey Fern = Anogramma
Jersey Lily = Amaryllis
Jerusalem Thorn = Parkinsonia

Jessamine = Cestrum, Jasminum
Jesuit's Bark = Cinchona
Jewel Orchid = Goodyera
Job's Tears = Coix
Joint Fir = Ephedra
Joint Vetch = Aeschynomene
Jojoba = Simmondsia
Joseph's Coat = Alternanthera
Jujube = Ziziphus
Juneberry = Amelanchier
Juniper = Juniperus
Jute = Corchorus
Kaffir Lily = Clivia, Schizostylis
Kaffir Plum = Harpephyllum
Kangaroo Paw = Anigozanthos
Kapok Tree = Ceiba
Katsura Tree = Cercidiphyllum
Kauri Pine = Agathis
Kerria = Kerria
Key Palm = Thrinax
Khat = Catha
Kidney Vetch = Anthyllis
Killearney-Fern = Trichomanes
King Palm = Archontophoenix
Kitten-Tail = Besseya
Kiwi Fruit = Actinidia
Knapweed = Centaurea
Knawel = Scleranthus
Knotgrass = Polygonum
Knotweed = Fallopia
Kudzu = Pueraria
Kumquat = Fortunella
Labrador Tea = Ledum
Lac Tree = Schleichera
Lace Flower = Trachymene
Lacebark = Hoheria
Ladder Fern = Nephrolepis
Lady Fern = Athyrium
Lady Palm = Rhapis
Lady's Mantle = Alchemilla
Lady's Slipper = Cypripedium
Lady's Tresses = Spiranthes
Ladybells = Adenophora
Laelia = Laelia
Lamb's Succory = Arnoseris
Langsat = Lansium
Lantana = Lantana
Lantern Tree = Crinodendron
Larch = Larix
Larkspur = Consolida, Delphinium
Latan = Latania
Laurel = Laurus
Lavender = Lavandula
Lavender Cotton = Santolina
Lawn Lobelia = Pratia
Leadwort = Plumbago
Leather Farn = Acrostichum
Leatherleaf = Chamaedaphne
Leatherwood = Dirca
Lemon = Citrus
Lemon-scented Fern = Oreopteris
Lemongrass = Cymbopogon
Lentil = Lens

Leopard Lily = Belamcanda
Leopard Plant = Ligularia
Leopard's Bane = Doronicum
Leschenaultia = Leschenaultia
Lesser Clubmoss = Selaginella
Lesser Sea-Fig = Erepsia
Lesser Water Plantain = Baldellia
Lettuce = Lactuca
Leyland Cypress = × Cuprocyparis
Lignum Vitae = Guaiacum
Lilac = Syringa
Lilac Hibiscus = Alyogyne
Lily = Lilium
Lily of the Incas = Alstroemeria
Lily of the Valley = Convallaria
Lily Turf = Liriope
Lilyturf = Ophiopogon
Lime = Citrus, Tilia
Limequat = × Citrofortunella
Linden = Tilia
Lion's Ear = Leonotis
Lip Fern = Cheilanthes
Lipstick Tree = Bixa
Litchi = Litchi
Liverleaf = Hepatica
Living Granite = Pleiospilos
Living Rock = Ariocarpus, Pleiospilos
Living Stones = Lithops
Lizard Orchid = Himantoglossum
Lizard's Tail = Saururus
Lobelia = Lobelia
Longan Fruit = Dimocarpus
Longleaf = Falcaria
Loofah = Luffa
Loosestrife = Lysimachia, Lythrum
Loquat = Eriobotrya
Lords and Ladies = Arum
Lotus = Nelumbo
Loulu Palm = Pritchardia
Lousewort = Pedicularis
Lovage = Levisticum, Ligusticum
Love Charm = Clytostoma
Love Grass = Chrysopogon, Eragrostis
Love Plant = Anacampseros
Love-in-a-Mist = Nigella
Luckynut = Thevetia
Lungwort = Pulmonaria
Lupin = Lupinus
Lyme Grass = Leymus
Lyonia = Lyonia
Madagascar Periwinkle = Catharanthus
Madder = Rubia
Madeira Vine = Anredera
Madwort = Alyssum, Asperugo
Magnolia = Magnolia
Maguey = Agave
Mahogany = Khaya, Swietenia
Maidenhair Fern = Adiantum
Maidenhair Tree = Ginkgo
Maize = Zea

Majoram = Origanum
Makola = Afzelia
Malabar Nightshade = Basella
Malanga = Xanthosoma
Mallow = Malva
Malvastrum = Malvastrum
Mammee Apple = Mammea
Man Orchid = Aceras
Mandarin = Citrus
Mandrake = Mandragora
Mangabeira = Hancornia
Mango = Mangifera
Mangosteen = Garcinia
Mangrove Palm = Nypa
Manila Palm = Adonidia
Manioc = Manihot
Manzanita = Arbutus
Maple = Acer
Maranta = Maranta
Marari Palm = Nannorrhops
Mare's Tail = Hippuris
Marguerite = Argyranthemum
Marigold = Calendula, Tagetes
Marijuana = Cannabis
Mariposa Tulip = Calochortus
Marlberry = Ardisia
Marrow = Cucurbita
Marsh Clubmoss = Lycopodiella
Marsh Elder = Iva
Marsh Fern = Thelypteris
Marsh Grass = Spartina
Marsh Mallow = Althaea
Marsh Marigold = Caltha
Marsh Orchid = Dactylorhiza
Marsh Trefoil = Menyanthes
Marshwort = Apium
Mask Flower = Alonsoa
Masterwort = Astrantia
Mat Grass = Nardus
May Apple = Podophyllum
May Lily = Maianthemum
Mayweed = Matricaria
Meadow Beauty = Rhexia
Meadow Foam = Limnanthes
Meadow Grass = Poa
Meadow Rue = Thalictrum
Meadowsweet = Filipendula
Medick = Medicago
Mediterranean Hair Grass = Rostraria
Medlar = Mespilus
Melagueta Pepper = Aframomum
Melick = Melica
Melilot = Melilotus
Melon = Cucumis
Menziesia = Menziesia
Mercury = Mercurialis
Merry-Bells = Uvularia
Mescal = Lophophora
Mesquite = Prosopis
Mexican Aster = Cosmos
Mexican Hat = Ratibida
Mexican Hyssop = Agastache

Mexican Poppy = Argemone
Mexican Sunflower = Tithonia
Mexican Tulip Poppy = Hunnemannia
Michaelmas Daisy = Aster
Midnight Horror = Oroxylum
Mignonette = Reseda
Milfoil = Achillea
Milk Parsley = Selinum
Milk Thistle = Silybum, Sonchus
Milk Tree = Brosimum
Milk Vetch = Astragalus
Milkweed = Asclepias
Milkwort = Polygala
Millet = Milium, Sorghum
Mimosa = Acacia
Mind your own Business = Soleirolia
Mints = Mentha
Miracle Fruit = Synsepalum
Mist Flower = Conoclinium
Mistletoe = Viscum
Moccasin Grass = Melothria
Mock Azalea = Adenium
Mock Cucumber = Echinocystis
Mock Orange = Philadelphus
Mock Privet = Phillyrea
Moneywort = Sibthorpia
Monk's Hood = Aconitum
Monkey Nut = Lecythis
Monkey Puzzle = Araucaria
Monkey-bread Tree = Adansonia
Monkeyflower = Mimulus
Montbretia = Crocosmia
Moon Carrot = Seseli
Moonseed = Cocculus, Menispermum
Moonwort = Botrychium
Moor Grass = Molinia, Sesleria
Mornig Flag = Orthrosanthus
Morning = Brunfelsia
Morning Glory = Argyreia, Ipomoea
Moth Orchid = Phalaenopsis
Mother-in-law's Tongue = Dieffenbachia
Motherwort = Leonurus
Mountain Ash = Sorbus
Mountain Ebony = Bauhinia
Mountain Heather = Cassiope
Mountain Holly = Nemopanthus
Mountain Mahogany = Cercocarpus
Mountain Misery = Chamaebatia
Mountain Sorrel = Oxyria
Mouse Ear = Cerastium
Mousetail = Myosurus
Mousetailplant = Arisarum
Mud Plantain = Heteranthera
Mudwort = Limosella
Mug Bean = Vigna
Mugwort = Artemisia
Mulberry = Morus
Mullein = Verbascum
Musc Cucumber = Sicana
Musk = Mimulus

Musk Orchid = Herminium
Muskroot = Adoxa
Muskweed = Myagrum
Mustard = Sinapis
Myrobalan = Terminalia
Myrrh = Commiphora
Myrtle = Myricaria
Nagi = Nageia
Naiad = Najas
Naked Ladies = Colchicum
Nakedweed = Chondrilla
Narihira Bamboo = Semiarundinaria
Nasturtium = Tropaeolum
Natal Plum = Carissa
Navelseed = Omphalodes
Navelwort = Omphalodes, Umbilicus
Needle Grass = Stipa
Needle Palm = Rhapidophyllum
Neem Tree = Azadirachta
Neillia = Neillia
Nemophila = Nemophila
Nerine = Nerine
Nerve Plant = Fittonia
Nettle = Urtica
Nettle Tree = Celtis
New Zaeland Spinach = Tetragonia
New Zealand Bur = Acaena
New Zealand Edelweiss = Leucogenes
New Zealand Flax = Phormium
Niger = Guizotia
Nightshade = Solanum
Nikau Palm = Rhopalostylis
Ninebark = Physocarpus
Nipplewort = Lapsana
Nippon Daisy = Nipponanthemum
Nit Grass = Gastridium
Noon and Night = Brunfelsia
Norfolk Island Hibiscus = Lagunaria
Nutmeg = Myristica
Nutmeg Yew = Torreya
Oak = Quercus
Oak Fern = Gymnocarpium
Oat = Avena
Oat Grass = Helictotrichon
Obedient Plant = Physostegia
Oceanspray = Holodiscus
Ocotillo = Fouquieria
Oil Palm = Elaeis
Oleander = Nerium
Oleaster = Elaeagnus
Olive = Olea
Onion = Allium
Orache = Atriplex
Orange = Citrus
Orange Blossom = Choisya
Orange Jessamine = Murraya
Orchid = Ophrys, Orchis
Orchid Cactus = Epiphyllum
Ordeal Tree = Erythrophleum
Oregano = Origanum
Oregon Grape = Mahonia

Oregon Plum = Oemleria
Oriental Thuja = Platycladus
Osage Orange = Maclura
Osoberry = Oemleria
Ostrich Fern = Matteuccia
Ox Eye = Buphthalmum, Heliopsis
Ox Tongue = Helminthotheca
Oxbane = Boophone
Oxeye = Telekia
Oxeye Daisy = Leucanthemum
Oxtongue = Picris
Oysterplant = Mertensia
Pagoda Tree = Melia
Painted Cups = Castilleja
Painted Nettle = Solenostemon
Palas = Licuala
Palm Grass = Curculigo
Palm Springs Daisy = Cladanthus
Palma Corcho = Microcycas
Palmetto = Sabal
Pampas Grass = Cortaderia
Panic Grass = Panicum
Pansy = Viola
Pansy Orchid = Miltonia, Miltoniopsis
Paper Daisy = Acroclinium, Rhodanthe
Paper Mulberry = Broussonetia
Paperbark = Melaleuca
Papoose Root = Caulophyllum
Para Cress = Acmella
Para Rubber = Hevea
Paradise Lily = Paradisea
Parasol Tree = Firmiana
Parsley = Petroselinum
Parsley Fern = Cryptogramma
Parsley Piert = Aphanes
Parsnip = Pastinaca
Partridge Berry = Mitchella
Pasqueflower = Pulsatilla
Passion Flower = Passiflora
Patagonian Cypress = Fitzroya
Patchouly = Pogostemon
Paurotis Palm = Acoelorrhaphe
Pawpaw = Asimina, Carica
Pea = Pisum
Pea Shrub = Caragana
Pea Tree = Caragana
Peace Lily = Spathiphyllum
Peach = Prunus
Peacock Flower = Tigridia
Peanut = Arachis
Pear = Pyrus
Pearl Fruit = Margyricarpus
Pearlbush = Exochorda
Pearlwort = Sagina
Pearly Everlasting = Anaphalis
Pecan = Carya
Pellitoeries of the Wall = Parietaria
Penny Cress = Thlaspi
Pennywort = Centella, Hydrocotyle
Penstemon = Penstemon
Peony = Paeonia

Pepper = Capsicum, Piper
Pepper Saxifrage = Silaum
Peppergrass = Lepidium
Peppertree = Schinus
Pepperwort = Marsilea
Perilla = Perilla
Periwinkle = Vinca
Perovskia = Perovskia
Persian Violet = Cyclamen
Peruvian Lily = Alstroemeria
Petunia = Petunia
Peyote = Lophophora
Pheasant's Eye = Adonis
Philodendron = Philodendron
Phlox = Phlox
Physicnut = Jatropha
Pick-a-back Plant = Tolmiea
Pickerel Weed = Pontederia
Pieris = Pieris
Pigmyweed = Crassula
Pignut = Conopodium
Pignut Palm = Hyophorbe
Pigweed = Amaranthus
Pillwort = Pilularia
Pimpernel = Anagallis
Pinang = Pinanga
Pincushion = Leucospermum
Pincushion Flower = Scabiosa
Pincushion Tree = Hakea
Pine = Pinus
Pineapple = Ananas
Pineapple Flower = Eucomis
Pinellia = Pinellia
Pink = Dianthus
Pink Root = Spigelia
Pipewort = Eriocaulon
Pistachio = Pistacia
Pitcher Plant = Nepenthes, Sarracenia
Pittosporum = Pittosporum
Plain Treasureflower = Arctotheca
Plane = Platanus
Plantain = Musa, Plantago
Plantain Lily = Hosta
Plum = Prunus
Plum Yew = Cephalotaxus
Plumbogo = Ceratostigma
Plume Albizia = Paraserianthes
Plume Grass = Saccharum
Plume Poppy = Macleaya
Podocarp = Podocarpus
Point Vetch = Oxytropis
Poison Bush = Acokanthera
Poison Tree = Acokanthera
Pokeweed = Phytolacca
Polka Dot Plant = Hypoestes
Polypody = Polypodium
Pomegranate = Punica
Pondweed = Aponogeton, Potamogeton
Poplar = Populus
Poppy = Papaver
Poppy Mallow = Callirhoe

Porcelaine Flower = Hoya
Portia Tree = Thespesia
Potato = Solanum
Potato Bean = Apios
Potency Wood = Ptychopetalum
Pouch Flower = Nematanthus
Powder Puff Tree = Calliandra
Prairie Cone Flower = Ratibida
Prairie Dock = Silphium
Prairie Mallow = Sidalcea
Prickly Ash = Zanthoxylum
Prickly Ear = Acanthostachys
Prickly Pear = Opuntia
Prickly Thrift = Acantholimon
Primrose = Primula
Prince Albert's Yew = Saxegothaea
Prince's Pine = Chimaphila
Princess Palm = Dictyosperma
Privet = Ligustrum
Protea = Protea
Pumpkin = Cucurbita
Purple Dewplant = Disphyma
Purple Wreath = Petrea
Purslane = Claytonia, Portulaca
Puschkinia = Puschkinia
Pussy-Toes = Antennaria
Pyramid Orchid = Anacamptis
Pyrenean Violet = Ramonda
Quaking Grass = Briza
Quamash = Camassia
Quandong = Elaeocarpus
Quassia = Picrasma
Quebracho = Aspidosperma
Queen Lily = Phaedranassa
Queensland Nut = Macadamia
Quillwort = Isoetes
Quince = Cydonia
Rabbitbush = Chrysothamnus
Radiator Plant = Peperomia
Radish = Raphanus
Raffia = Raphia
Rag Gourd = Luffa
Ragweed = Ambrosia
Ragwort = Brachyglottis, Senecio
Rain Flower = Zephyranthes
Rainbow Plant = Byblis
Raisin Tree = Hovenia
Rambutan = Nephelium
Rampion = Phyteuma
Rannoch Rush = Scheuchzeria
Rapturewort = Herniaria
Rasp-Fern = Doodia
Raspberry = Rubus
Raspwort = Haloragis
Rat's-Tail Cactus = Aporocactus
Rata = Metrosideros
Rata Vine = Metrosideros
Rattan Palm = Calamus
Rattlebox = Crotalaria
Red Alder = Cunonia
Red Cedar = Thuja
Red Flag Bush = Mussaenda
Red Hot Poker = Kniphofia

Red Pucoon = Sanguinaria
Red Valerian = Centranthus
Redbud = Cercis
Redwood = Adenanthera,
 Metasequoia
Reed = Phragmites
Reedmace = Typha
Reineckea = Reineckea
Restharrow = Ononis
Retam = Retama
Rhatany = Krameria
Rhododendron = Rhododendron
Rhubarb = Rheum
Ribbon Fern = Pteris
Ribbon Wood = Plagianthus
Ribbonwood = Adenostoma
Rice = Oryza
Rice Flower = Pimelea
Rice Grass = Oryzopsis
Rice-Paper Plant = Tetrapanax
Rimu = Dacrydium
Ring Bellflower = Symphyandra
River Rose = Bauera
Rock Bell = Wahlenbergia
Rock Jasmine = Androsace
Rock Lily = Arthropodium
Rock Madwort = Aurinia
Rock Rose = Cistus, Helianthemum
Rock Spiraea = Petrophytum
Rockcress = Arabis
Rocket = Sisymbrium
Rocket Salad = Eruca
Romanzoffia = Romanzoffia
Rooibos = Aspalathus
Rose = Rosa
Rose Bay = Nerium
Rose Mallow = Hibiscus
Rose Moss = Portulaca
Rose Myrtle = Rhodomyrtus
Rose of Jericho = Anastatica
Rosemary = Rosmarinus
Roseroot = Rhodiola
Rosewood = Dalbergia, Pterocarpus
Rosin-Weed = Silphium
Round-headed Club Rush =
 Scirpoides
Royal Fern = Osmunda
Royal Palm = Roystonea
Rubber Tree = Castilla
Ruby Grass = Rhynchelytrum
Rue = Ruta
Rue Anemone = Anemonella
Ruffle Palm = Aiphanes
Rukam = Flacourtia
Rush = Juncus
Russian Knapweed = Acroptilon
Rye = Secale
Rye Grass = Lolium
Sacred Bark = Cinchona
Safflower = Carthamus
Saffron Spike = Aphelandra
Sage = Phlomis, Salvia
Sage Brush = Artemisia

Sago Palm = Metroxylon
Saguaro = Carnegiea
Sainforn = Onobrychis
Sakaki = Cleyera
Salak Palm = Salacca
Sallow = Salix
Salt Cedar = Tamarix
Salt Tree = Halimodendron
Saltbush = Atriplex
Saltmarsh Grass = Puccinellia
Sand Crocus = Romulea
Sand Grass = Mibora
Sand Myrtle = Leiophyllum
Sand Spurrey = Spergularia
Sand Verbena = Abronia
Sandalwood = Santalum
Sandbox Tree = Hura
Sandbur = Cenchrus
Sandwort = Arenaria, Minuartia,
 Moehringia
Sanicle = Sanicula
Sassafras = Sassafras
Satin Flower = Clarkia
Satin Wood = Chloroxylon
Sausage Tree = Kigelia
Savory = Satureja
Saw Wort = Serratula
Saxaul = Haloxylon
Saxifrage = Saxifraga
Scabious = Scabiosa
Scarlet-fruited Gourd = Coccinia
Scentless False Chamomile =
 Tripleurospermum
Scorpion Orchid = Arachnis
Scorpion Vetch = Coronilla
Scorpion Weed = Phacelia
Screw Pine = Pandanus
Scurf Pea = Psoralea
Scurvygrass = Cochlearia
Sea Bean = Entada
Sea Blite = Suaeda
Sea Buckthorn = Hippophae
Sea Club Rush = Bolboschoenus
Sea Daffodil = Pancratium
Sea Grape = Coccoloba
Sea Heath = Frankenia
Sea Holly = Eryngium
Sea Kale = Crambe
Sea Lavender = Limonium
Sea Milkwort = Glaux
Sea Onion = Urginea
Sea Rocket = Cakile
Sea Sandwort = Honckenya
Sea Spurrey = Spergularia
Sedge = Carex
Selfheal = Prunella
Senna = Senna
Sensitive Fern = Onoclea
Sensitive Plant = Mimosa
Sentry Palm = Howea
Serviceberry = Amelanchier
Sesame = Sesamum
Seychelles Nut = Lodoicea

Shallon = Gaultheria
Shampire = Crithmum
Shamrock = Oxalis
Shaving-Brush Tree = Pachira
Shea Butter Tree = Vitellaria
Sheep Laurel = Kalmia
Sheep's Bit = Jasione
Shell Flower = Moluccella, Pistia
Shellflower = Chelone
Shepherd's Cress = Teesdalia
Shepherd's Purses = Capsella
Shield Fern = Polystichum
Shinleaf = Pyrola
Shittimwood = Bumelia
Shooting Star = Dodecatheon
Shower Tree = Cassia
Shrub Palmetto = Serenoa
Shrubby Dewplant = Ruschia
Shrubby Trefoil = Ptelea
Signal Grass = Brachiaria
Sildweed = Asclepias
Silk Tassel = Garrya
Silk Vine = Periploca
Silk-Cotton Tree = Bombax
Silkworm Thorn = Cudrania
Silky Bent = Apera
Silver Bell = Halesia
Silver Fern = Pityrogramma
Silver Fir = Abies
Silver Grass = Miscanthus
Silver Palm = Coccothrinax
Silver Saw Palm = Acoelorrhaphe
Silver Tree = Leucadendron
Silver-flowered Everlasting = Cephalipterum
Skimmia = Skimmia
Skullcap = Scutellaria
Skunk Cabbage = Lysichiton, Symplocarpus
Sleepy Mallow = Malvaviscus
Slipper Orchid = Paphiopedilum
Slipper Spurge = Pedilanthus
Slipperwort = Calceolaria
Slough Grass = Beckmannia
Small Reed = Calamagrostis
Smartweed = Persicaria
Smilo Grass = Oryzopsis
Smoke Bush = Cotinus
Smokewood = Cotinus
Snake Gourd = Trichosanthes
Snake Plant = Sansevieria
Snake Wood = Cecropia
Snake's Head Iris = Hermodactylus
Snakeweed = Stachytarpheta
Snapdragon = Antirrhinum
Sneezeweed = Helenium
Snow Grass = Chionochloa
Snow Poppy = Eomecon
Snow Wreath = Neviusia
Snowbell = Soldanella, Styrax
Snowberry = Chiococca, Symphoricarpos
Snowdon Lily = Lloydia
Snowdrop = Galanthus
Snowdrop Tree = Halesia
Snowflake = Leucojum
Soap Bark Tree = Quillaja
Soap Bush = Clidemia, Porlieria
Soapberry = Sapindus
Soapwort = Saponaria
Society Garlic = Tulbaghia
Soft Grass = Holcus
Solomon's Seal = Polygonatum
Sorrel = Oxalis
Sorrel Tree = Oxydendrum
Sorva Gum = Couma
Sourwood = Oxydendrum
Southern Beech = Nothofagus
Southern Broom = Notospartium
Sow Thistle = Sonchus
Sowbread = Cyclamen
Soya Bean = Glycine
Spangle Grass = Uniola
Spanish Broom = Spartium
Spanish Cherry = Mimusops
Spanish Dagger = Yucca
Spanish Oregano = Coridothymus
Spear Grass = Heteropogon, Stipa
Spear Lily = Doryanthes
Speargrass = Aciphylla
Speedwell = Veronica
Spicebush = Calycanthus
Spider Flower = Cleome, Grevillea
Spider Ivy = Chlorophytum
Spider Lily = Hymenocallis, Lycoris
Spider Plant = Anthericum, Chlorophytum
Spiderwort = Tradescantia
Spignel = Meum
Spike Grass = Uniola
Spike Heath = Bruckenthalia
Spike Rush = Eleocharis
Spinach = Spinacia
Spindle = Euonymus
Spiny-Club Palm = Bactris
Spiral Flag = Costus
Spiral Ginger = Costus
Spleenwort = Asplenium
Spotted Laurel = Aucuba
Spotted Orchid = Dactylorhiza
Spotted Rock Rose = Tuberaria
Spring Starflower = Ipheion
Spruce = Picea
Spur Leaf = Tetracentron
Spurge = Chamaesyce, Euphorbia
Spurge Nettle = Cnidoscolus
Spurrey = Spergula
Squill = Scilla
Squirting Cucmber = Ecballium
St Daboec's Heath = Daboecia
St John's Bread = Ceratonia
St John's Wort = Hypericum
St Paul's Wort = Sigesbeckia
Staghorn Fern = Platycerium
Star Apple = Chrysophyllum
Star Daisy = Lindheimera
Star Grass = Aletris, Hypoxis
Star of Bethlehem = Gagea, Ornithogalum
Star Thistle = Centaurea
Starfish Flower = Stapelia
Statice = Psylliostachys
Stike's Aster = Stokesia
Stinking Bean Trefoil = Anagyris
Stitchwort = Stellaria
Stock = Matthiola
Stone Cress = Aethionema
Stone Parsley = Sison
Stonecrop = Sedum
Stopper = Eugenia
Storax = Styrax
Stork's Bill = Erodium
Strap Air Plant = Catopsis
Strap Fern = Campyloneurum
Strapwort = Corrigiola
Strawberry = Fragaria
Strawberry Tree = Arbutus
Strawflower = Helipterum
Strychnine Tree = Strychnos
Sumac = Rhus
Sumach = Rhus
Summer Cypress = Bassia
Summer Hyacinth = Galtonia
Summer-Sweet = Clethra
Sun Marigold = Dimorphotheca
Sun Pitcher = Heliamphora
Sun Rose = Cistus, Helianthemum
Sunflower = Helianthus
Swallowwort = Vincetoxicum
Swamp Cypress = Taxodium
Swamp Pink = Helonias
Swan Orchid = Cycnoches
Swan River Daisy = Brachyscome
Swan River Pea = Brachysema
Sweet Alsion = Lobularia
Sweet Box = Sarcococca
Sweet Cicely = Myrrhis
Sweet Clover = Melilotus
Sweet Fern = Comptonia
Sweet Flags = Acorus
Sweet Grass = Glyceria
Sweet Gum = Liquidambar
Sweet Olive = Osmanthus
Sweet Pepper = Capsicum
Sweetpea Bush = Podalyria
Sweetshade = Hymenosporum
Sweetspire = Itea
Sweetwood = Glycyrrhiza
Swine Cress = Coronopus
Swiss-Cheese Plant = Monstera
Sword Lily = Iris
Swort Fern = Nephrolepis
Tahitian Chestnut = Inocarpus
Tail Flower = Anthurium
Tail Grape = Artabotrys
Tallow Tree = Sapium
Tamarind = Tamarindus
Tamarisk = Tamarix
Tanbark Oak = Lithocarpus

Tannia = Xanthosoma
Tansy = Tanacetum
Tansy-leaved Rocket = Hugueninia
Taro = Colocasia
Tarweed = Madia
Tasmanian Fuchsia = Correa
Tassel Tree = Garrya
Tasselweed = Ruppia
Tea Tree = Leptospermum
Teak = Tectona
Teaplant = Lycium
Teasel = Dipsacus
Teddy Bear Vine = Cyanotis
Temple Bells = Smithiantha
Temple Plant = Crateva
Temple Tree = Plumeria
Thale Cress = Arabidopsis
Thatch Plam = Thrinax
Thistle = Carduus, Cirsium
Thorn Apple = Datura
Thrift = Armeria
Throatwort = Trachelium
Thunbergia = Thunbergia
Thyme = Thymus
Tick Trefoil = Desmodium
Tickseed = Coreopsis
Tiger Flower = Tigridia
Tiger Grass = Thysanolaena
Tiger Jaws = Faucaria
Timothy = Phleum
Tipu Tree = Tipuana
Toad Lily = Tricyrtis
Toadflax = Chaenorhinum, Cymbalaria, Linaria
Tobacco = Nicotiana
Toddy Palm = Borassus
Tomato = Lycopersicon
Tongue Orchid = Serapias
Tonka Bean = Dipteryx
Toon = Toona
Toothwort = Lathraea
Torch Ginger = Etlingera
Torch Lily = Kniphofia
Torchwood = Amyris, Bursera
Tournesol = Chrozophora
Townsend Daisy = Townsendia
Trailing Azalea = Loiseleuria
Trailing Bellflower = Cyananthus
Transvaal Daisy = Gerbera
Traveller's Tree = Ravenala
Treasureflower = Gazania
Tree Anemone = Carpenteria
Tree Aralia = Kalopanax
Tree Celandine = Bocconia
Tree Fern = Cibotium, Cyathea, Dicksonia
Tree Groundsel = Baccharis
Tree Mallow = Lavatera
Tree of Damokles = Oroxylum
Tree of Heaven = Ailanthus
Tree of Sadness = Nyctanthes
Tree Poppy = Dendromecon
Tree Tomato = Cyphomandra

Treebine = Cissus
Trinity Flower = Trillium
Triphyllon = Bituminaria
Triticale = × Triticosecale
Tritonia = Tritonia
Trumpet Bush = Tecoma
Trumpet Creeper = Campsis
Trumpet Vine = Bignonia, Podranea
Tuba Root = Derris
Tuberose = Polianthes
Tulip = Tulipa
Tulip Orchid = Anguloa
Tulip Tree = Liriodendron
Tuna = Opuntia
Tungoil Tree = Vernicia
Tupelo = Nyssa
Turk's Cap Cactus = Melocactus
Turnip Fern = Angiopteris
Turnsole = Heliotropium
Turtle Bone = Lonchocarpus
Twayblade = Listera
Twin Leaf = Jeffersonia
Twin-flower = Linnaea
Twining Snapdragon = Maurandya
Twinspur = Diascia
Twisted Stalk = Streptopus
Ulluco = Ullucus
Ulmo = Eucryphia
Umbrella Leaf = Diphylleia
Umbrella Palm = Hedyscepe
Umbrella Pine = Sciadopitys
Umbrella Plant = Eriogonum
Umbrella Tree = Musanga, Schefflera
Umbrellawort = Mirabilis
Unicorn Plant = Ibicella, Martynia, Proboscidea
Upas Tree = Antiaris
Valerian = Valeriana
Vallis = Vallisneria
Vanilla = Vanilla
Vanilla Leaf = Achlys
Vanilla Orchid = Nigritella
Veltheimia = Veltheimia
Velvet Bean = Mucuna
Velvet Plant = Gynura
Venus' Fly Trap = Dionaea
Venus' Looking Glass = Legousia
Venus' Slipper = Paphiopedilum
Vernal Grass = Anthoxanthum
Vervain = Verbena
Vetch = Vicia
Vetiver = Vetiveria
Violet = Viola
Violet Cress = Ionopsidium
Violet Orchid = Ionopsis
Viper's Grass = Scorzonera
Virgina Stock = Malcolmia
Virginia Creeper = Parthenocissus
Virginia Mallow = Sida
Vodoo Lily = Sauromatum
Wake Robin = Trillium
Wall Lettuce = Mycelis

Wall Rocket = Diplotaxis
Wallflower = Erysimum
Walnut = Juglans
Wand Flower = Dierama
Wandflower = Galax
Wandplant = Galax
Waratah = Telopea
Warty Cabbage = Bunias
Wasabi = Wasabia
Washingtonia = Washingtonia
Water Arum = Calla
Water Bush = Bossiaea
Water Chestnut = Trapa
Water Clover = Marsilea
Water Cress = Rorippa
Water Dropwort = Oenanthe
Water Fern = Azolla, Ceratopteris
Water Hyacinth = Eichhornia
Water Hyssop = Bacopa
Water Lettuce = Pistia
Water Lily = Nymphaea
Water Melon = Citrullus
Water Milfoil = Myriophyllum
Water Nymph = Najas
Water Oats = Zizania
Water Parsnip = Sium
Water Plantain = Alisma
Water Poppy = Hydrocleys
Water Schield = Brasenia
Water Shield = Cabomba
Water Soldier = Stratiotes
Water Starwort = Callitriche
Water Trumpet = Cryptocoryne
Water Violet = Hottonia
Water Willow = Justicia
Watercress = Nasturtium
Waterleaf = Hydrophyllum
Watermeal = Wolffia
Waterweed = Egeria, Elodea
Waterwheel Plant = Aldrovanda
Waterwort = Elatine
Wax Flower = Hoya
Wax Gourd = Benincasa
Wax Palm = Ceroxylon
Waxflower = Eriostemon, Stephanotis
Wayfaring Tree = Viburnum
Weasel's Snout = Misopates
Weeping Bamboo = Otatea
Weeping Tree Broom = Chordospartium
Weigela = Weigela
Wellingtonia = Sequoiadendron
Whattle = Acacia
Wheat = Triticum
Wheat-rye Hybrid = × Triticosecale
Wheatgrass = Agropyron
Wheeltree = Stenocarpus
Whisk Fern = Psilotum
White Alder = Clethra
White Berry Yew = Pseudotaxus
White Forsythia = Abeliophyllum
White Sapote = Casimiroa

Whitebeam = Sorbus
Whitlow Grass = Draba
Whitlow-Wort = Paronychia
Whorl Grass = Catabrosa
Widow's Tears = Tinantia
Wild Bergamot = Monarda
Wild Buckwheat = Eriogonum
Wild Cinnamon = Canella
Wild Coffee = Psychotria
Wild Garlic = Tulbaghia
Wild Ginger = Asarum
Wild Oats = Uvularia
Wild Pea = Lathyrus
Wild Plantain = Heliconia
Wild Rice = Zizania
Willow = Salix
Willow Myrtle = Agonis
Willowherb = Epilobium
Wind Poppy = Stylomecon
Windflower = Anemone
Window Palm = Reinhardtia
Windowleaf = Monstera
Wine Palm = Jubaea
Wineberry = Aristotelia
Winged Broom = Chamaespartium
Winged Everlasting = Ammobium
Wingnut = Pterocarya
Winter Aconite = Eranthis
Winter Cress = Barbarea

Winter Daffodil = Sternbergia
Winter Hazel = Corylopsis
Winter Purslane = Montia
Winter's Bark = Drimys
Winterberry = Ilex
Winterfat = Krascheninnikovia
Wintergreen = Moneses, Orthilia, Pyrola
Wintersweet = Chimonanthus
Winterthorn = Faidherbia
Wireplant = Muehlenbeckia
Wisteria = Wisteria
Witch Alder = Fothergilla
Witch Hazel = Hamamelis
Woad = Isatis
Woadwaxen = Genista
Wollemi Pine = Wollemia
Wombat Berry = Eustrephus
Wood Apple = Limonia
Wood Barley = Hordelymus
Wood Betony = Pedicularis
Wood Club Rush = Scirpus
Wood Lily = Trillium
Wood-Rush = Luzula
Woodland Star = Lithophragma
Woodruff = Asperula
Woodsia = Woodsia
Woody Pear = Xylomelum
Woolflower = Celosia

Wooly Sunflower = Eriophyllum
Worm Grass = Spigelia
Wormwood = Artemisia
Woundwort = Stachys
Yam = Dioscorea
Yam Bean = Pachyrhizus
Yam Pea = Sphenostylis
Yard Grass = Eleusine
Yarrow = Achillea
Yautia = Xanthosoma
Yellow Ageratum = Lonas
Yellow Centaury = Cicendia
Yellow Flax = Reinwardtia
Yellow Jessamine = Gelsemium
Yellow Oat Gras = Trisetum
Yellow Palm = Chrysalidocarpus
Yellow Pond Lily = Nuphar
Yellow Rattle = Rhinanthus
Yellow Wood = Cladrastis
Yellow Wort = Blackstonia
Yellow-eyed Grass = Xyris
Yellowwood = Afrocarpus
Yerba Mansa = Anemopsis
Yew = Taxus
Ylang Ylang = Cananga
Yohimbe = Pausinystalia
Youth-and-Old-Age = Aichryson
Zelkova = Zelkova
Zephyr Flower = Zephyranthes

X Französische Pflanzennamen / Noms vernaculaires

Les noms français de plantes ont été réunis par Jean Pierre Cordier, Angers. En dehors de quelques monographies, les ouvrages suivants ont été utilisés: »Le Bon Jardinier«, Collectif, 152ème édition, 2 volumes, 1964, 153ème édition, 3 volumes, 1992. Testu, CH. (1970, 1972, 1976), Rol, R. (1962, 1963, 1965, 1968), ainsi que différentes flores et dictionnaires de langue française.

Abélia = Abelia
Abiu = Pouteria
Abricot pays = Mammea
Absinthe = Artemisia
Abutilon = Abutilon
Acacia = Acacia
Acacia jaune = Caragana
Acaena = Acaena
Acajou d'Afrique = Khaya
Acajou de montagne = Cercocarpus
Acanthe = Acanthus
Acantholimon = Acantholimon
Acanthopanax = Eleutherococcus
Acantostachys = Acanthostachys
Ache de montagne = Levisticum
Achillée = Achillea
Achimène = Achimenes
Achyranthes = Achyranthes
Aciphylla = Aciphylla
Acokanthéra = Acokanthera
Aconit = Aconitum
Acore = Acorus
Acroclinium = Acroclinium, Helipterum
Acrocomia = Acrocomia
Acrostic = Acrostichum
Actinidia = Actinidia
Actinioptéris = Actiniopteris
Adénanthéra = Adenanthera
Adénocarpe = Adenocarpus
Adénophore = Adenophora
Adénostome = Adenostoma
Adénostyle = Adenostyles
Adonide = Adonis
Adoxa = Adoxa
Adromischus = Adromischus
Aechméa = Aechmea, Streptocalyx
Aegopode = Aegopodium
Aeschynanthus = Aeschynanthus
Aethionema = Aethionema
Agapanthe = Agapanthus
Agastache = Agastache
Agathis = Agathis
Agave = Agave
Agérate jaune = Lonas
Agératum = Ageratum
Aglaonema = Aglaonema
Agonis = Agonis
Agripaume = Leonurus
Agrostis = Agrostis

Aigremoine = Agrimonia
Aiguille de Cléopâtre = Eremurus
Ail = Allium, Nectaroscordum, Nothoscordum
Ail rouge = Scadoxus
Ailanthe = Ailanthus
Aira = Aira
Airelle = Vaccinium
Ajonc = Ulex
Akébia = Akebia
Akee = Blighia
Alangium = Alangium
Alaterne = Rhamnus
Albizzia = Albizia
Alchémille = Alchemilla
Alchémille des champs = Aphanes
Aldrovandie = Aldrovanda
Aleurite = Aleurites
Aliboufier = Styrax
Alisier = Sorbus
Allamande = Allamanda
Alliaire = Alliaria
Alocasia = Alocasia
Aloe = Aloe
Aloès d'eau = Stratiotes
Alonsoa = Alonsoa
Alosure crépue = Cryptogramma
Alouchier = Sorbus
Alpinie = Alpinia
Alpiste = Phalaris
Alsine = Minuartia
Alstroemère = Alstroemeria
Alternanthère = Alternanthera
Alyogyne = Alyogyne
Alysson = Alyssum, Lobularia
Amandier des Indes = Terminalia
Amaranthe = Amaranthus
Amarantine = Gomphrena
Amaryllis = Amaryllis, Hippeastrum
Amaryllis bleu = Worsleya
Amaryllis de Rouen = Hippeastrum
Amaryllis doré = Sternbergia
Ambreuvade = Cajanus
Ambroisie = Ambrosia
Amélanchier = Amelanchier
Ammi = Ammi
Amorpha = Amorpha
Amour en cage = Physalis
Amourette = Briza, Eragrostis
Amsonia = Amsonia

Anacampseros = Anacampseros
Anacamptis = Anacamptis
Anacardier = Anacardium
Anagyre = Anagyris
Ananas = Ananas
Anarrhinum = Anarrhinum
Ancolie = Aquilegia
Andrachné = Andrachne
Andromède = Andromeda, Leucothoe, Pieris
Andropogon = Andropogon
Androsace = Androsace, Vitaliana
Anémone = Anemone
Anémonelle = Anemonella
Aneth = Anethum
Angélique = Angelica
Anguloa = Anguloa
Anis étoilé = Illicium
Anis vert = Pimpinella
Anogramma = Anogramma
Anone = Annona
Anthémis d'Arabie = Cladanthus
Anthurium = Anthurium
Anthyllis = Anthyllis
Aphélandra = Aphelandra
Aphyllanthe = Aphyllanthes
Apocyn = Apocynum
Aponogeton = Aponogeton
Aposéris = Aposeris
Arabette = Arabis
Arabette des sables = Cardaminopsis
Arachide = Arachis
Arachnanthe = Arachnis
Aralia = Aralia
Aralia en arbre = Kalopanax
Araucaria = Araucaria
Arbousier = Arbutus
Arbre à beurre = Madhuca
Arbre à caoutchouc = Hevea
Arbre à caoutchouc du Panama = Castilla
Arbre à concombres = Averrhoa
Arbre à cuiller = Cunonia
Arbre à gomme = Amyris
Arbre à gutta = Palaquium
Arbre à lait = Brosimum
Arbre à liège = Phellodendron
Arbre à pain = Artocarpus, Encephalartos
Arbre à perruque = Cotinus

Arbre à savon = Sapindus
Arbre à suif = Sapium
Arbre à térébenthine = Bursera
Arbre à upas = Antiaris
Arbre à violettes = Iochroma
Arbre amer = Picrasma
Arbre au parasol = Pandanus
Arbre aux pochettes = Davidia
Arbre aux quarante écus = Ginkgo
Arbre d'argent = Leucadendron
Arbre de feu = Embothrium
Arbre de Judée = Cercis
Arbre de neige = Chionanthus
Arbre du voyageur = Ravenala
Arbre-à-cire = Carissa, Myrica
Arbre-à-corail = Erythrina
Arbre-à-encens = Boswellia
Arbre-à-flanelle = Fremontodendron
Arbre-à-laque = Butea
Arbre-à-saucisses = Kigelia
Arbre-à-tomates = Cyphomandra
Arbre-aux-melons = Carica
Arbre-aux-oursins = Hakea
Arbre-aux-trompettes = Catalpa
Arbre-bouteille = Beaucarnea
Arbre-de-vie = Thuja
Arbre-fougère = Filicium
Arbres-aux-papillons = Buddleja
Arctotide = Arctotis
Ardisia = Ardisia
Arec = Areca
Arémonia = Aremonia
Arénaire = Arenaria
Aréquier = Areca, Chrysalidocarpus, Dictyosperma, Rhopalostylis
Argémone = Argemone
Argousier = Hippophae
Arisaema = Arisaema
Aristéa = Aristea
Aristoloche = Aristolochia
Aristotélia = Aristotelia
Armérie = Armeria
Armoise = Artemisia
Arnica = Arnica
Arnoséris = Arnoseris
Aronia = Aronia
Arrête-bœuf = Ononis
Arroche = Atriplex
Artichaut = Cynara, Echeveria
Arum = Arum
Arum aquatique = Calla
Asaret = Asarum
Asclépiade = Asclepias
Asiminier = Asimina
Asperge = Asparagus
Aspérule = Asperula
Asphodèle = Asphodelus
Asphodéline = Asphodeline
Aspidistra = Aspidistra
Aster = Aster
Aster blanchâtre = Microglossa
Aster doré = Chrysopsis
Aster du Cap = Felicia

Aster-centaurée = Stokesia
Astérolide = Asteriscus
Astilbe = Astilbe
Astragale = Astragalus, Oxytropis
Astrance = Astrantia
Asyneuma = Asyneuma
Athamante = Athamanta
Atropa = Atropa
Attrape-mouche = Silene
Attrappe-mouches = Dionaea
Aubépine = Crataegus
Aubergine = Solanum
Aubour = Laburnum
Aubriète = Aubrieta
Aucuba = Aucuba
Aulne = Alnus
Aulnée = Inula
Aunée = Dittrichia
Avocatier = Persea
Avoine = Avena
Avoine barbue = Trisetaria
Avoine des prés = Helictotrichon
Avoine en chapelet = Arrhenatherum
Avoine jaunâtre = Trisetum
Azalée = Rhododendron
Baccharis = Baccharis
Bacopa = Bacopa
Badanier = Terminalia
Baguenaudier = Colutea
Baguette de tambour = Craspedia
Baie de Bison = Shepherdia
Balanites = Balanites
Baldingère = Phalaris
Balisier = Canna, Heliconia
Ballote = Ballota
Balsa = Ochroma
Balsamier = Myroxylon
Balsamine = Impatiens, Momordica
Bambou = Fargesia, Otatea, Semiarundinaria, Yushania
Bambou géant = Gigantochloa
Bambou nain = Sasa
Bambou sacré = Nandina
Bananier = Musa
Bananier d'Abyssinie = Ensete
Bancoulier = Aleurites
Banksia = Banksia
Baobab = Adansonia
Barbarée = Barbarea
Barbe de serpent = Ophiopogon
Barbe-de-bouc = Aruncus
Barbe-de-Jupiter = Jovibarba
Barbon = Andropogon, Chrysopogon
Bardane = Arctium
Bardanette = Tragus
Barléria = Barleria
Bartsie = Bartsia
Baselle = Basella, Ullucus
Basilic = Ocimum
Bassia = Bassia
Bâton de Jacob = Polemonium

Baudremoine = Meum
Bauhinia = Bauhinia
Baume de Galaad = Cedronella
Beaufortia = Beaufortia
Beaumontia = Beaumontia
Bec-de-grue = Geranium
Bec-de-héron = Erodium
Bec-de-perroquet = Clianthus
Beckmannia = Beckmannia
Bégonia = Begonia
Bel ombrage = Phytolacca
Belladonne = Atropa
Belle-de-nuit = Mirabilis
Bélopérone = Justicia
Benoîte = Geum
Berbéris = Berberis
Berce = Heracleum
Berce géante = Heracleum
Bergenia = Bergenia
Berle = Sium
Bermudienne = Sisyrinchium
Bertéroa = Berteroa
Bertolonia = Bertolonia
Bérula = Berula
Bessera = Bessera
Bétoine = Stachys
Betterave = Beta
Bibacier = Eriobotrya
Bident = Bidens
Bignone = Bignonia, Distictis, Tecoma
Bignone d'Argentine = Clytostoma
Bignone de Chine = Campsis
Bignone faux-jasmin = Pandorea
Billbergia = Billbergia
Biota = Thuja
Bistorte = Bistorta
Black boy = Xanthorrhoea
Blandfordia = Blandfordia
Blé = Triticum
Blé d'azur = Elymus
Blé noir = Fagopyrum
Blechnum = Blechnum
Bleuet = Centaurea
Bleuet d'Amérique = Hedyotis, Houstonia
Bloomeria = Bloomeria
Bocconia = Bocconia
Bois chandelle = Amyris
Bois de Gaïac = Guaiacum
Bois de Macassar = Schleichera
Bois de plomb = Dirca
Bois de rose = Dalbergia, Tipuana
Bois de santal = Pterocarpus
Bois jaune = Chloroxylon
Bois puant = Anagyris
Bois-de-fer = Metrosideros
Bois-joli = Daphne
Bois-lait = Thevetia
Bois-satin = Chloroxylon
Boldo = Peumus
Boltonia = Boltonia

Bonnet d'évêque = Astrophytum, Mitella
Bonnet-d'Evêque = Tiarella
Boronia = Boronia
Bossiaea = Bossiaea
Boucage = Pimpinella
Bougainvillée = Bougainvillea
Boule azurée = Echinops
Boule d'or = Trollius
Boule de neige = Viburnum
Bouleau = Betula
Bourrache = Borago
Bourrache du Caucase = Trachystemon
Bourrache géante = Solenanthus
Bourreau des arbres = Celastrus, Periploca
Bouteille = Lagenaria
Bouton de hussard = Sanvitalia
Bouvardie = Bouvardia
Bowénia = Bowenia
Brachyglottis = Brachyglottis
Brachypode = Brachypodium
Brasénie = Brasenia
Brésillet = Caesalpinia
Brimeura = Brimeura
Brodiaea = Brodiaea
Brome = Bromus
Browalia = Browallia
Brunelle = Prunella
Brunfelsia = Brunfelsia
Bruyère = Erica
Bruyère à balai = Calluna
Bruyère australe = Epacris
Bruyère d'hiver = Erica
Bruyère des Açores = Daboecia
Bryone = Bryonia
Bryophyllum = Bryophyllum
Buffonia = Bufonia
Bugle = Ajuga
Buglosse = Anchusa
Buglosse d'Espagne = Pentaglottis
Bugrane = Ononis
Buis = Buxus
Buis de Noël = Sarcococca
Buisson ardent = Pyracantha
Buisson-à-miel = Melianthus
Bulbocode = Bulbocodium
Bulbophyllum = Bulbophyllum
Bunias = Bunias
Buplèvre = Bupleurum
Busserole = Arctostaphylos
Butéa = Butea
Butome = Butomus
Byblis = Byblis
Cabomba = Cabomba
Cacahuète = Arachis
Cacaoyer = Theobroma
Cachiman = Annona
Cactus = Ariocarpus
Cactus à feuilles = Pereskia
Cactus à myrtilles = Myrtillocactus
Cactus ailé = Pterocactus

Cactus de Noël = Schlumbergera
Cactus des bois = Hylocereus
Cactus des savetiers = Epiphyllum
Cactus étoilé = Astrophytum
Cactus mille-pattes = Pelecyphora
cactus-gui = Rhipsalis
Cactus-hérisson = Echinopsis
Cactus-jonc = Rhipsalis
Cactus-melon = Melocactus
Cactus-serpent = Aporocactus
Caféier = Coffea
Caillou vivant = Lithops
Caïmitier = Chrysophyllum
Caladium = Caladium
Calamagrostis = Calamagrostis
Calament = Acinos, Calamintha
Calament commun = Clinopodium
Calandrinia = Calandrinia
Calanthe = Calanthe
Calcéolaire = Calceolaria
Caldesia = Caldesia
Calebassier = Crescentia
Caliméris = Kalimeris
Calla = Calla, Zantedeschia
Calliandra = Calliandra
Callianthème = Callianthemum
Callicarpa = Callicarpa
Callisia = Callisia
Callistemon = Callistemon
Callitriche = Callitriche
Callune = Calluna
Calotropis = Calotropis
Calycanthus = Calycanthus
Calypso = Calypso
Camarine = Empetrum
Camassia = Camassia
Camélée = Cneorum, Daphne
Camélia = Camellia
Caméline = Camelina, Myagrum
Camomille = Anthemis, Matricaria
Camomille des ours = Ursinia
Camomille du Maroc = Anacyclus
Camomille romaine = Chamaemelum
Campanille = Wahlenbergia
Campanule = Campanula
Campanule des Canaries = Canarina
Campanule des pierres = Symphyandra
Campanule géante = Ostrowskia
Campêche = Haematoxylum
Camphorine = Camphorosma
Camphrier = Cinnamomum
Canarion = Canarium
Canche = Deschampsia
Canistelle lucume = Pouteria
Canne à pêche des anges = Dierama
Canne à sucre = Saccharum
Canne de Provence = Arundo
Canneberge = Vaccinium
Cannelier = Canella, Cinnamomum
Cantua = Cantua
Capillaire = Adiantum

Câprier = Capparis
Capselle = Capsella
Capuchon de moine = Arisarum
Capucine = Tropaeolum
Caquilier = Cakile
Caragana argenté = Halimodendron
Caralluma = Caralluma
Carambolier = Averrhoa
Cardaire = Cardaria
Cardamine = Cardamine
Cardamome = Amomum, Elettaria
Cardère = Dipsacus
Cardon = Cynara
Cardoncelle = Carduncellus
Carisse = Carissa
Carline = Carlina
Carmichaelia = Carmichaelia
Carotte = Daucus
Caroubier = Ceratonia
Carpésium = Carpesium
Carthame = Carthamus
Caryoptéris = Caryopteris
casse-lunette = Euphrasia
Cassiope = Cassiope
Cassis = Ribes
Casuarina = Casuarina
Catabrosa = Catabrosa
Cataleptique = Physostegia
Catalpa = Catalpa
Caucalis = Caucalis
Céanothe = Ceanothus
Cèdre = Cedrus
Cèdre à encens = Calocedrus
Cèdre bâtard = Cedrela, Toona
Cèdre du Chili = Austrocedrus
Cèdre du Japon = Cryptomeria
Cèdrella = Toona
Célandine = Stylophorum
Céleri = Apium
Céleri vivace = Levisticum
Célosie = Celosia
Centaurée = Centaurea
Centaurée jaune = Blackstonia
Centaurée musquée = Amberboa
Céphalaire = Cephalaria
Céphalanthère = Cephalanthera
Céphélis = Psychotria
Céraiste = Cerastium
Cératocéphale = Ceratocephala
Cératophylle = Ceratophyllum
Cercidiphyllum = Cercidiphyllum
Cerfeuil = Anthriscus
cerfeuil sauvage = Chaerophyllum
Cerfeuil vivace = Myrrhis
Cerima = Monstera
Cerise de la Jamaïque = Muntingia
Cerise espagnole = Mimusops
Cerisier de Chine = Litchi
Cerisier de Tahiti = Phyllanthus
Cerisier des Antilles = Malpighia
Céropégia = Ceropegia
Céroxylon = Ceroxylon
Cestrum = Cestrum

Chalef = Elaeagnus
Chamorchis = Chamorchis
Chanvre = Cannabis
Chardon = Carduus, Eryngium
Chardon bénit = Cnicus
Chardon ivoire = Ptilostemon
Chardon-des-ânes = Onopordum
Chardon-Marie = Galactites, Silybum
Charme = Carpinus
Chasmanthe = Chasmanthe
Châtaigne d'eau = Trapa
Châtaignier = Castanea
Châtaignier d'Australie = Castanospermum
Châtaignier de la Guyane = Pachira
Châtaignier du Cap = Calodendrum
Chayotte = Sechium
Cheilanthès = Cheilanthes
Chélidoine = Chelidonium
Chélone = Chelone
Chêne = Quercus
Chenille = Scorpiurus
Chénopode = Chenopodium
Chérimolier = Annona
Chérophylle = Chaerophyllum
Chervis = Sium
Chèvrefeuille = Lonicera
Chèvrefeuille du Cap = Tecomaria
Chicorée = Cichorium
Chicot du Canada = Gymnocladus
Chiendent = Agropyron, Cynodon
Chiendent des sables = Elymus
Chigommier = Combretum
Chili = Capsicum
Chimaphile = Chimaphila
Chimonanthe odorant = Chimonanthus
Chironia = Chironia
Choin = Schoenus
Chondrille = Chondrilla
Chorisia = Chorisia
Chorizema = Chorizema
Chou = Brassica
Chou marin = Crambe
Chou puant = Symplocarpus
Chou-chine = Colocasia
Chouard = Brimeura
Chrysanthème = Chrysanthemum
Chrysocome = Chrysocoma
Chrysogonum = Chrysogonum
Chrysopogon = Chrysopogon
Chrysothamne = Chrysothamnus
Cicer = Cicer
Cicutaire = Cicuta
Cierge = Cleistocactus, Fouquieria, Peniocereus
Cierge d'argent = Cimicifuga
Cierge de la Lune = Selenicereus
Cierge pileux = Pilosocereus
Cierge-hérisson = Echinocereus
Ciguë = Conium
Ciguë aquatique = Cicuta

Cinéraire = Cineraria, Pericallis, Senecio, Tephroseris
Circée = Circaea
Cirier = Myrica
Cirio = Fouquieria
Cirse = Cirsium
Ciste = Cistus
Citronnelle = Aloysia, Cymbopogon, Melissa
Citronnier = Citrus
Clandestine = Lathraea
Clarkia = Clarkia
Clavalier = Zanthoxylum
Claytone = Claytonia
Clématite = Clematis
Cléome = Cleome
Clérodendron = Clerodendrum
Cléthra = Clethra
Clinopode = Clinopodium
Clintonia = Downingia
Clivia = Clivia
Cloche de Noël = Sandersonia
Cloche du temple = Smithiantha
Clochette d'Irlande = Moluccella
Clochette des fées = Disporum
Clypéole = Clypeola
Cnicaut = Cnicus
Cnide = Cnidium
Cobée = Cobaea
Coca = Erythroxylum
Cocaier = Erythroxylum
Cocculus = Cocculus
Cocotier = Cocos
Cocotier de Seychelles = Lodoicea
Cocriste = Rhinanthus
Codonopsis = Codonopsis
Cognassier = Cydonia
Cognassier du Japon = Chaenomeles
Colatier = Cola
Colchique = Colchicum
Coléus = Solenostemon
Colletia = Colletia
Collinsia = Collinsia
Collomia = Collomia
Cologlosse = Coeloglossum
Columnéa = Columnea
Comméline = Commelina
Compagnon = Silene
Comptonie = Comptonia
Concombre = Cucumis
Concombre chevelu = Sicyos
Concombre sauvage = Ecballium
Concombre-oursin = Echinocystis
Coniosélinum = Conioselinum
Conopode = Conopodium
Conringia = Conringia
Consoude = Symphytum
Copalier = Copaifera
Copalme = Liquidambar
Coptide = Coptis
Coquelicot du soleil levant = Eomecon

Corbeille d'argent = Arabis
Corbeille d'or = Alyssum
Cordia = Cordia
Cordyline = Cordyline
Coréopsis = Coreopsis
Corète = Kerria
Coriandre = Coriandrum
Coris = Coris
Corispermum = Corispermum
Cormier = Sorbus
Cornaret = Proboscidea
Corne d'abondance = Fedia
Corne d'eau = Hydrocera
Corne d'élan = Platycerium
Cornouiller = Cornus
Coronille = Coronilla
Corossol = Annona
Corrigiola = Corrigiola
Corroyère = Coriaria
Cortuse = Cortusa
Corydale = Corydalis
Corynocarpus = Corynocarpus
Cosmos = Cosmos
Costus = Costus
Cotonéaster = Cotoneaster
Cotonnier = Gossypium
Cotonnière = Filago
Cotule = Cotula, Leptinella
Coumarouna = Dipteryx
Cour de Marie = Dicentra
Courbaril = Hymenaea
Courge = Cucurbita
Courge céreuse = Benincasa
Couronne impériale = Fritillaria
Crambe = Crambe
Crambe des chiens = Theligonum
Cran = Armoracia
Cranson = Armoracia, Cochlearia
Crapaudine = Sideritis
Crassula = Crassula
Crassula de Chine = Sinocrassula
Crépide = Crepis
Crépis = Crepis
Cresson alénois = Lepidium
Cresson de fontaine = Nasturtium
Cresson de Para = Acmella
Cresson des chamois = Pritzelago
Cresson des oies = Schivereckia
Cresson des pierres = Aurinia
Cresson doré = Chrysosplenium
Crête-de-coq = Celosia
Crételle = Cynosurus
Crinodendron = Crinodendron
Crinum = Crinum
Crocus = Crocus
Crocus du Chili = Tecophilaea
Croisette = Cruciata
Crosne = Stachys
Crotalaria = Crotalaria
Croton = Chrozophora, Codiaeum, Croton
Crucianelle = Crucianella, Phuopsis
Crupina = Crupina

Crypsis piquant = Crypsis
Cryptanthus = Cryptanthus
Ctenanthe = Ctenanthe
Cucubale = Cucubalus
Cumin = Carum, Cuminum
Cumin des chevaux = Laser
Cumin des prés = Silaum
Cumin tubéreux = Bunium
Cuphéa = Cuphea
Cupidone = Catananche
Curcuma = Curcuma
Cuscute = Cuscuta
Cussonia = Cussonia
Cyananthus = Cyananthus
Cycas = Cycas
Cyclamen = Cyclamen
Cyclanthus = Cyclanthus
Cycnoches = Cycnoches
Cymbalaire = Cymbalaria
Cymbidium = Cymbidium
Cynanque = Cynanchum
Cynoglosse = Cynoglossum
Cynosure = Cynosurus
Cypella = Cypella
Cyprès = Cupressus
Cyprès africain = Widdringtonia
Cyprès bâtard = × Cuprocyparis
Cyprès chauve = Taxodium
Cyprès de Leyland = × Cuprocyparis
Cyprès de Patagonie = Fitzroya
Cyrtanthus = Cyrtanthus
Cystoptéride = Cystopteris
Cytise = Laburnum
Cytise aubour = Laburnum
Dactyle = Dactylis
Dactylorhize = Dactylorhiza
Dahlia = Dahlia
Dahlia grimpant = Hidalgoa
Dalechampia = Dalechampia
Danthonia = Danthonia
Daphné = Daphne
Darmera = Darmera
Dasylirion = Dasylirion
Dattier = Phoenix
Dauphinelle = Consolida
Davallia = Davallia
Davidia = Davidia
Decaisnea = Decaisnea
Deinanthe = Deinanthe
Delairea = Delairea
Delosperma = Delosperma
Dennstaedtia = Dennstaedtia
Dent de lion = Taraxacum
Dent-de-chien = Erythronium
Dent-de-lion = Leontodon
Dentelaire = Ceratostigma, Plumbago
Derris = Derris
Désespoir du peintre = Heuchera
Deutzia = Deutzia
Dianella = Dianella
Diapensia = Diapensia
Diascia = Diascia

Dictame barbade = Maranta
Dieffenbachia = Dieffenbachia
Diervilla = Diervilla
Digitaire = Digitaria, Paspalum
Digitale = Digitalis
Digitale de Chine = Rehmannia
Dillénie = Dillenia
Dionée = Dionaea
Dioon = Dioon
Diotis = Otanthus
Dipelta = Dipelta
Diphylleia = Diphylleia
Diplotaxis = Diplotaxis
Diptérocarpus = Dipterocarpus
Dischidia = Dischidia
Dodonéa = Dodonaea
Dolique = Dolichos, Vigna
Dolique lablab = Lablab
Dompte-venin = Vincetoxicum
Doodia rude = Doodia
Doradille = Asplenium
Doréma = Dorema
Dorine = Chrysosplenium
Doronic = Doronicum
Dorstenia = Dorstenia
Dorycnium = Dorycnium
Dracula = Dracula
Dragonnier = Dracaena, Dracophyllum
Drave = Draba, Schivereckia
Drave des Pyrénées = Petrocallis
Ebène du Mexique = Pithecellobium
Ebène du Texas = Pithecellobium
Ecbalie = Ecballium
Eccremocarpus = Eccremocarpus
Echévéria = Echeveria
Echidnopsis = Echidnopsis
Echinacéa = Echinacea
Echinosperme = Lappula
Ecuelle d'eau = Hydrocotyle
Edelweiss = Leontopodium
Eglantier = Rosa
Egylops = Aegilops
Elatine = Elatine
Elemi = Canarium
Eleocharis = Eleocharis
Eleusine = Eleusine
Elodée = Elodea
Elsholtzia = Elsholtzia
Elyme = Elymus, Leymus
Emilie = Emilia
Enkianthus = Enkianthus
Epervière = Hieracium
Ephèdre = Ephedra
Ephémère = Commelina, Tradescantia
Epiaire = Stachys
Epicéa = Picea
Epigée = Epigaea
Epilobe = Epilobium
Epinard = Spinacia
Epinard de Malabar = Basella
Epinard de Nouvelle-Zélande = Tetragonia

Epine = Crataegus
Epine de chameau = Alhagi
Epine de Jérusalem = Parkinsonia
Epine de rat = Ruscus
Epine des rats grimpante = Semele
Epine du Christ = Paliurus
Epine du ver à soie = Cudrania
Epine jaune = Xanthoceras
Epine-vinette = Berberis
Epipactis = Epipactis
Epipogium = Epipogium
Episcie = Episcia
Eponge végétale = Luffa
Erable = Acer
Eragrostis = Eragrostis
Eranthe = Eranthis
Eranthémum = Eranthemum
Erigeron = Conyza, Erigeron
Erinacée = Erinacea
Erine = Erinus
Eriocaulon = Eriocaulon
Eriophylle = Eriophyllum
Eriostémon = Eriostemon
Erucastre = Erucastrum
Erythrine = Erythrina
Erythrochiton = Erythrochiton
Erythrone = Erythronium
Escallonia = Escallonia
Eschscholzia = Eschscholzia
Esparcette = Onobrychis
Esparsette = Stipa
Ethuse = Aethusa
Etoile = Stapelia
Etoile d'eau = Callitriche
Etoile de Bethléem = Ornithogalum
Etoile du Mexique = Milla
Etoile du Texas = Lindheimera
Eucalyptus = Eucalyptus
Eucnide = Eucnide
Eucomis = Eucomis
Eucryphia = Eucryphia
Eugenia = Eugenia
Eupatoire = Eupatorium
Euphorbe = Euphorbia
Euphorbe arborescente = Synadenium
Euphorbe du Japon = Pachysandra
Euphraise = Euphrasia
Euptéléa = Euptelea
Eurya = Eurya
Euryale = Euryale
Eutaxia = Eutaxia
Exochorda = Exochorda
Fabiana = Fabiana
Falcaire = Falcaria
Fatshédéra = × Fatshedera
Fatsia = Fatsia
Fausse-ancolie = Semiaquilegia
Fausse-anémone = Anemonopsis
Fausse-arabette = Arabidopsis
Fausse-asperge = Medeola
Fausse-avoine = Ventenata

Fausse-camomille = Boltonia
Fausse-couleuvrée = Diplocyclos
Fausse-élodée = Lagarosiphon
Fausse-lobélie = Downingia
Fausse-lysimaque = Pseudolysimachion
Fausse-mauve = Malvastrum
Fausse-orchidée = Roscoea
Fausse-pâquerette = Bellium
Fausse-parrotia = Parrotiopsis
fausse-roquette = Bunias
Fausse-stellaire = Pseudostellaria
Fausse-violette = Ionopsidium
Fausse-vipérine = Lobostemon
Faux vernis du Japon = Ailanthus
Faux-acacia = Robinia
Faux-alysson = Alyssoides
Faux-ananas = Pseudananas
Faux-anis = Illicium
Faux-camélia = Stewartia
Faux-chanvre = Datisca
Faux-châtaignier = Castanopsis
Faux-coqueret = Nicandra
Faux-cresson = Rorippa
Faux-crocus = Romulea
Faux-cyprès = Chamaecyparis
Faux-cytise = Cytisophyllum
Faux-ébénier = Laburnum
Faux-fumeterre = Pseudofumaria
Faux-gingseng = Pseudopanax
Faux-gnaphale = Pseudognaphalium
Faux-houx = Nemopanthus
Faux-indigo = Amorpha
Faux-jasmin = Mandevilla
Faux-kapokier = Eriocephalus
Faux-kerria = Rhodotypos
Faux-laurier = Daphniphyllum
Faux-lupin = Thermopsis
Faux-mélèze = Pseudolarix
Faux-metel = Datura
Faux-myrte = Anamirta
Faux-noisetier = Corylopsis
Faux-orchis = Pseudorchis
Faux-orme de Sibérie = Zelkova
Faux-ostryer = Ostryopsis
Faux-palissandre = Jacaranda
Faux-pistachier = Staphylea
Faux-poivrier = Schinus
Faux-riz = Leersia
Faux-scirpe = Scirpoides
Faux-sorgho = Sorghastrum
Faux-tamaris = Myricaria
Faux-trèfle = Oxalis
Fenouil = Foeniculum
Fer-à-cheval = Hippocrepis
Férule = Ferula
Férule bâtarde = Ferulago
Fétuque = Festuca
Fétuque du gravier = Micropyrum
Fève = Vicia
Février d'Amérique = Gleditsia
Ficoide = Delosperma, Dorotheanthus,
Mesembryanthemum
Ficoïde arbustive = Ruschia
Figue des Hottentots = Carpobrotus
Figuier = Ficus
Figuier de Barbarie = Opuntia
Figuier de mer = Erepsia
Filago = Filago
Filaria = Phillyrea
Filipendule = Filipendula
Fimbristylis = Fimbristylis
Firmiana = Firmiana
Fittonia = Fittonia
Flamboyant = Delonix
Flèche d'eau = Sagittaria
Fléole = Phleum
Fleur arlequin = Sparaxis
Fleur ballon = Platycodon
Fleur de cire = Hoya, Kirengeshoma
Fleur de porcelaine = Hoya
Fleur des babouins = Babiana
Fleur des dieux = Dodecatheon, Parochetus
Fleur des elfes = Epimedium
Fleur des princesses = Tibouchina
Fleur du prophète = Arnebia
Fleur du soir = Hesperantha, Ixia
Fleur-araignée = Arachnis
Fleur-cigarette = Cuphea
Fleur-de-kangourou = Anigozanthos
Fleur-escargot = Vigna
Fleur-léopard = Belamcanda
Flouve = Anthoxanthum
Fontanesie = Fontanesia
Forsythia = Forsythia
Forsythia blanc = Abeliophyllum
Fothergilla = Fothergilla
Fougère = Doryopteris, Gleichenia, Hymenophyllum, Lemmaphyllum, Lonchitis, Onychium, Pyrrosia, Sticherus
Fougère aigle = Pteridium
Fougère aquatique = Azolla, Bolbitis
Fougère arborescente = Angiopteris, Cibotium, Cyathea, Dicksonia, Todea
Fougère argentée = Pityrogramma
Fougère ciliée = Woodsia
Fougère cornue = Ceratopteris
Fougère des marais = Thelypteris
Fougère des montagnes = Oreopteris
Fougère dorée = Pityrogramma
Fougère du chêne = Gymnocarpium
Fougère du hêtre = Phegopteris
Fougère femelle = Athyrium
Fougère flottante = Salvinia
Fougère grimpante = Lomariopsis, Lygodium
Fougère plume-d'autruche = Matteuccia
Fougère royale = Osmunda
Fougère rubannée = Vittaria
Fougère-bambou = Coniogramme
Fougère-chenille = Scyphularia
Fougère-langue = Elaphoglossum
Fougère-palmier = Bowenia
Fragon = Ruscus
Fraisier = Fragaria
Fraisier doré = Waldsteinia
Framboisier = Rubus
Francoa = Francoa
Frangipanier = Plumeria
Frankénie = Frankenia
Franklinia = Franklinia
Fraxinelle = Dictamnus
Freesia = Freesia
Frêne = Fraxinus
Frêne puant = Tetradium
Fritillaire = Fritillaria
Fromager = Bombax, Chorisia
Fruit de la Passion = Passiflora
Fuchsia = Fuchsia
Fuchsia d'Australie = Correa
Fuchsia du Cap = Phygelius
Fuchsia en arbre = Schotia
Fumana = Fumana
Fumeterre = Fumaria
Funkia = Hosta
Fusain = Euonymus
Gagéa = Gagea
Gaïac = Guaiacum
Gaillarde = Gaillardia
Gaillet = Galium
Gaillet croisette = Cruciata
gainier = Cercis
Galane = Penstemon
Galanga = Calathea
Galax = Galax
Galéopsis = Galeopsis
Galipéa = Galipea
Galtonia = Galtonia
Garance = Rubia
Gardénia = Gardenia
Garrya = Garrya
Gastérie = Gasteria
Gastridium = Gastridium
Gattilier = Vitex
Gaudinie = Gaudinia
Gaultheria = Gaultheria
Gaura = Gaura
Gaylussacia = Gaylussacia
Gazanie = Gazania
Gazon d'Espagne = Armeria
Genêt = Genista
Genêt à balai = Cytisus
Genêt ailé = Chamaespartium
Genêt argenté = Argyrocytisus
Genêt austral = Notospartium
Genêt d'Espagne = Spartium
Genêt du désert = Templetonia
Genévrier = Juniperus
Génipayer = Genipa
Gentiane = Gentiana
Gentiane ciliée = Gentianella
Gentiane de la Prairie = Eustoma
Gentianelle = Centaurium

Géranium = Geranium
Géranium des balcons = Pelargonium
Gerbéra = Gerbera
Germaine = Plectranthus
Germandrée = Teucrium
Gesnéria = Gesneria
Gilia = Gilia
Gingembre = Zingiber
Ginseng = Panax
Giroflée = Matthiola
Giroflier = Syzygium
Glaïeul = Gladiolus
Glaux = Glaux
Gleditsia = Gleditsia
Gleichenia = Sticherus
Glillenia = Gillenia
Globulaire = Globularia
Gloire de Birmanie = Amherstia
Gloire des neiges = Chionodoxa
Gloriosa = Gloriosa
Gloxinia = Gloxinia
Gloxinia sauvage = Sinningia
Glycérie = Glyceria
Glycine = Wisteria
Glycine en arbre = Bolusanthus
Glycine tubéreuse = Apios
Gnaphale = Gnaphalium
Gnavelle = Scleranthus
Gobelets = Umbilicus
Gombo = Abelmoschus
Gomme-ammniaque = Dorema
Gommier = Bursera, Palaquium
Goodenia = Goodenia
Goodyera = Goodyera
Gouet = Arum
Gourde = Lagenaria
Goutte d'or = Chiastophyllum
Goyavier = Psidium
Grand orpin = Telephium
Grassette = Pinguicula
Gratiole = Gratiola
Grégoria = Vitaliana
Grémil = Lithodora, Lithospermum
Grenadier = Punica
Grenouillette = Alisma, Luronium
Grenouillette d'Amérique = Limnobium
Grévillée = Grevillea
Grewia = Grewia
Greya = Greyia
Griffe du diable = Physoplexis, Phyteuma
Grindelia = Grindelia
Griselinia = Griselinia
Gros millet = Sorghum
Groseillier = Ribes
Guayule = Parthenium
Gueule-de-loup = Antirrhinum
Gueule-de-tigre = Faucaria
Gui = Viscum
Guimauve = Althaea
Guizotia = Guizotia

Gurania = Gurania
Guttier = Garcinia
Guzmania = Guzmania
Gynure = Gynura
Gypsophile = Gypsophila
Gyroselle = Dodecatheon
Habénaire = Coeloglossum, Habenaria
Haberléa = Haberlea
Hacquetia = Hacquetia
Haematoxylon = Haematoxylum
Hakea = Hakea
Halésia = Halesia
Hamamélis = Hamamelis
Hardenbergia = Hardenbergia
Haricot = Phaseolus
Haricot de mer = Entada
Harmel = Peganum
Haworthia = Haworthia
Hebe = Hebe
Hédychium = Hedychium
Hédysarum = Hedysarum
Hélénie = Helenium
Héliamphora = Heliamphora
Hélianthelle = Helianthella
Hélianthème = Helianthemum
Héliophila = Heliophila
Héliopsis = Heliopsis
Héliotrope = Heliotropium
Hellébore = Helleborus
Helléborine = Eranthis
Helminthie = Helminthotheca
Helwingie = Helwingia
Helxine = Soleirolia
Hémanthe = Haemanthus, Scadoxus
Hémérocalle = Hemerocallis
Henné = Lawsonia
Hépatique = Hepatica
Herbe aux femmes battues = Tamus
Herbe aux kangourous = Themeda
Herbe aux turquoises = Ophiopogon
Herbe de la pampa = Cortaderia
Herbe de la St-Jean = Hypericum
Herbe de St-Augustin = Stenotaphrum
Herbe de St-Christophe = Actaea
Herbe de Ste-Barbe = Barbarea
Herbe des marais = Scolochloa
Herbe du Natal = Rhynchelytrum
Herbe du tigre = Thysanolaena
Herbe-à-brochet = Pontederia
Herbe-à-moustiques = Bouteloua
Herbe-à-panier = Oplismenus
Herbe-aux-bisons = Buchloe
Herbe-aux-écouvillons = Pennisetum
Herbe-aux-faisans = Leycesteria
Herbe-aux-goutteux = Aegopodium
Herbe-aux-pipes = Molinia
Herbe-aux-puces = Psyllium
Herbe-aux-vaches = Vaccaria
Herbe-aux-verrues = Chelidonium
Hermannia = Hermannia

Herminium = Herminium
Herniaire = Herniaria
Hétéranthère = Heteranthera
Hétéromelès = Heteromeles
Hêtre = Fagus
Hêtre austral = Nothofagus
Heuchère = Heuchera
Heuchèrelle = × Heucherella
Hibbertia = Hibbertia
Hibiscus bleu = Alyogyne
Hierochloa = Hierochloe
Hirschfeldia = Hirschfeldia
Hochet du vent = Briza
Hohéria = Hoheria
Holodiscus = Holodiscus
Holostée = Holosteum
Homalocladium = Homalocladium
Homogyne = Homogyne
Honckénéja = Honckenya
Horminelle = Horminum
Hortensia = Hydrangea
Hortensia en arbre = Dombeya
Hortensia grimpant = Schizophragma
Hottonie = Hottonia
Houblon = Humulus
Houque = Hierochloe, Holcus
Houttuynie = Houttuynia
Houx = Ilex
Hovéa = Howea
Huernia = Huernia
Hugueninia = Hugueninia
Hydrastis = Hydrastis
Hydrocotyle = Hydrocotyle
Hydrophylle = Hydrophyllum
Hygrophile = Hygrophila
Hyménophylle = Hymenophyllum
Hypécoum = Hypecoum
Hypoestes = Hypoestes
Hypolépis = Hypolepis
Hystrix = Hystrix
Icaquier = Chrysobalanus
Idésia = Idesia
If = Taxus
If de Patagonie = Saxegothaea
If du Prince Albert = Saxegothaea
If puant = Torreya
If verruqueux = Dacrycarpus
If-à-prunes = Cephalotaxus
Igname = Dioscorea
Illécèbre = Illecebrum
Illipe = Madhuca
Immortelle = Helichrysum, Rhodanthe
Immortelle annuelle = Xeranthemum
Immortelle argentée = Cephalipterum
Immortelle d'argent = Anaphalis
Immortelle de sables = Ammobium
Impatiens = Impatiens
Impératoire = Peucedanum
Incarvillée = Incarvillea

Indigo = Indigofera
Inule = Inula
Ionopsis = Ionopsis
Ipéca = Psychotria
Iphéion = Ipheion
Ipomée = Ipomoea
Irésine = Iresine
Iris = Iris
Iris tête-de-serpent = Hermodactylus
Iris tigré = Belamcanda
Iroko = Chlorophora
Ismène = Hymenocallis
Isoètes = Isoetes
Isopogon = Isopogon
Isopyre = Isopyrum
Itéa = Itea
Iva = Iva
Ixia = Ixia
Ixiolirion = Ixiolirion
Jaborandi = Pilocarpus
Jacaranda = Jacaranda
Jacinthe = Hyacinthus
Jacinthe blétille = Bletilla
Jacinthe du Cap = Galtonia, Lachenalia
Jacinthe sauvage = Hyacinthoides
Jacynthe d'eau = Eichhornia
Jambosier = Syzygium
Jamerosier = Syzygium
Jamesia = Jamesia
Jasione = Jasione
Jasmin = Jasminum
Jasmin de Madagascar = Stephanotis
Jasmin de Virginie = Gelsemium
Jasmin du Cap = Gardenia
Jasmin du Chili = Mandevilla
Jasmin étoilé = Trachelospermum
Jatropha = Jatropha
Jaunet d'eau = Nuphar
Jeffersonia = Jeffersonia
Jojoba = Simmondsia
Jonc = Juncus
Jonc des tonneliers = Schoenoplectus, Scirpus
Jonc fleuri = Butomus
Jonc palmier = Prionium
Jonc-sabre = Xyris
Joubarbe = Sempervivum
Jujubier = Ziziphus
Julienne = Hesperis
Julienne de Mahon = Malcolmia
Jurinée = Jurinea
Jusquiame = Hyoscyamus
Jussie = Ludwigia
Jute = Corchorus
Kadsura = Kadsura
Kaempferia = Kaempferia
Kaki = Diospyros
Kalanchoe = Bryophyllum, Kalanchoe
Kalmia = Kalmia

Kalopanax = Kalopanax
Kapokier = Bombax, Ceiba
Kénépier = Melicoccus
Kennedia = Kennedia
Kentia = Howea
Kernéra = Kernera
Keruing = Dipterocarpus
Ketmie = Hibiscus
Keulérie = Koeleria
Kickxia = Kickxia
Kiwi = Actinidia
Knautia = Knautia
Koelreuteria = Koelreuteria
Kohléria = Kohleria
Kolkwitzia = Kolkwitzia
Kouémé = Telfairia
Kraméria = Krameria
Kudzu = Pueraria
Kumquat = Fortunella
Laelia = Laelia
Lagerose = Lagerstroemia
Lagunaria = Lagunaria
Lagurier = Lagurus
Laîche = Carex
Lait de Notre-Dame = Silybum
Laiteron = Sonchus
Laitue = Lactuca
Laitue d'eau = Pistia
Laitue du Mexique = Tridax
Lamarckia = Lamarckia
Lamier = Lamium
Lampourde = Xanthium
Lampranthus = Lampranthus
Lampsane = Lapsana
Langue de Belle-mère = Sansevieria
Langue de serpent = Ophioglossum
Langue du diable = Amorphophallus
Langue-d'oiseau = Stellaria
Langue-de-chevreuil = Gasteria
Langue-de-chien = Cynoglossum
Langue-de-moineau = Passerina
Lansat = Lansium
Lantana = Lantana
Lantanier = Lantana
Lanterne chinoise = Abutilon, Physalis, Sandersonia
Lapageria = Lapageria
Lapeirousia = Lapeirousia
Laportea = Laportea
Larme-de-Job = Coix
Larme-de-Jupiter = Coix
Laser = Laser, Laserpitium
Latanier = Latania
Laurier = Laurus, Umbellularia
Laurier d'Alexandrie = Danae
Laurier rose = Nerium
Lavande = Lavandula
Lavande de mer = Limonium
Lavatère = Lavatera
Léersia = Leersia
Lenticule = Lemna
Lentille = Lens
Lentille d'eau = Lemna

Léontice = Leontice
Léonure = Leonurus
Leptospermum = Leptospermum
Leschenaultia = Leschenaultia
Lespédéza = Kummerowia, Lespedeza
Leucogenes = Leucogenes
Leucothoë = Leucothoe
Leuzée = Leuzea
Lewisia = Lewisia
Leycesteria = Leycesteria
Liane à râpe = Pithecoctenium
Liane corail = Antigonon
Liane de feu = Pyrostegia
Liane du voyageur = Cissus
Liane-orchidée = Podranea
Liatride = Liatris
Libertia = Libertia
Libocèdre = Libocedrus
Lierre = Hedera
Lierre terrestre = Glechoma
Ligulaire = Ligularia
Ligustique = Ligusticum
Lilas = Syringa
Lilas des Indes = Lagerstroemia, Melia
Limetier = Citrus
Limettier du désert = Eremocitrus
Limnanthes = Limnanthes
Limnophile = Limnophila
Limodore = Limodorum
Limoniastrum = Limoniastrum
Limoselle = Limosella
Lin = Linum
Lin de Nouvelle-Zélande = Phormium
Linaigrette = Eriophorum
Linaire = Chaenorhinum, Linaria
Lindera = Lindera
Lindheimera = Lindheimera
Linnée = Linnaea
Liparis = Liparis
Liriope = Liriope
Lis = Lilium
Lis d'un jour = Hemerocallis
Lis de Joséphine = Brunsvigia
Lis de la prairie = Camassia
Lis de St-Bruno = Paradisea
Lis de St-Jacques = Sprekelia
Lis de tigre = Tigridia
Lis des Cafres = Schizostylis
Lis des crapauds = Tricyrtis
Lis des impalas = Adenium
Lis des Incas = Alstroemeria
Lis des rochers = Arthropodium
Lis du Brésil = Eucharis
Lis géant = Cardiocrinum
Lis zéphir = Zephyranthes
Lis-araignée = Hymenocallis
Lis-cobra = Darlingtonia
Lis-javelot = Doryanthes
Lis-pancrais = Pancratium
Liseron = Convolvulus

Liseron arbustif = Argyreia
Liseron brûlant = Caiophora
Liseron des haies = Calystegia
Liseron épineux = Smilax
Listère = Listera
Litchi = Litchi
Littorelle = Littorella
Livistonia = Livistona
Loasa = Loasa
Lobélie = Lobelia
Loïdie = Lloydia
Loiseleuria = Loiseleuria
Longanier = Nephelium
Loropetalum = Loropetalum
Lotier = Lotus, Tetragonolobus
Lotus = Nelumbo
Lotus des Anciens = Ziziphus
Lotus des Indes = Nelumbo
Ludisia = Ludisia
Ludwigia = Ludwigia
Lunaire = Botrychium, Lunaria
Lunetière = Biscutella
Lupin = Lupinus
Lupin indigo = Baptisia
Luzerne = Medicago
Luzule = Luzula
Lychnis des Pyrénées = Petrocoptis
Lyciet = Lycium
Lycope = Lycopus
Lycopode = Diphasiastrum, Huperzia, Lycopodium
Lyonia = Lyonia
Lysichiton = Lysichiton
Lysimaque = Lysimachia
Maackia = Maackia
Maceron = Smyrnium
Mâche = Valerianella
Macle = Stratiotes
Macodes = Macodes
Macoré = Tieghemella
Madi = Madia
Magnolia = Magnolia
Magnolier = Magnolia
Mahogany d'Amérique = Swietenia
Mahonia = Mahonia
Maïanthème = Maianthemum
Maïs = Zea
Makoré = Tieghemella
Malaguette = Aframomum, Xylopia
Malaxis = Malaxis
Malope = Malope
Malvaviscus = Malvaviscus
Mammilaire = Mammillaria
Mandarinnier = Citrus
Mandragore = Mandragora
Mangoustanier = Garcinia
Manguier = Mangifera
Maniguette = Aframomum, Xylopia
Maniok = Manihot
Manteau de Notre-Dame = Alchemilla
Maranta = Maranta
Margose = Momordica

Marguerite = Leucanthemum
Marguerite d'automne = Leucanthemella
Marguerite des Alpes = Leucanthemopsis
Marguerite dorée = Euryops
Marguerite du Cap = Osteospermum
Marguerite en arbre = Argyranthemum
Marisque = Cladium
Marjolaine = Origanum
Marmite de singe = Lecythis
Marronnier = Aesculus
Marrube = Marrubium
Marsilée = Marsilea
Martynia = Craniolaria, Martynia
Martynia à trompe = Proboscidea
Massette = Typha
Matricaire = Matricaria, Tripleurospermum
Maurandie = Asarina
Mauve = Malva
Mauve de la Prairie = Sidalcea
Mauve de Virginie = Sida
Mauve-pavot = Callirhoe
Mazus = Lindernia, Mazus
Méconopsis = Meconopsis
Médinilla = Medinilla
Meehania = Meehania
Mélaleuca = Melaleuca
Mélampyre = Melampyrum
Mélastome = Melastoma
Mélèze = Larix
Mélianthe = Melianthus
Mélilot = Melilotus
Mélinet = Cerinthe
Mélique = Melica
Mélisse = Melissa
Mélitte = Melittis
Mélocoton = Sicana
Melon = Cucumis
Menthe = Mentha
Menthe coq = Tanacetum
Menthe d'Australie = Prostanthera
Menthe de montagne = Calamintha
Menthe-des-chats = Nepeta
Mentzelia = Eucnide
Menziesia = Menziesia
Mercuriale = Mercurialis
Mertensia = Mertensia
Mésembryanthème = Dorotheanthus
Métaséquoia = Metasequoia
Méum = Meum
Mibora = Mibora
Michauxia = Michauxia
Micocoulier = Celtis
Micocoulier ailé = Pteroceltis
Micromérie = Micromeria
Milla = Milla
Millepertuis = Hypericum
Millet = Milium
Millet à grappes = Setaria

Miltonia = Miltonia
Miltoniopsis = Miltoniopsis
Mimosa = Acacia, Mimosa
Mimulus = Mimulus
Miricaire = Myricaria
Miroir-de-Vénus = Legousia
Mitchella = Mitchella
Mitraria = Mitraria
Moehringia = Moehringia
Moenchia = Moenchia
Molène = Verbascum
Molinie = Molinia
Mollugine = Mollugo
Mollugo = Mollugo
Molosperme = Molopospermum
Moltkia = Moltkia
Molucelle = Moluccella
Monaie du Pape = Lunaria
Monanthes = Monanthes
Monarde = Monarda
Monbin = Spondias
Monopsis = Monopsis
Monotropa = Monotropa
Montbretia = Crocosmia
Montia = Montia
Morelle = Solanum
Morène = Hydrocharis
Moricandia = Moricandia
Morina = Morina
Moringa = Moringa
Mormodes = Mormodes
Mors du diable = Succisa
Mors-de-grenouille = Hydrocharis
Mouron = Anagallis
Mousse espagnole = Tillandsia
Moutarde = Sinapis
Mouton végétal = Raoulia
Muehlenbeckia = Muehlenbeckia
Muflier = Antirrhinum
Muflier des champs = Misopates
Muflier grimpant = Asarina
Muguet = Convallaria
Mulgédie = Cicerbita
Mûrier = Morus
Mûrier à papier = Broussonetia
Mûrier des Indes = Morinda
Mûrier sauvage = Rubus
Murraya = Murraya
Muscadier = Myristica
Muscadier de Californie = Torreya
Muscari = Muscari
Myagrum = Myagrum
Myosotis = Myosotis
Myosotis du Caucase = Brunnera
Myosure = Myosurus
Myriocarpe = Myriocarpa
Myriophylle = Myriophyllum
Myrrhe = Commiphora
Myrsine = Myrsine
Myrte = Lophomyrtus, Rhodomyrtus
Myrte du Cap = Phylica
Myrtille des sables = Leiophyllum
Myrtillier = Vaccinium

Naïade = Najas
Narcisse = Narcissus
Nard = Nardus
Nardostachyde de l'Inde = Nardostachys
Narthécie = Narthecium
Ne-m'oubliez-pas = Myosotis
Néflier = Mespilus
Néflier de Bronvaux = + Crataegomespilus
Néflier du Japon = Eriobotrya
Neillia = Neillia
Némésia = Nemesia
Némopanthe = Nemopanthus
Némophile = Nemophila, Pholistoma
Nénuphar = Nymphaea
Nénuphar épineux = Euryale
Nénuphar jaune = Nuphar
Néottie = Neottia
Nepenthes = Nepenthes
Néphélium = Nephelium
Néphrolépis = Nephrolepis
Nérine = Nerine
Nerprun = Frangula, Rhamnus
Neslie = Neslia
Nidularium = Nidularium
Nielle = Agrostemma
Nierembergia = Nierembergia
Nigelle = Nigella
Nigritelle = Nigritella
Nipa = Nypa
Nivéole = Leucojum
Noisetier = Corylus
Noisetier du Chili = Gevuina
Noix d'Arec = Areca
Noix de Para = Bertholletia
Nolana = Nolana
Nombril de Vénus = Omphalodes, Umbilicus
Nomocharis = Nomocharis
Nonnée = Nonea
Nopal = Opuntia
Noyer = Juglans
Noyer d'Amérique = Carya
Noyer du Queensland = Macadamia
Ochna = Ochna
Odontitès = Odontites
Oeil du Christ = Tolpis
Oeil-de-boeuf = Buphthalmum
Oeillet d'Inde = Tagetes
Oil de Jeune fille = Coreopsis
Oil-de-boeuf = Telekia
Oillet = Dianthus
Oiseau de paradis = Strelitzia
Okra = Abelmoschus
Oléaria = Olearia
Olivier = Olea
Onagre = Oenothera
Onanthe = Oenanthe
Ongle du diable = Ibicella
Onocléa sensitive = Onoclea
Onosma = Onosma

Onothère = Oenothera
Onothère aquatique = Ludwigia
Ophioglosse = Ophioglossum
Ophrys = Ophrys
Oplismène = Oplismenus
Oplopanax = Oplopanax
Oponce = Opuntia
Opopanax = Opopanax
Oranger = Citrus
Oranger amer = Poncirus
Oranger des Osages = Maclura
Oranger du Mexique = Choisya
Orcanette = Alkanna
Orchidée = Arpophyllum, Cyrtopodium, Ophrys, Orchis, Polycycnis, Pterostylis
Orchidée du Tibet = Pleione
Orchidée-casque = Coryanthes
Orchidée-jonc = Schoenorchis
Orchidée-papillon = Phalaenopsis
Orchidée-roseau = Arundina
Orchis = Anacamptis, Chamorchis, Orchis
Orchis bouc = Himantoglossum
Orchis globuleux = Traunsteinera
Orchis moucheron = Gymnadenia
Orchis-homme pendu = Aceras
Oreille d'éléphant = Alocasia
Oreille-de-lièvre = Bupleurum
Oreille-de-lion = Leonotis
Oréochloa = Oreochloa
Oréopanax = Oreopanax
Orge = Hordeum
Orge des bois = Hordelymus
Origan = Origanum
Orlaya = Orlaya
Orme = Ulmus
Orme de Samarie = Ptelea
Ornithogale = Ornithogalum
Orobanche = Orobanche
Orontium = Orontium
Orpin = Sedum
Ortie = Urtica
Ortie de Chine = Boehmeria
Oryzopsis = Oryzopsis
Oseille = Rumex
Oseille sauvage = Rumex
Osmanthus = Osmanthus
Osmonde = Osmunda
Ostryer = Ostrya
Oxalide = Oxalis
Oxydendron = Oxydendrum
Oxyria = Oxyria
Oxytropis = Oxytropis
Oyat = Ammophila
Oyat bâtard = × Calammophila
Pachyphytum = Pachyphytum
Pachypodium = Pachypodium
Pachystachys = Pachystachys
Pain de pourceau = Cyclamen
Palétuvier = Rhizophora
Palissandre = Dalbergia
Palmette = Sabal

Palmier = Aiphanes, Astrocaryum, Ceroxylon, Corypha, Desmoncus, Dictyosperma, Pinanga, Pritchardia, Reinhardtia
Palmier à cire = Copernicia
Palmier à huile = Elaeis
Palmier à miel = Jubaea
Palmier à racines épineuses = Cryosophila
Palmier à sucre = Arenga
Palmier à vin = Borassus
Palmier argenté = Coccothrinax
Palmier butia = Butia
Palmier cohune = Orbignya
Palmier d'Egypte = Hyphaene
Palmier dattier = Phoenix
Palmier de Madagascar = Pachypodium
Palmier de manille = Veitchia
Palmier de montagne = Chamaedorea
Palmier des dames = Rhapis
Palmier doré = Chrysalidocarpus
Palmier doum = Hyphaene
Palmier du Panama = Carludovica
Palmier épineux = Acanthophoenix
Palmier éventail = Washingtonia
Palmier ivoire = Phytelephas
Palmier mexicain = Dioon
Palmier nain = Chamaerops
Palmier piassaba = Attalea
Palmier queue-de-poisson = Caryota
Palmier royal = Archontophoenix, Roystonea
Palmier sang-de-dragon = Daemonorops
Palmier talipot = Corypha
Palmier-à-gelée = Butia
Palmier-aiguille = Rhapidophyllum
Palmier-bouteille = Hyophorbe
Palmier-chanvre = Trachycarpus
Palmier-éventail = Brahea, Licuala
Pamier nain royal = Thrinax
Pamplemoussier = Citrus
Panacée des montagnes = Arnica
Panais = Pastinaca
Pancrais = Pancratium
Pancrais jaune = Chlidanthus
Pandanus = Pandanus
Panic = Echinochloa, Panicum
panic digité = Eleusine
Panicaut = Eryngium
Papayer = Carica
Pâquerette = Bellis
Pâquerette bleue = Brachyscome
Parasolier = Cecropia
Parentucelle = Parentucellia
Parfum des dieux = Diosma
Pariétaire = Parietaria
Parisette = Paris
Parmentiera = Parmentiera
Parnassie = Parnassia

Paronyque = Paronychia
Parrotia = Parrotia
Pas d'âne = Tussilago
Paspalum = Paspalum
Passerage = Lepidium
Passerage drave = Cardaria
Passerine = Passerina
Passerine thymélée = Thymelaea
Passiflore = Passiflora
Pastel = Isatis
Pastèque = Citrullus
Patchouli = Pogostemon
Patte-de-lièvre = Ochroma
Pâturin = Poa
Paulownia = Paulownia
Pavot = Papaver
Pavot bleu = Meconopsis
Pavot cornu = Glaucium
Pavot cornu d'Orient = Dicranostigma
Pavot d'eau = Hydrocleys
Pavot de Californie = Romneya
Pavot des bois = Hylomecon
Pavot du sud = Hesperomecon
Pavot en arbre = Dendromecon
Pavot plumeux = Macleaya
Pavot tulipe mexicain = Hunnemannia
Paxistima = Paxistima
Pédiculaire = Pedicularis
Pédilanthe = Pedilanthus
Péganion = Peganum
Peigne de singe = Pithecoctenium
Péjibaie = Bactris
Pelléa = Pellaea
Pellionia = Pellionia
Peltaire = Peltaria
Peltandre = Peltandra
Pensée = Viola
Penstemon = Penstemon
Pépéromia = Peperomia
Péplis = Peplis
Perce-neige = Galanthus
Perce-pierre = Crithmum
Peristeria = Peristeria
Péristrophe = Peristrophe
Pérovskia = Perovskia
Persicaire = Persicaria
Persil = Petroselinum
Pervenche = Vinca
Pervenche de Madagascar = Catharanthus
Pesse = Hippuris
Peste d'eau = Egeria, Elodea
Pet-d'âne = Onopordum
Pétasites = Petasites
Petit cycas = Microcycas
Petit houx = Ruscus
Petit nénuphar = Nymphoides
Petit plombago = Plumbagella
Petit smilax = Smilacina
Petit soleil = Helianthella
Petit toryle = Torilis

Petite bourrache = Omphalodes
Petite centaurée = Centaurium
Petite ciguë = Aethusa
Petite férule = Ferulago
Petite lentille = Wolffia
Petrea = Petrea
Pétrocallis = Petrocallis
Pétrocoptis = Petrocoptis
Petteria = Petteria
Pétunia = Petunia
Peucédan = Peucedanum
Peuplier = Populus
Peyote = Lophophora
Peyoti = Lophophora
Phacélie = Phacelia
Phalangère = Anthericum, Chlorophytum
Philésia = Philesia
Philodendron = Monstera, Philodendron
Phlomis = Phlomis
Phlox = Phlox
Photinia = Photinia
Phyllodoce = Phyllodoce
Physocarpe = Physocarpus
Phytolaque = Phytolacca
Pied-d'alouette = Delphinium
Pied-d'éléphant = Beaucarnea
Pied-d'oiseau = Ornithopus
Pied-de-chat = Antennaria
Pied-de-poule = Cynodon
Piéris = Pieris
Pigamon = Thalictrum
Piléa = Pilea
Pilocarpe = Pilocarpus
Pilulaire = Pilularia
Pimelea = Pimelea
Piment = Capsicum
Pimpinelle = Pimpinella
Pin = Pinus
Pin Huon = Dacrydium
Pin parasol japonais = Sciadopitys
Pin rouge = Dacrydium
Pin-cyprès = Callitris
Pinellia = Pinellia
Pissenlit = Taraxacum
Pistachier = Pistacia
Pittosporum = Pittosporum
Pivoine = Paeonia
Plagianthe = Plagianthus
Plantain = Plantago
Plantain d'eau = Alisma
Plante au feu d'artifice = Pilea
Plante aux fourmis = Myrmecodia
Plante des concierges = Aspidistra
Plante-arc-en-ciel = Byblis
Plante-aux-crevettes = Justicia
Plante-caillou = Argyroderma, Lithops, Titanopsis
Plante-cobra = Darlingtonia
Plante-compas = Silphium
Plante-corail = Russelia
Plante-du-savetier = Bergenia

Plante-outre = Cephalotus
Plante-perle = Nertera
Plaqueminier = Diospyros
Platane = Platanus
Platanthère = Platanthera
Platycaryer = Platycarya
Pléione = Pleione
Pléomèle = Dracaena
Pleurosperme = Pleurospermum
Plombago = Plumbago
Plume d'eau = Hottonia
Plume des Apaches = Fallugia
Podalyre = Baptisia
Podocarpus = Podocarpus
Poil à gratter = Mucuna
Poire des sables = Peraphyllum
Poirée = Beta
Poirier = Pyrus
Pois = Pisum
Pois à chapelet = Abrus
Pois bâtard = Centrosema
Pois d'angol = Cajanus
Pois de cour = Cardiospermum
Pois de senteur = Lathyrus
Pois puant = Sterculia
Pois razier = Clitoria
Pois savane = Clitoria
Pois vivace = Lathyrus
Pois-bouton = Cephalanthus
Pois-chiche = Cicer
Pois-patate = Pachyrhizus
Pois-rivière = Centrosema
Pois-sabre = Canavalia
Poivre de la Jamaïque = Pimenta
Poivre de muraille = Sedum
Poivre sauvage = Vitex
Poivrier = Piper
Polycarpon = Polycarpon
Polycnème = Polycnemum
Polygala = Polygala
Polygonum bistorte = Bistorta
Polypode = Polypodium
Polypogon = Polypogon
Polyscias = Polyscias
Polystic = Polystichum
Pomme d'éléphant = Limonia
Pomme d'or = Spondias
Pomme de mai = Podophyllum
Pomme de pierre = Osteomeles
Pomme de Sodome = Calotropis
Pomme de terre = Solanum
Pomme du diable = Datura
Pommier = Malus
Pommier baumier = Clusia
Poncir = Poncirus
Populage = Caltha
Porcelle = Hypochaeris
Potamot = Potamogeton
Potentille = Potentilla
Pothos = Epipremnum
Poule grasse = Lapsana
Pourpier = Portulaca
Pourpier en arbre = Portulacaria

Pratia = Pratia
Prêle = Equisetum
Prénanthe = Prenanthes
Primevère = Primula
Primevère du Cap = Streptocarpus
Pritchardia = Pritchardia
Prosopis = Prosopis
Prostanthère = Prostanthera
Protée = Protea
Pruche = Tsuga
Prune d'Espagne = Spondias
Prunier de l'Orégon = Oemleria
Prunier de Madagascar = Flacourtia
Prunier des Cafres = Harpephyllum
Psoralée = Psoralea
Psoralier = Psoralea
Ptéris = Lonchitis, Pteris
Ptérocarpe = Pterocarpus
Ptérocaryer = Pterocarya
Ptychosperme = Ptychosperma
Puéraria = Pueraria
Pulicaire = Pulicaria
Pulmonaire = Pulmonaria
Pulsatille = Pulsatilla
Puschkinia = Puschkinia
Putoria = Putoria
Pyrèthre = Tanacetum
Pyrole = Moneses, Orthilia, Pyrola
Quassier = Quassia
Quassier amer = Quassia
Quatre-épices = Pimenta
Queue-de-chat = Acalypha
Queue-de-cheval = Hippuris
Queue-de-lézard = Anemopsis, Saururus
Queue-de-lièvre = Lagurus
Queue-de-rat = Aporocactus
Queue-de-renard = Alopecurus, Vulpia
Queue-de-souris = Myosurus
Quillay = Quillaja
Quinquina = Cinchona
Quisqualier = Quisqualis
Racine corail = Corallorhiza
radiaire = Astrantia
Radiole faux-lin = Radiola
Radis = Raphanus
Raifort = Armoracia
Raifort vert = Wasabia
Raisin d'Amérique = Phytolacca
Raisin de mer = Coccoloba, Ephedra
Raisin du Japon = Hovenia
Raisin-d'ours = Arctostaphylos
Raisinier = Coccoloba
Ramboutan = Nephelium
Ramonde = Ramonda
Rapette = Asperugo
Raphia = Raphia
Raphiolépis = Rhaphiolepis
Rapistre = Rapistrum
Raquette = Opuntia
Rauvolfia = Rauvolfia
Ravenelle = Raphanus
Raygras = Lolium
Réglisse = Glycyrrhiza
Réglisse sauvage = Astragalus
Rehmannia = Rehmannia
Reine des Andes = Phaedranassa
Reine-marguerite = Callistephus
Reineckéa = Reineckea
Renoncule = Ranunculus
Renouée = Persicaria, Polygonum
Renouée des montagnes = Aconogonon
Renouée grimpante = Fallopia
Renouée laineuse = Eriogonum
Réséda = Reseda
Réséda à balai = Descurainia
Rétama = Retama
Rhagadiole = Rhagadiolus
Rhatania = Krameria
Rhinanthe = Rhinanthus
Rhinephyllum = Rhinephyllum
Rhodanthe = Rhodanthe
Rhodiole = Rhodiola
Rhododendron = Rhododendron
Rhodothamnus = Rhodothamnus
Rhubarbe = Rheum
Rhubarbe géante = Gunnera
Rhynchospore = Rhynchospora
Rhynchostylis = Rhynchostylis
Ricin = Ricinus
Ridolfia = Ridolfia
Rince-bouteille = Callistemon
Rince-bouteille du Natal = Greyia
Rivinia = Rivina
Riz = Oryza
Riz barbu = Oryzopsis
Riz sauvage = Leersia, Zizania
Robinier = Robinia
Rocouyer = Bixa
Rodgersia = Rodgersia
Roi des Alpes = Eritrichium
Romanzoffia = Romanzoffia
Romarin = Rosmarinus
Romarin sauvage = Ledum
Romulée = Romulea
Ronce = Rubus
Rondier = Borassus
Roquette = Eruca
Roquette de mer = Cakile
Roridule = Roridula
Roripe = Rorippa
Rose d'Inde = Tagetes
Rose de Chine = Hibiscus
Rose de Jéricho = Anastatica
Rose de Noël = Helleborus
Rose des Andes = Bejaria
Rose du désert = Adenium
Rose trémière = Alcea
Roseau = Phragmites
Roseau de Chine = Miscanthus
Rosier = Rosa
Rosulaire = Rosularia
Rotin = Calamus
Rubanier = Sparganium
Rudbeckia = Rudbeckia
Rue = Ruta
Rue de chèvre = Galega
Ruellia = Ruellia
Ruppia = Ruppia
Russélia = Russelia
Sabal = Sabal
Sabline = Arenaria
Sabot de Vénus = Paphiopedilum
Sabot-de-Vénus = Cypripedium
Safran bâtard = Carthamus
Sagaro = Carnegiea
Sagine = Sagina
Sagittaire = Sagittaria
Sagoutier = Metroxylon
Sainfoin = Onobrychis
Sainfoin oscillant = Desmodium
Salacca = Salacca
Salade de blé = Valerianella
Salicaire = Lythrum
Salicorne = Salicornia
Salpiglossis = Salpiglossis
Salsepareille = Smilax
Salsifis = Tragopogon
Salvinie = Salvinia
Samole = Samolus
Sanchezia = Sanchezia
Sanguinaire = Sanguinaria
Sanguisorbe = Sanguisorba
Sanicle = Sanicula
Sansévière = Sansevieria
Santal blanc = Santalum
Santoline = Santolina
Sapin = Abies
Sapin chinois = Cunninghamia
Saponaire = Saponaria
Sapote blanche = Casimiroa
Sapotier = Manilkara
Sapotillier = Pouteria
Sarcaucolon = Sarcaucolon
Sarcococca = Sarcococca
Sarracénnie = Sarracenia
Sarrasin = Fagopyrum
Sarriette = Satureja
Sassafras = Sassafras
Sauge = Salvia
Sauge hormin = Horminum
Saule = Salix
Sauromatum = Sauromatum
Saussurée = Saussurea
Savon indien = Sapindus
Savonnier = Koelreuteria
Saxifrage = Saxifraga
Scabieuse = Knautia, Scabiosa
Scabieuse des champs = Galinsoga
Scabieuse du Parnasse = Pterocephalus
Scaevola = Scaevola
Scandix = Scandix
Sceau de Salomon = Polygonatum
Sceptre de l'Empereur = Etlingera
Schefflera = Schefflera
Scheuchzérie = Scheuchzeria

Schisandra = Schisandra
Schizanthe = Schizanthus
Scille = Puschkinia, Scilla
Scille maritime = Urginea
Scirpe = Isolepis, Scirpus
Scirpe gazonnant = Trichophorum
Scléranthe = Scleranthus
Sclérochloa = Sclerochloa
Scolyme = Scolymus
Scopolia = Scopolia
Scorpiure = Scorpiurus
Scorsonère = Scorzonera
Scrofulaire = Scrophularia
Scutellaire = Scutellaria
Scuticaire = Scuticaria
Sebestier = Cordia
Sécurigéra = Securigera
Seigle = Secale
Sélaginelle = Selaginella
Sélin = Selinum
Séné = Cassia, Senna
Séneçon = Kleinia, Senecio
Séneçon de Sibérie = Sinacalia
Sensitive = Biophytum, Mimosa
Séquoia = Sequoia
Sérapias = Serapias
Seringat = Philadelphus
Serpent végétal = Trichosanthes
Serpentaire = Dracunculus
Serpentaire de l'Inde = Rauvolfia
Serpolet = Thymus
Serratule = Serratula
Sésame = Sesamum
Séséli = Molopospermum, Seseli
Sesléria = Sesleria
Sétaire = Setaria
Shérardia = Sherardia
Shortia = Shortia
Sibbaldia = Sibbaldia
Sibérienne = Sibiraea
Sibthorpia = Sibthorpia
Sigesbeckia = Sigesbeckia
Silaüs = Silaum
Silène = Silene
Sinningia = Sinningia
Sinocrassula = Sinocrassula
Sison = Sison
Sisymbre = Sisymbrium
Skimmia = Skimmia
Smilax = Smilax
Soja = Glycine
Solandra = Solandra
Soldanelle = Soldanella
Soleil = Helianthus
Soleil mexicain = Tithonia
Sonnératia = Sonneratia
Sophora = Sophora
Sorbaria = Sorbaria
Sorbier = Sorbus
Sorgho = Sorghum
Souchet = Cyperus
Souci = Calendula
Souci de Cap = Dimorphotheca

Souci du Cap = Arctotheca
Soude = Salsola, Suaeda
Sparaxis = Sparaxis
Sparganier = Sparganium
Sparte = Spartium
Spartina = Spartina
Spathyphyllum = Spathiphyllum
Spergulaire = Spergularia
Spergule = Spergula
Sphéralcée = Sphaeralcea
Spigélia = Spigelia
Spiranthe = Spiranthes
Spirée = Petrophytum, Spiraea
Spirodèle = Spirodela
Spodiopogon = Spodiopogon
Sporobole = Sporobolus
Stachyurus = Stachyurus
Stapélia = Stapelia
Staphilier = Staphylea
Statice = Limonium
Stéhéline = Staehelina
Stellaire = Stellaria
Sténocarpe = Stenocarpus
Stephanandra = Stephanandra
Sterculier = Brachychiton, Sterculia
Stévie = Stevia
Stipa = Stipa
Stokésia = Stokesia
Streptocalyx = Streptocalyx
Streptope = Streptopus
Streptosolen = Streptosolen
Strobilanthe = Strobilanthes
Stromanthe = Stromanthe
Strychnos = Strychnos
Stuartia = Stewartia
Styrax = Styrax
Styrax ailé = Pterostyrax
Subulaire = Subularia
Succiselle = Succisella
Succowia = Succowia
Sucepin = Monotropa
Suéda = Suaeda
Sumac = Rhus
Superbe de Malabar = Gloriosa
Sureau = Sambucus
Surelle = Oxalis
Sutherlandia = Sutherlandia
Suzanne aux yeux noirs = Thunbergia
Swainsonia = Swainsona
Swertia = Swertia
Symphorine = Symphoricarpos
Symplocarpe = Symplocarpus
Symplocos = Symplocos
Syngonium = Syngonium
Synthyris = Synthyris
Tabac = Nicotiana
Tabaret = Thlaspi
Tacca = Tacca
Tagète = Tagetes
Tamarinier = Tamarindus
Tamarinier sauvage = Leucaena
Tamaris = Tamarix

Tamier = Tamus
Tanaisie = Tanacetum
Tanakéa = Tanakaea
Tanier taro = Xanthosoma
Tarchonanthus = Tarchonanthus
Taro = Colocasia
Tasse-de-singe = Nepenthes
Teck = Tectona
Tellima = Tellima
Télopéa = Telopea
Templetonia = Templetonia
Téphrosie = Tephrosia
Tesdalia = Teesdalia
Tête-de-dragon = Dracocephalum
Tétracentron = Tetracentron
Tétragone = Tetragonia
Tétragonolobe = Tetragonolobus
Tétrapanax = Tetrapanax
Thapsia = Thapsia
Thé d'Oswego = Monarda
Thé des bois = Gaultheria
Thé du Labrador = Ledum
Théier = Camellia
Thélesperme = Thelesperma
Théligone = Theligonum
Théobrome = Theobroma
Thésion = Thesium
Thésium = Thesium
Thespésia = Thespesia
Thévétia = Thevetia
Thladianthe = Thladiantha
Thlaspi = Iberis, Thlaspi
Thrinax = Thrinax
Thunbergie = Thunbergia
Thuya = Thuja
Thuya articulé = Tetraclinis
Thuya d'Algérie = Tetraclinis
Thuya d'Orient = Platycladus
Thuya jiba = Thujopsis
Thuya nain = Microbiota
Thym = Thymus
Thymélée = Thymelaea
Thysanothe = Thysanotus
Tiarelle = Tiarella
Tibouchina = Tibouchina
Tillandsia = Tillandsia
Tilleul = Tilia
Tilleul d'appartement = Sparrmannia
Tipu = Tipuana
Titanopsis = Titanopsis
Todéa = Todea
Tofieldia = Tofieldia
Tolmiée = Tolmiea
Tomate = Lycopersicon
Tonka = Dipteryx
Tordyle = Tordylium
Torénia = Torenia
Torilis = Torilis
Tortelle = Sisymbrium
Tournesol = Chrozophora
Townsedia = Townsendia
Tozzia = Tozzia

Trachélium = Trachelium
Trachymène = Trachymene
Tréculia = Treculia
Trèfle = Trifolium
Trèfle d'eau = Menyanthes
Trépane = Tolpis
Tribule = Tribulus
Trichomanès = Trichomanes
Trichopilia = Trichopilia
Tridax = Tridax
Trientale = Trientalis
Trigonelle = Trigonella
Trillium = Trillium
Trinia = Trinia
Trioste = Triosteum
Trisète = Trisetum
Triteleia = Triteleia
Triticale = × Triticosecale
Tritome = Kniphofia
Tritonia = Tritonia
Trochiscanthe = Trochiscanthes
Trochocarpe = Trochocarpa
Trochodendron = Trochodendron
Troène = Ligustrum
Trolle = Trollius
Trompette d'eau = Cryptocoryne
Trompette des anges = Brugmansia
Troscart = Triglochin
Tubéraire = Tuberaria
Tubéreuse = Polianthes
Tulbaghia = Tulbaghia
Tulipe = Tulipa
Tulipe de la Prairie = Calochortus
Tulipier = Liriodendron
Tulipier africain = Spathodea
Tunique = Petrorhagia
Tupélo = Nyssa
Turgénia = Turgenia
Turmeric = Curcuma
Turnéra = Turnera
Tussilage = Tussilago

Ulluque = Ullucus
Umbilic = Orostachys
Urosperme = Urospermum
Utriculaire = Utricularia
Uvulaire = Uvularia
Vaccaire = Vaccaria
Vaillantie = Valantia
Valériane = Valeriana
Valériane africaine = Fedia
Valériane des jardins = Centranthus
Valériane dorée = Patrinia
Valériane grecque = Polemonium
Valérianelle = Valerianella
Vallisnérie = Vallisneria
Vancouvéria = Vancouveria
Vanillier = Vanilla
Vélar = Erysimum, Sisymbrium
Veltheimia = Veltheimia
Vérâtre = Veratrum
Verbésine = Verbesina
Verge-d'or = Solidago
Vergerette = Erigeron
Vernonie = Vernonia
Véronique = Paederota, Veronica
Véronique arbustive = Hebe
Véronique de Virginie = Veronicastrum
Verveine = Verbena
Verveine de Ceylan = Cymbopogon
Verveine des sables = Abronia
Vesce = Vicia
Vésicaire = Alyssoides
Vétiver = Vetiveria
Victoria = Victoria
Vigne = Vitis
Vigne d'appartement = Cissus
Vigne de Madeire = Anredera
Vigne des Andes = Marsdenia
Vigne vierge = Ampelopsis, Parthenocissus

Villarsia = Villarsia
Violette = Viola
Violette allemande = Exacum
Violette d'Usambara = Saintpaulia
Violier = Matthiola
Viorne = Viburnum
Vipérine = Echium
Virgilier = Cladrastis
Visnéa = Visnea
Vitellaire = Vitellaria
Vomiquier = Strychnos
Vrai myrte = Myrtus
Vulpin = Alopecurus, Vulpia
Wasabi = Wasabia
Washingtonia = Washingtonia
Watsonia = Watsonia
Weigelia = Weigela
Wellingtonia = Sequoiadendron
Welwitschia = Welwitschia
Wigandia = Wigandia
Willemétie = Willemetia
Wolffia = Wolffia
Woodsia = Woodsia
Woodwardia = Woodwardia
Wulfénia = Wulfenia
Xanthophthalmum = Xanthophthalmum
Xanthorhiza = Xanthorhiza
Xéranthème = Xeranthemum
Xérophylle = Xerophyllum
Xylomèle = Xylomelum
Yohimbeh = Pausinystalia
Ysope = Hyssopus
Yucca = Yucca
Zaluzianskya = Zaluzianskya
Zannichellia = Zannichellia
Zelkova = Zelkova
Zénobia = Zenobia
Zigadénus = Zigadenus
Zinnia = Zinnia
Zostère = Zostera

XI Autoren der Pflanzennamen

Die Namen der Autoren aller im Zander auftretenden Taxa sind nach Möglichkeit in einer standardisierten Abkürzung wiedergegeben. Wir folgen hier den von R.K. BRUMMITT und C.E. POWELL (1992) publizierten Vorschlägen. Seit Erscheinen dieses Werks sind aber viele neue Autoren zu berücksichtigen. Deren Standard-Abkürzung können teilweise im Internet im Index Kewensis (IPNI) eingesehen werden. Personen, die auch dort nicht aufgeführt sind, werden in unserer Zusammenstellung mit der Bezeichnung „Neuer Autor" vorgestellt und für sie wird eine vorläufige Abkürzung als Vorschlag angegeben. Das Kürzel richtet sich nach den bei BRUMMITT und POWELL angegebenen Prinzipien. In diesen Fällen könnte sich aber in Zukunft die Abkürzung auch wieder ändern.

Als Vorlage für die Kurz-Biografien diente der Text in der 15. Auflage des Zander von GÜNTHER BUCHHEIM. Dieser Text war aber nun durch zusätzliche Autoren, Lebensdaten und durch die neue bisher erschienene Literatur zu ergänzen. Vollständigkeit ist hier nie zu erreichen, aber es wurde weiterhin stets versucht, das Wesentliche in Kürze darzustellen. Grundlage hierfür waren außer den bewährten Nachschlagewerken wie G.A. PRITZELS *Thesaurus literaturae botanicae* (1871–1877), C.A. BACKERS *Verklarend Woordenboek* (1936) und J.H. BARNHARTS *Biographical Notes upon Botanists* (1965) das vielbändige Werk der *Taxonomic Literature* von F.A. STAFLEU, R.S. COWAN und E.A. MENNEGA mit allen Supplementen (1976–1989–2000). Auch R. DESMOND (1994), A. CHARPIN und G.-G. AYMONIN (2002–2004) und U. EGGLI und L.E. NEWTON (2004) waren nützliche Quellen. Darüber hinaus wurde möglichst viel Original-Literatur aber auch besonders das Internet genutzt. Mit den Daten des *Index Kewensis* (IPNI), dem *Index of Botanists* der Harvard University Herbaria und dem *Index Herbariorum* (New York Botanical Garden) kann man heute im Internet leicht Abfragen durchführen, die früher unmöglich gewesen wären. Zusätzlich wurde auch Wikipedia sowie zahlreiche Homepages bezüglich Nekrologen oder Jubiläen in aller Vorsicht zu Rate gezogen. Nützlich war auch die Einsicht in ZANDERS Zettelkataloge (http://zander.ub.tu-berlin.de). Außerdem wurden auch zahlreiche Personen direkt um Auskunft gebeten („pers. Mitt.").

Von Autoren aus Ländern mit eigener Schrift werden oft mehrere Schreibweisen angeben. Bei chinesischen Botanikern wurde der Sitte Rechnung getragen, den Familiennamen voranzustellen, wie es ja sogar bei einigen deutschen Dialekten einmal üblich war. Leider war bei diesen Namen in lateinischer Schreibweise meist nicht zu erkennen, welches Geschlecht die Person hat. Hier muss mit gelegentlichen Fehlern gerechnet werden. Für Korrekturen und Ergänzungen ist der Verfasser stets dankbar.

Aarons. = Aaron Aaronsohn, Bacau, Rumänien 1876–15.5.1919 bei Boulogne, Frankreich (Flugzeugabsturz). Israelischer Landwirt, Geologe und Botaniker rumänischer Herkunft, einer der Pioniere der Wissenschaft in Israel. Sammelte 1904–1906 Pflanzen (Spezialgebiet: wilde Getreide-Arten) in Palästina, entdeckte das wilde *Triticum dicoccoides* im Hermon. Vor allem aber kämpfte er für die Befreiung Palästinas von der türkischen Herrschaft. Seine Aufsammlungen wurden u.a. von dem israelischen Botaniker Hillel Reinhard Oppenheimer in dessen Arbeit „Reliquiae aaronsohnianae ... Florula transiordanica...", 1931 bearbeitet. Aaronsohn schrieb u.a. „Agricultural and botanical explorations in Palestine", 1910. Nach ihm die Gattung *Aaronsohnia* Warb. et Eig.

S. Abe = S. Abe, publ. 1956–1989. Botanikerin. Publizierte zus. mit Yoshyuki Akasawa über *Magnolia pseudokobus*.

C. Abel = Clarke Abel, England, 5.9.1789–14.11.1826 Cawnpore, Indien. Englischer Arzt und Botaniker, 1816–1817 in China. Schrieb „Narrative of a journey into the interior of China", 1818. Nach ihm die Gattung *Abelia* R. Br.

Aberc. = Henry Duncan McLaren, 2nd Baron Aberconway, 16.4.1879–23.5.1953 Bodnant, Denbighshire, Wales. Walisischer Gartenliebhaber, Mitglied des britischen Parlaments, 1931–1953 Präsident der Royal Horticultural Society. Nach ihm die Art *Rhododendron aberconwayi* Cowan.

Abeyw. = Bartholomeusz Aristides Abeywickrama, 1920–

Abrams = Le Roy Abrams, Sheffield, Iowa 1.10.1874–15.8.1956. Nordamerikanischer Botaniker, Professor der Botanik in Stanford, California. Schrieb „Flora of Los Angeles and vicinity", 1904, 2. Aufl. 1911 bzw. 1917; „An illustrated Flora of the Pacific States", 4 Bände, 1923–1960 (letzter Band hrsg. von Roxana Stinchfield Ferris). Nach ihm die Gattung *Abramsia* Gillespie.

Abrom. = Johannes Abromeit, Paschleitschen, Paschleitschen, Ostpreußen 17.2.1857–19.1.1946 Jena, Thüringen. Deutscher Botaniker, Professor der Botanik in Königsberg, Ostpreußen. Schrieb „Flora von Ost- und Westpreußen", 1898–1940 (mit Walther Neuhoff, Hans Steffen, A. Jentzsch u. Gustav Vogel). Nach ihm die Gattungen *Abromeitia* Mez und *Abromeitiella* Mez.

Achv. = Agazi Asaturovich Achverdov, 1907–

Adamović = Lujo (Lulji, Lucian) Adamovic, Rovinj, Kroatien 27. oder 31.7.1864–19.7.1935 Dubrovnik, Kroatien. Serbischer Botaniker, Professor der Botanik in Belgrad, zeitweilig in Wien u. in Italien ansässig, auch Pflanzensammler. Gab „Plantae balcanicae exsiccatae" heraus, 1896–1910. Schrieb u.a. für Engler u. Drude, Die Vegetation der Erde, Bd. 11 „Die Vegetationsverhältnisse der Balkanländer", 1909; außerdem: „Italien", 1930; „Die Pflanzenwelt der Adrialänder", 1929; „Die pflanzengeographische Stellung und Gliederung Italiens", 1933. Nach ihm wahrscheinlich die Art *Armeria adamovicii* Halácsy.

Adams = Johannes Michael Friedrich Adams (Johann Friedrich Adam), Moskau 1780–1.3.1838 Wereja, Russland. Deutschrussischer Naturwissenschaftler in St. Petersburg, später Professor der Botanik. Bereiste Sibirien. Schrieb „Descriptiones plantarum minus cognitarum Sibiriae ..." (in Nouv. Mém. Soc. Nat. Moscou 3, 231–252, 1834). Nach ihm die Gattung *Adamsia* Willd.

Adamson = Robert Stephen Adamson, Manchester, England 2.3.1885–6.11.1965 Jedburgh, Schottland. Britischer Botaniker, war von 1923–1950 Professor an der Cape Town University. Schrieb u.a. „A revision of the South American species of Juncus ..." (in J. Linn. Soc., Bot. 50, 1–38, 1935); „A revision of the genera Prismatocarpus and Roella" (Journ. South Afr. Bot. 17, 93–166,1952); „The genus Merciera" (Journ. South Afr. Bot. 20, 157–163, 1955); „The South African species if Lightfootia" (in Journ. South Afr. Bot. 21, 115–218, 1955); zus. mit Terence Macleane Salter „The Flora of the Cape Peninsula", 1950.

Adans. = Michel Adanson, Aix-en-Provence, Bouches-du- Rhône, Frankreich 7.4.1727–3.8.1806 Paris. Französischer Botaniker, Zoologe und Ethnologe, lebte 14 Jahre im damaligen Senegal. Schrieb „Histoire naturelle du Sénégal", 1757; „Familles des plantes", 1763–1764. Nach ihm die Gattung *AdansoniaL.* sowie die Zeitschrift Adansonia (1860–1879, 1961ff.).

Adelb. = Albert George Ludwig Adelbert, Middelburg, Niederlande 1914–26.3.1972 Den Haag, Niederlande. Niederländischer Botaniker, zunächst Lehrer in Den Haag, war am Rijksmuseum von 1943–1948 tätig, später am Botanischen Garten Setia Mulia bei Padang, Sumatra. Spezialgebiete: Flora Malesiana, Lycopodium. Nach ihm die Art *Cestrum adelbertii* Bakh. f.

Aedo = Carlos Aedo Pérez, Santander, Spanien 4.4.1960 (pers. Mitt.) –. Spanischer Botaniker in Madrid. Spezialgebiet: *Geranium*. Schrieb u.a. „Revision of Geranium subgenus Erodioidea (Geraniaceae)" (in Syst. bot. Monogr. 49, 1996); schrieb zus. mit weiteren Autoren „Contribuciones al conocimiento de la flora Montañesa" (in Anal. Jard. Bot. Madrid 43, 57–64, 1986). Mitherausgeber von „Flora Iberica", Band 1–5 und 8, 1986–1997.

Aellen = Paul Aellen, Basel 13.5.1896–19.8.1973 Heiligenschwendi bei Basel. Schweizer Botaniker in Basel und Pädagoge in Schaffhausen. Spezialgebiete: Chenopodiaceae, Amaranthaceae. Schrieb u.a. „Revision der australischen und neuseeländischen Chenopodiaceen ..." (in Bot. Jahrb. 68, 345–434, 1937–38). Bearbeitete für Hegi „Illustrierte Flora von Mitteleuropa", 2. Aufl. die Familien Amaranthaceae, Chenopodiaceae und Dysphaniaceae, 1964–1968. Nach ihm die Gattung *Aellenia* Ulbr.

Afzel. = Adam Afzelius, Larv, Westgotland 7.10.1750–30.1.1837 Uppsala. Schwedischer Botaniker, Schüler Linnés, von 1792–1796 in Sierra Leone, später

Professor in Uppsala. Schrieb „De vegetabilibus suecanis observationes et experimenta", 1785; „De Rosis suecanis", 1804-1813, sowie mehrere Werke über Pflanzen aus Guinea. Nach ihm die Gattung *Afzelia* Sm.

J. Agardh = Jacob Georg Agardh, Lund 8.2.1813-17.1.1901 Lund. Schwedischer Botaniker, Direktor des Bot. Gartens u. Professor der Botanik in Lund von 1847 bis 1879, Sohn von Carl Adolf Agardh. Hauptwerk: „Species, genera et ordines Algarum", 1848-1901. Nach ihm die Gattungen *Agardhiella* F. Schmitz, *Agardhinula* De Toni und *Neogardhiella* Wynne et W.R. Taylor.

Agnew = Andrew David Quentin Agnew, 1929-. Botaniker in Wales. Schrieb zus. mit S. Agnew „Upland Kenya wild flowers ...", 1974, 2. Aufl. 1994.

A. Agostini = Angela Agostini, publ.1926. Italienische Botanikerin, publ. in den Atti Reale Accad. Fisiocr. Siena über Magnoliaceae.

Aguiar = Joaquim Macedo de Aguiar, 1854-1882. Portugiesischer Botaniker, Autor von *Andira araroba*. Nach ihm die Gattung *Aguiaria* Ducke.

H.E. Ahles = Harry E. Ahles, 1924-21.3.1981. Nordamerikanischer Botaniker, Kurator des Herbariums der Universität von Massachusetts in Amherst und der University of North Carolina in Chapel Hill. Schrieb zus. mit Albert E. Radford u. C. Ritchie Bell „Manual of the vascular flora of the Carolinas", 1968; zus. mit Dennis W. Magee „Flora of the Northeast: A manual of the vascular flora of New England ...", 1999. Nach Ahles die Art *Ptilimnium ahlesii* Weakley et G.L. Nesom.

Ahrendt = Leslie Walter Allen Ahrendt, 1903-1969. Englischer Botaniker am Bot. Garten Oxford. Spezialgebiet: *Berberis*. Schrieb „Berberis and Mahonia. A taxonomic revision" (in Bot. J. Linn. Soc. (London), 57, 1-410, 1961).

Airy Shaw = Herbert Kenneth Airy Shaw, The Mount, Woodbridge 7.4.1902-19.8.1985. Englischer Botaniker in Kew. Spezialgebiete: Flora des trop. Asiens, Euphorbiaceae. Hrsg. Der 7. Aufl. von Willis, J.C.: „A Dictionary of the Flowering Plants and Ferns", 1966; 8. Aufl. 1973. Schrieb „The Euphorbiaceae of New Guinea", 1980. Nach ihm die Gattung *Airantha* Brummitt.

Aitch. = James Edward Tierney Aitchison, Nimach, Indien 28.10.1836-30.9.1898 Mortlake, Surrey. Englischer Botaniker, Arzt, Reisender u. Pflanzensammler, vornehmlich in Asien (Afghanistan, Kaschmir usw.). Schrieb u.a. „A catalogue of the plants of the Punjab and Sindh", 1869; „The botany of the Afghan delimitation commission", 1888 (in Transactions of the Linnean Society of London). Publizierte auch zusammen mit John Gilbert Baker. Nach Aitchison die Gattung *Aitchisonia* Hemsl. ex Aitch.

Aiton = William Aiton, Boghall, Carnwath, Lanarkshire, Schottland 1731-1.2.1793 Kew, Surrey. Englischer Gärtner und Botaniker, Vorsteher des Bot. Gartens Kew, Vater von William Townsend Aiton. Hauptwerk: „Hortus kewensis, or, a catalogue of the plants cultivated in the Royal Botanic Garten at Kew", 1789. Nach ihm die Gattung *Aitonia* Thunb.

W.T. Aiton = William Townsend Aiton, Kew 2.2.1766-9.10.1849 Kensington, London. Sohn von William Aiton. Englischer Gärtner und Nachfolger seines Vaters als Vorsteher des Bot. Gartens in Kew. Hrsg. der 2. Aufl. von „Hortus kewensis, ...", 1810-1813.

Akasawa = Yoshyuki Akasawa, 1915-. Japanischer Botaniker. Publizierte mit S. Abe über *Magnolia*.

Akeroyd = John Robert Akeroyd, 1952-. Britischer Botaniker in Hindolveston. Herausgeber der 2. Auflage von Band 1 der „Flora Europaea", 1993. Schrieb u.a. „Variation in Anthyllis vulneraria in Sicily and Italy" (in Notes Roy. Bot. Gard. Edinburgh 45, 369-374, 1988); zus. mit Louis-Philippe Ronse Decraene „Generic limits in Polygonum and related genera (Polygonaceae) on the basis of floral characters" (in Bot. J. Linn. Soc. 98, 321-371, 1988).

Akers = John Frank Akers, 1906-. Nordamerikanischer Botaniker. Spezialgebiet: Cactaceae. Schrieb u.a. „New genus and new species from Perú" (in Cact. Succ. J., Los Angeles, 19,67-70,1947). Publ. auch zus. mit Joseph Harry Johnson. Nach ihm die Gattung *Akersia* Buining.

Akinf. = Ivan Jakovlevic Akinfiev, 1851-1919. Russischer Botaniker.

Akiyama = Shigeo Akiyama, Mito, Japan 1.2.1906-. Japanischer Botaniker an der Hokkaido University in Sapporo. Spezialgebiet: *Carex*. Schrieb „Conspectus Caricum japonicarum", 1932; „Carices of the Far Eastern region of Asia", 2 Bände, 1955.

al. = (weitere) al. = altera

F. Albers = Focke Albers, Norderney 22.10.1940 (pers. Mitt.) -. Deutscher Botaniker und Professor an der Universität in Münster, Westfalen. Spezialgebiet: Poaceae, Apocynaceae, *Pelargonium*. Schrieb zus. mit Ulrich Meve: „Illustrated Handbook of Succulent Plants: Asclepiadaceae", 2002. Nach Albers die Art *Cibirhiza albersiana* H.Kunze, U. Meve et S.Liede.

Albert = Albert Abel, Villard-Saint-Chaffrey, Hautes Alpes 14.8.1836-30.7.1909 La Farlède, Var. Fanzösischer Lehrer und Botaniker.

Albov = Nicolaj Mihajlovic Albov (Nikolas Michailowitsch Alboff), Parolovo, Russland 15.10.1866-6.12.1897 La Plata, Argentinien. Russischer Botaniker, zeitweilig in Argentinien. Schrieb u.a. „Prodromus florae colchicae", 1895; „Essai de flore raisonnée de la Terre de Feu", 1902. Nach ihm die Gattung *Albovia* Schischk.

Alderw. = Cornelis Rogier Willem Karel van Alderwerelt van Rosenburgh, Kedong Kebo, Poerworedjo, Java 23.12.1863-1.3.1936 Den Haag, Niederlande. Niederländischer Botaniker. Spezialgebiet: Pteridophyta. Schrieb u.a. „Malayan ferns", 1908; „Malayan fern allies", 1915; „Malayan ferns und fern allies", Suppl. 1, 1917. Nach ihm die Art *Dendrobium alderwereltianum* J.J. Sm.

Alef. = Friedrich Georg Christoph Alefeld, Gräfenhausen bei Darmstadt, Hessen 21.10.1820-

28.4.1872 Ober-Ramstadt bei Darmstadt. Deutscher Arzt und Botaniker in Ober-Ramstadt. Schrieb u.a. „Landwirtschaftliche Flora...", 1866; „Die Bienenflora Deutschlands und der Schweiz", 1856, 2. ed. 1863.

Alexander = Edward Johnston Alexander, Asheville, North Carolina 31.7.1901-18.8.1985. Nordamerikanischer Botaniker am New York Bot. Garden, Bronx. Hrsg. der „Addisonia". Spezialgebiete: Cactaceae, Flora von Nordamerika. Bearbeitete für Britton, Flora of North America, Bd. 19(1) „Pontederiaceae", 1937 u. (mit Earl Edward Sherff) Ser. II, Bd. 2 „Compositae-Coreopsidinae", 1955. Nach Alexander die Art *Sedum alexanderi* Eggli.

Allan = Harry Howard Barton Allan, Nelson, Australien 27.4.1882-29.10.1957 Wellington, Neuseeland. Neuseeländischer Botaniker. Autor von „New Zealand Trees and Shrubs and how to identify them", 1928; „A handbook of the naturalized flora of New Zealand", 1940; „Flora of New Zealand", 1961-1980 (mit L. B. Moore, E. Edgar u.a. J. Healy).

Alleiz. = Aymar Charles d' Alleizette, 1884-1967

Allemao = Francisco Freire Allemao e Cysneiro, Campo Grande bei Rio de Janeiro 24.7.1797-11.11.1874 Fazenda do Medanha. Brasilianischer Botaniker und Arzt. Schrieb u.a. „Plantas novas do Brasil", 1844-1849.

J. Allen = James Allen, etwa 1830-8.3.1906 Highfield, Shepton Mallet, Somerset. Englischer Gärtner und Pflanzenzüchter, vor allem von *Galanthus*, *Scilla* u. anderen Zwiebelpflanzen. Schrieb „The botanist's wordbook", 1853 (mit George Macdonald).

P.H. Allen = Paul Hamilton Allen, Enid, Oklahoma 29.8.1911-14.11.1963 New Orleans, Louisiana. Nordamerikanischer Botaniker und Pflanzensammler, wirkte hauptsächlich in Mittelamerika, bes. Panama. Bearbeitete einen Teil der Orchidaceae für Woodson und Schery „Flora of Panama", 1949. Schrieb „The rain forests of Golfo Dulce", 1956. Nach ihm die Art *Costus allenii* Maas.

All. = Carlo Ludovico Allioni, Turin 23.9.1728-30.7.1804 (11 thermidor XII) Turin. Italienischer Arzt, Botaniker, Zoologe und Paläontologe, Professor der Botanik in Turin. Schrieb „Flora pedemontana...", 1785; „Auctuarium ad Floram pedemontanam...", 1789; „Rariorum Pedemontii stirpium. Specimen primum", 1755; „Stirpium preaecipuarum littoris et agri nicaeensis enumeratio methodica", 1757. Nach ihm die Gattungen *Allionia* L. und *Allioniella* Rydb. sowie die Zeitschrift Allionia (1951 ff.).

Alston = Arthur Hugh Garfit Alston, West Ashby, Lincolnshire 4.9.1902-17.3.1958 Barcelona, Spanien. Englischer Botaniker, 1925-1930 Kurator am Bot. Garten Peradeniya, Sri Lanka, danach am Brit. Museum, London. Spezialist für Pteridophyta, besonders *Selaginella*. Schrieb u.a. Teil 6 (Suppl.) zu H. Trimen: „A handbook to the flora of Ceylon", 1931; „The Kandy flora", 1938; „The ferns and fern-allies of West Tropical Africa", 1959 (bildet ein Supplement zur 2. Aufl. von Hutchinson u. Dalziel „Flora of West Tropical Africa", 1954-1972). Nach ihm die Gattung *Alstoniamitus* B. Skvortzov.

Ambrosi = Francesco Ambrosi, Borgo di Valsugana, Südtirol 17.11.1821-9.4.1897 Trient. Südtiroler Botaniker, Archäologe und Bibliothekar in Trient. Schrieb „Flora del Tirolo meridionale", 1854-1857.

Amerh. = Helmut Amerhauser, 1941-. Österreichischer Kakteenspezialist in Eugendorf bei Salzburg, Österreich. Spezialgebiet: *Gymnocalycium*. Nach ihm die Art *Gymnocalycium amerhauseri* H. Till.

L.M. Ames = Lawrence Marion Ames, Waverly, Washington 14.6.1900-2.2.1966. Nordamerikanischer Botaniker. Spezialgebiet: Mykologie, Phytopathologie. Schrieb „A monograph of the Chaetomiaceae", 1961.

Ames = Oakes Ames, North Easton, Massachusetts 26.9.1874-28.4.1950 Ormond, Florida. Nordamerikanischer Botaniker, Orchideenspezialist, 1935-1950 Direktor des Bot. Museums der Harvard University, Cambridge. Hrsg. Von „Orchidaceae: illustrations und studies of the family Orchidaceae ...", Band 1-7, 1905-1922. Schrieb „The genus Epidendrum in the United States and Middle America", 1936; „Orchids in retrospect", 1948. Publizierte auch zus. mit Donovan Stewart Correll: „Native Orchids of North America", 1950; „Orchids of Guatemala", 1952-1953 (Teil 3, 1965, allein von Correll verfasst). Nach ihm die Gattungen *Amesiodendron* Hu und *Amesiella* Garay.

Amin = Amal Amin, 1929-. Ägyptischer Botaniker in Kairo. Spezialgebiet: *Launaea*.

Anderb. = Arne Alfred Anderberg, Stockholm 2.1.1954(pers. Mitt.) -. Schwedischer Botaniker in Stockholm. Spezialgebiet: Asteraceae. Schrieb „Taxonomy and phylogeny of the tribe Gnaphalieae (Asteraceae)" (in Opera Botanica 104, 1-195, 1991). Mitarbeiter bei der von Wu Zheng-yi u. Peter Hamilton Raven (Hrsg.) publ. Flora of China (Ericaceae).

Andersen = Johannes Carl Andersen, Haritzler, Dänemark 14.3.1873-19.6.1962 Mount Albert, Auckland, Neuseeland. Neuseeländischer Schriftsteller und Botaniker dänischer Herkunft. Spezialgebiet: *Hebe*. Schrieb zahlreiche literarische Werke z.B. „Songs Unsung", 1903; Maori Life in Aotea", 1907; auch „Maori Place Names", 1942.

E.S. Anderson = Edgar Shannon Anderson, 9.11.1897-18.6.1969 St. Louis. Nordamerikanischer Botaniker und Genetiker an der Harvard University und in St. Louis. Schrieb „Plants, man and life", 1952; zus. mit Robert Everard Woodson „The species of Tradescantia indigenous to the United States ...", 1935.

E.F. Anderson = Edward Frederick Anderson, Covina, Kalifornien 17.6.1932-2001. Nordamerikanischer Botaniker in Walla Walla, Washington. Spezialgebiet: Cactaceae. Schrieb „The Cactus family", 2001. Nach ihm die Unterart *Mammillaria perezdelarosae ssp. andersoniana* W.A. Fitz Maur. et B. Fitz Maur.

G. Anderson = George Anderson, ?-10.1.1817 West Ham, London. Englischer Botaniker in West Ham, Besitzer eines Salicetums. Sammelte 1815 Pflanzen in Brasilien und auf Barbados. Publizierte über *Paeonia*.

T. Anderson = Thomas Anderson, Edinburgh 26.2.1832-26.10.1870 Edinburgh. Schottischer Botaniker, Direktor des Bot. Gartens Kalkutta. Sammelte in Bengalen und auch in Aden. Schrieb u.a. „Florula adenensis", 1860; „Catalogue of plants cultivated in the Royal Botanic Gardens, Calcutta", 1865. Nach ihm die Art *Strobilanthes andersonii* Bedd.

Andersson = Nils Johan Andersson, Gärdserum, Småland 20.2.1821-27.3.1880 Stockholm. Schwedischer Botaniker, Professor in Stockholm, Teilnehmer an der Weltreise des Schiffs Eugenie, 1851-1853. Veröffentlichte u.a. „Femhundra afbildningar... svenska växter...", 1870; „Atlas öfver den skandinaviska florans naturliga familjer", 1849; „Plantae Scandinaviae descriptionibus et figuris analyticis adumbratae", 1849-1852; „Monographia Salicum hucusque cognitarum", 1867. Bearbeitete für de Candolle, Prodromus in Vol. XVI, 2 „Salicineae", 1868. Nach ihm die Gattung *Anderssoniopiper* Trel.

Andrae = Carl Justus Andrae, Naumburg, Saale 1.10.1816-8.5.1885 Bonn. Deutscher Paläobotaniker und Pädagoge in Halle und Bonn, Professor der Paläontologie. Schrieb „Vorweltliche Pflanzen aus dem Steinkohlengebirge der preußischen Rheinlande und Westphalens", 1865-1870.

André = Édouard François André, Bourges 17.7.1840-25.10.1911 La Croix. Französischer Gartengestalter, Gärtner u. Schriftsteller, „Jardinier principal" der Stadt Paris. War Schriftleiter der „Illustration horticole" von 1870 bis 1880, ab 1882 der „Revue horticole". Schrieb u.a. „Traité des plantes de bruyère", 1864; „Traité des plantes à feuillage ornamental", 1866; „Traité général des parcs et des jardins", 1879; „Bromeliaceae Andreanae", 1889; zus. mit E. Roye u. Marie Auguste Rivière „Les Fougères", 1867. Nach ihm die Gattung *Andrea* Mez.

Andreae = Wilhelm Andreae, 1895-1970. Deutscher Kakteenkenner in Bensheim. Schrieb „Wilcoxia albiflora Backbg." (in Kakt. u. and. Sukk. 6(1), 106-107, 1955). Publ. 1957 zus. mit Backeberg über *Pygmaeocereus*.

Andr. = Gábor Andreánszky, 1895-1967. Ungarischer Paläobotaniker. Nach ihm die Gattung *Andreanszkya* S.Tóth.

C.R.P. Andrews = Cecil Rollo Payton Andrews, London 2.2.1870-1951. Australischer Schuldirektor und Botaniker. Spezialgebiet: Flora von West-Australien, Orchidaceae, Fabaceae.

Andrews = Henry Charles Andrews, um 1770-1830. Englischer Botaniker, Pflanzenmaler u. Kupferstecher. Hauptwerke: „Coloured engravings of heaths", 1794-1830; „Geraniums", 1805-1806; „The Heathery,..", 1804-1812, 2. Aufl. 1845; „Roses, ...", 1805-1828; „The Botanist's Repository...", 1797-1814, 2. Aufl. 1816. Nach ihm die Gattung *Andreusia* Vent. sowie z.B. die Art *Gentiana andrewsii* Griseb.

S. Andrews = Susyn M. Andrews, 1953-

Andrz. = Antoni Lukianowicz Andrzejowski, Workowiczach, Wolhynien 1785-22.12. (russ.10.12.) 1868 Stawicze bei Kiew. Polnischer Botaniker. Schrieb u.a. „Nauka wyrazów botanicznych", 1827. Nach ihm die Gattung *Andrzeiowskia* Rchb.

Ångstr. = Johan Ångström, Lögdö, Medelpad, Schweden 24.9.1813-19.1.1879, Örnsköldsvik. Schwedischer Arzt und Botaniker. Spezialgebiet: Bryophyta. Schrieb „Dispositio muscorum in Scandinavia hucusque cognitorum ...", 1842.

Anliker = Johann Anliker, 1901-. Schweizer Botaniker und Dendrologe in Wädenswil am Zürichsee. Publizierte zusammen mit Peter Karl Endress 1968 über *X Sycoparrotia*.

Anselmino = Elisabeth Bertha Petronella Anselmino, 1905-. Deutsche Botanikerin in Berlin. Schrieb die Dissertation: „Die Stammpflanzen von Muirapuama", 1933.

Antesberger = Helmut Antesberger, 1938-1997. Österreichischer Botaniker, Professor in Salzburg, Kakteenspezialist. Spezialgebiet: *Melocactus*. Nach ihm und seiner Tochter Barbara die Art *Mammillaria antesbergeriana* A.B. Lau.

Anthony = Emilia Crane Anthony, -1904

Antoine = Franz Antoine jun., Wien 23.2.1815-11.3.1886 Wien. Österreichischer Gärtner, Direktor des Schönbrunner Gartens bei Wien. Schrieb „Der Wintergarten der K. K. Hofburg zu Wien", 1852; „Die Coniferen", 1840-1847; „Die Cupressineen-Gattungen: Arceuthos, Juniperus u. Sabina", 1837-1860; „Phyto-Iconographie der Bromeliaceen...", 1884. Schrieb zusammen mit Karl Georg Theodor Kotschy: „Coniferen des Cilicischen Taurus", 1855.

Appel = Friedrich Carl Louis Otto Appel, Coburg 19.5.1867-10.11.1952 Berlin-Zehlendorf. Deutscher Botaniker in Königsberg und Berlin, zuletzt Direktor der Biologischen Reichsanstalt und Professor der Landwirtschaftlichen Hochschule in Berlin. Herausgeber der 6. Aufl. des „Handbuch der Pflanzenkrankheiten", 6 Bände, 1933-1952.

Applegate = Elmer Ivan Applegate, Jackson City, Oregon 31.3.1867-18.11.1949 Klamath Falls, Oregon. Nordamerikanischer Landwirt und Naturschützer. Schrieb „Plants of Crater Lake National Park", 1939.

Araki = Yeiichi Araki, 1904-1955. Japanischer Botaniker. Spezialgebiet: *Hosta*. Schrieb u.a. „Hostae novae Nipponiae" (in Acta phytotax. Geobot. 11, 321-328,1942).

Arcang. = Giovanni Arcangeli, Florenz 18.7.1840-16.7.1921 Pisa. Italienischer Botaniker, 1880 Professor in Turin, von 1882 an Professor der Botanik und Direktor des Bot. Gartens Pisa. Schrieb u.a. „Compendio della flora italiana", 1882, 2. Aufl. 1894. Nach ihm die Gattung *Arcangelisia* Becc.

W. Archer bis = William Archer, Launceston, Tasmanien 16.5.1820-14.10.1874 Fairfield bei Longford, Tasmanien.

Australischer Botaniker, Autor von Pherosphaera. Arbeitete zeitweise in Kew. Nach ihm (und nicht nach Thomas Croxen Archer, 1817-1885) die Gattung *Archeria* Hook. f.

Archer-Hind = Thomas H. Archer-Hind, publizierte 1884 den Namen *Helleborus torquatus*.

Ardoino = Nicolas Honoré Jean Baptiste Ardoino, Menton, Alpes-Maritimes 19.9.1819-24.8.1874 Menton, Alpes-Maritimes. Französisch-italienischer Botaniker in Menton. Schrieb „Catalogue des plantes vasculaires.. aux environs de Menton et de Monaco ...", 1862; „Flore analytique du département des Alpes-maritimes", 1867. Nach ihm z.B. die Art *Cytisus ardoini* E. Fourn.

Ard. = Pietro Arduino, Caprino di Verona 18.7.1728-13.4.1805 Padua. Italienischer Botaniker, Kustos des Orto pubblico in Padua. Schrieb „Animadversionum botanicarum specimen", 1759 u. 1764: „Memorie di osservazioni e di sperienze sopra la cultura e gli usi di varie piante", 1766. Nach ihm die Gattung *Arduina* Mill. ex L.

Arechav. = José Cosme Arechavaleta y Balpardo, Urioste bei Bilbao, Spanien 27.9.1838-16.6.1912 Montevideo, Uruguay. In Spanien geborener uruguayischer Botaniker. Schrieb „Las Gramineas uruguayas", 1898; „Flora uruguaya", 1898-1911. Nach ihm die Gattung *Arechavaletaia* Speg.

Arends = Georg Adalbert Arends, Essen 21.9.1863-8.3.1952 Ronsdorf bei Wuppertal. Deutscher Pflanzenzüchter und Gründer einer bedeutenden Gärtnerei. Schrieb „Mein Leben als Gärtner und Züchter", 1951. Nach ihm u.a. die Art *Primula arendsii* Pax.

F. Aresch. = Fredric Wilhelm Christian Areschoug, Simrishamn, Schweden 9.10.1830-21.12.1908 Lund. Schwedischer Botaniker, Professor der Botanik in Lund. Schrieb „Skånes flora, ...", 1866, 2. Aufl. 1881, „Some observations on the genus Rubus", 1855-1886; „Beiträge zur Biologie der Holzgewächse ..." (in Lunds Univ. Årsskr. Afd. 2, 12, 1-145,

1876). Nach ihm die Art *Rumex areschougii* Beck.

Armstr. = John Francis Armstrong, 1820-1902

J.B. Armstr. = Joseph Beattie Armstrong, England 1850-1926. Neuseeländischer Botaniker, Gartendirektor in Christchurch, seit 1862 in Neuseeland. Veröffentlichte in den Transactions of the New Zealand Institute 1870, 1872 u. 1888 Beiträge über neuseeländische Pflanzen.

J.F. Arnold = Johann Franz Xaver Arnold, vielleicht ein Pseudonym, tätig um 1785, Autor von *Pinus nigra*. Schrieb „Reise nach Mariazell in Steyermark", 1785.

S. Arn. = Samuel Arnott, 1852-17.2.1930 Maxwelltown, Dumfriesshire. Publizierte um 1892.

Arn. = George Arnott Walker Arnott, Edinburgh 6.2.1799-17.6.1868 Glasgow. Schottischer Botaniker, Direktor des Bot. Gartens Glasgow und Professor der Botanik. Schrieb „Disposition méthodique des expèces de mousses", 1825; „Tentamen methodi muscorum", 1822-1826 (mit Robert Kaye Greville). Schrieb auch zusammen mit Sir William Jackson Hooker „The botany of Captain Beechey's voyage", 1830-1841; zus. mit Robert Wight „Prodromus florae peninsulae Indiae orentalis", 1834. Nach ihm die Gattung *Arnottia* A. Rich.

Arruda = Manoel Arruda da Câmara, 1752-1810. Brasilianischer Botaniker. Schrieb „Dissertaçao sobre as plantas do Brazil", 1810. Nach ihm die Gattung *Arrudea* Cambess.

R. Artelari = Rea Artelari, 1948-

Arthur = Joseph Charles Arthur, Lowville, New York 11.1.1850-30.4.1942 Brook, Indiana. Nordamerikanischer Botaniker, Professor an der Purdue University. Spezialgebiet: Uredinales. Herausgeber u. Mitautor von „The Plant Rusts", 1929. Bearbeitete für Britton, Flora of North America Bd. 7(2)-7(12) „Uredinales", 1907-1927.

Artjush. = Z.T. Artjushenko, 1916-

Arv.-Touv. = Jean Maurice Casimir Arvet-Touvet, Gières-Uriage bei Grenoble 4.3.1841-4.3.1913 Gières-Uriage. Französischer

Winzer und *Hieracium* -Spezialist. Schrieb „Les Hieracium des Alpes françaises", 1888. Nach ihm die Art *Hieracium arvetii* Verlot.

Asch. = Paul Friedrich August Ascherson, Berlin 4.6.1834-6.3.1913 Berlin. Deutscher Botaniker, Kustos am Bot. Museum Berlin, später auch Professor der Botanik. Schrieb „Flora der Provinz Brandenburg", 1859-1864, 2. Aufl. zus. mit K.O.R.P.P.Graebner als „Flora des nordostdeutschen Flachlandes ...", 1898-1899; schrieb ferner für Engler u. Prantl, Die natürlichen Pflanzenfamilien II. 1 (1889) „Potamogetonaceae" ; zus. mit R.L.A.M. Gürke „Hydrocharitaceae". Schrieb auch zus. mit Agost Kanitz: „Catalogus Cormophytorum et Anthophytorum Serbiae, ...", 1877, sowie mit Georg August Schweinfurth: „Illustration de la flore d'Égypte", 1887, Supplement dazu 1889. Sein Hauptwerk (zus. mit K.O.R.P.P. Graebner, Paul Graebner fil., Max Goldschmidt, Curt Schuster u. Karl Hermann Zahn) ist „Synopsis der mitteleuropäischen Flora", 12 Bände, 1896-1939. Nach Ascherson die Gattung *Aschersoniodoxa* Gilg et Muschl.

Ashe = William Willard Ashe, Raleigh, North Carolina 4.6.1872-18.3.1932 Washington, D. C. Nordamerikanischer Botaniker und Forstmann. Schrieb „The forests, forest lands, and forest products of eastern North Carolina", 1894.

Ashwin = Margot Bernice Ashwin, Upper Forde, 1935-. Neuseeländische Botanikerin in Palmerston North, Neuseeland. Spezialgebiet: Scrophulariaceae. Arbeitete mit bei der Erstellung der „Flora of New Zealand", 1961-1980 von Harry Howard Barton Allan.

Aspegren = Georg Casten Aspegren, Karlskrona 17.8.1791-11.7.1828 Karlskrona. Schwedischer Botaniker. Schrieb „Försök till en Blekingsk Flora", 1823. Nach ihm die Gattung *Aspegrenia* Poepp. et Endl.

Assenov = Vulevi Ivan Assenov (Asenov), 1932-2004. Bulgarischer Botaniker, Mitarbeiter bei D. Jordanov „Flora na Narodna Republika Balgarija", Band 3, 1966.

Asso = Ignacio Jordán de Asso y del Rio, Zaragoza 4.6.1742–1814 Zaragoza. Spanischer Naturwissenschaftler und Jurist, Professor in Zaragoza. Schrieb „Synopsis stirpium indigenarum Aragoniae", 1779. Nach ihm die Gattung *Assonia* Cav.

Aubl. = Jean Baptiste Christophe Fusée Aublet, Salon, Bouches du Rhône 4.11.1720–6.5.1778 Paris. Französischer Botaniker und Apotheker. Bereiste von 1762 bis 1764 Guayana. Schrieb „Histoire des plantes de la Guiane françoise", 1765–1775. Nach ihm die Gattungen *Aubletia* Gaertn. und *Aubletella* Pierre.

Aucher = Pierre Martin Rémi Aucher-Éloy (bis 1817 nur Aucher), Blois 2.10.1792–6.10.1838 Djulfa, Isfahan, Iran. Französischer Botaniker, Buchhändler, Drucker und Forschungsreisender. Kam 1829 nach St.Petersburg, von dort nach Konstantinopel, um eine Türkisch-Französische Zeitung zu gründen. Bereiste von 1830–1838 den Orient. Posthum erschien „Rélations de voyages en Orient de 1830 à 1838", 1843. Nach ihm zahlreiche Arten z.B. *Achillea aucheri* Boiss.

Audot = N. Audot, lebte um 1845. Autor von *Cereus militaris*.

Audubon = John James Laforest Audubon, Cayes, Louisiana 26.4.1785–27.1.1851 New York. Nordamerikanischer Zoologe und Maler. Gab zahlreiche, meist von ihm selbst illustrierte Werke über amerikanische Tiere, vor allem Vögel, heraus u. beschrieb auch einige Pflanzen.

Augustin = Augustin = Carl Sigismund Augustin, ?–1864. Deutscher Kreisgerichtsrat in Potsdam. Publizierte zus. mit Karl Heinrich Emil Koch.

K. Augustin = Neuer Autor: Karl Augustin, publ. 1984. Österreichischer Botaniker in Trautmannsdorf an der Leitha, Niederösterreich. Spezialgebiet: Cactaceae.

Auquier = Paul Henri Auquier, 15.8.1939–29.8.1980. Belgischer Botaniker an der Universität Lüttich (Liège). Spezialgebiet: *Festuca*. Schrieb u.a. „Le genre Setaria Beauv. (Poaceae) en Belgique et au Grand-Duché de Luxembourg" (in Lejeunia, Nouv. Sér., 97, 1979); und zus. mit Michel François Jacques Kerguélen „Un groupe embrouillé de Festuca (Poaceae): les taxons désignés par l'épithète „glauca" en Europe occidentale et dans les régions voisines" (in Lejeunia, Nouv. Sér., 89, 1978). Nach Auquier die Art *Selaginella auquieri* M.P.Bizzarri.

D.F. Austin = Daniel Frank Austin, Paducah, Kentucky 18.5.1943 (pers. Mitt.) -. Nordamerikanischer Botaniker in Boca Raton, Florida, später am Arizona-Sonora Desert Museum in Tucson, Arizona. Spezialgebiet: Neotropische Convolvulaceae. Schrieb u.a. „The genus Aniseia (Convolvulaceae)" (in Syst. Bot. 23, 411–421,1999); „A revision of Cressa L. (Convolvulaceae)" (in Bot. Journ. Linn. Soc. 133, 27–39, 2000); zus. mit Z. Huaman „A synopsis of Ipomoea (Convolvulaceae) in the Americas" (in Taxon 45, 3–38, 1996). Bearbeitete die Familie Convolvulaceae in W. D. Stevens (ed.) et al.: Flora de Nicaragua, 2001.

Avé-Lall. = Julius Leopold Eduard (Jules Léopold Édouard) Avé-Lallemant, Lübeck 4.7.1803–17.5.1867 Lübeck. Deutscher Botaniker und Arzt, von 1838–1855 in St. Petersburg tätig, zuletzt Arzt in Lübeck. Schrieb „De plantis quibusdam Italiae borealis et Germaniae australis rarioribus", 1829. Nach ihm die Gattung *Lallemantia* Fisch. et C.A.Mey.

Aver. = Leonid V. Averyanov, 1955-. Russischer Botaniker am Komarov Institut in St. Petersburg. Spezialgebiet: Orchidaceae, *Dactylorhiza*. Schrieb u.a. „Orchids of the Caucasus" (in Ber. Arbeitskreis Heim. Orch. 11, 4–45, 1994; „Slipper orchids of Vietnam", 2003. Nach ihm u.a. die Art *Arisaema averyanovii* V.D. Nguyen et P.C. Boyce.

V.E. Avet. = Vandika (Vanda) Ervandovna Avetisyan (Avetissjan),1928-. Armenische Botanikerin, publizierte u.a. 1977 über *Gentiana*.

Azn. = Georges Vincent Aznavour (Jorj Vensan Aznavur), Istanbul 18.12.1861–11.11.1920 Istanbul. Türkisch-armenischer Botaniker in Istanbul. Spezialgebiet: Flora von Istanbul. Schrieb u.a. „Énumeration d'espèces nouvelles pour la flore de Constantinople ..." (in Magyar. bot. Lapok 1–10, 1902–1911). Hinterließ ein Manuskript: „Flore du Bosphore". Nach ihm die Art *Serratula aznavouriana* Bornm.

Babc. = Ernest Brown Babcock, Edgerton, Wisconsin 10.7.1877–8.12.1954 Berkeley, Kalifornien. Nordamerikanischer Botaniker in Kalifornien. Schrieb „The genus Crepis", 2 Bände, 1947; zus. mit George Ledyard Stebbins „The genus Youngia", 1937. Nach Babcock die Gattung *Babcockia* Boulos sowie die Art *Hieracium babcockii* Zahn.

Bab. = Charles Cardale Babington, Ludlow, Shropshire, 23.11.1808–22.7.1895 Cambridge. Englischer Botaniker, Professor der Botanik in Cambridge. Schrieb u.a. „Flora bathoniensis", 1834, Supplement dazu 1839; „Primitiae florae sarnicae", 1839; „Manual of British botany", 1843, 10. Aufl. 1922 (ed. A.J. Wilmott); „Flora of Cambridgeshire", 1860. Nach ihm die Gattung *Babingtonia* Lindl.

Bacig. = Rimo Charles Felix (Carlo Felice) Bacigalupi, San Francisco 24.3.1901–23.8.1996 Berkeley, Kalifornien. Nordamerikanischer Botaniker italienischer Herkunft an der University of California. Spezialgebiet: Scrophulariaceae.

Backeb. = Curt Backeberg, Lüneburg 2.8.1894–14.1.1966 Hamburg. Deutscher Kakteenforscher und Kaufmann, unternahm ausgedehnte Reisen in Mittel- und Südamerika. Hauptwerke: „Die Cactaceae. Handbuch der Kakteenkunde", 6 Bände, 1958–1962; „Das Kakteenlexikon", 1966, 5. Aufl. 1979; „Kakteenjagd zwischen Texas und Patagonien", 1930; zus. mit Erich Werdermann „Neue Kakteen", 1931 oder mit Frederic Marcus Knuth von Knuthenborg: „Kaktus-ABC", 1936 (nicht 1935). Nach ihm die Gattung *Backebergia* Bravo.

Backer = Cornelis Andries Backer, Oudenbosch, Niederlande 18.9.1874–22.2.1963 Heemstede,

Niederlande. Niederländischer Botaniker, 1901-1924 in Java, arbeitete seit 1914 für die Flora of Java. Seine Schriften über die javanische Flora gipfeln in dem dreibändigen Werk der Flora of Java, die nach seinem Tode von 1963 bis 1968 erschien (mit Reinier Cornelis Bakhuizen van den Brink, jr.). Weitere Schrift: „Varenflora voor Java", 1939 (mit O. Posthumus) und „Verklarend woordenboek...", 1936, Reprint 2000. Letzteres Werk ist eine umfassende Namenserklärung für alle Pflanzennamen der Flora von Java und der Niederlande. Nach ihm z.B. die Gattung *Backeria* Bakh. f. sowie die Art *Pavetta backeri* Bremek.

Backh. = James Backhouse (sr.), Darlington, Yorkshire 8.7.1794-20.1.1869 York. Englischer Gärtner, Missionar (Quäker) und Botaniker. Bereiste Australien, Tasmanien, Mauritius, Südafrika und Norwegen. Nach ihm die Gattung *Backhousia* Hook. et Harv.

Backh. f. = James Backhouse (fil.), York 22.10.1825-31.8.1890 York. Englischer Botaniker und Gärtner in York, Sohn von James Backhouse (sr.). Schrieb „A Monograph of the British Hieracia", 1856. Publizierte auch zus. mit William Henry Harvey.

V.M. Badillo = Victor Manuel Badillo, 1920-. Venezolanischer Botaniker. Schrieb „Monografia de la familia Caricaceae", 1971; bearbeitete für Gunnar Wilhelm Harling und Benkt Sparre, Flora of Ecuador, die Familie „Caricaceae", 1983.

Badoux = Henri Badoux, Cremin, Waadt, Schweiz 22.5.1871-1951. Schweizer Botaniker. Schrieb „Les beaux arbres du canton de Vaud", 1910.

Baehni = Charles Baehni, Genf 21.8.1906-23.1.1964 Genf. Schweizer Botaniker, Direktor des Bot. Gartens und Herbariums und Professor für systematische Botanik in Genf. Schrieb „Ulmaceae" und „Sapotaceae" (letztere zus. mit Luciano Bernardi) für James Francis Macbride: „Flora of Peru", Band 2(2), 1937 bzw. 5a (3), 1970.

Baen. = Karl (auch Carl) Gabriel Baenitz, Marienwalde, Kreis Arnswalde, Brandenburg 28.1.1837-3.1.1913 Breslau. Deutscher Lehrer, Botaniker u. Pflanzensammler, Herausgeber zahlreicher Exsikkatenwerke. Schrieb „Flora der östlichen Niederlausitz", 1861; Nachtrag 1868. Nach ihm die Art *Cotoneaster baenitzii* Pax.

Bässler = Manfred Bäßler, Radebeul 1935-. Deutscher Botaniker in Berlin. Spezialgebiet: *Lathyrus*, Flora von Kuba. Bearbeiter (zus. mit Eckehart Johannes Jäger u. Klaus Werner) der 16. Aufl. von W. Rothmaler: „Flora von Deutschland", 1996. Schrieb u.a. „Revision der eurasiatischen Arten von Lathyrus L. Sect. Orobus (L.) Gren. & Godr." (in Feddes Repert. 84, 329-447, 1973); „Revision von Lathyrus L. sect. Lathyrostylis (Griseb.) Bässler (Fabaceae)" (in Feddes Repert. 92, 179-254, 1981); „Die Gattung Mimosa L. (Leguminosae-Mimosoideae) in Cuba" (in Feddes Repert. 96: 581-611, 1985).

C. Bailey = Charles Bailey, Atherstone, Warwickshire 14.6.1838-14.9.1924 St. Marychurch, Torquay, Devon. Englischer Geschäftsmann und Amateur-Botaniker. Schrieb u.a. „On the adventitious vegetation of the sandhills of St. Anne's-on-the-Sea ...", 1902; „The Oxlip ...", 1903.

D.K. Bailey = Dana K. Bailey, 1916-. Nordamerikanische Botanikerin. Beschrieb erstmals die Langlebige Kiefer, *Pinus longaeva*.

F.M. Bailey = Frederick Manson Bailey, Hackney, England 8.3.1827-25.6.1915 Brisbane, Queensland. In England geborener australischer Botaniker, Großvater von Cyril Tenison White. Schrieb „The Queensland flora", 1899-1905; „Comprehensive catalogue of Queensland plants...", 1913; zus. mit P.R. Gordon „Plants reputed poisonous and injurious to stock", 1887; zus. mit J.E. Woods „A census of the flora of Brisbane", 1879. Nach ihm die Gattung *Austrobaileya* C.T. White.

J.P. Bailey = John Paul Bailey, Leicester, England, 25.6.1951(pers. Mitt.) -. Englischer Botaniker in Leicester. Spezialgebiet: Polygonaceae. Publizierte in Watsonia 17(4), 443 (1989).

L.H. Bailey = Liberty Hyde Bailey, South Haven, Michigan 15.3.1858-25.12.1954 Ithaca, New York. Nordamerikanischer Botaniker, Professor für Gartenbau. Von den vielen Schriften über Botanik, Gartenbau u. Landwirtschaft seien nur einige genannt: „Manual of cultivated plants...", 1924, 2. Aufl. 1949, auch 1951; „The garden of bellflowers in North America", 1953; zus. mit seiner Tochter Ethel Zoe Bailey „Hortus, ...", 1930, Suppl. 1935, „Hortus second, ...", 1941, „Hortus third" (Hrsg. D.M. Bates, J.W. Ingram, H.E. Moore, jr.), 1976. Weiter ist er Hrsg. von „Cyclopedia of American horticulture, ...", 1900-1902 (zus. mit Wilhelm Miller), weitere Auflagen 1902, 1904, 1906; „The standard cyclopedia of horticulture", 1914-1917, neue Aufl. 1922; „Cyclopedia of American agriculture", 1907-1909. Nach ihm die Gattung *Liberbaileya* Furtado sowie die Zeitschrift Baileya (1953-->) und das L.H. Bailey Hortorium in Ithaca, New York.

Baill. = Henri Ernest Baillon, Calais 30.11.1827-18.7.1895 Paris. Französischer Botaniker, Direktor des Bot. Gartens Paris und Professor der Botanik. Schrieb „Dictionnaire de botanique", 4 Bände, 1876-1892; „Étude générale du groupe des Euphorbiacées", 1858; „Histoire des plantes", 13 Bände, 1866-1895 (engl. Ausg.: „The natural history of plants", 1871-1888); „Iconographie de la flore française", 1885-1894; „Traité de botanique médicale cryptogamique", 1889; „Traité de botanique médicale phanérogamique", 1883-1884; für Martius, Flora brasiliensis Bd. XII, 1 (1886) „Dichapetaleae"; für de Candolle, Prodromus Bd. XVII „Phytocreneae", 1873. Nach ihm die Gattung *Baillonia* Bocq., *Baillonella* Pierre, *Baillonodendron* F. Heim, *Henribaillonia* Kuntze und *Baillonacanthus* Kuntze.

Bailly = Émile Bailly, Motteau, Châteaurenard, Loiret 1829-20.12.1894 Nonan, Loiret. Französischer Botaniker.

Baird = Ralph O. Baird, publ. 1931 über *Coryphantha*. Nordamerikanischer Kakteenkenner.

C.F. Baker = Charles Fuller Baker, Lansing, Michigan 22.3.1872–22.7.1927 Los Baños, Philippinen. Nordamerikanischer Botaniker u. Entomologe, war Professor am College of Agriculture in Los Baños, Philippine. Spezialgebiet: Fungi. Hrsg. zahlreicher Exsikkatenwerke. Schrieb u.a. „West American Plants …", 1902–1904. Nach ihm die Gattung *Bakeromyces* Syd. et P. Syd.

Baker f. = Edmund Gilbert Baker, Thirsk, Yorkshire 9.2.1864–17.12.1949 Kew. Englischer Botaniker, Sohn von John Gilbert Baker. Schrieb u.a. „The Leguminosae of Tropical Africa", 1926–1930. Nach ihm die Gattungen *Bakeridesia* Hochr. und *Bakerophyton* (J. Léonard) Hutch.

Baker = John Gilbert Baker, Guisborough, Yorkshire 13.1.1834–16.8.1920 Kew. Englischer Botaniker, Kustos am Herbarium Kew, Vater von Edmund Gilbert Baker. Schrieb „Handbook of the Amaryllideae", 1888; „Handbook of the Bromeliaceae", 1889; „Handbook of the Irideae", 1892; „Handbook of the Fern-Allies", 1887; „Flora of Mauritius and the Seychelles", 1877. Bearbeitete zahlreiche Familien für Daniel Oliver, „Flora of Tropical Africa", von Bd. 1-Bd. 8(1), 1868–1911. Nach ihm die Gattung *Bakerantha* L. B. Sm. und *Bakeria* André.

R.T. Baker = Richard Thomas Baker, Woolwich, London 1.12.1854–14.7.1941 Sydney. Australischer Botaniker englischer Abstammung. Spezialgebiete: *Eucalyptus, Pinus* und *Melaleuca*. Schrieb u.a. zus. mit Henry George Smith: „A research on the Eucalypts…", 1902; „A research on the pines of Australia", 1910.

Bakh. = Reinier Cornelis Bakhuizen van den Brink (sr.), Pascoeroeam, Java 30.1.1881–4.4.1945 Tjimahi, Java (starb in japanischem Internierungslager). Niederländischer Botaniker auf Java, Vater von R.C.B van den Brink jr. Schrieb zus. mit Jacob Jonas Ochse „Vegetables of the Dutch East Indies", 1931. Nach ihm die Art *Taeniophyllum bakhuizenii* J.J. Sm.

N.P. Balakr. = Nambiyath Puthansurayil Balakrishnan, 1935–. Indischer Botaniker. Publizierte 1970 über *Primula*. Nach ihm die Art *Hypolytrum balakrishnanii* Noot.

Balansa = Benedict („Benjamin") Balansa, geboren auf einem Schiff im Canal du Midi auf dem Weg nach Narbonne 1825–18.11.1891 Hanoi, Vietnam. War lebenslang französischer botanischer Forschungsreisender in Nordafrika und Vorderasien, in Neukaledonien, Paraguay, Java und Indochina. Schrieb „Catalogue des Graminées de l'Indo-Chine française …", 1890; zus. mit Pierre Edmond Boissier „Description du genre Thurya …" (in Ann. sci. nat. Bot. sér. 4, 7, 302–306, 1857). Nach Balansa die Gattung *Balansaea* Boiss. et Reut. und *Balansia* Speg.

Balb. = Giovanni Batista (Jean Baptiste) Balbis, Moretta, Saluzzo, Piemont 17.11.1765–13.2.1831 Turin. Italienischer Botaniker, Professor in Turin und 1819–1830 in Lyon. Schrieb „Horti academici taurinensis stirpium minus cognitarum…", 1810; „Flora taurinensis", 1806; „Flore lyonnaise, …", 1827–1828; „Catalogus stirpium horti botanici taurinensis", 1807, dazu Appendix 1–4, 1810, 1812, 1813, 1814; „Synopsis plantarum horti taurinensis", 1801, 2. Aufl. 1815. Nach ihm die Gattung *Balbisia* Cav.

Bald. = Antonio Baldacci, Bologna 3.10.1867–1950. Italienischer Botaniker, Professor der Botanik in Bologna, sammelte Pflanzen in Albanien und Griechenland. Schrieb u.a. „Altre notizie intorno alla flora del Montenegro …", 1892; „Rivista critica della collezione botanica fatta nel 1892 in Albania..", 1894. Nach ihm die Arten *Wulfenia baldaccii* Degen und *Minuartia baldaccii* (Halácsy) Mattf.

Baldwin = William Baldwin, Newlin Pennsylvania 29.3.1779–1.9.1819 Franklin, Missouri. Nordamerikanischer Arzt und Botaniker, sammelte Pflanzen in den südöstlichen Vereinigten Staaten und in Südamerika. Posthum erschien „Reliquiae Baldwinianae", 1843. Nach ihm die Gattung *Balduina* Nutt.

Balf. f. = Sir Isaac Bayley Balfour, Edinburgh 31.3.1853–30.11.1922 Haslemere, Surrey. Schottischer Botaniker, Professor in Glasgow, Oxford und Edinburgh, Sohn von John Hutton Balfour. Sammelte Pflanzen auf Sokotra. Spezialgebiete: *Primula, Rhododendron*. Schrieb u.a. „Botany [of Rodriguez]", 1879; „Botany of Socotra", 1888 (in Transactions of the Royal Society of Edinburgh 31) und publizierte auch mit zahlreichen anderen Botanikern. Nach ihm die Gattung *Balfourina* Kuntze.

Balf. = John Hutton Balfour, Edinburgh 15.9.1808–11.2.1884 Edinburgh. Schottischer Botaniker, Professor der Botanik in Glasgow, Vater von Sir Isaac Bayley Balfour. Schrieb bot. Lehrbücher, über Pflanzen der Bibel, ferner unter Mitarbeit von J. Sadler „Flora of Edinburgh", 1863. Nach Balfour die Gattung *Balfourodendron* Mello ex Oliv.

Ball = John Ball, Dublin, Irland 20.8.1818–21.10.1889 South Kensington, London. Irischer Jurist, Botaniker und Alpinist. Bereiste die Alpen, Marokko, Nord- und Südamerika. Schrieb u.a. über Alpenpflanzen und die marokkanische Flora, z.B. „A guide to the eastern Alps", 1868 sowie „Notes of a naturalist in South America", 1887. Nach ihm die Art *Erodium ballii* Jordan.

P.W. Ball = Peter William Ball, 1932–. Englischer Botaniker in Liverpool. Mitarb. der „Flora europaea", 1964–1980. Schrieb u.a. „Notes on the genus Erysimum L. in Europe" (in Bot. J. Linn. Soc. (London), 103, 200–213, 1990); und zus. mit Vernon Hilton Heywood „A revision of the genus Petrorhagia" (in Bull. Brit. Mus. (Nat. Hist.), Bot., 3, 119–172, 1964).

P.R.O. Bally = Peter René Oscar Bally, 8.5.1895–26.6.1980 Nairobi, Kenya. Schweizer Botaniker und botanischer Künstler, sammelte Pflanzen in Albanien, Indien und Afrika, lebte 1938–1958 in Nairobi, danach in Genf. Spezialgebiet: Ostafrikanische Sukkulenten.

Schrieb „The genus Monandrium", 1961. Nach ihm die Gattung *Ballya* Brenan.
Baltet = Charles Baltet, Troyes 14.1.1830-24.11.1908 Troyes. Französischer Gärtner und Obstzüchter. Spezialgebiet: *Vitis*. Schrieb „Les bonnes poires ...", 1859, 2. Aufl. 1860, repr. 1994.
Bancr. = Edward Nathaniel Bancroft, London 1772-18.9.1842 Kingston, Jamaica. Englischer Arzt und Botaniker. Publizierte die Gattung *Arracacia*, 1826. Nach ihm die Gattung *Bancroftia* Macfad.
Banks = Sir Joseph Banks, London 13.2.1743-19.6.1820 Spring Grove, Isleworth, Middlesex. Englischer Förderer der Naturwissenschaften, Präsident der Royal Society. 1772-1820 Leiter von Kew Gardens, die er zu den artenreichsten Sammlungen der Welt machte. Bereiste Labrador u. Neufundland, begleitete Cook auf seiner ersten Weltreise, 1768-1771, durchforschte Island, die Hebriden u. Shetland-Inseln. Sein Herbar u. die riesige Bibliothek sind heute im Besitz des Brit. Museums London. Posthum erschienen „Illustrations of Australian plants collected in 1770 during Captain Cook's voyage round the world... With determinations by James Britten", hrsg. vom Brit. Museum, London 1900-1905, und „Captain Cook's florilegium", 1973. Nach ihm die Gattung *Banksia* L. f.
Barbar. = Andrej Ivanovic Barbaric (Barbarich), Oster, Tschernigow, Ukraine 27.8.1903-. Ukrainischer Botaniker u. Dendrologe. Schrieb „Vyznacnyk Roslyn Ukrajiny", ed. 1, 1950; ed. 2 (von D.K. Zerov et al.) 1965.
Barbey = William Barbey (auch Barbey-Boissier), Genthod bei Genf, Schweiz 14.7.1842-18.11.1914 Chambésy bei Genf. Schweizer Botaniker, Schwiegersohn von Pierre Edmond Boissier. Verf. von „Epilobium genus a cl. Ch. Cusin illustratum", 1885; „Florae sardoae compendium...", 1884-1885; „Index botanique universel des genres, espèces et variétés de plantes parus depuis le 1er Janvier 1901", 1902-1906 (17199 Indexkarten). Nach ihm die Gattung *Barbeya* Schweinf.
Barb.-Boiss. = Caroline Barbey-Boissier, 1847-1918
Barbier = M. Barbier, fl. 1904.
Barb. Rodr. = Joao Barbosa Rodrigues, Minas Geraës 22.6.1842-6.3.1909 Rio de Janeiro. Brasilianischer Botaniker und Reisender, Großvater von Paulo de Campos Porto (1889-1068). Schrieb „Genera et species Orchidearum novarum", 1877-1882; „Myrtacées du Paraguay", 1903; „Palmae mattogrossenses novae...", 1898; „Plantae mattogrossenses...", 1898; „Sertum Palmarum brasiliensium...", 1903. Nach ihm die Gattungen *Barbosa* Becc., *Barbosella* Schltr. und *Rodrigueziella* Kuntze.
A.S. Barclay = Arthur Stewart Barclay, Minneapolis 1932-6.11.2003 Orlando, Florida. Nordamerikanischer Botaniker, sammelte 1962 Proben von *Taxus brevifolia* Nutt., in denen das Krebs-Heilmittel Taxol entdeckt wurde. Publizierte 1959 über *Datura*.
Barker = George Barker, 1776-6.12.1845 Birmingham. Englischer Chemiker u. Besitzer einer großen Orchideensammlung. Nach ihm die Gattung *Barkeria* Knowles et Westc.
W.F. Barker = Winsome Fanny Barker, Jamestown, Cape Province, Südafrika 23.9.1907-1994. Südafrikanische Botanikerin am Bot. Garten in Kirstenbosch. Spezialgebiet: Amaryllidaceae, *Lachenalia*. Nach ihr die Arten *Othonna barkerae* Compton und *Conophytum barkerae* L. Bolus.
F.A. Barkley = Fred Alexander Barkley, Hobart, Oklahoma 4.11.1908-24.6.1989 Tecumseh, Oklahoma. Nordamerikanischer Botaniker, Professor in Boston. Spezialgebiet: Anacardiaceae. Mitarb. an Lundells „Flora of Texas", 1961-1969 (Anacardiaceae). Schrieb „Key to the phyla of organisms", 1939; „Lista de los ordenes y familias de las Anthophyta...", 1948 (in Rev. Fac. Nac. Agron., Medellin 8). Publizierte auch mit Teodoro Meyer.
Barkworth = Mary Elizabeth Barkworth, 1941-
Barneby = Rupert Charles Barneby, nahe Abergavenny, Monmouthshire, England 6.10.1911-5.12.2000 Bronx, New Jersey, USA. Nordamerikanischer Botaniker am New York Bot. Garden. Spezialgebiet: Leguminosae (*Astragalus*), Menispermaceae. Schrieb gemeinsam mit Howard Samuel Irwin Jr.: „The American Cassiinae", 1982; „Sensitivae censitae: A description of the genus Mimosa Linnaeus (Mimosaceae) in the New World" (in Mem. New York Bot. Gard. 65, 1-835, 1991). Nach Barneby die Art *Lepidium barnebyanum* Reveal, die er entdeckt hat.
Barnéoud = François Marius Barnéoud, Toulon 15.1.1821-. Französischer Botaniker. Schrieb „Monographie génerale de la famille des Plantaginées", 1845. Nach ihm die Gattung *Barneoudia* Gay.
Barney = Eliam E. Barney, Adams, Jefferson Co., New York 14.10.1807-17.12.1880. Nordamerikanischer Lehrer, später Geschäftsmann und Mitbesitzer einer Firma für die Ausstattung von Eisenbahnwaggons in Dayton, Ohio. Im Alter interessiert an nachwachsenden Nutzhölzern, besonders an *Catalpa*.
Barnhart = John Hendley Barnhart, Brooklyn, New York 4.10.1871-11.11.1949 Southampton, New York. Nordamerikanischer Botaniker. Schrieb über Botanische Nomenklatur und über Botaniker. Posthum erschien seine umfassende Sammlung zu den Lebensdaten aller Botaniker: „Biographical notes upon botanists", 3 Bände, 1965. Nach ihm die Gattung *Barnhartia* Gleason.
Baroni = Eugenio Baroni, Livorno 22.1.1865-3.5.1943. Italienischer Botaniker in Florenz und Ferrara. Schrieb „Guida botanica d'Italia", 1907, 2. Aufl. 1932, 3. Aufl. 1955, 4. Aufl. 1969 u. 5. Aufl. 1980 (von S. Baroni Zanetti).
Barr = Peter Barr, bei Govan, Lanarkshire 20.4.1826-17.9.1909 London. Englischer Gärtner. Spezialgebiet: *Narcissus*. Publ. auch über *Crocus*.
Barrandon = André Auguste Barrandon, Castries 13.5.1814-4.12.1897 Montpellier,

Frankreich. Französischer Botaniker in Montpellier. Schrieb zus. mit Henri Loret „Flore de Montpellier ...", 1876, 2. Aufl. 1886-1888. Nach ihm die Art *Althenia barrandonii* Duval-Jouve.

Barratt = Joseph Barratt, 7.1.1796-25.1.1882, Middletown, Conn. In England geborener nordamerikanischer Arzt, Botaniker, Professor der Botanik, Chemie und Mineralogie. Schrieb „Salices americanae", 1840. Nach ihm die Gattung *Barrattia* A. Gray et Engelm.

Barratte = Jean François Gustave Barratte, Marnoz, Jura 23.10.1857-7.6.1920 Marnoz, Jura. Französischer Botaniker. Schrieb gemeinsam mit Edmond Bonnet: „Exploration scientifique de la Tunisie. Catalogue raisonné des plantes vasculaires de la Tunisie", 1896.

F. Barros = Fábio de Barros, 1956-

G.M. Barroso = Graziela Maciel Barroso, Corumbá, Mato Grosso, Brasilien 11.4.1912-5.5.2003 Rio de Janeiro. Brasilianische Botanikerin am Herbarium Bradeanum in Rio de Janeiro. Spezialgebiete: Compositae, Leguminosae, Araceae. Schrieb „Sistemática de Angiospermas do Brasil", 3 Bände, 1982.

Bartal. = Biagio Bartalini, Torrita, Val di Chiana 1746-10.6.1822 Siena. Italienischer Botaniker, Professor in Siena. Schrieb „Catalogo delle piante ... di Siena...", 1776.

Barthlott = Wilhelm Barthlott, Forst, Baden-Württemberg 22.6.1946-. Deutscher Botaniker in Heidelberg und Professor in Bonn. Schrieb u.a. „Kakteen", 1977; (auch holl. 1978, franz. und engl.1979). Publizierte auch mit A. J. S. McMillan.

Bartlett = Harley Harris Bartlett, Anaconda, Montana 9.3.1886-21.2.1960 Ann Arbor, Michigan. Nordamerikanischer Botaniker, Professor in Ann Arbor. Unternahm zahlreiche Forschungs- und Sammelreisen in die asiat. und amerikanischen Tropen. Spezialgebiete: *Oenothera*, trop. Nutzpflanzen. Verf. von über 170 Aufsätzen. Schrieb „Fifty-five rare books from the library of Mrs. Roy Arthur Hunt", 1949; „Fire in relation to primitive agriculture and grazing in the tropics", 1955-1957.

Bartl. = Friedrich Gottlieb Theophil Bartling, Hannover 9.12.1798-19.11.1875 Göttingen. Deutscher Botaniker, seit 1837 Direktor des Bot. Gartens und Professor der Botanik in Göttingen. Schrieb „Ordines naturales plantarum", 1830 und gemeinsam mit Heinrich Ludolph Wendland „Beiträge zur Botanik, 1824-1825. Nach Bartling die Gattung *Bartlingia* Rchb.

Barton = Benjamin Smith Barton, Lancaster, Pennsylvania 10.2.1766-19.12.1815 Philadelphia, Pennsylvania. Nordamerikanischer Botaniker, Onkel von William Paul Crillon Barton. Schrieb „Elements of botany, ...", 1803, 2. Aufl. 1812-1814, 3. Aufl. 1827 und eine weitere 1836, ferner „Fragments of the natural history of Pennsylvania", 1799. Nach ihm und seinem Onkel die Gattung *Bartonia* Muhl. ex Willd.

W.P.C. Barton = William Paul Grillon Barton, Philadelphia, Pensylvania 17.11.1786-29.2.1856 Philadelphia. Nordamerikanischer Botaniker in Philadelphia, Neffe von Benjamin Smith Barton. Schrieb „Vegetable materia medica of the United States", 1817-1818; „Compendium florae philadelphicae", 1818; „A flora of North America", 1820-1824. Nach ihm und seinem Neffen die Gattung *Bartonia* Muhl. ex Willd. und die Zeitschrift Bartonia 1908 ff.

Bartram = John Bartram, 1699-1777

W. Bartram = William Bartram, Kingsessing bei Philadelphia, Pennsylvania 9.2.1739-22.7.1823 Kingsessing. Nordamerikanischer Botaniker und Ornithologe in Philadelphia. Schrieb „Travels through North and South Carolina, ...", 1791 (deutsch: Reisen durch Nord- und Süd-Karolina, 1793).

P.K. Barua = P. K. Barua, fl. 1956-1963. Indischer Botaniker an der Tocklai Experimental Station. Spezialgebiet: *Camellia sinensis*. Schrieb u.a. „Classification of the tea plants" (in Two and a bud – Newsletter Tocklai Experim. Stat. 10(3), 3-11, 1963).

Bassi = Ferdinando Bassi, Bologna 1710-13.5.1774 Bologna. Italienischer Arzt u. Botaniker. Vorsteher des Bot. Gartens Bologna. Schrieb „Ambrosina, novum plantae genus", 1763. Nach ihm die Gattung *Bassia* All.

Bastard = Toussaint Bastard, Chalonnes-sur-Loire, Maine-et-Loire 19.2.1784-27.6.1846 Chalonnes-sur-Loire. Französischer Arzt und Botaniker. Verf. von „Essai sur la flore du département de Maine et Loire", 1809, Supplement dazu 1812. Nach ihm die Gattung *Bastardia* Humbl., Bonpl. et Kunth.

Batalin = Aleksandr Fedorovic Batalin, St. Petersburg 1847-16.10.1896(russ.: 1.10.1896) St. Petersburg. Russischer Botaniker am Bot. Garten St. Petersburg, Professor der Botanik. Schrieb „Notae de plantis asiaticis ..." (in Acta horti Petropol. 11-14, 1891-1896).

Batcheller = Frances N. Batcheller, fl. 1978

Bateman = James Bateman, Redivals, Bury, Lancashire 18.7.1811-27.11.1897 Worthing, Sussex. Englischer Gärtner und Orchideenspezialist. Schrieb „A second century of orchidaceous plants", 1867; „A monograph of Odontoglossum", 1864-1874; „The Orchidaceae of Mexico und Guatemala", 1837-1843. Nach ihm die Gattung *Batemannia* Lindl.

R.M. Bateman = Richard M. Bateman, fl. 1983-2004. Britischer Botaniker am Natural History Museum in London. Spezialgebiet: Orchidaceae. Schrieb u.a. „Evolution and classification of European orchids: insights from molecular and morphological characters" (in Journ. Eur. Orch. 33, 33-119, 2001); zus. mit Peter M. Hollingsworth, Jillian Preston, Luo Yi-Bo, Alec M. Pridgeon u. Mark Wayne Chase „Molecular phylogenetics and evolution of Orchidinae and selected Habenariinae (Orchidaceae)" (in Bot. J. Linn. Soc. 142, 1-40, 2003).

D.M. Bates = David Martin Bates, 1935-. Nordamerikanischer Botaniker, Professor am Bailey Hortorium, Cornell University,

Ithaca, New York. Spezialgebiet: Ethnobotanik, nordamer. Malvaceae. Mitherausg. von L.H. Bailey „Hortus third", 1976.

Batsch = August Johann Georg Karl Batsch, Jena, Thüringen 28.10.1761–29.9.1802 Jena. Deutscher Mediziner u. Botaniker, Direktor des Bot. Gartens Jena und Professor der Philosophie. Schrieb „Botanik für Frauenzimmer", 1795; „Analyses florum e diversis plantarum generibus...", 1790; „Der geöffnete Blumengarten...", 1796–1798; „Elenchus fungorum", 1783–1789; „Versuch einer Anleitung zur Kenntnis und Geschichte der Pflanzen", 1787; „Synopsis universalis analytica generum plantarum", 1793–1794; „Dispositio generum plantarum Europae", 1794; „Beyträge und Entwürfe zur pragmatischen Geschichte der drey Naturreiche...", 1801. Nach ihm die Gattung *Batschia* J.F. Gmel.

Batt. = Jules-Aimé Battandier, Annonay, Saint-Étienne 8.1.1848–18.9.1922 Algier. Französischer Botaniker u. Professor der Pharmazie in Algier. Veröffentlichte u.a. „Contributions à la flore atlantique", 1919. Schrieb gemeinsam mit Louis Charles Trabut: „Flore d'Alger", 1884; „Atlas de la flore d'Alger", 1886–1920; „Flore de l'Algérie", 1888–1897 (andere Mitautoren: Fernand Gustave Debray; Camille Flagey; Paul Charles Michel Petit), Suppl. 1910; „Flore analytique et synoptique de l'Algérie et de la Tunisie", 1905. Nach Battandier die Gattung *Battandiera* Maire.

Baudet = Jean C. Baudet, 1944–. Belgischer Botaniker in Leiden, Niederlande. Publizierte zus. mit Robert Joseph Jean-Marie Maréchal in Bull. Jard. Bot. Nation. Belg., 44(3-4): 443–444, 1974.

Baudo = Firmin Baudo, publ. um 1843. Französischer Botaniker.

F.A. Bauer = Franz Andreas Bauer, Faldsberg 4.10.1758–11.12.1840 Kew, England. Bedeutender österreichischer botanischer Künstler, seit 1788 in England tätig. Schrieb u. illustrierte „Delineations of exotic plants cultivated in the Royal Garden at Kew", 1796–1803; „Strelitzia depicta", 1818; „Illustrations of orchidaceous plants", 1830–1838 (mit John Lindley).

Rud. Bauer = Rudolf Bauer, 1910–1982. Deutscher Pflanzenzüchter in Breitbrunn am Chiemsee, verheiratet mit Annelise Bauer. War am Max-Planck-Institut für Züchtungsforschung in Köln tätig und züchtete die Josta-Beere. Publizierte zus. mit seiner Frau (in Erwerbsobstbau 28, 217–218, 1986).

A. Bauer = Annelise Bauer, publ. 1986. Deutsche Botanikerin, Frau von Rudolf Bauer. Beide publ. zusammen (in Erwerbsobstbau 28, 217–218, 1986) über die Jostabeere.

Baum = Hugo Baum, Forst, Lausitz 17.1.1867–15.4.1950 Rostock. Deutscher Botan. Gärtner, von 1901–1933 Leiter des Bot. Gartens Rostock, Botaniker der Kurene-Sambesi-Expedition nach Südangola (1899). Schrieb über diese Reise (1903) u. über viele neu entdeckte Pflanzen u. deren Kultur. Nach ihm die Art *Jatropha baumii* Pax.

Baumann = Constantine Auguste Napoléon Baumann, 1804–12.8.1884 Bollweiler, Elsass. Elsässischer Gärtner. Veröffentlichte zus. mit seinem Bruder Charles Baumann „Les Camellia de Bollwiller" und „Bollweiler Camellien-Sammlung", 1828–1835.

E. Baumann = Eugen Baumann, Horgen bei Zürich 26.2.1868–25.10.1933 Zürich. Schweizer Botaniker. Schrieb „Die Vegetation des Untersees (Bodensee)", 1911.

H. Baumann = Helmut Adolf Baumann, Gaildorf, Baden-Württemberg 20.5.1937 (pers. Mitt.) -. Deutscher Apotheker, Botaniker und Pflanzenfotograf in Böblingen. Spezialgebiet: europäische Orchideen. Schrieb zusammen mit Siegfried Heinrich Künkele „Die wildwachsenden Orchideen Europas", 1982; „Die Orchideen Europas", 1988; mit Theo Müller „Farbatlas geschützte und gefährdete Pflanzen", 2001; weiter zusammen mit seiner Frau, Brigitte Baumann geb. Heugle u. seiner Tochter Susanne Baumann-Schleihauf „Die Kräuterbuch-Handschrift des Leonhart Fuchs", 2001. Nach Baumann die Art *Dactylorhiza baumanniana* Hölzinger et Künkele.

Baumg. = Johann Christian Gottlob Baumgarten, Luckau, Lausitz 7.4.1765–29.12.1843 Schäßburg, Siebenbürgen. Deutscher Botaniker und Arzt. Schrieb „Sertum lipsicum...", 1790; „Flora lipsiensis...", 1790; „Enumeratio stirpium magno Transsilvaniae principatui...", 1816–1846. Nach ihm die Gattung *Baumgartenia* Spreng. und die Art *Campanula baumgartenii* Becker.

Baumgartner = Julius Baumgartner, Melk, Niederösterreich 10.4.1870–14.5.1955. Österreichischer Oberfinanzrat, Hofrat und Botaniker. Spezialgebiete: Bryophyta, *Alyssum*. Schrieb „Pflanzengeographishe Notizen zur Flora des oberen Donauthales ..." (in Verh. k.k. zool.-bot. Ges. Wien 43, 548–551, 1893); „Studien über die Gehölze im nordöstlichen Adriagebiete ..." (in Abh. zool.-bot. Ges. Wien 6, 1–29, 1911; 9, 1–46, 1916).

J. Bausch = Jan Bausch, 1917–. Niederländischer Botaniker in Rotterdam. Schrieb „A revision of the Eucryphiaceae" (in Kew Bull. 1938, 317–349).

E.M. Baxter = Edgar Martin Baxter, 1903–1967. Nordamerikanischer Amateur-Botaniker. Schrieb „California Cactus", 1935. Nach ihm die Art *Neomammillaria baxteriana* H.E. Gates.

W.T. Baxter = W.T. Baxter, fl. 1864

Ehr. Bayer = Ehrentraud Bayer, München 16.8.1953 (pers. Mitt.) -. Deutsche Botanikerin am Bot. Garten in München-Nymphenburg. Schrieb zus. mit Karl Peter Buttler, Xaver Finkenzeller u. Hans Rudolf Jürke Grau „Pflanzen des Mittelmeerraums", 1987.

Bayer = Johann Nepomuk Bayer, Groß-Krosse (heute Velká Kras), Schlesien 20.3.1802–14.2.1870 Steyr, Oberösterreich. Österreichischer Generalinspekteur der Eisenbahn und Botaniker.

M.B. Bayer = Martin Bruce Bayer, Empangeni, Zululand 30.6.1935-. Südafrikanischer Entomologe und Botaniker am Karoo Botanic Garden, Worcester. Schrieb „Haworthia handbook",

1976; „The new Haworthia handbook", 1982. Nach ihm der Gattungsbastard x *Bayerara*.

R.J. Bayer = Randall J. Bayer, 1955–

T. Baytop = Turhan Baytop, publ. um 1982. Türkischer Botaniker. Schrieb zus. mit Brian Mathew „The bulbous plants of Turkey ...", 1984.

Beadle = Chauncey Delos Beadle, Saint Catherines, Ontario, Kanada 5.8.1866–4.7.1950 Asheville, North Carolina. Nordamerikanischer Gärtner und Botaniker am Biltmore Herbarium in North Carolina. Spezialgebiet: Azaleen, *Crataegus*. Publizierte manche Arten auch zus. mit Frank Ellis Boynton.

Beaman = John Homer Beaman, Marion, North Carolina 20.6.1929–. Nordamerikanischer Botaniker an der Michigan State University, East Lansing, Michigan. Schrieb „Revision of Hieracium (Asteraceae) in Mexico and Central America", 1990.

Bean = William Jackson Bean, Malton, Yorkshire 26.5.1863–19.4.1947 Kew. Englischer Botaniker in Kew. Schrieb „Trees and shrubs hardy in the British Isles", 1914, 7. Aufl. 1950, 8. Aufl. 1976–1980 (Hrsg. D.L. Clarke). Nach Bean die Hybride *Rosa x beanii* P.V. Heath.

Beane = Lawrence Beane, 1901–. Nordamerikanischer Botaniker. Spezialgebiete: *Lilium*, *Castilleja*. Publizierte auch zus. mit Albert Michael Vollmer.

Beaton = Donald Beaton, Urray, Ross-shire, Schottland 8.3.1802–Okt. 1863 Surbiton, Surrey. Britischer Gärtner bei Lord Middleton.

Beauverd = Gustave Beauverd, Genf 20.3.1867–19.3.1942 Clarens, Waadt, Schweiz. Schweizer Botaniker u. Künstler, betreute das Herbarium Boissier, die Grundlage der späteren botanischen Sammlung in Genf (G). Hrsg. von „Index botanique universel des genres...", 1902–1906. Schrieb u.a. „Monographie du genre Melampyrum l.", 1916. Nach ihm die Gattung *Beauverdia* Herter.

Bebb = Michael Schuck Bebb, Hamilton, Ohio 23.12.1838–5.12.1895 San Bernardino, Kalifornien. Nordamerikanischer Botaniker. Spezialgebiet: *Salix*. Nach ihm z.B. die Arten *Salix bebbiana* Sarg. sowie *Carex bebbii* Olney.

Becc. = Odoardo Beccari, Florenz 19.11.1843–25.10.1920 Florenz. Italienischer Botaniker, Palmenspezialist, bereiste Borneo u. Sumatra etc. Schrieb u.a. „Malesia, ...", 1877–1890; „Palmae della tribu Borasseae", 1924; „Asiatic Palms – Corypheae", nach seinem Tode hrsg. in Annals of the Roy. Bot. Garden, Calcutta, 1933; „Asiatic Palms – Lepidocaryeae", 1908–1921. Nach ihm benannt die Gattungen *Beccarianthus* Cogn., *Beccarinda* Kuntze, *Beccariodendron* Warb., *Beccariophoenix* Jum. et Perr.

Bech. = Alfred Becherer, Basel 20.8.1897–26.–28.3.1977 Lugano, Tessin. Schweizer Botaniker in Genf, später in Lugano. Veröffentlichte seit 1920 250 Schriften floristischen, taxonomischen, pflanzengeographischen u. nomenklatorischen Inhalts, darunter „Florae vallesianae supplementum", 1956 (Suppl. zu Jaccard, H.: Catalogue de la flore valaisanne, 1895); „Führer durch die Flora der Schweiz", 1973. Seit 1957 Herausgeber von Binz, A.: „Schul- und Exkursionsflora der Schweiz", 15. Aufl. 1973–17. Aufl. 1980 unter dem Titel „Schul- und Exkursionsflora für die Schweiz mit Berücksichtigung der Grenzgebiete"; seit 1961 (3. Aufl.) Hrsg. von Thommen, E.: „Taschenatlas der Schweizer Flora", 5. Aufl. 1973, 6. Aufl. 1983. Bearbeitete seit 1932 für die Schweizerische Bot. Gesellschaft die „Fortschritte in der Systematik und Floristik der Schweizerflora". Nach ihm die Art *Centaurea poculatoris* Greuter.

Bechst. = Johann Matthaeus Bechstein, Waltershausen 11.7.1757–23.2.1822 Dreißigacker bei Meiningen, Thüringen. Deutscher Forstrat und Botaniker u. Ornithologe, Direktor der Forstakademie in Dreissigacker. Schrieb über die Jagdwissenschaft, außerdem: „Forstbotanik ...", 1810 (5. ed., 1843), 2. Teil, 1833; „Gemeinnützige Naturgeschichte Deutschlands", 1791–1795.

L.C. Beck = Louis Caleb Beck, Schenectady, New York 4.10.1798–20.4.1853. Nordamerikanischer Arzt und Naturforscher.

Beck = Günther Beck, Ritter von Mannagetta und Lerchenau, Pressburg (Bratislava) 25.8.1856–23.6.1931 Prag. Österreichischer Botaniker, Professor der Botanik in Wien u. Prag. Schrieb „Alpenblumen des Semmerinsgebietes", 1898; „Flora von Bosnien, der Herzegowina und des Sandzaks Novipazar", 1904–1916; „Flora Bosne, Hercegovine i Novopazarskog Sand...aka", 1903–1927, von 1950–1974 fortgesetzt von K. Maly; „Flora von Hernstein in Niederösterreich...", 1884; „Flora von Nieder-Österreich", 1890–1893; für Engler u. Prantl, Die natürlichen Pflanzenfamilien IV. 3b (1893) Orobanchaceae; für Engler, Das Pflanzenreich Orobanchaceae, 1930; für Engler u. Drude, Die Vegetation der Erde, Bd. 4 „Die Vegetationsverhältnisse der illyrischen Länder", 1901. Nach ihm die Art *Campanula beckiana* Hayek.

Becker = Johannes Becker, Speyer, Rheinland-Pfalz 20.2.1769–24.11.1833 Frankfurt a. M. Deutscher Lehrer und Botaniker in Frankfurt a. M. Schrieb „Flora der Gegend um Frankfurt am Main", 1828. Nach ihm die Gattungen *Beckera* Fresen. und *Beckeropsis* Fig. et De Not.

W. Becker = Wilhelm Becker, Halberstadt 24.1.1874–12.10.1928 Kirchmöser. Deutscher Pädagoge u. Botaniker. Schrieb „Violae europaeae", 1910. Hrsg. von „Violae exsiccatae", 1900–1908.

Bedd. = Richard Henry Beddome, 11.5.1830–23.2.1911 Wandsworth, London. Englischer Forstbotaniker, Offizier und Farnspezialist in Indien. Schrieb „The ferns of British India", 1865–1870; „The ferns of Southern India", 1863–1864, 2. Aufl. 1872–1873; Supplement dazu 1876; „The flora sylvatica for Southern India", 1869–1874; „Handbook to the ferns of British India, Ceylon and the Malay Peninsula" 1883, 2. Aufl. mit Supplement 1892; „Icones plantarum Indiae orientalis", 1868–1874. Nach ihm die Art *Dryopteris beddomei* (Bak.) Kuntze.

Beentje = Henk Jaap Beentje, 1951–. Niederländischer Botaniker in Kew, England. Spezialgebiete: Flora von Ostafrika, Asteraceae. Schrieb u.a. „Kenya trees, shrubs and lianas", 1994; zus. mit John Dransfield „The palms of Madagascar", 1995; und mit J. Dransfield u. Adam Britt „Field guide to the palms of Madagascar", 2006. Herausgeber der Flora of tropical East Africa.

Beer = Johann Georg Beer, Wien 3.7.1803–13.3.1873 Wien. Österreichischer Liebhaberbotaniker, Stadtrat in Wien. Schrieb u.a. „Die Familie der Bromeliaceen", 1857; „Beiträge zur Morphologie und Biologie der Familie der Orchideen", 1863; „Praktische Studien an der Familie der Orchideen ...", 1854.

Beetle = Alan Ackerman Beetle, 8.6.1913–. Nordamerikanischer Botaniker.

Bég. = Augusto Béguinot, Paliano bei Rom 17.8.1875–3.1.1940. Italienischer Botaniker an der Universität zu Padua, zuletzt in Genua tätig. Schrieb „Flora padovana", 1909–1914; „La flora, il paesaggio botanico e le piante utili della Tripolitania e Cirenaica", 1912. Schrieb zus. mit N. Belosersky „Revisione monografica del genere Apocynum Linn.", 1913.

Beille = Lucien Beille, Aurillac 13.12.1862–30.11.1946. Französischer Botaniker, Apotheker und Arzt in Bordeaux. Mitarbeiter von A.J.B. Chevalier: „Sudania: Énumération des plantes récoltées en Afrique tropicale", 1911ff. Nach ihm vermutlich die Art *Phyllanthus beillei* Hutchinson.

Beissn. = Ludwig Beissner, Ludwigslust 6.7.1843–21.12.1927 Wörrstadt, Rheinhessen. Deutscher Gärtner, Dendrologe, seit 1887 Inspektor des Bot. Gartens Bonn. Hauptwerk: „Handbuch der Nadelholzkunde", 1891, 2. Aufl. 1909, 3. Aufl. 1930 (Bearbeiter J. Fitschen).

Bellair = Georges Adolphe Bellair, 1860–1939. Französischer Gärtner.

Bellardi = Carlo Antonio Lodovico Bellardi, Cigliano, Piemont 30.7.1751–4.5.1826 Turin. Italienischer Botaniker u. Mediziner, Professor in Turin. Schrieb „Osservazioni botaniche con un saggio d'appendice alla Flora pedemontana...", 1788; „Appendix ad Floram pedemontanam...", 1792. Nach ihm die Gattung *Bellardia* All.

Benary = Ernst Benary, 1819–1893. Deutscher Gärtner und Samenzüchter in Erfurt.

Benj. = Ludwig Benjamin, Hamburg 24.3.1825–1848. Deutscher Arzt und Botaniker. Schrieb „Neue Gattungen und Arten der Utricularieen nebst einer neuen Eintheilung der Gattung Utricularia" (in Linnaea 20, 299–320, 1847). Bearbeitete zus. mit Carl Friedrich Philipp von Martius die Utriculariaceae für Flora Brasiliensis (Band 10, 233–256, 1847). Nach Benjamin die Gattung *Benjaminia* Mart. ex Benj.

A.W. Benn. = Alfred William Bennett, Clapham, Surrey 24.6.1833–23.1.1902 London. Englischer Buchhändler und Botaniker, Lektor der Botanik am St. Thomas Hospital in London. Bearbeitete für Martius, Flora brasiliensis Bd. VII (1871) „Hydroleaceae, Pedalineae", Bd. XIII, 3 (1874) „Polygalaceae"; für Daniel Oliver, Flora of Tropical Africa, in Bd. 8(2) „Naiadaceae", 1901; schrieb u.a. „The flora of the Alps", 1896.

G. Benn. = George Bennett, Plymouth 31.1.1804–29.9.1893 Sydney. Englischer Arzt und Naturforscher in Australien. Schrieb „Gatherings of a naturalist in Australasia ...", 1860.

Benn. = John Joseph Bennett, Tottenham, Middlesex 8.1.1801–29.2.1876 Maresfield, Sussex. Englischer Botaniker. Veröffentlichte zus. mit Robert Brown „Plantae javanicae rariores...", 1838–1852. Nach ihm die Gattung *Bennettiodendron* Merr.

L.D. Benson = Lyman David Benson, Kelseyville, Kalifornien 4.5.1909–12.7.1993. Nordamerikanischer Botaniker am Pomona College, Kalifornien, Kakteenspezialist. Schrieb u.a. „The Cacti of Arizona", 1940, 2. Aufl. 1950, 3. Aufl. 1969; „The Native Cacti of California", 1969; „A manual of southwestern desert trees and shrubs", 1944; 2. Aufl. u. d. Titel: „The trees and shrubs of the southwestern deserts" (mit R.A. Darrow), 1954, 3. Aufl. 1981; „Plant classification", 1957, 2. Aufl. 1979; „Plant taxonomy", 1962; „The Cacti of the United States and Canada", 1982. Nach ihm die Art *Opuntia bensonii* Sanchez-Mej.

Benson = Robson Benson, England 5.1.1822–22.10.1894 Bath, Somerset. Englischer Offizier, sammelte Samen u. Pflanzen, vor allem Orchideen, in Malabar, Burma etc. Publizierte auch zus. mit Heinrich Gustav Reichenbach. Nach ihm vermutlich die Art *Spathoglottis bensoni* Hook. f.

Benth. = George Bentham, Stoke, Plymouth 22.9.1800–10.8.1884 London. Bedeutender englischer Botaniker. Schrieb „Labiatarum genera et species", 1832–1836; „Commentationes de Leguminosarum generibus...", 1837; „Plantas Hartwegianas...", 1839–1857; „The botany of the voyage of HMS Sulphur...", 1844–1846; „Flora hongkongensis...", 1861; „Flora australiensis...", 1863–1878; „Handbook of the British flora", 1858, Ausgabe mit Abb. 1865, 8. Aufl. 1924 (von A.B. Rendle). Publizierte auch mit Joseph Dalton Hooker. Gemeinsames Werk: „Genera plantarum", 1862–1883. Nach Bentham die Gattungen *Benthamia* A. Rich. u. *Neobenthamia* Rolfe.

Bercht. = Friedrich Graf von Berchtold, Freiherr von Ungarschütz (Uhercic), Platz bei Neuhaus 25.10.1781–3.4.1876 Schloss Buchlewitz bei Ungarisch-Hradisch. Böhmischer Botaniker, bereiste Südamerika (Amazonas). Schrieb zus. mit Wenzel Benno Seidl u. Philipp Maximilian Opiz „Oekonomisch-technische Flora Böhmens", 1836–1843; mit Franz Xaver Fieber „Die Potamogeta Böhmens", 1838 und mit Jan Swatopluk Presl „O prirozenosti rostlin aneb rostlinár", 1823–1835. Nach Berchtold die Art *Potamogeton berchtoldii* Fieber.

C.C. Berg = Cornelis Christiaan Berg, Bandung, Indonesien

2.7.1934-. Niederländischer Botaniker in Utrecht und Rotterdam, später in Bergen, Norwegen. Spezialgebiete: Moraceae, *Cardamine, Myosotis*. Mitarbeiter an Flora neotropica, Band 51, 1990; Mitarbeit auch bei Band 2(11), 1982 von Robert Orchard Williams „Flora of Trinidad and Tobago ...". Schrieb „Moreae, Artocarpeae, and Dorstenia (Moraceae)...", 2001.

O. Berg = Otto Karl (Carl) Berg, Stettin 18.8.1815-20.11.1866 Berlin. Deutscher Botaniker u. Pharmazeut, Professor in Berlin. Schrieb „Charakteristik der für die Arzneikunde und Technik wichtigsten Pflanzen-Genera...", 1845; „Anatomischer Atlas zur pharmazeutischen Waarenkunde..."; 1863-1865; „Florae brasiliensis myrtographia", 1857-1859.

M.E. Berg = Maria Elizabeth van den Berg, publ. 1970. Botanikerin in Brasilien. Spezialgebiet: Vismia. Schrieb „Uma espécie e duas variedades novas de Guttiferae da Amazônia" (in Bol. Museu Paraense E. Goeldi 38, 1-6, 1970).

Bergann = Friedrich Bergann, Dresden 24.7.1904-. Deutscher Botaniker, Professor in Potsdam. Spezialgebiet: Pflanzen-Chimären.

A. Berger = Alwin Berger, Möschlitz, Thüringen 28.8.1871-20.4.1931 Stuttgart-Bad Cannstatt. Deutscher Botaniker und Gartendirektor in La Mortola, Italien, später am Naturalienkabinett in Stuttgart. Spezialgebiet: Sukkulenten. Schrieb „Hortus mortolensis", 1912; „A Systematic Revision of the Genus Cereus", 1905; „Mesembrianthemen u. Portulacaceen", 1908; „Stapelieen u. Kleinien", 1910; „Sukkulente Euphorbien", 1907; „Die Agaven", 1915; „Kakteen", 1929; „Die Entwicklungslinien der Kakteen", 1926. Nach ihm die Gattungen *Bergeranthus* Schwantes und *Bergerocactus* Britton et Rose.

Berger = Ernst Friedrich Berger, 1814-1853

Bergeret = Jean-Pierre Bergeret, Pontacq 13.8.1752-30.4.1813 Morlaas. Französischer Botaniker. Schrieb „Flore des Basses-Pyrénées ...", 1803. (Nicht zu verwechseln mit dem gleichnamigen und fast gleichaltrigen Jean-Pierre Bergeret, Lasseube 25.11.1751-28.3.1813 Paris. Dieser schrieb „Phytonomatotechnie universelle...", 1783-1786).

Berggr. = Sven Berggren, Hör 12.8.1837-28.6.1917 Lund. Schwedischer Botaniker, Professor der Botanik in Uppsala und Lund. Spezialgebiet: Bryophyta. Schrieb u.a. „On New Zealand Hepaticae", 1898.

P.J. Bergius = Peter Jonas Bergius, Erikstad, Småland 6.7.1730-10.7.1790 Stockholm. Schwedischer Botaniker. Schrieb „Descriptiones plantarum ex Capite Bonae Spei, ...", 1767; „Materia medica e regno vegetabili", 1778, 2. Aufl. 1782. Nach ihm die Gattung *Bergia* L.

Bergmans = Johannes Baptista Bergmans, Antwerpen, Belgien 6.6.1892-1980. Niederländischer Gärtner u. bot. Schriftsteller. Spezialgebiet: Nomenklatur der Kulturpflanzen.

Berher = Laurent Eugène Berher, Épinal, Vosges 24.7.1822-1900. Französischer Arzt, Bibliothekar und Botaniker. Schrieb „Catalogue des plantes vasculaires.. des Vosges ..." (in Ann. Soc. Émul. Dépt. Vosges 15, 83-342, 1876); „La flore des Vosges", 1887.

Berk. = Miles Joseph Berkeley, Biggin, Oundle, Northamptonshire 1.4.1803-30.7.1889 Sibbertoft, Market Harborough, Leicestershire. Englischer Geistlicher und Mykologe. Schrieb u.a. „Handbook of british Mosses ...", 1863. Nach ihm die Gattung *Berkeleya* Grev.

Berland. = Jean Louis Berlandier, Fort de l'Ecluse, Frankreich (nahe Genf) 1805- Sommer 1851, ertrunken im San Fernando Fluss, Matamoros, Mexiko. Belgischer Botaniker, forschte und sammelte in Texas u. Mexiko. Schrieb „Mémoire sur la famille des Grossulariéés", 1826. Bearbeitete für de Candolle, Prodromus in Bd. III (1828) „Grossularieae". Posthum erschien: „Journey to Mexico during the years 1826 to 1834", 1980. Nach ihm die Gattung *Berlandiera* DC. sowie z.B. die Art *Phragmites berlandieri* E.Fourn.

Bernh. = Johann Jakob Bernhardi, Erfurt 7.9.1774-13.5.1850 Erfurt. Deutscher Botaniker, Professor der Botanik in Erfurt. Schrieb „Catalogus plantarum horti erfurtensis", 1799; „Systematisches Verzeichnis der Pflanzen, welche in der Gegend um Erfurt gefunden werden", 1800; „Anleitung zur Kenntnis der Pflanzen", 1804; „Beobachtungen über Pflanzengefäße", 1805; „Ueber den Begriff der Pflanzenart und seine Anwendung", 1834. Nach ihm die Gattung *Bernhardia* Willd. ex Bernh.

Bernis = Francisco Bernis Madrazo, 1916-. Spanischer Botaniker und Ornithologe. Schrieb „Revisión del género Armeria Willd. ..." (in Anal. Inst. Bot. Cavanilles 11, 5-287, 1954; 12, 77-252, 1955; 14, 259-432, 1957).

Berry = Andrew Berry, etwa 1780-etwa 1810. Englischer Arzt in Madras, Indien, befreundet mit W. Roxburgh, für den er Pflanzen zum Bot. Garten in Kalkutta sandte. Nach ihm die Gattung *Berrya* Roxb. corr. DC.

P.E. Berry = Paul Edward Berry, Boston, Massachusetts 13.9.1952 (pers. Mitt.) -. Nordamerikanischer Botaniker, Professor an der University of Wisconsin. Spezialgebiet: *Fuchsia*. Mitherausgeber zus. mit Julian A. Steyermark, Kay Yatskievych und Bruce K. Holst von „Flora of the Venezuelan Guayana", Band 1-9, 1995-2005. Nach Berry z.B. die Art *Macrocarpaea berryi* J.R. Grant.

Bertero = Carlo Giuseppe Luigi Bertero, Santa Vittoria d'Alba, Piemont 14.10.1789-nach 9.4.1831 auf See zwischen Tahiti und Valparaiso (Schiffsuntergang). Italienischer Arzt, Botaniker u. Reisender, sammelte und entdeckte viele neue Pflanzen in Mittelamerika (Guadeloupe, St. Thomas, Portorico, Santo Domingo) und Südamerika (Kolumbien, Chile, Juan-Fernández-Inseln). Lebte ab 1827 in Chile. Schrieb „Continuación del Catalogo de plantas observadas en Chile", 1829. Nach ihm die Gattung *Berteroa* DC.

Berthault = François Berthault, 1857-12.2.1916. Französischer Landwirtschaftswissenschaftler,

Professor in Grignon. Publizierte mit Désiré Georges Jean Marie Bois.

Berthel. = Sabin Berthelot, Marseille 4.4.1794–18.11.1880 Santa Cruz de Teneriffe. Französischer Zoologe u. Botaniker, französischer Konsul in Teneriffa. Schrieb gemeinsam mit Philip Barker Webb „Histoire naturelle des Iles Canaries", 1835–1850. Nach Berthelot die Gattung *Berthelotia* DC.

Bertol. = Antonio Bertoloni, Sarzano 11.2.1775–17.4.1869 Bologna. Italienischer Botaniker, Vater von Giuseppe Bertoloni, Professor der Botanik u. Direktor des Bot. Gartens Bologna von 1816–1869. Schrieb „Flora italica...", 1833–1854; „Florula guatimalensis, ...", 1840; „Amoenitates italicae...", 1819; „Horti botanici bononiensis plantae novae...", 1838–1839; „Rariorum Liguriae plantarum decas prima (-decas tertia)", 1803–1810 (Titel 1806 u. 1810: „Rariorum Italiae plantarum decas secunda (-decas tertia))"; „Flora italica cryptogama", 1858–1867. Nach ihm die Gattung *Bertolonia* Raddi und die Art *Ophrys bertolonii* Moretti.

Bertoni = Moisés Santiago Bertoni, Lottigna, Tessin, Schweiz 15.6.1857–19.9.1929 Foz de Iguazu, Brasilien. Schweizer Botaniker, Pflanzensystematiker u. -sammler, wanderte nach Argentinien aus und war später in Paraguay. War auch Hrsg. naturwissenschaftlicher Zeitschriften. Schrieb u.a. „Le Kaá Hê-é", 1905; „Descripción física y económica del Paraguay", 1916, „Diccionario botanico latino-guarani..", 1940. Nach ihm die Art *Paspalum bertonii* Hackel.

Bertrand = Marcel C. Bertrand, publ. um 1873. Beschrieb als erster die Art *Keteleeria davidiana* (Bertrand) Beissn.

Besser = Wilibald Swibert Joseph Gottlieb von Besser, Innsbruck, Tirol 7.7.1784–11.10.1842 Krzemeniec. Österreichisch-polnischer Botaniker, zuerst Arzt, dann Lehrer, zuletzt Professor der Botanik in Kiew. Schrieb „Primitiae florae Galiciae austriacae utriusque", 1809; „Enumeratio plantarum hucusque in Volhynia, Podolia, ... collectarum", 1822; „Catalogus plantarum in horto botanico... Cremeneci cultarum", 1816; „Catalogue des plantes du Jardin botanique... à Krzemieniec", 1811, Suppl. 1812–1815; „Tentamen de Abrotanis", 1832. Nach ihm die Gattung *Bessera* Schult. f.

Betche = Ernst L. Betche, Potsdam 31.12.1851–28.6.1913 Sidney. Australischer Botaniker deutscher Herkunft. Publizierte zus. mit Joseph Henry Maiden „A Census of New South Wales Plants", 1916; mit C. Moore über „The Handbook of the Flora of New South Wales", 1893. Nach ihm z.B. die Art *Acacia betchei* Maiden et Blakely.

Beurl. = Pehr Johan Beurling, Stockholm 4.12.1800–5.12.1866 Stockholm. Schwedischer Botaniker. Schrieb „Primitiae florae Portobellensis", 1856. Nach ihm die Art *Miconia beurlingii* Triana.

Beusekom = C. F. van Beusekom, 1940–. Niederländischer Botaniker arbeitete um 1972 in Leiden, Mitinitiator des „Flora of Thailand Project". Schrieb „Revision of Meliosma (Sabiaceae) ..." (in Blumea 19, 355–529, 1971).

Beuzev. = Wilfred Alexander Watt de Beuzeville, Bombala, New South Wales, Australien 13.2.1884–28.3.1954 Kiama, New South Wales. Australischer Botaniker und Forstmann. Spezialgebiet: *Eucalyptus*. Nach ihm die Unterart *Eucalyptus pauciflora* subsp. *debeuzevillei* (Maiden) L.A.S. Johnson et Blaxell.

Bewer. = W. Bewerunge, publ. um 1948. Kakteenkenner. Publizierte u.a. über *Rebutia*.

Bhandari = Madan Mal Bhandari, Jodhpur 31.1.1929–. Indischer Botaniker und Pflanzensystematiker. Schrieb „Flora of the Indian desert", 1978, 2. Aufl. 1990.

Biasol. = Bartolommeo Amadeo Biasoletto, Dignano, Istrien 24.4.1793–17.1.1859 Triest. Italienischer Apotheker u. Botaniker in Triest. Schrieb u.a. „Escursioni botaniche sullo Schneeberg (Monte nevoso) nelle Carniola", 1846. Nach ihm die Gattung *Biasolettia* W.D.J. Koch.

Bicalho = Hamilton Dias Bicalho, fl. 1964. Brasilianischer Botaniker. Spezialgebiet: Orchidaceae. Schrieb u.a. zus. mit Fábio de Barros „On the taxonomy of Catasetum subsection Isoceras" (in Lindleyana 3, 87–92, 1988).

E.P. Bicknell = Eugene Pintard Bicknell, Riverdale-on-Hudson, New York 23.9.1859–9.2.1925 Hewlett, New York. Nordamerikanischer Bankier, Botaniker und Ornithologe. Schrieb u.a. „Studies in Sisyrinchium", 1899–1904. Nach ihm z.B. die Art *Carex bicknellii* Britton

Bidwill = John Carne Bidwill, Exeter, Devon Februar 1815–16.3.1853 Tinana, Wide Bay, New South Wales, Australien. Englischer Botaniker, Pflanzensammler, Direktor des Bot. Gartens Sidney. Bereiste von 1839 an Australien u. Neuseeland. Schrieb u.a. „Rambles in New Zealand", 1841. Nach ihm die Gattung *Bidwillia* Herb.

Bien. = Theophil Bienert, ?–1873 Riga. Baltischer Naturforscher. Schrieb „Baltische Flora...", 1872. Nach ihm die Gattung *Bienertia* Bunge.

Bigelow = Jacob Bigelow, Sudbury, Massachusetts 27.2.1787–10.1.1879 Boston. Nordamerikanischer Mediziner, Botaniker, Professor in Boston. Schrieb „American Medical Botany", 1817–1821; „Florula bostoniensis", 1814, 2. Aufl. 1824, 3. Aufl. 1840. Nach ihm die Gattung Bigelowia DC. sowie z.B. die Art *Carex bigelowii* Torr.

J.M. Bigelow = John Milton Bigelow, Pern, Vermont 23.6.1804–18.7.1878 Detroit. Nordamerikanischer Arzt und Botaniker.

Billot = Paul Constant Billot, Rambervillers, Vosges 12.3.1796–19.4.1863 Mutzig, Bas-Rhin. Französischer (Elsässischer) Botaniker und Pädagoge, Professor in Hagenau. Schrieb „Annotations à la flore de France et d'Allemagne", 1855–1862. Nach ihm die Gattung *Billotia* Sch. Bip.

Binn. = Simon Binnendijk, Leiden, Niederlande 26.3.1821–28.10.1883 Buitenzorg, Java. Niederländischer Botaniker am Bot. Garten Buitenzorg,

Java. Schrieb zus. mit Johannes Elias Teijsmann u.a. „Catalogus plantarum quae in Horto botanico bogoriensi coluntur", 1866. Nach Binnendijk die Gattung *Binnendijkia* Kurz.

Birdsey = Monroe Roberts Birdsey, Middletown, Connecticut 15.3.1922–2000. Nordamerikanischer Botaniker in Florida. Schrieb u.a. „The Cultivated Aroids", 1951.

Birdw. = Sir George Christopher Molesworth Birdwood, Belgaum, Bombay, Indien 8.12.1832–28.6.1917 Ealing, Middlesex. Englischer Regierungsbeamter in Indien. Schrieb „Catalogue of the economic products of the presidency of Bombay", 1862, 2. Aufl. 1865.

Biria = J. A. J. Biria, San Remo 1789–. Französischer Arzt und Botaniker. Schrieb als Dissertation „Histoire naturelle et médicale des Renoncules...", 1811.

Bisset = James Bisset, 4.6.1843–3.4.1911 Edinburgh. Schottischer Pflanzensammler, war von 1866–1886 in Japan. Nach ihm die Art *Viola bissetii* Maxim.

Bitter = Friedrich August Georg Bitter, Bremen 13.8.1873–30.7.1927 Bremen. Deutscher Botaniker in Bremen, später Professor in Göttingen. Schrieb „Die Gattung Acaena", 1910–1911. Spezialgebiete: u.a. die Gattung *Solanum*. Bearbeitete für Engler u. Prantl, Die natürlichen Pflanzenfamilien I. 4 (1900) Marattiaceae, Ophioglossaceae, Nachtrag (1902). Herausg. von Buchenau, F.G.P.: „Flora von Bremen und Oldenburg", 8. Aufl., 1919 u. 9. Aufl. 1927 (mit Bruno Schütt). Nach ihm die Gattung *Bitteria* Börner.

Bittrich = Volker Bittrich, 1954–

Biv. = Antonio de Bivona-Bernardi, Messina 24.10.1774–7.7.1837 (nicht 1834 oder 1838) Messina. Italienischer Botaniker, Sohn von Andrea Bernardi, war früh Waise und wurde von Baron Antonino Bivona adoptiert. Er starb an der Cholera. Schrieb „Stirpium rariorum minusque cognitarum in Sicilia sponte provenientium descriptiones...", 1813–1818; „Sicularum plantarum centuria prima (-centuria secunda)", 1806–1807. Nach ihm die Gattung *Bivonaea* DC.

Bizzarri = Maria Paola Bizzarri, 1937–. Italienische Botanikerin. Publizierte mit Rodolfo Emilio Giuseppe Pichi Sermolli über *Austrocedrus*.

J.M. Black = John McConnell Black, Wigtown, Schottland 28.4.1855–2.12.1951 Adelaide, Australien. Schottischer Botaniker, wanderte 1877 nach Australien aus. War dort Farmer, dann Zeitungsreporter. Schrieb „Flora of South Australia", 4 Bände 1922–1929, 2. Aufl. 1943–1957, Suppl. 1965 (von Hansjörg Eichler), 3. Aufl. 1978 (von John Peter Jessop).

Blackburn = Benjamin Coleman Blackburn, Medina, New York 2.5.1908–. Nordamerikanischer Botaniker, Pflanzensystematiker an der Drew University, New Jersey. Schrieb „Trees and shrubs in eastern North America", 1952.

S.F. Blake = Sidney Fay Blake, Stoughton, Massachusetts 31.8.1892–31.12.1959 Beltsville, Maryland. Nordamerikanischer Botaniker. Autor von mehr als 300 Schriften, vor allem über Compositae, außerdem von „Geographical Guide to Floras of the World", Band 1, 1942 u. Band 2 (mit A.C. Atwood), 1961; „Guide to Popular Floras of the United States and Alaska", 1954. Bearbeitete für Britton, North American Flora Bd. 25(4)–25(5) „Polygalaceae", 1924. Nach Blake die Gattung *Neoblakea* Standl. und *Blakiella* Cuatrec.

S.T. Blake = Stanley Thatcher Blake, Brisbane, Queensland 3.9.1911–24.2.1973 Brisbane. Australischer Botaniker am Queensland Herbarium in Brisbane. Spezialgebiete: Cyperaceae, *Eucalyptus*, *Melaleuca*, *Plectranthus*, Idiospermaceae. Schrieb u.a. „A monograph of the genus Eleocharis in Australia and New Zealand ..." (in Proc. Roy. Soc. Queensland 50, 88–132,1939). Nach ihm die Art *Pereskiopsis blakeana* Ortega.

Blakelock = Ralph Antony Blakelock, England 1915–31.5.1963 London. Englischer Botaniker in Kew. Arbeitete u.a. über die Flora des Iraks und schrieb „A synopsis of the genus Euonymus L." (in Kew Bull. 6, 210–290, 1951).

Blakely = William Faris Blakely, Tenterfield, New South Wales, November 1875–1.9.1941 Hornsby, New South Wales. Spezialgebiete: *Acacia, Loranthus, Eucalyptus*. Australischer Botaniker. Schrieb „A key to the Eucalypts", 1934, ed. 3, 1965.

Blanca = Gabriel Blanca López, 1954–. Spanischer Botaniker, Professor der Botanik an der Universität von Granada. Schrieb zus. mit anderen Autoren „Flora amenazada y endémica de Sierra Nevada", 2002.

Blanch. = William Henry Blanchard, Walpole New Hampshire 12.8.1850–18.4.1922. Nordamerikanischer Botaniker und Pädagoge. Spezialgebiet: *Betula*.

C.I. Blanche = Charles Isidore Blanche, 1823–11.12.1887 Beirut, Libanon. Französischer Konsul u. Pflanzensammler in Syrien u. im Libanon. Publizierte mit Pierre Edmond Boissier. Nach Blanche die Art *Ferula blanchei* Boiss.

Blanco = Francisco Manuel Blanco, Navianos, Kastilien 24.11.1778–1.4.1845 Manila. Spanischer Geistlicher (Augustinermönch) u. Botaniker in Manila. Hauptwerk: „Flora de Filipinas...", 1837, 2. Aufl. 1845, 3. Aufl. 1877–1883 (ed. Naves, Andrés u. Fernandez-Villar, Celestine). Nach ihm die Gattung *Blancoa* Blume.

Blaxell = Donald Frederick Blaxell, 1934–. Australischer Botaniker am Botan. Garten in Sydney. Spezialgebiet: *Eucalyptus*, Orchidaceae. Schrieb u.a. zus. mit E.R. Rotherham, Barbara G. Briggs und R.C. Carolin „Flowers and plants of New South Wales and Southern Queensland", 1982.

Bluff = Matthias Joseph Bluff, Köln 5.2.1805–5.6.1837 Aachen. Deutscher Arzt u. Botaniker. Publizierte mit Karl Anton Fingerhuth „Compendium florae germanicae", 1821–1833, 2. Aufl. 1836–1839. Nach Bluff die Gattung *Bluffia* Nees.

Blume = Carl Ludwig Blume, Braunschweig, Niedersachsen 9.6.1796–3.2.1862 Leiden, Niederlande. Deutsch-niederländischer Botaniker, Direktor des Rijksherbarium in Leiden, bereiste Ostindien u.

brachte über 3000 Pflanzenarten von dort mit. Schrieb „Bijdragen tot de flora van Nederlandsch Indië...", 1825-1827; „Flora Javae nec non insularum adjacentium...", 1828-1858 (mit J.B. Fischer); „Rumphia, sive commentationes botanice imprimis de plantis Indiae orientalis...", 1836-1849; „Museum botanicum lugduno-batavum...", 1849-1857; „Enumeratio plantarum Javae et insularum adjacentium", 1827-1828, 2. Aufl. 1830. Nach ihm die Gattung *Blumea* DC.

Blumensch. = Almiro Blumenschein, Araguari, Minas Gerais, Brasilien 7.9.1931-. Brasilianischer Genetiker u. Orchideenspezialist. Schrieb u.a. zus. mit F.G. Brieger, J.T.A. Gurgel, F. Paterniani und M.R. Alleoni „Races of maize in Brazil and other eastern south american countries" 1958.

A. Blytt = Axel Gudbrand Blytt, Christiania 19.5.1843-18.7.1898 Christiania (heute Oslo). Norwegischer Botaniker, Sohn von Matthias Numsen Blytt, Professor der Botanik in Oslo. Schrieb zus. mit seinem Vater „Norges flora ...", 1861-1877; zus. mit Ove Christian Dahl „Haandbog i Norges flora ...", 1906.

Blytt = Matthias Numsen Blytt, Overhalla, Namdalen, Norwegen 26.4.1789-26.7.1862 Christiania (heute Oslo). Norwegischer Botaniker, Vater von Axel Gudbrand Blytt, Professor der Botanik in Oslo. Schrieb „Norsk flora", 1847; „Norges flora...", 1861-1877 (mit seinem Sohn Axel Gudbrand Blytt). Nach Matthias Numsen Blytt die Gattung *Blyttia* Fries.

Bobrov = Evgenij Grigorevich Bobrov, St. Petersburg 2.3.1902-28.2.1983 St. Petersburg. Russischer Botaniker, Kurator des Herbariums des Komarov Bot. Instituts, Leningrad, Mitarbeiter u. Sekretär der Flora der U.R.S.S., 1934-1964. Bearbeitete zahlreiche Familien für diese Flora. Spezialgebiete u.a. Dipsacaceae, Santalaceae, Geraniaceae, *Trifolium,* Asteraceae. Schrieb u.a. „Synopsis specierum generis Larix Mill." (auf russisch in Novosti sist. vyssh. rast., 9, 4-15, 1972).

Nach ihm die Art *Chaerophyllum bobrovii* Schischk.

Bocq. = Henri Théophile Bocquillon, Cugney, Marne 5.6.1834-15.5.1883 Paris. Französischer Botaniker und Mediziner, Professor in Paris. Schrieb u.a. „Revue du groupe des Verbénacées", 1861-1863. Mitarbeiter an Baillon, Henri Ernest: „Dictionnaire de botanique", 1876-1892.

Bodin = Nicolas Gustavus Bodin, publizierte um 1798.

Böcher = Tyge Wittrock Böcher, Kopenhagen 25.10.1909-März 1983 Kopenhagen. Dänischer Botaniker am Institut für Pflanzenanatomie, Kopenhagen. Spezialgebiet: Arktische Flora. Schrieb „Cytological studies in the genus Ranunculus ..." (in Dansk Bot. Arch. 9, 1-33,1938); „Gronlands Flora", 1957, 2. Aufl. 1966, engl. Ausgabe „The flora of Greenland", 1968 (alles zus. mit K.J. Holmen u. K. Jakobsen). Nach Böcher z.B. die Art *Trichocline boecheri* Cabrera.

Boeck. = Johann Otto Boeckeler, Hannover 12.8.1803-5.3.1899 Varel. Deutscher Apotheker u. Botaniker. Spezialgebiet: Cyperaceae. Schrieb „Die Cyperaceen des Königlichen Herbariums zu Berlin", 1868-1877. Nach ihm die Gattung *Boeckeleria* Dur.

Boed. = Friedrich Bödeker, Watentrup, Lippe 11.9.1867-9.4.1937 Köln. Deutscher Handwerker u. Kakteenforscher in Köln. Schrieb „Mammillarien-Vergleichsschlüssel", 1933. Publizierte auch mit Friedrich Ritter. Nach Bödeker z.B. die Art *Stenocactus boedekerianus* A.Berger.

Boehm. = Georg Rudolf Boehmer, Liegnitz 1.10.1723-4.4.1803 Wittenberg. Deutscher Botaniker, Professor der Anatomie u. Botanik in Wittenberg. Schrieb u.a. den Text zu G.W. Knorr „Thesaurus rei herbariae hortensisque universalis...", 1750-1772. Weitere Schriften „Bibliotheca scriptorum historiae naturalis. Systematisch-literarisches Handbuch der Naturgeschichte", 1785-1789; „Lexicon rei herbariae tripartitum", 1802. Bearbeiter von Ludwig, C.G.: „Definitiones

generum plantarum", 1760. Nach ihm die Gattungen *Boehmeria* Jacq. u. *Boehmeriopsis* Kom.

Boenn. = Clemens Maria Friedrich von Bönninghausen, Gut Heringhafen bei Tubbergen, Holland 1785-25.1.1864 Münster. Deutscher Arzt u. Botaniker, Justizrat in Münster. Schrieb u.a. „Prodromus florae monasteriensis Westphalorum", 1824. Nach ihm die Gattung *Boenninghausenia* Rchb. ex Meisn.

Boerl. = Jacob Gijsbert Boerlage, Uithoorn, Niederlande 18.11.1849-25.8.1900 Ternate, Java. Niederländischer Botaniker. Schrieb „Handleiding tot de kennis der flora von Nederlandsch Indië", 1890-1900; „Catalogus plantarum phanerogamarum quae in horto botanico bogoriensi coluntur", 1899-1901. Nach ihm die Gattung *Boerlagea* Cogn.

Börner = Carl Julius Bernhard Börner, Bremen 28.5.1880-14.6.1953 Naumburg (Saale). Deutscher Botaniker und Entomologe in Berlin-Dahlem, St.Julien bei Metz und Naumburg. Spezialgebiete: Weinbau, Pflanzenkrankheiten. Schrieb „Eine Flora für das deutsche Volk", 1912 (unter Mitarbeit von L. Lange u. P. Dobe).

Bogenh. = Carl Bogenhard, Magdala bei Jena, Thüringen 3.4.1811-1853? New York City. Deutscher Botaniker und Pharmazeut, seit 1852 in den USA. Schrieb „Taschenbuch der Flora von Jena ...", 1850.

Bogin = Clifford Bogin, 1920-. Nordamerikanischer Botaniker. Schrieb „Revision of the genus Sagittaria (Alismataceae)" (in Memoirs of the New York Bot. Garden 9, 179-233, 1955).

Bogner = Josef Bogner, Gersthofen Kreis Augsburg, Bayern 29.1.1939 (pers. Mitt.) -. Deutscher Gärtner u. Botaniker am Bot. Garten München. Schrieb „Revision der Arophyteae (Araceae)" (in Bot. Jahrb. Syst. 92, 1-63, 1972); und zus. mit Dan Henry Nicolson „Revision of the South American genus Gorgonidium Schott (Araceae: Spathicarpeae)" (in Bot. Jahrb. Syst. 109, 529-554, 1988); „A revised classification of Araceae with dichotomous keys" (in Willdenowia 21, 35-50, 1991).

Nach ihm die Gattung *Bognera* Mayo et Nicolson.

Bois = Désiré Georges Jean Marie Bois, Granville, Manche 9.10.1856–2.1.1946 Saint-Mandé. Französischer Botaniker. Schrieb u.a. „Atlas des plantes de jardins et d'appartements", 1891–1896; „Les Orchidées", 1893; „Dictionnaire d'horticulture", 1893–1899; „Les plantes alimentaires...", 1927–1937.

Boissev. = Charles Hercules Boissevain, Amsterdam 18.10.1893–18.10.1946. Nordamerikanischer Botaniker niederländischer Herkunft. Spezialgebiet: *Echinocereus*. Schrieb zus. mit Carol Davidson „Colorado Cacti", 1940.

Boiss. = Pierre Édmond Boissier, Genf 25.5.1810–25.9.1885 Valleyres, Waadt. Schweizer Botaniker, sammelte zahlreiche Pflanzen in Europa und im Orient. Seine Hauptwerke sind „Voyage botanique dans le midi de l'Espagne...", 1839–1845; „Diagnoses plantarum orientalium novarum", 1842–1859; „Icones Euphorbiarum", 1866; „Flora orientalis", 1867–1884, Supplementum dazu 1888 (herausgegeben von R. Buser); „Elenchus plantarum novarum ... in itinere hispanico legit", 1838; für de Candolle, Prodromus in Bd. XII (1848) „Plumbaginaceae", in Bd. XV, 2 (1862/66) zus. mit J. Müller Arg. „Euphorbiaceae". Publizierte auch zus. mit Friedrich Alexander Buhse. Gemeinsames Werk: „Aufzählung der auf einer Reise durch Transkaukasien und Persien gesammelten Pflanzen", 1860, sowie mit Georges François Reuter. Gemeinsame Hrsg. Von „Pugillus plantarum novarum Africae borealis Hispaniaeque australis", 1852; „Diagnoses plantarum novarum hispanicarum", 1842. Nach Boissier die Gattungen *Boissiera* Hochst. ex Steud. und *Edmondia* Cogn. sowie die Zeitschrift „Boissiera" (1936 ff.).

H. Boissieu = Jean Marie Antoine Gustave Henri de Boissieu, Château de Varambon, Ain 1871–12.6.1912 (starb bei einer Exkursion im Jura). Französischer Botaniker, schrieb zahlreiche Aufsätze über die Flora von China, Japan und Korea. Nach ihm vermutlich die Art *Viola boissieui* H.Lév. et Maire.

Boiteau = Pierre L. Boiteau, 1911–1980. Französischer Botaniker. Schrieb zus. mit seiner Frau, Lucile Allorge-Boiteau, „Kalanchoe de Madagascar", 1995; „Plantes médicinales de Madagascar", 1993. Nach ihm die Art *Croton boiteaui* Leandri.

B. Boivin = Joseph Robert Bernard Boivin, Montreal 7.6.1916–9.5.1985 Québec. Kanadischer Botaniker am Department of Agriculture Herbarium in Ottawa, später an der Universität Laval in Québec. Schrieb u.a. „Énumeration des plantes du Canada", 1966–1967; „Flora of the Prairie Provinces", 1967–1981.

Boivin = Louis Hyacinthe Boivin, Compiègne, Oise 27.8.1808–7.12.1852 Brest. Französischer Botaniker. Sammelte Pflanzen in Afrika, Madagaskar, Mauritius und Réunion. Nach ihm die Art *Lobelia boivinii* Sond.

Bojer = Wenceslaus (Wenzel) Bojer, Resanice, Böhmen 23.9.1797–4.6.1856 Port Louis, Mauritius. Böhmischer Gärtner und Botaniker, von 1821 an auf der Insel Mauritius, zuletzt dort Professor der Naturgeschichte am Royal College. Schrieb „Hortus mauritianus", 1837. Nach ihm die Gattung *Bojeria* DC.

Boke = Norman Hill Boke, 1913–1996. Nordamerikanischer Botaniker. Spezialgebiet: Sukkulenten. Schrieb zus. mit Edward F. Anderson „Structure, Development, and Taxonomy in the genus Lophophora" (in Am. Journ. Bot. 57, 1970). Nach ihm die Gattung *Normanbokea* Kladiwa et Buxb.

Bol. = Henry Nicholas Bolander, Schlüchtern, Hessen 22.2.1831–28.8.1897 Portland, Oregon. Deutscher Botaniker.

Bolle = Carl August Bolle, Berlin 21.11.1821–19.2.1909 Berlin. Deutscher Botaniker u. Ornithologe. Unternahm bot. u. zool. Forschungsreisen in Europa und auf den Kanarischen und Kapverdischen Inseln; Besitzer der dendrologisch berühmten Insel Scharfenberg bei Tegel. Schrieb „De vegetatione alpina in Germania extra Alpes obvia", 1846. Nach ihm die Gattung *Bollea* Rchb. f.

Bolliger = Markus Bolliger, Biel, Schweiz 15.9.1951 (pers. Mitt.) –. Schweizer Botaniker bei der Eidgenössischen Forstdirektion in Bern. Spezialgebiet: *Pulmonaria*. Schrieb u.a. „Monographie der Gattung Odontites (Scrophulariaceae) ..." (in Willdenowia 26, 37–168, 1996).

O. Bolòs = Oriol de Bolòs i Capdevila, 1924–2007. Katalanischer Botaniker in Barcelona. Publizierte zus. mit Josep Vigo i Bonada: „Flora dels països Catalans", 3 Bände, 1984–1995; und mit Angel María Romo Díez „Atlas corològic de la flora vascular dels paisos Catalans", 1985–1991.

A. Bolòs = Antonio de Bolòs i Vayreda, 1889–17.12.1975. Katalanischer Botaniker in Barcelona. Schrieb „Vegetación de las Comarcas barcelonesas", 1950.

Bolton = James Bolton, Halifax, Yorkshire um 1758–7.1.1799 Luddendon, Halifax, Yorkshire. Englischer Amateur-Botaniker in Halifax. Spezialgebiet: Fungi. Schrieb „Filices britannicae, ...", 1785–1790; „An history of fungusses growing about Halifax", 1788–1791; „Geschichte der merckwürdigsten Pilze", 1795–1820 (aus dem Englischen übersetzt von Karl Ludwig Willldenow). Nach ihm die Gattung *Boltonia* L'Hér.

L. Bolus = Harriet Margaret Louisa Bolus (geb. Kensit), Burghersdorp 31.7.1877–5.4.1970 Kapstadt. Südafrikanische Botanikerin, Schwiegertochter von Harry Bolus, Kuratorin des Bolus-Herbariums in Kapstadt. Spezialgebiet: Aizoaceae. Schrieb u.a. „Notes on Mesembryanthemum and allied genera", 1928–1958. Nach ihr die Gattung *Kensitia* Fedde.

Bolus = Harry Bolus, Nottingham, England 28.4.1834–25.5.1911 Oxted, Surrey. Englischer Bankier, Mathematik-Lehrer u. Botaniker in Südafrika. Stiftete 1902 eine Lehrstuhl für Botanik am South African College, der später nach ihm benannt wurde. Schrieb u.a. „The Orchids of the Cape Peninsula" (in Trans. S. Afr. Philos. Soc. 5, 75–2001, 1888); 2.

Aufl. (mit Alice M. Greene) 1918; „Icones Orchidearum austro-africanarum extra-tropicarum...", 1893–1913; zus. mit Anthony Hurt Wolley-Dod „A list of the flowering plants and ferns of the Cape Peninsula..." (in Trans. S. Afr. Philos. Soc. 14, 207–373, 1903). Nach Bolus die Gattungen *Bolusafra* Kuntze, *Bolusanthus* Harms, *Bolusia* Benth. und *Bolusiella* Schltr.

Bonati = Gustave Henri Bonati, Strasbourg 21.11.1873–2.2.1927 Lure, Haute-Saône. Französischer Botaniker und Apotheker. Schrieb u.a. „Le genre Pedicularis L. ...", 1918. Nach ihm die Gattung *Bonatia* Schltr. et K. Krause.

Bonavia = Emanuel Bonavia, 1826– Nov. 1908 Richmond Road, Worthing, Sussex. Englischer Arzt u. Botaniker in Indien. Schrieb „The cultivated oranges and lemons... of India and Ceylon ...", 1888–1890; „The flora of the Assyrian monuments and its outcomes", 1894.

Bong. = August Heinrich Gustav von Bongard, Bonn 12.9.1786– Nov. 1839 St. Petersburg. Deutscher Arzt und Botaniker in St. Petersburg. Schrieb „Verzeichniß der im Jahre 1838 am Saisang-Nor und am Irtysch gesammelten Pflanzen", 1841 (mit C.A. Meyer). Nach ihm die Gattung *Bongardia* C.A. Mey.

Bonker = Frances Bonker, publ. 1930–32. Nordamerikanische Botanikerin. Schrieb zus. mit John James Thornber „The Saga of the Desert and other Cacti", 1930; „The Fantastic Clan – The Cactus Family", 1932. Nach ihr die Art *Echinocereus bonkerae* Thomber et Bonker.

Bonnet = Jean Jacques Édmond Bonnet, Beaune 8.4.1848–3.10.1922 Paris. Französischer Botaniker am Museum National d'Histoire Naturelle in Paris. Schrieb" Petite flore parisienne...", 1883, und gemeinsam mit Jean François Gustave Barratte: „Exploration scientifique de la Tunisie. Catalogue raisonné des plantes vasculaires de la Tunisie", 1896.

Bonnier = Gaston Eugène Marie Bonnier, Paris 9.4.1853–30.12.1922 Paris. Französischer Botaniker, Professor der Botanik in Paris. Arbeitete experimentell über die Modifizierbarkeit der Pflanzen. Hauptwerk (mit der Zeichnerin Julie Poinsot): „Flore complète illustrée en couleurs de France, Suisse et Belgique", 1911–1935 (ab Band 7, 1924, fortgesetzt von R.C.V. Douin). Schrieb gemeinsam mit seinem Vetter Georges de Layens: „Tableaux synoptiques des plantes vasculaires de la flore de France", 1894; „Flore complète portative de la France et de la Suisse", 1909. Nach Bonnier die Gattungen *Bonniera* Cordem. u. *Bonnierella* Vig.

Bonpl. = Aimé Jacques Alexandre Goujaud dit Bonpland, La Rochelle, Charente maritime 29.8.1773–11.5.1858 Santa Ana, Corrientes, Argentinien. Französischer Arzt, Botaniker u. Forschungsreisender. Reisebegleiter Alexander von Humboldts, entdeckte über 6000 neue Pflanzenarten, die teils er, teils Kunth beschrieb. Von 1804 an Direktor des Malmaison-Gartens, von 1818 an Professor in Buenos Aires, von wo er weite Forschungsreisen unternahm. Schrieb „Description des plantes rares cultivées à Malmaison et à Navarre", 1812–1817; zus. mit Humboldt u. Kunth „Nova genera et species plantarum quas in peregrinatione ... orbis novi collegerunt", 1815–1825. Nach Bonpland die Gattung *Bonplandia* Cav. und die Zeitschrift „Bonplandia", Hannover, 1853–1862.

Bonstedt = Carl Bonstedt, Naumburg 8.4.1866–14.2.1953 Göttingen-Geismar. Deutscher bot. Gärtner u. Pflanzenzüchter, ab 1900 Leiter des Bot. Gartens Göttingen. Hrsg. Der 1. Aufl. von Pareys Blumengärtnerei, 1930–1932 (2. Aufl., 1958–1961, siehe unter Encke); Allendorfs Kulturpraxis der Kalt- und Warmhauspflanzen, 6. Aufl. 1934. Nach ihm die Gattung *Bonstedtia* Wehrh.

Boom = Boudewijn Karel Boom, Gorinchem, Südholland 26.3.1903–21.3.1980 Wageningen. Niederländischer Botaniker. Autor von „Nederlandse dendrologie", 10. Aufl. 1978; „Flora der gekweekte kruidachtige gewassen", 1950 (mit J. D. Ruys), 2. Aufl. 1970; „Flora von kamer- en kasplanten", 1968; mit P. den Ouden „Manual of cultivated conifers", 1965.

J.R. Booth = John Godfrey Booth, Klein-Flottbek (Hamburg) 19.11.1800–14.9.1847 Klein-Flottbek. Bedeutender deutscher Gärtner in England mit weltweiten Verbindungen.

T.J. Booth = Thomas Jonas Booth, 1829– nach 1878. Englischer Gärtner, Neffe von Thomas Nuttall (1786–1859). Sammelte Pflanzen in Indien, eröffnete später eine Gärtnerei in Rainhill, Lancashire. Autor von *Rhododendron nuttallii*. Nach ihm die Art *Rhododendron boothii* Nutt.

Booth = William Beattie Booth, Scone, Perthshire etwa 1804–18.6.1874 London ?. Britischer Gärtner. Schrieb „Illustrations and descriptions of plants ... of Camellieae ...", 1830–1831.

Boott = Francis M.B. Boott, Boston, Massachusetts 26.9.1792–25.12.1863 London. Englischer Botaniker u. Arzt nordamerikanischer Herkunft. Veröffentlichte „Illustrations of the genus Carex", 1858–1867. Nach ihm die Gattung *Bootia* Bigelow.

Bor = Norman Loftus Bor, Waterford, Irland 4.5.1893–22.12.1972 London. Britischer Botaniker irischer Herkunft, in Indien tätig. Spezialgebiet: Gramineae. Schrieb u.a. „The grasses of Burma, Ceylon, India and Pakistan", 1960. Bearbeiter der Gramineae für Karl Heinz Rechinger, Flora Iranica, No. 70, 1970. Nach Bor die Gattung *Borinda* Stapleton.

Borbás = Vincző (Vincent von) Borbás de Deétér, Ipoly-Litke, Kom. Neógrád 29.7.1844–17.7.1905 Klausenburg (Cluj). Ungarischer Botaniker und Lehrer, zuletzt Professor der Botanik und Direktor des Bot. Gartens in Klausenburg (Cluj). Schrieb etwa 900 Artikel, darunter „Vasvármegye növényföldrajza és flórája" [Geographia atque enumeratio plantarum comitatus Castriferrei in Hungaria], 1887; „A Balaton Tavanak és Partmellekenek Növényföldraza és Edényes Növényzete", 1900; „Abauj Torna Vármegye Flórája", 1896. Nach ihm die Zeitschriften Borbasia (1938–1940) u. Borbasia

Nova (1940-1949).
Bordz. = Eugen Iwanowitsch Bordzilowski, 1875-1949
Boreau = Alexandre Boreau, Saumur 15.3.1803 (25 ventose XI)-5.7.1875 Angers. Französischer Botaniker, Direktor des Bot. Gartens in Angers. Schrieb u.a. „Flore du Centre de la France ...", 1840, 2. Aufl. 1849, 3. Aufl. 1857; „Catalogue raisonné des plantes ... Maine-et-Loire", 1859.
Borg = John Borg, Balzan, Malta 9.11.1873-4.5.1945 Malta. Englischer Botaniker. Schrieb „Descriptive flora of the Maltese islands", 1927; „Cacti. A gardener's handbook for their identification and cultivation", 2. Aufl. 1951.
Boriss. = Antonina Georgievna Borissova (Borisova), St. Petersburg 3.6.1903-1970. Russische Botanikerin am Komarov Institut in Leningrad. Spezialgebiet: Systematik der Kulturpflanzen. Mitarbeiterin an Komarov, V.L., Flora U.R.S.S., von Bd. 9-29, 1939-1964.
Borkh. = Moritz Balthasar Borkhausen, Gießen, Hessen 3.12.1760-30.11.1806 Darmstadt. Deutscher Naturwissenschaftler, Forstbeamter, Kammerrat. Schrieb „Tentamen dispositionis plantarum Germaniae...", 1792, auch 1809; „Theoretisch-praktisches Handbuch der Forstbotanik und Forsttechnologie", 1800-1803; „Versuch einer forstbotanischen Beschreibung der in den Hessen-Darmstädtschen Landen, ..., im Freien wachsenden Holzarten", 1790; „Botanisches Wörterbuch", 1797, auch 1816, mit Nachtrag von F.G. Dietrich. Nach ihm die Gattung *Borckhausenia* Roth.
Bornm. = Joseph Friedrich Nicolaus Bornmüller, Hildburghausen 6.12.1862-19.12.1948 Weimar. Deutscher Botaniker, Privatgelehrter, Kustos des Haussknecht-Herbariums in Weimar. Unternahm große Sammelreisen auf dem Balkan, in Kleinasien, Iran, Madeira, auf den Kanarischen Inseln. Schrieb zahlreiche Aufsätze, u.a. „Zur Flora des Libanon und Antilibanon ..." (in Beih. Bot. Centralbl. Abt.2, 31,177-280,

1914); „Zur Flora des nördlichen Syriens..." (in Notizbl. Bot. Gart. Mus. Berlin-Dahlem 7,1-44,1917); „Beiträge zur Flora Mazedoniens", 1925-1928. Nach ihm die Gattung *Bornmuellera* Hausskn.
Boros = Adám Boros, Budapest 19.11.1900-2.1.1973 Budapest. Ungarischer Botaniker, Professor an der Pázmány Péter Universität. Spezialgebiete: Flora von Ungarn, Bryologie. Schrieb u.a. „Bryogeographie und Bryoflora Ungarns", 1968; „Lexikon der Botanik", 1958.
Borrer = William Borrer, Henfield, Sussex 13.6.1781-10.1.1862 Henfield, Sussex. Englischer Botaniker. Schrieb u.a. über englische Flechten. Nach ihm die Gattung *Borreria* G. Mey.
Borsos = Olga Borsos (verheiratete Sz.-Borsos), 1926-. Ungarische Botanikerin. Schrieb „Geobotanische Monographie der Orchideen der Pannonischen und karpatischen Flora I-X" (in Ann. Univ. Sci. Budapest, sect. Biol., 1954-1968).
Bort = Katherine Stephens Bort, 1870-. Nordamerikanische Landwirtschaftswissenschaftlerin. Schrieb zus. mit Charles Vancouver Piper „The early agricultural history of timothy" (in J. American Soc. Agronomy 7, 1-14, 1915).
Bory = Jean Baptiste Georges Geneviève Marcellin Bory de Saint-Vincent, Agen 6.7.1780-22.12.1846 Paris. Französischer Oberst, Naturforscher, Botaniker. Reiste in Südafrika, Algerien etc. Schrieb „Voyage dans les quatre principales îles des mers d'Afrique", 1804; „Expédition scientifique de Morée", 1832-1836 (Botanik in Tome III. 2, 1832-1833, Atlas 1835-1836, unter Mitarbeit von M. Fauché, A. T. Brongniart u. L. A. Chaubard); „Nouvelle flore du Peloponnèse et des Cyclades...", 1838; „Histoire des hydrophytes...", 1829; „Voyage souterain, ou description du plateau de Saint-Pierre de Maestricht et...", 1821; Hrsg. von „Dictionnaire classique d'histoire naturelle", 1822-1831. Nach ihm die Gattung *Borya* Labill.
Borzì = Antonino Borzì, Castroreale, Messina 20.8.1852-21.8.1921 Cutigliano, Lucca. Italienischer

Botaniker, Professor der Botanik in Messina u. Palermo. Schrieb u.a. „Studi algologici", 1883-1885. Nach ihm die Gattung *Borzicactus* Riccob.
Bos = Jan Justus Bos, 1939-2003
Bosc = Louis Augustin Guillaume Bosc, Paris 29.1.1759-10.7.1828 Paris. Französischer Botaniker, Direktor des Bot. Gartens Paris, von 1796 bis 1799 als Gesandter in Nordamerika. Schrieb „Mémoires sur quelques espèces de champignons d'Amérique", 1814; „Mémoires sur les différentes espèces de chênes", ..., 1808. Nach ihm die Gattung *Boscia* Lam. sowie z.B. die Art *Paspalum boscianum* Fluegge.
G.G. Bosse = Georg G. Bosse, 1887-1972
Bosse = Julius Friedrich Wilhelm Bosse, Rastede, Oldenburg 12.8.1788-25.10.1864 Oldenburg. Deutscher Gärtner und Botaniker. Schrieb „Vollständiges Handbuch der Blumengärtnerei", 1829; 2. Auflage, 3 Bände, 1840-1842, mit je 1 Nachtrag von 1849 u. 1854; 3. Aufl., 3 Bände, 1859-1861.
Botschantz. = Zinaida Petrovna Botschantzeva, 1907-1973. Spezialgebiet: *Tulipa*. Schrieb „Tulipa: taxonomy, morphology, cytology, phytogeography and physiology" (engl. Übers. durch H. O. Varekamp „Tulips"), 1982.
C.D. Bouché = Carl David Bouché, Berlin 4.6.1809-21.9.1881 Berlin. Deutscher Gärtner. Entstammte einer berühmten Gärtnerfamilie, von 1843 bis zu seinem Tode Inspektor des Bot. Gartens Berlin. Hauptwerk: „Die Blumenzucht in ihrem ganzen Umfange", 1855. Nach Carl und Peter Bouché die Gattung *Bouchea* Chamisso.
Bouché = Peter Carl Bouché, 1783-1856
Boucher = Jules Armand Guillaume Boucher de Crèvecoeur, Paray-le-Monial 26.7.1757-24.11.1844 Abbeville. Französischer Botaniker. Schrieb „Extrait de la Flore d'Abbeville ...", 1803.
Boulay = Nicolas-Jean Boulay, 11.6.1837-10.10.1905. Französischer Geistlicher und Botaniker.
Boulenger = George Albert Boulenger, Brüssel 19.10.1858-23.11.1937 St. Malo. Belgischer Botaniker und Zoologe. Schrieb

„Les roses d'Europe de l'Herbier Crépin ...", 1924–1932.
Boullu = Antoine Étienne Boullu, Côte-Saint-André, Isère 3.12.1813–30.3.1904. Französischer Geistlicher und Botaniker.
Boutelje = Julius B. Boutelje, publ. 1954. Schwedischer Botaniker. Spezialgebiet: Gymnospermae, Holz. Schrieb „The wood anatomy of Libocedrus ... and Fitzroya" (in Acta Horti Bergiani 17, 177–216, 1955); „Encyclopedia of world timbers ...", 1980. Schrieb zus. mit Rune Rydell „Träfakta. 44 träslag i ord och bild", 1986.
Bowie = James Bowie, London etwa 1789–2.7.1869 Claremount, Kapstadt. Englischer Pflanzensammler für Kew. Nach ihm die Gattung *Bowiea* Harv. ex Hook. f.
Bowles = Edward Augustus Bowles, Enfield, Middlesex 14.5.1865–7.5.1954 Enfield. Englischer Botaniker u. Gärtner. Schrieb „My garden in spring, summer, autumn and winter", 1914–1915; „A handbook of Narcissus", 1934; „A handbook of Crocus and Colchicum for gardeners", 1924, 2. Aufl. 1952.
P.C. Boyce = Peter Charles Boyce, 1964–. Britischer Botaniker in Kew. Schrieb „The genus Arum", 1993; und zus. mit Simon Joseph Mayo und Josef Bogner „The genera of Araceae", 1997.
F.E. Boynton = Frank Ellis Boynton, Hyde Park, Vermont 19.7.1859–. Nordamerikanischer Botaniker, sammelte Pflanzen für das Biltmore Herbarium in North Carolina. Publizierte auch mit Chauncey Delos Beadle. Nach ihm die Art *Crataegus boyntonii* Beadle.
S. Brack = Steven Brack, fl. um 1986. Nordamerikanischer Botaniker. Spezialgebiet: Cactaceae. Schrieb u.a. zus. mit Kenneth D. Heil „The Cacti of Guadalupe Mountains National Park" (in Cact. Succ. Journ. 4, 165–177,1986).
Brade = Alexander Curt Brade, Forst, Lausitz 19.6.1881–19.7.1971 Sao Paulo. Brasilianisch-Deutscher Botaniker, seit 1908 in Mittel- u. Südamerika, zunächst (1908–1910) in Costa Rica, dann in Brasilien. Erforscher der Flora von Mittel- u. Südamerika. Schrieb u.a. „Die Farnflora der Umgebung der Stadt Sao Paulo ..." (in Z. deutsch. Ver. Wiss. Kunst Sao Paulo 1, 39–61, 1920); „Filices novae Brasilianae ...", 1929–1951; „Index orchidacearum ..." (in Rodriguésia 2, 11–76, 1935). Nach ihm die Gattung *Bradea* Standl. Ex Brade sowie die Zeitschrift „Bradea", 1969 ff.
Braem = Guido Jozef Braem, Gent, Belgien 8.12.1944 -. Belgischer Botaniker, Chemiker und Krebsforscher, Professor am University College Europe der Universität in Maryland. Spezialgebiet: Orchidaceae. Schrieb „Orchideen der Welt", 1997; „Paphiopedilum", 1988; „Fleischfressende Pflanzen", 1996; zus. mit Ch. O. Baker u. M. L. Baker „The genus Paphiopedilum – natural history and cultivation", Band 1–2, 1998-1999.
R. Braga = Ruby Braga, publ. 1975 mit Dimitri Sucre Benjamin über Tillandsia. Brasilianischer Botaniker am Jardim Botânico do Rio de Janeiro.
J.M.A. Braga = Joao Marcelo Alvarenga Braga, 1971–. Brasilianischer Botaniker in Rio de Janeiro. Spezialgebiete: Marantaceae, Heliconiaceae. Schrieb u. a. zus. mit H. Kennedy ...New species of Calathea (Marantaceae) from eastern Brazil... (in Phytologia 82, 94–102, 1997).
Bramwell = David Bramwell, 1942–. Britischer Botaniker in Las Palmas, Kanaren, auch Direktor des Jardín Canario in Tafira Alta, Gran Canaria. Spezialgebiete: Crassulaceae, *Echium*. Hrsg. von „Plants and islands", 1979. Schrieb zus. mit Zoe I. Bramwell „Wild flowers of the Canary Islands", 1974; Jardines de Canarias", 3 Bände, 1983–1987; „Historia natural de las Islas Canarias", 1987. Nach ihm die Art *Aeonium davidbramwellii* H.Y. Liu.
Brand = August Brand, Berlin 19.8.1863–17.9.1930 Sorau, Niederlausitz (heute Żary, Polen). Deutscher Botaniker und Lehrer (Philologe) am Friedrichs-Gymnasium in Frankfurt an der Oder. Bearbeitete für Engler: Das Pflanzenreich „Symplocaceae", 1901; „Polemoniaceae", 1907; „Hydrophyllaceae", 1913; „Borraginaceae-Borraginoideae-Cynoglosseae", 1921; „Borraginaceae-Borraginoideae-Cryptantheae", 1931. Hrsg. (mit E.H. Hallier u. R. Wohlfarth) der 3. Aufl. von W.D.J. Koch „Synopsis der Deutschen und Schweizer Flora", 1892–1907; Hrsg. der 3. Aufl. von E. Huth „Flora von Frankfurt an der Oder und Umgegend", 1909.
K. Brandegee = Mary Katherine Brandegee (geb. Layne, verw. Curran, verh. Brandegee), Tennesse 28.10.1844–3.4.1920 Berkeley, Kalifornien. Nordamerikanische Botanikerin u. Pflanzensammlerin in San Francisco, Kalifornien. Ehefrau von Townshend Stith Brandegee. Schrieb „Botanical notes", 1885 bzw. 1888. Nach ihr die Art *Eriastrum brandegeeae* H.Mason.
Brandegee = Townshend Stith Brandegee, Berlin, Connecticut 16.2.1843–7.4.1925 Berkeley, Kalifornien. Nordamerikanischer Botaniker u. Pflanzensammler, verheiratet mit der Botanikerin Mary Katharine Brandegee geb. Layne. Hrsg. der Zeitschrift Zoe, 1890–1894. Schrieb u.a. „Plantae mexicanae purpusianae ...", 1908–1924. Nach ihm die Gattung *Brandegea* Cogn.
Brandham = Peter Edward Brandham, 1937–. Britischer Botaniker in Kew. Spezialgebiet: *Aloe*. Schrieb u.a. zus. mit Susan Carter Holmes „New species of Aloe from Somalia" (in Bradleya 1, 17–24, 1983).
Brandis = Sir Dietrich Brandis, Bonn 31.3.1824–28.5.1907 Bonn. Deutscher Forstbotaniker, von 1855–1883 im Forstdienst in Indien, von 1864–1883 als Direktor. Schrieb u.a. „The forest flora of North-West and Central India...", 1874 (m. J.L. Stewart); „Die Nadelhölzer Indiens", 1886; „Indian trees", 1906, Reprint 1971. Bearbeitete für Engler u. Prantl, Die natürlichen Pflanzenfamilien III. 6 (1893) „Dipterocarpaceae" (mit E.F. Gilg); III. 7 „Combretaceae", 1893; Verfasser von Lieferung 29–30 von Th. Nees: „Genera plantarum florae germanicae", 1856–1859.
E. Brandis = E. Brandis, 1834–1921

F.H. Brandt = Fred Hermann Brandt, St. Petersburg 21.5.1908–30.11.1994 Paderborn (pers. Mitt.). Deutscher Entomologe und Botaniker in Paderborn, Spezialgebiet: *Parodia,* (nicht zu verwechseln mit Friedrich („Fred") Brandt, nordamerikanischer Kakteenkenner, Superintendent der Huntington Botanical Gardens, San Marino bei Los Angeles, USA, publ. 1977; nach ihm die var. *brandtii* Kimnach von *Echeveria colorata* E. Walther).

Brandt = Johann Friedrich (von) Brandt, Jüterbog 25.5.1802–15.7.1879 St. Petersburg. Deutscher Botaniker und Zoologe, seit 1831 Direktor des zoologischen Museums in St. Petersburg. Schrieb „Flora berolinensis", 1824, auch 1825; „Abbildung und Beschreibung der in Deutschland wildwachsenden Giftgewächse", 1828–1838, 2. Aufl. 1838 (zus. mit Philipp Phoebus u. Julius Theodor Christian Ratzeburg). Setzte von 1833 bis 1837 das Werk von F.G. Hayne „Getreue Darstellung und Beschreibung der in der Arzneykunde gebräuchlichen Gewächse" fort. Nach ihm die Gattung *Brandtia* Kunth.

M. Brandt = Max Brandt, Rüsselsheim 17.9.1884–29.11.1914 bei Czczeczow, Polen (im 1. Weltkrieg gefallen). Deutscher Botaniker am Bot. Museum Berlin. Spezialgebiet: Vitaceae, Violaceae. Sammelte 1913 Pflanzen in Spanien und Marokko. Schrieb „Violae africanae III..." (in Bot. Jahrb. 51, 104-128, 1913).

D. Brândza = Dimitrie (Demetrius) Brândza, Bivol Distr. Dorohoi 22.10.1846-15.8.1895 Bukarest. Rumänischer Botaniker, Professor der Botanik in Bukarest, Begründer der rumänischen Botanik. Schrieb „Prodromul florei Române ...", 1879-1883.

A. Braun = Alexander Carl Heinrich Braun, Regensburg 10.5.1805–29.3.1877 Berlin. Deutscher Botaniker, seit 1852 Direktor des Bot. Gartens Berlin, Professor der Botanik. Seiner Vielseitigkeit entspricht die Zahl seiner Veröffentlichungen über Systematik, Morphologie, Physiologie u. Pathologie. Genannt sei hier nur: „Conspectus systematicus Characearum europaearum", 1867. Nach ihm die Gattung *Braunia* Bruch, Schimper et W. Gümbel.

E.L. Braun = Emma Lucy Braun, Cincinnati, Ohio 19.4.1889–5.3.1971. Nordamerikanische Botanikerin (englischer, deutscher und französischer Herkunft). Schrieb „The woody plants of Ohio", 1961; „Deciduous forsts of Eastern North America", 1950; „An annotated catalog of Spermatophytes of Kentucky ...", 1943.

Heinr. Braun = Heinrich Braun, Wien 13.2.1851–3.9.1920 Wien. Österreichischer Botaniker, Stadtrat in Wien. Schrieb eine Serie von Arbeiten zur Flora von Österreich-Ungarn (in Österr. Bot. Zeitschr.) Spezialgebiete: *Mentha, Rosa, Thymus.* Nach ihm die Hybride *Orchis x braunii* Haláscy.

P.J. Braun = Pierre Josef Braun, Köln 22.4.1959 (pers. Mitt.) –. Deutscher Agraringenieur, Bodenkundler und Botaniker in Köln. Spezialgebiete: Cactaceae, Bromeliaceae. Sammelte viele Jahre lang Kakteen in Brasilien. Schrieb zus. mit Eddie Esteves Pereira „Revision der Gattung Facheiroa Britton and Rose (Cactaceae)", 2-6 (in Kakt. u. and. Sukk. 38, 82–85, 184–187,1987; 39: 126–131, 1988; 40, 198–203, 298–301, 1989); „Die Kakteen Brasiliens mit Anmerkungen zu anderen Sukkulenten und xeromorphen Bromelien", 2002; „Brasilien und seine Säulenkakteen", 2003. Nach Braun die Gattung *Pierrebraunia* Esteves.

Braun-Blanq. = Josias Braun-Blanquet, Chur, Graubünden 3.8.1884–20.8.1980 Montpellier, Frankreich. Schweizer Bankangestellter, später Geobotaniker, einer der Begründer der Pflanzensoziologie, lebte zuletzt in Montpellier, Frankreich. Begründer auch der Station Internationale de Géobotanique Mediterranéenne et Alpine („SIGMA"). Schrieb u.a. „Pflanzensoziologie", 1928, 2. Aufl. 1951, 3. Aufl. 1964 (engl.: „Plant sociology", 1932); „Flora von Graubünden", 1932-1935 (mit Eduard August Rübel); „Flora raetica advena", 1951; „Les groupements végétaux de la France méditerranéenne", 1952; „Die inneralpine Trockenvegetation", 1961. Nach ihm die Gattung *Braunblanquetia* Eskuche.

Bravo = Helia Bravo Hollis, Mexico City, Mexiko 30.8.1905 (nicht 1901 oder 1903) –26.9.2001. Mexikanische Botanikerin. Schrieb „Las Cactáceas de México", 1937, ed. 2 (mit H. Sánchez Mejorada R.) 1978, Band 2 u. 3, 1991. Nach ihr die Gattung *Heliabravoa* Bckbg.

W.L. Bray = William L. Bray, Burnside, Illinois 19.9.1865–25.5.1953 Syracuse, New York. Nordamerikanischer Botaniker, Professor der Botanik. Schrieb „Distribution and adaptation of the vegetation of Texas ...", 1906 (in Bull. Univ. Texas 82); „The development of the vegetation on New York State ...", 1915 (in Techn. Publ. 2, N.Y.State Coll. For. Syracuse Univ. 16); zus. mit Edwin Burton Uline „A preliminary synopsis of the North American species of Amaranthus.." (in Botan. Gazette 19–21, 1894–1896). Nach Uline und Bray die Gattung *Brayulinea* Small.

Bréb. = Louis Alphonse de Brébisson, Falaise, Calvados, Frankreich 25.9.1798 (5 vendémiaire VII) –26.4.1872 Falaise, Calvados. Französischer Naturforscher, Archäologe und Fotograf in Falaise, Calvados. Schrieb „Flore de la Normandie", 1836, ed. 5, 1879. Nach ihm die Gattung *Brebissonia* Grunov.

Breda = Jacob Gijsbert Samuel van Breda, Delft 24.10.1788–2.9.1867 Haarlem, Niederlande. Niederländischer Botaniker u. Paläontologe. Schrieb „Genera et species Orchidearum et Asclepiadearum quas in itinere per insulam Javam...", 1828–1829. Beschrieb darin Pflanzen, die von Johan Coenraad van Hasselt und Heinrich Kuhl gesammelt worden waren, die beide bei der Expedition nach Java ums Leben kamen. Nach ihm die Gattung *Bredia* Blume.

Bredem. = Franz Bredemeyer, 1758-1839

Brederoo = Arnold J. („Nol") Brederoo, etwa 1917–. Niederländischer Kakteenkenner, publ. zus. mit Albert Frederik Hendrik Buining über Cactaceae.

Breedlove = Dennis Eugene Breedlove, 1939–. Nordamerikanischer Botaniker an der California Academy of Sciences in San Francisco. Spezialgebiet: Onagraceae, *Quercus*, Flora von Mexiko. Sammelte zahlreiche Pflanzen in Mittelamerika. Schrieb u.a. zus. mit Peter Hamilton Raven „Principles of Tzeltal Plant Classification: An Introduction to the Botanical Ethnography of a Mayan-Speaking People of Highland Chiapas", 1974; zus. mit Peter Laughlin „The Flowering of Man: A Tzotzil Botany of Zinacantán", 2000; zus. mit Paul Edward Berry und Peter Hamilton Raven „The Mexican and Central American Species of Fuchsia (Onagraceae) except for sect. Encliandra" (in Ann. Missouri Bot. Gard. 69, 209–234, 1982.) Nach Breedlove sind zahlreiche Arten benannt z.B. *Justicia breedlovei* T.F.Daniel und *Neogoezia breedlovei* Constance.

Bregman = Robert Bregman, Amsterdam 31.3.1947 (pers. Mitt.)-. Niederländischer Botaniker an der Universität in Amsterdam. Spezialgebiet: *Matucana*. Schrieb „A note on the genus Matucana (Cactaceae)" (in Willdenowia 17, 173–180, 1988).

Breistr. = Maurice André Frantz Breistroffer, Paris 15.7.1910–17.2.1986 Grenoble. Französischer Botaniker, Direktor des Musée d'Histoire Naturelle in Grenoble. Spezialgebiete: Geobotanik und Flora der Dauphiné. Schrieb u.a. „Sur la répartition géographique de diverses races du Clypeola jonthlapsi L. ...", 1937; zus. mit André Charpin u. Werner Rodolfo Greuter „Sur quelques plantes steppo-continentales rares et critiques du Sud-Est de la France" (in Candollea 25, 89–103, 1970).

Breitenb. = Wilhelm Breitenbach, Unna 21.12.1856–1937. Deutscher Botaniker, Zoologe und Verleger.

Breitf. = Charlotte Breitfeld, Neusalza in Sachsen 5.1.1902–etwa 2003. Deutsche Botanikerin, Mitarbeiterin von Werner Rauh. Schrieb „Lotus maculatus, eine bisher unbeschriebene Art von Tenerife" (in Cuad. Bot. Canar. 17, 27–31, 1973).

Breitung = August Johann Julius Breitung, Muenster, Saskatchewan, Kanada 1913–1987. Kanadischer Amateur-Botaniker. Schrieb u.a. „Annotated catalogue of the vascular flora of Saskatchewan" (in Amer. Midl. Naturalist 58, 1–72, 1957).

Bremek. = Cornelis Elisa Bertus Bremekamp, Dordrecht 7.2.1888–21.12.1984 Bilthoven, Niederlande. Niederländischer Botaniker, ehemals Professor der Universität von Pretoria, Südafrika, später am Bot. Museum u. Herbarium in Utrecht. Spezialgebiete: Acanthaceae, Rubiaceae. Schrieb u.a. „A monograph of the genus Pavetta ...", 1934. Nach ihm die Gattungen *Bremekampia* Sreemadh. u. *Batopedina* Verdc. Publizierte auch mit Anna Amelia Obermeyer-Mauve.

K. Bremer = Kåre (Kaare) Bremer, 1948–. Schwedischer Botaniker in Uppsala. Spezialgebiet: Compositae. Schrieb zus. mit Arne A. Anderberg, P.O. Karis, B. Nordenstam, J. Lundberg u. O. Ryding „Asteraceae: Cladistics & classification", 1994.

Brenan = John Patrick Mickelthwait Brenan, Chislehurst, Kent 19.6.1917–26.9.1985 Kew, Surrey. Englischer Botaniker in Kew, von 1976–1981 Direktor. Mitarbeiter an „Flora of Tropical East Africa", 1953–1967. Hrsg. von „Computers in botanical collections", 1973. Nach ihm die Art *Galium brenanii* Ehrend. et Verdc.

Bresler = Moritz Bresler, Breslau August 1802– etwa 1851. Deutscher Botaniker u. Arzt. Schrieb „Generis Asparagi historia naturalis atque medica", 1826.

Brettell = R. D. Brettell, publ. 1974. Nordamerikanischer Botaniker. Schrieb u.a. zus. mit H. Robinson „Studies in the Liabeae (Asteraceae) II. Preliminary survey on the genera" (in Phytologia 28, 43–63, 1974).

C.D. Brickell = Christopher David Brickell, Bodmin, Cornwall 29.6.1932–. Englischer Botaniker und Gartenbauwissenschaftler, Direktor des botanischen Gartens in Wisley, England. Mitherausgeber von „The European Garden Flora", Band 4–6, 1995–2000; Mitarbeiter bei Flora Europaea. Gab u.a. heraus „The RHS A–Z encyclopedia of garden plants", 2 Bände, 1996.

Brieger = Friedrich Gustav Brieger, Breslau 11.10.1900–6.2.1985 Bad Dürrheim, Baden-Württemberg. Deutscher Botaniker und Genetiker, Orchideensystematiker, verließ 1933 aus politischen Gründen Deutschland, später Professor der Universität in Sao Paulo, Brasilien. u.a. Mitherausgeber der 3. Aufl. von Schlechter, „Die Orchideen", 1971–1985. Nach ihm die Gattung *Briegeria* Senghas.

B.G. Briggs = Barbara Gillian Briggs, Sydney 22.11.1934 (pers. Mitt.) -. Australische Botanikerin in Sydney. Spezialgebiete: *Ranunculus*, Restionaceae. Schrieb u.a. zus. mit Friedrich Ehrendorfer „A revision of the Australian species of Parahebe and Derwentia (Scrophulariaceae)" (in Telopea 5, 241–287, 1992); u. zus. mit Lawrence Alexander Sidney Johnson „New genera and species of Australian Restionaceae (Poales)" (in Telopea 7, 345–373, 1998).

F.E. Briggs = F.E.Briggs, lebte um 1937. Spezialgebiet: *Grevillea*. Autor von *Grevillea semperflorens*.

S.M. Briggs = Scott Munro Briggs, 1889–1917. Englischer Botaniker, 1914–1917 in Kew. Nach ihm die Gattung *Briggsia* Craib.

Brign. = Giovanni de Brignoli di Brunnhoff, Gradisca, Friaul 27.10.1774–15.4.1857 Modena. Italienischer Botaniker, Professor der Botanik in Modena. Schrieb „Fasciculus rariorum plantarum Forojuliensium", 1810. Nach ihm die Gattung *Brignolia* DC.

Briot = Pierre Louis (Charles) Briot, Saint Remy les Chevreuse, Seine-et-Oise 1804–15.3.1888 Rueil Malmaison, Hauts-de-Seine. Französischer Baumschulgärtner.

Briq. = John Isaac Briquet, Genf 13.3.1870–26.10.1931 Genf. Schweizer Botaniker, Direktor des Bot. Gartens Genf, Konservator des Herbarium Delessert, Privatdozent an der Universität Genf. Von 1900–1931 Generalberichterstatter für bot.

Nomenklaturfragen auf den Bot. Kongressen. Schrieb u.a. „Études sur les Cytises des Alpes maritimes", 1894; „Prodrome de la flore corse", 1910-1913 (von 1936-1955 fortgesetzt von René de Litardière); „Biographies de botanistes suisses", 1906. Bearbeitete für Engler u. Prantl, Die natürlichen Pflanzenfamilien IV. 3a (1895) Verbenaceae, Labiatae, IV. 3b (1895) Phrymaceae. Publizierte auch mit François Georges Cavillier und Émile Burnat: „Flore des Alpes maritimes", Band 5(2) -7, 1913-1931. Nach Briquet die Gattung *Briquetia* Hochr.

Britten = James Britten, Chelsea, London 3.5.1846-8.10.1924 London. Englischer Botaniker. Schrieb u.a. „European Ferns", 1879-1881. Hrsg. von „Journal of Botany", 1880-1924. Bearbeitete für Daniel Oliver, Flora of Tropical Africa, in Bd. 2 Crassulaceae, 1871. Nach ihm die Gattung *Brittenia* Cogn.

Britton = Nathaniel Lord Britton, New Dorp, Staten Island 15.1.1859-25.6.1934 New York City. Nordamerikanischer Geologe u. Botaniker, Direktor des Bot. Gartens New York. Autor von „Flora of Bermuda", 1918; „The Bahama flora", 1920 (m. C.F. Millspaugh); „North American Trees", 1908 (mit J.A. Shafer); „Manual of the flora of the Northern States and Canada", 1901, 2. Aufl. 1905, 3. Aufl. 1907. Herausg. (mit Lucien Marcus Underwood; später auch William Alphonso Murrill, John Hendley Barnhart u. Harold William Rickett) von: „North American Flora", 1905-1957, 2. Serie 1954 ff. Publizierte mit Addison Brown: „An illustrated flora of the Northern United States, Canada and the British possessions", 1896-1898, 2. Aufl. 1913, 3. Aufl. 1952 (Bearbeiter H.A. Gleason) unter dem Titel: „The new Britton and Brown illustrated flora of the Northeastern United States and adjacent Canada" (4th printing 1968). Außerdem mit Joseph Nelson Rose: „The Cactaceae", 4 Bde., 1919-1923. Britton gab mit Emerson Ellick Sterns, Justus Ferdinand Poggenburg heraus: „Preliminary catalogue of Anthophyta and Pteridophyta recorded within 100 miles of New York City", 1888. Nach Britton die Gattung *Brittonella* Rusby und die Zeitschrift Brittonia, 1931 ff.

Bromf. = William Arnold Bromfield, Boldre, Hants, England 4.7.1801-9.10.1851 Damaskus, Syrien. Englischer Botaniker, sammelte Pflanzen in Nordamerika, Westindien und im Nahen Osten. Schrieb „Flora vectensis", 1856.

Brongn. = Adolphe Théodore Brongniart, Paris 14.1.1801-28.2.1876 Paris. Französischer Botaniker und Paläobiologe, Professor der Botanik und Physiologie, auf Weltreise von 1822-1825. Schrieb „Histoire des végétaux fossiles", 1828-1838; „Recherches sur les graines fossiles silicifiées", 1881; „Mémoire sur la famille des Rhamnées", 1826; „Sur la classification et la distribution des végétaux fossiles", 1822; „Mémoire sur la géneration et le développement de l'embryon dans les végétaux phanérogames", 1827. Nach ihm die Gattung *Brongniartia* Kunth.

Brot. = Felix de Avellar Brotero, Santo Antao do Tojal bei Lissabon 25.11.1744-4.8.1828 Arcolena de Belém. Portugiesischer Botaniker, 1800-1821 Direktor des Bot. Gartens Ajuda bei Lissabon und Professor der Botanik. Veröffentlichte u.a. „Flora lusitanica...", 1804-1805; „Phytographia Lusitaniae selectior, ...", 1800, weitere Aufl. 1816-1827. Nach ihm die Gattung *Brotera* Cav. und die Zeitschrift Brotéria (1902-1931).

M. Broun = Maurice Broun, New York 27.8.1906-. Nordamerikanischer Ornithologe und Botaniker. Schrieb „Index to North American ferns ...", 1938.

Brouss. = Pierre Marie Auguste Broussonet, Montpellier 28.2.1761-27.7.1807 Montpellier. Französischer Botaniker, Zoologe, Linguistts und Künstler. War Konsul auf den Kanar. Inseln, später Professor in Montpellier. Schrieb „Elenchus plantarum horti botanici monspeliensis", 1805. Nach ihm die Gattung *Broussonetia* L'Hér. ex Vent.

A. Br. = Addison Brown, West Newbury, Massachusetts 21.2.1830-9.4.1913 New York. Nordamerikanischer Jurist u. Botaniker. Publizierte mit Nathaniel Lord Britton „An illustrated flora of the Northern United States, Canada and the British possessions", 1896-1898, 2. Aufl. 1913, 3. Aufl. 1952 (Bearbeiter H.A. Gleason) unter dem Titel: „The new Britton and Brown illustrated flora of the Northeastern United States and adjacent Canada" (4th printing 1968). Nach Brown die Gattung *Addisonia* Rusby und die Zeitschrift Addisonia (1916ff.).

N.E. Br. = Nicholas Edward Brown, Redhill, Surrey 11.7.1849-25.11.1934 Kew, Surrey. Englischer Botaniker in Kew, Sukkulentenforscher (vor allem Aizoaceae), Kenner der Araceae. Verf. vieler systematischer Schriften, u.a. „Mesembryanthema", 1931 (mit A. Tischer u. M.C. Karsten). Bearbeitete zahlreiche Familien für Daniel Oliver, Flora of Tropical Africa, von Bd. 4(1) bis 8(3), 1901-1913 (Bände nicht chronolog. erschienen!). Nach ihm die Gattung *Brownanthus* Schwant.

R. Br. = Robert Brown, Montrose, Angus, Schottland 21.12.1773-10.6.1858 London. In Schottland geborener bedeutender Britischer Botaniker, von 1801-1805 auf einer Australien-Expedition, später Kustos am Brit. Museum London. Entdeckte 1827 die nach ihm benannte „Brownschen Molekularbewegung" sowie die Bedeutung des Zellkerns. Schrieb „A brief account of microscopical observations...", 1828; „Prodromus florae Novae Hollandiae", 1810; „Supplementum primum florae Novae Hollandiae", 1830; Text zu Ferdinand Lukas Bauer: „Illustrationes florae Novae Hollandiae, ...", 1806-1813; „Vermischte botanische Schriften", 1825-1834 (hrsg. von C.G. Nees von Esenbeck); „The miscellaneous botanical works", 1866-1868. Nach ihm die Gattung *Brunonia* Sm.

S. Br. = Stewardson Brown, Germantown, Philadelphia, Pennsylvania 29.4.1867-14.3.1921 Germantown,

Philadelphia, Pennsylvania. Nordamerikanischer Botaniker in Philadelphia. Schrieb „Alpine flora of the Canadian Rocky Mountains", 1907. Nach ihm die Art *Arisaema stewardsonii* Britton, die er mit anderen entdeckt hat.

F.E. Br. = F.E. Brown, lebte um 1845. Britischer Pflanzenzüchter in Slough. Nach ihm die Art *Lilium brownii* F. E. Br. ex Miellez, die bei ihm zuerst geblüht hat.

P. Browne = Patrick Browne, Woodstock, Mayo etwa 1720–29.8.1790 Rushbrook, Co. Mayo. Irischer Arzt u. Botaniker, bereiste Westindien, besonders Jamaika. Schrieb u.a. „The civil and natural history of Jamaica", 1756, 2. Aufl. 1789. Nach ihm die Gattung *Brownea* Jacq. corr. Murr.

Brownsey = Patrick John Brownsey, Wells, Somerset, England 5.5.1948 (pers. Mitt.) -. In England geborener neuseeländischer Botaniker am National Museum of New Zealand in Wellington. Spezialgebiet: Pteridophyta. Publizierte auch zus. mit Anthony Clive Jermy.

Bruant = François Georges Léon Bruant, Vienne 10.11.1842-1912 Poitiers. Französischer Gärtner und Botaniker in Poitiers. Spezialgebiet: *Begonia* -Hybriden.

Bruce = James Bruce, Kinnaird, Stirlingshire 14.12.1730–27.4.1794 Kinnaird. Schottischer Naturwissenschaftler u. Reisender. Veröffentlichte „Travels to discover the source of the Nile", 1790, 3. Aufl. 1813 (deutsch: „Reisen in das Innere von Africa nach Abyssinien an die Quellen des Nils", 1791). Nach ihm die Gattung *Brucea* J. F. Mill.

G. Brückn. = Gerhard Brückner, Berlin-Lichterfelde 4.1.1902-. Deutscher Botaniker an der Preussischen Versuchs- und Forschungsanstalt für Getreideverarbeitung und Veredelung in Berlin. Schrieb „Beiträge zur Anatomie, Morphologie und Systematik der Commelinaceae", 1926. Bearbeitete für Engler, Die natürlichen Pflanzenfamilien, 2. Aufl. Bd. 15a (1930) „Commelinaceae".

Brügger = Christian Georg Brügger, Churwalden bei Chur, Graubünden 11.3.1833–16.10.1899 Chur. Schweizer Botaniker und Geograph, Professor der Naturgeschichte an der Kantonschule in Chur. Schrieb „Naturgeschichtliche Beiträge zur Kenntnis der Umgebungen von Chur", 1874.

Brühl = Paul Johannes Brühl, Weifa, Sachsen 25.2.1855–1935. Deutscher Botaniker, bereiste Vorderasien, zuletzt Professor der Botanik in Kalkutta. Spezialgebiet: Ranunculaceae. Schrieb „De Ranunculaceis indicis ..." (in J. Asiat. Soc. Bengal. 61, 1892); zus. mit G. King „A century of new and rare Indian plants ...", 1896.

H. Bruggen = Heinrich Wilhelm Eduard van Bruggen, 1927-. Niederländischer Botaniker. Spezialgebiet: *Aponogeton*. Schrieb „Revision of the genus Aponogeton (Aponogetonaceae) VI. The species in Africa" (in Bull. Jard. Bot. National Belg. 43, 193-233, 1973). Nach ihm die Art *Aponogeton vanbruggenii* Hellq. et S.W. L. Jacobs.

Brullo = Salvatore Brullo, 1947-. Italienischer Botaniker an der Universität in Catania. Spezialgebiet: Flora Siziliens. Schrieb „Il genere Limonium Miller in Cirenaica" (in Webbia 33, 137-158, 1978); „Taxonomic and nomenclatural notes on the Flora of Cyrenaica (Libya)" (mit F. Furnari in Webbia 34, 155-174, 1979). Nach Brullo die Art *Limodorum brulloi* Bartolo et Pulv.

Brummitt = Richard Kenneth Brummitt, Liverpool 22.5.1937(pers. Mitt.) -. Englischer Botaniker am Herbarium Kew. Spezialgebiete: Flora Zambesiaca, afrikan. Leguminosae, *Calystegia*, Nomenklatur. Schrieb „Index to European taxonomic literature" (für 1965-1970), 1966-1977 (z.T. mit I.K. Ferguson u. D.H. Kent) (in Regnum vegetabile); „Vascular plant families and genera", 1992; zus. mit C.E. Powell „Authors of plant names", 1992. Mitherausgeber von „Names in current use for extant plant genera", 1993. Nach Brummitt die Art *Tephrosia brummittii* Schrire.

Bruun = Helge Gösta Bruun, 1897-. Schwedischer Genetiker, publ. über *Primula*.

Bruyns = Peter Vincent Bruyns, Cape Town, Südafrika 25.3.1957 (pers. Mitt.) -. Südafrikanischer Botaniker an der Universität in Kapstadt. Spezialgebiete: Asclepiadaceae, *Quaqua*. Schrieb u.a. zus. mit Paul Irwin Forster „Recircumscription of the Stapelieae (Asclepiadaceae)" (in Taxon 40, 381-391, 1991).

Bubani = Pietro Bubani, Bagnacavallo bei Ravenna, Romagna 1.10.1806–12.8.1888 Bagnacavallo. Italienischer Arzt und Botaniker, 1835-1847 im Exil in Frankreich (vom Kirchenstaat verwiesen), Erforscher der Flora der Pyrenäen. Schrieb „Flora virgiliana ...", 1869. Posthum erschien „Flora pyrenaea ...", 1897-1901. Nach ihm die Gattung *Bubania* Girard.

Buc'hoz = Pierre Joseph Buc'hoz, Metz 27.1.1731–30.1.1807 Paris. Französischer Arzt (Leibarzt des Königs Stanislas) u. Botaniker. Veröffentlichte neben vielen anderen reich illustrierten Werken „Herbier ou collection des plantes médicinales de la Chine...", 1781; „Herbier colorié de l'Amérique", 1783; „Herbier colorié du Japon", 1792; „Histoire universelle du règne végétal...", 1773–1778; „Plantes nouvellement descouvertes, ...", 1779-1784. Nach ihm die Gattung *Buchozia* L'Hér.

Buchanan = John Buchanan, bei Dumbarton 13.10.1819–18.10.1898 in Neuseeland. Englischer Botaniker und Geologe, von 1859-1898 in Neuseeland. 1867-1885 Verf. vieler Beiträge über die neuseeländ. Flora in versch. Zeitschriften, außerdem „The indigenous grasses of New Zealand", 1877-1880; „Manual of the indigenous grasses of New Zealand", 1880.

Buch.-Ham. = Francis Buchanan, später Lord Hamilton, Branziet, Callander, Perthshire 15.2.1762–15.6.1829 Leny, Schottland. Schottischer Botaniker, Forschungsreisender, Direktor des Bot. Gartens Kalkutta von 1813-1815. Schrieb „A Journey from Madras through the countries of Mysore...", 1807; „An account of the kingdom of Nepal", 1819. Nach ihm die Gattung *Buchanania* Spreng.

Buchenau = Franz Georg Philipp

Buchenau, Kassel 12.1.1831–23.4.1906 Bremen. Deutscher Botaniker (Pflanzenmorphologe), Professor und Direktor der Realschule am Doven-Tor in Bremen. Schrieb „Flora der Nordwestdeutschen Tiefebene", 1894; „Flora der Ostfriesischen Inseln", 1881, 2. Aufl. 1891, 3. Aufl. 1896 (Nachtrag 1901). 4. Aufl. 1901; „Flora von Bremen", 1877, 2. Aufl. 1879; Titel ab 3. Aufl. 1885: „Flora von Bremen und Oldenburg", 9. Aufl. 1927 (von F.A.G. Bitter u. Bruno Schütt), 10. Aufl. 1936 (von Bruno Schütt) unter dem Titel: „Flora von Bremen, Oldenburg, Ostfriesland und der ostfriesischen Inseln"; „Kritische Nachträge zur Flora der Nordwestdeutschen Tiefebene", 1904; für Engler, Das Pflanzenreich „Tropaeolaceae", 1902; „Scheuchzeriaceae, Alismataceae et Butomaceae", 1903; „Juncaceae", 1906; für Engler u. Prantl, Die natürlichen Pflanzenfamilien II. 1. (1889) „Juncaginaceae, Alismaceae, Butomaceae", II. 5. (1887), „Juncaceae". Nach ihm die Gattung *Buchenavia* Eichler.

Buchet = Samuel Buchet, Roanne, Loire 23.5.1875–21.1.1956 Le Noyer, Cher. Französischer Botaniker. Spezialgebiet: Myxomyceten, Araceae. Schrieb „Les Myxomycètes de Madagascar", 1975.

Buchheim = Arno Fritz Günther Buchheim, Döbeln, Sachsen 26.10.1924–20.1.2007 Mentor, Ohio (pers. Mitt.). Nordamerikanischer Botaniker, Bibliograph u. Bibliothekar deutscher Abstammung, zunächst am Bot. Museum Berlin-Dahlem, von 1963–1981 am Hunt Institute for Botanical Documentation in Pittsburgh, Pennsylvania, bis 1994 an der John Carter Brown Library, Providence, Rhode Island, zuletzt in Cleveland, Ohio. Mitarbeiter am „Syllabus der Pflanzenfamilien", 12. Aufl., 1964. Mitverfasser der 9.–14. Aufl. von „Zander, Handwörterbuch der Pflanzennamen", 1964–1993. Mitherausgeber von „B-P-H" (Botanico-Periodicum-Huntianum), 1968.

J. Buchholz = John Theodore Buchholz, Polk Co., Nebraska 14.7.1888–1.7.1951 Urbana, Illinois. Nordamerikanischer Botaniker, Professor der Botanik. Spezialgebiet: Coniferae. Schrieb „Common forest trees of Arkansas", 1924.

Buckland = William Buckland, Axminster, Devon 12.3.1784–15.8.1856. Englischer Geologe und Mineraloge. Schrieb „Geology and mineralogy...", 1836, ed. 3, 1858. Nach ihm die Gattung *Bucklandia* Brongn.

Buckley = Samuel Botsford Buckley, Torrey, New York 9.5.1809–18.2.1884 Austin, Texas. Nordamerikanischer Botaniker u. Geologe. Schrieb „A preliminary report on the geological and agricultural survey of Texas", 1866. Nach ihm die Gattung *Buckleya* Torr. sowie z.B. die Art *Phlox buckleyi* Wherry.

H. Buek = Heinrich Wilhelm Buek, Hamburg 10.4.1796–10.2.1879 Hamburg. Deutscher Mediziner u. Botaniker. Schrieb „Genera, species et synonyma Candolleana alphabetico ordine disposita, ...", 1840–1874 (4 Registerbände zu A.P. de Candolles Prodromus). Nach ihm die Gattung *Buekia* Nees.

Buenecker = Rudi Werner Buenecker, publ. 1977 zus. mit E. Pereira über Melocactus warasii. Brasilianischer Kakteensammler deutscher Herkunft. Nach ihm die Art *Frailea buenekeri* W.R. Abraham.

Buhse = Friedrich Alexander Buhse (Fedor Aleksandrovich Buze), Riga 30.11.1821–29.12.1898. Baltischer Botaniker, Pflanzensammler und Meteorologe. Schrieb „Die Flora des Alburs und der Kaspischen Südküste", 1899. Nach ihm die Gattung *Buhsia* Bunge.

Buining = Albert Frederik Hendrik Buining, Groningen 25.8.1901–9.5.1976. Niederländischer Botaniker, Sukkulentenspezialist in Leusden, Niederlande, Mitarbeiter bei H. Krainz „Die Kakteen" (von 1972–1975). Schrieb „Studies over Rebutia, Lobivia en Echinopsis ...", 1939. Nach ihm die Gattung *Buiningia* Buxb.

Buist = Robert Buist, Cupar Fyfe, Schottland 14.11.1805–13.7.1880 Philadelphia, Pennsylvania. Nordamerikanischer Gärtner, seit 1828 in USA, Besitzer einer Gärtnerei u. eines Saatzuchtbetriebes. Schrieb „Rose Manual", 1844, „Family Kitchen-Gardener", 1847; „American Flower-Garden Directory", 1832.

Bukasov = Sergej Mikhailovich Bukasov, Kursk 13.9.1891–17.7.1983 Leningrad. Russischer Kulturpflanzensystematiker. Spezialgebiet: *Solanum*. Publizierte mit Sergej Vassilievich Juzepzuk.

W. Bull = William Bull, Winchester, Hampshire 1828–1.6.1902 Chelsea, London. Englischer Gärtner, Inhaber einer großen Baumschule.

Bull. = Jean Baptiste François („Pierre") Bulliard, Aubepierre-sur-Aube 24.11.1752–29.9.1793 (8 vendémiaire II) Paris (ermordet). Französischer Botaniker. Schrieb „Flora parisiensis ...", 1776–1780; „Dictionnaire élémentaire de botanique...", ed. 1, 1783, ed. 7, 1802. Nach ihm die Gattung *Bulliarda* DC.

Bullock = Arthur Allman Bullock, Grimsby, Lincolnshire 8.2.1906–24.10.1980 Kew, Surrey. Englischer Botaniker am Herbarium in Kew. Spezialgebiete: Pflanzen aus Südafrika, Madagaskar, Maskarenen, Asclepiadaceae. Schrieb u.a. „Flora of Southern Africa. Bibliography of South African botany (up to 1951)", 1978 (Hrsg. O.A. Leistner); „Notes on African Asclepiadaceae. VII" (in Kew Bull. 10, 661–626, 1956). Nach Bullock die Art *Aloe bullockii* Reynolds.

Bunge = Aleksandr Andreevic von Bunge, Kiew 24.9.1803–6.7.1890 Dorpat (heute Tartu), Estland. Russischer Arzt u. Botaniker, von 1836 an Professor der Botanik an der Universität in Dorpat, Estland. Bereiste 1830–1831 China, 1832 den östl. Altai, 1857–1859 Khorassan, Afghanistan. Schrieb u.a. „Enumeratio plantarum quas in China boreali collegit...", 1833; „Plantarum mongolico-chinensium decas prima", 1835; „Generis Astragali species gerontogeae", 1868–1869; „... Tentamen generis Tamaricum species accuratius definiendi", 1852. Nach ihm die Gattung *Bungea* C.A. Mey.

G.S. Bunting = George Sydney Bunting, Pokomoke City, Maryland 22.7.1927–. Nordamerikanischer Botaniker. Zunächst am Bailey Hortorium, Ithaca, New York, später am Jardin Botánico de Maracaibo, Venezuela. Spezialgebiete: Araceae. Schrieb u.a. „A revision of Spathiphyllum (Araceae)", 1960. Nach ihm die Art *Swartzia buntingii* R.S. Cowan.

Burb. = Frederick William Thomas Burbidge, Wymeswold, Leicestershire 21.3.1847–24.12.1905 Dublin, Irland. Englischer Botaniker, 1879–1905 Kurator des Gartens am Trinity College, Dublin. Schrieb u.a. „Cool Orchids and how to grow them", 1874; „The Narcissus", 1875. Nach ihm die Gattung *Burbidgea* Hook. f.

N.T. Burb. = Nancy Tyson Burbidge, 1912–1977

R.B. Burb. = Robert Brinsley Burbidge, 1943–

Burch. = William John Burchell, Fulham, London 23.7.1781–23.3.1863 Fulham. Englischer Forschungsreisender. Sammelte Pflanzen in St. Helena, Südafrika u. Brasilien. Schrift: „Travels in the interior of Southern Africa", 1822–1824. Nach ihm die Gattung *Burchellia* R. Br.

Burck = William Burck, Monnikendam, Niederlande 4.2.1848–24.9.1910 Leiden. Niederländischer Botaniker. Schrieb u.a. „Reertorium annuum Literaturae Botanicae periodicae...", 8 Bände, 1873–1886 (zus. mit J. A.von Bemmelen u. G.W. Bohnensieg). Nach Burck die Gattung *Burckella* Pierre.

Burdet = Hervé Maurice Burdet, Yverdon, Waadt, Schweiz 26.9.1939 (pers. Mitt.) –. Schweizer Botaniker und Bibliothekar. Veröffentlichte gemeinsam mit Werner Rodolfo Greuter u. G. Long: „Med-Checklist" 1. Bd., 1981–1984; 3. Bd. 1986; 4. Bd. 1990; zus. mit David Aeschimann von „Flore de la Suisse et des territoires limitrophes: Le nouveau Binz", 2. Aufl., 1994; zus. mit D. Jeanmonod u. G. Bocquet „Compléments au Prodrome de la flore corse", 1987, 1988.

Bureau = Louis Édouard Bureau, Nantes 20.5.1830–14.12.1918 Paris. Französischer Botaniker, Direktor des Herbariums am Muséum d'Histoire Naturelle in Paris und Professor der Botanik. Schrieb u.a. „Monographie des Bignoniacées, ...", 1864; für de Candolle, Prodromus in Bd. XVII (1873) Moraceae, Artocarpeae ; in Martius, Flora brasiliensis Bd. VIII, 2 (1896/1897) Bignoniaceae (zus. mit K.M. Schumann). Mitarbeiter an Baillon, Henri Ernest: „Dictionnaire de botanique", 1876–1892. Publizierte auch zus. mit Adrien Franchet „Plantes nouvelles du Thibet et de la Chine occidentale..." (in J. Bot. (Morot) 5,17–25, 45–51,69–77,93–99,103–109,128–130,136–142,149–161, 1891–1894). Nach Bureau die Gattung *Bureavia* Baillon.

E.S. Burgess = Edward Sandford Burgess, Little Valley, New York 19.1.1855–23.2.1928 New York. Nordamerikanischer Botaniker. Schrieb „Species and variations of biotian Asters ...", 1906.

Burgsd. = Friedrich August Ludwig von Burgsdorff, Leipzig 23.3.1747–18.6.1802 Berlin. Deutscher Botaniker, Oberforstmeister der Kurmark, Dozent in Berlin. Hauptwerk: „Versuch einer vollständigen Geschichte vorzüglicher Holzarten", 1783–1800. Nach ihm die Gattung *Burgsdorffia* Moench.

Burkart = Arturo Erhardo Burkart, Buenos Aires 25.9.1906–25.4.1975. Argentinischer Botaniker, Professor an der Universität La Plata. Schrieb „Materiales para una monografia del genero Prosopis" (Leguminosae)", 1940. Mitarbeiter der „Enciclopedia argentina de agricultura y jardinería".

Burkill = Isaac Henry Burkill, Chapel Allerton, Leeds, Yorkshire 18.5.1870–8.3.1965 Leatherhead, Surrey. Englischer Botaniker, Direktor der Bot. Gardens of Singapoore. Schrieb „A working list of the flowering plants of Baluchistan", 1909; „A dictionary of the economic products of the Malay Peninsula", 1935; „Chapters on the history of botany in India", 1965. Bearbeitete für Daniel Oliver, Flora of Tropical Africa, in Bd. 5(1)–5(2) Acanthaceae, 1899–1900 (mit C.B. Clarke). Nach ihm die Gattungen *Burkillanthus* Swingle, *Burkillia* Ridl. u. *X Burkillara* hort.

Burkwood = Albert Burkwood, 1890– bzw. Arthur Burkwood, 1888–7.4.1951. Erfolgreiche engl. Pflanzenzüchter u. Baumschulgärtner, gründeten gemeinsam die Park Farm Nursery, Kingston-on-Thames, Surrey, um 1928.

Burm. = Johannes Burman, Amsterdam 26.4.1706–20.1.1779 Amsterdam. Niederländischer Botaniker, Professor der Botanik in Amsterdam u. Mediziner, Vater von Nicolaas Laurens Burman. Schrieb „Rariorum africanarum plantarum...", 1738–1739; „Thesaurus zeylanicus...", 1736; „Index alter in omnes tomos Herbarii amboinensis...", 1769. Nach ihm die Gattung *Burmannia* L.

Burm. f. = Nicolaas Laurens Burman, Amsterdam 27.12.1733–11.9.1793 Amsterdam. Niederländischer Botaniker, Sohn von Johannes Burman. Schrieb u.a. „Flora indica", 1768; „Specimen botanicum de Geraniis", 1759.

Burmeist. = Hermann Carl Conrad Burmeister, 1807–1851

Burnat = Émile Burnat, Nant-sur-Vevey 21.10.1828–31.8.1920 Genf. Schweizer Botaniker.

Burret = Karl Ewald Maximilian Burret, Saffig bei Andernach, Rheinland-Pfalz 6.6.1883–19.9.1964 Berlin. Deutscher Botaniker am Bot. Museum und Professor in Berlin. Palmenspezialist. Veröffentlichte zahlreiche Beiträge über Palmen in verschiedenen Zeitschriften, darunter „Systematische Übersicht über die Gruppen der Palmen" (in Willdenowia 1, 59–74,1953, Fortsetzung mit Eva Hedwig Ingeborg Potztal, 1956); „Beiträge zur Kenntnis der Tiliaceen" (in Notizblatt Bot. Gart. u. Mus. Berlin-Dahlem 9: 592–880), 1926. Nach ihm die Gattungen *Burrettiodendron* Rehder, *Burretiokentia* Pic. Serm., *Maxburretia* Furtado.

B.L. Burtt = Brian Lawrence („Bill") Burtt, Claygate 27.8.1913–. Schottischer Botaniker am Bot. Garten Edinburgh. Spezialgebiete:

Saintpaulia, Crocus, Colchicum. Publizierte u.a. „British flowers in colour", 1952. Mitarbeiter bei Launert, E. (Hrsg.) „Flora Zambesiaca"; Mitarbeit bei den Ericales in Band 2(2), 1940, von Robert Orchard Williams „Flora of Trinidad and Tobago ...". Nach ihm die Gattung *Burttia* Baker f. et Exell.

Burtt Davy = Joseph Burtt Davy, Findern, Derbyshire, England 7.3.1870-20.8.1940 Birmingham. Englischer Botaniker, Landwirt, Forstwirt und Ökologe, später in den USA und in Südafrika, Begründer des Pretoria National Herbarium. Schrieb „A manual of the flowering plants and ferns of the Transvaal ...", 1926-1932. Nach ihm die Gattung *Burttdavya* Hoyle.

Burv. = Frédéric Burvenich, Deynze 26.6.1837-27.3.1917 Gent. Belgischer Gärtner. Gab zus. mit Édouard Christophe Pynaert-van Geert, Émile Rodigas u. H. J. van Hallé heraus „Bulletins d'arboriculture, de floriculture et de culture potagère", 1874.

Bury = Priscilla Susan Bury, geb. Falkner, ? -1837. Englische Pflanzenmalerin in Liverpool, malte vor allem Amaryllidaceae u. Liliaceae, veröffentlichte „A selection of hexandrian plants, belonging to the natural orders Amaryllidae et Liliacae", 1831-1834.

N. Busch = Nikolai Adolfowitsch Busch (Nikolaj Adolfovich Bush oder Bus), 29.10.1869-7.8.1941 Belozersk. Russischer Botaniker. Veröffentlichte über 150 Arbeiten, darunter „Sistematika vyssih rastenij", 1944; für „Flora Sibirii i Dal'nego Vostoka" Papaveraceae, Cruciferae, 1913-1931; Mitarbeiter an Komarov, V.L., Flora U.R.S.S., Bd. 8-18, 1939-1952 (posthum). Schrieb zus. mit N. I. Kusnezow und A. V. Fomin „Flora caucasica critica", 1901-1916. Nach N.A. Busch vermutlich die Art *Ranunculus buschii* Ovczinn.

Buse = Lodewijk Henrick Buse, Haarlem 9.4.1819-3.1.1888 Renkum. Niederländischer Botaniker und Jurist. Schrieb „Gramineae...", 1854. Nach ihm die Gattung *Busea* Miq.

Busek = Josef Busek, publ. 1986. Deutscher Kakteenkenner in Wolfratshausen. Schrieb zus. mit Jan Říha „Thelocactus lausseri Riha et Busek. Eine neue Art aus dem Norden Mexikos" (in Kakt. u. and. Sukk. 37, 162-164, 1986).

Buser = Robert Buser, Aarau, Aargau 6.10.1857-29.3.1931 Genf. Schweizer Botaniker in Genf. Veröffentlichte u.a. „Alchemilles valaisannes", 1894; „Notes sur quelques Alchemilles critiques ou nouvelles", 1891. Herausgeber des Supplementbandes zu Pierre Edmond Boissier, Flora orientalis, 1888. Nach ihm die Gattung *Buseria* Durand.

Bush = Benjamin Franklin Bush, Columbus, Indiana 21.1.1858-14.2.1937 Independence, Missouri. Nordamerikanischer Postamtsstellenleiter, Botaniker und Ornithologe. Publizierte u.a. mit Kenneth Kent Mackenzie: „Manual of the flora of Jackson County, Missouri", 1902. Nach ihm z.B. die Art *Carex bushii* Mack.

B.T. Butler = Bertram Theodore Butler, Nashua, Iowa 22.3.1872-5.10.1958 Leonia, New Jersey. Nordamerikanischer Botaniker, Geologe und Universitätsprofessor für Geologie in New York. Schrieb u.a. „The Western American Birches ...", 1909.

Butters = Frederic King Butters, Minneapolis, Minnesota 8.2.1878-1.8.1945 Minneapolis, Minnesota. Nordamerikanischer Botaniker. Schrieb „A monograph of the genus Heuchera", 1936 (mit Olga K. Lakela u. C.O. Rosendahl).

Buttler = Karl Peter Buttler, Frankfurt am Main 26.10.1942-. Deutscher Botaniker in Frankfurt am Main. Spezialgebiet: *Draba*. Schrieb u.a. „Zytotaxonomische Untersuchungen an mittel- und südeuropäischen Draba-Arten" (in Mitt. Bot. Staatssamml. München, 6, 275-362, 1967); „Revision von Beta Sektion Corollinae (Chenopodiaceae). I. Selbststerile Basisarten" (in Mitt. Bot. Staatssamml. München 13, 255-336, 1977); „Mein Hobby: Pflanzen kennenlernen...", 1983; „Orchideen", 1986; zus. mit Uwe Schippmann et al. „Namensverzeichnis zur Flora der Farn- und Samenpflanzen Hessens ...", 1993; zus. mit Ehrentraud Bayer, Xaver Finkenzeller u. Hans Rudolf Jürke Grau „Pflanzen des Mittelmeerraums", 1987. Bearbeitete u.a. die Gattungen *Draba* (1, 308-315, 1986) und *Hieracium* (2, 595-642, 1991) sowie die Orchidaceae (Band 2, 864-885, 1991) für Per Arne Krister Strid u. Kit Tan (Herausg.) von „Mountain flora of Greece". Nach Buttler u.a. die Art *Stachys buttleri* R.R. Mill.

Buxb. = Franz Buxbaum, Liebenau bei Graz 25.2.1900-7.2.1979 Fürstenfeld, Steiermark. Österreichischer Botaniker in Wien. Schrieb außer vielen Beiträgen über Kakteen in verschiedenen Zeitschriften „Grundlagen und Methoden einer Erneuerung der Systematik der höheren Pflanzen", 1951; „Morphology of Cacti", 1951-1955; „Kakteenpflege biologisch richtig", 1959, 2. Aufl. 1962. Nach ihm die Gattung *Neobuxbaumia* Bckbg. emend. Daws. et Buxb.

Buxton = Richard Buxton, Prestwich, Sedgley Hall bei Manchester 15.1.1786-2.1.1865 Ancoats, Manchester. Englischer Schuhmacher und Botaniker in Manchester. Schrieb „A botanical guide to the flowering plants...", 1849.

Byles = Ronald Steward Byles, fl. 1957. Britischer Botaniker. Publizierte mit Gordon Douglas Rowley über Cactaceae. Nach Byles die Art *Pygmaeocereus bylesianus* Andreae et Backeb.

Cabrera = Angel Lulio Cabrera, Madrid 19.10.1908-1999. Argentinischer Botaniker. Spezialgebiet: Asteraceae. Schrieb „Notes on the Brazilian Senecioneae" (in Brittonia 7, 53-74, 1950); „La flora des alrededores de Buenos Aires", 1953; „Flora de la provincia de Buenos Aires", 1963-1970; „Manual de la flora de los alrededores de Buenos Aires", 1978 (mit Elsa Matilde Zardini). Nach Cabrera die Art *Trichocereus cabrerae* R.Kiesling.

Cajander = Aimo Kaarlo Cajander, Uusikaupunki, Nystad 4.4.1879-21.1.1943 Helsinki. Finnischer Botaniker, Professor der Forstwissenschaft in Helsinki, auch Politiker und 1922-1924 finnischer Ministerpräsident. Schrieb u.a. „Studien über die Moore Finnlands ...", 1913; „Beiträge zur Kenntniss der Vegetation der Alluvionen des nördlichen Eurasiens ...", 3 Bände,1903-1909; „Forest types and their significance" (in Acta Forestalia Fenn. 56, 1-71, 1949).

Caldas = Francisco José de Caldas, Popayán, Kolumbien 4.10.1771(oder 1768) -29.10.1816 Sante Fé, heute Bogotá (hingerichtet). Spanischer Astronom in Bogotá, Direktor der Sternwarte. War lange Zeit Begleiter Alexander von Humboldts in Südamerika, beteiligte sich ab 1810 an den Freiheitskämpfen in Kolumbien und wurde später deswegen verhaftet und erschossen. Nach ihm die Gattung *Caldasia* Humb. ex Willd. sowie die Zeitschrift Caldasia, 1940 ff.

Calder = James (Jim) Alexander Calder, 1915-14.2.1990 Oakville, Ontario. Kanadischer Botaniker. Schrieb zus. mit R. L. Taylor „Flora of the Queen Charlotte Islands...", 1968.

C.E. Calderón = Cleofé E. Calderón, 1940?-. Nordamerikanische Botanikerin an der Smithsonian Institution in Washington, D.C. Schrieb zus. mit Thomas Robert Soderstrom „Morphological and anatomical considerations of the grass subfamily Bambusoideae ..." (in Smithson. Contrib. Bot. 11, 1-55, 1973).

Calderón = Graciela Calderón de Rzedowski, 1931-

Caldesi = Lodovico (Ludovico, Luigi) Caldesi, Faenza 19.9.1821-2.6.1884 Faenza. Italienischer Botaniker u. Politiker (Abgeordneter des Parlaments). Verfasste „Primulaceae" in Parlatore; in „Flora italiana", 1888-1889. Nach ihm die Gattung *Caldesia* Parl.

Caley = George Caley, 1775-1829

Callier = Alfons S. Callier, Spremberg, Niederlausitz 29.6.1866-28.4.1927 Bunzlau, Schlesien. Deutscher Botaniker, Apotheker u. Dendrologe. Spezialgebiete: *Alnus,* Flora von Schlesien. Reiste auf der Krim und im Kaukasus. Schrieb „Alnus- Formen der europäischen Herbarien und Gärten" (in Mitt. deutsch. dendrol. Ges. 27, 39-185, 1918).

Calloni = Silvio Calloni, Pazzalo di Lugano, Tessin 10.2.1851-24.2.1931 Lugano. Schweizer Botaniker, insbes. Pflanzenpathologe u. -systematiker, in Pavia tätig. Schrieb über morphologische Beobachtungen an Pflanzen und über die Flora im Tessin.

Camargo = Felisberto Cardoso de Camargo, 1896-1943. Venezolanischer Botaniker. Spezialgebiet: in *Ananas.*

Cambage = Richard Hind Cambage, Milton, New South Wales 7.11.1859-28.11.1928 Sydney. Australischer Botaniker, Lehrer und Bergbauingenieur. Schrieb „Notes on the botany of the interior of New South Wales ...", 1901-1903.

Cambess. = Jacques Cambessèdes, Montpellier 26.8.1799 (9. fructidor VII)-20.10.1863 Férussac, Lozère. Französischer Botaniker und Mediziner. Schrieb u.a. „Enumeratio plantarum, quas in insulis Balearibus collegit, ...", 1827; „Mémoire sur la famille des Sapindacées", 1829. Nach ihm die Gattung *Cambessedesia* DC.

Campd. = Francisco Campderá, 1793-1862. Katalanischer Botaniker u. Arzt. Schrieb „Monographie des Rumex ...", 1819. Nach ihm die Gattung *Campderia* Benth.

A. Camus = Aimée Antoinette Camus, Paris 1.5.1879-17.4.1965 Paris. Französische Botanikerin am Muséum National d'Histoire Naturelle Paris, Tochter von Edmond Gustave Camus. Schrieb „Les arbres, arbustes et arbrisseaux d'ornement", 1923; zus. mit E.G. Camus „Classification des saules d'Europe et monographie des saules de France", 1904-1906; „Les Cyprès (genre Cupressus)...", 1914; „Les Chataigniers", 1929; „Les Chênes", 1934-1954. Nach ihr die Gattungen *Camusia* Lorch und *Camussiella* Bosser sowie die Art *Pseudechinolaena camusiana* Bosser.

E.G. Camus = Edmond Gustave Camus, Paris 15.8.1852-22.8.1915 Paris. Französischer Botaniker und Apotheker, Vater von Aimée Antoinette Camus. Schrieb „Monographie des Orchidées de France", 1894; „Monographie des Orchidées de l'Europe, de l'Afrique septentrionale, de l'Asie mineure et...", 1908 (mit Paul Bergon u. seiner Tochter Aimée Antoinette Camus); „Les Bambusées. Monographie...", 1913; „Iconographie des Orchidées d'Europe et du Bassin Méditerranéen", 1921-1929 (mit Aimée Antoinette Camus). Mitarbeiter an Bd. VI u. VII von Rouy et Foucaud: „Flore de France", 1900-1903.

A. DC. = Alphonse Louis Pierre Pyramus de Candolle, Paris 27.10.1806-4.4.1893 Genf. Schweizer Botaniker, Sohn von Augustin Pyramus de Candolle, Nachfolger seines Vaters in der Professur in Genf, Vater von Anne Casimir Pyramus de Candolle. Schrieb u.a. „Monographie des Campanulées", 1830; „Géographie botanique raisonnée", 1855; „Lois de nomenclature botanique", 1867; „La phytographie", 1880; „Origine des plantes cultivées", 1882 (englisch: „Origin of cultivated plants", 1884). Gab mit seinem Sohn Casimir heraus: „Monographiae Phanerogamarum", 8 Bände, 1878-1893 (Band 9, 1896, allein von C. DC.). Nach ihm die Gattung *Alphonsea* Hook. f. et Thomson.

C. DC. = Anne Casimir Pyramus de Candolle, Genf 20.2.1836-3.10.1918 Vallon. Schweizer Botaniker, Sohn von Alphonse de Candolle, Enkel von Augustin Pyramus de Candolle. Gemeinsam mit seinem Vater Hrsg. von „Monographiae Phanerogamarum...", 9 Bände, 1878-1896 u. Bearbeiter von „Meliaceae", Bd. 1, 1878. Bearbeitete für de Candolles Prodromus in Bd. XVI Piperaceae, Juglandaceae, Myricaceae, 1864-1869; für Martius Flora brasiliensis in Bd. XI, 1 Meliaceae, 1878. Nach ihm die Gattung *Candollina* Tiegh.

DC. = Augustin Pyramus de Candolle, Genf 4.2.1778-9.9.1841 Genf. Schweizer Botaniker, Stammvater von 4 Generationen bedeutender Botaniker, Verfasser vieler bot. Schriften, darunter der von seinem Sohn Alphonse u. anderen Botanikern fortgesetzte „Prodromus systematis naturalis regni vegetabilis", 17 Bände, 1824–1873; „Plantarum succulentarum historia...", 1799–1832; „Regni vegetabilis systema naturale...", 1817–1821; „Organographie végétale", 1827 (deutsch: „Organographie der Gewächse", 1828); „Physiologie végétale", 1832; „Mémoire sur la famille des Légumineuses", 1825–1827. Nach ihm die Gattung *Candollea* Mirbel.

Cannon = John Francis Michael Cannon, 1930–. Britischer Botaniker am Britischen Museum (Nat. Hist.) in London, verheiratet mit Margaret Joy Cannon. Spezialgebiet: Umbelliferae. Schrieb u.a. „Umbelliferae" (in Flora zambesiaca 4, 555–621, 1978). Mitarbeiter bei der von Wu Zheng-yi u. Peter Hamilton Raven (Hrsg.) publ. Flora of China.

Capelli = Carlo Mateo Capelli, Scarnafiggi, Cuneo 5.3.1763–17.10.1831 Pontebba. Italienischer Mathematiker und Botaniker in Turin.

Cárdenas = Martin Cárdenas Hermosa, Cochabamba 12.11.1899–14.2.1973 Cochabamba. Bolivianischer Botaniker, Kakteenspezialist. Schrieb u.a. „Manual de plantas económicas de Bolivia", 1969, ed. 2, 1989. Nach ihm die Gattungen *Cardenasiodendron* Barkl. u. *Neocardenasia* Bckbg.

Cardot = Jules Cardot, Stenay, Meuse 18.8.1860–22.11.1934 Charleville bei Mezières. Französischer Botaniker. Spezialgebiet: Bryophyta, Rosaceae. Schrieb für Lecomte, Flore générale de l'Indochine in Band 2(5) „Rosaceae", 1916. Nach ihm die Gattung *Cardotia* Besch. ex Cardot.

Carey = William Carey, Paulerspury, Northamptonshire 17.8.1761–9.6.1834 Serampore, Indien. Englischer Botaniker u. Missionar, Gründer eines Botan. Gartens in Serampore und Sprachwissenschaftler. Herausgeber von Roxburgh, W.: „Flora indica", 1820–1824 und 1832. Nach ihm die Gattung *Careya* Roxb.

Cariot = Antoine Cariot, Écully nahe Lyon 29.1.1820–23.2.1883 Sainte-Foy-lès-Lyon. Französischer Geistlicher (Abbé) u. Botaniker. Schrieb „Guide du botaniste à la Grande Chartreuse et à Chalais", 1856; „Étude des fleurs. Botanique élémentaire", 1854–1855, 7. Aufl. 1884. Schrieb gemeinsam mit Jean Baptiste Saint-Lager: „Étude des fleurs. Botanique élémentaire", 8. Aufl., 1889.

Carlquist = Sherwin Carlquist, 1930–. Nordamerikanischer Botaniker, Fotograf und Künstler. Spezialgebiete: Pflanzenanatomie. Schrieb u.a. „Island life; a natural history of the islands of the world"; „Island biology", 1974; „Ecological strategies of xylem evolution", 1975; „Comparative wood anatomy", 1988.

Carolin = Roger Charles Carolin, London 15.10.1929–. In England geborener australischer Botaniker, Professor in Sidney. Spezialgebiet: *Cistanthe,* Geraniaceae, Goodeniaceae; Brunoniaceae, *Dianthus.* Bearbeitete Brunoniaceae und Goodeniaceae in der „Flora of Australia", Band 35, 1992. Gab zus. mit N. C. W. Beadle u. O. D. Evans heraus „Flora of the Sydney region", 1972, 4. Aufl. 1994.

Carr = Cedric Errol Carr, 1892–1936. Neuseeländischer Botaniker, sammelte Orchideen in Indonesien.

Carretero = José Luis Carretero, 1941–. Nordamerikanischer Botaniker. Spezialgebiet: *Amaranthus.* Schrieb „El género Amaranthus L. en España" (in Collect. Bot. (Barcelona) 11, 105–142, 1979); „El género Ammannia L. (Lythraceae) en España" (in Anal. Jard. Bot. Madrid 39, 273–277, 1983).

Carrière = Élie Abel Carrière, May-en-Multian, Seine-et-Marne 4.6.1818–17.8.1896 Paris. Französischer Gärtner, Botaniker u. Schriftsteller. Zeitweise (bis 1869) Leiter der Baumschule des Muséum d'Histoire Naturelle Paris. Von 1867 bis 1896 Schriftleiter der Revue horticole. Schrieb u.a. „Traité géneral des Conifères", 1855, Neue Aufl. 1867. Nach ihm die Gattung *Carrierea* Franch.

Carruth. = William Carruthers, Moffat, Dumfriesshire 29.5.1830–2.6.1922 Norwood, Surrey. Englischer Botaniker u. Paläobiologe. Schrieb u.a. „Diatomaceae" (in John E. Gray „Handbook of British water-weeds or Algae" S. 75–116, 1864). Nach ihm die Gattung *Carruthersia* Seem.

W.R. Carter = William R. Carter, publ. 1921. Kanadischer Botaniker. Schrieb zus. mit Frederick Charles Newcombe „A preliminary catalogue of the Flora of Vancouver and Queen Charlotte Islands", 1921.

S. Carter = Susan Carter Holmes (geb. als Susan Carter), 1933–. Britische Botanikerin in Kew. Spezialgebiet: *Aloe, Euphorbia.* Schrieb u.a. zus. mit Peter Edward Brandham „New species of Aloe from Somalia" (in Bradleya 1, 17–24, 1983). Nach Susan Carter Holmes die Art *Euphorbia susan-holmesiae* Binojk. et Gopalan.

Caruel = Théodore (Teodoro) Caruel, Chandernagor bei Kalkutta 27.6.1830–4.12.1898 Florenz, Italien. Italienischer Botaniker, Sohn eines französischen Vaters und einer englischen Mutter, Professor der Botanik in Pisa und Florenz. Vollendete Parlatores Flora italiana, Band 6–10, 1884–1894. Schrieb „Prodromo della flora toscana ...", 1860–1862 (mit Suppl. bis 1870). War in seinen letzten Lebensjahren gelähmt. Nach ihm die Gattung *Caruelia* Parl.

Carvajal = Servando Carvajal Hernández, fl. 1981

Casar. = Giovanni Casaretto, Genua 1812–17.6.1879 Chiavari. Italienischer Botaniker. Schrieb „Novarum stirpium brasiliensium decades", 1842–1845.

Case = Frederick W. Case Jr., 1927–. Nordamerikanischer Botaniker in Saginaw, Michigan, verheiratet mit Roberta Burckhardt Case. Spezialgebiete: *Sarracenia, Trillium.* Schrieb zus. mit seiner Frau „Sarracenia alabamensis, a newly recognized species from central Alabama" (in Rhodora 76, 650–665, 1974)"; „Trilliums", 1997. Bearbeitete auch die Gattung *Trillium* für die Flora of North America, Band 26, 90–117, 2002.

R.B. Case = Roberta Burckhardt

Case, fl. 1976. Nordamerikanische Botanikerin in Saginaw, Michigan, verheiratet mit Frederick W. Case Jr. Spezialgebiete: *Sarracenia, Trillium*. Schrieb zus. mit ihrem Mann „Sarracenia alabamensis, a newly recognized species from central Alabama" (in Rhodora 76, 650-665, 1974); „Trilliums", 1997.

Casp. = Johann Xaver Robert Caspary, Königsberg 29.1.1818-18.9.1887 Illowo (starb infolge eines Sturzes auf einer Reise). Deutscher Botaniker, Hydrobiologe und Paläobotaniker, zuletzt Professor der Botanik und Direktor des Botan. Gartens der Universität Königsberg. Bearbeitete für Martius, Flora brasiliensis in Bd. IV, 2 (1878) Nymphaeaceae, die gleiche Familie auch für Engler u. Prantl, Die natürlichen Pflanzenfamilien III. 2 (1888). Verfasser von Lieferung 27 von Th. Nees: „Genera plantarum florae germanicae", 1853. Posthum erschien „Die Flora des Bernsteins", 1907 (mit Richard Klebs). Nach ihm die Gattung *Casparya* Klotzsch.

Casper = Siegfried Jost Casper, Oberneuschönberg, Sachsen 12.1.1929 (pers. Mitt.) -. Deutscher Botaniker, Limnologe am Zentralinstitut für Mikrobiologie und Professor in Jena. Bearbeiter (mit H.-D. Krausch) der Pteridophyta und Anthophyta von H. Ettl et al. „Süßwasserflora von Mitteleuropa", Bd. 23-24, 1980-1981. Spezialgebiet: *Pinguicula*. Schrieb „Monographie der Gattung Pinguicula L." (in Bibl. Bot. 127-128, 1966).

Cass. = Alexandre Henri Gabriel Compte de Cassini, Paris 3.5.1781-16.4.1832 Paris. Französischer Botaniker u. Jurist. Spezialgebiet: Compositae. Schrieb u.a. „Aperçu des genres ou sous-genres nouveaux... des Synantherées", 1816-1818; „Opuscules phytologiques...", 1826-1834. Nach ihm die Gattung *Cassinia* R. Br.

Castagne = Jean Louis Martin Castagne, Marseille 11.11.1785-16.3.1858 Miramas. Französischer Kaufmann u. Amateurbotaniker. Schrieb „Catalogue des plantes qui croissent naturellement aux environs de Marseille", 1845; „Catalogue des plantes qui croissent naturellement dans le départment des Bouches-du-Rhône", 1862.

Castañeda = Marcelino Castañeda y Nuñez de Caceres, publ. 1941-54. Mexikanischer Botaniker, Kakteenspezialist.

A. Cast. = Alberto Castellanos, Córdoba, Argentinien 11.12.1896-5.9.1968 Rio de Janeiro, Brasilien. Argentinischer Botaniker. Spezialgebiete: Cactaceae des südl. Südamerikas, Bromeliales. Schrieb „Los géneros de las Cactáceas argentinas", 1938 (mit H.V. Lelong) sowie Bearbeiter der Cactaceae in Descole, H.R.: „Genera et species plantarum argentinarum", Bd. 1, 1943. Nach ihm die Gattungen *Castellanoa* Traub, *Castellanosia* Cárdenas sowie die Art *Tillandsia albertiana* Vervoorst.

Castetter = Edward Franklin Castetter, Pitman, Pa. 11.3.1891(nicht 1896)-1978. Nordamerikanischer Ethnobotaniker und Pflanzensammler, Professor an der Universität von New Mexico. Spezialgebiet: Cactaceae. Schrieb „Ethnobotanical studies in the American Southwest ...", 1935-1941.

Castigl. = Luigi Gomes Castiglioni, 1757-1832

L. Castle = L. Castle, fl. 1890, Autor von *Cymbidium traceyanum*.

Cav. = Antonio José Cavanilles, Valencia 16.1.1745-4.5.1804 Madrid. Spanischer Botaniker u. Geistlicher, Direktor des Bot. Gartens Madrid und Professor der Botanik. Schrieb u.a. „Icones et descriptiones plantarum, ...", 1791-1801; „Monadelphiae classis dissertationes decem...", 1785-1790; „Observaciones sobre le historia natural, geografia... del Reyno de Valencia", 1795-1797. Nach ihm die Gattung *Cavanillesia* Ruiz et Pav. und die Zeitschrift Cavanillesia (1928->).

Cavara = Fridiano Cavara, Mongardino 17.11.1857-25.6.1929 Neapel. Italienischer Botaniker, Direktor des Bot. Gartens Neapel. Schrieb „Appunti di patologia vegetale", 1888.

Cavill. = François Georges Cavillier, Bussiguy sur Morges, Waadt, Schweiz 20.10.1868-6.3.1953 Vevey, Waadt. Schweizer Botaniker, Konservator des Herbars Burnat in Nant-sur-Vevey, Waadt. Verfasser von Bd. 5(1) u. mit John Isaac Briquet von Bd. 5(2)-7 von Burnat, Émile: „Flore des Alpes maritimes", 1913-1931.

Cedeño-Mald. = José Arnaldo Cedeño-Maldonado, 1970-.

Čelak. = Ladislav Josef Celakovsky, Prag 29.11.1834-24.11.1902 Prag. Tschechischer Botaniker, Professor der Botanik in Prag. Schrieb u.a. „Prodromus der Flora von Böhmen", 1867-1881 (in Arch. naturwiss. Landesforschung von Böhmen, Bot. Abt.) (Tschechische Ausgabe: „Prodromus kveteny ceské", 1868-1883); „Flora der Umgebung von Prag", 1870. Nach ihm die Art *Thymus celakowskyanus* M. Schulze.

Cels = Hort. Cels = Französische Gärtnerfamilie in Montrouge bei Paris. 1. Cels = Jacques Philippe Martin Cels, Versailles 16.6.1743-15.5.1806 Montrouge. 2. F. Cels = François Cels, Paris 1771-1832 Montrouge, Sohn von Jacques Philippe Martin Cels. Schrieb „Catalogue des arbres, arbustes, et autres plantes ...", 1817, auch 1834 etc. u. 1845. 3. Cels Frères: Auguste Louis Cels, 1809-1898, u. Jean François Cels, 1810-1888, Söhne von François Cels. Jean François Cels schrieb „Catalogue des Cactées, Aloées, Agaves et autres plantes ...", 1858. Nach ihm und seinem Bruder die Art *Oreocereus celsianus* Riccob.

Cerv. = Vicente Cervantes, Zafra bei Badajoz, Spanien 1755-26.7.1829 Mexiko. Mexikanischer Botaniker, Professor der Botanik. Schrieb „Discurso pronunciado ...", 1794. Nach ihm die Gattung *Cervantesia* Ruiz et Pav.

Ces. = Vincenzo Barone di Cesati, Mailand 24.5.1806-13.2.1883 Neapel. Italienischer Botaniker, Direktor des Bot. Gartens Neapel und Professor der Botanik. Schrieb „Stirpes italicae rariores vel novae, descriptionibus...", 1840-1846; „Saggio su la geografia botanica e su la flora della Lombardia", 1844. Schrieb zusammen mit Giovanni Passerini u. Giuseppe Gibelli „Compendio della flora italiana, ...", 1868-1886. Nach Cesati die Gattung *Cesatia* Endl.

Chabanne = Charles Félix Gabriel Chabanne, Chatonnay, Isère 5.9.1862–2.5.1906. Französischer Gärtner in Lyon.

Chabaud = Benjamin Chabaud, 1833–1915. Französischer Gärtner. Schrieb „Végétaux exotiques cultivés en plein air dans la région des orangers", 1871.

Chabert = Jean Baptiste Alfred Chabert, Chambéry 29.2.1836–1.10.1916 Chambéry. In Italien geborener französischer Botaniker, wurde später französischer Militärarzt. Schrieb u.a. „Étude sur le genre Rhinanthus L....", 1899. Nach ihm z.B. die Art *Luzula chabertii* Rouy.

P. Chabert = Pierre Chabert, 1796–10.6.1867 Lyon. Französischer Botaniker in Lyon. Publ. 1850 den Namen *Typha lugdunensis*.

Chaix = Dominique Chaix, Berthon zwischen Rabou und Chaudun 8.6.1730–7.1799 (8 thermidor VII) La Roche-des-Arnauds bei Gap. Französischer Abt u. Botaniker, Lehrer und Förderer von Dominique Villars. Schrieb „Plantae Vapincenses ..." (in Histoire des plantes de Dauphiné, Bd. 1, 309–377, 1786). Nach ihm die Art *Poa chaixii* Vill.

Chamb. = Charles Joseph Chamberlain, Sullivan, Ohio 22.2.1863–5.1.1943 Chicago, Illinois. Nordamerikanischer Botaniker. Schrieb „Morphology of the Angiosperms", 1903; „Morphology of the Gymnosperms", 2. Aufl. 1917 (beide Werke mit J.M. Coulter); „Gymnosperms. Structure and evolution", 2. Aufl. 1966.

D.F. Chamb. = David Franklin Chamberlain, Canton, Ohio 1.2.1941–. In Nordamerika geborener schottischer Botaniker am Bot. Garten Edinburgh. Spezialgebiete: *Rhododendron, Berberis*. Schrieb zus. mit anderen Autoren „The genus Rhododendron: its classification and synonymy", 1996. Mitarbeiter von „The European Garden Flora", Band 3, 1989 und bei der von Wu Zheng-yi u. Peter Hamilton Raven (Hrsg.) publ. Flora of China.

T.C. Chambers = Thomas Carrick Chambers, 1930–. Australischer Botaniker und Professor an den Royal Botanic Gardens von Sydney. Spezialgebiet: *Blechnum, Cheilanthes, Stenochlaena*. Schrieb u.a. zus. mit Penelope Anne Farrant „Revision of Blechnum (Blechnaceae) in Malesia" (in Blumea 46, 283–350, 2001).

Cham. = Ludolf Karl Adelbert von Chamisso (geboren als Louis Charles Adelaïde Chamisseau de Boncourt), Schloß Boncourt, Champagne, Frankreich 30.1.1781–21.8.1838 Berlin. Deutscher Botaniker u. Dichter. Aus lothringischen Adel, 1790 Flucht nach Deutschland vor der französischen Revolution, war dann Page von Königin Luise, der Gemahlin von König Friedrich Wilhelm II. von Preußen. Nahm 1815–1818 zus. mit Johann Friedrich Gustav von Eschscholtz an der Weltumseglung durch den deutschstämmigen russischen Kapitän Otto von Kotzebue, den Sohn des Dramatikers August von Kotzebue, teil. Seit 1818 Kustos am Bot. Museum Berlin. später weltbekannter Dichter. Entdeckte den Generationswechsel der Manteltiere (Salpen). Schrieb u.a. „Peter Schlemihls wundersame Geschichte", 1814; „Gedichte", 1831; „Reise um die Welt mit der Romanzoffischen Entdeckungsexpedition in den Jahren 1815 bis 1818", 1836; „Übersicht der nutzbarsten und schädlichsten Gewächse, ...", 1827. Nach ihm die Gattungen *Chamissoa* Humb., Bonpl. et Kunth und *Adelbertia* Meisn. sowie z.B. die Art *Eriophorum chamissonis* C.A. Mey., die er entdeckt hat.

Champ. = John George Champion, Edinburgh 5.5.1815–30.11.1854 Skutari, Türkei. Britischer Offizier u. Botaniker, lebte in Sri Lanka 1838–1847 und in Hongkong 1847–1850 und sammelte dort Pflanzen. Nach ihm die Gattung *Championia* Gardner.

Chanc. = Lucien Chancerel, Paris 1858–. Französischer Botaniker. Schrieb „Précis de botanique forestière et biologie de l'arbre", 1920; „Flore forestière du globe ...", 1920.

H.T. Chang = Chang Ho-Tseng = Ho Tseng Chang, 1898–. Chinesischer Botaniker.

Hung T. Chang = Chang Ta-Hung = Hung Ta Chang, 1914–. Chinesischer Botaniker. Publizierte zus. mit Bao Liang Chen. Spezialgebiete: *Michelia, Manglietia*.

M.C. Chang = Chang Mei-Chen = Mei Chen Chang, 1933–. Chinesischer Botaniker. Publ. mit Peter Shaw Green über *Syringa*.

S.Y. Chang = Chang Shao-Yao = Shao Yao Chang, publ. um 1964. Chinesischer Botaniker. Publizierte mit Wan Chun Cheng über *Sinocalycanthus*.

C.S. Chao = Chao Chi-Son = Chi Son Chao, 1936–. Chinesischer Botaniker. Schrieb u.a. zus. mit Cheng De Chu „A study on the genus Acidosasa of Bambusoideae" (in Acta Phytotax. Sin. 29(6), 517–524, 1991).

T.B. Chao = Chao Tien-Bang = Tien Bang (Bung) Chao, publ. 1981. Chinesischer Botaniker. Publizierte über Gehölze (z.T. zus. mit Bao Chang Ding).

Chapm. = Alvin (Alvan) Wentworth Chapman, Southampton, Massachusetts 28.9.1809–6.4.1899 Apalachicola, Florida. Nordamerikanischer Arzt u. Botaniker, seit 1847 in Apalachicola, Florida. Schrieb „Flora of the southern United States", 1860, 2. Aufl. 1883, 3. Aufl. 1897. Nach ihm die Gattung *Chapmannia* Torr. et A. Gray sowie z.B. die Art *Poa chapmaniana* Scribn.

M.W. Chase = Mark Wayne Chase, 1951–. Britischer Botaniker. Spezialgebiet: Orchidaceae. Schrieb u.a. zus. mit Richard M. Bateman, Peter M. Hollingsworth, Jillian Preston, Luo Yi-Bo u. Alec M. Pridgeon „Molecular phylogenetics and evolution of Orchidinae and selected Habenariinae (Orchidaceae)" (in Bot. J. Linn. Soc. 142, 1–40, 2003).

Chase = Mary Agnes Chase, geb. Merrill, Iroquois County, Illinois 20.4.1869–24.9.1963 Washington, D. C. Nordamerikanische Botanikerin in Washington, D. C. Spezialgebiet: Gramineae. Schrieb u.a. „Index to Grass Species", 3 Bände, 1963 (zus. mit Cornelia D. Niles). Bearbeitete für Britton, „North American Flora" in Bd. 17(8) Poaceae, 1939. Nach Chase die Art *Danthonia chaseana* Conert.

Châtel. = Jean Jacques Châtelain, 1736–1822. Schweizer Botaniker. Schrieb „Specimen inaugurale de Corallorhiza ...", 1760. Nach ihm die Gattung *Chatelania* Neck.

Chater = Arthur Oliver Chater, Aberdeen 21.8.1933–. Schottischer Botaniker am Brit. Museum (Natural History) in London. Mitarbeiter bei „Flora europaea", 1964–1980. Spezialgebiet: *Carex*.

Chatterjee = Debabarta Chatterjee, Chinsura 2.4.1911–24.9.1960 Kalkutta. Indischer Botaniker, Direktor des Indian Botanic Garden, Sibpur, Kalkutta.

Chaub. = Louis Athanase Chaubard, Agen 18.3.1781–13.1.1854 Paris. Französischer Botaniker. Mitarbeiter von Bory de St. Vincent, „Expédition scientifique de Morée", Tome III. 2 Botanique, 1832–1833, Atlas 1835–1836. Nach ihm die Gattung *Chaubardia* Rchb. f.

Chaudhary = Shaukat Ali Chaudhary, 1931–. Saudiarabischer Botaniker am National Agriculture and Water Research Center, Riad, Saudi-Arabien. Spezialgebiet: Flora von Saudi-Arabien. Gab „Flora of the Kingdom of Saudi-Arabia" heraus, Band 1–3, 1999–2001. Nach ihm die Art *Heliotropium chaudharyanum* Al-Turki, Omer et Ghafoor.

Chav. = Édouard Louis Chavannes, Lausanne, Waadt 7.8.1805–30.8.1861 Lausanne. Schweizer Botaniker und religiöser Philanthrop. Schrieb „Monographie des Antirrhinées", 1833. Nach ihm die Gattung *Chavannesia* A. DC.

Chaz. = Laurent Marie Chazelles de Prizy. Französischer Botaniker. Schrieb „Dictionnaire des Jardiniers", 1790.

Cheek = Martin Roy Cheek, 1960–. Britischer Botaniker in Kew, publizierte über Pavonia. Spezialgebiete: Malvales, Meliaceae. Zus. mit Jean-Michel Onana und Benedict John Pollard Herausg. von „The plants of Mount Oku and the Ijim Ridge, Cameroon: A conservation list", 2000. Mitarbeiter bei der von Wu Zheng-yi u. Peter Hamilton Raven (Hrsg.) publ. Flora of China.

Cheel = Edwin Cheel, Chartham, Kent, England 14.1.1872–19.9.1951 Sydney. Englischer Gärtner und Botaniker in Australien. Spezialgebiete: Myrtaceae, Lichenes. Schrieb zus. mit John Burton Cleland „Notes on Australian Fungi" (in J. Roy. Soc. N.S.Wales 48–51, 1915–1918); „Australian Fungi ..." (in Trans. Roy. Soc. S. Australia 42–58, 1918–1936). Nach Cheel die Art *Poa cheelii* Vickery.

Cheeseman = Thomas Frederic Cheeseman, Hull, Yorkshire 1846–15.10.1923 Auckland, Neuseeland. Englischer Botaniker, ab 1854 in Neuseeland. Veröffentlichte u.a. „On the flora of the Kermadec Islands ..." (in Trans. Proc. New Zeal. Inst. 20, 151–181, 1888); „The flora of Roratonga, the chief island of the Cook group" (in Trans. Linn. Soc. Bot. II, 6, 261–313, 1903); „On the systematic botany of the islands to the south of New Zealand" (in C. Chilton: The subarctic islands of New Zealand, Band 2, 389–471, 1909); „Manual of the New Zealand flora", 1906, 2. Aufl. 1925; „Illustrations of the New Zealand flora" (mit W.B. Hemsley u. Matilda Smith), 1914. Nach ihm die Gattung *Cheesemania* O.E. Schulz.

Cheesman = Ernest Entwisle Cheesman, 1888–. Britischer Botaniker, Professor der Botanik und Genetik am Imperial College Tropical Agriculture in Trinidad. Spezialgebiete: *Ensete*, Rubiaceae. Mitarbeiter bei R. O. Williams et al. „Flora of Trinidad and Tobago ...", Band 1(2)–2(6), 1929–1955.

B.L. Chen = Chen Bao-Liang = Bao Liang Chen, 1944–1991. Chinesischer Botaniker an der Sun Yatsen University. Spezialgebiet: Magnoliaceae.

S.J. Chen = Sen Jen Chen, 1933–

S.Y. Chen = Chen Shao-Yun = Shao Yun Chen, publ. 1983. Chinesischer Botaniker. Spezialgebiet: Poaceae.

S.L. Chen = Chen Shou-Liang = Shou Liang Chen, 1921–. Chinesischer Botaniker, Mitarbeiter bei der von Wu Zheng-yi u. Peter Hamilton Raven (Hrsg.) publ. Flora of China. Spezialgebiet: Poaceae.

S.C. Chen = Chen Sing-Chi = Sing Chi Chen, 1931–. Chinesischer Botaniker, Direktor des Herbariums im Laboratorium für Syst. Botanik, Academia Sinica, Peking. Spezialgebiete: Orchidaceae, Liliaceae, Amaryllidaceae. Schrieb zus. mit Tsin Tang „A general review of the orchid flora of China" (in J. Arditti: Orchid Biology – Reviews and Perspectives Band 2, p. 39–82, 1982).

T.C. Chen = Chen Tê-Chao = Tê Chao Chen, 1926–. Chinesischer Botaniker. Spezialgebiete: Leguminosae, Lardizabalaceae. Mitarbeiter bei der Flora reipublicae popularis sinicae.

X.L. Chen = Xin Lu Chen, fl. 1989

Z.H. Chen = Chen Zheng-Hai = Zheng Hai Chen, publ. 1989. Chinesischer Botaniker. Publizierte mit Pao Ling Chiu über *Magnolia*.

C.Y. Cheng = Cheng Ching-Yung = Ching Yung Cheng, 1918–. Chinesischer Botaniker.

M. Cheng = Cheng Mien = Mien Cheng, 1899–1987. Chinesischer Botaniker. Spezialgebiet: Buxaceae.

W.C. Cheng = Cheng Wan-Chun = Wan Chun Cheng, 1903?–1983?. Chinesischer Botaniker aus Szechuan, vor allem Dendrologe. Schrieb „Les forêts du Se-Tchouan et du Si-Kiang oriental", 1940. Publizierte auch u.a. zus. mit Hsen Hsu Hu.

A. Chev. = Auguste Jean Baptiste Chevalier, Domfront, Orne 23.6.1873–3.6.1956 Paris. Französischer Botaniker, Forschungsreisender und Historiker. Beschäftigte sich mit phytogeographischen Problemen, der Taxonomie der Nutzpflanzen u. mit afrikanischen Pflanzen. Schrieb u.a. „Mission Chari-Lac Tchad", 1902–1904, 1907; „Sudania: Énumération des plantes récoltées en Afrique tropicale", 1911ff.; „La forêt et les bois du Gabon", 1917; „Les îles du Cap Vert", 1935; „Flore vivante de l'Afrique occidentale française", 1938. Schrieb zus. mit Émile Constant Perrot : „Les kolatiers et les noix de cola", 1911. Nach Chevalier die Art *Kalanchoe chevalieri* Gagnep.

Chevall. = François Fulgis Chevallier, Paris 2.7.1796–

24.12.1840 Freiburg i.Br. Französischer Botaniker und Mediziner. Schrieb „Flore générale des environs de Paris", 1826-1828, 2. Aufl. 1836; „Histoire des Graphidées", 1824-1827; „Fungorum et Byssorum illustrationes, ...", 1837-1840.

Chew = Wee-Lek Chew, 1932-. Malaysischer Botaniker in Singapur. Spezialgebiete: Urticaceae, *Poikilospermum*.

Ching = Ching Ren-Chang = Ren Chang Ching, Wujing County, Kiangu, Provinz 1.3.1889 (nicht 16.2.1899)-22.7.1986. Chinesischer Botaniker am Institute of Botany, Peking. Spezialgebiet: Pteridophyta. Schrieb u.a. „Icones filicum sinicarum", 1934-1958 (begonnen von Hu u. Ching 1930). Nach ihm die Gattung *Chingiacanthus* Hand.-Mazz.

Chiov. = Emilio Chiovenda, Premosello, Novara 18.5.1871-19.2.1941 Bologna. Italienischer Botaniker. Schrieb u.a. „Flora delle Alpi Lepontine occidentali", 1906; „Plantae novae vel minus notae e regione aethiopica", 1911-1951; „Flora somala", 1929-1936. Nach ihm die Gattung *Chiovendaea* Spegazz.

Chipp = Thomas Ford Chipp, 1886-1931. Spezialgebiet: *Codonopsis, Rinorea*. Schrieb „A revision of the genus Codonopsis Wall." (in Journ. Linn. Soc., Bot. 38, 374-391, 1908). Nach ihm die Art *Ochthocosmus chippii* Sprague, Hutchinson, Hutchinson et Dalziel.

Chitt. = Frederick James Chittenden, West Ham, London 25.10.1873-31.7.1950 Dedham, Essex. Englischer Gärtner u. Botaniker, Direktor der Versuchsgärten der Royal Horticult. Society in Wisley. Hrsg. von „Dictionary of Gardening", 4 Bde., 1951, 2. Aufl. 1956 (von P. M. Synge); Suppl. 1956, 2. Aufl. 1969.

P.L. Chiu = Chiu Pao-Ling = Pao Ling Chiu, fl. um 1980. Chinesischer Botaniker. Publizierte 1979 mit Wen Pei Fang über *Acer* und 1989 mit Zheng Hai Chen über *Magnolia*.

Chmel. = H. Chmelitschek, 1948-.

Chodat = Robert Hippolyte Chodat, Moutier-Grandval, Jura 6.4.1865-28.4.1934 Genf. Schweizer Botaniker, Professor der Botanik und Direktor des botanischen Laboratoriums an der Universität in Genf, Pflanzensammler in Paraguay. Schrieb u.a. „Monographia Polygalacearum", 1891-1893; für Engler u. Prantl, „Die natürlichen Pflanzenfamilien" III. 4 Tremandraceae, 1896; Polygalaceae, 1896; mit E. Hassler: „Plantae Hasslerianae", 1898-1907; „Addenda", 1917 (von E. Hassler). Nach Chodat die Art *Draba chodatii* O.E. Schulz.

Choisy = Jacques Denys (Denis) Choisy, Jussy bei Genf 5.4.1799-26.11.1859 Genf. Schweizer Pfarrer, Philosoph und Botaniker, Professor in Genf. Schrieb „Prodromus d'une monographie de la famille des Hypéricinées", 1821; für Candolle, Prodromus in Bd. I Hypericineae, Guttiferae, Marcgraviaceae, 1824; in Bd. IX Convolvulaceae, 1845; in Bd. X Hydroleaceae, 1846; in Bd. XII Selagineae, 1848; in Bd. XIII, 2 Nyctaginaceae, 1849. Nach ihm die Gattung *Choisya* Kunth.

Y.L. Chou = Chou Yi-Liang = Yi Liang Chou, 1922-. Chinesischer Botaniker. Spezialgebiet: Salicaceae. Publ. Auch zus. mit Shi Lin Tung über *Ledum*.

Chouard = Pierre Chouard, Paris 20.10.1903-11.12.1983 Paris. Französischer Botaniker, Professor an der Sorbonne in Paris. Schrieb u.a. „Types de développement ... chez les Scillées ...", 1930; „Révision de quelques genres et sous-genres de Liliacées bulbeuses ... Scilla, Endymion, Hyacinthus..." (in Bull. Mus. Hist. nat. ser. 2, 2, 698-706,1930; 3,176-180, 1931).

Choux = Pierre Choux, 1890-1983. Französischer Botaniker, Direktor des Bot. Gartens der Stadt Caen. Spezialgebiet: Flora von Madagaskar, Asclepiadaceae u. Didiereaceae. Schrieb u.a. „Le genre Secamone à Madagascar ...", 1926, „Les Sapindacées de Madagascar ...", 1927.

H.J. Chowdhery = Harsh J. Chowdhery, 1949-. Indischer Botaniker. Publizierte um 1981 mit Pitchai Daniel über *Magnolia*.

H. Christ = Hermann Konrad Heinrich Christ (Christ-Socin), Basel 12.12.1833-22.11.1933 Basel. Schweizer Jurist (Appellationsgerichtsrat) und Botaniker, Professor an der Universität in Basel. Schrieb u.a. „Die Rosen der Schweiz", 1873; „Das Pflanzenleben der Schweiz", 1879, 2. Aufl. 1882; „Die Farnkräuter der Erde", 1897; „Monographie des genus Elaphoglossum ...", 1899; „Die Geographie der Farne", 1910; „Zur Geschichte des alten Bauerngartens in der Schweiz und angrenzenden Gegenden", 2. Aufl. 1923. Nach ihm die Gattung *Christiopteris* Copel.

C. Chr. = Carl Frederik Albert Christensen, Kallehaugegaard 16.1.1872-24.11.1942 Kopenhagen. Dänischer Botaniker, Farnspezialist. Veröffentlichte u.a. „Index Filicum, ...", 1905-1906, Supplemente 1913-1965; „Den danske botaniks historie med tilhorende bibliografi", 1924-1926; „The Pteridophyta of Madagascar", 1932. Nach ihm die Gattung *Christensenia* Maxon.

K.I. Chr. = Knud Ib Christensen, Aalborg, Dänemark 13.10.1955 (pers. Mitt.) -. Dänischer Botaniker in Kopenhagen, Assoz. Professor an der Universität in Kopenhagen. Spezialgebiet: Gehölze, *Crataegus*. Schrieb u.a. „Revision of Crataegus Sect. Crataegus ... in the Old World" (in Syst. Bot. Monogr. 35, 1-199, 1992).

Christm. = Gottlieb Friedrich Christmann, Rietenau bei Backnang, Baden-Württemberg 22.2.1752-1836 Winnenden, Baden-Württemberg. Deutscher Botaniker u. Arzt. Übersetzer und Herausgeber (mit G.W.F. Panzer) von Linné, C. v.: „Vollständiges Pflanzensystem", 1777-1788.

Chrtek = Jindrich Chrtek, 1930-. Tschechischer Botaniker in Pruhonice bei Prag. Spezialgebiete: Flora von Tschechien und der Slowakei, Convolvulaceae, Asteraceae, Poaceae. Schrieb zus. mit Anna Chrtková-Zertová u.a. „Bemerkungen zu einigen balkanischen Oxytropis-Arten" (in Folia Geobot. Phytotax. 18, 309-320, 1983). Mitarbeiter bei Flora Europaea.

Chrtková = Anna Chrtková-...ertová, 1930–. Tschechische Botanikerin. Schrieb zus. mit Jindrich Chrtek u.a. „Taxonomische Bemerkungen zur Art Trollius europaeus s.l. in der Tschechoslowakei" (in Preslia 51, 97–106, 1979). Mitarbeiterin bei mehreren Bänden von K. H. Rechingers Flora Iranica.

C.D. Chu = Chu Cheng-De = Cheng De Chu, 1928–. Chinesischer Botaniker. Schrieb zus. mit Chi Son Chao u.a. „A study on the genus Acidosasa of Bambusoideae" (in Acta Phytotax. Sin. 29(6), 517–524, 1991).

Chun = Chun Woon-Young = Woon Young Chun (Huan Yung Ch'en), 1890 (1889?)–1971. Chinesischer Botaniker. Spezialgebiet: Gehölze, Magnoliaceae. Schrieb zus. mit Hsen Hsu Hu „Icones Plantarum Sinicarum", 1927–1937; zus. mit Chao Chien Chang und Feng Hwai Chen Herausg. der „Flora Hainanica", 1964–1977. Nach Chun Woon-Young die Gattung *Chuniophoenix* Burret.

T.H. Chung = Tai Hyun Chung, 1882–1971. Koreanischer Botaniker.

Cif. = Raffaele Ciferri, Fermo (Ascoli Piceno) 30.5.1897–12.2.1964 Pavia. Italienischer Botaniker in Florenz, ab 1945 in Pavia. Spezialgebiet: Fungi. Schrieb zus. mit Valerio Giacomini „Nomenclator florae italicae", 1950–1954.

Cirillo = Domenico Maria Leone Cirillo (Cyrillus), Grumo 11.4.1739–29.10.1799 Neapel. Italienischer Staatsmann, Arzt u. Botaniker, als Präsident der Parthenopeischen Republik in Neapel hingerichtet. Schrieb außer medizinischen Schriften u.a. „Ad botanicas institutiones introductio", 1766, 2. Aufl. 1771; „Fundamenta botanica...", 1785–1787; „Plantarum rariorum regni neapolitani", 1788–1792. Nach ihm die Gattung *Cyrilla* Garden ex L.

Clairv. = Joseph Philippe de Clairville, Frankreich 1742–31.7.1830 Winterthur, Zürich. Schweizer Botaniker. Schrieb „Plantes et arbustes d'agrément, ...", 1791–1794; „Auswahl von Pflanzen und Gesträuchen...", 1796, franz. Ausgabe 1797; „Manuel d'herborisation en Suisse et en Valais", 1811, 2. Aufl. 1819. Nach ihm die Gattung *Clairvillea* DC.

A.R. Clapham = Arthur Roy Clapham, Norwich 24.5.1904–18.12.1990. Englischer Botaniker, Professor der Botanik an der Sheffield University. Schrieb gemeinsam mit T.G. Tutin u. E.F. Warburg: „Flora of the British Isles", 1952, 2. Aufl. 1962, 3. Aufl. 1987 (mit T.G. Tutin u. D.M. Moore), auch 1989; „Flora of the British Isles. Illustrations", 1957–1964; „Excursion flora of the British Isles", 1959, 2. Aufl. 1968, 3. Aufl. 1981.

Clarion = Jacques Clarion, Saint-Pons-de-Seyne, Basses Alpes 12.10.1776–29.9.1844 Garches. Französischer Botaniker u. Arzt. Schrieb „Observations sur l'analyse des végétaux ...", 1803. Nach ihm die Gattung *Clarionea* Lag. ex DC.

Clarke = Benjamin Clarke, 1813–1890

C.B. Clarke = Charles Baron Clarke, Andover, Hampshire 17.6.1832–25.8.1906 Kew, Surrey. Englischer Botaniker, Direktor des Bot. Gartens in Kalkutta, später am Herbarium Kew. Spezialgebiet: Cyperaceae. Veröffentlichte u.a. „Commelynaceae et Cyrtandraceae bengalenses, ...", 1874; „Compositae indicae descriptae", 1876; „Cyrtandreae", in Monographiae Phanerogamarum, hrsg. von Alph. u. Cas. de Candolle, Bd. 5, 1, 1883 sowie Commelinaceae in Bd. 3, 1881. Bearbeitete für Daniel Oliver, Flora of Tropical Africa, in Bd. 4(2) Gesneraceae, 1906 (mit J.G. Baker), Bd. 5(1)–5(2) Acanthaceae, 1899–1900 (mit I.H. Burkill), Bd. 6(1) Amarantaceae, Chenopodiaceae, Phytolaccaceae, 1909 (mit J.G. Baker), Bd. 8(1) Commelinaceae, 1901, Bd. 8(2)–8(3) Cyperaceae, 1901–1902. Nach Clarke u.a. die Art *Scirpus clarkei* Stapf.

E.D. Clarke = Sir Edward Daniel Clarke, Willingdon, Sussex 5.6.1779–9.3.1822 London. Englischer Botaniker. Schrieb u.a. „Travels in various countries of Europe, Asia and Africa", 1810–1823.

Clausen = Pedro Cláudio Dinamarquez (Peter) Clausen, 1855–

R.T. Clausen = Robert Theodore Clausen, New York City 26.12.1911–31.12.1981 Ithaca, New York. Nordamerikanischer Botaniker an der Cornell University, Ithaca, New York. Schrieb u.a. „Sedum of the Trans-Mexican Volcanic Belt", 1959; „Sedum of North America, north of the Mexican Plateau", 1975; zus. mit James Leyland Edwards „The Ophioglossaceae of New Jersey..." (in Bull. Torrey bot. Club 64, 269–284, 1937).

Claverie = Pascal Claverie, fl. 1909. Schrieb „L'Hyphoene coriacea, Palmier textile de Madagascar" (in Comptes rendus Acad. Sci. Paris 138, 768–?, 1904).

S. Clay = Sampson Clay, fl. 1937. Schrieb „The Present-Day Rock Garden ...", 1937.

Clayberg = Carl Dudley Owen Clayberg, Tacoma, Washington 1.3.1931–. Nordamerikanischer Botaniker in New Haven, Connecticut. Spezialgebiet: *Sinningia*. Schrieb u.a. „Biosystematic studies in Sinningia and Rechsteineria (Gesneriaceae)" (in Am. J. Bot. 55, 829–833, 1968).

Clemente = Simón de Roxas (Rojas) Clemente y Rubio, Titaguas, Valencia 27.9.1777–2.1827 Madrid. Spanischer Botaniker und Bibliothekar, reiste in Andalusien auch unter dem maurischen Namen Mohamed Ben Ali. Schrieb „Ensayo sobre las variedades de la vid comun que vegetan en Andalucía", 1807. Posthum erschien „Plantas que viven espontaneamente en el termino de Titaguas", 1864. Nach ihm die Gattung *Clementea* Cav.

Clementi = Giuseppe C. Clementi, Alcenago, Pogano, Verona 30.12.1812–22.3.1873 Turin. Italienischer Botaniker, Professor für Physik und Biologie in Turin. Schrieb u.a. „Sertulum orientale, seu recensio plantarum in Olympo bithynico, ...", 1855.

Clem. = Frederic Edward Clements, Lincoln, Nebraska 16.9.1874–1945. Nordamerikanischer Botaniker, Pflanzensoziologe. Schrieb u.a. „Plant succession: an analysis of the development of vegetation", 1916; zus. mit Victor E. Shelford „Bio-ecology ...", 1939.

Publizierte zus. mit seiner Frau Edith Schwartz Clements „Rocky Mountain flowers", 1914 bzw. 1920, 3. aufl. 1963.
Clifford = Harold Trevor Clifford, 1927-
Clokey = Ira Waddell Clokey, Decatur, Illinois 21.12.1878- 13.1.1950 South Pasadena. Nordamerikanischer Botaniker. Schrieb u.a. „Carex notes ..." (in Amer. J. Sci. 3, 88-91,1922); „A new Penstemon ..." (in Madroño 4, 128-130,1937). Nach im z.B. die Art *Castilleja clokeyi* Pennell.
Clos = Dominique Clos, Sorèze, Tarn 25.5.1821-19.8.1908 Sorèze, Tarn. Französischer Botaniker, Direktor des Bot. Gartens Toulouse und Professor der Botanik. Schrieb u.a. „Révision comparative de l'herbier et de l'histoire abrégée des Pyrénées de Lapeyrouse", 1857; bearbeitete mehrere Familien für Claude Gay: „Historia fisica y politica de Chile, Botanica", 1846-1849. Nach ihm die Gattung *Closia* J. Rémy.
Closon = Jules Closon, lebte um 1895. Belgischer Gärtner (?). Publ. 1895 den Namen *Ruellia makoyana*.
Clover = Elzada Urseba Clover, Auburn, Nebraska 12.9.1897- 1980. Nordamerikanische Botanikerin und Professorin an der Michigan University. Spezialgebiet: Cactaceae.
Coaz = Johann Wilhelm Fortunat Coaz, Antwerpen, Belgien 31.5.1822-18.8.1918 Chur, Graubünden. Niederländischer, in der Schweiz tätiger Forstmann. Schrieb „Der Wald", 1861; zus. mit Carl Joseph Schröter „Ein Besuch im Val Scarl ...", 1905.
Cochet = Pierre Charles Marie Cochet, Coubert, Seine-et- Marne 13.4.1866-19.10.1936 Coubert. Französischer Gärtner u. Baumschulbesitzer in Coubert, Seine-et-Marne, Rosenspezialist.
Cockayne = Leonard Cockayne, Norton Lees, Derbyshire 7.4.1855-8.7.1934 Wellington, Neuseeland. Englischer Botaniker, von 1881-1934 in Neuseeland. Veröffentlichte von 1899 an viele Beiträge zur neuseel. Flora in verschiedenen Zeitschriften, schrieb außerdem „New Zealand Plants suitable for North American Gardens", 1914; „The vegetation of New Zealand", 1921 (als Bd. 14 von Engler u. Drude, Die Vegetation der Erde), 2. Aufl. 1928; zus. mit Edward Phillips Turner „The Trees of New Zealand", 1928, 5. Aufl. 1967. Nach Cockayne die Art *Oncostylus cockaynei* Bolle.
Cockerell = Theodore Dru Alison Cockerell, Norwood, London 22.8.1866-26.1.1948 San Diego, California. In England geborener Naturforscher, Genetiker, Entomologe und Paläontologe, zuletzt Professor der Zoologie. Schrieb zahlreiche Artikel über Pflanzen der westlichen USA.
Codd = Leslie Edward Wostall Codd, Vants Drift, Natal, Südafrika 16.9.1908-2.3.1999. Südafrikanischer Botaniker am Botanical Research Institute in Pretoria. Spezialgebiete: *Kniphofia*, südafr. Apocynaceae u. Labiatae. Schrieb u.a. „Trees and shrubs of the Krueger National Park", 1951 und zus. mit Mary Gunn „Botanical Exploration of Southern Africa", 1981. Nach Codd die Art *Brachystelma coddii* R.A. Dyer.
Coe = Ernest F. Coe, New Haven, Connecticut 21.3.1866-1.1.1951 Miami, Florida. Nordamerikanischer Landschaftsarchitekt und Naturschützer, Vater der Everglades.
Coëm. = Henri Eugène Lucien Gaëtan Coëmans, Brüssel 30.10.1825-8.1.1871 Gent. Belgischer Abt, Botaniker u. Paläobotaniker. Schrieb „Notice sur quelques cryptogames critiques de la flore belge", 1858; „Monographie du genre Pilobolus ..."; 1861.
Cogn. = Célestin Alfred Cogniaux, Robechies, Belgien 7.4.1841- 15.4.1916 Genappe. Belgischer Botaniker, Kurator des Bot. Gartens Brüssel. Bearbeitete für Martius „Flora brasiliensis" in Bd. III, 4-6 (1893-1906), „Orchidaceae"; in Bd. VI, 4 (1878), „Cucurbitaceae"; Bd. XIV, 3 u. 4 (1883/88) „Melastomaceae"; für Engler, Das Pflanzenreich „Cucurbitaceae-Fevilleae et Melothrieae", 1916, zus. mit Hermann August Theodor Harms „Cucurbitaceae-Cucurbiteae-Cucumerinae", 1924; für Alph. U. Cas. De Candolle, Monographiae Phanerogamarum, Bd. 3 „Cucurbitaceae", 1881; Bd. 7, 1891 „Melastomaceae"; gemeinsam mit A. Goossens Hrsg. von „Dictionnaire iconographique des Orchidées", 1896-1907. Nach Cogniaux die Gattung *Cogniauxia* Baill.
Cohen-Stuart = Combertus Pieter Cohen-Stuart, Buitenzorg, Java 1889-1945. In Java geborener niederländischer Botaniker. Spezialgebiet: *Camellia*. Schrieb „Voorbereidende onderzoekingen ten dienste van de selektie der theeplant", 1916.
Coincy = Auguste Henry Cornut de la Fontaine de Coincy, Lille, Nord 1.4.1837-30.1.1903 Courtoiseau, Loiret. Französischer Botaniker. Spezialgebiet: Flora von Spanien. Schrieb u.a. „Ecloga plantarum hispanicarum. Figures de plantes trouvées en Espagne", 1893-1901. Nach ihm die Gattung *Coincya* Rouy.
Coker = William Chambers Coker, Hartsville, South Carolina 24.10.1894-27.6.1953 Chapel Hill, North Carolina. Nordamerikanischer Botaniker, Professor der Botanik. Spezialgebiet: Mykologie. Schrieb „Vegetation of the Bahama Islands" (in George Burbank Shattuck „The Bahama Islands", 1905); zus. mit Henry Roland Totten „Trees of the Southeastern States ...", 1934.
D.T. Cole = Desmond Thorne Cole, Mafeking, Cape Province, Südafrika 30.10.1922-. Südafrikanischer Botaniker, Professor für Bantu-Sprachen. Schrieb „Lithops: Flowering stones", 1988. Nach ihm und seiner Frau, der südafrikanischen Apothekerin Naureen A. Cole (1935-), die Art *Lithops coleorum* S.A. Hammer et R. Uijs.
Colebr. = Henry Thomas Colebrooke, London 15.6.1765- 10.3.1837 London. Englischer Orientalist (Sanskrit), Jurist und Liebhaber-Botaniker, lebte von 1783-1815 in Indien. Nach ihm die Art *Clerodendron colebrookianum* Walp.
Coleman = William Higgins Coleman, 1816?-1863. Englischer Geistlicher und Botaniker in Hertford und Ashby-de-la-

Zouch. Schrieb „The flora of Leicestershire ...", 1886 und mit R. H. Webb „A report of the flora of Hertfordshire", 1843 und „Flora hertfordiensis", 1849.

Colenso = William Colenso, England 17.11.1811–10.2.1899 Napier, Neuseeland. Englischer Pfarrer u. Botaniker, von 1834 bis zu seinem Tode in Neuseeland, über dessen Flora, vor allem der Pteridophyta, er arbeitete. Schrieb „A classification and description of some newly-discovered ferns", 1845. Nach ihm u.a. die Art *Oreomyrrhis colensoi* Hook. f.

Colla = Luigi (Aloysius) Colla, Turin 24.4.1766–22.12.1848 Turin. Italienischer Jurist u. Botaniker, besaß einen Botanischen Garten in Rivoli bei Turin. Schrieb „Herbarium pedemontanum...", 1833–1837; „Hortus ripulensis, seu enumeratio plantarum...", 1824; „Illustrationes et icones rariorum stirpium quae in ejus horto Ripulis florebant", 1825, 1826, 1828, 1852 (in Memorie della Reale Accad. Della Scienze di Torino); „Plantae rariores in regionibus chilensibus a clarissimo M. D. Bertero nuper detectae ...", (ebenfalls in Memorie ..., Band 37–39, 1834–1837). Nach Colla die Gattung *Collaea* DC.

Collad. = Louis Théodore Frédéric Colladon, Genf 25.8.1792–25.4.1862 Genf. Schweizer Arzt u. Botaniker in Genf. Schrieb „Histoire naturelle et médicale des Casses", 1816. Nach ihm die Gattung *Colladonia* DC.

Collett = Sir Henry Collett, Thetford, Norfolk 6.3.1836–21.12.1901 Kew. Englischer Oberst und Botaniker, sammelte Pflanzen in China (Shan-Staaten). Schrieb „Notes on some plants of the Himalaya", 1895; „Flora simlensis ...", 1902, 2. Aufl. 1921. Nach ihm die Art *Antidesma collettii* Craib.

Coltm.- Rog. = Charles Coltman-Rogers (auch Coltman Rogers), 12.5.1854–1929. Britischer Botaniker. Schrieb „Conifers and their Characteristics", 1920.

Colville = Colville, fl. 1958, beschrieb *Daphne x hybrida*.

H.F. Comber = Harold Frederick Comber, Nymans, Sussex 1897–23.4.1969 Gresham, Oregon. Englischer Gärtner u. Lilienzüchter, lebte später in Oregon. Spezialgebiete: *Ilex, Impatiens, Lilium*. Sammelte von 1925–1927 in den Anden von Peru, Chile und Argentinien, 1930 in Tasmanien. Schrieb „Field notes of plants collected by [H. F. Comber], Andes Expeditions 1925–6 and 1926–7", 1927; „Field notes of Tasmanian plants, ...", 1930. Publizierte auch mit Victor Samuel Summerhayes. Nach Comber die Arten *Senecio comberi* Cabrera, *Berberis comberi* Sprague et Sandwith und *Verbena comberi* Sandwith.

Comber = Thomas Comber, Pernambuco, Brasilien 14.11.1837–24.1.1902 Blackpool, Lancashire, England.

Comes = Orazio Comes, Monopoli, Bari 11.11.1848–1923 Neapel. Italienischer Botaniker, Direktor der Höheren Landwirtschaftsschule in Portici bei Neapel. Spezialgebiet: Fungi. Schrieb u.a. „Darstellung der Pflanzen in den Malereien von Pompeji", 1895.

Comm. = Philibert Commerson, Châtillon-les-Dombes 18.11.1727–13.3.1773 Mauritius. Französischer Arzt u. Naturwissenschaftler. Begleiter Bougainvilles auf dessen Reise um die Welt von 1766 bis 1769. Nach ihm die Gattung *Commersonia* J. R. et G. Forst.

Compton = Robert Harold Compton, Tewkesbury, England 6.8.1886–11.7.1979 Kapstadt. Südafrikanischer Botaniker, Professor der Botanik, Direktor des National Botanic Garden in Kirstenbosch bei Kapstadt. Schrieb „An annotated check list of the flora of Swaziland", 1966. Und zusammen mit E.G. Rice: „Wild flowers of the Cape of Good Hope", 1951. Nach ihm die Gattung *Comptonella* Baker f. und *Comptonanthus* B. Nord.

Conert = Hans Joachim Conert, 1929–. Deutscher Botaniker und Professor am Forschungsinstitut Senckenberg in Frankfurt am Main. Spezialgebiet: Poaceae. Schrieb u.a. „Beiträge zur Monographie der Gattungen Cleistogenes und Neyraudia" (in Bot. Jahrb. 78, 208–245, 1959); „Pareys Gräserbuch", 2000. Bearbeitete die Familie der Poaceae für G. Hegi „Illustrierte Flora von Mitteleuropa" Band 1.3, 3. Aufl. 1979–1997.

B.J. Conn = Barry John Conn, 1948–

Conrard = Louis P.H. Conrard

Console = Michelangelo Console, Palermo 24.7.1812–13.5.1897 Palermo. Italienischer Botaniker. Spezialgebiet: Cactaceae. Nach ihm die Gattung *Consolea* Lem.

Constance = Lincoln Constance, Eugene, Oregon 16.2.1909–11.6.2001 Berkeley, Kalifornien. Nordamerikanischer Botaniker in Berkeley, zuletzt Professor der Botanik. Spezialgebiet: Apiaceae. Schrieb „The systematics of Angiosperms" (in: A century of progress in the natural sciences, 1955). Mitarb. an Lundells „Flora of Texas", 1961–1969 (Umbelliferae) und bei der von Wu Zheng-yi u. Peter Hamilton Raven (Hrsg.) publ. Flora of China. Schrieb u.a. zus. mit Prasanta Kumar Mukherjee „Umbelliferae (Apiaceae) of India", 1993; zus. mit Mildred Esther Mathias für Britton, North American Flora „Umbelliferae", 1944–1945 und für Gunnar Wilhelm Harling und Benkt Sparre, Flora of Ecuador, die Familie „Umbelliferae", 1976. Autobiographie von Constance: „Versatile Berkeley Botanist", 1988.

Conti = Pascal (Pasquale) Conti, Lugano, Tessin 25.9.1874–2.8.1898 Genf, Schweiz. Schweizer Botaniker, an der Universität in Genf. Spezialgebiet: *Matthiola*. Schrieb u.a. zus. mit Robert Hippolyte Chodat „Les espèces du genre Matthiola ..." (in Mém. Herb. Boiss. 18, 1900).

Coode = Mark James Elgar Coode, Plymouth, England 1937–. Britischer Botaniker in Kew. Spezialgebiet: Elaeocarpaceae. Sammelte auch Pflanzen in Neuguinea. Schrieb u.a. zus. mit James Cullen „Materials for a flora of Turkey. IX. Berberidaceae" (in Notes Roy. Bot. Gard. Edinburgh 26, 35–42, 1964). Nach Coode u.a. die Art *Mapania coodei* D.A. Simpson.

C.D.K. Cook = Christopher David Kentish Cook, Leigh-on-Sea, England 4.11.1933 (pers. Mitt.) -. Englischer Botaniker,

Professor in Zürich. Spezialgebiet: Wasserpflanzen. Schrieb „A monographic study of Ranunculus subgenus Batrachium (DC.) A. Gray" (in Mitt. Staatssamml. München 6, 47-237, 1966); „Aquatic plants endemic to Europe and the Mediterranean" (in Bot. Jahrb. Syst. 103, 539-582,1983); „Aquatic plant book", 1990; und zus. mit Bernardo J. Gut, E. Martyn Rix, Jakob Schneller und Marta Seitz „Water plants of the world: a manual for the identification of freshwater macrophytes", 1974.

O.F. Cook = Orator Fuller Cook, Clyde, New York 28.5.1867-23.4.1949 Lanham, Maryland. Nordamerikanischer Botaniker. Spezialgebiet: Nutzpflanzen. Schrieb u.a. „Economic plants of Porto Rico ...", 1903 (in Contr. U.S. National Herb. 8(2), 1903); „Vegetation affected by agriculture in Central America ...", 1909.

Coombes = Allen J. Coombes, fl. 1980. Britischer Dendrologe an den Sir Harold Hillier Gardens in Hampshire (nicht zu verwechseln mit Frank Andrew Coombs, 1877-1964). Spezialgebiete: *Quercus*, Hybriden von Gehölzen. Schrieb u.a. „Timber press dictionary of plant names", 1985; „Phygelius in the wild and in cultivation" (in Plantsman 9, 233-246, 1988); „Eyewitness handbooks: Trees", 1992; „Laub- und Nadelbäume", 1994.

Coombs = Frank Andrew Coombs, Dunedin, Neuseeland 28.3.1877-23.10.1964. Neuseeländischer Chemiker und Botaniker, war wichtiger Chemiker der Lederindustrie Australiens (nicht zu verwechseln mit Allen J. Coombes, der über *Viburnum* und *Phygelius* publizierte). Beschrieb *Acacia* -Arten.

J.G. Cooper = James Graham Cooper, New York 19.6.1830-19.7.1902 Hayward, Kalifornien. Nordamerikanischer Arzt, Botaniker u. Zoologe. Schrieb „The natural history of Washington Territory and Oregon, ...", 1859-1860 (mit George Suckley).

R.E. Cooper = Roland Edgar Cooper, Kingston-upon-Thames, Surrey 1890-31.1.1962 Southend-on-Sea, Essex. Schottischer Gärtner in Edinburgh, später in Burma, zuletzt in Edinburgh. Sammelte Pflanzen in Sikkim, Indien u. Burma. Ist der Entdecker von *Rhododendron tsariense* in Bhutan 1915.

Cooperr. = Tom Smith Cooperrider, 1927-

Copel. = Edwin Bingham Copeland, Monroe, Wisconsin 30 9.1873-16.3.1964 Chico, Kalifornien. Nordamerikanischer Botaniker. Veröffentlichte etwa 120 Publikationen über Pteridophyta, darunter als wichtigste „Genera Filicum", 1947; „Fern flora of the Philippines", 1958-1961. Nach ihm die Arten *Scutellaria copelandii* Merr., *Capparis copelandii* Elmer und *Cyrtandra copelandii* Merr.

Corb. = François Mathieu Louis Corbière, Champsecret, Orne 10.5.1850-3.1.1941 Cherbourg. Französischer Pädagoge u. Botaniker, Professor am Lyceum von Cherbourg. Spezialgebiet: Bryophyta. Schrieb „Nouvelle Flore de Normandie", 1894.

Cornel. = Égide Norbert Cornelissen, Antwerpen 12.7.1769-18.7.1849 Gent. Belgischer „secretaire-inspecteur" an der Universität von Gent und Botaniker. Schrieb „Sur les tubera des anciens ...", 1834.

Corner = Edred John Henry Corner, London 12.1.1906-14.9.1996. Englischer Botaniker, Professor der Botanik in Cambridge. Spezialgebiete: asiatische u. australische *Ficus u. Clavaria* (Basidiomycetes), Pflanzen der Tropen, Phylogenie, Pflanzengeographie. Schrieb u.a. „Wayside trees of Malaya", 2. ed. 1952, 3. ed. 1988; „The life of the plants", 1964; „The natural history of palms", 1966; „The seeds of dicotyledons", 1976. Nach ihm u. a. die Art *Rhaphidophora corneri* P.C. Boyce.

Cornu = Marie Maxime Cornu, Orléans 16.7.1843-3.4.1901 Paris. Französische Botanikerin.

Corrêa = José Francisco Corrêa de Serra, Serpa, Portugal 5.6.1751-11.9.1823 Caldas da Rainha, Portugal. Portugiesischer Botaniker u. Diplomat, lebte in Lissabon, London, Paris und Nordamerika. Schrieb „Reduction of all the genera of plants contained in the Catalogus plantarum Americae septentrionalis...", 1815. Nach ihm die Gattung *Correa* Andrews.

Correll = Donovan Stewart Correll, Wilson, North Carolina 13.4.1908-28.3.1983. Nordamerikanischer Botaniker, verheiratet mit Helen Butts Correll. Schrieb u.a. „The genus Ponera" (in Bot. Mus. Leaflets Harvard Univ. 9, 129-151, 1941); „The Potato and ist wild relatives", 1962. Veröffentlichte zus. mit Oakes Ames „Native orchids of North America north of Mexico", 1950, u. „Orchids of Guatemala", 1952-1965 (Teil 3 allein von Correll verfasst). Mitarb. an Lundells „Flora of Texas", 1961-1969 (Pteridophyta, Gymnospermae, Orchidaceae). Schrieb „Manual of the vascular plants of Texas", 1970 (mit M.C. Johnston u.a.); zus. mit seiner Frau, Helen Butts Correll „Aquatic wetland plants of the southwestern United States", 1972 u. 1975. Nach ihm die Gattung *Correlliana* D'Arcy.

Correns = Carl Franz Joseph Erich Correns, München 19.9.1864-15.2.1933 Berlin-Dahlem. Deutscher Botaniker u. Genetiker, Professor der Botanik in Tübingen, später Direktor des Biol. Instituts der Kaiser-Wilhelm-Gesellschaft in Berlin. Zusammen mit Hugo de Vries u. Erich von Tschermak-Seyssenegg Wiederentdecker der Mendelschen Gesetze (1900). Schrieb u.a. „Die neuen Vererbungsgesetze", 1912. Nach Correns wahrscheinlich die Hybride *Thymus x corrensii* Machule.

Correvon = Louis Henri Correvon, Yverdon, Waadt 15.8.1854-11.5.1939 Herisau, Appenzell. Schweizer Gärtner u. Schriftsteller. Schrieb neben vielem anderem „Album des Orchidées d'Europe centrale et septentrionale", 1899; „Nos Arbres dans la Nature", 1920; „Les plantes des Alpes", 1885; zus. mit P. Robert „La flore alpine", 1908; „Rock Gardens and Alpine Plants", 1930; zus. mit J.F. Schill „Les Joubarbes (Semperviva)", 1924.

Cortés = Santiago Cortés, 1854-1924. Kolumbianischer Botaniker. Schrieb „Flora de Colombia",

1897.
Cory = Reginald Radcliffe Cory, Malvern, Worcestershire 31.10.1871–12.5.1934 Stoborough bei Wareham, Dorset. Englischer Kaufmann u. Pflanzensammler, Mäzen. Nach ihm die Art *Primula coryana* Balf. f. et Forrest ex W.W.Sm.

Coss. = Ernest Saint-Charles Cosson, Paris 22.7.1819–31.12.1889 Paris. Französischer Botaniker. Schrieb „Notes sur quelques plantes critiques, rares et nouvelles...", 1849–1852; „Compendium florae atlanticae", 1881–1887; „Illustrationes florae atlanticae", 1882–1897 (mit Jean François Gustave Baratte). Schrieb zus. mit Jacques Nicolas Ernest Germain de Saint-Pierre: „Observations sur quelques plantes critiques des environs de Paris", 1840; „Flore descriptive et analytique des environs de Paris", 1845, 2. Aufl. mit dem Titel „Flore des environs de Paris...", 1861; „Synopsis analytique de la flore des environs de Paris", 1845, 2. Aufl. 1859, 3. Aufl. 1876. Schrieb auch zus. mit Lean Louis Kralik „Catalogue des plantes observées en Syrie et an Palestine", 1854; „Sertulum tunetanum", 1857. Nach Cosson die Gattung *Cossonia* Durieu und nach ihm und nach Germain de Saint-Pierre die Gattung *Diserneston* Jaub. et Spach, da beide den Vornamen Ernest haben.

Costa = Antonio Cipriano Costa y Cuxart, 26.9.1817–16.7.1886. Katalanischer Botaniker, Professor der Botanik in Barcelona. Schrieb u.a. „Introducción á la Flora de Cataluña y Catálogo razonado de las plantas observadas en esta region", 1864, 2. Aufl. 1877. Nach ihm die Gattung *Costia* Willk.

Costantin = Julien Noël Costantin, Paris 16.8.1857–17.11.1936. Französischer Botaniker. Schrieb u.a. „Les végétaux et les milieux cosmiques", 1898; „La nature tropicale", 1899; „Nouvelle flore des champignons", 1891, 7. Aufl. 1947 (mit Léon Marie Dufour).

H.J. Coste = Hippolyte Jacques Coste, Balaguier-du-Sernin, Aveyron 20.12.1858–23.11.1924 Saint-Paul-des-Fonts, Aveyron. Französischer Abt u. Botaniker. Schrieb u.a. „Flore descriptive et illustrée de la France, de la Corse, et des contrées limitrophes", 1900–1906; Suppl. 1–5: 1973–1979 (von P. Jovet u. R. De Vilmorin). Nach Coste der Farn-Bastard *Asplenium x costei* Litard.

Cothen. = Christian Andreas von Cothenius, 1708–1789

Cotton = Arthur Disbrowe Cotton, London 15.1.1879–27.12.1962 Hertford. Englischer Botaniker in Kew. Spezialgebiete: Algae, Fungi. Publizierte zus. mit Arthur Grove die Supplemente 1–7 zu Henry John Elwes „A monograph of the genus Lilium", 1933–1940. Nach ihm die Gattung *Cottonia* Wight.

J.M. Coult. = John Merle Coulter, Ningpo, China 20.11.1851–23.12.1928 Yonkers, New York. Nordamerikanischer Botaniker an der University of Chicago. Publizierte u.a. „Manual of the botany of the Rocky Mountain region", 1885; „New manual of botany of the central Rocky Mountains", 1909 (mit A. Nelson); zus. mit C.J. Chamberlain „Morphology of the Gymnosperms", 2. Aufl. 1917; „Morphology of the Angiosperms", 1903. Nach ihm die Gattung *Coulterella* Vasey et Rose.

Coult. = Thomas Coulter, Dunkalk, Louth, Irland 28.9.1793–1843 Dublin. Irischer Arzt, lebte in Genf, sammelte Pflanzen in Mexiko u. Kalifornien. Schrieb „Mémoires sur les Dipsacées", 1823. Nach ihm die Gattung *Coulteria* Humb., Bonpl. et Kunth.

Court = Arthur Bertram Court, 25.12.1927–. Australischer Botaniker in Canberra. Spezialgebiet: *Acacia*. Schrieb „Three new species of Acacia (Mimosaceae) from western Australia" (in Nuytsia 2, 168–177, 1978).

Courtois = Richard Joseph Courtois, Verviers 17.1.1806–14.4.1835 Lüttich (Liège), Belgien. Belgischer Botaniker, Professor in Lüttich. Schrieb „Magazin d'horticulture ...", 1833. Nach ihm die Gattung *Courtoisia* Nees.

Coustur. = Paul Cousturier, Montereau, Seine-et-Marne 14.4.1849–27.7.1921 Saint-Raphael, Aix-en-Provence. Französischer Botaniker, tätig in der Verwaltung der französischen Kolonien in Afrika. Schrieb mit Michel Gandoger „Florule de la République d'Andorre ...", 1914. Nach Cousturier die Art *Colchicum cousturieri* Greuter.

Cout. = António Xavier Pereira Coutinho, Lissabon 11.6.1851–27.3.1939 Lissabon. Portugiesischer Botaniker und Landwirt, später Professor der Botanik. Schrieb „Flora de Portugal", 1913, 2. Aufl. 1939 (von R.T. Palhinha); „Notas da Flora de Portugal", 1914–1921. Nach Coutinho vermutlich die Art *Silene coutinhoi* Rothm. et P. Silva.

Coutts = John Coutts, Lochnager, Aberdeenshire 17.1.1872–21.12.1952 Woking, Surrey. Britischer botanischer Gärtner in Kew. Schrieb „Lilies" (mit H.B.D. Woodcock), 1935.

Covas = Guillermo Covas, 1915–1995. Argentinischer Botaniker, Professor an der Universität Cuyo, Mendoza, Argentinien. Spezialgebiete: *Glandularia, Hordeum*. Nach ihm die Art *Senecio covasii* Cabrera.

Coville = Frederick Vernon Coville, Preston, New York 23.3.1867–9.1.1937 Washington, D. C. Nordamerikanischer Botaniker. Spezialgebiete: Ericaceae, Juncaceae. Schrieb „Botany of the Death Valley Expedition", 1893. Bearbeitete für Britton, North American Flora in Bd. 22(3) „Grossulariaceae", 1908 (zus. mit N.L. Britton); Additions in Bd. 22(6), 1918. Nach Coville die Art *Arabis covillei* Greene.

Cowan = John Macqueen Cowan, Banchory, Kincardineshire, Schottland 1892–26.10.1960 Edinburgh. Schottischer Gärtner in Kalkutta (1926–1928) und Edinburgh (1930–1954). Sammelte Pflanzen in Sikkim, Burma und Persien. Spezialgebiet: *Rhododendron*. Schrieb „The trees of Northern Bengal" (mit seiner Frau A. M. Cowan), 1929; „The Rhododendron leaf", 1950.

Cowley = Elizabeth Jill Cowley, 1940–. Britische Botanikerin in Kew. Spezialgebiet: Petaloide Monocotylen, *Roscoea*.

Cowper = James Denis Cowper, ?–1974. Britischer Kakteenspezialist, besonders für *Mammillaria*.

Cox = Euan Hillhouse Methven

Cox, Westward, Carse of Gowrie 9.6.1893-1977. Englischer Gärtner und Pflanzensammler in Burma. Schrieb u.a. „Plant hunting in China", 1945; zus. mit George Crosbie Taylor „Primulas for garden and greenhouse ...", 1928, auch 1947. Nach Cox die Art *Berberis coxii* C.K. Schneid., die er zusammen mit Reginald John Farrer entdeckt hat.

Craib = William Grant Craib, Kirkside, Banff 10.3.1882-1.9.1933 Kew, Surrey. Schottischer Botaniker in Kalkutta, Kew, Edinburgh und Aberdeen. Schrieb u.a. „Contributions to the flora of Siam", 1912; „Flora siamensis enumeratio", 1925-1939 (Bd. 3, 1962, von A.F.G. Kerr). Nach ihm die Gattungen *Craibia* Harms et Dunn. Und *Craibiodendron* W.W. Sm.

R.T. Craig = Robert Theodore Craig, 1902-1986. (Nicht zu verwechseln mit Robert Craig, 1847-1927). Nordamerikanischer Botaniker, Kakteenspezialist. Schrieb „The Mammillaria Handbook", 1945.

Craig = Thomas Craig, Montreal 14.6.1839-1916. Kanadischer Botaniker, publ. über *Gilia*.

Cramer = Johann Christian Cramer, publ. 1803.

L.H. Cramer = Louis Hermenegild Cramer, 13.4.1924-.

Crantz = Heinrich Johann Nepomuk von Crantz, Roodt, Luxemburg 25.11.1722-18.1.1797 Zeiring (auf seinem Eisenbergwerk) bei Judenburg, Steiermark. In Luxemburg geborener österreichischer Arzt u. Botaniker, Professor in Wien. Schrieb „Materia medica et chirurgica juxta systema naturae digesta", 1762; „Stirpium austriarum fasciculus I (-fasciculus III)", 1762-1767; „Institutiones rei herbariae", 1766; „Classis Umbelliferarum emendata...", 1767, 2. Aufl. 1769; „Classis Cruciformium emendata...", 1769; „De duabus draconis arboribus botanicarum...", 1768. Nach ihm die Gattung *Crantzia* Nutt. und z.B. auch die Art *Potentilla crantzii* (Crantz) Fritsch, welche er entdeckt und nach sich selbst benannt hat.

Cremers = Georges Cremers, 1936-

Crép. = François Crépin, Rochefort, Namur 30.10.1830-30.4.1903 Brüssel. Belgischer Botaniker, Gründer einer Gartenbauschule in Gent, Direktor des Bot. Gartens Brüssel. Hauptwerke: „Manuel de la Flore de Belgique", 1860, 6. Aufl. 1916; „Primitiae monographiae Rosarum...", 1869-1882. Nach ihm die Gattung *Crepinella* Marchal.

P.J. Cribb = Phillip James Cribb, 1946-. Britischer Botaniker in Kew. Spezialgebiet: Orchidaceae. Schrieb u.a. ...The genus Paphiopedilum..., 1987; ...The genus Cypripedium..., 1997; zus. mit Nicholas R. Pearce ... The orchids of Bhutan..., 2002; zus. mit Ian Butterfield ...The genus Pleione..., 1988; zus. mit Helmut Bechtel u. Edmund Launert ...Orchideenatlas..., 1980. Nach Cribb die Gattung *Cribbia* Senghas.

Crins = William J. Crins, 1955-

Critchf. = William Burke Critchfield, 1923-1989

Croat = Thomas Bernard Croat, 1938-

Croizat = Léon Camille Marius Croizat, Turin 16.7.1894-30.11.1982 Coro, Falcon, Venezuela. Nordamerikanischer Botaniker italienisch-französischer Herkunft in Südamerika. Spezialgebiet: Euphorbiaceae. Schrieb u.a. „Manual of plantgeography ...", 1952; „Principia botanica", 2 Bände, 1961; „Biogeografia analitica y sintetica (panbiogeographia) de las Américas ...", 2 Bände 1976. Nach ihm die Gattung *Croizatia* Steyerm.

Cronquist = Arthur John Cronquist, San José, Kalifornien 19.3.1919-22.3.1992 Provo, Utah. Nordamerikanischer Botaniker am New York Bot. Garden, Bronx und Professor. Schrieb u.a. „The evolution and classification of flowering plants", 1968, 2. Aufl. 1988; „How to know the seed plants", 1979; „An integrated system of classification of flowering plants", 1981; zus. mit Henry Allan Gleason „Manual of vascular plants of northeastern United States and adjacent Canada", 1963, 2. ed. 1991, sowie „The natural geography of plants", 1964; zus. mit C. Leo Hitchcock u.a. „Vascular plants of the Pacific Northwest", 1955-1969; mit C.L. Hitchcock „Flora of the Pacific Northwest", 1973. Hrsg. von „Intermountain flora: Vascular plants of the Intermountain West, USA", 1972-1977.

H.B. Croom = Hardy Bryan Croom, Lenoir County, North Carolina 8.10.1797-9.10.1837 auf See vor der Küste von North Carolina (Schiffbruch). Nordamerikanischer Botaniker. Schrieb : „A catalogue of plants native or naturalized in the vicinity of New-Bern, North-Carolina", 1837. Nach ihm die Gattung *Croomia* Torr. ex Torr. et A. Gray.

Croucher = George Croucher, Dunbar, East Lothian 1833-27.6.1905 Ochtertyre, Perthshire. Schottischer Gärtner in Ochtertyre. Publizierte über Sukkulenten.

Crueg. = Hermann Crüger, Hamburg 11.2.1818-25.2.1864 San Fernando, Trinidad. Deutscher Botaniker, ging als Apotheker nach Trinidad, wurde 1857 Direktor des Bot. Gartens Port of Spain. Schrieb „Outline of the flora of Trinidad", 1858.

Crusio = Wim Crusio, publ. Um 1979. Niederländischer Zoologe und Botaniker an der landwirtschaftlichen Universität in Wageningen. Spezialgebiet: *Anubias, Lagenandra*. Schrieb „The Genus Anubias Schott (Araceae)" (in Meded. Landbouwhogeschool Wageningen 79,1979)

Cuatrec. = José Cuatrecasas Arumi, Camprodén, Gerona, Spanien 19.3.1903-23.5.1996 Washington, D.C. Spanischer Botaniker, Professor für systematische Botanik in Madrid, später in USA und Kolumbien. Schrieb „Observaciones geobotánicas en Columbia ...", 1934; „Aspectos de la vegetación natural de Colombia" (in Revista Acad. Col. 10, 221-268, 1958); „Brunelliaceae" (in Flora neotropica 2, 1970-1985). Nach ihm die Gattung *Cuatrecasea* Dugand und *Cuatrecasiodendron* Standl. et Steyerm.

Cubey = Janet Joanne Cubey, 1973-.

Cufod. = Georg Cufodontis, Triest, Italien 3.8.1896-18.11.1974 Wien. Österreichischer Botaniker griechisch-italienischer Herkunft

und Professor am Bot. Institut der Universität Wien. Schrieb „Enumeratio plantarum Aethiopiae", 1953-1972 (in Bull. Jard. Bot. État 23-42), Nachdruck als Buch 1975. Nach ihm z.B. die Art *Peperomia cufodontii* Trel.
Cullen = James Cullen, 1936-. Britischer Botaniker. Mitarb. an „Flora europaea", 1964-1980; zus. mit anderen Herausg. von „The European Garden Flora", Band 1-6, 1986-2000. Schrieb „Revision of Rhododendron. I. Subgenus Rhododendron sections Rhododendron & Pogonanthum" (in Notes Roy. Bot. Gard. Edinburgh 39, 1-208, 1980); Bd. II von „Phanerogamarum Monographiae: A revision of Anthyllis vulneraria s. l. in Europe"; mit P. H. Davis „The identification of flowering plant families", 1965, 2. Aufl. 1978. Herausgeber von „The orchid book: A guide to the identification of cultivated orchid species", 1992. Mitarbeiter bei der von Wu Zheng-yi u. Peter Hamilton Raven (Hrsg.) publ. Flora of China.
Cullmann = Wilhelm Cullmann, Münnerstadt, Bayern 8.6.1905-29.1.1992. Deutscher Kakteenkenner. Schrieb zus. mit H. Balzer „Kakteen unser Hobby", 1963, 5. Aufl. (zus. mit Erich Götz u. G. Gröner) u.d. Titel: „Kakteen; Kultur, Vermehrung und Pflege; Lexikon der Gattungen und Arten", 1984 (engl.: „The Encyclopedia of Cacti", 1986). Nach ihm die Gattung *Cullmannia* Distefano.
A. Cunn. = Allan Cunningham, Wimbledon, Surrey, England 13.7.1791-27.6.1839 Sydney. Englischer Botaniker, Bruder von Richard Cunningham. War 1826 u. 1838 in Neuseeland, sonst in New South Wales, Australien. Schrieb u.a. „Florae insularum Novae Zelandiae precursor", in „Companion to the Botanical Magazine", 1837 u. in „Annals of Natural History", 1838-1839; Mitarbeiter von Barron Fields: „Geographical Memoirs on New South Wales", 1825. Nach ihm die Gattung *Alania* Endl.; nach ihm und seinem Bruder Richard die Gattung *Cunninghamia* R. Br.
R. Cunn. = Richard Cunningham, Wimbledon, Surrey 12.2.1793-

15.4.1835 bei Dandaloo, New South Wales (von Eingeborenen ermordet). Englischer Botaniker u. Forscher, 1833/34 in Neuseeland, Direktor des Bot. Gartens Sidney, Bruder von Allan Cunningham. Nach ihm u. seinem Bruder Allan die Gattung *Cunninghamia* R. Br.
Curran = Mary Katherine Brandegee (geb. Layne, verw. Curran), Tennessee 28.10.1844-3.4.1920 Berkeley, Kalifornien. Nordamerikanische Botanikerin u. Pflanzensammlerin in San Francisco, Kalifornien; Ehefrau von Hugh Curran, später von Townsend Stith Brandegee. Schrieb „Botanical notes", 1885 bzw. 1888.
M.A. Curtis = Moses Ashley Curtis, Stockbridge, Massachusetts 11.5.1801-10.4.1872 Hillsborough, North Carolina. Nordamerikanischer Botaniker, Lehrer und Geistlicher. Schrieb „Geological ans natural history of North Carolina", 1867. Nach ihm die Gattung *Acurtis* Fr. sowie z.B. die Art *Paspalum curtisianum* Steud.
Curtis = William Curtis, Alton, Hampshire 11.1.1746-7.7.1799 Brompton, London. Englischer Apotheker, Entomologe, Botaniker und Vorsteher des Apothekergartens Chelsea. Gründete botanische Gärten in Bermondsey, Lambeth 1771 u. in Brompton 1789. Schrieb „Flora londinensis", 1775-1798; „An Abridgement of the Flora londinensis", 1792; „Lectures of Botany" (hrsg. von S. Curtis), 1805; „Practical observations on the British grasses", 1790, 7. Aufl. 1834; „History of the Browntail Moth", 1782; 1787 gründete er das heute noch erscheinende Curtis' Botanical Magazine und war bis 1799 sein Herausgeber. Nach ihm die Gattung *Curtisia* Ait.
W.M. Curtis = Winifred Mary Curtis, London 15.6.1905-14.10.2005 Hobart, Tasmanien. Englische Botanikerin in Hobart; sie kam 1939 nach Australien. Spezialgebiet: *Celmisia.* Schrieb u.a. „The student's flora of Tasmania", 4 Teile, 1963-1994; „The endemic flora of Tasmania", 6 Bände, 1967-1978.
Cusson = Pierre Cusson, Montpellier 14.8.1727-13.11.1783

Montpellier. Französischer Jesuit, Arzt, Botaniker und Mathematiker in Montpellier. Spezialgebiet: Apiaceae. Nach ihm die Gattung *Cussonia* Thunb.
Custer = Jakob Gottlieb Custer, 1789-10.2.1850. Schweizer Arzt und Botaniker, lebte in Tal, später in Rheinegg. Publizierte über die dortige Flora in „Neue Alpina (Hrsg. J. R. Steinmüller)" 1821-1827. (Nicht zu verwechseln mit dem Geschäftsmann und Politiker Jakob Laurenz Custer, Altstätten 16.3.1755-24.1.1828 Rheinegg).
Cutak = Ladislaus Cutak, 1908-18.1.1973. Nordamerikanischer Botaniker rumänischer Herkunft (Bukowina) in St. Louis. Spezialgebiet: Sukkulenten. Schrieb „Cactus Guide", 1956.
Czeczott = Hanna Czeczott, 1888-1982. Polnische, in St. Petersburg geborene Botanikerin in Warschau. Schrieb „A contribution of the knowledge of the flora and vegetation of Turkey ...", 1938-1939. Nach ihr die Art *Lathyrus czeczottianus* Bässler.
Czern. = Vasilii Matveievich Czernajew (Basil Matvéievich Czerniaéw), Kalitva, Zemliansk, Woronesch 1796 (nicht 1793)-21.2.1871Charkow. Russischer Botaniker. Schrieb u.a. „Conspectus plantarum circa Charcoviam et Ucrania..." 1859.
D'Arcy = William Gerald D'Arcy, Calgary, Kanada 29.8.1931-16.12.1999. War zunächst Inhaber einer Getränkefirma, erst später Botaniker am Missouri Botanical Garden. Spezialgebiet: Solanaceae, Bignoniaceae, Flora von Panama. Unter seinen zahlreichen Publikationen schrieb er „Flora of Panama, Checklist and Index", Teil 1. u. 2, 1987; zus. mit Mireya D. Correa A. „The botany and natural history of Panama", 1985; zus. mit Carmen Benítez de Rojas „The genera Cestrum and Sessea (Solanaceae: Cestreae) in Venezuela" (in Annals Miss. Bot. Gard. 85, 273-351, 1998). Mitarbeiter bei der von Wu Zheng-yi u. Peter Hamilton Raven (Hrsg.) publ. Flora of China. Nach D'Arcy u.a. die Art *Larnax darcyana* N.W.Sawyer.
d'Urv. = Jules Sébastien César Dumont d'Urville, Condé sur Noireau, Calvados 23.5.1790-

8.5.1842 Meudon, Seine et Oise, ist bei einem Zugunglück bei Bellevue mit seiner Familie umgekommen. Französischer Marineoffizier, Seefahrer, Hydrograph und Botaniker, durchforschte die antarktischen Länder. Schrieb u.a. „Voyage au pôle sud et dans l'Océanie", 1841–1854. Nach ihm die Gattung Urvillea Kunth außerdem die D'Urville-See in der Antarktis sowie die französischer Station Dumont D'Urville auf diesem Kontinent.

Däniker = Albert Ulrich Däniker, Steinmaur, Zürich 12.6.1894–1957 Zürich. Schweizer Botaniker, Professor und Direktor des Bot. Gartens Zürich. Schrieb u.a. „Ein ökologisches Prinzip zur Einteilung der Pflanzengesellschaften", 1928; „Das Pflanzenkleid des Kantons Zürich", 1942.

O.C. Dahl = Ove Christian Dahl, Orkedalsora, Orkedal, Norwegen 29.1.1862–17.9.1940 Oslo. Norwegischer Botaniker in Trondheim, später in Oslo. Hrsg. von Axel Gulbrand Blytt „Haandbog i Norges Flora", 1906. Schrieb u.a. „Floraen i Finnmark Fylke ...", 1934. Nach ihm die Art *Taraxacum dahlii* Dahlst.

Dahlgren = Bror Eric Dahlgren, Schweden 17.3.1877–16.12.1961 Chicago. Nordamerikanischer Botaniker schwedischer Herkunft am Chicago Natural History Museum. Veröffentlichte u.a. „Index of American Palms", 1936 (mit Adolf Carl Noë), Tafelband 1959, rev. Aufl. 1972 (von Sidney F. Glassman). Nach ihm die Gattung *Dahlgrenia* Steyerm.

R. Dahlgren = Rolf Martin Theodor Dahlgren, Örebro, Schweden 7.7.1932–14.2.1987. Schwedischer Botaniker am Bot. Museum Kopenhagen. Spezialgebiet: *Aspalathus*. Schrieb „The monocotyledons – a comparative study", 1982 (mit H.T. Clifford); „The families of monocotyledons", 1985.

Dahlst. = Gustav Adolf Hugo Dahlstedt, St Lars, Östergötland 8.2.1856–2.10.1934. Schwedischer Botaniker. Spezialgebiete: *Hieracium*, *Taraxacum*. Schrieb u.a. „Adnotationes de Hieraciis scandinavicis", 1893. Nach ihm die Gattung *Dahlstedtia* Malme.

Dahmen = Ralf Dahmen, fl. 1998. Deutscher Botaniker.

Dalla Torre = Karl (Carl) Wilhelm Dalla Torre von Thurnberg-Sternhoff, Kitzbühel, Tirol 14.7.1850–6.4.1928, Innsbruck, Tirol. Österreichischer Botaniker u. Zoologe, Professor der Zoologie an der Universität in Innsbruck. Schrieb zus. mit A. Hartinger „Atlas der Alpenflora", 1881–1884, 2. Aufl. 1896–1897 (redigiert von E. Palla); „Die volkstümlichen Pflanzennamen in Tirol und Vorarlberg", 1895; zus. mit L. Graf v. Sarnthein „Flora der gefürsteten Grafschaft Tirol, des Landes Vorarlberg und des Fürstentums Liechtenstein", 1900–1913; zus. mit Hermann August Theodor Harms „Genera Siphonogamarum...", 1900–1907 u. „Register zu Genera Siphonogamarum", 1908.

Dallim. = William Dallimore, Tardebigge, Worcestershire 31.3.1871–7.11.1959 Tonbridge, Kent. Englischer Botaniker und Gärtner in Kew. Schrieb zus. mit Albert Bruce Jackson „A Handbook of Coniferae ...", 1923, 4. Aufl. 1967 (von S. G. Harrison); außerdem „Holly, Yew and Box", 1908.

Dalström = Stig Dalström, fl. 1983.

Dalzell = Nicol (Nicolas) Alexander Dalzell, Edinburgh 21.4.1817–18.1.1878 Edinburgh. Schottischer Botaniker, von 1841–1870 im Forstdienst in Indien. Sammelte Pflanzen in Indien und Burma. Schrieb „Catalogue of indigenous flowering plants of Bombay Presidency", 1858; zus. mit A. Gibson „The Bombay flora", 1861. Nach ihm die Gattung *Dalzellia* Wight.

Dalziel = John McEwen Dalziel, Nagpur, Indien 16.5.1872–21.2.1948 Chiswick, Middlesex. Britischer Botaniker und Missionar, zuletzt in Kew. Schrieb zus. mit John Hutchinson „Flora of West Tropical Africa...", 1927–1936; 2. Aufl., herausg. von Ronald William John Keay u. Frank Nigel Hepper, 1954–1972. Nach Dalziel die Gattung *Dalzielia* Turrill.

Damboldt = Jürgen Damboldt, Hannover 2.5.1937–3.5.1978 Berlin. Deutscher Botaniker an der Freien Universität Berlin. Herausgeber von Bd. 3(3) für die 2. Aufl. von Hegi, Gustav: „Illustrierte Flora von Mitteleuropa", 1974. Nach Damboldt die Art *Silene damboldtiana* Greuter et V.Melzheimer.

Dammann = Hildegard Dammann, Berlin 11.7.1900–. Deutsche Botanikerin.

Dammer = Carl Leberecht Udo Dammer, Apolda, Thüringen 8.1.1860–15.11.1920 Karlsruh bei Battin, Kreis Belgard, Pommern (Unfall). Deutscher Botaniker, Kustos am Bot. Garten Berlin, Palmenspezialist. Schrieb u.a. „Palmenzucht und Palmenpflege", 1879; „Anleitung für Pflanzensammler", 1894; für Engler u. Prantl: „Die natürlichen Pflanzenfamilien III. 1a (1892–1893) Polygonaceae, Batidaceae". Nach ihm die Gattung *Dammera* K. Schum. et Lauterb. und wahrscheinlich auch die Art *Cotoneaster dammeri* C.K.Schneid.

Dams = Erich Dams, 19./20. Jahrh. Deutscher Botaniker, wissenschaftlicher Bibliothekar an der Preußischen Staatsbibliothek in Berlin. Publizierte um 1909 über Cactaceae. Ab 1904 Herausg. von „Monatsschrift für Kakteenkunde". Nach ihm die Art *Echinocactus damsii* K.Schum.

Dandy = James Elgar Dandy, Preston, Lancashire 24.9.1903–10.11.1976 Tring, Hertfordshire. Englischer Botaniker am Brit. Museum London. Spezialgebiete: Magnoliaceae, Potamogetonaceae, Nomenklatur der Pflanzen. Veröffentlichte u.a. „List of British vascular plants", 1958; „The Sloane Herbarium ... with biographical accounts of the principal contributors...", 1958; „Index of generic names of vascular plants 1753–1774", 1967. Bearbeitete u.a. die Gattung *Potamogeton* für Flora Europaea (Band 5, 1980). Nach ihm die Gattung *Dandya* H.E. Moore.

Danert = Siegfried Danert, Isnothen bei Sensburg, Ostpreußen 25.12.1926–12.11.1973 Gatersleben. Deutscher Botaniker am Institut für Genetik u. Kulturpflanzenforschung in Gatersleben. Spezialgebiet:

Kulturpflanzen. Mitarbeiter an „Urania Pflanzenreich. Höhere Pflanzen" (Bd. 1-2), 1971-1973 u. „Niedere Pflanzen", 1974. Schrieb „Die Verzweigung der Solanaceen im reproduktiven Bereich", 1958.

P. Daniel = Pitchai Daniel, Thirunelveli, Tamil Nadu State, Indien 10.11.1943 (pers. Mitt.) -. Indischer Botaniker an der Tamil Nadu Agricultural University, Coimbatore, Indien. Spezialgebiet: Tiliaceae, Verbenaceae, Solanaceae, *Magnolia*. Schrieb u.a. „The alternative names of the type of Plagiopteron (Plagiopteraceae)" (in Taxon 40, 619-620, 1991).

Daniell = William Freeman Daniell, Salford, Lancashire 16.11.1817-26.6.1865 Southampton, Hampshire. Englischer Apotheker und Botaniker, als Militärarzt in Westafrika 1841-1853, später in Westindien und 1860 in China. Schrieb „Sketches on the medical typography and native diseases of the Gulf of Guinea ...", 1849. Nach ihm die Gattung *Daniellia* Benn.

Danser = Benedictus Hubertus Danser, Schiedam bei Rotterdam, Niederlande 24.5.1891-18.10.1943 Groningen. Niederländischer Botaniker und Lehrer, später Professor in Groningen. Spezialgebiete: Loranthaceae, Santalaceae. Schrieb u.a. „A new system for the genera of the Loranthaceae Loranthoideae", 1933; „A revision of the genus Phacellaria (Santalaceae)" (in Blumea 3, 212-235, 1939). Nach ihm die Gattung *Dansera* Steenis.

Dans. = Pierre Mackay Dansereau, Montreal, Québec, Kanada 5.10.1911-. Französischer Botaniker an der University of Montreal, Kanada. Spezialgebiet: *Cistus*. Schrieb „Monographie du genre Cistus L.", 1939; „Biogeography: an ecological perspective", 1957.

C.D. Darl. = Cyril Dean Darlington, Chorley, Lancashire, England 19.12.1903-26.3.1981 Oxford. Englischer Genetiker u. Zytologe an der John Innes Horticultural Institution, Merton, London, auch Professor der Botanik in Oxford. Schrieb u.a. „Chromosomes and plant breeding", 1932; zus. mit E.K. Janaki-Ammal „Chromosome atlas of cultivated plants", 1945; mit A.P. Wylie „Chromosome atlas of flowering plants", 1955; „Chromosome botany", 1956, 2. Auf. 1963 (deutsch: „Chromosomenbotanik", 1957).

Darracq = Ulysse Darracq (Pseudonym, eigentlich Pierre Dalcan),Dax, Landes 10.8.1798-1872 Bayonne, Pyrénées Atlantiques. Französischer Botaniker.

Darthuis = Darthuis

Daubeny = Charles Giles Bridle Daubeny, Stratton, Gloucestershire, England 11.2.1795-13.12.1867 Oxford. Englischer Botaniker, Geologe und Chemiker, Professor der Chemie in Oxford. Schrieb u.a. „Oxford Botanic Garden", 1850, 2. Aufl. 1853-1863; „Essay on the trees and shrubs of the ancients", 1865; „Plants of the world and where they grow", neue Ed., 1868. Nach ihm die Gattung *Daubenya* Lindl. Sowie die Hybride *Nymphaea x daubenyana* W.T.Baxter ex Daubeny.

Daveau = Jules Alexandre Daveau, Paris 29.2.1852-24.8.1929 Montpellier. Französischer Botaniker und Konservator des bot. Gartens und Museums der Universität in Montpellier. Schrieb u.a. „Cistinées du Portugal ..." (in Bol. Soc. Brot. 4, 15-84, 1886); „Plumbaginées du Portugal ..." (in Bol. Soc. Brot. 6, 145-187, 1889); „Cypéracées du Portugal ..." (in Bol. Soc. Brot. 9, 58-128,1892). Nach ihm die Art *Trifolium daveauanum* Thell.

Davidian = Hagop Haroutune Davidian, 1907-2003. Botaniker und Rhododendronkenner am Bot. Garten in Edinburgh. Schrieb „Rhododendron species", 4 Bände 1982-1994.

Davidson = Anstruther Davidson, Caithness, Schottland 19.2.1860-3.4.1932 Los Angeles, Kalifornien. Schottischer Botaniker, wanderte 1889 nach den Vereinigten Staaten aus. Schrieb zus. mit Georges Loucks Moxley „Flora of Southern California", 1923.

C. Davidson = Carol Davidson, publ. 1940. Nordamerikanische Botanikerin. Spezialgebiet: Cactaceae. Publizierte zus. mit Charles Hercules Boissevain „Colorado Cacti", 1940.

Davies = Hugh Davies, Llandyfrydog, Anglesey, Wales 1739-16.2.1821 Beaumaris, Anglesey. Walisischer Botaniker und Geistlicher. Schrieb „Welsh botanology ...", 1813. Nach ihm die Gattung *Daviesia* Sm.

P.H. Davis = Peter Hadland Davis, Weston-super-Mare 18.6.1918-5.3.1992. Englischer Botaniker. Hrsg. von „Flora of Turkey and the East Aegean Islands", 10 Bände, 1965-1988. Schrieb „The identification of flowering plant families", 1965, 2. Aufl. 1978 (mit J. Cullen); „Principles of Angiosperm taxonomy", 1963 (zus. mit Vernon Hilton Heywood); zus. mit W. T. Stearn „Peonies of Greece...", 1984. Nach Davis z.B. die Art *Centaurea davisii* Wagenitz.

E.W. Davis = E. Wade Davis, fl. 1983

A.P. Davis = Aaron Paul Davis, 1965-. Botaniker in Leiden, Niederlande, später an den Royal Bot. Gardens in Kew. Spezialgebiete: Rubiaceae, *Galanthus*. Schrieb (ill. von Christabel King) „The genus Galanthus ...", 1999; zus. mit Diane M. Bridson „A taxonomic revision of the genus Amaracarpus (Rubiaceae, Psychotrieae)" (in Blumea 49, 25-68, 2004).

Dawe = Morley Thomas Dawe, Sticklepath, Devon 9.9.1880-14.7.1943 Kyrenia, Zypern. Englischer Kolonialbotaniker u. Landwirtschafts-Sachverständiger, 1902-1910 in Uganda, 1910-1914 in Mozambique, später in Gambia, Angola, Sierra Leone und Zypern. Schrieb „Report on a botanical mission through the forest districts of Budda and the western and Nile provinces of the Uganda Protectorate", 1906; „List of plants collected in the Gambia ...", 1922. Nach ihm die Art *Pycnostachys dawei* N.E. Br., die er entdeckt hat.

E.Y. Dawson = Elmer Yale Dawson, Creston, Iowa 31.3.1918-22.6.1966 auf See nahe Ghardaqua, Ägypten. Nordamerikanischer Botaniker, hauptsächlich Algenforscher, aber auch Kakteenspezialist. Schrieb u.a. „The Cacti of California", 1966. Nach ihm die Gattung *Neodawsonia* Bckbg.

J. Day = John Day, London 3.2.1824-15.1.1888 Tottenham,

London. Englischer Amateur-Gärtner und Orchideensammler in Indien, Sri Lanka, Brasilien etc.

de Boer = Hendrik Wijbrand de Boer, Adorp 26.8.1885–14.3.1970 Groningen, Niederlande. Niederländischer Sukkulentenforscher u. Nahrungsmittelchemiker.

de Haas = Th. de Haas, 1888–. Niederländischer Sukkulentenforscher. Publ. 1940 über *Setiechinopsis*.

De Hurst = De Hurst, Pflanzenzüchter, Autor von *Picea x hurstii*.

de Jonch. = Gerardus Johannes de Joncheere, 1910–1988. Niederländischer Kaufmann und Botaniker. Spezialität: Pteridophyta. Publ. um 1970 mit Elbert Hennipman über *Platycerium*. Nach de Joncheere die Hybride *Asplenium x joncheerei* D.E.Meyer.

P.C. De Jong = Petrus (Piet) Cornelis De Jong, Hazerswoude, Niederlande 24.3.1938 (pers. Mitt.) –. Niederländischer Botaniker (Dendrologe), zuerst an der Universität in Utrecht, dann an der Experimental Research Station in Boskoop. Spezialgebiet: Gehölze, z.B. *Acer*. Schrieb zus. mit Dirk Martinus van Gelderen und Herman John Oterdoom „Maples of the world", 1994.

De Jonghe = Jean De Jonghe, Coolscamp bei Brügge 16.3.1804–4.3.1876 Brüssel. Belgischer Gärtner.

De Kruyff = E. De Kruyff, publizierte um 1908.

De la Soie = Gaspard Abdon de la Soie, Sembrancher, Wallis 30.7.1818–27.2.1877 Martigny, Wallis. Schweizer Botaniker. Schrieb „Note pour servir à l'étude du genre Sempervivum" (in Bull. Travaux Soc. Murithienne 3, 14–17, 1875).

P.J. de Lange = Peter James de Lange, 28.7.1966–. Neuseeländischer Botaniker in Newton, Auckland. Schrieb u.a. zus. mit Peter B. Heenan u. B.G. Murray „Carex tenuiculmis comb. et stat. nov. (Cyperaceae), a threatened red-leaved sedge from New Zealand" (in New Zealand J. Bot. 35, 159–165, 1997).

de Lannoy = De Lannoy, publizierte um 1863.

de Laub. = David John De Laubenfels, 1925–. Nordamerikanischer Botaniker und Professor der Geographie in Syracuse, New York. Spezialgebiet: Coniferae, besonders der Tropen. Schrieb „Gymnosperms" in A. Aubréville u. J.-F. Leroy, Flore de la Nouvelle Calédonie et dependances", Band 4, 1972. Nach ihm die Art *Araucaria laubenfelsii* Corbasson.

De Not. = Giuseppe (Josephus) De Notaris, Mailand 18.4.1805–27.1.1877 Rom. Italienischer Botaniker, Professor in Genua u. Rom. Kryptogamenforscher, bes. Bryophyta. Schrieb u.a. „De quibusdam Chenopodii speciebus", 1830; „Repertorium florae ligusticae", 1844. Nach ihm die Gattungen *Notarisia* Colla u. *Denotarisia* Grolle sowie die Zeitschriften Notarisia, 1886–1896, u. La Nuova Notarisia, 1890–1925.

De Smet = Louis De Smet, Lokeren 20.4.1813–16.3.1887 Ledeberg. Belgischer Gärtnereibesitzer.

de Vos = Cornelis de Vos, 1806–1895. Niederländischer Gärtner. Spezialgebiet: Gehölze. Schrieb „Korte schets van de geschiedenis der plantkunde ...", 1888.

de Vries = Hugo de Vries, Haarlem 16.2.1848–25.5.1935 Lunteren. Niederländischer Botaniker, mit Carl Franz Joseph Erich Correns und Erich von Tschermak-Seyssenegg Wiederentdecker der Mendelschen Gesetze (1900). Schrieb u.a. „Die Mutationstheorie", 1900–1903 (englisch: „The mutation theory", 1910–1911). Nach Hugo de Vries die Art *Rhododendron devriesianum* Koord.

de Vriese = Willem Hendrik de Vriese, Oosterhout, Nordbrabant, Niederlande 11.8.1806–23.1.1862 Leiden. Niederländischer Botaniker in Leiden. Schrieb u.a. über Arzneipflanzen u. Pflanzen aus Malaysia, außerdem „Descriptions et figures des plantes nouvelles et rares du jardin botanique de l'université de Leide", 1847–1851. Nach ihm die Gattung *Vriesea* Lindl.

W.J. de Wilde = Willem Jan Jacobus Oswald de Wilde, Heemskerk, Niederlande 1936–.

Niederländischer Botaniker am Rijksherbarium in Leiden. Spezialgebiet: Najadaceae, Cucurbitaceae, Myristicaceae. Bearbeitete die Najadaceae für Flora Malesiana Ser. I., Vol. 6(2), 1960; später einer der Herausg. von Flora Malesiana. Schrieb „Myristicaceae" (in Flora Malesiana 14, 1–634, 2000). Nach ihm z.B. die Art *Goniothalamus dewildei* R.M.K. Saunders.

De Wild. = Émile Auguste Joseph De Wildeman, Sint-Joost-ten-Node bei Brüssel 19.10.1866–24.7.1947 Brüssel. Belgischer Botaniker. Schrieb zahlreiche Werke über Pflanzen aus dem trop. Afrika, u.a. „Les plantes tropicales de grande culture...", 1902, 2. Aufl. 1908; „Contribution à l'étude de la flore du Katanga", 1921–1933; „Plantae Bequaertianae", 1921–1932. Schrieb zus. mit Théophile Alexis Durand „Plantae Thonnerianae congolenses", 1900–1911. Nach De Wildeman die Gattung *Dewildemania* O. Hoffm.

de Wit = Hendrik Cornelis Dirk de Wit, Purmerend, Niederlande 24.10.1909–1999. Niederländischer Botaniker am Botanischen Garten in Buitenzorg auf Java, später Professor in Wageningen (Laboratorium voor Plantensystematiek en -geografie). Spezialgebiete: Wasserpflanzen, trop.-afr. Flora, *Cryptocoryne*. Schrieb u.a. das in viele Sprachen übersetzte, in deutscher Ausgabe von K. H. Paul bearbeitete „Knaurs Pflanzenreich in Farben", 1964–1965. Schrieb ferner „Aquarienplanten", 1958, 2. Aufl. 1966; deutsche Ausgabe „Aquarienpflanzen", 1971; engl. Ausgabe „Aquarium plants", 1964; zus. mit Moustafa Sayed-Achmed Abdallah „The Resedaceae" (in Belmontia N.S. 8, 1–416, 1978). Nach De Wit die Art *Cryptocoryne dewitii* N.Jacobsen.

Dean = Richard Dean, Southampton, Hampshire 1.2.1830–21.8.1905 Ealing, Middlesex. Englischer Gärtner und Botaniker. Schrieb „The Dahlia, ist history and cultivation ...", 1897.

H. Deane = Henry Deane, Clapham, London 26.3.1847–12.3.1924 Malvern, Victoria, Australien. Englischer Eisenbahn-Ingenieur, zuerst in London, dann in Siebenbürgen und später in Australien, Liebhaber-Botaniker und Paläobotaniker. Schrieb zus. mit Joseph Henri Maiden „Observations on the Eucalypts of New South Wales ...", 1896-1901. Nach Deane die Art *Eucalyptus deanei* Maiden.

Debeaux = Jean Odon Debeaux, Agen, Lot-et-Garonne 4.8.1826-20.2.1910 Toulouse. Französischer Pharmazeut u. Botaniker. Spezialgebiet: Flora von China. Schrieb u.a. „Flore de la Kabylie du Djurdjura" 1894; „Révision de la Flore agenaise suivie de la Flore du Lot-et-Garonne ...", 1898. Nach ihm vermutlich die Art *Carex debeauxii* H.Lév. et Vaniot.

Decne. = Joseph Decaisne, Brüssel 7.3.1807-8.2.1882 Paris. Belgischer Botaniker, Professor am Jardin de Plantes, Paris. Schrieb „Le jardin fruitier du Muséum...", 1858-1875; zus. mit Jean Emmanuel Maurice Le Maout „Traité général de botanique descriptive et analytique", 1868; zus. mit Charles Victor Naudin „Manuel de l'amateur des jardins", 1862-1872; für de Candolle, Prodromus in Bd. VIII „Asclepiadaceae", 1844 in Bd. XIII, 1 „Plantaginaceae", 1852. Nach ihm die Gattung *Decaisnea* Hook. f. et Thomson.

Decorse = Decorse, schrieb 1912 zus. mit Henry Louis Poisson über *Aloe vaombe*.

DeFillips = Robert Anthony DeFilipps, 1939-2004. Mitarbeiter bei der Flora of China.

Deflers = Albert Deflers, Doullens 16.10.1841-4.10.1921 Nancy. Französischer Offizier, Forstmann, Erforscher der Flora Ägyptens, Arabiens u. des Jemen. Schrieb „Voyage au Yémen", 1889. Nach ihm die Art *Caralluma deflersiana* Lavranos.

Degen = Arpád von Degen, Pressburg (heute Bratislava, Slowakei) 31.3.1866-30.3.1934 Budapest. Ungarischer Botaniker, bis etwa 1883 am Gymnasium in Pressburg (Bratislava), dann an der Universität von Budapest, zuletzt Universitätsprofessor. Zu seine zahlreichen Publikationen zählen u.a. „Bemerkungen über einige orientalische Pflanzenarten ..." (in Österr. Botan. Zeitschr. 41-50, 1891-1900); „Die Flora von Herculesbad", 1901; „Studien über Cuscuta-Arten", 1912; „Flora velebitica", 1936-1938. Nach ihm die Gattung *Degenia* Hayek und auch die Art *Alyssum degenianum* Nyár.

O. Deg. = Otto Degener, Orange, New Jersey 13.5.1899-16.1.1988 Honolulu, Hawaii. Nordamerikanischer Botaniker auf Oahu, Hawaii. Sammelte besonders viele Pflanzen von Hawaii. Schrieb „The Flora Hawaiiensis ...", 1932-1973 (später zus. mit seiner Frau, Isa Degener). Nach Otto Degener die Gattung *Degeneria* I. W. Bailey et A. C. Sm. und die Familie Degeneriaceae nach einer sehr ursprünglichen Blütenpflanze, die er 1942 auf den Fidschi-Inseln entdeckt hatte.

Degl. = Jean Vincent Yves Degland, Rennes 20.1.1773-19.2.1841 Rennes. Französischer Botaniker, Professor der Botanik in Rennes. Schrieb „De Caricibus Galliae indigenis tentamen ...", 1828.

Dehnh. = Friedrich Dehnhardt, Hannover 1787-1870. Deutscher Gärtner und Botaniker, 1823-1843 in Neapel. Schrieb u.a. „Catalogus plantarum horti camalduensis", 1829, 2. Aufl. 1832.

Dekapr. = Leonard Leonardovicz Dekaprelevicz, Tiflis Juli 1886-. Russischer Kulturpflanzensystematiker.

Delacr. = Édouard Georges Delacroix, Montrouge, Seine 24.1.1858-1.11.1907 Paris. Französischer Botaniker, Pflanzenpathologe. Schrieb u.a. „Maladies des plantes cultivées ... non parasitaires ...", 1908; und mit André Maublanc „Maladies des plantes cultivées ... parasitaires ...", 1909.

Delarbre = Antoine Delarbre, Clermont-Ferrand, Puy-de-Dôme 15.1.1724-22.5.1807 Clermont-Ferrand. Französischer Arzt, Geistlicher und Botaniker. Schrieb u.a. „Flore d'Auvergne ou recueil des plantes de cette ci-devant province", 1795, 2. Aufl. 1800, weitere Aufl. 1836. Nach ihm wahrscheinlich die Art *Arabis delarbrei* Charb.

D. Delaroche = Daniel Delaroche, Genf 1743-1812 Paris. Schweizer Arzt u. Botaniker, Vater von François Delaroche. Schrieb „Descriptiones plantarum aliquot novarum", 1766. Nach ihm u. seinem Sohn die Gattung *Rochea* DC.

F. Delaroche = François Delaroche, 1780-23.12.1813 Paris. Schweizer Arzt u. Botaniker, Sohn von Daniel Delaroche. Schrieb „Eryngiorum necnon generis novi Alepideae historia", 1808. Nach ihm u. seinem Vater die Gattung *Rochea* DC.

Delaunay = L. N. Delaunay, fl. 1922. Ukrainischer Genetiker in Kiew. Schrieb u.a. „Les chromosomes S chez l'Ornithogalum L." (in Bull. Jard. Bot. Kieff 2, 29-30, 1925).

Delavay = Père Pierre Jean Marie Delavay, Les Gets 28.12.1834-31.12.1895 Yunnan-fu, China. Französischer Missionar, Pflanzensammler, Entdecker vieler neuer westchinesicher Pflanzen, vor allem aus den Provinzen Kwang-tung u. Jünnan, die von A.R. Franchet beschrieben wurden in „Plantae Delavayanae", 1889-1890. Nach ihm die Gattung *Delavaya* Franch.

Deless. = Baron Jules Paul Benjamin Delessert, Lyon 14.2.1773-1.3.1847 Paris. Französischer Adeliger (Baron), Fabrikant, Bankier, und Liebhaber-Botaniker. Er besaß eines der größten Privat-Herbarien seiner Zeit, das später den Kern des Herbars in Genf (Conservatoire botanique, G) bildete. Schrieb „Icones selectae plantarum ...", 1820-1846, 5 Bände. Nach ihm die Gattungen *Delesseria* J.V. Lamour. und *Lessertia* DC.

Deleuil = J. B. A. Deleuil, publ. 1874. Entdecker von *Echeveria mutabilis*.

Delile = Alire Raffeneau Delile, Versailles 23.1.1778-5.7.1850 Paris. Französischer Botaniker, Arzt und Professor der Botanik in Montpellier. Begleiter Napoleons I. auf dem Feldzug nach Ägypten. Schrieb u.a. „Description de l'Égypte. Histoire naturelle. Botanique", 1813-1814. (Enthält: Florae aegyptiaceae illustratio u. Flore d'Égypte), 2. Aufl. 1824; „Centurie de plantes d'Afrique du voyage à Méroë", 1826. Nach ihm die Gattung *Lilaea* Humb. et

Bonpl.

C.Y. Deng = Deng Chao-Yi = Chao Yi Deng, 1960–. Chinesischer Botaniker. Publizierte über *Magnolia* und *Camellia*.

D.L. Denham = Dale Lee Denham, Lamar, Colorado 12.11.1922–8.9.1997 (pers. Mitt.). Nordamerikanischer Botaniker. Spezialgebiet: Neuweltliche Gesneriaceae.

Denham = Dixon Denham, 1786–1828

Denis = Marcel Denis, Villiers-sur-Loir 20.1.1897–21.1.1929 Clermont-Ferrand. Französischer Botaniker, Pflanzen-systematiker u. -soziologe, Professor in Clermont-Ferrand. Schrieb „Les Euphorbiées des Iles Australes d'Afrique ...", 1921. Nach ihm die Art *Euphorbia denisiana* Guillaumin.

Dennst. = August Wilhelm Dennstedt, Weimar, Thüringen 1776–1826 Weimar. Deutscher Arzt, Bürgermeister und Botaniker in Magdala, Thüringen, wiss. Leiter des Bot. Gartens Belvedere bei Weimar. Schrieb „Schlüssel zum Hortus Indicus Malabaricus", 1818; „Hortus Belvedereanus. Oder Verzeichniss der bestimmten Pflanzen ...", 1820–1821. Nach ihm die Gattung *Dennstaedtia* Bernh. und die Familie Dennstaedtiaceae Lotsy.

Derenb. = Julius Derenberg, 1873–1928. Deutscher Arzt und Botaniker in Hamburg. Publizierte zus. mit Moritz Kurt Dinter über *Mesembryanthemum*. Nach Derenberg die Art *Cheiridopsis derenbergiana* Schwantes.

Des Moul. = Charles Robert Alexandre de Gaux Des Moulins (Desmoulins), Southampton 12.3.1798–24.12.1875 Bordeaux. Französischer Botaniker, Zoologe und Geologe in Bordeaux. Schrieb u.a. „Catalogue raisonné des plantes qui croissent spontanément dans le département de la Dordogne", 1840, Supplemente 1846–1859; „Études organiques sur les Cuscutes", 1853. Nach ihm die Gattung *Moulinsia* Cambess.

Desc. = Bernard M. Descoings, 1931–. Französischer Botaniker in Tananarive, Montpellier und Paris. Spezialgebiete: Vitaceae, Asclepiadaceae, Flora von Madagaskar. Mitarbeiter am „Illustrated handbook of succulent plants, Dicotyledons", 2002. Nach ihm die Art *Kleinia descoingsii* C. Jeffrey.

Descole = Horacio Raúl Descole, 1910–. Argentinischer Botaniker, Professor der Botanik an der University of Tucuman. Spezialgebiet: Scrophulariaceae. Schrieb u.a. ...Genera et species plantarum Argentinarum ......, 7 Bände, 1943–1956; zus. mit Carlos Alberto O...Donell und Alicia Lourteig ...Plantae novae Lilloanae I.... (in Lilloa 4, 33–62, 1939).

Déségl. = Pierre Alfred Déséglise, Lamotte d'Insay, Bourges, Cher 28.10.1823–13.12.1883 Genf. Französischer Botaniker. Schrieb zahlreiche Aufsätze über *Rosa, Mentha, Thymus,* u.a. „Catalogue raisonnée ... des espèces du genre Rosier ...", 1877. Nach ihm die Art *Rosa deseglisei* Bor.

Desf. = Réné Louiche Desfontaines, Tremblay, Ille-et-Vilaine 14.2.1750–16.11.1833 Paris. Französischer Botaniker, Professor am Jardin des Plantes, Paris, der 1783–1785 durch Tunesien und Algerien reiste. Hauptwerke: „Choix des plantes du Corollaire des instituts de Tournefort", 1808; „Flora atlantica...", 1798–1799; „Histoire des arbres et des arbrisseaux...", 1809; „Voyage dans les Régences de Tunis et d'Alger", 1838; „Tableau de l'école de botanique...", 1804, 2. Aufl. 1815, 3. Aufl. 1829, Additamentum 1832. Nach ihm die Gattung *Desfontainia* Ruiz et Pav.

Desmarais = Yves Desmarais, 1918–. Kanadischer Botaniker. Spezialgebiet: *Acer*. Schrieb u.a. zus. mit Pierre Dansereau „Introgression in sugar maples ..." (in Amer. Midland Natural. 37, 14–161, 1947).

Desp. = Jean Baptiste Réné Pouppé Desportes, 1704–1748

N.H.F. Desp. = Narcisse Henri François Desportes, Champroud, Sarthe 2.12.1776–7.6.1856 Le Mans, Sarthe. Französischer Botaniker. Schrieb u.a. „Rosetum gallicum...", 1828; „Flore de la Sarthe et de la Mayenne", 1838. Mitarbeiter am „Dictionnaire des Sciences naturelles", Band 1–6, 1816–1817.

Desr. = Louis Auguste Joseph Desroussaux, Sedan 27.7.1753–20.1.1838 Vendières, Marne. Französischer Kleiderfabrikant und Botaniker. Mitarbeiter von J.B.P.A.M. de Lamarck: „Encyclopédie méthodique Botanique", Bd. 3–4, 1789–1798. Nach ihm möglicherweise die Art *Garcinia desrousseauxii* Pierre.

E. Desv. = Étienne Émile Desvaux, Vendôme, Loir-et-Cher 8.2.1830–13.5.1854 Mondoubleau. Französischer Arzt und Botaniker. Bearbeitete die Familien Cyperaceae und Gramineae in Claude Gay „Historia fisica y politica de Chile...", Band 6, 1854.

Desv. = Auguste Niçaise Desvaux, Poitiers, Vienne 28.8.1784–12.7.1856 Bellevue nahe Angers, Maine-et-Loire. Französischer Botaniker, Professor der Botanik in Angers. Ab 1817 Direktor des Bot. Gartens Angers. Schrieb „Journal de botanique", 1808–1809; „Journal de botanique appliquée à l'agriculture, à la pharmacie...", 1813–1815; „Phyllographie", 1809; „Flore de l'Anjou", 1827; „Traité général de botanique", 1838–1839; „Observations sur les plantes des environs d'Angers...", 1818. Nach ihm die Gattung *Desvauxia* R. Br. sowie die Art *Luzula desvauxii* Kunth.

Devansaye = Alphonse de la Devansaye, 1845–23.11.1900 Fresne bei Noyant, Maine-et-Loire. Französischer Orchideenliebhaber, von 1878–1900 Präsident der Société d'Horticulture d'Angers et du Département Maine-et-Loire.

Dewar = Daniel Dewar, Perthshire etwa 1860–7.5.1905 New York. Britischer Gärtner in Kew und Glasgow. Zus. mit Charles Henry Wright Herausg. von „Johnson's Gardener's Dictionary", 1894, neue Aufl. 1905.

Dickoré = Wolf Bernhard Dickoré, Leverkusen 15.12.1959 (pers. Mitt.) –. Deutscher Botaniker am Albrecht-von-Haller-Institut in Göttingen. Spezialgebiete: Flora des Himalaya, Flora von Tibet. Schrieb „Flora Karakumensis", Band 1, 1995; zus. mit Marcus Nüsser „Flora of Nanga Parbat (NW Himalaya, Pakistan)" (in Englera 19, 2000). Nach Dickoré die Art *Astragalus dickorei* Podlech et L.R.Xu.

G.F. Dicks. = George Frederick Dickson, publ. 1839 über *Abutilon*.

Didr. = Didrik Ferdinand Didrichsen, Kopenhagen 3.6.1814–20.3.1887 Kopenhagen. Dänischer Arzt u. Botaniker, Professor in Kopenhagen 1875–1885. Nahm von 1845–1847 an Weltreise mit Schiff Galathea teil. Schrieb u.a. „Oversigt over Nicobarornes Vegetation", in Steen Bille, „Beretning om Corvetten Galathea's Reise omkring Jorden", 1845, 1846, 1847, Bd. 1, 1849. Nach Didrichsen die Art *Fimbristylis didrichsenii* Boeck.

Dieck = Georg Dieck, Zöschen bei Merseburg, Sachsen-Anhalt 28.4.1847–21.10.1925 Zöschen bei Merseburg. Deutscher Gärtner u. Forschungsreisender. Gründer eines bedeutenden Arboretums in Zöschen, in das er u.a. die von ihm in Dahurien u. im Kaukasus gesammelten Pflanzen setzte. Schrieb „Die Moor- und Alpenpflanzen ... und ihre Cultur ...", 1899, (2. Aufl. 1900). Nach ihm die Art *Acer dieckii* Pax.

Diels = Friedrich Ludwig Emil Diels, Hamburg 24.9.1874–30.11.1945 Berlin (beerdigt neben seinem Lehrer und Amtsvorgänger Adolf Engler im Botanischen Garten in Berlin-Dahlem). Deutscher Botaniker, Direktor des Bot. Gartens u. Museums Berlin, Professor der Botanik. Bereiste Südafrika, Australien, Neuseeland, Java, Ekuador. Verf. vieler bot. Schriften, darunter „Die Flora von Central-China", 1901, Nachtrag dazu 1905; für Engler u. Drude, Die Vegetation der Erde, Bd. 7 „Die Pflanzenwelt von West-Australien südlich des Wendekreises", 1906; für Engler, Das Pflanzenreich „Menispermaceae", 1910; „Droseraceae", 1906; bearbeitete für Engler. u. Prantl, Die natürlichen Pflanzenfamilien, 1. Aufl. I. 4 (1899–1900) zahlreiche Familien, für die 2. Aufl. Bd. 15a (1930) „Iridaceae", 18a (1930) „Cephalotaceae, Byblidaceae, Roridulaceae", 17b (1936) „Droseraceae". Er schrieb ferner „Beiträge zur Kenntniss der Vegetation und Flora von Ekuador", 1937; „Die Flora von Central-China", 1900–1901; „Fragmenta Phytographiae Australiae occidentalis", 1904–1905; „Plantae Chinenses Forrestianae", 1912; „Jugendformen und Blütenreife im Pflanzenreich", 1906; Hrsg. von „Ersatzstoffe aus dem Pflanzenreich", 1918; Herausgeber der 11. Aufl. von A. Engler „Syllabus der Pflanzenfamilien", 1936; mit J. Mildbraed u. G. K. Schulze-Menz, „Vegetationskarte von Afrika", 1963 (Willdenowia Beiheft 1); „Pflanzengeographie", 4. Aufl. 1945, 5. Aufl. 1958 (von F. Mattick). Nach ihm die Gattungen *Dielsantha* E. Wimm., *Dielsia* Gilg, *Dielsiocharis* O.E. Schulz, *Dielsiochloa* Pilg., *Dielsiothamnus* R.E. Fr.

Dierb. = Johann Heinrich Dierbach, Heidelberg 23.3.1788–9.3.1845 Heidelberg. Deutscher Botaniker, Professor der Botanik in Heidelberg. Schrieb u.a. „Flora heidelbergensis", 1819–1820; „Flora mythologica", 1833; „Beiträge zu Deutschlands Flora gesammelt aus den Werken der ältesten deutschen Pflanzenforscher", 1825–1833; „Flora apiciana", 1831; „Synopsis materiae medicae", 1841–1842. Nach ihm die Gattung *Dierbachia* Spreng.

Diers = Lothar Diers, Bonn 26.3.1932–. Deutscher Kakteenforscher, Professor in Köln, tätig u.a. für das Succulentarium der Universität. Nach ihm die Art *Pilosocereus diersianus* (Esteves) P.J. Braun.

A. Dietr. = Albert Gottfried Dietrich, Danzig 8.11.1795–22.5.1856 Berlin. Deutscher Botaniker, Zoologe, Apotheker und Mediziner, Kustos am Bot. Garten Berlin, Lehrer an der Gärtner-Lehranstalt Berlin-Schöneberg. Schrieb „Flora regni borussici", 1832–1844, 12 Bände; „Terminologie der phanerogamischen Pflanzen...", 1829, 2. Aufl. 1838; „Flora marchica...", 1841. Gab zus. mit Christoph Friedrich Otto die „Allgemeine Gartenzeitung", 1833–1856, heraus.

D. Dietr. = David Nathanael Friedrich (getauft als Johann David Nicolaus) Dietrich, Ziegenhain bei Jena, Thüringen 3.10.1799–23.12.1888 Jena, Thüringen. Deutscher Botaniker u. Gärtner, Kustos am Bot. Garten Jena, Neffe von Friedrich Gottlieb Dietrich. Schrieb „Deutschlands ökonomische Flora...", 1841–1844; „Flora medica...", 1831–1835; „Flora universalis...", 1828–1861; „Forstflora...", 1828–1833; „Lichenographia germanica...", 1832–1837.

F. Dietr. = Friedrich Gottlieb Dietrich, Ziegenhain bei Jena, Thüringen 9.3.1768–2.1.1850 Eisenach, Thüringen. Deutscher Botaniker. Professor der Botanik u. Hofgartendirektor in Eisenach, Onkel von David Nathaniel Friedrich Dietrich. Begleitete Goethe auf einer Reise von Weimar nach Karlsbad 1785. Schrieb u.a. „Vollständiges Lexicon der Gärtnerei und Botanik", 1802–1811, 2. Aufl. 1820–1824, Nachtrag dazu 1815–1824; Neuer Nachtrag, 1825–1840; „Die Linnéischen Geranien für Botaniker und Blumenliebhaber", 1802. Nach ihm die Gattung *Dietrichia* Tratt.

W. Dietr. = Werner Dietrich, 1938–

Dill. = Johann Jacob Dillenius, 1684–1747

Dimpflm. = Dimpfmeier, zus. mit Rohmeder Autor von *Larix x eurokurilensis*.

B.Y. Ding = Ding Bing-Yang = Bing Yang Ding, 1953–. Chinesischer Botaniker an der Zhejiang University. Spezialgebiete: Wasserpflanzen, Flora von Südost-China.

Dinsm. = John Edward Dinsmore, 1862–1951. Nordamerikanischer Botaniker, arbeitete in Palästina (Jerusalem) und Beirut. Spezialgebiet: Iris. Schrieb „Die Pflanzen Palästinas", 1911. Bearbeitete die 2. Aufl. von George Edward Post „Flora of Syria, Palestine, and Sinai ...", 1932–1933. Nach Dinsmore die Art *Orchis dinsmorei* (R.Schlechter) H. Baumann et Dafni.

Dinter = Moritz Kurt Dinter, Bautzen, Sachsen 10.6.1868–16.12.1945 Neukirch, Sachsen. Deutscher Botaniker, Sukkulentenforscher, Kustos des Hanbury-Gartens in La Mortola, von 1897 bis

1914 Regierungsbotaniker in Okahandja im damaligen Deutsch-Südwestafrika (heute Namibia). Schrieb u.a. „Neue und wenig bekannte Pflanzen Deutsch-Südwest-Afrikas", 1914; „Botanische Reisen in SW-Afrika", 1918. Nach ihm die Gattungen *Dintera* Stapf, *Dinteracanthus* C.B. Clarke ex Schinz, *Dinteranthus* Schwantes sowie die Zeitschrift Dinteria, 1968–>.

Dippel = Leopold Dippel, Lauterecken, Rheinland-Pfalz 4.8.1827–4.3.1914 Darmstadt, Hessen. Deutscher Botaniker, Dendrologe und Histologe, Lehrer, später Direktor des Bot. Gartens Darmstadt und Professor der Botanik. Hauptwerk: „Handbuch der Laubholzkunde", 1889–1893. Schrieb außerdem „Entstehung der Milchsaftgefässe ...", 1865; „das Mikroskop und seine Anwendung ...", 1867–1869 (2. Aufl. 1882–1898; „Diatomeen der Rhein-Mainebene ...", 1904. Nach ihm die Hybride *Ulmus x dippeliana* C.K. Schneid.

Dittrich = Manfred Dittrich, 1934–. Deutscher Botaniker in Genf. Spezialgebiet: Asteraceae. Schrieb u.a. zus. mit Werner Rodolfo Greuter „Neuer Beitrag zur Kenntnis der Gattung Lamyropsis ..." (in Ann. Mus. Goulandris 1, 85–98, 1973). Nach Dittrich die Gattung *Dittrichia* Greuter.

Dode = Louis-Albert Dode, Moulins, Allier 15.1.1875–1945. Französischer Botaniker u. Gehölzkenner. Schrieb „Extraits d'une monographie inédite du genre „Populus"...", 1905.

Dodson = Calaway H. Dodson, 1928–. Nordamerikanischer Botaniker, Kurator am Missouri Botanical Garden in St. Louis, später Direktor des Herbariums Santo Domingo de los Colorados, Ecuador. Spezialgebiet: Orchidaceae. Schrieb u.a. „Pollination and variation in the subtribe Catasetinae (Orchidaceae)" (in Ann. Missouri Bot. Gard. 49, 35–56, 1962); zus. mit G. P. Frymire „Preliminary Studies in the genus Stanhopea (Orchidaceae)" (in Ann. Missouri Bot. Gard. 48, 137–172, 1961); zus. mit A. H. Gentry „Flora of Río Palenque Science Center ...",

1978; zus. mit A. H. Gentry u. F. M. Valverde „La flora de Jauneche, florulas de las zonas de vida del Ecuador", 1985. Nach Dodson die Gattung *Dodsonia* J.D. Ackerman.

Döll = Johann(es) Christoph (Christian) Döll, Mannheim, Baden-Württemberg 21.7.1808–10.3.1885 Karlsruhe. Deutscher Botaniker, Professor und Bibliothekar in Karlsruhe. Veröffentlichte u.a. „Flora des Großherzogtums Baden" 1857–1862; „Rheinische Flora", 1843; „Zur Erklärung der Laubknospen der Amentaceen", 1848. Nach ihm die Gattung *Doellochloa* Kuntze.

Dölz = Bruno Doelz, Berlin-Tempelhof 4.2.1906–29.4.1945 Berlin-Wannsee. Deutscher Jurist u. Kakteenspezialist, Präsident der Deutschen Kakteengesellschaft. Nach ihm die Art *Oreocereus doelzianus* (Backeb.) Borg.

Dörfl. = Ignaz Dörfler, Wien 19.6.1866–26.8.1950 Wien. Österreichischer Botaniker. Hrsg. von „Herbarium normale. Conditum a. F. Schultz, dein continuatum a K. Keck, nunc editum per I. Dörfler" 1894–1915. Veröffentlichte „Botaniker-Adreßbuch", 1896, 2. Aufl. 1902, 3. Aufl. 1909; „Dörfleria", 1909; „Botaniker Porträts", 1906–1907. Nach ihm z.B. die Arten *Ophrys doerfleri* Fleischm. oder *Minuartia doerfleri* Hayek.

F. Doleshy = Frank Doleshy, fl. 1988. Spezialgebiet: *Rhododendron*. Gewann 1990 die Goldmedaille der Amerikanischen Rhododendron-Gesellschaft.

Dolliner = Georg Dolliner, Ratschach (Radece) bei Steinbrück (heute Zidani Most), Slowenien 11.4.1794–16.4.1872 Idria, Slowenien. Österreichischer Arzt und Botaniker. Schrieb „Enumeratio plantarum phanerigamicarum in Austria inferiori crescentium ...", 1842. Nach ihm die Art *Thesium dollineri* Murb.

Dombey = Joseph Dombey, Macon 22.2.1742–1794 Montserrat, Insel der Kl. Antillen. Französischer Arzt, Naturforscher, Ethnograph und Erforscher von Peru, Chile und Brasilien 1778–1784. Wurde 1794 nach den USA gesandt, jedoch von Piraten gekapert und irrtümlich von den französischen

Behörden in Montserrat ins Gefängnis gebracht, wo er starb. Nach ihm die Gattung *Dombeya* Cav.

Dombrain = Henry Honeywood D'Ombrain, Pimlico, London 10.5.1818–23.10.1905 Ashford, Kent. Englischer Geistlicher u. Gärtner. Hrsg. von „Floral Magazine", 1862–1873; schrieb „The Gladiolus...", 1873.

Domin = Karel Domin, Kuttenberg (Kutná Hora), Tschechien 4.5.1882–10.6.1953 Prag. Tschechischer Botaniker, Professor der Botanik in Prag. Sammelte 1909–1910 Pflanzen in Java und Australien. Schrieb u.a. „Plantarum Cechoslovakiae enumeratio species vasculares...", 1935; „Pteridophyta", 1929; „Monographie der Gattung Koeleria...", 1907 und „Beiträge zur Flora und Pflanzengeographie Australiens", 1914–1929 in Bibliotheca botanica 14, 1907 bzw. 20(85), 1914–1915, u. 22(89), 1921–1930; posthum erschien (zus. mit J. Futák) „Bibliografia k flóre CSR", 1960. Nach Domin z.B. die Art *Boerhavia dominii* Meikle et Hewson.

Domokos = János Domokos, 1904–1978. Ungarischer Botaniker. Spezialgebiet: Crassulaceae. Publ. um 1936 über *Sempervivum*.

D. Don = David Don, Doo Hillock, Angus, Schottland 21.12.1799–8.12.1841 London. Schottischer Botaniker, Bibliothekar der Linnean Society, London, Sohn von George Don (1764–1814) und Bruder von George Don fil. und Patrick Neill Don. Schrieb u.a. „Prodromus florae nepalensis...", 1825. Mitarbeiter von A.B. Lambert „A description of the genus Pinus", Bd. 2, 1824; 2. Aufl. Bd. 1–3, 1828–1837; sowie Aufl. 1832. Nach ihm z.B. die Art *Gloriosa doniana* Schult. f.

G. Don = George Don (fil.), Doo Hillock, Angus 17.5.1798–25.2.1856 Kensington, London. Schottischer Gärtner und Botaniker, Sohn von George Don (1764–1814) u. Bruder von David Don und Patrick Neill Don. Sammelte Pflanzen in Brasilien etc. für die Royal Horticultural Society, London. Veröffentlichte u.a. „A general history of the dichlamydeous plants..." (auch unter dem Titel „A general system of gardening and botany"), 1831-1838. Nach ihm die Art *Memecylon donianum* Planch.

Don = George Don, Menmuir, Angus, Schottland Okt. 1764-15.1.1814 Doo Hillock, Forfarshire, Schottland. Schottischer Gärtner und Pflanzenzüchter, Vater von David Don, George Don fil. und Patrick Neill Don. Schrieb u.a. „Account of the plants of Forfarshire", 1813. Nach ihm die Gattung *Donia* G. et D. Don ex G. Don fil.

P.N. Don = Patrick Neill Don, Edinburgh 1806-17.8.1876 Bedgebury, Kent. Schottischer Gärtner, Sohn von George Don (1764-1814) und Bruder von David Don und George Don fil. Herausgeber der 13. Aufl. von James Donn, „Hortus cantabrigiensis", 1845.

Donald = John Donald Donald, 1923-2.1.1996. Britischer Chemiker und Kakteenspezialist. Spezialgebiet: *Rebutia*. Nach ihm die Art *Rebutia donaldiana* A.B.Lau und G.D. Rowley.

Donn = James Donn, Monivaird, Perthshire 1758-14.6.1813 Cambridge. Britischer Botaniker und Gärtner in Cambridge. Veröffentlichte „Hortus cantabrigiensis", 1796, 7. Aufl. 1812, 13. Aufl. (posthum) 1845 (von P.N. Don).

Donn. Sm. = John Donnell Smith, Baltimore, Maryland 5.6.1829-2.12.1928 Baltimore. Nordamerikanischer Pflanzensammler u. Botaniker. Schrieb u.a. „Check list of North American plants, including Mexican species which approach the U.S. boundary", 1886; „Undescribed plants from Guatemala 1-39" (in Bot. Gaz. 12-61, 1887-1916); „Enumeratio plantarum guatemalensium", 1889-1907. Nach ihm die Gattung *Donnellsmithia* J.M. Coult. et Rose ex J.M.Coult.

Door. = Simon Godfried Albert Doorenbos, Barneveld, Niederlande 1891-15.9.1980 Den Haag, Niederlande. Niederländischer Dendrologe in Utrecht, Rotterdam und Den Haag, wo er den Zuiderpark aufbaute. Schrieb zus. mit P. Bakker Schut u. A. Schierbeek „Groen en bloemen in den Haag", 1936. Beschrieb Hybriden von *Elaeagnus* und *Malus*.

Dop = Paul Louis Amans Dop, Toulouse 25.2.1876-19.8.154 Lectoure. Französischer Botaniker.

Dorr. Sm. = A. A. Dorrien Smith, 1876-1955.

Dostál = Josef Dostál, Prag 20.12.1903-1999. Tschechischer Botaniker, Professor in Prag. Schrieb u.a. „Kvetena CSR", 1948-1950; „Klíc k úplné kvetene CSR", 2. Aufl. 1958; „Botanická nomenklatura", 1957; „Preliminary notes on the subtribe Centaureinae" (in Acta Bot. Acad. Sci. Hung. 19, 73-79, 1973). Bearbeitete die Gattung *Centaurea* für Flora Europaea (Band 4, 254-301, 1976).

Douglas = David Douglas, Scone, Perthshire, Schottland 25.6.1799-12.7.1834 Hawaii-Inseln. Schottischer Gärtner und Pflanzensammler für die Royal Horticultural Society, London. Bereiste vor allem das nordwestl. Amerika, von wo er viele Pflanzen einführte. Von ihm gesammelte Pflanzen sind beschrieben in Sir William Jackson Hookers Werk „Flora boreali-americana", 1829-1840. Nach ihm die Gattung *Douglasia* Lindl. und die Art *Polygonum douglasii* Greene.

Dowell = Philip Dowell, Attica, Indiana 3.12.1864-25.6.1936. Nordamerikanischer Lehrer, Botaniker und Entomologe. Schrieb „New ferns ... in the genus *Dryopteris* ...", 1908.

Drake = Emmanuel Drake del Castillo, Paris 28.12.1855-15.5.1904 Saint-Cyran-du-Jambot, Indre. Französischer Botaniker engl.-kuban.-franz. Herkunft. Veröffentlichte u.a. „Illustrationes florae insularum Maris pacifici", 1886-1892; „Flore de la Polynésie française", 1893; Mitarbeiter am bot. Teil von A. Grandidier „Histoire physique, naturelle et politique de Madagascar", 1886-1902. Nach Drake vermutlich die Art *Gymnosporia drakeana* Loes.

J. Dransf. = John Dransfield, 1945-. Britischer Botaniker in Kew. Spezialgebiet: Arecaceae. Schrieb über 200 wissenschaftliche Arbeiten und verschiedene Bücher, darunter zus. mit Henk Jaap Beentje „The palms of Madagascar", 1995, und mit H.J. Beentje und Adam Britt „Field guide to the palms of Madagascar", 2006. Nach Dransfield z.B. die Art *Daemonorops dransfieldii* Rustiami.

Drapiez = Pierre Auguste Joseph Drapiez, Lille 28.8.1778-28.12.1856 Brüssel. Französisch-Belgischer Botaniker, Mineraloge u. Ornithologe, Professor in Brüssel. Schrieb „Herbier de l'amateur de fleurs", 1828-1835; „Encyclographie du règne végétal", 1833-1838; „Dictionnaire classique des sciences naturelles", 1837-1845. Nach ihm die Gattung *Drapiezia* Blume.

Drège = Johann Franz (Jean François) Drège, Altona 25.3.1794-3.2.1881 Altona. Deutscher Gärtner, sammelte 1826-1834 große Mengen von Pflanzen in Südafrika. Schrieb „Zwei pflanzengeografische Dokumente", 1844; „Catalogus plantarum exsiccatarum Africae australioris ...", 1837-1840. Nach ihm die Gattung *Dregea* E. Mey.

Drejer = Salomon Thomas Nicolai Drejer, Eveldrup bei Viborg, Jütland 15.2.1813-21.4.1842 Kopenhagen (starb an Schnupftabak-Vergiftung). Dänischer Botaniker. Schrieb „Flora excursoria hafniensis", 1838; „Symbolae caricilogicae...", 1844. Nach ihm die Gattungen *Drejera* Nees und *Drejerella* Lindau.

Drenth = Engbert Drenth, Bilthoven bei Utrecht, Niederlande 29.6.1945 (pers. Mitt.) -. Niederländischer Botaniker in Leiden, war mehr als 27 Jahre Bürgermeister der Gemeinde Bellingwedde nahe der deutsch-niederländischen Grenze bei Rhede (Ems). Spezialgebiet: *Tacca*. Schrieb „A revision of the family Taccaceae" (in Blumea 20, 367-406, 1972).

Dress = William John Dress, Buffalo, New York 9.6.1918-. Nordamerikanischer Botaniker am L.H. Bailey Hortorium, Cornell University, Ithaca, New York. Redakteur von „Baileya" u. „Gentes Herbarum". Spezialgebiete: Compositae, Kulturpflanzen.

Dressler = Robert Louis Dressler, Branson, Missouri 2.6.1927-. Nordamerikanischer Botaniker am Smithsonian Tropical Research Institute in Panama. Spezialgebiet: Orchidaceae. Schrieb „The Orchids: Natural history and classification", 1981; „Die Orchideen – Biologie und Systematik der Orchidaceae", 1987; „Phylogeny and classification of the Orchid family", 1993; „Field guide to the orchids of Costa Rica and Panama", 1993; und zus. mit Glenn E. Pollard „The genus Encyclia in Mexico", 1976. Nach Dressler die Gattung *Dressleria* Dodson.

Druce = George Claridge Druce, Potter's Pury, Northamptonshire 23.5.1850-29.2.1932 Oxford. Englischer Botaniker und Chemiker in Oxford, im Jahr 1900 Bürgermeister von Oxford. Schrieb u.a. „The flora of Oxfordshire", 1886, 2. Aufl. 1927; „The Dillenian Herbaria" (Hrsg. S.H. Vines), 1907; „List of British plants...", 1908, 2. Aufl. „British plant list...", 1928; „The comital flora of the British Isles", 1932. Schrieb zus. mit Sydney Howard Vines „An account of the Morisonian Herbarium in the possession of the University of Oxford", 1914. Nach ihm z.B. die Hybride *Elytrigia x drucei* Stace.

Drude = Carl Georg Oscar Drude, Braunschweig, Niedersachsen 5.6.1852-1.2.1933 Dresden. Deutscher Botaniker, Pflanzengeograph u. Palmenkenner, Direktor des Bot. Gartens Dresden und Professor der Botanik an der technischen Hochschule. Schrieb „Handbuch der Pflanzengeographie", 1890; „Atlas der Pflanzenverbreitung", 1887; „Deutschlands Pflanzengeographie", 1896; für Engler u. Drude, Die Vegetation der Erde, Bd. 6 „Der hercynische Florenbezirk", 1902. Und zus. mit H. Wendland: „Palmae Australasicae", 1875. Nach ihm die Gattung *Drudeophytum* Coult. et Rose sowie die Zeitschrift „Drudea" (1961-1964).

J.L. Drumm. = James Lawson Drummond, Larne, Antrim, Nordirland 1783-17.5.1853 Belfast. Britischer Arzt, Naturforscher und Professor der Anatomie in Belfast. Publizierte über *Verticordia*. Schrieb „First steps to botany...", 1823.

J.R. Drumm. = James Ramsay Drummond, auf See vor Madras 25.5.1851-11.3.1921 Acton, Middlesex, London. Schottischer Botaniker u. Pflanzensammler in Indien (1874-1904), später in Kew, Neffe von James und von Thomas Drummond. Schrieb „Notes on Agave and Furcraea in India ...", 1907; „A revision of Isopyrum (Ranunculaceae) ...", 1920.

Dryand. = Jonas Carlsson Dryander, Göteborg 5.3.1748-19.10.1810 London. Schwedischer Botaniker, Schüler Linnés, lebte in England. Bibliothekar bei Sir Joseph Banks in London. Schrieb u.a. „Catalogus bibliothecae historico-naturalis Josephi Banks. Tomus 3: Botanici, 1797, Tomus 5: Supplementum et index auctorum", 1800. Nach ihm die Gattung *Dryandra* R. Br.

Du Roi = Johann Philipp Du Roi, Braunschweig, Niedersachsen 2.6.1741-8.12.1785 Braunschweig. Deutscher Arzt u. Dendrologe. Schrieb „Die Harbkesche wilde Baumzucht, theils nordamerikanischer und anderer fremder, theils einheimischer Bäume...", 1771-1772, weitere Aufl. 1795-1800. Nach ihm die Gattung *Duroia* L. f.

Du Tour = Du Tour de Salvert, publ. 1803-1815. Französischer Botaniker. Publ. den Namen *Pinus sibirica* in Déterville „Nouveau dictionnaire d'histoire naturelle", 1802-1804.

Dubard = Marcel Marie Maurice Dubard, 1873-1914 (im Krieg gefallen). Französischer Botaniker, Professor der Botanik in Clermont-Ferrand. Spezialgebiet: Sapotaceae. Schrieb „Les Sapotacées du groupe des Sideroxylinées ...", 1912. Nach ihm die Art *Madhuca dubardii* H.J. Lam.

Dubois = François Noel Alexandre Dubois, Orléans 9.9.1752-2.9.1824 Orléans. Französischer Geistlicher und Botaniker. Schrieb „Méthode éprouvée, avec laquelle on peut parvenir ... à connaître les plantes ...", ed. 1, 1803, ed. 4, 1846, 1857.

Duby = Jean Étienne Duby (de Steiger), Genf 15.2.1798-24.11.1885 Founex, Waadt. Schweizer Botaniker u. Pfarrer. Veröffentlichte u.a. „Mémoire sur la famille des Primulacées", 1844; für de Candolle, Prodromus Bd. VIII „Primulaceae", 1844; „Aug. Pyrami de Candolle Botanicon gallicum...", 1828-1830. Nach ihm die Gattung *Dubyaea* DC.

Duch. = Pierre-Étienne-Simon Duchartre, Portiragnes bei Béziers, Hérault 27.10.1811-5.11.1894 Meudon. Französischer Botaniker, Professor der Botanik an der Sorbonne in Paris. Schrieb „Élements de botanique", 1867; für de Candolle, Prodromus Bd. XV, 1 Aristolochiaceae, 1864; Schriftleiter der „Revue botanique", Paris 1845-1847. Nach ihm die Gattungen *Duchartrea* Decne. und *Duchartrella* Kuntze.

Duchesne = Antoine Nicolas Duchesne, Versailles 7.10.1747-18.2.1827 Paris. Französischer Botaniker in Versailles. Schrieb u.a. „Manuel de botanique, contenant les propriétés des plantes utiles", 1764; „Histoire naturelle des fraisiers ...", 1766; „Sur la formation des jardins", 1775. Nach ihm die Gattung *Duchesnea* Sm.

Ducke = Adolpho Ducke, Triest, Italien 19.10.1876-5.1.1959 Fortaleza, Brasilien. Brasilianischer Pflanzensammler, Botaniker und Entomologe österreichischer Herkunft. Schrieb über 130 Aufsätze über Pflanzen aus dem Amazonasgebiet, bes. Baumarten, z.B. „As Leguminosas do Amazônia brasileira", 1939; „Revision of the genus Hevea, mainly the Brazilian species", 1939. Nach ihm die Gattungen *Duckea* Maguire, *Duckeanthus* R.E.Fr., *Duckeodendron* Kuhlm. und *Duckesia* Cuatrec.

Ducros = Ducros de St. Germain, lebte um 1828. Französischer oder Schweizer Botaniker, Autor von *Festuca trichophylla*.

T.R. Dudley = Theodore („Ted") Robert Dudley, 1936-1994. Nordamerikanischer Botaniker. Spezialgebiet: Brassicaceae, *Ilex*, *Viburnum*. Nach ihm z.B. die Art *Demosthenesia dudleyi* D. R. Simpson.

Düben = Magnus Wilhelm von

Düben, Vegeholm i Strövelstorps, Skåne 12.2.1814–9.8.1845 Lund. Schwedischer Botaniker. Schrieb u.a. „Handbok i vextrikets naturliga familjer …", 1841.

Düll = Ruprecht Peter Georg Düll, Weimar, Thüringen 18.2.1931–. Deutscher Botaniker in Heidelberg, später Professor an der Gesamthochschule Duisburg. Spezialgebiet: *Sorbus, Bryophyta*. Schrieb „Unsere Ebereschen und ihre Bastarde", 1959; zus. mit Herfried Kutzelnigg „Botanisch-ökologisches Exkursions-Taschenbuch", 3. Aufl. 1988, 4. Aufl. 1992, 6. Aufl. als „Taschenlexikon der Pflanzen Deutschlands", 2005.

Dufour = Jean-Marie Léon Dufour, Saint-Sever-sur Adour, Landes 10.4.1780–18.4.1865 Saint-Sever-sur Adour, Landes. Französischer Arzt, Botaniker und Entomologe. Spezialgebiet: *Lichenes*.

Dufr. = Pierre Dufresne, La Tour bei Saint-Jeoire, Hochsavoyen, Frankreich 16.4.1786–19.12.1826 Genf. Französischer Arzt u. Botaniker in Genf. Schrieb „Histoire naturelle et médicale de la famille des Valérianées", 1811. Nach ihm die Gattung *Dufresnea* DC.

Dugand = Armando Dugand, Barranquilla 23.6.1906–5.12.1971. Kolumbianischer Botaniker und Ornithologe, Professor der systematischen Botanik in Bogotá. Spezialgebiet: Flora von Kolumbien. Nach ihm die Gattung *Dugandia* Britton et Killip.

Duhamel = Henri Louis Duhamel du Monceau, Paris 1700–13.8.1782 Paris. Französischer Botaniker, Pomologe u. Dendrologe, Inspekteur der Marine, Onkel von Auguste Denis Fougeroux de Bondaroy. Herausgeber vieler reich illustrierter Werke, darunter „La physique des arbres …", 1758; „Traité des arbres et arbustes …", 1755; 2. Aufl. (Nouveau Duhamel) 1800–1819; „Traité des arbres fruitiers …", 1768, 2. Aufl. 1782, posthume Aufl. (von P.A. Poiteau u. P.J.F. Turpin) 1807–1835. Nach ihm die Gattung *Duhamelia* Pers. und *Hamelia* Jacq.

Dulac = Joseph Dulac, 1827–1897

Dum.-Cours. = Baron Georges Louis Marie Dumont de Courset, Schloss Courset, Pas-de-Calais 16.9.1746–3.6.1824 Courset. Französischer Botaniker u. Gartenschriftsteller, schuf in Courset bei Boulogne einen bot. Garten. Schrieb u.a. „Le botaniste cultivateur …", 1802–1805, 2. Aufl. 1811–1814. Nach ihm die Gattung *Coursetia* DC.

Dumort. = Graf Barthélemy Charles Joseph Dumortier, Tournay 3.4.1797–9.6.1878 Tournay. Belgischer Botaniker und Politiker, Präsident der belgischen Deputiertenkammer. Schrieb u.a. „Observations sur les Graminées de la flore belgique", 1824; „Florula belgica", 1827; „Analyse des familles des plantes …", 1829. Nach ihm die Gattungen *Dumortiera* Nees, *Dumortieria* Westend., *Dumortieropsis* Horik. und die Zeitschrift Dumortiera.

Dunal = Michel Félix Dunal, Montpellier 24.10.1789–29.7.1856 Montpellier. Französischer Botaniker, Professor der Botanik in Montpellier. Schrieb „Histoire naturelle, médicale et économique des Solanum …", 1813; „Monographie de la famille des Anonacées", 1817. Nach ihm die Gattung *Dunalia* Humb., Bonpl. et Kunth.

Duncan = James Duncan, Aberdeen, Oktober 1802–11.8.1876 Calne, Wiltshire. Schottischer Botaniker, Kurator des Bot. Gartens in Mauritius. Schrieb „Catalogue of plants in the Royal Botanical Garden, Mauritius", 1863.

Dunn = Stephen Troyte Dunn, 26.8.1868–18.4.1938 Sheen, Surrey. Britischer Botaniker in Kew. Schrieb u.a. „Flora of Southwest Surrey", 1893; „Alien flora of Britain", 1905. Verfasste einen Teil des Textes von Bd. 1 von J.S. Gamble „Flora of the presidency of Madras", 1915. Nach ihm die Gattung *Dunnia* Tutcher.

Dunst. = Galfried Clement Keyworth Dunsterville, 1905–1988. Venezuelanischer Ingenieur u. Orchideenliebhaber in Caracas. Sammelte u. zeichnete Orchideen für Dunsterville and Garay, „Venezuelan Orchids Illustrated", 1959–1976. Nach Dunsterville die Gattung *Dunstervillea* Garay.

A.E. Dupont = A.E. Dupont

Durand = Elias Magliore Durand, Mayenne, Frankreich 25.1.1794–14.8.1873 Philadelphia, Pennsylvania. Französischer Botaniker und Pharmazeut, ab 1816 in den USA. Schrieb „Plantae Prattenianae californicae" …, 1855.

T. Durand = Théophile Alexis Durand, Saint-Josse-ten-Noode, Belgien 4.9.1855–12.1.1912 Saint-Josse-ten-Noode, Belgien. Belgischer Botaniker. Veröffentlichte u.a. „Index generum phanerogamarum", 1888; zus. mit Émile Auguste Joseph De Wildeman „Illustrations de la flore du Congo", 1898–1902; „Plantae Thonnerianae congolenses", 1900–1911. Mit Benjamin Daydon Jackson Hrsg. von „Index kewensis", Suppl. 1, 1902–1906. Schrieb zus. mit Hans Schinz „Conspectus florae Africae", 1895–1898, sowie „Études sur la flore de l'état indépendant du Congo", 1896. Nach Durand die Gattung *Durandia* Boeck.

Durande = Jean François Durande, Dijon 1732–23.1.1794 (4 pluviose II) Dijon. Französischer Botaniker und Militärarztin Dijon. Schrieb „Flore de Bourgogne …", 1782. Nach ihm die Gattung *Durandea* Delarbre.

Durazz. = Antonio Durazzini, lebte um 1772. Italienischer Arzt in Florenz.

Durieu = Michel Charles Durieu de Maisonneuve, Saint-Eutrope-de-Born, Lot-et-Garonne 7.12.1796–20.2.1878 Bordeaux. Zunächst Französischer Offizier, später Botaniker, Direktor des Bot. Gartens Bordeaux und Professor der Botanik. Schrieb u.a. „Exploration scientifique de l'Algérie pendant les années 1840, 1841, 1842. Botanique", 1846–1869; „Notes détachées sur quelques plantes de la flore de la Gironde", 1855. Nach ihm die Gattungen *Durieua* Boiss. et Reut., *Durieua* Mérat und *Maisonneuvea* Trevis.

Dusén = Per Karl Hjalmar Dusén, Vimmerby, Småland 4.8.1855–22.1.1926 Tranås. Schwedischer Botaniker, Pflanzensammler, Pädagoge und Ingenieur, Mitarbeiter bei „Wissenschaftliche Ergebnisse der

Schwedischen Expedition nach den Magellansländern, 1895-1897", 1900-1905. Nach ihm die Gattungen *Dusenia* Broth. und *Duseniella* O.Hoffm.

Duthie = John Firminger Duthie, Sittingbourne, Kent 12.5.1845-23.2.1922 Worthing, Sussex. Englischer Botaniker, war 1876-1903 Leiter des Bot. Gartens Saharanpur, Indien. Schrieb „The Orchids of the North-Western Himalaya", 1906; „Illustrations of the indigenous fodder grasses of the plains of North Western India", 1886-1887; „Flora of the upper Gangetic plain", 1903-1929. Nach ihm die Gattung *Duthiea* Hack.

Duval = Henri Auguste Duval, Alençon, Orne 28.4.1777-16.3.1814 Paris. Französischer Arzt u. Botaniker. Verf. von „Plantae succulentae, in horto Alenconio", 1809. Nach ihm die Gattung *Duvalia* Haw.

Dvořáková = Marie Dvořáková, Boskovice, Tschechien 5.10.1940 (pers. Mitt.) -. Tschechische Botanikerin in Brünn. Publizierte über *Minuartia*.

R.A. Dyer = Robert Allen Dyer, Pietermaritzburg 21.9.1900-26.10.1987 Johannesburg. Südafrikanischer Botaniker in Pretoria. Spezialgebiete: Flora von Südafrika, speziell Asclepiadaceae u. *Euphorbia*. Schrieb zus. mit A.C. White u. B.L. Sloane „The succulent Euphorbiaceae of South Africa", 1941; „The genera of South African flowering plants", 1975-1976; „Ceropegia, Brachystelma and Riocreuxia in Southern Africa", 1983; „The flowering plants of South Africa", vol. 25-36; zus. mit L. Codd und H. Rycroft „Flora of southern Africa", 1963 ff. Nach Dyer die Gattung *Radyera* Bullock.

Dyer = Sir William Turner Thiselton-Dyer, Westminster, London 28.7.1843-23.12.1928 Witcombe, Gloucestershire. Englischer Botaniker, Professor der Botanik, Direktor von Kew Gardens, Schwiegersohn von Joseph Dalton Hooker. Ab 1896 Hrsg. der auch nach seinem Tode fortgeführten, von W.H. Harvey u. O.W. Sonder begonnenen „Flora capensis", u. von Bd. 4 bis 8 (außer 6(2)) von Daniel Oliver, „Flora of Tropical Africa", 1897-1902. Schrieb „The Folk Lore of Plants", 1883. Nach ihm die Gattung *Dyera* Hook. f.

Dykes = William Rickatson Dykes, Bayswater, London 4.11.1877-1.12.1925 Woking, Surrey (Verkehrsunfall). Englischer Lehrer und Botaniker. Veröffentlichte u.a. „The genus Iris", 1913; „A handbook of garden Irises ...", 1924; „Notes on tulip species", 1930. Nach ihm die Art *Iris dykesii* Stapf.

Dylis = Nikolai Vladislavovich Dylis, 1915-1985. Russischer Botaniker. Schrieb u.a. „Contribution to the systematics, geography, and history of the Siberian larch" (in Ref. Nauk.-Iss. Rabot. Acad. Nauk SSSR, 101-104, 1945, russisch); „Sibirskaia listvennitsa ...", (in Mater. Pozn. Fauny Fl. SSSR, Otd. Bot., n.s 2, 1-138, f.1-140, 1947, russisch).

Eade = George William Eade, 1905-. Nordamerikanischer Botaniker, Publizierte mit L.W. Melander über *Mahoberberis*.

E.A. Eames = Edward Ashley Eames, Buffalo, New York 5.12.1872-. Nordamerikanischer Orchideenkenner. Schrieb gemeinsam mit Francis John A. Morris: „Our wild orchids", 1929.

W.H. Earle = W. Hubert Earle, 1906-1984. Nordamerikanischer Botaniker, Direktor des Desert Botanical Garden in Phoenix, Arizona. Spezialgebiet: Cactaceae. Schrieb „Cacti of the Southwest", 1963, neue Aufl. 1980.

Eastw. = Alice Eastwood, Toronto, Kanada 19.1.1859-30.10.1953 San Francisco. Kanadische, später nordamerikanische Botanikerin in Kalifornien. Spezialgebiet: Liliaceae. Schrieb „A popular flora of Denver, Colorado", 1893; „A handbook of the trees of California", 1905. Nach ihr die Gattungen *Aliciella* Brand und *Eastwoodia* Brandegee.

Eaton = Amos Eaton, New Concord, New York 17.5.1776-10.5.1842 Troy, New York. Nordamerikanischer Lehrer u. Botaniker im Staate New York, Großvater von Daniel Cady Eaton. Spezialgebiet: Pteridophyta. Schrieb u.a. „A Manual of Botany for the northern states", 1817, 4. Aufl. 1824, von 5. Aufl. 1829-7. Aufl. 1836 unter dem Titel „Manual of Botany for North America"; 8. Aufl. 1840 mit dem Titel „North American Botany", zus. mit J. Wright. Nach Eaton die Gattung *Eatonia* Raf.

D.C. Eaton = Daniel Cady Eaton, Fort Gratiot, Michigan 12.9.1834-30.6.1895 New Haven, Connecticut. Nordamerikanischer Botaniker, Professor an der Yale University, New Haven, Conn., Enkel von Amos Eaton. Schrieb u.a. „The Ferns of North America", 1877-1880; „American Wild Flowers and Ferns...", 1884. Nach ihm die Gattung *Eatonella* A. Gray.

Ebel = Paul Wilhelm Sosistheus Eugen Ebel, Königsberg, Ostpreußen 29.6.1815-19.12.1884 Hoheneck. Deutscher Botaniker in Königsberg, Ostpreußen. Spezialgebiet: *Armeria*. Schrieb „De Armeria genere", 1840; „Zwölf Tage auf Montenegro", 1842-1844. Nach ihm die Gattung *Ebelia* Rchb.

C.H. Eberm. = Carl Heinrich Ebermaier, Rheda, Nordrhein-Westfalen 4.2.1802-1.1.1870 Düsseldorf. Deutscher Arzt u. Botaniker. Schrieb „Plantarum papilionacearum monographium medicam ...", 1824, und zus. mit Theodor Friedrich Ludwig Nees von Esenbeck: „Handbuch der medicinisch-pharmaceutischen Botanik", 1830-1832.

Eckenw. = James E. Eckenwalder, 1949-. Kanadischer Botaniker in Kalifornien und Florida, später Professor in Toronto. Spezialgebiete: *Populus, Ipomoea*, Convolvulaceae, Pontederiaceae, Gymnospermae. Bearbeitete die Gattung *Juniperus* in Band 2 der „Flora of North America north of Mexico", 1993.

Eckl. = Christan Friedrich (Frederik) Ecklon, Apenrade (heute Åbenrå, Dänemark) 17.12.1795-9.10.1868 Kapstadt, Südafrika. In damaligen Dänemark geborener deutscher Apotheker u. Pflanzensammler. Bereiste mit Carl Ludwig Philipp Zeyher Südafrika u. arbeitete mit ihm über die dortige Flora. Veröffentlichte „Topographisches Verzeichniss der Pflanzensammlung von C.F. Ecklon", 1827. Schrieb zus. mit Carl Ludwig Philipp Zeyher „Enumeratio plantarum Africae australis extratropicae", 1834–1837. Nach Ecklon die Gattung *Ecklonia* Hornem.

Edgew. = Michael Pakenham Edgeworth, Edgeworthstown, Co. Longford, Irland 24.5.1812–30.7.1881 Insel Eigg, Invernesshire, Schottland. Irischer Botaniker im Dienst der Ostindischen Handelskompanie in Bengalen. Schrieb „Catalogue of plants found in the Banda district 1847–49", 1851; „Florula Bundelica ...", 1867. Nach ihm die Gattung *Edgeworthia* Meisn.

Edmonds = Jennifer M. Edmonds, publ. 1971–86. Britische Botanikerin in Leeds. Spezialgebiet: *Solanum*. Schrieb „Taxonomic studies on Solanum section Solanum (Maurella)" (in Bot. J. Linn. Soc. 75, 141–178, 1977); „Nomenclatural notes on some species of Solanum L. found in Europe" (in Bot. Journ. Linn. Soc. 78, 213–233, 1979).

J.R. Edm. = John Richard Edmondson, Burnley, Lancashire, England 31.10.1948 (pers. Mitt.) -. Schottischer Botaniker in Edinburgh. Spezialgebiet: Flora von Iran und Arabien. Mitarbeiter bei Flora Europaea. Schrieb u.a. „Additions to the flora of Lesvos and its off-shore islets" (in Ann. Mus. Goulandris 5, 33–53, 1982).

Edmondston = Thomas Edmondston, Buness, Schottland 20.8.1825–24.1.1846 (an Bord des Herald in der Bucht von Atacamas, Ecuador, durch eine Kugel). Schottischer Botaniker, Professor der Botanik am Anderson College in Glasgow. Schrieb „A flora of Shetland ...", 1845. Nach ihm die Gattung *Edmonstonia* Seem.

Edwards = Sydenham Teast Edwards, Usk, Monmouthshire, Wales 5.8.1768–8.2.1819 Chelsea. Walisischer Künstler. Zeichnete Pflanzen für das „Botanical Magazine" (über 1200 Tafeln) und für „The Botanical Register", 1815–1847. Nach ihm die Gattung *Edwardsia* Salisb.

Eggert = Heinrich Karl Daniel (Henry) Eggert, Osterwieck, Preußen 3.3.1841–18.4.1904 East St. Louis. Nordamerikanischer Botaniker deutscher Herkunft. Kam 1873 nach New York und lebte später in St. Louis.

Schrieb „Catalogue of the phanerogamous ... plants in the vicinity of St. Louis", 1891. Nach ihm z.B. die Art *Helianthus eggertii* Small.

Eggl. = William Webster Eggleston, Pittsfield, Vermont 28.3.1863–25.11.1935 Washington, D.C. Nordamerikanischer Landwirt und Botaniker. Schrieb „The Crataegi of Mexico and Central America ..." (in Bull. Torrey Bot. Club 36(9), 501–514, 1909). Nach ihm die Art *Crataegus eggestonii* Sarg.

Eggli = Urs Eggli, 1959–. Schweizer Botaniker in Zürich. Hrsg. von „Sukkulenten-Lexikon", 2001; und zus. mit Heidrun Elsbeth Klara Hartmann von „Illustrated Handbook of Succulent Plants", darunter „Monocotyledons", 2001, Dicotyledons", 2002 und „Crassulaceae", 2003. Schrieb auch „Sukkulenten", 1994; u. zus. mit Leonard Eric Newton „Etymological Dictionary of Succulent Plant Names", 2004. Nach Eggli die Art *Sedum ursi* 't Hart.

T.V. Egorova = Tatjana V. Egorova, 1930–. Russische Botanikerin am Komarov – Institut in Sankt Petersburg. Spezialgebiet: Cyperaceae. Schrieb „De generibus Trichophorum Pers. et Baeothryon A. Dietr." (in Novosti Sist. Vyssh. Rast., 8 (1971), 83–87, 1972). Nach ihr die Art *Allium egorovae* M.V. Agab. et Ogan.

Ehlers = Renate Ehlers, Stuttgart-Bad Cannstatt 13.8.1929–. Deutsche Botanikerin in Stuttgart. Spezialgebiet: *Tillandsia*. Nach ihr und ihrem Mann, Klaus Ehlers, die Art *Tillandsia ehlersiana* Rauh.

C. Ehrenb. = Carl August Ehrenberg, Delitzsch, Sachsen 24.8.1801–13.8.1849 Berlin. Deutscher Kaufmann und Pflanzensammler, Bruder von Christian Gottfried Ehrenberg. Bereiste Westindien und Mexiko. Nach ihm die Art *Mahonia ehrenbergii* (Kunze) Fedde.

Ehrenb. = Christian Gottfried Ehrenberg, Delitzsch, Sachsen 19.4.1795–27.6.1876 Berlin. Deutscher Mediziner u. Botaniker, Professor der Naturwissenschaften an der Universität in Berlin, Bruder von Carl August Ehrenberg. Bereiste von 1820 bis 1825 Ägypten, Nubien etc.

und 1829 mit Alexander von Humboldt den Ural. Schrieb „Die Infusionsthierchen als vollkommene Organismen", 1838; „Sylvae mycologicae berolinenses", 1818; „Symbolae physicae ...", 1828–1900 (Botanik posthum von Karl Moritz Schumann herausgegeben; Mitautor Friedrich Wilhelm Hemprich), „Passat-Staub mit Blut-Regen", 1847; „Microgeologie. Das Erden und Felsen schaffende Wirken des unsichtbar kleinen selbständigen Lebens auf der Erde", 1854. Nach ihm die Gattung *Ehrenbergia* Mart.

Ehrend. = Friedrich Ehrendorfer, Wien 26.7.1927–. Österreichischer Botaniker, Direktor des Botan. Gartens u. Instituts Wien, Professor der Botanik. Hrsg. der „Liste der Gefäßpflanzen Mitteleuropas", 1967, 2. Aufl. 1973, sowie von „Areale charakteristischer Gefäßpflanzen der Steiermark", 1967 (in: Atlas der Steiermark); Bearbeiter der Kapitel „Samenpflanzen" und „Geobotanik" im „Lehrbuch der Botanik für Hochschulen" (begründet durch E. Strasburger) für die 30.–35. Auflage, 1971–2002. Bearbeitete (z.T. zus. mit Franz Xaver Krendl u. Christian Puff) die Gattungen *Crucianella, Asperula, Galium, Callipeltis, Crucianella* und *Valantia* für Flora europaea 4, 3–38, 1976). Schrieb ferner „Beiträge zur Phylogenie der Gattung Knautia ..." (in Österr. Bot. Z. 109,276–343, 1962). Nach ihm die Gattung *Ehrendorferia* Fukuhara et Lidén.

Ehrh. = Jakob Friedrich Ehrhart, Holderbank, Kanton Bern, Schweiz 4.11.1742–26.6.1795 Herrenhausen bei Hannover, Niedersachsen. Deutscher Apotheker u. Botaniker Schweizer Herkunft. 1773–1776 Schüler Linnés, später Leiter der Gärten zu Herrenhausen bei Hannover. Schrieb 7 Bände „Beiträge zur Naturkunde..., besonders der Botanik, ...", 1787–1792. Nach ihm die Gattung *Ehrharta* Thunb.

Eichlam = Friedrich (Federico) Eichlam, Hildburghausen ?–18.7.1911 auf See in der Nähe der Azoren. Deutscher Kakteensammler, wanderte 1892 nach Guatemala aus. Nach ihm die Art *Mammillaria eichlamii* Quehl.

Eichler = August Wilhelm Eichler, Neukirchen 22.4.1839–2.3.1887 Berlin. Deutscher Botaniker, Direktor des Bot. Gartens Graz, später der Bot. Gärten von Kiel und Berlin. Herausragender Morphologe. Veröffentlichte u.a. „Blütendiagramme", 1875–1878; „Syllabus der Vorlesungen über Phanerogamenkunde", 1876, 2. Aufl. 1880, 3. Aufl. 1883, 4. Aufl. 1886, 5. Aufl. 1890; Mithrsg. der „Flora brasiliensis" (von 1861 bis 1886), für die er 25 Familien bearbeitete; für Engler u. Prantl, Die natürlichen Pflanzenfamilien II. 1 (1887) Cycadaceae, Coniferae, Gnetaceae ; für de Candolle, Prodromus in Bd. 17 Balanophoraceae, 1873. Nach ihm die Gattungen *Eichleria* Progel u. *Eichlerodendron* Briq.

Eig = Alexander Eig, Minsk, Weißrussland 1894–30.7.1938 Jerusalem. In Russland geborener israelischer Botaniker in Palästina, wanderte schon um 1908 nach Palästina aus. Schrieb „On the vegetation of Palestine ...", 1927; „Monographisch-kritische Uebersicht der Gattung Aegilops ...", 1929; posthum erschien „Systematic studies on Astragali of the Near East", 1955.

Ekman = Erik Leonard Ekman, Stockholm 14.10.1883–15.1.1931 Santiago, Dominikanische Republik. Schwedischer Botaniker u. Pflanzensammler in Westindien u. Südamerika. Schrieb zus. mit Ignatz Urban: „Plantae haitienses novae vel rariores a cl. Er. L. Ekman lectae", 10, Teile, 1921–1931. Nach Ekman die Gattungen *Ekmania* Gleason, *Ekmaniocharis* Urb. und *Ekmanianthe* Urb.

Elenevsky = Andrej G. Elenevsky (= Andrei G. Elenevskii; = A.G. Jelenevsky), 1928–. Russischer Botaniker.

T.S. Elias = Thomas Sam Elias, 1942–. Nordamerikanischer Botaniker am United States National Arboretum in Washington, D. C. Spezialgebiet: Gehölze Nordamerikas und Asiens. Schrieb u.a. „Field guide to North American trees", 1988; zus. mit Peter A. Dykeman „Field guide to North American edible wild plants", 1982.

Elliott = Stephen Elliott, Beaufort, South Carolina 11.11.1771–28.3.1830 Charleston, South Carolina. Nordamerikanischer Bankier u. Botaniker. Schrieb „A Sketch of the Botany of South-Carolina and Georgia...", 1816–1824. Nach ihm die Gattung *Elliottia* Mühlenb. ex Elliott, die Zeitschrift Elliottia, 1964–1966 sowie z.B. die Art *Juncus elliottii* Chapm., die er entdeckt hat.

J. Ellis = John Ellis, Irland 1710–15.10.1776 London. Botanisch u. zoologisch interessierter irischer Kaufmann. Schrieb „An historical account of coffee", 1774; „A description of the mangostan and the bread-fruit", 1775; „An essay towards the natural history of the Corallines, and other marine productions", 1755 (franz. Ausgabe 1756, holl. Ausgabe 1756, deutsche Ausgabe 1767). Nach ihm die Gattung *Ellisia* L.

R.P. Ellis = Roger Pearson Ellis, Johannesburg, Südafrika 19.12.1944–. Südafrikanischer Botaniker am Bot. Research Inst. in Pretoria, Dep. Agriculture and Fisheries. Spezialgebiet: Poaceae.

Elmer = Adolph Daniel Edward Elmer, Vandyne, Wisconsin 14.6.1870–17.4.1942 in einem Konzentrationslager in Manila auf den Philippinen. Nordamerikanischer Botaniker. Schrieb zahlreiche Arbeiten über Pflanzen der Philippinen in den Leaflets of Philippine Botany, die er von 1906–1939 selbst herausgab. Nach ihm die Gattungen *Adelmeria* Ridl. und *Elmera* Rydb.

Elwert = Johann Caspar Philipp Elwert, Speyer, Rheinland-Pfalz 5.11.1760–3.11.1827 Hildesheim. Deutscher Arzt und Botaniker in Hildesheim, schrieb „Fasciculus plantarum e flora Marggraviatus baruthini", 1786.

Elwes = Henry John Elwes, Colesbourne, Gloucestershire 16.5.1846–26.11.1922 Colesbourne. Englischer Dendrologe, Gärtner, Pflanzensammler und Sportler. Schrieb „A monograph of the genus Lilium", 1877–1880 (Suppl. 1–9 von Arthur Grove, Arthur Disbrowe Cotton u. William Bertram Turrill, 1934–1962); „The trees of Great Britain & Ireland", 1906–1913 (mit A. Henry). Nach ihm die Art *Galanthus elwesii* Hook. f., die er 1874 in der Türkei sammelte und die Hook. fil. als neu erkannte.

Emb. = Louis Marie Emberger, Thann, Haut-Rhin 23.1.1897–29.11.1969 Saint-Sulpice. Französischer Apotheker und Botaniker, Professor in Clermont-Ferrand und Montpellier, sammelte Pflanzen in Marokko. Schrieb u.a. „Les arbres du Maroc ...", 1938, „Les plantes fossiles...", 1944; „Travaux de botanique et d'écologie ..., 1971; und zus. mit R. Maire „Catalogue des plantes du Maroc", Supplement, 1941. Nach ihm die Art *Aristolochia embergeri* Nozeran et N.Halle.

Endl. = Stephan Ladislaus (István Lászlo) Endlicher, Pressburg (Bratislava), Slowakei 24.6.1804–28.3.1849 Wien. Österreichisch-ungarischer Botaniker, Sinologe, ursprünglich Theologe, später Professor der Botanik und Direktor des Bot. Gartens u. Museums Wien, nach der Revolution 1848 aus Wien vertrieben. Schrieb „Anfangsgründe der chinesischen Grammatik", 1845; „Prodromus florae norfolkicae" 1833; „Genera plantarum...", 1836–1850; „Iconographia generum plantarum", 1837–1841; „Enchiridion botanicum...", 1841; „Synopsis Coniferarum...", 1847; „Atakta botanica. Nova genera et species plantarum...", 1833–1835; zus. mit Hoffmann von Fallersleben „Fragmenta theodisca versionis antiquissimae Evangelii S. Matthaei et aliquot homiliarum", 1834. Schrieb auch zus. mit Eduard Friedrich Poeppig „Nova genera ac species plantarum quas in regno chilensi, peruviano et in terra amazonica ...", 1835–1845. Begründer und Mitherausgeber der Fasz. 1–9 der „Flora Brasiliensis", 1840–1847, zus. mit Karl Friedrich Philipp von Martius. Nach Endlicher die Gattung *Endlicheria* Nees.

P.K. Endress = Peter Karl Endress, Bern 21.8.1942 (pers. Mitt.) –. Schweizer Botaniker, Professor an der Universität in Zürich. Spezialgebiet: ursprüngliche

Angiospermen, Hamamelidaceae. Schrieb „Diversity and evolutionary biology of tropical flowers", 1994. Mitarbeiter bei der von Wu Zheng-yi u. Peter Hamilton Raven (Hrsg.) publ. Flora of China.

R. Engel = Roger Engel, Talange, Moselle, Frankreich 11.8.1923 (pers. Mitt.) -. Elsässischer Botaniker und Lehrer in Saverne, Bas-Rhin. Spezialgebiet: Orchidaceae. Schrieb u.a. zus. mit Pierre Jacquet „Die Verbreitung der Orchideen in Frankreich" (in Mitt. Bl. Arbeitskr. Orch. Bad.-Württ. 15, 227–291, 1983); zus. mit Henri Mathé „Orchidées sauvages d'Alsace et des Vosges", 2002.

Engelm. = Georg (George) Engelmann, Frankfurt am Main 2.2.1809–4.2.1884 St. Louis, Missouri. Deutscher Arzt u. Botaniker, wanderte 1832 nach Nordamerika aus. Sammelte u. beschrieb viele neue Pflanzen aus Illinois, Missouri und Arkansas. Veröffentlichte u.a. „Synopsis of the Cactaceae of the territory of the United Staes ...", 1856; „Cactaceae of the Boundary", 1859; „Systematic arrangement of the genus Cuscuta", 1859. Schrieb gemeinsam mit Jacob Bigelow „Description of the Cactaceae", 1856, und mit Asa Gray „Plantae Lindheimerianae", 1845. Nach Engelmann die Gattung *Engelmannia* A. Gray ex Nutt. sowie z.B. die Arten *Eleocharis engelmannii* Steud. und *Isoetes engelmannii* A. Br.

Engl. = Heinrich Gustav Adolf Engler, Sagan, Schlesien 25.3.1844–10.10.1930 Berlin. Bedeutender deutscher Botaniker, seit 1889 Direktor des Bot. Gartens u. Museums Berlin, auch Professor der Botanik an der Universität. Begründer u. Herausgeber von „Die natürlichen Pflanzenfamilien" (zus. mit K.A.E. Prantl), 1887–1915, 2. Aufl. seit 1924 erscheinend; „Das Pflanzenreich", 1900–1953 (107 Hefte); „Die Vegetation der Erde" (zus. mit O. Drude), 1896–1928; von 1881–1930 gab er auch heraus „Botanische Jahrbücher". Entwickelte das nach ihm benannte Englersche Pflanzensystem. Kurzfassung davon in „Syllabus der Vorlesungen über Botanik", 1892, ab 2. Aufl. 1898 Titel „Syllabus der Pflanzenfamilien" (12. Aufl. 1954–1964). Weitere wesentliche Schriften: „Versuch einer Entwicklungsgeschichte der extratropischen Florengebiete der nördlichen Hemisphäre", 1879–1882; „Monographie der Gattung Saxifraga L.", 1872; Moraceae (excl. Ficus) (Bd. 1, 1898) u. Sapotaceae (Bd. 8, 1904) für: Monographien afrikanischer Pflanzen-Familien und -Gattungen; für „Das Pflanzenreich" bearbeitete er Araceae (z.T. mit K. Krause), Aponogetonaceae (zus. mit K. Krause), Saxifragaceae-Saxifraga (zus. mit E. Irmscher); für Martius, Flora brasiliensis in Bd. III, 2 Araceae, 1878; in Bd. XII, 1 Guttiferae, Quiinaceae, 1888; in Bd. XII, 2 zahlreiche Familien, 1872–1876; in Bd. XIV, 2 Escalloniaceae, Cunoniaceae, 1871; für Alph. u. Cas. De Candolle, Monographiae Phanerogamarum, Bd. 2, 1879 Araceae ; Bd. 4, 1883 Burseraceae, Anacardiaceae. Nach ihm benannt sind die Gattungen *Englerastrum* Briq., *Englerella* Pierre, *Engleria* O. Hoffm., *Englerocharis* Muschl., *Englerodendron* Harms, *Englerophytum* Krause sowie die Zeitschrift Englera, 1979 ff.

V. Engl. = Viktor Engler, Thorn 3.6.1885–14.5.1917 bei Kanatlacci, Mazedonien. Deutscher Botaniker, publ. über *Tilia*.

English = Carl Schurz English, 1904–. Parkdirektor in Seattle, Washington. Nordamerikanischer Pflanzensammler und Amateurbotaniker.

Epling = Carl Clawson Epling, Waverly, Illinois 15.4.1894–17.11.1968 Santa Monica, Kalifornien. Nordamerikanischer Botaniker, Professor der University of California, Los Angeles. Veröffentlichte zwischen 1925 u. 1968 viele Schriften, vor allem über Labiatae, u.a. „Synopsis of the South American Labiatae ...", 1935–1937, „A revision of Salvia, Subgenus Calosphace ...", 1938–1939. Nach ihm die Gattung *Eplingia* L. O. Williams.

Epple = Paul Epple, lebte um 1951. Deutscher Gärtner.

Erhardt = Walter Erhardt, Kulmbach, Oberfranken 19.2.1952–. Deutscher Botaniker, Lehrer und Gartenbauschriftsteller. Mitherausgeber der 16. und 17. Aufl. von „Zander, Handwörterbuch der Pflanzennamen", 2000–2002. Schrieb „Hemerocallis (Taglilien)", 1988 (englisch 1992); „Narzissen, Osterglocken – Jonquillen-Tazetten", 1993, „Schöne Usambaraveilchen und andere Gesnerien", 1993.

Escal. = Manuel G. Escalante, publ. um 1946. Argentinischer Botaniker. Spezialgebiet: Rhamnaceae, *Colletia*.

Eschsch. = Johann Friedrich Gustav von Eschscholtz, Dorpat (heute Tartu), Estland 12.11.1793–19.5.1831 Dorpat. Deutsch-estnischer Arzt, Zoologe u. Botaniker, Professor in Dorpat. Nahm 1815–1818 zus. mit Adelbert von Chamisso an der Weltumseglung mit dem deutschstämmigen russischen Kapitän Otto von Kotzebue, dem Sohn des Dramatikers August von Kotzebue, auf dem Schiff Rurik teil. Nach Eschscholtz die Gattung *Eschscholzia* Cham.

Eshbaugh = William Hardy Eshbaugh, Glen Ridge, New Jersey 1.5.1936–. Nordamerikanischer Botaniker an der Miami University, Oxford, Ohio, Spezialgebiet: Ethnobotanik, *Capsicum*. Schrieb „Vascular flora of Andros Island, Bahamas", 1988 (mit Daniel L. Nickrent u. T.K. Wilson).

Espinosa = Marcial Ramón Espinosa Bustos, Loncomilla, Maule, Chile 30.7.1874–7.8.1959. Chilenischer Botaniker und Professor am Museo Nacional de Chile. Nach ihm die Art *Tetragonia espinosae* Muñoz.

Esteves = Eddie Esteves Pereira, 1939–. Brasilianischer Botaniker in Goiania. Spezialgebiet: Cactaceae. Schrieb u.a. zus. mit Pierre J. Braun „Kakteen und andere Sukkulenten in Brasilien", 2001. Nach Esteves die Art *Orthophytum eddie-estevesii* E.M.C. Leme.

Etl. = Andreas Ernst Etlinger, publ. 1777. Deutscher Botaniker.

Veröffentlichte in Erlangen die Dissertation „De Salvia". Nach ihm die Gattung *Etlingera* Giseke.

M.S. Evans = Maurice Smethurst Evans, Manchester 30.7.1854–9.4.1920 Durban, Südafrika. Englischer Geschäftsmann, Politiker und Pflanzensammler in Südafrika, kam 1875 nach Natal. Schrieb (Band 1 zus. mit John Medley Wood) „Natal plants", 1898–1912. Nach ihm die Arten *Kniphofia evansii* Baker und *Senecio evansii* N.E.Br.

W.H. Evans = Walter Harrison Evans, Delphi, Indiana 3.1.1863–2.11.1941 Florence, South Carolina. Nordamerikanischer Botaniker am U.S. Department of Agriculture. Publizierte mit John Merle Coulter.

W.E. Evans = William Edgar Evans, Edinburgh 15.7.1882–18.3.1963 Edinburgh. Schottischer Botaniker in Edinburgh. Publizierte 1904 u. um 1925 mit Sir W.W. Smith.

Everett = Thomas Henry Everett, Liverpool 12.1.1903–. Nordamerikanischer Gärtner engl. Abstammung. Publizierte 1937 die Gattung *Asterago*.

Evers = Georg Evers, Mengershausen bei Göttingen, Niedersachsen 26.8.1837–24.7.1916 Innsbruck, Tirol, Österreich. Deutscher Botaniker und Lehrer (Rektor), erst in Mühlau bei Innsbruck, dann in Trient, später in Icici bei Abbazia. Schrieb floristische Arbeiten über Tirol und das Trentino. Nach ihm die Art *Rubus eversii* Hruby.

C.M. Evrard = Charles Marie Evrard, Watermael, Belgien 23.9.1926–. Belgischer Botaniker, Professor der Universität von Louvain-la-Neuve. Spezialgebiet: Flora des Kongo. Schrieb „Un nouveau Brachiaria de l'Est du Congo Belge" (in Bull. Jard. Bot. Bruxelles 23.373–377, 1953). Nach ihm die Art *Deinbollia evrardii* Hauman.

Ewart = Alfred James Ewart, Liverpool 12.2.1872–12.9.1937 Melbourne. Englischer Botaniker, wanderte später nach Australien aus und wurde Professor der Botanik in Melbourne. Schrieb u.a. „Flora of Victoria", 1930; „Handbook of forest trees for Victorian foresters ...", 1925; zus. mit Olive Blanche Davies „The flora of the Northern Territory", 1917; und mit verschiedenen Co-Autoren „Contributions to the flora of Australia ..." (zumeist in Proceed. roy. Soc. Victoria,ser. 2, 19–42, 1907–1930). Nach ihm die Gattung *Ewartia* Beauverd.

Exell = Arthur Wallis Exell, Handsworth, Staffordshire 21.5.1901–15.1.1993 Cheltenham. Englischer Botaniker am Brit. Museum, London. Spezialgebiete: Combretaceae, Flora of Angola. Mitherausgeber der „Flora zambesiaca", 1960 ff. u. „Conspectus florae angolensis", 1937–1970 (mit F.A. Mendonça). Schrieb u.a. „Orchidaceae" (in Catalogue of the vascular plants of S. Tomé, p. 313–337, 1944). Nach ihm die Gattung *Exellodendron* Prance.

Eyma = Pierre Joseph Eyma, Maarssen 30.9.1903–25.7.1945. Niederländischer Botanikker.

Fabr. = Philipp Konrad Fabricius, Butzbach, Hessen 2.4.1714–19.7.1774 Helmstedt. Deutscher Mediziner u. Botaniker, Professor in Helmstedt. Schrieb „Enumeratio methodica plantarum horti medici helmstadiensis...", 1759, weitere Aufl. 1763, 1776; „Primitiae florae butisbacensis", 1743.

Facchini = Francesco Facchini, Forno bei Predazzo,Trentino, Italien 24.10.1788–6.10.1852 Vigo di Fassa, Trentino. Italienischer Arzt und Botaniker. Publizierte „Zur Flora Tirols. I. Heft. Flora von Südtirol", 1855. Nach ihm die Hybride *Gymnadenia x facchinii* Dalla Torre et Sarnth.

Faden = Robert Bruce Faden, 1942–. Nordamerikanischer Botaniker an der Smithsonian Institution, Washington, D.C. Schrieb „The morphology and taxonomy of Aneilema R.Brown (Commelinaceae)" (in Smithson. Contr. Bot. 76, 1991). Nach Robert B. Faden und seiner Frau, Audrey J. Faden geb. Evans die Art *Kalanchoe fadeniorum* E. Raadts.

Falc. = Hugh Falconer, Forres, Morayshire, Schottland 29.2.1808–31.1.1865 London. Schottischer Botaniker u. Paläontologe, arbeitete und sammelte 1830–1855 in Indien, zuletzt Professor der Botanik am Calcutta Medical College. Schrieb „Report on the teak forests of the Tenasserim provinces", 1852. Nach ihm die Gattung *Falconeria* Royle.

Falkenb. = Paul Falkenberg, Berlin 2.9.1848–1.11.1925 Rostock. Deutscher Botaniker, von 1887–1922 Professor der Botanik in Rostock. Spezialgebiet: Algen. Bearbeitete, mit C.J. Schmitz, für Engler u. Prantl, Die natürlichen Pflanzenfamilien I. 2 „Rhodomelaceae", 1897. Schrieb „Die Rhodomelaceen des Golfes von Neapel", 1901. Nach ihm die Gattung *Falkenbergia* Schmitz.

W.P. Fang = Fang Wen-Pei = Wen Pei Fang, 1899–1983. Chinesischer Botaniker, Vater von Ming Yuan Fang. Publizierte über *Rhododendron* und *Acer*. Herausgeber und Autor von „Flora Sichuanica", 1981 ff.

W.Z. Fang = Fang Wen-Zhe = Wen Zhe Fang, fl. 1984. Chinesischer Botaniker. Publizierte über *Callicarpa*.

R.S. Farden = Richard S. Farden, ?–1950. Publizierte 1939 über *Haworthia*.

Farjon = Aljos K. Farjon, Hilversum, Niederlande 5.3.1946 (pers. Mitt.) –. Niederländischer Botaniker in Utrecht, später in Kew. Spezialgebiete: Pinaceae, Cupressaceae. Schrieb „Pinaceae: drawings and descriptions of the genera Abies, Cedrus, Pseudolarix, Keteleeria, Nothotsuga, Tsuga, Cathaya, Pseudotsuga, Larix and Picea", 1990; „A bibliography of conifers", 1990; „Pines: drawings and descriptions of the genus Pinus", 1984; „World Checklist and Bibliography of Conifers", 1998; zus. mit B. T. Styles „Pinus (Pinaceae)" in Flora neotropica Band 75, 1997. Mitarbeiter bei der von Wu Zheng-yi u. Peter Hamilton Raven (Hrsg.) publ. Flora of China.

Farr = Edith May Farr, Winthrop Center, Maine 9.10.1864–1956. Nordamerikanische Botanikerin. Publizierte über *Dryas*.

P.A. Farrant = Penelope Anne Farrant, 1953–. Australische Botanikerin von den Royal Botanic Gardens in Sydney. Spezialgebiet: Algae, Pteridophyta, *Blechnum*. Schrieb „Colours in nature, a visual and scientific exploration", 1997; u.a. zus. mit Thomas

Carrick Chambers „Revision of Blechnum (Blechnaceae) in Malesia" (in Blumea 46, 283-350, 2001).

Farrer = Reginald John Farrer, Clapham, Yorkshire 17.2.1880-17.10.1920 Nyitada, Burma. Englischer Pflanzensammler u. Gartenbauschriftsteller. Sammelte im tibetanisch-chinesischem Gebiet und führte von dort für die Gärten wertvolle Pflanzen ein. Schrieb „My Rock-garden", 1907, später als „The English rock garden", 1922; „Alpines and Bog Plants", 1908; „Among the hills", 1911. Nach ihm die Arten *Gentiana farreri* Balf. f. und *Viburnum farreri* Stearn.

Farw. = Oliver Atkins Farwell, Boston, Massachusetts 13.12.1867-1944 Lake Linden, Michigan. Nordamerikanischer Botaniker in Michigan, der über die dortige Flora arbeitete. Nach ihm die Art *Myriophyllum farwellii* Morong.

Farwig = Stanley J. Farwig, etwa 1930-6.8.2003. Nordamerikanischer Botaniker in Kalifornien. Spezialgebiete: Cactaceae, *Calochortus*. Publ. 1969 über *Mammillaria*, außerdem zus. mit Victor Girard über *Calochortus*.

Fassett = Norman Carter Fassett, Ware, Massachusetts 27.3.1900-14.9.1954 Boothbay, Maine. Nordamerikanischer Botaniker. Schrieb „Spring flora of Wisconsin", 1931, 4. Aufl. (mit O.S. Thomson) 1975; „A manual of aquatic plants", 1940, 2. Aufl. 1957.

Favrat = Louis Favrat, Lausanne, Waadt 23.7.1827-27.1.1893 Lausanne. Schweizer Botaniker, erforschte die Flora von Wallis und Waadt. Nach ihm die Art *Gentiana favratii* (Rittener) Favrat.

Fawc. = William Fawcett, Arklow, Wicklow, Irland 13.2.1851-14.8.1926 Blackheath, London. Britischer Botaniker, Direktor des Bot. Gartens von Jamaica von 1886-1908. Schrieb zus. mit A.B. Rendle „Flora of Jamaica", 1910-1936 (Bd. 7, 1936, von A.B. Rendle u. S. Moore; nur Bd. 1, 3-5 u. 7 erschienen). Nach Fawcett die Art *Columnea fawcettii* (Urban) Morton.

B. Fearn = Brian Fearn, 1937-. Britischer Botaniker von Sheffield. Spezialgebiet: *Lithops*.

Fechser = H. Fechser, 1918-. Österreichischer Kakteenspezialist, der in Argentinien Pflanzen sammelte. Nach ihm die Art *Blossfeldia fechseri* Backeb.

Fedde = Friedrich Karl Georg Fedde, Breslau 30.6.1873-14.3.1942 Berlin-Dahlem. Deutscher Botaniker, Begründer u. Hrsg. von (Feddes) Repertorium specierum novarum regi vegetabilis, Berlin 1905-1942, sowie der Beihefte, 1911-1942. Bearbeitete für Engler, Das Pflanzenreich Papaveraceae-Hypecoideae et Papaveraceae-Papaveroideae, 1909; Engler, Die natürlichen Pflanzenfamilien, 2. Aufl. Bd. 17b (1936) Papaveraceae. Veröffentlichte „Lichtbilder zur Pflanzengeographie und Biologie", 1912. Nach ihm die Gattung *Feddea* Urb. sowie die Hybride *Papaver x feddeanum* K. Wein.

Fed. = Andrej Aleksandrovich Fedorov, 1909-1987. Russischer Botaniker, Mitarbeiter an V.L. Komarov „Flora U.R.S.S.". Spezialgebiet: Campanulaceae. Herausg. von „Flora evropejskoj Casti SSSR (Flora Partis europaeae U.R.S.S.)", 8 Bände, 1974-1994 (engl.: Flora of Russia, vol. 1-2, 1999-2000).

B. Fedtsch. = Boris Alekseevic (Alexeevich) Fedtschenko (Fedchenko), Leipzig 27.(?)12.1872-29.9.1947 Leningrad. Russischer Botaniker, Sohn von Olga Aleksandrovna und Aleksej Pavlovic Fedtschenko. Schrieb u.a. „Rastitel'nost Turkestana", 1915; Hrsg. von „Flora aziaskoj Rossii", 1912-1920 und (mit B. K. Schischkin) von „Flora jugo-vostoka Evropejskoj Casti SSSR", 1927-1938. Mitarbeiter an V. L. Komarov, Flora U.R.S.S., von Bd. 1-16, 1934-1950. Schrieb gemeinsam mit seiner Mutter, Olga Aleksandrovna Fedtschenko „Conspectus florae turkestanicae", 1905-1923 (in Beih. Bot. Centralbl.). Nach Boris Alekseevic Fedtschenko die Art *Pseudosedum fedtschenkoanum* Boriss.

O. Fedtsch. = Olga Aleksandrovna Fedtschenko (Fedchenko), geb. Armfeld, Moskau 18.11.1845-29.4.1921 Leningrad. Russische Botanikerin, verheiratet mit Aleksej Pavlovic Fedtschenko, Mutter von Boris Alekseevic Fedtschenko. Aleksej und Olga waren beide Forschungsreisende, vor allem in Turkestan. Olga Aleksandrovna Fedtschenko schrieb u.a. „Eremurus. Kritische Uebersicht der Gattung", 1909; „Flore du Pamir...", 1903. Sie schrieb zus. mit ihrem Sohn Boris Alekseevic Fedtschenko „Conspectus florae turkestanicae", 1905-1923 (in Beih. Bot. Centralbl.). Nach Olga Aleksandrovna Fedtschenko u. a. die Arten *Eremurus olgae* Regel und *Rosa fedtschenkoana* Regel.

Fée = Antoine Laurent Apollinaire Fée, Ardentes, Indre 7.11.1789-21.5.1874 Paris. Französischer Heeresapotheker, Botaniker und Professor in Strasbourg. Schrieb „Essai sur les Cryptogames des écorces exotiques officinales", 1824-1837; „Mémoires lichénographiques", 1838; „Mémoires sur les familles des fougères", 1844-1866; „Cryptogames vasculaires ... du Brésil", 1869-1873. Nach ihm die Gattung *Feea* Bory sowie z.B. die Art *Cheilanthes feei* Moore.

Feer = Heinrich (Henri) Feer, Aarau, Aargau 19.12.1857-27.10.1892 Aarau. Schweizer Botaniker in Genf. Spezialgebiet: Campanulaceae. Schrieb u.a. „Beiträge zur Systematik und Morphologie der Campanulaceen" (in Bot. Jahrb. 12, 608-621,1890). Nach ihm und seinem Vater Karl Feer-Herzog die Gattung *Feeria* Buser.

Fenai = Neuer Autor: Fenai, publ. 1880.

Fenzl = Eduard Fenzl, Krummnußbaum, Niederösterreich 15.2.1808-29.9.1879 Wien. Österreichischer Botaniker, Direktor des Bot. Gartens Wien und Professor der Botanik. Schrieb „Versuch einer Darstellung der geographischen Verbreitungs- und Vertheilungsverhältnisse der natürlichen Familie der Alsineen...", 1833; „Pugillus plantarum novarum Syriae et Tauri occidentalis primus", 1842; „Illustrationes et descriptiones plantarum Syriae et Tauri occidentalis", 1843; „Illustrierte Botanik oder Naturgeschichte des Pflanzenreiches", 1857. Nach ihm die Gattung *Fenzlia* Benth.

A.R. Ferguson = Allan Ross Ferguson, 1943–. Neuseeländischer Botaniker in Auckland. Spezialgebiet: *Actinidia*. Schrieb u.a. zus. mit R. Testolin „Isozyme polymorphism in the genus Actinidia and the origin of the kiwifruit genome" (in Syst. Bot. 22, 685–700, 1997).

I.K. Ferguson = Ian Keith Ferguson, Dublin 15.2.1938–. Irischer Botaniker in Kew. Spezialgebiet: Pollen-Morphologie. Publizierte zus. mit R.K. Brummitt „Index to European taxonomic literature", 1968, 1969 (in Regnum Vegetabile). Mitarbeiter an Flora Europaea Band 2–4, 1968–1976. Schrieb u.a. „The pollen morphology of Moringaceae" (in Kew Bull. 40, 25–34, 1985); zus. mit Jan Muller „Evolutionary significance of the exine", 1976.

Fernald = Merritt Lyndon Fernald, Orono, Maine 5.10.1873–22.9.1950 Cambridge, Massachusetts. Nordamerikanischer Botaniker am Gray Herbarium, Cambridge, Massachusetts, Herausgeber der 8. Aufl. von „Gray's manual of botany", 1950. Nach ihm die Gattung *Fernaldia* Woodson sowie z.B. die Art *Carex merritt-fernaldii* Mack., die er entdeckt hat.

A. Fern. = Abílio Fernandes, 1906–1994. Portugiesischer Botaniker. Spezialgebiet: *Narcissus*. Schrieb u.a. „Sur la phylogénie des espèces du genre Narcissus" (in Bol. Soc. Brot., Sér. 2, 25, 113–190, 1951); „Key to the identification of native and naturalized taxa of the genus Narcissus" (in Daffodil and Tulip Yearbook, 33, 37–66, 1967); zus. mit R. M. S. B. Fernandes „Iconographia selecta Florae azoricae a Societate broteriana elaborata", 1980–1987.

R. Fern. = Rosette Mercedes Saraiva Batarda Fernandes, 1916–2005. Spanische Botanikerin an der Universität von Coimbra. Schrieb „Notes sur le genre Buglossoides Moench" (in Acta Bot. Acad. Sci. Hung., 19, 93–101, 1973); „Notes on the genus Anthemis" (in Bot. J. Linn. Soc. (London), 70, 1–17, 1975); „Identification, typification, affinités et distribution géographique de quelques taxa européens du genre Anthemis" (in Anales Jard. Bot. Madrid, 32, 1409–1488, 1975). Bearbeitete die Gattung *Anthemis* für Flora Europaea (Band 4, 145–159, 1976).

Fern. Casas = Francisco Javier Fernández Casas, Bilbao, Vizcaya, Spanien 22.11.1945 (pers. Mitt.) –. Spanischer Botaniker, Professor am Botanischen Garten in Madrid. Spezialgebiete: *Antirrhinum, Centaurea, Narcissus,* Euphorbiaceae, Strychnaceae. Schrieb u.a. „De Astragalis hispanicis notulae sparsae" (in Saussurea 4, 11–15, 1973).

Fern.-Vill. = Celestino Fernández-Villar, Tudela, Oviedo, Spanien 3.4.1838–28.4.1907 Manila. Spanischer Geistlicher und Botaniker auf den Philippinen. Schrieb zus. mit Andrés Náves „Novissima appendix …", 1877–1883. Beide aus. gaben die 3. Aufl. von Manuel Blanco „Flora de Filipinas …", 1877–1880 heraus. Nach Fernández-Villar die Gattung *Villaria* Rolfe.

Ferris = Roxana Judkins Ferris (geb. als Roxana Judkins Stinchfield, verh. Auch unter dem Namen Roxana Stinchfield Ferris), 1895–1978. Nordamerikanische Botanikerin, Mitarbeiterin von Leroy Abrams bei seiner „Ill. Flora of the Pacific States" (1944–1960).

Fiala = Franz Fiala, Brünn, Mähren 14.4.1861–28.1.1898 Sarajewo, Bosnien-Herzegowina. Österreichischer Botaniker. Zus. mit Arpád von Degen Autor der *Campanula hercegovina*.

Fieber = Franz Xaver Fieber, Prag, Böhmen 1.3.1807–30.1.1872 Chrudim, Böhmen. Österreichischer Entomologe und Botaniker, Direktor des Kreisgerichts zu Chrudim in Böhmen. Schrieb zus. mit Friedrich Graf von Berchtold „Die Potamogeta Böhmens", 1838. Nach ihm die Art *Potamogeton fieberi* Rouy.

Fielding = Henry Borron Fielding, Garstang, Lancashire 17.1.1805–21.11.1851 Lancaster. Englischer Botaniker. Schrieb gemeinsam mit George Gardner „Sertum plantarum; or drawings and descriptions of rare and undescribed plants…", 1843–1844.

Figert = Ernst Figert, Groß Krichen Kreis Lüben, Schlesien (heute Krzeczyn Wielki) 18.1.1848–1925. Deutscher Botaniker in Liegnitz, Schlesien. Nach ihm die Hybride *Poa x figertii* Gerhardt.

Finet = Eugène Achille Finet, Argenteuil 14.10.1863–30.1.1913 Paris. Französischer Botaniker und Künstler. Spezialgebiet: Orchidaceae. Bearbeitete gemeinsam mit François Gagnepain für Lecomte, Flora générale de l'Indochine in Bd. 1(1) „Ranunculaceae, Magnoliaceae", 1907. Nach Finet die Gattungen *Finetia* Gagnep. und *Neofinetia* Hu.

Fingerh. = Carl Anton Fingerhuth, Dom-Esch (heute zu Euskirchen), Nordrhein-Westfalen 20.12.1798–3.6.1876 Dom-Esch. Deutscher Arzt u. Botaniker in Esch bei Euskirchen. Schrieb u.a. „Monographia generis Capsici", 1832 und zus. mit Matthias Joseph Bluff „Compendium florae germanicae", 1821–1833, 2. Aufl. 1836–1839. Nach Fingerhuth die Gattung *Fingerhuthia* Nees.

Fintelm. = Gustav Adolph Fintelmann, Berlin 30.6.1803–1.3.1871 Charlottenhof bei Potsdam. Hofgärtner auf der Pfaueninsel bei Berlin. Nach ihm die Art *Canna fintelmannii* Bouché.

Fiori = Adriano Fiori, Formigine 17.(oder 12.?) 12.1865–5.11.1950 Casinalbo, Modena. Italienischer Botaniker. Schrieb „Boschi e piante legnose dell' Eritrea", 1912; „Nuova flora analitica d' Italia…", 1923–1929; „Dizionarietto dei nomi volgari in uso e dei correspondenti latini", 3. Aufl. 1933. Schrieb zus. mit Giulio Paoletti „Flora analitica d' Italia…", 1896–1908 (unter Mitwirkung von Augusto Béguinot); „Iconographia florae italicae ossia flora italiana illustrata", 1895–1904, 2. Aufl. 1921, 3. Aufl. 1933. Nach ihm die Art *Pinguicula fiorii* F.Tammaro et L.Pace.

C.E.C. Fisch. = Cecil Ernest Claude Fischer, Bombay 9.7.1874–19.10.1950 England. Britischer

Botaniker, von 1895 bis 1926 als Forstwissenschaftler in Indien, von 1926-1940 Botaniker in Kew. Beendete F.S. Gambles „Flora of the presidency of Madras", 1928-1936. Nach Fischer die Art *Neolitsea fischeri* Gamble.

Eb. Fisch. = Eberhard Fischer, Montabaur, Rheinland-Pfalz 22.8.1961 (pers. Mitt.) -. Deutscher Botaniker, Professor an der Universität in Koblenz. Spezialgebiet: Scrophulariaceae. Schrieb u.a. „Botanischer Exkursionsführer der Bonner Umgebung"; „Vegetation von Ruanda ..." (in Colloquia academica 1996); „Revision of the genus Stemodiopsis..." (in Bot. Jahrb. Syst. 119, 305-326, 1997); zus. mit H.-P. Hofmann „Revision of the genus Sopubia ... in Madagascar" (in Adansonia, sér 3., 20, 299-312, 1998).

Fisch. = Friedrich Ernst Ludwig (Fedor Bogdanovic) von Fischer, Halberstadt 20.2.1782-17.6.1854 St. Petersburg. Deutschrussischer Botaniker, Direktor des Bot. Gartens St. Petersburg. Verfasser zahlreicher Schriften, darunter „Beitrag zur botanischen Systematik", 1812; „Synopsis Astragalorum tragacantharum", 1853. Schrieb zus. mit Carl Anton von Meyer „Enumeratio plantarum novarum a cl. Schrenk lectarum", 1841-1842; „Sertum petropolitanum", 1846-1852 (beendet 1869 von Eduard August von Regel) mit den Beschreibungen vieler neuer russischer und nordamerikanischer Pflanzen. Nach Fischer die Gattung *Fischera* Spreng.

G. Fisch. = Georg Fischer, 1844-1941. Deutscher Botaniker, Gymnasiallehrer, Professor und Inspektor des Naturalienkabinetts in Bamberg. Spezialgebiet: Potamogetonaceae, *Zannichellia*. Schrieb „Die bayerischen Potamogetonen und Zannichellien" (in Ber. Bayer. Bot. Ges. 11, 21-162, 1907; Nachtrag in Mitt. Bayer. Bot. Ges. 4, 151-165, 1930).

M. Fisch. = M. Fischer, fl. 1986

M.A. Fisch. = Manfred Adalbert Fischer, Wien 2.6.1942-. Österreichischer Botaniker und Professor in Wien. Spezialgebiet: *Veronica*. Mitarbeiter bei W. Adler, K. Oswald u. R. Fischer „Exkursionsflora von Österreich", 1994 und bei der von Wu Zheng-yi u. Peter Hamilton Raven (Hrsg.) publ. Flora of China (Scrophulariaceae). Schrieb u.a. „Beiträge zur Cytotaxonomie der Veronica hederifolia-Gruppe (Scrophulariaceae)" (in Österr. Bot. Zeitschr., 114, 189-233, 1967).

P.C. Fisch. = Pierre C. Fischer, publ. 1979-1992 in den USA. Spezialgebiet: Cactaceae. Schrieb „70 common Cacti of the Southwest", 1989.

Fisch.-Oost. = Carl von Fischer-Ooster, Sacconex bei Genf 27.2.1807-24.9.1875 Bern. Schweizer Botaniker und Paläontologe in Bern. Spezialgebiet: *Rubus*. Schrieb u.a. „Die fossilen Fucoiden der Schweizer Alpen ...", 1858; „Kleine Beiträge zur Flora Deutschlands und der Schweiz" (in Flora 37, 97-101, 1854).

Fitschen = Jost Fitschen, Brest, Kreis Stade, Niedersachsen 1.1.1869-26.1.1947 Hamburg-Altona. Deutscher Lehrer u. Botaniker, Koniferenkenner. Veröffentlichte u.a. (mit Otto Schmeil) „Flora von Deutschland", 1904-1952 (1.-63. Aufl.), weitere Aufl. mit anderen Bearbeitern; „Gehölzflora", 1920-1950, (1.-4. Aufl.), 5. Aufl. (von F. Boerner) 1959, 6. Aufl. 1977 (von Franz H. Meyer), 9. Aufl. 1990; Bearbeiter der 3. Aufl. von Beissner, L. „Handbuch der Nadelholzkunde", 1930.

Fittkau = Hans W. Fittkau, publ. 1971. Österreichischer Amateurbotaniker u. Pfarrer. Bearbeitete zus. mit Leo Kladiwa die Gattungen *Neolloydia* u. *Thelocactus* für Krainz, H. „Die Kakteen", 1971-1975.

Fitzg. = Robert Desmond (auch David) Fitzgerald, Tralee, Kerry, Irland 30.11.1830-12.8.1892 Sydney. Australischer bot. Künstler irischer Abstammung, seit 1856 in Sydney. Veröffentlichte u.a. „Australian Orchids", 1875-1894. Nach ihm z.B. die Art *Dracophyllum fitzgeraldii* F. Muell.

W. Fitzg. = William Vincent Fitzgerald, Mangana, Tasmanien 21.7.1867-6.8.1929 Daru River, Neuguinea. Australischer Botaniker. Sammelte Pflanzen in Australien, besonders in der Kimberley-Region 1905-1906, in Tasmanien und Neuguinea. Nach ihm die Art *Acacia fitzgeraldii* E. Pritz.

Fitzh. = S. Wyndham Fitzherbert, ?-Januar 1916. Britischer Gärtner in Kingswear, Devon. Schrieb „Book of wild garden", 1903.

Z. Fleisch. = Zdeněk Fleischer, 1905-1978. Tschechischer Kakteenspezialist in Brünn. Schrieb zus. mit Bohumil Schütz „Pestování kaktusu", 1969, 2. Aufl. 1973. Nach ihm die Art *Gymnocalycium fleischerianum* Jajó ex Backeb.

Fleming = John Fleming, 1747-17.5.1829 London. Englischer Mediziner und Botaniker am Calcutta Bot. Garden, der 1813 nach England zurückkam (nicht zu verwechseln mit dem Geistlichen John Fleming, Bathgate, Linlithgowshire 10.1.1785-18.11.1857 Edinburgh. Schottischer Geistlicher, Botaniker und Professor der Naturgeschichte am Free Church College, Edinburgh). Schrieb „A Catalogue of Indian Medicinal Plants and Drugs", 1810. Nach ihm die Gattung *Flemingia* Roxb.

H.R. Fletcher = Harold Roy Fletcher, Glossop, Derbyshire 14.4.1907-27.8.1978 Edinburgh. Englischer Botaniker, zunächst Direktor der Royal Horticultural Society's Gardens, Wisley, darauf bis 1970 Direktor des Bot. Gartens Edinburgh. Schrieb u.a. „The Royal Botanic Garden Edinburgh 1670 bis 1970", 1970 (mit W.H. Brown); „A Quest of Flowers", 1975. Mitverfasser (mit William Wright Smith u. George Forrest) von „The genus Primula", 1929-1950; Mithrsg. von „International directory of botanical gardens", 2. Aufl. 1969 (mit D.M. Henderson u. H.T. Prentice). Nach Fletcher die Art *Rhododendron fletcherianum* Davidian.

Flinck = Karl Evert Flinck, 1915-. Schwedischer Botaniker in Bjuv, Dendrologe, später in Veytaux, Waadt, Schweiz. Schrieb zus. mit Bertil Hylmö „A List of Series and Species in the genus Cotoneaster" (in Bot. Notis. 119, 445-463,

1966). Nach ihm die Art *Abies flinckii* Rushforth.

Flod. = Björn Gustaf Oscar Floderus, Uppsala 14.8.1867–1941. Schwedischer Botaniker. Spezialgebiet: *Salix*.

Flörke = Heinrich Gustav Flörke, Alten-Kalden, Mecklenburg 24.12.1764–6.11.1835 Rostock. Deutscher Botaniker, Professor der Botanik in Rostock. Spezialgebiet: Lichenes. Schrieb „De Cladoniis ...", 1828. Nach ihm die Gattung *Floerkea* Willd.

Florin = Carl Rudolf Florin, Solna bei Stockholm 5.4.1894–24.9.1965 Stockholm. Schwedischer Botaniker u. Paläobotaniker, Direktor des Bot. Gartens (Hortus Bergianus) Stockholm. Eine seiner bedeutendsten Schriften „The distribution of Conifer and Taxad genera in time and space" (in Acta Horti Bergiani, 1963)

Flueck. = Friedrich August Flückiger, Langenthal, Kanton Bern, Schweiz 15.5.1828–13.12.1894 Bonn, Nordrhein-Westfalen. Schweizer Pharmazeut, von 1873 bis 1892 Professor der Pharmazie in Straßburg. Schrieb u.a. „Lehrbuch der Pharmacognosie des Pflanzenreiches", 1867, 2. Aufl. 1881–1883.

Flüggé = Johannes Flüggé, Hamburg 22.7.1775–28.6.1816 Hamburg-Barmbeck. Deutscher Arzt und Botaniker. Schrieb „Graminum monographiae ...", 1810. Nach ihm die Gattung *Fluggea* Willd.

Fobe bis = Fobe, fl. 1931

Focke = Wilhelm Olbers Focke, Bremen 5.4.1834–29.9.1922 Bremen. Deutscher Arzt u. Botaniker in Bremen. Bedeutendste Werke „Die Pflanzen-Mischlinge", 1881; „Synopsis Ruborum Germaniae", 1877. War Bearbeiter der Gattung *Rubus* in Ascherson u. Graebner „Synopsis der mitteleuropäischen Flora", Bd. VI, 1, 1900–1905; für Engler u. Prantl, „Die natürlichen Pflanzenfamilien" III. 3 Rosaceae, 1890–1891; III. 6 Eucryphiaceae, 1893. Nach ihm die Gattung *Fockeanthus* Wehrh.

C.F. Först. = Carl Friedrich Förster, publ. 1846. Deutscher Botaniker, Kakteenspezialist. Schrieb „Handbuch der Cacteenkunde", 1846, 2. Aufl. 1884–1886 (von Theodor Rümpler).

Fomin = Aleksandr Vasilievich Fomin, Ermolowka, Saratow 2.5.1869–16.10.1935 Kiew. Russischer Botaniker in Tiflis und Kiew. Spezialgebiet: Pteridophyta. Hrsg. der „Flora Reipublicae Sovieticae Socialisticae Ucrainicae", Band 1–12, 1936–1965. Mitarbeiter an Bd. 1 von Komarov, V.L., „Flora U.R.S.S.", 1934. Gab zus. mit N. I. Kusnezow und N. A. Busch „Flora caucasica critica", 1901–1916 heraus. Nach Fomin die Art *Colchicum fominii* Bordz.

Font Quer = Pío (Pius) Font i Quer, 1888–2.1.1964 Barcelona. Katalanischer Botaniker. Schrieb u.a. „Flórula de Cardó", 1950; „Diccionario de botánica", 1953; zus. mit J. Cadevall y Diars Herausg. von „Flora de Catalunya", Band 4–6, 1934–1937. Nach Pío Font i Quer die Gattung *Fontquera* Maire sowie u.a. die Art *Festuca queriana* Litard.

F.B. Forbes = Francis Blackwell Forbes, New York City 11.8.1839–Nov. 1908 Boston, Massachusetts. Nordamerikanischer Botaniker, lebte von 1857 bis 1882 in China. Spezialgebiet: Chinesische Pflanzen. Schrieb zus. mit William Botting Hemsley „Index florae sinensis", 1886–1905. Nach Forbes die Art *Primula forbesii* Franch.

J. Forbes = James Forbes, Bridgend, Perthshire Mai 1773–6.7.1861 Woburn Abbey, Bedfordshire. Britischer Gärtner in Woburn Abbey. Verf. von „Pinetum woburnense", 1839; „Salictum woburnense", 1829, u. anderen Katalogen. Nach ihm die Art *Oncidium forbesii* Hook.

Ford = Neridah Clifton Ford, 1926–16.12.2006. Australische Botanikerin am Herbarium of New South Wales, Sydney. Publ. mit Joyce Winifred Vickery über *Clianthus*.

Forkel = Forkel, lebte vor 1848, Autor von *Achimenes gloxiniiflora*.

Formánek = Eduard Formánek, Klattau, Mähren 7.4.1845–9.6.1900 Daphni, Griechenland. Österreichischer Gymnasiallehrer u. Botaniker in Brünn, Pflanzensammler. Spezialgebiet: Flora des Balkans. Schrieb u.a. „Die Flora von Mähren und Österr. Schlesien", 1887–1897. Nach ihm die Art *Campanula formanekiana* Degen et Doerfl.

Forrest = George Forrest, Falkirk, Stirlingshire 13.3.1873–5.1.1932 Tengyueh, Jünnan, China. Schottischer Botaniker u. bedeutender Pflanzensammler, besonders in China 1904–1932. Führte viele neue chinesische Pflanzen nach Europa ein. Schrieb „Man hunts and plant hunts", 1935; zus. mit William Wright Smith u. Harold Roy Fletcher „The genus Primula", 1929–1950. Nach ihm sind zahlreiche Arten benannt wie z.B. *Lespedeza forrestii* Schindl. oder *Aster forrestii* Stapf.

Forselles = Jacob Henrik af Forselles, Strömfors Bruk, Finnland 27.12.1785–13.6.1855. Schwedischer Botaniker, Berghauptmann bei der Silbergrube zu Sala. Schrieb „Tvenne nya växter ...", 1807.

Forssk. = Pehr (Peter) Forsskål, Helsingfors 11.1.1732–11.7.1763 Jerim, Jemen. In Finnland geborener Schwedischer Naturwissenschaftler, bereiste mit C. Niebuhr von 1761–1763 Ägypten u. Arabien. Verf. von „Resa till lyklige Arabien", 1950; „Flora aegyptiaco-arabica...", 1775; „Icones rerum naturalium", 1776. Nach ihm die Gattung *Forsskaolea* L.

E. Forst. = Edward Forster, Walthamstow, Essex 12.10.1765–23.2.1849 Woodford, Essex. Englischer Bankier und Botaniker, Vizepräsident der Linnean Society. Nach ihm die von ihm entdeckte Art *Luzula forsteri* (Sm.) DC., sowie auch *Sedum forsterianum* Sm.

G. Forst. = Johann Georg Adam Forster, Nassenhuben bei Danzig 26.11.1754–11.1.1794 Paris. Deutscher Naturwissenschaftler u. Schriftsteller, Sohn von Johann Reinhold Forster, war Professor in Kassel, später in Wilna. Begleitete James Cook zus. mit seinem Vater auf dessen 2. Weltumsegelung von 1772 bis 1775. Sie veröffentlichten die Ergebnisse in „Characteres generum plantarum, quas in itinere ad insulas maris australis collegerunt, ...", 1775 u. 1776 (deutsche Ausgabe 1779). Weitere Schriften: „Florulae insularum

Australium prodromus", 1786; „De plantis esculentis insularum oceani australis commentatio botanica", 1786; „Geschichte und Beschreibung des Brodbaums", 1784; „A voyage round the world...", 1777. Nach Vater und Sohn Forster die Gattung *Forstera* L. f.

J.R. Forst. = Johann Reinhold Forster, Dirschau 22.10.1729–9.12.1798 Halle. Deutscher Naturwissenschaftler, Vater von Johann Georg Adam Forster, war zunächst Pfarrer zu Nassenhuben, reiste dann durch Russland (1765), nahm teil an der 2. Weltumseglung (1772–1775) von James Cook. War später Professor der Naturwissenschaft, der deutschen u. französischen Sprache zu Warrington, England, ab 1780 Professor in Halle. Schrieb u.a. „Flora Americae septentrionalis", 1771; „Liber singularis de Bysso antiquorum", 1776; „Enchiridion historiae naturali inserviens", 1788. Nach Vater und Sohn Forster die Gattung *Forstera* L. f.

P.I. Forst. = Paul Irwin Forster, 1961–

Fortune = Robert Fortune, Edrom, Berwickshire 16.9.1812–13.4.1880 Brompton, London. Englischer Gärtner u. Forschungsreisender, der von 1843–1861 auf vier Reisen für die Royal Horticultural Society, London in China, Japan etc. Pflanzen sammelte u. die Teepflanze nach Indien einführte. Schrieb „Three years wanderings in the northern provinces of China", 1847; „A journey to the tea countries of China", 1852; „Yedo und Peking", 1863. Nach ihm die Gattungen *Fortunearia* Rehd. et Wils. u. *Fortunella* Swingle.

Fosberg = Francis Raymond Fosberg, Spokane, Washington 20.5.1908–25.9.1993 Falls Church, Virginia. Nordamerikanischer Botaniker in Washington, D. C. Spezialgebiet: Flora des Pazifiks. Schrieb über 700 Arbeiten, darunter u.a. „The flora of Aldabra and neighbouring islands", 1980 (mit S.A. Renvoize). Nach ihm die Art *Senecio fosbergii* Cuatrec.

B.T. Foster = Bert T. Foster, publ. 1982 über *Tillandsia*.

Nordamerikanischer Botaniker.

Foster = Sir Michael Foster, Huntingdon 8.3.1836–28.1.1907 London. Englischer Arzt u. *Iris*-Kenner, Professor der Physiologie an der Universität in Cambridge. Schrieb „Textbook of physiology", 1877, 4. Aufl. 1883; „Bulbous Irises", 1892. Publizierte auch zus. mit John Gilbert Baker. Nach Foster die Art *Tulipa fosteriana* Hoog ex B. Fedtsch.

M.B. Foster = Mulford Bateman Foster, 1888–1978

R.C. Foster = Robert Crichton Foster, Springfield, Massachusetts 21.7.1904–10.3.1986 Springfield, Massachusetts. Nordamerikanischer Botaniker am Gray Herbarium in Cambridge, Massachusetts. Spezialgebiete: Iridaceae, Flora von Bolivien. Schrieb u.a. „A catalogue of the ferns and flowering plants of Bolivia", 1958.

R.A. Foster = Robert A. Foster, Autor von *Mammillaria glassii* 1968. Nordamerikanischer Kakteenkenner, publizierte auch zusammen mit Charles Edward Glass.

Fotsch = Karl Albert Fotsch, ?-etwa 1940. Schweizer Gartenbaulehrer u. Begonienkenner. Schrieb „Die Begonien", 1933.

Foucaud = Julien Foucaud, Saint-Clément, Charente-Inférieure 2.7.1847–26.4.1904 Rochefort-sur-Mer. Französischer Botaniker, Direktor des Bot. Gartens Rochefort-sur-Mer. Mitarb. von Rouy: „Flore de France", Bd. 1–3, 1893–1896.

Foug. = Auguste Denis Fougeroux de Bondaroy, Paris 10.10.1732–28.12.1789 Paris. Französischer Naturwissenschaftler und Ingenieur, Neffe von Henri Louis Duhamel du Monceau. Nach Fougeroux de Bondaroy die Gattung *Fougerouxia* Cass. und *Fougeria* Moench.

Fourc. = Georges Henri (Henry George) Fourcade, Bordeaux 1866–19.1.1948 Humansdorp, Südafrika. Südafrikanischer Forstbotaniker französischer Herkunft. Nach ihm die Arten *Carpobrotus fourcadei* L. Bolus und *Erica fourcadei* L. Bolus.

E. Fourn. = Eugène Pierre Nicolas Fournier, Paris 15.2.1834–10.6.1884 Paris. Französischer

Botaniker und Arzt in Paris. Schrieb „Recherches anatomiques taxonomiques sur la famille des Crucifères et sur le genre Sisymbrium en particulier", 1865; „Mexicanas plantas ...", 2 Bände, 1872–1886. Nach ihm die Gattung *Fourniera* J. Bommer ex E. Fourn.

P. Fourn. = Paul Victor Fournier, Damrémont, Haute-Marne 29.12.1877–20.5.1964 Poinson-les-Grancey, Marne. Französischer Botaniker u. Geistlicher (Domherr). Veröffentlichte u.a. „Flore complétive de la plaine française", 1928; „Les quatre flores de la France, Corse comprise", 1934–1940, 2. Aufl. 1946, Neue Aufl. 1961; „Le livre des plantes médicinales et vénéneuses de France", 1947–1948; „Arbres, arbustes et fleurs de pleine terre", 1951–1952.

Fourr. = Jules Pierre Fourreau, Lyon 25.8.1844–16.1.1871 Beaune (Kriegsverwundung). Französischer Botaniker. Schrieb „Catalogue des plantes qui croissent spontanément le long du cours du Rhône", 1869 und zus. mit Claude Thomas Alexis Jordan „Breviarum plantarum novarum sive specierum in horto...", 1866–1868; „Icones ad floram Europae novo fundamento instaurandam spectantes", 1866–1903.

Fowlie = Jack A. Fowlie, 1929–1993. Nordamerikanischer Botaniker. Spezialgebiete: Orchidaceae, Cactaceae. Herausgeber von „Orchid Digest". Schrieb u.a. „The Brazilian bifoliate Cattleyas and their color varieties", 1977; zus. mit D. Duveen „Contribution to the understanding of the genus *Encyclia* ..." (in Orchid Digest 56, 171–206,1992).

Foxw. = Frederick William Foxworthy, Goodland, Indiana 3.7.1877–4.2.1950 Berkeley, Kalifornien. Nordamerikanischer Dendrologe u. Pflanzensammler, 1911–1917 in Manila, 1918–1932 Forstbeamter in Malaya. Spezialgebiet: Dipterocarpaceae. Nach ihm die Art *Castanopsis foxworthyi* Schottky.

Fraas = Carl Nikolaus Fraas, Rattelsdorf bei Bamberg, Bayern 6.9.1810–9.11.1875 Neufreimann bei München. Deutscher Botaniker und Historiker, von 1835–1842

in Griechenland, Professor der Botanik in Athen, später Direktor einer Veterinärschule in München, Erfinder des Lysimeters. Schrieb „Synopsis plantarum florae classicae ...", 1845, 2. Aufl. 1870. Nach ihm die Art *Achillea fraasii* Sch. Bip.

Frahm = G. Frahm, publ. 1898. Deutscher Gärtner, züchtete um 1898 *Chaenomeles x superba*.

Franceschi = Francesco Franceschi (geb. als Emanuele Orazio Fenzi) Florenz 12.3.1843-6.11.1924. Italienischer Gärtner und Botaniker, lebte unter dem Namen Francesco Franceschi 1893-1913 in Kalifornien.

Francey = Pierre Francey, publ. um 1936. Spezialgebiet: *Cestrum*. Schrieb „Monographie du genre Cestrum L." (in Candollea 6, 46-398, 1935 u. 7, 1-132, 1936). Nach ihm die Art *Cestrum franceyi* C.V. Morton.

Franch. = Adrien René Franchet, Pézou 21.4.1834-15.2.1900 Paris. Französischer Botaniker am Jardin des Plantes, Paris. Bearbeitete viele Sendungen französischer Pflanzensammler, vor allem aus Asien. So erschienen „Plantae Davidianae ex Sinarum imperio", 1884-1888; „Plantae Delavayanae", 1889-1890, etc. Mitarbeiter an Baillon, Henri Ernest „Dictionnaire de botanique", 1879-1892. Schrieb zus. mit Paul Amedée Ludovic Savatier „Enumeratio plantarum in Japonia sponte crescentium", 1873-1879. Nach Franchet die Gattung *Franchetella* Kuntze.

Franco = Joao Manuel António Paes do Amaral Franco, 1921-. Portugiesischer Botaniker in Lissabon. Schrieb „De Coniferarum duarum nominibus", 1950; „Dendrologia florestal", 1943; „Nova flora de Portugal (Continente e Açores)", Band 1, 1971, Band 2, 1984 und Band 3, 1994-1998 (mit Maria da Luz de Oliveira Tavares Monteiro da Rocha Afonso).

G. Frank = Gerhard R. W. Frank, um 1963-1990. Österreichischer Botaniker in Hirschberg. Spezialgebiet: Cactaceae.

Frank = Joseph C. Frank, Rastatt, Baden-Württemberg 1782-November 1835 New Orleans. Deutscher Arzt und Botaniker, sammelte Pflanzen in Nordamerika (nicht zu verwechseln mit Joseph F. Frank, 1771-1842). Schrieb „Rastadts Flora", 1830. Nach ihm z.B. die Arten *Carex frankii* Kunth und *Eragrostis frankii* C. A. Mey. ex Steud.

Franzén = Roy Franzén, 1957-. Schwedischer Botaniker. Spezialgebiet: *Achillea*.

Fraser = John Fraser, Tomnacloich?, Inverness-shire 1750-26.4.1811 Chelsea, London. Schottischer Baumschulgärtner in Chelsea, führte nordamerikanische Pflanzen in Europa ein, die er von 1785-1796 in ihrer Heimat sammelte. Schrieb u.a. „A short history of the Agrostis cornucopiae, ...", 1789; „Thalia dealbata, ...", 1794; „A catalogue of new and interesting plants in Upper Louisiana...", 1813. Er publizierte auch Walters „Flora caroliniana", 1788. Nach ihm die Gattung *Frasera* Walter sowie die Art *Abies fraseri* (Pursh) Poir.

Fraser-Jenk. = Christopher Roy Fraser-Jenkins (zuerst nur Jenkins), Bridgend, Glamorgan, Wales 17.4.1948-. Britischer Botaniker am Brit. Museum (Natural History) in London. Spezialgebiet: *Dryopteris*. Schrieb u.a. „Dryopteris in Spain, Portugal and Macaronesia" (in Bol. Soc. Broteriana, Sér. 2, 55, 175-336, 1982). Nach ihm die Hybride *Dryopteris x fraser-jenkinsii* Gibby et Widén.

G.F. Freeman = George Fouché Freeman, Maple Grove, Alabama 4.11.1876-18.9.1930 Mayaguez, Porto Rico. Nordamerikanischer Botaniker. Schrieb über *Phaseolus*.

J.D. Freeman = John Daniel Freeman, 1941-.

Frém. = John Charles Frémont, Savannah, Georgia 21.1.1813-13.7.1890 New York. Nordamerikanischer Offizier u. Politiker. Unternahm von 1842-1854 5 Expeditionen nach den westl. USA, auf denen er zahlreiche Pflanzen sammelte, die von John Torrey beschrieben wurden („Plantae Fremontianae", 1853). Schrieb zus. mit John Torrey „Descriptions of some new genera and species of plants", 1845 (Appendix C zu Frémont, J.C.: „Report of the exploring expeditions to the Rocky Mountains"). Nach Frémont die Gattung *Fremontodendron* Coville sowie z.B. die Art *Clematis fremontii* S. Watson.

Fresen. = Johann Baptist Georg Wolfgang Fresenius, Frankfurt a.M. 25.9.1808-1.12.1866 Frankfurt a. M. Deutscher Arzt u. Botaniker. Schrieb „Taschenbuch zum Gebrauche auf botanischen Excursionen in der Umgegend von Frankfurt a.M.", 1832-1833; „Beiträge zur Flora von Aegypten und Arabien", 1834; „Beiträge zur Flora von Abyssinien", 1837-1845; für Martius, Flora brasiliensis in Bd. VIII, 1 (1857) Cordiaceae, Heliotropieae, Borragineae. Nach ihm die Gattung *Fresenia* DC.

Freyer = Heinrich Freyer, Idria, Slowenien 7.7.1802-21.8.1866 Laibach, Slowenien. Österreichischer Botaniker. Nach ihm die Gattung *Freyera* Rchb.

Freyn = Joseph Franz Freyn, Prag 7.12.1845-16.1.1903 Prag. Böhmischer Ingenieur (fürstlich Colloredo-Mannsfeldscher Baurat und behördlich autorisierter Civilingenieur) und Botaniker in Smichow bei Prag. Nach ihm die Gattung *Freynella* Kuntze.

Frič = Alberto Vojtech Fric, Prag 8.9.1882-4.12.1944 Prag (starb an Tetanus-Infektion). Tschechischer Kakteenkenner u. -sammler. Reiste und sammelte in fast allen Ländern Südamerikas. Nach ihm die Art *Cereus fricii* Backeb.

Friedlein = Neuer Autor: Friedlein = Johann Jakob Gottlieb Friedlein, Frauenaurach bei Erlangen, Bayern 15.12.1784-13.4.1836 Ulm. Deutscher Apotheker, lebte in Ulm.

F. Friedmann = F. Friedmann, 1941-

H. Friedrich = Heimo Friedrich, 1911-17.3.1987. Österreichischer Kakteenkenner und Botaniker in Wien und Natters, Tirol. Spezialgebiet: *Echinopsis*. Schrieb u.a. „Kakteen, Sukkulenten und Naturschutz" (in Kakt. u. and. Sukk. 24, 109-111, 1973).

R.E. Fr. = Klas Robert Elias Fries, Uppsala 11.7.1876-29.1.1966. Schwedischer Botaniker, Sohn von Th. Fries jr. Spezialgebiet: Annonaceae. Bearbeitete diese

Familie für Engler, Die natürlichen Pflanzenfamilien, 2. Aufl. Bd. 17a II, 1959. Schrieb u.a. „A short history of botany in Sweden", 1950.

Fr. = Elias Magnus Fries, Femsjö, Småland 15.8.1794-8.2.1878 Uppsala. Schwedischer Botaniker, Professor der Botanik an der Universität in Uppsala. Schrieb „Novitiae florae suecicae", 1814-1824, 2. Aufl. 1828, „Continuatio", 1832-1842; „Flora hallandica", 1817-1819; „Summa vegetabilium Scandinaviae, ...", 1845-1849; „Observationes mycologicae...", 1815-1818, weitere Ausgabe 1824; „Systema mycologicum...", 1821-1832; „Systema orbis vegetabilis. Pars. I. Plantae homonemeae", 1825; „Elenchus fungorum...", 1828; „Lichenographia europacea reformata", 1831; „Monographie Hymenomycetum Sueciae", 1851-1863. Nach ihm die Zeitschrift „Friesia" (1932-->) sowie z.B. die Arten *Rumex friesii* Aresch., *Potamogeton friesii* Rupr. und *Ranunculus friesianus* Jord.

Th. Fr. = Theodor (Thore) Magnus Fries, Femsjö, Småland 28.10.1832-29.3.1913 Uppsala, Sohn von Elias Magnus Fries. Schwedischer Botaniker, Direktor des Bot. Gartens Uppsala und Professor der Botanik. Schrieb „Monographia Stereocaulorum et Pilophororum", 1858; „Lichenes arctoi Europae Groenlandiaeque hactenus cogniti", 1860; „Lichenographia scandinavica", 1871-1874. Nach ihm die Art *Loranthus friesianus* K. Schum.

Friis = Ib Friis, Svendborg, Dänemark 12.1.1945-. Dänischer Botaniker und Professor am Bot. Museum u. der Universität in Kopenhagen. Spezialgebiete: Flora von Ostafrika, Urticaceae, *Haemanthus*. Hrsg. (mit W.G. Chaloner u. P.R. Crane) von „The origins of angiosperms and their biological consequences", 1987. Schrieb „Forest and forest trees of northeast tropical Africa...", 1992. Mitarbeiter bei der von Wu Zheng-yi u. Peter Hamilton Raven (Hrsg.) publ. Flora of China (Urticaceae). Nach ihm die Art *Aloe friisii* Sebsebe et M.G. Gilbert.

Fritsch = Karl Fritsch jr., Wien 24.2.1864-17.1.1934 Graz, Steiermark. Österreichischer Botaniker, Professor der systematischen Botanik an der Universität in Graz (häufig verwechselt mit seinem Vater, dem Phänologen und Vizedirektor der Zentralanstalt für Meteorologie und Erdmagnetismus in Wien (Prag 16.8.1812-26.12.1879 Salzburg)). Schrieb u.a. „Excursionsflora für Oesterreich", 1897, 2. Aufl. 1909, 3. Aufl. unter dem Titel „Excursionsflora für Oesterreich und die ehemals österreichischen Nachbargebiete", 1922; bearbeitete für Engler u. Prantl, Die natürlichen Pflanzenfamilien IV. 3b Gesneriaceae, Columelliaceae, 1893-1894, IV. 4 Caprifoliaceae, Adoxaceae, 1891. Nach ihm die Gattungen *Carolofritschia* Engl. und *Fritschiantha* Kuntze sowie die Art *Carex fritschii* Waisb.

Friv. = Imre (Emmerich) Frivaldszky von Frivald, Bacskó, Ungarn 6.2.1799-3.4.1870 Jobbágyi. Ungarischer Arzt, Botaniker, Entomologe u. Ornithologe, Direktor des Ungarischen National-Museums. Schrieb über neue Pflanzen des Balkans u. der Türkei. Nach ihm die Gattung *Frivaldia* Endl.

Frodin = David Gamman Frodin, Chicago, Illinois 8.4.1940-. Nordamerikanischer Botaniker in Philadelphia. Spezialgebiet: *Schefflera*. Schrieb „Guide to the standard floras of the world", 1984, 2. Aufl. 2001. Mtarbeiter an „The European Garden Flora", Band 5, 1997. Nach ihm vermutlich die Art *Phyllanthus frodinii* Airy Shaw.

Froebel = Karl Otto Froebel, 1844-28.8.1906 Zürich. Schweizer Gärtner, Pflanzenzüchter u. Gartengestalter.

Fröd = Harald August Fröderström, Göteborg 11.5.1876-1944. Schwedischer Botaniker. Spezialgebiet: *Sedum*. Schrieb „The genus Sedum L." (in Acta Horti Gothob., 5-7, 1930-1932)

A. Fröhner = Albrecht Fröhner, publ. 1898. Deutscher Botaniker. Schrieb „Die Gattung Coffea und ihre Arten" (in Engl. Jahrb. Syst. 25, 233-295, 1898).

Froel. = Joseph Aloys von Froelich, Marktoberdorf, Allgäu 10.3.1766 (nicht Oberndorf, Württemberg oder Oberstdorf) -11.3.1841 Ellwangen, Baden-Württemberg. Deutscher Botaniker und Medizinalrat in Ellwangen. Spezialgebiete: *Gentiana*,*Crepis*, *Hieracium*. Schrieb „De Gentiana dissertatio ...", 1796. Nach ihm die Gattungen *Froelichia* Moench und *Froelichiella* R. E. Fr.

Frost = John Frost, London 1803-17.3.1840 Berlin. Englischer Arzt u. Botaniker, gründete 1821 die „Medico-botanical Society", lebte zuletzt in Berlin. Schrieb „Some account of the science of botany", 1827.

Fruwirth = Karl (Carl) Fruwirth, Wien 31.8.1862-21.7.1930 Baden bei Wien. Österreichischer Agrarwissenschaftler, Professor für Pflanzenbau in Stuttgart-Hohenheim. Schrieb u.a. „Der Anbau der Hülsenfrüchte", 1898, 2. Aufl. 1914, 3. Aufl. 1921.

Fryxell = Paul Arnold Fryxell, Moline, Illinois 2.2.1927-. Nordamerikanischer Botaniker in College Station, Texas. Spezialgebiete: Malvaceae. Schrieb „A nomenclator of Gossypium", 1976; „The natural history of the cotton tribe", 1979; „Malvaceae of Mexico", 1988. Nach ihm die Art *Hibiscus fryxellii* Mabb.

L.K. Fu = Fu Li-Kuo = Li Kuo Fu, 1934-. Chinesischer Botaniker. Mitarbeiter bei der von Wu Zheng-yi u. Peter Hamilton Raven (Hrsg.) publ. Flora of China. Zus. mit Jian Ming Jin Herausg. von „China plant red data book ...", Band 1, 1992.

S.H. Fu = Fu Shu-Hsia = Shu Hsia Fu, 1916-1986. Chinesischer Botaniker. Spezialgebiet: Crassulaceae von China. Nach ihm die Art *Sedum fui* Rowley.

H.P. Fuchs = Hans Peter Fuchs, Basel 29.10.1928-1999. Schweizer Botaniker und Palynologe, war tätig in Nordamerika, den Niederlande und in Südostasien, zuletzt in Trin-Vitg bei Chur, Graubünden. Schrieb u.a. „Nomenklatur, Taxonomie und Systematik der Gattung Isoëtes...", 1962; „Beiträge zur Nomenklatur und Taxonomie der Schweizer Flora" (in Feddes Repert., 90, 525-689, 1980). Nach ihm z.B. die Art *Rhododendron fuchsii* Sleumer.

Fürnr. = August Emanuel Fürnrohr, Regensburg, Bayern 27.7.1804–6.5.1861 Regensburg. Deutscher Botaniker, Professor am Lyceum in Regensburg. Schrieb „Naturhistorische Topographie von Regensburg", 1838–1840. Herausgeber der Zeitschrift Flora von 1830–1861. Nach ihm die Gattung *Fuernrohria* K. Koch.

N. Fujita = Noboru Fujita, Ohsaka Prefecture 23.6.1946 (pers. Mitt.) -. Japanischer Botaniker und Ökologe an der Kyoto University. Spezialgebiet: *Hosta*. Schrieb „The genus Hosta (Liliaceae) in Japan" (in Acta Phytotax. Geobot. (Kyoto) 27, 66–96, 1976, in japanisch).

Funck = Heinrich Christian Funck (auch Funk), Wunsiedel, Oberfranken, Bayern 1771–14.4.1839 Gefrees, Oberfranken. Deutscher Apotheker u. Botaniker. Schrieb „Kryptogamische Gewächse (besonders) des Fichtelgebirgs", 1800–1838. 42 Hefte; 2. Aufl. (Heft 1–5) 1806 (Exsikkatenwerk mit Text). Nach ihm die Gattung *Funckia* Willd.

Furtado = Caetano Xavier dos Remedios Furtado, Goa 14.10.1897–1980. Portugiesisch-indischer Botaniker am Bot. Garten in Singapur.

Fuss = Johann Michael (Mihály) Fuss, Hermannstadt 5.10.1814–17.4.1883 Groß-Scheuern, Siebenbürgen. Siebenbürgischer Theologe (Pfarrer in Gierelsau) u. Botaniker. Schrieb „Lehrbuch der Naturgeschichte", 1840–1845; „Flora Transsylvaniae excursoria", 1866; gab den 4. Band von Baumgarten, „Enumeratio stirpium magno Transsilvaniae principatui praeprimis indigenarum", 1846, heraus u. schrieb dazu „Mantissa prima nebst Registern", 1846. Nach ihm die Gattung *Fussia* Schur.

Gable = Joseph Benson Gable, 1886–1972. Nordamerikanischer Pflanzenzüchter. Autor von *Ilex x aquipernyi*.

Gabrielson = Ira Noel Gabrielson, Sioux Rapids, Iowa 27.9.1889–7.9.1977 Washington, D. C. Nordamerikanischer Naturschützer und Biologe, besonders Ornithologe. Schrieb u.a. „Western American Alpines", 1932; „Wildlife conservation", 1947; „Wildlife management", 1951; zus. mit S.G.Jewett „Birds of Oregon", 1940; zus. mit Frederick C. Lincoln „The birds of Alaska",1959.

C.F. Gaertn. = Carl Friedrich von Gärtner, Göppingen, Baden-Württemberg 1.5.1772–1.9.1850 Calw, Baden-Württemberg. Deutscher Arzt u. Botaniker, Sohn von Joseph Gärtner. Schrieb „Supplementum carpologicae, seu continuati operis Josephi Gaertner de fructibus et seminibus plantarum voluminis tertii...", 1805–1807; „Beiträge zur Kenntnis der Befruchtung ...", 1844; „Versuche und Beobachtungen über die Bastarderzeugung im Pflanzenreich", 1849.

Gaertn. = Joseph Gärtner, Calw, Baden-Württemberg 12.3.1732–14.7.1791 Tübingen, Baden-Württemberg. Deutscher Arzt u. Botaniker, Vater von Carl Friedrich von Gärtner. Schrieb „De fructibus et seminibus plantarum", 1788–1792, weitere Ausgabe 1801–1802. Nach ihm die Gattung *Gaertnera* Lam.

G. Gaertn. = Gottfried Gaertner (nicht Philipp Gottfried Gaerter), Hanau, Hessen 28.10.1754–27.12.1825 Hanau. Deutscher Botaniker, Apotheker in Hanau. Schrieb zus. mit Bernhard Meyer und Johannes Scherbius „Oekonomisch-technische Flora der Wetterau", 1799–1802.

Gagnebin = Abraham Gagnebin, Renan, Kanton Bern 20.8.1707–23.4.1800 La Ferrière, Kanton Bern. Schweizer Arzt und Botaniker in La Ferrière. Befaßte sich auch mit Paläontologie und Meteorologie. Publizierte den Gattungsnamen *Corallorhiza*. Nach Gagnebin die Gattung *Gagnebina* Neck. ex DC.

Gagnep. = François Gagnepain, Raveau 23.9.1866–20.1.1952 Cannes. Französischer Botaniker am Muséum National d'Histoire Naturelle in Paris, auch Politiker. Schrieb vor allem über asiatische Pflanzen. Mitarbeiter an und Herausg. von Lecomte, Paul Henri: „Flore générale de l'Indochine", 1907–1950. Nach Gagnepain die Gattung *Gagnepainia* K. Schum.

Gaill. = Charles Gaillardot, Lunéville 1814–16.8.1883 Beirut, Libanon. Französischer Botaniker in Ägypten und Syrien, auch Hospitalarzt in Saida, Libanon. Sammelte dort Pflanzen. Publ. zus. mit Pierre Edmond Boissier. Nach Gaillardot die Art *Erodium gaillardotii* Boiss.

Galeotti = Henri Guillaume Galeotti, Versailles 8.9.1814–13.3.1858 Brüssel. Französischer Botaniker, erforschte Zentralamerika, später Direktor des Bot. Gartens Brüssel. Publizierte zus. mit Martin Martens „Enumeratio synoptica plantarum phanerogamicarum ab H. Galeotti in regionibus mexicanis collectarum", 1842–1845. Nach Galeotti die Gattungen *Galeottia* A. Rich. et Galeotti und *Galeottiella* Schltr.

Gall. = R. Gallerand, fl. 1904. Französischer Botaniker. Schrieb „Une moelle alimentaire de palmier de Madagascar" (in Comptes rendus Acad. Sci. Paris, 138: 1120, 1904).

Galpin = Ernest Edward Galpin, Grahamstown 6.12.1858–16.10.1941 Mosdene bei Naboomspruit, Transvaal, Südafrika. Südafrikanischer Bankier u. Pflanzensammler, dessen Herbar in Pretoria liegt. War verheiratet mit Marie E. de Jongh (?–1933). Schrieb u.a. „A contribution to the knowledge of the flora of the Drakensberg" (in Rep. So. African Assoc. Adv. Sci. 6, 209–229, 1908). Nach ihm die Art *Bauhinia galpinii* N. E. Br.; nach seiner Frau die Art *Delosperma mariae* L. Bolus.

Galushko = Anatol I. Galushko, 1926–. Russischer Botaniker. Schrieb u.a. „Flora Severnogo Kavkaza", 3 Bände, 1978–1980; „Derev'ja i kustarniki severnogo Kavkaza", 1967.

Gamble = James Sykes Gamble, London 2.7.1847–16.10.1925 Liss, Hampshire. Englischer Forstmann und Botaniker in Indien. Veröffentlichte u.a. „The Bambuseae of British India", 1896 (in Sir Joseph Dalton Hooker, Flora of British India, Bd. 7); „Flora of the presidency of Madras", 1915–1936. Nach ihm die Gattung *Gamblea* C.B. Clarke.

Gams = Helmut Gams, Brünn, Mähren 25.9.1893–13.2.1976 Innsbruck, Tirol. Österreichischer

Botaniker, Professor der Botanik in Innsbruck. Spezialgebiete: Kryptogamen, Palynologie. Veröffentlichte viele Beiträge über die alpine Flora, dazu u.a. „Pflanzenwelt Vorarlbergs", 1931; „Kleine Kryptogamenflora, Bd. IV: Die Moos- und Farnpflanzen", 1940, weitere Auflagen 1948, 1957 u. 1972; „Alpenblumen – Farbige Wunder" (mit P. Kohlhaupt u.a.), 1963–1964. Bearbeitete für Hegi „Illustrierte Flora von Mitteleuropa" Band 5.4 „Labiatae-Solanaceae", 1927. Nach ihm der Bastard *Equisetum x gamsii* Janch.

Gandhi = Kancheepuram N. Gandhi, 1948–

Gand. = Jean Michel Gandoger, Arnas, Rhône 10.5.1850–4.10.1926 Lyon. Französischer Botaniker, Pflanzensammler und Abbé. Beschrieb eine riesige Zahl von Pflanzenarten. Schrieb u.a. „Flore Lyonnaise ...", 1875. Das Werk „Flora Europae ...", 27 Bände, 1883–1891, das etwa 150 000 Namen für „Arten" umfasst, wird vom internationalen Code der Nomenklatur für die Benennung von Arten nicht anerkannt (Opera oppressa), da Gandoger darin Arten wieder in Arten unterteilt.

Ganesch. = Sergej Sergejewitsch Ganeschin, 1879–1930. Russischer Botaniker.

Z.Y. Gao = Zeng Yi Gao, fl. 1985

Garay = Leslie (László) Andrew Garay, Hosszúhetény, Ungarn 6.8.1924–. Nordamerikanischer Botaniker ungarischer Herkunft, emigrierte 1944 nach Österreich, später nach Kanada und den USA, wurde Kurator des Orchid Herbarium of Oakes Ames, Cambridge, Massachusetts. Schrieb „The genus Phragmipedium" (in Orch. Dig. 43, 133–148, 1979; zus. mit H. Sweet „The Orchids of Southern Ryukyu-Islands", 1974; zus. mit Galfrid Clemens Keyworth Dunsterville „Venezuelan Orchids Illustrated", 1959–1976. Bearbeitete für Howard, Flora of the Lesser Antilles, die Familie „Orchidaceae", 1974 (zus. mit Herman Royden Sweet); für Gunnar Wilhelm Harling und Benkt Sparre, Flora of Ecuador, „Orchidaceae (Cypripedioideae, Orchidoideae and Neottioideae)", 1978. Nach Garay die Gattungen *Lesliea* Seidenf., *Garayella* Brieger, *Garaya* Szlach. und *Garayanthus* Szlach.

García-Mend. = Abisai García-Mendoza, 1955–. Mexikanischer Botaniker.

Garcke = Christian August Friedrich Garcke, Bräunrode bei Mansfeld, Sachsen-Anhalt 25.10.1819–10.1.1904 Berlin. Deutscher Botaniker, Kustos am Bot. Museum Berlin und Professor der Botanik. Hauptwerke: „Flora von Halle", 1848–1856; „Flora von Nord- und Mittel-Deutschland"; 1849, 12. Aufl. 1875, 13.–16. Aufl. 1878–1890 unter dem Titel „Flora von Deutschland", 17.–22. Aufl., 1895–1922, unter dem Titel „Illustrierte Flora von Deutschland", 23. Aufl. 1972 unter dem Titel „August Garcke Illustrierte Flora von Deutschland und angrenzenden Gebieten", Herausg. Konrad von Weihe. Nach ihm die Gattung *Garckea* J.K.A.F.W. Mueller Hal.

Garden = Alexander Garden, Birse, Aberdeenshire 1730–15.4.1791 London. Britischer Botaniker. Lebte lange Jahre in Nordamerika als Arzt in Charlestown. Nach ihm die Gattung *Gardenia* Ellis.

J. Garden = Joy Garden (verh. Thompson), 1923–. Australische Botanikerin, ab 1956 verheiratete Joy Thompson. Spezialgebiet: Podocarpaceae, Fabaceae. Schrieb u.a. „A revision of the genus Leptospermum (Myrtaceae)" (in Telopea 3, 301–448, 1989); „A revision of the genus Swainsona (Fabaceae)" (in Telopea 5, 427–582, 1993).

C.S. Gardner = Cecelia Sue Gardner, 1939–. Nordamerikanische Botanikerin am Corpus Christi Bot. Garden in Texas. Publ. 1984 über *Tillandsia*.

C.A. Gardner = Charles Austin Gardner, Lancaster, England 6.1.1896–24.2.1970 Subiaco, West-Australien. Australischer Botaniker in Perth. Schrieb „Enumeratio plantarum Australiae occidentalis", 1930; „Gramineae" in der Flora of West Australia, Band 1, Teil 1, 1952; „Wildflowers of Western Australia", 2. Aufl. 1973. Nach ihm die Art *Ptilotus gardneri* Benl.

Gardner = George Gardner, Glasgow Mai 1812–10.3.1849 Neura Ellia, Sri Lanka. Britischer Botaniker und Pflanzensammler, Direktor des Bot. Gartens Peradeniya, Sri Lanka. Bereiste das Innere Brasiliens. Schrieb „Travels in the interior of Brazil ...", 1846, 2. Aufl. 1849; und zus. mit Henry Barron Fielding „Sertum plantarum; or drawings and descriptions of rare and undescribed plants...", 1843–1844. Nach Gardner die Gattung *Gardnerodoxa* Sandwith.

Garnier = Max Garnier, ?–1918. Belgischer Gartenbauschriftsteller, von 1894–1896 Redakteur von „L'Illustration horticole" (mit É. Rodigas).

Garn.-Jones = Philip John Garnock-Jones, 1950–. Neuseeländischer Botaniker an der Victoria University of Wellington. Spezialgebiet: *Hebe, Melicytus*. Schrieb u.a. zus. mit S. J. Wagstaff, M. J. Bayly u. D. C. Albach „Classification, origin, and diversification of the New Zealand hebes (Scrophulariaceae)" (in Ann. Missouri Bot. Gard. 89, 38–63, 2002).

Gasp. = Guglielmo Gasparrini, Castelgrande, Basilicata, Italien 13.6.1804–28.6.1866 Neapel. Italienischer Botaniker; Professor der Botanik in Neapel. Schrieb „Richerche sulla natura del caprifico ...", 1845. Nach ihm die Gattung *Gasparrinia* Bertol.

Gaterau = Jean-Pierre Gaterau, Montauban, Tarn-et-Garonne 6.9.1763–28.9.1794 (2 vendémiaire III) Montauban. Französischer Arzt und Botaniker. Veröffentlichte „Description des plantes qui croissent aux environs de Montauban ...", 1789.

H.E. Gates = Howard Elliott Gates, 1895–1957. Nordamerikanischer Botaniker in Norco, Kalifornien, Erforscher von Baja California. Spezialgebiet: Cactaceae. Nach ihm die Art *Pereskiopsis gatesii* Baxter.

Gatt. = Augustin Gattinger, München 3.2.1825–18.7.1903 Nashville, Tennessee. Nordamerikanischer Arzt und Botaniker deutscher Herkunft. Schrieb u.a. „The flora of Tennessee ...", 1901. Nach ihm z.B. die Art *Crataegus gattingeri*

Ashe.
Gauba = Erwin Gauba, 1891–1964
Gaudich. = Charles Gaudichaud-Beaupré, Angoulême 4.9.1789–16.1.1854 Paris. Französischer Botaniker, begleitete als Marine-Apotheker Freycinet u. Vaillant auf ihren Weltreisen. Schrieb „Voyage autour du monde, ... pendant les années 1817–1820, Botanique", 1826–1830; „Voyage autour du monde, executée pendant les années 1836 et 1837... Botanique", 1841–1866; „Recherches génerales sur l'organographie, la physiologie et l'organogénie des végétaux", 1841. Nach ihm die Gattung *Gaudichaudia* Kunth.
Gaudin = Jean François Aimé Philippe Gaudin, Longirod, Waadt 18.3.1766–15.7.1833 Nyon, Waadt. Schweizer Botaniker, Pfarrer in Nyon im Kanton Waadt, Professor in Lausanne. Veröffentlichte u.a. „Agrostologia helvetica", 1811; „Flora helvetica ...", 7 Bände, 1828–1833. Nach ihm die Gattung *Gaudinia* P. Beauv.
Gaussen = Henri Marcel Gaussen, Cabrières-d'Aygues, Vaucluse 14.7.1891–27.7.1981 Toulouse. Französischer Botaniker und Professor in Lyon. Spezialgebiet: Flora der Pyrenäen, *Abies*. Schrieb „Catalogue-flore des Pyrénées" (in Monde des Plantes 48, 50 und 51, 1953–1956); „Végétation de la moitié orientale des Pyrénées ..." (in Bull. Soc. Hist. Nat. Toulouse 55, 5–564, 1926); „Carte floristique de la France" (in Annal. Géogr. 47, 237–256, 1938); „La géographie des plantes", 1933. Nach ihm vermutlich die Art *Elaeocarpus gaussenii* Weibel.
Gay = Claude Gay, Draguignan 18.3.1800–29.11.1873 Flayosc. Französischer Botaniker u. Reisender. Hauptwerk: „Historia física y política de Chile", 1844–1871, darin enthalten „Botánica", 1845–1854. Nach ihm die Gattung *Gayophytum* A. Juss.
J. Gay = Jacques Étienne Gay, Nyon, Kanton Waadt 11.10.1786–16.1.1864 Paris. In der Schweiz geborener Französischer Botaniker, Sekretär des Senats in Paris. Schrieb u.a. „Fragment d'une monographie des vraies Buettnériacées",

1823; „Erysimorum quorundam novorum diagnoses ...", 1842; „Eryngiorum novorum vel minus gognitorum heptas ...", 1848. Nach ihm die Gattung *Gaya* Kunth.
Gáyer = Gyula Gáyer, Celldömölk 16.2.1883–13.6.1932 Szombathely. Ungarischer Botaniker. Spezialgebiet: *Aconitum*. Nach ihm wahrscheinlich die Art *Rumex gayeri* Rech. f.
Geiseler = Eduard Ferdinand Geiseler, Stettin 20.9.1781–6.4.1827 Danzig. Deutscher Arzt und Botaniker in Danzig. Schrieb ...Crotonis monographiam ......, 1807. Nach ihm die Gattung *Geiseleria* Klotzsch.
Geisenh. = Franz Adolf Ludwig (Louis) Geisenheyner, Potsdam, Brandenburg 8.3.1841–28.1.1926 Bad Kreuznach, Rheinland-Pfalz. Deutscher Botaniker und Gymnasial-Oberlehrer in Kreuznach. Schrieb „Flora von Kreuznach", 1881, 2. Aufl. 1903.
Gentil = Ambroise Gentil, 1842–1929
A.H. Gentry = Alwyn Howard Gentry, Clay Center, Kansas 6.1.1945–3.8.1993 Ecuador (Flugzeugabsturz). Nordamerikanischer Botaniker am Missouri Botanical Garden, St. Louis, Missouri. Hrsg. von „Flora neotropica news" (in Taxon, ab Bd. 38, 1989). Schrieb ferner „Bignoniaceae" (in Flora neotropica 25, 1980–1992); zus. mit C.H.Dodson „Flora de Río Palenque Science Center ...", 1978; und zus. mit Adrian G. Forsyth „A field guide to the families and genera of woody plants of Northwest South America (Colombia, Ecuador, Peru) ...", 1993. Nach Gentry z.B. die Arten *Anthurium gentryi* Croat und *Syngonium gentryanum* Croat.
Gentry = Howard Scott Gentry, Temecula, Kalifornien 10.12.1903–1.4.1993. Nordamerikanischer Botaniker. Spezialgebiet: *Agave, Dalea*. Schrieb „Agaves of Continental North America", 1982. Nach ihm u.a. die Art *Agave gentryi* B. Ullrich.
P.A. Genty = André Paul Genty, Dijon 20.10.1861–10.5.1955

Dijon. Französischer Botaniker. Spezialgebiet: Flora von Côte d'Or. Schrieb „Compte rendu ... de Chenôve" (in Bull. Soc. Bot. France 79, 811–819, 1933); „L'îlot granitique de Mâlain et sa végétation ..." (in Bull. Soc. Bot. France 71:1069–1084, 1925).
A.S. George = Alexander Segger George, West-Australien 4.4.1939–. Australischer Botaniker. Spezialgebiet: Proteaceae. Herausgeber der „Flora of Australia", 1981–1993. Schrieb „The Banksia book", 1984; „An introduction to the Proteaceae of Western Australia", 1984. Nach ihm die Arten *Bassia georgei* Ising und *Grevillea georgeana* McGill.
Georgi = Johann Gottlieb Georgi, Wachholzhagen, Pommern 31.12.1729–7.11.1802 St. Petersburg. Deutscher Botaniker u. Reisender, Professor in St. Petersburg. Schrieb „Bemerkungen einer Reise im Russischen Reich im Jahre 1772", 1775; „Geographisch-physikalische und naturhistorische Beschreibung des Russischen Reiches", 1797–1802. Nach ihm die Gattung *Georgina* Willd.
Gerbaulet = Maike Gerbaulet, publ. um 1994–7. Botanikerin in Kapstadt. Spezialgebiet: Sukkulente, Aizoaceae, Portulacaceae.
Gerbeaux = Gerbeaux, Autor von *Gypsophila x monstrosa*.
G. Gerlach = Günter Gerlach, fl. 1987
N. Gerloff = Norbert Gerloff, Wendeburg Kreis Braunschweig, Niedersachsen 15.8.1947 (pers. Mitt.) -. Deutscher Kakteenkenner in Ludwigsburg, Herausgeber der Zeitschrift Internoto. Spezialgebiet: *Notocactus*. Schrieb zus. mit Jo...ka Neduchal u. Stanislav Stuchlik „Gesamtdarstellung aller Notokakteen", 1995.
Germ. = Jacques Nicolas Ernest Germain de Saint-Pierre, Saint-Pierre-le-Moutier 7.9.1814–27.6.1882 Hyères. Französischer Botaniker, Arzt in Paris. Schrieb u.a. „Guide du botaniste, ...", 1852; „Nouveau dictionnaire de botanique ...", 1870. Nach ihm und nach Ernest Saint-Charles Cosson die Gattung *Diserneston* Jaub. et Spach („les deux Ernest").

Gérôme = Joseph Gérôme, Hadol 29.6.1863–31.12.1928 Hadol. Französischer Botaniker. Schrieb „Plantes ornamentales herbacées de plein air et rosiers", 1924. Publ. auch mit Oscar Labroy.

Gerrard = William Tyrer Gerrard, Liverpool ?–1866 Foul Point, Madagaskar. Südafrikanischer Pflanzensammler u. Botaniker. Schrieb „Synopsis Filicum capensium", 1870 (zus. mit Mark John M'Ken). Nach ihm die Gattung *Gerrardanthus* Harv. ex Hook.

Gerstl. = Lorenz Gerstlauer, Marbach bei Edelstetten, Bayern 14.12.1853–22.12.1949 München. Deutscher Jurist und Botaniker in München. Spezialgebiete: *Potentilla, Viola, Hieracium*. Schrieb u.a. „Was ist Avena Parlatorei Woods?" (in Ber. Bayer. Bot. Ges. 24, 42–50, 1940). Nach ihm wahrscheinlich die Hybride *Epilobium x gerstlaueri* Rubner.

Getliffe = Fiona Mary Getliffe (später Mrs. Richard E. Norris), Durban, Südafrika 26.6.1941–. Südafrikanische Botanikerin an der Witwatersrand University, wanderte nach ihrer Heirat in die USA aus. Bearbeitete u.a. zus. mit P. W. Ball die Gattungen *Satureja, Acinos, Calamintha* und *Clinopodium* in Flora europaea 3, 163–167, 1972.

Ghiesbr. = Auguste Boniface Ghiesbreght, Brüssel 10.3.1810–7.2.1893 San Cristóbal, Chiapas, Mexiko. Belgischer Pflanzensammler, ab 1837 in Mexiko. Nach ihm z.B. die Art *Pelexia ghiesbreghtii* Szlach., Mytnik et Rutk.

Ghose = Birendra Nath Ghose, Kalkutta 15.12.1885–1983. Indischer Botaniker.

Giacom. = Valerio Giacomini, Fagagna, Udine, Italien 21.1.1914–6.1.1981. Italienischer Botaniker. Schrieb zus. mit Raffaele Ciferri „Nomenclator Florae Italicae", 1950–1954; und mit S. Pignatti „Saggio preliminaire sulle Artemisie del Gruppo „Genipi" (in Arch. Bot. (Barcelona), 26, 85–150, 1950).

P.E. Gibbs = Peter Edward Gibbs, 1938–. Britischer Botaniker an der University of St. Andrews, Schottland. Spezialgebiete: Fabaceae, *Echium*. Mitarbeiter an „Flora europaea", 1964–1980. Schrieb „A revision of the genus Genista L." (in Notes Roy. Bot. Gard. Edinburgh 27, 11–99, 1966); „A revision of the genus Adenocarpus" (in Bol. Soc. Brot. ser. 2, 41, 67–121.1968).; „Taxonomy and distribution of the genus Calicotome" (in Notes Roy. Bot. Gard. Edinburgh 28, 275–286, 1968), zus. mit I. Dingwall „A revision of the genus Teline" (in Bol. Soc. Brot., ser. 2, 45, 269–316, 1971).

A.C. Gibson = Arthur Charles Gibson, The Bronx, New York 16.10.1947–. Nordamerikanischer Botaniker an der University of California, Los Angeles. Spezialgebiet: Cactaceae. Schrieb zus. mit Karl E. Horak „Systematic Anatomy and Phylogeny of Mexican Columnar Cacti" (in Ann. Miss. Bot. Gard. 65, 999–1057, 1978).

Gibson = George Stacey Gibson, 1818–1883. Britischer Botaniker in England. Schrieb „The Flora of Essex ...", 1862.

Gilg = Ernst Friedrich Gilg, Obereggenen, Baden-Württemberg 12.1.1867–11.10.1933 Berlin. Deutscher Botaniker, Kustos am Bot. Museum Berlin. Schrieb „Grundzüge der Botanik für Pharmazeuten", 6. Aufl. 1921; „Pharmazeutische Warenkunde", 4. Aufl. 1911; „Lehrbuch der Pharmakognosie", 3. Aufl. 1922; zus. mit H.G.A. Engler Hrsg. der 9. u. 10. Aufl. von „Syllabus der Pflanzenfamilien", 1921; für Engler, Das Pflanzenreich „Monimiaceae" (zus. mit J. Perkins), 1901; Bearbeiter von zahlreichen Familien für Engler u. Prantl, Die natürlichen Pflanzenfamilien, 1. u. 2. Aufl. sowie der „Melastomataceae" (Bd. 2, 1898) u. „Strophanthus" (Bd. 7, 1904) von Engler, Monographien afrikanischer Pflanzen-Familien und -Gattungen. Nach ihm die Gattung *Gilgiochloa* Pilg.

Gilib. = Jean Emmanuel Gilibert, Lyon 21.6.1741–2.9.1814 Lyon. Französischer Botaniker, zeitweise Professor in Vilnius, später in Lyon. Schrieb u.a. „Histoire des plantes d'Europe", 1798, 2. Aufl. 1806. Seine „Flora lithuanica inchoata ...", 1781 wird nach den Internationalen Code der Nomenklatur für Namen von Arten und Taxa innerhalb der Art nicht anerkannt, da Gilibert die binäre Nomenklatur nicht konsequent angenommen hat. Nach Gilibert die Gattung *Gilibertia* Ruiz et Pav.

J. Gill = Jiří Gill, 1936–. Tschechischer Botaniker. Publ. 1966 zus. mit Vladimír Skalicky u. Jindrich Chrtek.

L.S. Gill = Lake Shore Gill, 1900–

Gillham = C. M. Gillham, fl. 1980.

Gillies = John Gillies, Orphir, Orkney-Inseln 1792–24.11.1834 Edinburgh. Schottischer Arzt und Pflanzensammler. Bereiste Europa u. Südamerika. Nach ihm die Gattung *Gilliesia* Lindl. sowie die Art *Caesalpinia gilliesii* (Hook.) Benth.

Gilmartin = Amy Jean Gilmartin, Red Bluff, Kalifornien 15.10.1932–10.2.1989 Pullman, Washington. Nordamerikanische Botanikerin und Professorin am Marion Ownbey Herbarium in Pullman, Washington. Spezialgebiet: Bromeliaceae. Nach ihr die Art *Tillandsia gilmartiniae* L.B.Sm.

Gilmour = John Scott Lennox Gilmour, London 28.9.1906–3.6.1986 Cambridge. Englischer Botaniker, Direktor des Bot. Gartens der Universität Cambridge. Schrieb u.a. „British Botanists", 1944; „Wild flowers of the chalk", 1947.

Ging. = Frédéric Charles Jean Baron Gingins de la Sarraz, Schloss Lassaraz, Kanton Waadt, Schweiz 14.8.1790–27.2.1863 Lausanne, Waadt. Schweizer Historiker und Botaniker. Schrieb u.a. „Mémoire sur la famille des Violacées", 1823; „Histoire naturelle des Lavandes", 1826. Nach ihm die Gattung *Ginginsia* DC.

Giord. = Ferdinando Giordano, publ. 1833. Italienischer Botaniker. Schrieb „Memoria su di una nuova species d'Ibisco", 1833.

Girard = Frédéric de Girard, 1810–1851. Französischer Botaniker. Spezialgebiet: Plumbaginaceae. Schrieb zus. mit Auguste François César Prouvençal de Saint-Hilaire „Monographie des Primulacées et des Lentibulariées du Brésil méridional ...", 1838.

Giraudias = Paul Alexandre Ludovic Louis Giraudias, Saintes, Charente

Maritime 12.3.1848-22.1.1922 Paris. Französischer Jurist und Botaniker. Spezialgebiet: Pflanzen-Hybriden.

Giroux = Mathilde Giroux, 1898-. Französische Botanikerin in Algier. Spezialgebiet: Asteraceae. Schrieb u.a. „Sur la carpologie de quelques Composées nord-africaines" (in Bull. Soc. Hist. Nat. Afr. Nord 22, 104-179, 1931).

Giseke = Paul Dietrich Giseke, Hamburg 8.12.1741-26.4.1796 Hamburg. Deutscher Botaniker, Professor am Johanneum in Hamburg, Schüler Linnés. Veröffentlichte u. a. „Icones plantarum", 1777-1778; „Caroli à Linné M.D. Praelectiones in ordines naturales plantarum", 1792. Nach ihm die Gattung *Gisekia* L.

Glaetzle = Wolfgang Glaetzle, 1951-. Österreichischer Chemiker und Kakteenspezialist. Spezialgebiet: *Echinopsis*. Nach ihm die Unterart *Echinopsis calochlora* ssp. *glaetzleana* P.J. Braun et Esteves.

Glass = Charles Edward Glass, 1934-23.2.1998. Nordamerikanischer Botaniker. Spezialgebiet: Cactaceae. Nach ihm die Art *Calibanus glassianus* L.Hern. et Zamudio.

Glassman = Sidney Frederick Glassman, 1919-. Nordamerikanischer Botaniker. Spezialgebiet: Arecaceae. Sammelte Pflanzen in Südamerika und Ostasien. Nach ihm die Art *Bactris glassmanii* Med.-Costa et Noblick ex A.-J. Hend.

Glazebr. = Thomas Kirkland Glazebrook, Ashby-de-la-Zouch, Leicesterhire 4.6.1780-17.1.1855 Southport, Lancashire. Englischer Glasfabrikant u. Amateurbotaniker.

Glaz. = Auguste François Marie Glaziou, Lannion, Côtes-du-Nord 28.8.1828-30.3.1906 Bordeaux. Französischer Gärtner u. Pflanzensammler, Direktor des Paseo publico, Rio de Janeiro. Sammelte zwischen 1861 und 1895 in Brasilien. Schrieb „Plantae Brasiliae centralis a Glaziou lectae", 1905-1913 (in Mém. Soc. Bot. France 1 (3)). Nach ihm die Art *Manihot glaziovii* Müll. Arg.

Gleason = Henry Allan Gleason, Dalton City, Illinois 2.1.1882-1975. Nordamerikanischer Botaniker am New York Botanical Garden. Bearb. „The New Britton and Brown illustrated flora...", 3 Bände, 1952 (3. Aufl. von Britton u. A. Brown). Schrieb zus. mit Arthur John Cronquist „Manual of vascular plants of the Northeastern United States and adjacent Canada", 1963, 2. ed. 1991. Schrieb ferner zus. mit E. P. Killip „The flora of Mount Auyantepui, Venezuela" (in Brittonia 3, 141-204, 1939). Nach ihm die Gattung *Gleasonia* Standl.

Gled. = Johann Gottlieb Gleditsch, Leipzig 5.2.1714-5.10.1786 Berlin. Deutscher Botaniker, Professor in Berlin. Schrieb u.a. „Systema plantarum a staminum situ", 1764; „Methodus Fungorum", 1753; „Botanica medica", 1788-1789. Nach ihm die Gattung *Gleditsia* L. und die Zeitschrift Gleditschia 1973 ff.

Glen = Hugh Francis Glen, Johannesburg 18.1.1950-. Südafrikanischer Botaniker in Pretoria. Spezialgebiet: Geschichte der Botanik. Bearbeitete mit David Spencer Hardy die Gattung *Aloe* in „Flora of southern Africa", Band 5.1, 2000.

Gloxin = Benjamin Peter Gloxin, Colmar 1765-1794. Elsässischer Arzt u. Botaniker in Colmar. Schrieb „Observationes botanicae", 1785. Nach ihm die Gattung *Gloxinia* L'Hér.

C.C. Gmel. = Carl Christian Gmelin, Badenweiler, Baden-Württemberg 18.3.1762-26.6.1837 Karlsruhe. Deutscher Arzt und Botaniker, Professor und Direktor des Bot. Gartens Karlsruhe. Verf. von „Flora badensis, alsatica et confinium regionum", 1805-1826. Nach ihm die Gattung *Caroligmelina* G. Gaertn., B. Mey. et Scherb.

J.F. Gmel. = Johann Friedrich Gmelin, Tübingen, Baden-Württemberg 8.8.1748-1.11.1804 Tübingen. Deutscher Chemiker und Botaniker, Professor der Medizin und Chemie in Tübingen bzw. Göttingen, Vetter von Samuel Gottlieb Gmelin. Schrieb u.a. „Enumeratio stirpium in agro tubingensi indigenarum", 1772; „Onomatologia botanica completa oder vollständiges botanisches Wörterbuch", 1771-1778 (anonym erschienen); „Abhandlung von den giftigen Gewächsen", 1775; „Caroli à Linné...Systema naturae...", 13. Aufl. 1788-1793.

S.G. Gmel. = Samuel Gottlieb Gmelin, Tübingen, Baden-Württemberg 4.7.1744-27.7.1774 in Gefangenschaft in Achmetkent (Kaukasus). Deutscher Botaniker, Vetter von Johann Friedrich Gmelin, Professor in St. Petersburg, bereiste mit Pallas von 1763-1774 das östl. Russland. Schrieb „Historia Fucorum", 1768. Gab Band 3 u. 4 seines Onkels Johann Georg Gmelin „Flora sibirica ...", 1768-9 heraus. Schrieb ferner „Reise durch Rußland zur Untersuchung der drey Natur-Reiche", 1770-1784 (Bd. 4, 1784, posthum von P.S. Pallas herausgegeben).

Goaty = Étienne Louis Henri Goaty, Hyères, Var 25.8.1830-10.1.1890 Lorgues, Var. Französischer Botaniker und Geistlicher.

Goddijn = Wouter Adriaan Goddijn, Leiden, Niederlande 9.4.1884-1960. Niederländischer Botaniker. Publ. zus. mit Johannes Paulus Lotsy über *Euphorbia*.

God.-Leb. = Alexandre Godefroy-Lebeuf (bis zur Heirat Godefroy, ab 1876 Godefroy-Lebeuf), 1852-2.8.1903 Paris. Französischer Pflanzensammler in Indochina, am Kongo etc., Orchideenspezialist. Herausg. von „L' Orchidophile", 1881-1893 (mit Du Buysson). Nach ihm die Art *Gagnepainia godefroyi* K. Schum.

Godfery = Masters John Godfery, 1856-9.4.1945 Torquay, Devon. Britischer Botaniker. Spezialgebiet: Orchidaceae von Europa. Schrieb u.a. „Monograph and Iconograph of native British Orchidaceae", 1933.

R.K. Godfrey = Robert Kenneth Godfrey, 1911-

Godr. = Dominique Alexandre Godron, Hayange, Moselle 25.3.1807-16.8.1880 Nancy. Französischer Botaniker, Professor in Nancy. Verf. von „Flore de Lorraine", 1843-1844, „Supplément", 1845; 2. Aufl. 1857, 3. Aufl. 1883 (von Fliche, P.H.M.T.A. u. Le Monnier, A.G.); „Florula juvenalis", lat. Aufl. 1853; „Florula juvenalis, ou énumération...", franz. Aufl.

1854. Schrieb zus. mit Jean Charles Marie Grenier „Flore de France. Prospectus", 1846; „Flore de France, ou Description des Plantes... en France et en Corse", 1847–1856. Nach Godron die Gattungen *Godronia* Moug. et Lév., *Godroniella* P. Karst. und *Godroniopsis* Diehl et E. K. Cash.

Goebel = Karl Christian Traugott Friedemann Goebel, Niederroßla bei Weimar, Thüringen 21.2.1794–26.5.1851 Dorpat (heute Tartu), Estland. Deutscher Botaniker, Professor in Dorpat (Tartu), Estland. Schrieb „Pharmaceutische Waarenkunde ...", 1827–1834 (von 1830 bis 1834 verfasst von Gustav Kunze). Nach ihm die Gattung *Goebelia* Bunge ex Boiss.

Goerz = Rudolf Goerz, 1879–1935

Götz = Erich Götz, München 12.12.1940–. Deutscher Botaniker an der Universität in Stuttgart-Hohenheim. Spezialgebiet: Gehölze. Mitherausgeber des Zander, Handwörterbuch der Pflanzennamen ab 16. Aufl., 2000. Schrieb u.a. ...Die Gehölze der Mittelmeerländer..., 1975; zus. mit Hans Knodel ... Erkenntnisgewinnung in der Biologie..., 1980; zus. mit Gerhard Gröner, ...Kakteen..., 7. Aufl., 1999.

Golamco = Andres S. Golamco, fl. 1998.

Goldb. = Carl (Karl) Ludwig Goldbach, Leipzig 12.4.1793–13.3.1824 Moskau. Deutsch-russischer Botaniker. Schrieb „Dissertatio Croci historiam botanico-medicam sistens", 1816; „Plantae officinales Rosssiae", 1823. Nach ihm die Gattung *Goldbachia* DC.

Goldblatt = Peter Goldblatt, Johannesburg, Südafrika 8.10.1943 (pers. Mitt.) -. Botaniker am Missouri Botanical Garden, St. Louis, Missouri. Spezialgebiete: Iridaceae, Flora von Südafrika. Schrieb „The Moraeas of Southern Africa ...", 1986; „Gladiolus in tropical Africa", 1986, „The genus Watsonia", 1989; „The woody Iridaceae: Nivenia, Klattia & Witsenia ...", 1993; zus. mit John C. Manning „Cape plants, a conspectus of the Cape flora of South Africa", 2000; zus. mit John C. Manning und Dierdré Snijman „Color Encyclopedia of Cape bulbs", 2003. Herausgeber (mit Porter Prescott Lowry, II) von „Modern systematic studies in African botany", 1988; außerdem (z. T. zus. mit D. E. Johnson) von „Index to plant chromosome numbers", 12 Bände, 1975–2003. Nach Goldblatt die Art *Villarsia goldblattiana* Ornduff.

Goldie = John Goldie, Kirkoswald bei Maybole, Ayrshire, Schottland 21.3.1793–23.7.1886 Ayr, Ontario. Schottischer Gärtner und Pflanzensammler. Schrieb „Diary of journal through upper Canada", 1819. Nach ihm die Art *Dryopteris goldiana* (Hook.) A. Gray, die er entdeckt hat.

Goldring = William Goldring, 1854–1919

B.A. Gomes = Bernardino António Gomes, 1806–1877. Portugiesischer Botaniker, Sohn von Bernardino António Gomez (1769-1823).

Gomes = Bernardino Antonio Gomes, Arcos, Minho 1769–13.1.1823 Lissabon. Portugiesischer Arzt und Botaniker. Schrieb „Observationes botanico-medicae de nonnullis Brasiliae plantis ...", 1803.

M. Gómez = Manuel Gómez de la Maza y Jiménez, Habana, Kuba 10.5.1867–26.1.1916 Habana, Kuba. Kubanischer Botaniker. Schrieb „Flora habanera", 1897; zus. mit Juan Tomás Roig y Mesa „Flora de Cuba" (in Bol. Estac. Exp. Agron. Santiago de las Vegas 22, 1914); zus. mit Amorós Eugenio Molinet „Diccionario Botanico de los Nombres Vulgares Cubanos y Puerto-Riquenos", 1889.

Gómez Mor. = Manuel Gómez Moreno, publ. 1946 zus. mit Guinea über *Jaimenostia*. Spanischer Botaniker.

L.D. Gómez = Luis Diego Gómez Pignataro, San José, Costa Rica 18.7.1944–. Costarikanischer Botaniker am Nationalherbarium in San José. Spezialgebiete: Neuweltliche Pteridophyta, Cycadaceae.

Gontsch. = Nikolai Fedorovich Gontscharow (Nikolaj Fedorovic Gontcharov), Warschau 1900–Februar 1942 Leningrad. Russischer Botaniker. Spezialgebiet: *Astragalus*, *Oxytropis*. Mitarbeiter bei V. L. Komarov, Flora U.R.S.S. Nach ihm vermutlich die Art *Astragalus gontscharovii* Vassilcz.

Gooden. = Samuel Goodenough, Kimpton, Hampshire 29.4.1743–12.8.1827 Worthing, Sussex. Englischer Botaniker, Bischof von Carlisle. Schrieb u.a. „Observations on British species of Carex" (in Trans. Linn. Soc. 2, 126–211, 1794). Nach ihm die Gattung *Goodenia* Sm.

Gordon = George Gordon, Lucan bei Dublin, Irland 25.2.1806–11.10.1879 Kew, Surrey. Britischer Gärtner u. Botaniker, zunächst in Chiswick, später in Kew. Mitarbeiter von Loudon an Arboretum et fruticetum britannicum, 1835–1838. Schrieb zus. mit Robert Glendinning „The Pinetum", 1858, Suppl. 1862, 2. Aufl. 1875, Neue Aufl. 1879. Nach ihm die Art *Philadelphus gordonianus* Lindl.

Gorschk. = Sofia (Sofiya) Gennadievna Gorschkova (Gorshkova), Rtutny Rudnik, Jekaterinoslaw (heute Dnjepropetrowsk), Ukraine 22.9.1889–1972. Ukrainische Botanikerin. Mitarbeiterin an Komarov, V.L., Flora U.R.S.S., von Bd. 4, 1935 bis Bd. 26, 1961.

Górski = Stanislaw Batys Górski, 1802–15.4.1864 Polesja, Litauen. Polnischer Botaniker u. Entomologe.

Gouan = Antoine Gouan, Montpellier 15.11.1733–1.9.1821 Montpellier. Französischer Botaniker, Professor in Montpellier. Veröffentlichte „Illustrationes et observationes botanicae, ad specierum historiam facientes...", 1773; „Flora monspeliaca ...", 1765; „Hortus regius monspeliensis", 1762. Nach ihm die Gattung *Gouania* Jacq.

Goujon = Joseph Goujon, 1858–. Französischer Gärtner. Publizierte mit Charles Félix Gabriel Chabanne.

Gould = Frank Walton Gould, Mayville, N. Dakota 25.7.1913–1981. Nordamerikanischer Botaniker. Spezialgebiet: Gramineae, *Camassia*. Schrieb „The grasses of Texas", 1975; „Texas plants: a checklist and ecological summary", 3. Aufl. 1975; „Grass systematics" (mit

R.B. Shaw), 2. Aufl. 1983 und mit M.A. Ali u. D.E. Fairbrothers „A revision of Echinochloa in the United States" (in Amer. Midl. Natur., 87 (1), 36-59, 1972). Nach Gould die Art *Camissonia gouldii* P.H. Raven.

Goupil = Clément Jacques Goupil, Le Mans, Sarthe 24.11.1784-28.6.1858 Le Mans, Sarthe. Französischer Botaniker und Politiker.

Govaerts = Rafael Herman Anna Govaerts, Herentals, Belgien 11.11.1968 (pers. Mitt.) -. Belgischer Botaniker in Kew, England. Schrieb u.a. „World Checklist of Seed Plants", Band 1-3, 1995-1999; er ist auch Mitautor zahlreicher weiterer Checklists von Pflanzenfamilien.

Govorov = Leonid Ipatevich Govorov, 1885-1941. Russischer Kulturpflanzenforscher, publizierte über *Pisum*.

Gower = William Hugh Gower, 6.11.1835-30.7.1894 Tooting, London. Britischer Gärtner in Kew. Schrieb „Orchids for amateurs" (mit J. Britten), etwa 1879. Nach ihm die Art *Coelogyne goweri* Rchb. f.

Grab. = Heinrich Emanuel Grabowski, Leobschütz, Oberschlesien 11.7.1792-1.10.1842 Breslau. Deutscher Botaniker in Breslau. Schrieb „Flora von Ober-Schlesien und dem Gesenke ...", 1843 und zus. mit Christian Friedrich Heinrich Wimmer „Flora Silesiae ...", 1827-1829. Nach Grabowski die Gattung *Grabowskia* Schltdl.

Graebn. = Karl Otto Robert Peter Paul Graebner, Aplerbeck bei Dortmund 29.6.1871-6.2.1933 Berlin. Deutscher Botaniker, Kustos am Bot. Museum u. Garten, Berlin. Veröffentlichte zus. mit Ascherson „Synopsis der mitteleuropäischen Flora", 1896-1939 (unvollendet); 2. Aufl. 1912-1920 (ebenfalls unvollendet); außerdem u.a. „Die Heide Norddeutschlands", 1901, für Engler u. Drude, Die Vegetation der Erde, Bd. 5; 2. Aufl. 1925; „Die Pflanzenwelt Deutschlands", 1919; für Engler, Das Pflanzenreich „Typhaceae et Sparganiaceae", 1900; zus. mit Ascherson „Potamogetonaceae", 1907; Hrsg. der 4. Aufl. von „Illustriertes Gartenbau-Lexikon", 1926. Nach Graebner die Art *Abelia graebneriana* Rehder.

P. Graebn. = Paul Graebner, 1900-1978

Graells = Mariano de la Paz Graells, Tricio, Logroño 1809-14.2.1898. Spanischer Botaniker und Zoologe, Professor der Zoologie in Madrid. Schrieb „Indicatio plantarum novarum ...", 1854; „Ramilletes de plantas españolas", 1859. Nach ihm die Gattung *Graellsia* Boiss.

Gräser = Robert Gräser, 17.9.1893-5.9.1977. Deutscher Lehrer, Kakteenkenner u. -züchter in Nürnberg, Ehrenmitglied der Deutschen Kakteengesellschaft. Publizierte auch mit Hans Krainz.

Graf = Siegmund (Sigismund) Graf, Laibach (heute Ljubljana), Slowenien 28.7.1801-3.9.1838 Laibach. Österreichischer Botaniker, Apotheker in Ljubljana.

G.G. Graham = George Gordon Graham, 1917-

R.A. Graham = Rex Alan Henry Graham (geb. Knowling), Westminster, London 2.7.1915-14.12.1958 Richmond, Surrey. Englischer Botaniker in Kew. Spezialgebiete: *Oxygonum, Cleome, Mentha*. Schrieb „Mint notes" (in Watsonia 1, 88-90, 1949).

Graham = Robert Graham, Stirling 7.12.1786-7.8.1845 Coldoch, Perthshire. Schottischer Botaniker, Professor der Botanik in Glasgow, später in Edinburgh. Schrieb „Characters of genera extracted from the British flora of W.J. Hooker", 1830. Nach ihm die Gattung *Graemia* Hook. und die Art *Rhynchosia grahamii* Wall.

Grande = Loreto Grande, 1878-1965. Italienischer Botaniker. Publizierte auch mit Fridiano Cavara u.a. „Esplorazioni botaniche in Basilicata" (in Bull. Orto Bot. Univ. Napoli 3, 353-451, 1913).

A.L. Grant = Adele Gerard Grant, geb. Lewis, Carpinteria, Kalifornien 3.7.1881-1969. Nordamerikanische Botanikerin, verheiratet mit George F. Grant. Spezialgebiet: *Mimulus*.

A.D. Grant = Alva Day Grant (geb. Alva George Day, dann Hansen, später Grant und zuletzt Whittingham), 1920-. Nordamerikanische Botanikerin. Spezialgebiet: Polemoniaceae. Schrieb auch zus. mit Verne Edwin Grant.

V.E. Grant = Verne Edwin Grant, San Francisco, Kalifornien 17.10.1917-29.5.2007 Austin, Texas. Nordamerikanischer Botaniker an der University of Texas in Austin. Spezialgebiet: Polemoniaceae. Schrieb „The natural history of the Phlox Family", 1959; „Hummingbirds and their flowers", 1968 (zus. mit seiner Frau Karen Susan Alt Grant).

Grassl = Carl Otto Grassl, Menominee, Michigan 6.3.1908-. Nordamerikanischer Botaniker an der University of Michigan. Spezialgebiet: Poaceae.

Grau = Hans Rudolf Jürke Grau, Leipzig 15.2.1937 (pers. Mitt.) -. Deutscher Botaniker in München, Professor der Botanik. Spezialgebiete: *Felicia, Myosotis*. Schrieb „Cytotaxonomische Bearbeitung der Gattung Myosotis L." (in mehreren Beiträgen in Mitt. Bot. Staatssamml. München, 5-8, 1965-1970), außerdem „Revision der Gattung Felicia (Asteraceae)" (in Mitt. Bot. Staatssamml. München 9, 195-705, 1973).

Grauer = Sebastian Grauer, Eiderstedt 1758-18.1.1820 Kellinghusen, Kreis Steinburg. Deutscher Botaniker. Schrieb „Plantarum minus cognitarum Decuria", 1784.

A. Gray = Asa Gray, Paris, New York 18.11.1810-30.1.1888 Cambridge, Massachusetts. Nordamerikanischer Botaniker, Professor an der Harvard-University. Schrieb „A Manual of the Botany of the Northern United States", 1848, 2. Aufl. 1856, 3. Aufl. 1859, 4. Aufl. 1863, 5. Aufl. 1867, posthum erschienen 6.-8. Aufl., 1890-1950; „Genera florae Americae boreali-orientalis illustrata", 1848-1849; „Plantae Wrightianae texano-neo-mexicanae", 1852-1853; „Botany of the United States Expedition during the years 1838 bis 1842 under the command of Charles Wilkes, Phanerogamia", 1854, Atlas 1856; „Synoptical Flora of North America", 1878-1897 (von B.L. Robinson beendet). Schrieb gemeinsam mit John Torrey „A flora of North-America", 1838-1843. Nach Gray die Zeitschrift „Asa Gray Bulletin" (1893-1901, 1952-1961) sowie die Gattung *Asagraea* Baill. und z.B. die Arten *Lilium grayi* S. Watson und *Carex grayi* J.Carey.

N.E. Gray = Netta Elizabeth Gray, 1913-1970. Nordamerikanische Botanikerin. Spezialgebiet: *Podocarpus*. Publizierte auch mit John Theodore Buchholz. Nach ihr die Art *Podocarpus grayae* De Laub.

Gray = Samuel Frederick Gray, London 10.12.1766-2.4.1828 Chelsea, London. Britischer Zoologe, Botaniker und Apotheker. Schrieb „A natural arrangement ob British plants ...", 2 Bände, 1821; „The elements of pharmacy and of the chemical history of the materia medica", 1823.

J.R. Gray = J. R. Gray, publ. 1976. Nordamerikanischer Botaniker. Schrieb zus. mit J.M.J. de Wet und J.R. Harlan „Systematics of Tripsacum (Gramineae)" (in Phytologia 33, 203-227, 1976).

Grayum = Michael Howard Grayum, 1949-

Greb. = Igor Sergeevich Grebenscikov (Grebenschikov), St. Petersburg 16.2.1912-3.3.1986 Gatersleben. Russischer Botaniker am Institut für Kulturpflanzenforschung in Gatersleben. Publ. 1962 über *Cucumis*.

Grecescu = Dimitrie Grecescu, Cernetz 15.6.1841-20.10.1910 Bukarest. Rumänischer Botaniker. Schrieb „Conspectul florei Romaniei", 1898; „Suplement la Conspectul florei Romaniei", 1909.

P.S. Green = Peter Shaw Green, Rochester, England 11.9.1926 -. Englischer Botaniker in Kew, vorher in Edinburgh u. am Arnold Arboretum, Jamaica Plains, Massachusetts. Spezialgebiet: Oleaceae. Mitherausg. von „International directory of botanical gardens", 1963 (mit R.A. Howard u. B.L. Wagenknecht). Schrieb u.a. „A monographic revision of Osmanthus in Asia and America" (in Notes Roy. Bot. Gard. Edinburgh 22, 439-542, 1958). Mitarbeiter von „The European Garden Flora", Band 3, 1989 und bei der von Wu Zheng-yi u. Peter Hamilton Raven (Hrsg.) publ. Flora of China.

M.L. Green = Mary Letitia Green (verheiratete Mrs. Manna Sprague), Llandaswrn Vicarage, Wales 27.11.1886-15.1.1978 Cheltenham, Gloucestershire. Walisische Botanikerin in Kew, verheiratet mit Thomas Archibald Sprague. Arbeitete mit am Index Kewensis und Index Londinensis.

Greene = Edward Lee Greene, Hopkinton, Rhode Island 20.8.1843-10.11.1915 Washington, D. C. Nordamerikanischer Theologe u. Botaniker. Veröffentlichte u.a. „Flora franciscana", 1891-1897; „Manual of the Botany of the Region of San Francisco Bay", 1894; „Illustrations of West American oaks", 1889-1890; und posthum erschien „Landmarks of Botanical History", 1983. Nach ihm die Gattungen *Greenella* A. Gray, *Greenocharis* Gürke et Harms und *Legenere* McVaugh (Anagramm).

Greenm. = Jesse More Greenman, North East, Pennsylvania 27.12.1867-20.1.1951 St. Louis, Missouri. Nordamerikanischer Botaniker, studierte in Berlin, zuletzt am Missouri Botanical Garden, St. Louis. Spezialgebiet: Mexikanische und mittelamerikanische Pflanzen. Schrieb „Monographie der nord- und zentralamerikanischen Arten der Gattung Senecio", 1901. Nach ihm die Gattungen *Greenmania* Hieron. und *Greenmaniella* W.M.Sharp.

Gremli = August(e) Gremli, Egelshofen (heute Kreuzlingen), Thurgau 15.3.1833-30.3.1899 Kreuzlingen. Schweizer Botaniker, zuerst Apotheker, später Konservator des Herbariums Burnat in Nant-sur-Vevey. Schrieb u.a. „Beiträge zur Flora der Schweiz", 1870; „Excursionflora für die Schweiz", 1866-1867, 9. Aufl. 1901 (engl. „The flora of Switzerland", 1889, franz. „Flore analytique de la Suisse", 1886 u. 1898); „Neue Beiträge zur Flora der Schweiz", 1880-1890. Nach ihm wahrscheinlich die Hybride *Thlaspi x gremlianum* Thell.

Gren. = Jean Charles Marie Grenier, Besançon 4.11.1808-9.11.1875 Besançon. Französischer Botaniker, Professor der Botanik an der Universität zu Besançon. Veröffentlichte u.a. „Monographia de Cerastio", 1841; „Contributions à la flore de France", 1837-1868. Schrieb zus. mit Dominique Alexandre Godron „Flore de France. Prospectus", 1846; „Flore de France, ou Description des Plantes... en France et en Corse", 1847-1856. Nach Grenier die Gattung *Greniera* J. Gay.

Greuter = Werner Rodolfo Greuter, Genua, Italien 27.2.1938-. In Italien geborener Schweizer Botaniker, seit 1978 Direktor des Bot. Gartens u. Museums Berlin. Spezialgebiet: Compositae, Flora des Mittelmeergebiets, Nomenklatur der Pflanzen. Schrieb u.a. „Flora der Insel Kythera", 1967 (mit Karl Heinz Rechinger), „Med-Checklist" (zus. mit Hervé Maurice Burdet und G. Long), vol. 1, 3, 4, 1984-1989. Mitherausgeber von „Names in current use for extant plant genera", 1993. Greuter ist auch Mitherausgeber des Code der Botanischen Nomenklatur, 1978-2001. Nach ihm die Arten *Epipactis greuteri* H.Baumann et Künkele und *Silene greuteri* Phitos.

Grev. = Robert Kaye Greville, Bishop Auckland, Durham 13.12.1794-4.6.1866 Murrayfield, nahe Edinburgh. Schottischer Botaniker. Schrieb „Scottish cryptogamic flora", 1822-1828; „Algae britannicae", 1830; „Flora edinensis", 1824. Schrieb zus. mit George Arnott Walker Arrnott „Tentamen methodi Muscorum; or, a new arrangement of the genera of mosses", 1822-1826, und mit Sir William Jackson Hooker „Icones Filicum", 1827-1832. Nach Greville die Gattung *Kayea* Wall.

Grey-Wilson = Christopher Grey-Wilson, 1944-. Britischer Botaniker in Kew, Mitarbeiter bei S. M. Walters (Hrsg.) „The European Garden Flora", Bd. 3, 1989. Schrieb „The genus Iris subsection Sibiricae", 1971; „Alpine flowers of Britain and Europe" (mit M. Blamey) 1979; „Impatiens of Africa", 1980; „Bulbs: the bulbous plants of Europe and their allies" (mit

B. Mathew), 1981; „The genus Cyclamen", 1988; „The genus Dionysia", 1989; „Poppies: A guide to the poppy famaily in the wild and in cultivation", 1993; „Clematis – The genus", 2000. Nach ihm die Art *Impatiens greywilsonii* Eb.Fisch.

Grierson = Andrew John Charles Grierson, 1929-1990. Schottischer Botaniker am Bot. Garten in Edinburgh. Spezialgebiete: Compositae, *Incarvillea*. Zus. mit D. G. Long et al. Herausgeber von „Flora of Bhutan", Band 1-2, 1983-2001. Nach ihm wahrscheinlich die Art *Astragalus griersonii* Podlech.

Griess. = Ludwig Griesselich, Sinsheim, Baden-Württemberg 9.3.1804-30.8.1848 Holstein (im Krieg durch einen Sturz vom Pferd). Deutscher Botaniker und grossherzoglich badischer Generalstabsarzt in Karlsruhe. Schrieb „Kleine botanische Schriften ...", 1836; „Deutsches Pflanzenbuch", 1847.

Griff. = William Griffith, Ham Common, Surrey 4.3.1810-9.2.1845 Malakka. Englischer Arzt, Botaniker, Pflanzensammler u. Pflanzenmaler, Konservator am Bot. Garten Kalkutta, in Vertretung Wallichs zeitweise Vorsteher des Gartens. Posthume Schriften (alle von John M'Clelland herausgegeben): „Icones plantarum asiaticarum", 1847-1854; „Palms of British East India", 1850; „Notulae ad plantas asiaticas...", 1847-1854. Nach ihm die Gattungen *Griffithella* (Tul.) Warm., *Griffithia* Maingay ex G. King, *Griffithia* Wight et Arn. und *Griffithianthus* Merr.

Griffiths = David Griffiths, Aberystwyth, Wales 16.8.1867-19.3.1935 Washington, D. C. Nordamerikanischer Landwirtschaftswissenschaftler und Pflanzenzüchter. Spezialgebiet: Fungi. Bearbeitete für Britton, North American Flora in Bd. 3(1) „Fimetariaceae", 1910 (mit F. J. Seaver).

Grimm = Johann Friedrich Karl (Carl) Grimm, Eisenach, Thüringen 5.2.1737-28.10.1821 Gotha. Deutscher Botaniker und Arzt in Gotha. Schrieb „Synopsis methodica stirpium agri Isenacensis", 1767-1770. Nach ihm die Moos-Gattung *Grimmia* Hedw.

Gris = Jean Antoine Arthur Gris, Chatillon-sur-Seine, Cote d'Or, Frankreich 11.12.1829-18.8.1872 Paris. Französischer Botaniker in Paris. Schrieb u.a. zus. mit Adolphe Théodore Brongniart „Description de quelques plantes remarquables de la Nouvelle-Calédonie.." (in Nouv. Arch. Mus. Hist. Nat. 4, 1-48, 1868; 7, 203-235, 1871); „Fragments d'une flore de la Nouvelle-Calédonie ..." (in Ann. Sci. Nat., Bot., ser. 5, 13, 340-404, 1871).

Griseb. = August Heinrich Rudolf (Rudolph) Grisebach, Hannover 17.4.1814-9.5.1879 Göttingen. Deutscher Botaniker, Direktor des Bot. Gartens und Professor der Botanik an der Universität in Göttingen. Schrieb „Spicilegium florae rumelicae et bithynicae...", 1843-1846; „Systematische Untersuchungen über die Vegetation der Karaiben", 1857; „Flora of the British West Indian Islands...", 1859-1864; „Catalogus plantarum cubensium...", 1866; „Die Vegetation der Erde nach ihrer klimatischen Anordnung...", 1872, 2. Aufl. 1884-1885; für Martius, Flora brasiliensis in Bd. III, 1 (1842) Smilacaceae, Dioscoreaceae ; in Bd. XII, 1 (1858) Malpíghiaceae ; für de Candolle, Prodromus in Bd. IX Gentianaceae, 1845. Nach ihm die Gattungen *Grisebachia* Klotzsch u. *Grisebachiella* Lorentz.

L.E. Groen = L. E. Groen, 1946-. Niederländischer Botaniker an der Agricultural University in Wageningen. Spezialgebiet: Sukkulente. Schrieb u.a. zus. mit L.J.G. van der Maesen „Revision of the genus Faucaria (Ruschioideae: Aizoaceae) on South Africa" (in Bothalia 29, 35-58, 1999).

Groenland = Johannes Groenland, Altona 8.4.1824-13.2.1891 Dahme. Deutscher Gärtner. Zus. mit K.T. Rümpler Hrsg. der 1. Aufl. von Vilmorins „Illustrierte Blumengärtnerei", 1879. Zog u.a. Kreuzungen zwischen *Triticum* und *Aegilops*. Nach Groenland die Gattung *Groenlandia* J. Gay.

Gronov. = Johan Frederik (Jan Fredrik) Gronovius, Leiden, Niederlande (getauft am) 10.2.1686 (nicht 1690) – Juli 1762 Leiden. Niederländischer Botaniker, Senator. Lehrer und einer der ersten Anhänger Linnés in Mitteleuropa. Schrieb „Flora virginica...", 1739-1743, 2. Aufl. 1762; „Flora orientalis...", 1755. Nach ihm die Gattung *Gronovia* L. sowie die Art *Cuscuta gronovii* Willd.

Groot. = Herman Johannes Grootendorst, 1911-

H. Gross = Hugo Gross, 1888-. Deutscher Botaniker in Königsberg, Ostpreußen. Schrieb „Beiträge zur Kenntnis der Polygonaceen" (in Bot. Jahrb. 49, 234-339, 1913).

Grosser = Wilhelm Carl Heinrich Grosser, Breslau 4.5.1869-. Deutscher Botaniker, Direktor der Agrikulturbotanischen Versuchs- und Samenkontrollstation in Breslau. Bearbeitete für Engler, Das Pflanzenreich, Cistaceae, 1903. Nach ihm wahrscheinlich die Gattung *Grossera* Pax sowie u.a. die Art *Euphorbia grosseri* Pax.

Grossh. = Alexander Alphonsovic (Aleksandr Alphonsovich) Grossheim, Lichkova, Dnepropetrowsk 1888-1948. Russischer Botaniker. Zus. mit B.K. Schischkin Herausgeber von „Schedae ad Herbarium plantae orientales exsiccatae", 1924-1928. Schrieb u.a. „Flora Kavkaza", 1928-1934, 2. Aufl. 1939-1962; „Opreditel' rastenij Kavkaza", 1949. Mitarbeiter an Komarov, V.L., Flora U.R.S.S., Bd. 4, 1935- Bd. 18, 1952. Nach Grossheim die Art *Cousinia grossheimii* Bornm., die er entdeckt hat.

A. Grove = Arthur Stanley Grove, 1865-2.2.1942 Richmond, Surrey. Britischer Gärtner und Lilienspezialist. Schrieb zus. mit Arthur Disbrowe Cotton „A supplement to Elwes' monograph of the genus Lilium", 7 Teile, 1934-1940 (Teil 8-9 von William Bertram Turrill, 1960-1962).

H. Groves = Henry Groves, London 15.10.1855-2.11.1912 Clapham, London. Englischer Botaniker, Bruder von James Groves. (Nicht zu verwechseln mit Henry Groves (1835-1891), der eine „Flora des Sirente" in Nuovo Giorn. Bot. Ital. 12, 51-68, 1880 schrieb). Spezialgebiet: Characeae. Schrieb zus. mit seinem Bruder

„Phanerogamia, Filicales, and Characeae" in Ann. Report South London Micros. and Nat. Hist. Club 9, 11–21, 1880. Nach Henry Groves die Varietät *Rosa hibernica* var. *grovesii* Baker.

J. Groves = James Groves, London 19.1.1858–20.3.1933 Freshwater Bay, Isle of Wight. Englischer Botaniker, Bruder von Henry Groves (1855–1912). Schrieb zus. mit seinem Bruder „Phanerogamia, Filicales, and Characeae" in Ann. Report South London Micros. and Nat. Hist. Club 9, 11–21, 1880, und zus. mit George Russell Bullock-Webster „The british Charophyta", 1920–1921.

Guédès = Michel Guédès, Saint-Symphorien 30.10.1942–29.11.1985 Pours. Französischer Botaniker, Professor in Saarbrücken, später am Muséum National d'Histoire Naturelle in Paris. Schrieb u.a. „Morphology of seed plants", 1979.

Gueldenst. = Anton Johann von Gueldenstaedt, Riga 26.4.1745–23.3.1781 St. Petersburg. Lettischer Mediziner, Botaniker, Ornithologe u. Russlandforscher in St. Petersburg, der mit Samuel Georg Gmelin in Südrussland reiste. Schrieb „Reisen durch Russland und im Caucasischen Gebürge ...", 1787–1791. Nach ihm die Gattung *Gueldenstaedtia* Fisch.

Günther = Karl Christian Günther, Jauer 10.10.1769–18.1.1833 Breslau. Deutscher Botaniker u. Mediziner. Schrieb zus. mit Heinrich Grabowski u. Friedrich Wimmer „Enumeratio stirpium phanerogamarum quae in Silesia sponte proveniunt", 1824.

Guépin = Jean-Pierre Guépin, Angers 6.3.1778–11.2.1858 Angers. Französischer Botaniker und Arzt in Angers. Schrieb „Flore de Maine et Loire ...", 1830, ed. 3, 1845 mit Supplementen 1850 und 1854. Nach ihm die Gattung *Guepinia* Fr.

H.P. Guérin = Henry P. Guérin

Gürke = Robert Louis August Maximilian Gürke, Beuthen 17.11.1854–16.3.1911 Berlin. Deutscher Kakteenspezialist. Zus. mit K.M. Schumann Hrsg. von „Blühende Kakteen", 1900–1911. Schrieb für Engler u. Prantl, Die natürlichen Pflanzenfamilien II. 1 „Hydrocharitaceae", 1889 (mit P.F.A. Ascherson), III. 5 „Melianthaceae", 1895, IV. 1 „Ebenaceae, Styracaceae", 1891, IV. 3a „Borraginaceae", 1893. Für Martius, Flora brasiliensis, in Bd. XII, 3 „Malvaceae II (Pavoniae, Hibiscae)", 1892. Nach ihm die Gattung *Guerkea* K. Schum.

Guers. = Louis Ben Guersent, 1776–22.5.1848 Paris. Französischer Botaniker, Arzt in Paris. Schrieb „Quels sont les caractères des propriétés vitales dans les végétaux?", 1803.

Guett. = Jean Étienne Guettard, Étampes, Seine-et-Oise 22.9.1715–8.(oder 7.)1.1786 Paris. Französischer Naturwissenschaftler u. Botaniker. Schrieb u.a. „Observations sur les plantes", 1747; „Minéralogie du Dauphiné", 1779, sowie Arbeiten über Pflanzenphysiologie. Nach ihm die Gattung *Guettarda* L.

Gugler = Wilhelm Gugler, Nürnberg 4.4.1874–3.9.1909. Deutscher Botaniker. Schrieb „Die Centaureen des ungarischen Nationalmuseums", 1907.

Guicc. = Giacinto Guicciardi, lebte um 1855. Italienischer Pflanzensammler in Griechenland. Publizierte zus. mit Theodor Heinrich Hermann von Heldreich über *Sempervivum*. Nach Gucciardi wahrscheinlich die Art *Arenaria gucciardii* Heldr.

Guillaumin = André Guillaumin, Arrou 21.6.1885–24.5.1974 Athis-Mons. Französischer Botaniker, Professor am Muséum d'Histoire naturelle in Paris. Spezialgebiete: Flora von Neukaledonien und Indochina. Schrieb „Les fleurs des jardins", 1929–1936; „Les plantes sauvages: biologie et utilisation", 1948; „Les plantes cultivées; histoire, économie", 1946. Mitarbeiter an Lecompte, Flore générale de l'Indo-Chine, von 1911 bis 1946. Nach Guillaumin die Art *Schoenus guillauminii* Kük.

Guill. = Jean Baptiste Antoine Guillemin, Pouilly sur Saône, Cote d'Or 20.11.1796–15.1.1842 Montpellier. Französischer Botaniker. Schrieb „Icones lithographicae plantarum Australasiae rariorum", 1827; Hrsg. von „Archives de botanique", 1833. Schrieb zus. mit Georges Samuel Perrottet u. Achille Richard „Florae Senegambiae tentamen", 1831–1833. Nach Guillemin die Gattung *Guilleminea* Humb., Bonpl. et Kunth.

Guinea = Emilio Guinea López, 1907–1985. Spanischer Botaniker in Madrid. Schrieb „Vizcaya y su paisaje vegetal", 1949; „Geografía botánica de Santander", 1953; „El género Biscutella L." (in Anal. Inst. Bot. Cavanilles 21, 387–405, 1963); und zus. mit C. Vidal Box „Parques y jardines de España", 1969. Mitarbeiter an Flora Europaea.

Guinier = Marie Joseph Jean Baptiste Philibert Guinier, Grenoble 21.6.1876–3.4.1962 Paris. Französischer Botaniker u. Dendrologe. Schrieb „Atlas des arbres, arbustes, arbrisseaux et sous-arbrisseaux croissant ... en France", 1912.

Guin. = Jean-Étienne Marcel Guinochet, Lyon 21.12.1909–22.8.1997 Fayence. Französischer Botaniker, Professor der Botanik in Algier. Schrieb zus. mit Roger Marie Vincent Philippe Lévêque de Vilmorin „Flore de France", 5 Bände, 1973–1984.

Guitt. = Guy Georges Guittonneau, 1934–. Französischer Botaniker. Schrieb „Contribution à l'étude biosystématique du genre Erodium L'Hér. ..." (in Boissiera 20, 1–154, 1972); und zus. mit André Huon „Connaître et comprendre la flore et la végétation méditerranéennes", 1983.

Gumbl. = William Edward Gumbleton, 3.3.1840–4.4.1911 Belgrove, Queenstown, Cork, Irland. Irischer Gärtner. Publ. 1896 über *Freesia*. Nach ihm die Art *Arctotis gumbletonii* Hook. f.

Gunnerus = Johan Ernst Gunner(us), Kristiania (heute Oslo) 16.2.1718–25.9.1773 Christiansund, Norwegen. Norwegischer Botaniker und Zoologe, Professor der Theologie in Kopenhagen und Bischof von Trondheim. Verf. u.a. von „Flora norvegica ...", 1766–1772. Nach ihm die Gattung *Gunnera* L.

Gurgen. = M.Z. Gurgenidze, fl. 1965

Gusmus = Hermann Gusmus, 1843–. Österreichischer Kunstgärtner in Villach, Kärnten.

Spezialgebiet: *Primula* -Bastarde. Schrieb „Die Alpenflora. Katalog der in der centralen Alpenkette gefundenen Alpinen ...", 1881.

Guss. = Giovanni Gussone, Villamaina 8.2.1787–14.1.1866 Neapel. Italienischer Botaniker, Vorsteher des Bot. Gartens zu Bocca bei Palermo. Schrieb u.a. „Florae siculae prodromus...", 1827–1828, „Supplementum", 1832–1843; „Plantae rariores...", 1826; „Florae siculae synopsis...", 1842–1845; „Enumeratio plantarum vascularium in insula Inarime...", 1854–1855. Nach ihm die Gattung *Gussonea* C. Presl.

Gustavsson = Lars-Åke Gustavsson, 1946–. Schwedischer Botaniker in Helsingborg. Schrieb u.a. „New species of Anchusa and Arenaria from Sterea Ellas, Greece" (in Bot. Notis. 129, 273–278, 1976); „Drabopsis verna C. Koch (Brassicaceae) new to Europe" (in Bot. Notis. 130, 213–214, 1977). Bearbeitete die Gattung *Aubrieta* (in Band 1, 268–274, 1986) für Per Arne Krister Strid u. Kit Tan (Herausg.) von „Mountain flora of Greece". Nach Gustavsson die Art *Alyssum gustavssonii* Hartvig und die Hybride *Dactylorhiza x gustavssonii* H. Baumann.

R. Guzmán = Rafael Guzmán Mejía, 1950–. Mexikanischer Botaniker an der Universität von Guadalajara. Spezialgebiet: Poaceae.

F. Haage = Friedrich Ferdinand Haage jr., 1859–1930. Deutscher Kakteenzüchter in Erfurt, Gärtner in 7. Generation (von 10 Generationen), Enkel von Friedrich Adolph Haage jr. (1796–1866), Vater von Walther Haage (1899–1992). Benannte als erster *Echinocactus grahlianus* und *Pilocereus leninghausii*.

Haage = Friedrich Adolph Haage jr., Erfurt 24.3.1796–20.8.1866 Erfurt. Deutscher Gärtner, Gärtner in 5. Generation (von 10 Generationen), Großvater von Friedrich Ferdinand Haage jr. (1859–1930) und Urgroßvater von Walther Haage (1899–1992), Gründer (1822) der gleichnamigen Gärtnerei, Besitzer einer der größten Kakteensammlungen seiner Zeit. Sein erstes Samenverzeichnis erschien 1824. Nach ihm die Gattung *Haageocereus* Bckbg.

W. Haage = Walther Haage, Erfurt 27.11.1899–22.4.1992 Erfurt (pers. Mitt.). Deutscher Kakteenzüchter, Gärtner in der 8. Generation (von 10 Generationen), Sohn von Friedrich Ferdinand Haage jr. (1859–1930), Urenkel von Friedrich Adolph Haage jr. (1796–1866). Schrieb u.a. „Freude mit Kakteen", 1954, 6. Aufl. 1959; „Kakteen von A bis Z", 1981. Nach ihm die Art *Gibbaeum haagei* Schwantes.

Haberm. = V. Habermann, publ. 1974. Tschechischer Botaniker und Kakteenkenner, Professor in Pilsen.

Hablitz = Carl Ludwig von Hablitz (Hablizl), Königsberg, Ostpreußen 1751 oder 1752–1821. Deutscher Botaniker, Russland- u. Persien-Forscher, Mitarbeiter von Samuel Gottlieb Gmelin (1744–1774). War Leiter des Bot. Gartens in Astrachan, später in St. Petersburg. Nach ihm die Gattung *Hablitzia* Bieb.

Hack. = Eduard Hackel, Haida bei Prag, Böhmen 17.3.1850–17.2.1926 Attersee, Oberösterreich. Österreichischer Lehrer u. Gräserkenner, Professor am Gymnasium in St. Pölten. Schrieb u.a. „Monographia Festucarum europaearum", 1882; für Martius, Flora brasiliensis in Bd. II, 3 (1883) „Gramineae V: Andropogoneae, Tristigineae"; für Alph. u. Cas. de Candolle, Monographiae Phanerogamarum in Bd. 6 „Andropogoneae", 1889; für Engler u. Prantl, Die natürlichen Pflanzenfamilien II. 2 „Gramineae", 1887–1888. Nach ihm die Gattung *Hackelochloa* Kuntze.

Hackett bis = Neuer Autor: Hackett bis = Hackett, lebte um 1900, Autor von *Burbidgea schizocheila*.

Hacq. = Belsazar (Balthasar) A. Hacquet, Le Conquet, Bretagne 1739–10.1.1815 Wien. Österreichischer Botaniker französischer Herkunft, erst Feldchirurg, dann Arzt in Idria, Bergrat u. Professor der Naturgeschichte zu Ljubljana u. Lwow. Schrieb „Plantae alpinae carniolicae", 1782. Nach ihm die Gattung *Hacquetia* Neck. ex DC.

Haegi = Laurence Arnold Robert Haegi, 1952–. Australischer Botaniker am Plant Biodiversity Centre in Kent Town. Spezialgebiete: Asteraceae, Proteaceae, Solanaceae. Publ. zus. mit Arne A. Anderberg. Außerdem Mitarbeiter bei den Solanaceae (zus. mit R.W. Purdie, D.E. Symon, B. Osborn) in der Flora of Australia, vol. 29, 1982.

Haenke = Thaddaeus (Tadeás) Peregrinus Xaverius Haenke, Kreibitz, Böhmen 5.12.1761–1817 Cochabamba, Bolivien. Tschechischer Botaniker, bereiste im Auftrag der spanischen Regierung die Philippinen u. Südamerika. Hrsg. der 8. Aufl. von „Caroli à Linné... Genera plantarum...", 1791. Die von seinen Reisen nach Böhmen gesandten Pflanzen wurden von K.B. Presl bearbeitet in „Reliquiae Haenkeanae, seu descriptiones et icones plantarum...", 1825–1835. Nach ihm die Gattung *Haenkea* F. W. Schmidt.

Haens. = Felix Haenseler, Durrach bei Kempten, Bayern 1767–12.8.1841 Malaga, Spanien. Deutscher Botaniker. Schrieb „Ensayo para una analysis de las aguas de Carratraca", 1817. Nach ihm die Gattung *Haenseleria* Boiss.

Hagerup = Olaf Hagerup, Jütland 29.9.1889–22.3.1961 Kopenhagen. Dänischer Botaniker, Kurator am Bot. Museum der Universität Kopenhagen. Zus. mit Vagn Petersson Hrsg. von „Botanisk Atlas", 1956 (engl. Ausgabe 1963); „A Botanical Atlas vol. II: Mosses, Ferns, Conifers", 1960. Nach Hagerup die Art *Dendrobium hagerupii* J.J. Sm.

G.E. Haglund = Gustaf (Gösta) Emanuel Haglund, Rogberga, Tenhult 11.9.1900–10.6.1955 Stockholm. Schwedischer Botaniker. Spezialgebiet: *Taraxacum*. Nach ihm wahrscheinlich die Art *Ranunculus haglundii* (Julin) S.Ericsson.

Haines = Henry Haselfoot Haines, London 12.4.1867–6.10.1943 Berriew bei Montgomery. Englischer Forstbotaniker in Indien. Schrieb „A forest flora of Chota Nagbur ...", 1910; „The botany of Bihar and Orissa ...", 1921–1925.

Halácsy = Eugen (Jenö) von Halácsy, Wien 11.11.1842–

16.12.1913 Wien. Österreichischer Botaniker u. Mediziner ungarischer Herkunft. Hauptwerk: „Conspectus florae graecae", 1900-1904, Supplemente I u. II, 1908 u. 1912. Schrieb außerdem „Nachträge zur Flora von Nieder-Oesterreich" [von A. Neilreich], 1882 (mit H. Braun); „Flora von Niederösterreich", 1896. Nach ihm die Gattungen *Halacsyella* Janch. u. *Halacsya* Dörfl.

Halb. = Federico Halbinger, 1925-

Halda = Josef J. Halda, 7.12.1943-. Tschechischer Botaniker. Publ. 1971 mit Soják über *Cyclamen*. Schrieb „The genus Primula in cultivation and in the wild", 1992; zus. mit Jarmila Haldová „The genus Gentiana", 1996; „The genus Daphne", 2001; zus. mit James W. Waddick „The Genus Paeonia", 2004.

A.D. Hall = Sir Alfred Daniel Hall, Rochdale, Lancashire 22.6.1864-5.7.1942 London. Englischer Direktor verschiedener landwirtschaftlicher Institutionen u. Tulpenkenner. Schrieb „The book of the tulip", 1929; „The Genus Tulipa", 1940.

H.M. Hall = Harvey Munroe Hall, Lee County, Illinois 29.3.1874-11.3.1932 Washington, D. C. Nordamerikanischer Botaniker. Schrieb u.a. „Compositae of Southern California", 1907; „A Yosemite flora", 1912 (mit seiner Frau, C.C. Hall); „The genus Haplopappus ...", 1928; schrieb zus. mit Frederic Edward Clements „The phylogenetic method in taxonomy ...", 1923. Nach Hall die Gattung *Halliophytum* I. M. Johnst.

L.I. Hall = Lisabel Irene Hall (geb. Booysen), Piketberg, Cape Prov., Südafrika 24.6.1919-. Südafrikanische Botanikerin und Lehrerin in Pretoria, verheiratet mit Harry Hall. Spezialgebiet: *Bulbine*. Nach Lisabel I. Hall u.a. die Art *Ruschia lisabeliae* L. Bolus.

H.C. Hall = Herman (Hermanus) Christiaan van Hall, Amsterdam 18.8.1801-12.1.1874 Berg en Dal. Niederländischer Botaniker, Professor in Groningen. Schrieb „Specimen botanicum ...", 1821; „Flora Belgii septentrionalis ...", 1825-1840; „Neerlands plantenschat, of landhuishoudkundige flora ...", 1854. War Mitarbeiter bei Band 5-8 von J. Kops „Flora batava", 1828-1844. Nach ihm die Gattungen *Vanhallia* L. Marchand.

H. Hall = Herman van Hall, 1830-1890

Haller f. = Albrecht von Haller, filius, Bern 22.6.1758-1.5.1823 Bern. Schweizer Botaniker, Professor der Botanik in Bern u. Politiker, Sohn von Albrecht von Haller, pater.

Haller = Albrecht von Haller, pater, Bern 16.10.1708-12.12.1777 Bern. Bedeutender Schweizer Botaniker, Arzt u. Dichter, von 1736-1753 Professor in Göttingen, Vater von Albrecht von Haller fil. (1758-1823). Veröffentlichte u.a. „De Allii genere naturali libellus", 1745; „Opuscula sua botanica", 1749; „Historia stirpium indigenarum Helvetiae inchoata", 1768; „Icones plantarum Helvetiae", 1795, neue Aufl. 1813; „Enumeratio plantarum horti regii et agri gottingensis...", 1753 (Taxa hier vom ICBN nicht anerkannt); „Bibliotheca botanica", 1771-1772. Nach ihm die Gattung *Halleria* L.

Hallier = Ernst Hans Hallier, 1831-1904

Hallier f. = Hans (Johannes) Gottfried Hallier (Hallier-Schleiden), Jena, Thüringen 1868-1932 Oegstgeest bei Leiden, Niederlande. Deutscher Botaniker, Sohn von Ernst Hans Hallier, sammelte Pflanzen in Indonesien und den Philippinen und arbeitete zuletzt am Rijksmuseum in Leiden, Niederlande. Schrieb u.a. „Bausteine zu einer Monographie der Convolvulaceen", 1897; „Über Juliania", 1908. Nach ihm die Gattung *Hallieracantha* Stapf.

Raym.-Hamet = Raymond Hamet (gen. Raymon-Hamet), 1890-Okt. 1972. Französischer Jurist, Arzt u. Botaniker. Spezialgebiet: Crassulaceae. Schrieb u.a. zus. mit Marnier-Lapostolle „Le genre Kalanchoe", 1964. Beschrieb zus. mit seiner Gefährtin Alice Leblanc die Art *Kalanchoe mitejea* Leblanc et Raym.-Hamet (mitejea = je t'aime).

A.P. Ham. = Anthony Parke Hamilton, 1939-. Britischer Botaniker in London. Mitarbeiter an „Flora europaea", Band 5, 1980; bearbeitete die Gattung *Gladiolus*.

Hamlin = Bruce Gordon Hamlin, 1929-1976

Hammel = Barry Edward Hammel, Denver, Colorado 1.9.1946 (pers. Mitt.) -. Nordamerikanischer Botaniker am Missouri Botanical Garden. Spezialgebiete: Cyclanthaceae, Clusiaceae, Flora von Costa Rica. Schrieb u.a. „Plantas ornamentalses nativas de Costa Rica/Native Ornamental Plants", ed. 2, 2000. Zus. mit Michael Howard Grayum, C. Herrera und Nelson Zamora Herausg. von „Manual de Plantas de Costa Rica", Band 1-3, 2003-2004. Nach Hammel z.B. die Art *Philodendron hammelii* Croat.

S.A. Hammer = Neuer Autor: S.A. Hammer = Steven A. Hammer, 1951-. Nordamerikanischer Pianist, Gärtner und Botaniker. Spezialgebiet: *Conophytum*. Nach ihm die Art *Avonia mallei* G. Will.

Hampe = Ernst Georg Ludwig Hampe, Fürstenberg, Weser, Niedersachsen 5.7.1795-23.11.1880 Helmstedt. Deutscher Apotheker u. Botaniker in Blankenburg, Harz. Schrieb „Prodromus florae Hercyniae", 1836; „Icones muscorum novorum...", 1844; „Flora hercynica", 1873. Nach ihm die Gattung *Hampea* Schltdl.

Hance = Henry Fletcher Hance, Brompton, London 4.8.1827-22.6.1886 Amoy, China. Englischer Botaniker, Konsul in Amoy, China. Schrieb „Florae hongkongensis prostheke", 1872. Nach ihm die Gattung *Hanceola* Kudô.

Hand.-Mazz. = Heinrich Raphael Eduard Freiherr von Handel-Mazzetti, Wien 19.2.1882-1.2.1940 Wien (Autounfall). Österreichischer Botaniker an der Universität in Wien und Forschungsreisender. Spezialgebiet: Flora von China. Schrieb u.a. „Naturbilder aus Südwest-China", 1927; „Monographie der Gattung Taraxacum", 1907; „Symbolae sinicae", 1929-1937. Nach ihm die Gattungen *Handelia* Heimerl, *Handeliodendron* Rehder, *Handeliella* Skuja und *Mazzettia* Iljin.

Handlos = Wayne L. Handlos, publ. 1975 über *Tripogandra*.

Nordamerikanischer Botaniker.
Hanelt = Hans Peter Fritz Hanelt, Görlitz 5.12.1930-. Deutscher Botaniker am Institut für Kulturpflanzenforschung in Gatersleben. Spezialgebiete: Leguminosae, Systematik der Kulturpflanzen. Schrieb u.a. „Monographische Übersicht der Gattung Carthamus L. (Compositae)" (in Feddes Repert. 67, 41-180, 1963). Nach ihm die Art *Allium haneltii* F.O. Khassanov et R.M. Fritsch.
Hansen = Lars Hansen, 1788-1876. Deutscher Botaniker, Lehrer und Musiker in Husby.
Hanst. = Johannes Ludwig Emil Robert von Hanstein, Potsdam, Brandenburg 15.5.1822-27.8.1880 Bonn. Deutscher Botaniker. Professor der Botanik in Bonn. Schrieb „Untersuchungen über den Bau und die Entwicklung der Baumrinde", 1853; „Die Milchsaftgefäße und die verwandten Organe der Rinde", 1864; „Pilulariae globuliferae generatio cum Marsilia comparata", 1866; „Die Scheitelzellgruppe im Vegetationspunkt der Phanerogamen", 1869; für Martius, Flora brasiliensis, Bd. VIII, 1 (1864) „Gesneraceae". Nach ihm die Gattung *Hansteinia* Oerst.
K.S. Hao = Hao Kin-Shen = Kin Shen Hao, 1904-1965. Chinesischer Botaniker. Schrieb u.a. „Synopsis of Chinese Salix", 1936; „Pflanzengeographische Studien über den Kokonor-See und über das angrenzende Gebiet" (in Bot. Jahrb. Syst. 68, 515-668, 1938).
H. Hara = Hiroshi Hara, Tokio 5.1.1911-24.9.1986 Tokio. Japanischer Botaniker. Spezialgebiet: *Rhododendron*. War u.a. Herausgeber von „The Flora of Eastern Himalaya ...", 1966; „Second report", 1971; „Third report" (von H. Ohashi), 1975; „An enumeration of the flowering plants of Nepal", 1978-1982 (Mithrsg. W.T. Stearn, L.H.J. Williams u. A. O. Chater). Schrieb „Enumeratio Spermatophytarum japonicarum", 1948-1954. Nach ihm die Art *Angelica harae* Pimenov.
K. Haraldson = Kerstin Haraldson, publ. 1978. Schwedische Botanikerin. Spezialgebiet: Polygonaceae. Schrieb „Anatomy and taxonomy in Polygonaceae subfam. Polygonoideae Meisn. emend. Jaretzky" (in Symb. Bot. Upsal. 22, 1-95, 1978)
Harb. = Thomas Grant Harbison, Lewisburg, Union Co., Pennsylvania 23.4.1862-12.1.1936 Chapel Hill, North Carolina. Nordamerikanischer Botaniker. Spezialgebiet: *Trillium, Hydrangea*.
Hardin = James Walker Hardin, 1929-. Nordamerikanischer Botaniker an der North Carolina State University. Spezialgebiet: Dendrologie. Publ. mehrfach über *Magnolia* z.B. mit Kimberly A. Jones „Atlas of foliar surface features in woody plants.X. Magnoliaceae of the United States" (in Bull. Torr. Club 116, 164-173, 1989). Schrieb auch „Human poisoning from native and cultivated plants", 1974.
Hardouin = Louis Marie Hardouin, Caen, Calvados 24.4.1796 (5 floréal IV) -28.10.1858 Évreux, Eure. Französischer Botaniker und Arzt in der Normandie. Schrieb zus. mit F. Renou u. E. Le Clerc „Catalogue des plantes vasculaires qui croissent spontanément dans le département du Calvados", 1848.
Hardw. = Thomas Hardwicke, 1757-3.3.1833 Lambeth, London. Englischer Generalmajor, Zoologe und Botaniker. Veröffentlichte u.a. „Sketches of plants growing about Plettenburg Bay...", 1812. Nach ihm die Gattung *Hardwickia* Roxb.
D.S. Hardy = David Spencer Hardy, Pretoria 24.9.1931-1998. Südafrikanischer Botaniker und Pflanzensammler. Spezialgebiet: *Aloe*. Nach ihm die Art *Stapelianthus hardyi* Lavranos.
Har. = Paul Auguste Joseph Valentin Hariot, Méry-sur-Seine 24.2.1854-5.7.1917 Paris. Französischer Botaniker u. Naturforscher. Schrieb u.a. „Flore de Pont-sur-Seine", 1879; „Atlas colorié des plantes médicinales indigènes", 1900; „Contributions à la flore phanérogamique de l'Aube", 1903. Nach ihm die Gattung *Hariota* P. Karst.
B.E. Harkn. = Bernard Emerson Harkness, 1907-1980. Nordamerikanischer Landschaftsarchitekt und Botaniker in Rochester, New York. Publizierte über Gehölze.
Harley = Raymond Mervyn Harley, Wembley, Middlesex, England 11.1.1936 (pers. Mitt.) -. Englischer Botaniker in Kew. Spezialgebiet: Lamiaceae. Schrieb u.a. „Revision of generic limits in Hyptis Jacq. (Labiatae) and its allies" (in Bot. J. Linn. Soc. 98, 87-95, 1988). Gab zus. mit T. T. Reynolds heraus „Advances in Labiatae Science", 1992. Nach ihm zahlreiche Arten u.a. *Encholirium harleyi* L.B.Sm. et Read, *Poikilacanthus harleyi* Wassh. oder *Banisteriopsis harleyi* B.Gates.
Harling = Gunnar Wilhelm Harling, 1920-. Schwedischer Botaniker, Professor in Göteborg. Spezialgebiet: Cyclanthaceae, Flora von Ecuador. Hrsg. (mit Benkt Sparre, später L. Andersson) von „Flora of Ecuador", 1973 ff. Nach Harling die Arten *Aphelandra harlingii* Wassh., *A. gunnarii* Wassh., *Neriacanthus harlingii* Wassh., *Habracanthus harlingii* Wassh., *Thibaudia gunnarii* Luteyn und *Poikilacanthus harlingii* Wassh.
Harmaja = Harri Harmaja, 1944-
Harms = Hermann August Theodor Harms, Berlin 16.7.1870-27.11.1942 Berlin. Deutscher Botaniker am Bot. Museum Berlin. Bearbeiter der Bromeliaceae, Leguminosae, Cucurbitaceae, Araliaceae etc. Langjähriger Schriftleiter von Engler, „Das Pflanzenreich". Schrieb neben vielem anderen zus. mit K.W. von Dalla Torre „Genera Siphonogamarum...", 1900-1908; viele Familien für Engler u. Prantl, Die natürlichen Pflanzenfamilien, 1. u. 2. Aufl., darunter (2. Aufl.) „Bromeliaceae", 1930. Nach ihm die Gattungen *Harmsia* K. Schum. und *Harmsiella* Briq.
F. Harper = Francis Harper, 1886-
R.M. Harper = Roland McMillan Harper, Farmington, Maine 11.8.1878-30.4.1966 University, Alabama. Nordamerikanischer Botaniker und Geologe. Schrieb u.a. „A phytogeographical sketch of the Altamaha grit region ..." (in Ann. New York Acad. Sci. 17, 1-357, 1906); „Geography and vegetation of northern Florida"

(in Ann. Rep. Florida State Geol. Survey 6, 163–437, 1914); „Geography of central Florida" (in Ann. Rep. Florida State Geol. Survey 13, 71–288, 1921); „Economic botany of Alabama", 1913–1928. Nach ihm die Gattungen *Harperella* Rose und *Harperia* Rose.

S.G. Harrison = Sydney Gerald Harrison, Harrogate, Yorkshire 21.4.1924–1988. Englischer Botaniker in Kew, später am National Museum of Wales. Hrsg. der 4. Aufl. von A.B. Jackson u. W. Dallimore „A handbook of Coniferae and Ginkgoaceae", 1967.

R.L. Harrow = Robert Lewis Harrow, Kent 1867–22.12.1954 Godalming, Surrey. Englischer Gärtner am Bot. Garten Edinburgh; von 1931–1946 Direktor der Royal Horticultural Society Gardens in Wisley.

't Hart = Henk 't Hart, 24.7.1944–22.7.2000. Niederländischer Botaniker an der Universität in Utrecht, Niederlande. Spezialgebiet: Crassulaceae. Schrieb u.a. „Evolution and classification of the European Sedum species (Crassulaceae)" (in Flora Medit. 1, 31–61, 1991); u. zus. mit Urs Eggli: „Evolution and systematics of the Crassulaceae", 1995. Bearbeitete (zus. mit D.A. Webb und J.R. Akeroyd) die Gattung Sedum für Flora Europaea (2. Aufl., Band 1, 429–436, 1993). Nach 't Hart die Art *Sedum thartii* L.P. Hébert.

Hartl = Dimitri Hartl, 1926–. Deutscher Botaniker, Professor in Mainz. Spezialgebiete: Scrophulariaceae, Morphologie. Bearbeitete die 2. Aufl. von Gustav Hegi „Illustrierte Flora von Mitteleuropa", Band VI.1, 1965–1974. Nach Hartl die Art *Kickxia hartlii* (Betsche) D. Heller.

Hartland = William Baylor Hartland, Mallow, Cork, Irland 1836–15.9.1912 Cork. Irischer Gärtner. Schrieb „Hartland's original little book of daffodils", 1885.

T.G. Hartley = Thomas Gordon Hartley, 1931–. Australischer Botaniker. Spezialgebiet: *Tetradium*.

Hartm. = Carl Johann Hartman, Gefle 14.4.1790–27.8.1849 Stockholm. Schwedischer Arzt u. Botaniker. Schriften „Svensk och Norsk Excursions-Flora", 1846; „Handbok i Skandinaviens Flora", 1820, 2.–5. Aufl. 1832, 1838, 1843, 1849; posthum erschienen 6.–12. Aufl. 1854–1889. Nach ihm die Art *Carex hartmanii* Cajand.

R.W. Hartm. = Robert Wilhelm Hartman, Häggeby, Uppland 4.3.1827–3.8.1891 Gäfle. Schwedischer Botaniker, Sohn von Carl Johan Hartman. Schrieb „Helsinglands Cotyledoneae och Heteronomeae", 1854; „Gefletraktens växter ...", 1863.

Hartmann = Franz Xaver Ritter von Hartmann, Praunsdorf 22.7.1737–1791 Linz, Oberösterreich. Österreichischer Arzt und Botaniker. Schrieb „Primae lineae institutionum botanicarum ...", 1766.

H. Hartmann = Hans Hartmann

H.E.K. Hartmann = Heidrun Elsbeth Klara Hartmann geb. Osterwald, Kolberg, Pommern 5.8.1942 (pers. Mitt.) -. Deutsche Botanikerin in Hamburg. Spezialgebiet: Aizoaceae. Schrieb „Illustrated Handbook of Succulent Plants, Aizoaceae", 2 Bände, 2002. Mitarbeiterin bei der von Wu Zheng-yi u. Peter Hamilton Raven (Hrsg.) publ. Flora of China (Aizoaceae, Molluginaceae, Martyniaceae, Pedaliaceae). Nach ihr die Gattung *Hartmanthus* S. A. Hammer.

Hartog = Cornelis den Hartog, Den Helder, Nordholland, Niederlande 28.1.1931–. Niederländischer Botaniker, Professor an der Universität von Nijmegen. Spezialgebiet: Wasserpflanzen. Bearbeitete die Familien Alismataceae u. Hydrocharitaceae für van Steenis (Hrsg.) „Flora Malesiana", 1957.

Hartw. = Karl Theodor Hartweg, Karlsruhe 18.6.1812–3.2.1871 Schwetzingen, Baden-Württemberg. Deutscher Pflanzensammler für die Royal Horticultural Society London. Sammelte von 1836 bis 1847 Pflanzen in Nord-, Mittel- u. Süd-Amerika, die von George Bentham beschrieben wurden („Plantas Hartwegianas imprimis mexicanas...", 1839–1857). Nach ihm die Gattungen *Hartwegia* Lindl. u. *Hartwegiella* O.E. Schulz.

Hartwich = Carl Hartwich, Tangermünde, Sachsen-Anhalt 26.3.1851–25.2.1917 Zürich, Schweiz. Deutscher Botaniker. Mitarbeiter an Rumphius „Gedenkboek", 1902.

Hartwig = August Karl Julius Hartwig, 1823–1913. Deutscher Garteninspektor in Weimar.

Hartwiss = Nicolai Anders von Hartwiss, 1791–24.11./6.12.1860. Direktor des Bot. Gartens zu Nikita.

Hartz = Hartz, publ. 1895 über Kakteen.

Harv. = William Henry Harvey, Summerville, Limerick, Irland 5.2.1811–15.5.1866 Torquay, Devon. Irischer Botaniker, Professor am Trinity College in Dublin. Veröffentlichte neben vielen Schriften über Algen „The genera of South African plants...", 1838, 2. Aufl. 1868; „Thesaurus capensis...", 1859–1863; zus. mit O.W. Sonder „Flora capensis...", 1860–1865 (fortgesetzt ab 1896 bis 1925 von W.T. Thiselton-Dyer, u. 1933 von A.W. Hill). Nach ihm die Gattung *Harveya* Hook.

Harz = Carl (Karl) Otto Harz, Gammertingen, Baden-Württemberg 28.11.1842–4.12.1906 München. Deutscher Botaniker, Professor für Botanik und Zoologie a.d. Technischen Hochschule in München. Schrieb u.a. „Landwirthschaftliche Samenkunde", 1885. Nach ihm die Gattungen *Harzia* Costantin und *Harziella* Kuntze.

Hasselt = Johan Coenraad van Hasselt, Doesburg, Niederlande 26.6.1797–8.9.1823 Buitenzorg, Java. Niederländischer Arzt u. Botaniker, sammelte Pflanzen auf Java, die z.T. von J.G.S. van Breda beschrieben wurden. Kam bei dieser Expedition in Java ums Leben. Nach ihm die Gattung *Hasseltia* Humb., Bonpl. et Kunth.

Hassk. = Justus Carl Hasskarl, Kassel 6.12.1811–5.1.1894 Cleve. Deutscher Botaniker, 1837–1846 am Bot. Garten Buitenzorg (Bogor), ab 1856 wieder in Europa. Bereiste 1852 Südamerika u. brachte von dort *Cinchona succirubra* nach Java. Schriften „Plantae javanicae rariores", 1848; „Catalogus plantarum in horto botanico bogoriensi cultarum...",

1844; „Filices javanicae", 1856; „Hortus bogoriensis descriptus", 1858; „Neuer Schlüssel zu Rumph's Herbarium amboinense", 1866 (in Abhandlungen der Naturforschenden Gesellschaft Halle, Bd. 9); „Commelinaceae indicae", 1870. Nach ihm die Gattung *Hasskarlia* Baill.

Hassl. = Emil Hassler, Aarau, Aargau 20.6.1861–5.11.1937 Asunción, Paraguay. Schweizer Arzt, Botaniker, Pflanzengeograph, seit 1885 in Paraguay, dessen Pflanzenwelt er erforschte. Veröffentlichte zus. mit R.H. Chodat „Plantae Hasslerianae", 1898–1907; „Addenda ad Plantas Hasslerianas", 1917. Nach ihm die Gattung *Hasslerella* Chodat.

Hatus. = Sumihiko Hatusima, 1906–. Japanischer Botaniker. Schrieb „Ryukyu-shokubutsu-mokuroku", „Flora of the Ryukyus (including Amani Islands, Okinawa Islands, and Sakishima Archipelago)", 1971 (in japanisch),rev. Aufl. 1975, 2. Aufl. mit Tetsuo Amano unter dem Titel „Flora of the Ryukyus, South of Amami Island", 1994.

Hauman = Lucien Leon Hauman, Ixelles 8.7.1880–16.9.1965. Belgischer Botaniker, lebte von 1904–1925 in Argentinien, Professor der Botanik in Brüssel 1928–1950. Schrieb u.a." Catalogue des phanérogames de l'Argentine", 1917–1923 (mit G. Vanderveken und L. H. Irigoyen); „Catalogue des ptéridophytes et phanérogames de la flore belge", 1934 (mit Simone Balle). Nach ihm die Gattungen *Haumania* J. Léonard u. *Haumaniastrum* Duvign. et Plancke.

Hausm. = Franz von Hausmann zu Stetten, Reichsfreiherr zum Stein unter Löwenberg, Lanegg und Greifenegg, Bozen, Südtirol 10.8.1810–4.8.1878 Bozen. Österreichischer Gutsbesitzer und Botaniker. Schrieb „Flora von Tirol", 1851–1854; „Gagea und Lloydia. Eine Monographie", 1841. Nach ihm die Art *Androsace hausmannii* Leyb.

Hausskn. = Heinrich Carl Haussknecht, Bennungen bei Sangerhausen, Sachsen-Anhalt 30.11.1838–7.7.1903 Weimar, Thüringen. Deutscher Botaniker, grossherzoglich-gothaischer Hofrat zu Weimar, sammelte in Mesopotamien, im Quellgebiet des Euphrat, in Persien, Griechenland u. dem Balkan (Herbarium Haussknecht, heute in Jena). Schrieb „Monographie der Gattung Epilobium", 1884. Nach ihm die Gattung *Haussknechtia* Boiss.

Havemeyer = Havemeyer, arbeitete um 1900 mit Cotoneaster.

S.G. Haw = Stephen George Haw, 1951–. Britischer Botaniker. Spezialgebiet: *Paeonia,* Liliaceae.

A.D. Hawkes = Alex Drum Hawkes, 1927–31.3.1977 Norbrook, Jamaica. Nordamerikanischer Botaniker u. Gartenbauschriftsteller. Schrieb u.a. „Orchids, their botany and culture", 1961; „Encyclopedia of cultivated orchids", 1965; „Wild flowers of Jamaica", 1974.

Hawkes = John Gregory Hawkes, Bristol 27.6.1915–6.9.2007 Reading, England. Englischer Genetiker u. Botaniker an der Universität in Birmingham. Spezialgebiet: *Solanum.* Schrieb u.a. ...The diversity of crop plants..., 1983; „The potato: evolution, biodiversity and genetic resources", 1990; ...Plant genetic conservation..., 1997.

Haw. = Adrian Hardy Haworth, Hull, Yorkshire 19.4.1768–24.8.1833 Chelsea, London. Englischer Gärtner, Botaniker u. Entomologe. Spezialgebiet: Sukkulente. Veröffentlichte u.a. „Synopsis plantarum succulentarum...", 1812, Ausgabe für Deutschl. 1819; „Supplementum plantarum succulentarum...", 1819. Seine gesammelten Schriften erschienen 1965 in einer Faksimile-Ausgabe „Complete works on succulent plants 1794–1831". Nach ihm die Gattung *Haworthia* Duval.

Hay = William Perry Hay, Eureka, Illinois 8.12.1872–26.1.1947. Nordamerikanischer Zoologe.

Hayashi = Yasaka Hayashi, 1911–

Hayata = Bunzô Hayata, Niigata Präfektur 1874–13.1.1934. Japanischer Botaniker in Tokyo, sammelte Pflanzen in Taiwan 1906–1919. Autor von „Icones plantarum formosanarum ...", 1911–1912; „Shokobutsu burui gaku" [Systematic botany], 1933–1935. Nach ihm die Gattung *Hayataëlla* Masam.

Hayek = August Edler von Hayek, Wien 14.12.1871–11.6.1928 Wien. Österreichischer Arzt u. Botaniker, Professor an der Universität in Wien. Veröffentlichte u.a. „Prodromus florae peninsulae balcanicae", 1924–1933 (Bd. 3, 1932–1933, herausg. von F. Markgraf); „Flora von Steiermark", 1908–1956; „Die Centaurea-Arten Österreich-Ungarns ...", 1901; „Schedae ad Floram stiriacum exsiccatum", 1904–1912; „Allgemeine Pflanzengeographie", 1926. Nach ihm die Art *Silene hayekiana* Hand.-Mazz. et Janch.

Hayne = Friedrich Gottlob Hayne, Jüterbogk 18.3.1763–28.4.1832 Berlin. Deutscher Botaniker. Schrieb „Termini botanici iconibus illustrati oder botanische Kunstsprache durch Abbildungen erläutert", 1799–1812, Neue Ausgabe 1817; „Dendrologische Flora der Umgegend und der Gärten Berlins", 1822; „Getreue Darstellung und Beschreibung der in der Arzneykunde gebräuchlichen Gewächse", 1805–1846 (fortgesetzt von Johann Friedrich Brandt, Julius Theodor Christian Ratzeburg u. Johann Friedrich Klotzsch); zus. mit F. Guimpel u. Carl Ludwig Willdenow „Abbildungen der deutschen Holzarten", 1810–1820; zus. mit F. Guimpel u. C.F. Otto „Abbildung der fremden in Deutschland ausdauernden Holzarten", 1819–1830. Nach ihm die Gattung *Haynea* Willd.

Hazsl. = Friedrich August (Frigyes Agost) Hazslinsky von Hazslin, Kesmark, Kom. Zips, Slowakei 6.1.1818–19.11.1896 Eperies, Kom. Sarós, Slowakei. Ungarischer Botaniker, Lehrer in Eperies. Schrieb u.a. „A magyar birodalom zuzmó-flórája", 1884. Nach ihm die Gattung *Hazslinszkya* Körb.

Heath = Fannie Mahood Heath, –1931

L.P. Hébert = Louis-Philippe Hébert, 1947–. Kanadischer Botaniker, Professor am Institut Botanique der Universität von Montréal. Spezialgebiete: *Sedum, Sparganium.* Schrieb „Contribution à l'étude des

Sparganiaceae Rudolphi en Amérique du Nord", 1973.

Heckard = Lawrence Ray Heckard, Long Beach, Washington 9.4.1923–26.11.1991. Nordamerikanischer Botaniker an der University of California. Spezialgebiete: Scrophulariceae, *Phacelia*. Schrieb „Taxonomic studies in the Phacelia magellanica polyploid complex" (in Univ. Calif. Publ. Bot. 32, 1960). Publ. auch zus. mit George Ledyard Stebbins. Nach Heckard die Varietät *Lepidium latipes* Hook. var. *heckardii* Rollins.

Heckel = Édouard Marie Heckel, Toulon 24.3.1843–20.2.1916 Marseille. Französischer Schiffsapotheker, später Professor der Botanik, zuletzt in Marseille. Hauptgebiet: Kolonialbotanik. Schrieb u.a. „Les kolas africains", 1893; „Les plantes utiles de Madagascar", 1910; „Les plantes utiles de Nouvelle-Calédonie", 1913. Nach ihm die Gattungen *Heckeldora* L. Pierre und *Heckelia* K. Schum.

Hedge = Ian Charleson Hedge, Edinburgh 18.11.1928–. Schottischer Botaniker am Bot. Garten in Edinburgh. Spezialgebiet: *Salvia*. Schrieb „A revision of Salvia in Africa, including Madagascar and the Canary Islands" (in Notes Roy. Bot. Gard. Edinburgh 33, 1–121, 1974); zus. mit Peter Hadland Davis und P.C.Harper „Plant life of South-West Asia", 1970. Mitarbeiter bei der von Wu Zheng-yi u. Peter Hamilton Raven (Hrsg.) publ. Flora of China (Lamiaceae). Nach Hedge die Art *Nepeta hedgei* Freitag.

Hedl. = Johan Teodor Hedlund, Frötuna, Uppland 24.11.1861–26.3.1953 Uppsala. Schwedischer Botaniker. Professor in Alnarp, Schweden. Schrieb „Kritische Bemerkungen über einige Arten der Flechtengattungen Lecanora (Ach.), Lecidea (Ach.) und Micarea (Fr.)", 1892.

Hedrick = Ulysses Prentiss Hedrick, Independence, Iowa 15.1.1870–14.11.1951 Geneva, New York. Nordamerikanischer Botaniker u. Pomologe. Schrieb u.a. „A Laboratory Manual in Systematic Pomology...", 1903; „A history of horticulture in America to 1860",

1950 (Facsim. ed., mit Addendum für 1861–1920, von E. Woodburn, 1988). Publizierte auch mit William Franklin Wight.

R. Hedw. = Romanus Adolf Hedwig, Chemnitz 1772–1.7.1806 Leipzig. Deutscher Botaniker, Sohn des Botanikers Johann Hedwig. Schrieb u.a. „Aphorismen über die Gewächskunde", 1800; „Observationum botanicarum fasciculus primus", 1802; „Genera plantarum", 1806.

Heenan = Peter Brian Heenan, Christchurch, Neuseeland 13.10.1961 (pers. Mitt.) -. Neuseeländischer Botaniker in Lincoln, Neuseeland. Spezialgebiet: Fabaceae u. Brassicaceae von Neuseeland. Schrieb u.a. zus. mit Peter James de Lange u. B.G. Murray „Carex tenuiculmis comb. et stat. nov. (Cyperaceae), a threatened red-leaved sedge from New Zealand" (in New Zealand J. Bot. 35, 159–165, 1997).

Heer = Oswald von Heer, Niederutzwyl, St. Gallen 31.8.1809–27.9.1883 Lausanne, Waadt. Schweizer Paläontologe u. Botaniker, Professor der Botanik und Direktor des Bot. Gartens in Zürich. Schrieb u.a. „Flora fossilis arctica", 1868–1883; „Flora fossilis Helvetiae", 1876–1877; „Miocene Baltische Flora", 1869; „Flora tertiaria Helvetiae", 1854–1859. Nach ihm die Gattung *Heeria* Meisn.

Heese = Emil Heese, Treptow a.d. Tollense, Mecklenburg-Vorpommern 5.3.1862–6.6.1914 Berlin. Deutscher Kakteensammler in Westindien u. Mexiko.

Hegetschw. = Johannes Jacob Hegetschweiler, Rifferswil bei Zürich 14.12.1789–10.8.1839 Zürich-Pfäffikon (Schussverletzung nach politischen Straßenkämpfen). Schweizer Arzt, Politiker (Staatsrat) u. Botaniker. Schrieb „Sammlung von Schweizer Pflanzen", 1825–1834 (mit J. David Labram); „Die Giftpflanzen der Schweiz", 1828–1834; „Die Flora der Schweiz", 1838–1840. Nach ihm die Gattung *Hegetschweilera* Heer et Regel sowie die Art *Salix hegetschweileri* Heer.

Hegi = Gustav Hegi, Rickenbach,

Zürich 13.11.1876–20./21.4.1932 Bendlikon bei Zürich. Schweizer Botaniker, Professor und Generalkonsul in München. Hrsg. von „Illustrierte Flora von Mittel-Europa", 7 Bde., 1906–1931, 2. Aufl. 1936 ff. (noch im Erscheinen begriffen); 3. Aufl. 1966 ff. Schrieb zus. mit Gustav Dunzinger (nur 1.–4. Aufl.) „Alpenflora", 1905, 7. Aufl. 1930; 9.–24. Aufl. (1950–1976) von Hermann Merxmüller; 25. Aufl., 1977, von Herbert Reisigl. Nach Hegi die Art *Euphrasia hegii* Vollmann.

K.D. Heil = Kenneth D. Heil, 1941–. Nordamerikanischer Botaniker in Farmington, New Mexico. Spezialgebiet: Cactaceae, Flora von New Mexico. Schrieb u.a. zus. mit Steven Brack „The Cacti of Guadalupe Mountains National Park" (in Cact. Succ. Journ. 4, 165–177,1986). Nach Heil die Art *Astragalus heilii* S.L.Welsh et N.D.Atwood.

Heilborn = Otto Heilborn, Stockholm 2.12.1892–11.10.1943 Stockholm. Schwedischer Botaniker u. Zytologe. Spezialgebiet: *Carica, Cleome*. Schrieb u.a. „Section Fruticosae Eichl. of the genus Cleome L." (in Ark Bot. 23 A, 1931). Nach ihm die Art *Chamaedorea heilbornii* Burret.

Heimerl = Anton Heimerl, Budapest 15.2.1857–4.3.1942. Österreichischer Botaniker, Professor an der k. u. k. Staats-Realschule in Fünfhaus in Wien. Spezialgebiet: u.a. *Achillea*. Bearbeitete für Engler u. Prantl, Die natürlichen Pflanzenfamilien, III. 1b Phytolaccaceae, Nyctaginaceae, 1889; 2. Aufl. Bd. 16c Nyctaginaceae, Phytolaccaceae, Gyrostemonaceae, Achatocarpaceae, 1934. Schrieb u.a. „Schulflora für Österreich u. die angrenzenden Gebiete der Alpen u. Sudetenländer...", 1902, 3. unveränderte Aufl. 1933; „Flora von Brixen a.E.", 1911. Nach ihm die Gattung *Heimerliodendron* Skottsb.

O.R. Heine = Otto Rudolf Heine, 1920–. Deutscher Botaniker in Freital, Sachsen. Schrieb „Zur Klärung der sächsischen Calamagrostis-Art in den Muldentälern, dem Flöha- und

dem Zschopautal" (in Feddes Rep. 83, 275-288, 1972).
Heinrich = Walter Heinrich, publ. 1937 über *Mammillaria*. Deutscher Kakteenkenner.
Heinr. = Emil Johann Lambert Heinricher, 1856-1934
Heiser = Charles Bixler Heiser jr., Cynthiana, Indiana 5.10.1920-. Nordamerikanischer Botaniker, Professor in Bloomington, Indiana. Schrieb „Seed to civilization", 2. Aufl. 1951, 3. Aufl. 1990; „Nightshades", 1969, Nachdruck u.d. Titel „The fascinating world of the nightshades", 1987; „The sunflower", 1976; „The gourd book", 1979; „Of plants and people", 1985. Nach ihm z.B. die Art *Solanum heiseri* G.J.Anderson.
Heist. = Lorenz Heister, Frankfurt am Main 19.9.1683-18.4.1758 Bornum bei Königslutter am Elm, Niedersachsen. Deutscher Mediziner u. Botaniker, Professor der Chirurgie in Helmstedt. Veröffentlichte u.a. „Laurentii Heisteri Systema plantarum...", 1748; „Descriptio novi generis plantae rarissimae...", 1753. Die in letzterem Werk beschriebenen Taxa werden vom Internationalen Code der bot. Nomenklatur nicht anerkannt. Nach ihm die Gattung *Heisteria* Jacq.
Heldr. = Theodor Heinrich Hermann von Heldreich, Dresden 18.2.1822-7.9.1902 Athen. Deutscher Botaniker, Direktor des Bot. Gartens Athen. Erforscher der Flora Griechenlands, Kretas u. Kleinasiens. Schrieb „Schedae Plantarum ad Herbaria graeca normalia", 1854-1900; „Flore de l'Ile de Céphalonie", 1882 u. 1883. Nach ihm die Gattung *Heldreichia* Boiss.
A. Heller = Amos Arthur Heller, Montour County, Pennsylvania 21.3.1867-18.5.1944 Vacaville, Kalifornien. Nordamerikanischer Botaniker. Schrieb u.a. „Catalogue of North American plants north of Mexico", 1898, 2. Aufl. 1900, 3. Aufl. 1909-1914. Nach ihm die Gattung *Helleranthus* Small.
Hellq. = C. Baare Hellquist, 1940-
Helm = Friedrich Gustav Helm, fl. 1809-1828
Hemsl. = William Botting Hemsley, East Hoathly, Sussex 29.12.1843-7.10.1924 Broadstairs, Kent.

Englischer Botaniker in Kew. Schrieb u.a. „Biologia centrali-americana ... Botany", 1879-1888; „Handbook of hardy trees ...", 1873; Mitarbeiter an Cheeseman, „Illustrations of the New Zealand flora", 1914 und von Daniel Oliver, „Flora of Tropical Africa", 1868-1906. Nach ihm die Gattung *Hemsleya* Cogn.
Henckel = Leo Victor Felix Graf Henckel von Donnersmarck, Königsberg, Ostpreußen 25.6.1785-10.7.1861 Ilmenau, Thüringen. Deutscher Botaniker. Schrieb u.a. „Nomenclator botanicus ...", 1803, 2. Aufl. 1821; „Adumbrationes plantarum nonnullarum horti halensis academici selectarum", 1806. Nach ihm die Gattung *Henckelia* Spreng.
D.M. Hend. = Douglas Mackay Henderson, Blairgowrie, Perthshire 30.8.1927-10.11.2007 Inverness. Schottischer Botaniker am Royal Bot. Garden in Edinburgh und Professor der Botanik an der Universität in Edinburgh. Spezialgebiet: Fungi. Publizierte auch zus. mit Peter Hadland Davis über *Lilium* (in Flora of Turkey 8, 1984).
L.F. Hend. = Louis Fourniquet Henderson, Roxbury, Massachusetts 17.9.1853-14.6.1942 Tacoma, Washington. Nordamerikanischer Botaniker und Professor der Botanik an der University of Idaho, später in Oregon. Schrieb u.a. „New plants of Idaho" (in Bull. Torrey Bot. Club 22, 48-50,1895). Nach ihm die Arten *Erythronium hendersonii* S. Watson und *Sidalcea hendersonii* S. Watson.
M.D. Hend. = Mayda Doris Henderson, 3.2.1928-. Südafrikanische Botanikerin, verheiratet mit Bernard de Winter. Spezialgebiet: Flora von Südafrika, speziell Compositae. Schrieb „Sixty-six Transvaal trees", 1966 (mit Bernard de Winter u. Donald Joseph Boomer Killick).
A.J. Hend. = Andrew James Henderson, Surrey, England, 8.9.1950-. Nordamerikanischer Botaniker am New York Bot. Garden. Spezialgebiet: Arecaceae. Schrieb u.a. „The palms of the Amazon", 1995; „Evolution and ecology of palms", 2002.

Henfr. = Arthur Henfrey, Aberdeen 1.11.1819-7.9.1859 Turnham Green, Middlesex. Britischer Botaniker, Professor am King's College London. Schrieb u.a. „Outlines of the natural history of Europe. The vegetation of Europe. ...", 1852; „The micrographic dictionary ..." 1856 (zus. mit John William Griffith), 4. Aufl. (mit Griffith, Berkeley und Jones) 1883. Nach ihm die Gattung *Henfreya* Lindl.
H. Henkel = Heinrich Henkel, fl. 1897-1914
Henkel = Johann Baptist Henkel, 1815 od. 1825-2.3.1871 Tübingen, Baden-Württemberg. Deutscher Pharmazeut, Professor der pharmazeutischen Botanik an der Universität Tübingen. Schrieb zus. mit Wilhelm Christian Hochstetter „Synopsis der Nadelhölzer", 1865.
Henker = Heinz Siegfried Henker, Stargard, Pommern 7.2.1930 (pers. Mitt.) -. Deutscher Botaniker und Studienrat in Neukloster, Mecklenburg. Schrieb u.a. „Die Gattung Sigesbeckia L. in Europa.." (in Arch. Freunde Naturgesch. Mecklenburg 11, 7-54, 1965). Mitarbeiter bei W. Rothmaler „Exkursionsflora von Deutschland, Kritischer Band", 9. Aufl. 2002.
Henn. = Paul Christoph Hennings, Heide, Holstein 27.11.1841-14.10.1908 Berlin-Steglitz. Deutscher Botaniker (Mykologe) am Bot. Garten Berlin. Bearbeitete für Engler u. Prantl, Die natürlichen Pflanzenfamilien I. 1** Dacromycetineae, Exobasidiineae, Hymenomycetineae, 1897-1898. Schrieb u.a. „Botanische Wanderungen durch die Umgebung Kiel's", 1879. Nach ihm die Gattungen *Henningsiella* Rehm und *Henningsomyces* Kuntze.
Hennipman = Elbert Hennipman, 1937-. Niederländischer Botaniker am Rijksherbarium Leiden. Spezialgebiet: Pteridophyta. Schrieb u.a. „A monograph of the fern genus Bolbitis", 1977; „A monograph of the fern genus Platycerium", 1982 (mit M.C. Ross). Nach ihm die Art *Histiopteris hennipmanii* Hovenkamp.
Henrard = Johannes (Jan)

Theodoor Henrard, Maastricht 16.10.1881–1974. Niederländischer Botaniker. Schrieb „A monograph of the genus Aristida", 1929–1932; „Monograph of the genus Digitaria", 1950. Nach ihm die Gattung *Henrardia* C. E. Hubb.

Henriq. = Julio Augusto Henriques, Cabeceiras de Basto 17.1.1838–7.5.1928 Coimbra. Portugiesischer Botaniker, Professor der Botanik in Coimbra. Schrieb „Expediçao scientifica á Serra da Estrella em 1881. Secçao de Botanica", 1883. Nach ihm die Gattung *Henriquesia* Pass. et Thüm.

A. Henry = Augustine Henry, Dundee, Irland 2.7.1857–23.3.1930 Dublin. Irischer Botaniker, Dendrologe u. Sammler chinesischer Pflanzen, zuletzt Professor in Dublin. Schrieb u.a. zus. mit Henry John Elwes „The trees of Great Britain and Ireland", 7 Bde., 1906–1913. Nach Henry z.B. die Arten *Viburnum henryi* Hemsl. und *Lilium henryi* Baker.

J.K. Henry = Joseph Kaye Henry, Shubenacadie, Nova Scotia, Kanada 28.8.1866–7.3.1930 Vancouver, British Columbia. Kanadischer Botaniker, Professor für Englisch an der University of British Columbia. Schrieb „Flora of the southern British Columbia and Vancouver Island", 1925.

L. Henry = Louis Armand Henry, Montigny le Roi, Haute-Marne 4.2.1854 (nicht 1853)–11.1.1913 (nicht 1903) Barges, Haute-Saône. Französischer Gärtner. Schrieb u.a. „Emploi des Chrysanthèmes d'automne, pour plantation de massifs", 1889.

Hensch. = August Wilhelm Eduard Theodor Henschel, Breslau 20.12.1790–24.7.1856 Breslau. Deutscher Arzt u. Botaniker in Breslau. Schrieb „Von der Sexualität der Pflanzen", 1820. Nach ihm die Gattung *Henschelia* C. Presl.

Hensl. = John Stevens Henslow, Rochester, Kent 6.2.1796–16.5.1861 Hitcham, Suffolk. Englischer Geistlicher, Botaniker und Mineraloge. Schrieb u.a. „A Dictionary of English-Latin Terms used in Botanical Descriptions" (als Ergänzung zu dem von Benj. Maund hrsg. Botanic Garden…, 1825–1851), 1850, neue Ausgabe 1858. Mitarb. von Maund an „The Botanist, …", 1837–1846. Nach ihm die Gattung *Henslowia* Wall.

Hepper = Frank Nigel Hepper, 1929–. Britischer Botaniker in Kew. Spezialgebiet: Flora des trop. Afrika. Herausg. von Band 2–3 der 2. Aufl. von John Hutchison u. John McEwen Dalziel „Flora of West Tropical Africa", 1963–1972, u. von „Kew: Garden for science and pleasure", 1982 sowie „Plant hunting for Kew", 1989. Schrieb „The West African herbaria of Isert and Thonning", 1976; „Bible plants at Kew", 1981; „Illustrated encyclopedia of Bible plants …", 1992. Nach ihm die Art *Justicia hepperi* Heine.

Herb. = William Herbert, 12.1.1778–28.5.1847 London. Englischer Botaniker, Dekan von Manchester, beschäftigte sich vor allem mit Zwiebelgewächsen wie den Amaryllidaceae. Schrieb „Amaryllidaceae…", 1837; „Supplement to the works of… William Herbert", 1846. Nach ihm die Gattung *Herbertia* Sweet und die Zeitschrift Herbertia, Orlando, Florida, 1936–1959.

Herbich = Franz Herbich, Wien 8.5.1791–29.9.1865 Krakau, Polen. Österreichischer Botaniker und Militärarzt. Schrieb „Selectus plantarum rariorum Galiciae et Bucovinae", 1836; „Stirpes rariores Bucovinae, oder die seltenen Pflanzen der Bucovina", 1853; „Flora der Bucowina", 1859. Nach ihm die Gattung *Herbichia* Zaw. ex Guill.

Herborg = Joachim Herborg, publ. 1987. Deutscher Botaniker. Schrieb „Die Variabilität und Sippenabgrendung in der Senecio nemorensis-Gruppe (Compositae) im europäischen Teil- Areal" (in Diss. Bot. 107, 1987).

Herder = Ferdinand Gottfried Maximilian Theobald von Herder, Bayreuth, Oberfranken 2.2.1828–7.6.1896 Grünstadt, Pfalz. Deutscher Botaniker und russischer Hofrat, Bibliothekar des kaiserl. Bot. Gartens in St. Petersburg, lebte später in Wiesbaden. Hrsg. eines „Catalogus systematicus bibliothecae horti imperialis botanici petropolitani", 1886. Veröffentlichte Band III–IV von „Reisen in den Süden von Ostsibirien… Botanische Abtheilung", 1864–1885, ein Werk, das die Aufzählung der von Radde in Sibirien gesammelten Pflanzen enthält. Nach ihm die Gattung *Herderia* Cass.

Hereman = Samuel Hereman, fl. 1868, bearbeitete 1868 neu „Paxton's Botanical Dictionary".

Hérincq = François Hérincq, Villejuif bei Paris 4.6.1820–15.6.1891 Paris. Französischer Botaniker und Gärtner. Mitarb. an P.O. Réveil u.a. „Le Règne végétal, divisé en traité de botanique générale, flore médicale…", 8 Bde. 1864–1871. Hrsg. von „L'Horticulteur français. Journal des amateurs …", 1851–1872. Schrieb „Observations critiques sur l'origine des plantes domestiques", 1869. Nach ihm die Gattung *Herincquia* Decne. ex Jacques et Hérincq.

F. Herm. = Friedrich Hermann, Tunzenhausen 24.11.1873–29.1.1967 Bernburg, Sachsen-Anhalt. Deutscher Rechtsanwalt u. Botaniker. Schrieb „Flora von Deutschland und Fennoskandinavien sowie von Island und Spitzbergen", 1912, 2. Aufl. unter dem Titel „Flora von Nord- und Mitteleuropa", 1956.

A.G.J. Herre = Adolar Gottlieb Julius („Hans") Herre, Dessau, Sachsen-Anhalt 7.4.1895–16.1.1979 Stellenbosch, Südafrika. Deutscher Gärtner u. Botaniker, Kurator des Bot. Gartens Stellenbosch, Südafrika. Hervorragender Kenner der sukkulenten Aizoaceae. Schrieb u.a. „The Genera of the Mesembryanthemaceae", 1971. Nach ihm die Gattungen *Herrea* Schwant. u. *Herreanthus* Schwant.

Herrm. = Johann (Jean) Herrmann, Barr, Elsass 31.12.1738–4.10.1800 Straßburg. Elsässischer Botaniker, Professor in Straßburg. Arbeitete über Rosen und die Systematik der Heilpflanzen. Schrieb u.a. „Dissertatio inauguralis botanico-medico de Rosa", 1762.

Hershk. = Mark Alan Hershkovitz, 3.6.1958–. Nordamerikanischer Botaniker an der Universidad de Chile, Santiago. Spezialgebiet: Portulacaceae. Schrieb u.a. „Leaf morphology of Calandrinia and Montiopsis (Portulacaceae)" (in Ann. Missouri Bot. Gard. 80, 366–396, 1993).

Herter = Wilhelm (Guillermo) Gustav (Gustavo) Franz (Francis) Herter, Berlin 10.1.1884–17.4.1958 Hamburg. Uruguayischer Botaniker deutscher Abstammung, lebte 1907, 1909–1910 und 1923–1939 in Uruguay, 1939–1941 in Deutschland, 1941–1944 in Krakau, später in der Schweiz, zuletzt in Hamburg. Schrieb „Estudios botánicos en la region uruguaya", 1930; „Flora ilustrada del Uruguay", 1939–1957; „Index Lycopodiorum", 1949; „Flora del Uruguay", 1949–1956. Nach ihm die Art *Echinocactus herteri* Werderm.

Hervier = Gabriel Marie Joseph Hervier-Basson, 1846–1900

Hesl.-Harr. = John William Heslop-Harrison, Birtley, County Durham 1881–23.1.1967 Birtley. Englischer Botaniker, Professor der Botanik am King's College in Newcastle-upon-Tyne, Vater des Botanikers John Heslop-Harrison (1920–1998). Spezialgebiete: *Rosa, Salix, Rubus*. Publizierte über *Primula*. Nach ihm die Art *Euphrasia heslop-harrisonii* Pugsley.

H.E. Hess = Hans E. Hess, 1920–. Schweizer Botaniker. Schrieb zus. mit E. Landolt und R. Hirzel „Flora der Schweiz und angrenzender Gebiete", 3 Bände, 1967–1972; 2. Aufl. 1976–1980.

Hesse = Hermann Albrecht Hesse, Weener, Ostfriesland 14.11.1852–13.2.1937 Weener. Deutscher Gärtner in Weener (Ems). Besaß eine der größten Baumschulen von Europa. Wurde wegen seiner Verdienste zum Kommerzienrat ernannt. Nach ihm die Art *Cornus hessei* Koehne.

Hester = J. Pinckney Hester, publizierte um 1943 über Kakteen. Nordamerikanischer Kakteenkenner in Fredonia, Arizona. Nach ihm die Art *Escobaria hesteri* (Y.Wright) Buxb.

Heuff. = János (Johann) A. Heuffel, Modor bei Pressburg (Bratislava) 1800–22.9.1857 Lugos, Banat, Rumänien. Ungarischer Arzt und Botaniker. Veröffentlichte „Enumeratio plantarum in Banatu temesiensi sponte crescentium et frequentius cultarum", 1858. Nach ihm die Gattung *Heuffelia* Opiz.

Heyder = Eduard Heyder, 3.12.1808–30.8.1884 Berlin. Deutscher Gartenbausachverständiger und Kakteenkenner in Berlin. Nach ihm die Gattung *Heyderia* K.Koch.

B. Heyne = Benjamin Heyne, 1770–1819

K. Heyne = Karel Heyne, Amsterdam 1877–1947. Niederländischer Botaniker. Schrieb „De nuttige planten van Nederlandsch-Indie ...", 1913–1922. Nach ihm die Gattung *Heynella* Backer.

Heynh. = Gustav Heynhold (ursprünglich Heinhold), 1800–etwa 1860. Deutscher Botaniker aus Dresden. Spezialgebiet: *Hieracium*. Verf. Von „Nomenclator botanicus hortensis, ...", 1840–1841; Fortsetzung unter dem Titel: „Alphabetische und synonymische Aufzählung der... Gewächse", 1846–1847. Schrieb zus. mit Carl Friedrich Holl „Flora von Sachsen", 1842.

Heywood = Vernon Hilton Heywood, Edinburgh 24.12.1927–. Britischer Botaniker an der Universität Reading. Mithrsg. von „Flora Europaea", 1964–1980 und von „The European Garden Flora", Band 3–6, 1989–2000; Hrsg. von „Modern methods in plant taxonomy", 1968; „Flowering plants of the world", 1978, 1985, 1993 (deutsch 1982). Schrieb „Catalogus plantarum vascularium Hispaniae", 1961; „Plant taxonomy", 1967, 2. Aufl. 1976 (deutsch: „Taxonomie der Pflanzen", 1971).

Hibberd = James Shirley Hibberd, Dunstan, Stepney, London 1825–16.11.1890 Kew, Surrey. Englischer Gartenschriftsteller. Schrieb u.a. „Field flowers", 1870; „Familiar garden flowers", 5 Bände, 1879–1897 (mit F.E. Hulme).

Hickel = Paul Robert Hickel, Mulhouse 6.10.1865–1935. Französischer Botaniker. Spezialgebiet: Gehölze. Schrieb „Graines et plantules des arbres et arbustes indigènes et communément cultivés en France", 1911–1914.

Hicken = Cristóbál María Hicken, Buenos Aires (Ciudad) 1.1.1875–11.3.1933 Mar de Plata. Argentinischer Botaniker in Buenos Aires. Schrieb „Chloris platensis argentina ...", 1910. Nach ihm die Gattung *Hickenia* Lillo und die Zeitschrift Hickenia 1976 ff.

J.C. Hickman = James Craig Hickman, Iowa 20.4.1941–15.6.1993. Nordamerikanischer Botaniker an der Washington State University und an der University of California, Berkeley. Spezialgebiet: Polygonaceae. Herausgeber von „The Jepson Manual: Higher plants of California", 1993. Nach ihm die Art *Polygonum hickmanii* H.R.Hinds et Rand. Morgan.

Hiepko = Paul Hubertus Hiepko, Quedlinburg, Sachsen-Anhalt 16.12.1932–. Deutscher Botaniker in Berlin-Dahlem. Spezialgebiet: Opiliaceae, Olacaceae. Schrieb „Opiliaceae of Thailand" (in Nat. Hist. Bull. Siam Soc. 27, 115–132, 1978), dazu „Opiliaceae" (in Flora Neotropica 82, 1–55, 2000). Schrieb zus. mit Werner Rodolfo Greuter „Internationaler Code der Botanischen Nomenklatur ins Deutsche übertragen" (in Englera 11: 1–120,1989 bzw. Englera 15: 1–150,1995). Mitarbeiter bei der von Wu Zheng-yi u. Peter Hamilton Raven (Hrsg.) publ. Flora of China. War auch Mitherausgeber des ICBN von 1975 und 1981. Schrieb zus. mit J. F. Brunel u. H. Scholz „Flore analytique du Togo. Phanérogames" (in Englera 4, 1–751, 1985). Nach Hiepko u.a. die Art *Melicope hiepkoi* T. G. Hartley.

Hiern = Willliam Philip Hiern, Stafford 19.1.1839–29.11.1925 Barnstaple, Devon. Englischer Botaniker in Barnstaple, Devon. Veröffentlichte „A monograph of the Ebenaceae ...", 1873; „Catalogue of the African plants collected by Dr. Friedrich Welwitsch in 1853–61", 1896–1901 (mit Alfred Barton Rendle u. William Carruthers). Bearbeitete für Daniel Oliver, Flora of Tropical Africa zahlreiche Familien. Nach ihm die Gattung *Hiernia* S. Moore.

Hieron. = Georg Hans Emmo Wolfgang Hieronymus, Schöneiche bei Neumarkt, Schlesien 15.2.1846–18.1.1921 Berlin. Deutscher Botaniker, von

1874-1883 Professor der Botanik in Córdoba, Argentinien, ab 1892 Kustos am Botan. Museum Berlin. Schrieb „Beiträge zur Kenntnis der Centrolepidaceen", 1873. Bearbeitete für Engler u. Prantl, Die natürlichen Pflanzenfamilien, in I. 4 Selaginellaceae, 1901 (mit Richard Sadebeck); in II. 4 Restionaceae, Centrolepidaceae, Eriocaulaceae, 1887; in III. 1 Myzodendraceae, Santalaceae, 1889. Nach ihm die Gattungen *Hieronima* Allem., *Hieronymiella* Pax, *Hieronymusia* Engl.

W.E. Higgins = Wesley E. Higgins, fl. 1997. Nordamerikanischer Botaniker an den Marie Selby Botanical Gardens, Sarasota, Florida. Spezialgebiet: Orchidaceae. Schrieb u.a. „A reconsideration of the genus Prosthechea (Orchidaceae)" (in Phytologia 82, 370-383, 1997).

Hiitonen = Henrik Ilmari Augustus Hiitonen (bis 1932 Hidén), 1898-1986. Finnischer Botaniker. Schrieb „Suomen kasvio ...", 1933; „Suomen putkilokasvit ...", 1934.

Hildebr. = Friedrich Hermann Gustav Hildebrand, Köslin 6.4.1835-30.12.1915 Freiburg, Baden-Württemberg. Deutscher Botaniker. Schrieb „Geschlechtsverteilung bei den Pflanzen", 1867; „Die Gattung Cyclamen L.", 1898. Nach ihm die Gattung *Hildebrandiella* Naumov.

Hildm. = H. Hildmann, ?-1895. Deutscher Botaniker u. Kakteenkenner in Birkenwerder bei Berlin. Nach ihm die Art *Cereus hildmannianus* K. Schum.

Hilend = Martha Luella Hilend, 1902-. Nordamerikanische Botanikerin. Spezialgebiete: *Galium, Zauschneria*.

A.W. Hill = Sir Arthur William Hill, Watford, London 11.10.1875-3.11.1941 Kew, Surrey (Bombenangriff). Englischer Botaniker, von 1922 an Direktor an Kew Gardens. Veröffentlichte u.a. „Hand-List of herbaceous plants... cultivated in the Royal Botanic Gardens, Kew", 3. Aufl. 1925; Hrsg. von John Nash, „Poisonous Plants, ...", 1927 u. von Bd. 10(1) von Daniel Oliver, „Flora of Tropical Africa", 1937. Mitarbeit bei Harvey u. Sonder „Flora capensis" für die Familien der Cytinaceae, Phytolaccaceae, Podostemaceae und Santalaceae, 1912-1915. Herausgeber der Supplemente 6-10 von „Index Kewensis". Schrieb auch „The flora of the Somme battlefield" (in Bull. misc. inf. Kew 1917, 297-300).

E.J. Hill = Elsworth Jerome Hill, 1833-1917. Nordamerikanischer Botaniker. Nach ihm die Art *Cirsium hillii* (Canby) Fernald.

Hill = Sir John Hill, Peterborough, Northamptonshire 1714-21.11.1775 London. Englischer Apotheker, Arzt, Botaniker u. Schriftsteller. Veröffentlichte über 70 Schriften, darunter „The British Herbal", 1756-1757 (Arten hierin nach dem Int. Code der bot. Nomenklatur nicht anerkannt); „The sleep of plants", 1757, 2. Aufl. 1762, deutsche Ausgabe 1768; „Flora britanica", 1760; „The Vegetable System...", 26 Bde., 1759-1775, neue Aufl. 1824; „Exotic Botany...", 1759, 2. Aufl. 1772; „Herbarium britannicum", 1769-1770; „The construction of timber, ...", 1770, 2. Aufl. 1774; „Hortus kewensis", 1768 u. 1769. Nach ihm die Gattung *Hillia* Jacq.

K.D. Hill = Kenneth D. Hill, 1948-

W. Hill = Walter Hill, Scotsdyke, Dumfriesshire, Schottland 31.12.1820-4.2.1904 Canobie Lea nahe Brisbane, Queensland. Schottischer Botaniker, kam 1852 nach Australien. Schrieb „Report on Botany of Expedition.. under G. E. Dalrymple", 1874. Nach ihm die Art *Musa hillii* F. Muell.

Hillc. = Jean Olive Dorothy Hillcoat, London 7.1.1904-1990. Englische Botanikerin. Spezialgebiet: Flora von Arabien. Mitarbeiterin bei K. H. Rechingers „Flora of Lowland Iraq", 1964. Schrieb zus. mit G. Lewis u. B. Verdcourt „A new species of Ceratonia (Leguminosae- Caesalpinioideae) from Arabia and the Somali republic" (in Kew Bull. 35, 261-271, 1980). Publizierte auch mit Arthur Wallis Exell.

Hilliard = Olive Mary Hilliard geb. Hillary, Durban 4.7.1925-. Südafrikanische Botanikerin an der Universität Natal, Pietermaritzburg, Südafrika. Spezialgebiet: *Streptocarpus*. Veröffentlichte u.a. „Compositae in Natal", 1977; mit Brian Lawrence Burtt „An African Plant Study", 1971; „Streptocarpus", 1971; „The botany of the southern Natal Drakensberg", 1987; „Dierama: The hairbells of Africa", 1991. Nach ihr die Art *Plectranthus hilliardiae* Codd.

H.G.K. Hillier = Sir Harold George Knight Hillier, Winchester, Hampshire 2.1.1905-8.1.1985 Romsey Hampshire. Englischer Gärtner, der ein Arboretum aufgebaut hat. Schrieb „Hillier's Manual of Trees and Shrubs", 1972, 6. Aufl. 1991. Nach ihm die Hybride *Viburnum x hillieri* Stearn.

Hilsenb. = Carl Theodor Hilsenberg, Erfurt, Thüringen 11.3.1802-11.9.1824 Ile St. Marie bei Madagaskar. Deutscher Botaniker. Nach ihm die Gattung *Hilsenbergia* Boj.

D.J.N. Hind = David John Nicholas Hind, 1957-. Britischer Botaniker in Kew. Spezialgebiete: Asteraceae, Caryophyllaceae. Schrieb u.a. mit Charles Jeffrey „The typification of Piptolepis Sch. Bip. (Compositae), nom. cons." (in Taxon 43, 94-96, 1994); zus. mit Charles Jeffrey und G. V. Pope Hrsg. von „Advances in Compositae systematics", 1995. Nach Hind die Art *Apodanthera hindii* C. Jeffrey.

Hisauti = Kiyotaka Hisauti, 1884-1981

Hitchc. = Albert Spear Hitchcock, Ossawo, Michigan 4.9.1865-16.12.1935 auf See im Nordatlantik an Bord der S.S. City of Norfolk. Nordamerikanischer Botaniker, haupts. Grasforscher. Schrieb u.a. „A text-book of grasses", 1914; „Manual of the grasses of the United States", 1935, 2. Aufl. 1951 (von Mary Agnes Chase); außerdem zus. mit Paul C. Standley „Flora of the District of Columbia and vicinity", 1919; „Methods of descriptive systematic botany", 1925. Bearbeitete für Britton, North American Flora in Bd. 17(3)-17(8) „Poaceae", 1915-1939. Nach ihm die Gattung *Hitchcockella* A. Camus.

C.L. Hitchc. = Charles Leo Hitchcock, Newhall, Kalifornien 23.4.1902-3.2.1986 Seattle, Washington. Nordamerikanischer Botaniker. Schrieb „Vascular plants of the Pacific Northwest",

1955-1969 (mit Arthur John Cronquist u.a.); „Flora of the Pacific Northwest", 1973 (mit Arthur John Cronquist). Nach Hitchcock z.B. die Art *Lesquerella hitchcockii* Munz.

E. Hitchc. = Edward Hitchcock, Deerfield 24.5.1793-27.2.1864 Amherst, Massachusetts. Nordamerikanischer Geologe und Botaniker, Professor in Amherst. Schrieb „Catalogue of plants ...", 1829; „Catalogues of the animals and plants of Massachusetts", 1835. Nach ihm die Art *Carex hitchcockiana* Dewey.

Hjelmq. = Karl Jesper Hakon Hjelmqvist, 1905-. Schwedischer Botaniker. Spezialgebiet: Fagaceae, Archäologische Botanik. Publizierte 1972 über *Nelumbo nucifera*.

Hochr. = Bénédict Pierre Georges Hochreutiner, Genf 3.3.1873-5.2.1959 Genf. Schweizer Botaniker u. Theologe. Schrieb u.a. „Le Sud-Oranais", 1904. Nach ihm die Gattung *Hochreutinera* Krapov.

Hochst. = Christian Ferdinand Friedrich Hochstetter, Stuttgart 16.2.1787-20.2.1860 Reutlingen, Baden-Württemberg. Deutscher Botaniker, Vater von Wilhelm Christian Hochstetter. Lebte in seiner Jugend in Brünn in Mähren, war später Stadtpfarrer von Esslingen und Professor. Beschrieb zahlreiche neue afrikanische Pflanzen. Schrieb „Populäre Botanik", 1831(ed. 1, ed. 4 1875-1877); „Die Giftgewächse Deutschlands und der Schweiz", 1844 (ed.1, ed. 3 1874-1876). und zusammen mit E.G. Steudel „Enumeratio plantarum Germaniae Helvetiaeque indigenarum", 1826. Nach ihm die Gattung *Hochstetteria* DC.

W. Hochst. = Wilhelm Christian Hochstetter, Esslingen, Baden-Württemberg 4.3.1825-23.9.1881 Tübingen. Deutscher Gärtner, Sohn von Christian Ferdinand Hochstetter, Inspektor am Botanischen Garten in Tübingen. Schrieb „Die Coniferen oder Nadelhölzer ...", 1882; und zus. mit Johann Baptist Henkel „Synopsis der Nadelhölzer", 1865.

Hodge = Walter Hendricks Hodge, 1912-. Nordamerikanischer Botaniker. Spezialgebiet: Flora der Antillen. Schrieb „Flora of Dominica", 1. Teil (in Lloydia 17, 1-238, 1954); u. zus. mit D. Taylor „The ethnobotany of the island Caribs of Dominica" (in Webbia 1, 513-644, 1957).

Hodgkin = Hodgkin, Autor von *Daphne x hendersonii*.

Hodk. = Trevor R. Hodkinson, fl. 2001.

Höfft = Franz M. S. V. Höfft, publ. 1826. Botaniker. Schrieb „Catalogue des plantes, qui croissent spontanément dans le district de Dmitrieff sur la Svapa dans le gouvernement de Koursk", 1826.

Hoefker = Hinrich Hoefker, Wybelsum bei Emden, Niedersachsen 21.11.1859-8.4.1945 Dortmund. Lehrer für Naturwissenschaften, Botaniker, vor allem Dendrologe. Von 1934 bis 1944 Hrsg. der Mitteilungen der Deutschen Dendrologischen Gesellschaft.

Hoehne = Frederico Carlos Hoehne, Juiz de Flora 1.3.1882-16.3.1959 Sao Paulo. Brasilianischer Botaniker deutscher Abstammung. Veröffentlichte zahlreiche Arbeiten darunter u.a. „Album de Orchidáceas Brasileiras...", 1930; „Flora brasilica", fasc. 1-12, 1940-1968; „Plantas aquaticas", 1948; „Iconografia de Orchidáceas do Brasil", 1949. Nach ihm die Gattung *Hoehnea* Epling und die Zeitschrift Hoehnea, 1971 ff.

Höppner = Hans Höppner, 1873-1946. Deutscher Botaniker. Spezialgebiet: Orchideen-Bastarde. Schrieb „Flora des Westfälisch-Rheinischen Industriegebietes ...", 1926. Nach ihm die Hybride *Dactylorhiza x hoeppneri* (A. Fuchs) Soó.

Hörandl = Elvira Hörandl, Wien 2.2.1964 (pers. Mitt.) -. Österreichische Botanikerin in Wien. Schrieb „Die Gattung Salix in Österreich..." (in Abh. Zool.-Bot. Ges. Österreich 27, 1-179, 1992); „Systematik und Verbreitung von Papaver dubium L. s. l. in Österreich" (in Linzer Biol. Beitr. 26, 407-435, 1994).

Höss = Franz Höss (Hoess), 1756-30.3.1840 Windischmarchwitz, Schlesien (heute Smarchowice Slaskie, Polen). Österreichischer Forstbotaniker, Professor an der Forstlehranstalt in Mariabrunn bei Wien. Schrieb „Gemeinfassliche Anleitung die Bäume und Sträucher Oesterreichs aus den Blättern zu erkennen", 1830; „Monographie der Schwarzföhre ...", 1831.

Hoffm. = Georg Franz Hoffmann, Marktbreit, Unterfranken 13.1.1760 (nicht 31.1.1761) -17.3.1826 Moskau. Deutscher Arzt u. Botaniker. War 1789 Professor der Medizin in Erlangen, von 1792-1804 Professor der Botanik in Göttingen, 1804-1826 in Moskau. Schrieb „Enumeratio Lichenum", 1784-1786; „Deutschlands Flora oder botanisches Taschenbuch für das Jahr 1791", 1791, 2. Aufl. 1800-1804; „Deutschlands Flora, 2. Teil für das Jahr 1795. Klasse 24: Kryptogamen", 1796; „Historia Salicum iconibus illustrata", 1785-1791; „Genera plantarum umbelliferarum...", 1814, 2. Aufl. 1816; „Plantae lichenosae", 1789-1801; „Vegetabilia in Hercyniae subterraneis collecta...", 1811; „Vegetabilia cryptogama", 1787-1790; „Hortus mosquensis...", 1808. Nach ihm die Gattung *Hoffmannia* Sw.

O. Hoffm. = Karl August Otto Hoffmann, Beeskow, Brandenburg 25.10.1853-11.9.1909 Berlin. Deutscher Botaniker und Gymnasiallehrer. Hauptarbeitsgebiet: Compositae. Bearbeitete diese Familie für Engler u. Prantl, Die natürlichen Pflanzenfamilien IV. 5 (1890-1894). Nach ihm die Gattung *Hoffmanniella* Schltr. ex Lawralée.

K. Hoffm. = Käthe (Kaethe) Hoffmann, Breslau 1883- etwa 1931. Deutsche Botanikerin in Breslau. Bearbeitete zus. mit F. A. Pax für Engler, Das Pflanzenreich, „Euphorbiaceae" (zahlreiche Gruppen), 1910-1924; außerdem für Engler, Die natürlichen Pflanzenfamilien, 2. Aufl. „Amaryllidaceae", 1930; „Euphorbiaceae, Callitrichaceae", 1931; „Aizoaceae, Portulacaceae, Dysphaniaceae, Caryophyllaceae", 1934; „Capparidaceae, Tovariaceae", 1936. Nach Käthe Hoffmann die Art *Elatostema hoffmannianum* H.Winkler.

A.E. Hoffm. = Adriana E. Hoffmann Jacoby, publ. 1978-1991.

Chilenische Botanikerin in Santiago und Direktorin der nationalen Umweltkommission Chiles. Schrieb „Cactaceas en la flora silvestre de Chile", 1989; „Flora silvestre de Chile ...", 1989-1991; „El árbol urbano en Chile", 1983.

Hoffmanns. = Johann Centurius Graf von Hoffmannsegg, Dresden 23.8.1766-13.12.1849 Dresden. Deutscher Botaniker, Entomologe u. Ornithologe. Trug bei seinen Reisen durch Europa große Tier- und Pflanzensammlungen zusammen. Schrieb „Verzeichnisse der Pflanzenkulturen in den Gräfl. Hoffmannseggischen Gärten zu Dresden...", 1824, Nachträge 1828 u. 1842, und zus. mit Heinrich Friedrich Link „Flore portugaise...", 1809-1840. Nach von Hoffmannsegg die Gattung *Hoffmannseggia* Willd.

Hogan = Hogan, fl. 1999. Tschechischer Botaniker. Publ. zus. mit Josef Jakob Halda u. Zlatko Janeba. Spezialgebiete: *Lobivia, Lewisia*.

R. Hogg = Robert Hogg, Duns, Berwickshire, Schottland 20.4.1818-14.3.1897 Pimlico, London. Britischer Gartenbauschriftsteller schottischer Abstammung. Hrsg. von „The florist", 1852-1861, Forts. als „The florist und pomologist", 1862-1870; „The cottage gardener", Bd. 14-25, 1855-1861, Forts. als „Journal of horticulture", Bd. 26-63, 1861-1880; ser. 3, Bd. 1-14, 1881-1887. Schrieb u.a. „The wild flowers of Great Britain botanically and popularly described", 1863-1880. Hrsg. auch von „The Herefordshire pomona", 1876-1884 (mit Henry Graves Bull).

T. Hogg = Thomas Hogg, jr., London 6.2.1820-30.12.1892 New York. Nordamerikanischer Gärtner und Pflanzensammler englischer Herkunft, sammelte Pflanzen auch in Japan. War Vize-Präsident des Torrey Botanical Club von 1886-1892.

Hohen. = Rudolph Friedrich Hohenacker, Oerlikon bei Zürich, Schweiz 10.7.1798-14.11.1874 Kirchheim unter Teck, Baden-Württemberg. Deutscher Pfarrer und Botaniker. Sammelte selbst und verkaufte Pflanzensammlungen des Esslinger Reisevereins (Unio itineraria). Schrieb „Enumeratio plantarum quas in initere per provinciam Talysch collegit...", 1838. Nach ihm die Gattung *Hohenackeria* Fisch. et C.A. Mey.

J.E. Hohn = Janet Elizabeth Hohn, fl. 1975. Nordamerikanische Botanikerin beim U.S. Fish and Wildlife Service, Anchorage in Alaska. Spezialgebiet: *Lewisia*.

Holandre = Jean Joseph Jacques Holandre, Fresne-en-Woëvre 4.5.1778-30.8.1857 Metz. Französischer Naturforscher, zunächst Militärapotheker, von 1800-1814 Direktor der Forst- u. Bergwerksverwaltung in Istrien, von 1815 an Bibliothekar in Metz. Schrieb „Nouvelle Flore de la Moselle ...", 1829, Suppl. 1836, 2. Aufl. 1842.

Holland = John Henry Holland, Thorton Hough, Chester, Cheshire 17.10.1869-6.10.1950. Englischer Botaniker, Gärtner und Pflanzensammler. Schrieb u.a. „The useful plants of Nigeria", 1908. Nach ihm die Art *Berlinia hollandii* Hutchinson and Dalziel.

Holm-Niels. = Lauritz Broder Holm-Nielsen, Fano, Dänemark 8.11.1946-. Dänischer Botaniker, Professor in Quito, Ecuador, später in Aarhus, Dänemark, dort auch Rektor der Universität. Spezialgebiete: Passifloraceae, Alismataceae. Schrieb zus. mit Robert Ralph Haynes „The Alismataceae" in Flora neotropica Band 64, 1994. Nach Holm-Nielsen die Arten *Geranium holm-nielsenii* B.Halfdan-Nielsen, *Danthonia holm-nielsenii* Laegaard und *Ophioglossum holm-nielsenii* B.Ollg.

Holmb. = Otto Rudolf Holmberg, Simrishamn 1.2.1874-29.12.1930 Lund. Schwedischer Botaniker. Schrieb eine Fortsetzung zu Hartmans „Handbok i Skandiaviens flora", 1922-1931 (z.T. mit Hampus Wilhelm Arnell).

Holmboe = Jens Holmboe, Tvedestrand, Südnorwegen 5.5.1880-25.9.1943 Oslo. Norwegischer Botaniker. Schrieb „Einige Grundzüge von der Pflanzengeographie Norwegens" (in Bergens Mus. Arb. 1924-1925, 1925); „The vegetation of Cyprus", 1914; zus. mit Olaf Hanssen „The vascular plants of Bear Island" (in Nyt. Mag. Naturv. 62, 210-235, 1925; mit Karl Erik Torsten Lagerberg „Våre ville planter", 1937-1940, neue Aufl. 1950-1955.

Holmes = Edward Morell Holmes, Wendover, Buckinghamshire 29.1.1843-10.8.1930 Sevenoaks, Kent. Englischer Botaniker. Schrieb u.a. „The cryptogamic flora of Kent ...", 1878; „Holmes' botanical note book", 1878; „Revised list of British marine algae", (mit E.A.L. Batters), 1890. Nach ihm die Gattung *Holmesia* J. Agardh.

Holttum = Richard Eric Holttum, Linton, Cambridgeshire 20.7.1895-18.9.1990. Englischer Botaniker, Direktor des Bot. Gartens Singapur, später Mitarbeiter am Kew-Herbarium. Spezialgebiete: Pteridophyta, Orchidaceae, *Bambusa*. Schrieb u.a. „Flora of Malaya", Vol. I: Orchids, 3. Aufl. 1964; Vol. II: Ferns, 1954, 2. Aufl. 1968; zus. mit Ivan Enoch „Gardening in the tropics", 1991. Nach ihm die Gattungen *Holttumara* hort., *Holttumia* Lloyd, *Holttumiella* Copel. und *Rehia* Fijten.

Holub = Josef Holub, Mladá Boleslav 5.2.1930-1999. Tschechischer Botaniker, Systematiker am Bot. Garten Prag. Spezialgebiete: Lycopodiaceae, Flora von Mittel- u. SO-Europa. Schrieb „Taxonomic and floristic progress on the Czechoslovak flora ..." (in Mem. Soc. Broter., Coimbra 24, 173-352, 1974); „Diphasiastrum, a new genus in Lycopodiaceae" (in Preslia 47, 97-110, 1975). Mitarbeiter bei Flora Europaea.

Holz. = John Michael Holzinger, Hachtel 14.5.1853-31.5.1929 Winona, Minnesota. Nordamerikanischer Botaniker (Bryologe) deutscher Abstammung, Professor der Botanik. Schrieb „Report on a collection of plants made by J.H. Sandberg... in Northern Idaho", 1895.

Hombr. = Jacques Bernard Hombron, 1800-1852. Französischer Botaniker, Teilnehmer an der Astrolabe- u. Zélée-Expedition (1837-1840).

Veröffentlichte zus. mit H. Jacquinot „Voyage au Pôle Sud et dans l'Océanie...", Botanique", 1843-1853 (unter Mitarbeit von Jean Pierre François Camille Montagne u. Joseph Decaisne). Nach ihm die Gattung *Hombronia* Gaudich.

Honck. = Gerhard August Honckeny, 1724-17.10.1805 Prenzlau, Brandenburg. Deutscher Amtmann und Botaniker in Holm bei Prenzlau. Verf. von „Synopsis plantarum Germaniae", 1792-1793. Nach ihm die Gattung *Honkenya* Ehrh.

Honda = Masaji (Masazi) Honda, 1897-1984. Japanischer Botaniker, einer der besten Kenner japanischer Gräser. Gemeinsam mit Takenoshin Nakai Hrsg. von „Nova flora japonica ...", 1938-1951. Schrieb u.a. „Nomina plantarum japonicarum", 1939, neue Aufl. 1957; „Monographia Poacearum japonicarum ..."; 1930. Nach ihm die Gattung *Hondaella* Dixon et Sakurai.

D.Y. Hong = Hong De-Yuang = De Yuan(g) Hong, 1936-. Chinesischer Botaniker. Spezialgebiete: Campanulaceae, Scrophulariaceae.

T. Hong = Hong Tao = Tao Hong, 1923-. Chinesischer Botaniker der Chinese Academy of Forestry, Peking. Spezialgebiete: Betulaceae, *Paeonia*.

Hoog = Johannes Marius Cornelis (John) Hoog, Pamekasan, Madura, Indonesien 9.9.1865-8.7.1950 Haarlem. Niederländischer Gärtner und Botaniker, Neffe von Cornelis Gerrit van Tubergen jr. und Bruder von Thomas Marinus Hoog. Führte zusammen mit seinem Bruder die Firma „Tubergen's Bloembollen- en Zaadhandel" in Haarlem. Beschrieb u.a. Tulpen, z.B. auch *T. praestans* Hoog. Schrieb (auch unter dem Namen der Firma) „New bulbous and tuberous rooted plants", 1947. Nach ihm und seinem Bruder Thomas Marinus Hoog die Art *Tulipa hoogiana* B.Fedtsch.

Hoogland = Ruurd Dirk Hoogland, Leeuwarden, Holland 1922-1994. Niederländischer Botaniker in Paris. Spezialgebiete: Actinidiaceae, Dilleniaceae, Saxifragaceae u. Cunoniaceae von Malaysia. Schrieb (mit J.S. Turner u. C.N. Smithers) „The conservation of Norfolk Island", 1968. Nach Hoogland die Art *Vaccinium hooglandii* Sleumer.

Hooibr. = Danield Hooibrenk, ?-1861. Publ. um 1848.

Hook. f. = Sir Joseph Dalton Hooker, Halesworth, Suffolk 30.6.1817-10.12.1911 Sunningdale, Berkshire. Bedeutender englischer Botaniker, Sohn von Sir William Jackson Hooker, seit 1865 Direktor des Botan. Gartens Kew. Begleitete 1839 Kapitän Ross als Arzt u. Naturwissenschaftler auf seiner Südpolfahrt, bereiste 1848 die östl. Länder des Himalajas. Verf. vieler bot. Schriften, darunter „The Botany of the Antarctic Voyage (I. Flora antarctica, II. Flora Novae Zelandiae, III. Flora Tasmaniae)", 1844-1859, „Illustrations of Himalayan plants ...", 1855; „The Rhododendrons of Sikkim-Himalaya", 1849-1851; „Handbook of the New Zealand Flora", 1846-1867; „The Flora of British India", 1872-1897; „A Century of Indian Orchids", 1895. Schrieb zus. mit George Bentham „Genera plantarum", 1862-1883 und mit Thomas Thomson „Flora Indica", 1855. War langjähriger Hrsg. u. Mitarb. von Botanical Magazine (1865-1904) u. Hooker's Icones plantarum (1867-1890). Nach ihm die Gattungen *Josephia* Wight, *Hookerella* Tiegh. und *Sirhookera* Kuntze.

W. Hook. = William Hooker, 1779-1832.

Hook. = Sir William Jackson Hooker, Norwich, Norfolk 6.7.1785-12.8.1865 Kew, Surrey. Englischer Botaniker, ab 1841 Direktor des Bot. Gartens Kew. Verf. vieler Schriften, darunter „The British Ferns", 1861; „Exotic Flora", 1822-1827; „Filices exoticae...", 1857-1859; „Flora boreali-americana, ...", 1829-1840; „Garden Ferns, ...", 1862; „Genera Filicum...", 1838-1842; „Musci exotici, ...", 1818-1820; „Niger flora: ...", 1849; „Species Filicum, ...", 1844-1864; „Synopsis Filicum", 1865-1868 (mit John Gilbert Baker), 2. Aufl. 1874. Außerdem langjähriger Hrsg. u. Mitarb. von „Botanical Magazine", „Icones Plantarum", „Journal of Botany" etc. Schrieb zus. mit George Arnott Walker Arnott „The botany of Captain Beechey's voyage", 1830-1841; zus. mit Robert Kaye Greville „Icones Filicum", 1827-1832. Nach Hooker die Gattungen *Hookeria* Sm. und *X Hookerara* hort.

Hoola van Nooten = Bertha Hoola van Nooten-van Dolder. Niederländische botanische Künstlerin des 19. Jahrhunderts. Veröffentlichte „Fleurs, fruits et feuillages... de l'Ile de Java", 1863-1864, 2. u. 3. Aufl. 1880.

Hoopes = Josiah Hoopes, West Chester, Pennsylvania 9.11.1832-16.1.1904 West Chester, Pennsylvania. Nordamerikanischer Botaniker, Gärtner u. Gartenbauschriftsteller. Schrieb u.a. „The Book of Evergreens", 1868. Nach ihm die Gattung *Hoopesia* Buckley.

Hoover = Robert Francis Hoover, Modesto, Kalifornien 11.8.1913-18.2.1970 San Luis Opisbo, Kalifornien. Nordamerikanischer Botaniker, Pflanzensammler in Kalifornien. Spezialgebiet: Amaryllidaceae. Schrieb u.a. „A definition of the genus Brodiaea" (in Bull. Torrey Bot. Club 66, 161-166, 1939); „The genus Orcuttia" (in Bull. Torrey Bot. Club 68, 149-156, 1941). Nach ihm die Art *Arctostaphylos hooveri* P. V. Wells.

Hope = John Hope, Edinburgh 10.5.1725-10.11.1786 Edinburgh. Schottischer Botaniker, Professor der Botanik in Edinburgh. Schrieb „Termini botanices", 1778; „Genera plantarum, ...", 1780. Nach ihm die Gattung *Hopea* Roxb.

Hopffer = Carl Hopffer, 1810-. Deutscher Zoologe u. Besitzer einer großen Kakteensammlung.

Hopkins = Lewis Sylvester Hopkins, Highland Co., Ohio 7.10 1872-1945. Nordamerikanischer Pädagoge u. Botaniker. Schrieb „The ferns of Allegheny County, Pennsylvania ...", 1914.

Hoppe = David Heinrich Hoppe, Vilsen, Hannover 15.12.1760-1.8.1846 Regensburg, Bayern. Deutscher Botaniker u. Arzt, Professor der Naturgeschichte am Lyzeum und Direktor des Bot. Gartens in Regensburg.

Veröffentlichte u.a. „Ectypa plantarum ratisbonensium, oder Abdrücke derjenigen Pflanzen, welche um Regensburg wild wachsen", 1787–1793 (8 Bde. mit 800 Naturdrucken); „Botanisches Taschenbuch für die Anfänger dieser Wissenschaft und der Apothekerkunst auf das Jahr 1790", dasselbe 1791 bis 1811 (von 1805–1811 Titel: „Neues botanisches Taschenbuch...") u. 1849. Von 1808 bis 1842 Hrsg. von Flora oder allgemeine botanische Zeitung. Nach ihm die Gattung *Hoppea* Willd. und die Arten *Scrophularia hoppei* W.D.J. Koch, *Gnaphalium hoppeanum* W.D.J. Koch und *Hieracium hoppeanum* Froel.

K.E. Horak = Karl E. Horak, Kakteenkenner, publizierte 1978 mit Arthur Charles Gibson „Systematic Anatomy and Phylogeny of Mexican Columnar Cacti" (in Ann. Miss. Bot. Gard. 65, 999–1057, 1978).

Horan. = Pavel (Paul, Paulus) Fedorovic (Fedorowitsch) Horaninow (Gorjaninov), Mohilew 1796–21.10./2.11.1865 Petrograd (St. Petersburg). Russischer Botaniker. Schrieb u.a. „Primae lineae systematis naturae", 1834; „Prodromus monographiae Scitaminearum", 1862. Nach ihm die Gattung *Horaninovia* Fisch. et C.A. Mey.

Horkel = Johann Horkel, Burg, Fehmarn, Schleswig-Holstein 8.9.1769–15.11.1846 Berlin. Deutscher Botaniker, Professor der Physiologie an der Universität Berlin. Nach ihm die Gattung *Horkelia* Cham. et Schltdl.

Hornem. = Jens Wilken Hornemann, Ritter von Danebrog, Marstall auf der Insel Aero 6.3.1770–30.7.1841 Kopenhagen. Dänischer Botaniker, Direktor des Bot. Gartens Kopenhagen und Professor der Botanik. Hrsg. von Bd. 8–13 der „Flora danica", 1806–1840. Weitere Schriften: „Hortus regius botanicus hafniensis, ...", 1813–1815, Supplementum dazu 1819; „Enumeratio plantarum horti botanici hafniensis", 1804–1807, Suppl. 1805–1809; „Forsog til en danks oeconomisk Plantelaere", 1796, 2. Aufl. 1806, 3. Aufl. 1821–1837; „Nomenclatura Florae danicae emendata", 1827. Nach ihm die Gattung *Hornemannia* Willd.

Hornsch. = Christian Friedrich Hornschuch, Rodach, Sachsen-Coburg 21.8.1793–25.12.1850 Greifswald, Mecklenburg-Vorpommern. Deutscher Botaniker, Mineraloge, Entomologe, Professor der Botanik und Direktor des Bot. Gartens in Greifswald. Schrieb „De Voitia et Systylio ...", 1818; „Sylloge plantarum novarum ...", 1822–1828. Nach ihm die Gattung *Hornschuchia* Nees.

Hornung = Ernst Gottfried Hornung, Frankenhausen, Thüringen 15.9.1795–30.8.1862 Aschersleben, Sachsen-Anhalt. Deutscher Botaniker und Apotheker in Aschersleben. Schrieb u.a. „Beiträge zur näheren Kentnis der gelbblühenden Ornithogalum" (in Flora 7, 33–37, 49–64, 1824); „Bromus brachystachys; eine neue deutsche Pflanze" (in Flora 16, 417–421, 1833). Nach ihm die Gattung *Hornungia* Rchb.

Horny = Radvan Horny, publ. um 1974. Tschechischer Botaniker. Spezialgebiet: *Saxifraga*-Hybriden.

Horvat = Ivo Horvat, Cazmi 7.10.1897–23.4.1963 Zagreb. Kroatischer Botaniker, Professor in Zagreb. Schrieb „Die Vegetation Südosteuropas in klimatischem und bodenkundlichem Zusammenhang", 1962. Publ. auch zus. mit Marija Dvorák Horvat über *Iris*.

M.D. Horvat = Marija Dvorák Horvat, 1909–. Publ. Zus. mit Ivo Horvat über *Iris*.

Horv. = Tsigmond (Zigmund, Sigismund) Horvátovszky 1746–. Arzt und Botaniker. Schrieb „Florae Tyrnaviensis indigenae pars prima", 1774.

E. Hossain = A. B. M. Enayet Hossain, 1945–. Botaniker an der Al-Faateh University, Tripolis, Libyen, später in Bangladesh. Spezialgebiet: Acanthaceae. Schrieb u.a. „Taxonomic notes on the Nelsonia canescens complex (Acanthaceae)" (in Willdenowia 14, 397–403, 1984).

Hosseus = Carl Curt Hosseus, Stromberg im Thale, Hunsrück, Rheinland-Pfalz 11.8.1878–4.5.1950 Córdoba, Argentinien. Deutscher Botaniker, Professor der Botanik in Córdoba 1916–1946, sammelte u.a. in Thailand 1904–1905, kam 1912 nach Argentinien. Schrieb „Durch König Tschulalongkorns Reich, eine deutsche Siam-Expedition", 1912; „Notas sobre Cactáceas argentinas", 1939. Nach ihm die Gattung *Hosseusia* Gyeln.

Host = Nicolaus Thomas Host, Fiume (heute Rijeka), Kroatien 6.12.1761–13.1.1834 Schönbrunn bei Wien. Österreichischer Arzt u. Botaniker, Leibarzt des Kaisers Franz I. in Wien. Schriften „Icones et descriptiones graminum austriacorum", 1801–1809; „Salix", 1828–1830; „Flora austriaca", 1827–1831. Nach ihm die Gattung *Hosta* Tratt. sowie die Arten *Carex hostiana* DC. und *Saxifraga hostii* Tausch.

M. Hotta = Mitsuru Hotta, 1935–. Japanischer Botaniker, Professor an der Kyoto University, später der Kagoshima University. Spezialgebiet: *Hemerocallis*, Araceae, Moraceae. Schrieb zus. mit Michio Matsuoka „Classification of Hemerocallis in Japan and its vicinity" (in Acta Phytotax. Geobot. (Kyoto) 22, 25–43, 1966). Nach Hotta die Art *Cyrtandra hottae* B.L.Burtt.

Ding Hou = Hou Ding = Ding Hou, Hsingkon, Provinz Jiangxi, China 1921–. Chinesischer Botaniker, zunächst in Taipeh, später am Missouri Bot. Garden und dann am Rijksherbarium in Leiden, Niederlande. Spezialgebiete: Celastraceae, Anacardiaceae, Caesalpiniaceae. Publizierte große Teile der Flora Malesiana. Schrieb u.a. „Leguminosae ..." (in E. Soepadmo u. L. G. Saw: Tree Flora of Sabah and Sarawak, Band 3, 119–280, 2000). Nach ihm die Art *Aristolochia dinghoui* Fario González u. Poncy.

Houghton = Arthur Duvernoix Houghton, London 8.6.1870–23.1.1938. Nordamerikanischer Botaniker. Spezialgebiete: Cactaceae, *Begonia*. Schrieb „The cactus book", 1930. Nach ihm die Hybride *Kalanchoe x houghtonii* D. B. Ward.

Houllet = R. J. B. Houllet, 1811 (1815?)–24.4.1890 Fontenay-sous-Bois, Seine. Französischer

Gärtner u. Pflanzensammler, Mitarb. von Joseph Decaisne am Jardin des Plantes, Paris. Nach ihm die Gattung *Houlletia* Brongn.

House = Homer Doliver House, Kenwood, New York 21.7.1878–21.12.1949 Loudonville, New York. Nordamerikanischer Botaniker. Schrieb u.a. „The North American species of the genus Ipomoea", 1908; „Woody plants of western North Carolina", 1913; „Annotated list of the ferns and flowering plants of New York State", 1924; „Bibliography of botany of New York State, 1751-1940", 1941–1942.

Houtt. = Maarten (Martin) Houttuyn, Hoorn 1720–2.5.1798 Amsterdam. Niederländischer Arzt u. Botaniker in Amsterdam. Schrieb „Houtkunde, ...", 1791–1795; „Natuurlijke Historie, ...", 1773–1785 (Übersetzung und Erweiterung von Linnés „Systema Naturae"). Nach ihm die Gattung *Houttuynia* Thunb.

J. Houz. = Jean Houzeau de Lehaie, 1867–1959. Belgischer Botaniker, baute in der Nähe von Mons eine Bambussammlung auf. Spezialgebiet: *Phyllostachys*.

Houz. = Jean Charles Houzeau de Lehaie, 1820–1888

F.C. How = Foon Chew How, 1908–1959

R.A. Howard = Richard Alden Howard, Stamford, Connecticut 1.7.1917–2003. Nordamerikanischer Botaniker, früher Direktor des Arnold Arboretums, Jamaica Plains, Massachusetts. Spezialgebiete: Flora von Westindien, trop. Kulturpflanzen etc. Mithrsg. von „International directory of botanical gardens", 1963 (mit B.L. Wagenknecht u. Peter Shaw Green). Hrsg. von „Flora of the Lesser Antilles", 1974. Mitarbeit bei Band 2(7), 1964, von Robert Orchard Williams „Flora of Trinidad and Tobago ...". Schrieb „The vegetation of the Grenadines, Windward Islands, BWI", 1952.

J.T. Howell = John Thomas Howell, Merced, Kalifornien 6.11.1903–1994. Nordamerikanischer Botaniker an der California Academy of Sciences. Spezialgebiet: Flora von Kalifornien und der Galapagos-Inseln. Schrieb „A systematic study of the genus Lessingia Cham. ...", 1929. Nach ihm die Gattung *Howelliella* Rothm.

Howell = Thomas Jefferson Howell, Cooper County, Missouri 9.10.1842–12.12.1912 Portland, Oregon. Nordamerikanischer Botaniker. Veröffentlichte u.a. „A Flora of Northwest America", 1897–1903. Nach ihm und nach Joseph Howell (1830–1912) die Gattung *Howellia* A. Gray.

Hoyle = Arthur Clague Hoyle, 1904–3.7.1986. Britischer Botaniker in Oxford. Sammelte und beschrieb viele Pflanzen aus Afrika. Schrieb zus. mit Joseph Burtt Davy „Draft of first descriptive checklist of the Gold Coast", 1937. Nach ihm die Art *Diospyros hoyleana* F. White.

Hrabětová = Ane...ka Hrabetová-Uhrová, 5.9.1900–4.5.1981. Tschechische Botanikerin. Spezialgebiet u.a. *Crataegus*. Schrieb „Generis Hippocrepis L. Revisio" (in Acta Acad. Sci. Nat. Morav.-Siles., 21, 1–54, 1949; 22, 99–158, 1950; 22, 219–250, 1950); „Weissdorn in der Tschechoslowakei" (in Preslia 41, 162–182, 1969).

Hruby = Jahann (Johann) Hruby, Mährisch Karlsdorf 3.2.1882–16.1.1964 Karlsruhe. Mährischer Botaniker, Lehrer in Brünn, später Botaniker in Karlsruhe. Spezialgebiet: *Rubus, Campanula*. Schrieb „Beiträge zur Systematik der Gattung Rubus L." (in Feddes Repert. 28–38, 1930–1935).

W.Y. Hsiung = Hsiung Wen-Yue = Wen Yue Hsiung, publ. 1980. Chinesischer Botaniker. Spezialgebiet: *Phyllostachys*.

P.S. Hsu = Hsu Ping-Sheng = Ping Sheng Hsu, 1924–. Chinesischer Botaniker. Publizierte über *Tilia*.

Hsueh = C.J. Hsueh

C.H. Hu = Hu Cheng-Hua = Cheng Hua Hu, 1933–. Chinesischer Botaniker an der Nanjing University. Spezialgebiet: Bambus-Arten.

S.Y. Hu = Hu Shiu-Ying = Shiu Ying Hu, Suchow, China 22.2.1910–. Nordamerikanische Botanikerin chinesischer Herkunft an der Harvard University in Cambridge, Massachusetts. Spezialgebiet: Aquifoliaceae. Publizierte u.a. „A monograph of the genus Philadelphus" (in J. Arnold Arboretum, 35–37, 1954–1956); „The genera of Orchidaceae in Hong Kong", 1977, und zus. mit Beryl M. Walden „Wild flowers of Hong Kong ...", 1977. Nach Hu die Gattung *Shiuyinghua* Paclt.

Hu = Hu Hsen-Hsu = Hsen Hsu Hu, Peking 20.4.1894–1968. Chinesischer Botaniker. Veröffentlichte zus. mit Ren-Chang Ching „Icones filicum sinicarum", 1930 (fortgesetzt von Ren-Chang Ching 1934 bis 1958); zus. mit Woon-Young Chun „Icones plantarum sinicarum", 1927–1937. Nach ihm die Gattung *Huthamnus* Tsiang.

Hua = Henri Hua, 1861–30.4.1919 Paris. Französischer Botaniker am Muséum d'histoire naturelle in Paris. Schrieb u.a. „Les explorations botaniques dans les colonies françaises de l'Afrique tropicale ..." (in Actes Congr. Int. Botan. prem. Paris, p. 239–247, 1900). Nach ihm die Gattung *Hua* Pierre ex De Wild.

T.C. Huang = Tseng Chieng Huang, 1931–

C.E. Hubb. = Charles Edward Hubbard, Appleton, Norfolk 23.5.1900–8.5.1980. Britischer Botaniker in Kew. Spezialgebiet: Poaceae. Schrieb „Grasses", 1954, 2. Aufl. 1968. Zus. mit Otto Stapf Bearbeiter der Gramineae für Daniel Oliver „Flora of Tropical Africa", 1934–1937. Nach ihm die Gattung *Hubbardia* Bor.

F.T. Hubb. = Frederic Tracy Hubbard, Boston 28.9.1875–23.4.1962 Annisquam, Massachusetts. Nordamerikanischer Botaniker am Botan. Museum der Harvard University. Spezialgebiete: Orchidaceae, *Swainsona*.

C. Huber = C. Huber, fl. 1874

H. Huber = Herbert Franz Josef Huber, 1931–. Deutscher Botaniker. Spezialgebiete: Aristolochiaceae, Crassulaceae, Asclepiadaceae. Herausgeber von Bd. 4 (2A) der 2. Aufl. von Gustav Hegi: „Illustrierte Flora von Mitteleuropa", 1961–1966.

Huber = Jakob (Jacques) E. Huber, Schleitheim, Schaffhausen 13.10.1867–18.2.1914. Schweizer Botaniker, der seit 1905 in Belém, Pará in Brasilien lebte und das Museum Goeldi entwickelte. Von 1894–1904 erforschte er das Amazonasgebiet. Schrieb „Materies para a flora amazonica", 1898–1907; „Arboretum amazonicum", 1900–1906. Nach ihm die Gattungen *Huberodaphne* Ducke, *Huberodendron* Ducke und *Jacqueshuberia* Ducke.

J.A. Huber = Josef Anton Huber, Landshut, Bayern 8.9.1899–. Deutscher Botaniker. Schrieb „Zur Systematik der Gattung Sedum" (in Ber. Naturw. Ver. Landshut 20, 9–150, 1929).

Hub.-Mor. = Arthur Huber-Morath, Basel 23.3.1901–29.6.1990 Basel. Schweizer Botaniker. Spezialgebiete: Flora von Anatolien, *Verbascum, Celsia* u. *Stenophragma*. Schrieb u.a. „Die anatolischen Arten der Gattung Phlomis L." (in Bauhinia 1, 97–123, 1958); „Ergänzungen zu P. H. Davis' „Flora of Turkey and the East Aegean Islands" 1–6 (1965–1978) I." (in Candollea 35, 569–608, 1980). Ihm ist z.B. der Band 5 der Flora of Turkey, 1975, gewidmet, ferner z.B. die Arten *Salvia huberi* Hedge und *Centaurea huber-morathii* Wagenitz.

Huds. = William Hudson, Kendal, Westmorland 1734–23.5.1793 London. Englischer Apotheker u. Botaniker. Schrieb „Flora anglica...", 1762, 2. Aufl. 1778, 3. Aufl. 1798. Nach ihm die Gattung *Hudsonia* L.

Hügel = Karl (Carl) Alexander Anselm Freiherr von Hügel, Regensburg, Bayern 25.4.1794–2.6.1870 Brüssel, Belgien. Österreichischer Weltreisender, Diplomat und Botaniker. War Botschafter in Florenz 1849–1859, in Brüssel 1860–1869. Schriften „Botanisches Archiv...", 1837; „Kaschmir und das Reich der Siek", 1840–1848; „Orchideensammlung in Frühjahr 1845", 1845. Nach ihm die Gattung *Huegelia* Rchb.

Hülph. = K. A. Hülphers, 1882–1948. Schwedischer Botaniker. Spezialgebiet: *Myosotis*. Schrieb „Myosotis-Studier" (in Svensk bot. Tidskr. 21, 63–72, 1927). Nach ihm wahrscheinlich die Art *Taraxacum huelphersianum* Dahlst. ex Hagl.

A. Huet = Alfred Huet du Pavillon, Blain, Loire Inférieure,Frankreich 1.1.1829–18.11.1907 Frohsdorf, Niederösterreich. Französischer Botaniker u. Pflanzensammler in Europa und im Orient, Bruder von Édouard Huet du Pavillon (1819–1908). Schrieb u.a. „Description de quelques plantes nouvelles des Pyrénées", 1853. Gab zahlreiche Exsikkaten-Sammlungen (auch zus. mit seinem Bruder) heraus. Nach ihm und seinem Bruder die Gattung *Huetia* Boiss.

Hughes = Dorothy Kate Hughes (Mrs. Wilson Poponoe), Ashford, Kent 19.6.1899–31.12.1932 Guatemala City. Englische Pflanzenillustratorin, später in den USA. Publ. den Namen *Malus toringoides*.

Hull = John Hull, Poulton-le-Fylde, Lancashire 1761–17.3.1843 London. Englischer Arzt u. Botaniker. Schrieb „The British flora", 1799, 2. Aufl. 1808–1810.

Hultén = Eric Oskar Gunnar Hultén, Halla 18.3.1894–1.2.1980 (1981?), Stockholm. Schwedischer Botaniker. Schriften „Atlas of the Distribution of Vascular Plants in NW Europe", 1950; „Flora of Alaska and neighboring territories. A manual of the vascular plants", 1968; „Flora of Kamtchatka", 1927–1930; „Flora of the Aleutian Islands and westernmost Alaska Peninsula", 1937, 2. Aufl. 1960; „Flora of Alaska and Yukon", 1941–1950; „The amphi-Atlantic plants and their phytogeographical connection", 1958, Nachdr. 1973; „The circumpolar plants", 1964–1971; „Comments on the flora of Alaska and Yukon", 1967. Nach ihm die Art *Sedum hultenii* Froderstr.

Humbert = Henri Jean Humbert, Paris 24.1.1887–20.10.1967 Bazemont bei Paris. Französischer Botaniker, Erforscher der Flora von Madagaskar, von 1931–1958 Direktor des Herbariums (Phanérogamie) in Paris. Von 1936–1967 Herausgeber der „Flore de Madagascar et des Comores". Veröffentlichte u.a. „Carte internationale du tapis végétal. Madagascar", 1965. Nach ihm die Gattungen *Humbertianthus* Hochr., *Humbertiella* Hochr. und *Neohumbertia* Hochr.

Humb. = Friedrich Heinrich Alexander Freiherr von Humboldt, Berlin 14.9.1769–6.5.1859 Berlin. Bedeutender deutscher Naturforscher u. Gelehrter; Bruder des Politikers und Sprachenforschers Wilhelm Freiherr von Humboldt. Unternahm von 1799 bis 1804 zus. mit A. Bonpland die berühmte Expedition nach Mittel- und Südamerika, 1829 zus. mit Ehrenberg u. G. Rose eine Forschungsfahrt nach dem Ural, dem Altai, der chines. Dsungarei u. dem Kaspischen Meer. Hauptwerke: „Voyage aux régions équinoxiales du Nouveau Continent, fait en 1799–1804", 30 Bde., 1805–1837; „Ansichten der Natur", 1808; „Kosmos. Entwurf einer physischen Weltbeschreibung", 1845–1862; zus. mit A. Bonpland u. C.S. Kunth „Nova genera et species plantarum...", 1815–1825 (gehört zum großen Reisewerk Voyage..., ebenso wie „Essai sur la géographie des plantes", 1805, mit dem Humboldt die Pflanzengeographie als Wissenschaft begründete). Nach ihm die Gattungen *Humboldtia* Vahl u. *Humboldtiella* Harms, die Zeitschrift Humboldt (1882–1890), außerdem das Humboldtgebirge in China (Wu-lan-ta-pan-shan), der Humboldt River in Nevada, der Humboldtstrom (Perustrom), die Alexander von Humboldt-Stiftung und das Mineral Humboldtin (Oxalit).

H.H. Hume = Hardrada Harold Hume, Russel, Ontario 13.6.1875–1965. Nordamerikanischer Botaniker. Spezialgebiete: *Haylockia, Liriope, Rhododendron*. Schrieb u.a. „Azaleas and Camellias", 1931, auch 1953; „Azaleas, kinds and culture", 1948.

Hummel = Edward C. Hummel, 1903–

Humphries = Christopher John Humphries, Derby, England 29.4.1947–. Englischer Botaniker am Brit. Museum in London. Spezialgebiet: Compositae. Schrieb „A revision of the macaronesian genus Argyranthemum Webb ex Schultz-Bip. (Compositae-Anthemideae)" (in Bull. Brit. Mus. Nat. Hist. Bot., 5, 147-240, 1976); „A revision of the genus Anacyclus L. (Compositae : Anthemideae)" (in Bull. Brit. Mus. Nat. Hist., Bot., 7, 83-142, 1979)..

D.R. Hunt = David Richard Hunt, London 25.9.1938-. Englischer Botaniker in Kew. Hrsg. von Curtis's Botanical Magazine. Spezialgebiete: Cactaceae, Commelinaceae. Schrieb zus. mit P. Taylor „The genera of the Cactaceae: towards a new consensus" und „The genera of Cactaceae : progress towards consensus" (in Bradleya 4, 65-78, 1986 und 8, 85-107, 1990).

P.F. Hunt = Peter Francis Hunt, Bristol 29.2.1936-. Englischer Botaniker in Kew. Mitarbeiter an „Flora europaea", 1964-1980. Schrieb „Taxonomic and nomenclatural notes on Europaean and British orchid hybrids" (in Orchid Rev., 79, 138-142, 1971); zus. mit M. Grierson „Country Life book of orchids", 1978.

Hunter = Alexander Hunter, Edinburgh 1729-17.5.1809 York. Britischer Arzt. Hrsg. von Evelyn, John „Silva, or a discourse of forest trees...", 1776, weitere Ausgaben 1786, 1801 u. 1812.

Hutch. = John Hutchinson, Wark-on-Tyne, Northumberland 7.4.1884-2.9.1972 Kew, Surrey. Englischer Botaniker in Kew. Spezialgebiet: Euphorbiaceae, Moraceae, Myricaceae. Schrieb u.a. „The families of Flowering Plants", 1926-1934, 2. Aufl. 1959, 3. Aufl. 1973; „The Genera of Flowering Plants", 1964-1967; „Key of the families of flowering plants of the world", 1967, Nachdruck 1979; „Common Wild Flowers – More common Wild Flowers – Uncommon Wild Flowers", 1945-1950; „Evolution and phylogeny of flowering plants. Dicotyledons: ...", 1969. Schrieb zus. mit John McEwen Dalziel „Flora of West Tropical Africa...", 1927-1936; 2. Aufl., herausg. von Ronald William John Keay u. Frank Nigel Hepper, 1954-1972. Nach Hutchinson die Gattung *Hutchinsonia* Robyns.

J.B. Hutch. = Sir Joseph Burtt Hutchinson, Burton Latimer, England 21.3.1902-1988. Englischer Botaniker und Nutzpflanzenforscher. Spezialgebiet: *Gossypium*. Herausg. von „Essays on crop plant evolution", 1965. Schrieb zus. mit Ronald Alfred Silow und Stanley George Stephens „Evolution of Gossypium and the differentiation of the cultivated cottons", 1947.

Hutchison = Paul Clifford Hutchison, San Francisco, Kalifornien 3.1.1924-1997. Nordamerikanischer Botaniker am Bot. Garten in Berkeley. Seit 1968 Begründer eines privaten Bot. Gartens in Escondido bei San Diego, Kalifornien. Spezialgebiet: Cactaceae. Schrieb zus. mit M. Kimnach „Icones plantarum succulentarum", 1956-1960.

Huter = Rupert Huter, Kals, Osttirol 26.9.1834-1919. Österreichischer Pfarrer in Ried bei Sterzing, auch Pflanzensammler. Schrieb „Flora der Gefässpflanzen von Höhlenstein und der nächsten Umgebung", 1872. Nach ihm u.a. die Art *Arenaria huteri* Kern.

Huth = Ernst Huth, Potsdam 27.12.1845-5.8.1897 Frankfurt an der Oder. Deutscher Botaniker, Professor und Oberlehrer am Realgymnasium in Frankfurt a.d. Oder. Schrieb „Monographie der Kletterpflanzen", 1887; „Flora von Frankfurt a. Oder und Umgebung", 1885, 3. Aufl. 1909 (von A. Brand). Nach ihm die Gattung *Huthia* Brand.

Huxley = Anthony Julian Huxley, 1920-1993

Hy = Félix Charles Hy, Moulinerne, Maine-et-Loire, Frankreich 12.5.1853-15.9.1918 Angers. Französischer Abbé und Botaniker, Professor an der katholischen Universität von Angers. Spezialgebiete: Musci, Lichenes, Charophyta. Schrieb u.a. „Tableaux analytiques de la flore d'Angers ...", 1884. Nach ihm die Gattung *Hyella* Bornet et Flahault.

B. Hyland = Bernard Patrick Matthew Hyland, 1937-. Australischer Botaniker. Spezialgebiete: Lauraceae, Myrtaceae.

Hyl. = Nils Hylander, Norköpping 24.10.1904-28.7.1970 Uppsala. Schwedischer Botaniker, Kurator des Bot. Gartens Uppsala. Veröffentlichte u.a. „Nordisk Kärlväxtflora", 2 Bände, 1953-1966; „Nomenklatorische und systematische Studien über nordische Gefäßpflanzen", 1945; „Våra prydnadsväxters namn", 1948, 2. Aufl. 1960; „Förteckning över Nordens växter", 1955. Nach ihm die Gattung *Hylandra* A. Löve.

B. Hylmö = Bertil Hylmö, 1915-2001. Schwedischer Botaniker. Spezialgebiet: *Cotoneaster*. Schrieb „Oxbär, Cotoneaster, i Sverige" (in Svensk Bot. Tidskr. 87, 305-330, 1993).

Ietsw. = Jan H. Ietswaart, 1940-. Niederländischer Botaniker. Schrieb „A taxonomic revision of the genus Origanum (Labiatae)", 1980. Mitarbeiter bei Band 150, 1982, von K. H. Rechingers Flora Iranica.

Ihlenf. = Hans-Dieter Ihlenfeldt, Kiel, Schleswig-Holstein 17.7.1932-. Deutscher Botaniker, Professor in Hamburg. Spezialgebiete: Aizoaceae, Pedaliaceae. Schrieb u.a. zus. mit Dieter J. von Willert et al. „Life strategies of succulents in deserts..", 1992. Nach Ihlenfeldt die Gattung *Ihlenfeldtia* H.E.K. Hartmann.

Iljin = Modest Mikhailovich Iljin, 1889-1967. Russischer Botaniker. Spezialgebiet: Asteraceae. Mitarbeiter an V.L. Komarov, Flora U.R.S.S., Band 1-28, 1934-1963. Nach Iljin die Art *Atriplex iljinii* Aellen.

Ilse = Adolf Ferdinand Hugo Ilse, Brühl bei Köln 14.8.1835-25.2.1900 Pfalzburg. Deutscher Botaniker, Forstbeamter in Trier und Lothringen. Schrieb „Flora von Mittelthüringen", 1866.

Iltis = Hugo Iltis, 1882-1952

Imlay = George (Gilbert) Imlay, 1754-. Englisch-amerikanischer Reiseschriftsteller u. Offizier. Schrieb „A topographical description of the western territory of North America", 1792 (spätere Ausgaben: London 1793, New York 1793, Dublin 1793, London 1797; deutsch: „Nachrichten von dem westlichen Lande der nord-amerikanischen Freistaaten", Berlin 1793).

Ingram = Collingwood Ingram, London 28.10.1880-19.5.1981 Benenden, Kent. Englischer Gärtner, Gartenbauschriftsteller und Ornithologe. Schrieb u.a. „Ornamental Cherries", 1948. Nach ihm die Art *Cytisus ingramii* Blakelock.

J.W. Ingram = John William Ingram jr., Buena Park, Kalifornien 15.8.1924–. Nordamerikanischer Botaniker am Bailey Hortorium in Ithaca, New York. Mitherausg. Von L.H. Bailey „Hortus third", 1976. Spezialgebiete: Ericaceae, Euphorbiaceae.

Ingw. = Walter Theodore Ingwersen, 1885–1960. Publ. um 1935 über Bastardpflanzen.

Innes = Clive Frederick Innes, 1909–1999

Irish = Henry Clay Irish, Emerald grove, Wisconsin 22.4.1868–1960. Nordamerikanischer Botaniker. Mitarbeiter bei Bailey „The standard Cyclopedia of horticulture", 1914–1917. Schrieb darin u.a. in Band 2, 658–659, 1917 „Capsicum".

Irmsch. = Edgar Irmscher, Dresden 17.8.1887–3.5.1968 Sternenfels, Baden-Württemberg. Deutscher Botaniker, von 1942–1968 Professor der Botanik in Hamburg und später an der Landwirtschaftl. Hochschule Stuttgart-Hohenheim. Bedeutender *Begonia*-Systematiker, beschrieb etwa 200 *Begonia*-Arten. Schrieb „Pflanzenverbreitung und Entwicklung der Kontinente", 1922; Bearbeitete für Engler, Die natürlichen Pflanzenfamilien, 2. Aufl. in Bd. 21 „Begoniaceae", 1925; für Pareys Blumengärtnerei, II. Aufl. Bd. 2 „Begoniaceae", 1960; in Engler, Das Pflanzenreich zus. mit H.G.A. Engler „Saxifragaceae-Saxifraga", 1916–1919.

A.K. Irvine = Anthony Kyle Irvine, 1937–

W. Irving = Walter Irving, Easton Park, Wickham Market, Suffolk 3.8.1867–23.4.1934 Lightwater, Surrey. Englischer Gärtner in Kew. Schrieb u.a. „Rock Gardening", 1925; zus. mit R. A. Malby „Saxifrages", 1914.

H.S. Irwin = Howard Samuel Irwin, Louisville, Kentucky 28.3.1928–. Nordamerikanischer Botaniker und Direktor des New York Botanical Garden. Führte botanische Expeditionen nach Brasilien und Guayana durch. Schrieb zus. mit Mary Motz Wills „Roadside flowers of Texas", 1961, und mit Rupert Charles Barneby „The American Cassiinae", 1982. Nach Irwin die Art *Portulaca irwinii* D. Legrand.

Irwin = James Bruce Irwin, 1921–

Isely = Duane Isely, Bentonville, Arkansas 24.10.1918–7.12.2000 Ramsey House, Des Moines, Iowa. Nordamerikanischer Botaniker an der Iowa State University. Schrieb u.a. „Leguminosae of the United States III. Subfamily Papilionoideae: tribes Sophoreae, Podalyrieae, Loteae" (in Mem. New. York. Bot. Gard. 25, 1–264, 1981); „Notes about Psoralea sensu auct., Amorpha, Baptisia, Sesbania and Chamaecrista (Leguminosae) in the southeastern United States" (in Sida 11, 429–440, 1986). Nach ihm die Art *Astragalus iselyi* S.L. Welsh.

H. Itô = Hiroshi Itô, 1909–. Japanischer Botaniker. Spezialgebiet: Pteridophyta.

T. Itô = Tokutarô Itô, Nagoya, Japan 1868–1941. Japanischer Botaniker, Enkel des Botanikers Keisuke Itô, sammelte Pflanzen in Taiwan 1916–1917. Schrieb u.a. „Icones plantarum japonicarum...", 1911–1924; und zus. mit Jinzo Matsumura „Tentamen florae lutchuensis", 1899. Nach Itô und seinem Großvater die Gattung *Itoasia* Kuntze.

Y. Itô = Yoshi Itô, 1907–. Japanische Botanikerin am Bot. Garten Tokio, Schwester von Tokutarô Itô und Enkelin des Botanikers Keisuke Itô, verheiratet mit Tokudji Takagaki. Publizierte vor allem über Cactaceae, u.a. „Cacti, cultivation and information", 1954; „Gardening of Cacti", 1962; „The full bloom of Cacti", 1962; „The Cactaceae", 1981.

Ivanina = L. I. Ivanina, 1917–. Russische Botanikerin. Spezialgebiet: Scrophulariaceae, *Digitalis*. Mitarbeiterin an V. L. Komarov, Flora U.R.S.S., Band 22 u. 30, 1955–1964.

Ivens = Arthur J. Ivens, 1897–26.4.1954 London. Britischer Gärtner, zuerst in Harrietsham, Kent, später in Winchester. Spezialgebiete: *Rhododendron*, *Potentilla*, *Eucryphia*.

Iwarsson = Mattias Iwarsson, 1948–. Schwedischer Botaniker in Uppsala. Spezialgebiete: *Leonotis*, Ethnobotanik. Schrieb u.a. zus. mit Björn G. Aldén et al. „Kulturväxtlexikon", 1999; mit Yvette Berenice Harvey „Monograph of the genus Leonotis (Pers.) R. Br. (Lamiaceae)" (in Kew Bull. 58, 597–645, 2003).

Jack = William Jack, Aberdeen 29.1.1795–15.9.1822 auf dem Meer nahe Bencoolen, Sumatra. Schottischer Arzt und Pflanzensammler. Schrieb „Descriptions of Malayan Plants", 1820–1822. Nach ihm die Gattung *Jackia* Wall.

A.B. Jacks. = Albert Bruce Jackson, Newbury, Berkshire 14.2.1876–14.1.1947 Kew, Surrey. Englischer Botaniker in London. Schrieb „Identification of Conifers", 1946; zus. mit W. Dallimore „A Handbook of Coniferae", 1923, 4. Aufl. 1967 (von Sydney Gerald Harrison).

Jacks. = George Jackson, Aberden etwa 1780–12.1.1811 London. Schottischer Botaniker. Schrieb zus. mit Edward Daniel Clarke „Travels in various countries of Europe ...", 1810–1812. Nach ihm die Gattung *Jacksonia* R. Br. ex Sm.

B.D. Jacks. = Benjamin Daydon Jackson, Stockwell, London 3.4.1846–12.10.1927 London. Englischer Botaniker u. Bibliograph. Schrieb „Guide to the literature of botany", 1881; „Vegetable technology", 1882; „A glossary of botanic terms with their derivation and accent", 1900, 2. Aufl. 1905, 3. Aufl. 1916, 4. Aufl. 1928. Stellte den Text für die beiden Hauptbände von „Index Kewensis", 1893–1895, zusammen, mit T. A. Durand auch Suppl. 1, 1902–1906. Nach ihm die Gattung *Jacksonago* Kuntze.

Cordem. = Eugène Jacob de Cordemoy, Saint André, Réunion 13.7.1837–25.4.1911 Hell-Bourg, Réunion. Französischer Botaniker. Schrieb „Cryptogames vasculaires de la Réunion", 1891; „Flore de l'Ile de la Réunion", 1895; „Révision des Orchidées de la Réunion" (in Revue gén. bot. 11, 409–429, pl. 6–11, 1899). Nach ihm die Art *Angraecum cordemoyi* Schltr.

Jacob-Makoy = Lambert Jacob-

Makoy, Lüttich 12.11.1790–4.3.1873 Lüttich. Belgischer Gärtner in Lüttich. Besaß eine bedeutende Gärtnerei, führte viele neue Pflanzen ein u. verbreitete sie.

Jacobi = Georg Albano von Jacobi, 1805–1874 Berlin. Deutscher General der Infanterie, Botaniker in Berlin. Spezialgebiet: *Agave, Furcraea,* Cactaceae. Publ. Zahlreiche neue *Agave* -Arten in der Hamburger Garten- und Blumen-Zeitung in den Jahren 1864–1867. Nach ihm die Art *Cochliostema jacobianum* K.Koch et Linden.

H. Jacobsen = Hermann Johannes Heinrich Jacobsen, Hamburg 26.1.1898–19.8.1978 Kiel, Schleswig-Holstein. Deutscher Gärtner u. Sukkulentenforscher, war Leiter des Bot. Gartens Kiel. Hauptwerke: „Handbuch der sukkulenten Pflanzen", 3 Bde., 1954–1955; in erweiterter Fassung „A Handbook of succulent Plants", 3 Bde., 1960; „Das Sukkulentenlexikon", 1970, 2. Aufl. 1981; „Lexicon of Succulent Plants", 1974. Nach ihm die Gattung *Jacobsenia* L. Bol. et Schwant.

N. Jacobsen = Niels Henning Günther Jacobsen, 1941–

Jacquem. = Venceslas Victor Jacquemont, Paris 8.8.1801–7.12.1832 Bombay. Französischer Forschungsreisender. Schrieb „Voyage dans l'Inde..., pendant les années 1828–1832", erst posthum 1835–1844 erschienen. Nach ihm die Gattung *Jacquemontia* Choisy.

Jacques = Henri Antoine Jacques, Chelles, Seine-et-Marne 6.7.1782–24.12.1866 Châtillon, Seine. Französischer Gärtner, Gartendirektor in Neuilly. Schrieb „Flore des jardins de l'Europe", 1845–1857 (mit F. Hérincq), Neue Ausgabe 1865.

J. Jacq. = Joseph Franz von Jacquin, Sohn von Nicolaus Joseph von Jacquin, Schemnitz (heute Banská Stiavnica, Slowakei) 7.2.1766–4.12.1839 Wien. Österreichischer Botaniker u. Ornithologe französischer Herkunft, Direktor der Schönbrunner Gärten, Professor der Botanik in Wien. Schrieb u.a. „Eclogae graminum rariorum aut minus cognitarum", 1813–1844; „Eclogae plantarum rariorum aut minus cognitarum", 1811–1844.

Jacq. = Nicolaus (Nicolaas) Joseph Freiherr von Jacquin, Leiden, Niederlande 16.2.1727–24.10.1817 Wien. Österreichischer Arzt und Botaniker niederländischer Herkunft, Professor der Chemie und Botanik in Schemnitz (heute Banská Stiavnica in der Slowakei), dann in Wien, Direktor der Schönbrunner Gärten, sammelte 4 Jahre in Westindien u. Südamerika. Hinterließ ein reiches schriftstellerisches Werk, darunter „Collectanea ad botanicam, chemiam et historiam naturalem spectantia", 1787–1797; „Florae austriacae, ..., icones", 1773–1778; „Hortus botanicus vindobonensis", 1770–1776; „Icones plantarum rariorum", 1781–1795; „Miscellanea austriaca ad botanicam...", 1779–1781; „Observationum botanicarum iconibus...", 1764–1771; „Oxalis", 1794; „Stapeliarum in hortis vindobonensibus...", 1806–1819; „Enumeratio systematica plantarum, quas in insulis caribaeis..., 1760 u. 1762; „Selectarum stirpium americanarum historia", 1763, 1780 bis 1781 u. 1788. Nach ihm die Gattungen *Jacquinia* L. corr. Jacq. und *Jacquiniella* Schltr.

Jacquinot = Honoré Jacquinot, 1814–1887. Französischer Botaniker, Teilnehmer an der Astrolabe- und Zélée-Expedition (1837–1840). Schrieb zus. mit J.B. Hombron „Voyage au Pôle Sud et dans l'Océanie..., Botanique", 1843–1853 (unter Mitarbeit von Jean Pierre François Camille Montagne u. Joseph Decaisne).

Jafri = Saiyad Masudal (Saiyid Masudul) Hasan Jafri, 1927–11.12.1986 Karatschi, Pakistan. Pakistanischer Botaniker in Karatschi, von 1975–1984 Professor der Botanik an der Universität in Tripolis, Libyen. Spezialgebiete: Brassicaceae, Umbelliferae. War Mitarbeiter bei der von Syed Irtifaq Ali, Eugene Nasir, Yasin J. Nasir u. M. Qaiser herausg. „Flora of Pakistan" (1970–) und zus. mit Syed Irtifaq Ali Herausgeber der Flora of Libya, 1976–.

Jahand. = Émile Lucien Jahandiez, Mortagne, Orne 7.3.1876–20.8.1938 Carqueiranne, Var. Französischer Botaniker, Gründer des Jardin de plantes exotiques in Carqueiranne, Var. Schrieb zus. mit René Charles Joseph Ernest Maire „Catalogue des plantes du Maroc (Spermatophytes et Ptéridophytes)", 1931–1941. Nach Jahandiez die Art *Sedum jahandiezii* Batt.

Jajó = Bedrich Jajó, publ. um 1947. Tschechischer Kakteenkenner.

Jakow. = Anton Jakowatz, Innocenzendorf (heute Lesné), Böhmen 1.8.1872–. Österreichischer Botaniker, Professor an der Deutschen kgl. Böhmischen Landwirtschaftlichen Akademie in Tetschen-Liebwerd, Böhmen. Publ. 1899 über *Gentiana.*

Jakubz. = Moisej Markovic (Markovich) Jakubziner, 1898–. Russischer Landwirtschaftswissenschaftler u. angewandter Botaniker in Leningrad. Spezialgebiet: *Triticum.*

Jalas = Arvo Jaakko Juhani Jalas, bei Hämeenlinna 7.5.1920–1.12.1999 Helsinki. Finnischer Botaniker in Helsinki. Spezialgebiet: *Thymus.* Schrieb „Zur Systematik und Verbreitung.. der Kollektivart Thymus Serpyllum L. em. Fr." (in Acta bot. fenn. 39, 1–92, 1947). Hrsg. von „Suuri kasvikirja" [Großes Pflanzenbuch], 1958 sowie von „Atlas florae europaeae", Band 1–12, 1972–99 (mit Juho Suominen).

E. James = Edwin James, 1797–1861

James = Edwin James, Weybridge, Vermont 27.8.1797–28.10.1861 Rock Spring, Illinois. Nordamerikanischer Arzt u. Botaniker, Pflanzensammler in den Rocky Mountains. Schrieb „Account of an expedition from Pittsburgh to the Rocky Mountains", 1823. Nach ihm die Gattung *Jamesia* Torr. et A. Gray.

Jamieson = Clara Octavia Jamieson, 1879–

Jan = Georg (Giorgio) Jan, Wien 21.12.1791–17.5.1866 Mailand, Italien. Österreichischer Botaniker ungarischer Herkunft, Professor der Botanik in Parma, ab 1831

Direktor des Museo Civico in Mailand. Veröffentlichte u.a. „Catalogus plantarum phanerogamarum, ad usum botanophilorum exsiccatarum", 1818; „Elenchus plantarum quae in horto ducali botanico parmensi...", 1831. Nach ihm die Gattung *Jania* J. V. Lamour.

Janch. = Erwin Emil Alfred Janchen-Michel Ritter von Westland, Vöcklabruck, Oberösterreich 15.5.1882–10.7.1970. Österreichischer Botaniker, Professor der sytematischen Botanik in Wien. Veröffentlichte u.a. „Catalogus florae Austriae. 1. Pteridophyten und Anthophyten", 1956–1960, 1.–4. Ergänzungsheft 1963–1967; zus. mit Gustav Wendelberger „Kleine Flora von Wien, Niederösterreich und Burgenland", 1953; „Flora von Wien, Niederösterreich und Nordburgenland", 1966. Schrieb auch „Die Cistaceen Österreich-Ungarns" (in Mitt. Naturwiss. Vereins Univ. Wien 7, 1–124, 1909); weiter für Engler, Die natürlichen Pflanzenfamilien, 2. Aufl. Bd. 21 „Cistaceae", 1925. Nach Janchen die Art *Anthyllis jancheniana* Maly.

Jancz. = Eduard Janczewski Ritter von Glinka, Blinstrubski, Litauen 14.12.1846–17.7.1918 Krakau. Polnischer Botaniker, Professor in Krakau. Schrieb u.a. „Cladosporium herbarum ...", 1894; und zus. mit Józef Tomasc Rostafinski „Observations sur quelques algues...", 1874. Nach Janczewski die Gattung *Janczewskia* Solms.

Janisch. = Dmitrii Erastovich Janischewsky (Yanishevskii), 1875–1944. Publ. 1930 über *Cannabis ruderalis*.

Janka = Victor Janka von Bulcs, Wien 24.12.1837–1900 Budapest. Ungarischer Offizier u. Botaniker, Kustos der Botan. Abteilung am ungarischen Nationalmuseum in Budapest. Spezialgebiet: Flora des Donauraumes (Ungarn, Rumänien, Bulgarien). Schrieb u.a. „Scrophularineae europaeae analytice elaboratae..", 1881; „Violae europaeae s.l.", 1882. Nach ihm die Gattung *Jancaea* Boiss.

Janse = Johannes Albertus Janse, 3.11.1911–1977. Niederländischer Spezialist für sukkulente Euphorbien. Bearbeitete die Gattung *Euphorbia* in „Pareys Blumengärtnerei", 2. Aufl. Bd. I, 1958.

Jansen = Pieter Jansen, Rotterdam 25.1.1882–1955. Niederländischer Botaniker und Lehrer, Gräserspezialist. Mitarbeiter an „Flora Neerlandica", Band 1(2). Nach ihm die Gattung *Jansenella* Bor.

R.K. Jansen = Robert K. Jansen, Green Bay, Wisconsin 23.4.1954–. Nordamerikanischer Botaniker an der University of Texas in Austin, Professor der Biologie. Spezialgebiet: Compositae. Schrieb zus. mit J. Francisco-J., S.-J. Park, A. Santos-Guerra und A. Benabid „Origin and evolution of the endemic Macaronesian Inuleae (Asteraceae)" (in Biol. J. Linn. Soc. 72, 77–97, 2001).

Janson. = Jan Jansonius, 1928–.

C.-A. Jansson = Carl-Axel Jansson, 1925–. Schwedischer Botaniker in Göteborg, Mitarbeiter an Flora Iranica. Schrieb darin (Band 72) zus. mit Karl Heinz Rechinger „Crassulaceae", 1970.

Jasiewicz = Adam Jasiewicz, 1928–. Polnischer Botaniker. Publ. über *Scabiosa*.

Játiva = Carlos D. Játiva, publ. 1962 mit Carl Clawson Epling über *Salvia divinorum*.

Jaub. = Hippolyte François Comte de Jaubert, Paris 27.10.1798–5.12.1874 Montpellier. Französischer Minister und Botaniker. Veröffentlichte zus. mit Édouard Spach „Illustrationes plantarum orientalium...", 1842–1857. Nach ihm die Gattung *Jaubertia* Guill.

Jáv. = Sándor (Alexander) Jávorka, Hegybánya (heute Stiavnické Bane, Slowakei) 12.3.1883–28.9.1961 Budapest. Ungarischer Botaniker und Biologe. Schrieb u.a. „Magyar Flóra" [Flora hungarica]..., 1924–1925; „A Magyar Flóra Képekben. Iconographia florae hungaricae", 1934 (mit Vera Csapody); Mitautor von Károly Rezsö Soó von Bere „A Magyar Növényvilág Kézikönyve", 1951. Gab auch zus. mit Vera Csapody „Ikonographie der Flora des südöstlichen Mitteleuropa", 1929–1934 und 1979 heraus. Nach Jávorka die Hybride *Asplenium x javorkae* Kümmerle und wahrscheinlich auch die Art *Rhinanthus javorkae* Soó.

Jebb = Matthew Jebb, 1958–

C. Jeffrey = Charles Jeffrey, Kensington, London 10.4.1934–. Englischer Botaniker in Kew. Spezialgebiet: Cucurbitaceae. Schrieb „An introduction to plant taxonomy", 1968; „A review of the genus Bryonia L. (Cucurbiaceae)" (in Kew Bull. 23, 441–461, 1969); „The tribe Senecioneae (Compositae) in the Mascarene Islands, ..." (in Kew Bull. 47, 49–109, 1992). Nach ihm die Art *Momordica jeffreyana* Keraudr.

Jeffrey = John Frederick Jeffrey, 1866–1943. Schottischer Botaniker. Spezialgebiet: Flora von China. Publ. zahlreiche neue Arten zus. mit Sir William Wright Smith.

Jeggle = Walter Jeggle, fl. 1973. Österreichischer Kakteenkenner in Kapfenberg, Steiermark. Schrieb „Gymnocalycium striglianum Jeggle spec. nov." (in Kakt. u. and. Sukk. 24, 267–268, 1973).

Jenkins = Anna Eliza Jenkins, 1886–1973

Jenman = George Samuel Jenman, Plymouth, Devon 24.8.1845–28.2.1902 Georgetown, Guayana. Englischer Gärtner, Kurator des Bot. Gartens Castleton in Jamaika, später Leiter des Bot. Gartens Georgetown. Schrieb „The ferns and fern-allies of Jamaica", 1890–1898; „The ferns and fern-allies of the British West Indies and Guiana", 1898–1909; „A handlist of the Jamaica ferns and their allies", 1881. Nach ihm die Gattung *Jenmaniella* Engl.

Jennison = Harry Milliken Jennison, Worcester, Massachusetts 24.6.1885–5.1.1940 Knoxville, Tennessee. Nordamerikanischer Botaniker. Publ. 1933 über *Conradina*.

Jensen = Johan Georg Keller Jensen, 1818–1886

Jeps. = Willis Linn Jepson, Vacaville, Kalifornien 19.8.1867–7.11.1946 Berkeley, Kalifornien. Nordamerikanischer Botaniker in Kalifornien. Schrieb „A Flora of Western Middle California", 1901; „The Silva of California", 1910; „A flora of California", 1909–1943;

„A manual of the flowering plants of California", 1923-1925; „A high school flora for California ...", 1935. Nach ihm die Gattung *Jepsonia* Small.

Jermy = Anthony Clive Jermy, 1932-. Britischer Botaniker und Professor am Natural History Museum, London. Spezialgebiet: Pteridophyta. Schrieb zus. mit M. Gibby, H. Rasbach, K. Rasbach, T. Reichstein u. G. Vida „The genus Dryopteris in the Canary Islands and Azores and the description of two new tetraploid species" (in Bot. Journ. Linn. Soc. 74, 251-277, 1977); zus. mit T. G. Tutin „British sedges. A handbook to the species of Carex found growing in the British Isles", 1968; zus. mit A. O. Chater u. D. R. David „Sedges of the British Isles", 1982; zus. mit Josephine M. Camus u. Barry A. Thomas „A world of ferns", 1991.

Jess. = Karl Friedrich Wilhelm Jessen, Schleswig 15.9.1821-27.5.1889 Berlin. Deutscher Botaniker, Professor der Akademie in Eldena, später in Greifswald, zuletzt in Berlin. Schriften „Deutsche Excursions-Flora", 1879; „Deutschlands Gräser und Getreidearten...", 1863; „Botanik der Gegenwart und Vorzeit", 1864; „Die deutschen Volksnamen der Pflanzen", 1882-1884 (mit G.A. Pritzel). Nach ihm die Gattung *Jessenia* Karst.

Jesson = Enid Mary Jesson (ab 1915 verh. Cotton), Malvern, Australien 1.5.1889-19.4.1956 Farnham Common, Buckinghamshire. Australische Botanikerin in England. Publ. in Kew Bull. 1914-1916. Nach ihr die Art *Ribes jessoniae* Stapf.

Jessop = John Peter Jessop, Kapstadt 3.7.1939-. Südafrikanischer Botaniker an der Rhodes University, Grahamstown, seit 1975 Leiter des State Herbarium, Bot. Garten, Adelaide. Spezialgebiet: Liliaceae. Schrieb u.a. „The genus Asparagus in Southern Africa" (in Bothalia 9 (1): 31-96.1966). Hrsg. der 3. Aufl. von J.M. Black „Flora of South Australia", 1978, sowie (mit Hellmut Richard Tölken) der 4. Aufl. 1986, außerdem von „Flora of Central Australia", 1981.

Jeswiet = Jacob Jeswiet, Amsterdam 28.12.1879-1960 Bennekom, Niederlande. Niederländischer Botaniker in Indonesien, später Professor für Taxonomie und Pflanzengeographie in Wageningen. Spezialgebiet: *Saccharum*. Schrieb auch „Die Entwicklungsgeschichte der Flora der holländischen Dünen", 1913.

V. Jirásek = Václav Jirásek, Melník, Böhmen 8.12.1906-8.3.1991 Prag. Tschechischer Botaniker, Professor in Prag. Spezialgebiete: *Poa, Eragrostis*. Schrieb „Phytogeographical systematic study on the genus Eragrostis P.B." (in Preslia 24, 281-338, 1952).

V. John = Volker John, 1952-. Publizierte 1983 mit Jan Ríha über *Turbinicarpus*.

H. Johnson = Joseph Harry Johnson, sr., 1894-1987. Nordamerikanischer Botaniker in Kalifornien. Spezialgebiet: Cactaceae. Publ. auch zus. mit John F. Akers oder mit Curt Backeberg. Nach Johnson die Art *Echeveria johnsonii* Walth.

L.A.S. Johnson = Lawrence Alexander Sidney Johnson, Cheltenham, New South Wales 26.6.1925-1.8.1997 St. Leonards, New South Wales. Australischer Botaniker am National Herbarium Sidney, später Direktor der Royal Botanic Gardens in Sidney. Schrieb viele Arbeiten über seine Spezialgebiete, Casuarinaceae, *Eucalyptus*, Proteaceae und Restionaceae von Südostaustralien. War Mitarbeiter bei den Casuarinaceae für die von Wu Zheng-yi u. Peter Hamilton Raven (Hrsg.) publ. Flora of China. Nach Johnson z.B. die Art *Grevillea johnsonii* McGill.

R.W. Johnson = Robert William Johnson, 1930-. Australischer Botaniker am Queensland Herbarium in Brisbane, Australien. Spezialgebiet: Convolvulaceae. Schrieb u.a. mit Thomas Schimming und zahlreichen anderen Autoren „Calystegines as chemotaxonomic markers in the Convolvulaceae" (in Phytochemistry 66, 469-480, 2005).

I.M. Johnst. = Ivan Murray Johnston, Los Angeles 28.2.1898-31.5.1960 Jamaica Plain, Massachusetts. Nordamerikanischer Botaniker. Spezialgebiet: Andine Pflanzen u. Boraginaceae, über die er allein von 1923-1959 30 Schriften (Studies in the Boraginaceae) veröffentlichte. Sie sind zusammengefasst in „Ivan Johnston's studies in the Boraginaceae", 2005. Schrieb u.a. auch „A survey of the genus Lithospermum" (in J. Arnold Arbor. 33, 299-366, 1952). Nach ihm die Gattungen *Johnstonella* Brand und *Ivanjohnstonia* Kazmi.

M.C. Johnst. = Marshall Conring Johnston, San Antonio, Texas 10.5.1930-. Nordamerikanischer Botaniker an der University of Texas in Austin. Spezialgebiete: Rhamnaceae, Flora von Texas u. dem nördl. Mexiko. Schrieb zus. mit D. S. Correll „Manual of the vascular plants of Texas", 1970; zus. mit seiner Frau Laverne Albert Johnston „Rhamnus" in Flora neotropica Band 20, 1978. Nach Marshall C. Johnston die Art *Portulaca johnstonii* Henrickson.

A.G. Jones = Almut Gitter Jones, 1923-. Nordamerikanische Botanikerin an der University of Illinois, Urbana. Spezialgebiet: *Aster*. Schrieb u.a. „A classification of the New World Species of Aster (Asteraceae)" (in Brittonia 32, 230-239, 1980).

B.M.G. Jones = Brian Michael Glyn Jones, 1933-. Britischer Botaniker. Bearbeitete die Gattung *Arabis* (in Flora europaea 1, 290-294, 1964). Schrieb u.a. zus. mit A.J. MacLeod, J. G. Vaughan „The biology and chemistry of the Cruciferae", 1976.

G.N. Jones = George Neville Jones, Boston, Lincolnshire 26.1.1903-25.6.1970 Champaign, Illinois. Nordamerikanischer Botaniker englischer Abstammung, der aus England zunächst nach Kanada und dann in die USA auswanderte. Schrieb u.a. „Flora of Illinois", 1945, 2. Aufl. 1950, 3. Aufl. 1963; „Vascular plants of Illinois", 1955 (mit G.D. Fuller); „An annotated bibliography of Mexican ferns", 1966. Nach ihm die Art *Rosa jonesii* St. John.

M.E. Jones = Marcus Eugene Jones, Jefferson, Ohio 25.4.1852-3.6.1934 San Bernardino, Kalifornien. Nordamerikanischer Botaniker in Kalifornien. Sammelte viele Pflanzen in den

USA. Schrieb u.a. „Ferns of the West", 1882; „Contributions to Western botany", 18 Teile, 1891–1935; „Revision of the North-American Species of Astragalus", 1923. Nach ihm die Gattung *Jonesiella* Rydb.

Q. Jones = Quentin Jones, 1920–. Nordamerikanischer Botaniker. Spezialgebiete: *Agoseris, Disporum*. Sammelte auch Pflanzen in den nordwestlichen Vereinigten Staaten und in Usbekistan. Schrieb „A cytotaxonomic study of the genus Disporum in North America" (in Contr. Gray Herb. 173, 1–40, 1951).

S.B. Jones = Samuel Boscom Jones, Jr., 1933–. Nordamerikanischer Botaniker an der University of Georgia, Athens. Spezialgebiet: *Vernonia*. Schrieb u.a. „Plant Systematics", 1979; „Chromosome numbers of Vernonieae (Compositae)" (in Bull. Torrey Bot. Club 106, 79–84, 1979); „Revision of Vernonia series Flexuosae (Compositae: Vernonieae)" (in Brittonia 33, 214–224, 1981); „The genera of Vernonieae (Compositae) in the southeastern United States", 1982.

Jones = Sir William Jones, London 28.9.1746–27.4.1794 Kalkutta. Englischer Richter, Orientalist und Botaniker. Begründer der Royal Asiatic Society of Bengal in Kalkutta. Schrieb „Botanical observations on select Indian plants" (in Asiatic Researches 4, 237–312, 1795). Nach ihm die Gattung *Jonesia* Roxb.

Jord. = Claude Thomas Alexis Jordan, Lyon 29.10.1814–7.2.1897 Lyon. Französischer Botaniker, der viele Arten in kleine Einheiten auflösen wollte (z. B. *Erophila verna* in etwa 200 „Arten"). Schrieb „Catalogue des graines du Jardin botanique de Dijon", 1848; „Observations sur plusieurs plantes nouvelles, rares ou critiques de la France", 1846–1849; „Pugillus plantarum novarum praesertim gallicarum", 1852. Schrieb auch zus. mit Jules Pierre Fourreau „Breviarum plantarum novarum sive specierum in horto...", 1866–1868; „Icones ad floram Europae novo fundamento instaurandam spectantes", 1866–1903. Nach Jordan die Gattung *Jordania* Boiss. et Heldr.

Jordanov = Daki Jordanov, 1893–1978

Joriss. = G. Jorissenne, publ. 1887. Belgischer Gärtner in Gent. Schrieb „Édouard Morren, sa vie et ses oeuvres", 1887.

Jouin = V. Jouin, publ. um 1910 über *Mahonia*.

Jowitt = John Fort Jowitt, 16.9.1846–1915 London. Britischer Farmer in Sri Lanka. Publ. über *Cymbopogon* (in Ann. Roy. Bot. Gardens Peradeniya 1908.185–193).

Juel = Hans Oscar Juel, Stockholm 17.6.1863–3.7.1931. Schwedischer Botaniker, hervorragender Zytologe und Mykologe, Professor in Uppsala. Schrieb u.a. „Plantae Thunbergianae", 1918. Nach ihm die Gattung *Juelia* Aspl.

Jum. = Henri Lucien Jumelle, Dreux, Eure-et-Loir 25.11.1866–5.12.1935 Marseille. Französischer Botaniker u. Pflanzensammler in Madagaskar. Nach ihm die Gattung *Jumellea* Schltr.

Junge = Paul Junge, Hamburg 1881–25.4.1919. Deutscher Botaniker in Hamburg. Schrieb „Schul- und Exkursionsflora von Hamburg-Altona-Harburg und Umgegend", 1909; „Die Pteridophyten Schleswig-Holsteins ...", 1910; „Die Gramineen Schleswig-Holsteins ...", 1913.

Jungh. = Franz Wilhelm Junghuhn, Mansfeld 26.10.1812–24.4.1864 Lembang, Java. Deutscher Botaniker u. Reisender. Schrieb u.a. „Topographische und naturwissenschaftliche Reisen durch Java", 1845; „Java", 1850–1854, 2. Aufl. 1853–1854, deutsche Ausgabe 1854. Nach ihm die Gattung *Junghuhnia* Corda.

Jur. = Jakob (Jacob) Juratzka, Olmütz, Mähren 8.7.1821–22.11.1878 Wien. Österreichischer Oberingenieur der Dikasterialgebäude-Direktion und Botaniker in Wien. Spezialgebiet: Bryophyta. Posthum erschien „Die Laubmoosflora von Oesterreich-Ungarn", 1882. Nach ihm die Gattung *Juratzkaea* Lorentz

Jury = Stephen Leonard Jury, 1949–. Botaniker an der Universität von Reading, England.

Gab zus. mit Etelka Leadlay heraus „Taxenomy and Plant Conservation", 2006.

Jusl. = Abraham Danielis Juslenius, 1732–1803. Skandinavischer Botaniker, Schüler von Linnaeus, schrieb eine Dissertation 1755.

A. Juss. = Adrien Henri Laurent de Jussieu, Paris 23.12.1797–29.6.1853 Paris, Sohn von Antoine Laurent de Jussieu. Französischer Botaniker, Sohn von Antoine Laurent de Jussieu und Großneffe von Bernard de Jussieu. Veröffentlichte u.a. „De Euphorbiacearum generibus...", 1824; weiter Schriften über Meliaceae (1830), Rutaceae (1825), Malphighiaceae (1843). Nach ihm die Gattung *Adriana* Gaudich.

Juss. = Antoine Laurent de Jussieu, Lyon 12.4.1748–17.9.1836 Paris. Französischer Botaniker, Vater von Adrien Henri Laurent de Jussieu, Neffe von Bernard de Jussieu und von Joseph de Jussieu, Professor am Jardin des Plantes, Paris, Begründer eines natürlichen Pflanzensystems. Hauptwerk: „Genera plantarum", 1789, auch 1791. Schrieb außerdem zahlreiche Aufsätze über die natürliche Verwandtschaft der Pflanzengruppen zwischen 1802 und 1820.

B. Juss. = Bernard de Jussieu, Lyon 17.8.1699–6.11.1777 Paris. Französischer Botaniker, Aufseher des Königl. Botanischen Gartens in Trianon, Onkel und Lehrer von Antoine Laurent de Jussieu. Schuf das sog. ältere Jussieusche Pflanzensystem. Hrsg. einer neuen Ausgabe von Tournefort, „Histoire des plantes qui naissent aux environs de Paris", 1725. Nach ihm die Gattung *Bernardia* Mill. und nach ihm und seinem Bruder Antoine de Jussieu (1686-1758) die Gattung *Jussiaea* L.

Juz. = Sergei Vasilievich (Vassilievic) Juzepczuk, Moskau 28.1.1893–8.1.1959 Riga. Russischer Botaniker, Teilnehmer an mehreren großen Expeditionen (z. B. auch in Südamerika), Mitarb. an vielen Werken, vor allem an Komarov, V.L., Flora U.R.S.S., von Bd. 1–27, 1934–1962. Nach Juzepczuk die Art *Pitcairnia juzepczukii* W.Weber.

Kabath = Hermann Kabath,

Braunsberg, Ostpreußen 16.8.1816–12.12.1888 Lissa bei Breslau. Deutscher Geistlicher und Botaniker. Schrieb „Flora der Umgegend von Gleiwitz ...", 1846. Nach ihm die Gattung *Kabathia* Nieuwl.

Kache = Paul Kache, 1882–1945. Deutscher Gärtner und Gartenbauwissenschaftler, 1920–1929 Dozent für Pflanzenbau in Berlin-Dahlem, 1929–1945 Gartendirektor in Sanssouci. Schriften „Die Praxis des Baumschulbetriebes", 1929; „Die Praxis des Samenbaues der Blumenpflanzen", 1933.

Kaempf. = Engelbert Kaempfer, Lemgo, Nordrhein-Westfalen 16.9.1651–2.11.1716 im Steinhof in Lieme (heute zu Lemgo), Nordrhein-Westfalen. Deutscher Arzt und Forschungsreisender, war 1690 in Thailand und 1690–1892 in Japan. Schrieb „Amoenitatum exoticarum politico-physico-medicarum fasciculi V ...", 1712. Von ihm erschien posthum „Geschichte und Beschreibung von Japan", 2 Bände, 1777 u. 1779; „The history of Japan ...", 1727, auch in 3 Bänden, 1906; „Icones selectae plantarum, quas in Japonia collegit et delineavit Engelbertus Kaempfer", 1791. Nach ihm die Gattung *Kaempferia* L.

Kalkman = Cornelis Kalkman, Delft 5.5.1928–19.1.1998. Niederländischer Botaniker, Direktor des Rijksherbarium in Leiden. Spezialgebiete: Rosaceae, Burseraceae, Sapindaceae. Schrieb u.a. „The Old World species of *Prunus* subg. *Laurocerasus* including those formerly referred to *Pygeum*" (auch in Blumea 13, 1–115, 1965). Bearbeitete zus. mit R. W. Leenhouts u. H. J. Lam „Burseraceae" (in Flora Malesiana 5(2), 209–296, 1955). Nach Kalkman die Art *Abarema kalkmanii* Kosterm.

Kalm = Pehr Kalm, Nerpis März 1716–16.11.1779 Åbo. Schwedischer-Finnischer Botaniker, Schüler Linnés. Bereiste Nordamerika u. schickte von dort viele neue Pflanzen an Linné. Schrieb u.a. eine Beschreibung dieser Reise („En resa til Norra America", 1753–1761) u. „Florae fennicae, pars prior", (1765).

Nach ihm die Gattung *Kalmia* L.

Kalmb. = George Anthony Kalmbacher, 1897–9.6.1977. Nordamerikanischer Pflanzenfotograf und Botaniker am Brooklyn Bot. Garden. Publ. 1972 die Hybride *Magnolia* x *brooklynensis*.

Kamari = Georgia Kamari, 1943–

Kanitz = August (Agost, Augustus) Kanitz, Lugos, Banat 25.4.1843–12.7.1896 Klausenburg (Kolosvar). Ungarischer Botaniker, Professor der Botanik und Direktor des Botan. Gartens in Cluj (Kolosvár, Klausenburg, Rumänien). Bearbeitete für Martius, Flora brasiliensis in Bd VI, 4 (1878–1885) Lobeliaceae, Campanulaceae, in Bd. XIII, 2 (1882) Halorageae. Schrieb u.a. „Geschichte der Botanik in Ungarn", 1863; „Plantas Romaniae hucusque cognitas", 1879–1881; zus. mit Emanuel Weiss „Expeditio austro-hungarica ad oras Asiae orientalis ...", 1878 und mit Paul Friedrich August Ascherson „Catalogus Cormophytorum et Anthophytorum Serbiae ...", 1877.

Kapinos = Kapinos, publ. 1965.

Kappert = Hans Kappert, 1890–1976. Deutscher Gärtner und Pflanzenzüchter, war 1914–1920 in Berlin Schüler von Carl Franz Joseph Erich Correns. Beschrieb 1932 *Viola* x *wittrockiana*.

Kar. = Grigorij (Gregor) Silyc (Silitsch, Silovitsch) Karelin, Jan. 1801–17.(?) 12.1872 Guriev. Russischer Botaniker, Erforscher Sibiriens. Schrieb zus. mit Ivan Petrovich Kirilov „Enumeratio plantarum in desertis Songoriae orientalis... collectarum", 1842. Nach Karelin die Gattung *Karelina* Less.

Karlsson = Thomas Karlsson, 1945–

Kárpáti = Zoltan E. Kárpáti, 1909–1972. Ungarischer Botaniker. Spezialgebiet: *Sorbus*. Schrieb u.a. „Eine kritisch-taxonomische Übersicht der Gattung *Swertia* in Europa" (in Fragm. Florist. Geobot. 16, 53–60, 1970); zus. mit Károly Rezsö Soó von Bere „Magyar flóra", 1968.

Karrer = Sigmund Karrer, 1881–1954. Deutscher Gärtner in Erfurt, Thüringen.

H. Karst. = Gustav Karl Wilhelm Hermann Karsten, Stralsund,

Mecklenburg-Vorpommern 6.11.1817–10.7.1908 Berlin-Grunewald. Deutscher Botaniker, bereiste von 1844–1847 u. 1848–1856 Venezuela, Ekuador, Kolumbien etc., danach Professor der Botanik in Berlin, später Professor der Pflanzenphysiologie in Wien. Veröffentlichte neben vielem anderem „Florae Columbiae...", 1859–1869; „Chemismus der Pflanzenzelle", 1869; „Deutsche Flora. Pharmaceutisch-medicinische Botanik", 1880–1883, 2. Aufl. 1894–1895. Nach ihm z.B. die Art *Brachyloma karstenianum* Hanst.

Kartesz = John T. Kartesz, fl. 1990

Karw. = Wilhelm Friedrich Freiherr von Karwinsky von Karwin, Ungarn 1780–2.3.1855 München. Deutscher Botaniker u. Forschungsreisender in Mexiko und Brasilien. Nach ihm die Gattung *Karwinskia* Zucc. und die Art *Erigeron karvinskianus* DC.

Kasapligil = Baki Kasapligil, Çankiri, Türkei 13.11.1918–22.4.1992 Berkeley, Kalifornien. Türkischer Botaniker; Professor am Mills College, Oakland, Kalifornien. Spezialgebiete: *Pinus, Quercus, Corylus, Pistacia*.

Kashiwagi = Kashiwagi

Kauffm. = Nikolai Nikolajevic (Nikolajevich) Kauffmann (Kaufmann), Moskau 8.2.1834–15.12.1870 Moskau. Professor der Botanik in Moskau. Schrieb „Moskovskaja Flora", 1866. Nach ihm die Gattung *Kaufmannia* Regel.

Kaulf. = Georg Friedrich Kaulfuß, 1786–9.12.1830 Halle, Sachsen-Anhalt. Deutscher Botaniker, Professor der Botanik in Halle. Schrieb „Enumeratio filicum, quas in itinere circa terram legit cl. Adalbertus de Chamisso", 1824; „Das Wesen der Farrenkräuter", 1827. Nach ihm die Gattung *Kaulfussia* Blume von den Pteridophyta und damit auch die Familie Kaulfussiaceae K.B. Presl.

Kausel = Eberhard Max Leopold Kausel, 1910–1972. Chilenischer Zahnarzt und Botaniker in Santiago. Spezialgebiet: Myrtaceae. Schrieb u.a. „Beitrag zur Systematik der Myrtaceen" (in Ark. Bot. 3, 491–516, 1956).

Kawano = Shoichi Kawano, 1936–

K. Kayser = Konrad Kayser, fl. 1932.

Deutscher Kakteenkenner. Schrieb „Astrophytum myriostigma subspecies Tulense" (in Der Kakteenfreund 1, 57-59, 1932).
Kearney = Thomas Henry Kearney, Cincinnati, Ohio 27.6.1874-19.10.1956 San Francisco, Kalifornien. Nordamerikanischer Botaniker in San Francisco. Spezialgebiete: Neuweltl. Malvaceae, Flora von Arizona. Schrieb „The North American species of Sphaeralcea subgenus Eusphaeralcea ...", 1935, „Flowering plants and ferns aof Arizona ...", 1942; „Arizona flora", 1951 (mit Robert Hibbs Peebles), 2. Aufl. 1960 (mit Suppl. Von John Thomas Howell u. Elizabeth McClintock), auch 1973. Nach Kearney die Gattung *Kearnemalvastrum* D. M. Bates.
Keay = Ronald William John Keay, Richmond, Surrey 20.5.1920-7.4.1998. Englischer Botaniker in Ibadan, Nigeria. Herausg. von Bd. 1 (1954-1958) der 2. Aufl. von Hutchinson u. Dalziel „Flora of West Tropical Africa". Schrieb zus. mit Charles Francis Akado Onochie und Dennis Percival Stanfield „Trees of Nigeria ...", 1989. Nach Keay die Art *Aloe keayi* Reynolds
D.D. Keck = David Daniels Keck, Omaha, Nebraska 24.10.1903-10.3.1995. Nordamerikanischer Botaniker am New York Bot. Garden. Spezialgebiete: Neuweltliche Compositae, *Poa, Potentilla, Penstemon*. Schrieb u.a. „A revision of the genus Orthocarpus ...", 1927; „The Hawaiian silverswords", 1936. Mitautor für Munz, P.A. „A California flora", 1959. Nach ihm die Gattungen *Keckia* Straw und *Keckiella* Straw.
Keck = Karl Keck, 1825-1894
Keissl. = Karl (Carl) Ritter von Keissler, Wien 13.4.1872-1965. Österreichischer Botaniker, Demonstrator an der Universität in Wien, später am Naturhistorischen Museum. Spezialgebiet: Lichenes. Mitarbeiter an Rabenhorst „Kryptogamenflora", 2. Aufl. 1930-1960. Nach ihm die Gattung *Keissleria* Höhn. und *Keissleriella* Höhn.
A. Keller = Alfred Keller, 1849-1925
B. Keller = Boris Aleksandrovich (Alexandrovic) Keller, St. Petersburg 16.8.1874-29.10.1945 Moskau. Russischer Botaniker, Professor der Botanik. Mitherausgeber von „Sornye Rasteniya SSSR" (Weed Flora of the USSR), 4 Bände, 1934-1935. Nach ihm die Art *Chrysanthemum kelleri* Krylov et Plotn.
Keller = Johann Christoph Keller, 1737-1796
L. Keller = Louis Keller, 1850-1915
R. Keller = Robert Keller, Winterthur, Zürich 24.9.1854-7.8.1939 Winterthur. Schweizer Botaniker, Rektor des Gymnasiums und der Industrieschule in Winterthur. Schrieb u.a. „Flora von Winterthur", 1891-1896; „Synopsis Rosarum spontanearum Europae mediae ...", 1931. Bearbeiter für Engler u. Prantl, Die natürlichen Pflanzenfamilien III. 6 (1895) „Hypericum". Schrieb zus. mit Hans Schinz „Flora der Schweiz", 1900, 3. u. 4. Aufl., 1909-1914 u. 1923. Nach Keller die Art *Rosa kelleri* Dalla Torre et Sarnth.
Kellerer = Johann Kellerer, 1859-März 1933. Österreichischer Gärtner, sammelte zus. mit Franz Sündermann Hochgebirgspflanzen im Balkan. Nach ihm wahrscheinlich die Art *Saxifraga kellereri* Sünd.
M. Kellerm. = Maude Kellerman, Manhattan, Kansas 6.5.1888-. Nordamerikanische Botanikerin, seit 1915 Frau von Walter Tennyson Swingle. Schrieb mit ihrem späteren Mann zus. „Citropsis, a new tropical African genus allies to Citrus ..." (in Journ. Agricult. Res. 1(5), 419-436, 1914).
Kellogg = Albert Kellogg, New Hartford, Connecticut 6.12.1813-31.3.1887 Alameda, Kalifornien. Nordamerikanischer Botaniker, einer der sieben Gründer der California Academy of Sciences. Schrieb „Forest trees of California", 1882. Nach ihm die Gattung *Kelloggia* Torr. ex Benth.
H.P. Kelsey = Harlan Page Kelsey, Pomona, Kansas 9.7.1872-1959. Nordamerikanischer Botaniker.
Kelway = James Kelway, 1815-1899
Kem.-Nath. = Liubov Manucharovna Kemularia-Nathadze, Tiflis 1891-1985.
Georgische Botanikerin in Tiflis. Spezialgebiete: *Paeonia, Ranunculaceae*. Schrieb u.a. „Kavkazkija predstavileli roda Paeonia L." (in Not. Syst. Geogr. Inst. Bot. Tbilissi 21, 3-51, 1961). Nach ihr die Art *Polygala kemulariae* Tamamsch.
H. Keng = Keng Hsüan = Hsüan Keng, 1923-. Chinesischer Botaniker in Singapur. Spezialgebiet: Magnoliaceae, *Phyllocladus*. Schrieb „Monograph of the genus Phyllocladus", 1978; „The concise flora of Singapore ...", 1990.
Keng = Keng Yi-Li = Yi Li Keng, Kiangsu-Provinz 4.12.1897-1975. Chinesischer Botaniker, Vater von Pai Chieh Keng. Spezialgebiet: Gramineae. Sammelte Pflanzen in verschiedenen Provinzen Chinas und in der Mongolei. Schrieb „Flora Illustralis Plantarum Primarum Sinicarum. Gramineae", 1959, 2. Aufl. 1965. Nach ihm die Art *Carex kengii* Kük.
Keng f. = Keng Pai-Chieh = Pai Chieh Keng, 1917-. Chinesischer Botaniker, Sohn von Yi Li Keng. Spezialgebiet: Poaceae: Bambusoideae.
G.C. Kenn. = George Clayton Kennedy, bei Dillon, Montana 22.9.1919-18.3.1980. Nordamerikanischer Geophysiker und Orchideenkenner, Professor für Geochemie in Los Angeles, Kalifornien. Publ. zus. mit Leslie Andrew Garay über Orchidaceae.
H. Kenn. = Helen Kennedy (nicht Helen A. Kennedy, pers. Mitt.), Riverside, Kalifornien 10.12.1944 (pers. Mitt.) -. Kanadische Botanikerin an der University of British Columbia, Vancouver. Spezialgebiete: Marantaceae, *Calathea*. Mitarbeiter bei der von Wu Zheng-yi u. Peter Hamilton Raven (Hrsg.) publ. Flora of China.
P.B. Kenn. = Patrick Beveridge Kennedy, Mount Vernon, Schottland 17.6.1874-18.1.1930 Berkeley, Kalifornien. Nordamerikanischer Landwirtschaftswissenschaftler und Botaniker, Herausgeber der Zeitschrift Muhlenbergia.
Kensit = Harriet Margeret Louisa Kensit, Mädchenname der späteren Harriet Margeret Louisa Bolus, 1877-1970. Siehe unter

diesem Namen.
A.H. Kent = Adolphus Henry Kent, Bletchingley, Surrey 1828-12.9.1913 Fulham, London. Englischer Botaniker, schrieb u.a. Kataloge für die Firma Veitch and Sons. Schrieb „Veitchs's manual on the Coniferae ...", 1900; „A manual of the orchidaceaous plants ...", 1887-1894.
D.H. Kent = Douglas Henry Kent, 1920-1995. Britischer Botaniker. Schrieb „Index to botanical monographs", 1967; „List of vascular plants of the British Isles", 1992; zus. mit J. E. Lousley „Docks and Knotweeds of British Isles", 1981.
Ker-Gawl. = John Bellenden Ker-Gawler (vor 1804 John Gawler, danach John Bellenden Ker (Ker-Gawler) oder John Ker Bellenden oder Bellenden Ker), Ramridge, Andover 1764-Juni 1842 Ramridge. Englischer Botaniker. Schrieb von 1815-1829 die Texte für die ersten 14 Bände des Botanical Register, außerdem u.a. „Iridearum Genera...", 1827. Nach ihm die Gattung *Bellendena* R. Br.
Keraudren = Monique Keraudren (später Keraudren-Aymonin), 1928-1981. Französische Botanikerin am Muséum National d'Histoire Naturelle in Paris, verheiratet mit Gérard Guy Aymonin. Spezialgebiete: Annonaceae, Cucurbitaceae. Bearbeitete die Moringaceae in Jean-Henri Humbert u. Jean-François Leroy (Hrsg.): „Flore des Madagascar et des Comores", 1982. Nach Monique Keraudren die Art *Stapelianthus keraudreniae* Bosser et P. Morat.
Kerch. = Oswald Charles Eugène Marie Ghislain de Kerchove de Denterghem, 1.4.1844-20.3.1906 Gent, Belgien. Belgischer Politiker, Botaniker und Gärtner, von 1878-1884 Provinzgouverneur vom Hennegau. Schrieb „Le livre des Orchidées ...", 1894; „Les Palmiers ...", 1878. Nach ihm die Gattung *Kerchovea* Joriss.
Kereszty = Zoltán Kereszty, 1937-. Ungarischer Botaniker und Biologe, Leiter des Bot. Gartens in Vácrátót. Spezialgebiet: *Scilla*, *Verbena*, Pflanzen der Bibel. Schrieb „Betrachtet die Lilien des Feldes ..." (in ungarisch), 1998.
Kerguélen = Michel François Jacques Kerguélen, Paris 20.7.1928-29.6.1999 Paris. Französischer Saatgutprüfer u. Botaniker in Guyancourt. Spezialgebiete: Gramineae, *Trifolium*. Schrieb „Les Gramineae (Poaceae) de la flore française", 1975; „Données taxonomiques, nomenclaturales et chorologiques pour une révision de la flore de France" (in Lejeunea Bull. 120, 1-264, 1987); „Index synonymique de la flore de France" (in Collect. Patrimoines Nat. 8, 1993).
J. Kern. = Johann Simon von Kerner, Kirchheim unter Teck, Baden-Württemberg 25.2.1755-13.6.1830 Stuttgart. Deutscher Botaniker, Lehrer der Botanik und Pflanzenzeichnung an der Herzogl. Wirtembergischen Carls-Universität in Stuttgart. Hrsg. vieler illustrierter Werke, deren Bilder von ihm selbst gezeichnet u. gestochen wurden, darunter u.a. „Beschreibung und Abbildung der Bäume ...", 1783-1792; „Abbildung aller oekonomischen Pflanzen", 1786-1796; „Deutschlands Giftpflanzen...", 1798; „Genera plantarum selectarum specierum iconibus illustrata", 1811-1828; „Giftige und eßbare Schwämme...", 1786; „Hortus sempervirens, ...", 1795-1830. Nach ihm die Gattung *Kernera* Medik.
Jos. Kern. = Joseph Kerner, Mautern bei Krems, Niederösterreich 3.6.1829-10.11.1906 Salzburg. Österreichischer Botaniker, Bruder von Anton Joseph Kerner Ritter von Marilaun. Gab zus. mit ihm ein „Herbarium österreichischer Weiden", 1863-1869 heraus.
A. Kern. = Anton Joseph Kerner Ritter von Marilaun, Mautern bei Krems, Niederösterreich 12.11.1831-21.6.1898 Wien. Österreichischer Botaniker, zunächst Professor der Botanik in Innsbruck u. Wien, später Direktor des Bot. Gartens Wien und Hofrat, Bruder von Joseph Kerner. Schrieb „Das Pflanzenleben der Donauländer", 1863, 2. Aufl. 1929 (von F. Vierhapper jun.); „Schedae ad Floram exsiccatam austrohungaricam", 1881-1913 (Bd. 8-9 von K. Fritsch u. Bd. 10 von R. von Wettstein); „Pflanzenleben", 1886-1891, 2. Aufl. 1896-1898, 3. Aufl. (von Carl Adolph Hansen) 1913-1916. Nach ihm die Gattung *Marilaunidium* Kuntze sowie die Arten *Crepis kerneri* Rech. f., *Papaver kerneri* Hayek und *Pedicularis kerneri* Dalla Torre.
Kesselr. = Friedrich Wilhelm Kesselring, St. Petersburg 1876-15.3.1966 Darmstadt, Hessen. Schweizer Gärtner u. bedeutender Pflanzenkenner, von 1909-1919 Mitinhaber u. Leiter der Regel-Kesselringschen Baumschulen; von 1925-1947 gärtnerischer Leiter des Bot. Gartens Darmstadt.
Kharkev. = Robert K. Jansen, Green Bay, Wisconsin 23.4.1954-. Nordamerikanischer Botaniker an der University of Texas in Austin, Professor der Biologie. Spezialgebiet: Compositae. Schrieb zus. mit J. Francisco-J., S.-J. Park, A. Santos-Guerra und A. Benabid „Origin and evolution of the endemic Macaronesian Inuleae (Asteraceae)" (in Biol. J. Linn. Soc. 72, 77-97, 2001).
R. Kiesling = Roberto Kiesling, 1941-. Argentinischer Botaniker am Instituto de Botánica Darwinion in Buenos Aires. Spezialgebiet: Cactaceae. Schrieb „Flora de San Juan, Republica Argentina", Band 1, 1994, Band 2, 2003. Schrieb zus. mit Omar Ferrari „The genus Parodia s.s. in Argentina" (in Cact. Succ. Jour. (USA) 62, 194-198, 244-250, 1990). Nach Kiesling die Art *Gymnocalycum kieslingii* O. Ferrari.
Kikuchi = Akio Kikuchi, 1883-1951. Japanischer Botaniker. Spezialgebiete: Pomologie und Gattung *Pyrus*. Publ. auch zus. mit Takenoshin Nakai. Nach Kikuchi die Art *Pyrus kikuchii* Nakai.
Kilian = Günter Kilian, 1960-
Killias = Eduard Killias, 1829-1891
Killick = Donald Joseph Boomer Killick, Pietermaritzburg 6.6.1926-. Südafrikanischer Botaniker am Botanical Research Institute, Pretoria. Mitherausgeber von „Flora of Southern Africa", 1963 ff. Schrieb zus. mit Mayda Doris Henderson und Bernard de Winter „Sixty-six Transvaal trees", 1966. Nach Killick die Art *Festuca killickii* Kennedy-O'Byrne.
Killip = Ellsworth Paine Killip,

Rochester, New York 2.9.1890–21.11.1968 Redlands, Kalifornien. Nordamerikanischer Botaniker an der Smithsonian Institution, Washington, D. C. Spezialgebiete: Amerikanische Passifloraceae, andine *Pilea, Bomarea*. Sammelte mit vielen Mitarbeitern zahlreiche Pflanzen in Nord-, Mittel- und Südamerika. Schrieb u.a. „The American species of Passifloraceae", 1938. Schrieb zus. mit H.A.Gleason „The flora of Mount Auyan-tepui, Venezuela" (in Brittonia 3, 141–204, 1939). Nach Killip die Gattungen *Killipia* Gleas., *Killipiella* A.C. Sm., *Killipiodendron* Kobuski.

Kimnach = Myron William Kimnach, Los Angeles 26.12.1922–. Nordamerikanischer Botaniker an den Huntington Botanical Gardens, San Marino, Kalifornien. Spezialgebiet: Cactaceae. Nach ihm u.a. die Arten *Disocactus kimnachii* R.D. Rowley und *Sedum kimnachii* V.V. Byalt.

Kimura = Arika Kimura, 1900–1996. Japanischer Botaniker. Spezialgebiet: *Salix*.

Y. Kimura = Yojiro Kimura, 1912–2006. Japanischer Botaniker. Schrieb „Takasagoya a new genus of Hypericaceae" (in Bot. Mag. (Tokyo) 50, 497–503, 1936). Schrieb auch zus. mit Takenoshin Nakai und Masaji Honda „Nova flora japonica ..., Hypericaceae", 1951.

King = Sir George King, Peterhead, Aberdeen 12.4.1840–12.2.1909 San Remo, Italien. Schottischer Arzt und Botaniker, Professor der Botanik und Direktor des Bot. Gartens Kalkutta. Veröffentlichte viele Schriften über indische Pflanzen, darunter „The species of Ficus of the Indo-Malayan and Chinese countries...", 1887–1888, Appendix 1889 (zus. mit R. Pantling u. D.D. Cunningham); „The Orchids of the Sikkim-Himalaya", 1898 (mit R. Pantling). Nach King die Gattungen *Kingiella* Rolfe u. *Indokingia* Hemsl.

R.M. King = Robert Merrill King, 1930–. Nordamerikanischer Botaniker, sammelte auch Pflanzen in Mexiko. Spezialgebiet: Asteraceae. Publ. zus. mit Harold Ernest Robinson „The genera of the Eupatorieae (Asteraceae)" (in Mem. Syst. Bot. 22, 1–581,1987).

Kingdon-Ward = Francis Kingdon-Ward, Manchester 6.11.1885–8.4.1958 London. Englischer Lehrer, Botaniker u. Pflanzensammler, vor allem in Westchina u. Nord-Burma. Entdeckte viele neue Arten und führte sie nach Europa ein. Schrieb u.a. „The land of the blue Poppy", 1913, „A Plant Hunter in Tibet", 1934; „Plant Hunter's Paradise", 1937. Nach ihm die Gattungen *Kingdon-Wardia* Marquand, *Wardaster* Small und *Wardenia* King.

Kippist = Richard Kippist, Stoke Newington, Middlesex 11.6.1812–14.1.1882 Chelsea, London. Englischer Bibliothekar u. Botaniker, von 1842–1880 Bibliothekar der Linnean Society in London. Nach ihm die Gattung *Kippistia* Miers.

B. Kirchn. = B. Kirchner, fl. 1981

G. Kirchn. = Georg Kirchner, 1837–17.6.1885 Erfurt, Thüringen. Deutscher Gärtner u. Botaniker. Schrieb den bot. Teil von „Arboretum muscaviense", 1864.

Kir. = Ivan Petrovich Kirilov (Iwan Petrovic Kirilow), Yalturovsk 1821–11(?).9.1842 Arzamas. Russischer Botaniker. Schrieb zus. mit Grigorij Silyc Karelin „Enumeratio plantarum in desertis Songoriae orientalis... collectarum", 1842. Nach Kirilov die Gattung *Kirilowia* Bunge.

Kirk = Thomas Kirk, Coventry, Warwickshire 18.1.1828–8.3.1898 Wellington, Neuseeland. Englischer Botaniker in Neuseeland. Von 1869–1898 veröffentlichte er eine Fülle von Schriften über die neuseeländische Flora, u.a. „The forest flora of New Zealand", 1889.1899 erschien unvollendet „The Student's Flora of New Zealand and the outlying Islands", 39 Familien behandelnd. Nach ihm die Gattungen *Kirkianella* Allan u. *Kirkophytum* (Harms) Allan.

J.B. Kirkp. = James Barrie Kirkpatrick, 12.10.1946–. Australischer Botaniker, Professor an der University of Tasmania. Spezialgebiet: *Eucalyptus*, Vegetationskunde, Naturschutz. Schrieb u.a. „Phytogeographical analysis of Tasmanian alpine floras" (in J. Biogeogr. 9, 255–271, 1982); zus. mit S. Backhouse „Native trees of Tasmania", 1985.

Kirp. = Moisey Elevich Kirpicznikov, 1913–1995. Russischer Botaniker in St. Petersburg. Mitarbeiter an Komarov, V.L., Flora U.R.S.S., Bd. 25–26, 1959–1961 u. Bd. 29, 1964. Schrieb „Lexicon rossico-latinum in usum botanicorum. Russko-Latinskij slovar' dlja botanikov", 1977 (mit N.N. Zabinkova). Nach Kirpicznikov wahrscheinlich die Art *Scorzonera kirpicznikovii* Lipsch.

Kirschl. = Fréderic Kirschleger, Münster, Alsace (Haut-Rhin) 6.1.1804–15.11.1869 Strasbourg. Elsässischer Botaniker und Apotheker, später auch Professor der Medizin in Strasbourg. Schrieb „Flore d'Alsace et des contrées limitrophes", 1850–1862; „Flore vogéso-rhénane", 1870 (2. Bd. herausgegeben u. z.T. bearbeitet von Ph. Becker). Nach Kirschleger die Gattung *Kirschlegeria* Spach.

Kirschner = Jan Kirschner, Prag 13.3.1955 (pers. Mitt.) –. Tschechischer Botaniker in Pruhonice bei Prag. Spezialgebiete: *Taraxacum, Luzula*. Mitarbeiter an W. Rothmaler „Exkursionsflora von Deutschland, Kritischer Band, 9. Aufl. 2002. Schrieb u.a. „Luzula multiflora and allied species (Juncaceae): a nomenclatural study" (in Taxon 39, 106–114, 1990); zus. mit B. Krísa „Notes on the taxonomy and cytology of the genus Luzula in the West Caucasus" (in Preslia 51, 333–339, 1979).

Kitag. = Masao Kitagawa, 1910–1995. Japanischer Botaniker an der Universität in Yokohama, vor 1940 in der Mandschurei. Schrieb „Lineamenta florae manshuricae ...", 1939, und „Neo Lineamenta ...", 1979. Nach ihm die Art *Solanum kitagawae* Schönb.-Tem.

Kit. = Pál (Paul) Kitaibel, Mattersdorf (Nagymarton, heute Mattersburg) bei Ödenburg (Sopron), Burgenland, Österreich 3.2.1757–13.12.1817 Pest, Ungarn. Ungarischer Arzt, Botaniker, Direktor des Bot. Gartens Pest. Schrieb u.

veröffentlichte zus. mit Franz de Paula Adam Graf von Waldstein „Descriptiones et icones plantarum rariorum Hungariae", 1799-1812. Nach Kitaibel die Gattung *Kitaibelia* Willd. sowie z.b. die Art *Viola kitaibeliana* Roem. et Schult.

Kitam. = Siro Kitamura, Katatacho 22.9.1906-2002. Japanischer Botaniker in Kyoto. Spezialgebiet: Asteraceae. Sammelte auch Pflanzen in Japan, Korea, Taiwan, China, Afghanistan, Pakistan und Sachalin. Schrieb u.a. „Flora of Afghanistan", 1960; „Compositae japonicae", 1937-1957 (in Mem. Coll. Sci. Kyoto Univ. Ser. B.); zus. mit S. Okamoto „Coloured illustrations of trees and shrubs of Japan", 1958, auch 1977; zus. mit Gen Murata u. T. Koyama „Alpine plants of Japan", 1978. Nach Kitamura die Art *Calorhabdos kitamurae* Ohwi.

Kladiwa = Leo Kladiwa, Oberberg 17.3.1920-1987. Österreichischer Arzt, Mitarbeiter der pharmazeutischen Industrie, Amateurbotaniker (Morphologie, Anatomie, Systematik der Cactaceae, vor allem Nordamerikas). Mitarbeiter bei Krainz, H.: „Die Kakteen (von 1966 bis 1975)". Nach Kladiwa die Art *Echinopsis kladiwaianus* Rausch.

Klásk. = Anna Klásková (verheiratete Skalická), 1932-. Tschechische Botanikerin in Prag, Frau von Vladimir Skalicky. Spezialgebiet: Fabaceae.

Klatt = Friedrich Wilhelm Klatt, Hamburg 13.2.1825-3.3.1897 Hamburg. Deutscher Botaniker, Lehrer der Naturwissenschaften in Hamburg. Schrieb „Norddeutsche Anlagenflora...", 1865; „Flora des Herzogthums Lauenburg", 1865; bearbeitete für Martius, Flora Brasiliensis in Bd. III, 1 (1871) Irideae. Nach ihm die Gattung *Klattia* Bak.

E. Klein = Erich Klein, Linz 28.4.1931-. Österreichischer Chemiker und Botaniker in Graz, Steiermark. Spezialgebiete: Orchidaceae, *Epipactis*, *Nigritella*. Schrieb u.a. „Versuch einer Gliederung der Gattung Epipactis Zinn (Orchidaceae-Neottieae)" (in Jour. Eur. Orch. 37(1), 121-130, 2005), und zus. mit Herbert Kerschbaumsteiner „Die Orchideen der Steiermark", 1996. Nach Klein die Art *Epipactis kleinii* M.B.Crespo, M.R.Lowe et Piera.

W.M. Klein = William McKinley Klein, 1933-1997

Kleopow = Jurij Dmitrievic Kleopow (Kleopov), 1902-1942. Gorodisce Cerkasskogo, Ukraine 9.8.1902- Juni 1942. Ukrainischer Botaniker.

Klett = Gustav Theodor Klett, ?-22.11.1827 Leipzig. Deutscher Botaniker in Leipzig. Schrieb zus. mit Hermann Eberhard Friedrich Richter „Flora der phanerogamischen Gewächse der Umgegend von Leipzig ...", 1830.

Klinge = Johannes Christoph Klinge, Dorpat 20.3.1851-Februar 1902 St. Petersburg. Estnischer Botaniker, zunächst in Dorpat (heute Tartu), später Bibliothekar am kaiserl. Botan. Garten in St. Petersburg. Spezialgebiet: Orchidaceae. Schrieb mehrere Artikel über die Verbreitung und Entstehung von Dactylorchis-Arten z.B. „Dactylorchidis, Orchidis subgeneris, monographiae prodromus" (in Acta Hort. Petrop. 17, 147-201, 1898-1899). Er prägte auch den Begriff „synanthrop". Schrieb außerdem „Flora von Est-, Liv- und Churland", 1882. Nach ihm die Hybride X *Orchigymnadenia klingeana* Aschers. et Graebn.

H. Klinggr. = Hugo Erich Meyer von Klinggräff, Wisniewa bei Löbau, Westpreußen 1820-April 1902 Paleschken bei Nikolaiken, Westpreußen. Deutscher Botaniker (Bryologe) in Preußen. Schrieb u.a. „Die höheren Cryptogamen Preußens", 1858.

Klokov = Michail Vasiljevich (Mikhail Vasilevich) Klokov, 1896-1981. Russischer Botaniker. Beschrieb zahlreiche neue Pflanzenarten aus Osteuropa. Schrieb „Index seminum horti botanici charkoviensis", 1927. Zus. mit E. D. Wissjulina Herausg. von Band 5 von Fomin „Florae Reipublicae sovieticae socialisticae Ucrainicae", 1953. Nach Klokov die Art *Euphorbia klokoviana* Railyan.

G. Klotz = Gerhard Franz Klotz, Osterfeld, Thüringen (heute Sachsen) 30.3.1928 (pers. Mitt.) -. Deutscher Botaniker, Professor an der Universität Halle, später in Jena. Spezialgebiet: *Cotoneaster, Echium*. Schrieb „Übersicht über die in Kultur befindlichen Cotoneaster-Arten und Formen" (in Wiss. Zeitschr. Martin-Luther-Univ. Halle-Wittenberg, 6, 945-982, 1957); „Synopsis der Gattung Cotoneaster Medikus" (in Beitr. Phytotax. 10, 7-81, 1982).

Klotzsch = Johann Friedrich Klotzsch, Wittenberg 9.6.1805-5.11.1860 Berlin. Deutscher Botaniker, erst Apotheker, dann Arzt, später Kustos am Bot. Museum Berlin. Schrieb „Pflanzen-Abbildungen und -beschreibungen zur Erkenntnis officineller Gewächse", 1838-1839; zus. mit C.A.F. Garcke „Die botanischen Ergebnisse der Reise... des Prinzen Waldemar zu Preußen in den Jahren 1845 und 1846", 1862; „Begoniaceen-Gattungen und Arten", 1855, und mit H. F. Link und F. Otto „Icones plantarum rariorum horti regii botanici Berolinensis", 1840-1844. Nach Klotzsch die Gattung *Klotzschia* Cham. et Schltdl.

Kluk = Krzysztof (Christoph) Kluk, Cichanowiec 1739-1796 Cichanowiec. Polnischer Botaniker, Probst in Cichanowiec, Podlachien, Polen. Schrieb „Roslin potrzebnych ...", 3 Bände, 1777-1780, 2. Aufl. 1823-1826; „Dykcyonarz roslinny ...", 1785-1788.

Knaf = Josef (Joseph) Friedrich Knaf, Petsch (Becov) bei Komotau (Chomutova) 2.10.1801-11.6.1865 Komotau. Böhmischer Arzt und Botaniker in Komotau. Nach ihm die Hybride *Rumex x knafii* Celak.

Knerr = Ellsworth Brownell Knerr, Rochester, Minnesota 3.12.1861-1942. Nordamerikanischer Botaniker. Spezialgebiet: *Erythronium*.

Kneuck. = Johann Andreas (Andrees) Kneucker, Wenkheim bei Wertheim, Baden-Württemberg 24.1.1862-22.12.1946 Wenkheim. Deutscher Botaniker in Karlsruhe, Lehrer, botanischer Erforscher der Sinai-Halbinsel. Sammelte viele Pflanzen in Europa und Vorderasien und gab zahlreiche Sammlungen von Exsikkaten heraus. Schrieb „Führer durch die Flora von Karlsruhe und

Umgegend ...", 1886. Gab von 1895–1927 die „Allgemeine botanische Zeitschrift" heraus. Nach ihm die Gattung *Kneuckeria* Schmidle.

H. Knight = Henry Knight, 1834–1896.

Knight = Joseph Knight, Brindle, Walton-le-Dale, Lancashire etwa 1777–27.7.1855 Banbury, Oxfordshire. Englischer Gärtner. Schrieb „On the cultivation of the plants belonging to the natural order of Proteeae, ...", 1809. Nach ihm die Art *Serruria knightii* Hutchinson.

O.W. Knight = Ora Willis Knight, Bangor, Maine 15.7.1874–11.11.1913 Portland, Maine. Nordamerikanische Botanikerin. Publ. um 1906 über *Cypripedium*.

Knoop = Johann Hermann Knoop, bei Kassel um 1700–4.8.1769 Amsterdam. In Deutschland geborener Pomologe u. Hofgärtner in Marienburg bei Leeuwarden, Holland, später Mathematik-Lehrer und Publizist. Schrieb vor allem über Obstbäume, so „Fructologia, of beschryving der vrugtbomen en vruchten...", 1763, weitere Aufl. etwa 1763 u. 1790; „Pomologia, dat is beschryvingen en afbeeldingen... van appels en peeren...", 1758, weitere Aufl. ohne Datum u. 1789; „Dendrologia ...", 1763, 3. Aufl. 1790.

Knowles = George Beauchamp Knowles, ? –1852. Englischer Botaniker, Militärarzt und Professor der Botanik an der Birmingham School of Medicine. Zus. mit Frederick Westcott Herausgeber von „The Floral Cabinet and Magazine of Exotic Botany", 1837–1840. Nach ihm die Gattung *Knowlesia* Hassk.

Knuth = Paul Erich Otto Wilhelm Knuth, 1854–1899

R. Knuth = Reinhard Gustav Paul Knuth, Berlin 17.11.1874–25.2.1957 Berlin. Deutscher Pädagoge u. Botaniker. Bearbeitete für Engler, Das Pflanzenreich „Primulaceae", 1905 (mit F.A. Pax); „Geraniaceae", 1912; „Dioscoreaceae", 1924; „Oxalidaceae", 1930; „Lecythidaceae, Barringtoniaceae u. Asteranthaceae", 1939; für Engler, Die natürlichen Pflanzenfamilien, 2. Aufl. Bd.

15a „Dioscoreaceae", 1930, Bd. 19a „Oxalidaceae, Geraniaceae", 1931. Schrieb „Initiae florae venezuelensis", 1926–1928. Nach Knuth wahrscheinlich die Art *Primula knuthiana* Pax.

F.M. Knuth = Frederic Marcus Knuth von Knuthenborg, 5.5.1904–1970. Dänischer Botaniker, Kakteenspezialist. Schrieb zus. mit C. Backeberg „Kaktus-ABC", 1935. Nach Knuth die Art *Echinopsis knuthiana* (Backb.) H.Friedrich et Rowley.

Kozuharov = eigentlich Ko...uharov = Stefan Ivanov Ko...uharov, Plovdiv 4.1.1933–24.8.1997. Bulgarischer Botaniker.

Kobuski = Clarence Emmeren Kobuski, Gloversville, New Jersey 9.1.1909–9.5.1963 Boston, Massachusetts. Nordamerikanischer Botaniker, Kurator des Arnold Arboretums. Herausgeber von Journal of the Arnold Arboretum (1949–1958).

K. Koch = Karl (Carl) Heinrich Emil Koch, Ettersberg bei Weimar, Thüringen 6.6.1809–25.5.1879 Berlin. Deutscher Botaniker, Dendrologe und Pomologe, Professor der Botanik an der Universität in Berlin. Schrieb u.a. „Dendrologie", 1869–1873; „Die deutschen Obstgehölze", 1876; „Wanderungen im Oriente", 1846; „Hortus dendrologicus", 1853–1854; „Die Bäume und Sträucher des alten Griechenlands ...", 1879.

W. Koch = Walo Koch, Laufenburg, Aargau, Schweiz 29.11.1896–18.7.1956 auf einer botanischen Exkursion im Berninagebiet, Schweiz. Schweizer Botaniker, Professor der Botanik in Zürich. Spezialgebiete: Flora von Basel, *Ranunculus auricomus*. Schrieb u.a. „Zur Flora der oberitalienischen Reisfelder" (in Ber. Schweiz. Bot. Ges. 62, 628–663, 1952). Nach ihm die Art *Ranunculus walo-kochii* E.Hörandl et W.Gutermann.

W.D.J. Koch = Wilhelm Daniel Joseph Koch, Lichtenberg, Pfalz 5.3.1771–14.11.1849 Erlangen, Bayern. Deutscher Botaniker, erst Arzt in Kaiserslautern, ab 1824 Professor an der Universität in Erlangen und Direktor des Bot. Gartens. Bearbeitete zus. mit Franz Karl Mertens „Deutschlands Flora" von J. C. Röhling, 3. Aufl.

1823–1839; veröffentlichte außerdem „De Salicibus europaeis commentatio", 1828; „Synopsis florae germanicae et helveticae", 1835–1838, 2. Aufl. 1843–1845, 3. Aufl. 1856–1857; „Synopsis der deutschen und Schweizer Flora", 1837–1838, 2. Aufl. 1846–1847, 3. Aufl. 1892–1907 (Hrsg. E. H. Hallier, R. Wohlfarth u. A. Brandt); „Taschenbuch der deutschen und Schweizer Flora, ...", 1843 (datiert 1844), weitere Aufl. 1848–1881. Schrieb zus. mit Johann Baptist Ziz „Catalogus plantarum quas in ditione florae palatinatus legerunt ...", 1814. Nach Koch die Gattung *Kochia* Roth.

Kochs = Julius Kochs, fl. 1900. Deutscher Botaniker. Schrieb „Über die Gattung Thea und den chinesischen Thee" (in Bot. Jahrb. 27, 577–634, 1900).

U. Köhler = Udo Köhler, 1911–1983. Kakteenkenner. Publ. 1939 über *Lobivia*.

Köhler = Johann Christian Gottlieb Köhler, Görisseiffen, Löwenberg 30.7.1759–24.10.1833 Schmiedeberg, Schlesien. Deutscher Entomologe und Botaniker. Spezialgebiete: *Rosa, Rubus*.

Koehne = Bernhard Adalbert Emil Koehne, Sasterhausen bei Striegau in Schlesien 12.2.1848–12.10.1918 Berlin. Deutscher Botaniker, Professor am Falk-Realgymnasium in Berlin. Schriften. „Deutsche Dendrologie", 1893; für Engler, Das Pflanzenreich „Lythraceae", 1903; für Engler u. Prantl, Die natürlichen Pflanzenfamilien Bd. III. 7 „Lythraceae", 1892; für Martius, Flora Brasiliensis in Bd. XIII, 2 (1877) „Lythraceae". Nach ihm die Gattungen *Koehneago* Kuntze und *Koehneola* Urb.

Koeler = Georg Ludwig Koeler, Göttingen, Niedersachsen 1765–22.4.1807 Mainz, Rheinland-Pfalz. Deutscher Botaniker in Mainz. Schrieb „Descriptio graminum in Gallia et Germania tam sponte nascentium", 1802. Nach ihm die Gattung *Koeleria* Pers.

Koelle = Johann Ludwig Christian Koelle, Mönchberg 18.3.1763–30.7.1797 Bayreuth, Oberfranken. Deutscher Medizinalrat und

Botaniker in Bayreuth. Schrieb „Spicilegium observationum de Aconito", 1787; „Flora des Fürstenthumes Bayreuth", 1798. Nach ihm die Gattung *Koellia* Moench.

Koell. = Rudolf Albert von Koelliker, Zürich 6.7.1817-2.11.1905 Zürich. Schweizer Mediziner (Anatom) und Botaniker. Schrieb „Verzeichniss der phanerogamischen Gewächse des Kantons Zürich ...", 1839. Nach ihm die Gattung *Koellikeria* Regel.

K.D. Koenig = Carl (Charles) Dietrich Eberhard Koenig, Braunschweig, Niedersachsen 1774-6.9.1851 London. Deutscher Botaniker und Mineraloge in England. Gab mit John Sims die „Annals of botany" heraus, 1804-1806. Schrieb „Tracts relative to botany ...", 1805. Nach ihm die Gattung *Koniga* R. Br.

J. König = Johann Gerhard König, Lemenen (Ungernhof), Livland 29.11.1728-26.6.1785 Jagrenathporum, Indien. Deutsch-baltischer Arzt u. Naturwissenschaftler, der als Missionar und Pflanzensammler durch Südostasien reiste u. mit Linné korrespondierte. Mitarbeiter bei A.J. Retzius, „Observationes botanicae", Fasc. 3, 1783 u. Fasc. 6, 1791. Nach ihm die Gattung *Koenigia* L.

Körn. = Friedrich August Körnicke, Pratau bei Wittenberg 29.1.1828-16.1.1908 Bonn. Deutscher Botaniker, Professor in Waldau bei Königsberg, danach in Poppelsdorf bei Bonn. Schrieb „Monographia scripta de Eriocaulaceis", 1856; „Monographiae Marantearum prodromus", 1859-1862; „Monographie der Rapateaceae", 1872; zus. mit Werner „Handbuch des Getreidebaus", 1885; für Martius, Flora brasiliensis in Bd. III, 1 (1863) „Eriocaulaceae". Nach Körnicke die Gattung *Koernickea* Regel.

Körte = Heinrich Friedrich Franz (Ernst) Körte, Aschersleben 17.3.1782-30.1.1845 Lüdersdorf (heute zu Wriezen), Brandenburg. Deutscher Botaniker. Schrieb zus. mit August Friedrich Schweigger „Flora erlangensis", 1811.

Koide = Pamela Koide, fl. 1994.

Koidz. = Gen'ichi (Gen-Iti) Koidzumi, 1.11.1883-1953. Japanischer Botaniker. Schrieb außer verschiedenen phytogeographischen Arbeiten auch Monographien über Rosaceae, Aceraceae u. *Morus*. So z.B. „The vegetation of Jaluit Island" (in Bot. Mag. Tokyo 29, 242-257, 1915); ferner „Florae symbolae orientali-asiaticae ...", 1930. Schrieb zus. mit Takenoshin Nakai „Trees and Shrubs indigenous in Japan proper", rev. ed., 1927.

Kokwaro = John Ongayo Kokwaro, 1940-. Kenyanischer Botaniker, Professor der Botanik in Nairobi. Spezialgebiete: Anacardiaceae, Rutaceae. Schrieb u.a. zus. mit Timothy Jones „Luo Biological Dictionary", 1999. Nach Kokwaro wahrscheinlich die Art *Turraea kokwaroana* B.T. Styles et F.White.

Kolak. = Alfred (Aldored) Alekseevich (Alekseyevic) Kolakovsky, 1906-. Russischer (Georgischer) Botaniker u. Paläontologe. Spezialgebiete: fossile Pflanzen, Campanulaceae von Abchasien, *Helleborus* im Kaukasus. Nach ihm die Art *Centaurea kolakovskyi* Sosn.

Kom. = Vladimir Leontjevich (Leontievic) Komarov, St. Petersburg 1.10.1869-5.12.1945. Russischer Botaniker. Schrieb „Flora Manshuriae", 1901-1907; „Flora peninsulae Kamtschatka ...", 1927-1929; Herausgeber von Bd. 1-13 der „Flora U.S.S.R.", 1934-1948 (fortgesetzt von B.K. Schischkin u. E.G. Bobrov, Bd. 14-30 u. Indexband, 1949-1964). Nach ihm die Gattung *Komarovia* Korovin sowie das Komarov Institut in St. Petersburg.

Komatsu = Shunzô Komatsu, 1879-1932

Koord. = Sijfert Hendrik Koorders, Bandung, Java 29.11.1863-16.11.1919 Batavia, Java. Niederländischer Botaniker und Forstmann in Indonesien. Schrieb „Exkursionsflora von Java", 1911-1937; „Flora von Tjibodas ...", 1918-1923; und zus. mit Th. Valeton „Atlas der Baumarten von Java...", 1913-1918. Nach ihm die Gattungen *Koordersiodendron* Engl., *Koordersina* Kuntze und *Koordersiella* Höhn.

Kordes = W. J. H. Kordes, publ. 1938, Deutscher Rosenspezialist.

Korneck = Dieter Korneck, Mainz-Gonsenheim, Rheinland-Pfalz 22.6.1935-. Deutscher Botaniker in Bonn-Bad Godesberg. Spezialgebiet: Pflanzensoziologie. Schrieb u.a. „Xerothermvegetation in Rheinland-Pfalz und Nachbargebieten" (in Schriftenreihe Vegetationskunde 7, Bonn-Bad Godesberg, 1974); zus. mit E. Oberdorfer „Klasse Festuco-Brometea ..." in „Süddeutsche Pflanzengesellschaften", 2. Aufl., Band 2, S. 86-180, 1976). Nach Korneck die Hybride *Thymus x korneckii* Machule.

Korsh. = Sergeij Ivanovich (Sergei Iwanowitsch, Sergei Ivanovic) Korshinsky, Astrachan 7.9.1861-1.12.1900 St. Petersburg. Russischer Botaniker (Pflanzengeograph), Professor der Botanik in Tomsk, reiste in Sibirien und Turkestan. Schrieb „Tentamen florae Rossiae orientalis ...", 1898. Herausg. Von Teil 1-2 von „Schedae ad herbarium florae rossicae", 1898-1900 (fortgesetzt von Dmitri Ivanovich Litvinov, Teil 3-7, 1901-1911). Nach ihm die Gattung *Korshinskia* Lipsky sowie die Art *Gagea korshinskyi* Grossh.

Korth. = Pieter Willem Korthals, Amsterdam 1.9.1807-8.2.1892 Haarlem, Niederlande. Niederländischer Botaniker, sammelte u.a. Pflanzen in Indonesien. Schrieb „Observationes de Naucleis indicis...", 1839; „Verhandelingen over de natuurlijke geschiedenis der Nederlandsche overzeesche bezittingen. Botanie", 1840-1844 (beschrieb darin als erster die Kannenfallen von Nepenthes). Nach ihm die Gattungen *Korthalsella* Tiegh. u. *Korthalsia* Blume.

Koso-Pol. = Boris Mikhajlovic (Mikhailovich) Koso-Poljansky (Kozo-Poliansky), Aschkabad, Turkmenistan 7.1.1890-1957. Russischer Pflanzensystematiker. Nach ihm die Gattung *Kosopoljanskia* Korovin.

Koss = Jurij Ivanovich Koss, 1889-1961. Russischer Botaniker. Spezialgebiet: *Galanthus*. Nach ihm wahrscheinlich die Art *Rosa kossii* Galushko.

Kostel. = Vincenz Franz (Vincenc Frantisek) Kosteletzky, Brünn 13.1.1801–19.8.1887 Dejwitz bei Prag. Tschechischer Botaniker, Professor der Botanik in Prag. Schrieb „Allgemeine medizinisch-pharmazeutische Flora", 1831–1836; „Index plantarum horti caesarei regii botanici pragensis", 1844. Nach ihm die Gattung *Kosteletzkya* C.Presl.

Kostina = Klaudia Fedorovna Kostina, 1900–. Russische Botanikerin. Spezialgebiet: Rosaceae. Mitarbeiterin bei V.L. Komarov, Flora U.R.S.S., Band 10, 1941.

Kotschy = Carl (Karl) Georg Theodor Kotschy, Ostrau (Ustron) bei Tetschen, Österreichisch-Schlesien 15.4.1813–11.6.1866 Wien. Österreichischer Botaniker u. Pflanzensammler, der von seinen Reisen – meist im Orient – mehr als 300 000 Exemplare mitbrachte. Veröffentlichte u.a. „Abbildungen und Beschreibungen neuer und seltener Thiere und Pflanzen, in Syrien und im westlichen Taurus gesammelt", 1843; „Die Eichen Europa's und des Orients", 1858–1862; zus. mit Franz Joseph Andreas Nicolaus Unger „Die Insel Cypern ihrer physischen und organischen Natur nach", 1865; zus. mit Johann Joseph Peyritsch „Plantae tinneanae ...", 1867; zus. mit Heinrich Wilhelm Schott und Carl Frederik Nyman „Analecta botanica", 1854. Nach Kotschy die Gattung *Kotschya* Endl.

Kotula = Andreas (Andrzej) Kotula, Grodziszcze 8.2.1822–10.10.1891 Teschen, Schlesien. Deutscher Notar und Botaniker in Teschen. Publ. *Betula x obscura* bei E. Fiek in „Resultate der schlesischen Phanerogamenflora im Jahre 1887" (in Jahresber. Schles. Ges. vaterl. Cultur 65, 309–339,1888).

Kovalev = Nikolai Vasilevich Kovalev, 1888–. Russischer Botaniker. Mitarbeiter bei V. L. Komarov, Flora U.R.S.S., Band 10, 1941. Publ. auch zus. mit Klaudia Fedorovna Kostina über Rosaceae.

Kovanda = Miloslav Kovanda, 1936–. Tschechischer Botaniker in Pruhonice bei Prag. Spezialgebiete: *Sorbus, Campanula*. Schrieb u.a. „Sorbus scepusiensis, a new species of Sorbus (Rosaceae) from Eastern Slovakia" (in Willdenowia 16, 117–119, 1986).

T. Koyama = Tetsuo Michael Koyama, 1933–

Kraehenb. = Felix Krähenbühl (Kraehenbuehl), 9.8.1917–4.8.2001. Schweizer Botaniker und Kakteenkenner in Arlesheim bei Basel. Nach ihm die Art *Mammillaria kraehenbuehlii* (Krainz) Krainz.

Kraenzl. = Friedrich (Fritz) Wilhelm Ludwig Kraenzlin (Kränzlin), Magdeburg, Sachsen-Anhalt 25.7.1847–9.3.1934 Krüssau. Deutscher Botaniker, Orchideenforscher. Mitarb. an Reichenbach „Xenia orchidaceae", Bd. III u. an Sander „Reichenbachia", ser. II, Bd. 1 + u. 2. Hauptwerk (unvollendet): „Orchidacearum genera et species", 1897–1904; außerdem für Engler, Das Pflanzenreich „Scrophulariaceae – Antirrhinoideae – Calceolariae", 1907; „Cannaceae", 1912; „Orchidaceae", 1907–1923 (z.T. mit E. Pfitzer). Schrieb ferner u.a. „Beiträge zu einer Monographie der Gattung Habenaria Willd. ..." (in Botan. Jahrb. 16, 52–223, 1893); „Monographie der Gattung Polystachya" (in Feddes Repert. Beih. 39, 1926; „Monographie der Gattungen Masdevallia Ruiz et Pavon ..." (in Feddes Repert. Beih. 34, 1925. Nach ihm die Gattung *Kraenzlinella* Kuntze.

Krainz = Hans Krainz, Zürich 13.5.1906–30.5.1980 Zürich. Schweizer Kakteenforscher, Leiter der Städt. Sukkulentensammlung in Zürich (1931–1972). Hauptwerk: „Die Kakteen", 1956–1975 (unvollendet). Bearbeiter der Cactaceae für „Pareys Blumengärtnerei", 2. Aufl., 1961. Schrieb auch „Neue und seltene Sukkulenten", 1946. Nach ihm die Gattung *Krainzia* Bckbg.

Krajina = Vladimir Joseph Krajina, Slavice bei Trebic, Slowakei 30.1.1905–31.5.1993 Vancouver, Kanada. Kanadischer Botaniker slowakischer Herkunft in Vancouver. War Professor der Botanik in Prag, emigrierte aber etwa 1948 nach Kanada und kam an die University of British Columbia. Sammelte u.a. auch Pflanzen auf Hawaii. Spezialgebiete: Pflanzensoziologie, *Elaphoglossum*. Schrieb u.a. „Die Pflanzengesellschaften des Mlynica-Tales ..." (in Beih. Bot. Centralbl. 50, 774–957 und 51,1–224, 1933).

M. Král = Milos Král, 1932–. Tschechischer Botaniker. Schrieb u.a. „Rubrivena, a new genus of Polygonaceae" (in Preslia 57, 65–67, 1985).

Kralik = Jean-Louis Kralik, Strasbourg 26.7.1813–19.2.1892 Tresserve. Französischer (Elsässischer) Botaniker in Paris, Mitarbeiter von Ernest Saint-Charles Cosson; schrieben zus. mit Michel Charles Durieu de Maissonneuve „Notes sur quelques plantes critiques, rares ou nouvelles ...", 1849–1852; und mit J. Billon „Catalogue des Reliquiae Mailleanae", 1869. Nach Kralik die Gattung *Kralikia* Coss. et Durieu.

Kramer = Wilhelm Heinrich Kramer, –1765

Krasch. = Ippolit Mikhailovich Krascheninnikov (Hippolit Mihajlovic Krascheninnikow), 1884–1947. Russischer Botaniker. Mitarbeiter an Komarov, V.L., Flora U.R.S.S., Bd. 4–7, 1935–1937. Nach ihm wahrscheinlich die Art *Rubia krascheninnikovii* Pojark.

Krasn. = Andrej Nikolaevic (Nikolaevich) Krasnov (Krassnov), 1862–1914. Russischer Botaniker in Charkow (Kharkov), Ukraine. Sammelte auch Pflanzen in Zentral- und Ostasien. Nach ihm die Gattung *Krasnovia* Popov ex Schischk.

Krasser = Fridolin Krasser, Iglau (heute Jihlava), Tschechien 31.12.1863–24.11.1922 Prag. Österreichischer Botaniker und Paläobotaniker, 1906–1922 Professor der Botanik in Prag. Bearbeitete die Melastomataceae in Band III.7 von Engler u. Prantl „Die natürlichen Pflanzenfamilien", 1. Aufl. 1893. Nach ihm die Gattung *Krassera* O. Schwartz.

Krassiln. = Nikolay Aleksandrovich Krassilnikov, Dorf Podwesti, Gouv. Smolensk, Russland 19.12.1896–. Russischer Botaniker.

E.H.L. Krause = Ernst Hans Ludwig Krause, Stade, Niedersachsen

27.7.1859–1942. Deutscher Arzt u. Botaniker. Schrieb u.a. „Flora der Insel St. Vincent in der Capverdengruppe" (in Botan. Jahrb. 14, 394–425, 1891); „Mecklenburgische Flora", 1893; „Exkursionsflora", 1908; bearbeitete mehrere Bände der 2. Aufl. von J. Sturms „Flora von Deutschland", 1900–1907. Nach ihm die Gattung *Krauseola* Pax et K. Hoffm.

K. Krause = Kurt Krause, Potsdam, Brandenburg 20.4.1883– 19.9.1963 Berlin. Deutscher Botaniker. Bearbeitete für Engler, Das Pflanzenreich Aponogetonaceae (zus. mit Engler), 1906; Araceae-Monsteroideae, 1908 (zus. mit Engler); Araceae-Calloideae, 1908; Goodeniaceae et Brunoniaceae, 1912; Araceae-Philodendroideae – Philodendreae – Philodendrinae, 1913; Araceae-Colocasioideae (zus. mit Engler), 1920; für Engler, Die natürlichen Pflanzenfamilien, 2. Aufl. Bd. 15a Stemonaceae, Liliaceae, 1930, Bd. 21 Lacistemaceae, 1925. Nach Krause die Gattung *Krausella* H. J. Lam.

W. Krause = W. Krause, fl. 1938

C. Krauss = Christian Ferdinand Friedrich von Krauss, Stuttgart 9.7.1812–15.9.1890 Stuttgart. Deutscher Botaniker u. Zoologe in Stuttgart. Bereiste 1838–1840 Südafrika. Schrieb „Beiträge zur Flora des Cap- und Natallandes", 1846. Nach ihm die Gattung *Kraussia* Harv.

V.I. Krecz. = Vladimir I. Kreczetovicz (Kreczetowicz), 1901–1942. Russischer Botaniker, Mitarbeiter an Komarov, V.L., Flora U.R.S.S. Bd. 2–3, 1934–1935 u. Bd. 11, 1945. Schrieb „[Fragen der Evolution des Pflanzenreichs]", 1952 (in Russisch). Nach ihm die Art *Puccinellia kreczetoviczii* S.V.Bubnova.

Krendl = Franz Xaver Krendl, 1926–. Österreichischer Botaniker am Naturhistorischen Museum in Wien. Spezialgebiete: Rubiaceae, Fabaceae. Schrieb u.a. „Cytotaxonomie der Galium mollugo-Gruppe in Mitteleuropa" (in Österr. Bot. Z. 114, 508–549, 1967). Mitarbeiter bei Flora europaea Band 4, 1976.

W.J. Kress = Walter John Emil Kress, Aiton, Illinois 4.3.1951 (pers. Mitt.) –. Nordamerikanischer Botaniker an der Smithsonian Institution in Washington, D. C. Schrieb „The taxonomy of Old World Heliconia (Heliconiaceae)" (in Allertonia 6, 1–58, 1990); zus. mit Fred Berry „Heliconia: An identification guide", 1991; zus. mit Robert Anthony DeFilipps, Ellen Farr und Daw Yin Yin Kyi „A checklist of the trees, shrubs, herbs and climbers of Myanmar", 2003. Mitarbeiter bei der von Wu Zheng-yi u. Peter Hamilton Raven (Hrsg.) publ. Flora of China.

Kress = Alarich Alban Herwig Ludwig Kress, Straubing, Bayern 9.2.1932–. Deutscher Botaniker, Hauptkonservator am Bot. Garten in München. Spezialgebiet: Primulaceae. Bearbeitete (zus. mit D.H. Valentine) die Gattung *Primula* für Flora Europaea (Band 3, 15–20, 1972). Schrieb „Primulaceen-Studien", 1–8, 1981–1988.

Kreutz = C.A.J. (Karel) Kreutz, fl. 1989–2004. Niederländischer Botaniker in Landgraaf, Limburg, Niederlande. Spezialgebiete: Orchidaceae, *Orobanche*. Schrieb „Die Orchideen der Türkei ...", 1998; „Feldführer Deutsche Orchideen", 2002; „Die Orchideen Zyperns", 2004; „Die Sommerwurzarten Europas I. Mittel- und Nordeuropa", 2002.

Kreutzer = Karl (Carl) Joseph Kreutzer, Wien 8.3.1809– 26.1.1866 Graz, Steiermark. Österreichischer Botaniker. Schrieb u.a. „Anthochronologicon plantarum Europae mediae. Blüthen-Kalender der Pflanzen des mittleren Europa", 1840; „Taschenbuch der Flora Wiens", 1852, 2. Aufl. 1864.

Kreuz. = Kurt G. Kreuzinger, 1905–1989. Tschechischer Ingenieur u. Kakteenkenner in Eger, publ. 1929 über *Rebutia*.

Kreyer = Georgij Kalowic (Karlovic) Kreyer, 1887–1942. Russischer Botaniker. Spezialgebiet: *Valeriana*.

Kriechb. = Wilhelm Kriechbaum, fl. 1925

Krock. = Anton Johann Krocker, Schönau, Schlesien 6.5.1744– 27.5.1823 Breslau. Deutscher Arzt u. Botaniker in Breslau. Schrieb „Flora silesiaca...", 1787–1823, 2. Aufl. 1796.

Krüssm. = Johann Gerd Krüssmann, Dinslaken, Niederrhein, Nordrhein-Westfalen 24.4.1910– 5.6.1980 Bad Salzuflen, Nordrhein-Westfalen. Deutscher Dendrologe, ehemaliger Leiter des Bot. Gartens Dortmund. Hrsg. von „Deutsche Baumschule", 1949ff. Veröffentlichte u.a. „Die Baumschule", 1949, 4. Aufl. 1977; „Die Nadelgehölze", 1955, 2. Aufl. 1960 (englisch: „Manual of cultivated conifers", 1985); „Handbuch der Laubgehölze", 1959–1962, 2. Aufl. 1976–1978 (englisch: „Manual of cultivated broad-leaved trees & shrubs", 1984–1986, 3 Bde.); „Rhododendron, andere immergrüne Laubgehölze und Koniferen", 1968; „Die Bäume Europas", 1968; „Handbuch der Nadelgehölze", 1970–1972, 2. Aufl. 1983; „Rosen, Rosen, Rosen", 1974.

Krukoff = Boris Alexander Krukoff, Minussinsk, Gouv. Jenisseisk, Sibirien 20.7. (od. 1.8.) 1898– 19.1.1983 Smithtown, New York. Russischer Botaniker, wanderte 1923 nach den Vereinigten Staaten aus. War für verschiedene Gesellschaften unterwegs in Südamerika und Afrika auf der Suche nach Heilpflanzen und gummiliefernden Pflanzen. Zuletzt tätig am New York Bot. Garden. Spezialgebiete: *Erythrina*, *Strychnos*, Menispermaceae. Schrieb zahlreiche Arbeiten über Taxonomie und angewandte Botanik und finanzierte zahlreiche Projekte zur Erforschung der Tropen-Flora. Nach ihm die Gattungen *Borismene* Barneby, *Krukoviella* A.C. Sm. u. z.B. die Art *Byrsonima krukoffii* W.R.Anderson.

Krylov = Porphyry Nikitic Krylov, 1850–27.12.1931 Tomsk. Russischer Botaniker. Schrieb „Flora Altaja Tomskoj gubernii", 7 Teile 1901–1914; gab auch mit anderen die ersten Bände von „Flora zapadnoj Sibiri", 1927–1964, heraus. Nach Krylov wahrscheinlich die Art *Crepis krylovii* Schischk.

Krysht. = African Nikolaevich (Nikolaevic) Kryshtofowicz

(Kristofovic, Krischtofowitsch), Kristopovka 9.11.1885-1953. Russischer Paläobotaniker, Pflanzengeograph, Pflanzen-Systematiker und Geologe, sammelte 1921-1927 Pflanzen auch in Ostasien.

Kudô = Yûshun Kudô, Masudamachi 6.3.1887-8.1.1932 Taipei, Taiwan. Japanischer Botaniker, Direktor des Bot. Gartens in Taipei. Schrieb u.a. „Nihon yuyo jumoku bunruigaku" [Taxonomy of useful trees of Japan], 1922, weitere Aufl. 1930, 1941; gemeinsam mit K. Miyabe „Flora of Hokkaido and Saghalien", 1930-1944. Nach Kudô die Gattung *Kudoacanthus* Hosokawa sowie die Zeitschrift Kudoa, 1933-1937.

Kühlew. = Paul Eduard von Kühlewein, Reval (heute Tallinn), Estland 7.5.1798-1870 Rostock. Deutsch-Baltischer Botaniker und Pflanzensammler, Autor von *Equisetum x litorale*.

Kük. = Georg Kükenthal, Weißenfels 30.3.1864-20.10.1955 Coburg, Bayern. Deutscher Theologe u. Amateurbotaniker. Bearbeitete für Engler, Das Pflanzenreich Cyperaceae-Caricoideae, 1909; Cyperaceae-Scirpoideae-Cypereae, 1935-1936. Schrieb „Beiträge zur Flora von Coburg und Umgebung (Rosen und Brombeersträucher)", 1930 (mit H. Schack). Nach Kükenthal die Gattung *Kuekenthalia* Börner.

Kündig = Jakob Kündig, Zell 25.3.1863-19.4.1933 Oberstammheim, Zürich. Schweizer Botaniker. Bearbeitete für Engler u. Prantl, Die natürlichen Pflanzenfamilien, Bd. III. 2 Papaveraceae, 1889-1891 (mit K.A.E. Prantl).

Künkele = Siegfried Heinrich Künkele, Mühlacker, Baden-Württemberg 27.3.1931-17.6.2004 Gerlingen, Baden-Württemberg. Deutscher Botaniker und Jurist, leitender Ministerialbeamter. Spezialgebiet: Europäische Orchideen. Initiator und Förderer der grundlegenden Werke über Flora, Funga und Fauna von Baden-Württemberg. Schrieb zusammen mit Helmut Baumann zahlreiche Aufsätze im Journal Europäischer Orchideen und in dessen Vorgänger-Zeitschrift. Außerdem zus. mit Baumann: „Die wildwachsenden Orchideen Europas", 1982; „Die Orchideen Europas", 1988. Nach Künkele die Art *Platanthera kuenkelei* H. Baumann.

P. Küpfer = Philippe Küpfer, 1942-. Schweizer Botaniker und Professor am Bot. Institut der Universität von Neuchâtel. Spezialgebiet: *Iberis* u. verwandte Gattungen (Cruciferae). Schrieb „Recherches sur les liens de parenté entre la flore orophile des Alpes et celle des Pyrénées" (in Boissiera 23, 1-322, 1974). Nach ihm die Art *Ranunculus kuepferi* Greuter et Burdet.

Kütz. = Friedrich Traugott Kützing (Kuetzing), Ritteburg bei Artern, Sachsen 8.12.1807-9.9.1893 Nordhausen. Deutscher Professor der Naturwissenschaften an der Realschule in Nordhausen und Botaniker. Schrieb hauptsächlich über Algen, Tange, Diatomeen etc., darunter das 19bändige Werk „Tabulae phycologicae oder Abbildungen der Tange", 1846-1871. Außerdem „Grundzüge der philosophischen Botanik", 1851-1852. Nach Kützing die Gattung *Kuetzingia* Sond.

Kuhn = Friedrich Adalbert Maximilian („Max") Kuhn, Berlin 3.9.1842-13.12.1894 Friedenau bei Berlin. Deutscher Botaniker. Bearbeitete für Martius, Flora Brasiliensis in Bd. I, 2 (1884) „Isoetaceae, Marsiliaceae, Salviniaceae"; für „Die Forschungsreise SMS Gazelle in den Jahren 1874/1876, IV: Botanik", 1889, die Farne. Schrieb u.a. „Filices africanae", 1868; „Beiträge zur Mexicanischen Farnflora", 1869.

Kulcz. = Stanislaw Kulczynski, 1895-1975

Kumm. = Ferdinand Kummer, Moosburg, Bayern 1810-22.3.1870 München. Deutscher Botaniker, Kustos des kgl. Herbariums in München. Publ. zus. mit Otto Sendtner über *Festuca* und *Allium*.

Kunth = Karl (Carl) Sigismund Kunth, Leipzig 18.6.1788-22.3.1850 Berlin (Selbstmord). Deutscher Botaniker. Hrsg. von A. v. Humboldts „Nova genera et species plantarum", 1815-1825. Weitere Schrieb „Flora berolinensis", 1813 (eine andere Schrift mit gleichem Titel erschien 1838); „Mimoses et autres plantes légumineuses du Nouveau Continent...", 1819-1824; „Synopsis plantarum... collegerunt Alexander von Humboldt et Amatus Bonpland", 1822-1826; „Enumeratio plantarum...", 1833-1850; „Revision des Graminées...", 1829-1834. Nach ihm die Gattung *Kunthia* Humb. et Bonpl.

Kuntze = Carl (Karl) Ernst (Eduard) Otto Kuntze, Leipzig 23.6.1843-28.1.1907 San Remo, Italien. Deutscher Botaniker in Berlin, Weltreisender. Bemühte sich besonders um eindeutige wissenschaftliche Nomenklatur, stand mit seinen Ansichten aber im Gegensatz zu den meisten seiner Kollegen. Schrieb u.a. „Monographie der Gattung Clematis L." (in Verh. Bot. Ver. Brandenburg 26, 83-202, 1885); „Revisio generum plantarum", 1891-1898; zus. mit Tom Erik von Post Hrsg. von „Lexicon generum phanerogamarum", 1903, auch 1904. Nach Kuntze die Gattung *Kuntzeomyces* Henn. ex Sacc. et P. Syd.

Kunz = Hans Kunz, Trimbach, Solothurn, Schweiz 24.5.1904-4.5.1982 Basel. Schweizer Botaniker, Psychologe und Anthropologe, Professor der Universität Basel. Spezialgebiet: Alpenpflanzen. Schrieb u.a. „Kleine kritische Beiträge zur Flora von Basel und Umgebung" (in Bauhinia 1-3, 1960-1966). Nach ihm die Art *Ranunculus kunzii* W. Koch.

Kunze = Gustav Kunze, Leipzig 4.10.1793-30.4.1851 Leipzig. Deutscher Botaniker, Direktor des Bot. Gartens Leipzig und Professor der Botanik. Schrieb „Analecta pteridographica", 1837; „Die Farrnkräuter in kolorirten Abbildungen", 1840-1851; „Supplemente zur Schkuhr's Riedgräsern", 1840-1851. Nach ihm die Gattung *Kunzea* Rchb.

Kupper = Walter Kupper, Attikon-Wiesendangen, Kanton Zürich 25.11.1874-13.12.1953 Zürich. Schweizer Botaniker, Professor, Kustos des Bot. Gartens München, Spezialist für Cactaceae, Orchidaceae. Bereiste von 1930-1932 Mittelamerika u. Mexiko.

Schrieb u.a. die populären Bücher „Die Kakteen", 1928; „Orchideen", 1952, 4. Aufl. mit W. Linsenmaier, 1959; „Kakteen", 1954.

Kurata = S. Kurata, fl. 1931

Kurtz = Fritz (Friedrich, Federico) Kurtz, Berlin 6.3.1854–23.8.1920 Córdoba, Argentinien. Deutsch-argentinischer Botaniker, Professor der Botanik in Córdoba. Schrieb u.a. „Aufzählung der von K. Graf von Waldburg-Zeil im Jahre 1876 in Westsibirien gesammelten Pflanzen", 1879; „Die Flora des Chilcatgebietes im südöstlichen Alaska ..." (in Botan. Jahrb. 19, 327–431, 1894); „Essai d'une bibliographie botanique de l'Argentine", 1900, 2. Aufl. 1913–1915. Publizierte mit Georg Carl Wilhelm Vatke. Nach ihm die Zeitschrift „Kurtziana" (1961ff.) sowie die Gattung *Kurzamra* Kuntze.

Kurz = Wilhelm Sulpiz Kurz, München 5.5.1834–15.1.1878 Pulo Penang, Malakka. Deutscher Botaniker, diente 1856 in der niederländischen East India Army unter dem Namen Johann Amann, war Kurator des Royal Herbariums in Kalkutta. Schrieb u.a. „Report on the vegetation of the Andaman Islands ...", 1870; „A sketch of the vegetation of the Nicobar Islands" (in Journ. Asiatic Soc. Bengal 45, 105–164, 1876); „Forest flora of British Burma", 1877. Nach ihm die Gattung *Kurzinda* Kuntze.

Kusn. = Nikolai Ivanowicz (Ivanovic) Kusnezow, St. Petersburg 5.12.1864–22.5.1932 Leningrad. Russischer Botaniker, Professor der Botanik in Tartu. Veröffentlichte „Untergattung Eugentiana ...", 1894; zus. mit N. A. Busch u. A. V. Fomin „Flora caucasica critica", 1901–1916.

A.I. Kuth. = A.I. Kuthatheladze, 1912–

Kuzmanov = Bogdan Antonov Kuzmanov, 1934–1991

L'Hér. = Charles Louis L'Héritier de Brutelle, Paris 15.6.1746–16.8.1800 Paris. Französischer Jurist u. Botaniker, war nach der französischen Revolution im Département de Justice beschäftigt; wurde in Paris unter heute noch ungeklärten Umständen ermordet. Schrieb neben mehreren Monographien über einzelne Gattungen u.a.

„Stirpes novae aut minus cognitae", 1785–1805; „Geraniologia", 1792 (nur Tafeln ohne Text); „Sertum anglicum", 1789–1792. (Die auf den Werken angegebenen Jahreszahlen entsprechen nicht den hier angegebenen tatsächlichen Erscheinungsdaten.) Nach ihm die Gattung *Heritiera* Ait.

La Llave = Pablo de La Llave, Córdoba, Veracruz, Mexiko 11.2.1773–Juni 1833 Corral bei Orizaba, Mexiko. Mexikanischer Botaniker, Geistlicher u. Politiker, zeitweise Direktor des Bot. Gartens Madrid, ab 1823 in Mexiko, Justizminister 1823–1825, Senatspräsident 1830. Schrieb zus. mit Juan Martinez de Lexarza „Novorum vegetabilium descriptiones", 1824–1825. Nach ihm die Gattung *Llavea* Lag.

Labill. = Jacques Julien Houttou (Houtton) de La Billardière, Alençon, Orne 28.10.1755–8.1.1834 Paris. Französischer Botaniker u. Forschungsreisender. Besuchte u.a. Südeuropa, Syrien, Libanon, Australien, Java. Schrieb „Icones plantarum Syriae rariorum", 1791–1812; „Novae Hollandiae plantarum specimen", 1804–1807; „Sertum austro-caledonicum", 1824–1825; „Relation du voyage à la recherche de la Pérouse...", 1800. Nach ihm die Gattung *Billardiera* Sm.

Labour. = J. Labouret, publ. 1853–1858. Französischer Kakteenkenner in Raffec, Charente. Schrieb „Monographie de la famille des Cactées", 1853.

Labroy = Oscar Labroy, 1877–1953. Französischer Botaniker in Paris. Publ. auch mit Joseph Gérôme.

Lace = John Henry Lace, 1857–9.6.1918 Exmouth, Devon. Englischer Botaniker, im Forstdienst in Indien u. Burma, 1881–1913, einer der ersten wichtigen Sammler in Burma. Schrieb „List of trees, shrubs and principal climbers... recorded from Burma", 1913. Nach ihm die Art *Euphorbia lacei* Craib.

Lachen. = Werner de Lachenal, Basel 28.10.1736–4.10.1800 Basel. Schweizer Botaniker, Professor der Anatomie und der Botanik in Basel. Schrieb „Specimen inaugurale observationum botanicarum ...",

1759; „observationes botanico-medicae ...", 1776. Nach ihm die Gattung *Lachenalia* J. Jacq. und die Art *Oenanthe lachenalii* C.C. Gmel.

J.A. Lackey = J. A. Lackey, publ. um 1978 über *Neonotonia*.

Länger = Reinhard Martin Länger, St. Pölten, Österreich 31.8.1960 (pers. Mitt.) -. Österreichischer Botaniker, Professor der Pharmakognosie an der Universität in Wien. Publ. u.a. zus. mit Johannes Saukel über *Achillea* (in Phyton (Horn) 31, 185–207; 32, 47–78, 159–172, 1992).

Laest. = Lars Levi Laestadius, Arjepluog, Lappland 10.1.1800–1861. Schwedischer Botaniker und Geistlicher. Schrieb „Botaniska Anmärkningar ...", 1823. Nach ihm wahrscheinlich die Gattung *Laestadia* Kunth ex Less.

Lag. = Mariano Lagasca y Segura, Encinacorva, Aragonien 4.10.1776–23.6.1839 Barcelona. Spanischer Botaniker am Bot. Garten in Madrid, 1822 im Exil in England, 1831–1834 in Jersey, ab 1834 zurück in Spanien. Schrieb „Amenidades naturales de las Españas...", 1811–1821; „Genera et species plantarum, quae aut novae sunt, ...", 1816; „Memoria sobre las plantas barrilleras de España", 1817; „Elenchus plantarum, quae in horto regio botanici matritensi colebantur anno 1815, ...", 1816. Nach ihm die Gattung *Lagascea* Cav. corr. Willd. sowie die Zeitschrift „Lagascalia", 1971 ff.

Lagerh. = Nils Gustaf von Lagerheim, Stockholm 18.10.1860–2.1.1926 Stockholm. Schwedischer Botaniker, kam 1889 an das Bot. Museum Lissabon, von 1889–1892 nach Quito, Ecuador, 1892–1895 in Tromsö, Norwegen, von 1895 an Professor der Botanik in Stockholm. Schrieb u.a. „Mykologische Studien", 1898–1900. Nach ihm die Gattung *Lagerheimia* Sacc.

Lagger = Franz Josef Lagger, Münster im Wallis April 1799–7.10.1870 Fribourg, Schweiz. Schweizer Botaniker und Arzt in Fribourg (nicht zu verwechseln mit Karl Franz Lagger). Nach Franz Josef Lagger die Gattung *Laggera* Sch. Bip. ex Benth., außerdem die Arten *Carex laggeri* Wimmer und *Salix laggeri* Wimmer, die er entdeckt hat.

Lagr.-Foss. = Adrien Rose Arnaud Lagrèze-Fossat, Moissac 3.8.1814–6.8.1874 Moissac. Französischer Rechtsanwalt und Botaniker in Moissac, Tarn-et-Garonne. Schrieb „Flore de Tarn et Garonne, ...", 1847. Nach ihm die Gattung *Lagrezia* Moq.

Laharpe = Jean Jacques Charles de Laharpe (La Harpe), 1802–1877. Schweizer Botaniker und Arzt in Lausanne, Waadt. Schrieb „Essai d'une monographie des vraies joncées...", 1825. Nach ihm und nach dem Schweizer Paläontologen Philippe George de Laharpe die Gattung *Laharpia* Heer.

Lahman = Bertha Marion Lahman, geb. Sherwood, Tiskilwa, Illinois 5.12.1872–. Nordamerikanische Botanikerin. Spezialgebiet: *Echinocereus*.

Laichard. = Johann Nepomuk von Laicharding (Laicharting) zu Eichberg und Lützegnad, Innsbruck, Tirol 4.2.1754–7.5.1797 Innsbruck. Österreichischer Botaniker und Entomologe, Professor der Naturgeschichte an der Universität Innsbruck. Schrieb „Vegetabilia europaea ...", 1790–1791; „Manuale botanicum ...", 1794.

Laing = Robert Malcolm Laing, 1865–1941. Neuseeländischer Botaniker, Algenspezialist. Schrieb zus. mit Ellen Wright Blackwell „Plants of New Zealand", 1906, 2.–7. Aufl. 1907–1964. Nach Laing die Gattung *Laingia* Kylin.

M. Laínz = Manuel Laínz Gallo, Santander 5.5.1923–. Spanischer Botaniker und Geistlicher (Jesuit) in Gijon. Spezialgebiet: Apiaceae. Schrieb zahlreiche Arbeiten „Aportaciones al conocimiento de la flora gallega" zur Flora von Galizien, Kantabrien und Asturien, 1955–1974. Mitherausgeber von „Flora Iberica", Band 1–5 und 8, 1986–1997. Nach ihm u.a. die Art *Solanecio lainzii* Fern. Casas. sowie die Unterart *Laserpitium nestleri* ssp. *lainzii* P. Monts.

Lakela = Olga Korhoven Lakela, Kestila, Finnland 11.3.1890–1980. Nordamerikanische Botanikerin finnischer Abstammung. Schrieb „A monograph of the genus Heuchera ...", 1936 (mit F.K. Butters u. C.O. Rosendahl); „A flora of northeastern Minnesota", 1965; „A flora of tropical Florida", 1971 (mit R.W. Long), ebenso „Ferns of Florida", 1976. Nach Lakela die Art *Lechea lakelae* Wilbur.

H.J. Lam = Hermann Johannes Lam, Veendam, Niederlande 3.6.1892–15.2.1977 Leiden. Niederländischer Botaniker, später Professor der Botanik und 1933–1962 Direktor des Rijksherbarium Leiden. Bereiste Java, Neuguinea und Neuseeland. Spezialgebiete: Verbenaceae, Sapotaceae, Sarcospermataceae, Burseraceae des fernen Ostens. Schrieb u.a. „The Verbenaceae of the Malayan Archipelago ...", 1919. Nach ihm die Gattung *Lamiofrutex* Lauterb., *Lamechites* Markgr., *Lamiodendron* Steenis und die Molluske *Planispira agnina* van Benthem-Jutting.

Lam. = Jean Baptiste Antoine Pierre Monnet de Lamarck, Bazentin-Le-Petit, Somme 1.8.1744–18.12.1829 Paris. Französischer Botaniker u. Zoologe, Begründer der Evolutionstheorie der Veränderlichkeit der Arten, von 1793–1829 Professor der Zoologie in Paris, im Alter erblindet. Befasste sich zunächst mit Meteorologie, zuletzt hauptsächlich mit Zoologie. Schrieb „Flore françoise", 1778, 2. Aufl. 1795, 3. Aufl. 1805–1815 (mit A.P. de Candolle, Titel „Flore française"); „Extrait de la flore française", 1792; „Histoire naturelle des végétaux...", 1802 auch 1830; „Encyclopédie méthodique. Botanique...", 1783–1817 (mit Jean Louis Marie Poiret); „Tableau encyclopédique et méthodique des trois règnes de la nature. Botanique", 1791–1823 (ebenfalls mit Jean Louis Marie Poiret). Zoologisches Hauptwerk „Histoire naturelle des animaux sans vertèbres", 1815–1822. Stellte in seiner „Philosophie zoologique", 1809, ein System der Transmutationslehre auf. Nach ihm die Gattung *Lamarckia* Moench corr. Koel.

Lamb. = Aylmer Bourke Lambert, Bath, Somerset 2.2.1761–10.1.1842 Kew, Surrey. Englischer Botaniker. Schrieb „A description of the genus Cinchona", 1797; „A description of the genus Pinus", 1803–1824; 2. Aufl. 1828–1837, weitere Aufl. 1832, 1837–1842, 1842 (z.T. unter Mitarbeit von D. Don); „An illustration of the genus Cinchona", 1821. Nach ihm die Gattungen *Lambertia* Sm. und *Aylmeria* Mart. sowie z.B. die Art *Oxytropis lambertii* Pursh.

Lambertye = Léonce Auguste Marie Comte de Lambertye, Montluçon, Allier 10. (nicht 14.) 2.1810–30.8.1877 Chaltrait, Épernay, Marne. Französischer Gartenbauschriftsteller. Schrieb „Catalogue raisonné des plantes vasculaires, qui croissent spontanément dans le département de la Marne", 1846. Nach ihm die Gattung *Bertya* Planchon.

Lamotte = Simon Gilbert („Martial") Lamotte, Gannat, Allier 1.3.1820–23.2.1883 Clermont-Ferrand. Französischer Botaniker und Apotheker in Riom, später Professor in Clermont-Ferrand. Schrieb „Prodrome de la flore du Plateau central de la France ...", 1877, und zus. mit Henri Lecoq „Catalogue raisonné des plantes vasculaires du Plateau central de la France", 1848.

Lancaster = Charles Roy Lancaster, 1937–. Britischer Botaniker. Publ. 1977 mit J. Cullen über Ericaceae.

Lander = Nicholas Sèan Lander, Redruth, Cornwall, England 15.9.1948 (pers. Mitt.) –. In England geborener australischer Botaniker in Perth. Spezialgebiete: Asteraceae, Malvaceae. Schrieb u.a. „Revision of the Australian genus Lawrencia Hook." (in Nuytsia 5, 201–272,1985).

Landolt = Elias Landolt, Zürich 1926–. Schweizer Botaniker, Professor der Botanik bzw. Geobotanik in Zürich. Schrieb „Die Artengruppe des Ranunculus montanus Willd. in den Alpen und im Jura" (in Ber. Schweiz. Bot. Ges. 64, 9–83, 1954); „Ökologische Zeigerwerte zur Schweizer Flora" (in Veröff. Geobot. Inst. ETH Zürich, Stiftung Rübel, 64, 1977); „Unsere Alpenflora", 6. Aufl. 1992 (übers. „Our alpine flora", 1989). Und zus. mit Hans E. Hess und R. Hirzel „Flora der Schweiz und angrenzender Gebiete", 1967-1972.

J.W. Landon = John W. Landon, publ. 1975. Nordamerikanischer Botaniker in St. Louis, USA. Schrieb „A new name for Osmaronia cerasiformis (Rosaceae)" (in Taxon 24, 200, 1975).

Laness. = Jean Marie Antoine de Belloguet („Jean-Louis") Lanessan, Saint-André-de-Cubzac, Gironde 13.7.1843-17.11.1919 Écouen, Seine-et-Oise. Französischer Arzt, Botaniker u. Staatsmann, auch Professor der Zoologie. Schrieb zahlreiche Artikel über Nutzpflanzen der französischen Kolonien, besonders von Indochina. Schrieb auch „Flore de Paris", 1884; „Les plantes utiles des colonies françaises", 1886. Mitarbeiter an Baillon, Henri Ernest: „Dictionnaire de botanique", 1876-1892.

Láng = Franz Adolph (Adolf) Láng, Pest 1795-22.11.1863 Neutra (Nyitra). Ungarischer Botaniker und Apotheker in Pest, ab 1832 in Neutra (Nyitra). Schrieb „Enumeratio plantarum in Hungaria sponte nascentium ...", 1822. Nach ihm wahrscheinlich die Gattung *Langia* Endl.

K.H. Lang = Karl Heinrich Lang, Singen, Baden-Württemberg 24.8.1800-16.10.1843 Müllheim, Baden-Württemberg. Deutscher Botaniker und Stadtpfarrer in Müllheim. Nach ihm die Art *Poa langiana* Rchb.

O. Lang = Otto Friedrich Lang, Verden, Niedersachsen 23.5.1817-26.12.1847 Verden. Deutscher Botaniker in Verden an der Aller. Schrieb „Caricineae germanicae et scandinavicae ...", 1851.

Lange = Johan Martin Christian Lange, Odstedgaard, Fredericia 20.3.1818-3.4.1898 Kopenhagen. Dänischer Botaniker, Professor in Kopenhagen, sammelte viele Pflanzen in Südfrankreich und Spanien. Schrieb „Descriptio iconibus illustrata plantarum novarum... e Flora hispanica", 1864-1866; „Haandbog i den Danske Flora", 1850-1851, 4. Aufl. 1886-1888; „Revisio specierum generis Crataegi..., quae in hortis Daniae coluntur", 1897; „Arboretum scandinavicum",

1883. Schrieb zus. mit H.M. Willkomm „Prodromus florae hispanicae...", 1861-1880, Suppl. 1893. Herausgeber von „Flora danica", Lieferung 44-51 (1858-1883; Lieferung 44 mit Johannes Jupetus Smith Steenstrup) u. Suppl., Lieferung 1-3 (1853-1874; Lieferung 1 mit Frederik Michael Liebmann). Nach Lange und Heinrich Moritz Willkomm die Gattung *Willkommlangea* Kuntze; nach Lange z.B. die Hybride *Orchis x langei* C. Richt.

Langport = Neuer Autor: Langport

Langsd. = Georg Heinrich Baron von Langsdorff, Wöllstein 18.4.1774-29.6.1852 Freiburg, Baden-Württemberg. Deutscher Botaniker, Teilnehmer an der Krusenstern-Expedition 1803-1806, später russischer Generalkonsul in Brasilien. Zus. mit F.E.L. von Fischer Hrsg. von „Plantes recueillies pendant le voyage des Russes autour du monde", 1810-1818. Nach von Langsdorff die Gattung *Langsdorffia* Mart.

Lapeyr. = Philippe Picot Baron de Lapeyrouse, Toulouse 20.10.1744-17.(nicht 18.) 10.1818 Toulouse. Französischer Generaladvokat, Inspekteur des Bergwesens, Professor der Naturwissenschaften und Botaniker. Schrieb „Figures de le Flore des Pyrénées, avec des Descriptions", 1795-1801; „Histoire abrégée des Plantes des Pyrénées, ...", 1813, Supplement dazu 1818. Nach ihm die Gattung *Lapeirousia* Pourr.

Lapham = Increase Allen Lapham, 1811-1875

Lapierre = Jean Marie Lapierre, Roanne 1754-28.12.1834. Französischer Botaniker. Publ. 1802 den Namen *Tillaea hexandra*.

Larisey = Mary Maxine Larisey, 1909-. Nordamerikanische Botanikerin, Professorin an der Medical University of South Carolina. Spezialgebiet: *Baptisia*. Schrieb u.a. „A monograph of the genus Baptisia" (in Ann. Missouri Bot. Gard. 27,119-258, 1940); „A revision of the North American species of the genus Thermopsis" (in Ann. Missouri Bot. Gard. 27, 245-264, 1940).

K. Larsen = Kai Larsen, 1926-. Dänischer Botaniker. Mitarbeiter bei der Flora of China. Zus. mit Tem Smitinand Herausg. von „Flora of Thailand", 1970 ff. Bearbeiter zahlreicher Familien bei der von Wu Zheng-yi u. Peter Hamilton Raven (Hrsg.) publ. Flora of China.

Lasch = Wilhelm Gottlob Lasch, Berlin 28.1.1787-1.7.1863 Driesen, Neumark. Deutscher Apotheker u. Botaniker. Hrsg. des Exsikkatenwerks „Herbarium norddeutscher Pflanzen", 1860, 2. Aufl. 1863 (zus. mit Carl Gabriel Baenitz). Nach ihm die Gattung *Laschia* Fr.

Lassen = Per Lassen, 1942-. Schwedischer Botaniker in Lund. Spezialgebiet: Fabaceae. Schrieb „A new delimitation of Coronilla, Hippocrepis, and Securigera (Fabaceae)" (in Willdenowia 19, 49-62, 1989).

Laterr. = Jean-François Laterrade, Bordeaux 23.1.1784-30.10.1858 Bordeaux. Französischer Botaniker, Direktor des Botan. Gartens Bordeaux. Gründete eine Société linnéenne de Bordeaux und wollte sie auf ganz Frankreich ausdehnen, was aber von der französischen Regierung 1828 verboten wurde. Schrieb „Flore bordelaise", 1811, Suppl. 1817; weitere Auflagen 1821, 1829, 1846. Nach ihm die Gattung *Laterradea* Raspail.

Lat.-Marl. = Joseph (Bory) Latour-Marliac, Granges, Lot-et-Garonne 6.3.1830-1911. Französischer Gärtner u. *Nymphaea*-Züchter.

Latourr. = Marc Antoine Louis Claret de Fleurieu de Latourrette, Lyon 11.8.1729-Aug. 1793 La Tourette bei Lyon. Französischer Botaniker u. Richter. Schrieb u.a. „Chloris lugdunensis", 1785; zus. mit F. Rozier „Démonstrations élémentaires de botanique...", 1766, weitere Aufl. 1773, 1787, 1796. Nach Latourrette die Gattung *Tourrettia* Foug. corr. Schreb.

A.B. Lau = Alfred B. Lau, publ. 1940-1980. Schweizer Missionar und Kakteensammler in Mexiko. Spezialgebiete: *Echinocereus*, *Mammillaria*. Nach ihm die Arten *Copiapoa laui* Diers u. *Parodia laui* Brandt.

Lauche = (Friedrich) Wilhelm (Georg) Lauche, Gartow, Hannover 21.5.1827-12.9.1883

Wildpark bei Potsdam, Brandenburg. Bedeutender deutscher Gärtner, Vorsteher der Gärtnerlehranstalt Wildpark bei Potsdam. Ihm gelang als erstem, Farnbastarde zu ziehen. Schrieb „Deutsche Pomologie", 1879-1882; „Deutsche Dendrologie", 1880, 2. Aufl. 1883; „Handbuch des Obstbaues", 1882. Nach ihm die Gattung *Lauchea* Klotzsch.

Lauener = Lucien André (Andrew) Lauener, London 6.4.1918-8.6.1991. Botaniker in Edinburgh von Schweizer Herkunft. Spezialgebiete: Ranunculaceae, Flora von China. Schrieb „The Introduction of Chinese Plants into Europe", (unveröff. Manuskript).

Lauterb. = Carl Adolf Georg Lauterbach, Breslau 21.4.1864-1.9.1937 Stabelwitz bei Breslau. Deutscher Forschungsreisender u. Botaniker, bereiste wiederholt Neuguinea (1890, 1896, 1899). Schrieb zus. mit K. Schumann „Die Flora der deutschen Schutzgebiete in der Südsee", 1900, Nachträge 1905. Nach ihm die Gattungen *Lauterbachia* Perk. und *Clarorivinia* Pax et K.Hoffm.

Lauth = Thomas Lauth, Straßburg 19.8.1758-16.9.1826 Bergzabern. Elsässischer Arzt u. Botaniker, Professor in Straßburg. Schrieb „Dissertatio inauguralis botanica de Acere ...", 1781.

Lavallée = Pierre Alphonse Martin Lavallée, Paris 1836-3.5.1884 Segrez. Französischer Dendrologe. Schrieb u.a. „Arboretum segrezianum. Icones...", 1880-1885; „Les Clématites à grandes fleurs...", 1884. Nach ihm die Gattungen *Lavallea* Baill. und *Lavalleopsis* Tiegh.

Lavis = Mary Gwendolene Lavis (verh. Mrs. O'Connor-Fenton), 1902-. Südafrikanische Botanikerin in Kapstadt. Spezialgebiet: *Conophytum*. Nach ihr die Arten *Delosperma lavisiae* L. Bolus und *Lampranthus mariae* (L. Bolus) L. Bolus.

Lavranos = John Jacob Lavranos, Korfu 29.3.1926-. Südafrikanischer Jurist und Botaniker griechischer Herkunft, besonders Sukkulentenkenner. Kam 1952 nach Südafrika. Schrieb zus. mit S. H. J. V. Rapanarivo, Anthonius Josephus Maria Leeuwenberg und W. Röösli „Pachypodium (Apocynaceae), taxonomy, habitats and cultivation", 1999. Nach ihm u.a. die Art *Aloe lavranosii* Reynolds.

Lavrenko = Evgenii Mikhailovic Lavrenko, 1900-1987. Ukrainischer Botaniker. Spezialgebiete: Poaceae, Brassicaceae. Mitarbeiter bei V.L. Komarov, Flora U.R.S.S., Band 2, 1934. Schrieb „Index seminum horti botanici charkoviensis", 1926; zus. mit Grigorij Ivanovic Sirjaev „Conspectus criticus florae provinciae charkoviensis", 1926. Nach Lavrenko die Art *Agropyron lavrenkoanum* Prokudin.

Y.W. Law = Liu Yu-Hu = Yuh Wu Law (Yuh Hu Liu), 1917-. Chinesischer Botaniker. Spezialgebiet: Magnoliaceae.

Lawesson = Jonas Erik Lawesson, 1959-

Lawr. = George Lawrence, fl. 1841. Englischer Gärtner u. Kakteenkenner in Hendon Vicarage, Middlesex. Publizierte 1841 über Kakteen.

C. Lawson = Charles Lawson, Edinburgh 1794-21.12.1873 Edinburgh. Schottischer Gärtner in Edinburgh, Sohn von Peter Lawson. Beide begannen zus. mit E.J. Ravencroft und John Lindley mit dem Werk „Pinetum Britannicum", 1863-1884. Nach Charles Lawson die Art *Chamaecyparis lawsoniana* (A. Murray) Parl.

M.A. Lawson = Marmaduke Alexander Lawson, Seaton-Carew, County Durham 20.1.1840-14.2.1896 Madras, Indien. Englischer Botaniker, Professor der Botanik in Oxford von 1868-1882, später in Indien. Mitarbeiter an Sir Joseph Dalton Hooker : „Flora of British India" Bd. 1(3), 1875 (Celastrineae, Rhamneae, Ampelideae) u. wahrscheinl. an Daniel Oliver, Flora of Tropical Africa Bd. 2, 1871 (Combretaceae, Myrtaceae).

Laxm. = Erich (Erik) Gustavovic Laxmann (Laxman, Laksman), Åbo 24.7.1737-16.1.1796 auf einer Reise nach Tobolsk. Finnischer Naturwissenschaftler u. Reisender, Pastor in Kolywan, Sibirien, Professor der Ökonomie in St. Petersburg, 1781 Bergrat zu Nertschinsk. Schrieb u.a. „Sibirische Briefe", 1769; „Beiträge zur Flora und Fauna Rußlands" (in Novi Comment. Acad. Sci. Imp. Petrop. zwischen 1770 u. 1796). Nach ihm die Gattung *Laxmannia* R. Br.

Layens = Georges Clément Joseph Bonnier de Layens, Lille, Nord, Frankreich 5.1.1834-23.10.1897 Nizza, Alpes-Maritimes. Französischer Botaniker. Schrieb „Nouvelle flore...", 1887 (zus. mit seinem Vetter Gaston Eugène Marie Bonnier), 2.-14. Aufl. 1888-1944; „Flore complète portative de la France et de la Suisse...", 1909.

Lázaro Ibiza = Blas Lázaro é Ibiza, Madrid 20.1.1858-Januar 1921 Madrid. Spanischer Botaniker in Madrid. Schrieb „Botánica descriptiva. Compendio de la flora Española ...", ed. 1, 1896, ed. 3, 1920-1921.

Le Gall = Nicolas Joseph Marie de Kerlinou Le Gall, Auray, Morbihan 8.8.1787-28.4.1860 Rennes, Ile-et-Vilaine. Französischer Botaniker, Politiker und Richter. Schrieb „Flore de Morbihan", 1852. Nach ihm die Art *Ulex gallii* Planch.

Le Jol. = Auguste François Le Jolis, Cherbourg 1.12.1823-20.8.1904 Cherbourg. Französischer Kaufmann u. Botaniker (Algenspezialist). Gründer der Société nationale des sciences nat. et math. de Cherbourg. Schrieb „Plantes vasculaires des environs de Cherbourg", 1860. Nach ihm die Gattung *Lejolisia* Bornet.

L.C. Leach = Leslie (Larry) Charles Leach, Southend, Essex, England 18.11.1909-18.7.1996. Englischer Geschäftsmann und Botaniker, ab 1938 in Zimbabwe, auch in Ost- und Südafrika. Spezialgebiete: Stapelieae, sukkulente Euphorbieae. Nach ihm u.a. die Art *Aloe leachii* Reynolds.

Leandri = Jacques Désiré Leandri, Sartène, Korsika 12.7.1903-1982. Französischer Botaniker am Muséum National d'Histoire Naturelle, Paris. Spezialgebiete: Euphorbiaceae, Thymelaeaceae, Moraceae, Urticaceae, Flora von Madagaskar. Mitarbeiter an Lecomte „Flore générale de l'Indochine", 1931 und an Humbert „Flore de Madagascar et des Comores", 1950-1965. Nach ihm die Gattungen *Dendroleandria* Arènes und *Leandriella* Benoist.

Leavenw. = Melines Conklin Leavenworth, Waterbury, Connecticut 15.1.1796–16.11.1862 bei New Orleans, Louisiana. Nordamerikanischer Militärarzt und Pflanzensammler (Mexiko, südliche USA). Schrieb zus. mit Eli Ives und William Tully „Catalogue of the phanerogamous plants, and of the ferns ...", 1831. Nach Leavenworth die Gattung *Leavenworthia* Torr.

Lebas = E. Lebas, publ. 1875. Französischer Gärtner, schrieb über *Ampelopsis*.

Lebedev = E.L. Lebedev. Publ. 1968.

Lebrun = Jean-Paul Antoine Lebrun, Brügge 7.10.1906–15.9.1985 Brüssel. Belgischer Botaniker an der Universität von Löwen. Sammelte Pflanzen am Kongo. Schrieb u.a. „Recherches morphologiques et systématiques sur les Caféiers du Congo ...", 1941.

Lecomte = Paul Henri Lecomte, Saint-Nabord, Vosges 8.1.1856–12.6.1934 Paris. Französischer Botaniker. Schrieb „Le cotton ...", 1900; „Altas des bois de l'Indochine", 1919, und gab zus. mit François Gagnepain heraus „Flore générale de l'Indochine", 7 Bände und Supplementband 1907–1950. Nach Lecomte die Gattungen *Lecomtea* Koidz. und *Lecomtella* A. Camus.

Lecoq = Henri Lecoq, Avesnes-sur-Helpe, Nord 18.4.1802–4.8.1871 Clermont-Ferrand. Französischer Botaniker, Professor der Naturgeschichte und Direktor des Bot. Gartens in Clermont-Ferrand. Schrieb „Études sur la géographie botanique de l'Europe ...", 1854–1858, zus. mit Jules Juillet „Dictionnaire raisonné des termes de botanique ...", 1831; zus. mit Martial Lamotte „Catalogue raisonné des plantes vasculaires du Plateau Central de la France", 1847. Nach Lecoq die Gattung *Lecokia* DC. sowie die Art *Papaver lecoqii* Lamotte.

Lecoy. = Joseph Cyprien Lecoyer, 1835–1899

Ledeb. = Carl (Karl) Friedrich von Ledebour, Stralsund, Mecklenburg-Vorpommern 8.7.1785–4.7.1851 München. Deutscher Botaniker, von 1811–1836 Direktor des Bot. Gartens u. Professor in Dorpat (heute Tartu), Estland; sammelte Pflanzen in Russland, besonders im Altaigebiet, zog 1836 nach Heidelberg und lebte zuletzt 1844–1851 in München. Schrieb „Flora altaica", 1829–1834; „Icones plantarum novarum vel imperfecte cognitarum floram rossicam, imprimis altaicam, illustrantes", 1829–1834; „Flora rossica", 1841–1853. Nach ihm die Gattung *Ledebouriella* H. Wolff.

Leeke = Georg Gustav Paul Leeke, Magdeburg, Sachsen-Anhalt 20.4.1883–3.9.1933 Berlin. Deutscher Lehrer und Botaniker in Berlin. Spezialgebiet: *Pennisetum*. Schrieb „Untersuchungen über Abstammung und Heimath der Negerhirse" (in Z. Naturwiss. 79, 1–108, 1907).

Leenh. = Pieter Willem Leenhouts, 1926–1.3.2004. Niederländischer Botaniker, am Rijksherbarium in Leiden tätig von 1947–1999. Spezialgebiete: Burseraceae, Connaraceae, Dichapetalaceae, Goodeniaceae, Loganiaceae und Sapindaceae. Schrieb u.a. „The genus Canarium in the Pacific", 1955; „Keys in biology" (in Proceed. Kon. Ned. Akad. Wetenschap. 69, 1966); „A guide to the practice of herbarium taxonomy" (in Regnum veg. 58, 1–60, 1968); „A conspectus of the genus Allophyllus (Sapindaceae). The problem of a complex species" (in Blumea 15, 301–358, 1968); „Revision of the Burseraceae of the Malaysian area in a wider sense..." (in Blumea 9, 275–647,1959). Bearbeitete zus. mit F. Adema u. P.C. van Welzen die Familie Sapindaceae für die Flora Malesiana I, Band 11, 419–768, 1994. Nach Leenhouts z.B. die Art *Strychnos leenhoutsii* Tirel.

Leers = Johann Daniel Leers, Wunsiedel, Oberfranken, Bayern 19.2.1727–7.12.1774 Herborn, Nassau, Hessen. Deutscher Apotheker u. Botaniker in Herborn. Schrieb „Flora herbornensis", 1775, 2. Aufl. 1789. Nach ihm die Gattung *Leersia* Sw.

Leeuwenb. = Anthonius Josephus Maria Leeuwenberg, 1930–. Niederländischer Botaniker in Wageningen. Spezialgebiete: Gesneriaceae, Dichapetalaceae, Connaraceae. Schrieb u.a. „The Gesneriaceae of Guiana : a critical revision with notes on species from adjacent regions", 1958; „A revision of Tabernaemontana", „The old world species", Band 1, 1991, „The new world species and Stemmadenia", Band 2, 1994. Mitarbeiter bei der von Wu Zheng-yi u. Peter Hamilton Raven (Hrsg.) publ. Flora of China. Nach ihm die Art *Tabernaemontana leeuwenbergiana* J.F. Morales.

Legrand = Antoine Legrand (Le Grand), Gien, Loiret 23.12.1839–13.3.1905 Bourges, Cher. Französischer Botaniker und Ingenieur in Bourges. Schrieb „Statistique botanique du Forez ...", 1873; „Flore analytique du Berry ...", 1887. Nach ihm die Hybride *Gymnadenia* x *legrandiana* G.Camus.

C.B. Lehm. = Carl Bernhard Lehmann, 1811–1875. Deutscher Gärtner. Spezialgebiet: *Sempervivum*. Besitzer einer *Sempervivum*-Sammlung in Offenbach bei Frankfurt am Main.

F. Lehm. = Friedrich Carl Lehmann, 1850–1903 (ertrunken im Rio Timbique, Kolumbien). Deutscher Botaniker, Konsul in Popayán, Kolumbien, sammelte Pflanzen in Mittelamerika, Kolumbien und Ecuador. Spezialgebiet: Orchidaceae. Nach ihm die Gattungen *Lehmanniella* Gilg und *Neolehmannia* Kraenzl. sowie u.a. die Art *Euphorbia lehmanniana* Pax.

J.F. Lehm. = Johann Friedrich Lehmann, publ. 1809. Deutscher Botaniker. Schrieb „Primae lineae Florae Herbipolensis", 1809.

Lehm. = Johann Georg Christian Lehmann, Haselau, Holstein 25.2.1792–12.2.1860 Hamburg. Deutscher Botaniker, Stadtbibliothekar, Professor der Naturgeschichte und Direktor des Bot. Gartens in Hamburg. Schrieb „Monographia generis Primularum", 1817; „Monographia generis Potentillarum", 1820, Suppl. 1835; „Novarum et minus cognitarum stirpium pugillus", 1828–1857; „Plantae Preissianae", 1844–1848; „Revisio Potentillarum...", 1856.

Leichtlin = Maximilian Leichtlin, Karlsruhe 20.10.1831–3.9.1910

Baden-Baden, Baden-Württemberg. Deutscher Gärtner, Kaufmann, Pflanzensammler und Importeur seltener Stauden und Zwiebelgewächse. Bereiste Argentinien und Brasilien und besaß einen bedeutenden bot. Garten.

F.M. Leight. = Frances Margaret Leighton (später Mrs. William Edwin Isaac), King William's Town 8.3.1909–2006. Südafrikanische Botanikerin. Schrieb u.a. „A brief review of the genus Agapanthus" (in Journal of South African Botany, 1965). Nach ihr z.B. die Art *Delosperma leightoniae* Lavis.

Lej. = Alexander Louis Simon Lejeune, Verviers 23.12.1779–28.12.1853 Verviers. Belgischer Arzt u. Botaniker in Verviers. Schrieb „Flore des environs de Spa", 1811–1813; „Revue de la flore des environs de Spa", 1824; zus. mit R.J. Courtois „Compendium florae belgicae", 1828–1836. Nach ihm die Gattung *Lejeunea* Lib. corr. Hampe sowie die Zeitschrift „Lejeunia" (1937 ff.).

Lellinger = David Bruce Lellinger, 1937–. Nordamerikanischer Botaniker an der Smithsonian Institution in Washington, D. C. Spezialgebiet: Pteridophyta. Sammelte zahlreiche Pflanzen in Mittelamerika. Schrieb u.a. „The ferns and fern-allies of Costa Rica, Panama, and the Chocó (Part 1..)", 1989; „A modern multilingual glossary for taxonomic pteridology", 2002. Nach ihm u.a. die Art *Pteris lellingeri* A.R. Sm. et J. Prado

H.V. Lelong = H. V. Lelong, publ. um 1935–1944. Schrieb zus. mit A. Castellanos „Una nueva especie de Opuntia" (in Lilloa 10, 395–402, 1944).

Lem. = (Antoine) Charles Lemaire, Paris 1.11.1800 („l'an 9, le 10 brumaire") –22.6.1871 Gent. Französischer Gärtner, Botaniker, Kakteenkenner und Gartenbauschriftsteller, war später in Belgien. Veröffentlichte u.a. „Iconographie descriptive des Cactées, ...", 1841–1847; redigierte von 1839–1845 „L'Horticulteur universel", von 1851–1854 „Le Jardin fleuriste", von 1854–1869 „L'Illustration horticole", von 1845–1855 zus. mit M.J.F. Scheidweiler u. L. van Houtte „Flore des Serres et des Jardins de l'Europe". Nach ihm die Gattung *Lemaireocereus* Britton et Rose.

Léman = Dominique Sébastien Léman, Neapel 30.12.1781–28.2.1829 Paris. Italienisch-französischer Botaniker. Schrieb über die Gattung *Rosa* u. über Kryptogamen. Nach ihm die Gattung *Lemanea* Bory.

Leme = Elton M.C. Leme, 1960–

Lemée = Albert Marie Victor Lemée, Châteauneuf d'Ille-et-Vilaine, Ile-et-Vilaine 22.8.1872–21.5.1961 Rennes, Ile-et-Vilaine. Französischer Kolonialbotaniker, später in Rennes. Schrieb „Dictionnaire descriptif et synonymique des genres de plantes phanérogames", 10 Bände, 1929–1959; „Flore de la Guayane française", 1952–1956.

Lemke = Willi Lemke, 1893–1973

Lemmon = John Gill Lemmon, Lima, Michigan 2.1.1832–24.11.1908 Oakland, Kalifornien. Nordamerikanischer Botaniker und Pflanzensammler in Kalifornien und Mexiko. Schrieb u.a. „Hand-book of West-American cone-bearers", 1892, 2. Aufl. 1892, 3. Aufl. 1895, 4. Aufl. 1900. Nach ihm die Gattung *Lemmonia* A. Gray.

Lemoine = (Pierre Louis) Victor Lemoine, Delme, Meurthe 21.10.1823–12.12.1911 Nancy. Bedeutender Französischer Gärtner u. Pflanzenzüchter (*Deutzia*, *Syringa*, *Philadelphus*, *Begonia*, *Gladiolus*, *Clematis*, *Fuchsia*). Schrieb „Atlas des charactères spécifiques des plantes de la flore parisienne ...", 1880–1881. Nach ihm die Art *Gladiolus lemoinei* hort. ex Baker.

Lenné = Peter Joseph Lenné, Bonn 29.9.1789–23.1.1866 Sanssouci, Brandenburg. Deutscher Botaniker und preußischer Generalgartendirektor. Nach ihm die Gattung *Lennea* Klotzsch.

L.W. Lenz = Lee Wayne Lenz, Bozeman, Montana 12.10.1915–. Nordamerikanischer Botaniker, Direktor des Rancho Santa Ana Botanic Garden in Claremont, Kalifornien. Spezialgebiet: *Iris*, *Brodiaea*. Schrieb „An annotated Catalogue of the Plants of the Cape Region, Baja California Sur, Mexico", 1993; und zus. mit John Dourley „California Native Trees and Shrubs", 1981.

León = Frère León = Hermano León, geboren als Joseph Sylvestre Sauget y Barbis, Mesnay, Jura, Frankreich 31.12.1871–20.11.1955 nahe Havana, Kuba. Kubanischer Botaniker französischer Herkunft, lebte in La Salle, Havana, Mitglied der „Frères des Écoles chrétiennes". Schrieb „Las exploraciones botanicas de Cuba ...", 1918, und zus. mit E. E. Liogier (= Hermano Alain) „Flora de Cuba", 5 Bände, 1946–1962. Nach Hermano León die Gattung *Saugetia* Hitchc. et Chase.

J. Léonard = Jean Joseph Gustave Léonard, Couvin, Belgien 17.5.1920–. Belgischer Botaniker in Brüssel. Spezialgebiete: Fabaceae, Euphorbiaceae. Sammelte auch zahlreiche Pflanzen im Kongo. Nach ihm die Gattungen *Leonardendron* Aubrév. und *Leonardoxa* Aubrév.

Lepech. = Ivan Ivanovich (Ivanovic) Lepechin, St. Petersburg 20.8.1737–8.4.1802 St. Petersburg. Russischer Botaniker, Direktor des Bot. Gartens St. Petersburg. Nach ihm die Gattungen *Lepechinia* Willd. u. *Lepichiniella* Popov.

Leresche = Louis François Jules Rodolphe Leresche, Lausanne, Waadt, Schweiz 10.12.1808–11.5.1885 Rolle, Waadt. Schweizer Geistlicher in Château d'Oex, Waadt und Botaniker. Veröffentlichte zus. mit Émile Levier „Deux excursions botaniques dans le Nord de l'Espagne et le Portugal en 1878 et 1879", 1881. Nach Leresche die Gattung *Lereschia* Boiss.

J.-F. Leroy = Jean-François Leroy, 1915–1999. Französischer Botaniker, Direktor des Laboratoire de Phanérogamie, Muséum d'Histoire Naturelle in Paris, sammelte Pflanzen weltweit, besonders aber in Westafrika, Südostasien, Madagaskar, Guayana und Neukaledonien. Spezialgebiete u.a. Rubiaceae und Meliaceae. Nach ihm die Art *Diospyros leroyi* Kosterm.

Lesch. = Jean Baptiste Louis (Claude) Théodore Leschenault de la Tour, Chalon-sur-Saône 13.11.1773–14.3.1826 Paris. Französischer Gelehrter u. Reisender. Bereiste Südasien u. die Südseeinseln, Guayana, Cayenne, Brasilien. Schrieb über Australien u. Tasmanien in F. Pérons „Voyage de decouvertes aux terres australes, pendant les années 1800–1804", 1807–1816, 2. Aufl. 1824. Nach ihm die Gattung *Lechenaultia* R. Br.

A.C. Leslie = Alan Christopher Leslie, Guildford, Surrey, England 13.6.1953 (nicht 1950, pers. Mitt.) -. Englischer Botaniker in Wisley, Surrey. Spezialgebiet: Nomenklatur der Zierpflanzen.

Lesp. = Jean Martial („Gustave") Lespinasse, Bordeaux 16.2.1807–15.1.1876 Bordeaux. Französischer Botaniker in Bordeaux. Schrieb „Florula sebastopolitana ...", 1881, posthum herausgegeben von Victor Félix Raulin.

Less. = Christian Friedrich Lessing, Wartenberg, Schlesien 10.8.1809–1862 Krasnojarsk, Sibirien. Deutscher Arzt u. Botaniker, Enkel des Dichters Gotthold Ephraim Lessing (1729–1781), reiste in Norwegen und im asiatischen Russland und lebte zuletzt in Krasnojarsk in Sibirien. Schrieb „Reise durch Norwegen ...", 1831; „Synopsis generum Compositarum...", 1832. Nach ihm, nach seinem Großvater und nach seinem Neffen Karl Friedrich Lessing die Gattung *Lessingia* Cham.

Lest.-Garl. = Lester Vallis Lester-Garland (geboren als Lester), 28.7.1860–23.3.1944 Bath, Somerset. Englischer Botaniker und Dozent in Oxford und Jersey. Schrieb „A flora of the Island of Jersey ...", 1903.

T. Lestib. = Thémistocle Gaspard Lestiboudois, Lille 12.8.1797–22.(nicht 12.) 11.1876 Paris. Französischer Botaniker, Professor der Botanik in Lille, Sohn und Enkel eines Botanikers. Schrieb „Essai sur la famille des Cypéracées, ...", 1819 (bildet eine Forts. zu Palisot de Beauvois „Essai d'une nouvelle Agrostographie", 1812); „Botanographie belgique", 1827, eine ganz neu geschriebene Version eines Werkes seines Vaters, François Joseph Lestiboudois (?-1815).

Letty = Cythna Lindenberg Letty (verheiratete Forssman), Standerton, Transvaal, Südafrika 1.1.1895–1985. Südafrikanische Botanikerin und botanische Künstlerin, verheiratet mit Oscar William Alric Forssman. Spezialgebiete: Asclepiadaceae, *Zantedeschia*. Nach Letty die Art *Aloe lettyae* Reynolds sowie die Cythna Letty Nature Reserve bei Barberton.

Leuenb. = Beat Ernst Leuenberger, Burgdorf, Schweiz 27.8.1946 (pers. Mitt.) -. Schweizer Botaniker am Botanischen Museum in Berlin-Dahlem. Spezialgebiet: Sukkulente. Schrieb u.a. „Welwitschia mirabilis (Welwitschiaceae), male cone characters, and a new subspecies" (in Willdenowia 31, 357–381, 2001); „Maihuenia – monograph of a Patagonian genus of Cactaceae" (in Bot. Jahrb. Syst. 119, 1–92, 1997); „Lectotypification of Cereus hexagonus ..." (in Bot. Jahrb. Syst. 111, 145–164, 1989); „Die Pollenmorphologie der Cactaceae und ihre Bedeutung für die Systematik" (in Diss. Bot. 31, 1–321, 1976). Mitarbeiter von „The European Garden Flora", Band 3, 1989. Mitautor von „Flore analytique du Togo" (in Englera 4, 1–751, 1984).

H. Lév. = Augustin Abel Hector Léveillé, Le Mans 13.3.1863–25.11.1918 Le Mans. Französischer Botaniker und Geistlicher, 1887–1892 in Pondicherry, später in Le Mans, Begründer der Zeitschrift „Le Monde des Plantes", 1891 ff. Schrieb u.a. „Petite flore de la mayenne ...", 1895; „Monographie du genre Oenothera...", 1902–1913; „Iconographie du genre Epilobium", 1910–1911; „Flore du Kouy-Tchéou", 1914–1915; „Catalogue des plantes de Yun-Nan ...", 1915–1917; „Catalogue illustré et alphabétique des plantes du Sen-Tchouen", 1918–1919. Nach ihm die Gattung *Leveillea* Vaniot.

Levier = Émile (Emilio) Levier, Bern 14.6.1839–26.8.1911 Florenz, Italien. Italienischer Botaniker schweizerischer Herkunft. Sammelte weltweit zahlreiche Pflanzen. Schrieb u.a. „Les tulipes de l'Europe", 1884; „A travers le Caucase", 1894; und zus. mit Carlo Pietro Stefano Sommier „Enumeratio plantarum anno 1890 in Caucaso lectarum" (in Acta Horti Petropolitani 16, 1900). Nach ihm die Gattung *Levieria* Becc.

Levyns = Margaret Rutherford Bryan Levyns (geborene Michell), Kapstadt 24.10.1890–11.11.1975 Kapstadt. Südafrikanische Botanikerin, erste Präsidentin der Royal Society of South Africa, verheiratet mit John Levyns. Spezialgebiet: *Lobostemon*. Schrieb „A guide to the flora of the Cape Peninsula ...", 1929. Mitherausgeberin von „The flora of the cape Peninsula", 1950. Nach ihr die Art *Selago levynsiae* Hilliard.

F.H. Lewis = Frank Harlan Lewis, Redlands, Kalifornien 8.1.1919–. Nordamerikanischer Botaniker an der University of California, Los Angeles, verheiratet mit der Botanikerin Margaret Ruth Ensign Lewis. Spezialgebiete: Onagraceae, *Delphinium*. Schrieb u.a. „Polyploidy in the Californian Delphiniums", 1946; zus. mit seiner Frau „The genus Clarkia (Onagraceae)" (in Univ. Calif. Publ. Bot. 20, 241–392, 1955).

G.J. Lewis = Gwendoline Joyce Lewis, Kapstadt 27.3.1909–11.4.1967 Kapstadt. Südafrikanische Botanikerin in Kirstenbosch. Spezialgebiet: Iridaceae. Schrieb u.a. „South African Iridaceae, the genus Ixia" (in Journ. South Afr. Bot. 76, 307–313, 1962); zus. mit A. A. Obermeyer u. T. T.Barnard „Gladiolus : a revision of the South African species" (in Journ. South Afr. Bot., suppl. Vol. 10, 1972). Nach Lewis die Art *Muraltia lewisiae* Levyns.

H.F. Lewis = Harrison Flint Lewis, Sag Harbor, New York 15.12.1893–1974. Kanadischer Ornithologe und Naturschützer. Publ. auch über Poaceae.

M.R. Lewis = Margaret Ruth Ensign Lewis (geb. als Margaret Ruth Ensign), Pasadena, Kalifornien 12.10.1919–. Nordamerikanische Botanikerin u. Pflanzensammlerin, Ehefrau von Frank Harlan Lewis.

Spezialgebiet: *Clarkia*. Schrieb zus. mit ihrem Mann „The genus Clarkia (Onagraceae)" (in Univ. Calif. Publ. Bot. 20, 241–392, 1955).

Lex. = Juan Martinez de Lexarza, Valladolid, Michoacan, Mexiko 1785–1.9.1824 Mexiko City. Mexikanischer Arzt und Botaniker. Schrieb zus. mit Pablo de La Llave „Novorum vegetabilium descriptiones", 1824–1825. Nach Lexarza die Gattung *Lexarza* La Llave.

Leyb. = Friedrich Leybold, Großköllnbach bei Landau, Isar, Bayern 29.9.1827–31.12.1879 Santiago, Chile. Deutscher Apotheker und Botaniker. Schrieb u.a. „Der Schleern bei Botzen in Südtyrol" (in Flora 37, 433–444, 449–456, 1854); „Stirpium in Alpibus orientali-australibus nuperrime repertarum, ...", 1855; „Escursion a las pampas arjentinas", 1873. Bearbeitete für Martius, Flora brasiliensis, in Bd. IV, 1 „Salicineae", 1855.

Leyss. = Friedrich Wilhelm von Leysser (auch Leyser in seiner Frühzeit), Magdeburg, Sachsen-Anhalt 7.3.1731–10.10.1815 Halle, Sachsen-Anhalt. Deutscher Botaniker. Schrieb „Flora halensis", 1761, 2. Aufl. 1783. Nach ihm die Gattung *Leysera* L.

G.Z. Li = Li Guang-Zhao = Guang Zhao Li, 1940–. Chinesischer Botaniker am Guangxi Institute of Botany in Guilin. Spezialgebiete: Hydrangeaceae, Scrophulariaceae. Publ. 1995 über *Rhododendron*.

H. Li = Li Heng = Heng Li, 9.3.1929–. Chinesischer Botaniker am Kunming Institute of Botany, Yunnan. Spezialgebiete: Araceae, Dioscoreaceae, Lilaceae.

H.W. Li = Li Hsi-Wen = Hsi Wen Li, Tsiang-king, Szechuan 10.10.1902–4.7.1976. Chinesischer Botaniker und Genetiker. Spezialgebiet: *Oryza*.

H.L. Li = Li Hui-Lin = Hui Lin Li, Soochow, China 15.7.1911–. Chinesischer Botaniker, später in Nordamerika, Direktor des Herbariums des Morris Arboretums, Philadelphia, Pennsylvania, Professor der Botanik. Schrieb „Garden Flowers of China", 1959; Woody Flora of Taiwan", 1963; „Trees of Pennsylvania, the Atlantic States and the Lake States", 1972. Mithrsg. von „Flora of Taiwan", 1976–1979 (mit Tang Shui Liu, Tseng Chieng Huang, T. Koyama u. Charles Edward de Vol).

Y.K. Li = Li Yong-Kang = Yong Kang Li, 1918–. Chinesischer Botaniker am Guizhou Agricultural College. Spezialgebiet: Gehölze..

J.J. Li = Li Jia-Jue = Jia Jue Li, 1938–. Chinesischer Botaniker. Publ. über *Paeonia*.

C.F. Liang = Liang Chou-Feng = Chou Fen(g) Liang, 1921–. Chinesischer Botaniker. Spezialgebiet: Actinidiaceae.

Libosch. = Joseph L. Liboschitz, 1783–5.1.1824 Wien. Russischer (Österreichisch-ungarischer) Arzt u. Botaniker in St. Petersburg, später in Wien. Schrieb gemeinsam mit K.B. Trinius „Flore des environs de St. Pétersbourg et de Moscou", 1811–1818. Nach Liboschitz vermutlich die Art *Dianthus liboschitzianus* Hohen. ex Boiss.

Lidén = Magnus Lidén, Karlstad, Schweden 27.10.1951 (pers. Mitt.) -. Schwedischer Botaniker am Botanischen Garten in Uppsala. Spezialgebiet: Papaveraceae, *Fumaria*. Schrieb „Synopsis of Fumarioideae (Papaveraceae) with a monograph of the tribe Fumarieae" (in Opera bot. 88, 1–133, 1986); zus. mit H. Zetterlund „Corydalis", 1997. Mitarbeiter bei der von Wu Zheng-yi u. Peter Hamilton Raven (Hrsg.) publ. Flora of China.

Liebl. = Franz Kaspar Lieblein, Karlstadt am Main, Unterfranken, Bayern 15.9.1744–28.4.1810 Fulda, Hessen. Deutscher Botaniker und Lehrer, „Hochfürstlich-Fuldischer Hofkammerrath und Hofapotheker". Schrieb „Flora fuldensis", 1784.

Liebm. = Frederik Michael Liebmann, Helsingor 10.10.1813–29.10.1856 Kopenhagen. Dänischer Botaniker, Direktor des Bot. Gartens Kopenhagen und Professor der Botanik. Bereiste von 1840–1843 Kuba und Mexiko. Schrieb „Mexicos bregner ...", 1849; „Mexicos halvgraes ...", 1850; „Chênes de l'Amérique tropicale", 1869. Herausgeber von „Flora danica", Lieferung 41–43 (1845–1852) u. von Lieferung 1 des Suppl. (1853; mit Johan Martin Christian Lange). Nach Liebmann die Gattung *Liebmannia* J. Agardh.

Liebner = C. Liebner, lebte um 1895. Schrieb in Monatsschrift für Kakteenkunde, 1895.

Liede = Sigrid Liede, verh. Liede-Schumann, Karlsruhe 12.1.1957 (pers. Mitt.) -. Deutsche Botanikerin an der Universität in Ulm, später Professorin in Bayreuth. Spezialgebiete: Asclepiadaceae, Apocynaceae, Aizoaceae. Schrieb u.a. zus. mit Focke Albers „Tribal disposition of genera in the Asclepiadaceae" (in Taxon 43, 201–231, 1994). Nach ihr die Art *Cynanchum sigridiae* U. Meve et M. Teissier.

Lightf. = John Lightfoot, Newent, Gloucestershire 9.12.1735–18.2.1788 Uxbridge, Middlesex. Englischer Pfarrer und Botaniker in Gotham, Nottinghamshire. Schrieb „Flora scotica", 1777, 2. Aufl 1789 bzw. 1792. Nach ihm die Gattung *Lightfootia* Sw.

Lilja = Nils Lilja, Blinkarp 17.10.1808–19.12.1870 Lund. Schwedischer Botaniker, Publizist und Organist in Billinge in Skåne. Schrieb „Flora öfver Sveriges odlade vexter, ...", 1839, Suppl. 1840; „Skånes flora ...", 1838, 2. Aufl. 1870.

Lilj. = Samuel Liljeblad, Södra Vi, Småland 20.12.1761–1.4.1815 Uppsala. Schwedischer Botaniker, Professor und Arzt. Schrieb „Utkast till en svensk flora", 1792, 2. Aufl. 1798, 3. Aufl. 1816.

Lillo = Miguel Lillo, Tucumán 31.7.1862–4.5.1931 Tucumán. Argentinischer Botaniker. Schrieb „Flora de la Provincia de Tucumán Gramíneas ...", 1916; „Contribución al conocimiento de los arboles de la Argentina ...", 1910. Nach ihm die Gattung *Lilloa* Speg., das Instituto Miguel Lillo in Tucumán und die Zeitschrift Lilloa, 1937 ff.

H. Limpr. = Hans Wolfgang Limpricht, 1877–

M.M. Lin = Lin Mu-Mu = Mu Mu Lin, publ. 1987. Chinesischer Botaniker. Publizierte zus. mit Qing Fang Zheng über *Michelia*.

W.C. Lin = Lin Wei-Chih = Wei Chih Lin, publ. 1970. Chinesischer Botaniker in Taiwan. Spezialgebiet: Poaceae.

Lincz. = Igor Alexandrovich Linczevski, 1908-1997. Russischer Botaniker in St. Petersburg. Spezialgebiete: Plumbaginaceae, Nomenklatur. Sammelte in Zentralasien und China Pflanzen. Mitarbeiter von Komarovs Flora URSS. Bearbeitete die Familien Simaroubaceae, Meliaceae, Anacardiaceae, Valerianaceae, Teile der Plumbaginaceae, Leguminosae und Rubiaceae sowie die Gattungen *Amygdalus, Mandragora, Bupleurum* und *Acantholepis*. Nach ihm wahrscheinlich die Art *Ferula linczevskii* Korovin.

Lindau = Gustav Lindau, Dessau 2.5.1866-10.10.1923 Berlin. Deutscher Botaniker, Kustos am Bot. Museum Berlin, ab 1902 Professor. Spezialgebiete: Fungi u. Acanthaceae. Bearbeiter zahlreicher Gruppen für Engler und Prantl, „Die natürlichen Pflanzenfamilien", Verf. Vieler meist mykol. Werke, u.a. „Hilfsbuch für das Sammeln parasitischer Pilze", 1901, 2. Aufl. 1922; „Die Pilze Deutschlands ... Fungi imperfecti...", 1904-1910; „Kryptogamenflora für Anfänger", 1911-1914, 2. Aufl. 1917-1926, 3. Aufl. 1928; und zus. mit Paul Sydow „Thesaurus litteraturae mycologicae et lichenologicae ...", 1908-1917, Suppl. 1911-1930. Nach Lindau die Gattung *Lindauea* Rendle.

G. Lindb. = Gustaf Anders Lindberg, Stockholm 14.8.1832-3.2.1900 Stockholm. Schwedischer Botaniker in Stockholm, Bruder von Sextus Otto Lindberg. Spezialgebiet: *Rhipsalis*. Reiste in Brasilien und sammelte zahlreiche Pflanzen. Nach ihm die Art *Rhipsalis lindbergiana* K.Schum.

H. Lindb. = Harald Lindberg, Helsinki 2.11.1871-13.3.1963 Helsinki. Finnischer Botaniker schwedischer Herkunft. Schrieb „Enumeratio plantarum in Fennoscandia orientali sponte et subsponte nascentium", 1901; „Iter austro-hungaricum", 1906; „Die nordischen Alchemilla vulgaris-Formen ...", 1909; „Itinera mediterranea ...", 1932. Nach ihm die Gattung *Lindbergella* Bor.

Lindb. = Sextus Otto Lindberg, Stockholm 29.3.1835-20.2.1889 Helsingfors. Schwedischer Botaniker (Bryologe), Professor der Botanik an der Universität in Helsingfors, Bruder von Gustav Anders Lindberg. Schrieb zahlreiche Werke über Bryophyta. Nach ihm die Moos-Gattung *Lindbergia* Kindb. und die Zeitschrift Lindbergia 1971 ff.

Lindblad = Matts Adolf Lindblad, Nyköping 1.5.1821-30.6.1899 Stockholm. Schwedischer Botaniker in Uppsala. Schrieb zus. mit Herman Sandeberg „Svampbok", 1901-1902, 2. Aufl. 1913. Nach Lindblad die Gattung *Lindbladia* Fr.

Lindeb. = Carl Johan Lindeberg, Gränna 3.8.1815-4.5.1900 Alingsås. Schwedischer Botaniker und Lehrer in Göteborg. Schrieb „Skandinaviens Hieracier", 1877.

Lindem. = Eduard Emanuilovitch von Lindemann, Mitau (heute Jelgava), Lettland 13.6.1825-1900 Kischinew (heute Chisinau), Moldawien. Deutsch-Baltischer Arzt und Botaniker in Elisabethgrad (heute Cherson, Ukraine), Sohn des Botanikers Emanuel von Lindemann (1795-1845). Schrieb „Florula elisabethgradensis", 1867; „Flora chersonensis", 1881-1882. Nach ihm die Art *Cytisus lindemanni* Krecz.

Linden = Jean Jules Linden, Luxemburg 3.2.1817-12.1.1898 Brüssel. Luxemburgischer Gärtner, Reisender (1835-1844 in Brasilien, Mittelamerika, Mexiko und Kuba und dem trop. Amerika), Gartenbauschriftsteller und Inhaber großer Gärtnereien in Luxemburg, Brüssel u. Gent. Hrsg. von „L'Illustration horticole", 1870-1896; „Lindenia Iconographie des Oerchidées", 1885-1898; veröffentlichte ferner „Hortus Lindenianus", 1859-1860; „Pescatorea" (zus. mit J.E. Planchon, H.G. Reichenbach filius u. G. Lüddemann), 1854-1860, und zus. mit J.E. Planchon „Preludia florae columbianae", 1853 sowie „Plantae columbianae", 1874-1875. Nach Linden die Gattung *Lindenia* Benth.

L. Linden = Lucien Linden, 1851-1940. Belgischer Gärtner und Botaniker. Schrieb zus. mit Célestin Alfred Cogniaux „Les orchidées exotiques et leur culture en Europe ...", 1894. Gab von 1881-1896 L'illustration horticole heraus. Zus. mit Emile Rodigas und Charles Lucien Linden Herausg. von Lindenia, Iconographie des Orchidées, 1885-1903.

Linding. = Karl Hermann Leonhard Lindinger, Raitersaich, Fürth, Bayern 2.4.1879-. Deutscher Botaniker in Hamburg. Schrieb „Reisestudien auf Tenerife ...", 1911; „Beiträge zur Kenntniss von Vegetation und Flora der kanarischen Inseln ...", 1926.

Lindl. = John Lindley, Catton bei Norwich, Norfolk 5.2.1799-1.11.1865 Turnham Green, Middlesex. Englischer Botaniker, Professor der Botanik in London, war 40 Jahre lang Sekretär der Royal Horticultural Society, redigierte seit 1841 den bot. Teil von „Gardeners Chronicle". Spezialgebiet: Orchidaceae. Schrieb u.a. „Rosarum monographia", 1820; „Digitalium monographia", 1821; „A Synopsis of the British Flora", 1829, 2. Aufl. 1835, 3. Aufl. 1841; „An introduction to the natural system of botany", 1830, davon die 2. Aufl. unter dem Titel „A natural system of botany", 1836; „The genera and species of orchidaceous plants", 1830-1840; „The fossil flora of Great Britain", 1831-1837 (mit W. Hutton); „Flora medica", 1838; „Sertum orchidaceum", 1837-1841; „The theory of horticulture", 1840; „Pomologia britannica", 1841; „The vegetable kingdom", 1846, 2. Aufl. 1847, 3. Aufl. 1853; „Collectanea botanica...", 1821-1826; „Folia orchidacea", 1852-1859. Schrieb zus. mit Thomas Moore „The treasury of botany", 1866, weitere Aufl. 1870-1899. Schrieb außerdem zus. mit Sir Joseph Paxton „Paxton's flower garden", 1850-1853, neue Aufl. 1880-1885 (von Thomas Baines). Nach Lindley die Gattung *Lindleya* Humb., Bonpl. et Kunth.

Lindm. = Carl Axel Magnus Lindman, Halmstad 6.4.1856-21.6.1928 Stockholm. Schwedischer Botaniker, reiste in Europa, Nordafrika und Brasilien. Schrieb u.a. „Vegetationen i Rio Grande do Sul ...", 1900;

"Svensk fanerogamflora", 1918, 2. Aufl. 1926; "Illustrerad skol- och exkursionsflora över sveriges kärlväxter ...", 1928. Nach ihm die Gattung *Lindmania* Mez.

G.E. Linds. = George Edmund Lindsay, 1916–16.7.2002. Nordamerikanischer Botaniker, Direktor des San Diego Natural History Museum in Kalifornien. Spezialgebiet: Cactaceae. Schrieb „The genus Ferocactus", 1996. Nach ihm z.B. die Art *Mammillaria lindsayi* R.T. Craig.

R. Linds. = Robert Lindsay, Edinburgh 7.5.1846–24.9.1913 Edinburgh. Schottischer Botaniker, Kurator des Bot. Gartens Edinburgh. Publ. über *Nepenthes*.

Lingelsh. = Alexander von Lingelsheim, Arolsen 27.9.1874–5.3.1937 Breslau. Deutscher Botaniker, Professor in Breslau. Bearbeitete für Engler, Das Pflanzenreich „Oleaceae-Fraxineae et -Syringeae", 1920. Schrieb „Vorarbeiten zu einer Monographie der Gattung Fraxinus" (in Bot. Jahrb. 40, 185–223, 1907). Nach ihm die Gattung *Lingelsheimia* Pax.

Link = Johann Heinrich Friedrich Link, Hildesheim, Niedersachsen 2.2.1767–1.1.1851 Berlin. Deutscher Botaniker, Professor der Chemie, Zoologie und Botanik in Rostock, später in Breslau, dann in Berlin, Direktor des Bot. Gartens Berlin, Mitbegründer der Deutschen Gartenbau-Gesellschaft (1822). Schrieb u.a. „Anatomia plantarum", 1843–1847; „Elementa philosophiae botanicae ...", 1824; „Icones selectae anatomico-botanicae", 1839–1842; „Handbuch zur Erkennung der nutzbarsten und am häufigsten vorkommenden Gewächse", 1829–1833; „Hortus regius botanicus berolinensis", 1827–1833; „Filicum species in horto regio botanico berolinensi cultae", 1841. Schrieb zus. mit Christoph Friedrich Otto „Icones plantarum selectarum horti regii botanici berolinensis", 1820–1828; „Icones plantarum rariorum horti regii botanici berolinensis", 1828–1831 und mit Johann Friedrich Klotzsch u. Christoph Friedrich Otto „Icones plantarum rariorum horti regii botanici berolinensis", 1840–1844. Schrieb außerdem mit Johann Centurius Graf von Hoffmannsegg „Flore portugaise...", 1809–1840. Nach Link die Gattung *Linkia* Cav.

Linke = August Linke, publ. 1853–1857 über Kakteen. Deutscher Gärtner.

L. f. = Carl von Linné, Falun 20.1.1741–1.11.1783 Uppsala. Schwedischer Botaniker, Sohn des berühmten Botanikers Carl von Linné (Linnaeus), Nachfolger seines Vaters als Professor der Medizin und Botanik in Uppsala (1778–1783). Arbeitete vor allem über Farne u. Moose. Schrieb"... Nova graminum genera...", 1779; „Supplementum plantarum systematis vegetabilium", 1781; „Decas prima (et secunda) plantarum rariorum horti upsaliensis", 1762–1763.

L. = Carl von Linné (bis 1762 Carolus Linnaeus), Råshult in Småland 23.5.1707–10.1.1778 Uppsala. Berühmter Schwedischer Naturforscher, Arzt, Botaniker und Zoologe, Professor der Botanik an der Universität in Uppsala. Begründer der binären Nomenklatur, nach der jeder Pflanzen- (und Tiername) aus Gattungs- u. Artname (specifischem Epitheton) besteht. Stellte 1735 das Linnésche System auf (ein künstliches System, nach Zahl u. Einfügung der Staubblätter). Hauptwerke: „Systema naturae", 1735, letzte von ihm selbst besorgte Auflage, 1766–1768; „Genera plantarum", 1737, 5. Aufl. 1754, 6. Aufl. 1764; „Flora lapponica", 1737; „Hortus Cliffortianus", 1737; „Classes plantarum", 1738; „Philosophia botanica", 1751; „Species plantarum", 1753 (Ausgangspunkt der Nomenklatur für Phanerogamae u. Pteridophyta), 2. Aufl. 1762–1763. Nach ihm die Gattung *Linnaea* Gronov. ex L., *Linnaeopsis* Engl., *Hammarbya* Kuntze (nach seinem Wohnsitz bei Uppsala) sowie die Zeitschrift Linnaea (1826–1882).

Lint = Harold LeRoy Lint, Lewiston, Nez Perce, Idaho 27.11.1917–20.12.1986 Cottonwood, Yavapai, Arizona. Nordamerikanischer Botaniker. Spezialgebiet: *Agastache, Juncus*. Schrieb u.a. „A revision of Juncus subgenus genuini (Juncaceae) in the Pacific states" (in unpubliz. Diss. der Oregon State Univ. 1977). Zus. mit Carl Clawson Epling „Revision of Agastache" (in Am. Midl. Natural. 33, 207–230, 1945).

E.F. Linton = Edward Francis Linton, Diddington, Huntingdonshire 16.3.1848–9.1.1928 Southborne, Hampshire. Englischer Geistlicher und Botaniker. Schrieb „Flora of Bournemouth", 1900, 2. Aufl. 1919. Nach ihm die Art *Rubus lintonii* Focke.

W. Lippert = Wolfgang Lippert, Nördlingen, Bayern 26.9.1937–. Deutscher Botaniker in München. Schrieb u.a. „Zur Kenntnis von Salvia Sektion Salvia im westlichen Mittelmeergebiet" (in Mitt. Bot. Staatssamml. München 15, 397–423, 1979); „Fotoatlas der Alpenblumen ...", 1981; und zus. mit Erhard Dörr „Flora des Allgäus und seiner Umgebung", Band 1, 2001, Band 2, 2004. Nach Lippert die Art *Astragalus lippertii* Maassoumi und Podlech.

Lipsch. = Sergej Julievitsch (Yulevich) Lipschitz, 1905–15.1.1983 Leningrad. Russischer Botaniker in Leningrad. Spezialgebiete: *Scorzonera, Saussurea*, Flora von Mittelasien, Geschichte der Botanik. War Mitarbeiter bei V.L. Komarov, Flora U.R.S.S., Band 27–29, 1962–1964. Schrieb „Fragmenta monographiae generis Scorzonera", 1935–1939; „Genus Saussurea ...", 1979; „Botanicorum rossicorum lexicon biographo-bibliographicum", 4 Bände, 1947–1951 (Werk unvollendet). Nach ihm die Art *Alchemilla lipschitzii* Juz.

Lipsky = Vladimir Ippolitovich (Wladimir Hippolitowitsch) Lipsky, Samostrily, Rovensk, Ukraine geb. ol. 11.3.1863–24.2.1937 Odessa. Russischer Botaniker, sammelte zahlreiche Pflanzen in Zentral- und Westasien. War zuerst tätig an der Universität in Kiew, dann am Bot. Garten St. Petersburg, zuletzt am Bot. Garten in Odessa. Schrieb „Flora Caucasi", 1899, Suppl. 1902; „Florae Asiae mediae ...", 1902–1905; „Herbarium horti botanici imperialis petropolitani...", 1908. Nach ihm die Gattungen *Lipskya* Nevski und *Lipskyella* Juz.

Litard. = René Verriet de Litardière, Mazières-en-Gatine, Deux-Sèvres 24.6.1888-24.10.1957 Mazières-en-Gatine. Französischer Botaniker, Professor der Botanik in Grenoble. Spezialgebiet: Flora von Korsika. Schrieb die Fortsetzung von J. Briquet: „Prodrome de la flore Corse", 1936-1955. Nach de Litardière die Art *Marrubium litardierei* Marmey.

Little = Elbert Luther Little, Jr., Fort Smith, Arkansas 15.10.1907-2004. Nordamerikanischer Botaniker (Dendrologe) in Washington, D. C., sammelte zahlreiche Pflanzen in Mittel- und Südamerika. Schrieb zus. mit Roger G. Skolmen „Common forest trees of Hawaii ...", 1989.

Litv. = Dimitri Ivanovich Litvinov (Litwinow), Moskau 17.11.1854-5.7.1929. Russischer Botaniker, Erforscher der Flora von Zentralasien. Herausgeber von Teil 3-7 von „Schedae ad herbarium florae rossicae", 1901-1911 (Teil 1-2 von Sergej Ivanovich Korshinsky, 1898-1900). Nach ihm die Gattung *Litwinowia* Woron.

A.T. Liu = A.T. Liu, fl. 1982

F.Y. Liu = Liu Fang-Yuan = Fang Yuan Liu, publ. um 1982. Chinesischer Botaniker, publ. über *Paphiopedilum.*

T.S. Liu = Liu Tang-Shui = Tang (Tung) Shui Liu, 1911-. Chinesischer Botaniker in Taiwan. Schrieb „A monograph of the genus Abies", 1971. Zus. mit Hui Lin Li, Tseng Chieng Huang, T. Koyama und Charles Edward de Vol Herausgeber der „Flora of Taiwan", 1976-1979.

Lloyd = Curtis Gates Lloyd, 17.7.1859-11.11.1926. Nordamerikanischer Industrieller und Mykologe.

D.G. Lloyd = David G. Lloyd, 1937-30.5.2006. Neuseeländischer Molekularbiologe und Botaniker an der University of Canterbury, Christchurch. Spezialgebiet: *Cotula, Leptinella.* Schrieb u.a. „Genetic and phenotypic models of natural selection" (in Journ. theor. Biol. 69, 543-560, 1977); „Breeding systems in Cotula L. (Compositae, Anthemideae) ...." (in New Phytologist 71,1195-1202, 1972).

F.E. Lloyd = Francis Ernest Lloyd, Manchester, England 4.10.1868-17.10.1947 Carmel, Kalifornien. Englischer Botaniker in Nordamerika, Professor der Botanik. Spezialgebiete: Lycopodiaceae. Sammelte zahlreiche Pflanzen in den USA und Mittelamerika. Schrieb u.a. „Physiology of Stomata", 1908, „Carnivorous plants", 1942.

J. Lloyd = James Lloyd, London 17.3.1810-10.5.1896 Nantes, Frankreich. Englischer Botaniker, lebte in Thouaré und Nantes in Frankreich. Schrieb „Flore de la Loire-Inférieure...", 1844; „Flore de l'Ouest de la France ...", 1854, 2.-5. Aufl. 1868-1908. Nach ihm die Art *Arenaria lloydii* Jord.

T. Lobb = Thomas Lobb, Cornwall 1820-30.4.1894 Devoran, Cornwall. Englischer Pflanzensammler, Bruder des Botanikers William Lobb (1809-1863). Sammelte von 1843-1860 für die Firma Veitch & Sons, z.B. in Java u. den angrenzenden Inseln, in Thouaré und Nantes u. anderen Teilen Nordostindiens, in Moulmein, Burma, der Malayischen Halbinsel, Nordborneo u. den Philippinen. Bei seinen Expeditionen verlor er ein Bein, sodass er sich in England niederlassen musste. Nach ihm z.B. die Art *Hoya lobbii* Hook. f.

Lockwood = Tom (Tommie) Earl Lockwood, 1941-1975. Nordamerikanischer Botaniker. Spezialgebiete: Flora of Illinois, fossile Pflanzen, *Brugmansia.* Schrieb zus. mit Richard Evans Schultes, William M. Klein u. Timothy Plowman „Cannabis, an example of taxonomic neglect...", 1975.

Lodd. = Conrad (L.) Loddiges, Vristbergholtzen, Hanover etwa 1738-13.3.1826 Hackney, London. Englischer Gärtner niederländischer Herkunft. Gab zus. mit seinem Sohn George Loddiges „Botanical Cabinet", 1817-1833 heraus. Der eigentliche Schriftsteller war George Loddiges (1784-1846). Nach C. Loddiges die Gattung *Loddigesia* Sims.

G. Lodd. = George Loddiges, Hackney, London 12.3.1784-5.6.1846 Hackney, London, Sohn von Conrad Loddiges. Englischer Gärtner u. Botaniker, Besitzer einer bedeutenden Gärtnerei. Gemeinsame Hrsg. des Botanical Cabinet, 1817-1833. Der eigentliche Schriftsteller war George Loddiges.

W. Lodd. = William Loddiges, 1776...1849. Britischer Gärtner in London, Sohn von Conrad Loddiges und Bruder von George Loddiges. Publizierte mit beiden zusammen.

Lodé = Joël Lodé, Nantes 3.10.1952-. Französischer Kakteenliebhaber in Cuevas del Almanzora, Spanien.

Loefgr. = (Johan) Albert (Constantin) Löfgren (Alberto Loefgren), Stockholm 11.9.1854-30.8.1918 Rio de Janeiro. Brasilianischer Botaniker schwedischer Abstammung, von 1898-1906 Direktor des Bot. Gartens Sao Paulo, später am Bot. Garten Rio de Janeiro. Schrieb „O genero Rhipsalis", 1915; „Manual das familias naturaes phanerogamas ...", 1917; und zus. mit Gustaf Edwall „Flora paulista ...", 1897. Nach Löfgren die Gattung *Loefgrenia* Gomont.

Loefl. = Pehr Löfling (Loefling), Tollforsbrug 31.1.1729-22.2.1756 Missionsstation Merercuri, Venezuela. Schwedischer Botaniker, Schüler Linnés, der 1754-1756 Pflanzen in Venezuela sammelte. Schrieb „Iter hispanicum...", 1758, übersetzt von A.B. Kölpin „Reise, nach den Spanischen Ländern in Europa und America", 1766. Nach ihm die Gattung *Loeflingia* L.

Lönnr. = Knut Johan Lönnroth, Stockholm 8.5.1826-4.3.1885 Kalmar. Schwedischer Botaniker in Kalmar. Schrieb „Observationes criticae plantas suecicas illustrantes ...", 1854.

Loesch = Alfred Lösch, Langenbach, Baden 11.3.1865-27.10.1946 Kirchzarten, Baden-Württemberg. Deutscher Botaniker. Schrieb „Badische Farne" (in Mitt. Bad. Landesver. Naturk. Naturschutz N. F. 3, 214-218, 298-299, 341-345, 374-377, 405-410, 1936-1938; 4, 3-8, 209-211, 1939-1940); „Badische Equiseten" (in Mitt. Bad. Landesver. Naturk. Naturschutz 5, 15-28, 1948). Publ. zus. mit Arthur Tischer über *Lithops.* Nach Lösch die Art

Schwantesia loeschiana Tisch.
Loes. = Ludwig Eduard Theodor
Loesener, Berlin 23.11.1865–
2.6.1941 Berlin. Deutscher
Botaniker. Schrieb u.a.
„Monographia Aquifoliacearum",
1901–1908; für Engler u. Prantl,
Die natürlichen Pflanzenfamilien
1. u. 2. Aufl. „Aquifoliaceae,
Celastraceae, Hippocrateaceae",
1892–1893 u. 1942; außerdem
für 2. Aufl. „Zingiberaceae,
Marantaceae", 1930. Nach ihm
die Gattungen *Loesenera* Harms u.
Loeseneriella A.C. Sm.
A. Löve = Askell Löve, Reykjavik
20.10.1916–29.5.1994 San Jose,
Kalifornien. Nordamerikanischer
Botaniker isländischer
Abstammung, verheiratet
mit Doris Benta Maria Löve
geb. Wahlen. Mitarb. an Flora
europaea, 1964–1980. Schrieb
über 700 Publikationen u.a.
„Islenzkar Jurtir", 1945;
„Islenzk Ferdaflóra", 1970,
2. Aufl. 1977, 3. Aufl. 1981
(engl.: „Flora of Iceland",
1983); veröffentlichte in Taxon
seit 1964 IOPB Chromosome
Number Reports (abgeschlossen
mit No. C, Nov. 1988). Schrieb
zus. mit seiner Frau D. Löve
„Chromosome numbers of Central
and Northwest European plant
species", 1961; „Cytotaxonomical
atlas of the Arctic flora", 1975;
„Cytotaxonomical atlas of the
Slovenian Flora", 1974; Herausg.
von „North Atlantic biota and
their history", 1963.
D. Löve = Doris Benta Maria
Löve, geb. Wahlen, Kristianstad,
Schweden 2.1.1918–2000.
Nordamerikanische Botanikerin
schwedischer Abstammung,
mit Askell Löve verheiratet.
Schrieb zus. mit ihrem Mann
„Chromosome numbers of Central
and Northwest European plant
species", 1961; „Cytotaxonomical
atlas of the Slovenian Flora",
1974; „Cytotaxonomical atlas of
the Arctic flora", 1975; Herausg.
von „North Atlantic biota and
their history", 1963.
Loher = August Loher, Simbach
am Inn, Bayern 1874–1930.
Deutscher Apotheker und
Botaniker in Simbach am Inn,
lebte ab 1889 auf den Philippinen,
reiste auch nach Neuguinea,
Afrika und Madagaskar. Schrieb
„Aufzählung der um Simbach
am Inn wildwachsenden
Phanerogamen ...", 1887. Nach
ihm die Art *Dioscorea loheri* Prain
et Burkill.
Loisel. = Jean Louis Auguste
Loiseleur-Deslongchamps, Dreux
24.3.1774–13.5.1849 Paris.
Französischer Arzt u. Botaniker.
Schrieb „Flora gallica...", 1806–
1807, 2. Aufl. 1828; „Herbier
général de l'amateur", 1817–1827
(begründet von J.C.M. Mordant
de Launay, 1814–1816); „Notice
sur les plantes à ajouter à la Flore
de France...", 1810; „Manuel des
plantes usuelles indigènes", 1819.
Nach ihm die Gattung *Loiseleuria*
Desv.
Lojac. = Michele Lojacono-
Pojero, 1853–1919. Italienischer
Botaniker in Palermo. Schrieb „Le
isole eolie ...", 1878; „Monografia
dei trifogli di Sicilia ...", 1878;
„Flora sicula ...", 1889–1909.
Nach ihm die Gattung *Lojaconoa*
Bobrov.
Lomakin = Aleksandr
Aleksandrovich Lomakin, 1863–
1930. Russischer Botaniker.
Publizierte über *Paeonia*.
D.G. Long = David Geoffrey
Long, Duns, Berwickshire,
Schottland 25.4.1948 (pers.
Mitt.) -. Schottischer Botaniker
in Edinburgh. Spezialgebiete:
Bryophyta, Flora von Bhutan. Zus.
mit Andrew John Charles Grierson
et al. Herausgeber von „Flora of
Bhutan", Band 1–2, 1983–2001.
R.W. Long = Robert William Long,
Ashland, Kentucky 23.11.1927–
21.7.1976. Nordamerikanischer
Botaniker, Professor an der
University of South Florida.
Spezialgebiet: *Helianthus*. Schrieb
zus. mit Olga Korhoven Lakela
„Flora of tropical Florida", 1971.
G.H. Loos = Götz Heinrich Loos,
Dortmund 23.9.1970 (pers. Mitt.)
-. Deutscher Botaniker. Schrieb
u.a. „Studien und Gedanken
zur Taxonomie ... der Arten
und Hybriden aus der Gattung
Weissdorn (Crataegus L.) ..." (in
Abh. Westfäl. Mus. Naturk. 56,
1–48, 1994); „Zur Taxonomie der
Goldnesseln (Lamium L. subgenus
Galeobdolon (Adans.) Aschers.)"
(in Florist. Rundbr. 31, 39–50,
1997).
Looser = Gualterio Looser,
Santiago de Chile 4.9.1898–
1982. Chilenischer Botaniker.
Spezialgebiet: Pteridophyta von
Chile. Übersetzer von Karl Reiche
„Geografía botánica de Chile",
1934–1937.
G. López = Ginés Alejandro
López González, Huercal-Overa,
Almeria, Spanien 3.5.1950 (pers.
Mitt.) -. Spanischer Botaniker in
Madrid. Spezialgebiet: *Narcissus*,
Flora des Mittelmeergebiets,
Flora von Chile. Schrieb u.a. „La
Guía de Incafo de los árboles y
arbustos de la Península Ibérica",
1982; „Conspectus saturejarum
ibericarum cum potioribus
adnotationibus ad quasdam
earum praesertim aspicientibus"
(in Anales Jard. Bot. Madrid 38,
361–415, 1982).
Lorent = J. August von Lorent,
Charleston, South Carolina
12.12.1812–9.7.1884 Meran,
Italien. Deutscher Botaniker.
Publizierte 1837.
Loret = Henri Loret, Jarnac-
Champagne, Charente Inférieure
13. (nicht 11.) 10.1811–4.2.(nicht
12.) 1888 Montpellier.
Französischer Botaniker am
Bot. Garten u. Herbarium
in Montpellier. Schrieb u.a.
„Glanes d'un botaniste, avec
des observations sur quelques
espèces du midi de la France" (in
Bull. Soc. Bot. France 6, 13–18,
33–37, 88–94, 215–219, 278–284,
326–332, 337–343, 386–390,
402–408, 442–447, 459–463,
1859, suppl. 774–779, 791–795);
„Flore de Montpellier", 1876 (mit
A. Barrenden), 2. Aufl. 1886;
„Plantes nouvelles pour le Gard",
1880. Nach ihm die Gattung
Loretia Duval-Jouve.
Losa = Taurino Mariano Losa,
1893–1965
Losinsk. = A. S. Losina-Losinskaja,
1903–1958. Russische
Botanikerin. Mitarbeiterin bei
mehreren Familien für V.L.
Komarov „Flora URSS", Band
4–11, 1935–1945. Nach ihr die Art
Rumex losinskajae Rech. f.
Lothian = Thomas Robert Noel
Lothian, 1915–
Lotsy = Johannes Paulus Lotsy,
Dordrecht, Niederlande
11.4.1867–17.11.1931 Voorburg,
Niederlande. Niederländischer
Botaniker in Leiden, auch Direktor
des Rijksherbarium. Schrieb
u.a. „Vorträge über botanische

Stammesgeschichte ...", 1907–1911; "Evolution by means of hybridization", 1916.

J.W. Loudon = Jane Wells Loudon, 1807–1858

Loudon = John Claudius Loudon, Cambuslang bei Edinburgh, Lanarkshire, Schottland 8.4.1783–14.12.1843 Bayswater bei London. Schottischer Botaniker, Schriftsteller und Landschaftsarchitekt. Schrieb u.a. "Hortus britannicus ...", 1830; "Arboretum et fruticetum britannicum", 1835–1838; "An Encyclopedia of trees and shrubs", 1842; "An Encyclopedia of gardening", 1822, weitere Aufl. 1824–1878; "An Encyclopedia of plants", 1829, weitere Aufl. 1836–1872. Hrsg. von "The Gardener's Magazine", 1826–1843. Nach ihm die Gattung *Loudonia* Lindl.

Lour. = Joao de Loureiro, Lissabon, 8.9.1717 (getauft) –18.10.1791 Lissabon. Portugiesischer Missionar u. Botaniker, lebte in Mosambik, 30 Jahre in Cochinchina u. 3 Jahre in China. Hauptwerk: "Flora cochinchinensis...", 1790, 2. Aufl. 1793. Nach ihm die Gattung *Loureira* Raeusch.

Lourteig = Alicia Lourteig, Buenos Aires 17.12.1913–30.7.2003. Argentinische Botanikerin französischer Herkunft (Vater Franzose, Mutter Argentinierin) am Muséum National d'Histoire Naturelle in Paris. Spezialgebiete: Flora von Südamerika, *Oxalis,* Ranunculaceae. Sammelte zahlreiche Pflanzen in Argentinien und Frankreich. Schrieb zus. mit Horacio Raúl Descole und Carlos Alberto O...Donell ...Plantae novae Lilloanae I.... (in Lilloa 4, 33–62, 1939). Nach ihr benannt ist ein See ...Lac Alicia... auf den Kerguelen sowie u. a. die Art *Ranunculus lourteigiae* H.Eichler.

H. Low = Sir Hugh Low jr., Clapton bei London 10.5.1824–18.4.1905 Alassio, Italien. Englischer Pflanzensammler, Bruder von Stuart Henry Low, lebte 28 Jahre auf Borneo, war später britischer Statthalter in Perak, Malaysia. Pflanzte als erster aus Brasilien geschmuggelte Kautschukbäumchen in Malaysia. Nach ihm die Gattung *Lowia* Scort. und die Familie Lowiaceae Ridl.

S.H. Low = Stuart Henry Low, Clapton bei London 4.1.1826–1890 Clapton. Englischer Orchideensammler in Venezuela u. Kolumbien, Orchideengärtner u. -züchter, Besitzer einer großen Orchideengärtnerei, Bruder von Sir Hugh Low. Nach Stuart Henry Low die Gattung *Lowara* hort.

Lowe = Richard Thomas Lowe, 4.12.1802–13.4.1874 im Golf von Biskaya (ertrunken). Englischer Geistlicher und Botaniker, Kaplan in Madeira 1832–1854. Schrieb "Primitiae faunae et florae Maderae et Portus Sancti ...", 1831, 2. Aufl. 1851; "A manual flora of Madeira ...", 1857–1872; "Florae salvagicae tentamen ...", 1869. Nach ihm die Gattung *Lowea* Lindl.

Lowrie = Allen Lowrie, publ. 1987. Australischer Geschäftsmann, Erfinder und Botaniker in Duncraig, West Australien. Spezialgebiet: *Drosera.* Schrieb "Carnivorous Plants of Australia", 3 Bände, 1987–1989; u.a. auch zus. mit Neville Graeme Marchant "Four new Drosera taxa from south western Australia" (in Nuytsia 8, 323–332, 1992). Nach Lowrie die Art *Drosera lowriei* N.G. Marchant.

Lowry = Porter Prescott (Pete) Lowry II., Salem, Oregon, USA 27.10.1956 (pers. Mitt.) -, Nordamerikanischer Botaniker am Missouri Botanical Garden, St. Louis, Missouri. Spezialgebiet: Araliaceae. Mitarbeiter bei der von Wu Zheng-yi u. Peter Hamilton Raven (Hrsg.) publ. Flora of China. Zus. mit Peter Goldblatt Herausgeber von "Modern systematic studies in African botany", 1988.

Lozano = Gustavo Lozano Contreras, 1938–2000. Kolumbianischer Botaniker. Spezialgebiet: Magnoliaceae z.B. *Dugandiodendron, Talauma.* Nach ihm die Art *Gunnera lozanoi* L.E.Mora-Osejo.

J.L. Lu = Lu Jiong-Lin = Jiong Lin Lu, 1933–. Chinesischer Botaniker an der Henan Agricultural University. Publ. über *Phyllostachys* und *Bulbophyllum.*

Ludlow = Frank Ludlow, Chelsea, London 10.8.1885–25.3.1972. Englischer Forschungsreisender, Geistlicher und Lehrer in Gyantse in Tibet. Sammelte viele Pflanzen in Bhutan und Tibet. Nach ihm die Art *Gentiana ludlowii* C. Marquand.

Ludw. = Christian Gottlieb Ludwig, Brieg 30.4.1709–7.5.1773 Leipzig. Deutscher Botaniker. Schrieb "Definitiones generum plantarum...", 1737, 2. Aufl. 1747, 3. Aufl. (hrsg. von G.R. Boehmer) 1760; "Institutiones historico – physicae regni vegetabilis...", 1742, 2. Aufl. 1757; "Ectypa vegetabilium... Nach der Natur verfertige Abdrücke der Gewächse...", 1760–1764. Nach ihm die Gattung *Ludwigia* L.

W. Ludw. = Wolfgang Ludwig, Köln 27.3.1924–. Deutscher Botaniker, Pflanzensystematiker am Bot. Institut Marburg, Lahn. Spezialgebiete: Flora von Hessen, Systematik der Gartenpflanzen. Schrieb "Schriftenverzeichnis zur hessischen Pflanzenwelt 1958 bis 1969", 1975.

Lückel = Emil Lückel, fl. 1978

Lueder = Franz Hermann Heinrich Lueder, ?–31.12.1791 Dannenberg. Deutscher Gärtner in Dannenberg bei Lüneburg. Schrieb "Botanischpraktische Lustgärtnerey...", 1783–1786, 4 Bde.

Lüdi = Werner Lüdi, Münsingen, Bern 11.10.1888–29.2.1968 Zollikon, Zürich. Schweizer Botaniker, Direktor des Geobotanischen Instituts Rübel in Zürich. Bearbeitete für Hegi, Illustr. Flora von Mitteleuropa in Bd. V, 1 die Familie Primulaceae, 1924/25. Schrieb "Die Pflanzengesellschaften des Lauterbrunnentales ...", 1921; "Der Assoziationsbegriff in der Pflanzensoziologie" (in Bibliotheca botanica, Heft 96, 1928); Hrsg. von "Die Pflanzenwelt Irlands", 1952; "Die Ergebnisse der Internationalen Pflanzengeographischen Exkursion durch die Ostalpen 1956", 1959; ebenso von "Die Pflanzenwelt der Tschechoslowakei", 1961.

Luehm. = Johann George W. Luehmann, Buxtende bei Hannover 1843–18.11.1904 Melbourne, Australien. Deutscher Botaniker in Australien, arbeitete eng mit Sir Ferdinand Jacob

Heinrich von Mueller zusammen. Schrieb u.a. „Reliquiae Muellerianae ..." (in Vict. Nat. 13, 1897). Nach Luehmann die Arten *Eucalyptus luehmanniana* F. Muell. u. *Casuarina luehmannii* R. T. Baker.

Luer = Carlyle August Luer, 1922-. Nordamerikanischer Botaniker an den Marie Selby Botanical Gardens, Sarasota, Florida, später in St. Louis. Spezialgebiet: Orchidaceae. Schrieb u.a. „The native orchids of Florida", 1972; „The native orchids of the United States and Canada, excluding Florida", 1975; „Thesaurus Dracularum", 1988 ff. (mit R. Escobar, in Deutsch u. Englisch). Gab auch die Reihe „Icones Pleurothallidinarum", 1-15, 1986-1997 heraus. Nach ihm die Gattung *Caluera* Dodson et Determann.

Luerss. = Christian Luerssen, Bremen 6.5.1843-3.7.1916 Berlin. Deutscher Botaniker, Professor der Botanik in Königsberg 1888-1920. Schrieb „Zur Flora von Queensland", 1874-1875; „Handbuch der systematischen Botanik", 1877-1882. Bearbeitete für Rabenhorst, Gottlob Ludwig: Kryptogamen-Flora von Deutschland, Oesterreich und der Schweiz, 2. Aufl. Bd. 3 „Die Farnpflanzen oder Gefäßbündelkryptogamen (Pteridophyta)", 1884-1889. Nach ihm die Gattung *Luerssenia* Kuhn.

Luetzelb. = Philipp Freiherr von Luetzelburg, Landsberg am Lech, Bayern 16.7.1880-1.7.1948. Deutscher Botaniker, sammelte Pflanzen 1910-1922, 1928-1929, 1935-1937 in Brasilien. Schrieb „Estudio botanico de Nordéste ...", 1925-1926. Sein Manuskript über die Geschichte der botanischen Erforschung von Brasilien wurde im 2. Weltkrieg zerstört. Nach ihm die Gattung *Luetzelburgia* Harms.

Lumn. = István (Stephan) Lumnitzer, 4.4.1747-11.1.1806 Pressburg (Bratislava). Ungarischer Botaniker und Arzt in Pressburg. Schrieb „Flora posoniensis...", 1791. Nach ihm die Gattung *Lumnitzera* Willd.

Lundell = Cyrus Longworth Lundell, Austin, Texas 5.11.1907-28.3.1994. Nordamerikanischer Botaniker und Archäologe. War einer der Entdecker der Maya-Stadt Calakmul in Mexiko. Spezialgebiet: Myrsinaceae. Schrieb „The vegetation of Petén", 1937; „Revision of the American Celastraceae ...", 1939. Nach ihm die Gattung *Lundellia* Leonard.

Lundmark = Johan Daniel Lundmark, Viby, Närke 26.4.1755-9.5.1792 Ovre Föskjed, Värmland. Schwedischer Arzt und Botaniker. Schrieb „Dissertatio academica de Lavandula ...", 1780.

Lush. = Alfred Wyndham Lushington, etwa 1850-1920. Spezialgebiet: *Citrus*. Schrieb „The genus Citrus" (in Indian Forester 36, 323-353, 1910).

Luteyn = Kalamazoo, Michigan, 23.6.1948-. Nordamerikanischer Botaniker am New York Botanical Garden. Spezialgebiet: Ericaceae.

Lynch = Richard Irwin Lynch, St. Germans, Cornwall 1.6.1850-7.12.1924 Torquay, Devon. Englischer Botaniker in Kew und Cambridge. Spezialgebiete: *Vitis, Paeonia*. Schrieb u.a. „Book of the Iris", 1904. Nach ihm die Hybride X *Gasteraloe lynchii* Walther.

McClell. = John M'Clelland (McClelland), 1805-11.7.1883 St. Leonards, Sussex. Englischer Geologe u. Zoologe, im medizinischen Dienst in Bengalen 1830-1865, von 1846-1847 Leiter des Bot. Gartens Kalkutta. Herausgeber von „The Calcutta Journal of Natural History", 1840-1847, sowie zahlreicher Werke von William Griffith. Nach M'Clelland die Gattung *Macclellandia* Wight.

N.X. Ma = Nai Xun Ma, fl. 1985

Maack = Richard Karlovich Maack (Maak), St. Petersburg 23.8.(?) 1825-13.(?) 11.1886 Irkutsk. Estnisch-deutscher Botaniker u. Pflanzensammler in Sibirien. Publizierte mit Eduard August von Regel. Nach ihm die Gattung *Maackia* Rupr.

Maas = Paulus Johannes Maria Maas, Arnhem, Niederlande 27.2.1939 (pers. Mitt.) -. Niederländischer Botaniker in Utrecht. Spezialgebiete: Annonaceae, Costaceae, Zingiberaceae. Bearbeitete für Gunnar Wilhelm Harling und Benkt Sparre, Flora of Ecuador, die Familie „Zingiberaceae", 1976; dazu für Flora neotropica einige Familien, 1972-1986. Schrieb zus. mit Lübbert Ybele Theodoor Westra „Neotropical plant families...", 1993.

Mabb. = David John Mabberley, 1948-. Britischer Botaniker an der University of Oxford, seit 1996 in Australien. Schrieb „The Plant-Book", 1987, auch 1989-1993. Nach ihm wahrscheinlich die Art *Senecio mabberleyi* C. Jeffrey.

Macarthur = Sir William Macarthur, Parramatta 16.12.1800-29.10.1882 Camden Park, New South Wales, Australien. Australischer Gärtner und Botaniker in Camden Park, New South Wales. Schrieb zus. mit Charles Moore „Catalogue des collections de bois indigènes ...", 1855. Nach Macarthur die Gattung *Macarthuria* Hügel ex Endl.

J.F. Macbr. = James Francis Macbride, Kock Valley, Iowa 19.5.1892-15.6.1976 Riverside, Kalifornien. Nordamerikanischer Botaniker, sammelte zahlreiche Pflanzen in den USA und in Peru. Schrieb u.a. „Common wild flowers ...", 1924; „Flora of Peru", 1936-1938. Nach ihm die Gattung *Macbrideina* Standl.

J.M. MacDougal = John M. MacDougal, 1954-. Nordamerikanischer Botaniker in St. Louis. Spezialgebiet: *Passiflora*. Schrieb „Revision of Passiflora subgenus Decaloba section Pseudodysosmia (Passifloraceae)" (in Syst. bot. monogr. 41, 1994).

Macfad. = James Macfadyen, Glasgow 1900-1850 Kingston, Jamaika. Schottischer Botaniker, lebte ab 1826 in Jamaika. Schrieb „The flora of Jamaica...", 1837-1850. Nach ihm die Gattungen *Macfadyenia* A. DC. und *Fadyenia* Hook.

Macfarl. = John Muirhead Macfarlane, Kirkcaldy, Fife 28.9.1855-16.9.1943 Lancaster, New Hampshire. Schottischer Botaniker, seit 1891 in USA, Professor der Botanik an der University of Pennsylvania. Bearbeitete für Engler, Das Pflanzenreich Nepenthaceae, 1908; Sarraceniaceae, 1908; Cephalotaceae, 1911. Nach ihm die Arten *Nepenthes macfarlanei* Hemsl. und *Dendrobium macfarlanii* F. Muell.

R.M. Macfarlane = Roger M. Macfarlane (McFarlane), 1938–. Nordamerikanischer Botaniker in San Francisco. Spezialgebiet: Liliales. Schrieb „North American Fritillaria ... a preliminary account" (in The Lily Yearbook S. 56, 1975); „On the taxonomic status of Fritillaria phaeanthera Eastw. (Liliaceae)" (in Madrono 25, 93–100, 1978).

J. Mackay = James Townsend Mackay, Kirkcaldy bei Edinburgh 29.1.1775–25.2.1862 Dublin. Schottischer Botaniker und Gärtner. Gründete 1806 den Bot. Garten des Trinity College in Dublin. Schrieb. u.a. „Flora hibernica ...", 1836. Nach ihm die Gattung *Mackaya* Harv.

Mack. = Kenneth Kent Mackenzie, Brooklyn, New York 13.10.1877–22.10.1934 Maplewood, New Jersey. Nordamerikanischer Botaniker und Jurist. Spezialgebiet: u.a. *Carex*. Bearbeitete für Britton, North American Flora in Bd. 18(1)–18(7) Cyperaceae, 1931–1935. Schrieb „North American Cariceae", 1940, und zus. mit Benjamin Franklin Bush: „Manual of the flora of Jackson County, Missouri", 1902. Nach Mackenzie z.B. die Art *Carex mackenziei* Krecz.

Mackie = William Wylie Mackie, 1873–. Nordamerikanischer Botaniker in Kalifornien.

MacMill. = Conway MacMillan, Hillsdale, Michigan 26.8.1867–5.6.1929 Minneapolis, Minnesota. Nordamerikanischer Botaniker, Geologe und Geschäftsmann, Professor an der University of Minnesota. Schrieb u.a. „The Metaspermae of the Minnesota valley", 1892; „Minnesota plant life", 1899. Nach ihm die Gattung *Macmillanina* Kuntze.

MacOwan = Peter MacOwan, Hull, Yorkshire 13.11.1830–30.11.1909 Uitenhage, Südafrika. Englischer Botaniker u. Chemiker, Direktor des Bot. Gartens der Kap-Kolonie. Schrieb zus. mit Harry Bolus „Catalogue of printed books and papers relating to South Africa" (in Trans. South. Afr. Phil. Soc. 2, 111–187, 1882). Nach ihm die Gattung *Macowania* Oliv.

Macreight = Daniel Chambers Macreight (McCreight), Armagh, Nordirland 1799–10.12.1857 Jersey, Kanalinseln. Irischer Arzt und Botaniker. Schrieb „Manual of British botany ...", 1837. Nach ihm die Gattung *Macreightia* DC.

Madison = Michael T. Madison, 1947–. Nordamerikanischer Botaniker. Spezialgebiet: Araceae. Schrieb u.a. „Vascular epiphytes. Their systematic occurrence and salient features" (in Selbyana 2, 1–13, 1977); „The species of Anthurium with palmately divided leaves" (in Selbyana 2, 239–282, 1977); „A revision of Monstera (Araceae)" (in Contr. Gray Herb. 297, 1–101, 1977); „Notes on Caladium (Araceae) and its allies" (in Selbyana 5, 343–377, 1981).

F. Maek. = Fumio Maekawa, 26.10.1908–1984. Japanischer Botaniker. Spezialgebiete: *Hosta*, Aristolochiaceae. Sammelte Pflanzen in China und Japan. Schrieb „The wild orchids of Japan in colour", 1971.

Maek. = Tokujirô (Tokijiro) Maekawa, 1886–. Japanischer Botaniker. Publ. auch zus. mit Takenoshin Nakai.

Magnier = Charles Alfred Maurice Magnier, St. Quentin, Aisne 7.2.1853–nach 1913. Französischer Bibliothekar und Botaniker, Direktor des Bot. Gartens von Fervarques in Saint-Quentin. Spezialist für den Maler Maurice Quentin de la Tour und Journalist für „Le Guetteur" unter dem Pseudonym Priola. Schrieb „Scrinia florae selectae ...", 1882–1897.

Maguire = Bassett Maguire, Alabama City, Alabama 4.8.1904–6.2.1991. Nordamerikanischer Botaniker, zuerst am Utah State Agricultural College, ab 1943 am New York Bot. Garden, zuletzt Direktor. Spezialgebiet: Flora neotropica. Er sammelte auf Expeditionen Pflanzen in Venezuela und Guayana und entdeckte und benannte einen der botanisch reichsten Tafelberge in Guayana, den Cerro de la Neblina. Schrieb zus. mit anderen Autoren u.a. „The Botany of the Guayana Highland", I-XIII, 1953–1989. Nach Maguire die Gattungen *Maguirea* A.D. Hawkes, *Maguireanthus* Wurdack und *Maguireothamnus* Steyerm.

P. Magyar = Pál Magyar, publ. 1930. Ungarischer Forstwissenschaftler u. Pflanzensoziologe in Sopron.

Maiden = Joseph Henry Maiden, Saint John's Wood, London 25.4.1859–16.11.1925 Turramurra bei Sydney, New South Wales. Englischer Botaniker u. Pflanzensammler, ab 1880 in Australien, Direktor des Bot. Gartens in Sydney. Schrieb „The useful native plants of Australia (Including Tasmania)", 1889; „The flowering plants and ferns of New South Wales", 1895–1898, 7 Teile (Werk unvollendet); „The forest flora of New South Wales ...", 8 Bände, 1903–1925; „A critical revision of the genus Eucalyptus ...", 1903–1933. Nach ihm die Gattung *Maidenia* Rendle.

Maire = René Charles Joseph Ernest Maire, Lons-Le-Saunier, Jura 29.5.1878–24.11.1949 Algier. Französischer Botaniker, Professor der Botanik in Algier. Spezialgebiete: Flora von Nordafrika, Fungi. Sammelte zahlreiche Pflanzen in Nordafrika und Europa. Schrieb u.a. „Flore de l'Afrique du Nord...", posthum erschienen, Band 1–16, 1952–1987; „Études sur la flore et la végétation du Sahara central ...", 1933–1940; zus. mit E. Jahandiez „Catalogue des plantes du Maroc", 1931–1941 (Bd. 4, 1941 von M.L. Emberger u. R.C.J.E. Maire), und zus. mit Marcel Georges Charles Petitmengin „Études des plantes vasculaires récoltées en Grèce", 1908. Nach Maire die Gattungen *Maireella* Sydow ex Maire und *Mairetis* I.M. Johnst.

Mairet = Ethel M. Mairet

R.B. Majumdar = Radha Binod Majumdar, 1928– Indischer Botaniker. Spezialgebiet: Poaceae.

Makino = Tomitarô Makino, Sakawa, Präfektur Kochi 24.4.1862–18.1.1957 Tokio. Japanischer Botaniker u. Pflanzenzeichner. Sammelte viele Pflanzen in Taiwan, Japan und Sachalin. Hauptwerke: „Phanerogamae et Pteridophytae japonicae iconibus illustratae", 1899–1903; „Illustrations of the flora of Japan", 1887ff.; „Icones florae japonicae", 1900–1911; „An illustrated flora of Japan", Enlarged edition 1956 (mit 3235 Abb.); posthum erschien: „Makino's new illustrated flora of Japan", 1961. Hrsg. von „The Botanical Magazine (Tokyo)", 1887ff. u. Jg. 1–8 des „The Journal of Japanese Botany", 1916–1935. Nach ihm die Gattung *Makinoa* Miyake.

Malag. = Teodoro Luis Ramón Peñaflor Malagarriga, 1904–

Malinv. = Louis Jules Ernest Malinvaud, Paris 26.9.1836–22.9.1913 Paris. Französischer Botaniker, Geschäftsführer u. später Präsident der Société botanique de France. Spezialgebiet: Nomenklatur. Schrieb „Matériaux pour l'histoire des Menthes", 1879. Nach ihm die Gattung *Malinvaudia* E. Fourn.

Malme = Gustaf Oskar Andersson Malme (bis 1891 Gustaf Oskar Andersson), Stora Malm, Södermanland, Schweden 24.10.1864–5.3.1937 Stockholm. Schwedischer Botaniker in Stockholm, sammelte 1892–1894 und 1901–1903 in Brasilien Pflanzen. Spezialgebiet: Xyridaceae. Schrieb u.a. „Die Xyridaceen der ersten Regnell'schen Expedition", 1896; „Die Burmannien der ersten Regnell'schen Expedition ...", 1896; „Die Asclepiadaceen des Regnell'schen Herbars..", 1900. Nach ihm die Gattungen *Malmea* R.E. Fr. und *Malmella* C.W. Dodge.

Malte = Malte Oscar Malte, Skillinge, Östra Hoby, Schweden 3.3.1880–12.8.1933 Ottawa, Ontario, Kanada. Kanadischer Botaniker schwedischer Abstammung. Spezialgebiet: *Antennaria*. Sammelte zahlreiche Pflanzen in Schweden, Kanada und den USA. Nach ihm die Art *Rubus maltei* L.H. Bailey.

Maly = Joseph Karl (Carl) Maly, Prag, Böhmen 2.3.1797–25.1.1866 Graz, Steiermark, Österreich. Böhmischer Arzt und Botaniker, ab 1824 in Graz. Schrieb „Flora styriaca ...", 1838, „Flora von Deutschland", 1860, „Flora von Steiermark", 1868. Nach ihm wahrscheinlich die Gattung *Malya* Opiz.

K. Maly = Karl Franz Josef Maly, Wien 24.10.1874–1951. Österreichischer Botaniker, Beamter der bosnisch-herzegowin. Landesbahnen und Assistent am bosnisch-herzegowin. Museum in Sarajewo in Bosnien, Begründer der Herbariums von Sarajevo. Mitarbeiter an Band 4(1) von G. Beck „Flora Bosne, Hercegovine ...", 1950. Nach Maly die Art *Thymus malyi* Ronniger.

Manda = W. Albert Manda, publ. um 1892. Nordamerikanischer Gärtner, besaß eine Firma zus. mit Pitcher.

Manden. = Ida P. Mandenova, Tiflis (Tbilisi) 26.7.1907–4.9.1995. Georgische Botanikerin. Veröffentlichte „Kavkazskie Vidy Roda Heracleum", 1950; „Taxonomic review of Turkish species of Heracleum" (in Notes Roy. Bot. Gard. Edinb. 14, 173–181, 1962), „A revision of Rosa in Turkey" (in Notes Roy. Bot. Gard. Edinb. 30, 327–340, 1970). Mitarbeiterin auch von V.L. Komarov, Fl. U.R.S.S., Bd. 17, 1951; Hrsg. zus. mit A.K. Makasvili, D.I. Sosnovskij und anderen von „Flora Gruzii", 1941–1985; von A.L. Tahtadzjan „Flora Armenii", Band 3–7, 1958–1980. Nach Mandenova die Art *Heracleum mandenovae* Satzyp.

Manetti = Xaverio Manetti, Florenz 1723–19.11.1785 Florenz. Italienischer Arzt u. Botaniker, Vorsteher des Bot. Gartens Florenz. Schrieb „Viridarium florentinum ...", 1751; „Regnum vegetabile ...", 1756. Nach ihm die Gattung *Manettia* Mutis ex L.

Mangelsd. = Paul Christoph Mangelsdorf, Atchison, Kansas 20.7.1899–22.7.1989. Nordamerikanischer Botaniker. Spezialgebiet: *Zea*. Schrieb „Corn: its origin, evolution and improvement", 1974. Seine Sammlung befindet sich an der Harvard University, Cambridge, Mass.

G. Mann = Gustav Mann, Rickensdorf, Braunschweig, Niedersachsen 20.1.1836–22.6.1916 München. Deutscher Botaniker, zunächst Gärtner in Kew, sammelte 1859–1862 Pflanzen in Westafrika, 1863–1891 in Indien, lebte später in München. Schrieb zus. mit Hermann Wendland „On the palms of Western Tropical Africa" (in Trans. Linn. Soc. 24, 421–439, 1864). Nach Mann die Gattung *Mannia* Hook. f.

J.C. Manning = John C. Manning, 1962–

Mannoni = Jacques Dominique Octave Mannoni, 1899–1989. Botaniker. Schrieb zus. mit Pierre L. Boiteau „Les plantes grasses de Madagascar ... Kalanchoe", 1947.

Mansf. = Rudolf Mansfeld, Berlin 17.1.1901–30.11.1960 Gatersleben, Sachsen-Anhalt. Deutscher Botaniker, zunächst am Bot. Museum Berlin, von 1946–1960 am Institut für Kulturpflanzenforschung in Gatersleben. Schrieb „Vorarbeiten zu einer Monographie der Gattung Ligustrum" (in Bot. Jahrb., 132, 19–75, 1924); „Verzeichnis der Farn- und Blütenpflanzen des Deutschen Reiches", 1941; „Werden und Wesen der wissenschaftlichen Pflanzenbenennung und ihre Regelung", 1942 (in Verh. d. Bot. Vereins d. Provinz Brandenburg 82); „Die Technik der wissenschaftlichen Pflanzenbenennung", 1949; „Vorläufiges Verzeichnis landwirtschaftlich oder gärtnerisch kultivierter Pflanzenarten", 1959 (Die Kulturpflanze, Beiheft 2); 2. Aufl. 1986, 4 Bände (Hrsg. J. Schultze-Motel). Schrieb zus. mit F.R.R. Schlechter „Die Orchideenflora der südamerikanischen Kordillerenstaaten", 1919–1929.

Manten = Jacob (Jack) Manten Manten, 1898–1958. Autor von *Daphne x mantensiana*.

E.M. Marais = Elizabeth M. Marais, 1945–

Marais = Wessel Marais, Colesberg, Cape Province, Südafrika 28.12.1929–. Südafrikanischer Botaniker in Pretoria, später in Kew, England. Spezialgebiete: *Gladiolus*, Flora von Südafrika. Mitarbeiter bei Flora Europaea. Bearbeitete die Familie Cruciferae für Codd, De Winter, Killick u. Rycroft „Flora of Southern Africa", Band 13, 1–118, 1970. Schrieb zus. mit Herold Georg Wilhelm Johannes Schweickerdt „Morphologische Untersuchungen an Oryza barthii A. Chev." (in Bot. Jahrb. Syst. 77, 1–24, 1956). Nach Marais die Varietät *Crotalaria damarensis* var. *maraisiana* Torre.

Maratti = Giovanni Francesco Maratti, 1723–1777 Rom. Italienischer Abt u. Botaniker, Professor der Botanik in Rom.

Schrieb „Descriptio de vera florum existentia, vegetatione et forma in plantis dorsiferis, sive epiphyllospermis" [Über die Blüten der Farne], 1760; „Plantarum Romuleae, et Saturniae...", 1772. Posthum erschien „Flora romana", 1822. Nach ihm die Gattung *Marattia* Sw.

Marchal = Élie Marchal, Wassigny, Ardennen 1.3.1839–19.2.1923 Gembloux. Belgischer Botaniker und Pädagoge. Bearbeitete für Martius, Flora brasiliensis in Band XI,1 (1878) „Hederaceae". Nach ihm die Gattung *Marchalia* Sacc.

N.G. Marchant = Neville Graeme Marchant, 1939–. Australischer Botaniker in Perth. Spezialgebiet: *Drosera*, Myrtaceae. Schrieb u.a. zus. mit Allen Lowrie „Four new Drosera taxa from south western Australia" (in Nuytsia 8, 323–332, 1992). Bearbeitete zus. mit A. S. George die Gattung *Drosera* für die Flora of Australia, Band 8, 9–64,383–385, 1982. Nach Neville Graeme Marchant und seiner Frau Denise Marchant die Art *Conostephium marchantiorum* Strid.

Marchant = William James Marchant, 1886–1952. Britischer Botaniker und Gärtner. Publ. über *Gaulnettya* (vgl. ICBN Artikel 11 Beispiel 26). Schrieb „Choice trees, shrubs, wall plants, and climbers", 1937.

Marchesi = Eduardo Marchesi, 1943–. Uruguayischer Botaniker, Professor in Montevideo. Spezialgebiet: Flora von Uruguay. Schrieb u.a. zus. mit A.Bartoli u. R.Tortosa „Two new species of Grindelia from Uruguay" (in Brittonia, 48, 75–78, 1997). Nach Marchesi die Unterart *Parodia scopa* (Sprengel) N.P.Taylor subsp. *marchesii* (W.R.Abraham) A.Hofacker, die er entdeckt hat.

Marcow. = Vasil Vasilevicz Marcowicz, 1865–1942. Russischer Botaniker, publ. über *Citrus*.

Maréchal = Robert Joseph Jean-Marie Maréchal, 1926–. Belgischer Botaniker an der Faculté des Sciences Agronomiques in Gembloux. Spezialgebiet: Fabaceae. Schrieb u.a. „Arguments for a global conception of the genus Vigna" (in Taxon 31, 280–283, 1982).

Markgr. = Friedrich Markgraf, Berlin 1.2.1897–8.3.1987 Zürich, Schweiz. Deutscher Botaniker am Bot. Garten Berlin u. München, zuletzt Direktor des Bot. Gartens in Zürich, Professor der Botanik, verheiratet mit Ingeborg Markgraf-Dannenberg. Schrieb „Pflanzengeographie von Albanien", 1932 (in Bibliotheca botanica, Heft 105). Bearbeitete für Engler, Die natürlichen Pflanzenfamilien, 2. Aufl. Bd. 13 „Gnetales", 1926; für „Flora illustrada Catarinense" die Apocynaceae, 1968. Herausg. von Bd. 4(1) der 2. Aufl. von Hegi, Gustav: „Illustrierte Flora von Mitteleuropa", 1958–1963. Nach ihm u.a. die Art *Moehringia markgrafii* Merxm. et Guterm.

Markgr.-Dann. = Ingeborg Markgraf-Dannenberg, Berlin 18.3.1911–22.3.1996 Zürich, Schweiz. Deutsche bzw. Schweizer Botanikerin, Ehefrau von Friedrich Markgraf (1897–1987). Spezialgebiet: *Festuca*. Bearbeitete die Gattung *Festuca* für Flora Europaea (Band 5, 125–153, 1980). Schrieb u.a. „Die Gattung Festuca in den Bayerischen Alpen" (in Ber. Bayer. Bot. Ges. 28, 195–211, 1950); „New taxa and names in European Festuca (Gramineae)" (in J. Linn. Soc.., Bot. 76, 322–328, 1978); „Zus. mit J. F. Veldkamp „New species of Festuca L. (Gramineae) of Malesia" (in Blumea 41, 217–222, 1996). Nach Markgraf-Dannenberg die Art *Festuca markgrafiae* Veldkamp.

Marloth = Hermann Wilhelm Rudolf Marloth, Lübben, Hannover, Niedersachsen 28.12.1855–15.5.1931 Kapstadt, Südafrika. Deutsch-südafrikanischer Pharmazeut u. Botaniker. Zunächst in Berlin, von 1883 bis zum Tode in Südafrika. Hauptwerk: „The flora of South Africa", 1913–1932; „Das Kapland ...", 1908. Nach ihm die Gattungen *Marlothia* Engl., *Marlothiella* H. Wolff, *Marlothistella* Schwant.

Marn.-Lap. = Julien Marnier-Lapostolle, 1905–18.2.1976. Französischer Kaufmann, Besitzer eines botan. Gartens u. einer großen Sukkulentensammlung in St. Jean, Cap Ferrat.

Marnock = Robert Marnock, Kintore, Aberdeenshire 12.3.1800–15.11.1889 London. Britischer Gärtner in Sheffield. Schrieb „Florigraphia britannica" (mit R. Deakin), 1837.

C. Marquand = Cecil Victor Boley Marquand, Richmond, Surrey 7.6.1897–1.7.1943 Isle of Skye. Englischer Botaniker in Kew. Spezialgebiet: *Avena*. Nach ihm wahrscheinlich die Art *Cotoneaster marquandii* Klotz.

M. Bieb. = Friedrich August Freiherr Marschall von Bieberstein, Stuttgart 10.8.1768–28.6.1826 Marf bei Charkow, Ukraine. Deutscher Botaniker, bereiste Taurien u. Kaukasien, lebte in Russland. Veröffentlichte „Flora taurico-caucasica", 1808–1819: „Centuria plantarum rariorum Rossiae meridionalis", Teil I 1810, Teil II-III, 1832–1843. Nach ihm die Gattung *Biebersteinia* Steph.

Marshall = Humphry Marshall, West Bradford, Pennsylvania 10.10.1722–5.11.1801 West Bradford. Nordamerikanischer Botaniker, Farmer und Quäker. Autor von „Arbustrum americanum...", 1785; Französische Ausgabe: „Catalogue alphabétique des arbres et arbrisseaux, ...", 1788. Nach ihm die Art *Crataegus marshallii* Eggl.

J. Marshall = Joseph Jewison Marshall, 1860–1934

W.T. Marshall = William Taylor Marshall, 1886–1957. Nordamerikanischer Botaniker und Kakteenforscher. Schrieb u.a. „Arizona's Cactuses", 1950, 2. Aufl. 1953; und zus. mit T.M. Bock „Cactaceae", 1941. Nach ihm die Gattung *Marshallocereus* Bckbg.

Marsili = Giovanni M. Marsili, 1727–1794. Italienischer Botaniker, Professor der Botanik in Padua. Schrieb „Fungi carrariensis historia", 1766.

G. Martens = Georg Matthias von Martens, Mira, Venetien, Italien 12.7.1788–24.2.1872 Stuttgart. Deutscher Botaniker und Jurist, Kanzleirat in Stuttgart. Schrieb „Reise nach Venedig ...", 1824; „Conspectus algarum brasiliae", 1870, und zus. mit Gustav Schübler „Flora von Würtemberg", 1834, 2. Aufl. 1865 (bearbeitet von G.M. von Martens u. C.A. Kemmler), 3. Aufl. 1882 (bearbeitet von C.A. Kemmler). Nach Martens die Gattung *Martensia* Hering 1841.

M. Martens = Martin Martens, Maastricht 8.12.1797-8.2.1863 Louvain (Löwen). Belgischer Botaniker, Professor der Chemie und Botanik in Louvain. Schrieb zus. mit Henri Guillaume Galeotti „Mémoire sur les fougères du Mexique ...", 1842; „Enumeratio synoptica plantarum phanerogamicarum ab H. Galeotti in regionibus mexicanis collectarum", 1842-1845. Nach Martens die Gattung *Martensella* Coem.

F.L. Martin = Floyd Leonard Martin, 1909-. Kanadischer Botaniker. Spezialgebiet: *Cercocarpus*. Schrieb „A revision of Cercocarpus" (in Brittonia 7, 91-111, 1950).

R.F. Martin = Robert Franklin Martin, 1910-. Nordamerikanischer Botaniker. Sammelte Pflanzen in Florida und West-Virginia. Schrieb u.a. „Delphinium carolinianum and its allies" (in Bull. Torrey Bot. Club 65, 27-29, 1938).

W. Martin = William Martin, Fairfield, Dunedin, Neuseeland 23.10.1886-6.7.1975 Andersons Bay, Dunedin, Neuseeland. Neuseeländischer Botaniker und Lehrer in Dunedin. Spezialgebiete: *Celmisia*, Lichenes. Schrieb u.a. „Species of Celmisia indigenous to Marlborough, with descriptions of new species and varieties" (in Transact. Roy. Soc. New Zeal. 65, 169-185, 1936); „The cryptogamic flora of the Awarua plains" (in Transact. Roy. Soc. New Zeal. 88.2, 161-167, 1960). Nach ihm die Unterart *Parahebe catarractae* (G.Forst.) W.R.B. Oliv. subsp. *martinii* Garn.-Jones.

F. Martin bis = Neuer Autor: F. Martin bis = F. Martin, fl. 1804. Autor von *Leucojum roseum*.

Martínez = Maximino Martínez, Regla, Hidalgo, Mexiko 30.5.1888-2.6.1964. Mexikanischer Lehrer und Botaniker. Schrieb „Catalogo alfabetico de nombres vulgares y científicos de plantas que existen en Mexico...", 1923; „Las plantas mas utiles ... en la Republica Mexicana ...", 1928; „Las plantas medicales de Mexico", 1933, ed.

5, 1969; „Catalogo de nombres ... de plantas mexicanas", 1937.

Mart. Crov. = Raul Nereo Martínez Crovetto, 1921-1988. Argentinischer Botaniker.

Martinis = Z. Martinis, publ. 1973 über *Helleborus hercegovinus*.

Martinovsky = Jan Otakar Martinovsky, 1903-1980. Tschechischer Botaniker. Spezialgebiet: *Stipa*.

Mart. = Carl (Karl) Friedrich Philipp von Martius (Pseudonym Suitram), Erlangen, Bayern 17.4.1794-13.12.1868 München. Deutscher Botaniker, Direktor des Bot. Gartens München u. Professor der Botanik an der Universität. Bereiste von 1817-1820 Brasilien. Begründer u. erster Hrsg. von „Flora brasiliensis", 1840-1906 (Suppl. 1915), für die er selbst einige Beiträge beisteuerte. Weitere Schrieb „Flora cryptogamica erlangensis", 1817; „Historia naturalis Palmarum", 1823-1853 (mit Hugo von Mohl u. F.J.A.N. Unger); Neue Aufl. mit dem Titel: „Genera et species Palmarum", 1856-1857; „Palmarum familia ejusque genera denuo illustrata", 1824; „Hortus regius monacensis", 1829 (mit F. von P. von Schrank); „Icones plantarum cryptogamicarum, quas in itinere annis 1817 ad 1820 per Brasiliam... instituto collegit et descripsit", 1828-1834; „Nova genera et species plantarum...", 1823-1832. Nach ihm die Gattung *Martiodendron* Gleas.

Martrin-Donos = Julien Victor Compte de Martrin-Donos, Narbonne 21.7.1801 (nicht 1800 oder1802) (4 thermidor IX)-29.4.1870 Toulouse. Französischer Botaniker.

Martyn = Thomas Martyn, Chelsea, London 23.9.1735-3.6.1825 Pertenhall, Bedfordshire. Englischer Botaniker und Geistlicher, Professor der Botanik in Cambridge. Schrieb „Flora rustica...", 1792-1795; „Thirty-eight plates with explanations, intented to illustrate Linnaeus's system of vegetables...", 1788, weitere Auflagen 1794, 1799, 1817.

Maruy. = I. Maruyama, publ. 1979 über Bambus-Arten. Japanischer Botaniker. Publ. auch mit H. Okamura.

Masam. = Genkei Masamune, Honami, Irinuma Wake- Gori, Okayama 22.4.1899-1993. Japanischer Botaniker. Spezialgebiet: Orchidaceae, Flora der Ryukyu-Inseln, Flora von Hainan und Taiwan. Schrieb „Short flora of Formosa ...", 1936; „Kainan-to shokubutsu-shi, Flora kainantensis", 1943.

Masf. = Ramón Masferrer y Arquimbau, Vich, Barcelona 1849(?)-5.4.1884 Zamboanga, Mindanao, Philippinen (starb an Cholera). Spanischer Militärarzt u. Botaniker auf den Kanarischen Inseln, später auf den Philippinen. Schrieb „Recuerdos botánicos de Tenerife ...", 1880-1882.

Maslin = Bruce Roger Maslin, Bridgetown, West-Australien 3.5.1946 (pers. Mitt.) -. Australischer Botaniker in Perth. Spezialgebiet: *Acacia*. Schrieb u.a. „Studies in the genus Acacia (Mimosaceae) 4. A revision of the series Pulchellae" (in Nuytsia 1, 388-494, 1975); außerdem „Acacia miscellany, 1-20" (u.a. mit R. S. Cowan, hauptsächlich in Nuytsia 7-12, 1990-1999). War auch Mitarbeiter bei Band 11 (2 Teile) der Flora of Australia für die Gattung Acacia, 2001.

H. Mason = Herbert Louis Mason, Fond du Lac, Wisconsin 3.1.1896-1994. Nordamerikanischer Botaniker, Professor der Botanik in Berkeley, Kalifornien. Spezialgebiet: Polemoniaceae. Sammelte zahlreiche Pflanzen in den USA (auch Alaska), Mexiko und Kolumbien. Schrieb „A flora of the marshes of California", 1957. Nach ihm die Gattung *Masonophycus* Setch. et N.L.Gardner.

Masson = Francis Masson, Aberdeen Aug. 1741-23.12.1805 Montreal, Kanada. Schottischer Gärtner. Erster von Kew ausgesandter Pflanzensammler, der in Südafrika, Westindien und Nordamerika sammelte. Schrieb „Stapeliae novae", 1796-1797. Nach ihm die Gattung *Massonia* Thunb. ex L. f.

Mast. = Maxwell Tylden Masters, Canterbury, Kent 15.4.1833-30.5.1907 Ealing, Middlesex. Englischer Botaniker, von 1865-1907 Hrsg. von „Gardeners Chronicle". Mitarb. an Ravenscroft

„The Pinetum britannicum", 1863-1884. Weitere Schriften: „Vegetable teratology", 1869, deutsche Ausgabe „Pflanzen-Teratologie" (erweitert von C.L.U. Dammer), 1888; für Martius, Flora brasiliensis in Bd. IV, 2 (1875) Passifloraceae, in Bd. XIII, 1 (1872) Aristolochiaceae; für Alph. u. Cas. de Candolle, Monographieae Phanerogamarum, Bd. 1 Restiaceae, 1878; für Daniel Oliver, Flora of Tropical Africa, in Bd. 1 Malvaceae, Sterculiaceae, Tiliaceae, 1868, in Bd. 2 Samydaceae, Loaseae, Turneraceae, Passifloreae, 1871. Nach ihm und nach John White Masters die Gattung *Mastersia* Benth.

B. Mathew = Brian Frederick Mathew, 1936-. Britischer Botaniker am Bot. Garten Kew. Spezialgebiet: Iridaceae, besonders *Crocus*. Schrieb „Dwarf bulbs", 1973; „The larger bulbs", 1978; „The Iris", 1981; „The Crocus, a revision of the genus Crocus (Iridaceae)", 1982; „A review of the genus Sternbergia" (in The Plantsman, 5, 1-16, 1983); „The genus Lewisia", 1989; „A review of Allium sect. Allium", 1996. Und zus. mit A. Baytop „The bulbous plants of Turkey", 1984. Mitarbeiter bei der von Wu Zheng-yi u. Peter Hamilton Raven (Hrsg.) publ. Flora of China.

J.W. Mathews = Joseph ('Jimmy') William Mathews, Bunbury, Cheshire, England 7.4.1871-23.9.1949 Durban, Südafrika. Englischer Gärtner, seit 1895 im Kapland. Von 1913-1936 Kurator des National Botanic Garden, Kirstenbosch, Südafrika. Schrieb „The cultivation of non-succulent South African plants", 1938. Nach ihm die Art *Tritonia mathewsiana* L. Bol.

Mathias = Mildred Esther Mathias (verheiratete Hasler), St. Louis, Missouri 19.9.1906-1995. Nordamerikanische Botanikerin in Los Angeles, Kalifornien, Professorin der Botanik. Spezialgebiete: Umbelliferae, subtrop. Zierpflanzen. Mitarb. an Lundells „Flora of Texas", 1961-1969 (Umbelliferae). Schrieb zus. mit Lincoln Constance für Britton, „North American Flora" in Bd. 28B(1)-28B(2) „Umbelliferae", 1944-1945; für Gunnar Wilhelm Harling und Benkt Sparre, Flora of Ecuador, die Familie „Umbelliferae", 1976. Nach Mathias die Gattung *Mathiasella* Const. et L. Hitchc.

L. Mathieu = Louis Mathieu, Berlin 24.5.1793-25.9.1867 Berlin. Deutscher Gärtner, führte einige Pflanzen nach Europa ein. Nach ihm die Gattung *Mathieua* Klotzsch.

Mathsson = Albert Mathsson, ?-1898. Publ. 1891 über *Echinocereus*.

Maton = William George Maton, Salisbury, Wiltshire 31.1.1774-30.3.1835 London. Englischer Arzt und Botaniker in London. Schrieb „Observations relative chiefly to the natural history... of the western counties of England", 1797. Nach ihm die Gattung *Matonia* R. Br. ex Wall.

Matsum. = Jinzô Matsumura, Matsuoka, Hitachi 9.1.1856-4.5.1928 Komagome. Japanischer Botaniker, Professor der Botanik an der Universität von Tokio. Veröffentlichte u.a. „Nippon shokubutsumeii", 1884; „Icones plantarum koisikavenses", 1911-1921; „Index plantarum japonicarum", 1904-1912. Schrieb zus. mit Takenoshin Nakai „Catalogus seminum et sporarum in horto botanico universitatis imperialis tokyoensis lectorum", 1914-1918; zus. mit Tokutaro Itô „Tentamen florae lutchuensis", 1899. Nach Matsumura die Gattungen *Matsumuraea* Okam., *Matsumurella* Makino und *Matsumuria* Hemsl.

M. Matsuoka = Neuer Autor: M. Matsuoka = Michio Matsuoka, publ. 1966. Japanischer Botaniker. Schrieb zus. mit Mitsuru Hotta „Classification of Hemerocallis in Japan and its vicinity" (in Acta Phytotax. Geobot. (Kyoto) 22, 25-43, 1966).

Mattf. = Johannes Mattfeld, Bremerhaven-Lehe 18.1.1895-19.1.1951 Berlin. Deutscher Botaniker am Bot. Museum Berlin. Schrieb u.a. für die 2. Aufl. von Engler, Die natürlichen Pflanzenfamilien Bd. 16c „Nachtrag zu den Caryophyllaceae", 1934, Bd. 20b „Pentaphylacaceae, Stackhousiaceae", 1942; außerdem „Geographisch-genetische Untersuchungen über Minuartia (L.) Hiern" (in Repert. spec. nov. regn. veg. Beih. 15, 1-228, 1922). Nach ihm die Gattung *Mattfeldia* Urb.

V.A. Matthews = Victoria Ann Matthews, 1941-. Britische Botanikerin in Kew, später in Miami, USA. Spezialgebiete: *Lilium*, *Clematis*. Mithrsg. von „The European Garden Flora", z.B. Band 3, 1989. Bearbeitete die Gattung *Lilium* für Flora Europaea (Band 5, 34-35, 1980). Nach ihr die Art *Astragalus mathewsiae* Podlech et Kirchhoff.

Matthieu = C. Matthieu, lebte um 1853. Autor von *Maranta warscewiczii*.

Matt. = Heinrich Gottfried Graf von Mattuschka, Jauer, Schlesien 22.2.1734-9.11.1779 Pitschen. Deutscher Botaniker. Schrieb „Flora silesiaca", 1776-1777; „Enumeratio stirpium in Silesia sponte crescentium..", 1779. Nach ihm die Gattung *Mattuschkia* J.F. Gmel.

Matuda = Eizi Matuda, Nagasaki 20.4.1894-12.2.1978. Mexikanischer Botaniker japanischer Abstammung, seit 1921 in Mexiko. Spezialgebiete: mexikanische Meliaceae, Araceae, Dioscoreaceae, Commelinaceae. Mitarbeiter an Martínez, M.: „Familias de la flora del Estado do México", 1953-1974. Schrieb zus. mit I. P. Lujan „Las plantas mexicanas del genero Yucca", 1980. Nach ihm die Gattung *Matudaea* Lundell.

Mauer = Fedor Mihajlovic Mauer, 1897-1963. Russischer Botaniker und Pflanzenzüchter. Spezialgebiet: *Gossypium*. Schrieb u.a. „On the origin of cultivated species of cotton ..." (in Bull. Acad. Sci. U.S.S.R. ser. Biol., 695-709, 1938).

Maund = Benjamin Maund, 1790-11.4.1864 Sandown, Isle of Wight. Englischer Apotheker, Buchhändler und Botaniker. Hrsg. von „The Botanic Garden...", 1825-1851 (13 Bde.), weitere Aufl. 1851-1854 (3 Bde.), 1878 (12 Bde.) (für eine Ergänzung siehe Hensl.); „The Botanist", 1836-1842; „The Floral Register", 1835-1850 (erschienen als Beilage zu The Botanic Garden).

Mauri = Ernesto Mauri, Rom 12.1.1791–13.4.1836 Rom. Italienischer Botaniker, Professor der Botanik in Rom. Schrieb „Romanorum plantarum centuria decimatertia", 1820 (Fortsetzung gemeinsam mit Francesco Antonio Sebastiani von „Florae romanae prodromus", 1818). Nach Mauri die Gattung *Mauria* Kunth.

Maw = George Maw, London 10.12.1832–7.2.1912 Kenley, Surrey. Englischer Fabrikant in Brosely, Staffordshire, Liebhaber-Botaniker, Geologe und Künstler, sammelte Pflanzen im Mittelmeergebiet. Schrieb „A monograph of the genus Crocus", 1886. Nach ihm die Art *Muscari maweanum* hort. Leichtl. ex Baker.

Maxim. = Carl Johann (Ivanovic) Maximowicz, Tula 23.11.1827–26.2.1891 St. Petersburg. Russischer Botaniker, seit 1852 Konservator u. Oberbotaniker am Bot. Garten St. Petersburg. Sammelte viele Pflanzen besonders in Ostasien. Schrieb u.a. „Primitiae florae amurensis", 1859; „Diagnoses breves plantarum Japoniae et Mandshuriae", 1866–1876; „Diagnoses plantarum novarum asiaticarum", 1877–1893. Nach ihm die Gattungen *Maximowiczia* Rupr. und *Maximowasia* Kuntze.

Maxon = William Ralph Maxon, Oneida, New York 27.2.1877–26.2.1948 Terraceia, Florida. Nordamerikanischer Botaniker am United States National Herbarium. Spezialgebiet: Pteridophyta. Sammelte zahlreiche Pflanzen, besonders in Mittelamerika. Schrieb „Pteridophyta of Porto Rico and the Virgin Islands", 1926 (in Scientific Survey of Portorico and the Virgin Islands, Bd. 6(3)). Bearbeitete für Britton, „North American Flora" in Bd. 16(1) Filicales (mit Lucien Marcus Underwood), Schizaeaceae, Gleicheniaceae, Cyatheaceae, 1909. Nach ihm die Gattung *Maxonia* C.Chr. sowie z.B. die Art *Solidago maxonii* Pollard.

May = May, lebte um 1870–1887.

E. Mayer = Ernest Mayer, 1920–. Slowenischer Botaniker und Professor in Ljubljana. Schrieb u.a. „Seznam prapotnic in cvetnic slovenskega ozemlja" (Verzeichnis der Farn- und Blütenpflanzen des slowenischen Gebietes, in Slov. Akad. Znan. Um., Raz. Prir. Med. Véde, Dela 5, 1–427, 1952). Bearbeitete die Gattung *Pedicularis* in Flora Europaea (Band 3, 269–276, 1972). Nach ihm die Sippe *Papaver alpinum* subsp. *ernesti-mayeri* Markgr.

Mayr = Heinrich Mayr, Landsberg am Lech, Bayern 29.10.1856–24.1.1911 München. Deutscher Forstmann u. Botaniker, Professor an der forstbiologischen Versuchsanstalt in München. Schrieb „Monographie der Abietineen des Japanischen Reiches", 1890; „Fremdländische Wald- und Parkbäume für Europa", 1906.

Mazel = Mazel, Name eines Botanikers bei *Phyllostachys* publ. durch Jean Houzeau de Lehaie.

Mazzuc. = Giovanni Mazzucato, 1787–1814. Italienischer Botaniker. Schrieb „Viaggio botanico all' Alpi Giulie...", 1811; „Triticorum definitiones ...", 1812.

McAllister = Hugh A. McAllister, 1944–. Britischer Botaniker. Spezialgebiete: *Sorbus, Hedera, Betula, Santolina*. Schrieb u.a. zus. mit Alison Rutherford „Hedera helix L. and H. hibernica (Kirchner) Bean (Araliaceae) in the British Isles" (in Watsonia 18, 7–15, 1990).

D.C. McClint. = David Charles McClintock, Newcastle-upon-Tyne 4.7.1913–23.11.2001. Britischer botanischer Schriftsteller in Bracken Hill, Kent. War auch Präsident der Botanical Society of the British Isles. Veröffentlichte 8 Bücher u. mehr als 800 andere Artikel. Spezialgebiete: Ericaceae, Bambus-Arten. Schrieb u.a. „Companion to flowers", 1966; zus. mit Richard Sidney Richmond Fitter „Pocket guide to wild flowers", 1956; zus. mit R.S.R. Fitter u. S. u. C. Favarger „Guide des plantes à fleurs, des arbres et des arbustes d'Europe occidentale", 7. Aufl., 1993.

E.M. McClint. = Elizabeth May McClintock, Los Angeles, Kalifornien 7.7.1912–2004. Nordamerikanische Botanikerin in San Francisco. Spezialgebiete: *Monarda, Teucrium, Physostegia, Hydrangea*. Schrieb „An annotated checklist of ornamental plants of California, Oregon, & Washington", 1978 (mit A.T. Leiser).

McClure = Floyd Alonzo McClure, Sidney, Ohio 14.8.1897–15.4.1970 Bethesda, Maryland (in seinem Bambus-Garten). Nordamerikanischer Botaniker, war von 1919–1940 an der Lignan University Canton in China, später am U.S. National Herbarium, Washington, D. C. Spezialgebiet: Gramineae, vor allem Bambusoideae. Schrieb „Plants of Lantau Island, Kwantung" (in Lingnan Univ. Science Bull. No. 3, 1931), „The bamboos", 1966, Reprint 1994. Posthum erschien (Hrsg. Thomas Robert Soderstrom) „Genera of bamboos native to the new world (Gramineae: Bambusoideae)" (in Smithson. Contrib. Bot. 9, 1–148, 1973).

McGill. = Donald John McGillivray, Griffith, New South Wales 10.8.1935–. Australischer Botaniker. Spezialgebiete: Proteaceae, Rubiaceae. Schrieb u.a. „New names in Grevillea (Proteaceae)",1986.

McKelvey = Susan Adams McKelvey, geb. Delano, Philadelphia, Pennsylvania 13.3.1883–11.7.1964. Nordamerikanische Botanikerin, verheiratet mit Charles Wylie McKelvey. Schrieb „The Lilac, a monograph", 1928; „Yuccas of the Southwestern United States...", 1938–1947; „Botanical Exploration of the Trans-Mississippi West, 1790–1850", 1955.

McKie = Ernest Norman McKie, 1882–1948. Australischer Geistlicher und Botaniker. Publ. zus. mit William Faris Blakely über *Eucalyptus*.

McMillan = A.J.S. McMillan, publ. 1990–1995. Britischer Kakteenkenner. Schrieb zus. mit John F. Horobin „Christmas Cacti: the genus Schlumbergera and its hybrids", 1995.

McMinn = Howard Earnest McMinn, Richmond, Indiana 19.8.1891–25.8.1963 Mills College Campus, Kalifornien. Nordamerikanischer Botaniker, Dendrologe, Professor der Botanik in Oakland, Kalifornien. Schrieb zus. mit Maunsell Van Rensselaer „Ceanothus", 1942; mit Evelyn

Maino „An illustrated manual of Pacific coast trees ...", 1935; mit Fred H. Schumacher „An illustrated manual of California shrubs ...", 1939.

W.R. McNab = William Ramsay McNab 9.11.1844–3.12.1889. Schottischer Botaniker.

McNair = James Birtley McNair, 1889–. Nordamerikanischer Botaniker, publ. 1925 über *Rhus*.

McNeill = John McNeill, Edinburgh 15.9.1933 (pers. Mitt.) -. Schottischer Botaniker in Kanada, zuletzt in Edinburgh. Spezialgebiete: Caryophyllaceae, Polygonaceae. Schrieb u.a. „Taxonomic studies in the Alsinoideae II. A revision of the species in the Orient" (in Notes Roy. Bot. Gard. Edinburgh 24, 241–404, 1963); zus. mit W. G. Dore „Grasses of Ontario", 1980; mit Ivan John Bassett, Clifford William Crompton und Pierre Michel Taschereau „The genus Atriplex (Chenopodiaceae) in Canada", 1983. Gab zus. mit Vernon Hilton Heywood „Phenetic and phylogenetic classification", 1964, heraus. Mitarbeiter bei der von Wu Zheng-yi u. Peter Hamilton Raven (Hrsg.) publ. Flora of China. Mitherausgeber verschiedener Ausgaben des Internationalen Code der botanischen Nomenklatur, auch dem der Kulturpflanzen. Nach McNeill die Art *Arenaria mcneillii* Aytaç et H.Duman.

McVaugh = Rogers McVaugh (nicht Rogers M. McVaugh), Brooklyn, New York 30.5.1909–. Nordamerikanischer Botaniker in Ann Arbor, Michigan, später in Chapel Hill, North Carolina, Professor der Botanik. Spezialgebiete: Amerikanische Myrtaceae, Flora von Mexiko. Schrieb „Ferns of Georgia"; 1951 (mit J.H. Pyrou); zus. mit R. Ross u. F.A. Stafleu „An annotated glossary of botanical nomenclature", 1968; „Flora novo-galiciana", 1974 ff. Nach McVaugh die Gattung *Macvaughia* W.R. Anderson.

Medik. = Friedrich Kasimir Medikus (ab 1786 Friedrich Kasimir Medicus), Grumbach 1736–15.7.1808 Mannheim. Deutscher Botaniker, Gartendirektor in Schwetzingen u. Mannheim.

Einige seiner vielen Schriften, auch über Gartenkunst u. Forstbotanik: „Botanische Beobachtungen des Jahres 1782(–1783)", 1783–1784; „Theodora speciosa ...", 1786; „Ueber einige künstliche Geschlechter aus der Malven-Familie", 1787; „Philosophische Botanik...", 1789–1791; „Ueber nordamerikanische Bäume und Sträucher", 1792; „Pflanzen-Gattungen nach dem Inbegriffe sämtlicher Fruktifikations-Theile gebildet, und nach dem Sexual-Pflanzen-Register geordnet", 1792; „Geschichte der Botanik unserer Zeiten", 1793; „Unächter Acacien-Baum ...", 1794–1799. Nach ihm die Gattung *Medicusia* Moench.

Medw. = Jakob Sergejewitsch Medwedew (Jakov Sergeevic Medvedev), 1847–1923. Russischer Botaniker.

Meerb. = Nicolaas Meerburgh, 1734–20.3.1814. Niederländischer Universitätsgärtner in Leiden. Schrieb „Afbeeldingen van zeldzaame gewassen", 1775–1780; „Plantae rariores...", 1789; „Plantarum selectarum icones pictae", 1798. Nach ihm die Gattung *Meerburgia* Moench.

F.N. Meijer = Frans Nicholaas Meijer (ab 1908 Frank Nicholas Meyer), 29.11.1875–2.6.1918. Niederländischer Botaniker.

Meikle = Robert Desmond Meikle, Newtownards, County Down, Nordirland 18.5.1923–. Britischer Botaniker am Herbarium Kew. Schrieb „A survey of the flora of Chios" (in Kew Bull. 9, 85–199, 1954); „Flora of Cyprus", 1977–1985; „Willows and poplars of Geat Britain and Ireland", 1984. Hrsg. von „Draft index of author abbreviations compiled at the Herbarium, Royal Botanic Gardens, Kew", 1980. Nach ihm die Art *Euphorbia desmondii* Keay et Milne-Redh.

Meinsh. = Karl Friedrich Meinshausen, Riga, Lettland 2.(?) 5.1819–20.11. (?) 1899 St. Petersburg. Deutsch-russischer Botaniker am botanischen Museum der kaiserlichen Akademie der Wissenschaften in St. Petersburg. Spezialgebiete: Cyperaceae, *Sparganium*. Schrieb u.a. „Flora ingrica",

1878; und zus. mit J. Chr. Klinge und V. L. Komarov Herausg. von „Die Cyperaceen der Flora Russlands ...", 1901. Nach ihm die Art *Carex meinshauseniana* Krecz.

Meisn. = Carl Friedrich Meisner (schrieb sich erst zuletzt Meissner), Bern 1.11.1800–2.5.1874 Basel. Schweizer Botaniker, zeitweilig Direktor des Bot. Gartens und Professor in Basel. Schrieb „Plantarum vascularium genera", 1837–1843; „Monographiae generis Polygoni prodromus", 1826; bearbeitete für Martius, Flora brasiliensis in Bd. V, 1 (1855) Polygonaceae, Thymelaeaceae, Proteaceae, in Band V, 2 (1866) Lauraceae, Hernandiaceae, in Bd. VII (1863–1871) Ericaceae, Convulvulaceae; für de Candolle, Prodromus in Bd. XIV Polygonaceae, Proteaceae, Thymelaeaceae, 1856–1857; in Bd. XV, 1 Lauraceae, Hernandiaceae, 1864. Nach ihm die Gattung *Meisneria* DC.

L.W. Melander = Leonard William Melander, Red Wing, Minnesota 21.10.1893–. Nordamerikanischer Botaniker, publ. über *Mahoberberis*.

Melch. = Hans Melchior, Berlin 5.8.1894–12.3.1984 Berlin. Deutscher Botaniker, zeitweilig Leiter des Bot. Gartens u. Museums Berlin. Bearbeitete für Engler, Die natürlichen Pflanzenfamilien, 2. Aufl. Bd. 21 Medusagynaceae (mit H.G.A. Engler), Theaceae, Violaceae, 1925, Bd. 17a II Canellaceae, Nachtrag (mit W. Schultze-Motel), 1959. Hrsg. der 12. Aufl. von A. Engler „Syllabus der Pflanzenfamilien", 1954 (mit E. Werdermann) u. 1964. Schrieb „Gewürz", 1974 (mit Hans Kastner). Nach ihm die Gattung *Melchiora* Kobuski (= *Balthasaria* Verdc., die in Anlehnung an die Namen der 3 Weisen so umbenannt wurde).

Melderis = Alexander (Aleksandre) Melderis, Russland 1909–März 1986. Lettischer Botaniker am Brit. Museum (Natural History) in London. Spezialgebiete: Flora von Europa, Gramineae. Schrieb „Taxonomic studies on the European species of the genus Centaurium Hill" (in Bot. Journ. Linn. Soc. 65, 224–250,

1972); "Taxonomic notes on the tribe Triticeae (Gramineae), with special reference to the genera Elymus L. sensu lato, and Agropyron Gaertner sensu lato" (in Bot. J. Linn. Soc. 76, 169–384, 1978); zus. mit E. B. Bangerter „A handbook of British flowering plants", 1955. Bearbeitete die Gattungen *Leymus, Elymus* und *Agropyron* für Flora Europaea (Band 5, 190–200, 1980).

Melikyan = A.P. Melikyan, 1935–

Melle = Peter Jacobus van Melle, 1891–1953. Nordamerikanischer Botaniker, publ. 1946–1947 über *Juniperus*.

Melville = Ronald Melville, Bristol 12.3.1903–6.8.1985 Kew, Surrey. Englischer Apothker und Botaniker, ab 1934 in Kew. Spezialgebiete: Flora von Australasien, *Encephalartos* von Mittelafrika, *Rosa*. Veröffentlichte u.a. „Red data book, vol. 5, Angiospermae", 1970. Nach ihm die Art *Acacia melvillei* Pedley.

N.C. Melvin = Norman C. Melvin III., 1950–

H. Melzer = Helmut Melzer, Graz, Steiermark 17.4.1922–. Österreichischer Botaniker in Zeltweg, Steiermark, Oberstudienrat, später Professor. Schrieb viele Arbeiten über die Flora von Kärnten und der Steiermark, darunter 42 Folgen von „Neues zur Flora von Steiermark", I-XLII (in Mitt. Naturw. Ver. Steiermark 87–135, 1957–2006). Zus. mit Arnold Zimmermann, Gerhard Kniely, Willibald Maurer und Renate Höllriegl Autor von „Atlas gefährdeter Farn- und Blütenpflanzen der Steiermark", 1989. Nach Melzer die Art *Ranunculus melzeri* E.Hörandl et W.Gutermann.

Menabde = Vladimir Levanovich Menabde, 1898–

Menet = André Menet, publ. 1908. Französischer Botaniker. Publ. zus. mit Henry Louis Poisson über *Tillandsia*.

Menitsky = Jurij (Yuri) Leonardovich (G.) Menitsky (Menitskii), 1937–2001. Russischer Botaniker in St. Petersburg. Spezialgebiet: Fagaceae.

Menzies = Archibald Menzies, Stix House, Aberfeldy, Perthshire März 1754–15.2.1842 Notting Hill, London. Schottischer Gärtner am Bot. Garten in Edinburgh. Posthum erschien: „Hawaii Nei 128 years ago", 1920. Nach ihm die Gattung *Menziesia* Sm.

Mérat = François Victor Mérat de Vaumartoise, Paris 16.7.1780–15.3.1851 Paris. Französischer Botaniker und Arzt in Paris. Schrieb „Nouvelle flore des environs de Paris", 1812; 2.–6. Aufl. 1821–1841, „Synopsis de la nouvelle flore des environs de Paris...", 1837; „Revue de la flore parisienne ...", 1843. Nach ihm die Gattung *Meratia* Cass.

Merriam = Clinton Hart Merriam, New York City 5.12.1855–19.3.1942 Washington, D. C. Nordamerikanischer Botaniker, Zoologe (Mammaloge) und Völkerkundler. Schrieb „Results of a biological survey of the San Francisco mountain region and desert of the Little Colorado in Arizona", 1890.

Merr. = Elmer Drew Merrill, East Auburn, Maine 15.10.1876–25.2.1956 Jamaica Plain, Massachusetts. Bedeutender nordamerikanischer Botaniker, lebte 1902–1924 auf den Philippinen, war 1930–1935 Direktor des New York Botanical Garden und ab 1937 Direktor des Arnold Arboretum. Schrieb über 500 Abhandlungen in Bücher, darunter zus. mit Egbert H. Walker „A Bibliography of Eastern Asiatic Botany", 1938, Suppl. (von E. H. Walker) 1960; „Index Rafinesquianus", 1949; „An enumeration of Philippine flowering plants ...", 1923–1926; „A flora of Manila", 1912; „An interpretation of Rumphius's Herbarium amboinense ...", 1917; „Plant life of the Pacific world", 1945. Nach ihm die Gattungen *Elmerrillia* Dandy, *Merrillanthus* Chun et Tsiang, *Merrillia* Swingle, *Merrillodendron* Kanehira und *Merrilliopanax* H.L.Li.

Mert. = Franz Karl Mertens, Bielefeld, Nordrhein-Westfalen 3.4.1764–9.6.1831 Bremen. Deutscher Botaniker, Professor und Direktor der Handelsschule in Bremen. Bearbeitete zus. mit W.D.J. Koch die ersten 3 Bände der 3. Aufl. von J.C. Röhlings „Deutschlands Flora", 1823–1831. Nach ihm die Gattung *Mertensia* Roth.

Merxm. = Hermann Merxmüller, München 30.8.1920–8.2.1988. Deutscher Botaniker, Direktor des Bot. Gartens München. Hrsg. von „Prodromus einer Flora von Südwestafrika", 1966–1972; ebenso der 9.–24. Aufl. von Hegis „Alpenflora", 1950–1976; Mitarb. bei „Flora europaea", 1964–1980. Mitautor von „Mitteleuropäische Pflanzenwelt. Kräuter und Stauden" (168 Tafeln), „Sträucher und Bäume" (144 Tafeln), 1954–1960 (Sammlung naturkundlicher Tafeln, hrsg. Von E. Cramer), mit R. Kräusel u. H. Nothdurft. Nach ihm die Gattung *Merxmuellera* Conert sowie die Arten *Campanula hermannii* Rech. F., *Aristolochia merxmuelleri* Greuter et E. Meyer und *Andrachne merxmuelleri* Rech. f.

Mesa = Aldo Mesa, publ. 1971–1981. Chilenischer Botaniker an der Universität von Valparaiso, Chile. Schrieb „Nolanaceae" in Flora neotropica Band 26, 1981.

Mett. = Georg Heinrich Mettenius, Frankfurt am Main 24.11.1823–19.8.1866 Leipzig (starb an Cholera). Deutscher Botaniker, Professor der Botanik und Direktor des Bot. Gartens Leipzig, Schwiegersohn von Alexander Braun, Schwager von Johann Xaver Robert Caspary. Spezialgebiet: Pteridophyta. Schrieb „De Salvinia", 1845; „Filices horti botanici lipsiensis", 1856; „Ueber einige Farngattungen", 1857–1859; „Ueber den Bau von Angiopteris", 1863; „Ueber die Hymenophyllaceae", 1864. Nach ihm die Gattung *Metteniusa* Karst.

Metzg. = Johann Metzger, 1789–15.9.1852 Wildbad, Baden-Württemberg. Deutscher Gärtner, zunächst Inspektor des Bot. Gartens Heidelberg, später Direktor der Landwirtschaftl. Anstalt in Karlsruhe. Schrieb „Europäische Cerealien...", 1824; „Systematische Beschreibung der kultivierten Kohlarten", 1833; „Die Getreidearten und Wiesengräser", 1841; „Landwirtschaftliche Pflanzenkunde", 1841.

Metzing = Detlev Karl Erich Metzing, Verden (Aller), Niedersachsen 5.3.1960 (pers.

Mitt.) -. Deutscher Botaniker an der Universität in Oldenburg. Spezialgebiete: Cactaceae, Flora der Küste. Schrieb u.a. zus. mit M. Meregalli u. Roberto Kiesling „An annotated checklist of the genus Gymnocalycium Pfeiffer ex Mittler" (in Allionia 33, 181-228, 1995).

Meve = Ulrich Meve, 1958-. Deutscher Botaniker in Bayreuth. Spezialgebiet: Asclepiadaceae.

Meyen = Franz Julius Ferdinand Meyen, Tilsit 28.6.1804-2.9.1840 Berlin. Deutscher Arzt u. Botaniker, reiste als Schiffsarzt um die Welt, war zuletzt Professor der Botanik in Berlin. Schrieb u.a. „Phytotomie", 1830; „Grundriß der Pflanzengeographie", 1836; „Reise um die Erde...", 1834-1843; „Neues System der Pflanzen-Physiologie", 1837-1839; „Pflanzen-Pathologie", 1841. Nach ihm die Gattung *Meyenia* Nees.

B. Mey. = Bernhard Meyer, Hanau, Hessen 24.8.1767-1.1.1836 Offenbach, Hessen. Deutscher Arzt, Zahnarzt, Apotheker, Botaniker und Ornithologe. Schrieb zus. mit Gottfried Gaertner und Johannes Scherbius „Oekonomisch-technische Flora der Wetterau", 1799-1802.

C.A. Mey. = Carl Anton (Andreevic) von Meyer, Witebsk, Weißrussland 1.4.1795-24.2.1855 St. Petersburg. Russischer Botaniker, Direktor des Bot. Gartens St. Petersburg. Schrieb „Verzeichniss der Pflanzen, welche während der ... 1829 und 1830 unternommenen Reise im Caucasus ... eingesammelt worden sind", 1831; „Verzeichniss der im Jahre 1833 am Saisang-Noor ... gesammelten Pflanzen", 1841 (miot A.H.G. von Bongard); „Florula provinciae Tambow", 1844; „Versuch einer Monographie der Gattung Ephedra", 1846; „Florula provinciae Wiatka", 1848. Ernst Rudolph von Trautvetter u. Carl Anton von Meyer schrieben gemeinsam „Florula ochotensis phanogama", 1847 (in Reise in den äußersten Norden und Osten Sibiriens..., 1. Band, 2. Theil). Nach ihm und 4 weiteren Personen dieses Namens (darunter E.H.F. Meyer und G.F.W. Meyer) die Gattung *Meyeria* DC.

E. Mey. = Ernst Heinrich Friedrich Meyer, Hannover 1.1.1791-7.8.1858 Königsberg, Ostpreußen. Deutscher Botaniker, Professor der Botanik und Direktor des Bot. Gartens Königsberg. Schrieb „Synopsis Juncorum", 1822; „Synopsis Luzularum", 1823; „De plantis labradoricis", 1830; „Commentatorium de plantis Africae australioris...", 1836-1838; „Preußens Pflanzengattungen", 1839; „Geschichte der Botanik", 1854-1857. Nach ihm die Gattung *Ernestia* DC., *Ernestimeyera* Kuntze und (zus. mit C.A. von Meyer und G.F.W. Meyer) zwei weiteren Personen des Namens Meyer) auch *Meyeria* DC.

F.K. Mey. = Friedrich Karl Meyer, 1926-. Deutscher Botaniker am Herbarium Haussknecht in Jena, Thüringen. Spezialgebiete: Brassicaceae, Malpighiaceae, Primulaceae. Schrieb „Conspectus der „Thlaspi" Arten Europas, Afrikas und Vorderasiens" (in Feddes Repert., 84, 449-469, 1973); „Beitrag zur Kenntnis ost- und südosteuropäischer Soldanella-Arten" (in Haussknechtia 2, 7-41, 1986); „Die europäischen Acantholimon-Sippen, ihre Nachbarn und nächsten Verwandten" (in Haussknechtia 3, 3-48, 1987).

G.L. Mey. = G.L. Meyer, publ. 1881 über *Freesia*.

G. Mey. = Georg Friedrich Wilhelm Meyer, Hannover 18.4.1782-19.3.1856 Göttingen, Niedersachsen. Deutscher Botaniker. Schrieb „Flora hanoverana excursoria", 1849; „Primitiae florae essequeboensis", 1818; „Flora des Königreichs Hannover...", 1832-1854. Nach ihm und 4 anderen Personen des Namens Meyer (darunter E.H.F. Meyer und C. A. von Meyer) die Gattung *Meyeria* DC.

Rud. Mey. = Rudolph Meyer, publ. um 1912 über Astrophytum. Deutscher Kakteenkenner.

T. Mey. = Teodoro Meyer, 11.12.1910-. Argentinischer Botaniker. Spezialgebiete: Asclepiadaceae, Flora von Argentinien. Sammelte zahlreiche Pflanzen in Argentinien, Paraguay, Brasilien und Bolivien. Publizierte auch mit Fred Alexander Barkley.

N.L. Meyer = Nicole L. Meyer, fl. 1995. Südafrikanische Botanikerin am National Herbarium, Pretoria. Spezialgebiete: *Asparagus*, Aloaceae. Schrieb u.a. zus. mit Gideon François Smith „Astroloba corrugata: description of a long-known species in a southern African endemic Alooid genus" (in Bothalia 28, 60-2, 1998); zus. mit A. C. Fellingham „New combinations and a complete list of Asparagus species in southern Africa (Asparagaceae)" (in Bothalia 25, 205-209, 1995)..

J. Meyrán = Jorge Meyrán Garcia, 1918-. Mexikanischer Botaniker. Spezialgebiet: Kakteen und Sukkulente. Publizierte auch mit Reid Venable Moran über Echeveria. Nach Meyrán die Art *Sedum meyranianum* J. Metzg.

Mez = Carl Christian Mez, Freiburg, Baden-Württemberg 24.3.1866-15.1.1944 Freiburg. Deutscher Botaniker, zuletzt Professor der Pflanzenphysiologie und Direktor des Bot. Gartens Königsberg 1910-1935. Schrieb u.a. „Lauraceae americanae monographicae descripsit", 1889; bearbeitete für Martius, Flora brasiliensis, in Bd. III.3 (1891-1892) „Bromeliaceae"; für Cas. de Candolle, Monographiae Phanerogamarum, Bd. 9 „Bromeliaceae", 1896; für Engler Das Pflanzenreich „Myrsinaceae", 1902; „Theophrastaceae", 1903; „Bromeliaceae", 1934-1935. Nach ihm die Gattungen *Mezia* Schwacke ex Nied. und *Meziella* Schindl.

Michalet = Louis Eugène Michalet, Chaussin, Jura 28.5.1829-12.2.1862 Dôle, Jura, Frankreich. Französischer Botaniker in Besançon. Schrieb „Histoire naturelle du Jura et des départements voisins", 1864.

Michx. = André Michaux, Sartory bei Versailles, Frankreich 7.3.1746-11.10.1803 Madagaskar. Französischer Botaniker u. Forschungsreisender (1782-1785 Persien, 1785-1796 Nordamerika, 1800 Teneriffa, Madagaskar etc.), Vater von François André Michaux. Schrieb „Flora boreali-americana", 1803, 2. Aufl. 1820; „Histoire des chênes de l'Amérique", 1801, deutsch (übersetzt von Johann Simon von Kerner): „Geschichte der amerikanischen Eichen", 1802–1804. Nach ihm die Gattung *Michauxia* L'Hér.

F. Michx. = François André Michaux, Sartory bei Versailles 16.8.1770–23.10.1855 Vauréal, Pontoise. Französischer Botaniker, Sohn von André Michaux. Begleitete 1785–1790 seinen Vater in Nordamerika, reiste dort auch 1801–1803 und 1806–1807. Schrieb „Voyage à l'ouest des monts Alleghanys ...", 1804; „Histoire des Arbres forestiers de l'Amérique septentrionale", 1810–1813; „The North American Sylva", 1817–1819, weitere Ausgaben z.T. mit anderen Herausgeb. oder Übersetzern 1819–1865.

Micheli = Marc Micheli, Genf 5.10.1844–29.6.1902 Genf. Schweizer Botaniker in Genf, Bürgermeister von Jussy. Schrieb „Contributions à la flore du Paraguay ... Légumineuses" (in Mém. Soc. Phys. Hist. nat. Genève 28(7), 1.73, pl. 1–23, 1883 u. 30(7), 75–98, pl. 24–27, 1889). Bearbeitete für Martius, Flora brasiliensis in Bd. XIII, 2 (1875) „Onagraceae", für Alph. u. Cas. de Candolle, Monographiae Phanerogamarum, Bd. 3 „Alismaceae, Butomaceae, Juncaginaceae", 1881. Nach ihm die Gattung *Micheliella* Briq.

D.J. Middleton = David John Middleton, United Kingdom 29.11.1963 (pers. Mitt.) -. In England geborener nordamerikanischer Botaniker an der Harvard University, Cambridge, Massachusetts. Spezialgebiete: Apocynaceae, *Gaultheria*, Flora von Thailand. Mitarbeiter bei der von Wu Zheng-yi u. Peter Hamilton Raven (Hrsg.) publ. Flora of China (Apocynaceae). Schrieb u.a. „A revision of Aganonerion Pierre ex Spire, Parameria Benth. & Hook. f. and Urceola Roxb. (Apocynaceae)" (in Blumea 41, 69–122, 1996).

J. Miège = Jacques Miège, 1914–1993

Miègev. = Joseph Miègeville, Saint-Laurent-de-Neste, Hautes-Pyréneés 5.6.1819–21.3.1901 Notre-Dame-de-Garaison, Hautes-Pyrénées. Französischer Geistlicher u. Botaniker, erforschte die Pyrenäen. Spezialgebiete: *Festuca, Trisetum*. Nach ihm die Art *Trisetum miegevillii* Duval-Jouve ex Miègev.

Miellez = Auguste Miellez, ?–1860. Französischer Gärtner in Esquermet bei Lille, Frankreich, publizierte den Namen von *Lilium brownii* F.E. Br.

Miers = John Miers, London 25.8.1789–17.10.1879 Kensington, London. Englischer Botaniker und Metallurg, bereiste von 1819–1828 Südamerika. Schrieb „On the Apocynaceae of South America", 1878; „Contributions to botany ...", 1851–1871; „Illustrations of South American plants ...", 1850–1857; „Travels in Chile and La Plata, ...", 1826. Nach ihm die Gattungen *Miersia* Lindl., *Miersiella* Urb. und *Miersiophyton* Engl.

J.C. Mikan = Johann Christian Mikan, Teplitz 5.12.1769–28.12.1844 Prag. Böhmischer Botaniker u. Entomologe, Professor der Naturgeschichte in Prag 1800–1831, bereiste Brasilien 1817–1819. Veröffentlichte „Delectus florae et faunae brasiliensis", 1820–1825. Nach ihm die Art *Erythroxylum mikanii* Peyr.

Mildbr. = Gottfried Wilhelm Johannes Mildbraed, Jahnsfelde 19.12.1879–24.12.1954 Berlin. Deutscher Botaniker am Bot. Museum Berlin. Teilnehmer an 3 Expeditionen nach dem trop. Afrika (1907–1914), war 1914–1919 Kriegsgefangener. Schrieb u.a. für Engler, Das Pflanzenreich Stylidiaceae, 1908; für Engler, Die natürlichen Pflanzenfamilien, 2. Aufl. Bd. 16b Oktoknemaceae, 1935, Bd. 19a Pandaceae 1931. Schrieb außerdem „Zur Kenntnis der Vegetationsverhältnisse Nord-Kameruns" (in Bot. Jahrb. 65, 1–52, 1932). Posthum erschien „Grundzüge der Vegetation des tropischen Kontinental-Afrika", 1966 (in Willdenowia, Beiheft 2), hrsg. Von W. Domke. Nach ihm die Gattungen *Mildbraedia* Pax u. *Mildbraediodendron* Harms.

Milde = Carl August Julius Milde, Breslau 2.11.1824–3.7.1871 Josefsberg Forst bei Meran, Südtirol (an Tuberkulose). Deutscher Oberlehrer an der Realschule zum Grauen Kloster in Breslau und Botaniker. Schrieb „Monographie der deutschen Ophioglossaceen", 1856; „Die höheren Sporenpflanzen Deutschlands und der Schweiz", 1865; „Monographia Equisetorum", 1867; „Filices Europae et Atlantidis, Asiae minoris et Sibiriae...", 1867; „Monographia generis Osmundae", 1868; „Bryologia silesiaca", 1869. Nach ihm die Gattung *Mildella* Trevis.

Milkuhn = F.G. Milkuhn, publizierte um 1949 über *Cryptocoryne*.

R.R. Mill = Robert Reid Mill, 1950–. Schottischer Botaniker in Edinburgh. Spezialgebiet: Scrophulariaceae. Mitarbeiter bei der von Wu Zheng-yi u. Peter Hamilton Raven (Hrsg.) publ. Flora of China. Zus. mit Peter Hadland Davis u. Kit Tan Mitherausgeber von Band 10 (Supplement) der „Flora of Turkey ...", 1989.

Millais = John Guille Millais, London 24.3.1865–24.3.1931 Horsham, Sussex. Englischer Naturforscher, Gärtner, Sportler und botanischer Künstler. Schrieb „Rhododendrons... and the various hybrids", 1917–1924; „Magnolias", 1927.

Millán = Anibal Roberto Millán, 1892–. Argentinischer Botaniker. Spezialgebiet: Solanaceae, *Nicotiana, Nierembergia*. Schrieb „Bibliografia agricola argentina hasta 1930", 1935.

Mill. = Philip Miller, Deptford oder Greenwich 1691–18.12.1771 Chelsea, London. Englischer Gärtner u. Botaniker, seit 1722 Vorsteher des Apothekergartens in Chelsea, genannt „hortulanorum princeps", der Fürst der Gärtner. Hauptwerk: „The gardeners dictionary", 1. Aufl. 1731, 9. Aufl. unter „The gardener's and botanist's dictionary, corrected and newly arranged von Thomas Martyn", 1797–1804. Von der 8. Aufl. (1768) an wurde die Linnésche binäre Nomenklatur verwendet. Es erschienen Übersetzungen in Deutsch, Holländisch u. Französisch. Ergänzung zum Dictionary ist „Figures of the most beautiful, useful, and uncommon plants described in the Gardeners Dictionary", 1755–1760, 2. Aufl. 1771, 3. Aufl. 1809. Nach ihm die Gattung *Milleria* L.

W.T. Mill. = Wilhelm (später William Tyler) Miller, King William County, Virginia 14.11.1869–1919. Nordamerikanischer Botaniker, Mitherausgeber von „Cyclopedia of American horticulture", 1900–1902 (zus. mit Liberty Hyde Bailey).

Milliken = Jessie Milliken (verh. Mrs. Warner Brown), 1877–1951. Nordamerikanische Botanikerin in Kalifornien. Spezialgebiet. Polemoniaceae. Schrieb „A review of Californian Polemoniaceae" (in Univ. California Publ. Bot. 2, 1–71, 1904).

Millsp. = Charles Frederick Millspaugh, Ithaca, New York 20.6.1854–15.9.1923 Chicago. Nordamerikanischer Botaniker u. Arzt, Professor der Botanik. Sammelte zahlreiche Pflanzen in Nord- und Mittelamerika. Schrieb „American medicinal plants", 1884–1887; neue Aufl. 1892 unter dem Titel „Medicinal plants", auch 1974 „American medicinal plants" (Herausg. E.S. Harrar). Außerdem „The living flora of West Virginia", 1913; zus. mit N.L. Britton „The Bahama flora", 1920; „Flora of the island of St. Croix" (in Pub. Field Columbian Mus. 68, Bot. ser. 1, 441–546, 1902). Nach Millspaugh die Gattungen *Millspaughia* B. L. Rob. und *Neomillspaughia* S. F. Blake.

Milne-Redh. = Edgar Wolston Bertram Handsley Milne-Redhead, Handsley, Somerset 24.5.1906–29.6.1996 Colchester. Englischer Botaniker, von 1929–1971 in Kew. Gab u.a. heraus „Flora of Tropical East Africa", 1952–1971. Nach ihm die Art *Aloe milne-redheadii* Christian.

T.L. Ming = Ming Tien-Lu = Tien Lu Ming, 1937–. Chinesischer Botaniker am Kunming Institute of Botany, Yunnan. Spezialgebiete: *Aconitum, Rhododendron*.

Miq. = Friedrich Anton Wilhelm Miquel, Neuenhaus, Hannover 24.10.1811–23.1.1871 Utrecht. Niederländischer Botaniker, Professor in Utrecht, ab 1862 Direktor des Rijksherbariums in Leiden. Verf. von mehr als 20 Büchern, darunter „Genera Cactearum", 1839; „Monographia Cycadearum", 1842; „Systema Piperacearum", 1843–1844; „Illustrationes Piperacearum", 1847; „Flora Indiae batavae", 1855–1859; dazu „Supplementum primum. Prodromus florae sumatranae", 1860–1861; für Martius, Flora brasiliensis in Bd. IV, 1 (1852–1853), „Chloranthaceae, Piperaceae, Urticineae"; in Bd. VII (1856/1863) „Ebenaceae, Symplocaceae, Sapotaceae", in Bd. X (1856) „Primulaceae, Myrsinaceae"; „Commentarii phytographici, ...", 1839–1840; „Prolusio florae japonicae", 1865–1867. Nach ihm die Gattung *Miquelia* Meisn.

Mirb. = Charles François Brisseau de Mirbel, Paris 28.3.1776–12.9.1854 Champerret, Paris. Französischer Botaniker, einer der ersten Pflanzenanatomen u. -physiologen. Veröffentlichte u.a. „Traité d'anatomie et de physiologie végétale", 1813; „Exposition de la théorie de l'organisation végétale", 1809; „Éléments de physiologie végétale et de botanique", 1815; „Histoire naturelle, générale et particulière de plantes", 1802–1806. Nach ihm die Gattung *Mirbelia* Sm.

Mirek = Zbigniew Mirek, Krakau 8.1.1951 (pers. Mitt.) -. Polnischer Botaniker in Krakau. Spezialgebiete: Brassicaceae, *Veronica, Glyceria, Symphytum*. Schrieb „Genus Camelina in Poland – taxonomy, distribution and habitats" (in Fragm. Florist. Geobot. 27, 445–507, 1981); zus. mit H. Piekos-Mirkowa, A. Zajac u. M. Zajac „Vascular plants of Poland – a Checklist", 1995.

Mirzoeva = Nina Vasilevna Mirzoeva, 1908–

Miscz. = Pavel Ivanovich Misczenko (Mischtschenko, Mishchenko), 1869–1938. Russischer Botaniker, sammelte Pflanzen in Georgien. Spezialgebiet: *Lilium*.

P.J. Mitch. = Peter J. Mitchell, fl. 1983. Britischer *Sempervivum*-Spezialist. Schrieb „The Sempervivum & Jovibara Handbook", etwa 1973. Gab auch die Zeitschrift „Houselekes" sowie „International cultivar register for Jovibarba, Rosularia, Sempervivum", 1985 heraus.

Mitford = Algernon Bertram Freeman Mitford, 1st Baron Redesdale, London 24.2.1837–17.8.1916 Batsford Park, Gloucestershire. Englischer Diplomat u. Gartengestalter. Schrieb u.a. „The Bamboo Garden", 1896.

Mitterp. = Ludwig Mitterpacher von Mitterburg, Bellye (heute Bilje, Kroatien) 25.9.1734–24.5.1814. Österreichischer Religionslehrer und Professor der Landwirtschaft an der Universität in Pest von 1777–1814. Schrieb u.a. „Elementa rei rusticae", 3 Bände, 1777–1794; zus. mit Mathias Piller „Iter per Poseganam Sclavoniae ...", 1783.

Mittler = Mittler, publ. 1844 über Kakteen.

Miyabe = Kingo Miyabe, Tokio 27.4.1860–1951 Tokio. Japanischer Botaniker, Professor an der Hokkaido Universität. Schrieb „Icones of the essential forest trees of Hokkaidô", 1920–1931 (mit Yûshun Kudô); „Flora of Hokkaido and Saghalien", 1930–1944 (mit Yûshun Kudô, Mitarbeiter T. Nakai). Nach Miyabe die Gattungen *Miyabea* Broth. und *Miyabella* T.Itô et Homma.

Miyoshi = Manabu Miyoshi, Gifu 1861–11.5.1939. Japanischer Botaniker, Professor der Botanik in Tokio. Schrieb „Atlas of Japanese vegetation", 1905–1909; und zus. mit J. Matsumura „Cryptogamae japonicae iconibus illustratae", 1899–1901. Nach Miyoshi die Gattung *Miyoshia* Makino.

Moç. = José Mariano Moçiño Suarez de Figueroa, Losada, Temascaltepec, Mexiko 24.9.1757–19.5.1820 Barcelona. Mexikanischer Botaniker, unternahm zus. mit Martin de Sessé y Lacasta von 1795–1804 eine Sammelreise durch Mexiko, aus der 2000 Abbildungen mexik. Pflanzen hervorgingen („Codex Moçiño"), die aber nie gedruckt wurden. Umrisszeichnungen mancher Pflanzen wurden von A. de Candolle herausgegeben unter dem Titel: „Calques des dessins de la flore du Mexique", 1874. Posthum erschien von Martin de Sessé y Lacasta u. José Mariano

Moçiño Suarez de Figueroa „Plantae Novae Hispaniae", 1887–1890, 2. Aufl. 1893; „Flora mexicana", 1891–1896, 2. Aufl. 1894. Nach Moçiño die Gattung *Mocinna* Cerv. ex La Llave.

H. Möller = Hjalmar August Möller, 1866–1941. Schwedischer Botaniker in Stockholm. Schrieb „Löfmossornas utbredning i Sverige ...", 1911–1936.

L. Möller = Ludwig Möller, Blechernkrug bei Schwerin, Mecklenburg-Vorpommern 4.12.1847–12.4.1910. Deutscher Gartenbauschriftsteller in Erfurt. Herausg. von Möllers Deutsche Gärtnerzeitung, 1886–1910.

Moench = Conrad Moench (Mönch), Kassel, Hessen 15.8.1744–6.1.1805 Marburg, Hessen. Deutscher Botaniker u. Chemiker, Professor der Botanik in Kassel und Marburg. Schrieb u.a. „Methodus plantas horti botanici et agri marburgensis...", 1794; „Supplementum ad Methodum plantas...", 1802; „Enumeratio plantarum indigenarum Hassiae...", 1777; „Verzeichniss ausländischer Bäume und Stauden des Lustschlosses Weißenstein bei Cassel", 1785. Nach ihm die Gattung *Moenchia* Ehrh.

Möschl = Wilhelm Möschl, 20.8.1906–12.10.1981. Österreichischer Botaniker in Graz, Steiermark. Spezialgebiet: *Cerastium*. Schrieb u.a. „Über die Cerastien Österreichs" (in Mitt. Naturwiss. Ver. Steiermark 103, 141–169, 1973).

Moffett = Rodney Oliver Moffett, Gumtree, Orange Free State, Südafrika 26.12.1937–. Südafrikanischer Botaniker an der University of the North, Qwa Qwa Campus in Südafrika. Spezialgebiete: *Sarcocaulon*, *Rhus*.

D. Mohr = Daniel Matthias Heinrich Mohr, Quickborn bei Pinneberg, Schleswig-Holstein 8.4.1780–26.8.1808 Kiel, Schleswig-Holstein. Deutscher Botaniker, Professor in Kiel. Schrieb „Observationes botanicae", 1803; und zus. mit Friedrich Weber „Archiv für die systematische Naturgeschichte", 1804, Forts. als „Beiträge zur Naturkunde", 1805–1810; „Naturhistorische Reise durch einen Theil Schwedens", 1804; „Botanisches Taschenbuch auf das Jahr 1807", 1807. Nach Mohr die Gattung *Mohria* Sw.

H. Mohr = Hartmut Mohr, fl. 1984

Moir = William Whitmore Goodale Moir, 1896–1985

Moldenke = Harold Norman Moldenke, Watchung, New Jersey 11.3.1909–7.1.1996 Corvallis, Oregon. Nordamerikanischer Botaniker am New York Botanical Garden, später auch Professor der Botanik in Union und danach in Wayne, New Jersey. Schrieb u.a. zus. mit seiner Frau Alma Lance Ericson Moldenke „Plants of the Bible", 1952; „A résumé of the Verbenaceae...", 1959; Mitarb. an Lundells „Flora of Texas". 1961–1969 (Eriocaulaceae, Avicenniaceae, Verbenaceae). Bearbeitete für Britton, North American Flora in Bd. 19(1) „Eriocaulaceae", 1937; Mitarbeit bei den Lamiales in Band 2(6), 1955 von Robert Orchard Williams „Flora of Trinidad and Tobago ...". Hrsg. der Zeitschrift „Phytologia", 1933 ff. Schrieb zus. mit Hamilton Paul Traub „Amaryllidaceae: Tribe Amarylleae", 1949. Nach Moldenke die Gattung *Moldenkea* Traub.

Molina = Giovanni Ignazio (Juan Ignacio) Molina, Talca, Chile 1737–12.9.1829 Bologna. Italienischer Jesuit, Missionar, Botaniker u. Pflanzensammler, Professor der Naturwissenschaften in Bologna. Autor von „Saggio sulla storia naturale de Chili", 1782, 2. Aufl. 1810. Nach ihm die Gattungen *Molinia* Schrank u. *Moliniopsis* Hayata sowie die Zeitschrift „Moliniana" (1955ff.).

Molinet = Amorós Eugenio Molinet, publ. 1889 zus. mit Manuel Gómez de la Maza y Jiménez „Diccionario Botanico de los Nombres Vulgares Cubanos y Puerto-Riquenos", 1889.

Momiy. = Yasuichi Momiyama, 1904–2000. Japanischer Botaniker. Spezialgebiete: Vitaceae, Elaeagnaceae.

Monach. = Joseph Vincent Monachino, Aragone bei Agrigento, Sizilien 22.5.1911–Dezember 1962. Nordamerikanischer Botaniker italienischer Herkunft am New York Bot. Garden. Spezialgebiete: Apocynaceae, Flora von Mittelamerika. Schrieb u.a. „A revision of the genus Alstonia (Apocynaceae)", 1949. Nach ihm die Art *Justicia monachinoi* Wassh.

Montbret = Gustave Coquebert de Montbret, 1805–1837 Paris. Französischer Botaniker, sammelte auch Pflanzen in der Türkei. Publizierte zus. mit Pierre Martin Rémi Aucher-Éloy über Lamiaceae.

Monv. = M. Chevalier (de) Monville, publ. um 1838. Französischer Pflanzenliebhaber, Kakteenkenner, Besitzer einer berühmten Kakteensammlung. Nach ihm die Gattung *Monvillea* Britton et Rose.

Moon = Alexander Moon, ?- Mai 1825 Sri Lanka. Schottischer Gärtner und Botaniker am Bot. Garten in Peradeniya, Sri Lanka. Schrieb „A catalogue of the indigenous and exotic plants growing in Ceylon", 1824. Nach ihm die Gattung *Moonia* Arn.

A.H. Moore = Albert Hanford Moore, Zanesville, Ohio 13.5.1883–. Nordamerikanischer Botaniker. Schrieb „A list of plants collected in Bermuda in 1905", 1906.

C. Moore = Charles Moore (zuerst Muir), Dundee, Angus, Schottland 10.5.1820–30.4.1905 Sydney. Schottischer Gärtner und Botaniker, Bruder von David Moore, wanderte 1848 nach Australien aus und war Direktor des Bot. Gartens Sydney. Schrieb u.a. mit Ernest Betche „Handbook of the flora of New South Wales", 1893. Nach Moore die Art *Eucryphia moorei* F. Muell.

D.D.T. Moore = Daniel David Tompkins Moore, 1820–1892. Nordamerikanischer Zeitungsherausgeber, war von 1865–1866 Bürgermeister von Rochester, New York. Gab die Wochenzeitung „Moore's Rural New Yorker, a quarto weekly agricultural, literary & family Journal" heraus.

H.E. Moore = Harold Emery Moore jr., Winthrop, Massachusetts 7.7.1917–17.10.1980. Nordamerikanischer Botaniker am Bailey Hortorium, Ithaca, New York. Sammelte u.a. Pflanzen in Mexiko uind Süsamerika. Schrieb u.a. „African Violets, Gloxinias and their relatives", 1957; „The cultivated Alliums" (in Baileya 2, 103–123,

1954 und 3, 137-149, 156-167, 1955); „An annotated Checklist of cultivated Palms" (in Principes Band 7, 1963); „The major groups of Palms and their distribution", 1973. Mitherausg. von L.H. Bailey: „Hortus third", 1976.

J.W. Moore = John William Moore, bei Jud, Lamour County, North Dakota 23.6.1901-. Nordamerikanischer Botaniker. Schrieb „A preliminary check-list of the flowering plants, ferns, and fern-allies of Minnesota", 1946 (mit R.M. Tryon).

L.B. Moore = Lucy Beatrice Moore, Warkworth, Neuseeland 14.7.1906-1987. Neuseeländische Botanikerin. Mitverfasserin (mit E. Edgar) von Allan, A. A. „Flora of New Zealand", 1961-1980.

S. Moore = Spencer Le Marchant Moore, Hampstead, London 1.11.1850-14.3.1931 Streatham, London. Englischer Botaniker und Forschungsreisender. Sammelte u.a. Pflanzen in Australien und Brasilien. Spezialgebiet: Asteraceae. Herausgeber von J.B.L. Warren „The flora of Cheshire", 1899. Mitautor (mit Alfred Barton Rendle) von Band 7 von „Flora of Jamaica", 1936. Nach ihm die Gattung *Spenceria* Trimen.

T. Moore = Thomas Moore, Stoke, Guildford, Surrey 21.5.1821-1.1.1887 Chelsea, London. Englischer Botaniker und Kurator am Bot. Garten Chelsea. Schrieb „The Ferns of Great Britain and Ireland", 1855-1856, 2. Aufl. 1857, 3. Aufl. 1869; „The octavo nature-printed British Ferns", 1859-1860; „A popular History of the British Ferns ...", 1851, 2. Aufl. 1855, 3. Aufl. 1859, weitere Aufl. 1862; „Index Filicum:...", 1857-1862; zus. mit John Lindley „A treasury of botany ... A popular dictionary", 1866, weitere Aufl. 1870-1899; und mit Robert Warner, Benjamin Samuel Williams und John Nugent Fitch „The orchid album ...", 11 Bände, 1882-1897. Nach Thomas Moore die Art *Davallia moorei* Hook.

T.V. Moore = Thomas Verner Moore, Louisville, Kentucky 22.10.1877-1969. Nordamerikanischer Botaniker und Geistlicher. Publ. über *Rudbeckia*.

W.O. Moore = Winifred Olivia Moore, 1904-. Nordamerikanische Botanikerin. Spezialgebiet: Cactaceae. Schrieb „The Echinocereus enneacanthus-dubius-stramineus complex (Cactaceae)" (in Brittonia 19, 77-94, 1967).

Moore = David Moore (bis 1828 Muir), Dundee, Angus, Schottland 23.4.1808-9.6.1879 Glasnevin, Dublin, Irland. Schottischer Gärtner und Botaniker in Irland, Bruder von Charles Moore. Schrieb „The mosses of Ireland", 1873; zus. mit Alexander Goodman More „Contributions towards a Cybele hibernica ...", 1866, 2. Aufl. 1898. Nach Moore die Gattung *Moorea* Lem. Sowie die Art *Rosa moorei* Baker.

J. Moore = Neuer Autor: J. Moore, fl. 1885. Autor von *Pleione hookeriana*.

Moq. = Christian Horace Bénédict Alfred Moquin-Tandon, Montpellier 7.5.1804-15.4.1863 Paris. Französischer Botaniker, Direktor des Bot. Gartens Toulouse, von 1853 an Professor der Botanik in Paris. War auch Experte für die Sprache der Provence, langue d'oc, und publizierte darüber, teilweise unter dem Pseudonym Alfred Frédol. Bearbeitete für de Candolle, Prodromus in Bd. XIII, 2 (1849) Monochlamydeae: Phytolaccaceae, Salsolaceae, Basellaceae, Amarantaceae; schrieb „Chenopodearum monographica enumeratio", 1840. Hauptwerk: „Éléments de tératologie végétale", 1841. Nach ihm die Gattungen *Moquinia* DC. u. *Moquiniella* Balle.

Moran = Reid Venable Moran, Los Angeles, Kalifornien 30.6.1916-. Nordamerikanischer Botaniker in San Diego, Kalifornien. Spezialgebiete: Crassulaceae, Cactaceae. Sammelte Pflanzen u.a. in Mexiko, Alaska, Japan, Korea und auf den Marianen. Schrieb u.a. zus. mit C. H. Uhl „Cytotaxonomy of Dudleya and Hasseanthus" (in Amer. J. Bot. 40, 492-501, 1953). Nach Moran u.a. die Art *Agave moranii* Gentry.

Morel = Francisque Morel, 1849-7.6.1925 Lyon. Französischer Gärtner. Spezialgebiet: *Clematis*.

Morelet = Pierre Marie Anthur Morelet, 1809-1892. Französischer Botaniker. Publ. 1851 über *Pinus*.

Moretti = Giuseppe Moretti, Roncaro bei Pavia 30.11.1782-1.12.1853 Pavia. Italienischer Botaniker, Professor der Botanik an der Universität in Pavia. Veröffentlichte u.a. „Tentativo diretto ad illustrare la sinonimia delle specie del genere Saxifraga indigene del suolo italiano", 1823; „De primulis italicis ...", 1831. Nach ihm die Gattung *Morettia* DC.

S.A. Mori = Jamesville, Wisconsin 1941-. Mitarbeit bei Flora neotropica.

T. Mori = Tamezô Mori, Shimazu bei Kobe, Japan 1.6.1885-1962. Japanischer Botaniker, Lehrer in Korea. Schrieb „An enumeration of plants hitherto known from Corea ...", 1922. Nach ihm die Art *Dianthus morii* Nakai.

Moric. = Moïse Étienne („Stefano") Moricand, Genf 18.12.1779-26.6.1854 Chougny bei Genf. Schweizer Botaniker, Handlungsreisender für Schweizer Uhren in Italien. Schrieb „Flora veneta ...", 1820; „Plantes nouvelles d'Amérique...", 1834-1847. Nach ihm die Gattung *Moricandia* DC.

Moris = Giuseppe Giacinto (Joseph Hyacinthe) Moris, Orbassano, Piemont 25.4.1796-18.4.1869 Turin. Italienischer Botaniker, 1822-1829 an der Universität von Cagliari, ab 1829 Professor der Botanik in Turin. Schrieb „Stirpium sardoarum elenchus", 1827-1829; „Enumeratio seminum regii horti botanici taurinensis", 1831-1860; „Flora sardoa", 1837-1859. Nach ihm die Gattung *Morisia* J. Gay.

Moritzi = Alexander Moritzi, Chur, Graubünden 24.2.1806-13.5.1850 Chur. Schweizer Botaniker, Professor der Botanik in Solothurn. Schrieb u.a. „Die Pflanzen der Schweiz", 1832; „Die Pflanzen Graubündens", 1839; „Die Flora der Schweiz", 1844, auch 1847; zus. mit J.H. Léveillé, L.E. Schaerer u. J.É. Duby „Systematisches Verzeichnis der von H. Zollinger ... auf Java gesammelten Pflanzen...", 1845-1846. Nach ihm die Gattung *Moritzia* DC. ex Meisn.

Morong = Thomas Morong, Cahawba, Alabama 15.4.1827–26.4.1894 Ashland, Massachusetts. Nordamerikanischer Geistlicher u. Botaniker, sammelte u.a. Pflanzen in Paraguay und Chile. Spezialgebiet: *Potamogeton*. Schrieb „List of Pteridophyta and Spermatophyta growing without cultivation in Northeastern North America", 1893–1894 (zus. mit Henry Hurd Rusby); und zus. mit Nathaniel Lord Britton „An enumeration of the plants collected ... in Paraguay ...", (in Annals N.Y. Acad. Sci. 7, 45–280, 1892–1893). Nach ihm die Gattung *Morongia* Britton und z.B. die Art *Pavonia morongii* S.Moore.

C. Morren = Charles François Antoine Morren, Gent 3.3.1807–17.12.1858 Lüttich. Belgischer Botaniker u. Gärtner, ab 1835 Professor der Botanik in Lüttich, Vater von Charles Jacques Édouard Morren. Gründete mit Louis Van Houtte die Zeitschrift „Horticulteur belge", 1853–1857. Von 1851–1857 Hrsg. von „La Belgique horticole", von seinem Sohn bis 1884 weitergeführt. Schrieb außerdem über *Dodonaea, Fuchsia, Lobelia, Clusia* etc. Nach ihm die Gattung *Morrenia* Lindl.

E. Morren = Charles Jacques Édouard Morren, Gent 2.12.1833–28.2.1886 Lüttich. Belgischer Botaniker u. Direktor des Bot. Gartens Lüttich (von 1857–1886), Sohn von Charles François Antoine Morren. Nach dem Tode seines Vaters (von 1858–1884) Hrsg. von „La Belgique horticole". Ausgezeichneter Kenner der Gartenpflanzen, bes. der Bromelien. Schrieb u.a. „Index bibliographique de l'hortus belgicus", 1887 (mit André DeVos).

D. Morris = Sir Daniel Morris, Loughor, Glamorgan, Wales 26.5.1844–9.2.1933 Boscombe, Hampshire. Britischer Botaniker und Landwirtschafts-Sachverständiger für die Tropen, sammelte u.a. Pflanzen in Mittelamerika. Schrieb „A catalogue of the most interesting forest trees... [Royal Botanic Gardens, Ceylon]", 1879.

F.J.A. Morris = Francis John A. Morris, bei Crieff, Perthshire, Schottland 1869–31.12.1949. Schottischer Lehrer und Botaniker. Schrieb zus. mit Edward Ashley Eames „Our wild orchids", 1929.

R. Morris = Richard Morris, fl. 1820–1830

Morrison = Alexander Morrison, Wester Dalmeny bei Edinburgh 15.3.1849–7.12.1913 Cheltenham bei Melbourne. Schottischer Arzt und Botaniker, ab 1877 in Australien. Nach ihm die Art *Callitris morrisonii* R. T. Baker.

C.V. Morton = Conrad Vernon Morton, Fresno, Kalifornien 24.10.1905–29.7.1972 Washington, D. C. Nordamerikanischer Botaniker am United States National Herbarium in Washington D.C. Spezialgebiete: Gesneriaceae, Solanaceae, Pteridophyta. Nach ihm die Gattungen *Mortoniella* Woods. und *Mortoniodendron* Stendl. et Steyerm.

J.K. Morton = John Kenneth Morton, Tamworth, England 3.1.1928 (pers. Mitt.) -. Kanadischer Botaniker englischer Abstammung in Waterloo, Ontario. Spezialgebiete: Caryophyllaceae, Labiatae. War auch an der University of Ghana tätig und sammelte Pflanzen in Westafrika. Mitarbeiter bei dervon Wu Zheng-yi u. Peter Hamilton Raven (Hrsg.) publ. Flora of China. Nach ihm die Art *Brachystelma mortonii* C.C.Walker.

G. Moser = Günther Moser, publ. 1971–1982 über Cactaceae, über *Frailea* auch zus. mit A.F.H. Buining. Moser schrieb u.a. „Kakteen. Adolfo Maria Friedrich und sein schönes Paraguay", 1985.

Moss = Charles Edward Moss, Hyde, Cheshire 7.2.1870–11.11.1930 Johannesburg, Südafrika. Südafrikanischer Botaniker englischer Abstammung in Johannesburg, ab 1917 Professor der Botanik an der Witwatersrand University. Schrieb „Vegetation of the Peak district", 1913; „The Cambridge British flora", 1914–1920. Nach ihm die Gattung *Mossia* N.E. Br.

Mottet = Séraphin Joseph Mottet, Paris 17.8.1861–15.3.1930 Paris. Französischer Gärtner u. Gartenbauschriftsteller. Hrsg. der franz. Ausgabe von Nicholson, George: „The Illustrated Dictionary of Gardening = Dictionnaire Pratique d'Horticulture et de Jardinage", 1892–1899; außerdem neben anderem „Petit Guide Pratique des Jardinage...", 1920; „Monographie du genre Primevère ...", 1913; „Les illets", 1898; „Les Conifères et Taxacées", 1902.

Mottram = Roy Mottram, 1940–. Britischer Botaniker an den Whitesone Gardens in Sutton-under-Whitestonecliffe, Thirsk, North Yorkshire. Spezialgebiet: Cactaceae. Schrieb „A contribution to a new classification of the cactus family ...", 1990.

Mouill. = Pierre Mouillefert, Château-Chinon, Nièvre 1846–26.12.1903 Versailles. Französischer Gärtner u. Dendrologe. Veröffentlichte u.a. „Traité des arbres & arbrisseaux forestiers...", 1891–1898.

Mucher = Walter Karl Starmühler geb. Mucher, Bruck an der Mur, Steiermark 23.5.1962 (pers. Mitt.) -. Österreichischer Botaniker. Spezialgebiet: *Aconitum*. Schrieb als W. Mucher „Systematics and chorology of Aconitum ser. Toxicum (Ranunculaceae) in Europe" (in Phyton (Horn) 33, 51–76, 1993.

Mudie = Robert Mudie, Angus, Schottland 28.6.1777–29.4.1842 Pentonville. Britischer Journalist, Schriftsteller und Lehrer. Ab 1808 Reporter des Morning Chronicle und Herausgeber der Sunday Times in London. Schrieb „The botanic annual ...", 1832; „A popular guide to the observation of nature ...", 1832, 1833.

Muehlenpf. = Friedrich Mühlenpfordt, ?–1891. Deutscher Mediziner u. Kakteenforscher in Hannover. Nach ihm die Art *Mammillaria muehlenpfordtii* Foerst.

J.S. Muell. = John Miller (ursprünglich Johann Sebastian Müller), Nürnberg 1715–1780 London. Deutsch-Englischer Botanikmaler u. Stecher. Hrsg. Von „Illustratio systematis sexualis Linnaei", 1770–1777, auch 1789, 1792, 1794 u. 1804. 2. John Frederick Miller, Sohn des vorigen, ebenfalls bot. Künstler, war von 1776–1785 Hrsg. Von

„Icones animalium et plantarum", außerdem „Cimelia physica", 1796 (Text von George Shaw).

O.F. Müll. = Otto Friedrich (Friderich) Müller, Kopenhagen 2.3.1730-26.12.1784 Kopenhagen. Dänischer Botaniker, Zoologe, Theologe, Staatsrat. Schrieb „Flora fridrichsdalina", 1767. Herausgeber von Bd. 4 u. 5 der Flora danica (Tafel 601-900), 1775-1782. Nach ihm die Gattung *Muellera* L. f.

Müll. Arg. = Johannes (Jean) Müller (Arg. = Argoviensis = aus dem Aargau), Teufenthal im Aargau 9.5.1828-28.1.1896 Genf. Schweizer Botaniker, Professor der Botanik (1871-1889) und Direktor des Bot. Gartens Genf (1870-1874). Schrieb „Monographie de la famille des Résédacées", 1857. Bearbeitete für Martius, Flora brasiliensis in Bd. VI, 1 u. 5 (1860, 1881) Apocynaceae, Rubiaceae ; in Bd. XI, 2 (1873-1874) Euphorbiaceae; für de Candolle, Prodromus in Bd. XV, 2 (1862-1866) zus. mit Pierre Edmond Boissier Euphorbiaceae ; in Bd. XVI, 1 u. 2 (1869, 1868) Daphniphyllaceae, Buxaceae, Resedaceae. Nach ihm die Gattungen *Muellerargia* Cogn. u. *Argomuellera* Pax.

F. Muell. = Sir Ferdinand Jacob Heinrich von Mueller (zuerst Müller), Rostock 30.6.1825-10.10.1896 Melbourne. Deutsch-Australischer Botaniker, seit 1847 in Australien, von 1857-1873 Leiter des Bot. Gartens Melbourne, Regierungsbotaniker der Kolonie Victoria. Erforschte auf ausgedehnten Reisen die Flora Australiens und schrieb fast 1000 Artikel darüber. Hauptwerke: „Fragmenta phytographiae Australiae", 1858-1882; „The plants indigenous to the colony of Victoria", 1860-1865; „Eucalyptographia", 1879-1884; „Iconography of Australian species of Acacia and cognate genera", 1887-1888; „Iconography of Australian salsolaceous plants", 1889-1891; „Iconography of candolleaceous plants", 1892. Nach ihm die Gattung *Muelleranthus* Hutchins. sowie die Zeitschrift Muelleria (1955ff.), außerdem ein Fluss in Queensland, eine Bergkette in Neuguinea, ein Gletscher in Neuseeland, ein Wasserfall in Brasilien und ein Berggipfel auf Spitzbergen.

P.J. Müll. = Philipp Jakob Müller (Philippe Jacques Muller), 19.1.1832-13.5.1889. Elsässischer Botaniker in Weißenburg, ab 1872 als Franzose in Nyon, Waadt, Schweiz. Schrieb „Versuch einer monographischen Darstellung der gallo-germanischen Arten der Gattung Rubus", 1859.

Münchh. = Otto II. Freiherr von Münchhausen, Schwöbber bei Hameln, Niedersachsen 11.6.1716-13.7.1774. Deutscher Botaniker, Landdrost in Kalenberg, gilt als Begründer der Agrarwissenschaft. Schuf 1778 einen großen Landschaftspark in Schwöbber. Autor von „Der Hausvater", 1765-1774. Nach ihm die Gattung *Munchausia* L.

Muhl. = Gotthilf Henry Ernest Muhlenberg (auch Gotthilf Heinrich Ernst Mühlenberg), New Providence, Pennsylvania 17.11.1753-23.5.1815 Lancaster, Pennsylvania. Nordamerikanischer Geistlicher u. Botaniker in Lancaster. Schrieb u.a. „Catalogus plantarum Americae septentrionalis", 1813, 2. Aufl. 1818; „Descriptio uberior graminum et plantarum calamariarum Americae septentrionalis", 1817. Nach ihm die Gattung *Muhlenbergia* Schreb., die Zeitschrift Muhlenbergia (1900-1915) sowie z.B. die Art *Carex muhlenbergii* Schkuhr.

John Muir = Neuer Autor: John Muir = John Muir, Castle Douglas, Kirkcudbrightshire, Schottland 18.6.1874-3.8.1947 Riversdale, Cape Province, Südafrika. Schottischer Botaniker in Südafrika. (Nicht zu verwechseln mit John Muir, 1838-1914, Schottischer Botaniker und Naturschützer in den Vereinigten Staaten). Schrieb u.a. „The vegetation of the Riversdale area, Cape Province" (in Mem. Bot. Survey South Africa 13, 1929). Nach ihm die Gattung *Muiria* N.E. Br.

Muirhead = Clara Winsome Muirhead, 1915-1985. Botanikerin in Edinburgh. Publ. 1972 in der Flora of Turkey. Spezialgebiet: Crassulaceae.

Mukerjee = Susil Kumar Mukerjee (Mukherji), 1909-. Indischer Botaniker. Spezialgebiete: Labiatae, Polygalaceae. (Nicht zu verwechseln mit Sushil Kurmar Mukerji, Nawgang März 1896-5.8.1934 Lucknow).

Mulligan = Brian Orson Mulligan, Marino, County Down, Nordirland 10.6.1907-. Nordamerikanischer Botaniker, Direktor des Bot. Gartens Seattle, Washington. Spezialgebiete: *Acer, Sorbus*. Schrieb zus. mit anderen Autoren „Trees and shrubs für pacific northwest gardens", 2. Aufl. 1990.

Munby = Giles Munby, York 1813-12.4.1876 Farnham, Surrey. Englischer Botaniker, von 1839-1861 in Algerien. Schrieb „Flora de l'Algérie ...", 1847; „Catalogus plantarum in Algeria sponte nascentium", 1859; 2. Aufl. 1866. Nach ihm die Gattung *Munbya* Boiss.

Munro = Sir William Munro, Druids Stoke, Gloucestershire 1818-29.1.1880 (oder 1889?) Taunton, Somerset. Englischer Offizier u. Botaniker, sammelte 1870-1875 Pflanzen in Barbados, auf der Krim und in Indien. Schrieb „A monograph of the Bambusaceae" (in Trans. Linn. Soc. London, Bd. 26), 1868. Nach ihm die Gattungen *Munronia* Wight und *Monroa* Torr.

Munz = Philip Alexander Munz, Saratoga, Wyoming 1.4.1892-10.4.1974 Claremont, Kalifornien. Nordamerikanischer Botaniker, Direktor des Santa Ana Bot. Garden, Claremont, Kalifornien. Schrieb u.a. zus. mit David D. Keck „A California flora", 1959; Supplement dazu 1968; „Shore wildflowers of California, Oregon and Washington", 1964; „A flora of Southern California", 1974; „Aquilegia, the wild and cultivated colombines" (in Gentes Herbarium 7, 1-150, 1946); „A revision of the genus Fuchsia" (in Proc. Calif. Acad. Sci., Ser. 4, 25, 1-138, 1963); „Onagraceae" (in North American Flora, Ser. 2, 5, 79-177, 1965). Nach ihm die Gattung *Munzothamnus* P.H. Raven.

Murata = Gen Murata, 1927-. Japanischer Botaniker an der Universität von Kyoto. Schrieb u.a. zus. mit S. Kitamura „Coloured

illustrations of woody plants of Japan", 1977; zus. mit S. Kitamura u. T. Koyama „Alpine plants of Japan", 1978.
J. Murata = Jin Murata, 1952–. Japanischer Botaniker an der University of Tokyo. Spezialgebiet: Araceae. Mitarbeiter bei der von Wu Zheng-yi u. Peter Hamilton Raven (Hrsg.) publ. Flora of China.
Muratova = V.S. Muratova (Muravjova), 1890–1948. Russische Botanikerin, Pflanzensystematikerin am Institut für Angewandte Botanik in Leningrad. Spezialgebiet: Leguminosae. Publizierte um 1930.
Murb. = Svante Samuel Murbeck, Hardeberga 26.10.1859–26.5.1946 Lund. Schwedischer Botaniker, Professor der Botanik in Lund 1902–1924. Ausgezeichneter Kenner der Mittelmeerflora u. besonders der Gattung Verbascum. Schrieb u.a. „Beiträge zur Kenntniss der Flora von Südbosnien und der Hercegowina", 1891; „Contributions à la connaissance de la flore du Maroc", 1922–1923; „Monographie der Gattung Celsia ...", 1926; „Monographie der Gattung Verbascum ...", 1933. Nach ihm die Gattung *Murbeckiella* Rothm.
Murith = Laurent Joseph Murith, Saint-Branchier 1742–Oktober 1818 Martigny. Schweizer Geistlicher u. Botaniker in Martigny, Wallis. Schrieb „Le guide du botaniste qui voyage dans le Valais", 1810. Nach ihm die Zeitschrift „Bulletin de la Société Murithienne", 1868 ff.
Muroi = Hiroshi Muroi, 1914–. Japanischer Botaniker. Spezialgebiet: Poaceae, Bambusoideae.
Murr = Josef Murr, Brixen, Südtirol 6.6.1864–4.1.1932 Innsbruck, Tirol. Österreichischer Botaniker, Schulrat und Gymnasiallehrer in Hall, Innsbruck, Marburg in der Steiermark, Linz, Professor in Trient, Feldkirch und zuletzt in Innsbruck. Schrieb rund 200 botanische Publikationen, darunter „Die Pflanzenwelt in der griechischen Mythologie", 1890; „Neue Uebersicht über die Farn- und Blütenpflanzen von Vorarlberg und Liechtenstein...", 1923–1926. Nach ihm die Art *Astragalus murrii* Huter.
A.E. Murray = Albert Edward Murray, 1935–. Nordamerikanischer Botaniker. Spezialgebiet: *Acer*. Schrieb „A monograph of the Aceraceae", 1970.
A. Murray bis = Andrew Murray, 1812–1878
E. Murray = Albert Edward Murray, 1935–. Nordamerikanischer Bibliothekar u. Botaniker. Spezialgebiet: Aceraceae. Schrieb „A monograph of the Aceraceae", 1970.
Murray = Johan Andreas (Anders) Murray, Stockholm 27.1.1740–22.5.1791 Göttingen. Schwedischer Botaniker u. Mediziner, Schüler Linnés, Professor der Medizin u. Botanik, Vorsteher des Bot. Gartens Göttingen. Schrieb „Prodromus designationis stirpium gottingensium", 1770; „Commentatio de Arbuto uva ursi...", 1764; „Opuscula", 1785–1786; „Apparatus medicaminum", 1776–1792, 2. Aufl. (Bd. 1–2) 1793–1794. Hrsg. von Caroli a Linné... Systema vegetabilum..., 13. Aufl. 1774, 14. Aufl. 1784. Nach ihm die Gattung *Murraya* J.G. Koenig ex L. corr. Murr.
Musil = Albina Frances Musil, 1894–. Nordamerikanische Botanikerin. Spezialgebiet: *Brassica*, Pflanzensamen. Schrieb „Identification of crop and weed seeds", 1963.
Muss. Puschk. = Apollos Apollosowitsch Mussin-Puschkin, 1760–1805. Russischer Chemiker, der im Kaukasus und am Ararat Pflanzen sammelte. Nach ihm die Gattung *Puschkinia* Adams.
Mutel = Pierre August Victor Mutel, Arras 25.10.1795 (3 brumaire IV)–30.3. (nicht 1.4.) 1847 Le Havre. Französischer Botaniker und Soldat (Sousdirecteur d'artillerie). Autor von „Flore française destinée aux herborisations ...", 1834–1838; „Flore du Dauphiné", 1830, 2. Aufl. 1848–1849. Nach ihm die Art *Orobanche mutelii* F.W. Schultz.
Mutis = José Celestino Bruno Mutis y Bosio, Cadiz 6.4.1732–2.9.1808 Santa Fé de Bogotá. Spanischer Botaniker, Gelehrter u. Arzt, Professor der Mathematik in Bogotá, im Alter Kanonikus der Kathedrale zu Santa Fé, Schüler Linnés, seit 1760 in Kolumbien. Brachte reichhaltiges Material der Pflanzen von Kolumbien, Venezuela u. Ekuador zusammen, das er zeichnen ließ, das aber nicht zur Veröffentlichung kam. Die 6849 Blatt liegen noch heute im Bot. Garten Madrid. Eine auf 51 Bände berechnete Veröffentlichung unter dem Titel „Flora de la Real Expedición Botánica del Nuevo Reino de Granada" begann 1954; bis 2004 sind davon etwa 16 Bände erschienen. Nach Mutis die Gattung *Mutisia* L. f. sowie die Zeitschrift Mutisia (1952 ff.).
nom. nud. = n
Nagels. = Neuer Autor: Nagels. = ?, Autor von *Bergenia spathulata*. André Guillaumin publizierte diesen Namen 1930.
Nakai = Takenoshin (Takenosin) Nakai, Gifu 9.11.1882–6.12.1952 Tokio. Japanischer Botaniker, Professor der Botanik in Tokio. Schrieb neben vielem anderen „Chosen Shokubutsu" [Corean plants], 1914; „Flora sylvatica koreana", 1915–1939; „Iconographia plantarum Asiae orientalis", 1935–1952; „Nova flora japonica ..." (unvollendet), 1938–1951 (mit Masaji Honda); „Ordines, familiae, ... a Nakai adhuc ut novis edita", 1943. Schrieb zus. mit Jinzô Matsumura „Catalogus seminum et sporarum in horto botanico universitatis imperialis tokyoensis lectorum", 1914–1918. Nach ihm die Gattung *Nakaiomyces* Kobayasi.
H. Nakai = Hideki Nakai, fl. 1996. Japanischer Botaniker am Biologischen Institut der Tohoku University von Sendai. Spezialgebiet: Caryophyllaceae.
Nannf. = John (zuerst Johan) Axel Frithiof Nannfeldt, Trelleborg 18.1.1904–4.11.1985 Uppsala. Schwedischer Botaniker, Direktor des Bot. Museums Uppsala. Schrieb „Taxonomical and plant-geographical studies in the Poa laxa group", 1935; „The chromosome numbers of Poa sect. Ochlopoa Asch. et Gr. and their taxonomical significance" (in Bot. Not., 1937, 238–254, 1937); zus. mit G.E. Du Rietz „Vilda växter i

norden. Mossor, lavar, swampar, alger", 1945, 2. Aufl. 1952. Nach Nannfeldt die Gattungen *Nannfeldtia* Petr., *Nannfeldtiella* Eckblad, *Jafnea* Korf und *Jafneadelphus* Rifai.

Nash = George Valentine Nash, Brooklyn, New York 6.5.1864-15.7.1921 New York. Nordamerikanischer Botaniker, sammelte Pflanzen besonders in Florida und in Mittelamerika. Schrieb „North American plants, collected in (Central Peninsular) Florida", 1894-1895. Bearbeitete für Britton, North American Flora in Bd. 17(1) „Butomaceae, Poaceae", 1909; in Band 17(2)-17(3) „Poaceae", 1912-1915; in Bd. 22(1) „Podostemonaceae", 1905; in Bd. 25(2) „Tropaeolaceae", 1910. Nach ihm die Gattung *Nashia* Millsp. sowie z.B. die Art *Hierochloe nashii* (Bickn.) Kaczm.

Y.J. Nasir = Yasin J. Nasir, 1943-. Pakistanischer Botaniker Sohn von Eugene Nasir (1908-1991). Zus. mit Syed Irtifaq Ali, seinem Vater Eugene Nasir u. M. Qaiser Herausgeber und Mitarbeiter der „Flora of Pakistan", 1970-. Nach Yasin J. Nasir wahrscheinlich die Art *Argyreia nasirii* D.F. Austin.

Natho = Horst Wolfgang Günther Natho, Berlin 14.8.1930-. Deutscher Botaniker an der Humboldt-Universität in Berlin. Spezialgebiet: Betulaceae. Herausgeber von „Rohstoffpflanzen der Erde", 1984, 2. Aufl. 1986. Bearbeitete die Gattung *Betula* für Rothmalers Exkursionsflora für die Gebiete der DDR und der BRD, Kritischer Band; 1976. Schrieb u.a. „Variationsbreite und Bastardbildung bei mitteleuropäischen Birkensippen" (in Feddes Repert. 61, 211-273, 1959); „Entwicklungsmechanismen in der Gattung Betula L." (in Gleditschia 21, 167-180, 1993). Schrieb zus. mit seiner Frau, Ingrid Natho geb. Gebhardt (?-1985) „Herbartechnik", 1957, 2. Aufl. 1959, 3. Aufl. 1964; zus. mit C. Müller u. H. Schmidt „Morphologie und Systematik der Pflanzen", 2 Bände, 1990. Nach Günther Natho die Art *Ornithogalum nathoanum* U.

Müll.-Doblies et D. Müller-Doblies.

Naudin = Charles Victor Naudin, Autun 14.8.1815-19.5.1899 Antibes. Französischer Botaniker, Direktor des Bot. Gartens der Villa Thuret in Antibes. Schrieb „Melastomacearum, quae in musaeo parisiensi continentur...", 1849-1853; „Nouvelles recherches sur l'hybridité dans les végétaux", 1864; „Monographie du genre Cucumis", 1859; „Revue des Cucurbitacées", 1859; zus. mit Joseph Decaisne „Manuel de l'amateur des jardins", 1862-1872. Nach ihm die Gattung *Naudinia* Planch. et Lind.

Nauenb. = Johannes Dietrich Nauenburg, Plauen, Vogtland, Sachsen 1.8.1951 (pers. Mitt.) -. Deutscher Botaniker an der Universität Rostock. Spezialgebiet: *Viola*. Schrieb „Zur Karyologie und Taxonomie der heimischen Schwermetallsippen der Gattung Viola, Sekt. Melanium" (in Decheniana 141, 96-102, 1988).

M.P. Nayar = Madhavan Parameswarau Nayar, 1932-. Indischer Botaniker in Trivandrum, Kerala. Spezialgebiet: Melastomataceae, *Magnolia*.

Neck. = Noël Martin Joseph de Necker, Lille 25.12.1730-10. (nicht 30.) 12.1793 Mannheim. Deutscher Arzt u. Botaniker französischer Abstammung. Schrieb „Deliciae gallo-belgicae silvestres", 1768, 2. Aufl. 1773; „Methodus muscorum", 1771; „Physiologia muscorum", 1774; „Elementa botanica, genera genuina...", 1790, auch 1791, 2. Aufl. 1808. Letzteres Werk wird für Gattungen bei der Nomenklatur vom ICBN nicht anerkannt (Opera oppressa). Nach Necker die Gattung *Neckera* Hedw.

Née = Luis Née, ?-1794. Französischer Botaniker u. Forschungsreisender, lebte seit 1784 in Spanien. Begleitete von 1789-1794 Malaspina auf seiner Reise nach Südamerika, den Philippinen, Australien u. legte dabei ein umfangreiches Herbar an (10000 Arten, davon 4000 neu!). Nach ihm die Gattung *Neea* Ruiz et Pav.

Nees = Christian Gottfried Daniel Nees von Esenbeck, Reichenberg bei Erbach im Odenwald, Hessen 14.2.1776-16.3.1858 Breslau. Deutscher Botaniker, Naturphilosoph und Arzt, Professor der Botanik in Breslau, Bruder von Theodor Fredrich Ludwig Nees von Esenbeck, von 1818-1858 Präses der Kaiserl. Leopoldin. Carolin. Akademie der Naturforscher. Unter seinen vielen Schriften „Handbuch der Botanik", 1820-1821; „Agrostologia brasiliensis", 1829 (in Martius, K.F.P. von: „Flora brasiliensis seu enumeratio plantarum", Bd. 2(1)); „Genera et species Asterearum", 1832; „Systema Laurinarum", 1836. Bearbeitete für de Candolle, Prodromus in Bd. XI „Acanthaceae", 1847; für Martius, Flora brasiliensis in Bd. II, 1 „Cyperaceae", 1842; Bd. IX „Acanthaceae", 1847. Hrsg. von Robert Brown: „Vermischte botanische Schriften", 1825-1834. Nach ihm die Gattungen *Esenbeckia* Kunth und *Neesiella* Schiffn.

T. Nees = Theodor Friedrich Ludwig Nees von Esenbeck, Reichenberg bei Erbach im Odenwald 26.7.1787-12.12.1837 Hyères, Frankreich. Deutscher Botaniker, Bruder von Christian Gottfried Daniel Nees von Esenbeck, mit dem zusammen er viele Werke herausgab. Veröffentlichte u.a. „Genera plantarum florae germanicae", 1833-1860 (fortgesetzt von Spenner, Putterlick, Endlicher, Schnizlein, Bischof, Caspary u. Brandis); „Plantae officinales", 1823-1833 (begonnen von Weihe, Wolter u. Funke); „Sammlung schönblühender Gewächse...", 1824-1831 (zus. mit W. Sinning). Schrieb zus. mit Carl Heinrich Ebermeier „Handbuch der medicinisch-pharmaceutischen Botanik", 1830-1832. Nach ihm die Gattung *Esenbeckia* Blume und *Neesia* Blume.

Neilr. = August Neilreich, Wien 12.12.1803-1.6.1871 Wien. Österreichischer Botaniker und Oberlandesgerichtsrat in Wien. Schrieb „Flora von Wien", 1846-1851; „Flora von Nieder-Oesterreich", 1857-1859; „Aufzählung der in Ungarn und Slavonien bisher beobachteten Gefässpflanzen...", 1866-1870;

„Die Vegetationsverhältnisse von Croatien ...", 1868-1869. Nach ihm die Gattung *Neilreichia* Fenzl sowie die Art *Asperula neilreichii* Beck.

Nekr. = Vera Leontievna Nekrassova, Moskau 4.11.1881-1979. Russische Botanikerin. Mitarbeiterin bei V. L. Komarov, Flora U.R.S.S., Bd. 2, 1934 u. Bd. 5, 1936.

Nel = Gert Cornelius Nel, Greytown, Natal, Südafrika 6.4.1885-16.2.1950 Stellenbosch. Südafrikanischer Botaniker, ab 1921 Professor der Botanik in Stellenbosch. Veröffentlichte u.a. „Lithops ..." (eine Monographie der Gattung), 1946; „The Gibbaeum Handbook", herausgegeb. von P.G. Jordaan u. E.W. Shurley 1953. Nach ihm die Gattung *Nelia* Schwant.

A. Nelson = Aven Nelson, Keokuk, Iowa 24.3.1859-31.3.1952 Colorado Springs, Colorado. Nordamerikanischer Botaniker, Professor der Biologie, später Präsident der University of Wyoming. Sammelte viele Pflanzen in den USA. Schrieb „First Report on the Flora of Wyoming", 1896; „Spring Flora of the Intermountain States", 1912; und zus. mit J.M. Coulter „New Manual of Botany of the Central Rocky Mountains", 1909.

E. Nelson = Erich Nelson, Berlin 14.4.1897-22.3.1980 Chernex-Montreux, Waadt, Schweiz (Verkehrsunfall). Deutscher Künstler und Botaniker, bereiste das östliche Mittelmeergebiet, floh aus politischen Gründen erst nach Südtirol, später in die Schweiz. Spezialgebiet: Orchidaceae. Schrieb zuerst (zus. mit Hermann Fischer) „Die Orchideen Deutschlands und der angrenzenden Gebiete", 1931; und später „Gesetzmäßigkeiten der Gestaltwandlung im Blütenbereich: ihre Bedeutung für das Problem der Evolution", 1954; „Gestaltwandel und Artbildung, erörtert am Beispiel der Orchidaceen Europas und der Mittelmeerländer, insbesondere der Gattung Ophrys", 1962; „Monographie und Ikonographie der Orchidaceen-Gattungen Serapias, Aceras, Loroglossum, Barlia",1968;
„Monographie und Ikonographie der Orchidaceen-Gattung Dactylorhiza", 1976. Posthum erschien (herausg. von Peter Peisl) „Der Pflanzenmorphologe und Orchideenforscher Erich Nelson: (1897-1980)", 2 Bände, 2001.

C. Nelson = Cirilo H. Nelson, 1938-

J. Nelson = John Nelson (Pseudonym Johannes Senilis), lebte um 1860. Englischer Dendrologe in Lymington, Hampshire. Schrieb „Pinaceae", 1866.

Nemoto = Kwanji (Kwanzi) Nemoto, 1860-1936. Japanischer Botaniker. Schrieb zus. mit Tomitaro Makino „Nippon-Shokubutsu-Sôran (Flora of Japan)...", 1925. Schrieb weiter „Nippon-shokubutsu-sôran-hoi (Flora of Japan supplement) ...", 1936. Nach ihm die Art *Ilex nemotoi* Makino.

Nendtv. = Carl Maximilian (Károli Miksa) Nendtvich, 31.12.1811-5.7.1892. Ungarischer Botaniker, Professor in Budapest. Schrieb „... Enumerationem plantarum in territorio quinque ecclesiensi sponte crescentium ...", 1836.

Ness = Helge Ness, 1861-1928

Nessel = Hermann Nessel, 1877-29.4.1949. Deutscher Gärtner und Botaniker. Schrieb „Die Bärlappgewächse", 1939.

Nestl. = Christian Gottfried (Chrétien Géofroy) Nestler, Straßburg 1.3.1778-2.10.1832 Straßburg. Elsässischer Botaniker und Professor. Hauptwerk: „Monographia de Potentilla ...", 1816. Nach ihm die Gattung *Nestlera* Spreng.

A. Neumann = Alfred Neumann, 1916-1973 (in den Alpen verunglückt). Deutscher Botaniker, war später in Österreich tätig. Spezialgebiete: *Salix, Rubus*. Posthum erschien „Die mitteleuropäischen Salix-Arten" (in Mitt. Forstl. Bundes-Versuchsanst. Wien 134, 1-152, 1981). Mitarbeiter bei K. H. Rechingers Flora Iranica, Band 65, 1969 zus. mit A. K. Skortsov). Nach Neumann die Art *Erysimum neumannii* Polatschek.

Neumann = Joseph Henri François Neumann, Montrouge bei Paris 16.7.1800-20.10.1858 Paris. Französischer Gärtner u. Gartenbauschriftsteller, von
1832-1858 Mithrsg. der „Revue horticole". Nach ihm die Gattung *Neumannia* Brongn.

H. Neumann = Heinrich Philipp (Heinz) Neumann, Dürbach Kreis Wittlich, Rheinland-Pfalz 4.3.1932 (pers. Mitt.) -. Deutscher Gärtner und Botaniker in Koblenz. Spezialgebiet: *Epipactis*. Schrieb zus. mit Wolfgang Wucherpfennig „Epipactis peitzii H.Neumann & Wucherpfennig sp. nov., eine neue Orchideenart aus Deutschland" (in Journ. Europ. Orch. 28, 747-754, 1996).

H. Neumayer = Hans Neumayer, Wien 27.9.1887-8.10.1945 Wien. Österreichischer Botaniker. Publizierte mit Erwin Emil Alfred Janchen-Michel Ritter von Westland. Nach Neumayer die Hybride *Iris x neumayeri* Janch. ex J.Holub.

Neutel. = T. M. W. Neutelings, publ. um 1986 über *Mammillaria*. Niederländischer Kakteenkenner.

Nevski = Sergei Arsenjevic Nevski, 1908-1938. Russischer Botaniker. Spezialgebiete: Gramineae, Orchidaceae. Mitarbeiter an Komarov, V.L., Flora U.R.S.S., Bd. 2-14, 1934-1949. Posthum erschien seine Bearbeitung der Familie Orchidaceae in Band 4, 589-730, 1953. Nach Nevski z.B. die Hybride *Dactylorhiza x nevskii* H. Baumann et Künkele.

Newb. = John Strong Newberry, 22.12.1822-7.12.1892. Nordamerikanischer Botaniker und Paläontologe.

Newman = Edward Newman, Hampstead, London 13.5.1801-12.6.1876 Peckham, London. Englischer Botaniker, Entomologe u. Verleger. Spezialgebiet: Pteridophyta. Schrieb u.a. „A history of british ferns and allied plants", 1840, weitere Auflagen 1844, 1854, 1865, 1875, 1880 u. 1882.

Neygenf. = Friedrich Wilhelm Neygenfind, publ. um 1821. Deutscher Arzt und Botaniker in Schlesien. Schrieb „Enchiridium botanicum ...", 1821.

Nicholls = William Henry Nicholls, 1885-1951. Australischer Botaniker. Spezialgebiet: Orchidaceae. Posthum erschien „Orchids of Australia", 1969.

G. Nicholson = George Nicholson, Ripon, Yorkshire 7.12.1847-

20.8.1908 Richmond, Surrey. Englischer Gärtner, Kurator des Bot. Gartens Kew. Hauptwerk: „The Illustrated Dictionary of Gardening", 1884-1887, Suppl. 1900-1901; „Dictionnaire pratique d'horticulture ...", 1892-1899. Nach ihm die Gattung *Nicholsoniella* Kuntze.

Nicic = Djoerje Nicic, 1856-1920. Botaniker in Jugoslawien. Autor von *Crocus alexandri* 1894. Nach ihm vermutlich die Art *Potentilla nicicii* Adamovic.

Nicolai = Ernst August Nicolai, 1800-1874. Deutscher Arzt u. Botaniker in Arnstadt bei Erfurt, Thüringen. Schrieb „Verzeichniß der Pflanzen, die in der Umgebung von Arnstadt wild wachsen", 1836, 2. Aufl. 1872.

Nicolai bis = Neuer Autor: Nicolai bis = Nicolai, publ. 1893 über *Echinocactus*.

Nicolson = Dan Henry Nicolson, Kansas City, Missouri, 5.9.1933-. Nordamerikanischer Botaniker, Kurator am U.S. National Herbarium, Smithsonian Institution, Washington, D. C. Spezialgebiete: Araceae, Flora der altweltl. Tropen. Schrieb „A revision of the genus Aglaonema (Araceae)" (in Smithson. Contr. Bot. 1, 1969); „An interpretation of Van Rheede's Hortus malabaricus", 1988 (mit C.R. Suresh u. K.S. Manilal); mit Robert Anthony DeFilipps et al. „Flora of Dominica, Part 2, Dicotyledoneae", 1991.

Nied. = Franz Josef Niedenzu, Köppernig 29.11.1857-30.8.1937 Braunsberg, Ostpreußen. Deutscher Botaniker, von 1892-1926 Professor an der Theolog.-philosoph. Akademie in Braunsberg in Ostpreußen, Hrsg. der 20.-22. Aufl. (1908-1922) von A. Garcke „Flora von Deutschland". Bearbeitete für Engler, „Das Pflanzenreich" Malpighiaceae, 1928; außerdem zahlreiche Familien für Engler u. Prantl, Die natürlichen Pflanzenfamilien. Schrieb „Handbuch für botanische Bestimmungsübungen ...", 1895. Nach ihm die Gattung *Niedenzua* Pax.

I.C. Nielsen = Ivan Christian Nielsen, 1946-. Dänischer Botaniker in Aarhus. Spezialgebiet: Fabaceae. Schrieb u.a. zus. mit T. Baretta Kuipers u. Ph. Guinet „The genus Archidendron (Leguminosae ... Mimosoideae)" (in Opera Bot. 76, 1-120, 1984).

Nieuwl. = Julius (Aloysius) Arthur Nieuwland, Gent, Belgien 14.2.1878-11.6.1936 Washington, D. C. Nordamerikanischer Botaniker u. Geistlicher belgischer Herkunft. Herausg. von „American Midland Naturalist", 1909-1934.

Nikolic = E. Nikolic, fl. 1904

O. Nilsson = Örjan Eric Gustaf Nilsson, 1933-. Schwedischer Botaniker. Spezialgebiet: Portulacaceae. Schrieb „Nordisk fjällflora", 1986; zus. mit Tomas Anfält „Lilla blomboken", 1999.

Nimmo = Joseph Nimmo, ?-1854. Britischer Pflanzensammler, lebte in Bombay. Haupttätigkeit zwischen 1834 u. 1846, sammelte von 1834-1839 in Sokotra. Vollendete das Werk von John Graham „A catalogue of the plants growing in Bombay and its vicinity", 1839. Nach ihm die Art *Lavandula nimmoi* Benth.

Nitsche = Walter Nitsche, 1883-. Deutscher Botaniker in Breslau. Schrieb „Beiträge zur Kenntnis der Gattung Daphne", 1907.

Nitz. = Tor G. Nitzelius, 1914-1999. Schwedischer Botaniker, Dendrologe. Beschrieb neu *Abies x arnoldiana* und *Rhododendron cuprescens*.

Nocca = Domenico Nocca, Giovenzano bei Pavia 2.10.1758-22.6.1841. Italienischer Geistlicher und Botaniker, Professor der Botanik und Direktor des Bot. Gartens in Pavia. Schrieb „Ticinensis horti academici plantae selectae ...", 1800; „Instituzioni di botanica pratica ...", 1808-1809; und zus. mit Giobanni-Batista Balbis „Flora ticinensis ...", 1816-1821. Nach Nocca die Gattungen *Nocca* Cav. und *Noccaea* Moench.

Noë = Friedrich Wilhelm Noë, ?-1858. Deutscher Botaniker und Apotheker in Fiume (heute Rijeka, Kroatien), Direktor des Bot. Gartens in Istanbul, Türkei, war Mitglied der Grenz-Kommission zwischen der Türkei und Persien. Sammelte zahlreiche Pflanzen in Südosteuropa und Vorderasien. Nach ihm die Gattung *Noaea* Moq. und die Art *Dianthus noeanus* Boiss.

Nolte = Ernst Ferdinand Nolte, Hamburg 24.12.1791-13.2.1875 Kiel, Schleswig-Holstein. Deutscher Botaniker, Professor der Botanik in Kiel von 1826-1873 u. Direktor des Bot. Gartens in Kiel. Schrieb „Botanische Bemerkungen über Stratiotes und Sagittaria", 1825; „Novitiae florae holsaticae ...", 1826, auch 1828. Nach ihm die Gattung *Noltea* Rchb.

Noot. = Hans Peter Nooteboom, Waingapoe, Indonesien 2.7.1934 (pers. Mitt.) -. Niederländischer Botaniker. Spezialgebiet: Magnoliaceae. Mitarbeiter bei der von Wu Zheng-yi u. Peter Hamilton Raven (Hrsg.) publ. Flora of China (Symplocaceae).

Nordal = Inger Nordal (geb. als Inger Björnstad), Oslo 11.8.1944 (nicht 1942, pers. Mitt.) -. Norwegische Botanikerin, Professorin der Universität in Oslo. Mitarbeiterin an Benoît Satabié u. P. Morat (Hrsg.): „Flore du Cameroun" (Amaryllidacées, Hypoxidacées, mit J.I. Iversen). Spezialgebiete: Liliales, *Viola*. Bearbeitete u.a. Amaryllidaceae, Anthericaceae, Hypoxidaceae für die Flora of Ethiopia and Eritrea, Band 6, 1997. Nach ihr die Art *Crinum nordaliae* D.J.Mabberley.

B. Nord. = Rune Bertil Nordenstam, Nyköping 20.2.1936-. Schwedischer Botaniker in Stockholm. Sammelte zahlreiche Pflanzen in Griechenland, aber auch Afrika und Asien. Schrieb „The genus Wurmbea (Colchicaceae) in the Cape region", 1986. Nach ihm u.a. die Art *Ruschia nordenstamii* L. Bolus.

Nordm. = Alexander (Davidovic) von Nordmann, Ruotzensalmi 24.5.1803-25.6.1866 Helsinki. Finnischer Botaniker u. Zoologe, Direktor des Bot. Gartens in Odessa, später Professor der Naturgeschichte und Zoologie in Helsinki. Nach ihm die Gattung *Nordmannia* Ledeb. ex Nordm. sowie die Art *Abies nordmanniana* (Stev.) Spach

Norl. = Nils Tycho Norlindh, Glimåkra 13.5.1906-. Schwedischer Botaniker am Bot. Museum Lund. Schrieb „Studies in the Calenduleae", 1943-1946;

„Flora of the Mongolian steppe and desert areas", 1949. Nach ihm die Art *Philippia norlindhii* Weim.

Noronha = Francisco Noroña (François Noronha), Sevilla etwa 1748-12.1.1788 Mauritius. Spanischer Arzt u. Botaniker, bereiste Java u. die Philippinen. Nach ihm die Gattung *Noronhia* Stadtm. ex Thouars.

Norrl. = Johan Petter (Peter) Norrlin, Hollola 6.9.1842-17.1.1917 Helsingfors. Finnischer Botaniker, Professor der Botanik in Helsinki. Spezialgebiet: *Hieracium*. Schrieb „Flora Kareliae onegensis ..." (Part I in Not. Sällsk. Fauna Flora fenn. Förh. 13, 1-183, 1874); „Nya nordisca Hieracia ...", 1904-1912. Nach ihm die Gattung *Norrlinia* Theiss. et Syd.

Norton = John Bitting Smith Norton, Cocke County, Tennessee 6.4.1872-1966. Nordamerikanischer Botaniker (Pflanzenpathologe) an der University of Maryland. Schrieb u.a. „North American species of Euphorbia, section Tithymalus", 1899; zus. mit Russell Guy Brown (fortgesetzt von Wiliam Beck Kemp) „A catalog of the vascular plants of Maryland", 1946.

Nothdurft = Neuer Autor: Heinrich Wilhelm Christian Nothdurft, Wispenstein, Stadt Alfeld bei Hildesheim, Niedersachsen 28.12.1921-. Deutscher Botaniker in Hamburg, Hauptkustos und Universitätsdozent, zuletzt in Bad Säckingen, Baden-Württemberg. Publ. um 1969 über *Iridodictyum*.

Novák = Frantisek Antonín Novák, 1892-1964. Tschechischer Botaniker an der Universität in Prag. Spezialgebiet: *Armeria*. Schrieb zus. mit Karel Svolinsky „... Rostliny ...", 1937-1941.

H. Nováková = Helena Nováková, publ. 1978 mit Jaroslav Rydlo über *Epipactis albensis*.

Novopokr. = Ivan Vassiljevich Novopokrovsky, 1880-1951

Nutt. = Thomas Nuttall, Long Preston nahe Craven, Yorkshire 5.1.1786-10.8.1859 Nutgrove nahe Rainhill, Lancashire. Englischer Botaniker, ursprünglich Drucker, später Professor der Botanik in Philadelphia, Onkel von Thomas Jonas Booth. Bereiste Nordamerika für Benjamin S. Barton von 1808-184. Schrieb „The genera of North American plants", 1818; „The North American sylva", 1842-1849, weitere Ausgaben: 1849-1865; „New genera and species of plants", 1840. Nach ihm die Gattung *Nuttallia* Raf. sowie z.B. die Art *Zigadenus nuttallii* A. Gray, die er entdeckt hat.

F. Nyl. = Fredrik (Frederick) Nylander, Uleåborg 9.9.1820-2.10.1880 Contréxeville, Frankreich. Finnischer Arzt und Botaniker in Helsinki. Schrieb: „Spicilegium plantarum fennicarum", 1843-1846; „Eriophori monographia", 1852.

Nyman = Carl Fredrik Nyman, Stockholm 31.8.1820-26.4.1893 Stockholm. Schwedischer Botaniker, Kurator am Herbarium des Rijksmuseums in Stockholm. Schrieb „Conspectus florae europaeae", 1878-1890; „Sylloge florae europaeae", 1854-1855, Supplementum 1865. Schrieb zus. mit Heinrich Wilhelm Schott und Carl Georg Theodor Kotschy „Analecta botanica", 1854. Nach Nyman die Gattungen *Nymania* K. Schum. und *Nymanina* Kuntze.

Nym. = Carl Fredrik Nyman, Stockholm 31.8.1820-26.4.1893 Stockholm. Schwedischer Botaniker, Kurator am Herbarium des Rijksmuseums in Stockholm. Schrieb „Conspectus florae europaeae", 1878-1890; „Sylloge florae europaeae", 1854-1855, Supplementum 1865. Schrieb zus. mit Heinrich Wilhelm Schott und Carl Georg Theodor Kotschy „Analecta botanica", 1854. Nach Nyman die Gattungen *Nymania* K. Schum. und *Nymanina* Kuntze.

O'Donell = Carlos Alberto O... Donell, 11.10.1912-14.2.1954. Argentinischer Botaniker am Instituto Miguel Lillo Tucuman. Spezialgebiet: Convolvulaceae. Nach ihm die Gattung *Odonellia* K.R. Robertson. Schrieb u. a. ... Convolvuláceas Argentinas... (in Lilloa 29, 87-364, 1959); zus. mit Horacio Raúl Descole und Alicia Lourteig ...Plantae novae Lilloanae I.... (in Lilloa 4, 33-62, 1939).

O'Brien = James O'Brien, Llanelly, Glamorgan, Wales 28.1.1842-30.12.1930 Harrow-on-the-Hill, Middlesex. Walisischer Gärtner und Orchideenspezialist, Verf. verschiedener Schriften über Orchideen. Nach ihm die Art *Cirrhopetalum brienianum* Rolfe.

Oakeley = Henry Francis Oakeley, 1941-.

Oakes = William Oakes, Danvers, Massachusetts 1.7.1799-31.7.1848 Ipswich, Massachusetts. Nordamerikanischer Jurist und Botaniker. Schrieb u.a. „Catalogue of Vermont plants ...", 1842; „Scenery of the White Mountains", 1848. Nach ihm die Gattung *Oakesia* Tuck.

Oberd. = Erich Oberdorfer, Freiburg, Baden-Württemberg 26.3.1905-23.9.2002 Freiburg. Deutscher Botaniker, Pflanzensoziologe, Direktor des Naturkundemuseums in Karlsruhe und Professor in Freiburg i. Br. Er war einer der Pioniere der Pflanzensoziologie. Schrieb „Pflanzensoziologische Exkursionsflora ...", 1. Aufl. 1949, 8. Aufl., 2001. Hrsg. Von „Süddeutsche Pflanzengesellschaften", 1. Aufl. 1957, 2. Aufl. 1977-1992, in zahlreichen Bänden. Schrieb auch „Lebenserinnerungen des Pflanzensoziologen Erich Oberdorfer", 1995. Nach ihm die Art *Rubus oberdorferi* H.E.Weber.

Oberm. = Anna Amelia Obermeyer-Mauve, (geb. Obermeyer, verh. 1938 mit Anton Mauve), Pretoria 30.7.1907-2001. Südafrikanische Botanikerin am Bot. Research Institute in Pretoria. Spezialgebiet: petaloide Monokotylen. Schrieb „A revision of the South African species of Barleria" (in Ann. Transvaal Mus. 16, 123-180, 1933); „A preliminary list of the plants found in the Kruger National Park" (in Annals Transvaal Mus. 17, 185-227, 1937); „The South-African Species of Lagarosiphon" (in Bothalia 8, 139-146, 1964). Nach ihr die Art *Asparagus obermeyerae* Jessop.

Oborny = Adolf Oborny, Forsthaus Swata bei Steinitz 17.6.1840-26.4.1924 Znaim. Mährischer Botaniker, Lehrer in Znaim. Schrieb „Flora von Mähren ...", 1886. Nach ihm wahrscheinlich die Art *Aconitum obornyanum* Soó.

Ockendon = David Jeffrey Ockendon, Redhill, Surrey 29.12.1940-. Englischer Botaniker an der National Environment Research Station in Wellesbourne. Spezialgebiet: *Linum*. Schrieb „Taxonomy of the Linum perenne group in Europe" (in Watsonia 8, 205-235, 1971). Mitarbeiter an Flora Europaea. Nach ihm die Art *Linum ockendonii* Greuter et Burdet.

Oeder = Georg Christian Oeder Edler von Oldenburg, Ansbach 3.2.1728-28.1.1791 Oldenburg. Deutscher Botaniker, von 1754-1773 in Kopenhagen, Professor der Botanik, zuletzt Landvogt in Oldenburg. Schrieb „Elementa botanicae", 1764-1766; Hrsg. von „Flora danica", Bd. I-IV, 1, 1761-1771. Nach ihm die Gattung *Oedera* L.

Oefelein = Hans Oefelein, 1905-1970. Schweizer Botaniker, Reallehrer in Neunkirch, Schaffhausen. Schrieb „Die Brunnenkressearten der Schweiz" (in Ber. Schweiz. Bot. Ges. 68, 249-253, 1958).

Oehme = Hanns Oehme, ?-1944. Deutscher Maler, Kakteensammler u. Kakteenkenner; publizierte 1940-1942. Nach ihm die Gattung *Oehmea* Buxb.

Oerst. = Anders Sandö Örsted (Sandoe Orsted, Oersted), Rudkjöbing 21.6.1816-3.9.1872 Kopenhagen. Dänischer Botaniker u. Zoologe, von 1851-1862 Professor der Botanik in Kopenhagen. Bereiste von 1845-1848 Mittelamerika u. Westindien. Schrieb „Centralamerika's Gesneraceer", 1858; „L'Amérique centrale", 1863; „Recherches sur la classification des Chênes", 1867; „Planterigets Naturhistorie", 1839. Nach ihm die Gattung *Oerstedella* Rchb.

Oeser = Rudolf Oeser, publ. 1978-84. Deutscher Kakteenkenner in Obernkirchen, Niedersachsen, Besitzer einer Kakteensammlung. Schrieb „Eine neue Varietät Sulcorebutia verticillacantha Ritter var. chatajillensis Oeser et Brederoo" (in Kakt. u. and. Sukk. 35, 216-223, 1984).

Oett. = Heinrich von Oettingen, ?-1925. Livländischer Botaniker, sammelte Pflanzen in Sibirien. Spezialgebiet: *Saxifraga*. Schrieb „Kritische Bemerkungen über die Systematik der Gattung Poa L. ..." (in Feddes Repert. 21,306-316,

368, 1925).

H. Ohashi = Hiroyoshi Ohashi, Asaka-machi (jetzt Asaka-shi), Saitama Pref. nahe Tokyo 26.4.1936 (pers. Mitt.) -. Japanischer Botaniker an der Tohoku University Sendai. Spezialgebiete: *Desmodium, Arisaema*. Schrieb „The flora of Eastern Himalaya; Third Report", 1975.

H. Ohba = Hideaki Ohba, Shinano-machi, Yotsuya-ku (jetzt Shinjuku-ku), Tokio 14.7.1943 (pers. Mitt.) -. Japanischer Botaniker an der University of Tokyo und am Japans National Science Museum. Spezialgebiet: Crassulaceae. Schrieb u.a. „The taxonomic status of Sedum telephium and its allies species (Crassulaceae)" (in Bot. Mag. Tokyo 90, 41-56, 1977). Gab zus. mit Samar Bahadur Malla heraus „The Himalayan plants", 1988-1999. Mitarbeiter bei der von Wu Zheng-yi u. Peter Hamilton Raven (Hrsg.) publ. Flora of China. Nach Ohba die Art *Sedum ohbae* Kozhevn.

Ohba = Tatsuyuki Ohba, 1936-. Japanischer Botaniker. Spezialgebiet: Pflanzensoziologie.

Ohrnb. = Dieter Ohrnberger, fl. 1990-9. Deutscher Botaniker in Langweid am Lech bei Augsburg, Bayern. Spezialgebiet: Poaceae, Bambusoideae. Schrieb u.a. „The Bamboos of the world; a preliminary study ...", 1990; „The Bamboos of the world; annotated nomenclature ...", 1999.

Ohwi = Jisaburo Ohwi, Tokio 18.9.1905-22.2.1977. Japanischer Botaniker ab der Kyoto University, arbeitete später in Java. Sammelte zahlreiche Pflanzen in Japan, aber auch sonst in Ostasien. Autor von „Flora of Japan", 1953 (in japanisch, 1965 in engl. Übersetzung); außerdem u.a. „On Japanese Echinochloa" (in Acta Phytotax. Geobot. (Kyoto) 20, 50-55, 1962). Nach ihm die Art *Medinilla ohwii* Nayar, die er entdeckt hat.

H. Okamura = H. Okamura, publ. 1979. Japanischer Botaniker. Spezialgebiet: Bambus-Arten.

Oken = Lorenz Oken (bis 1802 Okenfuß), Bohlsbach (heute zu Offenburg), Baden-Württemberg 1.8.1779-11.8.1851 Zürich,

Schweiz. Deutscher Botaniker, Naturphilosoph, Professor in Jena 1807-1819. Verlor seine Professur 1819 aus politischen Gründen. War Mitbegründer der Gesellschaft deutscher Naturforscher und Ärzte, e.V. Schrieb „Die Zeugung", 1805; „Über das Universum als Fortsetzung des Sinnensystems", 1808; „Naturphilosophie", 1809; „Lehrbuch der Naturgeschichte", 1813-1826; „Allgemeine Naturgeschichte für alle Stände", 16 Bände, 1833-1841; Hrsg. von „Isis oder encyclopädische Zeitschrift für Naturgeschichte...", 1817-1848. Nach ihm die Gattung *Ockea* F. Dietr.

Oliv. = Daniel Oliver, Newcastle, Northumberland 6.2.1830-21.12.1916 Kew, Surrey. Britischer Botaniker in Kew, Professor der Botanik in London. Schrieb „The botany of the Speke and Grant Expedition...", 1872-1875 (mit J.A. Grant u. J.G. Baker); „Illustrations of the principal natural orders of the vegetable kingdom", 1874, auch 1893; „Flora of Tropical Africa", 1868-1877 (Bd. 1-3, Forts. durch Thiselton-Dyer, Prain u. A.W. Hill). Hrsg. verschiedener Bände von Hooker's „Icones Plantarum", 1890-1895. Nach Oliver die Gattung *Oliveriana* Rchb., *Oliverodoxa* Kuntze und *Oliverella* Tiegh.

W.R.B. Oliv. = Walter Reginald Brook Oliver, Launceston, Tasmanien 7.9.1883-16.5.1957 Neuseeland. Australischer Botaniker, von 1896-1957 in Neuseeland. Schrieb „Vegetation of the Kermadec Islands", 1910; „The vegetation and flora of Lord Howe's Island", 1917; „The genus Coprosma", 1935.

Olivier = Guillaume Antoine Olivier, Arcs bei Toulon 19.1.1756-1.10.1814 Lyon. Französischer Arzt u. Zoologe, bereiste mit Brugière von 1792-1798 Ägypten u. Persien und sammelte viele Pflanzen. Schrieb u.a. „Voyage dans l'empire Othoman, l'Égypte et la Perse", 1801-1807. Nach ihm die Gattung *Oliveria* Vent.

H. Ollg. = Hans Ollgaard, 1943-

Olney = Stephen Thayer Olney, Burrillville, Rhode Island 15.2.1812-27.7.1878

Providence, Rhode Island. Nordamerikanischer Botaniker. Spezialgebiete: Algae, *Carex*. Schrieb „Rhode Island plants ...", 1846–1847. Nach ihm die Gattung *Olneya* A. Gray.

Omelczuk = Taisija Ja. Omelczuk, 1933–

Onno = Max Onno, Berlin-Charlottenburg 1903–. Deutscher Botaniker in Wien. Spezialgebiete: Pflanzensoziologie, *Aster*. Schrieb u.a. „Geographisch-morphologische Studien über Aster alpinus L. und verwandte Arten" (in Bibl. bot. 106, 1932); „Vergleichende Studien über die natürliche Waldvegetation Österreichs und der Schweiz" (in Angew. Pflanzensoziologie (Wien), 1, 406–422, 1954).

Oosten = M.W.B van Oosten, fl. 1840

Ooststr. = Simon Jan van Ooststroom, Rotterdam 2.1.1906–28.9.1982 Oegstgeest, Niederlande. Niederländischer Botaniker in Utrecht, später am Rijksmuseum in Leiden. Schrieb „A monograph of the genus Evolvulus", 1934; Hrsg. von „Flora neerlandica", 1948–1975.

Opiz = Philipp Maximilian Opiz, Czaslau 5.6.1787–20.5.1858 Prag. Böhmischer Forstbeamter und Botaniker. Schrieb „Naturalientausch", 1823–1827, Forts. „Beiträge zur Naturgeschichte", 1828–1834; „Seznam rostlin kveteny ceské", 1852; „Tentamen florae cryptogamicae Boemiae", 1819–1821 (in Kratos). Mitverfasser bei Friedrich Graf von Berchtold „Oekonomisch-technische Flora Böhmens", Bd. 1(2)–3(2), 1836–1843. Nach ihm die Gattung *Opizia* J. et C. Presl.

Orb. = Alcide Charles Victor Dessalines d'Orbigny, 2.12.1806–15.2.1879. Französischer Gelehrter und Botaniker.

Orcutt = Charles Russell Orcutt, Hartland, Vermont 27.4.1864–24.8.1929 Haiti. Nordamerikanischer Botaniker in Kalifornien. Sammelte zahlreiche Pflanzen in den südlichen USA, in Mexiko undJamaika. Schrieb u.a. „Flora of Southern and Lower California", 1885; „Review of the Cactaceae", 1897–1902; „American plants", 1907–1912.

Nach ihm die Gattung *Orcuttia* Vasey.

Ormonde = José Eduardo Martins Ormonde, 1943–. Portugiesischer Botaniker an der Universität von Coimbra. Schrieb u.a. zus. mit Jorge Américo Rodrigues de Paiva „The species of Picris L. from Azores" (in Bol. Soc. Brot. 46, 447–448, 1972).

Ornduff = Robert Ornduff, Portland, Oregon 13.6.1932–22.9.2000 Berkeley. Nordamerikanischer Botaniker und Professor in Berkeley, Kalifornien. Spezialgebiete: Flora von Kalifornien, Heterostylie, *Oxalis*. Mitarbeiter bei der von Wu Zheng-yi u. Peter Hamilton Raven (Hrsg.) publ. Flora of China. Schrieb „Introduction to California plant life", 1974. Hrsg. von „Index to plant chromosome numbers for 1965 (–1967)", 1967–1969 (in Regnum Vegetabile).

Orph. = Theodoros Georgios Orphanides, 1817–17.8.1886 Athen. Griechischer Botaniker, ab 1848 Professor der Botanik in Athen. Schrieb „Prospectus flora graeca exsiccata", 1850. Nach ihm die Gattung *Orphanidesia* Boiss. et Balansa.

Ortega = Casimiro Gomez de Ortega, Añover de Tajo 4.3.1740–30.8.1818 Madrid. Spanischer Botaniker, Direktor des Bot. Gartens Madrid. Schrieb „Novarum, aut rariorum plantarum horti regii botanici matritensis descriptionum decades", 1797–1800; „Florae hispanicae delectus", 1791–1792; „Tabulae botanicae...", 1773, span. Ausgabe 1783 „Táblas botanicas". Nach ihm die Gattung *Ortegia* L. corr.L.

J.G. Ortega = Jesús González Ortega, Zacatecas 3.3.1876–11.6.1936 Mazatlan. Mexikanischer Botaniker und Pflanzensammler. Schrieb „Flora indígena de Sinaloa", 1929. Nach ihm die Art *Echinocereus ortegae* Rose.

Ortgies = Karl Eduard Ortgies, Bremen 19.2.1829–6.12.1916 Kilchberg bei Zürich, Schweiz. Deutscher Pflanzensammler u. Gärtner, von 1855–1895 Leiter des Bot. Gartens Zürich.

Osbeck = Pehr Osbeck, Hålanda (heute zu Ale), Västergötland,

Schweden 9.5.1723–23.12.1805 Hasslöv, Halland, Schweden. Schwedischer Geistlicher u. Naturwissenschaftler. Bereiste von 1750–1752 Ostindien u. China (Kanton), ab 1760 Pfarrer in Hasslöv, Halland. Autor von „Dagbok öfwer en ostindsk Resa", 1757, deutsche Ausgabe „Reise nach Ostindien und China", 1765. Nach ihm die Gattung *Osbeckia* L.

Osborn = Arthur Osborn, Sonning, Berkshire 16.12.1878–24.2.1964 Kew, Surrey. Englischer Gärtner in Kew. Schrieb „Shrubs and trees for the garden", 1933.

Osten = Cornelius Osten, Bremen 11.2.1863–6.9.1936 Montevideo, Uruguay. Deutscher Botaniker, Geschäftsmann in Uruguay. Sammelte dort zahlreiche Pflanzen, aber auch in Paraguay, Argentinien und Bolivien. Schrieb mit Wilhelm Gustav Franz Herter „Plantae uruguayenses...", 1925–1929. Nach ihm z.B. die Art *Oxalis ostenii* Arechav.

Ostenf. = Carl Emil Hansen Ostenfeld, Randers 3.8.1873–16.1.1931 Kopenhagen. Dänischer Botaniker, Professor der Botanik, sammelte weltweit zahlreiche Pflanzen. Hrsg. von „Flora arctica", 1902 (mit O.C.L. Gelert). Schrieb auch zus. mit Carl Syrach-Larsen „The species of the genus Larix and their geographical distribution" (in Kon. Danske Videnskab. Sellskab., Biol. Mededelserie 9, 1–100, 1930). Posthum erschien (zus. mit J. Grontved) „The Flora of Iceland and the Faeroes", 1934. Nach Ostenfeld die Gattung *Ostenfeldiella* Ferd. et Winge.

Osti = Gian Lupo Osti, fl. 1994. Italienischer Botaniker und Professor in Rom. Spezialgebiet: *Paeonia*. Schrieb u.a. „The book of tree Peonies", 1999; „Il libro delle Peonie mediterranee", 2004.

Ostolaza = Carlos Ostolaza Nano, fl. 1983. Nordamerikanischer Kakteenkenner. Spezialgebiet: *Haageocereus*. Schrieb u.a. zus. mit Tino C. Mischler „Islaya omasensis Ostolaza et Mischler, eine neue Art von Rio Omas in Peru" (in Kakt. u. and. Sukk. 34, 54–57, 1983).

Oterdoom = Herman John Oterdoom, Seattle, Washington 18.2.1917 (pers. Mitt.) -.

Niederländischer Botaniker. Schrieb u.a. zus. mit Dirk Martinus van Gelderen u. P.C. de Jong „Maples of the World", 1994.

Otto = Christoph Friedrich Otto, Schneeberg. Erzgebirge, Sachsen 4.12.1783–7.12.1856 Berlin. Deutscher Gärtner, von 1805–1843 Inspektor des Bot. Gartens Berlin. Veröffentlichte zus. mit Johann Heinrich Friedrich Link „Abbildungen auserlesener Gewächse des königlichen botanischen Gartens zu Berlin", 1820–1828; „Abbildungen neuer und seltener Gewächse...", 1828–1831; zus. mit H. F. Link und J. F. Klotzsch „Abbildungen seltener Pflanzen des Königl. botanischen Gartens zu Berlin ...", 1840–1844; zus. mit L.G.K. Pfeiffer „Abbildung und Beschreibung blühender Cacteen", 1838–1850; zus. mit F. Guimpel u. F.G. Hayne „Abbildung der fremden in Deutschland ausdauernden Holzarten", 1819–1830. Zus. mit A.G. Dietrich Hrsg. von „Allgemeine Gartenzeitung", 1833–1856. Nach Otto die Gattung *Ottoa* Kunth.

Oudem. = Cornelis Antoon Jan Abraham (Corneille Antoine Jean Abram) Oudemans, Amsterdam 7.12.1825–29.8.1906 Arnhem, Niederlande. Niederländischer Arzt u. Botaniker, Professor der Botanik an der Universität in Amsterdam. Schrieb „De flora van Nederland", 1859–1862, 2. Aufl. 1871–1874. Posthum erschien: „Enumeratio systematica Fungorum", 1919–1925 (Hrsg. J.W. Moll). Nach ihm die Gattung *Oudemansia* Miq.

Ovcz. = Pavel Nikolaevich Ovczinnikov (Ovchinnikov), 1903–1979. Russischer Botaniker. Spezialgebiet: Flora von Tadschikistan. Mitarbeiter bei V.L. Komarov „Flora URSS", Band 2–7, 1934–1937. Herausgeber von „Flora Tadzhikskoi SSR", Band 1–10, 1957–1991. Nach ihm die Art *Stipa ovczinnikovii* Roshev. ex Komarov.

Ownbey = Francis Marion Ownbey, Kirksville, Missouri 29.9.1910–1974. Nordamerikanischer Botaniker am State College in Washington, Bruder von Gerald Bruce Ownbey. Spezialgebiete: *Allium, Tragopogon, Calochortus*. Schrieb „A monograph of the genus Calochortus" (in Annals Missouri Bot. Gard. 27, 371–560, 1940).

G.B. Ownbey = Gerald Bruce Ownbey, Kirksville, Missouri 10.10.1916–. Nordamerikanischer Botaniker, Kurator am Herbarium der University of Minnesota, Saint Paul, Bruder von Francis Marion Ownbey. Spezialgebiete: Papaveraceae, *Cirsium*. Schrieb u.a. „Monograph of the genus Argemone for North America and the West Indies" (in Mem. Torrey Bot. Club 21, 1–159, 1958); „The genus Argemone in South America and Hawaii" (in Brittonia 13, 91–109, 1961). Nach ihm die Art *Cirsium ownbeyi* S.L. Welsh.

Pabst = Guido Joao Frederico Pabst, Porto Alegre 19.9.1914–27.4.1980. Brasilianischer Botaniker, Direktor des Herbariums Bradeanum in Rio de Janeiro. Spezialgebiet: Orchidaceae. Schrieb „Colhendo orquidéas no Rio Grande do Sul", 1950; zus. mit F. Dungs „Orchidaceae Brasilienses", 1975–1977. Nach ihm die Gattung *Pabstia* Garay.

C.N. Page = Christopher Nigel Page, 1942–. Schottischer Botaniker in Edinburgh. Spezialgebiete: Coniferae, Pteridophyta. Schrieb „The taxonomy and phytogeography of bracken – a review" (in Bot. Journ. Linn. Soc. 73, 1–34, 1976); „The ferns of Britain and Ireland", 1982. Mitarbeiter von „The European Garden Flora", Band 1, 1986.

Page = William Bridgewater Page, 1790–12.4.1871. Englischer Gärtner. Schrieb „Prodromus ... Southampton Botanic Gardens...", 1818.

Paine = John Alsop Paine, Newark, New Jersey 14.1.1840–24.7.1912 Tarrytown, New York. Nordamerikanischer Botaniker, später am Metropolitan Museum of Art, New York. Schrieb „Catalogue of plants found in Oneida county and vicinity", 1865.

Painter = William Hunt Painter, 16.7.1835–1910 Shrewbury. Britischer Botaniker und Geistlicher.

Paiva = Jorge Américo Rodrigues de Paiva, 1933–. Portugiesischer Botaniker. Spezialgebiet: Polygalaceae. Schrieb zus. mit José Eduardo Martins Ormonde „The species of Picris L. from Azores" (in Bol. Soc. Brot. 46, 447–448, 1972); zus. mit S. Cirujano u. E. Villanueva „Montia fontana L. (Portulacaceae) en la Península Ibérica" (in Bol. Soc. Brot. 59, 321–332, 1987).

Palau = Antonio Palau y Verdera, –1793

Palib. = Ivan Vladimirovic Palibin, 1872–1949. Russischer Botaniker. Spezialgebiet: Flora von Korea. Mitarbeiter an Komarov, V.L., Flora U.R.S.S., Bd. 3, 1935 bis Bd. 14, 1949. Schrieb u.a. „Conspectus florae Koreae", 1899–1901. Nach ihm die Gattung *Palibinia* Korovin.

P. Beauv. = Ambroise Marie François Joseph Palisot de Beauvois, Arras 27.7.1752–21.1.1820 Paris. Französischer Botaniker u. Forschungsreisender in Afrika, Haiti und den USA. Schrieb „Essai d'une nouvelle Agrostographie", 1812 (für eine Forts. siehe G.T. Lestiboudois „Essai sur la famille des Cyperacées", 1819); „Flore d'Oware et de Bénin, en Afrique", 1805–1820; „Muscologie ou traité sur les Mousses", 1822; „Prodrome des cinquième et sixième familles de l'Aethéogamie. Les Mousses, Les Lycopodes", 1805. Nach ihm die Gattung *Palisota* Rchb. ex Endl. und *Belvisia* Desv.

Palla = Eduard Palla, Kremsier, Mähren 3.9.1864–8.4.1922 Graz, Steiermark. Österreichischer Botaniker aus Mähren, Privatdozent der Botanik an der Universität in Graz. Spezialgebiet: Cyperaceae. Redigierte die 2. Aufl. von Dalla Torre, K.W. von: „Atlas der Alpenflora", 1896–1897. Schrieb „Die Gattungen der mitteleuropäischen Scirpoideen", 1900.

Pall. = Peter (Pyotr) Simon von Pallas, Berlin 22.9.1741–8.9.1811 Berlin. Deutsch-Russischer Botaniker, Arzt, Geograph u. Russischer Staatsrat, verbrachte 42 Jahre in Rußland, bereiste Sibirien von 1768–1774, die Krim von 1795–1810. Schrieb u.a. „Reise durch verschiedene Provinzen des Russischen Reiches", 1771–1776; „Flora rossica...", 1784–1788 (pl. 101–125, 1831); „Illustrationes plantarum...", 1803-1806; "Species Astragalorum...", 1800-1803. Gab Bd. 4 von S.G. Gmelin „Reise durch Rußland zur Untersuchung der drey Natur-Reiche", 1784, heraus. Nach ihm die Gattung *Pallasia* Klotzsch sowie der Begriff Pallasit für bestimmte Meteoriten.

Pallis = M. Pallis, fl. 1916. Botanikerin. Nach ihr die Art *Fraxinus pallisiae* Wilmott ex Pallis.

E.J. Palmer = Ernest Jesse Palmer, Leicester, England 8.4.1875-25.2.1962 Webb City, Missouri. Nordamerikanischer Botaniker und Forstmann englischer Herkunft in Webb City, Missouri. Spezialgebiet: *Crataegus*. Sammelte zahlreiche Pflanzen besonders Holzgewächse in Nordamerika. Schrieb „An annotated catalogue of the flowering plants of Missouri.." (in Ann. Missouri Bot. Gard. 22, 1935). Nach ihm die Arten *Tradescantia ernestiana* E.S. Anderson et Woodson und *Crataegus palmeri* Sarg.

Palmgr. = Alvar Palmgren, Helsinki 28.4.1880-30.11.1960. Finnischer Botaniker, Professor der Botanik in Helsinki 1928-1950. Schrieb „Die Entfernung als pflanzengeographischer Faktor ..." (in Acta Soc. Fauna Fl. fenn. 49, 1921); „Die Artenzahl als pflanzengeographischer Charakter ..." (in Acta Bot. fenn. 1, 1-142, 1925).

Pamp. = Renato Pampanini, Valdobbiadone 20.10.1875-19.7.1949. Italienischer Botaniker, Professor der Botanik von 1933-1948 in Cagliari, zuletzt in Turin. Schrieb u.a. über chinesische Pflanzen; außerdem „Prodromo della Flora Cirenaica", 1931; „Flora della Repubblica di San Marino", 1930. Posthum erschien „La flora del Cadore", 1958. Nach ihm die Art *Sedum pampaninii* Raym.-Hamet.

Pančić = Josef Pančić (Giuseppe Pancio, Josif Panchic), Bribir, Kroatien 6.5.1814-8.3.1888 Belgrad. Kroatischer Botaniker, Professor u. Direktor des Bot. Gartens Belgrad. Schrieb u.a. „Elementa ad floram principatus Bulgariae", 1883; „Flora agri belgradensis", 1865; „... Flora principatus Serbiae", 1874, „Additamenta", 1884. Nach ihm die Gattung *Pancicia* Vis. ex Schltdl.

Pangalo = Konstantin Ivanovic Pangalo, 1883-1965. Russischer Botaniker. Spezialgebiet: Cucurbitaceae.

Panigrahi = Gopinath Panigrahi, 1924-

Pantl. = Robert Pantling, 1857-6.2.1910 Suez, Ägypten. Englischer Gärtner und botanischer Künstler. Schrieb mit Sir George King „The Orchids of the Sikkim-Himalaya", 1898. Nach ihm die Gattung *Pantlingia* Prain.

Pant. = József (Joseph) Pantocsek, Nagyszombat, Slowakei 15.10.1846-4.9.1916 Tavarnok. Slowakischer Arzt u. Botaniker. Schrieb „Adnotationes ad floram et faunam Hercegovinae", 1874. Nach ihm die Gattung *Pantocsekia* Grunov ex Pant.

Panz. = Georg Wolfgang Franz Panzer, Etzelwang 31.5.1755-28.6.1829 Hersbruck. Deutscher Botaniker. Schrieb u.a. „Ideen zu einer künftigen Revision der Gattungen der Gräser", 1813. Zus. mit G.F. Christmann Übersetzer u. Hrsg. von Carl von Linné: „Vollständiges Pflanzensystem", 1777-1788. Nach ihm die Gattung *Panzeria* J.F. Gmel.

Paol. = Giulio Paoletti, Venedig 28.11.1865-1941. Italienischer Botaniker, Professor am königl. technischen Institut in Melfi. Veröffentlichte zus. mit Adriano Fiori „Iconographia florae italicae", 1895-1904, 2. Aufl. 1921, 3. Aufl. 1933; „Flora analitica d'Italia", 1896-1908 (zusätzl. mit Augusto Béguinot).

Pappe = Karl (Carl) Wilhelm Ludwig Pappe, Hamburg 1803-14.10.1862 Kapstadt, Südafrika. Deutscher Botaniker, später in Südafrika, bereiste das Kapland. Schrieb „Silva capensis ...", 1854, 2. Aufl. 1862; zus. mit R.W. Rawson „Synopsis Filicum Africae australis...", 1858. Nach ihm die Gattung *Pappea* Eckl. et Zeyh.

Papsch = Wolfgang Matthäus Papsch, Knittelfeld, Steiermark 26.4.1946 (pers. Mitt.) -. Österreichischer Kakteenkenner in Knittelfeld, Steiermark. Schrieb u.a. „Index of names from Gymnocalycium Pfeiffer ex Mittler" (in Gymnocalycium 12, 313-342, 1999). Nach ihm die Art *Gymnocalycium papschii* H. Till.

Parfitt = Edward Parfitt, Est Tuddenham, Norfolk 17.10.1820-15.1.1893 Exeter, Devon. Englischer Gärtner, Bibliothekar, Entomologe und Botaniker.

Paris = Jean Édouard Gabriel Narcisse Paris, 1827-1911

C.A. Paris = Catherine A. Paris, fl. 1991. Nordamerikanische Botanikerin an der University of Vermont. Spezialgebiet: Pteridophyta. Bearbeitete die Gattung *Adiantum* in der Flora of North America, Band 2, 1993. Schrieb außerdem zus. mit P.J. Walker u. D. S. Barrington „Taxonomy and phylogeography of the North American beachgrasses" (in Amer. J. Bot. 85, 1998).

C.S.P. Parish = Charles Samuel Pollock Parish, Kalkutta 26.1.1822-18.10.1897 Roughmoor, Somerset. Britischer Geistlicher und Botaniker, sammelte vor allem Orchideen in Burma, von denen er viele Arten nach Europa einführte. Nach ihm die Gattung *Parishia* Hook. f.

Parish = Samuel Bonsall Parish, Paterson, New Jersey 13.1.1838-5.6.1928 Berkeley, Kalifornien. Nordamerikanischer Botaniker. Schrieb „The immigrant plants of Southern California" (in Bull. S. Calif. Acad. Sci. 19, 3-30, 1920). Nach ihm und nach seinem Bruder W. F. Parish die Gattung *Parishella* A. Gray.

H.M. Parker = H. M. Parker, publ. 1971-75. Nordamerikanischer Botaniker. Schrieb zus. mit Edwin Burnell Smith „A biosystematic study of Coreopsis tinctoria and C. cardaminefolia (Compositae)" (in Brittonia 23, 161-170, 1971).

K.L. Parker = Kittie Lucille Fenley Parker, 1910-1994

R. Parker = Richard Neville Parker, 4.12.1884-12.4.1958 Kapstadt, Südafrika. Englischer Botaniker, von 1905 bis 1939 im Forstdienst in Indien, sammelte u.a. in Burma. Lebte zuletzt in Südafrika. Schrieb „A forest flora for the Punjab with Hazara and Delhi", 1918, 2. Aufl. 1924; „Common Indian trees and how to know them", 1933. Nach ihm die Art *Berberis parkeriana* C.K. Schneid.

Parkinson = Sydney C. Parkinson, Edinburgh 1745–26.1.1771 Batavia. Britischer naturkundlicher Zeichner, Teilnehmer an Cooks 1. Weltreise (1768–1771). Schrieb „A journal of a voyage to the South Seas…", 1773, 2. Aufl. 1784. Nach ihm die Art *Ficus parkinsonii* Hiern.

Parl. = Filippo Parlatore, Palermo 8.8.1816–9.9.1877 Florenz. Italienischer Botaniker, Professor der Anatomie, später der Botanik in Florenz. Schrieb „Flora italiana", Bd. 1–5, 1848–1875 (Bd. 6–10 von T. Caruel, 1884–1894); „Plantae novae…", 1842; „Le specie dei cotoni", 1866; bearbeitete für de Candolle, Prodromus in Bd. XVI, 2 (1868) „Gnetaceae, Coniferae". Nach ihm die Gattung *Parlatoria* Boiss.

Parm. = Antoine Augustin Parmentier, Montdidier 17.4.1737–17.12.1813 Montdidier. Französischer Apotheker u. Landwirt. Schrieb über Nutzpflanzen, führte den Anbau der Kartoffel in Frankreich ein, verbesserte die Gewinnung des Trauben- und Rübenzuckers. Nach ihm die Gattung *Parmentiera* DC.

J. Parm. = Joseph Julien Ghislain Parmentier, 1755–1852. Belgischer Landschaftsgärtner und Botaniker, Bürgermeister von Enghien. Gab mehrere Kataloge der Pflanzen seines Gartens heraus, z.B. „Catalogue des arbres et plantes …", 1818; schrieb auch „Exposé succinct de produits … d'Enghien…", 1819.

Paul Parm. = Neuer Autor: Paul Parm. = Paul Parmentier, fl. 1896. Belgischer? Botaniker, publizierte über *Magnolia* und *Drimys*.

J. Parn. = John Adrian Naicker Parnell, 1954 (pers. Mitt.) -. Schottischer Botaniker am Trinity College in Dublin. Spezialgebiete: Flora von Irland und Thailand, Crassulaceae. Schrieb u.a. „Variation in Jasione montana L. (Campanulaceae) and related species in Europa and North Africa" (in Watsonia 16, 249–267, 1987); zus. mit C. Favarger „Notes on Sempervivum L. and Jovibarba Opiz" (in Bot. J. Linn. Soc. 103, 216–220, 1990); zus. mit P. Chantaranothai „New taxa and combinations in Cleistocalyx and Syzygium (Myrtaceae) in Thailand" (in Kew Bull. 48, 589–610, 1993); zus. mit Trevor R. Hodkinson „Reconstructing the tree of life: taxonomy and systematics of species rich taxa", 1991..

Parn. = Richard Parnell, Bramford Speke, Devon 1810–28.10.1882 Edinburgh. Englischer Tintenfabrikant, Botaniker und Ichthyologe, Mitbegründer der Edinburgh Botanical Society (1836). Schrieb „The grasses of Scotland …", 1842; „The grasses of Britain …", 1842–1845. Nach ihm die Art *Poa parnellii* Bab.

D. Parodi = Domingo Parodi, 1823–1890. Italienischer Apotheker und Botaniker in Uruguay, Paraguay und Argentinien. Seine Schriften gelten großenteils als Plagiate anderer Autoren. Gab „Notas sobre algunas plantas usuales del Praguay …", 1877 und „Contribuciones à la flora del Paraguay …", 1877–1879 heraus. Nach ihm die Gattungen *Parodia* Spegazz. und *Neoparodia* Petr. et Cif.

Parodi = Lorenzo Raimundo Parodi, Pergamino, Prov. Buenos Aires 23.1.1895–21.4.1966 Buenos Aires. Argentinischer Botaniker, Professor der Botanik in Buenos Aires und La Plata, Verfasser vieler Schriften, vor allem über Gramineae, z.B. „Chlorideas de la Republica Argentina …" (in Revista Fac. Agron. Vet. Buenos Aires 2, 233–335, 1919). ; „Gramineas bonaerenses …", 1925, 5. Aufl. 1964. Nach ihm die Gattungen *Parodianthus* Tronoso, *Parodiodoxa* O.E. Schulz u. *Lorenzochloa* J.R. et C.G. Reeder.

Parry = Charles Christopher Parry, Admington, England 28.8.1823–20.2.1890 Davenport, Iowa. Nordamerikanischer Botaniker engl. Abstammung, genannt „King of Colorado botany". Schrieb „Botanical observations in Western Wyoming …" (in Amer. Naturalist 8, 9–14, 102_108, 175–180, 211–215, 1874). Nach ihm die Gattung *Parryella* Torr. et A. Gray ex A. Gray.

Parsa = Ahmed(Ahmad) Parsa, 1907–

S.H. Parsons = Sidney H. Parsons, publ. 1936. Nordamerikanischer Botaniker. Publizierte über Cactaceae.

Pascher = Adolf (Adolph) Pascher, Tusset, Böhmerwald 31.5.1881–1945 (Selbstmord in den letzten Wochen des 2. Weltkriegs). In Böhmen geborener deutscher Botaniker, Professor der Botanik. Schrieb „Uebersicht über die Arten der Gattung Gagea" (in Lotos, Prag 52, 109–131, 1904). Herausg. Von „Die Süsswasser-Flora Deutschlands, Österreichs und der Schweiz", 1913–1936, 2. Aufl. 1930–1932, neue Aufl. 1978 ff., außerdem von „Bot. Centralblatt", 1924–1944. Nach ihm die Gattung *Pascherella* W. Conrad.

Pasq. = Giuseppe Antonio Pasquale, Anoja 30.10.1820–14.2.1893 Neapel. Italienischer Arzt und Botaniker, Professor der Botanik an der Universität in Neapel. Schrieb u.a. „Flora medica della Provincia di Napoli …", 1841; „Flora Vesuviana …", 1869; zus. mit V. Tenore „Compendio di botanica", 1847; „Atlante di botanica popolare, 3 Bände, 1872–1886.

Pass. = Giovanni Passerini, Pieve di Guastalla 16.6.1816–17.4.1893 Parma. Italienischer Botaniker, Professor der Botanik und Direktor des Bot. Gartens der Universität in Parma. Schrieb „Flora dei contorni di Parma …", 1852. Schrieb zus. mit V. Cesati und G. Gibelli „Compendio della flora italiana", 1868–1886. Nach Passerini die Gattung *Passerinula* Sacc.

Patoni = Patoni, publ. 1910 in Boletin del Comite Regional del Estado de Durango über *Mammillaria*.

T.S. Patrick = T.S. Patrick, fl. 1984

Patzke = Erwin Patzke, 1929–. Deutscher Botaniker, Professor in Bonn, später in Aachen. Spezialgebiet: *Festuca*. Schrieb u.a. „Vorschlag zur Gliederung der Festuca ovina L.-Gruppe in Mitteleuropa" (in Österr. Bot. Z. 108, 505–507, 1961); „Gliederung der Festuca rubra L. in Deutschland" (in Decheniana 117, 191–196, 1964); außerdem zus. mit R. Galunder und R.V.Neumann „Die Flora des Oberbergischen Kreises", 1990. Nach Patzke die Art *Festuca patzkei* Markgr.-Dann.

Pau = Carlos Pau y Español,

Segorbe 10.5.1857-10.5.1937 Segorbe. Spanischer Botaniker und Apotheker in Segorbe. Schrieb „Notas botánicas á la flora espanola", 1887-1895; „Nueva contribución al estudio de la flora de Granada" (in Mem. Mus. Ci. Nat. (Barcelona) ser. Bot. 1, 5-74, 1922). Nach ihm die Gattung *Paua* Caballero.

H.K.G. Paul = Karl Hermann Gustav Paul, Gartz an der Oder, Brandenburg 6.8.1876-22.1.1964 München. Deutscher Botaniker an der Bayerischen Moorversuchsanstalt in München. Spezialgebiet: Uredinales. Bearbeitete für Engler, Die natürlichen Pflanzenfamilien 2. Aufl. in Bd.10 Sphagnaceae, 1924. Schrieb „Beiträge zur Kenntnis des Formenkreises des Besenrieds Molinia caerulea Moench in Bayern" (in Ber. Bayer. Bot. Ges. 22, 15-22, 1937); „Die Moorpflanzen Bayerns" (in Ber. Bayer. Bot. Ges. 12, 126-228, 1909).

Paul = William Paul, Cheshunt, Hertfordshire 16.6.1822-31.3.1905 Waltham Cross, Hertfordshire. Englischer Baumschulgärtner u. Rosenkenner. Schrieb „The Rose garden", 1848; „Lecture on the Hyacinth...", 1864; „An hour with the Hollyhock", 2. Aufl. 1855.

Paunero = Elena Paunero Ruiz, 1906-. Spanische Botanikerin. Spezialgebiet: Poaceae.

Pauquy = Charles Louis Constant Pauquy, Amiens, Somme 27.9.1800-11.12.1854 Amiens, Somme. Französischer Botaniker und Arzt in Amiens. Schrieb „De la Belladone ...", 1825; „Statistique botanique ou flore du département de la Somme ...", 1831,auch 1834.

Pav. = José Antonio Pavon y Jiménez, 22.4.1754-1844. Spanischer Botaniker. Bereiste zus. mit Hipólito Ruiz Lopez von 1779-1788 Chile, Peru u. die angrenzenden Gebiete. Gemeinsam Hrsg. von „Florae peruvianae et chilensis prodromus, ...", 1794; „Systema vegetabilium florae peruvianae chilensis", 1798; „Flora peruviana et chilensis, sive descriptiones, et icones...", 1798-1802. Nach Pavon die Gattung *Pavonia* Cav.

Pavone = Pietro Pavone, Riposto, Catania 18.1.1948 (pers. Mitt.) -. Italienischer Botaniker, Professor in Catania. Spezialgebiet: *Allium*. Schrieb zus. mit S. Brullo und C. Salmeri „A new species of Allium sect. Codonoprasum from Sierra Nevada (Spain)" (in Sendtnera 3, 95-100, 1996).

Pawl. = Bogumil Pawlowski, 25.11.1898-27.7.1971 (abgestürzt bei einer Exkursion am Abhang „Spilios Agapitos" am Olymp in Griechenland). Polnischer Botaniker, Professor der Botanik in Krakau. Schrieb u.a. „De speciebus polonicis et carpaticis generis Erigeron L." (in Fragm. Florist. Geobot. 16, 255-293, 1970); „Symphyta mediterranea nova vel minus cognita" und „De genere Procopiana Gusuleac" (in Fragm. Florist. Geobot. 17, 1971); und zus. mit W. Szafer und St. Kulczynski „Rosliny polskie", 1924. Nach Pawlowski die Art *Crepis pawlowskii* Strid.

Pax = Ferdinand Albin Pax, Sr., Königinhof, Böhmen 26.7.1858-1.3.1942 Breslau. Deutscher Botaniker, Professor der Botanik und Direktor des Bot. Gartens der Universität in Breslau. Schrieb „Monographische Übersicht über die Arten der Gattung Primula", 1888; „Allgemeine Morphologie der Pflanzen mit besonderer Berücksichtigung der Blüthenmorphologie", 1890; für Engler u. Drude, Die Vegetation der Erde, Bd. 2 u. 10 „Grundzüge der Pflanzenverbreitung in den Karpathen", 1898-1908; „Schlesiens Pflanzenwelt", 1915; für Engler, Das Pflanzenreich Aceraceae, 1902; Primulaceae, 1905 (zus. mit R. Knuth); Euphorbiaceae, 1910-1924 (teilweise zus. mit Käthe Hoffmann). Bearbeitete außerdem zahlreiche Familien für Engler u. Prantl, Die natürlichen Pflanzenfamilien, 1. u. 2. Aufl. (z. T. zus. mit Käthe Hoffmann). Nach Pax die Gattung *Paxia* Gilg.

Paxton = Sir Joseph Paxton, Milton Bryant, Bedfordshire 3.8.1803-8.6.1865 Sydenham, Kent. Englischer Botaniker, Gärtner u. Architekt. Erbauer des großen Glashauses in Chatsworth u. des Kristallpalastes in London. Veröffentlichte zus. mit John Lindley „A pocket botanical dictionary ...", 1840, weitere Aufl. 1849-1868; „Paxton's flower garden", 1850-1853, neue Aufl. rev. durch Thomas Baines, 1882-1884. Hrsg. von „Paxton's Magazine of Botany, and Register of Flowering Plants", 1834-1849. Nach ihm die Gattung *Paxtonia* Lindl.

Payson = Edwin Blake Payson, Norwood, Colorado 18.2.1893-15.5.1927 Denver, Colorado. Nordamerikanischer Botaniker, Professor der Botanik an der University of Wyoming. Schrieb „The North American species of Aquilegia ..." (in Contr. U.S. National Herb. 20, 133-157, 1918); „A monograph of the genus Lesquerella ..." (in Ann. Missouri Bot. Gard. 8, 103-236, 1922); „A monographic study of Thelypodium ..." (in Ann. Missouri Bot. Gard. 9, 233-324, 1923).

Pažout = eigentlich Paout = Frantisek Paout, publ. um 1960. Tschechischer Ingenieur und Kakteenkenner. Schrieb zus. mit J. Valnícek und Rudolf Subík „Kaktusy", 1960. Nach ihm die Hybride *Gymnocalycium x pazoutianum* Halda.

Pearce = Sydney Albert Pearce, bei Romsey, Hampshire 16.6.1906-28.3.1972 Rowde, Wiltshire. Englischer Gärtner in Kew. Schrieb „Climbing and Trailing Plants", 1957; „Flowering Trees and Shrubs", 1965.

H. Pearson = Henry Harold Welch Pearson, Long Sutton, Lincolnshire 28.1.1870-3.11.1916 Wynberg, Südafrika. Englischer Botaniker, seit 1903 in Südafrika, Professor der Botanik in Kapstadt, Begründer der National Botanical Gardens in Kirstenbosch. Bearbeitete für Daniel Oliver, Flora of Tropical Africa in Bd. 6(1) Thymelaeaceae, 1910; in Bd. 6(2) Gnetaceae, 1917; für Thiselton-Dyer u. A.W. Hill, Flora capensis in Bd. 5(1) Verbenaceae, 1901-1910; 5 (2, Suppl.) Welwitschiaceae, 1933. Schrieb zus. mit Albert Charles Seward und Mary Gladys Thoday „Gnetales", 1929. Nach ihm die Gattung *Pearsonia* Dümmer.

M. Peck = Morton Eaton Peck, 12.3.1871-4.12.1959.

Nordamerikanischer Botaniker.
Peckover = Ralph George Peckover, Ixopo in Kwazulu, Natal, Südafrika 26.6.1954 (pers. Mitt.) -. Südafrikanischer Botaniker. Spezialgebiet: *Euphorbia, Apocynaceae.*
Pedley = Leslie Pedley, 1930-. Australischer Botaniker am Queensland Herbarium, Indooroopilly. Spezialgebiet: *Acacia.* Mitarbeiter bei der Flora of Australia, Band 11, 2 Teile, 2001. Schrieb u.a. „A revision of Acacia Mill. in Queensland" (in Austrobaileya 1, 75-234, 1978). Nach ihm die Art *Acacia pedleyi* Tindale et Kodela.
Pedro = José Gomes Pedro, 1915-. Portugiesischer Botaniker, und Professor. Spezialgebiet: *Entadopsis.* Publ. über Pflanzen aus Mosambik. Nach ihm die Art *Euphorbia pedroi* J.Molero et A.Rovira.
Peebles = Robert Hibbs Peebles, Portsmouth, Ohio 19.7.1900-März 1955. Nordamerikanischer Botaniker und Kakteenkenner. Schrieb zus. mit Thomas Henry Kearney „Flowering Plants and Ferns of Arizona", 1942; „Arizona Flora", 1951, 2. Aufl. 1960, auch 1973. Nach Peebles die Art *Pediocactus peeblesianus* (Croizat) L.D. Benson.
S.J. Pei = Sheng(Seng) Ji Pei, 1938-
C. Pei = Pei (P'ei) Chien = Chien Pei (P'ei), Chengtu, Szechuan 27.5.1903?(1902)-1969. Chinesischer Botaniker, Professor in Nanking. Schrieb u.a. „Icones of Chinese medicinal plants", 1939-1958 (z.T. mit T.-Y. Chou); „The Verbenaceae of China ...", 1932.
Pellegr. = François Pellegrin, Paris 25.9.1881-9.4.1965. Französischer Botaniker am Muséum National d'Histoire Naturelle in Paris. Schrieb „La flore du Mayombe", 1924-1938. War Mitarbeiter bei H. Lecomte „Flore générale de l'Indochine", 1911-1948. Nach Pellegrin die Gattungen *Pellegrinia* Sleumer und *Pellegriniodendron* J. Léonard; nach Pellegrin und A. Aubréville die Gattung *Aubregrinea* Heine.
Pellet. = Pierre Joseph Pelletier, Paris 22.3.1788-20.7.1842 Paris. Französischer Apotheker u. Chemiker, zuletzt Unterdirektor der École de Pharmacie in Paris.

Nach ihm die Gattung *Pelletiera* St.-Hil.
Pennell = Francis Whittier Pennell, Wa Wa, Pennsylvania 4.8.1886-2.2.1952 Philadelphia, Pennsylvania. Nordamerikanischer Botaniker, der sich vor allem mit der Familie Scrophulariaceae beschäftigte. Schrieb u.a. „The Scrophulariaceae of eastern temperate North America", 1935; „The Scrophulariaceae of the western Himalayas", 1943. Bearbeitete für Britton, North American Flora in Bd. 24(1) Fabaceae-Eysenhardtia, 1919. Herausgeber der Zeitschrift Bartonia 1924-1952. Nach ihm die Gattung *Pennellia* Nieuwl.
T.D. Penn. = Terence Dale Pennington, Ewell, Surrey, England 26.10.1938-. Englischer Botaniker in Oxford und Kew. Schrieb u.a. „Meliaceae" (in Flora Neotropica 28, 1981); „Sapotaceae" (in Flora Neotropica, 52, 1990). Schrieb zus. mit C. Reynel und A. Daza „Illustrated Guide to the Trees of Peru", 2004. Mitarbeiter bei der von Wu Zheng-yi u. Peter Hamilton Raven (Hrsg.) publ. Flora of China. Nach Pennington die Art *Telipogon penningtonii* Dodson et R.Escobar.
Penny = George Penny, ?-22.12.1838 Milford, Surrey. Englischer Gärtner, Autor von *Iris hookeri.*
Pépin = Pierre Denis Pépin, etwa 1802-1876. Französischer Gärtner von 1832-1858, Mithrsg. der „Revue horticole".
Percival = John Percival, Carperby, Wensleydale, Yorkshire 3.4.1863-26.1.1949 Mortimer, Berkshire. Englischer Landwirtschaftsbotaniker, Weizenforscher; von 1902-1932 Professor an der Universität Reading. Veröffentlichte u.a. „Agricultural Botany", 1900 (7 weitere Aufl.).; „The Wheat Plant", 1921; „Wheat in Great Britain", 1934, 2. Aufl. 1948.
Perdue = Robert Edward Perdue, Norfolk, Virginia 18.10.1924-. Nordamerikanischer Botaniker. Spezialgebiet: *Rudbeckia.*
C. Pereira = Cezio Pereira
E. Pereira = Edmundo Pereira, 1914-1986. Brasilianischer Botaniker. Spezialgebiet: Bromeliaceae. Nach ihm die

Gattung *Edmundoa* Leme.
Pérez-Mor. = Román A. Pérez-Moreau, 1905-1971
Perkins = Janet Russell Perkins, Lafayette, Indiana 20.5.1853-7.7.1933 Hinsdale, Illinois. Nordamerikanische Botanikerin, zeitweise Lehrerin in Deutschland, studierte auch Musik und Sprachen in Paris. Spezialgebiet: Monimiaceae. Schrieb „Monographie der Gattung Mollinedia", 1900; für A. Engler „Das Pflanzenreich" die Familien Monimiaceae, 1901, Styracaceae, 1907; und mit zahlreichen anderen Autoren zus. „Fragmenta florae Philippinae ...", 1904-1905. Nach Perkins wahrscheinlich die Art *Mollinedia perkinsiae* Rusby.
Pernh. = Gustav von Pernhoffer Edler von Bärnkron, 1831-17.5.1899 Wien. Österreichischer Botaniker und Stiftsarzt in Seckau, Steiermark. Schrieb „Verzeichniss der in der Umgebung von Seckau in Ober-Steiermark wachsenden Phanerogamen..." (in Verh. Zool.-Bot. Ges. Wien 46, 384-425, 1896). Nach ihm die Hybride *Galeopsis x pernhofferi* Wettst.
Perp. = Helena (Candida Lena) Perpenti, 1764-1846. Italienische Botanikerin.
E.P. Perrier = Eugène Pierre Baron de Perrier de la Bâthie, Conflans (jetzt Albertville) 9.6.1825-31.5.1916 Conflans. Französischer Landwirtschaftswissenschaftler u. Botaniker, Professor in Albertville, Onkel von Joseph Marie Henri Alfred Perrier de la Bâthie. Schrieb zus. mit André Songeon „Indication de quelques plantes nouvelles... en Savoie", 1855; „Notes sur des plantes nouvelles ou peu connues de la Savoie", 1859. Posthum erschien „Catalogue raisonné des plantes vasculaires de Savoie ...", 1917-1928.
H. Perrier = Joseph Marie Henri Alfred Perrier de la Bâthie, Chambéry, Savoie, Frankreich 11.8.1873-2.-3.10.1958 Saint-Pierre-d'Albigny, Savoie, Frankreich. Französischer Botaniker, Neffe von Eugène Pierre Baron de Perrier de la Bâthie. Mitarb. bei Jean Henri Humbert „Flore de Madagascar et des Comores", 1938-1955.Schrieb mit an „Catalogue des plantes de

Madagascar", 1930-1940. Nach ihm die Gattungen *Bathiea* Drake, *Perrieriella* Schltr. und *Neobathiea* Schltr.

Perrine = Henry Perrine, New Brunswick, New Jersey 5.4.1797-7.8.1840 Indian Key, Florida (ermordet). Nordamerikanischer Arzt, Pflanzensammler, führte zahlreiche trop. Pflanzen nach Florida ein, von 1827-1837 US-Konsul in Campeche, Yukatan, Mexiko; von 1838 bis 1840, als er ermordet wurde, Leiter einer Plantage auf der Insel Indian Key.

Perrot = Émile Constant Perrot, Marcilly sur Seine, Marne 14.8.1867-16.9.1951. Französischer Pharmazeut u. Botaniker, Professor in Paris. Schrieb u.a. „Contribution à l'étude histologique des Lauracées", 1891; „Atlas colorié des plantes usuelles", 1900 (mit C. Hoffmann); „Plantes médicinales de France", 1928-1943. Schrieb zus. mit Auguste Jean Baptiste Chevalier „Les kolatiers et les noix de kola", 1911. Nach Perrot die Gattung *Perrotiella* Naumov.

Perr. = George (Georges Guerrard) Samuel Perrottet, Vully, Waadt, Schweiz 1793-13.1.1870 Pondicherry, Indien. Französischer, in der Schweiz geborener Botaniker u. Pflanzensammler. Mithrsg. (mit J.B.A. Guillemin u. A. Richard) des „Florae Senegambiae tentamen", 1830-1833. Schrieb „Art de l'indigotier ...", 1842. Nach Perrottet die Gattung *Perrottetia* Kunth.

L.M. Perry = Lily May Perry, Havelock, New Brunswick, Kanada 5.1.1895-11.3.1992 Hingham, Massachusetts. Nordamerikanische, in Kanada geborene Botanikerin am Arnold Arboretum. War lange Zeit Mitarbeiterin von Elmer Drew Merrill. Spezialgebiete: *Alchemilla* von Nordamerika, *Syzygium* von China, Borneo u. Fidschi; Flora von Neuguinea. Schrieb u.a. „A revision of the North American species of Verbena ...", 1933; „Medicinal plants of East and Southeast Asia ...", 1980. Nach ihr die Art *Melicope perryae* T.G.Hartley.

R.H. Perry = Reginald H. Perry, Enfield 1903-. Englischer Gärtner u. Pflanzenzüchter.

Personnat = Victor Personnat, Marans, Charente-Maritime 7.8.1829-7.2.1885 Château-Thierry, Aisne. Französischer Botaniker,beim Zoll tätig in Saint-Flour, Béziers, Saint-Céré, Sallanches, Sancerre und Bourges. Publ. über *Rhinanthus*.

Pers. = Christiaan Hendrik Persoon, Kapstadt, Südafrika 31.12.1761-16.11.1836 Paris. In Frankreich lebender südafrikanischer Botaniker u. Arzt niederländischer und deutscher Abstammung, bedeutender Mykologe. Studierte Theologie in Halle, Medizin und Naturwissenschaften in Göttingen. Publizierte neben vielen mykol. Schriften wie „Synopsis methodica fungorum", 1801, auch eine „Synopsis plantarum, seu enchiridium botanicum", 1805-1807; außerdem gab er die 15. Aufl. von Linnés „Systema vegetabilium", 1797, heraus. Nach ihm die Gattung *Persoonia* Sm. sowie die Zeitschrift Persoonia (1959ff.).

Petagna = Vincenzo Petagna, Neapel 17.1.1734-6.10.1810 Neapel. Italienischer Botaniker, Arzt und Entomologe, Professor der Botanik an der Universität Neapel. Gründete dort den Bot. Garten in Monteoliveto. Schrieb „Institutiones botanicae", 5 Bände, 1785-1787; „Della facultà delle piante", 1796. Nach ihm die Gattung *Petagnia* Guss.

Peter = Gustav Albert Peter, Gumbinnen, Ostpreußen 21.8.1853-4.10.1937 Göttingen, Niedersachsen. Deutscher Botaniker, Professor der Botanik und Direktor des Bot. Gartens der Universität in Göttingen, durchforschte 1913-1920 das frühere Deutsch-Ostafrika (heute Tansania) u. wiederholte die Reise 1925-1926. Schrieb u.a. „Flora von Südhannover nebst den angrenzenden Gebieten", 1901; „Wasserpflanzen und Sumpfgewächse in Deutsch-Ostafrika" (in Abh. Deutsch. Ges. d. Wissenschaften zu Göttingen 1928); „Flora von Deutsch-Ostafrika" (in Repert. Spec. Nov. Regni Veg. Beih. 40, 1929-1938); mit C.W. von Nägeli „Die Hieracien Mittel-Europas", 1885-1889; bearbeitete für Engler u. Prantl, Die natürlichen Pflanzenfamilien IV. 3a Convolvulaceae, Polemoniaceae, Hydrophyllaceae, 1891-1893, IV. 5 *Hieracium,* 1894. Nach ihm die Gattung *Peterodendron* Sleumer.

Peterm. = Wilhelm Ludwig Petermann, Leipzig 3.11.1806-27.1.1855 Leipzig. Deutscher Botaniker, Professor der Botanik in Leipzig. Schrieb „Flora lipsiensis excursoria", 1838; „Deutschlands Flora", 1846-1849; „Das Pflanzenreich", 1835-1845, weitere Ausgaben 1847 u. 1857. Nach ihm die Gattung *Petermannia* Klotzsch.

Petersen = Otto Georg Petersen, Terslöse 26.3.1847-17.6.1937 Kopenhagen. Dänischer Botaniker, von 1902-1919 Professor der Botanik in Kopenhagen. Bearbeitete für Martius, Flora brasiliensis in Bd. III, 3 Musaceae, Zingiberaceae, Cannaceae, Marantaceae, 1890; bearbeitete zahlreiche Familien für Engler u. Prantl, Die natürlichen Pflanzenfamilien, 1. Aufl. Schrieb „Traeer og buske", 1916.

Thouars = Louis-Marie Aubert Du Petit-Thouars, Schloß Boumois 5.11.1758-11.5.1831 Paris. Französischer Botaniker u. Reisender. Schrieb u.a. „Orchidearum africanarum genera", 1804; „Histoire des végétaux recueillis sur les Isles de France, la Réunion (Bourbon) et Madagascar...", 1804; „Genera nova madagascariensia...", 1806; „Mélanges de botanique et des voyages...", 1811; „Histoire particulaire des plantes orchidées...", 1822. Nach ihm die Gattungen *Aubertia* Bory, *Thuarea* Pers. und *Thouarsiora* Homolle ex Arènes.

Petitm. = Marcel Georges Charles Petitmengin, Nancy 3.1.1881-19.10.1908 Malzéville bei Nancy. Französischer Botaniker. Publizierte mit Julien Godfrin „Flore analytique de poche de la Lorraine", 1909; mit René Charles Joseph Ernest Maire „Études des plantes vasculaires recoltées an Grèce", 1908. Nach Petitmengin die Gattung *Petitmenginia* Bonati.

Petrie = Donald Petrie, Morayshire, Schottland 7.9.1846-1.9.1925. Schottischer Botaniker, Lehrer und Schulinspektor, kam 1868 nach Australien, später nach Neuseeland. Schrieb „Gramina of the Subantarctic Islands of New Zealand" (in Report 20 in Chilton, C.: The Subantarctic Islands of New Zealand 2, 472-481, 1909). Nach ihm die Gattung *Petriella* Zotov sowie die Art *Carmichaelia petriei* T. Kirk.

Petrov = Vsevolod Alexeevic Petrov, St. Petersburg 9.2.1896-1955. Russischer Botaniker. Schrieb „Flora Iakutiae ...", 1930. Nach ihm wahrscheinlich die Art *Thesium petrovii* Pavlov ex Bobrov.

Petrovic = Sava Petrovic, Sabac 14.(?) 1.1839-20.(?) 1.1889 Belgrad. Serbischer Arzt u. Botaniker. Schrieb u.a. „Flora agri nyssani", 1882 u. „Additamenta ad Floram agri nyssani", 1886. Nach ihm die Art *Cytisus petrovicii* Adamovic.

Peyr. = Johann Joseph Peyritsch, Völkermarkt, Kärnten 20.10.1835-14.3.1889 Gries bei Bozen, Südtirol. Österreichischer Arzt und Botaniker, Professor der Botanik in Innsbruck. Bearbeitete für Martius, Flora brasiliensis die Familien Hippocrateaceae und Erythroxylaceae, 1878. Schrieb „Aroideae Maximilianae", 1879; „Beiträge zur Kenntnis der Laboulbenien.." (in Sitz.-ber. Akad. Wiss. 68, 227-245, 1873). Schrieb zus. mit Karl Georg Theodor Kotschy „Plantae tinneaneae", 1867. Nach Peyritsch die Gattung *Peyritschia* E. Fourn.

Pfeiff. = Louis (später Ludwig) Karl Georg Pfeiffer, Kassel, Hessen 4.7.1805-2.10.1877 Kassel. Deutscher Arzt, Botaniker, Kakteenkenner und Malakologe. Schrieb „Enumeratio diagnostica Cactearum hucusque cognitarum", 1837; „Beschreibung und Synonymik der in deutschen Gärten lebend vorkommenden Cacteen", 1837; „Übersicht der bisher in Kurhessen beobachteten Pflanzen", 1844; „Flora von Niederhessen und Münden", 1847-1855; „Nomenclator botanicus", 1871-1874; zus. mit Christoph Friedrich Otto „Abbildungen und Beschreibung blühender Cacteen", 1838-1850. Nach Pfeiffer die Gattungen *Pfeiffera* Salm-Dyck und *Pfeifferago* Kuntze.

Pfennig = H. Pfennig, fl. 1977

Pfitzer = Ernst Hugo Heinrich Pfitzer, Königsberg, Ostpreußen 26.3.1846-3.12.1906 Heidelberg. Deutscher Botaniker, Orchideenspezialist, von 1872-1906 Professor der Botanik und Direktor des Bot. Gartens Heidelberg. Schrieb „Grundzüge einer vergleichenden Morphologie der Orchideen", 1882; „Morphologische Studien über die Orchideenblüthe", 1886; „Entwurf einer natürlichen Anordnung der Orchideen", 1887; für Engler, Das Pflanzenreich Orchidaceae-Pleonandrae, 1903; Orchidaceae-Monandrae-Coelogyninae, 1908; Bearbeiter der Orchidaceae in Engler u. Prantl, Die natürlichen Pflanzenfamilien, II. 6 u. Nachtrag (1888-1906).

Phil. = Rudolph (Rudolf) Amandus (Rodolfo Amando) Philippi, Charlottenburg bei Berlin 14.9.1808-23.7.1904 Santiago de Chile. Deutsch-Chilenischer Botaniker u. Zoologe, wanderte 1851 nach Chile aus, Professor der Botanik und Zoologie in Santiago 1853-1874, bis 1897 Direktor des Museo nacional de Chile, Vater von Federico Philippi. Schrieb „Verzeichniss der von Friedrich Philippi auf der Hochebene der Provinzen Antofagasta und Tarapacá gesammelten Pflanzen", 1891; „Reise durch die Wüste Atacama...", 1860; „Plantas nuevas Chilenas ..." (in Anal. Univ. Santiago, 81-94, 1892-1896). Nach ihm die Gattungen *Philippiandra* Kuntze, *Philippicereus* Backeb. und *Philippiella* Spegazz.

F. Phil. = Federico (Friedrich Heinrich Eunom) Philippi, Neapel 16.12.1838-16.1.1910 Santiago de Chile. Chilenischer Botaniker und Entomologe deutscher Herkunft, Sohn von Rudolph Amandus Philippi u. dessen Nachfolger als Professor der Botanik u. Direktor des chilenischen Nationalmuseums. Mitarbeiter von K.F. Reiche: „Flora de Chile", 1896-1911. Schrieb „Catalogus plantarum vascularium chilensium.." (in Anal. Univ. Santiago 59, 49-422, 1881).

M.N. Philipson = Melva Noeline Philipson (geb. Crozier), Palmerston North, Neuseeland 1925-. Neuseeländische Botanikerin, Ehefrau von William Raymond Philipson. Spezialgebiete: *Rhododendron, Nothofagus*. Sammelte Pflanzen in Neu-Guinea. Schrieb zus. mit ihrem Mann „A revision of Rhododendron III. Subgenera Azaleastrum, Mumeazalea, Candidastrum and Therorhodion" (in Notes Roy. Bot. Gard. Edinburgh 44(1), 1-23, 1986).

Philipson = William Raymond Philipson, Newcastle-upon-Tyne, England 6.12.1911-28.3.1997. Englischer, später (ab 1951) neuseeländischer Botaniker und Ornithologe am Canterbury University College der Universität von Neuseeland. War verheiratet mit der Botanikerin Melva Noeline Philipson geb. Crozier. Seine Spezialgebiete: *Rhododendron, Nothofagus,* Monimiaceae usf. Schrieb u.a. „A revision of the British species of the genus Agrostis Linn." (in Journal Linn. Soc., Botany 51, 73-151, 1937). Bearbeitete für K. Kubitzki, J. E. Rohwer and V. Bittrich: The Families and Genera of Vascular Plants, Band 2 die Familien Amborellaceae, Hectorellaceae, Monimiaceae und Trimeniaceae, 1993. Schrieb zus. mit seiner Frau „A revision of Rhododendron III. Subgenera Azaleastrum, Mumeazalea, Candidastrum and Therorhodion" (in Notes Roy. Bot. Gard. Edinburgh 44(1), 1-23, 1986).

E. Phillips = Edwin Percy Phillips, Kapstadt 18.2.1884-12.4.1967 Kapstadt. Südafrikanischer Botaniker in Kapstadt. später in Pretoria. Schrieb „The Genera of South African Flowering Plants", 1926, 2. Aufl. 1951; „The weeds of South Africa", 1938; bearbeitete für Thiselton-Dyer, Flora capensis, in Bd. 5(1) „Proteaceae", 1912 (zus. mit John Hutchinson u. Otto Stapf). Nach Phillips die Art *Leucadendron phillipsii* Hutchinson.

Phitos = Dimitrios Phitos, 1930-. Griechischer Botaniker, Professor der Botanik an der Universität in Patras. Schrieb u.a. „Trilokuläre Campanula-Arten der Ägäis" (in Österr. Bot. Z., 111, 208-230, 1964); „Die quinquelokulären Campanula-Arten" (in Österr. Bot. Z. 112, 449-498,

1965); „The genus Bolanthus (Caryophyllaceae) in Greece" (in Bot. Chron. 1, 35–45, 1982). Nach ihm die Art *Viola phitosiana* Erben.

Pic.Serm. = Rodolfo Emilio Giuseppe Pichi Sermolli, Florenz 24.2.1912–22.4.2005. Italienischer Botaniker, Professor der Botanik in Sassari, später Genua. Schrieb „Flora e vegetazione delle serpentine e delle altre ofioliti dell'alta valle del Tevere (Toscana)" (in Webbia 6, 1–378, 1948); „Index filicum, supplementum quartum pro annis 1934–1960", 1965; „Authors of Scientific Names in Pteridophyta", 1996.

Pichon = Marcel Pichon, Prag 25.4.1921–23.7.1954 Paris. Französischer Botaniker und Ökologe. Spezialgebiete: Apocynaceae, Flora von Madagaskar, Nomenklatur. Schrieb u.a. „Le genre Humbertia" (in Notulae Systematicae 13, 13–25, 1947); „Apocynacées nouvelles de Madagascar" (Not. Syst. 13, 201–211, 1948). Nach ihm die Art *Pandaca pichoniana* Markgr.

P. Pierce = Prince Pierce, publ. 1976. Nordamerikanischer Botaniker. Schrieb zus. mit Edward Franklin Castetter und Karl H. Schwerin „A new Cactus species and two new varieties from New Mexico" (in Cact. Succ. Journal (USA) 48, 77–82, 1976).

M.D. Pierrat = M.D. Pierrat, publ. um 1880 über *Stellaria* in Compt.-Rend. Soc. Bot. Rochelaise.

Pierre = Jean Baptiste Louis Pierre, Saint André, Réunion 23.10.1833–30.10.1905 Paris. Französischer Botaniker, von 1865–1877 Leiter des Bot. Gartens Saigon, Erforscher Hinterindiens. Veröffentlichte u.a. „Flore forestière de la Cochinchine", 1880–1907. Nach ihm die Gattungen *Pierranthus* Bonati und *Pierrea* Hance.

A.V. Pike = A. V. Pike, publ. 1946 über *Viburnum x carlcephalum*.

Pilg. = Robert Knuds Friedrich Pilger, Helgoland 3.7.1876–9.1.1953 Berlin. Deutscher Botaniker am Bot. Museum Berlin, dessen Direktor 1945–1950. Schrieb „Über Verzweigung und Blütenstandsbildung bei den Holzgewächsen" (in Bibliotheca botanica 23, 1922). Bearbeitete für Engler, Das Pflanzenreich Taxaceae, 1903; Plantaginaceae, 1937; für Engler, Die natürlichen Pflanzenfamilien, 2. Aufl., zahlreiche Familien 1925–1956. Posthum erschien „Das System der Gramineae" (in Bot. Jahrb. 76, 281–384, 1954). Nach ihm die Gattungen *Pilgerochloa* Eig und *Pilgerodendron* Florin.

Pillans = Neville Stuart Pillans, Rosebank, Kapstadt 2.5.1884–23.3.1964 Plumstead, Kapstadt. Südafrikanischer Botaniker am Bolus Herbarium in Kapstadt. Schrieb u.a. „The African genera and species of Restionaceae" (in Transact. Roy. Soc. South Africa 16, 207–440, 1928). Nach ihm die Gattung *Pillansia* Bolus sowie die Art *Gasteria pillansii* L. Bolus.

Piller = Mathias Piller, Graz, Steiermark 25.4.1733–1788. Österreichischer Botaniker und Geistlicher (Jesuit), Professor in Wien und Buda. Schrieb zus. mit Ludwig Mitterpacher von Mittenburg „Iter per Poseganam Sclavoniae provinciam ...", 1783.

Pils = Gerhard Pils, publ. 1980. Österreichischer Botaniker in Wien, später in Linz, war auch in Istanbul tätig. Spezialgebiet: u.a. Flora der Türkei. Schrieb u.a. „Systematik, Verbreitung und Karyologie der Festuca violacea- Gruppe (Poaceae) im Ostalpenraum" (in Pl. Syst. Evol. 136, 73–124, 1980).

Piltz = Jörg Piltz, publ. um 1980. Deutscher Botaniker, Kakteenkenner und Samenhändler in Düren-Birgel. Nach ihm und seiner Frau, Brigitte Piltz, die Art *Parodia piltziorum* Weskamp.

Pio = Giovanni Battista Pio, vor u. nach 1800. Italienischer Botaniker. Schrieb „De Viola specimen botanico-medicum", 1813.

Piper = Charles Vancouver Piper, Victoria, Kanada 16.6.1867–11.2.1926 Washington, D. C. Nordamerikanischer Botaniker. Publizierte u.a. „Flora of the State of Washington", 1906; und zus. mit Rolla Kent Beattie „Flora of the northwest coast ...", 1915. Nach Piper die Gattung *Piperia* Rydb.

J.C. Pires = Joseph Christopher Pires, 1967–. Nordamerikanischer Botaniker an der University of Wisconsin. Spezialgebiete: *Brodiaea, Brassica*. Bearbeitete bei Band 26, 2002, der Flora of North America die Gattungen *Brodiaea* (S. 321–328), *Dichelostemma* (S. 328–331), *Triteleiopsis* (S. 332), *Bloomeria* (S. 336–338), *Triteleia* (S. 338–346); u. zus. mit J. C. Reveal die Gattungen *Androstephium* (S. 333) und *Muilla* (S. 334–335).

Pirotta = Pietro Romualdo Pirotta, Pavia 7.2.1853–3.8.1936 Rom. Italienischer Botaniker, Pflanzenphysiologe, -pathologe, -systematiker, Professor der Botanik und Direktor des Bot. Gartens der Universität in Rom. Schrieb zus. mit Emilio Chiovenda „Flora romana ...", 1900–1901; und zus. mit zahlreichen anderen Autoren „Flora della colonia Eritrea ...", 1903. Nach Pirotta die Gattung *Pirottaea* Sacc. und *Pirottantha* Spegazz.

Pit. = Charles-Joseph Marie Pitard (Pitard-Briau), 30.10.1873–29.12.1927. Französischer Botaniker. Sammelte zahlreiche Pflanzen in Frankreich, Nordafrika und den Kanaren. Schrieb „Contribution à l'étude de la flore du Maroc", 1931. Bearbeitete zahlreiche Familien für H. Lecomte „Flore générale de l'Indochine", 1910–1933. Schrieb zus. mit Louis Proust: „Les Iles Canaries: Flore de l'Archipel", 1909. Nach Pitard die Gattung *Pitardia* Batt. ex Pit.

R. Pitcher = R. Pitcher, lebte um 1900. Inhaber einer Erwerbsgärtnerei in Sporthills, New Jersey, USA. Pflanzenzüchter u. Importeur zwischen 1890 u. 1910. Publ. zus. mit W. A. Manda.

Pittier = Henri François Pittier de Fabrega, Bex, Waadt, Schweiz 13.8.1857–27.1.1950 Caracas, Venezuela. Schweizer Botaniker, lebte in Costa Rica u. Venezuela und sammelte dort Pflanzen. Schrieb zus. mit T.A. Durand „Catalogue de la flore vaudoise", 1882–1887; „Primitiae florae costaricensis", 1891–1905. Schrieb weiter „Manual de las plantas usuales de Venezuela", 1926, „Suplemento", 1939; „Genera plantarum venezuelensium ...",

1939. Nach ihm die Gattungen *Pittiera* Cogn. und *Pittierella* Schltr. sowie die Zeitschrift Pittiera 1967 ff.

Planch. = Jules Émile Planchon, Ganges 21.3.1823-1.4.1888 Montpellier. Französischer Botaniker, Professor der Botanik in Gent, später in Montpellier, wissenschaftlicher Entdecker und Erforscher der Reblaus *Phylloxera vastatrix* Planch., ab 1868. Mitarb. bei „Flore des Serres et des Jardins de l'Europe". Bearbeitete für de Candolle, Prodromus in Bd. XVII (1873) „Ulmaceae", für Alph. u. Cas. de Candolle, Monographia Phanerogamarum, Bd. 5 „Ampelideae", 1887. Mithrsg. (mit José Jéronimo Triana) von „Prodromus florae novo-granatensis", 1862-1873. Schrieb zus. mit José Jéronimo Triana „Mémoires sur la famille des Guttifères", 1862; „Prodromus florae novo-granatensis", 1862-1867; zus. mit Jean Jules Linden „Preludia florae columbianae", 1853; „Plantae columbinae", 1874-1875. Nach Planchon die Gattungen *Planchonia* Blume und *Planchonella* Pierre.

Platzm. = Karl Julius Platzmann, 1832-1902. Deutscher Sprachwissenschaftler und Pflanzensammler, lebte auf einer Insel in der Bai von Paranaguá von 1858-1864, später in Leipzig. Schrieb u.a. „Amerikanisch-Asiatische Etymologien ...", 1871.

Plenck = Joseph Jakob von Plenck (Plenk), Wien 28.11.1738-24.8.1807 Wien. Österreichischer Arzt u. Botaniker in Wien. Veröffentlichte u.a. „Icones plantarum medicinalium...", 8 Bände, 1788-1812; „Elementa terminologiae botanicae ...", 1796, in deutsch 1798, in spanisch 1802. Nach ihm die Gattung *Plenckia* Reisseck.

Plesník = F. Plesník, publ. um 1964 über Cactaceae.

Plowman = Timothy Charles Plowman, Harrisburg, Pennsylvania 17.11.1944-7.1.1989 Chicago. Nordamerikanischer Botaniker am Field Museum of Natural History in Chicago. Spezialgebiet: *Erythroxylum*. Schrieb u.a. zus. mit P. M. Rury „Morphological studies of archeological and recent coca leaves (Erthroxylum spp.)" (in Bot. Mus. Leafl. 29, 297-341, 1983). Nach Plowman die Art *Anthurium plowmanii* Croat.

Plum. = Charles Plumier, 1646-1704

Pobed. = Evgeniia (Eugenia) Georgievna Pobedimova, 12.11.1898-1973. Russische Botanikerin. Mitarbeiterin an Komarov, V.L., Flora U.R.S.S., von Bd. 14-28, 1949-1963. Schrieb „Sostav, rasprostranenie po rajonam i hozjajstvennoe znacenie flory Kaliningradskoj oblasti" (in Trudy Bot. Inst. Akad. Nauk. SSSR, ser. 3, 10, 225-329, 1956); „Genus Cakile Mill. (pars specialis)" (in Novosti Sist. Vyss. rast. 1, 90-128, 1964); „Revisio generis Cochlearia L." (in Novost. Sist. Vyss. Rast. 6, 67-106, 1970 und 7, 167-195, 1971). Nach ihr die Art *Taraxacum pobedimoviae* Schischk.

Podlech = Dietrich Johannes Georg Podlech, Aachen, Nordrhein-Westfalen 28.4.1931-. Deutscher Botaniker in München. Hrsg. für Lieferung 5-6 der im Erscheinen begriffenen 3. Aufl. von Bd. 2(1) von Gustav Hegi „Illustrierte Flora von Mitteleuropa". Schrieb „Revision der europäischen und nordafrikanischen Vertreter der Subsect. Heterophylla (Wit.) Fed. der Gattung Campanula L." (in Feddes Repert. 71, 50-187, 1965); „Zur Taxonomie und Nomenklatur der tragacanthoiden Astragali" (in Mitt. Bot. Staatssamml. München 19, 1-23, 1983); „Revision von Astragalus L. Sektion Caprini DC. (Leguminosae)" (in Mitt. Bot. Staatssamml. München 25, 1-924, 1988). Und zus. mit U. Réer „Die europäischen Vertreter der Gattung Astracantha Podl. (Leguinosae)" (in Mitt. Bot. Staatssamml. München 22, 513-569, 1986). Nach Podlech u.a. die Arten *Androsace podlechii* Wendelbo und *Corydalis podlechii* Lidén.

Podp. = Josef Podpera, Jílové (Eule) bei Prag 8.11.1878-18.1.1954 Brünn. Tschechischer Botaniker, ab 1921 Professor der Botanik in Brünn. Arbeitete über die Flora Mährens. Mitarbeiter an L. Loeske „Die Laubmoose Europas", 1913-1929. Schrieb „Ein Beitrag zu den Vegetationsverhältnissen von Südbulgarien (Ostrumelien)" (in Verh. Zool.-Bot. Ges. Wien 52, 608-694, 1902); „Kvetena Moravy ...", (in Práce Morav. Prirod. Spolecn. 1, 393-618, 1924; 2, 271-782, 1925; 5, 57-415, 1928). Teilweise posthum erschienen „Bryum generis monographiae prodromus", 1942-1973; „Conspectus muscorum europaeorum", 1954. Nach Podpera wahrscheinlich die Hybride *Chenopodium x podperae* F.Dvorák.

Poech = Josef (Alois) Poech, Schnedowitz bei Prag 22.5.1816-20.1.1846 Prag. Böhmischer Botaniker. Schrieb „Enumeratio plantarum hucusque cognitarum insulae Cypri", 1842. Nach ihm die Gattung *Poechia* Opiz.

Poelln. = Karl von Poellnitz, 4.5.1896-15.2.1945 Oberbödla bei Altenburg, Thüringen. Deutscher Botaniker u. Sukkulentenforscher. Schrieb „Die Anthericum-Arten Deutsch-Ostafrikas", 1942. Nach ihm die Gattung *Poellnitzia* Uitew.

Poepp. = Eduard Friedrich Poeppig, Plauen, Vogtland, Sachsen 16.7.1798-4.9.1868 Wahren bei Leipzig. Deutscher Zoologe, Botaniker u. Forschungsreisender, Professor der Philosophie, Zoologie und Botanik in Leipzig. Reisen: 1823-1824 Kuba, 1824-1826 Pennsylvania, 1826-1829 Chile, 1829-1832 Peru, Amazonas; Ausbeute dieser Reisen etwa 4000 Pflanzenarten. Hauptwerke: „Fragmentum synopseos plantarum phanerogamarum", 1833; „Reise in Chile, Peru u. auf dem Amazonenstrom ... 1827-1832", 1834-1836. Schrieb zusammen mit Stephan Ladislaus Endlicher „Nova genera ac species plantarum quas in regno chilensi, peruviano et in terra amazonica...", 1835-1845. Nach Poeppig die Gattung *Poeppigia* C. Presl.

Poggenb. = Justus Ferdinand Poggenburg, Hannover 21.5.1840-16.12.1893 New York. Nordamerikanischer Botaniker deutscher Abstammung. Gab zus. mit Nathaniel Lord Britton und Emerson Ellick Sterns gemeinsam heraus „Preliminary catalogue of Anthophyta and Pteridophyta

recorded within 100 miles of New York City", 1888.
Pohl = Johann Baptist Emmanuel Pohl, Böhmisch-Kamnitz 22.2.1782-22.5.1834 Wien. Böhmisch-österreichischer Botaniker und Arzt, bereiste von 1817-1821 Brasilien. Schrieb „Adumbrationes plantarum juxta exemplaria naturalia", 1804; „Plantarum Brasiliae icones et descriptiones...", 1826-1833; „Reise im Inneren von Brasilien", 1832-1837. Nach ihm die Gattung *Pohlana* Mart. et Nees.
Poind. = Robert W. Poindexter, -1943
Poir. = Jean Louis Marie Poiret, St. Quentin 1755-7.4.1834 Paris. Französischer Geistlicher und Botaniker. Hauptwerke: „Voyage à Barbarie, ..., pendant les années 1785 et 1786", 1789; „Leçons de Flore", 1819-1820 (mit P.J.F. Turpin als Künstler); „Histoire philosophique, littéraire, économique des plantes de l'Europe", 1825-1829. Mitautor (mit J.B.P.A.M. de Lamarck) von „Encyclopédie méthodique, Botanique", ab 1789-1817, u. „Tableau encyclopédique et méthodique des trois règnes de la nature. Botanique", ab 1819-1823. Nach ihm die Gattung *Poiretia* Vent.
Poiss. = Henry Louis Poisson, 24.8.1877-8.5.1963. Französischer Botaniker u. Ornithologe. Schrieb „Recherches sur la flore méridionale de Madagascar", 1912. Nach ihm die Art *Dombeya poissonii* Arènes.
A. Poit. = Alexandre Poiteau, 1776-1850
Poit. = Pierre Antoine Poiteau, Ambleny bei Soissons 23.3.1766-27.2.1854 Paris. Französischer Botaniker, Gärtner, bedeutender Zeichner, bereiste um 1796 an Haiti, um 1820 Guayana. Gründete 1829 die Zeitschrift „Revue horticole". Veröffentlichte u.a. „Pomologie française", 1846. Außerdem lieferte er vorzügliche Abbildungen, z.T. zusammen mit Pierre Jean François Turpin für viele andere Werke. Beide veröffentlichen auch „Flora parisiensis...", 1808-1813. Joseph Antoine Risso und Poiteau schrieben auch „Histoire naturelle des orangers", 1818-1820. Nach Poiteau die Gattung *Poitea* Vent.

Pojark. = Antonina Ivanovna Pojarkova, 1897-1980. Russische Botanikerin. Mitarbeiterin an Komarov, V.L., Flora U.R.S.S., von Bd. 9-26, 1939-1961. Nach ihr die Art *Hyoscyamus pojarkovae* Schönb.-Tem.
Pol. = Hellmuth Polakowsky, 1847-23.1.1917. Deutscher Botaniker. Sammelte in Costa Rica u. schrieb „Die Pflanzenwelt von Costa-Rica" (in Jahresber. Ver. Erdk. Dresden 16, 25-124, 1879; spanisch „La flora de Costa Rica", 1890, mit Anmerkungen von H.F. Pittier). Nach ihm die Gattung *Polakowskia* Pittier.
Polatschek = Adolf Polatschek, 1932-. Österreichischer Botaniker am Naturhistor. Museum Wien. Spezialgebiet: *Erysimum*. Schrieb u.a. „Die Verwandtschaftsgruppe um Euphorbia villosa ..." (in Ann. naturhist. Mus. Wien 75, 183-202, 1971); „Die Arten der Gattung Erysimum auf der Iberischen Halbinsel" (in Ann. Naturhist. Mus. Wien 82, 325-362, 1979); und zus.mit M. Maier u. W. Neuner „Flora von Nordtirol, Osttirol und Vorarlberg", 4 Bände, 1997-2001.
Pole-Evans = Illtyd (Iltyd) Buller Pole-Evans, Llanmaes bei Cardiff, Glamorgan, Wales 3.9.1879-16.10.1968 Umtali, Simbabwe. Walisischer Botaniker, ab 1905 in Südafrika. Spezialgebiet: Mykologie. Schrieb „The flowering plants of South Africa", 1921-1942. Gründer und Herausgeber von Bothalia, 1921-1939. Nach ihm die Gattung *Polevansia* De Winter.
Poljakov = Petr Petrovich Poljakov, 1902-1974. Russischer Botaniker. Spezialgebiet: Asteraceae.
Poljak. = O.M. Poljakova, fl. 1931
Pollard = Charles Louis Pollard, New York 29.3.1872-16.8.1945 Arlington, Vermont. Nordamerikanischer Botaniker u. Entomologe. Bearbeitete für Britton, North American Flora in Bd. 22(3) Calycanthaceae, 1908. Schrieb „The families of flowering plants ...", 1900-1902.
G.E. Pollard = Glenn E. Pollard, 1901-1976. Nordamerikanischer Botaniker. Spezialgebiet: Orchidaceae, bes. *Encyclia*. Schrieb zus. mit Robert L. Dressler „The Genus Encyclia in Mexico", 1974. Nach Pollard die Art *Lepanthes pollardii* Hespenh.
Pollich = Johann Adam Pollich, Kaiserslautern, Rheinland-Pfalz 1.1.1740-24.2.1780 (nicht 24.11.1780) Kaiserslautern. Deutscher Arzt u. Botaniker in Kaiserslautern. Schrieb „Historia plantarum in Palatinatu electorali sponte nascentium incepta" 1776-1777. In dieser wichtigen Flora wird auch die Vergesellschaftung der Pflanzenarten beobachtet, sie ist daher eine der Wurzeln der Pflanzensoziologie. Nach ihm die Gattung *Pollichia* Ait. sowie die Zeitschrift Pollichia 1843 ff.
Pomel = Auguste Nicolas Pomel, Issoire 20.8.1821-2.8.1898 Dra el Mizan, Algerien. Französischer Politiker, Botaniker, Paläontologe und Geologe. Schrieb u.a. „Matériaux pour la flore atlantique", 1860; „Le Sahara : observations de géologie et de géographie physique et biologique ...", 1872; „Nouveaux matériaux pour la flore atlantique ...", 1874-1875; „Paléontologie, ou description des animaux fossiles de l'Algérie", 2 Bände, 1885-1887. Nach ihm die Gattung *Pomelia* Durando ex Pomel.
Ponomar. = V.V. Ponomarenko, 1938-
Pons = Alexandre Pons, 1838-18.10.1893 Bar, Alpes Maritimes, Frankreich. Französischer Botaniker und Geistlicher.
Popl. = Henrietta Ippolitovna Poplavskaja, 1885-1956
Popov = Mikhail Grigoríevic (Grigoríevich) Popov, 18.4.1893-18.12.1955. Russischer Botaniker. Spezialgebiet: Flora des asiatischen Russland. Schrieb „Flora srednej Sibiri", Band 1-2, 1957-1959; Mitarb. an Komarov, V.L., Flora U.R.S.S., Bd. 7-23, 1937-1958. Nach ihm die Gattung *Popovicodonia* Federov.
Porsch = Otto Porsch, Wien 12.9.1875-2.1.1959 Wien. Österreichischer Botaniker in Wien, von 1911-1919 Professor der Botanik in Czernowitz. Arbeitete u.a. über Ornithophilie. Schrieb „Die österreichischen Galeopsis-Arten der Untergattung Tetrahit Reichb.", 1903; „Der Spaltöffnungsapparat im Lichte

der Phylogenie", 1905.
Porta = Pietro Porta, Moërna, Val Vestino 5.11.1832-2.6.1923 Cologna di Creto. Südtiroler Theologe u. Botaniker, erst Pfarrer in Cologna bei Condino, dann in Riva. Schrieb „Vegetabilia in itinere iberico austro-meridionali lecta", 1892; „Viaggio botanico interpreso da Huter, Porta e Rigo in Calabria nel 1877" (in Nuovo Giorn. Bot. Ital. 11, 224-290, 1879). Nach ihm u.a. die Arten *Doronicum portae* Chabert sowie *Euphrasia portae* Wettst.
Port. = Franz Edler von Portenschlag-Ledermayer, Wien 13.2.1772-7.11.1822 Wien. Österreichischer Jurist und Botaniker, erforschte besonders Dalmatien. Gab der Botanik zuliebe seine Juristenkarriere auf. Posthum erschien: „Enumeratio plantarum in Dalmatia lectarum", 1824. Nach ihm die Gattungen *Portenschlagia* Vis. und *Portenschlagiella* Tutin sowie die Art *Pedicularis portenschlagii* Saul. ex Rchb.
D.M. Porter = Duncan MacNair Porter, Kelseyville, Kalifornien 20.4.1937-. Nordamerikanischer Botaniker in Blacksburg, Virginia. Spezialgebiete: Burseraceae, Rutaceae, Zygophyllaceae. Schrieb (mit I.L. Wiggins) „Flora of the Galápagos Islands", 1970.
Porter = Thomas Conrad Porter, Alexandria, Pennsylvania 22.1.1822-27.4.1901 Easton, Pennsylvania. Nordamerikanischer Botaniker und Geistlicher, Professor der Botanik und Zoologie. Schrieb „Flora of Pennsylvania", 1903; zus. mit John Merle Coulter „Synopsis of the flora of Colorado ...", 1874. Nach Porter die Gattungen *Porterella* Torrey und *Porteranthus* Britton ex Small sowie z.B. die Art *Calamagrostis porteri* A. Gray.
Porto = Paulo de Campos Porto, 1889-1968. Brasilianischer Botaniker, Direktor des Botan. Gartens in Rio de Janeiro, Enkel von Joao Barbosa Rodrigues (1842-1909). War Direktor von 1934-1961, außer während des 2. Weltkriegs, als er „Secretary of Agriculture" für den Staat Bahia war. Spezialgebiete: Cactaceae, Orchidaceae.

Schrieb „Contribuiçao para o conhecimento da flora orchidaceae da Serra do Itatiaya ..." (in Arch. Jard. Bot. Rio de Janeiro 1, 105-126, 1915); zus. mit Alexander Curt Brade „Orchidaceae novae brasilienses ..." (in Arch. Inst. Biol. Veget. Rio de Janeiro 2, 207-216; 3, 131-139, 1935-1937 u. Anais Prim. Reun. Sul.-Am. Bot. 3, 31-50, 1938). Nach Porto die Art *Rhipsalis campos-portoana* Loefgr.
Poselg. = Heinrich Poselger, 25.12.1818-4.10.1883. Deutscher Arzt, Chemiker u. Kakteenforscher in Berlin. Sammelte 1849-1851 Kakteen an der Grenze von Mexiko zu den Vereinigten Staaten. Nach ihm die Art *Mammillaria poselgeriana* Haage ex Foerst.
Post = George Edward Post, New York 17.12.1838-29.9.1909 Beirut. Nordamerikanischer Botaniker u. Geistlicher, der viele Pflanzen in Vorderasien sammelte. Schrieb „Flora of Syria, Palestine, and Sinai, ...", 1896, 2. Aufl. 1932-1933 (bearbeitet von John Edward Dinsmore). Nach ihm die Gattung *Postia* Boiss. et Blanche.
Pott = Johann Friedrich Pott, Halberstadt, Sachsen-Anhalt 1738-13.4.1805 Braunschweig, Niedersachsen. Deutscher Arzt u. Botaniker. Hrsg. von „Johann Philipp Duroi, Die Harbkesche wilde Baumzucht", 2. Aufl., 1795-1800. Schrieb „Index herbarii mei vivi", 1805.
Potztal = Eva Hedwig Ingeborg Potztal, Berlin 22.12.1924-2.7.2000. Deutsche Botanikerin u. Direktorin am Bot. Museum Berlin. Spezialgebiete: subtrop. u. trop. Gramineae, Palmae. Bearbeitete für Engler, Die natürlichen Pflanzenfamilien. 2. Aufl., Nachtrag-Gramineae III, 1956. Mitarbeiterin an Ullstein „Lexikon der Pflanzenwelt", 1973. Schrieb auch „Anatomische-systematische Untersuchungen an den Gattungen Arrhenatherum und Helictotrichon" (in Bot. Jahrb. 76, 281-383, 1954); und zus. mit Karl Ewald Maximilian Burret „Systematische Übersicht über die Palmen" (in Willdenowia1, 350-385,1956).
Pourr. = Pierre André Pourret de Figeac, Narbonne, Aude

23.11.1753-17.8.1818 Santiago de Compostela, Spanien. Französischer Geistlicher u. Botaniker, Professor der Botanik in Barcelona. Arbeitete über die Flora der Pyrenäen. Schrieb „Chloris Narbonensis" (in Mém. Acad. Roy. Sci. Toulouse, Sér. 1, 3, 304-332, 1788). Nach ihm die Gattung *Pourretia* Ruiz et Pav.
Pouzar = Zdenek Pouzar, 1932-. Tschechischer Botaniker (Mykologe) in Prag. Spezialgebiete: Fungi, *Duschekia*, *Ladanella*.
Powrie = Elizabeth Powrie, geb. Coates, Springs, Transvaal, Südafrika 13.12.1925-4.4.1977 Kapstadt. Südafrikanische Botanikerin, verheiratet mit Walter Powrie. Publ. über Bruniaceae und *Widdringtonia*. Herausgeb. von 2 Bänden von „Veld and Flora", 1970-1974.
Pradhan = Udai Ch Pradhan, publ. 1974-1990. Indischer Botaniker. Spezialgebiet: Orchidaceae. Schrieb „Indian orchids. Guide to identification and culture", 2 Bände, 1976 u. 1979; zus. mit Sonam T. Lachungpa „Sikkim-Himalayan rhododendrons", 1990; „Himalayan cobra-lilies (Arisaema), their botany and culture", 1990, 2. Aufl. 1997..
Praeger = Robert Lloyd Praeger, Holywood, Co. Down, Irland 25.8.1865-5.5.1953 Craigavad, Co. Down, Irland. Irischer Bibliothekar und Botaniker. Hauptwerke: „A tourist's flora of the West of Ireland ...", 1909; „An account of the Sempervivum group", 1932; „An account of the genus Sedum as found in cultivation" (in J. Roy. Hort. Soc. 46, 1-314, 1921); „The botanist in Ireland", 1934. Nach ihm die Art *Sedum praegerianum* W.W.Sm.
Prain = Sir David Prain, Fettercairn, Kincardineshire 11.7.1857-16.3.1944 Whyteleafe, Surrey. Schottischer Botaniker, Direktor des Bot. Gartens Kew von 1905-1922. Veröffentlichte viele Schriften über Systematik. Hrsg. der Bde. 133-146 von „Curtis' Botanical Magazine", 1907-1920, der Bände 28-30, 1905-1944, von Hooker's Icones Plantarum, sowie von Bd. 6(2) u. 9 von Daniel Oliver „Flora of Tropical Africa", 1916-1934. Bearbeitete für dieses

Werk in Bd. 6(1) Euphorbiaceae, 1911-1913 (mit Nicholas Edward Brown u. John Hutchinson), in Bd. 6(2) Cycadaceae, 1917. Schrieb auch „Bengal plants ...", 1903. Nach ihm die Gattung *Prainea* King ex Hook. f.

Prantl = Karl Anton Eugen Prantl, München 10.8.1849-24.2.1893 Breslau. Deutscher Botaniker, Professor der Botanik in Aschaffenburg, später in Breslau auch Direktor des Bot. Gartens der Universität in Breslau. Zus. mit H.G.A. Engler Begründer u. Hrsg. des systemat. Sammelwerkes „Die natürlichen Pflanzenfamilien", 1. Aufl., 1887-1893. Bearbeitete zahlreiche Familien für dieses Werk, von 1887-1891. Schrieb „Lehrbuch der Botanik ...", 1874, 14. Aufl. 1916; „Exkursionsflora für das Königreich Bayern", 1884, 2. Aufl. 1894. Gab auch die 3. und 4. Aufl. von Seuberts „Excursionsflora für das Grossherzogthum Baden", 1880 heraus.

Prassler = Maria Prassler, 1938-. Deutsche Botanikerin in München. Spezialgebiet: *Ursinia*. Schrieb „Revision der Gattung Ursinia" (in Mitt. Bot. Staatssamml. München 6, 364-478,1967).

L. Preiss = Johann August Ludwig Preiss, Herzberg am Harz, Niedetsachsen 21.11.1811-21.5.1883 Herzberg am Harz. Deutscher Botaniker u. Gutsbesitzer in Hattorf, Harz. Sammelte Pflanzen von 1838-1842 in Westaustralien; die Ausbeute wurde von J.G.C. Lehmann beschrieben in „Plantae Preissianae", 1844-1848. Nach Preiss die Gattung *Neopreissia* Ulbr.

Preobr. = Grigory A. Preobraschensky, 1892-1919. Russischer Botaniker. Spezialgebiete: Caryophyllaceae, Flora von Turkestan.

C. Presl = Carel Boriwog (Karel Borivoj) Presl, Prag 17.2.1794-8.10.1852 Prag. Tschechischer Botaniker, Professor der Naturgeschichte u. Technologie, 1833-1852, Bruder von Jan Svatopluk Presl. Schrieb „Flora sicula, exhibens plantas vasculosas in Sicilia...", 1826; „Symbolae botanicae...", 1830-1858; „Reliquiae Haenkeanae, ...", 1825-1835; „Prodromus monographiae Lobeliacearum...", 1836; „Tentamen pteridographiae", 1836, Supplementum 1845; „Hymenophyllaceae", 1843; „Epimeliae botanicae", 1851. Nach beiden Brüdern Presl die Gattung *Preslia* Opiz sowie die Zeitschrift Preslia (1914 ff.)

J. Presl = Jan Svatopluk (Swatopluk) Presl, Prag 4.9.1791-6.4.1849 Prag. Tschechischer Botaniker, Professor der Botanik, Bruder von Carel Boriwog Presl. Gemeinsam mit seinem Bruder Hrsg. Von „Flora cechica...", 1819; „Deliciae pragenses", 1822; „Wsobecny rostlinopsis ...", 1846. Nach beiden Brüdern die Gattung *Preslia* Opiz sowie die Zeitschrift Preslia (1914 ff.).

I. Preston = Isabella Preston, 1881-1965

P. Preuss = Paul Rudolf Preuss, Thorn 12.11.1861-19.12.1926. Deutscher Pflanzensammler u. Kolonialbotaniker. Gründer u. von 1890-1895 Direktor des Bot. Gartens Victoria in Kamerun. Reiste 1899-1900 im tropischen Amerika und 1903-1904 in Südostasien. Schrieb „Expedition nach Central- und Südamerika ...", 1901; „Die Kokospalme und ihre Kultur", 1911.

M.G. Price = Michael Greene Price, 1941-. Nordamerikanischer Botaniker in Ann Arbor, Michigan. Spezialgebiet: Pteridophyta, *Pecluma, Pyrrosia*. Schrieb u.a. „Philippine fern notes" (in Contrib. Univ. Michigan Herb. 17, 267-278, 1990). Mitarbeiter am Flora Mesoamericana Projekt.

Pridgeon = Alec M. Pridgeon, fl. 1997. Britischer Botaniker, Mitarbeiter der Royal Botanic Gardens in Kew. Spezialgebiet: Orchidaceae. Schrieb u.a. zus. mit Richard M. Bateman, Peter M. Hollingsworth, Jillian Preston, Luo Yi-Bo u. Mark Wayne Chase „Molecular phylogenetics and evolution of Orchidinae and selected Habenariinae (Orchidaceae)" (in Bot. J. Linn. Soc. 142, 1-40, 2003); zus. mit Mark Wayne Chase „A phylogenetic reclassification of Pleurothallidinae (Orchidaceae)" (in Lindleyana 16, 235-271, 2001). Gab heraus „The illustrated encyclopedia of orchids", 1992; Mitherausgeber von „Genera Orchidacearum", Band 1-2, 1999-2001.

Prime = Cecil Thomas Prime, Cambridge 30.8.1909-5.2.1979. Englischer Botaniker und Lehrer in Croydon. Spezialgebiet: *Arum*. Schrieb „Lords and ladies", 1960; und zus. mit R. J. Deacock „The shorter British flora", 1948, 2. Aufl. 1957. Bearbeitete (z.T. zus. mit D.A. Webb) die Gattungen *Arum, Biarum, Arisarum, Ambrosina* und *Dracunculus* für Flora Europaea (Band 5, 269-272, 1980)

J.S. Pringle = James Scott Pringle, Danvers, Massachusetts 14.8.1937 (pers. Mitt.) -. Kanadischer Botaniker an den Royal Botanic Gardens in Hamilton, Ontario. Spezialgebiet: Gentianaceae. Schrieb u.a. „Taxonomy and distribution of Clematis, Sect. Atragene (Ranunculaceae), in North America" (in Brittonia 23, 361-393, 1971). Mitarbeiter bei der von Wu Zheng-yi u. Peter Hamilton Raven (Hrsg.) publ. Flora of China. Nach ihm die Art *Macrocarpaea pringleana* J.R. Grant.

N.M. Pritch. = Noël Marshall Pritchard, 1933-. Schottischer Botaniker an der University of Aberdeen. Spezialgebiet: *Gentianella*. Bearbeitete (zus. mit T.G.Tutin u. H. Merxmüller) diese Gattung für Flora Europaea (Band 3, 63-67, 1972). Schrieb „Materials for a flora of Turkey XXXIV: Gentianaceae" (in Notes Roy. Bot. Gard. Edinburgh 35, 310-313, 1977).

E. Pritz. = Ernst Georg Pritzel, 15.5.1875-6.4.1946 wahrscheinlich in Berlin. Deutscher Botaniker. Spezialgebiet u.a. Lycopodiaceae. Sammelte 1900-1902 Pflanzen in Australien. Bearbeitete für Engler u. Prantl, Die natürlichen Pflanzenfamilien I, 4 (1901) Lycopodiaceae, Psilotaceae, 2. Aufl. Bd. 18 (1930) Pittosporaceae. Schrieb zus. mit Ludwig Diels „Fragmenta phytographiae Australiae occidentalis" (in Bot. Jahrb. 35, 55-662, 1904-1905). Nach ihm die Gattung *Pritzeliella* Henn.

Pritz. = Georg August Pritzel,

Carolath in Schlesien 2.9.1815–14.6.1874 (starb an Tabes dorsalis in einer Psychiatrischen Klinik) Hornheim bei Kiel, Schleswig-Holstein. Bedeutender Deutscher Bibliograph, Botaniker und Mediziner, Archivar der Akademie der Wissenschaften und Kustos der Königl. Bibliothek in Berlin. Veröffentlichte „Anemonarum revisio", 1842; „Iconum botanicarum index locupletissimus", 1854–1855; „Thesaurus literaturae botanicae …", 1847–1852, 2. Aufl. 1872–1882, zus. mit Karl Friedrich Wilhelm Jessen „Die Deutschen Volksnamen der Pflanzen", 1882–1884. Nach Pritzel die Gattungen *Pritzelia* Walp. und *Pritzelago* Kuntze.

Proctor = George Richardson Proctor, Wellesley, Massachusetts 13.7.1920–. Nordamerikanischer Botaniker am Institute of Jamaica in Kingston, Jamaica. Sammelte zahlreiche Pflanzen in Nord-, Mittel- und Südamerika. Schrieb „Additions to the Flora of Jamaica", 1967; „Flora of the Cayman Islands", 1984; „Ferns of Puerto Rico and the Virgin Islands" (in Mem. New York Bot. Gard. 53, 1–389, 1989). Schrieb zus. mit Evelyn Graham Beaujon Gooding u. A.R. Loveless „Flora of Barbados", 1965. Nach Proctor die Art *Xylosma proctorii* Sleumer.

Prodán = Iuliu (Julius) Prodán, 1875–27.2.1959. Rumänischer Botaniker, Professor der Botanik in Cluj, 1919–1940. Schrieb „Flora pentru determinarea si descrierea plantelor ce cresc in România …", 1923; „Flora mica ilustrata a României", 1928; „Centaureele României…", 1930; „Conspectul florei Dobrogei …" (in Bul. Acad. Stud. agron. Cluj 5, 1–170, 1935); „Flora mica ilustrata a Republicii Populare Române", 1958 sowie 1961 (Hrsg. A. Buia).

Prokh. = Jaroslav Ivanovich (Yaroslav Ivanovich) Prokhanoff (Prokhanov), Jelesnovodsk, Kaukasus 18.7.1902–14.2.1964. Russischer Botaniker. Spezialgebiet: Euphorbiaceae. Mitarbeiter an V.L. Komarov, Flora U.R.S.S., 1949–1955 für Celastraceae, Malvaceae, Solanaceae.

Prokudin = Juri (Yuri) Nikolajevi Prokudin, 1911–. Ukrainischer Botaniker. Spezialgebiet: Poaceae. Schrieb zus. mit L. A. Privalova „Dopolnenija k Pervomu tomu Flory Kryma" (in Trudy Gosud. Nikitsk. Bot. Sada 31, 1–128, 1959). Mitherausgeb. von „Opredelitel' Vyssikh Rastenij Ukrainy", 1987.

Proust = Louis Proust, 1878–1959. Französischer Botaniker. Schrieb zus. mit Charles Joseph Marie Pitard „Les Iles canaries: Flore de l'archipel", 1909. Nach ihm sehr wahrscheinlich die Art *Tolpis proustii* Pitard.

Pugsley = Herbert William Pugsley, Bristol 24.1.1868–18.11.1947 Wimbledon, Surrey. Englischer Botaniker. Sammelte zahlreiche Pflanzen in Mittel- und Westeuropa. Schrieb u.a. „The genus Fumaria L. in Britain", 1912; „Narcissus poeticus and ist allies …" (in J. Bot. 53, suppl. 2, 1–44, 1915); „A revision of the genera Fumaria and Rupicapnos" (in J. Linn. Soc., Bot. 44, 233–355, 1919); „A revision on the British Euphrasias" (in J. Linn. Soc., Bot., 48, 467–544, 1930); „A monograph of Narcissus subgenus Ajax" (in J.Roy. Hort. Soc. 58:17–93, 1933); „A prodromus of British Hieracia" (in J. Linn. Soc., Bot. 54, 1–356, 1948). Nach ihm die Art *Hieracium pugsleyi* Sell et C. West.

Pulevic = V. Pulevic, 1938–. Jugoslawischer Botaniker. Spezialgebiet: *Crocus*.

Pulliat = Victor Pulliat, Chiroubles 27.4.1827–12.8.1866. Französischer Botaniker. Publ. über *Vitis*.

Purdy = Carlton Elmer Purdy, Dansville, Michigan 16.3.1861–8.8.1945 Ukiah, Kalifornien. Nordamerikanischer Botaniker, Spezialgebiet: Liliaceae, *Calochortus*, Flora von Kalifornien. Nach ihm die Art *Sedum purdyi* Jeps.

Puring = Nicolai J. Puring, 1865–Juli 1904. Russischer Botaniker.

Purk. = Emanuel Ritter von Purkyne, 17.12.1831–23.5.1882 Weißwasser, Böhmen. Mährischer Botaniker, Professor an der Forstlehranstalt in Weißwasser (Belá pod Bezdezem). Publ. 1877 den Namen *Picea omorika*.

Purpus = Carl Albert Purpus, Hahnweiler Hof bei Börrstadt, Pfalz 26.2.1851–17.1.1941 El Mirador bei Huatusco, Veracruz. In Mexiko lebender deutscher Forschungsreisender u. bedeutender Pflanzensammler, Bruder von Joseph Anton Purpus. Schrieb „Die Kakteen der Grand Mesa in West-Colorado", 1893. Nach ihm die Gattung *Purpusia* Brandegee.

J.A. Purpus = Joseph Anton Purpus, Hahnweiler Hof bei Börrstadt, Pfalz 4.2.1860–5.12.1932. Deutscher Gärtner, Bruder von Carl Albert Purpus, von 1882 bis 1888 am Bot. Garten St. Petersburg, 1888–1932 Inspektor des Bot. Gartens Darmstadt. Machte zus. mit seinem Bruder Carl Albert Purpus verschiedene Sammelreisen, vor allem in den Westen Nordamerikas u. in Mexiko, von denen sie viele neue Pflanzen mitbrachten u. beschrieben. Nach Joseph Anton Purpus die Hybride *Betula x purpusii* Schneid.

Pursh = Frederick Traugott Pursh (ursprünglich Friedrich Pursch), Großenhain, Sachsen 4.2.1774–11.7.1820 Montreal, Kanada. Deutsch-Kanadischer Botaniker u. Gärtner, seit 1808 in Nordamerika. Hauptwerk: „Flora Americae septentrionalis", 1814. Nach ihm die Gattung *Purshia* DC. ex Poir. sowie z.B. die Art *Scirpus purshianus* Fernald.

Pusch = Jürgen Pusch,1962–. Deutscher Botaniker in Erfurt-Windischholzhausen, Thüringen. Spezialgebiet: *Orobanche*. Schrieb „Die Sommerwurzarten des (ehemaligen) Kreises Artern", 2. ed., 1996. Schrieb zus. mit Holger Uhlich u. Klaus-Jörg Barthel „Die Sommerwurzarten Europas" 1995; zus. mit Klaus-Jörg Barthel „Flora des Kyffhäusergebirges und der näheren Umgebung", 1999.

Putt. = Aloys Putterlick, Iglau (heute Jihlava), Böhmen 3.5.1810–29.7.1845 Wien. Österreichischer Botaniker und Arzt, zuletzt am Naturhistorischen Museum in Wien. Schrieb „Synopsis Pittosporearum", 1839; Mitautor (mit Stephan Ladislaus Endlicher) von Lieferung 22–24 von Theodor Friedrich Ludwig Nees von Esenbeck „Genera plantarum florae germanicae",

1843–1845. Nach Putterlick die Gattung *Putterlickia* Endl.
Putz. = Jules Antoine Adolphe Henri Putzeys, Lüttich 1.5.1809–2.1.1882 Ixelles bei Brüssel. Belgischer Botaniker. Spezialgebiet: *Begonia*.
X.H. Qian = Qian Xiao-Hu = Xiao Hu Qian, fl. 1984. Chinesischer Botaniker, publ. über *Ixiolirion*.
Quehl = Leopold Quehl, Freyburg an der Unstrut, Sachsen-Anhalt 7.11.1849–22.2.1922 Halle a.d. Saale, Sachsen-Anhalt. Deutscher Kakteenforscher, Besitzer einer großen Kakteensammlung in Halle, Enkel des Turnvaters Friedrich Ludwig Jahn (1778–1852). Nach Quehl die Art *Gymnocalycium quehlianum* (Haage) A.Berger.
P. Quentin = Pierre Jacques Jean Quentin, Paris 17.7.1954 (pers. Mitt.) -. Französischer Labortechniker und Botaniker in Chevilly Larue, Val-de-Marne. Spezialgebiet: Orchidaceae. Einer der Mitautoren von M. Bourérias (Hrsg.) „Les Orchidées de France, Belgique et Luxembourg", 1998, 2. Aufl. 2005. Schrieb „Synopsis des orchidées européennes" (in Cah. Soc. Franc. d'Orchidophilie 1, 1–128, 1993; 2. Aufl., Cah. 2, 1–141, „1994", 1995).
H.J. Quero = Hermilo J. Quero Rico, fl. 1980. Mexikanischer Botaniker an der Universidad Nacional Autónoma de México. Spezialgebiet: Arecaceae.
Quézel = Pierre Ambrunaz Quézel, 1926–. Französischer Botaniker an der Universität von Aix-Marseille. Schrieb „La végétation du Sahara du Tchad à la Mauritanie", 1965; zus. mit S. Santa „Nouvelle flore de l'Algérie et des régions désertiques méridionales", 1962-1963; zus. mit J. Contandriopoulos „Contribution à l'étude de la flore des hautes montagnes de Grèce" (in Naturalia Monspel., sér. Bot. 16, 89–149, 1965); zus. mit J. Zaffran „Plantes de Tripolitaine et de Cyrénaïque" (in Bull. Soc. Hist. Nat. Afrique N., 52, 219–224, 1962). Nach Quézel die Art *Salvia quezelii* Hedge et Afzal-Rafii.
Quinn = Christopher John Quinn, Ulverstone, Tasmanien 15.6.1936 (pers. Mitt.) -. Australischer Botaniker an den Royal Botanic Gardens in Sydney. Spezialgebiete: Podocarpaceae, Taxodiaceae, Ericaceae. Schrieb u.a. zus. mit P. A. Gadek, D. L. Alpers u. M. M. Heslewood „Relationships within Cupressaceae sensu lato: a combined morphological and molecular approach" (in Am. Journ. Bot. 87, 1044–1057, 2000); zus. mit K. A. Kron et al. „A phylogenetic classification of Ericaceae: molecular and morphological evidence" (in Bot. Review 68, 335–423, 2002).
Rabenh. = Gottlob Ludwig Rabenhorst, Treuenbrietzen, Brandenburg 22.3.1806–24.4.1881 Meißen, Sachsen. Deutscher Botaniker. Gab zahlreiche Sammlungen getrockneter Kryptogamen heraus. Schrieb u.a. „Flora lusatica ...", 2 Bände, 1839–1840; „Flora europaea algarum ...", 3 Bände, 1864–1868; „Deutschlands Kryptogamen-Flora..", 2 Bände, 1844–1848; „Kryptogamen-Flora von Deutschland, Oesterreich und der Schweiz", 14 Bände, 1880–1920. Wahrscheinlich nach ihm die Gattung *Rabenhorstia* Rchb.
Rach = Louis Theodor Rach, 16.1.1821–28.4.1859 St. Petersburg. Russischer Botaniker u. Gärtner deutscher Abstammung. Publizierte zus. mit Eduard August von Regel u. Ferdinand Gottfried Maximilian Theobald von Herder „Verzeichniss der ... zwischen Jakutzk und Ajan gesammelten Pflanzen", 1859. Nach Rach die Gattung *Rachia* Klotzsch.
Racib. = Marjan (Maryan) Raciborski, Brzostawa bei Opotów, Galizien 16.9.1863–27.3.1917 Zakopane bei Krakau. Polnischer Botaniker, Professor der Botanik in Lemberg, später in Krakau, Pionier des Naturschutzes in Polen. Schrieb u.a. „Cycadeoidea Niedzwiedzkii nov. sp. ...", 1893; „Die Pteridophyten der Flora von Buitenzorg ...", 1898; zus. mit W. Szafer Herausg. von Band 1 der „Flora polska" 1919. Nach Raciborski die Gattung *Raciborskia* Berl.
Radcl.-Sm. = Alan Radcliffe-Smith, Tavistock, Devon 7.1.1938–. Englischer Botaniker am Herbarium Kew. Spezialgebiete: Euphorbiaceae, Flora des trop. Indien. Mitarb. an „Flora europaea", 1964–1980. Schrieb u.a. „A new record for the flora of Turkey" (in Notes Roy. Bot. Gard. Edinburgh 41,84,1983).
Radde = Gustav Ferdinand Richard Johannes von Radde, Danzig 27.11.1831–15.3.1903 Tiflis, Georgien. Deutsch-russischer Naturwissenschaftler, Direktor des Kaukasus-Museums in Tiflis. Bereiste den Kaukasus, Armenien und Sibirien. Ergebnisse seiner Reisen auch unter E. A. Regel et Radde „Reisen in den Süden von Ostsibirien ...", Band 1, 1961–1862; und bei F.G.M.Th. von Herder, Band 3 und 4, 1864–1879. Radde schrieb auch „Die Fauna und Flora des südwestlichen Caspi-Gebietes", 1886; weiter für Engler u. Drude, Die Vegetation der Erde, Bd. 3 „Grundzüge der Pflanzenverbreitung in den Kaukasus-Ländern", 1899. Nach Radde die Gattung *Raddetes* Karsten und ein Dorf „Stanitsa-Raddevka" in Sibirien (48,36.N /130,37.E).
Raddi = Giuseppe Raddi, Florenz 9.2.1770–6.9.1829 bei der Heimreise von Ägypten auf Rhodos an der Ruhr. Italienischer Botaniker u. Reisender, von 1817–1818 in Brasilien. Autor von „Plantarum brasiliensium nova genera et species novae...", 1825. Nach ihm die Gattungen *Raddia* Bertol. u. *Raddiella* Swallen.
Raderm. = Jacobus Cornelius Matthaeus Radermacher, 30.3.1741–24.12.1783. Niederländischer Botaniker.
Radley = Frank Radley, publ. 1940 über *Mammillaria*. Nordamerikanischer Botaniker.
Radlk. = Ludwig Adolph Timotheus Radlkofer, München 19.12.1829–16.2.1927 München. Deutscher Botaniker, Professor in München. Schrieb „Die Befruchtung der Phanerogamen", 1856; „Über das Verhältnis der Parthenogenesis zu den anderen Fortpflanzungsarten", 1858; „Monographie der Sapindaceen-Gattung Serjania", 1875; für Engler, Das Pflanzenreich Sapindaceae, 1931–1934; für Martius, Flora brasiliensis in Bd. XIII, 3 (1892/1900) Sapindaceae; für Engler u. Prantl, Die

natürlichen Pflanzenfamilien, Bd. III. 5 Sapindaceae, Didiereaceae, 1895-1896, Nachtr. 3 Bretschneideraceae, 1908. Nach ihm die Gattung *Radlkofera* Gilg.

Raeusch. = Ernst Adolph Räuschel, wirkte zwischen 1772 u. 1797. Deutscher Botaniker. Veröffentlichte zunächst anonym, von der 3. Aufl. an unter seinem Namen „Nomenclator botanicus", 3. Aufl. 1797.

Raffill = Charles Percival Raffill, Tredegar, April 1876-27.3.1951 Coventry, Warwickshire. Walisischer Gärtner am Bot. Garten Kew. Publizierte über *Lilium*.

Raf. = Constantin Samuel Rafinesque-Schmaltz, Galata bei Istanbul 22.10.1783-18.9.1840 Philadelphia, Pennsylvania. Italienisch-nordamerikanischer Naturforscher, besonders Botaniker (Vater Franzose, Mutter Griechin deutscher Herkunft), Professor der Naturgeschichte in Kentucky. Schrieb „Caratteri di alcuni nuovi generi... della Sicilia", 1810; „Neogenyton", 1825; „Specchio delle scienze...", 1814; „Medical flora, or manual of the medical botany of the United States of North America", 1828-1830; „... Herbarium Rafinesquianum", 1833; „New Flora and Botany of North America", 1836-1838; „Flora telluriana...", 1837-1838; „Alsographia americana", 1838; „Autikon botanikon", 1840; „Sylva telluriana", 1838; „Atlantic Journal, and Friend of Knowledge", 1832-1833; „American florist: Second series", 1832. Nach ihm die Gattung *Rafinesquia* Nutt. sowie z.B. die Art *Viburnum rafinesquianum* Schult.

Rafn = Carl Gottlob Rafn, Viborg, Jütland 31.7.1769-17.5.1808 Kopenhagen. Dänischer Botaniker und Lehrer. Schrieb „Danmarks og Holsteens Flora systematisk, physisk og oekonomisk bearbeydet ...", 1796-1800. Nach ihm die Gattung *Rafnia* Thunb.

Ragion. = Attilio Ragioneri, Sestofiorentino 1856-1933. Italienischer Pflanzenzüchter.

Ragonese = Arturo Enrique Ragonese, 1909-1992. Argentinischer Botaniker. Publ. mit F.R. Alberti 1958 über *Salix*. Nach Ragonese u.a. die Art *Halosicyos ragonesii* Mart. Crov.

Rahn = Knud Rahn, 1928-. Dänischer Botaniker in Albertslund. Spezialgebiet: Plantaginaceae, *Sorbaria*. Schrieb „A review of the genus Sorbaria (Rosaceae)" (in Nord. J. Bot. 8, 557-563, 1989).

Raim. = Rudolf Raimann, 1863-5.12.1896 Wien. Österreichischer Botaniker, Professor der Naturgeschichte und Warenkunde an der Handelsakademie in Wien. Bearbeitete für Engler u. Prantl, Die natürlichen Pflanzenfamilien, III. 7 Onagraceae, Hydrocaryaceae, 1893. Nach ihm die Gattung *Raimannia* Rose ex Britton et A. Br.

D.C.S. Raju = D.C.S. Raju, 1936-. Indischer Botaniker. Spezialgebiete: Magnoliaceae, Celastraceae.

Ramat. = Thomas Albin Joseph d'Audibert de Ramatuelle, Aix 16.5.1750-20.6.1794 Paris (starb durch Sturz vom Gefängnisdach während der französischen Revolution). Französischer Geistlicher u. Amateurbotaniker. Nach ihm die Gattung *Ramatuela* Kunth.

Ramond = Louis François Élisabeth Baron Ramond de Carbonnières, Strasbourg 4.1.1755-14.5.1827 Paris. Französischer Politiker, Professor der Naturgeschichte und herausragender Botaniker. Schrieb „Observations faites dans les Pyrénées", 1789; „Voyage au Mont-Perdu", 1801. Nach ihm die Gattung *Ramonda* L. C. Rich. ex Pers.

Randell = Barbara Rae Randell, 1942-. Australische Botanikerin. Spezialgebiet: *Senna*.

Raoul = Édouard Fiacre Louis Raoul, 23.7.1815-30.3.1852. Französischer Schiffsarzt u. Botaniker, 1840-1846 in Neuseeland, zuletzt Lehrer der Medizin in Brest. Hauptwerk: „Choix des plantes de la Nouvelle-Zélande", 1846. Nach ihm die Gattung *Raoulia* Hook. f. ex Raoul.

Rapin = Daniel Rapin, Payerne, Waadt 18.10.1799-24.4.1882 Genf. Schweizer Botaniker und Apotheker. Spezialgebiete: *Salix, Rosa*, Plantaginaceae. Schrieb „Le guide botaniste dans le canton de Vaud", 1842; „Flore des plantes vénéneuses de la Suisse ...", 1849.

Raspail = François Vincent Raspail, Carpentras, Vaucluse 29.1.1794-7.1.1878 Arcueil bei Paris. Französischer Chemiker u. Botaniker, auch Politiker. Schrieb „Mémoires sur la famille des Graminées", 1825-1826; „Nouveau système de physiologie végétale et de botanique", 1837. Nach ihm die Gattung *Raspailia* Brongn.

Rataj = Karel Rataj, 1925-. Tschechischer Botaniker in Prag. Spezialgebiet: *Echinodorus*. Schrieb u.a. zus. mit P. Zakal u. J. Maly „Aquarum fishes and plants", 1973; zus. mit T. Horeman „Aquarium plants", 1977.

Ratzeb. = Julius Theodor Christian Ratzeburg, Berlin 16.2.1801-24.10.1871 Berlin. Deutscher Zoologe und Forstbotaniker, Professor in Neustadt. Schrieb „Die Standortgewächse und Unkräuter Deutschlands und der Schweiz...", 1859; „Die Waldverderbniss ...", 1866-1868; zus. mit Johann Friedrich von Brandt u. Philipp Phoebus „Abbildung und Beschreibung der in Deutschland wildwachsenden Giftgewächse", 1828-1838, 2. Aufl. 1838. Nach Ratzeburg die Gattung *Ratzeburgia* Kunth.

Rauh = Werner Rauh, Niemegk bei Bitterfeld (Ort heute devastiert), Sachsen-Anhalt 16.5.1913-7.4.2000 Heidelberg. Deutscher Botaniker, Professor in Heidelberg. Spezialgebiete: Sukkulenten und Bromelien. Schrieb neben vielen systematischen Abhandlungen „Gartenblumen", 4 Bde., 1927-1953 (mit L. Klein); „Alpenpflanzen", 4 Bde., 1951-1953; „Morphologie der Nutzpflanzen", 1941, 2. Aufl. 1950; „Unsere Ziersträucher", 1955; „Unsere Parkbäume", 1957; mit Karlheinz Senghas „Balkon- und Zimmerpflanzen", 1959; „Die großartige Welt der Sukkulenten", 1967, 2. Aufl., 1979 (engl.: „The wonderful world of succulents", 1984); „Bromelien für Zimmer u. Gewächshaus", 1970 (Tillandsioideen), 1973 (Bromelioideen und Pitcairnioideen), (engl.

„Bromeliads for home garden and greenhouse, 1979), 2. Aufl. unter dem Titel „Bromelien, Tillandsien und andere kulturwürdige Bromelien", 1981. War zus. mit K. Senghas Hrsg. der 81.–88. Aufl. von Schmeil-Fitschen, „Flora von Deutschland ...", 1968-1988. Nach Rauh die Gattungen *Rauhocereus* Backeb., *Rauhia* Traub, *Rauhiella* Pabst et Braga und *Werauhia* J.R. Grant.

Rausch = Walter Rausch, 1928-. Österreichischer Lithograph und Kakteenkenner in Wien-Aspern. Schrieb u.a. „Rebutia (Aylostera) schatzliana Rausch spec. nov." (in Kakt. u. and. Sukk. 26, 244–245, 1975); „Eine neue Gymnocalycium-Art aus Argentinien – Gymnocalycium kroenleinii Kiesling, Rausch & Ferrari, spec. nov." (in Kakt. u. and. Sukk. 51, 315–318, 2000). Nach Rausch die Arten *Lobivia walteri* R. Kiesling und *Gymnocalycium rauschii* H.Till et W. Till.

Rauschert = Stephan Rauschert, 1.9.1931–6.5.1986 Halle, Sachsen-Anhalt. Deutscher Botaniker, Systematiker u. Pflanzengeograph in Halle. Schrieb u.a. „Wiesen- und Weidepflanzen", 1961, 2. Aufl. 1965; „Taxonomie und Chorologie der Diphasium-Arten Deutschlands (Lycopodiaceae)" (in Hercynia 4, 439–487, 1967); Mitautor von Bd. II von Meusel, Hermann: „Vergleichende Chorologie der zentraleuropäischen Flora", 1978 (mit Eckehart Johannes Jäger u. E. Weinert).

P.H. Raven = Peter Hamilton Raven, Schanghai, China 13.6.1936-. Nordamerikanischer Botaniker, Direktor des Missouri Bot. Garden in St. Louis. Schrieb u.a. „Native shrubs of Southern California", 1966; „The genus Epilobium (Onagraceae) in Australasia", 1976 (zus. mit seiner Frau Tamra Engelhorn Raven); „Biology of plants", 3. Aufl. 1981 (mit Ray F. Evert u. Helena Curtis); „Coevolution of animals and plants", 1975 (mit L.E. Gilbert). Zus. mit Wu Zheng-Yi Herausg. von „Flora of China", Band 4–25, 1994-2005. Nach Raven z.B. die Art *Prunus ravenii* Zardini et I.Basualdo.

Ravenna = Pierfelice (Pedro Felix) Ravenna, 1938-. Chilenischer Botaniker an der Universidad de Chile in Santiago. Spezialgebiete: Iridaceae, Amaryllidaceae. Schrieb „Nothoscordum gracile and N. borbonicum (Alliaceae)" (in Taxon 40, 485–487, 1991); „Studies in the Alliaceae II." (in Plant Life 34, 150–151, 1978); „Contributions to South American Amaryllidaceae. VII." (in Plant Life 37, 57–83, 1981).

Raymond = Joseph Louis Florent Marcel Raymond, Saint-Jean, Québec 2.12.1915–23.8.1972 Montreal. Kanadischer Botaniker, Kurator des Bot. Gartens Montreal. Spezialgebiete: Cyperaceae, Gesneriaceae, Pteridophyta. Sammelte zahlreiche Pflazen in Amerika, Europa und Asien.

J. Raynal = Jean Raynal, 1933-1979

Raynaud = Christian Raynaud, Montpellier 1939–1993. Französischer Botaniker in Montpellier. Spezialgebiete: Cistaceae, Orchidaceae. Schrieb u.a. „Monographie et iconographie du genre Vicia L. au Maroc" (in Bull. Inst. Sci. Rabat 1, 147–172, 1976); „Le genre Genista au Maroc..." (in Nat. Monsp. sér. Bot. 28, 1–52, 1979); „Les orchidées du Maroc", 1985. Nach ihm die Art *Helianthemum raynaudii* O. A.Ortega, Romero García et C.Morales.

Razaf. = A. Razafindratsira, fl. 1987

Read = Robert William Read, Woodbury, New Jersey 13.12.1931–15.7.2003 Naples, Florida. Nordamerikanischer Botaniker am U.S. National Herbarium, Smithsonian Institution, Washington D. C., später am Faichild Tropical Garden in Miami. Spezialgebiete: Palmae, Bromeliaceae, Cycadaceae. Schrieb „The genus Thrinax (Palmae: Coryphoideae)" (in Smithson. Contr. Bot. 19, 1975). Nach ihm u.a. die Art *Coccothrinax readii* H.J. Quero.

J.M. Reade = John Moore Reade, Markham, Ontario 17.12.1876–9.5.1937 Athens, Georgia. Nordamerikanischer Botaniker. Publ. 1931 über *Vaccinium*.

Reber = Burkhard Reber, 11.12.1848–9.6.1926. Schweizer Apotheker und Botaniker.

Rebut = P. Rebut, ?-1898. Französischer Kakteenkenner u. -händler in Paris. Nach ihm die Gattung *Rebutia* K. Schum.

Rech. = Karl Rechinger, Wien 9.4.1867–1952. Österreichischer Botaniker am Naturhistorischen Museum in Wien, Vater von Karl Heinz Rechinger. Schrieb „Botanische und zoologische Ergebnisse einer wissenschaftlichen Forschungsreise nach den Samoainseln" (in Denkschr. Akad. Wiss. Wien, M.-N. Kl. 81–91, 1907–1914); zus. mit seiner Frau, Lily Rechinger-Favarger „Streifzüge in Deutsch Neu-Guinea ...", 1908. Nach ihm die Art *Laportea rechingeri* H.Winkler.

Rech. f. = Karl Heinz Rechinger, Wien 16.10.1906–30.12.1998 Wien. Österreichischer Botaniker am Naturhistorischen Museum Wien, Sohn von Karl Rechinger. Hauptwerke: „Flora aegaea", 1943; „Flora aegaea Supplementum", 1949; „Flora of Lowland Iraq", 1964; Hrsg. Und Bearbeiter großer Teile von „Flora iranica", 1963-98; Hrsg. von Bd. 3(1) u. 3(2) der 2. Aufl. von Hegi, Gustav: „Illustrierte Flora von Mitteleuropa", 1957–1971. Schrieb auch in verschiedenen Zeitschriften „Vorarbeiten zu einer Monographie der Gattung Rumex", 1932–1954 und bearbeitete diede Gattung für Flora Europaea (Band 1, 1964). Nach ihm die Gattungen *Rechingeria* Servit und *Rechingeriella* Petr. sowie u.a. die Arten *Androcymbium rechingeri* Greuter, *Aristolochia rechingeriana* Kit Tan et Sorger und *Calamintha caroli-henricana* Kit Tan et Sorger.

Redouté = Pierre Joseph Redouté, St. Hubert, Belgien 10.7.1759–20.6.1840 Paris. Bedeutender Belgischer Pflanzenzeichner u. Maler, in Luxemburg geboren, lebte in Paris. Illustrator bot. Werke, z.B. „Les Liliacées", 1802–1816; „Les Roses", 1817–1824, 2. Aufl. 1824–1826, 3. Aufl. 1828–1829, 4. Aufl. 1835; „Choix des plus belles fleurs, ...", 1827–1833. Nach ihm die Gattung *Redutea* Vent.

C.F. Reed = Clyde Franklin Reed, 1918-1999. Nordamerikanischer

Botaniker. Spezialgebiet: Pteridophyta. Schrieb „Multiple use of some generic names of ferns and fern-allies, living and fossil" (in Taxon 4, 105–117, 1955).

Reeves = Robert Gatlin Reeves, Summitt, Mississippi 24.6.1898–. Nordamerikanischer Genetiker u. Botaniker an der Texas Agricultural Experiment Station. Schrieb u.a. „Flora of South Central Texas", 1946 (mit Douglas Cogburn Bain).

Regel = Eduard August von Regel, Gotha, Thüringen 1.8.1815–27.4.1892 St. Petersburg. Deutscher Gärtner u. Botaniker, Direktor des Bot. Gartens St. Petersburg von 1855–1892. Veröffentlichte viele Schriften über Gartenbau, Obstbau, Anlage von Gärten, Dendrologie etc., alle in russischer Sprache, außerdem „Monographia Betulacearum...", 1861; „Tentamen florae ussuriensis", 1861; „Alliorum adhuc cognitorum monographia", 1875; für de Candolle, Prodromus in Bd. XVI, 2 (1868) „Betulaceae". Begründer (1852) der „Gartenflora", in der er viele neue Arten beschrieb. Die von Gustav Ferdinand Richard Johannes Radde in Sibirien gesammelten Pflanzen wurden von Regel in „Reisen in den Süden von Ost-Sibirien, Botanische Abtheilung", 1862 beschrieben. Nach Regel die Gattung *Regelia* Schau. sowie die Zeitschrift „Regelia" (1950).

Rehder = Alfred Rehder, Waldenburg, Sachsen 4.9.1863–25.7.1949 Jamaica Plain, Massachusetts. Deutscher Botaniker und Dendrologe, ab 1898 in den Vereinigten Staaten, von 1918–1940 Kurator des Arnold Arboretums, Jamaica Plains, Mass. bei Boston, Professor an der Harvard University. Begründer des „Journal of the Arnold Arboretum". Hauptwerke: „Manual of cultivated trees and shrubs hardy in North America", 1927, 2. Aufl. 1940; „Bibliography of cultivated trees and shrubs", 1949; „The Bradley bibliography, a guide to the literature of the woody plants of the world", 1911–1918. Nach ihm die Gattungen *Rehdera* Moldenke, *Rehderodendron* Hu, *Rehderophoenix* Burret.

S.E.A. Rehm = Sigmund Eugen Adolf Rehm, München 4.1.1911–. Deutscher Pflanzenphysiologe, von 1939–1968 in SW- u. S-Afrika; dann Professor am Institut für Tropischen und Subtropischen Pflanzenbau in Göttingen-Weende.

Rehmann = Anton Rehmann (Rehman), Krakau, Polen 13.5.1840–13.1.1917 Lemberg (Lwow), Ukraine. Österreichischer Botaniker und Geograph, ab 1882 Professor der Geographie in Lemberg (Lwow). Schrieb u.a. „Einige Notizen über die Vegetation der nördlichen Gestade des Schwarzen Meeres" (in Verh. naturf. Ver. Brünn, Abh. 10, 1–85, 1872). Nach ihm die Gattung *Rehmannia* Libosch. ex Fisch. et C.A. Mey.

Reichard = Johann Jacob (Jakob) Reichard, Frankfurt am Main 7.8.1743–21.1.1782 Frankfurt am Main. Deutscher Arzt u. Botaniker. Schrieb „Flora moeno-francofurtana", 1772–1778; Herausgeber der 7. Aufl. von Linné, „Genera plantarum", 1778 u. „Systema plantarum", 1779–1780. Nach ihm die Gattung *Reichardia* Roth.

Reiche = Karl Friedrich (Carlos Federico) Reiche, Dresden 31.10.1860–26.2.1929 Chile. Chilenischer Botaniker deutscher Abstammung, Professor der Botanik. Schrieb „Flora de Chile", 1894–1911. Bearbeitete zahlreiche Familien für Engler u. Prantl, Die natürlichen Pflanzenfamilien, 1. Aufl. 1890–1897. Nach ihm die Gattung *Reicheella* Pax.

Rchb. = Heinrich Gottlieb) Ludwig Reichenbach, pater, Leipzig 8.1.1793–17.3.1879 Dresden. Deutscher Botaniker u. Zoologe, erst Professor der Medizin an der Universität in Leipzig, später Professor der Naturgeschichte und Direktor des Bot. Gartens Dresden, Vater von Heinrich Gustav Reichenbach. Von seinen vielen Schriften seien genannt „Flora exotica", 1834–1836; „Iconographia botanica, ...", 1823–1832; „Iconographia botanica exotica...", 1824–1830; „Icones florae germanicae et helveticae", 1834–1850 (fortgesetzt von H.G. Reichenbach fil. 1850–1885, später von F.G. Kohl u. G. Beck von Mannagetta, beendet 1914); „Monographia generis Aconiti...", 1820–1821; „Flora germanica excursoria", 1830–1833; „Übersicht der Gattung Aconitum...", 1819; „Handbuch des natürlichen Pflanzensystems...", 1837; „Conspectus regni vegetabilis per gradus naturales evoluti", 1828: „Der deutsche Botaniker. Bd. 1. Das Herbarienbuch", 1841, Bd. 2 „Flora saxonica", 1842. Nach ihm die Gattung *Reichenbachia* Spreng.

F. Rchb. = Friedrich Reichenbach, lebte um 1896. Deutscher Ingenieur in Dresden, Kakteenkenner. Publizierte über Cactaceae. Nach ihm die Art *Echinocereus reichenbachii* (Terscheck ex Walp.) Britton et Rose.

Rchb. f. = Heinrich Gustav Reichenbach (filius), Dresden 3.1.1824–6.5.1889 Hamburg. Deutscher Botaniker, Professor der Botanik in Leipzig, später auch Professor und Direktor des Bot. Gartens in Hamburg, Orchideenforscher, Sohn von Heinrich Gottlieb Ludwig Reichenbach. Schrieb „Xenia orchidacea", 1854–1900; „Deutschlands Flora...", Bd. 13/14–22, 1850–1886; „Otia botanica hamburgensia", 1878–1881. Mitarb. an „Refugium botanicum", 1869–1882. Nach ihm die Gattung *Reichenbachanthus* Barb. Rodr.

Reinsch = Paul Friedrich Reinsch, Kirchenlamitz, Fichtelgebirge, Bayern 21.3.1836–31.1.1914 Erlangen, Bayern. Deutscher Botaniker u. Paläontologe, Lehrer in Erlangen, Zweibrücken und Basel. Schrieb u.a. „Micro-Palaeophytologia formationis Carboniferae", 1884; „Mikrophotographien über... der Steinkohle des Carbon", 1883; „Carbonischer Urwald", 1882. Nach ihm die Gattungen *Reinschia* C.E.Bertrand et Renault und *Reinschiella* De Toni.

Reinw. = Caspar Georg Carl Reinwardt, Lüttringhausen bei Remscheid, Nordrhein-Westfalen 3.6.1773–6.3.1854 Leiden, Niederlande. Niederländischer Botaniker deutscher Abstammung, von 1816 bis 1822 als „Director of Agriculture, Arts and Sciences" in Java, Professor in Amsterdam und Leiden. Begründer des Botan. Gartens Bogor. Seit 1823 Direktor des Botan. Gartens Leiden. Schrieb u.a. „Über den Charakter der Vegetation auf den Inseln des Indischen Archipels", 1828. Nach ihm die Gattung *Reinwardtia* Dumort.

Reisaeter = Oddvin Reisaeter, Ulvik, Hardanger, Norwegen 9.3.1913–2.9.1983 Ås südlich Oslo. Norwegischer Gartenbauwissenschaftler, Professor an der Landwirtschaftshochschule in Vollebekk. Schrieb zus. mit Arne Thorsrud „Norske plantenavn", 1948.

Reissek = Siegfried Reissek (Reisseck), Teschen, Oberschlesien 11.4.1819–9.11.1871 Wien. Österreichischer Botaniker am Hofnaturalienkabinett in Wien. Bearbeitete für Martius, Flora brasiliensis in Bd. XI, 1 (1861) Celastrineae, Ilicineae, Rhamneae. Schrieb „Die Palmen", 1861. Nach ihm die Gattung *Reissekia* Endl.

Reitz = Raulino Reitz, Antonio Carlos, Santa Catarina, Brasilien 19.9.1919–19.11.1990. Brasilianischer Geistlicher, Botaniker und Naturschützer am Herbario „Barbosa Rodrigues" in Itajai, Santa Catarina. Beschrieb über 300 neu entdeckte Arten. Spezialgebiet: Bromeliaceae. Bearbeitete zahlreiche Familien für die Flora Ilustrada Catarinense, publ. (z. T. auch posthum) 1965–1996. Nach ihm z.B. die Art *Galianthe reitzii* E.L. Cabral.

Rendle = Alfred Barton Rendle, London 19.1.1865–11.1.1938 Leatherhead, Surrey. Englischer Botaniker am Britischen Museum (Nat. Hist.) in London. Bearbeitete für Engler, Das Pflanzenreich Najadaceae, 1901; für Daniel Oliver, Flora of Tropical Africa, in Bd. 4(2) Convolvulaceae, 1905–1906 (mit J.G. Baker), Bd. 6(2) Ulmaceae, Barbeyaceae, Cannabinaceae, Moraceae (mit John Hutchinson), Urticaceae, 1916–1917; schrieb „The classification of flowering plants", 1904–1926; „Flora of Jamaica", 1910–1936 (mit W. Fawcett; Bd. 7, 1936, mit Spencer Le Marchant Moore). Nach ihm die Gattung *Rendlia* Chiov.

Renner = Otto Renner, Neu-Ulm, Bayern 25.4.1883–8.7.1960 München. Deutscher Botaniker, Professor der Botanik in München und Jena. Spezialgebiet: Genetik von *Oenothera*. Schrieb „Artbastarde bei Pflanzen ...", 1929; gab zus. mit E. Gäumann die „Fortschritte der Botanik", 1949–1955 heraus. Nach Renner die Gattung *Rennera* Merxm.

Renvoize = Stephen Andrew Renvoize, 1944–. Britischer Botaniker, Mitarbeiter bei der Flora of China.

Repp. = Werner Reppenhagen, Hamburg 1911–12.11.1996, Deutscher Gärtner und Kakteenspezialist. Legte ein der vollständigsten Mammilariensammlungen der Welt an. Schrieb: „Die Gattung Mammillaria nach dem heutigen Stand meines Wissens", 1987.

Req. = Esprit Requien, Avignon 6.5.1788–30.5.1851 Bonifacio, Korsika. Französischer Botaniker, Malakologe und Paläontologe in Avignon. Spezialgebiete: Flora von Süd-Frankreich u. Korsika. Schrieb „Catalogue des végétaux ligneux ... en Corse..", 1852, 2. Aufl. 1868. Nach ihm die Gattung *Requienia* DC.

Resende = Flávio P. de Resende, 28.2.1907–1.1.1967. Portugiesischer Botaniker und Professor an der Universität in Lissabon. Spezialgebiete: *Haworthia, Kalanchoe*.

Resv.-Holms. = Hanna Marie Resvoll-Holmsen, 11.9.1873–13.3.1943. Norwegische Botanikerin, Schwester von Thekla Susanne Ragnhild Resvoll. Sie war verheiratet mit dem Geologen Gunnar Holmsen, dem Bruder ihres Schwagers Andreas Holmsen, der wir sein Bruder ebenfalls Geologe war (also 2 Schwestern, beides Botanikerinnen, verheiratet mit 2 Brüdern, beides Geologen). Spezialgebiete von Hanna Marie Resvoll-Holmsen: Flora von Südnorwegen und Spitzbergen. Schrieb „Svalbards flora med endel om dens plantevekst i nutid og fortid", 1927.

Retz. = Anders Jahan Retzius, Kristianstad 3.10.1742–6.10.1821 Stockholm. Schwedischer Botaniker, Professor in Lund und Stockholm. Schrieb „Nomenclator botanicus", 1772; „Observationes botanicae", 1779–1791; „Florae Scandinaviae prodromus", 1779, 2. Aufl. 1795, Suppl. 1–2, 1805–1809; „Flora Virgiliana", 1809; „Försök til en Flora oeconomica Sveciae", 1806; „Observationum botanicarum pugillus, ...", 1810. Nach ihm die Gattung *Retzia* Thunb.

G. Reuss = Gustáv Reuss, Groß Rócze, Slowakei 4.1.1818–12.1.1861 Groß Rócze, Slowakei. Slowakischer Botaniker und Arzt. Schrieb „Kvetna slovenska", 1853. Nach ihm die Gattung *Reussia* Endl.

Reut. = Georges François Reuter, Paris 30.11.1805–23.5.1872 Genf. Schweizer Botaniker in Genf, reiste mit Boissier in Spanien. Schrieb „Catalogue détaillé des plantes vasculaires... aux environs de Genève", 1832, Suppl. 1841, 2. Aufl. 1861. Bearbeitete für de Candolle, Prodromus in Bd. XI „Orobanchaceae", 1847. Schrieb zus. mit Edmond Boissier „Pugillus plantarum novarum Africae borealis Hispaniaeque australis", 1852; „Diagnoses plantarum novarum hispanicarum", 1842. Nach Reuter die Gattung *Reutera* Boiss.

Reuthe = G. Reuthe, fl. 1891. Deutscher Gärtner. Schrieb u.a. „Neue und empfehlenswerte Pflanzen" (in Gartenflora 38, 358–457, 1889); auch „Autumn-flowering lilies" (in Garden and Forest 4, 44–45, 25.1.1893).

Reveal = James Lauritz Reveal, 1941–. Nordamerikanischer Botaniker.

P. Rev. = Paul Alphonse Reverchon, Diémoz, Isère 24.5.1833–6.3.1907 Quimper, Bretagne. Französischer Botaniker in Alençon und Angers. Schrieb „Catalogue raisonné des plantes vasculaires du département de la Mayenne", 1891-2.

Reyneke = William Frederick Reyneke, 1945–.

A. Reyn. = Alfred Reynier, Marseille 11.3.1845–14.12.1932 Marseille. Französischer Botaniker. Publizierte mit Émile Marnac, „Flore phanerogamique des

Bouches-du-Rhone", 1910. Publizierte außerdem mit Hippolyte Jacques Coste. Nach ihm wahrscheinlich die Hybride *Chenopodium x reynieri* Ludwig et Aellen.

Reyn. = Jean Louis Antoine Reynier, Lausanne, Waadt 1762-17.12.1824 Lausanne. Schweizer Botaniker. Publ. u.a. über *Hieracium glaciale*.

Reynolds = Gilbert Westacott Reynolds, Bendigo, Victoria, Australien 10.10.1895-7.4.1967 Mbabane, Swaziland. Britischer Optiker, Botaniker und Spezialist der Gattung *Aloe*. Schrieb „The Aloes of South Africa", 1950; „Les Aloes de Madagascar", 1958; „The Aloes of Tropical Africa and Madagascar", 1966. Nach ihm die Art *Aloe reynoldsii* Letty.

Ricci = Angelo Maria Ricci, 1777-1850

Riccob. = Vincenzo Riccobono, 1861-1943. Italienischer Gärtner, Gärtnerischer Leiter des Bot. Gartens Palermo und Kakteenforscher.

A. Rich. = Achille Richard, Paris 27.4.1794-5.10.1852 Paris. Französischer Botaniker, Professor in Paris, Sohn von Louis Claude Marie Richard. Veröffentlichte neben vielem anderen „Nouveaux éléments de botanique...", 1819, weitere Aufl. 1822-1852, posthum 1864, 1870 u. 1876; „Botanique médicale", 1822-1823; „Dictionnaire de drogues simples et composées", 1827-1829; „Voyage de découvertes de l'Astrolabe", 1834; „Tentamen florae abyssinicae", 1847-1851. Schrieb auch mit Jean Baptiste Antoine Guillemin und Georges Samuel Perrottet „Florae Senegambiae tentamen", 1831-1833. Nach Achille Richard die Art *Ophiorrhiza richardiana* Gaudich.

Rich. = Louis Claude Marie Richard, Versailles 4.9.1754-7.6.1821 Paris. Französischer Botaniker, Vater von Achille Richard, bereiste 1781 Guayana u. die Antillen. Schrieb u.a. „Démonstrations botaniques, ou analyse du fruit", 1808; „Analyse botanique des embryons endorhizes ou monocotylédonés", 1811; „Commentatio botanica de Coniferis et Cycadeis", 1826; „De Musaceis commentatio botanica...", 1831 (von Achille Richard herausgegeben); „De Orchideis europaeis annotationes, ...", 1817. Nach ihm die Gattung *Richardia* Kunth.

A.J. Richards = Adrian John Richards, Reading, England 26.1.1943 (pers. Mitt.) -. Englischer Botaniker, Professor an der University of Newcastle-upon-Tyne. Spezialgebiete: *Taraxacum*, Asteraceae, Primulaceae, Orchidaceae. Mitarbeiter bei Flora Europaea. Schrieb u.a. „Cross-pollination by wasps in Epipactis leptochila (Godf.) Godf. s. l." (in Watsonia 16, 180-192, 1986); „Primula", 1993.

P.W. Richards = Paul Westmacott Richards, 19.12.1908-1995. Englischer Botaniker, Professor der Botanik in Bangor 1949-1976. Schrieb „The tropical rainforest", 1952. Nach ihm die Art *Medinilla richardsii* J.C.Regalado.

I. Richardson = Ian Bertram Kay Richardson, 1940-. Englischer Botaniker an der Universität von Reading. Mitarbeiter bei „Flora europaea", 1964-1980. Schrieb u.a. zus. mit Rowena Gale „Tree recognition: A pocket manual", 1994.

Richardson = Sir John Richardson, Dumfries, Schottland 5.11.1787-5.6.1865 Grasmere, Westmorland. Schottischer Zoologe, Botaniker, Arzt und Geologe. Nahm an zwei Polarexpeditionen teil. Von ihm gesammelte Pflanzen wurden von Sir William Jackson Hooker in „Flora boreali-americana", 1829-1840 beschrieben. Schrieb „Botanical Appendix ...", 1823; „Arctic searching expedition ...", 1851; „The polar regions ...", 1861. Nach ihm z.B. die Arten *Polemonium richardsonii* Graham, *Carex richardsonii* R. Br. und *Muhlenbergia richardsonis* (Trin.) Rydb.

Richt. = Hermann Eberhard Friedrich Richter, Leipzig 14.5.1808-24.5.1876 Dresden. Deutscher Botaniker und Arzt in Leipzig. Schrieb „Codex botanicus linnaeanus ...", 1835-1839; und zus. mit Gustav Theodor Klett „Flora der phanerogamischen Gewächse der Umgegend von Leipzig", 1830. Nach Richter die Gattung *Richtera* Rchb.

K. Richt. = Karl Richter, Döbling bei Wien 16.5.1855-28.12.1891 Wien. Österreichischer Botaniker und Privatier. Schrieb „Plantae europaeae. Enumeratio systematica et synonymica...", Bd. 1, 1890 (fortgesetzt von Robert Louis August Max Gürke, Bd. 2, 1897-1903). Nach Richter wahrscheinlich die Art *Primula richteri* Pax.

V.A. Richt. = Vincenz Aladár Richter, Rimaszombat 5.1.1868-11.6.1927 Budapest. Ungarischer Botaniker. Schrieb u.a. „Növénytani intézete és botanikus kertje", 1905.

Rickett = Harold William Rickett, Birmingham, England 30.7.1896-29.11.1989. Nordamerikanischer Botaniker englischer Abstammung am Bot. Garten New York. Schrieb u.a. „Wild flowers of the United States", 6 Bde., 1966-1973; „The green earth ...", 1943. Herausg. von Britton, North American Flora, 1944 bis 1963, u. Bearbeiter von „Umbellales" in Bd. 28 B(1), 1944 u. „Cornales, Cornaceae, Nyssaceae", in Bd. 28 B(2), 1945. Schrieb zus. mit Frans Antonie Stafleu „Nomina generica conservanda et rejicienda spermatophytorum", 1961.

Riddell = John Leonard Riddell, Leyden, Massachusetts 20.2.1807-7.10.1865 New Orleans. Nordamerikanischer Botaniker u. Chemiker, Professor der Botanik und Chemie. Schrieb u.a. „A synopsis of the flora of the Western States", 1835. Nach ihm die Gattung Riddellia Nutt. sowie z.B. die Art *Solidago riddellii* Frank.

Ridl. = Henry Nicholas Ridley, West Harling, Norfolk 10.12.1855-24.10.1956 Kew, Surrey. Britischer Botaniker, 1888-1911 Direktor der Bot. Gärten Singapore u. Penang, hauptsächlicher Befürworter der Einführung der Hevea-Bäume auf der Malaischen Halbinsel. Schriften u.a. „Materials for a flora of the Malayan Peninsula", 1907, Index 1908; „The Dispersal of Plants throughout the World", 1930; „The flora of the Malay Peninsula", 1922-1925; „Notes on the botany of Fernando Noronha" (in J. Linn. Soc., Bot. 27, 1-95, 1890), „An expedition to Christmas Island" (in J. Straits Branch Roy. Asiatic Soc. 45, 137-271, 1906). Nach ihm die Gattungen *Ridleyella* Schltr.,

Ridleyinda Kuntze u. *Ridleyara* hort.
Ridsdale = Colin Ernest Ridsdale, 1944–
Riedl = Harald (Harold) Udo von Riedl, Wien 16.3.1936–. Österreichischer Botaniker am Naturhistorischen Museum in Wien. Spezialgebiet: Boraginaceae. Mitarbeiter bei zahlreichen Bänden von Karl Heinz Rechingers „Flora Iranica", z.B. bei Band 48, 1967, Boraginaceae. Schrieb u.a. „Revision der einjährigen Arten von Adonis L." (in Ann. naturhist. Mus. Wien 66, 51–90, 1963); zus. mit A. G. Miller „A revision of Cyrtostemon Balf. f. (Boraginaceae)" (in Notes Roy. Bot. Gard. Edinburgh 40, 1–21, 1982). Mitarbeiter bei der von Wu Zheng-yi u. Peter Hamilton Raven (Hrsg.) publ. Flora of China (Ephedraceae, Boraginaceae).
Ríha = Jan Ríha, 1947–. Tschechischer Kakteenkenner in Lysá. Schrieb zus. mit Rudolf Subík „Illustrated encyclopedia of cacti and other succulents", 1981.
Rikli = Martin Albert Rikli, Basel 23.9.1868–16.1.1951. Schweizer Botaniker. Schrieb u.a. „Die Arve in der Schweiz", 1909; „Vegetationsbilder aus dem westlichen Kaukasus", 1914 (mit E. Rübel); „Das Pflanzenkleid der Mittelmeerländer", 1942–1948, 2. Aufl. (nur Band 1, Lieferung 1–3) 1943. Nach ihm die Gattung *Rikliella* J. Raynal.
L. Riley = Laurence Athelstan Molesworth Riley, Insel Jersey 1888–13.3.1928 Warnborough, Hampshire. Auf der Insel Jersey geborener britischer Botaniker, nahm an der „St. George Pacific Expedition" 1924–1925 teil. Spezialgebiete: *Raimannia, Ouratea, Lopezia, Calycolpus*. Schrieb u.a. „Contribution to the flora of Sinaloa" (in Bull. Misc. Inf. Kew 1923, 103–115, 163–175, 333–346, 388–401; 1924, 206–222); „Revision of the genus Calycolpus" (in Kew Bull. 1926, 145–154); zus. mit T. A. Sprague „Materials for a flora of British Honduras" (in Bull. Misc. Inf. Kew 1924, 1–20). Nach ihm die Art *Opuntia rileyi* Ortega.
Risso = Joseph Antoine Risso, Nizza 8.4.1777–25.8.1845 Nizza. Französischer Apotheker, Zoologe u. Botaniker. Erforschte die Flora der Alpes maritimes. Schrieb „Histoire naturelle des principales productions de l'Europe méridionale", 1826–1828; „Flore de Nice", 1844. Schrieb auch zus. mit Pierre Antoine Poiteau „Histoire naturelle des orangers", 1818–1820. Nach Risso die Gattung *Rissoa* Arn.
F. Ritter = Friedrich Ritter, Quentel, Hessisch Lichtenau 9.5.1898–9.4.1989. Deutscher Botaniker, Reisender, Kakteenforscher u. -sammler. Wanderte 1920 nach Mexiko aus, kam 1937 nach Deutschland zurück, lebte zuletzt ab 1982 in Teneriffa. Entdeckte u. beschrieb zwischen 1929 u. 1959 viele neue Kakteenarten. Schrieb „Die von Curt Backeberg ... veröffentlichten Diagnosen neuer peruanischer Kakteen...", 1958; „Kakteen in Südamerika", 4 Bände, 1979–1981. Nach ihm die Gattung *Ritterocereus* Bckbg.
Rivas Goday = Salvador Rivas Goday, 1.12.1905–16.2.1981. Spanischer Botaniker, Professor in Granada und Madrid, Direktor des Bot. Gartens Madrid. Schrieb u.a. „Vegetación y Florula de la Cuenca extremeña del Guadiana", 1964. Spezialgebiet: Pflanzengeographie. Nach ihm die Gattung *Rivasgodaya* Esteve.
Rivas Mart. = Salvador Rivas Martínez, 1935–
Rivers = Thomas Rivers, Sawbridgeworth, Hertfordshire 27.12.1798–17.10.1877 Sawbridgeworth. Englischer Gärtner. Schrieb „The miniature fruit garden, or the culture of pyramidal fruit trees", 1840, 5. Aufl. 1853.
C. Rivière = Charles Marie Rivière, 1845–. Französischer Gärtner und Botaniker, Direktor des Versuchsgartens in Hamma, Algerien ab 1877, Bruder von Marie Auguste Rivière. Schrieb „Le Niaouli ...", 1883; zus. mit Marie Auguste Rivière „Les Bambous", 1879.
Rivière = Marie Auguste Rivière, 8.1.1821–14.4.1877 Paris (nicht 1805–1877). Bedeutender Französischer Gärtner und Botaniker, Leiter des Jardin de Luxembourg in Paris, Bruder von Charles Marie Rivière. Schrieb zus. mit ihm „Les Bambous", 1879, und mit É.F. André u. E. Roye „Les Fougères et les Selaginelles", 1867–1868. Nach Marie Auguste Rivière die Art *Amorphophallus rivieri* Dur. ex Rivière.
Rivoire = Antoine Rivoire, fl. 1921
Rix = Edward Martin Rix, 15.8.1943–. Britischer Botaniker und botanischer Schriftsteller in London. Spezialgebiet: *Fritillaria*. Bearbeitete diese Gattung für Flora Europaea (Band 5, 31–34, 1980). Mitarbeiter bei „The European Garden Flora", Band 1, 1986. Schrieb u.a. zus. mit Roger Phillips „Bulbs", 1989; „Roses", 1988; „Shrubs", 1989; „Perennials", 2 Bände, 1991; „Conservatory and indoor plants", 2 Bände 1997; „Annuals and biennials",1999.
Rizzini = Carlos Toledo Rizzini, Monteiro Lobato, Sao Paulo 18.4.1921–3.10.1992. Brasilianischer Arzt und Botaniker am Jardim Botânico in Rio de Janeiro. Spezialgebiet: Acanthaceae, Loranthaceae. Schrieb u.a. „Evoluçao para o Terceiro Milênio", 1977; u. zus. mit Walter B. Mors „Useful plants of Brazil", 1966.
Robatsch = Karl Robatsch, Kärnten 14.10.1929–19.9.2000 Klagenfurt, Kärnten. Österreichischer Botaniker, Großmeister im Schach. Erhielt für seine Forschungen an Orchideen den Titel Professor. Spezialgebiet: *Epipactis*. Schrieb u.a. „Epipactis nordeniorum K. Robatsch spec. nova, eine neue Epipactis-Art aus der Steiermark" (in Mitt. Abt. Bot. Landesmus. „Joanneum" Graz 20, 32–35, 1991); „Beiträge zur Kenntnis der europäischen Epipactis-Arten (Orchidaceae) und zur Evolution der Autogamie bei europäischen und asiatischen Gattungen der Neottioideae" (in Journ. Eur. Orch. 27, 125–177, 1995).
J.W. Robbins = James Watson Robbins, Colebrook, Connecticut 18.11.1801–9.1.1879 Uxbridge, Massachusetts. Nordamerikanischer Botaniker und Arzt. Spezialgebiet: *Potamogeton*. Nach ihm die Art *Potamogeton robbinsii* Oakes.
E.P. Roberts = Evan Paul Roberts,

1914-. Nordamerikanischer Botaniker. Veröffentlichte 1950 im African Violet Magazine Beschreibungen zweier neuer *Saintpaulia* -Arten.

A.V. Roberts = Andrew Vaughan Roberts, Cardiff, Wales 29.4.1940 (pers. Mitt.) -. Walisischer Botaniker. Publizierte 1977 über *Rosa*.

Roberty = Guy Édouard Roberty, Marseille 17.8.1907-7.2.1971 Saint Felicien. Französischer Botaniker, sammelte Pflanzen in Westafrika. Schrieb „Carte de la végétation de l'Africa tropicale occidentale...", 1964.

B.L. Rob. = Benjamin Lincoln Robinson, Bloomington, Illinois 8.11.1864-27.7.1935 Jaffrey, New Hampshire. Nordamerikanischer Botaniker, Direktor des Gray Herbariums der Harvard University in Cambridge, Mass., Professor für systematische Botanik 1899-1935. Schrieb u.a. „A monograph of the genus Brickellia ...", 1917; „Flora of the Galapagos Islands" (in Proc. Amer. Acad. Arts and Sci. 38, 77-269, 1902). Beendete das Werk von A. Gray „Synoptical flora of North America", 1878-1897. Nach ihm die Gattung *Robinsonella* Rose et Bak. f.

C.B. Rob. = Charles Budd Robinson Jr., Pictou, Nova Scotia, Kanada 26.10.1871-5.12.1913 Amboina, Indonesien (ermordet). Kanadischer Botaniker u. Pflanzensammler. Schrieb „The Characeae of North America", 1906; „Botanical notes upon the island of Polillo" (in Philippine J. Sci. C, Bot. 6, 185-228, 1911). Nach ihm die Gattung *Robinsoniodendron* Merr. sowie z.B. die Art *Crataegus robinsonii* Sarg.

H. Rob. = Harold Ernest Robinson, 1932-. Nordamerikanischer Botaniker am U.S. National Herbarium, Smithsonian Institution, Washington, D. C. Spezialgebiete: Compositae; Bryophyta.

E. Robson = Edward Robson, Darlington, County Durham 17.10.1763-21.5.1813 Tottenham, Middlesex. Englischer Botaniker. Nach ihm die Gattung *Robsonia* (Berland.) Rchb.

N. Robson = Norman Keith Bonner Robson, Aberdeen 3.3.1928-. Britischer Botaniker am Herbarium Kew. Sammelte auch Pflanzen in Ostafrika. Schrieb u.a. „Karoo plant wealth", 1970 (mit John Peter Jessop); „Studies in the genus Hypericum L. (Guttiferae) ..." (in Bull. Brit. Mus. (Nat. Hist.), Bot. 12, 163-325, 1985). Mitherausgeber von „The European Garden Flora", Band 3-6, 1989-2000. Nach Robson die Art *Polygala robsonii* Exell.

Robyns = Frans Hubert Edouard Arthur Walter Robyns, 1901-1986. Belgischer Botaniker.

Rocha Afonso = Maria da Luz de Oliveira Tavares Monteiro da Rocha Afonso, 1925-. Portugiesische Botanikerin in Lissabon. Publizierte mit Joao Manuel Antonio Paes do Amaral Franco Band 2 und 3 der „Nova flora de Portugal (Continente e Açores)", Band 2, 1985 und Band 3, 1994-1998. Mitarbeiterin bei Flora Europaea. Schrieb „Contribuiçao para o estudo do género Cystopteris Bernh. em Portugal continental e insular" (in Bol. Soc. Brot. ser. 2, 55, 337-352, 1982).

Rochebr. = Alphonse Trémeau de Rochebrune, 1834-1912

Rochel = Anton Rochel, Neunkirchen am Steinfeld, Niederösterreich 18.6.1770-12.3.1847 Graz, Steiermark. Österreichischer Botaniker und Arzt, zuletzt in Graz. Autor von „Naturhistorische Miscellen ...", 1821; „Plantae Banatus rariores...", 1828; „Schedae plantarum ad floram hungaricam exsiccatam", 1810, „Botanische Reise in das Banat ...", 1838. Nach ihm die Gattung *Rochelia* Rchb.

H. Rock = Howard Francis Leonard Rock, 1925-1964

Rodd = Anthony Norman Rodd, 1940-. Australischer Botaniker. Spezialgebiet: *Livistona*. Schrieb u.a. zus. mit Alec Blombery „Palms", 1984. War auch Mitarbeiter bei „Flora's trees & shrubs : illustrated A-Z of over 8500 plants", 2005.

Rodigas = Émile Rodigas, Saint-Trond 1.12.1831-14.11.1902 Gent. Belgischer Botaniker u. Zoologe, Lehrer, Schriftleiter der „L'Illustration horticole", 1882-1896; ebenso, aber nur zeitweise, von „Lindenia", 1885-1895.

L.E. Rodin = Leonid Efimovic Rodin, 1907-1990. Russischer Botaniker, Pflanzengeograph am Komarov Institut in Leningrad.

Rodion. = Georgi Ivanovich Rodionenko, 1913-. Russischer Botaniker. Veröffentlichte u.a. „Rod Iris" (in Akad. Nauk SSSR, Moskau 1961).

Rodr. = José Demetrio Rodríguez, Sevilla 1780-1846 Madrid. Spanischer Botaniker, Direktor des Bot. Gartens Madrid. Nach ihm die Gattung *Rodriguezia* Ruiz et Pav.

Rodway = Leonard Rodway, Torquay, Devon 5.10.1853-9.3.1936 Kingston, Tasmanien. Englischer Zahnarzt und Botaniker, von 1880-1936 in Tasmanien. Schrieb „The Tasmanian flora ...", 1903; „Some wild flowers of Tasmania ...", 1910, 2. Aufl. 1922. Nach ihm die Art *Eucalyptus rodwayi* R.T. Baker et H.G. Sm.

Röhl. = Johann Christoph Röhling, Gundershausen 27.4.1757-19.12.1813 Massenheim, Hessen. Deutscher Botaniker, Pfarrer in Massenheim. Hauptwerke: „Deutschlands Flora", 1796, 2. Aufl. 1812-1813, 3. Aufl. (bearbeitet von F.K. Mertens u. W.D.J. Koch) 1823-1839; „Deutschlands Moose", 1800.

Roehr. = Olivier Roehrich, publ. 1914. Schrieb zus. mit Auguste Jean Baptiste Chevalier „Sur l'origine botanique des riz cultivés" (in Comptes rendus séances Acad. Sci. 159, 1914).

Roem. = Johann Jakob Roemer (Römer), Zürich 8.1.1763-15.1.1819 Zürich. Schweizer Arzt u. Botaniker. Schrieb „Flora europaea inchoata", 1797-1811; „Encyclopädie für Gärtner und Liebhaber...", 1797; „Collectanea ad omnem rem botanicam spectantia" 1806-1810; „Versuch eines möglichst vollständigen Wörterbuchs der botanischen Terminologie", 1816; zus. mit P. Usteri Herausgeber von „Botanisches Magazin", 1787-1791; „Archiv für die Botanik", 1796-1805. Gab zus. mit Joseph August Schultes die 16. Aufl. von Linné „Systema vegetabilium", 1817-1830 heraus. Nach Roemer die Gattung *Roemeria* Medik.

M. Roem. = Max Joseph Roemer, 1791–4.11.1849 Würzburg, Bayern. Deutscher Botaniker, Richter in Aub, Bayern, später in Würzburg. Schrieb „Geographie und Geschichte der Pflanzen", 1841; „Familiarum naturalium regni vegetabilis synopses monographicae", 1846–1847.

Roep. = Johannes August Christian Roeper, 25.4.1801–17.3.1885. Deutscher Botaniker in Rostock.

Roessler = Helmut Roessler, Kempten, Bayern 18.7.1926–. Deutscher Botaniker in München. Spezialgebiete: *Gazania, Scleranthus*. Nach ihm wahrscheinlich die Art *Ranunculus roessleri* E.Borchers-Kolb.

Roezl = Benedikt (Benito) Roezl, Horomeritz bei Prag 12.8.1824–14.10.1885 Prag. Böhmischer Botaniker, bereiste Südamerika, Mexiko, Kalifornien, führte von dort viele neue Pflanzen, namentlich Orchideen, nach Europa ein. War einer der aktivsten Orchideensammler. Schrieb „Catalogue des graines de Coniferes mexicains", 1857. Nach ihm die Gattungen *Roezlia* Regel und *Roezliella* Schltr.

Rogow. = Athanasi Semenovic (Semenovich) Rogowicz (Rogovitch), 1815– Mai 1878. Russischer Botaniker, sammelte Pflanzen in der Ukraine. Publ. 1843 über *Urtica*.

Rogoz. = Helmut Rogozinski, Dortmund 16.6.1933 (pers. Mitt.) -. Deutscher Botaniker, Betriebsleiter einer Brauerei in Köln und Kakteenkenner.

Rohmeder = Ernst Rohmeder, München 13.3.1903–11.7.1972 München. Deutscher Forstwissenschaftler, Professor in München.

Rohr = Julius Philipp Benjamin von Rohr, 1737–1793, starb auf See auf dem Wege von St. Croix nach Guinea. Dänischer Botaniker deutscher Abstammung, war 1757–1791 auf der dänischen Insel St. Croix in Westindien. Schrieb „Plante-Slaegter...", 1792. Nach ihm wahrscheinlich die Art *Passiflora rohrii* DC. sowie *Piper rohrii* C. DC.

Rohrb. = Paul Rohrbach, Berlin 9.6.1847–6.6.1871 Berlin. Deutscher Botaniker am Botanischen Museum in Berlin. Bearbeitete für Martius, Flora brasiliensis in Bd. XIV, 2 (1872) „Tropaeolaceae, Molluginaceae, Alsinaceae, Silenaceae, Portulacaceae, Ficoidaceae, Elatinaceae"; veröffentlichte außerdem „Monographie der Gattung Silene", 1869; „Ueber die europäischen Arten der Gattung Typha" (in Verh. Bot. Ver. Brandenburg 11, 67–104, 1870)..

Rohweder = Otto Rohweder, Hamburg 12.11.1919–. Deutscher Botaniker, Professor in Zürich. Schrieb u.a. „Die Farinosae in der Vegetation von El Salvador" (in Abh. Univ. Hamburg, Auslandskunde 61, Reihe 6, 18:1–197, 1956); „Anatomische und histogenetische Untersuchungen an Laubsprossen und Blüten der Commelinaceen" (in Bot. Jahrb. 82:1–99, 1963); „Samenpflanzen: Morphologie und Systematik der Angiospermen und Gymnospermen", 1983 (mit P.K. Endress).

Rojas Acosta = Nicolás Rojas Acosta, 1873–1947. Argentinischer Botaniker. Schrieb „Catalogo Historia Natural de Corrientes", 1897.

Rol.-Goss. = Robert Roland-Gosselin, Aas, Basses-Pyrénées 4.7.1854– Aug. 1925. Französischer Sukkulentenforscher, lebte in Villefranche-sur-Mer. Nach ihm die Art *Tillandsia roland-gosselinii* Mez.

Rolfe = Robert Allen Rolfe, Ruddington, Nottinghamshire 12.5.1855–13.4.1921 Kew, Surrey. Englischer Botaniker in Kew, Orchideenspezialist. u.a. zus. mit Charles Chamberlain Hurst Hrsg. von „The Orchid Stud-Book", 1909; „Orchid Review", 1893–1920. Bearbeitete für Daniel Oliver, Flora of Tropical Africa, in Bd. 5 (2) „Myoporineae, Selagineae", 1900, Bd. 7(1)–7(2) „Orchideae", 1897–1898. Nach ihm die Gattungen *Allanrolfea* Kuntze, *Rolfeëlla* Schltr. u. X *Rolfeara* hort.

Rom. Caill. = Frédéric Romanet du Caillaud, ?–1888. Französischer Botaniker, publ. zwischen 1881 und 1888, führte u.a. *Vitis* -Arten aus China nach Europa ein.

Ronniger = Karl Ronniger, Gmunden, Oberösterreich 13.8.1871–5.2.1954 Mödling bei Wien. Österreichischer Botaniker, Rechnungsrat im Finanzministerium in Wien. Spezialgebiet: *Thymus*. Schrieb u.a. „Bestimmungstabelle für die Thymus-Arten des Deutschen Reiches", 1944. Nach ihm die Gattung *Ronnigeria* Petrak.

Ronse Decr. = Louis Philippe Ronse De Craene (Decraene), Kortrijk (Courtrai), Belgien 26.2.1962 (pers. Mitt.) -. Belgischer Botaniker in Löwen, später in Edinburgh. Spezialgebiet: Polygonaceae. Schrieb zus. mit J.R. Akeroyd „Generic limits in Polygonum and related genera (Polygonaceae) on the basis of floral characters" (in Bot. J. Linn. Soc. 98, 321–371, 1988).

Roscoe = Wiliam Roscoe, Liverpool, Lancashire 8.3.1753–30.6.1831 Toxteth-Park bei Liverpool. Englischer Botaniker und Bankier in Liverpool, gründete 1802 den Bot. Garten in Liverpool. Erlitt als Bankier 1820 Bankrott. Schrieb „Monandrian plants of the order Scitamineae", 1824–1828. Nach ihm die Gattung *Roscoea* Sm.

Rose = Joseph Nelson Rose, Liberty, Indiana 11.1.1862–4.5.1928 Washington, D. C. Nordamerikanischer Botaniker am United States National Herbarium. Bearbeitete für Britton, North American Flora in Bd. 25(3) „Burseraceae", 1911. Schrieb „Studies of Mexican and Central American plants ...", 1897–1911; zus. mit John Merle Coulter „Monograph of the North American Umbelliferae" (in Contr. U.S. National Herb. 7, 9–256, 1900); zus. mit N.L. Britton „The Cactaceae", 1919–1923. Nach ihm die Gattungen *Roseocactus* Berger und *Roseocereus* Backeb.

Rosenheim = Neuer Autor: Rosenheim = Paul Rosenheim, 1878-Okt. 1939 London. Britischer Börsenmakler und Gartenliebhaber in East Molesey, Gründungsmitglied der Alpine Garden Society. Spezialgebiete: *Fritillaria, Primula*.

Rosenst. = Eduard Rosenstock, Frankenberg, Hessen 2.6.1856–29.5.1938 Gotha, Thüringen. Deutscher Botaniker in Gotha, Farnspezialist u. Besitzer einer großen Farnsammlung. Schrieb u.a. „Beschreibung neuer Hymenophyllaceae aus dem Rijks Herbarium zu Leiden", 1912; „Filices palaeotropicae novae herbarii Lugduno-Batavae", 1917. Nach ihm die Gattung *Rosenstockia* Copel.

Roshkova = Olga Ivanovna Roshkova, 1909–1989. Russische Botanikerin. Spezialgebiet: *Psylliostachys*. Mitarbeiterin bei V.L. Komarov, Flora U.R.S.S., Band 18, 1952.

R. Ross = Robert Ross, Pinner, Middlesex 14.8.1912–2005. Englischer Botaniker am Brit. Museum, London. Spezialgebiete: Bacillariophyceae, Ericoideae außerhalb Südafrikas. Publizierte zus. mit R. McVaugh u. F.A. Stafleu „An annotated glossary of botanical nomenclature", 1968. Nach ihm die Gattung *Rossiella* Desikachary et C.L.Maheshw.

Rossbach = George Bowyer Rossbach, Belfast, Maine 26.10.1910–24.1.2001. Nordamerikanischer Botaniker von Buckhannon, West-Virginia, Professor der Biologie am West Virginia College. Spezialgebiet: *Erysimum*. Schrieb u.a. „Erysimum in North America", 1940; „New taxa and new combinations in the genus Erysimum in North America" (in Aliso 4, 115–124, 1958).

Rossi = Pietro Rossi, 1738–1804

Rostk. = Friedrich Wilhelm Gottlieb Rostkovius, 1770–17.8.1848 Stettin. Deutscher Botaniker, Arzt in Stettin. Schrieb „Dissertatio ... de Junco ...", 1801; zus. mit Ewald Ludwig Wilhelm Schmidt „Flora sedinensis ...", 1824. Nach Rostkovius die Gattung *Rostkovia* Desv. sowie die Art *Euphrasia rostkoviana* Hayne.

Rostr. = (Frederik Georg) Emil Rostrup, Stensgaard, Lolland, Dänemark 28.1.1831–16.1.1907 Kopenhagen. Dänischer Lehrer und Botaniker (Phytopathologe, Mykologe) in Skaarup, Fynen, später Professor in Kopenhagen. Schrieb u.a. „Vejledning i den danske Flora", 1860, 20. Aufl. (herausg. von A. Hansen) 1973; „Fungi Groenlandiae" (in Medd. Gronl. 3, 517–590, 1888); zus. mit Johan Martin Christian Lange et al. „Conspectus florae Groenlandicae", Teil 3.1, 1889–

1894; Teil 3.2 von Rostrup, 1891. Nach Rostrup die Gattung *Rostrupia* Lagerh.

Rosua = José Luis Rosua, 1954–

Rota = Lorenzo Rota, 1819–6.8.1855 (Cholera). Italienischer Arzt und Botaniker in Pavia.

Roth = Albrecht Wilhelm Roth, Dötlingen, Oldenburg, Niedersachsen 6.1.1757–16.10.1834 Vegesack bei Bremen. Deutscher Kreisarzt in Bremen und Botaniker, Arzt in Vegesack bei Bremen. Von seinen zahlreichen Schriften seien genannt: „Beyträge zur Botanik", 1782–1783; „Tentamen florae germanicae", 1788–1800; „Catalecta botanica...", 1797–1806; „Novae plantarum species praesertim Indiae orientalis", 1821; „Enumeratio plantarum phaenogamarum in Germania sponte nascentium", 1827; „Manuale botanicum", 1830. Nach ihm die Gattung *Rothia* Pers.

Rothm. = Werner Hugo Paul Rothmaler, Sangerhausen, Thüringen 20.8.1908–13.4.1962 Greifswald, Mecklenburg-Vorpommern. Deutscher Botaniker, Professor der Botanik in Halle, später in Greifswald. Veröffentlichte mehr als 190 Schriften, darunter „Taxonomische Monographie der Gattung Antirrhinum", 1956; „Allgemeine Taxonomie und Chorologie der Pflanzen", 1950, 2. Aufl. 1955; „Exkursionsflora von Deutschland", 4 Bde., I: 1983, II: 1999 (17. Aufl.), III: 1968 (4. Aufl.), IV: 2002 (9. Aufl.). Nach ihm die Gattung *Rothmaleria* Font Quer.

Rothr. = Joseph Trimble Rothrock, McVeytown, Pennsylvania 9.4.1839–2.1.1922 Westchester, Pennsylvania. Nordamerikanischer Arzt, Botaniker u. Dendrologe, Professor der Botanik an der University of Pennsylvania. Schrieb „Sketch of the flora of Alaska" (in Ann. Rep. Smithson. Inst. 1867, 433–463, 1872); „Preliminary report on the botany of Central Colorado", 1874 (U.S. Geographical and geological explorations and surveys west of the one hundredth Meridian). Nach ihm die Gattung *Rothrockia* A. Gray.

Rottb. = Christen Friis Rottboll,

Horby Gård, Seeland 3.4.1727–15.6.1797 Kopenhagen. Dänischer Botaniker u. Arzt, Professor der Medizin u. Direktor des Bot. Gartens Kopenhagen. Schrieb „Descriptionum et iconum rariores et pro maxima parte novas plantas...", 1773, 2. Aufl. 1786. Nach ihm die Gattung *Rottboellia* L. f.

Rottler = Johan Peter Rottler, Straßburg Juni 1749–27.1.1836 Vepery, Madras. Im Elsass geborener Missionar und Reisender in Indien und Sri Lanka, Orientalist, Botaniker u. Pflanzensammler in dänischen Diensten. Schrieb „Botanische Bemerkungen auf der Hin- und Rückreise von Trankenbar nach Madras ..." (in Ges. Naturf. Freunde Berlin, Neue Schr. 4, 180–224, 1803). Nach ihm die Gattung *Rottlera* Willd.

Rouhier = Alexandre Rouhier, publ. um 1927. Französischer Kakteenkenner.

Rouleau = Joseph Albert Ernest Rouleau, Montreal, Québec 21.8.1916–5.1.1991 Montreal. Kanadischer (Québec) Botaniker und Professor am Bot. Institut Montreal. Spezialgebiete: Flora von Neufundland, *Populus*, *Salix*. Veröffentlichte u.a. „Guide to Index kewensis and its supplements", 1970; „Guide to the generic names appearing in the Index kewensis and its fifteen supplements", 1981; zus. mit Gisèle Lamoureux „Atlas des plantes vasculaires de l'île de Terre-Neuve ...", 1992.

Roush = Eva Myrtelle Roush (geb. Fling, ab 1921 verh. mit Harold Roush), Tanner, West-Virginia 22.4.1886–. Nordamerikanische Botanikerin am Arnold Arboretum. Spezialgebiete: *Agave*, *Sidalcea*. Publ. auch zus. mit Jesse More Greenman.

Rousi = Arne Henrik Rousi, 1931–. Finnischer Botaniker in Turku. Spezialgebiete: *Hippophaë*, *Leontodon*, *Vicia*. Schrieb „Cytotaxonomical studies on Vicia cracca l. and V. tenuifolia Roth I. Chromosome numbers and karyotype evolution" (in Hereditas 47, 81–111, 1961); „The genus Hippophaë L. – A taxonomic study" (in Ann. Bot. Fenn. 8, 177–227, 1971).

Rouy = Georges Rouy, Paris 12.12.1851–25.12.1924 Asnières-sur-Seine, Hauts-de-Seine, Frankreich. Französischer Botaniker, Ritter der Ehrenlegion. Hauptschriften: „Flore de France", 1893–1913 (mit Julien Foucaud u. Edmond Gustave Camus); „Conspectus de la flore de France", 1927; „Illustrationes plantarum Europae rariorum", 1895–1905. Nach ihm die Gattung *Rouya* Coincy.

Rovelli = Renato Rovelli, Isola Madre im Lago Maggiore, Italien 1806–11.1.1880 Pallanza am Lago Maggiore, Italien. Italienischer Gärtner.

Rowlee = Willard Winfield Rowlee, Fulton, New York 15.12.1861–8.8.1923 Ithaca, New York. Nordamerikanischer Botaniker, Professor der Botanik an der Cornell University, Ithaca, New York. Nach ihm die Art *Rubus rowleei* L.H. Bailey.

G.D. Rowley = Gordon Douglas Rowley, London 31.7.1921–. Englischer Botaniker an der Universität in Reading. Spezialgebiete: Cactaceae u. andere sukkulente Pflanzen, *Rosa*. Hrsg. von „Repertorium plantarum succulentarum", Bd. 1–32, 1950–1983. Schrieb „Illustrated encyclopedia of succulent plants", 1978; „Name that succulent", 1980; „Caudiciform & pachycaul succulents", 1987; „A history of succulent plants", 1997. Nach ihm die Art *Senecio rowleyanus* H. Jacobsen.

Roxb. = William Roxburgh, Craigie, Ayrshire 3.6.1751–18.2.1815 Edinburgh. Schottischer Arzt und Botaniker, von 1793–1813 Direktor des Bot. Gartens Kalkutta. Schrieb „Plants of the coast of Coromandel", 1795–1820; „Hortus bengalensis", 1814; posthum erschien: „Flora indica, ...", 1820–1824 (mit Notizen von Nathaniel Wallich) u. 1832 (Kryptogamen 1844, Hrsg. William Griffith). Nach Roxburgh die Gattung *Roxburghia* Jones ex Roxburgh.

Royen = Adriaan van Royen, Leiden, Niederlande 11.9.1704–28.2.1779 Leiden. Niederländischer Botaniker, Professor der Botanik und Medizin in Leiden, Onkel von David van Royen. Schrieb u.a. „Florae leydensis prodromus ...", 1740. Nach ihm die Gattung *Royena* L.

D. Royen = David van Royen, Leiden, Niederlande 30.12.1727–29.4.1799 Leiden. Niederländischer Botaniker, Professor der Botanik in Leiden, Neffe von Adriaan van Royen. Schrieb „Oratio de hortis publicis", 1754; „Novae plantae Schwenckia, dictae... descriptio", 1766.

P. Royen = Pieter van Royen, Lahat, Bencoolen, Sumatra 1923–2002. Niederländischer Botaniker am Rijksmuseum in Leiden, später am Bishop Museum in Honolulu. Spezialgebiet: Flora von Neuguinea. Schrieb u.a. „The Podostemaceae of the New World", 3 Bände (in Meded. Bot. Mus. Herb. Rijks Univ. Utrecht 107, 1–151,1951 und Acta Bot. Neerlandica 2, 1–21, 1953 und 3, 215–263,1954); „Revision of the Sapotaceae of the Malaysian area in a wider sense" (in Blumea 7, 401–412, 1953); „Alpine Flora of New Guinea", 4 Bände, 1979–1983. Nach ihm die Gattung *Vanroyenia* Aubrév.

Royle = John Forbes Royle, Cawnpore, Indien 20.5.1798–2.1.1858 Acton, Middlesex. Britischer Arzt u. Botaniker, Vorsteher des Bot. Gartens Saharanpur, Indien, von 1823 bis 1832. Hauptwerk: „Illustrations of the botany and other branches... of the Himalayan mountains and of the flora of Cashmere", 1833–1840. Nach ihm die Gattung *Roylea* Wall. ex Benth.

Rozeira = Arnaldo Deodata da Fonseca Rozeira, 29.4.1912–8.3.1984. Portugiesischer Botaniker in Porto. Publ. u.a. über *Lavandula*.

Rozier = Jean-Baptiste François Rozier, Lyon 23.1.1734–29.9.1793 (durch eine Bombe im Krieg). Französischer Geistlicher, Agrarwissenschaftler und Botaniker, Professor an der Académie royale von Lyon. Schrieb u.a. „Cours complet d'agriculture ...", 12 Bände, 1781–1805 (posthum vervollständigt); 2. Aufl., 7 Bände, 1809.

Rudd = Velva Elaine Rudd, Fargo, North Dakota 6.9.1910–9.12.1999. Nordamerikanische Botanikerin an der Smithsonian Institution in Washington, D. C. Spezialgebiet: Leguminosae. Bearbeitete u.a. für Britton, „North American Flora" in Ser. II, Bd. 7 Leguminosae-Sophoreae, 1972. Nach ihr die Gattung *Ruddia* Yakovlev und z.B. die Art *Acacia ruddiae* D.H. Janzen.

Rudge = Edward Rudge, Evesham, Worcestershire 27.6.1763–3.9.1846 Evesham. Englischer Botaniker. Schrieb u.a. „New Holland Plants", 1811 (in Transactions of the Linnean Society, London, Bd. 10); „Plantarum Guianae rariorum...", 1805–1806. Nach ihm die Gattung *Rudgea* Salisb.

Rudolph = Johann Heinrich Rudolph, 1744–1809 Petrograd (St. Petersburg). Deutscher Botaniker und Arzt, Professor der Botanik in St. Petersburg. Schrieb „Florae jenensis plantas ad polyandriam monogyniam Linnaei pertinentes", 1781.

Rudolphi = (Israel) Karl Asmund (Carl Asmus, Asmunt) Rudolphi, Stockholm 14.7.1771–28.11.1832 Berlin. In Schweden geborener deutscher Botaniker u. Zoologe, Professor der Medizin und Anatomie an der Universität Berlin. Schrieb u.a. „Anatomie der Pflanzen", 1807. Nach ihm die Gattung *Rudolphia* Willd.

Rümpler = Karl Theodor Rümpler, Alterstedt bei Langensalza, Thüringen 1817–23.5.1891 Erfurt, Thüringen. Deutscher Gartenbauschriftsteller u. Pädagoge. Veröffentlichte viele Schriften für Gärtner u. Gartenfreunde. Schrieb „Die Sukkulenten...", 1892. Zus. mit J. Groenland Hrsg. der 1. Aufl. von „Vilmorins illustrierte Blumengärtnerei", 1872–1875, 2. Aufl. von ihm allein hrsg. 1879, Supplemente dazu 1879 u. 1888, ebenso Hrsg. der beiden ersten Auflagen von „Illustriertes Gartenbau-Lexikon", 1882 u. 1890.

Ruhland = Wilhelm (Willy) Otto Eugen Ruhland, Schleswig 7.8.1878–5.1.1960 Unterdeufstetten bei Crailsheim, Baden-Württemberg. Deutscher Botaniker, Professor in Halle u. Tübingen, ab 1922 Direktor des Bot. Gartens u. Institutes Leipzig, später in Erlangen. Spezialgebiet: Stoffwechselphysiologie. Herausgeber von „Handbuch der Pflanzenphysiologie", 18 Bände, 1955-1967. Bearbeitete für Engler, Das Pflanzenreich, Heft 13, Eriocaulaceae, 1903; für Engler, Die natürlichen Pflanzenfamilien 2. Aufl. Musci, Sphagnales, Andreales, Bryales, 1924; Eriocaulaceae, 1930. Nach ihm die Gattung *Ruhlandiella* Henn.

Ruiz = Hipólito Ruiz Lopez, Belorado 8.8.1754-1815 Madrid. Spanischer Botaniker, bereiste mit José Antonio Pavon von 1779-1788 Chile, Peru u. die angrenzenden Gebiete. Gemeinsam Hrsg. von „Florae peruvianae et chilensis prodromus, ...", 1794; „Systema vegetabilium florae peruvianae chilensis", 1798; „Flora peruviana et chilensis, sive descriptiones, et icones...", 1798-1802. Nach Ruiz die Gattung *Ruizia* Cav.

Ruíz Rejón = Manuel Enrique Ruíz Rejón, 1950-. Spanischer Botaniker in Granada. Schrieb u.a. zus. mit Francisco Javier Fernández Casas u. Manuel Laínz Gallo „Narcissus cuatrecasasii stat. et nom. nov." (in Cuad. Cienc. Biol. (Granada), 2, 3-5, 1973).

Rumph. = Georg Eberhard Rumphius (Rumpf), Hanau, Hessen 1628-15.6.1702 Ambon, Indonesien. Deutscher Kaufmann und Naturforscher, war mit der niederländischen West Indian Company in Brasilien und später mit der East Indian Company in Indonesien unterwegs. Wurde 1670 blind, doch konnte er trotzdem das Manuskript des „Herbarium amboinense" bis 1690 fertigstellen. Es kam aber erst 1696 nach den Niederlanden, konnte dann aber zunächst nicht publiziert werden. Es befindet sich heute in Leiden. Hauptwerk „Herbarium amboinense ...", 6 Bände, posthum erschienen 1741-1750, Ergänzungsband 1755. Nach ihm die Gattung *Rumphia* L.

Runemark = Hans Runemark, Chicago, Illinois 7.1.1927-. Schwedischer Botaniker am Institut für Systematische Botanik in Lund. Spezialgebiete: Flora der Ägäis, Gramineae. Schrieb u.a. „A revision of Parapholis and Monerma in the Mediterranean" (in Bot. Notiser 115, 1-17, 1962); „Reproductive drift, a neglected principle in reproductive biology" (in Bot. Notiser 122, 90-129, 1969); zus. mit M. Assadi „Hybridization, genomic constitution and generic delimitation in Elymus s.l. (Poaceae, Triticeae)" (in Pl. Syst. Evol. 194,189-205, 1995). Nach ihm die Art *Limonium runemarkii* Rech. f.

Runge = C. Runge, publ. 1889 über Cactaceae.

Rupp = Herman Montague Rucker Rupp, Port Fairy, Victoria 27.12.1872-3.9.1956 Sydney. Australischer Botaniker in Sydney. Schrieb „Guide to the orchids of New South Wales ...", 1930; „The orchids of New South Wales", 1944. Nach ihm z.B. die Art *Prasophyllum ruppii* R.S.Rogers.

Rupr. = Franz Josef (Ivanovich) Ruprecht, Freiburg im Breisgau 1.11.1814-4.8.1870 St. Petersburg. Böhmisch-russischer Botaniker, lebte seit 1839 in St. Petersburg, Direktor des Bot. Museums St. Petersburg, Schwager von C. A. Meyer. Schrieb u.a. „Tange des Ochotskischen Meeres", 1851; „Decas plantarum amurensium", 1859; „Neue oder unvollständig bekannte Pflanzen aus dem nördlichen Theile des Stillen Oceans", 1852; „Flora Caucasi", 1869; „Bambuseae", 1838. Nach ihm die Gattung *Ruprechtia* C.A. Mey.

Rusby = Henry Hurd Rusby, Franklin, New Jersey 26.4.1855-18.11.1940 Sarasota, Florida. Nordamerikanischer Botaniker und Arzt, Professor der Botanik in New York, bereiste Neumexiko u. Südamerika. Schrieb (zus. mit Thomas Morong) „List of Pteridophyta and Spermatophyta growing without cultivation in Northeastern North America", 1893-1894; „Jungle memories", 1933. Bearbeitete für Britton, North American Flora in Bd. 22(2) Phyllonomaceae, 1905. Nach ihm die Gattungen *Rusbya* Britton, *Rusbyanthus* Gilg, *Rusbyella* Rolfe ex Rusby.

R. Ruthe = Johann Gustav Rudolf Ruthe, Frankfurt an der Oder, Brandenburg 1.11.1823-12.11.1905 Swinemünde. Deutscher Kreistierarzt in Swinemünde, Entomologe und Amateur-Botaniker, Sohn von Johann Friedrich Ruthe. Nach R. Ruthe die Art *Dactylorhiza ruthei* (M. Schulze) Soó.

Ruthe = Johannes Friedrich Ruthe, Egenstedt bei Hildesheim, Niedersachsen 16.4.1788-24.8.1859 Berlin. Deutscher Botaniker und Zoologe, Lehrer des Dichters Theodor Fontane und Vater von Johann Gustav Rudolf Ruthe. Schrieb „Flora der Mark Brandenburg ...", 1827, 2. Aufl. 1834. Nach ihm die Gattung *Ruthea* Opat.

A. Rutherf. = Alison Rutherford, fl. 1993. Schottische Botanikerin in Helensburgh, Dunbartonshire. Schrieb „The Flowering Plants and Ferns within the burgh boundary of Helensburgh", 1991; zus. mit Hugh A. McAllister „Hedera helix L. and H. hibernica (Kirchner) Bean (Araliaceae) in the British Isles" (in Watsonia 18, 7-15, 1990).

Rydb. = Pehr Axel Rydberg, Odh, Schweden 6.7.1860-25.7.1931 New York. Schwedischer Botaniker, wanderte in die USA aus, arbeitete bis zu einem Unfall im Bergbau, wurde später Professor der Naturwissenschaften und Mathematik in Brooklyn und Kenilworth, New Jersey. Schrieb „A monograph of the North American Potentillae" (in Memoirs from the Department of Botany of Colombia University, Vol. 2, 1898); „Flora of the Rocky Mountains and adjacent plains, ...", 1917, 2. Aufl. 1923, Nachdruck 1954, 1961, 1969; „Flora of the prairies and plains of central North America", 1932, Nachdruck 1965 u. 1972. Hauptmitarbeiter für Britton, North American Flora; Bearbeiter vieler Familien von 1905-1932. Nach Rydberg die Gattungen *Rydbergia* Greene und *Rydbergiella* Fedde et P. Syd.

Rydlo = Jaroslav Rydlo, 1950-. Tschechischer Botaniker in Prag. Schrieb zus. mit Helena Nováková „Epipactis albensis ... novy autogamicky druh z okruhu Epipactis helleborine agg. (Orchidaceae)" (in Preslia 50, 161-171, 1978).

Rylands = Thomas Glazebrook Rylands, Warrington, Lancashire

24.5.1818–14.2.1900 Warrington. Englischer Fabrikant u. Diatomeenforscher in Warrington. Publizierte auch über Farne. Nach ihm die Gattung *Rylandsia* Grev. et Ralfs ex Grev.

Rzed. = Jerzy Rzedowski Rotter, 1926–. Nach ihm die Art *Agave rzedowskiana* P.Carrillo, Vega et R.Delgado.

Sabine = Joseph Sabine, Tewin, Hertfordshire 6.6.1770–24.1.1837 London. Englischer Finanzbeamter, Schriftsteller u. Gartenfachmann, Bruder des Naturforschers Sir Edward Sabine (1788–1883), war einer der Gründer u. später Sekretär der Horticultural Society of London (1816–1830). Nach ihm die Gattung *Sabinea* DC.

Sachet = Marie-Hélène Sachet, Moulins, Frankreich 19.4.1922–19.7.1986 Washington, D. C. Nordamerikanische Botanikerin französischer Abstammung in Washington. Spezialgebiet: Flora von Mikronesien u. Polynesien. Mitherausgeberin von „Atoll Research Bulletin". Schrieb u.a. „Flora of the Marquesas, 1: Ericaceae-Convolvulacae" (in Smithson. Contrib. Bot. 23, 1975); u. zus. mit Francis Raymond Fosberg „Polynesian plant studies" (in Smithson. Contrib. Bot. 21, 1975 u. 47, 1981). Nach ihr die Art *Rauvolfia sachetiae* Fosberg.

Sadler = Joseph (Jószef) Sadler, Pressburg (Bratislava) 6.5.1791–12.3.1849 Pest (heute zu Budapest). Ungarischer Botaniker, Professor der Botanik in Budapest. Schrieb „Flora comitatus pestiensis ...", 1825–1826, 2. Aufl. 1840. Nach ihm die Gattung *Sadleria* Kaulf.

Saff. = William Edwin ('Ned') Safford, Chillicothe, Ohio 14.12.1859–10.1.1926 Washington, D. C. Nordamerikanischer Botaniker am United States Department of Agriculture. Spezialist für *Datura*. Schrieb „The useful plants of the island of Guam", 1905; „Classification of the genus Annona ..." (in Contr. U.S. Herb. 18, 1–68, 1914). Nach ihm die Gattung *Saffordia* Maxon.

St.-Amans = Jean Florimond Boudon de Saint-Amans, Agen, Lot-et-Garonne, Frankreich 24.6.1748–28.10.1831 Agen. Französischer Botaniker. Schrieb „Flore agenaise ou description méthodique des plantes...", 1821.

J. St.-Hil. = Jean Henri Jaume Saint-Hilaire, Grasse, Var 30.10.1772–18.2.1845 Paris. Französischer Botaniker. Schrieb „Exposition des familles naturelles", 1805; „Plantes de la France", 1805–1822; „La flore et la pomone française ...", 1828–1830. Nach ihm die Gattung *Jaumea* Pers.

A. St.-Hil. = Augustin François César Prouvençal de Saint-Hilaire, Orléans 4.10.1779–30.8.1853 Orléans. Französischer Botaniker und Entomologe. Hauptwerke u.a. „Flora Brasiliae meridionalis", 1824–1833 und „Plantes usuelles des Brasiliens", 1824–1828 (z.T. mit Jacques Cambessèdes und Adrien Henri Laurent de Jussieu); „Leçons des botanique ...", 1840, 1841, 1847. Nach Auguste Saint-Hilaire die Gattungen *Hilaria* Kunth und *Hilairanthus* Tiegh.

St.-Lag. = Jean Baptiste Saint-Lager, Lyon 4.12.1825–29.12.1912 Lyon. Französischer Arzt, Botaniker u. Pflanzensammler. Schrieb „Catalogue des plantes vasculaires du bassin du Rhône", 1873–1883. Schrieb zus. mit Antoine Cariot die 8. Aufl. von „Étude des fleurs. botanique élémentaire", 1889; mit W.A.A. Méhu und L. A. Cousin „Herborisations dans les montagnes d'Hauteville", 1876.

St.-Yves = Alfred (Marie Augustine) Saint-Yves, Paris 7.5.1855–8.10.1933 Vernou-sur-Brenne. Französischer Botaniker und Soldat. Spezialgebiet: Gramineae. Schrieb u.a. „Contribution à l'étude des Festuca (subgen. Eu-Festuca)..." (in Candollea 2, 229–316, 1925; 3, 151–315, 321–466, 1927–1928; 4, 65–129, 1929); „Tentamen. Claves analyticae Festucarum veteris orbis", 1927; „Monographia Spartinarum" (in Candollea 5, 19–100, 1932); „Contribution à l'étude des Brachypodium (Europe et région méditerranéenne)" (in Candollea 5, 427–493, 1934). Nach ihm die Gattung *Yvesia* A. Camus.

Salazar = Gerardo A. Salazar, 1961–

Saldanha = José de Saldanha da Gama, Campos, Rio de Janeiro 7.8.1839–8.1.1905 Santa Thereza. Brasilianischer Botaniker, Professor der Botanik. Schrieb u.a. „Classement botanique des plantes alimentaires du Brésil", 1867; „Configuraçao e estudo botanico ... do Rio de Janeiro...", 1867–1872. Nach ihm die Gattung *Saldanhaea* Bureau.

Salisb. = Richard Anthony Salisbury (geb. Markham), Leeds, Yorkshire 2.5.1761–23.3.1829 London. Englischer Botaniker, Gärtner u. Zeichner. Veröffentlichte „Icones stirpium rariorum descriptionibus illustrata", 1791; „The Paradisus londinensis," 1805–1808; „Prodromus stirpium in horto ad Chapel Allerton vigentium", 1796. Nach ihm die Gattung *Salisburia* Sm.

Salm-Dyck = Joseph Maria Franz Anton Hubert Ignaz Fürst und Altgraf zu Salm-Reifferscheid-Dyck, Dyck bei Düsseldorf 4.9.1773–21.3.1861 Nizza, Frankreich. Deutscher Amateurbotaniker, Besitzer einer der reichhaltigsten Sukkulentensammlungen seiner Zeit. Schrieb „Catalogue raisonné des esp. et var. d'Aloées", 1817; „Hortus Dyckensis...", 1834; „Monographia generum Aloes et Mesembrianthemi", 1836–1842, 1849 bis 1863; „Cacteae in horto Dyckensi cultae", 1841, 1845 u. 1850. Nach ihm die Gattungen *Dyckia* Schult. f. u. *Salmea* DC.

C.E. Salmon = Charles Edgar Salmon, 22.11.1872–1.1.1930 Reigate, Surrey. Englischer Architekt u. Botaniker in Reigate, Surrey. Spezialgebiet: *Limonium*. Schrieb „Flora of Surrey", 1931.

Salter = Samuel James Augustus Salter, 1825–1897

T.M. Salter = Terence Macleane Salter, Cheltenham, Gloucestershire, England 5.2.1883–29.3.1969 Kapstadt, Südafrika. Englischer Offizier und Botaniker, später in Kapstadt. Spezialgebiet: *Oxalis*. Schrieb u.a. „The genus Oxalis in South Africa", 1944; zus. mit Robert Stephen Adamson „The Flora of the Cape Peninsula", 1950. Nach Salter die Gattung *Saltera* Bullock sowie die Arten *Oxalis salteri* L. Bolus und *Disa salteri* G.J. Lewis.

Salzm. = Philipp Salzmann, Erfurt, Thüringen 27.2.1781–11.5.1851

Montpellier, Frankreich. Deutscher Botaniker, Arzt und Entomologe in Montpellier, sammelte Pflanzen in Südeuropa und Nordafrika, 1827-1830 auch in Brasilien. Schrieb „Enumeratio plantarum rariorum ...", 1818. Nach ihm die Gattung *Salzmannia* DC.

Samp. = Gonçalo António da Silva Ferreira Sampaio, Póvoa de Lanhosa 29.3.1865-27.7.1937 Porto. Portugiesischer Botaniker. Veröffentlichte u.a. „Lista des espécies representados no Herbário português", 1913, Apêndice 1-3, 1914; „Manual da flora portugueza", 1909-1914, 2. Aufl. als „Flora portuguesa ...", 1946-1947. Nach ihm die Gattung *Sampaioa* Gonz. Frag.

Sampath = V. Sampath, fl. 1981

Sam. = Gunnar Samuelsson, Norrtälje 22.8.1885-14.4.1944 Stockholm. Schwedischer Botaniker, Professor und Direktor des Rijksmuseum in Stockholm. Mitarb. bei Hannig et Winkler „Die Pflanzenareale", 1926-1933. Schrieb u.a. „Studien über die Vegetation der Hochgebirgsgegenden von Dalarne", 1917; „Die Arten der Gattung Alisma", 1932; „Die Verbreitung der höheren Wasserpflanzen in Nordeuropa", 1934 „Revision der südamerikanischen Epilobium-Arten" (in Svensk bot. Tidskr. 17, 241-296, 1923). Nach ihm die Gattung *Samuelssonia* Urb. et Ekman.

Sánchez-Mej. = Hernando Sánchez-Mejorada R. (Sánchez Mejorada), 1926-11.3.1988. Mexikanischer Botaniker. Spezialgebiet: Cactaceae. Gab zus. mit Helia Bravo Hollis Band 2 u. 3 (mit 2. Aufl. von Band 1) von „Las Cactáceas de México", 1991 heraus. Nach Sánchez-Mejorada die Art *Mammillaria sanchezmejoradae* R. Gonzalez G.

Sander = Henry Frederick (Heinrich Friedrich) Conrad Sander, Bremen 4.3.1847-23.12.1920 Brügge, Belgien. Deutsch-Englischer Gärtner, seit 1865 in England. Begründer bedeutender Gärtnereien in St. Albans, Hertfordshire, England und in Brügge, Belgien; Orchideenzüchter, führte viele neue Pflanzenarten nach Europa ein durch eigene Sammler, u.a. Micholitz, Roezl, Wallis, Endres. Hrsg. Von „Reichenbachia. Orchids illustrated and described", 1888-1895; „Sander's orchid guide ...", 1901, 2. Aufl. 1903, auch 1904 und 1927; „Orchid hybrids", 1906, auch 1906 und 1913 etc. Nach ihm die Gattungen *Sanderella* Kuntze und *Sanderara* hort.

I. Sándor = I. Sándor, 1853-

Sandwith = Noel Yvri Sandwith, Harworth, Nottinghamshire 8.9.1901-7.5.1965 Kew, Surrey. Englischer Botaniker in Kew. Spezialgebiete: Bignoniaceae, Flora von Südamerika. Schrieb „Bignoniaceae ..." (in A. Pulle, Flora Suriname 4, 1-86, 1938). Mitarbeiter für die Familie Bignoniaceae bei E. R. Farr et al. „Index nominum genericorum", 1979; Mitarbeiter auch bei Robert Orchard Wiiliams (Herausg.) „Flora of Trinidad and Tobago ...", Band 2(3), 1947. Nach Sandwith die Gattungen *Sandwithia* Lanj. und *Sandwithiodoxa* Aubrév. et Pellegr.

Santi = Giorgio Santi, Pienza, Toskana 7.4.1746-30.12.1822 Pienza. Italienischer Botaniker, Professor der Botanik und Direktor des Bot. Gartens in Pisa. Schrieb u.a. „Viaggio al Montamiata", 1795 (deutsch: „Naturhistorische Reise durch einen Theil von Toscana", 1797, auch franz., 1802). Nach ihm Gattung *Santia* Savi.

Sarg. = Charles Sprague Sargent, Boston, Massachusetts 24.4.1841-22.3.1927 Boston. Nordamerikanischer Botaniker, Dendrologe, Gründer u. erster Direktor des Arnold Arboretums, Professor in Harvard. Schrieb „Forest Flora of Japan...", 1894; „Manual of the trees of North America", 1905, 2. Aufl. 1922; „The Silva of North America...", 1891-1902; „Trees and shrubs...", 1902-1913. Hrsg. von „Garden and Forest", 1888-1897. Nach ihm die Gattungen *Sargentia* S. Wats. u. *Sargentodoxa* Rehd. et Wils. sowie die Zeitschrift Sargentia, 1942-1949.

O.H. Sarg. = Oswald Hewlett Sargent, Selley Oak bei Birmingham, England 5.12.1880-4.3.1952 York, Westaustralien. Australischer Apotheker und Orchideenkenner in York, Australien. Ist in England geboren, wanderte aber schon 1886 nach Australien aus. Beobachtete die Bestäubung von Orchideen. Publ. auch über *Drosera*. Nach ihm die Art *Thelymitra sargentii* R.S. Rogers.

Sarnth. = Ludwig Graf von Sarnthein zu Rottenbuch, Kellerburg und Kränzelstein; Hermannstadt (heute Sibiu), Siebenbürgen, Rumänien 4.1.1861-1.2.1914 Hall, Tirol. In Siebenbürgen geborener österreichischer Botaniker, auch Bezirkshauptmann. Schrieb zus. mit K.W. von Dalla Torre „Flora der gefürsteten Grafschaft Tirol, des Landes Vorarlberg und des Fürstentums Liechtenstein, 1900-1913. Nach Sarnthein wahrscheinlich die Art *Mentha sarntheinii* Heinr.Braun.

Sarsons = Thomas Dixon Sarsons, 1880-1951. Autor von *Meconopsis x sarsonsii.*

Sart. = Giovanni Battista Sartorelli, Telve 11.8.1780-März 1853. Italienischer Botaniker. Schrieb „Degli alberi indigeni ai boschi dell'Italia superiore ...", 1816.

Sartori = Joseph Sartori, 30.6.1809-15.9.1880. Deutscher Botaniker.

F.W.H. Sauer = Friedrich Wilhelm Heinrich Sauer, 1803-27.7.1873 Berlin. Deutscher Botaniker. Nach ihm die Gattung *Saueria* Klotzsch.

W. Sauer = Wilhelm Sauer, Überackern 27.2.1935-. Österreichischer Botaniker, Professor der Botanik in Tübingen, Baden-Württemberg. Spezialgebiet: *Pulmonaria*. Schrieb u.a. „Karyosystematische Untersuchungen an der Gattung Pulmonaria (Boraginaceae)" (in Biblioth. Bot. 131, 1975).

Saukel = Johannes Rudolf Saukel, Wien 14.5.1953 (pers. Mitt.) -. Österreichischer Botaniker, Professor für Systematische Botanik und Pharmakognosie der Universität in Wien. Spezialgebiet: *Achillea*. Schrieb u.a. „Östliche niederösterreichische Kalkvoralpen : ein Wander- und Naturführer der besonderen Art", 2006. Mitarbeiter bei der Exkursionsflora von Österreich von Wolfgang Adler, Karl Oswald und Raimund Fischer, 1994, 2. Aufl. 2005.

Saunders = William Wilson Saunders, Little London, Wendover, Buckinghamshire 4.6.1809–13.9.1879 Worthing, Sussex. Englischer Botaniker, Gärtner und Entomologe. Schrieb u.a. „Refugium botanicum", 1868–1873. Nach ihm die Gattung *Saundersia* Rchb. f.

Saut. = Anton Eleutherius Sauter, Grossarl, Salzburg 19.4.1800–6.4.1881 Salzburg. Österreichischer Botaniker und Stadtarzt in Kitzbühel, Bregenz, zuletzt in Salzburg. Schrieb „Flora des Herzogthums Salzburg, 1866–1879, 2. Aufl. 1879. Nach ihm die Gattung *Sautera* Nees sowie die Art *Draba sauteri* Hoppe.

Sauv. = Camille François Sauvageau, Angers, Maine et Loire 12.5.1861–5.8.1936 Bordeaux. Französischer Botaniker, Professor in Lyon, später in Bordeaux. Spezialgebiet: Algae. Schrieb u.a. „Notes biologiques sur les „Potamogeton"..." (in J. Bot. Morot 8, 1–9, 21–43, 45–58, 98–106, 112–123, 140–148, 165–172, 1894). Nach ihm die Gattung *Sauvageautia* Har.

Sav. = Paul Amédée Ludovic Savatier, Oléron, Charente Inférieure 19.10.1830–27.8.1891 Saint Georges, Ile d'Oléron, Charente Inférieure. Französischer Marinearzt u. Botaniker. Sammelte von 1866–1871 u. von 1873–1876 Pflanzen in Japan. Veröffentlichte zus. mit Franchet „Enumeratio plantarum in Japonia sponte crescentium", 1873–1879, das bis dahin vollständigste Verzeichnis japanischer Pflanzen. Schrieb auch „Botanique japonaise. Livres Kwa-wi", 1873. Nach Savatier wahrscheinlich die Art *Rubus savatieri* L.H.Bailey.

Savi = Gaetano Savi, Florenz 13.6.1769–28.4.1844 Pisa. Italienischer Botaniker, Professor der Botanik in Pisa. Schrieb „Flora pisana", 1798; „Materia medica vegetabile della Toscana", 1805; „Botanicon etruscum", 1808–1825; „Flora italiana", 1818–1824. Nach ihm die Gattung *Savia* Willd.

Savigny = Marie Jules César Lelorgne de Savigny, Provins 5.4.1777–5.10.1851 Gally bei Versailles. Französischer Zoologe u. Botaniker, nahm an Napoleons Zug durch Ägypten 1798–1802 teil. Mitarbeiter an Lamarck, J.B.P.A. de M. „Encyclopédie méthodique. Botanique", Bd. 4, 1797–1798. Nach ihm die Gattung *Savignya* DC.

Schaeff. = Jacob Christian Schaeffer (Schäffer), Querfurt 30.5.1718–15.1.1790 Regensburg, Bayern. Deutscher Geistlicher, Botaniker und Zoologe. Hauptwerke: „Fungorum, qui in Bavaria et Palatinatu circa Ratisbonam nascuntur icones...", 1762–1774; „Botanica expeditior...", 1760, auch 1762.

Schaeftl. = Hans Schaeftlein, 1886–1973. Österreichischer Jurist, Botaniker und Musiker in Graz, Steiermark. Schrieb u.a. „Beiträge zur Kenntnis einiger mitteleuropäischer Euphrasien" (in Phyton 12, 48–90, 1967 und 13, 169–182, 1969).

Schatzl = Stefan Schatzl, 1922–2001. Österreichischer Gärtner am Botan. Garten in Linz, Oberösterreich. Schrieb u.a. zus. mit Johann Anton Till „Gymnocalycium pugionanthum Backeberg, das dolchartig bedornte Gymnocalycium" (in Kakt. u. and. Sukk. 24, 230–233, 1973).

Schauer = Johannes Conrad Schauer, Frankfurt am Main 16.2.1813–24.10.1848 Eldena bei Greifswald, Mecklenburg-Vorpommern. Deutscher Botaniker, Professor der Botanik in Greifswald. Bearbeitete für Martius, Flora brasiliensis in Bd. IX (1847/51) Verbenaceae; für De Candolle, Prodromus in Bd. XI Verbenaceae, 1847; schrieb „Chamaelaucieae. Commentatio botanica ...", 1841.

S. Schauer = Sebastian Schauer, lebte um 1847. Deutscher Botaniker. Publ. zus. mit C.G. Nees von Esenbeck „Enumeratio et descriptiones generum novarum ..." (in Linnaea 19, 681–734, 1847). Nach Schauer die Gattung *Sebastiano-Schaueria* Nees.

Scheele = Georg Heinrich Adolf Scheele, Hannover 4.7.1808–6.9.1864 Heersum bei Hildesheim, Niedersachsen. Deutscher Pfarrer u. Botaniker in Heersum bei Hildesheim. Schrieb u.a. „Beiträge zur Flora von Texas" (in Linnaea 21–25, 1848–1852). Nach ihm die Gattung *Scheelea* Karst.

Scheer = Friedrich (Frederick) Scheer (Pseudonym auch Diogenes), Rügen, Mecklenburg-Vorpommern 1792–30.12.1868 Northfleet, Kent. Deutscher Kaufmann und Liebhaberbotaniker, lebte in England. Schrieb „Kew and its Gardens", 1840. Nach ihm die Gattung *Scheeria* Seem.

Scheff. = Rudolph Herman Christiaan Carel Scheffer, Spaarndam, Niederlande 12.9.1844–2.1.1880 Sindanglaija, Java. Niederländischer Botaniker, von 1868–1877 Direktor des Bot. Gartens Buitenzorg (Bogor), Gründer u. erster Hrsg. von „Annales du jardin botanique de Buitenzorg", 1876ff. Schrieb u.a. „Dissertatio botanica inauguralis de Myrsinaceis archipelagi indici ...", 1867. Nach ihm die Gattungen *Schefferella* Pierre und *Schefferomitra* Diels.

Scheidw. = Michel Joseph François Scheidweiler, Köln 1.8.1799–24.9.1861 Gent, Belgien. Deutsch-Belgischer Gärtner und Botaniker, Professor am Institut Horticole in Gent. Zus. mit A.C. Lemaire u. L. Van Houtte Hrsg. von „Flore des Serres et des Jardins de l'Europe", 1845–1855. Außerdem zeitweise Redakteur von „Journal d'horticulture belge", ab 1838, „Journal d'horticulture pratique", ab 1844. Nach ihm die Gattung *Scheidweilera* Klotzsch.

Scheinvar = Léia Akcelrad Lerner de Scheinvar, 1930–. Mexikanische Botanikerin an der Universidad Nacional Autónoma de México in Mexico City. Spezialgebiet: Cactaceae. Schrieb u.a. „Flora cactológica del estado de Querétaro ...", 2004. Nach ihr die Art *Mammillaria scheinvariana* R. Ortega V. et Glass.

Schelle = Ernst Schelle, New York 27.2.1864–21.1.1945 Tübingen, Baden-Württemberg. Deutscher Botaniker und Gärtner, Inspektor des Bot. Gartens Tübingen. Schrieb „Handbuch der Kakteenkultur", 1907; „Die winterharten Nadelhölzer Mitteleuropas", 1909; „Kakteen", 1926.

Schellm. = Carl Schellmann, publ. 1938. Österreichischer Botaniker am Institut für Systematische Botanik in Graz, Steiermark. Schrieb „Versuch einer systematischen Gliederung des eurasischen Cerastium arvense Linné s.l.", Diss. Graz 1936; „Umgrenzung und Verbreitung von Cerastium julicum Schellmann (= C. rupestre Krasan – non Fischer)" (in Carinthia II, 128, 68–77, 1938).

Schelpe = Edmund André Charles Lois Eloi ('Ted') Schelpe, Durban 27.7.1924–12.10.1985. Südafrikanischer Botaniker, Direktor des Bolus Herbarium an der Universität Kapstadt. Spezialgebiete: Pteridophyta, Orchidaceae. Schrieb u.a. „An introduction to the South African orchids", 1966; zus. mit Joyce Stewart, H.P. Linder und Anthony Vincent Hall „Wild orchids of southern Africa", 1982. Bearbeitete die Pteridophyta in der Flora Zambesiaca, 1970. Schrieb zus. mit Annelise Le Roux „Namaqualand Wild Flower Guide", 1988. Nach Schelpe die Art *Hesperantha schelpeana* Hilliard et B.L. Burtt.

Schenk = Joseph August von Schenk, Hallein, Salzburg, Österreich 17.4.1815–30.3.1891 Leipzig. In Österreich geborener deutscher Botaniker u. Paläontologe, Professor in Würzburg, seit 1868 in Leipzig. Von seinen vielen Schriften seien genannt: „Flora der Umgebung von Würzburg", 1848; „Beiträge zur Flora der Vorwelt", 1863; „Beiträge zur Flora des Keupers u. der rhätischen Formation", 1864; „Die fossile Flora der Grenzschichten des Keupers u. Lias Frankens", 1867; bearbeitete für Martius, Flora brasiliensis in Bd. III, 1 (1842/71) Alstroemeriaceae. Publizierte auch mit August Heinrich Rudolf Grisebach. Nach Schenk die Gattung *Schenkia* Griseb.

Scherb. = Johannes Scherbius, Frankfurt am Main 11.6.1769–8.11.1813 Frankfurt am Main. Deutscher Botaniker und Arzt. Mit Philipp Gottfried Gärtner und Bernhard Meyer Verf. von „Oekonomisch-technische Flora der Wetterau", 1799–1802.

Scheygr. = Arie Scheygrond, 1905–
Schick = Carl Schick, 1881–10.10.1953. Deutscher Kaufmann und Sukkulentenkenner in Freiburg, Baden-Württemberg. Publizierte zwischen 1927 u. 1931 mit Arthur Tischer über Sukkulenten, insbes. über *Lithops* u. *Conophytum*. Nach ihm die Art *Conophytum schickianum* Tischer.

Schiede = Christian Julius Wilhelm Schiede, Kassel, Hessen 3.2.1798–Dez. 1836 Mexiko (an Typhus). Deutscher Forschungs-Reisender u. Botaniker, ging 1826 mit dem Berliner Gärtner Ferdinand Deppe nach Mexiko u. führte von dort viele mexikanische Pflanzen ein. Schrieb „De plantis hybridis sponte natis ...", 1825. Nach ihm die Gattung *Schiedea* Cham. et Schltdl.

Schiffn. = Victor Felix Schiffner, Böhmisch Leipa, Tschechien 10.8.1862–1.12.1944 Baden bei Wien. Österreichischer Botaniker, Professor der Botanik an der Universität in Prag u. Wien. Spezialgebiet: Hepaticae. Sammelte Pflanzen auch in Brasilien und Indonesien. Bearbeitete zus. mit Gottsche die Lebermoose in „Die Forschungsreise SMS Gazelle in den Jahren 1874/76", 1889; für Engler u. Prantl, Die natürlichen Pflanzenfamilien I. 3 „Hepaticae", 1893–1895. Schrieb u.a. „Monographia Hellebororum", 1890. Nach ihm die Gattungen *Schiffneria* Steph. und *Schiffnerina* Kuntze.

K.F. Schimp. = Karl (Carl) Friedrich Jobst Wilhelm Franz Schimper, Mannheim 15.2.1803–21.12.1867 Schwetzingen, Baden-Württemberg. Deutscher Naturforscher, Botaniker u. Dichter, Begründer der Theorie der Eiszeiten (erstmals 1837 in einem Gedicht), Bruder von Georg Heinrich Wilhelm Schimper, 1804–1878, dem Pflanzensammler und Nordafrikareisenden. Spezialgebiet von K.F. Schimper: Gesetzmäßigkeiten der Blattstellung. Schrieb u.a. „Beschreibung des Symphytum Zeyheri ...", 1835; „Gedichte", 1840.

Schindl. = Anton Karl Schindler, Bremen 15.8.1879–18.3.1964 Düsseldorf. Deutscher Botaniker, Lehrer, später Zahnarzt. War von 1905–1907 Professor der Naturwissenschaften an der Universität Peking, ebenso 1907–1910 in Schanghai. Bearbeitete für Engler, Das Pflanzenreich Halorrhagaceae, 1905. Schrieb „Die Desmodiinen in der botanischen Literatur nach Linné" (in Feddes Repert. Beih. 49, 1–371, 1928). Wahrscheinlich nach ihm benannt ist die Gattung *Schindleria* H. Walter.

Schinz = Hans Schinz, Zürich 6.12.1858–30.10.1941 Zürich. Schweizer Botaniker, Professor und Direktor des Bot. Gartens Zürich. Sammelte viele Pflanzen im südlichen Afrika. Schrieb „Flore de la Suisse", 1908; „Beiträge zur Kenntniss der Flora von Deutsch-Südwest-Afrika ...", 1888–1890; „Beiträge zur Kenntniss der Afrikanischen Flora" (in verschiedenen Zeitschriften 1893–1926); für Engler u. Prantl, Die natürlichen Pflanzenfamilien III. 1a Amarantaceae, 1893, 2. Aufl. Bd. 16c Amaranthaceae, 1934. Schrieb auch zus. mit Robert Keller „Flora der Schweiz", 1900, 3. u. 4. Aufl. 1909–1914 u. 1923 (bearb. von Schinz u. A. Thellung). Nach Schinz die Gattung *Schinziella* Gilg.

Schipcz. = Nikolaj Valerianovich Schipczinski, 1886–1955. Russischer Botaniker. Spezialgebiet: Ranunculaceae. Mitarbeiter an Komarov, V.L., Flora U.R.S.S., Bd. 7, 1937.

Schischk. = Boris Konstantinovich Schischkin (Shishkin), 1.2.1886–21.3.1963 Leningrad. Russischer Botaniker, Professor der Botanik in Tomsk, später in Leningrad. Mithrsg. mit V.L. Komarov, (Bd. 2–13) u. Hrsg. (Bd. 14–30) der Flora der U.R.S.S., 1934–1964. Hrsg. von „Flora Leningradskoj oblasti", 1953–1966; außerdem von „Flora Kirgizskoi SSR", Band 1–11, 1952–1966. Nach Schischkin die Gattung *Schischkinia* Iljin.

Schkuhr = Christian Schkuhr, Pegau bei Leipzig 14.5.1741–17.7.1811 Wittenberg, Sachsen-Anhalt. Deutscher Universitätsmechaniker u. Botaniker in Wittenberg. Schrieb „Botanisches Handbuch der mehresten theils in Deutschland wildwachsenden, theils ausländischen... Gewächse", 1787-1803, 2. Aufl. 1806-1814; „Enchiridion botanicum", 1805; „Beschreibung und Abbildung ... Arten von Riedgräsern", 1801, Nachtrag 1806; „Vier und zwanzigste Klasse des Linnéischen Pflanzensystems oder Kryptogamische Gewächse", I. Bd. (Farne) 1809, II. Bd. (Moose), 1810-1847. Nach ihm die Gattung *Schkuhria* Roth.

Schkur. = V.A. Schkurenko, fl. 1971

J. Schlauer = J. Schlauer

Schltdl. = Diederich Franz Leonhard von Schlechtendal, Xanten, Nordrhein-Westfalen 27.11.1794-12.10.1866 Halle, Sachsen-Anhalt. Deutscher Botaniker, Professor der Botanik, seit 1833 Direktor des Bot. Gartens Halle. Schuf zus. mit Christian Eduard Langethal u. Ernst Schenk eine 24bändige „Flora von Deutschland", 1840-1873, 5. Aufl. in 30 Bdn., 1880-1887 (von E.H. Hallier); schrieb außerdem „Adumbrationes plantarum (Filices capenses)", 1825-1832; „Flora berolinensis", 1823-1824; „Hortus halensis", 1841-1853; zus. mit Hugo von Mohl Hrsg. von Botanische Zeitung (1843-1866) u. der Zeitschrift Linnaea (1826-1866). Nach ihm die Gattung *Schlechtendalia* Less.

Schltr. = Friedrich Richard Rudolf Schlechter, Berlin 16.10.1872-15.11.1925 Berlin. Deutscher Botaniker, Kustos am Bot. Museum Berlin, bedeutender Orchideenspezialist. Unternahm große Sammelreisen ins südliche und westliche Afrika, nach Indonesien, Neukaledonien und Neuguinea. Schrieb „Die Orchideen von Deutsch-Neu-Guinea", 1914; zus. mit R. Mansfeld „Die Orchideenflora der südamerikanischen Kordillerenstaaten", 1919-1929; „Orchideologiae sino-japonicae prodromus", 1919; „Die Orchideen", 1915, 2. Aufl. 1927, 3. Aufl. (herausg. Von Karlheinz Senghas),1971-2002. Schrieb zus. mit G. Keller „Monographie u. Iconographie der Orchideen Europas u. d. Mittelmeergebietes", 1925-1943; „Blütenanalysen neuer Orchideen", 1930-1934 (hrsg. Von R. Mansfeld). Nach Schlechter u.a. die Gattungen *Schlechteranthus* Schwant., *Schlechterella* K. Schum., *Schlechteria* Bolus, *Rudolfiella* Hoehne und *Schlechterosciadium* H. Wolff; nach seiner Frau, Alexandra Vasilewna Sobennikoff, die Gattung *Sobennikoffia* Schltr.

Schleich. = Johann Christoph Schleicher (eigentl. geboren als Sawitzky), Hofgeismar, Hessen-Nassau 26.2.1770 (nicht 1768)-27.8.1834 Bex, Waadt, Schweiz. Deutscher Apotheker u. Botaniker in Bex in der Schweiz, Begründer eines bot. Gartens. Gab 1800 ein Verzeichnis der in der Schweiz wildwachsenden Pflanzen heraus („Catalogus plantarum in Helvetia..."). Weitere Aufl. 1808, 1815, 1821. Nach ihm die Gattung *Schleichera* Willd.

Schleid. = Matthias Jacob Schleiden, Hamburg 5.4.1804-23.6.1881 Frankfurt am Main. Deutscher Jurist u. Botaniker, Professor der Botanik. Schrieb „Grundzüge der wissenschaftlichen Botanik", 1842-1843, 2. Aufl. 1845-1846, 3. Aufl. 1849-1850, 4. Aufl. 1861; „Die Pflanze und ihr Leben", 1847, 6. Aufl. 1864; „Handbuch der medicinisch-pharmaceutischen Botanik und botanischen Pharmacognosie", 1852-1857; „Für Baum und Wald", 1870. Nach ihm die Gattung *Schleidenia* Endl.

H. Schlosser = Hugo Selmar Schlosser, lebte um 1982. Kakteensammler in Montevideo, Uruguay. Spezialgebiet: *Notocactus*. Schrieb zus. mit A. J. Brederoo „Ein neuer Notocactus aus Uruguay" (in Kakt. u. and. Sukk. 36, 186-189, 1985).

Schlotth. = August Friedrich Schlotthauber, ?-10.11.1872. Deutscher Botaniker und Zoologe.

Schmalh. = Johannes Theodor Schmalhausen (Ivan Fedorovich Shmal'gauzen), St. Petersburg 15.5.1849-19.7.1894 Kiew. Russischer Botaniker, Professor der Botanik in Kiew. Spezialgebiet: Paläobotanik. Schrieb „Beiträge zur Kenntniss der Milchsaftbehälter der Pflanzen...", 1877; „Beiträge zur Jura-Flora Russlands ...", 1879. Posthum erschien: „Flora ssrednej i jushnoj Rossii, ...", 1895-1897. Nach ihm die Gattung *Schmalhausenia* C.G.A. Winkl.

Schmarse = Helmut Schmarse, fl. 1933. Publ. über *Hymenocallis.*

B. Schmid = B. Schmid, publ. 1983 über *Carex*. Walisischer Botaniker am University College of North Wales, Bangor. Schrieb „Notes on the nomenclature and taxonomy of the Carex flava group in Europe" (in Watsonia 14, 309-319, 1983).

Em. Schmid = Emil Schmid (verheiratet auch Schmid-Gams), Stuttgart-Bad Cannstatt 18.2.1891-11.6.1982 Marinm-Epagnie, Neuchâtel, Schweiz. Professor der Botanik in Zürich 1936-1961, verheiratet mit Margrith Gams (1894-1960). Mitarbeiter an Bd. 4 (1) u. 4 (2) von Hegi, Gustav: „Illustrierte Flora von Mittel-Europa", 1913-1923. Schrieb u.a. „Beiträge zur Flora der Insel Sardinien", 1933; „Die Reliktföhrenwälder der Alpen ...", 1936; bearbeitete die 2. Aufl. von C. Schröter „Flora des Südens", 1956.

W.G. Schmid = Wolfram George Schmid, fl. 1991. Nordamerikanischer Gärtner und Botaniker in Tucker, Georgia. Schrieb u.a. „The genus Hosta", 1991; „An encyclopedia of shade perennials", 2002.

Schmidel = Casimir Christoph Schmidel (Schmiedel), Bayreuth, Oberfranken 21.11.1718-18.2.1792 Ansbach, Mittelfranken, Bayern. Deutscher Botaniker und Mediziner, Professor der Medizin. Veröffentlichte „Icones plantarum et analyses partium...", 1747-1751, weitere Aufl. 1763-1775, 1781-1783, 1793-1797. Hrsg. des literarischen Nachlasses von Conrad Gesner unter dem Titel „Conradi Gesneri Opera botanica", 1751-1771. Nach ihm die Gattung *Schmidelia* L.

E. Schmidt = Ernst Schmidt, 1834-1902. Deutscher Gärtner, begründete mit Johann Nicolaus Haage die Firma Haage und Schmidt.

Schmidt = Franz Schmidt, Austerlitz (heute Slavkov u Brna), Mähren 1751-1834 Wien. Österreichischer Gärtner, Lehrer und Botaniker. Schrieb „Österreichs allgemeine Baumzucht ...", 1792-1822; „Anleitung zur sicheren Erziehung und Vermehrung derjenigen Ahornarten, die allgemein

vermehret zu werden verdienen", 1812.
F.W. Schmidt = Franz Wilibald Schmidt, Plan, Böhmen 7.7.1764-2.2.1796 Prag. Böhmischer Botaniker u. Pflanzenmaler, Professor der Botanik in Prag. Schrieb "Flora boëmica inchoata", 1793-1794; "Neue und seltene Pflanzen, ...", 1793. Nach ihm die Gattung *Wilibalda* Sternb. ex Roth.
J.A. Schmidt = Johann Anton Schmidt, Hamburg 6.5.1823-21.1.1905 Elberfeld (heute zu Wuppertal), Nordrhein-Westfalen. Deutscher Botaniker, Professor der Botanik in Heidelberg und Hamburg. Schrieb "Beiträge zur Flora der Cap-Verdischen Inseln", 1852; "Flora von Heidelberg", 1857. Bearbeitete für Martius, Flora brasiliensis in Bd. VI, 4 (1878/85) Plumbagineae, Plantagineae, in Bd. VIII, 1 (1857/86) Labiatae, Scrophularineae, in Bd. XIV, 2 (1867/72) Phytolaccaceae, Nyctaginaceae. Nach ihm die Gattungen *Schmidtia* Steud. ex J. A. Schmidt und *Antoschmidtia* Boiss.
P. Schmidt = Paul Schmidt, 1846-
P.A. Schmidt = Peter Adam Schmidt, Wainsdorf Kreis Bad Liebenwerda, Brandenburg 15.5.1946 (pers. Mitt.) -. Deutscher Botaniker und Forstwissenschaftler in Gera, Tharandt, später Professor der Technischen Universität in Dresden. Spezialgebiete: *Thymus, Picea*, Naturschutz. Schrieb "Übersicht über die mitteleuropäischen Arten der Gattung Thymus L." (in Feddes Repert. 89, 663-671, 1973); zus. mit H. D. Knapp „Die Arten der Gattung Thymus L. (Labiatae) im herzynischen Florengebiet" (in Wiss. Zeitschr. Univ. Halle 26, 71-118, 1977). Schrieb ferner u.a. „Beitrag zur Systematik und Evolution der Gattung Picea" (in Flora 182, 435-461, 1989). Mitarbeiter an W. Rothmaler „Exkursionsflora von Deutschland, Kritischer Band", 4. Aufl. 1976, 9. Aufl. 2002. Nach Schmidt die Hybride *Thymus x schmidtii* J.Cáp.
W.L.E. Schmidt = Wilhelm Ludwig Ewald Schmidt, Nattwerder bei Potsdam, Brandenburg 4.5.1804-5.6.1843 Stettin. Deutscher Arzt, Botaniker und Entomologe. Schrieb „Flora von Pommern und Rügen ...", 1840, 2. Aufl. 1848; „Botanischer Wegweiser ...", 1837; „Getreue und systematische Beschreibung der officinellen Pflanzen ...", 1831; zus. mit Friedrich Wilhelm Gottlieb von Rostkovius „Flora sedinensis", 1824.
F. Schmidt = Friedrich Karl (Fedor Bogdanovich) Schmidt, Gut Kaisma, Livland 27.1.1832-21.11.1908 St. Petersburg. Livländischer Botaniker und Geologe, 1866-1867 auf der Mammuth-Expedition am Jenissej. Schrieb „Reisen im Amur-Lande und auf der Insel Sachalin ... Botanischer Theil", 1868.
F. Schmoll = Ferdinand Schmoll, ?-1950. Deutscher Kunstmaler und Kakteenkenner in Cadereyta, Quéretaro, Mexiko. Spezialgebiet: *Mammillaria*. Nach ihm die Art *Wilcoxia schmollii* (Weing.) Backeb.
Schneev. = George Voorhelm Schneevoogt, 1775-1850. Niederländischer Gärtner und Botaniker. Veröffentlichte „Icones plantarum rariorum, ...", 1792-1795.
C.K. Schneid. = Camillo Karl Schneider, Groeppendorf, Sachsen 7.4.1876-5.1.1951 Berlin. Deutscher Botaniker, Dendrologe, Gartenarchitekt u. Schriftsteller. Bereiste 1907/08 Bulgarien, Serbien, den Kaukasus, 1913 Westchina, war vor 1915-1918 im Arnold Arboretum. Verf. vieler botanischer, gartenkünstlerischer u. gärtnerischer Schriften. Hauptwerke: „Illustriertes Handbuch der Laubholzkunde", 1904-1912; verfasste zus. mit Ernst Emanuel Graf Silva Tarouca „Kulturhandbücher über Freiland-Stauden", 1910, 5. Aufl. 1934; „Unsere Freiland-Laubgehölze", 1913, 3. Aufl. 1931; „Unsere Freiland-Nadelhölzer", 1913, 2. Aufl. 1923; „Illustriertes Handwörterbuch der Botanik", 2. Aufl. 1917 (von K. Linsbauer). Schneider war auch Mitherausg. Der „Gartenschönheit", 1920-1942. Nach ihm u.a. die Art *Populus schneideri* (Rehder) N.Chao.
U. Schneid. = Ulrike Schneider, 1936-. Deutsche Botanikerin in Greifswald, Mecklenburg-Vorpommern. Spezialgebiete: Scrophulariaceae, *Rhinanthus*. Mitarbeiterin an Werner Rothmaler „Exkursionsflora von Deutschland, Kritischer Ergänzungsband", 1963. Schrieb zus. mit W. Rothmaler „Die Gattung Polypodium in Europa" (in Kulturpflanze Beih. 3, 234-248, 1962).
Schnittsp. = Georg Friedrich Schnittspahn, Darmstadt, Hessen 3.1.1810-22.12.1865 Darmstadt. Deutscher Botaniker, Lehrer der Botanik in Kranichstein, später Direktor des Bot. Gartens Darmstadt. Schrieb „Flora der phanerogamen Gewächse des Grossherzogtums Hessen", 1839, 4. Aufl. 1865 (Titel: Flora der Gefässpflanzen...). Nach ihm die Gattung *Schnittspahnia* Sch.Bip.
Schnizl. = Adalbert Carl (Karl) Friedrich Hellwig Conrad Schnizlein, Feuchtwangen, Mittelfranken, Bayern 15.4.1814-24.10.1868 Erlangen, Bayern. Deutscher Botaniker, Direktor des Bot. Gartens Erlangen und Professor der Botanik. Schrieb „Iconographia familiarum naturalium regni vegetabilis...", 1843-1870; „Die Flora von Bayern", 1847; für Martius, Flora brasiliensis in Bd. IV, 1 (1852/63) Lacistemaceae. Verfasser von Lieferung 25, 28, 31 von Th. Nees: „Genera plantarum florae germanicae", 1849-1860. Schrieb zus. mit Christian Albrecht Frickhinger „Die Vegetations-Verhältnisse der Jura- und Keuperformation...", 1848.
Schönb.-Tem. = Eva Schönbeck-Temesy, 1930-. Österreichische Botanikerin in Wien. Mitarbeiterin bei Karl Heinz Rechingers „Flora Iranica", z.B. bei Band 42, Saxifragaceae, 1967 bzw. Band 69, Geraniaceae, 1970. Bearbeitete zus. mit Friedrich Ehrendorfer die Familie der Rubiaceae für Strid (ed.) „Mountain Flora of Greece" (in Band 2, 279-333, 1991). Nach Schönbeck-Temesy die Art *Galium schoenbeck-temesyae* Ehrend.
Schönh. = Friedrich Christian Heinrich Schönheit, Teichröda bei Rudolstadt, Thüringen 18.9.1789-28.4.1870 Singen bei Ilmenau,

Thüringen. Deutscher Botaniker und Pfarrer in Teichröda und Singen in Thüringen. Schrieb „Taschenbuch der Flora Thüringens ...", 1850, auch 1857; „Der sich selbst belehrende Forstbotaniker", 1853.

Schönland = Selmar Schönland (später Schonland), Frankenhausen 15.8.1860–22.4.1940 Grahamstown, Südafrika. Deutscher Botaniker und Lehrer, später Professor der Botanik, lebte in Südafrika. Bearbeitete für Engler u. Prantl, Die natürlichen Pflanzenfamilien, II. 4 Commelinaceae, 1887, III. 2a Crassulaceae, 1890, IV. 5 Campanulaceae, Goodeniaceae, Candolleaceae, 1889. Schrieb „Phanerogamic flora ... of Uitenhage and Port Elizabeth", 1919; „The genera Rhus and Crassula ...", 1927. Nach ihm die Gattung *Schoenlandia* Cornu.

Scholler = Friedrich Adam Scholler, Benk bei Bayreuth, Oberfranken, Bayern 26.12.1718–3.4.1785 Barby, Sachsen. Deutscher Botaniker, Lehrer bei den Mährischen Brüdern in Barby in Sachsen. Schrieb „Flora barbiensis", 1775, Suppl. 1787. Nach ihm die Gattung *Schollera* Roth.

H. Scholz = Hildemar Wolfgang Scholz, Berlin 27.5.1928–. Deutscher Botaniker am Bot. Garten u. Bot. Museum in Berlin. Spezialgebiete: Gramineae, *Polygonum aviculare*. Mitarbeiter bei Englers „Syllabus der Pflanzenfamilien", 12. Aufl. 1964; bei W. Rothmalers „Exkursionsflora von Deutschland. Kritischer Ergänzungsband Gefässpflanzen", 1963, 1976 bzw. 2002. Hrsg. von: „Botany in Berlin", 1987.

M.R. Schomb. = Moritz Richard Schomburgk, Freyburg an der Unstrut, Sachsen-Anhalt 5.10.1811–25.3.1891 Adelaide, Australien. Deutscher Botaniker, seit 1865 Direktor des Bot. Gartens Adelaide. Bereiste mit seinem Bruder, Robert Hermann Schomburgk, Guayana. Schriften: „Reisen in Britisch-Guiana in den Jahren 1840–1844", 1847–1849; „The grasses and fodder plants in South Australia", 1874; „The flora of South Australia", 1875; „On the naturalised weeds and other plants in South Australia", 1879.

R.H. Schomb. = Sir Robert Hermann Schomburgk, Freyburg an der Unstrut, Sachsen-Anhalt 5.6.1804–11.3.1865 Schöneberg bei Berlin. Zunächst Kaufmann, dann deutscher Forschungsreisender. Führte gemeinsam mit seinem Bruder, Moritz Richard Schomburgk, viele Pflanzen in Europa ein. Schrieb „A description of British Guiana", 1840 (deutsch 1841); „Views in the interior of Guiana", 1841; „History of Barbadoes", 1847. Hrsg. von „Reisen in Guiana und am Orinoko in den Jahren 1835–1839", 1841. Nach ihm die Gattungen *Schomburghia* DC. und *Schomburgkia* Lindl.

Schoser = Gustav Schoser, Trochtelfingen 22.8.1924–. Deutscher Botaniker, 1968–1991 Direktor des Palmengartens in Frankfurt am Main. Spezialgebiet: *Paphiopedilum*.

Schott = Heinrich Wilhelm Schott, Brünn, Mähren, Tschechien 7.1.1794–5.3.1865 Schönbrunn, Österreich. Mährischer Botaniker u. Gärtner, von 1845–1865 Direktor der kaiserl. Gärten zu Schönbrunn, bereiste von 1817–1821 Brasilien. Hauptwerke: „Rutaceae. Fragmenta botanica", 1834; „Genera Filicum", 1834–1836; „Synopsis Aroidearum", 1856; „Icones Aroidearum", 1857; „Genera Aroidearum exposita", 1858, „Prodromus systematis Aroidearum", 1860; „Aroideae", 1853–1857. Schrieb zus. mit Stephan Ladislaus Endlicher „Meletemata botanica", 1832 und gab mit Carl Frederik Nyman und Karl Georg Theodor Kotschy „Analecta botanica", 1854 heraus. Nach Schott die Art *Rhaphidophora schottii* Hook. f.

Schottky = Ernst Max Schottky, Zürich 17.2.1888–12.1.1915 La Bassée (als Kriegsfreiwilliger gefallen). In der Schweiz geborener deutscher Botaniker. Schrieb „Die Eichen des extratropischen Ostasiens ...", 1912.

Schousb. = Peder Kofod Anker Schousboe, Ronne 17.8.1766–26.2.1832 Tanger. Dänischer Botaniker, ab 1800 Generalkonsul in Tanger. Schrieb „Iagttagelser over Vextriget i Marokko" (in Kongel. Danske Vidensk.-Selsk. Skr. 1, 1801); posthum erschien die franz. Übersetzung mit zusätzlichem Titel „Observations sur le règne végétal au Maroc", 1874. Nach ihm die Gattung *Schousboea* Willd.

Schrad. = Heinrich Adolph Schrader, Alfeld bei Hildesheim, Niedersachsen 1.1.1767–21.10.1836 Göttingen, Niedersachsen. Deutscher Arzt u. Botaniker, seit 1794 Direktor des Bot. Gartens und Professor der Botanik in Göttingen. Schrieb „Sertum hannoveranum", 1795–1798 (mit Johann Christoph Wendland); „Nova genera plantarum", 1797; „Journal für die Botanik", 1799–1803; „Neues Journal für die Botanik", 1805–1810; „Flora germanica", 1806; „Hortus goettingensis", 1809; „Monographia generis Verbasci", 1813–1823; „Analecta ad floram capensem, 1. Cyperaceae", 1832. Nach ihm die Gattung *Schradera* Vahl.

Schrank = Franz von Paula Ritter von Schrank, Vornbach am Inn, Bayern 21.8.1747–22./23.12.1835 München. Deutscher Botaniker und Entomologe, zuerst Jesuit, dann Professor für Physik und Mathematik in Amberg, Professor der Botanik in Ingolstadt und Landshut, zuletzt Professor der Botanik und Direktor des Bot. Gartens München. Schrieb neben vielem anderen „Baiersche Reise, ...", 1786; „Baiersche Flora", 1789; „Primitiae florae salisburgensis", 1792; „Flora monacensis", 1811–1818; „Plantae rariores horti academici monacensis", 1817–1822; „Sammlung von Zierpflanzen", 1819. Nach ihm die Gattung *Schrankia* Willd.

Schreb. = Johann Christian Daniel von Schreber, Weißensee, Thüringen 16.1.1739–10.12.1810 Erlangen, Bayern. Deutscher Botaniker, Schüler Linnés, Professor der Medizin u. Naturwissenschaften sowie Direktor des Bot. Gartens Erlangen. Schrieb „Icones et descriptiones plantarum minus cognitarum", 1766; „Botanisch-ökonomische Beschreibung der Gräser", 1769–1810 (beendet 1810 von C.C.W. Vogel); „Spicilegium florae lipsicae", 1771; „Caroli à Linné... genera plantarum", 8. Aufl., 1789-1791. Nach ihm die Gattung *Schrebera* Roxb. sowie z.B. die Arten *Muhlenbergia schreberi* J.F.Gmel. und *Brasenia schreberi* J.F.Gmel.

Schreier = K. Schreier, fl. 1973. Wohl identisch mit Prof. Dr. K. Schreier in Nürnberg. Publ. u.a. „Vom Rio Nazas zum Rio Balsas" (I-VIII) (in Kakt. u. and. Sukk., I-VI, III: 23, 129-131, 1972; V: 23, 185-187, 1972; VIII: 24, 42-46, 1973). Schrieb auch „Mammillaria gaumeri (Britton & Rose) Orcutt" (in Kakt. u. and. Sukk. 26, 52-53, 1975).

Schrenk = Alexander Gustav von Schrenk (Schrenck), Triznovo bei Tula 16.2.1816-7.7.1876 Dorpat (heute Tartu), Estland. Deutschbaltischer Botaniker am Bot. Garten St. Petersburg, bereiste Russland u. Turkestan. Schrieb „Reise nach dem Nordosten des Europäischen Rußlands", 1848-1854. Nach ihm die Gattung *Schrenkia* Fisch. et C.A. Mey.

F.G. Schroed. = Fred-Günter Schroeder, Dortmund 30.12.1930-. Deutscher Botaniker am Systemat.-Geobot. Institut in Göttingen. Spezialgebiet: Gehölze, z.B. *Amelanchier*. Schrieb „Lehrbuch der Pflanzengeographie", 1998. Bearbeiter von Jost Fitschen „Gehölzflora", ab 8. Aufl., 1987.

Schrödinger = Rudolph Schrödinger, Wien 27.1.1857-24.12.1919. Österreichischer Botaniker. Schrieb „Der Blütenbau der zygomorfen Ranunculaceen ...", 1909; „Das Laubblatt der Ranunculaceen", 1914.

B.G. Schub. = Bernice Giduz Schubert, Boston, Massachusetts 6.10.1913-2000. Nordamerikanische Botanikerin, Pflanzensystematikerin am Arnold Arboretum, sammelte Pflanzen in Nord- und Mittelamerika. Spezialgebiete: *Begonia*, *Desmodium*, *Rudbeckia*. Hrsg. von „Journal of the Arnold Arboretum". Publizierte mit Merritt Lyndon Fernald u. Lyman Bradford Smith. Nach Schubert die Art *Begonia schubertiana* Irmsch.

Schübl. = Gustav Schübler, Heilbronn, Baden-Württemberg 15.8.1787-8.9.1834 Tübingen, Baden-Württemberg. Deutscher Botaniker und Arzt, Professor der Naturgeschichte in Tübingen. Veröffentlichte zahlreiche Dissertationen, hauptsächlich über Blütenfarben. Schrieb zus. mit Georg von Martens „Flora von Würtemberg", 1834 (posthum). Nach Schübler die Gattung *Schuebleria* Mart.

Schütz = Bohumil Schütz, 1903-1.7.1993. Tschechischer Botaniker. Spezialgebiet: Cactaceae. Schrieb zus. mit Zdenek Fleischer „Pestování kaktusu", 1969, 2. Aufl. 1973. Nach Schütz die Art *Gymnocalycium schuetzianum* H.Till et Schatzl.

Schuldt = H. Schuldt, publ. 1937 mit Paul Stephan. Deutscher Sukkulentenkenner in Hamburg.

Schult. = Josef (Joseph) August Schultes, Wien 15.4.1773-21.4.1831 Landshut, Bayern. Österreichischer Botaniker, Professor in Wien, Krakau u. Innsbruck und Landshut, Vater von Julius Hermann Schultes. Schrieb „Oestreichs Flora", 1794; „Baiern's Flora", 1811; „Grundriß einer Geschichte und Literatur der Botanik", 1817; „Observationes botanicae...", 1809; „Mantissa... systematis vegetabilium Caroli a Linné...", Bd. 1-2, 1822-1824; zus. mit Johann Jacob Roemer Herausgeber der 16. Aufl. von „Caroli a Linné systema vegetabilium", 1817-1830. Schrieb zus. mit seinem Sohn Band 7 von „Systema vegetabilium", 1829-1830; und Band 3 von „Mantissa ...", 1827. Nach Josef August Schultes die Gattung *Schultesia* Mart. und die Art *Galium schultesii* Vest.

Schult. f. = Julius Hermann Schultes, Wien 4.2.1804-1.9.1840 München. In Österreich geborener deutscher Botaniker und Arzt, Sohn von Joseph August Schultes. Schrieb zus. mit seinem Vater Band 7 von „Systema vegetabilium", 1829-1830; und Band 3 von „Mantissa ...", 1827. Schrieb außerdem zus. mit Johannes Joseph Hoffmann „Noms indigènes d'un choix de plantes du Japon et de la Chine", 1864.

R.E. Schult. = Richard Evans Schultes, Boston, Massachusetts 12.1.1915-10.4.2001 Boston. Nordamerikanischer Botaniker und Ethnologe. Spezialgebiet: Orchidaceae. Schrieb „Native Orchids of Trinidad and Tobago", 1960; außerdem zus. mit William McKinley Klein, Timothy Plowman u. Tom Earl Lockwood „Cannabis, an example of taxonomic neglect ...", 1975. Autor auch bei Band 3(1) der Flora of Trinidad and Tobago" von Robert Orchard Williams u.a., 1967. Schrieb außerdem (illustriert von Elmer William Smith) „Hallucinogenic plants", 1976. Nach Schultes u.a. die Art *Heterotaxis schultesii* Ojeda et G. A. Romero.

Schultz = Karl Friedrich Schultz, Camow Mühle bei Mirow, Mecklenburg 9.4.1766-27.6.1837 Neubrandenburg, Mecklenburg-Vorpommern. Deutscher Arzt u. Botaniker. Autor von „Prodromus florae stargardiensis", 1806, Suppl. 1819. Nach ihm die Gattung *Schulzia* Spreng.

Sch. Bip. = Carl (Karl) Heinrich Schultz (genannt Schultz Bipontinus), Zweibrücken, Rheinland-Pfalz 30.6.1805-17.12.1867 Deidesheim, Rheinland-Pfalz. Deutscher Botaniker und Hospitalarzt in Deidesheim, Bruder von Friedrich Wilhelm Schultz, war aus politischen Gründen 1832-1835 im Gefängnis. Spezialgebiet: Asteraceae. Schrieb „Analysis Cichoriacearum Palatinatus", 1841; „Beitrag zur Geschichte u. geographischen Verbreitung der Cassiniaceen", 1866; zus. mit seinem Bruder Friedrich Wilhelm Schultz „Commentationes botanicae ...", 1859. Nach Schultz Bipontinus die Gattung *Bipontinia* Alef.

F.W. Schultz = Friedrich Wilhelm Schultz, Zweibrücken, Rheinland-Pfalz 3.1.1804-30.12.1876 Krone- Weissenburg (heute Wissembourg, Elsass). Deutscher Botaniker, Apotheker u. Arzt zu Bitsch im Elsass, später in Wissembourg, zuletzt Privatlehrer in Bitsch, Bruder von Carl Friedrich Schultz Bipontinus. Veröffentlichte „Flora der Pfalz", 1846, Zusätze u. Berichtigungen 1859-1861; „Archives de la flore de France et d'Allemagne", 1842–1855; „Archives de flore; journal botanique", 1854–1869; „Archives de la flore d'Europe", 1872–1874. Schrieb zus. mit seinem Bruder Carl Heinrich Schultz Bipontinus „Commentationes botanicae ...", 1859. Nach Friedrich Wilhelm Schultz wahrscheinlich die Art *Orobanche schultzii* Mutel.

J. Schultze-Motel = Jürgen Schultze-Motel, 1930–. Deutscher Botaniker am Zentralinstitut für Genetik u. Kulturpflanzenforschung in Gatersleben, Sachsen-Anhalt. Schrieb „Verzeichnis forstlich kultivierter Pflanzenarten", 1966. Hrsg. der 2. Aufl. von Mansfeld, R.: „Verzeichnis landwirtschaftlicher und gärtnerischer Kulturpflanzen", 4 Bände, 1986.

W. Schultze-Motel = Wolfram Schultze-Motel, Quedlinburg, Sachsen-Anhalt 7.1.1934–. Deutscher Botaniker, Professor in Berlin. Spezialgebiete: Bryophyta, Apiaceae.

O.E. Schulz = Otto Eugen Schulz, Berlin 31.10.1874–17.2.1936 Berlin-Steglitz. Deutscher Botaniker und Lehrer in Steglitz bei Berlin. Bearbeitete für Engler, Das Pflanzenreich Erythroxylaceae, 1907; Cruciferae-Brassiceae, 1919 u. 1923; Cruciferae-Sisymbrieae, 1924; Cruciferae-*Draba* u. *Erophila*, 1927; für Engler, Die natürlichen Pflanzenfamilien, 2. Aufl. Bd. 17b Cruciferae, 1936, Bd. 19a Erythroxylaceae, 1931. Schrieb „Monographie der Gattung Melilotus ..." (in Bot. Jahrb. 29, 660–736, 1901); „Monographie der Gattung Cardamine ..." (in Bot. Jahrb. 32, 280–623, 1903). Nach ihm die Gattung *Ottoschulzia* Urb.

Rich. Schulz = Richard Schulz, publ. 1904. Deutscher Botaniker. Schrieb „Monographische Bearbeitung der Gattung Phyteuma", 1904.

M. Schulze = Carl Theodor Maximilian („Max") Schulze, Neuhaldensleben 24.11.1841–28.5.1915 Jena, Thüringen. Deutscher Botaniker und Soldat, auch Apotheker, zuletzt Professor in Jena. Spezialgebiete: *Rosa*, Orchidaceae. Schrieb „Die Orchidaceen Deutschlands ...", 1892–1894. Nach ihm die Art *Pleurothallis schulzeana* Schltr.

G.M. Schulze = Georg Martin Schulze, Salchau 14.8.1909–17.7.1985 Berlin. Deutscher Botaniker, Direktor am Bot. Museum und Professor der Botanik in Berlin. Spezialgebiete: Balsaminaceae, Nomenklatur. Schrieb u.a. „Vergleichend-morphologische Untersuchungen an Laubknospen und Blättern australischer und neuseeländischer Pflanzen", 1934. War verantwortlich für den deutschen Text des „International Code of Botanical Nomenclature", 1956, 1961, 1966 und 1972.

G. Schulze = Gerhard Karl Friedrich Schulze, Paarsch 12.10.1924–. Deutscher Forstingenieur und Botaniker. Publ. zus. mit Heinz Siegfried Henker über *Rosa*.

Schulze-Menz = Georg Karl Wilhelm Schulze-Menz (geb. als Schulze, ab 1938 Schulze-Menz), Dyrotz (heute zu Wustermark), Brandenburg 30.8.1908–18.8.1978 Berlin. Deutscher Botaniker in München und Berlin, Professor der Botanik. Spezialgebiet: Rosales. Mitarbeiter an Engler „Syllabus der Pflanzenfamilien, 12. Aufl., 1964. Schrieb „Morphologisch-systematische Studien über die Gattung Hybanthus ..." (in Bot. Jahrb. 67, 436–493, 1936). Gab zus. mit L. Diels u. J. Mildbraed „Vegetationskarte von Afrika", 1963, heraus.

Schumach. = Heinrich Christian Friedrich Schumacher, Glückstadt 15.11.1757–9.12.1830 Kopenhagen, Dänemark. Deutsch-Dänischer Botaniker und Arzt, Professor der Anatomie in Kopenhagen. Schrieb „Enumeratio plantarum in partibus Saellandiae", 1801–1803; „Den kjobenhavnske Flora", 1804; „Medicinsk Plantelaere ...", 1825–1826. Das Werk „Beskrivelse of Guineeiske planter ...", 1827 stammt hauptsächlich von Schumacher, teilweise aber auch von Peter Thonning bzw. von beiden zusammen. Nach Schumacher die Gattung *Schumacheria* Spreng.

Schum. = Julius (Heinrich Karl) Schumann, 1810–1868

K. Schum. = Karl Moritz Schumann, Görlitz 17.6.1851–22.3 1904 Berlin. Deutscher Botaniker, Kustos am Bot. Museum Berlin und Professor. Bedeutender Autor von enormer Produktivität. Unter seine zahlreichen Publikationen sind „Gesamtbeschreibung der Kakteen", 1897–1899, Nachträge 1903; „Blühende Kakteen", 1900–1903 (fortgesetzt von R.L.A.M. Gürke u. F.J. Vaupel 1904–1921); „Praktikum für morphologische und systematische Botanik", 1904. Er bearbeitete einige Familien für Engler, Das Pflanzenreich; für Martius, Flora brasiliensis und für Engler u. Prantl, Die natürlichen Pflanzenfamilien. Schrieb ferner zus. mit Carl Adolf Georg Lauterbach „Die Flora der deutschen Schutzgebiete in der Südsee", 1901, Nachträge 1905; und zus. mit Udo Max Hollrung „Die Flora von Kaiser Wilhelms Land ...", 1889. Nach Schumann die Gattungen *Schumannia* Kuntze, *Schumannianthus* Gagnep., *Schumanniophyton* Harms.

Schummel = Theodor Emil Schummel, Breslau 23.5.1785–24.11.1848 Breslau. Deutscher Lehrer, Entomologe u. Botaniker. Schrieb u.a. „Ueber die giftigen Pilze, mit besonderer Rücksicht auf Schlesien", 1840.

Schur = Philipp Johann Ferdinand Schur, Königsberg, Ostpreußen 18.2.1799–28.5.1878 Bielitz in Österreichisch-Schlesien. Deutscher Apotheker und Botaniker, Direktor einer Schwefelsäure-Fabrik, später auch Gymnasiallehrer. Schrieb „Sertum florae Transsilvaniae ...", 1853; „Enumeratio plantarum Transsilvaniae", 1866. Nach ihm die Art *Aconitum schurii* Beck.

J. Schust. = Julius Schuster, München 7.4.1886–1949. Deutscher Botaniker, Pflanzenmorphologe, -systematiker und Paläobotaniker. Bearbeitete für Engler, Das Pflanzenreich „Cycadaceae", 1932; „Weltrichia und die Bennettitales ...", 1911.

Schwantes = Martin Heinrich Gustav (Georg) Schwantes, Bleckede, Niedersachsen 18.9.1881–17.11.1960 Kiel, Schleswig-Holstein. Deutscher

Archäologe u. Botaniker, Professor in Kiel. Spezialgebiete: Aizoaceae, Mesembryanthemaceae. Veröffentlichte an bot. Schriften u.a. die Bearbeitung der Aizoaceae in Pareys Blumengärtnerei, 2. Aufl., 1958; „The Cultivation of the Mesembryanthemaceae", 1953; „Flowering Stones and Mid-Day Flowers", 1957. Nach ihm die Gattung *Schwantesia* Dint.

F. Schwarz = Erich Frank Schwarz, 7.10.1857–12.11.1928. Deutscher Botaniker in Eberswalde.

Fritz Schwarz = Fritz Schwarz, fl. 1949. Kakteensammler deutscher Herkunft in Mexiko. Nach ihm u.a. die Arten *Ferocactus schwarzii* G.E.Linds. und *Mammillaria schwarzii* Shurly.

O. Schwarz = Otto Karl Anton Schwarz, Weimar, Thüringen 28.4.1900–7.4.1983. Deutscher Botaniker, Professor in Jena, Systematiker. Sammelte auch Pflanzen in Südeuropa und der Türkei. Schrieb u.a. „Monographie der Eichen Europas und des Mittelmeergebietes" (in Repert. spec. nov. 1936-1939); „Die Gattung Globularia", 1938; „Thüringen, Kreuzweg der Blumen", 1952, 2. Aufl. 1954; „Systematische Monographie der Gattung Cyclamen L." (in Feddes Repert. 69, 73–103, 1964). Mitarbeiter an „Flora europaea", 1964–1980. Nach ihm die Art *Hieracium schwarzii* Zahn.

Schweick. = Herold Georg Wilhelm Johannes Schweickerdt, Schmie, Baden-Württemberg 29.11.1903 (nicht 29.2.)–21.2.1977 Pretoria. Südafrikanischer Botaniker. Spezialgebiet: Gramineae. Schrieb u.a. „A revision of the South African species of Helictotrichon" (in Bothalia 3, 185–203, 1937); zus. mit Wessel Marais „Morphologische Untersuchungen an Oryza barthii A. Chev." (in Bot. Jahrb. Syst. 77, 1–24, 1956). Nach Schweickerdt die Art *Gasteria schweickerdtiana* Poelln.

Schweigg. = August Friedrich Schweigger, Erlangen, Bayern 8.9.1783–28.6.1821 (ermordet bei Agrigento in Sizilien). Deutscher Botaniker, Professor der Botanik in Königsberg. Schrieb „Specimen florae Erlangensis", 1805; „De plantarum classificatione naturalis", 1821; zus. mit Heinrich Friedrich Franz Körte „Flora erlangensis", 1811. Nach Schweigger die Gattung *Schweiggeria* Spreng.

C. Schweinf. = Charles Schweinfurth, Brookline, Massachusetts 13.4.1890–16.11.1970 Wellesley, Massachusetts. Nordamerikanischer Botaniker am Gray Herbarium, Cambridge, Massachusetts, Orchideenspezialist. Autor von „Orchids of Peru", 1958–1961; First supplement 1970. Nach ihm die Gattung *Cischweinfia* Dressler et N.H. Williams.

Schweinf. = Georg August Schweinfurth, Riga, Lettland 29.12.1836–19.9.1925 Berlin (begraben im Bot. Garten Berlin-Dahlem). Deutscher Geograph u. Botaniker, bereiste von 1863–1866 Ägypten, von 1868–1871 Äquatorialafrika, von 1900–1901 die Sahara u. Tunis. Schrieb u.a. „Im Herzen von Afrika", 1874, 3. Aufl. 1918; „Beitrag zur Flora Äthiopiens", 1867; „Illustrations d'Égypte", 1889 (zus. mit P.F.A. Ascherson); „Plantae quaedam niloticae", 1862; „Reliquiae Kotschyanae", 1868. Nach ihm die Gattungen *Schweinfurthia* A. Braun und *Schweinfurthafra* Kuntze.

Schwein. = Lewis (Ludwig) David de (von) Schweinitz, Bethlehem, Pennsylvania 13.2.1780–8.2.1834 Bethlehem. Nordamerikanischer Botaniker, Vorstand der Mährischen Brüder in USA. Schrieb „Specimen florae Americae cryptogamicae", 1821; zus. mit Johannes Baptista von Albertini „Conspectus fungorum in Lusatiae superioris agro niskiensi crescentium", 1805. Nach ihm die Gattung *Schweinitzia* Elliott ex Nutt. sowie z.B. die Art *Carex schweinitzii* Dewey.

Schwer. = Fritz Kurt Alexander Graf von Schwerin, Berlin 16.5.1856–6.3.1934. Deutscher Botaniker. Spezialgebiet: Gehölze. Schrieb „Monographie der Gattung Sambucus ..." (in Mitt. Deutsch. Dendrol. Ges. 18, 1–36, 1909); „Acht Beiträge zur Gattung Acer ...", 1919; „Revisio generis Sambucus ..." (in Mitt. Deutsch. Dendrol. Ges. 29, 441–478, 1920). Nach ihm die Art *Acer schwerini* Pax.

K.H. Schwer. = Karl H. Schwerin, publ. 1976. Nordamerikanischer Sukkulentenkenner. Schrieb u.a. zus. mit Edward Franklin Castetter und Prince Pierce „A new Cactus species and two new varieties from New Mexico" (in Cact. Succ. Journal (USA) 48, 77–82, 1976).

Scop. = Joannes Antonius (Giovanni Antonio) Scopoli, Cavalese (jetzt Val di Fiume), Italien 3.6.1723–8.5.1788 Pavia, Italien. Österreichischer (Tiroler) Naturwissenschaftler (Biologe u. Mineraloge), Professor der Mineralogie in Schemnitz (heute Banská Stiavnica, Slowakei), zuletzt Professor der Naturgeschichte und Chemie in Pavia. Schrieb u.a. „Flora carniolica", 1760, 2. Aufl. 1771–1772; „Fundamenta botanica", 1783, weitere Aufl. 1786, 1802; „Deliciae florae et faunae insubricae", 1786–1788. Nach ihm die Gattung *Scopolia* Jacq. corr. Link sowie das Alkaloid Scopolamin.

Scort. = Benedetto Scortechini, 1845–4.11.1886. Italienischer Geistlicher und Botaniker.

A.J. Scott = Andrew John Scott, 1950–. Britischer Botaniker an der University of Birmingham, später in Kew. Spezialgebiete: Chenopodiaceae, Myrtaceae. Schrieb u.a. „The systematics of the Chenopodiaceae", 1975; „A revision of the the Camphorosmioideae (Chenopodiaceae)" (in Feddes Repert. 89, 101–119, 1978).

Scott-Elliot = George Francis Scott-Elliot, Kalkutta 6.1.1862–20.6.1934 Dumfries. In Indien geborener britischer Botaniker, Dozent in Glasgow, war mehrere Jahre in Afrika tätig. Schrieb u.a. „The flora of Dumfriesshire ...", 1896; „Romance of plant life", 1906. Nach ihm die Gattung *Scottellia* Oliv.

Scribn. = Frank Lamson Scribner (geboren als Franklin Pierce Lamson), Cambridgesport, Massachusetts 19.4.1851–22.2.1938 Washington, D. C. Nordamerikanischer Botaniker, Professor der Botanik in Tennessee, später Gras-Spezialist am U.S. Department of Agriculture. Schrieb „The grasses of Tennessee", 1892–1894; „Studies on American grasses", 1901 (mit E.D. Merrill u. C.R. Ball). Nach Scribner die Art *Panicum scribnerianum* Nash.

Sealy = Joseph Robert Sealy, 1907–. Britischer Botaniker am Herbarium Kew. Schrieb u.a. „Amaryllis and Hippeastrum" (in Kew Bull. 1939, 49–68); „Revision of the genus Camellia", 1958; „A revision of the genus Sarcococca (Buxaceae)" (in Bot. J. Linn. Soc. 92, 117–159, 1986); und zus. mit William Bertram Turrill und mit Abbildungen seiner späteren Frau (Stella Ross-Craig, 1906–) „Studies in the genus Fritillaria (Liliaceae)", 1980.

Sebast. = Francesco Antonio Sebastiani, Piofreddo 14.6.1782–1821 Aversa bei Neapel. Italienischer Botaniker und Arzt, Professor der Botanik und Direktor des Bot. Gartens in Rom. Autor von „Romanorum plantarum", 1813–1815; „Esposizione del sistema di Linneao ...", 1819. Schrieb zus. mit Ernesto Mauri „Florae romanae prodromus", 1818. Nach Sebastiani die Gattung *Sebastiania* Spreng.

Sebeók = Alexander (Sándor) Sebeók de Szent-Miklós, publ. um 1780. Ungarischer Botaniker. Schrieb „Dissertatio inauguralis medico botanica de Tataria hungarica ...", 1779.

Seboth = Joseph Seboth, 12.2.1814–28.4.1883. Österreichischer botanischer Künstler.

Seem. = Berthold Carl Seemann, Hannover 28.2.1825–10.10.1871 Javali Mine, Nicaragua. Deutscher Botaniker, Gärtner u. Pflanzensammler, war beteiligt an einer Reise um die Welt von 1845–1851 u. anderen Forschungsreisen, zuletzt Direktor einer Goldgruben-Gesellschaft in Nicaragua. Schrieb „Die Volksnamen der amerikanischen Pflanzen", 1851; „The botany of the voyage of H.M.S. Herald during the years 1845 to 1851...", 1852–1857; „Die in Europa eingeführten Acacien", 1852; „Bonplandia", 1853–1862 (mit Wilhelm Eduard Gottfried Seemann); „Popular History of the Palms", 1856, 2. Aufl. 1866; „The British Ferns", 1860; „Flora vitiensis", 1865–1873. Begründer des „Journal of Botany, British and foreign", 1863 ff. Nach ihm die Gattungen *Seemannia* Regel u. *Seemannaralia* R. Viguier.

Seemen = Karl Otto von Seemen, Sprindlak, Ostpreußen 2.8.1838–23.6.1910 Berlin. Deutscher Offizier u. Botaniker. Bearbeitete für Ascherson u. Graebner in „Synopsis der Mitteleuropäischen Flora" Bd. 4 die Gattung *Salix*, 1908–1913. Schrieb „Salices japonicae", 1903. Nach ihm wahrscheinlich die Art *Viburnum seemenii* Graebn.

Ség. = Jean François Séguier, Nîmes 25.11.1703–1.9.1784 Nîmes. Französischer Botaniker u. Archäologe, von 1740–1755 in Verona. Schrieb „Bibliotheca botanica", 1740, auch 1760; „Plantae veronenses", 1745–1754. Nach ihm die Gattung *Seguieria* Loefl. und die Art *Euphorbia seguieriana* Neck.

Seibert = Russell Jacob Seibert, Belleville, Illinois 14.8.1914–. Nordamerikanischer Botaniker, Direktor von Longwood Gardens, Kennett Square, Pennsylvania. Spezialgebiete: Bignoniaceae, *Hevea*. Sammelte Pflanzen vor allem in Panama, Haiti, Kolumbien und Peru. Nach ihm die Art *Telipogon seibertii* Dodson et R.Escobar.

Seidl = Wenzel Benno Seidl, Schüttenhofen 14.9.1773–7.2.1842 Prag. Böhmischer Botaniker in Prag. Mitautor bei Friedrich Graf von Berchtold et al. „Oekonomisch-technische Flora Böhmens ...", Band 1, 1836. Nach ihm die Gattung *Seidlia* Opiz.

P.D. Sell = Peter Derek Sell, 1929–. Britischer Botaniker an der Universität von Cambridge. Schrieb zus. mit S. M. Haslam u. P. A. Wolseley „A flora of the Maltese islands", 1977. Zus. mit Gina Murrell Herausg. Von „Flora of Great Britain and Ireland", Band 5, 1996. Bearbeitete u.a. (z. T. zus. mit A. J. Richards bzw. C. West) die Gattungen *Taraxacum*, *Crepis* und *Hieracium* für Flora Europaea (Band 4, 332–410, 1976).

Sello = Hermann Ludwig Sello, 1800–1876

Sellow = Friedrich Sellow (vor 1814 Sello), Potsdam, Brandenburg 12.3.1789–Sept. 1831 im Franciscostrom, Brasilien, ertrunken. Deutscher Gärtner, Botaniker u. Pflanzensammler, ab 1814 in Brasilien. Begleitete von 1815–1817 den Prinzen Maximilian zu Wied-Neuwied auf einer Reise ins Innere Brasiliens. Nach ihm die Gattung *Selloa* Humb., Bonpl. et Kunth sowie die Zeitschrift Sellowia, 1954 ff.

Semen. = Peter Petrovich von Semenov-Tjan-Shansky (Peter Petrowitsch von Semenow-Tian-Schanski), Rjasan SE Moskau 1827–1914 St. Petersburg. Russischer Botaniker, Pflanzensammler und Entomologe. Seine Pflanzen wurden von Regel und Herder in „Enumeratio plantarum ...", 1861–1878 beschrieben. Nach ihm die Art *Abies semenovii* Fedtsch.

Sencke = Ferdinand Sencke, ?–1866. Deutscher Handelsgärtner in Leipzig.

Sendtn. = Otto Sendtner, München 27.6.1813–21.4.1859 Erlangen, Bayern. Deutscher Botaniker, Professor der Botanik an der Universität in München. Schrieb „De Cyphomandra ...", 1845; „Die Vegetations-Verhältnisse Südbayerns...", 1854; „Die Vegetations-Verhältnisse des bayerischen Waldes ...", 1860; bearbeitete für Martius, Flora brasiliensis in Bd. X (1846/56) „Solanaceae, Cestrineae". Nach ihm die Zeitschrift Sendtnera 1993 ff.

Sénécl. = Adrien Sénéclauze, fl. 1867.

Senghas = Karlheinz Senghas, Stuttgart 7.4.1928–4.2.2004 Gaiberg bei Heidelberg, Baden-Württemberg. Deutscher Botaniker am Bot. Garten in Heidelberg. Spezialgebiet: Orchidaceae. Zus. mit W. Rauh Hrsg. der 81.–88. Aufl. von Schmeil-Fitschen, „Flora von Deutschland", 89.–92. Aufl. zus. mit S. Seybold, 1967–2003. Schrieb „Orchideen, Pflanzen der Extreme, Gegensätze und Superlative", 1993; zus. mit Werner Rauh „Balkon- und Zimmerpflanzen", 1959. Mitherausgeber der 3. Aufl. von Schlechter, „Die Orchideen",

1971–2002. Nach ihm die Gattung *Senghasiella* Szlach.

Senoner = Adolf Senoner, Klagenfurt, Kärnten 29.7.1806–30.8.1895 Wien. Österreichischer Arzt und Botaniker. Mitherausgeb. der „Gartenflora", Band 16–33, 1867–1884. Schrieb „Piante utili all'agricoltura ed alle arti" (in Annuario Ass. Agr. Friulana 3, 25–109, 1860).

Serebr. = T.J. Serebrjakova, 1893–. Russische Botanikerin.

Serg. = Lydia (Lidia) Palladievna Sergievskaja, 1897–1970. Russische Botanikerin an der Universität Tomsk. Bearbeitete für Komarov, Flora URSS die Gattung *Cobresia* (in Band 3, 105–111, 1935). Publ. auch zus. mit Boris Konstantinovich Schischkin.

Ser. = Nicolas Charles Seringe, Longjumeau, Seine-et-Oise, Frankreich 3.12.1776–29.9.1858 Lyon. Französischer Botaniker und Arzt, Lehrer für Französisch in Bern 1801–1820, in Genf 1820–1830, von 1830–1858 Professor der Botanik und Direktor des Bot. Gartens Lyon. Veröffentlichte neben vielem anderen „Mélanges botaniques", 1818–1831; „Mémoire sur la famille des Cucurbitacées", 1825; „Mémoire sur la famille des Mélastomacées", 1830; „Descriptions et figures des céréales européennes", 1841–1847; „Flora des jardins et des grandes cultures", 1847–1849; bearbeitete für de Candolle, Prodromus in Bd. I *Aconitum*, Caryophyllaceae, 1824; in Bd. II Rosaceae, 1825; in Bd. III Cucurbitaceae, 1828. Nach ihm die Gattung *Seringia* J. Gay.

Sesl. = Lionardo (Leonard) Sesler,?–1785. Italienischer Arzt u. Botaniker in Venedig. Schrieb „Lettera intorno ad un nuovo Genere di Piante Terrestri", 1750. Nach ihm die Gattung *Sesleria* Scop.

Sessé = Martin de Sessé y Lacasta, 11.12.1751–4.10.1808. Spanischer Arzt und Botaniker. Schrieb zus. mit José Mariano Moçiño Suares Losada (posthum erschienen) „Plantae Novae Hispaniae", 1887–1890, 2. Aufl. 1893; „Flora mexicana", 1891–1896, 2. Aufl. 1894. Nach Sessé die Gattung *Sessea* Ruiz et Pav.

Seub. = Moritz August Seubert, Karlsruhe 2.6.1818–6.4.1878 Karlsruhe. Deutscher Botaniker, Professor der Botanik und Zoologie in Karlsruhe. Schrieb „Flora azorica", 1844; „Die Pflanzenkunde ...", 1849–1850, 6. Aufl. 1874; „Exkursionsflora für das Großherzogthum Baden", 1863, 6. Aufl. 1905; „Exkursionsflora für das südwestliche Deutschland", 1868, 2. Aufl. 1878; „Excursionsflora für Mittel- und Norddeutschland ...", 1869; „Lehrbuch der gesammten Pflanzenkunde", 1853, 7. Aufl. 1887. Bearbeitete für Martius, Flora brasiliensis in Bd. III, 1 (1842/71) „Xyrideae, Mayacaceae, Commelinaceae", in Bd. V, 1 (1855/1877) „Amarantaceae", in Bd. VII (1865/71) „Styracaceae". Nach Seubert die Gattung *Seubertia* Kunth.

Seybold = Siegmund Gerhard Seybold, Stuttgart 5.9.1939–. Deutscher Botaniker am Naturkundemuseum und Professor der Universität in Stuttgart. Spezialgebiete: Flora von Südwestdeutschland, Labiatae. Mitarbeiter an der 10. bis 16. Aufl. von „Zander, Handwörterbuch der Pflanzennamen", 1972–2002; bei Index Holmiensis, bei Schmeil u. Fitschen „Flora von Deutschland ...", 89.–92. Aufl. 1993–2003; weiter zus. mit O. Sebald, G. Philippi u. A. Wörz Hrsg. von „Die Farn- u. Blütenpflanzen Baden-Württembergs", Bd.1–8, 1990–1998. Schrieb „Die wissenschaftlichen Namen der Pflanzen und was sie bedeuten", 2002, 2. Aufl. 2005.

F. Seym. = Frank Conkling Seymour, 1895–1985

Shafer = John Adolph Shafer, Pittsburgh, Pennsylvania 23.2.1863–1.2.1918 Sewickley, Pennsylvania. Nordamerikanischer Botaniker, sammelte viele Pflanzen in den USA und Mittelamerika. Publizierte mit N.L. Britton „North American trees", 1908. Nach Shafer die Gattung *Shafera* Greenm.

Shap. = K. K. Shaparenko, 1908–1941. Russischer Botaniker. Mitarbeiter bei V.L. Komarov, Flora U.R.S.S., Band 1 u. 13, 1945 und 1948.

H. Sharsm. = Helen Katherine Sharsmith (geb. Meyers), Oakland, Kalifornien 26.8.1905–10.11.1982. Nordamerikanische Botanikerin an der University of California, Berkeley. Schrieb „Flora of the Mount Hamilton Range of California", 1940, Nachdruck 1982. Nach ihr die Art *Campanula sharsmithiae* Morin.

Shaw = George Russell Shaw, 28.10.1848–15.1.1937. Nordamerikanischer Architekt und Botaniker.

G.Y. Sheng = Sheng Guo-Ying = Guo Ying Sheng, 1936–. Chinesischer Botaniker. Spezialgebiet: Poaceae, Bambusoideae.

Sheph. = John Shepherd, Gosford, Cumberland 1764–30.8.1836 Liverpool. Englischer Botaniker, war 1802–1836 Kurator des Bot. Gartens in Liverpool, Onkel von Henry Shepherd. Schrieb „A catalogue of plants in the Botanic Garden, at Liverpool", 1808. Nach ihm die Gattung *Shepherdia* Nutt.

Sheppard = (Mrs.) Sheppard, fl. 1783–1867

Sherff = Earl Edward Sherff, Flint, Michigan 18.5.1886–16.5.1966 Hastings, Michigan. Nordamerikanischer Botaniker. Veröffentlichte 143 botan. Schriften, meist systemat. Inhalts. Spezialgebiet: Compositae, bes. *Bidens*. Bearbeitete für Britton, North American Flora, Ser. II, Bd. 2 „Compositae-Coreopsidineae", 1955 (mit Edward Johnston Alexander). Schrieb „Revision of the genus Cosmos ..." (in Field Mus. Nat. Hist., Bot. 8, 401–447, 1932); „Revision of the genus Coreopsis ..." (in Field Mus. Nat. Hist., Bot. 11, 279–475, 1936); „The genus Bidens ..." (in Field Mus. Nat. Hist., Bot. 16, 1–709, 1937). Nach ihm die Art *Cosmos sherffii* Melchert.

Shibata = Keita Shibata, Tokio 20.8.1877–19.11.1949 Tokio. Japanischer Botaniker und Biochemiker, Professor der Botanik in Sapporo, später in Tokio. Publizierte mit Tomitaro Makino „On Sasa, a new genus of Bambuseae, and its affinities ...", 1901. Nach Shibata die Gattung *Shibataea* Makino ex Nakai.

Shim = Phyau Soon Shim, fl. 1982

Shinners = Lloyd Herbert Shinners, Alta, Kanada 22.9.1918–16.2.1971 Dallas, Texas. In Kanada geborener nordamerikanischer Botaniker und Professor. Spezialgebiet: Asteraceae. Hauptwerk: „Spring flora of the Dallas-Fort Worth area", 1958. Nach ihm die Gattung *Shinnersia* R.M.King et H.Rob.

Shinwari = Zabta Khan Shinwari, fl. 1992.

Shiras. = Homi (Yasuyoshi) Shirasawa, 1868–1947. Japanischer Botaniker, Dendrologe. Veröffentlichte u.a. „Iconographie des essences forestières du Japon", 1900–1908; „Die Japanischen Laubhölzer im Winterzustande", 1895. Nach ihm die Art *Acer shirasawanum* Koidz.

Shivas = Mary Grant Shivas (verheiratete Mrs. Trevor Walker), 1926–. Britische Botanikerin in Leeds, England, später in Newcastle upon Tyne. Spezialgebiet: *Polypodium*. Schrieb „Contributions to the cytology and taxonomy of species of Polypodium in Europe and America.II. Taxonomy" (in J. Linn. Soc., Bot., 58, 27–38, 1961); „A cytotaxonomic study of the Asplenium adiantum-nigrum complex" (in Brit. Fern. Gaz. 10, 68–80, 1969).

Shreve = Forrest Shreve, Easton, Maryland 8.7.1878–19.7.1950 Tucson, Arizona. Nordamerikanischer Botaniker und Ökologe, Professor der Botanik in Maryland. Sammelte zahlreiche Pflanzen in Mexiko und dem Süden der USA. Schrieb „A montane rain-forest ...", 1914; zus. mit M. A. Chrysler, F. H. Blodgett und F. H. Besley „The plant life of Maryland ...", 1910; mit I. L. Wiggins „Vegetation and flora of the Sonoran Desert", 1964.

Shurly = Ernest William Shurly, Hampstead, London 17.8.1888–11.11.1963 St. Albans, Hertfordshire. Englischer Geschäftsmann und Botaniker, Kakteenforscher, besonders Mammillaria-Spezialist. Schrieb „A supplementary list of specific names and synonyms of Mammillarias (described 1940 to 1952)", 1952 sowie mehrere Bücher über die Kultur von Kakteen u. Sukkulenten. War 16 Jahre lang Herausgeber von „Journal of the Cactus and Succulent Society of Britain".

Sibth. = John Sibthorp, Oxford 28.10.1758–8.2.1796 Bath, Somerset. Englischer Botaniker u. Arzt, bereiste von 1786–1787 u. von 1794–1795 Griechenland u. Kleinasien, sammelte dort Pflanzen für eine geplante „Flora graeca", die später von James Edward Smith (1806–1840) herausgegeben wurde. Autor von „Flora oxoniensis", 1794. Nach ihm z.B. die Arten *Linaria sibthorpiana* Boiss. et Heldr. ex Boiss. und *Saxifraga sibthorpii* Boiss.

Sieber = Franz Wilhelm Sieber, Prag, Böhmen 30.3.1789–17.12.1844 Prag. Österreichischer Forschungsreisender, Arzt und Botaniker, reiste 1817–1819 nach Kreta, Ägypten u. Palästina und 1822–1824 um die Erde und brachte bedeutende Sammlungen mit. Lebte von 1830–1844 in einem Psychiatrischen Heim in Prag. Schrieb u.a. „Reise nach der Insel Kreta...", 1823; „Reise von Kairo nach Jerusalem", 1823. Nach ihm die Gattung *Siebera* J. Gay.

Siebold = Philipp Franz (Balthasar) von Siebold, Würzburg, Bayern 17.2.1796–18.10.1866 München. Deutscher Botaniker, Arzt u. Japanforscher, kam 1822 in die Niederlande. Lebte als Arzt in Japan von 1823–1830 und 1859–1862. Hauptwerke: „Nippon, Archiv zur Beschreibung von Japan...", 1832–1858; „Plantarum, quas in Japonica collegit Dr. Ph. Fr. de Siebold, genera nova...", 1843. Führte viele japanische Pflanzen nach Europa ein u. verbreitete sie aus eigener Gärtnerei in Leiden. Schrieb auch zus. mit Joseph Gerhard Zuccarini „Florae japonicae familiae naturales", 1843–1846; „Flora japonica", 1835–1870. Nach Siebold die Zeitschriften „Sieboldia", Leiden, 1875–1883, u. „Fukuoka", 1952 ff., unter vielen Arten auch *Stachys sieboldii* Miq.

Siehe = Walter Siehe, Berlin 15.1.1859–10.3.1928 Adana. Deutscher Kaufmann u. Pflanzensammler, führte viele kleinasiatische Pflanzen in die Gartenkultur ein, vor allem *Crocus*, *Iris* u. *Galanthus*. Nach ihm die Art *Iris sieheana* Lynch.

Siesm. = J. A. Siesmayer, deutscher Gärtner, publ. um 1888 über *Acer*.

Siev. = Johann Erasmus Sievers, Hannover ?–6.4.1795 Petrograd (St. Petersburg). Deutscher Apotheker und Botaniker, 1790–1795 auf Forschungsreise in Sibirien und der Mongolei. Schrieb „Briefe aus Sibirien ...", 1796. Nach ihm die Gattung *Sieversia* Willd.

Silba = John Silba, 1961–. Nordamerikanischer Botaniker. Spezialgebiet: Gymnospermae. Schrieb „Revised generic concepts of Cupressus L. (Cupressaceae)" (in Phytologia 49, 390–399, 1981). Nach ihm die Art *Agathis silbae* De Laub.

M. Silva = Manuel da Silva, 1916–. Portugiesischer Botaniker. Publ. zus. mit António Rodrigo Pinto da Silva über *Digitalis*.

P. Silva = António Rodrigo Pinto da Silva, Porto 13.3.1912–28.9.1992 Lissabon. Portugiesischer Botaniker in Oeiras bei Lissabon. Schrieb u.a. „O género Arenaria Willd. em Portugal" (in An. Soc. Brot. 38, 159–180, 1972). Hrsg. von R.T. Palhinhai „Catalogo das plantas vasculares dos Açores", 1966.

Silva Manso = António Luiz Patricio da Silva Manso, Hú 1788–18.1.1818 Campinas. Brasilianischer Mediziner. Schrieb „Enumeraçao das substancias brasileiras, que podem promover a catarze", 1836.

Silva Tar. = Ernst Emanuel Graf Silva Tarouca, Mähren 1860–15.8.1936 Pruhonice bei Prag. Mährischer Landwirtschaftsminister und Botaniker, baute in seinem Park in Pruhonice eine große Gehölzsammlung auf. Schrieb zus. mit Camillo Karl Schneider „Kulturhandbücher über Freiland-Stauden", 1910, 5. Aufl. 1934; „Unsere Freiland-Nadelhölzer ...", 1913, 2. Aufl. 1923; „Unsere Freiland-Laubgehölze ...", 1913, 3. Aufl. 1931. Nach Silva Tarouca die Art *Berberis silva-taroucana* C.K. Schneid.

Silverside = Alan James Silverside, 1947–

R. Sim = Robert Sim, Belhelvie,

Aberdeen, 26.8.1791-3.8.1878 Foots Cray, Kent. Schottischer Gärtner in Foots Cray. Spezialgebiet: Pteridophyta. Schrieb „Catalogue of British and exotic ferns", 1863.

Sim = Thomas Robertson Sim, Northfield, Scotston, Aberdeenshire, Schottland 25.6.1858-23.7.1938 Durban, Südafrika. Schottischer Gärtner und Botaniker in Südafrika. Schrieb „The ferns of South Africa", 1892; „The forests and forest flora of the colony of the Cape of Good Hope", 1907; „Forest flora and forest resources of Portuguese East Africa", 1909; „Handbook of the ferns of Kaffraria", 1891. Nach ihm die Gattung *Simia* S. W. Arnell.

Simmler = Gudrun Simmler, Hartberg, Steiermark 14.11.1884-. Österreichische Botanikerin in Graz. Schrieb „Monographie der Gattung Saponaria", 1910.

Simmonds = Joseph Henry Simmonds, 1845-1936. Neuseeländischer Geistlicher und Botaniker. Schrieb „Trees from other lands ... Eucalypts...", 1927. Nach ihm die Art *Eucalyptus simmondsii* Maiden.

N.W. Simmonds = Norman Willison Simmonds, 1922-. Britischer Botaniker am Imp. College of Tropical Agriculture in Trinidad. Spezialgebiete: *Musa* und *Ensete*. Publ. in Band 2-3 der „Flora of Trinidad and Tobago ..." von Robert Orchard Williams et al., 1953-1967.

Simmons = Herman Georg Simmons, Dalby, Skåne 16.8.1866-1943. Schwedischer Botaniker in Lund, später Professor in Ultuna. Schrieb „The vascular plants in the flora of Ellesmereland...", 1906; „A revised list of the flowering plants and ferns of North Western Greenland ...", 1909.

Simon-Louis = Léon L. Simon-Louis, 1834-4.3.1913 Nancy. Französischer Baumschulbesitzer in Plantières-les-Metz, Moselle.

Simonet = Marc Simonet, 1899-1965. Französischer Botaniker. Spezialgebiet: Poaceae. Schrieb „Observations sur quelques espèces et hybrides d'Agropyrum..." (in Bull. Soc. Bot. France 87, 624-632, 1935).

Simonk. = Lajos tól Simonkai (geb. als Ludwig Philipp Simkovics, ab 1886 Simonkai), Nyíreghyáza 9.1.1851-2.1.1910 Budapest. Ungarischer Botaniker, Professor am kgl. Ungarischen Staats-Gymnasium und Privatdozent der Pflanzengeographie an der Universität in Budapest. Schrieb „Erdély edényes flórájának helyesbített foglalata - Enumeratio florae transsilvanicae vasculosae critica ...", 1886; außerdem „Bemerkungen zur Flora von Ungarn" (in Österreich. Bot. Zeitschr. 1888-1890). Nach ihm die Art *Sorbus simonkaiana* Kárpáti.

B.B. Simpson = Beryl Brintnall (nicht Britnall) Simpson (geb. als Patricia Beryl Simpson, verheiratet mit François Vuilleumier, ab 1973 Beryl Brintnall Simpson, pers. Mitt.), Dallas, Texas 28.4.1942-. Nordamerikanische Botanikerin an der University of Texas in Austin. Spezialgebiete: Krameriaceae, *Hoffmannseggia*. Schrieb u.a. „The systematics and evolution of Perezia sect. Perezia (Compositae)", 1969. Nach ihr die Art *Aspilia simpsoniae* H.Rob., die sie entdeckt hat.

G. Simpson = George Simpson, 1880-1952. Neuseeländischer Botaniker in Dunedin. Spezialgebiete: *Carmichaelia, Hebe*. Schrieb u.a. „A revision of the genus Carmichaelia" (in Trans. Roy. Soc. N. Z., 75, 231-287, 1945). Nach ihm die Art *Wahlenbergia simpsonii* J.A. Hay.

Sims = John Sims, Canterbury, Kent 13.10.1749-26.2.1831 Dorking, Surrey. Englischer Arzt und Botaniker in London. Hrsg. von „Curtis' Botanical Magazine", Bd. 14 bis 53, 1800-1826; zus. mit Carl Dietrich Eberhard König Hrsg. von „Annals of Botany", 1804-1806. Nach ihm die Gattung *Simsia* Pers.

Sinskaya = Eugeniya Nikolayevna Sinskaya, 25.11.1889-4.3.1965. Russische Botanikerin.

Sint. = Paul Ernst Emil Sintenis, Seidenberg, Oberlausitz 4.6.1847-6.3.1907 Kupferberg. Deutscher Apotheker u. Pflanzensammler in vielen Teilen der Welt, u.a. in Puerto Rico u. Westasien. Publizierte mit Joseph Franz Freyn. Nach Sintenis z.B. die Art *Convolvulus sintenisii* Boiss.

Sipliv. = Vladimir N. Siplivinsky, 1937-. Russischer Botaniker, sammelte Pflanzen in der Burjätischen ASSR und am Amur.

Skalická = Anna Skalická (geb. Klásková) 1932-. Tschechische Botanikerin in Prag, Frau von Vladimír Skalicky. Spezialgebiet: Fabaceae. Schrieb „Chamaecytisus triflorus (Lam.) Skalická in der Tschechoslowakei" (in Preslia 58, 21-27, 1986).

Skalicky = Vladimír Skalicky, 12.4.1930-6.7.1994. Tschechischer Botaniker an der Karls-Universität in Prag, verheiratet mit Anna Skalická. Schrieb u.a. „Taxonomische und nomenklatorische Bemerkungen zu Gattungen Aconitum L. und Pulsatilla Mill." (in Preslia 57, 135-143, 1985); „Rod Aconitum v Ceskoslovensku" (in Zpr. Ceskosl. bot. Spolec. (Praha) 25, 1-27, 1990).

Skan = Sidney Alfred Skan, Kineton Green bei Solihull, Warwickshire 13.8.1870-19.12.1939 Kew, Surrey. Englischer Botaniker, Gärtner und Bibliothekar am Herbarium Kew. Bearbeitete für Daniel Oliver, Flora of Tropical Africa, in Bd. 4 (2) Labiatae, 1906 (mit W.B. Hemsley), in Bd. 6 (2) Salicineae, Ceratophyllaceae, 1917-1927. Nach ihm die Art *Quercus skaniana* Dunn.

Skarupke = E. Skarupke, publ. 1973 über Matucana. Deutscher Kakteenkenner.

Skeels = Homer Collar Skeels, Grand Rapids, Michigan 31.7.1873-3.1.1934 East St. Louis, Illinois. Nordamerikanischer Botaniker am United States Department of Agriculture.

M.W. Skinner = Mark Williamson Skinner, fl. 1993. Nordamerikanischer Botaniker. Spezialgebiet: *Lilium.* Schrieb u.a. „Nomenclatural changes in North American Lilium (Liliaceae)" (in Novon 12, 253-261, 2002).

Skipwith = G. R. Skipwith, publ. 1929. Britischer Gärtner.

L.E. Skog = Laurence Edgar (Larry) Skog, Duluth, Minnesota 9.4.1943-. Nordamerikanischer Botaniker an der Smithsonian Institution, Washington, D. C. Spezialgebiet: Gesneriaceae. War Sekretär für die Organisation von

Flora Neotropica von 1993-1996. Schrieb „A provisional checklist of species for Flora North America", 1978 (mit Stanwyn Gerald Shetler); zus. mit Lars Peter Kvist „Revision of Kohleria (Generiaceae)" (in Smithson. Contr. Bot. 79, 1-83, 1992); „The genus Columnea (Gesneriaceae) in Ecuador" (in Allertonia 6, 327-400, 1993). Mitarbeiter bei Stafleu u. Cowan „Taxonomic Literature", 2. Aufl. Band 7, 1988 und bei der von Wu Zheng-yi u. Peter Hamilton Raven (Hrsg.) publ. Flora of China. Nach Skog die Art *Chirita skogiana* Z. Yu Li.

Skottsb. = Carl Johan Fredrik Skottsberg, Karlshamm 1.12.1880-14.6.1963 Göteborg. Schwedischer Botaniker, Direktor des Bot. Gartens Göteborg. Unternahm ausgedehnte Forschungsreisen, besonders zu den Inseln im Pazifik, veröffentlichte über 300 Abhandlungen und mehr als 1000 Zeitungsartikel. Bearbeitete für Engler, Die natürlichen Pflanzenfamilien, 2. Aufl. „Myzodendraceae", 1935. Hrsg. von Bd. 2 von „The natural history of Juan Fernandez and Easter Island", 1920-1956. Schrieb mit anderen zus. „Växternes liv …", 1932-1940. Nach ihm die Gattung *Skottsbergia* Cardot.

Skov = Flemming Skov, Skive, Dänemark 10.4.1958 (pers. Mitt.) -. Dänischer Botaniker am National Environmental Research Institute. Schrieb u.a. „Geonoma polyandra (Arecaceae), a new species from Ecuador" (in Nord. J. Bot. 14, 39-41, 1994); zus. mit Henrik Balslev „A revision of Hyospathe (Arecaceae)" (in Nord. J. Bot. 9, 189-202, 1989); zus. mit J. E. Lawesson „The Phytogeography of Denmark revisited" in Plant Ecology 158, 113-122, 2002)..

A.K. Skvortsov = Alexei Konstantinovich Skvortsov (Skvortzow), …elanja bei Smolensk 9.2.1920-8.5.2008. Russischer Botaniker am Bot. Garten Moskau. Spezialgebiete: Salicaceae, *Betula*. Schrieb „Herbarium", 1977; „Genus Oenothera (Onagraceae) in the former Soviet Union …" (in Biul. Mosk. O-wa Ispytaliej Prirody.

Oyd. Biol. 99, 93-113, 1994). Arbeitete auch mit bei Band 65, 1969 von K. H. Rechingers Flora Iranica und bei von Wu Zheng-yi u. Peter Hamilton Raven (Hrsg.) publ. Flora of China (Betulaceae).

Slavíková = Zdenka Slavíková, 1935-

Sleumer = Hermann Otto Sleumer, Saarbrücken 21.2.1906-1.10.1993 Oegstgeest, Niederlande. Deutscher Botaniker, ursprünglich am Bot. Museum Berlin, später in Tucumán, Argentinien, dann hauptsächlich am Rijksherbarium Leiden tätig. Spezialgebiete: Ericales, Flacourtiaceae, Proteaceae von Amerika u. Malaysia. Schrieb „Die Pflanzenwelt des Kaiserstuhls", 1934. Bearbeitete für Engler, Die natürlichen Pflanzenfamilien 2. Aufl. Bd. 16b Olacaceae, Opiliaceae, 1935, Bd. 20b Salvadoraceae, Icacinaceae, Peripterygiaceae, Erythropalaceae, 1942; für Smitinand u. Larsen, Flora of Thailand, Icacinaceae, 1970. Schrieb auch „Flacourtiaceae" in Flora neotropica Band 22, 1980. Nach ihm die Gattung *Sleumerodendron* Virot.

Sljuss. = L.P. Sljussarenko, 1931-

B. Sloane = Boyd Lincoln Sloane, New Jersey 1885- Nordamerikanischer Botaniker. Schrieb zusammen mit Alain Campbell White: „The Stapelieae", 1933, 2. Aufl.1937, „The succulent Euphorbieae of South Africa", 1941 (auch mit R. A. Dyer). Nach A. C. White und Sloane die Gattung *Whitesloanea* Chiov.

Sloss. = Margaret Slosson, Paris 1872-. Nordamerikanische Botanikerin in New York. Spezialgebiet: Pteridophyta. Schrieb „How ferns grow", 1906. Nach ihr die Hybride *Dryopteris × slossoniae* (Hahne) Wherry.

Small = John Kunkel Small, Harrisburg, Pennsylvania 31.1.1869-20.1.1938 New York (Manhattan). Nordamerikanischer Botaniker, am Bot. Garten New York. Sammelte zahlreiche Pflanzen, auch Bryopyhta und Lichenes in den USA. Schrieb u.a. „Flora of Miami", 1913; „Manual of the Southeastern Flora", 1933, „Ferns of the Southeastern States", 1938; „Flora of the

Southeastern United States", 1903, 2. Aufl. 1913. Bearbeitete für Britton, North American Flora, in Band 17 (1) Pandanales, Naiadales, Alismales, Alismaceae, Hydrocharitales, Poales, 1909; für Bd. 22 (1) Rosales, 1905; Bd. 22 (2) Saxifragaceae, Pterostemonaceae, 1905; Bd. 22 (3) Crossosomataceae, 1908; Bd. 25 (1) Geraniales, Geraniaceae (mit L.T. Hanks), Oxalidaceae, Linaceae, 1907; Bd. 25 (2) Malpighiaceae, 1910; Bd. 25 (3) Simaroubaceae, 1911; Bd. 25 (4) Polygonales, 1924, Bd. 29 (1) Ericales, Monotropaceae, Ericaceae, 1914. Nach ihm die Gattung *Smallia* Nieuwl. und z.B. die Arten *Yucca smalliana* Fernald und *Listera smallii* Wiegand.

Smejkal = Miroslav Smejkal, Nové Mesto na Moravé 31.10.1927-24.7.1997. Tschechischer Botaniker. Schrieb u.a. „Revision der tschechoslowakischen Arten der Gattung Camelina Crantz (Cruciferae)" (in Preslia 43, 318-337, 1971); „Galeobdolon argentatum sp. nova …" (in Preslia 47, 241-248, 1975).

Smiley = Frank Jason Smiley, Piqua, Ohio 1.7.1880-1969. Nordamerikanischer Botaniker, Professor der Botanik an der Univ. of California, Berkeley. Schrieb „A report upon the boreal flora of the Sierra Nevada of California …" (in Univ. Calif. Publ. Bot. 9, 1-423, 1921).

P.A. Smirn. = Pavel Aleksandrovich Smirnov, 1896-1980. Russischer Botaniker in Moskau. Spezialgebiet: Poaceae der UdSSR. Schrieb „Die neuen russischen Stipa-pennata-Arten" (in Feddes Repert. 21, 231-235, 1925). Nach ihm die Art *Stipa smirnovii* Martinovsky.

A.C. Sm. = Albert Charles Smith, Springfield, Massachusetts 5.4.1906-1999. Nordamerikanischer Botaniker in Honolulu, Hawaii. Spezialgebiet: Flora von Fidschi. Bearbeitete für Britton, North American Flora in Bd. 19 (1) Mayacaceae, 1937 u. Bd. 28 B (1) Araliaceae, 1944. Schrieb „Flora vitiensis nova", 1979 ff. Nach ihm die Gattung *Alsmithia* H. E. Moore.

C.P. Sm. = Charles Piper Smith, Saint Catherines, Ontario, Kanada

25.4.1877–6.1.1955 Saratoga, Kalifornien. Nordamerikanischer Botaniker, in Kanada geboren, ab 1920 Biologielehrer in San José, Kalifornien. Spezialist für die Gattung *Lupinus*. Herausgeber der Zeitschrift „Species Lupinorum", 1938–1953.

C. Sm. = Christen (Christian) Smith, Drammen, Norwegen 17.10.1785–22.9.1816 Kongo, Afrika. Norwegischer Botaniker, Arzt u. Forschungsreisender, Professor der Botanik in Oslo. Sammelte Pflanzen auf den Kanarischen Inseln, Madeira, den Kapverdischen Inseln und am Kongo. Posthum erschien „Dagbog paa en Reise til Congo i Afrika", 1819. Nach ihm die Gattung *Christiana* DC.

C.A. Sm. = Christo Albertyn Smith, Boksburg, Transvaal, Südafrika 26.4.1898–23.11.1956 Canberra, Australien. Südafrikanischer Botaniker und Lehrer, später Journalist in Australien. Spezialgebiet: einheimische Namen südafrikanischer Pflanzen. Sein Werk erschien posthum: „Common names of South African plants", 1966.

E.B. Sm. = Edwin Burnell Smith, 1936–. Nordamerikanischer Botaniker an der University of Arkansas. Spezialgebiet: *Coreocarpus*. Schrieb u.a. „A biosystematic survey on Coreopsis in easternUnited States and Canada" (in Sida 6, 123–215, 1976).

E.W. Sm. = Elmer William Smith, 1920–1981. Nordamerikanischer Botaniker und Pflanzenzeichner. Spezialgebiet: Poaceae. Publ. Zeichnungen in der Arbeit von Floyd Alonzo McClure „Genera of bamboos native to the new world (Gramineae: Bambusoideae)" (in Smithson. Contrib. Bot. 9, 1–148, 1973). Illustrierte auch das Buch von Richard Evans Schultes „Hallucinogenic plants", 1976.

G.G. Sm. = Gerald Graham Smith, Grahamstown, Cape Province, Südafrika 9.8.1892–1.3.1976 East London, Cape Province, Südafrika. Südafrikanischer Botaniker. Spezialgebiet: *Haworthia*. Nach ihm die Arten *Ceropegia smithii* M.R. Hend. und *Haworthia geraldii* C.L. Scott.

G.E. Sm. = Gerard Edwards Smith, Camberwell, London 1804–21.12.1881 Ockbrock, Derbyshire. Englischer Geistlicher und Botaniker. Schrieb „A catalogue of rare and remarkable phaenogamous plants, collected in South Kent", 1829.

H. Sm. = Henry Smith, 1786–1868

H.G. Sm. = Henry George Smith, Littlebourne, Kent 26.7.1852–19.9.1924 Sydney, Australien. Englischer Pflanzenchemiker, seit 1883 in Australien. Spezialgebiet: Ätherische Öle austral. Pflanzen, bes. *Eucalyptus*. Schrieb zus. mit Richard Thomas Baker „A research on the Eucalypts especially in regard to their essential oils ...", 1902; „A research on the pines of Australia ...", 1910. Nach Smith die Art *Eucalyptus smithii* R.T. Baker.

Sm. = Sir James Edward Smith, Norwich, Norfolk 2.12.1759–17.3.1828 Norwich. Englischer Botaniker, Besitzer der naturwiss. Sammlungen, des Herbariums, der Bücher u. Manuskripte Linnés. Erster Präsident der 1788 in London gegründeten Linnean Society, in deren Besitz nach seinem Tode das Linnésche Herbarium etc. überging. Neben der Herausgabe der Flora graeca von Sibthorp veröffentlichte er u.a. „Exotic botany, ...", 1804–1806; „Icones pictae plantarum rariorum...", 1790–1793; „Plantarum icones hactenus ineditae plerumque ad plantas in herbario Linnaeano conservatas delineatae", 1789–1791; „English botany...", 1790–1814; „Flora britannica", 1800–1804; „A grammar of botany", 1821; „A specimen of the botany of New Holland", 1793–1795; „The English flora", 1824–1828, 2. Aufl. 1828–1830; „Reliquiae Rudbeckianae...", 1789. Nach ihm die Gattung *Smithia* Ait.

J.G. Sm. = Jared Gage Smith, Scottsburg, New York 13.9.1866–1925. Nordamerikanischer Landwirtschaftswissenschaftler u. Botaniker, Professor der Univ. Hawaii. Spezialgebiet: Gramineae. Schrieb u.a. „Fodder and Forage Plants exclusive of the Grasses", 1896.

J.J. Sm. = Johannes Jacobus Smith, Antwerpen 29.6.1867–14.1.1947 Oegstgeest bei Leiden. Niederländischer Botaniker. Spezialist für indomalays. Orchideen. Schrieb u.a. „Die Orchideen von Ambon ...", 1905; „Die Orchideen von Java", 1905, Figuren-Atlas, 1908–1914, Nachträge 1907–1939; „Vorläufige Beschreibungen neuer papuanischer Orchideen" (in verschiedenen Zeitschr., 1908–1915). Nach ihm z.B. die Art *Dendrobium smithianum* Schltr.

J. Sm. = John Smith, Aberdour, Fife 5.10.1798–14.2.1888 Kew, Surrey. Schottischer Gärtner, zuerst am Bot. Garten Edinburgh, später in Kew. Hauptwerke: „Bible plants", 1877; „Domestic botany", 1871 u. 1883; „Cultivated ferns, or a catalogue of exotic indigenous ferns cultivated in British gardens", 1857; „Ferns, British and foreign...", 1866; „Historia filicum...", 1875; „A dictionary of popular names of the plants ...", 1882.

L.B. Sm. = Lyman Bradford Smith, Winchester, Massachusetts 11.9.1904–4.5.1997 Manhattan, Kansas. Nordamerikanischer Botaniker, Spezialist für Bromeliaceae. Veröffentlichte neben vielem anderen „The Bromeliaceae of Brazil", 1955 und „Bromeliaceae" in Flora neotropica Band 14, 1974–1979 (mit Robert Jack Downs). Bearbeitete für Britton, North American Flora in Bd. 19 (2) „Bromeliaceae", 1938. Schrieb zus. mit Dieter Carl Wasshausen „Begoniaceae" für G. Harling u. L. Andersson „Flora of Ecuador", Nr. 25, 1986. Nach Smith die Gattung *Lymania* Read sowie die Art *Neoregelia smithii* W.Weber.

M.C. Sm. = M.C. Smith, fl. 1981

P.M. Sm. = Philip Morgans Smith, Halesowen, Worcestershire, England 5.2.1941 (pers. Mitt.) –2004. Englischer Botaniker an der University of Edinburgh. Spezialgebiet: *Bromus*. Schrieb „The Bromus mollis aggregate in Britain" (in Watsonia 6, 327–344, 1968).

R.E. Sm. = Ralph Eliott (Eliot) Smith, Boston, Massachusetts 9.1.1874–15.12.1953 Berkeley, Kalifornien. Nordamerikanischer Botaniker. Publ. über *Juglans*.

R.M. Sm. = Rosemary Margaret Smith, 1933–. Schottische

Botanikerin in Edinburgh. Spezialgebiet: Zingiberaceae. Schrieb u.a. „The genus Burbidgea" (in Notes Roy. Bot. Gard. Edinburgh 31, 297-306, 1972); „Alpinia (Zingiberaceae) : a proposed new infrageneric classification" (in Edinburgh Journ. Bot. 47, 1-75, 1990). Nach ihr die Art *Alpinia smithiae* M.Sabu et J.K.Mangaly.

W.W. Sm. = Sir William Wright Smith, Lochmaben, Dumfriesshire 2.2.1875-15.12.1956 Edinburgh. Schottischer Botaniker, von 1922-1956 Direktor des Bot. Gartens Edinburgh. Unternahm ausgedehnte Sammelreisen in den Himalaja. Spezialgebiete: *Primula, Rhododendron*. Veröffentlichte u.a. mit George Forrest u. Harold Roy Fletcher „The genus Primula", 1929-1950, Faksimile-Neudruck der 22 Teile 1977. Nach Smith die Gattung *Smithiodendron* Hu.

W.G. Sm. = Worthington George Smith, London 23.3.1835-27.10.1917 Dunstable, Bedfordshire. Englischer Botaniker u. bot. Künstler. Spezialgebiet: Fungi. Veröffentlichte mit W. H. Fitch „Illustrations of the British flora", 1880, 5. Aufl. 1924; außerdem „Mushrooms and Toadstools", 1867; „Synopsis of British Basidiomycetes", 1908.

Harry Sm. = Harald (Harry) Karl August Smith, Stockholm 22.12.1889-1971. Schwedischer Botaniker in Uppsala. Spezialgebiet: Flora von China, *Saxifraga, Gentiana*. Schrieb u.a. „Vegetationen och dess utvecklingshistoria i det centralsvenska högfjällsområdet", 1920. Nach ihm die Art *Heracleum smithii* Fedde ex H.Wolff.

Gideon F. Sm. = Gideon François Smith, Uitenhage, Südafrika 20.10.1959-. Südafrikanischer Botaniker, Direktor am National Botanical Institute in Pretoria. Spezialgebiete: Aloaceae, Aizoaceae. Schrieb u.a. „First field guide to aloes of southern Africa", 2003. Gab auch zus. mit Steven Hammer u. Ben-Erik van Wyk heraus „Mesembs of the world", 1999.

Smyth = Bernard Bryan Smyth, Co. Cavan, Irland 8.3.1843-12.8.1913 Topeka, Kansas. Nordamerikanischer Botaniker, Geologe und Mathematiker irischer Herkunft, Professor der Botanik in Kansas. Schrieb „Checklist of the plants of Kansas", 1892.

Sneddon = Barry Victor Sneddon, 1942-. Neuseeländischer Botaniker an der Victoria University of Wellington. Spezialgebiete: *Colobanthus, Microseris*. Schrieb u.a. „The taxonomy and breeding system of Colobanthus squarrosus (Caryophyllaceae)" (in New Zealand J. Bot. 37, 195-204, 1999).

Snijman = Dierdré Anne Snijman, Brakpan, Transvaal, Südafrika 27.6.1949-. Südafrikanische Botanikerin am Bot. Garten in Kirstenbosch. Schrieb „The genus Haemanthus", 1984; „Systematics of Hessea, Strumaria and Carpolyza (Amaryllideae: Amaryllidaceae)" (in Contr. Bolus Herb. 16, 1-162, 1994); zus. mit John C. Manning und Peter Goldblatt „Color Encyclopedia of Cape bulbs", 2003. Nach ihr die Art *Chamarea snijmaniae* B.L. Burtt.

Snogerup = Sven E. Snogerup, 1929-. Schwedischer Botaniker, Direktor des Botanischen Museums und Professor in Lund. Spezialgebiete: Brassicaceae, *Bupleurum*. Schrieb zus. mit M. Gustafsson u. R. von Bothmer „Brassica Sectio Brassica ..." (in Willdenowia 19, 271-365, 1990); zus. mit Britt Snogerup „Bupleurum L. (Umbelliferae) in Europe ..." (in Willdenowia 31, 205-308, 2001).

Snowden = Joseph Davenport Snowden, Silverdale, Staffordshire 31.5.1886-9.5.1973. Englischer Gärtner und Botaniker am Department of Agriculture, Uganda. Schrieb „The cultivated races of Sorghum", 1936; „The wild fodder Sorghums of the section Eusorghum" (in J. Linn. Soc. London, Bot. 55, 191-260, 1955); „Grass communities and mountain vegetation of Uganda", 1953. Nach ihm die Gattung *Snowdenia* C.E. Hubb.

Sobol. = Gregor Fedorowitsch (Grigoriy Fedorovich) Sobolewskiy, 1741-1807. Russischer Arzt und Botaniker. Professor der Botanik in St. Petersburg. Schrieb „Flora petropolitana", 1799. Nach ihm die Gattung *Sobolewskia* M. Bieb.

Soderstr. = Thomas Robert Soderstrom, Chicago, Illinois 9.1.1936-1.9.1987. Nordamerikanischer Botaniker in Washington, D. C. Spezialgebiet: Gramineae, Bambusoideae. Schrieb zus. mit Fernando Omar Zuloaga „A revision of the genus Olyra ...", 1989; mit Roger Pearson Ellis „The woody bamboos (Poaceae: Bambuseae) of Sri Lanka ...", 1988. Nach Soderstrom z.B. die Art *Vernonia soderstromii* H. Rob.

Sodiro = Luigi (Aloysius, Luis) Sodiro, Muzzolon bei Valdagno, Italien, Mai 1836-14. Mai 1909 Quito, Ekuador. Italienischer Botaniker und Geistlicher (Jesuit) in Ekuador, Professor der Botanik in Quito. Schrieb „Cryptogamae vasculares quitenses ...", 1890-1895. Nach ihm die Gattungen *Sodiroa* André u. *Sodiroëlla* Schltr.

Söhrens = Johannes Söhrens, ?-1934. Deutscher Botaniker, später Direktor des Bot. Gartens in Santiago de Chile. Publ. über *Echinocactus*. Nach ihm die Gattung *Soehrensia* Backeb.

Soest = Johannes Leendert van Soest, 1898-1983. Niederländischer Ingenieur der Elektrotechnik und Amateur-Botaniker. Spezialgebiet: *Taraxacum*. Schrieb „De flora van Blokzijl ..." (in Ned. Kruidk. Arch. 47, 354-388, 1937); „Het geslacht Hieracium in Nederland" (in Nederl. Kruidk. Arch. 1925-1929); „Het geslacht Taraxacum in Nederland" (in Ned. Kruidk. Arch. 1939-1942). Mitarbeiter bei W. Rothmaler „Exkursionsflora von Deutschland. Kritischer Ergänzungsband", 1963.

Soják = Jirí Soják, 1936-. Tschechischer Botaniker. Spezialgebiet: *Potentilla*. Schrieb u.a. „Taxonomische Bemerkungen zu einigen mediterranen Potentilla-Sippen" (in Preslia 65, 117-130, 1993).

Sol. = Daniel Carlsson (Carl) Solander, Piteå, Norrland, Schweden 19.2.1733-13.5.1782 London. Schwedischer Botaniker, Schüler Linnés u. Bibliothekar bei Sir J. Banks in London, seit 1760 in England. Nahm mit Banks an der ersten Weltumsegelung von Capt. Cook von 1768-1771 teil; bereiste 1772 mit Banks Island. Posthum erschien zus. mit J. Banks „Illustration of the botany of Captain Cook's voyage round the world in HMS Endeavour' in 1768 bis 1771", 1900-1905. Nach ihm die Gattung *Solandra* Sw.

Solano = Solano

Sole = William Sole, Thetford, Cambridgeshire Juni 1741 (nicht 1739)-7.2.1802 Bath, Somerset. Englischer Apotheker und Botaniker in Bath. Schrieb „Menthae britannicae ...", 1798. Nach ihm die Gattung *Solea* Spreng.

Soler. = Hans Solereder, München 11.9.1860-8.11.1920 Erlangen, Bayern. Deutscher Botaniker, Professor der Botanik in Erlangen. Hauptwerk: „Systematische Anatomie der Dikotyledonen", 1898-1899, Ergänzungsband 1908; „Systematische Anatomie der Monokotyledonen", 1928-1933 (mit F.J. Meyer). Bearbeitete für Engler u. Prantl, Die natürlichen Pflanzenfamilien, III. 1, Aristolochiaceae, 1889, IV. 2 Loganiaceae, 1892. Nach ihm die Art *Strychnos solerederi* Gilg.

Solms = Hermann Maximilian Carl Ludwig Friedrich Solms Graf von und zu Laubach, Laubach bei Gießen 23.12.1842-25.11.1915 Straßburg, Elsaß. Deutscher Botaniker, Professor der Botanik in Straßburg und Göttingen. Bearbeitete für Martius, Flora brasiliensis in Bd. IV, 2 (1869/90) „Rafflesiaceae", in Bd. XIII, 3 (1874/1900) „Caricaceae"; für Engler u. Prantl, Die natürlichen Pflanzenfamilien II. 1 „Pandanaceae", 1887, III. 1 „Rafflesiaceae, Hydnoraceae", 1889, III. 6a „Caricaceae", 1893; für Engler, Das Pflanzenreich „Rafflesiaceae et Hydnoraceae", 1901; für de Candolle, Prodromus in Bd. XVI, 1 „Chloranthaceae", 1869; in Bd. XII „Lennoaceae", 1873; für Alph. u. Cas. de Candolle, Monographiae Phanerogamarum, Bd. 4 „Pontederiaceae", 1883. Schrieb außerdem „Weizen und Tulpe u. deren Geschichte", 1899; „Monographia Pandanacearum ..." (in Linnaea 42, 1-110, 1878).

Nach ihm benannt die Gattungen *Solmsia* Baill. u. *Solms-Laubachia* Muschl.

Sommier = Carlo Pietro Stefano Sommier, Florenz 20.5.1848-3.1.1922 Florenz. Italienischer Botaniker französischer Abstammung. Sammelte viele Pflanzen in Italien und im Kaukasus. Schrieb mit Alfredo Caruana Gatto „Flora melitensis nova", 1913-1915; ferner „Flora dell' isola di Pantelleria", 1922; zus. mit Émile Levier „Enumeratio plantarum anno 1890 in Caucaso lectarum" (in Acta Horti Petropolitani 16, 1900). Nach Sommier die Gattung *Sommieria* Becc.

Sond. = Otto Wilhelm Sonder, Bad Oldesloe, Schleswig-Holstein 13.6.1812-21.11.1881 Hamburg. Deutscher Botaniker, Medizinalrat in Hamburg. Autor von „Flora hamburgensis", 1851; Mitherausgeber von „Flora capensis", 1860-1865 (mit W.H. Harvey). Nach Sonder die Gattungen *Sondera* Lehm. und *Ottosonderia* L. Bolus.

Songeon = André Songeon, Chambéry 8.5.1826-18.4.1905 Chambéry. Französischer Botaniker in Chambéry. Schrieb „Recherches sur le mode de développement ... de diverses plantes de la Savoie...", 1907; publizierte mit Eugène Pierre Baron de Perrier de la Bâthie „Indication de quelques plantes nouvelles ...", 1855; „Notes sur des plantes nouvelles ou peu connues de la Savoie", 1859. Nach Songeon die Art *Rhinanthus songeonii* Chab.

Sonn. = Pierre Sonnerat, Lyon 18.8.1748-31.3.1814 Paris. Französischer Botaniker u. Reisender. Bereiste mit Commerson Madagaskar u. Réunion, 1771 China u. die angrenzenden Inseln, 1774 Indien, kehrte 1803 mit reichen Pflanzensammlungen zurück. Schrieb u.a. „Voyage à la Nouvelle Guinée", 1776; „Voyage aux Indes orientales et à la Chine", 1782, 2. Aufl. 1806. Nach ihm die Gattung *Sonneratia* L. f.

Soó = Károly Rezső Soó von Bere, Székelyudvarhely (heute Odorheiu Secuiesc, Rumänien) 1.8.1903-10.2.1980 Budapest. Ungarischer Botaniker, Professor der Botanik in Debrecen, zuletzt in Budapest. Schrieb zus. mit Sándor Jávorka „A Magyar növényvilág kézikönyve", 1951; „Növény földrajz", 1945, 4. Aufl. 1961; „A Magyar flóra és vegetáció rendszertani-növényföldrajzi kézikönyve. Synopsis systematico-geobotanica florae vegetationisque Hungariae", 1964-1968. Bearbeitete die Gattungen *Dactylorhiza*, *Orchis* und *Ophrys* für Flora Europaea (Band 5, 1980). Nach ihm die Gattung *Sooia* Pócs.

P.D. Sorensen = Paul Davidson Sorensen, Seattle, Washington 4.12.1934-. Nordamerikanischer Botaniker. Spezialgebiet: *Dahlia*. Schrieb u.a. „Revision of the genus Dahlia (Compositae, Heliantheae-Coreopsidinae)" (in Rhodora 71, 309-365, 367-416, 1969).

Sorger = Friederike Sorger geb. Schmied, 1914-2001. Österreichische Botanikerin und Pflanzenfotografin in Wien. Spezialgebiet: Flora der Türkei. Schrieb u.a. „Beiträge zur Flora der Türkei" (in Stapfia 3, 1.122, 1978); u. zus. mit Kit Tan „Even more new taxa from South and East Anatolia", I u. II, (in Plant Syst. Evol. 154, 111-128, 1986 u. 155, 93-103, 1987). Nach Sorger z.B. die Arten *Crucianella sorgerae* Ehrend. und *Galium sorgerae* Ehrend. et Schönb.-Tem.

Sosn. = Dmitrii Ivanovich Sosnowsky (Sosnowskyi), 1885-1952. Russischer Botaniker. Schrieb „Flora tiphilisiensis", 1925 (mit A. A. Grossheim). Mitarbeiter an Komarov, V.L., Flora U.R.S.S., Bd. 14, 1949 u. Bd. 28, 1963. Nach ihm die Gattung *Sosnovskya* Takht.

Soto Arenas = Miquel Angel Soto Arenas, 1963-. Mexikanischer Botaniker.

V.G. Soukup = Victor G. Soukup, 1924-

Soulaire = Soulaire

Soul.-Bod. = Étienne Soulange-Bodin, Tourraine 1774-23.7.1846 Paris. Französischer Politiker, Diplomat, Gärtner u. Pflanzenzüchter. Schrieb verschiedene Werke über Pflanzenkultur, die z.T. ins Deutsche übersetzt wurden, u.a. „Ueber die Pflege der Camellien",

1828. Nach ihm die Gattung *Soulangia* Brongn.

Soulié = Joseph Auguste Louis Soulié, Vialettes, Salles-Curan, Aveyron, Frankreich 5.5.1868–15.10.1930 Rivière-sur-Tarn, Aveyron. Französischer Botaniker und Geistlicher, botanischer Erforscher der Cevennen und Pyrenäen. Nach ihm die Hybride *Festuca x souliei*.

Souster = John Eustace Sirett Souster, 1912–. Britischer Botaniker, publ. 1956 über *Hebe*.

Sowerby = James Sowerby, London 21.3.1757–25.10.1822 Lambeth. Englischer botanischer Maler u. Zeichner, Vater von James De Carle Sowerby. Veröffentlichte u.a. „A Botanical Drawing-Book, ..."; 1789, 2. Aufl. 1791; „Coloured figures of English fungi or mushrooms", 1796–1815; „Flora luxurians", 1789–1791; „English botany", 1790–1814 (2580 Kupfer, gez. u. gestochen von James u. James de Carle Sowerby, Text von James Edward Smith.). Nach James Sowerby die Gattung *Sowerbaea* Sm.

Soy.-Will. = Hubert Félix Soyer-Willemet, Nancy 3.6.1791–18.1.1867 Nancy. Französischer Bibliothekar u. Botaniker. Schrieb „Observations sur quelques plantes de France...", 1828, u. andere bot. Abhandlungen in Mémoires de la société royale des sciences... de Nancy. Nach ihm die Gattung *Willemetia* Brongn. (non Neck.).

Spach = Édouard Spach, Strasbourg 26.11.1801–18.5.1879 Paris. Französischer Botaniker. Schrieb „Histoire naturelle des végétaux: Phanérogames", 1834–1847 (14 Bände u. Atlas). Zus. mit H.F. Comte de Jaubert Hrsg. vom „Illustrationes plantarum orientalium...", 1842–1857. Nach Spach die Gattung *Spachea* A. Juss.

Spae = Dieudonné Spae, Gent 27.9.1819–28.10.1858 Gent. Belgischer Gärtner in Gent. Schrieb „Mémoire sur les espèces du genre Lis", 1847.

Späth = Franz Ludwig Späth, Berlin 25.2.1839–3.2.1913 Berlin. Deutscher Botaniker, Besitzer einer berühmten Baumschule in Berlin, Vater von Hellmuth Ludwig Späth (1885–1945).

Spanner = Tobias W. Spanner, fl. 1995.

Span. = Johan Baptist Spanoghe, Madras, Indien 22.8.1798–20.5.1838 Bantam, Java. Niederländischer Regierungsbeamter, von 1816 bis 1837 in Indonesien. Sammelte Pflanzen auf Java u. Timor. Schrieb „Prodromus florae timorensis", 1841–1842. Nach ihm die Gattung *Spanoghea* Blume.

Speg. = Carlo Luigi (Carlos Luis) Spegazzini, Bairo, Ivrea 20.4.1858–1.7.1926 La Plata, Argentinien. Italienischer Botaniker, seit 1879 in Argentinien. Dort Direktor der Landwirtschaft, später Professor der Zoologie, auch der Botanik. Spezialgebiet: Fungi. Schrieb u.a. „Flora de la provincia de Buenos Aires", 1905. Nach ihm die Gattung *Spegazzinia* Sacc.

M.A. Spencer = Michael A. Spencer, fl. 1992. Nordamerikanischer Botaniker am Smithsonian Museum of Natural History. Spezialgebiete: Bromeliaceae. Publ. zus. mit Lyman Bradford Smith.

Spenn. = Fridolin Carl Leopold Spenner, Säckingen, Baden-Württemberg 25.9.1798–5.7.1841 Freiburg, Baden-Württemberg. Deutscher Botaniker, Professor der Botanik an der Universität in Freiburg. Schrieb „Flora friburgensis", 1825–1829; „Handbuch der angewandten Botanik", 1834–1836; „Teutschlands phanerogamische Pflanzengattungen nach dem natürlichen und linnéischen Systeme", 1836. Verfasser von Lieferung 17–21 von Th. Nees: „Genera plantarum florae germanicae", 1839–1840. Nach ihm die Gattung *Spennera* Mart. ex DC.

Speta = Franz Speta, 1941–. Österreichischer Botaniker am Oberösterreichischen Landesmuseum in Linz. Spezialgebiete: *Scilla*, Antirrhineae, *Pinguicula*. Schrieb u.a. „Über Chionodoxa Boiss., ihre Gliederung und Zugehörigkeit zu Scilla L" (in Naturk. Jahrb. Stadt Linz 21, 9–79, 1975; „Die Gattungen Chaenorhinum ... und Microrrhinum ... im östlichen Teil ihrer Areale ..." (in Stapfia

7, 1980). Mitarbeit an W. Adler, K. Oswald, R. Fischer „Exkursionsflora von Österreich", 1994.

Spitzn. = Wenzel (Václav) Spitzner, Beraun (Beroun), Böhmen 22.9.1852–9.1.1907. Mährischer Botaniker. Spezialgebiet: Lichenes. Schrieb „Beitrag zur Flechtenflora Mährens ..." (in Verh. naturf. Ver. Brünn 28, 130–137, 1890).

Splitg. = Frederik Louis Splitgerber, Amsterdam 9.12.1801–23.5.1845 Amsterdam. Niederländischer Reisender u. Pflanzensammler. Sammelte 1833 in Italien, vom 20.11.1837–17.7.1838 in Surinam. Schrieb u.a. „Enumeratio Filicum et Lycopodiacearum quas in Surinamo legit...", 1840. Nach ihm die Gattung *Splitgerbera* Miq.

Spongberg = Stephen Alex Spongberg, 1942–. Nordamerikanischer Botaniker am Arnold Arboretum, Cambridge, Massachusetts. Spezialgebiete z.B. *Magnolia*, *Chaenomeles*. Mitarbeiter von „The European Garden Flora", Band 3, 1989. Mitarbeiter bei der von Wu Zheng-yi u. Peter Hamilton Raven (Hrsg.) publ. Flora of China (Rosaceae).

Sprague = Thomas Archibald Sprague, Edinburgh 7.10.1877–22.10.1958 Cheltenham, Gloucestershire. Britischer Botaniker in Kew. Veröffentlichte 280 verschiedene Schriften, meist systematischen Inhalts. Spezialgebiet: Botanische Nomenklatur. Bearbeitete für Daniel Oliver, Flora of Tropical Africa, in Bd. 4 (2) „Bignoniaceae", 1906, in Bd. 6 (1) „Hernandiaceae", 1909–1910, „Loranthaceae", 1910–1911. Schrieb „The herbal of Valerius Cordus ..." (in J. Linn. Soc., Bot. 52, 1–113, 1939); zus. mit Ernest Nelmes „The herbal of Leonhart Fuchs ..." (in J. Linn. Soc., Bot. 48, 545–642, 1931). Nach ihm die Gattung *Spragueanella* Balle.

Spreeth = A. D. Spreeth, 1940–. Südafrikanischer Botaniker in Stellenbosch, Südafrika. Spezialgebiete: Pflanzenanatomie, Pteridophyta, Amaryllidaceae.

Spreng. = Kurt (Curt) Polycarp Joachim Sprengel, Boldekow bei Anklam, Pommern 3.8.1766–

15.3.1833 Halle, Sachsen-Anhalt. Deutscher Botaniker u. Arzt, Professor der Botanik, Direktor des Bot. Gartens der Universität Halle, Vater von Anton Sprengel. Publ. neben medizin. Schriften u.a. „Antiquitatum botanicarum specimen", 1798; „Anleitung zur Kenntnis der Gewächse", 1802–1804, 2. Aufl. 1817–1818; „Florae halensis tentamen novum", 1806; „Historia rei herbariae", 1807–1808; „Plantarum minus cognitarum pugillus", 1813–1815; „Species Umbelliferarum minus cognitae illustratae", 1818; „Geschichte der Botanik", 1817–1818; „Plantarum Umbelliferarum prodromus…", 1813; „Neue Entdeckungen…", 1820–1822; „Linnaei Systema vegetabilium…", XVI. Aufl., 1824–1828. Nach ihm die Gattung *Curtia* Cham. et Schltdl. sowie z.B. die Art *Carex sprengelii* Dewey.

Sprenger = Carl (Charles) Ludwig Sprenger, Güstrow, Mecklenburg-Vorpommern 30.11.1846–13.12.1917 Korfu, Griechenland. Deutscher Gärtner, ab 1877 in Neapel, später in Korfu. Nach ihm die Art *Huernia sprengeri* Schweinf. ex Dammann.

Spring = Anton Friedrich (Antoine Frédéric) Spring, Geroldsbach, Oberbayern 8.4.1814–17.1.1872 Lüttich, Belgien. Deutscher Botaniker und Arzt, später Professor der Medizin in Lüttich. Schrieb „Über die naturhistorischen Begriffe von Gattung, Art und Abart…", 1838; „Monographie de la famille des Lycopodiacées", 1842 u. 1849; für Martius, Flora brasiliensis in Bd. I, 2 (1840/84) Lycopodineae.

Spruce = Richard Spruce, Ganthorpe, Yorkshire 10.8.1817–28.12.1893 Coneysthorpe, Castle Howard, Yorkshire. Englischer Lehrer, Botaniker und Pflanzensammler, besonders in Südamerika Schrieb u.a. „Hepaticae of the Amazon and of the Andes of Peru and Ecuador", 1884–1885; „Notes of a botanist on the Amazon & Andes", 1908 (Hrsg. A.R. Wallace). Nach Spruce die Gattung *Sprucea* Wilson et Hook.

Spruner = Wilhelm von Spruner, Ingolstadt, Bayern 28.8.1805–30.5.1874 München. Deutscher Apotheker, sammelte Pflanzen in Griechenland. Nach ihm z.B. die Art *Astragalus spruneri* Boiss.

E.P. St John = Edward Porter St. John, 1866–1952

H. St. John = Harold St. John, Pittsburgh, Pennsylvania 25.7.1892–13.12.1991. Nordamerikanischer Botaniker, Professor der Botanik an der University of Hawaii 1929–1958. Spezialgebiete: Flora von Hawaii, Polynesien u. Mikronesien. Schrieb u.a. „Flora of southeastern Washington and adjacent Idaho", 1937, 2. Aufl. 1956, 3. Aufl. 1963; „Monograph of the genus Elodea (Hydrocharitaceae) …" (in Darwiniana 12, 639–652, 1963); „Monograph of Cyrtandra (Gesneriaceae) on Oahu …", 1966. Und zus. mit Juliet Rice Wichman „A chronicle and flora of Niihau", 1990. Nach ihm möglicherweise die Art *Gunnera saint-johnii* (Mora) L.E.Mora-Osejo.

Stace = Clive Anthony Stace, Tunbridge Wells, Kent 30.8.1938 (pers. Mitt.) -. Englischer Botaniker, Professor für Plant Taxonomy an der University of Leicester. Spezialgebiete: Poaceae, Combretaceae. Schrieb u.a. „New Flora of the British Isles", 1991, 2. Aufl. 1997; „Field flora of the British Isles", 1999. Herausgeber von „Hybridization and the Flora of the British Isles", 1975.

Stadelm. = Ernst Stadelmeyer, ?–1840. Deutscher Botaniker und Arzt von München. Schrieb „Echitis species brasiliensis novae descriptae et adumbratae", 1840. Nach ihm die Art *Echites stadelmeyeri* Mart. ex Stadelm.

Stafleu = Frans Antonie Stafleu, Velsen, Nordholland, Niederlande 8.9.1921–16.12.1997. Niederländischer Botaniker am Bot. Museum u. Herbarium Utrecht. Spezialgebiet: Vochysiaceae. Langjähriger Schriftleiter von „Taxon", Journal of the International Association for Plant Taxonomy. Schrieb u.a. „Taxonomic literature", 1967; 2. Aufl. (zus. mit Richard Sumner Cowan), 7 Bände, 1976–1988, 6 Supplementbände, 1992–2000; mit R. McVaugh u. R. Ross „An annotated glossary of botanical nomenclature", 1968; zus. mit Harold William Rickett „Nomina generica conservanda et rejicienda Spermatophytorum", 1961; zus. mit E. R. Farr u. J. A. Leussink Herausgeber von „Index nominum genericorum", 3 Bände 1979, Supplement 1986 (mit G. Zijlstra). Nach Stafleu die Arten *Saussurea stafleuana* Lipsch. und *Vochysia stafleui* Marc.-Berti.

Standish = John Standish, Butterwick, Yorkshire 25.3.1814–24.7.1875 Ascot, Berkshire. Englischer Gärtner. Schrieb u.a. „Practical hints on planting ornamental trees", 1852; publ. außerdem über *Lilium* und *Osmanthus*.

Standl. = Paul Carpenter Standley, Avalon, Missouri 21.3.1884–2.6.1963 Tegucigalpa, Honduras. Nordamerikanischer Botaniker am Natural History Museum Chicago. Sammelte viele Pflanzen in Nord- und Mittelamerika. Schrieb „Flora of the Glacier National Park, Montana", 1921; „Trees and shrubs of Mexico", 1920–1926; „Flora of the Panama Canal Zone", 1928; „Flora of Costa Rica", 1937–1939; zus. mit Samuel Jones Record „The forests and flora of British Honduras …" (in Publ. Field Mus., Bot. 12, 1–432, 1936); zus. mit J.A. Steyermark u. L.O. Williams „Flora of Guatemala", 1946–1977. Bearbeitete für Britton, Flora of North America in Bd. 21 (1) „Chenopodiales, Chenopodiaceae", 1916; für Bd. 21 (2) „Amaranthaceae", 1917; Bd. 21 (3) „Allioniaceae", 1918; Bd. 25 (4) „Trigoniaceae, Vochysiaceae", 1924; Bd. 32 (1) „Rubiales, Rubiaceae", 1918; Bd. 32 (2) bis 32 (4) „Rubiaceae", 1921–1934. Nach ihm die Gattung *Standleya* Brade.

Stapf = Otto Stapf, Ischl, Salzkammergut, Österreich 23.3.1857–3.8.1933 Innsbruck, Tirol. Österreichischer Botaniker, von 1891–1922 in England als Direktor des Herbariums in Kew. Schrieb u.a. „The Aconites of India", 1905; in Thiselton-Dyers „Flora capensis", Bd. 7 „Gramineae", 1898–1900; bearbeitete für Engler u. Prantl, Die natürlichen Pflanzenfamilien, IV. 3b „Pedaliaceae, Martyniaceae", 1895; für Daniel Oliver, „Flora of Tropical Africa" in Bd. 9 (1)–9 (4) „Gramineae",

1917-1920, in Band 9(5)-(6) (zus. mit Charles Edward Hubbard), 1934-1937, außerdem zahlreiche andere Familien ab Bd. 4 (1), 1904. War Herausgeber von „Index Londinensis ...", 8 Bände, 1929-1941. Nach Stapf die Gattungen *Stapfiella* Gilg, *Stapfiola* Kuntze, *Stapfiophyton* Li.

Stapleton = Christopher Mark Adrian Stapleton, 1957-. Schottischer Botaniker in Edinburgh, später in Kew. Spezialgebiet: Poaceae. Schrieb u.a. „A morphological investigation of some Himalayan bamboos with an enumeration of taxa in Nepal and Bhutan", 1991; „The bamboos of Nepal and Bhutan" (in Edinb. J. Bot. 51, 1-32, 275-295, 310-330,1994). Mitarbeiter bei der von Wu Zheng-yi u. Peter Hamilton Raven (Hrsg.) publ. Flora of China.

Staudt = Johann Gustav Günter Staudt, Berlin 10.8.1926-. Deutscher Botaniker, Genetiker u. Kulturpflanzenforscher am Max-Planck-Institut in Köln-Vogelsang, später Direktor des Weinbauinstituts in Freiburg i. Br. Spezialgebiet: *Fragaria*. Schrieb u.a. „Taxonomic studies in the genus Fragaria" (in Canad. J. Bot. 40, 869-886, 1962).

Staunton = Sir George Leonard Staunton, Cargin, Galway, Irland 19.4.1737-14.1.1801 London. In Irland geborener britischer Arzt und Diplomat in der Karibik, später in Indien, sammelte Pflanzen in China. Schrieb „An authentic account of an embassy ... to the emperor of China ...", 1797, 2. Aufl. 1798. Nach ihm die Gattung *Stauntonia* DC.

Stearn = William Thomas Stearn, Cambridge, England, 16.4.1911-9.5.2001. Herausragender englischer Botaniker am Brit. Museum (Nat. Hist.) London, Verfasser von 470 Schriften systematischen u. historischen Inhalts. Spezialgebiete unter vielen anderen: Liliales z.B. *Allium*; *Epimedium*, Gesneriaceae, Acanthaceae, *Magnolia*. Schrieb u.a. „Botanical Latin", 1966, 2. Aufl. 1973, 3. Aufl. 1983, 4. Aufl. 1992; „An introduction to the 'Species Plantarum' and cognate botanical works of Carl Linnaeus" (Ray Society Faksimile von Carl v. Linné, Species Plantarum, Bd. 1), 1957; „Flower Artists of Kew", 1990; „Stearn's dictionary of plant names for gardeners", 1992 (zuerst zus. mit A.W.Smith herausgegeben als „A gardener's dictionary of plant names", 1963). Herausgeber von „International code of nomeclature for cultivated plants..", 1953; „Humboldt, Bonpland, Kunth, A tropical American botany", 1968; Mithrsg. von „An enumeration of the flowering plants of Nepal", 1978 ff. (mit H. Hara u. L.H.J. Williams). Schrieb auch zus. mit Hubert Bayley Drysdale Woodcock „Lilies of the world", 1950; und mit Wilfrid Blunt „The art of botanical illustration", 1950, neue Ausgabe 1994. Bearbeitete u.a. die Gattung *Allium* für Flora Europaea (Band 5, 49-69, 1980). Nach Stearn u.a. die Art *Justicia stearnii* V. A. W. Graham.

Stebbins = George Ledyard Stebbins, Lawrence, New York 6.1.1906-19.1.2000 Davis, Kalifornien. Nordamerikanischer Botaniker und Evolutionsbiologe, Professor für Genetik an der University of California, Berkeley. Schrieb „Variation and evolution in plants", 1950; „Processes of organic evolution", 1966, 2. Aufl. 1971, 3. Aufl. 1977, deutsch „Evolutionsprozesse", 2. Aufl. 1980. Nach ihm z.B. die Arten *Calystegia stebbinsii* Brummitt und *Lactuca stebbinsii* N. Kilian.

Stechm. = Johannes (Johann) Paul Stechmann, publ. 1775. Deutscher Arzt u. Botaniker. Schrieb „Dissertatio inauguralis botanico-medica de Artemisiis", 1775. Nach ihm die Gattung *Stechmannia* DC.

Steck = Abraham Steck, publ. 1757. Schweizer Arzt u. Botaniker. Schrieb „Dissertatio inauguralis medica de Sagu...", 1757.

H. Steedman = Henry Steedman, Schottland etwa 1866-1953. Schottischer Botaniker, sammelte Pflanzen in Australien. Publizierte mit William Faris Blakely über Eucalyptus. Nach Steedman die Art *Eucalyptus steedmanii* C. A. Gardner.

Steeg = M.G. van der Steeg, publ. um 1960 mit Fechser über *Parodia*.

Steenis = Cornelis Gijsbert Gerrit Jan van Steenis, Utrecht 31.10.1901-14.5.1986. Niederländischer Botaniker, bis 1972 Direktor des Rijksherbariums Leiden, Professor in Amsterdam, später in Leiden. Begründete 1948 in Leiden „Flora malesiana", 1948 ff. Schrieb „The mountain flora of Java", 1972; „Rheophytes of the world", 1981; „The land bridge theory in botany" (in Blumea 11, 235-542, 1962). Herausgeber von „Pacific plant areas", 1963-1975 (mit M. M. J. van Balgooy); von „Varenflora voor Java", 1939 (mit C.A.Backer und O. Posthumus); von „Flora of Java", Band 1-3, 1963-1968 (mit C.A. Backer und R.C. Bakhuizen van den Brink Jr.). Nach van Steenis die Gattung *Steenisia* Bakh. f.

Steetz = Joachim Steetz, Hamburg 12.11.1804-24.3.1862 Hamburg. Deutscher Arzt und Botaniker. Schrieb „Revisio generis Comesperma Labill. et synopsis Lasiopetalarum et Büttneriearum in Nova Hollandia indigenarum", 1847; „Die Familie der Tremandreen und ihre Verwandtschaft zu der Familie der Lasiopetaleen", 1853. Nach ihm die Gattung *Steetzia* Lehm.

Stef. = Boris Stefanoff (Stefanov) Popov, Sofia 8.6.1894-12.12.1979 Sofia. Bulgarischer Botaniker, Professor in Sofia. Schrieb: „Monographie der Gattung Colchicum", 1926. Schrieb zus. mit Nikolai Andreev Stojanov „Flore de la Bulgarie", 1924-1925, 2. Aufl. 1933 (unter dem Titel „Flora na Bulgarija"), 3. Aufl. 1948, 4. Aufl. 1966-1967 (zusätzl. mit B. Kitanov, unter dem Titel „Flora bulgarica"). Nach Stefanoff die Gattung *Stefanoffia* H. Wolff.

Stein = Berthold Stein, Breslau 23.3.1847-28.2.1899 Breslau. Deutscher botanischer Gärtner, zunächst Garteninspektor des Bot. Gartens Innsbruck, später in Breslau. Spezialgebiet: Lichenes. Schrieb u.a. „Orchideenbuch", 1892; „Kryptogamen-Flora von Schlesien ... Flechten", 1879. Nach ihm die Gattung *Steinia* Körb.

Steinh. = Adolph(e) Louis Frédéric Steinheil, Strasbourg, 28.11.1810-28.5.1839 auf See zwischen Martinique und Venezuela. Elsässischer Botaniker in Algerien, später in Straßburg. Schrieb u.a.

„Matériaux pour servir à la flore de Barbarie", 5 Teile, 1834-1839; „Note sur le genre Urginea.." (in Ann. Sci. nat., Bot. ser. 2.1, 321-332, 1834). Nach ihm die Gattung *Steinheilia* Decne.

Stellfeld = Carlos Stellfeld, 1900-1970

Stent = Sydney Margeret Stent, King William's Town, Kapland 11.10.1875-19.4.1942 Pretoria. Südafrikanische Architektin, Botanikerin u. bot. Illustratorin. Spezialgebiet: Poaceae. Schrieb „The grasses of Southern Rhodesia", 1933. Nach ihr die Arten *Ceropegia stentiae* E.A.Bruce und *Digitaria stentiana* Henr.

Stephan = Christian Friedrich Stephan, Leipzig 1757-17.12.1814. Deutscher Botaniker und Arzt, Professor der Botanik in Moskau, später in St. Petersburg. Schrieb „Enumeratio stirpium agri mosquensis ...", 1792; „Icones plantarum mosquensium ...", 1795. Nach ihm die Gattung *Stephania* Willd.

P. Stephan = Paul Stephan, publ. 1937. Deutscher Gärtner und Sukkulentenkenner in Hamburg. Publ. Mit H. Schuldt über *Cotyledon*. Nach Stephan z.B. die Art *Conophytum stephanii* Schwantes.

Steph. = Franz Stephani, 1842-1927

Stephens = Edith Layard Stephens, Kapstadt 6.12.1884-1966 Kapstadt. Südafrikanische Botanikerin in Kapstadt. Schrieb „Some South African edible fungi", 1953; „Some South African poisonous and edible fungi", 1953. Bearbeitete für W. H. Harvey et al. für „Flora capensis" die Familien Geissolomaceae und Penaeaceae, 1915.

T. Stephenson = Thomas Stephenson, Brackley, Northamptonshire 1855-15.4.1948 Hindhead, Surrey. Englischer Geistlicher und Botaniker, Vater von Thomas Alan Stephenson (1898-1961). Publ. 1920 mit seinem Sohn über *Dactylorhiza*.

T.A. Stephenson = Thomas Alan Stephenson, Burnham-on-Sea, Somerset 19.1.1898-3.4.1961 London. Englischer Zoologe, Botaniker und Künstler, Professor der Zoologie in Kapstadt, später am University College von Aberystwyth, Sohn von Thomas Stephenson (1855-1948). Schrieb u.a. „Seashore life and pattern", 1944.

Stern = Sir Frederick Claude Stern, London 8.4.1884-10.7.1967 London. Britischer Bankier und Botaniker. Schrieb „A Study of the genus Paeonia", 1946; „Snowdrops and Snowflakes. A study of the genera Galanthus and Leucoium", 1956; „A chalkgarden", 1960. Nach ihm die Art *Paeonia sterniana* Fletcher.

Sternb. = Caspar (Kaspar) Maria Graf von Sternberg, Prag 6.1.1761-20.12.1838 Brezina, Böhmen. Böhmischer Botaniker und Geistlicher, erst Hof- und Kammerrat der Hochstifte Regensburg und Freising, 1803-1807 Vizepräsident der Landesdirektion in Regensburg, Begründer des Böhmischen Nationalmuseums in Prag, herausragender Paläobotaniker. Schrieb „Revisio Saxifragarum iconibus illustrata", 1810, Supplementum, 1822 u. 1831; „Abhandlung über die Pflanzenkunde in Böhmen", 1817-1818; „Versuch einer geognostisch-botanischen Darstellung der Flora der Vorwelt", 1820-1838. Nach ihm die Gattung *Sternbergia* Waldst. et Kit.

Sterneck = Jakob (Daublebsky) von Sterneck, Prag 31.12.1864-1941. Böhmischer Botaniker und Entomologe, Statthalterei-Konzipist in Teplitz und Bezirkscommissär in Eger. Schrieb „Monographie der Gattung Alectorolophus ...", 1901.

Sterner = Karl Rikard Sterner, Gärdlösa, Öland 12.12.1891-15.6.1956. Schwedischer Botaniker und Lehrer in Göteborg. Schrieb „Ölands växtvärld ...", 1926; „Flora der Insel Öland ...", 1938. Nach ihm die Art *Galium sterneri* Ehrend.

Sterns = Emerson Ellick Sterns, Jamestown, New York 7.1.1846-24.9.1926 Helmuth, New York. Nordamerikanischer Botaniker. Gab zus. mit Nathaniel Lord Britton und Justus Ferdinand Poggenburg heraus: „Preliminary catalogue of Anthophyta and Pteridophyta recorded within 100 miles of New York City", 1888.

Steud. = Ernst Gottlieb von Steudel, Esslingen, Baden-Württemberg 30.5.1783-12.5.1856 Esslingen. Deutscher Oberamtsarzt u. Botaniker in Esslingen, mit C.F. Hochstetter Begründer des Württembergischen Naturhistorischen Reisevereins (Unio itineraria). Hauptwerke: „Nomenclator botanicus", 1821-1824, 2. Aufl. 1840-1841, ein Vorläufer des Index kewensis; „Synopsis plantarum Cyperacearum et affinium...", 1854-1855; „Synopsis plantarum glumacearum...", 1854-1855. Schrieb zus. mit Christian Ferdinand Hochstetter „Enumeratio plantarum Germaniae Helvetiaeque indigenarum", 1826. Nach ihm die Gattungen *Steudelia* Spreng., *Steudelago* Kuntze und *Steudelella* Honda.

Steven = Christian (Christian Christianowitsch) von Steven, Fredrikshamn, Finnland 19.1.1781-17.4.1863 Simferopol. Finnischer Botaniker und Entomologe, Direktor des Bot. Gartens Nikita, Krim. Schrieb „Monographia Pedicularis", 1822; „Verzeichniss der auf der taurischen Halbinsel wildwachsenden Pflanzen", 1857. Nach ihm die Gattungen *Stevenia* Adams et Fisch. und *Steveniella* Schltr.

Stev. = John Stevenson, 1836-1903

J. Stewart = Joyce Stewart, geb. Tucker, 1936-. Südafrikanische Botanikerin. Spezialgebiet: Orchidaceae.

Steyerm. = Julian Alfred Steyermark, St. Louis, Missouri 27.1.1909-15.10.1988 St. Louis. Nordamerikanischer Botaniker, zunächst am Natural History Museum Chicago, später am Bot. Institut in Caracas, Venezuela. Spezialgebiete: Flora von Guatemala, Brit. Honduras, Ekuador, Venezuela. Sammelte dort mehr als 135 000 Pflanzen. Schrieb u.a. „Flora of Missouri", 1962; zus. mit Paul Carpenter Standley u. Louis Otho Williams „Flora of Guatemala", 1946-1977; „Contributions to the flora of Venezuela", 1951-1957 (in Fieldiana, Bot. Bd. 28); „Flora del Avila", 1978 (mit O. Huber).

Posthum erschien, zus. mit Paul E. Berry, Kay Yatskievych und Bruce K. Holst „Flora of the Venezuelan Guayana", Band 1-9, 1995-2006. Nach Steyermark die Gattung *Steyermarkia* Standl.

C.H. Stirt. = Charles Howard Stirton, Pietermaritzburg 25.11.1946-. Südafrikanischer Botaniker in Pretoria. Spezialgebiete: Fabaceae, *Lantana*. Schrieb u.a. „Studies in the Leguminosae-Papilionoideae in southern Africa" (in Bothalia 13, 317-325, 1981). Nach ihm die Art *Androcymbium stirtonii* U. Müll.-Doblies, Raus, Weiglin et D. Müll.-Doblies.

Stocks = John Ellerton Stocks, Cottingham, Hull, Yorkshire 1820-30.8.1854 Cottingham, Hull. Englischer Botaniker, sammelte Pflanzen in Indien und Pakistan. Nach ihm die Gattung *Ellertonia* Wight und die Art *Loranthus stocksii* Hook. f.

Störck = Anton Freiherr von Störck, Saulgau, Baden-Württemberg 21.2.1731-11.2.1803 Wien. Deutscher Arzt in Wien, Leibarzt des Kaisers. Schrieb u.a. „Libellus de usu medico Pulsatillae nigricantis ...", 1771.

Stohr = Gerrit Stohr, 1928-. Deutscher Botaniker in Berlin und Spechthausen über Freital. Spezialgebiete: *Festuca, Rubus*. Mitarbeiter bei W. Rothmaler „Exkursionsflora von Deutschland. Kritischer Ergänzungsband", 1963, 4. Aufl. 1976, 10. Aufl. 2005. Schrieb u.a. „Der Formenkreis der Festuca ovina L. im mitteldeutschen Trockengebiet" (in Wiss. Z. Univ. Halle, Math.-Naturw. 4, 729-746, 1955); „Gliederung der Festuca-ovina-Gruppe in Mitteldeutschland unter Einschluß einiger benachbarter Formen" (in Wiss. Z. Univ. Halle, Math.-Nat. 9, 393-414, 1960). Nach Stohr die Art *Rubus stohrii* H.E.Weber et M.Ranft.

Stoj. = Nikolai Andreev Stojanov (Stoyanoff), Grodno 21.11.1883-9.10.1968 Sofia. Bulgarischer Botaniker, in Weißrussland geboren, Professor der Botanik in Sofia. Schrieb gemeinsam mit B. Stefanoff „Flore de la Bulgarie", 1924-1925, 2. Aufl. 1933 (unter dem Titel „Flora na Bulgarija"), 3. Aufl. 1948, 4. Aufl. 1966-1967 (zusätzl. mit B. Kitanov, unter dem Titel „Flora bulgarica"). Nach Stojanov die Art *Ranunculus stojanovii* Delipavlov.

Stoker = Fred Stoker, 1878-1943. Britischer Botaniker. Spezialgebiet: *Lilium*. Schrieb „A book of lilies", 1943.

Stokes = Jonathan Stokes, Chesterfield, Derbyshire 1755-30.4.1831 Chesterfield. Englischer Arzt u. Botaniker. Schrieb „A botanical materia medica", 1812; „Botanical commentaries", 1830. Nach ihm die Gattung *Stokesia* L'Hér.

S. Stokes = Susan Gabriella Stokes, 1868-21.3.1954. Nordamerikanische Botanikerin und Lehrerin in Salt Lake City und San Diego. Spezialgebiet: *Eriogonum*. Schrieb „The genus Eriogonum ...", 1936. Nach ihr die Art *Arabis stokesiae* Rydb.

A.M. Stoor = Anu Maarit Stoor, Essen, Nordrhein-Westfalen 2.1.1966 (pers. Mitt.) -. Deutsche Botanikerin finnisch-irakischer Herkunft an der Ruhr-Universität in Bochum, später Studienrätin in Dinslaken und Dozentin für kreatives Schreiben. Schrieb zus. mit Herbert Wilfried Bennert, Michel Boudrie, Claude Jérôme u. Karsten Horn „Diphasiastrum oellgaardii ..., a new lycopod species from Central Europe and France" (in Feddes Repert. 107, 149-157, 1996).

Storie = James G. Storie, Gärtner, der um 1880 publizierte.

Stork = Adélaïde Louise Stork, Saltsjöbaden bei Stockholm 23.6.1937 (pers. Mitt.) -. In Schweden geborene schweizerische Botanikerin niederländischer Herkunft in Genf. Spezialgebiete: Brassicaceae, Zierpflanzen, Flora von Afrika. Schrieb u.a. „Tulipes sauvages et cultivées", 1984; zus. mit Jean-Pierre Lebrun „Tropical African flowering plants. Ecology and Distribution", 2003; „Index des cartes de répartition. Plantes vasculaires d'Afrique (1935-1976)", 1977, Complément 1981, Supplément II, 1988.; zus. mit Paul Rodolphe Joseph Bamps u. Jean-Pierre Lebrun „Index iconographique des plantes vasculaires d'Afrique 1935-1980",
1981-1988.

Stout = Arlow Burdette Stout, Jackson Center, Ohio 10.3.1876-12.10.1957 Pleasantville, New York. Nordamerikanischer Botaniker u. Pflanzenzüchter. Spezialgebiet: *Hemerocallis*. Schrieb u.a. „The establishment of varieties in Coleus", 1915; „Daylilies the wild species and garden clones", 1934.

Straley = Gerald Bane Straley, Virginia 1945-11.12.1997. Nordamerikanischer Botaniker an der University of British Columbia, Vancouver. Spezialgebiet: *Oenothera*. Schrieb zus. mit George W. Douglas u. Dellis Vern Meidinger „The vascular plants of British Columbia", Teil 1-3, 1989-1991. War auch Mitarbeiter am Projekt „Flora of North America north of Mexico".

Strandh. = Sven Olof Strandhede, 1930-

Strauss = Heinrich Christian Strauss, Neuenkirchen bei Otternburg 12.11.1850-21.5.1922 Berlin. Deutscher Gärtner u. Botaniker am Bot. Garten Berlin. Publizierte mit Gottfried Wilhelm Johannes Mildbraed.

Straw = Richard Myron Straw, 1926-. Nordamerikanischer Botaniker. Spezialgebiet: Scrophulariaceae, *Penstemon*. Schrieb u.a. „Hybridization, homogamy, and sympatric speciation" (in Evolution 9, 441-444, 1955); „A redefinition of Penstemon (Scrophulariaceae)" (in Brittonia 18, 80-95, 1966). Nach ihm die Art *Peperomia strawii* Hutchison ex Pino et Klopf.

Strigl = Franz Strigl, 1937-. Österreichischer Kakteenkenner in Kufstein, Tirol. Spezialgebiet: *Gymnocalycium*. Schrieb u.a. „Eine schöne und seltene Form der Neochilenia occulta" (in Kakt. u. and. Sukk. 24, 57, 1973). Nach ihm die Art *Gymnocalycium striglianum* Jeggle.

Strobl = Gabriel Strobl, Unzmarkt, Obersteiermark 3.11.1846-15.3.1925 Admont, Steiermark. Österreichischer Botaniker, Zoologe, Gymnasialprofessor u. Geistlicher (Benediktiner) in Seitenstetten, später in Melk und Admont. Schrieb u.a. „Flora der Nebroden", 1878-1887; „Flora des Etna", 1880-1888; „Eine

Sommerreise nach Spanien", 1880; „Flora von Admont", 3 Teile (in Jahres-Bericht des k.k. Obergymnasiums zu Melk, no. 31-33, 1881-1883). Schrieb auch zus. mit A. Martinez und F.E.Rumpel „Die Haller Mauern", 1878.

R. Strong = Richard Strong, 1945-. Kakteenkenner. Spezialgebiet: *Gymnocalycium*.

Struck = Mike Struck, fl. 1986. Deutscher Botaniker. Schrieb zus. mit Hans-Dieter Ihlenfeldt „Morphologie und Taxonomie der Dorotheanthinae Schwantes (Mesembryanthemaceae)" (in Beitr. Biol. Pflanz. 61, 411-453, 1986).

Studnicka = Miloslav Studnicka, 1949-

Stuntz = Stephen Conrad Stuntz, Clarno, Wisconsin 4.4.1875-2.2.1918 Wien. Nordamerikanischer Botaniker u. Bibliograph.

Stur = Dionys (Dionyz) Rudolf Josef Stur (Stur), Becor, Slowakei 5.4.1827-9.10.1893 Wien. Slowakischer Botaniker und Paläobotaniker, k. u. k. Bergrat und Direktor der geologischen Reichsanstalt in Wien. Schrieb u.a. „Beiträge zu einer Monographie des Genus Astrantia", 1860; „Beiträge zur Monographie des Genus Draba", 1861; „Geologie der Steiermark", 1871; „Beiträge zur Kenntniss der Flora der Vorwelt", 2 Bände, 1875-1877 u. 1885-1887. Nach ihm die Gattung *Sturia* Nemejc.

Subík = Rudolf Subík, publ. 1981. Tschechischer Kakteenkenner. Schrieb zus. mit Jan Ríha „Illustrated encyclopedia of cacti and other succulents", 1981.

Sucre = Dimitri Sucre Benjamin, publ. 1975. Brasilianischer Botaniker am Jardim Botânico do Rio de Janeiro. Publ. zus. mit Ruby Braga über *Tillandsia*. Nach Sucre Benjamin die Art *Tillandsia sucrei* E.Pereira.

Sudw. = George Bishop Sudworth, Kingston, Wisconsin 31.8.1864-10.5.1927 Washington, D. C. Nordamerikanischer Dendrologe am U.S. Forest Service. Schrieb u.a. „Nomenclature of the arborescent flora of the United States", 1897; „Check List of the forest trees of the United States", 1898; „Forest trees of the Pacific Slope", 1908.

Sünd. = Franz Sündermann, Würzburg, Bayern 17.11.1864-11.10.1946 Lindau, Bayern. Deutscher Gärtner, Sammler u. Züchter von Hochgebirgspflanzen. Gründete 1886 einen Alpenpflanzengarten in Lindau am Bodensee und führte viele seltene Pflanzen ein. Nach ihm die Hybride *Dryas x suendermannii* Kellerer ex Sünd.

Suess. = Karl Suessenguth, Münnerstadt, Unterfranken 22.6.1893-7.4.1955 Porto d'Ischia, Italien. Deutscher Botaniker, Leiter der Bot. Staatssammlung München und Professor der Botanik. Schrieb u.a. „Neue Ziele der Botanik", 1938. Bearbeitete für Engler, Die natürlichen Pflanzenfamilien, 2. Aufl. Bd. 20d „Rhamnaceae, Vitaceae, Leeaceae", 1953. Herausg. von Bd. 1 bis 2 der 2. Aufl. von Hegi: „Illustrierte Flora von Mitteleuropa", 1936-1939. Nach ihm die Gattungen *Suessenguthia* Merxm. u. *Suessenguthiella* Friedr.

Sukaczev = Vladimir Nikolaevich (Wladimir Nikolajewitsch) Sukachev (Sukatschew, Sukaczev, Sukatschow), Aleksandrovka, Gouv. Charkow, Ukraine 7.6.1880-9.2.1967 Moskau. Ukrainischer Forstwissenschaftler und Geobotaniker, Professor in Leningrad, Swerdlowsk, Krasnojarsk und Moskau. Sammelte u.a. Pflanzen im östlichen Sibirien.

Suksd. = Wilhelm (William) Nikolaus Suksdorf, Dransau, Holstein 15.9.1850-3.10.1932 Bingen, Washington. Nordamerikanischer Pflanzensammler u. Botaniker deutscher Abstammung. Schrieb „Werdenda. Beiträge zur Pflanzenkunde", 1923-1931. Nach ihm die Gattung *Suksdorfia* A. Gray.

Summerh. = Victor Samuel Summerhayes, Street, Somerset 21.2.1897-27.12.1974. Englischer Botaniker am Herbarium Kew. Spezialgebiet: Orchidaceae des trop. u. subtrop. Südafrikas u. der Maskarenen. Schrieb u.a. „An enumeration of the Angiosperms of the Seychelles archipelago" (in Trans. Linn. Soc. Zool. 19, 261-299, 1931); „The wild Orchids of Britain", 1951, 2. Aufl. 1968 und „Wild Orchids of Britain", 1985. Nach ihm die Gattung *Summerhayesia* P.J. Cribb.

J.V. Suringar = Jan Valckenier Suringar (geb. als Jan Suringar, fügte später den Nachnamen seiner Mutter, Sara Valckenier, ein), Leiden 24.12.1864-17.10.1932 Wageningen. Niederländischer Botaniker u. Dendrologe, Professor für Dendrologie in Wageningen. Schrieb u.a. „Het geslacht Cyperus ...", 1898; „Linnaeus", 1908; „Het geslacht Melocactus", 1931; zus. mit seinem Vater Willem Frederik Reinier Suringar „Illustrations du genre Melocactus", 1897-1905.

Suter = Johann Rudolf Suter, Zofingen bei Bern 29.3.1766-24.2.1827 Bern. Schweizer Botaniker und Arzt, Professor für Philosophie und Griechisch in Bern. Schrieb „Helvetiens Flora", 1802, 2. Aufl. 1822. Nach ihm die Gattung *Sutera* Roth.

Sutton = Charles Sutton, Norwich, Norfolk 6.3.1756-28.5.1846 Tombland, Norwich. Britischer Geistlicher und Botaniker. Nach ihm die Gattung *Suttonia* A. Rich.

S. Suzuki = Shizuo Suzuki, fl. 1962

T. Suzuki = Tokio Suzuki, 1911-

Svent. = Erik Ragnar Svensson (Ericus Ragnar Sventenius), Skirö, Vetlanda, Schweden 10.10.1910-Gran Canaria 1973 (Verkehrsunfall). Schwedischer Botaniker, kam 1931 auf die Kanarischen Inseln, Begründer des Jardin Botanico Viera y Clavijo bei Tafira auf Gran Canaria. Spezialgebiet: Flora der Kanaren. Schrieb u.a. zus mit Gerhard Benl „Beiträge zur Kenntnis der Pteridophyten-Vegetation und -Flora in der Kanarischen Westprovinz (Tenerife, La Palma, Gomera, Hierro)" (in Nova Hedwigia 20, 413-462, 1970). Nach Svensson u.a. die Arten *Sonchus sventenii* U.Reifenb. et A.Reifenb. und *Centaurea sventenii* A.Santos Guerra.

G. Swales = Geoff J. Swales, publ. 1977 über *Gymnocalycium*. Britischer Botaniker an der University of Sunderland. Spezialgebiet: Cactaceae. Mitarbeiter von „The European

Garden Flora", Band 3, 1989.
Sw. = Olof Peter Swartz, Norrköping, Ostergötland 21.9.1760–19.9.1818 Stockholm. Schwedischer Botaniker, Professor der Botanik in Stockholm, bereiste 1783–1787 Westindien. Schrieb „Nova genera et species plantarum", 1788; „Icones plantarum incognitarum", 1794–1800; „Flora Indiae occidentalis", 1797–1806; „Genera et species orchidearum ...", 1805; „Synopsis filicum", 1806; „Summa vegetabilium Scandinaviae", 1814; „Observationes botanicae", 1791. Nach ihm die Gattung *Swartzia* Schreb.
H.R. Sweet = Herman Royden Sweet, 1911–1991. Nordamerikanischer Botaniker. Spezialgebiet: Orchidaceae. Schrieb „The genus Phalaenopsis", 1980. Bearbeitete zus. mit Leslie Andrew Garay in Richard A. Howard, „Flora of the Lesser Antilles", die Familie „Orchidaceae", 1974.
Sweet = Robert Sweet, Cockington, Devon 4.8.1782–20.1.1835 Chelsea, London. Englischer Gärtner u. Botaniker. Schriften „Hortus suburbanus Londinensis", 1818; „Cistineae", 1825–1830; „The British Flower Garden", 1823–1838; „Flora australasica, ...", 1827–1828; „The florists guide, and cultivator's directory, ...", 1827–1832; „Geraniaceae", 1820–1830; „Sweet's Hortus britannicus...", 1826–1827; 2. Aufl. 1830; 3. Aufl. hrsg. von G. Don 1839. Nach ihm die Gattung *Sweetia* DC.
Swingle = Walter Tennyson Swingle, Canaan, Pennsylvania 8.1.1871–19.1.1952 Washington, D. C. Nordamerikanischer Botaniker am U.S. Department of Agriculture. Spezialgebiet: *Citrus*. Schrieb „Textbook of systematic botany", 1928, 2. Aufl. 1934, 3. Aufl. 1946; „The botany of Citrus and its wild relatives of the orange subfamily (family Rutaceae, subfamily Aurantioideae)" (in H.J.Webber u. L.D. Batchelor: The Citrus Industry 1, 129–474, 1944). Nach ihm die Gattung *Swinglea* Merr.
Syme = John Thomas Irvine Boswell Syme (geb. Syme, später Boswell-Syme), Edinburgh 1.12.1822–29.1.1888 Balmuto, Fife. Schottischer Botaniker. Hrsg. der 3. Aufl. von „English botany", 1863–1886. Nach ihm die Gattung *Symea* Baker.
Syrach = Carl Syrach-Larsen, 1898–. Dänischer Botaniker. Schrieb zus. mit Carl Emil Hansen Ostenfeld „The species of the genus Larix and their geographical distribution" (in Kon. Danske Videnskab. Sellskab., Biol. Mededelserie 9, 1–100, 1930).
Szczaw. = Adam Franciszek Szczawinski, 1913–
Szyszyl. = Ignaz (Ignacy) Ritter von Szyszylowicz, Granica 30.7.1857–17.2.1910. Polnischer Botaniker, Professor der Botanik in Lwow. Sammelte Pflanzen auch in Albanien und Montenegro. Bearbeitete für Engler u. Prantl, Die natürlichen Pflanzenfamilien, III. 6 Caryocaraceae, Marcgraviaceae, Theaceae, Strasburgeriaceae, 1893. Schrieb „Polypetalae thalamiflorae Rehmannianae ...", 1887; „Polypetalae disciflorae Rehmannianae ...", 1888; „Plantae ... per Cernagoram et in Albania adjacente ... lectae", 1888. Nach ihm die Art *Helianthus szyszylowiczii* Hieron.
G. Täckh. = Gunnar Vilhelm Täckholm, Stockholm 2.2.1891–24.1.1933. Schwedischer Botaniker, Professor der Botanik in Kairo, verheiratet mit Vivi Täckholm. Schrieb „Zytologische Studien über die Gattung Rosa ..." (in Acta Horti Berg. 7, 97–381, 1922).
Tafalla = Juan José Tafalla, 1755–1811. Peruanischer Botaniker spanischer Abstammung, Professor der Botanik in Lima. Neue *Cinchona* -Arten, die von Tafalla entdeckt u. gesammelt wurden, wurden beschrieben von Ruiz et Pavon in „Suplemento à la Quinologia", 1801. Nach Tafalla die Gattung *Tafalla* Ruiz et Pav.
Tagawa = Motozi Tagawa, 1908–1977. Japanischer Botaniker an der University of Kyoto. Spezialgebiet: Pteridophyta. Sammelte Pflanzen in Japan, Taiwan und Thailand. Schrieb „Coloured illustrations of the Japanese Pteridophyta", 1959, auch 1978. Nach ihm die Art *Botryopleuron tagawae* Ohwi.
Tagg = Harry Frank Tagg, Maidstone, Kent 1874–9.8.1933 Edinburgh. Englischer Botaniker am Bot. Garten Edinburgh. Spezialgebiet: *Rhododendron*. Schrieb „Notes on museum-methods in use at the Royal Botanic Garden, Edinburgh", 1901; „Notes on Chinese Rhododendrons ..." (in Notes Roy. Bot. Gard. Edinburgh 7, 99–120, 1916); „New species and varieties of Asiatic Rhododendrons ..." (in Notes Roy. Bot. Gard. Edinburgh 15, 305–320, 1927 und 16, 185–211, 1931). Nach ihm die Art *Rhododendron taggianum* Hutch.
Tagl. = Guiseppe Tagliabue, publ. 1816. Italienischer Botaniker, Direktor des Gartens Litta in Lainate, Lombardei. Schrieb „Storia e descrizione della Littaea geminiflora ...", 1816.
Takeda = Hisayoshi Takeda, 2.3.1883–1972. Japanischer Botaniker. Schrieb u.a. „Ka san shokobutsi dzu-i" [A manual of alpine plants], 1933; „Alpine flowers of Japan", 1938. Gemeinsam mit Kazuo Tanabe und Yo Takenaka „Illustrated manual of alpine plants of Japan", 1950, spätere Aufl. 1954 u. 1957 stammen allein von Takeda.
Takht. = Armen Leonovich Takhtajan, 10.6.1910–. Russischer (armenischer) Botaniker, Professor in Erevan, später in Leningrad (St. Petersburg). Schrieb „Morfologiceskaja eovoljucija pokrytosemennyh", 1948; „Vosprosy eovoljucionnoj morfologii rastenij", 1954; „Die Evolution der Angiospermen", 1959; „Flowering plants: origin and dispersal", 1969; „Evolution und Ausbreitung der Blütenpflanzen", 1973; [„The floristic regions of the world"] (in Russisch), 1978; „Flora armenii", 10 Bände, 1954–2001; zus. mit A. A. Fedorov „Flora Erevana", 1972. Herausg. von „Numeri chromosomatum magnoliophytorum florae URSS, Aceracea-Menyanthaceae", 1990. Nach ihm die Gattung *Takhtajania* Baranova et J.-F. Leroy.
Talbot = William Alexander Talbot, 1847–1917
P.C. Tam = Tam Pui-Cheung = Pui Cheung Tam, 1921–. Chinesischer Botaniker. Schrieb „A survey of

genus Rhododendron in South China", 1983.

Tamamsch. = Sophia G. Tamamschjan, 1900-1981. Russische Botanikerin. Spezialgebiet: Asteraceae. Mitarbeiterin bei V.L. Komarov, Flora U.R.S.S., Band 25 und 28, 1959 u. 1963. Mitarbeiterin bei Band 162 von K. H. Rechingers Flora Iranica.

Tamura = Michio Tamura, 1927-. Japanischer Botaniker. Spezialgebiet: Ranunculaceae. Schrieb zus. mit A. Lauener „A synopsis of Aconitum subgenus Lycoctonum..." (in Notes Roy. Bot. Gard. Edinburgh 37, 189-246, 1979).

Kit Tan = Kit Tan, 1953-. Botanikerin in Kopenhagen. Spezialgebiet: Flora von Griechenland. Zus. mit Per Arne Krister Strid Herausg. von „Mountain flora of Greece", 2 Bände, 1986-1991, dazu von „Flora Hellenica", Band 1-2, 1997-2002. Nach Kit Tan die Art *Hieracium kittaniae* Vladimir.

Tanaka = Tyôzaburô (Chôzaburô) Tanaka, Osaka, Japan 3.11.1885-. Japanischer Botaniker, Professor an der Taihoku University in Taiwan. Spezialgebiet: *Citrus*. Schrieb u.a. „Citrus fruits of Japan: with notes on their history and the origin of varieties through bud variation" (in Journ. Heredity 13, 243-253, 1922); „Revisio Aurantiacearum ..." (in verschiedenen Zeitschriften), 1928-1959. Nach ihm die Gattung *Tanakaella* H. Itona.

Yu. Tanaka = Yuichiro Tanaka, 1900-. Japanischer Botaniker. Schrieb u.a. „An iconograph of japanese Citrus fruits: a monographic study of species and varieties of Citrus fruits grown in Japan", 2 Bände, 1948.

Tanfani = Enrico Tanfani, Florenz 28.9.1848-14.6.1892 Florenz. Italienischer Botaniker, Professor der Naturwissenschaften am Militär-Lyzeum in Florenz. Schrieb „Nuova specie di Tecoma" (in Nuov. Giorn. bot. ital. 19, 103-105, 1887); „Florula di Giannutri ..." (in Nuov. Giorn. bot. ital. 22, 153-216, 1890). Nach ihm die Art *Campanula tanfanii* Podlech.

C.Z. Tang = Chen (Zhen) Zi Tang, fl. 1982

Y.C. Tang = Yan Cheng Tang, 1926-

Tang = Tang (T'ang) Tsin (Jin, Chin) = Tsin (Jin, Chin) Tang (T'ang), 1897-1984. Chinesischer Botaniker am Fan Memorial Institute, Peking. Spezialgebiete: Liliatae. Schrieb u.a. „Preliminary study on Cyperaceae of Hopei ..." (in Bull. Fan Memor. Inst. 3, 133-151, 1932). Publ. auch zus. mit Fa Tsuan Wang.

Tardieu = Marie Laure Tardieu-Blot, 1902-1998. Französische Botanikerin in Paris. Hrsg. der „Flore du Cambodge, du Laos et du Vietnam", im Erscheinen begriffen (ab 1960; Lieferung 15, 1975). Schrieb „Les Aspléniacées du Tonkin..", 1932; „Les pteridophytes de l'Afrique intertropicale française", 1953-1957; zus. mit A. Guillaumin u. A. Camus „Plantes vasculaires récoltées à l'Ile de Pâques par la Mission Franco-Belge" (in Bull. Mus. Hist. nat. Paris II, 8, 552-556, 1936). Nach ihn die Gattungen *Blotiella* R. M. Tryon und *Tardiella* Gagnep.

O. Targ. Tozz. = Ottaviano Targioni Tozzetti, Florenz 10.2.1755-6.5.1829 Florenz. Italienischer Botaniker, Professor der Botanik in Florenz, später in Pisa. Schrieb u.a. „Istituzioni botaniche", 1794, 2. Aufl. 1802, 3. Aufl. 1813; „Dizionario botanico italiano...", 1809, 2. Aufl. 1825. Nach ihm die Gattung *Tozzettia* Savi.

Tate = Ralph Tate, Alnwick, Northumberland 1840-20.8.1901 Adelaide, Australien. Britischer Naturforscher u. Bergbauexperte, ab 1875 in Adelaide, Australien, Professor in Adelaide. Schrieb u.a. „Flora belfastiensis", 1863; „A handbook of the flora of extratropical South Australia", 1890; „Botany" (in: Horn Expedition to Central Australia, Bd. 3, 117-197, 1896). Nach ihm die Gattung *Tatea* Seem.

Tatew. = Misao Tatewaki, 1899-. Japanischer Botaniker, Direktor des Bot. Gartens und Professor der Botanik in Sapporo. Schrieb u.a. „The vegetations of the northern region", 1945; „Flowers of northern countries", 1947; „Distribution of plants", 1948 (alles in jap. Sprache); „The phytogeography of the middle Kuriles ..." (in J. Fac. Agric. Hokkaido imp. Univ. 29, 191-363, 1933); zus. mit Yoshio Kobayashi „A contribution to the flora of the Aleutian Islands ..." (in J. Fac. Agric. Hokkaido imp. Univ. 36, 1-123, 1934).

Taton = Auguste Taton, 1914-1989

Taubenheim = Gerd Taubenheim, publ. 1975. Deutscher Botaniker in Mettmann, Nordrhein-Westfalen. Spezialgebiet: europäische Orchideen. Bearbeitete zus. mit Jany Renz u.a. die Familie der Orchidaceae in P. H. Davis „Flora of Turkey ...", 1984. Nach Taubenheim z.B. die Hybride *Cephalanthera x taubenheimii* H. Baumann.

Taub. = Paul Hermann Wilhelm Taubert, Berlin 12.8.1862-1.1.1897 Manaos, Amazonas, Brasilien. Deutscher Botaniker. Spezialgebiet: Leguminosae. Bearbeiter dieser Familie für Engler u. Prantl, Die natürlichen Pflanzenfamilien, III. 3 (1891), außerdem III. 6 Violaceae, 1895 (zus. mit H. Reiche). Schrieb u.a. „Monographie der Gattung Stylosanthes", 1889; zus. mit Ernst Heinrich Georg Ule „Beiträge zur Kenntnis der Flora des centralbrasilianischen Staates Goyaz ...", 1895. Nach ihm die Gattung *Taubertia* K. Schum. ex Taub.

Tausch = Ignaz Friedrich Tausch, Schloß Udritsch, Böhmen 29.1.1793-8.9.1848 Prag. Böhmischer Botaniker, Professor der Botanik an der Universität in Prag. Schrieb „Hortus Canalius, seu plantarum rariorum, quae in horto...", 1823-1825; „Plantae selectae florae bohemicae", 1837. Nach ihm die Gattung *Tauschia* Schltdl.

G. Taylor = Sir George Taylor, Edinburgh 15.2.1904-12.11.1993 Dunbar, East Lothian. Schottischer Botaniker, von 1956-1971 Direktor des Bot. Gartens Kew. Spezialgebiet: Podostemaceae. Schrieb „An account of the genus Meconopsis", 1934; „The Victorian flower garden", 1952. Nach ihm die Gattung *Tayloriophyton* M. P. Nayar.

N.P. Taylor = Nigel Paul Taylor, 5.2.1956-. Britischer Botaniker in Kew. Spezialgebiet: Cactaceae. Schrieb zus. mit D. Parker u.

G. E. Cheetham „The genus Echinocereus", 1985. War auch Mitarbeiter bei „The European Garden Flora", Band 3, 1989.

N. Taylor = Norman Taylor, Birmingham, England 18.5.1883–9.11.1967 New York. Seit 1889 in USA. Nordamerikanischer Botaniker in New York und Pflanzensammler (USA, Westindien). Bearbeitete für Britton, North American Flora in Bd. 17 (1) Zannichelliaceae, Zosteraceae, Cymodoceaceae, Najadaceae, Lilaeaceae, 1909. Schrieb „Geranium" (in L. H. Bailey, Standard Cycl. Hortic. 1330–1332, 1915). Publizierte auch mit Charles Irish.

P. Taylor = Peter Geoffrey Taylor, Luton 16.1.1926–. Englischer Botaniker am Herbarium in Kew. Spezialgebiet: Orchidaceae. Bearbeitete für Gunnar Wilhelm Harling und Benkt Sparre, Flora of Ecuador, die Familie „Lentibulariaceae", 1975. Bearbeiter auch der Lentibulariaceae für E. Launert, „Flora Zambesiaca", Bd. 8(3), 1988. Schrieb außerdem „The genus Utricularia – A taxonomic monograph", 1989.

T.M.C. Taylor = Thomas Mayne Cunninghame Taylor, Pretoria 7.7.1904–6.8.1983. Südafrikanischer Botaniker, lebte später in Toronto, Kanada, Professor der Botanik an der University of British Columbia. Schrieb „Pacific northwest ferns and their allies", 1970.

F.W. Taylor = F. W. Taylor, lebte um 1925. Nordamerikanischer Botaniker.

Tebbitt = Mark C. Tebbitt, fl. 2000.

Teijsm. = Johannes Elias Teijsmann (Teysmann), Arnhem, Niederlande 1808–22.6.1882 Buitenzorg (Bogor), Java. Niederländischer Gärtner und Botaniker, von 1831–1869 Kurator des Bot. Gartens Buitenzorg. Schrieb zus. mit Simon Binnendijk „Catalogus plantarum quae in horto botanico bogoriensi coluntur", 1866. Nach Teijsmann die Gattung Teysmannia Miq., Teijsmanniodendron Koorders, Johannesteijsmannia H.E. Moore, sowie die Zeitschrift „Teysmannia", 1890–1922.

Ten. = Michele Tenore, Neapel 5.5.1780–19.7.1861 Neapel. Italienischer Botaniker, Professor der Botanik in Neapel. Schrieb „Catalogus plantarum horti regii neapolitani...", 1812, Appendix 1815, 2. Aufl. 1819; „Flora napolitana", 1811–1838; „Flora medica universale ...", 1822–1823; „Sylloge plantarum vascularium florae neapolitanae ...", 1831. Nach ihm die Gattung Tenoria Spreng.

Teppner = Herwig Teppner, Graz, Österreich 5.8.1941 (pers. Mitt.) -. Österreichischer Botaniker, Professor an der Universität in Graz. Spezialgebiete: *Nigritella, Onosma, Waldsteinia, Anthoxanthum*. Schrieb u.a. „Anthoxanthum alpinum und seine Verbreitung ..." (in Phyton (Horn) 13, 305–312, 1969); „Cytosystematik ... und permanente Anorthoploidie bei Onosma (Boraginaceae)" (in Östrer. Bot. Z. 119, 196–233, 1971); zus. mit E. Klein „Nigritella rhellicani spec. nova ..." (in Phyton (Horn) 31, 5–26, 1990). Nach Teppner die Hybride Aconitum x teppneri Mucher ex Starm.

Ter-Chatsch. = S.Yakovlevna Ter-Chatschaturova, 1902–

Terán = Manuel de Mier y Terán, ?–1852. Publ. 1832 mit Jean Louis Berlandier.

A. Terracc. = Achille Terracciano, Muro Lucano, Potenza 5.10.1862–8.8.1917 Caserta. Italienischer Botaniker, Professor der Botanik in Caserta, Siena und Sassari, Sohn von Nicola Terracciano. Schrieb u.a. „Prodromo della flora lucana ...", 1891; „Revisione monografica delle specie di Gagea della Flora Spagnola", 1905.

N. Terracc. = Nicola Terracciano, Pozzuoli 1837–20.2.1921 Bagnoli, Neapel. Italienischer Botaniker, Professor in Caserta, später in Bagnoli, Vater von Achille Terracciano. Schrieb „Florae vulturis synopsis ...", 1869; „Relazione intorno alle peregrinazioni botaniche ...", 1872.

Terracino = A. Terracino

Terscheck = Terscheck, fl. c.1840

Teusch. = Heinrich (Henry) Teuscher, Berlin 29.5.1891–9.8.1984. Deutscher bot. Gärtner, wanderte 1922 in die Vereinigten Staaten aus, ab 1936–1972 Kurator des Bot. Gartens in Montreal Spezialgebiete: Orchidaceae, Gehölze. Schrieb „Bestimmungstabelle für die in Deutschlands Klima kultivierbaren Pinus-Arten", 1921. Nach ihm die Gattung *Teuscheria* Garay.

Thell. = Albert Thellung, Enge bei Zürich (heute Zürich) 12.5.1881–26.6.1928 Zürich. Schweizer Botaniker am Bot. Museum der Universität in Zürich. Schrieb u.a. „Die Gattung Lepidium (L.) R. Br.", 1906; „La flore adventice de Montpellier", 1912; „Die Entstehung der Kulturpflanzen ...", 1930. Schrieb zus. mit Otto Nägeli „Die Flora des Kantons Zürich ...", Band 1, 1905. Mitarbeiter bei der 1. Aufl. von Gustav Hegi „Illustrierte Flora von Mitteleuropa, 1913–1926, sowie der 3. u. 4. Aufl. von H. Schinz u. R. Keller, „Flora der Schweiz", 1909–1914 u. 1923. Nach ihm die Gattungen *Thellungia* Stapf und *Thellungiella* O.E. Schulz.

S. Theun. = Joseph („Sjef") Clément Marie Theunissen, Maastricht, Niederlande 12.12.1938 (pers. Mitt.) -. Niederländischer Gymnasiallehrer und Kakteenkenner in Roosendaal. Spezialgebiet: *Notocactus*. Nach ihm die Art *Arrojadoa theunisseniana* Buining et Brederoo.

Thévenau = Antonin Victor Thévenau, Béziers, Hérault 14.12.1814–1.8.1876 Béziers. Französischer Arzt und Botaniker in Béziers, später in Agde. Schrieb zus. mit Jean Martial Gustave Lespinasse „Énumération des plantes étrangères qui croissent aux environs d'Agde ..." (in Bull. Soc. bot. France 6, 648–658, 1860).

Thiele = Friedrich Leopold Thiele, –1841

Thode = Hans Justus Thode, geboren vermutlich in Schlesien 1859-1.6.1932 Durban, Südafrika. Deutscher Botaniker und Pflanzensammler, seit 1885–1886 in Südafrika. Schrieb „Die Küstenvegetation von Britisch-Kaffranien und ihr Verhältnis zu den Nachbarfloren" (in Bot. Jahrb. 12, 589–607, 1890). Nach ihm die Art *Disa thodei* Schltr.

E. Thomas = Abraham Louis Emmanuel (Emanuel) Thomas,

1788–1859. Schweizer Botaniker und Forstmann in Bex, Waadt. Schrieb „Catalogue des plantes suisses ...", 1818, 2. Aufl. 1837.

H.H. Thomas = Hugh Hamshaw Thomas, Wrexham, Denbigshire 29.5.1885–30.6.1962 Cambridge. Englischer Botaniker am Bot. Museum in Cambridge. Spezialgebiet: Paläobotanik. Schrieb u.a. „Palaeobotany and the origin of the Angiosperms ..." (in Bot. Rev. 2, 397–418, 1936). Nach ihm die Gattung *Thomasiocladus* R. Florin.

Thommen = Édouard Thommen, Basel 30.1.1880–25.7.1961 Basel. Schweizer Botaniker, Philologe und Stenograph. Schrieb „Taschenatlas der Schweizer Flora", 1945, 2. Aufl. 1951, 3. Aufl. 1961 (bearb. von A. Becherer), 4. Aufl.1967; in französisch „Atlas de poche de la flore suisse ...", 1945, 2. Aufl. 1961 (mit A. Becherer), 3. Aufl. 1970. Schrieb zus. mit August Binz „Flore de la Suisse", 1941, 2. Aufl. 1953, 3. Aufl. 1966.

C.H. Thomps. = Charles Henry Thompson, Turlock, Kalifornien 23.6.1870–23.1.1931. Nordamerikanischer Botaniker. Schrieb u.a. „North American Lemnaceae...", 1897; „Cacti commonly cultivated ..." (in Ann. Rep. Missouri Bot. Gard. 9, 127–135, 1898). Nach ihm die Gattung *Thompsonella* Britton et Rose.

D.M. Thomps. = David M. Thompson, 1957–

H.S. Thomps. = Harold Stuart Thompson, Bridgewater, Somerset, März 1870–3.3.1940 Bristol. Englischer Botaniker. Schrieb „Alpine plants of Europe ...", 1911; „Sub-alpine plants ...", 1912; „Flowering plants of the Riviera ...", 1914.

H.J. Thomps. = Henry Joseph Thompson, New York 5.9.1921–. Nordamerikanischer Botaniker an der University of California, Los Angeles. Spezialgebiete: Loasaceae, *Mentzelia*. Schrieb u.a. zus. mit W. R. Ernst „Floral biology and systematics of Eucnide (Loasaceae)" (in Journ. Arnold Arbor. 48, 56–88, 1967); zus. mit A. M. Powell „Loasaceae of the Chihuahuan desert region" (in Phytologia 49,16–32, 1981).

J. Thomps. = John Thompson, publ. 1798. Britischer Botaniker.

Schrieb „Botany displayed, ...", 1798.

J.V. Thomps. = John Vaughan Thompson, Berwick-on-Tweed, Northumberland 19.11.1779–21.1.1847 Sydney, Australien. Englischer Zoologe, Botaniker und Militärarzt, sammelte 1812–1816 Pflanzen in Madagaskar. Schrieb „A catalogue of plants growing in the vicinity of Berwick upon Tweed", 1807; „A catalogue of the exotic plants cultivated in the Mauritius ...", 1816. Nach ihm die Gattungen *Thompsonia* R. Br. und *Vaughania* S. Moore.

Joy Thomps. = Joy Thompson (geborene Garden), 1923–. Australische Botanikerin. Schrieb u.a. „A revision of the genus Leptospermum (Myrtaceae)" (in Telopea 3, 301–448, 1989); „A revision of the genus Swainsona (Fabaceae)" (in Telopea 5, 427–582, 1993). Nach ihr die Art *Agrostis thompsoniae* S.W.L.Jacobs.

J.S. Thomson = John Scott Thomson, Dunedin, Neuseeland 30.6.1882–April 1943. Neuseeländischer Botaniker. Spezialgebiet: *Hebe*. Schrieb u.a. zus. mit George Simpson „On the occurrence of the Silver Southern-Beech (Nothofagus menziesii) in the neighbourhood of Dunedin" (in Trans. Proc. Roy. Soc. New Zealand 59, 306–342, 1928).

Thomson = Thomas Thomson, Glasgow 4.12.1817–18.4.1878 London. Britischer Arzt und Botaniker, von 1855–1861 Vorsteher des Bot. Gartens Kalkutta, bereiste Indien u. arbeitete zus. mit Sir Joseph Dalton Hooker an der Flora von Indien: „Flora indica", 1855 bzw. „Flora of British India", Band 1, 1872. Schrieb „Western Himalaya and Tibet", 1852. Nach ihm z.B. die Arten *Rhododendron thomsonii* Hook. f., *Litsea thomsonii* Hook. f. und *Cerastium thomsonii* Hook. f.

Thonn. = Peter Thonning, Kopenhagen 9.10.1775–29.1.1848 Kopenhagen. Dänischer Botaniker und Pflanzensammler in Ghana. Das Werk „Beskrivelse of Guineeiske planter ...", 1827 stammt hauptsächlich von Heinrich Christian Friedrich Schumacher, teilweise aber auch von Peter Thonning bzw. von

beiden zusammen. Nach ihm die Gattung *Thonningia* Vahl.

G. Thor = Hans Göran Thor, Stockholm 1.8.1953 (pers. Mitt.) –. Schwedischer Botaniker an der University for Agricult. Sciences in Uppsala. Spezialgebiete: *Utricularia*, Lichenes. Schrieb „Utricularia i Sverige ..." (in Svensk Bot. Tidskrift 73, 381–395, 1979); „Sumpbläddra, Utricularia stygia, en ny svensk art ..." (in Svensk bot. Tidskrift 81, 273–280, 1987; „The genus Utricularia in the Nordic countries ..." (in Nord. J. Bot. 8, 213–225, 1988).

Thore = Jean Thore, Montaut, Landes 3.10.1763–27.4.1823 Dax. Französischer Arzt u. Botaniker in Dax. Schrieb „Essai d'une Chloris du Département des Landes, à Dax ...", 1803. Nach ihm die Gattungen *Thorea* Bory und *Thorella* Briq.

Thornber = John James Thornber, Rantoul, Illinois 8.2.1872–22.11.1962 Tucson, Arizona. Nordamerikanischer Botaniker, Professor der Botanik an der University of Arizona, Tucson. Schrieb zus. mit Frances Bonker „The fantastic clan: the cactus family, ...", 1932; zus. mit Margeret Armstrong „Field book of western wild flowers", 1915; mit L. Benson und A. A. Nichol „The Cacti of Arizona" (in Univ. Ariz. Bull. 11, 1–134, 1940). Nach Thornber die Gattung *Thornbera* Rydb.

Thorsrud = Arne Thorsrud, Biri, Oppland County, Südnorwegen 9.5.1895–20.12.1964. Norwegischer Botaniker und Gartenbauwissenschaftler, Professor an der Landwirtschaftshochschule in Vollebekk. Hrsg. von „Norsk Hagebruksleksikon", 1960. Schrieb zus. mit Oddvin Reisaeter „Norske plantenavn", 1948.

Thory = Claude Antoine Thory, 26.5.1759–1827 Paris. Französischer Gärtner u. Botaniker. Schrieb „Prodrome de la monographie des espèces et variétés connues du genre Rosier", 1820; „Monographie ou histoire naturelle du genre Groseillier", 1829; weiter den Text zu Redoutés „Les Roses", 1817–1824.

Thouin = André Thouin, Paris 10.2.1747–27.10.1824 Paris.

Französischer Gärtner und Botaniker. Schrieb „Monographie des greffes ...", 1821, deutsch „Monographie des Pfropfens ...", 1824; „Cours de culture et de naturalisation des végétaux...", 1827, 2. Aufl. 1845. Nach ihm die Gattung *Thouinia* Poit.

Thuill. = Jean-Louis Thuillier, Creil, Oise 22.4.1757–22.11.1822 Paris. Französischer Botaniker und Gärtner. Schrieb „Flore des environs de Paris", 1790, weitere Aufl. 1800, 1824; „Le vademecum du botaniste voyageur aux environs de Paris", 1803.

Thunb. = Carl Peter Thunberg, Jönköping, Småland, Schweden 11.11.1743–8.8.1828 Tunaberg bei Uppsala. Schwedischer Botaniker, wohl bedeutendster Schüler Linnés u. Nachfolger von Linné, Vater u. Sohn, auf dem Lehrstuhl für Naturgeschichte in Uppsala. Bereiste zwischen 1772 u. 1775 Südafrika, von 1775–1776 Japan, 1777–1778 Java u. Sri Lanka. Schrieb „Flora japonica", 1784; „Icones plantarum japonicarum", 1794–1805; „Resa uti Europa, Africa, Asia", 1788–1793 (deutsch: Berlin 1792–1794); „Prodromus plantarum capensium"; 1794–1800; „Flora capensis", 1807–1820, 2. Aufl. 1823; „Nova genera plantarum...", 1781–1801; „Plantarum brasiliensium, decas...", 1817–1821. Nach ihm die Gattung *Thunbergia* Retz.

Thwaites = George Henry Kendrick Thwaites, Bristol 9.7.1812–11.9.1882 Kandy, Sri Lanka. Englischer Botaniker, Direktor des Bot. Gartens Peradeniya, Sri Lanka. Schrieb „Reports on the Royal Botanic Garden, Peradenia", 1856–1867; „Enumeratio plantarum Zeylaniae", 1858–1864 (zus. mit Sir Joseph Dalton Hooker); „On Conjugation in the Diatomaceae", 1848. Nach ihm die Gattung *Kendrickia* Hook. f.

Tidestr. = Ivar Frederick Tidestrom (ursprünglich Tidestrom), Hidinge, Schweden 13.8.1864–2.8.1956 Saint Petersburg, Florida. Nordamerikanischer Botaniker schwedischer Herkunft in Washington, D. C. Schrieb „Flora of Utah and Nevada", 1925; „Flora of Arizona and New Mexico", 1941 (zus. mit Mary Teresita Kittel). Nach Tidestrom die Gattung *Tidestromia* Standl.

Tiegel = Ernst Tiegel, 1879–1936. Deutscher Kakteenkenner in Duisburg. Spezialgebiet: *Mammillaria*. Nach ihm die Art *Echinopsis tiegeliana* (Wessner) D.R. Hunt.

Tiegh. = Philippe Édouard Léon van Tieghem, Bailleul 19.4.1839–28.4.1914 Paris. Französischer Botaniker, Professor der Botanik. Schrieb u.a. „Recherches sur la structure du pistil et sur l'anatomie comparé de la fleur", 1871; „Sur les Ochnacées ..." (in Ann. Sci. nat. Bot. ser. 8, 16, 161–416, 1902, dazu 18, 1–60, 1903 und Supplément); „Sur les Rhaptopétalacées ..." (in Ann. Sci. nat., Bot. ser. 9, 1, 321–388, 1905); „Sur les Inovulées ..." (in Ann. Sci. nat., Bot. ser. 9, 6, 125–258, 1907). Nach ihm benannt die Gattungen *Tieghemia* Balle und *Tieghemella* Pierre.

H. Till = Johann Anton („Hans") Till, Arad, Rumänien 16.12.1920 (pers. Mitt.) -. Österreichischer Botaniker in Attersee, Oberösterreich, Vater von Walter Georg Till. Spezialgebiet: *Gymnocalycium*. Schrieb u.a. zus. mit Stefan Schatzl „Gymnocalycium pugionanthum Backeberg, das dolchartig bedornte Gymnocalycium" (in Kakt. u. and. Sukk. 24, 230–233, 1973). Nach Johann Anton Till die Art *Gymnocalycium tillianum* Rausch.

W. Till = Walter Georg Till, Attersee, Oberösterreich 12.1.1956 (pers. Mitt.) -. Österreichischer Botaniker in Wien, Ass.- Professor, Sohn von Johann Anton Till. Spezialgebiet: Bromeliaceae. Nach ihm die Art *Tillandsia tillii* Ehlers.

Timm = Joachim Christian Timm, Wangerin 7.12.1734–3.2.1805 Malchin, Mecklenburg. Deutscher Botaniker, Apotheker und Bürgermeister in Malchin, Mecklenburg. Schrieb „Florae megapolitanae prodromus ...", 1788.

Tindale = Mary Douglas Tindale, 1920-. Australische Botanikerin am National Herbarium of New South Wales, Sydney. Spezialgebiete: Pteridophyta, *Acacia*, *Glycine*. Schrieb u.a. „The Cyatheaceae of Australia" (in Contr. New South Wales Natl. Herb. 2, 327–361,1956); zus. mit S.K. Roy „A cytotaxonomic survey of the Pteridophyta of Australia" (in Austr. Syst. Bot. 15, 839–937, 2002). Gab zus. mit R. C. Carolin u. N. C. W. Beadle heraus „Flora of the Sydney region", 4. Aufl. 1994.Nach Tindale die Art *Acacia tindaleae* Pedley.

Tineo = Vincenzo Tineo, Palermo 27.2.1791–25.7.1856 Palermo. Italienischer Botaniker, Professor u. Direktor des Bot. Gartens Palermo. Veröffentlichte „Plantarum rariorum Siciliae pugillus primus", 1817; „Catalogus plantarum horti regii panormitani ...", 1827. Nach ihm die Gattungen *Tinea* Spreng. und *Neotinea* Rchb. f.

Tischer = Arthur Tischer, Freiburg, Baden-Württemberg 20.4.1895–6.9.2000 (über 105 Jahre alt!). Deutscher Botaniker in Heidelberg, Jurist und Leiter eines Gesundheitsamts, später ehrenamtlicher Richter am Landesozialgericht. War als Sozialist jahrelang aus Deutschland vertrieben. Spezialgebiete: *Lithops*, *Conophytum*, *Ophthalmophyllum*. Mitautor von „Mesembryanthema", 1931 (mit Nicholas Edward Brown u. M.C. Karsten). Nach ihm die Art *Conophytum tischeri* Schick.

Tissière = Pierre Germain Tissière, Arlaches, Wallis 25.2.1828–1.6.1868 Sembrancher, Wallis. Schweizer Geistlicher und Amateur-Botaniker, erst im Kloster des Grand St. Bernard, dann in Vouvry, später in Sembrancher. Schrieb „Guide du botaniste sur le Grand St.-Bernard ...", 1868.

Tjaden = William Louis Tjaden, Islington, London 26.4.1913-. Englischer Gartenbauschriftsteller und Sukkulentenkenner in Welling, Kent. Publ. 1966 über *Schlumbergera* und 1969 über *Jovibarba*.

Tobler = Friedrich Tobler, Berlin 1.10.1879–11.5.1957 Trogen, Appenzell, Schweiz. Schweizer Botaniker, Direktor des Bot. Gartens Dresden, Professor der Botanik. Verfasste außer einigen technisch wichtigen Schriften eine Anzahl bot. Werke, darunter „Die Gattung Hedera", 1912; „Die Gartenformen der

Gattung Hedera ..." (in Mitt. deut. dendrol. Ges. 38, 1–33, 1927); „Deutsche Faserpflanzen und Pflanzenfasern", 1938; zus. mit Herbert Ulbricht „Koloniale Nutzpflanzen", 1942, 2. Aufl. 1945.

Tod. = Agostino Todaro, Palermo 14.1.1818–18.4.1892 Palermo. Italienischer Botaniker, Professor u. Direktor des Bot. Gartens Palermo. Veröffentlichte u.a. „Hortus botanicus panormitanus, sive plantae novae vel criticae...", 1876–1892. Nach ihm die Gattung *Todaroa* Parl.

Toelken = Hellmut Richard Tölken (Toelken), Windhoek, Namibia 1.9.1939–. Südafrikanischer Botaniker, zunächst in Pretoria, später in Adelaide, Australien. Spezialgebiete: Myrtaceae, Dilleniaceae, Crassulaceae. Mithrsg. von „Flowering plants in Australia", 1983 (mit Brian D. Morley) sowie der 4. Aufl. von J.M. Black, „Flora of South Australia", 1986 (mit John Peter Jessop).

Toledo = Joaquim Franco de Toledo, 1905-1952. Brasilianischer Botaniker und botanischer Illustrator vom Instituto de Botanica de Sao Paulo. Spezialgebiet: Flora von Brasilien.

Tolm. = Alexandr Innokentevich Tolmatchew (Tolmachev), 1903–1979. Russischer Botaniker in Leningrad, dann in Archangelsk, in Duschanbe und wieder in Leningrad. Spezialgebiet: Arktisch-alpine Pflanzen. Bearbeitete die Gattung *Draba* für Komarov, Flora URSS (in Band 8, 371–454,1939). Schrieb u.a. „Grundlagen der Lehre über Areale", russisch, 1962; „Arealy rastenij flory SSSR", 1, 1965; 2, 1969; „Arkticeskaja flora SSSR", 1960–1987; engl.: „Flora of the Russian Arctic", Band 1, 1995; Band 2, 1996; Band 3 (zus. mit J. G. Packer u. G. C. D. Griffiths), 2000. Gab weiter heraus „Flora severo-vostoka evropeyskoj chasti SSSR" = „Flora regionis boreali-orientalis territoriae europaea URSS", Band 1–4, 1974–1977. Nach ihm die Gattung *Tolmachevia* A.Löve et D.Löve sowie die Art *Silene tolmatchevii* Bocquet.

Tommas. = Giuseppe Tommaseli, 30.8.1733–2.12.1818. Italienischer Botaniker in Verona.

Tomm. = Muzio Guiseppe Spirito de (Mutius Joseph Spiritus Ritter von) Tommasini, Triest, Italien 4.6.1794–31.12.1879 Triest. Aus Triest stammender österreichischer Botaniker, Jurist, auch Bürgermeister. Schrieb „Der Berg Slavnik im Küstenlande ..." (in Linnaea 13, 49–78, 1839); „Sulla vegetazione dell'isola di Veglia ...", 1875. Nach ihm die Gattung *Tommasinia* Bertol.

Tornab. = Francesco Tornabene, 18.5.1813–16.9.1897. Italienischer Mönch und Botaniker.

Torr. = John Torrey, New York 15.8.1796–11.3.1873 New York. Nordamerikanischer Botaniker und Chemiker. Schrieb „A flora of the northern and middle sections of the United States", 1824; „Plantae Fremontianae", 1853; Bd. IV von „Reports of exploration and surveys..." no. 4 „Description of the general botanical collections", 1856; Bd. II, Teil 1 von Report on the United States and Mexican Boundary Survey „Botany of the boundary...", 1859; „A flora of the State of New-York", 1843; Bd. XVII, Teil 2 von Wilkes Report „Phanerogamia of the Pacific Coast of North America", 1859–1874. Schrieb zus. mit John Charles Frémont „Descriptions of some new genera and species of plants", 1845 (Appendix C zu J.C. Frémont: „Report of the exploring expeditions to the Rocky Mountains"). Schrieb außerdem zus. mit Asa Gray „A flora of North-America", 1838–1843. Nach Torrey die Gattung *Torreya* Arn., die Zeitschrift Torreya, 1901–1945 sowie z.B. die Art *Carex torreyi* Tuckerm.

Toumey = James William Toumey, Lawrence, Van Buren Co., Michigan 17.4.1865–6.5.1932. Nordamerikanischer Botaniker und Forstmann, Professor der Forstwissenschaft in Yale. Schrieb „An undescribed Agave from Arizona...", 1901; Mitarbeiter bei L.H.Bailey „The standard cyclopedia of horticulture", 1914–1917. Nach ihm die Gattung *Toumeya* Britton et Rose.

Tourlet = Ernest Henri Tourlet, Chinon, Indre-et-Loire 4.8.1843–29.7.1907 Chinon. Französischer Apotheker, Botaniker, Archäologe und Münzkenner in Chinon, Indre-et-Loire. Posthum erschien „Catalogue raisonné des plantes vasculaires du département d'Indre-et-Loire", 1908.

Tourn. = Joseph Pitton de Tournefort, 1656–1708

F. Towns. = Frederick Townsend, Rawmarsh, Yorkshire 5.12.1822–16.12.1905 Cimiez, Nizza, Frankreich. Englischer Gutsbesitzer und Amateur-Botaniker in Wickham, Hampshire, später in Honington Hall, Warwickshire. Schrieb „Flora of Hampshire, including the Isles of Wight...", 1883, 2. Aufl. 1904; „Monograph of the British species of Euphrasia" (in J. Bot. 35, 321–336, 395–406, 417–426, 465–477, 1897). Nach ihm die Art *Spartina townsendii* Groves.

Trab. = Louis Charles Trabut, Chambéry, Savoyen 12.7.1853–23.4.1929 Algier. Französischer Arzt u. Botaniker, seit 1880 Professor in Algier. Veröffentlichte zus. mit Jules-Aimé Battandier „Flore d'Alger...", 1884; „Flore de l'Algérie", 1888–1897, Suppl. 1910; „Atlas de la Flore d'Alger", 1886–1920; „Flore analytique et synoptique de l'Algérie et de la Tunisie", 1904; „L'Algérie", 1898. Nach Trabut die Gattung *Trabutia* Sacc. et Roum. sowie die Art *Limodorum trabutianum* Batt.

R. Tracey = Reinhild Tracey geb. Schreiner, 1951–. Österreichische Botanikerin in Indooroopilly, Queensland, vorher in Wien. Schrieb „Drei neue Arten des Festuca ovina-Formenkreises (Poaceae) aus dem Osten Österreichs" (in Plant Syst. Evol. 128, 287–292, 1977).

Traill = George William Traill, Kirkwall, Orkney-Inseln 20.10.1836–7.4.1897 Joppa nahe Edinburgh. Schottischer Botaniker und Mineraloge. Spezialgebiet: Algae. Schrieb u.a. „A monograph of the algae of Firth of Forth", 1885. Nach ihm die Gattung *Trailliella* Batters.

Tratt. = Leopold Trattinnick (Trattinick), Klosterneuburg, Niederösterreich 26.5.1764–14.1.1849 Wien. Österreichischer Botaniker, Kustos am Botan. Museum in Wien. Schrieb „Archiv der Gewächskunde", 1811–1818;

„Auswahl... sehr merkwürdiger Gartenpflanzen", 1812-1822; „Die essbaren Schwämme des Oestreichschen Kaiserstaates ...", 1809, 2. Aufl. 1830; „Flora des Oesterreichischen Kaiserthumes", 1816-1822; „Genera nova plantarum...", 1825; „Neue Arten von Pelargonien deutschen Ursprungs", 1825-1843; „Thesaurus botanicus", 1815, 2. Aufl. 1819; „Genera plantarum...", 1802; „Rosacearum monographia", 1823-1824. Nach ihm die Gattung *Trattinickia* Willd.

Traub = Hamilton Paul Traub, Crozier, Iowa 18.6.1890-14.7.1983. Nordamerikanischer Botaniker und Pflanzenzüchter deutscher Abstammung. Spezialgebiet: Amaryllidaceae, bes. *Hippeastrum*. Schrieb u.a. „The Amaryllis manual", 1958. Hrsg. von „Plant life", 1945 ff. Schrieb zus. mit Harold Norman Moldenke „Amaryllidaceae: Tribe Amarylleae", 1949. Nach Traub die Gattung *Traubia* Moldenke.

Trautv. = Ernst Rudolf von Trautvetter, Mitau, Kurland (heute Jelgawa, Lettland) 20.2.1809-24.1.1889 St. Petersburg. Baltischer Botaniker, Professor der Botanik in Kiew, später Direktor des bot. Gartens in St. Petersburg. Schrieb „Plantarum imagines et descriptiones floram rossicam illustrantes", 1844-1847; „Reise in den äußersten Norden und Osten Sibiriens während der Jahre 1843 u. 1844", 1. Band, 2. Theil 1847; „Grundriß einer Geschichte der Botanik in Bezug auf Rußland", 1837. Schrieb zus. mit Carl Anton von Meyer „Florula ochotensis phanogama", 1847 (in „Reise in den äußersten Norden und Osten Sibiriens...", 1. Band, 2. Theil). Nach Trautvetter die Gattung *Trautvetteria* Fisch. et C.A. Mey.

Trécul = Auguste Adolphe Lucien Trécul, Mondoubleau 8.1.1818-15.10.1896 Paris. Französischer Botaniker. Schrieb u.a. „Recherches sur la structure et le développemnt du Nuphar lutea ..." (in Ann. Sci. Nat., Bot. Ser. 3, 4, 286-345, 1845); „Mémoire sur la famille des Artocarpées ..." (in Ann. Sci. nat., Bot. ser. 3, 8, 38-157, 1847). Nach ihm die Gattung *Treculia* Decne. ex Trécul.

Trehane = Neuer Autor: Piers Trehane, fl. 1989. Britischer Botaniker in Wimborne, Dorset. Spezialgebiet: Nomenklatur der Kulturpflanzen. Schrieb „Index Hortensis", Band 1, Perennials, 1989. Mitherausgeber von „International Code of nomenclature for cultivated plants", 1995.

Trel. = William Trelease, Mount Vernon, New York 22.2.1857-1.1.1945 Urbana, Illinois. Nordamerikanischer Botaniker, Direktor des Missouri Botanical Garden St. Louis, Missouri, Professor der Botanik. Schrieb u.a. „Leitneria floridana ...", 1894; „Agave in the West Indies", 1913; „The genus Phoradendron", 1916; „The American Oaks", 1924; zus. mit Truman George Yuncker „The Piperaceae of Northern South America ...", 1950. Nach Trelease die Gattung *Treleasia* Speg. sowie der Berg Mount Trelease in Colorado.

Trevir. = Ludolph Christian Treviranus, Bremen 18.9.1779-6.5.1864 Bonn, Nordrhein-Westfalen. Deutscher Botaniker, erst Arzt, zuletzt Professor der Botanik in Bonn. Schrieb u.a. „Beyträge zur Pflanzenphysiologie", 1811; „De Delphinio et Aquilegia observationes", 1817; „Die Anwendung des Holzschnitts zur bildlichen Darstellung von Pflanzen", 1855. Nach ihm die Gattung *Trevirana* Willd.

Trevis. = Conte Vittore Benedetto Antonio Trevisan di Saint-Léon, Padua 5.6.1818-8.4.1897 Mailand. Italienischer Botaniker. Spezialgebiet: Kryptogamen. Schrieb u.a. „Prospetto de la flora Euganea ...", 1842; „Enumeratio stirpium cryptogamicarum hucusque in provincia patavina observatarum", 1840. Nach ihm die Gattung *Trevisania* Zigno.

Trew = Christoph Jakob Trew, Lauf bei Nürnberg, Bayern 26.4.1695-18.7.1769 Nürnberg. Deutscher Arzt u. Naturwissenschaftler. Hrsg. vieler prächtiger anatomischer u. botanischer Tafelwerke, Besitzer einer 35 000 Bände umfassenden Bibliothek. Gab u.a. heraus: „Hortus nitidissimus...", 1750-1786; „Plantae rariores...", 1763; „Plantae selectae... pinxit Georgius Dionysius Ehret...", 1750-1773, Suppl. 1790; „Uitgezochte Planten...", 1771; „Herbarium Blackwellianum...", 1757-1773 (in letzterem Werk werden die Gattungen nach dem ICBN nicht anerkannt). Nach Trew die Gattung *Trewia* L.

Triana = José Jéronimo Triana, Bogotá 22.5.1834-31.10.1890 Paris. Kolumbianischer Botaniker, ab 1857 in Frankreich. Schrieb „Melastomataceae" (in Transactions of the Linnean Society London, 1871); „Nouvelles études sur les quinquinas...", 1872. Schrieb zus. mit Jules Émile Planchon „Prodromus florae novo-granatensis", 1862-1867. Nach Triana die Gattungen *Trianaea* Planch. et Lind. und *Trianaeopiper* Trel.

Trimen = Henry Trimen, Paddington, London 26.10.1843-16.10.1896 Peradeniya, Sri Lanka. Englischer Botaniker, von 1880-1896 Direktor des Bot. Gartens Peradeniya, Sri Lanka. Hauptwerke: „A hand-book to the flora of Ceylon ...", 1893-1931; zus. mit Robert Bentley „Medicinal Plants, ...", 1875-1880; zus. mit William Turner Thiselton Dyer „Flora of Middlesex", 1869. Nach ihm die Gattung *Trimenia* Seem.

Trin. = Carl Bernhard von Trinius, Eisleben, Sachsen-Anhalt 7.3.1778-12.3.1844 St. Petersburg. Deutscher Botaniker und Arzt, reiste viel als Arzt mit Antoinette von Württemberg in Russland und wurde russischer Staatsrat. Veröffentlichte u.a. „Fundamenta Agrostographiae...", 1822; „Species graminum iconibus et descriptionibus...", 1823-1836; „Genera plantarum ad familias suas redacta", 1835. Schrieb zus. mit Joseph L. Liboschitz „Flore des environs de St. Pétersbourg et de Moscou", 1811-1818. Nach ihm die Gattung *Trinia* Hoffm.

Troitsky = N.A. Troitsky

Trotter = Alessandro Trotter, Udine 26.7.1874-22.7.1967. Italienischer Botaniker, Professor in Avellino und Portici. Spezialgebiet: Gallbildungen. Schrieb u.a. „Flora economica della Libia", 1915; „Osservazioni e notizie intorno alla flora ed alla vegetazione dell' altopiano della Cirenaica", 1923.

Nach ihm die Gattung *Trotteria* Sacc.

A.F. Tryon = Alice Faber Tryon (geb. Faber), Milwaukee, Wisconsin 1.8.1920-. Nordamerikanische Botanikerin am Gray Herbarium der Harvard University, Cambridge, Massachusetts, verheiratet mit Rolla Milton Tryon jr. Spezialgebiet: Filices. Schrieb zus. mit ihrem Mann, R.M. Tryon „Ferns and allied plants", 1982. Nach beiden zusammen die Art *Thelypteris tryoniorum* A.R.Sm.

R.M. Tryon = Rolla Milton Tryon jr., Chicago, Illinois 26.8.1916-20.8.2001. Nordamerikanischer Botaniker am Gray Herbarium der Harvard University, Cambridge, Massachusetts, verheiratet mit Alice Faber Tryon. Spezialgebiet: Filices. Sammelte zus. mit seiner Frau Farne hauptsächlich in Nord- und Südamerika. Schrieb „The ferns and fern allies of Wisconsin", 2. Aufl. 1953 (mit D.W. Dunlop, N.C. Fassett u. M.E. Diemer); „The ferns of Peru", 1964; zus. mit John William Moore „A preliminary check-list of the flowering plants, ferns and fern-allies of Minnesota", 1946; zus. mit seiner Frau, Alice Faber Tryon „Ferns and allied plants", 1982. Nach Tryon und seiner Frau die Art *Thelypteris tryoniorum* A.R.Sm.

Tsubo = Yoshihiro Tsubo, 1926-

Tubergen = Cornelis Gerrit van Tubergen jr., Amsterdam 23.2.1844-25.1.1919. Niederländischer Botaniker, Onkel von Thomas Marinus Hoog und Johannes Marius Cornelis Hoog. Nach C.G. van Tubergen und seinem Bruder Marinus J. van Tubergen, den Begründern der Firma „Tubergen's Bloembollen-en Zaadhandel" die Art *Tulipa tubergeniana* T.M. Hoog.

Tuck. = Edward Tuckerman, Boston, Massachusetts 7.12.1817-15.3.1886 Amherst, Massachusetts. Nordamerikanischer Botaniker, Professor der Botanik. Spezialgebiet: Lichenes. Schrieb u.a. „An enumeration of North American Lichenes", 1845; „Synopsis of the Lichenes of New England...", 1848; „Genera Lichenum", 1872. Nach ihm die Gattung *Tuckermania* Klotzsch

sowie z.B. die Art *Panicum tuckermanii* Fernald

Tul. = Louis René („Edmond") Tulasne, Aray le Rideau, Indre et Loire 12.9.1815-22.12.1885 Hyères, Var. Französischer Botaniker und Jurist, zuletzt in Hyères. Schrieb „Légumineuses arborescentes de l'Amérique du sud ..." (in Arch. Mus. Hist. nat. Paris 4, 65-196, 1844); „Fungi hypogaei", 1851; zus. mit seinem Bruder Charles Tulasne „Selecta fungorum carpologie ...", 1861-1865, auch in englisch 1931. Nach beiden Brüdern Tulasne die Gattung *Tulasnea* Naudin.

S.L. Tung = Tung Shi-Lin = Shi Lin Tung, 1936-. Chinesischer Botaniker, publ. zus. mit Yi Liang Chou über *Ledum*.

Turcz. = Porphir Kiril Nikolai Stepanowitsch von Turczaninow, Nikitowka bei Charkow 1796-7.1.1864 Charkow. Russischer Botaniker, sammelte Pflanzen in Russland und der Mongolei. Schrieb u.a. „Flora baicalensi-dahurica ...", 1842-1856; „Decas generum plantarum ...", 1843-1862; „Catalogus plantarum herbarii ... Charcoviensis", 1855-1857. Nach ihm die Gattung *Turczaninovia* DC.

B.L. Turner = Billie Lee Turner, 1925-

Turner = Dawson Turner, Great Yarmouth, Norfolk 18.10.1775-20.6.1858 Old Brompton, London. Englischer Bankier und Botaniker. Spezialgebiete: *Fucus*, Lichenes, Musci. Schrieb zus. mit Lewis Weston Dillwyn „The botanist's guide through England and Wales ...", 1805. Nach Turner die Gattung *Dawsonia* R. Br.

Turpin = Pierre Jean François Turpin, Vire 11.3.1775-2.5.1840 Paris. Französischer Pflanzensammler, Künstler u. Botaniker, lieferte für viele Werke der Zeit die Abbildungen, meist großformatige Tafeln. Schrieb u.a. „Dictionnaire des sciences naturelles. Planches ... Botanique ...", 1816-1829; „Essai d'une iconographie élémentaire et philosophique des végétaux", 1820; „Organographie végétale", 1827; „Flore usuelle", 1834. Veröffentlichte zus. mit Pierre Antoine Poiteau „Flora parisiensis ...", 1808-1813. Nach

Turpin die Gattung *Turpinia* Vent.

Turra = Antonio Turra, Vicenza 25.3.1730-7.9.1796 Vicenza. Italienischer Botaniker, Mineraloge und Arzt, Professor am Lyzeum in Vicenza. Schrieb u.a. „Flora italicae prodromus", 1780; „Farsetia, novum genus", 1765. Nach ihm die Gattung *Turraea* L.

Turrill = William Bertram Turrill, Woodstock, Oxfordshire 14.6.1890-15.12.1961 Kew, Surrey. Englischer Botaniker in Kew. Mithrsg. von „Flora of Tropical East Africa", 1952-1971. Schrieb „The plant-life of the Balkan Peninsula", 1929; „British plant life", 1948; „Pioneer plant geography", 1953; „The Royal Botanic Gardens, Kew", 1959; Hrsg. von „Vistas in botany", 1959-1964. Nach ihm die Gattung *Turrillia* A.C.Sm.

Tussac = François Richard Chevalier de Tussac, Poitou 1751-1837. Französischer Botaniker, lebte in Westindien, später Direktor des Jardin botanique in Angers. Veröffentlichte „Flore des Antilles, ...", 1808-1828 (mit Abb. von Poiteau, Redouté, Turpin etc.). Nach Tussac die Gattung *Tussaca* Raf.

Tutin = Thomas Gaskell Tutin, Kew, Surrey 21.4.1908-7.10.1987. Englischer Botaniker, Professor der Botanik an der Leicester University. Mithrsg. der „Flora europaea", 1964-1980. Schrieb gemeinsam mit A.R. Clapham u. E.F. Warburg „Flora of the British Isles", 1952, 2. Aufl. 1962, „Flora of the British Isles. Illustrations", 1957-1965, u. „Excursion flora of the British Isles", 1959, 2. Aufl. 1968, 3. Aufl. 1981. Nach Tutin die Art *Atractylis tutinii* Franco.

Tuyama = Takasi Tuyama, Hiroshima-City, Japan 1910-2000. Japanischer Botaniker an der Tokyo University, später Professor an der Ochanomiza University, sammelte Pflanzen in Japan und Neuguinea. Spezialgebiet: Orchidaceae.

Tuzson = János Tuzson, Szászcanád 10.5.1870-18.12.1943 Budapest. Ungarischer Botaniker u. Paläobotaniker, Professor der Botanik in Budapest. Schrieb „Morphologie und systematische Gliederung von Nymphaea

Lotus", 1909; „Monographie der fossilen Pflanzenreste der Balatonseegegend", 1909; „Beiträge zur vergleichenden Flora der südrussischen Steppen", 1913. Nach ihm die Gattung *Tuzsonia* Andr.

Tzvelev = Nikolai Nikolaievich Tzvelev, 1925-. Russischer Botaniker in St. Petersburg, sammelte Pflanzen in Kasachstan. Spezialgebiete: Gramineae, Orobanchaceae, Compositae. Mitarbeiter an Komarov, V.L., Flora U.R.S.S., Bd. 26, 1961 bis Bd. 29, 1964. Schrieb „Zlaki SSR", 1976 (engl.: „The grasses of the Soviet Union", 1983); „Sistema zlakov i ich eovolucija", 1987. Mitarbeiter bei der von Wu Zheng-yi u. Peter Hamilton Raven (Hrsg.) publ. Flora of China (Orobanchaceae). Nach ihm die Art *Matricaria tzvelevii* Pobed.

Uchida = Shigetaro Uchida, 1885-. Japanischer Botaniker. Spezialgebiet: Gramineae, Bambusoideae. Publizierte mit Tomitaro Makino.

Ucria = Bernardino da Ucria (Michelangelo Aurifici), Ucria 1739-29.1.1796 Palermo. Italienischer Geistlicher (Franziskaner) und Botaniker. Schrieb „Hortus regius panhormitanus...", 1789. Nach ihm die Gattung *Ucriana* Willd.

R. Uechtr. = Rudolf Carl Friedrich Freiherr von Uechtritz, Breslau 31.12.1838-21.11.1886 Breslau. Deutscher Botaniker und Privatgelehrter in Breslau. Schrieb „Ergebnisse der Durchforschung der schlesischen Phanerogamenflora" (in Jahresber. Schles. Ges. vaterl. Cult., 1872-1885), arbeitete an E. Fiek „Flora von Schlesien" 1881 mit u. publizierte zus. mit Vinczé tól Borbás. Nach von Uechtritz die Gattung *Uechtritzia* Freyn.

N.W. Uhl = Nathalie Whitford Uhl, 1919-. Nordamerikanische Botanikerin an der Cornell University in Ithaca, New York. Spezialgebiet: Arecaceae. Schrieb zus. mit John Dransfield „Genera Palmarum", 1987.

Uhlig = Karlheinz Uhlig, 1930-1993. Deutscher Kakteengärtner in Rommelshausen bei Stuttgart.

Uitewaal = Antonius Josephus Adrianus Uitewaal, Utrecht 7.4.1899-29.3.1963 Amsterdam. Niederländischer Amateurbotaniker. Bearbeitete für Pareys Blumengärtnerei, 2. Aufl., 1958-1961, *Aloe, Adromischus, Gasteria, Haworthia*.

Uittien = Hendrik Uittien, Brummen 26.9.1898-10.8.1944 Vught. Niederländischer Botaniker in Utrecht u. Deventer, war aktiv 1941-1944 am Widerstand gegen die deutsche Besetzung der Niederlande beteiligt und wurde 1944 hingerichtet. Mitarbeiter bei 20 Familien für A.A. Pulle „Flora of Suriname", 1932-1943. Schrieb u.a. „Ueber den Zusammenhang zwischen Blattnervatur und Sproßverzweigung", 1929; „A short illustrated history of botany in the Netherlands", 1935 (mit J. Lanjouw). Posthum erschien „De volksnamen van onze planten", 1946. Nach ihm die Gattung *Uittienia* Steenis.

Ujhelyi = József Ujhelyi, Ecser bei Budapest 4.5.1910-3.5.1979. Ungarischer Botaniker, Professor in Budapest. Spezialgebiete: *Sesleria, Koeleria, Lotus*. Schrieb „Data to the systematics.. of the genus Koeleria" (in Ann. hist.-nat. Mus. nat. hung. 53-66, 1962-1974); „Species Sesleriae generis novae" (in Feddes Repert. 62, 59-71, 1959); „Révision des espèces du genre Sesleria en Italie" (in Webbia 14, 597-614, 1959). Nach ihm die Art *Sesleria ujhelyii* Strgar.

Ulbr. = Oskar Eberhard Ulbrich, Berlin 17.9.1879-4.11.1952 Berlin. Deutscher Botaniker (vor allem Mykologe) am Bot. Museum und Professor in Berlin. Bearbeitete für Engler, Die natürlichen Pflanzenfamilien, 2. Aufl. Bd. 16c Basellaceae, Thelygonaceae, Chenopodiaceae, 1934. Schrieb "... über die systematische Gliederung ... der Gattung Anemone L. ...", 1905; „Deutsche Myrmekochoren", 1919, 2. Aufl. 1939; „Die Pflanzenkunde", 1920; „Biologie der Früchte und Samen", 1928. Nach ihm die Gattung *Ulbrichia* Urb.

Ule = Ernst Heinrich Georg Ule, Halle, Sachsen-Anhalt 12.3.1854-15.7.1915 Berlin. Deutscher Botaniker, Pflanzensystematiker u. -geograph. War 1876-1879 Gärtner am Bot. Garten Halle, 1879-1883 Gärtner in Berlin, 1883-1903 in Brasilien. Erforscher der Pflanzenwelt dieses Landes, Verfasser zahlreicher Schriften über brasil. Pflanzen, besonders des Amazonasgebietes. Schrieb u.a. „Beiträge zur Flora der Hylaea ...", 1906-1908; zus. mit Hermann August Theodor Harms, E. Ulbrich und Ignatz Urban „Beiträge zur Flora von Bahia I" (in Bot. Jahrb. 42, 191-238, 1908). Nach ihm die Gattungen *Uleanthus* Harms, *Ulearum* Engl., *Uleiorchis* Hoehne und *Uleophytum* Hieron.

Uline = Edwin Burton Uline, Paris, Missouri 20.8.1867-10.5.1933 Italien. Nordamerikanischer Lehrer und Botaniker. Schrieb „Eine Monographie der Dioscoreaceen...", 1897; und zus. mit William L. Bray „A preliminary synopsis of the North American species of Amaranthus.." (in Botan. Gazette 19-21, 1894-1896). Nach Uline und Bray die Gattung *Brayulinea* Small.

J. Ullmann = Jaroslav Ullmann, Louny, Tschechien 27.1.1951 (pers. Mitt.) -. Tschechischer Kakteenkenner. War Techniker in einer Zuckerfabrik und betreute die Sukkulenten am Botan. Garten der Karls-Universität in Prag. Spezialgebiete: *Echinopsis, Lobivia*.

B. Ullrich = Bernd Ullrich, fl. 1992

Underw. = Lucien Marcus Underwood, New Woodstock, New York 26.10.1853-16.11.1907 Redding, Connecticut. Nordamerikanischer Botaniker, Professor der Botanik. Spezialgebiet: Pteridophyta. Sammelte Pflanzen in den USA und Mittelamerika. Schrieb „Our native ferns and how to study them", 1881, 4. Aufl. 1893; „American ferns ..." (in Contr. Dept. Bot. Columbia Univ., 150-234, 1898-1907). Bearbeitete für Britton, North American Flora in Bd. 16 (1) Ophioglossales, Ophioglossaceae (beide mit R.C. Benedict), Marattiales, Marattiaceae, Filicales (letztere mit W.R. Maxon), 1909. Auch Herausgeber dieses Werks. Nach ihm die Gattungen *Underwoodia* Peck und *Underwoodina* Kuntze.

G. Unger = Gottfried Unger, Stadtschlaining, Burgenland,

Österreich 28.11.1938-. Österreichischer Diplom-Forstmann und Kakteenkenner in Leibnitz, Steiermark. Publizierte zahlreiche Artikel über *Ferocactus* und *Echinocereus* in der Zeitschrift „Kakteen u. and. Sukkulenten" 1971-2003. Schrieb außerdem „Die großen Kugelkakteen Nordamerikas", 1992.

Upson = T. M. Upson, fl. 1996.

Urb. = Ignatz Urban, Warburg, Westfalen 7.1.1848-7.1.1931 Berlin. Deutscher Botaniker, Unterdirektor und Professor am Bot. Garten Berlin. Spezialgebiet: Flora von Westindien. Bearbeitete für Martius, Flora brasiliensis in Bd. I (1906) „Vitae... Florae brasiliensis ratio edendi chronologica, systema, index familiarum"; in Bd. XI (1861/79) „Umbelliferae"; in Bd. XII, 1 (1858/89) „Moringaceae"; in Bd. XII 2 (1872/77) „Humiriaceae, Lineae"; in Bd. XII, 3 (1874/1900) „Loasaceae". Schrieb außerdem „Monographia Loasacearum", 1900; „Symbolae antillanae seu fundamenta florae Indiae occidentalis", 9 Bände, 1898-1928; „Sertum antillanum", I-XXV, 1914-1925. Schrieb zus. mit Erik Leonard Ekman „Plantae haitienses novae vel rariores a cl. Er. L. Ekman lectae", 10, Teile, 1921-1931. Nach Urban die Gattungen *Urbania* Phil., *Urbanodendron* Mez, *Urbanoguarea* Harms, *Urbanolophium* Melchior und *Urbanosciadium* H. Wolff.

Ursch = Eugène Ursch, 1882-1962. Französischer Botaniker, Direktor des Bot. Gartens Tananarive, Madagaskar. Spezialgebiete: *Aeranthes*, *Euphorbia*. Schrieb u. a. zus. mit J. Léandri „Les Euphorbes malgaches épineuses et charnues du jardin botanique de Tsimbazaza" (in Mém. Inst. Sci. Madagascar 5, 109-205, 1955). Nach Ursch u.a. die Art *Dombeya urschiana* Arènes.

Urum. = Ivan Kiroff Urumoff (Kirov Urumov), Lowac, Bulgarien 22.2.1857-9.10.1937. Bulgarischer Botaniker in Sofia. Schrieb u.a. „Centaureae novae balcanicae" (in Magyar Bot. Lapok 6, 165-166, 1907); „Nova elementa ad floram Bulgariae" (in Allg. Bot. Zeitschr. 13, 57-59, 1907). Beschrieb auch *Haberlea ferdinandi-coburgii* Urum. Nach ihm die Gattung *Urumovia* Stef.

Vacc. = Lino Vaccari, Crespano Veneto, Treviso, Italien 23.8.1873-20.1.1951 Rom. Italienischer Botaniker, Direktor eines Alpengartens am Kleinen St. Bernhard. Schrieb „Catalogue raisonné des plantes vasculaires de la Vallée d'Aoste ...", 1904-1911; „La flora nivale del Monte Rosa" (in Bull. Soc. Fl. Valdôt., Aosta 7, 17-79, 1911).

Vacherot = M. Vacherot

Vahl = Martin Vahl, Bergen, Norwegen 10.10.1749-24.12.1804 Kopenhagen. Dänischer, in Norwegen geborener Botaniker, Schüler Linnés, Professor der Botanik in Kopenhagen. Schrieb „Symbolae botanicae...", 1790-1794; „Eclogae americanae", 1796-1807; „Icones illustrationi plantarum americanarum...", 1798-1799; „Enumeratio plantarum...", 1804-1805, weitere Ausgabe 1805-1806. Nach ihm die Gattung *Vahlia* Thunb. und z.B. die Art *Fimbristylis vahlii* (Lam.) Link. (Nicht zu verwechseln mit dem dänischen Geografen und Botaniker Martin Vahl (1869-1946)).

Vail = Anna Murray Vail, New York City 7.1.1863-1955. Nordamerikanische Botanikerin, Bibliothekarin am New York Bot. Garden, zuletzt in Paris. Schrieb u.a. „Studies in the Asclepiadaceae ..." (in Bull. Torrey Bot. Club 1897-1904); zus. mit J.K. Small „Report of the botanical exploration of southwestern Virginia..." (in Mem. Torrey Club 4, 92-201, 1893-1894). Nach ihr die Gattung *Vailia* Rusby sowie z.B. die Art *Crataegus vailiae* Britton.

Valeton = Theodoric Valeton, Groningen, Niederlande 28.6.1855-11.9.1929 Den Haag, Niederlande. Niederländischer Botaniker, sammelte Pflanzen besonders auf Java und war tätig am Botanischen Garten Buitenzorg. Spezialgebiete: Rubiaceae, Zingiberaceae. Schrieb „Plantae papuanae", 1907; „Die Zingiberaceen Deutsch-Neu-Guineas ..." (in Bot. Jahrb. 52, 40-100, 1914); „Die Rubiaceae von Papuasien ..." (in Bot. Jahrb. 60, 1-104, 1925); und zus. mit S.H. Koorders „Atlas der Baumarten von Java", 1913-1918. Nach Valeton die Gattung *Valetonia* T. Durand.

Van Criek. = Louis Frans Van Criekinge, Edegem, Belgien 17.7.1937 (pers. Mitt.) -. Belgischer Kakteenkenner in Lint. Schrieb zus. mit Werner van Heek „Micranthocereus streckeri van Heek & van Criekinge" (in Kakt. u. and. Sukk. 37, 102-105, 1986).

Van den Berg = Cássio van den Berg, Lavras, Minas Gerais, Brasilien 20.12.1971 (pers.Mitt.) -. Brasilianischer Botaniker, Professor an der Universität von Feira de Santana, Bahia, Brasilien. Spezialgebiet: Orchidaceae. Publ. auch zusammen mit Mark Wayne Chase „Nomenclatural notes on Laeliinae - II. Additional combination and notes" (in Lindleyana 16, 109-112, 2001).

J.J.A. van der Walt = Johannes Jacobus Adriaan Van der Walt, 1938-2003

Van Eselt. = Glen Parker van Eseltine, Syracuse, New York 21.10.1888-1938 Geneva, New York. Nordamerikanischer Botaniker. Schrieb u.a. „A preliminary study of the Unicorn plants (Martyniaceae)" (in New York State Agricult. Experiment. Station Techn. Bulletin 149, 1929).

Van Geel = Pierre Corneille van Geel, Malines 8.10.1796- März 1838 Paris. Belgischer Geistlicher und Botaniker. Schrieb „Sertum botanicum", 1827-1836.

Van Geert = August Van Geert, 1818-1886. Belgischer Azaleenzüchter in Gent. Veröffentlichte „Iconography of Indian Azaleas", 1881; „Iconographie des Azalées de l'Inde...", 1882.

van Gelderen = Dirk Martinus van Gelderen, Leiden 20.6.1932 (pers. Mitt.) -. Niederländischer Botaniker in Boskoop. Spezialgebiet: *Acer*. Schrieb u.a. zus. mit Herman John Oterdoom u. Piet C. de Jong „Maples of the World", 1994. Gab auch zus. mit J.R.P. van Hoey Smith heraus: „Koniferen-Atlas", 2 Bände, 1996.

Van Heek = Werner van Heek, Leverkusen, Nordrhein-Westfalen 7.3.1941 (pers. Mitt.)-.

Deutscher Chemotechniker und Kakteenkenner in Leverkusen. Bereiste große Teile Südamerikas auf der Suche nach Kakteen, Entdecker von *Micranthocereus streckeri* Van Heek et Van Criekinge. Schrieb zus. mit Konrad Herm, Andreas Hofacker, Graham Charles, Bernhard Bohle, Willi Strecker u. Gerhard Heimen „Kakteen in Brasilien", 2001. Nach van Heek die Unterart *Pilosocereus fulvilanatus* (Buining et Brederoo) F. Ritter subsp. *vanheekianus* P.J. Braun et Esteves.

Van Houtte = Louis Benoît van Houtte, Ypern 29.6.1810–9.5.1876 Gent. Belgischer Botaniker, Gärtner, Gelehrer u. Künstler. Bereiste fast 4 Jahre Brasilien u. die westl. Küstenstriche Afrikas als Pflanzensammler, gründete eine Großgärtnerei u. eine Gartenbauschule (1849). Gründer u. Hrsg. von „Flore des serres et des jardins de l'Europe", 1845-1883. Nach ihm die Gattung *Vanhouttea* Lem.

Van Jaarsv. = Ernst Jacobus van Jaarsveld, Johannesburg, Südafrika 19.2.1953 (pers. Mitt.) -. Südafrikanischer Botaniker, u.a. in Kirstenbosch. Schrieb „Gasterias of South Africa: A new revision of a major succulent group", 1994. Mitherausg. von „Mesems of the world", 1998. Nach van Jaarsveld z.B. die Art *Plectranthus ernstii* L.E. Codd.

Van Scheepen = Johan van Scheepen, fl. 1997. Niederländischer Botaniker in Hillegom. Spezialgebiet: *Hippeastrum*. Schrieb u.a. zus. mit Alan W. Meerow u. Julie H. A. Dutilh „Transfers from Amaryllis to Hippeastrum (Amaryllidaceae)" (in Taxon 46, 15–19, 1997).

Van Waveren = Van Waveren, publ. über *Astilbe x rosea*.

Zijp = Coenraad van Zijp, Tandjung Pinang, Riau Archipel nahe Singapur, Indonesien 1879–-. Niederländischer Apotheker, bis 1921 in Indonesien, seit 1922 in oder bei Leiden, Niederlande. Verfasser zahlreicher pharmakologischer, chemischer und botanischer Aufsätze. Publizierte auch zus. mit Theodoric Valeton.

Vandas = Karel (Karl) Vandas, Tuhán bei Smecno 21.10.1861-15 9.1923 Skoplje. Tschechischer Botaniker, Professor an der Techn. Hochschule in Brünn. Schrieb „Reliquiae Formánekianae". 1909. Nach ihm die Gattung *Vandasia* Velen.

Vand. = Domingo (Domenico) Vandelli, Padua 8.7.1735–27.6.1816 Lissabon. Italienischer Arzt und Botaniker, Professor in Coimbra. Verf. von „Dissertatio de arbore draconis seu Dracaena", 1768; „Fasciculus plantarum cum novis generibus e speciebus", 1771; „Florae lusitanicae et brasiliensis specimen...", 1788. Nach ihm wahrscheinlich die Gattung *Vandellia* P. Browne ex L.

Vaniot = Eugène Vaniot, 1846/47–6.2.1913 Le Mans, Sarthe. Französischer Geistlicher u. Botaniker, Professor in Le Mans. Spezialgebiete: *Carex*, Compositae. Publizierte zusammen mit Augustin Abel Hector Léveillé. Nach Vaniot die Gattung *Vaniotia* H. Lév.

Vanucchi = Vanucchi, lebte um 1838.

Vargas = Julio César Vargas Calderón, 1907–1960. Peruanischer Botaniker, Professor der Botanik an der Universität von Cuzco und Direktor des Botan. Museums. Spezialgebiete: *Boarea*, *Amaryllis*, *Solanum*. Nach ihm die Art *Fuchsia vargasiana* Munz ex Vargas, die er entdeckt hat.

Vasc. = Joao de Carvalho e Vasconcellos, 1897–1972. Portugiesischer Botaniker. Schrieb „Plantas vasculares infestantes dos arrozais", 1954; zus. mit F.M. Feio „Plantas medicinais e aromáticas", 1949.

Vasey = George Vasey, Scarborough, Yorkshire 28.2.1822–4.3.1893 Washington, D. C. Nordamerikanischer Botaniker. Schrieb „The grasses of the United States", 1883; „Illustrations of North American grasses", 1890-1893. Nach ihm z.B. die Arten *Potamogeton vaseyi* Robbins ex A. Gray und *Juncus vaseyi* Engelm.

R. Vásquez = Roberto Vásquez Ch., 1942-. Bolivianischer Botaniker in Cochabamba. Spezialgebiete: Orchidaceae, Cactaceae. Schrieb u.a. „Sulcorebutia cardenasiana Vasquez spec. nov." (in Kakt. u. and. Sukk. 26, 49, 1975). Nach ihm die Art *Echinopsis vasquezii* (Rausch) Rowley.

Vassilcz. = Ivan Tikhonovich Vassilczenko, 15.9.1903–. Russischer Botaniker am Komarov Institut in St. Petersburg. Mitarbeiter bei Komarovs Flora URSS, Band 8, 1939, Band 11-13, 1945-48, Band 22-24, 1955-58, Band 26, 1961, Band 29, 1964. Mitarbeiter bei Band 157, 1984, von K. H. Rechingers Flora Iranica. Nach Vassilczenko wahrscheinlich die Art *Galium vassilczenkoi* Pobed.

J.J. Vassil. = Ja. Ja. Vassiljev (Vassiliev), fl. 1940. Russischer Botaniker, Autor von *Festuca diffusa*.

Vatke = Georg (George) Carl Wilhelm Vatke, Berlin 12.8.1849–6.4.1889 Berlin. Deutscher Botaniker am Bot. Garten Berlin. Schrieb u.a. „Labiatae abyssinicae ..." (in Linnaea 37, 313–332, 1872). Nach ihm die Gattung *Vatkea* O.Hoffm.

Vaucher = Jean Pierre Étienne Vaucher, Genf 27.4.1763–5.1.1841 Genf. Schweizer Geistlicher und Botaniker, Professor der Botanik in Genf, auch Professor für Kirchengeschichte. Schrieb u.a. „Monographie des Orobanches ...", 1827; „Histoire physiologique des plantes d'Europe ou Exposition des phénomènes ...", 4 Bände, 1841. Nach ihm die Gattung *Vaucheria* DC.

Vaupel = Friedrich Karl Johann Vaupel, Kreuznach, Rheinland-Pfalz 23.5.1876–4.5.1927 Berlin. Deutscher Botaniker, Kustos am Bot. Museum Berlin. Reiste 1903-1907 in Indien, Australien und zu den Samoa-Inseln. War Vorsitzender der Deutschen Kakteen-Gesellschaft, Schriftleiter der „Zeitschrift für Sukkulentenkunde", Mitarb. an „Blühende Kakteen", 1900–1921. Schrieb „Die Kakteen", 1925-1926; bearbeitete für Engler, Die natürlichen Pflanzenfamilien, 2. Aufl. Bd. 21 „Cactaceae", 1925. Nach ihm die Gattung *Vaupelia* Brand.

Vauvel = Léopold Eugène Vauvel, 1848-13.4.1915. Französischer Gärtner. Publ. u.a. über *Euonymus*.

Vavilov = Nikolaj Ivanovich (Nikolai Iwanowitsch) Vavilov

(Wawilow), Moskau 23.11.1887–26.1.1943 Saratow (im Gefängnis verhungert). Russischer Botaniker u. Genetiker, sammelte viele Tausende von Proben wichtiger Kulturpflanzen weltweit zur Erhaltung der genetischen Mannigfaltigkeit. Wurde unter Stalin zum Tode verurteilt und zu 20 Jahren Haft begnadigt, die er nicht überlebte. Schrieb u.a. „The law of homologous series in variation ...“ (in J. Genetics 12, 47–89, 1922); „Studies in the origin of cultivated plants..“, 1926; „Zemledel'ceskij Afghanistan. Agricultural Afghanistan“, 1929 (zus. mit D. D. Bukinich); „A contribution to the phylogeny of wheats ...“ (mit O. Jakushina), 1925. Gab zus. mit E. V. Wulff heraus „Kyltyrnaia flora SSR“, 20 Bände, 1935–1958. Posthum erschien „The origin, variation, immunity and breeding of cultivated plants“, 1951 (übersetzt von K.S. Chester); „Origin and geography of cultivated plants“, 1992 (übersetzt von D. Löve). Nach ihm die Gattung *Vavilovia* Fedorov sowie das N.I.Vavilov-Institut in St. Petersburg, eine der größten Genbanken der Welt.

Vayr. = Estanislao Vayreda y Vila, Olot, Gerona 11.11.1848–20.8.1901 Olot, Gerona. Spanischer (Katalanischer) Apotheker und Botaniker. Schrieb „Plantas notables por sa utilidad ...“, 1879; „Nuevas apuntes para la flora Catalan..“ (in Anal. hist. nat. Madrid 11, 41–151, 1882; „Catálech de la flora de la vall de Nuria ...“, 1882.

Veill. = Veillard, publ. um 1810. Französischer Botaniker. Mitarbeiter an der neuen Ausgabe von Duhamel du Monceau: „Traité des arbres et arbustes“, (Nouveau Duhamel), 1800–1819.

H.J. Veitch = Sir Harry James Veitch, Exeter, Devon 29.6.1840–6.7.1924 Slough, Buckinghamshire. Englischer Gärtner, Bruder von John Gould Veitch (1839–1870) und Onkel von James Herbert Veitch (1868–1907), treibende Kraft der Firma James Veitch und Söhne. Die Werke, die unter dem Namen der Familie publiziert wurden, werden daher ihm zugeordnet, außer denen, die hauptsächlich auf James Herbert Veitch zurückgehen. Sir Harry James Veitch zuzuordnen sind: „A manual of the Coniferae ...“, 1881, auch 1900; „A manual of the orchidaceaous plants ...“, 1887–1894 (Text von Adolphus Henry Kent). Nach Sir Harry James Veitch die Art *Masdevallia harryana* Rchb. f.

J.H. Veitch = James Herbert Veitch, Chelsea, London 1.5.1868–13.11.1907 Exeter, Devon. Englischer Gärtner, Sohn von John Gould Veitch (1839–1870) und Neffe von Sir Harry James Veitch (1840–1924), reiste 1891–1893 um die Welt, war geschäftsführender Direktor der Firma James Veitch und Söhne. Schrieb „A traveller's notes ...“, 1896; „Some lesser-known Japan trees and shrubs...“ (in J. R. Hort. Soc. London 27, 857–875, 1903); „Hortus Veitchii ...“, 1906.

Veitch = John Gould Veitch, Exeter April 1839–13.8.1870 Combe Wood, Surrey. Besitzer einer großen, von seinen Vorfahren gegründeten Gärtnerei, Bruder von Sir Harry James Veitch (1840–1924) und Vater von James Herbert Veitch (1868–1907). Bereiste von 1860–1862 Japan, China, Philippinen, von 1864–1866 Australien u. führte von dort viele Pflanzen ein. Sein Nachfolger und Neffe James Herbert Veitch, Chelsea 1.5.1868–13.11.1907 Exeter, machte von 1891 bis 1893 eine Reise um die Welt. Die Firma Veitch schickte viele Jahrzehnte hindurch eigene Sammler in alle Welt. Über sie u. die von ihnen eingeführten Pflanzen siehe „Hortus Veitchii“, 1906. Nach James Veitch jun., Exeter 24.5.1815–10.8.1869 Chelsea die Gattung *Veitchia* H. Wendl.

Velen. = Josef (Joseph) Velenovsky, Cekanitz, Böhmen 22.4.1858–7.5.1949 Mnichovice bei Prag. Tschechischer Botaniker, Bryologe, Mykologe, Paläobotaniker, Professor in Prag. Hauptwerke: „Flora bulgarica“, 1891, dazu zahlreiche Nachträge bis 1910; „Vergleichende Morphologie der Pflanzen“, 1905–1913. Nach ihm die Art *Koeleria velenovskyi* Domin.

Vell. = José Mariano da Conceiçao Vellozo (auch Velloso), St. José, Minas Geraes 1742–13.6.1811 Rio de Janeiro. Brasilianischer Botaniker. Nach dem Tode von Fr. Antonio de Arrabida erschien „Florae fluminensis, seu descriptionum plantarum ... sistit J.M.D.C. Vellozo 1790“, Text 1825, Atlas 1835. Nach Vellozo die Gattungen *Vellozia* Vand., *Velloziella* Baill. sowie die Zeitschrift Vellozia, 1961 ff.

Vent. = Étienne Pierre Ventenat, Limoges, Haute-Vienne 1.3.1757–13.8.1808 Paris. Französischer Botaniker, Geistlicher und Bibliothekar des Pantheon. Schrieb „Choix des plantes... cultivées dans le jardin de Cels“, 1803–1808; „Description des plantes nouvelles dans le jardin de J.M. Cels“, 1800–1803; „Jardin de la Malmaison“, 1803–1805; „Principes de botanique...“, 1795; „Tableau du règne végétal...“, 1799. Nach ihm die Gattung *Ventenata* Koel.

Verdc. = Bernard Verdcourt, Luton, Bedfordshire 20.1.1925–. Englischer Zoologe und Botaniker, u.a. am East African Herbarium in Nairobia, Kenya, später am Herbarium in Kew. Spezialgebiete: Leguminosae von Afrika, aber auch Mollusken und Insekten. Sammelte auch Pflanzen in Kenia, Tansania, Uganda und Neuguinea. Schrieb mehr als 1000 wissenschaftliche Arbeiten, darunter „Common poisonous plants of East Africa“, 1969 (mit E. Trump). Bearbeitete einige Familien in „Flora of tropical east Africa“, 1991–2002; auch die Familie Rubiaceae in Band 5.1 der Flora Zambesiaca, 1989. Nach ihm die Art *Rhynchosia verdcourtii* Thulin.

I. Verd. = Inez Clare Verdoorn, Pretoria 15.6.1896–1989. Südafrikanische Botanikerin am National Herbarium Pretoria, sammelte Pflanzen in Südafrika und Simbabwe. Schrieb u.a. „Edible wild fruits of the Transvaal', 1938 (Afrikaans 1939); Mitarb. an „Wild Flowers of the Transvaal“, 1962. Nach ihr die Gattung *Inezia* E. Phillips und die Art *Aloe verdoorniae* Reynolds.

B. Verl. = Pierre Bernard Lazare Verlot, Longvic, Côte d'Or, 20.5.1836–24.1.1897 Verrières-le-Buisson, Ile-de-France. Französischer Botaniker u. Gärtner, Bruder von Jean Baptiste Verlot. Veröffentlichte u.a. „Les plantes alpines", 2. Aufl. 1873; „Le guide du botaniste herborisant", 1865, 2. Aufl. 1879, 3. Aufl. 1886. Nach ihm die Gattung *Verlotia* Fourn.

Verl. = Jean Baptiste Verlot, Longvic, Côte d'Or 5.10.1825–28.1.1891 Grenoble. Französischer Botaniker und Gärtner, zuletzt in Grenoble, Bruder von Pierre Lazare Bernard Verlot. Schrieb „Catalogue raisonné des plantes vasculaires du Dauphiné..", 1872. Nach den Entdeckern der Art, den beiden Brüdern benannt ist *Artemisia verlotiorum* Lamotte.

Verm. = Pieter Vermeulen, Limmen, Niederlande 28.8.1899–25.11.1981 Heiloo. Niederländischer Botaniker und Lehrer in Doetichem und Amsterdam. Spezialgebiet: Orchidaceae. Bearbeitete für „Flora neerlandica", Bd. 1 (5), die Orchidaceae, 1958. Schrieb „Studies on Dactylorchids", 1947. Nach ihm die Gattung *Vermeulenia* A. et D. Löve.

Vermoesen = François Marie Camille Vermoesen, Malderen, Belgien 1882–1922 Leuven, Belgien. Belgischer Botaniker, lebte mehrere Jahre im Belgischen Kongo. Spezialgebiet: Fungi. Sammelte u.a. Pflanzen in Malaya, Zaire und Senegal. Schrieb „Manuel des essences forestières du Congo belge ...", 1923.

Verschaff. = Ambroise Colette Alexandre Verschaffelt, Ledeberg bei Gent 10.12.1825–16.5.1886 Gent. Belgischer Gärtner, Besitzer einer bedeutenden Gärtnerei in Gent, die Pflanzen aus aller Welt einführte u. verbreitete. Gründer der Zeitschrift „Illustration horticole"; Hrsg. von „Nouvelle iconographie des Camellias, ...", 1848–1860. Nach ihm die Gattung *Verschaffeltia* H. Wendl.

Verv. = Federico Bernardo Vervoorst, 1923–. Argentinischer Botaniker am Fundacion e Instituto Miguel Lillo, Tucumán, Argentinien. Nach ihm die Art *Hieracium vervoorstii* Sleumer.

Vest = Lorenz Chrysanth von Vest, Klagenfurt, Kärnten 18.11.1776–15.12.1840 Graz, Steiermark. Österreichischer Botaniker, Arzt und Chemiker, Professor in Klagenfurt, später in Graz. Schrieb „Manuale botanicum inserviens excursionibus botanicis", 1805; „Anleitung zum gründlichen Studium der Botanik", 1818. Nach ihm die Gattung *Vestia* Will.

Vickery = Joyce Winifred Vickery, Homebush, New South Wales 15.12.1908–29.5.1979 Sydney. Australische Botanikerin am National Museum, Sydney. Spezialgebiet: Gramineae von New South Wales. Publizierte auch mit Neridah Clifton Ford. Nach Vickery die Art *Aristida vickeryae* B.K.Simon.

Vict. = Frère Marie-Victorin (Joseph Louis Conrad Kirouac), Kingsey Falls, Québec 3.4.1895–15.7.1944 Saint Hyacinthe, Québec. Kanadischer Botaniker u. Geistlicher. Hauptwerk: „Flore laurentienne", 1935, Supplément 1947; 2. Aufl. 1964 von Ernest Rouleau. Nach ihm z.B. die Art *Cicuta victorinii* Fernald.

S. Vidal = Sebastian Vidal y Soler, Barcelona 1.4.1842–28.7.1889 Manila, Philippinen. Spanischer Botaniker u. Förster auf den Philippinen, der dort Pflanzen sammelte. Schrieb „Sinopsis de familas y generos de plantes leñosas de Filipinas, ...", 1883; „Phanerogamae Cumingianae Philippinarum...", 1885. Nach ihm die Gattung *Vidalia* Fern.-Vill.

Viehoever = Arno Viehoever, fl. 1920. Nordamerikanischer Botaniker oder Chemiker. Schrieb u.a. zus. mit Joseph T. Clevenger u. Claire Olin Ewing „Studies in mustard seeds and substitutes ..." (in Journ. Agric. Res. 20, 117–140, 1920).

Vieill. = Eugène (Deplanche Émile) Vieillard, Périers 9.4.1819–7.11.1896 Marcey près d'Avranches. Französischer Marinearzt, Botaniker u. Pflanzensammler (1861–1867 in Neukaledonien u. Tahiti), später Direktor des Bot. Gartens in Caen. Schrieb „Plantes utiles de la Nouvelle-Calédonie" (in Ann. Sci. Nat. IV, Bot. 16, 28–76, 1862); zus. mit Émile Deplanche „Essais sur la Nouvelle-Calédonie", 1863. Nach Vieillard die Gattung *Vieillardia* Montrouz.

Vierh. = Friedrich Karl Max Vierhapper jr., Wiedenau, Österreichisch-Schlesien 7.3.1876–11.7.1932 Wien. Österreichischer Pädagoge u. Botaniker, Professor der systematischen Botanik in Wien. Schrieb „Monographie der alpinen Erigeron-Arten Europas und Vorderasiens" (in Beih. Bot. Centralbl. 19, 385–560, 1906); „Beiträge zur Kenntniss der Flora Südarabiens ..." (in Denkschr. Math.-nat. Cl. Akad. Wiss. 71, 321–490, 1907); „Beiträge zur Flora Kretas", 1914–1915; „Vegetation und Flora des Lungau (Salzburg) ...", 1935. Bearbeitete für Engler, Die natürlichen Pflanzenfamilien, 2. Aufl. Juncaceae, 1930. Nach Vierhapper die Gattung *Vierhapperia* Hand.-Mazz.

Vignolo = Ferdinando Vignolo-Lutati, Turin 1878–1965. Italienischer Botaniker. Schrieb „Le Langhe e la loro vegetazione" (in Studi sulla vegetazione della R. Università di Torino, 1729–1929, S. 95–285, 1929).

Vigo = Josep Vigo i Bonada, 1937–. Spanischer Botaniker. Publizierte zus. mit Oriol de Bolòs i Capdevila „Flora dels països Catalans", 3 Bände, 1984–1995.

Viguié = M.-Th. Viguié, publ. um 1960 mit Henri Marcel Gaussen über *Abies*.

Vig. = L. G. Alexandre Viguier, Montpellier 1790–18.10.1867 Montpellier. Französischer Bibliothekar u. Botaniker in Montpellier. Schrieb „Histoire naturelle, médicale et économique des Pavots et des Argémones", 1814. Nach ihm die Gattung *Viguiera* Kunth.

R. Vig. = René Viguier, Paris 19.5.1880–17.1.1931 Caen. Französischer Botaniker, Professor der Botanik in Caen, Normandie. Sammelte Pflanzen in Madagaskar. Schrieb u.a. „Observatious sur quelques Guttifères malgaches ..." (in Rev. Gén. Bot. 25 bis, 629–642, 1914); „Recherches sur le genre Grewia" (in Rev. gén. Bot. 29, 161–180, 1917). Nach ihm die Gattung *Viguirella* A. Camus.

Vikulova = N.V. Vikulova, fl. 1939

Vill. = Dominique Villars (bis 1785 Villar), Le Noyer, Dép. Hautes Alpes, Frankreich

14.12.1745-27.6.1814 Strasbourg. Französischer Arzt und Botaniker, Professor der Botanik in Grenoble, später Straßburg. Schrieb „Histoire des plantes du Dauphiné", 1786-1789; „Catalogue méthodique des plantes du jardin de Strasbourg", 1807; „Prospectus de l'histoire des plantes de Dauphiné", 1779. Nach ihm die Gattung *Villarsia* Vent.

M. Vilm. = Auguste Louis Maurice Levêque de Vilmorin, Verrières 26.2.1849-21.4.1918 Les Barres, Loiret. Französischer Botaniker und Gärtner. Schrieb zus. mit Désiré Georges Jean Marie Bois „Fructicetum vilmorinianum", 1904.

Vilm. = Pierre Louis François Levêque de Vilmorin, Paris 18.4.1816-22.3.1860 Verrières bei Paris. Französischer Gärtnerei- u. Baumschulbesitzer, dessen Betriebe heute noch bestehen. Hrsg. von „Les fleurs de pleine terres", 1863, 2. Aufl. 1866, 3. Aufl. 1870; „Atlas des fleurs de pleine terre...", 1851ff. Das Werk ist der Vorläufer von „Vilmorin's illustrierte Blumengärtnerei", 1872-1875, 2. Aufl. 1879-1888, 3. Aufl. 1894-1896 u. „Pareys Blumengärtnerei", 1931-1932, 2. Aufl. 1958-1961.

R. Vilm. = Roger Marie Vincent Philippe Lévêque de Vilmorin, Verrières-le-Buisson, Ile-de-France 12.9.1905-20.7.1980 Verrières-le-Buisson. Französischer Botaniker, Genetiker und Gärtner. Schrieb „Plantes alpines dans les jardins", 1956; „Jardins botaniques et arboretums en France", 1974; zus. mit Jean-Étienne Marcel Guinochet „Flore de France", 5 Bände, 1973-1984.

Vindt = Jacques Vindt, 1915-

Vines = Sydney Howard Vines, Ealing, Middlesex 31.12.1849-4.4.1934 Exmouth, Devon. Englischer Botaniker, Professor der Botanik in Oxford. Schrieb „A student's text-book of botany", 1894-1895, auch 1896 und 1902; „The proteases of plants", 1930. Und zus. mit Georges Claridge Druce „An account of the Morisonian Herbarium in the possesion of the University of Oxford", 1914.

Vis. = Roberto de Visiani, Sibenik, Dalmatien 9.4.1800-4.5.1878 Padua. In Dalmatien geborener italienischer Botaniker und Arzt, Professor in Padua. Verf. von „Flora dalmatica, ...", 1842-1852, Supplemente 1872, 1877, 1882; „Plantae serbicae rariores aut novae, ...", 1862, 1864, 1870; „Plantae quaedam Aegypti ac Nubiae enumeratae...", 1836; „Stirpium dalmaticarum specimen", 1826. Nach ihm die Gattung *Visiania* A. DC.

Vitek = Ernst Vitek, Wien 23.1.1953 (pers. Mitt.) -. Österreichischer Botaniker am Naturhistorischen Museum in Wien. Spezialgebiete: *Euphrasia, Carlina*. Schrieb u.a. „Evolution alpiner Populationen von Euphrasia ..." (in Pl. Syst. Evol. 151, 241-269, 1986).

Vitman = Fulgenzio Vitman, Florenz 11.8.1728-5.3.1806 Mailand. Italienischer Botaniker u. Geistlicher, Professor in Pavia, später in Mailand. Schrieb „Summa plantarum...", 1789-1792. Nach ihm die Gattung *Vitmannia* Vahl.

Viv. = Domenico Viviani, Legnaro, Ligurien 29.7.1772-15.2.1840 Genua. Italienischer Botaniker, Professor in Genua. Schrieb „Flora italicae fragmenta...", 1808; „Florae libycae specimen...", 1824; „I funghi d'Italia...", 1834-1838; „Elenchus plantarum horti botanici...", 1802; „Florae Corsicae specierum novarum...", 1824; „Plantarum aegypticarum...", 1831. Nach ihm die Gattung *Viviania* Cav.

Vliet = Dirk Jan van Vliet, Nieuwveen, Zuid Holland, Niederlande 15.9.1924 (pers. Mitt.) -. Niederländischer Kakteenkenner, später in Uruguay, lebt zuletzt in Holambra, Sao Paolo, Brasilien. Spezialgebiet: *Notocactus*. Nach ihm die Art *Notocactus vanvlietii* Rausch.

Vogel = Julius Rudolph Theodor Vogel, Berlin 30.7.1812-17.12.1841 Fernando Póo. Deutscher Botaniker, nahm 1841 an einer Niger-Expedition teil, auf der er starb. Schrieb „Generis Cassiae synopsis", 1837. Nach ihm die Gattung *Vogelocassia* Britton.

J.A. Vogler = Johann Andreas Vogler, 18./19. Jahrh. Deutscher Arzt in Gießen, später in Ems, Bruder von Johann Philipp Vogler. Schrieb „Dissertatio inauguralis botanica sistens Polypodii speciem nuperis auctoribus ignotam, Polypodium montanum vocatum", 1781. Nach ihm und seinem Bruder Johann Philipp Vogler die Gattung *Voglera* G. Gaertn., B. Mey. et Scherb.

Vogt = Robert Manfred Vogt, Pretoria, Südafrika 2.5.1957 (pers. Mitt.) -. In Südafrika geborener deutscher Botaniker in Berlin. Spezialgebiete: Asteraceae, *Cochlearia*. Schrieb u.a. „Die Gattung Leucanthemum ... auf der Iberischen Halbinsel" (in Ruizia 10, 1-261, 1991).

Voigt = Joachim Otto Voigt, Nordborg, Dänemark 22.3.1798-22.6.1843 London. Dänischer Arzt u. Botaniker in Kalkutta. Posthum erschien: „Hortus suburbanus calcuttensis", 1845. Nach ihm die Gattung *Givotia* Griff.

Volkart = Albert Volkart, 22.4.1873-3.8.1951 Zürich. Schweizer Botaniker. Schrieb „Untersuchungen über den Parasitismus der Pedicularisarten", 1899. Nach ihm die Gattung *Volkartia* Maire.

Voll = Otto Voll, 1884-1958. Deutscher Gärtner, war Gartenmeister im Bot. Garten in Berlin-Dahlem, später am Bot. Garten in Rio de Janeiro. Publizierte zus. mit Curt Backeberg über Cactaceae. Nach ihm die Art *Echinopsis volliana* (Backb.) H. Friedrich et Rowley.

Vollm. = Franz Vollmann, Lautrach bei Memmingen, Bayern 16.2.1858-11.5.1917 München. Deutscher Botaniker, Professor am Luitpoldgymnasium in München. Schrieb u.a. „Der Formenkreis der Carex muricata ...", 1903; Die Hieracienflora der Umgebung von Regensburg ..." (in Denkschr. Bot. Ges. Regensburg 9, 61-100, 1905); „Flora von Bayern", 1914. Nach ihm die Hybride X *Orchigymnadenia vollmannii* M.Schulze.

Vollmer = Albert Michael Vollmer, San Diego, Kalifornien 15.5.1896-1977. Nordamerikanischer Mediziner u. Lilienkenner in San Francisco. Publ. zus. mit Lawrence Beane über *Lilium*. Nach Vollmer die Art *Lilium vollmeri* Eastw.

Vorosch. = Vladimir Nikolaevich Voroshilov (Voroshilov), 1908-1999. Russischer Botaniker.

Vorster = Pieter Johannes Vorster, 1945-. Südafrikanischer Botaniker, Kurator in Stellenbosch. Spezialgebiete: *Pelargonium, Mariscus*.
Vosa. = Canio G. Vosa, fl. 1975.
Voss = Andreas Voss, Syke bei Bremen 12.3.1857-9.4.1924 Heiligendamm, Mecklenburg-Vorpommern. Deutscher Gartenbauschriftsteller und Gärtner. Hrsg. der 3. Aufl. von „Vilmorin's Blumengärtnerei", 1894-1896, u. der 2. u. 3. Aufl. von Salomon, C. „Wörterbuch der deutschen Pflanzennamen", 1903 u. 1922; „Botanisches Hilfs- und Wörterbuch", 6. Aufl. 1922. Schrieb „Internationale einheitliche Pflanzenbenennung", 1903; „Der Botanikerspiegel", 1916. Nach ihm die Gattung *Vossianthus* Kuntze.
Vrugtman = Freek Vrugtman, Rotterdam 6.7.1927-. Niederländischer Gärtner und Botaniker in Hamilton, Ontario, Kanada. Spezialgebiete: Nomenklatur der Kulturpflanzen, Oleaceae, *Syringa*. Mitherausgeber des International code of nomenclature for cultivated plants, 1995.
Vuilleum. = Beryl Brintnall (nicht Britnall) Simpson (geb. als Patricia Beryl Simpson, verheiratet mit François Vuilleumier, ab 1973 Beryl Brintnall Simpson), Dallas, Texas 28.4.1942-. Nordamerikanische Botanikerin an der University of Texas in Austin. Spezialgebiet: Krameriaceae, *Hoffmannseggia*. Schrieb u.a. „The systematics and evolution of Perezia sect. Perezia (Compositae)", 1969; „Krameriaceae" in Flora neotropica Band 49, 1989.
Vuk. = Ludwig (Ljudevit) von Farkas Vukotinovic, Zagreb 13.1.1813-17.3.1893 Zagreb. Kroatischer Richter, Politiker und Botaniker. Schrieb „Die Botanik ...", 1855; „Hieracia croatica..", 1858; „Formae Quercuum croaticarum in ditione Zagrabiensis provenientes ...", 1883. Nach ihm die Art *Senecio vukotinovicii* Schloss.
Vved. = Aleksei Ivanovich Vvedensky (Vvedenski), 1898-1972. Russischer Botaniker, sammelte zahlreiche Pflanzen im europäischen und asiatischen Teil Russlands. Spezialgebiet: Liliaceae. Mitarbeiter an Komarov, V.L., Flora U.R.S.S., Bd. 2, 1934 bis Bd. 22, 1955. Herausgeber von „Flora Uzbekistana", Band 1-6, 1941-1962. Gab außerdem zus. mit R. V. Kamelin heraus „Opredelitel ... rasteniy Sredney Azii", Band 1-10, 1968-1993. Nach Vvedensky die Gattungen *Vvedenskya* Korovin und *Vvedenskyella* Botsch.
Watt = W
Wacht. = Willem Hendrik Wachter, Rotterdam 5.12.1882-1.9.1946. Niederländischer Botaniker und Lehrer in Rotterdam. Spezialgebiet: Bryophyta. Schrieb zus. mit Pieter Jansen „Bryologiese notities..." (in Ned. Kruidk. Arch. 38-53, 1929-1943); zus. mit Hendrik Heukels „Beknopte schoolflora voor Nederland", 1952. Nach ihm die Art *Aristida wachteri* Henrard.
Wagenitz = Gerhard Werner Friedrich Wagenitz, Potsdam, Brandenburg 31.5.1927-. Deutscher Botaniker, Professor in Göttingen. Spezialgebiet: Asteraceae. Mitarbeiter am „Syllabus der Pflanzenfamilien", 12. Aufl. 1964. Hrsg. von Bd. 6(1) (mit Dimitri Hartl), 1965-1974, u. Bd. 6 (2)-6 (4) der 2. Aufl. von Gustav Hegi „Illustrierte Flora von Mitteleuropa", 1964-1987. Schrieb u.a. „Bibliographie zur Flora von Mitteleuropa", 1970 (mit U. Hamann); „Göttinger Biologen 1737-1945", 1988; „Wörterbuch der Botanik", 1996, 2. Aufl. 2003. Nach ihm die Gattung *Wagenitzia* Dostál.
Wagenkn. = Rodolfo Wagenknecht, 1939-. Chilenischer Botaniker deutscher Herkunft. Publ. über *Oreocereus*. Nach ihm die Art *Maihueniopsis wagenknechtii* F. Ritter.
J. Wagner = János (Johannes) Wagner, 1870-1955. Ungarischer, aus dem Banat stammender Botaniker u. Lehrer in Budapest. Schrieb „Die Gefäßpflanzen des Túróczer Komitates...", 1901; „Centaureae Hungariae", 1910.
W.H. Wagner = Warren Herbert („Herb") Wagner jr., 29.8.1920-8.1.2000. Nordamerikanischer Botaniker, Entomologe und Mineraloge an der University of Michigan. Spezialgebiet: Pteridophyta. Sammelte Pflanzen hauptsächlich in den USA, in Mittelamerika und den Inseln des Pazifik. War Mitarbeiter bei „Flora of North America north of Mexico", Band 1-2, 1993. Schrieb u.a. „The fern genus Diellia: Its structure, affinities and taxonomy" (in Univ. Calif. Publ. Botany 26, 1-212, 1952). Nach ihm die Art *Schizaea wagneri* Selling.
W.L. Wagner = Warren L. Wagner, 1950-
Wahlenb. = Georg (ab 1804: Göran) Wahlenberg, Skarphyttan bei Karlstad, Värmland 1.10.1780-23.3.1851 Uppsala. Schwedischer Botaniker, Nachfolger Thunbergs auf dem Lehrstuhl in Uppsala, Professor der Botanik und Medizin. Schrieb „Flora lapponica", 1812; „De vegetatione et climate in Helvetia septentrionali...", 1813; „Flora carpatorum principalium...", 1814; „Flora upsaliensis...", 1820; „Flora suecica...", 1824-1826, 2. Aufl. 1831-1833. Hrsg. der Bände 9-11 (3) der „Svensk Botanik", 1821-1830. Nach ihm die Gattung *Wahlenbergia* Schrad. ex Roth sowie die Zeitschrift Wahlenbergia 1975 ff.
Waisb. = Anton Waisbecker, Güns (heute Köszeg) 29.1.1835-4.4.1916 Köszeg. Ungarischer Botaniker und Arzt in Köszeg. Schrieb „Köszeg és vidékének edényes növényei ...", 1882, 2.Aufl. 1891; „Zur Flora des Eisenburger Comitats ..." sowie „Beiträge zur Flora..." (in Österr. Bot. Zeitschr. 41-51, 1891-1901). Nach ihm die Hybride *Cirsium x waisbeckeri* Simonk.
N.A. Wakef. = Norman Arthur Wakefield, Romsey, Victoria, Australien 28.11.1918-24.9.1972 Sherbrooke, Victoria, Australien. Australischer Lehrer und Botaniker, sammelte Pflanzen auch in Neuguinea und den Salomonen. Spezialgebiet: Pteridophyta. Schrieb „Ferns of Victoria and Tasmania", 1955 bzw. 1975.
Waldst. = Franz de Paula Adam Graf von Waldstein, Wien 24.2.1759-24.5.1823 Oberleutensdorf, Böhmen. Österreichischer Soldat in zahlreichen Kriegen,

Malteser-Ritter und Botaniker. Veröffentlichte zus. mit Pál Kitaibel „Descriptiones et icones plantarum rariorum Hungariae", 1799-1812. Nach Waldstein die Gattung *Waldsteinia* Willd.

Wale = Royden Samuel Wale, ?-Nov. 1952 Leicester. Britischer Arzt und Alpenpflanzen-Spezialist. Schrieb „The genus Sempervivum", 1943.

Walgate = Marion Meason Walgate, 1914-

Walk. = David Leo Walkington, 1930-

J.T. Wall = J. T. Wall, publ. 1934 über *Helleborus x nigercors*.

Wallace = Alfred Russel Wallace, Usk, Monmouthshire, Wales 8.1.1823-7.11.1913 Broadstone, Dorset. Walisischer Zoologe, Botaniker u. Reisender. Schrieb u.a. „Palm trees of the Amazon and their uses...", 1853; „The Malay Archipelago..", 1869; 4. Aufl. 1902, deutsch „Der Malayische Asrchipel ...", 1869; „Tropical nature ...", 1878; „Island life ...", 1880; „Darwinism ...", 1889. Nach ihm die Gattung *Wallacea* Spruce ex Hook. f.

Wall. = Nathaniel Wallich (geb. als Nathan Wulff), Kopenhagen 28.1.1786-28.4.1854 London. Dänischer Arzt, Pflanzensammler u. Botaniker, von 1815-1846 mit Unterbrechungen Vorsteher des Bot. Gartens Kalkutta. Schrieb „Descriptions of some rare Indian plants" (in Asiatic Researches 13, 1822); „Plantae asiaticae rariores...", 1829-1832; „Tentamen florae napalensis illustratae", 1824-1826; „A numerical list of dried specimens of plants in the East India Company's Museum...", 1828-1849 (z.T. mit George Bentham). Nach ihm die Gattung *Wallichia* Roxb. sowie zahlreiche Pflanzenarten.

Wallis = Gustav Wallis, Lüneburg, Niedersachsen 1.5.1830-20.6.1878 Cuença, Ekuador. Deutscher Gärtner und Pflanzensammler in Südamerika und auf den Philippinen. Schrieb „Die Alpenwelt in ihren Beziehungen zur Gärtnerei", 1854. Nach ihm die Gattung *Wallisia* Regel sowie die Art *Grammatophyllum wallisii* Rchb. f.

B. Walln. = Bruno Wallnöfer, Montella, Avellino, Italien 1.2.1960 (pers. Mitt.) -. Österreichischer Botaniker am Naturhistorischen Museum in Wien. Spezialgebiete: *Carex, Diospyros, Lissocarpa*. Schrieb u.a. „Neue Diospyros-Arten (Ebenaceae) aus Südamerika" (in Ann. Naturhist. Mus. Wien B 101, 565-592, 1999). Nach ihm die Art *Elleanthus wallnoeferi* Szlach.

Wallr. = Carl (Karl) Friedrich Wilhelm Wallroth, Breitenstein bei Stolberg, Harz, Sachsen-Anhalt 13.3.1792-22.3.1857 Nordhausen, Thüringen. Deutscher Arzt (Kreisphysikus) u. Botaniker in Nordhausen. Schrieb „Schedulae criticae de plantis florae halensis selectis", 1822; „Naturgeschichte der Flechten", 1825-1827; „Rosae plantarum generis historia succincta", 1828; „Flora cryptogamica Germaniae", 1831-1833 (= Bd. 3 u. 4 des „Compendium florae germanicae", von Bluff u. Fingerhuth); „Erster Beitrag zur Flora hercynica ...", 1840; „Orobanches generis diaskene ...", 1825. Nach ihm die Gattung *Wallrothia* Roth.

Walp. = Wilhelm Gerhard Walpers, Mühlhausen 26.12.1816-18.6.1853 Berlin-Köpenick (Selbstmord). Deutscher Botaniker. Hauptwerk: „Repertorium botanices systematicae", 1842-1847, danach unter dem Titel „Annales botanices systematicae", 1848-1853 (beendet von Carl Müller 1857-1871). Nach ihm die Gattung *Walpersia* Harv.

H. Walter = Hans Paul Heinrich Walter, Sangerhausen, Sachsen-Anhalt 1.6.1882-. Deutscher Botaniker. Bearbeitete für Engler, Das Pflanzenreich: Phytolaccaceae, 1909. Schrieb „Die Diagramme der Phytolaccaceen", 1906. Wahrscheinlich nach ihm benannt ist die Art *Cornus walteri* Wangerin.

Walter = Thomas Walter, Hampshire, England 1740-18.1.1789 St. John's Parish, South Carolina. Nordamerikanischer Botaniker, Kaufmann und Politiker. Schrieb „Flora caroliniana", 1788, die erste in Nordamerika geschriebene Flora. Nach ihm die Art *Panicum walteri* Pursh.

Walters = Stuart Max Walters, Oughtibridge bei Sheffield 23.5.1920-2005. Britischer Botaniker an der Universität von Cambridge, Direktor des Bot. Gartens. Mitherausg. von „Flora europaea", 1964-1980. Mitherausg. von „Atlas of the British flora", 1962 (mit F.H. Perring), 3. ed. 1982; Mitverfasser von „Plant variation and evolution" (mit D. Briggs), 1969, 2. ed. 1984, deutsche Ausgabe „Die Abstammung der Pflanzen, Evolution und Variation bei Blütenpflanzen", 1969. Schrieb außerdem „A guide to the vegetation of Britain and Europe", 1985 (mit O. Polunin). Mithrsg. von „The European Garden Flora", Band 1-6, 1986-2000.

E. Walther = Edward Eric Walther, Dresden, Sachsen 14.10.1892-2.7.1959 San Francisco, Kalifornien. In Deutschland geborener nordamerikanischer Botaniker, wanderte 1909 aus, war Direktor des Strybing Arboretum im Golden Gate Park in San Francisco. Spezialgebiete: Crassulaceae, *Echeveria*, kalifornische Gartenpflanzen. Schrieb „A key to the species of Eucalyptus ..." (in Proc. Calif. Acad. Sci., ser. 4, 17, 67-87, 1928). Posthum erschien: „Echeveria", 1972. Nach ihm die Art *Echeveria waltheri* Moran.

Walther = Friedrich Ludwig Walther, 13.7.1759-30.5.1824. Deutscher Botaniker und Landwirt, später Professor in Gießen. Schrieb „Theoretisch-praktisches Handbuch der Naturgeschichte der Holzarten..", 1793; „Flora von Giessen...", 1802.

Walton = Frederick Arthur Walton, Birmingham 22.4.1853-2.11.1922 Southport, Lancashire. Englischer Juwelier und Kakteenkenner.

F.T. Wang = Wang Fa-Tsuan = Fa Tsuan Wang, 1899-1985. Chinesischer Botaniker und Pflanzensammler. Publ. mit Tsin Tang über *Monocelastrus*.

X.M. Wang = Wang Xiao-Ming = Xiao Ming Wang, publ. um 1983. Chinesischer Botaniker. Spezialgebiet: Gehölze, z.B. *Michelia*. Publizierte zus. mit Y. K. Li.

Z.P. Wang = Wang Zheng-Ping = Zheng (Cheng) Ping Wang, 1929-.

Chinesischer Botaniker an der Nanjing University. Spezialgebiet: Poaceae, Bambusoideae.

Wangenh. = Friedrich Adam Julius von Wangenheim, Sonneborn bei Gotha, Thüringen 8.2.1749–25.3.1800 Gumbinnen, Ostpreußen. Deutscher Forstmann, Oberforstmeister in Gumbinnen. Schrieb u.a. „Beschreibung einiger Nordamericanischen Holz- und Buscharten...", 1781; „Beitrag zur teutschen holzgerechten Forstwissenschaft, die Anpflanzung nordamerikanischer Holzarten, mit Anwendung auf teutsche Forsten betreffend", 1787. Nach ihm die Gattung *Wangenheimia* Moench.

Wangerin = Walther (Leonhard) Wangerin, Halle, Sachsen-Anhalt 15.4.1884–19.4.1938 Danzig. Deutscher Botaniker, Professor der Botanik. Schrieb „Die Umgrenzung und Gliederung der Familie der Cornaceae", 1906; „Über den Formenkreis der Statice Limonium ...", 1911. Mitarbeiter bei Kirchner, Loew und Schröter „Lebensgeschichte der Blüthenpflanzen Mitteleuropas", 1927–1938, auch bei A.Engler „Das Pflanzenreich" für Garryaceae, Nyssaceae, Alangiaceae, Cornaceae, 1910. Nach ihm wahrscheinlich die Gattung *Wangerinia* Franz.

E.F. Warb. = Edmund Frederic Warburg, London 22.3.1908–9.6.1966 Oxford. Englischer Botaniker. Kurator des Druce Herbariums der Universität Oxford, Sohn von Oscar Emmanuel Warburg. Schrieb „Taxonomy and relationship in the Geraniales.." (in New Phytol. 37, 130–159, 1938). Mitautor von Clapham, A.R., Tutin, T.G. u. Warburg, E.F.: „Flora of the British Isles", 1952, 2. Aufl. 1962, „Flora of the British Isles. Illustrations", 1957–1965, u. „Excursion flora of the British Isles", 1959, 2. Aufl. 1968, 3. Aufl. 1981. Herausgeber der Zeitschrift Watsonia, 1949–1960.

O.E. Warb. = Sir Oscar Emanuel Warburg, London 6.2.1876–1.7.1937. Englischer Politiker, Vorsitzender des London County Council, der Verwaltungsbehörde der Londoner Umgebung, auch Amateur-Botaniker, Vater von Edmund Frederic Warburg. Spezialgebiete: *Cistus*, *Sorbus*, *Quercus*. Schrieb zus. mit seinem Sohn „Preliminary study of the genus Cistus" (in Journ. Roy. Hort. Soc. 1930, 1–52); „Oaks in cultivation in British Isles" (in Journ. Roy. Hort. Soc. 1933, 176–189).

Warb. = Otto Warburg, Hamburg 20.7.1859–10.1.1938. Deutscher Botaniker, Professor der Botanik, später an der Hebrew University von Jerusalem, Präsident der World Zionist Organisaton, 1911–1920. Schrieb u.a. „Die Pflanzenwelt", 1913–1922, auch 1923–1926; „Die Muskatnuß, ihre Geschichte ...", 1897; „Heimat und Geschichte der Lilie (Lilium candidum)" (in Feddes Repert., Beihefte 56, 167–204, 1929); für Engler, Das Pflanzenreich Pandanaceae, 1900; für Engler u. Prantl, Die natürlichen Pflanzenfamilien, Sabiaceae, Balsaminaceae, Bixaceae, Canellaceae, Flacourtiaceae, Datiscaceae, Begoniaceae, 1893–1895. Nach ihm die Gattung *Warburgia* Engl.

Ward = Lester Frank Ward, Joliet, Illinois 18.6.1841–18.4.1913 Washington, D. C. Nordamerikanischer Sozialphilosoph, Geologe u. Botaniker. Schrieb u.a. „Guide to the flora of Washington and vicinity", 1881.

Warder = John Aston Warder, nahe Philadelphia, Pennsylvania 19.1.1812–14.7.1883 North Bend, Ohio. Nordamerikanischer Mediziner, Forstmann u. Dendrologe. Schrieb u.a. „Woody plants of Ohio, ...", 1882 (mit David Lawler James u. Joseph Francis James).

Warm. = Johannes Eugenius Bülow Warming, Mano, Dänemark 3.11.1841–2.4.1924 Kopenhagen. Dänischer Botaniker, Professor der Botanik in Stockholm, später in Kopenhagen, auch Direktor des Bot. Gartens dort. Schrieb u.a. „Symbolae ad floram Brasiliae centralis cognoscendam..", 1867–1893; „Haandboog i den systematiske Botanik", 1879, 4. Aufl. 1912, deutsch 1890, 4. Aufl. 1929; englisch 1895; „Botany of the Færöes ...", 1901–1908. Nach ihm die Gattung *Warmingia* Rchb.

R. Warner = Robert Warner, etwa 1815–17.12.1896 Chelmsford, Essex. Englischer Orchideenzüchter in Chelmsford, Essex. Schrieb zus. mit Benjamin Samuel Williams „Select orchidaceous plants...", 1862–1891. Zus. mit Th. Moore u. B.S. Williams Hrsg. Von „The Orchid album", 1882–1897. Nach ihm die Arten *Aerides warneri* hort. ex Hook. f.

Warsz. = Joseph Ritter von Rawicz Warszewicz, Wilna 1812–31.12.1866 Krakau. In Litauen geborener polnischer Gärtner und Pflanzensammler, von 1852 an Inspektor des Bot. Gartens Krakau. Bereiste Südamerika etc. für Van Houtte, Gent. Schrieb zus. mit Ignacy Raphael Czerwiakowski „Catalogus plantarum.. horto botanico Cracoviensi ...", 1864. Nach Warszewicz die Gattungen *Warszewiczia* Klotzsch u. *Warczewiczella* Rchb.

Wartm. = Friedrich Bernhard Wartmann, St. Gallen 8.12.1830–3.6.1902 St. Gallen. Schweizer Botaniker, Professor in St. Gallen. Schrieb „Beiträge zur St. Gallischen Volksbotanik", 1861; „Schweizerische Kryptogamen", 1865. Nach ihm die Gattung *Wartmannia* Müll. Arg.

Wassh. = Dieter Carl Wasshausen, Jena, Thüringen 15.4.1938–. Nordamerikanischer Botaniker deutscher Abstammung an der Smithsonian Institution, Washington, D. C. Spezialgebiete: Acanthaceae, Begoniaceae. Schrieb u.a. „The genus Aphelandra (Acanthaceae)" (in Smithson. Contr. Bot. 18, 1975); zus. mit Lyman Bradford Smith „Begoniaceae" für G. Harling u. L. Andersson „Flora of Ecuador", No. 25, 1986. Schrieb auch zus. mit Jack Golding „Begoniaceae", 2. Aufl., 2002. Nach Wasshausen die Art *Tibouchina wasshausenii* Wurdack.

J.T. Waterh. = John Teast Waterhouse, wahrscheinlich in Newcastle, New South Wales 2.12.1924–1.4.1983 Gordon, New South Wales. Australischer Botaniker. Spezialgebiete: Myrtaceae. Schrieb u.a. zus. mit Peter Gordon Wilson „A review of the genus Tristania R. Br.

(Myrtaceae): a heterogeneous assemblage of five genera" (in Austral. J. Bot. 30, 413-446, 1982).

H.C. Watson = Hewett Cottrell Watson, Firbeck, Yorkshire 9.5.1804-27.7.1881 Thames Ditton, Surrey. Englischer Arzt und Botaniker, sammelte 1843 Pflanzen auf den Azoren. Hrsg. (mit G.E. Dennes) von „The London catalogue of British plants", 1844, 8. Aufl. 1883. Schrieb u.a. „Cybele britannica", 1847-1859, Supplemente 1860, 1872; „Topographical botany", 1873-1874, 2. Aufl. 1883; „Botany" (in Frederick Ducane Godman „Natural history of the Azores", 1870). Nach ihm die Zeitschrift Watsonia, 1949 ff. sowie die Art *Eleocharis watsonii* Bab.

P. Watson = Peter William Watson, Hull, Yorkshire August 1761-1.9.1830 Cottingham, Hull. Englischer Kaufmann u. Botaniker. Hauptwerk: „Dendrologia britannica", 2 Bände, 1823-1825.

S. Watson = Sereno Watson, East Windsor Hill, Connecticut 1.12.1826-9.3.1892 Cambridge, Massachusetts. Nordamerikanischer Botaniker. Schrieb „Botany" (in Report of the geological exploration of the 40th parallel by Clarence King, vol. 5, 1871); mit J.M. Coulter Herausgeber der 6. Aufl. von A. Gray „Manual of botany", 1890 u. 1891. Schrieb weiter in verschiedenen Zeitschriften „Contributions to American botany", 1873-1891. Nach ihm die Gattung *Watsonamra* Kuntze und *Serenoa* Hook. f.

W. Watson = William Watson, Garston, Liverpool 14.3.1858-30.1.1925 St. Albans, Hertfordshire. Englischer Gärtner und Botaniker, Kurator der Bot. Gärten in Kew. Schrieb „Orchids: their culture and management, 1890, 3. Aufl. 1903; „Cactus culture for amateurs...", 1889, 2. Aufl. 1903, 5. Aufl. 1935; „Rhododendrons and Azaleas", 1911.

Watson = William Watson, 1715-1787

Will. Watson = William Watson, Aberdeen 19.3.1832-16.6.1912.

Schottischer Botaniker, sammelte Pflanzen in Indien und publ. über *Cymbopogon*.

D. Watt = David Allan Poe Watt, Ayrshire, Schottland 1830-13.12.1917 Montreal. In Schottland geborener kanadischer Botaniker in Montreal. Schrieb „Botanical notes extracted from the Canadian Naturalist" (in Canad. Natural. ser.2, 4, 357-370, 1869).

G. Watt = Sir George Watt, Old Meldrum, Aberdeenshire 24.4.1851-2.4.1930 Lockerbie, Dumfriesshire, Schottland. Schottischer Botaniker, Professor der Botanik in Kalkutta. Veröffentlichte „A dictionary of the economic products of India", 9 Bände, 1885-1893; „The wild and cultivated cotton plants of the world", 1907; „The commercial products of India..", 1908. Nach ihm die Art *Primula wattii* King.

Wawra = Heinrich Wawra Ritter von Fernsee, Brünn, Mähren 2.2.1831-24.5.1887 Baden bei Wien. Mährisch-österreichischer Schiffsarzt u. Botaniker. Begleitete Erzherzog Maximilian 1857 auf der „Carolina", 1859-1860 auf der „Elisabeth" nach Brasilien, 1864 nach Mexiko. Veröffentlichte u.a. „Botanische Ergebnisse der Reise... nach Brasilien", 1866; zus. mit G. Beck von Mannagetta „Itinera principum S. Coburgi", 1883-1888; bearbeitete für Martius, Flora brasiliensis in Bd. XII, 1 (1858/89) „Ternstroemiaceae". Nach ihm die Gattung *Fernseea* Bak.

Weath. = Charles Alfred Weatherby, Hartford, Connecticut 25.12.1875-21.6.1949 Cambridge, Massachusetts. Nordamerikanischer Botaniker am Gray Herbarium. Spezialgebiet: Pteridophyta. Schrieb u.a. „A list of the vascular plants of Grand Manan, Charlotte County, New Brunswick", 1945. Nach ihm die Gattung *Weatherbya* Copel. sowie z.B. die Art *Sagittaria weatherbiana* Fernald.

Weathers = John Weathers, Newmarket, Cork, Irland 17.6.1867-10.3.1928 Isleworth, Middlesex. Britischer Gärtner, Orchideenspezialist u. Gartenbauschriftsteller. Schrieb „Beautiful bulbous plants", 1905;

„Beautiful garden flowers", 1904; „Beautiful roses", 1903; „Beautiful flowering trees and shrubs", 1903; „The bulb book or bulbous and tuberous plants", 1911.

C.J. Webb = Colin James Webb, Blenheim, Neuseeland 14.11.1949 (pers. Mitt.) -. Neuseeländischer Botaniker in Christchurch, später in der Umwelt-Organisation Landcare Research New Zealand in Lincoln. Spezialgebiet: Asteraceae, *Leptinella*. Gab zus. mit William Russell Sykes u. Philip John Garnock-Jones Band 4 der Flora of New Zealand heraus, „Naturalised Dicots, Gymnosperms, Ferns & Fern Allies", 1988.

D.A. Webb = David Allardice Webb, Dublin 12.8.1912-26.9.1994 nahe Oxford (Verkehrsunfall). Irischer Zoologe, später Botaniker an der School of Botany, Trinity College, Dublin, Professor der Botanik. Verf. Von „An Irish flora", 1943, 2. Aufl. 1953, 4. Aufl. 1963, 5. Aufl. 1967, 7. Aufl. 1977; Mitherausg. und Mitinitiator von „Flora europaea", 1964-1983. Schrieb auch „The flora of European Turkey" (in Proc. Roy. Irish Acad. 65, Sect. B, 1, 1-100, 1966); zus. mit M.J.P. Scannell „Flora of Connemara and the Burren", 1983; zus. mit Richard John Gornall „Saxifrages of Europe", 1989. Nach Webb die Art *Taraxacum webbii* A.J. Richards.

Webb = Philipp Barker Webb, Milford House, Surrey 10.7.1793-31.8.1854 Paris. Englischer Botaniker, Geologe und Reisender. Sammelte viele Pflanzen in Kleinasien, Spanien, Portugal, Marokko und Madeira. Schrieb „Otia hispanica, ...", 1839 bzw. 1853; „Iter hispaniense...", 1838. Schrieb zus. mit Sabin Berthelot „Histoire naturelle des Iles Canaries", 1835-1850. Nach Webb die Gattung *Webbia* DC. sowie die Zeitschrift „Webbia", 1905 ff.

F.A.C. Weber = Frédéric Albert Constantin Weber, Strasbourg 1830-27.7.1903 Paris. Französischer Militärarzt und Amateur-Botaniker und Sukkulentenforscher, nahm 1865-1866 an einer Forschungsexpedition nach Mexiko teil. Posthum erschien „Les Cleistocactus ...", 1904 (Hrsg.

R. Roland-Gosselin). Nach Weber die Gattung *Weberocereus* Britton et Rose.

F. Weber = Friedrich Weber, Kiel, Schleswig-Holstein 3.8.1781–1.3.1823 (nicht 21.3.) Kiel. Deutscher Botaniker, Professor der Medizin in Kiel; Sohn von Georg Heinrich Weber. Schrieb „Botanische Briefe an Herrn Professor Kurt Sprengel zu Halle", 1804; „Naturhistorische Reise durch einen Teil Schwedens", 1804; „Hortus Kiliensis", 1822; außerdem zus. mit Daniel Matthias Heinrich Mohr „Archiv für systematische Naturgeschichte", 1804, Forts. als „Beiträge zur Naturkunde", 1805–1810.

Weber = Georg Heinrich Weber, Göttingen, Niedersachsen 27.7.1752–7.7.1828 Kiel, Schleswig-Holstein. Deutscher Botaniker, Professor der Medizin und Botanik in Kiel, Vater von Friedrich Weber. Schrieb u.a. „Spicilegium florae goettingensis ...", 1778; „... Supplemento florae holsaticae", 1787.

J.G.C. Weber = Jean-Germaine Claude Weber, Paris 22.4.1922–. Schweizer Pädagogin u. Botanikerin, zeitweilig am Bailey Hortorium, Ithaca, New York. Schrieb „Notes on the nomenclature of some cultivated Begonias" (in Baileya 16, 1968); „Catalogue dynamique de la flore de Genève", 1966.

W. Weber = Wilhelm Weber, 1928–1986

W.A. Weber = William Alfred Weber, New York 16.11.1918–. Nordamerikanischer Botaniker in Boulder, Colorado, sammelte viele Pflanzen in Europa, Nordamerika, Mexiko, Peru Chile (mit Galapagos und Cocos Inseln), Australien und Neuguinea. Spezialgebiet: Lichenes. Publ. auch zus. mit Askell Löve. Schrieb u.a. „A taxonomic and cytological study of the Wyethia, family Compositae" (in Amer. Midl. Nat. 35, 400–452, 1946); „Colorado flora: Eastern slope", 1990; „Colorado flora: Western slope", 1987; zus. mit Ronald C. Wittmann „Catalog of the Colorado flora ...", 1992. Nach Weber u.a. die Art *Saussurea weberi* Hultén.

Weberb. = August (Augusto) Weberbauer, Breslau 26.11.1871–16.1.1948 Lima, Peru. Deutscher Botaniker, Direktor der Victoria Bot. Gardens in Victoria, Kamerun, später in Lima in Peru, Professor der Botanik an der Universidad Nacional Mayor de San Marcos. Schrieb „Die Pflanzenwelt der peruanischen Anden ...", 1911. Bearbeitete für Engler und Prantl, Pflanzenfamilien die Familie Rhamnaceae, 1895. Nach ihm die Gattung *Weberbauera* Gilg et Muschl.

Webr = Karel Mirko Webr, publ. um 1974 mit Radvan Horny und Jirí Soják. Tschechischer Botaniker. Spezialgebiet: *Saxifraga* -Bastarde.

Wedd. = Hugh Algernon Weddell, Birches House bei Painswick, Gloucestershire 26.6.1819–22.7.1877 Poitiers, Frankreich. Englischer Botaniker und Arzt, lebte in Frankreich u. bereiste von 1843–1848 u. 1851 Südamerika. Schrieb „Chloris andina", 1855–1861; „Histoire naturelle des Quinquinas...", 1849; „Monographie de la famille des Urticées...", 1856–1857; bearbeitete für de Candolle, Prodromus in Bd. XVI Urticaceae, 1869; in Bd. XVII Podostemaceae, 1873. Mitarbeiter an Baillon, Henri Ernest: „Dictionnaire de botanique", 1876–1892. Nach ihm die Gattung *Weddellina* Tul. u. *Algernonia* Baill.

H.R. Wehrh. = Heinrich Rudolf Wehrhahn, Hannover 15.4.1887–28.9.1940. Deutscher Gartenbauschriftsteller und Botaniker, Direktor der Gartenbauschule Hohenheim. Hauptwerk: „Die Gartenstauden", 1931. Mitarb. an der 1. Aufl. von „Pareys Blumengärtnerei", 1931–1932. Schrieb außerdem: „Die botanischen Pflanzennamen", 6. Aufl. 1955 (von P. Stötzel).

Weick = Alphonse Weick, lebte um 1863. Französischer Gärtner in Straßburg.

Weide = Heinz Weide, 1933–. Deutscher Botaniker. Schrieb zus. mit O. Schwarz „Systematische Revision der Gattung Sequoia Endl." (in Feddes Repert. 66, 159–192, 1962).

Weidlich = E. Weidlich, publ. 1928. Deutscher Kakteenforscher. Publ. zus. mit Erich Werdermann die Art *Echinopsis klimpeliana*.

Weigel = Christian Ehrenfried (von) Weigel, Stralsund, Mecklenburg-Vorpommern 2.5.1748–8.8.1831 Greifswald, Mecklenburg-Vorpommern. Deutscher Arzt, Chemiker und Botaniker in Greifswald. Verf. von „Flora pomerano-rugica", 1769; „Observationes botanicae", 1772; „Dissertatio academica, sistens hortum gryphicum", 1782. Nach ihm die Gattung *Weigela* Thunb.

Weihe = Carl Ernst August Weihe, Mennighüffen bei Herford, Nordrhein-Westfalen 30.1.1779–26.1.1834 Herford. Deutscher Arzt u. Botaniker. Hrsg. von „Deutsche Gräser. Für Botaniker und Oekonomen getrocknet...", 1817–1830. Schrieb zus. mit C.G.D. Nees von Esenbeck „Rubi germanici descripti et figuris illustrati. Die deutschen Brombeersträucher", 1822–1827 (Text in Latein u. Deutsch). Nach ihm vermutlich die Art *Rubus weiheanus* Focke ex Gremli.

Weiller = Marc Weiller, Angoulême, Charente 9.2.1880–20.7.1945 Saint Yriex ?, Haute-Vienne. Französischer Botaniker. Spezialgebiet: Flora von Nordafrika. Publ. zus. mit René Charles Joseph Ernest Maire.

Weing. = Wilhelm Weingart, Hildburghausen, Thüringen 4.8.1856–1936. Deutscher Botaniker, Kakteenkenner u. -sammler aus Thüringen. Nach ihm die Gattung *Weingartia* Werderm.

Weinm. = Johann Anton Weinmann, Würzburg, Bayern 12.12.1782–5. (?) 8.1858 Pawlowsk. Deutsch-russischer Gärtner u. Botaniker, von 1823 an Inspektor des Gartens der Kaiserin Marie Feodorowna zu Pawlowsk bei St. Petersburg. Schrieb „Elenchus plantarum horti imperialis pawlowskiensis et agri petropolitani", 1824; „Hymeno- et Gasteromycetes...", 1836; „Enumeratio stirpium in agro petropolitano sponte crescentium", 1837; „Der Botanische Garten der Kaiserlichen Universität zu Dorpat im Jahre 1810", 1810. Nach ihm die Gattung *Weinmannodora* Fr.

Welw. = Friedrich Martin Josef Welwitsch, Mariasaal bei Klagenfurt, Kärnten 5.2.1806–20.10.1872 London. Österreichischer Botaniker und Arzt, von 1839–1853 Leiter des Bot. Gartens in Lissabon, sammelte Pflanzen in Angola, in Südwestafrika und in Portugal. Schrieb „Catalogue of the African plants", herausgegeben von W.P. Hiern 1896–1901; „Apontamentos phytogeographicos...", 1858; „Sertum angolense, ..." (in Transactions of the Linnean Society London 27, 1869); „Synopse explicativa das amostras de madeiras e drogas medicinaes...", 1862. Nach ihm die Gattung *Welwitschia* Hook. f. und damit auch die Familie Welwitschiaceae Markgr.

T.H. Wen = Wen Tai-Hui = Tai Hui Wen, 1924–. Chinesischer Botaniker. Spezialgebiet: Poaceae, Bambusoideae.

Wendelbo = Per Erland Berg Wendelbo, 1927–1981. Schwedischer Botaniker, sammelte viele Pflanzen in Vorderasien. Spezialgebiete: *Allium, Androsace, Dionysia*. Mitarbeiter bei Karl Heinz Rechingers „Flora Iranica". Schrieb „Tulips and irises of Iran", 1977. Nach Wendelbo u.a. die Arten *Centaurea wendelboi* Wagenitz und *Cousinia wendelboi* Rech. f.

Wender. = Georg Wilhelm Franz Wenderoth, Marburg, Hessen 17.1.1774–5.6.1861 Marburg. Deutscher Botaniker u. Mediziner, Direktor des Bot. Gartens Marburg und Professor der Botanik. Schrieb „Lehrbuch der Botanik", 1821; „Einige Bemerkungen über verschiedene neue Pflanzenarten des Bot. Gartens in Marburg", 1831; „Flora hassiaca...", 1846. Nach ihm die Gattung *Wenderothia* Schltdl.

H.L. Wendl. = Heinrich Ludolph Wendland, Hannover 29.4.1791–15.7.1869 Teplitz, Böhmen. Deutscher Gärtner u. Botaniker, Inspektor zu Herrenhausen bei Hannover, Sohn von Johann Christoph Wendland und Vater von Hermann Wendland. Veröffentlichte „Commentatio de Acaciis aphyllis", 1820; zus. mit F.G. Bartling „Beiträge zur Botanik", 1824–1825.

J.C. Wendl. = Johann Christoph Wendland, Landau, Rheinland-Pfalz 18.7.1755–17.7.1828 Hannover. Deutscher Gärtner, Botaniker, Zeichner und Inspektor der königl. Gärten Herrenhausen, Vater von Heinrich Ludolph Wendland und Großvater von Hermann Wendland. Schrieb „Hortus herrenhusanus", 1798–1801; „Verzeichnis der Glas- und Treibhauspflanzen, welche... zu Herrenhausen bei Hannover befinden", 1797; „Botanische Beobachtungen...", 1798; „Ericarum icones et descriptiones", 1798–1823; „Collectio plantarum... Sammlungen ausländischer u. einheimischer Pflanzen", 1805–1819. Nach ihm die Gattung *Wendlandia* Bartl. ex DC.

H. Wendl. = Hermann Wendland, Herrnhausen bei Hannover 11.10.1825–12.1.1903 Hannover. Deutscher Gärtner u. Botaniker, Palmenspezialist, von 1869 an Direktor der königl. Gärten zu Herrenhausen, Sohn von Heinrich Ludolph Wendland und Enkel vom Johann Christoph Wendland. Bereiste von 1856–1857 Mittelamerika, insbes. El Salvador u. Costa Rica. Schrieb „Die Königlichen Gärten zu Herrenhausen", 1852; „Index Palmarum, Cyclantheraum, Pandanearum, cycadearum...", 1854; zus. mit Carl Georg Oscar Drude „Palmae australasicae", 1875. Nach ihm die Gattung *Wendlandiella* Dammer.

A. Wendt = Albert Wendt, 1887–1958. Deutscher Botaniker aus Rostock. Spezialgebiet: Wasserpflanzen, *Cryptocoryne*. Schrieb „Die Aquarienpflanzen in Wort und Bild", 1952–1958. Nach ihm die Art *Cryptocoryne wendtii* de Wit.

Weniger = H. L. Weniger, publ. 1819. Deutscher Botaniker, publ. zus. mit Johann Wilhelm Meigen. (Nicht zu verwechseln mit Delbert Kenneth Weniger, Kingman, Kansas 10.5.1923–10.7.1999, einem nordamerikanischen Lehrer, Professor, Botaniker und Historiker in San Antonio, Texas).

Wenz. = (Johann) Theodor Wenzig, 4.3.1824–4.3.1892 Steglitz. Deutscher Apotheker und Botaniker. Spezialgebiet: Rosaceae. Schrieb „Die Gattung Fraxinus ..." (in Bot. Jahrb. 4, 165-188, 1883); „Die Pomaceen ..." (in Jahrb. Bot. Gart. Berlin 2, 287-307, 1883); „Die Gattung Spiraea L." (in Flora 71, 243-248, 266-290, 1888).

Wercklé = Karl (Carlos) Wercklé, Château Salins, Lothringen 18.7.1860–24.11.1924 San José, Costa Rica. Französischer (Lothringischer) Botaniker. Schrieb „La subregion fitogeográfica costaricense", 1909. Nach ihm die Gattungen *Werckleocereus* Britton et Rose und *Wercklea* Pittier et Standl.

Werderm. = Erich Werdermann, Berlin 2.3.1892–19.4.1959 Bremen. Deutscher Botaniker u. Kakteenspezialist, Direktor des Bot. Gartens und Professor der Botanik in Berlin. Veröffentlichte u.a. „Blühende Sukkulenten", 1931–1939; „Brasilien und seine Säulenkakteen", 1933; zus. mit H. Soznic „Meine Kakteen, Arten...", 1937. Bearbeitete für Engler, Die natürlichen Pflanzenfamilien, 2. Aufl. Bd. 21 „Dilleniaceae, Actinidiaceae, Marcgraviaceae", 1925 (mit E.F. Gilg). Schrieb außerdem zus. mit Curt Backeberg „Neue Kakteen", 1931. Hrsg. von Bd. 1 der 12. Aufl. von A. Engler „Syllabus der Pflanzenfamilien", 1954 (mit H. Melchior). Nach Werdermann die Gattung *Werdermannia* O.E. Schulz.

K. Werner = Klaus Werner, 1928–. Deutscher Botaniker an der Martin-Luther-Universität in Halle. Schrieb u.a. „Zur Nomenklatur und Taxonomie von Digitalis L." (in Bot. Jahrb. 79, 218–254, 1960). Bearbeitete die Gattung *Cirsium* für Flora Europaea (Band 4, 232–242, 1976).

Wernisch. = Johann Jakob (Jacob) Wernischek, Thuróczer Komitat, Ungarn 1743–18.7.1804 Wien. In Ungarn geborener österreichischer Arzt u. Botaniker in Wien. Schrieb „Genera plantarum...", 1763, 2. Aufl. 1764, 3. Aufl. 1766.

Weskamp = Walter Weskamp, 1911–1997. Deutscher Kakteenkenner in Kronshagen. Spezialgebiet: *Parodia*.

Wesm. = Alfred Wesmael, Sint-Joost-ten-Node 11.2.1832–

9.11.1905 Nimy bei Mons. Belgischer Gärtner u. Dendrologe, Professor der Botanik in Vilvorde. Schrieb u.a. „Flore forestière de Belgique ...", 1866, „Revue critique des espèces du genre Acer ..." (in Bull. Soc. Bot. Belgique 29, 17–65, 1890). Mitverf. (mit H.F. Van Heurck) von „Prodrome de la flore du Brabant", 1861.

Wessner = Wilhelm („Willi") Wessner, Heuchelheim, Pfalz 6.11.1904-10.5.1983. Deutscher Kaufmann und Kakteenkenner in Mannheim. Nach ihm die Art *Lobivia wessneriana* Fritzen.

C. West = Cyril West, 1887–1986

Westc. = Frederick Westcott, ?–1861. Englischer Botaniker von Erdington, Birmingham. Zus. mit G.B. Knowles Hrsg. von „The floral cabinet, and magazine of exotic botany", 1837-1840.

Wester = Peter Jansen (Johnson) Wester (bis 1897 Peter Jansen), Arvea, Schweden 23.9.1877-18.8.1931 Manila, Philippinen. Schwedischer Botaniker, wanderte 1897 in die USA aus, war tätig am Bureau of Plant Industry, zuletzt am Bureau of Agriculture auf den Philippinen. Schrieb „The food plants of the Philippines..", 1924. Nach ihm die Art *Digitaria jansenii* Veldkamp, die er entdeckt hat.

Weston = Richard Weston, 1733-20.10.1806 Leicester. Englischer Botaniker. Schrieb „Botanicus universalis et hortulanus", 1770–1777; „The English flora ...", 1775, Supplement 1780.

Wettst. = Richard Wettstein Ritter von Westersheim, Wien 30.6.1863-10.8.1931 Trins, Tirol. Österreichischer Botaniker, Professor der Botanik in Prag, später an der Universität in Wien. Veröffentlichte u.a. „Monographie der Gattung Euphrasia", 1896; „Handbuch der systematischen Botanik", 1901-1908, 3. Aufl. 1924, 4. Aufl. 1933-1935 (hrsg. von F. v. Wettstein); bearbeitete für Engler u. Prantl, Die natürlichen Pflanzenfamilien, IV. 3b Nolanaceae, Solanaceae, Scrophulariaceae, Globulariaceae, Myoporaceae, 1891-1895. Nach ihm die Gattungen *Wettsteinia* Petr., *Westersheimia* Krasser und *Wettsteiniola* Suess.

Weyer = W. van de Weyer, publ. 1920. Niederländischer Pflanzenzüchter. Spezialgebiet: *Buddleja*.

L.C. Wheeler = Louis Cutter Wheeler, La Verne, Kalifornien 2.8.1910-14.8.1980. Nordamerikanischer Botaniker, Professor der Botanik an der University of Southern California. Spezialgebiet: *Euphorbia*. Schrieb u.a. „Revision of the Euphorbia polycarpa group ..." (in Bull. Torrey bot. Club 63, 397-450, 1936); „Euphorbia subgenus Chamaesyce in Canada and the United States...", 1941.

Wherry = Edgar Theodore Wherry, Philadelphia, Pennsylvania 10.8.1885-19.5.1982. Nordamerikanischer Mineraloge, Chemiker u. Botaniker walisischer und deutscher Herkunft, zuletzt Professor der Botanik in Philadelphia. Spezialgebiete: Polemoniaceae, Pteridophyta der USA. Mitarbeiter an Lundells „Flora of Texas", 1961-1969 (Polemoniaceae). Schrieb „The southern fern guide", 1964 u. 1972; „Atlas of the flora of Pennsylvania", 1979 (mit J.M. Fogg u. H.A. Wahl); „The genus *Phlox*", 1955. Nach Wherry z.B. die Art *Tiarella wherryi* Lakela.

A.C. White = Alain Campbell White, Cannes, Frankreich 3.3.1880-23.4.1951 Summerville, South Carolina, USA. Berühmter Schach-Spezialist und Sukkulentenkenner. Zusammen mit Boyd Lincoln Sloane Hrsg. von „The Stapelieae", 1933, 2. Aufl. 1937, u. „The Succulent Euphorbieae of South Africa", 1941 (mit Sloane und R.A. Dyer). Nach White und Sloane die Gattung *Whitesloanea* Chiov.

C.T. White = Cyril Tenison White, Kangaroo Point, Brisbane 17.8.1890-16.8.1950 Brisbane. Australischer Botaniker, Enkel von Frederick Manson Bailey. Schrieb „An elementary text-book of Australasian forest botany..", 1922, 2. Aufl. 1925, „Principles of botany for Queensland farmers ...", 1938; „Contribution(s) to the Queensland flora 1-9" (in Proc. R. Soc. Queensland 33-57, 1921-1946, z.T. zus. mit William Douglas Francis). Nach White die Gattungen *Whiteodendron* Steenis, *Whiteochloa* C.E. Hubb. und *Cyrilwhitea* Ising.

Jean White = Jean White, fl. um 1911. Mitautor von Alfred James Ewart bei „Contributions to the flora of Australia ..." (meist in Proc. Roy. Soc. Victoria, ser. 2, 20–23, 1908-1911).

F.B. White = Francis Buchanan White, Perth, Schottland 20.3.1842-3.12.1894 Perth. Schottischer Botaniker, Entomologe und Arzt. Schrieb „The Flora of Perthshire", 1898.

Whitehead = F. H. Whitehead, 1913-. Britischer Botaniker an der Universität in Oxford. Spezialgebiet: *Cerastium*. Schrieb zus. mit P.D. Sell „Notes on the annual species of Cerastium in Europe" (in Feddes Repert. 69, 14–24, 1964); zus. mit R.P. Sinha „Taxonomy and taxitmetrics of Stellaria media ..." (in New Phytol. 66, 769–784, 1967).

Whittall = Edward Whittall, 1851-1917. Britischer Kaufmann und Pflanzensammler, lebte in Smyrna (heute Izmir), Türkei. Publizierte um 1900 über *Chionodoxa*. Nach ihm die Art *Fritillaria whittallii* Baker.

Wibel = August Wilhelm Eberhard Christoph Wibel, Ernsbach bei Öhringen, Baden-Württemberg 1.8.1775-25.12.1813 Wertheim, Baden-Württemberg (an Typhus). Deutscher Arzt u. Botaniker in Wertheim. Schrieb „Primitiae florae werthemensis ...", 1799; „Beyträge zur Beförderung der Pflanzenkunde..", 1800. Nach ihm die Gattung *Wibelia* G. Gaertn., B. Mey. et Scherb.

Widder = Felix Josef Widder, Klagenfurt 16.12.1892-5.9.1974 Graz, Steiermark. Österreichischer Botaniker, Professor der Botanik in Graz. Hrsg. von Phyton (Horn), 1948-1974. Schrieb u.a. „Die Arten der Gattung Xanthium", 1923; „Die alpinen Erigeron-Sippen der Koralpe ..." (in Ber. deutsch. bot. Ges. 50, 73–86, 1932), „Zur Kenntnis der Anemone styriaca ..." (in Repert. spec. nov. 35, 49–96, 1934). Nach ihm die Art *Nigritella widderi* Teppner et E. Klein.

Widmer = Elisabeth Widmer, 1862-1952. Deutsche Botanikerin in München. Schrieb „Die europäischen Arten der Gattung

Primula", 1891.
Wiegand = Karl McKay Wiegand, Truxton, New York 2.6.1873-12.3.1942 Ithaca, New York. Nordamerikanischer Botaniker, Professor der Botanik an der Cornell University, Ithaca, NewYork. Schrieb „A revision of the genus Listera ..." (in Bull. Torrey bot. Club 26, 157-191, 1899); „A key to the genera of woody plants in winter...", 1904 (mit Frederick William Foxworthy); „The flora of the Cayuga Lake Basin, New York vascular plants...", 1926 (mit Arthur Johnson Eames). Nach ihm z.B. die Arten *Carex wiegandii* Mack. u. *Elymus wiegandii* Fernald
Wiehler = Hans Joachim Wiehler, Klettendorf Kreis Marienburg, Ostpreußen 8.7.1930-2003. Deutsch-amerikanischer Botaniker. In Ostpreußen in einer aus der Schweiz stammenden Mennonitenfamilie geboren, kam er nach der Flucht 1945 nach Westdeutschland und wurde Mennoniten-Geistlicher. Nach Aufenthalten in den Vereinigten Staaten blieb er schließlich dort, studierte später Botanik und war an den Marie Selby Botanical Gardens in Sarasota, Florida, tätig. Spezialgebiet: Gesneriaceae. Schrieb u.a. „A synopsis of the neotropical Gesneriaceae" (in Selbyana 6, 1-219, 1983). Nach ihm die Art *Nematanthus wiehleri* Chautems et M. Peixoto.
Wiemann = Wiemann, publ. 1893.
Wiersema = John H. Wiersema, 1950-
Wierzb. = Peter Wierzbicki (Petrus Paulus, Piotr Pawlus), Stary Sacz, Polen 30.6.1794-5.2.1847 Orawiza banya, Rumänien. Galizischer Arzt, Botaniker und Entomologe. Sammelte Pflanzen im Banat. Hinterließ ein Manuskript „Flora comitatus Monsoniensis", 1820. Nach ihm wahrscheinlich die Gattung *Wierzbickia* Rchb.
Wiesb. = Johann Baptist Wiesbaur, Wallnstorf bei Gunskirchen, Oberösterreich 15.6.1836-8.11.1906 Großlukow (Leschau), Mähren. Österreichischer Geistlicher (Jesuit) u. Botaniker, später Weltpriester, Professor am Privat-Untergymnasium in Duppau, Böhmen. Spezialgebiete: *Viola, Rosa, Hieracium.* Schrieb u.a. „Beiträge zur Rosenflora von Oberösterreich, Salzburg und Böhmen", 1891 (zus. mit M. Haselberger). Nach Wiesbaur die Art *Hieracium wiesbaurianum* Uechtr. ex Baen.
F.H. Wigg. = Friderich Hinrich (Friedrich Heinrich) Wiggers (Wichers), Krempe, Holstein 15.3.1746-3.3.1811 Husum, Schleswig-Holstein. Deutscher Arzt u. Botaniker in Apenrade. Verteidigte unter J.C. Kerstens als Präses die Dissertation „Primitiae florae holsaticae", 1780. Nach ihm die Gattung *Wiggersia* Alef.
Wiggins = Ira Loren Wiggins, Madison, Wisconsin 1.1.1899-28.11.1987 Palo Alto. Nordamerikanischer Botaniker, Professor der Botanik in Stanford. Sammelte zahlreiche Pflanzen besonders in Kalifornien, Arizona, Mexiko, Ecuador und Alaska. Schrieb „Flora of Baja California", 1980; zus. mit John Hunter Thomas „A flora of the Alaskan arctic slope", 1962; zus. mit Forrest Shreve „Vegetation and flora of the Sonoran desert", 1964, zus. mit Duncan MacNair Porter „Flora of the Galápagos Islands", 1971. Nach ihm die Gattung *Wigginsia* D.M. Porter.
Wight = Robert Wight, Milton, Duncra Hill, East Lothian, Schottland 6.7.1796-26.5.1872 Grazeley, Berkshire. Schottischer Schiffsarzt u. Botaniker, von 1819-1853 in Indien, Direktor des Bot. Gartens Madras. Schrieb „Contributions to the botany of India", 1834; „Icones plantarum Indiae orientalis", 1838-1853; „Illustrations of Indian Botany", 1831 (auch in Sir William Jackson Hooker, Botanical Miscellany, Bd. II u. III, 1830-1833); „Illustrations of Indian Botany", 1840-1850; „Spicilegium neilgherrense...", 1846-1851. Schrieb zus. mit George Arnott Walker Arnott „Prodromus florae peninsulae Indiae orientalis", 1834. Nach Wight die Gattung *Wightia* Wall.
W. Wight = William Franklin Wight, Allegan, Michigan 8.6.1874-1954. Nordamerikanischer Botaniker. Schrieb „The history of the Cowpea ...", 1907; „Native American species of Prunus", 1915.
Wijnands = Dirk Onno Wijnands, 1945-10.8.1993. Niederländischer Botaniker an der Universität in Wageningen und Direktor der Botanischen Gärten. Spezialgebiet: Kulturpflanzen. Mitherausgeber von „The European Garden Flora", Band 4, 1995.
Wijsman = H.J.W. Wijsman, fl. 1982. Niederländischer Genetiker und Botaniker in Amsterdam. Spezialgebiet: *Petunia.* Schrieb „On the inter-relationships of certain species of Petunia VI. New names for the species of Calibrachoa formerly included into Petunia (Solanaceae)" (in Acta Bot. Neerl. 39, 101-102, 1990).
Wikstr. = Johan Emanuel Wikström, Wenersborg 1.11.1789-4.5.1856 Stockholm. Schwedischer Botaniker. Schrieb u.a. „Beskrifning af tvenne nya arter af växtslägtet Fritillaria ...", 1821; „Conspectus litterature botanicae in Suecia...", 1831; „Stockholms flora...", 1839-1840. Nach ihm die Gattung *Wikstroemia* Endl.
B.H. Wilcox = Balafama Helen Wilcox, publ. 1977-1993. Britische Botanikerin. Spezialgebiete: Asteraceae, *Rhodanthemum.* Schrieb „A systematic study of the Leucanthemum-Chrysanthemum complex in North Africa" (unveröff. Diss., Reading 1977).
Wilczek = Ernst Wilczek, Laupen, Bern 22.1.1867-30.8.1948. Schweizer Botaniker, Professor in Lausanne. Schrieb „Beiträge zur Kenntnis des Baus von Frucht und Samen der Cyperaceen", 1892; zus. mit Robert Hippolyte Chodat „Contributions à la flore de la République argentine", 1902. Nach Wilczek die Gattung *Wilczekia* Meyl.
R. Wilczek = Rudolf Wilczek, Cierpicz, Czarna nahe Krakau, Polen 1.11.1903-19.5.1984. Polnischer Botaniker, nach 1945 am Bot. Garten Meise bei Brüssel. Spezialgebiete: Bryophyta, Flora des Kongogebiets. Mitarbeiter bei W. Robyns et al. „Flora du Congo Belge et Ruanda-Urundi", Bd. 2-4, 7, 10, 1951-1956. Schrieb u.a. „Spis mchów czarnohory ...", 1931. Nach ihm die Art *Begonia wilczekiana* N. Hallé.

Wild = Hiram Wild, Sheffield, Yorkshire 15.3.1917–28.4.1982 Johannesburg. Englischer Botaniker, Professor an der University von Simbabwe in Salisbury (heute Harare). Einer der Initiatoren der „Flora Zambesiaca" und Mitherausgeber der ersten Bände. Sammelte viele Pflanzen im südlichen Afrika. Unter seinen zahlreichen Arbeiten u.a. „Phytogeography and the Gondwanaland position of Madagascar" (in Boissiera 24, 1974). Nach ihm u.a. die Arten *Commiphora wildii* Merxm. und *Aloe wildii* Reynolds.

Wiley = Farida Anna Wiley, 23.5.1887–1927. Nordamerikanische Botanikerin.

Willd. = Carl Ludwig Willdenow, Berlin 22.8.1765–10.7.1812 Berlin. Deutscher Botaniker, seit 1810 Direktor des Bot. Gartens Berlin, Professor der Botanik. Schrieb „Florae berolinensis prodromus", 1787; „Historia Amaranthorum", 1790, auch 1798; „Hortus berolinensis, sive icones et descriptiones...", 1803–1816; „Enumeratio plantarum horti regii botanici berolinensis...", 1792, weitere Aufl. 1798–1831; „Grundriss der Kräuterkunde ...", 1792, 7. Aufl. 1831; „Abbildungen der deutschen Holzarten", 1810–1820 (mit F. Guimpel u. F.G. Hayne); „Caricologia", 1805; „C. Linnaei species plantarum", 4. Aufl. 1797–1830; „Phytographia", 1794; Berlinische Baumzucht, 1796, 2. Aufl. 1811. Nach ihm die Gattung *Wildenowia* Thunb. (sic!) sowie die Zeitschrift Willdenowia, 1953 ff.

Willemet = Pierre Rémi Willemet, Norroy, Vosges, Frankreich 15.9.1735–21.7.1807 Nancy. Französischer Botaniker, Direktor des Bot. Gartens in Nancy, Vater von Pierre Rémi François de Paule Willemet. Schrieb „Monographie pour servir à l'histoire naturelle et botanique de la famille des plantes étoilées, ...", 1791; „Phytographie encyclopédique...", 1805.

P. Willemet = Pierre Rémi François de Paule Willemet, Nancy 2.4.1762–August 1790 Seringapatam, Mysore, Indien. Französischer Botaniker und Arzt, Sohn von Pierre Rémi Willemet. Schrieb „Herbarium Mauritianum", 1796.

B.S. Williams = Benjamin Samuel Williams, Hoddesdon, Hertfordshire 2.3.1824–24.6.1890 Holloway, London. Englischer Handelsgärtner. Schrieb u.a. „Select Ferns and Lycopods: British and exotic", 1868; „The orchid-grower's manual...", 1852, 7. Aufl. 1894; „Choice stove and greenhouse flowering plants...", 1869, 3. Aufl, 1883; „Choice stove and greenhouse ornamental-leaved plants...", 1870, 2. Aufl. 1876. Nach ihm die Art *Dendrobium williamsianum* Rchb. f.

F.N. Williams = Frederic Newton Williams, Brentford, Middlesex 19.3.1862–6.5.1923 Brentford. Englischer Arzt und Botaniker in Brentford. Spezialgebiet: Caryophyllaceae. Schrieb u.a. „Notes on the pinks of Western Europe", 1889; „Prodromus florae britannicae", 1901–1912; „A revision of the genus Silene" (in J. Linn. Soc., Bot. 32, 1–196, 1896).

I. Williams = Ion James Muirhead Williams, Kenilworth, Cape Province, Südafrika 29.6.1912–2001. Südafrikanischer Ingenieur u. Amateurbotaniker. Spezialgebiet: *Leucadendron*, Rutaceae. Schrieb u.a. „A revision of the genus Leucadendron (Proteaceae)" (in Contr. Bolus Herb. 3, 1–425, 1972). Nach ihm die Art *Serruria williamsii* J.P. Rourke.

L.O. Williams = Louis Otho Williams, Jackson, Wyoming 16.12.1908–7.1.1991 Rogers, Arkansas. Nordamerikanischer Botaniker, lebte viele Jahre u.a. in Brasilien und Honduras, zuletzt Hauptkurator am Chicago Natural History Museum. Spezialgebiet: Orchidaceae. Schrieb zus. mit Paul Carpenter Standley u. J. A. Steyermark „Flora of Guatemala", 1946–1977; und mit P. H. Allen „Orchids of Panama", 1980.

N.H. Williams = Norris H. Williams, 1943–

P.A. Will. = Phyllis Alison Williamson, 1925–. Neuseeländische Botanikerin am Dominion Museum in Wellington. Spezialgebiet: *Scleranthus*.

Will. = William Crawford Williamson, 1816–1895

J.H. Willis = James Hamlyn Willis, 1910–1995

Willk. = Heinrich Moritz Willkomm, Herwigsdorf, Sachsen 29.6.1821–26.8.1895 Schloß Wartenberg bei Niemes, Böhmen. Deutscher Botaniker, Professor der Botanik in Dorpat (heute Tartu), Estland, später an der Universität in Prag, russischer Staatsrat. Schrieb „Icones et descriptiones plantarum novarum..., praecipue Hispaniae", 1852–1862; „Prodromus florae hispanicae", 1861–1880, Suppl. 1893 (mit J.M.C. Lange); „Illustrationes florae Hispaniae insularumque Balearium", 1881–1892; „Forstliche Flora von Deutschland und Oesterreich", 1872–1875; „Atlas der Botanik", 1873; für Engler u. Drude, Die Vegetation der Erde, Bd. 1 „Grundzüge der Pflanzenverbreitung auf der iberischen Halbinsel", 1896. Nach ihm die Gattungen *Willkommia* Hack. und *Willbleibia* Herter.

J. Willm. = John Willmott, 1775–1834. Englischer Handelsgärtner in Kent. Schrieb „An alphabetical enumeration of the plants contained in the Hortus Kewensis ...", 1798.

Wilmott = Alfred James Wilmott, Tottenham, Middlesex 31.12.1888–26.1.1950 South Kensington, London. Englischer Botaniker am Britischen Museum (Nat. Hist.) in London, sammelte zahlreiche Pflanzen in Großbritannien und Spanien. Gab die 10. Aufl. von Charles Cardale Babingtons „Manual of British Botany", 1922, heraus. Nach Wilmott die Art *Sorbus wilmottiana* E.F. Warb.

E.H. Wilson = Ernest Henry Wilson, Chipping Campden, Gloucestershire 15.2.1876–15.10.1930 Worcester, Massachusetts. Englischer Gärtner in Kew, später nordamerikanischer Botaniker am Arnold Arboretum in Jamaica Plain bei Boston. Sammelte von 1899–1905 für Veitch and Son Pflanzen in West- und Mittel-China, von 1906–1919 für das Arnold Arboretum in China, Japan und Korea. Führte viele wertvolle Pflanzen in die Gartenkultur ein. Publizierte vor allem zus. mit A. Rehder, z.B. „A monograph of Azaleas", 1921; schrieb außerdem

"Plant hunting", 1927; "The lilies of Eastern Asia", 1925; "China, mother of gardens...", 1929. Nach Wilson die Gattung *Sinowilsonia* Henry sowie die Art *Magnolia wilsonii* Rehder.

G.F. Wilson = George Fox Wilson, 26.1.1896-9.1.1951 Weybridge, Surrey. Englischer Entomologe u. Pflanzenschutz-Sachverständiger. Schrieb "Pests of ornamental garden plants", 1937, 2. Aufl. 1950.

Paul G. Wilson = Paul Graham Wilson, Tzaneen, Transvaal, Südafrika 2.1.1928-. Südafrikanischer Botaniker in South Perth, West-Australien. Spezialgebiete: Chenopodiaceae, Asteraceae, Rutaceae. Schrieb u.a. "A taxonomic revision of the genera Crowea, Eriostemon and Phebalium (Rutaceae)" (in Nuytsia 1, 3-155, 1970); "The classification ... in Helipterum ..." (in Nuytsia 8, 379-460, 1992).

P. Wilson = Percy Wilson, South Orange, New Jersey 21.5.1879-6.2.1944 New York. Nordamerikanischer Botaniker am New York Bot. Garden. Bearbeitete viele Familien für N. L. Britton und L. M. Underwood "North American flora", 1905-1932. Schrieb "The vegetation of Vieques Island ..." (in Bull. New York Bot. Gard. 8, 379-410, 1917).

Peter G. Wilson = Peter Gordon Wilson, Bowral südlich Sydney, Australien 28.2.1950 (pers. Mitt.) -. Australischer Botaniker in Sydney. Spezialgebiete: Myrtaceae, Fabaceae. Schrieb u.a. zus. mit M. M. O...Brien, M. M. Heslewood u. C. J. Quinn "Relationships within Myrtaceae sensu lato based on a matK phylogeny" (in Plant Syst. Evol. 251, 3...19, 2005).

R.G. Wilson = Robert Gardner Wilson, 1911-. Nordamerikanischer Gärtnereibesitzer (Fantastic Gardens) in Miami, Florida, Amateurbotaniker und Pflanzenzüchter. Publ. auch zus. mit H. E. Moore über *Episcia*.

Wilson = William Wilson, Warrington, Lancashire 7.6.1799-3.4.1871 Paddington bei Warrington. Englischer Botaniker. Spezialgebiet: Bryophyta. Beschrieb Moose für J.D. Hookers "Flora Antarctica". Nach Wilson die Gattung *Wilsonia* Raf.

Wimm. = Christian Friedrich Heinrich Wimmer, Breslau 30.10.1803-12.3.1868 Breslau. Deutscher Botaniker, Direktor am Friedrichsgymnasium in Breslau und Schulrat. Schrieb u.a. "Flora von Schlesien", 1832; "Flora von Schlesien preußischen und österreichischen Antheils ...", 1840, 2. Aufl. 1844, 3. Aufl. 1857; "Phytologiae Aristoteliae fragmenta", 1838; "Salices europaeae", 1866; zus. mit Heinrich Emanuel Grabowski "Flora Silesiae", 1827-1829. Nach ihm die Gattung *Wimmeria* Schltdl. et Cham.

E. Wimm. = Franz Elfried Wimmer, Niederschrems, Niederösterreich 30.11.1881-2.5.1961 Wien. Österreichischer Geistlicher u. Botaniker, Professor der Naturgeschichte in Istanbul von 1905-1918, später Priester in und um Wien. Spezialgebiet: Campanulaceae. Bearbeitete für Engler, Das Pflanzenreich "Campanulaceae-Lobelioideae", 1943-1953. Nach ihm die Gattung *Neowimmeria* O. Deg. et I. Deg.

Winkl. = Eduard Winkler, 1799-. Deutscher botanischer Schriftsteller in Eutritzsch bei Leipzig. Schrieb u.a. "Sämmtliche Giftgewächse Deutschlands", 1831, 2. Aufl. 1835, 3. Aufl. 1854; "Vollständiges Real-Lexikon der medicinisch-pharmaceutischen Naturgeschichte...", 1840-1842; "Handbuch der medicinisch-pharmaceutischen Botanik", 1850, 2. Aufl. 1863.

H.J.P. Winkl. = Hubert J. P. Winkler, Prenzlau, Uckermark, Brandenburg 13.2.1875-10.6.1941 Breslau. Deutscher Botaniker, Professor für systematische Botanik in Breslau. Sammelte Pflanzen in Afrika, besonders aber 1908 in Indonesien. Schrieb "Pflanzengeographische Studien über die Formation des Buchenwaldes", 1901; "Die Pflanzendecke Südost-Borneos", 1901-1914; "Botanisches Hilfsbuch für Pflanzer, Kolonialbeamte, Tropenkaufleute und Forschungsreisende...", 1912; gab zus. mit Emil Hannig "Die Pflanzenareale ...", 1926-1933 heraus. Nach ihm sind viele Arten von Borneo benannt z.B. *Schismatoglottis winkleri* Engl. oder *Gastonia winkleri* Harms.

C.G.A. Winkl. = Constantin (Konstantin) Georg Alexander Winkler, Velikie Luki 14.6.1848-3.2.1900. Deutsch-baltischer Botaniker, von 1893-1899 leitender Botaniker des Bot. Gartens St. Petersburg. Schrieb: "Decas Compositarum novarum Turkestaniae nec non Bucharae incolarum", 1885-1891. Nach ihm wahrscheinlich die Gattung *Winklera* Regel.

Wirtg. = Philipp Wilhelm Wirtgen, Neuwied, Rheinland-Pfalz 4.12.1806-7.9.1870 Koblenz, Rheinland-Pfalz. Deutscher Lehrer und Botaniker. Schrieb "Flora des Regierungsbezirks Coblenz ...", 1841; "Flora der preussischen Rheinprovinz ...", 1857; "Rheinische Reise-Flora", 1857; "Flora der preussischen Rheinlande..", 1870. Nach ihm die Gattung *Wirtgenia* Sch. Bip.

Wissk. = Rolf Wisskirchen, Niederdollendorf bei Königswinter, Nordrhein-Wstfalen 6.9.1950 (pers. Mitt.) -. Deutscher Botaniker in Remagen. Schrieb zus. mit Henning Haeupler "Standardliste der Farn- und Blütenpflanzen Deutschlands ...", 1998.

Wisura = Walter A. Wisura, publ. um 1991 mit T. S. Elias über *X Chitalpa*. Nordamerikanischer Botaniker in Claremont, California, sammelte sukkulente Pflanzen in Südafrika. Spezialgebiete: Kulturpflanzen, Aizoaceae.

Witasek = Johanna A. Witasek, Wien 13.8.1865-5.7.1910 Wien. Österreichische Botanikerin und Bürgerschul-Lehrerin in Wien. Schrieb "Ein Beitrag zur Kenntnis der Gattung Campanula..". 1902; "Die chilenischen Arten der Gattung Calceolaria.." (in Österr. Bot. Zeitschr. 35, 449-456, 1905, 36, 13-20, 1906); "Solanaceae. Ergebnisse der botanischen Expedition ... nach Südbrasilien", 1910.

With. = William Withering, Wellington, Shropshire 28.3.1741-6.10.1799 Larches bei Birmingham. Englischer Arzt, Botaniker und Mineraloge,

Entdecker der Heilwirkung von *Digitalis* bei Herzkrankheiten. Verf. von „A botanical arrangement of all the vegetables naturally growing in Great Britain", 1776. Weitere Aufl., mit wechselndem Titel, 1787-1792, 1796, 1801, 1812, 1818, 1830; „An account of the foxglove..", 1785; deutsch: „Abhandlung vom Rothen Fingerhut", 1786. Nach ihm die Gattung *Witheringia* L'Hér.

Withner = Carl Leslie Withner, 1918-. Nordamerikanischer Botaniker am Brooklyn College, City University of New York. Spezialgebiet: Orchidaceae. Schrieb „The Cattleyas and their relatives", Teil 1-6, 1998-2000.

Witte = Heinrich Witte, Rotterdam 10.5.1829-9.1.1917 Bennekom, Niederlande. Niederländischer botanischer Gärtner in Leiden. Schrieb zahlreiche Bücher und Artikel z.B. „Enumeratio alphabetica nominum et synonymorum Palmarum, ...", 1859; „Flora. Afbeeldingen en beschrijvingen van boomen, heesters, éénjarige planten ...", 1868; „Schetsen uit het plantenrijk...", 1870; „Wilde rozen ...", 1888. War viele Jahre Herausgeber der Zeitschriften Sempervirens und Sieboldia. Nach ihm die Art *Saccolabium witteanum* Rchb. f.

Wittm. = Marx Carl Ludwig (Ludewig) Wittmack, Hamburg 26.9.1839-2.2.1929 Berlin. Deutscher Botaniker, Professor in Berlin, Inhaber zahlreicher Ehrenämter, Verf. vieler Schriften, auch landwirtschaftl. Inhalts, darunter für Martius, Flora brasiliensis in Bd. XII, 1 (1858/89), Marcgraviaceae, Rhizoboleae; für Engler u. Prantl, Die natürlichen Pflanzenfamilien, II. 4 Bromeliaceae, 1887-1888. Von 1887 an langjähriger Schriftleiter der Gartenflora. Schrieb „Gras- und Kleesamen", 1873, 2. Aufl. als „Landwirtschaftliche Samenkunde", 1922. Nach ihm die Gattung *Wittmackia* Mez.

Wittr. = Veit Brecher Wittrock, 5.5.1839-1.9.1914. Schwedischer Botaniker.

Wocke = Erich Wocke, Breslau 11.9.1863-1941 Oliva bei Danzig. Deutscher Gärtner in Berlin, Zürich, zuletzt in Oliva bei Danzig, Alpenpflanzenspezialist. Schrieb „Die Alpen-Pflanzen in der Kultur der Tiefländer", 1898; „Die Kulturpraxis der Alpenpflanzen...", 2. Aufl. 1928; „Illustrirtes Gehölzbuch für Gartenfreunde und Gärtner..", 1910. Nach ihm die Unterart *Anemone ranunculoides* L. subsp. *wockeana* (Asch. et Graebn.) Ulbr.

Wohlf. = Rudolf Wohlfarth, Eisleben, Sachsen-Anhalt 25.12.1830-3.7.1900. Deutscher Botaniker, zuerst Versicherungskaufmann, später Schulrektor in Neu-Weissensee bei Berlin. Schrieb „Die Pflanzen des Deutschen Reichs, Deutsch-Oesterreichs und der Schweiz", 1881. Mitherausgeber von W.D.J Koch „Synopsis der deutschen und Schweizer Flora", 3. Aufl., 1890-1902.

C.B. Wolf = Carl Brandt Wolf, Freesoil, Michigan 22.3.1905-10.2.1974. Nordamerikanischer Botaniker am Rancho Santa Ana Bot. Garden, später in Fillmore, Kalifornien. Schrieb „The North American species of Rhamnus ...", 1938; und zus. mit Willis W. Wagener „The New World Cypresses", 1948.

E.L. Wolf = Egbert Ludwigowitsch Wolf, Berlin 5.9.1860-1931. Russischer Botaniker in St. Petersburg. Publizierte 1907 u.a. über asiatische Weiden und über *Cotoneaster*. Nach ihm die Art *Syringa wolfii* C.K. Schneid.

F.O. Wolf = Ferdinand Otto Wolf, 11.10.1838-27.6.1905. In der Schweiz geborener deutscher Botaniker und Musiker.

Wolf = Nathanael Matthäus von Wolf, Konitz, Westpreußen 26.1.1724-15.12.1787 Danzig. Deutscher Arzt, Astronom u. Botaniker, zuletzt in Danzig. Schrieb „Genera plantarum vocabulis characteristicis definita...", 1776; „Concordantia botanica", 1780.

D. Wolff = eigentlich Dr. Wolff, Autor von *Euphrasia stricta*. Gemeint ist der Schweinfurter Arzt Johann Philipp Wolff (1743-1825).

H. Wolff = Karl Friedrich August Hermann Wolff (Pseudonym E. Kampe), Braunlage, Niedersachsen 22.6.1866-21.4.1929 Berlin. Deutscher Botaniker und Tierarzt. Spezialgebiet: Apiaceae. Schrieb „Neue Umbelliferen-Gattungen aus Ostasien.." (in Notizbl. Berlin-Dahlem 9, 275-282, 1925); zus. mit F. Schwarze u. E. Prediger „Brockenflora" in „Flora und Fauna von Harzburg", 1887. Mitarbeiter bei A.Engler, Das Pflanzenreich für Umbelliferae, 1901-1927.

M. Wolff = Manfred Wolff, fl. 1989

Wolfg. = Johann Friedrich Wolfgang, Lozowe, Podolien 17.7.1776-17.5.1859 Poluknie bei Wilna. Polnischer Botaniker in Wilna. Schrieb „Rzecz o Herbacie...", 1823.

Woll. = George Buchanan Wollaston, Clapton, London 26.4.1814-26.3.1899 Chislehurst, Kent. Englischer Pflanzensammler, bes. von Farnen.

Wol. = eigentlich Wol. = Eustach Woloszczak, Jaworów 1.10.1835-13.7.1918 Lwow (Lemberg). Polnischer (Galizischer) Botaniker, Professor der Zoologie, Botanik und Warenkunde an der k. u. k. technischen Hochschule in Lwow, lebte im Ruhestand in Wien. Spezialgebiet: *Salix*. Schrieb u.a. „Zur Flora von Jaworów in Galizien..." (in Verh. zool.-bot. Ges. Wien 24, 529-538, 1874). Nach ihm die Art *Salix woloszczakii* Zalewski.

A.W. Wood = Alphonso W. Wood, Chesterfield, New Hampshire 17.9.1810-4.1.1881 West Farms, New York. Nordamerikanischer Lehrer u. Botaniker. Schrieb „A class-book of botany", 1845 (erschienen bis 1855 in 41 Auflagen!); „Object lessons", 1862; „The American botanist and florist", 1870, 8. Aufl. 1889; „Wood's illustrated plant record", 1877; „Fourteen weeks in botany", 1879 (mit J. Dorman Steele). Nach ihm z.B. die Art *Veratrum woodii* Robbins.

C.E. Wood = Carroll E. Wood, 1921-

J.M. Wood = John Medley Wood, Mansfield, Nottinghamshire 1.12.1827-26.8.1915 Durban, Südafrika. Englischer Botaniker in Südafrika, war zunächst Farmer, später Direktor des Natal Garden, Pretoria. Schrieb „A popular description of the Natal ferns", 1877; außerdem (Bd. 1 zus. mit Maurice Smethurst Evans) „Natal plants, ...", 1898-1912; „A handbook to the flora of Natal..", 1907. Nach ihm die Gattung *Woodia* Schltr.

J.R.I. Wood = John Richard Ironside Wood, 1944-. Britischer Schulinspektor im Jemen und Botaniker. Schrieb „A handbook of Yemen flora", 1997. Nach ihm die Art *Aloe woodii* Lavranos et Collen.

M.W. Wood = Mark W. Wood, publ. 1973. Britischer Botaniker. Spezialgebiet: *Paphiopedilum*.

Woodcock = Hubert Bayley Drysdale Woodcock, Antigua, Westindien 1867-12.2.1957 Bisley, Surrey. Britischer Jurist (Richter) u. Amateurbotaniker. Schrieb zus. mit John Coutts „Lilies...", 1935, 2. Aufl. 1936, 3. Aufl. zus. mit W.T. Stearn „Lilies of the world", 1950.

J. Woods = Joseph Woods, Stoke Newington, London 24.8.1776-9.1.1864 Lewes, Sussex. Englischer Architekt u. Amateurbotaniker. Schrieb „A synopsis of the British species of Rosa ...", 1818; „The Tourist's Flora, a descriptive Catalogue of the flowering Plants and Ferns of the British Islands, France, Germany, Switzerland, Italy, and the Italian Islands", 1850. Nach ihm die Gattung *Woodsia* R. Br.

Woodson = Robert Everard Woodson jr., St. Louis, Missouri 28.4.1904-23.1.1964 St. Louis, Missouri. Nordamerikanischer Botaniker, Professor in Washington, später Kurator des Herbariums des Missouri Botanical Garden, St. Louis. Sammelte viele Pflanzen in USA und Mittelamerika. Bearbeitete für Britton, North American Flora in Bd. 29(2) Apocynaceae, 1938. Hrsg. (mit R. J. Seibert, später R.W. Schery) von „Flora of Panama", 1937-1943 (in Ann. Missouri Bot. Gard.), auch Autor und Herausg. der „Flora of Panama", 1943-1959. Nach ihm die Gattung *Woodsonia* L.H. Bailey.

Woolls = William Woolls, 1814-14.3.1893. In Großbritannien geborener australischer Lehrer und Botaniker.

Wooton = Elmer Ottis Wooton, Kokomo, Indiana 19.9.1865-20.11.1945 Arlington, Virginia. Nordamerikanischer Botaniker, Professor der Botanik, sammelte viele Pflanzen in den USA, besonders Texas und New Mexico, aber auch in Mexiko. Schrieb u.a. „Cacti in New Mexico ...", 1911; zus. mit Paul Carpenter Standley „Flora of New Mexico", 1915. Nach ihm die Gattungen *Wootonella* Standl. und *Wootonia* Greene sowie z.B. die Art *Xanthium wootonii* Cockerell ex De Vries.

Wormsk. = Martin (Morten) Wormskjöld, Kopenhagen 16.1.1783-22.11.1845 Gauno. Dänischer Botaniker, sammelte Pflanzen in Grönland und Kamtschatka.

Woronow = Georg Jurij Nikolaewitch Woronow (Voronov), Tiflis 1.6.1874-10.12.1931 Leningrad. Russischer Botaniker am Bot. Garten in Leningrad. Sammelte auch Pflanzen in Südamerika und Mexiko, in der Türkei und dem Kaukasus. Schrieb zus. mit A. B. Schelkownikow „Schedae Herbarium Florae caucasicae" (in Trudy Tifliss. Bot. Sada 12 u. 19, 1914-1916).

Worsley = Arthington Worsley, London 1861-1944. Englischer Tiefbauingenieur und Amateur-Gärtner in Isleworth, Middlesex. Spezialgebiet: *Amaryllis*. Schrieb: „Notes on the distribution of Amaryllideae, ...", 1895. Nach ihm die Gattung *Worsleya* (W. Watson ex Traub) Traub.

Wóycicki = Zygmunt Wóycicki, 5.9.1871-1941. Polnischer Botaniker, Professor der Botanik in Lwow (Lemberg), später in Warschau. Schrieb „Obrázy roslinnosci królestwa Polskiego" (Vegetationsbilder aus dem Koenigreich Polen), 1912-1939.

Woyn. = Heinrich Karl Woynar, Rattenberg, Tirol 3.6.1865-8.8.1917 Graz, Steiermark. Österreichischer Botaniker in Graz. Schrieb „Bemerkungen über Farnpflanzen Steiermarks..." (in Mitt. Naturw. Ver. Steiermark 49, 120-200, 1913). Nach ihm die Hybride *Asplenium x woynarianum* Asch. et Graebn., die er entdeckt hat.

Wraber = Anton Martin („Tone") Wraber, Ljubljana, Slowenien 4.3.1938 (pers. Mitt.) -. Slowenischer Botaniker, Professor in Ljubljana. Schrieb u.a. „Vicia loiseleurii.., a hitherto neglected species from the V. hirsuta group" (in Biol. Vestn. 29, 181-192, 1981). Gab zus. mit A. Martincic u.a. heraus „Mala flora Slovenije", 2. Aufl. 1999 (1. Aufl. mit F. Susnik, 1969).

C.H. Wright = Charles Henry Wright, Oxford 5.6.1864-21.6.1941 Seaton, Devon. Englischer Botaniker am Herbarium Kew. Bearbeitete für Daniel Oliver, Flora of Tropical Africa zahlreiche Familien, von Bd. 4 (2) bis 8 (2), 1897-1917 (Bände nicht chronolog. erschienen!). Schrieb „Flora of the Falkland Islands ..." (in J. Linn. Soc. Bot. 39, 313-339, 1911). Zus. mit Daniel Dewar Mitherausg. von „Johnson's gardener's dictionary", 1894, neue Aufl. 1905. Nach Wright die Art *Rhododendron wrightianum* Koord.

C. Wright = Charles (Carlos) Wright, Wethersfield, Connecticut 29.10.1811-11.8.1885 Wethersfield, Connecticut. Nordamerikanischer Naturwissenschaftler. Sammelte Pflanzen in den USA, Kuba, Westindien und Mexiko. Mitarbeiter von Sauvalle, F.A.: „Flora cubana", 1868-1873. Nach ihm die Gattung *Carlowrightia* A. Gray und die Zeitschrift Wrightia, 1945 ff.

W. Wright = William Wright, Crieff, Perthshire, Schottland März 1735-19.9.1819 Edinburgh. Schottischer Arzt und Botaniker, lebte viele Jahre in Jamaika; wurde bei der Rückkehr von Schottland nach Jamaika durch ein spanisches Schiff gefangen genommen (1779-1781) und verlor dabei sein Herbarium. Entdeckte *Cinchona jamaicensis* W. Wright. Schrieb „A botanical and medical account of the Quassia Simaruba" (in Trans. R. Soc. Edinburgh 2, 73-81, 1790); „An account of the medicinal plants growing in Jamaica" (in London Med. Journ. 8, 217-295, 1787). Nach ihm die Gattung *Wrightia* R. Br.

Y. Wright = Ysabel Wright, publ. 1937 über *Coryphantha*. Nordamerikanische Kakteenkennerin.

T.L. Wu = Te Lin(g) Wu, 1934–
C.Y. Wu = Cheng Yih Wu, 1916–
Wucherpf. = Wolfgang Wucherpfennig, Berlin 27.8.1936 (pers. Mitt.) –. Deutscher Botaniker in Eching, Bayern. Spezialgebiet: Orchidaceae, *Epipactis*. Schrieb u.a. zus. mit Heinz Neumann „Epipactis peitzii H. Neumann & Wucherpfennig sp. nov., eine neue Orchideenart aus Deutschland" (in Journ. Europ. Orch. 28, 747–754, 1996).
Württemb. = Herzog Friedrich Wilhelm Paul von Württemberg, Carlsruhe, Schlesien 25.7.1797–25.11.1860 Bad Mergentheim, Baden-Württemberg. Deutscher Naturforscher, unternahm viele Forschungsreisen, 1822–1824 u. 1829–1832 nach Nordamerika, 1849–1856 nach Nord-und Südamerika, 1839–1840 nach Nordafrika und 1857–1859 nach Australien. Schrieb „Erste Reise nach dem nördlichen Amerika in den Jahren 1822 bis 1824", 1835.
Wulfen = Franz Xaver Freiherr von Wulfen, Belgrad, Serbien 5.11.1728–17.5.1805 Klagenfurt, Kärnten. Österreichischer Mathematiker, Physiker, Botaniker und Geistlicher (Jesuit), 1761 Professor der Mathematik in Görz, 1762 Professor der Philosophie in Laibach, 1763 Professor der Physik und Mathematik in Klagenfurt. Schrieb u.a. „Cryptogama aquatica...", 1803; „Plantarum rariorum descriptiones", 1805; „Flora norica phanerogama", 1858 (erst 53 Jahre nach seinem Tode von Eduard Fenzl u. Rainer Graf herausgegeben). Nach ihm die Gattung *Wulfenia* Jacq. sowie die Arten *Alyssum wulfenianum* Willd., *Androsace wulfeniana* W.D.J. Koch, *Primula wulfeniana* Schott und *Sempervivum wulfenii* Hoppe ex Mert. et W.D.J. Koch. Außerdem ist nach ihm das Mineral Wulfenit benannt.
Wurmb = Friedrich (Frederik) Baron van Wurmb, ?–21.12.1781 Batavia. Niederländischer Botaniker, Sekretär der Gesellschaft der Künste und Wissenschaften in Batavia. Nach ihm die Gattung *Wurmbea* Thunb.
Wydler = Heinrich Wydler, Zürich 24.4.1800–6.12.1883 Gernsbach, Baden. Schweizer Botaniker, Professor der Botanik in Bern von 1835–1853, lebte zuletzt in Straßburg und Gernsbach. Spezialgebiet: Pflanzenmorphologie. Er sammelte auch Pflanzen in Puerto Rico und entdeckte die Art *Goetzea elegans*. Schrieb u.a. „Essai monographique sur le genre Scrophularia", 1828; „Zur Morphologie hauptsächlich der dichotomen Blüthenstände ..." (in Jahrb. Wiss. Bot. 11, 313–379, 1878); außerdem zahlreiche Arbeiten über Morphologie in der Zeitschrift Flora, Band 27–59, 1844–1876. Nach ihm die Gattung *Wydleria* DC.
Wyley = Andrew Wyley, Belfast, Antrim, Nordirland etwa 1820– ?. Irischer Geologe, von 1855–1859 in Südafrika, wo er auch Pflanzen sammelte. Schrieb „Notes on the botanical features of Namaqualand", 1857. Nach ihm die Arten *Wahlenbergia wyleyana* Sond. und *Zehneria wyleyi* Sond.
J.R. Xue = Xue (Hsueh) Ji-Ru (Chi Yu) = Ji Ru (Chi Yu) Xue (Hsueh), 1921–. Chinesischer Botaniker. Spezialgebiet: Poaceae, Bambusoideae. Publ. mit Tong Pei Yi.
Y. Yabe = Yoshitaka Yabe, 1876–1931
Yabuno = Tomosaburo Yabuno, 1924–. Japanischer Botaniker. Publ. mit Ohwi über *Echinochloa*.
Yalt. = Faik Yaltirik, 1930–. Türkischer Botaniker der Forstbotanischen Fakultät an der Universität von Istanbul. Spezialgebiet: Gehölze. Nach ihm die Art *Crataegus yaltirikii* Dönmez.
Yamam. = Yoshimatsu Yamamoto (geb. Wakamori), Sabae, Fukui Pref., Japan 1893–1947 Taipei, Taiwan. Japanischer Botaniker, Lehrer und später Professor der Botanik in Taiwan. Schrieb „Observationes ad floram formosanum" (J. Soc. trop. agric. Taihoku Univ. 3–10, 1931–1938).
T. Yamaz. = Takasi (Takashi) Yamazaki, 1921–
C.S. Yang = Yang Chun-Shu = Chun Shu Yang, fl. 1983–88. Chinesischer Botaniker. Publ. Mit C.Y. Cheng über *Asarum*.
S.C. Yang = Yang Shao-Cheng = Shao Cheng Yang, publ. 1988. Chinesischer Botaniker. Spezialgebiet: Magnoliaceae. Publ. mit Bao Liang Chen über *Manglietia*.
S.Y. Yang = Yang Si-Yuan = Si Yuan Yang, 1964–. Chinesischer Botaniker. Publ. mit Lin Zhou über *Cycas*.
C.Y. Yao = Yao Chang-Yu = Chang Yu Yao, publ. 1980. Chinesischer Botaniker. Spezialgebiet: *Phyllostachys*.
Yatabe = Ryôkichi (Ruôkichi) Yatabe, 1851–8.8.1899 Kamakura (beim Baden ertrunken im See von Kamakura). Japanischer Botaniker. Veröffentlichte u.a. „Nihon shokubutsu dzukai. Iconographia florae japonicae, ...", 1891–1893. Nach ihm die Gattung *Yatabea* Maxim. ex Yatabe.
H.O. Yates = Harris Oliver Yates, 1934–. Nordamerikanischer Botaniker am Lipscomb College, Nashville, Tennesee. Spezialgebiet: Poaceae. Schrieb u.a. „Morphology and cytology of Uniola (Gramineae)" (in Southwest Naturalist 11, 145–189, 1966); „Revision of grasses traditionally referred to Uniola" (in Southwest Naturalist 11, 372–394 u. 415–455, 1966); „
J. Yates = James Yates, Toxteth Park bei Liverpool, Lancashire 30.4.1789–7.5.1871 Highgate, London. Englischer Pfarrer, Archäologe und Amateur-Gärtner. Publizierte über Cycadaceae. Nach ihm die Gattung *Yatesia* Carruth.
G.H. Ye = Ye Guang-Han = Guang Han Ye, 1938–. Chinesischer Botaniker an der Nanjing University. Spezialgebiet: Poaceae, Bambusoideae.
Yeo = Peter Frederick Yeo, Kingston-upon-Thames, England 30.3.1929–. Britischer Botaniker am Bot. Garten in Cambridge. Spezialgebiet: Taxonomie der Kulturpflanzen. Schrieb u.a. „The breeding relationships of some European Euphrasieae" (in Watsonia 6, 216–245, 1966); „The pollination of flowers", 1973 (mit M. Proctor); „A revision of the genus Bergenia" (in Kew Bull. 26, 113–148, 1966); „Hardy Geraniums", 1985; „Geranium, Freiland-Geranien für Garten und Park", 1988. Mitherausgeber von „The European Garden Flora", Band 1–6, 1986–2000; Mitarbeiter an Flora Europaea.
T.P. Yi = Yi Tong-Pei = Tong Pei Yi,

1934–. Chinesischer Botaniker an der Sichuan Forestry School in Dujiangyan. Spezialgebiet: Poaceae, Bambusoideae.

S.S. Ying = Ying Shao-Shun = Shao Shun Ying, Hunan, China 23.7.1941 (pers. Mitt.) –. Chinesischer Botaniker an der National Taiwan University in Taipei. Spezialgebiete: Flora von Taiwan, Orchidaceae. Publ. „Coloured illustrations of indigenous orchids of Taiwan", 2 Bände, 1977 u. 1990.

Yoshino = Kiichi Yoshino, publ. 1905. Japanischer Botaniker.

Youel = Youel

D.P. Young = Donald Peter Young, 20.5.1917–18.3.1972. Britischer Chemiker und Botaniker. Spezialgebiet: *Epipactis*. Schrieb u.a. „Bestimmungsschlüssel der europäischen Epipactis-Arten" (in Jahresber. naturwiss. Ver. Wuppertal 23, 123–124, 1970).

R.A. Young = Robert Armstrong Young, Cleveland, Ohio 30.10.1876–1963. Nordamerikanischer Botaniker am Lipscomb College, Nashville, Tennessee. Spezialgebiet: Poaceae, Bambusoideae.

S.B. Young = S.B. Young, fl. 1970

Yunck. = Truman George Yuncker, Farm nahe Carson City, Michigan 20.3.1891–6.2.1963 Greencastle, Indiana. Nordamerikanischer Botaniker, Professor in Greencastle, Indiana, sammelte viele Pflanzen in Nord-, Mittel- und Südamerika sowie auf zahlreichen Inseln des Pazifik. Schrieb u.a. „The genus Cuscuta", 1932; „Revision of the Hawaiian species of Peperomia ...", 1933; „The flora of Niue Island...", 1943; „Plants of Tonga", 1971; zus. mit W. Trelease „The Piperaceae of Northern South America", 1950. Bearbeitete für Britton, North American Flora in Ser. II, Bd. 4 *Cuscuta*, 1965. Nach Yuncker die Gattung *Yunckeria* Lundell.

Zabel = Hermann Zabel, Neu-Katzow bei Greifswald, Mecklenburg-Vorpommern 22.9.1832–26.4.1912 Gotha, Thüringen. Deutscher Gärtner und Botaniker (Dendrologe) in Greifswald, später in Hann. Münden und Gotha. Schrieb „Synoptische Tabellen..", 1872; „Die strauchigen Spiräen der deutschen Gärten", 1893. Nach ihm die Gattung *Zabelia* (Rehd.) Mak.

Zāmelis = Aleksandrs Zāmelis (vor 1928 Zamels), Jaun-Vale bei Smiltene, Lettland 25.8.1897–etwa 7.9.1943 Sigulda. Lettischer Botaniker und Genetiker in Riga. Spezialgebiete: *Alchemilla*, *Pulsatilla*. Schrieb u.a. „Beiträge zur Kenntnis des Formenkreises Pulsatilla patens (L.) Mill. ..." (in Act. hort. bot. Univ. Latv. 1, 81–108, 1926); „Bedeutung der Genetik in der Systematik und Geographie der Pflanzen" (in Genetica 13, 151–182, 1931); zus. mit Argine Kvite „Zur Verbreitung der Alchemilla-Arten in Lettland" (in Acta hort. bot. Univ. Lat. 4, 95–200, 1930).

Zahar. = Constantinos Alexandros Zahariadi, 1901–1985

Zahlbr. = Alexander Zahlbruckner, 31.5.1860–8.5.1938. Österreichischer Botaniker.

J. Zahlbr. = Johann Baptist Zahlbruckner, Wien 15.2.1782–2.4.1850 Graz, Steiermark. Österreichischer Botaniker und Mineraloge. Schrieb „Darstellungen der pflanzengeographischen Verhältnisse des Erzherzogthumes Oesterreichs unter der Enns...", 1832. Nach ihm die Gattung *Zahlbrucknera* Rchb.

Zamudio = Sergio Zamudio, 1953-

Zanov. = Carlo Zanovello, fl. 1997.

Zapal. = Hugo Zapalowicz, 1852–1917. Polnischer Jurist und Botaniker. Schrieb „Conspectus florae Galiciae criticus", 1904–1914. Nach ihm die Hybride *Cirsium x zapalowiczii* Khek.

Zappi = Daniela Cristina Zappi, 1965–. Brasilianische Botanikerin an der Universität von Sao Paulo, später in Kew. Spezialgebiete: Cactaceae, Rubiaceae. Schrieb u.a. zus. mit N. Taylor „Cacti of eastern Brazil", 2004.

Zaprjag. = F.L. Zaprjagaev (Sapriagaev), 1903–1942. Russischer Botaniker, sammelte Pflanzen in Tadschikistan. Nach ihm wahrscheinlich die Art *Eremurus saprjagajevii* B. Fedtsch.

Zauschn. = Johann Baptista Josef Zauschner, Prag 1737–1799 Prag. Böhmischer Gelehrter und Botaniker in Prag. Publ. 1776 in Prag über Ornithogalum. Nach ihm die Gattung *Zauschneria* C. Presl.

Zecher = Ernst Zecher, publ. 1974 über Lobivia, 1986 über *Matucana*. Österreichischer Gartenbauingenieur am Bot. Garten in Schönbrunn, Wien. Spezialgebiet: Cactaceae.

Zeeman = Zeeman

Zeiss. = Hermann Zeissold, publ. um 1895 über Cactaceae. Deutscher Kakteenkenner.

Zenari = Silvia Zenari, 1896–1956. Italienische Botanikerin, Direktorin des Bot. Instituts u. Bot. Gartens Padua. Schrieb u.a. „Flora escursionistica ..." (Flora von Norditalien), 1957; „La distribuzione stazionale della entità floristiche del Cadore" (in Arch. Bot. (Forlì) 22–32, 1946–1957).

Zengerl. = Zengerling, lebte um 1889. Publ. eine var. *moravica* von *Sorbus aucuparia* L.

Zenker = Jonathan Carl (Karl) Zenker, 1.3.1799–6.11.1837. Deutscher Naturwissenschaftler und Mediziner, Professor in Jena. Schrieb u.a. ...Plantae indicae ......, 1835–1837; ...Flora von Thüringen ......, 12 Bände, 1836–1855. Nach ihm die Gattung *Zenkeria* Trin.

Zeyh. = Carl Ludwig Philipp Zeyher, Dillenburg, Hessen 2.8.1799–30.12.1858 Kapstadt, Südafrika. Deutscher Gärtner, Botaniker u. Pflanzensammler, der mit Christian Friedrich Ecklon Südafrika bereiste u. dort Pflanzen sammelte. Schrieb zus. mit ihm „Enumeratio plantarum Africae australis extratropicae", 1834–1837. Nach Zeyher die Gattung *Zeyherella* (Pierre ex Engl.) Aubrév. et Pellegr.

J.X. Zhang = Zhang Jia-Xun = Jia Xun Zhang, publ. 1992 zus. mit T. Hong über *Paeonia*. Chinesischer Botaniker.

H.R. Zhao = Hui Ru Zhao, fl. 1985

Q.F. Zheng = Zheng Qing-Fang = Qing Fang Zheng, 1934–. Chinesischer Botaniker. Spezialgebiete: Magnoliaceae, Lauraceae.

L. Zhou = Zhou Lin = Lin Zhou, fl. 1981. Chinesischer Botaniker. Publ. mit Si Yuan Yang über *Cycas*.

Zhuk. = Peter Mikhailovich Zhukovsky, 1888–1975. Russischer Botaniker.

Spezialgebiet: Poaceae, *Triticum*.
Ziesenh. = Rudolf Christian Ziesenhenne, Chicago, Illinois 15.2.1911-2005. Nordamerikanischer Begonienzüchter deutscher Herkunft in Santa Barbara, Kalifornien.

Zimmerman = Dale Allan Zimmerman, publ. 1972. Nordamerikanischer Botaniker an der Western New Mexico University. Spezialgebiet: Cactaceae. (Nicht zu verwechseln mit seinem Sohn Allan Dale Zimmerman, 1957-, Botaniker in Phoenix, Arizona). Schrieb „A new species of Coryphantha from New Mexico" (in Cact. Succ. Journ. 44, 114-117, 1972).

A. Zimm. = Albrecht Wilhelm Philipp Zimmermann, Braunschweig, Niedersachsen 3.4.1860-23.2.1931 Berlin-Zehlendorf. Deutscher Botaniker, Professor der Botanik, lebte 1902-1920 in Amani, Ostafrika, zuletzt wieder in Hann. Münden bzw. Berlin-Dahlem. Schrieb „Die botanische Mikrotechnik ...", 1892, 2. Aufl.1922; „Die Cucurbitaceen ...", 1922; „Die Gerberrinde liefernden Akazien ...", 1930. Nach ihm die Gattung *Zimmermannia* Pax.

F. Zimm. = Friedrich Zimmermann, Wollbach bei Lörrach, Baden-Württemberg 24.12.1855-21.5.1928 (nicht 26.5.) Mannheim (nicht Oftersheim), Baden-Württemberg. Deutscher Botaniker. Schrieb „Die Adventiv- u. Ruderalflora von Mannheim, Ludwigshafen und der Pfalz", 1907, 2. Aufl. 1911. Mithrsg. der „Flora exsiccata rhenana", 1909 (mit H. Poeverlein u. W. Voigtländer-Tetzner).

Zimmeter = Albert Zimmeter, Innsbruck, Tirol 5.7.1848-15.12.1897 Innsbruck. Österreichischer Botaniker in Steyr, später Professor der Oberrealschule in Innsbruck. Schrieb „Verwandtschafts-Verhältnisse und geographische Verbreitung der in Europa einheimischen Arten der Gattung Aquilegia", 1875; „Die europäischen Arten der Gattung Potentilla", 1884.

Zinn = Johann Gottfried Zinn, Schwabach 4.12.1727-6.4.1759 Göttingen, Niedersachsen. Deutscher Botaniker, Professor in Göttingen. Schrieb „Catalogus plantarum horti academici et agri gottingensis...", 1757. Nach ihm die Gattung *Zinnia* L.

Zipp. = Alexander Zippelius, 1797-31.12.1828 Timor. Niederländischer Botaniker, sammelte Pflanzen in Indonesien. Nach ihm die Gattung *Zippelia* Blume.

Ziz = Johann Baptist Ziz, Mainz, Rheinland-Pfalz 8.10.1779-1.12.1829 Mainz. Deutscher Botaniker und Lehrer in Mainz. Schrieb zus. mit Wilhelm Daniel Joseph Koch „Catalogus plantarum, quas in ditione florae palatinatus legerunt ...", 1814. Nach ihm die Hybride *Potamogeton x zizii* W.D.J. Koch ex Roth.

Zizka = Georg Zizka, 1955-. Deutscher Botaniker, Professor an der Universität in Frankfurt am Main. Spezialgebiete: Poaceae, Bromeliaceae, Quiinaceae. Schrieb u.a. „Revision der Melinidae Hitchcock (Poaceae, Panicoideae)" (in Bibl. Botan. 138, 1988); zus. mit Stephan Robert Gradstein u. Rainer Willmann „Biodiversitätsforschung. Die Entschlüsselung der Artenvielfalt in Raum und Zeit", 2003.

Zodda = Guiseppe Zodda, 1877-1968. Italienischer Botaniker (Bryologe) auch Pflanzengeograph; zuerst in Messina, später Professor in Bari, zuletzt Präsident des Istituto Tecnico in Teramo. Schrieb „Flora italica cryptogamica pars IV: Bryophyta", 1934 (nur Fasc. 1 veröff.). Nach ihm die Gattung *Zoddaea* Borzì.

Zoëga = Johann Zoëga, Rapsted bei Tondern, Schleswig-Holstein (heute Dänemark) 7.10.1742-29.12.1788 Kopenhagen, Dänemark. Dänischer Botaniker. Schrieb „Flora Islandica ..." als Anhang zu E. Olafsen u. B. Povelsen „Reise igiennem Island", 1772.

Zöllner = Otto Zöllner, fl. 2001
Zoll. = Heinrich Zollinger, Feuerthalen, Kanton Zürich, Schweiz 22.3.1818-19.5.1859 Kandagan, Java. Schweizer Botaniker, arbeitete von 1841-1848 im Herbarium Buitenzorg und sammelte zahlreiche Pflanzen von Java. Schrieb „Systematisches Verzeichnis der im Indischen Archipel ... gesammelten... Pflanzen", 1854-1855; „Observationes phytographicae ...", 1844-1846. Nach ihm die Gattung *Zollingeria* Kurz.

Zonn. = Bernardus Joannes Maria Zonneveld, 1940-. Niederländischer Botaniker.

Zotov = Victor Dmitrievich Zotov, Wladiwostok, Russland 16.9.1908-26.5.1977 Christchurch, Neuseeland. Russischer Botaniker, wanderte 1924 nach Neuseeland aus und arbeitete in Palmerston North. Spezialgebiet: Gramineae. Schrieb u.a. „Synopsis of the grass subfamily Arundinoidae in New Zealand" (in New Zeal. J. Bot. 1, 78-136, 1963); „Grasses of the subantarctic islands of the New Zealand region" (in Rec. Dominion Mus. 5, 101-146, 1965); „Hierochloe R. Br. (Gramineae) in New Zealand" (in New Zeal. J. Bot. 11, 561-579, 1973). Nach ihm die Gattung *Zotovia* E. Edgar et Connor.

H.Y. Zou = Hui Yu Zou, fl. 1984

Zuccagni = Attilio Zuccagni 10.1.1754-21.10.1807 Florenz. Italienischer Arzt und Botaniker, Museumsdirektor in Florenz. Schrieb u.a. „Synopsis plantarum horti regii florentini ...", 1801; „Centuria I. Observationum botanicarum quas in horto regio florentino...", 1806. Nach ihm die Gattung *Zuccagnia* Cav.

Zucc. = Joseph Gerhard Zuccarini, München 10.8.1797-18.2.1848 München. Deutscher Botaniker, Professor der landwirtschaftlichen und forstlichen Botanik an der Universität und Konservator der botanischen Gärten in München. Schrieb „Monographie der amerikanischen Oxalis-Arten", 1825, Nachtrag 1831; „Flora der Gegend von München", 1829; „Charakteristik der deutschen Holzgewächse in blattlosem Zustande", 1829-1831. Mitarb. Von Siebold bei „Florae Japoniae familiae naturales", 1843-1846 u. „Flora japonica", 1835-1870; „Plantarum novarum vel minus cognitarum, ...", 1832-1846. Nach ihm die Gattung *Zuccarinia* Blume.

XII Literaturverzeichnis

Allgemeine Botanik und Systematik, Wörterbücher

AESCHIMANN, D., HEITZ, C. (1996): Synonymie-Index der Schweizer Flora. Géneve: Zentrum des Datenverbundnetzes der Schweizer Flora.

BACKER, C. A. (1936): Verklarend Woordenboek der wetenschappelijke namen van de in Nederland en Nederlandsch-Indie in het wild groeiende en in tuinen en parken gekweekte varens en planten. Batavia: Noordhoff-Kolff, Visser & Co.

BUNDESMINISTERIUM DER JUSTIZ (2001): Bekanntmachung der besonders und streng geschützten Tier- und Pflanzenarten gemäß § 20a Abs. 5 des Bundesnaturschutzgesetzes vom 1. Februar 2001. Bundesanzeiger 53, Nummer 35a.

BISCHOFF, G. H. (1833-1844): Handbuch zur botanischen Terminologie und Systemkunde. 3 Bände. Nürnberg: Verlag J. L. Schrag.

BOERNER, F. (1989): Taschenwörterbuch der botanischen Pflanzennamen (4. Aufl.). Berlin, Hamburg: Verlag Paul Parey.

BREMER, K. (1994): Asteraceae (Cladistics & Classification). Portland: Timber Press.

DER BROCKHAUS (2001): Tiere und Pflanzen von A-Z. Leipzig, Mannheim: F. A. Brockhaus.

BRUMMITT, R. K. (1992): Vascular Plant Families and Genera. Kew: Royal Botanic Gardens.

BRUMMITT, R. K. & POWELL, C. E. (1992): Authors of Plant Names. Kew: Royal Botanic Gardens.

CHARPIN, A., G.-G. AYMONIN: Biographie sélective des Flores de France. (in J. Bot. Soc. France 17, 64-104, 2002; 21, 49-88, 2003; 25, 49-86, 2004 u. 27, 47-87, 2004).

CRONQUIST, A. (1981): An Integrated System of Classificationof Flowering Plants. New York: Columbia Univerity Press.

DESMOND, R.: Dictionary of British and Irish Botanists and Horticulturists, 1994.

EGGLI, U., L.E. NEWTON: Etymological dictionary of succulent plant names. 2004.

ENGLER, A. (1900-1953): Das Pflanzenreich. 107 Hefte. Leipzig: Verlag W. Engelmann (zuletzt Berlin: Akademie Verlag).

- (1940-...): Die natürlichen Pflanzenfamilien (2. Aufl.). Berlin: Duncker und Humblot-Verlag.

- (1954/64): Syllabus der Pflanzenfamilien, Band 1 und 2 (12. Auflage, ed. H. Melchior et E. Werdermann). Berlin: Gebrüder Borntraeger-Verlag.

- PRANTL, K. (1887-1915): Die natürlichen Pflanzenfamilien (1. Aufl.). Leipzig: W. Engelmann-Verlag.

ERHARDT, A. & W. (2000): Pflanze gesucht? (4. Aufl.). Stuttgart: Verlag Eugen Ulmer.

FARR, E. R., LEUSSINK, J. A., STAFLEU F. A., (eds.) (1979): Index Nominum Genericorum (Plantarum). Regnum Veg. 100-102: 1-1896.

- - ZIJLSTRA, G., (eds.) (1986): Index Nominum Genericorum (Plantarum) Supplementum I. Regnum Veg. 113: 1-126.

GENAUST, H. (1996): Etymologisches Wörterbuch der botanischen Pflanzennamen (3. Aufl.). Basel, Stuttgart: Birkhäuser Verlag.

GEORGES, K. E. (1913): Ausführliches Lateinisch-Deutsches Handwörterbuch. 2 Bände. Hannover.

GLEN, H.F. (2002): Cultivated Plants of Southern Africa. Johannesburg: Jacana Education Ltd.

GOVAERTS, R. (1995-1999): World Checklist of Seed Plants, Vol. 1-3. Antwerpen: Continental Publishing.

GREUTER, W. et al. (1993): Names in Current Use for Extant Plant Genera. Königstein: Koeltz Scientific Books.

- et al. (1994): International Code of Botanical Nomenclature (Tokyo Code). Königstein: Koeltz Scientific Books.

- et al. (1995): Internationaler Code der Botanischen Nomenklatur (Tokyo Code - deutsche Übersetzung von Greuter, W., Hiepko, P.). Königstein: Koeltz Scientific Books.

- BURDET, H. M., LONG, G. (1984): Med-Checklist, Vol. 1-3 (2nd/1st ed.). Genève: Conservatoire et jardin botaniques de la ville de Genève.

GUNN, C. R. et al. (1992): Families and Genera of Spermatophytes Recognized by the Agricultural Research Service. U. S. Department of Agriculture.

HANSEN, R., MÜSSEL, H., SIEBER, J. (1970): Namen der Stauden. Weihenstephan-Freising: Internationale Stauden Union.

HEYWOOD, V. H. (ed.) (1982): Blütenpflanzen der Welt. Basel, Stuttgart: Birkhäuser Verlag.

HUTCHINSON, J. (1964-67): The Genera of Flowering Plants, Vol 1 & 2. Oxford: Clarendon Press.

INDEX KEWENSIS (1895-1995): 22 Bände. Oxford 1895-1996. (Verzeichnis aller bis 1995 veröffentlichter Namen für Blütenpflanzen-Arten und -Gattungen).

ISAACSON, R.T. (ed.) (2004): Andersen Horticultural Library's Source List of Plants and Seeds. 6th ed. University of Minnesota

ISTA (International Seed Testing Association) (1988): List of stabilized plant names (3. Aufl. Zürich).

KUBITZKI, K. (ed.) (1990): The Families and Genera of Vascular Plants, Vol. I: Pteridophytes and Gymnosperms. Berlin, Heidelberg: Springer Verlag.

- (ed.) (1993): The Families and Genera of Vascular Plants, Vol. II: Magnoliid, Hamamelid and Caryophyllid Families. Berlin, Heidelberg: Springer Verlag.

- (ed.) (1998a): The Families and Genera of Vascular Plants, Vol. III: Lilianae (except Orchidaceae). Berlin, Heidelberg: Springer Verlag.
- (ed.) (1998b): The Families and Genera of Vascular Plants, Vol. IV: Alismatanae and Commelinanae (except Gramineae). Berlin, Heidelberg: Springer Verlag.
- (ed.) (2002): The Families and Genera of Vascular Plants, Vol. V: Malvales, Capparales and Non-betalain Caryophyllales. Berlin, Heidelberg: Springer Verlag.
- (ed.) (2004a): The Families and Genera of Vascular Plants, Vol. VI: Celastrales, Oxalidales, Rosales, Cornales, Ericales. Berlin, Heidelberg: Springer Verlag.
- (ed.) (2004b): The Families and Genera of Vascular Plants, Vol. VII: Lamiales (except Acanthaceae, including Avicenniaceae. Berlin, Heidelberg: Springer Verlag.
- (ed.) (2007a): The Families and Genera of Vascular Plants, Vol. VIII: Flowering Plants. Eudicots: Asterales. Berlin, Heidelberg: Springer Verlag.
- (ed.) (2007b): The Families and Genera of Vascular Plants, Vol. IX: Flowering Plants. Eudicots: Berberidopsidales, Buxales, Crossosomatales, Fabales p.p., Eraniales, Gunnerales, Myrtales p.p., Proteales, Saxifragales, Passofloraceae Alliance, Dillenuaceae, Huaceae, Picramniaceae, Sabiaceae. Berlin, Heidelberg: Springer Verlag.

LANGENSCHEIDTS TASCHENWÖRTERBUCH (1967): Lateinisch-Deutsch (6. Aufl.). Berlin, München, Zürich: Langenscheidt Verlag.

LAUNERT, E. (1998): Biologisches Wörterbuch Deutsch – Englisch / Englisch – Deutsch. Stuttgart: Verlag Eugen Ulmer.

LEUNIS, J., FRANK, A. B. (1883–1886) Synopsis der Pflanzenkunde. 3 Bände (3. Aufl.). Hannover: Hahnsche Hofbuchhandlung.

LORD, T. (ed.) (2001): The RHS Plant Finder 2001–2002 (15th ed.). London, New York: Dorling Kindersley.

MABBERLEY, D. J. (1997): The Plant Book (2nd ed.). Cambridge: University Press.

NATHO, G., MÜLLER, C., SCHMIDT, H. (1990): Morphologie und Systematik der Pflanzen (2 Bände). Stuttgart: Gustav Fischer Verlag.

NICOLOV, H. (1996): Dictionary of Plant Names. Berlin, Stuttgart: J. Cramer.

PHILIP, C., LORD, T. (2006): The RHS Plant Finder 2006–2007. London: Dorling Kindersley.

PRITZEL, G. A. (1871–1877): Thesaurus Literaturae Botanicae ... Nachdruck Milano 1950; weiterer Nachdruck Koenigstein-Ts. 1972.

SCHUBERT, R., WAGNER, G. (1979): Pflanzennamen und botanische Fachwörter. Melsungen, Berlin: Verlag J. Neumann-Neudamm.

- (2000): Botanisches Wörterbuch. Stuttgart: Verlag Eugen Ulmer.

SMITH, A. W. (1963): A gardener's dictionary of plant names. A handbook on the origin and meaning of some plant names. New York: St. Martin's Press.

STAFLEU, F. A., COWAN, R. S. (1976–1989): Taxonomic Literature (7 Vols., 2nd ed.). Den Haag. + Suppl. 1-6 (1992–2000)

STEARN, W. T. (1983): Botanical Latin (3rd. ed.). Newton Abbot, London: David & Charles.

STRASBURGER, E. ET AL (eds: Sitte, P., Ziegler, H., Ehrendorfer, F., Bresinsky, A.) (2002): Lehrbuch der Botanik für Hochschulen (35. Aufl.). Jena, New York: Gustav Fischer.

TERRELL, E. E. et al. (1986): A checklist of names for 3000 vascular plants of economic importance. Washington, D. C.:United States Department of Agriculture.

TREHANE, P. et al. (1995): International Code of Nomenclature for Cultivated Plants. Wimbourne: Quarterjack Publishing.

URANIA-PFLANZENREICH (1991–1994): 4 Bde. Urania-Verlag.

WALTER, K. E., GILETT, H. J. (ed.) (1998): 1997 IUCN Red List of Threatened Plants. Gland, Cambridge: IUCN, The World Conservation Union.

WARBURG, O. (1913–1922): Die Pflanzenwelt (3 Bde.). Mannheim: Bibliographisches Institut.

WEBERLING, F., SCHWANTES, H. O. (1987): Pflanzensystematik. Stuttgart: Verlag Eugen Ulmer.

WIELGORSKAYA, T. (1995): Dictionary of Generic Names of Seed Plants. New York: Columbia University Press.

WILLIS, J. C. (1973): A Dictionary of the Flowering Plants and Ferns (8th ed., neu bearbeitet von Airy Shaw, K. H.) Cambridge: University Press.

Florenwerke

ABRAMS, L., FERRIS, R. S. (1968–1975): Illustrated Flora of the Pacific States, Vol. 1–4 (2nd ed.) Stanford: Stanford University Press.

ADAMS, C. D. (1972): Flowering Plants of Jamaica. Mona Jamaica: University of the West Indies.

ADLER, W. et al. (2005): Exkursionsflora von Österreich. Linz: Land Oberösterreich, Landesmuseen.

AICHELE, D., SCHWEGLER, H.-W. (1994–1996): Die Blütenpflanzen Mitteleuropas, Vol. 1–5. Stuttgart: Franckh-Kosmos Verlag.

ALLAN, H. H. et al. (1961–1980): Flora of New Zealand (3 Vols.). Wellington: Verlag P. D. Hasselberg.

ASCHERSON, P. F. A., GRAEBNER, K. O. R. P. P. (1896–1939): Synopsis der mitteleuropäischen Flora. Leipzig: Verlag W. Engelmann (später: Gebr. Bornträger).

BACKER, C. A., BACKHUIZEN VAN DEN BRINK, R. C. (1963–1968): Flora of Java, Vol. 1–3. Groningen: N. V. P. Noordhoff.

BENKERT, D., FUKAREK, F., KORSCH, H. (1996): Verbreitungsatlas der Farn- und Blütenpflanzen Ostdeutschlands. Jena, Stuttgart, Lübeck, Ulm: Gustav Fischer Verlag Jena.

BINZ, A. (1990): Schul und Exkursionsflora für die Schweiz (19. Aufl.). Basel: Schwabe & Co.

BLUNDELL, M. (1982): The Wild Flowers of Kenya. London: Collins.

BOLÒS, O. et al. (1990): Flora Manual dels Paisos Catalans. Barcelona: Editorial Pórtic.

BOND, P. & GOLDBLATT, P. (1984): Plants of the Cape Flora. A descriptive catalogue. Kirstenbosch: Botanical Society of South Africa.

CABRERA, A. L., ZARDINI, E. M. (1978): Manual de la Flora de los Alrededores de Buenos Aires. Buenos Aires: Editorial Acme S. A. C. I.
CASTROVIEJO et al. (1986): Flora Iberica, Vol. 1-8, 10, 14, 21. Madrid.
CORELL, D. S., JOHNSTON, M. C. (1970): Manual of the Vascular Plants of Texas. Renner: Texas Research Foundation.
DAVIS, P. H. (1965-2001): Flora of Turkey and the East Aegean Islands, Vol. 1-11. Edinburgh: University Press.
EHRENDORFER, F. et al. (1973): Liste der Gefäßpflanzen Mitteleuropas (2. Aufl.). Stuttgart: Verlag Gustav Fischer.
ELIOVSON, S. (1984): Wild Flowers of Southern Africa. (7th. ed.). (ohne Ort und Verlag).
FERNALD, M. L. (1950): Gray's Manual of Botany. (8th ed.). New York: American Book Company.
FLORA OF NORTH AMERICA EDITORIAL COMMITTEE (1993-2000): Flora of North America, Vol. 1-3, 22. Oxford: University Press.
FOURNIER, P. (1977) Les quatre flores de la France, Corse comprise. (2. Aufl.). Paris: Paul Lechevallier.
GAMBLE, J. S. (1935): Flora of the Presidency of Madras, 3 Vol. Reprint 1957 Calcutta: Botanical Survey of India.
GARCKE, A. (1972): Illustrierte Flora, Deutschland und angrenzende Gebiete. Berlin, Hamburg: Verlag Paul Parey.
GENTRY, A. H. (1993): A Field Guide to the Families and Genera of Woody Plants of Northwest South America (Columbia, Ecuador, Peru). Washington, D. C.: Conservation International.
GIBBS RUSSEL, G. E. (1985): List of Species of South African Plants. (2nd ed.). Pretoria: Botanical Research Institute.
GLEASON, H. A. (1952): The New Britton and Brown Illustrated Flora of Northeastern United States and Adjacent Canada (3 Vols.). New York.
GOLDBLATT, P., MANNING, J. (2000): Cape Plants. St. Louis: Missouri Botanical Garden.
HAEUPLER, H., SCHÖNFELDER, P. (1989): Atlas der Farn- und Blütenpflanzen Deutschlands (2. Aufl.). Stuttgart: Verlag Eugen Ulmer.
HAYEK, A. VON (1927-1933): Prodromus Florae peninsulae Balcanicae, 1-3. Band. Nachdruck 1970 Koenigstein Taunus: Verlag Otto Koeltz.
HEGI, G. (1906-1931): Illustrierte Flora von Mitteleuropa. München: J. F. Lehmanns Verlag.
- (1936-*): Illustrierte Flora von Mitteleuropa (2. Aufl.). München: Carl Hanser Verlag, ab 1975: Berlin, Hamburg: Verlag Paul Parey.
- (eds.: Conert, H. J., Jäger, E. J., Kadereit, J. W. et al.) (1966-*): Illustrierte Flora von Mitteleuropa in 6 Bänden und 23 Teilbänden (3. Aufl., noch nicht vollständig erschienen). Berlin: Blackwell Verlag.
HESS, H. E., LANDOLD, E., HIRZEL, R. (1976-1980): Flora der Schweiz und angrenzender Gebiete, Band 1-3 (2. Aufl.). Basel, Stuttgart: Birkhäuser Verlag.
HILLARD, O. M. (1977): Compositae in Natal. Pietermaritzburg: University of Natal Press.
HOHENESTER, A., WEISS, W. (1993): Exkursionsflora für die Kanarischen Inseln. Stuttgart: Verlag Eugen Ulmer.

HITCHCOCK, C. L., CRONQUIST, A. (1973): Flora of the Pacific Northwest. Seattle and London: University of Washington Press.
HOOKER, J. D. (1872-1897): The Flora of British India, Vol. 1-7. Reprint 1973 Dehra Dun: Bishen Singh Mahendra Pal Singh.
HOP, M. E. C. M (2001): Herbstbloeinde Anemone in Dendroflora Nr. 38 (13-37).
HUTCHINSON, J., DALZIEL, J. M. (1963-1973): Flora of West Tropical Africa, Vol. 1-3 (2nd ed.). London: Crown Agents for Overseas Governments and Administration.
ICONOGRAPHIA CORMOPHYTORUM SINICORUM (1972-1976): Vol. 1-5. Peking (+ Supplementa 1 und 2. 1982-1983).
JAHN. R., SCHÖNFELDER, R. (1995): Exkursionsflora für Kreta. Stuttgart: Verlag Eugen Ulmer.
KARTESZ, J. T. (1994): A Synonymized Checklist of the Vascular Flora of the United States Canada, and Greenland (2 Vols., 2nd ed.). Portland: Timber Press.
KEARNY, T. H., PEEBLES, R. H. et al. (1973): Arizona Flora. Berkeley, Los Angeles, London: University of California Press.
KOMAROV, V.L. (1934-1960): Flora of the U.R.S.S. Akademiya Nauk SSSR, Moskau.
LAUBER, K., WAGNER, G. (1998): Flora Helvetica (2. Aufl.). Bern, Stuttgart, Wien: Verlag Paul Haupt.
LID, J. (1985): Norsk, svensk, finsk Flora. Oso: Det Norske Samlaget.
LÓPEZ LILLO, A. et al. (2000-2003): Flora Ornamental Espanola, tomo I-III. Sevilla, Madrid: Mundi Prensa
MEUSEL, H., JÄGER, E., RAUSCHERT, S., WEINERT, E. (1965-1992): Vergleichende Chorologie der zentraleuropäischen Flora, Bd. 1-3. Jena: VEB Gustav Fischer.
MOSSBERG, B., STENBERG, L. (1992): Den Nordiska Floran. Wahlström & Widstrand.
MUNOZ PIZARRO, C. (1966): Synopsis de la Flora Chilena. Valparaiso: Editiones de la Universidad de Chile.
OBERDORFER, E. (2001): Pflanzensoziologische Exkursionsflora (8. Aufl.). Stuttgart: Verlag Eugen Ulmer.
OHWI, J. (1965): Flora of Japan. Washington D. C.: Smithonion Institution.
PIGNATTI, S. (1982): Flora d'Italia (3 Vols.). Bologna: Edagricola.
POLUNIN, O. (1980): Flowers of Greece and the Balkans. Oxford: University Press.
- STAINTON, A. (1984): Flowers of the Himalaya. Oxford: University Press.
PORSILD, A. E., CODY, W. J. (1980): Vascular Plants of Continental Northwest Territories, Canada. Ottawa: National Museums of Canada.
PRESS, J. R., SHORT, M. J. (eds.) (1994): Flora of Madeira. London: The Natural History Museum, London.
QUEZEL, P., SANTA, S. (1962-1963): Nouvelle Flore de l´Algérie, Tome I, Tome II. Paris: Editions du Centre National de la Recherche Scientifique.
RADFORD, A. E., AHLES, H. E., BELL, C. R. (1968): Manual of the Vascular Flora of the Carolinas. Chapel Hill: The University of North Carolina Press.

Rothmaler, W. et al. (2005-2007): Exkursionsflora von Deutschland Band 2-4 (19., 11. und 10. Aufl.). Heidelberg, Berlin: Spektrum Akademischer Verlag.

Rydberg, A. (1932): Flora of the Prairies and Plains of Central North America. Reprint 1965, New York, London: Hafner Publishing Company.

Rydberg, P. A. (1922): Flora of the Rocky Mountains and Adjacent Plains. Reprint 1969, New York and London: Hafner Publishing Company.

Schmeil-Fitschen (ed.: Seybold, S.) (2006): Flora von Deutschland. (93. Aufl.). Wiebelsheim: Quelle und Meyer.

Scoggan, H. J. (1978): Flora of Canada (4 Vols.). Ottawa: National Museum of Natural Sciences.

Sebald, O., Seybold, S., Philippi, G. (eds.) (1992-1998): Die Farn- und Blütenpflanzen Baden-Württembergs, Band 1-8 (1./2. Aufl.). Stuttgart. Verlag Eugen Ulmer.

Sell. P., Murrell, G. (1996): Flora of Great Britain and Irleand, Vol. 5. Cambridge: University Press.

Shetler, S. G., Skog, L. E. (1978): A provisional Checklist of Species for Flora North America. Missouri: Botanical Garden.

Small, J. K. (1933): Manual of the South Eastern Flora. University of North Carolina Press.

Stace, C. (1997): New Flora of the British Isles (2nd ed.). Cambridge: University Press.

– (1999): Field Flora of the British Isles. Cambridge: University Press.

Standley, P. C. (1920-1926): Trees and Shrubs of Mexico. Contributions from the United States Herbarium, Vol. 23. Washinghton, D. C.: Smithsonian Press.

Turland, N. J., Chilton, L., Press, J. R. (1993): Flora of the Cretan Area. London: HMSO.

Tutin, T. G. (1968-1993): Flora Europaea, Vol. 1-5. (2nd/1st ed.) Cambridge: University Press.

Valdés, B., Talavera, S., Fernández-Galiano, E. (1987): Flora Vascular de Andalucía Occidental. Barcelona: Ketres Editora.

Wisskirchen, R., Haeupler, H. (1998): Standardliste der Farn- und Blütenpflanzen Deutschlands. Stuttgart: Verlag Eugen Ulmer.

Zohary, M., N. Feinbrun-Dothan (1966-1986): Flora Palestina, 4 Doppelbände, Jerusalem: Israel Academy of Sciences and Humanities.

Im Internet www.efloras.org mit:
- A Catalogue of the Vascular Plants of Madagascar
- Annotated Checklist of the Flowering Plants of Nepal
- Flora of Chile
- Flora of China
- Flora of Missouri
- Flora of North America
- Flora of Pakistan
- Moss Flora of China
- Trees and Shrubs of the Andes of Ecuador

Kulturpflanzen, allgemein

Bärtels, A., Kaiser, K. (2004): Clematis. Verlag Eugen Ulmer

Bailey, L. H. (1919): The Standard Cyclopedia of Horticulture (6 Vols.). New York, London: Macmillan Company.

– (1949): Manual of Cultivated Plants (2nd ed.). New York:The Macmillan Company.

– Bailey, E. Z. (1976): Hortus Third. Revised and expanded by The Staff of the Liberty Hyde Bailey Hortorium. New York: Macmillan Publishing Company.

Boom, B. K. (1970): Flora de gekweekte, kruidachtige Gewassen (2. Aufl.). Wageningen:Veenman & Zonen.

Brickell, C. (ed.) (1996): The RHS A-Z Encyclopedia of Garden Plants (2 Vols.). London, New York: Dorling Kindersley.

Cheers, G. (ed.) (1998): Botanica. Köln: Könemann Verlagsgesellschaft.

Encke, F. (ed.) (1958/60): Pareys Blumengärtnerei, Band 1 und 2. Berlin, Hamburg: Verlag Paul Parey.

Gornall, R. J. (1987): Saxifraga – Classification by Section. Botanical Journal of the Linnaean Society Nr. 95/4 (273-292).

Graf, A. B. (1992): Hortica, Color Cyclopedia of Garden Flora and Indoor Plants. East Rutherford, N. J, USA: Roehrs Company Publishers.

Griffiths, M. (1994): Index of Garden Plants. London, Basingstoke: The Macmillan Press.

Haberer, M. (1990): Farbatlas Zierpflanzen. Stuttgart: Verlag Eugen Ulmer.

Huxley, A. J. (ed.) (1992): New Royal Horticultural Society Dictionary of Gardening (4 Vols.). London: Macmillan.

Maatsch, R. (ed.) (1956): Pareys Illustriertes Gartenbaulexikon (5. Aufl.). Berlin, Hamburg: Verlag Paul Parey.

Pienaar, K. (1984): The South African What Flower is That? C. Struik Publishers.

Walters, S. M. et al. (1984-2000): The European Garden Flora, Vol. 1-6. Cambridge: University Press.

Kulturpflanzen, Farne und Gräser

Aichele, D., Schwegler, H.-W. (1988): Unsere Gräser. Stuttgart: Franckh'sche Verlagshandlung.

Conert, H. J. (2000): Pareys Gräserbuch. Berlin: Verlag Paul Parey.

Denkewitz, L. (1995): Farngärten. Stuttgart: Verlag Eugen Ulmer.

Grounds, R. (1989): Ornamental Grasses. Bromley: Christopher Helm Ltd.

Hitchcock, A. S. (1971): Manual of the Grasses of the United States (2nd revised ed.), 2 Vols. New York: Dover Publications.

Hubbard, C. E. (1985): Gräser (2 Aufl.). Stuttgart: Verlag Eugen Ulmer.

Jones, D. L. (1987): Encyclopaedia of Ferns. Portland: Timber Press.

Maatsch, R. (1980): Das Buch der Freilandfarne. Berlin, Hamburg: Verlag Paul Parey.

Ohrnberger, D. (1999): The Bamboos of the World. Amsterdam, Lousanne, New York: Elsevier.

Schmick, H. (1990): Farne und Natur und Garten. Glinde: Privatdruck.

Kulturpflanzen, Gehölze

BÄRTELS, A. (1991): Gartengehölze (3. Aufl.). Stuttgart: Verlag Eugen Ulmer.
- (2001): Enzyklopädie der Gartengehölze. Stuttgart: Verlag Eugen Ulmer.
BERG, J., HEFT, L. (1979): Rhododendron und immergrüne Laubgehölze (2. Aufl.). Stuttgart: Verlag Eugen Ulmer.
BOOM, B. K. (1978): Nederlandsche Dendrologie (10. Aufl.). Wageningen: Verlag H. Veenman u. Zonen
BRANDIS, D. (1906): Indian Trees. Reprint 1971 Dehra Dun.
CALLAWAY, D. J. (1994): Magnolias. London: B. T. Batsford Ltd.
CHEERS, G. (ed.) (1999): Rosen. Köln: Könemann Verlagsgesellschaft.
CHMELAR, J., MEUSEL, W. (1986): Die Weiden Europas. Wittenberg: A. Ziemsen Verlag.
COX, P. A., COX, N. E. (1997): The Encyclopedia of Rhododendron Species. Perth: Glendoick Publishing.
DALLIMORE, W., JACKSON, A. B. (1966): A Handbook of Coniferae and Ginkgoaceae. London: Edward Arnold Publishers.
DEUTSCHE DENDROLOGISCHE GESELLSCHAFT (1981/82): Mitteilungen der Deutschen Dendrologischen Gesellschaft. 1981, 1982. Nr. 73, 74: Erhebung über das Vorkommen winterharter Freilandgehölze. Stuttgart: Verlag Eugen Ulmer.
DIRR, R. (1994): Hamamelis und andere Zaubernussgewächse. Stuttgart: Verlag Eugen Ulmer.
ELLISON, D. (1995): Cutivated Plants of the World: Trees, Shrubs, Climbers. Brisbane Queensland Australia: Flora Publications International.
FARJON, A. (1998): World Checklist and Bibliography of Conifers. Kew: The Royal Botanic Gardens.
FITSCHEN, J. (2002): Gehölzflora (11. Aufl.). Wiebelsheim: Quelle und Meyer.
FRODIN, D. G., GOVAERTS, R. (1996): World Checklist and Bibliography of Magnoliaceae. Kew: The Royal Botanic Gardens.
GALLE, F. C. (1987): Azaleas. Portland: Timber Press.
- (1997): Hollies, The Genus Ilex. Portland: Timber Press.
GELDEREN, D. M. VAN, JONG, P. C. DE, OTERDAM, H. J. (1994): Maples ot the World. Portland: Timber Press.
GOVAERTS, R., FRODIN, D. G. (1998): World Checklist and Bibliography of Fagales. Kew: The Royal Botanic Gardens.
GREY-WILSON, C. (2000): Clematis - The Genus. London: B. T. Batsford Ltd.
HARKNESS, P. (1992): Rosen. Augsburg: Weltbild Verlag.
HARRISON, R. E. (1974): Handbook of Trees and Shrubs. Wellington, Sydney, London: A. H & A. W. Reed.
HILLIER, J. K. & J. (ed.) (1997): The Hillier Bäume & Sträucher. Braunschweig: Thalacker Medien.
KOLOC, K. (1961): So heißen die Werkhölzer. Handelsnamen - Botanische Namen. Leipzig.
KRÜSSMANN, G. (1976-1978): Handbuch der Laubgehölze (3 Bände). Berlin, Hamburg: Verlag Paul Parey.
- (1983): Handbuch der Nadelgehölze (2. Aufl.). Berlin, Hamburg: Verlag Paul Parey.

LEWIS, J. (ed.) (1987-1998): The International Conifer Register, Part 1-4. London: The Royal Horticultural Society.
LITTLE, E. L. (1971-1978): Atlas of United States trees (5 Vols.). Washington.
- (1979): Checklist of United States trees (native and naturalized). Washington.
MCNAUGHTON, V. (2000): Lavender - the Grower's Guide. Woodbridge: Garden Art Press.
NEWSHOLME, C. (1992): The Genus Salix. London: B. T. Batsford Ltd.
OSTI, G. L. (1999): The Book of Tree Peonies. Turin: Umberto Allemandy & C.
PALGRAVE, K. C. (1983): Trees of Southern Africa. Cape Town: C. Struik Publishers.
PHILLIPS, R., RIX, M. (1989): Sträucher. München: Droemersche Verlagsanstalt.
REHDER, A. (1940): Manual of Cultivated Trees and Shrubs (2nd ed.). New York: The Macmillan Company.
- (1949): Bibliography of Cultivated Trees and Shrubs. Jamaica Plain (Mass.) : The Arnold Arboretum of Harvard University.
ROLOFF, A., BÄRTELS, A. (2006): Flora der Gehölze. Stuttgart: Verlag Eugen Ulmer.
ROSE, P. Q. (1996): The Gardener's Guide to Growing Ivies. Portland: Timber Press.
SALLEY, H. E., GREER, H. E. (1992): Rhododendron Hybrids (2nd ed.). Portland: Timber Press.
SAVIGE, T. J. (ed.) (1993): The International Camellia Register (2 Vols.). Wirlinga: International Camellia Society.
SCHMIDT, W. (1999): Gehölze für mediterrane Gärten (Hortus Mediterranus Bd. 2). Stuttgart: Verlag Eugen Ulmer.
SCHULTHEIS, H., H. & K. URBAN (2006) Rosenlexikon mit CD-ROM. Bad Nauheim-Steinfurth, Frankfurt/M.
SCHULTZE-MOTEL, J. (1966): Verzeichnis forstlich kultivierter Pflanzenarten. Die Kulturpflanze, Beiheft 4. Berlin.
SILVA TAROUCA, E., SCHNEIDER, C. (1922): Unsere Freiland-Laubgehölze (2. Aufl.). Leipzig: Verlag G. Freytag.
- (1923): Unsere Freiland-Nadelgehölze (2. Aufl.). Leipzig: Verlag G. Freytag.
SNOEIJER, W. (1996): Checklist of Clematis grown in Holland. Fopma, Boskoop, Netherlands, Privatdruck.
SPUY, U. VAN DER (1976): South African Shrubs and Trees for the Garden. Johannesburg: Hugh Keartland Publishers.
VALDER, P. (1995): Wisterias. Portland: Timber Press.
WELCH, H., HADDOW, G. (1993): The World Checklist of Conifers. Combe Martin: Landman's Bookshop.
WRIGLEY, J. W., FAGG, M. (1979): Australian Native Plants. Sidney, London: Collins.

Kulturpflanzen, Kakteen und Sukkulenten

ALBERS, F., U. MEVE (2002): Sukkulenten-Lexikon Band 3: Asclepiadaceae. Stuttgart: Verlag Eugen Ulmer.
ANDERSON, E. F. (2001): The Cactus Family. Portland: Timber Press.
- (2005): Das große Kakteen-Lexikon. Stuttgart. Verlag Eugen Ulmer.
BACKEBERG, C. (1958-1962): Die Cactaceae (6. Bände). Jena: Gustav Fischer Verlag.

– (1970): Das Kakteenlexikon (2. Aufl.). Jena: Gustav Fischer Verlag.
DICHT, R., LÜTHY, A. (2003): Coryphantha. Stuttgart. Verlag Eugen Ulmer.
EGGLI, U., TAYLOR, N. (eds.) (1991): List of Cactaceae Names. Edinburgh: University Press.
EGGLI, U. (1994): Sukkulenten. Stuttgart: Verlag Eugen Ulmer.
– (ed.) (2001): Sukkulenten-Lexikon Band 1: Einkeimblättrige Pflanzen. Stuttgart: Verlag Eugen Ulmer.
– (ed.) (2002): Sukkulenten-Lexikon Band 2: Zweikeimblättrige Pflanzen. Stuttgart: Verlag Eugen Ulmer.
– (ed.) (2003): Sukkulenten-Lexikon Band 4: Crassulaceae. Stuttgart: Verlag Eugen Ulmer.
GÖTZ, E., GRÖNER, G. (2000): Kakteen (7. Aufl.). Stuttgart: Verlag Eugen Ulmer.
HARTMANN, H.E.K. (2001): Illustrated Handbook of Succulent Plants: Aizoaceae (2 Vols.). Berlin, Heidelberg, New York: Springer Verlag.
IRISH, M. & F. (2000): Agaves, Yuccas and related Plants. Portland: Timber Press.
JACOBSEN, H. (1981): Das Sukkulentenlexikon (2. Aufl.). Stuttgart, New York: Gustav Fischer Verlag.
PRESTON MAFHAM, R. & K. (1992): Kakteen-Atlas. Stuttgart. Verlag Eugen Ulmer.
RAUH, W. (1979): Die großartige Welt der Sukkulenten (2. Aufl.). Berlin, Hamburg: Verlag Paul Parey.
RASCHIG, W. (1971): Die botanischen Kakteennamen. Ingelheim/Rhein: Stachelpost.
ROWLEY, G.D. (1980): Name that Sukkulent. Cheltenham: Stanley Thornes Publishers.
SAJEVA, M., COSTANZO, M. (2000): Succulents II. Portland: Timber Press.
TAYLOR, N. P. (1985): The Genus Echinocereus. Portland: Timber Press.

Kulturpflanzen, Nutzpflanzen

BECKER, K., JOHN, S. (2000): Farbatlas Nutzpflanzen in Europa. Stuttgart: Verlag Eugen Ulmer.
BLANCKE, R. (2000): Farbatlas Exotische Früchte. Stuttgart: Verlag Eugen Ulmer.
BOWN, D. (1996): Du Mont's große Kräuterenzyklopädie. Köln: DuMont Buchverlag.
CHEVALLIER, A. (1998): Die BLV Enzyklopädie der Heilpflanzen. München, Wien, Zürich: BLV.
FRANKE, W. (1997): Nutzpflanzenkunde. Stuttgart, New York: Thieme Verlag.
GEISLER, G. (1991): Farbatlas Landwirtschaftliche Kulturpflanzen. Stuttgart: Verlag Eugen Ulmer.
HEEGER, E. F. (1956): Handbuch des Arznei- und Gewürzpflanzenbaues. Drogengewinnung. Berlin: Verlag Harri Deutsch.
HILLER, K., BICKERICH, G. (1988): Giftpflanzen. Leipzig, Jena, Berlin: Urania Verlag.
HOHENBERGER, E., CHRISTOPH, H.-J. (1998): Pflanzenheilkunde. Bad Wörishofen: Kneipp-Verlag.
HOPPE, H. A. (1958): Drogenkunde. 7. Auflage. Hamburg: Walter De Gruyter.
MANSFELD, R. (1986): Verzeichnis landwirtschaftlicher und gärtnerischer Kulturpflanzen (2. Aufl. herausgeben von Schultze-Motel, 4 Bände). Berlin: Springer-Verlag.
MOSIG, A. (1961): Kurze Systematik der Arzneipflanzen (5. Aufl.). Dresden, Leipzig.
PAHLOW, M. (2001): Das große Buch der Heilpflanzen. Augsburg: Weltbild Verlag.
PHILLIPS, R., RIX, M. (1993): Vegetables. London. Pan Macmillan Publishers Ltd.
PURSEGLOVE, J. W. (1968): Tropical Crops. Dicotyledons. London: Longman.
– (1975): Tropical Crops. Monocotyledons. London: Longman.
ROTH, L., DUNDERER, M., KORMANN, K. (1994): Giftpflanzen, Pflanzengifte, 4. Aufl. Landsberg: ecomed.
SCHNEIDER, W., FREY, A. (1970): Drogenkunde (4. Aufl.). Darmstadt: O. Hoffmann.
SILBEREISEN, R., GÖTZ, G., HARTMANN, W. (1996): Obstsorten-Atlas. Stuttgart: Verlag Eugen Ulmer.
UPHOF, J. C. T. (1968): Dictionary of economic Plants (2nd ed.). Lehre: Verlag von J. Cramer.
VERMEULEN, N. (ohne Jahr): Die Enzyklopädie der Kräuter. Frechen: Komet Verlagsgesellschaft.
VOGEL, G. (1996): Handbuch des speziellen Gemüsebaues. Stuttgart: Verlag Eugen Ulmer.
VOTTELER, W. (1993): Verzeichnis der Apfel- und Birnensorten. München: Obst- und Gartenbauverlag.
– (1996): Lexikon der Obstsorten. München: Obst- und Gartenbauverlag.
WIERSEMA, J. H., LEÓN, B. (1999): World Economic Plants. Boca Raton, London, New York: CRC Press.

Kulturpflanzen, Orchideen

BAKER, M. L. & C. O. (1991): Orchid Species Culture: Pescatoria – Pleione. Portland: Timber Press.
– (1996): Orchid Species Culture: Dendrobium. Portland: Timber Press.
BAUMANN, H., KÜNKELE, S. (1988): Die Orchideen Europas. Stuttgart: Franckh'sche Verlagshandlung.
BAUMANN, H., KÜNKELE, S., LORENZ, R. (2006): Die Orchideen Europas mit angrenzenden Gebieten. Stuttgart: Verlag Eugen Ulmer.
BECHTEL, H. et al. (1980): Orchideenatlas. Stuttgart: Verlag Eugen Ulmer.
BOCKEMÜHL, L. (1989): Odontoglossum. Hildesheim: Brücke Verlag.
CRIBB, P. (1987): The Genus Paphiopedilum. Twickenham: Collingridge Books.
– (1997): The Genus Cypripedium. Portland: Timber Press.
– BUTTERFIELD, J. (1998): The Genus Pleione. Portland: Timber Press.
CULLEN, J. (1992): The Orchid Book. Cambridge: University Press.
DELFORGE, P. (1995): Orchids of Britain and Europe. London: Harper Collins Publishers.
DRESSLER, R. L. (1993): Phylogeny and Classification of the Orchid Family. Cambridge: University Press.

GRUSS, O., WOLFF, M. (1995): Phalaenopsis. Stuttgart: Verlag Eugen Ulmer.
JONES, D. L. (1994): Native Orchids of Australia. Canberra: REED.
KRUETZ, C.A.J. (2004): Kompendium der Europäischen Orchideen. Landgraaf: Kreutz Publishers.
PRESSER, H. (2002): Orchideen - Die Orchideen Mitteleuropas und der Alpen (2. Aufl.). Hamburg: Nikol Verlagsgesellschaft.
PRIDGEON, A. M. et al. (eds.) (1999-2005): Genera Orchidacearum Vol. 1-4. Oxford: University Press.
PRIDGEON, A. M. (ed.) (1992): The Illustrated Encyclopedia of Orchids. Portland: Timber Press.
SCHLECHTER, R. (1971-*): Die Orchideen (3. Aufl.). Berlin, Hamburg. Verlag Paul Parey.
SHEEHAN, T. & M. (1994): An illustrated Survyey of the Orchid Genera. Cambridge: University Press.

Kulturpflanzen, Stauden und Sommerblumen
BECKETT, K. (ed.) (1993): AGS Encyclopaedia of Alpines (2 Vols.). Pershore: AGS Publications.
CASE, F. W. & R. B. (1997): Trilliums. Portland: Timber Press.
CLEBSCH, B. (1997): A Book of Salvias. Portland: Timber Press.
CLIFTON, R. T. F. (ed.) (1995): Geranium Family Species Check List Part 2: Geranium. Dover: The Geraniaceae Group.
COBB, J. L. S. (1989): Meconopsis. Portland: Timber Press.
ERHARDT, W. (1988): Hemerocallis - Taglilien. Stuttgart: Verlag Eugen Ulmer.
EVANS, R. L. (1983): Handbook of Cultivated Sedum. Northwood, Middlesex: Science Reviews Limited.
FUCHS, H. (1994): Phlox. Stuttgart: Verlag Eugen Ulmer.
GREY-WILSON, C. (1989): The Genus Dionysia. Woking: Alpine Garden Society.
- (1993): Poppies. London: B. T. Batsford Ltd.
HALDA, J. J. (1996): The Genus Gentiana. Dobré: SEN.
HANSEN, R., STAHL, F. (1997): Die Stauden und ihre Lebensbereiche in Gärten und Grünanlagen (5. Aufl.). Stuttgart: Verlag Eugen Ulmer.
HERBEL, D. (1992): Sommerblumen. Stuttgart: Verlag Eugen Ulmer.
HIELSCHER, A., (1986): Sommerblumen in Wort und Bild (3. Aufl.). Leipzig, Radebeul: Neumann Verlag.
KAISER, K. (1995): Anemonen. Stuttgart: Verlag Eugen Ulmer.
KÖHLEIN, F. (1984): Primeln. Stuttgart: Verlag Eugen Ulmer.
- (1990): Nelken. Stuttgart: Verlag Eugen Ulmer.
- MENZEL, P. (1992): Das neue große Blumenbuch. Stuttgart: Verlag Eugen Ulmer.
- (1994): Das große Buch der Steingartenpflanzen. Stuttgart: Verlag Eugen Ulmer.
- (1995): Saxifragen (2. Aufl.). Stuttgart: Verlag Eugen Ulmer.
LIDÉN, M., ZETTERLUND, H. (1997): Corydalis. Pershore: AGS Publications.

LODEWICK, R. & K. (1999): Key to the Genus Penstemon and its related Genera in the Tribe Cheloneae. Oregon: Privatdruck.
MATHEW, B. (1989): The Genus Lewisia. Portland: Timber Press.
MCGERGOR, M. (1995): Saxifrages - The Complete Cultivars and Hybrids. The Saxifrage Society.
MCGERGOR, M., HARDING, W. (1998): Saxifrages - The Complete List of Species. The Saxifrage Society.
PHILLIPS, R., RIX, M. (1992): Stauden. München: Droemersche Verlagsanstalt.
RICE, G., STRANGMAN, E. (1993): The Gardener's Guide to Growing Hellebores. Newton Abbot: David & Charles.
RIVIERE, M. (1996): Prachtvolle Päonien. Stuttgart: Verlag Eugen Ulmer.
SCHACHT, W., FESSLER, A. (eds.) (1985): Die Freiland-Schmuckstauden (3. Aufl.). Stuttgart. Verlag Eugen Ulmer.
SCHMID, W. G. (1991): The Genus Hosta. Portland: Timber Press.
SCHÖLLKOPF, W. (1995): Astern. Stuttgart: Verlag Eugen Ulmer.
SILVA TAROUCA, E., SCHNEIDER, C. (1934): Unsere Freilandstauden (5. Aufl.). Leipzig: Verlag G. Freytag.
SMITH, G., LOWE, D. (1997): The Genus Androsace. Pershore: AGS Pubilcations Ltd.
SPECIES GROUP OF THE BRITISH IRIS SOCIETY (1997): A Guide to Species Irises. Cambridge: University Press.
STEPHENSON, R. (1999): Sedum. Portland: Timber Press.
TREHANE, P. (1989): Index Hortensis, Vol. 1: Perennials. Wimborne: Quarterjack Publishing.
WEBB, D. A., GORNALL, R. J. (1989): Saxifrages of Europe. London: Christopher Helm.
YEO, P. F. (1988): Geranium. Stuttgart: Verlag Eugen Ulmer.

Kulturpflanzen, tropische Pflanzen, Kübel- und Zimmerpflanzen
BAENSCH, U. & U. (1994): Blühende Bromelien. Nassau, Bahamas: Tropic beauty Publishers.
BÄRTELS, A. (2000): Farbatlas Tropenpflanzen (4. Aufl.). Stuttgart: Verlag Eugen Ulmer.
BARTHLOTT, W. et al. (2004): Karnivoren. Stuttgart: Verlag Eugen Ulmer.
BERGEN, M. VAN, SNOEIJER, W. (1996): Catharanthus. Leiden: Backhuys Publishers.
BLANCKE, R. (1999): Farbatlas Pflanzen der Karibik und Mittelamerikas. Stuttgart: Verlag Eugen Ulmer.
BLOOMBERY, A., T. RODD (1982): Palms. London, Sidney, Melbourne: Angus & Robertson Publishers.
BOOM. B. K. (1968): Flora von Kamer- en Kasplanten. Wageningen.
BOULLEMIER, L. B. (ed.) (1985): The Checklist of Species, Hybrids and Cultivars of the Genus Fuchsia. Poole: Balndford Press.
CLIFTON, R. T. F. (ed.) (1999): Geranium Family Species Check List Part 4: Pelargonium. Dover: The Geraniaceae Group.
COURTRIGHT, G. (1988): Tropicals. Portland: Timber Press.

ELISON, D.R. (1995): Cultivated Plants of the World. Trees, Shrubs and Climbers. Brisbane: Flora Publications International Pty. Ltd.
ENCKE, F. (1987): Kalt- und Warmhauspflanzen (2. Aufl.). Stuttgart: Verlag Eugen Ulmer.
ERHARDT, W. & A. (1993): Schöne Usambaraveilchen und andere Gesnerien. Stuttgart: Verlag Eugen Ulmer.
GRAF, A. B. (1963): Exotica III. Pictoral Cyclopedia of Indoor Plants. Rutherford.
– (1978): Tropica, Color Cyclopedia of Exotic Plants and Trees for the Tropics and Subtropics. East Rutherford, N. J, USA: Roehrs Company Publishers.
HILLIARD, O. M., BURTT, B. L. (1971): Streptocarpus. Pietermaritzburg: University of Natal Press.
JONES, D. L. (1965): Cycads of the World. Chatswood: REED.
– (2000): Palmen. Köln: Könemann Verlagsgesellschaft.
KAWOLLEK, W. (1995): Kübelpflanzen. Stuttgart: Verlag Eugen Ulmer.
KÖCHEL, C. (2000): Oleander. Stuttgart: Verlag Eugen Ulmer.
KÖHLEIN, F. (1997): Die Haus und Kübelpflanzen. Stuttgart: Verlag Eugen Ulmer.
LLAMAS, K.L. (2003): Tropical Flowering Plants. Portland, Cambridge: Timber Press.
MILLER, D. (1996): Pelargoniums. London: B. T. Batsford Ltd.
MOORE JR., H. E. (1957): African Violets, Gloxinias and their relatives. New York: Macmillan Company.
PHILLIPS, R., RIX, M. (1997): Conservatory and Indoor Plants (2 Vols.). London: Macmillan Publishers Ltd.
PREISSEL, U. & H.-G. (1997): Engelstrompeten - Brugmansia und Datura. Stuttgart: Verlag Eugen Ulmer.
RAUH, W. (1990): Bromelien (3. Aufl.). Stuttgart: Verlag Eugen Ulmer.
RÜCKER, K. (1998): Die Pflanzen im Haus (2. Aufl.). Stuttgart: Verlag Eugen Ulmer.
SLACK, A. (1995): Karnivoren. Stuttgart: Verlag Eugen Ulmer.
ULMER, B. & T. (1997): Passionsblumen – Eine faszinierende Gattung. Witten: Privatdruck.

Kulturpflanzen, Wasserpflanzen
DE WIT, H. C. D. (1971): Aquarienpflanzen. Stuttgart: Verlag Eugen Ulmer.
HORST, K. (1986): Pflanzen im Aquarium. Stuttgart: Verlag Eugen Ulmer.
KASSELMANN, C. (1995): Aquarienpflanzen. Stuttgart: Verlag Eugen Ulmer.
KRAUSCH, H.-D. (1996): Farbatlas Wasser- und Uferpflanzen. Stuttgart: Verlag Eugen Ulmer.
PASCHER, A. (1980–1981): Süßwasserflora von Mitteleuropa. Band 23–24. Stuttgart, New York: Verlag Gustav Fischer.
RIEHL, R., BAENSCH, H. A. (2001): Aquarien Atlas Band 1 (13. Aufl.) Melle: Mergus Verlag.
SLOCUM, P. D., ROBINSON, P. (1996): Water Gardening – Water Lilies and Lotuses. Portland: Timber Press.

WACHTER, K. (1993): Der Wassergarten. (7. Aufl.). Stuttgart: Verlag Eugen Ulmer.
– (1998): Seerosen. Stuttgart: Verlag Eugen Ulmer.

Kulturpflanzen, Zwiebel- und Knollenpflanzen
BOTSCHANTZEVA, Z. P. (1982) Tulips. Rotterdam: A. A. Balkema.
BOYCE, P. (1993): The Genus Arum. london: HMSO.
BRYAN, J. E. (1989):. Bulbs (2 Vols.). Portland: Timber Press.
COOKE, J. (2001): The Gardener's Guide to Growing Cannas. Newton Abbot: David & Charles.
DAVIS, D. (1992): Allium. Stuttgart: Verlag Eugen Ulmer.
DAVIS, P. A. (1999): The Genus Galanthus. Portland: Timber Press.
ERHARDT, W. (1993): Narzissen. Stuttgart: Verlag Eugen Ulmer.
FELDMEIAER, C., MCRAE, J. (1982): Lilien (2. Aufl.). Stuttgart: Verlag Eugen Ulmer.
FRANK, R. (1986): Zwiebel- und Knollengewächse. Stuttgart: Verlag Eugen Ulmer.
GOLDBLATT, P. (1986): Gladiolus in Tropical Africa. Portland: Timber Press.
– (1989): The Genus Watsonia. Kirstenbosch: National Botanic Garden.
GREY-WILSON, C. (1988): The Genus Cyclamen. Portland: Timber Press.
GRUNERT, C. (1980): Das Blumenzwiebelbuch. Stuttgart: Verlag Eugen Ulmer.
JEFFERSON-BROWN, M., HOWLAND, H. (1995): The Gardener's Guide to Growing Lilies. Newton Abbot: David & Charles.
KINGTON, S. (ed.) (1998): The International Daffodil Register and Classified List 1998. London: The Royal Horticultural Society.
MATHEW, B. (1982): The Crocus. London: B. T. Batsford Ltd.
PHILLIPS, R., RIX, M. (1989): Bulbs. London: Pan Books.
PRATT, K., JEFFERSON-BROWN, M. (1997): The Gardener's Guide to Growing Fritillaries. Newton Abbot: David & Charles.
ROWLANDS, G. (1999): The Gardener's Guide to Growing Dahlias. Newton Abbot: David & Charles.
SCHEEPEN, J. VAN. (ed.) (1996): Classified List and International Register of Tulip Names. Hillegom: KAVB.
SNIJMAN, D. (1984): The Genus Haemanthus. Kirstenbosch: National Botanic Gardens.
SYNGE, P. M. (1973): Collin's Guide to Bulbs. London: Book Club Associates.

Zeitschriften
Gartenpraxis – Ulmers Pflanzenmagazin. Stuttgart: Verlag Eugen Ulmer.
TAXON – International Journal of Plant Taxonomy, Phylogeny and Evolution. Washington: Smithonian Institution.
The Garden – Journal of the Royal Horicultural Society. London: Royal Horticultural Society
The New Plantsman. London: Royal Horicultural Society.

CD-ROMs

BÖDEKER, N., KIERMEIER, P. (1999): Plantus (2. Aufl.). Stuttgart: Verlag Eugen Ulmer.
BUDDENSIEK, V. (1999): The Succulent Euphorbias.
BURKHARD, I. (2000): Die Rosen-Datenbank (Vers. 4).
DIETZE, P., BEER, H. et al. (2000): Gehölze für Garten und Landschaft. Stuttgart: Verlag Eugen Ulmer.
– et al. (2001): Sommerblumen und Stauden. Stuttgart: Verlag Eugen Ulmer.
ERHARDT, A. & W. (2000): PPP-Index – Pflanzeneinkaufsführer für Europa (4. Aufl.). Stuttgart: Verlag Eugen Ulmer.
GIESEL, O. (1999): Agaven 1.0 – Bromelia 1.0 – Stapelia 1.0.
GÖTZ, E. (2003): Pflanzen bestimmen mit dem PC. Stuttgart: Verlag Eugen Ulmer.
GÖTZ, H., HÄUSSERMANN, M., SIEBER, J. (2006.): Stauden-CD (4. Aufl.) Stuttgart: Verlag Eugen Ulmer.
SEYBOLD, S. et al. (eds.) (2001): Schmeil-Fitschen interaktiv. Die umfassende Bestimmungs- und Informationsdatenbank der Pflanzenwelt Deutschlands und angrenzender Länder. Wiebelsheim: Verlag Quelle u. Meyer.
STOCKDALE, J. (2000): RHS Plant Finder 1999–2000. Lewes: The Plant Finder.

Wichtige Internet-Seiten

http://apps.kew.org/wcsp/home.do: World Checklist of Selected Plant Families
www.ars-grin.gov/cgi-bin/npgs/html/index.pl?language=de: GRIN Taxonomie der Pflanzen
www.efloras.org: Florenwerke
http://homepages.caverock.net.nz/~bj/fern/list.htm: Checklist of Ferns and Fern Allies
www.ipni.org: The International Plant Names Index
www.kew.org/data/grasses-db.html: The Online World Grass Flora
http://mobot.mobot.org/W3T/Search/vast.html: The Missouri Botanical Gardener's Vascular Tropicos
www.paeon.de/name/index.html: Carsten Burkhardts Päonien-Datenbank (Web Project Paeonia)
http://plantnet.rbgsyd.nsw.gov.au/PlantNet/cycad/index.html: The Cycad Pages
www.rhs.org.uk/plants/index.asp: Verschiedene Datenbanken der Royal Horticultural Society
www.thater.net/cactaceae/db: Kakteen-Datenbank
www.watergardenersinternational.org/waterlilies/main.html: Water Gardeners International
http://zander.ub.tu-berlin.de: Zander Karteikarten

XIII Bildquellen

ABRAMS AND FERRIS: Illustrated Flora of the Pacific States, Vol. I © 1960 by the Board of Trustees of the Leland Stanford Jr. University: Seite 531, 901, 904, 987, 1024, 1030

ABRAMS AND FERRIS: Illustrated Flora of the Pacific States, Vol. II © 1960 by the Board of Trustees of the Leland Stanford Jr. University: Seite 150, 284, 287, 288, 331, 434, 528, 600, 705, 708, 748, 751, 755, 758, 760, 809, 812, 815, 817, 818

ABRAMS AND FERRIS: Illustrated Flora of the Pacific States, Vol. III © 1960 by the Board of Trustees of the Leland Stanford Jr. University: Seite 349, 364, 466, 467, 541, 677, 700, 701, 754, 825, 835, 839

ABRAMS AND FERRIS: Illustrated Flora of the Pacific States, Vol. IV © 1960 by the Board of Trustees of the Leland Stanford Jr. University: Seite 233, 235, 243, 245, 248, 251, 253, 254, 258, 275, 276, 279, 384, 625

AGNEW, DR. A. D. Q.: Upland Kenya Wild Flowers, Oxford University Press, 1974: Seite 205, 228, 247, 447, 516, 778, 828, 880, 907, 908, 1060, 1061

BAILEY, L. H.: Manual of Cultivated Plants, The Macmillan Company, 1949: Seite 66, 85, 102, 158, 203, 230, 233, 282, 285, 292, 304, 307, 316, 372, 386, 392, 394, 397, 400, 406, 410, 426, 454, 489, 514, 542, 573, 574, 575, 586, 587, 592, 594, 601, 626, 632, 658, 659, 666, 670, 676, 684, 686, 690, 692, 705, 710, 735, 748, 762, 766, 778, 808, 810, 814, 824, 836, 855, 862, 869, 874, 879, 884, 888, 889, 912, 946, 962, 964, 1011, 1020, 1021, 1036, 1141

BAILEY, L. H.: The Standard Cyclopedia of Horticulture, Macmillan Company, 1928, 1942, 1961: Seite 72, 87, 102, 130, 161, 210, 372, 387, 542, 568, 627, 630, 663, 787, 802, 821, 830, 834, 847, 854, 886, 909, 939, 953, 958, 1009, 1048, 1050, 1052, 1053, 1057, 1063, 1069, 1079, 1082, 1083, 1085

BLACK, J. M.: Flora of South Australia, W.L. Hawes Government Printer, 1960-1965: Seite 74, 88, 143, 154, 233, 238, 261, 265, 511, 641, 739, 789, 859, 893, 1125

BLOMBERY, A. M.: Australian Native Plants, Angus & Robertson Publishers, 1980: Seite 279, 448, 517, 722, 940, 953

BOR, N. L., RAIZADA, M. B.: Some Beautiful Indian Climbers and Shrubs, Bombay Natural History Society, 1954: Seite 888

BRAMWELL, D. & Z.: Wild Flowers of the Canary Islands, Stanley Thornes (Publishers) Ltd, 1974: Seite 246, 263, 430, 433, 596, 747

BRANDIS, D.: Indian Trees, DeHra Dun, 1906: Seite 676, 801, 807, 871

BRITTON, N. L., BROWN, A.: An Illustrated Flora of the Northern United States and Canada, Dover Books, 1913/1970: Seite 57, 61, 63, 65, 68, 69, 74, 80, 82, 84, 95, 133, 149, 165, 166, 169, 171, 173, 186, 187, 190, 197, 200, 203, 221, 222, 227, 229, 235, 237, 239, 241, 242, 244, 246, 248, 249, 250, 251, 252, 254, 256, 257, 259, 260, 262, 263, 264, 266, 271, 274, 278, 285, 287, 306, 309, 315, 317, 322, 328, 330, 334, 373, 374, 376, 390, 393, 394, 399, 409, 412, 413, 419, 425, 442, 451, 459, 464, 467, 468, 469, 470, 471, 472, 478, 479, 480, 488, 497, 498, 504, 507, 510, 515, 524, 526, 529, 536, 537, 543, 561, 563, 568, 574, 575, 578, 582, 585, 586, 590, 592, 593, 598, 600, 606, 607, 608, 616, 617, 621, 622, 632, 640, 654, 679, 690, 691, 700, 701, 709, 713, 730, 731, 734, 735, 737, 747, 750, 753, 767, 769, 774, 775, 797, 803, 808, 811, 813, 818, 824, 829, 830, 836, 841, 851, 861, 864, 867, 878, 887, 891, 894, 899, 915, 922, 928, 933, 987, 989, 990, 995, 1000, 1014, 1015, 1016, 1037, 1038, 1039, 1040, 1054, 1058, 1071, 1073, 1098, 1100, 1101, 1103, 1105, 1110, 1116, 1121, 1122, 1123, 1124, 1126, 1128, 1130, 1131, 1133, 1136, 1140, 1142

CABRERA, A. L., ZARDINI, E. M.: Manual de la Flora de los Alrededores de Buenos Aires, Editorial Acme S.A.C.I., 1978: Seite 80, 178, 196, 204, 261, 263, 268, 278, 282, 293, 296, 304, 362, 379, 494, 582, 604, 622, 645, 667, 715, 800, 852, 886, 894, 978, 1034, 1076, 1136, 1148

CHADEFAUD, M., EMBERGER, L.: Traité de Botanique (Systematique), Massons et Cie Editeurs, 1960: Seite 71, 78, 84, 94, 100, 128, 136, 282, 290, 306, 339, 398, 417, 433, 436, 448, 458, 462, 466, 468, 473, 476, 477, 481, 517, 554, 557, 559, 583, 586, 609, 610, 615, 625, 641, 651, 654, 661, 663, 669, 670, 677, 688, 691, 702, 709, 717, 725, 736, 742, 752, 814, 817, 826, 828, 830, 844, 847, 850, 851, 854, 855, 867, 893, 895, 978, 1000, 1013, 1028, 1040, 1054, 1090, 1137, 1139, 1142, 1144

COLLETT, H.: Flora Simlensis, Thacker Spink & Co., 1902: Seite 740

COSTE, H.: Flore descriptive et illustreé de la France, Librairie des Sciences Naturelles Paul Klincksieck, 1901-1906: Seite 179, 180, 183, 185, 187, 228, 231, 239, 245, 256, 258, 307, 315, 320, 323, 324, 326, 329, 389, 390, 403, 412, 432, 442, 480, 494, 500, 502, 525, 527, 537, 539, 598, 698, 712, 729, 827, 839, 881, 980, 1007, 1022, 1105, 1106

CRONQUIST, A.: An Integrated System of Classification of Flowering Plants, Columbia University Press, 1981: Seite 142, 533, 536, 671, 692, 963, 983, 995

DAHLGREN, R.: Angiospermernes Taxonomi, 1976-1980: Seite 150, 151, 301, 441, 484, 485, 558, 646, 650, 689, 708, 755, 783, 868, 895, 896, 900, 930, 932, 933, 943, 955, 1002, 1022, 1029, 1030, 1041, 1141, 1147

ENGLER, A., PRANTL, K.: Die natürlichen Pflanzenfamilien, W. Engelmann, 1887-1915: Seite 64, 68, 76, 96, 105, 128, 129, 132, 134, 136, 155, 158, 159, 161, 162, 190,

193, 195, 198, 200, 205, 211, 212, 266, 272, 274, 283, 292, 294, 297, 298, 308, 309, 326, 335, 377, 423, 425, 445, 446, 450, 456, 465, 474, 482, 483, 486, 488, 499, 503, 535, 548, 551, 552, 559, 570, 572, 578, 605, 606, 616, 619, 635, 637, 638, 649, 651, 660, 665, 670, 671, 672, 688, 694, 713, 720, 738, 739, 759, 773, 774, 782, 784, 785, 786, 788, 789, 790, 791, 795, 801, 805, 822, 849, 850, 852, 856, 868, 871, 878, 886, 892, 896, 897, 912, 921, 924, 925, 932, 934, 941, 942, 946, 950, 956, 957, 958, 970, 980, 981, 982, 983, 991, 1035, 1048, 1051, 1052, 1053, 1055, 1056, 1059, 1061, 1062, 1063, 1064, 1065, 1066, 1067, 1068, 1069, 1070, 1071, 1072, 1074, 1075, 1076, 1077, 1078, 1083, 1084, 1087, 1088, 1089

ENGLER, A.: Das Pflanzenreich, W. Engelmann, 1900–1935: Seite 440, 443, 556, 612, 613, 639, 656, 921, 927, 971, 972, 973, 974, 975, 976, 978, 1064

ENGLER, A.: Die natürlichen Pflanzenfamilien, 2. Aufl., W. Engelmann, 1930/1931: Seite 87, 88, 89, 90, 91, 92, 93, 97, 98, 99, 100, 429, 431, 432, 434, 563, 564, 565, 786, 791, 792

ENGLER, A.: Die Pflanzenwelt Afrikas. Bd. 2,3, W. Engelmann, 1908–1921: Seite 57, 103, 336, 371, 375, 486, 498, 517, 522, 545, 635, 636, 639, 643, 647, 653, 924, 928, 931, 984, 1017, 1019, 1022, 1037, 1119

FIORI, A., PAOLETTI, G.: Iconographia Florae Italicae, Edizione Edagricole, 1921: Seite 55, 56, 173, 182, 257, 274, 309, 310, 317, 318, 326, 387, 416, 422, 505, 536, 539, 573, 586, 587, 589, 591, 648, 675, 728, 763, 835, 916, 922, 926, 965, 979, 1000, 1031, 1032, 1033, 1097, 1109, 1112, 1118, 1122

FITCH, W. H.: Illustrations of the British Flora, Millington Books, 1900: Seite 58, 61, 66, 73, 137, 165, 168, 169, 170, 171, 172, 173, 179, 180, 181, 182, 184, 187, 220, 223, 225, 231, 234, 236, 240, 241, 243, 244, 268, 269, 273, 276, 277, 289, 305, 308, 321, 322, 327, 329, 334, 404, 410, 421, 424, 453, 472, 528, 540, 593, 603, 707, 714, 724, 728, 750, 756, 796, 822, 825, 837, 838, 876, 879, 898, 910, 912, 988, 994, 996, 997, 998, 999, 1009, 1010, 1067, 1068, 1099, 1114, 1118, 1119, 1126, 1137, 1138, 1140, 1143, 1145

FITSCHEN, J. (ED.): Handbuch der Nadelholzkunde, 3. Aufl., Paul Parey, 1930: Seite 91, 92, 93, 95

Flora of the Galapagos Islands by Wiggins and Porter © 1971 by the Board of Trustees of the Leland Stanford Jr. University. All rights reserved, by permission: Seite 442, 769

FLORA OF THE NORTH AMERICA COMMITTEE: Flora of North America, Vol. 3 + 4. Oxford University Press 2006. By permission of Oxford University Press, Inc: Seite 348, 353, 358, 639, 692

FOLCH I GUILLÈN, R.: La Vegetació dels Paisos Catalans, Ketres Editora. E. Serra in Folch (1981). Pictures offered by the Botanic Institute of Barcelona (CSIC-ICUB): Seite 193, 223, 232, 254, 304, 308, 334, 338, 395, 399, 405, 411, 415, 417, 427, 464, 474, 498, 505, 508, 676, 681, 684, 687, 706, 716, 739, 745, 771, 823, 869, 889, 913, 917, 965

From Manual of the southeastern Flora by John Kunkel Small. © 1933 by John Kunkel Small, renewed 1961 by Kathryn Small Graber. Published by the University of North Carolina Press. Used by permission of the publisher www.uncpress.unc.edu.: Seite 1060

GARCKE, A.: Illustrierte Flora, Deutschland und angrenzende Gebiete, Paul Parey, 1972: Seite 55, 59, 62, 72, 74, 78, 82, 83, 98, 155, 166, 167, 168, 169, 171, 172, 173, 174, 175, 176, 177, 178, 180, 181, 182, 183, 184, 185, 186, 187, 199, 211, 222, 223, 224, 225, 226, 227, 228, 230, 232, 234, 235, 236, 237, 245, 248, 250, 252, 253, 255, 258, 259, 265, 266, 267, 269, 270, 273, 276, 279, 280, 288, 289, 305, 306, 310, 311, 314, 316, 317, 318, 319, 320, 321, 323, 324, 325, 327, 328, 329, 331, 332, 333, 382, 385, 388, 390, 391, 395, 396, 397, 401, 402, 403, 404, 405, 406, 408, 413, 415, 418, 419, 425, 439, 440, 446, 449, 453, 454, 457, 461, 470, 471, 485, 496, 510, 512, 514, 516, 518, 519, 520, 529, 530, 531, 538, 541, 542, 543, 544, 545, 560, 566, 569, 573, 574, 579, 580, 581, 582, 583, 584, 585, 588, 591, 592, 602, 603, 607, 610, 618, 647, 669, 674, 677, 678, 680, 695, 696, 697, 698, 703, 707, 711, 712, 714, 715, 716, 723, 726, 729, 732, 733, 734, 738, 745, 746, 752, 758, 759, 761, 762, 763, 765, 769, 771, 780, 788, 796, 797, 827, 832, 833, 834, 840, 848, 849, 850, 862, 880, 882, 892, 895, 898, 899, 980, 989, 993, 995, 996, 998, 999, 1013, 1014, 1026, 1029, 1031, 1032, 1040, 1049, 1055, 1058, 1059, 1060, 1066, 1068, 1070, 1071, 1075, 1080, 1086, 1097, 1098, 1099, 1100, 1101, 1102, 1103, 1104, 1106, 1107, 1108, 1109, 1110, 1111, 1112, 1113, 1114, 1115, 1117, 1118, 1120, 1121, 1123, 1125, 1127, 1128, 1129, 1130, 1132, 1134, 1135, 1149

GENTRY, A.H.: A Field Guide to the Families and Genera of Woody Plants of Northwest South America, Department of Conservation Biology, 1993.: Seite 133, 159, 192, 291, 407, 422, 443, 496, 612, 624, 628, 631, 633, 635, 661, 663, 671, 682, 721, 771, 773, 779, 790, 806, 842, 845, 848, 849, 858, 866, 883, 940, 941, 944, 945, 948, 973, 992

GLEASON, H. A.: The New Britton and Brown Ill. Flora of Northeastern United States and Adjacent Canada, Hafner Press, 1952: Seite 83, 209, 238, 247, 257, 268, 270, 320, 328, 470, 475, 523, 524, 673, 674, 690, 762, 793, 799, 831, 833, 923, 1097, 1123, 1124, 1130

HAAGE, W.: Kakteen von A–Z, Neumann Verlag, 1981: Seite 346, 347, 348, 350, 351, 352, 354, 355, 356, 359, 360, 362, 365, 366, 368, 369

HAAGER, J.: Zimmerpflanzen, Artia Verlag/Dausien, 1980: Seite 102, 134, 144, 210, 347, 550, 553, 621, 669, 832, 835, 845, 910, 911, 915, 931, 951, 968, 1008, 1010, 1024, 1081

HARRAR, E. S., HARRAR, J. G.: Guide to Southern Trees, Dover Publications, 1946/1962: Seite 521

HEGI, G.: Illustrierte Flora von Mitteleuropa, Band VI/3 (2. Aufl.) 1979. Herausgegeben von G. Wagenitz. Fig 101, S. 213: Seite 280

HERTER, G.: Flora Illustrada del Uruguay, Guillermo Herter, 1939–1943: Seite 58, 67, 72, 73, 82, 87, 140, 141, 145, 152, 153, 154, 157, 316, 328, 350, 356, 367, 373, 375, 378, 380, 431, 435, 487, 493, 495, 497, 513, 514, 524, 525, 530, 545, 572, 616, 624, 643, 650, 681, 682,

704, 705, 706, 710, 719, 744, 754, 755, 789, 803, 871, 876, 896, 905, 907, 908, 914, 920, 923, 924, 929, 943, 962, 966, 969, 972, 986, 1002, 1009, 1012, 1023, 1024, 1036, 1091, 1105, 1107, 1113, 1114, 1124, 1132, 1136, 1149

HITCHCOCK, A. S.: Manual of the Grasses of the United States, Dover Publications, 1971: Seite 1099, 1104, 1105, 1117

HUTCHINSON, J., DALZIEL, J. M.: Flora of West Tropical Africa, Crown Agents for Overseas Governments and Administration, 1963–1973: Seite 154, 238, 655, 712, 776, 777, 860

HUTCHINSON, J.: Evolution and Phylogeny of Flowering Plants, Academic Press, 1969: Seite 372, 387, 417, 420, 526, 556, 609, 619, 668, 670, 706, 761, 799, 815, 864, 865, 874, 888

HUTCHINSON, J.: Families of Flowering Plants, 3. Edition. Oxford University Press 1973. By permission of Oxford University Press: Seite 137, 151, 155, 189, 281, 283, 287, 292, 383, 391, 422, 428, 448, 451, 476, 538, 543, 559, 562, 569, 584, 607, 617, 630, 637, 653, 666, 690, 694, 699, 721, 731, 797, 809, 810, 840, 842, 843, 852, 855, 862, 866, 872, 873, 891, 906, 917, 924, 927, 929, 984, 985, 990, 1003, 1005, 1015, 1034, 1036, 1049, 1077, 1089, 1091, 1139, 1144, 1145

Iconographia Cormophytorum Sinicorum. Tom. 1–5, 1972–1976: Seite 60, 61, 63, 64, 69, 70, 71, 75, 83, 90, 93, 95, 96, 97, 98, 99, 104, 129, 130, 131, 133, 152, 156, 160, 190, 191, 192, 194, 196, 197, 199, 201, 202, 206, 208, 221, 225, 229, 230, 232, 242, 245, 247, 263, 275, 281, 286, 290, 295, 296, 297, 298, 305, 307, 308, 311, 324, 330, 337, 338, 353, 375, 378, 379, 380, 388, 394, 395, 396, 397, 411, 414, 416, 421, 423, 424, 426, 436, 438, 439, 441, 443, 444, 445, 446, 447, 449, 452, 455, 468, 473, 479, 480, 482, 484, 486, 487, 489, 494, 495, 496, 500, 501, 503, 504, 505, 506, 511, 514, 515, 519, 521, 523, 525, 527, 530, 532, 534, 535, 547, 549, 553, 558, 561, 565, 566, 567, 569, 570, 575, 579, 581, 583, 588, 590, 594, 595, 597, 599, 601, 604, 610, 611, 614, 615, 631, 634, 638, 640, 642, 644, 645, 657, 659, 662, 668, 673, 675, 680, 683, 684, 686, 697, 698, 719, 727, 732, 734, 741, 751, 755, 756, 758, 759, 764, 765, 766, 770, 772, 774, 775, 776, 777, 778, 787, 790, 792, 793, 794, 795, 800, 802, 804, 805, 806, 810, 812, 813, 817, 818, 823, 831, 832, 837, 838, 851, 857, 859, 860, 868, 872, 873, 875, 876, 877, 878, 879, 881, 884, 886, 890, 892, 894, 897, 901, 911, 912, 916, 919, 920, 925, 926, 927, 929, 930, 933, 934, 935, 940, 941, 944, 948, 949, 953, 955, 957, 963, 969, 980, 987, 988, 990, 996, 997, 1014, 1020, 1028, 1031, 1033, 1047, 1049, 1051, 1052, 1056, 1058, 1059, 1063, 1064, 1071, 1075, 1078, 1079, 1080, 1081, 1083, 1086, 1087, 1091, 1096, 1100, 1101, 1109, 1111, 1116, 1118, 1120, 1122, 1128, 1131, 1133, 1135, 1147, 1148, 1149

Illustrations from Flowers of Greece and the Aegean by Anthony Huxley and William Taylor, published by Chatto & Windus. Reprinted by permission of The Random House Group Ltd: Seite 496, 551

JÁVORKA, S., CSAPODY, V.: Iconographie der Flora des südöstlichen Mitteleuropa, Gustav Fischer, 1979: Seite 382, 618, 764

JONES, D. L., CLEMESHA, S. C.: Australian Ferns and Fern Allies, 2. Aufl., A. H. & W. Reed PTY LTD, 1980: Seite 60, 62, 63, 75, 76, 77, 79, 81

KARSTEN, H.: H. Karsten´s Abbildungen zur Deutschen Flora, Friedländer & Sohn, 1891: Seite 56, 80, 94, 104, 167, 172, 174, 176, 284, 306, 318, 336, 337, 374, 376, 400, 418, 420, 428, 455, 481, 506, 510, 515, 520, 521, 576, 581, 583, 597, 617, 640, 642, 649, 651, 655, 674, 683, 693, 707, 713, 734, 740, 749, 750, 753, 759, 763, 772, 779, 781, 787, 794, 798, 813, 837, 859, 872, 875, 882, 890, 893, 900, 904, 964, 979, 987, 998, 1028, 1039, 1076, 1127

KOMAROV, V. L. (ED.): Flora of the U.S.S.R., Akademiya Nauk SSSR, 1934–1960: Seite 183, 286, 330, 389, 766, 829

KOORDERS, S. H.: Exkursionsflora von Java. iv Atlas, Gustav Fischer, 1913: Seite 925, 952, 963, 1036, 1064, 1072, 1110, 1113, 1119

KRÜSSMANN, G.: Die Nadelgehölze, Paul Parey, Berlin/Hamburg, 1955: Seite 88, 90

KRÜSSMANN, G.: Handbuch der Laubgehölze, 2 Bde, Paul Parey, Berlin/Hamburg, 1960–62: Seite 497, 533, 691, 746, 764, 765, 804

KUBITZKI, K.: The Families and Genera of Vascular Plants, 1990: Seite 69, 71, 74, 75, 76, 79, 102, 302, 408, 971, 983, 1001, 1005, 1140

KUNKEL, G.: Flowering Trees in Subtropical Gardens, Dr. W. Junk Publishers, 1978: Seite 157, 159, 160, 194, 195, 293, 295, 299, 301, 375, 377, 378, 421, 509, 528, 533, 599, 618, 623, 634, 637, 646, 652, 660, 662, 664, 665, 694, 718, 720, 751, 785, 842, 856, 857, 885

KÜRSCHNER, H., RAUS, T., VENTER, J.: Pflanzen der Türkei, 2. Aufl., Quelle und Meyer, 1997: Seite 177, 185, 267, 386, 392, 593, 862

LAWRENCE, G., H., M.: Taxonomy of Vascular Plants, The Macmillan Company, 1951: Seite 70, 335

LE MAOUT, E., DECAISNE J.: A General System of Botany, Longmans Green and Co., 1876: Seite 55, 57, 70, 104, 152, 160, 196, 289, 300, 315, 338, 366, 383, 408, 423, 425, 440, 448, 449, 450, 457, 458, 460, 462, 475, 538, 540, 560, 570, 571, 594, 602, 603, 604, 605, 612, 620, 627, 638, 645, 654, 656, 667, 678, 702, 711, 717, 801, 860, 861, 866, 918, 922, 959, 992, 994, 1004, 1005, 1018, 1039, 1041, 1042, 1089, 1090, 1133, 1137, 1138, 1141, 1146

LITTLE, E. L., WADSWORTH, F. H.: Common Trees of Puerto Rico and the Virgin Islands, U.S. Department of Agriculture, 1964: Seite 162, 198, 337, 483, 510, 629, 871, 939, 949, 950

MAAS, P. J. M., VESTRA, L. Y. TH.: Neotropical Plant Families, Koeltz Scientific Books Germany, 1988: Seite 612, 656

MAHESHWARI, J. K.: Illustrations to the Flora of Delhi, Council of Scientific & Industrial Research, 1966: Seite 500

MAKINO, T.: Makino´s New Illustrated Flora of Japan, The Hokuryu-Kan Co. Ltd: Seite 59, 65, 66, 69, 81, 135, 198, 199, 206, 208, 210, 222, 234, 240, 242, 243, 252, 254, 260, 273, 279, 281, 384, 393, 404, 409, 434, 444, 451, 474, 488, 501, 512, 517, 534, 535, 549, 555, 562, 563, 567, 589, 595, 598, 614, 651, 664, 685, 727, 738, 740, 757, 760, 761, 768, 772, 777, 784, 792, 795, 802, 816, 818, 830, 837, 846, 861, 863, 864, 865, 882, 884, 887, 891, 902, 909, 916, 989, 1018, 1054, 1060, 1067, 1072, 1074, 1083, 1104, 1113, 1121, 1125, 1126, 1128, 1129, 1130, 1132

MARSHALL, W. T., BOCK, T. M.: Cactaceae, Abbey Garden Press, 1941: Seite 345, 346, 347, 348, 349, 350, 351, 352, 353, 354, 355, 356, 357, 358, 359, 360, 361, 362, 363, 364, 365, 366, 367, 368, 369, 370

MUNOZ PIZARRO, C.: Synapsis de la Flora Chilena, Editiones de la Universidad de Chile, 1966: Seite 532, 560, 887

MUNZ, P. A.: California Maountain Wildflowers, University of California Press, 1963: Seite 227, 709, 748, 1007

NANCY M. ADAMS IN POOLE, A. L., N. M.: Trees and Shrubs of New Zealand, Revised Edition 1990.: Seite 201, 229, 518, 622, 662, 770, 791, 799, 889, 960

OZENDA, P.: Flore du Sahara, Edition du Centre National de la Recherche Scientific, 1983: Seite 644

POLUNIN, O., STANTON, A.: Flowers of the Himalaya. Oxford University Press 1984. By permission of Oxford University Press: Seite 409, 414, 509, 531, 589, 727, 885

POLUNIN, O., WALTERS, M.: A Guide to the Vegetation of Britain and Europe. Oxford University Press 1985. By permission of Oxford University Press: Seite 401, 467, 641, 903, 1055, 1063, 1076

POLUNIN, O.: Flowers of Greece and the Balkans. Oxford University Press 1980. By permission of Oxford University Press: Seite 175, 311, 322, 454, 520

PRESS, J. R., SHORT, M. J.: Flora of Madeira, Fundação Berardo, Madeira, Portugal, 1994: Seite 179, 429, 580, 599, 865, 1139

PURSEGLOWE, J. W.: Tropical Crops. Dicotyledons, Longman, 1993: Seite 301, 501, 502, 507, 508, 522, 624, 636, 680, 770, 806, 870, 877

PURSEGLOWE, J. W.: Tropical Crops. Monocotyledons, Longman, 1975: Seite 934

RAUH, W.: Bromelien, 2. Aufl., Verlag Eugen Ulmer, 1981: Seite 970, 971, 972, 974, 975, 976, 977

REHM, S., ESPIG, G.: Die Kulturpflanzen der Tropen und Subtropen, 3. Aufl., Verlag Eugen Ulmer, 1996: Seite 655, 723, 846, 857, 1088

REITZ, P. R.: Flora Illustrada Catarinense, Herbário Barbosa Rodriguez, 1965-1984: Seite 129, 294, 297, 298, 346, 349, 356, 357, 361, 364, 366, 609

REITZ, R., KLEIN, R. M., REIS, A.: Madeira do Rio Grande do Sul, Herbário Barbosa Rodriguez - HBR, 1983: Seite 634

ROSS, T., IRONS, J.: Australian Plants, 1997. Zeichnungen, außer Akazien und Eukalypten von Rolf Rose: Seite 96, 165, 262, 296, 462, 693, 695, 722, 1020

SANCHEZ, O.: Flora del Valle de Mexico, Oscar Sanchez S., 1969: Seite 168, 250, 258, 259, 264, 268, 272, 276, 299, 436, 647, 678, 679, 914, 982, 985, 986, 1001, 1002, 1052

SMITH, A.R.: Flora of Chiapas. Part 2 Pteridophytes, California Academy of Sciences, 1981. Artist: Elly Simmons. Image reproduced by courtesy of the California Academy of Sciences: Seite 60, 65, 73, 77, 78

SMITH, N. ET AL. (ED.): Flowering Plants of the Neotropics, Princeton University Press, 2004: Seite 200, 420, 471, 550, 625, 636

SYNGE, P. M. (ED.): Dictionary of Gardening. Vol. 1-4, Clarendon Press, 1956-1965: Seite 129, 130, 132, 134, 135, 136, 189, 193, 194, 195, 224, 230, 244, 249, 250, 260, 264, 270, 277, 285, 302, 325, 368, 370, 384, 385, 389, 408, 418, 427, 430, 432, 435, 452, 464, 466, 473, 499, 504, 506, 507, 511, 519, 522, 523, 527, 541, 547, 548, 550, 552, 553, 554, 555, 556, 558, 565, 566, 568, 571, 572, 595, 620, 621, 623, 628, 629, 630, 631, 632, 665, 666, 667, 687, 688, 693, 696, 699, 718, 719, 720, 750, 756, 757, 769, 775, 780, 785, 788, 793, 813, 825, 826, 828, 831, 836, 838, 839, 841, 845, 853, 869, 883, 885, 902, 906, 909, 910, 917, 967, 981, 1004, 1006, 1016, 1019, 1024, 1025, 1026, 1027, 1033, 1038, 1048, 1050, 1051, 1056, 1057, 1058, 1065, 1066, 1070, 1073, 1074, 1078, 1080, 1082, 1084, 1085, 1086, 1087, 1143, 1146

TAKHTAJAN, A. (ED.): Flowering Plants Vol. 5A, 1980: Seite 288, 406, 407, 648, 650

TAKHTAJAN, A. (ED.): Flowering Plants Vol. 6, 1982: Seite 897, 939, 947, 949, 951, 954, 957, 960, 966, 988, 991, 999, 1003, 1006, 1007, 1012, 1034, 1090

TAKHTAJAN, A. (ED.): Plant Life Vol. 5(2), 1981: Seite 866

The Illustrated Flora of the Pacific Volumes I-IV by Abrams © 1960 by the Board of Trustees of the Leland Stanford jr. University, by permission: Seite 146, 205, 236, 238, 242, 246, 278, 293, 571, 587, 647, 683, 686, 687, 744, 748, 753, 843, 902, 1041

TSCHANG BOK LEE: Illustrated Flora of Korea, 1989: Seite 67, 567, 795

VALDÉS, B., TALAVERA, S., FERNÁNDEZ-GALIANO, E.: Flora Vascular de Andalucia Occidental, Ketres Editora, 1987: Seite 59, 66, 82, 175, 178, 224, 226, 236, 239, 240, 246, 249, 261, 271, 275, 277, 280, 326, 334, 453, 457, 460, 523, 539, 619, 736, 779, 781, 846, 854, 880, 903, 914, 923, 945, 1008, 1011, 1021, 1025, 1084, 1085, 1102, 1107, 1110, 1111, 1115, 1116, 1117, 1119, 1120, 1127, 1132, 1134

WAGNER, HERMANN: Illustrierte Deutsche Flora. Eine Beschreibung der im Deutschen Reich, DeutschÖsterreich und der Schweiz einheimischen Gefäßpflanzen. 3. Aufl. Nach der von August Garcke besorgten 2. Aufl. neu durchgesehen und verbessert. Stgt. Verlag für Naturkunde, Sproesser & Naegele 1905. XL. 792 S. Mit 1575 Textabb: Seite 158, 221, 224, 231, 255, 269, 272, 274, 310, 331, 400, 416, 474, 503, 505, 508, 509, 519, 578, 730, 733, 746, 781, 822, 823, 841, 853, 881, 1011, 1079, 1108

WETTSTEIN, R.: Handbuch der Systematischen Botanik, Franz Deuticke, 1935: Seite 132, 144, 145, 150, 206, 207, 208, 209, 211, 283, 300, 302, 338, 339, 379, 410, 412, 455, 457, 481, 484, 547, 557, 575, 596, 608, 689,

696, 724, 737, 776, 804, 807, 809, 826, 829, 863, 873, 911, 928, 931, 932, 944, 977, 1013, 1055
WIGGINS, IRA. L.: Flora of Baja California © 1980 by the Board of Trustees of the Leland Stanford Jr. University: Seite 157, 291, 363, 365, 526, 605, 644, 703, 858, 1106, 1108
WOOD, C. E.: A Student´s Atlas of Flowering Plants, Harper & Row, Publishers, 1974: Seite 611, 741
WRIGLEY, J. W., FAGG, M.: Australian Native Plants 5. Aufl., Reed New Holland, 2003: Seite 161, 189, 201, 202, 502, 661, 664, 835
WRIGLEY, J. W., FAGG, M.: Australian Native Plants, Collins, 1979: Seite 103, 131, 186, 209, 392, 513, 527, 588, 590, 593, 600, 615, 660, 722, 920, 1023

Praktische Nachschlagewerke

Diese umfassende Liste enthält die Namen aller Koniferengattungen und unterstützt bei der Namenskontrolle. Ein Buch für die Praxis in Baumschulen, Gartencentern, im Garten- und Landschaftsbau und der Forstwirtschaft. In englischer und deutscher Sprache.

Namensliste der Koniferen.
List of Conifer Names. Walter Erhardt. 2005. 224 S., deutsch / englisch, kart.
ISBN 978-3-8001-4881-3.

Eine praktische Lern- und Arbeitshilfe für Schule und Beruf, um deutsche Pflanzennamen selbst bilden zu können. Übersetzt und teilweise erläutert wird die wissenschaftliche Bezeichnung von Arten und Unterarten der wichtigsten Wild-, Nutz- und Zierpflanzen.

Die wissenschaftlichen Namen der Pflanzen und was sie bedeuten.
Siegmund Seybold. 2., korrigierte Aufl. 2005. 189 S., kart. ISBN 978-3-8001-4795-3.

 www.ulmer.de

Begleiter durchs ganze Jahr!

Das unverzichtbare Bestimmungsbuch für die Gehölze in Wald, Park und Garten! Ein optimales Nachschlagewerk für Biologen, Botaniker und GaLabauer. Nomenklatur und Systematik werden erläutert sowie die wichtigsten Fachbegriffe anhand von Zeichnungen erklärt.

Flora der Gehölze.
Bestimmung - Eigenschaften - Verwendung. A. Roloff, A. Bärtels. 2008.
832 S., 2500 sw-Zeichn., geb. ISBN 978-3-8001-5614-6.

Dieser Bildatlas gehört in die Hände all derer, die sich dienstlich oder privat für die Pflanzen Deutschlands interessieren: Naturfreunde, Biologen, Ökologen, Studenten der naturwissenschaftlichen Fachrichtungen, Mitarbeiter von Naturschutzbehörden und Naturschutzverbänden.

Bildatlas der Farn- und Blütenpflanzen Deutschlands.
Henning Haeupler, Thomas Muer. 2., korrigierte Aufl. 2007. 789 S., 4050 Farbf., 140 Zeichn. von 326 Sippen, geb. ISBN 978-3-8001-4990-2.

www.ulmer.de

Das umfangreiche Nachschlagewerk

- **das umfangreiche Nachschlagewerk** von Praktikern
- **die bewährtesten und neuesten Sorten** in einem Band
- **top Preis-Leistungs-Verhältnis**

Leidenschaftliche Orchideensammler und blutige Anfänger werden sich gleicher maßen über dieses attraktive Nachschlagewerk freuen. Es beschreibt ausführlich die Botanik der Pflanzen, nennt die Herkunft der Pflanze und hilft dabei, im Wirrwarr der Namensvielfalt noch einen Überblick zu behalten. Über 850 Fotos illustrieren diese wunderbare Pflanzengruppe. Hinweise zur Kultur und zur Pflege der Pflanze runden das Informationsangebot ab.

Orchideenatlas.

Manfred Wolff, Olaf Gruss. 2007. 480 S., 867 Farbf., 20 Zeich., geb. mit SU. ISBN 978-3-8001-3870-8.

www.ulmer.de

Echte Überlebenskünstler.

- **konkurrenzlos**
- **reich bebildert**
- **neu** bearbeitet und aktualisiert

Sie erfahren alles über die botanischen Grundlagen, Heimatgebiete und Lebensansprüche dieser vielfältigen Pflanzengruppe. Über 600 Farbfotos bebildern die alphabetisch sortierten Beschreibungen von über 50 Familien, 250 Gattungen und über 1000 Arten. Bestimmungsschlüssel zu den Familien und Gattungen runden dieses umfangreiche Informationspaket ab.
Neben der kompakten Einführung in die Biologie und Botanik der sukkulenten Pflanzen, bekommen Sie ausführliche Hinweise zu Pflege, Vermehrung, Krankheiten und Schädlingen.

Sukkulenten.
Urs Eggli. 2., aktualisierte Aufl. 392 S., geb. mit SU.
ISBN 978-3-8001-5396-1.

www.ulmer.de

Verbreitungsareale, Europa

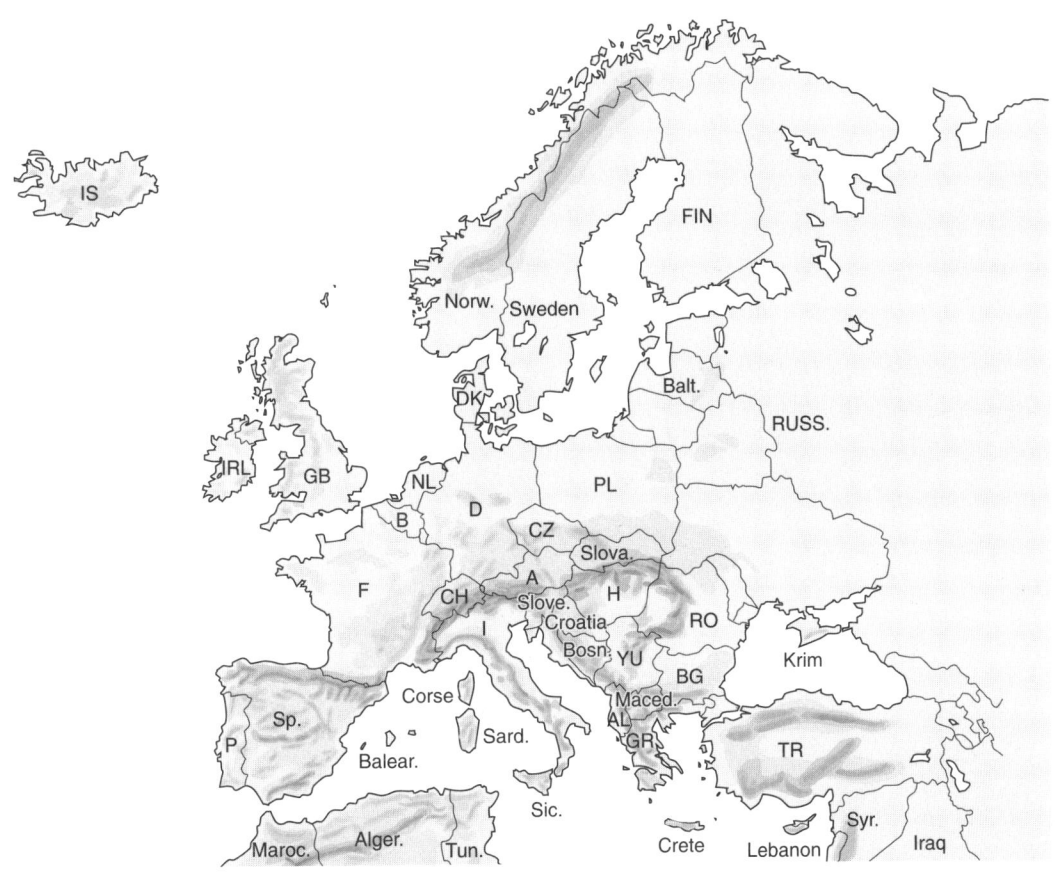

Verbreitungsareale, Welt